French

DICTIONARY

French - English • English - French

D0375680

© Larousse, 2011
21, rue du Montparnasse
75283 Paris Cedex 06, France

Published in the United States of America and Canada by:
Publié aux États-Unis et au Canada par :

Éditions LAROUSSE
21, rue du Montparnasse
75283 Paris Cedex 06
France
www.larousse.fr

ISBN 978-2-03-570003-2

Sales / Diffusion: Houghton Mifflin Harcourt, Boston
Library of Congress CIP Data has been applied for

Direction du département Dictionnaires et Encyclopédies :
Carine Girac-Marinier
Direction éditoriale :
Claude Nimmo
Édition : Giovanni Picci
Sélection et traduction des québécismes :
Solange Deschênes
Direction artistique:
Ulrike Meindl
Maquette et mise en page :
Sophie Rivoire *avec* Jérôme Faucheux
Informatique éditoriale, structuration et composition :
Dalila Abdelkader, Monika Al Mourabit, Ivo Kulev
Relecture :
Henri Goldszal, Rozenn Étienne, Martyn Back, Garret White
Fabrication :
Marlène Delbeken
Remerciements :
Beata Assaf, Peter Castellani, Marc Chabrier, Dominique Chevallier,
Valérie Katzaros, Sinda López, Kate Mathieson, Marianne Mouchot,
Ciara Mulvenna, Christine Ouvrard, David Tarradas Agea
Pour la précédente édition :
Janice McNeillie, Sylvain Blanche, Pat Bulhosen, Marie Chochon, Rosalind
Combley, Christy Johnson, Sandra Koch, Marie Ollivier-Caudray, Donald Watt

All rights reserved. No part of this publication may be reproduced or transmitted in any form
or by any means, or stored in a retrieval system, without the prior written permission of the
publisher.

Toute représentation ou reproduction, intégrale ou partielle, faite sans le consentement de
l'éditeur, ou de ses ayants droit, ou ayants cause, est illicite (article L. 122-4 du Code de la
propriété intellectuelle). Cette représentation ou reproduction, par quelque procédé que ce
soit, constituerait une contrefaçon sanctionnée par l'article L. 335-2 du Code de la propriété.

French

DICTIONARY

French - English • English - French

LAROUSSE

DICTIONNAIRES

Sommaire
Contents

Au lecteur

Ce DICTIONNAIRE LAROUSSE français-anglais, anglais-français est un ouvrage spécialement conçu pour ceux qui apprennent l'anglais.

Avec plus de 150 000 mots, expressions et traductions, il couvre l'ensemble de l'anglais contemporain.

Par le traitement clair et détaillé du vocabulaire général, les exemples de constructions grammaticales, les tournures idiomatiques, les indications de sens soulignant la traduction appropriée, le DICTIONNAIRE LAROUSSE français-anglais, anglais-français permet de s'exprimer sans hésiter et sans faire de contresens.

Offrir un outil pratique et pédagogique à tous ceux qui apprennent l'anglais, tel est le but que nous nous sommes fixé avec le DICTIONNAIRE LAROUSSE français-anglais, anglais-français.

L'Éditeur

To our readers

This DICTIONARY has been designed as a reliable and user-friendly tool for use in all language situations. It provides accurate and up-to-date information on written and spoken French and English as they are used today.

Its 150,000 references, exemples and translations give you access to French texts of all types. The dictionary aims to be as comprehensive as possible in a book of this size, and includes many proper names and abbreviations, as well as a selection of the most common terms from computing, business and current affairs.

Carefully constructed entries and a clear page design help you to find the translation that you are looking for fast. Examples (from basic constructions and common phrases to idioms) have been included to help put a word in context and give a clear picture of how it is used.

The Publisher

Structure des articles du dictionnaire

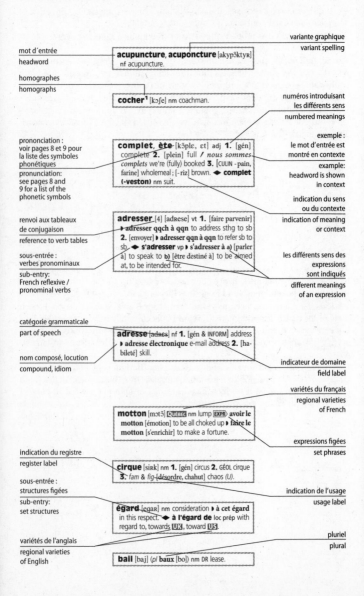

variante graphique
variant spelling

mot d'entrée
headword

acupuncture, acupuncture [akypɔ̃ktyʀ]
nf acupuncture.

homographes
homographs

cocher¹ [kɔʃe] nm coachman.

numéros introduisant
les différents sens
numbered meanings

prononciation :
voir pages 8 et 9 pour
la liste des symboles
phonétiques
pronunciation:
see pages 8 and
9 for a list of the
phonetic symbols

complet, ète [kɔ̃plɛ, ɛt] adj **1.** [gén]
complete **2.** [plein] full / *nous sommes
complets* we're (fully) booked **3.** [CULIN - pain,
farine] wholemeal ; [- riz] brown. ◆ **complet
(-veston)** nm suit.

exemple :
le mot d'entrée est
montré en contexte
example:
headword is shown
in context

indication du sens
ou du contexte
indication of meaning
or context

renvoi aux tableaux
de conjugaison
reference to verb tables

sous-entrée :
verbes pronominaux
sub-entry:
French reflexive /
pronominal verbs

adresser [4] [adʀese] vt **1.** [faire parvenir]
▸ **adresser qqch à qqn** to address sthg to sb
2. [envoyer] ▸ **adresser qqn à qqn** to refer sb to
sb ◆ **s'adresser** vp ▸ **s'adresser à a)** [parler
à] to speak to **b)** [être destiné à] to be aimed
at, to be intended for.

les différents sens des
expressions
sont indiqués
different meanings
of an expression

catégorie grammaticale
part of speech

adresse [adʀɛs] nf **1.** [gén & INFORM] address
▸ **adresse électronique** e-mail address **2.** [ha-
bileté] skill.

indicateur de domaine
field label

nom composé, locution
compound, idiom

variétés du français
regional varieties
of French

motton [mɔtɔ̃] QUEBEC nm lump EXPR avoir le
motton [émotion] to be all choked up ▸ **faire le
motton** [s'enrichir] to make a fortune.

expressions figées
set phrases

indication du registre
register label

sous-entrée :
structures figées
sub-entry:
set structures

cirque [siʀk] nm **1.** [gén] circus **2.** GÉOL cirque
3. *fam & fig* [désordre, chahut] chaos (U).

indication de l'usage
usage label

égard [egaʀ] nm consideration ▸ **à cet égard**
in this respect. ◆ **à l'égard de** loc prép with
regard to, towards UK, toward US.

pluriel
plural

variétés de l'anglais
regional varieties
of English

bail [baj] (pl **baux** [bo]) nm DR lease.

Labels and entry structure

traduction
translation

précisions sur la
traduction
extra information that
clarifies the translation

forme développée
des abréviations
full form of
abbreviations

renvoi des variantes
orthographiques
aux entrées principales
cross-reference from
alternative spelling

précisions
grammaticales
extra grammatical
information

renvoi des formes
irrégulières des
verbes à l'infinitif
cross-reference from
irregular verb
forms to main verb

comparatifs et
superlatifs irréguliers
irregular comparatives
and superlatives

expressions figées
set phrases

genre
French gender

explication lorsqu'il n'y
a pas d'équivalent exact
explanatory gloss
provided where there
is no direct equivalent

équivalent culturel
cultural equivalent

renvoi des pluriels
irréguliers aux
entrées au singulier
cross-reference from
irregular plurals

pluriels irréguliers
avec leur transcription
phonétique
irregular plurals with
pronunciation

formes irrégulières
des verbes
irregular verb forms

verbes à particules et
verbes prépositionnels
phrasal verbs and
prepositional verbs

jumble sale noun UK vente f de charité (où sont vendus des articles d'occasion).

BLT (abbr of **bacon, lettuce and tomato**) noun sandwich avec du bacon, de la laitue et de la tomate.

Home Secretary noun UK ≃ ministre m de l'Intérieur.

donut ['dəʊnʌt] US = doughnut.

selves [selvz] pl n ⟶ self.

had (weak form [həd], strong form [hæd]) pt & pp ⟶ have.

loaf [ləʊf] (pl **loaves** [ləʊvz]) noun ▸ a loaf (of bread) un pain.

go [gəʊ] ⬥ vi (pt **went**, pp **gone**) **1.** [move, travel] aller / where are you going? où vas-tu ? / he's gone to Portugal il est allé au Portugal / we went by bus/train nous sommes allés en bus/par le train / where does this path go? où mène ce chemin ? ▸ to go and do sthg aller faire

good [gʊd] ⬥ adj (compar **better**, superl **best**) **1.** [gen] bon (bonne) / it's good to see you again ça fait plaisir de te revoir ▸ to be good at sthg être bon en qqch ▸ to be good with a) [animals, children] savoir y faire avec b) [one's hands] être habile de ▸ it's good for you c'est bon pour

fend [fend] vi ▸ to fend for o.s. se débrouiller tout seul. ⬥ **fend off** vt sep [blows] parer ; [questions, reporters] écarter.

2. PHR **odds and sods** UK inf , **odds and ends** a) [miscellaneous objects] objets mpl divers, bric-à-brac m inv b) [leftovers] restes mpl ▸ to be at odds with sb être en désaccord avec qqn.

Transcription phonétique de l'anglais

Voyelles

[ɪ]	pit, big, rid
[e]	pet, tend
[æ]	pat, bag, mad
[ʌ]	putt, cut
[ɒ]	pot, log
[ʊ]	put, full
[ə]	mother, suppose
[i:]	bean, weed
[ɑ:]	barn, car, laugh
[ɔ:]	born, lawn
[u:]	loop, loose
[ɜ:]	burn, learn, bird

Diphtongues

[eɪ]	bay, late, great
[aɪ]	buy, light, aisle
[ɔɪ]	boy, foil
[əʊ]	no, road, blow
[aʊ]	now, shout, town
[ɪə]	peer, fierce, idea
[eə]	pair, bear, share
[ʊə]	poor, sure, tour

Semi-voyelles

[j]	you, spaniel
[w]	wet, why, twin

Consonnes

[p]	pop, people
[b]	bottle, bib
[t]	train, tip
[d]	dog, did
[k]	come, kitchen
[g]	gag, great
[ʧ]	chain, wretched
[ʤ]	jig, fridge
[f]	fib, physical
[v]	vine, livid
[θ]	think, fifth
[ð]	this, with
[s]	seal, peace
[z]	zip, his
[ʃ]	sheep, machine
[ʒ]	usual, measure
[h]	how, perhaps
[m]	metal, comb
[n]	night, dinner
[ŋ]	sung, parking
[l]	little, help
[r]	right, carry
[x]	loch

Notes sur la transcription phonétique

anglais - français

1. Accents primaire et secondaire

Les symboles ['] et [ˌ] indiquent respectivement un accent primaire et un accent secondaire sur la syllabe suivante.

2. Prononciation du « r » final

Le symbole [r] indique que le « r » final d'un mot anglais ne se prononce que lorsqu'il forme une liaison avec la voyelle du mot suivant ; le « r » final est presque toujours prononcé en anglais américain.

3. Anglais britannique et américain

Les différences de prononciation entre l'anglais britannique et l'anglais américain ne sont signalées que lorsqu'elles sortent du cadre de règles générales préétablies. Le « o » de dog, par exemple, est généralement plus allongé en anglais américain, et ne bénéficie pas d'une seconde transcription phonétique. En revanche, des mots comme **schedule, clerk, clichéd**, etc., dont la prononciation est moins évidente, font l'objet de deux transcriptions phonétiques.

4. Les formes accentuées et atones

La prononciation de certains mots monosyllabiques anglais varie selon le degré d'emphase qu'ils ont dans la phrase ; **the**, par exemple, se prononce [ðiː] en position accentuée, [ðə] en position atone, et [ðɪ] devant une voyelle. Ces informations sont présentées de la manière suivante dans le dictionnaire: **the** (weak form [ðə], before vowel [ðɪ], strong form [ðiː]).

français - anglais

1. Le symbole ['] représente le « h aspiré » français, par exemple **hachis** ['aʃi].

2. Comme le veut la tendance actuelle, nous ne faisons pas de distinction entre le « a » de **pâte** et celui de **patte**, tous deux transcrits [a].

Phonetic transcription of French

Oral vowels

[i]	fille, île
[e]	pays, année, **ai**der, ferai
[ɛ]	bec, **ai**me, l**ai**t, ferais
[a]	lac, papillon
[y]	usage, lune
[u]	outil, goût
[ə]	le, je
[œ]	peuple, b**œu**f
[ø]	av**eu**, j**eu**
[o]	drôle, a**u**be
[ɔ]	hotte, automne

Nasal vowels

[ɛ̃]	limbe, m**ain**
[œ̃]	parf**um**, br**un**
[ɑ̃]	champ, **en**nui
[ɔ̃]	ongle, m**on**

Semi-vowels

[j]	yeux, lieu
[ɥ]	lui, nuit
[w]	ouest, oui

Oral Consonants

[p]	prendre, grippe
[t]	théâtre, temps
[k]	coq, quatre, orchestre
[b]	bateau, rosbif
[d]	dalle, ronde
[g]	garder, épilogue, zinc
[f]	physique, fort
[s]	cela, savant, inertie, dix
[ʃ]	charrue, schéma, shérif
[v]	voir, rive
[l]	halle, lit
[z]	fraise, zéro
[ʒ]	rouge, jabot
[ʀ]	arracher, sabre

Nasal consonants

[m]	mât, drame
[n]	/ nager, trône
[ɲ]	agneau, peigner
[ŋ]	parking

Notes on phonetic transcription

French - English
1. The symbol ['] has been used to represent the French 'h aspiré', e.g. **hachis** ['aʃi].
2. We have followed the modern tendency not to distinguish between the 'a' in **pâte** and the 'a' in **patte**. Both are represented in the text by the phonetic symbol [a].

English - French
1. Primary and secondary stress
The symbol ['] indicates that the following syllable carries primary stress and the symbol [ˌ] that the following syllable carries secondary stress.

2. Pronunciation of final 'r'
The symbol [ͬ] in English phonetics indicates that the final 'r' is pronounced only when followed by a word beginning with a vowel. Note

that it is nearly always pronounced in American English.

3. British and American English
Differences between British and American pronunciation have not been shown where the pronunciation can be predicted by a standard set of rules, for example where the 'o' in **dog** is lengthened in American English. However, phonetics have been shown for the more unpredictable cases of **schedule, clerk, clichéd**, etc.

4. Strong and weak forms
The pronunciation of certain monosyllabic words varies according to their prominence in a sentence, e.g. **the** when stressed is pronounced [ðiː]; when unstressed, [ðə] and before a vowel [ðɪ]. This information is presented in the text as follows: **the** (weak form [ðə], before vowel [ðɪ], strong form [ðiː]).

abréviation	abr / abbr	abbreviation
adjectif, adjectivale	adj	adjective, adjectival
administration	ADMIN	administration
adverbe, adverbiale	adv	adverb, adverbial
aéronautique	AÉRON / AERON	aeronautics
agriculture	AGRIC / AGR	agriculture
anatomie	ANAT	anatomy
archéologie	ARCHÉOL / ARCHEOL	archaeology
architecture	ARCHIT	architecture
argot	arg	slang
article	art	article
astrologie	ASTROL	astrology
astronomie	ASTRON	astronomy
astronautique	ASTRONAUT	astronautics
anglais australien	AUSTR	Australian English
automobile	AUTO	cars
auxiliaire	aux	auxiliary
biologie	BIOL	biology
botanique	BOT	botany
anglais canadien	CAN	Canadian English
chimie	CHIM / CHEM	chemistry
cinéma	CINÉ / CIN	cinema
commerce	COMM	commerce
composé	comp	compound
comparatif	compar	comparative
informatique	COMPUT	computing
conjonction, conjonctive	conj	conjunction, conjunctive
construction	CONSTR	construction
progressif	cont	continuous
verbe copule	cop vb	copulative verb
couture	COUT	sewing
cuisine	CULIN	cooking
défini	déf / def	definite
démonstratif	dém	demonstrative
droit	DR	law
écologie	ÉCOL / ECOL	ecology
économie	ÉCON / ECON	economics
éducation	ÉDUC	education
électricité	ÉLECTR / ELEC	electricity
électronique	ÉLECTRON / ELECTRON	electronics
équitation	ÉQUIT / EQUIT	horse riding
euphémisme	euphém / euph	euphemism
exclamation, exclamatif	excl	exclamation, exclamatory
féminin	f	feminine
familier	fam	informal
figuré	fig	figurative
finance	FIN	finance
soutenu	fml	formal
football	FOOT/ FTBL	football
généralement	gén / gen	generally
géographie	GÉOGR / GEOG	geography
géologie	GÉOL / GEOL	geology
géométrie	GÉOM / GEOM	geometry
grammaire	GRAM	grammar
histoire	HIST	history
humoristique	hum	humorous
impersonnel	impers	impersonal

indéfini	indéf / indef	indefinite
industrie	INDUST	industry
familier	inf	informal
infinitif	infin	infinitive
informatique	INFORM	computing
injurieux	injur	offensive
inséparable	insép / insep	inseparable
interjection	interj	interjection
interrogatif	interr	interrogative
invariable	inv	invariable
anglais irlandais	**IR**	Irish English
ironique	iron / iro	ironic
linguistique	LING	linguistics
sens propre	lit	literal
littéraire	litt / liter	literary
littérature	LITTÉR / LITER	literature
locution	loc	phrase
masculin	m	masculine
mathématiques	MATH	mathematics
médecine	MÉD / MED	medicine
météorologie	MÉTÉOR / METEOR	meteorology
militaire	mil / MIL	military
musique	MUS	music
mythologie	MYTH	mythology
nom	n	noun
nautique	NAUT	nautical
nom propre	npr	proper noun
numéral	num	numeral
anglais de Nouvelle-Zélande	**NZ**	New Zealand English
injurieux	offens	offensive
terme officiellement recommandé par l'Académie	offic	officially recognized term
onomatopée	onomat	onomatopoeia
	o.s.	oneself
péjoratif	péj / pej	pejorative
personne, personnel	pers	person, personal
industrie du pétrole	PÉTR / PETR	petroleum industry
pharmacie	PHARM	pharmaceuticals
philosophie	PHILOS	philosophy
phonétique	PHON	phonetics
photographie	PHOT	photography
locution	phr	phrase
physique	PHYS	physics
physiologie	PHYSIOL	physiology
pluriel	pl	plural
politique	POL	politics
possessif	poss	possessive
participe passé	pp	past participle
participe présent	p prés	present participle
sens propre	pr	literal
préfixe	préf / pref	prefix
préposition, prépositionnelle	prép / prep	preposition, prepositional
nom propre	pr n	proper noun
pronom	pron	pronoun
proverbe	prov	proverb
psychologie	PSYCHOL	psychology
passé	pt	past tense

abréviation	abr / abbr	abbreviation
quelque chose / quelqu'un	qqch / qqn	something / somebody
relatif	rel	relative
religion	RELIG	religion
quelqu'un	sb	somebody
scolaire	SCH	school
sciences	SCI	science
scolaire	scol	school
anglais écossais	**Scot**	Scottish English
séparable	sép / sep	separable
couture	SEW	sewing
singulier	sg / sing	singular
argot	sl	slang
soutenu	sout	formal
quelque chose	sthg	something
subjonctif	subj	subjunctive
sujet	suj	subject
superlatif	superl	superlative
technologie	TECHNOL / TECH	technology
télécommunications	TÉLÉC / TELEC	telecommunications
textiles	TEXT / TEX	textiles
très familier	tfam	very informal
théâtre	THEAT	theatre
travaux publics	TRAV PUB	civil engineering
télévision	TV	television
typographie	TYPO	typography
substantif non comptable	U	uncountable noun
anglais britannique	**UK**	British English
université	UNIV	university
anglais américain	**US**	American English
le plus souvent	usu	usually
verbe attributif	v att	link verb followed by a predicative adjective or noun
verbe	vb / v	verb
verbe intransitif	vi	intransitive verb
très familier	v inf	very informal
verbe pronominal	vp	pronominal verb
verbe pronominal intransitif	vpi	intransitive pronominal verb
verbe pronominal transitif	vpt	transitive pronominal verb
verbe transitif	vt	transitive verb
vulgaire	vulg	vulgar
zoologie	ZOOL	zoology

Marques déposées
Les termes considérés comme des marques déposées sont signalés dans cet ouvrage par ®. Cependant la présence ou l'absence de ce symbole ne constitue nullement une indication quant à la valeur juridique de ces termes.

Trademarks
Words considered to be trademarks have been designated in this dictionary by the symbol ®. However, no judgment is implied concerning the legal status of any trademark by the presence or absence of such a symbol.

A

a¹, A [a] nm inv a, A ▸ **de A à Z** from A to Z.

a² **1.** [conjugaison] ⟶ **avoir 2.** [unité de mesure] (*abr écrite de* **are**) a.

à [a] (*contraction de « à + le » = au, contraction de « à + les » = aux*) prép **1.** [introduisant un complément d'objet indirect] to / *parler à qqn* to speak to sb **2.** [introduisant un complément de lieu - situation] at, in, on ; [- direction] to / *être à la maison / au bureau* to be at home / at the office / *il habite à Paris / à la campagne* he lives in Paris / in the country / *aller à Paris / à la campagne / au Pérou* to go to Paris / to the country / to Peru / *un voyage à Londres / aux Seychelles* a journey to London / to the Seychelles **3.** [introduisant un complément de temps] : *à onze heures* at eleven o'clock / *au mois de février* in the month of February / *à lundi !* see you (on) Monday! / *à plus tard !* see you later! / *de huit à dix heures* from eight to ten o'clock / *se situer à une heure / à 10 kilomètres de l'aéroport* to be situated an hour / 10 kilometres (away) from the airport **4.** [introduisant un complément de manière, de moyen] : *à haute voix* out loud, aloud / *rire aux éclats* to roar with laughter / *agir à son gré* to do as one pleases / *acheter à crédit* to buy on credit / *à pied / cheval* on foot / horseback **5.** [indiquant une caractéristique] with / *une fille aux cheveux longs* a girl with long hair / *l'homme à l'imperméable* the man with the raincoat **6.** [introduisant un chiffre] : *ils sont venus à dix* ten of them came / *un livre à 10 euros* a 10-euro book, a book costing 10 euros / *la vitesse est limitée à 50 km à l'heure* the speed limit is 50 km per **ou** an hour / *un groupe de 10 à 12 personnes* a group of 10 to 12 people, a group of between 10 and 12 people / *deux à deux* two by two **7.** [marquant l'appartenance] : *c'est à moi / toi / lui / elle* it's mine / yours / his / hers / *ce vélo est à ma sœur* this bike is my sister's **ou** belongs to my sister / *une amie à moi* a friend of mine **8.** [introduisant le but] : *coupe à champagne* champagne goblet / *le courrier à poster* the mail to be posted / *appartement à vendre / louer* flat for sale / to let.

A+ (*abr écrite de* **à plus tard**) SMS CUL.

a2m1 SMS *abr écrite de* **à demain**.

AB (*abr écrite de* **agriculture biologique**) food label guaranteeing that a product is made from at least 95 % organic ingredients (100 % in the case of a single ingredient).

ab1to (*abr écrite de* **à bientôt**) SMS CU.

abaisser [4] [abese] vt **1.** [rideau, voile] to lower ; [levier, manette] to push **ou** pull down **2.** [diminuer] to reduce, to lower. ◆ **s'abaisser** vp **1.** [descendre - rideau] to fall, to come down ; [- terrain] to fall away **2.** [s'humilier] to demean o.s. ▸ **s'abaisser à faire qqch** to lower o.s. to do sthg.

abandon [abɑ̃dɔ̃] nm **1.** [désertion, délaissement] desertion ▸ **à l'abandon** [jardin, maison] neglected, in a state of neglect **2.** [renonciation] abandoning, giving up **3.** [nonchalance, confiance] abandon.

abandonner [3] [abɑ̃dɔne] vt **1.** [quitter - femme, enfants] to abandon, to desert ; [- voiture, propriété] to abandon **2.** [renoncer à] to give up, to abandon **3.** [se retirer de - course, concours] to withdraw from **4.** [céder] ▸ **abandonner qqch à qqn** to leave sthg to sb, to leave sb sthg.

abasourdi, e [abazuʀdi] adj stunned.

abat-jour [abaʒuʀ] (*pl* **abat-jours**) nm lampshade.

abats [aba] nmpl [d'animal] offal (*U*) ; [de volaille] giblets.

abattement [abatmɑ̃] nm **1.** [faiblesse physique] weakness **2.** [désespoir] dejection **3.** [déduction] reduction ▸ **abattement fiscal** tax allowance 🇬🇧, tax exemption 🇺🇸.

abattis [abati] nmpl giblets.

abattoir [abatwaʀ] nm abattoir 🇬🇧, slaughterhouse.

abattre [83] [abatʀ] vt **1.** [faire tomber - mur] to knock down ; [- arbre] to cut down, to fell ; [- avion] to bring down **2.** [tuer - gén] to kill ; [- dans un abattoir] to slaughter **3.** [épuiser] to wear out ; [démoraliser] to demoralize.

abattu, e [abaty] ❖ pp ⟶ **abattre.** ❖ adj **1.** [déprimé] demoralized, dejected **2.** [affaibli] very weak.

abbaye [abei] nf abbey.

abbé [abe] nm **1.** [prêtre] priest **2.** [de couvent] abbot.

abc [abese] nm basics pl.

abcès [apsɛ] nm abscess.

abdiquer [3] [abdike] ❖ vt [renoncer à] to renounce. ❖ vi [roi] to abdicate.

abdomen [abdɔmɛn] nm abdomen.

abdominal, e, aux [abdɔminal, o] adj abdominal. ◆ **abdominaux** nmpl **1.** [muscles] abdominal ou stomach muscles **2.** [exercices] ▶ **faire des abdominaux** to do stomach exercises ou abs.

abdos [abdo] nmpl **1.** [muscles] abs, stomach muscles **2.** [exercices] stomach exercises, abs (exercises) / **faire des abdos** to do abs ou stomach exercises.

abécédaire [abesedɛʀ] nm ABC (book).

abeille [abɛj] nf bee.

aberrant, e [abeʀɑ̃, ɑ̃t] adj absurd.

abîme [abim] nm abyss, gulf.

abîmer [3] [abime] vt [détériorer - objet] to damage ; [- partie du corps, vue] to ruin. ◆ **s'abîmer** vp [gén] to be damaged ; [fruits] to go bad.

abject, e [abʒɛkt] adj despicable, contemptible.

aboiement [abwamɑ̃] nm bark, barking (U).

abolir [32] [abɔliʀ] vt to abolish.

abominable [abɔminabl] adj appalling, awful.

abondance [abɔ̃dɑ̃s] nf **1.** [profusion] abundance **2.** [opulence] affluence.

abondant, e [abɔ̃dɑ̃, ɑ̃t] adj [gén] plentiful ; [végétation, chevelure] luxuriant ; [pluie] heavy.

abonder [3] [abɔ̃de] vi to abound, to be abundant ▶ **abonder en qqch** to be rich in sthg ▶ **abonder dans le sens de qqn** to be entirely of sb's opinion.

abonné, e [abɔne] nm, f **1.** [à un journal, à une chaîne de télé] subscriber ; [à un théâtre] season-ticket holder **2.** [à un service public] consumer.

abonnement [abɔnmɑ̃] nm **1.** [à un journal, à une chaîne de télé] subscription ; [à un théâtre] season ticket **2.** [au téléphone] rental ; [au gaz, à l'électricité] standing charge.

abonner [3] [abɔne] ◆ **s'abonner** vp ▶ **s'abonner à qqch a)** [journal, chaîne de télé] to subscribe to sthg, to take out a subscription to sthg **b)** [service public] to get connected to sthg **c)** [théâtre] to buy a season ticket for sthg.

abord [abɔʀ] nm ▶ **être d'un abord facile / difficile** to be very / not very approachable.

◆ **abords** nmpl [gén] surrounding area sg ; [de ville] outskirts. ◆ **d'abord** loc adv **1.** [en premier lieu] first **2.** [avant tout] ▶ **(tout) d'abord** first (of all), in the first place.

abordable [abɔʀdabl] adj [lieu] accessible ; [personne] approachable ; [de prix modéré] affordable.

abordage [abɔʀdaʒ] nm boarding.

aborder [3] [abɔʀde] ❖ vi to land. ❖ vt **1.** [personne, lieu] to approach **2.** [question] to tackle.

aborigène [abɔʀiʒɛn] adj aboriginal. ◆ **Aborigène** nmf (Australian) aborigine.

abouti, e [abuti] adj [projet, démarche] successful.

aboutir [32] [abutiʀ] vi **1.** [chemin] ▶ **aboutir à / dans** to end at / in **2.** [négociation] to be successful ▶ **aboutir à qqch** to result in sthg.

aboyer [13] [abwaje] vi to bark.

abrasif, ive [abʀazif, iv] adj abrasive.

abrégé, e [abʀeʒe] adj abridged.

abréger [22] [abʀeʒe] vt [visite, réunion] to cut short ; [discours] to shorten ; [mot] to abbreviate.

abreuvoir [abʀœvwaʀ] nm [lieu] watering place ; [installation] drinking trough.

abréviation [abʀevjasjɔ̃] nf abbreviation.

abri [abʀi] nm shelter ▶ **se mettre à l'abri** to shelter, to take shelter ▶ **abri de jardin** garden shed. ◆ **à l'abri de** loc prép **1.** [pluie] sheltered from **2.** fig safe from.

Abribus® [abʀibys] nm bus shelter.

abricot [abʀiko] nm & adj inv apricot.

abricotier [abʀikɔtje] nm apricot tree.

abrier [10] [abʀije] **QUÉBEC** ◆ **s'abrier** vp **1.** [couvrir pour protéger] to cover **2.** fig [cacher, dissimuler] to hide / **s'abrier sous une couverture** to hide under a blanket.

abriter [3] [abʀite] vt **1.** [protéger] ▶ **abriter qqn / qqch (de)** to shelter sb / sthg (from) **2.** [héberger] to accommodate. ◆ **s'abriter** vp + prép ▶ **s'abriter (de)** to shelter (from).

abroger [17] [abʀɔʒe] vt to repeal.

abrupt, e [abʀypt] adj **1.** [raide] steep **2.** [rude] abrupt, brusque.

abruti, e [abʀyti] fam nm, f moron.

abrutir [32] [abʀytiʀ] vt **1.** [abêtir] ▶ **abrutir qqn** to deaden sb's mind **2.** [accabler] ▶ **abrutir qqn de travail** to work sb into the ground.

abrutissant, e [abʀytisɑ̃, ɑ̃t] adj **1.** [bruit, travail] stupefying **2.** [jeu, feuilleton] moronic.

absence [apsɑ̃s] nf **1.** [de personne] absence **2.** [carence] lack.

absent, e [apsɑ̃, ɑ̃t] ❖ adj **1.** [personne] ▸ **absent (de) a)** [gén] away (from) **b)** [pour maladie] absent (from) **2.** [regard, air] vacant, absent **3.** [manquant] lacking. ❖ nm, f absentee.

absenter [3] [apsɑ̃te] ❖ **s'absenter** vp ▸ **s'absenter (de la pièce)** to leave (the room).

absinthe [apsɛ̃t] nf [plante] wormwood ; [boisson] absinth.

absolu, e [apsɔly] adj [gén] absolute ; [décision, jugement] uncompromising.

absolument [apsɔlymɑ̃] adv absolutely.

absorbant, e [apsɔʀbɑ̃, ɑ̃t] adj **1.** [matière] absorbent **2.** [occupation] absorbing.

absorber [3] [apsɔʀbe] vt **1.** [gén] to absorb **2.** [manger] to take.

abstenir [40] [apstəniʀ] ❖ **s'abstenir** vp **1.** [ne rien faire] ▸ **s'abstenir (de qqch / de faire qqch)** to refrain (from sthg / from doing sthg) **2.** [ne pas voter] to abstain.

abstention [apstɑ̃sjɔ̃] nf abstention.

abstentionnisme [apstɑ̃sjɔnism] nm abstaining.

abstinence [apstinɑ̃s] nf abstinence.

abstraction [apstʀaksjɔ̃] nf abstraction ▸ **faire abstraction de** to disregard.

abstrait, e [apstʀɛ, ɛt] adj abstract.

absurde [apsyʀd] adj absurd.

absurdité [apsyʀdite] nf absurdity ▸ **dire des absurdités** to talk nonsense (U).

abus [aby] nm abuse ▸ **abus de confiance** breach of trust ▸ **abus de pouvoir** abuse of power.

abuser [3] [abyze] vi **1.** [dépasser les bornes] to go too far **2.** [user] ▸ **abuser de a)** [autorité, pouvoir] to overstep the bounds of **b)** [femme] to take advantage of **c)** [temps] to take up too much of ▸ **abuser de ses forces** to overexert o.s.

abusif, ive [abyzif, iv] adj **1.** [excessif] excessive **2.** [fautif] improper.

acabit [akabi] nm ▸ **du même acabit** péj of the same type.

acacia [akasja] nm acacia.

académicien, enne [akademisjɛ̃, ɛn] nm, f academician ; [de l'Académie française] member of the French Academy.

académie [akademi] nf **1.** SCOL & UNIV ≃ regional education authority **UK** ; ≃ school district **US 2.** [institut] academy ▸ **l'Académie française** the French Academy (learned society of leading men and women of letters).

acadien, enne [akadjɛ̃, ɛn] adj Acadian. ❖ **Acadien, enne** nm, f Acadian. ❖ **acadien** nm LING Acadian.

acajou [akaʒu] nm & adj inv mahogany.

acariâtre [akaʀjɑtʀ] adj bad-tempered, cantankerous.

acarien [akaʀjɛ̃] nm [gén] acarid ; [de poussière] dust mite.

accablant, e [akablɑ̃, ɑ̃t] adj **1.** [soleil, chaleur] oppressive **2.** [preuve, témoignage] overwhelming.

accabler [3] [akable] vt **1.** [surcharger] ▸ **accabler qqn de** [travail] to overwhelm sb with ▸ **accabler qqn d'injures** to shower sb with abuse **2.** [accuser] to condemn.

accalmie [akalmi] nf pr & fig lull.

accéder [18] [aksede] ❖ **accéder à** vt **1.** [pénétrer dans] to reach, to get to **2.** [parvenir à] to attain **3.** [consentir à] to comply with.

accélérateur [akseleʀatœʀ] nm accelerator.

accélération [akseleʀasjɔ̃] nf [de voiture, machine] acceleration ; [de projet] speeding up.

accélérer [18] [akseleʀe] ❖ vt to accelerate, to speed up. ❖ vi AUTO to accelerate.

accent [aksɑ̃] nm **1.** [prononciation] accent / **avoir un accent** to speak with ou to have an accent / **elle a un très bon accent** her accent is very good **2.** [signe graphique] accent ▸ **accent aigu / grave / circonflexe** acute / grave / circumflex (accent) **3.** [intonation] tone ▸ **mettre l'accent sur** pr to stress.

accentuation [aksɑ̃tyasjɔ̃] nf [à l'écrit] accenting ; [en parlant] stress.

accentuer [7] [aksɑ̃tɥe] vt **1.** [insister sur, souligner] to emphasize, to accentuate **2.** [intensifier] to intensify **3.** [à l'écrit] to put the accents on ; [en parlant] to stress. ❖ **s'accentuer** vp to become more pronounced.

acceptable [aksɛptabl] adj acceptable.

acceptation [aksɛptasjɔ̃] nf acceptance.

accepter [4] [aksɛpte] vt to accept ▸ **accepter de faire qqch** to agree to do sthg ▸ **accepter que** (+ subjonctif) : **accepter que qqn fasse qqch** to agree to sb doing sthg / **je n'accepte pas qu'il me parle ainsi** I won't have him talking to me like that.

acception [aksɛpsjɔ̃] nf sense.

accès [aksɛ] nm **1.** [entrée] entry ▸ **avoir/donner accès à** to have/to give access to ▸ **'accès interdit'** 'no entry' **2.** [voie d'entrée] entrance **3.** [crise] bout ▸ **accès de colère** fit of anger **4.** INFORM ▸ **accès à distance** remote access.

accessible [aksesibl] adj [lieu, livre] accessible ; [personne] approachable ; [prix, équipement] affordable.

accession [aksesjɔ̃] nf ▸ **accession à** a) [trône, présidence] accession to b) [indépendance] attainment of.

accessoire [akseswaʀ] ❖ nm **1.** [gén] accessory **2.** [de théâtre, cinéma] prop. ❖ adj secondary.

accident [aksidɑ̃] nm accident ▸ **par accident** by chance, by accident ▸ **accident de la route/de voiture/du travail** road/car/industrial accident.

accidenté, e [aksidɑ̃te] ❖ adj **1.** [terrain, surface] uneven **2.** [voiture] damaged. ❖ nm, f (gén pl) ▸ **accidenté de la route** accident victim.

accidentel, elle [aksidɑ̃tɛl] adj accidental.

accidentellement [aksidɑ̃tɛlmɑ̃] adv [rencontrer] by chance, accidentally ; [mourir] in an accident.

acclamation [aklamasjɔ̃] nf (gén pl) cheers pl, cheering (U).

acclamer [3] [aklame] vt to cheer.

acclimatation [aklimatasjɔ̃] nf acclimatization, acclimation US.

acclimater [3] [aklimate] vt to acclimatize, to acclimate US ; fig to introduce. ❖ **s'acclimater** vp ▸ **s'acclimater à** to become acclimatized ou acclimated US to.

accolade [akɔlad] nf **1.** TYPO brace **2.** [embrassade] embrace.

accommodant, e [akɔmɔdɑ̃, ɑ̃t] adj obliging.

accommodement [akɔmɔdmɑ̃] nm compromise.

accommoder [3] [akɔmɔde] vt CULIN to prepare.

accompagnateur, trice [akɔ̃paɲatœʀ, tʀis] nm, f **1.** MUS accompanist **2.** [guide] guide.

accompagnement [akɔ̃paɲmɑ̃] nm MUS accompaniment.

accompagner [3] [akɔ̃paɲe] vt **1.** [personne] to go with, to accompany **2.** [agrémenter] ▸ **accompagner qqch de** to accompany sthg with **3.** MUS to accompany.

accompli, e [akɔ̃pli] adj accomplished.

accomplir [32] [akɔ̃pliʀ] vt to carry out. ❖ **s'accomplir** vp to come about.

accomplissement [akɔ̃plismɑ̃] nm [d'apprentissage] completion ; [de travail] fulfilment UK, fulfillment US.

accord [akɔʀ] nm **1.** [gén] agreement **2.** LING agreement, concord **3.** MUS chord **4.** [acceptation] approval ▸ **donner son accord à qqch** to approve sthg. ❖ **d'accord** ❖ loc adv OK, all right. ❖ loc adj ▸ **être d'accord (avec)** to agree (with) ▸ **tomber ou se mettre d'accord** to come to an agreement, to agree.

accordéon [akɔʀdeɔ̃] nm accordion.

accorder [3] [akɔʀde] vt **1.** [donner] ▸ **accorder qqch à qqn** to grant sb sthg **2.** [attribuer] ▸ **accorder qqch à qqch** to accord sthg to sthg ▸ **accorder de l'importance à** to attach importance to **3.** [harmoniser] to match **4.** GRAM ▸ **accorder qqch avec qqch** to make sthg agree with sthg **5.** MUS to tune. ❖ **s'accorder** vp **1.** [gén] ▸ **s'accorder (pour faire qqch)** to agree (to do sthg) ▸ **s'accorder à faire qqch** to be unanimous in doing sthg **2.** [être assorti] to match **3.** GRAM to agree.

accoster [3] [akɔste] ❖ vt **1.** NAUT to come alongside **2.** [personne] to accost. ❖ vi NAUT to dock.

accotement [akɔtmɑ̃] nm [de route] shoulder ▸ **accotement non stabilisé** soft verge UK, soft shoulder US.

accouchement [akuʃmɑ̃] nm childbirth ▸ **accouchement sans douleur** natural childbirth ▸ **accouchement sous X** a woman's right to anonymity in childbirth.

accoucher [3] [akuʃe] vi : **accoucher (de)** to give birth (to).

accouder [3] [akude] ❖ **s'accouder** vp to lean on one's elbows ▸ **s'accouder à** to lean one's elbows on.

accoudoir [akudwaʀ] nm armrest.

accouplement [akupləmɑ̃] nm mating, coupling.

accourir [45] [akuʀiʀ] vi to run up, to rush up.

accouru, e [akuʀy] pp ⟶ **accourir**.

accoutré, e [akutʀe] adj péj : **être bizarrement accoutré** to be strangely got up.

accoutrement [akutʀəmɑ̃] nm péj getup.

accoutumer [3] [akutyme] vt ▸ **accoutumer qqn à qqn/qqch** to get sb used to sb/sthg ▸ **accoutumer qqn à faire qqch** to get

sb used to doing sthg. ◆ **s'accoutumer** vp
▶ **s'accoutumer à qqn/qqch** to get used to
sb/sthg ▶ **s'accoutumer à faire qqch** to get
used to doing sthg.

accréditer [3] [akʀedite] vt [rumeur] to
substantiate ▶ **accréditer qqn auprès de** to
accredit sb to.

accro [akʀo] *fam* ❖ adj hooked ▶ **être accro
à qqch a)** [drogue] to be hooked on sthg **b)** *fig*
to be hooked on ou really into sthg. ❖ nmf
fanatic / **c'est un accro du football** he's really
mad on football.

accroc [akʀo] nm **1.** [déchirure] tear **2.** [in-
cident] hitch.

accrochage [akʀɔʃaʒ] nm **1.** [accident] collision **2.** *fam* [dispute] row.

accroche [akʀoʃ] nf COMM catch line.

accrocher [3] [akʀoʃe] vt **1.** [suspendre]
▶ **accrocher qqch (à)** to hang sthg up (on)
2. [déchirer] ▶ **accrocher qqch (à)** to catch
sthg (on). ◆ **s'accrocher** vp **1.** [s'agripper]
▶ **s'accrocher (à)** to hang on (to) ▶ **s'accrocher
à qqn** *fig* to cling to sb **2.** *fam* [se disputer]
to row, to have a row **3.** *fam* [persévérer] to
stick at it.

accrocheur, euse [akʀɔʃœʀ, øz] adj **1.** [qui
retient l'attention] eye-catching **2.** [opiniâtre]
tenacious.

accroissement [akʀwasmã] nm increase, growth.

accroître [94] [akʀwatʀ] vt to increase.
◆ **s'accroître** vp to increase, to grow.

accroupir [32] [akʀupiʀ] ◆ **s'accroupir**
vp to squat.

accru, e [akʀy] pp ⟶ **accroître**.

accu [aky] nm ▶ **recharger ses accus** *fam & fig*
to recharge one's batteries.

accueil [akœj] nm **1.** [lieu] reception **2.** [ac-
tion] welcome, reception.

accueillant, e [akœjã, ãt] adj welcom-
ing, friendly.

accueillir [41] [akœjiʀ] vt **1.** [gén] to welcome
2. [loger] to accommodate.

accumulateur [akymylatœʀ] nm
1. BANQUE & INFORM accumulator **2.** ÉLECTR
(storage) battery.

accumulation [akymylasjɔ̃] nf accumulation.

accumuler [3] [akymyle] vt to accumulate;
fig to store up. ◆ **s'accumuler** vp to pile up.

accusateur, trice [akyzatœʀ, tʀis] ❖ adj
accusing. ❖ nm, f accuser.

accusation [akyzasjɔ̃] nf **1.** [reproche] accusation **2.** DR charge ▶ **mettre en accusation**
to indict ▶ **l'accusation** the prosecution.

accusé, e [akyze] nm, f accused, defendant.
◆ **accusé de réception** nm acknowledgement (of receipt).

accuser [3] [akyze] vt **1.** [porter une accusation
contre] ▶ **accuser qqn (de qqch)** to accuse sb
(of sthg) **2.** DR ▶ **accuser qqn de qqch** to charge
sb with sthg **3.** EXPR accuser réception de to
acknowledge receipt of.

acerbe [asɛʀb] adj acerbic.

acéré, e [asere] adj sharp.

achalandé, e [aʃalãde] adj [en marchandises]
▶ **bien achalandé** well-stocked.

achalant, e [aʃalã, ãt] QUÉBEC ❖ adj annoying. ❖ nm, f [personne] pest, nuisance.

achaler [3] [aʃale] vt QUÉBEC *fam* to annoy.

acharné, e [aʃaʀne] adj [combat] fierce ; [tra-
vail] unremitting.

acharnement [aʃaʀnəmã] nm relentlessness.

acharner [3] [aʃaʀne] ◆ **s'acharner** vp
1. [combattre] ▶ **s'acharner contre** ou **après** ou
sur qqn a) [ennemi, victime] to hound sb **b)** [suj :
malheur] to dog sb **2.** [s'obstiner] ▶ **s'acharner
(à faire qqch)** to persist (in doing sthg).

achat [aʃa] nm [objet, marchandise] purchase
▶ **faire des achats** to go shopping.

acheminer [3] [aʃmine] vt to dispatch.
◆ **s'acheminer** vp ▶ **s'acheminer vers**
a) [lieu, désastre] to head for **b)** [solution, paix]
to move towards UK ou toward US.

acheter [28] [aʃte] vt *pr & fig* [cadeau, objet,
produit] to buy ▶ **acheter qqch à qqn a)** [pour
soi] to buy sthg from sb **b)** [pour le lui offrir] to
buy sb sthg, to buy sthg for sb ▶ **acheter qqch
pour qqn** to buy sthg for sb, to buy sb sthg.

acheteur, euse [aʃtœʀ, øz] nm, f buyer, purchaser.

achevé, e [aʃve] adj *sout* : *d'un ridicule
achevé* utterly ridiculous.

achèvement [aʃɛvmã] nm completion.

achever [19] [aʃve] vt **1.** [terminer] to complete, to finish (off) **2.** [tuer, accabler] to finish
off. ◆ **s'achever** vp to end, to come to an end.

achoppement [aʃɔpmã] ⟶ **pierre**.

acide [asid] ❖ adj **1.** [saveur] sour **2.** [pro-
pos] sharp, acid **3.** CHIM acid. ❖ nm CHIM acid.

acidité [asidite] nf **1.** CHIM acidity **2.** [saveur] sourness **3.** [de propos] sharpness.

acidulé, e [asidyle] adj slightly acid ; ⟶ **bon-bon.**

acier [asje] nm steel ▶ **acier inoxydable** stainless steel.

aciérie [asjeʀi] nf steelworks *sg.*

acné [akne] nf acne.

acolyte [akɔlit] nm *péj* henchman.

acompte [akɔ̃t] nm deposit.

à-côté [akote] (*pl* à-côtés) nm **1.** [point accessoire] side issue **2.** [gain d'appoint] extra.

à-coup [aku] (*pl* à-coups) nm jerk ▶ **par à-coups** in fits and starts.

acoustique [akustik] nf **1.** [science] acoustics *(U)* **2.** [d'une salle] acoustics *pl.*

acquéreur [akeʀœʀ] nm buyer.

acquérir [39] [akeʀiʀ] vt [gén] to acquire.

acquiescement [akjɛsmɑ̃] nm approval.

acquiescer [21] [akjese] vi to acquiesce ▶ **acquiescer à** to agree to.

acquis, e [aki, iz] ✥ pp ⟶ **acquérir.** ✥ adj **1.** [caractère] acquired **2.** [droit, avantage] established. ◆ **acquis** nmpl [connaissances] knowledge *(U).*

acquisition [akizisjɔ̃] nf acquisition.

acquit [aki] nm receipt ▶ **pour acquit** COMM received ▶ **faire qqch par acquit de conscience** *fig* to do sthg to set one's mind at rest.

acquittement [akitmɑ̃] nm **1.** [d'obligation] settlement **2.** DR acquittal.

acquitter [3] [akite] vt **1.** DR to acquit **2.** [régler] to pay **3.** [libérer] ▶ **acquitter qqn de** to release sb from.

âcre [akʀ] adj **1.** [saveur] bitter **2.** [fumée] acrid.

acrobate [akʀɔbat] nmf acrobat.

acrobatie [akʀɔbasi] nf acrobatics *(U).*

acrylique [akʀilik] adj & nm acrylic.

acte [akt] nm **1.** [action] act, action ▶ **faire acte d'autorité** to exercise one's authority ▶ **faire acte de candidature** to submit an application **2.** THÉÂTRE act **3.** DR deed ▶ **acte d'accusation** charge ▶ **acte de naissance / de mariage / de décès** birth / marriage / death certificate ▶ **acte de vente** bill of sale **4.** RELIG certificate **5.** EXPR **faire acte de présence** to put in an appearance ▶ **prendre acte de** to note, to take note of. ◆ **actes** nmpl [de colloque] proceedings.

acteur, trice [aktœʀ, tʀis] nm, f actor (actress).

actif, ive [aktif, iv] adj [gén] active. ◆ **actif** nm **1.** FIN assets *pl* **2.** EXPR **avoir qqch à son actif** to have sthg to one's credit.

action [aksjɔ̃] nf **1.** [gén] action ▶ **sous l'action de** under the effect of **2.** [acte] action, act ▶ **bonne / mauvaise action** good / bad deed **3.** DR action, lawsuit **4.** FIN share.

actionnaire [aksjɔnɛʀ] nmf FIN shareholder UK, stockholder US.

actionner [3] [aksjɔne] vt to work, to activate.

activement [aktivmɑ̃] adv actively.

activer [3] [aktive] vt to speed up. ◆ **s'activer** vp to bustle about.

activiste [aktivist] adj & nmf activist.

activité [aktivite] nf [gén] activity ▶ **en activité** [volcan] active.

actualisation [aktɥalizasjɔ̃] nf [d'un texte] updating.

actualiser [3] [aktɥalize] vt to update, to bring up to date.

actualité [aktɥalite] nf **1.** [d'un sujet] topicality **2.** [événements] ▶ **l'actualité sportive / politique / littéraire** the current sports / political / literary scene. ◆ **actualités** nfpl ▶ **les actualités** the news *sg.*

actuel, elle [aktɥɛl] adj [contemporain, présent] current, present.

actuellement [aktɥɛlmɑ̃] adv at present, currently.

acuité [akɥite] nf acuteness.

acuponcteur, trice, acupuncteur, trice [akypɔ̃ktœʀ, tʀis] nm, f acupuncturist.

acuponcture, acupuncture [akypɔ̃ktyʀ] nf acupuncture.

adage [adaʒ] nm adage, saying.

adaptateur, trice [adaptatœʀ, tʀis] nm, f adapter. ◆ **adaptateur** nm ÉLECTR adapter.

adaptation [adaptasjɔ̃] nf adaptation.

adapter [3] [adapte] vt **1.** [gén] to adapt **2.** [fixer] to fit. ◆ **s'adapter** vp ▶ **s'adapter (à)** to adapt (to).

additif [aditif] nm **1.** [supplément] rider, additional clause **2.** [substance] additive.

addition [adisjɔ̃] nf **1.** [ajout, calcul] addition **2.** [note] bill, check US.

additionner [3] [adisjɔne] vt **1.** [mélanger] : *additionner une poudre d'eau* to add water to a powder **2.** [chiffres] to add up.

adepte [adɛpt] nmf follower.

adéquat, e [adekwa, at] adj suitable, appropriate.

adéquation [adekwasjɔ̃] nf appropriateness.

adhérence [aderɑ̃s] nf [de pneu] grip / *une bonne adhérence à la route* good road-holding *(U)*.

adhérent, e [aderɑ̃, ɑ̃t] nm, f ▶ **adhérent (de)** member (of).

adhérer [18] [adere] vi **1.** [coller] to stick, to adhere ▶ **adhérer à a)** [se fixer sur] to stick ou adhere to **b)** *fig* [être d'accord avec] to support, to adhere to **2.** [être membre] ▶ **adhérer à** to become a member of, to join.

adhésif, ive [adezif, iv] adj sticky, adhesive. ◆ **adhésif** nm adhesive.

adhésion [adezjɔ̃] nf **1.** [à une idée] ▶ **adhésion (à)** support (for) **2.** [à un parti] ▶ **adhésion (à)** membership (of).

adieu [adjø] ◆ interj goodbye!, farewell! ▶ **dire adieu à qqch** *fig* to say goodbye to sthg. ◆ nm *(gén pl)* farewell ▶ **faire ses adieux à qqn** to say one's farewells to sb.

adipeux, euse [adipø, øz] adj [tissu] adipose ; [personne] fat.

adjectif [adʒɛktif] nm GRAM adjective.

adjoint, e [adʒwɛ̃, ɛ̃t] ◆ adj deputy *(avant n)*, assistant *(avant n)*. ◆ nm, f deputy, assistant ▶ **adjoint au maire** deputy mayor.

adjonction [adʒɔ̃ksjɔ̃] nf addition.

adjudant [adʒydɑ̃] nm [dans la marine] warrant officer.

adjuger [17] [adʒyʒe] vt ▶ **adjuger qqch (à qqn) a)** [aux enchères] to auction sthg (to sb) **b)** [décerner] to award sthg (to sb) ▶ **adjugé !** sold!

admettre [84] [admɛtʀ] vt **1.** [tolérer, accepter] to allow, to accept **2.** [autoriser] to allow **3.** [accueillir, reconnaître] to admit.

administrateur, trice [administʀatœʀ, tʀis] nm, f **1.** [gérant] administrator ▶ **administrateur judiciaire** receiver **2.** [de conseil d'administration] director **3.** INFORM ▶ **administrateur de site (Web)** webmaster.

administratif, ive [administʀatif, iv] adj administrative.

administration [administʀasjɔ̃] nf **1.** [service public] ▶ **l'Administration** ≃ the Civil Service **2.** [gestion] administration.

administrer [3] [administʀe] vt **1.** [gérer] to manage, to administer **2.** [médicament, sacrement] to administer.

admirable [admiʀabl] adj **1.** [personne, comportement] admirable **2.** [paysage, spectacle] wonderful.

admirateur, trice [admiʀatœʀ, tʀis] nm, f admirer.

admiratif, ive [admiʀatif, iv] adj admiring.

admiration [admiʀasjɔ̃] nf admiration.

admirer [3] [admiʀe] vt to admire.

admis, e [admi, iz] pp ⟶ **admettre**.

admissible [admisibl] adj **1.** [attitude] acceptable **2.** SCOL eligible.

admission [admisjɔ̃] nf admission.

ADN *(abr de acide désoxyribonucléique)* nm DNA.

ado [ado] *(abr de adolescent)* nmf *fam* teen, teenager.

adolescence [adɔlesɑ̃s] nf adolescence.

adolescent, e [adɔlesɑ̃, ɑ̃t] nm, f adolescent, teenager.

adonner [3] [adɔne] ◆ **s'adonner** vp ▶ **s'adonner à a)** [sport, activité] to devote o.s. to **b)** [vice] to take to.

adopter [3] [adɔpte] vt **1.** [gén] to adopt **2.** [loi] to pass.

adoptif, ive [adɔptif, iv] adj [famille] adoptive ; [pays, enfant] adopted.

adoption [adɔpsjɔ̃] nf adoption ▶ **d'adoption a)** [pays, ville] adopted **b)** [famille] adoptive.

adorable [adɔʀabl] adj adorable, delightful.

adoration [adɔʀasjɔ̃] nf **1.** [amour] adoration **2.** RELIG worship.

adorer [3] [adɔʀe] vt **1.** [personne, chose] to adore **2.** RELIG to worship.

adosser [3] [adose] vt ▶ **adosser qqch à qqch** to place sthg against sthg. ◆ **s'adosser** vp ▶ **s'adosser à** ou **contre qqch** to lean against sthg.

adoucir [32] [adusiʀ] vt **1.** [gén] to soften **2.** [chagrin, peine] to ease, to soothe. ◆ **s'adoucir** vp **1.** [temps] to become ou get milder **2.** [personne] to mellow.

adoucissant, e [adusisɑ̃, ɑ̃t] adj soothing. ◆ **adoucissant** nm softener.

adoucisseur [adusisœʀ] nm ▶ **adoucisseur d'eau** water softener.

adrénaline [adʀenalin] nf adrenalin.

adresse [adʀɛs] nf **1.** [gén & INFORM] address ▶ **adresse électronique** e-mail address **2.** [habileté] skill.

adresser [4] [adʀese] vt **1.** [faire parvenir] ▶ **adresser qqch à qqn** to address sthg to sb **2.** [envoyer] ▶ **adresser qqn à qqn** to refer sb to sb. ◆ **s'adresser** vp ▶ **s'adresser à a)** [parler à] to speak to **b)** [être destiné à] to be aimed at, to be intended for.

Adriatique [adʀiatik] nf : *l'Adriatique* the Adriatic.

adroit, e [adʀwa, at] adj skilful **UK**, skillful **US**.

ADSL (*abr de* asymmetric digital subscriber line) nm ADSL / *passer à l'ADSL* to switch ou upgrade ou go over to ADSL.

aduler [3] [adyle] vt to adulate.

adulte [adylt] nmf & adj adult.

adultère [adyltɛʀ] ⚙ nm [acte] adultery. ⚙ adj adulterous.

adultérin, e [adylteʀɛ̃, in] adj illegitimate.

advenir [40] [advǝniʀ] v impers to happen ▶ **qu'advient-il de… ?** what is happening to…? ▶ **qu'est-il advenu de… ?** what has happened to ou become of…?

advenu [advǝny] pp ⟶ **advenir**.

adverbe [advɛʀb] nm adverb.

adversaire [advɛʀsɛʀ] nmf adversary, opponent.

adverse [advɛʀs] adj [opposé] opposing ; ⟶ **parti**.

adversité [advɛʀsite] nf adversity.

aération [aeʀasjɔ̃] nf [circulation d'air] ventilation ; [action] airing.

aéré, e [aeʀe] adj **1.** [chambre] well-ventilated, airy / *bien aéré* well-ventilated, airy / *mal aéré* poorly-ventilated, stuffy **2.** [présentation, texte] well-spaced.

aérer [18] [aeʀe] vt [pièce, chose] to air.

aérien, enne [aeʀjɛ̃, ɛn] adj **1.** [câble] overhead (*avant n*) **2.** [transports, attaque] air (*avant n*) ▶ **compagnie aérienne** airline (company).

aérobic [aeʀɔbik] nm aerobics (U).

aéro-club (*pl* **aéro-clubs**) [aeʀɔklœb] nm flying club.

aérodrome [aeʀɔdʀom] nm airfield.

aérodynamique [aeʀɔdinamik] adj streamlined, aerodynamic.

aérogare [aeʀɔgaʀ] nf **1.** [aéroport] airport **2.** [gare] air terminal.

aéroglisseur [aeʀɔglisœʀ] nm hovercraft.

aérogramme [aeʀɔgʀam] nm aerogramme **UK**, aerogram **US**, air letter.

aéronautique [aeʀɔnotik] nf aeronautics (U).

aéronaval, e, als [aeʀɔnaval] adj air and sea (*avant n*).

aérophagie [aeʀɔfaʒi] nf abdominal wind.

aéroport [aeʀɔpɔʀ] nm airport.

aéroporté, e [aeʀɔpɔʀte] adj airborne.

aérosol [aeʀɔsɔl] nm & adj inv aerosol.

aérospatial, e, aux [aeʀɔspasjal, o] adj aerospace (*avant n*). ◆ **aérospatiale** nf aerospace industry.

affable [afabl] adj **1.** [personne] affable, agreeable **2.** [parole] kind.

affaiblir [32] [afebliʀ] vt pr & fig to weaken. ◆ **s'affaiblir** vp pr & fig to weaken, to become weaker.

affaire [afɛʀ] nf **1.** [question] matter **2.** [situation, polémique] affair **3.** [marché] deal ▶ **faire une affaire** to get a bargain ou a good deal **4.** [entreprise] business **5.** [procès] case **6.** EXPR avoir affaire à qqn to deal with sb / *vous aurez affaire à moi !* you'll have me to deal with! ▶ **faire l'affaire** to do nicely. ◆ **affaires** nfpl **1.** COMM business (U) **2.** [objets personnels] things, belongings **3.** [activités] affairs.

affairé, e [afeʀe] adj busy.

affairer [4] [afeʀe] ◆ **s'affairer** vp to bustle about.

affairisme [afeʀism] nm racketeering.

affaisser [4] [afese] ◆ **s'affaisser** vp **1.** [se creuser] to subside, to sink **2.** [tomber] to collapse.

affaler [3] [afale] ◆ **s'affaler** vp to collapse.

affamé, e [afame] adj starving.

affectation [afɛktasjɔ̃] nf **1.** [attribution] ▶ **affectation de qqch à** allocation of sthg to **2.** [nomination] appointment, posting **3.** [manque de naturel] affectation.

affecté, e [afɛkte] adj [personne] affected, mannered / *parler d'une manière affectée* to speak affectedly.

affecter [4] [afɛkte] vt **1.** [consacrer] ▶ **affecter qqch à** to allocate sthg to **2.** [nommer] ▶ **affecter qqn à** to appoint sb to **3.** [feindre] to feign **4.** [émouvoir] to affect, to move.

affectif, ive [afɛktif, iv] adj emotional.

affection [afɛksjɔ̃] nf **1.** [sentiment] affection ▶ **avoir de l'affection pour** to be fond of **2.** [maladie] complaint.

affectionner [3] [afɛksjɔne] vt to be fond of.

affectueusement [afɛktɥøzmɑ̃] adv affectionately.

affectueux, euse [afɛktɥø, øz] adj affectionate.

affermir [32] [afɛʀmiʀ] vt [gén] to strengthen; [chairs] to tone up. ◆ **s'affermir** vp **1.** [matière] to be strengthened; [chairs] to be toned up **2.** [pouvoir] to be consolidated.

affichage [afiʃaʒ] nm **1.** [d'un poster, d'un avis] putting up, displaying **2.** ÉLECTRON ▶ **affichage à cristaux liquides** LCD, liquid crystal display.

affiche [afiʃ] nf [gén] poster; [officielle] notice.

afficher [3] [afiʃe] vt **1.** [liste, poster] to put up; [vente, réglementation] to put up a notice about **2.** [laisser transparaître] to display, to exhibit.

afficheur [afiʃœʀ] nm **1.** [entreprise] billposter **2.** ÉLECTRON display.

affilée [afile] ◆ **d'affilée** loc adv : *trois jours d'affilée* three days running.

affiler [3] [afile] vt to sharpen.

affilié, e [afilje] adj ▶ **affilié à** affiliated to.

affiner [3] [afine] vt *pr* & *fig* to refine.

affinité [afinite] nf affinity.

affirmatif, ive [afiʀmatif, iv] adj **1.** [réponse] affirmative **2.** [personne] positive. ◆ **affirmative** nf : *nous aimerions savoir si vous serez libre mercredi ; dans l'affirmative, nous vous prions de…* we'd like to know if you are free on Wednesday; if you are ou if so, please… ▶ **répondre par l'affirmative** to reply in the affirmative.

affirmation [afiʀmasjɔ̃] nf assertion.

affirmer [3] [afiʀme] vt **1.** [certifier] to maintain, to claim **2.** [exprimer] to assert.

affliction [afliksjɔ̃] nf affliction.

affligeant, e [afliʒɑ̃, ɑ̃t] adj **1.** [désolant] saddening, distressing **2.** [lamentable] appalling.

affliger [17] [afliʒe] vt *sout* **1.** [attrister] to sadden, to distress **2.** [de défaut, de maladie] ▶ **être affligé de** to be afflicted with.

affluence [aflyɑ̃s] nf crowd, crowds *pl*.

affluent [aflyɑ̃] nm tributary.

affluer [3] [aflye] vi **1.** [choses] to pour in, to flood in **2.** [personnes] to flock **3.** [sang] ▶ **affluer (à)** to rush (to).

afflux [afly] nm **1.** [de liquide, dons, capitaux] flow **2.** [de personnes] flood.

affolant, e [afɔlɑ̃, ɑ̃t] adj **1.** [inquiétant] frightening **2.** [troublant] disturbing.

affolement [afɔlmɑ̃] nm panic.

affoler [3] [afɔle] vt [inquiéter] to terrify. ◆ **s'affoler** vp [paniquer] to panic.

affranchi, e [afʀɑ̃ʃi] adj **1.** [lettre - avec timbre] stamped ; [- à la machine] franked **2.** [personne, esclave] liberated.

affranchir [32] [afʀɑ̃ʃiʀ] vt **1.** [lettre - avec timbre] to stamp ; [- à la machine] to frank **2.** [esclave] to set free, to liberate.

affréter [18] [afʀete] vt to charter.

affreux, euse [afʀø, øz] adj **1.** [repoussant] horrible **2.** [effrayant] terrifying **3.** [détestable] awful, dreadful.

affriolant, e [afʀijɔlɑ̃, ɑ̃t] adj enticing.

affront [afʀɔ̃] nm insult, affront.

affrontement [afʀɔ̃tmɑ̃] nm confrontation.

affronter [3] [afʀɔ̃te] vt to confront.

affubler [3] [afyble] vt *péj* ▶ **être affublé de** to be got up in.

affût [afy] nm ▶ **être à l'affût (de) a)** to be lying in wait (for) **b)** *fig* to be on the lookout (for).

affûter [3] [afyte] vt to sharpen.

Afghanistan [afganistɑ̃] nm : *l'Afghanistan* Afghanistan.

afin [afɛ̃] ◆ **afin de** loc prép in order to. ◆ **afin que** loc conj (+ subjonctif) so that.

a fortiori [afɔʀsjɔʀi] adv all the more.

AFP (*abr de* **Agence France-Presse**) nf *French press agency.*

africain, e [afʀikɛ̃, ɛn] adj African. ◆ **Africain, e** nm, f African.

afrikaner [afʀikanɛʀ], **afrikaander** [afʀikɑ̃dɛʀ] adj Afrikaner. ◆ **Afrikaner, Afrikaander** nmf Afrikaner.

Afrique [afʀik] nf : *l'Afrique* Africa / *l'Afrique du Nord* North Africa / *l'Afrique du Sud* South Africa.

after-shave [aftœʀʃɛv] nm inv & adj inv aftershave.

agaçant, e [agasɑ̃, ɑ̃t] adj irritating.

agacer [16] [agase] vt to irritate.

âge [aʒ] nm age ▸ **prendre de l'âge** to age ▸ **l'âge adulte** adulthood ▸ **l'âge ingrat** the awkward ou difficult age ▸ **âge d'or** golden age ▸ **le troisième âge** [personnes] the over-sixties, senior citizens.

âgé, e [aʒe] adj **1.** [vieux] old / *elle est plus âgée de moi* she's older than I am **2.** [de tel âge] : *être âgé de 20 ans* to be 20 years old ou of age / *un enfant âgé de 3 ans* a 3-year-old child.

agence [aʒɑ̃s] nf agency ▸ **agence immobilière** estate agent's **UK**, real estate agency **US** ▸ **agence matrimoniale** marriage bureau ▸ **agence de publicité** advertising agency ▸ **agence de voyages** travel agency, travel agent's **UK**.

agencer [16] [aʒɑ̃se] vt to arrange ; *fig* to put together.

agenda [aʒɛ̃da] nm diary ▸ **agenda électronique** electronic organizer.

agenouiller [3] [aʒnuje] ◆ **s'agenouiller** vp to kneel.

agent, e [aʒɑ̃, ɑ̃t] nm, f agent ▸ **agent de change** stockbroker ▸ **agent de police** police officer ▸ **agent secret** secret agent. ◆ **agent** nm agent.

agglomération [aglɔmeRasjɔ̃] nf [ville] conurbation.

aggloméré [aglɔmeRe] nm chipboard.

agglomérer [18] [aglɔmeRe] [aglɔmeRe] vt to mix together.

agglutiner [3] [aglytine] vt to stick together. ◆ **s'agglutiner** vp [foule] to gather, to congregate.

aggravation [agRavasjɔ̃] nf worsening, aggravation.

aggraver [3] [agRave] vt to make worse. ◆ **s'aggraver** vp to get worse, to worsen.

agile [aʒil] adj agile, nimble.

agilité [aʒilite] nf pr & fig agility.

agios [aʒjo] nmpl FIN bank charges.

agir [32] [aʒiR] vi **1.** [faire, être efficace] to act **2.** [se comporter] to behave **3.** [influer] ▸ **agir sur** to have an effect on. ◆ **s'agir** v impers ▸ **il s'agit de...** it's a matter of... / *il ne s'agit pas d'argent* it's not a question of money ▸ **il s'agit de faire qqch** [falloir] we/you must do sthg / *de quoi s'agit-il ?* what's it about? / *de qui s'agit-il ?* who is it?

agissements [aʒismɑ̃] nmpl *péj* schemes, intrigues.

agitateur, trice [aʒitatœR, tRis] nm, f POL agitator.

agitation [aʒitasjɔ̃] nf agitation ; [politique, sociale] unrest.

agité, e [aʒite] adj **1.** [gén] restless ; [enfant, classe] restless, fidgety ; [journée, atmosphère] hectic **2.** [mer] rough.

agiter [3] [aʒite] vt **1.** [remuer - flacon, objet] to shake ; [- drapeau, bras] to wave **2.** [énerver] to perturb. ◆ **s'agiter** vp [personne] to move about, to fidget ; [mer] to stir ; [population] to get restless.

agneau [aɲo] nm **1.** [animal, viande] lamb **2.** [cuir] lambskin.

agonie [agɔni] nf [de personne] mortal agony ; *fig* death throes *pl*.

agoniser [3] [agɔnize] vi [personne] to be dying ; *fig* to be on its last legs.

agrafe [agRaf] nf **1.** [de bureau] staple **2.** MÉD clip.

agrafer [3] [agRafe] vt [attacher] to fasten, to staple.

agrafeuse [agRaføz] nf stapler.

agraire [agRɛR] adj agrarian.

agrandir [32] [agRɑ̃diR] vt **1.** [élargir - gén & PHOTO] to enlarge ; [- rue, écart] to widen **2.** *fig* [développer] to expand. ◆ **s'agrandir** vp **1.** [s'étendre] to grow **2.** *fig* [se développer] to expand.

agrandissement [agRɑ̃dismɑ̃] nm **1.** [gén & PHOTO] enlargement **2.** *fig* [développement] expansion.

agréable [agReabl] adj pleasant, nice.

agréé, e [agRee] adj [concessionnaire, appareil] authorized.

agréer [15] [agRee] vt *sout* **1.** [accepter] ▸ **veuillez agréer mes salutations distinguées** ou **l'expression de mes sentiments distingués** yours faithfully **2.** [convenir] ▸ **agréer à qqn** to suit ou please sb.

agrégation [agRegasjɔ̃] nf *competitive examination for secondary school and university teachers.*

agrégé, e [agReʒe] nm, f *holder of the agrégation.*

agrément [agRemɑ̃] nm **1.** [caractère agréable] attractiveness **2.** [approbation] consent, approval.

agrès [agRɛ] nm SPORT gym apparatus *(U)*.

agresser [4] [agRese] vt **1.** [suj : personne] to attack **2.** *fig* [suj : bruit, pollution] to assault.

agresseur [agʀɛsœʀ] nm attacker.

agressif, ive [agʀɛsif, iv] adj aggressive.

agression [agʀɛsjɔ̃] nf attack ; MIL & PSYCHO aggression.

agressivité [agʀɛsivite] nf aggressiveness.

agricole [agʀikɔl] adj agricultural.

agriculteur, trice [agʀikyltœʀ, tʀis] nm, f farmer.

agriculture [agʀikyltyʀ] nf agriculture, farming.

agripper [3] [agʀipe] vt **1.** [personne] to cling ou hang on to **2.** [objet] to grip, to clutch.

agritourisme [agʀituʀism] nm agritourism.

agroalimentaire [agʀoalimɑ̃tɛʀ] ❖ adj : industrie agroalimentaire food-processing industry / les produits agroalimentaires processed foods ou foodstuffs. ❖ nm ▸ l'agroalimentaire the food-processing industry.

agronomie [agʀɔnɔmi] nf agronomy.

agrotourisme [agʀotuʀism] nm agrotourism.

agrume [agʀym] nm citrus fruit.

aguets [agɛ] ❖ aux aguets loc adv ▸ être / rester aux aguets to be ou keep on the lookout.

aguicher [3] [agiʃe] vt to entice, to allure.

ah [a] interj oh!, ah! ▸ ah bon ? really? / ah, quelle bonne surprise ! what a nice surprise!

ahuri, e [ayʀi] adj ▸ être ahuri (par qqch) to be taken aback (by sthg).

ahurissant, e [ayʀisɑ̃, ɑ̃t] adj astounding.

ai [ɛ] —→ avoir.

aide [ɛd] nf **1.** [gén] help ▸ appeler (qqn) à l'aide to call (to sb) for help ▸ venir en aide à qqn to come to sb's aid, to help sb ▸ aide ménagère home help UK, home helper US **2.** [secours financier] aid ▸ aide sociale social security UK, welfare US. ❖ à l'aide de loc prép with the help ou aid of.

aide-éducateur, trice [ɛdedykatœʀ, tʀis] nm, f SCOL teaching assistant.

aide-mémoire [ɛdmemwaʀ] nm inv aide-mémoire ; [pour examen] revision notes pl UK.

aider [4] [ede] vt to help ▸ aider qqn à faire qqch to help sb to do sthg. ❖ s'aider vp **1.** [s'assister mutuellement] to help each other **2.** [avoir recours] ▸ s'aider de to use, to make use of.

aide-soignant, e [ɛdswaɲɑ̃, ɑ̃t] nm, f nursing auxiliary UK, nurse's aide US.

aie, aies —→ avoir.

aïe [aj] interj [exprime la douleur] ow!, ouch!

aïeul, e [ajœl] nm, f sout grandparent, grandfather (grandmother).

aïeux [ajø] nmpl ancestors.

aigle [ɛgl] nm eagle.

aigre [ɛgʀ] adj **1.** [gén] sour **2.** [propos] harsh.

aigre-doux, aigre-douce [ɛgʀədu, ɛgʀədus] adj **1.** CULIN sweet-and-sour **2.** [propos] bittersweet.

aigrelet, ette [ɛgʀəlɛ, ɛt] adj **1.** [vin] vinegary **2.** [voix] sharpish.

aigreur [ɛgʀœʀ] nf **1.** [d'un aliment] sourness **2.** [d'un propos] harshness. ❖ aigreurs d'estomac nfpl heartburn (U).

aigri, e [egʀi] adj embittered.

aigu, uë [egy] adj **1.** [son] high-pitched **2.** [objet, lame] sharp ; [angle] acute **3.** [douleur] sharp, acute **4.** [intelligence, sens] acute, keen. ❖ aigu nm high note.

aiguillage [eguijaʒ] nm [RAIL - manœuvre] shunting, switching US ; [- dispositif] points pl UK, switch US.

aiguille [eguij] nf **1.** [gén] needle ▸ aiguille à tricoter knitting needle ▸ aiguille de pin pine needle **2.** [de pendule] hand.

aiguiller [3] [eguije] vt **1.** RAIL to shunt, to switch US **2.** [personne, conversation] to steer, to direct.

aiguillette [eguijɛt] nf : aiguillettes de canard strips of duck breast.

aiguilleur [eguijœʀ] nm **1.** RAIL pointsman UK, switchman US **2.** AÉRON ▸ aiguilleur du ciel air-traffic controller.

aiguise-crayon [egizkʀɛjɔ̃] (pl aiguise-crayons) nm QUÉBEC pencil sharpener.

aiguiser [3] [egize] vt pr & fig to sharpen.

ail [aj] (pl ails ou aulx [o]) nm garlic (U) / ail des bois QUÉBEC wild leek.

aile [ɛl] nf [gén] wing.

aileron [ɛlʀɔ̃] nm **1.** [de requin] fin **2.** [d'avion] aileron.

ailier [elje] nm winger.

aille, ailles —→ aller.

ailleurs [ajœʀ] adv elsewhere, somewhere ou someplace US else ▸ nulle part ailleurs nowhere ou noplace US else. ❖ d'ailleurs loc adv moreover, besides. ❖ par ailleurs loc adv moreover.

aimable [ɛmabl] adj kind, nice.

aimablement [εmabləmɑ̃] adv kindly.

aimant[1], **e** [εmɑ̃, ɑ̃t] adj loving.

aimant[2] [εmɑ̃] nm magnet.

aimer [4] [eme] vt **1.** [gén] to like ▸ **aimer bien qqn / qqch** to like sb/sthg, to be fond of sb/sthg ▸ **aimer bien faire qqch** to (really) like doing sthg ▸ **aimer (à) faire qqch** to like to do sthg, to like doing sthg ▸ **j'aime à croire que…** I like to think that… / **elle aime qu'on l'appelle par son surnom** she likes being called by her nickname / **je n'aime pas que tu rentres seule le soir** I don't like you coming home alone at night / **j'aimerais (bien) que tu viennes avec moi** I'd like you to come with me / **j'aimerais bien une autre tasse de café** I wouldn't mind another cup of coffee ▸ **aimer mieux qqch** to prefer sthg ▸ **aimer mieux faire qqch** to prefer doing ou to do sthg **2.** [d'amour] to love. ◆ **s'aimer** vp *(emploi réciproque)* to love each other ▸ **s'aimer bien** to like each other.

aine [εn] nf groin.

aîné, e [ene] ◆ adj [plus âgé] elder, older ; [le plus âgé] eldest, oldest. ◆ nm, f [plus âgé] older ou elder child, older ou eldest son/daughter ; [le plus âgé] oldest ou eldest child, oldest ou eldest son/daughter / **elle est mon aînée de deux ans** she is two years older than me.

aînesse [εnεs] ⟶ **droit**.

ainsi [ε̃si] adv **1.** [manière] in this way, like this **2.** [valeur conclusive] thus ▸ **et ainsi de suite** and so on, and so forth ▸ **pour ainsi dire** so to speak. ◆ **ainsi que** loc conj [et] as well as.

aïoli, ailloli [ajɔli] nm garlic mayonnaise.

air [εʀ] nm **1.** [gén] air ▸ **en plein air** (out) in the open air, outside, outdoors ▸ **en l'air a)** [projet] (up) in the air **b)** *fig* [paroles] empty ▸ **air conditionné** air-conditioning **2.** [apparence, mine] air, look / **il a l'air triste** he looks sad / **il a l'air de bouder** it looks as if he's sulking / **il a l'air de faire beau** it looks like being a nice day **3.** MUS tune ; [à l'opéra] aria.

airbag [εʀbag] nm airbag.

aire [εʀ] nf [gén] area ▸ **aire d'atterrissage** landing strip ▸ **aire de jeu** playground ▸ **aire de repos** lay-by **UK**, rest area **US** ▸ **aire de service** service station, rest and service plaza **US** ▸ **aire de stationnement** parking area.

airelle [εʀεl] nf bilberry, blueberry ; [rouge] cranberry, bilberry.

aisance [εzɑ̃s] nf **1.** [facilité] ease **2.** [richesse] : **il vit dans l'aisance** he has an affluent lifestyle.

aise [εz] nf *sout* pleasure ▸ **être à l'aise** ou à **son aise a)** [confortable] to feel comfortable **b)** [financièrement] to be comfortably off ▸ **mettez-vous à l'aise** make yourself comfortable ▸ **mettre qqn mal à l'aise** to make sb feel ill at ease ou uneasy. ◆ **aises** nfpl ▸ **aimer ses aises** to like one's (home) comforts ▸ **prendre ses aises** to make o.s. comfortable.

aisé, e [eze] adj **1.** [facile] easy **2.** [riche] well-off.

aisément [ezemɑ̃] adv easily.

aisselle [εsεl] nf armpit.

ajonc [aʒɔ̃] nm gorse *(U)*.

ajourner [3] [aʒuʀne] vt **1.** [reporter - décision] to postpone ; [- réunion, procès] to adjourn **2.** [candidat] to refer.

ajout [aʒu] nm addition.

ajouter [3] [aʒute] vt to add. ◆ **s'ajouter** vp ▸ **s'ajouter à qqch** to be in addition to sthg.

ajusté, e [aʒyste] adj [coupé] fitted, tailored.

ajuster [3] [aʒyste] vt **1.** [monter] ▸ **ajuster qqch (à)** to fit sthg (to) **2.** [régler] to adjust **3.** [vêtement] to alter **4.** [tir, coup] to aim. ◆ **s'ajuster** vp to be adaptable.

alaise, alèse [alεz] nf undersheet.

alarmant, e [alaʀmɑ̃, ɑ̃t] adj alarming.

alarme [alaʀm] nf alarm ▸ **donner l'alarme** to give ou raise the alarm.

alarmer [3] [alaʀme] vt to alarm. ◆ **s'alarmer** vp to get ou become alarmed.

alarmiste [alaʀmist] ◆ nmf scaremonger. ◆ adj alarmist.

albanais, e [albanε, εz] adj Albanian. ◆ **albanais** nm [langue] Albanian. ◆ **Albanais, e** nm, f Albanian.

Albanie [albani] nf : **l'Albanie** Albania.

albâtre [albatʀ] nm alabaster.

albatros [albatʀos] nm albatross.

albinos [albinos] nmf & adj inv albino.

album [albɔm] nm album ▸ **album de bandes dessinées** comic book ▸ **album (de) photos** photo album.

alchimiste [alʃimist] nmf alchemist.

alcool [alkɔl] nm alcohol ▸ **alcool à brûler** methylated spirits *pl* ▸ **alcool à 90 degrés** surgical spirit.

alcoolique [alkɔlik] nmf & adj alcoholic.

alcoolisé, e [alkɔlize] adj alcoholic.

alcoolisme [alkɔlism] nm alcoholism.

Alc(o)otest® [alkɔtɛst] nm ≃ Breathalyser® 🇬🇧; ≃ Breathalyzer® 🇺🇸.

alcôve [alkov] nf recess.

aléa [alea] nm *(gén pl) sout* hazard.

aléatoire [aleatwaʀ] adj **1.** [avenir] uncertain **2.** [choix] random.

alentour [alɑ̃tuʀ] adv around, around about. ◆ **alentours** nmpl surroundings ▶ **aux alentours de a)** [spatial] in the vicinity of **b)** [temporel] around.

alerte [alɛʀt] ❖ adj **1.** [personne, esprit] agile, alert **2.** [style, pas] lively. ❖ nf alarm, alert ▶ **donner l'alerte** to sound ou give the alert ▶ **alerte à la bombe** bomb scare.

alerter [3] [alɛʀte] vt to warn, to alert.

alèse [alɛz] = **alaise**.

alexandrin [alɛksɑ̃dʀɛ̃] nm alexandrine.

algèbre [alʒɛbʀ] nf algebra.

Alger [alʒe] npr Algiers.

Algérie [alʒeʀi] nf : *l'Algérie* Algeria.

algérien, enne [alʒeʀjɛ̃, ɛn] adj Algerian. ◆ **Algérien, enne** nm, f Algerian.

algue [alg] nf seaweed *(U).*

alias [aljas] ❖ adv alias. ❖ nm INFORM [dans un mail, sur le bureau] alias.

alibi [alibi] nm alibi.

alien [aljɛn] nm alien.

aliénation [aljenasjɔ̃] nf alienation ▶ **aliénation mentale** insanity.

aliéné, e [aljene] ❖ adj **1.** MÉD insane **2.** DR alienated. ❖ nm, f MÉD insane person.

aliéner [18] [aljene] vt DR to alienate.

alignement [aliɲmɑ̃] nm alignment, lining up.

aligner [3] [aliɲe] vt **1.** [disposer en ligne] to line up, to align **2.** [adapter] ▶ **aligner qqch sur** to align sthg with, to bring sthg into line with. ◆ **s'aligner** vp to line up ▶ **s'aligner sur** POL to align o.s. with.

aliment [alimɑ̃] nm [nourriture] food *(U).*

alimentaire [alimɑ̃tɛʀ] adj **1.** [gén] food *(avant n)* ▶ *c'est juste un travail alimentaire* I'm doing this job just for the money **2.** DR maintenance *(avant n).*

alimentation [alimɑ̃tasjɔ̃] nf **1.** [nourriture] diet ▶ **magasin d'alimentation** grocer's 🇬🇧, grocery store 🇺🇸 **2.** [approvisionnement] ▶ **alimentation (en)** supply ou supplying *(U)* (of).

alimenter [3] [alimɑ̃te] vt **1.** [nourrir] to feed **2.** [approvisionner] ▶ **alimenter qqch en** to supply sthg with.

alinéa [alinea] nm **1.** [retrait de ligne] indent **2.** [dans un document officiel] paragraph.

aliter [3] [alite] vt ▶ **être alité** to be bedridden. ◆ **s'aliter** vp to take to one's bed.

allaitement [alɛtmɑ̃] nm [d'enfant] breastfeeding ; [d'animal] suckling.

allaiter [4] [alete] vt [enfant] to breast-feed ; [animal] to suckle.

allé, e [ale] pp ⟶ **aller**.

alléchant, e [aleʃɑ̃, ɑ̃t] adj mouth-watering, tempting.

allécher [18] [aleʃe] vt : *il a été alléché par l'odeur/la perspective* the smell/prospect made his mouth water.

allée [ale] nf **1.** [dans un jardin] path ; [dans une ville] avenue **2.** [trajet] ▶ **allées et venues** comings and goings **3.** 🇶🇧 [golf] fairway.

allégé, e [aleʒe] adj [régime, produit] low-fat.

alléger [22] [aleʒe] vt **1.** [fardeau] to lighten **2.** [douleur] to relieve.

allégorie [alegɔʀi] nf allegory.

allègre [alɛgʀ] adj **1.** [ton] cheerful **2.** [démarche] jaunty.

allégresse [alegʀɛs] nf elation.

alléguer [18] [alege] [aleg] vt : **alléguer une excuse** to put forward an excuse ▶ **alléguer que** to plead (that).

Allemagne [almaɲ] nf : *l'Allemagne* Germany / *l'(ex-)Allemagne de l'Est* (the former) East Germany / *l'(ex-)Allemagne de l'Ouest* (the former) West Germany.

allemand, e [almɑ̃, ɑ̃d] adj German. ◆ **allemand** nm [langue] German. ◆ **Allemand, e** nm, f German ▶ **un Allemand de l'Est/l'Ouest** an East/a West German.

aller [31] [ale] ❖ nm **1.** [trajet] outward journey **2.** [billet] single ticket 🇬🇧, one-way ticket 🇺🇸 ▶ **aller (et) retour** return 🇬🇧 ou round-trip 🇺🇸 (ticket). ❖ vi **1.** [gén] to go ▶ **allez !** come on! / *allez, au revoir !* bye then! ▶ **vas-y !** go on! ▶ **allons-y !, on y va !** let's go!, off we go! **2.** (+ *infinitif*) ▶ **aller faire qqch** to go and do sthg ▶ **aller chercher les enfants à l'école** to go and pick up the children from school / **aller travailler/se promener** to go to work/for a walk **3.** [indiquant un état] ▶ **comment vas-tu ?** how are you? ▶ **je vais bien** I'm very well, I'm fine ▶ **comment ça va ?**

— **ça va a)** [santé] how are you? — fine ou all right **b)** [situation] how are things? — fine ou all right ▶ **aller mieux** to be better **4.** [convenir] : *ce type de clou ne va pas pour ce travail* this kind of nail won't go ou isn't suitable for this job ▶ **aller avec** to go with ▶ **aller à qqn a)** to suit sb **b)** [suj : vêtement, taille] to fit sb / *ces couleurs ne vont pas ensemble* these colours don't go well together **5.** [mener - véhicule, chemin] to go **6.** [fonctionner - machine] to run ; [- moteur] to run ; [- voiture, train] to go **7.** EXPR cela va de soi, cela va sans dire that goes without saying ▶ **il en va de… comme…** the same goes for… as… ❖ v aux (+ *infinitif*) [exprime le futur proche] to be going to, will / *je vais arriver en retard* I'm going to arrive late, I'll arrive late / *nous allons bientôt avoir fini* we'll soon have finished. ◆ **s'en aller** vp **1.** [partir] to go (away), to go off / *allez-vous-en !* go away! **2.** [disparaître] to go away / *ça s'en ira au lavage / avec du savon* it'll come out in the wash / with soap.

allergénique [alɛʀʒenik] adj allergenic.

allergie [alɛʀʒi] nf allergy.

allergique [alɛʀʒik] adj : *allergique (à)* allergic (to).

aller-retour [alɛʀətuʀ] nm return UK ou round-trip US (ticket).

alliage [aljaʒ] nm alloy.

alliance [aljɑ̃s] nf **1.** [union - stratégique] alliance ; [- par le mariage] union, marriage ▶ **cousin par alliance** cousin by marriage **2.** [bague] wedding ring.

allié, e [alje] ❖ adj ▶ **allié (à)** allied (to). ❖ nm, f ally. ◆ **Alliés** nmpl ▶ **les Alliés** the Allies.

allier [9] [alje] vt [associer] to combine. ◆ **s'allier** vp to become allies ▶ **s'allier qqn** to win sb over as an ally ▶ **s'allier à qqn** to ally with sb.

alligator [aligatɔʀ] nm alligator.

allitération [aliteʀasjɔ̃] nf alliteration.

allô [alo] interj hello!

alloc [alɔk] (*abr de allocation*) nf fam benefit. ◆ **allocs** nfpl fam : *les allocs* benefit (U), welfare (U) US / *avec les allocs, j'arrive à m'en sortir* I get by on benefit.

allocation [alɔkasjɔ̃] nf **1.** [attribution] allocation **2.** [aide financière] ▶ **allocation chômage** unemployment benefit (U) UK ou compensation (U) US ▶ **allocation logement** housing benefit (U) UK, rent subsidy (U) US ▶ **allocations familiales** family credit (U) UK, welfare (U) US.

allocution [alɔkysjɔ̃] nf short speech.

allongé, e [alɔ̃ʒe] adj **1.** [position] ▶ **être allongé** to be lying down ou stretched out **2.** [forme] elongated.

allonger [17] [alɔ̃ʒe] vt **1.** [gén] to lengthen, to make longer **2.** [jambe, bras] to stretch (out) **3.** [personne] to lay down. ◆ **s'allonger** vp **1.** [gén] to get longer **2.** [se coucher] to lie down.

allopathique [alɔpatik] adj allopathic.

allumage [alymaʒ] nm **1.** [de feu] lighting **2.** [d'appareil électrique] switching ou turning on **3.** [de moteur] ignition.

allumé, e [alyme] fam ❖ adj crazy / *son frère est complètement allumé !* his brother's a complete nutter! ❖ nm, f nutter fam / *il traîne avec une bande d'allumés* he hangs around with a load of nutters.

allume-cigare(s) [alymsigaʀ] (*pl* **allume-cigares**) nm cigarette lighter.

allume-gaz [alymgaz] nm inv gas lighter.

allumer [3] [alyme] vt **1.** [lampe, radio, télévision] to turn ou switch on / *allume dans la cuisine* turn the kitchen light on **2.** [gaz] to light ; [cigarette] to light (up) **3.** fam [personne] to turn on.

allumette [alymɛt] nf match.

allumeuse [alymøz] nf fam & péj tease.

allure [alyʀ] nf **1.** [vitesse] speed ▶ **à toute allure** at top ou full speed **2.** [prestance] presence **3.** [apparence générale] appearance ▶ **avoir de l'allure** [élégance] to have style.

allusion [alyzjɔ̃] nf allusion ▶ **faire allusion à** to refer ou allude to.

almanach [almana] nm almanac.

aloi [alwa] nm ▶ **de bon aloi** [qualité] of real worth ▶ **de mauvais aloi a)** [gaieté] not genuine **b)** [plaisanterie] in bad taste.

alors [alɔʀ] adv **1.** [jadis] then, at that time **2.** [à ce moment-là] then **3.** [exprimant la conséquence] then, so / *et alors, qu'est-ce qui s'est passé ?* so what happened? / *il va se mettre en colère — et alors ?* he'll be angry — so what? **4.** [emploi expressif] well (then) / *alors, qu'est-ce qu'on fait ?* well, what are we doing? / *ça alors !* well fancy that! ◆ **alors que** loc conj **1.** [exprimant le temps] while, when **2.** [exprimant l'opposition] even though / *elle est sortie alors que c'était interdit* she went out even though it was forbidden / *ils aiment le café alors que nous, nous buvons du thé* they like coffee, whereas we drink tea.

alouette [alwɛt] nf lark.

alourdir [32] [aluʀdiʀ] vt **1.** [gén] to weigh down, to make heavy **2.** fig [impôts] to increase.

aloyau [alwajo] nm sirloin.

ALP SMS abr de **à la prochaine**.

Alpes [alp] nfpl : les Alpes the Alps.

alphabet [alfabɛ] nm alphabet.

alphabétique [alfabetik] adj alphabetical.

alphabétiser [3] [alfabetize] vt ▸ **alphabétiser qqn** to teach sb (how) to read and write ▸ **alphabétiser un pays** to eliminate illiteracy from a country.

alpin, e [alpɛ̃, in] adj alpine.

alpinisme [alpinism] nm mountaineering.

alpiniste [alpinist] nmf mountaineer.

Alsace [alzas] nf : l'Alsace Alsace.

alsacien, enne [alzasjɛ̃, ɛn] adj Alsatian. ◆ **alsacien** nm [dialecte] Alsatian. ◆ **Alsacien, enne** nm, f Alsatian.

altérer [18] [alteʀe] vt **1.** [détériorer] to spoil **2.** [santé] to harm, to affect ; [vérité, récit] to distort. ◆ **s'altérer** vp **1.** [matière - métal] to deteriorate ; [- aliment] to go off, to spoil **2.** [santé] to deteriorate.

altermondialisme [altɛʀmɔ̃djalism] nm alterglobalism.

altermondialiste [altɛʀmɔ̃djalist] adj & nmf alterglobalist.

alternance [altɛʀnɑ̃s] nf **1.** [succession] alternation ▸ **en alternance** alternately **2.** POL change of government party.

alternatif, ive [altɛʀnatif, iv] adj **1.** [périodique] alternating **2.** [parallèle] alternative. ◆ **alternative** nf alternative.

alternativement [altɛʀnativmɑ̃] adv alternately.

alterner [3] [altɛʀne] vi [se succéder] ▸ **alterner (avec)** to alternate (with).

altesse [altɛs] nf ▸ **Son Altesse** His/Her Highness.

altier, ère [altje, ɛʀ] adj haughty.

altitude [altityd] nf altitude, height ▸ **en altitude** at (high) altitude.

alto [alto] nm [MUS - voix] alto ; [- instrument] viola.

alu [aly] fam ❖ nm [métal] aluminium UK, aluminum US ; [papier] aluminium UK ou aluminum US foil, tinfoil. ❖ adj ▸ **papier alu** aluminium UK ou aluminum US foil, tinfoil.

aluminium [alyminjɔm] nm aluminium UK, aluminum US.

alvéole [alveɔl] nf **1.** [cavité] cavity **2.** [de ruche, poumon] alveolus.

Alzheimer [alzajmɛʀ] npr ▸ **la maladie d'Alzheimer** Alzheimer's disease.

amabilité [amabilite] nf kindness ▸ **avoir l'amabilité de faire qqch** to be so kind as to do sthg.

amadouer [6] [amadwe] vt [adoucir] to tame, to pacify ; [persuader] to coax.

amaigrir [32] [amegʀiʀ] vt to make thin ou thinner.

amaigrissant, e [amegʀisɑ̃, ɑ̃t] adj slimming (avant n) UK, reducing (avant n) US.

amaigrissement [amegʀismɑ̃] nm loss of weight.

amalgame [amalgam] nm **1.** TECHNOL amalgam **2.** [de styles] mixture **3.** [d'idées, de notions] : il ne faut pas faire l'amalgame entre ces deux questions the two issues must not be confused.

amalgamer [3] [amalgame] vt to combine.

amande [amɑ̃d] nf almond.

amandier [amɑ̃dje] nm almond tree.

amant [amɑ̃] nm (male) lover.

amarre [amaʀ] nf rope, cable.

amarrer [3] [amaʀe] vt **1.** NAUT to moor **2.** [fixer] to tie down.

amas [ama] nm pile.

amasser [3] [amase] vt **1.** [objets] to pile up **2.** [argent] to accumulate.

amateur [amatœʀ] nm **1.** [connaisseur - d'art, de bon café] ▸ **amateur de** lover of **2.** [non-professionnel] amateur ▸ **faire qqch en amateur** to do sthg as a hobby **3.** péj [dilettante] amateur.

amazone [amazon] nf horsewoman ▸ **monter en amazone** to ride sidesaddle.

Amazonie [amazoni] nf : l'Amazonie the Amazon (Basin).

amazonien, enne [amazonjɛ̃, ɛn] adj Amazonian / la forêt amazonienne the Amazon rain forest.

ambassade [ɑ̃basad] nf embassy.

ambassadeur, drice [ɑ̃basadœʀ, dʀis] nm, f ambassador.

ambiance [ɑ̃bjɑ̃s] nf atmosphere.

ambiant, e [ɑ̃bjɑ̃, ɑ̃t] adj ▸ **température ambiante** room temperature.

ambidextre [ãbidɛkstʀ] adj ambidextrous.

ambigu, uë [ãbigy] adj ambiguous.

ambiguïté [ãbigɥite] nf ambiguity.

ambitieux, euse [ãbisjø, øz] adj ambitious.

ambition [ãbisjɔ̃] nf **1.** *péj* [arrivisme] ambitiousness **2.** [désir] ambition ▸ **avoir l'ambition de faire qqch** to have an ambition to do sthg.

ambivalent, e [ãbivalã, ãt] adj ambivalent.

ambre [ãbʀ] nm **1.** [couleur] amber **2.** [matière] ▸ **ambre (gris)** ambergris.

ambré, e [ãbʀe] adj [couleur] amber.

ambulance [ãbylãs] nf ambulance.

ambulancier, ère [ãbylãsje, ɛʀ] nm, f ambulanceman (ambulancewoman).

ambulant, e [ãbylã, ãt] adj travelling 🇬🇧, traveling 🇺🇸 *(avant n)*.

âme [am] nf **1.** [esprit] soul ▸ **avoir une âme de comédien** to be a born actor **2.** [personne] ▸ **âme sœur** soulmate **3.** [caractère] spirit, soul.

amélioration [ameljɔʀasjɔ̃] nf improvement.

améliorer [3] [ameljɔʀe] vt to improve.
◆ **s'améliorer** vp to improve.

amen [amɛn] adv amen.

aménagement [amenaʒmã] nm **1.** [de lieu] fitting out **2.** [de programme] planning, organizing.

aménager [17] [amenaʒe] vt **1.** [pièce] to fit out **2.** [programme] to plan, to organize.

amende [amãd] nf fine.

amendement [amãdmã] nm POL amendment.

amender [3] [amãde] vt **1.** POL to amend **2.** AGRIC to enrich. ◆ **s'amender** vp to mend one's ways.

amener [19] [amne] vt **1.** [mener] to bring **2.** [inciter] ▸ **amener qqn à faire qqch a)** [suj : circonstances] to lead sb to do sthg **b)** [suj : personne] to get sb to do sthg **3.** [occasionner, préparer] to bring about.

amenuiser [3] [amɔnɥize] vt [réduire] to diminish, to reduce. ◆ **s'amenuiser** vp to dwindle, to diminish.

amer, ère [amɛʀ] adj bitter.

américain, e [ameʀikɛ̃, ɛn] adj American.
◆ **américain** nm [langue] American English.
◆ **Américain, e** nm, f American.

américanisme [ameʀikanism] nm Americanism.

amérindien, enne [ameʀɛ̃djɛ̃, ɛn] adj Native American. ◆ **Amérindien, enne** nm, f Native American.

Amérique [ameʀik] nf : *l'Amérique* America **/** *l'Amérique centrale* Central America **/** *l'Amérique du Nord* North America **/** *l'Amérique du Sud* South America **/** *l'Amérique latine* Latin America.

amertume [amɛʀtym] nf bitterness.

améthyste [ametist] nf amethyst.

ameublement [amœbləmã] nm [meubles] furniture ; [action de meubler] furnishing.

ameuter [3] [amœte] vt [curieux] to draw a crowd of ; [quartier, voisins] to bring out.

ami, e [ami] ◆ adj friendly. ◆ nm, f **1.** [camarade] friend ▸ **petit ami** boyfriend ▸ **petite amie** girlfriend **2.** [partisan] supporter, friend.

amiable [amjabl] adj [accord] friendly, informal. ◆ **à l'amiable** loc adv & loc adj out of court.

amiante [amjãt] nm asbestos.

amibe [amib] nf amoeba, ameba 🇺🇸.

amical, e, aux [amikal, o] adj friendly.
◆ **amicale** nf association, club *(for people with a shared interest)*.

amicalement [amikalmã] adv **1.** [de façon amicale] amicably, in a friendly way **2.** [dans une lettre] yours (ever), (with) best wishes.

amidon [amidɔ̃] nm starch.

amidonner [3] [amidɔne] vt to starch.

amincissant, e [amɛ̃sisã, ãt] adj slimming.

amiral, aux [amiʀal, o] nm admiral.

amitié [amitje] nf **1.** [affection] affection ▸ **prendre qqn en amitié** to befriend sb **2.** [rapports amicaux] friendship ▸ **faire ses amitiés à qqn** to give sb one's good ou best wishes.

ammoniac, aque [amɔnjak] adj CHIM ammoniac. ◆ **ammoniac** nm ammonia. ◆ **ammoniaque** nf ammonia (water).

amnésie [amnezi] nf amnesia.

amnésique [amnezik] ◆ adj amnesic.
◆ nmf amnesic, amnesiac.

amniocentèse [amnjɔsɛ̃tɛz] nf amniocentesis.

amnistie [amnisti] nf amnesty.

amnistier [9] [amnistje] vt to amnesty.

amoindrir [32] [amwɛ̃dʀiʀ] vt to diminish.

amonceler [24] [amɔ̃sle] vt to accumulate.

amont [amɔ̃] nm upstream (water) ▸ **en amont de a)** [rivière] upriver ou upstream from **b)** fig prior to.

amoral, e, aux [amɔʀal, o] adj **1.** [qui ignore la morale] amoral **2.** fam [débauché] immoral.

amorce [amɔʀs] nf **1.** [d'explosif] priming ; [de cartouche, d'obus] cap **2.** [à la pêche] bait **3.** fig [commencement] beginnings pl, germ.

amorcer [16] [amɔʀse] vt **1.** [explosif] to prime **2.** [à la pêche] to bait **3.** fig [commencer] to begin, to initiate.

amorphe [amɔʀf] adj [personne] lifeless.

amorti [amɔʀti] nm **1.** FOOT : *faire un amorti* to trap the ball **2.** TENNIS drop shot.

amortir [32] [amɔʀtiʀ] vt **1.** [atténuer - choc] to absorb ; [- bruit] to deaden, to muffle **2.** [dette] to pay off **3.** [achat] to write off.

amortisseur [amɔʀtisœʀ] nm AUTO shock absorber.

amour [amuʀ] nm [gén] love ▸ **faire l'amour** to make love. ◆ **amours** nmpl [vie sentimentale] love-life.

amoureux, euse [amuʀø, øz] ◆ adj **1.** [personne] in love ▸ **être / tomber amoureux (de)** to be / fall in love (with) **2.** [regard, geste] loving. ◆ nm, f **1.** [prétendant] suitor **2.** [passionné] ▸ **amoureux de** lover of / *un amoureux de la nature* a nature lover.

amour-propre [amuʀpʀɔpʀ] nm pride, self-respect.

amovible [amɔvibl] adj [déplaçable] detachable, removable.

ampère [ɑ̃pɛʀ] nm amp, ampere.

amphétamine [ɑ̃fetamin] nf amphetamine.

amphi [ɑ̃fi] nm fam lecture hall ou theatre **UK** ▸ **cours en amphi** lecture.

amphibie [ɑ̃fibi] adj amphibious.

amphithéâtre [ɑ̃fiteatʀ] nm **1.** HIST amphitheatre **UK**, amphitheater **US 2.** [d'université] lecture hall ou theatre **UK**.

ample [ɑ̃pl] adj **1.** [vêtement - gén] loose-fitting ; [- jupe] full **2.** [projet] extensive ▸ **pour de plus amples informations** for further details **3.** [geste] broad, sweeping.

amplement [ɑ̃pləmɑ̃] adv [largement] fully, amply.

ampleur [ɑ̃plœʀ] nf **1.** [de vêtement] fullness **2.** [d'événement, de dégâts] extent.

ampli [ɑ̃pli] (*abr de* **amplificateur**) nm fam amp.

amplificateur, trice [ɑ̃plifikatœʀ, tʀis] adj ÉLECTR amplifying / *un phénomène amplificateur de la croissance* fig a phenomenon which increases growth. ◆ **amplificateur** nm **1.** [gén] amplifier **2.** PHOTO enlarger.

amplifier [9] [ɑ̃plifje] vt **1.** [mouvement, son] to amplify ; [image] to magnify, to enlarge **2.** [scandale] to increase ; [événement, problème] to highlight.

amplitude [ɑ̃plityd] nf **1.** [de geste] fullness **2.** [d'onde] amplitude **3.** [de température] range.

ampoule [ɑ̃pul] nf **1.** [de lampe] bulb **2.** [sur la peau] blister **3.** [médicament] ampoule, vial, phial **UK**.

amputation [ɑ̃pytasjɔ̃] nf MÉD amputation.

amputer [3] [ɑ̃pyte] vt MÉD to amputate ; fig [couper] to cut (back ou down) / *son article a été amputé d'un tiers* his article was cut by a third.

amulette [amylɛt] nf amulet.

amusant, e [amyzɑ̃, ɑ̃t] adj [drôle] funny ; [distrayant] amusing ▸ **c'est très amusant** it's great fun.

amuse-gueule [amyzgœl] nm inv fam cocktail snack, (party) nibble.

amusement [amyzmɑ̃] nm amusement (U).

amuser [3] [amyze] vt to amuse, to entertain. ◆ **s'amuser** vp to have fun, to have a good time ▸ **s'amuser à faire qqch** to amuse o.s. (by) doing sthg.

amygdale [amidal] nf tonsil.

an [ɑ̃] nm year / *avoir sept ans* to be seven (years old) / *l'an dernier / prochain* last / next year / *le premier* ou *le jour de l'an* New Year's Day / *le nouvel an* the New Year.

anabolisant, e [anabɔlizɑ̃, ɑ̃t] ◆ adj anabolic. ◆ nm anabolic steroid.

anachronique [anakʀɔnik] adj anachronistic.

anagramme [anagʀam] nf anagram.

anal, e, aux [anal, o] adj anal.

analgésique [analʒezik] nm & adj analgesic.

anallergique [analɛʀʒik] adj hypoallergenic.

analogie [analɔʒi] nf analogy.

analogique [analɔʒik] adj analog, analogue **UK**.

analogue [analɔg] adj analogous, comparable.

analphabète [analfabɛt] nmf & adj illiterate.

analyse [analiz] nf **1.** [étude] analysis **2.** CHIM & MÉD test, analysis **3.** [psychanalyse] analysis (U) **4.** INFORM analysis.

analyser [3] [analize] vt **1.** [étudier, psychanalyser] to analyse UK, to analyze US **2.** CHIM & MÉD to test, to analyse UK, to analyze US.

analyste [analist] nmf analyst.

analyste-programmeur, euse [analist-pʀɔgʀamœʀ, øz] nm, f systems analyst.

analytique [analitik] adj analytical.

ananas [anana(s)] nm pineapple.

anarchie [anaʀʃi] nf **1.** POL anarchy **2.** [désordre] chaos, anarchy.

anarchique [anaʀʃik] adj anarchic.

anarchiste [anaʀʃist] nmf & adj anarchist.

anatomie [anatɔmi] nf anatomy.

anatomique [anatɔmik] adj anatomical.

ancestral, e, aux [ɑ̃sɛstʀal, o] adj ancestral.

ancêtre [ɑ̃sɛtʀ] nmf [aïeul] ancestor ; fig [forme première] forerunner, ancestor ; fig [initiateur] father (mother).

anchois [ɑ̃ʃwa] nm anchovy.

ancien, enne [ɑ̃sjɛ̃, ɛn] adj **1.** [gén] old **2.** (avant n) [précédent] former, old **3.** [qui a de l'ancienneté] senior **4.** [du passé] ancient.

anciennement [ɑ̃sjɛnmɑ̃] adv formerly, previously.

ancienneté [ɑ̃sjɛnte] nf **1.** [d'une tradition] oldness **2.** [d'un employé] seniority.

ancre [ɑ̃kʀ] nf NAUT anchor ▶ jeter l'ancre to drop anchor ▶ lever l'ancre a) to weigh anchor b) fam [partir] to make tracks.

ancrer [3] [ɑ̃kʀe] vt [bateau] to anchor ; fig [idée, habitude] to root.

Andes [ɑ̃d] nfpl : les Andes the Andes.

Andorre [ɑ̃dɔʀ] nf : (la principauté d')Andorre (the principality of) Andorra.

andouille [ɑ̃duj] nf **1.** [charcuterie] type of sausage made of pig's intestines, eaten cold) **2.** fam [imbécile] dummy.

andouillette [ɑ̃dujɛt] nf type of sausage made of pig's intestines, eaten hot.

androgyne [ɑ̃dʀɔʒin] ✧ nmf androgynous person. ✧ adj androgynous.

âne [an] nm **1.** ZOOL ass, donkey **2.** fam [imbécile] ass.

anéantir [32] [aneɑ̃tiʀ] vt **1.** [détruire] to annihilate ; fig to ruin, to wreck **2.** [démoraliser] to crush, to overwhelm.

anecdote [anɛkdɔt] nf anecdote.

anecdotique [anɛkdɔtik] adj anecdotal.

anémie [anemi] nf MÉD anaemia UK, anemia US ; fig enfeeblement.

anémié, e [anemje] adj anaemic UK, anemic US.

anémique [anemik] adj anaemic UK, anemic US.

anémone [anemɔn] nf anemone.

ânerie [anʀi] nf fam [parole, acte] ▶ dire / faire une ânerie to say / do something stupid.

ânesse [anɛs] nf she-ass, she-donkey.

anesthésie [anɛstezi] nf anaesthesia, anesthesia US ▶ anesthésie locale local anaesthetic ou anesthetic US ▶ anesthésie générale general anaesthetic ou anesthetic US.

anesthésier [9] [anɛstezje] vt to anaesthetize, to anesthetize US.

anesthésique [anɛstezik] nm & adj anaesthetic, anesthetic US.

anesthésiste [anɛstezist] nmf anaesthetist, anesthetist US, anesthesiologist US.

aneth [anɛt] nm dill.

anévrysme, anévrisme [anevʀism] nm MÉD aneurism ▶ rupture d'anévrysme aneurysmal rupture.

anfractuosité [ɑ̃fʀaktɥozite] nf crevice.

ange [ɑ̃ʒ] nm angel ▶ ange gardien guardian angel ▶ être aux anges fig to be in seventh heaven.

angélique [ɑ̃ʒelik] adj angelic.

angélus [ɑ̃ʒelys] nm [sonnerie] angelus (bell).

angine [ɑ̃ʒin] nf [pharyngite] pharyngitis ; [amygdalite] tonsillitis.

anglais, e [ɑ̃glɛ, ɛz] adj English. ◆ **anglais** nm [langue] English. ◆ **Anglais, e** nm, f Englishman (Englishwoman) ▶ les Anglais the English. ◆ **anglaises** nfpl ringlets.

angle [ɑ̃gl] nm **1.** [coin] corner **2.** MATH angle ▶ angle droit / aigu / obtus right / acute / obtuse angle **3.** [aspect] angle, point of view.

Angleterre [ɑ̃glətɛʀ] nf : l'Angleterre England.

anglican, e [ɑ̃glikɑ̃, an] adj & nm, f Anglican.

anglicisation [ɑ̃glisizasjɔ̃] nf anglicization.

anglo-normand, e [ɑ̃glɔnɔʀmɑ̃, ɑ̃d] (mpl anglo-normands, fpl anglo-normandes) adj GÉOGR of the Channel islands / les îles anglo-normandes the Channel Islands.

anglophone [ɑ̃glɔfɔn] ✧ nmf English-speaker. ✧ adj English-speaking, anglophone.

anglo-saxon, onne [ãglosaksɔ̃, ɔn] adj Anglo-Saxon. ◆ **anglo-saxon** nm [langue] Anglo-Saxon, Old English. ◆ **Anglo-Saxon, onne** nm, f Anglo-Saxon.

angoissant, e [ãgwasã, ãt] adj agonizing, harrowing ; [sens affaibli] : *j'ai trouvé l'attente très angoissante* the wait was a strain on my nerves.

angoisse [ãgwas] nf anguish.

angoisser [3] [ãgwase] vt [effrayer] to cause anxiety to. ◆ **s'angoisser** vp **1.** [être anxieux] to be overcome with anxiety **2.** *fam* [s'inquiéter] to fret.

anguille [ãgij] nf eel.

anguleux, euse [ãgylø, øz] adj angular.

anicroche [anikʀɔʃ] nf hitch.

animal, e, aux [animal, o] adj **1.** [propre à l'animal] animal *(avant n)* **2.** [instinctif] instinctive. ◆ **animal** nm [bête] animal / *animal sauvage/domestique* wild/domestic animal.

animalerie [animalʀi] nf pet shop.

animateur, trice [animatœʀ, tʀis] nm, f **1.** RADIO & TV host, presenter **UK 2.** [socioculturel, sportif] activities organizer.

animation [animasjɔ̃] nf **1.** [de rue] activity, life ; [de conversation, visage] animation **2.** [activités] activities *pl* **3.** CINÉ animation.

anime [anim], **animé** [anime] nm [série d'animations japonaises] anime.

animé, e [anime] adj [rue] lively ; [conversation, visage] animated ; [objet] animate.

animer [3] [anime] vt **1.** [mettre de l'entrain dans] to animate, to liven up **2.** [présenter] to host, to present **UK 3.** [organiser des activités pour] to organize activities for. ◆ **s'animer** vp **1.** [visage] to light up **2.** [rue] to come to life, to liven up.

animisme [animism] nm animism.

animiste [animist] nmf & adj animist.

animosité [animozite] nf animosity.

anis [ani(s)] nm BOT anise ; CULIN aniseed.

ankylosé, e [ãkiloze] adj [paralysé] stiff ; [engourdi] numb.

annales [anal] nfpl **1.** [d'examen] past papers **UK 2.** [chronique annuelle] chronicle *sg*, annals.

anneau, x [ano] nm **1.** [gén] ring **2.** [maillon] link.

année [ane] nf year / *tout au long de l'année, toute l'année* all year long ou round ▸ *souhaiter la bonne année à qqn* to wish sb a happy New Year ▸ **année bissextile** leap year ▸ **année scolaire** school year.

année-lumière [anelymjɛʀ] *(pl* **années-lumière**) nf light year.

annexe [anɛks] ◆ nf **1.** [de dossier] appendix, annexe **UK**, annex **US 2.** [de bâtiment] annexe **UK**, annex **US**. ◆ adj related, associated.

annexer [4] [anɛkse] vt **1.** [incorporer] ▸ **annexer qqch (à qqch)** to append ou annex sthg (to sthg) **2.** [pays] to annex.

annexion [anɛksjɔ̃] nf annexation.

annihiler [3] [aniile] vt [réduire à néant] to destroy, to wreck.

anniversaire [anivɛʀsɛʀ] ◆ nm [de mariage, mort, événement] anniversary ; [de naissance] birthday ▸ **bon ou joyeux anniversaire !** happy birthday! ◆ adj anniversary *(avant n)*.

annonce [anɔ̃s] nf **1.** [déclaration] announcement ; *fig* sign, indication **2.** [texte] advertisement ▸ **petite annonce** classified advertisement, small ad **UK**, want ad **US**.

annoncer [16] [anɔ̃se] vt **1.** [faire savoir] to announce **2.** [prédire] to predict.

annonceur, euse [anɔ̃sœʀ, øz] nm, f advertiser.

annonciateur, trice [anɔ̃sjatœʀ, tʀis] adj ▸ **annonciateur de qqch** heralding sthg.

annotation [anɔtasjɔ̃] nf **1.** [note explicative] annotation **2.** [note personnelle] note.

annoter [3] [anɔte] vt to annotate.

annuaire [anɥɛʀ] nm annual, yearbook ▸ **annuaire téléphonique** telephone directory, phone book.

annuel, elle [anɥɛl] adj **1.** [tous les ans] annual, yearly **2.** [d'une année] annual.

annuité [anɥite] nf **1.** [paiement] annual payment, annual instalment **UK** ou installment **US 2.** [année de service] year (of service).

annulaire [anɥlɛʀ] nm ring finger.

annulation [anylasjɔ̃] nf **1.** [de rendez-vous, réservation] cancellation **2.** [de mariage] annulment.

annuler [3] [anyle] vt **1.** [rendez-vous, réservation] to cancel **2.** [mariage] to annul **3.** INFORM to undo. ◆ **s'annuler** vp to cancel each other out.

anoblir [32] [anɔbliʀ] vt to ennoble.

anodin, e [anɔdɛ̃, in] adj **1.** [blessure] minor **2.** [propos] harmless **3.** [détail, personne] insignificant.

anomalie [anɔmali] nf anomaly.

ânon [anɔ̃] nm young donkey ou ass.

ânonner [3] [anɔne] vt & vi to recite in a drone.

anonymat [anɔnima] nm anonymity.

anonyme [anɔnim] adj anonymous.

anorak [anɔʀak] nm anorak.

anorexie [anɔʀɛksi] nf anorexia.

anorexique [anɔʀɛksik] adj & nmf anorexic.

anormal, e, aux [anɔʀmal, o] ❖ adj **1.** [inhabituel] abnormal, not normal **2.** [intolérable, injuste] wrong, not right **3.** [handicapé] mentally handicapped. ❖ nm, f mentally handicapped person.

anse [ɑ̃s] nf **1.** [d'ustensile] handle **2.** GÉOGR cove.

antagoniste [ɑ̃tagɔnist] adj antagonistic.

antan [ɑ̃tɑ̃] ◆ **d'antan** loc adj *litt* of old, of yesteryear.

antarctique [ɑ̃taʀktik] adj Antarctic ✱ *le cercle polaire antarctique* the Antarctic Circle. ◆ **Antarctique** nm **1.** [continent] : *l'Antarctique* Antarctica **2.** [océan] : *l'Antarctique* the Antarctic (Ocean).

antécédent [ɑ̃tesedɑ̃] nm *(gén pl)* [passé] history *sg*.

antenne [ɑ̃tɛn] nf **1.** [d'insecte] antenna, feeler **2.** [de télévision, de radio] aerial 🇬🇧, antenna 🇺🇸 ▶ **antenne parabolique** dish aerial ou antenna 🇺🇸, satellite dish **3.** [succursale] branch, office.

antenne-relais *(pl* **antennes-relais)** [ɑ̃tɛnʀəlɛ] nf TÉLÉCOM mobile phone mast 🇬🇧, cell phone tower 🇺🇸.

antérieur, e [ɑ̃teʀjœʀ] adj **1.** [dans le temps] earlier, previous ▶ **antérieur à** previous ou prior to **2.** [dans l'espace] front *(avant n)*.

antérieurement [ɑ̃teʀjœʀmɑ̃] adv earlier, previously ▶ **antérieurement à** prior to.

anthologie [ɑ̃tɔlɔʒi] nf anthology.

anthracite [ɑ̃tʀasit] ❖ nm anthracite. ❖ adj inv charcoal grey 🇬🇧 ou gray 🇺🇸.

anthropologie [ɑ̃tʀɔpɔlɔʒi] nf anthropology.

anthropophage [ɑ̃tʀɔpɔfaʒ] nmf cannibal.

anti- [ɑ̃ti] préf [contre] anti-.

antiacarien [ɑ̃tiakaʀjɛ̃, ɛ] ❖ adj antimite ✱ *traitement* ou *shampooing antiacarien* an-

timite treatment ou shampoo. ❖ nm antimite treatment.

anti-âge [ɑ̃tiaʒ] adj ▶ crème anti-âge antiaging 🇬🇧 ou antiaging 🇺🇸 cream.

antialcoolique [ɑ̃tialkɔlik] adj ▶ ligue antialcoolique temperance league.

antiavortement [ɑ̃tiavɔʀtəmɑ̃] adj inv antiabortion, pro-life.

antibactérien, enne [ɑ̃tibakteʀjɛ̃, ɛn] adj antibacterial.

antibiotique [ɑ̃tibjɔtik] nm & adj antibiotic.

antibrouillard [ɑ̃tibʀujaʀ] nm & adj inv ▶ (phare ou feu) antibrouillard fog light, fog lamp 🇬🇧.

anticalcaire [ɑ̃tikalkɛʀ] adj antiliming *(avant n)*, antiscale *(avant n)*.

anticancéreux, euse [ɑ̃tikɑ̃seʀø, øz] adj **1.** [centre, laboratoire] cancer *(avant n)* **2.** [médicament] anticancer *(avant n)*. ◆ **anticancéreux** nm cancer treatment.

antichambre [ɑ̃tiʃɑ̃bʀ] nf antechamber ▶ faire antichambre *fig* to wait patiently *(to see somebody)*.

anticipation [ɑ̃tisipasjɔ̃] nf LITTÉR ▶ roman d'anticipation science fiction novel.

anticipé, e [ɑ̃tisipe] adj early.

anticiper [3] [ɑ̃tisipe] ❖ vt to anticipate. ❖ vi ▶ anticiper (sur qqch) to anticipate (sthg).

anticonformiste [ɑ̃tikɔ̃fɔʀmist] adj & nmf [gén] non-conformist.

anticorps [ɑ̃tikɔʀ] nm antibody.

anticyclone [ɑ̃tisiklon] nm anticyclone.

antidater [3] [ɑ̃tidate] vt to backdate.

antidémarrage [ɑ̃tidemaʀaʒ] adj inv ▶ système antidémarrage immobilizer.

antidépresseur [ɑ̃tidepʀesœʀ] nm & adj m antidepressant.

antidérapant, e [ɑ̃tideʀapɑ̃, ɑ̃t] adj [pneu] non-skid ; [semelle, surface] non-slip. ◆ **antidérapant** nm [pneu] anti-skid tyre 🇬🇧 ou tire 🇺🇸.

antidopage [ɑ̃tidɔpaʒ] adj inv ▶ contrôle antidopage drugs test.

antidote [ɑ̃tidɔt] nm antidote.

antidouleur [ɑ̃tidulœʀ] ❖ adj inv [médicament] painkilling ✱ *centre antidouleur* pain control unit. ❖ nm painkiller.

antieuropéen, enne [ɑ̃tiøʀɔpeɛ̃, ɛn] adj & nm, f anti-European.

antigel [ɑ̃tiʒɛl] nm inv & adj inv antifreeze.

antillais, e [ãtijɛ, ɛz] adj West Indian. ◆ **Antillais, e** nm, f West Indian.

Antilles [ãtij] nfpl : *les Antilles* the West Indies.

antilope [ãtilɔp] nf antelope.

antimilitariste [ãtimilitaʀist] nmf & adj antimilitarist.

antimite [ãtimit] adj inv ▸ *boule antimite* mothball.

antimondialiste [ãtimɔ̃djalist] adj antiglobalization *(avant n)*.

antipathie [ãtipati] nf antipathy, hostility.

antipathique [ãtipatik] adj unpleasant / *elle m'est antipathique* I dislike her, I don't like her.

antipelliculaire [ãtipelikylɛʀ] adj ▸ *shampooing antipelliculaire* antidandruff shampoo.

antiperspirant, e [ãtipɛʀspiʀã, ãt] adj antiperspirant. ◆ **antiperspirant** nm antiperspirant.

antipode [ãtipɔd] nm ▸ *être à l'antipode ou aux antipodes (de)* a) [lieu] to be on the other side of the world (from) b) *fig* to be diametrically opposed (to).

antiquaire [ãtikɛʀ] nmf antique dealer.

antique [ãtik] adj **1.** [de l'antiquité - civilisation] ancient ; [- vase, objet] antique **2.** [vieux] antiquated, ancient.

antiquité [ãtikite] nf **1.** [époque] ▸ *l'Antiquité* antiquity **2.** [objet] antique.

antirabique [ãtiʀabik] adj ▸ *vaccin antirabique* rabies vaccine.

antiraciste [ãtiʀasist] adj & nmf antiracist.

antireflet [ãtiʀəflɛ] adj inv [surface] non-reflecting.

antirides [ãtiʀid] adj inv antiwrinkle.

antirouille [ãtiʀuj] adj inv [traitement] rust *(avant n)* ; [revêtement, peinture] rustproof.

antisèche [ãtisɛʃ] nf *arg scol* crib (sheet), crib 𝖴𝖪, cheat sheet 𝖴𝖲, pony 𝖴𝖲.

antisémite [ãtisemit] ◆ nmf anti-Semite. ◆ adj anti-Semitic.

antiseptique [ãtisɛptik] nm & adj antiseptic.

antisismique [ãtisismik] adj earthquake-proof.

antislash [ãtislaʃ] nm INFORM backslash.

antiterrorisme [ãtiteʀɔʀism] nm antiterrorism.

antithèse [ãtitɛz] nf antithesis.

antitranspirant, e [ãtitʀãspiʀã, ãt] adj antiperspirant.

antitussif, ive [ãtitysif, iv] adj cough *(avant n).* ◆ **antitussif** nm cough mixture 𝖴𝖪 ou syrup 𝖴𝖲.

antiviral, aux [ãtiviʀal, o] nm antivirus.

antivirus [ãtiviʀys] nm INFORM antivirus software.

antivol [ãtivɔl] nm inv antitheft device.

antonyme [ãtɔnim] nm antonym.

antre [ãtʀ] nm den, lair.

anus [anys] nm anus.

anxiété [ãksjete] nf anxiety.

anxieux, euse [ãksjø, øz] ◆ adj anxious, worried ▸ *être anxieux de qqch* to be worried ou anxious about sthg ▸ *être anxieux de faire qqch* to be anxious to do sthg. ◆ nm, f worrier.

anxiolytique [ãksjɔlitik] ◆ adj anxiolytic. ◆ nm tranquillizer 𝖴𝖪, tranquilizer 𝖴𝖲.

aorte [aɔʀt] nf aorta.

août [u(t)] nm August. *Voir aussi* **septembre**.

aoûtat [auta] nm harvest mite, chigger 𝖴𝖲, redbug 𝖴𝖲.

apaisement [apɛzmã] nm **1.** [moral] comfort **2.** [de douleur] alleviation **3.** [de tension, de crise] calming.

apaiser [4] [apeze] vt **1.** [personne] to calm down, to pacify **2.** [conscience] to salve ; [douleur] to soothe ; [soif] to slake, to quench ; [faim] to assuage. ◆ **s'apaiser** vp **1.** [personne] to calm down **2.** [besoin] to be assuaged ; [tempête] to subside, to abate ; [douleur] to die down ; [scrupules] to be allayed.

apanage [apanaʒ] nm *sout* privilege ▸ *être l'apanage de qqn / qqch* to be the prerogative of sb/sthg.

aparté [apaʀte] nm **1.** THÉÂTRE aside **2.** [conversation] private conversation ▸ *prendre qqn en aparté* to take sb aside.

apartheid [apaʀtɛd] nm apartheid.

apathie [apati] nf apathy.

apathique [apatik] adj apathetic.

apatride [apatʀid] nmf stateless person.

Apec [apɛk] *(abr de* Association pour l'emploi des cadres) nf *employment agency for executives and managers.*

apercevoir [52] [apɛʀsəvwaʀ] vt [voir] to see, to catch sight of. ◆ **s'apercevoir** vp ▸ *s'apercevoir de qqch* to notice sthg ▸ *s'apercevoir que* to notice (that).

aperçu, e [apɛʀsy] pp ⟶ **apercevoir.**
◆ **aperçu** nm general idea.

apéritif, ive [apeʀitif, iv] adj whetting the appetite. ◆ **apéritif** nm aperitif ▸ **prendre l'apéritif** to have an aperitif, to have drinks *(before a meal).*

apesanteur [apəzɑ̃tœʀ] nf weightlessness.

à-peu-près [apøpʀɛ] nm inv approximation.

aphone [afɔn] adj voiceless.

aphorisme [afɔʀism] nm aphorism.

aphrodisiaque [afʀɔdizjak] nm & adj aphrodisiac.

aphte [aft] nm mouth ulcer.

apiculteur, trice [apikyltœʀ, tʀis] nm, f beekeeper.

apitoyer [13] [apitwaje] vt to move to pity.
◆ **s'apitoyer** vp to feel pity ▸ **s'apitoyer sur** to feel sorry for.

aplanir [32] [aplaniʀ] vt **1.** [aplatir] to level **2.** *fig* [difficulté, obstacle] to smooth away, to iron out.

aplatir [32] [aplatiʀ] vt [gén] to flatten ; [couture] to press flat ; [cheveux] to smooth down.

aplomb [aplɔ̃] nm **1.** [stabilité] balance **2.** [audace] nerve, cheek **UK**. ◆ **d'aplomb** loc adv steady.

APN nm *abr de* **appareil photo numérique.**

apnée [apne] nf ▸ **plonger en apnée** to dive without breathing apparatus.

apocalypse [apɔkalips] nf apocalypse.

apocalyptique [apɔkaliptik] adj apocalyptic.

apogée [apɔʒe] nm ASTRON apogee ; *fig* peak.

apolitique [apɔlitik] adj apolitical, unpolitical.

apologie [apɔlɔʒi] nf justification, apology.

apoplexie [apɔplɛksi] nf apoplexy.

apostrophe [apɔstʀɔf] nf [signe graphique] apostrophe.

apostropher [3] [apɔstʀɔfe] vt ▸ **apostropher qqn** to speak rudely to sb.

apothéose [apɔteoz] nf **1.** [consécration] great honour **UK** *ou* honor **US 2.** [point culminant - d'un spectacle] grand finale ; [- d'une carrière] crowning glory.

apôtre [apotʀ] nm apostle, disciple.

Appalaches [apalaʃ] nmpl : **les Appalaches** the Appalachians.

apparaître [91] [apaʀɛtʀ] ❖ vi **1.** [gén] to appear **2.** [se dévoiler] to come to light.
❖ v impers ▸ **il apparaît que** it seems *ou* appears that.

apparat [apaʀa] nm pomp ▸ **d'apparat** [dîner, habit] ceremonial.

appareil [apaʀɛj] nm **1.** [gén] device ; [électrique] appliance **2.** [téléphone] phone, telephone ▸ **qui est à l'appareil ?** who's speaking? **3.** [avion] aircraft. ◆ **appareil digestif** nm digestive system. ◆ **appareil photo** nm camera ▸ **appareil photo numérique** digital camera.

appareillage [apaʀɛjaʒ] nm **1.** [équipement] equipment **2.** NAUT getting under way.

appareiller [4] [apaʀeje] ❖ vt [assortir] to match up. ❖ vi NAUT to get under way.

apparemment [apaʀamɑ̃] adv apparently.

apparence [apaʀɑ̃s] nf appearance. ◆ **en apparence** loc adv seemingly, apparently.

apparent, e [apaʀɑ̃, ɑ̃t] adj **1.** [superficiel, illusoire] apparent **2.** [visible] visible.

apparenté, e [apaʀɑ̃te] adj ▸ **apparenté à a)** [personne] related to **b)** *fig* [ressemblant] similar to **c)** [affilié] affiliated to.

appariteur [apaʀitœʀ] nm porter **UK**, campus policeman **US**.

apparition [apaʀisjɔ̃] nf **1.** [gén] appearance **2.** [vision - RELIG] vision ; [- de fantôme] apparition.

appart [apaʀt] *(abr de* **appartement)** nm *fam* flat **UK**, apartment **US**.

appartement [apaʀtəmɑ̃] nm flat **UK**, apartment **US**.

appartenance [apaʀtənɑ̃s] nf ▸ **appartenance à a)** [famille] belonging to **b)** [parti] membership of **UK** *ou* in **US**.

appartenir [40] [apaʀtəniʀ] vi **1.** [être la propriété de] ▸ **appartenir à qqn** to belong to sb **2.** [faire partie de] ▸ **appartenir à qqch** to belong to sthg, to be a member of sthg **3.** *fig* [dépendre de] ▸ **il ne m'appartient pas de faire...** *sout* it's not up to me to do....

appartenu [apaʀtəny] pp inv ⟶ **appartenir.**

appart hôtel [apaʀtotɛl] nm apartment hotel.

apparu, e [apaʀy] pp ⟶ **apparaître.**

appâter [3] [apate] vt *pr* & *fig* to lure.

appauvrir [32] [apovʀiʀ] vt to impoverish.
◆ **s'appauvrir** vp to grow poorer, to become impoverished.

appel [apɛl] nm **1.** [gén] call ▸ **faire appel à qqn** to appeal to sb ▸ **faire appel à qqch a)** [nécessiter] to call for sthg **b)** [avoir recours à] to call on sthg ▸ **appel (téléphonique)** (phone) call **2.** DR appeal ▸ **faire appel** to appeal ▸ **sans appel** final **3.** [pour vérifier - gén] roll-call ; [- SCOL] registration **4.** COMM ▸ **appel d'offres** invitation to tender **5.** [signe] ▸ **faire un appel de phares** to flash ou blink US one's headlights.

appelé [aple] nm conscript, draftee US.

appeler [24] [aple] vt **1.** [gén] to call **2.** [téléphoner] to ring UK, to call **3.** [faire venir] to call for. ◆ **s'appeler** vp **1.** [se nommer] to be called / **comment cela s'appelle-t-il ?** what is it called? / **il s'appelle Patrick** his name is Patrick, he's called Patrick **2.** [se téléphoner] : **on s'appelle demain ?** shall we talk tomorrow?

appellation [apelasjɔ̃] nf designation, name ▸ **appellation contrôlée** government certification guaranteeing the quality of a French wine.

appendice [apɛdis] nm appendix.

appendicite [apɛ̃disit] nf appendicitis.

appentis [apɑ̃ti] nm lean-to.

appesantir [32] [apəzɑ̃tir] vt [démarche] to slow down. ◆ **s'appesantir** vp **1.** [s'alourdir] to become heavy **2.** [insister] ▸ **s'appesantir sur qqch** to dwell on sthg.

appétissant, e [apetisɑ̃, ɑ̃t] adj [nourriture] appetizing.

appétit [apeti] nm appetite ▸ **bon appétit !** enjoy your meal!

applaudir [32] [aplodir] ◆ vt to applaud. ◆ vi to clap, to applaud ▸ **applaudir à qqch** fig to applaud sthg ▸ **les gens applaudissaient à tout rompre** there was thunderous applause.

applaudissements [aplodismɑ̃] nmpl applause (U), clapping (U).

applicable [aplikabl] adj ▸ **applicable (à)** applicable (to).

application [aplikasjɔ̃] nf [gén & INFORM] application.

applique [aplik] nf wall lamp.

appliqué, e [aplike] adj **1.** [élève] hardworking **2.** [écriture] careful **3.** SCI & UNIV applied.

appliquer [3] [aplike] vt [gén] to apply ; [loi] to enforce. ◆ **s'appliquer** vp **1.** [s'étaler, se poser] : **cette peinture s'applique facilement** this paint goes on easily **2.** [se concentrer] ▸ **s'appliquer (à faire qqch)** to apply o.s. (to doing sthg).

appoint [apwɛ̃] nm **1.** [monnaie] change ▸ **faire l'appoint** to give the right money **2.** [aide] help, support ▸ **d'appoint** [salaire, chauffage] extra ▸ **lit d'appoint** spare bed.

appointements [apwɛ̃tmɑ̃] nmpl salary sg.

apport [apɔr] nm **1.** [gén & FIN] contribution **2.** [de chaleur] input.

apporter [3] [apɔrte] vt **1.** [gén] to bring / **ça m'a beaucoup apporté** fig I got a lot from it **2.** [raison, preuve] to provide, to give **3.** [mettre - soin] to exercise ; [- attention] to give.

apposer [3] [apoze] vt **1.** [affiche] to put up **2.** [signature] to append.

apposition [apozisjɔ̃] nf GRAM apposition.

appréciable [apresjabl] adj **1.** [notable] appreciable **2.** [précieux] : **un grand jardin, c'est appréciable !** I/we really appreciate having a big garden.

appréciation [apresjasjɔ̃] nf **1.** [de valeur] valuation ; [de distance, poids] estimation **2.** [jugement] judgment **3.** SCOL assessment.

apprécier [9] [apresje] vt **1.** [gén] to appreciate **2.** [évaluer] to estimate, to assess.

appréhender [3] [apreɑ̃de] vt **1.** [arrêter] to arrest **2.** [craindre] ▸ **appréhender qqch / de faire qqch** to dread sthg/doing sthg.

appréhension [apreɑ̃sjɔ̃] nf apprehension.

apprenant, e [aprənɑ̃, ɑ̃t] nm, f learner.

apprendre [79] [aprɑ̃dr] vt **1.** [étudier] to learn ▸ **apprendre à faire qqch** to learn (how) to do sthg **2.** [enseigner] to teach ▸ **apprendre qqch à qqn** to teach sb sthg ▸ **apprendre à qqn à faire qqch** to teach sb (how) to do sthg **3.** [nouvelle] to hear of, to learn of ▸ **apprendre que** to hear that, to learn that ▸ **apprendre qqch à qqn** to tell sb of sthg.

apprenti, e [aprɑ̃ti] nm, f [élève] apprentice ; fig beginner.

apprentissage [aprɑ̃tisaʒ] nm **1.** [de métier] apprenticeship **2.** [formation] learning.

apprêter [4] [aprete] vt to prepare. ◆ **s'apprêter** vp **1.** [être sur le point] ▸ **s'apprêter à faire qqch** to get ready to do sthg **2.** [s'habiller] ▸ **s'apprêter pour qqch** to dress up for sthg.

appris, e [apri, iz] pp ⟶ **apprendre**.

apprivoiser [3] [aprivwaze] vt to tame.

approbateur, trice [aprɔbatœr, tris] adj approving.

approbation [aprɔbasjɔ̃] nf approval.

approchant, e [aprɔʃɑ̃, ɑ̃t] adj similar.

approche [apʀɔʃ] nf [arrivée] approach / *à l'approche des fêtes* as the Christmas holidays draw near / *il a pressé le pas à l'approche de la maison* he quickened his step as he approached the house.

approcher [3] [apʀɔʃe] ❖ vt **1.** [mettre plus près] to move near, to bring near ▸ **approcher qqch de qqn/qqch** to move sth near (to) sb/sth **2.** [aborder] to go up to, to approach. ❖ vi to approach, to go/come near / *approchez !* come nearer! / *n'approchez pas !* keep ou stay away! ▸ **approcher de** [moment, fin] to approach. ❖ **s'approcher** vp to come/ go near, to approach ▸ **s'approcher de qqn/ qqch** to approach sb/sth.

approfondi, e [apʀɔfɔ̃di] adj thorough, detailed / *traiter qqch de façon approfondie* to go into sth thoroughly.

approfondir [32] [apʀɔfɔ̃diʀ] vt **1.** [creuser] to make deeper **2.** [développer] to go further into.

approprié, e [apʀɔpʀije] adj ▸ **approprié (à)** appropriate (to).

approprier [10] [apʀɔpʀije] vt **1.** [adapter] to adapt **2.** BELGIQUE to clean. ❖ **s'approprier** vp [s'adjuger] to appropriate.

approuver [3] [apʀuve] vt [gén] to approve of.

approvisionnement [apʀɔvizjɔnmɑ̃] nm supplies *pl*, stocks *pl*.

approvisionner [3] [apʀɔvizjɔne] vt **1.** [compte en banque] to pay money into **2.** [magasin, pays] to supply.

approximatif, ive [apʀɔksimatif, iv] adj approximate, rough.

approximation [apʀɔksimasjɔ̃] nf approximation.

approximativement [apʀɔksimativmɑ̃] adv approximately, roughly.

appt abr écrite de **appartement**.

appui [apɥi] nm [soutien] support.

appui-tête [apɥitɛt] (*pl* **appuis-tête**) nm headrest.

appuyer [14] [apɥije] ❖ vt **1.** [poser] ▸ **appuyer qqch sur/contre qqch** to lean sth on/against sth, to rest sth on/against sth **2.** [presser] ▸ **appuyer qqch sur/contre** to press sth on/against **3.** *fig* [soutenir] to support. ❖ vi **1.** [reposer] ▸ **appuyer sur** to lean ou rest on **2.** [presser] ▸ **appuyer sur** [bouton] to press **3.** *fig* [insister] ▸ **appuyer sur** to stress **4.** [se diriger] ▸ **appuyer sur la** ou

à droite to bear right. ❖ **s'appuyer** vp **1.** [se tenir] ▸ **s'appuyer contre/sur** to lean against/ on, to rest against/on **2.** [se baser] ▸ **s'appuyer sur** to rely on.

âpre [apʀ] adj **1.** [goût, discussion, combat] bitter **2.** [ton, épreuve, critique] harsh **3.** [concurrence] fierce.

après [apʀɛ] ❖ prép **1.** [gén] after / *après avoir mangé, ils…* after having eaten ou after they had eaten, they… ▸ **après cela** after that ▸ **après quoi** after which **2.** *fam* [indiquant l'attirance, l'attachement, l'hostilité] : *aboyer après qqn* to bark at sb. ❖ adv **1.** [temps] afterwards UK, afterward US / *un mois après* one month later / *le mois d'après* the following ou next month **2.** [lieu, dans un ordre, dans un rang] : *la rue d'après* the next street / *c'est ma sœur qui vient après* my sister's next. ❖ **après coup** loc adv afterwards UK, afterward US, after the event. ❖ **après que** loc conj (+ indicatif) after / *je le verrai après qu'il aura fini* I'll see him after ou when he's finished / *après qu'ils eurent dîné,…* after dinner ou after they had dined,…. ❖ **après tout** loc adv after all. ▸ **d'après** loc prép according to / *d'après moi* in my opinion / *d'après lui* according to him. ❖ **et après** loc adv (employée interrogativement) **1.** [questionnement sur la suite] and then what? **2.** [exprime l'indifférence] so what?

après-demain [apʀɛdmɛ̃] adv the day after tomorrow.

après-guerre [apʀɛgɛʀ] nm ou nf post-war years *pl* ▸ **d'après-guerre** post-war.

après-midi [apʀɛmidi] nm inv & nf inv afternoon.

après-rasage [apʀɛʀazaʒ] nm & adj inv aftershave.

après-shampooing [apʀɛʃɑ̃pwɛ̃] (*pl* **après-shampooings**), **après-shampoing** [apʀɛʃɑ̃pwɛ̃] (*pl* **après-shampoings**) nm (hair) conditioner.

après-ski [apʀɛski] nm [chaussure] snow-boot.

après-soleil [apʀɛsɔlɛj] ❖ adj inv after-sun (avant n). ❖ nm (*pl* **après-soleils**) aftersun cream.

après-vente [apʀɛvɑ̃t] ⟶ **service**.

apr. J.-C. (abr écrite de **après Jésus-Christ**) AD.

à-propos [apʀɔpo] nm inv [de remarque] aptness ▸ **faire preuve d'à-propos** to show presence of mind.

APS (abr de **Advanced Photo System**) nm APS.

apte [apt] adj ▶ **apte à qqch / à faire qqch** capable of sthg / of doing sthg ▶ **apte (au service)** MIL fit (for service).

aptitude [aptityd] nf ▶ **aptitude (à ou pour qqch)** aptitude (for sthg) ▶ **aptitude à ou pour faire qqch** ability to ou for doing sthg.

Aquagym® [akwaʒim] nf aquarobics (U).

aquarelle [akwaʀɛl] nf watercolour 🇬🇧, watercolor 🇺🇸.

aquarium [akwaʀjɔm] nm aquarium.

aquatique [akwatik] adj [plante, animal] aquatic ; [milieu, paysage] watery, marshy.

aqueduc [akdyk] nm aqueduct.

aqueux, euse [akø, øz] adj watery.

aquilin [akilɛ̃] ⟶ **nez**.

arabe [aʀab] ❖ adj [peuple] Arab ; [désert] Arabian. ❖ nm [langue] Arabic. ◆ **Arabe** nmf Arab.

arabesque [aʀabɛsk] nf **1.** [ornement] arabesque **2.** [ligne sinueuse] flourish.

Arabie [aʀabi] nf : *l'Arabie* Arabia / *l'Arabie Saoudite* Saudi Arabia.

arabophone [aʀabɔfɔn] ❖ adj Arabic-speaking. ❖ nmf Arabic speaker.

arachide [aʀaʃid] nf peanut, groundnut.

araignée [aʀeɲe] nf spider. ◆ **araignée de mer** nf spider crab.

arbalète [aʀbalɛt] nf crossbow.

arbitrage [aʀbitʀaʒ] nm **1.** [SPORT - gén] refereeing ; [- au tennis, cricket] umpiring **2.** DR arbitration.

arbitraire [aʀbitʀɛʀ] adj arbitrary.

arbitre [aʀbitʀ] nm **1.** [SPORT - gén] referee ; [- au tennis, cricket] umpire **2.** [conciliateur] arbitrator.

arbitrer [3] [aʀbitʀe] vt **1.** [SPORT - gén] to referee ; [- au tennis, cricket] to umpire **2.** [conflit] to arbitrate.

arbre [aʀbʀ] nm **1.** *pr* & *fig* tree ▶ **arbre généalogique** family tree **2.** [axe] shaft.

arbrisseau, x [aʀbʀiso] nm shrub.

arbuste [aʀbyst] nf shrub.

arc [aʀk] nm **1.** [arme] bow **2.** [courbe] arc ▶ **arc de cercle** arc of a circle **3.** ARCHIT arch.

arcade [aʀkad] nf **1.** ARCHIT arch ▶ **arcades** arcade *sg* **2.** ANAT ▶ **arcade sourcilière** arch of the eyebrows.

arc-bouter [3] [aʀkbute] ◆ **s'arc-bouter** vp to brace o.s.

arceau, x [aʀso] nm **1.** ARCHIT arch **2.** [objet métallique] hoop.

arc-en-ciel [aʀkɑ̃sjɛl] (*pl* **arcs-en-ciel**) nm rainbow.

archaïque [aʀkaik] adj archaic.

arche [aʀʃ] nf ARCHIT arch.

archéologie [aʀkeɔlɔʒi] nf archaeology.

archéologique [aʀkeɔlɔʒik] adj archaeological.

archéologue [aʀkeɔlɔg] nmf archaeologist.

archet [aʀʃɛ] nm MUS bow.

archétype [aʀketip] nm archetype.

archevêque [aʀʃəvɛk] nm archbishop.

archipel [aʀʃipɛl] nm archipelago.

architecte [aʀʃitɛkt] nmf architect ▶ **architecte d'intérieur** interior designer.

architecture [aʀʃitɛktyʀ] nf architecture ; *fig* structure.

archiver [3] [aʀʃive] vt to archive.

archives [aʀʃiv] nfpl [de bureau] records ; [de musée] archives.

archiviste [aʀʃivist] nmf archivist.

arctique [aʀktik] adj Arctic / *le cercle polaire arctique* the Arctic Circle. ◆ **Arctique** nm : *l'Arctique* the Arctic.

ardemment [aʀdamɑ̃] adv fervently, passionately.

ardent, e [aʀdɑ̃, ɑ̃t] adj **1.** [soleil] blazing **2.** [soif, fièvre] raging ; [passion] burning.

ardeur [aʀdœʀ] nf **1.** [vigueur] fervour 🇬🇧, fervor 🇺🇸, enthusiasm **2.** *litt* & *sout* [chaleur] blazing heat.

ardoise [aʀdwaz] nf slate.

ardu, e [aʀdy] adj [travail] arduous ; [problème] difficult.

are [aʀ] nm *100 square metres*.

aréna [aʀena] nm 🇶🇶 QUÉBEC arena 🇺🇸 (*sports centre with skating rink*).

arène [aʀɛn] nf arena. ◆ **arènes** nfpl [romaines] amphitheatre *sg* 🇬🇧, amphitheater *sg* 🇺🇸 ; [pour corridas] bullring *sg*.

arête [aʀɛt] nf **1.** [de poisson] bone **2.** [du nez] bridge.

argan [aʀgɑ̃] nm argan ▶ **huile d'argan** argan oil.

argent [aʀʒɑ̃] nm **1.** [métal, couleur] silver **2.** [monnaie] money ▶ **argent liquide** (ready) cash ▶ **argent de poche** pocket money 🇬🇧, allowance 🇺🇸.

argenté, e [aʁʒɑ̃te] adj silvery, silver.

argenterie [aʁʒɑ̃tʁi] nf silverware.

Argentine [aʁʒɑ̃tin] nf ▶ **l'Argentine** Argentina.

argile [aʁʒil] nf clay.

argileux, euse [aʁʒilø, øz] adj clayey.

argot [aʁɡo] nm slang.

argotique [aʁɡɔtik] adj slang, slangy.

argument [aʁɡymɑ̃] nm argument.

argumentation [aʁɡymɑ̃tasjɔ̃] nf argumentation.

argumenter [3] [aʁɡymɑ̃te] vi to argue / **argumenter en faveur de / contre qqch** to argue for / against sthg.

argus [aʁɡys] nm ▶ **coté à l'argus** rated in the guide to secondhand car prices.

aride [aʁid] adj pr & fig arid ; [travail] thankless.

aristocrate [aʁistɔkʁat] nmf aristocrat.

aristocratie [aʁistɔkʁasi] nf aristocracy.

aristocratique [aʁistɔkʁatik] adj aristocratic.

arithmétique [aʁitmetik] nf arithmetic.

armateur [aʁmatœʁ] nm ship owner.

armature [aʁmatyʁ] nf **1.** pr & fig framework **2.** [de parapluie] frame ; [de soutien-gorge] underwiring.

arme [aʁm] nf pr & fig weapon ▶ **arme blanche** blade ▶ **arme à feu** firearm. ◆ **armes** nfpl **1.** [armée] ▶ **les armes** the army **2.** [blason] coat of arms sg **3.** EXPR partir avec armes et bagages to leave taking everything.

armé, e [aʁme] adj armed / **être armé de** to be armed with.

armée [aʁme] nf army ▶ **l'armée de l'air** the air force ▶ **l'armée de terre** the army. ◆ **Armée du salut** nf ▶ **l'Armée du salut** the Salvation Army.

armement [aʁməmɑ̃] nm [MIL - de personne] arming ; [- de pays] armament ; [- ensemble d'armes] arms pl.

Arménie [aʁmeni] nf : **l'Arménie** Armenia.

armer [3] [aʁme] vt **1.** [pourvoir en armes] to arm ▶ **être armé pour qqch / pour faire qqch** fig [préparé] to be equipped for sthg / to do sthg **2.** [fusil] to cock **3.** [appareil photo] to wind on **4.** [navire] to fit out.

armistice [aʁmistis] nm armistice.

armoire [aʁmwaʁ] nf [gén] cupboard UK, closet US ; [garde-robe] wardrobe / **c'est une armoire à glace !** fam & fig he's built like a house! ▶ **armoire à pharmacie** medicine cupboard UK ou chest US.

armoiries [aʁmwaʁi] nfpl coat of arms sg.

armure [aʁmyʁ] nf armour UK, armor US.

armurier [aʁmyʁje] nm [d'armes à feu] gunsmith ; [d'armes blanches] armourer UK, armorer US.

arnaque [aʁnak] nf fam rip-off.

arnaquer [3] [aʁnake] vt fam to rip off ▶ **se faire arnaquer** to be had.

arobase [aʁɔbaz] nf INFORM 'at', @ ▶ **l'arobase** the "at" symbol ou sign.

aromate [aʁɔmat] nm [épice] spice ; [fines herbes] herb.

aromatisé, e [aʁɔmatize] adj flavoured UK, flavored US / **aromatisé à la vanille** vanilla-flavoured.

arôme [aʁom] nm **1.** [gén] aroma ; [de fleur, parfum] fragrance **2.** [goût] flavour UK, flavor US.

arpège [aʁpɛʒ] nm arpeggio.

arpenter [3] [aʁpɑ̃te] vt [marcher] to pace up and down.

arqué, e [aʁke] adj **1.** [objet] curved **2.** [jambe] bow (avant n), bandy ; [nez] hooked ; [sourcil] arched.

arr. abr écrite de arrondissement.

arrache-pied [aʁaʃpje] ◆ **d'arrache-pied** loc adv ▶ **travailler d'arrache-pied** to work away furiously.

arracher [3] [aʁaʃe] vt **1.** [extraire - plante] to pull up ou out ; [- dent] to extract **2.** [déchirer - page] to tear off ou out ; [- chemise, bras] to tear off **3.** [prendre] ▶ **arracher qqch à qqn** to snatch sthg from sb ; [susciter] to wring sthg from sb **4.** [soustraire] ▶ **arracher qqn à a)** [milieu, lieu] to drag sb away from **b)** [lit, sommeil] to drag sb from **c)** [habitude, torpeur] to force sb out of **d)** [mort, danger] to snatch sb from.

arrangeant, e [aʁɑ̃ʒɑ̃, ɑ̃t] adj obliging.

arrangement [aʁɑ̃ʒmɑ̃] nm **1.** [gén] arrangement **2.** [accord] agreement, arrangement.

arranger [17] [aʁɑ̃ʒe] vt **1.** [gén] to arrange **2.** [convenir à] to suit **3.** [régler] to settle **4.** [améliorer] to sort out **5.** [réparer] to fix. ◆ **s'arranger** vp to come to an agreement ▶ **s'arranger pour faire qqch** to manage to do sthg / **arrangez-vous pour être là à cinq heures** make sure you're there at five o'clock / **cela va s'arranger** things will work out.

arrdt abr de arrondissement.

arrestation [aʀɛstasjɔ̃] nf arrest ▸ **être en état d'arrestation** to be under arrest.

arrêt [aʀɛ] nm **1.** [d'un mouvement] stopping ▸ **à l'arrêt a)** [véhicule] stationary **b)** [machine] (switched) off ▸ **tomber en arrêt devant qqch** to stop dead in front of sthg **2.** [interruption] interruption ▸ **sans arrêt a)** [sans interruption] non-stop **b)** [sans relâche] constantly, continually ▸ **arrêt maladie** ou **de travail** [certificat] doctor's ou medical certificate ▸ **être en arrêt maladie** to be on sick leave ▸ **arrêt du travail** stoppage **3.** [station] ▸ **arrêt (d'autobus)** (bus) stop **4.** DR decision, judgment.

arrêté [aʀete] nm ADMIN order, decree.

arrêter [4] [aʀete] ◆ vt **1.** [gén] to stop **2.** INFORM [ordinateur] to shut down **3.** [cesser] ▸ **arrêter de faire qqch** to stop doing sthg / **arrêter de fumer** to stop smoking **4.** [voleur] to arrest. ◆ vi to stop. ◆ **s'arrêter** vp to stop ▸ **s'arrêter à qqch** : _il ne s'arrête pas à ces détails_ he's not going to dwell on these details ▸ **s'arrêter de faire** to stop doing.

arrhes [aʀ] nfpl deposit _sg._

arrière [aʀjɛʀ] ◆ adj inv back, rear / _roue arrière_ rear ou back wheel ▸ **marche arrière** reverse gear. ◆ nm **1.** [partie postérieure] back ▸ **à l'arrière** at the back **UK**, in back **US** **2.** SPORT back. ◆ **en arrière** loc adv **1.** [dans la direction opposée] back, backwards / _faire un pas en arrière_ to take a step back ou backwards **2.** [derrière, à la traîne] behind / _rester en arrière_ to lag behind.

arriéré, e [aʀjeʀe] adj [mentalité, pays] backward. ◆ **arriéré** nm arrears _pl._

arrière-boutique [aʀjɛʀbutik] (_pl_ **arrière-boutiques**) nf back shop.

arrière-garde [aʀjɛʀgaʀd] (_pl_ **arrière-gardes**) nf rearguard.

arrière-goût [aʀjɛʀgu] (_pl_ **arrière-goûts**) nm aftertaste.

arrière-grand-mère [aʀjɛʀgʀɑ̃mɛʀ] (_pl_ **arrière-grands-mères**) nf great-grandmother.

arrière-grand-père [aʀjɛʀgʀɑ̃pɛʀ] (_pl_ **arrière-grands-pères**) nm great-grandfather.

arrière-grands-parents [aʀjɛʀgʀɑ̃paʀɑ̃] nmpl great-grandparents.

arrière-pays [aʀjɛʀpei] nm inv hinterland.

arrière-pensée [aʀjɛʀpɑ̃se] (_pl_ **arrière-pensées**) nf [raison intéressée] ulterior motive.

arrière-plan [aʀjɛʀplɑ̃] (_pl_ **arrière-plans**) nm background.

arrière-saison [aʀjɛʀsezɔ̃] (_pl_ **arrière-saisons**) nf late autumn.

arrière-train [aʀjɛʀtʀɛ̃] (_pl_ **arrière-trains**) nm hindquarters _pl._

arrimer [3] [aʀime] vt **1.** [attacher] to secure **2.** NAUT to stow.

arrivage [aʀivaʒ] nm [de marchandises] consignment, delivery.

arrivée [aʀive] nf **1.** [venue] arrival **2.** TECHNOL inlet.

arriver [3] [aʀive] ◆ vi **1.** [venir] to arrive / _arriver à Paris_ to arrive in ou reach Paris / _on arrive à quelle heure ?_ what time do we get there? / _j'arrive !_ (I'm) coming! / _l'eau m'arrivait aux genoux_ the water came up to my knees **2.** [parvenir] ▸ **arriver à faire qqch** to manage to do sthg, to succeed in doing sthg / _il n'arrive pas à faire ses devoirs_ he can't do his homework **3.** [se produire] to happen / _ce sont des choses qui arrivent_ these things happen. ◆ v impers to happen ▸ **il arrive que** (+ subjonctif) : _il arrive qu'il soit en retard_ he is sometimes late / _il arrive à tout le monde de se décourager_ we all get fed up sometimes / _il arrive à tout le monde de se tromper_ anyone can make a mistake / _il lui arrive d'oublier quel jour on est_ he sometimes forgets what day it is.

arrivisme [aʀivism] nm _péj_ ambition.

arriviste [aʀivist] ◆ adj self-seeking, careerist. ◆ nmf careerist.

arrobas, àrobas [aʀobas] nf = **arobase**.

arrogance [aʀɔgɑ̃s] nf arrogance.

arrogant, e [aʀɔgɑ̃, ɑ̃t] adj arrogant.

arroger [17] [aʀɔʒe] ◆ **s'arroger** vp ▸ **s'arroger le droit de faire qqch** to take it upon o.s. to do sthg.

arrondi [aʀɔ̃di] nm [de jupe] hemline.

arrondir [32] [aʀɔ̃diʀ] vt **1.** [forme] to make round **2.** [chiffre - au-dessus] to round up ; [- en dessous] to round down.

arrondissement [aʀɔ̃dismɑ̃] nm ADMIN arrondissement (administrative division of a département or city).

arrosage [aʀozaʒ] nm [de jardin] watering ; [de rue] spraying.

arroser [3] [aʀoze] vt **1.** [jardin] to water ; [rue] to spray **2.** _fam_ [célébrer] to celebrate.

arrosoir [aʀozwaʀ] nm watering can.

arsenal, aux [aʀsənal, o] nm **1.** [de navires] naval dockyard **2.** [d'armes] arsenal.

arsenic [aʀsənik] nm arsenic.

art [aʀ] nm art ▸ **le septième art** cinema. ◆ **arts** nmpl ▸ **les arts et métiers** college for the advanced education of those working in commerce, manufacturing, construction and design ▸ **arts martiaux** martial arts.

art. *abr écrite de* article.

Arte [aʀte] npr *Franco-German cultural television channel.*

artère [aʀtɛʀ] nf **1.** ANAT artery **2.** [rue] arterial road **UK**, main road **US**.

artériel, elle [aʀteʀjɛl] adj arterial.

artériosclérose [aʀteʀjɔskleʀoz] nf arteriosclerosis.

arthrite [aʀtʀit] nf arthritis.

arthrose [aʀtʀoz] nf osteoarthritis.

artichaut [aʀtiʃo] nm artichoke.

article [aʀtikl] nm **1.** [gén] article ▸ **article de fond** feature **2.** [sujet] point **3.** EXPR ▸ **à l'article de la mort** at death's door.

articulation [aʀtikylasjɔ̃] nf **1.** ANAT & TECHNOL joint **2.** [prononciation] articulation.

articulé, e [aʀtikyle] adj jointed.

articuler [3] [aʀtikyle] vt **1.** [prononcer] to articulate **2.** ANAT & TECHNOL to articulate, to joint.

artifice [aʀtifis] nm **1.** [moyen astucieux] clever device ou trick **2.** [tromperie] trick.

artificiel, elle [aʀtifisjɛl] adj artificial.

artificier [aʀtifisje] nm **1.** [en pyrotechnie] fireworks expert **2.** MIL [soldat] blaster ; [spécialiste] bomb disposal expert.

artillerie [aʀtijʀi] nf MIL artillery.

artisan, e [aʀtizɑ̃, an] nm, f craftsman (craftswoman).

artisanal, e, aux [aʀtizanal, o] adj craft *(avant n).*

artisanat [aʀtizana] nm [métier] craft ; [classe] craftsmen.

artiste [aʀtist] nmf **1.** [créateur] artist ▸ **artiste peintre** painter **2.** [interprète] performer.

artistique [aʀtistik] adj artistic.

as¹ [a] ⟶ avoir.

as² [as] nm **1.** [carte] ace **2.** [champion] star, ace.

a /s *(abr écrite de* aux soins de*)* c/o.

ASAP *(abr de* as soon as possible*)* SMS ASAP.

ascendant, e [asɑ̃dɑ̃, ɑ̃t] adj rising. ◆ **ascendant** nm **1.** [influence] influence, power **2.** ASTROL ascendant.

ascenseur [asɑ̃sœʀ] nm **1.** [in a building] lift **UK**, elevator **US 2.** INFORM scroll bar.

ascension [asɑ̃sjɔ̃] nf **1.** [de montagne] ascent **2.** [progression] rise. ◆ **Ascension** nf ▸ **l'Ascension** Ascension (Day).

ascensionnel, elle [asɑ̃sjɔnɛl] adj upward.

ascète [asɛt] nmf ascetic.

aseptisé, e [asɛptize] adj MÉD sterilized ; fig [ambiance] impersonal ; [discours, roman, univers] sanitized.

asiatique [azjatik] adj **1.** [de l'Asie en général] Asian **2.** [d'Extrême-Orient] oriental. ◆ **Asiatique** nmf Asian.

Asie [azi] nf : *l'Asie* Asia / *l'Asie du Sud-Est* Southeast Asia.

asile [azil] nm **1.** [refuge] refuge **2.** POL ▸ **demander /accorder l'asile politique** to seek / to grant political asylum **3.** vieilli [psychiatrique] asylum.

asocial, e, aux [asɔsjal, o] ◆ adj antisocial. ◆ nm, f social misfit.

aspect [aspɛ] nm **1.** [apparence] appearance / d'aspect agréable nice-looking / cette couleur donne à la pièce un aspect terne this colour makes the room look dull **2.** [point de vue] aspect, facet **3.** LING aspect.

asperge [aspɛʀʒ] nf [légume] asparagus.

asperger [17] [aspɛʀʒe] vt ▸ **asperger qqch de qqch** to spray sthg with sthg ▸ **asperger qqn de qqch a)** [arroser] to spray sb with sthg **b)** [éclabousser] to splash sb with sthg.

aspérité [aspeʀite] nf [du sol] bump.

asphalte [asfalt] nm asphalt.

asphyxier [9] [asfiksje] vt **1.** MÉD to asphyxiate, to suffocate **2.** fig [économie] to paralyse **UK**, to paralyze **US**.

aspic [aspik] nm [vipère] asp.

aspirant, e [aspiʀɑ̃, ɑ̃t] adj ▸ **pompe aspirante** suction pump. ◆ **aspirant** nm [armée] ≃ officer cadet ; [marine] ≃ midshipman.

aspirateur [aspiʀatœʀ] nm Hoover® **UK**, vacuum cleaner ▸ **passer l'aspirateur** to do the vacuuming ou hoovering **UK**.

aspiration [aspiʀasjɔ̃] nf **1.** [souffle] inhalation **2.** TECHNOL suction. ◆ **aspirations** nfpl aspirations.

aspirer [3] [aspiʀe] ◆ vt **1.** [air] to inhale ; [liquide] to suck up **2.** TECHNOL to suck up, to draw up. ◆ vi [désirer] ▸ **aspirer à qqch /à faire qqch** to aspire to sthg /to do sthg.

aspirine [aspiʀin] nf aspirin.

assagir [32] [asaʒiʀ] vt to quieten down.

assaillant, e [asajɑ̃, ɑ̃t] nm, f assailant, attacker.

assaillir [47] [asajiʀ] vt to attack, to assault ▸ **assaillir qqn de qqch** fig to assail ou bombard sb with sthg.

assainir [32] [aseniʀ] vt **1.** [logement] to clean up **2.** [eau] to purify **3.** ÉCON to rectify, to stabilize.

assaisonnement [asɛzɔnmɑ̃] nm [sauce] dressing ; [condiments] seasoning.

assaisonner [3] [asɛzɔne] vt [salade] to dress ; [viande, plat] to season.

assassin, e [asasɛ̃, in] adj provocative. ◆ **assassin** nm [gén] murderer ; POL assassin.

assassinat [asasina] nm [gén] murder ; POL assassination.

assassiner [3] [asasine] vt [tuer - gén] to murder ; [- POL] to assassinate.

assaut [aso] nm [attaque] assault, attack ▸ **prendre d'assaut** [lieu] to storm.

assécher [18] [aseʃe] vt to drain.

assemblage [asɑ̃blaʒ] nm [gén] assembly.

assemblée [asɑ̃ble] nf **1.** [réunion] meeting **2.** [public] gathering **3.** ADMIN & POL assembly ▸ **l'Assemblée nationale** lower house of the French parliament.

assembler [asɑ̃ble] vt **1.** [monter] to put together **2.** [réunir - objets] to gather (together) **3.** [personnes - gén] to bring together, to assemble. ◆ **s'assembler** vp to gather.

asséner [18] [asene], **assener** [19] [asəne] vt ▸ **assener un coup à qqn** [frapper] to strike sb, to deal sb a blow.

assentiment [asɑ̃timɑ̃] nm assent.

asseoir [65] [aswaʀ] ◆ vt **1.** [sur un siège] to put **2.** [fondations] to lay **3.** fig [réputation] to establish. ◆ vi ▸ **faire asseoir qqn** to seat sb, to ask sb to take a seat. ◆ **s'asseoir** vp to sit (down).

assermenté, e [asɛʀmɑ̃te] adj [fonctionnaire, expert] sworn.

assertion [asɛʀsjɔ̃] nf assertion.

assesseur [asesœʀ] nm assessor.

assez [ase] adv **1.** [suffisamment] enough / **assez grand pour qqch / pour faire qqch** big enough for sthg/to do sthg ▸ **assez de** enough / **assez de lait /chaises** enough milk/chairs ▸ **en avoir assez de qqn /qqch** to have had enough of sb/sthg, to be fed up with sb/sthg **2.** [plutôt] quite, rather.

assidu, e [asidy] adj **1.** [élève] diligent **2.** [travail] painstaking **3.** [empressé] ▸ **assidu (auprès de qqn)** attentive (to sb).

assiduité [asidɥite] nf **1.** [zèle] diligence **2.** [fréquence] ▸ **avec assiduité** regularly. ◆ **assiduités** nfpl péj & sout attentions.

assiéger [22] [asjeʒe] vt pr & fig to besiege.

assiette [asjɛt] nf **1.** [vaisselle] plate ▸ **assiette creuse** ou **à soupe** soup plate ▸ **assiette à dessert** dessert plate ▸ **assiette plate** dinner plate **2.** [d'impôt] base **3.** CULIN ▸ **assiette anglaise** assorted cold meats pl UK, cold cuts pl US.

assigner [3] [asiɲe] vt DR ▸ **assigner qqn en justice** to issue a writ against sb.

assimiler [3] [asimile] vt **1.** [aliment, connaissances] to assimilate **2.** [confondre] ▸ **assimiler qqch (à qqch)** to liken sthg (to sthg) ▸ **assimiler qqn à qqn** to compare sb to sb.

assis, e [asi, iz] ◆ pp ⟶ **asseoir**. ◆ adj sitting, seated ▸ **place assise** seat. ◆ **assise** nf [base] seat, seating. ◆ **assises** nfpl **1.** DR ▸ **(cour d')assises** Crown Court UK, circuit court US **2.** [congrès] conference sg.

assistance [asistɑ̃s] nf **1.** [aide] assistance ▸ **l'Assistance publique** French authority which manages the social services and state-owned hospitals **2.** [auditoire] audience.

assistant, e [asistɑ̃, ɑ̃t] nm, f **1.** [auxiliaire] assistant ▸ **assistante sociale** social worker **2.** UNIV assistant lecturer.

assister [3] [asiste] ◆ vi ▸ **assister à qqch** to be at sthg, to attend sthg. ◆ vt to assist.

association [asɔsjasjɔ̃] nf **1.** [gén] association **2.** [union] society, association / **association humanitaire** charity organization ▸ **association sportive** sports club **3.** COMM partnership.

associé, e [asɔsje] ◆ adj associated. ◆ nm, f **1.** [collaborateur] associate **2.** [actionnaire] partner.

associer [9] [asɔsje] vt **1.** [personnes] to bring together **2.** [idées] to associate **3.** [faire participer] ▸ **associer qqn à qqch** a) [inclure] to bring sb in on sthg b) [prendre pour partenaire] to make sb a partner in sthg. ◆ **s'associer** vp **1.** [prendre part] ▸ **s'associer à qqch** a) [participer] to join ou participate in sthg b) [partager] to share sthg **2.** [collaborer] ▸ **s'associer à** ou **avec qqn** to join forces with sb.

assoiffé, e [aswafe] adj thirsty / **assoiffé de pouvoir** fig power-hungry.

assombrir [32] [asɔ̃bʀiʀ] vt **1.** [plonger dans l'obscurité] to darken **2.** *fig* [attrister] to cast a shadow over. ◆ **s'assombrir** vp **1.** [devenir sombre] to grow dark **2.** *fig* [s'attrister] to darken.

assommant, e [asɔmɑ̃, ɑ̃t] adj *péj* deadly boring.

assommer [3] [asɔme] vt **1.** [frapper] to knock out **2.** [ennuyer] to bore stiff.

Assomption [asɔ̃psjɔ̃] nf ▶ **l'Assomption** the Assumption.

assorti, e [asɔʀti] adj [accordé] ▶ **bien assorti** well-matched ▶ **mal assorti** ill-matched / **une cravate assortie au costume** a tie which matches the suit.

assortiment [asɔʀtimɑ̃] nm assortment, selection.

assortir [32] [asɔʀtiʀ] vt [objets] ▶ **assortir qqch à qqch** to match sthg to ou with sthg.

assoupi, e [asupi] adj [endormi] dozing.

assoupir [32] [asupiʀ] vt *sout* [enfant] to send to sleep. ◆ **s'assoupir** vp [s'endormir] to doze off.

assouplir [32] [asupliʀ] vt **1.** [corps] to make supple **2.** [matière] to soften **3.** [règlement] to relax.

assouplissant [asuplisɑ̃] nm (fabric) softener.

assourdir [32] [asuʀdiʀ] vt **1.** [rendre sourd] to deafen **2.** [amortir] to deaden, to muffle.

assouvir [32] [asuviʀ] vt *litt* to satisfy.

assujettir [32] [asyʒetiʀ] vt **1.** [peuple] to subjugate **2.** [soumettre] ▶ **assujettir qqn à qqch** to subject sb to sthg.

assumer [3] [asyme] vt **1.** [fonction - exercer] to carry out **2.** [risque, responsabilité] to accept **3.** [condition] to come to terms with **4.** [frais] to meet.

assurance [asyʀɑ̃s] nf **1.** [gén] assurance **2.** [contrat] insurance / **contracter** ou **prendre une assurance** to take out insurance ▶ **assurance auto** ou **automobile** car ou automobile **US** insurance ▶ **assurance maladie** health insurance ▶ **assurance responsabilité civile** ou **au tiers** third party insurance ▶ **assurance tous risques** AUTO comprehensive insurance ▶ **assurance-vie** life assurance **UK**, life insurance **US** ▶ **assurance contre le vol** insurance against theft.

assuré, e [asyʀe] nm, f policy holder ▶ **assuré social** National Insurance contributor **UK**, Social Security contributor **US**.

assurément [asyʀemɑ̃] adv *sout* certainly.

assurer [3] [asyʀe] vt **1.** [promettre] ▶ **assurer à qqn que** to assure sb (that) ▶ **assurer qqn de qqch** to assure sb of sthg **2.** [permanence, liaison] to provide **3.** COMM to insure. ◆ **s'assurer** vp **1.** [vérifier] ▶ **s'assurer que** to make sure (that) ▶ **s'assurer de qqch** to ensure sthg, to make sure of sthg **2.** COMM ▶ **s'assurer (contre qqch)** to insure o.s. (against sthg) **3.** [obtenir] ▶ **s'assurer qqch** to secure sthg.

astérisque [asteʀisk] nm asterisk.

asthmatique [asmatik] nmf & adj asthmatic.

asthme [asm] nm MÉD asthma.

asticot [astiko] nm maggot.

astigmate [astigmat] nmf & adj astigmatic.

astiquer [3] [astike] vt to polish.

astre [astʀ] nm star.

astreignant, e [astʀeɲɑ̃, ɑ̃t] adj demanding.

astreindre [81] [astʀɛ̃dʀ] vt ▶ **astreindre qqn à qqch** to subject sb to sthg ▶ **astreindre qqn à faire qqch** to compel sb to do sthg.

astreint, e [astʀɛ̃, ɛ̃t] pp ⟶ **astreindre**.

astringent, e [astʀɛ̃ʒɑ̃, ɑ̃t] adj astringent.

astrologie [astʀɔlɔʒi] nf astrology.

astrologique [astʀɔlɔʒik] adj astrological.

astrologue [astʀɔlɔg] nm astrologer.

astronaute [astʀɔnot] nmf astronaut.

astronautique [astʀɔnotik] nf astronautics (U).

astronome [astʀɔnɔm] nmf astronomer.

astronomie [astʀɔnɔmi] nf astronomy.

astronomique [astʀɔnɔmik] adj astronomical.

astrophysicien, enne [astʀɔfizisjɛ̃, ɛn] nm, f astrophysicist.

astrophysique [astʀɔfizik] nf astrophysics (U).

astuce [astys] nf **1.** [ruse] (clever) trick **2.** [ingéniosité] shrewdness (U).

astucieux, euse [astysjø, øz] adj **1.** [idée] clever **2.** [personne] shrewd.

asymétrique [asimetʀik] adj asymmetric, asymmetrical.

atelier [atəlje] nm **1.** [d'artisan] workshop **2.** [de peintre] studio.

athée [ate] ⟷ nmf atheist. ⟷ adj atheistic.

athéisme [ateism] nm atheism.

Athènes [atɛn] npr Athens.

athlète [atlɛt] nmf athlete.

athlétique [atletik] adj athletic.

athlétisme [atletism] nm athletics (U) **UK**, track and field **US**.

atlantique [atlɑ̃tik] adj Atlantic. ◆ **Atlantique** nm ▶ **l'Atlantique** the Atlantic (Ocean).

atlas [atlas] nm atlas.

atmosphère [atmɔsfɛr] nf atmosphere.

atmosphérique [atmɔsferik] adj atmospheric.

atome [atom] nm atom.

atomique [atɔmik] adj **1.** [gén] nuclear **2.** CHIM & PHYS atomic.

atomiseur [atɔmizœr] nm spray.

atone [atɔn] adj [inexpressif] lifeless.

atout [atu] nm **1.** [carte] trump / l'atout est à pique spades are trumps **2.** fig [ressource] asset, advantage.

âtre [atr] nm litt hearth.

atroce [atrɔs] adj **1.** [crime] atrocious, dreadful **2.** [souffrance] horrific, atrocious.

atrocité [atrɔsite] nf **1.** [horreur] atrocity **2.** [calomnie] insult.

atrophier [9] [atrɔfje] ◆ **s'atrophier** vp to atrophy.

attabler [3] [atable] ◆ **s'attabler** vp to sit down (at the table).

attachant, e [ataʃɑ̃, ɑ̃t] adj lovable.

attache [ataʃ] nf [lien] fastening. ◆ **attaches** nfpl fig links, connections.

attaché, e [ataʃe] nm, f attaché ▶ **attaché de presse a)** [diplomatique] press attaché **b)** [d'organisme, d'entreprise] press officer.

attaché-case [ataʃekɛz] (pl attachés-cases) nm attaché case.

attachement [ataʃmɑ̃] nm attachment.

attacher [3] [ataʃe] ❖ vt **1.** [lier] ▶ attacher qqch (à) a) to fasten ou tie sthg (to) b) fig [associer] to attach sthg (to) **2.** [paquet] to tie up **3.** [lacet] to do up ; [ceinture de sécurité] to fasten. ❖ vi CULIN ▶ attacher (à) to stick (to). ◆ **s'attacher** vp **1.** [émotionnellement] ▶ s'attacher à qqn/qqch to become attached to sb/sthg **2.** [se fermer] to fasten ▶ s'attacher avec ou par qqch to do up ou fasten with sthg **3.** [s'appliquer] ▶ s'attacher à qqch/à faire qqch to devote o.s. to sthg/to doing sthg, to apply o.s. to sthg/to doing sthg.

attaquant, e [atakɑ̃, ɑ̃t] nm, f attacker.

attaque [atak] nf [gén & MÉD] attack ▶ **attaque à main armée** holdup, armed attack ; fig ▶ **attaque contre qqn/qqch** attack on sb/sthg.

attaquer [3] [atake] vt **1.** [gén] to attack **2.** [DR - personne] to take to court ; [- jugement] to contest **3.** fam [plat] to tuck into. ◆ **s'attaquer** vp **1.** [combattre] ▶ s'attaquer à qqn to attack sb **2.** fig ▶ s'attaquer à qqch [tâche] to tackle sthg.

attardé, e [atarde] adj **1.** [idées] outdated **2.** [passants] late **3.** vieilli [enfant] backward.

attarder [3] [atarde] ◆ **s'attarder** vp ▶ s'attarder sur qqch to dwell on sthg ▶ s'attarder à faire qqch to stay on to do sthg, to stay behind to do sthg.

atteindre [8] [atɛ̃dr] vt **1.** [situation, objectif] to reach **2.** [toucher] to hit **3.** [affecter] to affect.

atteint, e [atɛ̃, ɛ̃t] ❖ pp ⟶ **atteindre.** ❖ adj [malade] ▶ être atteint de to be suffering from. ◆ **atteinte** nf **1.** [préjudice] ▶ **porter atteinte à** to undermine ▶ **hors d'atteinte a)** [hors de portée] out of reach **b)** [inattaquable] beyond reach **2.** [effet] effect.

attelage [atlaʒ] nm [chevaux] team.

atteler [24] [atle] vt [animaux, véhicules] to hitch up ; [wagons] to couple.

attelle [atɛl] nf splint.

attenant, e [atnɑ̃, ɑ̃t] adj ▶ attenant (à qqch) adjoining (sthg).

attendre [73] [atɑ̃dr] ❖ vt **1.** [gén] to wait for / attendre qqn à ou pour dîner to expect sb for dinner ▶ attendre que (+ subjonctif) : attendre que la pluie s'arrête to wait for the rain to stop ▶ faire attendre qqn to keep sb waiting **2.** [espérer] ▶ attendre qqch (de qqn/qqch) to expect sthg (from sb/sthg) **3.** [suj : surprise, épreuve] to be in store for. ❖ vi to wait / attends ! hang on! ◆ **s'attendre** vp ▶ s'attendre à to expect. ◆ **en attendant** loc adv **1.** [pendant ce temps] meanwhile, in the meantime **2.** [quand même] all the same.

attendrir [32] [atɑ̃drir] vt **1.** [viande] to tenderize **2.** [personne] to move. ◆ **s'attendrir** vp ▶ s'attendrir (sur qqn/qqch) to be moved (by sb/sthg).

attendrissant, e [atɑ̃drisɑ̃, ɑ̃t] adj moving, touching.

attendu, e [atɑ̃dy] pp ⟶ **attendre.** ◆ **attendu que** loc conj since, considering that.

attentat [atɑ̃ta] nm attack ▶ **attentat à la bombe** bomb attack, bombing.

attentat-suicide [atɑ̃tasɥisid] (pl **attentats-suicides**) nm suicide attack ; [à la bombe] suicide bombing.

attente [atɑ̃t] nf **1.** [fait d'attendre] wait ▸ **en attente** in abeyance **2.** [espoir] expectation ▸ **répondre aux attentes de qqn** to live up to sb's expectations.

attenter [3] [atɑ̃te] vi ▸ **attenter à** [liberté, droit] to violate ▸ **attenter à ses jours** to attempt suicide ▸ **attenter à la vie de qqn** to make an attempt on sb's life.

attentif, ive [atɑ̃tif, iv] adj [auditoire] ▸ **attentif (à qqch)** attentive (to sthg).

attention [atɑ̃sjɔ̃] ❖ nf **1.** [concentration] attention ▸ **faire attention** à to pay attention to **2.** [intérêt] ▸ **attirer l'attention de qqn** to catch ou to attract sb's attention ▸ **appeler** ou **attirer l'attention de qqn sur qqch** to call sb's attention to sthg, to point sthg out to sb **3.** [prudence] attention ▸ **à l'attention de** for the attention of ▸ **faire attention à** to be careful of. ❖ interj watch out!, be careful!

attentionné, e [atɑ̃sjɔne] adj thoughtful.

attentivement [atɑ̃tivmɑ̃] adv attentively, carefully.

atténuer [7] [atenɥe] vt [douleur] to ease ; [propos, ton] to tone down ; [lumière] to dim, to subdue ; [bruit] to quieten. ❖ **s'atténuer** vp [lumière] to dim, to fade ; [bruit] to fade ; [douleur] to ease.

atterrer [4] [atere] vt to stagger.

atterrir [32] [aterir] vi to land ▸ **atterrir dans qqch** fig to land up in sthg.

atterrissage [aterisaʒ] nm landing.

attestation [atestasjɔ̃] nf [certificat] certificate.

attester [3] [ateste] vt **1.** [confirmer] to vouch for, to testify to **2.** [certifier] to attest.

attirail [atiraj] nm fam [équipement] gear.

attirance [atirɑ̃s] nf attraction.

attirant, e [atirɑ̃, ɑ̃t] adj attractive.

attirer [3] [atire] vt **1.** [gén] to attract **2.** [amener vers soi] ▸ **attirer qqn à / vers soi** to draw sb to/towards one. ❖ **s'attirer** vp ▸ **s'attirer qqch** to bring sthg on o.s.

attiser [3] [atize] vt **1.** [feu] to poke **2.** fig [haine] to stir up.

attitré, e [atitre] adj **1.** [habituel] usual **2.** [titulaire - fournisseur] by appointment ; [- représentant] accredited.

attitude [atityd] nf **1.** [comportement, approche] attitude **2.** [posture] posture.

attouchement [atuʃmɑ̃] nm caress.

attractif, ive [atraktif, iv] adj **1.** [force] magnetic **2.** [prix] attractive.

attraction [atraksjɔ̃] nf **1.** [gén] attraction **2.** [force] ▸ **attraction magnétique** magnetic force. ❖ **attractions** nfpl **1.** [jeux] amusements **2.** [spectacle] attractions.

attrait [atrɛ] nm **1.** [séduction] appeal **2.** [intérêt] attraction.

attrape-nigaud [atrapnigo] (pl **attrape-nigauds**) nm con.

attraper [3] [atrape] vt **1.** [gén] to catch **2.** fam [gronder] to tell off **3.** fam [avoir] to get.

attrayant, e [atrɛjɑ̃, ɑ̃t] adj attractive.

attribuer [7] [atribɥe] vt **1.** [tâche, part] ▸ **attribuer qqch à qqn a)** to assign ou allocate sthg to sb, to assign ou allocate sb sthg **b)** [privilège] to grant sthg to sb, to grant sb sthg **c)** [récompense] to award sthg to sb, to award sb sthg **2.** [faute] ▸ **attribuer qqch à qqn** to attribute sthg to sb, to put sthg down to sb. ❖ **s'attribuer** vp **1.** [s'approprier] to appropriate (for o.s.) **2.** [revendiquer] to claim (for o.s.).

attribut [atriby] nm **1.** [gén] attribute **2.** GRAM complement.

attribution [atribysjɔ̃] nf **1.** [de prix] awarding, award **2.** [de part, tâche] allocation, assignment **3.** [d'avantage] bestowal. ❖ **attributions** nfpl [fonctions] duties.

attrister [3] [atriste] vt to sadden. ❖ **s'attrister** vp to be saddened.

attroupement [atrupmɑ̃] nm crowd.

attrouper [3] [atrupe] ❖ **s'attrouper** vp to form a crowd, to gather.

au [o] ⟶ à.

aubade [obad] nf dawn serenade.

aubaine [obɛn] nf piece of good fortune ▸ **quelle aubaine !** what a godsend!

aube [ob] nf [aurore] dawn, daybreak ▸ **à l'aube** at dawn.

aubépine [obepin] nf hawthorn.

auberge [oberʒ] nf [hôtel] inn ▸ **auberge de jeunesse** youth hostel.

aubergine [oberʒin] nf **1.** BOT aubergine **UK**, eggplant **US 2.** péj [contractuelle] traffic warden **UK**, meter maid **US**.

aubergiste [oberʒist] nmf innkeeper.

auburn [obœrn] adj inv auburn.

aucun, e [okœ, yn] **⟐** adj indéf **1.** [sens négatif] ▸ **ne... aucun** no / *il n'y a aucune voiture dans la rue* there aren't any cars in the street, there are no cars in the street / *sans faire aucun bruit* without making a sound **2.** [sens positif] any / *il lit plus qu'aucun autre enfant* he reads more than any other child. **⟐** pron indéf **1.** [sens négatif] none / *aucun des enfants* none of the children / *aucun d'entre nous* none of us / *aucun (des deux)* neither (of them) **2.** [sens positif] : *plus qu'aucun de nous* more than any of us.

aucunement [okynmɑ̃] adv not at all, in no way.

audace [odas] nf **1.** [hardiesse] daring, boldness **2.** [insolence] audacity **3.** [innovation] daring innovation.

audacieux, euse [odasjø, øz] adj **1.** [projet] daring, bold **2.** [personne, geste] bold.

au-dedans [odədɑ̃] loc adv inside. **◆ au-dedans de** loc prép inside.

au-dehors [odəɔʀ] loc adv outside. **◆ au-dehors de** loc prép outside.

au-delà [odəla] **⟐** loc adv **1.** [plus loin] beyond **2.** [davantage, plus] more. **⟐** nm ▸ **l'au-delà** the hereafter, the afterlife. **◆ au-delà de** loc prép beyond.

au-dessous [odəsu] loc adv below, underneath. **◆ au-dessous de** loc prép below, under(neath).

au-dessus [odəsy] loc adv above. **◆ au-dessus de** loc prép above, over.

au-devant [odəvɑ̃] loc adv ahead. **◆ au-devant de** loc prép ▸ **aller au-devant de** to go to meet / *aller au-devant du danger* to court danger.

audible [odibl] adj audible.

audience [odjɑ̃s] nf **1.** [public, entretien] audience **2.** DR hearing.

Audimat® [odimat] nm audience rating ; ≃ Nielsen® ratings US.

audio [odjo] adj inv [matériel, fichier, livre] audio.

audioguide [odjogid] nm audio guide, headset.

audionumérique [odjonymeʀik] adj digital audio.

audiovisuel, elle [odjovizɥɛl] adj audiovisual. **◆ audiovisuel** nm TV and radio.

audit [odit] nm audit.

auditeur, trice [oditœʀ, tʀis] nm, f listener. **◆ auditeur** nm **1.** UNIV ▸ **auditeur libre**

person allowed to attend lectures without being registered, auditor US **2.** FIN auditor.

auditif, ive [oditif, iv] adj **1.** [appareil] hearing *(avant n)* **2.** [mémoire] auditory.

audition [odisjɔ̃] nf **1.** [fait d'entendre] hearing **2.** DR examination **3.** THÉÂTRE audition **4.** MUS recital.

auditionner [3] [odisjɔne] vt & vi to audition.

auditoire [oditwaʀ] nm [public] audience.

auditorium [oditɔʀjɔm] nm [de concert] auditorium ; [d'enregistrement] studio.

auge [oʒ] nf [pour animaux] trough.

augmentation [ogmɑ̃tasjɔ̃] nf ▸ **augmentation (de)** increase (in) ▸ **augmentation (de salaire)** rise UK ou raise US (in salary).

augmenter [3] [ogmɑ̃te] **⟐** vt to increase ; [prix, salaire] to raise ; [personne] to give a rise UK ou raise US to. **⟐** vi to increase, to rise / *le froid augmente* it's getting colder / *la douleur augmente* the pain is getting worse.

augure [ogyʀ] nm [présage] omen ▸ **être de bon/mauvais augure** to be a good/bad sign.

aujourd'hui [oʒuʀdɥi] adv today.

aulx [o] ⟶ **ail**.

aumône [omon] nf ▸ **faire l'aumône à qqn** to give alms to sb.

aumônier [omonje] nm RELIG chaplain.

auparavant [opaʀavɑ̃] adv **1.** [tout d'abord] first (of all) **2.** [avant] before, previously.

auprès [opʀɛ] **◆ auprès de** loc prép **1.** [à côté de] beside, next to **2.** [comparé à] compared with **3.** [en s'adressant à] to.

auquel [okɛl] ⟶ **lequel**.

aurai, auras ⟶ **avoir**.

auréole [oʀeɔl] nf **1.** ASTRON & RELIG halo **2.** [trace] ring.

auriculaire [oʀikylɛʀ] nm little finger.

aurore [oʀɔʀ] nf dawn.

ausculter [3] [oskylte] vt MÉD to sound.

auspice [ospis] nm *(gén pl)* sign, auspice ▸ **sous les auspices de qqn** under the auspices of sb.

aussi [osi] adv **1.** [pareillement, en plus] also, too / *moi aussi* me too / *j'y vais aussi* I'm going too ou as well **2.** [dans une comparaison] ▸ **aussi... que** as... as / *il n'est pas aussi intelligent que son frère* he's not as clever as his brother / *je n'ai jamais rien vu d'aussi beau* I've never seen anything so beautiful / *aussi incroyable que cela paraisse* incredible though ou as it may seem. **◆ (tout) aussi**

bien loc adv just as easily, just as well / *j'aurais pu (tout) aussi bien refuser* I could just as easily have said no. ◆ **aussi bien... que** loc conj as well... as / *tu le sais aussi bien que moi* you know as well as I do.

aussitôt [osito] adv immediately. ◆ **aussitôt que** loc conj as soon as.

austère [ostɛʀ] adj **1.** [personne, vie] austere **2.** [vêtement] severe ; [paysage] harsh.

austérité [osterite] nf **1.** [de personne, vie] austerity **2.** [de vêtement] severeness ; [de paysage] harshness.

austral, e [ostʀal] (*pl* **australs** *ou* **austraux** [ostʀo]) adj southern.

Australie [ostʀali] nf : *l'Australie* Australia.

australien, enne [ostʀaljɛ̃, ɛn] adj Australian. ◆ **Australien, Australienne** nm, f Australian.

autant [otɑ̃] adv **1.** [comparatif] ▸ **autant de (... que)** a) [quantité] as much (... as) b) [nombre] as many (... as) / *il a dépensé autant d'argent que moi* he spent as much money as I did / *il y a autant de femmes que d'hommes* there are as many women as men **2.** [à un tel point, en si grande quantité] so much ; [en si grand nombre] so many / *autant de patience* so much patience / *autant de gens* so many people / *elle boit toujours autant* she still drinks just as much (as she used to) / *il ne peut pas en dire autant* he can't say the same ▸ **en faire autant** to do likewise **3.** [il vaut mieux] : *autant dire la vérité* we/you etc. may as well tell the truth. ◆ **autant... autant** loc corrélative : *autant l'histoire la passionne, autant la géographie l'ennuie* she is as passionate about history as she is bored by geography. ◆ **autant que** loc conj as much as / *ce livre coûte autant que l'autre* this book costs as much as the other one ▸ **(pour) autant que je sache** as far as I know. ◆ **d'autant** loc adv accordingly, in proportion. ◆ **d'autant mieux** loc adv all the better ▸ **d'autant mieux que** all the better since. ◆ **d'autant que** loc conj ▸ **d'autant (plus) que** all the more so since ▸ **d'autant moins que** all the less so since. ◆ **pour autant** loc adv for all that. ◆ **pour autant que** loc conj : *(pour) autant que je sache, il n'est pas encore arrivé* as far as I know he hasn't arrived yet.

autarcie [otaʀsi] nf autarky.

autel [otɛl] nm altar.

auteur, e [otœʀ] nm, f **1.** [d'œuvre] author **2.** [responsable] perpetrator.

auteur-compositeur [otœʀkɔ̃pozitœʀ] (*pl* **auteurs-compositeurs**) nm composer and lyricist ▸ **auteur-compositeur-interprète** singer-songwriter / *je suis auteur-compositeur-interprète* I write and sing my own material.

authentique [otɑ̃tik] adj authentic, genuine.

autiste [otist] adj autistic.

auto [oto] nf car.

autobiographie [otobjɔɡʀafi] nf autobiography.

autobronzant, e [otobʀɔ̃zɑ̃, ɑ̃t] adj self-tanning.

autobus [otobys] nm **1.** [gén] bus **2.** QUÉBEC SCOL school bus.

autocar [otokaʀ] nm coach UK, bus US.

autochtone [otɔktɔn] nmf & adj native.

autocollant, e [otokɔlɑ̃, ɑ̃t] adj self-adhesive, sticky. ◆ **autocollant** nm sticker.

autocouchettes [otokuʃɛt] adj inv ▸ **train autocouchettes** car-sleeper train.

autocritique [otokʀitik] nf self-criticism.

autocuiseur [otokɥizœʀ] nm pressure cooker.

autodéfense [otodefɑ̃s] nf self-defence UK, self-defense US.

autodérision [otoderizjɔ̃] nf self-mockery.

autodétruire [98] [otodetʀɥiʀ] ◆ **s'autodétruire** vp [machine, person] to self-destruct.

autodidacte [otodidakt] nmf self-taught person.

autodiscipline [otodisiplin] nf self-discipline.

auto-école [otoekɔl] (*pl* **auto-écoles**) nf driving school.

autoentrepreneur, euse [otoɑ̃tʀəpʀɔnœʀ, øz] n self-employed businessman (businesswoman).

autofinancement [otofinɑ̃smɑ̃] nm self-financing.

autofocus [otofɔkys] nm & adj inv autofocus.

autogestion [otoʒɛstjɔ̃] nf (workers') self-management.

autographe [otoɡʀaf] nm autograph.

automate [otomat] nm [robot] automaton.

automatique [otomatik] ❖ nm **1.** [pistolet] automatic **2.** TÉLÉCOM ≃ direct dialling UK ou dialing US. ❖ adj automatic.

automatiquement [otomatikmɑ̃] adv automatically.

automatisation [otomatizasjɔ̃] nf automation.

automatisme [otɔmatism] nm **1.** [de machine] automatic operation **2.** [réflexe] automatic reaction, automatism.

automédication [otɔmedikasjɔ̃] nf self-medication.

automne [otɔn] nm autumn, fall US ▸ **en automne** in the autumn, in the fall US.

automobile [otɔmɔbil] ✦ nf car, automobile US. ✧ adj [industrie, accessoires] car (avant n), automobile (avant n) US ; [véhicule] motor (avant n).

automobiliste [otɔmɔbilist] nmf driver, motorist.

autonettoyant, e [otɔnɛtwajɑ̃, ɑ̃t] adj self-cleaning.

autonome [otɔnɔm] adj **1.** [gén] autonomous, independent **2.** [appareil] self-contained.

autonomie [otɔnɔmi] nf **1.** [indépendance] autonomy, independence **2.** AUTO [aviation] range **3.** POL autonomy, self-government.

autonomiste [otɔnɔmist] nmf & adj separatist.

autopartage [otɔpaʀtaʒ] nm an urban rent-a-car service which allows short-term car hire.

autoportrait [otɔpɔʀtʀɛ] nm self-portrait.

autopsie [otɔpsi] nf post-mortem, autopsy.

autoradio [otɔʀadjo] nm car radio.

autorail [otɔʀaj] nm railcar.

autorisation [otɔʀizasjɔ̃] nf **1.** [permission] permission, authorization ▸ **avoir l'autorisation de faire qqch** to be allowed to do sthg **2.** [attestation] pass, permit.

autorisé, e [otɔʀize] adj [personne] in authority ▸ **milieux autorisés** official circles.

autoriser [3] [otɔʀize] vt to authorize, to permit ▸ **autoriser qqn à faire qqch a)** [permission] to give sb permission to do sthg **b)** [possibilité] to permit ou allow sb to do sthg.

autoritaire [otɔʀitɛʀ] adj authoritarian.

autorité [otɔʀite] nf authority ▸ **faire autorité a)** [ouvrage] to be authoritative **b)** [personne] to be an authority.

autoroute [otɔʀut] nf motorway UK, freeway US ▸ **autoroute de l'information** INFORM information highway ou superhighway.

autoroutier, ère [otɔʀutje, ɛʀ] adj motorway (avant n) UK, freeway (avant n) US.

auto-stop [otɔstɔp] nm hitchhiking, hitching.

auto-stoppeur, euse [otɔstɔpœʀ, øz] (mpl auto-stoppeurs, fpl auto-stoppeuses) nm, f hitchhiker, hitcher.

autour [otuʀ] adv around, round UK.
◆ **autour de** loc prép **1.** [sens spatial] around, round UK **2.** [sens temporel] about, around.

autre [otʀ] ✦ adj indéf **1.** [distinct, différent] other, different / je préfère une autre marque de café I prefer another ou a different brand of coffee / l'un et l'autre projets both projects ▸ **autre chose** something else **2.** [supplémentaire] other / tu veux une autre tasse de café ? would you like another cup of coffee? **3.** [qui reste] other, remaining / les autres passagers ont été rapatriés en autobus the other ou remaining passengers were bussed home. ✧ pron indéf ▸ **l'autre** the other (one) ▸ **un autre** another (one) ▸ **les autres a)** [personnes] the others **b)** [objets] the others, the other ones ▸ **l'un à côté de l'autre** side by side ▸ **d'une semaine à l'autre** from one week to the next ▸ **aucun autre, nul autre, personne d'autre** no one else, nobody else ▸ **quelqu'un d'autre** somebody else, someone else / l'un et l'autre sont venus they both came, both of them came / l'un ou l'autre ira one or other (of them) will go / ni l'un ni l'autre n'est venu neither (of them) came.

autrefois [otʀəfwa] adv in the past, formerly.

autrement [otʀəmɑ̃] adv **1.** [différemment] otherwise, differently / je n'ai pas pu faire autrement que d'y aller I had no choice but to go ▸ **autrement dit** in other words **2.** [sinon] otherwise.

Autriche [otʀiʃ] nf : l'Autriche Austria.

autrichien, enne [otʀiʃjɛ̃, ɛn] adj Austrian.
◆ **Autrichien, enne** nm, f Austrian.

autruche [otʀyʃ] nf ostrich.

autrui [otʀɥi] pron indéf inv others, other people.

auvent [ovɑ̃] nm canopy.

aux [o] ⟶ à.

auxiliaire [oksiljɛʀ] ✦ nmf [assistant] assistant. ✧ nm GRAM auxiliary (verb). ✧ adj **1.** [secondaire] auxiliary **2.** ADMIN assistant (avant n).

auxquels, auxquelles [okɛl] ⟶ lequel.

av. 1. abr écrite de avenue **2.** abr écrite de avant.

avachi, e [avaʃi] adj **1.** [gén] misshapen **2.** [personne] listless / il était avachi dans un fauteuil he was slumped in an armchair.

aval, als [aval] nm backing (U), endorsement.
◆ **en aval** loc adv pr & fig downstream.

avalanche [avalɑ̃ʃ] nf pr & fig avalanche.

avaler [3] [avale] vt **1.** [gén] to swallow **2.** fig [supporter] to take ▶ **dur à avaler** difficult to swallow.

avance [avɑ̃s] nf **1.** [progression, somme d'argent] advance **2.** [distance, temps] lead / **le train a dix minutes d'avance** the train is ten minutes early / **le train a une avance de dix minutes sur l'horaire** the train is running ten minutes ahead of schedule ▶ **prendre de l'avance (dans qqch)** to get ahead (in sthg). ◆ **avances** nfpl ▶ **faire des avances à qqn** to make advances towards sb. ◆ **à l'avance** loc adv in advance. ◆ **d'avance** loc adv in advance. ◆ **en avance** loc adv ▶ **être en avance** to be early ▶ **être en avance sur qqch** to be ahead of sthg. ◆ **par avance** loc adv in advance.

avancé, e [avɑ̃se] adj **1.** [dans le temps - heure] late / **à une heure avancée** late at night / **la saison est avancée** it's very late in the season / **arriver à un âge avancé** to be getting on in years **2.** [développé - intelligence, économie] advanced / **un enfant avancé pour son âge** a child who's mature for his years / **à un stade peu avancé** at an early stage ▶ **te voilà bien avancé !** iron a (fat) lot of good that's done you! ◆ **avancée** nf **1.** [progression] progress **2.** [d'un toit] overhang.

avancement [avɑ̃smɑ̃] nm **1.** [développement] progress **2.** [promotion] promotion.

avancer [16] [avɑ̃se] ◆ vt **1.** [objet, tête] to move forward ; [date, départ] to bring forward ; [main] to hold out **2.** [projet, travail] to advance **3.** [montre, horloge] to put forward **4.** [argent] ▶ **avancer qqch à qqn** to advance sb sthg. ◆ vi **1.** [approcher] to move forward **2.** [progresser] to advance ▶ **avancer dans qqch** to make progress in sthg **3.** [faire saillie] ▶ **avancer (dans/sur)** to jut out (into/over), to project (into/over) **4.** [montre, horloge] : **ma montre avance de dix minutes** my watch is ten minutes fast **5.** [servir] : **ça n'avance à rien** that won't get us/you anywhere. ◆ **s'avancer** vp **1.** [s'approcher] to move forward ▶ **s'avancer vers qqn/qqch** to move towards sb/sthg **2.** [s'engager] to commit o.s.

avant [avɑ̃] ◆ prép before. ◆ adv before / **quelques jours avant** a few days earlier ou before / **tu connais le cinéma ? ma maison se situe un peu avant** do you know the cinema? my house is just this side of it. ◆ adj inv front / **les roues avant** the front wheels. ◆ nm **1.** [partie antérieure] front **2.** SPORT forward.

◆ **avant de** loc prép ▶ **avant de faire qqch** before doing sthg / **avant de partir** before leaving. ◆ **avant que** loc conj (+ subjonctif) : **je dois te parler avant que tu partes** I must speak to you before you leave. ◆ **avant tout** loc adv above all / **sa carrière passe avant tout** his career comes first. ◆ **en avant** loc adv forward ▶ **mettre qqn en avant** a) [pour se protéger] to use sb as a shield b) [pour le faire valoir] to push sb forward ou to the front ▶ **mettre qqch en avant** to put sthg forward ▶ **se mettre en avant** to push o.s. forward ou to the fore.

avantage [avɑ̃taʒ] nm [gén & TENNIS] advantage ▶ **se montrer à son avantage** to look one's best.

avantager [17] [avɑ̃taʒe] vt **1.** [favoriser] to favour [UK], to favor [US] **2.** [mettre en valeur] to flatter.

avantageusement [avɑ̃taʒøzmɑ̃] adv favourably [UK], favorably [US].

avantageux, euse [avɑ̃taʒø, øz] adj **1.** [profitable] profitable, lucrative **2.** [flatteur] flattering.

avant-bras [avɑ̃bʀa] nm inv forearm.

avant-centre [avɑ̃sɑ̃tʀ] (pl avants-centres) nm centre [UK] ou center [US] forward.

avant-coureur [avɑ̃kuʀœʀ] ⟶ **signe**.

avant-dernier, ère [avɑ̃dɛʀnje, ɛʀ] (mpl avant-derniers, fpl avant-dernières) adj second to last, penultimate.

avant-garde [avɑ̃gaʀd] (pl avant-gardes) nf **1.** MIL vanguard **2.** [idées] avant-garde.

avant-goût [avɑ̃gu] (pl avant-goûts) nm foretaste.

avant-hier [avɑ̃tjɛʀ] adv the day before yesterday.

avant-première [avɑ̃pʀəmjɛʀ] (pl avant-premières) nf preview.

avant-projet [avɑ̃pʀɔʒɛ] (pl avant-projets) nm pilot study.

avant-propos [avɑ̃pʀopo] nm inv foreword.

avant-veille [avɑ̃vɛj] (pl avant-veilles) nf ▶ **l'avant-veille** two days earlier.

avare [avaʀ] ◆ nmf miser. ◆ adj miserly ▶ **être avare de qqch** fig to be sparing with sthg.

avarice [avaʀis] nf avarice.

avarie [avaʀi] nf damage (U).

avarié, e [avaʀje] adj [aliment] rotting, bad.

avatar [avataʀ] nm **1.** [transformation] metamorphosis **2.** INFORM avatar. ◆ **avatars** nmpl fam [mésaventures] misfortunes.

avec [avɛk] ✥ prép **1.** [gén] with / *avec respect* with respect, respectfully ▸ *c'est fait avec du cuir* it's made from leather ▸ *et avec ça ?*, *et avec ceci ?* fam [dans un magasin] anything else? **2.** [vis-à-vis de] to, towards [UK], toward [US]. ✥ adv fam with it/him etc. / *tiens mon sac, je ne peux pas courir avec !* hold my bag: I can't run with it!

Ave (Maria) [ave(marja)] nm inv Hail Mary.

avenant, e [avnã, ãt] adj pleasant. ✦ **avenant** nm DR additional clause. ✦ **à l'avenant** loc adv in the same vein.

avènement [avɛnmã] nm **1.** [d'un roi] accession **2.** fig [début] advent.

avenir [avnir] nm future ▸ *avoir de l'avenir* to have a future ▸ *d'avenir* [profession, concept] with a future, with prospects. ✦ **à l'avenir** loc adv in future.

Avent [avã] nm ▸ *l'Avent* Advent.

aventure [avãtyr] nf **1.** [gén] adventure **2.** [liaison amoureuse] affair.

aventurer [3] [avãtyre] vt [risquer] to risk. ✦ **s'aventurer** vp to venture (out) ▸ *s'aventurer à faire qqch* fig to venture to do sthg.

aventureux, euse [avãtyrø, øz] adj **1.** [personne, vie] adventurous **2.** [projet] risky.

aventurier, ère [avãtyrje, ɛr] nm, f adventurer.

avenu, e [avny] adj ▸ *nul et non avenu* DR null and void.

avenue [avny] nf avenue.

avéré, e [avere] adj [fait, information] known, established / *c'est un fait avéré que…* it is a known fact that….

avérer [18] [avere] ✦ **s'avérer** vp : *il s'est avéré (être) à la hauteur* he proved (to be) up to it / *il s'est avéré (être) un musicien accompli* he proved to be an accomplished musician.

averse [avɛrs] nf downpour / *averse de neige* snowflurry.

averti, e [avɛrti] adj **1.** [expérimenté] experienced **2.** [initié] ▸ *averti (de)* (well-)informed (about).

avertir [32] [avɛrtir] vt **1.** [mettre en garde] to warn **2.** [prévenir] to inform / *avertissez-moi dès que possible* let me know as soon as possible.

avertissement [avɛrtismã] nm **1.** [gén] warning **2.** [avis] notice, notification.

avertisseur, euse [avɛrtisœr, øz] nm **1.** [Klaxon] horn **2.** [d'incendie] alarm.

aveu, x [avø] nm confession.

aveuglant, e [avœglã, ãt] adj **1.** [lumière] blinding **2.** fig [vérité] blindingly obvious.

aveugle [avœgl] ✥ nmf blind person ▸ *les aveugles* the blind. ✥ adj pr & fig blind.

aveuglement [avœgləmã] nm blindness.

aveuglément [avœglemã] adv blindly.

aveugler [5] [avœgle] vt pr & fig [priver de la vue] to blind.

aveuglette [avœglɛt] ✦ **à l'aveuglette** loc adv ▸ *marcher à l'aveuglette* to grope one's way ▸ *avancer à l'aveuglette* fig to be in the dark.

aviateur, trice [avjatœr, tris] nm, f aviator.

aviation [avjasjɔ̃] nf **1.** [transport aérien] aviation **2.** MIL airforce.

aviculture [avikyltyr] nf [gén] bird-breeding ; [de volailles] poultry farming.

avide [avid] adj **1.** [vorace, cupide] greedy **2.** [désireux] ▸ *avide (de qqch / de faire qqch)* eager (for sthg/to do sthg).

avidité [avidite] nf **1.** [voracité, cupidité] greed **2.** [passion] eagerness.

avilir [32] [avilir] vt [personne] to degrade. ✦ **s'avilir** vp [personne] to demean o.s.

aviné, e [avine] adj **1.** [personne] inebriated **2.** [haleine] smelling of alcohol.

avion [avjɔ̃] nm plane, aeroplane [UK], airplane [US] ▸ *en avion* by plane, by air ▸ *par avion* [courrier] airmail ▸ *avion à réaction* jet (plane).

aviron [avirɔ̃] nm **1.** [rame] oar **2.** SPORT ▸ *l'aviron* rowing.

avis [avi] nm **1.** [opinion] opinion ▸ *changer d'avis* to change one's mind ▸ *être d'avis que* to think that, to be of the opinion that ▸ *à mon avis* in my opinion **2.** [conseil] advice (U) **3.** [notification] notification, notice ▸ *sauf avis contraire* unless otherwise informed ▸ *avis de recherche* **a)** [d'un criminel] wanted poster **b)** [d'un disparu] missing person poster.

avisé, e [avize] adj [sensé] sensible ▸ *être bien / mal avisé de faire qqch* to be well-advised / ill-advised to do sthg.

aviser [3] [avize] ✥ vt [informer] ▸ *aviser qqn de qqch* to inform sb of sthg. ✥ vi to reassess the situation. ✦ **s'aviser** vp **1.** sout [s'apercevoir] ▸ *s'aviser de qqch* to notice sthg **2.** [oser] ▸ *s'aviser de faire qqch* to take it into one's head to do sthg / *ne t'avise pas de répondre !* don't you dare answer me back!

av. J.-C. (abr écrite de avant Jésus-Christ) BC.

avocat¹, e [avɔka, at] nm, f DR barrister **[UK]**; attorney-at-law **[US]** ▸ **avocat de la défense** counsel for the defence **[UK]**, defense counsel **[US]** ▸ **avocat général** ≃ counsel for the prosecution **[UK]**; ≃ prosecuting attorney **[US]**.

avocat² [avɔka] nm [fruit] avocado.

avoine [avwan] nf oats pl.

avoir¹ [avwaʀ] nm **1.** [biens] assets pl **2.** COMM & FIN credit note ; [en comptabilité] credit (side) ▸ **avoir fiscal** tax credit.

avoir² [1] [avwaʀ] ❖ v aux to have / **j'ai fini** I have finished / **il a attendu pendant deux heures** he waited for two hours. ❖ vt **1.** [posséder] to have (got) / **il a deux enfants / les cheveux bruns** he has (got) two children / brown hair / **la maison a un grand jardin** the house has (got) a large garden **2.** [être âgé de] : **il a 20 ans** he is 20 (years old) / **il a deux ans de plus que son frère** he is two years older than his brother / **quel âge as-tu ?** how old are you? **3.** [obtenir] to get / **je l'ai eu au téléphone** I got him on the phone **4.** EXPR **se faire avoir** fam to be had ou conned ▸ **en avoir assez (de qqch / de faire qqch)** to have had enough (of sthg / of doing sthg) ▸ **j'en ai pour cinq minutes** it'll take me five minutes ▸ **en avoir après qqn** to have (got) it in for sb. ⟶ **faim, peur, soif** ❖ **avoir à** v + prép [devoir] ▸ **avoir à faire qqch** to have to do sthg / **tu n'avais pas à lui parler sur ce ton** you had no need to speak to him like that, you shouldn't have spoken to him like that / **tu n'avais qu'à me demander** you only had to ask me / **tu n'as qu'à y aller toi-même** just go (there) yourself, why don't you just go (there) yourself? ❖ **il y a** v impers **1.** [présentatif] there is/are / **il y a un problème**

there's a problem / **il y a des problèmes** there are (some) problems / **qu'est-ce qu'il y a ? what's the matter?, what is it?** / **il n'y a qu'à en finir** we'll/you'll/etc. just have to have done (with it) **2.** [temporel] : **il y a trois ans** three years ago / **il y a longtemps de cela** that was a long time ago / **il y a longtemps qu'il est parti** he left a long time ago.

avoisinant, e [avwazinã, ãt] adj **1.** [lieu, maison] neighbouring **[UK]**, neighboring **[US]** **2.** [sens, couleur] similar.

avortement [avɔʀtəmã] nm MÉD abortion.

avorter [3] [avɔʀte] vi **1.** MÉD ▸ **(se faire) avorter** to have an abortion **2.** [échouer] to fail.

avorton [avɔʀtɔ̃] nm péj [nabot] runt.

avouer [6] [avwe] vt **1.** [confesser] to confess (to) **2.** [reconnaître] to admit.

avril [avʀil] nm April. Voir aussi **septembre**.

axe [aks] nm **1.** GÉOM & PHYS axis **2.** [de roue] axle **3.** [prolongement] ▸ **dans l'axe de** directly in line with.

axer [3] [akse] vt ▸ **axer qqch sur qqch** to centre **[UK]** ou center **[US]** sthg on sthg ▸ **axer qqch autour de qqch** to centre **[UK]** ou center **[US]** sthg around sthg.

axiome [aksjom] nm axiom.

ayant [ɛjã] p prés ⟶ **avoir**.

azalée [azale] nf azalea.

azimut [azimyt] ❖ **tous azimuts** loc adj [défense, offensive] all-out.

azote [azɔt] nm nitrogen.

azur [azyʀ] nm litt **1.** [couleur] azure **2.** [ciel] skies pl.

b, B [be] nm inv b, B.

b1sur SMS *abr écrite de* **bien sûr**.

BA (*abr de* **bonne action**) nf *fam* good deed.

baba [baba] ❖ nm **1.** CULIN ▸ **baba (au rhum)** rum baba **2.** [hippie] *person practising hippie lifestyle and values.* ❖ adj inv *fam* ▸ **en rester baba** to be flabbergasted.

babillard [babijaʀ] nm QUÉBEC bulletin board.

babiller [3] [babije] vi to babble.

babines [babin] nfpl chops.

babiole [babjɔl] nf **1.** [objet] knick-knack **2.** [broutille] trifling matter.

bâbord [babɔʀ] nm port ▸ **à bâbord** to port, on the port side.

babouche [babuʃ] nf [oriental] slipper.

babouin [babwɛ̃] nm baboon.

baby boom [bebibum] nm baby boom.

baby-foot [babifut] nm inv table football UK, foosball US.

baby-sitter [bebisitœʀ] (*pl* **baby-sitters**) nmf baby-sitter.

baby-sitting [bebisitiŋ] nm baby-sitting ▸ **faire du baby-sitting** to baby-sit.

bac [bak] nm **1.** *fam* SCOL *school-leaving examinations leading to university entrance qualification* ▸ **bac +** *level of studies after the bac* / **niveau bac + 3** *3 years of higher education* **2.** [bateau] ferry **3.** [de réfrigérateur] ▸ **bac à glace** ice-cube tray ▸ **bac à légumes** vegetable drawer ; [d'imprimante, de photocopieuse] ▸ **bac à papier** paper tray.

BAC [bak] (*abr de* **brigade anticriminalité**) nf *police squad specializing in patrols to combat crime.*

baccalauréat [bakalɔʀea] nm *school-leaving examinations leading to university entrance qualification.*

bâche [baʃ] nf [toile] tarpaulin.

bachelier, ère [baʃəlje, ɛʀ] nm, f *holder of the baccalauréat.*

bachotage [baʃɔtaʒ] nm *fam* cramming UK.

bacille [basil] nm bacillus.

bâcler [3] [bakle] vt to botch.

bacon [bekɔn] nm bacon.

bactérie [bakteʀi] nf bacterium.

badaud, e [bado, od] nm, f [curieux] curious onlooker ; [promeneur] stroller.

badge [badʒ] nm **1.** [insigne] badge **2.** [document d'identité] swipe card.

badgeuse [badʒøz] nf swipe card reader.

badigeonner [3] [badiʒɔne] vt [mur] to whitewash.

badiner [3] [badine] vi *sout* to joke ▸ **ne pas badiner avec qqch** not to treat sthg lightly.

badminton [badmintɔn] nm badminton.

baffe [baf] nf *fam* slap.

baffle [bafl] nm speaker.

bafouiller [3] [bafuje] vi & vt to mumble.

bâfrer [3] [bafʀe] *fam* vi to guzzle.

bagage [bagaʒ] nm **1.** [gén pl] [valises, sacs] luggage (U), baggage (U) ▸ **faire ses bagages** to pack ▸ **bagages à main** hand luggage **2.** [connaissances] (fund of) knowledge ▸ **bagage intellectuel/culturel** intellectual/cultural baggage.

bagagiste [bagaʒist] nmf [chargement des avions] baggage handler ; [à l'hôtel] porter ; [fabricant] travel goods manufacturer.

bagarre [bagaʀ] nf brawl, fight.

bagarrer [3] [bagaʀe] vi to fight. ❖ **se bagarrer** vp to fight.

bagatelle [bagatɛl] nf **1.** [objet] trinket **2.** [somme d'argent] ▸ **acheter qqch pour une bagatelle** to buy sthg for next to nothing ▸ **la bagatelle de X euros** *iron* a mere X euros **3.** [chose futile] trifle.

baggy [bagi] nm baggy pants *pl.*

bagnard [baɲaʀ] nm convict.

bagne [baɲ] nm [prison] labour UK ou labor US camp.

bagnole [baɲɔl] nf *fam* car.

bague [bag] nf **1.** [bijou, anneau] ring ▸ **bague de fiançailles** engagement ring **2.** TECHNOL ▸ **bague de serrage** clip.

baguer [3] [bage] vt [oiseau, arbre] to ring.

baguette [baɡɛt] nf **1.** [pain] baguette, French stick **UK 2.** [petit bâton] stick ▸ **baguette magique** magic wand ▸ **baguette de tambour** drumstick ▸ **mener qqn à la baguette** to rule sb with a rod of iron **3.** [pour manger] chopstick **4.** [de chef d'orchestre] baton.

bahut [bay] nm **1.** [buffet] sideboard **2.** arg scol [lycée] secondary school.

baie [bɛ] nf **1.** [fruit] berry **2.** GÉOGR bay **3.** [fenêtre] ▸ **baie vitrée** picture ou bay window.

baignade [bɛɲad] nf [action] swimming (U), bathing (U) ▸ **'baignade interdite'** 'no swimming/bathing'.

baigner [4] [beɲe] ❖ vt **1.** [donner un bain à] to bath **UK**, to bathe **US 2.** [tremper, remplir] to bathe / **baigné de soleil** bathed in sunlight. ❖ vi ▸ **baigner dans son sang** to lie in a pool of blood / **les tomates baignaient dans l'huile** the tomatoes were swimming in oil. ❖ **se baigner** vp **1.** [dans la mer] to go swimming, to swim **2.** [dans une baignoire] to have **UK** ou take a bath.

baigneur, euse [bɛɲœr, øz] nm, f swimmer, bather. ❖ **baigneur** nm [poupée] baby doll.

baignoire [bɛɲwar] nf bath **UK**, bathtub **US**.

bail [baj] (pl **baux** [bo]) nm DR lease.

bâillement [bajmɑ̃] nm yawning (U), yawn.

bâiller [3] [baje] vi **1.** [personne] to yawn **2.** [vêtement] to gape.

bailleur, eresse [bajœr, bajrɛs] nm, f lessor ▸ **bailleur de fonds** backer.

bâillon [bajɔ̃] nm gag.

bâillonner [3] [bajɔne] vt to gag.

bain [bɛ̃] nm **1.** [gén] bath ▸ **prendre un bain** to have **UK** ou take a bath ▸ **bain moussant** foaming bath oil ▸ **bain à remous** spa bath, whirlpool bath ▸ **bains-douches** public baths **2.** [dans mer, piscine] swim ▸ **bain de mer** swimming ou bathing in the sea **3.** EXPR **prendre un bain de soleil** to sunbathe.

bain-marie [bɛ̃mari] (pl **bains-marie**) nm ▸ **au bain-marie** in a bain-marie.

baïonnette [bajɔnɛt] nf **1.** [arme] bayonet **2.** ÉLECTR bayonet fitting.

baiser [4] [beze] nm kiss.

baisse [bɛs] nf [gén] ▸ **baisse (de)** drop (in), fall (in) ▸ **en baisse** falling ; ÉCON falling off / **la tendance est à la baisse** there is a downward trend.

baisser [4] [bese] ❖ vt [gén] to lower ; [radio] to turn down. ❖ vi **1.** [descendre] to go down

/ **le jour baisse** it's getting dark **2.** [santé, vue] to fail **3.** [prix] to fall. ❖ **se baisser** vp to bend down.

bajoues [baʒu] nfpl jowls.

bal [bal] nm ball ▸ **bal masqué / costumé** masked / fancy-dress ball ▸ **bal musette** dance with accordion music ▸ **bal populaire** (local) dance open to the public.

balade [balad] nf fam stroll.

balader [3] [balade] vt **1.** fam [traîner avec soi] to trail around **2.** [emmener en promenade] to take for a walk. ❖ **se balader** vp fam [se promener - à pied] to go for a walk ; [- en voiture] to go for a drive.

baladeur, euse [baladœr, øz] adj wandering. ❖ **baladeur** nm personal stereo.

baladodiffusion [baladodifyzjɔ̃] nf **QUÉBEC** podcasting.

balafre [balafr] nf **1.** [blessure] gash **2.** [cicatrice] scar.

balafré, e [balafre] adj scarred.

balai [balɛ] nm **1.** [de nettoyage] broom, brush **2.** fam [an] : **il a 50 balais** he's 50 years old.

balai-brosse [balɛbrɔs] nm (long-handled) scrubbing **UK** ou scrub **US** brush.

balance [balɑ̃s] nf **1.** [instrument] scales pl **2.** COMM & POL balance. ❖ **Balance** nf ASTROL Libra.

balancer [16] [balɑ̃se] vt **1.** [bouger] to swing **2.** fam [lancer] to chuck **3.** fam [jeter] to chuck out. ❖ **se balancer** vp **1.** [sur une chaise] to rock backwards and forwards **2.** [sur une balançoire] to swing **3.** fam ▸ **s'en balancer** not to give a damn about sthg.

balancier [balɑ̃sje] nm **1.** [de pendule] pendulum **2.** [de funambule] pole.

balançoire [balɑ̃swar] nf [suspendue] swing ; [bascule] seesaw.

balayage [balɛjaʒ] nm [gén] sweeping ; TECHNOL scanning.

balayer [11] [baleje] vt **1.** [nettoyer] to sweep **2.** [chasser] to sweep away **3.** [suj : radar] to scan ; [suj : projecteurs] to sweep (across).

balayette [balɛjɛt] nf small brush.

balayeur, euse [balɛjœr, øz] nm, f roadsweeper **UK**, street cleaner. ❖ **balayeuse** nf [machine] roadsweeper **UK**, street cleaner.

balbutier [9] [balbysje] ❖ vi [bafouiller] to stammer. ❖ vt [bafouiller] to stammer (out).

balcon [balkɔ̃] nm **1.** [de maison - terrasse] balcony ; [- balustrade] parapet **2.** [de théâtre, de cinéma] circle.

balconnet [balkɔnɛ] nm ▶ **soutien-gorge à balconnet** half-cup bra.

baldaquin [baldakɛ̃] nm ⟶ **lit**.

baleine [balɛn] nf **1.** [mammifère] whale **2.** [de corset] whalebone **3.** [de parapluie] rib.

balise [baliz] nf **1.** NAUT marker (buoy) **2.** AÉRON runway light **3.** AUTO road sign **4.** INFORM tag.

baliser [3] [balize] vt to mark out.

balivernes [balivɛrn] nfpl nonsense (U).

Balkans [balkã] nmpl : *les Balkans* the Balkans.

ballade [balad] nf ballad.

ballant, e [balã, ãt] adj ▶ **les bras ballants** arms dangling.

ballast [balast] nm **1.** [chemin de fer] ballast **2.** NAUT ballast tank.

balle [bal] nf **1.** [d'arme à feu] bullet ▶ **balle perdue** stray bullet **2.** [de jeu] ball **3.** [de marchandises] bale.

balle(-)molle [balmɔl] (*pl* **balles(-)molles**) nf QUÉBEC SPORT softball.

ballerine [balrin] nf **1.** [danseuse] ballerina **2.** [chaussure] ballet shoe.

ballet [balɛ] nm [gén] ballet ; *fig* [activité intense] to-ing and fro-ing.

ballon [balɔ̃] nm **1.** [jeux & SPORT] ball ▶ **ballon de football** football UK, soccer ball US **2.** [montgolfière, de fête] balloon **3.** AÉRON (hot-air) balloon **4.** CHIM round-bottomed flask.

ballonné, e [balɔne] adj ▶ **avoir le ventre ballonné, être ballonné** to be bloated.

ballot [balo] nm **1.** [de marchandises] bundle **2.** *vieilli* [imbécile] twit.

ballottage [balɔtaʒ] nm POL second ballot ▶ **en ballottage** standing for a second ballot UK, running in the seound round US.

ballotter [3] [balɔte] ❖ vt to toss about. ❖ vi [chose] to roll around.

ballottine [balɔtin] nf ▶ **ballottine de foie gras** meat roll made with foie gras.

ball-trap [baltrap] nm clay pigeon shooting.

balluchon = **baluchon**.

balnéaire [balneɛr] adj ▶ **station balnéaire** seaside resort.

balourd, e [balur, urd] adj clumsy.

balsamique [balzamik] adj BOT & MÉD balsamic ▶ **vinaigre balsamique** balsamic vinegar.

balte [balt] adj Baltic. ◆ **Balte** nmf person from the Baltic states.

Baltique [baltik] nf : *la Baltique* the Baltic (Sea).

baluchon, balluchon [balyʃɔ̃] nm bundle ▶ **faire son baluchon** *fam* to pack one's bags (and leave).

balustrade [balystrad] nf **1.** [de terrasse] balustrade **2.** [rambarde] guardrail.

bambin [bãbɛ̃] nm kiddie.

bambou [bãbu] nm [plante] bamboo.

ban [bã] nm **1.** [de mariage] ▶ **publier** ou **afficher les bans** to publish ou display the banns **2.** EXPR être / mettre qqn au ban de la société to be outlawed / to outlaw sb (from society) ▶ **le ban et l'arrière-ban** the whole lot of them.

banal, e, als [banal] adj commonplace, banal.

banalisé, e [banalize] adj **1.** [véhicule] unmarked **2.** INFORM general-purpose.

banaliser [3] [banalize] vt [véhicule] to remove the markings from.

banalité [banalite] nf **1.** [caractère banal] banality **2.** [cliché] commonplace.

banane [banan] nf **1.** [fruit] banana **2.** [sac] bum-bag UK, fanny pack US **3.** [coiffure] quiff UK.

bananier, ère [bananje, ɛr] adj banana (*avant n*). ◆ **bananier** nm **1.** [arbre] banana tree **2.** [cargo] banana boat.

banc [bã] nm [siège] bench ▶ **le banc des accusés** DR the dock ▶ **banc d'essai** test-bed ▶ **être au banc d'essai** *fig* to be at the test stage ▶ **banc de sable** sandbank.

bancaire [bãkɛr] adj bank (*avant n*), banking (*avant n*).

bancal, e, als [bãkal] adj **1.** [meuble] wobbly **2.** [théorie, idée] unsound.

bandage [bãdaʒ] nm [de blessé] bandage.

bande [bãd] nf **1.** [de tissu, de papier] strip ▶ **bande dessinée** comic strip ▶ **la bande dessinée** [genre] comic strips **2.** [bandage] bandage ▶ **bande Velpeau®** crepe bandage **3.** [de billard] cushion ▶ **par la bande** *fig* by a roundabout route **4.** [groupe] band ▶ **en bande** in a group **5.** [pellicule de film] film **6.** [d'enregistrement] tape ▶ **bande magnétique** (magnetic) tape ▶ **bande originale** CINÉ original soundtrack ▶ **bande vidéo** video(tape) **7.** [voie] ▶ **bande d'arrêt d'urgence** hard shoulder UK, shoulder US **8.** RADIO ▶ **bande de fréquence** waveband.

bande-annonce [bãdanɔ̃s] nf trailer.

bandeau [bɑ̃do] nm **1.** [sur les yeux] blindfold **2.** [dans les cheveux] headband.

bandelette [bɑ̃dlɛt] nf strip (of cloth).

bander [3] [bɑ̃de] ✧ vt **1.** MÉD to bandage ▶ **bander les yeux de qqn** to blindfold sb **2.** [arc] to draw back **3.** [muscle] to flex. ✧ vi vulg to have a hard-on.

banderole [bɑ̃dʀɔl] nf streamer.

bande-son [bɑ̃dsɔ̃] (pl **bandes-son**) nf soundtrack.

bandit [bɑ̃di] nm [voleur] bandit.

banditisme [bɑ̃ditism] nm serious crime.

bandoulière [bɑ̃duljɛʀ] nf bandolier ▶ **en bandoulière** across the shoulder.

banjo [bɑ̃(d)ʒo] nm banjo.

banlieue [bɑ̃ljø] nf suburbs pl.

banlieusard, e [bɑ̃ljøzaʀ, aʀd] nm, f person living in the suburbs.

bannière [banjɛʀ] nf [étendard] banner.

bannir [32] [baniʀ] vt ▶ **bannir qqn/qqch (de)** to banish sb/sthg (from).

banque [bɑ̃k] nf **1.** [activité] banking **2.** [établissement, au jeu] bank ▶ **Banque centrale européenne** European Central Bank **3.** INFORM ▶ **banque de données** data bank **4.** MÉD ▶ **banque d'organes/du sang/du sperme** organ/blood/sperm bank.

banqueroute [bɑ̃kʀut] nf bankruptcy ▶ **faire banqueroute** to go bankrupt.

banquet [bɑ̃kɛ] nm (celebration) dinner ; [de gala] banquet.

banquette [bɑ̃kɛt] nf seat.

banquier, ère [bɑ̃kje, ɛʀ] nm, f banker.

banquise [bɑ̃kiz] nf ice field.

baobab [baobab] nm baobab.

baptême [batɛm] nm **1.** RELIG baptism, christening **2.** [première fois] ▶ **baptême de l'air** maiden flight.

baptiser [3] [batize] vt to baptize, to christen.

baquet [bakɛ] nm [cuve] tub.

bar [baʀ] nm **1.** [café, unité de pression] bar ▶ **bar laitier** QUÉBEC milk bar, ice cream parlour **2.** [poisson] bass.

baraque [baʀak] nf **1.** [cabane] hut **2.** fam [maison] house **3.** [de forain] stall, stand.

baraqué, e [baʀake] adj fam well-built.

baraquement [baʀakmɑ̃] nm camp (of huts for refugees, workers, etc.).

baratin [baʀatɛ̃] nm fam smooth talk ▶ **faire du baratin à qqn** to sweet-talk sb.

baratiner [3] [baʀatine] fam ✧ vt [femme] to chat up UK, to sweet-talk ; [client] to give one's sales pitch to. ✧ vi to be a smooth talker.

barbant, e [baʀbɑ̃, ɑ̃t] adj fam deadly dull ou boring.

barbare [baʀbaʀ] ✧ nm barbarian. ✧ adj **1.** péj [non civilisé] barbarous **2.** [cruel] barbaric.

barbarisme [baʀbaʀism] nm GRAM barbarism.

barbe [baʀb] nf beard / se laisser pousser la barbe to grow a beard ▶ **barbe à papa** candyfloss UK, cotton candy US ▶ **quelle ou la barbe !** fam what a drag !

barbecue [baʀbəkju] nm barbecue.

barbelé, e [baʀbəle] adj barbed. ◆ **barbelé** nm barbed wire (U).

barber [3] [baʀbe] vt fam to bore stiff. ◆ **se barber** vp fam to be bored stiff.

barbiche [baʀbiʃ] nf goatee (beard).

barbiturique [baʀbityʀik] nm barbiturate.

barboter [3] [baʀbɔte] vi to paddle.

barboteuse [baʀbɔtøz] nf rompers pl, romper suit UK.

barbouillé, e [baʀbuje] adj ▶ **être barbouillé, avoir l'estomac barbouillé** to feel sick UK ou nauseous US.

barbouiller [3] [baʀbuje] vt [salir] ▶ **barbouiller qqch (de)** to smear sthg (with).

barbu, e [baʀby] adj bearded. ◆ **barbu** nm bearded man.

barde [baʀd] nf CULIN bacon, bard.

bardé, e [baʀde] adj : il est bardé de diplômes he's got heaps of diplomas.

barder [3] [baʀde] ✧ vt CULIN to bard. ✧ vi fam ▶ **ça va barder** there'll be trouble.

barème [baʀɛm] nm [de référence] table ; [de salaires] scale.

barge [baʀʒ] nf [bateau] barge.

baril [baʀil] nm barrel.

barillet [baʀije] nm [de revolver, de serrure] cylinder.

bariolé, e [baʀjɔle] adj multicoloured UK, multicolored US.

barjo(t) [baʀʒo] adj inv fam nuts.

barmaid [baʀmɛd] nf barmaid.

barman [baʀman] (pl **barmans** ou **barmen** [baʀmɛn]) nm barman UK, bartender US.

baromètre [baʀɔmɛtʀ] nm barometer.

baron, onne [baʀɔ̃, ɔn] nm, f baron (baroness).

baroque [baʀɔk] adj **1.** [style] baroque **2.** [bizarre] weird.

barque [baʀk] nf small boat.

barquette [baʀkɛt] nf **1.** [tartelette] pastry boat **2.** [récipient - de fruits] basket, punnet **UK** ; [- de crème glacée] tub.

barrage [baʀaʒ] nm **1.** [de rue] roadblock **2.** CONSTR dam.

barre [baʀ] nf **1.** [gén & DR] bar ▶ **barre fixe** [gymnastique] high bar ▶ **barre des témoins** DR witness box **UK**, stand **US 2.** NAUT helm **3.** [trait] stroke **4.** INFORM ▶ **barre d'espacement** space bar ▶ **barre de défilement** scroll bar ▶ **barre d'état** status bar.

barré, e [baʀe] adj **1.** [chèque] crossed **2.** **EXPR** **on est bien barré(s) !** iron , **on est mal barré(s) !** (that's) great! iron , (that's) marvellous! iron ▶ **c'est mal barré** fam it's got off to a bad start / **on est mal barré pour y être à 8 h** we haven't got a hope in hell of being there at 8 / **entre eux deux c'est mal barré** they started off on the wrong foot with each other. ◆ **barré** nm barré.

barreau [baʀo] nm bar ▶ **le barreau** DR the Bar.

barrer [3] [baʀe] vt **1.** [rue, route] to block **2.** [mot, phrase] to cross out **3.** [bateau] to steer. ◆ **se barrer** vp fam to clear off.

barrette [baʀɛt] nf [pince à cheveux] (hair) slide **UK**, barrette **US**.

barreur, euse [baʀœʀ, øz] nm, f NAUT helmsman ; [à l'aviron] cox.

barricade [baʀikad] nf barricade.

barrière [baʀjɛʀ] nf pr & fig barrier.

barrique [baʀik] nf barrel.

bar-tabac [baʀtaba] (pl **bars-tabacs**) nm bar also selling cigarettes and tobacco.

baryton [baʀitɔ̃] nm baritone.

bas¹ [ba] nm [vêtement] stocking ▶ **bas de laine a)** pr woollen **UK** ou woolen **US** stocking **b)** fig savings, nest egg.

bas², basse [ba, bas] (prononcé [baz] devant un nm commençant par voyelle ou 'h' muet) adj **1.** [gén] low **2.** péj [vil] base, low **3.** MUS basse. ◆ **bas** nm **1.** [partie inférieure] bottom, lower part **2.** **EXPR** **avoir / connaître des hauts et des bas** to have/go through ups and downs. ◆ adv low ▶ **à bas... !** down with...! / **parler bas** to speak in a low voice, to speak softly. ◆ **en bas** loc adv at the bottom ; [dans une maison] downstairs. ◆ **en bas de** loc prép at the bottom of / **attendre qqn en bas de chez lui** to wait for sb downstairs. ◆ **bas de gamme** ◆ adj downmarket. ◆ nm bottom of the range.

basalte [bazalt] nm basalt.

basané, e [bazane] adj tanned **UK**, tan **US**.

bas-côté [bakote] nm [de route] verge **UK**, shoulder **US**.

bascule [baskyl] nf [balançoire] seesaw.

basculer [3] [baskyle] ◆ vi to fall over, to overbalance ; [benne] to tip up ▶ **basculer dans qqch** fig to tip over into sthg. ◆ vt to tip up, to tilt.

base [baz] nf **1.** [partie inférieure] base **2.** [principe fondamental] basis ▶ **à base de** based on / **une boisson à base d'orange** an orange-based drink ▶ **sur la base de** on the basis of **3.** INFORM ▶ **base de données** database.

base-ball [bɛzbol] (pl **base-balls**) nm baseball.

baser [3] [baze] vt to base. ◆ **se baser** vp : **sur quoi vous basez-vous pour affirmer cela ?** what are you basing this statement on?

bas-fond [bafɔ̃] nm [de l'océan] shallow. ◆ **bas-fonds** nmpl fig **1.** [de la société] dregs **2.** [quartiers pauvres] slums.

basilic [bazilik] nm [plante] basil.

basilique [bazilik] nf basilica.

basique [bazik] adj basic.

basket [baskɛt] ◆ nm = **basket-ball**. ◆ nf [chaussure] trainer **UK**, sneaker **US** ▶ **lâche-moi les baskets !** fam & fig get off my back!

basket-ball [baskɛtbol] nm basketball.

basque [bask] ◆ adj Basque ▶ **le Pays basque** the Basque country. ◆ nm [langue] Basque. ◆ nf [vêtement] tail (of coat) ▶ **être toujours pendu aux basques de qqn** fam & fig to be always tagging along after sb. ◆ **Basque** nmf Basque.

bas-relief [baʀəljɛf] nm bas-relief.

basse [bas] ◆ adj ⟶ **bas**. ◆ nf MUS bass.

basse-cour [baskuʀ] nf **1.** [volaille] poultry **2.** [partie de ferme] farmyard.

bassement [basmɑ̃] adv despicably.

basset [basɛ] nm basset hound.

bassin [basɛ̃] nm **1.** [cuvette] bowl **2.** [pièce d'eau] (ornamental) pool **3.** [de piscine] ▶ **petit / grand bassin** children's/main pool **4.** ANAT pelvis **5.** GÉOL basin ▶ **bassin houiller** coalfield ▶ **le Bassin parisien** the Paris basin.

bassine [basin] nf bowl, basin.

bassiste [basist] nmf bass player.

basson [basɔ̃] nm [instrument] bassoon ; [personne] bassoonist.

bastide [bastid] nf **1.** [maison] *traditional farmhouse or country house in southern France* **2.** HIST *walled town (in south-west France)*.

bastingage [bastɛ̃gaʒ] nm (ship's) rail.

bastion [bastjɔ̃] nm *pr* & *fig* bastion.

baston [bastɔ̃] nf *tfam* punch-up **UK**, brawl.

bas-ventre [bavɑ̃tʀ] nm lower abdomen.

bât [ba] nm ▸ **c'est là que le bât blesse** *fig* that's his/her etc. weak point.

bataille [bataj] nf **1.** MIL battle **2.** [bagarre] fight **3.** [jeu] : *la bataille* ≃ beggar-my-neighbour **UK** **4.** EXPR **en bataille** [cheveux] dishevelled **UK**, disheveled **US**.

bataillon [batajɔ̃] nm MIL battalion ; *fig* horde.

bâtard, e [batar, aʀd] ❖ adj **1.** [enfant] illegitimate **2.** *péj* [style, solution] hybrid. ❖ nm, f illegitimate child. ◆ **bâtard** nm **1.** [pain] *short loaf of bread* **2.** [chien] mongrel.

batavia [batavja] nf Webb lettuce **UK**, iceberg lettuce.

bateau [bato] nm **1.** [embarcation - gén] boat ; [- plus grand] ship ▸ **bateau à moteur** motor boat ▸ **bateau à voile** sailing boat **UK**, sailboat **US** ▸ **bateau de pêche** fishing boat **2.** [de trottoir] driveway entrance *(low kerb)* **3.** *(en apposition inv)* [sujet, thème] well-worn ▸ **c'est bateau !** it's the same old stuff !

bateau-bus [batobys] *(pl* **bateaux-bus)** nm riverbus **/** *prendre le bateau-bus* to take the riverbus.

Bateau-Mouche® [batomuʃ] *(pl* **Bateaux-Mouches)** nm riverboat *(on the Seine)*.

bâti, e [bati] adj **1.** [terrain] developed **2.** [personne] ▸ **bien bâti** well-built. ◆ **bâti** nm **1.** COUT tacking **2.** CONSTR frame, framework.

batifoler [3] [batifɔle] vi to frolic.

bâtiment [batimɑ̃] nm **1.** [édifice] building **2.** [dans l'industrie] ▸ **le bâtiment** the building trade **3.** NAUT ship, vessel.

bâtir [32] [batir] vt **1.** CONSTR to build **2.** *fig* [réputation, fortune] to build (up) ; [théorie, phrase] to construct **3.** COUT to tack.

bâtisse [batis] nf house.

bâton [batɔ̃] nm **1.** [gén] stick ▸ **bâton de ski** ski pole **2.** EXPR **mettre des bâtons dans les roues à qqn** to put a spoke in sb's wheel ▸ **à**

bâtons rompus [conversation] rambling **/** *parler à bâtons rompus* to talk of this and that.

bâtonnet [batɔnɛ] nm rod.

batracien [batʀasjɛ̃] nm amphibian.

battage [bataʒ] nm ▸ **battage (publicitaire ou médiatique)** (media) hype, ballyhoo **US**.

battant, e [batɑ̃, ɑ̃t] ❖ adj ▸ **sous une pluie battante** in the pouring ou driving rain ▸ **le cœur battant** with beating heart. ❖ nm, f fighter. ◆ **battant** nm **1.** [de porte] door *(of double doors)* ; [de fenêtre] half *(of double window)* **2.** [de cloche] clapper.

batte [bat] nf SPORT bat.

battement [batmɑ̃] nm **1.** [mouvement - d'ailes] flap, beating *(U)* ; [- de cœur, pouls] beat, beating *(U)* ; [- de cils, paupières] flutter, fluttering *(U)* **2.** [intervalle de temps] break ▸ **une heure de battement** an hour free, break.

batterie [batʀi] nf **1.** ÉLECTR & MIL battery ▸ **recharger ses batteries** *fig* to recharge one's batteries **2.** [attirail] ▸ **batterie de cuisine** kitchen utensils *pl* **3.** MUS drums *pl* **4.** [série] ▸ **une batterie de** a string of.

batteur [batœʀ] nm **1.** MUS drummer **2.** CULIN beater, whisk **3.** [SPORT - de cricket] batsman ; [- de base-ball] batter.

battre [83] [batʀ] ❖ vt **1.** [gén] to beat ▸ **battre en neige** [blancs d'œufs] to beat until stiff **2.** [cartes] to shuffle. ❖ vi [gén] to beat ▸ **battre des cils** to blink ▸ **battre des mains** to clap (one's hands). ◆ **se battre** vp to fight ▸ **se battre contre qqn** to fight sb.

battu, e [baty] ❖ pp → **battre**. ❖ adj **1.** [sol tassé] hard-packed ▸ **jouer sur terre battue** TENNIS to play on clay **2.** [fatigué] ▸ **avoir les yeux battus** to have shadows under one's eyes. ◆ **battue** nf **1.** [chasse] beat **2.** [chasse à l'homme] manhunt.

baume [bom] nm *pr* & *fig* balm ▸ **mettre du baume au cœur de qqn** to comfort sb.

baux → **bail**.

bavard, e [bavar, aʀd] ❖ adj talkative. ❖ nm, f chatterbox ; *péj* gossip.

bavardage [bavaʀdaʒ] nm **1.** [papotage] chattering **2.** *(gén pl)* [racontar] gossip *(U)*.

bavarder [3] [bavaʀde] vi to chatter ; *péj* to gossip.

bave [bav] nf **1.** [salive] dribble **2.** [d'animal] slaver **3.** [de limace] slime.

baver [3] [bave] vi **1.** [personne] to dribble **2.** [animal] to slaver **3.** [limace] to leave a slime trail **4.** [stylo] to leak **5.** EXPR **en baver** *fam* to have a hard ou rough time of it.

bavette [bavɛt] nf **1.** [bavoir, de tablier] bib **2.** [viande] flank **3.** EXPR **tailler une bavette (avec qqn)** *fam* to have a chat (with sb).

baveux, euse [bavø, øz] adj **1.** [bébé] dribbling **2.** [omelette] runny.

bavoir [bavwaʀ] nm bib.

bavure [bavyʀ] nf **1.** [tache] smudge **2.** [erreur] blunder.

bayer [3] [baje] vi ▸ **bayer aux corneilles** to stand gazing into space.

bazar [bazaʀ] nm **1.** [boutique] general store **2.** *fam* [désordre] jumble, clutter.

bazarder [3] [bazaʀde] vt *fam* to chuck out, to get rid of.

BCBG (*abr de* **bon chic bon genre**) ❖ nmf ≃ Sloane (Ranger) 🇬🇧 ; ≃ preppie 🇺🇸. ❖ adj ≃ Sloaney 🇬🇧 ; ≃ preppie 🇺🇸.

BCE (*abr de* **Banque centrale européenne**) nf ECB.

BCG (*abr de* (**vaccin**) **bilié de Calmette et Guérin**) nm BCG.

bcp *abr écrite de* **beaucoup**.

bd *abr écrite de* **boulevard**.

BD, bédé [bede] (*abr de* **bande dessinée**) nf : *une BD* a comic strip.

beach-volley [bitʃvɔlɛ] (*pl* **beach-volleys**) nm beach volleyball / *jouer au beach-volley* to play beach volleyball.

béant, e [beɑ̃, ɑ̃t] adj [plaie, gouffre] gaping ; [yeux] wide open.

béat, e [bea, at] adj [heureux] blissful.

beau, belle, beaux [bo, bɛl, bo] adj (*bel* [bɛl] *devant nm commençant par voyelle ou 'h' muet*) **1.** [joli - femme] beautiful, good-looking ; [- homme] handsome, good-looking ; [- chose] beautiful **2.** [temps] fine, good **3.** (*toujours avant le n*) [important] fine, excellent / *une belle somme* a tidy sum (of money) **4.** *iron* [mauvais] : *une belle grippe* a nasty dose of the flu / *c'est du beau travail !* a fine mess this is! **5.** EXPR **elle a beau jeu de dire ça** it's easy ou all very well for her to say that. ❖ **beau** ❖ adv ▸ **il fait beau** the weather is good ou fine / *j'ai beau essayer…* however hard I try…, try as I may… / *j'ai beau dire…* whatever I say…. ❖ nm ▸ **être au beau fixe** to be set fair ▸ **avoir le moral au beau fixe** *fig* to have a sunny disposition ▸ **faire le beau** [chien] to sit up and beg. ❖ **belle** nf **1.** [femme] lady

friend **2.** [dans un jeu] decider. ❖ **de plus belle** loc adv more than ever.

Beaubourg [bobuʀ] npr *name commonly used to refer to the Pompidou Centre.*

beaucoup [boku] ❖ adv **1.** [un grand nombre] ▸ **beaucoup de** a lot of, many / *il y en a beaucoup* there are many ou a lot (of them) **2.** [une grande quantité] ▸ **beaucoup de** a lot of / *beaucoup d'énergie* a lot of energy / *il n'a pas beaucoup de temps* he hasn't a lot of ou much time / *il n'en a pas beaucoup* he doesn't have much ou a lot (of it) **3.** (*modifiant un verbe*) a lot / *il boit beaucoup* he drinks a lot **4.** (*modifiant un adjectif comparatif*) much, a lot / *c'est beaucoup mieux* it's much ou a lot better / *beaucoup trop vite* much too quickly. ❖ pron inv many / *nous sommes beaucoup à penser que…* many of us think that…. ❖ **de beaucoup** loc adv by far.

beauf [bof] nm **1.** *péj* archetypal lower-middle-class French man **2.** *fam* [beau-frère] brother-in-law.

beau-fils [bofis] nm **1.** [gendre] son-in-law **2.** [de remariage] stepson.

beau-frère [bofʀɛʀ] nm brother-in-law.

beau-père [bopɛʀ] nm **1.** [père du conjoint] father-in-law **2.** [de remariage] stepfather.

beauté [bote] nf beauty ▸ **de toute beauté** absolutely beautiful ▸ **en beauté** a) [magnifiquement] in great style b) *sout* [femme] ravishing.

beaux-arts [bozaʀ] nmpl fine art (U). ❖ **Beaux-Arts** nmpl ▸ **les Beaux-Arts** French national art school.

beaux-parents [bopaʀɑ̃] nmpl **1.** [parents de l'homme] husband's parents, in-laws **2.** [parents de la femme] wife's parents, in-laws.

bébé [bebe] nm baby.

bébé-bulle [bebebyl] (*pl* **bébés-bulles**) nm bubble baby.

bébé-éprouvette [bebeepʀuvɛt] (*pl* **bébés-éprouvette**) nm test-tube baby.

bébelle [bebɛl] 🇶🇧 nf *fam* **1.** [jouet] toy **2.** [objet quelconque, gadget] thing.

bébête [bebɛt] adj *fam* silly.

bec [bɛk] nm **1.** [d'oiseau] beak **2.** [d'instrument de musique] mouthpiece **3.** [de casserole] lip ▸ **bec verseur** spout **4.** *fam* [bouche] mouth ▸ **ouvrir le bec** to open one's mouth ▸ **clouer le bec à qqn** to shut sb up.

bécane [bekan] nf *fam* **1.** [moto, vélo] bike **2.** [machine, ordinateur] machine.

bécasse [bekas] nf **1.** [oiseau] woodcock **2.** fam [femme sotte] silly goose.

bec-de-lièvre [bɛkdəljɛvʀ] (pl **becs-de-lièvre**) nm harelip.

bêche [beʃ] nf spade.

bêcher [4] [beʃe] vt to dig.

bécoter [3] [bekɔte] vt fam to snog [UK] ou smooch with. ◆ **se bécoter** vp to snog [UK], to smooch.

becquée [beke] nf ▸ **donner la becquée à** to feed.

becqueter, béqueter [27] [bɛkte] vt to peck at.

bedaine [bədɛn] nf potbelly.

bédé = BD.

bedonnant, e [bədɔnã, ãt] adj potbellied.

bée [be] adj ▸ **bouche bée** open-mouthed.

bégaiement [begɛmã] nm stammering.

bégayer [11] [begeje] ◆ vi to have a stutter ou stammer. ◆ vt to stammer (out).

bégonia [begɔnja] nm begonia.

bègue [bɛg] ◆ adj ▸ **être bègue** to have a stutter ou stammer. ◆ nmf stutterer, stammerer.

béguin [begɛ̃] nm fam ▸ **avoir le béguin pour qqn** to have a crush on sb.

beige [bɛʒ] adj & nm beige.

beigne [bɛɲ] nf [QUÉBEC] [pâtisserie] donut [US], doughnut [UK].

beignet [beɲɛ] nm fritter.

bel [bɛl] ⟶ **beau**.

bêler [4] [bele] vi to bleat.

belette [bəlɛt] nf weasel.

belge [bɛlʒ] adj Belgian. ◆ **Belge** nmf Belgian.

Belgique [bɛlʒik] nf : *la Belgique* Belgium.

bélier [belje] nm **1.** [animal] ram **2.** [poutre] battering ram. ◆ **Bélier** nm ASTROL Aries.

belladone [beladɔn] nf deadly nightshade.

belle [bɛl] adj & nf ⟶ **beau**.

belle-famille [bɛlfamij] nf **1.** [parents de l'homme] husband's family, in-laws pl **2.** [parents de la femme] wife's family, in-laws pl.

belle-fille [bɛlfij] nf **1.** [épouse du fils] daughter-in-law **2.** [de remariage] stepdaughter.

belle-mère [bɛlmɛʀ] nf **1.** [mère du conjoint] mother-in-law **2.** [de remariage] stepmother.

belle-sœur [bɛlsœʀ] nf sister-in-law.

belligérant, e [beliʒeʀã, ãt] adj & nm, f belligerent.

belliqueux, euse [belikø, øz] adj [peuple] warlike ; [humeur, tempérament] aggressive.

belote [bəlɔt] nf French card game.

belvédère [belvedɛʀ] nm **1.** [construction] belvedere **2.** [terrasse] viewpoint.

bémol [bemɔl] adj & nm MUS flat.

ben [bɛ̃] adv fam **1.** [pour renforcer] : *ben quoi ?* so what? / *ben non* well, no / *ben voyons (donc) !* what next! **2.** [bien] : *pt'êt ben qu'oui, pt'êt ben qu'non* maybe yes, maybe no.

bénédiction [benediksjɔ̃] nf blessing.

bénéfice [benefis] nm **1.** [avantage] advantage, benefit ▸ **au bénéfice de** in aid of **2.** [profit] profit.

bénéficiaire [benefisjɛʀ] ◆ nmf [gén] beneficiary ; [de chèque] payee. ◆ adj [marge] profit (avant n) ; [résultat, société] profit-making.

bénéficier [9] [benefisje] vi ▸ **bénéficier de a)** [profiter de] to benefit from **b)** [jouir de] to have, to enjoy **c)** [obtenir] to have, to get.

bénéfique [benefik] adj beneficial.

Benelux [benelyks] nm : *le Benelux* Benelux.

benêt [bənɛ] nm clod.

bénévole [benevɔl] ◆ adj voluntary. ◆ nmf volunteer, voluntary worker.

bénin, igne [benɛ̃, iɲ] adj [maladie, accident] minor / *une forme bénigne de rougeole* a mild form of measles ; [cancer] benign.

bénir [32] [beniʀ] vt **1.** [gén] to bless **2.** [se réjouir de] to thank God for.

bénit, e [beni, it] adj consecrated ▸ **eau bénite** holy water.

bénitier [benitje] nm holy water font.

benjamin, e [bɛ̃ʒamɛ̃, in] nm, f [de famille] youngest child ; [de groupe] youngest member.

benne [bɛn] nf **1.** [de camion] tipper **2.** [de téléphérique] car **3.** [pour déchets] skip [UK], Dumpster® [US].

benzine [bɛ̃zin] nf benzine.

béotien, enne [beɔsjɛ̃, ɛn] nm, f philistine.

BEP, Bep (abr de brevet d'études professionnelles) nm school-leaver's diploma (taken at age 18).

BEPC, Bepc (abr de brevet d'études du premier cycle) nm former school certificate (taken at age 16).

béquille [bekij] nf **1.** [pour marcher] crutch **2.** [d'un deux-roues] stand.

berceau, x [bɛʁso] nm cradle.

bercer [16] [bɛʁse] vt [bébé, bateau] to rock.

berceuse [bɛʁsøz] nf **1.** [chanson] lullaby **2.** Québec [fauteuil] rocking chair.

béret [beʁɛ] nm beret.

bergamote [bɛʁgamɔt] nf bergamot orange.

berge [bɛʁʒ] nf **1.** [bord] bank **2.** fam [an] : *il a plus de 50 berges* he's over 50.

berger, ère [bɛʁʒe, ɛʁ] nm, f shepherd (shepherdess). ◆ **berger allemand** nm German shepherd, Alsatian UK.

bergerie [bɛʁʒəʁi] nf sheepfold.

berk [bɛʁk] interj fam ugh, yuk.

Berlin [bɛʁlɛ̃] npr Berlin.

berline [bɛʁlin] nf saloon (car) UK, sedan US.

berlingot [bɛʁlɛ̃go] nm **1.** [de lait] carton **2.** [bonbon] boiled sweet.

berlue [bɛʁly] nf : *j'ai la berlue !* I must be seeing things!

bermuda [bɛʁmyda] nm bermuda shorts pl.

bernard-l'ermite [bɛʁnaʁlɛʁmit] nm inv hermit crab.

berne [bɛʁn] nf ▶ **en berne** ≃ at half-mast.

berner [3] [bɛʁne] vt to fool.

besace [bəzas] nf pouch.

besogne [bəzɔɲ] nf job, work (U).

besoin [bəzwɛ̃] nm need ▶ **avoir besoin de qqch / de faire qqch** to need sthg / to do sthg ▶ **au besoin** if necessary, if need be ou needs be. ◆ **besoins** nmpl **1.** [exigences] needs **2.** EXPR faire ses besoins to relieve o.s.

bestial, e, aux [bɛstjal, o] adj bestial, brutish.

bestiole [bɛstjɔl] nf (little) creature.

bétail [betaj] nm cattle pl.

bête [bɛt] ◆ nf [animal] animal ; [insecte] insect ▶ bête de somme beast of burden. ◆ adj [stupide] stupid.

bêtise [betiz] nf **1.** [stupidité] stupidity **2.** [action, remarque] stupid thing ▶ faire / dire une bêtise to do / say something stupid.

béton [betɔ̃] nm [matériau] concrete ▶ **béton armé** reinforced concrete.

bétonnière [betɔnjɛʁ] nf cement mixer.

bette [bɛt], **blette** [blɛt] nf Swiss chard.

betterave [bɛtʁav] nf beetroot UK, beet US ▶ betterave sucrière ou à sucre sugar beet.

beugler [5] [bøgle] vi [bovin] to moo, to low.

beur [bœʁ] ◆ nmf fam person born in France of North African immigrant parents. ◆ adj pertaining to a person born in France of North African immigrant parents.

beurk [bœʁk] fam = **berk**.

beurre [bœʁ] nm [aliment] butter ▶ **beurre de cacahuètes** peanut butter ▶ **beurre d'érable** Québec maple butter.

beurré, e [bœʁe] adj **1.** [couvert de beurre] buttered **2.** fam [ivre] plastered.

beurrer [5] [bœʁe] vt to butter.

beurrier [bœʁje] nm butter dish.

beuverie [bœvʁi] nf drinking session.

bévue [bevy] nf blunder.

Beyrouth [beʁut] npr Beirut.

biais [bjɛ] nm **1.** [ligne oblique] slant ▶ **en ou de biais** a) [de travers] at an angle b) fig indirectly **2.** COUT bias **3.** [moyen détourné] expedient ▶ par le biais de by means of.

biaiser [4] [bjeze] vi fig to dodge the issue.

bibande [bibɑ̃d] adj dual-band.

bibelot [biblo] nm trinket, curio.

biberon [bibʁɔ̃] nm baby's bottle.

bibit(t)e [bibit] nf Québec fam insect, bug.

bible [bibl] nf bible.

bibliographie [biblijɔgʁafi] nf bibliography.

bibliophile [biblijɔfil] nmf book lover.

bibliothécaire [biblijɔtekɛʁ] nmf librarian.

bibliothèque [biblijɔtɛk] nf **1.** [meuble] bookcase **2.** [édifice, collection] library ▶ **la Bibliothèque nationale de France** the French national library.

biblique [biblik] adj biblical.

bicarbonate [bikaʁbɔnat] nm ▶ **bicarbonate (de soude)** bicarbonate of soda.

bicentenaire [bisɑ̃tnɛʁ] ◆ adj two-hundred-year-old (avant n). ◆ nm bicentenary UK, bicentennial US.

biceps [bisɛps] nm biceps.

biche [biʃ] nf ZOOL hind, doe.

bichonner [3] [biʃɔne] vt [choyer] to cosset, to pamper. ◆ **se bichonner** vp to spruce o.s. up ; [femme] to doll o.s. up.

bicolore [bikɔlɔʁ] adj two-coloured UK, two-colored US.

bicoque [bikɔk] nf péj house.

bicorne [bikɔʁn] nm cocked hat.

bicyclette [bisiklɛt] nf bicycle ▶ **rouler à bicyclette** to cycle.

bide [bid] nm fam **1.** [ventre] belly **2.** [échec] flop.

bidet [bidɛ] nm **1.** [sanitaire] bidet **2.** hum [cheval] nag.

bidon [bidɔ̃] ❖ adj inv fam [faux] phony, phoney **UK**. ❖ nm **1.** [récipient] can **2.** fam [ventre] belly.

bidonville [bidɔ̃vil] nm shantytown.

bidule [bidyl] nm fam thing, thingy.

bielle [bjɛl] nf connecting rod.

bien [bjɛ̃] ❖ adj inv (mieux est le comparatif et le superlatif de **bien**) **1.** [satisfaisant] good / il est bien comme prof he's a good teacher / il est bien, ce bureau this is a good office **2.** [en bonne santé] well ▸ je ne me sens pas bien I don't feel well **3.** [joli] good-looking / tu ne trouves pas qu'elle est bien comme ça ? don't you think she looks good ou nice like that? **4.** [à l'aise] comfortable **5.** [convenable] respectable. ❖ nm **1.** [sens moral] : le bien et le mal good and evil **2.** [intérêt] good / je te dis ça pour ton bien I'm telling you this for your own good **3.** [richesse, propriété] property, possession **4.** EXPR faire du bien à qqn to do sb good ▸ dire du bien de qqn/qqch to speak well of sb/sthg ▸ mener à bien to bring to fruition, to complete. ❖ adv **1.** [de manière satisfaisante] well / on mange bien ici the food's good here / il ne s'est pas bien conduit he didn't behave well / tu as bien fait you did the right thing / tu ferais bien d'y aller you would be wise to go ▸ c'est bien fait ! it serves him/her etc. right! **2.** [sens intensif] quite, really / bien souvent quite often / en es-tu bien sûr ? are you quite sure (about it)? / j'espère bien que… I hope that… / on a bien ri we had a good laugh / il y a bien trois heures que j'attends I've been waiting for at least three hours ▸ c'est bien aimable à vous it's very kind ou good of you **3.** [renforçant un comparatif] : il est parti bien plus tard he left much later / on était bien moins riches we were a lot worse off ou poorer **4.** [servant à conclure ou à introduire] : bien, je t'écoute well, I'm listening **5.** [en effet] : c'est bien lui it really is him / c'est bien ce que je disais that's just what I said. ❖ interj ▸ eh bien ! oh well! / eh bien, qu'en penses-tu ? well, what do you think? ◆ biens nmpl property (U) ▸ biens de consommation consumer goods. ◆ bien de, bien des loc adj : bien des gens sont venus quite a lot of people came / bien des fois many times / il a bien de la chance he's very ou really lucky / il a eu bien de la peine à me convaincre he had quite a lot of trouble convincing me. ◆ bien entendu loc adv of course. ◆ bien

que loc conj (+ subjonctif) although, though. ◆ bien sûr loc adv of course, certainly.

bien-aimé, e [bjɛ̃neme] (mpl bien-aimés, fpl bien-aimées) adj & nm, f beloved.

bien-être [bjɛ̃nɛtr] nm inv [physique] well-being.

bienfaisance [bjɛ̃fəzɑ̃s] nf charity.

bienfaisant, e [bjɛ̃fəzɑ̃, ɑ̃t] adj beneficial.

bienfait [bjɛ̃fɛ] nm **1.** [effet bénéfique] benefit **2.** [faveur] kindness.

bienfaiteur, trice [bjɛ̃fɛtœr, tris] nm, f benefactor.

bien-fondé [bjɛ̃fɔ̃de] (pl bien-fondés) nm validity.

bienheureux, euse [bjɛ̃nørø, øz] adj **1.** RELIG blessed **2.** [heureux] happy.

bientôt [bjɛ̃to] adv soon ▸ à bientôt ! see you soon!

bienveillance [bjɛ̃vejɑ̃s] nf kindness.

bienveillant, e [bjɛ̃vejɑ̃, ɑ̃t] adj kindly.

bienvenu, e [bjɛ̃vny] ❖ adj [qui arrive à propos] welcome. ❖ nm, f ▸ être le bienvenu/la bienvenue to be welcome ▸ soyez le bienvenu ! welcome! ◆ bienvenue nf welcome ▸ souhaiter la bienvenue à qqn to welcome sb.

bière [bjɛr] nf **1.** [boisson] beer ▸ bière blonde lager ▸ bière brune brown ale ▸ bière pression draught **UK** ou draft **US** beer **2.** [cercueil] coffin.

bifidus [bifidys] nm bifidus ▸ yaourt au bifidus bio ou bifidus yoghurt.

bifteck [biftɛk] nm steak.

bifurcation [bifyrkasjɔ̃] nf [embranchement] fork ; fig new direction.

bifurquer [3] [bifyrke] vi **1.** [route, voie ferrée] to fork **2.** [voiture] to turn off **3.** fig [personne] to branch off.

bigame [bigam] ❖ adj bigamous. ❖ nmf bigamist.

bigamie [bigami] nf bigamy.

bigarreau, x [bigaro] nm cherry.

bigorneau, x [bigɔrno] nm winkle.

bigoudi [bigudi] nm curler.

bijou, x [biʒu] nm **1.** [joyau] jewel **2.** fig [chef-d'œuvre] gem.

bijouterie [biʒutri] nf [magasin] jeweller's **UK** ou jeweler's **US** (shop).

bijoutier, ère [biʒutje, ɛr] nm, f jeweller **UK**, jeweler **US**.

Bikini® [bikini] nm bikini.

bilan [bilɑ̃] nm **1.** FIN balance sheet ▶ **déposer son bilan** FIN to go into liquidation, to declare bankruptcy **2.** [état d'une situation] state of affairs ▶ **faire le bilan (de)** to take stock (of) ▶ **bilan de santé** checkup.

bilatéral, e, aux [bilateral, o] adj **1.** [stationnement] on both sides (of the road) **2.** [contrat, accord] bilateral.

bile [bil] nf bile ▶ **se faire de la bile** fam to worry.

biliaire [biljɛʀ] adj biliary ▶ **calcul biliaire** gallstone.

bilingue [bilɛ̃g] adj bilingual.

billard [bijaʀ] nm **1.** [jeu] billiards (U) **2.** [table de jeu] billiard table.

bille [bij] nf **1.** [d'enfant] marble **2.** [de bois] block of wood.

billet [bijɛ] nm **1.** [lettre] note **2.** [argent] ▶ **billet (de banque)** (bank) note, bill US / un billet de 100 euros a 100-euro note **3.** [ticket] ticket ▶ **billet de train / d'avion** train / plane ticket ▶ **billet de loterie** lottery ticket.

billetterie [bijɛtʀi] nf **1.** [à l'aéroport] ticket desk ; [à la gare] booking office ou hall **2.** BANQUE ATM, cash dispenser UK.

billion [biljɔ̃] nm billion UK, trillion US.

bimensuel, elle [bimɑ̃sɥɛl] adj fortnightly UK, twice monthly. ◆ **bimensuel** nm fortnightly review UK, semimonthly US.

bimestriel, elle [bimɛstʀijɛl] adj two-monthly.

bimode [bimɔd] adj dual-use.

bimoteur [bimɔtœʀ] nm twin-engined plane.

binaire [binɛʀ] adj binary.

biner [3] [bine] vt to hoe.

bingo [bingo] nm & interj bingo.

binôme [binom] nm binomial.

bio [bjo] adj inv organic / aliments bio organic food.

biocarburant [bjokaʀbyʀɑ̃] nm biofuel.

biochimie [bjoʃimi] nf biochemistry.

biocombustible [bjokɔ̃bystibl] nm biofuel.

biodégradable [bjodegʀadabl] adj biodegradable.

biographie [bjogʀafi] nf biography.

bio-industrie [bjoɛ̃dystʀi] (pl bio-industries) nf bioindustry.

biologie [bjolɔʒi] nf biology.

biologique [bjolɔʒik] adj **1.** [sciences] biological **2.** [naturel] organic.

biométrique [bjometʀik] adj biometric.

biopsie [bjɔpsi] nf biopsy.

biorythme [bjɔʀitm] nm biorhythm.

bioterrorisme [bjɔtɛʀɔʀism] nm bioterrorism.

bioterroriste [bjɔtɛʀɔʀist] adj & nmf bioterrorist.

bip [bip] nm **1.** [signal] tone, beep / parlez après le bip (sonore) please speak after the beep ou tone **2.** [appareil] beeper, bleeper UK.

bipède [bipɛd] nm & adj biped.

biper [3] [bipe] vt to page.

biréacteur [biʀeaktœʀ] nm twin-engined jet.

bis¹, e [bi, biz] adj greyish-brown UK, grayish-brown US ▶ **pain bis** brown bread.

bis² [bis] adv **1.** [dans adresse] : 5 bis 5a **2.** [à la fin d'un spectacle] encore.

bisannuel, elle [bizanɥɛl] adj biennial.

biscornu, e [biskɔʀny] adj **1.** [difforme] irregularly shaped **2.** [bizarre] weird.

biscotte [biskɔt] nf toasted bread sold in packets and often eaten for breakfast.

biscuit [biskɥi] nm **1.** [sec] biscuit UK, cookie US ; [salé] cracker **2.** [gâteau] sponge.

bise [biz] nf **1.** [vent] north wind **2.** fam [baiser] kiss / grosses bises love and kisses.

biseau, x [bizo] nm bevel ▶ **en biseau** bevelled UK, beveled US.

bisexuel, elle [bisɛksɥɛl] adj bisexual.

bison [bizɔ̃] nm bison.

bisou [bizu] nm fam kiss ▶ **bisous** [sur une lettre] love.

bissextile [bisɛkstil] adj ⟶ **année**.

bistouri [bisturi] nm lancet.

bistrot, bistro [bistʀo] nm fam cafe, bar.

bit [bit] nm INFORM bit.

bite [bit] nf vulg prick, cock.

bitume [bitym] nm **1.** [revêtement] asphalt **2.** CHIM bitumen.

bivouac [bivwak] nm bivouac.

bivouaquer [3] [bivwake] vi to bivouac.

biz (abr écrite de **bises**) SMS KOTC, HAK.

bizarre [bizaʀ] adj strange, odd.

bizutage [bizytaʒ] nm practical jokes played on new arrivals in a school or college ; ≃ ragging UK ; ≃ hazing US.

bjr SMS abr écrite de **bonjour**.

black [blak] adj *fam* black. ◆ **Black** nmf *fam* Black.

black-out [blakawt] nm blackout.

blafard, e [blafaʀ, aʀd] adj pale.

blague [blag] nf [plaisanterie] joke.

blaguer [3] [blage] vi *fam* to joke.

blagueur, euse [blagœʀ, øz] *fam* ◆ adj jokey. ◆ nm, f joker.

blaireau, x [blɛʀo] nm **1.** [animal] badger **2.** [de rasage] shaving brush **3.** *fam & péj* [homme] ≃ Essex man **UK**; ≃ Joe Six-pack **US**; [femme] ≃ Essex girl **UK**.

blâme [blam] nm **1.** [désapprobation] disapproval **2.** [sanction] reprimand.

blâmer [3] [blame] vt **1.** [désapprouver] to blame **2.** [sanctionner] to reprimand.

blanc, blanche [blɑ̃, blɑ̃ʃ] adj **1.** [gén] white **2.** [non écrit] blank **3.** [pâle] pale. ◆ **blanc** nm **1.** [couleur] white **2.** [personne] white (man) **3.** [linge de maison] ▶ **le blanc** the (household) linen **4.** [sur page] blank (space) **5.** [de volaille] white meat **6.** [vin] white (wine). ◆ **blanche** nf **1.** [personne] white (woman) **2.** MUS minim **UK**, half note **US**. ◆ **blanc d'œuf** nm egg white.

blanchâtre [blɑ̃ʃatʀ] adj whitish.

blancheur [blɑ̃ʃœʀ] nf whiteness.

blanchir [32] [blɑ̃ʃiʀ] ◆ vt **1.** [mur] to whitewash **2.** [linge, argent] to launder **3.** [légumes] to blanch **4.** [sucre] to refine; [décolorer] to bleach. ◆ vi [d'émotion] ▶ **blanchir (de)** to go white (with).

blanchissage [blɑ̃ʃisaʒ] nm [de linge] laundering.

blanchisserie [blɑ̃ʃisʀi] nf laundry.

blanquette [blɑ̃kɛt] nf **1.** CULIN stew of veal, lamb or chicken served in a white sauce ▶ **blanquette de veau** veal blanquette **2.** [vin] ▶ **blanquette de Limoux** sparkling wine from Limoux.

blasé, e [blaze] adj blasé.

blason [blazɔ̃] nm coat of arms.

blasphème [blasfɛm] nm blasphemy.

blasphémer [18] [blasfeme] vt & vi to blaspheme.

blatte [blat] nf cockroach.

blazer [blazɛʀ] nm blazer.

blé [ble] nm **1.** [céréale] wheat, corn **UK 2.** *fam* [argent] dough.

blême [blɛm] adj ▶ **blême (de)** pale (with).

blennorragie [blenɔʀaʒi] nf gonorrhoea **UK**, gonorrhea **US**.

blessant, e [blɛsɑ̃, ɑ̃t] adj hurtful.

blessé, e [blese] nm, f wounded ou injured person.

blesser [4] [blese] vt **1.** [physiquement - accidentellement] to injure, to hurt; [- par arme] to wound / *ses chaussures lui blessent les pieds* his shoes make his feet sore **2.** [moralement] to hurt. ◆ **se blesser** vp to injure o.s., to hurt o.s. / *elle s'est blessée au bras* she injured ou hurt her arm.

blessure [blesyʀ] nf *pr & fig* wound.

blet, blette [blɛ, blɛt] adj overripe.

blette = bette.

bleu, e [blø] ◆ adj **1.** [couleur] blue **2.** [viande] very rare. ◆ nm, f *fam* [novice - généralement] newcomer; [- à l'armée] raw recruit; [- à l'université] fresher **UK** freshman **US**. ◆ **bleu** nm **1.** [couleur] blue **2.** [meurtrissure] bruise **3.** [fromage] blue cheese **4.** [vêtement] ▶ **bleu de travail** overalls *pl* **UK**, coveralls *pl* **US**.

bleuet [bløɛ] nm cornflower; **QUÉBEC** [fruit] blueberry.

bleuir [32] [bløiʀ] vt & vi to turn blue.

bleuté, e [bløte] adj bluish.

blindé, e [blɛ̃de] adj [véhicule] armoured **UK**, armored **US**; [porte, coffre] armour-plated **UK**, armor-plated **US**. ◆ **blindé** nm armoured **UK** ou armored **US** car.

blinder [3] [blɛ̃de] vt [véhicule] to armour **UK**, to armor **US**; [porte, coffre] to armour-plate **UK**, to armor-plate **US**.

bling-bling [blingbling] ◆ adj *fam* bling-bling, bling / *la génération bling-bling* the bling-bling generation. ◆ nm ▶ **le bling-bling** bling-bling, bling / *il fait dans le bling-bling maintenant* he's gone all bling-bling.

blini [blini] nm blini.

blizzard [blizaʀ] nm blizzard.

bloc [blɔk] nm **1.** [gén] block / *faire bloc avec / contre qqn* to stand (together) with / against sb **2.** [assemblage] unit ▶ **bloc opératoire a)** [salle] operating theatre **UK** ou room **US** b) [locaux] surgical unit ▶ **bloc sanitaire** toilet block.

blocage [blɔkaʒ] nm **1.** ÉCON freeze, freezing *(U)* **2.** [de roue] locking **3.** PSYCHO (mental) block.

blockhaus [blɔkos] nm blockhouse.

bloc-notes [blɔknɔt] nm notepad, scratch-pad **US**.

blocus [blɔkys] nm blockade.

blog [blɔg] nm blog.

blogueur, euse [blɔgœʀ, øz] nm, f blogger.

blond, e [blɔ̃, blɔ̃d] ❖ adj fair, blond. ❖ nm, f fair-haired ou blond man, fair-haired ou blonde woman. ◆ **blond** nm ▸ **blond cendré / vénitien / platine** ash / strawberry / platinum blond. ◆ **blonde** nf **1.** [cigarette] Virginia cigarette **2.** [bière] lager.

blondeur [blɔ̃dœʀ] nf blondness, fairness.

bloquer [3] [blɔke] vt **1.** [porte, freins] to jam ; [roues] to lock **2.** [route, chemin] to block ; [personne] ▸ **être bloqué** to be stuck **3.** [prix, salaires, crédit] to freeze **4.** PSYCHO ▸ **être bloqué** to have a (mental) block. ◆ **se bloquer** vp [se coincer] to jam.

blottir [32] [blɔtiʀ] ◆ **se blottir** vp ▸ **se blottir (contre)** to snuggle up (to).

blouse [bluz] nf [de travail, d'écolier] smock.

blouson [bluzɔ̃] nm bomber jacket, blouson.

blue-jean(s) [bludʒin] (pl blue-jeans [bludʒins]) nm jeans pl.

blues [bluz] nm inv blues.

bluff [blœf] nm bluff.

bluffer [3] [blœfe] vi & vt fam to bluff.

blush [blœʃ] nm blusher.

BNF nf abr de **Bibliothèque nationale de France**.

BO (abr de **bande originale**) nf soundtrack.

boa [bɔa] nm boa.

bobard [bɔbaʀ] nm fam fib.

bobettes [bɔbɛt] nfpl QUÉBEC fam underwear.

bobine [bɔbin] nf **1.** [cylindre] reel, spool **2.** ÉLECTR coil.

bobo [bobo] (abr de **bourgeois bohème**) nmf fam left-leaning yuppie.

bobsleigh [bɔbslɛg] nm bobsleigh UK, bobsled US.

bocage [bɔkaʒ] nm GÉOGR bocage.

bocal, aux [bɔkal, o] nm jar.

body (pl bodys ou bodies) [bɔdi] nm body(suit).

body-building [bɔdibildiŋ] nm ▸ **le body-building** body building (U).

bœuf [bœf] (pl -s) nm **1.** [animal] ox **2.** [viande] beef ▸ **bœuf bourguignon** beef stew in a red-wine sauce.

bof [bɔf] interj fam [exprime le mépris] so what? ; [exprime la lassitude] I don't really care.

bogue [bɔg], **bug** [bœg] nm INFORM bug.

bohème [bɔɛm] adj bohemian.

bohémien, enne [bɔemjɛ̃, ɛn] nm, f **1.** [tsigane] gipsy **2.** [non-conformiste] bohemian.

boire [108] [bwaʀ] ❖ vt **1.** [s'abreuver] to drink ▸ **boire la tasse** fam [en nageant] to swallow water **2.** [absorber] to soak up, to absorb. ❖ vi to drink.

bois [bwa] ❖ nm wood ▸ **en bois** wooden. ❖ nmpl **1.** MUS woodwind (U) **2.** [cornes] antlers.

boisé, e [bwaze] adj wooded.

boiserie [bwazʀi] nf panelling (U) UK, paneling (U) US.

boisson [bwasɔ̃] nf [breuvage] drink.

boîte [bwat] nf **1.** [récipient] box ▸ **boîte de conserve** can, tin UK ▸ **boîte aux lettres a)** [pour la réception] letterbox **b)** [pour l'envoi] postbox UK, mailbox US ▸ **boîte à musique** musical box UK, music box US ▸ **boîte postale** post office box ▸ **boîte** canned, tinned UK **2.** AUTO ▸ **boîte à gants** glove compartment, glove box ▸ **boîte de vitesses** gearbox UK, transmission US **3.** INFORM ▸ **boîte aux lettres électronique** electronic mailbox ▸ **boîte vocale** voice mail **4.** fam [entreprise] company, firm ; [lycée] school **5.** fam [discothèque] ▸ **boîte (de nuit)** nightclub, club.

boiter [3] [bwate] vi [personne] to limp.

boiteux, euse [bwatø, øz] adj **1.** [personne] lame **2.** [meuble] wobbly **3.** fig [raisonnement] shaky.

boîtier [bwatje] nm **1.** [boîte] case **2.** TECHNOL casing.

boitiller [3] [bwatije] vi to limp slightly.

bol [bɔl] nm **1.** [récipient] bowl **2.** [contenu] bowl, bowlful **3.** EXPR ▸ **prendre un bol d'air** to get some fresh air.

bolet [bɔlɛ] nm boletus.

bolide [bɔlid] nm [véhicule] racing UK ou race US car.

Bolivie [bɔlivi] nf : **la Bolivie** Bolivia.

bombance [bɔ̃bɑ̃s] nf ▸ **faire bombance** fam to have a feast.

bombardement [bɔ̃baʀdəmɑ̃] nm bombardment, bombing (U).

bombarder [3] [bɔ̃baʀde] vt **1.** MIL to bomb **2.** [assaillir] ▸ **bombarder qqn / qqch de** to bombard sb / sthg with.

bombardier [bɔ̃baʀdje] nm **1.** [avion] bomber **2.** [aviateur] bombardier.

bombe [bɔ̃b] nf **1.** [projectile] bomb ; fig bombshell ▸ **bombe atomique** atom ou atomic

bomb ▸ **bombe lacrymogène** teargas grenade ▸ **bombe à retardement** time bomb **2.** [casquette] riding hat **3.** [atomiseur] spray, aerosol.

bombé, e [bɔ̃be] adj bulging, rounded.

bomber [bɔ̃bœʀ] nm bomber jacket.

bon, bonne [bɔ̃, bɔn] adj (meilleur est le comparatif et **le meilleur** le superlatif de bon) **1.** [gén] good **2.** [généreux] good, kind **3.** [utilisable - billet, carte] valid **4.** [correct] right **5.** [dans l'expression d'un souhait] ▸ **bonne année !** Happy New Year! ▸ **bonne journée !** have a good ou [US] nice day! ▸ **bonne soirée !** have a nice evening!, enjoy your evening! **6.** EXPR être bon pour qqch / pour faire qqch fam to be fit for sth / for doing sth / tu es bon pour une contravention you'll end up with ou you'll get a parking ticket ▸ **bon à** (+ infinitif) fit to ▸ **c'est bon à savoir** that's worth knowing. ◆ **bon** ◈ adv ▸ **il fait bon** the weather's fine, it's fine ▸ **sentir bon** to smell good. ◈ interj **1.** [marque de satisfaction] good! **2.** [marque de surprise] ▸ **ah bon ?** really? ◈ nm **1.** [constatant un droit] voucher ▸ **bon de commande** order form **2.** FIN ▸ **bon du Trésor** FIN treasury bill ou bond **3.** (gén pl) [personne] ▸ **les bons et les méchants** good people and wicked people. ◆ **pour de bon** loc adv seriously, really.

bonbon [bɔ̃bɔ̃] nm **1.** [friandise] sweet [UK], piece of candy [US] ▸ **bonbon acidulé** acid drop **2.** BELGIQUE [gâteau] biscuit.

bonbonne [bɔ̃bɔn] nf demijohn.

bonbonnière [bɔ̃bɔnjɛʀ] nf [boîte] sweetbox [UK], candy box [US].

bond [bɔ̃] nm **1.** [d'animal, de personne] leap, bound ; [de balle] bounce ▸ **faire un bond** to leap (forward).

bonde [bɔ̃d] nf **1.** [d'évier] plug **2.** [trou] bunghole **3.** [bouchon] bung.

bondé, e [bɔ̃de] adj packed.

bondir [32] [bɔ̃diʀ] vi **1.** [sauter] to leap, to bound ▸ **bondir sur qqn / qqch** to pounce on sb / sth **2.** [s'élancer] to leap forward.

bonheur [bɔnœʀ] nm **1.** [félicité] happiness **2.** [chance] (good) luck, good fortune ▸ **par bonheur** happily, fortunately ▸ **porter bonheur** to be lucky, to bring good luck.

bonhomme [bɔnɔm] (pl bonshommes [bɔ̃zɔm]) nm **1.** fam & péj [homme] fellow **2.** [représentation] man ▸ **bonhomme de neige** snowman.

bonification [bɔnifikasjɔ̃] nf **1.** [de terre, de vin] improvement **2.** SPORT bonus points pl.

bonjour [bɔ̃ʒuʀ] nm hello ; [avant midi] good morning ; [après midi] good afternoon.

bonne [bɔn] ◈ nf maid. ◈ adj ⟶ **bon.**

bonne-maman [bɔnmamɑ̃] (pl bonnes-mamans) nf granny, grandma.

bonnet [bɔnɛ] nm **1.** [coiffure] (woolly) hat [UK], (wooly) hat [US] ▸ **bonnet de bain** swimming cap **2.** [de soutien-gorge] cup.

bonneterie [bɔnɛtʀi] nf [commerce] hosiery (business ou trade).

bon-papa [bɔ̃papa] (pl bons-papas) nm grandad, grandpa.

bonsoir [bɔ̃swaʀ] nm [en arrivant] hello, good evening ; [en partant] goodbye, good evening ; [en se couchant] good night.

bonté [bɔ̃te] nf **1.** [qualité] goodness, kindness ▸ **avoir la bonté de faire qqch** sout to be so good ou kind as to do sth **2.** (gén pl) litt [acte] act of kindness.

bonus [bɔnys] nm [prime d'assurance] no-claims bonus.

bookmaker [bukmɛkœʀ] nm bookmaker.

booléen, enne [buleɛ̃, ɛn] adj Boolean.

boomerang [bumʀɑ̃g] nm boomerang.

booster [3] [buste] vt to boost.

bord [bɔʀ] nm **1.** [de table, de vêtement] edge ; [de verre, de chapeau] rim ▸ **à ras bords** to the brim **2.** [de rivière] bank ; [de lac] edge, shore ▸ **au bord de la mer** at the seaside **3.** [de bois, jardin] edge ; [de route] edge, side **4.** [d'un moyen de transport] ▸ **passer par-dessus bord** to fall overboard. ◆ **à bord de** loc prép ▸ **à bord de qqch** on board sth. ◆ **au bord de** loc prép **1.** pr at the edge of **2.** fig on the verge of.

bordeaux [bɔʀdo] ◈ nm **1.** [vin] Bordeaux **2.** [couleur] claret. ◈ adj inv claret.

bordel [bɔʀdɛl] nm **1.** vulg [maison close] brothel **2.** tfam [désordre] shambles sg.

border [3] [bɔʀde] vt **1.** [vêtement] ▸ **border qqch de** to edge sth with **2.** [être en bordure de] to line **3.** [couverture, personne] to tuck in.

bordereau, x [bɔʀdəʀo] nm **1.** [liste] schedule **2.** [facture] invoice **3.** [relevé] slip.

bordure [bɔʀdyʀ] nf **1.** [bord] edge ▸ **en bordure de** on the edge of **2.** [de fleurs] border.

boréal, e, aux [bɔʀeal, o] adj northern.

borgne [bɔʀɲ] adj [personne] one-eyed.

borne [bɔʀn] nf **1.** [marque] boundary marker **2.** [limite] limit, bounds pl ▸ **dépasser les bornes**

to go too far ▸ **sans bornes** boundless **3.** *fam* [kilomètre] kilometre UK, kilometer US.

borné, e [bɔʀne] adj [personne] narrow-minded ; [esprit] narrow.

borner [3] [bɔʀne] vt [terrain] to limit ; [projet, ambition] to limit, to restrict. ◆ **se borner** vp ▸ **se borner à qqch /à faire qqch** [suj : personne] to confine o.s. to sthg/to doing sthg.

boskoop [bɔskɔp] nf Boskoop apple.

bosniaque [bɔsnjak] adj & nm Bosnian. ◆ **Bosniaque** nmf Bosnian.

Bosnie [bɔsni] nf : *la Bosnie* Bosnia.

bosquet [bɔskɛ] nm copse.

bossa-nova (pl **bossas-novas**) [bɔsanɔva] nf bossa nova.

bosse [bɔs] nf **1.** [sur tête, sur route] bump **2.** [de bossu, chameau] hump.

bosser [3] [bɔse] vi *fam* to work hard.

bosseur, euse [bɔsœʀ, øz] *fam* ◈ adj hard-working. ◈ nm, f hard worker.

bossu, e [bɔsy] ◈ adj hunchbacked. ◈ nm, f hunchback.

bot [bo] ⟶ **pied**.

botanique [bɔtanik] ◈ adj botanical. ◈ nf ▸ **la botanique** botany.

botte [bɔt] nf **1.** [chaussure] boot **2.** [de légumes] bunch **3.** [en escrime] thrust, lunge.

botter [3] [bɔte] vt **1.** [chausser] : *être botté de cuir* to be wearing leather boots **2.** *fam* [donner un coup de pied à] to boot **3.** *fam* [plaire à] : *ça me botte* I dig it.

bottier [bɔtje] nm [de bottes] bootmaker ; [de chaussures] shoemaker.

Bottin® [bɔtɛ̃] nm phone book.

bottine [bɔtin] nf (ankle) boot.

bouc [buk] nm **1.** [animal] (billy) goat ▸ **bouc émissaire** *fig* scapegoat **2.** [barbe] goatee.

boucan [bukɑ̃] nm *fam* row, racket.

boucane [bukan] nf QUÉBEC *fam* smoke.

bouche [buʃ] nf **1.** ANAT mouth **2.** [orifice] ▸ **bouche d'incendie** fire hydrant ▸ **bouche de métro** metro entrance ou exit.

bouché, e [buʃe] adj **1.** [en bouteille] bottled **2.** *fam* [personne] dumb, thick.

bouche-à-bouche [buʃabuʃ] nm inv ▸ **faire du bouche-à-bouche à qqn** to give sb mouth-to-mouth resuscitation.

bouchée [buʃe] nf mouthful.

boucher¹ [3] [buʃe] vt **1.** [fermer - bouteille] to cork ; [- trou] to fill (in ou up) **2.** [passage, vue] to block.

boucher², ère [buʃe, ɛʀ] nm, f butcher.

boucherie [buʃʀi] nf **1.** [magasin] butcher's (shop) **2.** *fig* [carnage] slaughter.

bouche-trou [buʃtʀu] (pl **bouche-trous**) nm **1.** [personne] ▸ **servir de bouche-trou** to make up (the) numbers **2.** [objet] stopgap.

bouchon [buʃɔ̃] nm **1.** [pour obturer - gén] top ; [- de réservoir] cap ; [- de bouteille] cork **2.** [de canne à pêche] float **3.** [embouteillage] traffic jam.

boucle [bukl] nf **1.** [de ceinture, soulier] buckle **2.** [bijou] ▸ **boucle d'oreille** earring **3.** [de cheveux] curl **4.** [de fleuve, d'avion & INFORM] loop.

bouclé, e [bukle] adj [cheveux] curly ; [personne] curly-haired.

boucler [3] [bukle] vt **1.** [attacher] to buckle ; [ceinture de sécurité] to fasten **2.** [fermer] to shut **3.** *fam* [enfermer - voleur] to lock up ; [- malade] to shut away **4.** [encercler] to seal off **5.** [terminer] to finish.

bouclier [buklije] nm *pr* & *fig* shield.

bouddhisme [budism] nm Buddhism.

bouddhiste [budist] nmf & adj Buddhist.

bouder [3] [bude] ◈ vi to sulk. ◈ vt [chose] to dislike ; [personne] to shun / *elle me boude depuis que je lui ai fait faux bond* she has cold-shouldered me ever since I let her down.

boudeur, euse [budœʀ, øz] adj sulky.

boudin [budɛ̃] nm CULIN blood pudding UK ou sausage US.

boudoir [budwaʀ] nm **1.** [salon] boudoir **2.** [biscuit] sponge finger UK, ladyfinger US.

boue [bu] nf mud.

bouée [bwe] nf **1.** [balise] buoy **2.** [pour flotter] rubber ring ▸ **bouée de sauvetage** lifebelt.

boueux, euse [buø, øz] adj muddy.

bouffant, e [bufɑ̃, ɑ̃t] adj [manche, jupe] full ; [cheveux] bouffant.

bouffe [buf] nf *fam* grub.

bouffée [bufe] nf **1.** [de fumée] puff ; [de parfum] whiff ; [d'air] breath **2.** [accès] surge ▸ **bouffées délirantes** mad fits.

bouffer [3] [bufe] vt *fam* [manger] to eat.

bouffi, e [bufi] adj [œil, visage] puffy, puffed-up ▸ **bouffi (de)** swollen (with).

bouffon, onne [bufɔ̃, ɔn] adj farcical. ◆ **bouffon** nm **1.** HIST jester **2.** [pitre] clown.

bouge [buʒ] nm *péj* **1.** [taudis] hovel **2.** [café] dive.

bougeoir [buʒwaʀ] nm candlestick.

bougeotte [buʒɔt] nf ▸ **avoir la bougeotte** to have itchy feet.

bouger [17] [buʒe] ❖ vt [déplacer] to move. ❖ vi **1.** [remuer] to move **2.** [changer] to change **3.** [s'agiter] : *ça bouge partout dans le monde* there is unrest all over the world.

bougie [buʒi] nf **1.** [chandelle] candle **2.** [de moteur] spark plug, sparking plug **UK**.

bougon, onne [bugɔ̃, ɔn] adj grumpy.

bougonner [3] [bugɔne] vt & vi to grumble.

bouillant, e [bujɑ̃, ɑ̃t] adj **1.** [qui bout] boiling **2.** [très chaud] boiling hot.

bouillie [buji] nf baby's cereal ▸ **réduire en bouillie a)** [légumes] to puree **b)** [personne] to reduce to a pulp.

bouillir [48] [bujiʀ] vi [aliments] to boil ▸ **faire bouillir** to boil.

bouilloire [bujwaʀ] nf kettle.

bouillon [bujɔ̃] nm **1.** [soupe] stock **2.** [bouillonnement] bubble ▸ **faire bouillir à gros bouillons** to bring to a rolling boil.

bouillonner [3] [bujɔne] vi **1.** [liquide] to bubble **2.** [torrent] to foam **3.** *fig* [personne] to seethe.

bouillotte [bujɔt] nf hot-water bottle.

boul. *abr écrite de* boulevard.

boulanger, ère [bulɑ̃ʒe, ɛʀ] nm, f baker.

boulangerie [bulɑ̃ʒʀi] nf **1.** [magasin] bakery, baker's (shop) **UK** **2.** [commerce] bakery trade.

boule [bul] nf [gén] ball ; [de loto] counter ; [de pétanque] bowl ▸ **boule de neige** snowball. ◆ **boules** nfpl **1.** [jeux] boules *(game played on bare ground with steel bowls)* **2.** *tfam* ▸ **avoir les boules a)** [être effrayé] to be scared stiff **b)** [être furieux] to be pissed off *tfam* **c)** [être déprimé] to be feeling down.

bouleau, x [bulo] nm silver birch.

bouledogue [buldɔg] nm bulldog.

boulet [bulɛ] nm **1.** [munition] ▸ **boulet de canon** cannonball **2.** [de forçat] ball and chain **3.** *fig* [fardeau] millstone (around one's neck).

boulette [bulɛt] nf **1.** [petite boule] pellet **2.** [de viande] meatball.

boulevard [bulvaʀ] nm **1.** [rue] boulevard **2.** THÉÂTRE light comedy (U).

bouleversant, e [bulvɛʀsɑ̃, ɑ̃t] adj distressing.

bouleversement [bulvɛʀsəmɑ̃] nm disruption.

bouleverser [3] [bulvɛʀse] vt **1.** [objets] to turn upside down **2.** [modifier] to disrupt **3.** [émouvoir] to distress.

boulgour [bulguʀ] nm bulgar ou bulgur wheat.

boulier [bulje] nm abacus.

boulimie [bulimi] nf bulimia.

boulon [bulɔ̃] nm bolt.

boulonner [3] [bulɔne] ❖ vt to bolt. ❖ vi *fam* to slog (away).

boulot [bulo] nm *fam* **1.** [travail] work **2.** [emploi] job.

boum [bum] nf *fam & vieilli* party.

bouquet [bukɛ] nm **1.** [de fleurs - gén] bunch (of flowers) **2.** [de vin] bouquet **3.** [de feu d'artifice] crowning piece **4.** TV ▸ **bouquet numérique** digital channel package ▸ **bouquet de programmes** channel package.

bouquin [bukɛ̃] nm *fam* book.

bouquiner [3] [bukine] vi & vt *fam* to read.

bouquiniste [bukinist] nmf secondhand bookseller.

bourbier [buʀbje] nm [lieu] quagmire, mire ; *fig* mess.

bourde [buʀd] nf *fam* [erreur] blunder.

bourdon [buʀdɔ̃] nm [insecte] bumblebee.

bourdonnement [buʀdɔnmɑ̃] nm [d'insecte, de voix, de moteur] buzz (U).

bourdonner [3] [buʀdɔne] vi **1.** [insecte, machine, voix] to buzz **2.** [oreille] to ring.

bourg [buʀ] nm market town.

bourgeois, e [buʀʒwa, az] ❖ adj **1.** [valeur] middle-class **2.** [cuisine] plain **3.** *péj* [personne] bourgeois. ❖ nm, f bourgeois.

bourgeoisie [buʀʒwazi] nf ≃ middle classes *pl*.

bourgeon [buʀʒɔ̃] nm bud.

bourgeonner [3] [buʀʒɔne] vi to bud.

Bourgogne [buʀgɔɲ] nf : *la Bourgogne* Burgundy.

bourlinguer [3] [buʀlɛ̃ge] vi *fam* [voyager] to bum around the world.

bourrade [buʀad] nf thump.

bourrage [buʀaʒ] nm [de coussin] stuffing. ◆ **bourrage de crâne** nm *fam* [propagande] brainwashing.

bourrasque [buʀask] nf gust of wind.

bourratif, ive [buʀatif, iv] adj stodgy.

bourré, e [buʀe] adj fam [ivre] plastered.

bourreau, x [buʀo] nm HIST executioner.

bourrelet [buʀlɛ] nm [de graisse] roll of fat.

bourrer [3] [buʀe] vt 1. [remplir - coussin] to stuff ; [- sac, armoire] ▶ **bourrer qqch (de)** to cram sthg full (of) 2. fam [gaver] ▶ **bourrer qqn (de)** to stuff sb (with).

bourrique [buʀik] nf 1. [ânesse] she-ass 2. fam [personne] pigheaded person.

bourru, e [buʀy] adj [peu aimable] surly.

bourse [buʀs] nf 1. [porte-monnaie] purse 2. [d'études] grant ; [au mérite] scholarship. ◆ **Bourse** nf [marché] stock exchange, stock market ▶ **la Bourse de Paris** the Paris Stock Exchange ▶ **jouer en Bourse** to speculate on the stock exchange ou stock market ▶ **Bourse de commerce** commodity market.

boursier, ère [buʀsje, ɛʀ] adj 1. [élève] on a grant ou scholarship 2. FIN stock-exchange (avant n), stock-market (avant n).

boursouflé, e [buʀsufle] adj [enflé] swollen.

bousculade [buskylad] nf 1. [cohue] crush 2. [agitation] rush.

bousculer [3] [buskyle] vt 1. [faire tomber] to knock over 2. [presser] to rush 3. [modifier] to overturn.

bouse [buz] nf ▶ **bouse de vache** cow dung.

bousiller [3] [buzije] vt fam [abîmer] to ruin, to knacker UK.

boussole [busɔl] nf compass.

bout [bu] nm 1. [extrémité, fin] end ▶ **au bout de a)** [temps] after **b)** [espace] at the end of ▶ **d'un bout à l'autre a)** [de ville] from one end to the other **b)** [de livre] from beginning to end 2. [morceau] bit 3. EXPR ▶ **être à bout** to be exhausted ▶ **à bout portant** at point-blank range ▶ **venir à bout de a)** [personne] to get the better of **b)** [difficulté] to overcome.

boutade [butad] nf [plaisanterie] jest.

boute-en-train [butɑ̃tʀɛ̃] nm inv live wire / il était le boute-en-train de la soirée he was the life and soul of the party.

bouteille [butɛj] nf bottle.

boutique [butik] nf [gén] shop ; [de mode] boutique.

bouton [butɔ̃] nm 1. COUT button ▶ **bouton de manchette** cuff link 2. [sur la peau] pimple, spot UK 3. [de porte] knob 4. [com-

mutateur] switch ▶ **bouton de réglage** dial 5. [bourgeon] bud.

bouton-d'or [butɔ̃dɔʀ] (pl **boutons-d'or**) nm buttercup.

boutonner [3] [butɔne] vt to button (up).

boutonneux, euse [butɔnø, øz] adj pimply, spotty UK.

boutonnière [butɔnjɛʀ] nf [de vêtement] buttonhole.

bouton-pression [butɔ̃pʀesjɔ̃] (pl **boutons-pression**) nm press-stud UK, snap fastener US.

bouture [butyʀ] nf cutting.

bouvier [buvje] nm 1. [personne] herdsman 2. [chien] sheepdog.

bovin, e [bɔvɛ̃, in] adj bovine. ◆ **bovins** nmpl cattle.

bowling [bulin] nm 1. [jeu] bowling 2. [lieu] bowling alley.

box [bɔks] (pl **boxes**) nm 1. [d'écurie] loose box 2. [compartiment] cubicle ▶ **le box des accusés** the dock 3. [parking] lockup garage UK.

boxe [bɔks] nf boxing ▶ **boxe américaine** full contact.

boxer[1] [bɔkse] ❖ vi to box. ❖ vt fam to thump.

boxer[2] [bɔksɛʀ] nm [chien] boxer.

boxeur [bɔksœʀ] nm SPORT boxer.

boyau [bwajo] nm 1. [chambre à air] inner tube 2. [corde] catgut 3. [galerie] narrow gallery. ◆ **boyaux** nmpl [intestins] guts.

boycott [bɔjkɔt] nm boycott.

boycotter [3] [bɔjkɔte] vt to boycott.

boy-scout [bɔjskut] (pl **boy-scouts**) nm vieilli boy scout.

BP (abr de **boîte postale**) nf PO Box.

bracelet [bʀaslɛ] nm 1. [bijou] bracelet 2. [de montre] strap.

bracelet-montre [bʀaslɛmɔ̃tʀ] nm wristwatch.

braconner [3] [bʀakɔne] vi to go poaching, to poach.

braconnier [bʀakɔnje] nm poacher.

brader [3] [bʀade] vt [solder] to sell off ; [vendre à bas prix] to sell for next to nothing.

braderie [bʀadʀi] nf clearance sale.

braguette [bʀagɛt] nf fly, flies pl UK.

braille [bʀaj] nm Braille.

brailler [3] [bʀaje] vi to bawl.

braire [112] [bʀɛʀ] vi (âne) to bray.

braise [bʀɛz] nf embers pl.

bramer [3] [bʀame] vi (cerf) to bell.

brancard [bʀɑ̃kaʀ] nm **1.** [civière] stretcher **2.** [de charrette] shaft.

brancardier, ère [bʀɑ̃kaʀdje, ɛʀ] nm, f stretcher-bearer.

branchage [bʀɑ̃ʃaʒ] nm branches pl.

branche [bʀɑ̃ʃ] nf **1.** [gén] branch **2.** [de lunettes] arm.

branché, e [bʀɑ̃ʃe] adj **1.** ÉLECTR plugged in, connected **2.** fam [à la mode] trendy.

branchement [bʀɑ̃ʃmɑ̃] nm [raccordement] connection, plugging in.

brancher [3] [bʀɑ̃ʃe] vt **1.** [raccorder & INFORM] to connect **▶ brancher qqch sur** ÉLECTR to plug sthg into **2.** fam [orienter] to steer **▶ brancher qqn sur qqch** to start sb off on sthg **3.** fam [plaire] to appeal to.

branchies [bʀɑ̃ʃi] nfpl [de poisson] gills.

brandade [bʀɑ̃dad] nf **▶ brandade de morue** creamed salt cod.

brandir [32] [bʀɑ̃diʀ] vt to wave.

branlant, e [bʀɑ̃lɑ̃, ɑ̃t] adj [escalier, mur] shaky ; [meuble, dent] wobbly.

branle-bas [bʀɑ̃lba] nm inv pandemonium (U).

braquage [bʀakaʒ] nm **1.** AUTO lock **2.** [attaque] holdup.

braquer [3] [bʀake] ❖ vt **1.** [diriger] **▶ braquer qqch sur a)** [arme] to aim sthg at **b)** [télescope] to train sthg on **c)** [regard] to fix sthg on **2.** fam [attaquer] to hold up. ❖ vi to turn (the wheel). ◆ **se braquer** vp [personne] to take a stand.

bras [bʀa] nm **1.** [gén] arm **▶ bras droit** right-hand man ou woman **▶ bras de fer a)** [jeu] arm wrestling **b)** fig trial of strength **▶ avoir le bras long** [avoir de l'influence] to have pull **2.** [de cours d'eau] branch **▶ bras de mer** arm of the sea.

brasier [bʀazje] nm [incendie] blaze, inferno.

bras-le-corps [bʀalkɔʀ] ◆ **à bras-le-corps** loc adv bodily.

brassage [bʀasaʒ] nm **1.** [de bière] brewing **2.** fig [mélange] mixing.

brassard [bʀasaʀ] nm armband.

brasse [bʀas] nf [nage] breaststroke **▶ brasse papillon** butterfly (stroke).

brassée [bʀase] nf [quantité] armful.

brasser [3] [bʀase] vt **1.** [bière] to brew **2.** [mélanger] to mix **3.** fig [manier] to handle.

brasserie [bʀasʀi] nf **1.** [usine] brewery **2.** [café-restaurant] brasserie.

brasseur, euse [bʀasœʀ, øz] nm, f [de bière] brewer.

brassière [bʀasjeʀ] nf **1.** [de bébé] (baby's) vest UK ou undershirt US **2.** QUÉBEC [soutien-gorge] bra.

bravade [bʀavad] nf **▶ par bravade** out of bravado.

brave [bʀav] ❖ adj **1.** (après n) [courageux] brave **2.** (avant n) [honnête] decent **3.** [naïf et gentil] nice. ❖ nmf **▶ mon brave** my good man.

braver [3] [bʀave] vt **1.** [parents, règlement] to defy **2.** [transgresser] to brave.

bravo [bʀavo] interj bravo! ◆ **bravos** nmpl cheers.

bravoure [bʀavuʀ] nf bravery.

break [bʀɛk] nm **1.** [voiture] estate (car) UK, station wagon US **2.** fam [pause] break **▶ faire un break** to take a break **3.** SPORT **▶ faire le break a)** [tennis] to break service **b)** fig to pull away.

brebis [bʀəbi] nf ewe **▶ brebis galeuse** black sheep.

brèche [bʀɛʃ] nf **1.** [de mur] gap **2.** MIL breach.

bredouille [bʀəduj] adj **▶ être / rentrer bredouille** to be / to return empty-handed.

bredouiller [3] [bʀəduje] vi to stammer.

bref, brève [bʀɛf, bʀɛv] adj **1.** [gén] short, brief **▶ soyez bref !** make it brief! **2.** LING short. ◆ **bref** adv in short, in a word. ◆ **brève** nf PRESSE brief news item.

brelan [bʀəlɑ̃] nm : un brelan three of a kind / un brelan de valets three jacks.

Brésil [bʀezil] nm : le Brésil Brazil.

Bretagne [bʀətaɲ] nf : la Bretagne Brittany.

bretelle [bʀətɛl] nf **1.** [d'autoroute] access road, slip road UK **2.** [de pantalon] **▶ bretelles** braces UK, suspenders US **3.** [de bustier] strap.

breuvage [bʀœvaʒ] nm [boisson] beverage.

brève ⟶ bref.

brevet [bʀəvɛ] nm **1.** [certificat] certificate **▶ brevet de secouriste** first-aid certificate **2.** [diplôme] diploma **▶ brevet des collèges** school certificate taken after four years of secondary education **3.** [d'invention] patent.

breveter [27] [bʀəvte] vt to patent.

bréviaire [bʀevjɛʀ] nm breviary.

bribe [bʀib] nf [fragment] scrap, bit ; *fig* snippet ▸ **bribes de conversation** snatches of conversation.

bric [bʀik] ◆ **de bric et de broc** loc adv any old how.

bric-à-brac [bʀikabʀak] nm inv bric-a-brac.

bricolage [bʀikɔlaʒ] nm **1.** [travaux] do-it-yourself, DIY **UK** **2.** [réparation provisoire] patching up.

bricole [bʀikɔl] nf **1.** [babiole] trinket **2.** [chose insignifiante] trivial matter.

bricoler [3] [bʀikɔle] ◆ vi to do odd jobs (around the house). ◆ vt **1.** [réparer] to fix, to mend **UK** **2.** [fabriquer] to make, to knock up **UK**.

bricoleur, euse [bʀikɔlœʀ, øz] nm, f do-it-yourselfer, home handyman (handywoman).

bride [bʀid] nf **1.** [de cheval] bridle **2.** [de chapeau] string **3.** COUT bride, bar **4.** TECHNOL flange.

bridé [bʀide] —→ œil.

brider [3] [bʀide] vt [cheval] to bridle ; *fig* to rein (in).

bridge [bʀidʒ] nm [jeu & MÉD] bridge.

brie [bʀi] nm [fromage] Brie.

briefer [3] [bʀife] vt to brief.

briefing [bʀifiŋ] nm briefing.

brièvement [bʀijɛvmɑ̃] adv briefly.

brièveté [bʀijɛvte] nf brevity, briefness.

brigade [bʀigad] nf **1.** [d'ouvriers, de soldats] brigade **2.** [détachement] squad ▸ **brigade volante** flying squad **UK**.

brigadier [bʀigadje] nm **1.** MIL corporal **2.** [de police] sergeant.

brigand [bʀigɑ̃] nm [bandit] bandit.

brillamment [bʀijamɑ̃] adv [gén] brilliantly ; [réussir un examen] with flying colours **UK** ou colors **US**.

brillant, e [bʀijɑ̃, ɑ̃t] adj **1.** [qui brille - gén] sparkling ; [- cheveux] glossy ; [- yeux] bright **2.** [remarquable] brilliant. ◆ **brillant** nm [diamant] brilliant.

briller [3] [bʀije] vi to shine.

brimer [3] [bʀime] vt **1.** [tracasser] to victimize, to bully **2.** *arg scol* to rag **UK**, to haze **US**.

brin [bʀɛ̃] nm **1.** [tige] twig ▸ **brin d'herbe** blade of grass **2.** [fil] strand **3.** [petite quantité]

▸ **un brin (de)** a bit (of) / **faire un brin de toilette** to have a quick wash.

brindille [bʀɛ̃dij] nf twig.

bringuebaler, brinquebaler [3] [bʀɛ̃gbale] vi [voiture] to jolt along.

brio [bʀijo] nm [talent] ▸ **avec brio** brilliantly.

brioche [bʀijɔʃ] nf **1.** [pâtisserie] brioche **2.** *fam* [ventre] paunch.

brioché, e [bʀijɔʃe] adj [pain] brioche-style.

brique [bʀik] nf **1.** [pierre] brick **2.** [emballage] carton.

briquer [3] [bʀike] vt to scrub.

briquet [bʀikɛ] nm [cigarette] lighter.

briquette [bʀikɛt] nf [conditionnement] carton.

brisant [bʀizɑ̃] nm [écueil] reef. ◆ **brisants** nmpl [récif] breakers.

brise [bʀiz] nf breeze.

brise-glace [bʀizglas] (*pl* **brise-glaces**) nm [navire] icebreaker.

brise-lames [bʀizlam] nm inv breakwater.

briser [3] [bʀize] vt **1.** [gén] to break **2.** *fig* [carrière] to ruin ; [conversation] to break off ; [espérances] to shatter. ◆ **se briser** vp **1.** [gén] to break **2.** *fig* [espoir] to be dashed ; [efforts] to be thwarted.

briseur, euse [bʀizœʀ, øz] nm, f ▸ **briseur de grève** strike-breaker.

britannique [bʀitanik] adj British. ◆ **Britannique** nmf British person, Briton ▸ **les Britanniques** the British.

broc [bʀo] nm jug.

brocante [bʀɔkɑ̃t] nf **1.** [commerce] second-hand trade **2.** [objets] secondhand goods *pl*.

brocanteur, euse [bʀɔkɑ̃tœʀ, øz] nm, f dealer in secondhand goods.

broche [bʀɔʃ] nf **1.** [bijou] brooch **2.** CULIN spit ▸ **cuire à la broche** to spit-roast **3.** ÉLECTR & MÉD pin **4.** **QUÉBEC** [fil de fer] wire.

broché, e [bʀɔʃe] adj **1.** [tissu] brocade *(avant n)*, brocaded **2.** TYPO ▸ **livre broché** paperback (book).

brochet [bʀɔʃɛ] nm pike.

brochette [bʀɔʃɛt] nf **1.** [ustensile] skewer **2.** [plat] kebab **3.** *fam* & *fig* [groupe] string, row.

brochure [bʀɔʃyʀ] nf [imprimé] brochure, booklet.

brocoli [bʀɔkɔli] nm broccoli (U).

broder [3] [bʀɔde] vt & vi to embroider.

broderie [bʁɔdʁi] nf 1. [art] embroidery 2. [ouvrage] (piece of) embroidery.

bromure [bʁɔmyʁ] nm bromide.

bronche [bʁɔ̃ʃ] nf bronchus / **j'ai des problèmes de bronches** I've got chest problems.

broncher [3] [bʁɔ̃ʃe] vi ▸ **sans broncher** without complaining, uncomplainingly.

bronchiolite [bʁɔ̃kjɔlit, bʁɔ̃ʃjɔlit] nf bronchiolitis.

bronchite [bʁɔ̃ʃit] nf bronchitis (U).

broncho-pneumonie (pl **broncho-pneumonies**) [bʁɔ̃kɔpnømɔni] nf bronchopneumonia.

broncho-pneumopathie (pl **broncho-pneumopathies**) [bʁɔ̃kɔpnømɔpati] nf bronchopneumonia.

bronzage [bʁɔ̃zaʒ] nm [de peau] tan, suntan.

bronze [bʁɔ̃z] nm bronze.

bronzé, e [bʁɔ̃ze] adj tanned **UK**, tan **US**, suntanned.

bronzer [3] [bʁɔ̃ze] vi [peau] to tan ; [personne] to get a tan.

brosse [bʁɔs] nf brush ▸ **brosse à cheveux** hairbrush ▸ **brosse à dents** toothbrush ▸ **avoir les cheveux en brosse** to have a crew cut.

brosser [3] [bʁɔse] vt 1. [habits, cheveux] to brush 2. [paysage, portrait] to paint. ◆ **se brosser** vp ▸ **se brosser les cheveux / les dents** to brush one's hair / teeth.

brouette [bʁuɛt] nf wheelbarrow.

brouhaha [bʁuaa] nm hubbub.

brouillard [bʁujaʁ] nm [léger] mist ; [dense] fog ▸ **brouillard givrant** freezing fog ▸ **être dans le brouillard** fig to be lost.

brouille [bʁuj] nf quarrel.

brouillé, e [bʁuje] adj 1. [fâché] ▸ **être brouillé avec qqn** to be on bad terms with sb ▸ **être brouillé avec qqch** fig to be hopeless ou useless at sthg 2. [teint] muddy 3. ⟶ **œuf**.

brouiller [3] [bʁuje] vt 1. [désunir] to set at odds, to put on bad terms 2. [vue] to blur 3. [RADIO - accidentellement] to cause interference to ; [- délibérément] to jam 4. [rendre confus] to muddle (up). ◆ **se brouiller** vp 1. [se fâcher] to fall out ▸ **se brouiller avec qqn (pour qqch)** to fall out with sb (over sthg) 2. [se troubler] to become blurred 3. MÉTÉOR to cloud over.

brouillon, onne [bʁujɔ̃, ɔn] adj careless, untidy. ◆ **brouillon** nm rough copy, draft.

broussaille [bʁusaj] nf ▸ **les broussailles** the undergrowth ▸ **en broussaille** fig a) [cheveux] untidy b) [sourcils] bushy.

brousse [bʁus] nf GÉOGR scrubland, bush.

brouter [3] [bʁute] ◆ vt to graze on. ◆ vi 1. [animal] to graze 2. TECHNOL to judder, to shudder.

broutille [bʁutij] nf trifle.

broyer [13] [bʁwaje] vt to grind, to crush.

bru [bʁy] nf sout daughter-in-law.

brugnon [bʁyɲɔ̃] nm nectarine.

bruine [bʁɥin] nf drizzle.

bruissement [bʁɥismɑ̃] nm [de feuilles, d'étoffe] rustle, rustling (U) ; [d'eau] murmur, murmuring (U).

bruit [bʁɥi] nm 1. [son] noise, sound ▸ **bruit de fond** background noise 2. [vacarme & TECHNOL] noise ▸ **faire du bruit** to make a noise ▸ **sans bruit** silently, noiselessly 3. [rumeur] rumour **UK**, rumor **US** / **le bruit court que...** rumour has it ou it is rumoured that... 4. [retentissement] fuss ▸ **faire du bruit** to cause a stir.

bruitage [bʁɥitaʒ] nm sound effects pl.

brûlant, e [bʁylɑ̃, ɑ̃t] adj 1. [gén] burning (hot) ; [liquide] boiling (hot) ; [plat] piping hot 2. fig [amour, question] burning.

brûlé, e [bʁyle] ◆ adj [calciné] burnt. ◆ nm, f badly burnt person ▸ **un grand brûlé** a patient suffering from third-degree burns / **service pour les grands brûlés** burns unit. ◆ **brûlé** nm 1. burnt part / **un goût de brûlé** a burnt taste 2. **EXPR** **ça sent le brûlé** a) [odeur] there's a smell of burning b) fam & fig there's trouble brewing.

brûle-pourpoint [bʁylpuʁpwɛ̃] ◆ **à brûle-pourpoint** loc adv point-blank, straight out.

brûler [3] [bʁyle] ◆ vt 1. [gén] to burn ; [suj : eau bouillante] to scald / **la fumée me brûle les yeux** the smoke is making my eyes sting 2. [feu rouge] to drive through ; [étape] to miss out, to skip. ◆ vi 1. [gén] to burn ; [maison, forêt] to be on fire 2. [être brûlant] to be burning (hot) ▸ **brûler de** fig to be consumed with ▸ **brûler de faire qqch** to be longing ou dying to do sthg ▸ **brûler de fièvre** to be running a high temperature. ◆ **se brûler** vp to burn o.s.

brûlure [bʁylyʁ] nf 1. [lésion] burn ▸ **brûlure au premier / second / troisième degré** first-degree / second-degree / third-degree burn 2. [sensation] burning (sensation) ▸ **avoir des brûlures d'estomac** to have heartburn.

brume [bʀym] nf mist.

brumeux, euse [bʀymø, øz] adj misty; *fig* hazy.

brun, e [bʀœ̃, bʀyn] ❖ adj brown; [cheveux] dark. ❖ nm, f dark-haired man (woman). ◆ **brun** nm [couleur] brown. ◆ **brune** nf **1.** [cigarette] *cigarette made of dark tobacco* **2.** [bière] brown ale.

bruncher [bʀœ̃ʃe] vi to have brunch.

brunir [32] [bʀyniʀ] vi [personne] to get a tan; [peau] to tan.

Brushing® [bʀœʃiŋ] nm ▸ **faire un Brushing à qqn** to give sb a blow-dry, to blow-dry sb's hair.

brusque [bʀysk] adj abrupt.

brusquement [bʀyskəmã] adv abruptly.

brusquer [3] [bʀyske] vt to rush; [élève] to push.

brusquerie [bʀyskəʀi] nf abruptness.

brut, e [bʀyt] adj **1.** [pierre précieuse, bois] rough; [sucre] unrefined; [métal, soie] raw; [champagne] extra dry ▸ **(pétrole) brut** crude (oil) **2.** *fig* [fait, idées] crude, raw **3.** ÉCON gross. ◆ **brute** nf brute.

brutal, e, aux [bʀytal, o] adj **1.** [violent] violent, brutal **2.** [soudain] sudden **3.** [manière] blunt.

brutaliser [3] [bʀytalize] vt to mistreat.

brutalité [bʀytalite] nf **1.** [violence] violence, brutality **2.** [caractère soudain] suddenness.

Bruxelles [bʀysɛl] npr Brussels.

bruyamment [bʀɥijamã] adv noisily.

bruyant, e [bʀɥijã, ãt] adj noisy.

bruyère [bʀɥjɛʀ] nf [plante] heather.

bsr SMS *abr écrite de* **bonsoir**.

BT nm (*abr de* brevet de technicien) *vocational training certificate (taken at age 18)*.

BTP (*abr de* bâtiment et travaux publics) nmpl *building and public works sector*.

BTS (*abr de* brevet de technicien supérieur) nm *advanced vocational training certificate (taken at the end of a 2-year higher-education course)*.

bu, e [by] pp ⟶ **boire**.

buanderie [bɥãdʀi] nf laundry.

buccal, e, aux [bykal, o] adj buccal.

bûche [byʃ] nf [bois] log ▸ **bûche de Noël** Yule log ▸ **prendre ou ramasser une bûche** *fam* to fall flat on one's face.

bûcher¹ [byʃe] nm **1.** [supplice] ▸ **le bûcher** the stake **2.** [funéraire] pyre.

bûcher² [3] [byʃe] *fam* ❖ vi to swot UK, to grind US. ❖ vt to swot up UK, to grind US.

bûcheron, onne [byʃʀɔ̃, ɔn] nm, f forestry worker.

bûcheur, euse [byʃœʀ, øz] *fam* ❖ adj hard-working. ❖ nm, f swot UK, grind US.

bucolique [bykɔlik] adj pastoral.

budget [bydʒɛ] nm [personne, entreprise] budget.

budgétaire [bydʒetɛʀ] adj budgetary ▸ **année budgétaire** fiscal ou financial UK year.

buée [bɥe] nf [sur vitre] condensation.

buffet [byfɛ] nm **1.** [meuble] sideboard **2.** [repas] buffet **3.** [café-restaurant] ▸ **buffet de gare** station buffet.

buffle [byfl] nm [animal] buffalo.

bug [bœg] nm = **bogue**.

buis [bɥi] nm box(wood).

buisson [bɥisɔ̃] nm bush.

buissonnière [bɥisɔnjɛʀ] ⟶ **école**.

bulbe [bylb] nm bulb.

bulgare [bylgaʀ] adj Bulgarian. ◆ **bulgare** nm [langue] Bulgarian. ◆ **Bulgare** nmf Bulgarian.

Bulgarie [bylgaʀi] nf : *la Bulgarie* Bulgaria.

bulldozer [byldozɛʀ] nm bulldozer.

bulle [byl] nf **1.** [gén] bubble / **bulle de savon** soap bubble **2.** [de bande dessinée] speech balloon **3.** INFORM ▸ **bulle d'aide** pop-up text, tooltip.

bulletin [byltɛ̃] nm **1.** [communiqué] bulletin ▸ **bulletin (de la) météo** weather forecast ▸ **bulletin de santé** medical bulletin **2.** [imprimé] form ▸ **bulletin de vote** ballot paper **3.** SCOL report UK, report card US **4.** [certificat] certificate ▸ **bulletin de salaire** ou **de paye** pay slip.

bulletin-réponse [byltɛ̃repɔ̃s] (*pl* bulletins-réponse) nm reply form.

bungalow [bœ̃galo] nm [maison] bungalow; [de vacances] chalet.

buraliste [byʀalist] nmf [d'un bureau de tabac] tobacconist.

bureau [byʀo] nm **1.** [gén] office ▸ **bureau d'aide sociale** social security UK ou welfare US office ▸ **bureau de change a)** [banque] bureau de change, foreign exchange office **b)** [comptoir] bureau de change, foreign exchange counter ▸ **bureau d'études** design office ▸ **bureau**

de poste post office ▸ **bureau de tabac** tobacconist's ▸ **bureau de vote** polling station **2.** [meuble] desk **3.** INFORM desktop.

bureaucrate [byʀɔkʀat] nmf bureaucrat.

bureaucratie [byʀɔkʀasi] nf bureaucracy.

bureaucratique [byʀɔkʀatik] adj *péj* bureaucratic. .

Bureautique® [byʀɔtik] nf office automation.

burette [byʀɛt] nf [de mécanicien] oilcan.

burin [byʀɛ̃] nm [outil] chisel.

buriné, e [byʀine] adj engraved ; [visage, traits] lined.

burlesque [byʀlɛsk] adj **1.** [comique] funny **2.** [ridicule] ludicrous, absurd **3.** THÉÂTRE burlesque.

burqa, burka [byʀka] nm ou nf burqa.

bus [bys] nm bus.

business [biznɛs] nm *fam* [affaire(s)] business.

busqué [byske] ⟶ **nez.**

buste [byst] nm [torse] chest ; [poitrine de femme, sculpture] bust.

bustier [bystje] nm [corsage] bustier ; [soutien-gorge] strapless bra.

but [byt] nm **1.** [point visé] target **2.** [objectif] goal, aim, purpose ▸ **errer sans but** to wander aimlessly ▸ **il touche au but** he's nearly there

▸ **à but non lucratif** DR non-profit, non-profit-making UK ▸ **aller droit au but** to go straight to the point ▸ **dans le but de faire qqch** with the aim ou intention of doing sthg **3.** SPORT goal ▸ **marquer un but** to score a goal **4.** EXPR⟩ **de but en blanc** point-blank, straight out.

butane [bytan] nm ▸ **(gaz) butane a)** butane **b)** [domestique] butane, Calor gas® UK.

buté, e [byte] adj stubborn.

buter [3] [byte] ❖ vi [se heurter] ▸ **buter sur / contre qqch a)** to stumble on /over sthg, to trip on /over sthg **b)** *fig* to run into /come up against sthg. ❖ vt *tfam* [tuer] to do in, to bump off. ◆ **se buter** vp to dig one's heels in ▸ **se buter contre** *fig* to refuse to listen to.

butin [bytɛ̃] nm [de guerre] booty ; [de vol] loot ; [de recherche] finds *pl.*

butiner [3] [bytine] vi to collect nectar.

butte [byt] nf [colline] mound, rise ▸ **être en butte à** *fig* to be exposed to.

buvard [byvaʀ] nm [papier] blotting-paper ; [sous-main] blotter.

buvette [byvɛt] nf [café] refreshment room, buffet.

buveur, euse [byvœʀ, øz] nm, f drinker.

buzzer [bœze] vi to be all the rage / **un clip qui fait buzzer la Toile** a clip which is all the rage on the Internet.

c¹, C [se] nm inv c, C. ◆ **C** (*abr écrite de* **Celsius**) C.

c² *abr de* **centime**.

c' ⟶ **ce**.

CA nm *abr de* **chiffre d'affaires**.

ça [sa] pron dém **1.** [désignant un objet - éloigné] that ; [- proche] this **2.** [sujet indéterminé] it, that ▶ **ça ira comme ça** that will be fine ▶ **ça y est** that's it ▶ **c'est ça** that's right **3.** [renforcement expressif] : *où ça ?* where? / *qui ça ?* who?

çà [sa] adv ▶ **çà et là** here and there.

caban [kabɑ̃] nm [de marin] reefer jacket **UK**, reefer **US** ; [d'officier] pea jacket.

cabane [kaban] nf [abri] cabin, hut ; [remise] shed ▶ **cabane à lapins** hutch ▶ **cabane à sucre** **QUÉBEC** sugarhouse.

cabanon [kabanɔ̃] nm **1.** [à la campagne] cottage **2.** [sur la plage] chalet **3.** [cellule] padded cell.

cabaret [kabaʀɛ] nm cabaret.

cabas [kaba] nm shopping bag.

cabillaud [kabijo] nm (fresh) cod.

cabine [kabin] nf **1.** [de navire, d'avion, de véhicule] cabin **2.** [compartiment, petit local] cubicle ▶ **cabine d'essayage** fitting room ▶ **cabine téléphonique** phone booth, phone box **UK**.

cabinet [kabinɛ] nm **1.** [pièce] ▶ **cabinet de toilette** ≃ bathroom **2.** [local professionnel] office ▶ **cabinet dentaire / médical** dentist's / doctor's surgery **UK**, dentist's / doctor's office **US 3.** [gouvernement] cabinet ; [de ministre] advisers *pl*. ◆ **cabinets** nmpl toilet *sg*.

câble [kabl] nm cable ▶ **(télévision par) câble** cable television.

câblé, e [kable] adj TV equipped with cable TV.

cabosser [3] [kabɔse] vt to dent.

cabotage [kabɔtaʒ] nm coastal navigation.

caboteur [kabɔtœʀ] nm [navire] coaster.

cabrer [3] [kabʀe] ◆ **se cabrer** vp **1.** [cheval] to rear (up) ; [avion] to climb steeply **2.** *fig* [personne] to take offence **UK** ou offense **US**.

cabri [kabʀi] nm kid.

cabriole [kabʀijɔl] nf [bond] caper ; [pirouette] somersault.

cabriolet [kabʀijɔlɛ] nm convertible.

CAC, Cac [kak] (*abr de* **Cotation assistée en continu**) nm inv ▶ **le CAC 40** the French Stock Exchange shares index.

caca [kaka] nm *fam* pooh **UK**, poop **US** ▶ **faire caca** to do a pooh **UK** ou poop **US** ▶ **caca d'oie** greeny-yellow.

cacahouète, cacahuète [kakawɛt] nf peanut.

cacao [kakao] nm **1.** [poudre] cocoa (powder) **2.** [boisson] cocoa.

cachalot [kaʃalo] nm sperm whale.

cache [kaʃ] ◆ nf [cachette] hiding place. ◆ nm [masque] card (*for masking text*).

cache-cache [kaʃkaʃ] nm inv ▶ **jouer à cache-cache** to play hide-and-seek.

cache-col [kaʃkɔl] nm inv scarf.

cachemire [kaʃmiʀ] nm **1.** [laine] cashmere **2.** [dessin] paisley.

cache-nez [kaʃne] nm inv scarf.

cache-pot [kaʃpo] nm inv pot holder.

cacher [3] [kaʃe] vt **1.** [gén] to hide ▶ **je ne vous cache pas que...** to be honest,... **2.** [vue] to mask. ◆ **se cacher** vp ▶ **se cacher (de qqn)** to hide (from sb).

cachere [kaʃɛʀ] = **kasher**.

cachet [kaʃɛ] nm **1.** [comprimé] tablet, pill **2.** [marque] postmark **3.** [style] style, character ▶ **avoir du cachet** to have character **4.** [rétribution] fee.

cacheter [27] [kaʃte] vt to seal.

cachette [kaʃɛt] nf hiding place ▶ **en cachette** secretly.

cachot [kaʃo] nm [cellule] cell.

cachotterie [kaʃɔtʀi] nf little secret ▶ **faire des cachotteries (à qqn)** to hide things (from sb).

cachottier, ère [kaʃɔtje, ɛʀ] nm, f secretive person.

cactus [kaktys] nm cactus.

c.-à-d. (*abr écrite de* **c'est-à-dire**) i.e.

cadastre [kadastʀ] nm [registre] ≃ land register ; [service] ≃ land registry 🇬🇧 ; ≃ land office 🇺🇸.

cadavérique [kadaveʀik] adj deathly.

cadavre [kadavʀ] nm corpse, (dead) body.

Caddie® [kadi] nm [chariot] (shopping) trolley 🇬🇧, shopping cart 🇺🇸.

cadeau, x [kado] ❖ nm present, gift ▸ **faire cadeau de qqch à qqn** to give sthg to sb (as a present). ❖ adj ▸ **idée cadeau** gift idea.

cadenas [kadna] nm padlock.

cadenasser [3] [kadnase] vt to padlock.

cadence [kadɑ̃s] nf **1.** [rythme musical] rhythm ▸ **en cadence** in time **2.** [de travail] rate.

cadencé, e [kadɑ̃se] adj rhythmical.

cadet, ette [kade, ɛt] nm, f **1.** [de deux enfants] younger ; [de plusieurs enfants] youngest / **il est mon cadet de deux ans** he's two years younger than me **2.** SPORT junior.

cadran [kadʀɑ̃] nm dial ▸ **cadran solaire** sundial.

cadre [kadʀ] nm **1.** [de tableau, de porte] frame **2.** [contexte] context ▸ **dans le cadre de a)** as part of **b)** [limite] within the limits ou scope of **3.** [décor, milieu] surroundings pl **4.** [responsable] ▸ **cadre moyen / supérieur** middle/senior manager **5.** [sur formulaire] box.

cadrer [3] [kadʀe] ❖ vi to agree, to tally. ❖ vt CINÉ, PHOTO & TV to frame.

cadreur, euse [kadʀœʀ, øz] nm, f cameraman (camerawoman).

caduc, caduque [kadyk] adj **1.** [feuille] deciduous **2.** [qui n'est plus valide] obsolete.

cafard [kafaʀ] nm **1.** [insecte] cockroach **2.** fam [mélancolie] ▸ **avoir le cafard** to feel low ou down.

café [kafe] nm **1.** [plante, boisson] coffee ▸ **café allongé** ou **long** coffee diluted with hot water ▸ **café crème** coffee with frothy milk ▸ **café express** expresso coffee ▸ **café en grains** coffee beans ▸ **café au lait** white coffee 🇬🇧, coffee with milk 🇺🇸 (with hot milk) ▸ **café moulu** ground coffee ▸ **café noir** black coffee ▸ **café en poudre** ou **soluble** instant coffee **2.** [lieu] bar, café.

caféine [kafein] nf caffeine.

cafétéria [kafeteʀja] nf cafeteria.

café-théâtre [kafeteatʀ] nm ≃ cabaret.

cafetière [kaftjɛʀ] nf **1.** [récipient] coffeepot **2.** [électrique] coffeemaker ; [italienne] percolator.

cafouiller [3] [kafuje] vi fam **1.** [s'embrouiller] to get into a mess **2.** [moteur] to misfire ; TV to be on the blink.

cafter [3] [kafte] fam vi to sneak, to snitch.

cafteur, euse [kaftœʀ, øz] nm, f fam sneak, snitch.

cage [kaʒ] nf **1.** [pour animaux] cage **2.** [dans une maison] ▸ **cage d'escalier** stairwell **3.** ANAT ▸ **cage thoracique** rib cage.

cageot [kaʒo] nm [caisse] crate.

cagibi [kaʒibi] nm boxroom 🇬🇧, storage room 🇺🇸.

cagneux, euse [kaɲø, øz] adj : **avoir les genoux cagneux** to be knock-kneed.

cagnotte [kaɲɔt] nf **1.** [caisse commune] kitty **2.** [économies] savings pl.

cagoulard [kagulaʀ] nm 🇶🇧🇨 hooded criminal.

cagoule [kagul] nf **1.** [passe-montagne] balaclava **2.** [de voleur, de pénitent] hood.

cahier [kaje] nm **1.** [de notes] exercise book 🇬🇧, notebook ▸ **cahier de brouillon** rough book 🇬🇧, notebook 🇺🇸 ▸ **cahier de textes** homework book 🇬🇧 **2.** COMM ▸ **cahier des charges** specification.

cahin-caha [kaɛ̃kaa] adv ▸ **aller cahin-caha** to be jogging along.

cahot [kao] nm bump, jolt.

cahoter [3] [kaɔte] vi to jolt around.

cahute [kayt] nf shack.

caïd [kaid] nm **1.** [chef de bande] leader **2.** fam [homme fort] big shot.

caille [kaj] nf quail.

caillé, e [kaje] adj [lait] curdled ; [sang] clotted.

caillot [kajo] nm clot.

caillou, x [kaju] nm **1.** [pierre] stone, pebble **2.** fam [crâne] head.

caillouteux, euse [kajutø, øz] adj stony.

caïman [kaimɑ̃] nm cayman.

Caire [kɛʀ] npr : **Le Caire** Cairo.

caisse [kɛs] nf **1.** [boîte] crate, box **2.** TECHNOL case **3.** [guichet] cash desk, till ; [de supermarché] checkout, till ▸ **caisse enregistreuse** cash register **4.** [recette] takings pl **5.** [organisme] ▸ **caisse d'allocation** ≃ social security 🇬🇧 ou welfare 🇺🇸 office ▸ **caisse d'épargne a)** [fonds] savings fund **b)** [établissement] savings bank ▸ **caisse de retraite** pension fund.

caissier, ère [kesje, ɛʀ] nm, f cashier.

caisson [kɛsɔ̃] nm **1.** MIL & TECHNOL caisson **2.** ARCHIT coffer.

cajoler [3] [kaʒɔle] vt to cuddle.

cajou [kaʒu] ⟶ **noix**.

cake [kɛk] nm fruitcake.

cal [kal] nm callus.

calamar [kalamaʀ], **calmar** [kalmaʀ] nm squid.

calamité [kalamite] nf disaster.

calandre [kalɑ̃dʀ] nf **1.** [de voiture] radiator grill **2.** [machine] calender.

calanque [kalɑ̃k] nf rocky inlet.

calcaire [kalkɛʀ] ❖ adj [eau] hard ; [sol] chalky ; [roche] limestone. ❖ nm limestone.

calciner [3] [kalsine] vt to burn to a cinder.

calcium [kalsjɔm] nm calcium.

calcul [kalkyl] nm **1.** [opération] ▸ **le calcul** arithmetic ▸ **calcul mental** mental arithmetic **2.** [compte] calculation **3.** fig [plan] plan **4.** MÉD ▸ **calcul (rénal)** kidney stone.

calculateur, trice [kalkylatœʀ, tʀis] adj péj calculating. ❖ **calculateur** nm computer. ❖ **calculatrice** nf calculator.

calculer [3] [kalkyle] ❖ vt **1.** [déterminer] to calculate, to work out / **calculer qqch de tête** to work out sthg in one's head **2.** [prévoir] to plan ▸ **mal / bien calculer qqch** to judge sthg badly/well. ❖ vi [dépenser avec parcimonie] to budget carefully, to count the pennies péj.

calculette [kalkylɛt] nf pocket calculator.

cale [kal] nf **1.** [de navire] hold ▸ **cale sèche** dry dock **2.** [pour immobiliser] wedge.

calé, e [kale] adj fam [personne] clever, brainy ▸ **être calé en** to be good at.

calèche [kalɛʃ] nf (horse-drawn) carriage.

caleçon [kalsɔ̃] nm **1.** [sous-vêtement masculin] boxer shorts pl, pair of boxer shorts **2.** [vêtement féminin] leggings pl, pair of leggings.

calembour [kalɑ̃buʀ] nm pun, play on words.

calendrier [kalɑ̃dʀije] nm **1.** [système, agenda, d'un festival] calendar **2.** [emploi du temps] timetable UK, schedule US **3.** [d'un voyage] schedule.

cale-pied [kalpje] nm (pl **cale-pieds**) toe-clip.

calepin [kalpɛ̃] nm notebook.

caler [3] [kale] ❖ vt **1.** [avec cale] to wedge **2.** [stabiliser, appuyer] to prop up **3.** fam [remplir] : **ça cale (l'estomac)** it's filling. ❖ vi

1. [moteur, véhicule] to stall **2.** fam [personne] to give up **3.** QUÉBEC [s'enfoncer, s'enliser] to sink.

calfeutrer [3] [kalføtʀe] vt to draught-proof UK. ❖ **se calfeutrer** vp to shut o.s. up ou away.

calibre [kalibʀ] nm **1.** [de tuyau] diameter, bore ; [de fusil] calibre UK, caliber US ; [de fruit, d'œuf] size **2.** fam & fig [envergure] calibre UK, caliber US.

calibrer [3] [kalibʀe] vt **1.** [machine, fusil] to calibrate **2.** [fruit, œuf] to grade.

Californie [kalifɔʀni] nf : **la Californie** California.

californien, enne [kalifɔʀnjɛ̃, ɛn] adj Californian. ❖ **Californien, enne** nm, f Californian.

califourchon [kalifuʀʃɔ̃] ❖ **à califourchon** loc adv astride ▸ **être (assis) à califourchon sur qqch** to sit astride sthg.

câlin, e [kalɛ̃, in] adj affectionate. ❖ **câlin** nm cuddle ▸ **faire un câlin à qqn** to give sb a cuddle.

câliner [3] [kaline] vt to cuddle.

calleux, euse [kalø, øz] adj calloused.

call-girl [kɔlgœʀl] (pl **call-girls**) nf call girl.

calligraphie [kaligʀafi] nf calligraphy.

calmant, e [kalmɑ̃, ɑ̃t] adj soothing. ❖ **calmant** nm [pour la douleur] painkiller ; [pour l'anxiété] tranquillizer UK, tranquilizer US, sedative.

calmar = **calamar**.

calme [kalm] ❖ adj quiet, calm. ❖ nm **1.** [gén] calm, calmness **2.** [absence de bruit] peace (and quiet).

calmer [3] [kalme] vt **1.** [apaiser] to calm (down) **2.** [réduire - douleur] to soothe ; [- inquiétude] to allay. ❖ **se calmer** vp **1.** [s'apaiser - personne, discussion] to calm down ; [- tempête] to abate ; [- mer] to become calm **2.** [diminuer - douleur] to ease ; [- fièvre, inquiétude, désir] to subside.

calomnie [kalɔmni] nf [écrits] libel ; [paroles] slander.

calorie [kalɔʀi] nf calorie.

calorifère [kalɔʀifɛʀ] nm QUÉBEC radiator.

calorique [kalɔʀik] adj calorific.

calot [kalo] nm [bille] (large) marble.

calotte [kalɔt] nf **1.** [bonnet] skullcap **2.** QUÉBEC [casquette] cap **3.** GÉOGR ▸ **calotte glaciaire** ice cap.

calque [kalk] nm **1.** [dessin] tracing **2.** [papier]
▸ **(papier) calque** tracing paper **3.** *fig* [imitation] (exact) copy.

calquer [3] [kalke] vt **1.** [carte] to trace
2. [imiter] to copy exactly ▸ **calquer qqch sur qqch** to model sthg on sthg.

calvaire [kalvɛʀ] nm **1.** [croix] wayside cross
2. *fig* [épreuve] ordeal.

calvitie [kalvisi] nf baldness.

camaïeu [kamajø] nm monochrome.

camarade [kamaʀad] nmf **1.** [compagnon,
ami] friend ▸ **camarade de classe** classmate
▸ **camarade d'école** schoolfriend **2.** POL comrade.

camaraderie [kamaʀadʀi] nf **1.** [familiarité, entente] friendship **2.** [solidarité] comradeship, camaraderie.

Cambodge [kɑ̃bɔdʒ] nm : **le Cambodge**
Cambodia.

cambouis [kɑ̃bwi] nm dirty grease.

cambré, e [kɑ̃bʀe] adj arched.

cambriolage [kɑ̃bʀijɔlaʒ] nm burglary.

cambrioler [3] [kɑ̃bʀijɔle] vt to burgle **UK**, to
burglarize **US**.

cambrioleur, euse [kɑ̃bʀijɔlœʀ, øz] nm, f
burglar.

camée [kame] nm cameo.

caméléon [kamelěɔ̃] nm *pr* & *fig* chameleon.

camélia [kamelja] nm camellia.

camelote [kamlɔt] nf [marchandise de mauvaise qualité] junk, rubbish **UK**.

camembert [kamɑ̃bɛʀ] nm **1.** [fromage]
Camembert **2.** [graphique] pie chart.

caméra [kameʀa] nf **1.** CINÉ & TV camera
2. [d'amateur] cinecamera.

cameraman [kameʀaman] (*pl* **cameramen**
[kameʀamɛn] *ou* **cameramans**) nm cameraman.

Cameroun [kamʀun] nm : **le Cameroun**
Cameroon.

Caméscope® [kameskɔp] nm camcorder.

camion [kamjɔ̃] nm truck, lorry **UK** ▸ **camion
de déménagement** removal van **UK**, moving
van **US**.

camion-citerne [kamjɔ̃sitɛʀn] nm
tanker **UK**, tanker truck **US**.

camionnage [kamjɔnaʒ] nm road haulage **UK**, trucking **US**.

camionnette [kamjɔnɛt] nf van.

camionneur [kamjɔnœʀ] nm **1.** [conducteur]
lorry-driver **UK**, truckdriver **US 2.** [entrepreneur] road haulier **UK**, trucker **US**.

camion-poubelle (*pl* **camions-poubelles** [kamjɔ̃pubɛl]) nm dustcart **UK**, (dust)
bin lorry **UK**, garbage truck **US**.

camisole [kamizɔl] ◆ **camisole de force**
nf straitjacket.

camomille [kamɔmij] nf **1.** [plante] camomile
2. [tisane] camomile tea.

camouflage [kamuflaʒ] nm [déguisement]
camouflage ; *fig* [dissimulation] concealment.

camoufler [3] [kamufle] vt [déguiser] to camouflage ; *fig* [dissimuler] to conceal, to cover up.

camp [kɑ̃] nm **1.** [gén] camp ▸ **camp de
concentration** concentration camp **2.** SPORT
half (of the field) **3.** [parti] side **/** *passer dans
l'autre camp* to go over to the other side.

campagnard, e [kɑ̃paɲaʀ, aʀd] adj **1.** [de la
campagne] country *(avant n)* **2.** [rustique] rustic.

campagne [kɑ̃paɲ] nf **1.** [habitat] country ;
[paysage] countryside ▸ **à la campagne** in the
country **2.** MIL campaign **3.** [publicité & POL]
campaign ▸ **faire campagne** to campaign
▸ **campagne d'affichage** poster campaign
▸ **campagne électorale** election campaign
▸ **campagne de presse** press campaign ▸ **campagne publicitaire** *ou* **de publicité** advertising
campaign ▸ **campagne de vente** sales campaign.

campement [kɑ̃pmɑ̃] nm camp, encampment.

camper [3] [kɑ̃pe] ◆ vi to camp. ◆ vt
1. [poser solidement] to place firmly **2.** *fig* [esquisser] to portray.

campeur, euse [kɑ̃pœʀ, øz] nm, f camper.

camphre [kɑ̃fʀ] nm camphor.

camping [kɑ̃piŋ] nm **1.** [activité] camping
▸ **faire du camping** to go camping **2.** [terrain]
campsite.

camping-car [kɑ̃piŋkaʀ] (*pl* **camping-cars**)
nm camper, camper-van **UK**, Dormobile® **UK**.

campus [kɑ̃pys] nm campus.

Canada [kanada] nm : **le Canada** Canada.

canadien, enne [kanadjɛ̃, ɛn] adj Canadian.
◆ **canadienne** nf [veste] sheepskin jacket.
◆ **Canadien, enne** nm, f Canadian.

canaille [kanaj] ◆ adj **1.** [coquin] roguish
2. [vulgaire] crude. ◆ nf **1.** [scélérat] scoundrel **2.** *hum* [coquin] little devil.

canal, aux [kanal, o] nm **1.** [gén] channel
▸ **par le canal de qqn** *fig* [par l'entremise de]

through sb **2.** [voie d'eau] canal **3.** ANAT canal, duct. ◆ **Canal** nm ▸ **Canal+** *French pay-TV channel.*

canalisation [kanalizasjɔ̃] nf [conduit] pipe.

canaliser [3] [kanalize] vt **1.** [cours d'eau] to canalize **2.** *fig* [orienter] to channel.

canapé [kanape] nm [siège] sofa.

canapé-lit [kanapeli] nm sofa bed.

canard [kanaʀ] nm **1.** [oiseau] duck **2.** [fausse note] wrong note **3.** *fam* [journal] rag.

canari [kanaʀi] nm canary.

cancan [kɑ̃kɑ̃] nm **1.** *fam* [ragot] piece of gossip **2.** [danse] cancan.

cancer [kɑ̃sɛʀ] nm MÉD cancer. ◆ **Cancer** nm ASTROL Cancer.

cancéreux, euse [kɑ̃seʀø, øz] ◆ adj **1.** [personne] suffering from cancer **2.** [tumeur] cancerous. ◆ nm, f [personne] cancer sufferer.

cancérigène [kɑ̃seʀiʒɛn] adj carcinogenic.

cancre [kɑ̃kʀ] nm *fam* dunce.

cancrelat [kɑ̃kʀəla] nm cockroach.

candélabre [kɑ̃delabʀ] nm candelabra.

candeur [kɑ̃dœʀ] nf ingenuousness.

candi [kɑ̃di] adj ▸ **sucre candi** candy.

candidat, e [kɑ̃dida, at] nm, f ▸ **candidat (à)** candidate (for).

candidature [kɑ̃didatyʀ] nf **1.** [à un poste] application ▸ **poser sa candidature pour qqch** to apply for sthg **2.** [à une élection] candidacy, candidature **UK**.

candide [kɑ̃did] adj ingenuous.

cane [kan] nf (female) duck.

caneton [kantɔ̃] nm (male) duckling.

canette¹ [kanɛt] nf **1.** [de fil] spool **2.** [de boisson - bouteille] bottle ; [- boîte] can.

canette² [kanɛt] nf [petite cane] (female) duckling.

canevas [kanva] nm COUT canvas.

caniche [kaniʃ] nm poodle.

canicule [kanikyl] nf heatwave.

canif [kanif] nm penknife.

canin, e [kanɛ̃, in] adj canine ▸ **exposition canine** dog show.

canine nf canine (tooth).

caniveau, x [kanivo] nm gutter.

cannabis [kanabis] nm cannabis.

canne [kan] nf **1.** [bâton] walking stick ▸ **canne à pêche** fishing rod **2.** *fam* [jambe] pin. ◆ **canne à sucre** nf sugar cane.

cannelle [kanɛl] nf [aromate] cinnamon.

cannelure [kanlyʀ] nf [de colonne] flute.

cannibale [kanibal] nmf & adj cannibal.

canoë [kanoe] nm canoe.

canoë-kayak [kanoekajak] nm kayak.

canon [kanɔ̃] nm **1.** [arme] gun ; HIST cannon **2.** [tube d'arme] barrel **3.** MUS ▸ **chanter en canon** to sing in canon **4.** [norme & RELIG] canon.

cañon [kaɲɔ̃] = **canyon**.

canoniser [3] [kanɔnize] vt to canonize.

canopée [kanɔpe] nf [écologie] canopy.

canot [kano] nm dinghy ▸ **canot pneumatique** inflatable dinghy ▸ **canot de sauvetage** lifeboat.

cantatrice [kɑ̃tatʀis] nf [d'opéra] (opera) singer ; [de concert] (concert) singer.

cantine [kɑ̃tin] nf **1.** [réfectoire] cafeteria, canteen **UK 2.** [malle] trunk.

cantique [kɑ̃tik] nm hymn ▸ **cantique de Noël** Christmas carol.

canton [kɑ̃tɔ̃] nm **1.** [en France] ≃ district **2.** [en Suisse] canton.

cantonade [kɑ̃tɔnad] ◆ **à la cantonade** loc adv ▸ **parler à la cantonade** to speak to everyone (in general).

cantonais, e [kɑ̃tɔnɛ, ɛz] adj Cantonese ▸ **riz cantonais** egg fried rice. ◆ **cantonais** nm [langue] Cantonese.

cantonner [3] [kɑ̃tɔne] vt **1.** MIL to quarter, to billet **2.** [maintenir] to confine ▸ **cantonner qqn à** ou **dans** to confine sb to.

cantonnier [kɑ̃tɔnje] nm roadman.

canular [kanylaʀ] nm *fam* hoax.

canyon, cañon [kanjɔn ou kanjɔ̃] nm canyon.

canyoning [kanjɔniŋ], **canyonisme** [kanjɔnism] nm canyoning.

caoutchouc [kautʃu] nm **1.** [substance] rubber **2.** [plante] rubber plant.

caoutchouteux, euse [kautʃutø, øz] adj rubbery.

cap [kap] nm **1.** GÉOGR cape / *le cap de Bonne-Espérance* the Cape of Good Hope / *le cap Horn* Cape Horn ▸ **passer le cap de qqch** *fig* to get through sthg ▸ **passer le cap de la quarantaine** *fig* to turn forty **2.** [direction] course ▸ **changer de cap** to change course ▸ **mettre**

le cap sur to head for. ◆ **Cap** nm : *Le Cap* Cape Town.

CAP (*abr de* **certificat d'aptitude professionnelle**) nm *vocational training certificate (taken at secondary school)*.

capable [kapabl] adj **1.** [apte] ▸ **capable (de qqch/de faire qqch)** capable (of sthg/of doing sthg) **2.** [à même] ▸ **capable de faire qqch** likely to do sthg.

capacité [kapasite] nf **1.** [de récipient] capacity **2.** [de personne] ability **3.** UNIV ▸ **capacité en droit** [diplôme] *qualifying certificate in law gained by examination after 2 years' study*.

cape [kap] nf [vêtement] cloak ▸ **rire sous cape** fig to laugh up one's sleeve.

CAPES, Capes [kapɛs] (*abr de* **certificat d'aptitude au professorat de l'enseignement du second degré**) nm *secondary school teaching certificate* ; ≃ PGCE 🇬🇧.

capharnaüm [kafarnaɔm] nm mess.

capillaire [kapilɛʀ] ◆ adj **1.** [lotion] hair (*avant n*) **2.** ANAT & BOT capillary. ◆ nm **1.** BOT maidenhair fern **2.** ANAT capillary.

capillarité [kapilaʀite] nf PHYS capillarity.

capitaine [kapitɛn] nm captain.

capitainerie [kapitɛnʀi] nf harbour 🇬🇧 ou harbor 🇺🇸 master's office.

capital, e, aux [kapital, o] adj **1.** [décision, événement] major **2.** DR capital. ◆ **capital** nm FIN capital ▸ **capital santé** fig reserves *pl* of health ▸ **capital social** authorized ou share capital. ◆ **capitale** nf [ville, lettre] capital. ◆ **capitaux** nmpl capital (*U*).

capitaliser [3] [kapitalize] ◆ vt FIN to capitalize ; fig to accumulate. ◆ vi to save. ◆ **capitaliser sur** v + prép to cash in on, to capitalize on.

capitalisme [kapitalism] nm capitalism.

capitaliste [kapitalist] nmf & adj capitalist.

capiteux, euse [kapitø, øz] adj [vin] intoxicating ; [parfum] heady.

capitonné, e [kapitɔne] adj padded.

capituler [3] [kapityle] vi to surrender ▸ **capituler devant qqn/qqch** to surrender to sb/sthg.

caporal, e, aux [kapɔʀal, o] nm, f **1.** MIL lance corporal **2.** [tabac] Caporal tobacco.

capot nm **1.** [de voiture] bonnet 🇬🇧, hood 🇺🇸 **2.** [de machine] (protective) cover.

capote [kapɔt] nf **1.** [de voiture] hood 🇬🇧, top 🇺🇸 **2.** fam [préservatif] condom ▸ **capote anglaise** vieilli condom, French letter 🇬🇧.

câpre [kapʀ] nf caper.

caprice [kapʀis] nm whim.

capricieux, euse [kapʀisjø, øz] ◆ adj [changeant] capricious ; [coléreux] temperamental. ◆ nm, f temperamental person.

capricorne [kapʀikɔʀn] nm ZOOL capricorn beetle. ◆ **Capricorne** nm ASTROL Capricorn.

capsule [kapsyl] nf **1.** [de bouteille] cap **2.** ASTRON, BOT & MÉD capsule.

capter [3] [kapte] vt **1.** [recevoir sur émetteur] to pick up **2.** [source, rivière] to harness **3.** fig [attention, confiance] to gain, to win.

captif, ive [kaptif, iv] ◆ adj captive. ◆ nm, f prisoner.

captivant, e [kaptivɑ̃, ɑ̃t] adj [livre, film] enthralling ; [personne] captivating.

captiver [3] [kaptive] vt to captivate.

captivité [kaptivite] nf captivity.

capture [kaptyʀ] nf **1.** [action] capture **2.** [prise] catch **3.** INFORM : **capture d'écran a)** [image] screenshot **b)** [action] screen capture.

capturer [3] [kaptyʀe] vt to catch, to capture.

capuche [kapyʃ] nf (detachable) hood.

capuchon [kapyʃɔ̃] nm **1.** [bonnet - d'imperméable] hood **2.** [bouchon] cap, top.

capucine [kapysin] nf [fleur] nasturtium.

caquelon [kaklɔ̃] nm fondue dish.

caqueter [27] [kakte] vi **1.** [poule] to cackle **2.** fam & péj [personne] to chatter.

car¹ [kaʀ] nm bus, coach 🇬🇧.

car² [kaʀ] conj because, for.

carabine [kaʀabin] nf rifle.

caraco [kaʀako] nm loose blouse.

caractère [kaʀaktɛʀ] nm [gén] character ▸ **avoir du caractère** to have character ▸ **avoir mauvais caractère** to be bad-tempered ▸ **en petits/gros caractères** in small/large print ▸ **caractères d'imprimerie** block capitals.

caractériel, elle [kaʀakteʀjɛl] adj [troubles] emotional ; [personne] emotionally disturbed.

caractérisé, e [kaʀakteʀize] adj [net] clear.

caractériser [3] [kaʀakteʀize] vt to be characteristic of. ◆ **se caractériser** vp ▸ **se caractériser par qqch** to be characterized by sthg.

caractéristique [kaʀakteʀistik] ◆ nf characteristic, feature. ◆ adj ▸ **caractéristique (de)** characteristic (of).

carafe [karaf] nf [pour vin, eau] carafe ; [pour alcool] decanter.

caraïbe [karaib] adj Caribbean. ◆ **Caraïbes** [karaib] nfpl : *les caraïbes* the Caribbean.

carambolage [karɑ̃bɔlaʒ] nm pileup.

caramel [karamɛl] nm **1.** CULIN caramel **2.** [bonbon - dur] caramel, toffee, taffy US ; [- mou] fudge.

carapace [karapas] nf shell ; *fig* protection, shield.

carapater [3] [karapate] ◆ **se carapater** vp *fam* to hop it, to skedaddle, to scarper UK.

carat [kara] nm carat, karat US ▸ **or à 9 carats** 9-carat gold.

caravane [karavan] nf [de camping, de désert] caravan.

caravaning [karavaniŋ] nm caravanning UK.

caravelle [karavɛl] nf NAUT caravel.

carbone [karbɔn] nm carbon.

carbonique [karbɔnik] adj ▸ **gaz carbonique** carbon dioxide ▸ **neige carbonique** dry ice.

carboniser [3] [karbɔnize] vt to burn to a cinder.

carburant [karbyrɑ̃] nm fuel.

carburateur [karbyratœr] nm carburettor UK, carburetor US.

carcan [karkɑ̃] nm HIST iron collar ; *fig* yoke.

carcasse [karkas] nf **1.** [d'animal] carcass **2.** [de bâtiment, navire] framework **3.** [de véhicule] shell.

carcéral, e, aux [karseral, o] adj prison *(avant n)*.

cardiaque [kardjak] adj cardiac ▸ **être cardiaque** to have a heart condition.

cardigan [kardigɑ̃] nm cardigan.

cardinal, e, aux [kardinal, o] adj cardinal. ◆ **cardinal** nm **1.** RELIG cardinal **2.** [nombre] cardinal number.

cardiologue [kardjɔlɔg] nmf heart specialist, cardiologist.

cardio-vasculaire [kardjɔvaskylɛr] (*pl* **cardio-vasculaires**) adj cardiovascular.

Carême [karɛm] nm ▸ **le Carême** Lent.

carence [karɑ̃s] nf [manque] ▸ **carence (en)** deficiency (in).

carène [karɛn] nf NAUT hull.

caressant, e [karɛsɑ̃, ɑ̃t] adj affectionate.

caresse [karɛs] nf caress.

caresser [4] [karese] vt **1.** [personne] to caress ; [animal, objet] to stroke **2.** *fig* [espoir] to cherish.

cargaison [kargɛzɔ̃] nf [transports] cargo.

cargo [kargo] nm **1.** [navire] freighter **2.** [avion] cargo plane.

caricature [karikatyr] nf [gén] caricature.

carie [kari] nf MÉD caries *(U)*.

carillon [karijɔ̃] nm **1.** [cloches] bells *pl* **2.** [d'horloge, de porte] chime.

carlingue [karlɛ̃g] nf **1.** [d'avion] cabin **2.** [de navire] keelson.

carmin [karmɛ̃] adj inv crimson.

carnage [karnaʒ] nm slaughter, carnage.

carnaval [karnaval] nm carnival.

carnet [karnɛ] nm **1.** [petit cahier] notebook ▸ **carnet d'adresses** address book ▸ **carnet de notes** SCOL report card US **2.** [bloc de feuilles] book ▸ **carnet de chèques** chequebook UK, checkbook US ▸ **carnet de tickets** book of tickets ▸ **carnet de timbres** book of stamps.

carnivore [karnivɔr] ❖ adj carnivorous. ❖ nm carnivore.

carotide [karɔtid] ❖ adj ANAT carotid. ❖ nf ANAT carotid artery.

carotte [karɔt] nf carrot.

carpe [karp] nf carp.

carpette [karpɛt] nf **1.** [petit tapis] rug **2.** *fam & péj* [personne] doormat.

carquois [karkwa] nm quiver.

carré, e [kare] adj [gén] square / *20 mètres carrés* 20 square metres. ◆ **carré** nm **1.** [quadrilatère] square ▸ **élever un nombre au carré** MATH to square a number **2.** [jeux de cartes] ▸ **un carré d'as** four aces **3.** [petit terrain] patch, plot.

carreau, x [karo] nm **1.** [carrelage] tile **2.** [vitre] window pane **3.** [motif carré] check ▸ **à carreaux a)** [tissu] checked **b)** [papier] squared **4.** [cartes à jouer] diamond.

carrefour [karfur] nm [de routes, de la vie] crossroads *sg*.

carrelage [karlaʒ] nm [surface] tiles *pl*.

carrément [karemɑ̃] adv **1.** [franchement] bluntly **2.** [complètement] completely, quite **3.** [sans hésiter] straight.

carrière [karjɛr] nf **1.** [profession] career ▸ **faire carrière dans qqch** to make a career (for o.s.) in sthg **2.** [gisement] quarry.

carriériste [karjerist] nmf *péj* careerist.

carriole [kaʀjɔl] nf **1.** [petite charrette] cart **2.** Québec [traîneau] sleigh.

carrossable [kaʀɔsabl] adj suitable for vehicles.

carrosse [kaʀɔs] nm (horse-drawn) coach.

carrosserie [kaʀɔsʀi] nf [de voiture] bodywork, body.

carrossier [kaʀɔsje] nm coachbuilder UK.

carrousel [kaʀuzɛl] nm [équitation] carousel.

carrure [kaʀyʀ] nf [de personne] build ; fig stature.

cartable [kaʀtabl] nm **1.** [sac] schoolbag **2.** Québec [reliure] ring binder.

carte [kaʀt] nf **1.** [gén] card ▸ **carte d'abonnement** season ticket ▸ **carte d'anniversaire** birthday card ▸ **carte d'électeur** polling card UK, voter registration card US ▸ **carte d'étudiant** student card ▸ **carte à gratter** scratchcard ▸ **carte grise** ≃ logbook UK; ≃ car registration papers US ▸ **carte d'identité** identity card ▸ **carte postale** postcard ▸ **carte à puce** smart card ▸ **carte de séjour** residence permit ▸ **Carte Senior** card entitling senior citizens to reduced rates in cinemas, on public transport, etc. ▸ **carte de vœux** New Year greetings card ▸ **carte de visite** visiting card UK, calling card US ▸ **donner carte blanche à qqn** fig to give sb a free hand **2.** BANQUE & COMM ▸ **carte bancaire** bank card, cash card UK ▸ **carte de crédit** credit card **3.** INFORM & TÉLÉCOM card ▸ **carte graphique** graphics card ▸ **carte à mémoire** memory card ▸ **carte son** soundcard ▸ **carte téléphonique** phonecard **4.** [de jeu] ▸ **carte (à jouer)** (playing) card **5.** GÉOGR map ▸ **carte d'état-major** ≃ Ordnance Survey map UK; ≃ US Geological Survey map US ▸ **carte routière** road map **6.** [au restaurant] menu ▸ **à la carte a)** [menu] à la carte **b)** [horaires] flexible ▸ **carte des vins** wine list.

cartel [kaʀtɛl] nm **1.** ÉCON cartel **2.** POL coalition.

Carterie® [kaʀtʀi] nf card shop.

cartilage [kaʀtilaʒ] nm cartilage.

cartomancien, enne [kaʀtɔmɑ̃sjɛ̃, ɛn] nm, f fortune-teller (using cards).

carton [kaʀtɔ̃] nm **1.** [matière] cardboard **2.** [emballage] cardboard box ▸ **carton à dessin** portfolio **3.** FOOT ▸ **carton jaune** yellow card ▸ **carton rouge** red card.

cartonné, e [kaʀtɔne] adj [livre] hardback.

carton-pâte [kaʀtɔ̃pat] nm pasteboard.

cartouche [kaʀtuʃ] nf **1.** [gén & INFORM] cartridge **2.** [de cigarettes] carton.

cas [ka] nm case ▸ **au cas où** in case / **au cas où il ne viendrait pas** in case he doesn't come ▸ **dans ou en ce cas** in that case / **dans certains cas ou en certains cas** in some ou certain cases ▸ **en aucun cas** under no circumstances ▸ **en tout cas** in any case, anyway ▸ **en cas de** in case of ▸ **en cas de besoin** if need be ▸ **en cas d'urgence** in an emergency ▸ **ce n'est pas le cas** that's not the case ▸ **cas de conscience** matter of conscience ▸ **cas de figure** case, instance / **envisageons ce cas de figure** let us consider that possibility ▸ **cas social** person with social problems.

casanier, ère [kazanje, ɛʀ] adj & nm, f stay-at-home.

casaque [kazak] nf **1.** [veste] overblouse **2.** [équitation] blouse.

cascade [kaskad] nf **1.** [chute d'eau] waterfall ; fig stream, torrent **2.** CINÉ stunt.

cascadeur, euse [kaskadœʀ, øz] nm, f CINÉ stuntman (stuntwoman).

case [kaz] nf **1.** [habitation] hut **2.** [de boîte, tiroir] compartment ; [d'échiquier] square ; [sur un formulaire] box.

caser [3] [kaze] vt **1.** fam [trouver un emploi pour] to get a job for **2.** fam [marier] to marry off **3.** [placer] to put. ◆ **se caser** vp fam **1.** [trouver un emploi] to get (o.s.) a job **2.** [se marier] to get hitched.

caserne [kazɛʀn] nf barracks sg.

cash [kaʃ] nm cash ▸ **payer cash** to pay (in) cash.

casier [kazje] nm **1.** [compartiment] compartment ; [pour le courrier] pigeonhole ; [sport, école] locker **2.** [meuble - à bouteilles] rack ; [- à courrier] set of pigeonholes **3.** [à la pêche] lobster pot. ◆ **casier judiciaire** nm (police) record ▸ **casier judiciaire vierge** clean (police) record.

casino [kazino] nm casino.

casque [kask] nm **1.** [de protection] helmet **2.** [à écouteurs] headphones pl. ◆ **Casques bleus** nmpl ▸ **les Casques bleus** the UN peacekeeping force, the Blue Berets.

casquette [kaskɛt] nf cap.

cassant, e [kasɑ̃, ɑ̃t] adj **1.** [fragile - verre] fragile ; [- cheveux] brittle **2.** [dur] brusque.

cassation [kasasjɔ̃] ⟶ **cour.**

casse [kas] ◆ nf **1.** fam [violence] aggro UK **2.** fam [de voitures] scrapyard. ◆ nm fam [cambriolage] break-in.

casse-cou [kasku] nmf inv [personne] dare-devil.

casse-croûte [kaskʀut] nm inv **1.** [collation légère] snack **2.** QUÉBEC [snack-bar] snack-bar.

casse-noisettes [kasnwazɛt], **casse-noix** [kasnwa] nm inv nutcracker.

casse-pieds [kaspje] fam ❖ adj inv annoying. ❖ nmf pain (in the neck).

casser [3] [kase] ❖ vt **1.** [briser] to break **2.** DR to quash **3.** COMM ▸ casser les prix to slash prices. ❖ vi to break. ◆ se casser vp **1.** [se briser] to break **2.** [membre] ▸ se casser un bras to break one's arm **3.** EXPR ▸ se casser la figure fam ou gueule tfam a) [personne] to take a tumble, to come a cropper UK b) [livre, carafe] to crash to the ground c) [projet] to bite the dust, to take a dive.

casserole [kasʀɔl] nf [ustensile] saucepan.

casse-tête [kastɛt] nm inv **1.** fig [problème] headache **2.** QUÉBEC [jeu] puzzle.

cassette [kasɛt] nf **1.** [coffret] casket **2.** [de musique, vidéo] cassette.

casseur, euse [kasœʀ, øz] nm, f **1.** [manifestant] rioting demonstrator **2.** [cambrioleur] burglar.

cassis [kasis] nm **1.** [fruit] blackcurrant ; [arbuste] blackcurrant bush ; [liqueur] blackcurrant liqueur **2.** [sur la route] dip.

cassonade [kasɔnad] nf brown sugar.

cassoulet [kasulɛ] nm stew of haricot beans and meat.

cassure [kasyʀ] nf break.

caste [kast] nf caste.

casting [kastiŋ] nm [acteurs] cast ; [sélection] casting / aller à un casting to go to an audition.

castor [kastɔʀ] nm beaver.

castrer [3] [kastʀe] vt to castrate ; [chat] to neuter ; [chatte] to spay.

cataclysme [kataklism] nm cataclysm.

catacombes [katakɔ̃b] nfpl catacombs.

catadioptre [katadjɔptʀ], **Cataphote®** [katafɔt] nm **1.** [sur la route] Cats-eye® UK, highway reflector US **2.** [de véhicule] reflector.

catalogue [katalɔg] nm catalogue, catalog US.

cataloguer [3] [katalɔge] vt **1.** [classer] to catalogue, to catalog US **2.** péj [juger] to label.

catalyseur [katalizœʀ] nm pr & fig catalyst.

catalytique [katalitik] → pot.

catamaran [katamaʀɑ̃] nm [voilier] catamaran.

Cataphote® = catadioptre.

catapulter [3] [katapylte] vt to catapult.

cataracte [kataʀakt] nf cataract.

catastrophe [katastʀɔf] nf disaster, catastrophe ▸ catastrophe naturelle a) natural disaster b) [assurances] act of God.

catastrophé, e [katastʀɔfe] adj shocked, upset.

catastrophique [katastʀɔfik] adj disastrous, catastrophic.

catch [katʃ] nm wrestling.

catéchisme [kateʃism] nm catechism.

catégorie [kategɔʀi] nf **1.** [gén] category **2.** [de personnel] grade **3.** [de viande, fruits] quality **4.** ÉCON : catégorie socio-professionnelle socioprofessional group.

catégorique [kategɔʀik] adj categorical.

cathédrale [katedʀal] nf cathedral.

cathodique [katɔdik] → tube.

catholicisme [katɔlisism] nm Catholicism.

catholique [katɔlik] adj Catholic.

catimini [katimini] ◆ en catimini loc adv secretly.

catogan [katɔgɑ̃] nm ponytail ; [ruban] ribbon (securing hair at the back of the neck).

cauchemar [koʃmaʀ] nm pr & fig nightmare.

cauchemardesque [koʃmaʀdɛsk] adj nightmarish.

cause [koz] nf **1.** [gén] cause ▸ à cause de because of ▸ pour cause de on account of, because of **2.** DR case **3.** EXPR ▸ être en cause a) [intérêts] to be at stake b) [honnêteté] to be in doubt ou en question ▸ remettre en cause to challenge, to question.

causer [3] [koze] ❖ vt ▸ causer qqch à qqn to cause sb sthg. ❖ vi [bavarder] ▸ causer (de) to chat (about).

causerie [kozʀi] nf talk.

caustique [kostik] adj & nm caustic.

cautériser [3] [koteʀize] vt to cauterize.

caution [kosjɔ̃] nf **1.** [somme d'argent] guarantee **2.** [personne] guarantor ▸ se porter caution pour qqn to act as guarantor for sb.

cautionner [3] [kosjɔne] vt **1.** [se porter garant de] to guarantee **2.** fig [appuyer] to support, to back.

cavalcade [kavalkad] nf **1.** [de cavaliers] cavalcade **2.** [d'enfants] stampede.

cavalerie [kavalri] nf MIL cavalry.

cavalier, ère [kavalje, εʀ] nm, f **1.** [à cheval] rider **2.** [partenaire] partner. ◆ **cavalier** nm [aux échecs] knight.

cavalièrement [kavaljεʀmɑ̃] adv in an offhand manner.

cave [kav] ◆ nf **1.** [sous-sol] cellar **2.** [de vins] (wine) cellar. ◆ adj [joues] hollow ; [yeux] sunken.

caveau, x [kavo] nm **1.** [petite cave] small cellar **2.** [sépulture] vault.

caverne [kavεʀn] nf cave.

caviar [kavjaʀ] nm caviar.

caviste [kavist] nm cellarman.

cavité [kavite] nf cavity.

CB [sibi] (*abr de* citizen band, canaux banalisés) nf CB.

Cb1 SMS *abr écrite de* c'est bien.

cc (*abr écrite de* charges comprises) inclusive.

CCP (*abr de* compte chèques postal, compte courant postal) nm *post office account* ; ≃ giro account UK ; ≃ Post Office checking account US.

CD nm (*abr de* compact disc) CD.

CDD (*abr écrite de* contrat à durée déterminée) nm fixed-term contract.

CDI nm **1.** (*abr de* centre de documentation et d'information) school library **2.** (*abr de* contrat à durée indéterminée) permanent contract.

ce, cette [sə, sεt] (*pl* ces [se]) (*le masculin* ce *devient* cet [sεt] *devant une voyelle ou un 'h' muet*) ◆ adj dém [proche] this, these *pl* ; [éloigné] that, those *pl* / ce mois, ce mois-ci this month / cette année, cette année-là that year / ces jours-ci these days. ◆ pron dém inv (c' *devant le verbe être* 3ᵉ *personne singulier*) ▸ c'est it is, it's ▸ ce sont they are, they're / c'est mon bureau this is my office, it's my office / ce sont mes enfants these are my children, they're my children / c'est à Paris it's in Paris / qui est-ce ? who is it? ▸ ce qui, ce que what / ils ont eu ce qu'ils méritaient they got what they deserved / …, ce qui est étonnant …, which is surprising / vous savez bien ce à quoi je pense you know exactly what I'm thinking about / faites donc ce pour quoi on vous paie do what you're paid to do.

CE ◆ nm **1.** *abr de* comité d'entreprise **2.** (*abr de* cours élémentaire) ▸ **CE1** second year of primary school ▸ **CE2** third year of primary school. ◆ nf (*abr de* **Communauté européenne**) EC.

ceci [səsi] pron dém inv this.

cécité [sesite] nf blindness.

céder [18] [sede] ◆ vt **1.** [donner] to give up ▸ 'cédez le passage' 'give way' UK, yield US / céder le passage à qqn to let sb through, to make way for sb **2.** [revendre] to sell. ◆ vi **1.** [personne] ▸ céder (à) to give in (to), to yield (to) **2.** [chaise, plancher] to give way.

cédérom [sedeʀɔm] nm INFORM CD-ROM.

CEDEX, Cedex [sedεks] (*abr de* **courrier d'entreprise à distribution exceptionnelle**) nm *accelerated postal service for bulk users*.

cédille [sedij] nf cedilla.

cèdre [sεdʀ] nm **1.** [arbre] cedar **2.** QUÉBEC [thuya] white cedar.

CEI (*abr de* **Communauté des États indépendants**) nf CIS.

ceinture [sɛ̃tyʀ] nf **1.** [gén] belt ▸ ceinture de sécurité seat ou safety belt **2.** ANAT waist.

ceinturon [sɛ̃tyʀɔ̃] nm belt.

cela [səla] pron dém inv that ▸ cela ne vous regarde pas it's ou that's none of your business ▸ il y a des années de cela that was many years ago ▸ c'est cela that's right ▸ cela dit… having said that… ▸ malgré cela in spite of that, nevertheless.

célèbre [selεbʀ] adj famous.

célébrer [18] [selebʀe] vt **1.** [gén] to celebrate **2.** [faire la louange de] to praise.

célébrité [selebʀite] nf **1.** [renommée] fame **2.** [personne] celebrity.

céleri [sεlʀi] nm celery.

céleste [selεst] adj heavenly.

célibat [seliba] nm celibacy.

célibataire [selibatεʀ] ◆ adj single, unmarried ▸ père ou mère célibataire single parent. ◆ nmf single person, single man (woman).

celle → celui.

celle-ci → celui-ci.

celle-là → celui-là.

celles → celui.

celles-ci → celui-ci.

celles-là → celui-là.

cellier [selje] nm storeroom.

Cellophane® [selɔfan] nf Cellophane®.

cellulaire [selylɛʀ] adj **1.** BIOL & TÉLÉCOM cellular **2.** [destiné aux prisonniers] ▶ **régime cellulaire** solitary confinement ▶ **voiture cellulaire** prison van.

cellule [selyl] nf **1.** [gén & INFORM] cell **2.** [groupe] unit.

cellulite [selylit] nf cellulite.

celte [sɛlt] adj Celtic. ◆ **Celte** nmf Celt.

celui, celle [səlɥi, sɛl] (*mpl* **ceux** [sø], *fpl* **celles** [sɛl]) pron dém **1.** [suivi d'un complément prépositionnel] the one / **celle de devant** the one in front / **ceux d'entre vous qui…** those of you who… **2.** [suivi d'un pronom relatif] ▶ **celui qui a)** [personne] the one who **b)** [objet] the one which ou that / **c'est celle qui te va le mieux** that's the one which ou that suits you best / **celui que vous voyez** the one (which ou that) you can see, the one (whom) you can see / **ceux que je connais** those I know.

celui-ci, celle-ci [səlɥisi, sɛlsi] (*mpl* **ceux-ci** [søsi], *fpl* **celles-ci** [sɛlsi]) pron dém this one, these ones *pl*.

celui-là; celle-là [səlɥila, sɛlla] (*mpl* **ceux-là** [søla], *fpl* **celles-là** [sɛlla]) pron dém that one, those ones *pl* ▶ **celui-là… celui-ci** the former… the latter.

cendre [sɑ̃dʀ] nf ash.

cendré, e [sɑ̃dʀe] adj [chevelure] ▶ **blond cendré** ash blond.

cendrier [sɑ̃dʀije] nm **1.** [de fumeur] ashtray **2.** [de poêle] ashpan.

cène [sɛn] nf (Holy) Communion. ◆ **Cène** nf ▶ **la Cène** the Last Supper.

censé, e [sɑ̃se] adj ▶ **être censé faire qqch** to be supposed to do sthg.

censeur [sɑ̃sœʀ] nm **1.** SCOL ≃ deputy head **UK**; ≃ vice-principal **US 2.** CINÉ & PRESSE censor.

censure [sɑ̃syʀ] nf **1.** [presse [& CINÉ - contrôle] censorship ; [- censeurs] censors *pl* **2.** POL censure **3.** PSYCHO censor.

censurer [3] [sɑ̃syʀe] vt **1.** CINÉ, PRESSE & PSYCHO to censor **2.** [juger] to censure.

cent [sɑ̃] ◆ adj num inv one hundred, a hundred. ◆ nm **1.** [nombre] a hundred **2.** [mesure de proportion] ▶ **pour cent** percent. *Voir aussi* **six.**

centaine [sɑ̃tɛn] nf **1.** [cent unités] hundred **2.** [un grand nombre] ▶ **une centaine de** about a hundred ▶ **des centaines (de)** hundreds (of) ▶ **plusieurs centaines de** several hundred ▶ **par centaines** in hundreds.

centenaire [sɑ̃tnɛʀ] ◆ adj hundred-year-old (*avant n*) ▶ **être centenaire** to be a hundred years old. ◆ nmf centenarian. ◆ nm [anniversaire] centenary **UK**, centennial **US**.

centiare [sɑ̃tjaʀ] nm square metre **UK** ou meter **US**.

centième [sɑ̃tjɛm] adj num inv, nm & nmf hundredth. *Voir aussi* **sixième.**

centigrade [sɑ̃tigʀad] —→ **degré.**

centilitre [sɑ̃tilitʀ] nm centilitre **UK**, centiliter **US**.

centime [sɑ̃tim] nm cent.

centimètre [sɑ̃timɛtʀ] nm **1.** [mesure] centimetre **UK**, centimeter **US 2.** [ruban, règle] tape measure.

central, e, aux [sɑ̃tʀal, o] adj central. ◆ **central** nm [de réseau] ▶ **central téléphonique** telephone exchange. ◆ **centrale** nf **1.** [usine] power plant ou station **UK** ▶ **centrale hydroélectrique** hydroelectric power plant ou station **UK** ▶ **centrale nucléaire** nuclear power plant ou station **UK 2.** ÉCON ▶ **centrale d'achat a)** COMM buying group **b)** [dans une entreprise] central purchasing department.

centraliser [3] [sɑ̃tʀalize] vt to centralize.

centre [sɑ̃tʀ] nm [gén] centre **UK**, center **US** ▶ **centre aéré** outdoor centre **UK** ou center **US** ▶ **centre antipoison** poison centre **UK** ou center **US** ▶ **centre d'appels** call centre **UK** ou center **US** ▶ **centre commercial** shopping centre **UK** ou mall **US** ▶ **centre culturel** arts centre **UK** ou center **US** ▶ **centre de gravité** centre **UK** ou center **US** of gravity ▶ **centre nerveux** nerve centre **UK** ou center **US**.

centrer [3] [sɑ̃tʀe] vt to centre **UK**, to center **US**.

centre-ville [sɑ̃tʀəvil] nm city centre **UK** ou center **US**, town centre **UK** ou downtown **US**.

centrifuge [sɑ̃tʀifyʒ] —→ **force.**

centrifugeuse [sɑ̃tʀifyʒøz] nf **1.** TECHNOL centrifuge **2.** CULIN juice extractor.

centuple [sɑ̃typl] nm ▶ **être le centuple de qqch** to be a hundred times sthg ▶ **au centuple** a hundredfold.

cep [sɛp] nm stock.

cépage [sepaʒ] nm (type of) vine.

cèpe [sɛp] nm cep.

cependant [səpɑ̃dɑ̃] conj however, yet.

céramique [seʀamik] nf [matière, objet] ceramic.

cerceau, x [sɛʀso] nm hoop.

cercle [sɛʀkl] nm circle ▸ **cercle vicieux** vicious circle.

cerclé, e [sɛʀkle] adj ringed ▸ **des lunettes cerclées d'écaille** horn-rimmed glasses.

cercueil [sɛʀkœj] nm coffin.

céréale [seʀeal] nf cereal.

cérébral, e, aux [seʀebʀal, o] ❖ adj **1.** [du cerveau] cerebral **2.** [personne, activité] intellectual. ❖ nm, f intellectual.

cérémonial, als [seʀemɔnjal] nm ceremonial.

cérémonie [seʀemɔni] nf ceremony.

cérémonieux, euse [seʀemɔnjø, øz] adj ceremonious.

cerf [sɛʀ] nm stag.

cerfeuil [sɛʀfœj] nm chervil.

cerf-volant [sɛʀvɔlɑ̃] nm [jouet] kite.

cerise [sɔʀiz] ❖ nf cherry. ❖ adj inv cherry.

cerisier [sɔʀizje] nm [arbre] cherry (tree); [bois] cherry (wood).

cerne [sɛʀn] nm ring.

cerné [sɛʀne] —→ œil.

cerner [3] [sɛʀne] vt **1.** [encercler] to surround **2.** fig [sujet] to define.

certain, e [sɛʀtɛ̃, ɛn] ❖ adj certain ▸ **être certain de qqch** to be certain ou sure of sthg ▸ **être certain que** to be certain ou sure (that). ❖ adj indéf (avant n) certain / **un certain John a téléphoné** someone called John phoned / **avoir un certain âge** to be getting on / **il a un certain talent** he has some talent ou a certain talent ▸ **à un certain moment** at some point ▸ **certains jours** some days ▸ **un certain temps** for a while. ◆ **certains, certaines** pron indéf pl some.

certainement [sɛʀtɛnmɑ̃] adv [probablement] most probably, most likely ; [bien sûr] certainly.

certes [sɛʀt] adv of course.

certificat [sɛʀtifika] nm [attestation, diplôme] certificate ▸ **certificat médical** medical certificate.

certifié, e [sɛʀtifje] ❖ adj holding the CAPES. ❖ nm, f CAPES holder.

certifier [9] [sɛʀtifje] vt **1.** [assurer] ▸ **certifier qqch à qqn** to assure sb of sthg **2.** [authentifier] to certify.

certitude [sɛʀtityd] nf certainty, certitude.

cerveau [sɛʀvo] nm brain.

cervelas [sɛʀvəla] nm saveloy.

cervelle [sɛʀvɛl] nf **1.** ANAT brain **2.** [facultés mentales, aliment] brains pl.

cervical, e, aux [sɛʀvikal, o] adj cervical.

ces [sɛ] —→ ce.

césarienne [sezaʀjɛn] nf caesarean 🇬🇧 ou cesarean 🇺🇸 (section).

cessation [sɛsasjɔ̃] nf suspension.

cesse [sɛs] nf ▸ **n'avoir de cesse que** (+ subjonctif) sout not to rest until. ◆ **sans cesse** loc adv continually, constantly.

cesser [4] [sese] ❖ vi to stop, to cease. ❖ vt to stop ▸ **cesser de faire qqch** to stop doing sthg.

cessez-le-feu [seselfø] nm inv cease-fire.

cession [sɛsjɔ̃] nf transfer.

c'est-à-dire [setadiʀ] conj **1.** [en d'autres termes] ▸ **c'est-à-dire (que)** that is (to say) **2.** [introduit une restriction, précision, réponse] ▸ **c'est-à-dire que...** well..., actually....

cet —→ ce.

cétacé [setase] nm cetacean.

cette —→ ce.

ceux —→ celui.

ceux-ci —→ celui-ci.

ceux-là —→ celui-là.

cf. (abr écrite de confer) cf.

CFC (abr de chlorofluorocarbure) nm CFC.

ch. 1. abr écrite de charges **2.** abr écrite de chauffage **3.** abr écrite de cherche.

chacal, als [ʃakal] nm ZOOL jackal.

chacun, e [ʃakœ̃, yn] pron indéf each (one); [tout le monde] everyone, everybody ▸ **chacun de nous / de vous / d'eux** each of us / you / them ▸ **tout un chacun** every one of us / them.

chagrin, e [ʃagʀɛ̃, in] adj [personne] grieving; [caractère, humeur] morose. ◆ **chagrin** nm grief ▸ **avoir du chagrin** to grieve.

chagriner [3] [ʃagʀine] vt **1.** [peiner] to grieve, to distress **2.** [contrarier] to upset.

chah = shah.

chahut [ʃay] nm uproar.

chahuter [3] [ʃayte] ❖ vi to cause an uproar. ❖ vt **1.** [importuner - professeur] to rag, to tease ; [- orateur] to heckle **2.** [bousculer] to jostle.

chaîne [ʃɛn] nf **1.** [gén] chain ▸ **chaîne de montagnes** mountain range **2.** [dans l'industrie] ▸ **chaîne de fabrication / de montage**

production/assembly line ▸ **travail à la chaîne** production-line work ▸ **produire qqch à la chaîne** to mass-produce sthg **3.** TV channel / *une chaîne payante* a subscription TV channel ▸ **chaîne câblée** cable channel ▸ **chaîne cryptée** pay channel *(for which one needs a special decoding unit)* ▸ **chaîne à péage** ou **à la séance** pay-TV channel ▸ **chaîne de télévision** television channel, TV channel ▸ **chaîne thématique** specialized channel **4.** [appareil] stereo (system) ▸ **chaîne hi-fi** hi-fi system. ◆ **chaînes** nfpl *fig* chains, bonds.

chaînon [ʃɛnɔ̃] nm *pr* & *fig* link.

chair [ʃɛʀ] nf flesh ▸ **avoir la chair de poule** to have goose pimples ou gooseflesh, to have goosebumps US.

chaire [ʃɛʀ] nf **1.** [estrade - de prédicateur] pulpit ; [- de professeur] rostrum **2.** UNIV chair.

chaise [ʃɛz] nf chair ▸ **chaise longue a)** [d'extérieur] deckchair **b)** [d'intérieur] chaise longue.

chaland [ʃalɑ̃] nm [bateau] barge.

châle [ʃal] nm shawl.

chalet [ʃalɛ] nm **1.** [de montagne] chalet **2.** QUÉBEC [maison de campagne] (holiday) cottage UK, (vacation) cottage US.

chaleur [ʃalœʀ] nf heat ; [agréable] warmth.

chaleureux, euse [ʃalœʀø, øz] adj warm.

challenge [ʃalɑ̃ʒ] nm **1.** SPORT tournament **2.** *fig* [défi] challenge.

challenger [tʃalɛndʒœʀ] nm challenger.

chaloupe [ʃalup] nf rowing boat UK, rowboat US.

chalumeau [ʃalymo] nm TECHNOL blowtorch, blowlamp UK.

chalut [ʃaly] nm trawl / *pêcher au chalut* to trawl.

chalutier [ʃalytje] nm [bateau] trawler.

chamade [ʃamad] nf ▸ **battre la chamade** [cœur] to pound.

chamailler [3] [ʃamaje] ◆ **se chamailler** vp *fam* to squabble.

chambranle [ʃɑ̃bʀɑ̃l] nm [de porte, fenêtre] frame ; [de cheminée] mantelpiece.

chambre [ʃɑ̃bʀ] nf **1.** [où l'on dort] ▸ **chambre (à coucher)** bedroom ▸ **chambre à un lit, chambre pour une personne** single room ▸ **chambre pour deux personnes** double room ▸ **chambre à deux lits** twin-bedded room ▸ **chambre d'amis** spare room ▸ **chambre d'hôte** bed and breakfast **2.** [local] room ▸ **chambre forte** strongroom ▸ **chambre froide**

cold store ▸ **chambre noire** darkroom **3.** DR division ▸ **chambre d'accusation** court of criminal appeal **4.** POL chamber, house ▸ **Chambre des députés** ≃ House of Commons UK ; ≃ House of Representatives US **5.** TECHNOL chamber ▸ **chambre à air** [de pneu] inner tube.

chambrer [3] [ʃɑ̃bʀe] vt **1.** [vin] to bring to room temperature **2.** *fam* [se moquer] : *chambrer qqn* to pull sb's leg, to wind sb up UK.

chameau, x [ʃamo] nm [mammifère] camel.

chamois [ʃamwa] nm chamois ; [peau] chamois (leather).

champ [ʃɑ̃] nm **1.** [gén] field ▸ **champ de bataille** battlefield ▸ **champ de courses** racecourse **2.** [étendue] area **3.** INFORM field.

champagne [ʃɑ̃paɲ] nm champagne.

champêtre [ʃɑ̃pɛtʀ] adj rural.

champignon [ʃɑ̃piɲɔ̃] nm **1.** BOT & MÉD fungus **2.** [comestible] mushroom ▸ **champignon vénéneux** toadstool.

champion, onne [ʃɑ̃pjɔ̃, ɔn] ◆ nm, f champion. ◆ adj *fam* brilliant.

championnat [ʃɑ̃pjɔna] nm championship.

chance [ʃɑ̃s] nf **1.** [bonheur] luck (U) ▸ **avoir de la chance** to be lucky ▸ **ne pas avoir de chance** to be unlucky ▸ **bonne chance !** good luck! ▸ **porter chance** to bring good luck **2.** [probabilité, possibilité] chance, opportunity ▸ **avoir des chances de faire qqch** to have a chance of doing sthg.

chancelant, e [ʃɑ̃slɑ̃, ɑ̃t] adj **1.** [titubant, bancal] unsteady **2.** *fig* [mémoire, santé] shaky.

chanceler [24] [ʃɑ̃sle] vi [personne, gouvernement] to totter ; [meuble] to wobble.

chancelier [ʃɑ̃səlje] nm **1.** [premier ministre] chancellor **2.** [de consulat, d'ambassade] secretary.

chanceux, euse [ʃɑ̃sø, øz] adj lucky.

chancre [ʃɑ̃kʀ] nm **1.** MÉD chancre **2.** BOT canker.

chandail [ʃɑ̃daj] nm (thick) sweater.

Chandeleur [ʃɑ̃dlœʀ] nf Candlemas.

chandelier [ʃɑ̃dəlje] nm [pour une bougie] candlestick ; [à plusieurs branches] candelabra.

chandelle [ʃɑ̃dɛl] nf [bougie] candle.

change [ʃɑ̃ʒ] nm **1.** [troc & FIN] exchange **2.** [couche de bébé] disposable nappy UK ou diaper US.

changeant, e [ʃɑ̃ʒɑ̃, ɑ̃t] adj **1.** [temps, humeur] changeable **2.** [reflet] shimmering.

changement [ʃɑ̃ʒmɑ̃] nm change.

changer [17] [ʃɑ̃ʒe] ◆ vt **1.** [gén] to change ▸ **changer qqch contre** to change ou exchange sthg for / **changer qqch de place** to move sthg, to put sthg in a different place ▸ **changer qqn en** to change sb into **2.** [modifier] to change, to alter ▸ **ça me/te changera** that will be a (nice) change for me/you **3.** ÉCON ▸ **changer des euros en dollars** to change euros into dollars, to exchange euros for dollars. ◆ vi **1.** [gén] to change / **changer de direction** to change direction / **changer de place (avec qqn)** to change places (with sb) / **changer de train (à)** to change trains (at) ▸ **ça changera !** that'll make a change! ▸ **pour changer** for a change **2.** [modifier] to change, to alter / **changer de comportement** to alter one's behaviour UK ou behavior US.

chanoine [ʃanwan] nm canon.

chanson [ʃɑ̃sɔ̃] nf song ▸ **c'est toujours la même chanson** fig it's the same old story.

chansonnier, ère [ʃɑ̃sɔnje, ɛʀ] nm, f cabaret singer-songwriter.

chant [ʃɑ̃] nm **1.** [chanson] song, singing (U); [sacré] hymn **2.** [art] singing (U).

chantage [ʃɑ̃taʒ] nm pr & fig blackmail ▸ **faire du chantage** to use ou resort to blackmail ▸ **faire du chantage à qqn** to blackmail sb.

chanter [3] [ʃɑ̃te] ◆ vt **1.** [chanson] to sing **2.** litt [célébrer] to sing ou tell of. ◆ vi **1.** [gén] to sing **2.** EXPR faire chanter qqn to blackmail sb ▸ **si ça vous chante !** fam if you feel like ou fancy it! UK.

chanterelle [ʃɑ̃tʀɛl] nf [champignon] chanterelle.

chanteur, euse [ʃɑ̃tœʀ, øz] nm, f singer.

chantier [ʃɑ̃tje] nm **1.** CONSTR (building) site ; [sur la route] roadworks pl UK, roadwork (U) US ▸ **chantier naval** shipyard, dockyard **2.** fam & fig [désordre] shambles sg, mess.

Chantilly [ʃɑ̃tiji] nf ▸ **(crème) Chantilly** Chantilly cream.

chantonner [3] [ʃɑ̃tɔne] vt & vi to hum.

chanvre [ʃɑ̃vʀ] nm hemp.

chaos [kao] nm chaos.

chaotique [kaɔtik] adj chaotic.

chap. (abr écrite de **chapitre**) ch.

chaparder [3] [ʃapaʀde] vt fam to steal.

chapeau, x [ʃapo] nm **1.** [coiffure] hat **2.** PRESSE introductory paragraph.

chapeauter [3] [ʃapote] vt [service] to head ; [personnes] to supervise.

chapelet [ʃaplɛ] nm **1.** RELIG rosary **2.** fig [d'injures] string, torrent.

chapelle [ʃapɛl] nf [petite église] chapel ; [partie d'église] choir.

chapelure [ʃaplyʀ] nf (dried) breadcrumbs pl.

chapiteau [ʃapito] nm [de cirque] big top.

chapitre [ʃapitʀ] nm [de livre & RELIG] chapter.

chapon [ʃapɔ̃] nm [volaille] capon.

chaque [ʃak] adj indéf each, every / **chaque personne** each person, everyone / **j'ai payé ces livres 100 euros chaque** I paid 100 euros each for these books.

char [ʃaʀ] nm **1.** MIL ▸ **char (d'assaut)** tank **2.** [de carnaval] float **3.** QUÉBEC [voiture] car.

charabia [ʃaʀabja] nm gibberish.

charade [ʃaʀad] nf charade.

charbon [ʃaʀbɔ̃] nm [combustible] coal ▸ **charbon de bois** charcoal.

charcuter [3] [ʃaʀkyte] vt fam & péj to butcher.

charcuterie [ʃaʀkytʀi] nf **1.** [magasin] pork butcher's **2.** [produits] pork meat products.

charcutier, ère [ʃaʀkytje, ɛʀ] nm, f [commerçant] pork butcher.

chardon [ʃaʀdɔ̃] nm [plante] thistle.

chardonneret [ʃaʀdɔnʀe] nm goldfinch.

charge [ʃaʀʒ] nf **1.** [fardeau] load **2.** [fonction] office **3.** [responsabilité] responsibility ▸ **être à la charge de** [personne] to be dependent on / **les travaux sont à la charge du propriétaire** the owner is liable for the cost of the work ▸ **prendre qqch en charge a)** [payer] to pay (for) sthg **b)** [s'occuper de] to take charge of sthg ▸ **prendre qqn en charge** to take charge of sb **4.** ÉLECTR, DR & MIL charge **5.** DR charge, accusation. ◆ **charges** nfpl **1.** [d'appartement] service charge **2.** ÉCON expenses, costs ▸ **charges patronales** employer's contributions ▸ **charges sociales** ≃ employer's contributions.

chargé, e [ʃaʀʒe] ◆ adj **1.** [véhicule, personne] ▸ **chargé (de)** loaded (with) **2.** [responsable] ▸ **chargé (de)** responsible (for) **3.** [occupé] full, busy. ◆ nm, f ▸ **chargé d'affaires** chargé d'affaires ▸ **chargé de mission** head of mission.

chargement [ʃaʀʒəmɑ̃] nm **1.** [action] loading **2.** [marchandises] load.

charger [17] [ʃaʀʒe] vt **1.** [gén & INFORM] to load **2.** ÉLECTR, DR & MIL to charge **3.** [donner une mission à] ▸ **charger qqn de faire qqch** to put sb in charge of doing sthg. ◆ **se charger** vp ▸ **se charger de qqn/qqch** to take care of sb/sthg, to take charge of sb/sthg ▸ **se charger de faire qqch** to undertake to do sthg.

chargeur [ʃaʁʒœʁ] nm **1.** ÉLECTR charger **2.** [d'arme] magazine.

chariot [ʃaʁjo] nm **1.** [charrette] handcart **2.** [à bagages, dans un hôpital] trolley `UK`, cart `US`.

charismatique [kaʁismatik] adj charismatic.

charisme [kaʁism] nm charisma.

charitable [ʃaʁitabl] adj charitable ; [conseil] friendly.

charité [ʃaʁite] nf **1.** [aumône & RELIG] charity **2.** [bonté] kindness.

charlatan [ʃaʁlatɑ̃] nm péj charlatan.

charmant, e [ʃaʁmɑ̃, ɑ̃t] adj charming.

charme [ʃaʁm] nm **1.** [séduction] charm **2.** [enchantement] spell **3.** [arbre] ironwood, hornbeam.

charmer [3] [ʃaʁme] vt to charm ▸ **être charmé de faire qqch** to be delighted to do sthg.

charmeur, euse [ʃaʁmœʁ, øz] ◆ adj charming. ◆ nm, f charmer ∕ **charmeur de serpents** snake charmer.

charnel, elle [ʃaʁnɛl] adj carnal.

charnier [ʃaʁnje] nm mass grave.

charnière [ʃaʁnjɛʁ] ◆ nf hinge ; fig turning point. ◆ adj [période] transitional.

charnu, e [ʃaʁny] adj fleshy.

charognard [ʃaʁɔɲaʁ] nm pr & fig vulture.

charogne [ʃaʁɔɲ] nf [d'animal] carrion (U).

charpente [ʃaʁpɑ̃t] nf **1.** [de bâtiment, de roman] framework **2.** [ossature] frame.

charpentier [ʃaʁpɑ̃tje] nm carpenter.

charretier, ère [ʃaʁtje, ɛʁ] nm, f carter.

charrette [ʃaʁɛt] nf cart.

charrier [9] [ʃaʁje] ◆ vt **1.** [personne, fleuve] to carry **2.** fam [se moquer de] ▸ **charrier qqn** to take sb for a ride. ◆ vi fam [exagérer] to go too far.

charrue [ʃaʁy] nf plough `UK`, plow `US`.

charte [ʃaʁt] nf charter.

charter [ʃaʁtɛʁ] nm chartered plane.

chartreuse [ʃaʁtʁøz] nf **1.** RELIG Carthusian monastery **2.** [liqueur] Chartreuse.

chas [ʃa] nm eye (of needle).

chasse [ʃas] nf **1.** [action] hunting ▸ **chasse à courre** hunting (on horseback with hounds) **2.** [période] : la chasse est ouverte/fermée it's

the open/close season **3.** [domaine] ▸ **chasse gardée** a) private hunting ou shooting preserve b) fig preserve **4.** [poursuite] chase ▸ **faire la chasse à qqn/qqch** fig to hunt (for) sb/sthg, to hunt sb/sthg down ▸ **prendre qqn/qqch en chasse** to give chase to sb/sthg **5.** [des cabinets] ▸ **chasse (d'eau)** flush ▸ **tirer la chasse** to flush the toilet. ◆ **chasse au trésor** nf treasure hunt.

chassé-croisé [ʃasekʁwaze] nm toing and froing.

chasse-neige [ʃasnɛʒ] nm inv snowplough `UK`, snowplow `US`.

chasser [3] [ʃase] vt **1.** [animal] to hunt **2.** [faire partir - personne] to drive ou chase away ; [- odeur, souci] to dispel.

chasseur, euse [ʃasœʁ, øz] nm, f hunter. ◆ **chasseur** nm **1.** [d'hôtel] page, messenger, bellhop `US` **2.** MIL ▸ **chasseur alpin** soldier specially trained for operations in mountainous terrain **3.** [avion] fighter.

châssis [ʃasi] nm **1.** [de fenêtre, de porte, de machine] frame **2.** [de véhicule] chassis.

chaste [ʃast] adj chaste.

chasteté [ʃastəte] nf chastity.

chasuble [ʃazybl] nf chasuble.

chat¹, chatte [ʃa, ʃat] nm, f cat.

chat² [tʃat] nm INFORM chat.

châtaigne [ʃatɛɲ] nf **1.** [fruit] chestnut **2.** fam [coup] clout.

châtaignier [ʃatɛɲe] nm [arbre] chestnut (tree) ; [bois] chestnut.

châtain [ʃatɛ̃] adj & nm chestnut, chestnut-brown.

château, x [ʃato] nm **1.** [forteresse] ▸ **château (fort)** castle **2.** [résidence - seigneuriale] mansion ; [- de monarque, d'évêque] palace ▸ **château gonflable** [jeu de plage, attraction] bouncy castle `UK` ▸ **château de sable** sandcastle ▸ **les châteaux de la Loire** the Châteaux of the Loire **3.** [réservoir] ▸ **château d'eau** water tower.

châtelain, e [ʃatlɛ̃, ɛn] nm, f lord (lady) of the manor.

chatière [ʃatjɛʁ] nf **1.** [pour chat] cat-flap **2.** [d'aération] air vent.

châtiment [ʃatimɑ̃] nm punishment.

chaton [ʃatɔ̃] nm **1.** [petit chat] kitten **2.** BOT catkin.

chatouiller [3] [ʃatuje] vt **1.** [faire des chatouilles à] to tickle **2.** fig [titiller] to titillate.

chatoyant, e [ʃatwajɑ̃, ɑ̃t] adj [reflet, étoffe] shimmering ; [bijou] sparkling.

châtrer [3] [ʃatʀe] vt to castrate ; [chat] to neuter ; [chatte] to spay.

chatte ⟶ chat.

chatter, tchatter [tʃate] vi INFORM to chat.

chatterton [ʃatɛʀtɔn] nm ÉLECTR insulating tape **UK**, friction tape **US**.

chatteur, euse, tchatteur, euse [tʃatœʀ, øz] nm, f INFORM chatter.

chaud, e [ʃo, ʃod] adj **1.** [gén] warm ; [de température très élevée, sensuel] hot **2.** fig [enthousiaste] ▶ **être chaud pour qqch / pour faire qqch** to be keen on sthg / on doing sthg. ◆ **chaud** ▶ adv ▶ **avoir chaud** to be warm ou hot ▶ **il fait chaud** it's warm ou hot / **manger chaud** to have something hot (to eat). ◆ nm heat ▶ **rester au chaud** to stay in the warm.

chaudement [ʃodmɑ̃] adv warmly.

chaudière [ʃodjɛʀ] nf boiler.

chaudron [ʃodʀɔ̃] nm cauldron.

chauffage [ʃofaʒ] nm [appareil] heating (system) ▶ **chauffage central** central heating.

chauffant, e [ʃofɑ̃, ɑ̃t] adj heating ▶ **couverture chauffante** electric blanket ▶ **plaque chauffante** hotplate.

chauffard [ʃofaʀ] nm péj reckless driver.

chauffe-biberon [ʃofbibʀɔ̃] (pl chauffe-biberons) nm bottle-warmer.

chauffe-eau [ʃofo] nm inv waterheater.

chauffe-moteur [ʃofmɔtœʀ] nm **QUÉBEC** AUTO block heater.

chauffe-plat [ʃofpla] (pl chauffe-plats) nm hotplate, chafing dish.

chauffer [3] [ʃofe] ◆ vt [rendre chaud] to heat (up) ▶ **chauffer à blanc** to heat until white-hot. ◆ vi **1.** [devenir chaud] to heat up **2.** [moteur] to overheat **3.** fam [barder] ▶ **ça va chauffer** there's going to be trouble.

chauffeur [ʃofœʀ] nm AUTO driver.

chaume [ʃom] nm [paille] thatch.

chaumière [ʃomjɛʀ] nf cottage.

chaussée [ʃose] nf road, roadway ▶ **'chaussée déformée'** 'uneven road surface'.

chausse-pied [ʃospje] (pl chausse-pieds) nm shoehorn.

chausser [3] [ʃose] ◆ vt [chaussures, lunettes, skis] to put on. ◆ vi ▶ **chausser du 39** to take size 39 (shoes). ◆ **se chausser** vp to put one's shoes on.

chaussette [ʃosɛt] nf sock.

chausson [ʃosɔ̃] nm **1.** [pantoufle] slipper **2.** [de danse] ballet shoe **3.** [de bébé] bootee **4.** CULIN turnover ▶ **chausson aux pommes** apple turnover.

chaussure [ʃosyʀ] nf **1.** [soulier] shoe ▶ **chaussure basse** low-heeled shoe, flat shoe ▶ **chaussure de marche a)** [de randonnée] hiking ou walking boot **b)** [confortable] walking shoe ▶ **chaussure à scratch** shoe with Velcro® fastenings ▶ **chaussure de ski** ski boot / **chaussures à talon** (shoes with) heels **2.** [industrie] footwear industry.

chauve [ʃov] adj [sans cheveux] bald.

chauve-souris [ʃovsuʀi] nf bat.

chauvin, e [ʃovɛ̃, in] adj chauvinistic.

chaux [ʃo] nf lime ▶ **blanchi à la chaux** whitewashed.

chavirer [3] [ʃaviʀe] vi **1.** [bateau] to capsize **2.** fig [tourner] to spin.

check-up [tʃɛkœp] nm inv checkup.

cheese-cake (pl cheese-cakes), **cheesecake** [tʃizkɛk] nm cheesecake.

chef [ʃɛf] nm **1.** [d'un groupe] head, leader ; [au travail] boss ▶ **en chef** in chief ▶ **chef d'entreprise** company head ▶ **chef d'État** head of state ▶ **chef de famille** head of the family ▶ **chef de file a)** POL (party) leader **b)** [catégorie, produit] category leader ▶ **chef de gare** stationmaster ▶ **chef d'orchestre** conductor ▶ **chef de rayon** departmental manager ou supervisor ▶ **chef de service** ADMIN departmental manager **2.** [cuisinier] chef. ◆ **chef d'accusation** nm charge, count.

chef-d'œuvre [ʃedœvʀ] (pl chefs-d'œuvre) nm masterpiece.

chef-lieu [ʃefljø] nm ≃ county town **UK** ; ≃ county seat **US**.

cheik [ʃɛk] nm sheikh.

chemin [ʃəmɛ̃] nm **1.** [voie] path / **chemin d'accès** path ▶ **chemin vicinal** byroad, minor road **2.** [parcours] way ; fig road ▶ **en chemin** on the way. ◆ **chemin de fer** nm railway **UK**, railroad **US**.

cheminée [ʃəmine] nf **1.** [foyer] fireplace **2.** [conduit d'usine] chimney **3.** [encadrement] mantelpiece **4.** [de paquebot, locomotive] funnel.

cheminement [ʃəminmɑ̃] nm [progression] advance ; fig [d'idée] development.

cheminer [3] [ʃəmine] vi [avancer] to make one's way ; fig [idée] to develop.

cheminot [ʃəmino] nm railwayman **UK**, railroad man **US**.

chemise [ʃəmiz] nf **1.** [d'homme] shirt ▸ **chemise de nuit** [de femme] nightdress, nightgown **2.** [dossier] folder.

chemisette [ʃəmizɛt] nf [d'homme] short-sleeved shirt ; [de femme] short-sleeved blouse.

chemisier [ʃəmizje] nm [vêtement] blouse.

chenal, aux [ʃənal, o] nm [canal] channel.

chêne [ʃɛn] nm [arbre] oak (tree) ; [bois] oak.

chenet [ʃənɛ] nm firedog.

chenil [ʃənil] nm [pour chiens] kennel.

chenille [ʃənij] nf **1.** [insecte] caterpillar **2.** [courroie] caterpillar track.

cheptel [ʃɛptɛl] nm [bétail] livestock (U).

chèque [ʃɛk] nm cheque **UK**, check **US** ▸ **faire un chèque** to write a cheque **UK** ou check **US** ▸ **toucher un chèque** to cash a cheque **UK** ou check **US** ▸ **chèque (bancaire)** (bank) cheque **UK** ou check **US** ▸ **chèque barré** crossed cheque **UK** ou check **US** ▸ **chèque postal** post office cheque **UK** ou check **US** ▸ **chèque sans provision** bad cheque **UK** ou check **US** ▸ **chèque de voyage** traveller's cheque **UK**, traveler's check **US**.

chèque-cadeau [ʃɛkkado] nm gift token **UK**, gift voucher **UK**, gift certificate **US**.

chèque-repas [ʃɛkrəpa] (pl **chèques-repas**), **Chèque-Restaurant**® [ʃɛkrɛstɔrɑ̃] (pl **Chèques-Restaurants**) nm luncheon voucher.

Chèque-Vacances® (pl **Chèques-Vacances**) [ʃɛkvakɑ̃s] nm voucher that can be used to pay for holiday accommodation, activities, meals, etc.

chéquier [ʃekje] nm chequebook **UK**, checkbook **US**.

cher, chère [ʃɛr] ◆ adj **1.** [aimé] ▸ **cher (à qqn)** dear (to sb) ▸ **Chère Madame** [au début d'une lettre] Dear Madam ▸ **Cher Monsieur** [au début d'une lettre] Dear Sir **2.** [produit, vie, commerçant] expensive. ◆ nm, f hum ▸ **mon cher** dear. ◆ **cher** adv ▸ **valoir cher, coûter cher** to be expensive, to cost a lot ▸ **payer cher** to pay a lot / **je l'ai payé cher** pr & fig it cost me a lot.

chercher [3] [ʃɛrʃe] ◆ vt **1.** [gén] to look for **2.** [prendre] ▸ **aller / venir chercher qqn** a) [à un rendez-vous] to (go/come and) meet sb b) [en voiture] to (go/come and) pick up sb ▸ **aller / venir chercher qqch** to (go/come and) get sthg. ◆ vi ▸ **chercher à faire qqch** to try to do sthg.

chercheur, euse [ʃɛrʃœr, øz] nm, f [scientifique] researcher.

chère nf ▸ **aimer la bonne chère** sout to like to eat well.

chéri, e [ʃeri] ◆ adj dear. ◆ nm, f darling.

chérir [32] [ʃerir] vt [personne] to love dearly ; [chose, idée] to cherish.

chétif, ive [ʃetif, iv] adj [malingre] sickly, weak.

cheval, aux [ʃəval, o] nm **1.** [animal] horse ▸ **à cheval** on horseback ▸ **être à cheval sur qqch** a) [être assis] to be sitting astride sthg b) fig [siècles] to straddle sthg c) fig [tenir à] to be a stickler for sthg ▸ **cheval d'arçons** horse (in gymnastics) **2.** [équitation] riding, horse-riding ▸ **faire du cheval** to ride.

chevalerie [ʃəvalri] nf **1.** [qualité] chivalry **2.** HIST knighthood.

chevalet [ʃəvalɛ] nm [de peintre] easel.

chevalier [ʃəvalje] nm knight.

chevalière [ʃəvaljɛr] nf [bague] signet ring.

chevauchée [ʃəvoʃe] nf [course] ride, horse-ride.

chevaucher [3] [ʃəvoʃe] vt [être assis] to sit ou be astride. ◆ **se chevaucher** vp to overlap.

chevelu, e [ʃəvly] adj hairy.

chevelure [ʃəvlyr] nf [cheveux] hair.

chevet [ʃəvɛ] nm head (of bed) ▸ **être au chevet de qqn** to be at sb's bedside.

cheveu, x [ʃəvø] nm [chevelure] hair ▸ **se faire couper les cheveux** to have one's hair cut.

cheville [ʃəvij] nf **1.** ANAT ankle **2.** [pour fixer une vis] Rawlplug® **UK**, (wall) anchor **US**.

chèvre [ʃɛvr] ◆ nf [animal] goat. ◆ nm [fromage] goat's cheese.

chevreau, x [ʃəvro] nm kid.

chèvrefeuille [ʃɛvrəfœj] nm honeysuckle.

chevreuil [ʃəvrœj] nm **1.** [animal] roe deer **2.** CULIN venison.

chevron [ʃəvrɔ̃] nm **1.** CONSTR rafter **2.** [motif décoratif] chevron.

chevronné, e [ʃəvrɔne] adj [expérimenté] experienced.

chevrotant, e [ʃəvrɔtɑ̃, ɑ̃t] adj tremulous.

chevrotine [ʃəvrɔtin] nf buckshot.

chewing-gum [ʃwiŋɡɔm] (pl **chewing-gums**) nm chewing gum (U).

chez [ʃe] prép **1.** [dans la maison de] : il est chez lui he's at home / il rentre chez lui he's going home / *il va venir chez nous* he is going to come to our place ou house / *il habite chez nous* he lives with us **2.** [en ce qui concerne] : *chez les jeunes* among young people / *chez les Anglais* in England **3.** [dans les œuvres de] : *chez Proust* in (the works of) Proust **4.** [dans le caractère de] : *ce que j'apprécie chez lui, c'est sa gentillesse* what I like about him is his kindness.

chez-soi [ʃeswa] nm inv home, place of one's own.

chiant, e [ʃjɑ̃, ɑ̃t] adj tfam **1.** [très ennuyeux] damned ou bloody 🇬🇧 boring **2.** [contrariant] damned ou bloody 🇬🇧 annoying / *c'est chiant* it's a damned ou bloody 🇬🇧 pain.

chic [ʃik] ❖ adj (inv en genre) **1.** [élégant] smart, chic **2.** vieilli [serviable] nice. ❖ nm style. ❖ interj ▸ **chic (alors)** ! great!

chiche-kebab (pl **chiches-kebabs**) [ʃiʃkebab] nm kebab, shish kebab.

chicorée [ʃikɔʀe] nf [salade] endive 🇬🇧, chicory 🇺🇸; [à café] chicory.

chien [ʃjɛ̃] nm **1.** [animal] dog ▸ **chien de chasse** [d'arrêt] gundog ▸ **chien de garde** guard dog **2.** [d'arme] hammer **3.** EXPR avoir un mal de chien à faire qqch to have a lot of trouble doing sthg ▸ **en chien de fusil** curled up.

chiendent [ʃjɛ̃dɑ̃] nm couch grass.

chien-loup [ʃjɛ̃lu] nm German shepherd, Alsatian (dog) 🇬🇧.

chienne [ʃjɛn] nf (female) dog, bitch.

chier [9] [ʃje] vi vulg to shit ▸ **faire chier qqn** to bug sb, to get on sb's tits 🇬🇧 ▸ **se faire chier** to be bored shitless.

chiffe [ʃif] nf ▸ **c'est une chiffe molle** he's spineless.

chiffon [ʃifɔ̃] nm [linge] rag.

chiffonné, e [ʃifɔne] adj [visage, mine] worn.

chiffonner [3] [ʃifɔne] vt **1.** [vêtement] to crumple, to crease ; [papier] to crumple **2.** fam & fig [contrarier] to bother.

chiffre [ʃifʀ] nm **1.** [caractère] figure, number / *chiffre arabe/romain* Arabic/Roman numeral **2.** [montant] sum ▸ **chiffre d'affaires** COMM turnover, sales revenue, volume of sales ▸ **chiffre rond** round number ▸ **chiffre de ventes** sales figures pl.

chiffrer [3] [ʃifʀe] ❖ vt **1.** [évaluer] to calculate, to assess **2.** [coder] to encode. ❖ vi fam to mount up.

chignole [ʃiɲɔl] nf drill.

chignon [ʃiɲɔ̃] nm bun (in hair) ▸ **se crêper le chignon** fam & fig to scratch each other's eyes out.

Chili [ʃili] nm : *le Chili* Chile.

chimère [ʃimɛʀ] nf **1.** MYTH chimera **2.** [illusion] illusion, dream.

chimie [ʃimi] nf chemistry.

chimio [ʃimio] (abr de chimiothérapie) nf fam chemo.

chimiothérapie [ʃimjɔteʀapi] nf chemotherapy.

chimique [ʃimik] adj chemical.

chimiste [ʃimist] nmf chemist.

chimpanzé [ʃɛ̃pɑ̃ze] nm chimpanzee.

Chine [ʃin] nf ▸ **la Chine** China.

chiné, e [ʃine] adj mottled.

chiner [3] [ʃine] vi to look for bargains.

chinois, e [ʃinwa, az] adj Chinese. ❖ **chinois** nm **1.** [langue] Chinese **2.** [passoire] conical sieve. ❖ **Chinois, e** nm, f Chinese person ▸ **les Chinois** the Chinese.

chiot [ʃjo] nm puppy.

chipie [ʃipi] nf fam vixen péj.

chips [ʃips] nfpl ▸ **(pommes) chips** (potato) crisps 🇬🇧, (potato) chips 🇺🇸.

chiquenaude [ʃiknod] nf flick.

chiquer [3] [ʃike] ❖ vt to chew. ❖ vi to chew tobacco.

chiropracteur [kiʀɔpʀaktœʀ] nm = chiropraticien.

chiropraticien, enne [kiʀɔpʀatisjɛ̃, ɛn] nm, f chiropractor.

chirurgical, e, aux [ʃiʀyʀʒikal, o] adj surgical.

chirurgie [ʃiʀyʀʒi] nf surgery ▸ **chirurgie d'un jour** QUÉBEC outpatient surgery.

chirurgien, enne [ʃiʀyʀʒjɛ̃, ɛn] nm, f surgeon.

chirurgien-dentiste [ʃiʀyʀʒjɛ̃dɑ̃tist] (pl **chirurgiens-dentistes**) nm dental surgeon.

chiure [ʃjyʀ] nf ▸ **chiure (de mouche)** flyspecks pl.

chlore [klɔʀ] nm chlorine.

chloroforme [klɔʀɔfɔʀm] nm chloroform.

chlorophylle [klɔʀɔfil] nf chlorophyll.

chlorure [klɔʀyʀ] nm chloride.

choc [ʃɔk] nm **1.** [heurt, coup] impact **2.** [conflit] clash **3.** [émotion] shock **4.** (en ap-

position) : *images-chocs* shock pictures / *prix-choc* amazing bargain.

chocolat [ʃɔkɔla] ❖ nm chocolate ▶ **chocolat à cuire /à croquer** cooking/eating chocolate ▶ **chocolat au lait /noir** milk/plain chocolate. ❖ adj inv chocolate (brown).

chœur [kœʀ] nm **1.** [chorale] choir ; *fig* [d'opéra] chorus ▶ **en chœur** *fig* all together **2.** [d'église] choir, chancel.

choisi, e [ʃwazi] adj selected ; [termes, langage] carefully chosen.

choisir [32] [ʃwaziʀ] ❖ vt ▶ **choisir (de faire qqch)** to choose (to do sthg). ❖ vi to choose.

choix [ʃwa] nm **1.** [gén] choice / *le livre de ton choix* any book you like ▶ **au choix** as you prefer ▶ **avoir le choix** to have the choice **2.** [qualité] ▶ **de premier choix** grade ou class one ▶ **articles de second choix** seconds.

choléra [kɔleʀa] nm cholera.

cholestérol [kɔlɛsteʀɔl] nm cholesterol.

chômage [ʃomaʒ] nm unemployment / *au chômage* unemployed ▶ **être mis au chômage technique** to be laid off.

chômeur, euse [ʃomœʀ, øz] nm, f unemployed person ▶ **les chômeurs** the unemployed.

chope [ʃɔp] nf tankard.

choper [3] [ʃɔpe] vt *fam* **1.** [voler, arrêter] to pinch, to nick **UK** **2.** [attraper] to catch.

choquant, e [ʃɔkã, ãt] adj shocking.

choquer [3] [ʃɔke] vt **1.** [scandaliser] to shock **2.** [traumatiser] to shake (up).

choral, e, als, aux [kɔʀal, o] adj choral. ◆ **chorale** nf [groupe] choir.

chorégraphie [kɔʀegʀafi] nf choreography.

choriste [kɔʀist] nmf chorister.

chose [ʃoz] nf thing ▶ **de deux choses l'une** (it's got to be) one thing or the other ▶ **parler de choses et d'autres** to talk of this and that.

chou, x [ʃu] ❖ nm **1.** [légume] cabbage **2.** [pâtisserie] choux bun. ❖ adj inv sweet, cute.

choucas [ʃuka] nm jackdaw.

chouchou, oute [ʃuʃu, ut] nm, f *fam* favourite **UK**, favorite **US** ; [élève] teacher's pet.

chouchouter [3] [ʃuʃute] vt *fam* to pet.

choucroute [ʃukʀut] nf sauerkraut.

chouette [ʃwɛt] ❖ nf [oiseau] owl. ❖ adj *fam* great. ❖ interj ▶ **chouette (alors) !** great!

chou-fleur [ʃuflœʀ] nm cauliflower.

chouiner [ʃwine] vi *fam* to whine.

choyer [13] [ʃwaje] vt *sout* to pamper.

chrétien, enne [kʀetjɛ̃, ɛn] adj & nm, f Christian.

chrétien-démocrate, chrétienne-démocrate [kʀetjɛ̃demɔkʀat, kʀetjɛndemɔkʀat] (*mpl* **chrétiens-démocrates**, *fpl* **chrétiennes-démocrates**) adj & nm, f Christian Democrat.

chrétienté [kʀetjɛ̃te] nf Christendom.

Christ [kʀist] nm Christ.

christianisme [kʀistjanism] nm Christianity.

chrome [kʀom] nm CHIM chromium.

chromé, e [kʀome] adj chrome-plated / *acier chromé* chrome steel.

chromosome [kʀomozom] nm chromosome.

chronique [kʀonik] ❖ nf **1.** [annales] chronicle **2.** PRESSE : *chronique sportive* sports section. ❖ adj chronic.

chronologie [kʀonɔlɔʒi] nf chronology.

chronologique [kʀonɔlɔʒik] adj chronological.

chronomètre [kʀonɔmɛtʀ] nm SPORT stopwatch.

chronométrer [18] [kʀonɔmetʀe] vt to time.

chrysalide [kʀizalid] nf chrysalis.

chrysanthème [kʀizɑ̃tɛm] nm chrysanthemum.

CHU (*abr de* centre hospitalo-universitaire) nm *teaching hospital*.

chuchotement [ʃyʃɔtmã] nm whisper.

chuchoter [3] [ʃyʃɔte] vt & vi to whisper.

chut [ʃyt] interj sh!, hush!

chute [ʃyt] nf **1.** [gén] fall ▶ **chute d'eau** waterfall ▶ **chute de neige** snowfall ▶ **la chute du mur de Berlin** the fall of the Berlin Wall **2.** [de tissu] scrap.

Chypre [ʃipʀ] nf Cyprus / *à Chypre* in Cyprus.

chypriote [ʃipʀiɔt], **cypriote** [sipʀiɔt] adj Cypriot. ◆ **Chypriote, Cypriote** nmf Cypriot.

ci [si] adv (*après n*) : *ce livre-ci* this book. ◆ **de-ci de-là** [dəsi dəla] adv *sout* here and there.

ciao, tchao [tʃao] interj *fam* ciao.

ci-après [siapʀɛ] adv below.

cible [sibl] nf *pr* & *fig* target.

cibler [3] [sible] vt to target.

ciboulette [sibulɛt] nf chives *pl*.

cicatrice [sikatʀis] nf scar.

cicatriser [3] [sikatʀize] *pr* & *fig* vt to heal.

ci-contre [sikɔ̃tʀ] adv opposite.

ci-dessous [sidəsu] adv below.

ci-dessus [sidəsy] adv above.

cidre [sidʀ] nm cider **UK**, hard cider **US**.

Cie (*abr écrite de* **compagnie**) Co.

ciel nm 1. (*pl* **ciels** [sjɛl]) [firmament] sky ▸ à ciel ouvert open-air 2. (*pl* **cieux** [sjø]) [paradis, providence] heaven. ◆ **cieux** nmpl heaven *sg*.

cierge [sjɛʀʒ] nm RELIG (votive) candle.

cigale [sigal] nf cicada.

cigare [sigaʀ] nm cigar.

cigarette [sigaʀɛt] nf cigarette.

ci-gît [siʒi] adv here lies.

cigogne [sigɔɲ] nf stork.

ci-inclus, e [siɛ̃kly, yz] adj enclosed. ◆ **ci-inclus** adv enclosed.

ci-joint, e [siʒwɛ̃, ɛ̃t] adj enclosed. ◆ **ci-joint** adv ▸ veuillez trouver ci-joint... please find enclosed....

cil [sil] nm ANAT eyelash, lash.

ciller [3] [sije] vi to blink (one's eyes).

cimaise [simɛz] nf [de salle d'exposition] gallery wall.

cime [sim] nf [d'arbre, de montagne] top ; *fig* height.

ciment [simɑ̃] nm cement.

cimenter [3] [simɑ̃te] vt to cement.

cimetière [simtjɛʀ] nm cemetery.

ciné [sine] nm *fam* cinema **UK**, movies *pl* **US**.

cinéaste [sineast] nmf film-maker.

ciné-club [sineklœb] (*pl* **ciné-clubs**) nm film club.

cinéma [sinema] nm 1. [salle, industrie] cinema **UK**, movies *pl* **US** ▸ cinéma maison **QuéBEC** home theatre **UK** ou theater **US** 2. [art] cinema **UK**, film **UK**, movies *pl* **US** / un acteur de cinéma a film star.

cinémathèque [sinematɛk] nf film **UK** ou movie **US** library.

cinématographique [sinematɔgrafik] adj cinematographic.

cinéphile [sinefil] nmf film **UK** ou movie **US** buff.

cinglant, e [sɛ̃glɑ̃, ɑ̃t] adj *pr* & *fig* biting ; [pluie] driving.

cinglé, e [sɛ̃gle] *fam* adj nuts, nutty.

cingler [3] [sɛ̃gle] vt to lash.

cinq [sɛ̃k] ◆ adj num inv five. ◆ nm five. *Voir aussi* **six**.

cinquantaine [sɛ̃kɑ̃tɛn] nf 1. [nombre] ▸ une cinquantaine de about fifty 2. [âge] ▸ avoir la cinquantaine to be in one's fifties.

cinquante [sɛ̃kɑ̃t] adj num inv & nm fifty. *Voir aussi* **six**.

cinquantième [sɛ̃kɑ̃tjɛm] adj num inv & nmf fiftieth. *Voir aussi* **sixième**.

cinquième [sɛ̃kjɛm] ◆ adj num inv, nm & nmf fifth. ◆ nf SCOL ≃ Year 2 **UK** ; ≃ seventh grade **US**. *Voir aussi* **sixième**.

cintre [sɛ̃tʀ] nm [pour vêtements] coat hanger.

cintré, e [sɛ̃tʀe] adj COUT waisted.

cirage [siʀaʒ] nm [produit] shoe polish.

circoncision [siʀkɔ̃sizjɔ̃] nf circumcision.

circonférence [siʀkɔ̃feʀɑ̃s] nf 1. GÉOM circumference 2. [pourtour] boundary.

circonflexe [siʀkɔ̃flɛks] ⟶ **accent**.

circonscription [siʀkɔ̃skʀipsjɔ̃] nf district.

circonscrire [99] [siʀkɔ̃skʀiʀ] vt 1. [incendie, épidémie] to contain 2. *fig* [sujet] to define.

circonspect, e [siʀkɔ̃spɛ, ɛkt] adj cautious.

circonstance [siʀkɔ̃stɑ̃s] nf 1. [occasion] occasion 2. (*gén pl*) [contexte, conjoncture] circumstance ▸ circonstances atténuantes DR mitigating circumstances.

circonstancié, e [siʀkɔ̃stɑ̃sje] adj detailed.

circonstanciel, elle [siʀkɔ̃stɑ̃sjɛl] adj GRAM adverbial.

circuit [siʀkɥi] nm 1. [chemin] route 2. [parcours touristique] tour 3. SPORT & TECHNOL circuit ▸ en circuit fermé a) [en boucle] closed-circuit (*avant n*) b) *fig* within a limited circle.

circulaire [siʀkyleʀ] nf & adj circular.

circulation [siʀkylasjɔ̃] nf 1. [mouvement] circulation ▸ mettre en circulation to circulate ▸ circulation (du sang) circulation 2. [trafic] traffic.

circuler [3] [siʀkyle] vi 1. [sang, air, argent] to circulate ▸ faire circuler qqch to circulate sthg 2. [aller et venir] to move (along) / on circule mal en ville the traffic is bad in town 3. [train, bus] to run 4. *fig* [rumeur, nouvelle] to spread.

cire [siʀ] nf 1. [matière] wax 2. [encaustique] polish.

ciré, e [siʀe] adj 1. [parquet] polished 2. ⟶ **toile**. ◆ **ciré** nm oilskin.

cirer [3] [siʀe] vt 1. [chaussures] to polish 2. / j'en ai rien à cirer *fam* I don't give a damn.

cireux, euse [siʀø, øz] adj **1.** [pâle] waxen **2.** [matière] waxy. ◆ **cireuse** nf floor polisher.

cirque [siʀk] nm **1.** [gén] circus **2.** GÉOL cirque **3.** fam & fig [désordre, chahut] chaos (U).

cirrhose [siʀoz] nf cirrhosis (U).

cisaille [sizaj] nf shears pl.

cisailler [3] [sizaje] vt [métal] to cut; [branches] to prune.

ciseau, x [sizo] nm chisel. ◆ **ciseaux** nmpl scissors.

ciseler [25] [sizle] vt **1.** [pierre, métal] to chisel **2.** [bijou] to engrave.

Cisjordanie [sizʒɔʀdani] nf : la Cisjordanie the West Bank.

citadelle [sitadɛl] nf pr & fig citadel.

citadin, e [sitadɛ̃, in] ◆ adj city (avant n), urban. ◆ nm, f city dweller.

citation [sitasjɔ̃] nf **1.** DR summons sg **2.** [extrait] quote, quotation.

cité [site] nf **1.** [ville] city **2.** [lotissement] housing estate UK ou project US ▶ cité universitaire halls pl of residence UK, dormitory US.

citer [3] [site] vt **1.** [exemple, propos, auteur] to quote **2.** DR [convoquer] to summon **3.** MIL ▶ être cité à l'ordre du jour to be mentioned in dispatches.

citerne [sitɛʀn] nf **1.** [d'eau] water tank **2.** [cuve] tank.

cité U [sitey] nf fam abr de cité universitaire.

citoyen, enne [sitwajɛ̃, ɛn] nm, f citizen.

citoyenneté [sitwajɛnte] nf citizenship.

citron [sitʀɔ̃] nm **1.** [fruit] lemon ▶ citron pressé fresh lemon juice ▶ citron vert lime **2.** QUÉBEC AUTO lemon, dud.

citronnade [sitʀɔnad] nf (still) lemonade.

citronnelle [sitʀɔnɛl] nf [plante] lemon balm, lemongrass.

citronnier [sitʀɔnje] nm lemon tree.

citrouille [sitʀuj] nf pumpkin.

civet [sivɛ] nm stew ▶ civet de lièvre jugged hare.

civière [sivjɛʀ] nf stretcher.

civil, e [sivil] ◆ adj **1.** [gén] civil **2.** [non militaire] civilian. ◆ nm, f civilian. ◆ nm ▶ dans le civil in civilian life / policier en civil plain-clothes policeman (policewoman) / soldat en civil soldier in civilian clothes.

civilement [sivilmɑ̃] adv ▶ se marier civilement to get married at a registry office UK ou in a civil ceremony US.

civilisation [sivilizasjɔ̃] nf civilization.

civilisé, e [sivilize] adj civilized.

civiliser [3] [sivilize] vt to civilize.

civilité [sivilite] nf civility. ◆ **civilités** nfpl sout compliments.

civique [sivik] adj civic ▶ instruction civique civics (U).

civisme [sivism] nm sense of civic responsibility.

cl (abr écrite de centilitre) cl.

clafoutis [klafuti] nm [gâteau] cake made from a batter poured over fruit.

claie [klɛ] nf **1.** [treillis] rack **2.** [clôture] hurdle.

clair, e [klɛʀ] adj **1.** [précis, évident] clear ▶ c'est clair et net there's no two ways about it **2.** [lumineux] bright **3.** [pâle - couleur, teint] light ; [- tissu, cheveux] light-coloured UK, light-colored US. ◆ **clair** ◆ adv ▶ voir clair (dans qqch) fig to have a clear understanding (of sthg). ◆ nm ▶ mettre ou tirer qqch au clair to shed light upon sthg. ◆ **clair de lune** (pl clairs de lune) nm moonlight (U). ◆ **en clair** loc adv TV unscrambled (esp of a private TV channel).

clairement [klɛʀmɑ̃] adv clearly.

claire-voie [klɛʀvwa] ◆ **à claire-voie** loc adv openwork (avant n).

clairière [klɛʀjɛʀ] nf clearing.

clairon [klɛʀɔ̃] nm bugle.

claironner [3] [klɛʀɔne] vt fig [crier] ▶ claironner qqch to shout sthg from the rooftops.

clairsemé, e [klɛʀsəme] adj [cheveux] thin ; [arbres] scattered ; [population] sparse.

clairvoyant, e [klɛʀvwajɑ̃, ɑ̃t] adj perceptive.

clamer [3] [klame] vt to proclaim.

clameur [klamœʀ] nf clamour UK, clamor US.

clan [klɑ̃] nm clan.

clandestin, e [klɑ̃dɛstɛ̃, in] ◆ adj [journal, commerce] clandestine ; [activité] covert. ◆ nm, f [étranger] illegal immigrant ou alien ; [voyageur] stowaway.

clapet [klapɛ] nm **1.** TECHNOL valve **2.** fam & fig [bouche] trap.

clapier [klapje] nm [à lapins] hutch.

clapoter [3] [klapɔte] vi [vagues] to lap.

claquage [klaka3] nm MÉD strain ▸ **se faire un claquage** to pull ou to tear ou to strain a muscle.

claque [klak] nf **1.** [gifle] slap **2.** THÉÂTRE claque.

claquement [klakmɑ̃] nm **1.** [de porte - qui se ferme] slam, slamming (U); [- mal fermée] banging (U) **2.** [de doigts] snap, snapping (U).

claquer [3] [klake] ❖ vt **1.** [fermer] to slam **2.** ▸ **faire claquer a)** [langue] to click **b)** [doigts] to snap **c)** [fouet] to crack **3.** fam [gifler] to slap **4.** fam [dépenser] to blow. ❖ vi [porte, volet] to bang.

claquettes [klakɛt] nfpl [danse] tap dancing (U).

clarifier [9] [klarifje] vt pr & fig to clarify.

clarinette [klarinɛt] nf [instrument] clarinet.

clarté [klarte] nf **1.** [lumière] brightness **2.** [netteté] clarity.

classe [klas] nf **1.** [gén] class ▸ **classe touriste** economy class, coach **US 2.** SCOL ▸ **aller en classe** to go to school ▸ **classe de neige** skiing trip (with school) ▸ **classes préparatoires** school preparing students for "grandes écoles" entrance exams ▸ **classe verte** field trip (with school) **3.** MIL rank **4.** EXPR **faire ses classes** MIL to do one's training.

classé, e [klase] adj [monument] listed **UK**.

classement [klasmɑ̃] nm **1.** [rangement] filing **2.** [classification] classification **3.** [rang - SCOL] position ; [- SPORT] placing **4.** [liste - SCOL] class list ; [- SPORT] final placings pl.

classer [3] [klase] vt **1.** [ranger] to file **2.** [plantes, animaux] to classify **3.** [cataloguer] ▸ **classer qqn (parmi)** to label sb (as) **4.** [attribuer un rang à] to rank. ❖ **se classer** vp to be classed, to rank / **se classer troisième** to come third.

classeur [klasœr] nm **1.** [d'écolier] ring binder **2.** [meuble] filing cabinet.

classification [klasifikasjɔ̃] nf classification.

classique [klasik] ❖ nm **1.** [auteur] classical author **2.** [œuvre] classic. ❖ adj **1.** ART & MUS classical **2.** [sobre] classic **3.** [habituel] classic / ça, c'est l'histoire classique ! it's the usual story!

clause [kloz] nf clause.

claustrophobe [klostrɔfɔb] ❖ adj claustrophobic. ❖ nmf claustrophobe, claustrophobic.

claustrophobie [klostrɔfɔbi] nf claustrophobia.

clavecin [klavsɛ̃] nm harpsichord.

clavicule [klavikyl] nf collarbone.

clavier [klavje] nm keyboard.

clé, clef [kle] ❖ nf **1.** [gén] key / la clé du mystère the key to the mystery ▸ **mettre qqn / qqch sous clé** to lock sb/sth up ▸ **clé de contact** AUTO ignition key **2.** [outil] ▸ **clé anglaise** ou à molette adjustable spanner **UK** ou wrench **US**, monkey wrench **3.** MUS [signe] clef ▸ **clé de sol/fa** treble/bass clef. ❖ adj : industrie/rôle clé key industry/role. ◆ **clé de voûte** nf pr & fig keystone.

clément, e [klemɑ̃, ɑ̃t] adj **1.** [indulgent] lenient **2.** fig [température] mild.

clémentine [klemɑ̃tin] nf clementine.

cleptomane = kleptomane.

clerc [klɛr] nm [assistant] clerk.

clergé [klɛrʒe] nm clergy.

clic [klik] nm INFORM click ▸ **clic droit** right-click ▸ **clic gauche** left-click ▸ **d'un clic de souris** at the click of a mouse.

Clic-Clac® [klikklak] nm pull-out sofa bed.

cliché [klife] nm **1.** PHOTO negative **2.** [banalité] cliché.

client, e [kliɑ̃, ɑ̃t] nm, f **1.** [de notaire, d'agence] client ; [de médecin] patient **2.** [acheteur] customer **3.** [habitué] regular (customer).

clientèle [kliɑ̃tɛl] nf **1.** [ensemble des clients] customers pl ; [de profession libérale] clientele **2.** [fait d'être client] ▸ **accorder sa clientèle à** to give one's custom to.

cligner [3] [kliɲe] vi ▸ **cligner de l'œil** to wink ▸ **cligner des yeux** to blink.

clignotant, e [kliɲɔtɑ̃, ɑ̃t] adj [lumière] flickering. ◆ **clignotant** nm AUTO indicator **UK**, turn signal **US**.

clignoter [3] [kliɲɔte] vi **1.** [yeux] to blink **2.** [lumière] to flicker.

clim [klim] (abr de climatisation) nf fam air conditioning, AC.

climat [klima] nm pr & fig climate.

climatique [klimatik] adj climatic.

climatisation [klimatizasjɔ̃] nf air-conditioning.

climatisé, e [klimatize] adj air-conditioned.

clin [klɛ̃] ◆ **clin d'œil** nm ▸ **faire un clin d'œil (à)** to wink (at) ▸ **en un clin d'œil** in a flash.

clinique [klinik] ❖ nf clinic. ❖ adj clinical.

clinquant, e [klɛ̃kɑ̃, ɑ̃t] adj *pr* & *fig* flashy.
◆ **clinquant** nm **1.** [faux bijou] imitation jewellery (U) **UK** ou jewelry (U) **US 2.** *fig* [éclat] gloss.

clip [klip] nm **1.** [vidéo] pop video **2.** [boucle d'oreilles] clip-on earring.

cliquable [klikabl] adj clickable / *plan cliquable* sensitive map.

cliquer [3] [klike] vi [INFORM to click ; [- bouton gauche] to left-click ; [- bouton droit] to right-click.

cliqueter [27] [klikte] vi **1.** [pièces, clés, chaînes] to jingle, to jangle **2.** [verres] to clink.

cliquetis [klikti] nm **1.** [de pièces, clés, chaînes] jingling (U), jangling (U) **2.** [de verres] clinking (U).

clitoris [klitɔris] nm clitoris.

clivage [klivaʒ] nm *fig* [division] division.

clochard, e [klɔʃaʀ, aʀd] nm, f tramp.

cloche [klɔʃ] ◆ nf **1.** [d'église] bell **2.** *fam* [idiot] idiot. ◆ adj *fam : ce qu'il peut être cloche, celui-là !* he can be such an idiot!

cloche-pied [klɔʃpje] ◆ **à cloche-pied** loc adv hopping / **sauter à cloche-pied** to hop.

clocher [klɔʃe] nm [d'église] church tower.

clochette [klɔʃɛt] nf **1.** [petite cloche] (little) bell **2.** [de fleur] bell.

clodo [klɔdo] nmf *fam* tramp, bum **US**.

cloison [klwazɔ̃] nf [mur] partition.

cloisonner [3] [klwazɔne] vt [pièce, maison] to partition (off) ; *fig* to compartmentalize.

cloître [klwatʀ] nm cloister.

cloîtrer [3] [klwatʀe] vt **1.** RELIG to cloister **2.** [enfermer] to shut away (from the outside world). ◆ **se cloîtrer** vp **1.** [s'enfermer] to shut o.s. away / **se cloîtrer dans** *fig* to retreat into **2.** [RELIG - sœur] to enter a convent ; [- moine] to enter a monastery.

clonage [klɔnaʒ] nm cloning / **clonage thérapeutique** therapeutic cloning.

clone [klɔn] nm clone.

clope [klɔp] nm & nf *fam* cigarette, fag **UK**.

clopiner [3] [klɔpine] vi to hobble along.

cloporte [klɔpɔʀt] nm woodlouse.

cloque [klɔk] nf blister.

clore [113] [klɔʀ] vt to close ; [négociations] to conclude.

clos, e [klo, kloz] ◆ pp ⟶ **clore.** ◆ adj closed.

clôture [klotyʀ] nf **1.** [haie] hedge ; [de fil de fer] fence **2.** [fermeture] closing, closure **3.** [fin] end, conclusion.

clôturer [3] [klotyʀe] vt **1.** [terrain] to enclose **2.** [négociation] to close, to conclude.

clou [klu] nm **1.** [pointe] nail / **clou de girofle** CULIN clove **2.** [attraction] highlight.

clouer [3] [klue] vt [fixer - couvercle, planche] to nail (down) ; [- tableau, caisse] to nail (up) ; *fig* [immobiliser] / **rester cloué sur place** to be rooted to the spot.

clouté, e [klute] adj [vêtement] studded.

clown [klun] nm clown / **faire le clown** to clown around, to act the fool.

club [klœb] nm club.

cm (*abr écrite de* **centimètre**) cm.

CM nm (*abr de* **cours moyen**) / **CM1** fourth year of primary school / **CM2** fifth year of primary school.

CNAM [knam] (*abr de* **Conservatoire national des arts et métiers**) nm science and technology school in Paris.

CNRS (*abr de* **Centre national de la recherche scientifique**) nm national scientific research organization.

coacher [kotʃe] vt **1.** [entraîner] to coach **2.** [conseiller] to advise.

coaguler [3] [kɔagyle] vi **1.** [sang] to clot **2.** [lait] to curdle.

coalition [kɔalisjɔ̃] nf coalition.

coasser [3] [kɔase] vi [grenouille] to croak.

cobaye [kɔbaj] nm *pr* & *fig* guinea pig.

cobra [kɔbʀa] nm cobra.

co-branding [kobʀɑ̃diŋ] nm co-branding.

Coca® [kɔka] nm [boisson] Coke®.

cocaïne [kɔkain] nf cocaine.

cocaïnomane [kɔkainɔman] nmf cocaine addict.

cocarde [kɔkaʀd] nf **1.** [insigne] roundel **2.** [distinction] rosette.

cocardier, ère [kɔkaʀdje, ɛʀ] adj [chauvin] jingoistic.

cocasse [kɔkas] adj funny.

coccinelle [kɔksinɛl] nf **1.** [insecte] ladybird **UK**, ladybug **US 2.** [voiture] Beetle.

coccyx [kɔksis] nm coccyx.

cocher¹ [kɔʃe] nm coachman.

cocher² [3] [kɔʃe] vt to tick (off) **UK**, to check (off) **US**.

cochon, onne [kɔʃɔ̃, ɔn] ❖ adj dirty, smutty. ❖ nm, f *fam & péj* pig ▸ **un tour de cochon** a dirty trick. ◆ **cochon** nm pig.

cochonnaille [kɔʃɔnaj] nf *fam* [charcuterie] pork.

cochonnerie [kɔʃɔnʀi] nf *fam* **1.** [nourriture] muck (U) **2.** [chose] rubbish (U) UK, trash (U) US **3.** [saleté] mess (U) **4.** [obscénité] dirty joke, smut (U).

cochonnet [kɔʃɔnɛ] nm [jeux] jack.

cocker [kɔkɛʀ] nm cocker spaniel.

cockpit [kɔkpit] nm cockpit.

cocktail [kɔktɛl] nm **1.** [réception] cocktail party **2.** [boisson] cocktail **3.** *fig* [mélange] mixture.

coco [koko] nm **1.** ⟶ **noix 2.** *péj* [communiste] commie.

cocon [kɔkɔ̃] nm *pr & fig* cocoon.

cocooning [kokuniŋ] nm ▸ **faire du cocooning** to cocoon o.s.

cocorico [kokoʀiko] nm [du coq] cock-a-doodle-doo.

cocotier [kɔkɔtje] nm coconut tree.

cocotte [kɔkɔt] nf **1.** [marmite] casserole (dish) **2.** [poule] hen **3.** *péj* [courtisane] tart.

Cocotte-Minute® [kɔkɔtminyt] nf pressure cooker.

cocu, e [kɔky] nm, f & adj *fam* cuckold.

code [kɔd] nm **1.** [gén] code ▸ **code-barres** bar code ▸ **code postal** postcode UK, zip code US **2.** BANQUE & ÉCON ▸ **code secret** PIN number **3.** DR ▸ **code pénal** penal code ▸ **code de la route** highway code UK, motor vehicle laws US. ◆ **codes** nmpl [phares] dipped headlights *pl* UK, low beams *pl* US.

codé, e [kɔde] adj encoded, coded / *langage codé* secret language / *message codé* cryptogram.

coder [3] [kɔde] vt to code.

codétenu, e [kɔdetny] nm, f (fellow) prisoner.

coefficient [kɔefisjɑ̃] nm coefficient.

coéquipier, ère [kɔekipje, ɛʀ] nm, f teammate.

cœur [kœʀ] nm heart / *au cœur de l'hiver* in the depths of winter / *au cœur de l'été* at the height of summer / *au cœur du conflit* at the height of the conflict ▸ **de bon cœur** willingly ▸ **apprendre par cœur** to learn by heart ▸ **avoir bon cœur** to be kind-hearted ▸ **avoir mal au cœur** to feel sick ▸ **en avoir le cœur net** to

be clear in one's (own) mind ▸ **s'en donner à cœur joie** [prendre beaucoup de plaisir] to have a whale of a time ▸ **manquer de cœur, ne pas avoir de cœur** to be heartless ▸ **tenir à cœur** to be close to one's heart.

coexister [3] [kɔɛgziste] vi to coexist.

coffre [kɔfʀ] nm **1.** [meuble] chest **2.** [de voiture] boot UK, trunk US **3.** [coffre-fort] safe.

coffre-fort [kɔfʀəfɔʀ] nm safe.

coffret [kɔfʀɛ] nm **1.** [petit coffre] casket ▸ **coffret à bijoux** jewellery UK ou jewelry US box **2.** [de disques] boxed set.

cognac [kɔɲak] nm cognac, brandy.

cogner [3] [kɔɲe] vi **1.** [heurter] to bang **2.** *fam* [donner des coups] to hit **3.** [soleil] to beat down. ◆ **se cogner** vp [se heurter] to bump o.s. ▸ **se cogner à** ou **contre qqch** to bump into sthg ▸ **se cogner la tête/le genou** to hit one's head/knee.

cohabiter [3] [kɔabite] vi **1.** [habiter ensemble] to live together **2.** POL to cohabit.

cohérence [kɔeʀɑ̃s] nf consistency, coherence.

cohérent, e [kɔeʀɑ̃, ɑ̃t] adj **1.** [logique] consistent, coherent **2.** [unifié] coherent.

cohésion [kɔezjɔ̃] nf cohesion.

cohorte [kɔɔʀt] nf [groupe] troop.

cohue [kɔy] nf **1.** [foule] crowd **2.** [bousculade] crush.

coi, coite [kwa, kwat] adj ▸ **rester coi** *sout* to remain silent.

coiffant, e [kwafɑ̃, ɑ̃t] adj ▸ **gel coiffant** styling gel.

coiffe [kwaf] nf headdress.

coiffé, e [kwafe] adj ▸ **être bien / mal coiffé** to have tidy/untidy hair ▸ **être coiffé d'une casquette** to be wearing a cap.

coiffer [3] [kwafe] vt **1.** [mettre sur la tête] ▸ **coiffer qqn de qqch** to put sthg on sb's head **2.** [les cheveux] ▸ **coiffer qqn** to do sb's hair. ◆ **se coiffer** vp **1.** [les cheveux] to do one's hair **2.** [mettre sur sa tête] ▸ **se coiffer de** to wear, to put on.

coiffeur, euse [kwafœʀ, øz] nm, f hairdresser. ◆ **coiffeuse** nf [meuble] dressing table.

coiffure [kwafyʀ] nf **1.** [cheveux] hairstyle **2.** [chapeau] hat.

coin [kwɛ̃] nm **1.** [angle] corner ▸ **au coin du feu** by the fireside **2.** [parcelle, endroit] place, spot ▸ **dans le coin** in the area / *un coin de ciel bleu* a patch of blue sky ▸ **coin cuisine**

kitchen area ▸ **le petit coin** *fam* the little boys' / girls' room **3.** [outil] wedge.

coincé, e [kwɛ̃se] adj *fam* [personne] hung up.

coincer [16] [kwɛ̃se] vt **1.** [bloquer] to jam **2.** *fam* [prendre] to nab ; *fig* to catch out **UK 3.** [acculer] to corner, to trap.

coïncidence [kɔɛ̃sidɑ̃s] nf coincidence.

coïncider [3] [kɔɛ̃side] vi to coincide.

coing [kwɛ̃] nm [fruit] quince.

coït [kɔit] nm coitus.

col [kɔl] nm **1.** [de vêtement] collar ▸ **col roulé** polo neck **UK**, turtleneck **US 2.** [partie étroite] neck **3.** ANAT ▸ **col du fémur** neck of the thigh-bone ou femur ▸ **col de l'utérus** cervix, neck of the womb **4.** GÉOGR pass.

colchique [kɔlʃik] nm [plante] autumn crocus.

coléoptère [kɔleɔptɛʀ] nm beetle.

colère [kɔlɛʀ] nf **1.** [irritation] anger ▸ **être/se mettre en colère** to be/get angry **2.** [accès d'humeur] fit of anger ou rage ▸ **piquer une colère** to fly into a rage.

coléreux, euse [kɔleʀø, øz], **colérique** [kɔleʀik] adj [tempérament] fiery ; [personne] quick-tempered.

colimaçon [kɔlimasɔ̃] ◆ **en colimaçon** loc adv spiral.

colin-maillard [kɔlɛ̃majaʀ] (*pl* **colin-maillards**) nm blind man's buff.

colique [kɔlik] nf **1.** (*gén pl*) [douleur] colic (*U*) **2.** [diarrhée] diarrhoea **UK**, diarrhea **US**.

colis [kɔli] nm parcel **UK**, package **US**.

collaborateur, trice [kɔlabɔʀatœʀ, tʀis] nm, f **1.** [employé] colleague **2.** HIST collaborator.

collaboration [kɔlabɔʀasjɔ̃] nf collaboration.

collaborer [3] [kɔlabɔʀe] vi **1.** [coopérer, sous l'Occupation] to collaborate **2.** [participer] ▸ **collaborer à** to contribute to.

collage [kɔlaʒ] nm **1.** [action] sticking, gluing **2.** ART collage.

collant, e [kɔlɑ̃, ɑ̃t] adj **1.** [substance] sticky **2.** *fam* [personne] clinging, clingy. ◆ **collant** nm tights *pl* **UK**, panty hose *pl* **US**.

collation [kɔlasjɔ̃] nf [repas] snack.

colle [kɔl] nf **1.** [substance] glue **2.** *fam* [question] poser **3.** *arg scol* [SCOL - interrogation] test ; [- retenue] detention.

collecte [kɔlɛkt] nf collection.

collectif, ive [kɔlɛktif, iv] adj **1.** [responsabilité, travail] collective **2.** [billet, voyage] group (*avant n*). ◆ **collectif** nm **1.** [équipe] team

2. LING collective noun **3.** FIN ▸ **collectif budgétaire** collection of budgetary measures.

collection [kɔlɛksjɔ̃] nf **1.** [d'objets, de livres, de vêtements] collection ▸ **faire la collection de** to collect **2.** COMM line.

collectionner [3] [kɔlɛksjɔne] vt *pr* & *fig* to collect.

collectionneur, euse [kɔlɛksjɔnœʀ, øz] nm, f collector.

collectivité [kɔlɛktivite] nf community ▸ **les collectivités locales** ADMIN the local communities ▸ **collectivité territoriale** ADMIN (partially) autonomous region.

collector [kɔlɛktɔʀ] nm collector's edition / *coffret collector* boxed collector's set.

collège [kɔlɛʒ] nm **1.** SCOL ≃ secondary school **2.** [de personnes] college.

collégien, enne [kɔleʒjɛ̃, ɛn] nm, f schoolboy (schoolgirl).

collègue [kɔlɛg] nmf colleague.

coller [3] [kɔle] ◆ vt **1.** [fixer - affiche] to stick (up) ; [- timbre] to stick **2.** [appuyer] to press **3.** INFORM to paste **4.** *fam* [mettre] to stick, to dump **5.** *arg scol* SCOL to give (a) detention to, to keep behind. ◆ vi **1.** [adhérer] to stick **2.** [être adapté] ▸ **coller à qqch a)** [vêtement] to cling to sthg **b)** *fig* to fit in with sthg, to adhere to sthg.

collerette [kɔlʀɛt] nf [de vêtement] ruff.

collet [kɔlɛ] nm **1.** [de vêtement] collar ▸ **être collet monté** [affecté, guindé] to be straitlaced **2.** [piège] snare.

collier [kɔlje] nm **1.** [bijou] necklace **2.** [d'animal] collar **3.** [barbe] *fringe of beard along the jawline*.

collimateur [kɔlimatœʀ] nm ▸ **avoir qqn dans le collimateur** *fam* to have sb in one's sights.

colline [kɔlin] nf hill.

collision [kɔlizjɔ̃] nf [choc] collision, crash ▸ **entrer en collision avec** to collide with.

colloque [kɔlɔk] nm colloquium.

collyre [kɔliʀ] nm eye lotion.

colmater [3] [kɔlmate] vt **1.** [fuite] to plug, to seal off **2.** [brèche] to fill, to seal.

colo [kɔlo] nf *fam* children's holiday camp **UK**, summer camp **US**.

coloc [kɔlɔk] *fam* ◆ nmf [colocataire - dans une maison] housemate **UK**, roommate **US** ; [- dans un appartement] flat-mate **UK**, roommate **US**. ◆ nf [colocation] shared accommodation ▸ **habiter en coloc** to live in shared accommodation.

colocataire [kɔlɔkatɛʀ] nmf ADMIN co-tenant; [gén] flatmate **UK**, roommate **US**.

colocation [kɔlɔkasjɔ̃] nf joint tenancy, joint occupancy.

colombage [kɔlɔ̃baʒ] nm half-timbering ▸ **à colombages** half-timbered.

colombe [kɔlɔ̃b] nf dove.

Colombie [kɔlɔ̃bi] nf : *la Colombie* Colombia.

colon [kɔlɔ̃] nm settler.

côlon [kolɔ̃] nm colon.

colonel [kɔlɔnɛl] nm colonel.

colonial, e, aux [kɔlɔnjal, o] adj colonial.

colonialisme [kɔlɔnjalism] nm colonialism.

colonie [kɔlɔni] nf **1.** [territoire] colony **2.** [d'expatriés] community ▸ **colonie de vacances** children's holiday **UK** ou summer camp **US**.

colonisation [kɔlɔnizasjɔ̃] nf colonization.

coloniser [3] [kɔlɔnize] vt pr & fig to colonize.

colonne [kɔlɔn] nf column. ◆ **colonne vertébrale** nf spine, spinal column.

colorant, e [kɔlɔʀɑ̃, ɑ̃t] adj colouring **UK**, coloring **US**. ◆ **colorant** nm colouring **UK**, coloring **US**.

colorer [3] [kɔlɔʀe] vt [teindre] to colour **UK**, to color **US**.

coloriage [kɔlɔʀjaʒ] nm **1.** [action] colouring **UK**, coloring **US** **2.** [dessin] drawing.

colorier [9] [kɔlɔʀje] vt to colour in **UK**, to color in **US**.

coloris [kɔlɔʀi] nm shade.

colorisation [kɔlɔʀizasjɔ̃] nf CINÉ colourization **UK**, colorization **US**.

coloriser [3] [kɔlɔʀize] vt CINÉ to colourize **UK**, to colorize **US**.

colossal, e, aux [kɔlɔsal, o] adj colossal, huge.

colosse [kɔlɔs] nm **1.** [homme] giant **2.** [statue] colossus.

colporter [3] [kɔlpɔʀte] vt [marchandise] to hawk; [information] to spread.

coltiner [3] [kɔltine] ◆ **se coltiner** vp fam to be landed with.

colza [kɔlza] nm rape(seed).

coma [kɔma] nm coma ▸ **être dans le coma** to be in a coma.

comateux, euse [kɔmatø, øz] adj comatose.

combat [kɔ̃ba] nm **1.** [bataille] battle, fight **2.** fig [lutte] struggle **3.** SPORT fight.

combatif, ive [kɔ̃batif, iv] adj [humeur] fighting (avant n); [troupes] willing to fight.

combattant, e [kɔ̃batɑ̃, ɑ̃t] nm, f [en guerre] combatant; [dans bagarre] fighter.

combattre [83] [kɔ̃batʀ] ◆ vt pr & fig to fight (against). ◆ vi to fight.

combattu, e [kɔ̃baty] pp ⟶ **combattre**.

combien [kɔ̃bjɛ̃] ◆ conj how much ▸ **combien de a)** [nombre] how many **b)** [quantité] how much ▸ **combien de temps ?** how long? ▸ **ça fait combien ? a)** [prix] how much is that? **b)** [longueur, hauteur, etc.] how long/high/etc. is it? ◆ adv how (much). ◆ nm inv fam : *le combien sommes-nous ?* what date is it?

combinaison [kɔ̃binɛzɔ̃] nf **1.** [d'éléments] combination **2.** [de femme] slip **3.** [vêtement - de mécanicien] boiler suit **UK**, overalls pl **UK**, overall **US**; [- de ski] ski suit **4.** [de coffre] combination.

combine [kɔ̃bin] nf fam trick.

combiné [kɔ̃bine] nm receiver.

combiner [3] [kɔ̃bine] vt **1.** [arranger] to combine **2.** [organiser] to devise. ◆ **se combiner** vp to turn out.

comble [kɔ̃bl] ◆ nm height ▸ **c'est un** ou **le comble !** that beats everything! ◆ adj packed. ◆ **combles** nmpl attic sg, loft sg.

combler [3] [kɔ̃ble] vt **1.** [gâter] ▸ **combler qqn de** to shower sb with **2.** [boucher] to fill in **3.** [déficit] to make good; [lacune] to fill.

combustible [kɔ̃bystibl] ◆ nm fuel. ◆ adj combustible.

combustion [kɔ̃bystjɔ̃] nf combustion.

comédie [kɔmedi] nf **1.** CINÉ & THÉÂTRE comedy ▸ **comédie musicale** musical **2.** [complication] palaver.

comédien, enne [kɔmedjɛ̃, ɛn] nm, f [acteur] actor (actress); fig & péj phony, phoney **UK**.

comestible [kɔmɛstibl] adj edible.

comète [kɔmɛt] nf comet.

coming out [kɔmiŋawt] nm inv ▸ **faire son coming out** to come out / *son coming out remonte à 2008* he came out in 2008.

comique [kɔmik] ◆ nm THÉÂTRE comic, comedian (comedienne) / *c'est un grand comique* he's a great comic actor. ◆ adj **1.** [style] comic **2.** [drôle] comical, funny.

comité [kɔmite] nm committee ▶ **comité d'entreprise** works council **UK** *(also organizing leisure activities)*.

commandant [kɔmɑ̃dɑ̃] nm commander.

commande [kɔmɑ̃d] nf **1.** [de marchandises] order ▶ **passer une commande** to place an order ▶ **sur commande** to order ▶ **disponible sur commande** available on request **2.** TECHNOL control **3.** INFORM command ▶ **commande numérique** digital control.

commander [3] [kɔmɑ̃de] ❖ vt **1.** MIL to command **2.** [contrôler] to operate, to control **3.** COMM to order. ❖ vi to be in charge ▶ **commander à qqn de faire qqch** to order sb to do sthg.

commanditaire [kɔmɑ̃diter] ❖ nm DR backer. ❖ adj DR ▶ **(associé) commanditaire** sleeping partner **UK**, silent partner **US**.

commanditer [3] [kɔmɑ̃dite] vt **1.** [entreprise] to finance **2.** [meurtre] to put up the money for **3.** [tournoi] to sponsor.

commando [kɔmɑ̃do] nm commando (unit).

comme [kɔm] ❖ conj **1.** [introduisant une comparaison] like ▶ *il sera médecin comme son père* he'll become a doctor (just) like his father **2.** [exprimant la manière] as ▶ *fais comme il te plaira* do as you wish ▶ **comme prévu/convenu** as planned/agreed ▶ *comme bon vous semble* as you think best ▶ **comme ci comme ça** *fam* so-so **3.** [tel que] like, such as ▶ *les arbres comme le marronnier* trees such as ou like the chestnut **4.** [en tant que] as **5.** [ainsi que] : *les filles comme les garçons iront jouer au foot* both girls and boys will play football ▶ **l'un comme l'autre sont très gentils** the one is as kind as the other, they are equally kind **6.** [introduisant une cause] as, since ▶ *comme il pleuvait, nous sommes rentrés* as it was raining, we went back. ❖ adv excl [marquant l'intensité] how ▶ *comme tu as grandi !* how you've grown! ▶ *comme c'est difficile !* it's so difficult! ▶ *regarde comme il nage bien !* (just) look what a good swimmer he is!, (just) look how well he swims!

commémoration [kɔmemɔrasjɔ̃] nf commemoration.

commémorer [3] [kɔmemɔre] vt to commemorate.

commencement [kɔmɑ̃smɑ̃] nm beginning, start.

commencer [16] [kɔmɑ̃se] ❖ vt **1.** [entreprendre] to begin, to start **2.** [être au début de] to begin. ❖ vi to start, to begin ▶ **commencer**

à faire qqch to begin ou start to do sthg, to begin ou start doing sthg ▶ **commencer par faire qqch** to begin ou start by doing sthg.

comment [kɔmɑ̃] ❖ adv interr how ▶ **comment ?** what? ▶ **comment ça va ?** how are you? ▶ **comment cela ?** how come? ❖ nm inv ⟶ **pourquoi**.

commentaire [kɔmɑ̃ter] nm **1.** [explication] commentary **2.** [observation] comment.

commentateur, trice [kɔmɑ̃tatœr, tris] nm, f RADIO & TV commentator.

commenter [3] [kɔmɑ̃te] vt to comment on.

commérage [kɔmeraʒ] nm *péj* gossip (U).

commerçant, e [kɔmersɑ̃, ɑ̃t] ❖ adj **1.** [rue] shopping *(avant n)*; [quartier] commercial **2.** [personne] business-minded. ❖ nm, f shopkeeper **UK**.

commerce [kɔmers] nm **1.** [achat et vente] commerce, trade ▶ **commerce de gros/détail** wholesale/retail trade ▶ **commerce électronique** electronic commerce, e-commerce ▶ **commerce équitable** fair trade ▶ **commerce extérieur** foreign trade **2.** [magasin] business ▶ **le petit commerce** small shopkeepers *pl*.

commercial, e, aux [kɔmersjal, o] ❖ adj [entreprise, valeur] commercial ; [politique] trade *(avant n)*. ❖ nm, f marketing man (woman).

commercialiser [3] [kɔmersjalize] vt to market.

commère [kɔmer] nf *péj* gossip.

commettre [84] [kɔmetr] vt to commit.

commis, e [kɔmi, iz] pp ⟶ **commettre**. ❖ **commis** nm assistant ▶ **commis voyageur** commercial traveller **UK** ou traveler **US**.

commisération [kɔmizerasjɔ̃] nf *sout* commiseration.

commissaire [kɔmiser] nm commissioner ▶ **commissaire de police** (police) superintendent **UK**, (police) captain **US**.

commissaire-priseur [kɔmiserprizœr] nm auctioneer.

commissariat [kɔmisarja] nm ▶ **commissariat de police** police station.

commission [kɔmisjɔ̃] nf **1.** [délégation] commission, committee **2.** [message] message **3.** [rémunération] commission. ❖ **commissions** nfpl shopping (U) ▶ **faire les commissions** to do the shopping.

commissure [kɔmisyr] nf ▶ **la commissure des lèvres** the corner of the mouth.

commode [kɔmɔd] ❖ nf chest of drawers. ❖ adj **1.** [pratique - système] convenient ; [- outil] handy **2.** [aimable] ▸ **pas commode** awkward.

commodité [kɔmɔdite] nf convenience.

commotion [kɔmosjɔ̃] nf MÉD shock ▸ **commotion cérébrale** concussion.

commun, e [kɔmœ̃, yn] adj **1.** [gén] common ; [décision, effort] joint ; [salle, jardin] shared ▸ **avoir qqch en commun** to have sthg in common ▸ **faire qqch en commun** to do sthg together **2.** [courant] usual, common. ❖ **commune** nf town.

communal, e, aux [kɔmynal, o] adj [école] local ; [bâtiments] council (avant n).

communauté [kɔmynote] nf **1.** [groupe] community **2.** [de sentiments, d'idées] identity **3.** POL ▸ **la Communauté européenne** the European Community.

commune ⟶ commun.

communément [kɔmynemã] adv commonly.

communiant, e [kɔmynjã, ãt] nm, f communicant ▸ **premier communiant** child taking first communion.

communicant, e [kɔmynikã, ãt] adj communicating ▸ **deux chambres communicantes** two connecting 🇬🇧 ou adjoining 🇺🇸 rooms. ❖ **communicant** nm communicator.

communicatif, ive [kɔmynikatif, iv] adj **1.** [rire, éternuement] infectious **2.** [personne] communicative.

communication [kɔmynikasjɔ̃] nf **1.** [gén] communication **2.** TÉLÉCOM ▸ **communication (téléphonique)** (phone) call ▸ **être en communication avec qqn** to be talking to sb ▸ **obtenir la communication** to get through ▸ **recevoir / prendre une communication** to receive/take a (phone) call.

communier [9] [kɔmynje] vi RELIG to take communion.

communion [kɔmynjɔ̃] nf RELIG communion.

communiqué [kɔmynike] nm communiqué ▸ **communiqué de presse** press release.

communiquer [3] [kɔmynike] vt ▸ **communiquer qqch à** a) [information, sentiment] to pass on ou communicate sthg to b) [chaleur] to transmit sthg to c) [maladie] to pass sthg on to.

communisme [kɔmynism] nm communism.

communiste [kɔmynist] nmf & adj communist.

commutateur [kɔmytatœʀ] nm switch.

compact, e [kɔ̃pakt] adj **1.** [épais, dense] dense **2.** [petit] compact. ❖ **compact** nm [disque laser] compact disc, CD.

compagne ⟶ compagnon.

compagnie [kɔ̃paɲi] nf **1.** [gén & COMM] company ▸ **tenir compagnie à qqn** to keep sb company ▸ **en compagnie de** in the company of **2.** [assemblée] gathering.

compagnon [kɔ̃paɲɔ̃], **compagne** [kɔ̃paɲ] nm, f companion. ❖ **compagnon** nm HIST journeyman.

comparable [kɔ̃paʀabl] adj comparable.

comparaison [kɔ̃paʀɛzɔ̃] nf [parallèle] comparison ▸ **en comparaison de, par comparaison avec** compared with, in ou by comparison with.

comparaître [91] [kɔ̃paʀɛtʀ] vi DR ▸ **comparaître (devant)** to appear (before).

comparatif, ive [kɔ̃paʀatif, iv] adj comparative.

comparé, e [kɔ̃paʀe] adj comparative ; [mérites] relative.

comparer [3] [kɔ̃paʀe] vt **1.** [confronter] ▸ **comparer (avec)** to compare (with) **2.** [assimiler] ▸ **comparer qqch à** to compare ou liken sthg to.

comparse [kɔ̃paʀs] nmf péj stooge.

compartiment [kɔ̃paʀtimã] nm compartment.

compartimenter [3] [kɔ̃paʀtimãte] vt [meuble] to partition ; fig [administration] to compartmentalize.

comparu, e [kɔ̃paʀy] pp ⟶ comparaître.

comparution [kɔ̃paʀysjɔ̃] nf DR appearance.

compas [kɔ̃pa] nm **1.** [de dessin] pair of compasses, compasses pl **2.** NAUT compass.

compassion [kɔ̃pasjɔ̃] nf sout compassion.

compatible [kɔ̃patibl] adj INFORM ▸ **compatible (avec)** compatible (with).

compatir [32] [kɔ̃patiʀ] vi ▸ **compatir (à)** to sympathize (with).

compatriote [kɔ̃patʀijɔt] nmf compatriot, fellow countryman (countrywoman).

compensation [kɔ̃pãsasjɔ̃] nf [dédommagement] compensation.

compensé, e [kɔ̃pãse] adj built-up.

compenser [3] [kɔ̃pãse] vt [perte] to compensate ou make up for.

compétence [kɔ̃petɑ̃s] nf **1.** [qualification] skill, ability **2.** DR competence **/** *cela n'entre pas dans mes compétences* that's outside my scope.

compétent, e [kɔ̃petɑ̃, ɑ̃t] adj **1.** [capable] capable, competent **2.** ADMIN & DR competent **/** *les autorités compétentes* the relevant authorities.

compétitif, ive [kɔ̃petitif, iv] adj competitive.

compétition [kɔ̃petisjɔ̃] nf competition **/** *faire de la compétition* to go in for competitive sport.

compil [kɔ̃pil] nf *fam* compilation album.

compilation [kɔ̃pilasjɔ̃] nf compilation.

complainte [kɔ̃plɛ̃t] nf lament.

complaisant, e [kɔ̃plɛzɑ̃, ɑ̃t] adj **1.** [aimable] obliging, kind **2.** [indulgent] indulgent.

complément [kɔ̃plemɑ̃] nm **1.** [gén & GRAM] complement **2.** [reste] remainder.

complémentaire [kɔ̃plemɑ̃tɛʀ] adj **1.** [supplémentaire] supplementary **2.** [caractères, couleurs] complementary.

complémentarité [kɔ̃plemɑ̃taʀite] nf complementarity.

complet, ète [kɔ̃plɛ, ɛt] adj **1.** [gén] complete **2.** [plein] full **/** *nous sommes complets* we're (fully) booked **3.** [CULIN - pain, farine] wholemeal ; [- riz] brown. ◆ **complet (-veston)** nm suit.

complètement [kɔ̃plɛtmɑ̃] adv **1.** [vraiment] absolutely, totally **2.** [entièrement] completely.

compléter [18] [kɔ̃plete] vt [gén] to complete, to complement ; [somme d'argent] to make up.

complexe [kɔ̃plɛks] ❖ nm **1.** PSYCHO complex **▶** *complexe d'infériorité / de supériorité* inferiority/superiority complex **2.** [ensemble] complex **▶** *complexe multisalle* multiplex (cinema). ❖ adj complex, complicated.

complexé, e [kɔ̃plɛkse] adj hung up, mixed up.

complexifier [kɔ̃plɛksifje] vt to make (more) complex.

complexité [kɔ̃plɛksite] nf complexity.

complication [kɔ̃plikasjɔ̃] nf intricacy, complexity. ◆ **complications** nfpl complications.

complice [kɔ̃plis] ❖ nmf accomplice. ❖ adj [sourire, regard, air] knowing.

complicité [kɔ̃plisite] nf complicity.

compliment [kɔ̃plimɑ̃] nm compliment.

complimenter [3] [kɔ̃plimɑ̃te] vt to compliment.

compliqué, e [kɔ̃plike] adj [problème] complex, complicated ; [personne] complicated.

compliquer [3] [kɔ̃plike] vt to complicate.

complot [kɔ̃plo] nm plot.

comploter [3] [kɔ̃plɔte] vt & vi *pr* & *fig* to plot.

comportement [kɔ̃pɔʀtəmɑ̃] nm behaviour **UK**, behavior **US**.

comportemental, e, aux [kɔ̃pɔʀtəmɑ̃tal, o] adj behavioural **UK**, behavioral **US**.

comporter [3] [kɔ̃pɔʀte] vt **1.** [contenir] to include, to contain **2.** [être composé de] to consist of, to be made up of. ◆ **se comporter** vp to behave.

composant, e [kɔ̃pozɑ̃, ɑ̃t] adj constituent, component. ◆ **composant** nm component. ◆ **composante** nf component.

composé, e [kɔ̃poze] adj compound. ◆ **composé** nm **1.** [mélange] combination **2.** CHIM & LING compound.

composer [3] [kɔ̃poze] ❖ vt **1.** [constituer] to make up, to form **▶** *être composé de* to be made up of **2.** [créer - musique] to compose, to write **3.** [numéro de téléphone] to dial ; [code] to key in. ❖ vi to compromise. ◆ **se composer** vp [être constitué] **▶** *se composer de* to be composed of, to be made up of.

composite [kɔ̃pozit] adj **1.** [disparate - mobilier] assorted, of various types ; [- foule] heterogeneous **2.** [matériau] composite.

compositeur, trice [kɔ̃pozitœʀ, tʀis] nm, f **1.** MUS composer **2.** TYPO typesetter.

composition [kɔ̃pozisjɔ̃] nf **1.** [gén] composition **2.** SCOL test **3.** [caractère] **▶** *être de bonne composition* to be good-natured.

compost [kɔ̃pɔst] nm compost.

composter [3] [kɔ̃pɔste] vt [ticket, billet] to date-stamp.

compote [kɔ̃pɔt] nf compote **▶** *compote de pommes* stewed apples, apple sauce.

compréhensible [kɔ̃pʀeɑ̃sibl] adj [texte, parole] comprehensible ; *fig* [réaction] understandable.

compréhensif, ive [kɔ̃pʀeɑ̃sif, iv] adj understanding.

compréhension [kɔ̃pʀeɑ̃sjɔ̃] nf **1.** [de texte] comprehension, understanding **2.** [indulgence] understanding.

comprendre [79] [kɔ̃pʀɑ̃dʀ] vt **1.** [gén] to understand ▸ **je comprends !** I see! ▸ **se faire comprendre** to make o.s. understood ▸ **mal comprendre** to misunderstand **2.** [comporter] to comprise, to consist of **3.** [inclure] to include.

compresse [kɔ̃pʀɛs] nf compress.

compresser [4] [kɔ̃pʀese] vt [gén] to pack (tightly) in, to pack in tight ; INFORM to compress.

compresseur [kɔ̃pʀesœʀ] ⟶ **rouleau**.

compression [kɔ̃pʀesjɔ̃] nf [de gaz] compression ; fig cutback, reduction.

comprimé, e [kɔ̃pʀime] adj compressed. ◆ **comprimé** nm tablet ▸ **comprimé effervescent** effervescent tablet.

comprimer [3] [kɔ̃pʀime] vt **1.** [gaz, vapeur] to compress **2.** [personnes] ▸ **être comprimé dans** to be packed into.

compris, e [kɔ̃pʀi, iz] ⟶ pp ⟶ comprendre. ⟶ adj **1.** [situé] lying, contained **2.** [inclus] : service (non) compris (not) including service, service (not) included ▸ **tout compris** all inclusive, all in ▸ **y compris** including.

compromettre [84] [kɔ̃pʀɔmetʀ] vt to compromise.

compromis, e [kɔ̃pʀɔmi, iz] pp ⟶ compromettre. ◆ **compromis** nm compromise.

compromission [kɔ̃pʀɔmisjɔ̃] nf péj base action.

comptabilité [kɔ̃tabilite] nf [comptes] accounts pl ; [service] ▸ **la comptabilité** accounts, the accounts department.

comptable [kɔ̃tabl] nmf accountant.

comptant [kɔ̃tɑ̃] adv ▸ **payer** ou **régler comptant** to pay cash. ◆ **au comptant** loc adv ▸ **payer au comptant** to pay cash.

compte [kɔ̃t] nm **1.** [action] count, counting (U) ; [total] number ▸ **faire le compte (de)** a) [personnes] to count (up) b) [dépenses] to add up ▸ **compte à rebours** countdown **2.** BANQUE & COMM account / **ouvrir un compte** to open an account ▸ **compte bancaire** ou **en banque** bank account ▸ **compte courant** current account UK, checking account US ▸ **compte créditeur** account in credit ▸ **compte débiteur** overdrawn account, debit account ▸ **compte de dépôt** deposit account ▸ **compte d'épargne** savings account ▸ **compte d'exploitation** operating account ▸ **compte joint** joint account ▸ **compte postal** post office account **3.** INFORM & INTERNET account **4.** EXPR avoir son compte to have had enough ▸ **être / se mettre**

à son compte to be / become self-employed ▸ **prendre qqch en compte, tenir compte de qqch** to take sthg into account ▸ **compte tenu de** in view ou in the light of ▸ **rendre compte de** to account for ▸ **se rendre compte de qqch** to realize sthg ▸ **se rendre compte que** to realize (that) ▸ **s'en tirer à bon compte** to get off lightly ▸ **tout compte fait** all things considered. ◆ **comptes** nmpl accounts ▸ **comptes de résultats courants** above-the-line accounts ▸ **faire ses comptes** to do one's accounts.

compte-chèques, compte chèques [kɔ̃tʃɛk] nm current account UK, checking account US.

compte-gouttes [kɔ̃tgut] nm inv dropper.

compter [3] [kɔ̃te] ⟶ vt **1.** [dénombrer] to count **2.** [avoir l'intention de] ▸ **compter faire qqch** to intend to do sthg, to plan to do sthg. ⟶ vi **1.** [calculer] to count **2.** [être important] to count, to matter ▸ **compter parmi** [faire partie de] to be included amongst, to rank amongst ▸ **compter pour** to count for ▸ **compter avec** [tenir compte de] to reckon with, to take account of ▸ **compter sur** [se fier à] to rely ou count on. ◆ **sans compter que** loc conj besides which.

compte rendu, compte-rendu [kɔ̃tʀɑ̃dy] nm report, account.

compteur [kɔ̃tœʀ] nm meter.

comptine [kɔ̃tin] nf nursery rhyme.

comptoir [kɔ̃twaʀ] nm **1.** [de bar] bar ; [de magasin] counter **2.** [dans un hôtel, un aéroport] ▸ **comptoir de la réception** reception desk ▸ **comptoir d'enregistrement** check-in desk ou counter **3.** HIST trading post **4.** SUISSE [foire] trade fair.

compulser [3] [kɔ̃pylse] vt to consult.

compulsif, ive [kɔ̃pylsif, iv] adj PSYCHO compulsive.

comte [kɔ̃t] nm count.

comté [kɔ̃te] nm **1.** [fromage] type of cheese similar to Gruyère **2.** ADMIN [au Canada] county **3.** HIST earldom.

comtesse [kɔ̃tɛs] nf countess.

con, conne [kɔ̃, kɔn] tfam ⟶ adj damned ou bloody UK stupid. ⟶ nm, f stupid bastard (bitch).

concassé, e [kɔ̃kase] adj [poivre] coarseground ▸ **blé concassé** cracked wheat.

concaténer [3] [kɔ̃katene] vt to concatenate / concaténer des fichiers to concatenate files.

concave [kɔ̃kav] adj concave.

concéder [18] [kɔ̃sede] vt ▸ **concéder qqch à a)** [droit, terrain] to grant sthg to **b)** [point, victoire] to concede sthg to ▸ **concéder que** to admit (that), to concede (that).

concentration [kɔ̃sɑ̃tʀasjɔ̃] nf concentration.

concentré, e [kɔ̃sɑ̃tʀe] adj **1.** [gén] concentrated **2.** [personne] : *elle était très concentrée* she was concentrating hard **3.** ⟶ **lait.** ◆ **concentré** nm concentrate ▸ **concentré de tomates** CULIN tomato purée.

concentrer [3] [kɔ̃sɑ̃tʀe] vt to concentrate. ◆ **se concentrer** vp **1.** [se rassembler] to be concentrated **2.** [personne] to concentrate.

concentrique [kɔ̃sɑ̃tʀik] adj concentric.

concept [kɔ̃sɛpt] nm concept.

conception [kɔ̃sɛpsjɔ̃] nf **1.** [gén] conception **2.** [d'un produit, d'une campagne] design, designing (U).

concernant [kɔ̃sɛʀnɑ̃] prép regarding, concerning.

concerner [3] [kɔ̃sɛʀne] vt to concern / *être/se sentir concerné par qqch* to be/ feel concerned by sthg ▸ **en ce qui concerne** concerning, as regards / *en ce qui me concerne* as far as I'm concerned.

concert [kɔ̃sɛʀ] nm MUS concert.

concertation [kɔ̃sɛʀtasjɔ̃] nf consultation.

concerter [3] [kɔ̃sɛʀte] vt [organiser] to devise (jointly). ◆ **se concerter** vp to consult (each other).

concerto [kɔ̃sɛʀto] nm concerto.

concession [kɔ̃sesjɔ̃] nf **1.** [compromis & GRAM] concession **2.** [autorisation] rights pl, concession.

concessionnaire [kɔ̃sesjɔnɛʀ] nmf **1.** [automobile] (car) dealer **2.** [qui possède une franchise] franchise holder.

concevable [kɔ̃səvabl] adj conceivable.

concevoir [52] [kɔ̃səvwaʀ] vt **1.** [enfant, projet] to conceive **2.** [comprendre] to conceive of / *je ne peux pas concevoir comment/pourquoi* I cannot conceive how/why.

concierge [kɔ̃sjɛʀʒ] nmf caretaker UK, superintendent US, concierge.

conciliant, e [kɔ̃siljɑ̃, ɑ̃t] adj conciliating.

conciliation [kɔ̃siljasjɔ̃] nf **1.** [règlement d'un conflit] reconciliation, reconciling **2.** [accord & DR] conciliation.

concilier [9] [kɔ̃silje] vt [mettre d'accord, allier] to reconcile ▸ **concilier qqch et ou avec qqch** to reconcile sthg with sthg.

concis, e [kɔ̃si, iz] adj [style, discours] concise ; [personne] terse.

concision [kɔ̃sizjɔ̃] nf conciseness, concision.

concitoyen, enne [kɔ̃sitwajɛ̃, ɛn] nm, f fellow citizen.

conclu, e [kɔ̃kly] pp ⟶ **conclure.**

concluant, e [kɔ̃klyɑ̃, ɑ̃t] adj [convaincant] conclusive.

conclure [96] [kɔ̃klyʀ] ❖ vt to conclude ▸ **en conclure que** to deduce (that). ❖ vi : *les experts ont conclu à la folie* the experts concluded he/she was mad.

conclusion [kɔ̃klyzjɔ̃] nf **1.** [gén] conclusion **2.** [partie finale] close.

concocter [3] [kɔ̃kɔkte] vt to concoct.

concombre [kɔ̃kɔ̃bʀ] nm cucumber.

concordance [kɔ̃kɔʀdɑ̃s] nf [conformité] agreement ▸ **concordance des temps** GRAM sequence of tenses.

concorder [3] [kɔ̃kɔʀde] vi **1.** [coïncider] to agree, to coincide **2.** [être en accord] ▸ **concorder (avec)** to be in accordance (with).

concourir [45] [kɔ̃kuʀiʀ] vi **1.** [contribuer] ▸ **concourir à** to work towards UK ou toward US **2.** [participer à un concours] to compete.

concours [kɔ̃kuʀ] nm **1.** [examen] competitive examination **2.** [compétition] competition, contest **3.** [coïncidence] ▸ **concours de circonstances** combination of circumstances.

concret, ète [kɔ̃kʀe, ɛt] adj concrete.

concrètement [kɔ̃kʀɛtmɑ̃] adv [en réalité] in real ou practical terms.

concrétiser [3] [kɔ̃kʀetize] vt [projet] to give shape to ; [rêve, espoir] to give solid form to. ◆ **se concrétiser** vp [projet] to take shape ; [rêve, espoir] to materialize.

conçu, e [kɔ̃sy] pp ⟶ **concevoir.**

concubin, e [kɔ̃kybɛ̃, in] nm, f partner, common-law husband (wife).

concubinage [kɔ̃kybinaʒ] nm living together, cohabitation.

concupiscent, e [kɔ̃kypisɑ̃, ɑ̃t] adj lustful.

concurremment [kɔ̃kyʀamɑ̃] adv jointly.

concurrence [kɔ̃kyʀɑ̃s] nf **1.** [rivalité] rivalry **2.** ÉCON competition.

concurrent, e [kɔ̃kyʀɑ̃, ɑ̃t] ❖ adj rival, competing. ❖ nm, f competitor.

concurrentiel, elle [kɔ̃kyʀɑ̃sjɛl] adj competitive.

condamnable [kɔ̃danabl] adj reprehensible.

condamnation [kɔ̃danasjɔ̃] nf **1.** DR sentence **2.** [dénonciation] condemnation.

condamné, e [kɔ̃dane] nm, f convict, prisoner.

condamner [3] [kɔ̃dane] vt **1.** DR ▶ condamner qqn (à) to sentence sb (to) ▶ condamner qqn à une amende to fine sb **2.** fig [obliger] ▶ condamner qqn à qqch to condemn sb to sthg **3.** [malade] ▶ être condamné to be terminally ill **4.** [interdire] to forbid **5.** [blâmer] to condemn **6.** [fermer] to fill in, to block up.

condensation [kɔ̃dɑ̃sasjɔ̃] nf condensation.

condensé [kɔ̃dɑ̃se] ❖ nm summary. ❖ adj ⟶ lait.

condenser [3] [kɔ̃dɑ̃se] vt to condense.

condescendant, e [kɔ̃desɑ̃dɑ̃, ɑ̃t] adj condescending.

condiment [kɔ̃dimɑ̃] nm condiment.

condisciple [kɔ̃disipl] nm fellow student.

condition [kɔ̃disjɔ̃] nf **1.** [gén] condition ▶ se mettre en condition [physiquement] to get into shape **2.** [place sociale] station / la condition des ouvriers the workers' lot. ❖ conditions nfpl **1.** [circonstances] conditions ▶ conditions de vie living conditions ▶ conditions météo weather conditions **2.** [de paiement] terms. ❖ à condition de loc prép providing ou provided (that). ❖ à condition que loc conj (+ subj) providing ou provided (that). ❖ sans condition ❖ loc adj unconditional. ❖ loc adv unconditionally.

conditionné, e [kɔ̃disjone] adj ⟶ air.

conditionnel, elle [kɔ̃disjonɛl] adj conditional. ❖ conditionnel nm GRAM conditional.

conditionnement [kɔ̃disjɔnmɑ̃] nm **1.** [action d'emballer] packaging, packing **2.** [emballage] package **3.** PSYCHO & TECHNOL conditioning.

conditionner [3] [kɔ̃disjone] vt **1.** [déterminer] to govern **2.** PSYCHO & TECHNOL to condition **3.** [emballer] to pack.

condoléances [kɔ̃dɔleɑ̃s] nfpl condolences.

conducteur, trice [kɔ̃dyktœʀ, tʀis] ❖ adj conductive. ❖ nm, f [de véhicule] driver. ❖ conducteur nm ÉLECTR conductor.

conduire [98] [kɔ̃dɥiʀ] ❖ vt **1.** [voiture, personne] to drive **2.** PHYS [transmettre] to conduct **3.** fig [diriger] to manage **4.** fig [à la ruine, au désespoir] ▶ conduire qqn à qqch to drive sb to sthg. ❖ vi **1.** AUTO to drive **2.** [mener] ▶ conduire à to lead to. ❖ se conduire vp to behave.

conduit, e [kɔ̃dɥi, it] pp ⟶ conduire. ❖ conduit nm **1.** [tuyau] conduit, pipe **2.** ANAT duct, canal. ❖ conduite nf **1.** [pilotage d'un véhicule] driving ▶ avec conduite à droite / gauche right-hand / left-hand drive **2.** [comportement] behaviour (U) UK, behavior (U) US **3.** [canalisation] ▶ conduite de gaz / d'eau gas/water main, gas/water pipe.

cône [kon] nm GÉOM cone.

confection [kɔ̃fɛksjɔ̃] nf **1.** [réalisation] making **2.** [industrie] clothing industry.

confectionner [3] [kɔ̃fɛksjone] vt to make.

confédération [kɔ̃federasjɔ̃] nf **1.** [d'États] confederacy **2.** [d'associations] confederation.

conférence [kɔ̃feʀɑ̃s] nf **1.** [exposé] lecture **2.** [réunion] conference ▶ conférence de presse press conference.

conférencier, ère [kɔ̃feʀɑ̃sje, ɛʀ] nm, f lecturer.

conférer [18] [kɔ̃feʀe] vt [accorder] ▶ conférer qqch à qqn to confer sthg on sb.

confesser [4] [kɔ̃fese] vt **1.** [avouer] to confess **2.** RELIG ▶ confesser qqn to hear sb's confession. ❖ se confesser vp to go to confession.

confession [kɔ̃fesjɔ̃] nf confession.

confessionnal, aux [kɔ̃fesjɔnal, o] nm confessional.

confetti [kɔ̃feti] nm confetti (U).

confiance [kɔ̃fjɑ̃s] nf [foi] confidence ▶ avoir confiance en to have confidence ou faith in ▶ avoir confiance en soi to be self-confident ▶ en toute confiance with complete confidence ▶ de confiance trustworthy ▶ faire confiance à qqn / qqch to trust sb/sthg.

confiant, e [kɔ̃fjɑ̃, ɑ̃t] adj [sans méfiance] trusting.

confidence [kɔ̃fidɑ̃s] nf confidence.

confident, e [kɔ̃fidɑ̃, ɑ̃t] nm, f confidant (confidante).

confidentiel, elle [kɔ̃fidɑ̃sjɛl] adj confidential.

confier [9] [kɔ̃fje] vt **1.** [donner] ▶ confier qqn / qqch à qqn to entrust sb/sthg to sb **2.** [dire] ▶ confier qqch à qqn to confide sthg to sb. ◆ **se confier** vp ▸ **se confier à qqn** to confide in sb.

configuration [kɔ̃figyʀasjɔ̃] nf TECHNOL configuration ; INFORM ▸ **configuration par défaut** default setting ; [conception] layout.

configurer [kɔ̃figyʀe] vt INFORM to configure.

confiné, e [kɔ̃fine] adj **1.** [air] stale ; [atmosphère] enclosed **2.** [enfermé] shut away.

confins [kɔ̃fɛ̃] nmpl : *aux confins de* on the borders of.

confirmation [kɔ̃fiʀmasjɔ̃] nf confirmation.

confirmer [3] [kɔ̃fiʀme] vt [certifier] to confirm. ◆ **se confirmer** vp to be confirmed.

confiscation [kɔ̃fiskasjɔ̃] nf confiscation.

confiserie [kɔ̃fizʀi] nf **1.** [magasin] sweet shop UK, candy store US, confectioner's **2.** [sucreries] sweets pl UK, candy (U) US, confectionery (U).

confiseur, euse [kɔ̃fizœʀ, øz] nm, f confectioner.

confisquer [3] [kɔ̃fiske] vt to confiscate.

confit, e [kɔ̃fi, it] adj ⟶ **fruit.** ◆ **confit** nm conserve.

confiture [kɔ̃fityʀ] nf jam.

conflit [kɔ̃fli] nm **1.** [situation tendue] clash, conflict **2.** [entre États] conflict.

confluent [kɔ̃flyɑ̃] nm confluence ▸ **au confluent de** at the confluence of.

confondre [75] [kɔ̃fɔ̃dʀ] vt **1.** [ne pas distinguer] to confuse **2.** [accusé] to confound **3.** [stupéfier] to astound.

confondu, e [kɔ̃fɔ̃dy] pp ⟶ **confondre.**

conformation [kɔ̃fɔʀmasjɔ̃] nf structure.

conforme [kɔ̃fɔʀm] adj ▸ **conforme à** in accordance with.

conformément [kɔ̃fɔʀmemɑ̃] ◆ **conformément à** loc prép in accordance with.

conformer [3] [kɔ̃fɔʀme] vt ▸ **conformer qqch à** to shape sthg according to. ◆ **se conformer** vp ▸ **se conformer à a)** [s'adapter] to conform to **b)** [obéir] to comply with.

conformiste [kɔ̃fɔʀmist] ❖ nmf conformist. ❖ adj **1.** [traditionaliste] conformist **2.** [Anglican] Anglican.

conformité [kɔ̃fɔʀmite] nf [accord] ▸ **être en conformité avec** to be in accordance with.

confort [kɔ̃fɔʀ] nm comfort ▸ **tout confort** with all mod cons UK, with all modern conveniences US.

confortable [kɔ̃fɔʀtabl] adj comfortable.

conforter [3] [kɔ̃fɔʀte] vt ▸ **conforter qqn (dans qqch)** to strengthen sb (in sthg).

confrère, consœur [kɔ̃fʀɛʀ, kɔ̃sœʀ] nm, f colleague.

confrérie [kɔ̃fʀeʀi] nf brotherhood.

confrontation [kɔ̃fʀɔ̃tasjɔ̃] nf [face-à-face] confrontation.

confronter [3] [kɔ̃fʀɔ̃te] vt [mettre face à face] to confront ; fig ▸ **être confronté à** to be confronted ou faced with.

confus, e [kɔ̃fy, yz] adj **1.** [indistinct, embrouillé] confused **2.** [gêné] embarrassed.

confusion [kɔ̃fyzjɔ̃] nf **1.** [gén] confusion **2.** [embarras] confusion, embarrassment.

congé [kɔ̃ʒe] nm **1.** [arrêt de travail] leave (U) ▸ **congé (de) maladie** sick leave ▸ **congé de maternité** maternity leave **2.** [vacances] holiday UK, vacation US ▸ **en congé** on holiday UK ou vacation US ▸ **congés payés** paid holiday (U) ou holidays ou leave (U) UK, paid vacation US / *une journée / semaine de congé* a day / week off **3.** [renvoi] notice ▸ **donner son congé à qqn** to give sb his/her notice ▸ **prendre congé (de qqn)** sout to take one's leave (of sb).

congédier [9] [kɔ̃ʒedje] vt to dismiss.

congé-formation [kɔ̃ʒefɔʀmasjɔ̃] (pl **congés-formation**) nm training leave.

congélateur [kɔ̃ʒelatœʀ] nm freezer.

congeler [25] [kɔ̃ʒle] vt to freeze.

congénital, e, aux [kɔ̃ʒenital, o] adj congenital.

congère [kɔ̃ʒɛʀ] nf snowdrift.

congestion [kɔ̃ʒɛstjɔ̃] nf congestion ▸ **congestion pulmonaire** pulmonary congestion.

Congo [kɔ̃go] nm [pays] : *le Congo* the Congo ▸ **la République démocratique du Congo** the Democratic Republic of Congo ; [fleuve] ▸ **le Congo** the Congo.

congratuler [3] [kɔ̃gʀatyle] vt to congratulate.

congrégation [kɔ̃gʀegasjɔ̃] nf congregation.

congrès [kɔ̃gʀɛ] nm [colloque] assembly. ◆ **Congrès** nm [parlement américain] ▸ **le Congrès** Congress.

conifère [kɔnifɛʀ] nm conifer.

conjecture [kɔ̃ʒɛktyʀ] nf conjecture.

conjecturer [3] [kɔ̃ʒɛktyʀe] vt & vi to conjecture.

conjoint, e [kɔ̃ʒwɛ̃, ɛt] ❖ adj joint. ❖ nm, f spouse.

conjonction [kɔ̃ʒɔ̃ksjɔ̃] nf conjunction.

conjonctivite [kɔ̃ʒɔ̃ktivit] nf conjunctivitis (U).

conjoncture [kɔ̃ʒɔ̃ktyʀ] nf ÉCON situation, circumstances pl.

conjugaison [kɔ̃ʒygɛzɔ̃] nf **1.** [union] uniting **2.** GRAM conjugation.

conjugal, e, aux [kɔ̃ʒygal, o] adj conjugal.

conjuguer [3] [kɔ̃ʒyge] vt **1.** [unir] to combine **2.** GRAM to conjugate.

conjuration [kɔ̃ʒyʀasjɔ̃] nf **1.** [conspiration] conspiracy **2.** [exorcisme] exorcism.

connaissance [kɔnɛsɑ̃s] nf **1.** [savoir] knowledge (U) ▸ **à ma connaissance** to (the best of) my knowledge ▸ **en connaissance de cause** with full knowledge of the facts ▸ **prendre connaissance de qqch** to study sthg, to examine sthg **2.** [personne] acquaintance ▸ **faire connaissance (avec qqn)** to become acquainted (with sb) ▸ **faire la connaissance de** to meet **3.** [conscience] ▸ **perdre / reprendre connaissance** to lose/regain consciousness. ❖ **connaissances** nfpl knowledge / **avoir des connaissances sommaires en** to have a basic knowledge of, to know the rudiments of.

connaisseur, euse [kɔnɛsœʀ, øz] ❖ adj expert (avant n). ❖ nm, f connoisseur.

connaître [91] [kɔnɛtʀ] vt **1.** [gén] to know / **connaître qqn de nom / de vue** to know sb by name/sight **2.** [éprouver] to experience. ❖ **se connaître** vp **1.** [être expert] ▸ **s'y connaître en** to know about / **il s'y connaît** he knows what he's talking about/doing **2.** [soi-même] to know o.s. **3.** [se rencontrer] to meet (each other) / **ils se connaissent** they've met each other.

connard [kɔnaʀ] nm vulg wanker 🇬🇧, arsehole 🇬🇧, asshole 🇺🇸.

connasse [kɔnas] nf vulg stupid cow ou bitch.

connecter [4] [kɔnɛkte] vt to connect.

connexion [kɔnɛksjɔ̃] nf connection.

connu, e [kɔny] ❖ pp ⟶ **connaître**. ❖ adj [célèbre] well-known, famous.

conquérant, e [kɔ̃keʀɑ̃, ɑ̃t] ❖ adj conquering. ❖ nm, f conqueror.

conquérir [39] [kɔ̃keʀiʀ] vt to conquer.

conquête [kɔ̃kɛt] nf conquest.

conquis, e [kɔ̃ki, iz] pp ⟶ **conquérir**.

consacré, e [kɔ̃sakʀe] adj **1.** [habituel] established, accepted **2.** RELIG consecrated.

consacrer [3] [kɔ̃sakʀe] vt **1.** [employer] ▸ **consacrer qqch à** to devote sthg to **2.** RELIG to consecrate. ❖ **se consacrer** vp ▸ **se consacrer à** to dedicate o.s. to, to devote o.s. to.

consanguin, e [kɔ̃sɑ̃gɛ̃, in] adj ▸ **frère consanguin** half-brother ▸ **sœur consanguine** half-sister ⟶ **mariage**.

consciemment [kɔ̃sjamɑ̃] adv knowingly, consciously.

conscience [kɔ̃sjɑ̃s] nf **1.** [connaissance & PSYCHO] consciousness ▸ **avoir conscience de qqch** to be aware of sthg **2.** [morale] conscience ▸ **bonne / mauvaise conscience** clear/guilty conscience ▸ **conscience professionnelle** professional integrity, conscientiousness.

consciencieux, euse [kɔ̃sjɑ̃sjø, øz] adj conscientious.

conscient, e [kɔ̃sjɑ̃, ɑ̃t] adj conscious ▸ **être conscient de qqch** [connaître] to be conscious of sthg.

conscription [kɔ̃skʀipsjɔ̃] nf conscription, draft 🇺🇸.

conscrit [kɔ̃skʀi] nm conscript, recruit, draftee 🇺🇸.

consécration [kɔ̃sekʀasjɔ̃] nf **1.** [reconnaissance] recognition ; [de droit, coutume] establishment **2.** RELIG consecration.

consécutif, ive [kɔ̃sekytif, iv] adj **1.** [successif & GRAM] consecutive **2.** [résultant] ▸ **consécutif à** resulting from.

conseil [kɔ̃sɛj] nm **1.** [avis] piece of advice, advice (U) ▸ **donner un conseil ou des conseils (à qqn)** to give (sb) advice **2.** [personne] ▸ **conseil (en)** consultant (in) **3.** [assemblée] council ▸ **conseil d'administration** board of directors ▸ **conseil de classe** staff meeting ▸ **conseil de discipline** disciplinary committee.

conseiller[1] [4] [kɔ̃seje] ❖ vt **1.** [recommander] to advise ▸ **conseiller qqch à qqn** to recommend sthg to sb **2.** [guider] to advise, to counsel. ❖ vi [donner un conseil] ▸ **conseiller à qqn de faire qqch** to advise sb to do sthg.

conseiller[2]**, ère** [kɔ̃seje, ɛʀ] nm, f **1.** [guide] counsellor 🇬🇧, counselor 🇺🇸 **2.** [d'un conseil] councillor 🇬🇧, councilor 🇺🇸 ▸ **conseiller municipal** town councillor 🇬🇧, city councilman (councilwoman) 🇺🇸.

consensuel, elle [kɔ̃sɑ̃sɥɛl] adj : *politique consensuelle* consensus politics.

consensus [kɔ̃sɛ̃sys] nm consensus.

consentement [kɔ̃sɑ̃tmɑ̃] nm consent.

consentir [37] [kɔ̃sɑ̃tir] vi ▸ **consentir à qqch** to consent to sthg.

conséquence [kɔ̃sekɑ̃s] nf consequence, result ▸ **ne pas tirer à conséquence** to be of no consequence.

conséquent, e [kɔ̃sekɑ̃, ɑ̃t] adj **1.** [cohérent] consistent **2.** *fam* [important] sizeable, considerable. ◆ **par conséquent** loc adv therefore, consequently.

conservateur, trice [kɔ̃sɛrvatœr, tris] ❖ adj conservative. ❖ nm, f **1.** POL conservative **2.** [administrateur] curator. ◆ **conservateur** nm preservative.

conservation [kɔ̃sɛrvasjɔ̃] nf **1.** [état, entretien] preservation **2.** [d'aliment] preserving.

conservatoire [kɔ̃sɛrvatwar] nm academy ▸ **conservatoire de musique** music college.

conserve [kɔ̃sɛrv] nf canned ou tinned 🇬🇧 food ▸ **en conserve a)** [en boîte] canned, tinned 🇬🇧 **b)** [en bocal] preserved, bottled.

conserver [3] [kɔ̃sɛrve] vt **1.** [garder, entretenir] to keep **2.** [entreposer - en boîte] to can ; [- en bocal] to bottle.

considérable [kɔ̃siderabl] adj considerable.

considération [kɔ̃siderasjɔ̃] nf **1.** [réflexion, motivation] consideration ▸ **prendre qqch en considération** to take sthg into consideration **2.** [estime] respect.

considérer [18] [kɔ̃sidere] vt to consider ▸ **tout bien considéré** all things considered.

consigne [kɔ̃siɲ] nf **1.** (*gén pl*) [instruction] instructions *pl* **2.** [entrepôt de bagages] left-luggage office 🇬🇧, checkroom 🇺🇸, baggage room 🇺🇸 ▸ **consigne automatique** left-luggage lockers *pl* 🇬🇧 **3.** [somme d'argent] deposit.

consigné, e [kɔ̃siɲe] adj returnable.

consistance [kɔ̃sistɑ̃s] nf [solidité] consistency ; *fig* substance.

consistant, e [kɔ̃sistɑ̃, ɑ̃t] adj **1.** [épais] thick **2.** [nourrissant] substantial **3.** [fondé] sound.

consister [3] [kɔ̃siste] vi ▸ **consister en** to consist of ▸ **consister à faire qqch** to consist in doing sthg.

consœur [kɔ̃sœr] ⟶ **confrère**.

consolation [kɔ̃sɔlasjɔ̃] nf consolation.

console [kɔ̃sɔl] nf **1.** [table] console (table) **2.** INFORM : *console de jeux* games console ▸ **console de visualisation** VDU, visual display unit.

consoler [3] [kɔ̃sɔle] vt [réconforter] ▸ **consoler qqn (de qqch)** to comfort sb (in sthg).

consolider [3] [kɔ̃sɔlide] vt *pr & fig* to strengthen.

consommateur, trice [kɔ̃sɔmatœr, tris] nm, f [acheteur] consumer ; [d'un bar] customer.

consommation [kɔ̃sɔmasjɔ̃] nf **1.** [utilisation] consumption ▸ **faire une grande** ou **grosse consommation de** to use (up) a lot of **2.** [boisson] drink.

consommé, e [kɔ̃sɔme] adj *sout* consummate. ◆ **consommé** nm consommé.

consommer [3] [kɔ̃sɔme] ❖ vt **1.** [utiliser] to use (up) **2.** [manger] to eat **3.** [énergie] to consume, to use. ❖ vi **1.** [boire] to drink **2.** [voiture] : *cette voiture consomme beaucoup* this car uses a lot of fuel.

consonance [kɔ̃sɔnɑ̃s] nf consonance.

consonne [kɔ̃sɔn] nf consonant.

conspirateur, trice [kɔ̃spiratœr, tris] nm, f conspirator.

conspiration [kɔ̃spirasjɔ̃] nf conspiracy.

conspirer [3] [kɔ̃spire] ❖ vt [comploter] to plot. ❖ vi to plot, to conspire.

constamment [kɔ̃stamɑ̃] adv constantly.

constant, e [kɔ̃stɑ̃, ɑ̃t] adj constant.

constat [kɔ̃sta] nm **1.** [procès-verbal] report **2.** [constatation] established fact.

constatation [kɔ̃statasjɔ̃] nf **1.** [révélation] observation **2.** [fait retenu] finding.

constater [3] [kɔ̃state] vt **1.** [se rendre compte de] to see, to note **2.** [consigner - fait, infraction] to record ; [- décès, authenticité] to certify.

constellation [kɔ̃stelasjɔ̃] nf ASTRON constellation.

consternation [kɔ̃stɛrnasjɔ̃] nf dismay.

consterner [3] [kɔ̃stɛrne] vt to dismay.

constipation [kɔ̃stipasjɔ̃] nf constipation.

constipé, e [kɔ̃stipe] adj **1.** MÉD constipated **2.** *fam & fig* [manière, air] ill at ease.

constitué, e [kɔ̃stitɥe] adj [composé] ▸ **constitué de** consisting of, composed of.

constituer [7] [kɔ̃stitɥe] vt **1.** [élaborer] to set up **2.** [composer] to make up **3.** [représenter] to constitute.

constitution [kɔ̃stitysjɔ̃] nf **1.** [création] setting up **2.** [de pays, de corps] constitution.

constructeur [kɔ̃stryktœr] nm **1.** [fabricant] manufacturer ; [de navire] shipbuilder **2.** [bâtisseur] builder.

constructif, ive [kɔ̃stryktif, iv] adj **1.** [créateur] creative **2.** [positif] constructive.

construction [kɔ̃stryksjɔ̃] nf **1.** [dans l'industrie] building, construction ▸ **construction navale** shipbuilding **2.** [édifice] structure, building **3.** GRAM construction.

construire [98] [kɔ̃strɥir] vt **1.** [bâtir, fabriquer] to build **2.** [théorie, phrase] to construct.

construit, e [kɔ̃strɥi, it] pp →→ **construire**.

consul, e [kɔ̃syl] nm, f consul ▸ **consul honoraire** honorary consul.

consulat [kɔ̃syla] nm [résidence] consulate.

consultant, e [kɔ̃syltɑ̃, ɑ̃t] ◆ adj : **médecin consultant** consultant. ◆ nm, f consultant ▸ **consultant en gestion** management consultant.

consultation [kɔ̃syltasjɔ̃] nf **1.** [d'ouvrage] ▸ **de consultation aisée** easy to use **2.** MÉD & POL consultation.

consulter [3] [kɔ̃sylte] ◆ vt **1.** [compulser] to consult **2.** [interroger, demander conseil à] to consult, to ask **3.** [spécialiste] to consult, to see. ◆ vi [médecin] to see patients, to take ou hold surgery **UK** ; [avocat] to be available for consultation. ◆ **se consulter** vp to confer.

contact [kɔ̃takt] nm **1.** [gén] contact **/** *le contact du marbre est froid* marble is cold to the touch ▸ **au contact de** on contact with **2.** [relations] contact ▸ **prendre contact avec** to make contact with ▸ **rester en contact (avec)** to stay in touch (with) **3.** AUTO ignition ▸ **mettre / couper le contact** to switch on / off the ignition.

contacter [3] [kɔ̃takte] vt to contact.

contagieux, euse [kɔ̃taʒjø, øz] adj MÉD contagious ; *fig* infectious.

contagion [kɔ̃taʒjɔ̃] nf MÉD contagion ; *fig* infectiousness.

container = **conteneur**.

contaminer [3] [kɔ̃tamine] vt [infecter] to contaminate ; *fig* to contaminate, to infect.

conte [kɔ̃t] nm story ▸ **conte de fées** fairy tale ou story.

contemplation [kɔ̃tɑ̃plasjɔ̃] nf contemplation.

contempler [3] [kɔ̃tɑ̃ple] vt to contemplate.

contemporain, e [kɔ̃tɑ̃pɔrɛ̃, ɛn] nm, f contemporary.

contenance [kɔ̃tnɑ̃s] nf **1.** [capacité volumique] capacity **2.** [attitude] ▸ **se donner une contenance** to give an impression of composure ▸ **perdre contenance** to lose one's composure.

conteneur [kɔ̃tənœr], **container** [kɔ̃tɛnɛr] nm (freight) container.

contenir [40] [kɔ̃tnir] vt to contain, to hold, to take. ◆ **se contenir** vp to contain o.s., to control o.s.

content, e [kɔ̃tɑ̃, ɑ̃t] adj [satisfait] ▸ **content (de qqn / qqch)** happy (with sb / sthg), content (with sb / sthg) ▸ **content de faire qqch** happy to do sthg.

contentement [kɔ̃tɑ̃tmɑ̃] nm satisfaction.

contenter [3] [kɔ̃tɑ̃te] vt to satisfy. ◆ **se contenter** vp ▸ **se contenter de qqch / de faire qqch** to content o.s. with sthg / with doing sthg.

contentieux [kɔ̃tɑ̃sjø] nm [litige] dispute ; [service] legal department.

contenu, e [kɔ̃tny] pp →→ **contenir**. ◆ **contenu** nm **1.** [de récipient] contents pl **2.** [de texte, discours] content.

conter [3] [kɔ̃te] vt to tell.

contestable [kɔ̃tɛstabl] adj questionable.

contestation [kɔ̃tɛstasjɔ̃] nf **1.** [protestation] protest, dispute **2.** POL ▸ **la contestation** anti-establishment activity.

conteste [kɔ̃tɛst] ◆ **sans conteste** loc adv unquestionably.

contester [3] [kɔ̃tɛste] ◆ vt to dispute, to contest. ◆ vi to protest.

conteur, euse [kɔ̃tœr, øz] nm, f storyteller.

contexte [kɔ̃tɛkst] nm context.

contigu, uë [kɔ̃tigy] adj ▸ **contigu (à)** adjacent (to).

continent [kɔ̃tinɑ̃] nm continent.

continental, e, aux [kɔ̃tinɑ̃tal, o] adj continental.

contingence [kɔ̃tɛ̃ʒɑ̃s] nf MATH & PHILO contingency.

contingent [kɔ̃tɛ̃ʒɑ̃] nm **1.** MIL national service conscripts pl **UK**, draft **US 2.** COMM quota.

continu, e [kɔ̃tiny] adj [ininterrompu] continuous.

continuation [kɔ̃tinɥasjɔ̃] nf continuation.

continuel, elle [kɔ̃tinɥɛl] adj **1.** [continu] continuous **2.** [répété] continual.

continuellement [kɔ̃tinɥɛlmɑ̃] adv continually.

continuer [7] [kɔ̃tinɥe] ❖ vt [poursuivre] to carry on with, to continue (with). ❖ vi to continue, to go on ▸ **continuer à ou de faire qqch** to continue to do ou doing sthg.

continuité [kɔ̃tinɥite] nf continuity.

contondant, e [kɔ̃tɔ̃dɑ̃, ɑ̃t] adj blunt.

contorsionner [3] [kɔ̃tɔʀsjɔne] ❖ **se contorsionner** vp to contort (o.s.), to writhe.

contour [kɔ̃tuʀ] nm **1.** [limite] outline **2.** (gén pl) [courbe] bend.

contourner [3] [kɔ̃tuʀne] vt pr & fig to bypass, to get around.

contraceptif, ive [kɔ̃tʀasɛptif, iv] adj contraceptive. ❖ **contraceptif** nm contraceptive.

contraception [kɔ̃tʀasɛpsjɔ̃] nf contraception.

contracter [3] [kɔ̃tʀakte] vt **1.** [muscle] to contract, to tense ; [visage] to contort **2.** [maladie] to contract, to catch **3.** [engagement] to contract ; [assurance] to take out.

contraction [kɔ̃tʀaksjɔ̃] nf contraction ; [d'un muscle] tenseness.

contractuel, elle [kɔ̃tʀaktɥɛl] nm, f traffic warden **UK**.

contradiction [kɔ̃tʀadiksjɔ̃] nf contradiction.

contradictoire [kɔ̃tʀadiktwaʀ] adj contradictory ▸ **débat contradictoire** open debate.

contraignant, e [kɔ̃tʀɛɲɑ̃, ɑ̃t] adj restricting.

contraindre [80] [kɔ̃tʀɛ̃dʀ] vt ▸ **contraindre qqn à faire qqch** to compel ou force sb to do sthg ▸ **être contraint de faire qqch** to be compelled ou forced to do sthg.

contraint, e [kɔ̃tʀɛ̃, ɛ̃t] ❖ pp —➤ contraindre. ❖ adj forced. ❖ **contrainte** nf constraint ▸ **sans contrainte** freely.

contraire [kɔ̃tʀɛʀ] ❖ nm ▸ **le contraire** the opposite / **je n'ai jamais dit le contraire** I have never denied it. ❖ adj opposite ▸ **contraire à a)** [non conforme à] contrary to **b)** [nuisible à] harmful to, damaging to. ❖ **au contraire** loc adv on the contrary. ❖ **au contraire de** loc prép unlike.

contrairement [kɔ̃tʀɛʀmɑ̃] ❖ **contrairement à** loc prép contrary to.

contrarier [9] [kɔ̃tʀaʀje] vt **1.** [contrecarrer] to thwart, to frustrate **2.** [irriter] to annoy.

contrariété [kɔ̃tʀaʀjete] nf annoyance.

contraste [kɔ̃tʀast] nm contrast.

contraster [3] [kɔ̃tʀaste] vt & vi to contrast.

contrat [kɔ̃tʀa] nm contract, agreement ▸ **contrat d'apprentissage** apprenticeship contract ▸ **contrat à durée déterminée / indéterminée** fixed-term/permanent contract.

contravention [kɔ̃tʀavɑ̃sjɔ̃] nf [amende] fine ▸ **contravention pour stationnement interdit** parking ticket ▸ **dresser une contravention à qqn** to fine sb.

contre [kɔ̃tʀ] ❖ prép **1.** [juxtaposition, opposition] against **2.** [proportion, comparaison] : *élu par 15 voix contre 9* elected by 15 votes to 9 **3.** [échange] (in exchange) for. ❖ adv [juxtaposition] : *prends la rampe et appuie-toi contre* take hold of the rail and lean against it. ❖ **par contre** loc adv on the other hand.

contre-allée (pl contre-allées) [kɔ̃tʀale] nf [d'une avenue] service ou frontage **US** road ; [d'une promenade] side track ou path.

contre-attaque [kɔ̃tʀatak] (pl contre-attaques) nf counterattack.

contre-attaquer [3] [kɔ̃tʀatake] vt to counterattack, to strike back (sép).

contrebalancer [16] [kɔ̃tʀəbalɑ̃se] vt to counterbalance, to offset.

contrebande [kɔ̃tʀəbɑ̃d] nf [activité] smuggling ; [marchandises] contraband.

contrebandier, ère [kɔ̃tʀəbɑ̃dje, ɛʀ] nm, f smuggler.

contrebas [kɔ̃tʀəba] ❖ **en contrebas** loc adv (down) below.

contrebasse [kɔ̃tʀəbas] nf [instrument] (double) bass.

contrecarrer [3] [kɔ̃tʀəkaʀe] vt to thwart, to frustrate.

contrecœur [kɔ̃tʀəkœʀ] ❖ **à contrecœur** loc adv grudgingly.

contrecoup [kɔ̃tʀəku] nm consequence.

contre-courant [kɔ̃tʀəkuʀɑ̃] ❖ **à contre-courant** loc adv [d'un cours d'eau] against the current.

contredire [103] [kɔ̃tʀədiʀ] vt to contradict. ❖ **se contredire** vp **1.** (emploi réciproque) to contradict (each other) **2.** (emploi réfléchi) to contradict o.s.

contredit, e [kɔ̃tʀədi, it] pp ⟶ **contredire**.

contrée [kɔ̃tʀe] nf [pays] land ; [région] region.

contre-espionnage [kɔ̃tʀɛspjɔnaʒ] (pl **contre-espionnages**) nm counterespionage.

contre-exemple [kɔ̃tʀɛgzɑ̃pl] (pl **contre-exemples**) nm example to the contrary.

contre-expertise [kɔ̃tʀɛkspɛʀtiz] (pl **contre-expertises**) nf second (expert) opinion.

contrefaçon [kɔ̃tʀəfasɔ̃] nf [activité] counterfeiting ; [produit] forgery.

contrefaire [109] [kɔ̃tʀəfɛʀ] vt 1. [signature, monnaie] to counterfeit, to forge 2. [voix] to disguise.

contrefort [kɔ̃tʀəfɔʀ] nm 1. [pilier] buttress 2. [de chaussure] back. ◆ **contreforts** nmpl foothills.

contre-indication [kɔ̃tʀɛ̃dikasjɔ̃] (pl **contre-indications**) nf contraindication.

contre-indiqué, e (mpl **contre-indiqués**, fpl **contre-indiquées**) [kɔ̃tʀɛ̃dike] adj MÉD contraindicated.

contre-jour [kɔ̃tʀəʒuʀ] ◆ **à contre-jour** loc adv against the light.

contremaître, esse [kɔ̃tʀəmɛtʀ, ɛs] nm, f foreman (forewoman).

contremarque [kɔ̃tʀəmark] nf [pour sortir d'un spectacle] pass-out ticket 🇬🇧.

contre-offensive [kɔ̃tʀɔfɑ̃siv] (pl **contre-offensives**) nf counteroffensive.

contre-ordre = **contrordre**.

contrepartie [kɔ̃tʀəparti] nf 1. [compensation] compensation 2. [contraire] opposing view. ◆ **en contrepartie** loc adv in return.

contre-performance [kɔ̃tʀəpɛʀfɔʀmɑ̃s] (pl **contre-performances**) nf disappointing performance.

contrepèterie [kɔ̃tʀəpɛtʀi] nf spoonerism.

contre-pied [kɔ̃tʀəpje] nm ▸ **prendre le contre-pied de** to do the opposite of.

contreplaqué [kɔ̃tʀəplake] nm plywood.

contre-plongée [kɔ̃tʀəplɔ̃ʒe] (pl **contre-plongées**) nf low-angle shot. ◆ **en contre-plongée** loc adv from below / prends-la en contre-plongée get a low-angle shot of her, shoot her from below.

contrepoids [kɔ̃tʀəpwa] nm pr & fig counterbalance, counterweight.

contre-pouvoir [kɔ̃tʀəpuvwaʀ] (pl **contre-pouvoirs**) nm counterbalance.

contrer [3] [kɔ̃tʀe] vt 1. [s'opposer à] to counter 2. [jeux de cartes] to double.

contresens [kɔ̃tʀəsɑ̃s] nm 1. [erreur - de traduction] mistranslation ; [- d'interprétation] misinterpretation 2. [absurdité] nonsense (U). ◆ **à contresens** loc adv [traduire, comprendre, marcher] the wrong way.

contresigner [3] [kɔ̃tʀəsiɲe] vt to countersign.

contretemps [kɔ̃tʀətɑ̃] nm hitch, mishap. ◆ **à contretemps** loc adv MUS out of time ; fig at the wrong moment.

contrevenir [40] [kɔ̃tʀəvniʀ] vi ▸ **contrevenir à** to contravene, to infringe.

contribuable [kɔ̃tʀibɥabl] nmf taxpayer.

contribuer [7] [kɔ̃tʀibɥe] vi ▸ **contribuer à** to contribute to ou towards.

contribution [kɔ̃tʀibysjɔ̃] nf ▸ **contribution (à)** contribution (to) ▸ **mettre qqn à contribution** to call on sb's services. ◆ **contributions** nfpl taxes ▸ **contributions directes / indirectes** direct/indirect taxation.

contrit, e [kɔ̃tʀi, it] adj contrite.

contrôle [kɔ̃tʀol] nm 1. [vérification - de déclaration] check; checking (U) ; [- de documents, billets] inspection ▸ **contrôle d'identité** identity check / contrôle parental parental control 2. [maîtrise, commande] control ▸ **contrôle des naissances** birth control ▸ **contrôle des prix** price control 3. SCOL test.

contrôler [3] [kɔ̃tʀole] vt 1. [vérifier - documents, billets] to inspect ; [- déclaration] to check ; [- connaissances] to test 2. [maîtriser, diriger] to control 3. TECHNOL to monitor, to control.

contrôleur, euse [kɔ̃tʀolœʀ, øz] nm, f [de train] ticket inspector ; [d'autobus] (bus) conductor ▸ **contrôleur aérien** air traffic controller.

contrordre [kɔ̃tʀɔʀdʀ] nm countermand ▸ **sauf contrordre** unless otherwise instructed.

controverse [kɔ̃tʀovɛʀs] nf controversy.

controversé, e [kɔ̃tʀovɛʀse] adj [personne, décision] controversial.

contumace [kɔ̃tymas] nf DR ▸ **condamné par contumace** sentenced in absentia.

contusion [kɔ̃tyzjɔ̃] nf bruise, contusion.

convaincant, e [kɔ̃vɛ̃kɑ̃, ɑ̃t] adj convincing.

convaincre [114] [kɔ̃vɛ̃kʀ] vt 1. [persuader] ▸ **convaincre qqn (de qqch)** to convince sb (of sthg) ▸ **convaincre qqn (de faire qqch)** to persuade sb (to do sthg) 2. DR ▸ **convaincre qqn de** to find sb guilty of, to convict sb of.

convaincu, e [kɔ̃vɛ̃ky] ❖ pp ⟶ **convaincre**. ❖ adj [partisan] committed / *d'un ton convaincu, d'un air convaincu* with conviction.

convainquant [kɔ̃vɛ̃kɑ̃] p prés ⟶ **convaincre**.

convalescence [kɔ̃valesɑ̃s] nf convalescence ▸ **être en convalescence** to be convalescing ou recovering.

convalescent, e [kɔ̃valesɑ̃, ɑ̃t] adj & nm, f convalescent.

convenable [kɔ̃vnabl] adj **1.** [manières, comportement] polite ; [tenue, personne] decent, respectable **2.** [acceptable] adequate, acceptable.

convenance [kɔ̃vnɑ̃s] nf ▸ **à ma / votre convenance** as suits me / you best. ❖ **convenances** nfpl proprieties.

convenir [40] [kɔ̃vniʀ] vi **1.** [décider] ▸ **convenir de qqch / de faire qqch** to agree on sthg / to do sthg **2.** [plaire] ▸ **convenir à qqn** to suit sb, to be convenient for sb **3.** [être approprié] ▸ **convenir à** ou **pour** to be suitable for **4.** sout [admettre] ▸ **convenir de qqch** to admit to sthg ▸ **convenir que** to admit (that).

convention [kɔ̃vɑ̃sjɔ̃] nf **1.** [règle, assemblée] convention **2.** [accord] agreement ▸ **convention collective** collective agreement.

conventionné, e [kɔ̃vɑ̃sjɔne] adj ≃ National Health (avant n) 🇬🇧.

conventionnel, elle [kɔ̃vɑ̃sjɔnɛl] adj conventional.

convenu, e [kɔ̃vny] ❖ pp ⟶ **convenir**. ❖ adj [décidé] ▸ **comme convenu** as agreed.

convergent, e [kɔ̃vɛʀʒɑ̃, ɑ̃t] adj convergent.

converger [17] [kɔ̃vɛʀʒe] vi ▸ **converger (vers)** to converge (on).

conversation [kɔ̃vɛʀsasjɔ̃] nf conversation.

converser [3] [kɔ̃vɛʀse] vi sout ▸ **converser (avec)** to converse (with).

conversion [kɔ̃vɛʀsjɔ̃] nf [gén] ▸ **conversion (à / en)** conversion (to / into).

convertible [kɔ̃vɛʀtibl] nm [canapé-lit] sofa bed.

convertir [32] [kɔ̃vɛʀtiʀ] vt ▸ **convertir qqn (à)** to convert sb (to) ▸ **convertir qqch (en)** to convert sthg (into). ❖ **se convertir** vp ▸ **se convertir (à)** to be converted (to).

convertisseur [kɔ̃vɛʀtisœʀ] nm **1.** [métallurgie, électricité] converter ▸ **convertisseur d'images** INFORM & TV image converter

2. INFORM : *convertisseur numérique* digitizer ▸ **convertisseur série-parallèle** staticizer.

convexe [kɔ̃vɛks] adj convex.

conviction [kɔ̃viksjɔ̃] nf conviction.

convier [9] [kɔ̃vje] vt ▸ **convier qqn à** to invite sb to.

convive [kɔ̃viv] nmf guest (at a meal).

convivial, e, aux [kɔ̃vivjal, o] adj **1.** [réunion] convivial **2.** INFORM user-friendly.

convocation [kɔ̃vɔkasjɔ̃] nf [avis écrit] summons sg, notification to attend.

convoi [kɔ̃vwa] nm **1.** [de véhicules] convoy **2.** [train] train.

convoiter [3] [kɔ̃vwate] vt to covet.

convoitise [kɔ̃vwatiz] nf covetousness.

convoquer [3] [kɔ̃vɔke] vt **1.** [assemblée] to convene **2.** [pour un entretien] to invite **3.** [subalterne, témoin] to summon **4.** [à un examen] ▸ **convoquer qqn** to ask sb to attend.

convoyer [13] [kɔ̃vwaje] vt to escort.

convoyeur, euse [kɔ̃vwajœʀ, øz] nm, f escort ▸ **convoyeur de fonds** security guard.

convulsion [kɔ̃vylsjɔ̃] nf convulsion.

cookie [kuki] nm **1.** [petit gâteau] biscuit 🇬🇧, cookie 🇺🇸 **2.** INFORM cookie.

cool [kul] adj inv fam [décontracté] laid-back, cool.

coopération [kɔɔpeʀasjɔ̃] nf **1.** [collaboration] cooperation **2.** [aide] ▸ **la coopération** ≃ overseas development.

coopérer [18] [kɔɔpeʀe] vi ▸ **coopérer (à)** to cooperate (in).

coordination [kɔɔʀdinasjɔ̃] nf coordination.

coordonnée [kɔɔʀdɔne] nf LING coordinate clause. ❖ **coordonnées** nfpl **1.** GÉOGR & MATH coordinates **2.** [adresse] address and phone number, details.

coordonner [3] [kɔɔʀdɔne] vt to coordinate.

copain, ine [kɔpɛ̃, in] ❖ adj friendly, matey 🇬🇧 ▸ **être très copains** to be great friends. ❖ nm, f [ami] friend, mate 🇬🇧 ; [petit ami] boyfriend (girlfriend).

copeau, x [kɔpo] nm [de bois] (wood) shaving.

Copenhague [kɔpɛnag] npr Copenhagen.

copie [kɔpi] nf **1.** [double, reproduction] copy **2.** [SCOL - de devoir] clean ou fair 🇬🇧 copy ; [- d'examen] paper, script **3.** INFORM ▸ **copie d'écran** screen dump.

copier [9] [kɔpje] ❖ vt [gén & INFORM] to copy. ❖ vi ▸ **copier sur qqn** to copy from sb.

copier-coller [kɔpjekɔle] nm inv INFORM copy and paste.

copieux, euse [kɔpjø, øz] adj copious.

copilote [kɔpilɔt] nmf copilot.

copine ⟶ **copain**.

coproduction [kɔprɔdyksjɔ̃] nf coproduction.

copropriétaire [kɔprɔprijetɛr] nmf co-owner, joint owner.

copropriété [kɔprɔprijete] nf 1. [gén - fait d'être copropriétaire] co-ownership, joint ownership 2. [immeuble] (jointly owned) apartment building.

coq [kɔk] nm cock **UK**, rooster **US** ▸ **coq au vin** chicken cooked with red wine, bacon, mushrooms and shallots ▸ **sauter** ou **passer du coq à l'âne** to jump from one subject to another.

coque [kɔk] nf 1. [de noix] shell 2. [de navire] hull.

coquelicot [kɔkliko] nm poppy.

coqueluche [kɔklyʃ] nf whooping cough.

coquet, ette [kɔkɛ, ɛt] adj 1. [vêtements] smart, stylish ; [ville, jeune fille] pretty 2. (avant n) hum [important] : la coquette somme de 100 livres the tidy sum of £100. ❖ **coquette** nf flirt.

coquetier [kɔktje] nm eggcup.

coquetterie [kɔkɛtri] nf [désir de plaire] coquettishness.

coquillage [kɔkijaʒ] nm 1. [mollusque] shellfish 2. [coquille] shell.

coquille [kɔkij] nf 1. [de mollusque, noix, œuf] shell ▸ **coquille de noix** [embarcation] cockleshell 2. TYPO misprint.

coquillettes [kɔkijɛt] nfpl pasta shells.

coquin, e [kɔkɛ̃, in] ❖ adj [sous-vêtement] sexy, naughty ; [regard, histoire] saucy. ❖ nm, f rascal.

cor [kɔr] nm 1. [instrument] horn 2. [au pied] corn. ❖ **à cor et à cri** loc adv ▸ **réclamer qqch à cor et à cri** to clamour **UK** ou clamor **US** for sthg.

corail, aux [kɔraj, o] nm 1. [gén] coral 2. RAIL ▸ **train corail** ≃ express train.

Coran [kɔrɑ̃] nm ▸ **le Coran** the Koran.

corbeau, x [kɔrbo] nm 1. [oiseau] crow 2. [délateur] writer of poison-pen letters.

corbeille [kɔrbɛj] nf 1. [panier] basket ▸ **corbeille à linge** washing basket, hamper **US** ▸ **corbeille à papier** wastepaper basket, waste basket **US** 2. INFORM trash (can) 3. THÉÂTRE (dress) circle 4. FIN ▸ **la corbeille** the Stock Exchange.

corbillard [kɔrbijar] nm hearse.

cordage [kɔrdaʒ] nm 1. [de bateau] rigging (U) 2. [de raquette] strings pl.

corde [kɔrd] nf 1. [filin] rope ▸ **corde à linge** clothesline, washing line **UK** ▸ **corde à sauter** skipping rope **UK**, jump rope **US** 2. [d'instrument, arc] string 3. ANAT ▸ **cordes vocales** vocal cords 4. [équitation] rails pl 5. [athlétisme] inside (lane).

cordée [kɔrde] nf roped party (of mountaineers).

cordial, e, aux [kɔrdjal, o] adj warm, cordial.

cordialement [kɔrdjalmɑ̃] adv [saluer] warmly, cordially ; [en fin de lettre] kind regards.

cordillère [kɔrdijɛr] nf mountain range ; GÉOGR cordillera.

cordon [kɔrdɔ̃] nm string, cord ▸ **cordon ombilical** umbilical cord ▸ **cordon de police** police cordon.

cordon-bleu [kɔrdɔ̃blø] nm cordon bleu cook.

cordonnerie [kɔrdɔnri] nf [magasin] shoe repairer's, cobbler's vieilli.

cordonnier, ère [kɔrdɔnje, ɛr] nm, f shoe repairer, cobbler vieilli.

Corée [kɔre] nf Korea.

coriace [kɔrjas] adj pr & fig tough.

coriandre [kɔrjɑ̃dr] nf coriander.

cormoran [kɔrmɔrɑ̃] nm cormorant.

corne [kɔrn] nf 1. [gén] horn ; [de cerf] antler 2. [callosité] hard skin (U), callus.

cornée [kɔrne] nf cornea.

corneille [kɔrnɛj] nf crow.

cornemuse [kɔrnəmyz] nf bagpipes pl.

corner[1] [kɔrne] vt [page] to turn down the corner of.

corner[2] [kɔrnɛr] nm FOOT corner (kick).

cornet [kɔrnɛ] nm 1. [d'aliment] cone, cornet **UK** vieilli 2. [de jeu] (dice) shaker.

corniaud, corniot [kɔrnjo] nm 1. [chien] mongrel 2. fam [imbécile] idiot.

corniche [kɔrniʃ] nf 1. [route] cliff road 2. [moulure] cornice.

cornichon [kɔʀniʃɔ̃] nm **1.** [condiment] gherkin, pickle US **2.** fam [imbécile] idiot.

corniot = corniaud.

Cornouailles [kɔʀnwaj] nf : *la Cornouailles* Cornwall.

corollaire [kɔʀɔlɛʀ] nm corollary.

corolle [kɔʀɔl] nf corolla.

coron [kɔʀɔ̃] nm [village] mining village.

corporation [kɔʀpɔʀasjɔ̃] nf corporate body.

corporel, elle [kɔʀpɔʀɛl] adj [physique - besoin] bodily ; [-châtiment] corporal.

corps [kɔʀ] nm **1.** [gén] body **2.** [groupe] ▸ *corps d'armée* (army) corps ▸ *corps enseignant* a) [profession] teaching profession b) [d'école] teaching staff **3.** EXPR *se dévouer corps et âme à* to commit o.s. body and soul to.

corpulent, e [kɔʀpylɑ̃, ɑ̃t] adj corpulent, stout.

correct, e [kɔʀɛkt] adj **1.** [exact] correct, right **2.** [honnête] correct, proper **3.** [acceptable] decent ; [travail] fair.

correctement [kɔʀɛktəmɑ̃] adv **1.** [sans faute] accurately **2.** [décemment] properly.

correcteur, trice [kɔʀɛktœʀ, tʀis] ◆ adj corrective. ◆ nm, f **1.** [d'examen] examiner, marker UK, grader US **2.** TYPO proofreader. ◆ *correcteur orthographique* nm spellchecker.

correction [kɔʀɛksjɔ̃] nf **1.** [d'erreur] correction **2.** [punition] punishment **3.** TYPO proofreading **4.** [notation] marking **5.** [bienséance] propriety.

corrélation [kɔʀelasjɔ̃] nf correlation.

correspondance [kɔʀɛspɔ̃dɑ̃s] nf **1.** [gén] correspondence ▸ *cours par correspondance* correspondence course **2.** [transports] connection ▸ *assurer la correspondance avec* to connect with.

correspondant, e [kɔʀɛspɔ̃dɑ̃, ɑ̃t] ◆ adj corresponding. ◆ nm, f **1.** [par lettres] correspondent, pen pal, penfriend UK **2.** [par téléphone] : *je vous passe votre correspondant* I'll put you through **3.** PRESSE correspondent.

correspondre [75] [kɔʀɛspɔ̃dʀ] vi **1.** [être conforme] ▸ *correspondre à* to correspond to **2.** [par lettres] ▸ *correspondre avec* to correspond with.

corrida [kɔʀida] nf bullfight.

corridor [kɔʀidɔʀ] nm corridor.

corrigé [kɔʀiʒe] nm correct version.

corriger [17] [kɔʀiʒe] vt **1.** TYPO to correct, to proofread **2.** [noter] to mark **3.** [guérir] ▸ *corriger qqn de* to cure sb of **4.** [punir] to give a good hiding to. ◆ *se corriger* vp [d'un défaut] ▸ *se corriger de* to cure o.s. of.

corroborer [3] [kɔʀɔbɔʀe] vt to corroborate.

corroder [3] [kɔʀɔde] vt [ronger] to corrode ; *fig* to erode.

corrompre [78] [kɔʀɔ̃pʀ] vt **1.** [soudoyer] to bribe **2.** [dépraver] to corrupt.

corrompu, e [kɔʀɔ̃py] ◆ pp ⟶ *corrompre*. ◆ adj [fonctionnaire, âme] corrupt.

corrosif, ive [kɔʀozif, iv] adj **1.** [acide] corrosive **2.** *fig* [ironie] biting. ◆ *corrosif* nm corrosive.

corrosion [kɔʀozjɔ̃] nf corrosion.

corruption [kɔʀypsjɔ̃] nf **1.** [subornation] bribery **2.** [dépravation] corruption.

corsage [kɔʀsaʒ] nm **1.** [chemisier] blouse **2.** [de robe] bodice.

corsaire [kɔʀsɛʀ] nm **1.** [navire, marin] corsair, privateer **2.** [pantalon] pedal-pushers *pl*.

corse [kɔʀs] ◆ adj Corsican. ◆ nm [langue] Corsican. ◆ *Corse* ◆ nmf Corsican. ◆ nf : *la Corse* Corsica.

corsé, e [kɔʀse] adj [café] strong ; [vin] fullbodied ; [plat, histoire] spicy.

corset [kɔʀsɛ] nm corset.

cortège [kɔʀtɛʒ] nm procession.

corvée [kɔʀve] nf **1.** MIL fatigue (duty) **2.** [activité pénible] chore.

cosinus [kɔsinys] nm cosine.

cosmétique [kɔsmetik] nm & adj cosmetic.

cosmique [kɔsmik] adj cosmic.

cosmonaute [kɔsmɔnot] nmf cosmonaut.

cosmopolite [kɔsmɔpɔlit] adj cosmopolitan.

cosmos [kɔsmos] nm **1.** [univers] cosmos **2.** [espace] outer space.

cossu, e [kɔsy] adj [maison] opulent.

Costa Rica [kɔstaʀika] nm : *le Costa Rica* Costa Rica.

costaud, ecostaud [kɔsto, od] adj sturdily built.

costume [kɔstym] nm **1.** [folklorique, de théâtre] costume **2.** [vêtement d'homme] suit.

costumé, e [kɔstyme] adj ▸ *bal costumé* fancy-dress ball.

costumier, ère [kɔstymje, ɛʀ] nm, f THÉÂTRE wardrobe master (mistress).

cotation [kɔtasjɔ̃] nf FIN quotation ▸ **cotation électronique** e-listing.

cote [kɔt] nf **1.** [marque de classement] classification mark ; [marque numérale] serial number **2.** FIN [valeur] quotation **3.** [popularité] rating **4.** [niveau] level ▸ **cote d'alerte a)** [de cours d'eau] danger level **b)** fig crisis point.

côte [kɔt] nf **1.** ANAT & BOT [de bœuf] rib ; [de porc, mouton, agneau] chop ▸ **côte à côte** side by side **2.** [pente] hill **3.** [littoral] coast ▸ **la Côte d'Azur** the French Riviera **4.** [tissu] ▸ **velours à côtes** corduroy.

côté [kote] nm **1.** [gén] side ▸ **être couché sur le côté** to be lying on one's side ▸ **être aux côtés de qqn** fig to be by sb's side ▸ **d'un côté…, de l'autre côté…** on the one hand…, on the other hand… / **et côté finances, ça va ?** fam how are things moneywise? **2.** [endroit, direction] direction, way / **de quel côté est-il parti ?** which way did he go? ▸ **de l'autre côté de** on the other side of ▸ **de tous côtés** from all directions ▸ **du côté de a)** [près de] near **b)** [direction] towards [UK], toward [US] **c)** [provenance] from. ▸ **à côté** loc adv **1.** [lieu - gén] nearby ; [- dans la maison adjacente] next door **2.** [cible] ▸ **tirer à côté** to shoot wide (of the target). ▸ **à côté de** loc prép **1.** [proximité] beside, next to **2.** [en comparaison avec] beside, compared to **3.** [en dehors de] ▸ **être à côté du sujet** to be off the point. ▸ **de côté** loc adv **1.** [se placer, marcher] sideways **2.** [en réserve] aside.

coteau [kɔto] nm **1.** [colline] hill **2.** [versant] slope.

Côte-d'Ivoire [kotdivwaʀ] nf : *la Côte-d'Ivoire* the Ivory Coast.

côtelé, e [kotle] adj ribbed ▸ **velours côtelé** corduroy.

côtelette [kotlɛt] nf [de porc, mouton, d'agneau] chop ; [de veau] cutlet.

coter [3] [kɔte] vt **1.** [marquer, noter] to mark **2.** FIN to quote.

côtier, ère [kotje, ɛʀ] adj coastal.

cotisation [kɔtizasjɔ̃] nf [à un club, un parti] subscription ; [à la Sécurité sociale] contribution.

cotiser [3] [kɔtize] vi [à un club, un parti] to subscribe ; [à la Sécurité sociale] to contribute. ▸ **se cotiser** vp to club together.

coton [kɔtɔ̃] nm cotton ▸ **coton (hydrophile)** (absorbent) cotton, cotton wool [UK].

Coton-Tige® [kɔtɔ̃tiʒ] (*pl* **Coton-Tiges**) nm cotton bud [UK], Q-tip® [US].

côtoyer [13] [kotwaje] vt *fig* [fréquenter] to mix with.

cou [ku] nm [de personne, bouteille] neck.

couchant [kuʃɑ̃] ◆ adj ⟶ **soleil**. ◆ nm west.

couche [kuʃ] nf **1.** [de peinture, de vernis] coat, layer ; [de poussière] film, layer **2.** [épaisseur] layer ▸ **couche d'ozone** ozone layer **3.** [de bébé] nappy [UK], diaper [US] **4.** [classe sociale] stratum. ◆ **fausse couche** nf miscarriage.

couché, e [kuʃe] adj ▸ **être couché a)** [étendu] to be lying down **b)** [au lit] to be in bed

couche-culotte [kuʃkylɔt] nf disposable nappy [UK] ou diaper [US].

coucher[1] [3] [kuʃe] ◆ vt **1.** [enfant] to put to bed **2.** [objet, blessé] to lay down. ◆ vi **1.** [passer la nuit] to spend the night **2.** *fam* [avoir des rapports sexuels] ▸ **coucher avec** to sleep with. ◆ **se coucher** vp **1.** [s'allonger] to lie down **2.** [se mettre au lit] to go to bed **3.** [astre] to set.

coucher[2] [kuʃe] nm **1.** [d'astre] setting ▸ **au coucher du soleil** at sunset **2.** [de personne] going to bed.

couchette [kuʃɛt] nf **1.** [de train] couchette **2.** [de navire] berth.

coucou [kuku] ◆ nm **1.** [oiseau] cuckoo **2.** [pendule] cuckoo clock **3.** *péj* [avion] crate. ◆ interj peekaboo!

coude [kud] nm **1.** [de personne, de vêtement] elbow ▸ **jouer des coudes** to elbow people aside **2.** [courbe] bend.

cou-de-pied [kudpje] (*pl* **cous-de-pied**) nm instep.

coudre [86] [kudʀ] vt [bouton] to sew on.

couenne [kwan] nf [de lard] rind.

couette [kwɛt] nf **1.** [édredon] duvet [UK], comforter [US] **2.** [coiffure] bunches *pl* [UK], pigtails *pl* [UK].

couffin [kufɛ̃] nm [berceau] Moses basket [UK], bassinet [US].

couille [kuj] nf (*gén pl*) *vulg* ball.

couiner [3] [kwine] vi **1.** [animal] to squeal **2.** [pleurnicher] to whine.

coulée [kule] nf **1.** [de matière liquide] ▸ **coulée de lave** lava flow ▸ **coulée de boue** mudslide **2.** [de métal] casting.

couler [3] [kule] ◆ vi **1.** [liquide] to flow / **faire couler un bain** to run a bath **2.** [beurre, fromage, nez] to run **3.** [navire, entreprise] to sink. ❖ vt **1.** [navire] to sink **2.** [métal, bronze] to cast.

couleur [kulœʀ] ❖ nf **1.** [teinte, caractère] colour **UK**, color **US 2.** [linge] coloureds pl **UK**, coloreds pl **US 3.** [jeux de cartes] suit **4.** **EXPR** en faire voir de toutes les couleurs à qqn fam to give sb a hard time. ❖ adj inv [télévision, pellicule] colour (avant n) **UK**, color (avant n) **US**.

couleuvre [kulœvʀ] nf grass snake.

coulisse [kulis] nf [glissière] : fenêtre / porte à coulisse sliding window / door. ❖ **coulisses** nfpl THÉÂTRE wings.

coulisser [3] [kulise] vi to slide.

couloir [kulwaʀ] nm **1.** [corridor] corridor **2.** GÉOGR gully **3.** SPORT [transports] lane.

coup [ku] nm **1.** [choc physique, moral] blow ▸ **coup de couteau** stab (with a knife) ▸ **un coup dur** fig a heavy blow ▸ **donner un coup de fouet à qqn** fig to give sb a shot in the arm ▸ **coup de grâce** pr & fig coup de grâce, death blow ▸ **coup de pied** kick ▸ **coup de poing** punch **2.** [action nuisible] trick **3.** [SPORT - au tennis] stroke ; [- en boxe] blow, punch ; [- au football] kick ▸ **coup franc** free kick **4.** [d'éponge, de chiffon] wipe ▸ **un coup de crayon** a pencil stroke **5.** [bruit] noise ▸ **coup de feu** shot, gunshot **6.** [action spectaculaire] ▸ **coup d'État** coup (d'état) ▸ **coup de théâtre** fig dramatic turn of events **7.** fam [fois] time **8.** **EXPR** avoir un coup de barre / de pompe fam to feel shattered **UK** ou pooped **US** ▸ **boire un coup** to have a drink ▸ **tenir le coup** to hold out ▸ **valoir le coup** to be well worth it. ❖ **coup de fil** nm fam phone call. ❖ **coup de foudre** nm love at first sight. ❖ **coup du lapin** nm fam AUTO whiplash (U). ❖ **coup de soleil** nm sunburn (U). ❖ **coup de téléphone** nm telephone ou phone call ▸ **donner** ou **passer un coup de téléphone à qqn** to telephone ou phone sb. ❖ **coup de vent** nm gust of wind ▸ **partir en coup de vent** to rush off. ❖ **à coup sûr** loc adv definitely. ❖ **du coup** loc adv as a result. ❖ **coup sur coup** loc adv one after the other. ❖ **sur le coup** loc adv **1.** [mourir] instantly **2.** [à ce moment-là] straightaway, there and then / je n'ai pas compris sur le coup I didn't understand immediately ou straightaway. ❖ **sous le coup de** loc prép [sous l'effet de] in the grip of. ❖ **tout à coup** loc adv suddenly.

coupable [kupabl] ❖ adj **1.** [personne, pensée] guilty **2.** [action, dessein] culpable, reprehensible ; [négligence, oubli] sinful. ❖ nmf guilty person ou party.

coupant, e [kupɑ̃, ɑ̃t] adj **1.** [tranchant] cutting **2.** fig [sec] sharp.

coupe [kup] nf **1.** [verre] glass **2.** [à fruits] dish **3.** SPORT cup **4.** [de vêtement, aux cartes] cut ▸ **coupe (de cheveux)** haircut **5.** [plan, surface] (cross) section **6.** [réduction] cut, cutback.

coupé, e [kupe] adj ▸ **bien / mal coupé** well / badly cut.

coupe-faim [kupfɛ̃] nm inv appetite suppressant.

coupe-légumes [kuplegym] nm inv vegetable cutter, vegetable slicer.

coupe-ongles [kupɔ̃gl] nm inv nail clippers pl.

coupe-papier [kuppapje] (pl **coupe-papiers**) nm paper knife.

couper [3] [kupe] ❖ vt **1.** [gén & INFORM] to cut **2.** [arbre] to cut down **3.** [pain] to slice ; [rôti] to carve **4.** [envie, appétit] to take away **5.** [vin] to dilute **6.** [jeux de cartes - avec atout] to trump ; [- paquet] to cut **7.** [interrompre, trancher] to cut off **8.** [traverser] to cut across. ❖ vi [gén] to cut. ❖ **se couper** vp **1.** [se blesser] to cut o.s. **2.** [se croiser] to cross **3.** [s'isoler] ▸ **se couper de** to cut o.s. off from.

couper-coller [kupekɔle] nm inv INFORM ▸ **faire un couper-coller** to cut and paste.

couperet [kupʀɛ] nm **1.** [de boucher] cleaver **2.** [de guillotine] blade.

couperosé, e [kupʀoze] adj blotchy.

coupe-vent [kupvɑ̃] nm inv [vêtement] windcheater, windbreaker **US**.

couple [kupl] nm [de personnes] couple ; [d'animaux] pair.

coupler [3] [kuple] vt [objets] to couple.

couplet [kuplɛ] nm verse.

coupole [kupɔl] nf ARCHIT dome, cupola.

coupon [kupɔ̃] nm **1.** [d'étoffe] remnant **2.** [billet] ticket.

coupon-réponse [kupɔ̃ʀepɔ̃s] (pl **coupons-réponse**) nm reply coupon.

coupure [kupyʀ] nf **1.** [gén] cut ; [billet de banque] ▸ **petite coupure** small denomination note **UK** ou bill **US** ▸ **coupure de courant a)** ÉLECTR power cut **b)** INFORM blackout **2.** fig [rupture] break.

cour [kuʀ] nf **1.** [espace] courtyard, yard **2.** [du roi, tribunal] court ; fig & hum following ▸ **Cour de cassation** final Court of Appeal **UK** ou Appeals **US** ▸ **cour martiale** court-martial.

courage [kuraʒ] nm courage / *je n'ai pas le courage de faire mes devoirs* I can't bring myself to do my homework ▶ **bon courage !** good luck!

courageux, euse [kuraʒø, øz] adj **1.** [brave] brave **2.** [audacieux] bold.

couramment [kuramɑ̃] adv **1.** [parler une langue] fluently **2.** [communément] commonly.

courant, e [kurɑ̃, ɑ̃t] adj **1.** [habituel] every-day *(avant n)* **2.** [en cours] present. ◆ **courant** nm **1.** [marin, atmosphérique, électrique] current ▶ **courant d'air** draught UK, draft US **2.** [d'idées] current **3.** [laps de temps] ▶ **dans le courant du mois / de l'année** in the course of the month / the year. ◆ **au courant** loc adv ▶ **être au courant** to know (about it) ▶ **mettre qqn au courant (de)** to tell sb (about) ▶ **tenir qqn au courant (de)** to keep sb informed (about) ▶ **se mettre / se tenir au courant (de)** to get/keep up to date (with).

courbature [kurbatyr] nf ache.

courbaturé, e [kurbatyre] adj aching.

courbe [kurb] ❖ nf curve ▶ **courbe de niveau** [sur une carte] contour (line). ❖ adj curved.

courber [3] [kurbe] ❖ vt **1.** [tige] to bend **2.** [tête] to bow. ❖ vi to bow. ◆ **se courber** vp **1.** [chose] to bend **2.** [personne] to bow, to bend down.

courbette [kurbɛt] nf fam [révérence] bow ▶ **faire des courbettes** fig to bow and scrape.

coureur, euse [kurœr, øz] nm, f SPORT runner ▶ **coureur cycliste** racing cyclist.

courge [kurʒ] nf **1.** [légume] marrow UK, squash US **2.** fam [imbécile] dimwit.

courgette [kurʒɛt] nf courgette UK, zucchini US.

courir [45] [kurir] ❖ vi **1.** [aller rapidement] to run **2.** SPORT to race **3.** [se précipiter, rivière] to rush **4.** [se propager] ▶ **faire courir un bruit** to spread a rumour UK ou rumor US. ❖ vt **1.** SPORT to run in **2.** [parcourir] to roam (through) **3.** [fréquenter : bals, musées] to do the rounds of.

couronne [kurɔn] nf **1.** [ornement, autorité] crown **2.** [de fleurs] wreath **3.** [monnaie - de Suède, d'Islande] krona ; [- du Danemark, de Norvège] krone ; [- de la République tchèque] crown.

couronnement [kurɔnmɑ̃] nm **1.** [de monarque] coronation **2.** fig [apogée] crowning achievement.

couronner [3] [kurɔne] vt **1.** [monarque] to crown **2.** [récompenser] to give a prize to.

courre [kur] ⟶ **chasse**.

courriel [kurjɛl] nm email.

courrier [kurje] nm mail, letters pl, post UK ▶ **courrier du cœur** agony UK ou advice US column US.

courroie [kurwa] nf TECHNOL belt ; [attache] strap ▶ **courroie de transmission** driving belt ▶ **courroie de ventilateur** fanbelt.

courroucer [16] [kuruse] vt litt to anger.

cours [kur] nm **1.** [écoulement] flow ▶ **cours d'eau** waterway ▶ **donner** ou **laisser libre cours à** fig to give free rein to **2.** [déroulement] course ▶ **au cours de** during, in the course of / *au cours de notre dernier entretien* when we last spoke ▶ **en cours a)** [année, dossier] current **b)** [affaires] in hand / *une enquête est en cours* investigations are taking place ▶ **en cours de** : *en cours de construction* under construction / *en cours de route* on the way **3.** FIN [de devises] rate ▶ **avoir cours** [monnaie] to be legal tender **4.** [leçon] class, lesson / *donner des cours (à qqn)* to teach (sb) ▶ **cours particuliers** private lessons **5.** [classe] ▶ **cours élémentaire 1** ≃ second-year infants UK ; ≃ second grade US ▶ **cours moyen 1** ≃ third-year infants UK ; ≃ fourth grade US ▶ **cours préparatoire** ≃ first-year infants UK ; ≃ first grade US.

course [kurs] nf **1.** [action] running *(U)* / *au pas de course* at a run ▶ **course aux armements** arms race **2.** [compétition] race ▶ **course contre la montre a)** pr race against the clock, time-trial **b)** fig race against time **3.** [en taxi] journey **4.** [mouvement] flight, course **5.** [commission] errand ▶ **faire des courses** to go shopping.

coursier, ère [kursje, ɛr] nm, f messenger.

court, e [kur, kurt] adj **1.** [dans l'espace] short **2.** [dans le temps] short, brief. ◆ **court** ❖ adv ▶ **être à court d'argent / d'idées / d'arguments** to be short of money/ideas/arguments ▶ **prendre qqn de court** to catch sb unawares ▶ **tourner court** to stop suddenly. ❖ nm ▶ **court de tennis** tennis court.

court-bouillon [kurbujɔ̃] nm court-bouillon.

court-circuit [kursirkɥi] nm short circuit.

courtier, ère [kurtje, ɛr] nm, f broker.

courtisan, e [kurtizɑ̃, an] nm, f **1.** HIST courtier **2.** [flatteur] sycophant. ◆ **courtisane** nf courtesan.

courtiser [3] [kurtize] vt **1.** [femme] to woo, to court **2.** péj [flatter] to flatter.

court-métrage [kurmetraʒ] nm short (film).

courtois, e [kurtwa, az] adj courteous.

courtoisie [kurtwazi] nf courtesy.

couru, e [kury] ❖ pp → **courir.** ❖ adj popular.

couscous [kuskus] nm couscous *(traditional North African dish of semolina served with a spicy stew of meat and vegetables).*

cousin, e [kuzɛ̃, in] nm, f cousin ▸ **cousin germain** first cousin.

coussin [kusɛ̃] nm [de siège] cushion.

coussinet [kusinɛ] nm **1.** [coussin] small cushion **2.** [de patte d'animal] pad.

cousu, e [kuzy] pp → **coudre.**

coût [ku] nm cost.

coûtant [kutã] → **prix.**

couteau, x [kuto] nm **1.** [gén] knife ▸ **couteau à cran d'arrêt** flick knife **UK**, switchblade **US** **2.** [coquillage] razor shell **UK**, razor clam **US**.

coûter [3] [kute] ❖ vi **1.** [valoir] to cost / *ça coûte combien ?* how much is it? ▸ **coûter cher a)** to be expensive, to cost a lot **b)** *fig* to be costly **2.** *fig* [être pénible] to be difficult. ❖ vt *fig* to cost. ◆ **coûte que coûte** loc adv at all costs, whatever the cost, no matter what.

coûteux, euse [kutø, øz] adj costly, expensive.

coutume [kutym] nf [gén & DR] custom.

couture [kutyʀ] nf **1.** [action] sewing **2.** [points] seam **3.** [activité] dressmaking ▸ **haute couture** (haute) couture, designer fashion.

couturier, ère [kutyʀje, ɛʀ] nm, f couturier.

couvée [kuve] nf [d'œufs] clutch ; [de poussins] brood.

couvent [kuvã] nm [de sœurs] convent ; [de moines] monastery.

couver [3] [kuve] ❖ vt **1.** [œufs] to sit on **2.** [dorloter] to mollycoddle **3.** [maladie] to be coming down with, to be sickening for **UK**. ❖ vi [poule] to brood ; *fig* [complot] to hatch.

couvercle [kuvɛʀkl] nm [de casserole, boîte] lid, cover.

couvert, e [kuvɛʀ, ɛʀt] ❖ pp → **couvrir.** ❖ adj **1.** [submergé] covered ▸ **couvert de** covered with **2.** [habillé] dressed ▸ **être bien couvert** to be well wrapped up **3.** [nuageux] overcast. ◆ **couvert** nm **1.** [abri] ▸ **se mettre à couvert** to take shelter **2.** [place à table] place (setting) ▸ **mettre ou dresser le couvert** to set ou lay **UK** the table. ◆ **couverts** nmpl cutlery (U) **UK**, silverware (U) **US**.

couverture [kuvɛʀtyʀ] nf **1.** [gén] cover **2.** [de lit] blanket **3.** [toit] roofing (U).

couveuse [kuvøz] nf **1.** [poule] sitting hen **2.** [machine] incubator.

couvre-chef [kuvʀəʃɛf] *(pl* couvre-chefs*)* nm *hum* hat.

couvre-feu [kuvʀəfø] *(pl* couvre-feux*)* nm curfew.

couvre-lit [kuvʀəli] *(pl* couvre-lits*)* nm bedspread.

couvre-pieds [kuvʀəpje] nm inv quilt, eiderdown **UK**.

couvreur [kuvʀœʀ] nm roofer.

couvrir [34] [kuvʀiʀ] vt **1.** [gén] to cover ▸ **couvrir qqn/qqch de** *pr & fig* to cover sb/sthg with **2.** [protéger] to shield. ◆ **se couvrir** vp **1.** [se vêtir] to wrap up **2.** [se recouvrir] : *se couvrir de feuilles/de fleurs* to come into leaf/blossom **3.** [ciel] to cloud over **4.** [se protéger] to cover o.s.

covoiturage [kɔvwatyʀaʒ] nm car sharing, car pooling ▸ **pratiquer le covoiturage** to belong to a car pool.

coyote [kɔjɔt] nm coyote.

CP nm *abr de* **cours préparatoire.**

CQFD *(abr de* ce qu'il fallait démontrer*)* QED.

crabe [kʀab] nm crab.

crachat [kʀaʃa] nm spit (U).

cracher [3] [kʀaʃe] ❖ vi **1.** [personne] to spit **2.** *fam* [dédaigner] ▸ **ne pas cracher sur qqch** not to turn one's nose up at sthg. ❖ vt [sang] to spit (up) ; [lave, injures] to spit (out).

crachin [kʀaʃɛ̃] nm drizzle.

crachoir [kʀaʃwaʀ] nm spittoon.

crack [kʀak] nm **1.** [cheval] top horse **2.** *fam* [as] star (performer) / *c'est un crack en mathématiques* he's a whiz at maths **UK** ou math **US** **3.** [drogue] crack.

cracra [kʀakʀa] *fam* = **crade.**

crade [kʀad] adj inv *fam* [personne, objet] filthy.

craie [kʀɛ] nf chalk.

craindre [80] [kʀɛ̃dʀ] vt **1.** [redouter] to fear, to be afraid of ▸ **craindre de faire qqch** to be afraid of doing sthg / *je crains d'avoir oublié mes papiers* I'm afraid I've forgotten my papers ▸ **craindre que** (+ subj) to be afraid (that) / *je crains qu'il oublie* ou *n'oublie* I'm afraid he may forget **2.** [être sensible à] to be susceptible to.

craint, e [kʀɛ̃, ɛ̃t] pp → **craindre.**

crainte [kʀɛ̃t] nf fear ▸ **de crainte de faire qqch** for fear of doing sthg ▸ **de crainte que** (+ subj) for fear that / *il a fui de crainte qu'on ne le voie* he fled for fear that he might be seen ou for fear of being seen.

craintif, ive [kʀɛ̃tif, iv] adj timid.

cramoisi, e [kʀamwazi] adj crimson.

crampe [kʀɑ̃p] nf cramp.

crampon [kʀɑ̃pɔ̃] nm [crochet - gén] clamp ; [- pour alpinisme] crampon.

cramponner [3] [kʀɑ̃pɔne] ◆ **se cramponner** vp [s'agripper] to hang on ▸ **se cramponner à qqn/qqch** pr & fig to cling to sb/sthg.

cran [kʀɑ̃] nm **1.** [entaille, degré] notch, cut **2.** [audace] guts pl.

crâne [kʀɑn] nm skull.

crâner [3] [kʀɑne] vi fam to show off.

crâneur, euse [kʀɑnœʀ, øz] fam ◆ adj boastful. ◆ nm, f show-off.

crânien, enne [kʀɑnjɛ̃, ɛn] adj ▸ **boîte crânienne** skull ▸ **traumatisme crânien** head injury.

crapaud [kʀapo] nm toad.

crapule [kʀapyl] nf scum (U).

craquelure [kʀaklyʀ] nf crack.

craquement [kʀakmɑ̃] nm crack, cracking (U).

craquer [3] [kʀake] ◆ vi **1.** [produire un bruit] to crack ; [plancher, chaussure] to creak **2.** [se déchirer] to split **3.** [s'effondrer - personne] to crack up **4.** fam [être séduit par] ▸ **craquer pour** to fall for. ◆ vt [allumette] to strike.

crash [kʀaʃ] (pl crashs ou crashes) nm crash landing.

crasse [kʀas] nf **1.** [saleté] dirt, filth **2.** fam [mauvais tour] dirty trick.

crasseux, euse [kʀasø, øz] adj filthy.

cratère [kʀatɛʀ] nm crater.

cravache [kʀavaʃ] nf riding crop.

cravate [kʀavat] nf tie, necktie US.

crawl [kʀol] nm crawl.

crayon [kʀɛjɔ̃] nm **1.** [gén] pencil ▸ **crayon à bille** ballpoint (pen) ▸ **crayon de couleur** crayon ▸ **crayon de plomb** QUÉBEC lead pencil **2.** TECHNOL pen ▸ **crayon optique** light pen.

crayon-feutre [kʀɛjɔ̃føtʀ] (pl crayons-feutres) nm felt-tip (pen).

créance [kʀeɑ̃s] nf COMM debt.

créancier, ère [kʀeɑ̃sje, ɛʀ] nm, f creditor.

créateur, trice [kʀeatœʀ, tʀis] ◆ adj creative. ◆ nm, f creator. ◆ **Créateur** nm ▸ **le Créateur** the Creator.

créatif, ive [kʀeatif, iv] adj creative.

création [kʀeasjɔ̃] nf creation.

créationnisme [kʀeasjɔnism] nm creationism.

créativité [kʀeativite] nf creativity.

créature [kʀeatyʀ] nf creature.

crécelle [kʀesɛl] nf rattle.

crèche [kʀɛʃ] nf **1.** [de Noël] crib UK, crèche US **2.** [garderie] crèche UK, day-care center US.

crédible [kʀedibl] adj credible.

crédit [kʀedi] nm **1.** COMM credit / *accorder/obtenir un crédit* to grant/to obtain credit / *faire crédit à qqn* to give sb credit / *acheter/vendre qqch à crédit* to buy/sell sthg on credit ▸ **crédit municipal** pawnshop **2.** fig & sout influence.

crédit-bail [kʀedibaj] (pl crédits-bails) nm leasing.

créditeur, trice [kʀeditœʀ, tʀis] ◆ adj in credit. ◆ nm, f creditor.

credo [kʀedo] nm creed, credo.

crédule [kʀedyl] adj credulous.

crédulité [kʀedylite] nf credulity.

créer [15] [kʀee] vt **1.** RELIG [inventer] to create **2.** [fonder] to found, to start up.

crémaillère [kʀemajɛʀ] nf **1.** [de cheminée] trammel ▸ **pendre la crémaillère** fig to have a housewarming (party) **2.** TECHNOL rack.

crémation [kʀemasjɔ̃] nf cremation.

crématoire [kʀematwaʀ] ⟶ four.

crématorium [kʀematɔʀjɔm] nm crematorium, crematory US.

crème [kʀɛm] ◆ nf **1.** [produit de beauté] cream ▸ **crème hydratante** moisturizer **2.** CULIN cream ▸ **crème anglaise** custard UK. ◆ adj inv cream.

crémerie [kʀɛmʀi] nf dairy.

crémeux, euse [kʀemø, øz] adj creamy.

crémier, ère [kʀemje, ɛʀ] nm, f dairyman (dairywoman).

créneau, x [kʀeno] nm **1.** [de fortification] crenel **2.** [pour se garer] ▸ **faire un créneau** to reverse into a parking space **3.** [de marché] niche **4.** [horaire] window, gap.

créole [kʀeɔl] adj & nm creole.

crêpe [kʀɛp] ❖ nf CULIN pancake. ❖ nm [tissu] crepe.

crêperie [kʀɛpʀi] nf pancake restaurant.

crépi [kʀepi] nm roughcast.

crépir [32] [kʀepiʀ] vt to roughcast.

crépiter [3] [kʀepite] vi [feu, flammes] to crackle ; [pluie] to patter.

crépon [kʀepɔ̃] ❖ adj ⟶ **papier.** ❖ nm seersucker.

crépu, e [kʀepy] adj frizzy.

crépuscule [kʀepyskyl] nm [du jour] dusk, twilight ; fig twilight.

crescendo [kʀeʃɛndo, kʀeʃɛ̃do] ❖ adv crescendo ▶ **aller crescendo a)** fig [bruit] to get ou grow louder and louder **b)** [dépenses, émotion] to grow apace. ❖ nm inv MUS [montée] crescendo.

cresson [kʀesɔ̃] nm watercress.

Crète [kʀɛt] nf : *la Crète* Crete.

crête [kʀɛt] nf **1.** [de coq] comb **2.** [de montagne, vague, oiseau] crest.

crétin, e [kʀetɛ̃, in] fam ❖ adj cretinous, idiotic. ❖ nm, f cretin, idiot.

creuser [3] [kʀøze] vt **1.** [trou] to dig **2.** [objet] to hollow out **3.** fig [approfondir] to go into deeply.

creux, creuse [kʀø, kʀøz] adj **1.** [vide, concave] hollow **2.** [période - d'activité réduite] slack ; [- à tarif réduit] off-peak **3.** [paroles] empty. ❖ **creux** nm **1.** [concavité] hollow **2.** [période] lull.

crevaison [kʀəvɛzɔ̃] nf puncture UK, flat tyre UK, flat (tire) US.

crevant, e [kʀəvɑ̃, ɑ̃t] adj fam [fatigant] exhausting, knackering UK.

crevasse [kʀəvas] nf [de mur] crevice, crack ; [de glacier] crevasse ; [sur la main] crack.

crève [kʀɛv] nf fam bad ou stinking cold ▶ **attraper la crève** to catch one's death (of cold).

crevé, e [kʀəve] adj **1.** [pneu] punctured, flat ; [ballon] burst **2.** fam [fatigué] dead, shattered UK, bushed US.

crève-cœur [kʀɛvkœʀ] nm inv heartbreak.

crever [19] [kʀəve] ❖ vi **1.** [éclater] to burst **2.** tfam [mourir] to die ▶ **crever de** fig [jalousie, orgueil] to be bursting with. ❖ vt **1.** [percer] to burst **2.** fam [épuiser] to wear out.

crevette [kʀəvɛt] nf ▶ **crevette (grise)** shrimp ▶ **crevette (rose)** prawn.

cri [kʀi] nm **1.** [de personne] cry, shout ; [perçant] scream ; [d'animal] cry ▶ **pousser un cri** to cry (out), to shout ▶ **pousser un cri de douleur** to cry out in pain **2.** [appel] cry ▶ **le dernier cri** fig the latest thing.

criant, e [kʀijɑ̃, ɑ̃t] adj [injustice] blatant.

criard, e [kʀijaʀ, aʀd] adj **1.** [voix] strident, piercing **2.** [couleur] loud.

crible [kʀibl] nm [instrument] sieve ▶ **passer qqch au crible** fig to examine sthg closely.

criblé, e [kʀible] adj riddled ▶ **être criblé de dettes** to be up to one's eyes in debt.

cric [kʀik] nm jack.

cricket [kʀikɛt] nm cricket.

crier [10] [kʀije] ❖ vi **1.** [pousser un cri] to shout (out), to yell **2.** [parler fort] to shout **3.** [protester] ▶ **crier contre ou après qqn** to nag sb, to go on at sb. ❖ vt to shout (out).

crime [kʀim] nm **1.** [délit] crime **2.** [meurtre] murder ▶ **crimes contre l'humanité** crime against humanity.

criminalité [kʀiminalite] nf crime.

criminel, elle [kʀiminɛl] ❖ adj criminal. ❖ nm, f criminal ▶ **criminel de guerre** war criminal.

crin [kʀɛ̃] nm [d'animal] hair.

crinière [kʀinjɛʀ] nf mane.

crique [kʀik] nf creek.

criquet [kʀikɛ] nm locust ; [sauterelle] grasshopper.

crise [kʀiz] nf **1.** MÉD attack ▶ **crise cardiaque** heart attack ▶ **crise de foie** bilious attack **2.** [accès] fit ▶ **crise de nerfs** attack of nerves **3.** [phase critique] crisis.

crispation [kʀispasjɔ̃] nf **1.** [contraction] contraction **2.** [agacement] irritation.

crispé, e [kʀispe] adj tense, on edge.

crisper [3] [kʀispe] vt **1.** [contracter - visage] to tense ; [- poing] to clench **2.** [agacer] to irritate. ❖ **se crisper** vp **1.** [se contracter] to tense (up) **2.** [s'irriter] to get irritated.

crisser [3] [kʀise] vi [pneu] to screech ; [étoffe] to rustle.

cristal, aux [kʀistal, o] nm crystal ▶ **cristal de roche** quartz.

cristallin, e [kʀistalɛ̃, in] adj **1.** [limpide] crystal clear, crystalline **2.** [roche] crystalline. ❖ **cristallin** nm crystalline lens.

critère [kʀitɛʀ] nm criterion.

critiquable [kʁitikabl] adj [décision] debatable ; [personne] open to criticism.

critique [kʁitik] ❖ adj critical. ❖ nmf critic. ❖ nf criticism.

critiquer [3] [kʁitike] vt to criticize.

croasser [3] [kʁɔase] vi to croak, to caw.

croate [kʁɔat] adj Croat, Croatian. ◆ **Croate** nmf Croat, Croatian.

Croatie [kʁɔasi] nf : *la Croatie* Croatia.

croc [kʁo] nm [de chien] fang.

croche[1] [kʁɔʃ] nf quaver 🇬🇧, eighth (note) 🇺🇸.

croche[2] [kʁɔʃ] 🇶🇨 ❖ adj *fam fig* crooked. ❖ adv *lit* [de travers] crooked.

croche-pied [kʁɔʃpje] (*pl* **croche-pieds**) nm ▸ faire un croche-pied à qqn to trip sb up.

crochet [kʁɔʃɛ] nm **1.** [de métal] hook ▸ vivre aux crochets de qqn to live off sb **2.** [tricot] crochet hook **3.** TYPO square bracket **4.** [boxe] ▸ crochet du gauche / du droit left/right hook.

crochu, e [kʁɔʃy] adj [doigts] claw-like ; [nez] hooked.

crocodile [kʁɔkɔdil] nm crocodile.

croire [107] [kʁwaʁ] ❖ vt **1.** [chose, personne] to believe **2.** [penser] to think / *tu crois ?* do you think so ? / *il te croyait parti* he thought you'd left ▸ croire que to think (that). ❖ vi ▸ croire à to believe in ▸ croire en to believe in, to have faith in.

croisade [kʁwazad] nf HIST [campagne] crusade.

croisé, e [kʁwaze] adj [veste] double-breasted. ◆ **croisé** nm HIST crusader.

croisement [kʁwazmɑ̃] nm **1.** [intersection] junction, intersection **2.** BIOL crossbreeding.

croiser [3] [kʁwaze] ❖ vt **1.** [jambes] to cross ; [bras] to fold '**2.** [passer à côté de] to pass **3.** [chemin] to cross, to cut across **4.** [métisser] to interbreed. ❖ vi NAUT to cruise. ◆ **se croiser** vp [chemins] to cross, to intersect ; [personnes] to pass ; [lettres] to cross ; [regards] to meet.

croisière [kʁwazjɛʁ] nf cruise.

croisillon [kʁwazijɔ̃] nm ▸ à croisillons lattice (*avant n*).

croissance [kʁwasɑ̃s] nf growth, development ▸ croissance économique economic growth ou development.

croissant, e [kʁwasɑ̃, ɑ̃t] adj increasing, growing. ◆ **croissant** nm **1.** [de lune] crescent **2.** CULIN croissant.

croître [93] [kʁwatʁ] vi **1.** [grandir] to grow **2.** [augmenter] to increase.

croix [kʁwa] nf cross ▸ croix gammée swastika.

Croix-Rouge [kʁwaʁuʒ] nf ▸ la Croix-Rouge the Red Cross.

crooner [kʁunœʁ] nm crooner.

croquant, e [kʁɔkɑ̃, ɑ̃t] adj crisp, crunchy.

croque-madame [kʁɔkmadam] nm inv *toasted cheese and ham sandwich with a fried egg*.

croque-mitaine [kʁɔkmitɛn] (*pl* **croque-mitaines**) nm bogeyman.

croque-monsieur [kʁɔkməsjø] nm inv *toasted cheese and ham sandwich*.

croque-mort [kʁɔkmɔʁ] (*pl* **croque-morts**) nm *fam* undertaker's assistant.

croquer [3] [kʁɔke] ❖ vt **1.** [manger] to crunch **2.** [dessiner] to sketch. ❖ vi to be crunchy.

croquette [kʁɔkɛt] nf croquette.

croquis [kʁɔki] nm sketch.

cross [kʁɔs] nm [exercice] cross-country (running) ; [course] cross-country race.

crosse [kʁɔs] nf **1.** [d'évêque] crozier **2.** [de fusil] butt **3.** [hockey] hockey stick **4.** 🇶🇨 SPORT lacrosse.

crotte [kʁɔt] nf [de lapin, etc.] droppings *pl* ; [de chien] dirt.

crottin [kʁɔtɛ̃] nm [de cheval] (horse) manure.

crouler [3] [kʁule] vi to crumble ▸ crouler sous *pr* & *fig* to collapse under.

croupe [kʁup] nf rump ▸ monter en croupe to ride pillion.

croupier, ère [kʁupje, ɛʁ] nm, f croupier.

croupir [32] [kʁupiʁ] vi *pr* & *fig* to stagnate.

croustillant, e [kʁustijɑ̃, ɑ̃t] adj [croquant -pain] crusty ; [-biscuit] crunchy.

croûte [kʁut] nf **1.** [du pain, terrestre] crust **2.** [de fromage] rind **3.** [de plaie] scab **4.** *fam* & *péj* [tableau] daub.

croûton [kʁutɔ̃] nm **1.** [bout du pain] crust **2.** [pain frit] crouton **3.** *fam* & *péj* [personne] fuddy-duddy.

croyance [kʁwajɑ̃s] nf belief.

croyant, e [kʁwajɑ̃, ɑ̃t] ❖ adj ▸ être croyant to be a believer. ❖ nm, f believer.

CRS (*abr de* **compagnie républicaine de sécurité**) ❖ nf riot and security police. ❖ nm member of the French riot police.

cru¹, e [kʀy] ❖ pp → **croire**. ❖ adj **1.** [non cuit] raw **2.** [violent] harsh **3.** [direct] blunt **4.** [grivois] crude.

cru² [kʀy] nm [vin] vintage, wine ; [vignoble] vineyard ▸ **du cru** fig local ▸ **de son propre cru** fig of one's own devising.

crû [kʀy] pp → **croître**.

cruauté [kʀyote] nf cruelty.

cruche [kʀyʃ] nf **1.** [objet] jug UK, pitcher US **2.** fam & péj [personne niaise] idiot.

crucial, e, aux [kʀysjal, o] adj crucial.

crucifix [kʀysifi] nm crucifix.

cruciverbiste [kʀysivɛʀbist] nmf crossword enthusiast.

crudité [kʀydite] nf crudeness. ◆ **crudités** nfpl crudités.

crue [kʀy] nf rise in the water level.

cruel, elle [kʀyɛl] adj cruel.

crustacé [kʀystase] nm shellfish, crustacean ▸ **crustacés** shellfish (U).

crypte [kʀipt] nf crypt.

crypter [kʀipte] vt to encrypt.

Cuba [kyba] npr Cuba.

cubain, e [kybɛ̃, ɛn] adj Cuban. ◆ **Cubain, e** nm, f Cuban.

cube [kyb] nm cube / **4 au cube = 64** 4 cubed is 64 ▸ **mètre cube** cubic metre UK ou meter US.

cueillette [kœjɛt] nf picking, harvesting.

cueilli, e [kœji] pp → **cueillir**.

cueillir [41] [kœjiʀ] vt [fruits, fleurs] to pick.

cuillère, cuiller [kɥijɛʀ] nf [instrument] spoon ▸ **cuillère à café a)** coffee spoon **b)** CULIN teaspoon ▸ **cuillère à dessert** dessertspoon ▸ **cuillère à soupe a)** soup spoon **b)** CULIN tablespoon.

cuillerée [kɥijeʀe] nf spoonful ▸ **cuillerée à café** CULIN teaspoonful ▸ **cuillerée à soupe** CULIN tablespoonful.

cuir [kɥiʀ] nm leather ; [non tanné] hide ▸ **cuir chevelu** ANAT scalp.

cuirasse [kɥiʀas] nf [de chevalier] breastplate ; fig armour UK, armor US.

cuirassé [kɥiʀase] nm battleship.

cuire [98] [kɥiʀ] ❖ vt **1.** [viande, œuf] to cook **2.** [tarte, gâteau] to bake. ❖ vi **1.** [viande, œuf]

to cook ; [tarte, gâteau] to bake / **faire cuire qqch** to cook/bake sthg **2.** fig [personne] to roast, to be boiling.

cuiseur [kɥizœʀ] nm cooker ▸ **cuiseur (vapeur)** steam cooker.

cuisine [kɥizin] nf **1.** [pièce] kitchen ▸ **cuisine américaine** open-plan kitchen **2.** [art] cooking, cookery UK ▸ **faire la cuisine** to do the cooking, to cook.

cuisiné, e [kɥizine] adj ▸ **plat cuisiné** readycooked ou ready-made meal.

cuisiner [3] [kɥizine] ❖ vt **1.** [aliment] to cook **2.** fam [personne] to grill. ❖ vi to cook ▸ **bien/mal cuisiner** to be a good/bad cook.

cuisinier, ère [kɥizinje, ɛʀ] nm, f cook. ◆ **cuisinière** nf cooker UK, stove US ▸ **cuisinière électrique/à gaz** electric/gas cooker UK ou stove US.

cuisse [kɥis] nf **1.** ANAT thigh **2.** CULIN leg.

cuisson [kɥisɔ̃] nf cooking.

cuissot [kɥiso] nm haunch ▸ **cuissot de chevreuil** haunch of venison.

cuit, e [kɥi, kɥit] ❖ pp → **cuire**. ❖ adj ▸ **bien cuit** [steak] well-done.

cuit-vapeur [kɥivapœʀ] nm inv steamer, steam cooker.

cuivre [kɥivʀ] nm [métal] ▸ **cuivre (rouge)** copper ▸ **cuivre jaune** brass. ◆ **cuivres** nmpl ▸ **les cuivres** MUS the brass.

cuivré, e [kɥivʀe] adj [couleur, reflet] coppery ; [teint] bronzed.

cul [ky] nm **1.** tfam [postérieur] bum UK, ass US **2.** [de bouteille] bottom.

culasse [kylas] nf **1.** [d'arme à feu] breech **2.** AUTO cylinder head.

culbute [kylbyt] nf **1.** [saut] somersault **2.** [chute] tumble, fall.

cul-de-sac [kydsak] (pl **culs-de-sac**) nm dead end.

culinaire [kylinɛʀ] adj culinary.

culminant [kylminɑ̃] → **point**.

culot [kylo] nm **1.** fam [toupet] nerve, cheek UK ▸ **avoir du culot** to have a lot of nerve **2.** [de cartouche, ampoule] cap.

culotte [kylɔt] nf [sous-vêtement féminin] panties pl, knickers pl UK, pair of panties ou of knickers UK.

culotté, e [kylɔte] adj [effronté] : **elle est culottée** fam she's got a nerve.

culpabiliser [3] [kylpabilize] ❖ vt ▸ **culpabiliser qqn** to make sb feel guilty. ❖ vi to feel guilty.

culpabilité [kylpabilite] nf guilt.

culte [kylt] nm **1.** [vénération, amour] worship **2.** [religion] religion.

cultivateur, trice [kyltivatœr, tris] nm, f farmer.

cultivé, e [kyltive] adj [personne] educated, cultured.

cultiver [3] [kyltive] vt **1.** [terre, goût, relation] to cultivate **2.** [plante] to grow.

culture [kyltyr] nf **1.** AGRIC cultivation, farming ▸ **les cultures** cultivated land **2.** [savoir] culture, knowledge ▸ **culture physique** physical training **3.** [civilisation] culture.

culturel, elle [kyltyrel] adj cultural.

culturisme [kyltyrism] nm bodybuilding.

cumin [kymɛ̃] nm cumin.

cumuler [3] [kymyle] vt [fonctions, titres] to hold simultaneously ; [salaires] to draw simultaneously.

cumulus [kymylys] nm cumulus.

cupide [kypid] adj greedy.

cure [kyr] nf (course of) treatment ▸ **faire une cure de fruits** to go on a fruit-based diet ▸ **cure de désintoxication a)** [d'alcool] drying-out treatment **b)** [de drogue] detoxification treatment ▸ **cure de sommeil** sleep therapy ▸ **faire une cure thermale** to undergo treatment at a spa.

curé [kyre] nm parish priest.

cure-dents [kyrdɑ̃] nm inv toothpick.

cure-pipe (pl **cure-pipes**) [kyrpip] nm = cure-pipes.

cure-pipes [kyrpip] nm inv pipe cleaner.

curer [3] [kyre] vt to clean out.

curieux, euse [kyrjø, øz] ❖ adj **1.** [intéressé] curious ▸ **curieux de qqch / de faire qqch** curious about sthg / to do sthg **2.** [indiscret] inquisitive **3.** [étrange] strange, curious. ❖ nm, f busybody.

curiosité [kyrjozite] nf curiosity.

curriculum vitae [kyrikylomvite] nm inv curriculum vitae **UK**, résumé **US**.

curry [kyri], **carry** [kari], **cari** [kari] nm **1.** [épice] curry powder **2.** [plat] curry.

curseur [kyrsœr] nm cursor.

cursus [kyrsys] nm degree course.

cutané, e [kytane] adj cutaneous, skin (avant n).

cuti [kyti] nf **1.** MÉD skin test **2.** ▸ **virer sa cuti** fam & fig to throw off one's shackles.

cutiréaction, cuti-réaction (pl **cuti-réactions**) [kytireaksjɔ̃] nf skin test.

cutter [kœtɛr] nm Stanley knife®.

cuve [kyv] nf **1.** [citerne] tank **2.** [à vin] vat.

cuvée [kyve] nf [récolte] vintage.

cuvette [kyvet] nf **1.** [récipient] basin, bowl **2.** [de lavabo] basin ; [de W.-C.] bowl **3.** GÉOGR basin.

CV nm **1.** (abr de curriculum vitae) CV **UK**, résumé **US 2.** (abr écrite de cheval fiscal) classification of former car tax.

cyanure [sjanyr] nm cyanide.

cybercafé [siberkafe] nm cybercafé, Internet café.

cybercommerce [siberkɔmɛrs] nm e-commerce.

cybercrime [siberkrim] nm INFORM e-crime.

cybercriminalité [siberkriminalite] nf cybercrime.

cyberespace [siberɛspas], **cybermonde** [sibermɔ̃d] nm cyberspace.

cybernaute [sibernot] nm (net) surfer, cybersurfer, cybernaut.

cyclable [siklabl] ⟶ **piste**.

cyclamen [siklamɛn] nm cyclamen.

cycle [sikl] nm **1.** [série] cycle **2.** [formation] cycle ▸ **second cycle a)** UNIV ≃ final year **UK** ; ≃ senior year **US b)** SCOL upper school **UK**, high school **US** ▸ **troisième cycle** UNIV ≃ postgraduate year **ou** years.

cyclique [siklik] adj cyclic, cyclical.

cyclisme [siklism] nm cycling.

cycliste [siklist] nmf cyclist.

cyclomoteur [siklomotœr] nm moped.

cyclone [siklon] nm cyclone.

cygne [siɲ] nm swan.

cylindre [silɛ̃dr] nm **1.** AUTO & GÉOM cylinder **2.** [rouleau] roller.

cymbale [sɛ̃bal] nf cymbal.

cynique [sinik] adj cynical.

cynisme [sinism] nm cynicism.

cyprès [siprɛ] nm cypress.

cypriote, Cypriote ⟶ **chypriote**.

cyrillique [sirilik] adj Cyrillic.

cystite [sistit] nf cystitis (U).

CZK (abr de couronne tchèque) Kcs.

d, **D** [de] nm inv d, D.

d' → de.

DAB [deabe, dab] (*abr de* **distributeur automatique de billets**) nm ATM.

d'abord [dabɔʀ] → abord.

dactylo [daktilo] nf [personne] typist ; [procédé] typing.

dactylographier [9] [daktilɔgʀafje] vt to type.

dada [dada] nm **1.** [cheval] horsie, gee-gee **UK 2.** *fam* [occupation] hobby **3.** *fam* [idée] hobbyhorse **4.** ART Dadaism.

dahlia [dalja] nm dahlia.

daigner [4] [deɲe] vi to deign.

daim [dɛ̃] nm **1.** [animal] fallow deer **2.** [peau] suede.

dallage [dalaʒ] nm [action] paving ; [dalles] pavement.

dalle [dal] nf [de pierre] slab ; [de lino] tile.

dalmatien, enne [dalmasjɛ̃, ɛn] nm, f dalmatian.

daltonien, enne [daltɔnjɛ̃, ɛn] adj colourblind **UK**, color-blind **US**.

dame [dam] nf **1.** [femme] lady **2.** [cartes à jouer] queen. ◆ **dames** nfpl draughts **UK**, checkers **US**.

damier [damje] nm **1.** [de jeu] draughtboard **UK**, checkerboard **US 2.** [motif] ▸ **à damier** checked.

damné, e [dane] adj *fam* damned.

damner [3] [dane] vt to damn.

dancing [dɑ̃siŋ] nm dance hall.

dandiner [3] [dɑ̃dine] ◆ **se dandiner** vp to waddle.

dandy [dɑ̃di] nm dandy.

Danemark [danmaʀk] nm : *le Danemark* Denmark.

danger [dɑ̃ʒe] nm danger ▸ **en danger** in danger ▸ **courir un danger** to run a risk.

dangereux, euse [dɑ̃ʒʀø, øz] adj dangerous.

danois, e [danwa, az] adj Danish. ◆ **danois** nm **1.** [langue] Danish **2.** [chien] Great Dane. ◆ **Danois, e** nm, f Dane.

dans [dɑ̃] prép **1.** [dans le temps] in ✏ *je reviens dans un mois* I'll be back in a month *ou* in a month's time **2.** [dans l'espace] in ✏ *dans une boîte* in *ou* inside a box **3.** [avec mouvement] into ✏ *entrer dans une chambre* to come into a room, to enter a room **4.** [indiquant un état, une manière] in ✏ *vivre dans la misère* to live in poverty ✏ *il est dans le commerce* he's in business **5.** [environ] ▸ **dans les...** about... ✏ *ça coûte dans les 30 euros* it costs about 30 euros.

dansant, e [dɑ̃sɑ̃, ɑ̃t] adj *pr & fig* dancing ▸ **soirée dansante** dance ▸ **thé dansant** tea dance.

danse [dɑ̃s] nf **1.** [art] dancing **2.** [musique] dance.

danser [3] [dɑ̃se] ◆ vi **1.** [personne] to dance **2.** [bateau] to bob ; [flammes] to flicker. ◆ vt to dance.

danseur, euse [dɑ̃sœʀ, øz] nm, f dancer.

dard [daʀ] nm [d'animal] sting.

darne [daʀn] nf [de poisson] steak.

date [dat] nf **1.** [jour+mois+année] date ▸ **date de naissance** date of birth **2.** [moment] event.

dater [3] [date] ◆ vt to date. ◆ vi **1.** [marquer] to be *ou* mark a milestone **2.** *fam* [être démodé] to be dated. ◆ **dater de** v + prép to date from, to go back to ✏ *un livre qui date du XVIIᵉ siècle* a book dating back to the 17th century ✏ *notre amitié ne date pas d'hier* we go *ou* our friendship goes back a long way. ◆ **à dater de** loc prép as of *ou* from.

datif [datif] nm GRAM dative.

datte [dat] nf date.

dattier [datje] nm date palm.

daube [dob] nf CULIN ≃ stew.

dauphin¹ [dofɛ̃] nm **1.** [mammifère] dolphin **2.** HIST ▸ **le dauphin** the dauphin.

dauphin², e [dofɛ̃, in] nm, f [successeur] heir apparent.

daurade [dɔʀad] nf sea bream.

davantage [davɑ̃taʒ] adv **1.** [plus] more ▸ **davantage de** more **2.** [plus longtemps] (any) longer.

de [də] *(formes contractées de « de + le » = du, « de + les » = des)* ❖ prép **1.** [provenance] from / *revenir de Paris* to come back ou return from Paris / *il est sorti de la maison* he left the house, he went out of the house **2.** [avec à] ▶ **de… à** from… to / *de Paris à Tokyo* from Paris to Tokyo / *de dix heures à midi* from ten o'clock to ou till midday / *il y avait de quinze à vingt mille spectateurs* there were between fifteen and twenty thousand spectators **3.** [appartenance] of / *la porte du salon* the door of the sitting room, the sitting room door / *le frère de Pierre* Pierre's brother **4.** [indique la détermination, la qualité] : *un verre d'eau* a glass of water / *un peignoir de soie* a silk dressing gown / *un appartement de 60 m²* a 60 square metre flat / *un bébé de trois jours* a three-day-old baby / *une ville de 500 000 habitants* a town with ou of 500,000 inhabitants / *le train de 9 h 30* the 9.30 train. ❖ art partitif **1.** [dans une phrase affirmative] some / *je voudrais du vin / du lait* I'd like (some) wine /(some) milk / *boire de l'eau* to drink (some) water / *acheter des légumes* to buy some vegetables **2.** [dans une interrogation ou une négation] any / *ils n'ont pas d'enfants* they don't have any children, they have no children / *avez-vous du pain ?* do you have any bread?, have you got any bread? / *voulez-vous du thé ?* would you like some tea?

dé [de] nm **1.** [à jouer] dice, die **2.** COUT ▶ **dé (à coudre)** thimble.

DEA *(abr de* **diplôme d'études approfondies)** nm postgraduate diploma.

dealer¹ [dile] vt to deal.

dealer², euse [dilœʁ, øz] nm, f *fam* dealer.

déambuler [3] [deɑ̃byle] vi to stroll (around).

débâcle [debakl] nf [débandade] rout ; *fig* collapse.

déballer [3] [debale] vt to unpack ; *fam & fig* to pour out.

débandade [debɑ̃dad] nf dispersal.

débarbouiller [3] [debaʁbuje] vt ▶ **débarbouiller qqn** to wash sb's face. ◆ **se débarbouiller** vp to wash one's face.

débarcadère [debaʁkadɛʁ] nm **1.** NAUT landing stage **2.** QUÉBEC [pour livraison] delivery area.

débardeur [debaʁdœʁ] nm **1.** [ouvrier] docker **2.** [vêtement] slipover.

débarquement [debaʁkəmɑ̃] nm [de marchandises] unloading.

débarquer [3] [debaʁke] ❖ vt [marchandises] to unload ; [passagers & MIL] to land. ❖ vi **1.** [d'un bateau] to disembark **2.** MIL to land **3.** *fam* [arriver à l'improviste] to turn up ; *fig* to know nothing.

débarras [debaʁa] nm junk room ▶ **bon débarras !** *fig* good riddance!

débarrasser [3] [debaʁase] vt **1.** [pièce] to clear up ; [table] to clear **2.** [ôter] ▶ **débarrasser qqn de qqch** to take sthg from sb. ◆ **se débarrasser de** to get rid of.

débat [deba] nm debate.

débattre [83] [debatʁ] vt to debate, to discuss. ◆ **se débattre** vp to struggle.

débattu, e [debaty] pp ⟶ **débattre**.

débauche [deboʃ] nf debauchery.

débaucher [3] [deboʃe] vt **1.** [corrompre] to debauch, to corrupt **2.** [licencier] to make redundant UK, to lay off US.

débile [debil] ❖ nmf **1.** [attardé] retarded person ▶ **débile mental** mentally retarded person **2.** *fam* [idiot] moron. ❖ adj *fam* stupid.

débit [debi] nm **1.** [de marchandises] (retail) sale **2.** [magasin] ▶ **débit de boissons** bar ▶ **débit de tabac** tobacconist's, tobacco shop US **3.** [coupe] sawing up, cutting up **4.** [de liquide] (rate of) flow **5.** [élocution] delivery **6.** FIN debit ▶ **avoir un débit de 100 euros** to be 100 euros overdrawn.

débiter [3] [debite] vt **1.** [marchandises] to sell **2.** [arbre] to saw up ; [viande] to cut up **3.** [suj : robinet] to have a flow of **4.** *fam & fig* [prononcer] to spout **5.** FIN to debit.

débiteur, trice [debitœʁ, tʁis] ❖ adj **1.** [personne] debtor *(avant n)* **2.** FIN debit *(avant n)*, in the red. ❖ nm, f debtor.

déblayer [11] [debleje] vt [dégager] to clear ▶ **déblayer le terrain** *fig* to clear the ground.

débloquer [3] [debloke] ❖ vt **1.** [machine] to get going again **2.** [crédit] to release **3.** [compte, salaires, prix] to unfreeze. ❖ vi *fam* to talk nonsense ou rubbish UK.

déboguer [deboge] vt to debug.

déboires [debwaʁ] nmpl **1.** [déceptions] disappointments **2.** [échecs] setbacks **3.** [ennuis] trouble *(U)*, problems.

déboiser [3] [debwaze] vt [région] to deforest ; [terrain] to clear (of trees).

déboîter [3] [debwate] ❖ vt **1.** [objet] to dislodge **2.** [membre] to dislocate. ❖ vi AUTO to pull out. ◆ **se déboîter** vp **1.** [se démonter] to come apart ; [porte] to come off its hinges **2.** [membre] to dislocate.

débonnaire [debɔnɛʁ] adj good-natured, easy-going.

déborder [3] [debɔʁde] vi [fleuve, liquide] to overflow ; *fig* to flood ▸ **déborder de** [vie, joie] to be bubbling with.

débouché [debuʃe] nm **1.** [issue] end **2.** (*gén pl*) COMM outlet **3.** [de carrière] prospect, opening.

déboucher [3] [debuʃe] ❖ vt **1.** [bouteille] to open **2.** [conduite, nez] to unblock. ❖ vi ▸ **déboucher sur a)** [arriver] to open out into **b)** *fig* to lead to, to achieve.

débourser [3] [debuʁse] vt to pay out.

déboussoler [3] [debusɔle] vt *fam* to throw, to disorient, to disorientate UK.

debout [dəbu] adv **1.** [gén] ▸ **être debout** [sur ses pieds] to be standing (up) ; [réveillé] to be up ; [objet] to be standing up ou upright ▸ **mettre qqch debout** to stand sthg up ▸ **se mettre debout** to stand up ▸ **debout !** get up !, on your feet ! **2.** EXPR **tenir debout a)** [bâtiment] to remain standing **b)** [argument] to stand up ▸ **il ne tient pas debout** he's asleep on his feet.

déboutonner [3] [debutɔne] vt to unbutton, to undo.

débraillé, e [debʁaje] adj dishevelled UK, disheveled US.

débrancher [3] [debʁɑ̃ʃe] vt **1.** [appareil] to unplug **2.** [téléphone] to disconnect.

débrayage [debʁɛjaʒ] nm [arrêt de travail] stoppage.

débrayer [11] [debʁeje] vi AUTO to disengage the clutch, to declutch UK.

débriefing [debʁifiŋ] nm debrief ▸ **faire un débriefing** to debrief.

débris [debʁi] ❖ nm piece, fragment. ❖ nmpl [restes] leftovers.

débrouillard, e [debʁujaʁ, aʁd] *fam* adj resourceful.

débrouiller [3] [debʁuje] vt **1.** [démêler] to untangle **2.** *fig* [résoudre] to unravel, to solve. ❖ **se débrouiller** vp *fam* ▸ **se débrouiller (pour faire qqch)** to manage (to do sthg) ▸ **se débrouiller en anglais/math** to get by in English/maths ▸ **débrouille-toi !** you'll have to sort it out (by) yourself !

débroussailler [3] [debʁusaje] vt [terrain] to clear ; *fig* to do the groundwork for.

débuguer [3] [debyge] vt = **déboguer**.

début [deby] nm beginning, start ▸ **au début** at the start ou beginning / **au début de** at the beginning of ▸ **dès le début** (right) from the start.

débutant, e [debytɑ̃, ɑ̃t] nm, f beginner.

débuter [3] [debyte] vi **1.** [commencer] ▸ **débuter (par)** to begin (with), to start (with) **2.** [faire ses débuts] to start out.

déca [deka] nm *fam* decaff.

décacheter [27] [dekaʃte] vt to open.

décadence [dekadɑ̃s] nf **1.** [déclin] decline **2.** [débauche] decadence.

décadent, e [dekadɑ̃, ɑ̃t] adj decadent.

décaféiné, e [dekafeine] adj decaffeinated. ◆ **décaféiné** nm decaffeinated coffee.

décalage [dekalaʒ] nm gap ; *fig* gulf, discrepancy ▸ **décalage horaire a)** [entre zones] time difference **b)** [après un vol] jet lag.

décalcomanie [dekalkɔmani] nf transfer (*adhesive*) UK, decal US.

décalé, e [dekale] adj **1.** [style, humour] offbeat, quirky **2.** [personne] quirky.

décaler [3] [dekale] vt **1.** [dans le temps - avancer] to bring forward ; [- retarder] to put back **2.** [dans l'espace] to move, to shift.

décalquer [3] [dekalke] vt to trace.

décamper [3] [dekɑ̃pe] vi *fam* to clear off.

décapant, e [dekapɑ̃, ɑ̃t] adj **1.** [nettoyant] stripping **2.** *fig* [incisif] cutting, caustic. ◆ **décapant** nm (paint) stripper.

décaper [3] [dekape] vt [en grattant] to sand ; [avec un produit chimique] to strip.

décapiter [3] [dekapite] vt **1.** [personne - volontairement] to behead ; [- accidentellement] to decapitate **2.** [arbre] to cut the top off **3.** *fig* [organisation, parti] to remove the leader ou leaders of.

décapotable [dekapɔtabl] nf & adj convertible.

décapsuler [3] [dekapsyle] vt to take the top off, to open.

décapsuleur [dekapsylœʁ] nm bottle opener.

décédé, e [desede] adj deceased.

décéder [18] [desede] vi to die.

déceler [25] [desle] vt [repérer] to detect.

décembre [desɑ̃bʁ] nm December. *Voir aussi* **septembre**.

décemment [desamã] adv **1.** [convenablement] properly **2.** [raisonnablement] reasonably.

décence [desãs] nf decency.

décennie [deseni] nf decade.

décent, e [desã, ãt] adj decent.

décentralisation [desãtralizasjõ] nf decentralization.

décentrer [3] [desãtre] vt to move off-centre **UK** ou off-center **US**.

déception [desɛpsjõ] nf disappointment.

décerner [3] [deserne] vt ▸ **décerner qqch à** to award sthg to.

décès [desɛ] nm death.

décevant, e [desəvã, ãt] adj disappointing.

décevoir [52] [desəvwar] vt to disappoint.

déchaîné, e [deʃene] adj **1.** [vent, mer] stormy, wild **2.** [personne] wild.

déchaîner [4] [deʃene] vt [passion] to unleash ; [rires] to cause an outburst of. ◆ **se déchaîner** vp **1.** [éléments naturels] to erupt **2.** [personne] to fly into a rage.

déchanter [3] [deʃãte] vi to become disillusioned.

décharge [deʃarʒ] nf **1.** DR discharge **2.** ÉLECTR discharge ▸ **décharge électrique** electric **UK** ou electrical **US** shock **3.** [dépotoir] rubbish tip **UK**, rubbish dump **UK**, garbage dump **US**.

déchargement [deʃarʒəmã] nm unloading.

décharger [17] [deʃarʒe] vt **1.** [véhicule, marchandises] to unload **2.** [arme - tirer] to fire, to discharge ; [- enlever la charge de] to unload **3.** [soulager - cœur] to unburden ; [- conscience] to salve ; [- colère] to vent **4.** [libérer] ▸ **décharger qqn de** to release sb from.

décharné, e [deʃarne] adj [maigre] emaciated.

déchausser [3] [deʃose] vt ▸ **déchausser qqn** to take sb's shoes off. ◆ **se déchausser** vp **1.** [personne] to take one's shoes off **2.** [dent] to come loose.

déchéance [deʃeãs] nf [déclin] degeneration, decline.

déchet [deʃɛ] nm [de matériau] scrap. ◆ **déchets** nmpl refuse (U), waste (U).

Déchetterie® [deʃɛtri] nf recycling centre **UK** ou center **US**.

déchiffrer [3] [deʃifre] vt **1.** [inscription, hiéroglyphes] to decipher ; [énigme] to unravel **2.** MUS to sight-read.

déchiqueter [27] [deʃikte] vt to tear to shreds.

déchiqueteur [deʃiktœr] nm shredder.

déchirant, e [deʃirã, ãt] adj heartrending.

déchirement [deʃirmã] nm [souffrance morale] heartbreak, distress.

déchirer [3] [deʃire] vt [papier, tissu] to tear up, to rip up. ◆ **se déchirer** vp **1.** [personnes] to tear each other apart **2.** [matériau, muscle] to tear.

déchirure [deʃiryr] nf tear ; fig wrench ▸ **déchirure musculaire** MÉD torn muscle.

déchu, e [deʃy] adj **1.** [homme, ange] fallen ; [souverain] deposed **2.** DR ▸ **être déchu de** to be deprived of.

décibel [desibɛl] nm decibel.

décidé, e [deside] adj **1.** [résolu] determined **2.** [arrêté] settled.

décidément [desidemã] adv really.

décider [3] [deside] vt **1.** [prendre une décision] ▸ **décider (de faire qqch)** to decide (to do sthg) **2.** [convaincre] ▸ **décider qqn à faire qqch** to persuade sb to do sthg. ◆ **se décider** vp **1.** [personne] ▸ **se décider (à faire qqch)** to make up one's mind (to do sthg) **2.** [choisir] ▸ **se décider pour** to decide on, to settle on.

décilitre [desilitr] nm decilitre **UK**, deciliter **US**.

décimal, e, aux [desimal, o] adj decimal. ◆ **décimale** nf decimal.

décimer [3] [desime] vt to decimate.

décimètre [desimɛtr] nm **1.** [dixième de mètre] decimetre **UK**, decimeter **US** **2.** [règle] ruler ▸ **double décimètre** ≃ foot rule.

décisif, ive [desizif, iv] adj decisive.

décision [desizjõ] nf decision.

décisionnaire [desizjɔnɛr] nmf decision-maker.

déclamer [3] [deklame] vt to declaim.

déclaration [deklarasjõ] nf **1.** [orale] declaration, announcement **2.** [écrite] report, declaration ; [d'assurance] claim ▸ **déclaration de naissance / de décès** registration of birth / death ▸ **déclaration d'impôts** tax return ▸ **déclaration de revenus** statement of income.

déclarer [3] [deklare] vt **1.** [annoncer] to declare **2.** [signaler] to report / *rien à déclarer* nothing to declare / *déclarer une naissance* to register a birth. ◆ **se déclarer** vp **1.** [se prononcer] ▶ **se déclarer pour / contre qqch** to come out in favour UK ou favor US of/against sthg **2.** [se manifester] to break out.

déclenchement [deklɑ̃ʃmɑ̃] nm [de mécanisme] activating, setting off ; *fig* launching.

déclencher [3] [deklɑ̃ʃe] vt [mécanisme] to activate, to set off ; *fig* to launch. ◆ **se déclencher** vp [mécanisme] to go off, to be activated ; *fig* to be triggered off.

déclic [deklik] nm **1.** [mécanisme] trigger **2.** [bruit] click.

déclin [deklɛ̃] nm **1.** [de civilisation, population, santé] decline **2.** [fin] close.

déclinaison [deklinɛzɔ̃] nf GRAM declension.

décliner [3] [dekline] ◆ vi [santé, population, popularité] to decline. ◆ vt **1.** [offre, honneur] to decline **2.** GRAM to decline ; *fig* [gamme de produits] to develop.

décoder [3] [dekɔde] vt to decode.

décodeur [dekɔdœʀ] nm decoder.

décoiffer [3] [dekwafe] vt [cheveux] to mess up.

décoincer [16] [dekwɛ̃se] vt **1.** [chose] to loosen ; [mécanisme] to unjam **2.** *fam* [personne] to loosen up.

décollage [dekɔlaʒ] nm *pr & fig* takeoff.

décoller [3] [dekɔle] ◆ vt [étiquette, timbre] to unstick ; [papier peint] to strip (off). ◆ vi *pr & fig* to take off.

décolleté, e [dekɔlte] adj [vêtement] low-cut. ◆ **décolleté** nm **1.** [de personne] neck and shoulders *pl* **2.** [de vêtement] neckline, neck.

décolonisation [dekɔlɔnizasjɔ̃] nf decolonization.

décolorer [3] [dekɔlɔʀe] vt [par décolorant] to bleach, to lighten ; [par usure] to fade.

décombres [dekɔ̃bʀ] nmpl debris (U).

décommander [3] [dekɔmɑ̃de] vt to cancel.

décomposé, e [dekɔ̃poze] adj **1.** [pourri] decomposed **2.** [visage] haggard ; [personne] in shock.

décomposer [3] [dekɔ̃poze] vt [gén] ▶ **décomposer (en)** to break down (into). ◆ **se décomposer** vp **1.** [se putréfier] to rot, to decompose **2.** [se diviser] ▶ **se décomposer en** to be broken down into.

décomposition [dekɔ̃pozisjɔ̃] nf **1.** [putréfaction] decomposition **2.** *fig* [analyse] breakdown, analysis.

décompresser [4] [dekɔ̃pʀese] ◆ vt TECHNOL to decompress, to uncompress. ◆ vi to unwind.

décompression [dekɔ̃pʀesjɔ̃] nf decompression.

décompte [dekɔ̃t] nm [calcul] breakdown (of an amount).

déconcentrer [3] [dekɔ̃sɑ̃tʀe] vt [distraire] to distract. ◆ **se déconcentrer** vp to be distracted.

déconcertant, e [dekɔ̃sɛʀtɑ̃, ɑ̃t] adj disconcerting.

déconcerter [3] [dekɔ̃sɛʀte] vt to disconcert.

déconfiture [dekɔ̃fityʀ] nf collapse, ruin.

décongeler [25] [dekɔ̃ʒle] vt to defrost.

décongestionner [3] [dekɔ̃ʒestjɔne] vt to relieve congestion in.

déconnecter [4] [dekɔnɛkte] vt to disconnect.

déconseillé, e [dekɔ̃seje] adj : *c'est fortement déconseillé* it's extremely inadvisable.

déconseiller [4] [dekɔ̃seje] vt ▶ **déconseiller qqch à qqn** to advise sb against sthg ▶ **déconseiller à qqn de faire qqch** to advise sb against doing sthg.

déconsidérer [18] [dekɔ̃sidere] vt to discredit.

décontaminer [3] [dekɔ̃tamine] vt to decontaminate.

décontenancer [16] [dekɔ̃tnɑ̃se] vt to put out.

décontracté, e [dekɔ̃tʀakte] adj **1.** [muscle] relaxed **2.** [détendu] casual, laid-back.

décontracter [3] [dekɔ̃tʀakte] vt to relax. ◆ **se décontracter** vp to relax.

décor [dekɔʀ] nm **1.** [environs] setting **2.** THÉÂTRE scenery (U) ; CINÉ sets *pl*.

décorateur, trice [dekɔʀatœʀ, tʀis] nm, f CINÉ & THÉÂTRE designer ▶ **décorateur d'intérieur** interior decorator.

décoratif, ive [dekɔʀatif, iv] adj decorative.

décoration [dekɔʀasjɔ̃] nf decoration.

décorer [3] [dekɔʀe] vt to decorate.

décortiquer [3] [dekɔrtike] vt [noix] to shell ; [graine] to husk ; *fig* to analyse 🇬🇧 ou analyze 🇺🇸 in minute detail.

découcher [3] [dekuʃe] vi to stay out all night.

découdre [86] [dekudr] vt COUT to unpick.

découler [3] [dekule] vi ▸ **découler de** to follow from.

découpage [dekupaʒ] nm **1.** [action] cutting out ; [résultat] paper cutout **2.** ADMIN ▸ **découpage (électoral)** division into constituencies 🇬🇧 ou districts 🇺🇸.

découper [3] [dekupe] vt **1.** [couper] to cut up **2.** *fig* [diviser] to cut out.

découpure [3] [dekupyr] nf [bord] indentations *pl*, jagged outline.

décourageant, e [dekuraʒɑ̃, ɑ̃t] adj discouraging.

découragement [dekuraʒmɑ̃] nm discouragement.

décourager [17] [dekuraʒe] vt to discourage ▸ **décourager qqn de qqch** to put sb off sthg ▸ **décourager qqn de faire qqch** to discourage sb from doing sthg. ◆ **se décourager** vp to lose heart.

décousu, e [dekuzy] ◈ pp ⟶ découdre. ◈ adj *fig* [conversation] disjointed.

découvert, e [dekuvɛr, ɛrt] ◈ pp ⟶ découvrir. ◈ adj [tête] bare ; [terrain] exposed. ◆ **découvert** nm BANQUE overdraft ▸ **être à découvert (de 1 000 euros)** to be (1,000 euros) overdrawn. ◆ **découverte** nf discovery ▸ **aller à la découverte de** to explore.

découvrir [34] [dekuvrir] vt **1.** [trouver, surprendre] to discover **2.** [ôter ce qui couvre, mettre à jour] to uncover.

décrasser [3] [dekrase] vt to scrub.

décret [dekrɛ] nm decree.

décréter [18] [dekrete] vt [décider] ▸ **décréter que** to decide that.

décrire [99] [dekrir] vt to describe.

décrit, e [dekri, it] pp ⟶ décrire.

décrochement [dekrɔʃmɑ̃] nm **1.** GÉOL thrust fault **2.** [action] unhooking **3.** [partie en retrait] recess.

décrocher [3] [dekrɔʃe] ◈ vt **1.** [enlever] to take down **2.** [téléphone] to pick up **3.** *fam* [obtenir] to land. ◈ vi *fam* [abandonner] to drop out.

décroître [94] [dekrwatr] vi to decrease, to diminish ; [jours] to get shorter.

décru, e [dekry] pp ⟶ décroître. ◆ **décrue** nf drop in the water level.

décrypter [3] [dekripte] vt to decipher.

déçu, e [desy] ◈ pp ⟶ décevoir. ◈ adj disappointed.

déculotter [3] [dekylɔte] vt ▸ **déculotter qqn** to take sb's trousers 🇬🇧 ou pants 🇺🇸 off.

déculpabiliser [3] [dekylpabilize] vt ▸ **déculpabiliser qqn** to free sb from guilt. ◆ **se déculpabiliser** vp to free o.s. from guilt.

dédaigner [4] [dedeɲe] vt **1.** [mépriser - personne] to despise ; [- conseils, injures] to scorn **2.** [refuser] ▸ **dédaigner de faire qqch** *sout* to disdain to do sthg ▸ **ne pas dédaigner qqch / de faire qqch** not to be above sthg / above doing sthg.

dédaigneux, euse [dedeɲø, øz] adj disdainful.

dédain [dedɛ̃] nm disdain, contempt.

dédale [dedal] nm *pr* & *fig* maze.

dedans [dədɑ̃] adv & nm inside. ◆ **de dedans** loc adv from inside, from within. ◆ **en dedans** loc adv inside, within. ◆ **en dedans de** loc prép inside, within.

dédicace [dedikas] nf dedication.

dédicacer [16] [dedikase] vt ▸ **dédicacer qqch (à qqn)** to sign ou autograph sthg (for sb).

dédier [9] [dedje] vt ▸ **dédier qqch (à qqn / à qqch)** to dedicate sthg (to sb / to sthg).

dédire [103] [dedir] ◆ **se dédire** vp *sout* to go back on one's word.

dédommagement [dedɔmaʒmɑ̃] nm compensation.

dédommager [17] [dedɔmaʒe] vt **1.** [indemniser] to compensate **2.** *fig* [remercier] to repay.

dédouaner [3] [dedwane] vt [marchandises] to clear through customs.

dédoubler [3] [deduble] vt to halve, to split ; [fil] to separate.

déductible [dedyktibl] adj deductible.

déduction [dedyksjɔ̃] nf deduction.

déduire [98] [deduir] vt ▸ **déduire qqch (de)** a) [ôter] to deduct sthg (from) b) [conclure] to deduce sthg (from).

déduit, e [dedɥi, it] pp ⟶ déduire.

déesse [deɛs] nf goddess.

défaillance [defajɑ̃s] nf **1.** [incapacité - de machine] failure ; [- de personne, organisation] weakness **2.** [malaise] blackout, fainting fit.

défaillant, e [defajɑ̃, ɑ̃t] adj [faible] failing.

défaillir [47] [defajiʀ] vi [s'évanouir] to faint.

défaire [109] [defɛʀ] vt [détacher] to undo ; [valise] to unpack ; [lit] to strip. ◆ **se défaire** vp **1.** [ne pas tenir] to come undone **2.** sout [se séparer] ▸ **se défaire de** to get rid of.

défait, e [defɛ, ɛt] ❖ pp ⟶ **défaire**. ❖ adj fig [épuisé] haggard. ◆ **défaite** nf defeat.

défaitiste [defetist] nmf & adj defeatist.

défaut [defo] nm **1.** [imperfection] flaw ▸ **défaut de fabrication** manufacturing fault **2.** [de personne] fault, shortcoming **3.** [manque] lack ▸ **à défaut de** for lack ou want of / **l'eau fait (cruellement) défaut** there is a (serious) water shortage.

défaveur [defavœʀ] nf disfavour **UK**, disfavor **US** ▸ **être en défaveur** to be out of favour **UK** ou favor **US** ▸ **tomber en défaveur** to fall out of favour **UK** ou favor **US**.

défavorable [defavɔʀabl] adj unfavourable **UK**, unfavorable **US**.

défavorisé, e [defavɔʀize] adj disadvantaged, underprivileged.

défavoriser [3] [defavɔʀize] vt to handicap, to penalize.

défection [defɛksjɔ̃] nf **1.** [absence] absence **2.** [abandon] defection.

défectueux, euse [defɛktɥø, øz] adj faulty, defective.

défendeur, eresse [defɑ̃dœʀ, ʀɛs] nm, f DR defendant.

défendre [73] [defɑ̃dʀ] vt **1.** [personne, opinion, client] to defend **2.** [interdire] to forbid ▸ **défendre qqch à qqn** to forbid sb sthg ▸ **défendre à qqn de faire qqch** to forbid sb to do sthg ▸ **défendre que qqn fasse qqch** to forbid sb to do sthg. ◆ **se défendre** vp **1.** [se battre, se justifier] to defend o.s. **2.** [nier] ▸ **se défendre de faire qqch** to deny doing sthg **3.** [thèse] to stand up.

défendu, e [defɑ̃dy] ❖ pp ⟶ **défendre**. ❖ adj ▸ '**il est défendu de jouer au ballon**' 'no ball games'.

défense [defɑ̃s] nf **1.** [d'éléphant] tusk **2.** [interdiction] prohibition, ban ▸ '**défense de fumer / de stationner / d'entrer**' 'no smoking / parking / entry' ▸ '**défense d'afficher**' 'stick **UK**

ou post no bills' **3.** [protection] defence **UK**, defense **US** ▸ **prendre la défense de** to stand up for ▸ **légitime défense** DR self-defence **UK**, self-defense **US**.

défenseur [defɑ̃sœʀ] nm [partisan] champion.

défensif, ive [defɑ̃sif, iv] adj defensive. ◆ **défensive** nf ▸ **être sur la défensive** to be on the defensive.

déféquer [18] [defeke] vi to defecate.

déférence [deferɑ̃s] nf deference.

déferlement [defɛʀləmɑ̃] nm [de vagues] breaking ; fig surge, upsurge.

déferler [3] [defɛʀle] vi [vagues] to break ; fig to surge.

défi [defi] nm challenge.

défiance [defjɑ̃s] nf distrust, mistrust.

déficience [defisjɑ̃s] nf deficiency.

déficit [defisit] nm FIN deficit ▸ **être en déficit** to be in deficit.

déficitaire [defisitɛʀ] adj in deficit.

défier [9] [defje] vt [braver] ▸ **défier qqn de faire qqch** to defy sb to do sthg.

défigurer [3] [defigyʀe] vt **1.** [blesser] to disfigure **2.** [enlaidir] to deface.

défilé [defile] nm **1.** [parade] parade **2.** [couloir] defile, narrow pass.

défiler [3] [defile] vi **1.** [dans une parade] to march past **2.** [se succéder] to pass. ◆ **se défiler** vp fam to back out.

défini, e [defini] adj **1.** [précis] clear, precise **2.** GRAM definite.

définir [32] [definiʀ] vt to define.

définitif, ive [definitif, iv] adj definitive, final. ◆ **en définitive** loc adv in the end.

définition [definisjɔ̃] nf definition ▸ **à haute définition** high-definition.

définitivement [definitivmɑ̃] adv for good, permanently.

défiscaliser [3] [defiskalize] vt to exempt from taxation.

déflagration [deflagʀasjɔ̃] nf explosion.

déflationniste [deflasjɔnist] adj deflationary, deflationist.

défoncer [16] [defɔ̃se] vt [caisse, porte] to smash in ; [route] to break up ; [mur] to smash down ; [chaise] to break.

déformation [defɔʀmasjɔ̃] nf **1.** [d'objet, de théorie] distortion **2.** MÉD deformity ▸ dé-

formation professionnelle mental conditioning caused by one's job.

déformer [3] [defɔrme] vt to distort. ◆ **se déformer** vp [changer de forme] to be distorted, to be deformed ; [se courber] to bend.

défouler [3] [defule] fam vt to unwind. ◆ **se défouler** vp to let off steam, to unwind.

défricher [3] [defriʃe] vt [terrain] to clear ; fig [question] to do the groundwork for.

défunt, e [defœ̃, œ̃t] ◆ adj [décédé] late. ◆ nm, f deceased.

dégagé, e [degaʒe] adj **1.** [ciel, vue] clear ; [partie du corps] bare **2.** [désinvolte] casual, airy **3.** [libre] ▸ **dégagé de** free from.

dégager [17] [degaʒe] ◆ vt **1.** [odeur] to produce, to give off **2.** [délivrer - blessé] to free, to extricate **3.** [bénéfice] to show **4.** [pièce] to clear **5.** [libérer] ▸ **dégager qqn de** to release sb from. ◆ vi fam [partir] to clear off. ◆ **se dégager** vp **1.** [se délivrer] ▸ **se dégager de qqch** a) to free o.s. from sthg b) fig to get out of sthg **2.** [émaner] to be given off **3.** [émerger] to emerge.

dégainer [4] [degene] vt [épée, revolver] to draw.

dégarnir [32] [degarnir] vt to strip, to clear. ◆ **se dégarnir** vp [vitrine] to be cleared ; [arbre] to lose its leaves / **sa tête se dégarnit, il se dégarnit** he's going bald.

dégât [dega] nm pr & fig damage (U) ▸ **dégâts matériels** structural damage ▸ **faire des dégâts** to cause damage.

dégel [deʒɛl] nm [fonte des glaces] thaw.

dégeler [25] [deʒle] ◆ vt [produit surgelé] to thaw. ◆ vi to thaw.

dégénéré, e [deʒenere] adj & nm, f degenerate.

dégénérer [18] [deʒenere] vi to degenerate ▸ **dégénérer en** to degenerate into.

dégivrer [3] [deʒivre] vt [pare-brise] to de-ice ; [réfrigérateur] to defrost.

dégonflé, e [degɔ̃fle] ◆ adj [pneu, roue] flat. ◆ nm, f fam [personne] chicken, yellow-belly.

dégonfler [3] [degɔ̃fle] ◆ vt to deflate, to let down [UK]. ◆ vi to go down. ◆ **se dégonfler** vp **1.** [objet] to go down **2.** fam [personne] to chicken out.

dégouliner [3] [deguline] vi to trickle.

dégourdi, e [degurdi] adj clever.

dégourdir [32] [degurdir] vt **1.** [membres - ankylosés] to restore the circulation to **2.** fig [déniaiser] ▸ **dégourdir qqn** to teach sb a thing or two. ◆ **se dégourdir** vp **1.** [membres] ▸ **se dégourdir les jambes** to stretch one's legs **2.** fig [acquérir de l'aisance] to learn a thing or two.

dégoût [degu] nm disgust, distaste.

dégoûtant, e [degutɑ̃, ɑ̃t] adj **1.** [sale] filthy, disgusting **2.** [révoltant, grossier] disgusting.

dégoûter [3] [degute] vt to disgust.

dégoutter [3] [degute] vi ▸ **dégoutter (de qqch)** to drip (with sthg).

dégradation [degradasjɔ̃] nf **1.** [de bâtiment] damage **2.** [de moral] decline **3.** [de personne] degradation **4.** [de situation] deterioration.

dégradé, e [degrade] nm [technique] shading off ; [résultat] gradation / **un dégradé de bleu** a blue shading. ◆ **en dégradé** loc adv [cheveux] layered.

dégrader [3] [degrade] vt **1.** [officier] to degrade **2.** [abîmer - bâtiment] to damage **3.** fig [avilir] to degrade, to debase. ◆ **se dégrader** vp **1.** [bâtiment, santé] to deteriorate **2.** fig [personne] to degrade o.s.

dégrafer [3] [degrafe] vt to undo, to unfasten.

dégraissage [degresaʒ] nm **1.** [de vêtement] dry-cleaning **2.** [de personnel] trimming, cutting back.

degré [dəgre] nm [gén] degree ▸ **degrés centigrades ou Celsius** degrees centigrade ou Celsius ▸ **prendre qqn / qqch au premier degré** to take sb/sthg at face value.

dégressif, ive [degresif, iv] adj ▸ **tarif dégressif** decreasing price rate.

dégriffé, e [degrife] adj ex-designer label (avant n). ◆ **dégriffé** nm ex-designer label garment.

dégringoler [3] [degrɛ̃gɔle] fam vi [tomber] to tumble ; fig to crash.

déguenillé, e [degənije] adj ragged.

déguerpir [32] [degerpir] vi to clear off.

dégueulasse [degœlas] tfam ◆ adj **1.** [très sale, grossier] filthy **2.** [très mauvais - plat] disgusting ; [- temps] lousy. ◆ nmf scum (U).

dégueuler [5] [degœle] vi fam to throw up.

déguisé, e [degize] adj disguised ; [pour s'amuser] in fancy dress.

déguisement [degizmɑ̃] nm disguise ; [pour bal masqué] fancy dress.

déguiser [3] [degize] vt to disguise. ◆ **se déguiser** vp ▶ **se déguiser en a)** [pour tromper] to disguise o.s. as **b)** [pour s'amuser] to dress up as.

dégustation [degystasjɔ̃] nf tasting, sampling ▶ **dégustation de vin** wine tasting.

déguster [3] [degyste] ◆ vt [savourer] to taste, to sample. ◆ vi fam [subir] : *il va déguster !* he'll be in for it!

déhancher [3] [deɑ̃ʃe] ◆ **se déhancher** vp [en marchant] to swing one's hips ; [en restant immobile] to put all one's weight on one leg.

dehors [dəɔʀ] ◆ adv outside / *aller dehors* to go outside / *dormir dehors* to sleep out of doors, to sleep out ▶ **jeter** ou **mettre qqn dehors** to throw sb out. ◆ nm outside. ◆ nmpl ▶ **les dehors** [les apparences] appearances. ◆ **en dehors** loc adv **1.** [à l'extérieur] outside **2.** [vers l'extérieur] outwards **UK**, outward **US**. ◆ **en dehors de** loc prép [excepté] apart from.

déjà [deʒa] adv **1.** [dès cet instant] already **2.** [précédemment] ever, before **3.** [au fait] : *quel est ton nom déjà ?* what did you say your name was? **4.** [renforce une affirmation] : *ce n'est déjà pas si mal* that's not bad at all.

déjeuner [5] [deʒœne] ◆ vi **1.** [le matin] to have breakfast **2.** [à midi] to have lunch. ◆ nm **1.** [repas de midi] lunch **2.** **QUÉBEC** [dîner] dinner.

déjouer [6] [deʒwe] vt to frustrate / *déjouer la surveillance de qqn* to elude sb's surveillance.

delà [dəla] ⟶ **au-delà**.

délabré, e [delabʀe] adj ruined.

délacer [16] [delase] vt to unlace, to undo.

délai [delɛ] nm **1.** [temps accordé] period ▶ **dans un délai de** within (a period of) ▶ **sans délai** immediately ▶ **délai de livraison** delivery time, lead time ▶ **délai de paiement** repayment period **2.** [sursis] extension (of deadline).

délaisser [4] [delese] vt **1.** [abandonner] to leave **2.** [négliger] to neglect.

délassement [delasmɑ̃] nm relaxation.

délasser [3] [delase] vt to refresh. ◆ **se délasser** vp to relax.

délation [delasjɔ̃] nf informing.

délavé, e [delave] adj faded.

délayer [11] [deleje] vt [diluer] ▶ **délayer qqch dans qqch** to mix sthg with sthg.

délecter [4] [delɛkte] ◆ **se délecter** vp ▶ **se délecter de qqch / à faire qqch** to delight in sthg / in doing sthg.

délégation [delegasjɔ̃] nf delegation ▶ **agir par délégation** to be delegated to act.

délégué, e [delege] ◆ adj [personne] delegated. ◆ nm, f [représentant] ▶ **délégué (à)** delegate (to).

déléguer [18] [delege] vt ▶ **déléguer qqn (à qqch)** to delegate sb (to sthg).

délester [3] [delɛste] vt **1.** [circulation routière] to set up a diversion on, to divert, to detour **US 2.** fig & hum [voler] ▶ **délester qqn de qqch** to relieve sb of sthg.

délibération [deliberasjɔ̃] nf deliberation.

délibéré, e [delibere] adj **1.** [intentionnel] deliberate **2.** [résolu] determined.

délibérer [18] [delibere] vi ▶ **délibérer (de ou sur)** to deliberate (on ou over).

délicat, e [delika, at] adj **1.** [gén] delicate **2.** péj [exigeant] fussy, difficult.

délicatement [delikatmɑ̃] adv delicately.

délicatesse [delikatɛs] nf **1.** [gén] delicacy **2.** [tact] delicacy, tact.

délice [delis] nm delight.

délicieux, euse [delisjø, øz] adj **1.** [savoureux] delicious **2.** [agréable] delightful.

délié, e [delje] adj [doigts] nimble.

délier [9] [delje] vt to untie.

délimiter [3] [delimite] vt [frontière] to fix ; fig [question, domaine] to define, to demarcate.

délinquance [delɛ̃kɑ̃s] nf delinquency.

délinquant, e [delɛ̃kɑ̃, ɑ̃t] nm, f delinquent.

délirant, e [deliʀɑ̃, ɑ̃t] adj **1.** MÉD delirious **2.** [excité, exalté] frenzied **3.** fam [extravagant] crazy.

délire [deliʀ] nm MÉD delirium ▶ **en délire** fig frenzied.

délirer [3] [deliʀe] vi MÉD to be ou become delirious ; fam & fig to rave.

délit [deli] nm crime, offence **UK**, offense **US** ▶ **en flagrant délit** red-handed, in the act.

délivrance [delivʀɑ̃s] nf **1.** [libération] freeing, release **2.** [soulagement] relief **3.** [accouchement] delivery.

délivrer [3] [delivʀe] vt **1.** [prisonnier] to free, to release **2.** [pays] to deliver, to free ▶ **délivrer de a)** to free from **b)** fig to relieve from

3. [remettre] ▸ **délivrer qqch (à qqn)** to issue sthg (to sb) **4.** [marchandise] to deliver.

déloger [17] [delɔʒe] vt ▸ **déloger (de)** to dislodge (from).

déloyal, e, aux [delwajal, o] adj **1.** [infidèle] disloyal **2.** [malhonnête] unfair.

delta [dɛlta] nm delta.

deltaplane, delta-plane (pl **delta-planes**) [dɛltaplan] nm hang glider.

déluge [delyʒ] nm **1.** RELIG ▸ **le Déluge** the Flood **2.** [pluie] downpour, deluge ▸ **un déluge de** fig a flood of.

déluré, e [delyʀe] adj [malin] quick-witted ; péj [dévergondé] saucy.

démagogie [demagɔʒi] nf demagogy, demagoguery.

demain [dəmɛ̃] ◆ adv **1.** [le jour suivant] tomorrow ▸ **demain matin** tomorrow morning **2.** fig [plus tard] in the future. ◆ nm tomorrow ▸ **à demain !** see you tomorrow !

demande [dəmɑ̃d] nf **1.** [souhait] request **2.** [démarche] proposal ▸ **demande en mariage** proposal of marriage **3.** [candidature] application ▸ **demande d'emploi** job application ▸ **'demandes d'emploi'** 'situations wanted' **4.** ÉCON demand.

demandé, e [dəmɑ̃de] adj in demand.

demander [3] [dəmɑ̃de] ◆ vt **1.** [réclamer, s'enquérir] to ask for ▸ **demander qqch à qqn** to ask sb for sthg **2.** [appeler] to call ▸ **on vous demande à la réception / au téléphone** you're wanted at reception / on the telephone ▸ **qui demandez-vous ?** who do you want to speak to ? **3.** [désirer] to ask, to want ▸ **je ne demande pas mieux** I'd be only too pleased (to), I'd love to **4.** [exiger] : **tu m'en demandes trop** you're asking too much of me **5.** [nécessiter] to require. ◆ vi **1.** [réclamer] ▸ **demander à qqn de faire qqch** to ask sb to do sthg ▸ **ne demander qu'à...** to be ready to... **2.** [nécessiter] : **ce projet demande à être étudié** this project requires investigation ou needs investigating. ◆ **se demander** vp ▸ **se demander (si)** to wonder (if ou whether).

demandeur, euse [dəmɑ̃dœʀ, øz] nm, f [solliciteur] ▸ **demandeur d'asile** asylum seeker, asylee US ▸ **demandeur d'emploi** job-seeker.

démangeaison [demɑ̃ʒɛzɔ̃] nf [irritation] itch, itching (U) ; fam & fig urge.

démanger [17] [demɑ̃ʒe] vi [gratter] to itch / **ça me démange de...** fig I'm itching ou dying to....

démanteler [25] [demɑ̃tle] vt [construction] to demolish ; fig to break up.

démaquillant, e [demakijɑ̃, ɑ̃t] adj make-up-removing (avant n). ◆ **démaquillant** nm make-up remover.

démaquiller [3] [demakije] vt to remove make-up from. ◆ **se démaquiller** vp to remove one's make-up.

démarcation [demaʀkasjɔ̃] nf [frontière] demarcation ; fig separation.

démarche [demaʀʃ] nf **1.** [manière de marcher] gait, walk **2.** [raisonnement] approach, method **3.** [requête] step ▸ **faire les démarches pour faire qqch** to take the necessary steps to do sthg.

démarcheur, euse [demaʀʃœʀ, øz] nm, f [représentant] door-to-door salesman (saleswoman).

démarque [demaʀk] nf [solde] markdown.

démarquer [3] [demaʀke] vt **1.** [solder] to mark down **2.** SPORT not to mark. ◆ **se démarquer** vp **1.** SPORT to shake off one's marker **2.** fig [se distinguer] ▸ **se démarquer (de)** to distinguish o.s. (from).

démarrage [demaʀaʒ] nm starting, start ▸ **démarrage en côte** hill start.

démarrer [3] [demaʀe] ◆ vi **1.** [véhicule] to start (up) ; [conducteur] to drive off **2.** fig [affaire, projet] to get off the ground. ◆ vt **1.** [véhicule] to start (up) **2.** fam & fig [commencer] ▸ **démarrer qqch** to get sthg going.

démarreur [demaʀœʀ] nm starter ▸ **démarreur à distance** QUÉBEC remote starter.

démasquer [3] [demaske] vt **1.** [personne] to unmask **2.** fig [complot, plan] to unveil.

démêlant, e [demɛlɑ̃, ɑ̃t] adj conditioning (avant n). ◆ **démêlant** nm conditioner.

démêlé [demele] nm quarrel ▸ **avoir des démêlés avec la justice** to get into trouble with the law.

démêler [4] [demele] vt [cheveux, fil] to untangle ; fig to unravel. ◆ **se démêler** vp ▸ **se démêler de** litt & fig to extricate o.s. from.

déménagement [demenaʒmɑ̃] nm removal.

déménager [17] [demenaʒe] ◆ vt to move. ◆ vi to move, to move house.

déménageur [demenaʒœʀ] nm removal man UK, mover US.

démence [demɑ̃s] nf MÉD dementia ; [bêtise] madness.

démener [19] [demne] ◆ **se démener** vp pr & fig to struggle.

dément, e [demɑ̃, ɑ̃t] ◆ adj MÉD demented ; fam [extraordinaire, extravagant] crazy. ◆ nm, f demented person.

démenti [demɑ̃ti] nm denial.

démentiel, elle [demɑ̃sjɛl] adj MÉD demented ; fam [incroyable] crazy.

démentir [37] [demɑ̃tiʀ] vt **1.** [réfuter] to deny **2.** [contredire] to contradict.

démesure [deməzyʀ] nf excess, immoderation.

démettre [84] [demɛtʀ] vt **1.** MÉD to put out (of joint) **2.** [congédier] ▶ **démettre qqn de** to dismiss sb from. ◆ **se démettre** vp **1.** MÉD : se démettre l'épaule to put one's shoulder out (of joint) **2.** [démissionner] ▶ **se démettre de ses fonctions** to resign.

demeurant [dəmœʀɑ̃] ◆ **au demeurant** loc adv all things considered.

demeure [dəmœʀ] nf sout [domicile, habitation] residence. ◆ **à demeure** loc adv permanently.

demeuré, e [dəmœʀe] ◆ adj simple, half-witted. ◆ nm, f half-wit.

demeurer [5] [dəmœʀe] vi **1.** (aux : avoir) [habiter] to live **2.** (aux : être) [rester] to remain.

demi, e [dəmi] adj half / un kilo et demi one and a half kilos / il est une heure et demie it's half past one ▶ **à demi** half ▶ **dormir à demi** to be half-asleep ▶ **ouvrir à demi** to half-open ▶ **faire les choses à demi** to do things by halves. ◆ **demi** nm **1.** [bière] beer ; ≃ half-pint UK **2.** FOOT midfielder. ◆ **demie** nf ▶ **à la demie** on the half-hour.

demi-cercle [dəmisɛʀkl] (pl **demi-cercles**) nm semicircle.

demi-douzaine [dəmiduzɛn] (pl **demi-douzaines**) nf half-dozen ▶ **une demi-douzaine (de)** half a dozen.

demi-écrémé, e [dəmiekʀeme] adj semi-skimmed.

demi-finale [dəmifinal] (pl **demi-finales**) nf semifinal.

demi-frère [dəmifʀɛʀ] (pl **demi-frères**) nm half-brother.

demi-gros [dəmigʀo] nm ▶ **(commerce de) demi-gros** cash and carry.

demi-heure [dəmijœʀ] (pl **demi-heures**) nf half an hour, half-hour.

demi-journée [dəmiʒuʀne] (pl **demi-journées**) nf half a day, half-day.

démilitariser [3] [demilitaʀize] vt to demilitarize.

demi-litre [dəmilitʀ] (pl **demi-litres**) nm half a litre UK ou liter US, half-litre UK, half-liter US.

demi-mesure [dəmiməzyʀ] (pl **demi-mesures**) nf **1.** [quantité] half a measure **2.** [compromis] half-measure.

demi-mot [dəmimo] ◆ **à demi-mot** loc adv ▶ **comprendre à demi-mot** to understand without things having to be spelled out.

déminer [3] [demine] vt to clear of mines.

demi-pension [dəmipɑ̃sjɔ̃] (pl **demi-pensions**) nf **1.** [d'hôtel] half-board UK, modified American plan US **2.** [d'école] ▶ **être en demi-pension** to take school lunches ou dinners UK.

démis, e [demi, iz] pp ⟶ **démettre**.

demi-sœur [dəmisœʀ] (pl **demi-sœurs**) nf half-sister.

démission [demisjɔ̃] nf resignation.

démissionner [3] [demisjɔne] vi [d'un emploi] to resign ; fig to give up.

demi-tarif [dəmitaʀif] (pl **demi-tarifs**) ◆ adj half-price. ◆ nm **1.** [tarification] half-fare **2.** [billet] half-price ticket.

demi-tour [dəmituʀ] (pl **demi-tours**) nm [gén] half-turn ; MIL about-turn ▶ **faire demi-tour** to turn back.

démocrate [demɔkʀat] nmf democrat.

démocratie [demɔkʀasi] nf democracy.

démocratique [demɔkʀatik] adj democratic.

démocratiser [3] [demɔkʀatize] vt to democratize.

démodé, e [demɔde] adj old-fashioned.

démographie [demɔgʀafi] nf demography.

démographique [demɔgʀafik] adj demographic.

demoiselle [dəmwazɛl] nf [jeune fille] maid ▶ **demoiselle d'honneur** bridesmaid.

démolir [32] [demɔliʀ] vt [gén] to demolish.

démolition [demɔlisjɔ̃] nf demolition.

démon [demɔ̃] nm [diable, personne] devil, demon ▶ **le démon** RELIG the Devil.

démoniaque [demɔnjak] adj [diabolique] diabolical.

démonstratif, ive [demɔ̃stratif, iv] adj [personne & GRAM] demonstrative. ◆ **démonstratif** nm GRAM demonstrative.

démonstration [demɔ̃strasjɔ̃] nf [gén] demonstration.

démonter [3] [demɔ̃te] vt **1.** [appareil] to dismantle, to take apart **2.** [troubler] ▶ **démonter qqn** to put sb out. ◆ **se démonter** vp to be put out.

démontrer [3] [demɔ̃tre] vt **1.** [prouver] to prove, to demonstrate **2.** [témoigner de] to show, to demonstrate.

démoralisant, e [demɔralizɑ̃, ɑ̃t] adj demoralizing.

démoraliser [3] [demɔralize] vt to demoralize. ◆ **se démoraliser** vp to lose heart.

démordre [76] [demɔrdr] vt ▶ **ne pas démordre de** to stick to.

démotiver [3] [demɔtive] vt to demotivate.

démouler [3] [demule] vt to turn out of ou remove from a mould **UK** ou mold **US**.

démunir [32] [demynir] vt to deprive. ◆ **se démunir** vp ▶ **se démunir de** to part with.

dénaturer [3] [denatyre] vt **1.** [goût] to impair, to mar **2.** TECHNOL to denature **3.** [déformer] to distort.

dénégation [denegasjɔ̃] nf denial.

dénicher [3] [deniʃe] vt fig **1.** [personne] to flush out **2.** [objet] to unearth.

dénigrer [3] [denigre] vt to denigrate, to run down.

dénivelé [denivle] nm difference in level ou height.

dénivellation [denivɛlasjɔ̃] nf **1.** [différence de niveau] difference in level ou height **2.** [pente] slope.

dénombrer [3] [denɔ̃bre] vt [compter] to count ; [énumérer] to enumerate.

dénominateur [denɔminatœr] nm denominator.

dénomination [denɔminasjɔ̃] nf name.

dénommé, e [denɔme] adj : *un dénommé Robert* someone by the name of Robert.

dénoncer [16] [denɔ̃se] vt **1.** [gén] to denounce ▶ **dénoncer qqn à qqn** to denounce sb to sb, to inform on sb **2.** fig [trahir] to betray.

dénonciation [denɔ̃sjasjɔ̃] nf denunciation.

dénoter [3] [denɔte] vt to show, to indicate.

dénouement [denumɑ̃] nm **1.** [issue] outcome **2.** [d'un film, d'un livre] denouement.

dénouer [6] [denwe] vt [nœud] to untie, to undo ; fig to unravel.

dénoyauter [3] [denwajote] vt [fruit] to stone **UK**, to pit **US**.

denrée [dɑ̃re] nf [produit] produce (U) ▶ **denrées alimentaires** foodstuffs.

dense [dɑ̃s] adj **1.** [gén] dense **2.** [style] condensed.

densité [dɑ̃site] nf density.

dent [dɑ̃] nf **1.** [de personne, d'objet] tooth ▶ **faire ses dents** to cut one's teeth, to teethe ▶ **dent de lait** baby ou milk **UK** tooth ▶ **dent de sagesse** wisdom tooth **2.** GÉOGR peak.

dentaire [dɑ̃tɛr] adj dental.

dentelé, e [dɑ̃tle] adj serrated, jagged.

dentelle [dɑ̃tɛl] nf lace (U).

dentier [dɑ̃tje] nm [dents] dentures pl.

dentifrice [dɑ̃tifris] nm toothpaste.

dentiste [dɑ̃tist] nmf dentist.

dentition [dɑ̃tisjɔ̃] nf teeth pl, dentition.

dénuder [3] [denyde] vt to leave bare ; [fil électrique] to strip.

dénué, e [denɥe] adj sout ▶ **dénué de** devoid of.

dénuement [denymɑ̃] nm destitution (U).

déodorant, e [deɔdɔrɑ̃, ɑ̃t] adj deodorant. ◆ **déodorant** nm deodorant.

déontologie [deɔ̃tɔlɔʒi] nf professional ethics pl.

dépannage [depanaʒ] nm repair ▶ **service de dépannage** AUTO breakdown service.

dépanner [3] [depane] vt **1.** [réparer] to repair, to fix **2.** fam [aider] to bail out.

dépanneur, euse [depanœr, øz] nm, f repairman (repairwoman). ◆ **dépanneuse** nf [véhicule] breakdown truck **UK**, breakdown lorry **UK**, tow truck **US**, wrecker **US**.

dépareillé, e [depareje] adj [ensemble] nonmatching ; [paire] odd.

déparler [3] [deparle] vi **QUÉBEC** [dire n'importe quoi] to babble away.

départ [depar] nm **1.** [de personne] departure, leaving ▶ **les grands départs** the holiday exodus **2.** [de véhicule] departure **3.** fig [d'une course] start. ◆ **au départ** loc adv to start with.

départager [17] [departaʒe] vt **1.** [concurrents, opinions] to decide between **2.** [séparer] to separate.

département [departəmã] nm **1.** [territoire] département, department *(territorial and administrative division of France)* **2.** [service] department.

départemental, e, aux [departəmãtal, o] adj *of a French département.* ◆ **départementale** nf secondary road ; ≃ B road **UK**.

dépassé, e [depase] adj **1.** [périmé] old-fashioned **2.** [déconcerté] ▸ **dépassé par** overwhelmed by.

dépassement [depasmã] nm [en voiture] overtaking **UK**, passing **US**.

dépasser [3] [depase] ⬥ vt **1.** [doubler] to pass, to overtake **UK 2.** [être plus grand que] to be taller than **3.** [excéder] to exceed, to be more than **4.** [durer plus longtemps que] : *dépasser une heure* to go on for more than an hour **5.** [aller au-delà de] to exceed **6.** [franchir] to pass. ⬥ vi ▸ **dépasser (de)** to stick out (from).

dépaysant, e [depeizã, ãt] adj : *un voyage dépaysant* a trip that gives you a complete change of scene.

dépayser [3] [depeize] vt **1.** [désorienter] to disorient, to disorientate **UK 2.** [changer agréablement] to make a change of scene for.

dépecer [29] [depəse] vt **1.** [découper] to chop up **2.** [déchiqueter] to tear apart.

dépêche [depeʃ] nf dispatch.

dépêcher [4] [depeʃe] vt *sout* [envoyer] to dispatch. ◆ **se dépêcher** vp to hurry up ▸ **se dépêcher de faire qqch** to hurry to do sthg.

dépeindre [81] [depɛ̃dr] vt to depict, to describe.

dépeint, e [depɛ̃, ɛ̃t] pp ⟶ **dépeindre**.

dépénaliser [3] [depenalize] vt to decriminalize.

dépendance [depãdãs] nf **1.** [de personne] dependence ▸ **être sous la dépendance de** to be dependent on **2.** [à la drogue] dependency **3.** [de bâtiment] outbuilding.

dépendant, e [depãdã, ãt] adj ▸ **dépendant (de)** dependent (on).

dépendre [73] [depãdr] vt **1.** [être soumis] ▸ **dépendre de** to depend on / *ça dépend* it depends **2.** [appartenir] ▸ **dépendre de** to belong to.

dépens [depã] nmpl DR costs ▸ **aux dépens de qqn** at sb's expense / *je l'ai appris à mes dépens* I learned that to my cost.

dépense [depãs] nf **1.** [frais] expense **2.** FIN expenditure *(U)* ▸ **les dépenses publiques** public spending *(U)*.

dépenser [3] [depãse] vt **1.** [argent] to spend **2.** *fig* [énergie] to expend. ◆ **se dépenser** vp *pr & fig* to exert o.s.

dépensier, ère [depãsje, ɛr] adj extravagant.

déperdition [depɛrdisjɔ̃] nf loss.

dépérir [32] [deperir] vi **1.** [personne] to waste away **2.** [santé, affaire] to decline **3.** [plante] to wither.

dépeupler [5] [depœple] vt **1.** [pays] to depopulate **2.** [étang, rivière, forêt] to drive the wildlife from.

déphasé, e [defaze] adj ÉLECTR out of phase ; *fam & fig* out of touch.

dépilatoire [depilatwar] adj ▸ **crème dépilatoire** depilatory cream.

dépistage [depistaʒ] nm [de maladie] screening ▸ **dépistage du SIDA** AIDS testing.

dépister [3] [depiste] vt **1.** [gibier, voleur] to track down **2.** [maladie] to screen for.

dépit [depi] nm pique, spite. ◆ **en dépit de** loc prép in spite of.

dépité, e [depite] adj cross, annoyed.

déplacé, e [deplase] adj **1.** [propos, attitude, présence] out of place **2.** [personne] displaced.

déplacement [deplasmã] nm **1.** [d'objet] moving **2.** [voyage] travelling *(U)* **UK**, traveling *(U)* **US**.

déplacer [16] [deplase] vt **1.** [objet] to move, to shift ; *fig* [problème] to shift the emphasis of **2.** [muter] to transfer. ◆ **se déplacer** vp **1.** [se mouvoir - animal] to move (around) ; [- personne] to walk **2.** [voyager] to travel **3.** MÉD ▸ **se déplacer une vertèbre** to slip a disc **UK** ou disk **US**.

déplaire [110] [depler] vt **1.** [ne pas plaire] : *cela me déplaît* I don't like it **2.** [irriter] to displease.

déplaisant, e [deplezã, ãt] adj *sout* unpleasant.

dépliant [deplijã] nm leaflet ▸ **dépliant touristique** tourist brochure.

déplier [10] [deplije] vt to unfold.

déploiement [deplwamã] nm **1.** MIL deployment **2.** [d'ailes] spreading **3.** *fig* [d'efforts] display.

déplorer [3] [deplɔre] vt [regretter] to deplore.

déployer [13] [deplwaje] vt **1.** [déplier - gén] to unfold ; [- plan, journal] to open ; [ailes] to spread **2.** MIL to deploy **3.** [mettre en œuvre] to expend.

déplu [deply] pp ⟶ **déplaire**.

dépolluant, e [depɔlɥɑ̃, ɑ̃t] adj depolluting, anti-pollutant. ◆ **dépolluant** nm depolluant, anti-pollutant.

déportation [depɔrtasjɔ̃] nf **1.** [exil] deportation **2.** [internement] transportation to a concentration camp.

déporté, e [depɔrte] nm, f **1.** [exilé] deportee **2.** [en camp de concentration] concentration camp prisoner.

déporter [3] [depɔrte] vt **1.** [dévier] to carry off course **2.** [exiler] to deport **3.** [interner] to send to a concentration camp.

déposé, e [depoze] adj ▸ **marque déposée** registered trademark ▸ **modèle déposé** patented design.

déposer [3] [depoze] ❖ vt **1.** [poser] to put down **2.** [personne, paquet] to drop **3.** [argent, sédiment] to deposit **4.** DR to file / **déposer le bilan** to file for bankruptcy **5.** [monarque] to depose. ❖ vi DR to testify, to give evidence. ◆ **se déposer** vp to settle.

dépositaire [depoziter] nmf **1.** COMM agent **2.** [d'objet] bailee ▸ **dépositaire de** fig person entrusted with.

déposition [depozisjɔ̃] nf deposition.

déposséder [18] [deposede] vt ▸ **déposséder qqn de** to dispossess sb of.

dépôt [depo] nm **1.** [d'objet, d'argent, de sédiment] deposit, depositing (U) ▸ **verser un dépôt (de garantie)** to put down a deposit ▸ **dépôt d'ordures** rubbish dump 🇬🇧, garbage dump 🇺🇸 **2.** ADMIN registration ▸ **dépôt légal** copyright registration **3.** [garage] depot **4.** [entrepôt] store, warehouse **5.** [prison] ≃ police cells pl.

dépotoir [depotwar] nm [décharge] rubbish dump 🇬🇧, garbage dump 🇺🇸 ; fam & fig dump, tip 🇬🇧.

dépouille [depuj] nf **1.** [peau] hide, skin **2.** [humaine] remains pl.

dépouillement [depujmɑ̃] nm [sobriété] austerity, sobriety.

dépouiller [3] [depuje] vt **1.** [priver] ▸ **dépouiller qqn (de)** to strip sb (of) **2.** [examiner] to peruse ▸ **dépouiller le scrutin** to count the votes.

dépourvu, e [depurvy] adj ▸ **dépourvu de** without, lacking in. ◆ **au dépourvu** loc adv ▸ **prendre qqn au dépourvu** to catch sb unawares.

dépoussiérer [18] [depusjere] vt to dust (off).

dépravé, e [deprave] ❖ adj depraved. ❖ nm, f degenerate.

dépréciation [depresjasjɔ̃] nf FIN depreciation.

déprécier [9] [depresje] vt **1.** [marchandise] to reduce the value of **2.** [œuvre] to disparage. ◆ **se déprécier** vp **1.** [marchandise] to depreciate **2.** [personne] to put o.s. down.

dépressif, ive [depresif, iv] adj depressive.

dépression [depresjɔ̃] nf depression ▸ **dépression nerveuse** nervous breakdown.

déprimant, e [deprimɑ̃, ɑ̃t] adj depressing.

déprime [deprim] nf fam ▸ **faire une déprime** to be (feeling) down.

déprimé, e [deprime] adj depressed.

déprimer [3] [deprime] ❖ vt to depress. ❖ vi fam to be (feeling) down.

déprogrammer [3] [deprograme] vt to remove from the schedule ; TV to take off the air.

dépuceler [24] [depysle] vt fam ▸ **dépuceler qqn** to take sb's virginity.

depuis [dəpɥi] ❖ prép **1.** [à partir d'une date ou d'un moment précis] since / **je ne l'ai pas vu depuis son mariage** I haven't seen him since he got married / **il est parti depuis hier** he's been away since yesterday / **depuis le début jusqu'à la fin** from beginning to end **2.** [exprimant une durée] for / **il est malade depuis une semaine** he has been ill for a week / **depuis dix ans / longtemps** for ten years/a long time / **depuis toujours** always **3.** [dans l'espace] from / **depuis la route, on pouvait voir la mer** you could see the sea from the road. ❖ adv since (then) / **depuis, nous ne l'avons pas revu** we haven't seen him since (then). ◆ **depuis que** loc conj since / **je ne l'ai pas revu depuis qu'il s'est marié** I haven't seen him since he got married.

député [depyte] nm [POL - au parlement] member of parliament 🇬🇧, representative 🇺🇸 ; [- en France] deputy ; [- en Grande-Bretagne] member of parliament ; [- aux États-Unis] Congressman (Congresswoman).

déraciner [3] [derasine] vt pr & fig to uproot.

déraillement [derajmɑ̃] nm derailment.

dérailler [3] [deʀaje] vi **1.** [train] to leave the rails, to be derailed **2.** *fam & fig* [mécanisme] to go on the blink **3.** *fam & fig* [personne] to go to pieces.

dérailleur [deʀajœʀ] nm [de bicyclette] derailleur.

déraisonnable [deʀɛzɔnabl] adj unreasonable.

dérangement [deʀɑ̃ʒmɑ̃] nm trouble ▸ **en dérangement** out of order.

déranger [17] [deʀɑ̃ʒe] ⬥ vt **1.** [personne] to disturb, to bother / *ça vous dérange si je fume ?* do you mind if I smoke? **2.** [plan] to disrupt **3.** [maison, pièce] to make untidy. ⬥ vi to be disturbing. ◆ **se déranger** vp **1.** [se déplacer] to move **2.** [se gêner] to put o.s. out.

dérapage [deʀapaʒ] nm **1.** [glissement] skid **2.** *fig* excess.

déraper [3] [deʀape] vi [glisser] to skid ; *fig* to get out of hand.

déréglementer [3] [deʀeɡləmɑ̃te] vt to deregulate.

dérégler [18] [deʀeɡle] vt [mécanisme] to put out of order ; *fig* to upset. ◆ **se dérégler** vp [mécanisme] to go wrong ; *fig* to be upset ou unsettled.

dérider [3] [deʀide] vt *fig* ▸ **dérider qqn** to cheer sb up.

dérision [deʀizjɔ̃] nf derision ▸ **tourner qqch en dérision** to hold sthg up to ridicule.

dérisoire [deʀizwaʀ] adj derisory.

dérivatif, ive [deʀivatif, iv] adj derivative. ◆ **dérivatif** nm distraction.

dérive [deʀiv] nf [mouvement] drift, drifting *(U)* ▸ **aller** ou **partir à la dérive** *fig* to fall apart.

dérivé [deʀive] nm CHIM & LING derivative.

dériver [3] [deʀive] ⬥ vt [détourner] to divert **UK**, to detour **US**. ⬥ vi **1.** [aller à la dérive] to drift **2.** *fig* [découler] ▸ **dériver de** to derive from.

dériveur [deʀivœʀ] nm sailing dinghy *(with centreboard)*.

dermatologie [dɛʀmatɔlɔʒi] nf dermatology.

dermatologue [dɛʀmatɔlɔɡ] nmf dermatologist.

dernier, ère [dɛʀnje, ɛʀ] ⬥ adj **1.** [gén] last / *l'année dernière* last year **2.** [ultime] last, final **3.** [plus récent] latest **4.** [du bas] bottom ; [du haut] top ; [du bout] last. ⬥ nm, f last ▸ **ce dernier** the latter. ◆ **en dernier** loc adv last.

dernièrement [dɛʀnjɛʀmɑ̃] adv recently, lately.

dernier-né, dernière-née [dɛʀnjene, dɛʀnjɛʀne] nm, f [bébé] youngest (child).

dérobade [deʀɔbad] nf evasion, shirking *(U)*.

dérobé, e [deʀɔbe] adj **1.** [volé] stolen **2.** [caché] hidden. ◆ **à la dérobée** loc adv surreptitiously.

dérober [3] [deʀɔbe] vt *sout* to steal. ◆ **se dérober** vp **1.** [se soustraire] ▸ **se dérober à qqch** to shirk sthg **2.** [s'effondrer] to give way.

dérogation [deʀɔɡasjɔ̃] nf [action] dispensation ; [résultat] exception.

déroulé [deʀule] nm sequence, proceedings *pl* / *le déroulé d'un procès* court proceedings.

déroulement [deʀulmɑ̃] nm **1.** [de bobine] unwinding **2.** *fig* [d'événement] development.

dérouler [3] [deʀule] vt [fil] to unwind ; [papier, tissu] to unroll. ◆ **se dérouler** vp to take place.

déroute [deʀut] nf MIL rout ; *fig* collapse.

dérouter [3] [deʀute] vt **1.** [déconcerter] to disconcert, to put out **2.** [dévier] to divert **UK**, to detour **US**.

derrière [dɛʀjɛʀ] ⬥ prép behind. ⬥ nm **1.** [partie arrière] back / *la porte de derrière* the back door **2.** [partie du corps] bottom, behind.

des [de] ⬥ art indéf ⟶ **un.** ⬥ prép ⟶ **de.**

dès [dɛ] prép from / *dès son arrivée* the minute he arrives/arrived, as soon as he arrives/arrived / *dès l'enfance* since childhood / *dès 1900* as far back as 1900, as early as 1900 ▸ **dès maintenant** from now on ▸ **dès demain** starting ou from tomorrow. ◆ **dès lors** loc adv from then on. ◆ **dès lors que** loc conj [puisque] since. ◆ **dès que** loc conj as soon as.

désabusé, e [dezabyze] adj disillusioned.

désaccord [dezakɔʀ] nm disagreement.

désaccordé, e [dezakɔʀde] adj out of tune.

désaffecté, e [dezafɛkte] adj disused.

désaffection [dezafɛksjɔ̃] nf disaffection.

désagréable [dezaɡʀeabl] adj unpleasant.

désagréger [22] [dezaɡʀeʒe] vt to break up. ◆ **se désagréger** vp to break up.

désagrément [dezaɡʀemɑ̃] nm annoyance.

désaltérant, e [dezalteʀɑ̃, ɑ̃t] adj thirst-quenching.

désaltérer [18] [dezaltere] ◆ **se désalté-rer** vp to quench one's thirst.

désamorcer [16] [dezamɔrse] vt [arme] to remove the primer from; [bombe] to defuse; *fig* [complot] to nip in the bud.

désappointer [3] [dezapwēte] vt to disappoint.

désapprobation [dezaprɔbasjɔ̃] nf disapproval.

désapprouver [3] [dezapruve] ◆ vt to disapprove of. ◆ vi to disapprove.

désarmement [dezarməmā] nm disarmament.

désarmer [3] [dezarme] vt to disarm; [fusil] to unload.

désarroi [dezarwa] nm confusion.

désastre [dezastr] nm disaster.

désastreux, euse [dezastrø, øz] adj disastrous.

désavantage [dezavātaʒ] nm disadvantage.

désavantager [17] [dezavātaʒe] vt to disadvantage.

désavantageux, euse [dezavātaʒø, øz] adj unfavourable 🇬🇧, unfavorable 🇺🇸.

désaveu, x [dezavø] nm **1.** [reniement] denial **2.** [désapprobation] disapproval.

désavouer [6] [dezavwe] vt to disown.

désaxé, e [dezakse] ◆ adj [mentalement] disordered, unhinged. ◆ nm, f unhinged person.

descendance [desādās] nf [progéniture] descendants *pl.*

descendant, e [desādā, āt] nm, f [héritier] descendant.

descendre [73] [desādr] ◆ vt (aux : être) **1.** [escalier, pente] to go/come down / *descendre la rue en courant* to run down the street **2.** [rideau, tableau] to lower **3.** [apporter] to bring/take down **4.** *fam* [personne, avion] to shoot down. ◆ vi (aux : être) **1.** [gén] to go/come down **2.** [température, niveau] to fall **3.** [passager] to get off / *descendre d'un bus* to get off a bus / *descendre d'une voiture* to get out of a car **4.** [être issu] ▸ **descendre de** to be descended from **5.** [marée] to go out.

descendu, e [desādy] pp ⟶ **descendre.**

descente [desāt] nf **1.** [action] descent **2.** [pente] downhill slope ou stretch **3.** [irruption] raid **4.** [tapis] ▸ **descente de lit** bedside rug.

descriptif, ive [deskriptif, iv] adj descriptive. ◆ **descriptif** nm [de lieu] particulars *pl*; [d'appareil] specification.

description [deskripsjɔ̃] nf description.

désemparé, e [dezāpare] adj [personne] helpless; [avion, navire] disabled.

désendettement [dezādɛtmā] nm degearing 🇬🇧, debt reduction.

désenfler [3] [dezāfle] vi to go down, to become less swollen.

désensibiliser [3] [desāsibilize] vt to desensitize.

déséquilibre [dezekilibr] nm imbalance.

déséquilibré, e [dezekilibre] nm, f unbalanced person.

déséquilibrer [3] [dezekilibre] vt **1.** [physiquement] ▸ **déséquilibrer qqn** to throw sb off balance **2.** [perturber] to unbalance.

désert, e [dezer, ɛrt] adj **1.** [désertique - île] desert *(avant n)* **2.** [peu fréquenté] deserted. ◆ **désert** nm desert.

déserter [3] [dezerte] vt & vi to desert.

déserteur [dezertœr] nm MIL deserter; *fig* & *péj* traitor.

désertion [dezersjɔ̃] nf desertion.

désertique [dezertik] adj desert *(avant n)*.

désespéré, e [dezespere] adj **1.** [regard] desperate **2.** [situation] hopeless.

désespérément [dezesperemā] adv **1.** [sans espoir] hopelessly **2.** [avec acharnement] desperately.

désespérer [18] [dezespere] ◆ vt **1.** [décourager] ▸ **désespérer qqn** to drive sb to despair **2.** [perdre espoir] ▸ **désespérer que qqch arrive** to give up hope of sth happening. ◆ vi ▸ **désespérer (de)** to despair (of). ◆ **se désespérer** vp to despair.

désespoir [dezespwar] nm despair ▸ **en désespoir de cause** as a last resort.

déshabillé [dezabije] nm negligee, négligé.

déshabiller [3] [dezabije] vt to undress. ◆ **se déshabiller** vp to undress, to get undressed.

désherbant, e [dezerbā, āt] adj weed-killing. ◆ **désherbant** nm weedkiller.

désherber [3] [dezerbe] vt & vi to weed.

déshérité, e [dezerite] ◆ adj **1.** [privé d'héritage] disinherited **2.** [pauvre] deprived. ◆ nm, f [pauvre] deprived person.

déshériter [3] [dezeʀite] vt to disinherit.

déshonneur [dezɔnœʀ] nm disgrace.

déshonorer [3] [dezɔnɔʀe] vt to disgrace, to bring disgrace on.

déshydrater [3] [dezidʀate] vt to dehydrate. ◆ **se déshydrater** vp to become dehydrated.

design [dizajn] ❖ adj inv modern. ❖ nm inv modernism.

désigner [3] [dezine] vt **1.** [choisir] to appoint **2.** [signaler] to point out **3.** [nommer] to designate.

désillusion [dezilyzjɔ̃] nf disillusion.

désincarné, e [dezɛ̃kaʀne] adj **1.** RELIG disembodied **2.** [éthéré] unearthly.

désinence [dezinɑ̃s] nf LING ending.

désinfectant, e [dezɛ̃fɛktɑ̃, ɑ̃t] adj disinfectant. ◆ **désinfectant** nm disinfectant.

désinfecter [4] [dezɛ̃fɛkte] vt to disinfect.

désinflation [dezɛ̃flasjɔ̃] nf disinflation.

désinstallation [dezɛ̃stalasjɔ̃] nf INFORM uninstalling, deinstalling.

désinstaller [3] [dezɛ̃stale] vt INFORM to uninstall.

désintégrer [18] [dezɛ̃tegʀe] vt to break up. ◆ **se désintégrer** vp to disintegrate, to break up.

désintéressé, e [dezɛ̃teʀese] adj disinterested.

désintéresser [4] [dezɛ̃teʀese] ◆ **se désintéresser** vp ▸ **se désintéresser de** to lose interest in.

désintoxication [dezɛ̃tɔksikasjɔ̃] nf detoxification.

désintoxiquer [3] [dezɛ̃tɔksike] vt **1.** MÉD to detoxify ▸ **se faire désintoxiquer** to be weaned off drugs **2.** [informer] to counteract. ◆ **se désintoxiquer** vpi [drogué] to kick the habit ; [alcoolique] to dry out.

désinvolte [dezɛ̃vɔlt] adj **1.** [à l'aise] casual **2.** péj [sans-gêne] offhand.

désinvolture [dezɛ̃vɔltyʀ] nf **1.** [légèreté] casualness **2.** péj [sans-gêne] offhandedness.

désir [deziʀ] nm **1.** [souhait] desire, wish **2.** [charnel] desire.

désirable [deziʀabl] adj desirable.

désirer [3] [deziʀe] vt **1.** sout [chose] ▸ **désirer faire qqch** to wish to do sthg / **vous désirez ?** **a)** [dans un magasin] can I help you? **b)** [dans

un café] what can I get you? **2.** [sexuellement] to desire.

désistement [dezistəmɑ̃] nm ▸ **désistement (de)** withdrawal (from).

désister [3] [deziste] ◆ **se désister** vp [se retirer] to withdraw, to stand down.

désobéir [32] [dezɔbeiʀ] vi ▸ **désobéir (à qqn)** to disobey (sb).

désobéissant, e [dezɔbeisɑ̃, ɑ̃t] adj disobedient.

désobligeant, e [dezɔbliʒɑ̃, ɑ̃t] adj sout offensive.

désodorisant, e [dezɔdɔʀizɑ̃, ɑ̃t] adj deodorizing. ◆ **désodorisant** nm deodorizer, air freshener.

désœuvré, e [dezœvʀe] adj idle.

désolant, e [dezɔlɑ̃, ɑ̃t] adj disappointing.

désolation [dezɔlasjɔ̃] nf **1.** [destruction] desolation **2.** sout [affliction] distress.

désolé, e [dezɔle] adj **1.** [ravagé] desolate **2.** [contrarié] very sorry.

désoler [3] [dezɔle] vt **1.** [affliger] to sadden **2.** [contrarier] to upset, to make sorry. ◆ **se désoler** vp [être contrarié] to be upset.

désolidariser [3] [desɔlidaʀize] vt **1.** [choses] ▸ **désolidariser qqch (de)** to disengage ou disconnect sthg (from) **2.** [personnes] to estrange. ◆ **se désolidariser** vp ▸ **se désolidariser de** to dissociate o.s. from.

désopilant, e [dezɔpilɑ̃, ɑ̃t] adj hilarious.

désordonné, e [dezɔʀdɔne] adj [maison, personne] untidy ; fig [vie] disorganized.

désordre [dezɔʀdʀ] nm **1.** [fouillis] untidiness ▸ **en désordre** untidy **2.** [agitation] disturbances pl, disorder (U).

désorganiser [3] [dezɔʀganize] vt to disrupt.

désorienté, e [dezɔʀjɑ̃te] adj disoriented, disorientated UK.

désormais [dezɔʀmɛ] adv from now on, in future.

désosser [3] [dezɔse] vt to bone.

despote [dɛspɔt] nm [chef d'État] despot ; fig & péj tyrant.

despotisme [dɛspɔtism] nm [gouvernement] despotism ; fig & péj tyranny.

desquels, desquelles [dekɛl] ⟶ **lequel**.

DESS (abr de diplôme d'études supérieures spécialisées) nm postgraduate diploma.

dessécher [18] [desefe]₁vt [peau] to dry (out); *fig* [cœur] to harden. ◆ **se dessécher** *vp* [peau, terre] to dry out; [plante] to wither; *fig* to harden.

desserrer [4] [desere] *vt* to loosen; [poing, dents] to unclench; [frein] to release.

dessert [deseʀ] *nm* dessert.

desserte [desɛʀt] *nf* **1.** [transports] (transport) service **UK**, (transportation) service **US 2.** [meuble] sideboard.

desservir [38] [desɛʀviʀ] *vt* **1.** [transports] to serve **2.** [table] to clear **3.** [désavantager] to do a disservice to.

dessin [desɛ̃] *nm* **1.** [graphique] drawing ▸ **dessin animé** cartoon *(film)* ▸ **dessin humoristique** cartoon *(drawing)* **2.** *fig* [contour] outline.

dessinateur, trice [desinatœʀ, tʀis] *nm, f* artist, draughtsman (draughtswoman) **UK**, draftsman (draftswoman) **US**.

dessiner [3] [desine] ◆ *vt* [représenter] to draw; *fig* to outline. ◆ *vi* to draw.

dessous [dəsu] ◆ *adv* underneath. ◆ *nm* [partie inférieure - gén] underside; [- d'un tissu] wrong side. ◆ *nmpl* [sous-vêtements féminins] underwear (U). ◆ **en dessous** *loc adv* underneath; [plus bas] below / *ils habitent l'appartement d'en dessous* they live in the flat below **ou** downstairs.

dessous-de-plat [dəsudpla] *nm inv* tablemat.

dessus [dəsy] ◆ *adv* on top / *faites attention à ne pas marcher dessus* be careful not to walk on it. ◆ *nm* **1.** [partie supérieure] top **2.** [étage supérieur] upstairs / *les voisins du dessus* the upstairs neighbours **3.** **EXPR** **avoir le dessus** to have the upper hand ▸ **reprendre le dessus** to get over it. ◆ **en dessus** *loc adv* on top.

dessus-de-lit [dəsydli] *nm inv* bedspread.

déstabiliser [3] [destabilize] *vt* to destabilize.

destin [dɛstɛ̃] *nm* fate, destiny.

destinataire [dɛstinatɛʀ] *nmf* addressee.

destination [dɛstinasjɔ̃] *nf* **1.** [direction] destination / *un avion à destination de Paris* a plane to **ou** for Paris **2.** [rôle] purpose.

destinée [dɛstine] *nf* destiny.

destiner [3] [dɛstine] *vt* **1.** [consacrer] ▸ **destiner qqch à** to intend sthg for, to mean sthg for **2.** [vouer] ▸ **destiner qqn à qqch / à faire qqch** a) [à un métier] to destine sb for sthg / to do sthg b) [sort] to mark sb out for sthg / to do sthg.

destituer [7] [dɛstitɥe] *vt* to dismiss.

déstockage [destɔkaʒ] *nm* COMM destocking ▸ **déstockage massif** clearance sale.

déstresser [destʀese] *vi* & *vt* to relax.

destructeur, trice [destʀyktœʀ, tʀis] ◆ *adj* destructive. ◆ *nm, f* destroyer.

destruction [destʀyksjɔ̃] *nf* destruction.

désuet, ète [dezɥe, ɛt] *adj* [expression, coutume] obsolete; [style, tableau] outmoded.

désuni, e [dezyni] *adj* divided.

détachable [detaʃabl] *adj* detachable, removable.

détachant, e [detaʃɑ̃, ɑ̃t] *adj* stain-removing. ◆ **détachant** *nm* stain remover.

détaché, e [detaʃe] *adj* detached.

détachement [detaʃmɑ̃] *nm* **1.** [d'esprit] detachment **2.** [de fonctionnaire] temporary assignment, secondment **UK** **3.** MIL detachment.

détacher [3] [detaʃe] *vt* **1.** [enlever] ▸ **détacher qqch (de)** a) [objet] to detach sthg (from) b) *fig* to free sthg (from) **2.** [nettoyer] to remove stains from, to clean **3.** [délier] to undo; [cheveux] to untie **4.** ADMIN ▸ **détacher qqn auprès de** to send sb on temporary assignment to, to second sb to **UK**. ◆ **se détacher** *vp* **1.** [tomber] ▸ **se détacher (de)** to come off **2.** [se défaire] to come undone **3.** [ressortir] ▸ **se détacher sur** to stand out on **4.** [s'éloigner] ▸ **se détacher de qqn** to drift apart from sb.

détail [detaj] *nm* **1.** [précision] detail **2.** COMM ▸ **le détail** retail. ◆ **au détail** *loc adj* & *loc adv* retail. ◆ **en détail** *loc adv* in detail.

détaillant, e [detajɑ̃, ɑ̃t] *nm, f* retailer.

détaillé, e [detaje] *adj* detailed.

détailler [3] [detaje] *vt* **1.** [expliquer] to give details of **2.** [vendre] to retail.

détaler [3] [detale] *vi* **1.** [personne] to clear out **2.** [animal] to bolt.

détartrant, e [detaʀtʀɑ̃, ɑ̃t] *adj* descaling. ◆ **détartrant** *nm* descaling agent.

détaxe [detaks] *nf* ▸ **détaxe (sur)** a) [suppression] removal of tax (from) b) [réduction] reduction in tax (on).

détecter [4] [detɛkte] *vt* to detect.

détecteur, trice [detɛktœʀ, tʀis] *adj* detecting *(avant n)*, detector *(avant n)*. ◆ **détecteur** *nm* detector.

détection [detɛksjɔ̃] *nf* detection.

détective [detɛktiv] *nm* detective ▸ **détective privé** private detective.

déteindre [81] [detɛ̃dʀ] vi to fade.

déteint, e [detɛ̃, ɛ̃t] pp ⟶ **déteindre**.

dételer [24] [detle] vt [cheval] to unharness.

détendre [73] [detɑ̃dʀ] vt **1.** [corde] to loosen, to slacken; fig to ease **2.** [personne] to relax. ◆ **se détendre** vp **1.** [se relâcher] to slacken; fig [situation] to ease; [atmosphère] to become more relaxed **2.** [se reposer] to relax.

détendu, e [detɑ̃dy] ⋙ pp ⟶ **détendre**. ⋙ adj **1.** [corde] loose, slack **2.** [personne] relaxed.

détenir [40] [detniʀ] vt **1.** [objet] to have, to hold **2.** [personne] to detain, to hold.

détente [detɑ̃t] nf **1.** [de ressort] release **2.** [d'une arme] trigger **3.** [repos] relaxation **4.** POL détente.

détenteur, trice [detɑ̃tœʀ, tʀis] nm, f [d'objet, de secret] possessor; [de prix, record] holder.

détention [detɑ̃sjɔ̃] nf **1.** [possession] possession **2.** [emprisonnement] detention.

détenu, e [detny] ⋙ pp ⟶ **détenir**. ⋙ adj detained. ⋙ nm, f prisoner.

détergent, e [detɛʀʒɑ̃, ɑ̃t] adj detergent (avant n). ◆ **détergent** nm detergent.

détérioration [deteʀjɔʀasjɔ̃] nf [de bâtiment] deterioration; [de situation] worsening.

détériorer [3] [deteʀjɔʀe] vt **1.** [abîmer] to damage **2.** [altérer] to ruin. ◆ **se détériorer** vp **1.** [bâtiment] to deteriorate; [situation] to worsen **2.** [s'altérer] to be spoiled.

déterminant, e [detɛʀminɑ̃, ɑ̃t] adj decisive, determining. ◆ **déterminant** nm LING determiner.

détermination [detɛʀminasjɔ̃] nf [résolution] determination, decision.

déterminé, e [detɛʀmine] adj **1.** [quantité] given (avant n) **2.** [expression] determined.

déterminer [3] [detɛʀmine] vt **1.** [préciser] to determine, to specify **2.** [provoquer] to bring about.

déterrer [4] [deteʀe] vt to dig up.

détestable [detɛstabl] adj dreadful.

détester [3] [detɛste] vt to detest.

détonateur [detɔnatœʀ] nm TECHNOL detonator; fig trigger.

détonation [detɔnasjɔ̃] nf detonation.

détoner [3] [detɔne] vi to detonate.

détonner [3] [detɔne] vi MUS to be out of tune; [couleur] to clash; [personne] to be out of place.

détour [detuʀ] nm **1.** [crochet] detour **2.** [méandre] bend ▶ sans détour fig directly.

détourné, e [deturne] adj [dévié] indirect; fig roundabout (avant n).

détournement [deturnəmɑ̃] nm diversion, detour ▶ détournement d'avion hijacking ▶ détournement de fonds embezzlement ▶ détournement de mineur corruption of a minor.

détourner [3] [deturne] vt **1.** [dévier - gén] to divert, to detour US; [- avion] to hijack **2.** [écarter] ▶ détourner qqn de to distract sb from, to divert sb from **3.** [la tête, les yeux] to turn away **4.** [argent] to embezzle. ◆ **se détourner** vp to turn away ▶ se détourner de fig to move away from.

détracteur, trice [detʀaktœʀ, tʀis] nm, f detractor.

détraquer [3] [detʀake] vt fam [dérégler] to break; fig to upset. ◆ **se détraquer** vp fam [se dérégler] to go wrong; fig to become unsettled.

détresse [detʀɛs] nf distress.

détriment [detʀimɑ̃] ◆ **au détriment de** loc prép to the detriment of.

détritus [detʀity(s)] nm detritus.

détroit [detʀwa] nm strait / le détroit de Bering the Bering Strait / le détroit de Gibraltar the Strait of Gibraltar.

détromper [3] [detʀɔ̃pe] vt to disabuse.

détrôner [3] [detʀone] vt [souverain] to dethrone; fig to oust.

détruire [98] [detʀɥiʀ] vt **1.** [démolir, éliminer] to destroy **2.** fig [anéantir] to ruin.

détruit, e [detʀɥi, it] pp ⟶ **détruire**.

dette [dɛt] nf debt.

deuil [dœj] nm [douleur, mort] bereavement; [vêtements, période] mourning (U) ▶ porter le deuil to be in ou wear mourning.

DEUST, Deust [dœst] (abr de diplôme d'études universitaires scientifiques et techniques) nm university diploma taken after two years of science courses.

deux [dø] ⋙ adj num inv two / ses deux fils his two sons, both his sons ▶ tous les deux jours every two days, every second day, every other day. ⋙ nm two ▶ les deux both ▶ par deux in pairs. Voir aussi six.

deuxième [døzjɛm] adj num inv, nm & nmf second. *Voir aussi* **sixième.**

deux-pièces [døpjɛs] nm inv **1.** [appartement] two-room flat UK ou apartment US **2.** [bikini] two-piece (swimsuit).

deux-points [døpwɛ̃] nm inv colon.

deux-roues [døʀu] nm inv two-wheeled vehicle.

dévaler [3] [devale] vt to run down.

dévaliser [3] [devalize] vt [cambrioler - maison] to ransack ; [- personne] to rob ; *fig* to strip bare.

dévaloriser [3] [devalɔʀize] vt **1.** [monnaie] to devalue **2.** [personne] to run ou put down. ◆ **se dévaloriser** vp **1.** [monnaie] to fall in value **2.** *fig* [personne] to run ou put o.s. down.

dévaluation [devalɥasjɔ̃] nf devaluation.

dévaluer [7] [devalɥe] vt to devalue. ◆ **se dévaluer** vp to devalue.

devancer [16] [dəvɑ̃se] vt **1.** [précéder] to arrive before **2.** [anticiper] to anticipate.

devant [dəvɑ̃] ◆ prép **1.** [en face de] in front of **2.** [en avant de] ahead of, in front of / *aller droit devant soi* to go straight ahead ou on **3.** [en présence de, face à] in the face of. ◆ adv **1.** [en face] in front **2.** [en avant] in front, ahead. ◆ nm front ▸ **prendre les devants** to make the first move, to take the initiative. ◆ **de devant** loc adj [pattes, roues] front *(avant n).*

devanture [dəvɑ̃tyʀ] nf shop UK ou store US window.

dévaster [3] [devaste] vt to devastate.

développement [devlɔpmɑ̃] nm **1.** [gén & ÉCON] development ▸ **développement durable** sustainable development **2.** PHOTO developing.

développer [3] [devlɔpe] vt to develop ; [industrie, commerce] to expand ; PHOTO to develop / *faire développer des photos* to have some photos developed. ◆ **se développer** vp **1.** [s'épanouir] to spread **2.** ÉCON to grow, to expand.

développeur [devlɔpœʀ] nm [INFORM - entreprise] software development ou design company ; [- personne] software developer ou designer.

devenir [40] [dəvniʀ] vi to become ▸ **que devenez-vous ?** *fig* how are you doing?

devenu, e [dəvny] pp ⟶ **devenir.**

dévergondé, e [devɛʀgɔ̃de] ◆ adj shameless, wild. ◆ nm, f shameless person.

déverrouiller [3] [devɛʀuje] vt **1.** [porte] to unbolt **2.** [arme] to release the catch of.

déverser [3] [devɛʀse] vt **1.** [liquide] to pour out **2.** [ordures] to tip (out) **3.** *fig* [injures] to pour out.

déviation [devjasjɔ̃] nf **1.** [gén] deviation **2.** [d'itinéraire] diversion, detour.

dévier [9] [devje] ◆ vi ▸ **dévier de** to deviate from. ◆ vt to divert, to detour US.

devin, devineresse [dəvɛ̃, dəvinʀɛs] nm, f soothsayer ▸ **je ne suis pas devin !** I'm not psychic ou a mindreader!

deviner [3] [dəvine] vt to guess.

devinette [dəvinɛt] nf riddle.

devis [dəvi] nm estimate ▸ **faire un devis** to (give an) estimate.

dévisager [17] [devizaʒe] vt to stare at.

devise [dəviz] nf **1.** [formule] motto **2.** [monnaie] currency. ◆ **devises** nfpl [argent] currency *(U).*

dévisser [3] [devise] ◆ vt to unscrew. ◆ vi [alpinisme] to fall (off).

dévoiler [3] [devwale] vt to unveil ; *fig* to reveal.

devoir [53] [dəvwaʀ] ◆ nm **1.** [obligation] duty **2.** SCOL homework *(U)* ▸ **faire ses devoirs** to do one's homework. ◆ vt **1.** [argent, respect] ▸ **devoir qqch (à qqn)** to owe (sb) sthg **2.** [marque l'obligation] ▸ **devoir faire qqch** to have to do sthg / *je dois partir à l'heure ce soir* I have to ou must leave on time tonight / *tu devrais faire attention* you should be ou ought to be careful / *il n'aurait pas dû mentir* he shouldn't have lied, he ought not to have lied **3.** [marque la probabilité] : *il doit faire chaud là-bas* it must be hot over there / *il a dû oublier* he must have forgotten **4.** [marque le futur, l'intention] ▸ **devoir faire qqch** to be (due) to do sthg, to be going to do sthg / *elle doit arriver à 6 heures* she's due to arrive at 6 o'clock / *je dois voir mes parents ce weekend* I'm seeing ou going to see my parents this weekend **5.** [être destiné à] : *il devait mourir trois ans plus tard* he was to die three years later / *cela devait arriver* it had to happen, it was bound to happen. ◆ **se devoir** vp ▸ **se devoir de faire qqch** to be duty-bound to do sthg ▸ **comme il se doit** as is proper.

dévolu, e [devɔly] adj *sout* ▸ **dévolu à** allotted to. ◆ **dévolu** nm ▸ **jeter son dévolu sur** to set one's sights on.

dévorer [3] [devɔʀe] vt to devour.

dévotion [devɔsjɔ̃] nf devotion ▸ **avec dévotion a)** [prier] devoutly **b)** [soigner, aimer] devotedly.

dévoué, e [devwe] adj devoted.

dévouement [devumɑ̃] nm devotion.

dévouer [6] [devwe] ◆ **se dévouer** vp **1.** [se consacrer] ▸ **se dévouer à** to devote o.s. to **2.** fig [se sacrifier] ▸ **se dévouer pour qqch / pour faire qqch** to sacrifice o.s. for sthg / to do sthg.

dévoyé, e [devwaje] adj & nm, f delinquent.

devrai, devras ⟶ **devoir**.

dextérité [dɛksteʀite] nf dexterity, skill.

dézipper [3] [dezipe] vt INFORM [fichier] to unzip.

diabète [djabɛt] nm diabetes (U).

diabétique [djabetik] nmf & adj diabetic.

diable [djabl] nm devil.

diabolique [djabɔlik] adj diabolical.

diabolo [djabɔlo] nm [boisson] fruit cordial and lemonade ▸ **diabolo menthe** mint (cordial) and lemonade.

diacre [djakʀ] nm RELIG deacon.

diadème [djadɛm] nm diadem.

diagnostic [djagnɔstik] nm MÉD diagnosis.

diagnostiquer [3] [djagnɔstike] vt pr & fig to diagnose.

diagonale [djagɔnal] nf diagonal.

diagramme [djagʀam] nm graph / diagramme à bâtons bar graph ou chart UK.

dialecte [djalɛkt] nm dialect.

dialogue [djalɔg] nm discussion.

dialoguer [3] [djalɔge] ❖ vi **1.** [converser] to converse **2.** INFORM to interact. ❖ vt [film, scénario] to write the dialogue for.

diamant [djamɑ̃] nm [pierre] diamond.

diamètre [djamɛtʀ] nm diameter.

diapason [djapazɔ̃] nm [instrument] tuning fork.

diaphragme [djafʀagm] nm diaphragm.

diapositive [djapozitiv] nf slide.

diarrhée [djaʀe] nf diarrhoea UK, diarrhea US.

dictateur [diktatœʀ] nm dictator.

dictature [diktatyʀ] nf dictatorship.

dictée [dikte] nf dictation.

dicter [3] [dikte] vt to dictate.

diction [diksjɔ̃] nf diction.

dictionnaire [diksjɔnɛʀ] nm dictionary.

dicton [diktɔ̃] nm saying, dictum.

didactique [didaktik] adj didactic.

dièse [djɛz] ❖ adj sharp ▸ **do / fa dièse** C / F sharp. ❖ nm sharp ; [symbole] hash UK, pound sign US / appuyez sur la touche dièse press the hash key UK ou pound key US.

diesel [djezɛl] adj inv diesel.

diète [djɛt] nf diet ; [jeûne] to be fasting.

diététicien, enne [djetetisjɛ̃, ɛn] nm, f dietician.

diététique [djetetik] ❖ nf dietetics (U). ❖ adj [considération, raison] dietary ; [produit, magasin] health (avant n).

dieu, x [djø] nm god. ◆ **Dieu** nm God ▸ **mon Dieu !** my God!

diffamation [difamasjɔ̃] nf [écrite] libel ; [orale] slander.

différé, e [difeʀe] adj recorded. ◆ **différé** nm ▸ **en différé a)** TV recorded **b)** INFORM off-line.

différence [difeʀɑ̃s] nf [distinction] difference, dissimilarity.

différencier [9] [difeʀɑ̃sje] vt ▸ **différencier qqch de qqch** to differentiate sthg from sthg. ◆ **se différencier** vp ▸ **se différencier de** to be different from.

différend [difeʀɑ̃] nm [désaccord] difference of opinion.

différent, e [difeʀɑ̃, ɑ̃t] adj ▸ **différent (de)** different (from).

différer [18] [difeʀe] ❖ vt [retarder] to postpone. ❖ vi ▸ **différer de** to differ from, to be different from.

difficile [difisil] adj difficult.

difficilement [difisilmɑ̃] adv with difficulty.

difficulté [difikylte] nf **1.** [complexité, peine] difficulty **2.** [obstacle] problem.

difforme [difɔʀm] adj deformed.

diffuser [3] [difyze] vt **1.** [lumière] to diffuse **2.** [émission] to broadcast **3.** [livres] to distribute.

diffuseur [difyzœʀ] nm **1.** [appareil] diffuser **2.** [de livres] distributor.

diffusion [difyzjɔ̃] nf **1.** [d'émission, d'onde] broadcast **2.** [de livres] distribution.

digérer [18] [diʒeʀe] ❖ vi to digest. ❖ vt **1.** [repas, connaissance] to digest **2.** *fam* & *fig* [désagrément] to put up with.

digestif, ive [diʒɛstif, iv] adj digestive. ◆ **digestif** nm liqueur.

digestion [diʒɛstjɔ̃] nf digestion.

digital, e, aux [diʒital, o] adj **1.** *fam* TECHNOL digital **2.** —→ **empreinte.**

digne [diɲ] adj **1.** [honorable] dignified **2.** [méritant] ▶ **digne de** worthy of.

dignitaire [diɲitɛʀ] nm dignitary ▶ **haut dignitaire** mandarin.

dignité [diɲite] nf dignity.

digression [digʀesjɔ̃] nf digression.

digue [dig] nf dike.

dilapider [3] [dilapide] vt to squander.

dilater [3] [dilate] vt to dilate.

dilemme [dilɛm] nm [gén] dilemma.

dilettante [diletɑ̃t] nmf dilettante ▶ **faire qqch en dilettante** to dabble in sthg.

diligence [diliʒɑ̃s] nf *sout* HIST diligence.

diluant [dilɥɑ̃] nm thinner.

diluer [7] [dilɥe] vt to dilute.

diluvien, enne [dilyvjɛ̃, ɛn] adj torrential.

dimanche [dimɑ̃ʃ] nm Sunday. *Voir aussi* **samedi.**

dimension [dimɑ̃sjɔ̃] nf **1.** [mesure] dimension **2.** [taille] dimensions *pl*, size **3.** *fig* [importance] magnitude. ◆ **à deux dimensions** loc adj two-dimensional. ◆ **à trois dimensions** loc adj three-dimensional.

diminuer [7] [diminɥe] ❖ vt [réduire] to diminish, to reduce. ❖ vi [intensité] to diminish, to decrease.

diminutif, ive [diminytif, iv] adj diminutive. ◆ **diminutif** nm diminutive.

diminution [diminysjɔ̃] nf diminution.

dinde [dɛ̃d] nf **1.** [animal] turkey **2.** *péj* [femme] stupid woman.

dindon [dɛ̃dɔ̃] nm turkey ▶ **être le dindon de la farce** *fam* & *fig* to be made a fool of.

dîner [3] [dine] ❖ vi to dine, to have dinner / **dînons au restaurant** let's eat out, let's go out for dinner. ❖ nm dinner.

dingue [dɛ̃g] *fam* ❖ adj **1.** [personne] crazy **2.** [histoire] incredible. ❖ nmf loony.

dinosaure [dinozɔʀ] nm dinosaur.

diphtongue [diftɔ̃g] nf diphthong.

diplomate [diplɔmat] ❖ nmf [ambassadeur] diplomat. ❖ adj diplomatic.

diplomatie [diplɔmasi] nf diplomacy.

diplomatique [diplɔmatik] adj diplomatic.

diplôme [diplom] nm diploma.

diplômé, e [diplome] ❖ adj ▶ **être diplômé de/en** to be a graduate of/in. ❖ nm, f graduate.

dire [102] [diʀ] vt ▶ **dire qqch (à qqn)** a) [parole] to say sthg (to sb) b) [vérité, mensonge, secret] to tell (sb) sthg ▶ **dire à qqn de faire qqch** to tell sb to do sthg / **il m'a dit que...** he told me (that)... ▶ **c'est vite dit** *fam* that's easy (for you/him etc.) to say ▶ **c'est beaucoup dire** that's saying a lot / **je te l'avais bien dit** I told you so ▶ **la ville proprement dite** the actual town ▶ **dire du bien/du mal (de)** to speak well/ill (of) ▶ **dirais-tu de... ?** what would you say to...? ▶ **qu'en dis-tu ?** what do you think (of it)? ▶ **on dirait que...** it looks as if... / **on dirait de la soie** it looks like silk, you'd think it was silk ▶ **et dire que je n'étais pas là !** and to think I wasn't there! ▶ **ça ne me dit rien** a) [pas envie] I don't feel like it, I don't fancy that [UK] b) [jamais entendu] I've never heard of it. ◆ **se dire** vp **1.** [s'employer] ▶ **ça ne se dit pas** a) [par décence] you mustn't say that b) [par usage] people don't say that, nobody says that **2.** [se traduire] : « *chat* » **se dit** « *gato* » **en espagnol** the Spanish for "cat" is "gato". ◆ **cela dit** loc adv having said that. ◆ **dis donc** loc adv *fam* so; [au fait] by the way; [à qqn qui exagère] look here! ◆ **à vrai dire** loc adv to tell the truth.

direct, e [diʀɛkt] adj direct. ◆ **direct** nm **1.** [boxe] jab **2.** [train] nonstop train **3.** RADIO & TV ▶ **le direct** live transmission *(U)* ▶ **en direct** live.

directement [diʀɛktəmɑ̃] adv **1.** [sans intermédiaire] direct **2.** [personnellement] : **cela ne vous concerne pas directement** this doesn't affect you personally ou directly.

directeur, trice [diʀɛktœʀ, tʀis] ❖ adj **1.** [dirigeant] leading *(avant n)* ▶ **comité directeur** steering committee **2.** [central] guiding *(avant n).* ❖ nm, f director, manager ▶ **directeur général** general manager, managing director [UK], chief executive officer [US].

direction [diʀɛksjɔ̃] nf **1.** [gestion, ensemble des cadres] management ▶ **sous la direction de** under the management of **2.** [orientation] direction ▶ **en** ou **dans la direction de** in the direction of **3.** AUTO steering.

directive [diʀɛktiv] nf directive.

directrice → directeur.

dirigeable [diʀiʒabl] nm ▶ **(ballon) dirigeable** airship.

dirigeant, e [diʀiʒɑ̃, ɑ̃t] ❖ adj ruling *(avant n)*. ❖ nm, f [de pays] leader ; [d'entreprise] manager.

diriger [17] [diʀiʒe] vt **1.** [mener - entreprise] to run, to manage ; [- orchestre] to conduct ; [- film, acteurs] to direct ; [- recherches, projet] to supervise **2.** [conduire orienter] to steer **3.** [pointer] ▶ **diriger qqch sur** to aim sthg at ▶ **diriger qqch vers** to aim sthg towards **UK** ou toward **US**. ❖ **se diriger** vp ▶ **se diriger vers** to go towards **UK** ou toward **US**, to head towards **UK** ou toward **US**.

discernement [disɛʀnəmɑ̃] nm [jugement] discernment.

discerner [3] [disɛʀne] vt **1.** [distinguer] ▶ **discerner qqch de** to distinguish sthg from **2.** [deviner] to discern.

disciple [disipl] nmf disciple.

disciplinaire [disiplinɛʀ] adj disciplinary.

discipline [disiplin] nf discipline.

discipliner [3] [disipline] vt [personne] to discipline ; [cheveux] to control.

disco [disko] nm disco (music).

discompte [diskɔ̃t] nm discount.

discontinu, e [diskɔ̃tiny] adj [ligne] broken ; [bruit, effort] intermittent.

discordant, e [diskɔʀdɑ̃, ɑ̃t] adj discordant.

discorde [diskɔʀd] nf discord.

discothèque [diskɔtɛk] nf **1.** [boîte de nuit] night club **2.** [de prêt] record library.

discount [disk(a)unt] nm discount.

discourir [45] [diskuʀiʀ] vi to talk at length.

discours [diskuʀ] nm [allocution] speech.

discréditer [3] [diskʀedite] vt to discredit.

discret, ète [diskʀɛ, ɛt] adj [gén] discreet ; [réservé] reserved.

discrètement [diskʀɛtmɑ̃] adv discreetly.

discrétion [diskʀesjɔ̃] nf [réserve, tact, silence] discretion.

discrimination [diskʀiminasjɔ̃] nf discrimination ▶ **sans discrimination** indiscriminately ∕ **discrimination positive** positive discrimination.

discriminatoire [diskʀiminatwaʀ] adj discriminatory.

disculper [3] [diskylpe] vt to exonerate. ❖ **se disculper** vp to exonerate o.s.

discussion [diskysjɔ̃] nf **1.** [conversation, examen] discussion **2.** [contestation, altercation] argument.

discutable [diskytabl] adj [contestable] questionable.

discuter [3] [diskyte] ❖ vt **1.** [débattre] ▶ **discuter (de) qqch** to discuss sthg **2.** [contester] to dispute. ❖ vi **1.** [parlementer] to discuss **2.** [converser] to talk **3.** [contester] to argue.

diseur, euse [dizœʀ, øz] nm, f ▶ **diseur de bonne aventure** fortune-teller.

disgracieux, euse [disgʀasjø, øz] adj **1.** [sans grâce] awkward, graceless **2.** [laid] plain.

disjoncter [disʒɔ̃kte] vi **1.** ÉLECTR to short-circuit **2.** fam [perdre la tête] to flip, to crack up.

disjoncteur [disʒɔ̃ktœʀ] nm trip switch, circuit breaker.

disloquer [3] [dislɔke] vt **1.** MÉD to dislocate **2.** [machine, empire] to dismantle. ❖ **se disloquer** vp [machine] to fall apart ou to pieces ; fig [empire] to break up.

disparaître [91] [dispaʀɛtʀ] vi **1.** [gén] to disappear, to vanish ▶ **faire disparaître a)** [personne] to get rid of **b)** [obstacle] to remove **2.** [mourir] to die.

disparité [dispaʀite] nf [différence - d'éléments] disparity ; [- de couleurs] mismatch.

disparition [dispaʀisjɔ̃] nf **1.** [gén] disappearance ; [d'espèce] extinction ▶ **en voie de disparition** endangered **2.** [mort] passing.

disparu, e [dispaʀy] ❖ pp → **disparaître**. ❖ nm, f dead person, deceased.

dispatcher [3] [dispatʃe] vt to dispatch, to despatch.

dispensaire [dispɑ̃sɛʀ] nm community clinic **UK**, free clinic **US**.

dispense [dispɑ̃s] nf [exemption] exemption.

dispenser [3] [dispɑ̃se] vt **1.** [distribuer] to dispense **2.** [exempter] ▶ **dispenser qqn de qqch** [corvée] to excuse sb sthg, to let sb off sthg ▶ **je te dispense de tes réflexions !** fig spare us the comments!, keep your comments to yourself!

disperser [3] [dispɛʀse] vt to scatter (around) ; [collection, brume, foule] to break up ; fig [efforts, forces] to dissipate, to waste. ❖ **se disperser** vp **1.** [feuilles, cendres] to scatter ; [brume] to break up, to clear ; [foule] to break up, to disperse **2.** [personne] to take on too much at once, to spread o.s. too thin.

dispersion [dispɛrsjɔ̃] nf scattering ; [de collection, brume, foule] breaking up ; *fig* [d'efforts, de forces] waste, squandering.

disponibilité [disponibilite] nf **1.** [de choses] availability **2.** [de fonctionnaire] leave of absence **3.** [d'esprit] alertness, receptiveness.

disponible [disponibl] adj [place, personne] available, free.

disposé, e [dispoze] adj ▶ **être disposé à faire qqch** to be prepared ou willing to do sthg ▶ **être bien disposé envers qqn** to be well-disposed towards 🇬🇧 ou toward 🇺🇸 sb.

disposer [3] [dispoze] ❖ vt [arranger] to arrange. ❖ vi ▶ **disposer de a)** [moyens, argent] to have available (to one), to have at one's disposal **b)** [chose] to have the use of **c)** [temps] to have free ou available.

dispositif [dispozitif] nm [mécanisme] device, mechanism.

disposition [dispozisjɔ̃] nf **1.** [arrangement] arrangement **2.** [disponibilité] ▶ **à la disposition de** at the disposal of, available to. ❖ **dispositions** nfpl **1.** [mesures] arrangements, measures **2.** [dons] ▶ **avoir des dispositions pour** to have a gift for.

disproportionné, e [disproporsjone] adj out of proportion.

dispute [dispyt] nf argument, quarrel.

disputer [3] [dispyte] vt **1.** [SPORT - course] to run ; [- match] to play **2.** [lutter pour] to fight for. ❖ **se disputer** vp **1.** [se quereller] to quarrel, to fight **2.** [lutter pour] to fight over ou for.

disquaire [diskɛr] nm record dealer.

disqualifier [9] [diskalifje] vt to disqualify.

disque [disk] nm **1.** MUS record ; [vidéo] videodisc 🇬🇧 ou videodisk 🇺🇸 ▶ **disque compact** ou **laser** compact disc **2.** ANAT disc 🇬🇧, disk 🇺🇸 **3.** INFORM disk ▶ **disque dur** hard disk **4.** SPORT discus.

disquette [diskɛt] nf *vieilli* diskette, floppy disk.

dissection [disɛksjɔ̃] nf dissection.

dissemblable [disãblabl] adj dissimilar.

disséminer [3] [disemine] vt [graines, maisons] to scatter, to spread (out) ; *fig* [idées] to disseminate, to spread.

disséquer [18] [diseke] vt *pr* & *fig* to dissect.

dissert' [disɛrt] (*abr de* **dissertation**) nf *arg scol* essay.

dissertation [disɛrtasjɔ̃] nf essay.

dissident, e [disidã, ãt] adj & nm, f dissident.

dissimulation [disimylasjɔ̃] nf **1.** [hypocrisie] duplicity **2.** [de la vérité] concealment.

dissimuler [3] [disimyle] vt to conceal. ❖ **se dissimuler** vp **1.** [se cacher] to conceal o.s., to hide **2.** [refuser de voir] ▶ **se dissimuler qqch** to close one's eyes to sthg.

dissipation [disipasjɔ̃] nf **1.** [dispersion] dispersal, breaking up ; *fig* [de malentendu] clearing up ; [de craintes] dispelling **2.** [indiscipline] indiscipline, misbehaviour 🇬🇧, misbehavior 🇺🇸.

dissipé, e [disipe] adj **1.** [turbulent] unruly, badly behaved **2.** [frivole] dissipated, dissolute.

dissiper [3] [disipe] vt **1.** [chasser] to break up, to clear ; *fig* to dispel **2.** [distraire] to lead astray. ❖ **se dissiper** vp **1.** [brouillard, fumée] to clear **2.** [élève] to misbehave **3.** *fig* [malaise, fatigue] to go away ; [doute] to be dispelled.

dissocier [9] [disosje] vt [séparer] to separate, to distinguish.

dissolution [disolysjɔ̃] nf **1.** DR dissolution **2.** [mélange] dissolving.

dissolvant, e [disolvã, ãt] adj solvent. ❖ **dissolvant** nm [solvant] solvent ; [pour vernis à ongles] nail polish ou varnish 🇬🇧 remover.

dissoudre [87] [disudr] vt ▶ **(faire) dissoudre** to dissolve. ❖ **se dissoudre** vp [substance] to dissolve.

dissous, oute [disu, ut] pp ⟶ **dissoudre**.

dissuader [3] [disɥade] vt to dissuade.

dissuasif, ive [disɥazif, iv] adj deterrent.

dissuasion [disɥazjɔ̃] nf dissuasion ▶ **force de dissuasion** deterrent (effect ou power).

distance [distãs] nf **1.** [éloignement] distance ▶ **à distance a)** at a distance **b)** [télécommander] by remote control ▶ **à une distance de 300 mètres** 300 metres away **2.** [intervalle] interval **3.** [écart] gap.

distancer [16] [distãse] vt to outstrip.

distant, e [distã, ãt] adj **1.** [éloigné] ▶ **une ville distante de 10 km** a town 10 km away ▶ **des villes distantes de 10 km** towns 10 km apart **2.** [froid] distant.

distendre [73] [distãdr] vt [ressort, corde] to stretch ; [abdomen] to distend. ❖ **se distendre** vp to distend.

distendu, e [distãdy] pp ⟶ **distendre**.

distiller [3] [distile] vt [alcool] to distil UK, to distill US ; [pétrole] to refine ; [miel] to secrete ; *fig & litt* to exude.

distillerie [distilRi] nf [industrie] distilling ; [lieu] distillery.

distinct, e [distē, ēkt] adj distinct.

distinctement [distēktəmā] adv distinctly, clearly.

distinctif, ive [distēktif, iv] adj distinctive.

distinction [distēksjɔ̃] nf distinction.

distingué, e [distēge] adj distinguished.

distinguer [3] [distēge] vt 1. [différencier] to tell apart, to distinguish 2. [percevoir] to make out, to distinguish 3. [rendre différent] ▶ **distinguer de** to distinguish from, to set apart from. ◆ **se distinguer** vp 1. [se différencier] ▶ **se distinguer (de)** to stand out (from) 2. [s'illustrer] to distinguish o.s.

distraction [distRaksjɔ̃] nf 1. [inattention] inattention, absent-mindedness 2. [passe-temps] leisure activity.

distraire [112] [distRER] vt 1. [déranger] to distract 2. [divertir] to amuse, to entertain. ◆ **se distraire** vp to amuse o.s.

distrait, e [distRE, εt] ◆ pp ⟶ **distraire**. ◆ adj [gén] absent-minded ; [élève] inattentive / *excusez-moi, j'étais distrait* sorry, I wasn't paying attention.

distrayant, e [distREjã, ãt] adj entertaining.

distribuer [7] [distRibɥe] vt to distribute ; [courrier] to deliver ; [ordres] to give out ; [cartes] to deal ; [coups, sourires] to dispense.

distributeur, trice [distRibytœR, tRis] nm, f distributor. ◆ **distributeur** nm 1. AUTO & COMM distributor 2. [machine] ▶ **distributeur (automatique) de billets a)** BANQUE ATM, cash machine, cash dispenser UK b) [transports] ticket machine ▶ **distributeur de boissons** drinks machine.

distribution [distRibysjɔ̃] nf 1. [répartition, diffusion, disposition] distribution ; [par des grandes surfaces] retail / *distribution des prix* SCOL prize-giving UK ▶ **la grande distribution** supermarkets and hypermarkets 2. CINÉ & THÉÂTRE cast.

dit, dite [di, dit] ◆ pp ⟶ **dire**. ◆ adj 1. [appelé] known as 2. DR said, above 3. [fixé] : *à l'heure dite* at the appointed time.

diurétique [djyRetik] nm & adj diuretic.

diva [diva] nf prima donna, diva.

divagation [divagasjɔ̃] nf wandering.

divaguer [3] [divage] vi to ramble.

divan [divã] nm divan *(seat)*.

divergence [diveRʒãs] nf divergence, difference ; [d'opinions] difference.

diverger [17] [diveRʒe] vi to diverge ; [opinions] to differ.

divers, e [diveR, εRs] ◆ adj 1. [différent] different, various / *à usages divers* multipurpose *(avant n)* 2. [disparate] diverse 3. *(avant n)* [plusieurs] several, various / *en diverses occasions* on several ou various occasions. ◆ adj indéf pl POL others / *les divers droite / gauche* other right / left-wing parties.

diversifier [9] [diveRsifje] vt to vary, to diversify. ◆ **se diversifier** vp to diversify.

diversion [diveRsjɔ̃] nf diversion.

diversité [diveRsite] nf diversity.

divertir [32] [diveRtiR] vt [distraire] to entertain, to amuse. ◆ **se divertir** vp to amuse o.s., to entertain o.s.

divertissant, e [diveRtisã, ãt] adj entertaining, amusing.

divertissement [diveRtismã] nm [passe-temps] form of relaxation.

divin, e [divē, in] adj divine.

divinité [divinite] nf divinity.

diviser [3] [divize] vt 1. [gén] to divide, to split up 2. MATH to divide ▶ **diviser 8 par 4** to divide 8 by 4.

division [divizjɔ̃] nf 1. MATH division 2. [fragmentation] splitting, division, partition 3. [désaccord] division, rift 4. FOOT division 5. MIL division.

divorce [divɔRs] nm 1. DR divorce 2. *fig* [divergence] gulf, separation.

divorcé, e [divɔRse] ◆ adj divorced. ◆ nm, f divorcee, divorced person.

divorcer [16] [divɔRse] vi to divorce.

divulguer [3] [divylge] vt to divulge.

dix [dis] adj num inv & nm ten. *Voir aussi six*.

dix-huit [dizɥit] adj num inv & nm eighteen. *Voir aussi six*.

dix-huitième [dizɥitjem] adj num inv, nm & nmf eighteenth. *Voir aussi sixième*.

dixième [dizjem] adj num inv, nm & nmf tenth. *Voir aussi sixième*.

dix-neuf [diznœf] adj num inv & nm nineteen. *Voir aussi six*.

dix-neuvième [diznœvjem] adj num inv, nm & nmf nineteenth. *Voir aussi sixième*.

dix-sept [disɛt] adj num inv & nm seventeen. *Voir aussi* **six.**

dix-septième [disɛtjɛm] adj num inv, nm & nmf seventeenth. *Voir aussi* **sixième.**

dizaine [dizɛn] nf **1.** MATH ten **2.** [environ dix] ▸ **une dizaine de** about ten ▸ **par dizaines** [en grand nombre] in their dozens.

DJ [didʒi ou didʒe] (*abr de* disc-jockey) nmf inv DJ.

do (*abr écrite de* dito) do.

do [do] nm inv MUS C ; [chanté] doh UK, do US.

doberman [dɔbɛrman] nm Doberman (pinscher).

doc [dɔk] (*abr de* documentation) nf fam literature, brochures pl.

doc. (*abr écrite de* document) doc.

docile [dɔsil] adj [obéissant] docile.

dock [dɔk] nm **1.** [bassin] dock **2.** [hangar] warehouse.

docker [dɔkɛr] nm docker UK, longshoreman US, stevedore US.

docteur [dɔktœr] nm **1.** [médecin] doctor **2.** UNIV ▸ **docteur ès lettres/sciences** ≃ PhD.

doctorant, e [dɔktɔrɑ̃, ɑ̃t] nm, f doctoral student.

doctorat [dɔktɔra] nm [grade] doctorate, PhD.

doctrine [dɔktrin] nf doctrine.

docudrame [dɔkydram] nm docudrama.

document [dɔkymɑ̃] nm document.

documentaire [dɔkymɑ̃tɛr] nm & adj documentary.

documentaliste [dɔkymɑ̃talist] nmf [d'archives] archivist ; PRESSE & TV researcher.

documentation [dɔkymɑ̃tasjɔ̃] nf **1.** [travail] research **2.** [documents] paperwork, papers pl **3.** [brochures] documentation.

documenter [3] [dɔkymɑ̃te] vt to document. ◆ **se documenter** vp to do some research.

dodo [dodo] nm fam beddy-byes (U) ▸ **faire dodo** to sleep.

dodu, e [dody] adj fam [enfant, joue, bras] chubby ; [animal] plump.

dogme [dɔgm] nm dogma.

dogue [dɔg] nm mastiff.

doigt [dwa] nm finger ▸ **un doigt de** (just) a drop ou finger of ▸ **doigt de pied** toe.

doigté [dwate] nm delicacy, tact.

dois ⟶ **devoir.**

doive ⟶ **devoir.**

dollar [dɔlar] nm dollar.

domaine [dɔmɛn] nm **1.** [propriété] estate **2.** [secteur, champ d'activité] field, domain.

dôme [dom] nm **1.** ARCHIT dome **2.** GÉOGR rounded peak.

domestique [dɔmɛstik] ❖ nmf (domestic) servant. ❖ adj family (avant n) ; [travaux] household (avant n).

domestiquer [3] [dɔmɛstike] vt **1.** [animal] to domesticate **2.** [éléments naturels] to harness.

domicile [dɔmisil] nm [gén] (place of) residence ▸ **travailler à domicile** to work from ou at home ▸ **ils livrent à domicile** they do deliveries.

domicilier [9] [dɔmisilje] vt **1.** ADMIN to domicile / **je me suis fait domicilier chez mon frère** I gave my brother's place as an accommodation address **2.** BANQUE & COMM to domicile.

dominant, e [dɔminɑ̃, ɑ̃t] adj [qui prévaut] dominant.

domination [dɔminasjɔ̃] nf **1.** [autorité] domination, dominion **2.** [influence] influence.

dominer [3] [dɔmine] ❖ vt **1.** [surplomber, avoir de l'autorité sur] to dominate **2.** [surpasser] to outclass **3.** [maîtriser] to control, to master **4.** fig [connaître] to master. ❖ vi **1.** [régner] to dominate, to be dominant **2.** [prédominer] to predominate **3.** [triompher] to be on top, to hold sway. ◆ **se dominer** vp to control o.s.

Dominique [dɔminik] nf ▸ **la Dominique** Dominica.

domino [dɔmino] nm domino.

dommage [dɔmaʒ] nm **1.** [préjudice] harm (U) ▸ **dommages et intérêts, dommages-intérêts** damages ▸ **quel dommage !** what a shame! ▸ **c'est dommage que** (+ subjonctif) it's a pity ou shame (that) **2.** [dégâts] damage (U).

dompter [3] [dɔ̃te] vt **1.** [animal, fauve] to tame **2.** fig [maîtriser] to overcome, to control.

dompteur, euse [dɔ̃tœr, øz] nm, f [de fauves] tamer.

DOM-TOM [dɔmtɔm] (*abr de* départements d'outre-mer/territoires d'outre-mer) nmpl French overseas départements and territories.

don [dɔ̃] nm **1.** [cadeau] gift **2.** [aptitude] knack.

donateur, trice [dɔnatœr, tris] nm, f donor.

donation [dɔnasjɔ̃] nf settlement.

donc [dɔ̃k] conj so / **je disais donc...** so as I was saying... / **allons donc !** come on! / **taistoi donc !** will you be quiet!

donjon [dɔ̃ʒɔ̃] nm keep.

donné, e [dɔne] adj given / *à cet instant donné* at this (very) moment ▸ *c'est donné* it's a gift ▸ *c'est pas donné* it's not exactly cheap. ◆ **donnée** nf **1.** INFORM & MATH datum, piece of data ▸ **données numériques** numerical data **2.** [élément] fact, particular.

donner [3] [dɔne] ❖ vt **1.** [gén] to give ; [se débarrasser de] to give away ▸ **donner qqch à qqn** to give sb sthg, to give sthg to sb ▸ **donner qqch à faire à qqn** to give sb sthg to do, to give sthg to sb to do / *donner sa voiture à réparer* to leave one's car to be repaired / *quel âge lui donnes-tu ?* how old do you think he is? **2.** [occasionner] to give, to cause. ❖ vi **1.** [tomber] ▸ **donner dans** a) to fall into b) *fig* to have a tendency towards US ou toward US **2.** [s'ouvrir] ▸ **donner sur** to look (out) onto **3.** [produire] to produce, to yield.

donneur, euse [dɔnœʀ, øz] nm, f **1.** MÉD donor **2.** [jeux de cartes] dealer.

dont [dɔ̃] pron rel **1.** [complément de verbe ou d'adjectif] : *la personne dont tu parles* the person you're speaking about, the person about whom you are speaking / *l'accident dont il est responsable* the accident for which he is responsible / *c'est quelqu'un dont on dit le plus grand bien* he's someone about whom people speak highly *(la traduction varie selon la préposition anglaise utilisée avec le verbe ou l'adjectif)* **2.** [complément de nom ou de pronom - relatif à l'objet] of which, whose ; [- relatif à une personne] whose / *la boîte dont le couvercle est jaune* the box whose lid is yellow, the box with the yellow lid / *c'est quelqu'un dont j'apprécie l'honnêteté* he's someone whose honesty I appreciate / *celui dont les parents sont divorcés* the one whose parents are divorced **3.** [indiquant la partie d'un tout] : *plusieurs personnes ont téléphoné, dont ton frère* several people phoned, one of whom was your brother ou among them was your brother.

dopage [dɔpaʒ] nm doping.

doper [3] [dɔpe] vt to dope. ◆ **se doper** vp to take stimulants.

dorade [dɔʀad] = **daurade**.

doré, e [dɔʀe] adj **1.** [couvert de dorure] gilded, gilt **2.** [couleur] golden. ◆ **doré** nm QUÉBEC [poisson d'eau douce] walleye.

dorénavant [dɔʀenavɑ̃] adv from now on, in future.

dorer [3] [dɔʀe] vt **1.** [couvrir d'or] to gild **2.** [peau] to tan **3.** CULIN to glaze.

dorloter [3] [dɔʀlɔte] vt to pamper, to cosset.

dormir [36] [dɔʀmiʀ] vi **1.** [sommeiller] to sleep **2.** [rester inactif - personne] to slack, to stand around (doing nothing) ; [- capitaux] to lie idle.

dortoir [dɔʀtwaʀ] nm dormitory.

dorure [dɔʀyʀ] nf **1.** [couche d'or] gilt ; [artificielle] gold-effect finish / *un bureau couvert de dorures* a desk covered in gilding **2.** [ce qui est doré] golden ou gilt decoration.

dos [do] nm back ▸ **de dos** from behind ▸ **'voir au dos'** 'see over' ▸ **dos crawlé** backstroke.

DOS, Dos [dɔs] *(abr de* disk operating system*)* nm DOS.

dosage [dozaʒ] nm [de médicament] dose ; [d'ingrédient] amount.

dos-d'âne [dodan] nm inv bump.

dose [doz] nf **1.** [quantité de médicament] dose **2.** [quantité] share ▸ **forcer la dose** *fam* & *fig* to overdo it ▸ **une (bonne) dose de bêtise** *fam* & *fig* a lot of silliness.

doser [3] [doze] vt [médicament, ingrédient] to measure out ; *fig* to weigh, to weigh up UK.

dosette [dozɛt] nf capsule / *café en dosette* coffee capsule.

dossard [dosaʀ] nm number *(on competitor's back)*.

dossier [dosje] nm **1.** [de fauteuil] back **2.** [documents] file, dossier **3.** [classeur] file, folder **4.** INFORM folder **5.** UNIV ▸ **dossier d'inscription** registration forms *pl* **6.** *fig* [question] question.

dot [dɔt] nf dowry.

doter [3] [dɔte] vt [pourvoir] ▸ **doter de** a) [talent] to endow with b) [machine] to equip with.

douane [dwan] nf **1.** [service, lieu] customs *pl* ▸ **passer la douane** to go through customs **2.** [taxe] (import) duty.

douanier, ère [dwanje, ɛʀ] ❖ adj customs *(avant n)*. ❖ nm, f customs officer.

doublage [dublaʒ] nm **1.** [renforcement] lining **2.** [de film] dubbing **3.** [d'acteur] understudying.

double [dubl] ❖ adj double. ❖ adv double. ❖ nm **1.** [quantité] ▸ **le double** double **2.** [copie] copy ▸ **en double** in duplicate ▸ **faire un double** [d'un document] to make a copy **3.** TENNIS doubles *sg*.

doublé [duble] nm [réussite double] double.

double-clic [dublklik] *(pl* doubles-clics*)* nm INFORM double-click.

double-cliquer [3] [dublklike] vt INFORM to double-click on / *double-cliquer sur l'image* to double-click on the picture.

doublement [dubləmɑ̃] adv doubly.

doubler [3] [duble] ❖ vt **1.** [multiplier] to double **2.** [plier] to (fold) double **3.** [renforcer] ▶ **doubler (de)** to line (with) **4.** [dépasser] to pass, to overtake 🇬🇧 **5.** [film, acteur] to dub **6.** [augmenter] to double. ❖ vi **1.** [véhicule] to pass, to overtake 🇬🇧 **2.** [augmenter] to double.

doublure [dublyʀ] nf **1.** [renforcement] lining **2.** CINÉ stand-in.

douce ⟶ **doux**.

doucement [dusmɑ̃] adv **1.** [descendre] carefully ; [frapper] gently **2.** [traiter] gently ; [parler] softly.

douceur [dusœʀ] nf **1.** [de saveur, parfum] sweetness **2.** [d'éclairage, de peau, de musique] softness **3.** [de climat] mildness **4.** [de caractère] gentleness. ❖ **douceurs** nfpl [friandises] sweets 🇬🇧, candy (U) 🇺🇸.

douche [duʃ] nf **1.** [appareil, action] shower **2.** fam & fig [déception] letdown.

doucher [3] [duʃe] vt **1.** [donner une douche à] ▶ **doucher qqn** to give sb a shower **2.** fam & fig [décevoir] to let down. ❖ **se doucher** vp to take ou have 🇬🇧 a shower, to shower.

douchette [duʃɛt] nf bar-code reader ou scanner (for bulky items).

doudou [dudu] nm fam [langage enfantin] security blanket.

doudoune [dudun] nf quilted jacket.

doué, e [dwe] adj talented ▶ **être doué pour** to have a gift for.

douille [duj] nf **1.** [d'ampoule] socket **2.** [de cartouche] cartridge.

douillet, ette [dujɛ, ɛt] ❖ adj **1.** [confortable] snug, cosy 🇬🇧, cozy 🇺🇸 **2.** [sensible] soft. ❖ nm, f wimp.

douleur [dulœʀ] nf pr & fig pain.

douloureux, euse [duluʀø, øz] adj **1.** [physiquement] painful **2.** [moralement] distressing **3.** [regard, air] sorrowful.

doute [dut] nm doubt. ❖ **sans doute** loc adv no doubt ▶ **sans aucun doute** without (a) doubt.

douter [3] [dute] ❖ vt [ne pas croire] ▶ **douter que** (+ subjonctif) to doubt (that). ❖ vi [ne pas avoir confiance] ▶ **douter de qqn / de qqch** to doubt sb/sthg, to have doubts about sb/sthg ▶ **j'en doute** I doubt it. ❖ **se douter** vp ▶ **se douter de qqch** to suspect sthg ▶ **je m'en doutais** I thought so.

douteux, euse [dutø, øz] adj **1.** [incertain] doubtful **2.** [contestable] questionable **3.** péj

[mœurs] dubious ; [vêtements, personne] dubious-looking.

douves [duv] nfpl [de château] moat sg.

Douvres [duvʀ] npr Dover.

doux, douce [du, dus] adj **1.** [éclairage, peau, musique] soft **2.** [saveur, parfum] sweet **3.** [climat, condiment] mild **4.** [pente, regard, caractère] gentle.

douzaine [duzɛn] nf **1.** [douze] dozen **2.** [environ douze] ▶ **une douzaine de** about twelve.

douze [duz] adj num inv & nm twelve. *Voir aussi six*.

douzième [duzjɛm] adj num inv, nm & nmf twelfth. *Voir aussi sixième*.

doyen, enne [dwajɛ̃, ɛn] nm, f [le plus ancien] most senior member.

Dr (*abr écrite de Docteur*) Dr.

draconien, enne [dʀakɔnjɛ̃, ɛn] adj draconian.

dragée [dʀaʒe] nf **1.** [confiserie] sugared almond **2.** [comprimé] pill.

dragon [dʀagɔ̃] nm **1.** [monstre, personne autoritaire] dragon **2.** [soldat] dragoon.

draguer [3] [dʀage] vt **1.** [nettoyer] to dredge **2.** fam [personne] to try to pick up, to chat up 🇬🇧, to get off with 🇬🇧.

dragueur, euse [dʀagœʀ, øz] nm, f fam ▶ **c'est un dragueur** he's always on the pull 🇬🇧 ou on the make 🇺🇸 ▶ **quelle dragueuse !** she's always chasing after men!

drainage [dʀɛnaʒ] nm draining.

drainer [4] [dʀene] vt **1.** [terrain, plaie] to drain **2.** fig [attirer] to drain off.

dramatique [dʀamatik] ❖ nf play. ❖ adj **1.** THÉÂTRE dramatic **2.** [grave] tragic.

dramatiser [3] [dʀamatize] vt [exagérer] to dramatize.

dramaturge [dʀamatyʀʒ] nm playwright, dramatist.

drame [dʀam] nm **1.** [catastrophe] tragedy ▶ **faire un drame de qqch** fig to make a drama of sthg **2.** LITTÉR drama.

drap [dʀa] nm **1.** [de lit] sheet **2.** [tissu] woollen 🇬🇧 ou woolen 🇺🇸 cloth.

drapeau, x [dʀapo] nm flag ▶ **être sous les drapeaux** fig to be doing military service.

draper [3] [dʀape] vt to drape.

draperie [dʀapʀi] nf [tenture] drapery.

drap-housse [dʀaus] (*pl* draps-housses) nm fitted sheet.

dressage [dʀɛsaʒ] nm [d'animal] training, taming.

dresser [4] [dʀese] vt **1.** [lever] to raise **2.** [faire tenir] to put up **3.** sout [construire] to erect **4.** [acte, liste, carte] to draw up ; [procès-verbal] to make out **5.** [dompter] to train **6.** fig [opposer] ▶ **dresser qqn contre qqn** to set sb against sb. ◆ **se dresser** vp **1.** [se lever] to stand up **2.** [s'élever] to rise (up) ; fig to stand ▶ **se dresser contre qqch** to rise up against sthg.

dresseur, euse [dʀɛsœʀ, øz] nm, f trainer.

dressing [dʀesiŋ] nm dressing room (near a bedroom).

DRH ❖ nf (abr de direction des ressources humaines) personnel department. ❖ nm (abr de directeur des ressources humaines) personnel manager.

dribbler [3] [dʀible] ❖ vi SPORT to dribble. ❖ vt SPORT ▶ **dribbler qqn** to dribble past sb.

driver [3] ❖ nm [dʀajvœʀ] ÉQUIT, GOLF & INFORM driver. ❖ vi [dʀajve] [golf] to drive.

drogue [dʀɔg] nf [stupéfiant] drug ▶ **la drogue** drugs pl.

drogué, e [dʀɔge] ❖ adj drugged. ❖ nm, f drug addict.

droguer [3] [dʀɔge] vt [victime] to drug. ◆ **se droguer** vp [de stupéfiants] to take drugs.

droguerie [dʀɔgʀi] nf hardware shop 🇬🇧 ou store 🇺🇸.

droguiste [dʀɔgist] nmf ▶ **chez le droguiste** at the hardware shop 🇬🇧 ou store 🇺🇸.

droit, e [dʀwa, dʀwat] adj **1.** [du côté droit] right **2.** [rectiligne, vertical, honnête] straight. ◆ **droit** ❖ adv straight ▶ **tout droit** straight ahead. ❖ nm **1.** DR law **2.** [prérogative] right ▶ **avoir droit à** to be entitled to ▶ **avoir le droit de faire qqch** to be allowed to do sthg ▶ **être en droit de faire qqch** to have a right to do sthg ▶ **droit d'aînesse** birthright ▶ **droit d'asile** right of asylum ▶ **droit de vote** right to vote ▶ **droits de l'homme** human rights. ◆ **droite** nf **1.** [gén] right, right-hand side ▶ **à droite** on the right ▶ **à droite de** to the right of **2.** POL ▶ **la droite** the right (wing) ▶ **de droite** right-wing.

droitier, ère [dʀwatje, ɛʀ] ❖ adj right-handed. ❖ nm, f right-handed person, right-hander.

drôle [dʀol] adj **1.** [amusant] funny **2.** ▶ **drôle de a)** [bizarre] funny **b)** fam [remarquable] amazing.

drôlement [dʀolmɑ̃] adv **1.** fam [très] tremendously **2.** [bizarrement] in a strange way **3.** [de façon amusante] in a funny way.

DROM [dʀɔm] nm abr de département et Région d'outre-mer.

dromadaire [dʀɔmadɛʀ] nm dromedary.

dru, e [dʀy] adj thick.

druide [dʀɥid] nm druid.

DS [dees] nf [voiture] now legendary futuristic car produced by Citroën in the 1950s.

ds abr écrite de dans.

dsl (abr écrite de désolé) SMS Sry.

du art partitif ⟶ de.

dû, due [dy] ❖ pp ⟶ devoir. ❖ adj due, owing. ◆ **dû** nm due.

dubitatif, ive [dybitatif, iv] adj doubtful.

Dublin [dyblɛ̃] npr Dublin.

duc [dyk] nm duke.

duché [dyʃe] nm duchy.

duchesse [dyʃɛs] nf duchess.

duel [dɥɛl] nm duel.

dûment [dymɑ̃] adv duly.

dune [dyn] nf dune.

duo [dɥo] nm **1.** MUS duet **2.** [couple] duo.

dupe [dyp] ❖ nf dupe. ❖ adj gullible.

duper [3] [dype] vt sout to dupe, to take sb in.

duplex [dypleks] nm **1.** [appartement] split-level flat 🇬🇧, maisonette 🇬🇧, duplex 🇺🇸 **2.** RADIO & TV link-up.

duplicata [dyplikata] nm inv duplicate.

dupliquer [3] [dyplike] vt [document] to duplicate.

duquel [dykɛl] ⟶ lequel.

dur, e [dyʀ] ❖ adj **1.** [matière, personne, travail] hard **2.** [carton] stiff **3.** [viande] tough **4.** [climat, punition, loi] harsh. ❖ nm, f fam ▶ **dur (à cuire)** tough nut. ◆ **dur** adv hard.

durable [dyʀabl] adj lasting.

durant [dyʀɑ̃] prép **1.** [pendant] for **2.** [au cours de] during.

durcir [32] [dyʀsiʀ] ❖ vt pr & fig to harden. ❖ vi to harden, to become hard.

durée [dyʀe] nf [période] length.

durement [dyʀmɑ̃] adv **1.** [violemment] hard, vigorously **2.** [péniblement] severely **3.** [méchamment] harshly.

durer [3] [dyʀe] vi to last.

dureté [dyʀte] nf **1.** [de matériau, de l'eau] hardness **2.** [d'époque, de climat, de personne] harshness **3.** [de punition] severity.

,durillon [dyʀijɔ̃] nm [sur le pied] corn ; [sur la main] callus.

dus, dut ⟶ devoir.

DUT (*abr de* **diplôme universitaire de technologie**) nm *university diploma in technology.*

duvet [dyvɛ] nm **1.** [plumes, poils fins] down **2.** [sac de couchage] sleeping bag.

DVD (*abr de* **digital video ou versatile disc**) nm inv DVD.

DVR (*abr de* **digital video recorder**) nm DVR.

dynamique [dinamik] adj dynamic.

dynamisme [dynamism] nm dynamism.

dynamite [dinamit] nf dynamite.

dynamo [dinamo] nf dynamo.

dynastie [dinasti] nf dynasty.

dysenterie [disɑ̃tʀi] nf dysentery.

dysfonctionnement [disfɔ̃ksjɔnmɑ̃] nm malfunction, malfunctioning.

dysfonctionner [disfɔ̃ksjɔne] vi [personne, groupe] to become dysfunctional ; [machine, système] to go wrong.

dyslexique [dislɛksik] adj dyslexic.

e, E [ə] nm inv e, E. ◆ **E.** (*abr écrite de* **est**) E.

eau, x [o] nf water ▶ **eau douce / salée / de mer** fresh / salt / sea water ▶ **eau gazeuse / plate** fizzy / still water ▶ **eau courante** running water ▶ **eau minérale** mineral water ▶ **eau oxygénée** hydrogen peroxide ▶ **eau du robinet** tap water ▶ **eau de toilette** toilet water ▶ **les eaux usées** waste water *(U)* ▶ **tomber à l'eau** *fig* to fall through.

eau-de-vie [odvi] (*pl* **eaux-de-vie**) nf brandy.

ébahi, e [ebai] adj staggered, astounded.

ébats [eba] nmpl *litt* frolics ▶ **ébats amoureux** lovemaking *(U)*.

ébattre [83] [ebatʀ] ◆ **s'ébattre** vp *litt* to frolic.

ébauche [eboʃ] nf [esquisse] sketch ; *fig* outline ▶ **l'ébauche d'un sourire** the ghost of a smile.

ébaucher [3] [eboʃe] vt **1.** [esquisser] to rough out **2.** *fig* [commencer] : *ébaucher un geste* to start to make a gesture.

ébène [ebɛn] nf ebony.

ébéniste [ebenist] nm cabinet-maker.

éberlué, e [ebɛʀlye] adj flabbergasted.

éblouir [32] [ebluiʀ] vt to dazzle.

éblouissant, e [ebluisɑ̃, ɑ̃t] adj dazzling.

éblouissement [ebluismɑ̃] nm **1.** [aveuglement] glare, dazzle **2.** [vertige] dizziness **3.** [émerveillement] amazement.

ébonite [ebɔnit] nf vulcanite, ebonite.

e-book [ibuk] (*pl* **e-books**) nm e-book.

éborgner [3] [ebɔʀɲe] vt ▶ **éborgner qqn** to put sb's eye out.

éboueur [ebwœʀ] nm dustman UK, garbage collector US.

ébouillanter [3] [ebujɑ̃te] vt to scald.

éboulement [ebulmɑ̃] nm cave-in, fall.

éboulis [ebuli] nm mass of fallen rocks.

ébouriffer [3] [ebuʀife] vt [cheveux] to ruffle.

ébranler [3] [ebʀɑ̃le] vt **1.** [bâtiment, opinion] to shake **2.** [gouvernement, nerfs] to weaken. ◆ **s'ébranler** vp [train] to move off.

ébrécher [18] [ebʀeʃe] vt [assiette, verre] to chip ; *fam & fig* to break into.

ébriété [ebʀijete] nf drunkenness.

ébrouer [3] [ebʀue] ◆ **s'ébrouer** vp [animal] to shake o.s.

ébruiter [3] [ebʀɥite] vt to spread.

ébullition [ebylisjɔ̃] nf **1.** [de liquide] boiling point **2.** [effervescence] ▶ **en ébullition** *fig* in a state of agitation.

écaille [ekaj] nf **1.** [de poisson, reptile] scale ; [de tortue] shell **2.** [de plâtre, peinture, vernis] flake **3.** [matière] tortoiseshell ▶ **en écaille** [lunettes] horn-rimmed.

écailler [3] [ekaje] vt **1.** [poisson] to scale **2.** [huîtres] to open. ◆ **s'écailler** vp to flake ou peel off.

écarlate [ekaʀlat] adj & nf scarlet.

écarquiller [3] [ekaʀkije] vt ▶ **écarquiller les yeux** to stare wide-eyed.

écart [ekaʀ] nm **1.** [espace] space **2.** [temps] gap **3.** [différence] difference **4.** [déviation] ▶ **faire un écart** a) [personne] to step aside b) [cheval] to shy ▶ **être à l'écart** to be in the background.

écarteler [25] [ekaʀtəle] vt *fig* to tear apart.

écartement [ekaʀtəmɑ̃] nm ▶ **écartement entre** space between.

écarter [3] [ekaʀte] vt **1.** [bras, jambes] to open, to spread ▶ **écarter qqch de** to move sthg away from **2.** [obstacle, danger] to brush aside **3.** [foule, rideaux] to push aside ; [solution] to dismiss ▶ **écarter qqn de** to exclude sb from. ◆ **s'écarter** vp **1.** [se séparer] to part **2.** [se détourner] ▶ **s'écarter de** to deviate from.

ecchymose [ekimoz] nf bruise.

ecclésiastique [eklezjastik] ◆ nm clergyman. ◆ adj ecclesiastical.

écervelé, e [esɛʀvəle] ◆ adj scatty, scatterbrained. ◆ nm, f scatterbrain.

échafaud [eʃafo] nm scaffold.

échafaudage [eʃafodaʒ] nm **1.** CONSTR scaffolding **2.** [amas] pile.

échafauder [3] [eʃafode] ◆ vt **1.** [empiler] to pile up **2.** [élaborer] to construct. ◆ vi to put up scaffolding.

échalas [eʃala] nm **1.** [perche] stake, pole **2.** *péj* [personne] beanpole.

échalote [eʃalɔt] nf **1.** [gén] shallot **2.** QUÉBEC [jeune oignon] spring onion **3.** QUÉBEC *fam* [personne grande et maigre] ▶ **c'est une échalotte** he's all skin and bones.

échancré, e [eʃɑ̃kʀe] adj **1.** [vêtement] low-necked **2.** [côte] indented.

échancrure [eʃɑ̃kʀyʀ] nf **1.** [de robe] low neckline **2.** [de côte] indentation.

échange [eʃɑ̃ʒ] nm [de choses] exchange ▶ **en échange (de)** in exchange (for).

échanger [17] [eʃɑ̃ʒe] vt **1.** [troquer] to swap, to exchange **2.** [marchandise] ▶ **échanger qqch (contre)** to change sthg (for) **3.** [communiquer] to exchange.

échangeur [eʃɑ̃ʒœʀ] nm interchange.

échangisme [eʃɑ̃ʒism] nm [de partenaires sexuels] partner-swapping.

échantillon [eʃɑ̃tijɔ̃] nm **1.** [de produit, de population] sample **2.** *fig* example.

échappatoire [eʃapatwaʀ] nf way out.

échappé, e [eʃape] nm, f competitor who has broken away / *les échappés du peloton* runners who have broken away from the rest of the field. ◆ **échappée** nf **1.** SPORT breakaway **2.** [espace ouvert à la vue] vista, view. ◆ **par échappées** loc adv every now and then, in fits and starts.

échappement [eʃapmɑ̃] nm AUTO exhaust ; ⟶ **pot**.

échapper [3] [eʃape] vi **1.** [éviter] ▶ **échapper à a)** [personne, situation] to escape from **b)** [danger, mort] to escape **c)** [suj : détail, parole, sens] to escape **2.** [glisser] ▶ **laisser échapper** to let slip. ◆ **s'échapper** vp ▶ **s'échapper (de)** to escape (from).

écharde [eʃaʀd] nf splinter.

écharpe [eʃaʀp] nf scarf ▶ **en écharpe** in a sling.

écharper [3] [eʃaʀpe] vt to rip to pieces ou shreds.

échasse [eʃas] nf [de berger, oiseau] stilt.

échassier [eʃasje] nm wader.

échauffement [eʃofmɑ̃] nm SPORT warm-up.

échauffer [3] [eʃofe] vt **1.** [chauffer] to overheat **2.** [exciter] to excite **3.** [énerver] to irritate. ◆ **s'échauffer** vp **1.** SPORT to warm up **2.** *fig* [s'animer] to become heated.

échauffourée [eʃofuʀe] nf brawl, skirmish.

échéance [eʃeɑ̃s] nf **1.** [délai] expiry ▶ **à longue échéance** in the long term **2.** [date] payment date ▶ **arriver à échéance** to fall due.

échéancier [eʃeɑ̃sje] nm bill-book UK, tickler US ▶ **échéancier (de paiement)** payment schedule.

échéant [eʃeɑ̃] adj ▶ **le cas échéant** if necessary, if need be.

échec [eʃɛk] nm **1.** [insuccès] failure / *être en situation d'échec scolaire* to have learning difficulties **2.** [jeux] ▶ **échec et mat** checkmate. ◆ **échecs** nmpl chess (U).

échelle [eʃɛl] nf **1.** [objet] ladder **2.** [ordre de grandeur] scale.

échelon [eʃlɔ̃] nm **1.** [barreau] rung **2.** *fig* [niveau] level.

échelonner [3] [eʃlɔne] vt [espacer] to spread out.

écheveau, x [eʃvo] nm skein.

échevelé, e [eʃəvle] adj **1.** [ébouriffé] dishevelled UK, disheveled US **2.** [frénétique] wild.

échine [eʃin] nf ANAT spine.

échiquier [eʃikje] nm [jeux] chessboard.

écho [eko] nm echo / *la presse se fait l'écho de leur protestation* the press echo their discontent.

échographie [ekɔgʀafi] nf [examen] ultrasound (scan).

échoir [70] [eʃwaʀ] vi **1.** [être dévolu] ▶ **échoir à** to fall to **2.** [expirer] to fall due.

échoppe [eʃɔp] nf stall.

échouer [6] [eʃwe] vi [ne pas réussir] to fail ▶ **échouer à un examen** to fail an exam. ◆ **s'échouer** vp [navire] to run aground.

échu, e [eʃy] pp ⟶ **échoir**.

éclabousser [3] [eklabuse] vt **1.** [suj : liquide] to spatter **2.** *fig* [compromettre] to compromise.

éclaboussure [eklabusyʀ] nf **1.** [de liquide] splash **2.** *fig* blot (on one's reputation).

éclair [eklɛʀ] ◆ nm **1.** [de lumière] flash of lightning **2.** *fig* [instant] ▶ **éclair de** flash of. ◆ adj inv : *visite éclair* flying visit ▶ **guerre éclair** blitzkrieg.

éclairage [eklɛʀaʒ] nm **1.** [lumière] lighting **2.** *fig* [point de vue] light.

éclairagiste [eklɛʀaʒist] nmf **1.** CINÉ, THÉÂTRE & TV lighting engineer **2.** COMM dealer in lights and lamps.

éclaircie [eklɛʀsi] nf bright interval, sunny spell.

éclaircir [32] [eklɛʀsiʀ] vt **1.** [rendre plus clair] to lighten **2.** [rendre moins épais] to thin **3.** *fig* [clarifier] to clarify. ◆ **s'éclaircir** vp **1.** [devenir plus clair] to clear **2.** [devenir moins épais] to thin **3.** [se clarifier] to become clearer.

éclaircissement [eklɛʀsismɑ̃] nm [explication] explanation.

éclairé, e [eklere] adj **1.** [lumineux] : *une pièce bien / mal éclairée* a well- / badly-lit room **2.** [intelligent] enlightened.

éclairer [4] [eklere] vt **1.** [de lumière] to light up **2.** [expliquer] to clarify. ◆ **s'éclairer** vp **1.** [personne] to light one's way **2.** [regard, visage] to light up **3.** [rue, ville] to light up.

éclaireur [eklɛʀœʀ] nm scout.

éclat [ekla] nm **1.** [de verre, d'os] splinter ; [de pierre] chip **2.** [de lumière] brilliance **3.** [de couleur] vividness **4.** [beauté] radiance **5.** [faste] splendour **UK**, splendor **US 6.** [bruit] burst ▶ **éclat de rire** burst of laughter ▶ **éclats de voix** shouts ▶ **faire un éclat** to cause a scandal **7.** **EXPR**〉 *rire aux éclats* to roar ou shriek with laughter.

éclatant, e [eklatɑ̃, ɑ̃t] adj **1.** [brillant, resplendissant] brilliant, bright ; [teint, beauté] radiant ▶ **éclatant de** bursting with **2.** [admirable] resounding **3.** [perçant] loud.

éclater [3] [eklate] vi **1.** [exploser - pneu] to burst ; [- verre] to shatter ; [- obus] to explode ▶ **faire éclater a)** [ballon] to burst **b)** [bombe] to explode **c)** [pétard] to let off **2.** [incendie, rires] to break out **3.** [joie] to shine ▶ **laisser éclater** to give vent to **4.** *fig* [nouvelles, scandale] to break. ◆ **s'éclater** vp *fam* to have a great time.

éclectique [eklɛktik] adj eclectic.

éclipse [eklips] nf ASTRON eclipse ▶ **éclipse de lune / soleil** eclipse of the moon / sun.

éclipser [3] [eklipse] vt to eclipse. ◆ **s'éclipser** vp **1.** ASTRON to go into eclipse **2.** *fam* [s'esquiver] to slip away.

éclopé, e [eklɔpe] ❖ adj lame. ❖ nm, f lame person.

éclore [113] [eklɔʀ] vi [s'ouvrir - fleur] to open out, to blossom ; [- œuf] to hatch.

éclos, e [eklo, oz] pp ⟶ **éclore**.

écluse [eklyz] nf lock.

écluser [3] [eklyze] vt **1.** [NAUT - fleuve] to construct locks on ; [- bateau] to take through a lock **2.** *fam* [boire] to knock back.

écocitoyen, enne [ekɔsitwajɛ̃, ɛn] adj eco-responsible ▶ *ayez des gestes écocitoyens* behave like eco-citizens.

écœurant, e [ekœʀɑ̃, ɑ̃t] adj **1.** [gén] disgusting **2.** [démoralisant] sickening.

écœurer [5] [ekœʀe] vt **1.** [dégoûter] to sicken, to disgust **2.** *fig* [indigner] to sicken **3.** [décourager] to discourage.

écolabel [ekɔlabɛl] nm eco-label.

école [ekɔl] nf **1.** [gén] school ▶ **école maternelle** nursery school ▶ **école normale** ≃ teacher training college **UK** ; ≃ teachers college **US** ▶ **École normale supérieure** *grande école for secondary and university teachers* ▶ **école primaire / secondaire** primary / secondary school **UK**, grade / high school **US** ▶ **école publique** state school **UK**, public school **US** ▶ **faire l'école buissonnière** to play truant **UK** ou hooky **US** ▶ **faire école** to attract a following **2.** [éducation] schooling ▶ **l'école privée** private education.

écolier, ère [ekɔlje, ɛʀ] nm, f [élève] pupil, student **US**.

écolo [ekɔlo] nmf *fam* ecologist ▶ *les écolos* the Greens.

écologie [ekɔlɔʒi] nf ecology.

écologique [ekɔlɔʒik] adj ecological.

écologiste [ekɔlɔʒist] nmf ecologist.

écomusée [ekɔmyze] nm museum of the environment.

éconduire [98] [ekɔ̃dɥiʀ] vt [repousser - demande] to dismiss ; [- visiteur, soupirant] to show to the door.

économe [ekɔnɔm] ❖ adj careful, thrifty. ❖ nmf bursar. ❖ nm [couteau] (vegetable) peeler.

économie [ekɔnɔmi] nf **1.** [science] economics (U) **2.** POL economy ▶ **économie de marché** market economy **3.** [parcimonie] economy, thrift. ◆ **économies** nfpl [pécule] savings pl ▶ *économies d'énergie* energy savings ▶ **faire des économies** to save up.

économique [ekɔnɔmik] adj **1.** ÉCON economic **2.** [avantageux] economical.

économiser [3] [ekɔnɔmize] vt *pr & fig* to save.

économiste [ekɔnɔmist] nmf economist.

écoper [3] [ekɔpe] vt **1.** NAUT to bale out **2.** *fam* [sanction] ▶ **écoper (de) qqch** to get sthg.

écoproduit [ekɔpʀɔdɥi] nm green product.

écoquartier [ekɔkaʀtje] nm *environmentally friendly area.*

écorce [ekɔʀs] nf **1.** [d'arbre] bark **2.** [d'agrume] peel **3.** GÉOL crust.

écorcher [3] [ekɔʀʃe] vt **1.** [lapin] to skin **2.** [bras, jambe] to scratch **3.** *fig* [langue, nom] to mispronounce.

écorchure [ekɔʀʃyʀ] nf graze, scratch.

écorecharge [ekɔʀəʃaʀʒ] nf ecorefill.

écorner [3] [ekɔʀne] vt [endommager - meuble] to damage ; [-page] to dog-ear.

écossais, e [ekɔsɛ, ɛz] adj **1.** [de l'Écosse] Scottish ; [whisky] Scotch **2.** [tissu] tartan, plaid. ◆ **écossais** nm [langue] Scots. ◆ **Écossais, e** nm, f Scot, Scotsman (Scotswoman).

Écosse [ekɔs] nf : *l'Écosse* Scotland.

écosser [3] [ekɔse] vt to shell.

écosystème [ekɔsistɛm] nm ecosystem.

écotaxe [ekɔtaks] nf green tax.

écotourisme [ekɔturism] nm ecotourism.

écoulement [ekulmɑ̃] nm **1.** [gén] flow **2.** [du temps] passing **3.** [de marchandises] selling.

écouler [3] [ekule] vt to sell. ◆ **s'écouler** vp **1.** [eau] to flow **2.** [personnes] to flow out **3.** [temps] to pass.

écourter [3] [ekuʀte] vt to shorten.

écoute [ekut] nf **1.** [action d'écouter] listening **2.** [audience] audience **3.** [surveillance] ▸ *les écoutes téléphoniques* phone tapping (U) ▸ *être sur table d'écoute* ou *sur écoute(s)* to have one's phone tapped.

écouter [3] [ekute] vt to listen to.

écouteur [ekutœʀ] nm [de téléphone] earpiece. ◆ **écouteurs** nmpl [de radio] headphones.

écoutille [ekutij] nf hatchway.

écran [ekʀɑ̃] nm **1.** CINÉ, TV & INFORM screen ▸ *le petit écran* the small screen, television ▸ *écran plat* flat screen ▸ *écran tactile* touch screen **2.** [de protection] shield.

écrasant, e [ekʀazɑ̃, ɑ̃t] adj *fig* [accablant] overwhelming.

écraser [3] [ekʀaze] vt **1.** [comprimer - cigarette] to stub out ; [-pied] to tread on ; [-insecte, raisin] to crush **2.** [accabler] ▸ *écraser qqn (de)* to burden sb (with) **3.** [vaincre] to crush **4.** [renverser] to run over. ◆ **s'écraser** vp [avion, automobile] ▸ *s'écraser (contre)* to crash (into).

écrémer [18] [ekʀeme] vt [lait] to skim.

écrevisse [ekʀəvis] nf crayfish.

écrier [10] [ekʀije] ◆ **s'écrier** vp to cry out.

écrin [ekʀɛ̃] nm case.

écrire [99] [ekʀiʀ] vt **1.** [phrase, livre] to write **2.** [orthographier] to spell. ◆ **s'écrire** vp [s'épeler] to be spelled.

écrit, e [ekʀi, it] ✧ pp ⟶ **écrire.** ✧ adj written. ◆ **écrit** nm **1.** [ouvrage] writing **2.** [examen] written exam **3.** [document] piece of writing. ◆ **par écrit** loc adv in writing.

écriteau, x [ekʀito] nm notice.

écriture [ekʀityʀ] nf [gén] writing. ◆ **écritures** nfpl COMM accounts, entries.

écrivain [ekʀivɛ̃] nm writer, author.

écrou [ekʀu] nm TECHNOL nut.

écrouer [3] [ekʀue] vt to imprison.

écrouler [3] [ekʀule] ◆ **s'écrouler** vp pr & fig to collapse.

écru, e [ekʀy] adj [naturel] unbleached.

ecsta [ɛksta] (*abr de* ecstasy) nm E, ecstasy.

ecstasy [ɛkstazi] nm [drogue] ecstasy.

écu [eky] nm **1.** [bouclier, armoiries] shield **2.** [monnaie ancienne] crown.

écueil [ekœj] nm **1.** [rocher] reef **2.** *fig* [obstacle] stumbling block.

écuelle [ekɥɛl] nf [objet] bowl.

éculé, e [ekyle] adj **1.** [chaussure] down-at-heel **2.** *fig* [plaisanterie] hackneyed.

écume [ekym] nf [mousse, bave] foam.

écumer [3] [ekyme] ✧ vt **1.** [confiture] to skim **2.** *fig* [mer, ville] to scour. ✧ vi **1.** [mer] to foam, to boil **2.** [animal] to foam at the mouth **3.** *fig* [être furieux] ▸ *écumer (de)* to boil (with).

écumoire [ekymwaʀ] nf skimmer.

écureuil [ekyʀœj] nm squirrel.

écurie [ekyʀi] nf [pour chevaux & SPORT] stable.

écusson [ekysɔ̃] nm **1.** [d'armoiries] coat-of-arms **2.** MIL badge.

écuyer, ère [ekɥije, ɛʀ] nm, f [de cirque] rider. ◆ **écuyer** nm [de chevalier] squire.

eczéma [ɛgzema] nm eczema.

éden [edɛn] nm ▸ *un éden* a garden of Eden ▸ *l'Éden* the garden of Eden.

édenté, e [edɑ̃te] adj toothless.

EDF, Edf (*abr de* Électricité de France) nf *French national electricity company.*

édifice [edifis] nm **1.** [construction] building **2.** fig [institution] ▸ **l'édifice social** the fabric of society.

édifier [9] [edifje] vt **1.** [ville, église] to build **2.** fig [théorie] to construct **3.** [personne] to edify ; iron to enlighten.

Édimbourg [edɛ̃buR] npr Edinburgh.

éditer [3] [edite] vt to publish.

éditeur, trice [editœR, tRis] nm, f publisher.

édition [edisjɔ̃] nf **1.** [profession] publishing **2.** [de journal, livre] edition ▸ **édition électronique** electronic publishing.

éditorial, aux [editoRjal, o] ❖ nm editorial, leader UK. ❖ adj editorial.

éditorialiste [editoRjalist] nmf editorialist, leader writer UK.

édredon [edRədɔ̃] nm eiderdown UK, comforter US.

éducateur, trice [edykatœR, tRis] nm, f teacher ▸ **éducateur spécialisé** special needs teacher.

éducatif, ive [edykatif, iv] adj educational.

éducation [edykasjɔ̃] nf **1.** [apprentissage] education ▸ **l'Éducation nationale** ≃ the Department for Education UK ; ≃ the Department of Education US **2.** [parentale] upbringing **3.** [savoir-vivre] breeding.

édulcorant [edylkoRɑ̃] nm ▸ **édulcorant (de synthèse)** (artificial) sweetener.

édulcorer [3] [edylkoRe] vt **1.** sout [tisane] to sweeten **2.** fig [propos] to tone down.

éduquer [3] [edyke] vt [enfant] to bring up ; [élève] to educate.

efface [efas] nf QUÉBEC [gomme à effacer] eraser.

effacé, e [efase] adj **1.** [teinte] faded **2.** [modeste - rôle] unobtrusive ; [- personne] self-effacing.

effacer [16] [efase] vt **1.** [mot] to erase, to rub out ; INFORM to delete **2.** [souvenir] to erase **3.** [réussite] to eclipse. ❖ **s'effacer** vp **1.** [s'estomper] to fade (away) **2.** sout [s'écarter] to move aside **3.** fig [s'incliner] to give way.

effaceur [efasœR] nm ▸ **effaceur (d'encre)** ink rubber UK ou eraser US.

effarant, e [efaRɑ̃, ɑ̃t] adj frightening.

effarer [3] [efaRe] vt to frighten, to scare.

effaroucher [3] [efaRuʃe] vt **1.** [effrayer] to scare off **2.** [intimider] to overawe.

effectif, ive [efɛktif, iv] adj **1.** [remède] effective **2.** [aide] positive. ❖ **effectif** nm **1.** MIL strength **2.** [de groupe] total number.

effectivement [efɛktivmɑ̃] adv **1.** [réellement] effectively **2.** [confirmation] in fact.

effectuer [7] [efɛktɥe] vt [réaliser - manœuvre] to carry out ; [- trajet, paiement] to make.

efféminé, e [efemine] adj effeminate.

effervescence [efɛRvesɑ̃s] nf **1.** PHYS effervescence **2.** [agitation] turmoil ▸ **en effervescence** bubbling ou buzzing with excitement.

effervescent, e [efɛRvesɑ̃, ɑ̃t] adj [boisson] effervescent ; fig [pays] in turmoil.

effet [efɛ] nm **1.** [gén] effect ▸ **effet secondaire** MÉD side-effect ▸ **effet de serre** greenhouse effect ▸ **effets spéciaux** CINÉ special effects ▸ **sous l'effet de a)** under the effects of **b)** [alcool] under the influence of **2.** [impression recherchée] impression **3.** COMM [titre] bill. ❖ **en effet** loc adv in fact, indeed.

effeuiller [5] [efœje] vt [arbre] to remove the leaves from ; [fleur] to remove the petals from.

efficace [efikas] adj **1.** [remède, mesure] effective **2.** [personne, machine] efficient.

efficacité [efikasite] nf **1.** [de remède, mesure] effectiveness **2.** [de personne, machine] efficiency.

effigie [efiʒi] nf effigy.

effilé, e [efile] adj [doigt, silhouette] slim, slender ; [lame] sharp ; [voiture] streamlined.

effiler [3] [efile] vt **1.** [tissu] to fray **2.** [lame] to sharpen **3.** [cheveux] to thin.

effilocher [3] [efiloʃe] vt to fray. ❖ **s'effilocher** vp to fray.

efflanqué, e [eflɑ̃ke] adj emaciated.

effleurer [5] [eflœRe] vt **1.** [visage, bras] to brush (against) **2.** fig [problème, thème] to touch on **3.** fig [suj : pensée, idée] : *effleurer qqn* to cross sb's mind.

effluve [eflyv] nm exhalation ; fig [d'enfance, du passé] breath.

effondrement [efɔ̃dRəmɑ̃] nm pr & fig collapse.

effondrer [3] [efɔ̃dRe] ❖ **s'effondrer** vp pr & fig to collapse.

efforcer [16] [efoRse] ❖ **s'efforcer** vp ▸ **s'efforcer de faire qqch** to make an effort to do sthg.

effort [efoR] nm **1.** [de personne] effort **2.** TECHNOL stress.

effraction [efʀaksjɔ̃] nf breaking in ▸ **entrer par effraction dans** to break into.

effrayant, e [efʀɛjɑ̃, ɑ̃t] adj **1.** [cauchemar] terrifying **2.** fam [appétit, prix] tremendous, awful.

effrayer [11] [efʀeje] vt to frighten, to scare.

effréné, e [efʀene] adj [course] frantic.

effriter [3] [efʀite] vt to cause to crumble. ◆ **s'effriter** vp [mur] to crumble.

effroi [efʀwa] nm fear, dread.

effronté, e [efʀɔ̃te] ❖ adj insolent. ❖ nm, f insolent person.

effronterie [efʀɔ̃tʀi] nf insolence.

effroyable [efʀwajabl] adj **1.** [catastrophe, misère] appalling **2.** [laideur] hideous.

effusion [efyzjɔ̃] nf **1.** [de liquide] effusion **2.** [de sentiments] effusiveness.

égal, e, aux [egal, o] ❖ adj **1.** [équivalent] equal **2.** [régulier] even. ❖ nm, f equal.

également [egalmɑ̃] adv **1.** [avec égalité] equally **2.** [aussi] as well, too.

égaler [3] [egale] vt **1.** MATH to equal **2.** [beauté] to match, to compare with.

égaliser [3] [egalize] ❖ vt [haie, cheveux] to trim. ❖ vi SPORT to equalize UK, to tie US.

égalitaire [egalitɛʀ] adj egalitarian.

égalité [egalite] nf **1.** [gén] equality **2.** [d'humeur] evenness **3.** SPORT ▸ **être à égalité** to be level, to be tied **4.** [au tennis] deuce.

égard [egaʀ] nm consideration ▸ **à cet égard** in this respect. ◆ **à l'égard de** loc prép with regard to, towards UK, toward US.

égarement [egaʀmɑ̃] nm **1.** [de jeunesse] wildness **2.** [de raisonnement] aberration.

égarer [3] [egaʀe] vt **1.** [objet] to mislay, to lose **2.** [personne] to mislead **3.** fig & sout [suj : passion] to lead astray. ◆ **s'égarer** vp **1.** [lettre] to get lost, to go astray ; [personne] to get lost, to lose one's way **2.** fig & sout [personne] to stray from the point.

égayer [11] [egeje] vt **1.** [personne] to cheer up **2.** [pièce] to brighten up.

égide [eʒid] nf protection ▸ **sous l'égide de** litt under the aegis of.

églantier [eglɑ̃tje] nm wild rose (bush).

églantine [eglɑ̃tin] nf wild rose.

églefin, aiglefin [egləfɛ̃] nm haddock.

église [egliz] nf church. ◆ **Église** nf ▸ **l'Église** the Church.

ego [ego] nm inv ego.

égocentrique [egɔsɑ̃tʀik] adj self-centred UK, self-centered US, egocentric.

égoïsme [egɔism] nm selfishness, egoism.

égoïste [egɔist] ❖ nmf selfish person. ❖ adj selfish, egoistic.

égorger [17] [egɔʀʒe] vt [animal, personne] to cut the throat of.

égosiller [3] [egozije] ◆ **s'égosiller** vp fam **1.** [crier] to bawl, to shout **2.** [chanter] to sing one's head off.

égout [egu] nm sewer.

égoutter [3] [egute] vt **1.** [vaisselle] to leave to drain **2.** [légumes, fromage] to drain. ◆ **s'égoutter** vp to drip, to drain.

égouttoir [egutwaʀ] nm **1.** [à légumes] colander, strainer **2.** [à vaisselle] draining rack.

égratigner [3] [egʀatiɲe] vt to scratch ; fig to have a go ou dig at. ◆ **s'égratigner** vp : s'égratigner la main to scratch one's hand.

égratignure [egʀatiɲyʀ] nf scratch, graze ; fig dig.

égrener [19] [egʀəne] vt **1.** [détacher les grains de - épi, cosse] to shell ; [- grappe] to pick grapes from **2.** [chapelet] to tell **3.** fig [marquer] to mark.

égrillard, e [egʀijaʀ, aʀd] adj ribald, bawdy.

Égypte [eʒipt] nf : l'Égypte Egypt.

égyptien, enne [eʒipsjɛ̃, ɛn] adj Egyptian. ◆ **égyptien** nm [langue] Egyptian. ◆ **Égyptien, enne** nm, f Egyptian.

égyptologie [eʒiptɔlɔʒi] nf Egyptology.

eh [e] interj hey! ▸ **eh bien** well.

éhonté, e [eɔ̃te] adj shameless.

Eiffel [efɛl] npr : la tour Eiffel the Eiffel Tower.

éjaculation [eʒakylasjɔ̃] nf ejaculation.

éjectable [eʒɛktabl] adj ▸ **siège éjectable** ejector UK ou ejection US seat.

éjecter [4] [eʒɛkte] vt **1.** [douille] to eject **2.** fam [personne] to kick out.

élaboration [elabɔʀasjɔ̃] nf [de plan, système] working out, development.

élaboré, e [elabɔʀe] adj elaborate.

élaborer [3] [elabɔʀe] vt [plan, système] to work out, to develop.

élaguer [3] [elage] vt pr & fig to prune.

élan [elɑ̃] nm **1.** ZOOL elk **2.** [athlétisme] run-up ▸ **prendre son élan** to take a run-up, to gather speed **3.** `QUÉBEC` [golf] swing **4.** fig [de joie] outburst.

élancé, e [elɑ̃se] adj slender.

élancer [16] [elɑ̃se] vi MÉD to give shooting pains. ◆ **s'élancer** vp **1.** [se précipiter] to rush, to dash **2.** SPORT to take a run-up **3.** fig [s'envoler] to soar.

élargir [32] [elaʀʒiʀ] vt to widen ; [vêtement] to let out ; fig to expand. ◆ **s'élargir** vp [s'agrandir] to widen ; [vêtement] to stretch ; fig to expand.

élasthanne [elastan] nm Spandex®.

élasticité [elastisite] nf PHYS elasticity.

élastique [elastik] ◆ nm **1.** [pour attacher] rubber ou elastic `UK` band **2.** [matière] elastic. ◆ adj **1.** PHYS elastic. **2.** [corps] flexible **3.** fig [conscience] accommodating.

élastomère [elastɔmɛʀ] nm elastomer.

eldorado [ɛldɔʀado] nm El Dorado.

e-learning [ilœʀniŋ] nm e-learning.

électeur, trice [elɛktœʀ, tʀis] nm, f voter, elector.

élection [elɛksjɔ̃] nf [vote] election ▸ **élections municipales** local elections ▸ **élection présidentielle** presidential election.

électoral, e, aux [elɛktɔʀal, o] adj electoral ; [campagne, réunion] election (avant n).

électorat [elɛktɔʀa] nm electorate.

électricien, enne [elɛktʀisjɛ̃, ɛn] nm, f electrician.

électricité [elɛktʀisite] nf electricity.

électrifier [9] [elɛktʀifje] vt to electrify.

électrique [elɛktʀik] adj **1.** pr & fig electric **2.** [énergie] electrical.

électroaimant [elɛktʀɔɛmɑ̃] nm electromagnet.

électrocardiogramme [elɛktʀɔkaʀdjɔgʀam] nm electrocardiogram.

électrochoc [elɛktʀɔʃɔk] nm electroshock therapy.

électrocuter [3] [elɛktʀɔkyte] vt to electrocute.

électrode [elɛktʀɔd] nf electrode.

électroencéphalogramme [elɛktʀɔɑ̃sefalɔgʀam] nm electroencephalogram.

électrogène [elɛktʀɔʒɛn] adj ▸ **groupe électrogène** generating unit.

électrolyse [elɛktʀɔliz] nf electrolysis.

électromagnétique [elɛktʀɔmaɲetik] adj electromagnetic.

électroménager [elɛktʀɔmenaʒe] nm household electrical appliances pl.

électron [elɛktʀɔ̃] nm electron.

électronicien, enne [elɛktʀɔnisjɛ̃, ɛn] nm, f electronics specialist.

électronique [elɛktʀɔnik] ◆ nf [sciences] electronics (U). ◆ adj electronic ; [microscope] electron (avant n).

électrophone [elɛktʀɔfɔn] nm record player.

élégance [elegɑ̃s] nf [de personne, style] elegance.

élégant, e [elegɑ̃, ɑ̃t] adj **1.** [personne, style] elegant **2.** [délicat - solution, procédé] elegant ; [- conduite] generous.

élément [elemɑ̃] nm **1.** [gén] element ▸ **être dans son élément** to be in one's element **2.** [de machine] component. ◆ **éléments** nmpl [notions] elements, basic principles.

élémentaire [elemɑ̃tɛʀ] adj **1.** [gén] elementary **2.** [installation, besoin] basic.

éléphant [elefɑ̃] nm elephant.

élevage [ɛlvaʒ] nm breeding, rearing ; [installation] farm.

éjévateur, trice [elevatœʀ, tʀis] adj elevator (avant n).

élève [elɛv] nmf [écolier, disciple] pupil, student `US`.

élevé, e [ɛlve] adj **1.** [haut] high **2.** fig [sentiment, âme] noble **3.** [enfant] ▸ **bien / mal élevé** well / badly brought up.

élever [19] [ɛlve] vt **1.** [gén] to raise **2.** [statue] to put up, to erect **3.** [à un rang supérieur] to elevate **4.** [esprit] to improve **5.** [enfant] to bring up **6.** [poulets] to rear, to breed. ◆ **s'élever** vp **1.** [gén] to rise **2.** [montant] ▸ **s'élever à** to add up to **3.** [protester] ▸ **s'élever contre qqn / qqch** to protest against sb / sthg.

éleveur, euse [ɛlvœʀ, øz] nm, f breeder.

elfe [ɛlf] nm elf.

éligible [eliʒibl] adj eligible.

élimé, e [elime] adj threadbare.

élimination [eliminasjɔ̃] nf elimination.

éliminatoire [eliminatwaʀ] ◆ nf (gén pl) SPORT qualifying heat ou round. ◆ adj qualifying (avant n).

éliminer [3] [elimine] vt to eliminate.

élire [106] [eliʀ] vt to elect.

élision [elizjɔ̃] nf elision.

élite [elit] nf elite ▶ **d'élite** choice, select.

élitiste [elitist] nmf & adj elitist.

élixir [eliksiʀ] nm elixir.

elle [ɛl] pron pers **1.** [sujet - personne] she ; [- animal] it, she ; [- chose] it **2.** [complément - personne] her ; [- animal] it, her ; [- chose] it. ◆ **elles** pron pers pl **1.** [sujet] they **2.** [complément] them. ◆ **elle-même** pron pers [personne] herself ; [animal] itself, herself ; [chose] itself. ◆ **elles-mêmes** pron pers pl themselves.

ellipse [elips] nf **1.** GÉOM ellipse **2.** LING ellipsis.

élocution [elɔkysjɔ̃] nf delivery ▶ **défaut d'élocution** speech defect.

éloge [elɔʒ] nm [louange] praise ▶ **faire l'éloge de qqn / qqch** [louer] to speak highly of sb / sthg ▶ **couvrir qqn d'éloges** to shower sb with praise.

élogieux, euse [elɔʒjø, øz] adj laudatory.

éloigné, e [elwaɲe] adj distant.

éloignement [elwaɲmɑ̃] nm **1.** [mise à l'écart] removal **2.** [séparation] absence **3.** [dans l'espace, le temps] distance.

éloigner [3] [elwaɲe] vt **1.** [écarter] to move away ▶ **éloigner qqch de** to move sthg away from **2.** [détourner] to turn away **3.** [chasser] to dismiss. ◆ **s'éloigner** vp **1.** [partir] to move ou go away **2.** fig : *s'éloigner du sujet* to stray from the point **3.** [se détacher] to distance o.s.

élongation [elɔ̃gasjɔ̃] nf MÉD ▶ **élongation de muscle** pulled muscle.

éloquence [elɔkɑ̃s] nf [d'orateur, d'expression] eloquence.

éloquent, e [elɔkɑ̃, ɑ̃t] adj **1.** [avocat, silence] eloquent **2.** [données] significant.

élu, e [ely] ◆ pp ⟶ **élire.** ◆ adj POL elected. ◆ nm, f **1.** POL elected representative **2.** RELIG chosen one ▶ **l'élu de son cœur** hum & sout one's heart's desire.

élucider [3] [elyside] vt to clear up.

éluder [3] [elyde] vt to evade.

Élysée [elize] nm ▶ **l'Élysée** the official residence of the French president.

émacié, e [emasje] adj litt emaciated.

e-mail [imɛl] (pl **e-mails**) nm e-mail, E-mail.

émail, aux [emaj, emo] nm enamel ▶ **en émail** enamel, enamelled [UK], enameled [US].

émanation [emanasjɔ̃] nf emanation ▶ **être l'émanation de** fig to emanate from.

émanciper [3] [emɑ̃sipe] vt to emancipate. ◆ **s'émanciper** vp **1.** [se libérer] to become

free ou liberated **2.** fam [se dévergonder] to become emancipated.

émaner [3] [emane] vi ▶ **émaner de** to emanate from.

émarger [17] [emaʀʒe] vt [signer] to sign.

émasculer [3] [emaskyle] vt to emasculate.

emballage [ɑ̃balaʒ] nm packaging ▶ **emballage recyclable** recyclable container.

emballer [3] [ɑ̃bale] vt **1.** [objet] to pack (up), to wrap (up) **2.** fam [plaire à] to thrill. ◆ **s'emballer** vp **1.** [moteur] to race **2.** [cheval] to bolt **3.** fam [personne - s'enthousiasmer] to get carried away ; [- s'emporter] to lose one's temper.

embarcadère [ɑ̃baʀkadɛʀ] nm landing stage.

embarcation [ɑ̃baʀkasjɔ̃] nf small boat.

embardée [ɑ̃baʀde] nf swerve ▶ **faire une embardée** to swerve.

embargo [ɑ̃baʀgo] nm embargo.

embarquement [ɑ̃baʀkəmɑ̃] nm **1.** [de marchandises] loading **2.** [de passagers] boarding.

embarquer [3] [ɑ̃baʀke] ◆ vt **1.** [marchandises] to load **2.** [passagers] to (take on) board **3.** fam [arrêter] to pick up **4.** fam & fig [engager] ▶ **embarquer qqn dans** to involve sb in **5.** fam [emmener] to cart off. ◆ vi ▶ **embarquer (pour)** to sail (for). ◆ **s'embarquer** vp **1.** [sur un bateau] to (set) sail **2.** fam & fig [s'engager] ▶ **s'embarquer dans** to get involved in.

embarras [ɑ̃baʀa] nm **1.** [incertitude] (state of) uncertainty ▶ **avoir l'embarras du choix** to be spoilt for choice **2.** [situation difficile] predicament ▶ **être dans l'embarras** to be in a predicament ▶ **mettre qqn dans l'embarras** to place sb in an awkward position ▶ **tirer qqn d'embarras** to get sb out of a tight spot **3.** [gêne] embarrassment **4.** [souci] difficulty, worry.

embarrassant, e [ɑ̃baʀasɑ̃, ɑ̃t] adj **1.** [encombrant] cumbersome **2.** [délicat] embarrassing.

embarrassé, e [ɑ̃baʀase] adj **1.** [encombré - pièce, bureau] cluttered ▶ **avoir les mains embarrassées** to have one's hands full **2.** [gêné] embarrassed **3.** [confus] confused.

embarrasser [3] [ɑ̃baʀase] vt **1.** [encombrer - pièce] to clutter up ; [- personne] to hamper **2.** [gêner] to put in an awkward position. ◆ **s'embarrasser** vp [se charger] ▶ **s'embarrasser de qqch a)** to burden o.s. with sthg **b)** fig to bother about sthg.

embauchage [ɑ̃boʃaʒ] nm = embauche.

embauche [ɑ̃boʃ] nf hiring, employment.

embaucher [3] [ɑ̃boʃe] vt **1.** [employer] to employ, to take on **2.** fam [occuper] : *je t'embauche !* I need your help!

embaumer [3] [ɑ̃bome] ❖ vt **1.** [cadavre] to embalm **2.** [parfumer] to scent. ❖ vi to be fragrant.

embellie [ɑ̃beli] nf [éclaircie] bright ou clear spell ; fig (temporary) improvement.

embellir [32] [ɑ̃belir] ❖ vt **1.** [agrémenter] to brighten up **2.** fig [enjoliver] to embellish. ❖ vi [devenir plus beau] to become more attractive ; fig & hum to grow, to increase.

embêtant, e [ɑ̃bɛtɑ̃, ɑ̃t] adj fam annoying.

embêtement [ɑ̃bɛtmɑ̃] nm fam trouble.

embêter [4] [ɑ̃bete] vt fam [contrarier, importuner] to annoy. ❖ **s'embêter** vp fam [s'ennuyer] to be bored.

emblée [ɑ̃ble] ❖ **d'emblée** loc adv right away.

emblématique [ɑ̃blematik] adj emblematic.

emblème [ɑ̃blɛm] nm emblem.

emboîter [3] [ɑ̃bwate] vt ▸ **emboîter qqch dans qqch** to fit sthg into sthg. ❖ **s'emboîter** vp to fit together.

embolie [ɑ̃bɔli] nf embolism.

embonpoint [ɑ̃bɔ̃pwɛ̃] nm stoutness.

embouché, e [ɑ̃buʃe] adj fam ▸ **mal embouché** foul-mouthed.

embouchure [ɑ̃buʃyr] nf [de fleuve] mouth.

embourber [3] [ɑ̃burbe] ❖ **s'embourber** vp [s'enliser] to get stuck in the mud ; fig to get bogged down.

embourgeoiser [3] [ɑ̃burʒwaze] vt [personne] to instil UK ou instill US middle-class values in ; [quartier] to gentrify. ❖ **s'embourgeoiser** vp [personne] to adopt middle-class values ; [quartier] to become gentrified.

embout [ɑ̃bu] nm [protection] tip ; [extrémité d'un tube] nozzle.

embouteillage [ɑ̃buteja ʒ] nm [circulation] traffic jam.

emboutir [32] [ɑ̃butir] vt **1.** fam [voiture] to crash into **2.** TECHNOL to stamp.

embranchement [ɑ̃brɑ̃ʃmɑ̃] nm **1.** [carrefour] junction **2.** [division] branching (out) ; fig branch.

embraser [3] [ɑ̃braze] vt [incendier, éclairer] to set ablaze ; fig [d'amour] to (set on) fire, to

inflame. ❖ **s'embraser** vp [prendre feu, s'éclairer] to be ablaze ; fig & litt to be inflamed.

embrassade [ɑ̃brasad] nf embrace.

embrasser [3] [ɑ̃brase] vt **1.** [donner un baiser à] to kiss **2.** [étreindre] to embrace **3.** fig [du regard] to take in. ❖ **s'embrasser** vp to kiss (each other).

embrasure [ɑ̃brazyr] nf ▸ **dans l'embrasure de la fenêtre** in the window.

embrayage [ɑ̃brɛjaʒ] nm [mécanisme] clutch.

embrayer [11] [ɑ̃breje] vi AUTO to engage the clutch.

embrigader [3] [ɑ̃brigade] vt to recruit. ❖ **s'embrigader** vp to join.

embrocher [3] [ɑ̃brɔʃe] vt to skewer.

embrouillamini [ɑ̃brujamini] nm fam muddle.

embrouille [ɑ̃bruj] nf fam shenanigans pl.

embrouiller [3] [ɑ̃bruje] vt **1.** [mélanger] to mix (up), to muddle (up) **2.** fig [compliquer] to confuse.

embruns [ɑ̃brœ̃] nmpl spray (U).

embryon [ɑ̃brijɔ̃] nm pr & fig embryo.

embûche [ɑ̃byʃ] nf pitfall.

embuer [7] [ɑ̃bɥe] vt **1.** [de vapeur] to steam up **2.** [de larmes] to mist (over).

embuscade [ɑ̃byskad] nf ambush.

éméché, e [emeʃe] adj fam tipsy, merry UK.

émeraude [emrod] nf emerald.

émerger [17] [emerʒe] vi **1.** [gén] to emerge **2.** NAUT to surface.

émeri [emri] nm ▸ **papier ou toile émeri** emery paper.

émérite [emerit] adj distinguished, eminent.

émerveiller [4] [emerveje] vt to fill with wonder.

émetteur, trice [emetœr, tris] adj transmitting (avant n) ▸ **poste émetteur** transmitter. ❖ **émetteur** nm [appareil] transmitter.

émettre [84] [emetr] vt **1.** [produire] to emit **2.** [diffuser] to transmit, to broadcast ; [onde, signal] to send out **3.** [mettre en circulation] to issue **4.** [exprimer] to express.

émeute [emøt] nf riot.

émietter [4] [emjete] vt **1.** [du pain] to crumble **2.** [morceler] to divide up.

émigrant, e [emigrɑ̃, ɑ̃t] adj & nm, f emigrant.

émigration [emigʀasjɔ̃] nf **1.** [de personnes] emigration **2.** ZOOL migration.

émigré, e [emigʀe] ❖ adj migrant. ❖ nm, f emigrant.

émigrer [3] [emigʀe] vi **1.** [personnes] to emigrate **2.** [animaux] to migrate.

émincé, e [emɛ̃se] adj thinly sliced. ❖ **émincé** nm *thin slices of meat served in a sauce.*

éminemment [eminamɑ̃] adv eminently.

éminence [eminɑ̃s] nf hill.

éminent, e [eminɑ̃, ɑ̃t] adj eminent, distinguished.

émir [emiʀ] nm emir.

émirat [emiʀa] nm emirate. ❖ **Émirat** nm : *les Émirats arabes unis* the United Arab Emirates.

émis, e [emi, iz] pp → émettre.

émissaire [emiseʀ] ❖ nm [envoyé] emissary, envoy. ❖ adj → bouc.

émission [emisjɔ̃] nf **1.** [de gaz, de son] emission **2.** [RADIO & TV - transmission] transmission, broadcasting ; [- programme] programme UK, program US **3.** [mise en circulation] issue.

emmagasiner [3] [ɑ̃magazine] vt **1.** [stocker] to store **2.** *fig* [accumuler] to store up.

emmailloter [3] [ɑ̃majɔte] vt to wrap up.

emmanchure [ɑ̃mɑ̃ʃyʀ] nf armhole.

emmêler [4] [ɑ̃mele] vt **1.** [fils] to tangle up **2.** *fig* [idées] to muddle up, to confuse. ❖ **s'emmêler** vp **1.** [fils] to get into a tangle **2.** *fig* [personne] to get mixed up.

emménagement [ɑ̃menaʒmɑ̃] nm moving in.

emménager [17] [ɑ̃menaʒe] vi to move in.

emmener [19] [ɑ̃mne] vt to take.

emmerder [3] [ɑ̃mɛʀde] vt *tfam* to piss off. ❖ **s'emmerder** vp *tfam* [s'embêter] to be bored stiff.

emmitoufler [3] [ɑ̃mitufle] vt to wrap up. ❖ **s'emmitoufler** vp to wrap o.s. up.

émoi [emwa] nm **1.** *sout* [agitation] agitation, commotion ▶ *en émoi* in turmoil **2.** [émotion] emotion.

émoticon [emotikɔ̃] nm INFORM emoticon, smiley.

émotif, ive [emɔtif, iv] adj emotional.

émotion [emosjɔ̃] nf **1.** [sentiment] emotion **2.** [peur] fright, shock.

émotionnel, elle [emosjɔnel] adj emotional.

émousser [3] [emuse] vt *pr* & *fig* to blunt.

émouvant, e [emuvɑ̃, ɑ̃t] adj moving.

émouvoir [55] [emuvwaʀ] vt **1.** [troubler] to disturb, to upset **2.** [susciter la sympathie de] to move, to touch. ❖ **s'émouvoir** vp to show emotion, to be upset.

empailler [3] [ɑ̃paje] vt **1.** [animal] to stuff **2.** [chaise] to upholster (with straw).

empaler [3] [ɑ̃pale] vt to impale.

empaqueter [27] [ɑ̃pakte] vt to pack (up), to wrap (up).

emparer [3] [ɑ̃paʀe] ❖ **s'emparer de** vp + prép [suj : personne] to seize ; [suj : sentiment] to take hold of.

empâter [3] [ɑ̃pate] vt **1.** [visage, traits] to fatten out **2.** [bouche, langue] to coat, to fur up. ❖ **s'empâter** vp to put on weight.

empathie [ɑ̃pati] nf *sout* empathy.

empêchement [ɑ̃pɛʃmɑ̃] nm obstacle / *j'ai un empêchement* something has come up.

empêcher [4] [ɑ̃peʃe] vt to prevent ▶ *empêcher qqn/qqch de faire qqch* to prevent sb/sthg from doing sthg ▶ *empêcher que qqn (ne) fasse qqch* to prevent sb from doing sthg ▶ *(il) n'empêche que* nevertheless, all the same.

empeigne [ɑ̃pɛɲ] nf upper.

empereur [ɑ̃pʀœʀ] nm emperor.

empesé, e [ɑ̃pəze] adj **1.** [linge] starched **2.** *fig* [style] stiff.

empester [3] [ɑ̃peste] vi to stink.

empêtrer [4] [ɑ̃petʀe] vt ▶ *être empêtré dans* to be tangled up in. ❖ **s'empêtrer** vp ▶ *s'empêtrer (dans)* to get tangled up (in).

emphase [ɑ̃faz] nf *péj* pomposity.

empiéter [18] [ɑ̃pjete] vi ▶ *empiéter sur* to encroach on.

empiffrer [3] [ɑ̃pifʀe] ❖ **s'empiffrer** vp *fam* to stuff o.s.

empiler [3] [ɑ̃pile] vt [entasser] to pile up, to stack up.

empire [ɑ̃piʀ] nm **1.** HIST empire **2.** *sout* [contrôle] influence.

empirer [3] [ɑ̃piʀe] vi & vt to worsen.

empirique [ɑ̃piʀik] adj empirical.

emplacement [ɑ̃plasmɑ̃] nm [gén] site, location ; [dans un camping] place.

emplette [ɑ̃plɛt] nf *(gén pl)* purchase.

emplir [32] [ɑ̃pliʀ] vt *sout* ▶ **emplir (de)** to fill (with). ◆ **s'emplir** vp ▶ **s'emplir (de)** to fill (with).

emploi [ɑ̃plwa] nm **1.** [utilisation] use ▶ **emploi du temps** SCOL timetable **UK**, schedule **US 2.** [travail] job.

employé, e [ɑ̃plwaje] nm, f employee ▶ **employé de bureau** office worker.

employer [13] [ɑ̃plwaje] vt **1.** [utiliser] to use **2.** [salarier] to employ.

employeur, euse [ɑ̃plwajœʀ, øz] nm, f employer.

empocher [3] [ɑ̃pɔʃe] vt *fam* to pocket.

empoignade [ɑ̃pwaɲad] nf row.

empoigner [3] [ɑ̃pwaɲe] vt [saisir] to grasp. ◆ **s'empoigner** vp *fig* to come to blows.

empoisonnant, e [ɑ̃pwazɔnɑ̃, ɑ̃t] adj **1.** [ennuyeux] boring **2.** [insupportable] irritating.

empoisonnement [ɑ̃pwazɔnmɑ̃] nm [intoxication] poisoning.

empoisonner [3] [ɑ̃pwazɔne] vt **1.** [gén] to poison **2.** *fam* [ennuyer] to annoy, to bug.

emporté, e [ɑ̃pɔʀte] adj short-tempered.

emportement [ɑ̃pɔʀtəmɑ̃] nm anger.

emporter [3] [ɑ̃pɔʀte] vt **1.** [emmener] to take (away) ▶ **à emporter** [plats] to take away **UK**, to take out **US**, to go **US 2.** [entraîner] to carry along ▶ **3.** [arracher] to tear off, to blow off **4.** [faire mourir] to carry off **5.** [surpasser] ▶ **l'emporter sur** to get the better of, to defeat. ◆ **s'emporter** vp to get angry, to lose one's temper.

empoté, e [ɑ̃pɔte] *fam* ◆ adj clumsy. ◆ nm, f clumsy person.

empreinte [ɑ̃pʀɛ̃t] nf [trace] print ; *fig* mark, trace ▶ **empreintes digitales** fingerprints.

empressement [ɑ̃pʀɛsmɑ̃] nm **1.** [zèle] attentiveness **2.** [enthousiasme] eagerness.

empresser [4] [ɑ̃pʀese] ◆ **s'empresser** vp ▶ **s'empresser de faire qqch** to hurry to do sthg ▶ **s'empresser auprès de qqn** to be attentive to sb.

emprise [ɑ̃pʀiz] nf [ascendant] influence.

emprisonnement [ɑ̃pʀizɔnmɑ̃] nm imprisonment.

emprisonner [3] [ɑ̃pʀizɔne] vt [voleur] to imprison.

emprunt [ɑ̃pʀœ̃] nm **1.** FIN loan **2.** LING [fait d'imiter] borrowing.

emprunté, e [ɑ̃pʀœ̃te] adj awkward, self-conscious.

emprunter [3] [ɑ̃pʀœ̃te] vt **1.** [gén] to borrow ▶ **emprunter qqch à** to borrow sthg from **2.** [route] to take.

ému, e [emy] ◆ pp ⟶ **émouvoir.** ◆ adj [personne] moved, touched ; [regard, sourire] emotional.

émulation [emylasjɔ̃] nf **1.** [concurrence] rivalry **2.** [imitation] emulation.

émule [emyl] nmf **1.** [imitateur] emulator **2.** [concurrent] rival.

émulsion [emylsjɔ̃] nf emulsion.

en [ɑ̃] ◆ prép **1.** [temps] in / *en 1994* in 1994 / *en hiver / septembre* in winter / September **2.** [lieu] in ; [direction] to / *habiter en Sicile / ville* to live in Sicily / town / *aller en Sicile / ville* to go to Sicily / town **3.** [matière] made of / *c'est en métal* it's (made of) metal / *une théière en argent* a silver teapot **4.** [état, forme, manière] : *les arbres sont en fleurs* the trees are in blossom / *du sucre en morceaux* sugar cubes / *du lait en poudre* powdered milk / *je la préfère en vert* I prefer it in green / *agir en traître* to behave treacherously / *je l'ai eu en cadeau* I was given it as a present / *dire qqch en anglais* to say sthg in English / *en vacances* on holiday **UK** ou vacation **US 5.** [moyen] by / *en avion / bateau / train* by plane / boat / train **6.** [mesure] in / *vous l'avez en 38 ?* do you have it in a 38? / *compter en dollars* to calculate in dollars **7.** [devant un participe présent] : *en arrivant à Paris* on arriving in Paris, I / he / she etc. arrived in Paris / *en faisant un effort* by making an effort / *en mangeant* while eating / *elle répondit en souriant* she replied with a smile.. ◆ pron pers **1.** [complément de verbe, de nom, d'adjectif] : *il s'en est souvenu* he remembered it / *nous en avons déjà parlé* we've already spoken about it / *je m'en porte garant* I'll vouch for it **2.** [avec un indéfini, exprimant une quantité] : *j'ai du chocolat, tu en veux ?* I've got some chocolate; do you want some? / *tu en as ?* have you got any?, do you have any? / *il y en a plusieurs* there are several (of them) **3.** [provenance] from there.

ENA, Ena [ena] (*abr de* **École nationale d'administration**) nf *prestigious grande école training future government officials.*

encadrement [ɑ̃kadʀəmɑ̃] nm **1.** [de tableau, porte] frame **2.** [dans une entreprise] managerial staff ; [à l'armée] officers *pl* ; [à l'école] staff **3.** [du crédit] restriction.

encadrer [3] [ãkadʀe] vt **1.** [photo, visage] to frame **2.** [employés] to supervise; [soldats] to be in command of; [élèves] to teach.

encaissé, e [ãkese] adj [vallée] deep and narrow; [rivière] steep-banked.

encaisser [4] [ãkese] vt **1.** [argent, coups, insultes] to take **2.** [chèque] to cash.

encart [ãkaʀ] nm insert.

en-cas, encas [ãka] nm inv snack.

encastrable [ãkastʀabl] adj able to be fitted (in).

encastrer [3] [ãkastʀe] vt to fit. ◆ **s'encastrer** vp to fit (exactly).

encaustique [ãkostik] nf [cire] polish.

enceinte [ãsɛ̃t] ◆ adj f pregnant ▶ **enceinte de 4 mois** 4 months pregnant. ◆ nf **1.** [muraille] wall **2.** [espace] ▶ **dans l'enceinte de** within (the confines of) **3.** [baffle] ▶ **enceinte (acoustique)** speaker.

encens [ãsã] nm incense.

encenser [3] [ãsãse] vt **1.** [brûler de l'encens dans] to burn incense in **2.** fig [louer] to flatter.

encensoir [ãsãswaʀ] nm censer.

encercler [3] [ãseʀkle] vt **1.** [cerner, environner] to surround **2.** [entourer] to circle.

enchaînement [ãʃenmã] nm **1.** [succession] series **2.** [liaison] link.

enchaîner [4] [ãʃene] ◆ vt **1.** [attacher] to chain up **2.** fig [asservir] to enslave **3.** [coordonner] to link. ◆ vi ▶ **enchaîner (sur)** to move on (to). ◆ **s'enchaîner** vp [se suivre] to follow on from each other.

enchanté, e [ãʃãte] adj **1.** [ravi] delighted / **enchanté de faire votre connaissance** pleased to meet you **2.** [ensorcelé] enchanted.

enchantement [ãʃãtmã] nm **1.** [sortilège] magic spell ▶ **comme par enchantement** as if by magic **2.** sout [ravissement] delight **3.** [merveille] wonder.

enchanter [3] [ãʃãte] vt **1.** [ensorceler, charmer] to enchant **2.** [ravir] to delight.

enchâsser [3] [ãʃase] vt **1.** [encastrer] to fit **2.** [sertir] to set.

enchère [ãʃeʀ] nf bid ▶ **vendre qqch aux enchères** to sell sthg at ou by auction.

enchevêtrer [4] [ãʃəvetʀe] vt [emmêler] to tangle up; fig to muddle, to confuse.

enclave [ãklav] nf enclave.

enclencher [3] [ãklãʃe] vt [mécanisme] to engage. ◆ **s'enclencher** vp **1.** TECHNOL to engage **2.** fig [commencer] to begin.

enclin, e [ãklɛ̃, in] adj ▶ **enclin à qqch / à faire qqch** inclined to sthg / to do sthg.

enclore [113] [ãklɔʀ] vt to fence in, to enclose.

enclos, e [ãklo, oz] pp ⟶ **enclore.** ◆ **enclos** nm enclosure.

enclume [ãklym] nf anvil.

encoche [ãkɔʃ] nf notch.

encoignure [ãkwaɲyʀ, ãkɔɲyʀ] nf [coin] corner.

encolure [ãkɔlyʀ] nf neck.

encombrant, e [ãkɔ̃bʀã, ãt] adj cumbersome; fig [personne] undesirable.

encombre [ãkɔ̃bʀ] ◆ **sans encombre** loc adv without a hitch.

encombré, e [ãkɔ̃bʀe] adj [lieu] busy, congested; fig saturated.

encombrement [ãkɔ̃bʀəmã] nm **1.** [d'une pièce] clutter **2.** [d'un objet] overall dimensions pl **3.** [embouteillage] traffic jam **4.** INFORM footprint.

encombrer [3] [ãkɔ̃bʀe] vt to clutter (up).

encontre [ãkɔ̃tʀ] ◆ **à l'encontre de** loc prép ▶ **aller à l'encontre de** to go against, to oppose.

encore [ãkɔʀ] adv **1.** [toujours] still / **encore un mois** one more month ▶ **pas encore** not yet / **elle ne travaille pas encore** she's not working yet **2.** [de nouveau] again / **il m'a encore menti** he's lied to me again ▶ **quoi encore ?** what now? ▶ **l'ascenseur est en panne — encore !** the lift's out of order — not again! / **encore de la glace ?** some more ice cream? ▶ **encore une fois** once more, once again **3.** [marque le renforcement] even / **encore mieux / pire** even better / worse. ◆ **et encore** loc adv : **j'ai eu le temps de prendre un sandwich, et encore !** I had time for a sandwich, but only just! ◆ **si encore** loc adv if only. ◆ **encore que** loc conj (+ subjonctif) although.

encourageant, e [ãkuʀaʒã, ãt] adj encouraging.

encouragement [ãkuʀaʒmã] nm [parole] (word of) encouragement.

encourager [17] [ãkuʀaʒe] vt to encourage ▶ **encourager qqn à faire qqch** to encourage sb to do sthg.

encourir [45] [ãkuʀiʀ] vt sout to incur.

encouru, e [ãkuʀy] pp ⟶ **encourir.**

encrasser [3] [ɑ̃kʀase] vt **1.** TECHNOL to clog up **2.** fam [salir] to make dirty ou filthy. ◆ **s'encrasser** vp **1.** TECHNOL to clog up **2.** fam [se salir] to get dirty ou filthy.

encre [ɑ̃kʀ] nf ink.

encrer [3] [ɑ̃kʀe] vt to ink.

encrier [ɑ̃kʀije] nm inkwell.

encroûter [3] [ɑ̃kʀute] ◆ **s'encroûter** vp fam to get into a rut ▶ **s'encroûter dans ses habitudes** to become set in one's ways.

enculer [3] [ɑ̃kyle] vt vulg to bugger.

encyclopédie [ɑ̃siklɔpedi] nf encyclopedia.

encyclopédique [ɑ̃siklɔpedik] adj encyclopedic.

endémique [ɑ̃demik] adj endemic.

endetter [4] [ɑ̃dete] ◆ **s'endetter** vp to get into debt.

endeuiller [5] [ɑ̃dœje] vt to plunge into mourning.

endiablé, e [ɑ̃djable] adj [frénétique] frantic, frenzied.

endiguer [3] [ɑ̃dige] vt **1.** [fleuve] to dam **2.** fig [réprimer] to stem.

endimanché, e [ɑ̃dimɑ̃ʃe] adj in one's Sunday best.

endive [ɑ̃div] nf chicory (U) **UK**, endive **US**.

endoctriner [3] [ɑ̃dɔktʀine] vt to indoctrinate.

endolori, e [ɑ̃dɔlɔʀi] adj painful, aching / le corps tout endolori aching all over / mon pied était endolori my foot hurt ou was aching.

endommager [17] [ɑ̃dɔmaʒe] vt to damage.

endormi, e [ɑ̃dɔʀmi] adj **1.** [personne] sleeping, asleep **2.** fig [village] sleepy ; [jambe] numb ; [passion] dormant ; fam [apathique] sluggish.

endormir [36] [ɑ̃dɔʀmiʀ] vt **1.** [assoupir, ennuyer] to send to sleep **2.** [anesthésier - patient] to anaesthetize, anesthetize **US** ; [- douleur] to ease **3.** fig [tromper] to allay. ◆ **s'endormir** vp [s'assoupir] to fall asleep.

endosser [3] [ɑ̃dose] vt **1.** [vêtement] to put on **2.** FIN & DR to endorse ▶ **endosser un chèque** to endorse a cheque **UK** ou check **US 3.** fig [responsabilité] to take on.

endroit [ɑ̃dʀwa] nm **1.** [lieu, point] place ▶ **à quel endroit ?** where? **2.** [passage] part **3.** [côté] right side ▶ **à l'endroit** the right way around.

enduire [98] [ɑ̃dɥiʀ] vt ▶ **enduire qqch (de)** to coat sthg (with).

enduit, e [ɑ̃dɥi, it] pp ⟶ **enduire.** ◆ **enduit** nm coating.

endurance [ɑ̃dyʀɑ̃s] nf endurance.

endurant, e [ɑ̃dyʀɑ̃, ɑ̃t] adj tough, resilient.

endurcir [32] [ɑ̃dyʀsiʀ] vt to harden. ◆ **s'endurcir** vp ▶ **s'endurcir à** to become hardened to.

endurer [3] [ɑ̃dyʀe] vt to endure.

énergétique [enɛʀʒetik] adj **1.** [ressource] energy (avant n) **2.** [aliment] energy-giving.

énergie [enɛʀʒi] nf energy ▶ **énergie renouvelable** renewable energy.

énergique [enɛʀʒik] adj [gén] energetic ; [remède] powerful ; [mesure] drastic.

énergumène [enɛʀgymɛn] nmf rowdy character.

énervant, e [enɛʀvɑ̃, ɑ̃t] adj annoying, irritating.

énervé, e [enɛʀve] adj **1.** [irrité] annoyed, irritated **2.** [surexcité] overexcited.

énerver [3] [enɛʀve] vt to irritate, to annoy. ◆ **s'énerver** vp [être irrité] to get annoyed ; [être excité] to get worked up ou excited.

enfance [ɑ̃fɑ̃s] nf **1.** [âge] childhood **2.** [enfants] children pl **3.** fig [débuts] infancy ; [de civilisation, de l'humanité] dawn.

enfant [ɑ̃fɑ̃] nmf [gén] child / attendre un enfant to be expecting a baby ▶ **enfant gâté** spoilt child. ◆ **bon enfant** loc adj good-natured.

enfanter [3] [ɑ̃fɑ̃te] vt litt to give birth to.

enfantillage [ɑ̃fɑ̃tijaʒ] nm childishness (U).

enfantin, e [ɑ̃fɑ̃tɛ̃, in] adj **1.** [propre à l'enfance] childlike ; péj childish ; [jeu, chanson] children's (avant n) **2.** [facile] childishly simple.

enfarger [17] [ɑ̃faʀʒe] **Québec** vt [faire trébucher] to trip. ◆ **s'enfarger** vp [s'empêtrer] to get bogged down.

enfer [ɑ̃fɛʀ] nm RELIG [situation désagréable] hell. ◆ **Enfers** nmpl ▶ **les Enfers** the Underworld sg.

enfermer [3] [ɑ̃fɛʀme] vt [séquestrer, ranger] to shut away. ◆ **s'enfermer** vp to shut o.s. away ou up ▶ **s'enfermer dans** fig to retreat into.

enfilade [ɑ̃filad] nf row.

enfiler [3] [ɑ̃file] vt **1.** [aiguille, sur un fil] to thread **2.** [vêtements] to slip on.

enfin [ɑ̃fɛ̃] adv **1.** [en dernier lieu] finally, at last **2.** [dans une liste] lastly **3.** [avant une récapitulation] in a word, in short **4.** [introduit une rectification] that is, well **5.** [introduit une concession] still, anyway, however.

enflammer [3] [ɑ̃flame] vt **1.** [bois] to set fire to **2.** fig [exalter] to inflame. ➤ **s'enflammer** vp **1.** [bois] to catch fire **2.** fig [s'exalter] to flare up.

enflé, e [ɑ̃fle] adj [style] turgid.

enfler [3] [ɑ̃fle] vi to swell (up).

enfoncer [16] [ɑ̃fɔ̃se] vt **1.** [faire pénétrer] to drive in ▶ **enfoncer qqch dans qqch** to drive sthg into sthg **2.** [enfouir] ▶ **enfoncer ses mains dans ses poches** to thrust one's hands into one's pockets **3.** [défoncer] to break down. ➤ **s'enfoncer** vp **1.** ▶ **s'enfoncer dans a)** [eau, boue] to sink into **b)** [bois, ville] to disappear into **2.** [s'affaisser] to give way **3.** [aggraver son cas] to get into deep ou deeper waters, to make matters worse.

enfouir [32] [ɑ̃fwiʀ] vt **1.** [cacher] to hide **2.** [ensevelir] to bury.

enfourcher [3] [ɑ̃fuʀʃe] vt to get on, to mount.

enfourner [3] [ɑ̃fuʀne] vt **1.** [pain] to put in the oven **2.** fam [avaler] to gobble up.

enfreindre [81] [ɑ̃fʀɛ̃dʀ] vt to infringe.

enfreint, e [ɑ̃fʀɛ̃, ɛ̃t] pp ⟶ **enfreindre**.

enfuir [35] [ɑ̃fɥiʀ] ➤ **s'enfuir** vp [fuir] to run away.

enfumer [3] [ɑ̃fyme] vt to fill with smoke.

engagé, e [ɑ̃gaʒe] adj committed.

engageant, e [ɑ̃gaʒɑ̃, ɑ̃t] adj engaging.

engagement [ɑ̃gaʒmɑ̃] nm **1.** [promesse] commitment **2.** DR contract **3.** [MIL - de soldats] enlistment ; [- combat] engagement **4.** [football, rugby] kickoff.

engager [17] [ɑ̃gaʒe] vt **1.** [lier] to commit **2.** [embaucher] to take on, to engage **3.** [faire entrer] ▶ **engager qqch dans** to insert sthg into **4.** [commencer] to start **5.** [impliquer] to involve **6.** [encourager] ▶ **engager qqn à faire qqch** to urge sb to do sthg. ➤ **s'engager** vp **1.** [promettre] ▶ **s'engager à qqch /à faire qqch** to commit o.s. to sthg/to doing sthg **2.** MIL ▶ **s'engager (dans)** to enlist (in) **3.** [pénétrer] ▶ **s'engager dans** to enter.

engelure [ɑ̃ʒlyʀ] nf chilblain.

engendrer [3] [ɑ̃ʒɑ̃dʀe] vt **1.** litt to father **2.** fig [produire] to cause, to give rise to ; [sentiment] to engender.

engin [ɑ̃ʒɛ̃] nm **1.** [machine] machine **2.** MIL missile **3.** fam & péj [objet] thing.

englober [3] [ɑ̃glɔbe] vt to include.

engloutir [32] [ɑ̃glutiʀ] vt **1.** [dévorer] to gobble up **2.** [faire disparaître] to engulf **3.** fig [dilapider] to squander.

engorger [17] [ɑ̃gɔʀʒe] vt **1.** [obstruer] to block, to obstruct **2.** MÉD to engorge. ➤ **s'engorger** vp **1.** [tuyau] to become blocked **2.** [route] to get congested.

engouement [ɑ̃gumɑ̃] nm [enthousiasme] infatuation.

engouffrer [3] [ɑ̃gufʀe] vt fam [dévorer] to wolf down. ➤ **s'engouffrer** vp ▶ **s'engouffrer dans** to rush into.

engourdi, e [ɑ̃guʀdi] adj numb ; fig dull.

engourdir [32] [ɑ̃guʀdiʀ] vt to numb ; fig to dull. ➤ **s'engourdir** vp to go numb.

engrais [ɑ̃gʀɛ] nm fertilizer.

engraisser [4] [ɑ̃gʀese] ❖ vt **1.** [animal] to fatten **2.** [terre] to fertilize. ❖ vi to put on weight.

engrenage [ɑ̃gʀənaʒ] nm **1.** TECHNOL gears pl **2.** fig [circonstances] ▶ **être pris dans l'engrenage** to be caught up in the system.

engueulade [ɑ̃gœlad] nf fam bawling out.

engueuler [5] [ɑ̃gœle] vt fam ▶ **engueuler qqn** to bawl sb out. ➤ **s'engueuler** vp fam to have a row, to have a slanging match **UK**.

enhardir [32] [ɑ̃aʀdiʀ] vt to make bold. ➤ **s'enhardir** vp to pluck up one's courage.

énième [enjɛm] adj fam ▶ **la énième fois** the nth time.

énigmatique [enigmatik] adj enigmatic.

énigme [enigm] nf **1.** [mystère] enigma **2.** [jeu] riddle.

enivrant, e [ɑ̃nivʀɑ̃, ɑ̃t] adj pr & fig intoxicating.

enivrer [3] [ɑ̃nivʀe] vt pr to get drunk ; fig to intoxicate. ➤ **s'enivrer** vp ▶ **s'enivrer (de) a)** pr to get drunk (on) **b)** fig to become intoxicated (with).

enjambée [ɑ̃ʒɑ̃be] nf stride.

enjamber [3] [ɑ̃ʒɑ̃be] vt **1.** [obstacle] to step over **2.** [cours d'eau] to straddle.

enjeu [ɑ̃ʒø] nm stake **/** *quel est l'enjeu ici ?* fig what's at stake here ? **/** *l'enjeu d'une guerre* the stakes of war **/** *c'est un enjeu de taille pour l'entreprise* it's a major challenge for the company **/** *c'est un enjeu important* the stakes are high.

enjoindre [82] [ɑ̃ʒwɛ̃dʀ] vt litt **▸ enjoindre à qqn de faire qqch** to enjoin sb to do sthg.

enjoint [ɑ̃ʒwɛ̃] pp inv ⟶ **enjoindre**.

enjôler [3] [ɑ̃ʒole] vt to coax.

enjôleur, euse [ɑ̃ʒolœʀ, øz] ❖ adj wheedling. ❖ nm, f wheedler.

enjoliver [3] [ɑ̃ʒɔlive] vt to embellish.

enjoliveur [ɑ̃ʒɔlivœʀ] nm [de roue] hubcap ; [de calandre] badge.

enjoué, e [ɑ̃ʒwe] adj cheerful.

enlacer [16] [ɑ̃lase] vt [prendre dans ses bras] to embrace, to hug. ❖ **s'enlacer** vp [s'embrasser] to embrace, to hug.

enlaidir [32] [ɑ̃lediʀ] ❖ vt to make ugly. ❖ vi to become ugly.

enlèvement [ɑ̃lɛvmɑ̃] nm **1.** [action d'enlever] removal **2.** [rapt] abduction.

enlever [19] [ɑ̃lve] vt **1.** [gén] to remove ; [vêtement] to take off **2.** [prendre] **▸ enlever qqch à qqn** to take sthg away from sb **3.** [kidnapper] to abduct.

enliser [3] [ɑ̃lize] ❖ **s'enliser** vp **1.** [s'embourber] to sink, to get stuck **2.** fig [piétiner] **▸ s'enliser dans qqch** to get bogged down in sthg.

enluminure [ɑ̃lyminyʀ] nf illumination.

enneigé, e [ɑ̃neʒe] adj snow-covered.

ennemi, e [ɛnmi] ❖ adj enemy (avant n). ❖ nm, f enemy.

ennui [ɑ̃nɥi] nm **1.** [lassitude] boredom **2.** [contrariété] annoyance **▸ l'ennui, c'est que...** the annoying thing is that... **3.** [problème] problem **▸ attirer des ennuis à qqn** to cause trouble for sb **▸ avoir des ennuis** to have problems.

ennuyant, e [ɑ̃nɥijɑ̃, ɑ̃t] adj BELGIQUE QUÉBEC boring.

ennuyer [14] [ɑ̃nɥije] vt **1.** [agacer, contrarier] to annoy **/** *cela t'ennuierait de venir me chercher ?* would you mind picking me up ? **2.** [lasser] to bore **3.** [inquiéter] to bother. ❖ **s'ennuyer** vp **1.** [se morfondre] to be bored **2.** [déplorer l'absence] **▸ s'ennuyer de qqn/qqch** to miss sb/sthg.

ennuyeux, euse [ɑ̃nɥijø, øz] adj **1.** [lassant] boring **2.** [contrariant] annoying.

énoncé [enɔse] nm [libellé] wording.

énoncer [16] [enɔse] vt **1.** [libeller] to word **2.** [exposer] to expound ; [théorème] to set forth.

énorme [enɔʀm] adj **1.** pr & fig [immense] enormous **2.** fam & fig [incroyable] far-fetched.

énormément [enɔʀmemɑ̃] adv enormously **▸ énormément de** a great deal of.

énormité [enɔʀmite] nf **1.** [gigantisme] enormity **2.** [absurdité] **▸ dire des énormités** to say the most awful things.

enquête [ɑ̃kɛt] nf **1.** [de police, recherches] investigation **2.** [sondage] survey.

enquêter [4] [ɑ̃kete] vi **1.** [police, chercheur] to investigate **2.** [sonder] to conduct a survey.

enquiquiner [3] [ɑ̃kikine] fam vt **1.** [ennuyer] to bore (stiff) **2.** [irriter] to bug **3.** [importuner] : *se faire enquiquiner* to be hassled. ❖ **s'enquiquiner** vpi **1.** [s'ennuyer] to be bored (stiff) **2.** [se donner du mal] **▸ s'enquiquiner à** : *je ne vais pas m'enquiquiner à tout recopier* I don't feel like copying it out again.

enraciner [3] [ɑ̃ʀasine] vt **1.** [planter] to dig in **2.** fig [idée, préjugé] to implant. ❖ **s'enraciner** vp **1.** [plante, idée] to take root **2.** [personne] to put down roots.

enragé, e [ɑ̃ʀaʒe] adj **1.** [chien] rabid, with rabies **2.** fig [invétéré] keen.

enrager [17] [ɑ̃ʀaʒe] vi to be furious **▸ faire enrager qqn** to infuriate sb.

enrayer [11] [ɑ̃ʀeje] vt **1.** [épidémie] to check, to stop **2.** [mécanisme] to jam. ❖ **s'enrayer** vp [mécanisme] to jam.

enregistrement [ɑ̃ʀəʒistʀəmɑ̃] nm **1.** [de son, d'images, d'informations] recording **2.** [inscription] registration **3.** [à l'aéroport] check-in **▸ enregistrement des bagages** baggage registration.

enregistrer [3] [ɑ̃ʀəʒistʀe] vt **1.** [son, images, informations] to record **2.** INFORM to save **3.** [inscrire] to register **4.** [à l'aéroport] to check in **5.** fam [mémoriser] to make a mental note of.

enrhumé, e [ɑ̃ʀyme] adj : *je suis enrhumé* I have a cold.

enrhumer [3] [ɑ̃ʀyme] ❖ **s'enrhumer** vp to catch (a) cold.

enrichir [32] [ɑ̃ʀiʃiʀ] vt **1.** [financièrement] to make rich **2.** fig [terre] to enrich. ❖ **s'enrichir** vp

1. [financièrement] to grow rich **2.** *fig* [sol] to become enriched.

enrichissant, e [ɑ̃ʀiʃisɑ̃, ɑ̃t] adj enriching.

enrobé, e [ɑ̃ʀobe] adj **1.** [recouvert] ▶ **enrobé de** coated with **2.** *fam* [grassouillet] plump.

enrober [3] [ɑ̃ʀobe] vt [recouvrir] ▶ **enrober qqch de** to coat sth with. ◆ **s'enrober** vp to put on weight.

enrôler [3] [ɑ̃ʀole] vt to enrol **UK**, to en-roll **US**; MIL to enlist. ◆ **s'enrôler** vp to enrol **UK**, to enroll **US**; MIL to enlist.

enroué, e [ɑ̃ʀwe] adj hoarse.

enrouler [3] [ɑ̃ʀule] vt to roll up ▶ **enrouler qqch autour de qqch** to wind sth around sth. ◆ **s'enrouler** vp **1.** [entourer] ▶ **s'enrouler sur** ou **autour de qqch** to wind around sth **2.** [se pelotonner] ▶ **s'enrouler dans qqch** to wrap o.s. up in sth.

ensabler [3] [ɑ̃sable] vt to silt up. ◆ **s'ensabler** vp to silt up.

enseignant, e [ɑ̃seɲɑ̃, ɑ̃t] ◆ adj teaching *(avant n)*. ◆ nm, f teacher.

enseigne [ɑ̃seɲ] nf **1.** [de commerce] sign **2.** [drapeau, soldat] ensign.

enseignement [ɑ̃seɲmɑ̃] nm **1.** [gén] teaching ▶ **enseignement primaire** primary education ▶ **enseignement privé** private education ▶ **enseignement secondaire** secondary education **2.** [leçon] lesson.

enseigner [4] [ɑ̃seɲe] vt *pr* & *fig* to teach ▶ **enseigner qqch à qqn** to teach sb sth, to teach sth to sb.

ensemble [ɑ̃sɑ̃bl] ◆ adv together ▶ **aller ensemble** to go together. ◆ nm **1.** [totalité] whole ▶ **idée d'ensemble** general idea ▶ **dans l'ensemble** on the whole **2.** [harmonie] unity **3.** [vêtement] outfit **4.** [série] collection **5.** MATH set **6.** MUS ensemble.

ensemencer [16] [ɑ̃səmɑ̃se] vt **1.** [terre] to sow **2.** [rivière] to stock.

enserrer [4] [ɑ̃seʀe] vt [entourer] to encircle ; *fig* to imprison.

ensevelir [32] [ɑ̃səvliʀ] vt *pr* & *fig* to bury.

ensoleillé, e [ɑ̃soleje] adj sunny.

ensoleillement [ɑ̃solɛjmɑ̃] nm sunshine.

ensommeillé, e [ɑ̃sɔmeje] adj sleepy.

ensorceler [24] [ɑ̃sɔʀsəle] vt to bewitch.

ensuite [ɑ̃sɥit] adv **1.** [après, plus tard] af-ter, afterwards, later **2.** [puis] then, next, after that ▶ **et ensuite ?** what then?, what next?

ensuivre [89] [ɑ̃sɥivʀ] ◆ **s'ensuivre** vp to follow ▶ **il s'ensuit que** it follows that.

entaille [ɑ̃taj] nf cut.

entailler [3] [ɑ̃taje] vt to cut.

entame [ɑ̃tam] nf first slice.

entamer [3] [ɑ̃tame] vt **1.** [gâteau, fromage] to start (on) ; [bouteille, conserve] to start, to open **2.** [capital] to dip into **3.** [cuir, réputation] to damage **4.** [courage] to shake.

entartrer [3] [ɑ̃taʀtʀe] vt to scale, to fur up. ◆ **s'entartrer** vp to scale, to fur up.

entasser [3] [ɑ̃tase] vt **1.** [accumuler, multi-plier] to pile up **2.** [serrer] to squeeze. ◆ **s'en-tasser** vp **1.** [objets] to pile up **2.** [personnes] ▶ **s'entasser dans** to squeeze into.

entendement [ɑ̃tɑ̃dmɑ̃] nm understanding.

entendre [73] [ɑ̃tɑ̃dʀ] vt **1.** [percevoir, écouter] to hear ▶ **entendre parler de qqch** to hear of ou about sth **2.** *sout* [comprendre] to understand ▶ **laisser entendre que** to imply that **3.** *sout* [vouloir] ▶ **entendre faire qqch** to intend to do sth **4.** [vouloir dire] to mean. ◆ **s'entendre** vp **1.** [sympathiser] ▶ **s'en-tendre avec qqn** to get on with sb **2.** [s'accor-der] to agree.

entendu, e [ɑ̃tɑ̃dy] ◆ pp ⟶ **entendre.** ◆ adj **1.** [compris] agreed, understood **2.** [complice] knowing.

entente [ɑ̃tɑ̃t] nf **1.** [harmonie] understanding **2.** [accord] agreement.

entériner [3] [ɑ̃teʀine] vt to ratify.

enterrement [ɑ̃tɛʀmɑ̃] nm burial.

enterrer [4] [ɑ̃teʀe] vt *pr* & *fig* to bury ▶ **en-terrer sa vie de garçon** to have a stag party.

entêtant, e [ɑ̃tɛtɑ̃, ɑ̃t] adj heady.

en-tête [ɑ̃tɛt] *(pl* **en-têtes***)* nm heading.

entêté, e [ɑ̃tete] adj stubborn.

entêter [4] [ɑ̃tete] ◆ **s'entêter** vp to persist ▶ **s'entêter à faire qqch** to persist in doing sth.

enthousiasme [ɑ̃tuzjasm] nm enthusiasm.

enthousiasmer [3] [ɑ̃tuzjasme] vt to fill with enthusiasm. ◆ **s'enthousiasmer** vp ▶ **s'en-thousiasmer pour** to be enthusiastic about.

enthousiaste [ɑ̃tuzjast] ◆ nmf enthusiast. ◆ adj enthusiastic.

enticher [3] [ɑ̃tiʃe] ◆ **s'enticher** vp ▶ **s'en-ticher de qqn / qqch** to become obsessed with sb/sth.

entier, ère [ɑ̃tje, ɛʀ] adj whole, entire. ◆ **en entier** loc adv in its/their entirety.

entièrement [ɑ̃tjɛʀmɑ̃] adv **1.** [complètement] fully **2.** [pleinement] wholly, entirely.

entité [ɑ̃tite] nf entity.

entonner [3] [ɑ̃tɔne] vt [chant] to strike up.

entonnoir [ɑ̃tɔnwaʀ] nm **1.** [instrument] funnel **2.** [cavité] crater.

entorse [ɑ̃tɔʀs] nf MÉD sprain ▸ **se faire une entorse à la cheville / au poignet** to sprain one's ankle/wrist.

entortiller [3] [ɑ̃tɔʀtije] vt **1.** [entrelacer] to twist **2.** [envelopper] ▸ **entortiller qqch autour de qqch** to wrap sthg around sthg **3.** fam & fig [personne] to sweet-talk.

entourage [ɑ̃tuʀaʒ] nm [milieu] entourage.

entouré, e [ɑ̃tuʀe] adj **1.** [enclos] surrounded **2.** [soutenu] popular.

entourer [3] [ɑ̃tuʀe] vt **1.** [enclore, encercler] ▸ **entourer (de)** to surround (with) **2.** fig [soutenir] to rally round.

entourloupette [ɑ̃tuʀlupɛt] nf fam dirty trick.

entournure [ɑ̃tuʀnyʀ] nf ▸ **être gêné aux entournures a)** fig [financièrement] to feel the pinch **b)** [être mal à l'aise] to feel awkward.

entracte [ɑ̃tʀakt] nm interval UK, intermission US; fig interlude.

entraide [ɑ̃tʀɛd] nf mutual assistance.

entrailles [ɑ̃tʀaj] nfpl **1.** [intestins] entrails **2.** sout [profondeurs] depths.

entrain [ɑ̃tʀɛ̃] nm drive.

entraînant, e [ɑ̃tʀɛnɑ̃, ɑ̃t] adj [chanson] catchy, swinging; [rythme] swinging, lively; [style, éloquence] rousing, stirring.

entraînement [ɑ̃tʀɛnmɑ̃] nm [préparation] practice; SPORT training ▸ **manquer d'entraînement a)** to be out of training **b)** fig to be out of practice.

entraîner [4] [ɑ̃tʀene] vt **1.** TECHNOL to drive **2.** [tirer] to pull **3.** [susciter] to lead to **4.** SPORT to coach **5.** [emmener] to take along **6.** [séduire] to influence ▸ **entraîner qqn à faire qqch** to talk sb into sthg. ◆ **s'entraîner** vp to practise UK, to pratice US; SPORT to train ▸ **s'entraîner à faire qqch** to practise UK ou practice US doing sthg.

entraîneur, euse [ɑ̃tʀɛnœʀ, øz] nm, f trainer, coach.

entrave [ɑ̃tʀav] nf hobble; fig obstruction.

entraver [3] [ɑ̃tʀave] vt to hobble; fig to hinder.

entre [ɑ̃tʀ] prép **1.** [gén] between **2.** [parmi] among ▸ **entre nous** between you and me, between ourselves ▸ **l'un d'entre nous ira** one of us will go ▸ **généralement ils restent entre eux** they tend to keep themselves to themselves ▸ **ils se battent entre eux** they're fighting among ou amongst themselves. ◆ **entre autres** loc prép ▸ **entre autres (personnes)** among others ▸ **entre autres (choses)** among other things.

entrebâiller [3] [ɑ̃tʀəbaje] vt to open slightly.

entrechat [ɑ̃tʀəʃa] nm **1.** [danse] entrechat **2.** [saut] leap ▸ **faire des entrechats** to leap around.

entrechoquer [3] [ɑ̃tʀəʃɔke] vt to bang together. ◆ **s'entrechoquer** vp to bang into each other.

entrecôte [ɑ̃tʀəkot] nf entrecôte.

entrecouper [3] [ɑ̃tʀəkupe] vt to intersperse.

entrecroiser [3] [ɑ̃tʀəkʀwaze] vt to interlace. ◆ **s'entrecroiser** vp to intersect.

entrée [ɑ̃tʀe] nf **1.** [arrivée, accès] entry, entrance ▸ **'entrée interdite'** 'no admittance' ▸ **'entrée libre' a)** [dans un musée] 'admission free' **b)** [dans une boutique] 'browsers welcome' **2.** [porte] entrance **3.** [vestibule] (entrance) hall **4.** [billet] ticket **5.** [plat] starter, first course.

entrefaites [ɑ̃tʀəfɛt] nfpl ▸ **sur ces entrefaites** just at that moment.

entrefilet [ɑ̃tʀəfilɛ] nm paragraph.

entrejambe [ɑ̃tʀəʒɑ̃b] nm crotch.

entrelacer [16] [ɑ̃tʀəlase] vt to intertwine.

entrelarder [3] [ɑ̃tʀəlaʀde] vt **1.** CULIN to lard **2.** fig [discours] ▸ **entrelarder de** to lace with.

entremêler [4] [ɑ̃tʀəmele] vt to mix ▸ **entremêler de** to mix with.

entremets [ɑ̃tʀəmɛ] nm dessert.

entremettre [84] [ɑ̃tʀəmɛtʀ] ◆ **s'entremettre** vp ▸ **s'entremettre (dans)** to mediate (in).

entremise [ɑ̃tʀəmiz] nf intervention ▸ **par l'entremise de** through.

entrepont [ɑ̃tʀəpɔ̃] nm steerage.

entreposer [3] [ɑ̃tʀəpoze] vt to store.

entrepôt [ɑ̃tʀəpo] nm warehouse.

entreprendre [79] [ɑ̃tʀəpʀɑ̃dʀ] vt to undertake; [commencer] to start ▸ **entreprendre de faire qqch** to undertake to do sthg.

English Paragraph

entrepreneur, euse [ɑ̃tRəpRənœr, øz] nm, f [de services & CONSTR] contractor.

entrepris, e [ɑ̃tRəpRi, iz] pp ⟶ **entreprendre**.

entreprise [ɑ̃tRəpRiz] nf **1.** [travail, initiative] enterprise **2.** [société] company.

entrer [3] [ɑ̃tRe] ❖ vi (aux : être) **1.** [pénétrer] to enter, to go/come in ▸ entrer dans a) [gén] to enter b) [pièce] to go/come into c) [bain, voiture] to get into ; fig [sujet] to go into ▸ entrer par to go in ou enter by ▸ faire entrer qqn to show sb in ▸ faire entrer qqch to bring sth in **2.** [faire partie] ▸ entrer dans to go into, to be part of **3.** [être admis, devenir membre] a) [les affaires, l'enseignement] to go into b) [la police, l'armée] to join ▸ entrer à l'université to go to university UK ou college US ▸ entrer à l'hôpital to go into hospital UK, to enter the hospital US. ❖ vt (aux : avoir) **1.** [gén] to bring in **2.** INFORM to enter, to input.

entresol [ɑ̃tRəsɔl] nm mezzanine.

entre-temps [ɑ̃tRətɑ̃] adv meanwhile.

entretenir [40] [ɑ̃tRətniR] vt **1.** [faire durer] to keep alive **2.** [cultiver] to maintain **3.** [soigner] to look after **4.** [personne, famille] to support **5.** [parler à] ▸ entretenir qqn de qqch to speak to sb about sth. ❖ s'entretenir vp [se parler] ▸ s'entretenir (de) to talk (about).

entretien [ɑ̃tRətjɛ̃] nm **1.** [de voiture, jardin] maintenance, upkeep **2.** [conversation] discussion ; [colloque] debate.

entre-tuer [7] [ɑ̃tRətɥe] ❖ s'entre-tuer vp to kill each other.

entrevoir [62] [ɑ̃tRəvwaR] vt **1.** [distinguer] to make out **2.** [voir rapidement] to see briefly **3.** fig [deviner] to glimpse.

entrevu, e [ɑ̃tRəvy] pp ⟶ entrevoir.

entrevue [ɑ̃tRəvy] nf meeting.

entrouvert, e [ɑ̃tRuveR, ɛRt] ❖ pp ⟶ entrouvrir. ❖ adj half-open.

entrouvrir [34] [ɑ̃tRuvRiR] vt to open partly. ❖ s'entrouvrir vp to open partly.

énumération [enymeRasjɔ̃] nf enumeration.

énumérer [18] [enymeRe] vt to enumerate.

env. (abr écrite de environ) approx.

envahir [32] [ɑ̃vaiR] vt **1.** [gén & MIL] to invade **2.** fig [suj : sommeil, doute] to overcome **3.** fig [déranger] to intrude on.

envahissant, e [ɑ̃vaisɑ̃, ɑ̃t] adj **1.** [herbes] invasive **2.** [personne] intrusive.

envahisseur [ɑ̃vaisœR] nm invader.

enveloppe [ɑ̃vlɔp] nf **1.** [de lettre] envelope **2.** [d'emballage] covering **3.** [membrane] membrane ; [de graine] husk.

envelopper [3] [ɑ̃vlɔpe] vt **1.** [emballer] to wrap (up) **2.** [suj : brouillard] to envelop **3.** [déguiser] to mask. ❖ s'envelopper vp ▸ s'envelopper dans to wrap o.s. up in.

envenimer [3] [ɑ̃vnime] vt **1.** [blessure] to infect **2.** fig [querelle] to poison. ❖ s'envenimer vp **1.** [s'infecter] to become infected **2.** fig [se détériorer] to become poisoned.

envergure [ɑ̃veRgyR] nf **1.** [largeur] span ; [d'oiseau, d'avion] wingspan **2.** fig [qualité] calibre UK ou caliber US **3.** fig [importance] scope ▸ prendre de l'envergure to expand.

envers¹ [ɑ̃veR] prép towards UK, toward US.

envers² [ɑ̃veR] nm **1.** [de tissu] wrong side ; [de feuillet] back ; [de médaille] reverse **2.** [face cachée] other side. ❖ à l'envers loc adv [vêtement] inside out ; [portrait, feuille] upside down ; fig the wrong way.

envi [ɑ̃vi] ❖ à l'envi loc adv litt trying to outdo each other.

envie [ɑ̃vi] nf **1.** [désir] desire ▸ avoir envie de qqch /de faire qqch to feel like /like doing sth, to want sth/to do sth **2.** [convoitise] envy ▸ ce tailleur me fait envie I'd love to buy that suit.

envier [9] [ɑ̃vje] vt to envy.

envieux, euse [ɑ̃vjø, øz] ❖ adj envious. ❖ nm, f envious person ▸ faire des envieux to make other people envious.

environ [ɑ̃viRɔ̃] adv [à peu près] about.

environnement [ɑ̃viRɔnmɑ̃] nm environment ; INFORM environment, platform.

environnemental, e, aux [ɑ̃viRɔnmɑ̃tal, o] adj environmental.

environs [ɑ̃viRɔ̃] nmpl (surrounding) area sg ▸ dans les environs de in the vicinity of ▸ aux environs de a) [lieu] near b) [époque] around, round about UK.

envisageable [ɑ̃vizaʒabl] adj conceivable.

envisager [17] [ɑ̃vizaʒe] vt to consider ▸ envisager de faire qqch to be considering doing sth.

envoi [ɑ̃vwa] nm **1.** [action] sending, dispatch **2.** [colis] parcel UK, package US.

envol [ɑ̃vɔl] nm takeoff.

envolée [ãvɔle] nf **1.** [d'oiseaux] flight **2.** [augmentation] : *l'envolée du dollar* the rapid rise in the value of the dollar.

envoler [3] [ãvɔle] ◆ **s'envoler** vp **1.** [oiseau] to fly away **2.** [avion] to take off **3.** [disparaître] to disappear into thin air.

envoûtant, e [ãvutã, ãt] adj spellbinding, bewitching, entrancing.

envoûter [3] [ãvute] vt to bewitch.

envoyé, e [ãvwaje] ◆ adj ▸ **bien envoyé** well-aimed. ◆ nm, f envoy.

envoyer [30] [ãvwaje] vt to send ▸ **envoyer qqch à qqn a)** [expédier] to send sb sthg, to send sthg to sb **b)** [jeter] to throw sb sthg, to throw sthg to sb ▸ **envoyer qqn faire qqch** to send sb to do sthg ▸ **envoyer chercher qqn / qqch** to send for sb/sthg.

enzyme [ãzym] nmf enzyme.

éolien, enne [eɔljẽ, ɛn] adj wind (avant n). ◆ **éolien** nm ▸ **l'éolien** wind power. ◆ **éolienne** nf windmill (for generating power), wind turbine.

épagneul [epaɲœl] nm spaniel.

épais, aisse [epɛ, ɛs] adj **1.** [large, dense] thick **2.** [grossier] crude.

épaisseur [epɛsœr] nf **1.** [largeur, densité] thickness **2.** fig [consistance] depth.

épaissir [32] [epesir] vt & vi to thicken. ◆ **s'épaissir** vp **1.** [liquide] to thicken **2.** fig [mystère] to deepen.

épanchement [epãʃmã] nm **1.** [effusion] outpouring **2.** MÉD effusion.

épancher [3] [epãʃe] vt to pour out. ◆ **s'épancher** vp [se confier] to pour one's heart out.

épanoui, e [epanwi] adj **1.** [fleur] in full bloom **2.** [expression] radiant **3.** [corps] fully formed ▸ **aux formes épanouies** well-rounded.

épanouir [32] [epanwir] vt [personne] to make happy. ◆ **s'épanouir** vp **1.** [fleur] to open **2.** [visage] to light up **3.** [corps] to fill out **4.** [personnalité] to blossom.

épanouissement [epanwismã] nm **1.** [de fleur] blooming, opening **2.** [de visage] brightening **3.** [de corps] filling out **4.** [de personnalité] flowering.

épargnant, e [eparɲã, ãt] nm, f saver.

épargne [eparɲ] nf **1.** [action, vertu] saving **2.** [somme] savings pl ▸ **épargne logement** savings account (to buy property).

épargner [3] [eparɲe] vt **1.** [gén] to spare ▸ **épargner qqch à qqn** to spare sb sthg **2.** [économiser] to save.

éparpiller [3] [eparpije] vt **1.** [choses, personnes] to scatter **2.** fig [forces] to dissipate. ◆ **s'éparpiller** vp **1.** [se disperser] to scatter **2.** fig [perdre son temps] to lack focus.

épars, e [epar, ars] adj sout [objets] scattered ; [végétation, cheveux] sparse.

épatant, e [epatã, ãt] adj fam great.

épaté, e [epate] adj **1.** [nez] flat **2.** fam [étonné] amazed.

épaule [epol] nf shoulder.

épauler [3] [epole] vt to support, to back up.

épaulette [epolɛt] nf **1.** MIL epaulet **2.** [rembourrage] shoulder pad.

épave [epav] nf wreck.

épeautre [epotr] nm spelt (wheat).

épée [epe] nf sword.

épeler [24] [eple] vt to spell.

éperdu, e [eperdy] adj [sentiment] passionate ▸ **éperdu de** [personne] overcome with.

éperon [eprɔ̃] nm [de cavalier, de montagne] spur ; [de navire] ram.

éperonner [3] [eprɔne] vt to spur on.

épervier [epervje] nm sparrowhawk.

épeurant, e [epœrã, ãt] adj QUÉBEC scary.

épeurer [5] [epœre] vt QUÉBEC to scare, to frighten.

éphèbe [efɛb] nm hum Adonis.

éphémère [efemɛr] ◆ adj [bref] ephemeral, fleeting. ◆ nm ZOOL mayfly.

éphéméride [efemerid] nf tear-off calendar.

épi [epi] nm **1.** [de céréale] ear **2.** [cheveux] tuft.

épice [epis] nf spice.

épicé, e [epise] adj spicy.

épicéa [episea] nm spruce.

épicer [16] [epise] vt [plat] to spice.

épicerie [episri] nf **1.** [magasin] grocer's (shop) UK, grocery (store) US **2.** [denrées] groceries pl.

épicier, ère [episje, ɛr] nm, f grocer.

épidémie [epidemi] nf epidemic.

épiderme [epiderm] nm epidermis.

épier [9] [epje] vt **1.** [espionner] to spy on **2.** [observer] to look for.

épilateur [epilatœʀ] nm hair remover ▶ épilateur à cire wax hair remover ▶ épilateur électrique electric hair remover.

épilation [epilasjɔ̃] nf hair removal.

épilepsie [epilɛpsi] nf epilepsy.

épiler [3] [epile] vt [jambes] to remove hair from ; [sourcils] to pluck. ◆ **s'épiler** vp ▶ s'épiler les jambes a) [gén] to remove the hair from one's legs b) [à la cire] to wax one's legs ▶ s'épiler les sourcils to pluck one's eyebrows.

épilogue [epilɔg] nm **1.** [de roman] epilogue **2.** [d'affaire] outcome.

épinards [epinaʀ] nmpl spinach (U).

épine [epin] nf [piquant - de rosier] thorn ; [- de hérisson] spine.

épinette [epinɛt] QUÉBEC [épicéa] spruce.

épineux, euse [epinø, øz] adj thorny.

épingle [epɛ̃gl] nf [instrument] pin.

épingler [3] [epɛ̃gle] vt **1.** [fixer] to pin (up) **2.** fam & fig [arrêter] to nab, to nick UK.

épinière [epinjɛʀ] ⟶ **moelle**.

Épiphanie [epifani] nf Epiphany.

épique [epik] adj epic.

épiscopal, e, aux [episkɔpal, o] adj episcopal.

épisode [epizɔd] nm episode.

épisodique [epizɔdik] adj **1.** [occasionnel] occasional **2.** [secondaire] minor.

épistolaire [epistɔlɛʀ] adj **1.** [échange] of letters ▶ être en relations épistolaires avec qqn to be in (regular) correspondence with sb **2.** [roman] epistolary.

épitaphe [epitaf] nf epitaph.

épithète [epitɛt] ◆ nf **1.** GRAM attribute **2.** [qualificatif] term. ◆ adj attributive.

épître [epitʀ] nf epistle.

éploré, e [eplɔʀe] adj [personne] in tears ; [visage, air] tearful.

épluche-légumes [eplyʃlegym] nm inv potato peeler.

éplucher [3] [eplyʃe] vt **1.** [légumes] to peel **2.** [textes] to dissect ; [comptes] to scrutinize.

épluchure [eplyʃyʀ] nf peelings pl.

éponge [epɔ̃ʒ] nf sponge.

éponger [17] [epɔ̃ʒe] vt **1.** [liquide, déficit] to mop up **2.** [visage] to mop, to wipe.

épopée [epɔpe] nf epic.

époque [epɔk] nf **1.** [de l'année] time **2.** [de l'histoire] period.

épouiller [3] [epuje] vt to delouse.

époumoner [3] [epumɔne] ◆ **s'époumoner** vp to shout o.s. hoarse.

épouse ⟶ **époux**.

épouser [3] [epuze] vt **1.** [personne] to marry **2.** [forme] to hug **3.** fig [idée, principe] to espouse.

épousseter [27] [epuste] vt to dust.

époustouflant, e [epustuflɑ̃, ɑ̃t] adj fam amazing.

épouvantable [epuvɑ̃tabl] adj dreadful.

épouvantail [epuvɑ̃taj] nm [à moineaux] scarecrow ; fig bogeyman.

épouvante [epuvɑ̃t] nf terror, horror.

épouvanter [3] [epuvɑ̃te] vt to terrify.

époux, épouse [epu, epuz] nm, f spouse.

éprendre [79] [epʀɑ̃dʀ] ◆ **s'éprendre** vp sout ▶ s'éprendre de to fall in love with.

épreuve [epʀœv] nf **1.** [essai, examen] test ▶ à l'épreuve du feu fireproof ▶ à l'épreuve des balles bullet-proof ▶ épreuve de force fig trial of strength **2.** [malheur] ordeal **3.** SPORT event **4.** TYPO proof **5.** PHOTO print.

épris, e [epʀi, iz] ◆ pp ⟶ **éprendre**. ◆ adj sout ▶ épris de in love with.

éprouvant, e [epʀuvɑ̃, ɑ̃t] adj testing, trying.

éprouver [3] [epʀuve] vt **1.** [tester] to test **2.** [ressentir] to feel **3.** [faire souffrir] to distress ▶ être éprouvé par to be afflicted by **4.** [difficultés, problèmes] to experience.

éprouvette [epʀuvɛt] nf **1.** [tube à essai] test tube **2.** [échantillon] sample.

EPS (abr de éducation physique et sportive) nf PE.

épuisant, e [epɥizɑ̃, ɑ̃t] adj exhausting.

épuisé, e [epɥize] adj **1.** [personne, corps] exhausted **2.** [marchandise] sold out, out of stock ; [livre] out of print.

épuisement [epɥizmɑ̃] nm exhaustion.

épuiser [3] [epɥize] vt [gén] to exhaust.

épuisette [epɥizɛt] nf landing net.

épuration [epyʀasjɔ̃] nf **1.** [des eaux] purification **2.** POL purge.

épurer [3] [epyʀe] vt **1.** [eau, huile] to purify **2.** POL to purge.

équarrir [32] [ekaʀiʀ] vt **1.** [animal] to cut up **2.** [poutre] to square.

équateur [ekwatœʀ] nm equator.

Équateur [ekwatœʀ] nm : *l'Équateur* Ecuador.

équation [ekwasjɔ̃] nf equation.

équatorial, e, aux [ekwatɔʀjal, o] adj equatorial.

équerre [ekeʀ] nf [instrument] set square UK, triangle US ; [en T] T-square.

équestre [ekɛstʀ] adj equestrian.

équilatéral, e, aux [ekɥilateʀal, o] adj equilateral.

équilibre [ekilibʀ] nm **1.** [gén] balance **2.** [psychique] stability.

équilibré, e [ekilibʀe] adj **1.** [personne] well-balanced **2.** [vie] stable **3.** ARCHIT : *aux proportions équilibrées* well-proportioned.

équilibrer [3] [ekilibʀe] vt to balance. **◆ s'équilibrer** vp to balance each other out.

équilibriste [ekilibʀist] nmf tightrope walker.

équinoxe [ekinɔks] nm equinox ▶ **équinoxe de printemps /d'automne** spring/autumn ou fall US equinox.

équipage [ekipaʒ] nm crew.

équipe [ekip] nf team.

équipé, e [ekipe] adj ▶ **cuisine équipée** fitted kitchen.

équipement [ekipmɑ̃] nm **1.** [matériel] equipment **2.** [aménagement] facilities *pl* ▶ **équipements sportifs /scolaires** sports/educational facilities.

équiper [3] [ekipe] vt **1.** [navire, armée] to equip **2.** [personne, local] to equip, to fit out ▶ **équiper qqn /qqch de** to equip sb /sthg with, to fit sb /sthg out with. **◆ s'équiper** vp ▶ **s'équiper (de)** to equip o.s. (with).

équipier, ère [ekipje, ɛʀ] nm, f team member.

équitable [ekitabl] adj fair.

équitation [ekitasjɔ̃] nf riding, horse-riding UK, horseback riding US.

équité [ekite] nf fairness.

équivalent, e [ekivalɑ̃, ɑ̃t] adj equivalent. **◆ équivalent** nm equivalent.

équivaloir [60] [ekivalwaʀ] **◆ équivaloir à** v + prép [être égal à] to be equal ou equivalent to.

équivoque [ekivɔk] **◆** adj **1.** [ambigu] ambiguous **2.** [mystérieux] dubious. **◆** nf ambiguity ▶ **sans équivoque** unequivocal *(adj)*, unequivocally *(adv)*.

érable [eʀabl] nm maple.

érablière [eʀablijɛʀ] nf maple grove, sugar bush US.

éradiquer [3] [eʀadike] vt to eradicate.

érafler [3] [eʀafle] vt **1.** [peau] to scratch **2.** [mur, voiture] to scrape.

éraflure [eʀaflyʀ] nf **1.** [de peau] scratch **2.** [de mur, voiture] scrape.

éraillé, e [eʀaje] adj [voix] hoarse.

ère [ɛʀ] nf era.

érection [eʀɛksjɔ̃] nf erection.

éreintant, e [eʀɛ̃tɑ̃, ɑ̃t] adj exhausting.

éreinter [3] [eʀɛ̃te] vt **1.** [fatiguer] to exhaust **2.** *fam* [critiquer] to pull to pieces.

ergonomique [ɛʀgɔnɔmik] adj ergonomic.

ériger [17] [eʀiʒe] vt **1.** [monument] to erect **2.** [tribunal] to set up **3.** *fig* [transformer] ▶ **ériger qqn en** to set sb up as.

ermite [ɛʀmit] nm hermit.

éroder [3] [eʀɔde] vt to erode.

érogène [eʀɔʒɛn] adj erogenous.

érosion [eʀozjɔ̃] nf erosion.

érotique [eʀɔtik] adj erotic.

érotisme [eʀɔtism] nm eroticism.

errance [ɛʀɑ̃s] nf wandering.

errant, e [ɛʀɑ̃, ɑ̃t] adj [chien, chat] stray *(avant n)*.

erratum [eʀatɔm] *(pl* errata [eʀata]*)* nm erratum.

errer [4] [eʀe] vi to wander.

erreur [eʀœʀ] nf mistake ▶ **par erreur** by mistake.

erroné, e [eʀɔne] adj wrong.

ersatz [ɛʀzats] nm inv ersatz.

éructer [3] [eʀykte] vi to belch.

érudit, e [eʀydi, it] **◆** adj erudite, learned. **◆** nm, f learned person, scholar.

éruption [eʀypsjɔ̃] nf **1.** MÉD rash **2.** [de volcan] eruption.

érythème [eʀitɛm] nm erythema / *érythème fessier* nappy UK ou diaper US rash.

es → **être**.

ès [ɛs] prép of *(in certain titles)* ▶ **docteur ès lettres** ≃ PhD, doctor of philosophy.

escabeau, x [ɛskabo] nm **1.** [échelle] stepladder **2.** *vieilli* [tabouret] stool.

escadre [ɛskadʀ] nf **1.** [navires] fleet **2.** [avions] wing.

escadrille [ɛskadʀij] nf **1.** [navires] flotilla **2.** [avions] flight.

escadron [ɛskadʀɔ̃] nm squadron.

escalade [ɛskalad] nf **1.** [de montagne, grille] climbing **2.** [des prix, de violence] escalation.

escalader [3] [ɛskalade] vt to climb.

escale [ɛskal] nf **1.** [lieu - pour navire] port of call ; [- pour avion] stopover **2.** [arrêt - de navire] call ; [- d'avion] stopover, stop ▶ **faire escale à a)** [navire] to put in at, to call at **b)** [avion] to stop over at.

escalier [ɛskalje] nm stairs *pl* ▶ **descendre / monter l'escalier** to go downstairs/upstairs ▶ **escalier roulant** ou **mécanique** escalator.

escalope [ɛskalɔp] nf escalope.

escamotable [ɛskamɔtabl] adj **1.** [train d'atterrissage] retractable ; [antenne] telescopic **2.** [table] folding.

escamoter [3] [ɛskamɔte] vt **1.** [faire disparaître] to make disappear **2.** [rentrer] to retract **3.** [phrase, mot] to swallow **4.** [éluder - question] to evade ; [- objection] to get around.

escapade [ɛskapad] nf **1.** [voyage] outing **2.** [fugue] escapade.

escarbille [ɛskaʀbij] nf cinder.

escargot [ɛskaʀgo] nm snail.

escarmouche [ɛskaʀmuʃ] nf skirmish.

escarpé, e [ɛskaʀpe] adj steep.

escarpement [ɛskaʀpəmɑ̃] nm **1.** [de pente] steep slope **2.** GÉOGR escarpment.

escarpin [ɛskaʀpɛ̃] nm court shoe **UK**, pump **US**.

escarre [ɛskaʀ] nf bedsore, pressure sore.

escient [ɛsjɑ̃] nm ▶ **à bon escient** advisedly ▶ **à mauvais escient** ill-advisedly.

esclaffer [3] [ɛsklafe] ◆ **s'esclaffer** vp to burst out laughing.

esclandre [ɛsklɑ̃dʀ] nm scene.

esclavage [ɛsklavaʒ] nm slavery.

esclave [ɛsklav] ❖ nmf slave. ❖ adj ▶ **être esclave de** to be a slave to.

escompte [ɛskɔ̃t] nm discount.

escompter [3] [ɛskɔ̃te] vt **1.** [prévoir] to count on **2.** FIN to discount.

escorte [ɛskɔʀt] nf escort.

escorter [3] [ɛskɔʀte] vt to escort.

escouade [ɛskwad] nf squad.

escrime [ɛskʀim] nf fencing.

escrimer [3] [ɛskʀime] ◆ **s'escrimer** vp ▶ **s'escrimer à faire qqch** to work (away) at doing sthg.

escroc [ɛskʀo] nm swindler.

escroquer [3] [ɛskʀɔke] vt to swindle ▶ **escroquer qqch à qqn** to swindle sb out of sthg.

escroquerie [ɛskʀɔkʀi] nf swindle, swindling *(U)*.

eskimo, Eskimo = esquimau.

espace [ɛspas] nm space ▶ **espace vert** green space, green area.

espacer [16] [ɛspase] vt **1.** [dans l'espace] to space out **2.** [dans le temps - visites] to space out ; [- paiements] to spread out.

espadon [ɛspadɔ̃] nm [poisson] swordfish.

espadrille [ɛspadʀij] nf espadrille.

Espagne [ɛspaɲ] nf : l'Espagne Spain.

espagnol, e [ɛspaɲɔl] adj Spanish. ◆ **espagnol** nm [langue] Spanish. ◆ **Espagnol, e** nm, f Spaniard / les Espagnols the Spanish.

espagnolette [ɛspaɲɔlɛt] nf latch *(for window or shutter)*.

espalier [ɛspalje] nm **1.** [arbre] espalier **2.** SPORT wall bars *pl*.

espèce [ɛspɛs] nf **1.** BIOL, BOT & ZOOL species ▶ **espèce en voie de disparition** endangered species **2.** [sorte] kind, sort ▶ **espèce d'idiot !** you stupid fool! ◆ **espèces** nfpl cash ▶ **payer en espèces** to pay (in) cash.

espérance [ɛspeʀɑ̃s] nf hope ▶ **espérance de vie** life expectancy.

espérer [18] [ɛspeʀe] ❖ vt to hope for ▶ **espérer que** to hope (that) ▶ **espérer faire qqch** to hope to do sthg. ❖ vi to hope ▶ **espérer en qqn / qqch** to trust in sb/sthg.

espiègle [ɛspjɛgl] adj mischievous.

espion, onne [ɛspjɔ̃, ɔn] nm, f spy.

espionnage [ɛspjɔnaʒ] nm spying ▶ **espionnage industriel** industrial espionage.

espionner [3] [ɛspjɔne] vt to spy on.

esplanade [ɛsplanad] nf esplanade.

espoir [ɛspwaʀ] nm hope.

esprit [ɛspʀi] nm **1.** [entendement, personne, pensée] mind ▶ **reprendre ses esprits** to recover **2.** [attitude] spirit ▶ **esprit de compétition** competitive spirit ▶ **esprit critique**

critical acumen **3.** [humour] wit **4.** [fantôme] spirit, ghost.

esquif [ɛskif] nm *litt* skiff.

esquimau, aude, aux [ɛskimo, od] adj Eskimo. ◆ **Esquimau, aude, Eskimo, Eskimo** nm, f Eskimo (*beware: the term "Esquimau", like its English equivalent, is often considered offensive in North America. The term "Inuit" is preferred*).

esquinter [3] [ɛskɛ̃te] vt *fam* **1.** [abîmer] to ruin **2.** [critiquer] to pan, to slate UK. ◆ **s'esquinter** vp ▶ **s'esquinter à faire qqch** to kill o.s. doing sthg.

esquisse [ɛskis] nf [croquis] sketch ; *fig* [de projet] outline ; *fig* [de geste, sourire] trace.

esquiver [3] [ɛskive] vt to dodge. ◆ **s'esquiver** vp to slip away.

essai [ɛsɛ] nm **1.** [vérification] test, testing (U) ▶ **à l'essai** on trial **2.** [tentative] attempt **3.** [rugby] try.

essaim [ɛsɛ̃] nm *pr* & *fig* swarm.

essayage [ɛsɛjaʒ] nm fitting.

essayer [11] [ɛseje] vt to try ▶ **essayer de faire qqch** to try to do sthg.

essence [ɛsɑ̃s] nf **1.** [fondement, de plante] essence ▶ **par essence** *sout* in essence **2.** [carburant] petrol UK, gas US **3.** [d'arbre] species.

essentiel, elle [ɛsɑ̃sjɛl] adj **1.** [indispensable] essential **2.** [fondamental] basic. ◆ **essentiel** nm **1.** [point] ▶ **l'essentiel a)** [le principal] the essential ou main thing **b)** [objets] the essentials *pl* **2.** [quantité] ▶ **l'essentiel de** the main ou greater part of.

essentiellement [ɛsɑ̃sjɛlmɑ̃] adv **1.** [avant tout] above all **2.** [par essence] essentially.

esseulé, e [ɛsœle] adj *litt* forsaken.

essieu [ɛsjø] nm axle.

essor [ɛsɔʀ] nm flight, expansion, boom ▶ **prendre son essor a)** to take flight **b)** *fig* to take off.

essorage [ɛsɔʀaʒ] nm [manuel] wringing (out) ; [à la machine] drying, spin-drying UK.

essorer [3] [ɛsɔʀe] vt [à la main] to wring out ; [à la machine] to dry, to spin-dry, to tumble-dry ; [salade] to spin, to dry.

essoreuse [ɛsɔʀøz] nf [électrique] dryer, spin-dryer, tumble-dryer ; [à salade] salad spinner.

essouffler [3] [ɛsufle] vt to make breathless. ◆ **s'essouffler** vp to be breathless ou out of breath ; *fig* to run out of steam.

essuie-glace [ɛsɥiglas] (*pl* **essuie-glaces**) nm windscreen wiper UK, windshield wiper US.

essuie-mains [ɛsɥimɛ̃] nm inv hand towel.

essuie-tout [ɛsɥitu] nm inv paper towels *pl*, kitchen roll UK.

essuyer [14] [ɛsɥije] vt **1.** [sécher] to dry **2.** [nettoyer] to wipe **3.** *fig* [subir] to suffer. ◆ **s'essuyer** vp to dry o.s.

est¹ [ɛst] ◆ nm east ▶ **un vent d'est** an easterly wind ▶ **à l'est** in the east ▶ **à l'est (de)** to the east (of). ◆ adj inv [gén] east ; [province, région] eastern.

est² [ɛ] ⟶ **être**.

estafette [ɛstafɛt] nf dispatch rider ; MIL liaison officer.

estafilade [ɛstafilad] nf slash, gash.

est-allemand, e [ɛstalmɑ̃, ɑ̃d] adj HIST East German.

estampe [ɛstɑ̃p] nf print.

estampille [ɛstɑ̃pij] nf stamp.

est-ce que [ɛskə] adv interr : *est-ce qu'il fait beau ?* is the weather good? / *est-ce que vous aimez l'accordéon ?* do you like the accordion? / *où est-ce que tu es ?* where are you?

esthète [ɛstɛt] nmf aesthete, esthete US.

esthétique [ɛstetik] adj **1.** [relatif à la beauté] aesthetic, esthetic US **2.** [harmonieux] attractive.

estimation [ɛstimasjɔ̃] nf estimate, estimation.

estime [ɛstim] nf respect, esteem.

estimer [3] [ɛstime] vt **1.** [expertiser] to value **2.** [évaluer] to estimate / *j'estime la durée du voyage à 2 heures* I reckon the journey time is 2 hours **3.** [respecter] to respect **4.** [penser] ▶ **estimer que** to feel (that).

estival, e, aux [ɛstival, o] adj summer (avant n).

estivant, e [ɛstivɑ̃, ɑ̃t] nm, f (summer) holiday-maker UK ou vacationer US.

estomac [ɛstɔma] nm ANAT stomach.

estomper [3] [ɛstɔ̃pe] vt to blur ; *fig* [douleur] to lessen. ◆ **s'estomper** vp to become blurred ; *fig* [douleur] to lessen.

Estonie [ɛstɔni] nf : *l'Estonie* Estonia.

estonien, enne [ɛstɔnjɛ̃, ɛn] adj Estonian. ◆ **estonien** nm [langue] Estonian. ◆ **Estonien, enne** nm, f Estonian.

estrade [ɛstʀad] nf dais.

estragon [ɛstʀagɔ̃] nm tarragon.

estropié, e [ɛstʁɔpje] ❖ adj crippled. ❖ nm, f cripple.

estuaire [ɛstɥɛʁ] nm estuary.

esturgeon [ɛstyʁʒɔ̃] nm sturgeon.

et [e] conj **1.** [gén] and ▶ **et moi ?** what about me? **2.** [dans les fractions et les nombres composés] : *vingt et un* twenty-one / *il y a deux ans et demi* two and a half years ago / *à deux heures et demie* at half past two.

ét. (*abr écrite de* **étage**).

ETA (*abr de* **Euskadi ta Askatasuna**) nf ETA.

étable [etabl] nf cowshed.

établi [etabli] nm workbench.

établir [32] [etabliʁ] vt **1.** [gén] to establish ; [record] to set **2.** [dresser] to draw up. ❖ **s'établir** vp **1.** [s'installer] to settle **2.** [s'instaurer] to become established.

établissement [etablismɑ̃] nm [institution] establishment ▶ **établissement hospitalier** hospital ▶ **établissement scolaire** school.

étage [etaʒ] nm **1.** [de bâtiment] floor, storey [UK], story [US] ▶ **à l'étage** upstairs ▶ **un immeuble de quatre étages** a four-storey block of flats [UK], a five-story block of apartments [US] ▶ **au premier étage** on the first floor [UK], on the second floor [US] **2.** [de fusée] stage.

étagère [etaʒɛʁ] nf **1.** [rayon] shelf **2.** [meuble] shelves *pl*, set of shelves.

étain [etɛ̃] nm [métal] tin ; [alliage] pewter.

étais, était ⟶ **être**.

étal [etal] nm **1.** [éventaire] stall **2.** [de boucher] butcher's block.

étalage [etalaʒ] nm **1.** [action, ensemble d'objets] display ▶ **faire étalage de** *fig* to flaunt **2.** [devanture] window display.

étalagiste [etalaʒist] nmf **1.** [décorateur] window dresser **2.** [vendeur] stallholder [UK].

étaler [3] [etale] vt **1.** [exposer] to display **2.** [étendre] to spread out **3.** [dans le temps] to stagger **4.** [mettre une couche de] to spread **5.** [exhiber] to parade. ❖ **s'étaler** vp **1.** [s'étendre] to spread **2.** [dans le temps] ▶ **s'étaler (sur)** to be spread (over) **3.** *fam* [tomber] to fall flat on one's face, to come a cropper [UK].

étalon [etalɔ̃] nm **1.** [cheval] stallion **2.** [mesure] standard.

étamine [etamin] nf [de fleur] stamen.

étanche [etɑ̃ʃ] adj watertight ; [montre] waterproof.

étanchéité [etɑ̃ʃeite] nf watertightness.

étancher [3] [etɑ̃ʃe] vt **1.** [sang, larmes] to stem (the flow of) **2.** *litt* [assouvir] to quench.

étang [etɑ̃] nm pond.

étant p prés ⟶ **être**.

étant donné [etɑ̃dɔne] loc prép given / *étant donné les circonstances* given ou in view of the circumstances ou situation. ❖ **étant donné que** loc conj since / *étant donné qu'il pleuvait…* since ou as it was raining….

étape [etap] nf **1.** [gén] stage **2.** [halte] stop ▶ **faire étape à** to break one's journey at.

état [eta] nm **1.** [manière d'être] state ▶ **être en état / hors d'état de faire qqch** to be in a/in no fit state to do sthg ▶ **en bon / mauvais état** in good/poor condition ▶ **en état de marche** in working order ▶ **état d'âme** mood ▶ **état d'esprit** state of mind ▶ **état de santé** (state of) health ▶ **être dans tous ses états** to be in a state **2.** [métier, statut] status ▶ **état civil** ADMIN ≃ marital status **3.** [inventaire - gén] inventory ; [- de dépenses] statement ▶ **état des lieux** *inventory and inspection of rented property*. ❖ **État** nm [nation] state ▶ **l'État** the State ▶ **État membre** member state.

état-major [etamaʒɔʁ] nm **1.** ADMIN & MIL staff ; [de parti] leadership **2.** [lieu] headquarters *sg*.

États-Unis [etazyni] nmpl : *les États-Unis (d'Amérique)* the United States (of America).

étau, [eto] nm vice [UK], vise [US].

étayer [11] [eteje] vt to prop up ; *fig* to back up.

etc. (*abr écrite de* **et cætera**) etc.

et cetera, et cætera [ɛtseteʁa] loc adv et cetera, and so on (and so forth).

été [ete] ❖ pp inv ⟶ **être**. ❖ nm summer ▶ **en été** in (the) summer.

éteindre [81] [etɛ̃dʁ] vt **1.** [incendie, bougie, cigarette] to put out ; [radio, chauffage, lampe] to turn off, to switch off **2.** INFORM to shut down. ❖ **s'éteindre** vp **1.** [feu, lampe] to go out **2.** [bruit, souvenir] to fade (away) **3.** *fig & litt* [personne] to pass away **4.** [race] to die out.

étendard [etɑ̃daʁ] nm standard.

étendre [73] [etɑ̃dʁ] vt **1.** [déployer] to stretch ; [journal] to spread (out) **2.** [coucher] to lay **3.** [appliquer] to spread **4.** [accroître] to extend **5.** [diluer] to dilute ; [sauce] to thin. ❖ **s'étendre** vp **1.** [se coucher] to lie down **2.** [s'étaler au loin] ▶ **s'étendre (de / jusqu'à)** to stretch (from/as far as) **3.** [croître] to spread **4.** [s'attarder] ▶ **s'étendre sur** to elaborate on.

étendu, e [etɑ̃dy] ❖ pp ⟶ **étendre.**
❖ adj **1.** [bras, main] outstretched **2.** [plaine, connaissances] extensive. ❖ **étendue** nf **1.** [surface] area, expanse **2.** [durée] length **3.** [importance] extent **4.** MUS range.

éternel, elle [etɛʀnɛl] adj eternal / ce ne sera pas éternel this won't last for ever.

éterniser [3] [etɛʀnize] vt [prolonger] to drag out. ❖ **s'éterniser** vp **1.** [se prolonger] to drag out **2.** fam [rester] to stay for ever.

éternité [etɛʀnite] nf eternity.

éternuement [etɛʀnymɑ̃] nm sneeze.

éternuer [7] [etɛʀnɥe] vi to sneeze.

êtes ⟶ **être.**

étêter [4] [etete] vt to cut the head off.

éther [etɛʀ] nm ether.

Éthiopie [etjɔpi] nf : l'Éthiopie Ethiopia.

éthique [etik] ❖ nf ethics (U or pl). ❖ adj ethical.

ethnie [ɛtni] nf ethnic group.

ethnique [ɛtnik] adj ethnic.

ethnologie [ɛtnɔlɔʒi] nf ethnology.

ethnologue [ɛtnɔlɔg] nmf ethnologist.

éthylisme [etilism] nm alcoholism.

étiez, étions ⟶ **être.**

étincelant, e [etɛ̃slɑ̃, ɑ̃t] adj sparkling.

étinceler [24] [etɛ̃sle] vi to sparkle.

étincelle [etɛ̃sɛl] nf spark.

étioler [3] [etjɔle] ❖ **s'étioler** vp [plante] to wilt ; [personne] to weaken ; [mémoire] to go.

étiqueter [27] [etikte] vt pr & fig to label.

étiquette [etikɛt] nf **1.** [marque] label **2.** [protocole] etiquette.

étirer [3] [etiʀe] vt to stretch. ❖ **s'étirer** vp to stretch.

étoffe [etɔf] nf fabric, material.

étoile [etwal] nf star ▸ étoile filante shooting star ▸ à la belle étoile fig under the stars. ❖ **étoile de mer** nf starfish.

étoilé, e [etwale] adj **1.** [ciel, nuit] starry ▸ la bannière étoilée the Star-Spangled Banner **2.** [vitre, pare-brise] shattered.

étole [etɔl] nf stole.

étonnant, e [etɔnɑ̃, ɑ̃t] adj astonishing.

étonné, e [etɔne] adj astonished, surprised.

étonnement [etɔnmɑ̃] nm astonishment, surprise.

étonner [3] [etɔne] vt to astonish, to surprise. ❖ **s'étonner** vp ▸ s'étonner (de) to be surprised (by) ▸ s'étonner que (+ subjonctif) to be surprised (that).

étouffant, e [etufɑ̃, ɑ̃t] adj stifling.

étouffée [etufe] ❖ **à l'étouffée** loc adv steamed ; [viande] braised.

étouffer [3] [etufe] ❖ vt **1.** [gén] to stifle **2.** [asphyxier] to suffocate **3.** [feu] to smother **4.** [scandale, révolte] to suppress. ❖ vi to suffocate. ❖ **s'étouffer** vp [s'étrangler] to choke.

étourderie [etuʀdəʀi] nf **1.** [distraction] thoughtlessness **2.** [bévue] careless mistake ; [acte irréfléchi] thoughtless act.

étourdi, e [etuʀdi] ❖ adj scatterbrained. ❖ nm, f scatterbrain.

étourdir [32] [etuʀdiʀ] vt [assommer] to daze.

étourdissant, e [etuʀdisɑ̃, ɑ̃t] adj **1.** [fatigant] wearing **2.** [sensationnel] stunning.

étourdissement [etuʀdismɑ̃] nm dizzy spell.

étourneau, x [etuʀno] nm starling.

étrange [etʀɑ̃ʒ] adj strange.

étrangement [etʀɑ̃ʒmɑ̃] adv strangely.

étranger, ère [etʀɑ̃ʒe, ɛʀ] ❖ adj **1.** [gén] foreign **2.** [différent, isolé] unknown, unfamiliar ▸ être étranger à qqn to be unknown to sb ▸ être étranger à qqch to have no connection with sthg ▸ se sentir étranger to feel like an outsider. ❖ nm, f **1.** [de nationalité différente] foreigner **2.** [inconnu] stranger **3.** [exclu] outsider. ❖ **étranger** nm ▸ à l'étranger abroad.

étrangeté [etʀɑ̃ʒte] nf strangeness.

étranglement [etʀɑ̃gləmɑ̃] nm **1.** [strangulation] strangulation **2.** [rétrécissement] constriction.

étrangler [3] [etʀɑ̃gle] vt **1.** [gén] to choke **2.** [strangulet] to strangle **3.** [réprimer] to stifle **4.** [serrer] to constrict. ❖ **s'étrangler** vp [s'étouffer] to choke.

étrave [etʀav] nf stem.

être [2] [ɛtʀ] ❖ nm **1.** BIOL & PHILO being ▸ les êtres vivants / humains living / human beings. **2.** [personne] person. ❖ v aux **1.** [pour les temps composés] to have / to be / il est parti hier he left yesterday / il est déjà arrivé he has already arrived / il est né en 1952 he was born in 1952 **2.** [pour le passif] to be / la maison a été vendue the house has been ou was sold. ❖ v att **1.** [état] to be / la maison est blanche the house is white / il est médecin he's a doctor / sois sage ! be good! **2.** [posses-

sion] : *être à qqn* to be sb's, to belong to sb / *c'est à vous, cette voiture ?* is this your car? / *cette maison est à lui /eux* this house is his/theirs, this is his/their house.
❖ v impers **1.** [exprimant le temps] : *il est dix heures dix* it's ten past ten, it's ten after ten [US] **2.** [suivi d'un adjectif] ▶ **il est...** it is... / *il est inutile que* it's useless to / *il serait bon de /que* it would be good to/if, it would be a good idea to/if. ❖ vi **1.** [exister] to be ▶ **n'être plus** *sout* [être décédé] to be no more **2.** [indique une situation, un état] to be / *il est à Paris* he's in Paris / *nous sommes au printemps /en été* it's spring/summer **3.** [indiquant une origine] : *il est de Paris* he's from Paris. ❖ **être à** v + prép **1.** [indiquant une obligation] : *c'est à vérifier* it needs to be checked ▶ **c'est à voir** that remains to be seen **2.** [indiquant une continuité] : *il est toujours à ne rien faire* he never does a thing.

étreindre [81] [etʀɛ̃dʀ] vt **1.** [embrasser] to hug, to embrace **2.** *fig* [tenailler] to grip, to clutch. ❖ **s'étreindre** vp to embrace each other.

étreinte [etʀɛ̃t] nf **1.** [enlacement] embrace **2.** [pression] stranglehold.

étrenner [4] [etʀene] vt to use for the first time.

étrennes [etʀɛn] nfpl Christmas box *sg* [UK].

étrier [etʀije] nm stirrup.

étriller [3] [etʀije] vt **1.** [cheval] to curry **2.** [personne] to wipe the floor with ; [film] to tear to pieces.

étriper [3] [etʀipe] vt **1.** [animal] to disembowel **2.** *fam* & *fig* [tuer] to murder. ❖ **s'étriper** vp *fam* to tear each other to pieces.

étriqué, e [etʀike] adj **1.** [vêtement] tight ; [appartement] cramped **2.** [esprit] narrow.

étroit, e [etʀwa, at] adj **1.** [gén] narrow **2.** [intime] close **3.** [serré] tight. ❖ **à l'étroit** loc adj ▶ **être à l'étroit** to be cramped.

étroitesse [etʀwatɛs] nf narrowness.

étude [etyd] nf **1.** [gén & ÉCON] study ▶ **à l'étude** under consideration ▶ **étude de marché** market research *(U)* **2.** [de notaire - local] office ; [- charge] practice **3.** MUS étude. ❖ **études** nfpl studies ▶ **faire des études** to study.

étudiant, e [etydjɑ̃, ɑ̃t] nm, f student.

étudié, e [etydje] adj studied.

étudier [9] [etydje] vt [apprendre - gén] to study ; [- leçon] to learn ; [- piano] to learn (to play), to study ; [- auteur, période] to study.

étui [etɥi] nm case ▶ **étui à cigarettes /lunettes** cigarette/glasses case.

étuve [etyv] nf **1.** [local] steam room ; *fig* oven **2.** [appareil] sterilizer.

étuvée [etyve] ❖ **à l'étuvée** loc adv braised.

étymologie [etimɔlɔʒi] nf etymology.

eu, e [y] pp ⟶ **avoir**.

E-U, E-U A (*abr de* États-Unis (d'Amérique)) nmpl US, USA.

eucalyptus [økaliptys] nm eucalyptus.

euh [ø] interj er.

eunuque [ønyk] nm eunuch.

euphémisme [øfemism] nm euphemism.

euphorie [øfɔʀi] nf euphoria.

euphorique [øfɔʀik] adj euphoric.

euphorisant, e [øfɔʀizɑ̃, ɑ̃t] adj exhilarating. ❖ **euphorisant** nm antidepressant.

eurent ⟶ **avoir**.

euro [øʀɔ] nm euro ▶ **zone euro** euro zone, euro area.

eurodéputé [øʀɔdepyte] nm Euro MP.

eurodevise [øʀɔdəviz] nf Eurocurrency.

Europe [øʀɔp] nf : *l'Europe* Europe.

européen, enne [øʀɔpeɛ̃, ɛn] adj European. ❖ **Européen, enne** nm, f European. ❖ **européennes** nfpl POL European elections, Euro-elections, elections for the European Parliament.

Eurostar® [øʀɔstaʀ] npr m Eurostar®.

eus, eut ⟶ **avoir**.

eût ⟶ **avoir**.

euthanasie [øtanazi] nf euthanasia.

euthanasier [9] [øtanazje] vt [animal] to put down, to put to sleep ; [personne] to practise [UK] ou practice [US] euthanasia on, to help to die.

eux [ø] pron pers **1.** [sujet] they / *ce sont eux qui me l'ont dit* they're the ones who told me **2.** [complément] them. ❖ **eux-mêmes** pron pers themselves.

évacuation [evakɥasjɔ̃] nf **1.** [gén] evacuation **2.** [de liquide] draining.

évacuer [7] [evakɥe] vt **1.** [gén] to evacuate **2.** [liquide] to drain.

évadé, e [evade] nm, f escaped prisoner.

évader [3] [evade] ❖ **s'évader** vp ▶ **s'évader (de)** to escape (from).

évaluation [evalɥasjɔ̃] nf [action] valuation ; [résultat] estimate.

évaluer [7] [evalɥe] vt [distance] to estimate ; [tableau] to value ; [risque] to assess.

évangélique [evɑ̃ʒelik] adj evangelical.

évangéliser [3] [evɑ̃ʒelize] vt to evangelize.

évangile [evɑ̃ʒil] nm gospel.

évanouir [32] [evanwiʀ] ◆ **s'évanouir** vp **1.** [défaillir] to faint **2.** [disparaître] to fade.

évanouissement [evanwismɑ̃] nm [syncope] fainting fit.

évaporer [3] [evapɔʀe] ◆ **s'évaporer** vp to evaporate.

évasé, e [evaze] adj flared.

évasif, ive [evazif, iv] adj evasive.

évasion [evazjɔ̃] nf escape.

évêché [eveʃe] nm [territoire] diocese ; [résidence] bishop's palace.

éveil [evɛj] nm awakening ▸ **en éveil** on the alert.

éveillé, e [eveje] adj **1.** [qui ne dort pas] wide awake **2.** [vif, alerte] alert.

éveiller [4] [eveje] vt to arouse ; [intelligence, dormeur] to awaken. ◆ **s'éveiller** vp **1.** [dormeur] to wake, to awaken **2.** [curiosité] to be aroused **3.** [esprit, intelligence] to be awakened **4.** [s'ouvrir] ▸ **s'éveiller à qqch** to discover sthg.

événement, évènement [evɛnmɑ̃] nm event.

événementiel, elle [evɛnmɑ̃sjɛl] adj [histoire] factual.

éventail [evɑ̃taj] nm **1.** [objet] fan ▸ **en éventail** fan-shaped **2.** [choix] range.

éventaire [evɑ̃tɛʀ] nm **1.** [étalage] stall, stand **2.** [corbeille] tray.

éventé, e [evɑ̃te] adj stale.

éventer [3] [evɑ̃te] vt **1.** [rafraîchir] to fan **2.** [divulguer] to give away. ◆ **s'éventer** vp **1.** [se rafraîchir] to fan o.s. **2.** [parfum, vin] to go stale.

éventrer [3] [evɑ̃tʀe] vt **1.** [étriper] to disembowel **2.** [fendre] to rip open.

éventualité [evɑ̃tɥalite] nf **1.** [possibilité] possibility **2.** [circonstance] eventuality ▸ **dans l'éventualité de** in the event of.

éventuel, elle [evɑ̃tɥɛl] adj possible.

éventuellement [evɑ̃tɥɛlmɑ̃] adv possibly.

évêque [evɛk] nm bishop.

évertuer [7] [evɛʀtɥe] ◆ **s'évertuer** vp ▸ **s'évertuer à faire qqch** to strive to do sthg.

évidemment [evidamɑ̃] adv obviously.

évidence [evidɑ̃s] nf [caractère] evidence ; [fait] obvious fact ▸ **mettre en évidence** to emphasize, to highlight.

évident, e [evidɑ̃, ɑ̃t] adj obvious.

évider [3] [evide] vt to hollow out.

évier [evje] nm sink.

évincer [16] [evɛ̃se] vt ▸ **évincer qqn (de)** to oust sb (from).

éviter [3] [evite] vt **1.** [esquiver] to avoid **2.** [s'abstenir] ▸ **éviter de faire qqch** to avoid doing sthg **3.** [épargner] ▸ **éviter qqch à qqn** to save sb sthg.

évocateur, trice [evɔkatœʀ, tʀis] adj [geste, regard] meaningful.

évocation [evɔkasjɔ̃] nf evocation.

évolué, e [evɔlɥe] adj **1.** [développé] developed **2.** [libéral, progressiste] broad-minded.

évoluer [7] [evɔlɥe] vi **1.** [changer] to evolve ; [personne] to change **2.** [se mouvoir] to move around.

évolution [evɔlysjɔ̃] nf **1.** [transformation] development **2.** BIOL evolution **3.** MÉD progress.

évoquer [3] [evɔke] vt **1.** [souvenir] to evoke **2.** [problème] to refer to **3.** [esprits, démons] to call up.

ex [ɛks] nmf ex.

ex- [ɛks] préf ex-.

ex. *abr écrite de* **exemple.**

exacerber [3] [ɛgzasɛʀbe] vt to exacerbate.

exact, e [ɛgzakt] adj **1.** [calcul] correct **2.** [récit, copie] exact **3.** [ponctuel] punctual.

exactement [ɛgzaktəmɑ̃] adv exactly.

exaction [ɛgzaksjɔ̃] nf extortion.

exactitude [ɛgzaktityd] nf **1.** [de calcul, montre] accuracy **2.** [ponctualité] punctuality.

ex aequo [ɛgzeko] ❖ adj inv & nmf equal. ❖ adv equal / **troisième ex aequo** third equal, tied for third.

exagération [ɛgzaʒeʀasjɔ̃] nf exaggeration.

exagéré, e [ɛgzaʒeʀe] adj exaggerated.

exagérer [18] [ɛgzaʒeʀe] vt & vi to exaggerate.

exaltant, e [ɛgzaltɑ̃, ɑ̃t] adj exhilarating.

exalté, e [ɛgzalte] ❖ adj [sentiment] elated ; [tempérament] over-excited ; [imagination] vivid. ❖ nm, f fanatic.

exalter [3] [ɛgzalte] vt to excite. ◆ **s'exalter** vp to get carried away.

examen [εgzamε̃] nm examination ; SCOL exam, examination ▸ **examen médical** medical (examination) UK, physical (examination) US ▸ **mise en examen** DR indictment.

examinateur, trice [εgzaminatœr, tris] nm, f examiner.

examiner [3] [εgzamine] vt to examine.

exaspérant, e [εgzasperã, ãt] adj exasperating.

exaspération [εgzasperasjɔ̃] nf exasperation.

exaspérer [18] [εgzaspere] vt to exasperate.

exaucer [16] [εgzose] vt to grant ▸ **exaucer qqn** to answer sb's prayers.

excédent [εksedã] nm surplus ▸ **en excédent** surplus *(avant n)*.

excéder [18] [εksede] vt **1.** [gén] to exceed **2.** [exaspérer] to exasperate.

excellence [εkselãs] nf excellence ▸ **par excellence** par excellence.

excellent, e [εkselã, ãt] adj excellent.

exceller [4] [εksele] vi ▸ **exceller en** ou **dans qqch** to excel at ou in sthg ▸ **exceller à faire qqch** to excel at doing sthg.

excentré, e [εksãtre] adj : *c'est très excentré* it's quite a long way out.

excentrique [εksãtrik] ❖ nmf eccentric. ❖ adj **1.** [gén] eccentric **2.** [quartier] outlying.

excepté, e [εksεpte] adj : *tous sont venus, lui excepté* everyone came except (for) him. ◆ **excepté** prép apart from, except.

exception [εksεpsjɔ̃] nf [hors norme] exception ▸ **à l'exception de** except for.

exceptionnel, elle [εksεpsjɔnεl] adj exceptional.

excès [εksε] ❖ nm excess ▸ **excès de zèle** overzealousness. ❖ nmpl excesses.

excessif, ive [εksesif, iv] adj **1.** [démesuré] excessive **2.** [extrême] extreme.

excision [εksizjɔ̃] nf excision.

excitant, e [εksitã, ãt] adj [stimulant, passionnant] exciting. ◆ **excitant** nm stimulant.

excitation [εksitasjɔ̃] nf **1.** [énervement] excitement **2.** [stimulation] encouragement **3.** MÉD stimulation.

excité, e [εksite] ❖ adj [énervé] excited. ❖ nm, f hothead.

exciter [3] [εksite] vt **1.** [gén] to excite **2.** [inciter] ▸ **exciter qqn (à qqch / à faire qqch)** to incite sb (to sthg / to do sthg) **3.** MÉD to stimulate.

exclamation [εksklamasjɔ̃] nf exclamation.

exclamer [3] [εksklame] ◆ **s'exclamer** vp ▸ **s'exclamer (devant)** to exclaim (at ou over).

exclu, e [εkskly] ❖ pp ⟶ **exclure**. ❖ adj excluded. ❖ nm, f outsider.

exclure [96] [εksklyr] vt to exclude ; [expulser] to expel.

exclusion [εksklyzjɔ̃] nf expulsion ▸ **à l'exclusion de** to the exclusion of.

exclusivement [εksklyzivmã] adv **1.** [uniquement] exclusively **2.** [non inclus] exclusive.

exclusivité [εksklyzivite] nf **1.** CINÉ sole screening rights *pl* ▸ **en exclusivité** exclusively **2.** [de sentiment] exclusiveness.

excommunier [9] [εkskomynje] vt to excommunicate.

excrément [εkskremã] nm *(gén pl)* excrement *(U)*.

excroissance [εkskrwasãs] nf excrescence.

excursion [εkskyrsjɔ̃] nf excursion.

excursionniste [εkskyrsjɔnist] nmf daytripper.

excusable [εkskyzabl] adj excusable.

excuse [εkskyz] nf excuse ▸ **présenter ses excuses à qqn** to apologize to sb.

excuser [3] [εkskyze] vt to excuse ▸ **excusez-moi a)** [pour réparer] I'm sorry **b)** [pour demander] excuse me. ◆ **s'excuser** vp [demander pardon] to apologize ▸ **s'excuser de qqch / de faire qqch** to apologize for sthg / for doing sthg.

exécrable [εgzekrabl] adj atrocious.

exécrer [18] [εgzekre] vt to loathe.

exécutable [εgzekytabl] ❖ adj **1.** possible, feasible / *ce n'est pas exécutable en trois jours* it can't possibly be done in three days **2.** INFORM executable. ❖ nm executable.

exécutant, e [εgzekytã, ãt] nm, f **1.** [personne] underling **2.** MUS performer.

exécuter [3] [εgzekyte] vt **1.** [réaliser] to carry out ; [tableau] to paint **2.** MUS to play, to perform **3.** [mettre à mort] to execute. ◆ **s'exécuter** vp to comply.

exécutif, ive [εgzekytif, iv] adj executive. ◆ **exécutif** nm ▸ **l'exécutif** the executive.

exécution [εgzekysjɔ̃] nf **1.** [réalisation] carrying out ; [de tableau] painting **2.** MUS performance **3.** [mise à mort] execution.

exemplaire [ɛgzãplɛʀ] ❖ adj exemplary. ❖ nm copy.

exemple [ɛgzãpl] nm example ▸ **par exemple** for example, for instance.

exempté, e [ɛgzãte] adj ▸ **exempté (de)** exempt (from).

exempter [3] [ɛgzãte] vt : *exempter qqn de qqch* : *il a été exempté du service militaire* he has been exempted from doing military service / *exempter qqn d'impôts* to exempt sb from tax.

exercer [16] [ɛgzɛʀse] vt **1.** [entraîner, mettre en usage] to exercise ; [autorité, influence] to exert **2.** [métier] to carry on ; [médecine] to practise UK, to practice US. ❖ **s'exercer** vp **1.** [s'entraîner] to practise UK, to practice US ▸ **s'exercer à qqch / à faire qqch** to practise UK ou to practice US sthg/doing sthg **2.** [se manifester] ▸ **s'exercer (sur ou contre)** to be exerted (on).

exercice [ɛgzɛʀsis] nm **1.** [gén] exercise **2.** [entraînement] practice **3.** [de métier, fonction] carrying out ▸ **en exercice** in office.

exergue [ɛgzɛʀg] nm inscription ▸ **mettre qqch en exergue** to emphasize sthg.

exfoliant, e [ɛksfɔljã, ãt] adj exfoliating *(avant n)*. ❖ **exfoliant** nm exfoliant.

exhaler [3] [ɛgzale] vt **1.** [odeur] to give off **2.** *sout* [plainte, soupir] to utter. ❖ **s'exhaler** vp **1.** [odeur] to rise **2.** *sout* [plainte, soupir] ▸ **s'exhaler de** to rise from.

exhaustif, ive [ɛgzostif, iv] adj exhaustive.

exhiber [3] [ɛgzibe] vt [présenter] to show ; [faire étalage de] to show off. ❖ **s'exhiber** vp to make an exhibition of o.s.

exhibitionniste [ɛgzibisjɔnist] nmf exhibitionist.

exhorter [3] [ɛgzɔʀte] vt ▸ **exhorter qqn à qqch / à faire qqch** to urge sb to sthg/to do sthg.

exhumer [3] [ɛgzyme] vt to exhume ; *fig* to unearth, to dig up.

exigeant, e [ɛgziʒã, ãt] adj demanding.

exigence [ɛgziʒãs] nf [demande] demand.

exiger [17] [ɛgziʒe] vt **1.** [demander] to demand ▸ **exiger que** (+ *subjonctif*) to demand that ▸ **exiger qqch de qqn** to demand sthg from sb **2.** [nécessiter] to require.

exigible [ɛgziʒibl] adj payable.

exigu, uë [ɛgzigy] adj cramped.

exil [ɛgzil] nm exile ▸ **en exil** exiled.

exilé, e [ɛgzile] nm, f exile.

exiler [3] [ɛgzile] vt to exile. ❖ **s'exiler** vp **1.** POL to go into exile **2.** *fig* [partir] to go into seclusion.

existence [ɛgzistãs] nf existence.

exister [3] [ɛgziste] ❖ vi to exist. ❖ v impers ▸ **il existe** [il y a] there is/are.

exode [ɛgzɔd] nm exodus.

exonération [ɛgzɔneʀasjõ] nf exemption ▸ **exonération d'impôts** tax exemption.

exonérer [18] [ɛgzɔneʀe] vt ▸ **exonérer qqn de qqch** to exempt sb from sthg.

exorbitant, e [ɛgzɔʀbitã, ãt] adj exorbitant.

exorbité, e [ɛgzɔʀbite] ⟶ **œil**.

exorciser [3] [ɛgzɔʀsize] vt to exorcize.

exotique [ɛgzɔtik] adj exotic.

exotisme [ɛgzɔtism] nm exoticism.

expansif, ive [ɛkspãsif, iv] adj expansive.

expansion [ɛkspãsjõ] nf expansion.

expansionniste [ɛkspãsjɔnist] nmf & adj expansionist.

expatrié, e [ɛkspatʀije] adj & nm, f expatriate.

expatrier [10] [ɛkspatʀije] vt to expatriate. ❖ **s'expatrier** vp to leave one's country.

expectorant, e [ɛkspɛktɔʀã, ãt] adj expectorant. ❖ **expectorant** nm expectorant.

expédier [9] [ɛkspedje] vt **1.** [lettre, marchandise] to send, to dispatch **2.** [personne] to get rid of ; [question] to dispose of **3.** [travail] to dash off.

expéditeur, trice [ɛkspeditœʀ, tʀis] nm, f sender.

expéditif, ive [ɛkspeditif, iv] adj quick, expeditious.

expédition [ɛkspedisjõ] nf **1.** [envoi] sending **2.** [voyage, campagne militaire] expedition.

expérience [ɛkspeʀjãs] nf **1.** [pratique] experience ▸ **avoir de l'expérience** to have experience, to be experienced **2.** [essai] experiment.

expérimental, e, aux [ɛkspeʀimãtal, o] adj experimental.

expérimenté, e [ɛkspeʀimãte] adj experienced.

expérimenter [3] [ɛkspeʀimãte] vt to test.

expert, e [ɛkspɛʀ, ɛʀt] ❖ adj expert. ❖ nm, f expert.

expert-comptable, experte-comptable [ɛkspɛʀkɔ̃tabl] nm, f chartered accountant **UK**, certified public accountant **US**.

expertise [ɛkspɛʀtiz] nf 1. [examen] expert appraisal ; [estimation] (expert) valuation 2. [compétence] expertise.

expertiser [3] [ɛkspɛʀtize] vt to value ; [dégâts] to assess.

expiation [ɛkspjasjɔ̃] nf atonement.

expier [9] [ɛkspje] vt to pay for.

expiration [ɛkspiʀasjɔ̃] nf 1. [d'air] exhalation 2. [de contrat] expiry **UK**, expiration **US** ▸ arriver à expiration to expire ▸ date d'expiration expiry **UK** ou expiration **US** date.

expirer [3] [ɛkspiʀe] ❖ vt to breathe out. ❖ vi [contrat] to expire.

explicatif, ive [ɛksplikatif, iv] adj explanatory.

explication [ɛksplikasjɔ̃] nf explanation ▸ explication de texte (literary) criticism.

explicite [ɛksplisit] adj explicit.

expliciter [3] [ɛksplisite] vt to make explicit.

expliquer [3] [ɛksplike] vt 1. [gén] to explain 2. [texte] to criticize. ❖ s'expliquer vp 1. [se justifier] to explain o.s. 2. [comprendre] to understand 3. [discuter] to have it out 4. [devenir compréhensible] to be explained.

exploit [ɛksplwa] nm exploit, feat ; iron [maladresse] achievement.

exploitant, e [ɛksplwatɑ̃, ɑ̃t] nm, f farmer.

exploitation [ɛksplwatasjɔ̃] nf 1. [mise en valeur] running ; [de mine] working 2. [entreprise] operation, concern ▸ exploitation agricole farm 3. [d'une personne] exploitation.

exploiter [3] [ɛksplwate] vt 1. [gén] to exploit 2. [entreprise] to operate, to run.

explorateur, trice [ɛksplɔʀatœʀ, tʀis] nm, f explorer.

exploration [ɛksplɔʀasjɔ̃] nf exploration.

explorer [3] [ɛksplɔʀe] vt to explore.

exploser [3] [ɛksploze] vi to explode.

explosif, ive [ɛksplozif, iv] adj explosive. ❖ explosif nm explosive.

explosion [ɛksplozjɔ̃] nf explosion ; [de colère, joie] outburst.

expo [ɛkspo] nf fam exhibition.

exponentiel, elle [ɛkspɔnɑ̃sjɛl] adj exponential.

exportateur, trice [ɛkspɔʀtatœʀ, tʀis] ❖ adj exporting. ❖ nm, f exporter.

exportation [ɛkspɔʀtasjɔ̃] nf export.

exporter [3] [ɛkspɔʀte] vt to export.

exposant, e [ɛkspozɑ̃, ɑ̃t] nm, f exhibitor. ❖ exposant nm exponent.

exposé, e [ɛkspoze] adj 1. [orienté] ▸ bien exposé facing the sun 2. [vulnérable] exposed. ❖ exposé nm account ; SCOL talk.

exposer [3] [ɛkspoze] vt 1. [orienter, mettre en danger] to expose 2. [présenter] to display ; [tableaux] to show, to exhibit 3. [expliquer] to explain, to set out. ❖ s'exposer vp ▸ s'exposer à qqch to expose o.s. to sthg.

exposition [ɛkspozisjɔ̃] nf 1. [présentation] exhibition 2. [orientation] aspect.

exposition-vente [ɛkspozisjɔ̃vɑ̃t] (pl expositions-ventes) nf exhibition (where purchases can be made).

exprès¹, esse [ɛkspʀɛs] adj [formel] formal, express. ❖ exprès adj inv [urgent] express.

exprès² [ɛkspʀɛ] adv on purpose ▸ faire exprès de faire qqch to do sthg deliberately ou on purpose.

express [ɛkspʀɛs] ❖ nm inv 1. [train] express 2. [café] espresso. ❖ adj inv express.

expressément [ɛkspʀɛsemɑ̃] adv expressly.

expressif, ive [ɛkspʀesif, iv] adj expressive.

expression [ɛkspʀɛsjɔ̃] nf expression.

expresso [ɛkspʀeso] nm espresso ; = express.

exprimer [3] [ɛkspʀime] vt [pensées, sentiments] to express. ❖ s'exprimer vp to express o.s.

expropriation [ɛkspʀɔpʀijasjɔ̃] nf expropriation.

exproprier [10] [ɛkspʀɔpʀije] vt to expropriate.

expulser [3] [ɛkspylse] vt ▸ expulser (de) a) to expel (from) b) [locataire] to evict (from) ▸ se faire expulser to be thrown out.

expulsion [ɛkspylsjɔ̃] nf expulsion ; [de locataire] eviction.

expurger [17] [ɛkspyʀʒe] vt to expurgate.

exquis, e [ɛkski, iz] adj 1. [délicieux] exquisite 2. [distingué, agréable] delightful.

exsangue [ɛksɑ̃g] adj [blême] deathly pale.

extase [ɛkstaz] nf ecstasy.

extasier [9] [ɛkstazje] ◆ **s'extasier** vp ▶ **s'extasier devant** to go into ecstasies over.

extensible [ɛkstɑ̃sibl] adj stretchable.

extension [ɛkstɑ̃sjɔ̃] nf **1.** [étirement] stretching **2.** [élargissement] extension ▶ **par extension** by extension.

exténuant, e [ɛkstenɥɑ̃, ɑ̃t] adj exhausting.

exténuer [7] [ɛkstenɥe] vt to exhaust.

extérieur, e [ɛksterjœr] adj **1.** [au dehors] outside ; [étranger] external ; [apparent] outward **2.** ÉCON & POL foreign. ◆ **extérieur** nm [dehors] outside ; [de maison] exterior ▶ **à l'extérieur de qqch** outside sthg.

extérieurement [ɛksterjœrmɑ̃] adv **1.** [à l'extérieur] on the outside, externally **2.** [en apparence] outwardly.

extérioriser [3] [ɛksterjɔrize] vt to show.

extermination [ɛksterminasjɔ̃] nf extermination.

exterminer [3] [ɛkstermine] vt to exterminate.

externaliser [3] [ɛksternalize] vt to outsource.

externat [ɛksterna] nm **1.** SCOL day school **2.** MÉD non-resident medical studentship.

externe [ɛkstern] ◆ nmf **1.** SCOL day pupil **2.** MÉD non-resident medical student ; ≃ extern 🇺🇸. ◆ adj outer, external.

extincteur [ɛkstɛ̃ktœr] nm (fire) extinguisher.

extinction [ɛkstɛ̃ksjɔ̃] nf **1.** [action d'éteindre] putting out, extinguishing **2.** fig [disparition] extinction ▶ **extinction de voix** loss of one's voice.

extirper [3] [ɛkstirpe] vt ▶ **extirper (de)** **a)** [épine, racine] to pull out (of) **b)** [plante] to uproot (from) **c)** [réponse, secret] to drag (out of) **d)** [erreur, préjugé] to root out (of).

extorquer [3] [ɛkstɔrke] vt ▶ **extorquer qqch à qqn** to extort sthg from sb.

extorsion [ɛkstɔrsjɔ̃] nf extortion ▶ **extorsion de fonds** extortion of money.

extra [ɛkstra] ◆ nm inv **1.** [employé] extra help (U) **2.** [chose inhabituelle] (special) treat.

◆ adj inv **1.** [de qualité] top-quality **2.** fam [génial] great, fantastic.

extraction [ɛkstraksjɔ̃] nf extraction.

extrader [3] [ɛkstrade] vt to extradite.

extradition [ɛkstradisjɔ̃] nf extradition.

extrafin, e [ɛkstrafɛ̃, in] adj [haricots] extra(-)fine ; [collants] sheer ; [chocolats] superfine.

extraire [112] [ɛkstrɛr] vt [ôter] to extract, to remove, to pull out.

extrait, e [ɛkstrɛ, ɛt] pp ⟶ **extraire.** ◆ **extrait** nm extract ▶ **extrait de naissance** birth certificate.

extralucide [ɛkstralysid] ⟶ **voyant.**

extraordinaire [ɛkstraɔrdinɛr] adj extraordinary.

extrapoler [3] [ɛkstrapɔle] vt & vi to extrapolate.

extraterrestre [ɛkstraterɛstr] nmf & adj extraterrestrial.

extravagance [ɛkstravagɑ̃s] nf extravagance.

extravagant, e [ɛkstravagɑ̃, ɑ̃t] adj extravagant ; [idée, propos] wild.

extraverti, e [ɛkstravɛrti] nm, f & adj extrovert.

extrême [ɛkstrɛm] ◆ nm extreme ▶ **d'un extrême à l'autre** from one extreme to the other. ◆ adj extreme ; [limite] furthest ▶ **les sports extrêmes** extreme sports.

extrêmement [ɛkstrɛmmɑ̃] adv extremely.

extrême-onction [ɛkstrɛmɔ̃ksjɔ̃] nf last rites pl, extreme unction.

Extrême-Orient [ɛkstrɛmɔrjɑ̃] nm : l'Extrême-Orient the Far East.

extrémiste [ɛkstremist] nmf & adj extremist.

extrémité [ɛkstremite] nf **1.** [bout] end **2.** [situation critique] straits pl.

exubérant, e [ɛgzyberɑ̃, ɑ̃t] adj **1.** [personne] exuberant **2.** [végétation] luxuriant.

exulter [3] [ɛgzylte] vi to exult.

eye-liner [ajlajnɛr] (pl eye-liners) nm eye-liner.

f, F [ɛf] nm inv f, F ▸ **F3** three-room flat UK ou apartment US. ◆ **F 1.** (*abr écrite de* **Fahrenheit**) **F 2.** (*abr écrite de* **franc**) F, Fr.

fa [fa] nm inv F ; [chanté] fa, fah UK.

fable [fabl] nf fable.

fabricant, e [fabrikɑ̃, ɑ̃t] nm, f manufacturer.

fabrication [fabrikasjɔ̃] nf manufacture, manufacturing.

fabrique [fabrik] nf [usine] factory.

fabriquer [3] [fabrike] vt **1.** [confectionner] to manufacture, to make **2.** *fam* [faire] : *qu'est-ce que tu fabriques ?* what are you up to? **3.** [inventer] to fabricate.

fabulation [fabylasjɔ̃] nf fabrication.

fabuleux, euse [fabylø, øz] adj fabulous.

fac [fak] nf *fam* college, uni UK.

façade [fasad] nf *pr* & *fig* facade.

face [fas] nf **1.** [visage] face **2.** [côté] side ▸ **faire face à qqch a)** [maison] to face sthg, to be opposite sthg **b)** *fig* [affronter] to face up to sthg ▸ **de face** from the front ▸ **en face de qqn / qqch** opposite sb/sthg / *sa maison est en face de l'église* his house is opposite ou faces the church ▸ **d'en face** across the street, opposite ▸ **face à face** face to face ▸ **regarder qqch en face** *fig* to face up to sthg.

face-à-face [fasafas] nm inv debate.

facétie [fasesi] nf practical joke.

facette [faset] nf *pr* & *fig* facet.

fâché, e [faʃe] adj **1.** [en colère] angry ; [contrarié] annoyed **2.** [brouillé] on bad terms.

fâcher [3] [faʃe] vt [mettre en colère] to anger, to make angry ; [contrarier] to annoy, to make annoyed. ◆ **se fâcher** vp **1.** [se mettre en colère] ▸ **se fâcher (contre qqn)** to get angry (with sb) **2.** [se brouiller] ▸ **se fâcher (avec qqn)** to fall out (with sb).

fâcheux, euse [faʃø, øz] adj unfortunate.

facial, e, aux [fasjal, o] adj facial.

facile [fasil] adj **1.** [aisé] easy ▸ **facile à faire / prononcer** easy to do/pronounce **2.** [peu subtil] facile **3.** [conciliant] easy-going.

facilement [fasilmɑ̃] adv easily.

facilité [fasilite] nf **1.** [de tâche, problème] easiness **2.** [capacité] ease **3.** [dispositions] aptitude **4.** COMM ▸ **facilités de paiement** easy (payment) terms.

faciliter [3] [fasilite] vt to make easier.

façon [fasɔ̃] nf **1.** [manière] way **2.** [travail] work ; COUT making-up **3.** [imitation] : *façon cuir* imitation leather. ◆ **de façon à** loc prép so as to. ◆ **de façon que** loc conj (+ *subjonctif*) so that. ◆ **de toute façon** loc adv anyway, in any case.

façonner [3] [fasɔne] vt **1.** [travailler, former] to shape **2.** [fabriquer] to manufacture, to make.

fac-similé [faksimile] (*pl* **fac-similés**) nm facsimile.

facteur, trice [faktœr, tris] nm, f [des postes] postman (postwoman) UK, mailman US, mail ou letter carrier US. ◆ **facteur** nm [élément & MATH] factor.

factice [faktis] adj artificial.

faction [faksjɔ̃] nf **1.** [groupe] faction **2.** MIL ▸ **être en** ou **de faction** to be on guard (duty) ou on sentry duty.

facturation [faktyrasjɔ̃] nf [action] invoicing.

facture [faktyr] nf **1.** COMM invoice ; [de gaz, d'électricité] bill **2.** ART technique.

facturer [3] [faktyre] vt COMM to invoice.

facturette [faktyrɛt] nf (credit card sales) receipt, record of charge form.

facultatif, ive [fakyltatif, iv] adj optional.

faculté [fakylte] nf **1.** [don & UNIV] faculty ▸ **faculté de lettres / de droit / de médecine** Faculty of Arts/Law/Medicine **2.** [possibilité] freedom **3.** [pouvoir] power. ◆ **facultés** nfpl (mental) faculties.

fadaises [fadez] nfpl drivel (U).

fade [fad] adj **1.** [sans saveur] bland **2.** [sans intérêt] insipid.

fader [3] [fade] ◆ **se fader** vp *fam* to get stuck with, to get lumbered with / *on s'est fadé trois heures de queue* we got lumbered with a three hour-long queue.

fagot [fago] nm bundle of sticks.

fagoté, e [fagɔte] adj *fam* dressed.

faible [fɛbl] ❖ adj **1.** [gén] weak / *être faible en maths* to be not very good at maths UK ou math US **2.** [petit - montant, proportion] small ; [- revenu] low **3.** [lueur, bruit] faint. ❖ nmf weak person ▸ **faible d'esprit** feeble-minded person. ❖ nm weakness.

faiblement [fɛbləmɑ̃] adv **1.** [mollement] weakly, feebly **2.** [imperceptiblement] faintly **3.** [peu] slightly.

faiblesse [fɛblɛs] nf **1.** [gén] weakness **2.** [petitesse] smallness.

faiblir [32] [feblir] vi **1.** [personne, monnaie] to weaken **2.** [forces] to diminish, to fail **3.** [tempête, vent] to die down.

faïence [fajɑ̃s] nf earthenware.

faignant, e = fainéant.

faille¹ [faj] ⟶ falloir.

faille² [faj] nf **1.** GÉOL fault **2.** [défaut] flaw.

faillible [fajibl] adj fallible.

faillir [46] [fajir] vi **1.** [manquer] ▸ **faillir à a)** [promesse] not to keep **b)** [devoir] not to do **2.** [être sur le point de] ▸ **faillir faire qqch** to nearly ou almost do sthg.

faillite [fajit] nf FIN bankruptcy ▸ **faire faillite** to go bankrupt ▸ **en faillite** bankrupt.

faim [fɛ̃] nf hunger ▸ **avoir faim** to be hungry.

fainéant, e [feneɑ̃, ɑ̃t], **feignant, e** [fɛɲɑ̃, ɑ̃t] *fam*, **faignant, e** [fɛɲɑ̃, ɑ̃t] *fam* ❖ adj lazy, idle. ❖ nm, f lazybones.

faire [109] [fɛʀ] ❖ vt **1.** [fabriquer, préparer] to make / *faire une tarte / du café / un film* to make a tart / coffee / a film ▸ **faire qqch de qqch** [transformer] to make sthg into sthg ▸ **faire qqch de qqn** *fig* to make sthg of sb / *il veut en faire un avocat* he wants him to be a lawyer, he wants to make a lawyer of him **2.** [s'occuper à, entreprendre] to do / *qu'est-ce qu'il fait dans la vie ?* what does he do (for a living)? / *que fais-tu dimanche ?* what are you doing on Sunday? **3.** [étudier] to do / *faire de l'anglais / des maths / du droit* to do English / maths UK ou math US / law **4.** [sport, musique] to play / *faire du football / de la clarinette* to play football / the clarinet **5.** [effectuer] to do / *faire la lessive* to do the washing **6.** [occasionner] ▸ **ça ne fait rien** it doesn't matter **7.** [imiter] : *faire le sourd / l'innocent* to act deaf / (the) innocent **8.** [calcul, mesure] : *un et un font deux* one and one are ou make two / *ça fait combien (de kilomètres) jusqu'à la mer ?* how far is it to the sea? / *la table fait 2 mètres de long* the table is 2 metres UK ou meters US

long / *faire du 38* to take a size 38 **9.** [en tant que verbe substitutif] to do / *je lui ai dit de prendre une échelle mais il ne l'a pas fait* I told him to use a ladder but he didn't / *faites !* please do! **10.** [coûter] to be, to cost / *ça vous fait 10 euros en tout* that'll be 10 euros altogether **11.** [dire] : « *tiens* », *fit-elle* "really", she said **12.** ▸ **ne faire que** [faire sans cesse] to do nothing but / *elle ne fait que bavarder* she does nothing but gossip, she's always gossiping / *je ne fais que passer* I've just popped in.
❖ vi [agir] to do, to act / *que faire ?* what is to be done? / *tu ferais bien d'aller voir ce qui se passe* you ought to ou you'd better go and see what's happening ▸ **faire comme chez soi** to make o.s. at home. ❖ v att [avoir l'air] to look / *faire démodé / joli* to look old-fashioned / pretty / *ça fait jeune* it makes you look young. ❖ v impers **1.** [climat, temps] : *il fait beau / froid* it's fine / cold / *il fait 20 degrés* it's 20 degrees / *il fait jour / nuit* it's light / dark **2.** [exprime la durée, la distance] : *ça fait six mois que je ne l'ai pas vu* it's six months since I last saw him / *ça fait deux mois que je fais du portugais* I've been going to Portuguese classes for two months / *ça fait 30 kilomètres qu'on roule sans phares* we've been driving without lights for 30 kilometres UK ou kilometers US.
❖ v aux **1.** [à l'actif] to make / *l'aspirine fait baisser la fièvre* aspirin brings down the temperature / *faire démarrer une voiture* to start a car / *faire travailler qqn* to make sb work / *faire traverser la rue à un aveugle* to help a blind man cross the road **2.** [au passif] : *faire faire qqch (par qqn)* to have sthg done (by sb) / *faire réparer sa voiture / nettoyer ses vitres* to have one's car repaired / one's windows cleaned. ❖ **faire dans** v + prép *fam* : *il ne fait pas dans le détail* he doesn't bother about details / *son entreprise fait maintenant dans les produits de luxe* her company now produces luxury items / *il fait dans le genre comique* he makes light of everything / *il fait dans le genre tragique* he makes everything sound so serious.
❖ **se faire** vp **1.** [avoir lieu] to take place **2.** [être convenable] ▸ **ça ne se fait pas (de faire qqch)** it's not done (to do sthg) **3.** [devenir] ▸ **se faire** (+ adj) to get, to become / *il se fait tard* it's getting late / *se faire beau* to make o.s. beautiful **4.** (+ n) [causer] ▸ **se faire des amis** to make friends ▸ **se faire une idée sur qqch** to get some idea about sthg **5.** (+ infinitif) : *se faire écraser* to get run over / *se faire opérer* to have an operation / *se faire aider (par qqn)* to get help (from sb) ▸ **se faire faire qqch** to have sthg made / *se faire faire un costume* to have a

faire-part 186

suit made (for o.s.) **6.** EXPR comment se fait-il que… ? how is it that…?, how come…? ▸ **s'en faire** to worry ▸ *ne vous en faites pas !* don't worry! ◆ **se faire à** vp + prép to get used to.

faire-part [fɛʀpaʀ] nm inv announcement.

fair-play [fɛʀplɛ] adj inv sporting ▸ **se montrer fair-play** to be sporting.

fais, fait ⟶ **faire**.

faisabilité [fəzabilite] nf feasibility.

faisable [fəzabl] adj feasible.

faisan, e [fəzã, an] nm, f pheasant.

faisandé, e [fəzãde] adj CULIN high.

faisceau, x [fɛso] nm [rayon] beam.

faisons ⟶ **faire**.

faisselle [fɛsɛl] nf **1.** [récipient] cheese basket **2.** [fromage] fromage frais *(packaged in its own draining basket)*.

fait, e [fɛ, fɛt] ◆ pp ⟶ **faire**. ◆ adj **1.** [fabriqué] made ▸ *il n'est pas fait pour mener cette vie* he's not cut out for this kind of life **2.** [physique] ▸ **bien fait** well-built **3.** [fromage] ripe **4.** EXPR **c'est bien fait pour lui** (it) serves him right ▸ **c'en est fait de nous** we're done for. ◆ **fait** nm **1.** [acte] act ▸ **mettre qqn devant le fait accompli** to present sb with a fait accompli ▸ **prendre qqn sur le fait** to catch sb in the act ▸ **faits et gestes** doings, actions **2.** [événement] event **3.** [réalité] fact. ◆ **au fait** loc adv by the way. ◆ **de fait, en fait** loc adv in fact, actually, as a matter of fact ▸ *en fait, il n'est pas mon père* actually ou in fact he isn't my father. ◆ **en fait de** loc prép by way of. ◆ **du fait de** loc prép because of.

fait divers *(pl faits divers)*, **fait-divers** *(pl faits-divers)* [fɛdivɛʀ] nm **1.** [événement] news story, news item **2.** [rubrique] (news) in brief ; [page] news in brief.

faite [fɛt] nm **1.** [de toit] ridge **2.** [d'arbre] top **3.** *fig* [sommet] pinnacle.

faites ⟶ **faire**.

fait-tout *(pl inv)*, **faitout** *(pl faitouts)* [fɛtu] nm stewpan.

fakir [fakiʀ] nm fakir.

falafel [falafɛl] nm CULIN falafel.

falaise [falɛz] nf cliff.

fallacieux, euse [falasjø, øz] adj **1.** [promesse] false **2.** [argument] fallacious.

falloir [69] [falwaʀ] v impers : *il me faut du temps* I need (some) time ▸ *il faut que tu partes* you must ou leave, you'll have to go ou leave

/ *il faut toujours qu'elle intervienne !* she always has to interfere ! / *il faut faire attention* we/you etc. must be careful, we'll/you'll etc. have to be careful ▸ **s'il le faut** if necessary. ◆ **s'en falloir** v impers : *il s'en faut de peu qu'il puisse acheter cette maison* he can almost afford to buy the house / *il s'en faut de 20 cm que l'armoire tienne dans le coin* the cupboard is 20 cm too big to fit into the corner / *il s'en faut de beaucoup qu'il ait l'examen* it'll take a lot for him to pass the exam / *peu s'en est fallu qu'il ne démissionne* he very nearly resigned, he came close to resigning.

fallu [faly] pp inv ⟶ **falloir**.

falot, e [falo, ɔt] adj dull.

falsifier [9] [falsifje] vt [document, signature, faits] to falsify.

famé, e [fame] adj ▸ **mal famé** ou **malfamé** with a (bad) reputation.

famélique [famelik] adj half-starved.

fameux, euse [famø, øz] adj **1.** [célèbre] famous **2.** *fam* [remarquable] great.

familial, e, aux [familjal, o] adj family *(avant n)*.

familiariser [3] [familjaʀize] vt ▸ **familiariser qqn avec** to familiarize sb with.

familiarité [familjaʀite] nf familiarity. ◆ **familiarités** nfpl liberties.

familier, ère [familje, ɛʀ] adj [connu] familiar. ◆ **familier** nm regular (customer).

famille [famij] nf family ; [ensemble des parents] relatives, relations ▸ **famille d'accueil a)** [lors d'un séjour linguistique] host family **b)** [pour enfant en difficulté] foster home ▸ **famille monoparentale** single-parent ou lone-parent ou one-parent UK family ▸ **famille recomposée** blended family.

famine [famin] nf famine.

fan [fan] nmf *fam* fan.

fanal, aux [fanal, o] nm **1.** [de phare] beacon **2.** [lanterne] lantern.

fanatique [fanatik] ◆ nmf fanatic. ◆ adj fanatical.

fanatisme [fanatism] nm fanaticism.

fan-club [fanklœb] *(pl fans-clubs)* nm **1.** [d'un artiste] fan club **2.** *hum* admirers, supporters, fan club *fig*.

faner [3] [fane] ◆ vt [altérer] to fade. ◆ vi **1.** [fleur] to wither **2.** [beauté, couleur] to fade. ◆ **se faner** vp **1.** [fleur] to wither **2.** [beauté, couleur] to fade.

fanfare [fɑ̃faʀ] nf **1.** [orchestre] brass band **2.** [musique] fanfare.

fanfaron, onne [fɑ̃faʀɔ̃, ɔn] ❖ adj boastful. ❖ nm, f braggart.

fange [fɑ̃ʒ] nf litt mire.

fanion [fanjɔ̃] nm pennant.

fantaisie [fɑ̃tezi] ❖ nf **1.** [caprice] whim **2.** [goût] fancy **3.** [imagination] imagination. ❖ adj inv : *chapeau fantaisie* fancy hat / *bijoux fantaisie* fake/costume jewellery UK ou jewelry US.

fantaisiste [fɑ̃tezist] ❖ nmf entertainer. ❖ adj [bizarre] fanciful.

fantasme [fɑ̃tasm] nm fantasy.

fantasmer [3] [fɑ̃tasme] vi to fantasize.

fantasque [fɑ̃task] adj **1.** [personne] whimsical **2.** [humeur] capricious.

fantassin [fɑ̃tasɛ̃] nm infantryman.

fantastique [fɑ̃tastik] ❖ adj fantastic. ❖ nm ▸ **le fantastique** the fantastic.

fantoche [fɑ̃tɔʃ] ❖ adj puppet (avant n). ❖ nm puppet.

fantôme [fɑ̃tom] ❖ nm ghost. ❖ adj [inexistant] phantom.

faon [fɑ̃] nm fawn.

faramineux, euse [faʀaminø, øz] adj fam **1.** [prix] astronomical **2.** [génial] fantastic.

farandole [faʀɑ̃dɔl] nf farandole.

farce [faʀs] nf **1.** CULIN stuffing **2.** [blague] (practical) joke ▸ **farces et attrapes** jokes and novelties.

farceur, euse [faʀsœʀ, øz] nm, f (practical) joker.

farci, e [faʀsi] adj **1.** CULIN stuffed **2.** fig [plein] stuffed, crammed.

farcir [32] [faʀsiʀ] vt **1.** CULIN to stuff **2.** [remplir] ▸ **farcir qqch de** to stuff ou cram sthg with.

fard [faʀ] nm make-up.

fardeau, x [faʀdo] nm [poids] load ; fig burden.

farder [3] [faʀde] vt [maquiller] to make up. ❖ **se farder** vp to make o.s. up, to put on one's make-up.

farfelu, e [faʀfəly] fam ❖ adj weird. ❖ nm, f weirdo.

farfouiller [3] [faʀfuje] vi fam to rummage.

farine [faʀin] nf flour / *farine animale* animal flour.

farniente [faʀnjɛnte] nm idleness.

farouche [faʀuʃ] adj **1.** [animal] wild, not tame ; [personne] shy, withdrawn **2.** [sentiment] fierce.

fart [faʀ(t)] nm (ski) wax.

fascicule [fasikyl] nm **1.** part, instalment UK, installment US **2.** [livret] booklet.

fascinant, e [fasinɑ̃, ɑ̃t] adj **1.** [regard] alluring, captivating **2.** [personne, histoire] fascinating.

fascination [fasinasjɔ̃] nf fascination.

fasciner [3] [fasine] vt to fascinate.

fascisme [faʃism] nm fascism.

fashionista [faʃjɔnista] nmf (parfois péj) fashionista.

fasse, fassions ⟶ **faire**.

faste [fast] ❖ nm splendour UK, splendor US. ❖ adj [favorable] lucky.

fastidieux, euse [fastidjø, øz] adj boring.

fastueux, euse [fastɥø, øz] adj luxurious.

fatal, e [fatal] adj **1.** [mortel, funeste] fatal **2.** [inévitable] inevitable.

fataliste [fatalist] adj fatalistic.

fatalité [fatalite] nf **1.** [destin] fate **2.** [inéluctabilité] inevitability.

fatidique [fatidik] adj fateful.

fatigant, e [fatigɑ̃, ɑ̃t] adj **1.** [épuisant] tiring **2.** [ennuyeux] tiresome.

fatiguant [fatigɑ̃] ⟶ **fatiguer**.

fatigue [fatig] nf tiredness.

fatigué, e [fatige] adj tired ; [cœur, yeux] strained.

fatiguer [3] [fatige] ❖ vt **1.** [épuiser] to tire **2.** [cœur, yeux] to strain **3.** [ennuyer] to wear out. ❖ vi **1.** fam [personne] to grow tired **2.** [moteur] to strain. ❖ **se fatiguer** vp to get tired ▸ **se fatiguer de qqch** to get tired of sthg ▸ **se fatiguer à faire qqch** to wear o.s. out doing sthg.

fatras [fatʀa] nm jumble.

faubourg [fobuʀ] nm suburb.

fauché, e [foʃe] adj fam broke, hard-up.

faucher [3] [foʃe] vt **1.** [herbe, blé] to cut **2.** fam [voler] ▸ **faucher qqch à qqn** to steal ou pinch UK sthg from sb **3.** [piéton] to run over **4.** fig [suj : mort, maladie] to cut down.

faucille [fosij] nf sickle.

faucon [fokɔ̃] nm hawk.

faudra ⟶ **falloir**.

faufiler [3] [fofile] vt to tack, to baste. ◆ **se faufiler** vp ▸ **se faufiler dans** to slip into ▸ **se faufiler entre** to thread one's way between.

faune [fon] ❖ nf **1.** [animaux] fauna **2.** fam & péj [personnes] : *la faune qui fréquente ce bar* the sort of people who hang around that bar. ❖ nm MYTH faun.

faussaire [fosɛʀ] nmf forger.

faussement [fosmã] adv **1.** [à tort] wrongly **2.** [prétendument] falsely.

fausser [3] [fose] vt **1.** [déformer] to bend **2.** [rendre faux] to distort.

fausseté [foste] nf **1.** [hypocrisie] duplicity **2.** [de jugement, d'idée] falsity.

faut ⟶ **falloir**.

faute [fot] nf **1.** [erreur] mistake, error ▸ **faute de frappe** [à l'ordinateur] keying error ▸ **faute d'inattention** careless mistake ▸ **faute d'orthographe** spelling mistake **2.** [méfait, infraction] offence UK, offense US ▸ **prendre qqn en faute** to catch sb out UK ▸ **faute professionnelle** professional misdemeanour UK ou misdemeanor US **3.** TENNIS fault ; FOOT foul **4.** [responsabilité] fault ▸ **de ma/ta etc. faute** my/your etc. fault ▸ **par la faute de qqn** because of sb. ◆ **faute de** loc prép for want ou lack of ▸ **faute de mieux** for want ou lack of anything better. ◆ **sans faute** loc adv without fail.

fauteuil [fotœj] nm **1.** [siège] armchair ▸ **fauteuil roulant** wheelchair **2.** [de théâtre] seat ▸ **fauteuil d'orchestre** seat in the stalls UK ou orchestra US **3.** [de président] chair ; [d'académicien] seat.

fautif, ive [fotif, iv] ❖ adj **1.** [coupable] guilty **2.** [défectueux] faulty. ❖ nm, f guilty party.

fauve [fov] ❖ nm **1.** [animal] big cat **2.** [couleur] fawn **3.** ART Fauve. ❖ adj **1.** [animal] wild **2.** [cuir, cheveux] tawny **3.** ART Fauvist.

fauvette [fovɛt] nf warbler.

faux¹, fausse [fo, fos] adj **1.** [incorrect] wrong **2.** [postiche, mensonger, hypocrite] false **3.** [monnaie, papiers] forged, fake ; [bijou, marbre] imitation, fake **4.** [injustifié] ▸ **fausse alerte** false alarm ▸ **c'est un faux problème** that's not an issue (here). ◆ **faux** ❖ nm [document, tableau] forgery, fake. ❖ adv ▸ **chanter/jouer faux** MUS to sing/play out of tune.

faux² nf scythe.

faux-filet [fofilɛ] nm sirloin.

faux-fuyant [fofɥijã] nm excuse.

faux-monnayeur [fomɔnɛjœʀ] nm counterfeiter.

faux-sens [fosãs] nm inv mistranslation.

faveur [favœʀ] nf favour UK, favor US. ◆ **à la faveur de** loc prép thanks to. ◆ **en faveur de** loc prép in favour UK ou favor US of.

favorable [favɔʀabl] adj ▸ **favorable (à)** favourable UK ou favorable US (to).

favori, ite [favɔʀi, it] adj & nm, f favourite UK, favorite US.

favoriser [3] [favɔʀize] vt **1.** [avantager] to favour UK, to favor US **2.** [contribuer à] to promote.

fax [faks] nm fax.

faxer [3] [fakse] vt to fax.

fayot, otte [fajo, ɔt] nm, f fam péj [employé] toady, bootlicker ; [élève] swot UK, apple-polisher US. ◆ **fayot** nm [haricot] bean.

fayoter [3] [fajɔte] vi fam to lick sb's boots / *il est toujours à fayoter* he's always bootlicking.

fébrile [febʀil] adj feverish.

fécond, e [fekɔ̃, ɔ̃d] adj **1.** [femelle, terre, esprit] fertile **2.** [écrivain] prolific.

fécondation [fekɔ̃dasjɔ̃] nf fertilization ▸ **fécondation in vitro** in vitro fertilization.

féconder [3] [fekɔ̃de] vt **1.** [ovule] to fertilize **2.** [femme, femelle] to impregnate.

fécondité [fekɔ̃dite] nf **1.** [gén] fertility **2.** [d'écrivain] productiveness.

fécule [fekyl] nf starch.

féculent, e [fekylã, ãt] adj starchy. ◆ **féculent** nm starchy food.

fédéral, e, aux [fedeʀal, o] adj federal.

fédération [fedeʀasjɔ̃] nf federation.

fée [fe] nf fairy.

féerique [fe(e)ʀik] adj [enchanteur] enchanting.

feignant, e = **fainéant**.

feindre [81] [fɛ̃dʀ] ❖ vt to feign ▸ **feindre de faire qqch** to pretend to do sthg. ❖ vi to pretend.

feint, e [fɛ̃, fɛ̃t] pp ⟶ **feindre**.

feinte [fɛ̃t] nf **1.** [ruse] ruse **2.** [football] dummy ; [boxe] feint.

fêlé, e [fele] adj **1.** [assiette] cracked **2.** fam [personne] nutty, loony.

fêler [4] [fele] vt to crack.

félicitations [felisitasjɔ̃] nfpl congratulations.

féliciter [3] [felisite] vt to congratulate. ◆ **se féliciter** vp ▶ **se féliciter de** to congratulate o.s. on.

félin, e [felɛ̃, in] adj feline. ◆ **félin** nm big cat.

fêlure [felyʀ] nf crack.

femelle [fəmɛl] nf & adj female.

féminin, e [feminɛ̃, in] adj **1.** [gén] feminine **2.** [revue, équipe] women's (avant n). ◆ **féminin** nm GRAM feminine.

féminiser [3] [feminize] vt **1.** [efféminer] to make effeminate **2.** BIOL to feminize. ◆ **se féminiser** vp **1.** [institution] to attract more women **2.** [homme] to become effeminate.

féminisme [feminism] nm feminism.

féminité [feminite] nf femininity.

femme [fam] nf **1.** [personne de sexe féminin] woman ▶ **femme de chambre** chambermaid ▶ **femme de ménage** cleaning woman **2.** [épouse] wife.

fémur [femyʀ] nm femur.

fendre [73] [fɑ̃dʀ] vt **1.** [bois] to split **2.** [foule, flots] to cut through. ◆ **se fendre** vp [se crevasser] to crack.

fendu, e [fɑ̃dy] pp →→ fendre.

fenêtre [fənɛtʀ] nf [gén] window.

fennec [fenɛk] nm fennec.

fenouil [fənuj] nm fennel.

fente [fɑ̃t] nf **1.** [fissure] crack **2.** [interstice, de vêtement] slit.

féodal, e, aux [feɔdal, o] adj feudal.

féodalité [feɔdalite] nf feudalism.

fer [fɛʀ] nm iron ▶ **fer à cheval** horseshoe ▶ **fer forgé** wrought iron ▶ **fer à repasser** iron ▶ **fer à souder** soldering iron.

ferai, feras →→ faire.

fer-blanc [fɛʀblɑ̃] nm tinplate, tin.

ferblanterie [fɛʀblɑ̃tʀi] nf **1.** [commerce] tin industry **2.** [ustensiles] tinware.

férié, e [feʀje] →→ jour.

férir [feʀiʀ] vt ▶ **sans coup férir** without meeting any resistance ou obstacle.

ferme¹ [fɛʀm] nf farm.

ferme² [fɛʀm] ◆ adj firm ▶ **être ferme sur ses jambes** to be steady on one's feet. ◆ adv **1.** [beaucoup] a lot **2.** [définitivement] : _ache-_

ter / vendre ferme to make a firm purchase / sale ▶ **prison ferme** imprisonment.

fermement [fɛʀməmɑ̃] adv firmly.

ferment [fɛʀmɑ̃] nm **1.** [levure] ferment **2.** fig [germe] seed, seeds pl.

fermentation [fɛʀmɑ̃tasjɔ̃] nf CHIM fermentation ; fig ferment.

fermer [3] [fɛʀme] ◆ vt **1.** [porte, tiroir, yeux] to close, to shut ; [store] to pull down ; [enveloppe] to seal **2.** [bloquer] to close ▶ **fermer son esprit à qqch** to close one's mind to sthg **3.** [gaz, lumière] to turn off **4.** [vêtement] to do up **5.** [entreprise] to close down **6.** [interdire] ▶ **fermer qqch à qqn** to close sthg to sb. ◆ vi **1.** [gén] to shut, to close **2.** [vêtement] to do up **3.** [entreprise] to close down. ◆ **se fermer** vp **1.** [porte, partie du corps] to close, to shut **2.** [plaie] to close up **3.** [vêtement] to do up.

fermeté [fɛʀməte] nf firmness.

fermeture [fɛʀmətyʀ] nf **1.** [de porte] closing **2.** [de vêtement, sac] fastening ▶ **fermeture Éclair®** zip **UK**, zipper **US 3.** [d'établissement - temporaire] closing ; [- définitive] closure ▶ **fermeture hebdomadaire / annuelle** weekly / annual closing.

fermier, ère [fɛʀmje, ɛʀ] nm, f farmer.

fermoir [fɛʀmwaʀ] nm clasp.

féroce [feʀɔs] adj [animal, appétit] ferocious ; [personne, désir] fierce.

ferraille [feʀaj] nf **1.** [vieux fer] scrap iron (U) ▶ **bon à mettre à la ferraille** fit for the scrap heap **2.** fam [monnaie] loose change.

ferronnerie [feʀɔnʀi] nf **1.** [objet, métier] ironwork (U) **2.** [atelier] ironworks sg.

ferroviaire [feʀɔvjeʀ] adj rail (avant n).

ferry-boat [feʀibot] (pl ferry-boats) nm ferry.

fertile [fɛʀtil] adj pr & fig fertile ▶ **fertile en** fig filled with, full of.

fertiliser [3] [fɛʀtilize] vt to fertilize.

fertilité [fɛʀtilite] nf fertility.

féru, e [feʀy] adj sout [passionné] ▶ **être féru de qqch** to have a passion for sthg.

fervent, e [fɛʀvɑ̃, ɑ̃t] adj [chrétien] fervent ; [amoureux, démocrate] ardent.

ferveur [fɛʀvœʀ] nf [dévotion] fervour **UK**, fervor **US**.

fesse [fɛs] nf buttock.

fessée [fese] nf spanking, smack (on the bottom).

festif, ive [fɛstif, iv] adj festive.

festin [fɛstɛ̃] nm banquet, feast.

festival, als [fɛstival] nm festival.

festivités [fɛstivite] nfpl festivities.

feston [fɛstɔ̃] nm **1.** ARCHIT festoon **2.** COUT scallop.

festoyer [13] [fɛstwaje] vi to feast.

fêtard, e [fɛtar, ard] nm, f fam fun-loving person.

fête [fɛt] nf **1.** [congé] holiday ▸ **les fêtes (de fin d'année)** the (Christmas) holidays ▸ **fête nationale** national holiday **2.** [réunion, réception] celebration **3.** [kermesse] fair ▸ **en fête** in festive mood ▸ **fête foraine** funfair UK, carnival US **4.** [jour de célébration - de personne] name-day, saint's day ; [- de saint] feast (day) ▸ **fête des Mères / des Pères** Mother's / Father's Day **5.** [soirée] party **6.** EXPR **faire la fête** to have a good time.

fêter [4] [fete] vt [événement] to celebrate ; [personne] to have a party for.

fétiche [fetiʃ] nm **1.** [objet de culte] fetish **2.** [mascotte] mascot.

fétichisme [fetiʃism] nm [culte, perversion] fetishism.

fétide [fetid] adj fetid.

fétu [fety] nm ▸ **fétu (de paille)** wisp (of straw).

feu¹, e [fø] adj : *feu M. X* the late Mr X / *feu mon mari* my late husband.

feu², x [fø] nm **1.** [flamme, incendie] fire ▸ **au feu !** fire! ▸ **en feu** *pr & fig* on fire ▸ **avez-vous du feu ?** have you got a light? ▸ **mettre le feu à qqch** to set fire to sthg, to set sthg on fire ▸ **prendre feu** to catch fire ▸ **feu de camp** camp fire ▸ **feu de cheminée** chimney fire ▸ **feu follet** will-o'-the-wisp **2.** MIL ▸ **faire feu** to fire **3.** [signal] light ▸ **feu rouge / vert** red / green light ▸ **feux de croisement** dipped UK ou dimmed US headlights ▸ **feux de position** sidelights ▸ **feux de route** headlights on full beam UK ou high beams US **4.** CULIN ring UK, burner US ▸ **à feu doux / vif** on a low / high flame ▸ **à petit feu** gently **5.** CINÉ & THÉÂTRE light (U) **6.** QUÉBEC MÉD ▸ **feu sauvage** cold sore. ◆ **feu d'artifice** nm firework.

feuillage [fœjaʒ] nm foliage.

feuille [fœj] nf **1.** [d'arbre] leaf ▸ **feuille morte** dead leaf ▸ **feuille de vigne** BOT vine leaf **2.** [page] sheet ▸ **feuille de papier** sheet of paper **3.** [document] form ▸ **feuille de présence** attendance sheet ▸ **feuille de soins** *claim form for reimbursement of medical expenses*.

feuillet [fœjɛ] nm page.

feuilleté, e [fœjte] adj **1.** CULIN ▸ **pâte feuilletée** puff pastry **2.** GÉOL foliated.

feuilleter [27] [fœjte] vt to flick through.

feuilleton [fœjtɔ̃] nm serial.

feutre [føtʀ] nm **1.** [étoffe] felt **2.** [chapeau] felt hat **3.** [crayon] felt-tip pen.

feutré, e [føtʀe] adj **1.** [garni de feutre] trimmed with felt ; [qui a l'aspect du feutre] felted **2.** [bruit, cri] muffled.

feutrine [føtʀin] nf lightweight felt.

fève [fɛv] nf [gén] broad bean.

février [fevʀije] nm February. *Voir aussi* septembre.

fg *abr écrite de* faubourg.

fi [fi] interj ▸ **faire fi de** *litt* to scorn.

fiabilité [fjabilite] nf reliability.

fiable [fjabl] adj reliable.

fiacre [fjakʀ] nm (horse-drawn) carriage.

fiançailles [fjɑ̃saj] nfpl engagement *sg.*

fiancé, e [fjɑ̃se] nm, f fiancé (fiancée).

fiancer [16] [fjɑ̃se] ◆ **se fiancer** vp ▸ **se fiancer (avec)** to get engaged (to).

fiasco [fjasko] nm fam fiasco ▸ **faire fiasco** to be a fiasco.

fibre [fibʀ] nf ANAT, BIOL & TECHNOL fibre UK, fiber US ▸ **fibre de verre** fibreglass UK ou fiberglass US, glass fibre UK ou fiber US.

fibrome [fibʀom] nm fibroma.

ficelé, e [fisle] adj fam dressed.

ficeler [24] [fisle] vt [lier] to tie up.

ficelle [fisɛl] nf **1.** [fil] string **2.** [pain] *very thin baguette* **3.** (gén pl) [truc] trick.

fiche [fiʃ] nf **1.** [document] card ▸ **fiche de paie** pay slip UK, paystub US **2.** ÉLECTR & TECHNOL pin.

ficher [3] [fiʃe] vt **1.** (participe passé fiché) [enfoncer] ▸ **ficher qqch dans** to stick sthg into **2.** (participe passé fiché) [inscrire] to put on file **3.** (participe passé fichu) fam [faire] : *qu'est-ce qu'il fiche ?* what's he doing? **4.** (participe passé fichu) fam [mettre] to put ▸ **ficher qqch par terre** *fig* to mess ou muck UK sthg up. ◆ **se ficher** vp fam **1.** [s'enfoncer] ▸ **se ficher dans** to go into **2.** [se moquer] ▸ **se ficher de** to make fun of **3.** [ne pas tenir compte] ▸ **se ficher de** not to give a damn about.

fichier [fiʃje] nm file.

fichu¹, e [fiʃy] adj fam **1.** [cassé, fini] done for **2.** *(avant n)* [désagréable] nasty **3.** EXPR **être mal**

fichu a) [personne] to feel rotten b) [objet] to be badly made ▸ **il n'est même pas fichu de faire son lit** he can't even make his own bed.

fichu² nm scarf.

fictif, ive [fiktif, iv] adj **1.** [imaginaire] imaginary **2.** [faux] false.

fiction [fiksjɔ̃] nf **1.** LITTÉR fiction **2.** [monde imaginaire] dream world.

ficus [fikys] nm ficus.

fidèle [fidɛl] ❖ nmf **1.** RELIG believer **2.** [adepte] fan. ❖ adj **1.** [loyal, exact, semblable] ▸ **fidèle (à)** faithful (to) / *fidèle à la réalité* accurate **2.** [habitué] regular.

fidéliser [3] [fidelize] vt to attract and keep.

fidélité [fidelite] nf faithfulness.

fief [fjɛf] nm fief ; *fig* stronghold.

fiel [fjɛl] nm *pr* & *fig* gall.

fiente [fjɑ̃t] nf droppings *pl*.

fier¹, fière [fjɛʀ] adj **1.** [gén] proud / *fier de qqn /qqch* proud of sb/sthg / *fier de faire qqch* proud to be doing sthg **2.** [noble] noble.

fier² [9] [fje] ❖ **se fier à** vp + prép to trust, to rely on.

fierté [fjɛʀte] nf **1.** [satisfaction, dignité] pride **2.** [arrogance] arrogance.

fièvre [fjɛvʀ] nf **1.** MÉD fever ▸ **avoir 40 de fièvre** to have a temperature of 105 (degrees) **2.** [vétérinaire] ▸ **fièvre aphteuse** foot and mouth disease **3.** *fig* [excitation] excitement.

fiévreux, euse [fjevʀø, øz] adj *pr* & *fig* feverish.

fig. *abr écrite de* figure.

figé, e [fiʒe] adj fixed.

figer [17] [fiʒe] vt to paralyse UK, to paralyze US. ❖ **se figer** vp **1.** [s'immobiliser] to freeze **2.** [se solidifier] to congeal.

fignoler [3] [fiɲɔle] vt to put the finishing touches to.

figue [fig] nf fig.

figuier [figje] nm fig tree.

figurant, e [figyʀɑ̃, ɑ̃t] nm, f extra.

figuratif, ive [figyʀatif, iv] adj figurative.

figuration [figyʀasjɔ̃] nf CINÉ & THÉÂTRE ▸ **faire de la figuration** to work as an extra.

figure [figyʀ] nf **1.** [gén] figure ▸ **faire figure de** to look like **2.** [visage] face.

figuré, e [figyʀe] adj [sens] figurative. ❖ **figuré** nm ▸ **au figuré** in the figurative sense.

figurer [3] [figyʀe] ❖ vt to represent. ❖ vi ▸ **figurer dans /parmi** to figure in/among.

figurine [figyʀin] nf figurine.

fil [fil] nm **1.** [brin] thread ▸ **fil à plomb** plumb line ▸ **perdre le fil (de qqch)** *fig* to lose the thread (of sthg) **2.** [câble] wire ▸ **fil de fer** wire **3.** [cours] course ▸ **au fil de** in the course of **4.** [tissu] linen **5.** [tranchant] edge.

filament [filamɑ̃] nm **1.** ANAT & ÉLECTR filament **2.** [végétal] fibre UK, fiber US **3.** [de colle, bave] thread.

filandreux, euse [filɑ̃dʀø, øz] adj [viande] stringy.

filasse [filas] ❖ nf tow. ❖ adj inv flaxen.

filature [filatyʀ] nf **1.** [usine] mill ; [fabrication] spinning **2.** [poursuite] tailing.

file [fil] nf line ▸ **à la file** in a line / *se garer en double file* to double-park ▸ **file d'attente** queue UK, line US.

filer [3] [file] ❖ vt **1.** [soie, coton] to spin **2.** [personne] to tail **3.** *fam* [donner] ▸ **filer qqch à qqn** to slip sthg to sb, to slip sb sthg. ❖ vi **1.** [bas] to ladder UK, to run US **2.** [temps, véhicule] to fly (by) **3.** *fam* [partir] to dash off ▸ **filer à l'anglaise** to sneak off, to take French leave **4.** EXPR ▸ **filer doux** to behave nicely.

filet [file] nm **1.** [à mailles] net ▸ **filet de pêche** fishing net ▸ **filet à provisions** string bag **2.** CULIN fillet, filet US ▸ **filet de sole** fillet ou filet US of sole **3.** [de liquide] drop, dash ; [de lumière] shaft.

filial, e, aux [filjal, o] adj filial. ❖ **filiale** nf ÉCON subsidiary.

filiation [filjasjɔ̃] nf [lien de parenté] line.

filière [filjɛʀ] nf **1.** [voie] ▸ **suivre la filière [professionnelle]** to work one's way up **2.** [réseau] network.

filiforme [filifɔʀm] adj skinny.

filigrane [filigʀan] nm [dessin] watermark ▸ **en filigrane** *fig* between the lines.

filin [filɛ̃] nm rope.

fille [fij] nf **1.** [enfant] daughter **2.** [femme] girl ▸ **jeune fille** girl ▸ **vieille fille** *péj* spinster.

fillette [fijɛt] nf little girl.

filleul, e [fijœl] nm, f godchild.

film [film] nm **1.** [gén] film UK, movie US ▸ **film catastrophe** disaster film UK ou movie US ▸ **film d'épouvante** horror film UK ou movie US ▸ **film policier** detective film UK ou movie US **2.** *fig* [déroulement] course.

filmer [3] [filme] vt to film.

filmographie [filmɔgrafi] nf filmography, films *pl* 🇬🇧, movies *pl* 🇺🇸.

filon [filɔ̃] nm **1.** [de mine] vein **2.** *fam & fig* [possibilité] cushy number.

filou [filu] nm rogue.

fils [fis] nm son ▶ **fils de famille** boy from a privileged background.

filtrant, e [filtrɑ̃, ɑ̃t] adj [verre] tinted.

filtre [filtʀ] nm **1.** filter ▶ **filtre à café** coffee filter **2.** INFORM ▶ **filtre parental** parental filter, internet filter.

filtrer [3] [filtʀe] ❖ vt to filter; *fig* to screen. ❖ vi to filter; *fig* to filter through.

fin¹, fine [fɛ̃, fin] ❖ adj **1.** [gén] fine **2.** [partie du corps] slender; [couche, papier] thin **3.** [subtil] shrewd **4.** [ouïe, vue] keen. ❖ adv finely ▶ **fin prêt** quite ready.

fin² nf end / *fin mars* at the end of March ▶ **arriver** ou **parvenir à ses fins** to achieve one's ends ou aims ▶ **à toutes fins utiles** just in case ▶ **mettre fin à** to put a stop ou an end to / *mettre fin à ses jours* to put an end to one's life ▶ **prendre fin** to come to an end ▶ **tirer** ou **toucher à sa fin** to draw to a close. ❖ **fin de série** nf oddment. ❖ **à la fin** loc adv : *tu vas m'écouter, à la fin ?* will you listen to me? ❖ **à la fin de** loc prép at the end of. ❖ **sans fin** loc adj endless.

final, e [final] (*pl* **finals** ou **finaux** [fino]) adj final. ❖ **finale** nf SPORT final.

finalement [finalmɑ̃] adv finally.

finaliser [3] [finalize] vt to finalize.

finaliste [finalist] nmf & adj finalist.

finalité [finalite] nf *sout* [fonction] purpose.

finance [finɑ̃s] nf finance. ❖ **finances** nfpl finances.

financement [finɑ̃smɑ̃] nm financing, funding.

financer [16] [finɑ̃se] vt to finance, to fund.

financier, ère [finɑ̃sje, ɛʀ] adj financial. ❖ **financier** nm financier.

finaud, e [fino, od] adj wily, crafty.

finesse [fines] nf **1.** [gén] fineness **2.** [minceur] slenderness **3.** [perspicacité] shrewdness **4.** [subtilité] subtlety.

fini, e [fini] adj **1.** *péj* [fieffé] : *un crétin fini* a complete idiot **2.** *fam* [usé, diminué] finished **3.** [limité] finite. ❖ **fini** nm [d'objet] finish.

finir [32] [finiʀ] ❖ vt **1.** [gén] to finish, to end **2.** [vider] to empty. ❖ vi **1.** [gén] to finish, to end ▶ **finir par faire qqch** to do sthg eventually ▶ **tu vas finir par tomber !** you're going to fall! ▶ **mal finir** to end badly **2.** [arrêter] ▶ **finir de faire qqch** to stop doing sthg ▶ **en finir (avec)** to finish (with).

finissant, e [finisɑ̃, ɑ̃t] nm, f 🇶🇨 UNIV graduating student.

finition [finisjɔ̃] nf [d'objet] finish.

finlandais, e [fɛ̃lɑ̃dɛ, ɛz] adj Finnish. ❖ **Finlandais, e** nm, f Finn.

Finlande [fɛ̃lɑ̃d] nf : *la Finlande* Finland.

finnois, e [finwa, az] adj Finnish. ❖ **finnois** nm [langue] Finnish. ❖ **Finnois, e** nm, f Finn.

fiole [fjɔl] nf flask.

floriture [fjɔʀityʀ] nf flourish.

fioul = **fuel**.

firmament [fiʀmamɑ̃] nm firmament.

firme [fiʀm] nf firm.

fis, fit ⟶ **faire**.

fisc [fisk] nm ≃ Inland Revenue 🇬🇧, ≃ Internal Revenue Service 🇺🇸.

fiscal, e, aux [fiskal, o] adj tax (*avant n*), fiscal.

fiscaliser [3] [fiskalize] vt to (make) subject to tax.

fiscalité [fiskalite] nf tax system.

fissure [fisyʀ] nf *pr & fig* crack.

fissurer [3] [fisyʀe] vt *pr* [fendre] to crack; *fig* to split. ❖ **se fissurer** vp to crack.

fiston [fistɔ̃] nm *fam* son.

FIV [fiv] (*abr de* fécondation in vitro) nf IVF.

fivete [fivɛt] (*abr de* fécondation in vitro et transfert d'embryon) nf GIFT / *une fivete* a test-tube baby.

fixation [fiksasjɔ̃] nf **1.** [action de fixer] fixing **2.** [attache] fastening, fastener; [de ski] binding **3.** PSYCHO fixation.

fixe [fiks] adj fixed; [encre] permanent. ❖ **fixe** nm fixed salary.

fixement [fiksəmɑ̃] adv fixedly.

fixer [3] [fikse] vt **1.** [gén] to fix; [règle] to set ▶ **fixer son choix sur** to decide on **2.** [monter] to hang **3.** [regarder] to stare at **4.** [renseigner] ▶ **fixer qqn sur qqch** to put sb in the picture about sthg ▶ **être fixé sur qqch** to know all about sthg. ❖ **se fixer** vp to settle ▶ **se fixer sur a)** [suj : choix, personne] to settle on **b)** [suj : regard] to rest on.

fjord [fjɔʀd] nm fjord.

flacon [flakɔ̃] nm small bottle **/ flacon à parfum** perfume bottle.

flageller [4] [flaʒele] vt [fouetter] to flagellate.

flageoler [3] [flaʒɔle] vi to tremble.

flageolet [flaʒɔle] nm **1.** [haricot] flageolet bean **2.** MUS flageolet.

flagrant, e [flagʀɑ̃, ɑ̃t] adj flagrant ; ⟶ **délit.**

flair [flɛʀ] nm sense of smell.

flairer [4] [flɛʀe] vt to sniff, to smell ; fig to scent.

flamand, e [flamɑ̃, ɑ̃d] adj Flemish. ◆ **flamand** nm [langue] Flemish. ◆ **Flamand, e** nm, f Flemish person, Fleming.

flamant [flamɑ̃] nm flamingo **/ flamant rose** pink flamingo.

flambeau, x [flɑ̃bo] nm torch ; fig flame.

flambée [flɑ̃be] nf **1.** [feu] blaze **2.** fig [de colère] outburst ; [de violence] outbreak **/ il y a eu une flambée des prix** prices have sky-rocketed.

flamber [3] [flɑ̃be] ◆ vi **1.** [brûler] to blaze **2.** fam [jeux] to play for high stakes. ◆ vt **1.** [crêpe] to flambé **2.** [volaille] to singe.

flamboyant, e [flɑ̃bwajɑ̃, ɑ̃t] adj **1.** [ciel, regard] blazing ; [couleur] flaming **2.** ARCHIT flamboyant.

flamboyer [13] [flɑ̃bwaje] vi to blaze.

flamiche [flamiʃ] nf leek pie ou quiche.

flamme [flam] nf flame ; fig fervour UK, fervor US, fire.

flan [flɑ̃] nm baked custard.

flânage [flɑnaʒ] nm QUÉBEC loitering.

flanc [flɑ̃] nm [de personne, navire, montagne] side ; [d'animal, d'armée] flank.

flancher [3] [flɑ̃ʃe] vi fam to give up.

flanelle [flanɛl] nf flannel.

flâner [3] [flɑne] vi [se promener] to stroll.

flanquer [3] [flɑ̃ke] vt **1.** fam [jeter] **/ flanquer qqch par terre** to fling sthg to the ground **/ flanquer qqn dehors** to chuck ou fling sb out **2.** fam [donner] **/ flanquer une gifle à qqn** to smack ou slap sb **/ flanquer la frousse à qqn** to scare the pants off sb, to put the wind up sb UK **3.** [accompagner] **/ être flanqué de** to be flanked by.

flapi, e [flapi] adj fam dead beat.

flaque [flak] nf pool.

flash [flaʃ] nm **1.** PHOTO flash **2.** RADIO & TV **/ flash (d'information)** newsflash **/ flash de publicité** commercial.

flash-back [flaʃbak] nm inv CINÉ flashback.

flasher [3] [flaʃe] vi fam **/ flasher sur** to go crazy over.

flashy [flaʃi] adj inv flashy.

flasque [flask] ◆ nf flask. ◆ adj flabby, limp.

flatter [3] [flate] vt **1.** [louer] to flatter **2.** [caresser] to stroke. ◆ **se flatter** vp to flatter o.s. **/ je me flatte de le convaincre** I flatter myself that I can convince him **/ se flatter de faire qqch** to pride o.s. on doing sthg.

flatterie [flatʀi] nf flattery.

flatteur, euse [flatœʀ, øz] ◆ adj flattering. ◆ nm, f flatterer.

flatulence [flatylɑ̃s] nf flatulence, wind.

fléau, x [fleo] nm **1.** pr & fig [calamité] scourge **2.** [instrument] flail.

flèche [flɛʃ] nf **1.** [gén] arrow **2.** [d'église] spire **3.** fig [critique] shaft.

fléchette [fleʃɛt] nf dart. ◆ **fléchettes** nfpl darts sg.

fléchir [32] [fleʃiʀ] ◆ vt to bend, to flex ; fig to sway. ◆ vi to bend ; fig to weaken.

fléchissement [fleʃismɑ̃] nm bending, flexing ; fig weakening.

flegmatique [flɛgmatik] adj phlegmatic.

flegme [flɛgm] nm composure.

flemmard, e [flɛmaʀ, aʀd] fam ◆ adj lazy. ◆ nm, f lazybones sg.

flemme [flɛm] nf fam laziness **/ j'ai la flemme (de sortir)** I can't be bothered (to go out) UK.

flétan [fletɑ̃] nm halibut.

flétrir [32] [fletʀiʀ] vt [fleur, visage] to wither. ◆ **se flétrir** vp to wither.

fleur [flœʀ] nf BOT flower **/ en fleur, en fleurs** [arbre] in flower, in blossom **/ à fleurs** [motif] flowered.

fleuret [flœʀe] nm foil.

fleuri, e [flœʀi] adj **1.** [jardin, pré] in flower ; [vase] of flowers ; [tissu] flowered ; [table, appartement] decorated with flowers **2.** fig [style] flowery.

fleurir [32] [flœʀiʀ] ◆ vi to blossom ; fig to flourish. ◆ vt [maison] to decorate with flowers ; [tombe] to lay flowers on.

fleuriste [flœʀist] nmf florist.

fleuron [flœʀɔ̃] nm *fig* jewel.

fleuve [flœv] nm **1.** [cours d'eau] river **2.** *(en apposition)* [interminable] lengthy, interminable.

flexible [flɛksibl] adj flexible.

flexion [flɛksjɔ̃] nf **1.** [de genou, de poutre] bending **2.** LING inflexion.

flibustier [flibystje] nm buccaneer.

flic [flik] nm *fam* cop.

flinguer [3] [flɛ̃ge] vt *fam* to gun down. ◆ se **flinguer** vp *fam* to blow one's brains out.

flipper [flipœʀ] nm pinball machine.

flirt [flœʀt] nm **1.** [amourette] flirtation **2.** [personne] boyfriend (girlfriend).

flirter [3] [flœʀte] vi ▸ flirter (avec qqn) to flirt (with sb) ▸ flirter avec qqch *fig* to flirt with sthg.

flocon [flɔkɔ̃] nm flake ▸ flocon de neige snowflake.

flonflon [flɔ̃flɔ̃] nm *(gén pl)* blare.

flop [flɔp] nm *fam* [échec] flop, failure.

flopée [flɔpe] nf *fam* ▸ une flopée de heaps of, masses of.

floraison [flɔʀɛzɔ̃] nf *pr* & *fig* flowering, blossoming.

floral, e, aux [flɔʀal, o] adj floral.

flore [flɔʀ] nf flora.

Floride [flɔʀid] nf : *la Floride* Florida.

florilège [flɔʀilɛʒ] nm anthology.

florissant, e [flɔʀisɑ̃, ɑ̃t] adj [santé] blooming ; [économie] flourishing.

flot [flo] nm flood, stream ▸ être à flot a) [navire] to be afloat b) *fig* to be back to normal. ◆ **flots** nmpl *litt* waves.

flottaison [flɔtɛzɔ̃] nf floating.

flottant, e [flɔtɑ̃, ɑ̃t] adj **1.** [gén] floating ; [esprit] irresolute **2.** [robe] loose-fitting.

flotte [flɔt] nf **1.** AÉRON & NAUT fleet **2.** *fam* [eau] water **3.** *fam* [pluie] rain.

flottement [flɔtmɑ̃] nm **1.** [indécision] hesitation, wavering **2.** [de monnaie] floating.

flotter [3] [flɔte] ◆ vi **1.** [sur l'eau] to float **2.** [drapeau] to flap ; [brume, odeur] to drift **3.** [dans un vêtement] : *tu flottes dedans* it's baggy on you. ◆ v impers *fam* ▸ **il flotte** it's raining.

flotteur [flɔtœʀ] nm [de ligne de pêche, d'hydravion] float ; [de chasse d'eau] ballcock.

flou, e [flu] adj **1.** [couleur, coiffure] soft **2.** [photo] blurred, fuzzy **3.** [pensée] vague,

woolly UK ou wooly US. ◆ **flou** nm [de photo] fuzziness ; [de décision] vagueness.

flouer [3] [flue] vt *fam* to swindle, to do UK.

fluctuer [3] [flyktɥe] vi to fluctuate.

fluet, ette [flɥɛ, ɛt] adj [personne] thin, slender ; [voix] thin.

fluide [flɥid] ◆ nm **1.** [matière] fluid **2.** *fig* [pouvoir] (occult) power. ◆ adj [matière] fluid ; [circulation] flowing freely.

fluidifier [9] [flɥidifje] vt [trafic] to improve the flow of.

fluidité [flɥidite] nf [gén] fluidity ; [de circulation] easy flow.

fluo [flyo] adj fluorescent, Day-Glo®.

fluor [flyɔʀ] nm fluorine.

fluorescent, e [flyɔʀesɑ̃, ɑ̃t] adj fluorescent.

flûte [flyt] ◆ nf **1.** MUS flute **2.** [verre] flute (glass). ◆ interj *fam* darn!, bother! UK.

flûtiste [flytist] nmf flautist UK, flutist US.

fluvial, e, aux [flyvjal, o] adj [eaux, pêche] river *(avant n)* ; [alluvions] fluvial.

flux [fly] nm **1.** [écoulement] flow **2.** [marée] flood tide **3.** PHYS flux **4.** [sociologie] ▸ flux **migratoire** massive population movement.

FM *(abr de* frequency modulation*)* nf FM.

FMI *(abr de* Fonds monétaire international*)* nm IMF.

FN *(abr de* Front national*)* nm *extreme rightwing French political party*.

fo SMS *abr écrite de* faut.

foc [fɔk] nm jib.

focal, e, aux [fɔkal, o] adj focal.

focaliser [3] [fɔkalize] vt to focus. ◆ se **focaliser** vp *fig* ▸ se focaliser sur qqch to focus on sthg.

fœtal, e, aux [fetal, o] adj foetal UK, fetal US.

fœtus [fetys] nm foetus UK, fetus US.

foi [fwa] nf **1.** RELIG faith **2.** [confiance] trust ▸ avoir foi en qqn/qqch to trust sb/sthg, to have faith in sb/sthg **3.** EXPR ajouter foi à *sout* to lend credence to ▸ être de bonne/mauvaise foi to be in good/bad faith.

foie [fwa] nm ANAT & CULIN liver.

foin [fwɛ̃] nm hay.

foire [fwaʀ] nf **1.** [fête] funfair UK, carnival US **2.** [exposition, Salon] trade fair.

fois [fwa] nf time ▸ *une fois* once ▸ *deux fois* twice ▸ *trois/quatre fois* three/four times

/ *deux fois plus long* twice as long / *neuf fois sur dix* nine times out of ten / *deux fois trois* two times three ▶ **cette fois** this time ▶ **il était une fois…** once upon a time there was… ▶ **pour une fois (que)** for once ▶ **une autre fois** another time ▶ **une (bonne) fois pour toutes** once and for all. ◆ **à la fois** loc adv at the same time, at once. ◆ **des fois** loc adv [parfois] sometimes ▶ **non, mais des fois !** *fam* look here! ◆ **si des fois** loc conj *fam* if ever. ◆ **une fois que** loc conj once.

foison [fwazɔ̃] ◆ **à foison** loc adv in abundance.

foisonner [3] [fwazɔne] vi to abound.

folâtrer [3] [fɔlatʀe] vi to romp (around).

folie [fɔli] nf *pr* & *fig* madness.

folklore [fɔlklɔʀ] nm [de pays] folklore.

folklorique [fɔlklɔʀik] adj **1.** [danse] folk **2.** *fig* [situation, personne] bizarre, quaint.

folle ⟶ **fou**.

follement [fɔlmɑ̃] adv madly, wildly.

follet [fɔlɛ] ⟶ **feu**.

fomenter [3] [fɔmɑ̃te] vt *litt* to foment.

foncé, e [fɔ̃se] adj dark.

foncer [16] [fɔ̃se] vi **1.** [teinte] to darken **2.** [se ruer] ▶ **foncer sur** to rush at **3.** *fam* [se dépêcher] to get a move on.

foncier, ère [fɔ̃sje, ɛʀ] adj **1.** [impôt] land *(avant n)* ▶ **propriétaire foncier** landowner, property owner **2.** [fondamental] basic, fundamental.

foncièrement [fɔ̃sjɛʀmɑ̃] adv basically.

fonction [fɔ̃ksjɔ̃] nf **1.** [gén] function ▶ **faire fonction de** to act as **2.** [profession] post ▶ **entrer en fonction** to take up one's post *ou* duties. ◆ **en fonction de** loc prép according to. ◆ **de fonction** loc adj ▶ **appartement** *ou* **logement de fonction** tied accommodation **UK**, accommodations that go with the job **US** ▶ **voiture de fonction** company car.

fonctionnaire [fɔ̃ksjɔnɛʀ] nmf [de l'État] state employee ; [dans l'administration] civil servant ▶ **haut fonctionnaire** senior civil servant.

fonctionnel, elle [fɔ̃ksjɔnɛl] adj functional.

fonctionnement [fɔ̃ksjɔnmɑ̃] nm working, functioning.

fonctionner [3] [fɔ̃ksjɔne] vi to work, to function.

fond [fɔ̃] nm **1.** [de récipient, puits, mer] bottom ; [de pièce] back ▶ **sans fond** bottomless

2. [substance] heart, root / *le fond de ma pensée* what I really think / *le fond et la forme* content and form **3.** [arrière-plan] background. ◆ **fond de teint** nm foundation. ◆ **à fond** loc adv **1.** [entièrement] thoroughly ▶ **se donner à fond** to give one's all **2.** [très vite] at top speed. ◆ **au fond, dans le fond** loc adv basically. ◆ **au fond de** loc prép : *au fond de moi-même/lui-même* etc. at heart, deep down.

fondamental, e, aux [fɔ̃damɑ̃tal, o] adj fundamental.

fondamentaliste [fɔ̃damɑ̃talist] nmf & adj fundamentalist.

fondant, e [fɔ̃dɑ̃, ɑ̃t] adj [neige, glace] melting ; [aliment] melting in the mouth.

fondateur, trice [fɔ̃datœʀ, tʀis] nm, f founder.

fondation [fɔ̃dasjɔ̃] nf foundation. ◆ **fondations** nfpl CONSTR foundations.

fondé, e [fɔ̃de] adj [craintes, reproches] justified, well-founded / *non fondé* unfounded. ◆ **fondé de pouvoir** nm authorized representative.

fondement [fɔ̃dmɑ̃] nm [base, motif] foundation ▶ **sans fondement** groundless, without foundation.

fonder [3] [fɔ̃de] vt **1.** [créer] to found **2.** [baser] ▶ **fonder qqch sur** to base sthg on ▶ **fonder de grands espoirs sur qqn** to pin one's hopes on sb. ◆ **se fonder** vp ▶ **se fonder sur a)** [suj : personne] to base o.s. on **b)** [suj : argument] to be based on.

fonderie [fɔ̃dʀi] nf [usine] foundry.

fondre [75] [fɔ̃dʀ] ◆ vt **1.** [beurre, neige] to melt ; [sucre, sel] to dissolve ; [métal] to melt down **2.** [mouler] to cast **3.** [mêler] to blend. ◆ vi **1.** [beurre, neige] to melt ; [sucre, sel] to dissolve ; *fig* to melt away **2.** [maigrir] to lose weight **3.** [se ruer] ▶ **fondre sur** to swoop down on.

fonds [fɔ̃] ◆ nm **1.** [ressources] fund ▶ **fonds commun de placement** unit trust **UK**, mutual fund **US** ▶ **le Fonds monétaire international** the International Monetary Fund **2.** [bien immobilier] ▶ **fonds (de commerce)** business. ◆ nmpl **1.** [ressources] funds **2.** ÉCON & FIN ▶ **fonds de pension** (private) pension fund.

fondu, e [fɔ̃dy] pp ⟶ **fondre**. ◆ **fondue** nf fondue.

font ⟶ **faire**.

fontaine [fɔ̃tɛn] nf [naturelle] spring ; [publique] fountain.

fontanelle [fɔ̃tanɛl] nf fontanelle.

fonte [fɔ̃t] nf **1.** [de glace, beurre] melting ; [de métal] melting down **2.** [alliage] cast iron.

foot [fut] *fam* = football.

football [futbol] nm soccer, football **UK** ▸ **football américain** American football **UK**, football **US**.

footballeur, euse [futbolœr, øz] nm, f soccer player, footballer **UK**.

footeux, euse [futø, øz] nm, f *fam* footy-fan.

footing [futiŋ] nm jogging.

for [fɔr] nm ▸ **dans son for intérieur** in his/ her heart of hearts.

forage [fɔraʒ] nm drilling.

forain, e [fɔrɛ̃, ɛn] adj ⟶ **fête.** ◆ **forain** nm stallholder **UK**.

forçat [fɔrsa] nm convict.

force [fɔrs] nf **1.** [vigueur] strength ▸ **c'est ce qui fait sa force** that's where his strength lies **2.** [violence, puissance, MIL & PHYS] force ▸ **faire faire qqch à qqn de force** to force sb to do sthg ▸ **avoir force de loi** to have force of law ▸ **obtenir qqch par la force** to obtain sthg by force ▸ **force centrifuge** PHYS centrifugal force. ◆ **forces** nfpl [physique] strength *(U).* ◆ **à force de** loc prép by dint of.

forcément [fɔrsemɑ̃] adv inevitably / *elle est très mince — forcément, elle ne mange rien !* she's very slim — that's hardly surprising, she never eats a thing! ▸ **pas forcément** not necessarily.

forcené, e [fɔrsəne] nm, f maniac.

forceps [fɔrsɛps] nm forceps *pl / au forceps fig* a breech birth.

forcer [16] [fɔrse] ◆ vt **1.** [gén] to force ▸ **forcer qqn à qqch /à faire qqch** to force sb into sthg/to do sthg **2.** [admiration, respect] to compel, to command **3.** [talent, voix] to strain. ◆ vi : *ça ne sert à rien de forcer, ça ne passe pas* there's no point in forcing it: it won't go through ▸ **forcer sur qqch** to overdo sthg. ◆ **se forcer** vp [s'obliger] ▸ **se forcer à faire qqch** to force o.s. to do sthg.

forcir [32] [fɔrsir] vi to put on weight.

forer [3] [fɔre] vt to drill.

forestier, ère [fɔrɛstje, ɛr] ◆ adj forest *(avant n).* ◆ nm, f forestry worker.

forêt [fɔrɛ] nf forest.

foreuse [fɔrøz] nf drill.

forfait [fɔrfɛ] nm **1.** [prix fixe] fixed price **2.** [séjour] package deal **3.** SPORT ▸ **déclarer forfait a)** [abandonner] to withdraw **b)** *fig* to give up **4.** *litt* [crime] heinous crime.

forfaitaire [fɔrfɛter] adj inclusive.

forge [fɔrʒ] nf forge.

forger [17] [fɔrʒe] vt **1.** [métal] to forge **2.** *fig* [caractère] to form.

forgeron [fɔrʒərɔ̃] nm blacksmith.

formaliser [3] [fɔrmalize] vt to formalize. ◆ **se formaliser** vp ▸ **se formaliser (de)** to take offence **UK** ou offense **US** (at).

formalisme [fɔrmalism] nm formality.

formaliste [fɔrmalist] ◆ nmf formalist. ◆ adj [milieu] conventional ; [personne] ▸ **être formaliste** to be a stickler for the rules.

formalité [fɔrmalite] nf formality.

format [fɔrma] nm [dimension] size.

formatage [fɔrmataʒ] nm INFORM formatting.

formater [3] [fɔrmate] vt INFORM to format.

formateur, trice [fɔrmatœr, tris] ◆ adj formative. ◆ nm, f trainer.

formation [fɔrmasjɔ̃] nf **1.** [gén] formation **2.** [apprentissage] training / *formation en alternance* sandwich course **UK**.

forme [fɔrm] nf **1.** [aspect] shape, form ▸ **en forme de** in the shape of **2.** [état] form ▸ **être en (pleine) forme** to be in (great) shape, to be on **UK** ou in **US** (top) form. ◆ **formes** nfpl figure *sg.*

formel, elle [fɔrmɛl] adj **1.** [définitif, ferme] positive, definite **2.** [poli] formal.

formellement [fɔrmɛlmɑ̃] adv **1.** [refuser] positively ; [promettre] definitely **2.** [raisonner] formally.

former [3] [fɔrme] vt **1.** [gén] to form **2.** [personnel, élèves] to train **3.** [goût, sensibilité] to develop. ◆ **se former** vp **1.** [se constituer] to form **2.** [s'instruire] to train o.s.

Formica® [fɔrmika] nm inv Formica®.

formidable [fɔrmidabl] adj **1.** [épatant] great, tremendous **2.** [incroyable] incredible.

formol [fɔrmɔl] nm formalin.

formulaire [fɔrmyler] nm form ▸ **remplir un formulaire** to fill in a form.

formule [fɔrmyl] nf **1.** [expression] expression ▸ **formule de politesse a)** [orale] polite phrase **b)** [épistolaire] letter ending **2.** CHIM & MATH formula **3.** [méthode] way, method.

formuler [3] [fɔʀmyle] vt to formulate, to express.

forsythia [fɔʀsisja] nm forsythia.

fort, e [fɔʀ, fɔʀt] ◆ adj **1.** [gén] strong ▸ **et le plus fort, c'est que…** and the most amazing thing about it is… ▸ **c'est plus fort que moi** I can't help it **2.** [corpulent] heavy, big **3.** [doué] gifted ▸ **être fort en qqch** to be good at sthg **4.** [puissant - voix] loud ; [- vent, lumière, accent] strong **5.** [considérable] large / **il y a de fortes chances qu'il gagne** there's a good chance he'll win. ◆ adv **1.** [frapper, battre] hard ; [sonner, parler] loud, loudly **2.** [très] very. ◆ nm **1.** [château] fort **2.** [spécialité] ▸ **ce n'est pas mon fort** it's not my forte ou strong point.

fortement [fɔʀtəmɑ̃] adv **1.** [avec force] hard **2.** [très intéressé, ému] deeply **3.** [bégayer, loucher] badly.

forteresse [fɔʀtəʀɛs] nf fortress.

fortifiant, e [fɔʀtifjɑ̃, ɑ̃t] adj fortifying. ◆ **fortifiant** nm tonic.

fortification [fɔʀtifikasjɔ̃] nf fortification.

fortifier [9] [fɔʀtifje] vt [personne, ville] to fortify ▸ **fortifier qqn dans qqch** fig to strengthen sb in sthg.

fortuit, e [fɔʀtɥi, it] adj chance (avant n), fortuitous.

fortune [fɔʀtyn] nf **1.** [richesse] fortune **2.** [hasard] luck, fortune.

fortuné, e [fɔʀtyne] adj **1.** [riche] wealthy **2.** [chanceux] fortunate, lucky.

forum [fɔʀɔm] nm forum.

fosse [fos] nf **1.** [trou] pit **2.** [tombe] grave.

fossé [fose] nm ditch ; fig gap.

fossette [fosɛt] nf dimple.

fossile [fosil] nm **1.** [de plante, d'animal] fossil **2.** fig & péj [personne] fossil, fogey.

fossoyeur, euse [foswajœʀ, øz] nm, f gravedigger.

fou, folle [fu, fɔl] ◆ adj (fol devant voyelle ou 'h' muet) mad, insane ; [prodigieux] tremendous / **rendre qqn fou** to drive sb mad. ◆ nm, f madman (madwoman).

foudre [fudʀ] nf lightning.

foudroyant, e [fudʀwajɑ̃, ɑ̃t] adj **1.** [progrès, vitesse] lightning (avant n) ; [succès] stunning **2.** [nouvelle] devastating ; [regard] withering.

foudroyer [13] [fudʀwaje] vt **1.** [suj : foudre] to strike / **l'arbre a été foudroyé** the tree was struck by lightning **2.** fig [abattre] to strike down, to kill ▸ **foudroyer qqn du regard** to glare at sb.

fouet [fwɛ] nm **1.** [en cuir] whip **2.** CULIN whisk.

fouetter [4] [fwete] vt **1.** [gén] to whip ; [suj : pluie] to lash (against) **2.** [stimuler] to stimulate.

fougasse [fugas] nf type of unleavened bread.

fougère [fuʒɛʀ] nf fern.

fougue [fug] nf ardour UK, ardor US.

fougueux, euse [fugø, øz] adj ardent, spirited.

fouille [fuj] nf **1.** [de personne, maison] search **2.** [du sol] dig, excavation.

fouiller [3] [fuje] ◆ vt **1.** [gén] to search **2.** fig [approfondir] to examine closely. ◆ vi ▸ **fouiller dans** to go through.

fouillis [fuji] nm jumble, muddle.

fouine [fwin] nf stone-marten.

fouiner [3] [fwine] vi fam to ferret around.

foulard [fulaʀ] nm scarf.

foule [ful] nf [de gens] crowd.

foulée [fule] nf [de coureur] stride.

fouler [3] [fule] vt [raisin] to press ; [sol] to walk on. ◆ **se fouler** vp MÉD ▸ **se fouler le poignet / la cheville** to sprain one's wrist/ankle.

foulure [fulyʀ] nf sprain.

four [fuʀ] nm **1.** [de cuisson] oven ▸ **four électrique / à micro-ondes** electric/microwave oven ▸ **four crématoire** HIST oven **2.** THÉÂTRE flop.

fourbe [fuʀb] adj treacherous, deceitful.

fourbu, e [fuʀby] adj tired out, exhausted.

fourche [fuʀʃ] nf **1.** [outil] pitchfork **2.** [de vélo, route] fork **3.** BELGIQUE SCOL free period.

fourchette [fuʀʃɛt] nf **1.** [couvert] fork **2.** [écart] range, bracket.

fourchu, e [fuʀʃy] adj forked.

fourgon [fuʀgɔ̃] nm **1.** [camionnette] van ▸ **fourgon cellulaire** police van UK, patrol wagon US **2.** [ferroviaire] ▸ **fourgon à bestiaux** cattle truck ▸ **fourgon postal** mail van UK, mail truck US.

fourgonnette [fuʀgɔnɛt] nf small van.

fourmi [fuʀmi] nf [insecte] ant ; fig hard worker.

fourmilière [fuʀmiljɛʀ] nf anthill.

fourmillement [fuʀmijmɑ̃] nm **1.** [d'insectes, de personnes] swarming **2.** [picotement] pins and needles pl.

fourmiller [3] [fuʀmije] vi [pulluler] to swarm ▸ **fourmiller de** fig to be swarming with.

fournaise [fuʀnɛz] nf furnace.

fourneau, x [fuʀno] nm **1.** [cuisinière, poêle] stove **2.** [de fonderie] furnace.

fournée [fuʀne] nf batch.

fourni, e [fuʀni] adj [barbe, cheveux] thick.

fournil [fuʀnil] nm bakery.

fournir [32] [fuʀniʀ] vt **1.** [procurer] ▶ **fournir qqch à qqn** to supply ou provide sb with sthg **2.** [produire] ▶ **fournir un effort** to make an effort **3.** [approvisionner] ▶ **fournir qqn (en)** to supply sb (with).

fournisseur, euse [fuʀnisœʀ, øz] nm, f supplier. ◆ **fournisseur** nm INFORM (Internet) service provider.

fourniture [fuʀnityʀ] nf supply, supplying (U). ◆ **fournitures** nfpl ▶ **fournitures de bureau** office supplies ▶ **fournitures scolaires** school supplies.

fourrage [fuʀaʒ] nm fodder.

fourré [fuʀe] nm thicket.

fourreau, x [fuʀo] nm **1.** [d'épée] sheath ; [de parapluie] cover **2.** [robe] sheath dress.

fourrer [3] [fuʀe] vt **1.** CULIN to stuff, to fill **2.** fam [mettre] ▶ **fourrer qqch (dans)** to stuff sthg (into). ◆ **se fourrer** vp fam ▶ **se fourrer une idée dans la tête** to get an idea into one's head ▶ **je ne savais plus où me fourrer** I didn't know where to put myself.

fourre-tout [fuʀtu] nm inv **1.** [pièce] lumber room **UK**, junk room **US 2.** [sac] hold-all **UK**, carryall **US**.

fourreur [fuʀœʀ] nm furrier.

fourrière [fuʀjɛʀ] nf pound.

fourrure [fuʀyʀ] nf fur.

fourvoyer [13] [fuʀvwaje] ◆ **se fourvoyer** vp sout [s'égarer] to lose one's way ; [se tromper] to go off on the wrong track.

foutre [116] [futʀ] vt tfam **1.** [mettre] to shove, to stick ▶ **foutre qqn dehors** ou **à la porte** to chuck sb out **2.** [donner] : *foutre la trouille à qqn* to scare the pants off sb, to put the wind up sb **UK** / *il lui a foutu une baffe* he thumped him one **3.** [faire] to do ▶ **ne rien foutre de la journée** to not do a damn thing all day / *j'en ai rien à foutre* I don't give a damn ou toss **UK**. ◆ **se foutre** vp tfam **1.** [se mettre] ▶ **se foutre dans** [situation] to get o.s. into **2.** [se moquer] ▶ **se foutre de (la gueule de) qqn** to laugh at sb, to take the mickey out of sb **UK 3.** [ne pas s'intéresser] : *je m'en fous* I don't give a damn ou toss **UK** about it.

foutu, e [futy] adj fam **1.** [maudit] damned, bloody **UK** ; [caractère] nasty **2.** [fait, conçu] ▶ **bien foutu** [projet, maison] great / *elle est bien foutue, celle-là* [femme] she's a real stunner **3.** [perdu] : *il est foutu* he's/it's had it **4.** [capable] ▶ **être foutu de faire qqch** to be liable ou quite likely to do sthg.

foyer [fwaje] nm **1.** [maison] home **2.** [résidence] home, hostel **3.** [point central] centre **UK**, center **US 4.** [de lunettes] focus ▶ **verres à double foyer** bifocals.

frac [fʀak] nm tails pl.

fracas [fʀaka] nm roar.

fracassant, e [fʀakasɑ̃, ɑ̃t] adj [bruyant] thunderous ; fig staggering, sensational.

fracasser [3] [fʀakase] vt to smash, to shatter.

fraction [fʀaksjɔ̃] nf fraction.

fractionner [3] [fʀaksjɔne] vt to divide (up), to split up.

fracture [fʀaktyʀ] nf MÉD fracture.

fracturer [3] [fʀaktyʀe] vt **1.** MÉD to fracture **2.** [coffre, serrure] to break open.

fragile [fʀaʒil] adj [gén] fragile ; [peau, santé] delicate.

fragiliser [3] [fʀaʒilize] vt to weaken.

fragilité [fʀaʒilite] nf fragility.

fragment [fʀagmɑ̃] nm **1.** [morceau] fragment **2.** [extrait - d'œuvre] extract ; [- de conversation] snatch.

fragmenter [3] [fʀagmɑ̃te] vt to fragment, to break up.

fraîche ⟶ **frais**.

fraîcheur [fʀɛʃœʀ] nf **1.** [d'air, d'accueil] coolness **2.** [de teint, d'aliment] freshness.

frais[1], fraîche [fʀɛ, fʀɛʃ] adj **1.** [air, accueil] cool / *boisson fraîche* cold drink **2.** [récent - trace] fresh ; [- encre] wet **3.** [teint] fresh, clear. ◆ **frais** ◇ nm ▶ **mettre qqch au frais** to put sthg in a cool place. ◆ adv ▶ **il fait frais** it's cool.

frais[2] nmpl [dépenses] expenses, costs ▶ **frais d'envoi** ou **d'expédition** postage ▶ **frais fixes** fixed costs.

fraise [fʀɛz] nf **1.** [fruit] strawberry **2.** [de dentiste] drill ; [de menuisier] bit.

fraiser [4] [fʀeze] vt to countersink.

fraiseuse [fʀezøz] nf milling machine.

fraisier [fʀezje] nm **1.** [plante] strawberry plant **2.** [gâteau] strawberry sponge.

framboise [fʀɑ̃bwaz] nf **1.** [fruit] raspberry **2.** [liqueur] raspberry liqueur.

franc, franche [fʀɑ̃, fʀɑ̃ʃ] adj **1.** [sincère] frank **2.** [net] clear, definite. ➭ **franc** nm franc.

français, e [fʀɑ̃sɛ, ɛz] adj French. ➭ **français** nm [langue] French. ➭ **Français, e** nm, f Frenchman (Frenchwoman) ▶ **les Français** the French.

France [fʀɑ̃s] nf : *la France* France ▶ **France 2, France 3** TV *French state-owned television channels.*

franche ⟶ **franc.**

franchement [fʀɑ̃ʃmɑ̃] adv **1.** [sincèrement] frankly **2.** [nettement] clearly **3.** [tout à fait] completely, downright.

franchir [32] [fʀɑ̃ʃiʀ] vt **1.** [obstacle] to get over **2.** [porte] to go through ; [seuil] to cross **3.** [distance] to cover.

franchise [fʀɑ̃ʃiz] nf **1.** [sincérité] frankness **2.** COMM franchise **3.** [d'assurance] excess **4.** [détaxe] exemption.

franchisé [fʀɑ̃ʃize] adj ▶ **agent franchisé** franchise holder.

franchiser [fʀɑ̃ʃize] vt to franchise.

francilien, enne [fʀɑ̃siljɛ̃, ɛn] adj of/from the Île-de-France. ➭ **Francilien, enne** nm, f preson from the Île-de-France.

franciscain, e [fʀɑ̃siskɛ̃, ɛn] adj & nm, f Franciscan.

franciser [3] [fʀɑ̃size] vt to frenchify.

franc-jeu [fʀɑ̃ʒø] nm ▶ **jouer franc-jeu** to play fair.

franc-maçon, onne [fʀɑ̃masɔ̃, ɔn] (*mpl* **francs-maçons,** *fpl* **franc-maçonnes**) adj masonic. ➭ **franc-maçon** nm freemason.

franc-maçonnerie [fʀɑ̃masɔnʀi] nf freemasonry (U).

franco [fʀɑ̃ko] adv COMM ▶ **franco de port** carriage paid.

francophile [fʀɑ̃kɔfil] nmf & adj francophile.

francophone [fʀɑ̃kɔfɔn] ➭ adj French-speaking. ➭ nmf French speaker.

francophonie [fʀɑ̃kɔfɔni] nf ▶ **la francophonie** French-speaking nations *pl.*

franc-parler [fʀɑ̃paʀle] nm ▶ **avoir son franc-parler** to speak one's mind.

franc-tireur [fʀɑ̃tiʀœʀ] nm MIL irregular.

frange [fʀɑ̃ʒ] nf fringe.

frangin, e [fʀɑ̃ʒɛ̃, fʀɑ̃ʒin] nm, f fam brother (sister).

frangipane [fʀɑ̃ʒipan] nf almond paste.

franglais [fʀɑ̃glɛ] nm Franglais.

franquette [fʀɑ̃kɛt] ➭ **à la bonne franquette** loc adv informally, without ceremony.

frappant, e [fʀapɑ̃, ɑ̃t] adj striking.

frappe [fʀap] nf **1.** [de monnaie] minting, striking **2.** INFORM keying **3.** [de boxeur] punch **4.** MIL ▶ **frappe de précision** precision strike.

frapper [3] [fʀape] ➭ vt **1.** [gén] to strike **2.** [boisson] to chill. ➭ vi to knock.

frasques [fʀask] nfpl pranks, escapades.

fraternel, elle [fʀatɛʀnɛl] adj fraternal, brotherly.

fraterniser [3] [fʀatɛʀnize] vi to fraternize.

fraternité [fʀatɛʀnite] nf brotherhood.

fratricide [fʀatʀisid] nmf fratricide.

fratrie [fʀatʀi] nf siblings *pl*, brothers and sisters *pl.*

fraude [fʀod] nf fraud.

frauder [3] [fʀode] vt & vi to cheat.

frauduleux, euse [fʀodylø, øz] adj fraudulent.

frayer [11] [fʀeje] ➭ **se frayer** vp ▶ **se frayer un chemin (à travers une foule)** to force one's way through (a crowd).

frayeur [fʀejœʀ] nf fright, fear.

fredaines [fʀədɛn] nfpl pranks.

fredonner [3] [fʀədɔne] vt & vi to hum.

free-lance [fʀilɑ̃s] (*pl* free-lances) ➭ adj freelance. ➭ nmf freelance, freelancer. ➭ nm freelancing, freelance work ▶ *travailler* ou *être en free-lance* to work on a freelance basis ou as a freelancer.

freezer [fʀizœʀ] nm freezer compartment.

frégate [fʀegat] nf [bateau] frigate.

frein [fʀɛ̃] nm **1.** AUTO brake ▶ **frein à main** handbrake **2.** *fig* [obstacle] brake, check.

freinage [fʀenaʒ] nm braking.

freiner [4] [fʀene] ➭ vt **1.** [mouvement, véhicule] to slow down ; [inflation, dépenses] to curb **2.** [personne] to restrain. ➭ vi to brake.

frelaté, e [fʀəlate] adj [vin] adulterated ; *fig* corrupt.

frêle [fʀɛl] adj [enfant, voix] frail.

frelon [fʀəlɔ̃] nm hornet.

frémir [32] [fʀemiʀ] vi **1.** [corps, personne] to tremble **2.** [eau] to simmer.

frémissement [fʀemismɑ̃] nm **1.** [de corps, personne] shiver, trembling *(U)* **2.** [d'eau] simmering.

frêne [fʀɛn] nm ash.

frénésie [fʀenezi] nf frenzy.

frénétique [fʀenetik] adj frenzied.

fréquemment [fʀekamɑ̃] adv frequently.

fréquence [fʀekɑ̃s] nf frequency.

fréquent, e [fʀekɑ̃, ɑ̃t] adj frequent ▶ **peu fréquent** infrequent.

fréquentable [fʀekɑ̃tabl] adj respectable.

fréquentation [fʀekɑ̃tasjɔ̃] nf **1.** [d'endroit] frequenting **2.** [de personne] association. ◆ **fréquentations** nfpl company *(U)*.

fréquenté, e [fʀekɑ̃te] adj ▶ **très fréquenté** busy / *c'est très bien / mal fréquenté* the right / wrong sort of people go there.

fréquenter [3] [fʀekɑ̃te] vt **1.** [endroit] to frequent **2.** [personne] to associate with ; *vieilli* & *hum* [petit ami] to go out with, to see.

frère [fʀɛʀ] ❖ nm brother. ❖ adj [parti, pays] sister *(avant n)*.

fresque [fʀɛsk] nf fresco.

fret [fʀɛ] nm freight.

frétiller [3] [fʀetije] vi [poisson, personne] to wriggle.

fretin [fʀətɛ̃] nm ▶ **le menu fretin** the small fry.

friable [fʀijabl] adj crumbly.

friand, e [fʀijɑ̃, ɑ̃d] adj ▶ **être friand de** to be partial to.

friandise [fʀijɑ̃diz] nf delicacy.

fric [fʀik] nm *fam* cash.

fricassée [fʀikase] nf fricassee.

friche [fʀiʃ] nf fallow land ▶ **en friche** fallow.

friction [fʀiksjɔ̃] nf **1.** [massage] massage **2.** *fig* [désaccord] friction.

frictionner [3] [fʀiksjɔne] vt to rub.

Frigidaire® [fʀiʒidɛʀ] nm fridge **UK**, refrigerator.

frigide [fʀiʒid] adj frigid.

frigo [fʀigo] nm *fam* fridge **UK**.

frigorifié, e [fʀigɔʀifje] adj *fam* frozen.

frileux, euse [fʀilø, øz] adj **1.** [craignant le froid] sensitive to the cold **2.** [prudent] unadventurous.

frimas [fʀima] nm *litt* foggy winter weather.

frime [fʀim] nf *fam* showing off.

frimer [3] [fʀime] vi *fam* [bluffer] to pretend ; [se mettre en valeur] to show off.

frimousse [fʀimus] nf *fam* dear little face.

fringale [fʀɛ̃gal] nf *fam* : *avoir la fringale* to be starving.

fringant, e [fʀɛ̃gɑ̃, ɑ̃t] adj high-spirited.

fringues [fʀɛ̃g] nfpl *fam* clothes.

fripe [fʀip] nf ▶ **la fripe, les fripes** second-hand clothes.

fripon, onne [fʀipɔ̃, ɔn] ❖ nm, f *fam* & *vieilli* rogue, rascal. ❖ adj mischievous, cheeky.

fripouille [fʀipuj] nf *fam* scoundrel / *petite fripouille* little devil.

frire [115] [fʀiʀ] ❖ vt to fry. ❖ vi to fry.

frise [fʀiz] nf ARCHIT frieze.

frisé, e [fʀize] adj [cheveux] curly ; [personne] curly-haired.

friser [3] [fʀize] ❖ vt **1.** [cheveux] to curl **2.** *fig* [ressembler à] to border on. ❖ vi to curl.

frisquet, ette [fʀiskɛ] adj *fam* ▶ **il fait frisquet** it's chilly.

frisson [fʀisɔ̃] nm [gén] shiver ; [de dégoût] shudder.

frissonner [3] [fʀisɔne] vi **1.** [trembler] to shiver ; [de dégoût] to shudder **2.** [s'agiter - eau] to ripple ; [- feuillage] to tremble ▶ **frit, e** [fʀi, fʀit] pp ⟶ **frire**.

frite [fʀit] nf chip **UK**, (French) fry **US**.

friterie [fʀitʀi] nf ≃ chip shop **UK**.

friteuse [fʀitøz] nf deep-fat fryer.

friture [fʀityʀ] nf **1.** [poisson] fried fish **2.** *fam* RADIO crackle.

frivole [fʀivɔl] adj frivolous.

frivolité [fʀivɔlite] nf frivolity.

froid, froide [fʀwa, fʀwad] adj *pr* & *fig* cold ▶ **rester froid** to be unmoved. ◆ **froid** ❖ nm **1.** [température] cold ▶ **prendre froid** to catch (a) cold **2.** [tension] coolness. ❖ adv : *il fait froid* it's cold ▶ **avoir froid** to be cold.

froidement [fʀwadmɑ̃] adv **1.** [accueillir] coldly **2.** [écouter, parler] coolly **3.** [tuer] cold-bloodedly.

froisser [3] [fʀwase] vt **1.** [tissu, papier] to crumple, to crease **2.** *fig* [offenser] to offend. ◆ **se froisser** vp **1.** [tissu] to crumple, to crease **2.** MÉD ▶ **se froisser un muscle** to take offence **UK** ou offense **US**.

frôler [3] [fʀole] vt to brush against; *fig* to have a brush with, to come close to.

fromage [fʀɔmaʒ] nm cheese ▸ **fromage blanc** fromage frais ▸ **fromage de brebis** sheep's milk cheese ▸ **fromage de chèvre** goat's cheese ▸ **fromage en grains** QUÉBEC curd cheese.

fromager, ère [fʀɔmaʒe, ɛʀ] nm, f [fabricant] cheesemaker.

fromagerie [fʀɔmaʒʀi] nf cheese shop UK ou store US.

froment [fʀɔmɑ̃] nm wheat.

froncer [16] [fʀɔ̃se] vt COUT to gather.

frondaison [fʀɔ̃dɛzɔ̃] nf **1.** [phénomène] foliation **2.** [feuillage] foliage.

fronde [fʀɔ̃d] nf **1.** [arme] sling; [jouet] catapult UK, slingshot US **2.** [révolte] rebellion.

front [fʀɔ̃] nm **1.** ANAT forehead **2.** *fig* [audace] nerve, cheek UK **3.** [avant-gén] front; [-de bâtiment] front, façade ▸ **front de mer** (sea) front **4.** MÉTÉOR, MIL & POL front.

frontal, e, aux [fʀɔ̃tal, o] adj **1.** ANAT frontal **2.** [collision, attaque] head-on.

frontalier, ère [fʀɔ̃talje, ɛʀ] ❖ adj frontier *(avant n)* ▸ *travailleur frontalier* person who lives on one side of a border and works on the other. ❖ nm, f person from a border area.

frontière [fʀɔ̃tjɛʀ] ❖ adj border *(avant n)*. ❖ nf frontier, border; *fig* frontier.

fronton [fʀɔ̃tɔ̃] nm ARCHIT pediment.

frottement [fʀɔtmɑ̃] nm **1.** [action] rubbing **2.** [contact, difficulté] friction.

frotter [3] [fʀɔte] ❖ vt to rub; [parquet] to scrub. ❖ vi to rub, to scrape.

frottis [fʀɔti] nm smear.

froufrou [fʀufʀu] *(pl* froufrous*)* nm rustle, swish. ◆ **froufrous** nmpl [de robe] frills.

frousse [fʀus] nf *fam* fright ▸ **avoir la frousse** to be scared stiff.

fructifier [9] [fʀyktifje] vi **1.** [investissement] to give ou yield a profit **2.** [terre] to be productive **3.** [arbre, idée] to bear fruit.

fructose [fʀyktoz] nm fructose.

fructueux, euse [fʀyktɥø, øz] adj fruitful, profitable.

frugal, e, aux [fʀygal, o] adj frugal.

fruit [fʀɥi] nm *pr* & *fig* fruit / *des fruits* fruit / *il reste trois fruits* there are three pieces of fruit left ▸ **fruit confit** candied fruit ▸ **fruit sec** dried fruit *(U)* ▸ **fruits de mer** seafood *(U)*.

fruité, e [fʀɥite] adj fruity.

fruitier, ère [fʀɥitje, ɛʀ] ❖ adj [arbre] fruit *(avant n)*. ❖ nm, f fruit seller, fruiterer UK.

fruste [fʀyst] adj uncouth.

frustrant, e [fʀystʀɑ̃, ɑ̃t] adj frustrating.

frustration [fʀystʀasjɔ̃] nf frustration.

frustrer [3] [fʀystʀe] vt **1.** [priver] ▸ **frustrer qqn de** to deprive sb of **2.** [décevoir] to frustrate.

fuchsia [fyʃja] nm fuchsia.

fuel, fioul [fjul] nm **1.** [de chauffage] fuel **2.** [carburant] fuel oil.

fugace [fygas] adj fleeting.

fugitif, ive [fyʒitif, iv] ❖ adj fleeting. ❖ nm, f fugitive.

fugue [fyg] nf **1.** [de personne] flight ▸ **faire une fugue** to run off ou away **2.** MUS fugue.

fui [fɥi] pp inv ⟶ **fuir**.

fuir [35] [fɥiʀ] ❖ vi **1.** [détaler] to flee **2.** [tuyau] to leak **3.** *fig* [s'écouler] to fly by. ❖ vt [éviter] to avoid, to shun.

fuite [fɥit] nf **1.** [de personne] escape, flight **2.** [écoulement, d'information] leak.

fulgurant, e [fylgyʀɑ̃, ɑ̃t] adj **1.** [découverte] dazzling **2.** [vitesse] lightning *(avant n)* **3.** [douleur] searing.

fulminer [3] [fylmine] vi [personne] ▸ **fulminer (contre)** to fulminate (against).

fumé, e [fyme] adj **1.** CULIN smoked **2.** [verres] tinted.

fumée [fyme] nf [de combustion] smoke.

fumer [3] [fyme] ❖ vi **1.** [personne, cheminée] to smoke **2.** [bouilloire, plat] to steam. ❖ vt **1.** [cigarette, aliment] to smoke **2.** AGRIC to spread manure on.

fumet [fymɛ] nm **1.** [odeur] aroma **2.** CULIN greatly reduced stock.

fumette [fymɛt] nf *fam* marijuana smoking / *se faire une fumette* to get stoned.

fumeur, euse [fymœʀ, øz] nm, f smoker.

fumeux, euse [fymø, øz] adj confused, woolly UK ou wooly US.

fumier [fymje] nm AGRIC dung, manure.

fumiste [fymist] nmf *péj* shirker, skiver UK.

fumisterie [fymistəʀi] nf *fam* shirking, skiving UK.

fumoir [fymwaʀ] nm **1.** [pour aliments] smokehouse **2.** [pièce] smoking room.

funambule [fynɑ̃byl] nmf tightrope walker.

funèbre [fynɛbʀ] adj **1.** [de funérailles] funeral *(avant n)* **2.** [lugubre] funereal ; [sentiments] dismal.

funérailles [fyneʀaj] nfpl funeral *sg.*

funéraire [fyneʀɛʀ] adj funeral *(avant n).*

funeste [fynɛst] adj **1.** [accident] fatal **2.** [initiative, erreur] disastrous **3.** [présage] of doom.

funiculaire [fynikylɛʀ] nm funicular railway.

fur [fyʀ] ❖ **au fur et à mesure** loc adv as I/you etc. go along ✓ *au fur et à mesure des besoins* as (and when) needed. ❖ **au fur et à mesure que** loc conj as (and when).

furet [fyʀɛ] nm [animal] ferret.

fureter [28] [fyʀte] vi [fouiller] to ferret around.

fureur [fyʀœʀ] nf [colère] fury.

furibond, e [fyʀibɔ̃, ɔ̃d] adj furious.

furie [fyʀi] nf **1.** [colère, agitation] fury ▶ **en furie a)** [personne] infuriated **b)** [éléments] raging **2.** *fig* [femme] shrew.

furieux, euse [fyʀjø, øz] adj **1.** [personne] furious **2.** [énorme] tremendous.

furoncle [fyʀɔ̃kl] nm boil.

furtif, ive [fyʀtif, iv] adj furtive.

fus, fut ⟶ être.

fusain [fyzɛ̃] nm **1.** [crayon] charcoal **2.** [dessin] charcoal drawing.

fuseau, x [fyzo] nm **1.** [outil] spindle **2.** [pantalon] ski pants *pl.* ❖ **fuseau horaire** nm time zone.

fusée [fyze] nf [pièce d'artifice & AÉRON] rocket.

fuselage [fyzlaʒ] nm fuselage.

fuselé, e [fyzle] adj [doigts] tapering ; [jambes] slender.

fuser [3] [fyze] vi [cri, rire] to burst forth ou out.

fusible [fyzibl] nm fuse.

fusil [fyzi] nm [arme] gun ▶ **fusil à pompe** pump-action rifle ▶ **changer son fusil d'épaule** *fig* to change one's approach, to have a change of heart.

fusillade [fyzijad] nf [combat] gunfire *(U)*, fusillade.

fusiller [3] [fyzije] vt [exécuter] to shoot.

fusion [fyzjɔ̃] nf **1.** [gén] fusion **2.** [fonte] smelting **3.** ÉCON & POL merger.

fusionnel, elle [fyzjɔnɛl] adj [couple] inseparable ; [relation] intense.

fusionner [3] [fyzjɔne] vt & vi to merge.

fustiger [17] [fystiʒe] vt to castigate.

fut ⟶ être.

fût [fy] nm **1.** [d'arbre] trunk **2.** [tonneau] barrel, cask **3.** [d'arme] stock **4.** [de colonne] shaft.

futaie [fytɛ] nf wood.

futé, e [fyte] *fam* ❖ adj cunning. ❖ nm, f smart cookie.

futile [fytil] adj **1.** [insignifiant] futile **2.** [frivole] frivolous.

futon [fytɔ̃] nm futon.

futur, e [fytyʀ] ❖ adj future *(avant n).* ❖ nm, f *hum* [fiancé] intended. ❖ **futur** nm future.

futuriste [fytyʀist] adj futuristic.

fuyant, e [fɥijɑ̃, ɑ̃t] adj **1.** [perspective, front] receding *(avant n)* **2.** [regard] evasive.

fuyard, e [fɥijaʀ, aʀd] nm, f runaway.

g¹, **G** [ʒe] nm inv g, G.

G² SMS *abr écrite de* **j'ai**.

G20 ÉCON & POL ▸ **le G20** G20.

gabardine [gabaʀdin] nf gabardine.

gabarit [gabaʀi] nm [dimension] size.

Gabon [gabɔ̃] nm : *le Gabon* Gabon.

gâcher [3] [gaʃe] vt **1.** [gaspiller] to waste **2.** [gâter] to spoil **3.** CONSTR to mix.

gâchette [gaʃɛt] nf trigger.

gâchis [gaʃi] nm [gaspillage] waste (U).

gadget [gadʒɛt] nm gadget.

gadoue [gadu] nf fam [boue] mud ; [engrais] sludge.

gaélique [gaelik] ❖ adj Gaelic. ❖ nm Gaelic.

gaffe [gaf] nf **1.** fam [maladresse] booboo, clanger UK **2.** [outil] boat hook.

gaffer [3] [gafe] vi fam to put one's foot in it.

gag [gag] nm gag.

gage [gaʒ] nm **1.** [dépôt] pledge ▸ **mettre qqch en gage** to pawn sthg **2.** [assurance, preuve] proof **3.** [dans jeu] forfeit.

gager [17] [gaʒe] vt litt ▸ **gager que** to bet (that).

gageure [gaʒyʀ] nf challenge.

gagnant, e [gaɲɑ̃, ɑ̃t] ❖ adj winning (avant n). ❖ nm, f winner.

gagne-pain [gaɲpɛ̃] nm inv livelihood.

gagner [3] [gaɲe] ❖ vt **1.** [salaire, argent, repos] to earn **2.** [course, prix, affection] to win **3.** [obtenir, économiser] to gain / *gagner du temps / de la place* to gain time / space / *qu'est-ce que j'y gagne ?* what do I get out of it? **4.** [atteindre - gén] to reach ; [- suj : feu, engourdissement] to spread to ; [- suj : sommeil, froid] to overcome. ❖ vi **1.** [être vainqueur] to win **2.** [bénéficier] to gain ▸ **gagner à faire qqch** to be better off doing sthg **3.** [s'améliorer] ▸ **gagner en** to increase in.

gai, e [gɛ] adj **1.** [joyeux] cheerful, happy **2.** [vif, plaisant] bright.

gaieté [gete] nf **1.** [joie] cheerfulness **2.** [vivacité] brightness.

gaillard, e [gajaʀ, aʀd] ❖ adj **1.** [alerte] sprightly, spry **2.** [licencieux] ribald. ❖ nm, f strapping individual.

gain [gɛ̃] nm **1.** [profit] gain, profit **2.** [succès] winning **3.** [économie] saving. ❖ **gains** nmpl earnings.

gaine [gɛn] nf **1.** [étui, enveloppe] sheath **2.** [sous-vêtement] girdle, corset.

gainer [4] [gene] vt to sheathe.

gala [gala] nm gala, reception.

galant, e [galɑ̃, ɑ̃t] adj **1.** [courtois] gallant **2.** [amoureux] flirtatious. ❖ **galant** nm admirer.

galanterie [galɑ̃tʀi] nf **1.** [courtoisie] gallantry, politeness **2.** [flatterie] compliment.

galaxie [galaksi] nf galaxy.

galbe [galb] nm curve.

gale [gal] nf **1.** MÉD scabies (U) **2.** QUÉBEC [croûte] scab.

galère [galɛʀ] nf NAUT galley / *quelle galère !* fam & fig what a hassle!, what a drag!

galérer [18] [galere] vi fam to have a hard time.

galerie [galʀi] nf **1.** [gén] gallery ▸ **galerie marchande ou commerciale** shopping arcade UK ou mall US **2.** THÉÂTRE circle **3.** [porte-bagages] roof UK ou luggage US rack.

galeriste [galʀist] nmf gallery owner.

galet [galɛ] nm **1.** [caillou] pebble **2.** TECHNOL wheel, roller.

galette [galɛt] nf CULIN pancake (made from buckwheat flour).

galipette [galipɛt] nf fam somersault.

Galles [gal] ⟶ **pays**.

gallicisme [galisism] nm [expression] French idiom ; [dans une langue étrangère] gallicism.

gallois, e [galwa, az] adj Welsh. ❖ **gallois** nm [langue] Welsh. ❖ **Gallois, e** nm, f Welshman (Welshwoman) ▸ **les Gallois** the Welsh.

galoche [galɔʃ] nf clog.

galon [galɔ̃] nm **1.** COUT braid (U) **2.** MIL stripe.

galop [galo] nm [allure] gallop ▸ **au galop**
a) [cheval] at a gallop b) *fig* at the double 🇬🇧, on
the double 🇺🇸.

galoper [3] [galɔpe] vi **1.** [cheval] to gallop
2. [personne] to run around **3.** [imagination]
to run riot.

galopin [galɔpɛ̃] nm *fam* brat.

galvaniser [3] [galvanize] vt *pr* & *fig* to
galvanize.

galvauder [3] [galvode] vt [ternir] to tarnish.

gambader [3] [gɑ̃bade] vi [sautiller] to leap
around ; [agneau] to gambol.

gamelle [gamɛl] nf [plat] mess tin 🇬🇧 ou
kit 🇺🇸.

gamin, e [gamɛ̃, in] *fam* ❖ adj [puéril] childish. ❖ nm, f [enfant] kid.

gamme [gam] nf **1.** [série] range **2.** MUS scale.

ganglion [gɑ̃glijɔ̃] nm ganglion.

gangrène [gɑ̃grɛn] nf gangrene ; *fig* corruption, canker.

gangue [gɑ̃g] nf **1.** [de minerai] gangue **2.** *fig*
[carcan] straitjacket.

gant [gɑ̃] nm glove ▸ **gant de toilette** facecloth, flannel 🇬🇧, washcloth 🇺🇸.

garage [gaʀaʒ] nm garage.

garagiste [gaʀaʒist] nmf [propriétaire] garage
owner ; [réparateur] garage mechanic.

garant, e [gaʀɑ̃, ɑ̃t] nm, f [responsable] guarantor ▸ **se porter garant de** to vouch for, to
guarantee sthg. ❖ **garant** nm [garantie]
guarantee.

garantie [gaʀɑ̃ti] nf [gén] guarantee.
❖ **sous garantie** loc adj under guarantee
/ **un appareil sous garantie** an appliance under
guarantee.

garantir [32] [gaʀɑ̃tiʀ] vt **1.** [assurer,
COMM & FIN] to guarantee, to collateralize 🇺🇸
▸ **garantir à qqn que** to assure ou guarantee
sb that **2.** [protéger] ▸ **garantir qqch (de)** to
protect sthg (from).

garce [gaʀs] nf *péj* bitch.

garçon [gaʀsɔ̃] nm **1.** [enfant] boy **2.** [cé-
libataire] ▸ **vieux garçon** confirmed bachelor
3. [serveur] ▸ **garçon (de café)** waiter.

garçonnet [gaʀsɔnɛ] nm little boy.

garçonnière [gaʀsɔnjɛʀ] nf bachelor flat 🇬🇧
ou apartment 🇺🇸.

garde [gaʀd] ❖ nf **1.** [surveillance] protection **2.** [veille] ▸ **pharmacie de garde** duty
chemist 🇬🇧, emergency drugstore 🇺🇸 **3.** MIL

guard ▸ **monter la garde** to go on guard **4.**
EXPR être / se tenir sur ses gardes to be/stay
on one's guard ▸ **mettre qqn en garde contre
qqch** to put sb on their guard against sthg ▸ **mise
en garde** warning. ❖ nmf keeper ▸ **garde du
corps** bodyguard ▸ **garde d'enfants** babysit-
ter, childminder 🇬🇧.

garde-à-vous [gaʀdavu] nm inv attention
▸ **se mettre au garde-à-vous** to stand to attention.

garde-boue [gaʀdəbu] nm inv mudguard.

garde-chasse [gaʀdəʃas] (*pl* **gardes-chasse**
ou **gardes-chasses**) nm gamekeeper.

garde-côte(s)¹ [gaʀdəkot] (*pl* **garde-côtes**)
nm [bateau] coastguard ship.

garde-côte(s)² [gaʀdəkot] (*pl* **gardes-côtes**)
nm [personne] coastguard.

garde-fou [gaʀdəfu] (*pl* **garde-fous**) nm
railing, parapet.

garde-malade [gaʀdəmalad] (*pl* **gardes-
malades**) nmf nurse.

garde-manger [gaʀdəmɑ̃ʒe] nm inv [pièce]
pantry, larder ; [armoire] meat safe 🇬🇧, cooler 🇺🇸.

garde-meuble [gaʀdəmœbl] (*pl* **garde-
meubles**) nm warehouse.

garde-pêche [gaʀdəpɛʃ] (*pl* **gardes-pêche**)
nm [personne] water bailiff 🇬🇧, fishwarden 🇺🇸.

garder [3] [gaʀde] vt **1.** [gén] to keep **2.** [vête-
ment] to keep on **3.** [surveiller] to mind, to
look after **4.** [défendre] to guard **5.** [protéger]
▸ **garder qqn de qqch** to save sb from sthg.
❖ **se garder** vp **1.** [se conserver] to keep
2. [se méfier] ▸ **se garder de qqn / qqch** to
beware of sb/sthg **3.** [s'abstenir] ▸ **se garder
de faire qqch** to take care not to do sthg.

garderie [gaʀdəʀi] nf crèche 🇬🇧, day nursery 🇬🇧, day-care center 🇺🇸.

garde-robe [gaʀdəʀɔb] (*pl* **garde-robes**)
nf wardrobe.

gardien, enne [gaʀdjɛ̃, ɛn] nm, f **1.** [sur-
veillant] guard, keeper ▸ **gardien de but** goalkeeper ▸ **gardien de nuit** night watchman
2. QUÉBEC [d'enfants] baby-sitter **3.** *fig* [défen-
seur] protector, guardian **4.** [agent] ▸ **gardien
de la paix** police officer.

gardiennage [gaʀdjɛnaʒ] nm caretak-
ing 🇬🇧, job of janitor 🇺🇸.

gare¹ [gaʀ] nf station ▸ **gare routière** a) [de
marchandises] road haulage depot 🇬🇧 b) [pour
passagers] bus station.

gare² [gaʀ] interj [attention] watch out! ▸ **gare aux voleurs** watch out for pickpockets.

garer [3] [gaʀe] vt **1.** [ranger] to park **2.** [mettre à l'abri] to put in a safe place. ◆ **se garer** vp **1.** [stationner] to park **2.** [se ranger] to pull over.

gargariser [3] [gaʀgaʀize] ◆ **se gargariser** vp **1.** [se rincer] to gargle **2.** péj [se délecter] ▸ **se gargariser de** to delight ou revel in.

gargouiller [3] [gaʀguje] vi **1.** [eau] to gurgle **2.** [intestins] to rumble.

garnement [gaʀnəmɑ̃] nm rascal, pest.

garni [gaʀni] nm vieilli furnished accommodation (U) UK ou accommodations pl US.

Garnier [gaʀnje] npr : le palais Garnier the old Paris Opera House.

garnir [32] [gaʀniʀ] vt **1.** [équiper] to fit out, to furnish **2.** [remplir] to fill **3.** [orner] ▸ **garnir qqch de a)** to decorate sthg with **b)** COUT to trim sthg with.

garnison [gaʀnizɔ̃] nf garrison.

garniture [gaʀnityʀ] nf **1.** [ornement] trimming ; [de lit] bed linen **2.** [CULIN - pour accompagner] garnish, fixings pl US ; [- pour remplir] filling.

garrigue [gaʀig] nf scrub.

garrot [gaʀo] nm **1.** [de cheval] withers pl **2.** MÉD tourniquet.

gars [ga] nm fam **1.** [garçon, homme] lad **2.** [type] guy, bloke UK.

gas-oil [gazɔjl, gazwal], **gazole** [gazɔl] nm diesel oil.

gaspillage [gaspijaʒ] nm waste.

gaspiller [3] [gaspije] vt to waste.

gastrique [gastʀik] adj gastric.

gastro-entérite [gastʀoɑ̃teʀit] (pl **gastro-entérites**) nf gastroenteritis (U).

gastro-entérologue (pl **gastro-entérologues**) [gastʀoɑ̃teʀɔlɔg] nmf gastroenterologist.

gastronome [gastʀɔnɔm] nmf gourmet.

gastronomie [gastʀɔnɔmi] nf gastronomy.

gâteau, x [gato] nm cake ▸ **gâteau d'anniversaire** birthday cake ▸ **gâteau sec** biscuit UK, cookie US.

gâter [3] [gate] vt **1.** [gén] to spoil ; [vacances, affaires] to ruin, to spoil **2.** iron [combler] to be too good to be true / on est gâté ! just marvellous! ◆ **se gâter** vp **1.** [aliments] to spoil, to go off UK **2.** [temps] to change for the worse **3.** [situation] to take a turn for the worse.

gâteux, euse [gatø, øz] adj fam senile.

gauche [goʃ] ◆ nf **1.** [côté] left, left-hand side ▸ **à gauche (de)** on the left (of) **2.** POL ▸ **la gauche** the left (wing) ▸ **de gauche** left-wing. ◆ adj **1.** [côté] left **2.** [personne] clumsy.

gaucher, ère [goʃe, ɛʀ] ◆ adj left-handed. ◆ nm, f left-handed person.

gauchiste [goʃist] nmf leftist.

gaufre [gofʀ] nf waffle.

gaufrer [3] [gofʀe] vt to emboss.

gaufrette [gofʀɛt] nf wafer.

gaule [gol] nf **1.** [perche] pole **2.** [canne à pêche] fishing rod.

gauler [3] [gole] vt to bring ou shake down.

gaulliste [golist] nmf & adj Gaullist.

gaulois, e [golwa, az] adj [de Gaule] Gallic. ◆ **Gaulois, e** nm, f Gaul.

gaver [3] [gave] vt **1.** [animal] to force-feed **2.** fam [personne] ▸ **gaver qqn de** to feed sb full of.

gay [gɛ] adj inv & nm gay.

gaz [gaz] nm inv gas.

gaze [gaz] nf gauze.

gazelle [gazɛl] nf gazelle.

gazer [3] [gaze] vt to gas.

gazette [gazɛt] nf newspaper, gazette.

gazeux, euse [gazø, øz] adj **1.** CHIM gaseous **2.** [boisson] fizzy.

gazinière [gazinjɛʀ] nf gas stove, gas cooker UK.

gazoduc [gazɔdyk] nm gas pipeline.

gazole = **gas-oil**.

gazon [gazɔ̃] nm [herbe] grass ; [terrain] lawn.

gazouiller [3] [gazuje] vi **1.** [oiseau] to chirp, to twitter **2.** [bébé] to gurgle.

GB, G-B (abr écrite de **Grande-Bretagne**) nf GB.

gd abr écrite de **grand**.

GDF, Gdf (abr de **Gaz de France**) French national gas company.

geai [ʒɛ] nm jay.

géant, e [ʒeɑ̃, ɑ̃t] ◆ adj gigantic, giant. ◆ nm, f giant.

geindre [81] [ʒɛ̃dʀ] vi **1.** [gémir] to moan **2.** fam [pleurnicher] to whine.

gel [ʒɛl] nm **1.** MÉTÉOR frost **2.** [d'eau] freezing **3.** [cosmétique] gel.

gélatine [ʒelatin] nf gelatine.

gelée [ʒəle] nf **1.** MÉTÉOR frost **2.** CULIN jelly.

geler [25] [ʒəle] vt & vi **1.** [gén] to freeze **2.** [projet] to halt.

gélule [ʒelyl] nf capsule.

Gémeaux [ʒemo] nmpl ASTROL Gemini.

gémir [32] [ʒemiʀ] vi **1.** [gén] to moan **2.** [par déception] to groan.

gémissement [ʒemismɑ̃] nm **1.** [gén] moan; [du vent] moaning (U) **2.** [de déception] groan.

gemme [ʒɛm] nf gem, precious stone.

gênant, e [ʒenɑ̃, ɑ̃t] adj **1.** [encombrant] in the way **2.** [embarrassant] awkward, embarrassing **3.** [énervant] ▸ **être gênant** to be a nuisance.

gencive [ʒɑ̃siv] nf gum.

gendarme [ʒɑ̃daʀm] nm policeman.

gendarmerie [ʒɑ̃daʀməʀi] nf **1.** [corps] police force **2.** [lieu] police station.

gendre [ʒɑ̃dʀ] nm son-in-law.

gène [ʒɛn] nm gene.

gêne [ʒɛn] nf **1.** [physique] difficulty **2.** [psychologique] embarrassment **3.** [financière] difficulty **4.** QUÉBEC [timidité] shyness.

généalogie [ʒenealɔʒi] nf genealogy.

généalogique [ʒenealɔʒik] adj genealogical.

gêner [4] [ʒene] vt **1.** [physiquement - gén] to be too tight for; [- suj : chaussures] to pinch **2.** [moralement] to embarrass **3.** [incommoder] to bother **4.** [encombrer] to hamper **5.** QUÉBEC [intimider] to intimidate.

général, e, aux [ʒeneʀal, o] ✧ adj general ▸ **en général** generally, in general ▸ **répétition générale** dress rehearsal. ✧ nm, f MIL general. ◆ **générale** nf THÉÂTRE dress rehearsal.

généralement [ʒeneʀalmɑ̃] adv generally.

généralisation [ʒeneʀalizasjɔ̃] nf generalization.

généraliser [3] [ʒeneʀalize] vt & vi to generalize. ◆ **se généraliser** vp to become general ou widespread.

généraliste [ʒeneʀalist] ✧ nmf family doctor, GP. ✧ adj general.

généralité [ʒeneʀalite] nf **1.** [idée] generality **2.** [universalité] general nature. ◆ **généralités** nfpl generalities.

générateur, trice [ʒeneʀatœʀ, tʀis] adj generating (avant n). ◆ **générateur** nm TECHNOL generator.

génération [ʒeneʀasjɔ̃] nf generation.

générationnel, elle [ʒeneʀasjɔnɛl] adj generational ▸ **marketing générationnel** generational marketing ▸ **le dialogue générationnel** intergenerational dialogue ▸ **le fossé générationnel** the generation gap.

générer [18] [ʒeneʀe] vt to generate.

généreux, euse [ʒeneʀø, øz] adj generous; [terre] fertile.

générique [ʒeneʀik] ✧ adj generic ▸ **médicament générique** MÉD generic drug. ✧ nm **1.** CINÉ & TV credits pl **2.** MÉD generic drug.

générosité [ʒeneʀozite] nf generosity.

genèse [ʒənɛz] nf [création] genesis. ◆ **Genèse** nf [bible] Genesis.

genêt [ʒənɛ] nm broom.

génétique [ʒenetik] ✧ adj genetic. ✧ nf genetics (U).

Genève [ʒənɛv] npr Geneva.

génial, e, aux [ʒenjal, o] adj **1.** [personne] of genius **2.** [idée, invention] inspired **3.** fam [formidable] : **c'est génial !** that's great!, that's terrific!

génie [ʒeni] nm **1.** [personne, aptitude] genius **2.** MYTH spirit, genie **3.** TECHNOL engineering ▸ **le génie** MIL ≃ the Royal Engineers UK; ≃ the (Army) Corps of Engineers US.

genièvre [ʒənjɛvʀ] nm juniper.

génisse [ʒenis] nf heifer.

génital, e, aux [ʒenital, o] adj genital.

géniteur, trice [ʒenitœʀ, tʀis] nm, f parent; [d'animal] sire (dam).

génitif [ʒenitif] nm genitive (case).

génocide [ʒenɔsid] nm genocide.

génome [ʒenom] nm genome m.

génotype [ʒenɔtip] nm genotype.

genou, x [ʒənu] nm knee ▸ **à genoux** on one's knees, kneeling.

genouillère [ʒənujɛʀ] nf **1.** [bandage] knee bandage **2.** SPORT kneepad.

genre [ʒɑ̃ʀ] nm **1.** [type] type, kind **2.** LITTÉR genre **3.** [style de personne] style **4.** GRAM gender.

gens [ʒɑ̃] nmpl & nfpl people / **les gens sont contents** people are happy / **les vieilles gens protestent** some old people protest.

gentiane [ʒɑ̃sjan] nf gentian.

gentil, ille [ʒɑ̃ti, ij] adj **1.** [agréable] nice **2.** [aimable] nice, kind.

gentillesse [ʒɑ̃tijɛs] nf kindness.

gentiment [ʒɑ̃timɑ̃] adv **1.** [sagement] nicely **2.** [aimablement] nicely, kindly **3.** Suisse [tranquillement] calmly, quietly.

génuflexion [ʒenyfleksjɔ̃] nf genuflexion.

géo [ʒeo] nf arg scol geography.

géographie [ʒeɔgrafi] nf geography.

geôlier, ère [ʒolje, ɛʀ] nm, f jailer, gaoler UK.

géologie [ʒeɔlɔʒi] nf geology.

géologue [ʒeɔlɔg] nmf geologist.

géomètre [ʒeɔmɛtʀ] nmf **1.** [spécialiste] geometer, geometrician **2.** [technicien] surveyor.

géométrie [ʒeɔmetʀi] nf geometry.

gérance [ʒeʀɑ̃s] nf management.

géranium [ʒeʀanjɔm] nm geranium.

gérant, e [ʒeʀɑ̃, ɑ̃t] nm, f manager.

gerbe [ʒɛʀb] nf **1.** [de blé] sheaf ; [de fleurs] spray **2.** [d'étincelles, d'eau] shower.

gercé, e [ʒɛʀse] adj chapped.

gérer [18] [ʒeʀe] vt to manage.

gériatrie [ʒeʀjatʀi] nf geriatrics (U).

germain, e [ʒɛʀmɛ̃, ɛn] → cousin.

germanique [ʒɛʀmanik] adj Germanic.

germe [ʒɛʀm] nm **1.** BOT & MÉD germ ; [de pomme de terre] eye **2.** fig [origine] seed, cause.

germer [3] [ʒɛʀme] vi to germinate.

gérondif [ʒeʀɔ̃dif] nm [latin] gerundive ; [français] gerund.

gésier [ʒezje] nm gizzard.

gésir [49] [ʒeziʀ] vi litt to lie.

gestation [ʒɛstasjɔ̃] nf gestation.

geste [ʒɛst] nm **1.** [mouvement] gesture / faire un geste de la main to wave **2.** [acte] act, deed.

gesticuler [3] [ʒɛstikyle] vi to gesticulate.

gestion [ʒɛstjɔ̃] nf **1.** [activité] management **2.** DR administration **3.** INFORM ▸ gestion de fichiers file management.

gestionnaire [ʒɛstjɔnɛʀ] ❖ nmf [personne] manager. ❖ adj management (avant n). ❖ nm INFORM ▸ gestionnaire de données data manager.

Ghana [gana] nm : le Ghana Ghana.

ghetto [geto] nm pr & fig ghetto.

Ght SMS abr écrite de j'ai acheté.

gibet [ʒibɛ] nm gallows sg, gibbet.

gibier [ʒibje] nm game ; fam & fig [personne] prey.

giboulée [ʒibule] nf sudden shower.

gicler [3] [ʒikle] vi to squirt, to spurt.

gifle [ʒifl] nf slap.

gifler [3] [ʒifle] vt to slap ; fig [suj : vent, pluie] to whip, to lash.

gigantesque [ʒigɑ̃tɛsk] adj gigantic.

giga-octet [ʒigaɔktɛ] nm INFORM gigabyte.

gigolo [ʒigolo] nm fam gigolo.

gigot [ʒigo] nm CULIN leg.

gigoter [3] [ʒigɔte] vi fam to squirm, to wriggle.

gilet [ʒilɛ] nm **1.** [cardigan] cardigan **2.** [sans manches] waistcoat UK, vest US.

gin [dʒin] nm gin.

gingembre [ʒɛ̃ʒɑ̃bʀ] nm ginger.

gingivite [ʒɛ̃ʒivit] nf inflammation of the gums, gingivitis (U).

girafe [ʒiʀaf] nf giraffe.

giratoire [ʒiʀatwaʀ] adj gyrating ▸ sens giratoire roundabout UK, traffic circle US.

girofle [ʒiʀɔfl] → clou.

girolle [ʒiʀɔl] nf chanterelle.

giron [ʒiʀɔ̃] nm lap ▸ le giron familial fig the bosom of one's family.

girouette [ʒiʀwɛt] nf weathercock.

gisement [ʒizmɑ̃] nm deposit.

gît → gésir.

gitan, e [ʒitɑ̃, an] adj Gipsy (avant n). ❖ Gitan, e nm, f Gipsy.

gîte [ʒit] nm **1.** [logement] ▸ gîte (rural) gîte (self-catering accommodation in the country) ▸ gîte touristique Québec bed and breakfast, guesthouse **2.** [du bœuf] shank, shin UK.

givre [ʒivʀ] nm frost.

glabre [glabʀ] adj hairless.

glace [glas] nf **1.** [eau congelée] ice **2.** [crème glacée] ice cream ▸ glace à l'eau water ice UK, sherbet US ▸ glace à la crème dairy ice-cream UK, iced-milk icecream US **3.** [vitre] pane ; [de voiture] window **4.** [miroir] mirror.

glacé, e [glase] adj **1.** [gelé] frozen **2.** [très froid] freezing **3.** fig [hostile] cold **4.** [dessert] iced ; [viande] glazed ; [fruit] glacé.

glacer [16] [glase] vt **1.** [geler, paralyser] to chill **2.** [étoffe, papier] to glaze **3.** [gâteau] to ice UK, to frost US.

glacial, e, aux [glasjal, o] adj pr & fig icy.

glacier [glasje] nm **1.** GÉOGR glacier **2.** [marchand] ice cream seller ou man.

glacière [glasjɛʀ] nf icebox.

glaçon [glasɔ̃] nm **1.** [dans boisson] ice cube **2.** [sur toit] icicle **3.** *fam & fig* [personne] iceberg.

gladiateur [gladjatœʀ] nm gladiator.

glaïeul [glajœl] nm gladiolus.

glaire [glɛʀ] nf MÉD phlegm.

glaise [glɛz] nf clay.

glaive [glɛv] nm sword.

glamour [glamuʀ] ◆ adj inv glamorous. ◆ nm glamour.

gland [glɑ̃] nm **1.** [de chêne] acorn **2.** [ornement] tassel **3.** ANAT glans.

glande [glɑ̃d] nf gland.

glaner [3] [glane] vt to glean.

glapir [32] [glapiʀ] vi to yelp, to yap.

glas [gla] nm knell.

glauque [glok] adj **1.** [couleur] bluey-green **2.** *fam* [lugubre] gloomy **3.** *fam* [sordide] sordid.

glissade [glisad] nf slip.

glissant, e [glisɑ̃, ɑ̃t] adj slippery.

glissement [glismɑ̃] nm **1.** [action de glisser] gliding, sliding **2.** *fig* [électoral] swing, shift.

glisser [3] [glise] ◆ vi **1.** [se déplacer] ▶ glisser (sur) to glide (over), to slide (over) **2.** [déraper] ▶ glisser (sur) to slip (on) **3.** *fig* [passer rapidement] ▶ glisser sur to skate over **4.** [surface] to be slippery **5.** [progresser] to slip ▶ glisser dans to slip into, to slide into ▶ glisser vers to slip towards **UK** ou toward **US**, to slide towards **UK** ou toward **US** **6.** INFORM to drag. ◆ vt to slip ▶ glisser un regard à qqn *fig* to give sb a sidelong glance. ◆ se glisser vp to slip ▶ se glisser dans a) [lit] to slip ou slide into b) *fig* to slip ou creep into.

glissière [glisjɛʀ] nf runner.

global, e, aux [glɔbal, o] adj global.

globalement [glɔbalmɑ̃] adv on the whole.

globe [glɔb] nm **1.** [sphère, terre] globe **2.** [de verre] glass cover.

globe-trotter [glɔbtʀɔtœʀ] (*pl* globe-trotters) nmf globetrotter.

globe-trotteur, euse [glɔbtʀɔtœʀ, øz] nm, f = globe-trotter.

globule [glɔbyl] nm corpuscle, blood cell ▶ globule blanc / rouge white/red corpuscle.

globuleux [glɔbylø] ⟶ œil.

gloire [glwaʀ] nf **1.** [renommée] glory ; [de vedette] fame, stardom **2.** [mérite] credit.

glorieux, euse [glɔʀjø, øz] adj [mort, combat] glorious ; [héros, soldat] renowned.

gloss [glɔs] nm lipgloss.

glossaire [glɔsɛʀ] nm glossary.

glotte [glɔt] nf glottis.

glousser [3] [gluse] vi **1.** [poule] to cluck **2.** *fam* [personne] to chortle, to chuckle.

glouton, onne [glutɔ̃, ɔn] ◆ adj greedy. ◆ nm, f glutton.

glu [gly] nf [colle] glue.

gluant, e [glyɑ̃, ɑ̃t] adj sticky.

glucide [glysid] nm glucide.

glycémie [glisemi] nf glycaemia **UK** ou glycemia **US**.

glycérine [gliseʀin] nf glycerine.

glycine [glisin] nf wisteria.

gnome [gnom] nm gnome.

go [go] ◆ tout de go *loc adv* straight.

GO (*abr de* grandes ondes) nfpl LW.

goal [gol] nm goalkeeper.

gobelet [gɔblɛ] nm beaker, tumbler.

gober [3] [gɔbe] vt **1.** [avaler] to gulp down **2.** *fam* [croire] to swallow.

godet [gɔdɛ] nm **1.** [récipient] jar, pot **2.** COUT flare.

godiller [3] [gɔdije] vi **1.** [rameur] to scull **2.** [skieur] to wedeln.

goéland [gɔelɑ̃] nm gull, seagull.

goélette [gɔelɛt] nf schooner.

goguenard, e [gɔgnaʀ, aʀd] adj mocking.

goinfre [gwɛ̃fʀ] nmf *fam* pig.

goitre [gwatʀ] nm goitre.

golf [gɔlf] nm [sport] golf ; [terrain] golf course.

golfe [gɔlf] nm gulf, bay ▶ le golfe de Gascogne the Bay of Biscay / le golfe Persique the (Persian) Gulf.

gommage [gɔmaʒ] nm **1.** [d'écriture] erasing, rubbing out **2.** [cosmétique] face scrub.

gomme [gɔm] nf **1.** [substance, bonbon] gum ▶ gomme à mâcher **QUÉBEC** chewing-gum **2.** [pour effacer] eraser, rubber **UK**.

gommer [3] [gɔme] vt to rub out, to erase ; *fig* to erase.

gond [gɔ̃] nm hinge.

gondole [gɔ̃dɔl] nf gondola.

gondoler [3] [gɔ̃dɔle] vi [bois] to warp ; [carton] to curl.

gonflable [gɔ̃flabl] adj inflatable.

gonfler [3] [gɔ̃fle] ◆ vt **1.** [ballon, pneu] to blow up, to inflate ; [rivière, poitrine, yeux] to swell ; [joues] to blow out **2.** fig [grossir] to exaggerate. ◆ vi to swell.

gonflette [gɔ̃flɛt] nf fam : faire de la gonflette to pump iron.

gong [gɔ̃g] nm gong.

gore [gɔʀ] ◆ adj (pl inv) gory. ◆ nm ▸ le gore gore / il aime le gore he likes gore.

goret [gɔʀɛ] nm **1.** [cochon] piglet **2.** fam [garçon] dirty little pig.

gorge [gɔʀʒ] nf **1.** [gosier, cou] throat **2.** (gén pl) [vallée] gorge.

gorgée [gɔʀʒe] nf mouthful.

gorger [17] [gɔʀʒe] vt ▸ gorger qqn de qqch a) [gaver] to stuff sb with sthg b) [combler] to heap sthg on sb ▸ gorger qqch de to fill sthg with.

gorille [gɔʀij] nm [animal] gorilla.

gosier [gozje] nm throat, gullet.

gosse [gɔs] nmf fam kid.

gothique [gɔtik] adj **1.** ARCHIT Gothic **2.** TYPO ▸ écriture gothique Gothic script.

gouache [gwaʃ] nf gouache.

goudron [gudʀɔ̃] nm tar.

goudronner [3] [gudʀɔne] vt to tar.

gouffre [gufʀ] nm abyss.

goujat [guʒa] nm boor.

goulet [gulɛ] nm narrows pl.

goulot [gulo] nm neck.

goulu, e [guly] adj greedy, gluttonous.

goupillon [gupijɔ̃] nm **1.** RELIG (holy water) sprinkler **2.** [à bouteille] bottle brush.

gourd, e [guʀ, guʀd] adj numb.

gourde [guʀd] ◆ nf **1.** [récipient] flask, water bottle **2.** fam [personne] clot UK. ◆ adj fam thick.

gourdin [guʀdɛ̃] nm club.

gourmand, e [guʀmɑ̃, ɑ̃d] ◆ adj greedy. ◆ nm, f glutton.

gourmandise [guʀmɑ̃diz] nf **1.** [caractère] greed, greediness **2.** [sucrerie] sweet thing.

gourmet [guʀmɛ] nm ▸ (fin) gourmet gourmet.

gourmette [guʀmɛt] nf chain bracelet.

gourou [guʀu] nm guru.

gousse [gus] nf pod ▸ gousse d'ail clove of garlic.

gousset [gusɛ] nm [de gilet] fob pocket.

goût [gu] nm taste ▸ avoir du goût to have taste ▸ avoir le goût de qqch to have a taste ou liking for sthg ▸ de bon goût a) [élégant] tasteful, in good taste b) hum [bienséant] advisable ▸ de mauvais goût tasteless, in bad taste ▸ chacun ses goûts each to his own.

goûter [3] [gute] ◆ vt **1.** [déguster] to taste **2.** [savourer] to enjoy. ◆ vi to have an afternoon snack ▸ goûter à to taste. ◆ nm afternoon snack for children, typically consisting of bread, butter, chocolate and a drink.

goutte [gut] nf **1.** [de pluie, d'eau] drop **2.** MÉD [maladie] gout. ◆ **gouttes** nfpl MÉD drops.

goutte-à-goutte [gutagut] nm inv (intravenous) drip, IV US.

gouttelette [gutlɛt] nf droplet.

gouttière [gutjɛʀ] nf **1.** [CONSTR - horizontale] gutter ; [- verticale] drainpipe **2.** MÉD splint.

gouvernail [guvɛʀnaj] nm rudder.

gouvernant, e [guvɛʀnɑ̃, ɑ̃t] ◆ adj ruling / les classes gouvernantes the ruling classes. ◆ nm, f man (woman) in power ▸ les gouvernants the people in power, the Government. ◆ **gouvernante** nf **1.** [d'enfants] governess **2.** [de maison] housekeeper.

gouvernement [guvɛʀnəmɑ̃] nm POL government.

gouverner [3] [guvɛʀne] vt to govern.

gouverneur [guvɛʀnœʀ] nm governor.

goyave [gɔjav] nf guava.

GPS (abr de global positioning system) nm GPS.

grabataire [gʀabatɛʀ] ◆ nmf invalid. ◆ adj bedridden.

grâce [gʀas] nf **1.** [charme] grace ▸ de bonne grâce with good grace, willingly ▸ de mauvaise grâce with bad grace, reluctantly **2.** [faveur] favour UK, favor US **3.** [miséricorde] mercy. ◆ **grâce à** loc prép thanks to.

gracier [9] [gʀasje] vt to pardon.

gracieusement [gʀasjøzmɑ̃] adv **1.** [avec grâce] graciously **2.** [gratuitement] free (of charge).

gracieux, euse [gʀasjø, øz] adj **1.** [charmant] graceful **2.** [gratuit] free.

gradation [gʀadasjɔ̃] nf gradation.

grade [gʀad] nm [échelon] rank ; [universitaire] qualification.

gradé, e [gʀade] ❖ adj non-commissioned. ❖ nm, f non-commissioned officer, NCO.

gradin [gʀadɛ̃] nm [de stade, de théâtre] tier ; [de terrain] terrace.

graduation [gʀadɥasjɔ̃] nf graduation.

graduel, elle [gʀadɥɛl] adj gradual ; [difficultés] increasing.

graduer [7] [gʀadɥe] vt **1.** [récipient, règle] to graduate **2.** fig [effort, travail] to increase gradually.

graff [gʀaf] (abr de **graffiti**) nm (piece of) graffiti.

graffiti [gʀafiti] nm inv graffiti (U).

grain [gʀɛ̃] nm **1.** [gén] grain ; [de moutarde] seed ; [de café] bean ▶ **grain de raisin** grape **2.** [point] ▶ **grain de beauté** mole, beauty spot **3.** [averse] squall.

graine [gʀɛn] nf BOT seed.

graisse [gʀɛs] nf **1.** ANAT & CULIN fat **2.** [pour lubrifier] grease.

graisser [4] [gʀese] vt **1.** [machine] to grease, to lubricate **2.** [vêtements] to get grease on.

grammaire [gʀamɛʀ] nf grammar.

grammatical, e, aux [gʀamatikal, o] adj grammatical.

gramme [gʀam] nm gram, gramme [UK].

grand, e [gʀɑ̃, gʀɑ̃d] ❖ adj **1.** [en hauteur] tall ; [en dimensions] big, large ; [en quantité, nombre] large, great ▶ **une grande partie de** a large ou great proportion of **2.** [âgé] grown-up ▶ **les grandes personnes** grown-ups ▶ **grand frère** big ou older brother **3.** [puissant] big, leading (avant n) **4.** [important, remarquable] great / **un grand homme** a great man **5.** [intense] ▶ **un grand blessé/brûlé** a person with serious wounds/burns ▶ **un grand buveur/fumeur** a heavy drinker/smoker. ❖ nm, f (gén pl) **1.** [personnage] great man (woman) / **les grands de ce monde** the people in (positions of) power ou in high places **2.** [enfant] older ou bigger boy (girl). ❖ **grand** adv ▶ **voir grand** to think big. ❖ **grande école** nf competitive-entrance higher education establishment.

grand-angle [gʀɑ̃tɑ̃gl] nm wide-angle lens.

grand-chose [gʀɑ̃ʃoz] ❖ **pas grand-chose** pron indéf not much.

Grande-Bretagne [gʀɑ̃dbʀətaɲ] nf : la Grande-Bretagne Great Britain.

grandeur [gʀɑ̃dœʀ] nf **1.** [taille] size **2.** fig [apogée] greatness ▶ **grandeur d'âme** fig magnanimity.

grandiose [gʀɑ̃djoz] adj imposing.

grandir [32] [gʀɑ̃diʀ] ❖ vt ▶ **grandir qqn** a) [suj : chaussures] to make sb look taller b) fig to increase sb's standing. ❖ vi [personne, plante] to grow ; [obscurité, bruit] to increase, to grow.

grand-mère [gʀɑ̃mɛʀ] nf grandmother ; fam & fig old biddy.

grand-père [gʀɑ̃pɛʀ] nm grandfather ; fam & fig grandad [UK], granddad [US], old timer [US].

grands-parents [gʀɑ̃paʀɑ̃] nmpl grandparents.

grange [gʀɑ̃ʒ] nf barn.

granit(e) [gʀanit] nm GÉOL granite.

granule [gʀanyl] nm **1.** [grain] granule **2.** MÉD pill.

granulé, e [gʀanyle] adj [surface] granular. ❖ **granulé** nm tablet.

granuleux, euse [gʀanylø, øz] adj granular.

graphique [gʀafik] ❖ nm diagram ; [courbe] graph. ❖ adj graphic.

graphisme [gʀafism] nm **1.** [écriture] handwriting **2.** ART style of drawing.

graphologie [gʀafɔlɔʒi] nf graphology.

grappe [gʀap] nf **1.** [de fruits] bunch ; [de fleurs] stem **2.** fig [de gens] knot.

grappiller [3] [gʀapije] vt pr & fig to gather, to pick up.

grappin [gʀapɛ̃] nm [ancre] grapnel.

gras, grasse [gʀa, gʀas] adj **1.** [personne, animal] fat **2.** [plat, aliment] fatty ▶ **matières grasses** fats **3.** [cheveux, mains] greasy **4.** [sol] clayey ; [crayon] soft **5.** fig [rire] throaty ; [toux] phlegmy. ❖ **gras** ❖ nm **1.** [du jambon] fat **2.** TYPO bold (type) **3.** [substance] grease. ❖ adv ▶ **manger gras** to eat fatty foods.

gras-double [gʀadubl] (pl **gras-doubles**) nm tripe.

grassement [gʀasmɑ̃] adv **1.** [rire] coarsely **2.** [payer] a lot.

gratifier [9] [gʀatifje] vt **1.** [accorder] ▶ **gratifier qqn de qqch** a) to present sb with sthg, to present sthg to sb b) fig to reward sb with sthg **2.** [stimuler] to gratify.

gratin [gʀatɛ̃] nm **1.** CULIN dish sprinkled with breadcrumbs or cheese and browned ▶ **gratin dauphinois** sliced potatoes baked with cream *and browned on top* **2.** *fam & fig* [haute société] upper crust.

gratiné, e [gratine] adj **1.** CULIN *sprinkled with breadcrumbs or cheese and browned* **2.** *fam & fig* [ardu] stiff.

gratis [gratis] adv free.

gratitude [gratityd] nf ▸ **gratitude (envers)** gratitude (to ou towards).

gratte-ciel [gratsjɛl] nm inv skyscraper.

grattement [gratmã] nm scratching.

gratter [3] [grate] ❖ vt [gén] to scratch ; [pour enlever] to scrape off. ❖ vi **1.** [démanger] to itch, to be itchy **2.** *fam* [écrire] to scribble **3.** [frapper] ▸ **gratter à la porte** to tap at the door **4.** *fam* [travailler] to slave, to slog. ❖ **se gratter** vp to scratch.

gratuit, e [gratɥi, it] ❖ adj **1.** [entrée] free **2.** [violence] gratuitous. ❖ nm free magazine.

gratuitement [gratɥitmã] adv **1.** [sans payer] free, for nothing **2.** [sans raison] gratuitously.

gratvats [grava] nmpl rubble *(U)*.

grave [grav] ❖ adj **1.** [attitude, faute, maladie] serious, grave ▸ **ce n'est pas grave** [ce n'est rien] don't worry about it **2.** [voix] deep **3.** LING ▸ **accent grave** grave accent. ❖ nm *(gén pl)* MUS low register.

gravement [gravmã] adv gravely, seriously.

graver [3] [grave] vt **1.** [gén] to engrave **2.** [bois] to carve **3.** INFORM to burn.

graveur, euse [gravœr, øz] nm, f engraver. ❖ **graveur** nm INFORM CD-RW drive, (CD-)burner ▸ **graveur de CD** CD writer ou burner.

gravier [gravje] nm gravel *(U)*.

gravillon [gravijɔ̃] nm fine gravel *(U)*.

gravir [32] [gravir] vt to climb.

gravité [gravite] nf **1.** [importance] seriousness, gravity **2.** PHYS gravity.

graviter [3] [gravite] vi **1.** [astre] to revolve **2.** *fig* [évoluer] to gravitate.

gravure [gravyr] nf **1.** [technique] ▸ **gravure (sur)** engraving (on) **2.** [reproduction] print ; [dans livre] plate.

gré [gre] nm **1.** [goût] ▸ **à mon/son gré** for my/his taste, for my/his liking **2.** [volonté] ▸ **bon gré mal gré** willy-nilly ▸ **de gré ou de force** *fig* whether you/they etc. like it or not ▸ **de mon/son plein gré** of my/his own free will.

grec, grecque [grɛk] adj Greek. ❖ **grec** nm [langue] Greek. ❖ **Grec, Grecque** nm, f Greek.

Grèce [grɛs] nf : *la Grèce* Greece.

gréement [gremã] nm rigging.

greffe [grɛf] nf **1.** MÉD transplant ; [de peau] graft **2.** BOT graft.

greffer [4] [grɛfe] vt **1.** MÉD to transplant ; [peau] to graft ▸ **greffer un rein/un cœur à qqn** to give sb a kidney/heart transplant **2.** BOT to graft. ❖ **se greffer** vp ▸ **se greffer sur qqch** to be added to sthg.

greffier [grɛfje] nm clerk of the court.

grégaire [gregɛr] adj gregarious.

grêle[1] [grɛl] nf hail.

grêle[2] adj **1.** [jambes] spindly **2.** [son] shrill.

grêler [4] [grele] v impers to hail ▸ **il grêle** it's hailing.

grêlon [grɛlɔ̃] nm hailstone.

grelot [grəlo] nm bell.

grelotter [3] [grəlɔte] vi ▸ **grelotter (de)** to shiver (with).

grenade [grənad] nf **1.** [fruit] pomegranate **2.** MIL grenade.

grenadine [grənadin] nf grenadine *(pomegranate syrup)*.

grenat [grəna] adj inv dark red.

grenier [grənje] nm **1.** [de maison] attic **2.** [à foin] loft.

grenouille [grənuj] nf frog.

grès [grɛ] nm **1.** [roche] sandstone **2.** [poterie] stoneware.

grésiller [3] [grezije] vi **1.** [friture] to sizzle ; [feu] to crackle **2.** [radio] to crackle.

grève [grɛv] nf **1.** [arrêt du travail] strike ▸ **être en grève** to be on strike ▸ **faire grève** to strike, to go on strike **2.** [rivage] shore.

grever [19] [grəve] vt to burden ; [budget] to put a strain on.

gréviste [grevist] nmf striker.

gribouiller [3] [gribuje] vt & vi **1.** [écrire] to scrawl **2.** [dessiner] to doodle.

grief [grijɛf] nm grievance ▸ **faire grief de qqch à qqn** to hold sthg against sb.

grièvement [grijɛvmã] adv seriously.

griffe [grif] nf **1.** [d'animal] claw **2.** BELGIQUE [éraflure] scratch.

griffé, e [grife] adj [vêtement] designer *(modif)*.

griffer [3] [grife] vt [suj : chat] to claw.

grignoter [3] [griɲɔte] ❖ vt **1.** [manger] to nibble **2.** *fam & fig* [réduire - capital] to eat away (at) **3.** *fam & fig* [gagner - avantage] to gain. ❖ vi **1.** [manger] to nibble **2.** *fam & fig* [prendre] ▸ **grignoter sur** to nibble away at.

gril [gʀil] nm grill.

grillade [gʀijad] nf CULIN grilled meat.

grillage [gʀijaʒ] nm **1.** [de porte, de fenêtre] wire netting **2.** [clôture] wire fence.

grille [gʀij] nf **1.** [portail] gate **2.** [d'orifice, de guichet] grille ; [de fenêtre] bars *pl* **3.** [de mots croisés, de loto] grid **4.** [tableau] table.

grille-pain [gʀijpɛ̃] nm inv toaster.

griller [3] [gʀije] ❖ vt **1.** [viande] to grill **UK**, to broil **US** ; [pain] to toast ; [café, marrons] to roast **2.** *fig* [au soleil - personne] to burn ; [- végétation] to shrivel **3.** *fam & fig* [dépasser - concurrents] to outstrip ▸ **griller un feu rouge** to jump the lights **4.** *fig* [compromettre] to ruin. ❖ vi **1.** [viande] to grill **UK**, to broil **US** **2.** [ampoule] to blow.

grillon [gʀijɔ̃] nm [insecte] cricket.

grimace [gʀimas] nf grimace.

grimer [3] [gʀime] vt CINÉ & THÉÂTRE to make up.

grimper [3] [gʀɛ̃pe] ❖ vt to climb. ❖ vi to climb ▸ **grimper à un arbre / une échelle** to climb a tree/a ladder.

grincement [gʀɛ̃smɑ̃] nm [de charnière] squeaking ; [de porte, plancher] creaking.

grincer [16] [gʀɛ̃se] vi [charnière] to squeak ; [porte, plancher] to creak.

grincheux, euse [gʀɛ̃ʃø, øz] ❖ adj grumpy. ❖ nm, f moaner, grumbler.

griotte [gʀijɔt] nf morello (cherry).

grippe [gʀip] nf MÉD flu *(U)*.

grippé, e [gʀipe] adj [malade] ▸ **être grippé** to have (the) flu.

gripper [3] [gʀipe] vi **1.** [mécanisme] to jam **2.** *fig* [processus] to stall.

gris, e [gʀi, gʀiz] adj **1.** [couleur] grey **UK**, gray **US** **2.** *fig* [morne] dismal **3.** [saoul] tipsy. ◆ **gris** nm [couleur] grey **UK**, gray **US**.

grisaille [gʀizaj] nf **1.** [de ciel] greyness **UK**, grayness **US** **2.** *fig* [de vie] dullness.

grisant, e [gʀizɑ̃, ɑ̃t] adj intoxicating.

grisé [gʀize] nm grey **UK** ou gray **US** shading.

griser [3] [gʀize] vt to intoxicate.

grisonner [3] [gʀizɔne] vi to turn grey **UK** ou gray **US**.

grisou [gʀizu] nm firedamp.

grive [gʀiv] nf thrush.

grivois, e [gʀivwa, az] adj ribald.

Groenland [gʀɔenlɑ̃d] nm : *le Groenland* Greenland.

grog [gʀɔg] nm (hot) toddy.

grognement [gʀɔɲmɑ̃] nm **1.** [son] grunt ; [d'ours, de chien] growl **2.** [protestation] grumble.

grogner [3] [gʀɔɲe] vi **1.** [émettre un son] to grunt ; [ours, chien] to growl **2.** [protester] to grumble.

grognon, onne [gʀɔɲɔ̃, ɔn] adj grumpy.

groin [gʀwɛ̃] nm snout.

grommeler [24] [gʀɔmle] vt & vi to mutter.

grondement [gʀɔ̃dmɑ̃] nm [d'animal] growl ; [de tonnerre, de train] rumble ; [de torrent] roar.

gronder [3] [gʀɔ̃de] ❖ vi [animal] to growl ; [tonnerre] to rumble. ❖ vt to scold.

gros, grosse [gʀo, gʀos] adj *(gén avant n)* **1.** [gén] large, big ; *péj* big **2.** *(avant ou après n)* [corpulent] fat **3.** [grossier] coarse **4.** [fort, sonore] loud **5.** [important, grave - ennuis] serious ; [- dépense] major. ◆ **gros** ❖ adv [beaucoup] a lot. ❖ nm [partie] ▸ **le (plus) gros (de qqch)** the main part (of sthg). ◆ **en gros** loc adv & loc adj **1.** COMM wholesale ▸ **ventes en gros** wholesaling **2.** [en grands caractères] in large letters **3.** [grosso modo] roughly.

groseille [gʀozɛj] nf currant.

grosse [gʀos] adj ⟶ **gros**.

grossesse [gʀosɛs] nf pregnancy.

grosseur [gʀosœʀ] nf **1.** [dimension, taille] size **2.** MÉD lump.

grossier, ère [gʀosje, ɛʀ] adj **1.** [matière] coarse **2.** [sommaire] rough **3.** [insolent] rude **4.** [vulgaire] crude **5.** [erreur] crass.

grossièrement [gʀosjɛʀmɑ̃] adv **1.** [sommairement] roughly **2.** [vulgairement] crudely.

grossir [32] [gʀosiʀ] ❖ vi **1.** [prendre du poids] to put on weight ▸ **faire grossir a)** to add pounds, to make you put on weight **b)** [être calorique] to be fattening / *ça fait grossir* it's fattening **2.** [augmenter] to grow **3.** [s'intensifier] to increase. ❖ vt **1.** [suj : microscope, verre] to magnify **2.** [suj : vêtement] ▸ **grossir qqn** to make sb look fatter **3.** [exagérer] to exaggerate.

grossiste [gʀosist] nmf wholesaler.

grosso modo [gʀosomɔdo] adv roughly.

grotte [gʀɔt] nf cave.

grouiller [3] [gʀuje] vi ▸ **grouiller (de)** to swarm (with).

groupe [gʀup] nm group ▸ **groupe armé** armed group. ◆ **groupe sanguin** nm blood group.

groupement [gʀupmɑ̃] nm **1.** [action] grouping **2.** [groupe] group.

grouper [3] [gʀupe] vt to group. ◆ **se grouper** vp to come together.

groupie [gʀupi] nmf groupie.

gruau [gʀyo] nm QUÉBEC CULIN porridge, oatmeal.

grue [gʀy] nf TECHNOL & ZOOL crane.

grumeau, x [gʀymo] nm lump.

grunge [gʀœnʒ] adj grunge.

gruyère [gʀyjɛʀ] nm Gruyère (cheese).

guacamole [gwakamol] nm guacamole.

Guadeloupe [gwadlup] nf : *la Guadeloupe* Guadeloupe.

Guatemala [gwatemala] nm : *le Guatemala* Guatemala.

gué [ge] nm ford ▸ **traverser à gué** to ford.

guenilles [gənij] nfpl rags.

guenon [gənɔ̃] nf female monkey.

guépard [gepaʀ] nm cheetah.

guêpe [gɛp] nf wasp.

guêpier [gepje] nm wasp's nest ; *fig* hornet's nest.

guère [gɛʀ] adv [peu] hardly ▸ **ne** *(+ verbe)* **guère** [peu] hardly ▸ *il ne l'aime guère* he doesn't like him/her very much.

guéridon [geʀidɔ̃] nm pedestal table.

guérilla [geʀija] nf guerrilla warfare.

guérir [32] [geʀiʀ] ◆ vt to cure ▸ **guérir qqn de** *pr & fig* to cure sb of. ◆ vi to recover, to get better.

guérison [geʀizɔ̃] nf **1.** [de malade] recovery **2.** [de maladie] cure.

guérisseur, euse [geʀisœʀ, øz] nm, f healer.

guerre [gɛʀ] nf **1.** *pr & fig* war ▸ **faire la guerre à un pays** to make ou wage war on a country ▸ **guerre atomique/nucléaire** atomic/ nuclear war ▸ **guerre de religion** war of religion ▸ **Première/Seconde Guerre mondiale** World War I/II, First/Second World War UK **2.** [technique] warfare *(U)* ▸ **guerre biologique/ chimique** biological/chemical warfare ▸ **guerre bactériologique** germ warfare.

guerrier, ère [gɛʀje, ɛʀ] adj **1.** [de guerre] war *(avant n)* **2.** [peuple] warlike. ◆ **guerrier** nm warrior.

guet-apens [gɛtapɑ̃] nm ambush ; *fig* trap.

guêtre [gɛtʀ] nf gaiter.

guetter [4] [gete] vt **1.** [épier] to lie in wait for **2.** [attendre] to be on the look-out for, to watch for **3.** [menacer] to threaten.

gueule [gœl] nf **1.** [d'animal, ouverture] mouth **2.** *tfam* [bouche de l'homme] gob UK, yap US **3.** *fam* [visage] face.

gueuler [5] [gœle] *fam* ◆ vt to yell. ◆ vi **1.** [crier] to yell **2.** [protester] to kick up a stink, to scream and shout.

gueuleton [gœltɔ̃] nm *fam* blowout.

gui [gi] nm mistletoe.

guichet [giʃɛ] nm counter ; [de gare, de théâtre] ticket office.

guide [gid] nm **1.** [gén] guide **2.** [livre] guidebook.

guider [3] [gide] vt to guide.

guidon [gidɔ̃] nm handlebars *pl*.

guignol [giɲɔl] nm **1.** [marionnette] glove puppet **2.** [théâtre] ≃ Punch and Judy show.

guillemet [gijmɛ] nm quotation mark, inverted comma UK.

guilleret, ette [gijʀɛ, ɛt] adj perky.

guillotine [gijɔtin] nf **1.** [instrument] guillotine **2.** [de fenêtre] sash.

guimauve [gimov] nf **1.** [confiserie, plante] marshmallow **2.** *fam* [sentimentalité] mush.

guindé, e [gɛ̃de] adj stiff.

Guinée [gine] nf : *la Guinée* Guinea.

guirlande [giʀlɑ̃d] nf **1.** [de fleurs] garland **2.** [de papier] chain ; [de Noël] tinsel *(U)*.

guise [giz] nf ▸ **à ma guise** as I please ou like ▸ **en guise de** by way of.

guitare [gitaʀ] nf guitar.

guitariste [gitaʀist] nmf guitarist.

guttural, e, aux [gytyʀal, o] adj guttural.

Guyane [gɥijan] nf : *la Guyane* French Guiana.

gym [ʒim] nf gym *(U)*.

gymnastique [ʒimnastik] nf *pr & fig* gymnastics *(U)* ▸ *faire de la gymnastique* to do exercises.

gynécologie [ʒinekɔlɔʒi] nf gynaecology UK, gynecology US.

gynécologue [ʒinekɔlɔg] nmf gynaecologist UK, gynecologist US.

gyrophare [ʒiʀɔfaʀ] nm flashing light.

H

h¹, H [aʃ] nm inv h, H.

h² (*abr écrite de* **heure**) hr.

H 1. *abr écrite de* **homme 2.** (*abr écrite de* **hydrogène**) H.

ha (*abr écrite de* **hectare**) ha.

hab. *abr écrite de* **habitant**.

habile [abil] adj skilful UK, skillful US ; [démarche] clever.

habileté [abilte] nf skill.

habiliter [3] [abilite] vt to authorize ▸ **être habilité à faire qqch** to be authorized to do sthg.

habiller [3] [abije] vt **1.** [vêtir] ▸ **habiller qqn (de)** to dress sb (in) ▸ *il est mal habillé* [sans goût] he's badly dressed **2.** [recouvrir] to cover. ◆ **s'habiller** vp **1.** [se vêtir] to dress, to get dressed **2.** [se vêtir élégamment] to dress up.

habit [abi] nm **1.** [costume] suit ▸ **habit de neige** QUÉBEC snowsuit **2.** RELIG habit. ◆ **habits** nmpl [vêtements] clothes.

habitacle [abitakl] nm [d'avion] cockpit ; [de voiture] passenger compartment.

habitant, e [abitɑ̃, ɑ̃t] nm, f **1.** [de pays] inhabitant **2.** [d'immeuble] occupant **3.** QUÉBEC [paysan] farmer.

habitation [abitasjɔ̃] nf **1.** [fait d'habiter] housing **2.** [résidence] house, home.

habiter [3] [abite] ◆ vt [résider] to live in. ◆ vi to live / *habiter chez des amis* to be staying with friends ▸ **habiter à** to live in.

habitude [abityd] nf [façon de faire] habit ▸ **avoir l'habitude de faire qqch** to be in the habit of doing sthg ▸ **d'habitude** usually.

habitué, e [abitye] nm, f regular.

habituel, elle [abitɥɛl] adj [coutumier] usual, customary.

habituer [7] [abitɥe] vt ▸ **habituer qqn à qqch/à faire qqch** to get sb used to sthg/to doing sthg. ◆ **s'habituer** vp ▸ **s'habituer à qqch/à faire qqch** to get used to sthg/to doing sthg.

hache [ˈaʃ] nf axe, ax US.

hache-légumes (*pl inv*) [ˈaʃlegym] nm vegetable chopper.

hacher [3] [ˈaʃe] vt **1.** [couper - gén] to chop finely ; [- viande] to mince UK, to grind US **2.** [entrecouper] to interrupt.

hachis [ˈaʃi] nm ▸ **un hachis de persil** finely chopped parsley ▸ **un hachis de porc** minced pork UK, ground pork US ▸ **hachis Parmentier** ≃ shepherd's pie ; ≃ cottage pie.

hachisch = **haschisch**.

hachoir [ˈaʃwaʀ] nm **1.** [couteau] chopper **2.** [appareil] mincer UK, grinder US **3.** [planche] chopping board UK, cutting board US.

hachure [ˈaʃyʀ] nf hatching.

hackeur, euse [akœʀ, øz], **hacker** [akœʀ] n *fam* hacker.

haddock [ˈadɔk] nm smoked haddock.

hagard, e [ˈagaʀ, aʀd] adj haggard.

haie [ˈɛ] nf **1.** [d'arbustes] hedge **2.** [de personnes] row ; [de soldats, d'agents de police] line **3.** SPORT hurdle.

haillons [ˈajɔ̃] nmpl rags.

haine [ˈɛn] nf hatred.

haïr [33] [ˈaiʀ] vt to hate.

Haïti [aiti] npr Haiti.

hâle [ˈal] nm tan.

hâlé, e [ˈale] adj tanned UK, tan US.

haleine [alɛn] nf breath ▸ **reprendre haleine** to catch one's breath, to get one's breath back.

haleter [28] [ˈalte] vi to pant.

hall [ˈol] nm **1.** [vestibule, entrée] foyer, lobby **2.** [salle publique] concourse.

halle [ˈal] nf covered market.

hallucinant, e [alysinɑ̃, ɑ̃t] adj **1.** [incroyable] extraordinary **2.** [grandiose] impressive.

hallucination [alysinasjɔ̃] nf hallucination.

hallucinogène [alysinɔʒɛn] ◆ nm hallucinogen. ◆ adj hallucinogenic.

halo [ˈalo] nm [cercle lumineux] halo.

halogène [alɔʒɛn] nm & adj halogen.

halte [ˈalt] ◆ nf stop. ◆ interj stop!

haltère [altɛʀ] nm dumbbell.

haltérophilie [alteʀɔfili] nf weightlifting.

hamac ['amak] nm hammock.

hamburger ['ãburgœr] nm hamburger.

hameau, x ['amo] nm hamlet.

hameçon [amsɔ̃] nm fishhook.

hameçonnage [amsɔnaʒ] nm QUÉBEC [par courriel] phishing.

hammam ['amam] nm Turkish baths *pl.*

hamster ['amstɛr] nm hamster.

hanche ['ãʃ] nf hip.

handball ['ãdbal] nm handball.

handicap ['ãdikap] nm handicap.

handicapé, e ['ãdikape] ❖ adj handicapped. ❖ nm, f handicapped person.

handicaper [3] ['ãdikape] vt to handicap.

hangar ['ãgar] nm shed ; AÉRON hangar.

hanneton ['antɔ̃] nm cockchafer.

hanter [3] ['ãte] vt to haunt.

hantise ['ãtiz] nf obsession.

happer [3] ['ape] vt [attraper] to snap up.

haranguer [3] ['arãge] vt to harangue.

haras ['ara] nm stud (farm).

harassant, e ['arasã, ãt] adj exhausting.

harceler [25] ['arsəle] vt **1.** [relancer] to harass **2.** MIL to harry **3.** [importuner] ▸ harceler qqn (de) to pester sb (with).

hardes ['ard] nfpl *litt* old clothes.

hardi, e ['ardi] adj bold, daring.

harem ['arɛm] nm harem.

hareng ['arã] nm herring.

hargne ['arɲ] nf spite (U), bad temper.

haricot ['ariko] nm bean ▸ haricots verts / blancs / rouges green ou string/haricot/kidney beans.

harmonica [armɔnika] nm harmonica, mouth organ.

harmonie [armɔni] nf **1.** [gén] harmony **2.** [de visage] symmetry.

harmonieux, euse [armɔnjø, øz] adj **1.** [gén] harmonious **2.** [voix] melodious **3.** [traits, silhouette] regular.

harmoniser [3] [armɔnize] vt MUS to harmonize ; *fig* [salaires] to bring into line.

harnacher [3] ['arnaʃe] vt [cheval] to harness.

harnais ['arnɛ] nm **1.** [de cheval, de parachutiste] harness **2.** TECHNOL train.

harpe ['arp] nf harp.

harpon ['arpɔ̃] nm harpoon.

harponner [3] ['arpɔne] vt **1.** [poisson] to harpoon **2.** *fam* [personne] to collar.

hasard ['azar] nm chance ▸ au hasard at random ▸ par hasard by accident, by chance.

hasarder [3] ['azarde] vt **1.** [tenter] to venture **2.** [risquer] to hazard. ❖ se hasarder vp ▸ se hasarder à faire qqch to risk doing sth.

haschisch, haschich, hachisch ['aʃiʃ] nm hashish.

hâte ['at] nf haste.

hâter [3] ['ate] vt **1.** [activer] to hasten **2.** [avancer] to bring forward. ❖ se hâter vp to hurry ▸ se hâter de faire qqch to hurry to do sth.

hausse ['os] nf [augmentation] rise, increase.

hausser [3] ['ose] vt to raise.

haut, e ['o, 'ot] adj **1.** [gén] high / haut de 20 m 20 m high ▸ haut débit INFORM & TÉLÉCOM broadband **2.** [classe sociale, pays, région] upper **3.** [responsable] senior. ❖ haut ❖ adv **1.** [gén] high **2.** [placé] highly **3.** [fort] loudly. ❖ nm **1.** [hauteur] height / faire 2 m de haut to be 2 m high ou in height **2.** [sommet, vêtement] top **3.** EXPR avoir ou connaître des hauts et des bas to have one's ups and downs. ❖ de haut loc adv [avec dédain] haughtily ▸ le prendre de haut to react haughtily. ❖ de haut en bas loc adv from top to bottom. ❖ du haut de loc prép from the top of. ❖ en haut loc adv at the top ; [dans une maison] upstairs. ❖ en haut de loc prép at the top of.

hautain, e ['otɛ̃, ɛn] adj haughty.

hautbois ['obwa] nm oboe.

haut de gamme [odgam] ❖ adj upmarket, high-end, top-of-the-line US / une chaîne haut de gamme a state-of-the-art hi-fi system. ❖ nm top of the range, top of the line US.

haute-fidélité [otfidelite] nf high fidelity, hi-fi.

hautement ['otmã] adv highly.

hauteur ['otœr] nf height / à hauteur d'épaule at shoulder level ou height.

haut-fourneau ['ofurno] nm blast furnace.

haut-le-cœur ['olkœr] nm inv retch ▸ avoir des haut-le-cœur to retch.

haut-parleur ['oparlœr] (pl haut-parleurs) nm loudspeaker.

havre ['avr] nm [refuge] haven.

Haye ['ɛ] npr : La Haye the Hague.

hayon ['ajɔ̃] nm hatchback.

hebdomadaire [ɛbdɔmadɛʀ] nm & adj weekly.

hébergement [ebɛʀʒəmɑ̃] nm accommodation UK, accommodations pl US.

héberger [17] [ebɛʀʒe] vt **1.** [loger] to put up **2.** [suj : hôtel] to take in.

hébété, e [ebete] adj dazed.

hébraïque [ebʀaik] adj Hebrew.

hébreu, x [ebʀø] adj Hebrew. ◆ **hébreu** nm [langue] Hebrew. ◆ **Hébreu, x** nm Hebrew.

hécatombe [ekatɔ̃b] nf pr & fig slaughter.

hectare [ɛktaʀ] nm hectare.

hectolitre [ɛktɔlitʀ] nm hectolitre UK, hectoliter US.

hégémonie [eʒemɔni] nf hegemony.

hein [ɛ̃] interj fam eh?, what? / tu m'en veux, hein ? you're angry with me, aren't you?

hélas [elas] interj unfortunately, alas.

héler [18] [ele] vt sout to hail.

hélice [elis] nf **1.** [d'avion, de bateau] propeller **2.** MATH helix.

hélicoptère [elikɔptɛʀ] nm helicopter.

héliport [elipɔʀ] nm heliport.

hélium [eljɔm] nm helium.

Helsinki ['ɛlsiŋki] npr Helsinki.

hématome [ematom] nm MÉD haematoma UK, hematoma US.

hémicycle [emisikl] nm POL ▸ **l'hémicycle** the Assemblée Nationale.

hémiplégique [emipleʒik] nmf & adj hemiplegic.

hémisphère [emisfɛʀ] nm hemisphere.

hémophile [emɔfil] ◆ nmf haemophiliac UK, hemophiliac US. ◆ adj haemophilic UK, hemophilic US.

hémorragie [emɔʀaʒi] nf **1.** MÉD haemorrhage UK, hemorrhage US **2.** fig [perte, fuite] loss.

hémorroïdes [emɔʀɔid] nfpl haemorrhoids UK, hemorrhoids US, piles.

henné ['ene] nm henna.

hennir [32] ['eniʀ] vi to neigh, to whinny.

hépatite [epatit] nf MÉD hepatitis (U) / hépatite C hepatitis C.

herbe [ɛʀb] nf **1.** BOT grass **2.** CULIN & MÉD herb **3.** fam [marijuana] grass.

herbicide [ɛʀbisid] nm weedkiller, herbicide.

herboriste [ɛʀbɔʀist] nmf herbalist.

héréditaire [eʀeditɛʀ] adj hereditary.

hérédité [eʀedite] nf [génétique] heredity.

hérésie [eʀezi] nf heresy.

hérisson ['eʀisɔ̃] nm ZOOL hedgehog.

héritage [eʀitaʒ] nm **1.** [de biens] inheritance **2.** [culturel] heritage.

hériter [3] [eʀite] ◆ vi to inherit ▸ **hériter de qqch** to inherit sthg. ◆ vt ▸ **hériter qqch de qqn** pr & fig to inherit sthg from sb.

héritier, ère [eʀitje, ɛʀ] nm, f heir (heiress).

hermétique [ɛʀmetik] adj **1.** [étanche] hermetic **2.** [incompréhensible] inaccessible, impossible to understand **3.** [impénétrable] impenetrable.

hermine [ɛʀmin] nf **1.** [animal] stoat **2.** [fourrure] ermine.

hernie ['eʀni] nf hernia.

héroïne [eʀɔin] nf **1.** [personne] heroine **2.** [drogue] heroin.

héroïque [eʀɔik] adj heroic.

héroïsme [eʀɔism] nm heroism.

héron ['eʀɔ̃] nm heron.

héros ['eʀo] nm hero.

herpès [ɛʀpɛs] nm herpes.

hertz ['eʀts] nm inv hertz.

hésitant, e [ezitɑ̃, ɑ̃t] adj hesitant.

hésitation [ezitasjɔ̃] nf hesitation.

hésiter [3] [ezite] vi to hesitate ▸ **hésiter entre/sur** to hesitate between/over ▸ **hésiter à faire qqch** to hesitate to do sthg.

hétéroclite [eteʀɔklit] adj motley.

hétérogène [eteʀɔʒɛn] adj heterogeneous.

hétérosexuel, elle [eteʀɔsɛksɥɛl] adj & nm, f heterosexual.

hêtre ['ɛtʀ] nm beech.

heure [œʀ] nf **1.** [unité de temps] hour / 250 km à l'heure 250 km per ou an hour ▸ **faire des heures supplémentaires** to work overtime **2.** [moment du jour] time / il est deux heures it's two o'clock / à quelle heure ? when?, (at) what time? ▸ **heures de bureau** office hours ▸ **heure de pointe** rush hour **3.** [indication de temps] time / être à l'heure to be on time / quelle heure est-il ? what time is it? **4.** [fuseau horaire] ▸ **l'heure d'été** British Summer Time UK, daylight (saving) time US / passer à l'heure d'été/d'hiver to put the clocks forward/back **5.** SCOL class, period **6.** EXPR à l'heure actuelle at the present time ▸ **à tout à l'heure !**

see you later! ▶ **c'est l'heure (de faire qqch)** it's time (to do sthg) ▶ **de bonne heure** early.

heureusement [œRøzmɑ̃] adv [par chance] luckily, fortunately.

heureux, euse [œRø, øz] adj **1.** [gén] happy ▶ **être heureux de faire qqch** to be happy to do sthg **2.** [favorable] fortunate **3.** [réussi] successful, happy.

heurt ['œR] nm **1.** [choc] collision, impact **2.** [désaccord] clash.

heurter [3] ['œRte] vt **1.** [rentrer dans - gén] to hit ; [- suj : personne] to bump into **2.** [offenser - personne, sensibilité] to offend **3.** [bon sens, convenances] to go against. ◆ **se heurter** vp **1.** [gén] ▶ **se heurter (contre)** to collide (with) **2.** [rencontrer] ▶ **se heurter à qqch** to come up against sthg.

hexagonal, e, aux [ɛgzagɔnal, o] adj **1.** GÉOM hexagonal **2.** [français] French.

hexagone [ɛgzagɔn] nm GÉOM hexagon. ◆ **Hexagone** nm ▶ **l'Hexagone** (metropolitan) France.

hiatus [jatys] nm inv hiatus.

hiberner [3] [ibɛRne] vi to hibernate.

hibou, x ['ibu] nm owl.

hideux, euse ['idø, øz] adj hideous.

hier [ijɛR] adv yesterday.

hiérarchie ['jeRaRʃi] nf hierarchy.

hiéroglyphe [jeRɔglif] nm hieroglyph, hieroglyphic.

hilare [ilaR] adj beaming.

hilarité [ilaRite] nf hilarity.

Himalaya [imalaja] nm : *l'Himalaya* the Himalayas *pl*.

hindou, e [ɛ̃du] adj Hindu. ◆ **Hindou, e** nm, f Hindu.

hindouisme [ɛ̃duism] nm Hinduism.

hindouiste [ɛ̃duist] adj Hindu.

hip-hop [ipɔp] adj inv & nm inv hip-hop.

hippie, hippy ['ipi] (*pl* **hippies**) nmf & adj hippy.

hippique [ipik] adj horse (*avant n*).

hippocampe [ipɔkɑ̃p] nm seahorse.

hippodrome [ipɔdRom] nm racecourse, racetrack.

hippopotame [ipɔpɔtam] nm hippopotamus.

hirondelle [iRɔ̃dɛl] nf swallow.

hirsute [iRsyt] adj [chevelure, barbe] shaggy.

hispanique [ispanik] adj [gén] Hispanic.

hispano-américain, e [ispanɔameRikɛ̃, ɛn] (*mpl* **hispano-américains**, *fpl* **hispano-américaines**) adj Hispanic, Spanish-American. ◆ **Hispano-Américain, e** nm, f Hispanic, Spanish-American, Hispanic.

hisser [3] ['ise] vt **1.** [voile, drapeau] to hoist **2.** [charge] to heave, to haul. ◆ **se hisser** vp **1.** [grimper] ▶ **se hisser (sur)** to heave ou haul o.s. up (onto) **2.** *fig* [s'élever] ▶ **se hisser à** to pull o.s. up to.

histoire [istwaR] nf **1.** [science] history ▶ **histoire naturelle** natural history **2.** [récit, mensonge] story **3.** [aventure] funny ou strange thing **4.** (*gén pl*) *fam* [ennui] trouble (*U*).

historique [istɔRik] adj **1.** [roman, recherches] historical **2.** [monument, événement] historic.

hit-parade ['itpaRad] (*pl* **hit-parades**) nm ▶ **le hit-parade** the charts *pl*.

hiver [ivɛR] nm winter ▶ **en hiver** in (the) winter.

HLM (*abr de* **habitation à loyer modéré**) nm & nf low-rent, state-owned housing ; ≃ council house/flat 🇬🇧 ; ≃ public housing unit 🇺🇸.

hobby ['ɔbi] (*pl* **hobbies**) nm hobby.

hocher [3] ['ɔʃe] vt ▶ **hocher la tête a)** [affirmativement] to nod (one's head) **b)** [négativement] to shake one's head.

hochet ['ɔʃɛ] nm rattle.

hockey ['ɔkɛ] nm hockey ▶ **hockey sur glace** ice hockey 🇬🇧, hockey 🇺🇸.

holding ['ɔldiŋ] nm & nf holding company.

hold-up ['ɔldœp] nm inv holdup.

hollandais, e ['ɔlɑ̃dɛ, ɛz] adj Dutch. ◆ **hollandais** nm [langue] Dutch. ◆ **Hollandais, e** nm, f Dutchman (Dutchwoman).

Hollande ['ɔlɑ̃d] nf : *la Hollande* Holland.

holocauste [ɔlɔkost] nm holocaust.

hologramme [ɔlɔgRam] nm hologram.

homard ['ɔmaR] nm lobster.

homéopathie [ɔmeɔpati] nf homeopathy.

homicide [ɔmisid] nm [meurtre] murder.

hommage [ɔmaʒ] nm [témoignage d'estime] tribute ▶ **rendre hommage à qqn / qqch** to pay tribute to sb/sthg.

homme [ɔm] nm man ▶ **homme d'affaires** businessman ▶ **homme d'État** statesman / **homme politique** politician ▶ **l'homme de la rue** the man in the street.

homme-grenouille [ɔmgRɑ̃nuj] nm frogman.

homogène [ɔmɔʒɛn] adj homogeneous.

homologue [ɔmɔlɔg] nm counterpart, opposite number.

homonyme [ɔmɔnim] nm **1.** LING homonym **2.** [personne, ville] namesake.

homoparental, e, aux [ɔmɔpaʀɑ̃tal, o] adj relating to gay parenting, homoparental.

homophobe [ɔmɔfɔb] adj homophobic.

homosexualité [ɔmɔsɛksɥalite] nf homosexuality.

homosexuel, elle [ɔmɔsɛksɥɛl] adj & nm, f homosexual.

Honduras ['ɔ̃dyʀas] nm : *le Honduras* Honduras.

Hongrie ['ɔ̃gʀi] nf : *la Hongrie* Hungary.

hongrois, e ['ɔ̃gʀwa, az] adj Hungarian. ◆ **hongrois** nm [langue] Hungarian. ◆ **Hongrois, e** nm, f Hungarian.

honnête [ɔnɛt] adj **1.** [intègre] honest **2.** [correct] honourable **UK**, honorable **US 3.** [convenable - travail, résultat] reasonable.

honnêtement [ɔnɛtmɑ̃] adv **1.** [de façon intègre, franchement] honestly **2.** [correctement] honourably **UK**, honorably **US**.

honnêteté [ɔnɛtte] nf honesty.

honneur [ɔnœʀ] nm honour **UK**, honor **US** ▶ **faire honneur à qqn / à qqch** to be a credit to sb/sthg ▶ **faire honneur à un repas** *fig* to do justice to a meal.

honorable [ɔnɔʀabl] adj **1.** [digne] honourable **UK**, honorable **US 2.** [convenable] respectable.

honoraire [ɔnɔʀɛʀ] adj honorary. ◆ **honoraires** nmpl fee *sg*, fees.

honorer [3] [ɔnɔʀe] vt **1.** [faire honneur à] to be a credit to **2.** [payer] to honour **UK**, to honor **US**.

honte ['ɔ̃t] nf [sentiment] shame ▶ **avoir honte de qqn / qqch** to be ashamed of sb/sthg ▶ **avoir honte de faire qqch** to be ashamed of doing sthg.

honteux, euse ['ɔ̃tø, øz] adj shameful ; [personne] ashamed.

hooligan, houligan ['uligan] nm hooligan.

hôpital, aux [ɔpital, o] nm hospital.

hoquet ['ɔkɛ] nm hiccup.

horaire [ɔʀɛʀ] ◆ nm **1.** [de départ, d'arrivée] timetable **UK**, schedule **US 2.** [de travail] hours *pl* (of work). ◆ adj hourly.

horizon [ɔʀizɔ̃] nm **1.** [ligne, perspective] horizon **2.** [panorama] view.

horizontal, e, aux [ɔʀizɔ̃tal, o] adj horizontal. ◆ **horizontale** nf MATH horizontal.

horloge [ɔʀlɔʒ] nf clock.

horloger, ère [ɔʀlɔʒe, ɛʀ] ◆ adj clockmaking *(avant n)*, watchmaking *(avant n)*. ◆ nm, f clockmaker, watchmaker.

hormis ['ɔʀmi] prép save.

hormone [ɔʀmɔn] nf hormone.

hormonothérapie [ɔʀmɔnɔteʀapi] nf MÉD hormone therapy ; [pour femmes ménopausées] hormone replacement therapy.

horodateur [ɔʀɔdatœʀ] nm [à l'usine] clock ; [au parking] ticket machine.

horoscope [ɔʀɔskɔp] nm horoscope.

horreur [ɔʀœʀ] nf horror ▶ **avoir horreur de qqn / qqch** to hate sb/sthg ▶ **avoir horreur de faire qqch** to hate doing sthg ▶ **quelle horreur !** how awful!

horrible [ɔʀibl] adj **1.** [affreux] horrible **2.** *fig* [terrible] terrible, dreadful.

horrifier [9] [ɔʀifje] vt to horrify.

horripiler [3] [ɔʀipile] vt to exasperate.

hors ['ɔʀ] prép ⟶ **pair, service.** ◆ **hors de** loc prép outside / *hors de prix* too ou prohibitively expensive.

hors-bord ['ɔʀbɔʀ] nm inv speedboat.

hors-d'œuvre ['ɔʀdœvʀ] nm inv hors d'œuvre, appetizer, starter **UK**.

hors-jeu ['ɔʀʒø] nm inv & adj inv offside.

hors-la-loi ['ɔʀlalwa] nm inv outlaw.

hors-piste, hors-pistes ['ɔʀpist] nm inv off-piste skiing.

hors-série [ɔʀseri] ◆ adj inv special. ◆ nm *(pl* **hors-séries***)* special issue ou edition.

hortensia [ɔʀtɑ̃sja] nm hydrangea.

horticulture [ɔʀtikyltyʀ] nf horticulture.

hospice [ɔspis] nm home.

hospitalier, ère [ɔspitalje, ɛʀ] adj **1.** [accueillant] hospitable **2.** [relatif aux hôpitaux] hospital *(avant n)*.

hospitaliser [3] [ɔspitalize] vt to hospitalize.

hospitalité [ɔspitalite] nf hospitality.

hostie [ɔsti] nf host.

hostile [ɔstil] adj ▶ **hostile (à)** hostile (to).

hostilité [ɔstilite] nf hostility. ◆ **hostilités** nfpl hostilities.

hot dog *(pl* **hot dogs***)* ['ɔtdɔg] nm hot dog.

hôte, hôtesse [ot, otɛs] nm, f host (hostess) ▸ **hôtesse d'accueil** receptionist ▸ **hôtesse de l'air** stewardess, air hostess UK. ◆ **hôte** nm [invité] guest.

hôtel [otɛl] nm **1.** [d'hébergement] hotel **2.** [établissement public] public building ▸ **hôtel de ville** town UK ou city US hall **3.** [demeure] ▸ **hôtel (particulier)** (private) mansion, town house.

hôtellerie [otɛlʀi] nf **1.** [métier] hotel trade **2.** [hôtel-restaurant] inn.

hot line [ˈɔtlaɪn] (pl **hot lines**) nf hot line.

hotte [ˈɔt] nf **1.** [panier] basket **2.** [d'aération] hood ▸ **hotte aspirante** extractor ou cooker UK hood.

houblon [ˈublɔ̃] nm **1.** BOT hop **2.** [de la bière] hops pl.

houille [ˈuj] nf coal.

houiller, ère [ˈuje, ɛʀ] adj coal (avant n). ◆ **houillère** nf coalmine.

houle [ˈul] nf swell.

houlette [ˈulɛt] nf sout ▸ **sous la houlette de qqn** under the guidance of sb.

houppe [ˈup] nf **1.** [à poudre] powder puff **2.** [de cheveux] tuft.

hourra, hurrah [ˈuʀa] interj hurrah!, hurray!

house [aws], **house music** [awsmjuzik] nf house (music).

houspiller [3] [ˈuspije] vt to tell off.

housse [ˈus] nf cover.

houx [ˈu] nm holly.

HS (abr de hors service) adj fam out of order / **je suis HS** I'm completely washed out.

huard, huart [ˈɥaʀ] nm QUÉBEC **1.** [oiseau] (black-throated) diver UK ou loon US **2.** [pièce de un dollar canadien] Canadian dollar UK, loonie CAN.

hublot [ˈyblo] nm [de bateau] porthole.

huer [7] [ˈɥe] vt (siffler) to boo.

huile [ˈɥil] nf **1.** [gén] oil ▸ **huile d'arachide** groundnut UK ou peanut US oil ▸ **huile d'olive** olive oil **2.** [peinture] oil painting **3.** fam [personnalité] bigwig.

huis [ˈɥi] nm litt door ▸ **à huis clos** DR in camera.

huissier, ère [ɥisje, ɛʀ] nm, f **1.** [appariteur] usher **2.** DR bailiff.

huit [ˈɥit] ❖ adj num inv eight. ❖ nm eight / **aujourd'hui en huit** this time next week / **lundi en huit** a week on Monday UK, Monday week UK, a week from Monday US. Voir aussi **six**.

huitième [ˈɥitjɛm] ❖ adj num inv & nmf eighth. ❖ nm eighth / **le huitième de finale** round before the quarterfinal. ❖ nf SCOL ≃ Year 5 (at junior school) UK; ≃ fourth grade US. Voir aussi **sixième**.

huître [ɥitʀ] nf oyster.

humain, e [ymɛ̃, ɛn] adj **1.** [gén] human **2.** [sensible] humane. ◆ **humain** nm [être humain] human (being).

humanitaire [ymanitɛʀ] ❖ adj humanitarian. ❖ nm ▸ **l'humanitaire** humanitarian ou relief work / **travailler dans l'humanitaire** to work for a humanitarian organization.

humanité [ymanite] nf humanity. ◆ **humanités** nfpl BELGIQUE humanities.

humble [œ̃bl] adj humble.

humecter [4] [ymɛkte] vt to moisten.

humer [3] [ˈyme] vt to smell.

humérus [ymeʀys] nm humerus.

humeur [ymœʀ] nf **1.** [disposition] mood ▸ **être de bonne / mauvaise humeur** to be in a good/bad mood **2.** [caractère] nature **3.** sout [irritation] temper.

humide [ymid] adj [air, climat] humid ; [terre, herbe, mur] wet, damp ; [saison] rainy ; [front, yeux] moist.

humidité [ymidite] nf [de climat, d'air] humidity ; [de terre, mur] dampness.

humiliation [ymiljasjɔ̃] nf humiliation.

humilier [9] [ymilje] vt to humiliate. ◆ **s'humilier** vp ▸ **s'humilier devant qqn** to grovel to sb.

humilité [ymilite] nf humility.

humoriste [ymɔʀist] ❖ nmf humorist. ❖ adj humoristic.

humoristique [ymɔʀistik] adj humorous.

humour [ymuʀ] nm humour UK, humor US.

humus [ymys] nm humus.

huppé, e [ˈype] adj **1.** fam [société] upper-crust **2.** [oiseau] crested.

hurlement [ˈyʀləmã] nm howl.

hurler [3] [ˈyʀle] vi [gén] to howl.

hurrah = **hourra**.

husky [œski] (pl **huskies**) nm husky.

hutte [ˈyt] nf hut.

hybride [ibʀid] nm & adj hybrid.

hydratant, e [idʀatã, ãt] adj moisturizing.

hydrater [3] [idʀate] vt **1.** CHIM to hydrate **2.** [peau] to moisturize.

hydraulique [idʀolik] adj hydraulic.

hydravion [idʀavjɔ̃] nm seaplane, hydroplane.

hydrocarbure [idʀɔkaʀbyʀ] nm hydrocarbon.

hydrocution [idʀɔkysjɔ̃] nf immersion syncope.

hydroélectrique [idʀɔelɛktʀik] adj hydroelectric.

hydrogène [idʀɔʒɛn] nm hydrogen.

hydroglisseur [idʀɔglisœʀ] nm jetfoil, hydroplane.

hydrophile [idʀɔfil] adj ⟶ **coton.**

hyène [jɛn] nf hyena.

hygiène [iʒjɛn] nf hygiene.

hygiénique [iʒjenik] adj **1.** [sanitaire] hygienic **2.** [bon pour la santé] healthy.

hymne [imn] nm hymn ▶ **hymne national** national anthem.

hype [ajp] ❖ adj inv [quartier, créateur] trendy. ❖ nf ▶ **la hype a)** [dernière mode] the new hip thing **b)** [personnes] the hip crowd, the fashionistas.

hypermarché [ipɛʀmaʀʃe] nm hypermarket.

hypermétrope [ipɛʀmetʀɔp] ❖ nmf longsighted UK ou farsighted US person. ❖ adj longsighted UK, farsighted US.

hypertension [ipɛʀtɑ̃sjɔ̃] nf high blood pressure, hypertension.

hypertrophié [ipɛʀtʀɔfje] adj hypertrophic; fig exaggerated.

hypnose [ipnoz] nf hypnosis.

hypnotiser [3] [ipnɔtize] vt to hypnotize; fig to mesmerize.

hypoallergénique [ipɔalɛʀʒenik] adj hypoallergenic.

hypocondriaque [ipɔkɔ̃dʀijak] nmf & adj hypochondriac.

hypocrisie [ipɔkʀizi] nf hypocrisy.

hypocrite [ipɔkʀit] ❖ nmf hypocrite. ❖ adj hypocritical.

hypoglycémie [ipɔglisemi] nf hypoglycaemia UK, hypoglycemia US.

hypokhâgne [ipɔkaɲ] nf first year of a twoyear preparatory arts course taken prior to the competitive examination for entry to the École normale supérieure.

hypotension [ipɔtɑ̃sjɔ̃] nf low blood pressure.

hypothèque [ipɔtɛk] nf mortgage.

hypothèse [ipɔtɛz] nf hypothesis.

hystérie [isteʀi] nf hysteria.

hystérique [isteʀik] adj hysterical.

I

i, I [i] nm inv i, I.

ibérique [iberik] adj ▶ **la péninsule ibérique** the Iberian Peninsula.

iceberg [ajsbɛʀg] nm iceberg.

ici [isi] adv **1.** [lieu] here ▶ **par ici a)** [direction] this way **b)** [alentour] around here **2.** [temps] now / **d'ici (à) une semaine** in a week's time, a week from now ▶ **d'ici là** by then.

icône [ikon] nf INFORM & RELIG icon.

idéal, e [ideal] (pl **idéals** ou **idéaux** [ideo]) adj ideal. ◆ **idéal** nm ideal.

idéaliste [idealist] ❖ nmf idealist. ❖ adj idealistic.

idée [ide] nf idea / **aucune idée !** no idea!, I haven't got a clue! ▶ **à l'idée de/que** at the idea of/that ▶ **se faire des idées** to imagine things ▶ **cela ne m'est jamais venu à l'idée** it never occurred to me ▶ **idée fixe** obsession ▶ **idées reçues** assumptions.

idem [idɛm] adv idem.

identifiant [idɑ̃tifjɑ̃] nm INFORM user name, login name.

identification [idɑ̃tifikasjɔ̃] nf ▶ **identification (à)** identification (with).

identifier [9] [idɑ̃tifje] vt to identify. ◆ **s'identifier** vp ▶ **s'identifier à qqn/qqch** to identify with sb/sthg.

identique [idɑ̃tik] adj ▶ **identique (à)** identical (to).

identité [idɑ̃tite] nf identity.

idéogramme [ideɔgram] nm ideogram.

idéologie [ideɔlɔʒi] nf ideology.

idiomatique [idjɔmatik] adj idiomatic.

idiot, e [idjo, ɔt] ❖ adj idiotic ; MÉD idiot (avant n). ❖ nm, f idiot.

idiotie [idjɔsi] nf **1.** [stupidité] idiocy **2.** [action, parole] idiotic thing.

idolâtrer [3] [idɔlatʀe] vt to idolize.

idole [idɔl] nf idol.

idylle [idil] nf [amour] romance.

idyllique [idilik] adj [idéal] idyllic.

if [if] nm yew.

igloo, iglou [iglu] nm igloo.

ignare [iɲaʀ] ❖ nmf ignoramus. ❖ adj ignorant.

ignifuge [iɡnify3 ou iɲify3], **ignifugeant, e** [iɡnify3ɑ̃, ɑ̃t ou iɲify3ɑ̃, ɑ̃t] adj fire-retardant. ◆ **ignifuge** [iɡnify3], **ignifugeant** nm fire-retardant material.

ignoble [iɲɔbl] adj **1.** [abject] base **2.** [hideux] vile.

ignominie [iɲɔmini] nf **1.** [état] disgrace **2.** [action] disgraceful act.

ignorance [iɲɔʀɑ̃s] nf ignorance.

ignorant, e [iɲɔʀɑ̃, ɑ̃t] ❖ adj ignorant. ❖ nm, f ignoramus.

ignorer [3] [iɲɔʀe] vt **1.** [ne pas savoir] not to know, to be unaware of **2.** [ne pas tenir compte de] to ignore **3.** [ne pas connaître] to have no experience of.

il [il] pron pers **1.** [sujet - personne] he ; [- animal] it, he ; [- chose] it **2.** [sujet d'un verbe impersonnel] it / **il pleut** it's raining. ◆ **ils** pron pers pl they.

île [il] nf island / **les îles Baléares** the Balearic Islands / **les îles Britanniques** the British Isles / **les îles Canaries** the Canary Islands / **l'Île-de-France** the Île-de-France / **l'île Maurice** Mauritius.

illégal, e, aux [ilegal, o] adj illegal.

illégalité [ilegalite] nf [fait d'être illégal] illegality.

illégitime [ileʒitim] adj **1.** [enfant] illegitimate ; [union] unlawful **2.** [non justifié] unwarranted.

illettré, e [iletʀe] adj & nm, f illiterate.

illicite [ilisit] adj illicit.

illico [iliko] adv fam right away, pronto.

illimité, e [ilimite] adj **1.** [sans limites] unlimited **2.** [indéterminé] indefinite.

illisible [ilizibl] adj **1.** [indéchiffrable] illegible **2.** [incompréhensible & INFORM] unreadable.

illogique [ilɔʒik] adj illogical.

illumination [ilyminasjɔ̃] nf **1.** [éclairage] lighting **2.** [idée soudaine] inspiration.

illuminer [3] [ilymine] vt to light up ; [bâtiment, rue] to illuminate. ◆ **s'illuminer** vp ▸ **s'illuminer de joie** to light up with joy.

illusion [ilyzjɔ̃] nf illusion.

illusionniste [ilyzjɔnist] nmf conjurer.

illusoire [ilyzwaʀ] adj illusory.

illustrateur, trice [ilystʀatœʀ, tʀis] nm, f illustrator.

illustration [ilystʀasjɔ̃] nf illustration.

illustre [ilystʀ] adj illustrious.

illustré, e [ilystʀe] adj illustrated. ◆ **illustré** nm illustrated magazine.

illustrer [3] [ilystʀe] vt **1.** [gén] to illustrate **2.** [rendre célèbre] to make famous. ◆ **s'illustrer** vp to distinguish o.s.

îlot [ilo] nm **1.** [île] small island, islet **2.** fig [de résistance] pocket.

ils ⟶ **il**.

image [imaʒ] nf **1.** [vision mentale, comparaison, ressemblance] image **2.** [dessin] picture ▸ **livre d'images** picture book.

imagé, e [imaʒe] adj full of imagery.

imagerie [imaʒʀi] nf MÉD ▸ **imagerie médicale** medical imaging.

imaginaire [imaʒinɛʀ] adj imaginary.

imagination [imaʒinasjɔ̃] nf imagination ▸ **avoir de l'imagination** to be imaginative.

imaginer [3] [imaʒine] vt **1.** [supposer, croire] to imagine **2.** [trouver] to think of. ◆ **s'imaginer** vp **1.** [se voir] to see o.s. **2.** [croire] to imagine.

imam [imam] nm imam.

imbattable [ɛ̃batabl] adj unbeatable.

imbécile [ɛ̃besil] nmf imbecile.

imbécillité [ɛ̃besilite] nf **1.** [manque d'intelligence] imbecility **2.** [acte, parole] stupid thing.

imberbe [ɛ̃bɛʀb] adj beardless.

imbiber [3] [ɛ̃bibe] vt ▸ **imbiber qqch de qqch** to soak sthg in ou with sthg.

imbriqué, e [ɛ̃bʀike] adj overlapping.

imbroglio [ɛ̃bʀɔljo] nm imbroglio.

imbu, e [ɛ̃by] adj ▸ **être imbu de** to be full of ▸ **être imbu de soi-même** to be full of oneself.

imbuvable [ɛ̃byvabl] adj **1.** [eau] undrinkable **2.** fam [personne] unbearable.

imitateur, trice [imitatœʀ, tʀis] nm, f **1.** [comique] impersonator **2.** péj [copieur] imitator.

imitation [imitasjɔ̃] nf imitation.

imiter [3] [imite] vt **1.** [s'inspirer de, contrefaire] to imitate **2.** [reproduire l'aspect de] to look (just) like.

immaculé, e [imakyle] adj immaculate.

immangeable [ɛ̃mɑ̃ʒabl] adj inedible.

immanquable [ɛ̃mɑ̃kabl] adj impossible to miss ; [sort, échec] inevitable.

immatriculation [imatʀikylasjɔ̃] nf registration.

immature [imatyʀ] adj immature.

immédiat, e [imedja, at] adj immediate.

immédiatement [imedjatmɑ̃] adv immediately.

immense [imɑ̃s] adj immense.

immensité [imɑ̃site] nf immensity, vastness.

immerger [17] [imɛʀʒe] vt to submerge. ◆ **s'immerger** vp to submerge o.s.

immérité, e [imeʀite] adj undeserved.

immeuble [imœbl] nm building.

immigration [imigʀasjɔ̃] nf immigration ▸ **immigration clandestine** illegal immigration.

immigré, e [imigʀe] adj & nm, f immigrant.

immigrer [3] [imigʀe] vi to immigrate.

imminent, e [iminɑ̃, ɑ̃t] adj imminent.

immiscer [16] [imise] ◆ **s'immiscer** vp ▸ **s'immiscer dans** to interfere in ou with.

immobile [imɔbil] adj **1.** [personne, visage] motionless **2.** [mécanisme] fixed, stationary **3.** fig [figé] immovable.

immobilier, ère [imɔbilje, ɛʀ] adj ▸ **biens immobiliers** property (U), real estate (U) US.

immobiliser [3] [imɔbilize] vt to immobilize. ◆ **s'immobiliser** vp to stop.

immobilité [imɔbilite] nf immobility ; [de paysage, de lac] stillness.

immodéré, e [imɔdeʀe] adj inordinate.

immoler [3] [imɔle] vt to sacrifice ; RELIG to immolate. ◆ **s'immoler** vp to immolate o.s.

immonde [imɔ̃d] adj **1.** [sale] foul **2.** [abject] vile.

immondices [imɔ̃dis] nfpl waste (U), refuse (U).

immoral, e, aux [imɔʀal, o] adj immoral.

immortaliser [3] [imɔʀtalize] vt to immortalize.

immortel, elle [imɔʀtɛl] adj immortal. ◆ **immortel, elle** nm, f fam member of the Académie française.

immuable [imɥabl] adj **1.** [éternel - loi] immutable **2.** [constant] unchanging.

immuniser [3] [imynize] vt **1.** [vacciner] to immunize **2.** fig [garantir] ▸ **immuniser qqn contre qqch** to make sb immune to sthg.

immunitaire [imynitɛʀ] adj immune *(avant n)*.

immunité [imynite] nf immunity.

impact [ɛ̃pakt] nm impact ▸ **avoir de l'impact sur** to have an impact on.

impair [ɛ̃pɛʀ] adj odd. ◆ **impair** nm [faux-pas] gaffe.

imparable [ɛ̃paʀabl] adj **1.** [coup] unstoppable **2.** [argument] unanswerable.

impardonnable [ɛ̃paʀdɔnabl] adj unforgivable.

imparfait, e [ɛ̃paʀfɛ, ɛt] adj **1.** [défectueux] imperfect **2.** [inachevé] incomplete. ◆ **imparfait** nm GRAM imperfect (tense).

impartial, e, aux [ɛ̃paʀsjal, o] adj impartial.

impartir [32] [ɛ̃paʀtiʀ] vt ▸ **impartir qqch à qqn a)** *litt* [délai, droit] to grant sthg to sb **b)** [don] to bestow sthg upon sb **c)** [tâche] to assign sthg to sb.

impasse [ɛ̃pas] nf **1.** [rue] dead end **2.** fig [difficulté] impasse, deadlock.

impassible [ɛ̃pasibl] adj impassive.

impatience [ɛ̃pasjɑ̃s] nf impatience.

impatient, e [ɛ̃pasjɑ̃, ɑ̃t] adj impatient.

impatienter [3] [ɛ̃pasjɑ̃te] vt to annoy. ◆ **s'impatienter** vp ▸ **s'impatienter (de / contre)** to get impatient (at/with).

impayable [ɛ̃pɛjabl] adj *fam* priceless.

impayé, e [ɛ̃pɛje] adj unpaid, outstanding. ◆ **impayé** nm outstanding payment.

impeccable [ɛ̃pekabl] adj **1.** [parfait] impeccable, faultless **2.** [propre] spotless, immaculate.

impénétrable [ɛ̃penetʀabl] adj impenetrable.

impénitent, e [ɛ̃penitɑ̃, ɑ̃t] adj unrepentant.

impensable [ɛ̃pɑ̃sabl] adj unthinkable.

imper [ɛ̃pɛʀ] nm *fam* raincoat, mac 🇬🇧.

impératif, ive [ɛ̃peʀatif, iv] adj **1.** [ton, air] imperious **2.** [besoin] imperative, essential. ◆ **impératif** nm GRAM imperative.

impératrice [ɛ̃peʀatʀis] nf empress.

imperceptible [ɛ̃pɛʀseptibl] adj imperceptible.

imperfection [ɛ̃pɛʀfɛksjɔ̃] nf imperfection.

impérial, e, aux [ɛ̃peʀjal, o] adj imperial. ◆ **impériale** nf top deck.

impérialisme [ɛ̃peʀjalism] nm POL imperialism ; fig dominance.

impérieux, euse [ɛ̃peʀjø, øz] adj **1.** [ton, air] imperious **2.** [nécessité] urgent.

impérissable [ɛ̃peʀisabl] adj undying.

imperméabiliser [3] [ɛ̃pɛʀmeabilize] vt to waterproof.

imperméable [ɛ̃pɛʀmeabl] ⬦ adj waterproof ▸ **imperméable à a)** [étanche] impermeable to **b)** fig impervious ou immune to. ⬦ nm raincoat.

impersonnel, elle [ɛ̃pɛʀsɔnel] adj impersonal.

impertinence [ɛ̃pɛʀtinɑ̃s] nf impertinence *(U)*.

impertinent, e [ɛ̃pɛʀtinɑ̃, ɑ̃t] ⬦ adj impertinent. ⬦ nm, f impertinent person.

imperturbable [ɛ̃pɛʀtyʀbabl] adj imperturbable.

impétueux, euse [ɛ̃petɥø, øz] adj [personne, caractère] impetuous.

impie [ɛ̃pi] adj impious.

impitoyable [ɛ̃pitwajabl] adj merciless, pitiless.

implacable [ɛ̃plakabl] adj implacable.

implant [ɛ̃plɑ̃] nm MÉD implant ▸ **implant capillaire** hair graft.

implantation [ɛ̃plɑ̃tasjɔ̃] nf **1.** [d'usine, de système] establishment **2.** [de cheveux] implant.

implanter [3] [ɛ̃plɑ̃te] vt **1.** [entreprise, système] to establish **2.** fig [préjugé] to implant. ◆ **s'implanter** vp [entreprise] to set up ; [coutume] to become established.

implication [ɛ̃plikasjɔ̃] nf **1.** [participation] ▸ **implication (dans)** involvement (in) **2.** *(gén pl)* [conséquence] implication.

implicite [ɛ̃plisit] adj implicit.

impliquer [3] [ɛ̃plike] vt **1.** [compromettre] ▸ **impliquer qqn dans** to implicate sb in ▸ **être impliqué dans qqch** to be involved in sthg **2.** [requérir, entraîner] to imply. ◆ **s'impliquer** vp ▸ **s'impliquer dans** *fam* to become involved in.

implorer [3] [ɛ̃plɔʀe] vt to beseech.

implosion [ɛ̃plozjɔ̃] nf implosion.

impoli, e [ɛ̃pɔli] adj rude, impolite.

impopulaire [ɛ̃pɔpylɛʀ] adj unpopular.

import[ɛ̃pɔʀ] nm **1.** COMM import **2.** BELGIQUE [montant] total.

importance [ɛ̃pɔʀtɑ̃s] nf **1.** [gén] importance ; [de problème, montant] magnitude **2.** [de dommages] extent **3.** [de ville] size.

important, e [ɛ̃pɔʀtɑ̃, ɑ̃t] adj **1.** [personnage, découverte, rôle] important ; [événement, changement] important, significant **2.** [quantité, collection, somme] considerable, sizeable ; [dommages] extensive.

importation [ɛ̃pɔʀtasjɔ̃] nf **1.** COMM import **2.** [d'un mouvement, d'une invention] introduction.

importer [3] [ɛ̃pɔʀte] ❖ vt to import. ❖ v impers ▶ **importer (à)** to matter (to) ▶ **il importe de / que** it is important to / that ▶ **qu'importe !, peu importe !** it doesn't matter ! ▶ **n'importe comment** anyhow ▶ **n'importe où** anywhere (at all) ▶ **n'importe quand** at any time (at all) ▶ **n'importe qui** anyone (at all) ▶ **n'importe quoi** anything (at all).

import-export [ɛ̃pɔʀɛkspɔʀ] nm importexport.

importuner [3] [ɛ̃pɔʀtyne] vt to irk.

imposable [ɛ̃pozabl] adj taxable **/** *non imposable* nontaxable.

imposant, e [ɛ̃pozɑ̃, ɑ̃t] adj imposing.

imposé, e [ɛ̃poze] adj **1.** [contribuable] taxed **2.** SPORT [figure] compulsory.

imposer [3] [ɛ̃poze] vt **1.** [gén] ▶ **imposer qqn / qqch à qqn** to impose sb / sthg on sb **2.** [impressionner] ▶ **en imposer à qqn** to impress sb **3.** [taxer] to tax. ❖ **s'imposer** vp **1.** [être nécessaire] to be essential ou imperative **2.** [forcer le respect] to stand out **3.** [avoir pour règle] ▶ **s'imposer de faire qqch** to make it a rule to do sthg.

imposition [ɛ̃pozisjɔ̃] nf **1.** FIN taxation ▶ **double imposition** double taxation **2.** RELIG laying on.

impossibilité [ɛ̃posibilite] nf impossibility ▶ **être dans l'impossibilité de faire qqch** to find it impossible to ou to be unable to do sthg.

impossible [ɛ̃posibl] ❖ adj impossible. ❖ nm ▶ **tenter l'impossible** to attempt the impossible.

imposteur [ɛ̃pɔstœʀ] nm impostor.

impôt [ɛ̃po] nm tax ▶ **impôts locaux** council tax UK, local tax US ▶ **impôt sur le revenu** income tax.

impotent, e [ɛ̃pɔtɑ̃, ɑ̃t] adj disabled.

impraticable [ɛ̃pʀatikabl] adj **1.** [inapplicable] impracticable **2.** [inaccessible] impassable.

imprécis, e [ɛ̃pʀesi, iz] adj imprecise.

imprégner [18] [ɛ̃pʀeɲe] vt [imbiber] ▶ **imprégner qqch de qqch** to soak sthg in sthg ▶ **imprégner qqn de qqch** *fig* to fill sb with sthg. ❖ **s'imprégner** vp ▶ **s'imprégner de qqch a)** [s'imbiber] to soak sthg up **b)** *fig* to soak sthg up, to steep o.s. in sthg.

imprenable [ɛ̃pʀənabl] adj **1.** [forteresse] impregnable **2.** [vue] unimpeded.

imprésario [ɛ̃pʀesaʀjo] nm impresario.

impression [ɛ̃pʀesjɔ̃] nf **1.** [gén] impression ▶ **avoir l'impression que** to have the impression ou feeling that **2.** [de livre, tissu] printing **3.** PHOTO print.

impressionnant, e [ɛ̃pʀesjɔnɑ̃, ɑ̃t] adj **1.** [imposant] impressive **2.** [effrayant] frightening.

impressionner [3] [ɛ̃pʀesjɔne] vt **1.** [frapper] to impress **2.** [choquer] to shock, to upset **3.** [intimider] to frighten **4.** PHOTO to expose.

impressionniste [ɛ̃pʀesjɔnist] nmf & adj impressionist.

imprévisible [ɛ̃pʀevizibl] adj unforeseeable.

imprévu, e [ɛ̃pʀevy] adj unforeseen. ❖ **imprévu** nm unforeseen situation.

imprimante [ɛ̃pʀimɑ̃t] nf printer.

imprimé, e [ɛ̃pʀime] adj printed. ❖ **imprimé** nm **1.** [mention postale] printed matter *(U)* **2.** [formulaire] printed form **3.** [tissu] print.

imprimer [3] [ɛ̃pʀime] vt **1.** [texte, tissu] to print **2.** [mouvement] to impart **3.** [marque, empreinte] to leave.

imprimerie [ɛ̃pʀimʀi] nf **1.** [technique] printing **2.** [usine] printing works *sg*.

improbable [ɛ̃pʀɔbabl] adj improbable.

improductif, ive [ɛ̃pʀɔdyktif, iv] adj unproductive.

impromptu, e [ɛ̃pʀɔ̃pty] adj impromptu.

imprononçable [ɛ̃pʀɔnɔ̃sabl] adj unpronounceable.

impropre [ɛ̃pʀɔpʀ] adj **1.** GRAM incorrect **2.** [inadapté] ▶ **impropre à** unfit for.

improvisé, e [ɛ̃pʀɔvize] adj [discours] improvised, extempore *sout* ; [explication] off-the-cuff, ad hoc ; [mesure, réforme] makeshift, improvised ; [décision] snap *(avant n)* **/** *un repas improvisé* a makeshift meal.

improviser [3] [ɛ̃pʀovize] vt to improvise. ◆ **s'improviser** vp **1.** [s'organiser] to be improvised **2.** [devenir] : *s'improviser metteur en scène* to act as director.

improviste [ɛ̃pʀovist] ◆ **à l'improviste** loc adv unexpectedly, without warning.

imprudence [ɛ̃pʀydɑ̃s] nf **1.** [de personne, d'acte] rashness **2.** [acte] rash act.

imprudent, e [ɛ̃pʀydɑ̃, ɑ̃t] ◆ adj rash. ◆ nm, f rash person.

impubère [ɛ̃pybɛʀ] adj [avant la puberté] pre-pubescent.

impudent, e [ɛ̃pydɑ̃, ɑ̃t] ◆ adj impudent. ◆ nm, f impudent person.

impudique [ɛ̃pydik] adj shameless.

impuissant, e [ɛ̃pɥisɑ̃, ɑ̃t] adj **1.** [incapable] ▸ **impuissant (à faire qqch)** powerless (to do sthg) **2.** [homme, effort] impotent. ◆ **impuissant** nm impotent man.

impulsif, ive [ɛ̃pylsif, iv] ◆ adj impulsive. ◆ nm, f impulsive person.

impulsion [ɛ̃pylsjɔ̃] nf **1.** [poussée, essor] impetus **2.** [instinct] impulse, instinct **3.** *fig* ▸ **sous l'impulsion de qqn** [influence] at the prompting ou instigation of sb ▸ **sous l'impulsion de qqch** [effet] impelled by sthg.

impunément [ɛ̃pynemɑ̃] adv with impunity.

impunité [ɛ̃pynite] nf impunity ▸ **en toute impunité** with impunity.

impur, e [ɛ̃pyʀ] adj impure.

impureté [ɛ̃pyʀte] nf impurity.

imputer [3] [ɛ̃pyte] vt ▸ **imputer qqch à qqn / qqch** to attribute sthg to sb/sthg ▸ **imputer qqch à qqch** FIN to charge sthg to sthg.

imputrescible [ɛ̃pytʀesibl] adj [bois] rotproof ; [déchets] non-degradable.

inabordable [inabɔʀdabl] adj **1.** [prix] prohibitive **2.** GÉOGR inaccessible *(by boat)* **3.** [personne] unapproachable.

inacceptable [inaksɛptabl] adj unacceptable.

inaccessible [inaksesibl] adj [destination, domaine, personne] inaccessible ; [objectif, poste] unattainable ▸ **inaccessible à** [sentiment] impervious to.

inaccoutumé, e [inakutyme] adj unaccustomed.

inachevé, e [inaʃve] adj unfinished, uncompleted.

inactif, ive [inaktif, iv] adj **1.** [sans occupation, non utilisé] idle **2.** [sans effet] ineffective **3.** [sans emploi] non-working.

inaction [inaksjɔ̃] nf inaction.

inactivité [inaktivite] nf **1.** [oisiveté] inactivity **2.** ADMIN ▸ **en inactivité** out of active service.

inadapté, e [inadapte] adj **1.** [non adapté] ▸ **inadapté (à)** unsuitable (for), unsuited (to) **2.** [asocial] maladjusted.

inadéquation [inadekwasjɔ̃] nf ▸ **inadéquation (à)** inadequacy (for).

inadmissible [inadmisibl] adj [conduite] unacceptable.

inadvertance [inadvɛʀtɑ̃s] nf *litt* oversight ▸ **par inadvertance** inadvertently.

inaliénable [inaljenabl] adj inalienable.

inaltérable [inalteʀabl] adj **1.** [matériau] stable **2.** [sentiment] unfailing.

inamovible [inamɔvibl] adj fixed.

inanimé, e [inanime] adj **1.** [sans vie] inanimate **2.** [inerte, évanoui] senseless.

inanition [inanisjɔ̃] nf ▸ **tomber / mourir d'inanition** to faint with / die of hunger.

inaperçu, e [inapɛʀsy] adj unnoticed ▸ **passer inaperçu** to go ou pass unnoticed.

inappréciable [inapʀesjabl] adj [précieux] invaluable.

inapprochable [inapʀɔʃabl] adj : *il est vraiment inapprochable en ce moment* you can't say anything to him at the moment.

inapproprié, e [inapʀopʀije] adj ▸ **inapproprié à** not appropriate for.

inapte [inapt] adj **1.** [incapable] ▸ **inapte à qqch / à faire qqch** incapable of sthg / of doing sthg **2.** MIL unfit.

inattaquable [inatakabl] adj *litt* **1.** [imprenable] impregnable **2.** [irréprochable] irreproachable, beyond reproach **3.** [irréfutable] irrefutable.

inattendu, e [inatɑ̃dy] adj unexpected.

inattention [inatɑ̃sjɔ̃] nf inattention.

inaudible [inodibl] adj [impossible à entendre] inaudible.

inauguration [inogyʀasjɔ̃] nf [cérémonie] inauguration, opening (ceremony).

inaugurer [3] [inogyʀe] vt **1.** [monument] to unveil ; [installation, route] to open ; [procédé, édifice] to inaugurate **2.** [époque] to usher in.

inavouable [inavwabl] adj unmentionable.

inavoué, e [inavwe] adj unconfessed.

incalculable [ɛ̃kalkylabl] adj incalculable.

incandescence [ɛ̃kɑ̃desɑ̃s] nf incandescence.

incantation [ɛ̃kɑ̃tasjɔ̃] nf incantation.

incapable [ɛ̃kapabl] ◆ nmf [raté] incompetent. ◆ adj ▸ **incapable de faire qqch** a) [inapte à] incapable of doing sthg b) [dans l'impossibilité de] unable to do sthg.

incapacité [ɛ̃kapasite] nf **1.** [impossibilité] ▸ **incapacité à** ou **de faire qqch** inability to do sthg **2.** [invalidité] disability.

incarcération [ɛ̃kaʀseʀasjɔ̃] nf incarceration.

incarner [3] [ɛ̃kaʀne] vt **1.** [personnifier] to be the incarnation of **2.** CINÉ & THÉÂTRE to play.

incartade [ɛ̃kaʀtad] nf misdemeanour [UK], misdemeanor [US].

incassable [ɛ̃kasabl] adj unbreakable.

incendiaire [ɛ̃sɑ̃djɛʀ] ◆ nmf arsonist. ◆ adj [bombe] incendiary ; fig inflammatory.

incendie [ɛ̃sɑ̃di] nm fire ; fig flames pl.

incendier [9] [ɛ̃sɑ̃dje] vt [mettre le feu à] to set alight, to set fire to.

incertain, e [ɛ̃sɛʀtɛ̃, ɛn] adj **1.** [gén] uncertain ; [temps] unsettled **2.** [vague - lumière] dim ; [- contour] blurred.

incertitude [ɛ̃sɛʀtityd] nf uncertainty.

incessamment [ɛ̃sesamɑ̃] adv at any moment, any moment now.

incessant, e [ɛ̃sesɑ̃, ɑ̃t] adj incessant.

inceste [ɛ̃sɛst] nm incest.

incestueux, euse [ɛ̃sɛstɥø, øz] ◆ adj **1.** [liaison, parent] incestuous **2.** [enfant] born of incest. ◆ nm, f incestuous person.

inchangé, e [ɛ̃ʃɑ̃ʒe] adj unchanged.

incidence [ɛ̃sidɑ̃s] nf [conséquence] effect, impact (U).

incident, e [ɛ̃sidɑ̃, ɑ̃t] adj [accessoire] incidental. ◆ **incident** nm [gén] incident ; [ennui] hitch.

incinération [ɛ̃sineʀasjɔ̃] nf **1.** [de corps] cremation **2.** [d'ordures] incineration.

incinérer [18] [ɛ̃sineʀe] vt **1.** [corps] to cremate **2.** [ordures] to incinerate.

inciser [3] [ɛ̃size] vt to incise, to make an incision in.

incisif, ive [ɛ̃sizif, iv] adj incisive. ◆ **incisive** nf incisor.

inciter [3] [ɛ̃site] vt **1.** [provoquer] ▸ **inciter qqn à qqch / à faire qqch** to incite sb to sthg / to do sthg **2.** [encourager] ▸ **inciter qqn à faire qqch** to encourage sb to do sthg.

incivilité [ɛ̃sivilite] nf **1.** [manque de courtoisie] rudeness, disrespect **2.** [fraude] petty crime ;

[insultes, vandalismes] antisocial behaviour [UK] ou behavior [US].

inclassable [ɛ̃klasabl] adj unclassifiable.

inclinable [ɛ̃klinabl] adj reclinable, reclining.

inclinaison [ɛ̃klinɛzɔ̃] nf **1.** [pente] incline **2.** [de tête, chapeau] angle, tilt.

incliné, e [ɛ̃kline] adj [en pente] sloping ; [penché - mur] leaning ; [- dossier, siège] reclining.

incliner [3] [ɛ̃kline] vt [pencher] to tilt, to lean. ◆ **s'incliner** vp **1.** [se pencher] to tilt, to lean **2.** [céder] ▸ **s'incliner (devant)** to give in (to), to yield (to).

inclure [96] [ɛ̃klyʀ] vt [mettre dedans] ▸ **inclure qqch dans qqch** a) to include sthg in sthg b) [joindre] to enclose sthg with sthg.

inclus, e [ɛ̃kly, yz] ◆ pp ⟶ **inclure**. ◆ adj **1.** [compris] included / *jusqu'à la page 10 inclus* up to and including page 10 **2.** [joint] enclosed **3.** MATH ▸ **être inclus dans** to be a subset of.

incoercible [ɛ̃kɔɛʀsibl] adj *sout* uncontrollable.

incognito [ɛ̃kɔɲito] adv incognito.

incohérent, e [ɛ̃kɔeʀɑ̃, ɑ̃t] adj [paroles] incoherent ; [actes] inconsistent.

incollable [ɛ̃kɔlabl] adj **1.** [riz] nonstick **2.** *fam* [imbattable] unbeatable.

incolore [ɛ̃kɔlɔʀ] adj colourless [UK], colorless [US].

incomber [3] [ɛ̃kɔ̃be] vi **1.** [revenir à] ▸ **incomber à qqn** to be sb's responsibility **2.** (*emploi impersonnel*) ▸ **il incombe à qqn de faire qqch** it falls to sb ou it is incumbent on sb to do sthg.

incommensurable [ɛ̃kɔmɑ̃syʀabl] adj [immense] immeasurable.

incommoder [3] [ɛ̃kɔmɔde] vt *sout* to trouble.

incomparable [ɛ̃kɔ̃paʀabl] adj **1.** [différent] not comparable **2.** [sans pareil] incomparable.

incompatible [ɛ̃kɔ̃patibl] adj incompatible.

incompétent, e [ɛ̃kɔ̃petɑ̃, ɑ̃t] adj [incapable] incompetent.

incomplet, ète [ɛ̃kɔ̃plɛ, ɛt] adj incomplete.

incompréhensible [ɛ̃kɔ̃pʀeɑ̃sibl] adj incomprehensible.

incompréhension [ɛ̃kɔ̃pʀeɑ̃sjɔ̃] nf lack of understanding.

incompressible [ɛ̃kɔ̃pʀesibl] adj **1.** TECHNOL incompressible **2.** *fig* [dépenses] impossible to reduce **3.** DR ⟶ **peine**.

incompris, e [ɛ̃kɔ̃pʀi, iz] ❖ adj misunderstood, not appreciated. ❖ nm, f misunderstood person.

inconcevable [ɛ̃kɔ̃svabl] adj unimaginable.

inconciliable [ɛ̃kɔ̃siljabl] adj irreconcilable.

inconditionnel, elle [ɛ̃kɔ̃disjɔnɛl] ❖ adj **1.** [total] unconditional **2.** [fervent] ardent. ❖ nm, f ardent supporter ou admirer.

inconfort [ɛ̃kɔ̃fɔʀ] nm discomfort.

inconfortable [ɛ̃kɔ̃fɔʀtabl] adj uncomfortable.

incongru, e [ɛ̃kɔ̃gʀy] adj **1.** [malséant] unseemly, inappropriate **2.** [bizarre] incongruous.

inconnu, e [ɛ̃kɔny] ❖ adj unknown. ❖ nm, f stranger. ❖ **inconnue** nf **1.** MATH unknown **2.** [variable] unknown (factor).

inconsciemment [ɛ̃kɔ̃sjamɑ̃] adv **1.** [sans en avoir conscience] unconsciously, unwittingly **2.** [à la légère] thoughtlessly.

inconscient, e [ɛ̃kɔ̃sjɑ̃, ɑ̃t] adj **1.** [évanoui, machinal] unconscious **2.** [irresponsable] thoughtless. ❖ **inconscient** nm ▸ **l'inconscient** the unconscious.

inconsidéré, e [ɛ̃kɔ̃sideʀe] adj ill-considered, thoughtless.

inconsistant, e [ɛ̃kɔ̃sistɑ̃, ɑ̃t] adj **1.** [aliment] thin, watery **2.** [caractère] frivolous.

inconsolable [ɛ̃kɔ̃sɔlabl] adj inconsolable.

incontestable [ɛ̃kɔ̃tɛstabl] adj unquestionable, indisputable.

incontinent, e [ɛ̃kɔ̃tinɑ̃, ɑ̃t] adj MÉD incontinent.

incontournable [ɛ̃kɔ̃tuʀnabl] adj unavoidable.

incontrôlable [ɛ̃kɔ̃tʀolabl] adj **1.** [personne] out of control **2.** [non vérifiable] unverifiable, unconfirmable.

inconvenant, e [ɛ̃kɔ̃vnɑ̃, ɑ̃t] adj improper, unseemly.

inconvénient [ɛ̃kɔ̃venjɑ̃] nm **1.** [obstacle] problem **2.** [désavantage] disadvantage, drawback **3.** [risque] risk.

incorporation [ɛ̃kɔʀpɔʀasjɔ̃] nf **1.** [intégration] incorporation ; CULIN mixing, blending **2.** MIL enlistment.

incorporé, e [ɛ̃kɔʀpɔʀe] adj [intégré] built-in.

incorporer [3] [ɛ̃kɔʀpɔʀe] vt **1.** [gén] to incorporate ▸ **incorporer qqch dans** to incorporate sthg into ▸ **incorporer qqch à** CULIN to mix ou blend sthg into **2.** MIL to enlist.

incorrect, e [ɛ̃kɔʀɛkt] adj **1.** [faux] incorrect **2.** [inconvenant] inappropriate ; [impoli] rude **3.** [déloyal] unfair ▸ **être incorrect avec qqn** to treat sb unfairly.

incorrection [ɛ̃kɔʀɛksjɔ̃] nf **1.** [impolitesse] impropriety **2.** [de langage] grammatical mistake **3.** [malhonnêteté] dishonesty.

incorrigible [ɛ̃kɔʀiʒibl] adj incorrigible.

incorruptible [ɛ̃kɔʀyptibl] adj incorruptible.

incrédule [ɛ̃kʀedyl] adj **1.** [sceptique] incredulous, sceptical 🇬🇧, skeptical 🇺🇸 **2.** RELIG unbelieving.

incrédulité [ɛ̃kʀedylite] nf **1.** [scepticisme] incredulity, scepticism 🇬🇧, skepticism 🇺🇸 **2.** RELIG unbelief, lack of belief.

increvable [ɛ̃kʀəvabl] adj **1.** [ballon, pneu] puncture-proof **2.** fam & fig [personne] tireless ; [machine] able to withstand rough treatment.

incriminer [3] [ɛ̃kʀimine] vt **1.** [personne] to incriminate **2.** [conduite] to condemn.

incroyable [ɛ̃kʀwajabl] adj incredible, unbelievable.

incroyant, e [ɛ̃kʀwajɑ̃, ɑ̃t] nm, f unbeliever.

incruster [3] [ɛ̃kʀyste] vt **1.** [insérer] ▸ **incruster qqch dans qqch** to inlay sthg into sthg **2.** [décorer] ▸ **incruster qqch de qqch** to inlay sthg with sthg **3.** [couvrir d'un dépôt] to scale, to fur up 🇬🇧. ❖ **s'incruster** vp [s'insérer] ▸ **s'incruster dans qqch** to become embedded in sthg.

incubation [ɛ̃kybasjɔ̃] nf [d'œuf, de maladie] incubation ; fig hatching.

inculpation [ɛ̃kylpasjɔ̃] nf charge.

inculpé, e [ɛ̃kylpe] nm, f ▸ **l'inculpé** the accused.

inculper [3] [ɛ̃kylpe] vt to charge ▸ **inculper qqn de** to charge sb with.

inculquer [3] [ɛ̃kylke] vt ▸ **inculquer qqch à qqn** to instil 🇬🇧 ou instill 🇺🇸 sthg in sb.

inculte [ɛ̃kylt] adj **1.** [terre] uncultivated **2.** péj [personne] uneducated.

incurable [ɛ̃kyʀabl] adj incurable.

incursion [ɛ̃kyʀsjɔ̃] nf incursion, foray.

Inde [ɛ̃d] nf : l'Inde India.

indécent, e [ɛ̃desɑ̃, ɑ̃t] adj **1.** [impudique] indecent **2.** [immoral] scandalous.

indéchiffrable [ɛ̃deʃifʀabl] adj **1.** [texte, écriture] indecipherable **2.** fig [regard] inscrutable, impenetrable.

indécis, e [ɛ̃desi, iz] ❖ adj **1.** [personne - sur le moment] undecided ; [- de nature] indecisive **2.** [sourire] vague. ❖ nm, f indecisive person.

indécision [ɛ̃desizjɔ̃] nf indecision ; [perpétuelle] indecisiveness.

indécrottable [ɛ̃dekʀɔtabl] adj *fam* **1.** [borné] incredibly dumb **2.** [incorrigible] hopeless.

indéfendable [ɛ̃defɑ̃dabl] adj indefensible.

indéfini, e [ɛ̃defini] adj [quantité, pronom] indefinite.

indéfinissable [ɛ̃definisabl] adj indefinable.

indéformable [ɛ̃defɔʀmabl] adj able to retain its shape.

indélébile [ɛ̃delebil] adj indelible.

indélicat, e [ɛ̃delika, at] adj **1.** [mufle] indelicate **2.** [malhonnête] dishonest.

indemne [ɛ̃dɛmn] adj unscathed, unharmed.

indemnisation [ɛ̃dɛmnizasjɔ̃] nf compensation.

indemniser [3] [ɛ̃dɛmnize] vt ▸ **indemniser qqn de qqch a)** [perte, préjudice] to compensate sb for sthg **b)** [frais] to reimburse sb for sthg.

indemnité [ɛ̃dɛmnite] nf **1.** [de perte, préjudice] compensation ▸ **indemnité de chômage** unemployment benefit **2.** [de frais] allowance.

indémodable [ɛ̃demɔdabl] adj : *ce style est indémodable* this style doesn't date.

indéniable [ɛ̃denjabl] adj undeniable.

indépendance [ɛ̃depɑ̃dɑ̃s] nf independence.

indépendant, e [ɛ̃depɑ̃dɑ̃, ɑ̃t] adj **1.** [gén] independent ; [entrée] separate ▸ **indépendant de ma volonté** beyond my control **2.** [travailleur] self-employed.

indéracinable [ɛ̃deʀasinabl] adj [arbre] impossible to uproot ; *fig* ineradicable.

indescriptible [ɛ̃deskʀiptibl] adj indescribable.

indestructible [ɛ̃destʀyktibl] adj indestructible.

indéterminé, e [ɛ̃detɛʀmine] adj **1.** [indéfini] indeterminate, indefinite **2.** [vague] vague **3.** [personne] undecided.

index [ɛ̃dɛks] nm **1.** [doigt] index finger **2.** [aiguille] pointer, needle **3.** [registre] index.

indexation [ɛ̃dɛksasjɔ̃] nf indexing.

indexer [4] [ɛ̃dɛkse] vt **1.** ÉCON ▸ **indexer qqch sur qqch** to index sthg to sthg **2.** [livre] to index.

indicateur, trice [ɛ̃dikatœʀ, tʀis] adj ▸ **panneau indicateur** road sign. ❖ **indicateur** nm **1.** [guide] directory, guide ▸ **indicateur des chemins de fer** railway timetable [UK], train schedule [US] **2.** TECHNOL gauge **3.** ÉCON indicator **4.** [de police] informer.

indicatif, ive [ɛ̃dikatif, iv] adj indicative. ❖ **indicatif** nm **1.** RADIO & TV signature tune **2.** [code] ▸ **indicatif (téléphonique)** dialling code [UK], area code [US] **3.** GRAM ▸ **l'indicatif** the indicative.

indication [ɛ̃dikasjɔ̃] nf **1.** [mention] indication **2.** [renseignement] information (U) **3.** [directive] instruction ; THÉÂTRE direction ▸ **sauf indication contraire** unless otherwise instructed.

indice [ɛ̃dis] nm **1.** [signe] sign **2.** [dans une enquête] clue **3.** [taux] rating ▸ **indice du coût de la vie** ÉCON cost-of-living index **4.** MATH index.

indicible [ɛ̃disibl] adj inexpressible.

indien, enne [ɛ̃djɛ̃, ɛn] adj **1.** [d'Inde] Indian **2.** [d'Amérique] Native American, American Indian. ❖ **Indien, enne** nm, f **1.** [d'Inde] Indian **2.** [d'Amérique] Native American, American Indian.

indifféremment [ɛ̃difeʀamɑ̃] adv indifferently.

indifférence [ɛ̃difeʀɑ̃s] nf indifference.

indifférent, e [ɛ̃difeʀɑ̃, ɑ̃t] ❖ adj [gén] ▸ **indifférent à** indifferent to. ❖ nm, f unconcerned person.

indigence [ɛ̃diʒɑ̃s] nf poverty.

indigène [ɛ̃diʒɛn] ❖ nmf native. ❖ adj [peuple] native ; [faune, flore] indigenous.

indigent, e [ɛ̃diʒɑ̃, ɑ̃t] ❖ adj [pauvre] destitute, poverty-stricken ; *fig* [intellectuellement] impoverished. ❖ nm, f poor person ▸ **les indigents** the poor, the destitute.

indigeste [ɛ̃diʒest] adj indigestible.

indigestion [ɛ̃diʒestjɔ̃] nf **1.** [alimentaire] indigestion (U) **2.** *fig* [saturation] surfeit.

indignation [ɛ̃diɲasjɔ̃] nf indignation.

indigne [ɛ̃diɲ] adj ▸ **indigne (de)** unworthy (of).

indigné, e [ɛ̃diɲe] adj indignant.

indigner [3] [ɛ̃diɲe] vt to make indignant. ❖ **s'indigner** vp ▸ **s'indigner de** ou **contre qqch** to get indignant about sthg.

indigo [ɛ̃digo] ❖ nm indigo. ❖ adj inv indigo (blue).

indiquer [3] [ɛ̃dike] vt **1.** [désigner] to indicate, to point out **2.** [suj : carte, pendule, aiguille] to show, to indicate **3.** [recommander] ▸ **indiquer qqn / qqch à qqn** to tell sb of sb/sthg, to suggest sb/sthg to sb **4.** [dire, renseigner sur] to tell ▸ **pourriez-vous m'indiquer l'heure ?** could you tell me the time? **5.** [heure, date, lieu] to name, to indicate.

indirect, e [ɛ̃dirɛkt] adj [gén] indirect ; [itinéraire] roundabout.

indiscipliné, e [ɛ̃disipline] adj **1.** [écolier, esprit] undisciplined, unruly **2.** *fig* [mèches de cheveux] unmanageable.

indiscret, ète [ɛ̃diskrɛ, ɛt] ❖ adj indiscreet ; [curieux] inquisitive. ❖ nm, f indiscreet person.

indiscrétion [ɛ̃diskresjɔ̃] nf indiscretion ; [curiosité] curiosity.

indiscutable [ɛ̃diskytabl] adj indisputable, unquestionable.

indispensable [ɛ̃dispɑ̃sabl] adj indispensable, essential ▸ **indispensable à** indispensable to, essential to ▸ **il est indispensable de faire qqch** it is essential ou vital to do sthg.

indisponible [ɛ̃disponibl] adj unavailable.

indisposer [3] [ɛ̃dispoze] vt [rendre malade] to indispose.

indistinct, e [ɛ̃distɛ̃(kt), ɛ̃kt] adj indistinct ; [souvenir] hazy.

individu [ɛ̃dividy] nm individual.

individualisme [ɛ̃dividɥalism] nm individualism.

individuel, elle [ɛ̃dividɥɛl] adj individual.

indivisible [ɛ̃divizibl] adj indivisible.

Indochine [ɛ̃dɔʃin] nf : *l'Indochine* Indochina.

indolent, e [ɛ̃dɔlɑ̃, ɑ̃t] adj **1.** [personne] indolent, lethargic **2.** [geste, regard] languid.

indolore [ɛ̃dɔlɔr] adj painless.

indomptable [ɛ̃dɔ̃tabl] adj **1.** [animal] untamable **2.** [personne] indomitable.

Indonésie [ɛ̃dɔnezi] nf ▸ **l'Indonésie** Indonesia.

indu, e [ɛ̃dy] adj [heure] ungodly, unearthly.

indubitable [ɛ̃dybitabl] adj indubitable, undoubted ▸ **il est indubitable que** it is indisputable ou beyond doubt that.

induire [98] [ɛ̃dɥir] vt to induce ▸ **induire qqn à faire qqch** to induce sb to do sthg ▸ **induire qqn en erreur** to mislead sb ▸ **en induire que** to infer ou gather that.

induit, e [ɛ̃dɥi, ɥit] ❖ pp ⟶ **induire**. ❖ adj **1.** [consécutif] resulting **2.** ÉLECTR induced.

indulgence [ɛ̃dylʒɑ̃s] nf [de juge] leniency ; [de parent] indulgence.

indulgent, e [ɛ̃dylʒɑ̃, ɑ̃t] adj [juge] lenient ; [parent] indulgent.

indûment [ɛ̃dymɑ̃] adv unduly.

industrialisation [ɛ̃dystrijalizasjɔ̃] nf industrialization.

industrialisé, e [ɛ̃dystrijalize] adj industrialized ▸ **pays industrialisé** industrialized country.

industrialiser [3] [ɛ̃dystrijalize] vt to industrialize. ◆ **s'industrialiser** vp to become industrialized.

industrie [ɛ̃dystri] nf industry.

industriel, elle [ɛ̃dystrijɛl] adj industrial. ◆ **industriel** nm industrialist.

inébranlable [inebrɑ̃labl] adj **1.** [roc] solid, immovable **2.** *fig* [conviction] unshakeable.

inédit, e [inedi, it] adj **1.** [texte] unpublished **2.** [trouvaille] novel, original.

ineffable [inefabl] adj ineffable.

ineffaçable [inefasabl] adj indelible.

inefficace [inefikas] adj **1.** [personne, machine] inefficient **2.** [solution, remède, mesure] ineffective.

inefficacité [inefikasite] nf **1.** [de personne, machine] inefficiency **2.** [de solution, remède, mesure] ineffectiveness.

inégal, e, aux [inegal, o] adj **1.** [différent, disproportionné] unequal **2.** [irrégulier] uneven **3.** [changeant] changeable ; [artiste, travail] erratic.

inégalé, e [inegale] adj unequalled **UK**, unequaled **US**.

inégalité [inegalite] nf **1.** [injustice, disproportion] inequality **2.** [différence] difference, disparity **3.** [irrégularité] unevenness **4.** [d'humeur] changeability.

inélégant, e [inelegɑ̃, ɑ̃t] adj **1.** [dans l'habillement] inelegant **2.** *fig* [indélicat] discourteous.

inéligible [ineliʒibl] adj ineligible.

inéluctable [inelyktabl] adj inescapable.

inénarrable [inenarabl] adj very funny.

inepte [inɛpt] adj inept.

ineptie [inɛpsi] nf **1.** [bêtise] ineptitude **2.** [chose idiote] nonsense *(U).*

inépuisable [inepɥizabl] adj inexhaustible.

inerte [inɛʀt] adj **1.** [corps, membre] lifeless **2.** [personne] passive, inert **3.** PHYS inert.

inertie [inɛʀsi] nf **1.** [manque de réaction] apathy, inertia **2.** PHYS inertia.

inespéré, e [inɛspeʀe] adj unexpected, unhoped-for.

inesthétique [inɛstetik] adj unaesthetic **UK**, unesthetic **US**.

inestimable [inɛstimabl] adj ▶ **d'une valeur inestimable** priceless ; *fig* invaluable.

inévitable [inevitabl] adj [obstacle] unavoidable ; [conséquence] inevitable.

inexact, e [inɛgza(kt), akt] adj **1.** [faux, incomplet] inaccurate, inexact **2.** *litt* [en retard] unpunctual.

inexactitude [inɛgzaktityd] nf [erreur, imprécision] inaccuracy.

inexcusable [inɛkskyzabl] adj unforgivable, inexcusable.

inexistant, e [inɛgzistɑ̃, ɑ̃t] adj nonexistent.

inexorable [inɛgzɔʀabl] adj inexorable.

inexpérience [inɛkspeʀjɑ̃s] nf lack of experience, inexperience.

inexpérimenté, e [inɛkspeʀimɑ̃te] adj **1.** [personne] inexperienced **2.** [gestes] inexpert **3.** [produit] untested.

inexplicable [inɛksplikabl] adj inexplicable, unexplainable.

inexpliqué, e [inɛksplike] adj unexplained.

inexpressif, ive [inɛksprɛsif, iv] adj inexpressive.

inexprimable [inɛkspʀimabl] adj inexpressible.

inextensible [inɛkstɑ̃sibl] adj **1.** [matériau] unstretchable **2.** [étoffe] non-stretch.

in extremis [inɛkstʀemis] adv at the last minute.

inextricable [inɛkstʀikabl] adj **1.** [fouillis] inextricable **2.** *fig* [affaire, mystère] impossible to unravel.

infaillible [ɛ̃fajibl] adj [personne, méthode] infallible ; [instinct] unerring.

infâme [ɛ̃fam] adj **1.** [ignoble] despicable **2.** *hum & litt* [dégoûtant] vile.

infanterie [ɛ̃fɑ̃tʀi] nf infantry.

infanticide [ɛ̃fɑ̃tisid] ❖ nmf infanticide, child-killer. ❖ adj infanticidal.

infantile [ɛ̃fɑ̃til] adj **1.** [maladie] childhood *(avant n)* **2.** [médecine] for children **3.** [comportement] infantile.

infantiliser [3] [ɛ̃fɑ̃tilize] vt to treat like a child.

infarctus [ɛ̃faʀktys] nm infarction, infarct ▶ **infarctus du myocarde** coronary thrombosis, myocardial infarction.

infatigable [ɛ̃fatigabl] adj **1.** [personne] tireless **2.** [attitude] untiring.

infect, e [ɛ̃fɛkt] adj [dégoûtant] vile.

infecter [4] [ɛ̃fɛkte] vt **1.** [eau] to contaminate **2.** [plaie] to infect **3.** [empoisonner] to poison. ❖ **s'infecter** vp to become infected, to turn septic.

infectieux, euse [ɛ̃fɛksjø, øz] adj infectious.

infection [ɛ̃fɛksjɔ̃] nf **1.** MÉD infection **2.** *fig & péj* [puanteur] stench.

inférer [18] [ɛ̃feʀe] vt *litt* ▶ **inférer qqch de qqch** to infer sthg from sthg.

inférieur, e [ɛ̃feʀjœʀ] ❖ adj **1.** [qui est en bas] lower **2.** [dans une hiérarchie] inferior ▶ **inférieur à a)** [qualité] inferior to **b)** [quantité] less than. ❖ nm, f inferior.

infériorité [ɛ̃feʀjɔʀite] nf inferiority.

infernal, e, aux [ɛ̃fɛʀnal, o] adj **1.** [personne] fiendish **2.** *fig* [bruit, chaleur, rythme] infernal ; [vision] diabolical.

infester [3] [ɛ̃fɛste] vt to infest ▶ **être infesté de a)** [rats, moustiques] to be infested with **b)** [touristes] to be overrun by.

infichu, e [ɛ̃fiʃy] adj *fam* incapable / *il est infichu de répondre à la moindre question* he's incapable of answering the simplest question.

infidèle [ɛ̃fidɛl] adj **1.** [mari, femme, ami] ▶ **infidèle (à)** unfaithful (to) **2.** [traducteur, historien] inaccurate.

infidélité [ɛ̃fidelite] nf [trahison] infidelity.

infiltration [ɛ̃filtʀasjɔ̃] nf infiltration.

infiltrer [3] [ɛ̃filtʀe] vt to infiltrate. ❖ **s'infiltrer** vp **1.** [pluie, lumière] ▶ **s'infiltrer par / dans** to filter through/into **2.** [hommes, idées] to infiltrate.

infime [ɛ̃fim] adj minute, infinitesimal.

infini, e [ɛ̃fini] adj **1.** [sans bornes] infinite, boundless **2.** MATH, PHILO & RELIG infinite **3.** *fig* [interminable] endless, interminable. ❖ **infini** nm infinity. ❖ **à l'infini** loc adv **1.** MATH to infinity **2.** [discourir] ad infinitum, endlessly.

infiniment [ɛ̃finimɑ̃] adv extremely, immensely.

infinité [ɛ̃finite] nf infinity, infinite number.

infinitif, ive [ɛ̃finitif, iv] adj infinitive. ◆ **infinitif** nm infinitive.

infirme [ɛ̃firm] ❖ adj [handicapé] disabled ; [avec l'âge] infirm. ❖ nmf disabled person.

infirmer [3] [ɛ̃firme] vt **1.** [démentir] to invalidate **2.** DR to annul.

infirmerie [ɛ̃firməri] nf infirmary.

infirmier, ère [ɛ̃firmje, ɛr] nm, f nurse.

infirmité [ɛ̃firmite] nf [handicap] disability ; [de vieillesse] infirmity.

inflammable [ɛ̃flamabl] adj inflammable, flammable.

inflammation [ɛ̃flamasjɔ̃] nf inflammation.

inflation [ɛ̃flasjɔ̃] nf ÉCON inflation ; fig increase.

inflationniste [ɛ̃flasjɔnist] adj & nmf inflationist.

infléchir [32] [ɛ̃fleʃir] vt fig [politique] to modify.

inflexible [ɛ̃flɛksibl] adj inflexible.

inflexion [ɛ̃flɛksjɔ̃] nf **1.** [de tête] nod **2.** [de voix] inflection.

infliger [17] [ɛ̃fliʒe] vt ▸ **infliger qqch à qqn a)** to inflict sthg on sb **b)** [amende] to impose sthg on sb.

influençable [ɛ̃flyɑ̃sabl] adj easily influenced.

influence [ɛ̃flyɑ̃s] nf influence ; [de médicament] effect.

influencer [16] [ɛ̃flyɑ̃se] vt to influence.

influent, e [ɛ̃flyɑ̃, ɑ̃t] adj influential.

influer [3] [ɛ̃flye] vi ▸ **influer sur qqch** to influence sthg, to have an effect on sthg.

info [ɛ̃fo] nf fam info (U) ▸ c'est lui qui m'a donné cette info I got the info from him. ◆ **infos** nfpl fam ▸ **les infos** the news (U).

Infographie® [ɛ̃fɔgrafi] nf computer graphics (U).

infographiste [ɛ̃fɔgrafist] nmf computer graphics artist.

informateur, trice [ɛ̃fɔrmatœr, tris] nm, f **1.** [qui renseigne] informant **2.** [de police] informer.

informaticien, enne [ɛ̃fɔrmatisjɛ̃, ɛn] nm, f computer scientist.

information [ɛ̃fɔrmasjɔ̃] nf **1.** [renseignement] piece of information **2.** [renseignements & INFORM] information (U) **3.** [nouvelle] piece of news. ◆ **informations** nfpl [média] news sg.

informatique [ɛ̃fɔrmatik] ❖ nf **1.** [technique] computers **2.** [science] computer science, information technology. ❖ adj computer (avant n).

informatiser [3] [ɛ̃fɔrmatize] vt to computerize.

informe [ɛ̃fɔrm] adj [masse, vêtement, silhouette] shapeless.

informel, elle [ɛ̃fɔrmɛl] adj informal.

informer [3] [ɛ̃fɔrme] vt to inform ▸ **informer qqn sur ou de qqch** to inform sb about sthg. ◆ **s'informer** vp to inform o.s. ▸ **s'informer de qqch** to ask about sthg ▸ **s'informer sur qqch** to find out about sthg.

infortune [ɛ̃fɔrtyn] nf misfortune.

infraction [ɛ̃fraksjɔ̃] nf offence 🇬🇧 ou offense 🇺🇸 ▸ **être en infraction** to be in breach of the law.

infranchissable [ɛ̃frɑ̃ʃisabl] adj insurmountable.

infrarouge [ɛ̃fraruʒ] nm & adj infrared.

infrastructure [ɛ̃frastryktyr] nf infrastructure.

infréquentable [ɛ̃frekɑ̃tabl] adj **1.** [personne] : il est infréquentable you shouldn't mix with him **2.** [lieu] : ce café est infréquentable it's not the kind of café you should go to.

infroissable [ɛ̃frwasabl] adj crease-resistant.

infructueux, euse [ɛ̃fryktɥø, øz] adj fruitless.

infuser [3] [ɛ̃fyze] vi [tisane] to infuse ; [thé] to brew.

infusion [ɛ̃fyzjɔ̃] nf infusion.

ingénier [9] [ɛ̃ʒenje] ◆ **s'ingénier** vp ▸ **s'ingénier à faire qqch** to try hard to do sthg.

ingénieur [ɛ̃ʒenjœr] nm engineer.

ingénieux, euse [ɛ̃ʒenjø, øz] adj ingenious.

ingéniosité [ɛ̃ʒenjozite] nf ingenuity.

ingénu, e [ɛ̃ʒeny] adj litt [candide] artless ; hum & péj [trop candide] naïve.

ingérable [ɛ̃ʒerabl] adj unmanageable.

ingérer [18] [ɛ̃ʒere] vt to ingest. ◆ **s'ingérer** vp ▸ **s'ingérer dans** to interfere in.

ingrat, e [ɛ̃gra, at] ❖ adj **1.** [personne] ungrateful **2.** [métier] thankless, unrewarding **3.** [sol] barren **4.** [physique] unattractive. ❖ nm, f ungrateful person, ingrate.

ingratitude [ɛ̃gratityd] nf ingratitude.

ingrédient [ɛ̃gredjɑ̃] nm ingredient.

inguérissable [ɛ̃geʀisabl] adj incurable.

ingurgiter [3] [ɛ̃gyʀʒite] vt **1.** [avaler] to swallow **2.** fig [connaissances] to absorb.

inhabitable [inabitabl] adj uninhabitable.

inhabité, e [inabite] adj uninhabited.

inhabituel, elle [inabituɛl] adj unusual.

inhalateur, trice [inalatœʀ, tʀis] adj ▸ **appareil inhalateur** inhaler. ◆ **inhalateur** nm inhaler.

inhalation [inalasjɔ̃] nf inhalation.

inhérent, e [ineʀɑ̃, ɑ̃t] adj ▸ **inhérent à** inherent in.

inhibition [inibisjɔ̃] nf inhibition.

inhospitalier, ère [inɔspitalje, ɛʀ] adj inhospitable.

inhumain, e [inymɛ̃, ɛn] adj inhuman.

inhumation [inymasjɔ̃] nf burial.

inhumer [3] [inyme] vt to bury.

inimaginable [inimaʒinabl] adj incredible, unimaginable.

inimitable [inimitabl] adj inimitable.

ininflammable [inɛ̃flamabl] adj nonflammable.

inintelligible [inɛ̃teliʒibl] adj unintelligible.

inintéressant, e [inɛ̃teʀesɑ̃, ɑ̃t] adj uninteresting.

ininterrompu, e [inɛ̃teʀɔ̃py] adj [file, vacarme] uninterrupted ; [ligne, suite] unbroken ; [travail, effort] continuous.

inique [inik] adj iniquitous.

initial, e, aux [inisjal, o] adj [lettre] initial. ◆ **initiale** nf initial.

initialiser [3] [inisjalize] vt INFORM to initialize.

initiateur, trice [inisjatœʀ, tʀis] nm, f **1.** [maître] initiator **2.** [précurseur] innovator.

initiation [inisjasjɔ̃] nf ▸ **initiation (à)** a) [discipline] introduction (to) b) [rituel] initiation (into).

initiative [inisjativ] nf initiative ▸ **prendre l'initiative de qqch / de faire qqch** to take the initiative for sthg/in doing sthg.

initié, e [inisje] ◆ adj initiated. ◆ nm, f initiate.

initier [9] [inisje] vt ▸ **initier qqn à** to initiate sb into.

injecté, e [ɛ̃ʒɛkte] adj ▸ **yeux injectés de sang** bloodshot eyes.

injecter [4] [ɛ̃ʒɛkte] vt to inject.

injection [ɛ̃ʒɛksjɔ̃] nf injection.

injoignable [ɛ̃ʒwaɲabl] adj : j'ai essayé de lui téléphoner mais il est injoignable I tried to phone him but I couldn't get through to him ou reach him ou get hold of him.

injonction [ɛ̃ʒɔ̃ksjɔ̃] nf injunction.

injure [ɛ̃ʒyʀ] nf insult.

injurier [9] [ɛ̃ʒyʀje] vt to insult.

injurieux, euse [ɛ̃ʒyʀjø, øz] adj abusive, insulting.

injuste [ɛ̃ʒyst] adj unjust, unfair.

injustice [ɛ̃ʒystis] nf injustice.

injustifié, e [ɛ̃ʒystifje] adj unjustified.

inlassable [ɛ̃lasabl] adj tireless.

inlassablement [ɛ̃lasabləmɑ̃] adv tirelessly.

inné, e [ine] adj innate.

innocence [inɔsɑ̃s] nf innocence.

innocent, e [inɔsɑ̃, ɑ̃t] ◆ adj innocent. ◆ nm, f **1.** DR innocent person **2.** [inoffensif, candide] innocent **3.** [idiot] simpleton.

innocenter [3] [inɔsɑ̃te] vt DR to clear.

innocuité [inɔkɥite] nf harmlessness, innocuousness.

innombrable [inɔ̃bʀabl] adj innumerable ; [foule] vast.

innovant, e [in(n)ɔvɑ̃, ɑ̃t] adj innovative.

innovation [inɔvasjɔ̃] nf innovation.

innover [3] [inɔve] vi to innovate.

inobservation [inɔpsɛʀvasjɔ̃] nf inobservance.

inoccupé, e [inɔkype] adj [lieu] empty, unoccupied.

inoculer [3] [inɔkyle] vt MÉD ▸ **inoculer qqch à qqn** a) [volontairement] to inoculate sb with sthg b) [accidentellement] to infect sb with sthg.

inodore [inɔdɔʀ] adj odourless **UK**, odorless **US**.

inoffensif, ive [inɔfɑ̃sif, iv] adj harmless.

inondable [inɔ̃dabl] adj liable to flooding.

inondation [inɔ̃dasjɔ̃] nf **1.** [action] flooding **2.** [résultat] flood.

inonder [3] [inɔ̃de] vt to flood ▸ **inonder de** fig to flood with.

inopérable [inɔpeʀabl] adj inoperable.

inopérant, e [inɔpeʀɑ̃, ɑ̃t] adj ineffective.

inopiné, e [inɔpine] adj unexpected.

inopportun, e [inɔpɔʀtœ̃, yn] adj inopportune.

inoubliable [inublijabl] adj unforgettable.

inouï, e [inwi] adj incredible, extraordinary.

Inox® [inɔks] nm inv & adj inv stainless steel.

inoxydable [inɔksidabl] adj stainless ; [casserole] stainless-steel.

inqualifiable [ɛ̃kalifjabl] adj unspeakable.

inquiet, ète [ɛ̃kjɛ, ɛt] adj **1.** [gén] anxious **2.** [tourmenté] feverish.

inquiétant, e [ɛ̃kjetɑ̃, ɑ̃t] adj disturbing, worrying.

inquiéter [18] [ɛ̃kjete] vt **1.** [donner du souci à] to worry **2.** [demander des comptes] to disturb. ◆ **s'inquiéter** vp **1.** [s'alarmer] to be worried **2.** [se préoccuper] ▶ **s'inquiéter de a)** [s'enquérir de] to enquire about **b)** [se soucier de] to worry about ▶ **où tu vas ? — t'inquiète !** fam where are you off to ? — mind your own business! **ou** what's it to you?

inquiétude [ɛ̃kjetyd] nf anxiety, worry.

inquisiteur, trice [ɛ̃kizitœr, tris] adj prying.

insaisissable [ɛ̃sezizabl] adj **1.** [personne] elusive **2.** fig [nuance] imperceptible.

insalubre [ɛ̃salybr] adj unhealthy.

insatiable [ɛ̃sasjabl] adj insatiable.

insatisfait, e [ɛ̃satisfɛ, ɛt] ◆ adj [personne] dissatisfied. ◆ nm, f malcontent.

insaturé, e [ɛ̃satyre] adj unsaturated.

inscription [ɛ̃skripsjɔ̃] nf **1.** [action, écrit] inscription **2.** [enregistrement] enrolment UK, enrollment US, registration.

inscrire [99] [ɛ̃skrir] vt **1.** [écrire] to write down **2.** [graver] to inscribe **3.** [personne] ▶ **inscrire qqn à qqch** to enrol UK ou enroll US sb for sthg, to register sb for sthg ▶ **inscrire qqn sur qqch** to put sb's name down on sthg **4.** SPORT [but] to score **5.** [inclure] to list, to include. ◆ **s'inscrire** vp [personne] ▶ **s'inscrire à qqch** to enrol UK ou enroll US for sthg, to register for sthg ▶ **s'inscrire sur qqch** to put one's name down on sthg.

inscrit, e [ɛ̃skri, it] ◆ pp ⟶ **inscrire**. ◆ adj [sur liste] registered ▶ **être inscrit sur une liste** to have one's name on a list. ◆ nm, f registered person.

insecte [ɛ̃sɛkt] nm insect.

insecticide [ɛ̃sɛktisid] nm & adj insecticide.

insécurité [ɛ̃sekyrite] nf insecurity.

insémination [ɛ̃seminasjɔ̃] nf insemination. ▶ **insémination artificielle** artificial insemination.

insensé, e [ɛ̃sɑ̃se] adj **1.** [déraisonnable] insane **2.** [incroyable, excentrique] extraordinary.

insensibiliser [3] [ɛ̃sɑ̃sibilize] vt to anaesthetize, to anesthetize US ▶ **insensibiliser qqn (à)** fig to make sb insensitive (to).

insensible [ɛ̃sɑ̃sibl] adj **1.** [gén] ▶ **insensible (à)** insensitive (to) **2.** [imperceptible] imperceptible.

insensiblement [ɛ̃sɑ̃sibləmɑ̃] adv imperceptibly.

inséparable [ɛ̃separabl] adj ▶ **inséparable (de)** inseparable (from).

insérer [18] [ɛ̃sere] vt to insert / **insérer une annonce dans un journal** to put an advertisement in a newspaper. ◆ **s'insérer** vp [s'intégrer] ▶ **s'insérer dans** to fit into.

insertion [ɛ̃sɛrsjɔ̃] nf **1.** [d'objet, de texte] insertion **2.** [de personne] integration.

insidieux, euse [ɛ̃sidjø, øz] adj insidious.

insigne¹ [ɛ̃siɲ] nm badge.

insigne² adj **1.** litt [honneur] distinguished **2.** hum [maladresse] remarkable.

insignifiant, e [ɛ̃siɲifjɑ̃, ɑ̃t] adj insignificant.

insinuation [ɛ̃sinɥasjɔ̃] nf insinuation, innuendo.

insinuer [7] [ɛ̃sinɥe] vt to insinuate, to imply. ◆ **s'insinuer** vp ▶ **s'insinuer dans a)** [eau, humidité, odeur] to seep into **b)** fig [personne] to insinuate o.s. into.

insipide [ɛ̃sipid] adj [aliment] insipid, tasteless ; fig insipid.

insistance [ɛ̃sistɑ̃s] nf insistence.

insister [3] [ɛ̃siste] vi to insist ▶ **insister sur** to insist on ▶ **insister pour faire qqch** to insist on doing sthg.

insolation [ɛ̃sɔlasjɔ̃] nf [malaise] sunstroke (U).

insolence [ɛ̃sɔlɑ̃s] nf insolence (U).

insolent, e [ɛ̃sɔlɑ̃, ɑ̃t] ◆ adj **1.** [personne, acte] insolent **2.** [joie, succès] unashamed, blatant. ◆ nm, f insolent person.

insolite [ɛ̃sɔlit] adj unusual.

insoluble [ɛ̃sɔlybl] adj **1.** CHIM insoluble, insolvable US **2.** [problème] insoluble, insolvable US.

insolvable [ɛ̃sɔlvabl] adj insolvent.

insomniaque [ɛ̃sɔmnjak] nmf & adj insomniac.

insomnie [ɛ̃sɔmni] nf insomnia (U).

insondable [ɛsɔ̃dabl] adj [gouffre, mystère] unfathomable ; [bêtise] abysmal.

insonoriser [3] [ɛsɔnɔrize] vt to soundproof.

insouciance [ɛsusjãs] nf [légèreté] carefree attitude.

insouciant, e [ɛsusjã, ãt] adj [sans-souci] carefree.

insoumis, e [ɛsumi, iz] adj **1.** [caractère] rebellious **2.** [peuple] unsubjugated **3.** [soldat] deserting *(avant n)*.

insoumission [ɛsumisjɔ̃] nf **1.** [caractère rebelle] rebelliousness **2.** MIL desertion.

insoupçonné, e [ɛsupsɔne] adj unsuspected.

insoutenable [ɛsutnabl] adj **1.** [rythme] unsustainable **2.** [scène, violence] unbearable **3.** [théorie] untenable.

inspecter [4] [ɛspɛkte] vt to inspect.

inspecteur, trice [ɛspɛktœr, tris] nm, f inspector.

inspection [ɛspɛksjɔ̃] nf **1.** [contrôle] inspection **2.** [fonction] inspectorate.

inspiration [ɛspirasjɔ̃] nf **1.** [gén] inspiration ; [idée] bright idea, brainwave **UK**, brainstorm **US** ▸ **avoir de l'inspiration** to be inspired **2.** [d'air] breathing in.

inspiré, e [ɛspire] adj inspired.

inspirer [3] [ɛspire] vt **1.** [gén] to inspire ▸ **inspirer qqch à qqn** to inspire sb with sthg **2.** [air] to breathe in, to inhale. ◆ **s'inspirer** vp [prendre modèle sur] ▸ **s'inspirer de qqn / qqch** to be inspired by sb/sthg.

instable [ɛstabl] adj **1.** [gén] unstable **2.** [vie, temps] unsettled.

installateur, trice [ɛstalatœr, tris] nm, f fitter **UK**.

installation [ɛstalasjɔ̃] nf **1.** [de gaz, eau, électricité] installation **2.** [de personne - comme médecin, artisan] setting up ; [- dans appartement] settling in **3.** *(gén pl)* [équipement] installations *pl*, fittings *pl* ; [usine] plant *(U)* ; [de loisirs] facilities *pl* ▸ **installation électrique** wiring.

installer [3] [ɛstale] vt **1.** [gaz, eau, électricité] to install, to put in **2.** INFORM to install **3.** [appartement] to fit out **4.** [rideaux, étagères] to put up ; [meubles] to put in **5.** [personne] ▸ **installer qqn** to get sb settled, to install sb. ◆ **s'installer** vp **1.** [comme médecin, artisan] to set (o.s.) up **2.** [emménager] to settle in ▸ **s'installer chez qqn** to move in with sb **3.** [dans fauteuil] to settle down **4.** *fig* [maladie, routine] to set in.

instamment [ɛstamã] adv insistently.

instance [ɛstãs] nf **1.** [autorité] authority **2.** DR proceedings *pl*. ◆ **instances** nfpl *sout* entreaties. ◆ **en instance** loc adj pending. ◆ **en instance de** loc adv on the point of.

instant [ɛstã] nm instant ▸ **à l'instant a)** [il y a peu de temps] a moment ago **b)** [immédiatement] this minute ▸ **à bon instant a)** [en permanence] at all times **b)** [d'un moment à l'autre] at any moment ▸ **pour l'instant** for the moment.

instantané, e [ɛstɑ̃tane] adj **1.** [immédiat] instantaneous **2.** [soluble] instant. ◆ **instantané** nm snapshot.

instar [ɛstar] ◆ **à l'instar de** loc prép following the example of.

instaurer [3] [ɛstore] vt [instituer] to establish ; *fig* [peur, confiance] to instil **UK**, to instill **US**.

instigateur, trice [ɛstigatœr, tris] nm, f instigator.

instigation [ɛstigasjɔ̃] nf instigation. ◆ **à l'instigation de, sur l'instigation de** loc prép at the instigation of.

instinct [ɛstɛ̃] nm instinct.

instinctif, ive [ɛstɛ̃ktif, iv] ❖ adj instinctive. ❖ nm, f instinctive person.

instituer [7] [ɛstitɥe] vt **1.** [pratique] to institute **2.** DR [personne] to appoint.

institut [ɛstity] nm **1.** [établissement] institute **2.** [de soins] ▸ **institut de beauté** beauty salon.

instituteur, trice [ɛstitytœr, tris] nm, f primary school teacher **UK**, grade school teacher **US**.

institution [ɛstitysjɔ̃] nf **1.** [gén] institution **2.** [école privée] private school. ◆ **institutions** nfpl POL institutions.

institutionnel, elle [ɛstitysjɔnɛl] adj institutional.

instructeur, trice [ɛstryktœr, tris] ❖ nm, f instructor. ❖ adj MIL ▸ **sergent instructeur** drill sergeant.

instructif, ive [ɛstryktif, iv] adj instructive, educational.

instruction [ɛstryksjɔ̃] nf **1.** [enseignement, savoir] education **2.** [formation] training **3.** [directive] order **4.** DR (pre-trial) investigation. ◆ **instructions** nfpl instructions.

instruire [98] [ɛstrɥir] vt **1.** [éduquer] to teach, to instruct **2.** *sout* [informer] to inform **3.** DR [affaire] to investigate ▸ **instruire contre qqn** to investigate sb. ◆ **s'instruire** vp **1.** [se former] to learn **2.** *litt* [s'informer] ▸ **s'instruire**

de qqch auprès de qqn to find out about sthg from sb.

instruit, e [ɛ̃stʀɥi, it] adj educated.

instrument [ɛ̃stʀymɑ̃] nm instrument ▶ **instrument de musique** musical instrument.

instrumental, e, aux [ɛ̃stʀymɑ̃tal, o] adj instrumental. ◆ **instrumental** nm GRAM instrumental.

instrumentaliser [3] [ɛ̃stʀymɑ̃talize] vt to use, to manipulate.

insu [ɛ̃sy] ◆ **à l'insu de** loc prép ▶ **à l'insu de qqn** without sb knowing ▶ **ils ont tout organisé à mon insu** they organized it all without my knowing.

insubmersible [ɛ̃sybmɛʀsibl] adj unsinkable.

insubordination [ɛ̃sybɔʀdinasjɔ̃] nf insubordination.

insuccès [ɛ̃syksɛ] nm failure.

insuffisance [ɛ̃syfizɑ̃s] nf **1.** [manque] insufficiency **2.** MÉD deficiency. ◆ **insuffisances** nfpl [faiblesses] shortcomings.

insuffisant, e [ɛ̃syfizɑ̃, ɑ̃t] adj **1.** [en quantité] insufficient **2.** [en qualité] inadequate, unsatisfactory.

insuffler [3] [ɛ̃syfle] vt **1.** [air] to blow **2.** fig [sentiment] ▶ **insuffler qqch à qqn** to inspire sb with sthg.

insulaire [ɛ̃sylɛʀ] ◆ nmf islander. ◆ adj GÉOGR island (avant n).

insuline [ɛ̃sylin] nf insulin.

insultant, e [ɛ̃syltɑ̃, ɑ̃t] adj insulting.

insulte [ɛ̃sylt] nf insult.

insulter [3] [ɛ̃sylte] vt to insult.

insupportable [ɛ̃sypɔʀtabl] adj unbearable.

insurgé, e [ɛ̃syʀʒe] adj & nm, f insurgent, rebel.

insurger [17] [ɛ̃syʀʒe] ◆ **s'insurger** vp to rebel, to revolt ▶ **s'insurger contre qqch** to protest against sthg.

insurmontable [ɛ̃syʀmɔ̃tabl] adj [difficulté] insurmountable ; [dégoût] uncontrollable.

insurrection [ɛ̃syʀɛksjɔ̃] nf insurrection.

intact, e [ɛ̃takt] adj intact.

intangible [ɛ̃tɑ̃ʒibl] adj **1.** litt [impalpable] intangible **2.** [sacré] inviolable.

intarissable [ɛ̃taʀisabl] adj inexhaustible ▶ **il est intarissable** he could go on talking for ever.

intégral, e, aux [ɛ̃tegʀal, o] adj **1.** [paiement] in full ; [texte] unabridged, complete **2.** MATH ▶ **calcul intégral** integral calculus.

intégralement [ɛ̃tegʀalmɑ̃] adv fully, in full.

intégrant, e [ɛ̃tegʀɑ̃, ɑ̃t] ⟶ **parti**.

intégration [ɛ̃tegʀasjɔ̃] nf integration.

intègre [ɛ̃tegʀ] adj honest.

intégré, e [ɛ̃tegʀe] adj [élément] built-in.

intégrer [18] [ɛ̃tegʀe] vt [assimiler] ▶ **intégrer (à ou dans)** to integrate (into). ◆ **s'intégrer** vp **1.** [s'incorporer] ▶ **s'intégrer dans ou à** to fit into **2.** [s'adapter] to integrate.

intégrisme [ɛ̃tegʀism] nm fundamentalism.

intégrité [ɛ̃tegʀite] nf **1.** [totalité] entirety **2.** [honnêteté] integrity.

intellectuel, elle [ɛ̃telɛktɥɛl] adj & nm, f intellectual.

intelligence [ɛ̃teliʒɑ̃s] nf **1.** [facultés mentales] intelligence ▶ **intelligence artificielle** artificial intelligence **2.** [compréhension, complicité] understanding.

intelligent, e [ɛ̃teliʒɑ̃, ɑ̃t] adj intelligent.

intelligible [ɛ̃teliʒibl] adj **1.** [voix] clear **2.** [concept, texte] intelligible.

intello [ɛ̃telo] adj inv & nmf fam & péj intellectual.

intempéries [ɛ̃tɑ̃peʀi] nfpl bad weather (U).

intempestif, ive [ɛ̃tɑ̃pɛstif, iv] adj untimely.

intemporel, elle [ɛ̃tɑ̃pɔʀɛl] adj **1.** [sans durée] timeless **2.** litt [immatériel] immaterial.

intenable [ɛ̃tənabl] adj **1.** [chaleur, personne] unbearable **2.** [position] untenable, indefensible.

intendance [ɛ̃tɑ̃dɑ̃s] nf **1.** MIL commissariat ; SCOL & UNIV bursar's office **2.** fig [questions matérielles] housekeeping.

intendant, e [ɛ̃tɑ̃dɑ̃, ɑ̃t] nm, f **1.** SCOL & UNIV bursar **2.** [de manoir] steward. ◆ **intendant** nm MIL quartermaster.

intense [ɛ̃tɑ̃s] adj [gén] intense.

intensif, ive [ɛ̃tɑ̃sif, iv] adj intensive.

intensifier [9] [ɛ̃tɑ̃sifje] vt to intensify. ◆ **s'intensifier** vp to intensify.

intensité [ɛ̃tɑ̃site] nf intensity.

intenter [3] [ɛ̃tɑ̃te] vt DR ▶ **intenter qqch contre qqn ou à qqn** to bring sthg against sb.

intention [ɛ̃tɑ̃sjɔ̃] nf intention ▶ **avoir l'intention de faire qqch** to intend to do sthg ▶ **intention de vote** voting intention / **les intentions de vote pour le président** those leaning towards UK ou toward US the president. ◆ **à l'intention de** loc prép for.

intentionné, e [ɛ̃tɑ̃sjɔne] adj ▶ **bien intentionné** well-meaning ▶ **mal intentionné** ill-disposed.

intentionnel, elle [ɛ̃tɑ̃sjɔnɛl] adj intentional.

interactif, ive [ɛ̃tɛraktif, iv] adj interactive.

interaction [ɛ̃tɛraksjɔ̃] nf interaction ▸ **interaction médicamenteuse** medicinal interaction.

intercalaire [ɛ̃tɛrkalɛr] ❖ nm insert. ❖ adj ▸ **feuillet intercalaire** insert.

intercaler [3] [ɛ̃tɛrkale] vt ▸ **intercaler qqch dans qqch a)** [feuillet, citation] to insert sthg in sthg **b)** [dans le temps] to fit sthg into sthg.

intercéder [18] [ɛ̃tɛrsede] vi ▸ **intercéder pour** ou **en faveur de qqn auprès de qqn** to intercede with sb on behalf of sb.

intercepter [4] [ɛ̃tɛrsɛpte] vt **1.** [lettre, ballon] to intercept **2.** [chaleur] to block.

interchangeable [ɛ̃tɛrʃɑ̃ʒabl] adj interchangeable.

interclasse [ɛ̃tɛrklas], **intercours** [ɛ̃tɛrkur] nm break **UK**, recess **US** ▸ **à l'interclasse** at ou during the break.

intercours [ɛ̃tɛrkur] nm = interclasse.

interdiction [ɛ̃tɛrdiksjɔ̃] nf **1.** [défense] ▸ **'interdiction de stationner'** 'strictly no parking' **2.** [prohibition, suspension] ▸ **interdiction (de)** ban (on), banning (of) ▸ **interdiction de séjour** order banning released prisoner from living in certain areas.

interdire [103] [ɛ̃tɛrdir] vt **1.** [prohiber] ▸ **interdire qqch à qqn** to forbid sb sthg ▸ **interdire à qqn de faire qqch** to forbid sb to do sthg **2.** [empêcher] to prevent ▸ **interdire à qqn de faire qqch** to prevent sb from doing sthg **3.** [bloquer] to block.

interdit, e [ɛ̃tɛrdi, it] ❖ pp ⟶ **interdire**. ❖ adj **1.** [défendu] forbidden / **'interdit aux moins de 18 ans'** CINÉ adults only, '18 **UK**', 'NC-17 **US**' / **il est interdit de fumer** you're not allowed to smoke **2.** [ébahi] ▸ **rester interdit** to be stunned **3.** [privé] ▸ **être interdit de chéquier** to have had one's chequebook **UK** ou checkbook **US** facilities withdrawn, to be forbidden to write cheques **UK** ou checks **US**.

intéressant, e [ɛ̃teresɑ̃, ɑ̃t] adj **1.** [captivant] interesting **2.** [avantageux] advantageous, good.

intéressé, e [ɛ̃terese] adj [concerné] concerned, involved ; péj [cupide] self-interested.

intéressement [ɛ̃teresmɑ̃] nm profit-sharing (scheme).

intéresser [4] [ɛ̃terese] vt **1.** [captiver] to interest ▸ **intéresser qqn à qqch** to interest sb

in sthg **2.** COMM [faire participer] : **intéresser les employés (aux bénéfices)** to give one's employees a share in the profits / **intéresser qqn à son commerce** to give sb a financial interest in one's business **3.** [concerner] to concern. ❖ **s'intéresser** vp ▸ **s'intéresser à qqn/qqch** to take an interest in sb/sthg, to be interested in sb/sthg.

intérêt [ɛ̃terɛ] nm **1.** [gén] interest ▸ **intérêt pour** interest in ▸ **avoir intérêt à faire qqch** to be well advised to do sthg **2.** [importance] significance. ❖ **intérêts** nmpl **1.** FIN interest (U) **2.** COMM ▸ **avoir des intérêts dans** to have a stake in.

interface [ɛ̃tɛrfas] nf INFORM interface ▸ **interface graphique** graphic interface.

interférence [ɛ̃tɛrferɑ̃s] nf **1.** PHYS & POL interference **2.** fig [conjonction] convergence.

interférer [18] [ɛ̃tɛrfere] vi **1.** PHYS to interfere **2.** fig [s'immiscer] ▸ **interférer dans qqch** to interfere in sthg.

intérieur, e [ɛ̃terjœr] adj **1.** [gén] inner **2.** [de pays] domestic. ❖ **intérieur** nm **1.** [gén] inside ▸ **de l'intérieur** from the inside ▸ **à l'intérieur (de qqch)** inside (sthg) **2.** [de pays] interior.

intérim [ɛ̃terim] nm **1.** [période] interim period ▸ **par intérim** acting (avant n) **2.** [travail temporaire] temporary ou casual work ; [dans un bureau] temping.

intérimaire [ɛ̃terimɛr] ❖ adj **1.** [ministre, directeur] acting (avant n) **2.** [employé, fonctions] temporary. ❖ nmf [employé] temp.

intérioriser [3] [ɛ̃terjɔrize] vt to internalize.

interjection [ɛ̃tɛrʒɛksjɔ̃] nf LING interjection.

interligne [ɛ̃tɛrliɲ] nm (line) spacing.

interlocuteur, trice [ɛ̃tɛrlɔkytœr, tris] nm, f **1.** [dans conversation] speaker / **mon interlocuteur** the person to whom I am/was speaking **2.** [dans négociation] negotiator.

interloquer [3] [ɛ̃tɛrlɔke] vt to disconcert.

interlude [ɛ̃tɛrlyd] nm interlude.

intermède [ɛ̃tɛrmɛd] nm interlude.

intermédiaire [ɛ̃tɛrmedjɛr] ❖ nm intermediary, go-between ▸ **par l'intermédiaire de qqn/qqch** through sb/sthg. ❖ adj intermediate.

interminable [ɛ̃tɛrminabl] adj never-ending, interminable.

intermittence [ɛ̃tɛrmitɑ̃s] nf [discontinuité] ▸ **par intermittence** intermittently, off and on.

intermittent, e [ɛ̃tɛrmitɑ̃, ɑ̃t] adj intermittent ▸ **les intermittents du spectacle** people working in the performing arts.

internat [ɛ̃tɛrna] nm [SCOL - établissement] boarding school ; [- système] boarding.

international, e, aux [ɛ̃tɛrnasjɔnal, o] adj international.

internaute [ɛ̃tɛrnot] nmf INFORM (net) surfer, cybersurfer, cybernaut, Internet user.

interne [ɛ̃tɛrn] ❖ nmf **1.** [élève] boarder **2.** MÉD & UNIV houseman [UK], intern [US]. ❖ adj **1.** ANAT internal ; [oreille] inner **2.** [du pays] domestic.

internement [ɛ̃tɛrnəmɑ̃] nm **1.** POL internment **2.** MÉD confinement (to psychiatric hospital).

interner [3] [ɛ̃tɛrne] vt **1.** POL to intern **2.** vieilli MÉD to commit (to psychiatric hospital).

Internet, internet [ɛ̃tɛrnɛt] nm ▸ **(l')Internet** the Internet.

interpellation [ɛ̃tɛrpelasjɔ̃] nf **1.** [apostrophe] call, shout **2.** [par la police] (arrest for) questioning / **la police a procédé à plusieurs interpellations** several people were detained ou taken in by the police for questioning **3.** POL question ; (terme spécialisé) interpellation.

interpeller [26] [ɛ̃tɛrpəle] vt **1.** [apostropher] to call ou shout out to **2.** [interroger] to take in for questioning.

Interphone® [ɛ̃tɛrfɔn] nm intercom ; [d'un immeuble] Entryphone®.

interposer [3] [ɛ̃tɛrpoze] vt to interpose. ❖ **s'interposer** vp ▸ **s'interposer entre qqn et qqn** to intervene ou come between sb and sb.

interprétariat [ɛ̃tɛrpretarja] nm interpreting.

interprétation [ɛ̃tɛrpretasjɔ̃] nf interpretation.

interprète [ɛ̃tɛrprɛt] nmf **1.** [gén] interpreter **2.** CINÉ, MUS & THÉÂTRE performer.

interpréter [18] [ɛ̃tɛrprete] vt to interpret.

interrogateur, trice [ɛ̃tɛrɔgatœr, tris] adj inquiring.

interrogatif, ive [ɛ̃tɛrɔgatif, iv] adj GRAM interrogative.

interrogation [ɛ̃tɛrɔgasjɔ̃] nf **1.** [de prisonnier] interrogation ; [de témoin] questioning **2.** [question] question **3.** SCOL test, quiz [US].

interrogatoire [ɛ̃tɛrɔgatwar] nm **1.** [de police, juge] questioning **2.** [procès-verbal] statement.

interrogeable [ɛ̃tɛrɔʒabl] adj : **répondeur interrogeable à distance** answering machine ou answerphone [UK] with remote playback facility.

interroger [17] [ɛ̃tɛrɔʒe] vt **1.** [questionner] to question ; [accusé, base de données] to interrogate ▸ **interroger qqn (sur qqch)** to question sb (about sthg) **2.** [faits, conscience] to examine. ❖ **s'interroger** vp ▸ **s'interroger sur** to wonder about.

interrompre [78] [ɛ̃tɛrɔ̃pr] vt to interrupt. ❖ **s'interrompre** vp to stop.

interrompu, e [ɛ̃tɛrɔ̃py] pp ⟶ **interrompre**.

interrupteur [ɛ̃tɛryptœr] nm switch.

interruption [ɛ̃tɛrypsjɔ̃] nf **1.** [arrêt] break **2.** [action] interruption.

intersection [ɛ̃tɛrsɛksjɔ̃] nf intersection.

interstice [ɛ̃tɛrstis] nm chink, crack.

interurbain, e [ɛ̃tɛryrbɛ̃, ɛn] adj long-distance. ❖ **interurbain** nm ▸ **l'interurbain** the long-distance telephone service.

intervalle [ɛ̃tɛrval] nm **1.** [spatial] space, gap **2.** [temporel] interval, period (of time) ▸ **à 6 jours d'intervalle** after 6 days **3.** MUS interval.

intervenant, e [ɛ̃tɛrvənɑ̃, ɑ̃t] nm, f [orateur] speaker.

intervenir [40] [ɛ̃tɛrvənir] vi **1.** [personne] to intervene ▸ **intervenir auprès de qqn** to intervene with sb ▸ **intervenir dans qqch** to intervene in sthg ▸ **faire intervenir qqn** to bring ou call in sb **2.** [événement] to take place.

intervention [ɛ̃tɛrvɑ̃sjɔ̃] nf **1.** [gén] intervention **2.** MÉD operation ▸ **subir une intervention chirurgicale** to have an operation, to have surgery **3.** [discours] speech.

intervenu, e [ɛ̃tɛrvəny] pp ⟶ **intervenir**.

intervertir [32] [ɛ̃tɛrvɛrtir] vt to reverse, to invert.

interview [ɛ̃tɛrvju] nf interview.

interviewer [3] [ɛ̃tɛrvjuve] vt to interview.

intervieweur, euse [ɛ̃tɛrvjuvœr, øz] nm, f interviewer.

intestin [ɛ̃tɛstɛ̃] nm intestine.

intestinal, e, aux [ɛ̃tɛstinal, o] adj intestinal.

intime [ɛ̃tim] ❖ nmf close friend. ❖ adj [gén] intimate ; [vie, journal] private.

intimidant, e [ɛ̃timidɑ̃, ɑ̃t] adj intimidating.

intimider [3] [ɛ̃timide] vt to intimidate.

intimité [ɛ̃timite] nf **1.** [secret] depths pl **2.** [familiarité, confort] intimacy **3.** [vie privée] privacy ▸ **dans la plus stricte intimité** in complete privacy, in private.

intitulé [ɛtityle] nm [titre] title ; [de paragraphe] heading.

intituler [3] [ɛtityle] vt to call, to entitle. ◆ **s'intituler** vp [ouvrage] to be called ou entitled.

intolérable [ɛtɔlerabl] adj intolerable.

intolérance [ɛtɔlerãs] nf [religieuse, politique] intolerance.

intolérant, e [ɛtɔlerã, ãt] adj intolerant.

intonation [ɛtɔnasjɔ̃] nf intonation.

intouchable [ɛtuʃabl] nmf & adj untouchable.

intoxication [ɛtɔksikasjɔ̃] nf **1.** [empoisonnement] poisoning **2.** fig [propagande] brainwashing.

intoxiqué, e [ɛtɔksike] ◆ adj ▸ **intoxiqué (de)** addicted (to). ◆ nm, f addict.

intoxiquer [3] [ɛtɔksike] vt ▸ **intoxiquer qqn par a)** [empoisonner] to poison sb with **b)** fig to indoctrinate sb with.

intraduisible [ɛtradɥizibl] adj [texte] untranslatable.

intraitable [ɛtrɛtabl] adj ▸ **intraitable (sur)** inflexible (about).

intra-muros [ɛtramyrɔs] ◆ loc adj inv ▸ **quartiers intra-muros** districts within the city boundaries ▸ **Londres intra-muros** inner London. ◆ loc adv ▸ **habiter intra-muros** to live in the city itself.

intranet [ɛtranɛt] nm intranet.

intransigeant, e [ɛtrãziʒã, ãt] adj intransigent.

intransitif, ive [ɛtrãzitif, iv] adj intransitive.

intransportable [ɛtrãspɔrtabl] adj : *il est intransportable* he/it cannot be moved.

intraveineux, euse [ɛtravɛnø, øz] adj intravenous.

intrépide [ɛtrepid] adj bold, intrepid.

intrigue [ɛtrig] nf **1.** [manœuvre] intrigue **2.** CINÉ, LITTÉR & THÉÂTRE plot.

intriguer [3] [ɛtrige] ◆ vt to intrigue. ◆ vi to scheme, to intrigue.

intro [ɛtro] (*abr de* introduction) nf fam intro / *'passer l'intro'* [sur site Web] 'skip intro'.

introduction [ɛtrɔdyksjɔ̃] nf **1.** [gén] ▸ **introduction (à)** introduction (to) **2.** [insertion] insertion.

introduire [98] [ɛtrɔdɥir] vt **1.** [gén] to introduce ▸ **introduire clandestinement** [marchandises] to smuggle in **2.** [faire entrer] to show in **3.** [insérer] to insert. ◆ **s'introduire** vp **1.** [pénétrer] to enter / *s'introduire dans une maison* [cambrioleur] to get into ou enter a house **2.** [s'implanter] to be introduced.

introduit, e [ɛtrɔdɥi, it] pp ⟶ **introduire**.

introspection [ɛtrɔspɛksjɔ̃] nf introspection.

introuvable [ɛtruvabl] adj nowhere ou noplace **US** to be found.

introverti, e [ɛtrɔverti] ◆ adj introverted. ◆ nm, f introvert.

intrus, e [ɛtry, yz] nm, f intruder.

intrusion [ɛtryzjɔ̃] nf **1.** [gén & GÉOL] intrusion **2.** [ingérence] interference.

intuitif, ive [ɛtɥitif, iv] adj intuitive.

intuition [ɛtɥisjɔ̃] nf intuition.

inusable [inyzabl] adj hardwearing.

inusité, e [inyzite] adj unusual, uncommon.

in utero [inytero] loc adj & loc adv in utero.

inutile [inytil] adj [objet, personne] useless ; [effort, démarche] pointless.

inutilement [inytilmã] adv needlessly, unnecessarily.

inutilisable [inytilizabl] adj unusable.

inutilité [inytilite] nf [de personne, d'objet] uselessness ; [de démarche, d'effort] pointlessness.

invaincu, e [ɛ̃vɛ̃ky] adj SPORT unbeaten.

invalide [ɛ̃valid] ◆ nmf disabled person ▸ **invalide du travail** person disabled in an industrial accident. ◆ adj disabled.

invalidité [ɛ̃validite] nf **1.** DR invalidity **2.** MÉD disability.

invariable [ɛ̃varjabl] adj **1.** [immuable] unchanging **2.** GRAM invariable.

invasion [ɛ̃vazjɔ̃] nf invasion.

invectiver [3] [ɛ̃vɛktive] vt to abuse. ◆ **s'invectiver** vp to hurl abuse at each other.

invendable [ɛ̃vãdabl] adj unsaleable, unsellable.

invendu, e [ɛ̃vãdy] adj unsold. ◆ **invendu** nm (*gén pl*) remainder.

inventaire [ɛ̃vãtɛr] nm **1.** [gén] inventory **2.** [COMM - activité] stocktaking **UK**, inventory **US** ; [- liste] list.

inventer [3] [ɛ̃vãte] vt [créer] to invent.

inventeur, trice [ɛ̃vãtœr, tris] nm, f [de machine] inventor.

inventif, ive [ɛ̃vãtif, iv] adj inventive.

invention [ɛ̃vɑ̃sjɔ̃] nf **1.** (découverte, mensonge) invention **2.** [imagination] inventiveness.

inventorier [9] [ɛ̃vɑ̃tɔrje] vt to make an inventory of.

inverse [ɛ̃vɛrs] ◆ nm opposite, reverse. ◆ adj **1.** [sens] opposite ; [ordre] reverse ▸ **en sens inverse (de)** in the opposite direction (to) **2.** [rapport] inverse.

inversement [ɛ̃vɛrsəmɑ̃] adv **1.** MATH inversely **2.** [au contraire] on the other hand **3.** [vice versa] vice versa.

inverser [3] [ɛ̃vɛrse] vt to reverse.

inversion [ɛ̃vɛrsjɔ̃] nf reversal.

invertébré, e [ɛ̃vɛrtebre] adj invertebrate. ◆ **invertébré** nm invertebrate.

investigation [ɛ̃vɛstigasjɔ̃] nf investigation.

investir [32] [ɛ̃vɛstir] vt to invest. ◆ **s'investir dans** vp + prép : *s'investir dans son métier* to be involved ou absorbed in one's job / *une actrice qui s'investit entièrement dans ses rôles* an actress who throws herself heart and soul into every part she plays / *je me suis énormément investie dans le projet* the project really meant a lot to me.

investissement [ɛ̃vɛstismɑ̃] nm investment.

investisseur, euse [ɛ̃vɛstisœr, øz] nm, f investor.

investiture [ɛ̃vɛstityr] nf investiture.

invétéré, e [ɛ̃vetere] adj inveterate.

invincible [ɛ̃vɛ̃sibl] adj [gén] invincible ; [difficulté] insurmountable ; [charme] irresistible.

inviolable [ɛ̃vjɔlabl] adj **1.** DR inviolable **2.** [coffre] impregnable.

invisible [ɛ̃vizibl] adj invisible.

invitation [ɛ̃vitasjɔ̃] nf ▸ **invitation (à)** invitation (to) ▸ **sur invitation** by invitation.

invité, e [ɛ̃vite] ◆ adj [hôte] invited ; [professeur, conférencier] guest *(avant n)*. ◆ nm, f guest.

inviter [3] [ɛ̃vite] vt to invite ▸ **inviter qqn à faire qqch a)** to invite sb to do sthg **b)** *fig* [suj : chose] to be an invitation to sb to do sthg / *je vous invite !* it's my treat!

in vitro [invitro] ⟶ **fécondation**.

invivable [ɛ̃vivabl] adj unbearable.

in vivo [invivo] loc adv inv & loc adj inv in vivo.

involontaire [ɛ̃vɔlɔ̃tɛr] adj [acte] involuntary.

invoquer [3] [ɛ̃vɔke] vt **1.** [alléguer] to put forward **2.** [citer, appeler à l'aide] to invoke ; [paix] to call for.

invraisemblable [ɛ̃vrɛsɑ̃blabl] adj **1.** [incroyable] unlikely, improbable **2.** [extravagant] incredible.

invraisemblance [ɛ̃vrɛsɑ̃blɑ̃s] nf improbability.

invulnérable [ɛ̃vylnerabl] adj invulnerable.

iode [jɔd] nm iodine.

ion [jɔ̃] nm ion.

IRA [ira] *(abr de Irish Republican Army)* nf IRA.

irai, iras ⟶ **aller**.

Irak, Iraq [irak] nm : *l'Irak* Iraq.

irakien, enne, iraquien, enne [irakjɛ̃, ɛn] adj Iraqi. ◆ **Irakien, enne, Iraquien, enne** nm, f Iraqi.

Iran [irɑ̃] nm : *l'Iran* Iran.

iranien, enne [iranjɛ̃, ɛn] adj Iranian. ◆ **iranien** nm [langue] Iranian. ◆ **Iranien, enne** nm, f Iranian.

Iraq = **Irak**.

iraquien = **irakien**.

irascible [irasibl] adj irascible.

IRC *(abr de Internet Relay Chat)* nm IRC.

iris [iris] nm ANAT & BOT iris.

irisé, e [irize] adj iridescent.

irlandais, e [irlɑ̃dɛ, ɛz] adj Irish. ◆ **irlandais** nm [langue] Irish. ◆ **Irlandais, e** nm, f Irishman (Irishwoman).

Irlande [irlɑ̃d] nf : *l'Irlande* Ireland / *l'Irlande du Nord/Sud* Northern/Southern Ireland.

IRM [iɛrɛm] *(abr de Imagerie par résonance magnétique)* nm MÉD MRI.

ironie [irɔni] nf irony.

ironique [irɔnik] adj ironic.

ironiser [3] [irɔnize] vi to speak ironically.

irradier [9] [iradje] ◆ vi to radiate. ◆ vt to irradiate.

irraisonné, e [irɛzɔne] adj irrational.

irrationnel, elle [irasjɔnɛl] adj irrational.

irréalisable [irealizabl] adj unrealizable.

irréaliste [irealist] adj unrealistic.

irrecevable [irəsəvabl] adj inadmissible.

irrécupérable [irekyperabl] adj **1.** [irrécouvrable] irretrievable **2.** [irréparable] beyond repair **3.** [personne] beyond hope.

irrécusable [irekyzabl] adj unimpeachable.

irréductible [iredyktibl] ◆ nmf diehard. ◆ adj **1.** CHIM, MATH & MÉD irreducible **2.** *fig* [volonté] indomitable ; [personne] implacable ; [communiste] diehard *(before noun).*

irréel, elle [ireɛl] adj unreal.

irréfléchi, e [iʀefleʃi] adj unthinking.

irréfutable [iʀefytabl] adj irrefutable.

irrégularité [iʀegylaʀite] nf **1.** [gén] irregularity **2.** [de terrain, performance] unevenness.

irrégulier, ère [iʀegylje, ɛʀ] adj **1.** [gén] irregular **2.** [terrain, surface] uneven, irregular **3.** [employé, athlète] erratic.

irrémédiable [iʀemedjabl] adj [irréparable] irreparable.

irremplaçable [iʀɑ̃plasabl] adj irreplaceable.

irréparable [iʀepaʀabl] adj **1.** [objet] beyond repair **2.** fig [perte, erreur] irreparable.

irrépressible [iʀepʀesibl] adj irrepressible.

irréprochable [iʀepʀoʃabl] adj irreproachable.

irrésistible [iʀezistibl] adj **1.** [tentation, femme] irresistible **2.** [amusant] entertaining.

irrésolu, e [iʀezɔly] adj **1.** [indécis] irresolute **2.** [sans solution] unresolved.

irrespirable [iʀɛspiʀabl] adj **1.** [air] unbreathable **2.** fig [oppressant] oppressive.

irresponsable [iʀɛspɔ̃sabl] ◆ nmf irresponsible person. ◆ adj irresponsible.

irréversible [iʀevɛʀsibl] adj irreversible.

irrévocable [iʀevɔkabl] adj irrevocable.

irrigation [iʀigasjɔ̃] nf irrigation.

irriguer [3] [iʀige] vt to irrigate.

irritable [iʀitabl] adj irritable.

irritant, e [iʀitɑ̃, ɑ̃t] adj **1.** [agaçant] irritating, annoying **2.** MÉD irritant.

irritation [iʀitasjɔ̃] nf irritation.

irriter [3] [iʀite] vt **1.** [exaspérer] to irritate, to annoy **2.** MÉD to irritate. ◆ **s'irriter** vp to get irritated ▸ **s'irriter contre qqn / de qqch** to get irritated with sb/at sthg.

irruption [iʀypsjɔ̃] nf **1.** [invasion] invasion **2.** [entrée brusque] irruption.

islam [islam] nm Islam.

islamique [islamik] adj Islamic.

islamisme [islamism] nm Islamism.

islamiste [islamist] nm, f islamic fundamentalist.

islandais, e [islɑ̃dɛ, ɛz] adj Icelandic. ◆ **islandais** nm [langue] Icelandic. ◆ **Islandais, e** nm, f Icelander.

Islande [islɑ̃d] nf : l'Islande Iceland.

ISO [izo] (abr de International Organization for Standardization) adj inv ▸ **norme / certification ISO** ISO standard/certification.

isocèle [izɔsɛl] adj isoceles.

isolant, e [izɔlɑ̃, ɑ̃t] adj insulating. ◆ **isolant** nm insulator, insulating material.

isolation [izɔlasjɔ̃] nf insulation.

isolationniste [izɔlasjɔnist] ◆ adj isolationist. ◆ nm, f isolationist.

isolé, e [izɔle] adj isolated.

isolement [izɔlmɑ̃] nm **1.** [gén] isolation **2.** CONSTR & ÉLECTR insulation.

isoler [3] [izɔle] vt **1.** [séparer] to isolate **2.** CONSTR & ÉLECTR to insulate ▸ **isoler qqch du froid** to insulate sthg (against the cold) ▸ **isoler qqch du bruit** to soundproof sthg. ◆ **s'isoler** vp ▸ **s'isoler (de)** to isolate o.s. (from).

isoloir [izɔlwaʀ] nm polling UK ou voting US booth.

isotherme [izɔtɛʀm] adj isothermal.

isotope [izɔtɔp] ◆ adj isotopic. ◆ nm isotope.

Israël [isʀaɛl] npr Israel.

israélien, enne [isʀaeljɛ̃, ɛn] adj Israeli. ◆ **Israélien, enne** nm, f Israeli.

israélite [isʀaelit] adj Jewish. ◆ **Israélite** nmf Jew.

issu, e [isy] adj ▸ **être issu de a)** [résulter de] to emerge ou stem from **b)** [personne] to come from. ◆ **issue** nf **1.** [sortie] exit ▸ **issue de secours** emergency exit **2.** fig [solution] way out, solution **3.** [terme] outcome.

isthme [ism] nm isthmus.

Italie [itali] nf : l'Italie Italy.

italien, enne [italjɛ̃, ɛn] adj Italian. ◆ **italien** nm [langue] Italian. ◆ **Italien, enne** nm, f Italian.

italique [italik] nm TYPO italics pl ▸ **en italique** in italics.

itinéraire [itineʀeʀ] nm itinerary, route / itinéraire bis diversion.

itinérant, e [itineʀɑ̃, ɑ̃t] ◆ adj [spectacle, troupe] itinerant. ◆ nm, f QUÉBEC homeless person.

IUT (abr de institut universitaire de technologie) nm.≃ technical college.

IVG (abr de interruption volontaire de grossesse) nf abortion.

ivoire [ivwaʀ] nm ivory.

ivre [ivʀ] adj drunk.

ivresse [ivʀɛs] nf drunkenness ; [extase] rapture.

ivrogne [ivʀɔɲ] nmf drunkard.

j, J [ʒi] nm inv j, J.

j' → je.

jabot [ʒabo] nm **1.** [d'oiseau] crop **2.** [de chemise] frill.

jacasser [3] [ʒakase] vi to chatter, to jabber.

jachère [ʒaʃɛʀ] nf ▸ **en jachère** fallow.

jacinthe [ʒasɛ̃t] nf hyacinth.

jackpot [dʒakpɔt] nm **1.** [combinaison] jackpot ▸ **toucher le jackpot** pr & fig to hit the jackpot **2.** [machine] slot machine.

Jacuzzi® [ʒakuzi] nm Jacuzzi®.

jade [ʒad] nm jade.

jadis [ʒadis] adv formerly, in former times.

jaguar [ʒagwaʀ] nm jaguar.

jaillir [32] [ʒajiʀ] vi **1.** [liquide] to gush ; [flammes] to leap **2.** [cri] to ring out **3.** [personne] to spring out.

jais [ʒɛ] nm jet.

jalon [ʒalɔ̃] nm marker pole.

jalonner [3] [ʒalɔne] vt to mark (out).

jalousie [ʒaluzi] nf **1.** [envie] jealousy **2.** [store] blind.

jaloux, ouse [ʒalu, uz] adj ▸ **jaloux (de)** jealous (of).

Jamaïque [ʒamaik] nf ▸ **la Jamaïque** Jamaica.

jamais [ʒamɛ] adv **1.** [sens négatif] never ▸ **ne... jamais, jamais ne** never / **je ne reviendrai jamais, jamais ne reviendrai** I'll never come back ▸ **(ne)... jamais plus, jamais (ne)** never again / **je ne viendrai jamais plus, plus jamais je ne viendrai** I'll never come here again **2.** [sens positif] ▸ **plus que jamais** more than ever / **il est plus triste que jamais** he's sadder than ever ▸ **si jamais tu le vois** if you should happen to see him, should you happen to see him. ◆ **à jamais** loc adv for ever.

jamais-vu [ʒamɛvy] nm inv : **c'est du jamais-vu à Marseille !** it's a first for Marseille ! / **c'est du jamais-vu pour la population locale** the locals have never seen anything like it / **c'est du jamais-vu sur Internet** nothing like this has been seen before on the Web.

jambe [ʒɑ̃b] nf leg.

jambette [ʒɑ̃bɛt] nf **QUÉBEC** [croc-en-jambe] ▸ **faire une jambette à qqn** to trib sb up.

jambières [ʒɑ̃bjɛʀ] nfpl [de football] shin pads ou guards ; [de cricket] pads.

jambon [ʒɑ̃bɔ̃] nm ham ▸ **jambon blanc** ham ▸ **un jambon beurre** fam a ham sandwich.

jante [ʒɑ̃t] nf (wheel) rim.

janvier [ʒɑ̃vje] nm January. Voir aussi **septembre**.

Japon [ʒapɔ̃] nm ▸ **le Japon** Japan.

japonais, e [ʒapɔnɛ, ɛz] adj Japanese. ◆ **japonais** nm [langue] Japanese. ◆ **Japonais, e** nm, f Japanese (person) / **les Japonais** the Japanese.

japper [3] [ʒape] vi to yap.

jaquette [ʒakɛt] nf **1.** [vêtement] jacket **2.** [de livre] (dust) jacket.

jardin [ʒaʀdɛ̃] nm [espace clos] garden ; [attaché à une maison] yard ▸ **jardin public** park.

jardinage [ʒaʀdinaʒ] nm gardening.

jardiner [3] [ʒaʀdine] vi to garden.

jardinier, ère [ʒaʀdinje, ɛʀ] nm, f gardener. ◆ **jardinière** nf [bac à fleurs] window box.

jargon [ʒaʀgɔ̃] nm **1.** [langage spécialisé] jargon **2.** fam [charabia] gibberish.

jarret [ʒaʀɛ] nm **1.** ANAT back of the knee **2.** CULIN knuckle of veal.

jarretelle [ʒaʀtɛl] nf suspender **UK**, garter **US**.

jarretière [ʒaʀtjɛʀ] nf garter.

jars [ʒaʀ] nm gander.

jaser [3] [ʒaze] vi **1.** [médire] to gossip **2.** **QUÉBEC** fam [bavarder] to chat.

jasmin [ʒasmɛ̃] nm jasmine.

JAT (abr de juste-à-temps) adj JIT (just-in-time).

jatte [ʒat] nf bowl.

jauge [ʒoʒ] nf [instrument] gauge.

jauger [17] [ʒoʒe] vt to gauge.

jaunâtre [ʒonatʀ] adj yellowish.

jaune [ʒon] ◆ nm [couleur] yellow. ◆ adj yellow. ◆ **jaune d'œuf** nm (egg) yolk.

jaunir [32] [ʒoniʀ] vt & vi to turn yellow.

jaunisse [ʒonis] nf MÉD jaundice.

java [ʒava] nf java *(type of popular dance)*.

Javel [ʒavɛl] nf : *eau de Javel* bleach, Clorox® US.

javelot [ʒavlo] nm javelin.

jazz [dʒaz] nm jazz.

J.-C. *(abr écrite de Jésus-Christ)* J.C.

je [ʒə], **j'** *(devant voyelle ou 'h' muet)* pron pers I.

jean [dʒin], **jeans** [dʒins] nm jeans *pl*, pair of jeans.

Jeep® [dʒip] nf Jeep®.

je-ne-sais-quoi [ʒənsekwa] nm inv ▸ **un je-ne-sais-quoi** a certain je ne sais quoi, a certain something ▸ **un je-ne-sais-quoi de qqch** a hint of sthg.

jérémiades [ʒeʀemjad] nfpl *fam* moaning *(U)*, whining *(U)*.

jerrycan, jerrican [ʒeʀikan] nm jerry can.

jersey [ʒɛʀze] nm jersey.

jésuite [ʒezɥit] nm Jesuit.

Jésus-Christ [ʒezykʀi] nm Jesus Christ.

jet¹ [ʒɛ] nm **1.** [action de jeter] throw **2.** [de liquide] jet.

jet² [dʒɛt] nm [avion] jet.

jetable [ʒətabl] adj disposable.

jeté, e [ʒəte] pp ⟶ **jeter**.

jetée [ʒəte] nf jetty.

jeter [27] [ʒəte] vt **1.** [gén] to throw ; [se débarrasser de] to throw away ▸ **jeter qqch à qqn a)** [lancer] to throw sthg to sb, to throw sb sthg **b)** [pour faire mal] to throw sthg at sb **2.** [émettre - étincelle] to throw ou to give out ; [- lumière] to cast, to shed. ◆ **se jeter** vp ▸ **se jeter sur** to pounce on ▸ **se jeter dans** [suj : rivière] to flow into.

je t'm *(abr écrite de je t'aime)* SMS ILU.

jeton [ʒətɔ̃] nm [de jeu] counter.

jet-set [dʒɛtsɛt], **jet-society** [dʒɛtsɔsajti] nf jet set / *membre de la jet-set* jet-setter.

Jet-Ski® [dʒɛtski] nm Jet-Ski.

jeu, x [ʒø] nm **1.** [divertissement] play *(U)*, playing *(U)* ▸ **jeu de mots** play on words, pun **2.** [régi par des règles] game ▸ **jeu électronique / vidéo** electronic / video game ▸ **jeu de l'oie** ≃ snakes and ladders ▸ **jeu de rôle** role play ▸ **jeu de société** parlour UK ou parlor US game **3.** [d'argent] ▸ **le jeu** gambling **4.** [d'échecs, de clés] set ▸ **jeu de cartes** pack UK ou deck US of

cards **5.** [manière de jouer - MUS] playing ; [- THÉÂTRE] acting ; [- SPORT] game **6.** TECHNOL play **7.** EXPR *cacher son jeu* to play one's cards close to one's chest. ◆ **Jeux Olympiques** nmpl ▸ **les Jeux Olympiques** the Olympic Games.

jeudi [ʒødi] nm Thursday. *Voir aussi* **samedi**.

jeun [ʒœ̃] ◆ **à jeun** loc adv on an empty stomach.

jeune [ʒœn] ◆ adj young ; [style, apparence] youthful ▸ **jeune homme / femme** young man / woman ▸ **jeunes gens a)** [gén] young people **b)** [garçons] young men. ◆ nm young person / *les jeunes* youngsters, young people, the young.

jeûne [ʒøn] nm fast.

jeunesse [ʒœnɛs] nf **1.** [âge] youth **2.** [de style, apparence] youthfulness **3.** [jeunes gens] young people *pl*.

jingle [dʒingəl] nm jingle.

jiu-jitsu [ʒjyʒitsy] *(pl* jiu-jitsu*)* nm ju-jitsu, jiu-jitsu.

JO nmpl *(abr de* jeux Olympiques*)* Olympic Games.

joaillerie [ʒɔajʀi] nf **1.** [métier] jewel trade **2.** [magasin] jeweller's UK ou jeweler's US (shop).

joaillier, ère [ʒɔaje, ɛʀ] nm, f jeweller UK, jeweler US.

job [dʒɔb] nm *fam* job.

jobard, e [ʒɔbaʀ, aʀd] adj *fam* gullible.

jockey [ʒɔkɛ] nm jockey.

jogging [dʒɔgiŋ] nm **1.** [activité] jogging **2.** [vêtement] tracksuit, jogging suit.

joie [ʒwa] nf joy.

joignable [ʒwaɲabl] adj contactable.

joindre [82] [ʒwɛ̃dʀ] vt **1.** [rapprocher] to join ; [mains] to put together **2.** [mettre avec] ▸ **joindre qqch (à)** to attach sthg (to) ; [ajouter / **joindre un fichier à un message électronique** to attach a file to an email message ; [adjoindre] to enclose sthg (with) **3.** [par téléphone] to contact, to reach. ◆ **se joindre** vp ▸ **se joindre à qqn** to join sb ▸ **se joindre à qqch** to join in sthg.

joint, e [ʒwɛ̃, ɛ̃t] pp ⟶ **joindre**. ◆ **joint** nm **1.** [d'étanchéité] seal **2.** *fam* [drogue] joint.

joker [ʒɔkɛʀ] nm joker.

joli, e [ʒɔli] adj **1.** [femme, chose] pretty, attractive **2.** [somme, situation] nice.

joliment [ʒɔlimã] adv **1.** [bien] prettily, attractively ; *iron* nicely **2.** *fam* [beaucoup] really.

jonc [ʒɔ̃] nm rush, bulrush.

joncher [3] [ʒɔ̃ʃe] vt to strew ▸ **être jonché de** to be strewn with.

jonction [ʒɔ̃ksjɔ̃] nf [de routes] junction.

jongler [3] [ʒɔ̃gle] vi to juggle.

jongleur, euse [ʒɔ̃glœr, øz] nm, f juggler.

jonquille [ʒɔ̃kij] nf daffodil.

Jordanie [ʒɔrdani] nf ▸ **la Jordanie** Jordan.

jouable [ʒwabl] adj **1.** SPORT playable **2.** [situation] feasible.

joue [ʒu] nf cheek ▸ **tenir** ou **mettre qqn en joue** fig to take aim at sb.

jouer [6] [ʒwe] ❖ vi **1.** [gén] to play ▸ **jouer avec qqn/qqch** to play with sb/sthg ▸ **jouer à qqch** [jeu, sport] to play sthg ▸ **jouer de** MUS to play ▸ **à toi de jouer !** (it's) your turn! ; fig your move! **2.** CINÉ & THÉÂTRE to act **3.** [parier] to gamble. ❖ vt **1.** [carte, partie] to play **2.** [somme d'argent] to bet, to wager ; fig to gamble with **3.** [THÉÂTRE - pièce] to put on, to perform ; [- personnage, rôle] to play **4.** [avoir à l'affiche] to show **5.** MUS to perform, to play.

jouet [ʒwɛ] nm toy.

joueur, euse [ʒwœr, øz] nm, f **1.** SPORT player ▸ **joueur de football** soccer ou football 🇬🇧 player, footballer 🇬🇧 **2.** [au casino] gambler.

jouffu, e [ʒufly] adj [personne] chubby-cheeked.

joug [ʒu] nm yoke.

jouir [32] [ʒwir] vi **1.** [profiter] ▸ **jouir de** to enjoy **2.** [sexuellement] to have an orgasm.

jouissance [ʒwisɑ̃s] nf **1.** DR [d'un bien] use **2.** [sexuelle] orgasm.

joujou, x [ʒuʒu] nm toy.

jour [ʒur] nm **1.** [unité de temps] day / jour de semaine weekday / huit jours a week / quinze jours two weeks, a fortnight 🇬🇧 ▸ **au jour le jour** from day to day ▸ **de jour en jour** day by day ▸ **du jour au lendemain** overnight ▸ **jour après jour** day after day ▸ **jour et nuit** night and day ▸ **le jour de l'An** New Year's day ▸ **jour de congé** day off ▸ **jour férié** public holiday ▸ **le jour J** D-Day ▸ **jour ouvrable** working day **2.** [lumière] daylight ▸ **de jour** in the daytime, by day **3.** COUT opening (made by drawing threads) **4.** EXPR **être à jour** to be up-to-date ▸ **mettre qqch à jour** to update sthg, to bring sthg up to date. ❖ **jours** nmpl [époque] ▸ **de nos jours** these days, nowadays.

journal, aux [ʒurnal, o] nm **1.** [publication] newspaper, paper **2.** TV ▸ **journal télévisé** television news **3.** [écrit] ▸ **journal (intime)** diary, journal.

journalier, ère [ʒurnalje, ɛr] adj daily.

journalisme [ʒurnalism] nm journalism.

journaliste [ʒurnalist] nmf journalist, reporter.

journalistique [ʒurnalistik] adj journalistic.

journée [ʒurne] nf day.

joute [ʒut] nf joust ; fig duel.

jovial, e, aux [ʒɔvjal, o] adj jovial, jolly.

joyau, x [ʒwajo] nm jewel.

joyeux, euse [ʒwajø, øz] adj joyful, happy.

joystick [dʒɔjstik] nm joystick.

JPEG [ʒipeg] (abr de joint picture expert group) nm JPEG / fichier JPEG JPEG file.

jubilé [ʒybile] nm jubilee.

jubiler [3] [ʒybile] vi fam to be jubilant.

jucher [3] [ʒyʃe] vt ▸ **jucher qqn sur qqch** to perch sb on sthg.

judaïque [ʒydaik] adj [loi] Judaic ; [tradition, religion] Jewish.

judaïsme [ʒydaism] nm Judaism.

judas [ʒyda] nm [ouverture] peephole.

judéo-chrétien, enne [ʒydeɔkretjɛ̃, ɛn] (mpl judéo-chrétiens, fpl judéo-chrétiennes) adj Judaeo-Christian.

judiciaire [ʒydisjɛr] adj judicial.

judicieux, euse [ʒydisjø, øz] adj judicious.

judo [ʒydo] nm judo.

juge [ʒyʒ] nmf judge ▸ **juge d'enfants** children's judge, juvenile magistrate 🇬🇧 ▸ **juge d'instruction** examining magistrate.

jugé [ʒyʒe] ❖ **au jugé** loc adv by guesswork ▸ **tirer au jugé** to fire blind.

jugement [ʒyʒmɑ̃] nm judgment ▸ **prononcer un jugement** to pass sentence.

jugeote [ʒyʒɔt] nf fam common sense.

juger [17] [ʒyʒe] ❖ vt to judge ; [accusé] to try ▸ **juger que** to judge (that), to consider (that) ▸ **juger qqn/qqch inutile** to consider sb/sthg useless. ❖ vi to judge ▸ **juger de qqch** to judge sthg / si j'en juge d'après mon expérience judging from my experience ▸ **jugez de ma surprise !** imagine my surprise!

juguler [3] [ʒygyle] vt [maladie] to halt ; [révolte] to put down ; [inflation] to curb.

juif, ive [ʒɥif, iv] adj Jewish. ❖ **Juif, ive** nm, f Jew.

juillet [ʒɥijɛ] nm July ▶ **la fête du 14 Juillet**
*national holiday to mark the anniversary of the
storming of the Bastille. Voir aussi* **septembre**.

juin [ʒɥɛ̃] nm June. *Voir aussi* **septembre**.

juke-box [dʒukbɔks] nm inv jukebox.

julienne [ʒyljɛn] nf ▶ **julienne de légumes**
(clear soup with) very thin strips of vegetable.

jumeau, elle, x [ʒymo, ɛl, o] ❖ adj twin
(avant n). ❖ nm, f twin. ◆ **jumelles** nfpl [en
optique] binoculars.

jumelage [ʒymlaʒ] nm twinning.

jumelé, e [ʒymle] adj [villes] twinned ; [mai-
sons] semidetached.

jumeler [24] [ʒymle] vt to twin.

jumelle ⟶ **jumeau**.

jument [ʒymɑ̃] nf mare.

jungle [ʒœ̃gl] nf jungle.

junior [ʒynjɔr] adj & nmf SPORT junior.

junte [ʒœ̃t] nf junta.

jupe [ʒyp] nf skirt.

jupe-culotte [ʒypkylɔt] nf culottes *pl*.

jupon [ʒypɔ̃] nm petticoat, slip.

juré, e [ʒyre] nm, f DR juror.

jurer [3] [ʒyre] ❖ vt ▶ **jurer qqch à qqn**
to swear ou pledge sthg to sb ▶ **jurer (à qqn)
que...** to swear (to sb) that... ▶ **jurer de faire
qqch** to swear ou vow to do sthg ▶ **je vous
jure !** *fam* honestly! ❖ vi **1.** [blasphémer] to
swear, to curse **2.** [ne pas aller ensemble] ▶ **jurer (avec)** to clash (with). ◆ **se jurer** vp ▶ **se
jurer de faire qqch** to swear ou vow to do sthg.

juridiction [ʒyridiksjɔ̃] nf jurisdiction.

juridique [ʒyridik] adj legal.

jurisprudence [ʒyrisprydɑ̃s] nf jurisprudence.

juriste [ʒyrist] nmf lawyer.

juron [ʒyrɔ̃] nm swearword, oath.

jury [ʒyri] nm **1.** DR jury **2.** [SCOL - d'examen]
examining board ; [- de concours] admissions
board.

jus [ʒy] nm **1.** [de fruits, légumes] juice **2.** [de
viande] gravy.

jusque, jusqu' [ʒysk(ə)] ◆ **Jusqu'à**
loc prép **1.** [sens temporel] until, till / *jusqu'à
présent* up until now, so far **2.** [sens spatial]
as far as / *jusqu'à Marseille* as far as Marseilles ▶ **jusqu'au bout** to the end **3.** [même]
even. ◆ **jusqu'à ce que** loc conj until, till.
◆ **jusqu'en** loc prép up until. ◆ **jusqu'ici**
loc adv [lieu] up to here ; [temps] up until now, so
far. ◆ **jusque-là** loc adv [lieu] up to there ;
[temps] up until then.

justaucorps [ʒystokɔr] nm [maillot] leotard.

juste [ʒyst] ❖ adj **1.** [équitable] fair **2.** [exact]
right, correct **3.** [trop petit, trop court] tight.
❖ adv **1.** [bien] correctly, right **2.** [exactement,
seulement] just.

justement [ʒystəmɑ̃] adv **1.** [avec raison]
rightly **2.** [précisément] exactly, precisely.

justesse [ʒystɛs] nf [de remarque] aptness ;
[de raisonnement] soundness. ◆ **de justesse**
loc adv only just.

justice [ʒystis] nf **1.** DR justice ▶ **passer en
justice** to stand trial **2.** [équité] fairness.

justicier, ère [ʒystisje, ɛr] nm, f righter of
wrongs.

justifiable [ʒystifjabl] adj justifiable.

justificatif, ive [ʒystifikatif, iv] adj supporting *(avant n)*. ◆ **justificatif** nm written proof
(U) ▶ **justificatif de domicile** proof of address.

justification [ʒystifikasjɔ̃] nf justification.

justifier [9] [ʒystifje] vt [gén] to justify. ◆ **se
justifier** vp to justify o.s.

jute [ʒyt] nm jute.

juteux, euse [ʒytø, øz] adj juicy.

juvénile [ʒyvenil] adj youthful.

juxtaposer [3] [ʒykstapoze] vt to juxtapose, to place side by side.

k, K [ka] nm inv k, K.

K7 [kasɛt] (*abr de* **cassette**) nf cassette.

kaki [kaki] ◆ nm **1.** [couleur] khaki **2.** [fruit] persimmon. ◆ adj inv khaki.

kaléidoscope [kaleidɔskɔp] nm kaleidoscope.

kamikaze [kamikaz] ◆ nm kamikaze pilot. ◆ nm, f *fig* kamikaze.

kanak [kanak] adj inv Kanak. ◆ **Kanak** nmf inv Kanak.

kangourou [kãguʀu] nm kangaroo.

karaoké [kaʀaɔke] nm karaoke.

karaté [kaʀate] nm karate.

karité [kaʀite] nm shea.

karting [kaʀtiŋ] nm go-karting [UK], go-carting [US].

kasher, cascher, cachère [kaʃɛʀ] adj inv kosher.

kayak [kajak] nm kayak.

kelk1 (*abr écrite de* **quelqu'un**) SMS SUM1.

Kenya [kenja] nm : *le Kenya* Kenya.

képi [kepi] nm kepi.

kératine [keʀatin] nf keratin.

kermesse [kɛʀmɛs] nf **1.** [foire] fair **2.** [fête de bienfaisance] fête.

kérosène [keʀɔzɛn] nm kerosene.

ketchup [kɛtʃœp] nm **1.** ketchup **2.** [kɛtʃɔp] [QUÉBEC] (chunky) ketchup.

keuf [kœf] nm *fam* cop.

keum [kœm] nm *fam* guy, bloke.

Kfé SMS *abr écrite de* **café**.

kg (*abr écrite de* **kilogramme**) kg.

khâgne [kaɲ] nf *second year of a two-year preparatory arts course taken prior to the competitive examination for entry to the École normale supérieure.*

kibboutz [kibuts] nm inv kibbutz.

kidnapper [3] [kidnape] vt to kidnap.

kidnappeur, euse [kidnapœʀ, øz] nm, f kidnapper.

kiffer, kifer [kife] vt *fam* to love.

kilo [kilo] nm kilo.

kiloeuro [kiloøʀɔ] nm *one thousand euros.*

kilogramme [kilɔgʀam] nm kilogram, kilogramme [UK].

kilométrage [kilɔmetʀaʒ] nm **1.** [de voiture] ≃ mileage **2.** [distance] distance.

kilomètre [kilɔmetʀ] nm kilometre [UK], kilometer [US].

kilo-octet [kilɔɔktɛ] nm INFORM kilobyte.

kilowatt [kilɔwat] nm kilowatt.

kilt [kilt] nm kilt.

kimono [kimɔno] nm kimono.

kiné [kine] *fam* ◆ nf (*abr de* **kinésithérapie**) physio [UK], physical therapy [US] / *5 séances de kiné* 5 sessions of physio [UK] ou physical therapy [US]. ◆ nmf (*abr de* **kinésithérapeute**) physio [UK], physical therapist [US].

kinésithérapeute [kineziteʀapøt] nmf physiotherapist [UK], physical therapist [US].

kinésithérapie [kineziteʀapi] nf physiotherapy [UK], physical therapy [US].

kiosque [kjɔsk] nm **1.** [de vente] kiosk **2.** [pavillon] pavilion.

kir [kiʀ] nm kir (*apéritif made with white wine and blackcurrant liqueur*).

kirsch [kiʀʃ] nm cherry brandy.

kit [kit] nm kit / *en kit* in kit form ▸ *kit mains libres* [pour mobile] hands-free kit ▸ *kit auto mains libres* [pour mobile] car kit.

kitch [kitʃ] = **kitsch**.

kitchenette [kiʃ ənɛt] nf kitchenette.

kitesurf [kajtsœʀf], **kite** [kajt] nm kitesurfing.

kitsch, kitch [kitʃ] adj inv & nm inv kitsch.

kiwi [kiwi] nm **1.** [oiseau] kiwi **2.** [fruit] kiwi, kiwi fruit (*U*).

Klaxon® [klaksɔ̃] nm horn.

klaxonner [3] [klaksɔne] vi to hoot, to honk.

kleptomane [klɛptɔman] nmf kleptomaniac.

km (*abr écrite de* **kilomètre**) km.

km /h (*abr écrite de* **kilomètre par heure**) kph.

Ko (*abr écrite de* **kilo-octet**) K.

K.-O. [kao] nm ▸ *mettre qqn K.-O.* to knock sb out.

koi (*abr écrite de* **quoi**) SMS WOT.

koi29 SMS *abr écrite de* **quoi de neuf ?**

Koweït [kɔwet] nm [pays, ville] Kuwait ▶ **le Koweït** Kuwait.

krach [kʀak] nm crash ▶ **krach boursier** stock market crash.

kung-fu [kuŋfu] nm kung fu.

kurde [kyʀd] ❖ adj Kurdish. ❖ nm [langue] Kurdish. ❖ **Kurde** nmf Kurd.

kwa (*abr écrite de* **quoi**) SMS WOT.

kyrielle [kiʀjɛl] nf stream ; [d'enfants] horde.

kyste [kist] nm cyst.

l¹, L [εl] ❖ nm inv l, L. ❖ (*abr écrite de* **litre**) l.

L² SMS *abr écrite de* **elle**.

l' → **le**.

la¹ [la] art déf & pron pers → **le**.

la² [la] nm inv MUS A ; [chanté] la, lah UK.

là [la] ❖ adv **1.** [lieu] there / *à 3 kilomètres de là* 3 kilometres from there / *passe par là* go that way / *c'est là que je travaille* that's where I work / *je suis là* I'm here **2.** [temps] then / *à quelques jours de là* a few days later, a few days after that **3.** [avec une proposition relative] ▶ **là où a)** [lieu] where **b)** [temps] when. ❖ → **ce**, **là-bas**, **là-dedans**.

là-bas [laba] adv (over) there.

label [label] nm **1.** [étiquette] ▶ **label de qualité** label guaranteeing quality **2.** [commerce] label, brand name.

labeur [labœr] nm *sout* labour UK, labor US.

labo [labo] (*abr de* **laboratoire**) nm *fam* lab.

laborantin, e [laborãtɛ̃, in] nm, f laboratory assistant.

laboratoire [laboratwar] nm laboratory.

laborieux, euse [laborjø, øz] adj [difficile] laborious.

labourer [3] [labure] vt **1.** AGRIC to plough UK, to plow US **2.** *fig* [creuser] to make a gash in.

laboureur [laburœr] nm ploughman UK, plowman US.

labyrinthe [labirɛ̃t] nm labyrinth.

lac [lak] nm lake ▶ **les Grands Lacs** the Great Lakes / *le lac Léman* Lake Geneva.

lacer [16] [lase] vt to tie.

lacérer [18] [lasere] vt **1.** [déchirer] to shred **2.** [blesser, griffer] to slash.

lacet [lasε] nm **1.** [cordon] lace **2.** [de route] bend **3.** [piège] snare.

lâche [laʃ] ❖ nmf coward. ❖ adj **1.** [nœud] loose **2.** [personne, comportement] cowardly.

lâcher [3] [laʃe] ❖ vt **1.** [libérer - bras, objet] to let go of ; [- animal] to let go, to release **2.** [émettre - son, mot] to let out, to come out with **3.** [desserrer] to loosen **4.** [laisser tomber] ▶ **lâcher qqch** to drop sthg. ❖ vi to give way.

lâcheté [laʃte] nf **1.** [couardise] cowardice **2.** [acte] cowardly act.

lacis [lasi] nm [labyrinthe] maze.

laconique [lakɔnik] adj laconic.

lacrymal, e, aux [lakrimal, o] adj lacrimal.

lacrymogène [lakrimɔʒɛn] adj tear (*avant n*).

lacté, e [lakte] adj [régime] milk (*avant n*).

lacunaire [lakynɛr] adj [insuffisant] incomplete.

lacune [lakyn] nf [manque] gap.

lacustre [lakystr] adj [faune, plante] lake (*avant n*) ; [cité, village] on stilts.

lad [lad] nm stable lad.

là-dedans [ladədɑ̃] adv inside, in there / *il y a quelque chose qui m'intrigue là-dedans* there's something in that which intrigues me.

là-dessous [ladsu] adv underneath, under there ; *fig* behind that.

là-dessus [ladsy] adv on that / *là-dessus, il partit* at that point ou with that, he left / *je suis d'accord là-dessus* I agree about that.

ladite → **ledit**.

lagon [lagɔ̃] nm lagoon.

lagune [lagyn] nf lagoon.

là-haut [lao] adv up there.

laïc, laïque [laik] ❖ adj lay (*avant n*) ; [juridiction] civil (*avant n*) ; [école] state (*avant n*). ❖ nm, f layman (laywoman).

laïcité [laisite] nf secularism.

laid, e [lε, lεd] adj **1.** [esthétiquement] ugly **2.** [moralement] wicked.

laideron [lεdrɔ̃] nm ugly woman.

laideur [lεdœr] nf **1.** [physique] ugliness **2.** [morale] wickedness.

laie [lε] nf ZOOL wild sow.

lainage [lεnaʒ] nm [étoffe] woollen UK ou woolen US material ; [vêtement] woollen UK ou woolen US garment, woolly UK.

laine [lεn] nf wool ▶ **laine polaire** (polar) fleece.

laineux, euse [lɛnø, øz] adj woolly **UK**, wooly **US**.

laïque ⟶ **laïc**.

laisse [lɛs] nf [corde] lead **UK**, leash **US** ▸ **tenir en laisse** [chien] to keep on a lead **UK** ou leash **US**.

laisser [4] [lese] ⟪ v aux to let, to allow, to permit ▸ **laisser qqn faire qqch** to let sb do sthg / **laisse-le faire** leave him alone, don't interfere ▸ **laisser tomber qqch** pr & fig to drop sthg ▸ **laisser tomber qqn** fam to drop ou ditch sb ▸ **laisse tomber !** fam drop it! ⟪ vt **1.** [gén] to leave ▸ **laisser qqn / qqch à qqn** [confier] to leave sb / sthg with sb **2.** [céder] ▸ **laisser qqch à qqn** to let sb have sthg. ⟪ **se laisser** vp ▸ **se laisser faire** to let o.s. be persuaded ▸ **se laisser aller a)** to relax **b)** [dans son apparence] to let o.s. go ▸ **se laisser aller à qqch** to indulge in sthg.

laisser-aller [leseale] nm inv carelessness.

laissez-passer [lesepase] nm inv pass.

lait [lɛ] nm **1.** [gén] milk ▸ **lait concentré** ou **condensé a)** [sucré] condensed milk **b)** [non sucré] evaporated milk ▸ **lait écrémé** skimmed ou skim **US** milk ▸ **lait entier** whole milk **2.** [cosmétique] ▸ **lait démaquillant** cleansing milk ou lotion. ⟪ **au lait** loc adj with milk.

laitage [lɛtaʒ] nm dairy product.

laiterie [lɛtʀi] nf dairy.

laitier, ère [letje, ɛʀ] ⟪ adj dairy (avant n). ⟪ nm, f milkman (milkwoman).

laiton [letɔ̃] nm brass.

laitue [lety] nf lettuce.

laïus [lajys] nm fam long speech.

lama [lama] nm **1.** ZOOL llama **2.** RELIG lama.

lambeau, x [lɑ̃bo] nm [morceau] shred.

lambris [lɑ̃bʀi] nm panelling **UK**, paneling **US**.

lame [lam] nf **1.** [fer] blade ▸ **lame de rasoir** razor blade **2.** [lamelle] strip **3.** [vague] wave.

lamé, e [lame] adj lamé. ⟪ **lamé** nm lamé.

lamelle [lamɛl] nf **1.** [de champignon] gill **2.** [tranche] thin slice **3.** [de verre] slide.

lamentable [lamɑ̃tabl] adj **1.** [résultats, sort] appalling **2.** [ton] plaintive.

lamentation [lamɑ̃tasjɔ̃] nf **1.** [plainte] lamentation **2.** (gén pl) [jérémiade] moaning (U).

lamenter [3] [lamɑ̃te] ⟪ **se lamenter** vp to complain.

laminer [3] [lamine] vt [dans l'industrie] to laminate ; fig [personne, revenus] to eat away at.

lampadaire [lɑ̃padɛʀ] nm [d'intérieur] floor lamp, standard lamp **UK** ; [de rue] street lamp ou light.

lampe [lɑ̃p] nf lamp, light ▸ **lampe de chevet** bedside lamp ▸ **lampe halogène** halogen light ▸ **lampe de poche** torch **UK**, flashlight **US**.

lampion [lɑ̃pjɔ̃] nm Chinese lantern.

lampiste [lɑ̃pist] nm [employé, subalterne] underling, dogsbody **UK**.

lance [lɑ̃s] nf **1.** [arme] spear **2.** [de tuyau] nozzle ▸ **lance d'incendie** fire hose.

lance-flammes [lɑ̃sflam] nm inv flamethrower.

lancement [lɑ̃smɑ̃] nm [d'entreprise, produit, navire] launching.

lance-pierre [lɑ̃spjɛʀ] (pl lance-pierres) nm catapult **UK**, slingshot **US**.

lancer [16] [lɑ̃se] ⟪ vt **1.** [pierre, javelot] to throw ▸ **lancer qqch sur qqn** to throw sthg at sb **2.** [fusée, produit, style] to launch **3.** [émettre] to give off ; [cri] to let out ; [injures] to hurl ; [ultimatum] to issue **4.** [moteur] to start up **5.** [INFORM - programme] to start ; [- système] to boot (up) **6.** fam & fig [sur un sujet] ▸ **lancer qqn sur qqch** to get sb started on sthg **7.** [faire connaître] to launch. ⟪ nm **1.** [à la pêche] casting **2.** SPORT throwing ▸ **lancer du poids** the shotput, putting the shot. ⟪ **se lancer** vp **1.** [débuter] to make a name for o.s **2.** [s'engager] ▸ **se lancer dans** [dépenses, explication, lecture] to embark on.

lance-roquettes [lɑ̃sʀɔkɛt] (pl inv) nm (hand held) rocket launcher ou gun.

lanceur, euse [lɑ̃sœʀ, øz] nm, f SPORT thrower ▸ **lanceur de javelot** javelin thrower ▸ **lanceur de poids** shot putter. ⟪ **lanceur** nm AÉRON launcher.

lancinant, e [lɑ̃sinɑ̃, ɑ̃t] adj **1.** [douleur] shooting **2.** fig [obsédant] haunting **3.** [monotone] insistent.

landau [lɑ̃do] nm [d'enfant] pram **UK**, baby carriage **US**.

lande [lɑ̃d] nf moor.

langage [lɑ̃gaʒ] nm [gén] language.

lange [lɑ̃ʒ] nm nappy **UK**, diaper **US**.

langer [17] [lɑ̃ʒe] vt to change.

langoureux, euse [lɑ̃guʀø, øz] adj languorous.

langouste [lɑ̃gust] nf crayfish.

langoustine [lɑ̃gustin] nf langoustine.

langue [lãg] nf **1.** ANAT tongue **2.** LING language ▸ **langue maternelle** mother tongue ▸ **langue morte / vivante** dead / modern language ▸ **langue officielle** official language **3.** [forme] tongue.

languette [lãgɛt] nf tongue.

langueur [lãgœʀ] nf **1.** [dépérissement, mélancolie] languor **2.** [apathie] apathy.

languir [32] [lãgiʀ] vi **1.** litt [dépérir] ▸ **languir (de)** to languish (with) **2.** sout [attendre] to wait ▸ **faire languir qqn** to keep sb waiting.

lanière [lanjɛʀ] nf strip.

lanoline [lanɔlin] nf lanolin.

lanterne [lãtɛʀn] nf **1.** [éclairage] lantern **2.** [phare] light.

Laos [laɔs] nm : **le Laos** Laos.

laper [3] [lape] vt & vi to lap.

lapidaire [lapidɛʀ] ❖ nm lapidary. ❖ adj lapidary ; fig [style] terse.

lapider [3] [lapide] vt [tuer] to stone.

lapin, e [lapɛ̃, in] nm, f CULIN & ZOOL rabbit. ◆ **lapin** nm [fourrure] rabbit fur.

Laponie [lapɔni] nf : **la Laponie** Lapland.

laps [laps] nm ▸ **(dans) un laps de temps** (in) a while.

lapsus [lapsys] nm slip (of the tongue / pen).

laquais [lakɛ] nm lackey.

laque [lak] nf **1.** [vernis, peinture] lacquer **2.** [pour cheveux] hair spray, lacquer **UK**.

laqué, e [lake] adj lacquered.

laquelle ⟶ **lequel**.

larbin [laʀbɛ̃] nm fam & péj **1.** [domestique] servant **2.** [personne servile] yes-man.

larcin [laʀsɛ̃] nm **1.** [vol] larceny, theft **2.** [butin] spoils pl.

lard [laʀ] nm **1.** [graisse de porc] lard **2.** [viande] bacon.

lardon [laʀdɔ̃] nm **1.** CULIN cube or strip of bacon **2.** fam [enfant] kid.

large [laʀʒ] ❖ adj **1.** [étendu, grand] wide / **large de 5 mètres** 5 metres **UK** ou meters **US** wide **2.** [important, considérable] big **3.** [esprit, sourire] broad **4.** [généreux - personne] generous. ❖ nm **1.** [largeur] : **5 mètres de large** 5 metres **UK** ou meters **US** wide **2.** [mer] ▸ **le large** the open sea ▸ **au large de la côte française** off the French coast.

largement [laʀʒəmã] adv **1.** [diffuser, répandre] widely ▸ **la porte était largement ouverte** the door was wide open **2.** [donner,

payer] generously ; [dépasser] considerably ; [récompenser] amply ▸ **avoir largement le temps** to have plenty of time **3.** [au moins] easily.

largeur [laʀʒœʀ] nf **1.** [d'avenue, de cercle] width **2.** fig [d'idées, d'esprit] breadth.

larguer [3] [laʀge] vt **1.** [voile] to unfurl **2.** [bombe, parachutiste] to drop **3.** fam & fig [abandonner] to dump, to chuck **UK**.

larme [laʀm] nf [pleur] tear ▸ **être en larmes** to be in tears.

larmoyant, e [laʀmwajã, ãt] adj **1.** [yeux, personne] tearful **2.** péj [histoire] tearjerking.

larron [laʀɔ̃] nm vieilli [voleur] thief.

larve [laʀv] nf **1.** ZOOL larva **2.** péj [personne] wimp.

laryngite [laʀɛ̃ʒit] nf laryngitis (U).

larynx [laʀɛ̃ks] nm larynx.

las, lasse [la, las] adj litt [fatigué] weary.

lascar [laskaʀ] nm fam **1.** [homme louche] shady character ; [homme rusé] rogue **2.** [enfant] rascal.

lascif, ive [lasif, iv] adj lascivious.

laser [lazɛʀ] ❖ nm laser. ❖ adj inv laser (avant n).

lasser [3] [lase] vt sout [personne] to weary ; [patience] to try. ◆ **se lasser** vp to weary.

lassitude [lasityd] nf lassitude.

lasso [laso] nm lasso.

latent, e [latã, ãt] adj latent.

latéral, e, aux [lateʀal, o] adj lateral.

latex [latɛks] nm inv latex.

latin, e [latɛ̃, in] adj Latin. ◆ **latin** nm [langue] Latin.

latiniste [latinist] nmf [spécialiste] Latinist ; [étudiant] Latin student.

latino [latino] adj & nmf Latino.

latino-américain, e [latinoameʀikɛ̃, ɛn] (mpl **latino-américains**, fpl **latino-américaines**) adj Latin-American, Hispanic.

latitude [latityd] nf pr & fig latitude.

latrines [latʀin] nfpl latrines.

latte [lat] nf lath, slat.

lauréat, e [lɔʀea, at] nm, f prizewinner, winner.

laurier [lɔʀje] nm BOT laurel.

laurier-rose [lɔʀjeʀoz] (pl **lauriers-roses**) nm oleander.

lavable [lavabl] adj washable.

lavabo [lavabo] nm **1.** [cuvette] basin 🇬🇧, washbowl 🇺🇸 **2.** (gén pl) [local] toilet 🇬🇧, washroom 🇺🇸.

lavage [lavaʒ] nm washing.

lavande [lavɑ̃d] nf BOT lavender.

lave [lav] nf lava.

lave-glace [lavglas] (pl **lave-glaces**) nm windscreen washer 🇬🇧, windshield washer 🇺🇸.

lave-linge [lavlɛ̃ʒ] nm inv washing machine.

lavement [lavmɑ̃] nm enema.

laver [3] [lave] vt **1.** [nettoyer] to wash **2.** fig [disculper] ▶ **laver qqn de qqch** to clear sb of sthg. ◆ **se laver** vp [se nettoyer] to wash o.s., to have a wash 🇬🇧, to wash up 🇺🇸 ▶ **se laver les mains / les cheveux** to wash one's hands / hair.

laverie [lavʀi] nf [commerce] laundry ▶ **laverie automatique** launderette, laundrette, Laundromat® 🇺🇸.

lavette [lavɛt] nf **1.** [brosse] washing-up brush 🇬🇧, dish mop 🇺🇸; [en tissu] dishcloth **2.** fam [homme] drip.

laveur, euse [lavœʀ, øz] nm, f washer ▶ **laveur de carreaux** window cleaner (person).

lave-vaisselle [lavvɛsɛl] nm inv dishwasher.

lave-vitre [lavvitʀ] nm AUTO windscreen 🇬🇧 ou windshield 🇺🇸 washer.

lavoir [lavwaʀ] nm [lieu] laundry.

laxatif, ive [laksatif, iv] adj laxative. ◆ **laxatif** nm laxative.

laxisme [laksism] nm laxity.

laxiste [laksist] adj lax.

layette [lɛjɛt] nf layette.

LCD (abr de liquid cristal display) nm LCD.

LDD (abr écrite de **Livret de développement durable**) nm remplace le **Codevi**.

le, la [lə, la] (pl **les** [le]) (l' devant une voyelle ou un 'h' muet) ◆ art déf **1.** [gén] the ▶ le lac the lake / la fenêtre the window / l'homme the man / les enfants the children **2.** [devant les noms abstraits] : l'amour love / la liberté freedom / la vieillesse old age **3.** [temps] : le 15 janvier 1953 15th January 1953 🇬🇧, January 15th, 1953 🇺🇸 / je suis arrivé le 15 janvier 1953 I arrived on the 15th of January 1953 ou on January 15th, 1953 🇺🇸 ▶ le lundi a) [habituellement] on Mondays b) [jour précis] on (the) Monday **4.** [possession] : se laver les mains to wash one's hands / avoir les cheveux blonds to have fair hair **5.** [distributif] per, a / 2 euros le mètre 2 euros per metre 🇬🇧 ou meter 🇺🇸, 2

euros a metre 🇬🇧 ou meter 🇺🇸 **6.** [dans les fractions] a, an **7.** [avec un nom propre] the. ◆ pron pers **1.** [personne] him (her), them pl; [chose] it, them pl; [animal] it, him (her), them pl / je le / la / les connais bien I know him / her / them well / tu dois avoir la clé, donne-la moi you must have the key: give it to me **2.** [représente une proposition] : je le sais bien I know, I'm well aware (of it).

LEA (abr de langues étrangères appliquées) nfpl applied modern languages.

leader [lidœʀ] nm [de parti, course] leader.

leadership [lidœʀʃip] nm leadership.

lécher [18] [leʃe] vt **1.** [passer la langue sur, effleurer] to lick ; [suj : vague] to wash against **2.** fam [fignoler] to polish (up).

lèche-vitrines [lɛʃvitʀin] nm inv window-shopping ▶ **faire du lèche-vitrines** to go window-shopping.

leçon [ləsɔ̃] nf **1.** [gén] lesson ▶ **leçons de conduite** driving lessons ▶ **leçons particulières** private lessons ou classes **2.** [conseil] advice (U) ▶ **faire la leçon à qqn** to lecture sb.

lecteur, trice [lɛktœʀ, tʀis] nm, f **1.** [de livres] reader **2.** UNIV foreign language assistant. ◆ **lecteur** nm **1.** [gén] head ▶ **lecteur de CD** CD player **2.** INFORM reader ▶ **lecteur de DVD** DVD player.

lecture [lɛktyʀ] nf reading.

ledit, ladite [lədi, ladit] (mpl **lesdits** [ledi], fpl **lesdites** [ledit]) adj the said, the aforementioned.

légal, e, aux [legal, o] adj legal.

légalement [legalmɑ̃] adv legally.

légaliser [3] [legalize] vt [rendre légal] to legalize.

légalité [legalite] nf **1.** [de contrat, d'acte] legality, lawfulness **2.** [loi] law.

légataire [legatɛʀ] nmf legatee.

légendaire [leʒɑ̃dɛʀ] adj legendary.

légende [leʒɑ̃d] nf **1.** [fable] legend **2.** [de carte, de schéma] key.

léger, ère [leʒe, ɛʀ] adj **1.** [objet, étoffe, repas] light **2.** [bruit, différence, odeur] slight **3.** [alcool, tabac] low-strength **4.** [femme] flighty **5.** [insouciant - ton] light-hearted ; [- conduite] thoughtless. ◆ **à la légère** loc adv lightly, thoughtlessly.

légèrement [leʒɛʀmɑ̃] adv **1.** [s'habiller, poser] lightly **2.** [agir] thoughtlessly **3.** [blesser, remuer] slightly.

légèreté [leʒɛʀte] nf **1.** [d'objet, de repas, de punition] lightness **2.** [de style] gracefulness

3. [de conduite] thoughtlessness **4.** [désinvolture] flightiness.

légiférer [18] [leʒifeʀe] vi to legislate.

légion [leʒjɔ̃] nf MIL legion.

légionellose [leʒjɔnɛloz] nf MÉD legionnaires' disease.

légionnaire [leʒjɔnɛʀ] nm legionary.

législateur, trice [leʒislatœʀ, tʀis] nm, f legislator.

législatif, ive [leʒislatif, iv] adj legislative. ◆ **législatives** nfpl ▸ **les législatives** the legislative elections; ≃ the general election sg 🇬🇧 ; ≃ the Congressional election sg 🇺🇸.

législation [leʒislasjɔ̃] nf legislation.

légiste [leʒist] adj **1.** [juriste] jurist **2.** ⟶ **médecin**.

légitime [leʒitim] adj legitimate.

légitimer [3] [leʒitime] vt **1.** [reconnaître] to recognize; [enfant] to legitimize **2.** sout [justifier] to justify.

légitimité [leʒitimite] nf **1.** [de pouvoir, d'enfant] legitimacy **2.** [de récompense] fairness.

legs [lɛg ou lɛ] nm legacy.

léguer [18] [lege] vt ▸ **léguer qqch à qqn a)** DR to bequeath sthg to sb **b)** fig to pass sthg on to sb.

légume [legym] nm vegetable.

leitmotiv [lajtmɔtif, lɛtmɔtiv] nm leitmotif.

Léman [lemɑ̃] ⟶ **lac**.

lendemain [lɑ̃dmɛ̃] nm [jour] day after ▸ **le lendemain matin** the next morning ▸ **au lendemain de** after, in the days following.

lénifiant, e [lenifjɑ̃, ɑ̃t] adj pr & fig soothing.

lent, e [lɑ̃, lɑ̃t] adj slow.

lente [lɑ̃t] nf nit.

lentement [lɑ̃tmɑ̃] adv slowly.

lenteur [lɑ̃tœʀ] nf slowness (U).

lentille [lɑ̃tij] nf **1.** BOT & CULIN lentil **2.** [d'optique] lens ▸ **lentilles de contact** contact lenses.

léopard [leɔpaʀ] nm leopard.

lèpre [lɛpʀ] nf MÉD leprosy.

lequel, laquelle [ləkɛl, lakɛl] (mpl **lesquels** [lekɛl], fpl **lesquelles** [lekɛl]) (contraction de « à + lequel » = **auquel** ; « de + lequel » = **duquel** ; « à + lesquels/lesquelles » = **auxquels/auxquelles** ; « de + lesquels/lesquelles » = **desquels/desquelles**) ◆ pron rel **1.** [complément -personne] whom ; [-chose] which **2.** [sujet -per-

sonne] who ; [-chose] which. ◆ pron interr : **lequel ?** which (one)?

les ⟶ **le**.

lesbienne [lɛsbjɛn] nf lesbian.

lesdits, lesdites ⟶ **ledit**.

léser [18] [leze] vt [frustrer] to wrong.

lésiner [3] [lezine] vi to skimp ▸ **ne pas lésiner sur** not to skimp on.

lésion [lezjɔ̃] nf lesion.

lesquels, lesquelles ⟶ **lequel**.

lessive [lesiv] nf **1.** [nettoyage, linge] laundry, washing 🇬🇧 **2.** [produit] washing powder 🇬🇧, laundry detergent 🇺🇸.

lessiver [3] [lesive] vt **1.** [nettoyer] to wash **2.** CHIM to leach **3.** fam [épuiser] to wipe out.

lest [lɛst] nm ballast.

leste [lɛst] adj **1.** [agile] nimble, agile **2.** [licencieux] crude.

lester [3] [lɛste] vt [garnir de lest] to ballast.

letchi [letʃi] ⟶ **litchi**.

léthargie [letaʀʒi] nf pr & fig lethargy.

letton, onne [lɛtɔ̃, ɔn] adj Latvian. ◆ **letton** nm [langue] Latvian. ◆ **Letton, onne** nm, f Latvian.

Lettonie [lɛtɔni] nf : **la Lettonie** Latvia.

lettre [lɛtʀ] nf **1.** [gén] letter ▸ **en toutes lettres** in words, in full ▸ **lettre de motivation** covering 🇬🇧 ou cover 🇺🇸 letter (in support of one's application) **2.** [sens des mots] ▸ **à la lettre** to the letter. ◆ **lettres** nfpl **1.** [culture littéraire] letters **2.** UNIV arts, humanities ▸ **lettres classiques** classics ▸ **lettres modernes** French language and literature.

leucémie [løsemi] nf leukaemia 🇬🇧, leukemia 🇺🇸.

leucocyte [løkɔsit] nm leucocyte.

leur [lœʀ] pron pers inv (to) them / **je voudrais leur parler** I'd like to speak to them / **je leur ai donné la lettre** I gave them the letter, I gave the letter to them. ◆ **leur** (pl **leurs**) adj poss their / **c'est leur tour** it's their turn / **leurs enfants** their children. ◆ **le leur, la leur** (pl **les leurs**) pron poss theirs / **il faudra qu'ils y mettent du leur** they've got to pull their weight.

leurre [lœʀ] nm **1.** [appât] lure **2.** fig [illusion] illusion **3.** fig [tromperie] deception, trap.

leurrer [5] [lœʀe] vt to deceive. ◆ **se leurrer** vp to deceive o.s.

levain [ləvɛ̃] nm CULIN ▸ **pain au levain / sans levain** leavened / unleavened bread.

levant [ləvɑ̃] ❖ nm east. ❖ adj ⟶ **soleil**.

levé, e [ləve] adj [debout] up. ❖ **levée** nf **1.** [de scellés, difficulté] removal ; [de blocus, de siège, d'interdiction] lifting **2.** [de séance] close, closing **3.** [d'impôts, du courrier] collection **4.** [d'armée] raising **5.** [remblai] dyke **6.** [jeux de cartes] trick. ❖ **levée de boucliers** nf (general) outcry.

lever [19] [ləve] ❖ vt **1.** [objet, blocus, interdiction] to lift **2.** [main, tête, armée] to raise **3.** [scellés, difficulté] to remove **4.** [séance] to close, to end **5.** [impôts, courrier] to collect **6.** [enfant, malade] ▸ **lever qqn** to get sb up. ❖ vi **1.** [plante] to come up **2.** [pâte] to rise. ❖ nm **1.** [d'astre] rising, rise ▸ **lever du jour** daybreak ▸ **lever du soleil** sunrise **2.** [de personne] : *il est toujours de mauvaise humeur au lever* he's always in a bad mood when he gets up. ❖ **se lever** vp **1.** [personne] to get up, to rise ; [vent] to get up **2.** [soleil, lune] to rise ; [jour] to break **3.** [temps] to clear.

lève-tard [lɛvtaʀ] nmf *fam* late riser.

lève-tôt [lɛvto] nmf *fam* early riser.

levier [ləvje] nm *pr & fig* lever ▸ **levier de vitesses** gear stick [UK], gear lever [UK], gearshift [US].

lévitation [levitasjɔ̃] nf levitation.

lèvre [lɛvʀ] nf ANAT lip ; [de vulve] labium.

lévrier, levrette [levʀije, ləvʀɛt] nm, f greyhound.

levure [ləvyʀ] nf yeast ▸ **levure chimique** baking powder.

lexical, e, aux [lɛksikal, o] adj lexical.

lexicographie [lɛksikɔgʀafi] nf lexicography.

lexique [lɛksik] nm **1.** [dictionnaire] glossary **2.** [vocabulaire] vocabulary.

lézard [lezaʀ] nm [animal] lizard.

lézarder [3] [lezaʀde] ❖ vt to crack. ❖ vi *fam* [paresser] to bask. ❖ **se lézarder** vp to crack.

liaison [ljezɔ̃] nf **1.** [jonction, enchaînement] connection **2.** CULIN & LING liaison **3.** [contact, relation] contact ▸ **avoir une liaison** to have an affair **4.** [transports] link.

liane [ljan] nf creeper.

liant, e [ljɑ̃, ɑ̃t] adj sociable. ❖ **liant** nm [substance] binder.

liasse [ljas] nf bundle ; [de billets de banque] wad.

Liban [libɑ̃] nm : *le Liban* Lebanon.

libanais, e [libanɛ, ɛz] adj Lebanese. ◆ **Libanais, e** nm, f Lebanese (person) / *les Libanais* the Lebanese.

libellé [libele] nm wording.

libeller [4] [libele] vt **1.** [chèque] to make out **2.** [lettre] to word.

libellule [libelyl] nf dragonfly.

libéral, e, aux [libeʀal, o] ❖ adj [attitude, idée, parti] liberal. ❖ nm, f POL liberal.

libéraliser [3] [libeʀalize] vt to liberalize.

libéralisme [libeʀalism] nm liberalism.

libération [libeʀasjɔ̃] nf **1.** [de prisonnier] release, freeing **2.** [de pays, de la femme] liberation **3.** [d'énergie] release.

libérer [18] [libeʀe] vt **1.** [prisonnier, fonds] to release, to free **2.** [pays, la femme] to liberate ▸ **libérer qqn de qqch** to free sb from sthg **3.** [passage] to clear **4.** [énergie] to release **5.** [instincts, passions] to give free rein to. ◆ **se libérer** vp **1.** [se rendre disponible] to get away **2.** [se dégager] ▸ **se libérer de a)** [lien] to free o.s. from **b)** [engagement] to get out of.

libertaire [libeʀtɛʀ] nmf & adj libertarian.

liberté [libeʀte] nf **1.** [gén] freedom ▸ **en liberté** free ▸ **parler en toute liberté** to speak freely ▸ **vivre en liberté** to live in freedom ▸ **liberté d'expression** freedom of expression ▸ **liberté d'opinion** freedom of thought **2.** DR release **3.** [loisir] free time.

libertin, e [libeʀtɛ̃, in] nm, f libertine.

libidineux, euse [libidinø, øz] adj lecherous.

libido [libido] nf libido.

libraire [libʀɛʀ] nmf bookseller.

librairie [libʀeʀi] nf [magasin] bookshop [UK], bookstore [US].

libre [libʀ] adj **1.** [gén] free ▸ **libre de qqch** free from sthg ▸ **être libre de faire qqch** to be free to do sthg **2.** [école, secteur] private **3.** [passage] clear.

libre-échange [libʀeʃɑ̃ʒ] nm free trade (U).

librement [libʀəmɑ̃] adv freely.

libre-service [libʀəsɛʀvis] nm [magasin] self-service shop [UK] ou store [US] ; [restaurant] self-service restaurant.

Libye [libi] nf : *la Libye* Libya.

libyen, enne [libjɛ̃, ɛn] adj Libyan. ◆ **Libyen, enne** nm, f Libyan.

lice [lis] nf ▶ **en lice** fig in the fray ▶ **entrer en lice** fig to join the fray.

licence [lisãs] nf **1.** [permis] permit ; COMM licence **UK**, license **US 2.** UNIV (first) degree ▶ **licence ès lettres / en droit** ≃ Bachelor of Arts/Law degree **3.** litt [liberté] licence **UK**, license **US**.

licence-master-doctorat
[lisãsmastɛrdɔktɔra] (pl **licences-masters-doctorats**), **LMD, lmd** [ɛlɛmde] nm ≃ Bachelor Master Doctorate ; ≃ BMD.

licencié, e [lisãsje] ◆ adj **1.** UNIV graduate (avant n) **2.** [qui a perdu son emploi] laid off ou made redundant **UK**. ◆ nm, f **1.** UNIV graduate **2.** [titulaire d'un permis] permit holder ; COMM licence **UK** ou license **US** holder **3.** [qui a perdu son emploi] laid off ou redundant **UK** employee.

licenciement [lisãsimã] nm dismissal ; [économique] layoff, redundancy **UK**.

licencier [9] [lisãsje] vt [pour faute] to dismiss, to fire ; [pour raison économique] to lay off, to make redundant **UK** / **se faire licencier** to be laid off, to be made redundant **UK**.

lichen [likɛn] nm lichen.

licite [lisit] adj lawful, legal.

licorne [likɔrn] nf unicorn.

lie [li] nf [dépôt] dregs pl, sediment.

lié, e [lje] adj **1.** [mains] bound **2.** [amis] ▶ **être très lié avec** to be great friends with.

lie-de-vin [lidəvɛ̃] adj inv burgundy, wine-coloured **UK**, wine-colored **US**.

liège [ljɛʒ] nm cork.

liégeois, e [ljeʒwa, az] adj **1.** GÉOGR of/from Liège **2.** CULIN ▶ **café / chocolat liégeois** coffee or chocolate ice cream topped with whipped cream.

lien [ljɛ̃] nm **1.** [sangle] bond **2.** [relation, affinité] bond, tie / **avoir des liens de parenté avec** to be related to **3.** fig [enchaînement] connection, link **4.** INFORM link.

lier [9] [lje] vt **1.** [attacher] to tie (up) ▶ **lier qqn / qqch à** to tie sb/sthg to **2.** [suj : contrat, promesse] to bind ▶ **lier qqn / qqch par** to bind sb/sthg by **3.** [relier par la logique] to link, to connect ▶ **lier qqch à** to link sthg to, to connect sthg with **4.** [commencer] ▶ **lier connaissance / conversation avec** to strike up an acquaintance/a conversation with **5.** [suj : sentiment, intérêt] to unite **6.** CULIN to thicken. ◆ **se lier** vp [s'attacher] ▶ **se lier (d'amitié) avec qqn** to make friends with sb.

lierre [ljɛr] nm ivy.

liesse [ljɛs] nf jubilation.

lieu, x [ljø] nm **1.** [endroit] place ▶ **lieu de naissance** birthplace ▶ **en lieu sûr** in a safe place **2.** EXPR ▶ **avoir lieu** to take place. ◆ **lieux** nmpl **1.** [scène] scene sg, spot sg / **sur les lieux (d'un crime / d'un accident)** at the scene (of a crime/an accident) **2.** [domicile] premises. ◆ **lieu commun** nm commonplace. ◆ **au lieu de** loc prép ▶ **au lieu de qqch / de faire qqch** instead of sthg/of doing sthg. ◆ **en dernier lieu** loc adv lastly. ◆ **en premier lieu** loc adv in the first place.

lieu-dit [ljødi] (pl **lieux-dits**) nm locality, place.

lieue [ljø] nf league.

lieutenant, e [ljøtnã, ljøtnãt] nm, f lieutenant.

lièvre [ljɛvr] nm hare.

lifter [3] [lifte] vt **1.** TENNIS to put topspin on **2.** MÉD ▶ **se faire lifter** to have a facelift.

lifting [liftiŋ] nm face-lift.

ligament [ligamã] nm ligament.

ligature [ligatyr] nf [MÉD - lien] ligature ; [- opération] ligation, ligature ▶ **ligature des trompes** MÉD tubal ligation.

ligaturer [3] [ligatyre] vt MÉD to ligature, to ligate.

ligne [liɲ] nf **1.** [gén] line ▶ **restez en ligne !** TÉLÉCOM hold the line! ▶ **à la ligne** new line ou paragraph ▶ **en ligne a)** [personnes] in a line **b)** INFORM on line ▶ **ligne de départ / d'arrivée** starting/finishing **UK** ou finish **US** line ▶ **ligne aérienne** airline ▶ **ligne de commande** INFORM command line ▶ **ligne de conduite** line of conduct ▶ **ligne directrice** guideline ▶ **lignes de la main** lines of the hand ▶ **les grandes lignes** [transports] the main lines **2.** [forme - de voiture, meuble] lines pl **3.** [silhouette] ▶ **garder la ligne** to keep one's figure ▶ **surveiller sa ligne** to watch one's waistline **4.** [de pêche] fishing line ▶ **pêcher à la ligne** to go angling **5.** EXPR ▶ **dans les grandes lignes** in outline ▶ **entrer en ligne de compte** to be taken into account.

lignée [liɲe] nf [famille] descendants pl ▶ **dans la lignée de** fig [d'écrivains, d'artistes] in the tradition of.

ligoter [3] [ligɔte] vt **1.** [attacher] to tie up ▶ **ligoter qqn à qqch** to tie sb to sthg **2.** fig [entraver] to bind.

ligue [lig] nf league.

liguer [3] [lige] ◆ **se liguer** vp to form a league ▶ **se liguer contre** to conspire against.

lilas [lila] nm & adj inv lilac.

limace [limas] nf ZOOL slug.

limaille [limaj] nf filings pl.

limande [limɑ̃d] nf dab.

lime [lim] nf **1.** [outil] file ▸ **lime à ongles** nail file **2.** BOT lime.

limer [3] [lime] vt [ongles] to file ; [aspérités] to file down ; [barreau] to file through.

limier [limje] nm **1.** [chien] bloodhound **2.** [détective] sleuth.

liminaire [liminɛʀ] adj introductory.

limitation [limitasjɔ̃] nf limitation ; [de naissances] control ▸ **limitation de vitesse** speed limit.

limite [limit] ⬥ nf **1.** [gén] limit ▸ **à la limite** [au pire] at worst / **à la limite, j'accepterais de le voir** if pushed, I'd agree to see him **2.** [terme, échéance] deadline ▸ **limite d'âge** age limit. ⬥ adj [extrême] maximum (avant n) ▸ **cas limite** borderline case ▸ **date limite** deadline ▸ **date limite de vente / consommation** sell-by/use-by date.

limiter [3] [limite] vt **1.** [borner] to border, to bound **2.** [restreindre] to limit. ⬥ **se limiter** vp **1.** [se restreindre] ▸ **se limiter à qqch / à faire qqch** to limit o.s. to sthg/to doing sthg **2.** [se borner] ▸ **se limiter à** to be limited to.

limitrophe [limitʀɔf] adj **1.** [frontalier] border (avant n) ▸ **être limitrophe de** to border on **2.** [voisin] adjacent.

limoger [17] [limɔʒe] vt to dismiss.

limon [limɔ̃] nm GÉOL alluvium, silt.

limonade [limɔnad] nf lemonade UK.

limpide [lɛ̃pid] adj **1.** [eau] limpid **2.** [ciel, regard] clear **3.** [explication, style] clear, lucid.

lin [lɛ̃] nm **1.** BOT flax **2.** [tissu] linen.

linceul [lɛ̃sœl] nm shroud.

linéaire [lineɛʀ] adj [mesure, perspective] linear.

linge [lɛ̃ʒ] nm **1.** [lessive] laundry, washing UK **2.** [de lit, de table] linen **3.** [sous-vêtements] underwear **4.** [morceau de tissu] cloth.

lingerie [lɛ̃ʒʀi] nf **1.** [sous-vêtements] lingerie **2.** [local] linen room.

lingette [lɛ̃ʒɛt] nf wipe / **lingette antibactérienne** anti-bacterial wipe ▸ **lingette démaquillante** eye makeup remover pad.

lingot [lɛ̃go] nm ingot.

linguistique [lɛ̃gɥistik] ⬥ nf linguistics (U). ⬥ adj linguistic.

lino [lino], **linoléum** [linɔleɔm] nm lino, linoleum.

lion, lionne [ljɔ̃, ljɔn] nm, f lion (lioness). ◆ **Lion** nm ASTROL Leo.

lionceau, x [ljɔ̃so] nm lion cub.

lipide [lipid] nm lipid.

liposuccion [lipɔsy(k)sjɔ̃] nf liposuction.

liquéfier [9] [likefje] vt to liquefy. ◆ **se liquéfier** vp **1.** [matière] to liquefy **2.** fam & fig [personne] to turn to jelly.

liqueur [likœʀ] nf liqueur.

liquidation [likidasjɔ̃] nf **1.** [de compte & FIN] settlement **2.** [de société, stock] liquidation.

liquide [likid] ⬥ nm **1.** [substance] liquid ▸ **liquide vaisselle** washing-up liquid, dishwashing liquid US, dish soap US **2.** [argent] cash ▸ **en liquide** in cash. ⬥ adj [corps & LING] liquid.

liquider [3] [likide] vt **1.** FIN [compte] to settle **2.** [société, stock] to liquidate **3.** arg crime [témoin] to liquidate, to eliminate ; fig [problème] to eliminate, to get rid of.

liquidité [likidite] nf liquidity. ◆ **liquidités** nfpl liquid assets.

liquoreux, euse [likɔrø, øz] adj syrupy.

lire [106] [liʀ] vt to read ▸ **lu et approuvé** read and approved.

lis, lys [lis] nm lily.

Lisbonne [lizbɔn] npr Lisbon.

liseré [lizre], **liséré** [lizere] nm **1.** [ruban] binding **2.** [bande] border, edging.

liseron [lizrɔ̃] nm bindweed.

liseuse [lizøz] nf **1.** [vêtement] bedjacket **2.** [lampe] reading light.

lisible [lizibl] adj [écriture] legible.

lisiblement [liziblǝmɑ̃] adv legibly.

lisière [lizjɛʀ] nf [limite] edge.

lisse [lis] adj [surface, peau] smooth.

lisser [3] [lise] vt **1.** [papier, vêtements] to smooth (out) **2.** [moustache, cheveux] to smooth (down) **3.** [plumes] to preen.

liste [list] nf list ▸ **liste d'attente** waiting list, waitlist US ▸ **liste électorale** electoral register UK, electoral roll UK, list of registered voters US ▸ **liste de mariage** wedding present list ▸ **être sur la liste rouge** to be ex-directory UK, to have an unlisted number US.

lister [3] [liste] vt to list.

listériose [listerjoz] nf MÉD listeriosis (U).

listing [listiŋ] nm listing.

lit [li] nm [gén] bed ▶ **faire son lit** to make one's bed ▶ **garder le lit** to stay in bed ▶ **se mettre au lit** to go to bed ▶ **lit à baldaquin** four-poster bed ▶ **lit de camp** camp bed 🇬🇧, cot 🇺🇸.

litanie [litani] nf litany.

litchi [litʃi], **letchi** [letʃi] nm **1.** [arbre] litchi, lychee **2.** [fruit] litchi, lychee, lichee.

literie [litri] nf bedding.

lithographie [litɔgrafi] nf **1.** [procédé] lithography **2.** [image] lithograph.

litière [litjɛr] nf litter.

litige [litiʒ] nm **1.** DR lawsuit **2.** [désaccord] dispute.

litigieux, euse [litiʒjø, øz] adj **1.** DR litigious **2.** [douteux] disputed.

litre [litr] nm **1.** [mesure, quantité] litre 🇬🇧, liter 🇺🇸 **2.** [récipient] litre 🇬🇧 ou liter 🇺🇸 bottle.

littéraire [literer] adj literary.

littéral, e, aux [literal, o] adj **1.** [gén] literal **2.** [écrit] written.

littérature [literatyr] nf [gén] literature.

littoral, e, aux [litɔral, o] adj coastal. ◆ **littoral** nm coast, coastline.

Lituanie [lityani] nf : **la Lituanie** Lithuania.

lituanien, enne [lityanjɛ̃, ɛn] adj Lithuanian. ◆ **lituanien** nm [langue] Lithuanian. ◆ **Lituanien, enne** nm, f Lithuanian.

liturgie [lityrʒi] nf liturgy.

live [lajv] adj inv live.

livide [livid] adj [blème] pallid.

livraison [livrezɔ̃] nf [de marchandise] delivery ▶ **livraison à domicile** home delivery.

livre¹ [livr] nm [gén] book ▶ **livre de cuisine** cookbook, cookery book 🇬🇧 ▶ **livre électronique** e-book ▶ **livre d'or** visitors' book ▶ **livre de poche** paperback ▶ **livre scolaire** schoolbook, textbook.

livre² nf pound ▶ **livre sterling** pound sterling.

livrée [livre] nf [uniforme] livery.

livrer [3] [livre] vt **1.** COMM to deliver ▶ **livrer qqch à qqn** [achat] to deliver sthg to sb **2.** fig to reveal ▶ **livrer qqch à qqn** [secret] to reveal ou give away sthg to sb **3.** [coupable, complice] ▶ **livrer qqn à qqn** to hand sb over to sb **4.** [abandonner] ▶ **livrer qqch à qqch** to give sthg over to sthg ▶ **livrer qqn à i-même** to leave sb to his own devices. ◆ **se livrer** vp **1.** [se rendre] ▶ **se livrer à a)** [police, ennemi] to give o.s. up to b) [amant] to give o.s. to **2.** [se confier] ▶ **se livrer à** [ami] to open up to, to confide in

3. [se consacrer] ▶ **se livrer à a)** [occupation] to devote o.s. to b) [excès] to indulge in.

livret [livre] nm **1.** [carnet] booklet ▶ **livret de caisse d'épargne** bankbook, passbook 🇬🇧 ▶ **livret de famille** official family record book, given by registrar to newlyweds ▶ **livret scolaire** ≃ school report 🇬🇧 ; ≃ report card 🇺🇸 **2.** [catalogue] catalogue 🇬🇧, catalog 🇺🇸 **3.** MUS book, libretto.

livreur, euse [livrœr, øz] nm, f delivery man (woman).

LMD, lmd [ɛlɛmde] nm = **licence-master-doctorat**.

lobby [lɔbi] (pl **lobbies**) nm lobby.

lobe [lɔb] nm ANAT & BOT lobe.

lober [3] [lɔbe] vt to lob.

local, e, aux [lɔkal, o] adj local ; [douleur] localized. ◆ **local** nm room, premises pl. ◆ **locaux** nmpl premises, offices.

localement [lɔkalmã] adv locally.

localisation [lɔkalizasjɔ̃] nf **1.** [d'un avion, d'un bruit] location **2.** [d'une épidémie, d'un conflit, d'un produit multimédia] localization.

localiser [3] [lɔkalize] vt **1.** [avion, bruit] to locate **2.** [épidémie, conflit, produit multimédia] to localize.

localité [lɔkalite] nf (small) town.

locataire [lɔkater] nmf tenant.

locatif, ive [lɔkatif, iv] adj [relatif à la location] rental (avant n). ◆ **locatif** nm GRAM locative.

location [lɔkasjɔ̃] nf **1.** [de propriété - par propriétaire] renting, letting 🇬🇧 ; [- par locataire] renting ; [de machine] leasing ▶ **location de voitures / vélos** car / bicycle hire 🇬🇧, car / bicycle rental 🇺🇸 **2.** [bail] lease **3.** [maison, appartement] rented property, rental 🇺🇸 **4.** [réservation] booking.

location-vente [lɔkasjɔ̃vãt] nf ≃ hire purchase 🇬🇧 ; ≃ installment plan 🇺🇸.

locomotion [lɔkɔmɔsjɔ̃] nf locomotion.

locomotive [lɔkɔmɔtiv] nf **1.** [machine] locomotive **2.** fig [leader] pacesetter.

locuteur, trice [lɔkytœr, tris] nm, f speaker.

locution [lɔkysjɔ̃] nf expression, phrase.

loft [lɔft] nm (converted) loft.

logarithme [lɔgaritm] nm logarithm.

loge [lɔʒ] nf **1.** [de concierge, de francs-maçons] lodge **2.** [d'acteur] dressing room.

logement [lɔʒmã] nm **1.** [hébergement] accommodation 🇬🇧, accommodations pl 🇺🇸

2. [appartement] flat **UK**, apartment **US** ▸ **logements sociaux** social housing.

loger [17] [lɔʒe] ❖ vi [habiter] to live. ❖ vt **1.** [amis, invités] to put up **2.** [suj : hôtel, maison] to accommodate, to take. ◆ **se loger** vp **1.** [trouver un logement] to find accommodation **UK** ou accommodations **US 2.** [se placer - projectile] ▸ **se loger dans** to lodge in, to stick in.

logeur, euse [lɔʒœʀ, øz] nm, f landlord (landlady).

logiciel [lɔʒisjɛl] nm software (U) ▸ **logiciel espion** spyware.

logique [lɔʒik] ❖ nf logic. ❖ adj logical.

logiquement [lɔʒikmɑ̃] adv logically.

logis [lɔʒi] nm *litt* abode.

logistique [lɔʒistik] nf logistics *pl*.

logo [logo] nm logo.

loi [lwa] nf [gén] law / *tomber sous le coup de la loi* to be a statutory offence **UK** ou offense **US**.

loin [lwɛ̃] adv **1.** [dans l'espace] far / *plus loin* farther, further **2.** [dans le temps - passé] a long time ago ; [- futur] a long way off. ◆ **au loin** loc adv in the distance, far off. ◆ **de loin** loc adv [depuis une grande distance] from a distance ▸ **de plus loin** from farther ou further away. ◆ **loin de** loc prép **1.** [gén] far from ▸ **loin de là !** *fig* far from it! **2.** [dans le temps] : *il n'est pas loin de 9 h* it's nearly 9 o'clock, it's not far off 9 o'clock.

lointain, e [lwɛ̃tɛ̃, ɛn] adj [pays, avenir, parent] distant.

loir [lwaʀ] nm dormouse.

loisir [lwaziʀ] nm **1.** [temps libre] leisure **2.** (*gén pl*) [distractions] leisure activities *pl*.

LOL (*abr écrite de* **laughing out loud**) SMS LOL.

lombago = **lumbago**.

lombaire [lɔ̃bɛʀ] ❖ nf lumbar vertebra. ❖ adj lumbar.

londonien, enne [lɔ̃dɔnjɛ̃, ɛn] adj London (*avant n*). ◆ **Londonien, enne** nm, f Londoner.

Londres [lɔ̃dʀ] npr London.

long, longue [lɔ̃, lɔ̃g] adj **1.** [gén] long **2.** [lent] slow ▸ *être long à faire qqch* to take a long time doing sthg **3.** [qui existe depuis longtemps] long, long-standing. ◆ **long** ❖ nm [longueur] ▸ **4 mètres de long** 4 metres **UK** ou meters **US** long ou in length ▸ **de long en large** up and down, to and fro ▸ **en long et en large** in

great detail ▸ **(tout) le long de** [espace] all along ▸ **tout au long de** [année, carrière] throughout. ❖ adv [beaucoup] ▸ **en savoir long sur qqch** to know a lot about sthg. ◆ **à la longue** loc adv in the end.

long-courrier (*pl* **long-courriers**) [lɔ̃kuʀje] adj [navire] ocean-going ; [vol] long-haul.

longe [lɔ̃ʒ] nf [courroie] halter.

longer [17] [lɔ̃ʒe] vt **1.** [border] to go along ou alongside **2.** [marcher le long de] to walk along ; [raser] to stay close to, to hug.

longévité [lɔ̃ʒevite] nf longevity.

longiligne [lɔ̃ʒiliɲ] adj long-limbed.

longitude [lɔ̃ʒityd] nf longitude.

longitudinal, e, aux [lɔ̃ʒitydinal, o] adj longitudinal.

longtemps [lɔ̃tɑ̃] adv (for) a long time ▸ **depuis longtemps** (for) a long time ▸ **il y a longtemps que...** it's been a long time since... / *il y a longtemps qu'il est là* he's been here a long time ▸ **mettre longtemps à faire qqch** to take a long time to do sthg.

longue ⟶ **long**.

longuement [lɔ̃gmɑ̃] adv **1.** [longtemps] for a long time **2.** [en détail] at length.

longueur [lɔ̃gœʀ] nf length / *faire 5 mètres de longueur* to be 5 metres **UK** ou meters **US** long ▸ **disposer qqch en longueur** to put sthg lengthways ▸ **à longueur de journée / temps** the entire day / time ▸ **à longueur d'année** all year long ▸ **longueur d'onde** wavelength. ◆ **longueurs** nfpl [de film, de livre] boring parts.

longue-vue [lɔ̃gvy] nf telescope.

look [luk] nm *fam* look ▸ **avoir un look** to have a style.

looping [lupiŋ] nm loop-the-loop.

lopin [lɔpɛ̃] nm ▸ **lopin (de terre)** patch ou plot of land.

loquace [lɔkas] adj loquacious.

loque [lɔk] nf **1.** [lambeau] rag **2.** *fig* [personne] wreck.

loquet [lɔkɛ] nm latch.

lorgner [3] [lɔʀɲe] vt *fam* **1.** [observer] to eye **2.** [guigner] to have one's eye on.

lors [lɔʀ] adv ▸ **lors de** at the time of.

lorsque [lɔʀsk(ə)] conj when.

losange [lɔzɑ̃ʒ] nm lozenge.

lot [lo] nm **1.** [part] share ; [de terre] plot **2.** [stock] batch **3.** [prix] prize **4.** *litt & fig* [destin] fate, lot.

loterie [lɔtʀi] nf lottery.

loti, e [lɔti] adj ▸ **être bien /mal loti** to be well/badly off.

lotion [lɔsjɔ̃] nf lotion.

lotir [32] [lɔtiʀ] vt to divide up.

lotissement [lɔtismɑ̃] nm [terrain] plot.

loto [lɔto] ✥ nm **1.** [jeu de société] lotto **2.** [loterie] *popular national lottery.* ✥ nf QUÉ-BEC lottery.

lotte [lɔt] nf monkfish.

lotus [lɔtys] nm lotus.

louable [lwabl] adj **1.** [méritoire] praiseworthy **2.** [location] : *facilement /difficilement louable* easy/difficult to rent, easy/difficult to let UK.

louange [lwɑ̃ʒ] nf praise ▸ **chanter les louanges de qqn** *fig* to sing sb's praises.

louche¹ [luʃ] nf ladle.

louche² [luʃ] adj [personne, histoire] suspicious.

loucher [3] [luʃe] vi **1.** [être atteint de strabisme] to squint **2.** *fam & fig* [lorgner] ▸ **loucher sur** to have one's eye on.

louer [6] [lwe] vt **1.** [glorifier] to praise **2.** [donner en location] to rent (out), to let (out) UK ▸ **à louer** for rent, to let UK **3.** [prendre en location] to rent **4.** [réserver] to book. ✦ **se louer** vp [se féliciter] ▸ **se louer de qqch /de faire qqch** to be very pleased about sthg/about doing sthg.

loufoque [lufɔk] *fam* adj nuts, crazy.

loup [lu] nm **1.** [carnassier] wolf **2.** [poisson] bass **3.** [masque] mask.

loupe [lup] nf [optique] magnifying glass.

louper [3] [lupe] vt *fam* [travail] to make a mess of ; [train] to miss.

loup-garou [lugaʀu] *(pl* **loups-garous)** nm werewolf.

lourd, e [luʀ, luʀd] adj **1.** [gén] heavy ▸ **lourd de** *fig* full of **2.** [tâche] difficult ; [faute] serious **3.** [maladroit] clumsy, heavy-handed **4.** MÉ-TÉOR close. ✦ **lourd** adv ▸ **peser lourd** to be heavy, to weigh a lot ▸ *il n'en fait pas lourd fam* he doesn't do much.

lousse [lus] adj QUÉBEC *fam* loose.

loutre [lutʀ] nf otter.

louve [luv] nf she-wolf.

louveteau, x [luvto] nm **1.** ZOOL wolf cub **2.** [scout] cub.

louvoyer [13] [luvwaje] vi **1.** NAUT to tack **2.** *fig* [tergiverser] to beat around ou about UK the bush.

Louvre [luvʀ] npr ▸ **le Louvre** the Louvre (museum).

lover [3] [lɔve] ✦ **se lover** vp [serpent] to coil up.

loyal, e, aux [lwajal, o] adj **1.** [fidèle] loyal **2.** [honnête] fair.

loyauté [lwajote] nf **1.** [fidélité] loyalty **2.** [honnêteté] fairness.

loyer [lwaje] nm rent.

LP (*abr de* **lycée professionnel**) nm *secondary school for vocational training.*

lu, e [ly] pp ⟶ **lire.**

lubie [lybi] nf *fam* whim.

lubrifiant, e [lybʀifjɑ̃, ɑ̃t] adj lubricating. ✦ **lubrifiant** nm lubricant.

lubrifier [9] [lybʀifje] vt to lubricate.

lubrique [lybʀik] adj lewd.

lucarne [lykaʀn] nf **1.** [fenêtre] skylight **2.** FOOT top corner of the net.

lucide [lysid] adj lucid.

lucidité [lysidite] nf lucidity.

luciole [lysjɔl] nf firefly.

lucratif, ive [lykʀatif, iv] adj lucrative.

ludique [lydik] adj play *(avant n).*

ludo-éducatif, ive [lydoedykatif, iv] adj [logiciel, programme] edutainment *(modif).* ✦ **ludo-éducatif** nm edutainment.

ludothèque [lydɔtɛk] nf toy library.

lueur [lɥœʀ] nf **1.** [de bougie, d'étoile] light ▸ **à la lueur de** by the light of **2.** *fig* [de colère] gleam ; [de raison] spark ▸ **lueur d'espoir** glimmer of hope.

luge [lyʒ] nf toboggan.

lugubre [lygybʀ] adj lugubrious.

lui¹ [lɥi] pp inv ⟶ **luire.**

lui² [lɥi] pron pers **1.** [complément d'objet indirect - homme] (to) him ; [- femme] (to) her ; [- animal, chose] (to) it / *je lui ai parlé* I've spoken to him/to her / *il lui a serré la main* he shook his/her hand **2.** *(sujet, en renforcement de il)* he **3.** [objet, après préposition, comparatif - personne] him ; [- animal, chose] it / *sans lui* without him / *je vais chez lui* I'm going to his place / *elle est plus jeune que lui* she's younger than him ou than he is **4.** [remplaçant « soi » en fonction de pronom réfléchi - personne] himself ; [- animal, chose] itself / *il est content de lui* he's pleased with himself. ◆ **lui-même** pron pers [personne] himself ; [animal, chose] itself.

luire [97] [lɥiʀ] vi [soleil, métal] to shine ; *fig* [espoir] to glow, to glimmer.

luisant, e [lɥizɑ̃, ɑ̃t] adj gleaming.

lumbago, lombago [lɔ̃bago] nm lumbago.

lumière [lymjɛʀ] nf [gén] light.

luminaire [lyminɛʀ] nm light.

lumineux, euse [lyminø, øz] adj **1.** [couleur, cadran] luminous **2.** *fig* [visage] radiant ; [idée] brilliant **3.** [explication] clear.

luminosité [lyminozite] nf **1.** [du regard, ciel] radiance **2.** [sciences] luminosity.

lump [lœp] nm ▸ **œufs de lump** lumpfish roe.

lunaire [lynɛʀ] adj **1.** ASTRON lunar **2.** *fig* [visage] moon *(avant n)* ; [paysage] lunar.

lunatique [lynatik] adj temperamental.

lunch [lœʃ] nm buffet lunch.

lundi [lœdi] nm Monday. *Voir aussi* **samedi**.

lune [lyn] nf ASTRON moon ▸ **pleine lune** full moon.

lunette [lynɛt] nf ASTRON telescope. ◆ **lunettes** nfpl glasses ▸ **lunettes de soleil** sunglasses.

lunule [lynyl] nf [d'ongle] half-moon.

lurette [lyʀɛt] nf *fam* ▸ **il y a belle lurette que...** it's been ages since....

luron, onne [lyʀɔ̃, ɔn] nm, f *fam* ▸ **un joyeux luron** a bit of a lad UK.

lustre [lystʀ] nm **1.** [luminaire] chandelier **2.** [éclat] sheen, shine ; *fig* reputation.

lustrer [3] [lystʀe] vt **1.** [faire briller] to make shine **2.** [user] to wear.

luth [lyt] nm lute.

luthier [lytje] nm maker of stringed instruments.

lutin, e [lytɛ̃, in] adj mischievous. ◆ **lutin** nm imp.

lutrin [lytʀɛ̃] nm lectern.

lutte [lyt] nf **1.** [combat] fight, struggle ▸ **la lutte des classes** the class struggle **2.** SPORT wrestling.

lutter [3] [lyte] vi to fight, to struggle ▸ **lutter contre** to fight (against).

lutteur, euse [lytœʀ, øz] nm, f SPORT wrestler ; *fig* fighter.

luxation [lyksasjɔ̃] nf dislocation.

luxe [lyks] nm luxury ▸ **de luxe** luxury.

Luxembourg [lyksɑ̃buʀ] nm [pays] ▸ **le Luxembourg** Luxembourg.

luxembourgeois, e [lyksɑ̃buʀʒwa, az] adj of/from Luxembourg. ◆ **Luxembourgeois, e** nm, f person from Luxembourg.

luxer [3] [lykse] vt to dislocate. ◆ **se luxer** vp ▸ **se luxer l'épaule** to dislocate one's shoulder.

luxueux, euse [lyksɥø, øz] adj luxurious.

luxure [lyksyʀ] nf *litt* lust.

luzerne [lyzɛʀn] nf lucerne, alfalfa.

lycée [lise] nm ≃ secondary school UK ; ≃ high school US ▸ **lycée professionnel** vocational secondary school ▸ **lycée technique** ≃ technical college.

lycéen, enne [liseɛ̃, ɛn] nm, f secondary school pupil UK, high school student US.

lymphatique [lɛ̃fatik] adj **1.** MÉD lymphatic **2.** *fig* [apathique] sluggish.

lymphe [lɛ̃f] nf lymph.

lyncher [3] [lɛ̃ʃe] vt to lynch.

lynx [lɛ̃ks] nm lynx.

Lyon [ljɔ̃] npr Lyons.

lyre [liʀ] nf lyre.

lyrique [liʀik] adj *fig* [poésie] lyrical ; [drame, chanteur, poète] lyric.

lys = **lis**.

M

m, M [ɛm] ◆ nm inv m, M. ◆ *(abr écrite de* **mètre**) m. ◆ **M** *(abr écrite de* **million**) M.

m' → me.

ma → mon.

macabre [makabʀ] adj macabre.

macadam [makadam] nm [revêtement] macadam ; [route] road.

macaque [makak] nm ZOOL macaque.

macaron [makaʀɔ̃] nm **1.** [pâtisserie] macaroon **2.** [autocollant] sticker.

macaronis [makaʀɔni] nmpl CULIN macaroni *(U).*

macchabée [makabe] nm *tfam* stiff.

macédoine [masedwan] nf CULIN ▸ **macédoine de fruits** fruit salad.

macérer [18] [maseʀe] ◆ vt to steep. ◆ vi **1.** [mariner] to steep ▸ **faire macérer** to steep **2.** *fig & péj* [personne] to wallow.

mâche [maʃ] nf lamb's lettuce.

mâcher [3] [maʃe] vt [mastiquer] to chew.

machiavélique [makjavelik] adj Machiavellian.

machin [maʃɛ̃] nm *fam* [chose] thing, thingamajig.

Machin, e [maʃɛ̃, in] nm, f *fam* what's his name (what's her name).

machinal, e, aux [maʃinal, o] adj mechanical.

machinalement [maʃinalmɑ̃] adv mechanically.

machination [maʃinasjɔ̃] nf machination.

machine [maʃin] nf **1.** TECHNOL machine ▸ **machine à coudre** sewing machine ▸ **machine à laver** washing machine ▸ **machine à laver séchante** washer-dryer **2.** [organisation] machinery *(U)* **3.** NAUT engine.

machine-outil [maʃinuti] nf machine tool.

machiniste [maʃinist] nm **1.** CINÉ & THÉÂTRE scene shifter **2.** [transports] driver.

macho [matʃo] *péj* nm macho man.

mâchoire [maʃwaʀ] nf jaw.

mâchonner [3] [maʃɔne] vt [mâcher, mordiller] to chew.

maçon, onne [masɔ̃, ɔn] nm, f = **franc-maçon**. ◆ **maçon** nm mason.

maçonnerie [masɔnʀi] nf [travaux] building ; [construction] masonry ; [franc-maçonnerie] freemasonry.

macramé [makʀame] nm macramé.

macro [makʀo] nf INFORM macro.

macrobiotique [makʀɔbjɔtik] nf macrobiotics *(U).*

maculer [3] [makyle] vt to stain.

madame [madam] *(pl* **mesdames** [medam]*)* nf [titre] : *madame X* Mrs X ▸ **bonjour madame !** a) good morning! b) [dans hôtel, restaurant] good morning, madam! ▸ **bonjour mesdames !** good morning (ladies)! / *madame la ministre n'est pas là* the Minister is out.

madeleine [madlɛn] nf madeleine *(small sponge cake).* ◆ **Madeleine** nf ▸ **pleurer comme une Madeleine** to cry one's eyes out.

mademoiselle [madmwazɛl] *(pl* **mesdemoiselles** [medmwazɛl]*)* nf [titre] : *mademoiselle X* Miss X ▸ **bonjour mademoiselle !** a) good morning! b) [à l'école, dans hôtel] good morning, miss! ▸ **bonjour mesdemoiselles !** good morning (ladies)!

madone [madɔn] nf ART & RELIG Madonna.

Madrid [madʀid] npr Madrid.

madrier [madʀije] nm beam.

maf(f)ia [mafja] nf Mafia.

magasin [magazɛ̃] nm **1.** [boutique] shop **UK**, store **US** ▸ **grand magasin** department store ▸ **faire les magasins** *fig* to go around the shops **UK** ou stores **US 2.** [d'arme, d'appareil photo] magazine.

magasinage [magazinaʒ] nm **QUÉBEC** shopping.

magasiner [magazine] vi **QUÉBEC** to shop.

magasinier, ère [magazinje] nm, f warehouseman, storeman.

magazine [magazin] nm magazine.

mage [maʒ] nm ▸ **les Rois mages** the Three Wise Men.

Maghreb [magʀɛb] nm : *le Maghreb* the Maghreb.

maghrébin, e [magrebɛ̃, in] adj North African. **→ Maghrébin, e** nm, f North African.

magicien, enne [maʒisjɛ̃, ɛn] nm, f magician.

magie [maʒi] nf magic.

magique [maʒik] adj **1.** [occulte] magic **2.** [merveilleux] magical.

magistral, e, aux [maʒistral, o] adj **1.** [œuvre, habileté] masterly **2.** [dispute, fessée] enormous **3.** [attitude, ton] authoritative.

magistrat [maʒistra] nm magistrate.

magistrature [maʒistratyr] nf magistracy, magistrature.

magma [magma] nm **1.** GÉOL magma **2.** fig [mélange] muddle.

magnanime [maɲanim] adj magnanimous.

magnat [maɲa] nm magnate, tycoon.

magnésium [maɲezjɔm] nm magnesium.

magnet [maɲet ou maɲɛt] nm fridge magnet.

magnétique [maɲetik] adj magnetic.

magnétisme [maɲetism] nm PHYS [fascination] magnetism.

magnéto(phone) [maɲeto(fɔn)] nm vieilli tape recorder.

magnétoscope [maɲetoskɔp] nm video cassette recorder, camcorder, videorecorder US.

magnificence [maɲifisɑ̃s] nf magnificence.

magnifique [maɲifik] adj magnificent.

magnolia [maɲɔlja] nm magnolia.

magnum [magnɔm] nm magnum.

magot [mago] nm fam tidy sum, packet.

maharadjah, maharaja [maaradʒa] nm maharajah, maharaja.

mai [mɛ] nm May ▶ **le premier mai** May Day. Voir aussi **septembre**.

maigre [mɛgr] adj **1.** [très mince] thin **2.** [aliment] low-fat ; [viande] lean **3.** [peu important] meagre UK, meager US ; [végétation] sparse.

maigreur [mɛgrœr] nf thinness.

maigrir [32] [megrir] vi to lose weight.

mail [mel] nm INFORM email (message), mail.

mailing [meliŋ] nm mailing, mailshot UK.

maille [maj] nf **1.** [de tricot] stitch **2.** [de filet] mesh.

maillet [majɛ] nm mallet.

maillon [majɔ̃] nm link.

maillot [majo] nm [de sport] shirt, jersey ▶ **maillot de bain** swimsuit, bathing suit ▶ **maillot (de bain) une pièce / deux pièces** one-piece / two-piece swimsuit ▶ **maillot de corps** vest UK, undershirt US ▶ **le maillot jaune** the yellow shirt worn by the leading cyclist in the Tour de France or the cyclist himself.

main [mɛ̃] ❖ nf hand ▶ **mains libres** [téléphone, kit] hands-free ▶ **donner la main à qqn** to take sb's hand ▶ **haut les mains !** hands up! ❖ adv [fabriqué, imprimé] by hand / **fait / tricoté / trié main** hand-made / -knitted / -picked. ❖ **à la main** loc adv by hand ; [artisanalement] : **fait à la main** hand-made. ❖ **à main droite** loc adv on the right-hand side. ❖ **à main gauche** loc adv on the left-hand side. ❖ **de la main** loc adv with one's hand / **de la main, elle me fit signe d'approcher** she waved me over ▶ **saluer qqn de la main** a) [pour dire bonjour] to wave (hello) to sb b) [pour dire au revoir] to wave (goodbye) to sb, to wave sb goodbye. ❖ **de la main à la main** loc adv directly, without any middleman / **j'ai payé le plombier de la main à la main** I paid the plumber cash in hand. ❖ **de la main de** loc prép **1.** [exécuté par] / **la lettre est de la main même de Proust / de ma main** the letter is in Proust's own hand / in my handwriting **2.** [donné par] from (the hand of) / **elle a reçu son prix de la main du président** she received her award from the President himself. ❖ **de main en main** loc adv from hand to hand, from one person to the next. ❖ **d'une main** loc adv [ouvrir, faire] with one hand ; [prendre] with ou in one hand ▶ **donner qqch d'une main et le reprendre de l'autre** to give sthg with one hand and take it back with the other. ❖ **en main** ❖ loc adj : **l'affaire est en main** the question is in hand ou is being dealt with / **le livre est actuellement en main** [il est consulté] the book is out on loan ou is being consulted at the moment. ❖ loc adv ▶ **avoir qqch en main** to be holding sthg ▶ **avoir ou tenir qqch (bien) en main** fig to have sthg well in hand ou under control / **quand tu auras la voiture bien en main** when you've got the feel of the car ▶ **prendre qqch en main** to take control of ou over sthg / **la société a été reprise en main** the company was taken over ▶ **prendre qqn en main** to take sb in hand. ❖ **la main dans la main** loc adv [en se tenant par la main] hand in hand ; fig together ; péj hand in glove.

main-d'œuvre [mɛ̃dœvr] (pl **mains-d'œuvre**) nf [travail] labour UK, labor US ; [personne] workforce.

main-forte [mɛ̃fɔrt] nf sing ▶ **prêter main-forte à qqn** to come to sb's assistance.

mainmise [mɛ̃miz] nf seizure.

maint, e [mɛ̃, mɛ̃t] adj *litt* many a ▸ **maints** many ▸ **maintes fois** time and time again.

maintenance [mɛ̃tnɑ̃s] nf maintenance.

maintenant [mɛ̃tnɑ̃] adv now. ◆ **maintenant que** loc prép now that.

maintenir [40] [mɛ̃tniʀ] vt **1.** [soutenir] to support ▸ **maintenir qqn à distance** to keep sb away **2.** [garder, conserver] to maintain **3.** [affirmer] ▸ **maintenir que** to maintain (that). ◆ **se maintenir** vp **1.** [durer] to last **2.** [rester] to remain.

maintenu, e [mɛ̃tny] pp ⟶ **maintenir**.

maintien [mɛ̃tjɛ̃] nm **1.** [conservation] maintenance ; [de tradition] upholding **2.** [tenue] posture.

maire [mɛʀ] nmf mayor.

mairie [meʀi] nf **1.** [bâtiment] town hall **UK**, city hall **US 2.** [administration] town council **UK**, city hall **US**.

mais [mɛ] ◆ conj but ▸ **mais non !** of course not! / *mais alors, tu l'as vu ou non ?* so did you see him or not? / *il a pleuré, mais pleuré !* he cried, and how! ▸ **non mais ça ne va pas !** that's just not on! ◆ adv but / *vous êtes prêts ? — mais bien sûr !* are you ready? — but of course! ◆ nm : *il y a un mais* there's a hitch ou a snag / *il n'y a pas de mais* (there are) no buts.

maïs [mais] nm maize **UK**, corn **US**.

maison [mɛzɔ̃] nf **1.** [habitation, lignée & ASTROL] house ▸ **maison individuelle** detached house **2.** [foyer] home ; [famille] family ▸ **à la maison a)** [au domicile] at home **b)** [dans la famille] in my/your etc. family **3.** COMM company **4.** [institut] ▸ **maison d'arrêt** prison ▸ **maison de la culture** arts centre **UK** ou center **US** ▸ **maison de retraite** old people's home **5.** (en apposition) [artisanal] homemade ; [dans restaurant - vin] house (avant n).

Maison-Blanche [mɛzɔ̃blɑ̃ʃ] nf ▸ **la Maison-Blanche** the White House.

maisonnée [mɛzɔne] nf household.

maisonnette [mɛzɔnɛt] nf small house.

maître, esse [mɛtʀ, mɛtʀɛs] nm, f **1.** [professeur] teacher ▸ **maître chanteur** blackmailer ▸ **maître de conférences** UNIV ≃ senior lecturer **UK** ; ≃ assistant professor **US** ▸ **maître d'école** schoolteacher ▸ **maître-nageur** swimming teacher ou instructor ▸ **maître-nageur sauveteur** lifeguard **2.** fig [modèle, artiste] master ▸ **maître à penser** mentor **3.** [dirigeant] ruler ; [d'animal] master

(mistress) ▸ **maître d'hôtel** head waiter ▸ **être maître de soi** to be in control of oneself, to have self-control **4.** (en apposition) [principal] main, principal. ◆ **Maître** nm form of address for lawyers. ◆ **maîtresse** nf [amie] mistress.

maître-assistant, e [mɛtʀasistɑ̃, ɑ̃t] nm, f ≃ lecturer **UK** ; ≃ assistant professor **US**.

maître-chien [mɛtʀəʃjɛ̃] (pl **maîtres-chiens**) nm dog trainer ou handler.

maîtresse ⟶ **maître**.

maîtrise [metʀiz] nf **1.** [sang-froid, domination] control **2.** [connaissance] mastery, command ; [habileté] skill **3.** UNIV ≃ master's degree.

maîtriser [3] [metʀize] vt **1.** [animal, forcené] to subdue **2.** [émotion, réaction] to control, to master **3.** [incendie] to bring under control. ◆ **se maîtriser** vp to control o.s.

majesté [maʒeste] nf majesty. ◆ **Majesté** nf ▸ **Sa Majesté** His/Her Majesty.

majestueux, euse [maʒestɥø, øz] adj majestic.

majeur, e [maʒœʀ] adj **1.** [gén] major **2.** [personne] of age. ◆ **majeur** nm middle finger.

major [maʒɔʀ] nm **1.** MIL ≃ adjutant **2.** SCOL ▸ **major (de promotion)** first in ou top of one's year.

majoration [maʒɔʀasjɔ̃] nf increase.

majordome [maʒɔʀdɔm] nm majordomo.

majorer [3] [maʒɔʀe] vt to increase.

majorette [maʒɔʀɛt] nf majorette.

majoritaire [maʒɔʀitɛʀ] adj majority (avant n) ▸ **être majoritaire** to be in the majority.

majorité [maʒɔʀite] nf majority ▸ **en (grande) majorité** in the majority ▸ **majorité absolue / relative** POL absolute/relative majority.

majuscule [maʒyskyl] ◆ nf capital (letter). ◆ adj capital (avant n).

making of [mɛkiŋɔf] nm inv making of.

mal, maux [mal, mo] nm **1.** [ce qui est contraire à la morale] evil **2.** [souffrance physique] pain ▸ **avoir mal au bras** to have a sore arm ▸ **avoir mal aux dents** to have toothache **UK** ou a toothache **US** ▸ **avoir mal au dos** to have backache **UK** ou a backache **US** ▸ **avoir mal à la gorge** to have a sore throat ▸ **avoir le mal de mer** to be seasick ▸ **avoir mal au ventre** to have (a) stomachache ▸ **faire mal à qqn** to hurt sb, to harm sb / *ça fait mal* it hurts ▸ **se faire mal** to hurt o.s. **3.** [difficulté] difficulty **4.** [douleur morale] pain, suffering (U)

▶ **être en mal de qqch** to long for sthg ▶ **faire du mal (à qqn)** to hurt (sb). ◆ **mal** adv **1.** [malade] ill ▶ **aller mal** not to be well ▶ **se sentir mal** to feel ill **2.** [respirer] with difficulty **3.** [informé, se conduire] badly ▶ **mal prendre qqch** to take sthg badly **4.** EXPR **pas mal** not bad (adj), not badly (adv) ▶ **pas mal de** quite a lot of ▶ **se trouver mal** [s'évanouir] to faint, to pass out, to swoon sout. ◆ **mal** adj inv ▶ **être au plus mal** to be extremely ill. ◆ **mal à l'aise** loc adj uncomfortable, ill at ease ▶ **être/se sentir mal à l'aise** to be/feel uncomfortable ou ill at ease / **je suis mal à l'aise devant elle** I feel ill at ease with her.

malade [malad] ◆ nmf invalid, sick person ▶ **malade mental** mentally ill person. ◆ adj **1.** [souffrant - personne] ill, sick ; [- organe] bad ▶ **tomber malade** to fall ill ou sick **2.** fam [fou] crazy.

maladie [maladi] nf **1.** MÉD illness ▶ **maladie d'Alzheimer** Alzheimer's disease ▶ **maladie contagieuse** contagious disease ▶ **maladie de Creutzfeldt-Jakob** Creutzfeldt-Jakob disease ▶ **maladie héréditaire** hereditary disease ▶ **maladie de Parkinson** Parkinson's disease ▶ **maladie sexuellement transmissible** sexually transmissible ou transmitted disease ▶ **maladie de la vache folle** mad cow disease **2.** [passion, manie] mania.

maladif, ive [maladif, iv] adj **1.** [enfant] sickly **2.** fig [pâleur] unhealthy.

maladresse [maladrɛs] nf **1.** [inhabileté] clumsiness **2.** [bévue] blunder.

maladroit, e [maladrwa, at] adj clumsy.

malaise [malɛz] nm **1.** [indisposition] discomfort **2.** [trouble] unease (U).

malaisé, e [maleze] adj difficult.

Malaisie [malɛzi] nf : **la Malaisie** Malaya.

malappris, e [malapri, iz] nm, f lout.

malaria [malarja] nf malaria.

malaudition [malodisjɔ̃] nf MÉD hearing loss, hardness of hearing / **souffrir de malaudition** to be hearing-impaired ou hard of hearing.

malaxer [3] [malakse] vt to knead.

malbouffe [malbuf] nf fam junk food, bad food.

malchance [malʃɑ̃s] nf bad luck (U) ▶ **jouer de malchance** to be dogged ou hounded by bad luck.

malchanceux, euse [malʃɑ̃sø, øz] ◆ adj unlucky. ◆ nm, f unlucky person.

malcommode [malkɔmɔd] adj inconvenient ; [meuble] impractical.

mâle [mal] ◆ adj **1.** [enfant, animal, hormone] male **2.** [voix, assurance] manly **3.** ÉLECTR male. ◆ nm male.

malédiction [malediksjɔ̃] nf curse.

maléfique [malefik] adj sout evil.

malencontreux, euse [malɑ̃kɔ̃trø, øz] adj [hasard, rencontre] unfortunate.

malentendant, e [malɑ̃tɑ̃dɑ̃, ɑ̃t] nm, f person who is hard of hearing.

malentendu [malɑ̃tɑ̃dy] nm misunderstanding.

malfaçon [malfasɔ̃] nf defect.

malfaiteur [malfɛtœr] nm criminal.

malfamé, e, mal famé, e [malfame] adj disreputable.

malformation [malfɔrmasjɔ̃] nf malformation.

malfrat [malfra] nm fam crook.

malgré [malgre] prép in spite of ▶ **malgré tout a)** [quoi qu'il arrive] in spite of everything **b)** [pourtant] even so, yet. ◆ **malgré que** loc conj (+ subjonctif) fam although, in spite of the fact that.

malhabile [malabil] adj clumsy.

malheur [malœr] nm misfortune ▶ **par malheur** unfortunately ▶ **porter malheur à qqn** to bring sb bad luck.

malheureusement [malœrøzmɑ̃] adv unfortunately.

malheureux, euse [malœrø, øz] ◆ adj **1.** [triste] unhappy **2.** [désastreux, regrettable] unfortunate **3.** [malchanceux] unlucky **4.** (avant n) [sans valeur] pathetic, miserable. ◆ nm, f **1.** [infortuné] poor soul **2.** [indigent] poor person.

malhonnête [malɔnɛt] ◆ nmf dishonest person. ◆ adj **1.** [personne, affaire] dishonest **2.** hum [proposition, propos] indecent.

malhonnêteté [malɔnɛtte] nf **1.** [de personne] dishonesty **2.** [action] dishonest action.

Mali [mali] nm : **le Mali** Mali.

malice [malis] nf mischief.

malicieux, euse [malisjø, øz] adj mischievous.

malien, enne [maljɛ̃, ɛn] adj Malian. ◆ **Malien, enne** nm, f Malian.

malin, igne [malɛ̃, iɲ] ◆ adj **1.** [rusé] crafty, cunning ; [regard, sourire] knowing

2. [méchant] malicious, spiteful **3.** MÉD malignant. ❖ nm, f cunning ou crafty person.

malingre [malɛ̃gʀ] adj sickly.

malle [mal] nf [coffre] trunk ; [de voiture] boot **UK**, trunk **US**.

malléable [maleabl] adj malleable.

mallette [malɛt] nf briefcase.

mal-logé, e [malɔʒe] (mpl **mal-logés**, fpl **mal-logées**) nm, f person living in poor accommodation.

malmener [19] [malmɔne] vt [brutaliser] to handle roughly, to ill-treat.

malnutrition [malnytʀisjɔ̃] nf malnutrition.

malodorant, e [malɔdɔʀɑ̃, ɑ̃t] adj smelly.

malotru, e [malɔtʀy] nm, f lout.

malpoli, e [malpɔli] nm, f rude person.

malpropre [malpʀɔpʀ] adj [sale] dirty.

malsain, e [malsɛ̃, ɛn] adj unhealthy.

malt [malt] nm **1.** [céréale] malt **2.** [whisky] malt (whisky) **UK** ou (whiskey) **US**.

Malte [malt] npr Malta.

maltraiter [4] [maltʀete] vt to ill-treat ; [en paroles] to attack, to run down.

malus [malys] nm increase in car insurance charges resulting from loss of no-claims bonus.

malveillance [malvejɑ̃s] nf spite.

malveillant, e [malvejɑ̃, ɑ̃t] adj spiteful.

malversation [malvɛʀsasjɔ̃] nf embezzlement.

malvoyant, e [malvwajɑ̃, ɑ̃t] nm, f person who is partially sighted.

maman [mamɑ̃] nf mummy **UK**, mommy **US**.

mamelle [mamɛl] nf teat ; [de vache] udder.

mamelon [mamlɔ̃] nm [du sein] nipple.

mamie, mamy [mami] nf granny, grandma.

mammifère [mamifɛʀ] nm mammal.

mammographie [mamɔgʀafi] nf mammography.

mammouth [mamut] nm mammoth.

mamy = mamie.

management [manadʒmɛnt] nm management.

manager [manadʒɛʀ] nmf manager.

manageur, euse [manadʒɛʀ, øz] = manager.

manche [mɑ̃ʃ] ❖ nf **1.** [de vêtement] sleeve ▶ **manches courtes / longues** short/long sleeves **2.** [de jeu] round, game ; TENNIS set. ❖ nm

1. [d'outil] handle ▶ **manche à balai a)** broomstick **b)** [d'avion] joystick **2.** MUS neck.

Manche [mɑ̃ʃ] nf [mer] : la Manche the English Channel.

manchette [mɑ̃ʃɛt] nf **1.** [de chemise] cuff **2.** [de journal] headline **3.** [coup] forearm blow.

manchon [mɑ̃ʃɔ̃] nm **1.** [en fourrure] muff **2.** TECHNOL casing, sleeve.

manchot, ote [mɑ̃ʃo, ɔt] ❖ adj one-armed. ❖ nm, f one-armed person. ◆ **manchot** nm penguin.

mandarine [mɑ̃daʀin] nf mandarin (orange).

mandat [mɑ̃da] nm **1.** [pouvoir, fonction] mandate **2.** DR warrant ▶ **mandat de perquisition** search warrant **3.** [titre postal] money order ▶ **mandat postal** postal order **UK**, money order **US**.

mandataire [mɑ̃datɛʀ] nmf proxy, representative.

mandater [3] [mɑ̃date] vt **1.** [personne] to appoint **2.** [somme] to pay by postal **UK** ou money **US** order.

mandibule [mɑ̃dibyl] nf mandible.

mandoline [mɑ̃dɔlin] nf mandolin.

manège [manɛʒ] nm **1.** [attraction] merry-go-round, roundabout **US 2.** [de chevaux - lieu] riding school **3.** [manœuvre] scheme, game.

manette [manɛt] nf lever.

manga [mɑ̃ga] nm manga (comic).

manganèse [mɑ̃ganɛz] nm manganese.

mangeable [mɑ̃ʒabl] adj edible.

mangeoire [mɑ̃ʒwaʀ] nf manger.

manger [17] [mɑ̃ʒe] ❖ vt **1.** [nourriture] to eat **2.** [fortune] to get through, to squander. ❖ vi to eat.

mangeur, euse [mɑ̃ʒœʀ, øz] nm, f eater ▶ **gros mangeur** big eater.

mangue [mɑ̃g] nf mango.

maniable [manjabl] adj [instrument] manageable.

maniaque [manjak] ❖ nmf **1.** [méticuleux] fusspot **UK**, fussbudget **US 2.** [fou] maniac. ❖ adj **1.** [méticuleux] fussy **2.** [fou] maniacal.

manie [mani] nf **1.** [habitude] funny habit ▶ **avoir la manie de qqch / de faire qqch** to have a mania for sthg / for doing sthg **2.** [obsession] mania.

maniement [manimɑ̃] nm handling.

manier [9] [manje] vt [manipuler, utiliser] to handle ; fig [ironie, mots] to handle skilfully **UK** ou skillfully **US**.

manière [manjɛʀ] nf [méthode] manner, way ▸ **de toute manière** at any rate ▸ **d'une manière générale** generally speaking. ◆ **manières** nfpl manners. ◆ **de manière à** loc conj (in order) to / **de manière à ce que** (+ subjonctif) so that. ◆ **de manière que** loc conj (+ subjonctif) in such a way that.

maniéré, e [manjeʀe] adj affected.

manif [manif] nf fam demonstration, demo **UK**.

manifestant, e [manifɛstɑ̃, ɑ̃t] nm, f demonstrator.

manifestation [manifɛstasjɔ̃] nf 1. [témoignage] expression 2. [mouvement collectif] demonstration 3. [apparition de maladie] appearance.

manifeste [manifɛst] ◆ nm [déclaration] manifesto. ◆ adj obvious.

manifestement [manifɛstəmɑ̃] adv obviously.

manifester [3] [manifɛste] ◆ vt to show, to express. ◆ vi to demonstrate. ◆ **se manifester** vp 1. [apparaître] to show ou manifest itself 2. [se montrer] to turn up, to appear.

manigancer [16] [manigɑ̃se] vt fam to scheme, to plot.

manioc [manjɔk] nm manioc.

manipulateur, trice [manipylatœr, tris] nm, f 1. [opérateur] technician 2. fig [de personnes] manipulator. ◆ **manipulateur** nm TÉLÉCOM key.

manipulation [manipylasjɔ̃] nf fig [manœuvre] manipulation (U).

manipuler [3] [manipyle] vt 1. [colis, appareil] to handle 2. [statistiques, résultats] to falsify, to rig 3. [personne] to manipulate.

manivelle [manivɛl] nf crank.

manne [man] nf RELIG manna ; fig & litt godsend.

mannequin [mankɛ̃] nm 1. [forme humaine] model, dummy 2. [personne] model, mannequin.

manœuvre [manœvʀ] ◆ nf 1. [d'appareil, de véhicule] driving, handling 2. MIL manoeuvre **UK**, maneuver **US**, exercise 3. [machination] ploy, scheme. ◆ nm labourer **UK**, laborer **US**.

manœuvrer [5] [manœvʀe] ◆ vi to manoeuvre **UK**, to maneuver **US**. ◆ vt 1. [faire fonctionner] to operate, to work ; [voiture] to

manoeuvre **UK**, to maneuver **US** 2. [influencer] to manipulate.

manoir [manwaʀ] nm manor, country house.

manquant, e [mɑ̃kɑ̃, ɑ̃t] adj missing.

manque [mɑ̃k] nm 1. [pénurie] lack, shortage ▸ **par manque de** for want of 2. [de toxicomane] withdrawal symptoms pl 3. [lacune] gap.

manqué, e [mɑ̃ke] adj [raté] failed ; [rendez-vous] missed.

manquer [3] [mɑ̃ke] ◆ vi 1. [faire défaut] to be lacking, to be missing / l'argent /le temps me manque I don't have enough money/time / tu me manques I miss you 2. [être absent] ▸ **manquer (à)** to be absent (from), to be missing (from) 3. [ne pas avoir assez] ▸ **manquer de** qqch to lack sthg, to be short of sthg 4. [faillir] : il a manqué (de) se noyer he nearly ou almost drowned / ne manquez pas de lui dire don't forget to tell him / je n'y manquerai pas I certainly will, I'll definitely do it 5. [ne pas respecter] ▸ **manquer à** [devoir] to fail in ▸ **manquer à sa parole** to break one's word. ◆ vt 1. [gén] to miss 2. [échouer à] to bungle, to botch. ◆ v impers : il manque quelqu'un somebody is missing / il me manque 3 euros I'm 3 euros short.

mansarde [mɑ̃saʀd] nf attic.

mansardé, e [mɑ̃saʀde] adj attic (avant n).

mansuétude [mɑ̃sɥetyd] nf litt indulgence.

mante [mɑ̃t] nf HIST mantle. ◆ **mante religieuse** nf praying mantis.

manteau, x [mɑ̃to] nm [vêtement] coat.

manucure [manykyʀ] nmf manicurist.

manuel, elle [manɥɛl] adj manual. ◆ **manuel** nm manual.

manufacture [manyfaktyʀ] nf [fabrique] factory.

manuscrit, e [manyskʀi, it] adj handwritten. ◆ **manuscrit** nm manuscript.

manutention [manytɑ̃sjɔ̃] nf handling.

manutentionnaire [manytɑ̃sjɔnɛʀ] nmf warehouseman.

mappemonde [mapmɔ̃d] nf 1. [carte] map of the world 2. [sphère] globe.

maquereau, elle, x [makʀo, ɛl, o] nm, f fam pimp (madam). ◆ **maquereau** nm mackerel.

maquette [makɛt] nf 1. [ébauche] paste-up 2. [modèle réduit] model.

maquettiste [makɛtist] nmf model maker.

maquillage [makijaʒ] nm [action, produits] make-up.

maquiller [3] [makije] vt **1.** [farder] to make up **2.** [fausser - gén] to disguise ; [-chiffres] to doctor ; [-passeport] to falsify. ◆ **se maquiller** vp to make up, to put on one's make-up.

maquis [maki] nm **1.** [végétation] scrub, brush, maquis **2.** HIST Maquis, French Resistance.

marabout [maʀabu] nm **1.** ZOOL marabou **2.** [guérisseur] marabout.

maraîcher, ère [maʀeʃe, ɛʀ] ◆ adj market garden (avant n) UK, truck farming (avant n) US. ◆ nm, f market gardener UK, truck farmer US.

marais [maʀɛ] nm [marécage] marsh, swamp ▶ **marais salant** saltpan.

marasme [maʀasm] nm [récession] stagnation.

marathon [maʀatɔ̃] nm marathon.

marâtre [maʀatʀ] nf vieilli **1.** [mauvaise mère] bad mother **2.** [belle-mère] stepmother.

maraudage [maʀodaʒ] nm = **maraude**.

maraude [maʀod] nf pilfering.

marbre [maʀbʀ] nm [roche, objet] marble.

marbré, e [maʀbʀe] adj **1.** [gâteau] marble (avant n) **2.** [peau, teint] mottled.

marc [maʀ] nm **1.** [eau-de-vie] marc (brandy) (distilled from grape residue) **2.** [de fruits] residue ; [de thé] leaves ▶ **marc de café** grounds pl.

marcassin [maʀkasɛ̃] nm young wild boar.

marchand, e [maʀʃɑ̃, ɑ̃d] ◆ adj [valeur] market (avant n) ; [prix] trade (avant n). ◆ nm, f [commerçant] merchant ; [détaillant] shopkeeper UK, storekeeper US ▶ **marchand de journaux** newsagent UK, newsdealer US.

marchander [3] [maʀʃɑ̃de] ◆ vt **1.** [prix] to haggle over **2.** [appui] to begrudge. ◆ vi to bargain, to haggle.

marchandise [maʀʃɑ̃diz] nf merchandise (U), goods pl.

marche [maʀʃ] nf **1.** [d'escalier] step **2.** [activité, sport] walking ▶ **marche à pied** walking ▶ **marche à suivre** fig correct procedure **3.** [promenade] walk / nous avons fait une marche de 8 km we did an 8 km walk **4.** [défilé] ▶ **marche silencieuse / de protestation** silent / protest march **5.** MUS march **6.** [déplacement - du temps, d'astre] course ▶ **assis dans le sens de la marche** [en train] sitting facing the engine ▶ **en marche arrière** in reverse ▶ **faire marche arrière a)** to reverse **b)** fig to backpedal, to backtrack **7.** [fonctionnement] running, working ▶ **en marche** running ▶ **se mettre en marche** to start (up) ▶ **remettre qqch en marche** to restart sthg.

marché [maʀʃe] nm **1.** [lieu de vente] market ▶ **faire son marché** to go shopping, to do one's shopping ▶ **marché aux puces** flea market **2.** FIN & ÉCON ▶ **marché noir** black market ▶ **le marché du travail** the labour UK ou labor US market **3.** [contrat] bargain, deal ▶ **(à) bon marché** cheap. ◆ **Marché commun** nm HIST ▶ **le Marché commun** the Common Market.

marchepied [maʀʃəpje] nm [de train] step ; [escabeau] steps pl UK, stepladder ; fig stepping-stone.

marcher [3] [maʀʃe] vi **1.** [aller à pied] to walk **2.** [poser le pied] to step **3.** [fonctionner, tourner] to work / son affaire marche bien his business is doing well / ça marche pour mardi ? is it OK for Tuesday? **4.** fam [accepter] to agree **5.** EXPR **faire marcher qqn** fam to take sb for a ride.

mardi [maʀdi] nm Tuesday ▶ **mardi gras** Shrove Tuesday. Voir aussi **samedi**.

mare [maʀ] nf pool.

marécage [maʀekaʒ] nm marsh, bog.

marécageux, euse [maʀekaʒø, øz] adj [terrain] marshy, boggy.

maréchal, aux [maʀeʃal, o] nm marshal.

maréchal-ferrant [maʀeʃalfeʀɑ̃] (pl maréchaux-ferrants [maʀeʃofeʀɑ̃]) nm blacksmith.

marée [maʀe] nf **1.** [de la mer] tide ▶ **(à) marée haute / basse** (at) high / low tide **2.** fig [de personnes] wave, surge. ◆ **marée noire** nf oil slick.

marelle [maʀɛl] nf hopscotch.

margarine [maʀgaʀin] nf margarine.

marge [maʀʒ] nf **1.** [espace] margin ▶ **vivre en marge de la société** fig to live on the fringes of society **2.** [latitude] leeway ▶ **marge d'erreur** margin of error **3.** COMM margin ▶ **marge commerciale** gross margin.

margelle [maʀʒɛl] nf coping.

marginal, e, aux [maʀʒinal, o] ◆ adj **1.** [gén] marginal **2.** [groupe] dropout (avant n). ◆ nm, f dropout.

marginaliser [3] [maʀʒinalize] vt to marginalize.

marguerite [maʀgəʀit] nf BOT daisy.

mari [maʀi] nm husband.

mariage [maʀjaʒ] nm **1.** [union, institution] marriage ▶ **mariage consanguin** marriage between blood relations **2.** [cérémonie] wedding ▶ **mariage civil / religieux** civil / church wedding **3.** fig [de choses] blend.

Marianne [maʀjan] npr *personification of the French Republic.*

marié, e [maʀje] ❖ adj married. ❖ nm, f groom, bridegroom (bride).

marier [9] [maʀje] vt **1.** [personne] to marry **2.** *fig* [couleurs] to blend. ❖ **se marier** vp **1.** [personnes] to get married ▶ **se marier avec qqn** to marry sb **2.** *fig* [couleurs] to blend.

marihuana [maʀiʀwana], **marijuana** [maʀiʒɥana] nf marijuana.

marin, e [maʀɛ̃, in] adj **1.** [de la mer] sea *(avant n)* ; [faune, biologie] marine **2.** NAUT [carte, mille] nautical. ❖ **marin** nm **1.** [navigateur] seafarer **2.** [matelot] sailor ▶ **marin pêcheur** deep-sea fisherman. ❖ **marine** ❖ nf **1.** [navigation] seamanship, navigation **2.** [navires] navy ▶ **marine marchande** merchant navy 🇬🇧 ou marine 🇺🇸 ▶ **marine nationale** navy. ❖ nm **1.** MIL marine **2.** [couleur] navy (blue). ❖ adj inv navy.

mariner [3] [maʀine] ❖ vt to marinate. ❖ vi **1.** [aliment] to marinate ▶ **faire mariner qqch** to marinate sthg **2.** *fam* & *fig* [attendre] to hang around ▶ **faire mariner qqn** to let sb stew.

maringouin [maʀɛ̃gwɛ̃] nm 🇶🇧Québec mosquito.

marinier, ère [maʀinje, ɛʀ] nm, f bargee 🇬🇧, bargeman 🇺🇸.

marinière [maʀinjɛʀ] nf smock.

marionnette [maʀjɔnɛt] nf puppet.

marital, e, aux [maʀital, o] adj ▶ **autorisation maritale** husband's permission.

maritime [maʀitim] adj [navigation] maritime ; [ville] coastal.

marjolaine [maʀʒɔlɛn] nf marjoram.

mark [maʀk] nm HIST [monnaie] mark.

marketing [maʀketiŋ] nm marketing / *marketing téléphonique* telemarketing.

marmaille [maʀmaj] nf *fam* brood (of kids).

marmelade [maʀməlad] nf stewed fruit.

marmite [maʀmit] nf [casserole] pot.

marmonner [3] [maʀmɔne] vt & vi to mutter, to mumble.

marmot [maʀmo] nm *fam* kid.

marmotte [maʀmɔt] nf marmot.

Maroc [maʀɔk] nm : *le Maroc* Morocco.

marocain, e [maʀɔkɛ̃, ɛn] adj Moroccan. ❖ **Marocain, e** nm, f Moroccan.

maroquinerie [maʀɔkinʀi] nf [magasin] leather-goods shop 🇬🇧 ou store 🇺🇸.

marotte [maʀɔt] nf *fam* [dada] craze.

marquant, e [maʀkɑ̃, ɑ̃t] adj outstanding.

marque [maʀk] nf **1.** [signe, trace] mark ; *fig* stamp, mark **2.** [label, fabricant] make, brand ▶ **de marque a)** designer *(avant n)* **b)** *fig* important **3.** SPORT score ▶ **à vos marques, prêts, partez !** on your marks, get set, go!, ready, steady, go! 🇬🇧 **4.** [témoignage] sign, token.

marqué, e [maʀke] adj **1.** [net] marked, pronounced **2.** [personne, visage] marked.

marque-page [maʀkpaʒ] (*pl* **marque-pages**) nm bookmark.

marquer [3] [maʀke] ❖ vt **1.** [gén] to mark **2.** [écrire] to write down, to note down **3.** [indiquer, manifester] to show **4.** [SPORT - but, point] to score ; [- joueur] to mark **5.** [impressionner] to mark, to affect, to make an impression on. ❖ vi **1.** [événement, expérience] to leave its mark **2.** SPORT to score.

marqueterie [maʀketʀi] nf marquetry.

marqueur [maʀkœʀ] nm [crayon] marker (pen).

marquis, e [maʀki, iz] nm, f marquis (marchioness).

marraine [maʀɛn] nf **1.** [de filleul] godmother **2.** [de navire] christener.

marrant, e [maʀɑ̃, ɑ̃t] adj *fam* funny.

marre [maʀ] adv ▶ **en avoir marre (de)** *fam* to be fed up (with).

marrer [3] [maʀe] ❖ **se marrer** vp *fam* to split one's sides.

marron, onne [maʀɔ̃, ɔn] adj *péj* [médecin] quack *(avant n)* ; [avocat] crooked. ❖ **marron** ❖ nm **1.** [fruit] chestnut **2.** [couleur] brown. ❖ adj inv brown.

marronnier [maʀɔnje] nm chestnut tree.

mars [maʀs] nm March. *Voir aussi* **septembre**.

Marseille [maʀsɛj] npr Marseilles.

marsouin [maʀswɛ̃] nm porpoise.

marteau, x [maʀto] ❖ nm **1.** [gén] hammer ▶ **marteau piqueur** ou **pneumatique** pneumatic drill 🇬🇧, jackhammer 🇺🇸 **2.** [heurtoir] knocker. ❖ adj *fam* nuts, barmy 🇬🇧.

marteler [25] [maʀtəle] vt **1.** [pieu] to hammer ; [table, porte] to hammer on, to pound **2.** [phrase] to rap out.

martial, e, aux [maʀsjal, o] adj martial.

martien, enne [maʀsjɛ̃, ɛn] adj & nm, f Martian.

martinet [maʀtinɛ] nm **1.** ZOOL swift **2.** [fouet] whip.

martingale [maʀtɛ̃gal] nf **1.** [de vêtement] half-belt **2.** [jeux] winning system.

Martini® [maʀtini] nm Martini®.

Martinique [maʀtinik] nf : *la Martinique* Martinique.

martin-pêcheur [maʀtɛ̃pɛʃœʀ] (*pl* **martins-pêcheurs**) nm kingfisher.

martyr, e [maʀtiʀ] ❖ adj martyred. ❖ nm, f martyr. ◆ **martyre** nm martyrdom.

martyriser [3] [maʀtiʀize] vt to torment.

marxisme [maʀksism] nm Marxism.

mas [mas] nm *country house or farm in the South of France*.

mascara [maskaʀa] nm mascara.

mascarade [maskaʀad] nf [mise en scène] masquerade.

mascotte [maskɔt] nf mascot.

masculin, e [maskylɛ̃, in] adj [apparence & GRAM] masculine ; [métier, population, sexe] male. ◆ **masculin** nm GRAM masculine.

maso [mazo] *fam* ❖ nm masochist. ❖ adj masochistic.

masochisme [mazɔʃism] nm masochism.

masque [mask] nm **1.** [gén] mask ▶ **masque à gaz** gas mask **2.** *fig* [façade] front, façade.

masquer [3] [maske] vt **1.** [vérité, crime, problème] to conceal **2.** [maison, visage] to conceal, to hide.

massacre [masakʀ] nm *pr* & *fig* massacre.

massacrer [3] [masakʀe] vt to massacre ; [voiture] to smash up.

massage [masaʒ] nm massage.

masse [mas] nf **1.** [de pierre] block ; [d'eau] volume **2.** [grande quantité] ▶ **une masse de** masses *pl* ou loads *pl* of **3.** PHYS mass **4.** ÉLECTR earth UK, ground US **5.** [maillet] sledgehammer. ◆ **en masse** loc adv [venir] en masse, all together ; *fam* [acheter] in bulk.

massepain [maspɛ̃] nm marzipan.

masser [3] [mase] vt **1.** [assembler] to assemble **2.** [frotter] to massage. ◆ **se masser** vp **1.** [s'assembler] to assemble, to gather **2.** [se frotter] : *se masser le bras* to massage one's arm.

masseur, euse [masœʀ, øz] nm, f [personne] masseur (masseuse).

massicot [masiko] nm guillotine.

massif, ive [masif, iv] adj **1.** [monument, personne, dose] massive **2.** [or, chêne] solid. ◆ **massif** nm **1.** [de plantes] clump **2.** [de montagnes] massif.

massue [masy] nf club.

master, mastère [mastɛʀ] nm UNIV master's degree.

mastic [mastik] nm mastic, putty.

mastiquer [3] [mastike] vt [mâcher] to chew.

masturber [3] [mastyʀbe] ◆ **se masturber** vp to masturbate.

masure [mazyʀ] nf hovel.

mat' [mat] *fam* ❖ nm (*abr de* matin) / *trois heures du mat'* three in the morning. ❖ nf (*abr de* matinée) / *faire la grasse mat'* to have a lie-in.

mat, e [mat] adj **1.** [peinture, surface] matt UK, matte US **2.** [peau, personne] dusky **3.** [bruit, son] dull **4.** [aux échecs] checkmated. ◆ **mat** nm checkmate.

mât [ma] nm **1.** NAUT mast **2.** [poteau] pole, post.

match [matʃ] (*pl* **matches** ou **matchs**) nm match ▶ **(faire) match nul** (to) tie, (to) draw UK ▶ **match aller / retour** first / second leg UK.

matelas [matla] nm inv [de lit] mattress ▶ **matelas pneumatique** airbed.

matelassé, e [matlase] adj padded.

matelot [matlo] nm sailor.

mater [3] [mate] vt **1.** [soumettre, neutraliser] to subdue **2.** *fam* [regarder] to eye up.

matérialiser [3] [mateʀjalize] ◆ **se matérialiser** vp [aspirations] to be realized.

matérialiste [mateʀjalist] ❖ nmf materialist. ❖ adj materialistic.

matériau, x [mateʀjo] nm material. ◆ **matériaux** nmpl CONSTR material (*U*), materials.

matériel, elle [mateʀjɛl] adj **1.** [être, substance] material, physical ; [confort, avantage, aide] material **2.** [considération] practical. ◆ **matériel** nm **1.** [gén] equipment (*U*) **2.** INFORM hardware (*U*).

maternel, elle [matɛʀnɛl] adj maternal ; [langue] mother (*avant n*). ◆ **maternelle** nf nursery school.

materner [3] [matɛʀne] vt to mother.

maternité [matɛʀnite] nf **1.** [qualité] maternity, motherhood **2.** [hôpital] maternity hospital.

mathématicien, enne [matematisjɛ̃, ɛn] nm, f mathematician.

mathématique [matematik] adj mathematical. ◆ **mathématiques** nfpl mathematics (U).

matheux, euse [matø, øz] nm, f fam mathematician.

maths [mat] nfpl fam maths **UK**, math **US**.

matière [matjɛʁ] nf 1. [substance] matter ▸ **matière grise** grey **UK** ou gray **US** matter 2. [matériau] material ▸ **matières premières** raw materials 3. [discipline, sujet] subject ▸ **en matière de sport/littérature** as far as sport/literature is concerned.

matin [matɛ̃] ◆ nm morning ▸ **le matin** in the morning ▸ **ce matin** this morning ▸ **à trois heures du matin** at 3 o'clock in the morning ▸ **du matin au soir** fig from dawn to dusk. ◆ adv : demain/hier matin tomorrow/yesterday morning / tous les dimanches matin every Sunday morning.

matinal, e, aux [matinal, o] adj 1. [gymnastique, émission] morning (avant n) 2. [personne] ▸ **être matinal** to be an early riser.

matinée [matine] nf 1. [matin] morning ▸ **faire la grasse matinée** to sleep late, to have a lie-in **UK** 2. [spectacle] matinée, afternoon performance.

matou [matu] nm tom, tomcat.

matraquage [matʁakaʒ] nm 1. [bastonnade] beating, clubbing 2. fig [intoxication] bombardment ▸ **matraquage publicitaire** bombardment with advertisements.

matraque [matʁak] nf truncheon **UK**, billy club **US**, nightstick **US**.

matraquer [3] [matʁake] vt 1. [frapper] to beat, to club 2. fig [intoxiquer] to bombard.

matriarcat [matʁijaʁka] nm matriarchy.

matrice [matʁis] nf 1. [moule] mould **UK**, mold **US** 2. MATH matrix 3. ANAT womb.

matricule [matʁikyl] nm ▸ **(numéro) matricule** number.

matrimonial, e, aux [matʁimɔnjal, o] adj matrimonial.

matrone [matʁon] nf péj old bag.

mature [matyʁ] adj mature.

mâture [matyʁ] nf masts pl.

maturité [matyʁite] nf maturity ; [de fruit] ripeness.

maudire [104] [modiʁ] vt to curse.

maudit, e [modi, it] ◆ pp ⟶ **maudire**. ◆ adj 1. [réprouvé] accursed 2. (avant n) [exécrable] damned.

maugréer [15] [mogʁee] ◆ vt to mutter. ◆ vi ▸ **maugréer (contre)** to grumble (about).

Maurice [moʁis] ⟶ **ile**.

mausolée [mozɔle] nm mausoleum.

maussade [mosad] adj 1. [personne, air] sullen 2. [temps] gloomy.

mauvais, e [movɛ, ɛz] adj 1. [gén] bad 2. [moment, numéro, réponse] wrong 3. [mer] rough 4. [personne, regard] nasty. ◆ **mauvais** adv ▸ **il fait mauvais** the weather is bad ▸ **sentir mauvais** to smell bad.

mauve [mov] nm & adj mauve.

mauviette [movjɛt] nf fam 1. [physiquement] weakling 2. [moralement] coward, wimp.

maux ⟶ **mal**.

max [maks] (abr de maximum) nm fam : **un max de fric** loads of money.

max. (abr écrite de maximum) max.

maxillaire [maksilɛʁ] nm jawbone.

maxime [maksim] nf maxim.

maximum [maksimɔm] (pl maxima [maksima]) ◆ nm maximum ▸ **le maximum de personnes** the greatest (possible) number of people ▸ **au maximum** at the most. ◆ adj maximum (avant n).

maya [maja] adj Mayan. ◆ **Maya** nmf : les Mayas the Maya.

mayonnaise [majɔnɛz] nf mayonnaise.

mazout [mazut] nm fuel oil.

me [mə], **m'** (devant voyelle ou 'h' muet) pron pers 1. [complément d'objet direct] me 2. [complément d'objet indirect] (to) me 3. [réfléchi] myself 4. [avec un présentatif] : me voici here I am.

méandre [meɑ̃dʁ] nm [de rivière] meander, bend. ◆ **méandres** nmpl [détours sinueux] meanderings pl.

mec [mɛk] nm fam guy, bloke **UK**.

mécanicien, enne [mekanisjɛ̃, ɛn] nm, f 1. [de garage] mechanic 2. [conducteur de train] train driver **UK**, engineer **US**.

mécanique [mekanik] ◆ nf 1. TECHNOL mechanical engineering 2. MATH & PHYS mechanics (U) 3. [mécanisme] mechanism. ◆ adj mechanical.

mécanisme [mekanism] nm mechanism.

mécano [mekano] nm fam mechanic.

mécène [mesɛn] nm patron.

méchamment [meʃamã] adv [cruellement] nastily.

méchanceté [meʃɑ̃ste] nf **1.** [attitude] nastiness **2.** [rosserie] nasty thing.

méchant, e [meʃɑ̃, ɑ̃t] ❖ adj **1.** [malveillant, cruel] nasty, wicked ; [animal] vicious **2.** [désobéissant] naughty. ❖ nm, f [en langage enfantin] bad boy.

mèche [mɛʃ] nf **1.** [de bougie] wick **2.** [de cheveux] lock **3.** [de bombe] fuse.

méchoui [meʃwi] nm *whole roast sheep*.

méconnaissable [mekɔnɛsabl] adj unrecognizable.

méconnu, e [mekɔny] adj unrecognized.

mécontent, e [mekɔ̃tɑ̃, ɑ̃t] ❖ adj unhappy. ❖ nm, f malcontent.

mécontenter [3] [mekɔ̃tɑ̃te] vt to displease.

Mecque [mɛk] npr : *La Mecque* Mecca.

médaille [medaj] nf **1.** [pièce, décoration] medal **2.** [bijou] medallion **3.** [de chien] identification tag, identification disc 🇬🇧 ou disk 🇺🇸.

médaillon [medajɔ̃] nm **1.** [bijou] locket **2.** ART & CULIN medallion.

médecin [medsɛ̃] nm doctor ▸ **médecin conventionné** ≃ National Health doctor 🇬🇧 ▸ **médecin de famille** family doctor, GP ▸ **médecin de garde** doctor on duty, duty doctor ▸ **médecin généraliste** general practitioner, GP ▸ **médecin légiste** (forensic) pathologist 🇬🇧, medical examiner 🇺🇸 ▸ **médecin référent** doctor officially designated by the patient as his or her usual doctor ▸ **votre médecin traitant** your (usual) doctor ▸ **Médecins du monde, Médecins sans frontières** *organizations providing medical aid to victims of war and disasters, especially in the Third World*, Doctors Without Borders 🇺🇸.

médecine [medsin] nf medicine.

Medef [medɛf] (*abr de* **Mouvement des entreprises de France**) nm *national council of French employers* ; ≃ CBI 🇬🇧.

média [medja] nm ▸ **les médias** the (mass) media.

médian, e [medjɑ̃, an] adj median. ❖ **médiane** nf median.

médiateur, trice [medjatœr, tris] ❖ adj mediating *(avant n)*. ❖ nm, f mediator ; [dans un conflit de travail] arbitrator. ❖ **médiateur** nm ADMIN ombudsman. ❖ **médiatrice** nf median.

médiathèque [medjatɛk] nf media library.

médiation [medjasjɔ̃] nf mediation ; [dans un conflit de travail] arbitration.

médiatique [medjatik] adj media *(avant n)*.

médiatiser [3] [medjatize] vt to turn into a media event.

médical, e, aux [medikal, o] adj medical.

médicalisé, e [medikalize] adj : *établissement médicalisé* nursing home */ lit /hélicoptère médicalisé* hospital bed/helicopter.

médicament [medikamɑ̃] nm medicine, drug.

médicamenteux, euse [medikamɑ̃tø, øz] adj medicinal.

médicinal, e, aux [medisinal, o] adj medicinal.

médico-légal, e, aux [medikɔlegal, o] adj forensic.

médiéval, e, aux [medjeval, o] adj medieval.

médiocre [medjɔkr] adj mediocre.

médiocrité [medjɔkrite] nf mediocrity.

médire [103] [medir] vi to gossip ▸ **médire de qqn** to speak ill of sb.

médisant, e [medizɑ̃, ɑ̃t] adj slanderous.

méditation [meditasjɔ̃] nf meditation.

méditer [3] [medite] ❖ vt [projeter] to plan ▸ **méditer de faire qqch** to plan to do sthg. ❖ vi ▸ **méditer (sur)** to meditate (on).

Méditerranée [mediterane] nf : *la Méditerranée* the Mediterranean (Sea).

méditerranéen, enne [mediteraneɛ̃, ɛn] adj Mediterranean. ◆ **Méditerranéen, enne** nm, f person from the Mediterranean.

médium [medjɔm] nm [personne] medium.

médius [medjys] nm middle finger.

méduse [medyz] nf jellyfish.

méduser [3] [medyze] vt to dumbfound.

meeting [mitiŋ] nm meeting.

méfait [mefɛ] nm misdemeanour 🇬🇧, misdemeanor 🇺🇸, misdeed. ◆ **méfaits** nmpl [du temps] ravages.

méfiance [mefjɑ̃s] nf suspicion, distrust.

méfiant, e [mefjɑ̃, ɑ̃t] adj suspicious, distrustful.

méfier [9] [mefje] ◆ **se méfier** vp to be wary ou careful ▸ **se méfier de qqn/qqch** to distrust sb/sthg.

mégabit [megabit] nm INFORM megabit.

mégalo [megalo] nmf & adj *fam* megalomaniac.

mégalomane [megaloman] nmf & adj megalomaniac.

mégalomanie [megalomani] nf megalomania.

méga-octet [megaɔktɛ] nm megabyte.

mégapole [megapɔl] nf megalopolis, megacity.

mégarde [megaʀd] ◆ **par mégarde** loc adv by mistake.

mégère [meʒɛʀ] nf *péj* shrew.

mégot [mego] nm *fam* butt, fag-end **UK**.

meilleur, e [mɛjœʀ] ◆ adj *(compar)* better ; *(superl)* best. ◆ nm, f best. ◆ **meilleur** ◆ nm ▶ **le meilleur** the best. ◆ adv better.

mél [mel] nm INFORM email.

mélancolie [melɑ̃kɔli] nf melancholy.

mélancolique [melɑ̃kɔlik] adj melancholy.

mélange [melɑ̃ʒ] nm **1.** [action] mixing **2.** [mixture] mixture.

mélanger [17] [melɑ̃ʒe] vt **1.** [mettre ensemble] to mix **2.** [déranger] to mix up, to muddle up. ◆ **se mélanger** vp **1.** [se mêler] to mix **2.** [se brouiller] to get mixed up.

mêlant, e [mɛlɑ̃, ɑ̃t] adj **QUÉBEC** [embrouillé, confus] confusing.

mélasse [melas] nf **1.** [liquide] treacle **UK**, molasses *(U)* **US** **2.** *fam* [mélange] mess ▶ **être dans la mélasse** *fig* to be in a fix.

mêlée [mele] nf **1.** [combat] fray **2.** [rugby] scrum.

mêler [4] [mele] vt **1.** [mélanger] to mix **2.** [déranger] to muddle up, to mix up **3.** [impliquer] ▶ **mêler qqn à qqch** to involve sb in sthg **4.** **QUÉBEC** [troubler] to mix up. ◆ **se mêler** vp **1.** [se joindre] ▶ **se mêler à** [groupe] to join **2.** [s'ingérer] ▶ **se mêler de qqch** to get mixed up in sthg ▶ **mêlez-vous de ce qui vous regarde !** mind your own business! **3.** **QUÉBEC** [se tromper] to get mixed up.

mélèze [melɛz] nm larch.

mélo [melo] nm *fam* melodrama.

mélodie [melɔdi] nf melody.

mélodieux, euse [melɔdjø, øz] adj melodious, tuneful.

mélodrame [melɔdʀam] nm melodrama.

mélomane [melɔman] ◆ nmf music lover. ◆ adj music-loving.

melon [məlɔ̃] nm **1.** [fruit] melon **2.** [chapeau] bowler (hat) **UK**, derby (hat) **US**.

membrane [mɑ̃bʀan] nf membrane.

membre [mɑ̃bʀ] ◆ nm **1.** [du corps] limb **2.** [personne, pays, partie] member. ◆ adj member *(avant n)*.

mémé = mémère.

même [mɛm] ◆ adj indéf **1.** [indique une identité ou une ressemblance] same / *il a le même âge que moi* he's the same age as me **2.** [sert à souligner] : *ce sont ses paroles mêmes* those are his very words / *elle est la bonté même* she's kindness itself. ◆ pron indéf ▶ **le/la même** the same one / *ce sont toujours les mêmes qui gagnent* it's always the same people who win. ◆ adv even / *il n'est même pas diplômé* he isn't even qualified. ◆ **de même** loc adv similarly, likewise / *il en va de même pour lui* the same goes for him. ◆ **de même que** loc conj just as. ◆ **tout de même** loc adv all the same. ◆ **à même** loc prép : *s'asseoir à même le sol* to sit on the bare ground. ◆ **à même de** loc prép ▶ **être à même de faire qqch** to be able to do sthg, to be in a position to do sthg. ◆ **même si** loc conj even if.

mémento [memɛ̃to] nm **1.** [agenda] pocket diary **2.** [ouvrage] notes *(title of school textbook)*.

mémère [memɛʀ], **mémé** [meme] nf *fam* **1.** [grand-mère] granny **2.** *péj* [vieille femme] old biddy.

mémoire [memwaʀ] ◆ nf [gén & INFORM] memory ▶ **de mémoire** from memory ▶ **avoir bonne/mauvaise mémoire** to have a good/bad memory ▶ **mettre en mémoire** INFORM to store ▶ **mémoire tampon** INFORM buffer ▶ **mémoire vive** INFORM random access memory ▶ **à la mémoire de** in memory of. ◆ nm UNIV dissertation, paper. ◆ **mémoires** nmpl memoirs.

mémorable [memɔʀabl] adj memorable.

mémorandum [memɔʀɑ̃dɔm] nm **1.** [note diplomatique] memorandum **2.** [carnet] notebook.

mémorial, aux [memɔʀjal, o] nm [monument] memorial.

mémorisable [memɔʀizabl] adj INFORM storable.

mémoriser [3] [memɔʀize] vt **1.** [suj : personne] to memorize **2.** INFORM to store.

menaçant, e [mənasɑ̃, ɑ̃t] adj threatening.

menace [mənas] nf ▶ **menace (pour)** threat (to).

menacé, e [mənase] adj threatened, under threat, endangered.

menacer [16] [mənase] ◆ vt to threaten ▶ **menacer de faire qqch** to threaten to do sthg

‣ **menacer qqn de qqch** to threaten sb with sthg. ❖ vi : *la pluie menace* it looks like rain.

ménage [menaʒ] nm **1.** [nettoyage] housework (U) ‣ **faire le ménage** to do the housework **2.** [couple] couple **3.** ÉCON household.

ménagement [menaʒmɑ̃] nm [égards] consideration ‣ **sans ménagement** brutally.

ménager¹, ère [menaʒe, ɛʀ] adj [household *(avant n)*, domestic. ❖ **ménagère** nf **1.** [femme] housewife **2.** [de couverts] canteen UK.

ménager² [17] [menaʒe] vt **1.** [bien traiter] to treat gently **2.** [économiser - réserves] to use sparingly ; [- argent, temps] to use carefully ‣ **ménager ses forces** to conserve one's strength ‣ **ménager sa santé** to take care of one's health **3.** [surprise] to prepare. ❖ **se ménager** vp to take care of o.s., to look after o.s.

ménagerie [menaʒʀi] nf menagerie.

mendiant, e [mɑ̃djɑ̃, ɑ̃t] nm, f beggar.

mendier [9] [mɑ̃dje] ❖ vt [argent] to beg for. ❖ vi to beg.

mener [19] [məne] ❖ vt **1.** [emmener] to take ‣ **mener qqn en bateau** *fam* to lead sb up the garden path, to take sb for a ride **2.** [suj : escalier, route] to take, to lead **3.** [diriger - débat, enquête] to conduct ; [- affaires] to manage, to run ‣ **mener qqch à bonne fin** ou **à bien** to see sthg through, to bring sthg to a successful conclusion **4.** [être en tête de] to lead. ❖ vi to lead.

meneur, euse [mənœr, øz] nm, f [chef] ringleader ‣ **meneur d'hommes** born leader.

menhir [menir] nm standing stone.

méningite [menɛ̃ʒit] nf meningitis (U).

ménisque [menisk] nm meniscus.

ménopause [menopoz] nf menopause.

menotte [mənɔt] nf [main] little hand. ❖ **menottes** nfpl handcuffs ‣ **passer les menottes à qqn** to handcuff sb.

menotter [mənɔte] vt to handcuff.

mensonge [mɑ̃sɔ̃ʒ] nm [propos] lie.

mensonger, ère [mɑ̃sɔ̃ʒe, ɛʀ] adj false.

menstruel, elle [mɑ̃stʀyɛl] adj menstrual.

mensualiser [3] [mɑ̃syalize] vt to pay monthly.

mensualité [mɑ̃syalite] nf **1.** [traite] monthly instalment UK ou installment US **2.** [salaire] (monthly) salary.

mensuel, elle [mɑ̃syɛl] adj monthly. ❖ **mensuel** nm monthly (magazine).

mensuration [mɑ̃syʀasjɔ̃] nf measuring. ❖ **mensurations** nfpl measurements.

mental, e, aux [mɑ̃tal, o] adj mental. ❖ **mental** nm ‣ **le mental** the mind ‣ **avoir un mental d'acier** to be a tower of strength.

mentalité [mɑ̃talite] nf mentality.

menterie [mɑ̃tʀi] nf QUÉBEC lie.

menteur, euse [mɑ̃tœʀ, øz] nm, f liar.

menthe [mɑ̃t] nf mint.

mentholé, e [mɑ̃tɔle] adj mentholated, menthol *(avant n)*.

mention [mɑ̃sjɔ̃] nf **1.** [citation] mention **2.** [note] note ‣ **'rayer la mention inutile'** 'delete as appropriate' **3.** UNIV ‣ **avec mention** with distinction.

mentionner [3] [mɑ̃sjɔne] vt to mention.

mentir [37] [mɑ̃tiʀ] vi ‣ **mentir (à)** to lie (to) ‣ **sans mentir** honestly.

menton [mɑ̃tɔ̃] nm chin.

menu¹, e [məny] adj [très petit] tiny ; [mince] thin.

menu² [məny] nm **1.** [liste, carte] menu ; [repas à prix fixe] set menu ‣ **menu gastronomique / touristique** gourmet/tourist menu **2.** INFORM menu ‣ **menu déroulant** INFORM pull-down menu.

menuiserie [mənyizʀi] nf **1.** [métier] carpentry, joinery UK **2.** [atelier] carpenter's workshop, joinery (workshop) UK.

menuisier [mənyizje] nm carpenter, joiner UK.

méprendre [79] [mepʀɑ̃dʀ] ❖ **se méprendre** vp *litt* ‣ **se méprendre sur** to be mistaken about.

mépris, e [mepʀi, iz] pp ⟶ **méprendre**. ❖ **mépris** nm **1.** [dédain] ‣ **mépris (pour)** contempt (for), scorn (for) **2.** [indifférence] ‣ **mépris de** disregard for. ❖ **au mépris de** loc prép regardless of.

méprisable [mepʀizabl] adj contemptible, despicable.

méprisant, e [mepʀizɑ̃, ɑ̃t] adj contemptuous, scornful.

méprise [mepʀiz] nf mistake, error.

mépriser [3] [mepʀize] vt to despise ; [danger, offre] to scorn.

mer [mɛʀ] nf sea ‣ **en mer** at sea ‣ **prendre la mer** to put to sea ‣ **haute** ou **pleine mer** open sea / *la mer d'Irlande* the Irish Sea / *la mer*

Morte the Dead Sea / *la mer Noire* the Black Sea / *la mer du Nord* the North Sea.

mercantile [mɛʀkãtil] adj mercenary.

mercenaire [mɛʀsənɛʀ] nm & adj mercenary.

mercerie [mɛʀsəʀi] nf **1.** [articles] haberdashery **UK**, notions pl **US 2.** [boutique] haberdasher's shop **UK**, notions store **US**.

merci [mɛʀsi] ❖ interj thank you!, thanks! ▸ **merci beaucoup !** thank you very much! ❖ nm ▸ **merci (de** ou **pour)** thank you (for) ▸ **dire merci à qqn** to thank sb, to say thank you to sb. ❖ nf mercy ▸ **être à la merci de** to be at the mercy of.

mercier, ère [mɛʀsje, ɛʀ] nm, f haberdasher **UK**, notions dealer **US**.

mercredi [mɛʀkʀədi] nm Wednesday ▸ **mercredi des Cendres** Ash Wednesday. *Voir aussi* **samedi**.

mercure [mɛʀkyʀ] nm mercury.

merde [mɛʀd] tfam nf shit.

mère [mɛʀ] nf **1.** [génitrice] mother ▸ **mère biologique** MÉD & BIOL biological ou natural mother ▸ **mère de famille** mother **2.** RELIG Mother **3.** *(comme adj)* ▸ **carte mère** INFORM motherboard ▸ **maison mère** COMM headquarters *sg*, head office, parent company.

merguez [mɛʀgɛz] nf *North African spiced sausage.*

méridien, enne [meʀidjɛ̃, ɛn] adj [ligne] meridian. ❖ **méridien** nm meridian.

méridional, e, aux [meʀidjɔnal, o] adj southern ; [du sud de la France] Southern (French).

meringue [məʀɛ̃g] nf meringue.

merisier [məʀizje] nm **1.** [arbre] wild cherry (tree) **2.** [bois] cherry.

mérite [meʀit] nm merit.

mériter [3] [meʀite] vt **1.** [être digne de, encourir] to deserve **2.** [valoir] to be worth, to merit.

méritoire [meʀitwaʀ] adj commendable.

merlan [mɛʀlã] nm whiting.

merle [mɛʀl] nm blackbird.

merveille [mɛʀvɛj] nf marvel, wonder ▸ **à merveille** marvellously **UK**, marvelously **US**, wonderfully.

merveilleux, euse [mɛʀvɛjø, øz] adj **1.** [remarquable, prodigieux] marvellous **UK**, marvelous **US**, wonderful **2.** [magique] magic, magical. ❖ **merveilleux** nm ▸ **le merveilleux** the supernatural.

mes —→ **mon**.

mésalliance [mezaljãs] nf unsuitable marriage, misalliance.

mésange [mezãʒ] nf ZOOL tit.

mésaventure [mezavãtyʀ] nf misfortune.

mesdames —→ **madame**.

mesdemoiselles —→ **mademoiselle**.

mésentente [mezãtãt] nf disagreement.

mesquin, e [mɛskɛ̃, in] adj mean, petty.

mesquinerie [mɛskinʀi] nf [étroitesse d'esprit] meanness, pettiness.

mess [mɛs] nm mess.

message [mesaʒ] nm message ▸ **laisser un message à qqn** to leave a message for sb ▸ **message publicitaire** COMM commercial.

messager, ère [mesaʒe, ɛʀ] nm, f messenger.

messagerie [mesaʒʀi] nf **1.** *(gén pl)* [transport de marchandises] freight *(U)* **2.** INFORM ▸ **messagerie électronique** electronic mail.

messe [mɛs] nf mass ▸ **aller à la messe** to go to mass.

messie [mesi] nm Messiah ; *fig* saviour **UK**, savior **US**.

messieurs —→ **monsieur**.

mesure [məzyʀ] nf **1.** [disposition, acte] measure, step ▸ **prendre des mesures** to take measures ou steps ▸ **mesure de sécurité** safety measure **2.** [évaluation, dimension] measurement ▸ **prendre les mesures de qqn/qqch** to measure sb/sthg **3.** [étalon, récipient] measure **4.** MUS time, tempo **5.** [modération] moderation **6.** EXPR ▸ **être en mesure de** to be in a position to. ❖ **à la mesure de** loc prép worthy of. ❖ **à mesure que** loc conj as. ❖ **outre mesure** loc adv excessively. ❖ **sur mesure** loc adj custom-made ; [costume] made-to-measure.

mesurer [3] [məzyʀe] vt **1.** [gén] to measure ▸ **elle mesure 1,50 m** she's 5 feet tall ▸ **la table mesure 1,50 m** the table is 5 feet long **2.** [risques, portée, ampleur] to weigh, to weigh up **UK** ▸ **mesurer ses paroles** to weigh one's words. ❖ **se mesurer** vp ▸ **se mesurer avec** ou **à qqn** to pit o.s. against sb.

métabolisme [metabɔlism] nm metabolism.

métal, aux [metal, o] nm metal.

métallique [metalik] adj **1.** [en métal] metal *(avant n)* **2.** [éclat, son] metallic.

métallurgie [metalyʀʒi] nf **1.** [industrie] metallurgical industry **2.** [technique] metallurgy.

métamorphose [metamɔrfoz] nf metamorphosis.

métaphore [metafɔr] nf metaphor.

métaphorique [metafɔrik] adj metaphorical.

métaphysique [metafizik] ❖ nf metaphysics (U). ❖ adj metaphysical.

métayer, ère [meteje, ɛr] nm, f tenant farmer.

météo [meteo] nf **1.** [bulletin] weather forecast ▸ **prévisions météo** (weather) forecast **2.** [service] ≃ Met Office UK; ≃ National Weather Service US.

météore [meteɔr] nm meteor.

météorite [meteɔrit] nm & nf meteorite.

météorologie [meteɔrɔlɔʒi] nf [sciences] meteorology.

météorologique [meteɔrɔlɔʒik] adj meteorological, weather (avant n).

métèque [metɛk] nm vulg racist term used with reference to people from Mediterranean countries living in France.

méthane [metan] nm methane.

méthode [metɔd] nf **1.** [gén] method **2.** [ouvrage - gén] manual; [- de lecture, de langue] primer.

méthodique [metɔdik] adj methodical.

méthodologie [metɔdɔlɔʒi] nf methodology.

méticuleux, euse [metikylø, øz] adj meticulous.

métier [metje] nm [profession - manuelle] occupation, trade; [- intellectuelle] occupation, profession ▸ **il est du métier** he's in the same trade ou same line of work ▸ **avoir du métier** to have experience.

métis, isse [metis] nm, f person of mixed race. ❖ **métis** nm [tissu] cotton-linen mix.

métissage [metisaʒ] nm [de personnes] interbreeding.

métrage [metraʒ] nm **1.** [mesure] measurement, measuring **2.** COUT [coupon] length **3.** CINÉ footage ▸ **court métrage** short (film) UK ou (movie) US ▸ **long métrage** feature film.

mètre [mɛtr] nm **1.** LITTÉR & MATH metre UK, meter US ▸ **mètre carré** square metre UK ou meter US **2.** [instrument] rule.

métrique [metrik] ❖ nf LITTÉR metrics (U). ❖ adj **1.** MATH metric **2.** LITTÉR metrical.

métro [metro] nm underground UK, subway US.

métronome [metrɔnɔm] nm metronome.

métropole [metrɔpɔl] nf **1.** [ville] metropolis **2.** [pays] home country.

métropolitain, e [metrɔpɔlitɛ̃, ɛn] adj metropolitan ▸ **la France métropolitaine** metropolitan ou mainland France.

mets [mɛ] nm CULIN dish.

metteur, euse [metœr, øz] nm, f ▸ **metteur en scène** THÉÂTRE producer; CINÉ director.

mettre [84] [mɛtr] vt **1.** [placer] to put / **mettre de l'eau à bouillir** to put some water on to boil **2.** [revêtir] to put on / **mets ta robe noire** put your black dress on / **je ne mets plus ma robe noire** I don't wear my black dress any more **3.** [consacrer - temps] to take; [- argent] to spend **4.** [allumer - radio, chauffage] to put on, to switch on **5.** [installer] to put in / **faire mettre l'électricité** to have electricity put in / **faire mettre de la moquette** to have a carpet put down ou fitted. ❖ **se mettre** vp **1.** [se placer] : **où est-ce que ça se met ?** where does this go? / **se mettre à côté de qqn** to sit/stand near to sb **2.** [devenir] ▸ **se mettre en colère** to get angry **3.** [commencer] ▸ **se mettre à qqch / à faire qqch** to start sthg/doing sthg **4.** [revêtir] to put on / **je n'ai rien à me mettre** I haven't got a thing to wear.

meuble [mœbl] ❖ nm piece of furniture / **meubles** furniture (U). ❖ adj **1.** [terre, sol] easily worked **2.** DR movable.

meublé, e [mœble] adj furnished. ❖ **meublé** nm furnished room/flat UK ou apartment US.

meubler [5] [mœble] vt **1.** [pièce, maison] to furnish **2.** fig [occuper] ▸ **meubler qqch (de)** to fill sthg (with). ❖ **se meubler** vp to furnish one's home.

meuf [mœf] nf fam woman.

meugler [5] [møgle] vi to moo.

meule [møl] nf **1.** [à moudre] millstone **2.** [à aiguiser] grindstone **3.** [de fromage] round **4.** AGRIC stack ▸ **meule de foin** haystack.

meunier, ère [mønje, ɛr] nm, f miller (miller's wife).

meurtre [mœrtr] nm murder.

meurtrier, ère [mœrtrije, ɛr] ❖ adj [épidémie, arme] deadly; [fureur] murderous; [combat] bloody. ❖ nm, f murderer.

meurtrir [32] [mœrtrir] vt **1.** [contusionner] to bruise **2.** fig [blesser] to wound.

meurtrissure [mœrtrisyr] nf [marque] bruise.

meute [møt] nf pack.

mexicain, e [mɛksikɛ̃, ɛn] adj Mexican.
◆ **Mexicain, e** nm, f Mexican.

Mexique [mɛksik] nm : *le Mexique* Mexico.

mezzanine [mɛdzanin] nf mezzanine.

mezze [medze] nmpl CULIN meze.

mezzo-soprano [mɛdzosɔprano] (*pl*
mezzo-sopranos) nm ou nf mezzo-soprano.

mi [mi] nm inv E ; [chanté] mi.

mi- [mi] ◆ adj inv half / *à la mi-juin* in mid-
June. ◆ adv half-.

miam [mjam], **miam-miam** [mjammjam]
interj *fam* yum, yum-yum.

miasme [mjasm] nm (*gén pl*) putrid ou foul
smell.

miaulement [mjolmɑ̃] nm miaow-
ing UK, meowing US.

miauler [3] [mjole] vi to miaow UK, to
meow US.

mi-bas [miba] nm inv knee-sock.

mi-carême [mikarɛm] nf *feast day on third
Thursday in Lent*.

mi-chemin [miʃmɛ̃] ◆ **à mi-chemin** loc adv
halfway (there).

mi-clos, e [miklo, oz] adj half-closed.

micmac [mikmak] nm *fam* **1.** [manigance]
game, scheme **2.** [embrouillamini] muddle, chaos.

micro [mikro] ◆ nm **1.** [microphone] mike
2. [micro-ordinateur] micro. ◆ nf microcom-
puting.

microbe [mikrɔb] nm **1.** MÉD microbe, germ
2. [avorton] (little) runt.

microbien, enne [mikrɔbjɛ̃, ɛn] adj bac-
terial.

microclimat [mikrɔklima] nm microclimate.

microcosme [mikrɔkɔsm] nm microcosm.

microfiche [mikrɔfiʃ] nf microfiche.

microfilm [mikrɔfilm] nm microfilm.

micro-ondes [mikrɔɔ̃d] nfpl microwaves
▶ *four à micro-ondes* microwave (oven).

micro-ordinateur [mikrɔɔrdinatœr] (*pl*
micro-ordinateurs) nm micro, microcomputer.

microphone [mikrɔfɔn] nm microphone.

microprocesseur [mikrɔprɔsesœr] nm
microprocessor.

microscope [mikrɔskɔp] nm microscope.

microscopique [mikrɔskɔpik] adj microscopic.

midi [midi] nm **1.** [période du déjeuner] lunchtime **2.** [heure] midday, noon **3.** [sud] south.
◆ **Midi** nm ▶ **le Midi** the South of France.

midinette [midinɛt] nf *fam* empty-headed girl.

mie [mi] nf [de pain] soft part, inside.

miel [mjɛl] nm honey.

mielleux, euse [mjɛlø, øz] adj [personne]
unctuous ; [paroles, air] honeyed.

mien [mjɛ̃] ◆ **le mien, la mienne** [ləmjɛn,
lamjɛn] (*mpl* **les miens** [lemjɛ̃], *fpl* **les miennes**
[lemjɛn]) pron poss mine.

miette [mjɛt] nf **1.** [de pain] crumb, breadcrumb **2.** (*gén pl*) [débris] shreds *pl*.

mieux [mjø] ◆ adv **1.** [comparatif] ▶ **mieux
(que)** better (than) / *il pourrait mieux faire*
he could do better / *il va mieux* he's better
▶ *faire mieux de faire qqch* to do better to
do sthg / *vous feriez mieux de vous taire* you
would do better to keep quiet, you would be
well-advised to keep quiet **2.** [superlatif] best
/ *il est le mieux payé du service* he's the best
ou highest paid member of the department / *le
mieux qu'il peut* as best he can. ◆ adj better.
◆ nm **1.** (*sans déterminant*) : *j'espérais mieux*
I was hoping for something better **2.** (*avec déterminant*) best / *il y a un ou du mieux* there's
been an improvement ▶ *faire de son mieux* to
do one's best. ◆ **au mieux** loc adv at best.
◆ **pour le mieux** loc adv for the best. ◆ **de
mieux en mieux** loc adv better and better.

mièvre [mjɛvr] adj insipid.

mignon, onne [miɲɔ̃, ɔn] ◆ adj **1.** [char-
mant] sweet, cute **2.** [gentil] nice. ◆ nm, f
darling, sweetheart.

migraine [migrɛn] nf headache ; MÉD migraine.

migrant, e [migrɑ̃, ɑ̃t] nm, f migrant.

migrateur, trice [migratœr, tris] adj
migratory.

migration [migrasjɔ̃] nf migration.

mijoter [3] [miʒɔte] ◆ vt *fam* [tramer] to
cook up. ◆ vi CULIN to simmer.

mi-journée [miʒurne] nf : *les informations
de la mi-journée* the lunchtime news.

mil [mij] nm millet.

milan [milɑ̃] nm kite (*bird*).

milice [milis] nf militia.

milicien, enne [milisjɛ̃, ɛn] nm, f militiaman
(militiawoman).

milieu, x [miljø] nm **1.** [centre] middle ▶ *au
milieu de* a) [au centre de] in the middle of

b) [parmi] among, surrounded by **2.** [stade intermédiaire] middle course **3.** [sociologie] environment, milieu ▸ **milieu familial** family background **4.** BIOL environment, habitat **5.** [pègre] ▸ **le milieu** the underworld **6.** FOOT ▸ **milieu de terrain** midfielder, midfield player.

militaire [militɛʀ] ❖ nm soldier ▸ **militaire de carrière** professional soldier. ❖ adj military.

militant, e [militɑ̃, ɑ̃t] adj & nm, f militant.

militariste [militaʀist] ❖ nmf militarist. ❖ adj militaristic.

militer [3] [milite] vi to be active ▸ **militer pour** to militate in favour [UK] ou favor [US] of ▸ **militer contre** to militate against.

mille [mil] ❖ nm inv **1.** [unité] a ou one thousand **2.** [de cible] ▸ **dans le mille** on target **3.** NAUT ▸ **mille marin** nautical mile **4.** [QUÉBEC] [distance] mile. ❖ adj inv thousand / *c'est mille fois trop* it's far too much / *je lui ai dit mille fois* I've told you a thousand times. *Voir aussi* **six**.

mille-feuille [milfœj] (*pl* **mille-feuilles**) nm ≃ vanilla slice [UK]; ≃ napoleon [US].

millénaire [milenɛʀ] ❖ nm millennium, thousand years *pl*. ❖ adj thousand-year-old *(avant n)*.

mille-pattes [milpat] nm inv centipede, millipede.

millésime [milezim] nm **1.** [de pièce] date **2.** [de vin] vintage, year.

millésimé, e [milezime] adj [vin] vintage *(avant n)*.

millet [mijɛ] nm millet.

milliard [miljaʀ] nm thousand million [UK], billion [US] ▸ **par milliards** *fig* in (their) millions.

milliardaire [miljaʀdɛʀ] nmf multimillionaire [UK], billionaire [US].

millier [milje] nm thousand ▸ **un millier d'euros** about a thousand euros ▸ **un millier de personnes** about a thousand people ▸ **par milliers** in (their) thousands.

milligramme [miligʀam] nm milligram, milligramme [UK].

millilitre [mililitʀ] nm millilitre [UK], milliliter [US].

millimètre [milimetʀ] nm millimetre [UK], millimeter [US].

millimétrique [milimetʀik] adj ▸ **papier millimétrique** graph paper.

million [miljɔ̃] nm million ▸ **un million d'euros** a million euros.

millionnaire [miljɔnɛʀ] nmf millionaire.

mime [mim] nm mime.

mimer [3] [mime] vt **1.** [exprimer sans parler] to mime **2.** [imiter] to mimic.

mimétisme [mimetism] nm mimicry.

mimique [mimik] nf **1.** [grimace] face **2.** [geste] sign language *(U)*.

mimosa [mimɔza] nm mimosa.

min. (*abr écrite de* **minimum**) min.

minable [minabl] adj *fam* **1.** [misérable] seedy, shabby **2.** [médiocre] pathetic.

minaret [minaʀɛ] nm minaret.

minauder [3] [minode] vi to simper.

mince [mɛ̃s] adj **1.** [maigre - gén] thin ; [- personne, taille] slender, slim **2.** *fig* [faible] small, meagre [UK], meager [US].

minceur [mɛ̃sœʀ] nf **1.** [gén] thinness ; [de personne] slenderness, slimness **2.** *fig* [insuffisance] meagreness [UK], meagerness [US].

mincir [32] [mɛ̃siʀ] vi to get thinner ou slimmer.

mine [min] nf **1.** [expression] look ▸ **avoir bonne / mauvaise mine** to look well/ill **2.** [apparence] appearance **3.** [gisement] mine ; [exploitation] mining ▸ **mine de charbon** coalmine **4.** [explosif] mine **5.** [de crayon] lead.

miner [3] [mine] vt **1.** MIL to mine **2.** [ronger] to undermine, to wear away ; *fig* to wear down.

minerai [minʀɛ] nm ore.

minéral, e, aux [mineʀal, o] adj **1.** CHIM inorganic **2.** [eau, source] mineral *(avant n)*. ◆ **minéral** nm mineral.

minéralogie [mineʀalɔʒi] nf mineralogy.

minéralogique [mineʀalɔʒik] adj **1.** AUTO ▸ **plaque minéralogique** numberplate [UK], license plate [US] **2.** GÉOL mineralogical.

minet, ette [minɛ, ɛt] nm, f *fam* **1.** [chat] pussy cat, pussy **2.** [personne] trendy.

mineur, e [minœʀ] ❖ adj minor. ❖ nm, f DR minor. ◆ **mineur** nm [ouvrier] miner ▸ **mineur de fond** face worker.

miniature [minjatyʀ] ❖ nf miniature. ❖ adj miniature.

miniaturiser [3] [minjatyʀize] vt to miniaturize.

minibar [minibaʀ] nm minibar.

minibus [minibys] nm minibus.

minichaîne [miniʃɛn] nf portable hi-fi.

minier, ère [minje, ɛʀ] adj mining *(avant n)*.

minijupe [miniʒyp] nf miniskirt.

minimal, e, aux [minimal, o] adj minimum (avant n).

minimalisme [minimalism] nm minimalism.

minime [minim] ❖ nmf SPORT ≃ junior. ❖ adj minimal.

minimiser [3] [minimize] vt to minimize.

minimum [minimɔm] (pl minimums ou minima [minima]) ❖ nm [gén & MATH] minimum ▶ au minimum at least ▶ le strict minimum the bare minimum. ❖ adj minimum (avant n).

ministère [ministɛʀ] nm 1. [département] department, ministry [UK] 2. [cabinet] government 3. RELIG ministry.

ministériel, elle [ministeʀjɛl] adj [du ministère] departmental, ministerial [UK].

ministre [ministʀ] nm secretary, minister [UK] ▶ ministre d'État secretary of state, cabinet minister [UK] ▶ Premier ministre prime minister.

minois [minwa] nm sweet (little) face.

minoritaire [minɔʀitɛʀ] adj minority (avant n) ▶ être minoritaire to be in the minority.

minorité [minɔʀite] nf minority ▶ en minorité in the minority.

minuit [minɥi] nm midnight.

minuscule [minyskyl] ❖ nf [lettre] small letter. ❖ adj 1. [lettre] small 2. [très petit] tiny, minuscule.

minute [minyt] ❖ nf minute ▶ dans une minute in a minute ▶ d'une minute à l'autre in next to no time. ❖ interj fam hang on (a minute)!

minuter [3] [minyte] vt [chronométrer] to time (precisely).

minuterie [minytʀi] nf [d'éclairage] time switch, timer.

minuteur [minytœʀ] nm timer.

minutie [minysi] nf [soin] meticulousness; [précision] attention to detail ▶ avec minutie a) [avec soin] meticulously b) [dans le détail] in minute detail.

minutieux, euse [minysjø, øz] adj [méticuleux] meticulous; [détaillé] minutely detailed / un travail minutieux a job requiring great attention to detail.

mioche [mjɔʃ] nmf fam kiddy.

mirabelle [miʀabɛl] nf 1. [fruit] mirabelle (plum) 2. [alcool] plum brandy.

miracle [miʀakl] nm miracle ▶ par miracle by some ou a miracle, miraculously.

miraculé, e [miʀakyle] ❖ adj lucky to be alive. ❖ nm, f person who is lucky to be alive.

miraculeux, euse [miʀakylø, øz] adj miraculous.

mirador [miʀadɔʀ] nm MIL watchtower.

mirage [miʀaʒ] nm mirage.

mire [miʀ] nf 1. TV test card [UK], test pattern [US] 2. [visée] ▶ ligne de mire line of sight.

mirifique [miʀifik] adj fam fabulous.

mirobolant, e [miʀɔbɔlɑ̃, ɑ̃t] adj fam fabulous, fantastic.

miroir [miʀwaʀ] nm mirror.

miroiter [3] [miʀwate] vi to sparkle, to gleam ▶ faire miroiter qqch à qqn to hold out the prospect of sthg to sb.

mis, e [mi, miz] pp ⟶ mettre.

misanthrope [mizɑ̃tʀɔp] ❖ nmf misanthropist, misanthrope. ❖ adj misanthropic.

mise [miz] nf 1. [action] putting ▶ mise à jour updating ▶ mise en œuvre implementation, bringing into play ▶ mise en page making up, composing ▶ mise en place setting up, organization ▶ mise au point a) PHOTO focusing b) TECHNOL adjustment c) fig clarification ▶ mise en scène production 2. [d'argent] stake.

miser [3] [mize] ❖ vt to bet. ❖ vi ▶ miser sur a) to bet on b) fig to count on.

misérable [mizeʀabl] adj 1. [pauvre] poor, wretched 2. [sans valeur] paltry, miserable.

misère [mizɛʀ] nf 1. [indigence] poverty 2. fig [bagatelle] trifle.

miséricorde [mizeʀikɔʀd] nf [clémence] mercy.

misogyne [mizɔʒin] adj misogynous.

misogynie [mizɔʒini] nf misogyny.

miss [mis] (pl inv ou misses [mis]) nf fam & hum : ça va, la miss ? how's things, beauty? ◆ Miss nf [reine de beauté] : Miss Japon/Monde Miss Japan/World.

missel [misɛl] nm missal.

missile [misil] nm missile.

mission [misjɔ̃] nf mission ▶ en mission on a mission.

missionnaire [misjɔnɛʀ] nmf missionary.

missive [misiv] nf letter.

mistral [mistʀal] nm mistral (strong cold wind that blows down the Rhône Valley and through Southern France).

mitaine [mitɛn] nf fingerless glove.

mite [mit] nf (clothes) moth.

mité, e [mite] adj moth-eaten.

mi-temps [mitɑ̃] ❖ nf inv [SPORT - période] half ; [-pause] half-time. ❖ nm part-time work. ◆ **à mi-temps** loc adj & loc adv part-time.

miteux, euse [mitø, øz] fam adj seedy, dingy.

mitigé, e [mitiʒe] adj **1.** [tempéré] lukewarm **2.** fam [mélangé] mixed.

mitonner [3] [mitɔne] ❖ vt **1.** [faire cuire] to simmer **2.** [préparer avec soin] to prepare lovingly. ❖ vi CULIN to simmer.

mitoyen, enne [mitwajɛ̃, ɛn] adj [commun] common ; [attenant] adjoining ▶ **mur mitoyen** party wall.

mitrailler [3] [mitʀaje] vt **1.** MIL to machine-gun **2.** fam [photographier] to click away at **3.** fam & fig [assaillir] ▶ **mitrailler qqn (de)** to bombard sb (with).

mitraillette [mitʀajet] nf submachine gun.

mitrailleuse [mitʀajøz] nf machinegun.

mitre [mitʀ] nf [d'évêque] mitre 🇬🇧, miter 🇺🇸.

mi-voix [mivwa] ◆ **à mi-voix** loc adv in a low voice.

mix [miks] nm inv **1.** [morceau de musique] mix **2.** [mélange] mixture, combination / *son dernier film est un mix d'action et de violence* his latest film is a mixture ou combination of action and violence.

mixage [miksaʒ] nm CINÉ & RADIO (sound) mixing.

mixer¹, mixeur [miksœr] nm (food) mixer.

mixer² [3] [mikse] vt to mix.

mixité [miksite] nf coeducation.

mixte [mikst] adj mixed.

mixture [mikstyʀ] nf **1.** CHIM & CULIN mixture **2.** péj [mélange] concoction.

MJC (*abr de* maison des jeunes et de la culture) nf youth and cultural centre.

MJPEG [ɛmʒipɛg] (*abr de* moving joint photographic experts group) nm INFORM MJPEG.

ml (*abr écrite de* millilitre) ml.

Mlle (*abr écrite de* Mademoiselle) Miss.

mm (*abr écrite de* millimètre) mm.

MM. (*abr écrite de* Messieurs) Messrs.

Mme (*abr écrite de* Madame) Mrs.

MMS (*abr de* multimedia messaging service) nm TÉLÉCOM MMS.

mnémotechnique [mnemɔtɛknik] adj mnemonic.

Mo (*abr de* mégaoctet) MB.

mobile [mɔbil] ❖ nm **1.** [téléphone, de sculpteur, pour enfant] mobile **2.** [motivation] motive. ❖ adj **1.** [gén] movable, mobile ; [partie, pièce] moving **2.** [population, main-d'œuvre] mobile.

mobilier, ère [mɔbilje, ɛʀ] adj DR movable. ◆ **mobilier** nm furniture.

mobilisation [mɔbilizasjɔ̃] nf mobilization.

mobiliser [3] [mɔbilize] vt **1.** [gén] to mobilize **2.** [moralement] to rally. ◆ **se mobiliser** vp to mobilize, to rally.

mobilité [mɔbilite] nf mobility.

Mobylette® [mɔbilɛt] nf moped.

mocassin [mɔkasɛ̃] nm moccasin.

moche [mɔʃ] adj fam **1.** [laid] ugly **2.** [triste, méprisable] lousy, rotten.

modalité [mɔdalite] nf [convention] form ▶ **modalités de paiement** methods of payment.

mode [mɔd] ❖ nf **1.** [gén] fashion ▶ **à la mode** in fashion, fashionable **2.** [coutume] custom, style ▶ **à la mode de** in the style of. ❖ nm **1.** [manière] mode, form ▶ **mode de vie** way of life **2.** [méthode] method ▶ **mode d'emploi** instructions (for use) **3.** GRAM mood **4.** MUS mode **5.** INFORM mode.

modèle [mɔdɛl] ❖ nm **1.** [gén] model ▶ **sur le modèle de** on the model of **2.** [exemplaire] model. ❖ adj [parfait] model *(avant n)*.

modeler [25] [mɔdle] vt to shape ▶ **modeler qqch sur qqch** fig to model sthg on sthg.

modéliser [3] [mɔdelize] vt to model.

modélisme [mɔdelism] nm modelling 🇬🇧 ou modeling 🇺🇸 *(of scale models)*.

modem [mɔdɛm] nm TÉLÉCOM modem ▶ **modem d'appel** dial-up modem ▶ **modem fax** fax modem ▶ **modem RNIS** ou **Numéris** ISDN line.

modération [mɔderasjɔ̃] nf moderation.

modéré, e [mɔdere] adj & nm, f moderate.

modérer [18] [mɔdere] vt to moderate. ◆ **se modérer** vp to restrain o.s., to control o.s.

moderne [mɔdɛʀn] adj modern ; [mathématiques] new.

moderniser [3] [mɔdɛʀnize] vt to modernize. ◆ **se moderniser** vp to become (more) modern.

modernité [mɔdɛʀnite] nf modernity.

modeste [mɔdɛst] adj modest ; [origine] humble.

modestie [mɔdɛsti] nf modesty ▶ **fausse modestie** false modesty.

modeux, euse [mɔdø, øz] *fam* ❖ adj into fashion. ❖ nm, f stylist.

modifiable [mɔdifjabl] adj modifiable, alterable.

modification [mɔdifikasjɔ̃] nf alteration, modification.

modifier [9] [mɔdifje] vt to alter, to modify. ◆ **se modifier** vp to alter.

modique [mɔdik] adj modest.

modiste [mɔdist] nf milliner.

modulation [mɔdylasjɔ̃] nf modulation.

module [mɔdyl] nm module.

moduler [3] [mɔdyle] vt **1.** [air] to warble **2.** [structure] to adjust.

moelle [mwal] nf ANAT marrow. ◆ **moelle épinière** nf spinal cord.

moelleux, euse [mwalø, øz] adj **1.** [canapé, tapis] soft **2.** [fromage, vin] mellow.

moellon [mwalɔ̃] nm rubble stone.

mœurs [mœr(s)] nfpl **1.** [morale] morals **2.** [coutumes] customs, habits **3.** ZOOL behaviour *(U)* UK, behavior *(U)* US.

mohair [mɔɛr] nm mohair.

moi [mwa] pron pers **1.** [objet, après préposition, comparatif] me / *aide-moi* help me / *il me l'a dit, à moi* he told ME / *c'est pour moi* it's for me / *plus âgé que moi* older than me ou than I (am) **2.** [sujet] I / *moi non plus, je n'en sais rien* I don't know anything about it either / *qui est là ? — (c'est) moi* who's there? — (it's) me / *je l'ai vu hier — moi aussi* I saw him yesterday — me too / *c'est moi qui lui ai dit de venir* I was the one who told him to come. ◆ **moi-même** pron pers myself.

moignon [mwaɲɔ̃] nm stump.

moindre [mwɛ̃dr] ❖ adj *(superl)* ▸ **le/la moindre** the least ▸ *(avec négation)* the least ou slightest / *les moindres détails* the smallest details / *sans la moindre difficulté* without the slightest problem ▸ **c'est la moindre des choses** it's the least I/you etc. could do. ❖ adj *compar* less ; [prix] lower / *à un moindre degré* to a lesser extent.

moine [mwan] nm monk.

moineau, x [mwano] nm sparrow.

moins [mwɛ̃] ❖ adv **1.** [quantité] less ▸ **moins de** less (than) / *moins de lait* less milk / *moins de gens* fewer people / *moins de dix* less than ten / *il est un peu moins de 10 heures* it's nearly 10 o'clock **2.** [comparatif] ▸ **moins (que)** less (than) / *il est moins*

vieux que ton frère he's not as old as your brother, he's younger than your brother / *bien moins grand que* much smaller than / *moins il mange, moins il travaille* the less he eats, the less he works **3.** [superlatif] ▸ **le moins** (the) least / *le moins riche des hommes* the poorest man / *c'est lui qui travaille le moins* he works (the) least ▸ **le moins possible** as little as possible. ❖ prép **1.** [gén] minus / *dix moins huit font deux* ten minus eight is two, ten take away eight is two / *il fait moins vingt* it's twenty below, it's minus twenty **2.** [servant à indiquer l'heure] : *il est 3 heures moins le quart* it's quarter to ou of US 3 / *il est moins dix* it's ten to, it's ten of US. ❖ nm **1.** [signe] minus (sign) **2.** EXPR **le moins qu'on puisse dire, c'est que...** it's an understatement to say.... ◆ **à moins de** *loc prép* : *à moins de battre le record* unless I/you etc. beat the record. ◆ **à moins que** *loc conj* (+ *subjonctif*) unless. ◆ **au moins** *loc adv* at least. ◆ **de moins en moins** *loc adv* less and less. ◆ **du moins** *loc adv* at least. ◆ **en moins** *loc adv* : *il a une dent en moins* he's missing ou minus a tooth. ◆ **pour le moins** *loc adv* to (the very) least. ◆ **tout au moins** *loc adv* to (the very) least.

moiré, e [mwaʀe] adj **1.** [tissu] watered **2.** *litt* [reflet] shimmering.

mois [mwa] nm **1.** [laps de temps] month **2.** [salaire] (monthly) salary ▸ **le treizième mois** extra month's salary.

moisi, e [mwazi] adj mouldy UK, moldy US. ◆ **moisi** nm mould UK, mold US.

moisir [32] [mwaziʀ] vi **1.** [pourrir] to go mouldy UK ou moldy US **2.** *fig* [personne] to rot.

moisissure [mwazisyʀ] nf mould UK, mold US.

moisson [mwasɔ̃] nf **1.** [récolte] harvest ▸ **faire la moisson** ou **les moissons** to harvest, to bring in the harvest **2.** *fig* [d'idées, de projets] wealth.

moissonner [3] [mwasɔne] vt to harvest, to gather (in) ; *fig* to collect, to gather.

moissonneuse-batteuse [mwasɔnøzbatøz] nf combine (harvester).

moite [mwat] adj [peau, mains] moist, sweaty ; [atmosphère] muggy.

moiteur [mwatœʀ] nf [de peau, mains] moistness ; [d'atmosphère] mugginess.

moitié [mwatje] nf [gén] half ▸ **à moitié vide** half-empty ▸ **faire qqch à moitié** to half-do sthg ▸ **la moitié du temps** half the time ▸ **à la moitié de qqch** halfway through sthg.

moka [mɔka] nm **1.** [café] mocha (coffee) **2.** [gâteau] coffee cake.

mol ⟶ **mou**.

molaire [mɔlɛʀ] nf molar.

moléculaire [mɔlekylɛʀ] adj molecular.

molécule [mɔlekyl] nf molecule.

moleskine [mɔleskin] nf imitation leather.

molester [3] [mɔlɛste] vt to manhandle.

molette [mɔlɛt] nf **1.** [de réglage] toothed wheel **2.** [outil] glasscutter.

molle ⟶ **mou**.

mollement [mɔlmɑ̃] adv **1.** [faiblement] weakly, feebly **2.** *litt* [paresseusement] sluggishly, lethargically.

mollesse [mɔlɛs] nf **1.** [de chose] softness **2.** [de personne] lethargy.

mollet [mɔlɛ] ❖ nm calf. ❖ adj ⟶ **œuf**.

mollir [32] [mɔliʀ] vi **1.** [physiquement, moralement] to give way **2.** [vent] to drop, to die down.

mollusque [mɔlysk] nm ZOOL mollusc [UK], mollusk [US].

molosse [mɔlɔs] nm [chien] watchdog.

môme [mom] *fam* nmf [enfant] kid, youngster.

moment [mɔmɑ̃] nm **1.** [gén] moment / *au moment de l'accident* at the time of the accident, when the accident happened / *au moment de partir* just as we/you etc. were leaving ▸ *au moment où* just as / *juste au moment où le téléphone a sonné* just when **ou** as the phone rang ▸ *dans un moment* in a moment ▸ *d'un moment à l'autre, à tout moment* (at) any moment, any moment now ▸ *à un moment donné* at a given moment ▸ *en ce moment* at the moment ▸ *par moments* at times, now and then, from time to time ▸ *pour le moment* for the moment **2.** [durée] (short) time ▸ *passer un mauvais moment* to have a bad time **3.** [occasion] time ▸ *ce n'est pas le moment (de faire qqch)* this is not the time (to do sthg) ▸ *c'est le moment ou jamais* it's now or never. ❖ **du moment que** loc prép since, as.

momentané, e [mɔmɑ̃tane] adj temporary.

momie [mɔmi] nf mummy.

mon, ma [mɔ̃, ma] (*pl* **mes** [me]) adj poss my.

monacal, e, aux [mɔnakal, o] adj monastic.

Monaco [mɔnako] npr : *(la principauté de) Monaco* (the principality of) Monaco.

monarchie [mɔnaʀʃi] nf monarchy ▸ *monarchie absolue / constitutionnelle* absolute / constitutional monarchy.

monarque [mɔnaʀk] nm monarch.

monastère [mɔnastɛʀ] nm monastery.

monceau, x [mɔ̃so] nm [tas] heap.

mondain, e [mɔ̃dɛ̃, ɛn] adj **1.** [chronique, journaliste] society (*avant n*) **2.** [futile] frivolous, superficial.

mondanités [mɔ̃danite] nfpl **1.** [événements] society life (*U*) **2.** [paroles] small talk (*U*) ; [comportements] formalities.

monde [mɔ̃d] nm **1.** [gén] world ▸ *le /la plus… au monde, le /la plus… du monde* the most… in the world / *pour rien au monde* not for the world, not for all the tea in China / *mettre un enfant au monde* to bring a child into the world / *venir au monde* to come into the world **2.** [gens] people *pl* ▸ *beaucoup /peu de monde* a lot of/not many people ▸ *tout le monde* everyone, everybody **3.** EXPR *c'est un monde !* that's really the limit ! ▸ *se faire un monde de qqch* to make too much of sthg.

mondial, e, aux [mɔ̃djal, o] adj world (*avant n*).

mondialement [mɔ̃djalmɑ̃] adv throughout **ou** all over the world.

mondialisation [mɔ̃djalizasjɔ̃] nf globalization.

mondialiste [mɔ̃djalist] adj pro-globalization.

monétaire [mɔnetɛʀ] adj monetary.

Mongolie [mɔ̃gɔli] nf : *la Mongolie* Mongolia.

mongolien, enne [mɔ̃gɔljɛ̃, ɛn] *vieilli* nm, f mongol *péj* & *vieilli*.

moniteur, trice [mɔnitœʀ, tʀis] nm, f **1.** [enseignant] instructor, coach ▸ *moniteur d'auto-école* driving instructor **2.** [de colonie de vacances] supervisor, leader. ❖ **moniteur** nm [appareil & INFORM] monitor.

monnaie [mɔnɛ] nf **1.** [moyen de paiement] money **2.** [de pays] currency ▸ *monnaie unique* single currency **3.** [pièces] change ▸ *avoir de la monnaie* to have change ▸ *avoir la monnaie* to have the change ▸ *faire (de) la monnaie* to get (some) change.

monnayer [11] [mɔneje] vt **1.** [biens] to convert into cash **2.** *fig* [silence] to buy.

monochrome [mɔnɔkʀom] adj monochrome, monochromatic.

monocle [mɔnɔkl] nm monocle.

monocoque [mɔnɔkɔk] nm & adj [bateau] monohull.

monocorde [mɔnɔkɔʀd] adj [monotone] monotonous.

monogamie [monogami] nf monogamy.

monogramme [monogʀam] nm monogram.

monolingue [monolɛ̃g] adj monolingual.

monologue [monolog] nm 1. THÉÂTRE soliloquy 2. [discours individuel] monologue.

monologuer [3] [monologe] vi *fig & péj* [parler] to talk away.

mononucléose [mononykleoz] nf ▶ **mononucléose infectieuse** glandular fever [UK], mono [US], (infectious) mononucleosis [US].

monoparental, e, aux [monopaʀɑ̃tal, o] adj single-parent *(avant n)*, lone-parent *(avant n)*, one-parent *(avant n)* [UK].

monoplace [monoplas] adj single-seater *(avant n)*.

monopole [monopol] nm monopoly ▶ **avoir le monopole de qqch** *pr & fig* to have a monopoly of *ou* on sthg ▶ **monopole d'État** state monopoly.

monopoliser [3] [monopolize] vt to monopolize.

monoski [monoski] nm 1. [objet] monoski 2. SPORT monoskiing.

monospace [monospas] nm minivan, people carrier [UK].

monosyllabe [monosilab] ❖ nm monosyllable. ❖ adj monosyllabic.

monotone [monoton] adj monotonous.

monotonie [monotoni] nf monotony.

monseigneur [mɔ̃sɛɲœʀ] *(pl* **messeigneurs** [mesɛɲœʀ]*)* nm [titre - d'évêque, de duc] His Grace ; [- de cardinal] His Eminence ; [- de prince] His (Royal) Highness.

monsieur [məsjø] *(pl* **messieurs** [mesjø]*)* nm 1. [titre] : *monsieur X* Mr X / *bonjour monsieur* good morning ; [dans hôtel, restaurant] good morning, sir / *bonjour messieurs* good morning (gentlemen) / *messieurs dames* ladies and gentlemen / *Monsieur le Ministre n'est pas là* the Minister is out 2. [homme quelconque] gentleman.

monstre [mɔ̃stʀ] nm 1. [gén] monster 2. *(en apposition)* fam [énorme] colossal.

monstrueux, euse [mɔ̃stʀyø, øz] adj 1. [gén] monstrous 2. *fig* [erreur] terrible.

monstruosité [mɔ̃stʀyozite] nf monstrosity.

mont [mɔ̃] nm GÉOGR Mount / *le mont Blanc* Mont Blanc / *le mont Cervin* the Matterhorn.

montage [mɔ̃taʒ] nm 1. [assemblage] assembly ; [de bijou] setting 2. PHOTO photomontage 3. CINÉ editing.

montagnard, e [mɔ̃taɲaʀ, aʀd] nm, f mountain dweller.

montagne [mɔ̃taɲ] nf 1. [gén] mountain / *les montagnes Rocheuses* the Rocky Mountains 2. [région] ▶ **la montagne** the mountains *pl* ▶ **à la montagne** in the mountains ▶ **en haute montagne** at high altitudes. ❖ **montagnes russes** nfpl roller coaster *sg*, big dipper *sg* [UK].

montagneux, euse [mɔ̃taɲø, øz] adj mountainous.

montant, e [mɔ̃tɑ̃, ɑ̃t] adj [mouvement] rising. ❖ **montant** nm 1. [pièce verticale] upright 2. [somme] total (amount).

monte-charge [mɔ̃tʃaʀʒ] nm inv goods lift [UK], service elevator [US].

montée [mɔ̃te] nf 1. [de montagne] climb, ascent 2. [de prix] rise 3. [relief] slope, gradient.

monte-plats [mɔ̃tpla] nm inv dumbwaiter.

monter [3] [mɔ̃te] ❖ vi *(aux : être)* 1. [personne] to come/go up ; [température, niveau] to rise ; [route, avion] to climb ▶ **monter sur qqch** to climb onto sthg 2. [passager] to get on / *monter dans un bus* to get on a bus / *monter dans une voiture* to get into a car 3. [cavalier] to ride / *monter à cheval* to ride 4. [marée] to go/come in. ❖ vt *(aux : être)* 1. [escalier, côte] to climb, to come/go up / *monter la rue en courant* to run up the street 2. [chauffage, son] to turn up 3. [valise] to take/bring up 4. [meuble] to assemble ; COUT to assemble, to put *ou* sew together ; [tente] to put up 5. [cheval] to mount 6. THÉÂTRE to put on 7. [société, club] to set up 8. CULIN to beat, to whisk (up). ❖ **se monter** vp 1. [s'assembler] ▶ **se monter facilement** to be easy to assemble 2. [atteindre] ▶ **se monter à** to amount to, to add up to.

monteur, euse [mɔ̃tœʀ, øz] nm, f 1. TECHNOL fitter 2. CINÉ editor.

monticule [mɔ̃tikyl] nm mound.

montre [mɔ̃tʀ] nf watch ▶ **montre en main** to the minute, exactly ▶ **contre la montre a)** [sport] time-trialling [UK], time-trialing [US] **b)** [épreuve] time trial.

montre-bracelet [mɔ̃tʀabʀaslɛ] nf wristwatch.

montrer [3] [mɔ̃tʀe] vt 1. [gén] to show ▶ **montrer qqch à qqn** to show sb sthg, to show sthg to sb 2. [désigner] to show, to point out ▶ **montrer qqch du doigt** to point at *ou* to sthg. ❖ **se montrer** vp 1. [se faire voir] to appear **2.** *fig* [se présenter] to show o.s. **3.** *fig* [se révéler] to prove (to be).

monture [mɔ̃tyʀ] nf **1.** [animal] mount **2.** [de lunettes] frame.

monument [mɔnymɑ̃] nm [gén] ▸ **monument (à)** monument (to) ▸ **monument aux morts** war memorial.

monumental, e, aux [mɔnymɑ̃tal, o] adj monumental.

moquer [3] [mɔke] ◆ **se moquer** vp ▸ **se moquer de a)** [plaisanter sur] to make fun of, to laugh at **b)** [ne pas se soucier de] not to give a damn about.

moquerie [mɔkʀi] nf mockery (U), jibe.

moquette [mɔket] nf wall-to-wall carpet, fitted carpet **UK**.

moqueur, euse [mɔkœʀ, øz] adj mocking.

moral, e, aux [mɔʀal, o] adj **1.** [éthique - conscience ; jugement] moral ▸ *il n'a aucun sens moral* he has no sense of morality / *se sentir dans l'obligation morale de faire qqch* to feel morally obliged **ou** a moral obligation to do sthg / *prendre l'engagement moral de faire qqch* to be morally committed to do sthg **2.** [édifiant - auteur, conte, réflexion] moral / *la fin de la pièce n'est pas très morale !* the end of the play is rather immoral! **3.** [spirituel - douleur] mental ; [- soutien, victoire, résistance] moral. ◆ **moral** nm **1.** [mental] ▸ **au moral comme au physique** mentally as well as physically **2.** [état d'esprit] morale, spirits pl ▸ **avoir / ne pas avoir le moral** to be in good /bad spirits ▸ **j'ai le moral à zéro** *fam* I feel down in the dumps **ou** really low ▸ **remonter le moral à qqn** to cheer sb up. ◆ **morale** nf **1.** [science] moral philosophy, morals pl **2.** [règle] morality **3.** [mœurs] morals pl **4.** [leçon] moral ▸ **faire la morale à qqn** to preach at **ou** lecture sb.

moralisateur, trice [mɔʀalizatœʀ, tʀis] ◆ adj moralizing. ◆ nm, f moralizer.

moraliste [mɔʀalist] nmf moralist.

moralité [mɔʀalite] nf **1.** [gén] morality **2.** [enseignement] morals pl.

moratoire [mɔʀatwaʀ] nm moratorium.

morbide [mɔʀbid] adj morbid.

morceau, x [mɔʀso] nm **1.** [gén] piece **2.** [de poème, de film] passage.

morceler [24] [mɔʀsəle] vt to break up, to split up.

mordant, e [mɔʀdɑ̃, ɑ̃t] adj biting. ◆ **mordant** nm [vivacité] keenness, bite.

mordiller [3] [mɔʀdije] vt to nibble.

mordoré, e [mɔʀdɔʀe] adj bronze.

mordre [76] [mɔʀdʀ] ◆ vt [blesser] to bite. ◆ vi **1.** [saisir avec les dents] ▸ **mordre à** to bite **2.** [croquer] ▸ **mordre dans qqch** to bite into sthg **3.** SPORT ▸ **mordre sur la ligne** to step over the line.

mordu, e [mɔʀdy] ◆ pp ⟶ **mordre**. ◆ adj [amoureux] hooked. ◆ nm, f ▸ **mordu de foot /ski** football/ski addict.

morfondre [75] [mɔʀfɔ̃dʀ] ◆ **se morfondre** vp to mope.

morgue [mɔʀg] nf **1.** *litt* [attitude] pride **2.** [lieu] morgue.

morille [mɔʀij] nf morel.

mormon, e [mɔʀmɔ̃, ɔn] adj & nm, f Mormon.

morne [mɔʀn] adj [personne, visage] gloomy ; [paysage, temps, ville] dismal, dreary.

morose [mɔʀoz] adj gloomy.

morphine [mɔʀfin] nf morphine.

morphologie [mɔʀfɔlɔʒi] nf morphology.

morpion [mɔʀpjɔ̃] nm **1.** *fam* MÉD crab **2.** *fam* [enfant] brat **3.** [jeu] ≃ noughts and crosses (U) **UK** ; ≃ tick-tack-toe **US**.

mors [mɔʀ] nm bit.

morse [mɔʀs] nm **1.** ZOOL walrus **2.** [code] Morse (code).

morsure [mɔʀsyʀ] nf bite.

mort, e [mɔʀ, mɔʀt] ◆ pp ⟶ **mourir**. ◆ adj dead ▸ **mort de fatigue** *fig* dead tired. ◆ nm, f **1.** [cadavre] corpse, dead body **2.** [défunt] dead person. ◆ **mort** ◆ nm **1.** [victime] fatality **2.** [partie de cartes] dummy. ◆ nf *pr* & *fig* death ▸ **de mort** [silence] deathly / **être en danger de mort** to be in mortal danger ▸ **condamner qqn à mort** DR to sentence sb to death ▸ **se donner la mort** to take one's own life, to commit suicide.

mortadelle [mɔʀtadɛl] nf mortadella.

mortalité [mɔʀtalite] nf mortality, death rate.

mort-aux-rats [mɔʀoʀa] nf inv rat poison.

Morte ⟶ **mer.**

mortel, elle [mɔʀtɛl] ◆ adj **1.** [humain] mortal **2.** [accident, maladie] fatal **3.** *fam* & *fig* [ennuyeux] deadly (dull). ◆ nm, f mortal.

morte-saison [mɔʀtəsɛzɔ̃] nf off-season.

mortier [mɔʀtje] nm mortar.

mortification [mɔʀtifikasjɔ̃] nf mortification.

mort-né, e [mɔʀne] (mpl **mort-nés**, fpl **mort-nées**) adj [enfant] still-born.

mortuaire [mɔʀtɥɛʀ] adj funeral (avant n).

morue [mɔʀy] nf ZOOL cod.

morve [mɔʀv] nf snot.

mosaïque [mozaik] nf pr & fig mosaic.

Moscou [mosku] npr Moscow.

mosquée [moske] nf mosque.

mot [mo] nm 1. [gén] word ▸ **mots croisés** crossword (puzzle) sg ▸ **gros mot** swearword 2. [message] note, message. ◆ **mot de passe** nm password.

motard [motaʀ] nm 1. [motocycliste] motorcyclist 2. [policier] motorcycle policeman.

mot-clé (pl **mots-clés**), **mot-clef** (pl **mots-clefs**) [mokle] nm keyword.

motel [motɛl] nm motel.

moteur, trice [motœʀ, tʀis] adj [force, énergie] driving (avant n) ▸ **à quatre roues motrices** AUTO with four-wheel drive. ◆ **moteur** nm TECHNOL motor, engine ; fig driving force ▸ **moteur à réaction** jet engine ▸ **moteur de recherche** INFORM search engine.

motif [motif] nm 1. [raison] motive, grounds pl 2. [dessin, impression] motif.

motion [mosjɔ̃] nf POL motion ▸ **motion de censure** censure motion.

motivation [motivasjɔ̃] nf motivation.

motivé, e [motive] adj 1. [personne] motivated 2. [justifié] well-founded, justified.

motiver [3] [motive] vt 1. [stimuler] to motivate 2. [justifier] to justify.

moto [moto] nf motorcycle, motorbike UK.

motocross [motokʀos] nm motocross.

motoculteur [motokyltœʀ] nm ≃ Rotavator® UK ; ≃ rototiller® US.

motocyclette [motosiklɛt] nf motorcycle, motorbike UK.

motocycliste [motosiklist] nmf motorcyclist.

motoneige [motonɛʒ] nf QUÉBEC snowmobile.

motorisé, e [motoʀize] adj motorized ▸ **être motorisé** fam to have wheels.

motrice → **moteur**.

motricité [motʀisite] nf motor functions pl.

motte [mot] nf ▸ **motte (de terre)** clod, lump of earth ▸ **motte de beurre** slab of butter.

motton [motɔ̃] QUÉBEC nm lump EXPR ▸ **avoir le motton** [émotion] to be all choked up ▸ **faire le motton** [s'enrichir] to make a fortune.

mou, molle [mu, mɔl] adj (mol devant voyelle ou 'h' muet) 1. [gén] soft 2. [faible] weak 3. [résistance, protestation] half-hearted 4. [de caractère] wet, wimpy. ◆ **mou** nm 1. [de corde] ▸ **avoir du mou** to be slack 2. [abats] lungs pl, lights pl.

mouchard, e [muʃaʀ, aʀd] nm, f fam [personne] sneak. ◆ **mouchard** nm fam [dans camion, train] spy in the cab.

mouche [muʃ] nf 1. ZOOL fly 2. [accessoire féminin] beauty spot.

moucher [3] [muʃe] vt 1. [nez] to wipe ▸ **moucher un enfant** to wipe a child's nose 2. [chandelle] to snuff out 3. fam & fig [personne] ▸ **moucher qqn** to put sb in his/her place. ◆ **se moucher** vp to blow ou wipe one's nose.

moucheron [muʃʀɔ̃] nm [insecte] gnat.

moucheté, e [muʃte] adj 1. [laine] flecked 2. [animal] spotted, speckled.

mouchoir [muʃwaʀ] nm handkerchief.

moudre [85] [mudʀ] vt to grind.

moue [mu] nf pout ▸ **faire la moue** to pull a face.

mouette [mwɛt] nf seagull.

moufle [mufl] nf mitten.

mouflon [muflɔ̃] nm wild sheep.

mouillage [mujaʒ] nm [NAUT - emplacement] anchorage, moorings pl.

mouillé, e [muje] adj wet.

mouiller [3] [muje] vt 1. [personne, objet] to wet ▸ **se faire mouiller** to get wet ou soaked 2. NAUT ▸ **mouiller l'ancre** to drop anchor 3. fam & fig [compromettre] to involve. ◆ **se mouiller** vp 1. [se tremper] to get wet 2. fam & fig [prendre des risques] to stick one's neck out.

moulage [mulaʒ] nm 1. [action] moulding UK, molding US, casting 2. [objet] cast.

moulant, e [mulɑ̃, ɑ̃t] adj close-fitting.

moule[1] [mul] nm mould UK, mold US ▸ **moule à gâteau** cake tin UK ou pan US ▸ **moule à tarte** flan dish.

moule[2] [mul] nf ZOOL mussel.

mouler [3] [mule] vt 1. [objet] to mould UK, to mold US 2. [forme] to make a cast of.

moulin [mulɛ̃] nm mill ▸ **moulin à café** coffee mill ▸ **moulin à paroles** *fig* chatterbox.

moulinet [mulinɛ] nm **1.** [à la pêche] reel **2.** [mouvement] ▸ **faire des moulinets** to whirl one's arms around.

Moulinette® [mulinɛt] nf food mill.

moulu, e [muly] adj [en poudre] ground.

moulure [mulyʀ] nf moulding 🇬🇧, molding 🇺🇸.

mourant, e [muʀɑ̃, ɑ̃t] ❖ adj **1.** [moribond] dying **2.** *fig* [voix] faint. ❖ nm, f dying person.

mourir [42] [muʀiʀ] vi **1.** [personne] to die ▸ **s'ennuyer à mourir** to be bored to death **2.** [feu] to die down.

mousquetaire [muskətɛʀ] nm musketeer.

moussant, e [musɑ̃, ɑ̃t] adj foaming.

mousse [mus] ❖ nf **1.** BOT moss **2.** [substance] foam ▸ **mousse à raser** shaving foam **3.** CULIN mousse **4.** [matière plastique] foam rubber. ❖ nm NAUT cabin boy.

mousseline [muslin] nf muslin.

mousser [3] [muse] vi to foam, to lather.

mousseux, euse [musø, øz] adj **1.** [shampooing] foaming, frothy **2.** [vin, cidre] sparkling. ❖ **mousseux** nm sparkling wine.

mousson [musɔ̃] nf monsoon.

moussu, e [musy] adj mossy, moss-covered.

moustache [mustaʃ] nf moustache, mustache 🇺🇸. ❖ **moustaches** nfpl [d'animal] whiskers.

moustachu, e [mustaʃy] adj with a moustache 🇬🇧 ou mustache 🇺🇸.

moustiquaire [mustikɛʀ] nf mosquito net.

moustique [mustik] nm mosquito.

moutarde [mutaʀd] nf mustard.

mouton [mutɔ̃] nm **1.** ZOOL sheep **2.** [viande] mutton **3.** *fam* [poussière] piece of fluff, fluff (U).

mouture [mutyʀ] nf **1.** [de céréales, de café] grinding **2.** [de thème, d'œuvre] rehash.

mouvance [muvɑ̃s] nf [domaine] sphere of influence.

mouvant, e [muvɑ̃, ɑ̃t] adj [situation] uncertain.

mouvement [muvmɑ̃] nm **1.** [gén] movement ▸ **en mouvement** on the move **2.** [de colère, d'indignation] burst, fit.

mouvementé, e [muvmɑ̃te] adj **1.** [terrain] rough **2.** [réunion, soirée] eventful.

mouvoir [54] [muvwaʀ] vt to move. ❖ **se mouvoir** vp to move.

moyen, enne [mwajɛ̃, ɛn] adj **1.** [intermédiaire] medium **2.** [médiocre, courant] average. ❖ **moyen** nm means *sg*, way ▸ **moyen de communication** means of communication ▸ **moyen de locomotion** ou **transport** means of transport. ❖ **moyenne** nf average ▸ **en moyenne** on average ▸ **la moyenne d'âge** the average age. ❖ **moyens** nmpl **1.** [ressources] means ▸ **avoir les moyens** to be comfortably off **2.** [capacités] powers, ability ▸ **faire qqch par ses propres moyens** to do sthg on one's own. ❖ **au moyen de** loc prép by means of.

Moyen Âge [mwajɛnaʒ] nm ▸ **le Moyen Âge** the Middle Ages *pl*.

Moyen-Orient [mwajɛnɔʀjɑ̃] nm : *le Moyen-Orient* the Middle East.

moyeu, x [mwajø] nm hub.

MP3 (*abr de* moving picture experts group audio layer 3) nm INFORM MP3 ▸ **lecteur (de) MP3** MP3 player.

MP4 (*abr de* moving picture experts group audio layer 4) nm INFORM MP4 ▸ **lecteur (de) MP4** MP4 player.

MST nf **1.** (*abr de* maladie sexuellement transmissible) STD **2.** (*abr de* maîtrise de sciences et techniques) masters degree in science and technology.

mû, mue [my] pp → **mouvoir**.

mucus [mykys] nm mucus (U).

mue [my] nf **1.** [de pelage] moulting 🇬🇧, molting 🇺🇸 **2.** [de serpent] skin, slough **3.** [de voix] breaking.

muer [7] [mɥe] vi **1.** [mammifère] to moult 🇬🇧, to molt 🇺🇸 **2.** [serpent] to slough its skin **3.** [voix] to break ; [jeune homme] : *il mue* his voice is breaking.

muet, muette [mɥe, ɛt] ❖ adj **1.** MÉD dumb **2.** [silencieux] silent ▸ **muet d'admiration/d'étonnement** speechless with admiration/surprise **3.** LING silent, mute. ❖ nm, f dumb person, mute. ❖ **muet** nm ▸ **le muet** CINÉ silent films *pl* 🇬🇧 ou movies 🇺🇸.

muezzin [mɥedzin] nm muezzin.

muffin [mœfin] nm muffin.

mufle [myfl] nm **1.** [d'animal] muzzle, snout **2.** *fig* [goujat] lout.

muflerie [myfləʀi] nf loutishness.

mugir [32] [myʒiʀ] vi **1.** [vache] to moo **2.** [vent, sirène] to howl.

muguet [mygɛ] nm **1.** [fleur] lily of the valley **2.** MÉD thrush.

mule [myl] nf [animal] mule.

mulet [mylɛ] nm **1.** [âne] mule **2.** [poisson] mullet.

mulot [mylo] nm field mouse.

multi- [mylti] préf multi-.

multicolore [myltikɔlɔr] adj multicoloured UK, multicolored US.

multicoque [myltikɔk] ❖ adj ▸ (bateau) multicoque multihull ou multihulled boat. ❖ nm multihull.

multifonction [myltifɔ̃ksjɔ̃] adj inv multifunction.

multilatéral, e, aux [myltilateral, o] adj multilateral.

multimillionnaire [myltimiljɔnɛr] nmf & adj multimillionaire.

multinational, e, aux [myltinasjɔnal, o] adj multinational. ❖ **multinationale** nf multinational (company).

multiplateforme [myltiplatfɔrm] nf IN-FORM [logiciel, jeu] cross-platform.

multiple [myltipl] ❖ nm multiple. ❖ adj **1.** [nombreux] multiple, numerous **2.** [divers] many, various.

multiplexe [myltiplɛks] nm CINÉ multiplex (cinema), multiscreen cinema.

multiplication [myltiplikasjɔ̃] nf multiplication.

multiplier [10] [myltiplije] vt **1.** [accroître] to increase **2.** MATH to multiply ▸ X multiplié par Y égale Z X multiplied by ou times Y equals Z. ❖ **se multiplier** vp to multiply.

multipolaire [myltipɔlɛr] adj multipolar / un monde *multipolaire* a multipolar world.

multipropriété [myltiprɔprijete] nf time-share.

multiracial, e, aux [myltirasjal, o] adj multiracial.

multirisque [myltirisk] adj comprehensive.

multitude [myltityd] nf ▸ **multitude (de)** multitude (of).

municipal, e, aux [mynisipal, o] adj municipal. ❖ **municipales** nfpl ▸ **les municipales** the local government elections.

municipalité [mynisipalite] nf **1.** [commune] municipality **2.** [conseil] town council UK, city council US.

munir [32] [mynir] vt ▸ munir qqn / qqch de to equip sb/sthg with. ❖ **se munir** vp ▸ se munir de to equip o.s. with.

munitions [mynisjɔ̃] nfpl ammunition *(U)*, munitions.

muqueuse [mykøz] nf mucous membrane.

mur [myr] nm **1.** [gén] wall **2.** fig [obstacle] barrier, brick wall ▸ **mur du son** AÉRON sound barrier.

mûr, mûre [myr] adj ripe ; [personne] mature.

muraille [myraj] nf wall.

mural, e, aux [myral, o] adj wall *(avant n)*.

mûre [myr] nf **1.** [de mûrier] mulberry **2.** [de ronce] blackberry, bramble.

murène [myrɛn] nf moray eel.

murer [3] [myre] vt **1.** [boucher] to wall up, to block up **2.** [enfermer] to wall in. ❖ **se murer** vp to shut o.s. up ou away ▸ se murer dans fig to retreat into.

muret [myrɛ] nm low wall.

mûrier [myrje] nm **1.** [arbre] mulberry tree **2.** [ronce] blackberry bush, bramble bush.

mûrir [32] [myrir] vi **1.** [fruits, légumes] to ripen **2.** fig [idée, projet] to develop **3.** [personne] to mature.

murmure [myrmyr] nm murmur.

murmurer [3] [myrmyre] vt & vi to murmur.

musaraigne [myzarɛɲ] nf shrew.

musarder [3] [myzarde] vi to dawdle.

musc [mysk] nm musk.

muscade [myskad] nf nutmeg.

muscat [myska] nm **1.** [raisin] muscat grape **2.** [vin] Muscat, Muscatel *(sweet wine)*.

muscle [myskl] nm muscle.

musclé, e [myskle] adj **1.** [personne] muscular **2.** fig [mesure, décision] forceful.

muscler [3] [myskle] vt ▸ muscler son corps to build up one's muscles. ❖ **se muscler** vp to build up one's muscles.

muscu [mysky] *(abr de* musculation*)* nf fam bodybuilding ▸ faire de la muscu to work out.

musculation [myskylasjɔ̃] nf ▸ faire de la musculation to do muscle-building exercises.

muse [myz] nf muse.

museau [myzo] nm **1.** [d'animal] muzzle, snout **2.** fam [de personne] face.

musée [myze] nm museum ; [d'art] art gallery.

museler [24] [myzle] vt pr & fig to muzzle.

muselière [myzəljɛr] nf muzzle.

musette [myzɛt] nf knapsack ; [d'écolier] satchel.

muséum [myzeɔm] nm museum.

musical, e, aux [myzikal, o] adj **1.** [son] musical **2.** [émission, critique] music *(avant n)*.

music-hall [myzikol] *(pl* **music-halls)** nm music hall **UK**, vaudeville **US**.

musicien, enne [myzisjɛ̃, ɛn] ❖ adj musical. ❖ nm, f musician.

musicologue [myzikɔlɔg] nmf musicologist.

musique [myzik] nf music ▶ **musique de chambre** chamber music ▶ **musique de film** film **UK** ou movie **US** score.

musqué, e [myske] adj **1.** [parfum] musky **2.** [animal] ▶ **rat musqué** muskrat.

musulman, e [myzylmɑ̃, an] adj & nm, f Muslim.

mutant, e [mytɑ̃, ɑ̃t] adj & nm, f mutant.

mutation [mytasjɔ̃] nf **1.** BIOL mutation **2.** *fig* [changement] transformation **3.** [de fonctionnaire] transfer.

muter [3] [myte] vt to transfer.

mutilation [mytilasjɔ̃] nf mutilation.

mutilé, e [mytile] nm, f disabled person.

mutiler [3] [mytile] vt to mutilate / *il a été mutilé du bras droit* he lost his right arm.

mutin, e [mytɛ̃, in] adj *litt* impish. ❖ **mutin** nm rebel ; MIL & NAUT mutineer.

mutinerie [mytinʀi] nf rebellion ; MIL & NAUT mutiny.

mutisme [mytism] nm silence.

mutualité [mytɥalite] nf [assurance] mutual insurance.

mutuel, elle [mytɥɛl] adj mutual. ❖ **mutuelle** nf mutual insurance company.

mutuellement [mytɥɛlmɑ̃] adv mutually.

mwa SMS *abr écrite de* **moi**.

mycose [mikoz] nf mycosis, fungal infection.

myocarde [mjɔkaʀd] nm myocardium.

myopathie [mjɔpati] nf myopathy.

myope [mjɔp] ❖ nmf shortsighted **UK** ou nearsighted **US** person. ❖ adj shortsighted **UK**, nearsighted **US**, myopic.

myopie [mjɔpi] nf shortsightedness **UK**, nearsightedness **US**, myopia.

myosotis [mjozotis] nm forget-me-not.

myriade [miʀjad] nf ▶ **une myriade de** a myriad of.

myrtille [miʀtij] nf blueberry, bilberry.

mystère [mistɛʀ] nm [gén] mystery.

mystérieux, euse [misteʀjø, øz] adj mysterious.

mysticisme [mistisism] nm mysticism.

mystification [mistifikasjɔ̃] nf [tromperie] hoax, practical joke.

mystifier [9] [mistifje] vt [duper] to take in.

mystique [mistik] ❖ nmf mystic. ❖ adj mystic, mystical.

mythe [mit] nm myth.

mythique [mitik] adj mythical.

mythologie [mitɔlɔʒi] nf mythology.

mythomane [mitɔman] nmf pathological liar.

n, N [ɛn] nm inv [lettre] n, N. ◆ **N** (*abr écrite de* **nord**) N.

n' → **ne**.

nacelle [nasɛl] nf [de montgolfière] basket.

nacre [nakʀ] nf mother-of-pearl.

nage [naʒ] nf **1.** [natation] swimming ▸ **traverser à la nage** to swim across **2.** EXPR **en nage** bathed in sweat.

nageoire [naʒwaʀ] nf fin.

nager [17] [naʒe] vi **1.** [se baigner] to swim **2.** [flotter] to float **3.** *fig* [dans vêtement] ▸ **nager dans** to be lost in ▸ **nager dans la joie** to be incredibly happy.

nageur, euse [naʒœʀ, øz] nm, f swimmer.

naguère [nagɛʀ] adv *litt* a short time ago.

naïf, naïve [naif, iv] adj **1.** [ingénu, art] naive **2.** [crédule] gullible.

nain, e [nɛ̃, nɛn] ◆ adj dwarf *(avant n).* ◆ nm, f dwarf ∕ **nain de jardin** garden gnome.

naissance [nɛsɑ̃s] nf **1.** [de personne] birth ▸ **donner naissance à** to give birth to **2.** [endroit] source ; [du cou] nape **3.** *fig* [de science, nation] birth ▸ **donner naissance à** to give rise to.

naissant, e [nɛsɑ̃, ɑ̃t] adj **1.** [brise] rising ; [jour] dawning **2.** [barbe] incipient.

naître [92] [nɛtʀ] vi **1.** [enfant] to be born ∕ **elle est née en 1965** she was born in 1965 **2.** [espoir] to spring up ▸ **naître de** to arise from ▸ **faire naître qqch** to give rise to sthg.

naïveté [naivte] nf **1.** [candeur] innocence **2.** [crédulité] gullibility.

nana [nana] nf *fam* [jeune fille] girl.

nanoparticule [nanɔpaʀtikyl] nf PHYS nanoparticule.

nanti, e [nɑ̃ti] nm, f wealthy person.

nantir [32] [nɑ̃tiʀ] *litt* vt ▸ **nantir qqn de** to provide sb with.

naphtaline [naftalin] nf mothballs *pl.*

nappe [nap] nf **1.** [de table] tablecloth, cloth **2.** *fig* [étendue - gén] sheet ; [- de brouillard] blanket **3.** [couche] layer.

napper [3] [nape] vt CULIN to coat.

napperon [napʀɔ̃] nm tablemat.

narcisse [naʀsis] nm BOT narcissus.

narcissique [naʀsisik] ◆ nmf narcissist. ◆ adj narcissistic.

narcissisme [naʀsisism] nm narcissism.

narcotique [naʀkɔtik] nm & adj narcotic.

narcotrafic [naʀkɔtʀafik] nm narcotrafficking.

narcotrafiquant, e [naʀkɔtʀafikɑ̃, ɑ̃t] nm, f drug trafficker.

narguer [3] [naʀge] vt [danger] to flout ; [personne] to scorn, to scoff at.

narine [naʀin] nf nostril.

narquois, e [naʀkwa, az] adj sardonic.

narrateur, trice [naʀatœʀ, tʀis] nm, f narrator.

narration [naʀasjɔ̃] nf **1.** [récit] narration **2.** SCOL essay.

narrer [3] [naʀe] vt *litt* to narrate.

nasal, e, aux [nazal, o] adj nasal.

naseau, x [nazo] nm nostril.

nasillard, e [nazijaʀ, aʀd] adj nasal.

nasse [nas] nf keep net.

natal, e, als [natal] adj [d'origine] native.

natalité [natalite] nf birth rate.

natation [natasjɔ̃] nf swimming ▸ **faire de la natation** to swim.

natif, ive [natif, iv] ◆ adj [originaire] ▸ **natif de** native of. ◆ nm, f native.

nation [nasjɔ̃] nf nation. ◆ **Nations unies** nfpl ▸ **les Nations unies** the United Nations.

national, e, aux [nasjɔnal, o] adj national.

nationalisation [nasjɔnalizasjɔ̃] nf nationalization.

nationaliser [3] [nasjɔnalize] vt to nationalize.

nationalisme [nasjɔnalism] nm nationalism.

nationaliste [nasjɔnalist] nmf & adj nationalist.

nationalité [nasjɔnalite] nf nationality ▸ **de nationalité française** of French nationality.

nativité [nativite] nf nativity.

natte [nat] nf **1.** [tresse] plait **UK**, braid **US** **2.** [tapis] mat.

naturalisation [natyʀalizasjɔ̃] nf **1.** [de personne, de plante] naturalization **2.** [taxidermie] stuffing.

naturalisé, e [natyʀalize] ❖ adj **1.** [personne, plante] naturalized **2.** [empaillé] stuffed. ❖ nm, f naturalized person.

naturaliser [3] [natyʀalize] vt **1.** [personne, plante] to naturalize **2.** [empailler] to stuff.

naturaliste [natyʀalist] ❖ nmf **1.** LITTÉR & ZOOL naturalist **2.** [empailleur] taxidermist. ❖ adj naturalistic.

nature [natyʀ] ❖ nf nature ▶ **c'est une petite nature** he's the feeble type ou a weakling. ❖ adj inv **1.** [simple] plain **2.** fam [spontané] natural.

naturel, elle [natyʀɛl] adj natural. ❖ **naturel** nm **1.** [tempérament] nature ▶ **être d'un naturel affable / sensible** to be affable/sensitive by nature **2.** [aisance, spontanéité] naturalness.

naturellement [natyʀɛlmɑ̃] adv **1.** [gén] naturally **2.** [logiquement] rationally.

naturisme [natyʀism] nm naturism.

naturiste [natyʀist] nmf naturist.

naturopathe [natyʀopat] nmf naturopath.

naufrage [nofʀaʒ] nm **1.** [navire] shipwreck ▶ **faire naufrage** to be wrecked **2.** fig [effondrement] collapse.

naufragé, e [nofʀaʒe] ❖ adj shipwrecked. ❖ nm, f shipwrecked person.

nauséabond, e [nozeabɔ̃, ɔ̃d] adj nauseating.

nausée [noze] nf **1.** MÉD nausea ▶ **avoir la nausée** to feel nauseous ou sick **UK 2.** [dégoût] disgust.

nautique [notik] adj nautical ; [ski, sport] water (avant n).

naval, e, als [naval] adj naval.

navarin [navaʀɛ̃] nm lamb stew.

navet [navɛ] nm **1.** BOT turnip **2.** QUÉBEC [rutabaga] turnip, swede **UK 3.** fam [œuvre] trash (U).

navette [navɛt] nf shuttle ▶ **navette spatiale** AÉRON space shuttle ▶ **faire la navette** to shuttle.

navetteur, euse [navɛtœʀ, øz] nm, f **BELGIQUE QUÉBEC** commuter.

navigable [navigabl] adj navigable.

navigateur, trice [navigatœʀ, tʀis] nm, f navigator. ❖ **navigateur** nm INFORM browser.

navigation [navigasjɔ̃] nf navigation ; COMM shipping ; INFORM browsing.

naviguer [3] [navige] vi **1.** [voguer] to sail **2.** [piloter] to navigate **3.** INFORM to browse.

navire [naviʀ] nm ship.

navrant, e [navʀɑ̃, ɑ̃t] adj **1.** [triste] upsetting, distressing **2.** [regrettable, mauvais] unfortunate.

navrer [3] [navʀe] vt to upset ▶ **être navré de qqch / de faire qqch** to be sorry about sthg / to do sthg.

nazi, e [nazi] nm, f Nazi.

nazisme [nazism] nm Nazism.

N.B. (abr de Nota Bene) NB.

NDLR (abr écrite de note de la rédaction) editor's note.

NDT, N.D.T. (abr écrite de note du traducteur) translator's note.

ne [nə], **n'** (devant voyelle ou 'h' muet) adv **1.** [négation] : je n'ai pas d'autre solution que celle-là I have no other solution but that ; ➞ **pas, plus, rien 2.** [négation implicite] : il se porte mieux que je ne (le) croyais he's in better health than I thought (he would be) **3.** [avec verbes ou expressions marquant le doute, la crainte, etc.] : je crains qu'il n'oublie I'm afraid he'll forget / j'ai peur qu'il n'en parle I'm frightened he'll talk about it.

né, e [ne] adj born / né en 1965 born in 1965 / né le 17 juin born on the 17th June **UK**, born on June 17th **US** / Mme X, née Y Mrs X née Y.

néanmoins [neɑ̃mwɛ̃] adv nevertheless.

néant [neɑ̃] nm **1.** [absence de valeur] worthlessness **2.** [absence d'existence] nothingness ▶ **réduire à néant** to reduce to nothing.

nébuleux, euse [nebylø, øz] adj **1.** [ciel] cloudy **2.** [idée, projet] nebulous. ❖ **nébuleuse** nf ASTRON nebula.

nécessaire [nesesɛʀ] ❖ adj necessary ▶ **nécessaire à** necessary for ▶ **il est nécessaire de faire qqch** it is necessary to do sthg ▶ **il est nécessaire que** (+ subjonctif) : il est nécessaire qu'elle vienne she must come. ❖ nm **1.** [biens] necessities pl ▶ **le strict nécessaire** the bare essentials pl **2.** [mesures] ▶ **faire le nécessaire** to do the necessary **3.** [trousse] bag.

nécessité [nesesite] nf [obligation, situation] necessity ▶ **être dans la nécessité de faire qqch** to have no choice ou alternative but to do sthg.

nécessiter [3] [nesesite] vt to necessitate.

nécrologique [nekʁɔlɔʒik] adj obituary (avant n).

nectar [nɛktaʁ] nm nectar.

nectarine [nɛktaʁin] nf nectarine.

néerlandais, e [neɛʁlɑ̃dɛ, ɛz] adj Dutch. ◆ **néerlandais** nm [langue] Dutch. ◆ **Néerlandais, e** nm, f Dutchman (Dutchwoman) ▸ *les Néerlandais* the Dutch.

nef [nɛf] nf **1.** [d'église] nave **2.** *litt* [bateau] vessel.

néfaste [nefast] adj **1.** [jour, événement] fateful **2.** [influence] harmful.

négatif, ive [negatif, iv] adj negative. ◆ **négatif** nm PHOTO negative. ◆ **négative** nf ▸ **répondre par la négative** to reply in the negative.

négation [negasjɔ̃] nf **1.** [rejet] denial **2.** GRAM negative.

négationnisme [negasjɔnism] nm negationism.

négationniste [negasjɔnist] adj & nm, f negationist.

négativement [negativmɑ̃] adv negatively.

négligé, e [negliʒe] adj **1.** [travail, tenue] untidy **2.** [ami, jardin] neglected.

négligeable [negliʒabl] adj negligible.

négligemment [negliʒamɑ̃] adv **1.** [sans soin] carelessly **2.** [avec indifférence] casually.

négligence [negliʒɑ̃s] nf **1.** [laisser-aller] carelessness **2.** [omission] negligence ▸ **par négligence** out of negligence.

négligent, e [negliʒɑ̃, ɑ̃t] adj **1.** [sans soin] careless **2.** [indifférent] casual.

négliger [17] [negliʒe] vt **1.** [ami, jardin] to neglect ▸ **négliger de faire qqch** to fail to do sthg **2.** [avertissement] to ignore. ◆ **se négliger** vp to neglect o.s.

négoce [negɔs] nm business.

négociable [negɔsjabl] adj negotiable.

négociant, e [negɔsjɑ̃, ɑ̃t] nm, f dealer.

négociateur, trice [negɔsjatœʁ, tʁis] nm, f negotiator.

négociation [negɔsjasjɔ̃] nf negotiation ▸ **négociations de paix** peace negotiations.

négocier [9] [negɔsje] vt to negotiate.

nègre, négresse [nɛgʁ, negʁɛs] nm, f Negro (negress) *(beware: the terms "nègre" and "négresse" are considered racist).* ◆ **nègre** ◆ nm *fam* ghost writer. ◆ adj negro *(avant n) (beware: the term "nègre" is considered racist).*

neige [nɛʒ] nf [flocons] snow.

neiger [23] [neʒe] v impers ▸ **il neige** it is snowing.

neigeux, euse [nɛʒø, øz] adj snowy.

nem [nɛm] nm CULIN (Vietnamese) small spring roll.

nénuphar [nenyfaʁ] nm water lily.

néo-calédonien, enne [neɔkaledɔnjɛ̃, ɛn] *(mpl néo-calédoniens, fpl néo-calédoniennes)* adj New Caledonian. ◆ **Néo-Calédonien, enne** nm, f New Caledonian.

néologisme [neɔlɔʒism] nm neologism.

néon [neɔ̃] nm **1.** [gaz] neon **2.** [enseigne] neon light.

néophyte [neɔfit] nmf novice.

néo-zélandais, e [neɔzelɑ̃dɛ, ɛz] *(mpl inv, fpl néo-zélandaises)* adj New Zealand *(avant n),* of/from New Zealand. ◆ **Néo-Zélandais, e** nm, f New Zealander.

Népal [nepal] nm : *le Népal* Nepal.

nerd [nɛʁd] nm *péj* nerd.

nerf [nɛʁ] nm **1.** ANAT nerve **2.** *fig* [vigueur] spirit.

nerveux, euse [nɛʁvø, øz] adj **1.** [gén] nervous **2.** [viande] stringy **3.** [style] vigorous ; [voiture] responsive.

nervosité [nɛʁvozite] nf nervousness.

nervure [nɛʁvyʁ] nf [de feuille, d'aile] vein.

n'est-ce pas [nɛspa] adv : *vous me croyez, n'est-ce pas ?* you believe me, don't you ? / *c'est délicieux, n'est-ce pas ?* it's delicious, isn't it ? ▸ **n'est-ce pas que vous vous êtes bien amusés ?** you enjoyed yourselves, didn't you ?

net, nette [nɛt] adj **1.** [écriture, image, idée] clear **2.** [propre, rangé] clean, neat **3.** COMM & FIN net ▸ **net d'impôt** tax-free, tax-exempt **4.** [visible, manifeste] definite, distinct. ◆ **net** adv **1.** [sur le coup] on the spot ▸ **s'arrêter net** to stop dead ou short ▸ **se casser net** to break clean off **2.** COMM & FIN net.

Net [nɛt] nm *fam* ▸ **le Net** the Net, the net ▸ **surfer sur le Net** to surf the Net.

netéconomie [nɛtekɔnɔmi] nf (Inter)net economy.

nettement [nɛtmɑ̃] adv **1.** [clairement] clearly **2.** [incontestablement] definitely ▸ **nettement plus / moins** much more/less.

netteté [nɛtte] nf clearness.

nettoyage [netwajaʒ] nm [de vêtement] cleaning ▸ **nettoyage à sec** dry cleaning.

nettoyer [13] [netwaje] vt **1.** [gén] to clean **2.** *fam* [vider] to clear out.

neuf¹, neuve [nœf, nœv] adj new. ◆ **neuf** nm ▸ **vêtu de neuf** wearing new clothes ▸ **quoi de neuf ?** what's new? ▸ **rien de neuf** nothing new.

neuf² [nœf] adj num inv & nm nine. *Voir aussi* **six**.

neurasthénique [nørastenik] nmf & adj depressive.

neurochirurgie [nøroʃiryrʒi] nf neurosurgery.

neurodégénératif, ive [nørodeʒeneratif, iv] adj MÉD neurodegenerative.

neurologie [nørɔlɔʒi] nf neurology.

neutralisation [nøtralizasjɔ̃] nf neutralization.

neutraliser [3] [nøtralize] vt to neutralize.

neutralité [nøtralite] nf neutrality.

neutre [nøtr] ◆ nm LING neuter. ◆ adj **1.** [gén] neutral **2.** LING neuter.

neutron [nøtrɔ̃] nm neutron.

neuve ⟶ **neuf¹**

neuvième [nœvjɛm] adj num inv, nm & nmf ninth. *Voir aussi* **sixième**.

névé [neve] nm snowbank.

neveu, [nəvø] nm nephew.

névralgie [nevralʒi] nf MÉD neuralgia.

névrose [nevroz] nf neurosis.

névrosé, e [nevroze] adj & nm, f neurotic.

New York [njujɔrk] npr **1.** [ville] New York (City) ▸ *à New York* in New York (City) **2.** [état] New York State ▸ *dans l'État de New York* in New York State.

new-yorkais, e [njujɔrkɛ, ɛz] (*mpl inv*, *fpl* **new-yorkaises**) adj of/from New York. ◆ **New-Yorkais, e** nm, f New Yorker.

nez [ne] nm nose ▸ **parler du nez** to talk ou to speak through one's nose ▸ **saigner du nez** to have a nosebleed ▸ **nez aquilin** aquiline nose ▸ **nez busqué** hooked nose ▸ **nez à nez** face to face.

ni [ni] conj : *sans pull ni écharpe* without a sweater or a scarf ▸ *je ne peux ni ne veux venir* I neither can nor want to come. ◆ **ni... ni** loc corrélative neither... nor ▸ **ni lui ni moi** neither of us ▸ **ni l'un ni l'autre n'a parlé** neither of them spoke ▸ *je ne les aime ni l'un ni l'autre* I don't like either of them.

niais, e [njɛ, njɛz] ◆ adj silly, foolish. ◆ nm, f fool.

niaque, gnaque [njak] nf fam determination ▸ *les joueurs ont manqué de niaque* the players lacked drive ▸ **avoir la niaque** to be determined to succeed ▸ *toute l'équipe a la niaque* the whole team is determined to win.

Nicaragua [nikaragwa] nm : *le Nicaragua* Nicaragua.

niche [niʃ] nf **1.** [de chien] kennel [UK], doghouse [US] **2.** [de statue] niche.

nicher [3] [niʃe] vi [oiseaux] to nest.

nickel [nikɛl] ◆ nm nickel. ◆ adj inv *fam* spotless, spick and span.

niçois, e [niswa, az] adj of/from Nice ▸ *salade niçoise* salad made out of lettuce, green peppers, tuna fish, tomatoes, anchovy and hard-boiled egg. ◆ **Niçois, e** nm, f person from Nice.

nicotine [nikɔtin] nf nicotine.

nid [ni] nm nest.

nièce [njɛs] nf niece.

nier [9] [nje] vt to deny.

nigaud, e [nigo, od] nm, f halfwit.

Niger [niʒɛr] nm **1.** [fleuve] : *le Niger* the River Niger **2.** [État] : *le Niger* Niger.

Nigeria [niʒerja] nm : *le Nigeria* Nigeria.

nigérien, enne [niʒerjɛ̃, ɛn] adj Nigerien. ◆ **Nigérien, enne** nm, f Nigerien.

night-club [najtklœb] (*pl* **night-clubs**) nm nightclub.

Nil [nil] nm : *le Nil* the Nile.

n'importe [nɛ̃pɔrt] ⟶ **importer**.

nippon, one, onne [nipɔ̃, ɔn, ɔn] adj Japanese. ◆ **Nippon, one, onne** nm, f Japanese (person) ▸ *les Nippons* the Japanese.

nirvana [nirvana] nm nirvana.

nitrate [nitrat] nm nitrate.

nitroglycérine [nitrogliserin] nf nitroglycerine.

niveau, x [nivo] nm [gén] level ▸ **de même niveau** *fig* of the same standard ▸ **au-dessus du niveau de la mer** above sea level ▸ **niveau de vie** standard of living ▸ **au niveau de** a) [ce qui concerne] as regards.

niveler [24] [nivle] vt to level ; *fig* to level out.

noble [nɔbl] ◆ nmf nobleman (noblewoman). ◆ adj noble.

noblesse [nɔblɛs] nf nobility.

noce [nɔs] nf **1.** [mariage] wedding **2.** [invités] wedding party. ◆ **noces** nfpl wedding *sg*

▸ **noces d'or / d'argent** golden/silver wedding (anniversary).

nocif, ive [nɔsif, iv] adj [produit, gaz] noxious.

noctambule [nɔktɑ̃byl] nmf night bird.

nocturne [nɔktyʀn] ❖ nf [d'un magasin] late opening. ❖ adj **1.** [émission, attaque] night (avant n) **2.** [animal] nocturnal.

Noël [nɔɛl] nm Christmas ▸ **joyeux Noël !** Happy ou Merry Christmas!

nœud [nø] nm **1.** [de fil, de bois] knot ▸ **double nœud** double knot **2.** NAUT knot **3.** [de l'action, du problème] crux **4.** [ornement] bow ▸ **nœud de cravate** knot (in one's tie) ▸ **nœud papillon** bow tie **5.** ANAT, ASTRON, ÉLECTR & RAIL node.

noir, e [nwaʀ] adj **1.** [gén] black ▸ **noir de** [poussière] black with ▸ **noir de monde** fig heaving with people **2.** [pièce, couloir] dark. ❖ **Noir, e** nm, f black. ❖ **noir** nm **1.** [couleur] black ▸ **noir sur blanc** fig in black and white **2.** [obscurité] dark **3.** EXPR **acheter qqch au noir** to buy sthg on the black market. ❖ **noire** nf crotchet UK, quarter note US.

noirâtre [nwaʀatʀ] adj blackish.

noirceur [nwaʀsœʀ] nf **1.** QUÉBEC [obscurité] darkness **2.** fig [méchanceté] wickedness.

noircir [32] [nwaʀsiʀ] ❖ vi to darken. ❖ vt pr & fig to blacken.

Noire ⟶ **mer**.

noise [nwaz] nf ▸ **chercher noise à qqn** to pick a quarrel with sb.

noisetier [nwaztje] nm hazel tree.

noisette [nwazɛt] nf [fruit] hazelnut.

noix [nwa] nf **1.** [fruit] walnut ▸ **noix de cajou** cashew (nut) ▸ **noix de coco** coconut ▸ **noix de muscade** nutmeg **2.** EXPR **à la noix** fam dreadful.

nom [nɔ̃] nm **1.** [gén] name ▸ **au nom de** in the name of ▸ **nom déposé** trade name ▸ **nom de famille** surname ▸ **nom de jeune fille** maiden name **2.** [prénom] (first) name **3.** GRAM noun ▸ **nom propre / commun** proper / common noun.

nomade [nɔmad] ❖ nmf nomad. ❖ adj nomadic.

nombre [nɔ̃bʀ] nm number / **un grand nombre de** a lot of, a great number of, a great many ▸ **nombre pair / impair** even / odd number.

nombreux, euse [nɔ̃bʀø, øz] adj **1.** [famille, foule] large **2.** [erreurs, occasions] numerous ▸ **peu nombreux** few.

nombril [nɔ̃bʀil ou nɔ̃bʀi] nm navel ▸ **il se prend pour le nombril du monde** fam he thinks the world revolves around him.

nomenclature [nɔmɑ̃klatyʀ] nf **1.** [terminologie] nomenclature **2.** [liste] word list.

nominal, e, aux [nɔminal, o] adj **1.** [liste] of names **2.** [valeur, autorité] nominal **3.** GRAM noun (avant n).

nominatif, ive [nɔminatif, iv] adj [liste] of names. ❖ **nominatif** nm GRAM nominative.

nomination [nɔminasjɔ̃] nf nomination, appointment.

nommé, e [nɔme] adj **1.** [désigné] named **2.** [choisi] appointed.

nommément [nɔmemɑ̃] adv [citer] by name.

nommer [3] [nɔme] vt **1.** [appeler] to name, to call **2.** [qualifier] to call **3.** [promouvoir] to appoint, to nominate **4.** [dénoncer, mentionner] to name. ❖ **se nommer** vp **1.** [s'appeler] to be called **2.** [se désigner] to give one's name.

non [nɔ̃] ❖ adv **1.** [réponse négative] no **2.** [se rapportant à une phrase précédente] not / **moi non** not me ▸ **non plus :** **moi non plus** (and) neither am / do etc. ▸ **3.** [sert à demander une confirmation] : **c'est une bonne idée, non ?** it's a good idea, isn't it? **4.** [modifie un adjectif ou un adverbe] not / **non loin d'ici** not far from here / **une difficulté non négligeable** a not inconsiderable problem. ❖ nm inv no. ❖ **non (pas) que... mais** loc corrélative not that... but.

nonagénaire [nɔnaʒenɛʀ] nmf & adj nonagenarian.

non-agression [nɔnagʀesjɔ̃] nf non-aggression.

nonante [nɔnɑ̃t] adj num inv BELGIQUE SUISSE ninety.

non-assistance [nɔnasistɑ̃s] nf non-assistance ▸ **non-assistance à personne en danger** failure to give assistance to a person in danger.

nonchalance [nɔ̃ʃalɑ̃s] nf nonchalance, casualness.

non-conformiste [nɔ̃kɔ̃fɔʀmist] ❖ nmf nonconformist. ❖ adj unconventional.

non-dit [nɔ̃di] nm unvoiced feeling.

non-fumeur, euse [nɔ̃fymœʀ, øz] nm, f non-smoker.

non-ingérence [nɔnɛ̃ʒeʀɑ̃s] nf noninterference.

non-lieu [nɔ̃ljø] (pl **non-lieux**) nm DR dismissal through lack of evidence ▸ **rendre un non-lieu** to dismiss a case for lack of evidence.

nougat

nonne [nɔn] nf nun.

non-recevoir [nɔ̃RəsəvwaR] ➧ **fin de non-recevoir** nf DR objection.

non-sens [nɔ̃sɑ̃s] nm inv **1.** [absurdité] nonsense **2.** [contresens] meaningless word.

non-violence [nɔ̃vjɔlɑ̃s] nf non-violence.

non-voyant, e [nɔ̃vwajɑ̃, ɑ̃t] adj visually handicapped UK, visually impaired US.

nord [nɔR] ➧ nm north ▸ **un vent du nord** a northerly wind ▸ **au nord** in the north ▸ **au nord (de)** to the north (of) ▸ **le grand Nord** the frozen North. ➧ adj inv north ; [province, région] northern.

nord-africain, e [nɔRafRikɛ̃, ɛn] (mpl **nord-africains**, fpl **nord-africaines**) adj North African. ➧ **Nord-Africain, e** nm, f North African.

nord-américain, e [nɔRamerikɛ̃, ɛn] (mpl **nord-américains**, fpl **nord-américaines**) adj North American. ➧ **Nord-Américain, e** nm, f North American.

nord-est [nɔRɛst] nm & adj inv northeast.

nordique [nɔRdik] adj Nordic, Scandinavian. ➧ **Nordique** nmf **1.** [Scandinave] Scandinavian **2.** QUÉBEC North Canadian.

nord-ouest [nɔRwɛst] nm & adj inv northwest.

normal, e, aux [nɔRmal, o] adj normal. ➧ **normale** nf [moyenne] ▸ **la normale** the norm.

normalement [nɔRmalmɑ̃] adv normally, usually / **normalement il devrait déjà être arrivé** he should have arrived by now.

normalien, enne [nɔRmaljɛ̃, ɛn] nm, f **1.** [élève d'une école normale] student at teacher training college UK ou teachers college US **2.** [ancien élève de l'École normale supérieure] graduate of the École normale supérieure.

normalisation [nɔRmalizasjɔ̃] nf **1.** [stabilisation] normalization **2.** [standardisation] standardization.

normaliser [3] [nɔRmalize] vt **1.** [situation] to normalize **2.** [produit] to standardize.

normand, e [nɔRmɑ̃, ɑ̃d] adj Norman. ➧ **Normand, e** nm, f Norman.

Normandie [nɔRmɑ̃di] nf : *la Normandie* Normandy.

norme [nɔRm] nf **1.** [gén] standard, norm **2.** [critère] criterion.

Norvège [nɔRvɛʒ] nf : *la Norvège* Norway.

norvégien, enne [nɔRveʒjɛ̃, ɛn] adj Norwegian. ➧ **norvégien** nm [langue] Norwegian. ➧ **Norvégien, enne** nm, f Norwegian.

nos ⟶ **notre**.

nosocomial, e, aux [nozɔkɔmjal, o] adj nosocomial, contracted in hospital.

nostalgie [nɔstalʒi] nf nostalgia.

nostalgique [nɔstalʒik] adj nostalgic.

notable [nɔtabl] ➧ adj noteworthy, notable. ➧ nm notable.

notaire [nɔtɛR] nmf ≃ solicitor UK ; ≃ lawyer.

notamment [nɔtamɑ̃] adv in particular.

notation [nɔtasjɔ̃] nf **1.** [système] notation **2.** [remarque] note **3.** SCOL marking, grading US **4.** FIN ▸ **notation financière** credit ratings, rating.

note [nɔt] nf **1.** [gén & MUS] note ▸ **prendre des notes** to take notes **2.** SCOL & UNIV mark, grade US ▸ **avoir une bonne / mauvaise note** to have a good/bad mark **3.** [facture] bill ▸ **note de frais** [à remplir] expense ou expenses claim (form) / *présenter sa note de frais* to put in for expenses.

noter [3] [nɔte] vt **1.** [écrire] to note down **2.** [constater] to note, to notice **3.** SCOL & UNIV to mark, to grade US.

notice [nɔtis] nf instructions pl.

notifier [9] [nɔtifje] vt ▸ **notifier qqch à qqn** to notify sb of sthg.

notion [nɔsjɔ̃] nf **1.** [conscience, concept] notion, concept **2.** (gén pl) [rudiment] smattering (U).

notoire [nɔtwaR] adj [fait] well-known ; [criminel] notorious.

notoriété [nɔtɔRjete] nf **1.** [de fait] notoriety ▸ **être de notoriété publique** to be common ou public knowledge **2.** [célébrité] fame.

notre [nɔtR] (pl **nos** [no]) adj poss our.

nôtre [notR] ➧ **le nôtre, la nôtre** (pl **les nôtres**) pron poss ours ▸ **les nôtres** our family sg / *serez-vous des nôtres demain ?* will you be joining us tomorrow?

nouer [6] [nwe] vt **1.** [corde, lacet] to tie ; [bouquet] to tie up **2.** fig [gorge, estomac] to knot. ➧ **se nouer** vp **1.** [gorge] to tighten up **2.** [intrigue] to knot.

noueux, euse [nwø, øz] adj [bois] knotty ; [mains] gnarled.

nougat [nuga] nm nougat.

nouille [nuj] nf *fam & péj* idiot. ◆ **nouilles** nfpl [pâtes] pasta (U), noodles pl.

nounou [nunu] nf nanny.

nourri, e [nuri] pp ⟶ **nourrir**.

nourrice [nuris] nf [garde d'enfants] nanny ⟨UK⟩, childminder ⟨UK⟩, nursemaid ⟨US⟩; [qui allaite] wet nurse.

nourrir [32] [nurir] vt **1.** [gén] to feed **2.** [sentiment, projet] to nurture. ◆ **se nourrir** vp to eat ▸ **se nourrir de qqch** pr & fig to live on sthg.

nourrissant, e [nurisã, ãt] adj nutritious, nourishing.

nourrisson [nurisɔ̃] nm infant.

nourriture [nurityr] nf food.

nous [nu] pron pers **1.** [sujet] we **2.** [objet] us. ◆ **nous-mêmes** pron pers ourselves.

nouveau, elle, x [nuvo, ɛl] (*nouvel* devant une voyelle ou un 'h' muet) ◆ adj new ▸ **nouveaux mariés** newlyweds. ◆ nm, f new boy (new girl). ◆ **nouveau** nm ▸ **il y a du nouveau** there's something new. ◆ **nouvelle** nf **1.** [information] (piece of) news (U) **2.** [court récit] short story. ◆ **nouvelles** nfpl news ▸ **les nouvelles** [média] the news sg ▸ **il a donné de ses nouvelles** I/we etc. have heard from him. ◆ **à nouveau** loc adv **1.** [encore] again **2.** [de manière différente] afresh, anew. ◆ **de nouveau** loc adv again.

nouveau-né, e [nuvone] (*mpl* **nouveau-nés**, *fpl* **nouveau-nées**) nm, f newborn baby.

nouveauté [nuvote] nf **1.** [actualité] novelty **2.** [innovation] something new **3.** [ouvrage] new book/film etc.

nouvel, nouvelle ⟶ **nouveau**.

Nouvelle-Calédonie [nuvɛlkaledɔni] nf : *la Nouvelle-Calédonie* New Caledonia.

Nouvelle-Guinée [nuvɛlgine] nf : *la Nouvelle-Guinée* New Guinea.

Nouvelle-Orléans [nuvɛlɔrleã] npr : *La Nouvelle-Orléans* New Orleans.

Nouvelle-Zélande [nuvɛlzelãd] nf : *la Nouvelle-Zélande* New Zealand.

novateur, trice [nɔvatœr, tris] ◆ adj innovative. ◆ nm, f innovator.

novembre [nɔvãbr] nm November. *Voir aussi* **septembre**.

novice [nɔvis] ◆ nmf novice. ◆ adj inexperienced.

noyade [nwajad] nf drowning.

noyau, x [nwajo] nm **1.** [de fruit] stone ⟨UK⟩, pit **2.** ASTRON, BIOL & PHYS nucleus **3.** fig [d'amis] group, circle; [d'opposants, de résistants] cell ▸ **noyau dur** hard core **4.** fig [centre] core.

noyauter [3] [nwajote] vt to infiltrate.

noyé, e [nwaje] ◆ adj **1.** [personne] drowned **2.** [inondé] flooded / *yeux noyés de larmes* eyes swimming with tears. ◆ nm, f drowned person.

noyer¹ [13] [nwaje] vt **1.** [animal, personne] to drown **2.** [terre, moteur] to flood **3.** [estomper, diluer] to swamp; [contours] to blur. ◆ **se noyer** vp **1.** [personne] to drown **2.** fig [se perdre] ▸ **se noyer dans** to become bogged down in.

noyer² [nwaje] nm walnut (tree).

NPI (*abr de* **nouveaux pays industrialisés**) nmpl NICs.

N /Réf (*abr écrite de* **notre référence**) O/Ref.

NRV SMS *abr écrite de* **énervé**.

nu, e [ny] adj **1.** [personne] naked **2.** [paysage, fil électrique] bare **3.** [style, vérité] plain. ◆ **nu** nm nude ▸ **à nu** stripped, bare ▸ **mettre à nu** to strip bare.

nuage [nɥaʒ] nm **1.** [gén] cloud **2.** [petite quantité] ▸ **un nuage de lait** a drop of milk.

nuageux, euse [nɥaʒø, øz] adj **1.** [temps, ciel] cloudy **2.** fig [esprit] hazy.

nuance [nɥãs] nf [de couleur] shade; [de son, de sens] nuance.

nuancer [16] [nɥãse] vt **1.** [couleurs] to shade **2.** [pensée] to qualify.

nubile [nybil] adj nubile.

nubuck [nybyk] nm nubuck / *des chaussures en nubuck* nubuck shoes.

nucléaire [nykleer] ◆ nm nuclear energy. ◆ adj nuclear.

nudisme [nydism] nm nudism, naturism.

nudiste [nydist] nmf & adj nudist.

nudité [nydite] nf **1.** [de personne] nudity, nakedness **2.** [de lieu, style] bareness.

nuée [nɥe] nf **1.** [multitude] ▸ **une nuée de** a horde of **2.** *litt* [nuage] cloud.

nues [ny] nfpl ▸ **tomber des nues** to be completely taken aback.

nui [nɥi] pp inv ⟶ **nuire**.

nuire [97] [nɥir] vi ▸ **nuire à** to harm, to injure.

nuisance [nɥizãs] nf nuisance (U), harm (U).

nuisette [nɥizɛt] nf short nightshirt, babydoll nightgown.

nuisible [nɥizibl] adj harmful.

nuit [nɥi] nf **1.** [laps de temps] night ▸ **cette nuit a)** [la nuit dernière] last night **b)** [la nuit prochaine] tonight / *en pleine nuit* in the middle of the night ▸ **de nuit** at night / *bateau / vol de nuit* night ferry / flight ▸ **nuit blanche** sleepless night **2.** [obscurité] darkness, night ▸ **il fait nuit** it's dark.

nuitée [nɥite] nf overnight stay.

nul, nulle [nyl] ❖ adj indéf *(avant n) litt* no. ❖ adj *(après n)* **1.** [égal à zéro] nil **2.** [sans valeur] useless, hopeless / *être nul en maths* to be hopeless ou useless at maths **3.** [sans résultat] ▸ **match nul** draw **UK**, tie **US**. ❖ nm, f *péj* nonentity. ❖ pron indéf *sout* no one, nobody. ◆ **nulle part** loc adv nowhere, no place **US**.

nullement [nylmã] adv by no means.

nullité [nylite] nf **1.** [médiocrité] incompetence **2.** DR invalidity, nullity.

numéraire [nymerɛr] nm cash.

numéral, e, aux [nymeral, o] adj numeral. ◆ **numéral, aux** nm numeral.

numération [nymerasjɔ̃] nf MÉD ▸ **numération globulaire** blood count.

numérique [nymerik] ❖ adj **1.** [gén] numerical **2.** INFORM digital. ❖ nm ▸ **le numérique** digital technology.

numérisé, e [nymerize] adj digitalised.

numéro [nymero] nm **1.** [gén] number ▸ **composer** ou **faire un numéro** to dial a number ▸ **faire un faux numéro** to dial a wrong number ▸ **numéro minéralogique** ou **d'immatriculation** registration **UK** ou license **US** number / *numéro de poste* extension number ▸ **numéro de téléphone** telephone number ▸ **numéro vert** ≃ freefone number **UK** ; ≃ 800 ou tollfree number **US 2.** [de spectacle] act, turn **3.** *fam* [personne] : *quel numéro !* what a character!

numéroter [3] [nymerɔte] vt to number.

numerus clausus [nymerysklozys] nm *restricted intake of students.*

nu-pieds [nypje] nm inv [sandale] sandal.

nuptial, e, aux [nypsjal, o] adj nuptial.

nuque [nyk] nf nape.

nurse [nœrs] nf children's nurse, nanny **UK**.

nursery [nœrsəri] *(pl* nurseries) nf **1.** [dans un hôpital] nursery **2.** [dans un lieu public] parent-and-baby clinic.

nutrithérapie [nytriterapi] nf nutritional therapy.

nutritif, ive [nytritif, iv] adj nutritious.

nutritionniste [nytrisjɔnist] nmf nutritionist, dietician.

Nylon® [nilɔ̃] nm nylon.

nymphe [nɛ̃f] nf nymph.

nymphomane [nɛ̃fɔman] nf & adj nymphomaniac.

o, O [o] nm inv [lettre] o, O. ◆ **o.** (abr écrite de ouest) W.

ô [o] interj oh!, O!

oasis [ɔazis] nf **1.** [dans désert] oasis **2.** fig [de calme] haven, oasis.

obéir [32] [ɔbeiʀ] vi **1.** [personne] ▸ **obéir à qqn/qqch** to obey sb/sthg **2.** [freins] to respond.

obéissant, e [ɔbeisɑ̃, ɑ̃t] adj obedient.

obélisque [ɔbelisk] nm obelisk.

obèse [ɔbɛz] adj obese.

obésité [ɔbezite] nf obesity.

objecter [4] [ɔbʒɛkte] vt **1.** [répliquer] to raise as an objection ▸ **objecter que** to object that **2.** [prétexter] ▸ **objecter qqch (à qqn)** to put forward sthg as an excuse (to sb).

objecteur [ɔbʒɛktœʀ] nm objector ▸ **objecteur de conscience** conscientious objector.

objectif, ive [ɔbʒɛktif, iv] adj objective. ◆ **objectif** nm **1.** PHOTO lens **2.** [but, cible] objective, target.

objection [ɔbʒɛksjɔ̃] nf objection ▸ **faire objection à** to object to.

objectivité [ɔbʒɛktivite] nf objectivity.

objet [ɔbʒɛ] nm **1.** [chose] object ▸ **objet d'art** objet d'art / **objet de valeur** valuable ▸ **objets trouvés** lost property office UK, lost-and-found (office) US **2.** [sujet] subject **3.** DR matter.

obligation [ɔbligasjɔ̃] nf **1.** [gén] obligation ▸ **être dans l'obligation de faire qqch** to be obliged to do sthg **2.** FIN bond, debenture.

obligatoire [ɔbligatwaʀ] adj **1.** [imposé] compulsory, obligatory **2.** fam [inéluctable] inevitable.

obligeance [ɔbliʒɑ̃s] nf sout obligingness ▸ **avoir l'obligeance de faire qqch** to be good ou kind enough to do sthg.

obliger [17] [ɔbliʒe] vt [forcer] ▸ **obliger qqn à qqch** to impose sthg on sb ▸ **obliger qqn à faire qqch** to force sb to do sthg ▸ **être obligé de faire qqch** to be obliged to do sthg. ◆ **s'obliger** vp ▸ **s'obliger à qqch** to impose sthg on o.s. ▸ **s'obliger à faire qqch** to force o.s. to do sthg.

oblique [ɔblik] adj oblique.

obliquer [3] [ɔblike] vi to turn off.

oblitérer [18] [ɔblitere] vt **1.** [tamponner] to cancel **2.** MÉD to obstruct **3.** litt [effacer] to obliterate.

oblong, oblongue [ɔblɔ̃, ɔ̃g] adj oblong.

obnubiler [3] [ɔbnybile] vt to obsess ▸ **être obnubilé par** to be obsessed with ou by.

obole [ɔbɔl] nf small contribution.

obscène [ɔpsɛn] adj obscene.

obscénité [ɔpsenite] nf obscenity.

obscur, e [ɔpskyʀ] adj **1.** [sombre] dark **2.** [confus] vague **3.** [inconnu, douteux] obscure.

obscurantisme [ɔpskyʀɑ̃tism] nm obscurantism.

obscurcir [32] [ɔpskyʀsiʀ] vt **1.** [assombrir] to darken **2.** [embrouiller] to confuse. ◆ **s'obscurcir** vp **1.** [s'assombrir] to grow dark **2.** [s'embrouiller] to become confused.

obscurité [ɔpskyʀite] nf [nuit] darkness.

obsédé, e [ɔpsede] ◆ adj obsessed. ◆ nm, f obsessive.

obséder [18] [ɔpsede] vt to obsess, to haunt.

obsèques [ɔpsɛk] nfpl funeral sg.

obséquieux, euse [ɔpsekjø, øz] adj obsequious.

observateur, trice [ɔpsɛʀvatœʀ, tʀis] ◆ adj observant. ◆ nm, f observer.

observation [ɔpsɛʀvasjɔ̃] nf **1.** [gén] observation ▸ **être en observation** MÉD to be under observation **2.** [critique] remark.

observatoire [ɔpsɛʀvatwaʀ] nm **1.** ASTRON observatory **2.** [lieu de surveillance] observation post.

observer [3] [ɔpsɛʀve] vt **1.** [regarder, remarquer, respecter] to observe **2.** [épier] to watch **3.** [constater] ▸ **observer que** to note that ▸ **faire observer qqch à qqn** to point sthg out to sb.

obsession [ɔpsesjɔ̃] nf obsession.

obsolète [ɔpsɔlɛt] adj obsolete.

obstacle [ɔpstakl] nm **1.** [entrave] obstacle **2.** *fig* [difficulté] hindrance ▸ **faire obstacle à qqch/qqn** to hinder sthg/sb.

obstétricien, enne [ɔpstetʀisjɛ̃, ɛn] nm, f obstetrician.

obstétrique [ɔpstetʀik] nf obstetrics *(U)*.

obstination [ɔpstinasjɔ̃] nf stubbornness, obstinacy.

obstiné, e [ɔpstine] adj **1.** [entêté] stubborn, obstinate **2.** [acharné] dogged.

obstiner [3] [ɔpstine] ◆ **s'obstiner** vp to insist ▸ **s'obstiner à faire qqch** to persist stubbornly in doing sthg ▸ **s'obstiner dans qqch** to cling stubbornly to sthg.

obstruction [ɔpstʀyksjɔ̃] nf **1.** MÉD obstruction, blockage **2.** POL & SPORT obstruction.

obstruer [3] [ɔpstʀye] vt to block, to obstruct. ◆ **s'obstruer** vp to become blocked.

obtempérer [18] [ɔptɑ̃peʀe] vi ▸ **obtempérer à** to comply with.

obtenir [40] [ɔptəniʀ] vt to get, to obtain ▸ **obtenir qqch de qqn** to get sthg from sb ▸ **obtenir qqch à** ou **pour qqn** to obtain sthg for sb.

obtention [ɔptɑ̃sjɔ̃] nf obtaining.

obtenu, e [ɔptəny] pp ⟶ **obtenir**.

obturateur, trice [ɔptyʀatœʀ, tʀis] adj closing *(avant n)*. ◆ **obturateur** nm **1.** [valve] stop valve **2.** PHOTO shutter.

obturer [3] [ɔptyʀe] vt to close, to seal; [dent] to fill.

obtus, e [ɔpty, yz] adj obtuse.

obus [ɔby] nm shell.

OC *(abr écrite de* ondes courtes*)* SW.

occasion [ɔkazjɔ̃] nf **1.** [possibilité, chance] opportunity, chance ▸ **saisir l'occasion (de faire qqch)** to seize ou grab the chance (to do sthg) ▸ **rater une occasion (de faire qqch)** to miss a chance (to do sthg) ▸ **à l'occasion a)** some time **b)** [de temps en temps] sometimes, on occasion ▸ **à la première occasion** at the first opportunity **2.** [circonstance] occasion ▸ **à l'occasion de** on the occasion of **3.** [bonne affaire] bargain. ◆ **d'occasion** loc adv & loc adj second-hand.

occasionnel, elle [ɔkazjɔnɛl] adj [irrégulier - visite, problème] occasional ; [- travail] casual.

occasionner [3] [ɔkazjɔne] vt to cause.

occident [ɔksidɑ̃] nm west. ◆ **Occident** nm ▸ **l'Occident** the West.

occidental, e, aux [ɔksidɑ̃tal, o] adj western. ◆ **Occidental, e, aux** nm, f Westerner.

occiput [ɔksipyt] nm back of the head.

occlusion [ɔklyzjɔ̃] nf **1.** MÉD blockage, obstruction **2.** LING & CHIM occlusion.

occulte [ɔkylt] adj occult.

occulter [3] [ɔkylte] vt [sentiments] to conceal.

occupation [ɔkypasjɔ̃] nf **1.** [activité] occupation, job **2.** MIL occupation.

occupé, e [ɔkype] adj **1.** [personne] busy ▸ **être occupé à qqch** to be busy with sthg **2.** [appartement, zone] occupied **3.** [place] taken ; [toilettes] engaged **UK** ▸ **c'est occupé** [téléphone] it's engaged **UK** ou busy **US**.

occuper [3] [ɔkype] vt **1.** [gén] to occupy **2.** [espace] to take up **3.** [place, poste] to hold **4.** [main-d'œuvre] to employ. ◆ **s'occuper** vp **1.** [s'activer] to keep o.s. busy ▸ **s'occuper à qqch/à faire qqch** to be busy with sthg/doing sthg **2.** ▸ **s'occuper de qqch a)** [se charger de] to take care of sthg, to deal with sthg **b)** [s'intéresser à] to take an interest in, to be interested in ▸ **occupez-vous de vos affaires !** mind your own business! **3.** [prendre soin] ▸ **s'occuper de qqn** to take care of sb, to look after sb.

occurrence [ɔkyʀɑ̃s] nf **1.** [circonstance] ▸ **en l'occurrence** in this case **2.** LING occurrence.

OCDE *(abr de* Organisation de coopération et de développement économique*)* nf OECD.

océan [ɔseɑ̃] nm ocean / **l'océan Antarctique** the Antarctic Ocean / **l'océan Arctique** the Arctic Ocean / **l'océan Atlantique** the Atlantic Ocean / **l'océan Indien** the Indian Ocean / **l'océan Pacifique** the Pacific Ocean.

Océanie [ɔseani] nf : **l'Océanie** Oceania.

océanique [ɔseanik] adj ocean *(avant n)*.

océanographie [ɔseanɔgʀafi] nf oceanography.

ocre [ɔkʀ] adj inv & nf ochre **UK**, ocher **US**.

octante [ɔktɑ̃t] adj num inv **BELGIQUE SUISSE** eighty.

octave [ɔktav] nf octave.

octet [ɔktɛ] nm INFORM byte.

octobre [ɔktɔbʀ] nm October. *Voir aussi* **septembre**.

octogénaire [ɔktɔʒenɛʀ] nmf & adj octogenarian.

octogone [ɔktɔgɔn] nm octagon.

octroyer [13] [ɔktʀwaje] vt ▸ **octroyer qqch à qqn** to grant sb sthg, to grant sthg to sb. ◆ **s'octroyer** vp to grant o.s., to treat o.s. to.

oculaire [ɔkylɛʀ] ◆ adj ocular, eye *(avant n)*. ◆ nm eyepiece.

oculiste [ɔkylist] nmf ophthalmologist.

ode [ɔd] nf ode.

odeur [ɔdœʀ] nf smell.

odieux, euse [ɔdjø, øz] adj **1.** [crime] odious, abominable **2.** [personne, attitude] unbearable, obnoxious.

odorant, e [ɔdɔʀɑ̃, ɑ̃t] adj sweet-smelling, fragrant.

odorat [ɔdɔʀa] nm (sense of) smell.

odyssée [ɔdise] nf odyssey.

œdème [edɛm] nm oedema UK, edema US.

œil [œj] (pl **yeux** [jø]) nm **1.** [gén] eye ▸ **yeux bridés/exorbités/globuleux** slanting/bulging/protruding eyes ▸ **avoir les yeux cernés** to have bags under one's eyes ▸ **baisser/lever les yeux** to look down/up, to lower/raise one's eyes ▸ **à l'œil nu** to the naked eye ▸ **à vue d'œil** visibly **2.** EXPR **avoir qqch/qqn à l'œil** to have one's eye on sthg/sb ▸ **n'avoir pas froid aux yeux** to be fearless, to have plenty of nerve ▸ **mon œil !** fam like hell! ▸ **cela saute aux yeux** it's obvious.

œil-de-bœuf [œjdəbœf] (pl **œils-de-bœuf**) nm bull's-eye window.

œillade [œjad] nf wink ▸ **lancer une œillade à qqn** to wink at sb.

œillère [œjɛʀ] nf eyebath. ◆ **œillères** nfpl blinkers UK, blinders US.

œillet [œjɛ] nm **1.** [fleur] carnation **2.** [de chaussure] eyelet.

œnologue [enɔlɔg] nmf wine expert.

œsophage [ezɔfaʒ] nm oesophagus UK, esophagus US.

œstrogène [ɛstʀɔʒɛn] nm oestrogen UK, estrogen US.

œuf [œf] (pl **œufs** [ø]) nm egg ▸ **œuf à la coque/au plat/poché** boiled/fried/poached egg ▸ **œuf mollet/dur** soft-boiled/hard-boiled egg ▸ **œufs brouillés** scrambled eggs.

œuvre [œvʀ] nf **1.** [travail] work ▸ **être à l'œuvre** to be working ou at work ▸ **se mettre à l'œuvre** to get down to work ▸ **mettre qqch en œuvre a)** to make use of sthg **b)** [loi, accord, projet] to implement sthg **2.** [artistique] work ; [ensemble de la production d'un artiste] works pl ▸ **œuvre d'art** work of art ▸ **œuvre de bienfaisance** charity, charitable organization ; [organisation] charity.

off [ɔf] adj inv CINÉ [voix, son] off.

offense [ɔfɑ̃s] nf **1.** [insulte] insult **2.** RELIG trespass.

offenser [3] [ɔfɑ̃se] vt **1.** [personne] to offend **2.** [bon goût] to offend against. ◆ **s'offenser** vp ▸ **s'offenser de** to take offence UK ou offense US at, to be offended by.

offensif, ive [ɔfɑ̃sif, iv] adj offensive. ◆ **offensive** nf **1.** MIL offensive ▸ **passer à l'offensive** to go on the offensive ▸ **prendre l'offensive** to take the offensive **2.** fig [du froid] (sudden) onset.

offert, e [ɔfɛʀ, ɛʀt] pp ⟶ **offrir**.

office [ɔfis] nm **1.** [bureau] office, agency ▸ **office du tourisme** tourist office **2.** [fonction] ▸ **faire office de** to act as ▸ **remplir son office** to do its job, to fulfil its function **3.** RELIG service. ◆ **d'office** loc adv automatically, as a matter of course ▸ **commis d'office** officially appointed.

officialiser [3] [ɔfisjalize] vt to make official.

officiel, elle [ɔfisjɛl] adj & nm, f official.

officier¹ [9] [ɔfisje] vi to officiate.

officier² [ɔfisje] nm officer.

officieux, euse [ɔfisjø, øz] adj unofficial.

officine [ɔfisin] nf **1.** [pharmacie] pharmacy **2.** péj [repaire] agency.

offrande [ɔfʀɑ̃d] nf **1.** [don] offering **2.** RELIG offertory.

offre [ɔfʀ] nf **1.** [proposition] offer ; [aux enchères] bid ; [pour contrat] tender ▸ **'offres d'emploi'** 'situations vacant' UK, 'help wanted' US, 'vacancies' ▸ **offre d'essai** trial offer ▸ **offre de lancement** introductory offer ▸ **offre publique d'achat** takeover bid **2.** ÉCON supply ▸ **la loi de l'offre et de la demande** the law of supply and demand.

offrir [34] [ɔfʀiʀ] vt **1.** [faire cadeau] ▸ **offrir qqch à qqn** to give sb sthg, to give sthg to sb **2.** [proposer] ▸ **offrir qqch à qqn** to offer sb sthg ou sthg to sb **3.** [présenter] to offer, to present / **son visage n'offrait rien d'accueillant** his/her face showed no sign of welcome. ◆ **s'offrir** vp **1.** [croisière, livre] to treat o.s. to **2.** [se présenter] to present itself **3.** [se proposer] to offer one's services, to offer o.s.

offusquer [3] [ɔfyske] vt to offend. ◆ **s'offusquer** vp ▸ **s'offusquer (de)** to take offence UK ou offense US (at).

ogive [ɔʒiv] nf **1.** ARCHIT ogive **2.** MIL [d'obus] head ; [de fusée] nosecone ▸ **ogive nucléaire** nuclear warhead.

OGM (abr de **organisme génétiquement modifié**) nm GMO.

ogre, ogresse [ɔgʀ, ɔgʀɛs] nm, f ogre (ogress).

oh [o] interj oh! ▸ **oh là là !** dear oh dear!

ohé [ɔe] interj hey!

oie [wa] nf goose.

oignon [ɔɲɔ̃] nm **1.** [plante] onion **2.** [bulbe] bulb **3.** MÉD bunion.

oiseau, x [wazo] nm **1.** ZOOL bird ▸ **oiseau de proie** bird of prey **2.** fam & péj [individu] character.

oisif, ive [wazif, iv] ❖ adj idle. ❖ nm, f man of leisure (woman of leisure).

oisillon [wazijɔ̃] nm fledgling.

oisiveté [wazivte] nf idleness.

O.K. [ɔke] interj fam okay.

ola [ɔla] nf Mexican wave 🇬🇧, wave 🇺🇸.

oléagineux, euse [ɔleaʒinø, øz] adj oleaginous. ❖ **oléagineux** nm oleaginous plant.

oléoduc [ɔleɔdyk] nm (oil) pipeline.

olfactif, ive [ɔlfaktif, iv] adj olfactory.

oligo-élément [ɔligɔelemɑ̃] (pl oligo-éléments) nm trace element.

olive [ɔliv] nf olive.

oliveraie [ɔlivʀɛ] nf olive grove.

olivier [ɔlivje] nm [arbre] olive tree ; [bois] olive wood.

OLP (abr de **Organisation de libération de la Palestine**) nf PLO.

olympique [ɔlɛ̃pik] adj Olympic (avant n).

ombilical, e, aux [ɔ̃bilikal, o] adj umbilical.

ombrage [ɔ̃bʀaʒ] nm shade.

ombragé, e [ɔ̃bʀaʒe] adj shady.

ombrageux, euse [ɔ̃bʀaʒø, øz] adj **1.** litt [personne] touchy, prickly **2.** [cheval] nervous, skittish.

ombre [ɔ̃bʀ] nf **1.** [zone sombre] shade ▸ **à l'ombre de a)** [arbre] in the shade of **b)** [personne] in the shadow of ▸ **laisser qqch dans l'ombre** fig to deliberately ignore sthg ▸ **vivre dans l'ombre** fig to live in obscurity **2.** [forme, fantôme] shadow **3.** [trace] hint.

ombrelle [ɔ̃bʀɛl] nf parasol.

OMC (abr de **Organisation mondiale du commerce**) nf WTO.

omelette [ɔmlɛt] nf omelette.

omerta [ɔmɛʀta] nf law of silence, omertà.

omettre [84] [ɔmɛtʀ] vt to omit ▸ **omettre de faire qqch** to omit to do sthg.

omis, e [ɔmi, iz] pp ⟶ **omettre**.

omission [ɔmisjɔ̃] nf omission ▸ **par omission** by omission.

omnibus [ɔmnibys] nm stopping 🇬🇧 ou local 🇺🇸 train.

omniprésent, e [ɔmnipʀezɑ̃, ɑ̃t] adj omnipresent.

omnisports [ɔmnispɔʀ] adj inv sports (avant n).

omnivore [ɔmnivɔʀ] ❖ nm omnivore. ❖ adj omnivorous.

omoplate [ɔmɔplat] nf [os] shoulder blade ; [épaule] shoulder.

OMS (abr de **Organisation mondiale de la santé**) nf WHO.

on [ɔ̃] pron indéf **1.** [indéterminé] you, one / on n'a pas le droit de fumer ici you're not allowed ou one isn't allowed to smoke here, smoking isn't allowed here **2.** [les gens, l'espèce humaine] they, people / on vit de plus en plus vieux en Europe people in Europe are living longer and longer **3.** [quelqu'un] someone / on vous a appelé au téléphone ce matin there was a telephone call for you this morning **4.** fam [nous] we / on s'en va we're off, we're going.

onanisme [ɔnanism] nm onanism.

oncle [ɔ̃kl] nm uncle.

onctueux, euse [ɔ̃ktɥø, øz] adj smooth.

onde [ɔ̃d] nf PHYS wave. ❖ **ondes** nfpl [radio] air sg.

ondée [ɔ̃de] nf shower (of rain).

on-dit [ɔ̃di] nm inv rumour 🇬🇧, rumor 🇺🇸, hearsay (U).

ondoyer [13] [ɔ̃dwaje] vi litt to ripple.

ondulation [ɔ̃dylasjɔ̃] nf **1.** [mouvement] rippling ; [de sol, terrain] undulation **2.** [de coiffure] wave.

onduler [3] [ɔ̃dyle] vi [drapeau] to ripple, to wave ; [cheveux] to be wavy ; [route] to undulate.

onéreux, euse [ɔneʀø, øz] adj costly.

one-woman-show [wanwumanʃo] nm inv one-woman-show.

ongle [ɔ̃gl] nm **1.** [de personne] fingernail, nail ▸ **se ronger les ongles** to bite one's nails **2.** [d'animal] claw.

onglet [ɔ̃glɛ] nm **1.** [de reliure] tab **2.** [de lame] thumbnail groove **3.** CULIN top skirt.

onguent [ɔ̃gɑ̃] nm ointment.

onirique [ɔniʀik] adj [relatif au rêve] dream (avant n) ; [semblable au rêve] dreamlike.

onomatopée [ɔnɔmatɔpe] nf onomatopoeia.

ont ⟶ avoir.

ONU, Onu [ɔny] (abr de **Organisation des Nations unies**) nf UN, UNO.

onyx [ɔniks] nm onyx.

onze [ɔ̃z] ❖ adj num inv eleven. ❖ nm [chiffre & SPORT] eleven. Voir aussi six.

onzième [ɔ̃zjɛm] adj num inv, nm & nmf eleventh.

OPA (abr de **offre publique d'achat**) nf take-over bid.

opacité [ɔpasite] nf opacity.

opale [ɔpal] nf & adj inv opal.

opaline [ɔpalin] nf opaline.

opaque [ɔpak] adj ▸ **opaque (à)** opaque (to).

OPEP, Opep [ɔpɛp] (abr de **Organisation des pays exportateurs de pétrole**) nf OPEC.

opéra [ɔpeʀa] nm **1.** MUS opera **2.** [théâtre] opera house.

opéra-comique [ɔpeʀakɔmik] nm light opera.

opérateur, trice [ɔpeʀatœʀ, tʀis] nm, f operator.

opération [ɔpeʀasjɔ̃] nf **1.** [gén] operation **2.** COMM deal, transaction.

opérationnel, elle [ɔpeʀasjɔnɛl] adj operational.

opératoire [ɔpeʀatwaʀ] adj MÉD operating (avant n) ▸ **choc opératoire** post-operative shock.

opérer [18] [ɔpeʀe] ❖ vt **1.** MÉD to operate on **2.** [exécuter] to carry out, to implement ; [choix, tri] to make. ❖ vi [agir] to take effect ; [personne] to operate, to proceed. ❖ **s'opérer** vp to come about, to take place.

opérette [ɔpeʀɛt] nf operetta.

ophtalmo [ɔftalmo] nmf fam abr de ophtalmologiste.

ophtalmologiste [ɔftalmɔlɔʒist], **ophtalmologue** [ɔftalmɔlɔg] nmf ophthalmologist, eye specialist.

Opinel® [ɔpinɛl] nm folding knife used especially for outdoor activities, scouting, etc.

opiniâtre [ɔpinjatʀ] adj **1.** [caractère, personne] stubborn, obstinate **2.** [effort] dogged ; [travail] unrelenting ; [fièvre, toux] persistent.

opinion [ɔpinjɔ̃] nf opinion ▸ **avoir (une) bonne / mauvaise opinion de** to have a good / bad opinion of ▸ **l'opinion publique** public opinion.

opium [ɔpjɔm] nm opium.

opportun, e [ɔpɔʀtœ̃, yn] adj opportune, timely.

opportuniste [ɔpɔʀtynist] ❖ nmf opportunist. ❖ adj opportunistic.

opportunité [ɔpɔʀtynite] nf **1.** [à-propos] opportuneness, timeliness **2.** [occasion] opportunity.

opposant, e [ɔpɔsɑ̃, ɑ̃t] ❖ adj opposing. ❖ nm, f ▸ **opposant (à)** opponent (of).

opposé, e [ɔpoze] adj **1.** [direction, côté, angle] opposite **2.** [intérêts, opinions] conflicting ; [forces] opposing **3.** [hostile] ▸ **opposé à** opposed to. ❖ **opposé** nm **l'opposé** the opposite ▸ **à l'opposé de a)** in the opposite direction from **b)** fig unlike, contrary to.

opposer [3] [ɔpoze] vt **1.** [mettre en opposition - choses, notions] ▸ **opposer qqch (à)** to contrast sthg (with) **2.** [mettre en présence - personnes, armées] to oppose / **opposer deux équipes** to bring two teams together ▸ **opposer qqn à qqn** to pit ou set sb against sb **3.** [refus, protestation, objection] to put forward **4.** [diviser] to divide. ❖ **s'opposer** vp **1.** [contraster] to contrast **2.** [entrer en conflit] to clash **3.** ▸ **s'opposer à** [se dresser contre] to oppose, to be opposed to ▸ **s'opposer à ce que qqn fasse qqch** to be opposed to sb's doing sthg.

opposition [ɔpozisjɔ̃] nf **1.** [gén] opposition ▸ **faire opposition à a)** [décision, mariage] to oppose **b)** [chèque] to stop UK ▸ **entrer en opposition avec** to come into conflict with **2.** DR ▸ **opposition (à)** objection (to) **3.** [contraste] contrast ▸ **par opposition à** in contrast with, as opposed to.

oppressant, e [ɔpʀesɑ̃, ɑ̃t] adj oppressive.

oppresser [4] [ɔpʀese] vt **1.** [étouffer] to suffocate, to stifle **2.** fig [tourmenter] to oppress.

oppresseur [ɔpʀesœʀ] nm oppressor.

oppressif, ive [ɔpʀesif, iv] adj oppressive.

oppression [ɔpʀesjɔ̃] nf **1.** [asservissement] oppression **2.** [malaise] tightness of the chest.

opprimé, e [ɔpʀime] ❖ adj oppressed. ❖ nm, f oppressed person.

opprimer [3] [ɔpʀime] vt **1.** [asservir] to oppress **2.** [étouffer] to stifle.

opter [3] [ɔpte] vi ▸ **opter pour** to opt for.

opticien, enne [ɔptisjɛ̃, ɛn] nm, f optician.

optimal, e, aux [ɔptimal, o] adj optimal.

optimiser [ɔptimize], **optimaliser** [3] [ɔptimalize] vt to optimize.

optimiste [ɔptimist] ❖ nmf optimist. ❖ adj optimistic.

option [ɔpsjɔ̃] nf 1. [gén] option ▸ **prendre une option sur** FIN to take (out) an option on 2. [accessoire] optional extra.

optionnel, elle [ɔpsjɔnɛl] adj optional.

optique [ɔptik] ❖ nf 1. [science, technique] optics (U) 2. [perspective] viewpoint. ❖ adj [nerf] optic ; [verre] optical.

opulence [ɔpylɑ̃s] nf 1. [richesse] opulence 2. [ampleur] fullness, ampleness.

opulent, e [ɔpylɑ̃, ɑ̃t] adj 1. [riche] rich 2. [gros] ample.

or¹ [ɔʀ] nm 1. [métal, couleur] gold ▸ **en or** [objet] gold (avant n) ▸ **une occasion en or** a golden opportunity ▸ **une affaire en or** a) [achat] an excellent bargain b) [commerce] a lucrative line of business / **j'ai une femme en or** I've a wonderful wife ▸ **or massif** solid gold 2. [dorure] gilding.

or² [ɔʀ] conj [au début d'une phrase] now ; [pour introduire un contraste] well, but.

oracle [ɔʀakl] nm oracle.

orage [ɔʀaʒ] nm [tempête] storm.

orageux, euse [ɔʀaʒø, øz] adj stormy.

oraison [ɔʀɛzɔ̃] nf prayer ▸ **oraison funèbre** funeral oration.

oral, e, aux [ɔʀal, o] adj oral. ❖ **oral** nm oral (examination) ▸ **oral de rattrapage** oral examination taken after failing written exams.

oralement [ɔʀalmɑ̃] adv orally.

orange [ɔʀɑ̃ʒ] ❖ nf orange. ❖ nm & adj inv [couleur] orange.

orangé, e [ɔʀɑ̃ʒe] adj orangey.

orangeade [ɔʀɑ̃ʒad] nf orange squash UK, orangeade US.

oranger [ɔʀɑ̃ʒe] nm orange tree.

orang-outan, orang-outang [ɔʀɑ̃utɑ̃] nm orang-utang.

orateur, trice [ɔʀatœʀ, tʀis] nm, f 1. [conférencier] speaker 2. [personne éloquente] orator.

orbital, e, aux [ɔʀbital, o] adj [mouvement] orbital ; [station] orbiting.

orbite [ɔʀbit] nf 1. ANAT (eye) socket 2. ASTRON orbit ▸ **mettre sur orbite a)** AÉRON to put into orbit b) fig to launch.

orchestre [ɔʀkɛstʀ] nm 1. MUS orchestra 2. CINÉ & THÉÂTRE stalls pl UK, orchestra US.

orchestrer [3] [ɔʀkɛstʀe] vt pr & fig to orchestrate.

orchidée [ɔʀkide] nf orchid.

ordinaire [ɔʀdinɛʀ] ❖ adj 1. [usuel, standard] ordinary, normal 2. péj [commun] ordinary, common. ❖ nm 1. [moyenne] ▸ **l'ordinaire** the ordinary / **sortir de l'ordinaire** to be out of the ordinary 2. [alimentation] usual diet. ❖ **d'ordinaire** loc adv normally, usually.

ordinal, e, aux [ɔʀdinal, o] adj ordinal. ❖ **ordinal, aux** nm ordinal (number).

ordinateur [ɔʀdinatœʀ] nm computer ▸ **ordinateur individuel** personal computer, PC ▸ **ordinateur de bureau** desktop (computer) ▸ **ordinateur portable** laptop (computer) ▸ **ordinateur de poche** palmtop.

ordonnance [ɔʀdɔnɑ̃s] ❖ nf 1. MÉD prescription 2. [de gouvernement, juge] order. ❖ nmf MIL orderly.

ordonné, e [ɔʀdɔne] adj [maison, élève] tidy.

ordonner [3] [ɔʀdɔne] vt 1. [ranger] to organize, to put in order 2. [enjoindre] to order, to tell ▸ **ordonner à qqn de faire qqch** to order sb to do sthg 3. RELIG to ordain 4. MATH to arrange in order. ❖ **s'ordonner** vp to be arranged ou put in order.

ordre [ɔʀdʀ] nm 1. [gén, MIL & RELIG] order ▸ **par ordre alphabétique / chronologique / décroissant** in alphabetical / chronological / descending order ▸ **donner un ordre à qqn** to give sb an order ▸ **être aux ordres de qqn** to be at sb's disposal ▸ **jusqu'à nouvel ordre** until further notice ▸ **l'ordre public** law and order 2. [bonne organisation] tidiness, orderliness ▸ **en ordre** orderly, tidy ▸ **mettre en ordre** to put in order, to tidy (up) 3. [catégorie] ▸ **de premier ordre** first-rate ▸ **de second ordre** second-rate ▸ **d'ordre privé / pratique** of a private / practical nature ▸ **pouvez-vous me donner un ordre de grandeur ?** can you give me some idea of the size / amount etc. ? 4. [corporation] professional association ▸ **l'Ordre des médecins** ≃ the British Medical Association UK ; ≃ the American Medical Association US 5. FIN ▸ **à l'ordre de** payable to. ❖ **ordre du jour** nm 1. [de réunion] agenda ▸ **à l'ordre du jour a)** [de réunion] on the agenda b) fig topical 2. MIL order of the day.

ordure [ɔʀdyʀ] nf 1. fig [grossièreté] filth (U) 2. injur [personne] scum (U), bastard. ❖ **ordures** nfpl [déchets] rubbish (U) UK, garbage (U) US.

ordurier, ère [ɔʀdyʀje, ɛʀ] adj filthy, obscene.

orée [ɔʀe] nf edge.

oreille [ɔʀɛj] nf **1.** ANAT ear **2.** [ouïe] hearing **3.** [de fauteuil, écrou] wing ; [de marmite, tasse] handle.

oreiller [ɔʀeje] nm pillow.

oreillette [ɔʀɛjɛt] nf **1.** [du cœur] auricle **2.** [de casquette] earflap.

oreillons [ɔʀejɔ̃] nmpl mumps *sg.*

ores [ɔʀ] ◆ **d'ores et déjà** loc adv from now on.

orfèvre [ɔʀfɛvʀ] nmf goldsmith ; [d'argent] silversmith.

orfèvrerie [ɔʀfɛvʀəʀi] nf **1.** [art] goldsmith's art ; [d'argent] silversmith's art **2.** [commerce] goldsmith's trade ; [d'argent] silversmith's trade.

organdi [ɔʀgɑ̃di] nm organdie.

organe [ɔʀgan] nm **1.** ANAT organ **2.** [institution] organ, body **3.** *fig* [porte-parole] representative.

organigramme [ɔʀganigʀam] nm **1.** [hiérarchique] organization chart **2.** INFORM flow chart.

organique [ɔʀganik] adj organic.

organisateur, trice [ɔʀganizatœʀ, tʀis] ◆ adj organizing *(avant n).* ◆ nm, f organizer.

organisation [ɔʀganizasjɔ̃] nf organization ▶ **Organisation mondiale du commerce** World Trade Organization.

organisé, e [ɔʀganize] adj organized.

organiser [3] [ɔʀganize] vt to organize. ◆ **s'organiser** vp **1.** [personne] to be ou get organized **2.** [prendre forme] to take shape.

organisme [ɔʀganism] nm **1.** BIOL & ZOOL organism ▶ **organisme génétiquement modifié** genetically modified organism **2.** [institution] body, organization.

organiste [ɔʀganist] nmf organist.

orgasme [ɔʀgasm] nm orgasm.

orge [ɔʀʒ] nf barley.

orgeat [ɔʀʒa] nm ▶ **sirop d'orgeat** barley water.

orgelet [ɔʀʒəlɛ] nm stye.

orgie [ɔʀʒi] nf orgy.

orgue [ɔʀg] nm organ.

orgueil [ɔʀgœj] nm pride.

orgueilleux, euse [ɔʀgœjø, øz] ◆ adj proud. ◆ nm, f proud person.

orient [ɔʀjɑ̃] nm east. ◆ **Orient** nm ▶ **l'Orient** the Orient, the East.

orientable [ɔʀjɑ̃tabl] adj adjustable.

oriental, e, aux [ɔʀjɑ̃tal, o] adj [région, frontière] eastern ; [d'Extrême-Orient] oriental.

orientation [ɔʀjɑ̃tasjɔ̃] nf **1.** [direction] orientation **2.** SCOL career **3.** [de maison] aspect **4.** *fig* [de politique, recherche] direction, trend.

orienté, e [ɔʀjɑ̃te] adj [tendancieux] biased.

orienter [3] [ɔʀjɑ̃te] vt **1.** [disposer] to position **2.** [voyageur, élève, recherches] to guide, to direct. ◆ **s'orienter** vp **1.** [se repérer] to find ou get one's bearings **2.** *fig* [se diriger] ▶ **s'orienter vers** to move towards ou toward US.

orifice [ɔʀifis] nm orifice.

origan [ɔʀigɑ̃] nm oregano.

originaire [ɔʀiʒinɛʀ] adj **1.** [natif] ▶ **être originaire de** a) to originate from b) [personne] to be a native of **2.** [premier] original.

original, e, aux [ɔʀiʒinal, o] ◆ adj **1.** [premier, inédit] original **2.** [singulier] eccentric. ◆ nm, f [personne] (outlandish) character. ◆ **original, aux** nm [œuvre, document] original.

originalité [ɔʀiʒinalite] nf **1.** [nouveauté] originality ; [caractéristique] original feature **2.** [excentricité] eccentricity.

origine [ɔʀiʒin] nf **1.** [gén] origin ▶ **d'origine** a) [originel] original b) [de départ] of origin / **pays d'origine** country of origin / **d'origine anglaise** of English origin ▶ **à l'origine** originally **2.** [souche] origins *pl* **3.** [provenance] source.

ORL nmf (*abr de* oto-rhino-laryngologiste) ENT specialist.

orme [ɔʀm] nm elm.

ornement [ɔʀnəmɑ̃] nm **1.** [gén & MUS] ornament ▶ **d'ornement** [plante, arbre] ornamental **2.** ARCHIT embellishment.

orner [3] [ɔʀne] vt **1.** [décorer] ▶ **orner (de)** to decorate (with) **2.** [agrémenter] to adorn.

ornière [ɔʀnjɛʀ] nf rut.

ornithologie [ɔʀnitɔlɔʒi] nf ornithology.

orphelin, e [ɔʀfəlɛ̃, in] ◆ adj orphan *(avant n)*, orphaned. ◆ nm, f orphan.

orphelinat [ɔʀfəlina] nm orphanage.

orteil [ɔʀtɛj] nm toe.

orthodontiste [ɔʀtɔdɔ̃tist] nmf orthodontist.

orthodoxe [ɔʀtɔdɔks] ◆ adj **1.** RELIG Orthodox **2.** [conformiste] orthodox. ◆ nmf RELIG Orthodox Christian.

orthodoxie [ɔʀtɔdɔksi] nf orthodoxy.

orthographe [ɔrtɔgraf] nf spelling.

orthographier [9] [ɔrtɔgrafje] vt to spell ▶ **mal orthographier** to misspell.

orthopédagogie [ɔrtɔpedagɔʒi] nf QUÉBEC SCOL & MÉD special education.

orthopédiste [ɔrtɔpedist] nmf orthop(a) edist.

orthophoniste [ɔrtɔfɔnist] nmf speech therapist.

ortie [ɔrti] nf nettle.

os [ɔs] (pl **os** [o]) nm **1.** [gén] bone ▶ **os à moelle** marrowbone **2.** fam & fig [difficulté] snag, hitch.

oscar [ɔskaʀ] nm CINÉ Oscar.

oscarisé, e [ɔskaʀize] adj CINÉ Oscar-winning.

oscariser [3] [ɔskaʀize] vt CINÉ to award an oscar to.

oscillation [ɔsilasjɔ̃] nf oscillation ; [de navire] rocking.

osciller [3] [ɔsile] vi **1.** [se balancer] to swing ; [navire] to rock **2.** [vaciller, hésiter] to waver.

osé, e [oze] adj daring, audacious.

oseille [ozɛj] nf BOT sorrel.

oser [3] [oze] vt to dare ▶ **oser faire qqch** to dare (to) do sthg.

osier [ozje] nm **1.** BOT osier **2.** [fibre] wicker.

Oslo [ɔslo] npr Oslo.

osmose [ɔsmoz] nf osmosis ▶ **en osmose** by osmosis.

ossature [ɔsatyʀ] nf **1.** ANAT skeleton **2.** fig [structure] framework.

osselet [ɔslɛ] nm **1.** ANAT ossicle **2.** [élément de jeu] jack ▶ **jouer aux osselets** to play jacks.

ossements [ɔsmɑ̃] nmpl bones.

osseux, euse [ɔsø, øz] adj **1.** ANAT & MÉD bone (avant n) **2.** [maigre] bony.

ossuaire [ɔsɥɛʀ] nm ossuary.

ostensible [ɔstɑ̃sibl] adj conspicuous.

ostentation [ɔstɑ̃tasjɔ̃] nf ostentation.

ostéopathe [ɔsteɔpat] nmf osteopath.

ostéoporose [ɔsteɔpɔʀoz] nf MÉD osteoporosis.

otage [ɔtaʒ] nm hostage ▶ **prendre qqn en otage** to take sb hostage.

OTAN, Otan [ɔtɑ̃] (abr de **Organisation du traité de l'Atlantique Nord**) nf NATO.

otarie [ɔtaʀi] nf sea lion.

ôter [3] [ote] vt **1.** [enlever] to take off **2.** [soustraire] to take away **3.** [retirer, prendre] ▶ **ôter qqch à qqn** to take sthg away from sb.

otite [ɔtit] nf ear infection.

oto-rhino-laryngologie [ɔtɔʀinɔlaʀɛ̃gɔlɔʒi] nf ear, nose and throat medicine, ENT.

oto-rhino-laryngologiste, **oto-rhino-laryngologistes** [ɔtɔʀinɔlaʀɛ̃gɔlɔʒist] nmf ear, nose and throat specialist.

ou [u] conj **1.** [indique une alternative, une approximation] or **2.** [sinon] ▶ **ou (bien)** or (else). ◆ **ou (bien)... ou (bien)** loc corrélative either... or ▶ **ou c'est elle, ou c'est moi !** it's either her or me!

où [u] ◆ pron rel **1.** [spatial] where ▶ **le village où j'habite** the village where I live, the village I live in ▶ **pose-le là où tu l'as trouvé** put it back where you found it ▶ **partout où vous irez** wherever you go **2.** [temporel] that ▶ **le jour où je suis venu** the day (that) I came. ◆ adv where ▶ **je vais où je veux** I go where I please ▶ **où que vous alliez** wherever you go. ◆ adv interr where? ▶ **où vas-tu ?** where are you going? ▶ **dites-moi où il est allé** tell me where he's gone. ◆ **d'où** loc adv [conséquence] hence.

ouate [wat] nf **1.** [pansement] cotton wool UK, (absorbent) cotton US **2.** [rembourrage] (cotton) wadding.

ouaté, e [wate] adj **1.** [garni d'ouate] cotton wool UK (avant n), cotton US (avant n) ; [vêtement] quilted **2.** fig [feutré] muffled.

oubli [ubli] nm **1.** [acte d'oublier] forgetting **2.** [négligence] omission ; [étourderie] oversight **3.** [général] oblivion ▶ **tomber dans l'oubli** to sink into oblivion.

oublier [10] [ublije] vt to forget ; [laisser quelque part] to leave behind ▶ **oublier de faire qqch** to forget to do sthg.

oubliettes [ublijɛt] nfpl dungeon sg.

ouest [wɛst] ◆ nm west ▶ **un vent d'ouest** a westerly wind ▶ **à l'ouest** in the west ▶ **à l'ouest (de)** to the west (of). ◆ adj inv [gén] west ; [province, région] western.

ouest-allemand, e [wɛstalmɑ̃, ɑ̃d] (mpl **ouest-allemands**, fpl **-es**) adj West German.

ouf¹ [uf] interj phew.

ouf² [uf] ◆ adj [fou en verlan] nuts. ◆ nm [fou en verlan] nutter.

Ouganda [ugɑ̃da] nm : **l'Ouganda** Uganda.

oui [wi] ◆ adv yes ▶ **tu viens ? — oui** are you coming? — yes (I am) ▶ **tu viens, oui ou non ?** are you coming or not?, are you coming or aren't you? ▶ **je crois que oui** I think so ▶ **faire**

signe que oui ou faire oui de la tête to nod ▸ **mais oui, bien sûr que oui** yes, of course. ❖ nm inv yes ▸ **pour un oui pour un non** for no apparent reason.

ouï-dire [widiʀ] nm inv ▸ **par ouï-dire** by ou from hearsay.

ouïe [wi] nf hearing ▸ **avoir l'ouïe fine** to have excellent hearing. ◆ **ouïes** nfpl [de poisson] gills.

ouragan [uʀaɡɑ̃] nm MÉTÉOR hurricane.

ourlet [uʀlɛ] nm COUT hem.

ours [uʀs] nm bear ▸ **ours (en peluche)** teddy (bear) ▸ **ours polaire** polar bear.

ourse [uʀs] nf she-bear.

oursin [uʀsɛ̃] nm sea urchin.

ourson [uʀsɔ̃] nm bear cub.

outarde [utaʀd] nf QUÉBEC [bernache du Canada] Canada goose.

outil [uti] nm tool ▸ **boîte** ou **caisse à outils** toolbox.

outillage [utijaʒ] nm [équipement] tools pl, equipment.

outrage [utʀaʒ] nm **1.** sout [insulte] insult **2.** DR ▸ **outrage à la pudeur** indecent behaviour (U) UK ou behavior (U) US.

outrager [17] [utʀaʒe] vt [offenser] to insult.

outrance [utʀɑ̃s] nf excess ▸ **à outrance** excessively.

outrancier, ère [utʀɑ̃sje, ɛʀ] adj extravagant.

outre¹ [utʀ] nf wineskin.

outre² [utʀ] ❖ prép besides, as well as. ❖ adv ▸ **passer outre** to go on, to proceed further. ◆ **en outre** loc adv moreover, besides.

outré, e [utʀe] adj indignant.

outre-Atlantique [utʀatlɑ̃tik] loc adv across the Atlantic.

outre-Manche [utʀəmɑ̃ʃ] loc adv across the Channel.

outremer [utʀəmɛʀ] ❖ nm [pierre] lapis lazuli ; [couleur] ultramarine. ❖ adj inv ultramarine.

outre-mer [utʀəmɛʀ] adv overseas.

outrepasser [3] [utʀəpase] vt to exceed.

outrer [3] [utʀe] vt [personne] to outrage.

outre-Rhin [utʀəʀɛ̃] loc adv across the Rhine.

outsider [awtsajdœʀ] nm outsider.

ouvert, e [uvɛʀ, ɛʀt] ❖ pp ⟶ ouvrir. ❖ adj **1.** [gén] open ▸ **grand ouvert** wide open **2.** [robinet] on, running.

ouvertement [uvɛʀtəmɑ̃] adv openly.

ouverture [uvɛʀtyʀ] nf **1.** [gén] opening ; [d'hostilités] outbreak ▸ **ouverture d'esprit** open-mindedness **2.** MUS overture **3.** PHOTO aperture. ◆ **ouvertures** nfpl [propositions] overtures.

ouvrable [uvʀabl] adj working ▸ **heures ouvrables** hours of business.

ouvrage [uvʀaʒ] nm **1.** [travail] work (U), task ▸ **se mettre à l'ouvrage** to get down to work, to knuckle down **2.** [objet produit] (piece of) work ; COUT work (U) **3.** [livre, écrit] work ▸ **ouvrage de référence** reference work.

ouvragé, e [uvʀaʒe] adj elaborate.

ouvré, e [uvʀe] adj **1.** [bois, fer] ornate, elaborate, elaborately decorated ; [nappe] (finely ou elaborately) embroidered, finely worked **2.** ADMIN & COMM ▸ **jour ouvré** working day UK, workday.

ouvre-boîtes [uvʀəbwat] nm inv tin opener UK, can opener.

ouvre-bouteilles [uvʀəbutɛj] nm inv bottle opener.

ouvreur, euse [uvʀœʀ, øz] nm, f usher (usherette).

ouvrier, ère [uvʀije, ɛʀ] ❖ adj [quartier, enfance] working-class ; [conflit] industrial ; [questions, statut] labour (avant n) UK, labor (avant n) US ▸ **classe ouvrière** working class. ❖ nm, f worker ▸ **ouvrier agricole** farm worker ▸ **ouvrier qualifié** skilled worker ▸ **ouvrier spécialisé** semiskilled worker.

ouvrir [34] [uvʀiʀ] ❖ vt **1.** [gén] to open **2.** [chemin, voie] to open up **3.** [gaz] to turn on. ❖ vi to open ▸ **ouvrir sur qqch** to open onto sthg. ◆ **s'ouvrir** vp **1.** [porte, fleur] to open **2.** [route, perspectives] to open up **3.** [personne] ▸ **s'ouvrir (à qqn)** to confide (in sb), to open up (to sb) **4.** [se blesser] ▸ **s'ouvrir le genou** to cut one's knee open.

ovaire [ɔvɛʀ] nm ovary.

ovale [ɔval] adj & nm oval.

ovation [ɔvasjɔ̃] nf ovation ▸ **faire une ovation à qqn** to give sb an ovation.

overbooking [ɔvœʀbukiŋ] nm overbooking.

overdose [ɔvœʀdoz] nf overdose.

ovin, e [ɔvɛ̃, in] adj ovine. ◆ **ovin** nm sheep.

OVNI, Ovni [ɔvni] (abr de objet volant non identifié) nm UFO.

ovoïde [ɔvɔid] adj egg-shaped.

ovuler [3] [ɔvyle] vi to ovulate.

oxydation [ɔksidasjɔ̃] nf oxidation, oxidization.

oxyde [ɔksid] nm oxide.

oxyder [3] [ɔkside] vt to oxidize.

oxygène [ɔksiʒɛn] nm oxygen.

oxygéné, e [ɔksiʒene] adj CHIM oxygenated ; ⟶ **eau**.

oxygéner [18] [ɔksiʒene] vt **1.** CHIM to oxygenate **2.** [cheveux] to bleach, to peroxide. ◆ **s'oxygéner** vp fam to get some fresh air.

ozone [ozon] nm ozone.

p¹, P [pe] nm inv p, P.

p² **1.** (*abr écrite de* **page**) p **2.** *abr écrite de* **pièce**.

pacha [paʃa] nm pasha ▶ **mener une vie de pacha** *fam* & *fig* to live a life of ease.

pachyderme [paʃidɛʀm] nm elephant ▶ **les pachydermes** (the) pachyderms.

pacifier [9] [pasifje] vt to pacify.

pacifique [pasifik] adj peaceful.

Pacifique [pasifik] nm ▶ **le Pacifique** the Pacific (Ocean).

pacifiste [pasifist] nmf & adj pacifist.

pack [pak] nm pack.

pacotille [pakɔtij] nf shoddy goods *pl*, rubbish ▶ **de pacotille** cheap.

PACS, pacs [paks] (*abr de* **pacte civil de solidarité**) nm civil partnership *(between same-sex or opposite-sex couples)*.

pacsé, e [pakse] nm, f *fam* person who has signed a PACS agreement ; ≃ (life) partner.

pacser [3] [pakse] ◆ **se pacser** [pakse] vpi *fam* to enter a civil partnership.

pacte [pakt] nm pact.

pactiser [3] [paktize] vi ▶ **pactiser avec a)** [faire un pacte avec] to make a pact with **b)** [transiger avec] to come to terms with.

pactole [paktɔl] nm gold mine *fig*.

pagaie [pagɛ] nf paddle.

pagaille, pagaye, pagaïe [pagaj] nf *fam* mess.

pagayer [11] [pageje] vi to paddle.

page [paʒ] ◆ nf **1.** [feuillet] page ▶ **page blanche** blank page ▶ **mettre en pages** TYPO to make up (into pages) **2.** INFORM page ▶ **page d'accueil** home page ▶ **page précédente** page up ▶ **page suivante** page down **3.** EXPR **être à la page** to be up-to-date. ◆ nm page (boy).

pagne [paɲ] nm loincloth.

pagode [pagɔd] nf pagoda.

paie, paye [pɛ] nf pay *(U)*, wages *pl*.

paiement, payement [pɛmã] nm payment.

païen, ïenne [pajɛ̃, ɛn] adj & nm, f pagan, heathen.

paillard, e [pajaʀ, aʀd] adj bawdy.

paillasse [pajas] nf **1.** [matelas] straw mattress **2.** [d'évier] draining board **UK**, drainboard **US**.

paillasson [pajasɔ̃] nm [tapis] doormat.

paille [paj] nf **1.** BOT straw **2.** [pour boire] straw. ◆ **paille de fer** nf steel wool.

pailleté, e [pajte] adj sequined.

paillette [pajɛt] nf (*gén pl*) **1.** [sur vêtements] sequin, spangle **2.** [d'or] grain of gold dust **3.** [de lessive, savon] flake ▶ **savon en paillettes** soap flakes *pl*.

pain [pɛ̃] nm **1.** [aliment] bread ▶ **un pain** a loaf ▶ **petit pain** (bread) roll ▶ **pain de campagne** ≃ farmhouse loaf ▶ **pain complet** wholemeal **UK** ou whole wheat **US** bread ▶ **pain d'épice** ≃ gingerbread ▶ **pain de mie** sandwich loaf **2.** [de savon, cire] bar.

pair, e [pɛʀ] adj even. ◆ **pair** nm peer. ◆ **paire** nf pair ▶ **une paire de** [lunettes, ciseaux, chaussures] a pair of. ◆ **au pair** loc adv for board and lodging, for one's keep ▶ **jeune fille au pair** au pair (girl). ◆ **de pair** loc adv ▶ **aller de pair avec** to go hand in hand with. ◆ **hors pair** loc adj unrivalled **UK**, unrivaled **US**.

paisible [pezibl] adj peaceful.

paître [91] [pɛtʀ] vi to graze.

paix [pɛ] nf peace ▶ **en paix a)** [en harmonie] at peace **b)** [tranquillement] in peace ▶ **avoir la paix** to have peace and quiet ▶ **faire la paix avec qqn** to make peace with sb.

Pakistan [pakistã] nm : **le Pakistan** Pakistan.

palace [palas] nm luxury hotel.

palais [palɛ] nm **1.** [château] palace **2.** [grand édifice] centre **UK**, center **US** ▶ **palais de justice** DR law courts *pl* ▶ **le Grand Palais** the Grand Palais in Paris ▶ **le Petit Palais** the Petit Palais in Paris **3.** ANAT palate.

palan [palã] nm block and tackle, hoist.

pale [pal] nf [de rame, d'hélice] blade.

pâle [pal] adj pale.

palefrenier, ère [palfʀənje, ɛʀ] nm, f groom.

paléolithique [paleolitik] ❖ nm ▸ le **paléolithique** the Paleolithic (age). ❖ adj paleolithic.

paléontologie [paleɔ̃tɔlɔʒi] nf paleontology.

Palestine [palɛstin] nf : *la Palestine* Palestine.

palet [palɛ] nm [hockey] puck.

palette [palɛt] nf [de peintre] palette.

pâleur [palœr] nf [de visage] pallor.

palier [palje] nm **1.** [d'escalier] landing **2.** [étape] level **3.** TECHNOL bearing.

pâlir [32] [palir] vi [couleur, lumière] to fade ; [personne] to turn ou go pale.

palissade [palisad] nf [clôture] fence ; [de verdure] hedge.

palissandre [palisɑ̃dr] nm rosewood.

palliatif, ive [paljatif, iv] adj palliative. ◆ **palliatif** nm **1.** MÉD palliative **2.** fig stopgap measure.

pallier [9] [palje] vt to make up for.

palmarès [palmarɛs] nm **1.** [de lauréats] list of (medal) winners ; SCOL list of prizewinners **2.** [de succès] record of achievements.

palme [palm] nf **1.** [de palmier] palm leaf **2.** [de nageur] flipper, fin **3.** [décoration, distinction] ▸ **avec palme** MIL ≃ with bar.

palmé, e [palme] adj **1.** BOT palmate **2.** ZOOL web-footed ; [patte] webbed.

palmeraie [palmərɛ] nf palm grove.

palmier [palmje] nm BOT palm tree.

palmipède [palmiped] nm web-footed bird.

palombe [palɔ̃b] nf woodpigeon.

pâlot, otte [palo, ɔt] adj pale, sickly-looking.

palourde [palurd] nf clam.

palpable [palpabl] adj palpable, tangible.

palper [3] [palpe] vt [toucher] to feel, to finger ; MÉD to palpate.

palpitant, e [palpitɑ̃, ɑ̃t] adj exciting, thrilling.

palpitation [palpitasjɔ̃] nf palpitation.

palpiter [3] [palpite] vi [paupières] to flutter ; [cœur] to pound.

palu [paly] nm fam malaria.

paludisme [palydism] nm malaria.

pâmer [3] [pame] ◆ **se pâmer** vp litt [s'évanouir] to swoon (away).

pampa [pɑ̃pa] nf pampas pl.

pamphlet [pɑ̃flɛ] nm satirical tract.

pamplemousse [pɑ̃pləmus] nm grapefruit.

pan [pɑ̃] ❖ nm **1.** [de vêtement] tail **2.** [d'affiche] piece, bit ▸ **pan de mur** section of wall. ❖ interj bang!

panache [panaʃ] nm **1.** [de plumes, fumée] plume **2.** [éclat] panache.

panaché, e [panaʃe] adj **1.** [de plusieurs couleurs] multicoloured **UK**, multicolored **US 2.** [mélangé] mixed. ◆ **panaché** nm shandy **UK**.

Panamá [panama] nm [pays] : *le Panamá* Panama.

panaris [panari] nm whitlow.

pancarte [pɑ̃kart] nf **1.** [de manifestant] placard **2.** [de signalisation] sign.

pancréas [pɑ̃kreas] nm pancreas.

panda [pɑ̃da] nm panda.

pané, e [pane] adj breaded, in breadcrumbs.

panel [panɛl] nm [groupe] sample (group) ; [jury] panel.

panier [panje] nm basket ▸ **panier à provisions** shopping basket ▸ **mettre au panier** fig to throw out.

panier-repas [panjerəpa] (pl **paniers-repas**) nm packed lunch.

panini [panini] (pl **paninis**) nm panini.

panique [panik] ❖ nf panic. ❖ adj panicky ▸ **être pris d'une peur panique** to be panic-stricken.

paniquer [3] [panike] vt & vi fam to panic.

panne [pan] nf [arrêt] breakdown ▸ **tomber en panne** to break down ▸ **panne de courant** ou **d'électricité** power failure ▸ **tomber en panne d'essence** ou **en panne sèche** to run out of petrol **UK** ou gas **US**.

panneau, x [pano] nm **1.** [pancarte] sign ▸ **panneau indicateur** signpost, road sign ▸ **panneau publicitaire** (advertising) hoarding **UK**, billboard **US** ▸ **panneau de signalisation** road sign **2.** [élément] panel.

panoplie [panɔpli] nf **1.** [jouet] outfit **2.** fig [de mesures] package.

panorama [panɔrama] nm [vue] view, panorama ; fig overview.

panoramique [panɔramik] ❖ adj panoramic. ❖ nm CINÉ pan, panning shot.

panse [pɑ̃s] nf **1.** [d'estomac] first stomach, rumen **2.** fam [gros ventre] belly, paunch **3.** [partie arrondie] bulge.

pansement [pɑ̃smɑ̃] nm dressing, bandage ▸ **pansement (adhésif)** (sticking) plaster **UK**, Band-Aid® **US**.

panser [3] [pɑ̃se] vt **1.** [plaie] to dress, to bandage ; [jambe] to put a dressing on, to bandage ; [avec pansement adhésif] to put a plaster [UK] ou Band-Aid® [US] on **2.** [cheval] to groom.

pantacourt [pɑ̃takuʀ] nm capri pants, capris, clamdiggers.

pantalon [pɑ̃talɔ̃] nm trousers pl [UK], pants pl [US], pair of trousers [UK] ou pants [US].

pantelant, e [pɑ̃tlɑ̃, ɑ̃t] adj panting, gasping.

panthère [pɑ̃tɛʀ] nf panther.

pantin [pɑ̃tɛ̃] nm **1.** [jouet] jumping jack **2.** fam [personne] puppet.

pantomime [pɑ̃tɔmim] nf [art, pièce] mime.

pantoufle [pɑ̃tufl] nf slipper.

PAO (abr de **publication assistée par ordinateur**) nf DTP.

paon [pɑ̃] nm peacock.

papa [papa] nm dad, daddy.

papauté [papote] nf papacy.

papaye [papaj] nf papaya, pawpaw.

pape [pap] nm RELIG pope.

paperasse [papʀas] nf péj **1.** [papier sans importance] bumf (U) [UK], papers pl **2.** [papiers administratifs] paperwork (U).

papeterie [papetʀi] nf [magasin] stationer's ; [fabrique] paper mill.

papetier, ère [papətje, ɛʀ] nm, f [commerçant] stationer ; [fabricant] paper manufacturer.

papi, papy [papi] nm grandpa, grandad.

papier [papje] nm [matière, écrit] paper ▶ **papier alu** ou **aluminium** aluminium [UK] ou aluminum [US] foil, tinfoil ▶ **papier carbone** carbon paper ▶ **papier crépon** crêpe paper ▶ **papier d'emballage** wrapping paper ▶ **papier à entête** headed notepaper ▶ **papier hygiénique** ou **toilette** toilet paper ▶ **papier à lettres** writing paper, notepaper ▶ **papier peint** wallpaper ▶ **papier de verre** glasspaper [UK], sandpaper. ◆ **papiers** nmpl ▶ **papiers (d'identité)** (identity) papers.

papier-calque [papjekalk] (pl **papiers-calque**) nm tracing paper.

papille [papij] nf ▶ **papilles gustatives** taste buds.

papillon [papijɔ̃] nm **1.** ZOOL butterfly **2.** [écrou] wing nut **3.** [nage] butterfly (stroke).

papillonner [3] [papijɔne] vi to flit about ou around.

papillote [papijɔt] nf **1.** [de bonbon] sweet paper ou wrapper [UK], candy paper [US] **2.** [de cheveux] curl paper.

papilloter [3] [papijɔte] vi [lumière] to twinkle ; [yeux] to blink.

papoter [3] [papɔte] vi fam to chatter.

paprika [papʀika] nm paprika.

papy = papi.

Pâque [pak] nf ▶ **la Pâque** Passover. Voir aussi Pâques.

paquebot [pakbo] nm liner.

pâquerette [pakʀɛt] nf daisy.

Pâques [pak] nfpl Easter sg ▶ **joyeuses Pâques** Happy Easter.

paquet [pakɛ] nm **1.** [colis] parcel [UK], package [US] **2.** [emballage] packet [UK], package [US] ▶ **paquet-cadeau** gift-wrapped parcel [UK] ou package [US].

paquetage [paktaʒ] nm MIL kit.

par [paʀ] prép **1.** [spatial] through, by (way of) / passer par la Suède et le Danemark to go via Sweden and Denmark / regarder par la fenêtre to look out of the window / par endroits in places / par ici/là this/that way / mon cousin habite par ici my cousin lives round here **2.** [temporel] on / par un beau jour d'été on a lovely summer's day / par le passé in the past **3.** [moyen, manière, cause] by / par bateau/train/avion by boat/train/plane **4.** [introduit le complément d'agent] by ▶ **faire faire qqch par qqn** to have sthg done by sb **5.** [sens distributif] a, per / une heure par jour one hour a ou per day / deux par deux two at a time / marcher deux par deux to walk in twos. ◆ **par-ci par-là** loc adv here and there.

para [paʀa] (abr de **parachutiste**) nm fam para [UK].

paraben, parabène [paʀabɛn] nm paraben ▶ **sans paraben** paraben-free.

parabole [paʀabɔl] nf **1.** [récit] parable **2.** MATH parabola.

parabolique [paʀabɔlik] adj parabolic.

paracétamol [paʀasetamɔl] nm paracetamol.

parachever [19] [paʀaʃve] vt to put the finishing touches to.

parachute [paʀaʃyt] nm parachute ▶ **parachute ascensionnel** parachute (for parascending) ▶ **parachute doré** ou **en or** ÉCON golden parachute.

parachuter [3] [paʀaʃyte] vt to parachute, to drop by parachute / ils l'ont parachuté direc-

teur fam & fig he was unexpectedly given the job of manager.

parachutiste [paraʃytist] nmf parachutist ; MIL paratrooper.

parade [parad] nf **1.** [spectacle] parade **2.** [défense] parry ; *fig* riposte.

parader [3] [parade] vi to show off.

paradis [paradi] nm paradise, heaven.

paradoxal, e, aux [paradɔksal, o] adj paradoxical.

paradoxe [paradɔks] nm paradox.

parafe, paraphe [paraf] nm initials *pl*.

parafer, parapher [3] [parafe] vt to initial.

paraffine [parafin] nf paraffin UK, kerosene US ; [solide] paraffin wax.

parages [paraʒ] nmpl ▶ être ou se trouver dans les parages *fig* to be in the area ou vicinity.

paragraphe [paragraf] nm paragraph.

Paraguay [paragwe] nm : *le Paraguay* Paraguay.

paraître [91] [paretr] ◆ v att to look, to seem, to appear. ◆ vi **1.** [se montrer] to appear **2.** [être publié] to come out, to be published. ◆ v impers ▶ il paraît / paraîtrait que it appears / would appear that.

parallèle [paralɛl] ◆ nm parallel ▶ établir un parallèle entre *fig* to draw a parallel between. ◆ nf parallel (line). ◆ adj **1.** [action, en maths] parallel **2.** [marché] unofficial ; [médecine, énergie] alternative.

parallèlement [paralɛlmɑ̃] adv in parallel ; *fig* at the same time.

parallélépipède [paralelepiped] nm parallelepiped.

parallélisme [paralelism] nm parallelism ; [de roues] alignment.

paralyser [3] [paralize] vt to paralyse UK, to paralyze US.

paralysie [paralizi] nf paralysis.

paramédical, e, aux [paramedikal, o] adj paramedical.

paramètre [parametr] nm parameter.

paramilitaire [paramiliter] adj paramilitary.

paranoïa [paranɔja] nf paranoia.

paranoïaque [paranɔjak] ◆ adj paranoid. ◆ nmf paranoiac.

parapente [parapɑ̃t] nm paragliding ▶ faire du parapente to go paragliding.

parapet [parapɛ] nm parapet.

paraphe = parafe.

parapher = parafer.

paraphrase [parafraz] nf paraphrase.

paraplégique [parapleʒik] nmf & adj paraplegic.

parapluie [paraplɥi] nm umbrella.

parascolaire [paraskɔler] adj extracurricular.

parasite [parazit] ◆ nm parasite. ◆ adj parasitic. ◆ **parasites** nmpl RADIO & TV interference (U).

parasol [parasɔl] nm parasol, sunshade.

paratonnerre [paratɔner] nm lightning conductor UK ou rod US.

paravent [paravɑ̃] nm screen.

parc [park] nm **1.** [jardin] park ; [de château] grounds *pl* ▶ **parc d'attractions** amusement park ▶ **parc de loisirs** ≃ leisure park ▶ **parc national** national park ▶ **parc à thème** ≃ theme park **2.** [pour l'élevage] pen **3.** [de bébé] playpen **4.** [de voitures] fleet ▶ **le parc automobile** the number of cars on the roads. ◆ **parc des Princes** npr m *Paris sports stadium, home to football team Paris Saint-Germain.*

parcelle [parsɛl] nf **1.** [petite partie] fragment, particle **2.** [terrain] parcel of land.

parce que [parsk(ə)] loc conj because.

parchemin [parʃəmɛ̃] nm parchment.

parcheminé, e [parʃəmine] adj wrinkled.

parcimonie [parsimɔni] nf parsimoniousness ▶ avec parcimonie sparingly, parsimoniously.

parcimonieux, euse [parsimɔnjø, øz] adj parsimonious.

parcmètre [parkmetr] nm parking meter.

parcourir [45] [parkurir] vt **1.** [région, route] to cover **2.** [journal, dossier] to skim ou glance through, to scan.

parcours [parkur] nm **1.** [trajet, voyage] journey ; [itinéraire] route ▶ **parcours santé** *trail in the countryside where signs encourage people to do exercises for their health* **2.** GOLF [terrain] course ; [trajet] round.

parcouru, e [parkury] pp ⟶ **parcourir**.

par-delà [pardəla] prép beyond.

par-derrière [parderjer] adv **1.** [par le côté arrière] round UK ou around US the back **2.** [en cachette] behind one's back.

par-dessous [pardəsu] prép & adv under, underneath.

pardessus [pardəsy] nm inv overcoat.

par-dessus [paʀdəsy] ❖ prép over, over the top of ▸ **par-dessus tout** above all. ❖ adv over, over the top.

par-devant [paʀdəvã] ❖ prép in front of. ❖ adv in front.

pardi [paʀdi] interj of course!

pardon [paʀdɔ̃] ❖ nm forgiveness ▸ **demander pardon** to say (one is) sorry. ❖ interj [excuses] (I'm) sorry! ; [pour attirer l'attention] excuse me! ▸ **pardon ?** (I beg your) pardon? **UK**, pardon me? **US**.

pardonner [3] [paʀdɔne] ❖ vt to forgive ▸ **pardonner qqch à qqn** to forgive sb for sthg ▸ **pardonner à qqn d'avoir fait qqch** to forgive sb for doing sthg. ❖ vi : *ce genre d'erreur ne pardonne pas* this kind of mistake is fatal.

paré, e [paʀe] adj [prêt] ready.

pare-balles [paʀbal] adj inv bullet-proof.

pare-brise [paʀbʀiz] nm inv windscreen **UK**, windshield **US**.

pare-chocs [paʀʃɔk] nm inv bumper.

pare-feu [paʀfø] nm inv **1.** [dispositif] fireguard **2.** [en forêt] firebreak **3.** INFORM firewall.

pareil, eille [paʀɛj] adj **1.** [semblable] ▸ **pareil (à)** similar (to) **2.** [tel] such / *un pareil film* such a film, a film like this / *de pareils films* such films, films like these. ❖ **pareil** adv *fam* the same (way).

parent, e [paʀã, ãt] ❖ adj ▸ **parent (de)** related (to). ❖ nm, f relative, relation. ❖ **parents** nmpl [père et mère] parents, mother and father.

parenté [paʀãte] nf [lien, affinité] relationship.

parenthèse [paʀãtɛz] nf **1.** [digression] digression, parenthesis **2.** TYPO bracket **UK**, parenthesis ▸ **entre parenthèses a)** in brackets **UK** **b)** *fig* incidentally, by the way ▸ **ouvrir/fermer la parenthèse** to open/close brackets **UK** ou parentheses **US**.

paréo [paʀeo] nm pareo.

parer [3] [paʀe] ❖ vt **1.** [orner] to adorn **2.** [vêtir] ▸ **parer qqn de qqch a)** to dress sb up in sthg, to deck sb out in sthg **b)** *fig* to attribute sthg to sb **3.** [contrer] to ward off, to parry. ❖ vi ▸ **parer à a)** [faire face à] to deal with **b)** [pourvoir à] to prepare for ▸ **parer au plus pressé** to see to what is most urgent. ❖ **se parer** vp to dress up, to put on all one's finery.

pare-soleil [paʀsɔlɛj] nm inv sun visor.

paresse [paʀɛs] nf **1.** [fainéantise] laziness, idleness **2.** MÉD sluggishness.

paresser [4] [paʀese] vi to laze about ou around.

paresseux, euse [paʀesø, øz] ❖ adj **1.** [fainéant] lazy **2.** MÉD sluggish. ❖ nm, f [personne] lazy ou idle person. ❖ **paresseux** nm [animal] sloth.

parfaire [109] [paʀfɛʀ] vt to complete, to perfect.

parfait, e [paʀfɛ, ɛt] adj perfect. ❖ **parfait** nm GRAM perfect (tense).

parfaitement [paʀfɛtmã] adv **1.** [admirablement, très] perfectly **2.** [marque l'assentiment] absolutely.

parfois [paʀfwa] adv sometimes.

parfum [paʀfœ̃] nm **1.** [de fleur] scent, fragrance **2.** [à base d'essences] perfume, scent **3.** [de glace] flavour **UK**, flavor **US**.

parfumé, e [paʀfyme] adj **1.** [fleur] fragrant **2.** [mouchoir] perfumed **3.** [femme] : *elle est trop parfumée* she's wearing too much perfume.

parfumer [3] [paʀfyme] vt **1.** [suj : fleurs] to perfume **2.** [mouchoir] to perfume, to scent **3.** CULIN to flavour. ❖ **se parfumer** vp to put perfume on.

parfumerie [paʀfymʀi] nf perfumery.

pari [paʀi] nm **1.** [entre personnes] bet **2.** [jeu] betting (U).

paria [paʀja] nm pariah.

parier [9] [paʀje] vt ▸ **parier (sur)** to bet (on).

parieur, euse [paʀjœʀ, øz] nm, f punter.

Paris [paʀi] npr Paris.

parisien, enne [paʀizjɛ̃, ɛn] adj [vie, société] Parisian ; [métro, banlieue, région] Paris *(avant n)*. ❖ **Parisien, enne** nm, f Parisian.

paritaire [paʀitɛʀ] adj ▸ **commission paritaire** joint commission *(with both sides equally represented)*.

parité [paʀite] nf parity.

parjure [paʀʒyʀ] ❖ nmf [personne] perjurer. ❖ nm [faux serment] perjury.

parjurer [3] [paʀʒyʀe] ❖ **se parjurer** vp to perjure o.s.

parka [paʀka] nm & nf parka.

parking [paʀkiŋ] nm [parc] car park **UK**, parking lot **US**.

parlant, e [paʀlã, ãt] adj **1.** [qui parle] ▸ **le cinéma parlant** talking pictures ▸ **l'horloge parlante** TÉLÉCOM the speaking clock **2.** *fig* [chiffres, données] eloquent ; [portrait] vivid.

parlé, e [parle] adj [anglais, langue] spoken.
◆ **parlé** nm [à l'opéra] spoken part, dialogue.

parlement [parləmã] nm parliament ▶ **le Parlement européen** the European Parliament.

parlementaire [parləmãtɛr] ❖ nmf [député] member of parliament ; [négociateur] negotiator. ❖ adj parliamentary.

parlementer [3] [parləmãte] vi **1.** [négocier] to negotiate, to parley **2.** [parler longtemps] to talk at length.

parler [3] [parle] ❖ vi **1.** [gén] to talk, to speak / **parler en français** to speak in French ▶ **parler à /avec qqn** to speak to/with sb, to talk to/with sb ▶ **parler de qqch à qqn** to speak ou talk to sb about sthg ▶ **parler de qqn / qqch** to talk about sb/sthg ▶ **parler de faire qqch** to talk about doing sthg ▶ **sans parler de** apart from, not to mention ▶ **tu parles !** fam you can say that again! ▶ **n'en parlons plus** we'll say no more about it **2.** [avouer] to talk. ❖ vt [langue] to speak / **parler (le) français** to speak French.

parloir [parlwar] nm parlour UK, parlor US.

parme [parm] nm & adj inv violet.

parmesan [parməzã] nm Parmesan (cheese).

parmi [parmi] prép among.

parodie [parɔdi] nf parody.

parodier [9] [parɔdje] vt to parody.

paroi [parwa] nf **1.** [mur] wall ; [cloison] partition ▶ **paroi rocheuse** rock face **2.** [de récipient] inner side.

paroisse [parwas] nf parish.

paroissial, e, aux [parwasjal, o] adj parish (avant n).

paroissien, enne [parwasjɛ̃, ɛn] nm, f parishioner.

parole [parɔl] nf **1.** [faculté de parler] ▶ **la parole** speech **2.** [propos, discours] ▶ **couper la parole à qqn** to cut sb off ▶ **prendre la parole** to speak **3.** [promesse, mot] word ▶ **tenir parole** to keep one's word ▶ **donner sa parole (d'honneur)** to give one's word (of honour UK ou honor US). ◆ **paroles** nfpl MUS words, lyrics.

paroxysme [parɔksism] nm height.

parpaing [parpɛ̃] nm breezeblock UK, cinderblock US.

parquer [3] [parke] vt **1.** [animaux] to pen in ou up **2.** [prisonniers] to shut up ou in **3.** [voiture] to park.

parquet [parkɛ] nm **1.** [plancher] parquet floor **2.** DR ≃ Crown Prosecution Service UK ; ≃ District Attorney's office US.

parqueter [27] [parkəte] vt to lay a parquet floor in.

parrain [parɛ̃] nm **1.** [d'enfant] godfather **2.** [de festival, sportif] sponsor.

parrainer [4] [parene] vt to sponsor, to back.

parricide [parisid] nm [crime] parricide.

parsemer [19] [parsəme] vt ▶ **parsemer (de)** to strew (with).

part [par] nf **1.** [de gâteau] portion ; [de bonheur, d'héritage] share ; [partie] part **2.** [participation] ▶ **prendre part à qqch** to take part in sthg **3.** EXPR de la part de a) from b) [appeler, remercier] on behalf of UK, in behalf of US ▶ **c'est de la part de qui ?** [au téléphone] who's speaking ou calling? ▶ **dites-lui de ma part que...** tell him from me that... ▶ **ce serait bien aimable de votre part** it would be very kind of you ▶ **pour ma part** as far as I'm concerned ▶ **faire part à qqn de qqch** to inform sb of sthg. ◆ **à part** loc adv aside, separately. ❖ loc adj exceptional. ❖ loc prép apart from. ◆ **autre part** loc adv somewhere ou someplace US else. ◆ **d'autre part** loc adv besides, moreover. ◆ **de part et d'autre** loc adv on both sides. ◆ **d'une part..., d'autre part** loc corrélative on the one hand..., on the other hand. ◆ **quelque part** loc adv somewhere, someplace US.

part. abr écrite de particulier.

partage [parta3] nm [action] sharing (out).

partager [17] [parta3e] vt **1.** [morceler] to divide (up) ▶ **être partagé** fig to be divided **2.** [mettre en commun] ▶ **partager qqch avec qqn** to share sthg with sb. ◆ **se partager** vp **1.** [se diviser] to be divided **2.** [partager son temps] to divide one's time **3.** [se répartir] ▶ **se partager qqch** to share sthg between themselves/ourselves etc.

partance [partãs] nf ▶ **en partance** outward bound ▶ **en partance pour** bound for.

partant, e [partã, ãt] adj ▶ **être partant pour** to be ready for. ◆ **partant** nm starter.

partenaire [partənɛr] nmf partner.

partenariat [partənarja] nm partnership.

parterre [partɛr] nm **1.** [de fleurs] (flower) bed **2.** THÉÂTRE stalls pl UK, orchestra US.

parti, e [parti] ❖ pp ⟶ **partir.** ❖ adj fam [ivre] tipsy. ◆ **parti** nm **1.** POL party **2.** [choix, décision] course of action ▶ **prendre parti** to make up one's mind ▶ **prendre le parti de faire qqch** to make up one's mind to do sthg ▶ **en prendre son parti** to be resigned ▶ **être**

de parti pris to be prejudiced ou biased ▸ **tirer parti de** to make (good) use of **3.** [personne à marier] match. ◆ **partie** nf **1.** [élément, portion] part ▸ **en grande partie** largely ▸ **en majeure partie** for the most part ▸ **faire partie (intégrante) de qqch** to be (an integral) part of sthg **2.** [domaine d'activité] field, subject **3.** SPORT [jeux] game **4.** DR party ▸ **la partie adverse** the opposing party **5.** EXPR prendre **qqn à partie** to attack sb ▸ **ce n'est que partie remise** there'll be other opportunities, I'll reschedule it, I'll take a rain check US ▸ **être partie prenante dans qqch** fig to be directly involved ou concerned in sthg. ◆ **en partie** loc adv partly, in part.

partial, e, aux [paʀsjal, o] adj biased.

partialité [paʀsjalite] nf partiality, bias.

participant, e [paʀtisipɑ̃, ɑ̃t] ◆ adj participating. ◆ nm, f **1.** [à réunion] participant **2.** SPORT competitor **3.** [à concours] entrant.

participation [paʀtisipasjɔ̃] nf **1.** [collaboration] participation **2.** ÉCON interest / participation aux bénéfices profit sharing.

participe [paʀtisip] nm participle ▸ **participe passé / présent** past / present participle.

participer [3] [paʀtisipe] vi ▸ **participer à a)** [réunion, concours] to take part in **b)** [frais] [payer pour] to contribute to **c)** [bénéfices] to share in.

particularité [paʀtikylaʀite] nf distinctive feature.

particule [paʀtikyl] nf **1.** [gén & LING] particle **2.** [nobiliaire] nobiliary particle.

particulier, ère [paʀtikylje, ɛʀ] adj **1.** [personnel, privé] private **2.** [spécial] particular, special ; [propre] peculiar, characteristic ▸ **particulier à** peculiar to, characteristic of **3.** [remarquable] unusual, exceptional ▸ **cas particulier** special case **4.** [assez bizarre] peculiar. ◆ **particulier** nm [personne] private individual. ◆ **en particulier** loc adv **1.** [seul à seul] in private **2.** [surtout] in particular, particularly **3.** [à part] separately.

particulièrement [paʀtikyljɛʀmɑ̃] adv particularly ▸ **tout particulièrement** especially.

partie → parti.

partiel, elle [paʀsjɛl] adj partial. ◆ **partiel** nm UNIV ≃ end-of-term exam UK.

partir [43] [paʀtiʀ] vi **1.** [personne] to go, to leave ▸ **partir à** to go to ▸ **partir pour** to leave for ▸ **partir de a)** [bureau] to leave **b)** [aéroport, gare] to leave from **c)** [date] to run from

d) [hypothèse, route] to start from / **la rue part de la mairie** the street starts at the town hall **2.** [voiture] to start **3.** [coup de feu] to go off ; [bouchon] to pop **4.** [tache] to come out, to go. ◆ **à partir de** loc prép from / **à partir de mardi** starting from Tuesday, from Tuesday onwards.

partisan, e [paʀtizɑ̃, an] adj [partial] partisan ▸ **être partisan de** to be in favour UK ou favor US of. ◆ **partisan** nm [adepte] supporter, advocate.

partition [paʀtisjɔ̃] nf **1.** [séparation] partition **2.** MUS score.

partout [paʀtu] adv everywhere ▸ **partout ailleurs** everywhere ou everyplace US else ▸ **un peu partout** all over, everywhere.

paru, e [paʀy] pp → paraître.

parure [paʀyʀ] nf (matching) set.

parution [paʀysjɔ̃] nf publication.

parvenir [40] [paʀvəniʀ] vi ▸ **parvenir à faire qqch** to manage to do sthg ▸ **faire parvenir qqch à qqn** to send sthg to sb.

parvenu, e [paʀvəny] ◆ pp → parvenir. ◆ nm, f péj parvenu, upstart.

parvis [paʀvi] nm square (in front of church).

pas¹ [pa] nm **1.** [gén] step ▸ **allonger le pas** to quicken one's pace ▸ **revenir sur ses pas** to retrace one's steps ▸ **pas à pas** step by step ▸ **à pas de loup** fig stealthily ▸ **à pas feutrés** fig with muffled footsteps **2.** TECHNOL thread **3.** EXPR c'est à deux pas (d'ici) it's very near (here) ▸ **faire les cent pas** to pace up and down ▸ **faire un faux pas a)** to slip **b)** fig to make a faux pas ▸ **faire le premier pas** to make the first move ▸ **franchir ou sauter le pas** to take the plunge ▸ **(rouler) au pas** (to move) at a snail's pace ▸ **sur le pas de la porte** on the doorstep ▸ **tirer qqn d'un mauvais pas** to get sb out of a tight spot.

pas² [pa] adv **1.** [avec ne] not / **elle ne vient pas** she's not ou she isn't coming / **elle n'a pas mangé** she hasn't eaten / **je ne le connais pas** I don't know him / **il n'y a pas de vin** there's no wine, there isn't any wine / **je préférerais ne pas le rencontrer** I would prefer not to meet him, I would rather not meet him **2.** [sans ne] not / **l'as-tu vu ou pas ?** have you seen him or not ? / **il est très satisfait, moi pas** he's very pleased, but I'm not ▸ **pas du tout** not at all **3.** [avec pron indéf] pas [aucun] none, not one / **pas un d'eux n'est venu** none of them ou not one of them came.

pascal¹, e [paskal] (*pl* **pascals** *ou* **pascaux** [pasko]) adj Easter *(avant n).*

pascal² [paskal] nm **1.** INFORM Pascal **2.** PHYS pascal.

pas-de-porte [padpɔʀt] nm inv key money.

pashmina [paʃmina] nm pashmina.

passable [pasabl] adj passable, fair.

passage [pasaʒ] nm **1.** [action - de passer] going past ; [- de traverser] crossing ▶ **être de passage** to be passing through **2.** [endroit] passage, way ▶ **'passage interdit'** 'no entry' ▶ **passage clouté** *ou* **pour piétons** pedestrian crossing UK, crosswalk US ▶ **passage à niveau** level crossing UK, grade crossing US ▶ **passage protégé** priority given to traffic on the main road ▶ **passage souterrain** underpass, subway UK **3.** [extrait] passage.

passager, ère [pasaʒe, ɛʀ] ❖ adj [bonheur] fleeting, short-lived. ❖ nm, f passenger.

passant, e [pasɑ̃, ɑ̃t] ❖ adj busy. ❖ nm, f passerby. ❖ **passant** nm [de ceinture] (belt) loop.

passe [pas] ❖ nm *fam* passkey. ❖ nf **1.** [au sport] pass **2.** NAUT channel.

passé, e [pase] adj **1.** [qui n'est plus] past ; [précédent] ▶ **la semaine passée** last week ▶ **au cours de la semaine passée** in the last week / *il est trois heures passées* it's gone three UK, it's after three **2.** [fané] faded. ❖ **passé** ❖ nm past ▶ **passé composé** perfect tense ▶ **passé simple** past historic. ❖ prép after.

passe-droit [pasdʀwa] (*pl* **passe-droits**) nm privilege.

passementerie [pasmɑ̃tʀi] nf haberdashery UK, notions *pl* US.

passe-montagne [pasmɔ̃taɲ] (*pl* **passe-montagnes**) nm balaclava (helmet).

passe-partout [paspaʀtu] nm inv **1.** [clé] passkey **2.** *(en apposition)* [tenue] all-purpose ; [phrase] stock *(avant n).*

passe-passe [paspas] nm inv ▶ **tour de passe-passe a)** [prestidigitation] conjuring trick **b)** *fig* [tromperie] trick.

passeport [paspɔʀ] nm passport ▶ **passeport biométrique** biometric passport.

passer [3] [pase] ❖ vi (aux : être) **1.** [se frayer un chemin] to pass, to get past **2.** [défiler] to go by *ou* past **3.** [aller] to go ▶ **passer à** *ou* **au travers** *ou* **par** to come *ou* pass through ▶ **passer chez qqn** to call on sb, to drop in on sb ▶ **passer devant a)** [bâtiment] to pass **b)** [juge] to come before ▶ **en passant** in passing

4. [facteur] to come, to call **5.** SCOL to pass, to be admitted / *passer dans la classe supérieure* to move up to the next class UK *ou* grade US **6.** [être accepté] to be accepted **7.** [fermer les yeux] ▶ **passer sur qqch** to pass over sthg **8.** [temps] to pass, to go by **9.** [disparaître - souvenir, couleur] to fade ; [- douleur] to pass, to go away **10.** CINÉ, TV & THÉÂTRE to be on ▶ **passer à la radio / télévision** to be on the radio/television **11.** [aux cartes] to pass **12.** [devenir] : *passer président / directeur* to become president/director, to be appointed president/director **13.** EXPR **passons...** let's move on... ▶ **passer pour** to be regarded as ▶ **se faire passer pour qqn** to pass o.s. off as sb ▶ **il y est passé** *fam* [mort] he kicked the bucket. ❖ vt (aux : être) **1.** [franchir - frontière, rivière] to cross ; [- douane] to go through **2.** [soirée, vacances] to spend **3.** [sauter - ligne, tour] to miss **4.** [défauts] ▶ **passer qqch à qqn** to overlook sthg in sb **4.** [bras] to pass, to put **6.** [filtrer - huile] to strain ; [- café] to filter **7.** [film, disque] to put on **8.** [vêtement] to slip on **9.** [vitesses] to change / *passer la* ou *en troisième* to change into third (gear) **10.** [donner] ▶ **passer qqch à qqn** to pass sb sthg / *passe-moi le sel* pass me the salt **11.** MÉD ▶ **passer qqch à qqn** to give sb sthg **12.** [accord] ▶ **passer un contrat avec qqn** to have an agreement with sb **13.** SCOL & UNIV [examen] to sit UK, to take **14.** [au téléphone] : *je vous passe Mme Ledoux* **a)** [transmettre] I'll put you through to Mme Ledoux **b)** [donner l'écouteur à] I'll hand you Mme Ledoux. ❖ **se passer** vp **1.** [événement] to happen, to take place / *comment ça s'est passé ?* how did it go? / *ça ne se passera pas comme ça !* I'm not putting up with that! / *l'opération s'est bien / mal passée* the operation went (off) smoothly / badly **2.** [crème] to put on **3.** [s'abstenir] ▶ **se passer de qqch / de faire qqch** to do without sthg/doing sthg.

passerelle [pasʀɛl] nf **1.** [pont] footbridge **2.** [passage mobile] gangway.

passe-temps [pastɑ̃] nm inv pastime.

passif, ive [pasif, iv] adj passive. ❖ **passif** nm **1.** GRAM passive **2.** FIN liabilities *pl.*

passion [pasjɔ̃] nf passion ▶ **avoir la passion de qqch** to have a passion for sthg.

passionnant, e [pasjɔnɑ̃, ɑ̃t] adj exciting, fascinating.

passionné, e [pasjɔne] ❖ adj **1.** [personne] passionate **2.** [récit, débat] impassioned. ❖ nm, f passionate person / *passionné de ski / d'échecs etc.* skiing/chess etc. fanatic.

passionnel, elle [pasjɔnɛl] adj [crime] of passion.

passionner [3] [pasjɔne] vt [personne] to grip, to fascinate. ◆ **se passionner** vp ▸ **se passionner pour** to have a passion for.

passivité [pasivite] nf passivity.

passoire [paswaʀ] nf [à liquide] sieve ; [à légumes] colander.

pastel [pastɛl] ◆◇ nm pastel. ◆◇ adj inv [couleur] pastel (avant n).

pastèque [pastɛk] nf watermelon.

pasteur [pastœʀ] nm **1.** litt [berger] shepherd **2.** RELIG pastor, minister. ◆ **Pasteur** [pastœʀ] npr m ▸ **l'Institut Pasteur** important medical research centre.

pasteuriser [3] [pastœʀize] vt to pasteurize.

pastille [pastij] nf [bonbon] pastille, lozenge.

pastis [pastis] nm aniseed-flavoured aperitif.

patate [patat] nf **1.** fam [pomme de terre] spud **2.** fam [imbécile] fathead.

pataugeoire [patoʒwaʀ] nf paddling pool UK, wading pool US.

patauger [17] [patoʒe] vi [barboter] to splash about.

patch [patʃ] nm MÉD patch.

patchouli [patʃuli] nm patchouli.

pâte [pat] nf **1.** [à tarte] pastry ; [à pain] dough ▸ **pâte brisée** shortcrust pastry ▸ **pâte à frire** batter ▸ **pâte à pain** bread dough ▸ **pâte sablée** sweet biscuit ou sweet flan pastry UK, sweet ou sugar dough US **2.** [mélange] paste ▸ **pâte d'amandes** almond paste ▸ **pâte de fruits** jelly made from fruit paste ▸ **pâte à modeler** modelling UK ou modeling US clay. ◆ **pâtes** nfpl pasta sg.

pâté [pate] nm **1.** CULIN pâté ▸ **pâté chinois** QUÉBEC shepherd's pie ▸ **pâté de campagne** farmhouse pâté ▸ **pâté en croûte** pâté baked in a pastry case ▸ **pâté de foie** liver pâté ▸ **pâté à la viande** QUÉBEC meat pie **2.** [tache] ink blot **3.** [bloc] ▸ **pâté de maisons** block (of houses).

pâtée [pate] nf mash, feed.

patelin [patlɛ̃] nm fam village, place.

patente¹ [patɑ̃t] nf licence UK ou license US fee (for traders and professionals).

patente² [patɑ̃t] QUÉBEC nf **1.** [invention] ingenious invention **2.** [objet quelconque] thing **3.** [affaire, histoire] ▸ **c'est quoi cette patente ?** what's going on?

patère [patɛʀ] nf [portemanteau] coat hook.

paternalisme [patɛʀnalism] nm paternalism.

paternel, elle [patɛʀnɛl] adj [devoir, autorité] paternal ; [amour, ton] fatherly.

paternité [patɛʀnite] nf paternity, fatherhood ; fig authorship, paternity.

pâteux, euse [patø, øz] adj [aliment] doughy ; [encre] thick.

pathétique [patetik] adj moving, pathetic.

pathologie [patɔlɔʒi] nf pathology.

patibulaire [patibylɛʀ] adj sinister.

patience [pasjɑ̃s] nf **1.** [gén] patience ▸ **prendre son mal en patience** to put up with it **2.** [jeu de cartes] patience UK, solitaire US.

patient, e [pasjɑ̃, ɑ̃t] ◆◇ adj patient. ◆◇ nm, f MÉD patient.

patienter [3] [pasjɑ̃te] vi to wait.

patin [patɛ̃] nm SPORT skate ▸ **patin à glace / à roulettes** ice / roller skate ▸ **faire du patin à glace / à roulettes** to go ice- / roller-skating.

patinage [patinaʒ] nm SPORT skating ▸ **patinage artistique / de vitesse** figure / speed skating.

patine [patin] nf patina.

patiner [3] [patine] ◆◇ vi **1.** SPORT to skate **2.** [véhicule] to skid. ◆◇ vt [objet] to give a patina to ; [avec vernis] to varnish. ◆ **se patiner** vp to take on a patina.

patineur, euse [patinœʀ, øz] nm, f skater.

patinoire [patinwaʀ] nf ice ou skating rink.

patio [patjo, pasjo] nm patio.

pâtisserie [patisʀi] nf **1.** [gâteau] pastry **2.** [art, métier] pastry-making **3.** [commerce] ≃ cake shop UK, bakery US ; ≃ bakery US.

pâtissier, ère [patisje, ɛʀ] ◆◇ adj ▸ **crème pâtissière** confectioner's custard. ◆◇ nm, f pastrycook.

patois [patwa] nm patois.

patriarcal, e, aux [patʀijaʀkal, o] adj patriarchal.

patriarche [patʀijaʀʃ] nm patriarch.

patrie [patʀi] nf country, homeland.

patrimoine [patʀimwan] nm [familial] inheritance ; [collectif] heritage.

patriote [patʀijɔt] nmf patriot.

patriotique [patʀijɔtik] adj patriotic.

patron, onne [patʀɔ̃, ɔn] nm, f **1.** [d'entreprise] head **2.** [chef] boss **3.** RELIG patron saint. ◆ **patron** nm [modèle] pattern.

patronage [patʀɔnaʒ] nm **1.** [protection] patronage ; [de saint] protection **2.** [organisation] youth club.

patronal, e, aux [patʀɔnal, o] adj [organisation, intérêts] employers' *(avant n)*.

patronat [patʀɔna] nm employers.

patronyme [patʀɔnim] nm patronymic.

patrouille [patʀuj] nf patrol.

patte [pat] nf **1.** [d'animal] paw ; [d'oiseau] foot **2.** fam [jambe] leg ; [pied] foot ; [main] hand, paw **3.** [favori] sideburn.

patte-d'oie [patdwa] nf (*pl* **pattes-d'oie**) nf crow's foot.

pâturage [patyʀaʒ] nm [lieu] pasture land.

pâture [patyʀ] nf [nourriture] food, fodder ; *fig* intellectual nourishment.

paume [pom] nf **1.** [de main] palm **2.** SPORT real tennis.

paumé, e [pome] fam ❖ adj lost. ❖ nm, f down and out.

paumer [3] [pome] vt *fam* to lose. ❖ **se paumer** vp *fam* to get lost.

paupière [popjɛʀ] nf eyelid.

paupiette [popjɛt] nf *thin slice of meat or fish stuffed and rolled* ▸ **paupiettes de veau** ≃ veal olives UK.

pause [poz] nf **1.** [arrêt] break **2.** MUS pause.

pause-café [pozkafe] nf coffee-break.

pauvre [povʀ] ❖ nmf poor person. ❖ adj poor ▸ **pauvre en** low in.

pauvreté [povʀəte] nf poverty.

pavaner [3] [pavane] ❖ **se pavaner** vp to strut.

pavé, e [pave] adj cobbled. ❖ **pavé** nm **1.** [chaussée] ▸ **battre le pavé** *fig* to walk the streets ▸ **être sur le pavé** *fig* to be out on the streets **2.** [de pierre] cobblestone, paving stone **3.** fam [livre] tome **4.** [de viande] slab / *pavé de romsteck* thick rump steak **5.** INFORM ▸ **pavé numérique** numeric keypad.

pavillon [pavijɔ̃] nm **1.** [bâtiment] detached house UK **2.** [de trompette] bell **3.** [d'oreille] pinna, auricle **4.** [drapeau] flag.

pavot [pavo] nm poppy.

payant, e [pɛjɑ̃, ɑ̃t] adj **1.** [hôte] paying *(avant n)* **2.** [spectacle] with an admission charge **3.** fam [affaire] profitable.

paye = paie.

payé, e [peje] adj : *bien / mal payé* well- / low-paid.

payement = paiement.

payer [11] [peje] ❖ vt **1.** [gén] to pay ; [achat] to pay for ▸ **payer qqch à qqn** to buy sthg for sb, to buy sb sthg, to treat sb to sthg **2.** [expier - crime, faute] to pay for. ❖ vi ▸ **payer (pour)** to pay (for).

pays [pei] nm **1.** [gén] country **2.** [région, province] region. ❖ **pays de Galles** nm : *le pays de Galles* Wales.

paysage [peizaʒ] nm **1.** [site, vue] landscape, scenery **2.** [tableau] landscape.

paysagiste [peizaʒist] nmf **1.** [peintre] landscape artist **2.** [concepteur de parcs] landscape gardener.

paysan, anne [peizɑ̃, an] ❖ adj [vie, coutume] country *(avant n)*, rural ; [organisation, revendication] farmers' *(avant n)* ; *péj* peasant *(avant n)*. ❖ nm, f **1.** [agriculteur] (small) farmer **2.** *péj* [rustre] peasant.

Pays-Bas [peiba] nmpl : *les Pays-Bas* the Netherlands.

PC nm **1.** (*abr de* **Parti communiste**) Communist Party **2.** (*abr de* **personal computer**) PC **3.** (*abr de* **Petite Ceinture**) bus following the inner ring road in Paris.

pck (*abr écrite de* **parce que**) SMS COS, COZ.

PCV (*abr de* **à percevoir**) nm reverse-charge call UK, collect call US.

PDF® nm PDF.

P-DG (*abr de* **président-directeur général, présidente-directrice générale**) nmf Chairman and Managing Director UK, President and Chief Executive Officer US.

PDV (*abr de* **point de vente**) nm POS.

péage [peaʒ] nm toll.

peau [po] nf **1.** [gén] skin ▸ **peau d'orange a)** orange peel **b)** MÉD ≃ cellulite **2.** [cuir] hide, leather *(U)*.

peaufiner [3] [pofine] vt *fig* [travail] to polish up.

pécan [pekɑ̃] nm ▸ **(noix de) pécan** pecan.

péché [peʃe] nm sin.

pêche [pɛʃ] nf **1.** [fruit] peach **2.** [activité] fishing ; [poissons] catch ▸ **aller à la pêche** to go fishing **3.** EXPR **avoir la pêche** fam to feel great.

pécher [18] [peʃe] vi to sin.

pêcher¹ [4] [peʃe] vt **1.** [poisson] to catch **2.** fam [trouver] to dig up.

pêcher² [peʃe] nm peach tree.

pécheur, eresse [peʃœʀ, peʃʀɛs] ❖ adj sinful. ❖ nm, f sinner.

pêcheur, euse [pɛʃœʀ, øz] nm, f fisherman (fisherwoman).

pectoral, e, aux [pɛktɔʀal, o] adj [sirop] cough (avant n). ◆ **pectoraux** nmpl pectorals.

pécule [pekyl] nm [économies] savings pl.

pécuniaire [pekynjɛʀ] adj financial.

pédagogie [pedagɔʒi] nf **1.** [science] education, pedagogy **2.** [qualité] teaching ability.

pédagogique [pedagɔʒik] adj educational ; [méthode] teaching (avant n).

pédagogue [pedagɔg] ❖ nmf teacher. ❖ adj ▸ être pédagogue to be a good teacher.

pédale [pedal] nf [gén] pedal.

pédaler [3] [pedale] vi [à bicyclette] to pedal.

pédalier [pedalje] nm **1.** [de vélo] (bicycle) drive **2.** [d'orgue] pedals pl.

Pédalo® [pedalo] nm pedal boat.

pédant, e [pedɑ̃, ɑ̃t] adj pedantic.

pédégère [pedeʒɛʀ] nf fam (female) managing director UK, (female) CEO US.

pédéraste [pedeʀast] nm homosexual, pederast.

pédestre [pedɛstʀ] adj : randonnée pédestre hike, ramble ▸ chemin pédestre footpath.

pédiatre [pedjatʀ] nmf pediatrician.

pédiatrie [pedjatʀi] nf pediatrics (U).

pédicure [pedikyʀ] nmf chiropodist, podiatrist US.

pedigree [pedigʀe] nm pedigree.

pédophile [pedɔfil] ❖ nm pedophile. ❖ adj pedophiliac.

pédopsychiatre [pedɔpsikjatʀ] nmf child psychiatrist.

peeling [piliŋ] nm face scrub.

pègre [pɛgʀ] nf underworld.

peigne [pɛɲ] nm **1.** [démêloir, barrette] comb **2.** [de tissage] card.

peigner [4] [peɲe] vt **1.** [cheveux] to comb **2.** [fibres] to card. ◆ **se peigner** vp to comb one's hair.

peignoir [pɛɲwaʀ] nm dressing gown UK, robe US, bathrobe US.

peindre [81] [pɛ̃dʀ] vt to paint ; fig [décrire] to depict.

peine [pɛn] nf **1.** [châtiment] punishment, penalty ; DR sentence ▸ sous peine de qqch on pain of sthg ▸ peine capitale ou de mort capital punishment, death sentence ▸ peine incompressible sentence without remission **2.** [chagrin] sorrow, sadness (U) ▸ faire de la peine à qqn to upset sb, to hurt sb **3.** [effort] trouble ▸ ça ne vaut pas ou ce n'est pas la peine it's not worth it **4.** [difficulté] difficulty ▸ avoir de la peine à faire qqch to have difficulty ou trouble doing sthg ▸ sans peine without difficulty, easily. ◆ **à peine** loc adv scarcely, hardly ▸ à peine... que hardly... than ▸ c'est à peine si on se parle we hardly speak (to each other).

peint, e [pɛ̃, pɛ̃t] pp ⟶ **peindre**.

peintre [pɛ̃tʀ] nmf painter.

peinture [pɛ̃tyʀ] nf **1.** [gén] painting **2.** [produit] paint ▸ 'peinture fraîche' 'wet paint'.

Pékin [pekɛ̃] npr Peking, Beijing.

pékinois, e [pekinwa, az] adj of/from Peking. ◆ **pékinois** nm **1.** [langue] Mandarin **2.** [chien] pekinese. ◆ **Pékinois, e** nm, f native ou inhabitant of Peking.

pelage [pəlaʒ] nm coat, fur.

pêle-mêle [pɛlmɛl] ❖ adv pell-mell. ❖ nm multiple photo frame.

peler [25] [pəle] vt & vi to peel.

pèlerin [pɛlʀɛ̃] nm pilgrim.

pèlerinage [pɛlʀinaʒ] nm **1.** [voyage] pilgrimage **2.** [lieu] place of pilgrimage.

pèlerine [pɛlʀin] nf cape.

pélican [pelikɑ̃] nm pelican.

pelle [pɛl] nf **1.** [instrument] shovel **2.** [machine] digger.

pelleter [27] [pɛlte] vt to shovel.

pelleteuse [pɛltøz] nf mechanical digger.

pellicule [pelikyl] nf film. ◆ **pellicules** nfpl dandruff (U).

pelote [pəlɔt] nf [de laine, ficelle] ball.

peloter [3] [pləte] vt fam to paw.

peloton [plɔtɔ̃] nm **1.** [de soldats] squad ▸ peloton d'exécution firing squad **2.** [de concurrents] pack.

pelotonner [3] [pəlɔtɔne] ◆ **se pelotonner** vp to curl up.

pelouse [pəluz] nf **1.** [de jardin] lawn **2.** [de champ de courses] public enclosure **3.** FOOT [rugby] field.

peluche [pəlyʃ] nf **1.** [jouet] soft toy, stuffed animal **2.** [d'étoffe] piece of fluff.

pelure [pəlyʀ] nf [fruit] peel.

pénal, e, aux [penal, o] adj penal.

pénaliser [3] [penalize] vt to penalize.

pénalité [penalite] nf penalty.

penalty [penalti] (pl **penaltys** ou **penalties**) nm penalty.

penaud, e [pɔno, od] adj sheepish.

penchant [pɑ̃ʃɑ̃] nm **1.** [inclination] tendency **2.** [sympathie] ▶ **penchant pour** liking ou fondness for.

pencher [3] [pɑ̃ʃe] ◆ vi to lean ▶ **pencher vers** fig to incline towards ou toward US ▶ **pencher pour** to incline in favour UK ou favor US of. ◆ vt to bend. ◆ **se pencher** vp [s'incliner] to lean over ; [se baisser] to bend down ▶ **se pencher sur qqn/qqch** to lean over sb/sthg.

pendaison [pɑ̃dɛzɔ̃] nf hanging.

pendant[1], e [pɑ̃dɑ̃, ɑ̃t] adj [bras] hanging, dangling. ◆ **pendant** nm **1.** [bijou] ▶ **pendant d'oreilles** (drop) earring **2.** [de paire] counterpart.

pendant[2] [pɑ̃dɑ̃] prép during. ◆ **pendant que** loc conj while, whilst UK ▶ **pendant que j'y suis,...** while I'm at it,....

pendentif [pɑ̃dɑ̃tif] nm pendant.

penderie [pɑ̃dʀi] nf wardrobe UK, walk-in closet US.

pendre [73] [pɑ̃dʀ] ◆ vi **1.** [être fixé en haut] ▶ **pendre (à)** to hang (from) **2.** [descendre trop bas] to hang down. ◆ vt **1.** [rideaux, tableau] to hang (up), to put up **2.** [personne] to hang. ◆ **se pendre** vp [se suicider] to hang o.s.

pendule [pɑ̃dyl] ◆ nm pendulum. ◆ nf clock.

pêne [pɛn] nm bolt.

pénétrant, e [penetʀɑ̃, ɑ̃t] adj penetrating ; [odeur] pervasive.

pénétrer [18] [penetʀe] ◆ vi to enter. ◆ vt [mur, vêtement] to penetrate.

pénible [penibl] adj **1.** [travail] laborious **2.** [nouvelle, maladie] painful **3.** fam [personne] tiresome.

péniche [peniʃ] nf barge.

pénicilline [penisilin] nf penicillin.

péninsule [penɛ̃syl] nf peninsula.

pénis [penis] nm penis.

pénitence [penitɑ̃s] nf **1.** [repentir] penitence **2.** [peine, punition] penance.

pénitencier [penitɑ̃sje] nm prison, penitentiary US.

pénitentiaire [penitɑ̃sjɛʀ] adj prison (avant n).

pénombre [penɔ̃bʀ] nf half-light.

pense-bête [pɑ̃sbɛt] (pl **pense-bêtes**) nm reminder.

pensée [pɑ̃se] nf **1.** [idée, faculté] thought **2.** [esprit] mind, thoughts pl **3.** [doctrine] thought, thinking **4.** BOT pansy.

penser [3] [pɑ̃se] ◆ vi to think ▶ **penser à qqn/qqch a)** [avoir à l'esprit] to think of sb/ sthg, to think about sb/sthg **b)** [se rappeler] to remember sb/sthg ▶ **penser à faire qqch a)** [avoir à l'esprit] to think of doing sthg **b)** [se rappeler] to remember to do sthg / qu'est-ce que tu en penses ? what do you think (of it)? ▶ **faire penser à qqn/qqch** to make one think of sb/sthg ▶ **faire penser à qqn à faire qqch** to remind sb to do sthg ▶ **pensez-vous !** fam don't be silly! ◆ vt to think / je pense que oui I think so / je pense que non I don't think so ▶ **penser faire qqch** to be planning to do sthg.

pensif, ive [pɑ̃sif, iv] adj pensive, thoughtful.

pension [pɑ̃sjɔ̃] nf **1.** [allocation] pension ▶ **pension alimentaire** [dans un divorce] alimony **2.** [hébergement] board and lodging ▶ **pension complète** full board **3.** [hôtel] guesthouse ▶ **pension de famille** guesthouse, boarding house **4.** [prix de l'hébergement] ≃ rent, keep **5.** [internat] boarding school / être en pension to be a boarder ou at boarding school.

pensionnaire [pɑ̃sjɔnɛʀ] nmf **1.** [élève] boarder **2.** [hôte payant] lodger.

pensionnat [pɑ̃sjɔna] nm [internat] boarding school.

pentagone [pɛ̃tagɔn] nm pentagon.

pente [pɑ̃t] nf slope ▶ **en pente** sloping, inclined.

pentecôte [pɑ̃tkot] nf [juive] Pentecost ; [chrétienne] Whitsun.

pénurie [penyʀi] nf shortage.

people [pipɔl] adj ▶ **la presse people** celebrity (gossip) magazines.

pépé [pepe] nm fam **1.** [grand-père] grandad, grandpa **2.** [homme âgé] old man.

pépier [9] [pepje] vi to chirp.

pépin [pepɛ̃] nm **1.** [graine] pip **2.** fam [ennui] hitch **3.** fam [parapluie] umbrella, brolly UK.

pépinière [pepinjɛʀ] nf tree nursery ; fig [école, établissement] nursery.

pépite [pepit] nf nugget.

péquenot, otte [pekno, ot], **péquenaud, e** [pekno, od] nm, f *fam* & *péj* country bumpkin.

perçant, e [pɛʁsɑ̃, ɑ̃t] adj **1.** [regard, son] piercing **2.** [froid] bitter, biting.

perce-neige [pɛʁsənɛʒ] nm inv & nf inv snowdrop.

percepteur, trice [pɛʁsɛptœʁ, tʁis] nm, f tax collector.

perception [pɛʁsɛpsjɔ̃] nf **1.** [d'impôts] collection **2.** [bureau] tax office **3.** [sensation] perception.

percer [16] [pɛʁse] ❖ vt **1.** [mur, roche] to make a hole in ; [coffre-fort] to crack **2.** [trou] to make ; [avec perceuse] to drill **3.** [silence, oreille] to pierce **4.** [foule] to make one's way through **5.** *fig* [mystère] to penetrate. ❖ vi **1.** [soleil] to break through **2.** [abcès] to burst ▶ **avoir une dent qui perce** to be cutting a tooth **3.** [réussir] to make a name for o.s., to break through.

perceuse [pɛʁsøz] nf drill.

percevoir [52] [pɛʁsəvwaʁ] vt **1.** [intention, nuance] to perceive **2.** [retraite, indemnité] to receive **3.** [impôts] to collect.

perche [pɛʁʃ] nf **1.** [poisson] perch **2.** [de bois, métal] pole.

percher [3] [pɛʁʃe] ❖ vi [oiseau] to perch. ❖ vt to perch. ◆ **se percher** vp to perch.

perchiste [pɛʁʃist] nmf **1.** SPORT pole vaulter **2.** CINÉ & TV boom operator.

perchoir [pɛʁʃwaʁ] nm perch.

percolateur [pɛʁkɔlatœʁ] nm percolator.

perçu, e [pɛʁsy] pp —→ **percevoir.**

percussion [pɛʁkysjɔ̃] nf percussion.

percussionniste [pɛʁkysjɔnist] nmf percussionist.

percutant, e [pɛʁkytɑ̃, ɑ̃t] adj **1.** [obus] explosive **2.** *fig* [argument] forceful.

percuter [3] [pɛʁkyte] ❖ vt to strike, to smash into. ❖ vi to explode.

perdant, e [pɛʁdɑ̃, ɑ̃t] ❖ adj losing. ❖ nm, f loser.

perdre [77] [pɛʁdʁ] ❖ vt **1.** [gén] to lose / **perdre le contrôle de** to lose control of **2.** [temps] to waste ; [occasion] to miss, to waste **3.** [suj : bonté, propos] to be the ruin of. ❖ vi to lose. ◆ **se perdre** vpi **1.** [coutume] to die out, to become lost **2.** [personne] to get lost, to lose one's way. ❖ vp *(emploi réciproque)* ▶ **se perdre de vue** to lose sight of each other.

perdrix [pɛʁdʁi] nf partridge.

perdu, e [pɛʁdy] ❖ pp —→ **perdre.** ❖ adj **1.** [égaré] lost **2.** [endroit] out-of-the-way **3.** [balle] stray **4.** [emballage] non-returnable **5.** [temps, occasion] wasted **6.** [malade] dying **7.** [récolte, robe] spoilt, ruined.

père [pɛʁ] nm [gén] father ▶ **père de famille** father. ◆ **père Noël** nm ▶ **le père Noël** Father Christmas **UK**, Santa Claus.

péremption [peʁɑ̃psjɔ̃] nf time limit ▶ **date de péremption** best-before date.

péremptoire [peʁɑ̃ptwaʁ] adj peremptory.

pérennité [peʁenite] nf durability.

perfection [pɛʁfɛksjɔ̃] nf [qualité] perfection.

perfectionné, e [pɛʁfɛksjɔne] adj sophisticated.

perfectionner [3] [pɛʁfɛksjɔne] vt to perfect. ◆ **se perfectionner** vp to improve.

perfide [pɛʁfid] adj perfidious.

perforateur, trice [pɛʁfɔʁatœʁ, tʁis] adj perforating. ◆ **perforatrice** nf [perceuse] drill ; [de bureau] hole punch.

perforer [3] [pɛʁfɔʁe] vt to perforate.

performance [pɛʁfɔʁmɑ̃s] nf performance.

performant, e [pɛʁfɔʁmɑ̃, ɑ̃t] adj **1.** [personne] efficient **2.** [machine] high-performance *(avant n)*.

perfusion [pɛʁfyzjɔ̃] nf perfusion.

pergola [pɛʁgɔla] nf pergola.

péridurale [peʁidyʁal] nf epidural.

péril [peʁil] nm peril.

périlleux, euse [peʁijø, øz] adj perilous, dangerous.

périmé, e [peʁime] adj out-of-date ; *fig* [idées] outdated.

périmètre [peʁimɛtʁ] nm **1.** [contour] perimeter **2.** [contenu] area.

périnée [peʁine] nm perineum.

période [peʁjɔd] nf period.

périodique [peʁjɔdik] ❖ nm periodical. ❖ adj periodic.

péripétie [peʁipesi] nf event.

périph [peʁif] *fam* nm *abr de* **périphérique.**

périphérie [peʁifeʁi] nf **1.** [de ville] outskirts *pl* **2.** [bord] periphery ; [de cercle] circumference.

périphérique [peʁifeʁik] ❖ nm **1.** [route] ring road **UK**, beltway **US 2.** INFORM peripheral device. ❖ adj peripheral.

périphrase [peʁifʁaz] nf periphrasis.

périple [peripl] nm **1.** NAUT voyage **2.** [voyage] trip.

périr [32] [perir] vi to perish.

périscope [periskɔp] nm periscope.

périssable [perisabl] adj **1.** [denrée] perishable **2.** litt [sentiment] transient.

péritonite [peritɔnit] nf peritonitis.

perle [perl] nf **1.** [de nacre] pearl **2.** [de bois, verre] bead **3.** [personne] gem.

permanence [permanɑ̃s] nf **1.** [continuité] permanence ▶ **en permanence** constantly **2.** [service] ▶ **être de permanence** to be on duty **3.** SCOL ▶ **(salle de) permanence** study room **UK**, study hall **US**.

permanent, e [permanɑ̃, ɑ̃t] adj permanent ; [cinéma] with continuous showings ; [comité] standing (avant n). ◆ **permanente** nf perm.

permettre [84] [permɛtr] vt to permit, to allow ▶ **permettre à qqn de faire qqch** to permit ou allow sb to do sthg. ◆ **se permettre** vp ▶ **se permettre qqch a)** to allow o.s sthg **b)** [avoir les moyens de] to be able to afford sthg ▶ **se permettre de faire qqch** to take the liberty of doing sthg.

permis, e [permi, iz] pp ⟶ **permettre**. ◆ **permis** nm licence **UK**, license **US**, permit ▶ **permis de conduire** driving licence **UK**, driver's license **US** ▶ **permis de construire** planning permission **UK**, building permit **US** ▶ **permis à points** driving licence with a penalty points system, introduced in France in 1992 ▶ **permis de travail** work permit.

permission [permisjɔ̃] nf **1.** [autorisation] permission **2.** MIL leave.

permuter [3] [permyte] vt to change round ; [mots, figures] to transpose. ◆ vi to change, to switch.

péroné [perɔne] nm fibula.

pérorer [3] [perɔre] vi péj to hold forth.

Pérou [peru] nm : le Pérou Peru.

perpendiculaire [perpɑ̃dikyler] ◆ nf perpendicular. ◆ adj ▶ **perpendiculaire (à)** perpendicular (to).

perpétrer [18] [perpetre] vt to perpetrate.

perpétuel, elle [perpetɥɛl] adj **1.** [fréquent, continu] perpetual **2.** [rente] life (avant n) ; [secrétaire] permanent.

perpétuer [7] [perpetɥe] vt to perpetuate. ◆ **se perpétuer** vp to continue ; [espèce] to perpetuate itself.

perpétuité [perpetɥite] nf perpetuity ▶ **à perpétuité** for life ▶ **être condamné à perpétuité** to be sentenced to life imprisonment.

perplexe [perplɛks] adj perplexed.

perquisition [perkizisjɔ̃] nf search.

perron [perɔ̃] nm steps pl (at entrance to building).

perroquet [perɔke] nm [animal] parrot.

perruche [peryʃ] nf budgerigar **UK**, parakeet **US**.

perruque [peryk] nf wig.

persan, e [persɑ̃, an] adj Persian. ◆ **persan** nm [chat] Persian (cat).

persécuter [3] [persekyte] vt **1.** [martyriser] to persecute **2.** [harceler] to harass.

persécution [persekysjɔ̃] nf persecution.

persévérant, e [perseverɑ̃, ɑ̃t] adj persevering.

persévérer [18] [persevere] vi ▶ **persévérer (dans)** to persevere (in).

persienne [persjɛn] nf shutter.

persifler [3] [persifle] vt litt to mock.

persil [persi] nm parsley.

Persique [persik] ⟶ **golfe**.

persistant, e [persistɑ̃, ɑ̃t] adj persistent ▶ **arbre à feuillage persistant** evergreen (tree).

persister [3] [persiste] vi to persist ▶ **persister à faire qqch** to persist in doing sthg.

perso [perso] (abr de personnel) adj fam personal, private.

personnage [persɔnaʒ] nm **1.** THÉÂTRE character ▶ **personnage principal** main ou leading character ; ART figure **2.** [personnalité] image.

personnaliser [3] [persɔnalize] vt to personalize.

personnalité [persɔnalite] nf **1.** [gén] personality **2.** DR status.

personne [persɔn] ◆ nf person ▶ **personnes** people ▶ **en personne** in person, personally ▶ **personne âgée** elderly person. ◆ pron indéf **1.** [quelqu'un] anybody, anyone / tu le sais mieux que personne you know it better than anybody ou anyone (else) **2.** [aucune personne] nobody, no one / personne ne viendra nobody will come / il n'y a jamais personne there's never anybody there, nobody is ever there ▶ **personne d'autre** nobody ou no one else.

personnel, elle [pɛʀsɔnɛl] adj **1.** [gén] personal **2.** [égoïste] self-centred 🇬🇧, self-centered 🇺🇸. ◆ **personnel** nm staff, personnel.

personnellement [pɛʀsɔnɛlmɑ̃] adv personally.

personnifier [9] [pɛʀsɔnifje] vt to personify.

perspective [pɛʀspɛktiv] nf **1.** ART [point de vue] perspective **2.** [panorama] view **3.** [éventualité] prospect.

perspicace [pɛʀspikas] adj perspicacious.

persuader [3] [pɛʀsɥade] vt ▸ **persuader qqn de qqch / de faire qqch** to persuade sb of sthg / to do sthg, to convince sb of sthg / to do sthg.

persuasif, ive [pɛʀsɥazif, iv] adj persuasive.

persuasion [pɛʀsɥazjɔ̃] nf persuasion.

perte [pɛʀt] nf **1.** [gén] loss **2.** [de temps] waste **3.** [ruine, déchéance] ruin. ◆ **pertes** nfpl [morts] losses. ◆ **à perte de vue** loc adv as far as the eye can see.

pertinent, e [pɛʀtinɑ̃, ɑ̃t] adj pertinent, relevant.

perturbation [pɛʀtyʀbasjɔ̃] nf disruption ; ASTRON & MÉTÉOR disturbance.

perturber [3] [pɛʀtyʀbe] vt **1.** [gén] to disrupt ▸ **perturber l'ordre public** to disturb the peace **2.** PSYCHO to disturb.

pervenche [pɛʀvɑ̃ʃ] nf **1.** BOT periwinkle **2.** fam [contractuelle] traffic warden 🇬🇧, meter maid 🇺🇸.

pervers, e [pɛʀvɛʀ, ɛʀs] ◆ adj **1.** [vicieux] perverted **2.** [effet] unwanted. ◆ nm, f pervert.

perversion [pɛʀvɛʀsjɔ̃] nf perversion.

perversité [pɛʀvɛʀsite] nf perversity.

pervertir [32] [pɛʀvɛʀtiʀ] vt to pervert.

pesamment [pəzamɑ̃] adv heavily.

pesant, e [pəzɑ̃, ɑ̃t] adj **1.** [lourd] heavy **2.** [style, architecture] ponderous.

pesanteur [pəzɑ̃tœʀ] nf **1.** PHYS gravity **2.** [lourdeur] heaviness.

pesée [pəze] nf [opération] weighing.

pèse-lettre [pɛzlɛtʀ] (pl inv ou **pèse-lettres**) nm letter scales.

pèse-personne [pɛzpɛʀsɔn] (pl inv ou **pèse-personnes**) nm scales pl.

peser [19] [pəze] ◆ vt to weigh. ◆ vi **1.** [avoir un certain poids] to weigh **2.** [être lourd] to be heavy **3.** [appuyer] ▸ **peser sur qqch** to press (down) on sthg.

peseta [pezeta] nf peseta.

pessimisme [pesimism] nm pessimism.

pessimiste [pesimist] ◆ nmf pessimist. ◆ adj pessimistic.

peste [pɛst] nf **1.** MÉD plague **2.** [personne] pest.

pestiféré, e [pɛstifeʀe] ◆ adj plague-stricken. ◆ nm, f plague victim.

pestilentiel, elle [pɛstilɑ̃sjɛl] adj pestilential.

pesto [pɛsto] nm pesto / **pâtes au pesto** pasta with pesto.

pet [pɛ] nm fam fart.

pétage [petaʒ] nm fam : **il a eu un pétage de plombs ou de câble** he went psycho ou ballistic.

pétale [petal] nm petal.

pétanque [petɑ̃k] nf ≃ bowls (U).

pétarader [3] [petaʀade] vi to backfire.

pétard [petaʀ] nm **1.** [petit explosif] banger 🇬🇧, firecracker 🇺🇸 **2.** fam [revolver] gun **3.** fam [haschich] joint.

péter [18] [pete] ◆ vi **1.** tfam [personne] to fart **2.** fam [câble, élastique] to snap. ◆ vt fam to bust.

pétillant, e [petijɑ̃, ɑ̃t] adj pr & fig sparkling.

pétiller [3] [petije] vi **1.** [vin, eau] to sparkle, to bubble **2.** [feu] to crackle **3.** fig [yeux] to sparkle.

petit, e [pəti, it] ◆ adj **1.** [de taille, jeune] small, little ▸ **petit frère** little ou younger brother ▸ **petite sœur** little ou younger sister **2.** [voyage, visite] short, little **3.** [faible, infime - somme d'argent] small ; [- bruit] faint, slight **4.** [de peu d'importance, de peu de valeur] minor **5.** [médiocre, mesquin] petty **6.** [de rang modeste - commerçant, propriétaire, pays] small ; [- fonctionnaire] minor. ◆ nm, f [enfant] little one, child / **bonjour, mon petit / ma petite** good morning, my dear ▸ **pauvre petit !** poor little thing! ▸ **la classe des petits** SCOL the infant class. ◆ nm [jeune animal] young (U) ▸ **faire des petits** to have puppies / kittens etc.. ◆ **petit à petit** loc adv little by little, gradually.

petit déjeuner [p(ə)tideʒøne] nm breakfast.

petite-fille [p(ə)titfij] nf granddaughter.

petitement [p(ə)titmɑ̃] adv **1.** [chichement] poorly **2.** [mesquinement] pettily.

petitesse [p(ə)tites] nf **1.** [de personne, de revenu] smallness **2.** [d'esprit] pettiness.

petit-fils [p(ə)tifis] nm grandson.

petit-four [p(ə)tifuʀ] nm petit four.

pétition [petisjɔ̃] nf petition.

petit-lait [p(ə)tilɛ] nm whey.

petit pois [pətipwa] (pl **petits pois**) nm (garden) pea.

petits-enfants [p(ə)tizɑ̃fɑ̃] nmpl grand-children.

petit-suisse [p(ə)tisɥis] nm fresh soft cheese, eaten with sugar.

pétrifier [9] [petRifje] vt pr & fig to petrify.

pétrin [petRɛ̃] nm **1.** [de boulanger] kneading machine **2.** fam [embarras] pickle ▶ **se fourrer/être dans le pétrin** to get into/to be in a pickle.

pétrir [32] [petRiR] vt [pâte, muscle] to knead.

pétrochimie [petRɔʃimi] nf petrochemistry.

pétrole [petRɔl] nm oil, petroleum.

pétrolier, ère [petRɔlje, ɛR] adj oil (avant n), petroleum (avant n). ◆ **pétrolier** nm [navire] oil tanker.

pétrolifère [petRɔlifɛR] adj oil-bearing.

pétulant, e [petylɑ̃, ɑ̃t] adj exuberant.

peu [pø] ◆ adv **1.** (avec v, adj, adv) : il a peu dormi he didn't sleep much, he slept little ▶ **peu souvent** not very often, rarely ▶ **très peu** very little **2.** ▶ **peu de** (+ n sg) little, not much ▶ **peu de** (+ n pl) few, not many / il a peu de travail he hasn't got much work, he has little work / c'est (bien) peu de chose it's nothing really / il reste peu de jours there aren't many days left / peu de gens le connaissent few ou not many know him. ◆ nm **1.** [petite quantité] ▶ **le peu de a)** (+ n sg) the little **b)** (+ n pl) the few **2.** (précédé de un) a little, a bit / je le connais un peu I know him slightly ou a little ▶ **un (tout) petit peu** a little bit / elle est un peu sotte she's a bit stupid ▶ **un peu de** a little / un peu de vin/patience a little wine/patience / un peu plus de a) [suivi d'un nom comptable] a few more **b)** [suivi d'un nom non comptable] a little (bit) more. ◆ **avant peu** loc adv soon, before long. ◆ **depuis peu** loc adv recently. ◆ **peu à peu** loc adv gradually, little by little. ◆ **pour peu que** loc conj (+ subj) if ever, if only. ◆ **pour un peu** loc adv nearly, almost. ◆ **si peu que** loc conj (+ subj) however little. ◆ **sous peu** loc adv soon, shortly.

peuplade [pœplad] nf tribe.

peuple [pœpl] nm **1.** [gén] people ▶ **le peuple** the (common) people **2.** fam [multitude] : quel peuple ! what a crowd!

peuplement [pœpləmɑ̃] nm **1.** [action] populating **2.** [population] population.

peupler [5] [pœple] vt **1.** [pourvoir d'habitants - région] to populate ; [- bois, étang] to stock **2.** [habiter, occuper] to inhabit **3.** fig [remplir] to fill. ◆ **se peupler** vp **1.** [région] to become populated **2.** [rue, salle] to be filled.

peuplier [pœplije] nm poplar.

peur [pœR] nf fear ▶ **avoir peur de qqn/qqch** to be afraid of sb/sthg ▶ **avoir peur de faire qqch** to be afraid of doing sthg ▶ **avoir peur que** (+ subj) to be afraid that / j'ai peur qu'il ne vienne pas I'm afraid he won't come ▶ **faire peur à qqn** to frighten sb ▶ **par ou de peur de qqch** for fear of sthg ▶ **par ou de peur de faire qqch** for fear of doing sthg.

peureux, euse [pœRø, øz] ◆ adj fearful, timid. ◆ nm, f fearful ou timid person.

peut → **pouvoir**.

peut-être [pøtɛtR] adv perhaps, maybe / peut-être qu'ils ne viendront pas, ils ne viendront peut-être pas perhaps ou maybe they won't come.

peux → **pouvoir**.

phalange [falɑ̃ʒ] nf ANAT phalanx.

phallocrate [falɔkRat] nm male chauvinist.

phallus [falys] nm phallus.

pharaon [faRaɔ̃] nm pharaoh.

phare [faR] ◆ nm **1.** [tour] lighthouse **2.** AUTO headlight ▶ **phare antibrouillard** fog lamp UK, fog light US. ◆ adj landmark (avant n) / une industrie phare a flagship ou pioneering industry.

pharmaceutique [faRmasøtik] adj pharmaceutical.

pharmacie [faRmasi] nf **1.** [science] pharmacology **2.** [magasin] chemist's UK, drugstore US.

pharmacien, enne [faRmasjɛ̃, ɛn] nm, f chemist UK, druggist US.

pharyngite [faRɛ̃ʒit] nf pharyngitis (U).

pharynx [faRɛ̃ks] nm pharynx.

phase [faz] nf phase ▶ **être en phase avec qqn** to be on the same wavelength as sb ▶ **phase terminale** final phase.

phénoménal, e, aux [fenɔmenal, o] adj phenomenal.

phénomène [fenɔmɛn] nm **1.** [fait] phenomenon **2.** [être anormal] freak **3.** fam [excentrique] character.

philanthropie [filɑ̃tRɔpi] nf philanthropy.

philatélie [filateli] nf philately, stamp collecting.

philharmonique [filarmɔnik] adj philharmonic.

Philippines [filipin] nfpl : *les Philippines* the Philippines.

philologie [filɔlɔʒi] nf philology.

philosophe [filɔzɔf] ❖ nmf philosopher. ❖ adj philosophical.

philosophie [filɔzɔfi] nf philosophy.

phlébite [flebit] nf phlebitis.

phobie [fɔbi] nf phobia.

phonème [fɔnɛm] nm phoneme.

phonétique [fɔnetik] ❖ nf phonetics *(U)*. ❖ adj phonetic.

phonographe [fɔnɔgraf] nm *vieilli* gramophone **UK**, phonograph **US**.

phoque [fɔk] nm seal.

phosphate [fɔsfat] nm phosphate.

phosphore [fɔsfɔr] nm phosphorus.

phosphorescent, e [fɔsfɔresɑ̃, ɑ̃t] adj phosphorescent.

photo [fɔto] nf **1.** [technique] photography **2.** [image] photo, picture / *photo couleur* colour **UK** ou color **US** photo / *photo noir et blanc* black and white photo ‣ **photo d'identité** passport photo ‣ **prendre qqn en photo** to take a photo of sb ‣ **y'a pas photo** *fam* there's no comparison.

photocomposition [fɔtokɔ̃pozisjɔ̃] nf filmsetting **UK**, photocomposition **US**.

photocopie [fɔtɔkɔpi] nf **1.** [procédé] photocopying **2.** [document] photocopy.

photocopier [9] [fɔtɔkɔpje] vt to photocopy.

photocopieur [fɔtɔkɔpjœr] nm photocopier.

photocopieuse [fɔtɔkɔpjøz] nf = **photocopieur**.

photoélectrique [fɔtɔelɛktrik] adj photoelectric.

photogénique [fɔtɔʒenik] adj photogenic.

photographe [fɔtɔgraf] nmf **1.** [artiste, technicien] photographer **2.** [commerçant] camera dealer.

photographie [fɔtɔgrafi] nf **1.** [technique] photography **2.** [cliché] photograph.

photographier [9] [fɔtɔgrafje] vt to photograph.

Photomaton® [fɔtɔmatɔ̃] nm photo booth.

photoreportage [fɔtɔrəpɔrtaʒ] nm PRESSE report *(consisting mainly of photographs)*.

phrase [fraz] nf **1.** LING sentence ‣ **phrase toute faite** stock phrase **2.** MUS phrase.

phréatique [freatik] adj ‣ **nappe phréatique** water table.

physicien, enne [fizisjɛ̃, ɛn] nm, f physicist.

physiologie [fizjɔlɔʒi] nf physiology.

physiologique [fizjɔlɔʒik] adj physiological.

physionomie [fizjɔnɔmi] nf **1.** [faciès] face **2.** [apparence] physiognomy.

physionomiste [fizjɔnɔmist] adj ‣ **être physionomiste** to have a good memory for faces.

physique [fizik] ❖ adj physical. ❖ nf [sciences] physics *(U)*. ❖ nm **1.** [constitution] physical well-being **2.** [apparence] physique.

physiquement [fizikmɑ̃] adv physically.

phytothérapie [fitɔterapi] nf herbal medicine.

piaffer [3] [pjafe] vi **1.** [cheval] to paw the ground **2.** [personne] to fidget.

piailler [3] [pjaje] vi **1.** [oiseaux] to cheep **2.** *fam* [enfant] to squawk.

pianiste [pjanist] nmf pianist.

piano [pjano] ❖ nm piano. ❖ adv **1.** MUS piano **2.** [doucement] gently.

pianoter [3] [pjanɔte] vi **1.** [jouer du piano] to plunk away (on the piano) **2.** [sur table] to drum one's fingers.

piaule [pjol] nf *fam* [hébergement] place ; [chambre] room.

PIB *(abr de produit intérieur brut)* nm GDP.

pic [pik] nm **1.** [outil] pick, pick-axe **UK**, pickax **US** **2.** [montagne] peak **3.** [oiseau] woodpecker **4.** *fig* [maximum] ‣ **pic d'audience** top (audience) ratings / *on a observé des pics de pollution* pollution levels reached a peak, pollution levels peaked. ❖ **à pic** loc adv **1.** [verticalement] vertically ‣ **couler à pic** to sink like a stone, to sink straight to the bottom **2.** *fam & fig* [à point nommé] just at the right moment.

pichenette [piʃnɛt] nf flick (of the finger).

pichet [piʃɛ] nm jug **UK**, pitcher **US**.

pickpocket [pikpɔkɛt] nm pickpocket.

picorer [3] [pikɔre] vi & vt to peck.

picotement [pikɔtmɑ̃] nm prickling *(U)*, prickle.

pie [pi] ❖ nf **1.** [oiseau] magpie **2.** *fam & fig* [bavard] chatterbox. ❖ adj inv [cheval] piebald.

pièce [pjɛs] nf **1.** [élément] piece ; [de moteur] part ‣ **pièce de collection** collector's item

▸ **pièce détachée** spare part **2.** [unité] : *deux euros pièce* deux euros each ou a piece ▸ **acheter/vendre qqch à la pièce** to buy/sell sthg singly, to buy/sell sthg separately ▸ **travailler à la pièce** to do piecework **3.** [document] document, paper ▸ **pièce d'identité** identification papers *pl* ▸ **pièce jointe** [e-mail] attachment ▸ **pièce jointes** [document] enclosures ▸ **pièce justificative** written proof *(U)*, supporting document **4.** [œuvre littéraire ou musicale] piece ▸ **pièce (de théâtre)** play **5.** [argent] ▸ **pièce (de monnaie)** coin **6.** [de maison] room **7.** COUT patch.

pied [pje] nm **1.** [gén] foot **/** *être/marcher pieds nus* ou *nu-pieds* to be/to go barefoot ▸ **à pied** on foot ▸ **avoir pied** to be able to touch the bottom ▸ **perdre pied** *pr* & *fig* to be out of one's depth ▸ **pied bot** [handicap] clubfoot **2.** [base - de montagne, table] foot ; [- de verre] stem ; [- de lampe] base **3.** [plant - de tomate] stalk ; [- de vigne] stock **4.** EXPR être sur pied to be (back) on one's feet, to be up and about ▸ **faire du pied à** to play footsie with ▸ **mettre qqch sur pied** to get sthg on its feet, to get sthg off the ground ▸ **je n'ai jamais mis les pieds chez lui** *fam* I've never set foot in his house ▸ **au pied de la lettre** literally, to the letter. ◆ **en pied** *loc adj* [portrait] full-length.

pied-de-biche [pjedbiʃ] *(pl* **pieds-de-biche)** nm [outil] nail claw.

piédestal, aux [pjedɛstal, o] nm pedestal.

pied-noir [pjenwaʀ] nmf French settler in Algeria.

piège [pjɛʒ] nm *pr* & *fig* trap.

piéger [22] [pjeʒe] vt **1.** [animal, personne] to trap **2.** [colis, véhicule] to boobytrap.

piercing [pirsiŋ] nm body piercing.

pierraille [pjeʀaj] nf loose stones *pl*.

pierre [pjɛʀ] nf stone ▸ **pierre d'achoppement** *fig* stumbling block ▸ **pierre précieuse** precious stone.

pierreries [pjɛʀʀi] nfpl precious stones, jewels.

piété [pjete] nf piety.

piétiner [3] [pjetine] ◆ vi **1.** [trépigner] to stamp (one's feet) **2.** *fig* [ne pas avancer] to make no progress, to be at a standstill. ◆ vt [personne, parterre] to trample.

piéton, onne [pjetɔ̃, ɔn] ◆ nm, f pedestrian. ◆ adj pedestrian *(avant n)*.

piétonnier, ère [pjetɔnje, ɛʀ] adj pedestrian *(avant n)*.

piètre [pjɛtʀ] adj poor.

pieu, x [pjø] nm **1.** [poteau] post, stake **2.** *fam* [lit] pit UK, sack US.

pieuvre [pjœvʀ] nf octopus ; *fig* & *péj* leech.

pieux, pieuse [pjø, pjøz] adj [personne, livre] pious.

pif [pif] nm *fam* conk UK, hooter UK, schnoz(zle) US ▸ **au pif** *fig* by guesswork.

pigeon [piʒɔ̃] nm **1.** [oiseau] pigeon **2.** *fam* [personne] sucker.

pigeonnant, e [piʒɔnɑ̃, ɑ̃t] adj [soutien-gorge] uplift *(avant n)* ; [poitrine] prominent.

pigeonnier [piʒɔnje] nm [pour pigeons] pigeon loft, dovecote.

pigment [pigmɑ̃] nm pigment.

pignon [piɲɔ̃] nm **1.** [de mur] gable **2.** [d'engrenage] gearwheel **3.** [de pomme de pin] pine kernel.

pile [pil] ◆ nf **1.** [de livres, journaux] pile **2.** ÉLECTR battery **3.** [de pièce] ▸ **pile ou face** heads or tails. ◆ adv *fam* on the dot ▸ **tomber/arriver pile** to come/to arrive at just the right time.

piler [3] [pile] ◆ vt [amandes] to crush, to grind. ◆ vi *fam* AUTO to jam on the brakes.

pileux, euse [pilø, øz] adj hairy *(avant n)* ▸ **système pileux** hair.

pilier [pilje] nm **1.** [de construction] pillar **2.** *fig* [soutien] mainstay, pillar **3.** [rugby] prop (forward).

pillard, e [pijaʀ, aʀd] nm, f looter.

piller [3] [pije] vt **1.** [ville, biens] to loot **2.** *fig* [ouvrage, auteur] to plagiarize.

pilon [pilɔ̃] nm **1.** [instrument] pestle **2.** [de poulet] drumstick **3.** [jambe de bois] wooden leg.

pilonner [3] [pilɔne] vt to pound.

pilori [piloʀi] nm pillory ▸ **mettre** ou **clouer qqn au pilori** to pillory sb.

pilotage [pilotaʒ] nm piloting ▸ **pilotage automatique** automatic piloting.

pilote [pilɔt] ◆ nm [d'avion] pilot ; [de voiture] driver ▸ **pilote automatique** autopilot ▸ **pilote de chasse** fighter pilot ▸ **pilote de course** racing UK ou race US driver ▸ **pilote d'essai** test pilot ▸ **pilote de ligne** airline pilot. ◆ adj pilot *(avant n)*, experimental.

piloter [3] [pilɔte] vt **1.** [avion] to pilot ; [voiture] to drive **2.** [personne] to show around.

pilotis [piloti] nm pile.

pilule [pilyl] nf pill ▸ **prendre la pilule** to be on the pill.

piment [pimã] nm **1.** [plante] pepper, capsicum ▸ **piment rouge** chilli pepper, hot red pepper **2.** fig [piquant] spice, pizzazz US.

pimenté, e [pimãte] adj [sauce] hot, spicy.

pimpant, e [pɛ̃pã, ãt] adj smart.

pin [pɛ̃] nm pine ▸ **pin parasol** umbrella pine ▸ **pin sylvestre** Scots pine.

PIN [pin] (abr de **produit intérieur net**) nm NDP.

pince [pɛ̃s] nf **1.** [grande] pliers pl **2.** [petite] ▸ **pince (à épiler)** tweezers pl ▸ **pince à linge** clothes peg UK, clothespin US **3.** [de crabe] pincer **4.** COUT dart.

pinceau, x [pɛ̃so] nm [pour peindre] brush.

pincée [pɛ̃se] nf pinch.

pincer [16] [pɛ̃se] ❖ vt **1.** [serrer] to pinch ; MUS to pluck ; [lèvres] to purse **2.** fam & fig [arrêter] to nick UK, to catch **3.** [suj : froid] to nip. ❖ vi fam [faire froid] ▸ **ça pince !** it's a bit nippy!

pince-sans-rire [pɛ̃ssãrir] nmf person with a deadpan face.

pincettes [pɛ̃sɛt] nfpl [ustensile] tongs.

pinède [pined], **pineraie** [pinrɛ], **pinière** [pinjɛr] nf pinewood.

pingouin [pɛ̃gwɛ̃] nm penguin.

ping-pong [piŋpɔ̃g] nm ping pong, table tennis.

pingre [pɛ̃gr] péj ❖ nmf skinflint. ❖ adj stingy.

pinière [pinjɛr] = **pinède**.

pin's [pinz] nm inv badge.

pinson [pɛ̃sɔ̃] nm chaffinch.

pintade [pɛ̃tad] nf guinea fowl.

pin-up [pinœp] nf inv pinup (girl).

pioche [pjɔʃ] nf **1.** [outil] pick **2.** [jeux] pile.

piocher [3] [pjɔʃe] ❖ vt **1.** [terre] to dig **2.** [jeux] to take **3.** fig [choisir] to pick at random. ❖ vi **1.** [creuser] to dig **2.** [jeux] to pick up ▸ **piocher dans a)** [tas] to delve into **b)** [économies] to dip into.

piolet [pjɔlɛ] nm ice axe UK ou US.

pion, pionne [pjɔ̃, pjɔn] nm, f fam SCOL supervisor (often a student who does this as a part-time job). ❖ **pion** nm [aux échecs] pawn ; [aux dames] piece ▸ **n'être qu'un pion** fig to be just a pawn in the game.

pionnier, ère [pjɔnje, ɛr] nm, f pioneer.

pipe [pip] nf pipe.

pipeau [pipo] nm MUS (reed) pipe ▸ **c'est du pipeau** fam that's nonsense.

pipeline, pipe-line (pl pipe-lines) [pajplajn, piplin] nm pipeline.

pipi [pipi] nm fam wee UK, weewee ▸ **faire pipi** to have a wee.

piquant, e [pikã, ãt] adj **1.** [barbe, feuille] prickly **2.** [sauce] spicy, hot. ❖ **piquant** nm **1.** [d'animal] spine ; [de végétal] thorn, prickle **2.** fig [d'histoire] spice.

pique [pik] ❖ nf **1.** [arme] pike **2.** fig [mot blessant] barbed comment. ❖ nm [aux cartes] spade.

pique-assiette [pikasjɛt] (pl pique-assiettes) nmf fam sponger.

pique-nique [piknik] (pl pique-niques) nm picnic.

piquer [3] [pike] ❖ vt **1.** [suj : guêpe, méduse] to sting ; [suj : serpent, moustique] to bite **2.** [avec pointe] to prick **3.** MÉD to give an injection to **4.** [animal] to put down **5.** [fleur] ▸ **piquer qqch dans** to stick sthg into **6.** [suj : tissu, barbe] to prickle **7.** [suj : fumée, froid] to sting **8.** COUT to sew, to machine **9.** fam [voler] to pinch UK **10.** fig [curiosité] to excite, to arouse **11.** fam [voleur, escroc] to nick UK, to catch. ❖ vi **1.** [ronce] to prick ; [ortie] to sting **2.** [guêpe, méduse] to sting ; [serpent, moustique] to bite **3.** [épice] to burn **4.** fam [voler] ▸ **piquer (dans)** to pinch (from) **5.** [avion] to dive.

piquerie [pikri] nf QUÉBEC shooting gallery.

piquet [pikɛ] nm [pieu] peg, stake. ❖ **piquet de grève** nm picket.

piqûre [pikyr] nf **1.** [de guêpe, de méduse] sting ; [de serpent, de moustique] bite **2.** [d'ortie] sting **3.** [injection] jab UK, shot.

piratage [pirataʒ] nm **1.** piracy **2.** INFORM hacking.

pirate [pirat] ❖ nm [corsaire] pirate ▸ **pirate de l'air** hijacker, skyjacker. ❖ adj pirate (avant n).

pirater [3] [pirate] vt to pirate.

pire [pir] ❖ adj **1.** [comparatif relatif] worse **2.** [superlatif] ▸ **le/la pire** the worst. ❖ nm ▸ **le pire (de)** the worst (of).

pirogue [pirɔg] nf dugout canoe.

pirouette [pirwɛt] nf **1.** [saut] pirouette **2.** fig [faux-fuyant] prevarication, evasive answer.

pis [pi] ❖ adj *litt* (pire) worse. ❖ adv worse ▶ **de mal en pis** from bad to worse. ❖ nm udder.

pis-aller [pizale] nm inv last resort.

pisciculture [pisikyltyʀ] nf fish farming.

piscine [pisin] nf swimming pool ▶ **piscine couverte/découverte** indoor/open-air swimming pool.

pisse [pis] nf *tfam* pee, piss.

pissenlit [pisɑ̃li] nm dandelion.

pisser [3] [pise] *tfam* ❖ vt **1.** [suj : personne] ▶ **pisser du sang** to pass blood **2.** [suj : plaie] : *son genou pissait le sang* blood was gushing from his knee. ❖ vi to pee, to piss.

pissotière [pisɔtjɛʀ] nf *fam* public urinal.

pistache [pistaʃ] nf [fruit] pistachio (nut).

piste [pist] nf **1.** [trace] trail **2.** [zone aménagée] ▶ **piste d'atterrissage** runway ▶ **piste cyclable** (bi)cycle path ▶ **piste de danse** dance floor ▶ **piste de ski** ski run **3.** [chemin] path, track **4.** [d'enregistrement] track **5.** [divertissement] ▶ **jeu de piste** treasure hunt.

pistil [pistil] nm pistil.

pistolet [pistɔlɛ] nm **1.** [arme] pistol, gun **2.** [à peinture] spray gun.

piston [pistɔ̃] nm **1.** [de moteur] piston **2.** MUS [d'instrument] valve **3.** *fam & fig* [appui] string-pulling.

pistonner [3] [pistɔne] vt to pull strings for ▶ **se faire pistonner** to have strings pulled for one.

pistou [pistu] nm *dish of vegetables served with sauce made from basil.*

pitance [pitɑ̃s] nf *litt* sustenance.

pitbull, **pit-bull** (*pl* pit-bulls) [pitbul] nm pitbull (terrier).

pitch [pitʃ] nm **1.** [au golf] pitch **2.** [d'un film, d'un livre] pitch.

piteux, **euse** [pitø, øz] adj piteous.

pitié [pitje] nf pity ▶ **avoir pitié de qqn** to have pity on sb, to pity sb ▶ **par pitié** out of ou through pity.

piton [pitɔ̃] nm **1.** [clou] piton **2.** [pic] peak **3.** QUÉBEC *fam* [touche d'un appareil] button **4.** QUÉBEC *fam* [dans les jeux de société] counter **5.** EXPR ▶ **être sur le piton** QUÉBEC *fam* to be in great shape.

pitonner [3] [pitɔne] QUÉBEC vi *fam* **1.** [sur des touches, un clavier] to tap away ▶ **pitonner sur l'ordinateur** to tap away **2.** [avec une télécommande] to zap, to channel-hop.

pitonneux, **euse** [pitɔnø, øz] nm, f QUÉBEC *fam* **1.** [adepte de l'informatique] computer buff **2.** TV channel hopper.

pitoyable [pitwajabl] adj pitiful.

pitre [pitʀ] nm clown.

pitrerie [pitʀəʀi] nf tomfoolery.

pittoresque [pitɔʀɛsk] adj **1.** [région] picturesque **2.** [détail] colourful UK, colorful US, vivid.

pivoine [pivwan] nf peony.

pivot [pivo] nm **1.** [de machine, au basket] pivot **2.** [de dent] post **3.** *fig* [centre] mainspring.

pivotant, **e** [pivotɑ̃, ɑ̃t] adj [fauteuil] swivel (*avant n*).

pivoter [3] [pivote] vi to pivot ; [porte] to revolve.

pizza [pidza] nf pizza.

Pk SMS *abr écrite de* **pourquoi**.

Pl., pl. *abr écrite de* **place**.

placage [plakaʒ] nm [de bois] veneer.

placard [plakaʀ] nm **1.** [armoire] cupboard **2.** [affiche] poster, notice.

placarder [3] [plakaʀde] vt [affiche] to put up, to stick up ; [mur] to placard, to stick a notice on.

place [plas] nf **1.** [espace] space, room ▶ **faire place à** [amour, haine] to give way to ▶ **prendre de la place** to take up (a lot of) space **2.** [emplacement, position] position ▶ **prendre la place de qqn** to take sb's place ▶ **à la place de qqn** instead of sb, in sb's place ▶ **se mettre à la place de qqn** to put o.s. in sb's place ou shoes ▶ **à ta place** if I were you, in your place ▶ **remettre qqn à sa place** to put sb in his/her place **3.** [siège] seat / *est-ce que cette place est prise ?* is anybody sitting here? **4.** [rang] place **5.** [de ville] square **6.** [emploi] position, job **7.** MIL [de garnison] garrison (town) ▶ **place forte** fortified town **8.** EXPR ▶ **mettre en place a)** [équipement] to set up (*sép*), to install **b)** [plan] to set up (*sép*), to put into action **c)** [réseau] to set up (*sép*). ❖ **sur place** loc adv there, on the spot / *je serai déjà sur place* I'll already be there.

placement [plasmɑ̃] nm **1.** [d'argent] investment **2.** [d'employé] placing.

placenta [plasɛ̃ta] nm ANAT placenta.

placer [16] [plase] vt **1.** [gén] to put, to place ; [invités, spectateurs] to seat **2.** [mot, anecdote] to put in, to get in **3.** [argent] to invest. ❖ **se placer** vp **1.** [prendre place - debout] to stand ;

[-assis] to sit (down) **2.** *fig* [dans une situation] to put o.s. **3.** [se classer] to come, to be.

placide [plasid] adj placid.

placotage [plakotaʒ] nm QUÉBEC *fam* **1.** [bavardage] chatting **2.** [médisance] gossiping.

placoter [3] [plakote] vi QUÉBEC *fam* **1.** [bavarder] to chat **2.** [médire] to gossip.

plafond [plafɔ̃] nm **1.** *pr* & *fig* ceiling **2.** [bâtiment] ▸ **faux plafond** false ceiling.

plafonner [3] [plafɔne] vi [prix, élève] to peak ; [avion] to reach its ceiling.

plafonnier [plafɔnje] nm ceiling light.

plage [plaʒ] nf **1.** [de sable] beach **2.** [d'ombre, de prix] band ; *fig* [de temps] slot **3.** [de disque] track **4.** [dans une voiture] ▸ **plage arrière** back shelf.

plagiat [plaʒja] nm plagiarism.

plagier [9] [plaʒje] vt to plagiarize.

plagiste [plaʒist] nm beach attendant.

plaid [plɛd] nm car rug.

plaider [4] [plede] ❖ vt DR to plead. ❖ vi DR to plead ▸ **plaider contre qqn** to plead against sb ▸ **plaider pour qqn** DR to plead for sb ; [justifier] to plead sb's cause.

plaidoirie [pledwari] nf DR speech for the defence UK ou defense US ; *fig* plea.

plaidoyer [pledwaje] nm **1.** DR = plaidoirie **2.** [supplication] plea.

plaie [plɛ] nf **1.** *pr* & *fig* wound **2.** *fam* [personne] pest.

plaindre [80] [plɛ̃dʀ] vt to pity. ❖ **se plaindre** vp to complain.

plaine [plɛn] nf plain.

plain-pied [plɛ̃pje] ❖ **de plain-pied** loc adv **1.** [pièce] on one floor ▸ **de plain-pied avec** *pr* & *fig* on a level with **2.** *fig* [directement] straight.

plaint, e [plɛ̃, plɛ̃t] pp → **plaindre**.

plainte [plɛ̃t] nf **1.** [gémissement] moan, groan ; *fig* & *pr* [du vent] moan **2.** [doléance & DR] complaint ▸ **porter plainte** to lodge a complaint ▸ **plainte contre X** ≃ complaint against person or persons unknown.

plaintif, ive [plɛ̃tif, iv] adj plaintive.

plaire [110] [plɛʀ] vi to be liked / **il me plaît** I like him / *ça te plairait d'aller au cinéma ?* would you like to go to the cinema? ▸ **s'il vous / te plaît** please.

plaisance [plɛzɑ̃s] ❖ **de plaisance** loc adj pleasure *(avant n)* ▸ **navigation de plaisance** sailing ▸ **port de plaisance** marina.

plaisancier, ère [plɛzɑ̃sje, ɛʀ] nm, f (amateur) sailor.

plaisant, e [plɛzɑ̃, ɑ̃t] adj pleasant.

plaisanter [3] [plɛzɑ̃te] vi to joke ▸ **tu plaisantes ?** you must be joking!

plaisanterie [plɛzɑ̃tʀi] nf joke / *c'est une plaisanterie ?* iron you must be joking!

plaisantin [plɛzɑ̃tɛ̃] nm joker.

plaisir [plezir] nm pleasure / *les plaisirs de la vie* life's pleasures ▸ **avoir du / prendre plaisir à faire qqch** to have / to take pleasure in doing sthg ▸ **faire plaisir à qqn** to please sb ▸ **avec plaisir** with pleasure ▸ **j'ai le plaisir de vous annoncer que...** I have the (great) pleasure of announcing that....

plan¹, e [plɑ̃, plan] adj level, flat.

plan² [plɑ̃] nm **1.** [dessin - de ville] map ; [-de maison] plan **2.** [projet] plan ▸ **faire des plans** to make plans ▸ **avoir son plan** to have something in mind **3.** [domaine] : *sur tous les plans* in all respects / *sur le plan affectif* emotionally / *sur le plan familial* as far as the family is concerned **4.** [surface] ▸ **plan d'eau** lake ▸ **plan de travail** work surface, worktop UK **5.** GÉOM plane **6.** CINÉ take ▸ **gros plan** close-up **7.** BANQUE ▸ **plan d'épargne** savings plan **8.** ÉCON ▸ **plan social** redundancy scheme ou plan UK. ❖ **à l'arrière-plan** loc adv in the background. ❖ **au premier plan** loc adv [dans l'espace] in the foreground. ❖ **en plan** loc adv ▸ **laisser qqn en plan** to leave sb stranded, to abandon sb / *il a tout laissé en plan* he dropped everything. ❖ **sur le même plan** loc adj on the same level.

planche [plɑ̃ʃ] nf **1.** [en bois] plank ▸ **planche à dessin** drawing board ▸ **planche à repasser** ironing board ▸ **planche de surf** surfboard ▸ **planche à voile a)** [planche] sailboard **b)** [sport] windsurfing ▸ **faire la planche** *fig* to float **2.** [d'illustration] plate.

plancher [plɑ̃ʃe] nm **1.** [de maison, de voiture] floor **2.** *fig* [limite] floor, lower limit.

plancton [plɑ̃ktɔ̃] nm plankton.

planer [3] [plane] vi **1.** [avion, oiseau] to glide **2.** [nuage, fumée, brouillard] to float **3.** *fig* [danger] : *planer sur qqn* to hang over sb **4.** *fam* & *fig* [personne] to be out of touch with reality.

planétaire [planetɛʀ] adj **1.** ASTRON planetary **2.** [mondial] world *(avant n)*.

planétarium [planetaʀjɔm] nm planetarium.

planète [planɛt] nf planet.

planeur [planœʀ] nm glider.

planification [planifikasjɔ̃] nf ÉCON planning.

planifier [9] [planifje] vt ÉCON to plan.

planisphère [planisfɛʀ] nm map of the world, planisphere.

planning [planiŋ] nm **1.** [de fabrication] work-flow schedule **2.** [agenda personnel] schedule ▶ **planning familial a)** [contrôle] family planning **b)** [organisme] family planning clinic.

planque [plɑ̃k] nf fam **1.** [cachette] hideout **2.** fig [situation, travail] cushy number.

plant [plɑ̃] nm [plante] seedling.

plantage [plɑ̃taʒ] nm fam **1.** [erreur] mistake / il y a eu un plantage dans les calculs they got the sums wrong **2.** [échec total] failure / elle a subi un gros plantage aux législatives she obtained disastrous results in the general election **3.** fam INFORM crash.

plantaire [plɑ̃tɛʀ] adj plantar.

plantation [plɑ̃tasjɔ̃] nf **1.** [exploitation - d'arbres, de coton, de café] plantation ; [- de légumes] patch **2.** [action] planting.

plante [plɑ̃t] nf **1.** BOT plant ▶ **plante verte** ou **d'appartement** ou **d'intérieur** house ou pot [UK] plant **2.** ANAT sole.

planter [3] [plɑ̃te] ❖ vt **1.** [arbre, terrain] to plant **2.** [clou] to hammer in, to drive in ; [pieu] to drive in ; [couteau, griffes] to stick in **3.** [tente] to pitch **4.** fam [laisser tomber] to dump **5.** fig [chapeau] to stick ; [baiser] to plant ▶ **planter son regard dans celui de qqn** to look sb right in the eyes. ❖ vi fam INFORM to crash.

plantureux, euse [plɑ̃tyʀø, øz] adj **1.** [repas] lavish **2.** [femme] buxom.

plaque [plak] nf **1.** [de métal, de verre, de verglas] sheet ; [de marbre] slab ▶ **plaque chauffante** ou **de cuisson** hotplate ▶ **plaque de chocolat** bar of chocolate **2.** [gravée] plaque ▶ **plaque d'immatriculation** ou **minéralogique** numberplate [UK], license plate [US] **3.** [insigne] badge **4.** [sur la peau] patch **5.** [dentaire] plaque.

plaqué, e [plake] adj [métal] plated ▶ **plaqué or** / **argent** gold- / silver-plated. ❖ **plaqué** nm [métal] ▶ **du plaqué or** / **argent** gold / silver plate.

plaquer [3] [plake] vt **1.** [métal] to plate **2.** [bois] to veneer **3.** [aplatir] to flatten ▶ **plaquer qqn contre qqch** to pin sb against sthg ▶ **plaquer qqch contre qqch** to stick sthg

onto sthg **4.** [rugby] to tackle **5.** MUS [accord] to play **6.** fam [travail, personne] to chuck.

plaquette [plakɛt] nf **1.** [de métal] plaque ; [de marbre] tablet **2.** [de chocolat] bar ; [de beurre] pat **3.** [de comprimés] packet, strip **4.** (gén pl) BIOL platelet **5.** AUTO ▶ **plaquette de frein** brake pad.

plasma [plasma] nm plasma.

plastifié, e [plastifje] adj plastic-coated.

plastique [plastik] adj & nm plastic.

plastiquer [3] [plastike] vt to blow up (with plastic explosives).

plat, e [pla, plat] adj **1.** [gén] flat **2.** [eau] still. ❖ **plat** nm **1.** [partie plate] flat **2.** [récipient] dish **3.** [mets] course ▶ **plat du jour** today's special ▶ **plat préparé** ready meal ▶ **plat de résistance** main course **4.** [plongeon] belly-flop. ❖ **à plat** loc adv **1.** [horizontalement, dégonflé] flat **2.** fam [épuisé] exhausted.

platane [platan] nm plane tree.

plateau, x [plato] nm **1.** [de cuisine] tray ▶ **plateau de / à fromages** cheeseboard **2.** [de balance] pan **3.** GÉOGR plateau **4.** THÉÂTRE stage ; CINÉ & TV set **5.** [de vélo] chain wheel.

plateau-repas [platoʀəpa] nm tray (of food).

plate-bande [platbɑ̃d] nf flowerbed.

plate-forme [platfɔʀm] nf [gén] platform ▶ **plate-forme de forage** drilling platform.

platine [platin] ❖ adj inv platinum. ❖ nm [métal] platinum. ❖ nf [de tourne-disque] deck ▶ **platine laser** compact disc player.

platonique [platɔnik] adj [amour, amitié] platonic.

plâtras [platʀa] nm [gravats] rubble.

plâtre [platʀ] nm **1.** CONSTR & MÉD plaster **2.** [sculpture] plaster cast **3.** fam [fromage] : c'est du vrai plâtre it's like sawdust.

plâtrer [3] [platʀe] vt **1.** [mur] to plaster **2.** MÉD to put in plaster.

plausible [plozibl] adj plausible.

play-back [plɛbak] nm inv miming ▶ **chanter en play-back** to mime.

play-boy [plɛbɔj] (pl **play-boys**) nm playboy.

plébiscite [plebisit] nm plebiscite.

plein, e [plɛ̃, plɛn] adj **1.** [rempli, complet] full **2.** [non creux] solid **3.** [femelle] pregnant. ❖ **plein** ❖ adv fam : il a de l'encre plein les doigts he has ink all over his fingers ▶ **plein de** lots of / il y avait plein de gens dans la rue there were crowds ou masses of people in the street. ❖ nm [de réservoir] full tank / le *plein, s'il vous plaît* fill her up, please ▸ **faire le plein** to fill up.

plein-air [plɛnɛʀ] nm inv SCOL games. ◆ **de plein-air, en plein-air** loc adj open-air *(modif)*, outdoor *(modif)*.

plein-temps [plɛ̃tɑ̃] nm full-time job.

plénitude [plenityd] nf fullness.

pléonasme [pleɔnasm] nm pleonasm.

pleurer [5] [plœʀe] ◆ vi 1. [larmoyer] to cry ▸ **pleurer de joie** to weep for joy, to cry with joy 2. *péj* [se plaindre] to whinge 🇬🇧 3. [se lamenter] ▸ **pleurer sur** to lament. ◆ vt to mourn.

pleurnicher [3] [plœʀniʃe] vi to whine, to whinge 🇬🇧.

pleurs [plœʀ] nmpl ▸ **être en pleurs** to be in tears.

pleuvoir [68] [pløvwaʀ] v impers *pr & fig* to rain / *il pleut* it is raining.

Plexiglas® [plɛksiglas] nm Plexiglass®.

plexus [plɛksys] nm plexus ▸ **plexus solaire** solar plexus.

pli [pli] nm 1. [de tissu] pleat ; [de pantalon] crease ▸ **faux pli** crease 2. [du front] line ; [du cou] fold 3. [lettre] letter ; [enveloppe] envelope ▸ **sous pli séparé** under separate cover 4. [aux cartes] trick 5. GÉOL fold.

pliant, e [plijɑ̃, ɑ̃t] adj folding *(avant n)*.

plier [10] [plije] ◆ vt 1. [papier, tissu] to fold 2. [vêtement, vélo] to fold (up) 3. [branche, bras] to bend. ◆ vi 1. [se courber] to bend 2. *fig* [céder] to bow. ◆ **se plier** vp 1. [être pliable] to fold (up) 2. *fig* [se soumettre] ▸ **se plier à qqch** to bow to sthg.

plinthe [plɛ̃t] nf plinth.

plissé, e [plise] adj 1. [jupe] pleated 2. [peau] wrinkled.

plissement [plismɑ̃] nm 1. [de front] creasing ; [d'yeux] screwing up 2. GÉOL fold.

plisser [3] [plise] ◆ vt 1. COUT to pleat 2. [front] to crease ; [lèvres] to pucker ; [yeux] to screw up. ◆ vi [étoffe] to crease.

plomb [plɔ̃] nm 1. [métal, de vitrail] lead 2. [de chasse] shot 3. ÉLECTR fuse / *les plombs ont sauté* a fuse has blown ou gone 4. [de pêche] sinker.

plombage [plɔ̃baʒ] nm [de dent] filling.

plomber [3] [plɔ̃be] vt 1. [ligne] to weight (with lead) 2. [dent] to fill.

plombier [plɔ̃bje] nm plumber.

plonge [plɔ̃ʒ] nf *fam* dishwashing ▸ **faire la plonge** to wash dishes.

plongeant, e [plɔ̃ʒɑ̃, ɑ̃t] adj 1. [vue] from above 2. [décolleté] plunging.

plongée [plɔ̃ʒe] nf [immersion] diving ▸ **plongée sous-marine** scuba diving.

plongeoir [plɔ̃ʒwaʀ] nm diving board.

plongeon [plɔ̃ʒɔ̃] nm [dans l'eau, au football] dive.

plonger [17] [plɔ̃ʒe] ◆ vt 1. [immerger, enfoncer] to plunge ▸ **plonger la tête sous l'eau** to put one's head under the water 2. *fig* [précipiter] ▸ **plonger qqn dans qqch** to throw sb into sthg ▸ **plonger une pièce dans l'obscurité** to plunge a room into darkness. ◆ vi 1. [dans l'eau, gardien de but] to dive 2. *fam* [échouer] to decline, to fall off. ◆ **se plonger** vp 1. [s'immerger] to submerge 2. *fig* [s'absorber] ▸ **se plonger dans qqch** to immerse o.s. in sthg.

plongeur, euse [plɔ̃ʒœʀ, øz] nm, f 1. [dans l'eau] diver 2. [dans restaurant] dishwasher.

ployer [13] [plwaje] vt & vi *pr & fig* to bend.

plu¹ [ply] ⟶ **plaire**.

plu² [ply] ⟶ **pleuvoir**.

pluie [plɥi] nf 1. [averse] rain *(U)* ▸ **sous la pluie** in the rain ▸ **une pluie battante** driving rain ▸ **une pluie fine** drizzle 2. *fig* [grande quantité] ▸ **une pluie de** a shower of.

plume [plym] nf 1. [d'oiseau] feather 2. [pour écrire - d'oiseau] quill pen ; [- de stylo] nib.

plumeau, x [plymo] nm feather duster.

plumer [3] [plyme] vt 1. [volaille] to pluck 2. *fam* [personne] to fleece.

plumier [plymje] nm pencil box.

plupart [plypaʀ] nf ▸ **la plupart de** most of, the majority of ▸ **la plupart du temps** most of the time, mostly ▸ **pour la plupart** mostly, for the most part.

pluralisme [plyʀalism] nm pluralism.

pluriel, elle [plyʀjɛl] adj 1. GRAM plural 2. [société] pluralist. ◆ **pluriel** nm plural ▸ **au pluriel** in the plural.

plus [ply(s)] ◆ adv 1. [quantité] more / *je ne peux vous en dire plus* I can't tell you anything more ▸ **beaucoup plus de a)** *(suivi d'un nom au singulier)* a lot more, much more **b)** *(suivi d'un nom au pluriel)* a lot more, many more / *il y a (un peu) plus de 15 ans* a (little) more than 15 years ago / *plus j'y pense, plus je me dis que…* the more I think about it, the more I'm sure… 2. [comparaison] more / *c'est plus court par* *là* it's shorter that way **/** *viens plus souvent* come more often **/** *c'est un peu plus loin* it's a (little) bit further **)** **plus jeune (que)** younger (than) **/** *c'est plus simple qu'on ne le croit* it's simpler than you think **/** *plus tard* later **/** *plus tôt* earlier **3.** [superlatif] **)** **le plus** the most **/** *c'est lui qui travaille le plus* he's the hardest worker, he's the one who works (the) hardest **/** *un de ses tableaux les plus connus* one of his best-known paintings **/** *le plus souvent* the most often **/** *le plus loin* the furthest **/** *le plus vite possible* as quickly as possible **4.** [négation] no more **/** *plus un mot !* not another word! **)** **ne... plus** no longer, no more **/** *il ne vient plus me voir* he doesn't come to see me any more, he no longer comes to see me **/** *je n'y vais plus du tout* I don't go there any more. **❖** nm **1.** [signe] plus (sign) **2.** *fig* [atout] plus. **❖** prép plus **/** *trois plus trois font six* three plus three is six, three and three are six. **◆ au plus** loc adv at the most **)** **tout au plus** at the very most. **◆ de plus** loc adv **1.** [en supplément, en trop] more **/** *elle a cinq ans de plus que moi* she's five years older than me **2.** [en outre] furthermore, what's more. **◆ de plus en plus** loc adv more and more. **◆ de plus en plus de** loc prép more and more. **◆ en plus** loc adv **1.** [en supplément] extra **2.** [d'ailleurs] moreover, what's more. **◆ en plus de** loc prép in addition to. **◆ ni plus ni moins** loc adv no more no less. **◆ plus ou moins** loc adv more or less. **◆ sans plus** loc adv : *elle est gentille, sans plus* she's nice, but no more than that.

plusieurs [plyzjœʀ] adj indéf pl & pron indéf pl several.

plus-que-parfait [plyskəparfɛ] nm GRAM pluperfect.

plus-value [plyvaly] nf **1.** [d'investissement] appreciation **2.** [excédent] surplus **3.** [bénéfice] profit ; [à la revente] capital gain.

plutôt [plyto] adv rather **)** **plutôt que de faire qqch** instead of doing sthg, rather than doing ou do sthg.

pluvieux, euse [plyvjø, øz] adj rainy.

PME (*abr de* **petites et moyennes entreprises**) nf SME.

PMI nf (*abr de* **petites et moyennes industries**) small industrial firm.

PMU (*abr de* **Pari Mutuel Urbain**) nm *system for betting on horses.*

PNB (*abr de* **produit national brut**) nm GNP.

pneu, [pnø] nm [de véhicule] tyre 🇬🇧, tire 🇺🇸 **)** **pneu arrière** rear tyre 🇬🇧 ou tire 🇺🇸 **)** **pneu neige** winter tyre 🇬🇧 ou tire 🇺🇸.

pneumatique [pnømatik] **❖** nf PHYS pneumatics *(U).* **❖** adj **1.** [fonctionnant à l'air] pneumatic **2.** [gonflé à l'air] inflatable.

pneumonie [pnømɔni] nf pneumonia.

PO (*abr écrite de* **petites ondes**) MW.

poche [pɔʃ] nf **1.** [de vêtement, de sac, d'air] pocket **)** **de poche** pocket *(avant n)* **2.** [sac, sous les yeux] bag **)** **faire des poches** [vêtement] to bag **3.** MÉD sac.

poché, e [pɔʃe] adj **1.** [œuf] poached **2.** [meurtri] : *avoir un œil poché* to have a black eye.

pocher [3] [pɔʃe] vt **1.** CULIN to poach **2.** [blesser] **)** **pocher l'œil à qqn** to give sb a black eye.

pochette [pɔʃɛt] nf **1.** [enveloppe] envelope ; [d'allumettes] book ; [de photos] packet **2.** [de disque] sleeve, jacket 🇺🇸 **3.** [mouchoir] (pocket) handkerchief.

pochette-surprise [pɔʃɛtsyʀpʀiz] (*pl* **pochettes-surprises**) nf lucky bag.

pochoir [pɔʃwaʀ] nm stencil.

podcast [pɔdkast] nm podcast.

podcaster [pɔdkaste] vt [une émission] to podcast.

podium [pɔdjɔm] nm podium.

podologue [pɔdɔlɔg] nmf chiropodist, podiatrist 🇺🇸.

poêle [pwal] **❖** nf pan **)** **poêle à frire** frying pan. **❖** nm stove.

poêlée [pwale] nf panful **/** *poêlée de champignons* CULIN panfried mushrooms.

poème [pɔɛm] nm poem.

poésie [pɔezi] nf **1.** [genre, émotion] poetry **2.** [pièce écrite] poem.

poète [pɔɛt] nm **1.** [écrivain] poet **2.** [rêveur] dreamer.

poétique [pɔetik] adj poetic.

pogrom(e) [pɔgʀɔm] nm pogrom.

poids [pwa] nm **1.** [gén] weight **/** *quel poids fait-il ?* how heavy is it/he? **)** **perdre / prendre du poids** to lose/gain weight **)** **vendre au poids** to sell by weight **)** **poids lourd a)** [boxe] heavyweight **b)** [camion] heavy goods vehicle 🇬🇧 **)** **de poids** [argument] weighty **2.** SPORT [lancer] shot.

poignant, e [pwaɲã, ãt] adj poignant.

poignard [pwaɲaʀ] nm dagger.

poignarder [3] [pwaɲaʀde] vt to stab.

poignée [pwaɲe] nf **1.** [quantité, petit nombre] handful **2.** [manche] handle. **◆ poignée de main** nf handshake.

poignet [pwaɲɛ] nm **1.** ANAT wrist **2.** [de vêtement] cuff.

poil [pwal] nm **1.** [du corps] hair **2.** [d'animal] hair, coat **3.** [de pinceau] bristle ; [de tapis] strand **4.** fam [peu] : il s'en est fallu d'un poil que je réussisse I came within a hair's breadth of succeeding.

poilu, e [pwaly] adj hairy.

poinçon [pwɛ̃sɔ̃] nm **1.** [outil] awl **2.** [marque] hallmark.

poinçonner [3] [pwɛ̃sɔne] vt **1.** [bijou] to hallmark **2.** [billet, tôle] to punch.

poing [pwɛ̃] nm fist.

point [pwɛ̃] ❖ nm **1.** COUT [tricot] stitch ▶ **points de suture** MÉD stitches **2.** [de ponctuation] ▶ **point (final)** full stop 🇬🇧, period 🇺🇸 ▶ **point d'interrogation / d'exclamation** question/exclamation mark ▶ **points de suspension** suspension points ▶ **mettre les points sur les i** fig to get things straight, to dot one's i's and cross one's t's **3.** [petite tache] dot ▶ **point noir** a) [sur la peau] blackhead b) fig [problème] problem **4.** [endroit] spot, point ; fig point ▶ **point d'appui** [support] something to lean on ▶ **point culminant** a) [en montagne] summit b) fig climax ▶ **point de vente** point of sale, sale outlet ▶ **point de vue** a) [panorama] viewpoint b) fig [opinion, aspect] point of view ▶ **avoir un point commun avec qqn** to have something in common with sb **5.** [degré] point ▶ **au point que, à tel point que** to such an extent that / je ne pensais pas que cela le vexerait à ce point I didn't think it would make him so cross ▶ **être… au point de faire qqch** to be so… as to do sthg / il n'est pas stupide au point de le leur répéter he's not so stupid as to tell them **6.** fig [position] position ▶ **faire le point** to take stock (of the situation) **7.** [réglage] ▶ **mettre au point** a) [machine] to adjust b) [idée, projet] to finalize ▶ **à point** [cuisson] just right ▶ **à point (nommé)** just in time **8.** [question, détail] point, detail ▶ **point faible** weak point ▶ **point fort** strong point **9.** [score] point **10.** [douleur] pain ▶ **point de côté** stitch **11.** [début] ▶ **être sur le point de faire qqch** to be on the point of doing sthg, to be about to do sthg **12.** AUTO ▶ **au point mort** in neutral **13.** GÉOGR ▶ **points cardinaux** points of the compass. ❖ adv litt & vieilli ▶ **ne point** not (at all).

pointage [pwɛ̃taʒ] nm 🇶🇨 SPORT score.

pointe [pwɛ̃t] nf **1.** [extrémité] point ; [de nez] tip ▶ **se hausser sur la pointe des pieds** to stand on tiptoe ▶ **en pointe** pointed ▶ **tailler en pointe** to taper ▶ **se terminer en pointe** to taper ▶ **pointe d'asperge** asparagus tip **2.** [clou] tack **3.** [sommet] peak, summit ▶ **à la pointe de** fig at the peak of / **à la pointe de la technique** at the forefront ou cutting edge of technology **4.** fig [trait d'esprit] witticism **5.** fig [petite quantité] ▶ **une pointe de** a touch of. ❖ **pointes** nfpl [danse] points ▶ **faire des** ou **les pointes** to dance on one's points. ❖ **de pointe** loc adj **1.** [vitesse] maximum, top **2.** [industrie, secteur] leading ; [technique] latest.

pointer [3] [pwɛte] ❖ vt **1.** [cocher] to tick (off) **2.** [employés - à l'entrée] to check in ; [- à la sortie] to check out **3.** [diriger] ▶ **pointer qqch vers** to point sthg towards ou toward 🇺🇸 ▶ **pointer qqch sur** to point sthg at. ❖ vi **1.** [à l'usine - à l'entrée] to clock in ; [- à la sortie] to clock out **2.** [à la pétanque] to get as close to the jack as possible **3.** [jour] to break.

pointillé [pwɛ̃tije] nm **1.** [ligne] dotted line ▶ **en pointillé** a) [ligne] dotted b) fig [par sous-entendus] obliquely **2.** [perforations] perforations pl.

pointilleux, euse [pwɛ̃tijø, øz] adj ▶ **pointilleux (sur)** particular (about).

pointu, e [pwɛ̃ty] adj **1.** [objet] pointed **2.** [voix, ton] sharp **3.** [étude, formation] specialized.

pointure [pwɛ̃tyʀ] nf (shoe) size.

point-virgule [pwɛ̃viʀgyl] nm semi-colon.

poire [pwaʀ] nf **1.** [fruit] pear **2.** MÉD ▶ **poire à injections** syringe **3.** fam [visage] face **4.** fam [naïf] dope.

poireau, x [pwaʀo] nm leek.

poirier [pwaʀje] nm pear tree.

pois [pwa] nm **1.** BOT pea ▶ **pois chiche** chickpea ▶ **petits pois** garden peas, petits pois ▶ **pois de senteur** sweet pea **2.** fig [motif] dot, spot ▶ **à pois** spotted, polka-dot.

poison [pwazɔ̃] ❖ nm [substance] poison. ❖ nmf fam & fig [personne] drag, pain ; [enfant] brat.

poisse [pwas] nf fam bad luck ▶ **porter la poisse** to be bad luck.

poisseux, euse [pwasø, øz] adj sticky.

poisson [pwasɔ̃] nm fish ▶ **poisson d'avril** a) [farce] April fool b) [en papier] paper fish pinned to someone's back as a prank on April Fools' Day ▶ **poisson rouge** goldfish. ❖ **Poissons** nmpl ASTROL Pisces sg.

poissonnerie [pwasɔnʀi] nf [boutique] fish shop, fishmonger's (shop) 🇬🇧.

poissonnier, ère [pwasɔnje, ɛʀ] nm, f fishmonger **UK**.

poitrine [pwatʀin] nf [thorax] chest ; [de femme] chest, bust.

poivre [pwavʀ] nm pepper ▸ **poivre blanc** white pepper ▸ **poivre gris, poivre noir** black pepper.

poivré, e [pwavʀe] adj **1.** CULIN peppery **2.** [parfum] peppery, spicy **3.** [chanson, histoire] spicy, racy.

poivrier [pwavʀije] nm [ustensile] pepper pot **UK**, pepper shaker **US**.

poivrière [pwavʀijɛʀ] nf = **poivrier**.

poivron [pwavʀɔ̃] nm pepper, capsicum ▸ **poivron rouge/vert** red/green pepper.

poivrot, e [pwavʀo, ɔt] nm, f fam boozer.

poker [pɔkɛʀ] nm poker.

polaire [pɔlɛʀ] ❖ adj polar. ❖ nf [textile] (polar) fleece.

polar [pɔlaʀ] nm fam thriller, whodunnit.

Polaroïd® [pɔlaʀɔid] nm Polaroid®.

polder [pɔldɛʀ] nm polder.

pôle [pol] nm pole ▸ **pôle Nord/Sud** North/South Pole.

polémique [pɔlemik] ❖ nf controversy. ❖ adj [style, ton] polemical.

poli, e [pɔli] adj **1.** [personne] polite **2.** [surface] polished.

police [pɔlis] nf **1.** [force de l'ordre] police ▸ **être de** ou **dans la police** to be in the police ▸ **police secours** emergency service provided by the police **2.** [contrat] policy ▸ **police d'assurance** insurance policy.

polichinelle [pɔliʃinɛl] nm [personnage] Punch ▸ **secret de Polichinelle** fig open secret.

policier, ère [pɔlisje, ɛʀ] ❖ adj **1.** [de la police] police (avant n) **2.** [film, roman] detective (avant n). ❖ nm, f police officer.

poliment [pɔlimɑ̃] adv politely.

polio [pɔljo] nf fam polio.

poliomyélite [pɔljɔmjelit] nf poliomyelitis.

polir [32] [pɔliʀ] vt to polish.

polisson, onne [pɔlisɔ̃, ɔn] ❖ adj **1.** [chanson, propos] lewd, suggestive **2.** [enfant] naughty. ❖ nm, f [enfant] naughty child.

politesse [pɔlitɛs] nf **1.** [courtoisie] politeness **2.** [action] polite action.

politicien, enne [pɔlitisjɛ̃, ɛn] ❖ adj péj politicking, politically unscrupulous. ❖ nm, f politician, politico.

politique [pɔlitik] ❖ nf **1.** [de gouvernement, de personne] policy **2.** [affaires publiques] politics (U). ❖ adj **1.** [pouvoir, théorie] political ▸ **homme/femme politique** politician, political figure **2.** litt [choix, réponse] politic.

politiser [3] [pɔlitize] vt to politicize.

pollen [pɔlɛn] nm pollen.

polluer [7] [pɔlɥe] vt to pollute.

pollution [pɔlysjɔ̃] nf pollution.

polo [pɔlo] nm **1.** [sport] polo **2.** [chemise] polo shirt.

polochon [pɔlɔʃɔ̃] nm fam bolster.

Pologne [pɔlɔɲ] nf : **la Pologne** Poland.

polonais, e [pɔlɔnɛ, ɛz] adj Polish. ❖ **polonais** nm [langue] Polish. ❖ **Polonais, e** nm, f Pole.

poltron, onne [pɔltʀɔ̃, ɔn] ❖ nm, f coward. ❖ adj cowardly.

polychrome [pɔlikʀom] adj polychrome, polychromatic.

polyclinique [pɔliklinik] nf general hospital.

polycopié, e [pɔlikɔpje] adj duplicate (avant n). ❖ **polycopié** nm duplicated lecture notes pl.

polyester [pɔliɛstɛʀ] nm polyester.

polygame [pɔligam] adj polygamous.

polyglotte [pɔliglɔt] nmf & adj polyglot.

polygone [pɔligɔn] nm MATH polygon.

Polynésie [pɔlinezi] nf : **la Polynésie** Polynesia.

polype [pɔlip] nm polyp.

polystyrène [pɔlistiʀɛn] nm polystyrene.

polytechnicien, enne [pɔliteknisjɛ̃, ɛn] nm, f student or ex-student of the École Polytechnique.

Polytechnique [pɔliteknik] npr ▸ **l'École Polytechnique** prestigious engineering college.

polyvalent, e [pɔlivalɑ̃, ɑ̃t] ❖ adj **1.** [salle] multi-purpose **2.** [personne] versatile. ❖ nm, f tax inspector specializing in company taxation.

pommade [pɔmad] nf [médicament] ointment.

pomme [pɔm] nf **1.** [fruit] apple ▸ **pomme de pin** pine ou fir cone **2.** [pomme de terre] ▸ **pommes allumettes** very thin chips ▸ **pommes frites** chips **UK**, (French) fries **US** ▸ **pommes vapeur** steamed potatoes. ❖ **pomme d'Adam** nf Adam's apple.

pommeau, x [pɔmo] nm **1.** [de parapluie, de canne] knob **2.** [de sabre] pommel.

pomme de terre [pɔmdətɛʀ] nf potato.

pommette [pɔmɛt] nf cheekbone.

pommier [pɔmje] nm apple tree.

pompe [pɔ̃p] nf **1.** [appareil] pump ▶ **pompe à essence** petrol pump **UK**, gas pump **US 2.** litt [magnificence] pomp, ceremony **3.** fam [chaussure] shoe. ◆ **pompes funèbres** nfpl undertaker's sg, funeral director's sg **UK**, mortician's sg **US**.

pomper [3] [pɔ̃pe] vt [eau, air] to pump.

pompeux, euse [pɔ̃pø, øz] adj pompous.

pompier [pɔ̃pje] nm fireman, firefighter.

pompiste [pɔ̃pist] nmf petrol **UK** ou gas **US** pump attendant.

pompon [pɔ̃pɔ̃] nm pompom.

pomponner [3] [pɔ̃pɔne] ◆ **se pomponner** vp to get dressed up.

ponce [pɔ̃s] adj ▶ **pierre ponce** pumice (stone).

poncer [16] [pɔ̃se] vt [bois] to sand (down).

ponceuse [pɔ̃søz] nf sander, sanding machine.

ponction [pɔ̃ksjɔ̃] nf **1.** [MÉD - lombaire] puncture ; [- pulmonaire] tapping **2.** fig [prélèvement] withdrawal.

ponctualité [pɔ̃ktɥalite] nf punctuality.

ponctuation [pɔ̃ktɥasjɔ̃] nf punctuation.

ponctuel, elle [pɔ̃ktɥɛl] adj **1.** [action] specific, selective **2.** [personne] punctual.

ponctuellement [pɔ̃ktɥɛlmɑ̃] adv punctually.

ponctuer [7] [pɔ̃ktɥe] vt to punctuate ▶ **ponctuer qqch de qqch** fig to punctuate sthg with sthg.

pondéré, e [pɔ̃dere] adj **1.** [personne] levelheaded **2.** ÉCON weighted.

pondre [75] [pɔ̃dʀ] vt **1.** [œufs] to lay **2.** fam & fig [projet, texte] to produce.

pondu, e [pɔ̃dy] pp ⟶ **pondre**.

poney [pɔne] nm pony.

pont [pɔ̃] nm **1.** CONSTR bridge ▶ **ponts et chaussées** ADMIN ≃ highways department **2.** [lien] link, connection ▶ **pont aérien** airlift **3.** [congé] day off granted by an employer to fill the gap between a national holiday and a weekend **4.** [de navire] deck.

ponte [pɔ̃t] ◆ nf [action] laying ; [œufs] clutch. ◆ nm fam [autorité] big shot.

pontifical, e, aux [pɔ̃tifikal, o] adj papal.

pont-levis [pɔ̃ləvi] nm drawbridge.

ponton [pɔ̃tɔ̃] nm [plate-forme] pontoon.

pop [pɔp] ◆ nm ou nf pop. ◆ adj pop (avant n).

pop-corn [pɔpkɔʀn] nm inv popcorn (U).

populace [pɔpylas] nf péj mob.

populaire [pɔpylɛʀ] adj **1.** [du peuple - volonté] popular, of the people ; [- quartier] working-class ; [- art, chanson] folk **2.** [personne] popular.

populariser [3] [pɔpylarize] vt to popularize.

popularité [pɔpylarite] nf popularity.

population [pɔpylasjɔ̃] nf population ▶ **la population active** the working population.

pop-up [pɔpœp] (pl **pop-ups**) nm inv & nm pop-up.

porc [pɔʀ] nm **1.** [animal] pig, hog **US 2.** fam & fig [personne] pig, swine **3.** [viande] pork **4.** [peau] pigskin.

porcelaine [pɔʀsəlɛn] nf **1.** [matière] china, porcelain **2.** [objet] piece of china ou porcelain.

porc-épic [pɔʀkepik] nm porcupine.

porche [pɔʀʃ] nm porch.

porcherie [pɔʀʃəʀi] nf fam, pr & fig pigsty.

porcin, e [pɔʀsɛ̃, in] adj **1.** [élevage] pig (avant n) **2.** fig & péj [yeux] piggy.

pore [pɔʀ] nm pore.

poreux, euse [pɔʀø, øz] adj porous.

porno [pɔʀno] fam ◆ adj [film, magazine, scène] porn, porno / des photos pornos dirty pictures. ◆ nm **1.** [activité] : le porno a) [genre] porn b) [industrie] the porn industry **2.** [film] porno film **UK**, blue movie.

pornographie [pɔʀnɔgʀafi] nf pornography.

porridge [pɔʀidʒ] nm porridge.

port [pɔʀ] nm **1.** [lieu] port ▶ **port de commerce / pêche** commercial / fishing port **2.** [fait de porter sur soi - objet] carrying ; [- vêtement, décoration] wearing ▶ **port d'armes** carrying of weapons **3.** [transport] carriage.

portable [pɔʀtabl] ◆ nm TV portable ; INFORM laptop, portable ; [téléphone] mobile. ◆ adj **1.** [vêtement] wearable **2.** [ordinateur] portable, laptop.

portail [pɔʀtaj] nm [gén & INFORM] portal.

portant, e [pɔʀtɑ̃, ɑ̃t] adj ▶ **être bien / mal portant** to be in good / poor health.

portatif, ive [pɔʀtatif, iv] adj portable.

porte [pɔʀt] nf **1.** [de maison, voiture] door ▶ **mettre qqn à la porte** to throw sb out ▶ **porte d'entrée** front door **2.** AÉRON & SKI gate **3.** [de ville] : *les portes de Paris* the old city gates around Paris **4.** *fig* [de région] gateway.

porte-à-faux [pɔʀtafo] nm inv [roche] overhang ; CONSTR cantilever ▸ **en porte-à-faux a)** overhanging **b)** CONSTR cantilevered **c)** *fig* in a delicate situation.

porte-à-porte [pɔʀtapɔʀt] nm inv ▸ **faire du porte-à-porte** to sell from door to door.

porte-avions [pɔʀtavjɔ̃] nm inv aircraft carrier.

porte-bagages [pɔʀtbagaʒ] nm inv [de voiture] luggage rack US, roof rack UK.

porte-bébé [pɔʀtbebe] (*pl* **porte-bébés**) nm baby sling, papoose.

porte-bonheur [pɔʀtbɔnœʀ] nm inv lucky charm.

porte-cartes [pɔʀtakaʀt] nm inv card holder.

porte-clefs (*pl inv*), **porte-clés** (*pl inv*) [pɔʀtakle] nm keyring.

porte-documents [pɔʀtdɔkymã] nm inv attaché ou document case.

portée [pɔʀte] nf **1.** [de missile] range ▸ **à portée de** within range of ▸ **à portée de main** within reach ▸ **à portée de voix** within earshot ▸ **à portée de vue** in sight ▸ **à la portée de qqn** *fig* within sb's reach **2.** [d'événement] impact, significance **3.** MUS stave, staff **4.** [de femelle] litter.

porte-fenêtre [pɔʀtafanɛtʀ] nf French window ou door US.

portefeuille [pɔʀtafœj] nm **1.** [pour billets] wallet **2.** FIN & POL portfolio.

porte-jarretelles [pɔʀtʒaʀtɛl] nm inv suspender belt UK, garter belt US.

portemanteau, x [pɔʀtmãto] nm [au mur] coat-rack ; [sur pied] coat stand.

porte-monnaie [pɔʀtmɔnɛ] nm inv purse.

porte-parapluies [pɔʀtapaʀaplɥi] nm inv umbrella stand.

porte-parole [pɔʀtapaʀɔl] nmf inv spokesman (spokeswoman).

porter [3] [pɔʀte] ❖ vt **1.** [gén] to carry **2.** [vêtement, lunettes, montre] to wear ; [barbe] to have **3.** [nom, date, inscription] to bear **4.** [inscrire] to put down, to write down ▸ **porté disparu** reported missing. ❖ vi **1.** [remarque] to strike home **2.** [voix, tir] to carry. ❖ **se porter** ❖ vp [se sentir] ▸ **se porter bien / mal** to be well/unwell. ❖ v att ▸ **se porter candidat à** to stand for election to UK, to run for US.

porte-savon [pɔʀtsavɔ̃] (*pl* **porte-savons**) nm soap dish.

porte-serviettes [pɔʀtsɛʀvjɛt] nm inv towel rail.

porteur, euse [pɔʀtœʀ, øz] ❖ adj ▸ **marché porteur** COMM growth market ▸ **mère porteuse** surrogate mother ▸ **mur porteur** load-bearing wall. ❖ nm, f **1.** [de message, nouvelle] bringer, bearer **2.** [de bagages] porter **3.** [détenteur - de papiers, d'actions] holder ; [- de chèque] bearer **4.** [de maladie] carrier.

portier, ère [pɔʀtje, ɛʀ] nm, f portier UK, doorman US.

portière [pɔʀtjɛʀ] nf [de voiture, train] door.

portillon [pɔʀtijɔ̃] nm barrier, gate.

portion [pɔʀsjɔ̃] nf [de gâteau] portion, helping.

portique [pɔʀtik] nm **1.** ARCHIT portico **2.** SPORT crossbeam *(for hanging apparatus)*.

porto [pɔʀto] nm port.

Porto Rico [pɔʀtoʀiko], **Puerto Rico** [pwɛʀtoʀiko] npr Puerto Rico.

portrait [pɔʀtʀɛ] nm portrait ; PHOTO photograph ▸ **faire le portrait de qqn** *fig* to describe sb.

portraitiste [pɔʀtʀetist] nmf portrait painter.

portrait-robot [pɔʀtʀeʀɔbo] nm Photofit® picture, Identikit® picture.

portuaire [pɔʀtɥɛʀ] adj port *(avant n)*, harbour *(avant n)* UK, harbor *(avant n)* US.

portugais, e [pɔʀtygɛ, ɛz] adj Portuguese. ◆ **portugais** nm [langue] Portuguese. ◆ **Portugais, e** nm, f Portuguese (person) / *les Portugais* the Portuguese.

Portugal [pɔʀtygal] nm : *le Portugal* Portugal.

pose [poz] nf **1.** [de pierre, moquette] laying ; [de papier peint, rideaux] hanging **2.** [position] pose **3.** PHOTO exposure.

posé, e [poze] adj sober, steady.

poser [3] [poze] ❖ vt **1.** [mettre] to put down ▸ **poser qqch sur qqch** to put sthg on sthg **2.** [installer - rideaux, papier peint] to hang ; [- étagère] to put up ; [- moquette, carrelage] to lay **3.** [problème, difficulté] to pose ▸ **poser une question** to ask a question ▸ **poser sa candidature a)** to apply **b)** POL to stand UK ou run US for election. ❖ vi to pose. ◆ **se poser** vp **1.** [oiseau, avion] to land ; *fig* [choix, regard] ▸ **se poser sur** to fall on **2.** [question, problème] to arise, to come up.

positif, ive [pozitif, iv] adj positive.

position [pozisjɔ̃] nf position ▸ **prendre position** *fig* to take up a position, to take a stand.

positionnement [pozisjɔnmɑ̃] nm positioning.

positionner [3] [pozisjɔne] vt to position. ◆ **se positionner** vp to position o.s.

posologie [pozɔlɔʒi] nf dosage.

posséder [18] [posede] vt **1.** [détenir - voiture, maison] to possess, to own ; [- diplôme] to have ; [- capacités, connaissances] to possess, to have **2.** [langue, art] to have mastered **3.** fam [personne] to have.

possesseur [posesœʀ] nm **1.** [de bien] possessor, owner **2.** [de secret, diplôme] holder.

possessif, ive [posesif, iv] adj possessive. ◆ **possessif** nm GRAM possessive.

possession [posesjɔ̃] nf [gén] possession ▸ **être en ma / ta etc. possession** to be in my/ your etc. possession.

possibilité [posibilite] nf **1.** [gén] possibility **2.** [moyen] chance, opportunity.

possible [posibl] ❖ adj possible ▸ **c'est / ce n'est pas possible** that's possible /impossible ▸ **dès que ou aussitôt que possible** as soon as possible. ❖ nm ▸ **faire tout son possible** to do one's utmost, to do everything possible ▸ **dans la mesure du possible** as far as possible.

postal, e, aux [postal, o] adj postal.

poste [post] ❖ nf **1.** [service] post UK, mail US ▸ **envoyer / recevoir qqch par la poste** to send / receive sthg by post **2.** [bureau] post office ▸ **poste restante** poste restante UK, general delivery US. ❖ nm **1.** [emplacement] post ▸ **poste de police** police station **2.** [emploi] position, post **3.** [appareil] ▸ **poste de radio** radio **▸ poste de télévision** television (set) **4.** TÉLÉCOM extension.

poster[1] [postɛʀ] nm poster.

poster[2] [3] [poste] vt **1.** [lettre] to post UK, to mail US **2.** [sentinelle] to post. ◆ **se poster** vp to position o.s., to station o.s.

postérieur, e [posteʀjœʀ] adj **1.** [date] later, subsequent **2.** [membre] hind (avant n), back (avant n). ◆ **postérieur** nm fam posterior.

posteriori [posteʀjɔʀi] ◆ **a posteriori** loc adv a posteriori.

postérité [posteʀite] nf [générations à venir] posterity.

postface [postfas] nf postscript.

posthume [postym] adj posthumous.

postiche [postiʃ] adj false.

postier, ère [postje, ɛʀ] nm, f post-office worker.

postillon [postijɔ̃] nm [salive] droplet of saliva.

postillonner [3] [postijɔne] vi to splutter.

Post-it® [postit] nm inv Post-it®, Post-it® note.

post mortem [postmɔʀtɛm] loc adj inv & loc adv post mortem.

postopératoire [postɔpeʀatwaʀ] adj postoperative.

postproduction [postpʀɔdyksjɔ̃] nf CINÉ & TV postproduction.

post-scriptum [postskʀiptɔm] nm inv postscript.

post-traumatique [postʀomatik] (pl **post-traumatiques**) adj MÉD post-traumatic.

postulant, e [postylɑ̃, ɑ̃t] nm, f [pour emploi] applicant.

postuler [3] [postyle] vt **1.** [emploi] to apply for **2.** PHILO to postulate.

posture [postyʀ] nf posture ▸ **être ou se trouver en mauvaise posture** fig to be in a difficult position.

pot [po] nm **1.** [récipient] pot, jar ; [à eau, à lait] jug UK, pitcher US ▸ **pot de chambre** chamber pot ▸ **pot de fleurs** flowerpot **2.** AUTO ▸ **pot catalytique** catalytic convertor ou converter ▸ **pot d'échappement** exhaust (pipe) ; [silencieux] silencer UK, muffler US **3.** fam [boisson] drink ▸ **faire un pot** to have a drinks party UK.

potable [potabl] adj **1.** [liquide] drinkable ▸ **eau potable** drinking water **2.** fam [travail] acceptable.

potage [potaʒ] nm soup.

potager, ère [potaʒe, ɛʀ] adj ▸ **jardin potager** vegetable garden ▸ **plante potagère** vegetable. ◆ **potager** nm kitchen ou vegetable garden.

potasser [3] [potase] vt fam [cours] to swot up UK, to bone up on US ; [examen] to swot for UK, to bone up for US.

potassium [potasjɔm] nm potassium.

pot-au-feu [potofø] nm inv ≃ beef-and-vegetable stew.

pot-de-vin [podvɛ̃] (pl **pots-de-vin**) nm bribe.

pote [pot] nm fam mate UK, buddy US.

poteau, x [poto] nm post ▸ **poteau de but** goalpost ▸ **poteau indicateur** signpost ▸ **poteau télégraphique** telegraph pole UK, telephone pole US.

potelé, e [potle] adj plump, chubby.

potence [potɑ̃s] nf **1.** CONSTR bracket **2.** [de pendaison] gallows sg.

potentiel, elle [pɔtɑ̃sjɛl] adj potential. ◆ **potentiel** nm potential.

poterie [pɔtʀi] nf **1.** [art] pottery **2.** [objet] piece of pottery.

potiche [pɔtiʃ] nf [vase] vase.

potier, ère [pɔtje, ɛʀ] nm, f potter.

potimarron [pɔtimaʀɔ̃] nm *variety of small pumpkin.*

potin [pɔtɛ̃] nm *fam* [bruit] din. ◆ **potins** nmpl *fam* [ragots] gossip (U).

potion [posjɔ̃] nf potion.

potiron [pɔtiʀɔ̃] nm pumpkin.

pot-pourri [popuʀi] nm potpourri.

pou, x [pu] nm louse.

poubelle [pubɛl] nf dustbin [UK], trashcan [US] ; INFORM recycle bin.

pouce [pus] nm **1.** [de main] thumb ; [de pied] big toe **2.** [mesure] inch.

poudre [pudʀ] nf powder ▶ **prendre la poudre d'escampette** *fam* to make off.

poudreux, euse [pudʀø, øz] adj powdery. ◆ **poudreuse** nf powder (snow).

poudrier [pudʀije] nm [boîte] powder compact.

poudrière [pudʀijɛʀ] nf powder magazine ; *fig* powder keg.

pouf [puf] ◆ nm pouffe. ◆ interj thud!

pouffer [3] [pufe] vi ▶ **pouffer (de rire)** to snigger.

pouilleux, euse [pujø, øz] adj **1.** [personne, animal] flea-ridden **2.** [endroit] squalid.

poulailler [pulaje] nm **1.** [de ferme] henhouse **2.** *fam* THÉÂTRE gods *sg.*

poulain [pulɛ̃] nm foal ; *fig* protégé.

poule [pul] nf **1.** ZOOL hen **2.** SPORT [compétition] round robin ; [rugby] pool.

poulet [pulɛ] nm **1.** ZOOL chicken ▶ **poulet fermier** free-range chicken **2.** *fam* [policier] cop.

pouliche [puliʃ] nf filly.

poulie [puli] nf pulley.

poulpe [pulp] nm octopus.

pouls [pu] nm pulse.

poumon [pumɔ̃] nm lung.

poupe [pup] nf stern.

poupée [pupe] nf [jouet] doll.

poupon [pupɔ̃] nm **1.** [bébé] little baby **2.** [jouet] baby doll.

pouponner [3] [pupɔne] vi to play mother.

pouponnière [pupɔnjɛʀ] nf nursery.

pour [puʀ] ◆ prép **1.** [gén] for **2.** (+ infinitif) ▶ **pour faire** in order to do, (so as) to do / *je suis venu pour vous voir* I've come to see you / *pour m'avoir aidé* for having helped me, for helping me **3.** [indique un rapport] for / *avancé pour son âge* advanced for his/her age / *pour moi* for my part, as far as I'm concerned / *pour ce qui est de* as regards, with regard to. ◆ adv : *je suis pour* I'm (all) for it. ◆ nm ▶ **le pour et le contre** the pros and cons *pl.* ◆ **pour que** loc conj (+ subjonctif) so that, in order that.

pourboire [puʀbwaʀ] nm tip.

pourcentage [puʀsɑ̃taʒ] nm percentage.

pourparlers [puʀpaʀle] nmpl talks.

pourpre [puʀpʀ] nm & adj crimson.

pourquoi [puʀkwa] ◆ adv why ▶ **pourquoi pas ?** why not? ▶ **c'est pourquoi...** that's why.... ◆ nm inv ▶ **le pourquoi (de)** the reason (for) ▶ **le pourquoi et le comment** the whys and wherefores.

pourri, e [puʀi] adj **1.** [fruit] rotten **2.** [personne, milieu] corrupt **3.** [enfant] spoiled rotten, ruined.

pourriel [puʀjɛl] nm [QUÉBEC] INFORM spam message / *des pourriels* spam.

pourrir [32] [puʀiʀ] ◆ vt **1.** [matière, aliment] to rot, to spoil **2.** [enfant] to ruin, to spoil rotten. ◆ vi [matière] to rot ; [fruit, aliment] to go rotten ou bad.

pourriture [puʀityʀ] nf **1.** [d'aliment] rot **2.** *fig* [de personne, de milieu] corruption **3.** *injur* [personne] bastard.

poursuite [puʀsɥit] nf **1.** [de personne] chase **2.** [d'argent, de vérité] pursuit **3.** [de négociations] continuation. ◆ **poursuites** nfpl DR (legal) proceedings.

poursuivi, e [puʀsɥivi] pp ⟶ **poursuivre**.

poursuivre [89] [puʀsɥivʀ] ◆ vt **1.** [voleur] to pursue, to chase ; [gibier] to hunt **2.** [rêve, vengeance] to pursue **3.** [enquête, travail] to carry on with, to continue **4.** DR [criminel] to prosecute ; [voisin] to sue. ◆ vi to go on, to carry on.

pourtant [puʀtɑ̃] adv nevertheless, even so.

pourtour [puʀtuʀ] nm perimeter.

pourvoi [puʀvwa] nm DR appeal.

pourvoir [64] [puʀvwaʀ] ◆ vt ▶ **pourvoir qqn de** to provide sb with ▶ **pourvoir qqch de** to equip ou fit sthg with. ◆ vi ▶ **pourvoir à** to provide for.

pourvu, e [puʀvy] pp ⟶ **pourvoir.**
◆ **pourvu que** (+ *subj*) *loc conj* **1.** [condition] providing, provided (that) **2.** [souhait] let's hope (that).

pousse [pus] *nf* **1.** [croissance] growth **2.** [bourgeon] shoot **3.** ÉCON ▶ **jeune pousse** start-up (company).

poussé, e [puse] *adj* **1.** [travail] meticulous **2.** [moteur] souped-up.

pousse-café [puskafe] *nm inv fam* liqueur.

poussée [puse] *nf* **1.** [pression] pressure **2.** [coup] push **3.** [de fièvre, inflation] rise.

pousse-pousse [puspus] *nm inv* **1.** [voiture] rickshaw **2.** SUISSE [poussette] pushchair.

pousser [3] [puse] ❖ *vt* **1.** [personne, objet] to push ▶ **pousser qqn à bout** *fig* to push sb to breaking point, to drive sb to distraction **2.** [moteur, voiture] to drive hard **3.** [recherches, études] to carry on, to continue **4.** [cri, soupir] to give **5.** [inciter] ▶ **pousser qqn à faire qqch** to urge sb to do sthg **6.** [au crime, au suicide] ▶ **pousser qqn à** to drive sb to. ❖ *vi* **1.** [exercer une pression] to push **2.** [croître] to grow **3.** *fam* [exagérer] to overdo it. ◆ **se pousser** *vp* to move up.

poussette [puset] *nf* pushchair UK, stroller US.

poussière [pusjɛʀ] *nf* [gén] dust.

poussiéreux, euse [pusjeʀø, øz] *adj* **1.** [meuble] dusty **2.** *fig* [organisation] old-fashioned.

poussif, ive [pusif, iv] *adj fam* wheezy.

poussin [pusɛ̃] *nm* **1.** ZOOL chick **2.** SPORT under-11.

poutre [putʀ] *nf* beam.

poutrelle [putʀɛl] *nf* girder.

pouvoir [58] [puvwaʀ] ❖ *nm* **1.** [gén] power ▶ **pouvoir d'achat** purchasing power ▶ **les pouvoirs publics** the authorities **2.** DR proxy, power of attorney. ❖ *vt* **1.** [avoir la possibilité de, parvenir à] ▶ **pouvoir faire qqch** to be able to do sthg / *je ne peux pas venir ce soir* I can't come tonight ▶ **pouvez-vous… ?** can you…?, could you…? ▶ **je n'en peux plus a)** [exaspéré] I'm at the end of my tether **b)** [fatigué] I'm exhausted ▶ **je / tu n'y peux rien** there's nothing I / you can do about it ▶ **tu aurais pu me le dire !** you might have ou could have told me! **2.** [avoir la permission de] ▶ **je peux prendre la voiture ?** can I borrow the car? ▶ **aucun élève ne peut partir** no pupil may leave **3.** [indiquant l'éventualité] : *il peut pleuvoir* it may rain / *vous*

pourriez rater votre train you could ou might miss your train. ◆ **se pouvoir** *v impers* : *il se peut que je me trompe* I may be mistaken / *cela se peut / pourrait bien* that's quite possible.

PR (*abr écrite de* poste restante) PR.

pragmatique [pʀagmatik] *adj* pragmatic.

Prague [pʀag] *npr* Prague.

praire [pʀɛʀ] *nf* clam.

prairie [pʀeʀi] *nf* meadow ; [aux États-Unis] prairie.

praline [pʀalin] *nf* **1.** [amande] sugared almond **2.** BELGIQUE [chocolat] chocolate.

praliné [pʀaline] *nm* almond-flavoured sponge covered with praline.

praticable [pʀatikabl] *adj* **1.** [route] passable **2.** [plan] feasible, practicable.

praticien, enne [pʀatisjɛ̃, ɛn] *nm, f* practitioner ; MÉD medical practitioner.

pratiquant, e [pʀatikɑ̃, ɑ̃t] *adj* practising UK, practicing US.

pratique [pʀatik] ❖ *nf* **1.** [expérience] practical experience **2.** [usage] practice ▶ **mettre qqch en pratique** to put sthg into practice. ❖ *adj* practical ; [gadget, outil] handy.

pratiquement [pʀatikmɑ̃] *adv* **1.** [en fait] in practice **2.** [quasiment] practically.

pratiquer [3] [pʀatike] ❖ *vt* **1.** [métier] to practise UK, to practice US ; [sport] to do ; [jeu de ballon] to play ; [méthode] to apply **2.** [ouverture] to make. ❖ *vi* RELIG to be a practising UK ou practicing US Christian / Jew / Muslim etc.

pré [pʀe] *nm* meadow.

préalable [pʀealabl] ❖ *adj* prior, previous. ❖ *nm* precondition. ◆ **au préalable** *loc adv* first, beforehand.

préambule [pʀeɑ̃byl] *nm* **1.** [introduction, propos] preamble ▶ **sans préambule** immediately **2.** [prélude] ▶ **préambule de** prelude to.

préau, x [pʀeo] *nm* [d'école] (covered) play area.

préavis [pʀeavi] *nm* advance notice ou warning.

précaire [pʀekɛʀ] *adj* [incertain] precarious.

précariser [3] [pʀekaʀize] *vt* to make (sthg) less secure ou stable / *précariser l'emploi* to threaten job security / *la crise a précarisé leur situation* the recession has made them more vulnerable ; [travail, avenir] to become uncertain ; [personne, famille] to lose financial stability.

précaution [pʀekosjɔ̃] *nf* **1.** [prévoyance] precaution ▶ **par précaution** as a precaution

▸ **prendre des précautions** to take precautions **2.** [prudence] caution.

précédent, e [pʀesedɑ̃, ɑ̃t] adj previous. ◆ **précédent** nm precedent ▸ **sans précédent** unprecedented.

précéder [18] [pʀesede] vt **1.** [dans le temps - gén] to precede ; [- suj : personne] to arrive before **2.** [marcher devant] to go in front of **3.** fig [devancer] to get ahead of.

précepte [pʀesɛpt] nm precept.

précepteur, trice [pʀesɛptœʀ, tʀis] nm, f (private) tutor.

préchauffer [3] [pʀeʃofe] vt to preheat.

prêcher [4] [pʀeʃe] vt & vi to preach.

précieux, euse [pʀesjø, øz] adj **1.** [pierre, métal] precious ; [objet] valuable ; [collaborateur] invaluable, valued **2.** [style] precious, affected.

précipice [pʀesipis] nm precipice.

précipitation [pʀesipitasjɔ̃] nf **1.** [hâte] haste **2.** CHIM precipitation. ◆ **précipitations** nfpl MÉTÉOR precipitation (U).

précipité, e [pʀesipite] adj **1.** [pressé - pas] hurried ; [- fuite] headlong **2.** [respiration] rapid / **tout cela a été si précipité** it all happened so fast **3.** [hâtif - retour] hurried, hasty ; [- décision] hasty, rash. ◆ **précipité** nm precipitate.

précipiter [3] [pʀesipite] vt **1.** [objet, personne] to throw, to hurl ▸ **précipiter qqn / qqch du haut de** to throw sb / sthg off, to hurl sb / sthg off **2.** [départ] to hasten. ◆ **se précipiter** vp **1.** [se jeter] to throw o.s., to hurl o.s. **2.** [s'élancer] ▸ **se précipiter (vers qqn)** to rush ou hurry (towards sb) **3.** [s'accélérer - gén] to speed up ; [- choses, événements] to move faster.

précis, e [pʀesi, iz] adj **1.** [exact] precise, accurate **2.** [fixé] definite, precise. ◆ **précis** nm handbook.

précisément [pʀesizemɑ̃] adv precisely, exactly.

préciser [3] [pʀesize] vt **1.** [heure, lieu] to specify **2.** [pensée] to clarify. ◆ **se préciser** vp to become clear.

précision [pʀesizjɔ̃] nf **1.** [de style, d'explication] precision **2.** [détail] detail.

précoce [pʀekɔs] adj **1.** [plante, fruit] early **2.** [enfant] precocious.

préconçu, e [pʀekɔ̃sy] adj preconceived.

préconditionné, e [pʀekɔ̃disjɔne] adj [produit] pre-packed, pre-packaged.

préconiser [3] [pʀekɔnize] vt to recommend ▸ **préconiser de faire qqch** to recommend doing sthg.

précurseur [pʀekyʀsœʀ] ❖ nm precursor, forerunner. ❖ adj m precursory.

prédateur, trice [pʀedatœʀ, tʀis] ❖ adj predatory. ❖ nm, f predator.

prédécesseur [pʀedesesœʀ] nm predecessor.

prédestiner [3] [pʀedɛstine] vt to predestine ▸ **être prédestiné à qqch / à faire qqch** to be predestined for sthg / to do sthg.

prédicateur, trice [pʀedikatœʀ, tʀis] nm, f preacher.

prédiction [pʀediksjɔ̃] nf prediction.

prédilection [pʀedilɛksjɔ̃] nf partiality ▸ **avoir une prédilection pour** to have a partiality ou liking for.

prédire [103] [pʀediʀ] vt to predict.

prédit, e [pʀedi, it] pp ⟶ **prédire**.

prédominer [3] [pʀedɔmine] vt to predominate.

préfabriqué, e [pʀefabʀike] adj **1.** [maison] prefabricated **2.** [accusation, sourire] false. ◆ **préfabriqué** nm prefabricated material.

préface [pʀefas] nf preface.

préfectoral, e, aux [pʀefɛktɔʀal, o] adj prefectorial.

préfecture [pʀefɛktyʀ] nf prefecture.

préférable [pʀefeʀabl] adj preferable.

préféré, e [pʀefeʀe] adj & nm, f favourite 🇬🇧, favorite 🇺🇸.

préférence [pʀefeʀɑ̃s] nf preference ▸ **de préférence** preferably.

préférentiel, elle [pʀefeʀɑ̃sjɛl] adj preferential.

préférer [18] [pʀefeʀe] vt ▸ **préférer qqn / qqch (à)** to prefer sb / sthg (to) / **je préfère rentrer** I would rather go home, I would prefer to go home ▸ **je préfère ça !** I like that better!, I prefer that!

préfet [pʀefɛ] nm prefect.

préfixe [pʀefiks] nm prefix.

préhistoire [pʀeistwaʀ] nf prehistory.

préhistorique [pʀeistɔʀik] adj prehistoric.

préinscription [pʀeɛ̃skʀipsjɔ̃] nf preregistration.

préinstallé, e [pʀeɛ̃stale] adj INFORM preinstalled.

préjudice [pʀeʒydis] nm harm (U), detriment (U) ▸ **porter préjudice à qqn** to harm sb.

préjugé [pʀeʒyʒe] nm ▸ **préjugé (contre)** prejudice (against).

prélasser [3] [pʀelase] ◆ **se prélasser** vp to lounge.

prélat [pʀela] nm prelate.

prélavage [pʀelavaʒ] nm pre-wash.

prélèvement [pʀelɛvmɑ̃] nm 1. MÉD removal ; [de sang] sample 2. FIN deduction ▸ **prélèvement automatique** direct debit UK ▸ **prélèvement mensuel** monthly standing order UK ▸ **prélèvements obligatoires** tax and social security contributions.

prélever [19] [pʀelve] vt 1. FIN ▸ **prélever de l'argent (sur)** to deduct money (from) 2. MÉD to remove ▸ **prélever du sang** to take a blood sample.

préliminaire [pʀeliminɛʀ] adj preliminary. ◆ **préliminaires** nmpl 1. [de paix] preliminary talks 2. [de discours] preliminaries.

prématuré, e [pʀematyʀe] ◆ adj premature. ◆ nm, f premature baby.

préméditation [pʀemeditasjɔ̃] nf premeditation ▸ **avec préméditation a)** [meurtre] premeditated **b)** [agir] with premeditation.

premier, ère [pʀəmje, ɛʀ] ◆ adj 1. [gén] first ; [étage] first UK, second US 2. [qualité] top 3. [état] original. ◆ nm, f first ▸ **jeune premier** CINÉ leading man. ◆ **premier** nm [étage] first floor UK, second floor US. ◆ **première** nf 1. CINÉ première ; THÉÂTRE première, first night 2. [exploit] first 3. [première classe] first class 4. SCOL ≃ lower sixth year ou form UK ; ≃ eleventh grade US 5. AUTO first (gear). ◆ **premier de l'an** nm ▸ **le premier de l'an** New Year's Day. ◆ **en premier** loc adv first, firstly.

premièrement [pʀəmjɛʀmɑ̃] adv first, firstly.

prémolaire [pʀemɔlɛʀ] nf premolar.

prémonition [pʀemɔnisjɔ̃] nf premonition.

prémunir [32] [pʀemyniʀ] vt ▸ **prémunir qqn (contre)** to protect sb (against). ◆ **se prémunir** vp to protect o.s. ▸ **se prémunir contre qqch** to guard against sthg.

prénatal, e [pʀenatal] (pl **prénatals** ou **prénataux** [pʀenato]) adj antenatal, prenatal US ; [allocation] maternity (avant n).

prendre [79] [pʀɑ̃dʀ] ◆ vt 1. [gén] to take 2. [enlever] to take (away) / **prendre qqch à qqn** to take sthg from sb 3. [aller chercher - objet] to get, to fetch ; [- personne] to pick up 4. [repas,

boisson] to have / **vous prendrez quelque chose ?** would you like something to eat/drink ? 5. [voleur] to catch / **se faire prendre** to get caught 6. [responsabilité] to take (on) 7. [aborder - personne] to handle ; [- problème] to tackle 8. [réserver] to book ; [louer] to rent, to take ; [acheter] to buy 9. [poids] to gain, to put on. ◆ vi 1. [ciment, sauce] to set 2. [plante, greffe] to take ; [mode] to catch on 3. [feu] to catch 4. [se diriger] ▸ **prendre à droite** to turn right. ◆ **se prendre** vp 1. [se considérer] : **pour qui se prend-il ?** who does he think he is ? 2. EXPR s'en prendre à qqn a) [physiquement] to set upon sb b) [verbalement] to take it out on sb. ◆ **s'y prendre** vp ▸ **je sais comment m'y prendre** I know how to ou go about it.

prénom [pʀenɔ̃] nm first name.

prénommer [3] [pʀenɔme] vt to name, to call. ◆ **se prénommer** vp to be called.

prénuptial, e, aux [pʀenypsjal, o] adj premarital.

préoccupant, e [pʀeɔkypɑ̃, ɑ̃t] adj preoccupying.

préoccupation [pʀeɔkypasjɔ̃] nf preoccupation.

préoccuper [3] [pʀeɔkype] vt to preoccupy. ◆ **se préoccuper** vp ▸ **se préoccuper de qqch** to be worried about sthg.

préparatifs [pʀepaʀatif] nmpl preparations.

préparation [pʀepaʀasjɔ̃] nf preparation.

préparer [3] [pʀepaʀe] vt 1. [gén] to prepare ; [plat, repas] to cook, to prepare ▸ **préparer qqn à qqch** to prepare sb for sthg 2. [réserver] ▸ **préparer qqch à qqn** to have sthg in store for sb 3. [congrès] to organize. ◆ **se préparer** vp 1. [personne] to get ready ▸ **se préparer à qqch/à faire qqch** to prepare for sthg/to do sthg 2. [tempête] to be brewing.

prépayer [pʀepeje] vt to prepay / **'port prépayé'** 'postage paid'.

prépondérant, e [pʀepɔ̃deʀɑ̃, ɑ̃t] adj dominating.

préposé, e [pʀepoze] nm, f (minor) official ; [de vestiaire] attendant ; [facteur] postman (postwoman) UK, mailman US, mail ou letter carrier US ▸ **préposé à qqch** person in charge of sthg.

préposition [pʀepozisjɔ̃] nf preposition.

prépubère [pʀepybɛʀ] adj prepubescent.

prépuce [pʀepys] nm foreskin.

préretraite [pʀeʀətʀɛt] nf early retirement ; [allocation] early retirement pension.

prérogative [pʀeʀɔgativ] nf prerogative.

près [pʀɛ] adv near, close. ◆ **de près** loc adv closely / *regarder qqch de près* to watch sthg closely. ◆ **près de** loc prép **1.** [dans l'espace] near, close to **2.** [dans le temps] close to **3.** [presque] nearly, almost. ◆ **à peu près** loc adv more or less, just about / *il est à peu près cinq heures* it's about five o'clock. ◆ **à ceci près que, à cela près que** loc conj except that, apart from the fact that. ◆ **à... près** loc adv : *à dix centimètres près* to within ten centimetres / *il n'en est pas à un ou deux jours près* a day or two more or less won't make any difference.

présage [pʀezaʒ] nm omen.

présager [17] [pʀezaʒe] vt **1.** [annoncer] to portend **2.** [prévoir] to predict.

presbyte [pʀesbit] ❖ nmf longsighted person [UK], farsighted person [US]. ❖ adj longsighted [UK], farsighted [US].

presbytère [pʀesbiteʀ] nm presbytery.

presbytie [pʀesbisi] nf longsightedness [UK], farsightedness [US].

prescription [pʀeskʀipsjɔ̃] nf **1.** MÉD prescription **2.** DR limitation.

prescrire [99] [pʀeskʀiʀ] vt **1.** [mesures, conditions] to lay down, to stipulate **2.** MÉD to prescribe.

prescrit, e [pʀeskʀi, it] pp ⟶ **prescrire**.

préséance [pʀeseɑ̃s] nf precedence.

présélection [pʀeselɛksjɔ̃] nf preselection ; [pour concours] making a list of finalists, shortlisting [UK].

présence [pʀezɑ̃s] nf **1.** [gén] presence ▶ **en présence** face to face ▶ **en présence de** in the presence of **2.** [compagnie] company (U) **3.** [assiduité] attendance. ◆ **présence d'esprit** nf presence of mind.

présent, e [pʀezɑ̃, ɑ̃t] adj [gén] present / *le présent ouvrage* this work / *la présente loi* this law ▶ **avoir qqch présent à l'esprit** to remember sthg. ◆ **présent** nm **1.** [gén] present ▶ **à présent** at present ▶ **à présent que** now that ▶ **dès à présent** right away **2.** GRAM ▶ **le présent** the present tense **3.** [cadeau] présent.

présentable [pʀezɑ̃tabl] adj [d'aspect] presentable.

présentateur, trice [pʀezɑ̃tatœʀ, tʀis] nm, f presenter [UK], anchorman (anchorwoman).

présentation [pʀezɑ̃tasjɔ̃] nf **1.** [de personne] ▶ **faire les présentations** to make the introductions **2.** [aspect extérieur] appearance

3. [de papiers, de produit, de film] presentation **4.** [de magazine] layout.

présenter [3] [pʀezɑ̃te] vt **1.** [gén] to present ; [projet] to present, to submit **2.** [invité] to introduce **3.** [condoléances, félicitations, avantages] to offer ; [hommages] to pay ▶ **présenter qqch à qqn** to offer sb sthg. ◆ **se présenter** vp **1.** [se faire connaître] ▶ **se présenter (à)** to introduce o.s. (to) **2.** [être candidat] ▶ **se présenter à** to stand in [UK], to run in [US] / *se présenter aux présidentielles* to run for president **3.** [examen] to sit [UK], to take / *se présenter pour un poste* to apply for a job **4.** [paraître] to appear **5.** [occasion, situation] to arise, to present itself **6.** [affaire, contrat] ▶ **se présenter bien / mal** to look good/bad.

présentoir [pʀezɑ̃twaʀ] nm display stand.

préservatif [pʀezɛʀvatif] nm condom.

préserver [3] [pʀezɛʀve] vt to preserve. ◆ **se préserver** vp ▶ **se préserver de** to protect o.s. from.

présidence [pʀezidɑ̃s] nf **1.** [de groupe] chairmanship **2.** [d'État] presidency.

président, e [pʀezidɑ̃, ɑ̃t] nm, f **1.** [d'assemblée] chairman (chairwoman) **2.** [d'État] president ▶ **président de la République** President (of the Republic) of France **3.** DR [de tribunal] presiding judge ; [de jury] foreman (forewoman).

présider [3] [pʀezide] ❖ vt **1.** [réunion] to chair **2.** [banquet, dîner] to preside over. ❖ vi ▶ **présider à a)** to be in charge of **b)** *fig* to govern, to preside at.

présomption [pʀezɔ̃psjɔ̃] nf **1.** [hypothèse] presumption **2.** DR presumption / *présomption d'innocence* presumption of innocence.

présomptueux, euse [pʀezɔ̃ptɥø, øz] adj presumptuous.

presque [pʀesk] adv almost, nearly ▶ **presque rien** next to nothing, scarcely anything ▶ **presque jamais** hardly ever.

presqu'île [pʀeskil] nf peninsula.

pressant, e [pʀesɑ̃, ɑ̃t] adj pressing.

press-book [pʀesbuk] (pl **press-books**) nm portfolio.

presse [pʀes] nf **1.** [journaux] press **2.** [d'imprimerie] press.

pressé, e [pʀese] adj **1.** [travail] urgent **2.** [personne] ▶ **être pressé** to be in a hurry **3.** [citron, orange] freshly squeezed.

presse-agrumes [pʀesagʀym] nm inv electric (orange or lemon) squeezer.

presse-citron [pʀɛssitʀɔ̃] nm inv lemon squeezer.

pressentiment [pʀesɑ̃timɑ̃] nm premonition.

pressentir [37] [pʀesɑ̃tiʀ] vt [événement] to have a premonition of.

presse-papiers [pʀɛspapje] nm inv paperweight.

presser [4] [pʀese] vt **1.** [écraser - olives] to press ; [- citron, orange] to squeeze **2.** [bouton] to press, to push **3.** *sout* [harceler] ▶ **presser qqn de faire qqch** to press sb to do sthg **4.** [faire se hâter] ▶ **presser le pas** to speed up, to walk faster. ◆ **se presser** vp **1.** [se dépêcher] to hurry (up) **2.** [s'agglutiner] ▶ **se presser (autour de)** to crowd (around) **3.** [se serrer] to huddle.

pressing [pʀesiŋ] nm [établissement] dry cleaner's.

pression [pʀesjɔ̃] nf **1.** [gén] pressure ▶ **exercer une pression sur qqch** to exert pressure on sthg ▶ **sous pression a)** fig [liquide] under pressure **b)** [cabine] pressurized **2.** [sur vêtement] press stud **UK**, popper **UK**, snap fastener **US 3.** [bière] draught **UK** ou draft **US** beer.

pressoir [pʀeswaʀ] nm **1.** [machine] press **2.** [lieu] press house.

pressurer [3] [pʀesyʀe] vt **1.** [objet] to press, to squeeze **2.** fig [contribuable] to squeeze.

prestance [pʀɛstɑ̃s] nf bearing ▶ **avoir de la prestance** to have presence.

prestataire [pʀɛstatɛʀ] nmf **1.** [bénéficiaire] person in receipt of benefit, claimant **2.** [fournisseur] provider ▶ **prestataire de service** service provider.

prestation [pʀɛstasjɔ̃] nf **1.** [allocation] benefit **UK** ▶ **prestation en nature** payment in kind **2.** [de comédien] performance.

preste [pʀɛst] adj litt nimble.

prestidigitateur, trice [pʀɛstidiʒitatœʀ, tʀis] nm, f conjurer.

prestige [pʀɛstiʒ] nm prestige.

prestigieux, euse [pʀɛstiʒjø, øz] adj [réputé] prestigious.

présumer [3] [pʀezyme] ◆ vt to presume, to assume ▶ **être présumé coupable / innocent** to be presumed guilty/innocent. ◆ vi ▶ **présumer de** to overestimate sthg.

prêt, e [pʀɛ, pʀɛt] adj ready ▶ **prêt à qqch / à faire qqch** ready for sthg/to do sthg ▶ **prêts ? partez !** SPORT get set, go!, ready, steady,

go! **UK**. ◆ **prêt** nm [action] lending (U) ; [somme] loan ▶ **prêt bancaire** bank loan.

prêt-à-porter [pʀɛtapɔʀte] (pl **prêts-à-porter**) nm ready-to-wear clothing (U).

prétendant, e [pʀetɑ̃dɑ̃, ɑ̃t] nm, f [au trône] pretender. ◆ **prétendant** nm vieilli & hum [amoureux] suitor.

prétendre [73] [pʀetɑ̃dʀ] vt **1.** [affecter] ▶ **prétendre faire qqch** to claim to do sthg **2.** [affirmer] ▶ **prétendre que** to claim (that), to maintain (that).

prétendu, e [pʀetɑ̃dy] ◆ pp —→ **prétendre.** ◆ adj (avant n) so-called.

prête-nom [pʀɛtnɔ̃] (pl **prête-noms**) nm front man.

prétentieux, euse [pʀetɑ̃sjø, øz] adj pretentious.

prétention [pʀetɑ̃sjɔ̃] nf **1.** [suffisance] pretentiousness **2.** [ambition] pretension, ambition ▶ **avoir la prétention de faire qqch** to claim ou pretend to do sthg.

prêter [4] [pʀete] vt **1.** [fournir] ▶ **prêter qqch (à qqn) a)** [objet, argent] to lend (sb) sthg **b)** fig [concours, appui] to lend (sb) sthg, to give (sb) sthg **2.** [attribuer] ▶ **prêter qqch à qqn** to attribute sthg to sb. ◆ **se prêter** vp ▶ **se prêter à a)** [participer à] to go along with **b)** [convenir à] to fit, to suit.

prétérit [pʀeteʀit] nm preterite.

prêteur, euse [pʀetœʀ, øz] nm, f ▶ **prêteur sur gages** pawnbroker.

prétexte [pʀetɛkst] nm pretext, excuse ▶ **sous prétexte de faire qqch / que** on the pretext of doing sthg/that, under the pretext of doing sthg/that ▶ **sous aucun prétexte** on no account.

prétexter [4] [pʀetɛkste] vt to give as an excuse.

prétimbré, e [pʀetɛ̃bʀe] adj prepaid.

prêtre [pʀɛtʀ] nm priest.

preuve [pʀœv] nf **1.** [gén] proof **2.** DR evidence **3.** [témoignage] sign, token ▶ **faire preuve de qqch** to show sthg ▶ **faire ses preuves** to prove o.s. /itself.

prévaloir [61] [pʀevalwaʀ] vi [dominer] ▶ **prévaloir (sur)** to prevail (over). ◆ **se prévaloir** vp ▶ **se prévaloir de** to boast about.

prévalu [pʀevaly] pp inv —→ **prévaloir.**

prévenance [pʀevnɑ̃s] nf [attitude] thoughtfulness, consideration.

prévenant, e [pʀevnɑ̃, ɑ̃t] adj considerate, attentive.

prévenir [40] [pʀevniʀ] vt **1.** [employé, élève] ▸ **prévenir qqn (de)** to warn sb (about) **2.** [police] to inform **3.** [désirs] to anticipate **4.** [maladie] to prevent.

préventif, ive [pʀevɑ̃tif, iv] adj **1.** [mesure, médecine] preventive **2.** DR ▸ **être en détention préventive** to be on remand.

prévention [pʀevɑ̃sjɔ̃] nf **1.** [protection] ▸ **prévention (contre)** prevention (of) ▸ **prévention routière** road safety (measures) **2.** DR remand.

prévenu, e [pʀevny] ◈ pp ⟶ **prévenir**. ◈ nm, f accused, defendant.

prévision [pʀevizjɔ̃] nf forecast, prediction ▸ **les prévisions météorologiques** the weather forecast ; [de coûts] estimate ; ÉCON forecast. ◆ **en prévision de** loc prép in anticipation of.

prévisionnel, elle [pʀevizjɔnɛl] adj anticipatory ▸ **budget prévisionnel** budget estimate.

prévoir [63] [pʀevwaʀ] vt **1.** [s'attendre à] to expect **2.** [prédire] to predict **3.** [anticiper] to foresee, to anticipate **4.** [programmer] to plan ▸ **comme prévu** as planned, according to plan.

prévoyant, e [pʀevwajɑ̃, ɑ̃t] adj provident.

prévu, e [pʀevy] pp ⟶ **prévoir**.

prier [10] [pʀije] ◈ vt **1.** RELIG to pray to **2.** [implorer] to beg ▸ **(ne pas) se faire prier (pour faire qqch)** (not) to need to be persuaded (to do sthg) ▸ **je vous en prie** a) [de grâce] please, I beg you b) [de rien] don't mention it, not at all **3.** [demander] ▸ **prier qqn de faire qqch** to request sb to do sthg. ◈ vi RELIG to pray.

prière [pʀijɛʀ] nf **1.** [RELIG - recueillement] prayer (U), praying (U) ; [- formule] prayer **2.** [demande] entreaty ▸ **prière de frapper avant d'entrer** please knock before entering.

primaire [pʀimɛʀ] adj **1.** [premier] ▸ **études primaires** primary education (U) **2.** péj [primitif] limited.

primate [pʀimat] nm **1.** ZOOL primate **2.** fam [brute] gorilla.

prime [pʀim] ◈ nf **1.** [d'employé] bonus / **prime d'intéressement** profit-related bonus **2.** [allocation - de déménagement, de transport] allowance UK ; [- à l'exportation] incentive **3.** [d'assurance] premium. ◈ adj **1.** [premier] ▸ **de prime abord** at first glance ▸ **de prime jeunesse** in the first flush of youth **2.** MATH prime.

primer [3] [pʀime] ◈ vi to take precedence, to come first. ◈ vt **1.** [être supérieur à] to take precedence over **2.** [récompenser] to award a prize to / **le film a été primé au festival** the film won an award at the festival.

prime time [pʀajmtajm] (pl **prime times**) nm TV prime time / **une émission diffusée en prime time** a programme broadcast in prime time.

primeur [pʀimœʀ] nf immediacy ▸ **avoir la primeur de qqch** to be the first to hear sthg. ◆ **primeurs** nfpl early produce (U).

primevère [pʀimvɛʀ] nf primrose.

primitif, ive [pʀimitif, iv] ◈ adj **1.** [gén] primitive **2.** [aspect] original. ◈ nm, f primitive.

primo [pʀimo] adv firstly.

primordial, e, aux [pʀimɔʀdjal, o] adj essential.

prince [pʀɛ̃s] nm prince.

princesse [pʀɛ̃sɛs] nf princess.

princier, ère [pʀɛ̃sje, ɛʀ] adj princely.

principal, e, aux [pʀɛ̃sipal, o] ◈ adj [gén] main, principal. ◈ nm, f SCOL headmaster (headmistress) UK, principal US. ◆ **principal** nm [important] ▸ **le principal** the main thing.

principalement [pʀɛ̃sipalmɑ̃] adv mainly, principally.

principauté [pʀɛ̃sipote] nf principality.

principe [pʀɛ̃sip] nm principle ▸ **par principe** on principle. ◆ **en principe** loc adv theoretically, in principle.

printanier, ère [pʀɛ̃tanje, ɛʀ] adj **1.** [temps] spring like **2.** [couleur] spring.

printemps [pʀɛ̃tɑ̃] nm **1.** [saison] spring **2.** litt [année] ▸ **avoir 20 printemps** to be 20.

prion [pʀijɔ̃] nm BIOL & MÉD prion.

priori [pʀijɔʀi] ◆ **a priori** ◈ loc adv in principle. ◈ nm inv initial reaction.

prioritaire [pʀijɔʀitɛʀ] adj **1.** [industrie, mesure] priority (avant n) **2.** AUTO with right of way.

priorité [pʀijɔʀite] nf **1.** [importance primordiale] priority ▸ **en priorité** first **2.** AUTO right of way ▸ **priorité à droite** give way to the right.

pris, e [pʀi, pʀiz] ◈ pp ⟶ **prendre**. ◈ adj **1.** [place] taken ; [personne] busy ; [mains] full **2.** [nez] blocked ; [gorge] sore. ◆ **prise** nf **1.** [sur barre, sur branche] grip, hold ▸ **lâcher prise** a) to let go b) fig to give up **2.** [action de prendre - ville] seizure, capture **3.** [à la pêche] haul **4.** ÉLECTR ▸ **prise (de courant)** a) [mâle] plug b) [femelle] socket **5.** [au judo] hold **6.** EXPR **prise en charge** [par Sécurité sociale] (guaranteed) reimbursement ▸ **prise**

d'otages hostage taking ▸ **prise de sang** blood test ▸ **prise de vue** shot ▸ **prise de vue** ou **vues** [action] filming, shooting.

prisme [pʀism] nm prism.

prison [pʀizɔ̃] nf **1.** [établissement] prison **2.** [réclusion] imprisonment.

prisonnier, ère [pʀizɔnje, ɛʀ] ❖ nm, f prisoner ▸ **faire qqn prisonnier** to take sb prisoner, to capture sb. ❖ adj imprisoned ; *fig* trapped.

privation [pʀivasjɔ̃] nf deprivation. ❖ **privations** nfpl privations, hardships.

privatisation [pʀivatizasjɔ̃] nf privatization.

privatiser [3] [pʀivatize] vt to privatize.

privé, e [pʀive] adj private. ❖ **privé** nm **1.** ÉCON private sector **2.** [détective] private eye **3.** [intimité] ▸ **en privé** in private ▸ **dans le privé** in private life.

priver [3] [pʀive] vt ▸ **priver qqn (de)** to deprive sb (of).

privilège [pʀivilɛʒ] nm privilege.

privilégié, e [pʀivileʒje] ❖ adj **1.** [personne] privileged **2.** [climat, site] favoured UK, favored US. ❖ nm, f privileged person.

privilégier [9] [pʀivileʒje] vt to favour UK, to favor US.

prix [pʀi] nm **1.** [coût] price ▸ **à aucun prix** on no account ▸ **à moitié prix** at half price ▸ **à tout prix** at all costs ▸ **y mettre le prix** to pay a lot **2.** ÉCON ▸ **à** ou **au prix coûtant** ou **de revient** at cost (price) ▸ **prix d'achat** purchase price ▸ **prix net** net (price) **3.** [importance] value **4.** [récompense] prize ▸ **prix Goncourt** *the most prestigious French annual literary prize*.

probabilité [pʀobabilite] nf **1.** [chance] probability **2.** [vraisemblance] probability, likelihood ▸ **selon toute probabilité** in all probability.

probable [pʀobabl] adj probable, likely.

probablement [pʀobabləmã] adv probably.

probant, e [pʀobã, ãt] adj convincing, conclusive.

probité [pʀobite] nf integrity.

problématique [pʀoblematik] ❖ nf problems *pl*. ❖ adj problematic.

problème [pʀoblɛm] nm problem ▸ **sans problème !, (il n'y a) pas de problème !** *fam* no problem! ▸ **ça ne lui pose aucun problème** *hum* that doesn't worry him/her.

procédé [pʀosede] nm **1.** [méthode] process **2.** [conduite] behaviour *(U)* UK, behavior *(U)* US.

procéder [18] [pʀosede] vi **1.** [agir] to proceed **2.** [exécuter] ▸ **procéder à qqch** to set about sthg.

procédure [pʀosedyʀ] nf procedure ; [démarche] proceedings *pl*.

procédurier, ère [pʀosedyʀje, ɛʀ] ❖ adj quibbling. ❖ nm, f quibbler.

procès [pʀosɛ] nm DR trial ▸ **intenter un procès à qqn** to sue sb.

processeur [pʀosesœʀ] nm processor.

procession [pʀosesjɔ̃] nf procession.

processus [pʀosesys] nm process.

procès-verbal [pʀosɛvɛʀbal] nm **1.** [contravention - gén] ticket ; [- pour stationnement interdit] parking ticket **2.** [compte-rendu] minutes.

prochain, e [pʀoʃɛ̃, ɛn] adj **1.** [suivant] next ▸ **à la prochaine !** *fam* see you! **2.** [imminent] impending. ❖ **prochain** nm [semblable] fellow man.

prochainement [pʀoʃɛnmã] adv soon, shortly.

proche [pʀoʃ] adj **1.** [dans l'espace] near ▸ **proche de a)** near, close to b) [semblable à] very similar to, closely related to **2.** [dans le temps] imminent, near ▸ **dans un proche avenir** in the immediate future **3.** [ami, parent] close. ❖ **proches** nmpl ▸ **les proches** close friends and relatives *sg*. ❖ **de proche en proche** loc adv gradually.

Proche-Orient [pʀoʃɔʀjã] nm : *le Proche-Orient* the Near East.

proclamation [pʀoklamasjɔ̃] nf proclamation.

proclamer [3] [pʀoklame] vt to proclaim, to declare.

procréer [15] [pʀokʀee] vt *litt* to procreate.

procuration [pʀokyʀasjɔ̃] nf proxy ▸ **par procuration** by proxy.

procurer [3] [pʀokyʀe] vt ▸ **procurer qqch à qqn a)** [suj : personne] to obtain sthg for sb b) [suj : chose] to give ou bring sb sthg. ❖ **se procurer** vp ▸ **se procurer qqch** to obtain sthg.

procureur [pʀokyʀœʀ] nm ▸ **Procureur de la République** *public prosecutor at a* **tribunal de grande instance** *;* ≃ Attorney General.

prodige [pʀodiʒ] nm **1.** [miracle] miracle **2.** [tour de force] marvel, wonder **3.** [génie] prodigy.

prodigieux, euse [pʀodiʒjø, øz] adj fantastic, incredible.

prodigue [prɔdig] adj [dépensier] extravagant.

prodiguer [3] [prɔdige] vt *litt* [soins, amitié] ▸ **prodiguer qqch (à)** to lavish sthg (on).

producteur, trice [prɔdyktœr, tris] ❖ nm, f **1.** [gén] producer **2.** AGRIC producer, grower. ❖ adj ▸ **producteur de pétrole** oil-producing *(avant n)*.

productif, ive [prɔdyktif, iv] adj productive.

production [prɔdyksjɔ̃] nf **1.** [gén] production ▸ **la production littéraire d'un pays** the literature of a country **2.** [producteurs] producers *pl*.

productivité [prɔdyktivite] nf productivity.

produire [98] [prɔdɥir] vt **1.** [gén] to produce **2.** [provoquer] to cause. ❖ **se produire** vp **1.** [arriver] to occur, to take place **2.** [acteur, chanteur] to appear.

produit, e [prɔdɥi, it] pp ⟶ **produire**. ❖ **produit** nm [gén] product ▸ **produits alimentaires** foodstuffs, foods ▸ **produit de beauté** cosmetic, beauty product ▸ **produits chimiques** chemicals ▸ **produit de grande consommation** mass consumption product ▸ **produits d'entretien** cleaning products ▸ **produit financier** financial product.

proéminent, e [prɔeminɑ̃, ɑ̃t] adj prominent.

prof [prɔf] nmf *fam* teacher.

profane [prɔfan] ❖ nmf **1.** [non religieux] non-believer **2.** [novice] layman. ❖ adj **1.** [laïc] secular **2.** [ignorant] ignorant.

profaner [3] [prɔfane] vt **1.** [église] to desecrate **2.** *fig* [mémoire] to defile.

proférer [18] [prɔfere] vt to utter.

professeur, e [prɔfesœr] nm, f [gén] teacher ; [dans l'enseignement supérieur] lecturer ; [titulaire] professor.

profession [prɔfesjɔ̃] nf **1.** [métier] occupation ▸ **sans profession** unemployed **2.** [corps de métier - libéral] profession ▸ **profession libérale** (liberal) profession ▸ **être en profession libérale** to work in a liberal profession ; [manuel] trade.

professionnel, elle [prɔfesjɔnɛl] ❖ adj **1.** [gén] professional **2.** [école] technical ; [enseignement] vocational. ❖ nm, f professional.

professorat [prɔfesɔra] nm teaching.

profil [prɔfil] nm **1.** [de personne, d'emploi] profile ; [de bâtiment] outline ▸ **de profil a)** [visage, corps] in profile **b)** [objet] from the side **2.** [coupe] section **3.** INFORM : **profil** *(utilisateur)* (user) profil.

profiler [3] [prɔfile] vt INDUST to shape. ❖ **se profiler** vp **1.** [bâtiment, arbre] to stand out **2.** [solution] to emerge.

profileur, euse [prɔfilœr, øz] nm, f profiler.

profit [prɔfi] nm **1.** [avantage] benefit ▸ **au profit de** in aid of ▸ **tirer profit de** to profit from, to benefit from **2.** [gain] profit.

profitable [prɔfitabl] adj profitable ▸ **être profitable à qqn** to benefit sb, to be beneficial to sb.

profiter [3] [prɔfite] vi [tirer avantage] ▸ **profiter de a)** [vacances] to benefit from **b)** [personne] to take advantage of ▸ **profiter de qqch pour faire qqch** to take advantage of sthg to do sthg ▸ **en profiter** to make the most of it.

profond, e [prɔfɔ̃, ɔ̃d] adj **1.** [gén] deep **2.** [pensée] deep, profound.

profondément [prɔfɔ̃demɑ̃] adv **1.** [enfoui] deep **2.** [intensément - aimer, intéresser] deeply ; [- dormir] soundly ▸ **être profondément endormi** to be fast asleep **3.** [extrêmement - convaincu, ému] deeply, profoundly ; [- différent] profoundly.

profondeur [prɔfɔ̃dœr] nf depth ▸ **en profondeur** in depth.

profusion [prɔfyzjɔ̃] nf ▸ **une profusion de** a profusion of ▸ **à profusion** in abundance, in profusion.

progéniture [prɔʒenityr] nf offspring.

programmable [prɔgramabl] adj programmable.

programmateur, trice [prɔgramatœr, tris] nm, f programme [UK] ou program [US] planner. ❖ **programmateur** nm automatic control unit.

programmation [prɔgramasjɔ̃] nf **1.** INFORM programming **2.** RADIO & TV programme [UK] ou program [US] planning.

programme [prɔgram] nm **1.** [gén] programme [UK], program [US] **2.** INFORM program **3.** [planning] schedule **4.** SCOL syllabus.

programmer [3] [prɔgrame] vt **1.** [organiser] to plan **2.** RADIO & TV to schedule **3.** INFORM to program.

programmeur, euse [prɔgramœr, øz] nm, f INFORM (computer) programmer.

progrès [prɔgrɛ] nm progress *(U)* ▸ **faire des progrès** to make progress.

progresser [4] [prɔgrese] vi **1.** [avancer] to progress, to advance **2.** [maladie] to spread **3.** [élève] to make progress.

progressif, ive [prɔgresif, iv] adj progressive ; [difficulté] increasing.

progression [prɔgresjɔ̃] nf **1.** [avancée] advance **2.** [de maladie, du nationalisme] spread.

prohiber [3] [prɔibe] vt to ban, to prohibit.

prohibitif, ive [prɔibitif, iv] adj **1.** [dissuasif] prohibitive **2.** DR prohibitory.

proie [prwa] nf prey ▸ **être la proie de qqch** *fig* to be the victim of sthg ▸ **être en proie à** [sentiment] to be prey to.

projecteur [prɔʒɛktœr] nm **1.** [de lumière] floodlight ; THÉÂTRE spotlight **2.** [d'images] projector.

projectile [prɔʒɛktil] nm missile.

projection [prɔʒɛksjɔ̃] nf **1.** [gén] projection **2.** [jet] throwing.

projectionniste [prɔʒɛksjɔnist] nmf projectionist.

projet [prɔʒɛ] nm **1.** [perspective] plan **2.** [étude, ébauche] draft ⧸ *projet de loi* bill.

projeter [27] [prɔʃte] vt **1.** [envisager] to plan ▸ **projeter de faire qqch** to plan to do sthg **2.** [missile, pierre] to throw **3.** [film, diapositives] to show.

prolétaire [prɔletɛr] nmf & adj proletarian.

prolétariat [prɔletarja] nm proletariat.

proliférer [18] [prɔlifere] vi to proliferate.

prolifique [prɔlifik] adj prolific.

prologue [prɔlɔg] nm prologue.

prolongation [prɔlɔ̃gasjɔ̃] nf [extension] extension, prolongation. ◆ **prolongations** nfpl SPORT extra time (U) UK, overtime US.

prolongement [prɔlɔ̃ʒmɑ̃] nm [de mur, quai] extension ▸ **être dans le prolongement de** to be a continuation of. ◆ **prolongements** nmpl [conséquences] repercussions.

prolonger [17] [prɔlɔ̃ʒe] vt **1.** [dans le temps] ▸ **prolonger qqch (de)** to prolong sthg (by) **2.** [dans l'espace] ▸ **prolonger qqch (de)** to extend sthg (by).

promenade [prɔmnad] nf **1.** [balade] walk, stroll ; *fig* trip, excursion ▸ **promenade en voiture** drive ▸ **promenade à vélo** (bike) ride ▸ **faire une promenade** to go for a walk **2.** [lieu] promenade.

promener [19] [prɔmne] vt **1.** [personne] to take out (for a walk) ; [en voiture] to take for a drive **2.** *fig* [regard, doigts] ▸ **promener qqch sur** to run sthg over. ◆ **se promener** vp to go for a walk.

promesse [prɔmɛs] nf **1.** [serment] promise ▸ **tenir sa promesse** to keep one's promise **2.** [engagement] undertaking ▸ **promesse d'achat / de vente** DR agreement to purchase / to sell **3.** *fig* [espérance] ▸ **être plein de promesses** to be very promising.

prometteur, euse [prɔmɛtœr, øz] adj promising.

promettre [84] [prɔmɛtr] ◆ vt to promise ▸ **promettre qqch à qqn** to promise sb sthg ▸ **promettre de faire qqch** to promise to do sthg ▸ **promettre à qqn que** to promise sb that. ◆ vi to be promising ▸ **ça promet !** *iron* that bodes well!

promis, e [prɔmi, iz] ◆ pp ⟶ **promettre**. ◆ adj promised. ◆ nm, f *vieilli* & *hum* intended.

promiscuité [prɔmiskɥite] nf overcrowding ▸ **promiscuité sexuelle** (sexual) promiscuity.

promo [prɔmo] nf *fam* **1.** MIL, ÉDUC & UNIV year UK, class US **2.** COMM special offer.

promontoire [prɔmɔ̃twar] nm promontory.

promoteur, trice [prɔmɔtœr, tris] nm, f **1.** [novateur] instigator **2.** [constructeur] property developer.

promotion [prɔmɔsjɔ̃] nf **1.** [gén] promotion ▸ **en promotion** [produit] on special offer **2.** MIL & SCOL year.

promouvoir [56] [prɔmuvwar] vt to promote.

prompt, e [prɔ̃, prɔ̃t] adj *sout* ▸ **prompt (à faire qqch)** swift (to do sthg).

promu, e [prɔmy] pp ⟶ **promouvoir**.

promulguer [3] [prɔmylge] vt to promulgate.

prôner [3] [prone] vt *sout* to advocate.

pronom [prɔnɔ̃] nm pronoun.

pronominal, e, aux [prɔnɔminal, o] adj pronominal.

prononcé, e [prɔnɔ̃se] adj marked.

prononcer [16] [prɔnɔ̃se] vt **1.** DR & LING to pronounce **2.** [dire] to utter. ◆ **se prononcer** vp **1.** [se dire] to be pronounced **2.** [trancher - assemblée] to decide, to reach a decision ; [- magistrat] to deliver a verdict ▸ **se prononcer sur** to give one's opinion of.

prononciation [prɔnɔ̃sjasjɔ̃] nf **1.** LING pronunciation **2.** DR pronouncement.

pronostic [prɔnɔstik] nm **1.** (*gén pl*) [prévision] forecast **2.** MÉD prognosis.

propagande [pʀɔpagɑ̃d] nf **1.** [endoctrinement] propaganda **2.** *fig & hum* [publicité] ▸ **faire de la propagande pour qqch** to plug sthg.

propager [17] [pʀɔpaʒe] vt to spread. ◆ **se propager** vp to spread ; BIOL to be propagated ; PHYS to propagate.

propane [pʀɔpan] nm propane.

prophète, prophétesse [pʀɔfɛt, pʀɔfetɛs] nm, f prophet (prophetess).

prophétie [pʀɔfesi] nf prophecy.

prophétiser [3] [pʀɔfetize] vt to prophesy.

propice [pʀɔpis] adj favourable 🇬🇧, favorable 🇺🇸.

proportion [pʀɔpɔʀsjɔ̃] nf proportion ▸ **toutes proportions gardées** relatively speaking.

proportionné, e [pʀɔpɔʀsjɔne] adj ▸ **bien / mal proportionné** well-/badly-proportioned.

proportionnel, elle [pʀɔpɔʀsjɔnɛl] adj ▸ **proportionnel (à)** proportional (to). ◆ **proportionnelle** nf ▸ **la proportionnelle** proportional representation.

propos [pʀɔpo] ⬥ nm **1.** [discours] talk **2.** [but] intention ▸ **c'est à quel propos ?** what is it about ? ▸ **hors de propos** at the wrong time. ⬥ nmpl [paroles] talk *(U)*, words. ◆ **à propos** loc adv **1.** [opportunément] at (just) the right time **2.** [au fait] by the way. ◆ **à propos de** loc prép about.

proposer [3] [pʀɔpoze] vt **1.** [offrir] to offer, to propose ▸ **proposer qqch à qqn** to offer sb sthg, to offer sthg to sb ▸ **proposer à qqn de faire qqch** to offer to do sthg for sb **2.** [suggérer] to suggest, to propose ▸ **proposer de faire qqch** to suggest ou propose doing sthg **3.** [loi, candidat] to propose.

proposition [pʀɔpozisjɔ̃] nf **1.** [offre] offer, proposal **2.** [suggestion] suggestion, proposal **3.** GRAM clause.

propre [pʀɔpʀ] ⬥ adj **1.** [nettoyé] clean **2.** [soigné] neat, tidy **3.** [éduqué - enfant] toilet-trained ; [- animal] house-trained 🇬🇧, housebroken 🇺🇸 **4.** [personnel] own **5.** [particulier] ▸ **propre à** peculiar to **6.** [de nature] ▸ **propre à faire qqch** capable of doing sthg. ⬥ nm [propreté] cleanness, cleanliness ▸ **recopier qqch au propre** to make a fair copy of sthg, to copy sthg up. ◆ **au propre** loc adv LING literally.

proprement [pʀɔpʀəmɑ̃] adv **1.** [convenablement - habillé] neatly, tidily ; [- se tenir] correctly **2.** [véritablement] completely ▸ **à proprement**

parler strictly speaking ▸ **l'événement proprement dit** the event itself, the actual event.

propreté [pʀɔpʀəte] nf cleanness, cleanliness.

propriétaire [pʀɔpʀijetɛʀ] nmf **1.** [possesseur] owner **2.** [dans l'immobilier] landlord.

propriété [pʀɔpʀijete] nf **1.** [gén] property ▸ **propriété privée** private property **2.** [droit] ownership **3.** [terres] property *(U)* **4.** [convenance] suitability **5.** [qualité] property, characteristic, feature.

propulser [3] [pʀɔpylse] vt *pr & fig* to propel. ◆ **se propulser** vp to move forward, to propel o.s. forward ou along ; *fig* to shoot.

prorata [pʀɔʀata] ◆ **au prorata de** loc prép in proportion to.

prosaïque [pʀɔzaik] adj prosaic, mundane.

proscrit, e [pʀɔskʀi, it] adj [interdit] banned, prohibited.

prose [pʀoz] nf prose ▸ **en prose** in prose.

prospecter [4] [pʀɔspɛkte] vt **1.** [pays, région] to prospect **2.** COMM to canvass.

prospection [pʀɔspɛksjɔ̃] nf **1.** [de ressources] prospecting **2.** COMM canvassing.

prospectus [pʀɔspɛktys] nm (advertising) leaflet.

prospère [pʀɔspɛʀ] adj **1.** [commerce] prosperous **2.** [santé] blooming.

prospérer [18] [pʀɔspeʀe] vi to prosper, to thrive ; [plante, insecte] to thrive.

prospérité [pʀɔspeʀite] nf **1.** [richesse] prosperity **2.** [bien-être] well-being.

prostate [pʀɔstat] nf prostate (gland).

prosterner [3] [pʀɔstɛʀne] ◆ **se prosterner** vp to bow down ▸ **se prosterner devant a)** to bow down before **b)** *fig* to kowtow to.

prostituée [pʀɔstitɥe] nf prostitute.

prostituer [7] [pʀɔstitɥe] ◆ **se prostituer** vp to prostitute o.s.

prostitution [pʀɔstitysjɔ̃] nf prostitution.

prostré, e [pʀɔstʀe] adj prostrate.

protagoniste [pʀɔtagɔnist] nmf protagonist, hero (heroine).

protecteur, trice [pʀɔtɛktœʀ, tʀis] ⬥ adj protective. ⬥ nm, f **1.** [défenseur] protector **2.** [des arts] patron. ◆ **protecteur** nm [souteneur] pimp.

protection [pʀɔtɛksjɔ̃] nf **1.** [défense] protection ▸ **prendre qqn sous sa protection** to take sb under one's wing **2.** [des arts] patronage.

protectionnisme [prɔtɛksjɔnism] nm protectionism.

protégé, e [prɔteʒe] ◆ adj protected. ◆ nm, f protégé.

protège-cahier [prɔtɛʒkaje] (pl protège-cahiers) nm exercise book cover **US**, notebook cover **US**.

protège-poignets [prɔtɛʒpwanje] nm inv wrist guard, wrist protector.

protéger [22] [prɔteʒe] vt [gén] to protect.

protège-slip [prɔtɛʒslip] (pl protège-slips) nm panty liner.

protéine [prɔtein] nf protein / proteine C-réactive MÉD C-reactive protein.

protestant, e [prɔtɛstɑ̃, ɑ̃t] adj & nm, f Protestant.

protestantisme [prɔtɛstɑ̃tism] nm Protestantism.

protestation [prɔtɛstasjɔ̃] nf [contestation] protest.

protester [3] [prɔtɛste] vi to protest ▶ protester contre qqch to protest against sthg, to protest sthg **US**.

prothèse [prɔtɛz] nf prosthesis ▶ prothèse dentaire dentures pl, false teeth pl.

protide [prɔtid] nm protein.

protocolaire [prɔtɔkɔlɛr] adj [poli] conforming to etiquette.

protocole [prɔtɔkɔl] nm protocol.

proton [prɔtɔ̃] nm proton.

prototype [prɔtɔtip] nm prototype.

protubérance [prɔtyberɑ̃s] nf bulge, protuberance.

proue [pru] nf bows pl, prow.

prouesse [pruɛs] nf feat.

prouver [3] [pruve] vt **1.** [établir] to prove **2.** [montrer] to demonstrate, to show.

provenance [prɔvnɑ̃s] nf origin ▶ en provenance de from.

provençal, e, aux [prɔvɑ̃sal, o] adj **1.** [de Provence] of/from Provence **2.** CULIN with tomatoes, garlic and onions. ◆ **provençal** nm [langue] Provençal.

Provence [prɔvɑ̃s] nf : la Provence Provence ▶ herbes de Provence ≃ mixed herbs.

provenir [40] [prɔvnir] vi ▶ provenir de a) to come from b) fig to be due to, to be caused by.

proverbe [prɔvɛrb] nm proverb.

proverbial, e, aux [prɔvɛrbjal, o] adj proverbial.

providence [prɔvidɑ̃s] nf providence.

providentiel, elle [prɔvidɑ̃sjɛl] adj providential.

province [prɔvɛ̃s] nf **1.** [gén] province **2.** [campagne] provinces pl.

provincial, e, aux [prɔvɛ̃sjal, o] adj & nm, f provincial.

proviseur, e [prɔvizœr] nm, f ≃ head **UK** ; ≃ headteacher **UK** ; ≃ headmaster (headmistress) **UK** ; ≃ principal **US**.

provision [prɔvizjɔ̃] nf **1.** [réserve] stock, supply **2.** FIN retainer. ◆ **provisions** nfpl provisions.

provisoire [prɔvizwar] ◆ adj temporary ; DR provisional. ◆ nm : ce n'est que du provisoire it's only a temporary arrangement.

provocant, e [prɔvɔkɑ̃, ɑ̃t] adj provocative.

provocation [prɔvɔkasjɔ̃] nf provocation.

provoquer [3] [prɔvɔke] vt **1.** [entraîner] to cause **2.** [personne] to provoke.

proxénète [prɔksenɛt] nmf pimp.

proximité [prɔksimite] nf [de lieu] proximity, nearness ▶ à proximité de near. ◆ **de proximité** loc adj **1.** TECHNOL proximity (modif) **2.** [de quartier] : commerces de proximité local shops / police de proximité community policing / élu de proximité a) [de la communauté] local councillor, local representative b) [faisant valoir ses liens avec la communauté] local man ou woman / médias de proximité locals ou community media.

pr tjr (abr écrite de pour toujours) SMS 4eva, 4E.

prude [pryd] litt adj prudish.

prudence [prydɑ̃s] nf care, caution.

prudent, e [prydɑ̃, ɑ̃t] adj careful, cautious.

prune [pryn] nf plum.

pruneau, x [pryno] nm [fruit] prune.

prunelle [prynɛl] nf ANAT pupil.

prunier [prynje] nm plum tree.

PS¹ (abr de Parti socialiste) nm French socialist party.

PS², P-S (abr de post-scriptum) nm PS.

psalmodier [9] [psalmɔdje] ◆ vt to chant ; fig & litt to drone. ◆ vi to drone.

psaume [psom] nm psalm.

pseudonyme [psødɔnim] nm pseudonym.

psy [psi] *fam* nmf (*abr de* **psychiatre**) shrink.

psychanalyse [psikanaliz] nf psychoanalysis.

psychanalyste [psikanalist] nmf psycho-analyst, analyst.

psyché [psiʃe] nf cheval glass.

psychédélique [psikedelik] adj psychedelic.

psychiatre [psikjatʀ] nmf psychiatrist.

psychiatrie [psikjatʀi] nf psychiatry.

psychique [psiʃik] adj psychic ; [maladie] psychosomatic.

psychologie [psikɔlɔʒi] nf psychology.

psychologique [psikɔlɔʒik] adj psycho-logical.

psychologue [psikɔlɔg] ❖ nmf psycholo-gist. ❖ adj psychological.

psychose [psikoz] nf **1.** MÉD psychosis **2.** [crainte] obsessive fear.

psychosomatique [psikɔsɔmatik] adj psychosomatic.

psychothérapeute [psikɔteʀapøt] nmf psychotherapist.

psychothérapie [psikɔteʀapi] nf psycho-therapy.

PTDR *fam* SMS *abr écrite de* **pété de rire**.

Pte *abr écrite de* **porte, pointe**.

PTT (*abr de* **Postes, télécommunications et télédiffusion**) nfpl *former French post office and telecommunications network*.

pu [py] pp ⟶ **pouvoir**.

puant, e [pɥɑ̃, ɑ̃t] adj **1.** [fétide] smelly, stink-ing **2.** *fam & fig* [personne] bumptious, full of oneself.

puanteur [pɥɑ̃tœʀ] nf stink, stench.

pub¹ [pyb] nf *fam* ad, advert 🇬🇧 ; [métier] advertising.

pub² [pœb] nm pub.

pubère [pybɛʀ] adj pubescent.

puberté [pybɛʀte] nf puberty.

pubis [pybis] nm [zone] pubis.

public, ique [pyblik] adj public. ❖ **public** nm **1.** [auditoire] audience ▸ **en public** in public **2.** [population] public ▸ **grand public** general public.

publication [pyblikasjɔ̃] nf publication.

publicitaire [pyblisitɛʀ] adj [campagne] advertising (*avant n*) ; [vente, film] promotional.

publicité [pyblisite] nf **1.** [domaine] adver-tising ▸ **publicité comparative** comparative advertising ▸ **publicité mensongère** misleading advertising, deceptive advertising **2.** [réclame] advertisement, advert 🇬🇧 **3.** [autour d'une affaire] publicity (*U*).

publier [10] [pyblije] vt [livre] to publish ; [communiqué] to issue, to release.

publireportage [pybliʀəpɔʀtaʒ] nm free write-up 🇬🇧, special advertising section 🇺🇸.

puce [pys] nf **1.** [insecte] flea **2.** INFORM (silicon) chip **3.** *fig* [terme affectueux] pet, love.

puceau, elle, x [pyso, ɛl, o] nm, f & adj *fam* virgin.

pudeur [pydœʀ] nf **1.** [physique] modesty, de-cency **2.** [morale] restraint.

pudibond, e [pydibɔ̃, ɔ̃d] adj prudish, prim and proper.

pudique [pydik] adj **1.** [physiquement] mod-est, decent **2.** [moralement] restrained.

puer [7] [pɥe] ❖ vi to stink / *ça pue ici !* it stinks in here! ❖ vt to reek of, to stink of.

puéricultrice [pɥeʀikyltʀis] nf nursery nurse.

puériculture [pɥeʀikyltyʀ] nf childcare.

puéril, e [pɥeʀil] adj childish.

Puerto Rico [pwɛʀtoʀiko] = **Porto Rico**.

pugilat [pyʒila] nm fight.

puis [pɥi] adv then ▸ **et puis** [d'ailleurs] and moreover ou besides.

puiser [3] [pɥize] vt [liquide] to draw ▸ **pui-ser qqch dans qqch** *fig* to draw ou take sthg from sthg.

puisque [pɥiskə] conj [gén] since.

puissance [pɥisɑ̃s] nf power. ❖ **en puis-sance** loc adj potential.

puissant, e [pɥisɑ̃, ɑ̃t] adj powerful. ❖ **puis-sant** nm ▸ **les puissants** the powerful.

puisse, puisses ⟶ **pouvoir**.

puits [pɥi] nm **1.** [d'eau] well **2.** [de gisement] shaft ▸ **puits de pétrole** oil well.

pull [pyl], **pull-over** [pylovɛʀ] (*pl* pull-overs) nm jumper 🇬🇧, sweater.

pulluler [3] [pylyle] vi to swarm.

pulmonaire [pylmɔnɛʀ] adj lung (*avant n*), pulmonary.

pulpe [pylp] nf pulp.

pulpeux, euse [pylpø, øz] adj **1.** [fruit] pulpy ; [jus] containing pulp **2.** *fig* [femme] curvaceous.

pulsation [pylsasjɔ̃] nf beat, beating (*U*).

pulsion [pylsjɔ̃] nf impulse.

pulvérisation [pylveʀizasjɔ̃] nf **1.** [d'insecticide] spraying **2.** MÉD spray ; [traitement] spraying.

pulvériser [3] [pylveʀize] vt **1.** [projeter] to spray **2.** [détruire] to pulverize ; *fig* to smash.

puma [pyma] nm puma.

punaise [pynɛz] nf **1.** [insecte] bug **2.** [clou] drawing pin UK, thumbtack US.

punch [pɔ̃ʃ] nm punch.

punching-ball [pœnʃiŋbol] (*pl* **punching-balls**) nm punchball UK, punching bag US.

puni, e [pyni] adj punished.

punir [32] [pyniʀ] vt ◗ **punir qqn (de)** to punish sb (with).

punition [pynisjɔ̃] nf punishment.

pupille [pypij] ◆ nf ANAT pupil. ◆ nmf [orphelin] ward ◗ **pupille de l'État** ≃ child in care UK ◗ **pupille de la Nation** war orphan *(in care)*.

pupitre [pypitʀ] nm **1.** [d'orateur] lectern ; MUS stand **2.** TECHNOL console **3.** [d'écolier] desk.

pur, e [pyʀ] adj **1.** [gén] pure **2.** *fig* [absolu] pure, sheer ◗ **pur et simple** pure and simple **3.** *fig* [intention] honourable UK, honorable US **4.** [lignes] pure, clean.

purée [pyʀe] nf purée ◗ **purée de pommes de terre** mashed potatoes *pl*.

purement [pyʀmɑ̃] adv purely ◗ **purement et simplement** purely and simply.

pureté [pyʀte] nf **1.** [gén] purity **2.** [de sculpture, de diamant] perfection **3.** [d'intention] honourableness UK, honorableness US.

purgatoire [pyʀgatwaʀ] nm purgatory.

purge [pyʀʒ] nf **1.** MÉD & POL purge **2.** [de radiateur] bleeding.

purger [17] [pyʀʒe] vt **1.** MÉD & POL to purge **2.** [radiateur] to bleed **3.** [peine] to serve.

purifier [9] [pyʀifje] vt to purify.

purin [pyʀɛ̃] nm slurry.

puritain, e [pyʀitɛ̃, ɛn] ◆ adj [pudibond] puritanical. ◆ nm, f **1.** [prude] puritan **2.** RELIG Puritan.

puritanisme [pyʀitanism] nm puritanism ; RELIG Puritanism.

pur-sang [pyʀsɑ̃] nm inv thoroughbred.

purulent, e [pyʀylɑ̃, ɑ̃t] adj purulent.

pus [py] nm pus.

pusillanime [pyzilanim] adj *litt* pusillanimous.

putain [pytɛ̃] *vulg* & *injur* nf [prostituée] whore.

pute [pyt] nf *vulg* & *injur* [prostituée] whore.

putréfier [9] [pytʀefje] ◆ **se putréfier** vp to putrefy, to rot.

putsch [putʃ] nm uprising, coup.

puzzle [pœzl] nm jigsaw (puzzle).

P-V nm *abr de* procès-verbal.

pyjama [piʒama] nm pyjamas *pl* UK, pajamas *pl* US.

pylône [pilon] nm pylon.

pyramide [piʀamid] nf pyramid ◗ **la Pyramide du Louvre** *glass pyramid in the courtyard of the Louvre which serves as its main entrance.*

Pyrénées [piʀene] nfpl ◗ **les Pyrénées** the Pyrenees.

Pyrex® [piʀɛks] nm Pyrex®.

pyromane [piʀɔman] nmf arsonist ; MÉD pyromaniac.

python [pitɔ̃] nm python.

q, Q [ky] nm inv [lettre] q, Q.

qch SMS *abr écrite de* **quelque chose.**

QCM (*abr de* questionnaire à choix multiple) nm multiple choice questionnaire.

qd SMS *abr écrite de* **quand.**

QG (*abr de* quartier général) nm HQ.

QI (*abr de* quotient intellectuel) nm IQ.

qqch (*abr écrite de* quelque chose) sthg.

qqn (*abr écrite de* quelqu'un) s.o., sb.

qu' ⟶ **que.**

quad [kwad] nm [moto] four-wheel motorbike, quad bike ; [rollers] roller skate.

quadra [k(w)adʀa] nm fortysomething, babyboomer.

quadragénaire [k(w)adʀaʒenɛʀ] nmf forty year old.

quadrilatère [k(w)adʀilatɛʀ] nm quadrilateral.

quadrillage [kadʀijaʒ] nm **1.** [de papier, de tissu] criss-cross pattern **2.** [policier] combing.

quadrillé, e [kadʀije] adj squared, cross-ruled.

quadriller [3] [kadʀije] vt **1.** [papier] to mark with squares **2.** [ville - suj : rues] to criss-cross ; [- suj : police] to comb.

quadrimoteur [k(w)adʀimɔtœʀ] nm four-engined plane.

quadrupède [k(w)adʀypɛd] nm & adj quadruped.

quadruple [k(w)adʀypl] nm & adj quadruple.

quadruplés, ées nmf pl quadruplets, quads.

quai [kɛ] nm **1.** [de gare] platform **2.** [de port] quay, wharf **3.** [de rivière] embankment.

qualificatif, ive [kalifikatif, iv] adj qualifying. ◆ **qualificatif** nm term.

qualification [kalifikasjɔ̃] nf [gén] qualification.

qualifier [9] [kalifje] vt **1.** [gén] to qualify ▸ être qualifié pour qqch / pour faire qqch to be qualified for sthg / to do sthg **2.** [caractériser] ▸ qualifier qqn / qqch de qqch to describe sb / sthg as sthg, to call sb / sthg sthg. ◆ **se qualifier** vp to qualify.

qualitatif, ive [kalitatif, iv] adj qualitative.

qualité [kalite] nf **1.** [gén] quality / de bonne / mauvaise qualité of good / poor quality **2.** [condition] position, capacity.

quand [kɑ̃] ◈ conj [lorsque, alors que] when / quand tu le verras, demande-lui de me téléphoner when you see him, ask him to phone me. ◈ adv interr when / quand arriveras-tu ? when will you arrive? / jusqu'à quand restez-vous ? how long are you staying for? ◆ **quand même** ◈ loc adv all the same / je pense qu'il ne viendra pas, mais je l'inviterai quand même I don't think he'll come but I'll invite him all the same / tu pourrais faire attention quand même ! you might at least be careful! ◈ interj : quand même, à son âge ! really, at his/her age! ◆ **quand bien même** loc conj sout even though, even if.

quant [kɑ̃] ◆ **quant à** loc prép as for.

quantifier [9] [kɑ̃tifje] vt to quantify.

quantitatif, ive [kɑ̃titatif, iv] adj quantitative.

quantité [kɑ̃tite] nf **1.** [mesure] quantity, amount **2.** [abondance] ▸ (une) quantité de a great many, a lot of ▸ en quantité in large numbers / des exemplaires en quantité a large number of copies.

quarantaine [kaʀɑ̃tɛn] nf **1.** [nombre] ▸ une quarantaine de about forty **2.** [âge] ▸ avoir la quarantaine to be in one's forties **3.** [isolement] quarantine.

quarante [kaʀɑ̃t] adj num inv & nm forty. Voir aussi **six.**

quarantième [kaʀɑ̃tjɛm] adj num inv, nm & nmf fortieth. Voir aussi **sixième.**

quart [kaʀ] nm **1.** [fraction] quarter / deux heures moins le quart (a) quarter to two, (a) quarter of two US / deux heures et quart (a) quarter past two, (a) quarter after two US / il est moins le quart it's (a) quarter to, it's a quarter of US ▸ un quart de a quarter of ▸ un quart d'heure a quarter of an hour **2.** NAUT watch **3.** SPORT ▸ quart de finale quarterfinal.

quarté [kaʀte] nm system of betting involving the first four horses in a race.

quartette [kwaʀtɛt] nm jazz quartet.

quartier [kaʁtje] nm **1.** [de ville] area, district ▸ **le Quartier latin** the Latin quarter **2.** [de fruit] piece ; [de viande] quarter **3.** [héraldique, de lune] quarter **4.** (gén pl) MIL quarters pl ▸ **quartier général** headquarters pl **5.** [partie d'une prison] wing.

quartier-maître [kaʁtjemɛtʁ] (pl **quartiers-maîtres**) nm leading seaman.

quart-monde [kaʁmɔ̃d] (pl **quarts-mondes**) nm ▸ **le quart-monde** the Fourth World.

quartz [kwaʁts] nm quartz ▸ **montre à quartz** quartz watch.

quasi [kazi] adv almost, nearly.

quasi- [kazi] préf near ▸ **quasi-collision** near collision.

quasiment [kazimɑ̃] adv fam almost, nearly.

quaternaire [kwatɛʁnɛʁ] ◆ adj **1.** GÉOL Quaternary ▸ **ère quaternaire** Quaternary era **2.** CHIM & MATH quaternary. ◆ nm GÉOL Quaternary (period).

quatorze [katɔʁz] adj num inv & nm fourteen. *Voir aussi* **six**.

quatorzième [katɔʁzjɛm] adj num inv, nm & nmf fourteenth. *Voir aussi* **sixième**.

quatrain [katʁɛ̃] nm quatrain.

quatre [katʁ] ◆ adj num inv four ▸ **monter l'escalier quatre à quatre** to take the stairs four at a time ▸ **se mettre en quatre pour qqn** fam to bend over backwards for sb. ◆ nm four. *Voir aussi* **six**.

quatre-heures, quatre heures [katʁœʁ] nm inv fam afternoon snack.

quatre-quarts [katkaʁ] nm inv pound cake.

quatre-quatre [katkatʁ] ◆ adj inv four-wheel drive. ◆ nm ou nf inv four-wheel drive (vehicle).

quatre-vingt = **quatre-vingts**.

quatre-vingt-dix [katʁəvɛ̃dis] adj num inv & nm ninety. *Voir aussi* **six**.

quatre-vingt-dixième [katʁəvɛ̃dizjɛm] adj num inv, nm & nmf ninetieth. *Voir aussi* **sixième**.

quatre-vingtième [katʁəvɛ̃tjɛm] adj num inv, nm & nmf eightieth. *Voir aussi* **sixième**.

quatre-vingts, quatre-vingt [katʁəvɛ̃] adj num inv & nm eighty. *Voir aussi* **six**.

quatrième [katʁijɛm] ◆ adj num inv, nm & nmf fourth. ◆ nf SCOL ≃ third year ou form **UK** ; ≃ eighth grade **US**. *Voir aussi* **sixième**.

quatuor [kwatɥɔʁ] nm quartet.

que, qu' [k(ə)] ◆ conj **1.** [introduit une subordonnée] that / **il a dit qu'il viendrait** he said (that) he'd come / **il veut que tu viennes** he wants you to come **2.** [introduit une hypothèse] whether / **que vous le vouliez ou non** whether you like it or not **3.** [reprend une autre conjonction] : **s'il fait beau et que nous avons le temps…** if the weather is good and we have time… **4.** [indique un ordre, un souhait] : **qu'il entre !** let him come in! / **que tout le monde sorte !** everybody out! **5.** [après un présentatif] : **voilà / voici que ça recommence !** here we go again! **6.** [comparatif - après moins, plus] than ; [- après autant, aussi, même] as / **plus jeune que moi** younger than I (am) ou than me / **elle a la même robe que moi** she has the same dress as I do ou as me **7.** [seulement] ▸ **ne… que** only / **je n'ai qu'une sœur** I've only got one sister. ◆ pron rel [chose, animal] which, that / **le livre qu'il m'a prêté** the book (which ou that) he lent me ; [personne] whom, that / **la femme que j'aime** the woman (whom ou that) I love. ◆ pron interr what / **que savez-vous au juste ?** what exactly do you know? / **je me demande que faire** I wonder what I should do. ◆ adv excl : **qu'elle est belle !** how beautiful she is! / **que de monde !** what a lot of people! ◆ **c'est que** loc conj it's because / **si je vais me coucher, c'est que j'ai sommeil** if I'm going to bed, it's because I'm tired. ◆ **qu'est-ce que** pron interr what / **qu'est-ce que tu veux encore ?** what else do you want? ◆ **qu'est-ce qui** pron interr what / **qu'est-ce qui se passe ?** what's going on?

Québec [kebɛk] nm [province] : **le Québec** Quebec.

québécois, e [kebekwa, az] adj Quebec (avant n). ◆ **québécois** nm [langue] Quebec French. ◆ **Québécois, e** nm, f Quebecker, Québécois.

quel, quelle [kɛl] (mpl **quels**, fpl **quelles**) ◆ adj interr [personne] which ; [chose] what, which / **quel homme ?** which man? / **quel livre voulez-vous ?** what ou which book do you want? / **de quel côté es-tu ?** what ou which side are you on? / **je ne sais quels sont ses projets** I don't know what his plans are / **quelle heure est-il ?** what time is it?, what's the time? ◆ adj excl : **quel idiot !** what an idiot! / **quelle honte !** the shame of it! ◆ adj indéf ▸ **quel que** (+ subj) a) [chose, animal] whatever b) [personne] whoever / **il se baigne, quel que soit le temps** he goes swimming whatever the weather / **il refuse de voir les nouveaux arrivants, quels qu'ils soient** he refuses to see new arrivals, whoever they may be. ◆ pron interr which (one) / *de vous trois, quel est le plus jeune ?* which (one) of you three is the youngest?

quelconque [kɛlkɔ̃k] adj **1.** [n'importe lequel] any / *donner un prétexte quelconque* to give any old excuse / *si pour une raison quelconque...* if for any reason... / *une quelconque observation* some remark or other **2.** *(après n)* [banal] ordinary, mediocre.

quelque [kɛlk(ə)] adj indéf some / *à quelque distance de là* some way away (from there) / *j'ai quelques lettres à écrire* I have some ou a few letters to write / *vous n'avez pas quelques livres à me montrer ?* don't you have any books to show me? / *dans quelque pays que tu sois* whichever ou whatever country you may be in / *quelque route que je prenne* whatever route I take / *30 euros et quelques* some ou about 30 euros, just over 30 euros / *il est midi et quelques* fam it's just gone midday ▸ **quelque peu** somewhat, rather. ◆ adv [environ] about / *les quelque 30 euros qu'il m'a prêtés* the 30 euros or so (that) he lent me / *quelque volontaire qu'il se montrât* however willing he was.

quelque chose [kɛlkəʃoz] pron indéf something / *quelque chose de différent* something different / *quelque chose d'autre* something else / *tu veux boire quelque chose ?* do you want something ou anything to drink? ▸ **apporter un petit quelque chose à qqn** to give sb a little something ▸ **c'est quelque chose !** [ton admiratif] it's really something! ▸ **cela m'a fait quelque chose** I really felt it.

quelquefois [kɛlkəfwa] adv sometimes, occasionally.

quelque part [kɛlkəpaʀ] adv somewhere, someplace **US** / *l'as-tu vu quelque part ?* did you see him anywhere ou anyplace **US**?, have you seen him anywhere ou anyplace **US**?

quelques-uns, **quelques-unes** [kɛlkəzœ̃, yn] pron indéf some, a few.

quelqu'un [kɛlkœ̃] pron indéf m someone, somebody / *c'est quelqu'un d'ouvert/d'intelligent* he's/she's a frank/an intelligent person.

quémander [3] [kemɑ̃de] vt to beg for ▸ **quémander qqch à qqn** to beg sb for sthg.

qu'en-dira-t-on [kɑ̃diʀatɔ̃] nm inv fam tittle-tattle.

quenelle [kənɛl] nf very finely chopped mixture of fish or chicken cooked in stock.

querelle [kəʀɛl] nf quarrel.

quereller [4] [kəʀele] ◆ **se quereller** vp ▸ **se quereller (avec)** to quarrel (with).

querelleur, **euse** [kəʀɛlœʀ, øz] adj quarrelsome.

qu'est-ce que [kɛskə] ⟶ **que**.

qu'est-ce qui [kɛski] ⟶ **que**.

question [kɛstjɔ̃] nf question ▸ **poser une question à qqn** to ask sb a question ▸ **il est question de faire qqch** it's a question ou matter of doing sthg ▸ **il n'en est pas question** there is no question of it ▸ **remettre qqn/qqch en question** to question sb/sthg, to challenge sb/sthg ▸ **question subsidiaire** tiebreaker.

questionnaire [kɛstjɔnɛʀ] nm questionnaire.

questionner [3] [kɛstjɔne] vt to question.

quétaine [ketɛn] adj **QUÉBEC** fam corny, naff **UK**.

quétainerie [ketɛnʀi] nf **QUÉBEC** fam [objet] piece of junk.

quête [kɛt] nf **1.** sout [d'objet, de personne] quest ▸ **se mettre en quête de** to go in search of **2.** [d'aumône] ▸ **faire la quête** to take a collection.

quêter [4] [kete] ◆ vi to collect. ◆ vt fig to seek, to look for.

quetsche [kwɛtʃ] nf **1.** [fruit] variety of plum **2.** [eau-de-vie] type of plum brandy.

queue [kø] nf **1.** [d'animal] tail ▸ **faire une queue de poisson à qqn** AUTO to cut in front of sb **2.** [de fruit] stalk **3.** [de poêle] handle **4.** [de liste, de classe] bottom ; [de file, peloton] rear **5.** [file] queue **UK**, line **US** ▸ **faire la queue** to queue **UK**, to stand in line **US** ▸ **à la queue leu leu** in single file.

queue-de-cheval [kødʃəval] (pl **queues-de-cheval**) nf ponytail.

queue-de-pie [kødpi] (pl **queues-de-pie**) nf fam tails pl.

qui [ki] ◆ pron rel **1.** (sujet) [personne] who ; [chose] which, that / *l'homme qui parle* the man who's talking / *je l'ai vu qui passait* I saw him pass / *le chien qui aboie* the barking dog, the dog which ou that is barking ▸ **qui plus est** (and) what's more ▸ **qui mieux est** even better, better still **2.** (complément d'objet direct) who / *tu vois qui je veux dire* you see who I mean / *invite qui tu veux* invite whoever ou anyone you like **3.** (après une préposition) who, whom / *la personne à qui je parle* the person I'm talking to, the person to whom I'm talking **4.** *(indéfini)* : **qui que tu sois** whoever you are / **qui que ce soit** whoever it may be. ❖ pron interr **1.** *(sujet)* who / **qui es-tu ?** who are you? / **je voudrais savoir qui est là** I would like to know who's there **2.** *(complément d'objet, après une préposition)* who, whom / **dites-moi qui vous demandez** tell me who you want to see / **à qui vas-tu le donner ?** who are you going to give it to?, to whom are you going to give it? ❖ **qui est-ce qui** pron interr who. ❖ **qui est-ce que** pron interr who, whom.

quiche [kiʃ] nf quiche.

quiconque [kikɔ̃k] ❖ pron indéf anyone, anybody. ❖ pron indéf *sout* anyone who, whoever.

quidam [kidam] nm *fam* chap **UK**, guy **US**.

quiétude [kjetyd] nf tranquillity **UK**, tranquility **US**.

quignon [kiɲɔ̃] nm *fam* hunk.

quille [kij] nf [de bateau] keel. ❖ **quilles** nfpl [jeu] ▸ **(jeu de) quilles** skittles (U).

quincaillerie [kɛ̃kajʀi] nf **1.** [magasin] ironmonger's (shop) **UK**, hardware shop **2.** *fam & fig* [bijoux] jewellery **UK**, jewelry **US**.

quinconce [kɛ̃kɔ̃s] nm ▸ **en quinconce** in a staggered arrangement.

quinine [kinin] nf quinine.

quinoa [kinɔa] nm quinoa.

quinqua [kɛ̃ka] nmf fiftysomething.

quinquagénaire [kɛ̃kaʒenɛʀ] nmf fifty year old.

quinquennal, e, aux [kɛ̃kenal, o] adj [plan] five-year *(avant n)* ; [élection] five-yearly.

quinquennat [kɛ̃kena] nm five-year period of office, quinquennium, lustrum.

quintal, aux [kɛ̃tal, o] nm quintal.

quinte [kɛ̃t] nf *MUS* fifth. ❖ **quinte de toux** nf coughing fit.

quintette [kɛ̃tɛt] nm quintet.

quintuple [kɛ̃typl] nm & adj quintuple.

quinzaine [kɛ̃zɛn] nf **1.** [nombre] fifteen (or so) ▸ **une quinzaine de** about fifteen **2.** [deux semaines] fortnight **UK**, two weeks *pl*.

quinze [kɛ̃z] ❖ adj num inv fifteen ▸ **dans quinze jours** in a fortnight **UK**, in two weeks. ❖ nm [chiffre] fifteen. *Voir aussi* **six**.

quinzième [kɛ̃zjɛm] adj num inv, nm & nmf fifteenth. *Voir aussi* **sixième**.

quiproquo [kipʀɔko] nm misunderstanding.

quittance [kitɑ̃s] nf receipt.

quitte [kit] adj quits ◆ **être quitte pour qqch / pour faire qqch** to get off with sthg / doing sthg ▸ **quitte à faire qqch** even if it means doing sthg.

quitter [3] [kite] vt **1.** [gén] to leave ▸ **ne quittez pas !** [au téléphone] hold the line, please! **2.** [fonctions] to give up **3.** *INFORM* to exit. ◆ **se quitter** vp to part.

qui-vive [kiviv] nm inv ▸ **être sur le qui-vive** to be on the alert.

quiz [kwiz] nm quiz.

quoi [kwa] ❖ pron rel *(après prép)* : *ce à quoi je me suis intéressé* what I was interested in / *c'est en quoi vous avez tort* that's where you're wrong ▸ **avoir de quoi vivre** to have enough to live on / *avez-vous de quoi écrire ?* have you got something to write with? ▸ **merci — il n'y a pas de quoi** thank you — don't mention it. ❖ pron interr what / *à quoi penses-tu ?* what are you thinking about? / *je ne sais pas quoi dire* I don't know what to say / *à quoi bon ?* what's the point or use? / *décide-toi, quoi !* *fam* make your mind up, will you? / *tu viens ou quoi ?* *fam* are you coming or what? ◆ **quoi que** loc conj (+ subj) whatever / *quoi qu'il arrive* whatever happens / *quoi qu'il dise* whatever he says ▸ **quoi qu'il en soit** be that as it may.

quoique [kwakə] conj although, though.

quolibet [kɔlibɛ] nm jeer, taunt.

quota [kɔta] nm quota.

quotidien, enne [kɔtidjɛ̃, ɛn] adj daily. ◆ **quotidien** nm **1.** [routine] daily life ▸ **au quotidien** on a day-to-day basis **2.** [journal] daily (newspaper).

quotient [kɔsjɑ̃] nm quotient ▸ **quotient intellectuel** intelligence quotient.

R

r¹, R [ɛʁ] nm inv [lettre] r, R.

r² abr écrite de **rue**.

r1 (abr écrite de **rien**) SMS nufn.

rabâcher [3] [ʁabaʃe] fam ❖ vi to harp on. ❖ vt to go over (and over).

rabais [ʁabɛ] nm reduction, discount ▸ **au rabais a)** péj [artiste] third-rate **b)** [travailler] for a pittance.

rabaisser [4] [ʁabese] vt **1.** [réduire] to reduce ; [orgueil] to humble **2.** [personne] to belittle. ◆ **se rabaisser** vp **1.** [se déprécier] to belittle o.s. **2.** [s'humilier] ▸ **se rabaisser à faire qqch** to demean o.s. by doing sthg.

rabat [ʁaba] nm [partie rabattue] flap.

rabat-joie [ʁabaʒwa] ❖ nm inv killjoy. ❖ adj inv ▸ **être rabat-joie** to be a killjoy.

rabattable [ʁabatabl] adj [siège] folding.

rabattre [83] [ʁabatʁ] vt **1.** [col] to turn down **2.** [siège] to tilt back ; [couvercle] to shut **3.** [gibier] to drive. ◆ **se rabattre** vp **1.** [siège] to tilt back ; [couvercle] to shut **2.** [voiture, coureur] to cut in **3.** [se contenter] ▸ **se rabattre sur** to fall back on.

rabattu, e [ʁabaty] pp ⟶ **rabattre**.

rabbin [ʁabɛ̃] nm rabbi.

râble [ʁabl] nm [de lapin] back ; CULIN saddle.

râblé, e [ʁable] adj stocky.

rabot [ʁabo] nm plane.

raboter [3] [ʁabɔte] vt to plane.

rabougri, e [ʁabugʁi] adj **1.** [plante] stunted **2.** fam [personne] shrivelled, wizened.

rabrouer [3] [ʁabʁue] vt to snub.

racaille [ʁakaj] nf péj riffraff.

raccommodage [ʁakɔmɔdaʒ] nm mending.

raccommoder [3] [ʁakɔmɔde] vt **1.** [vêtement] to mend **2.** fam & fig [personnes] to reconcile, to get back together.

raccompagnateur, trice [ʁakɔ̃paɲatœʁ, tʁis] nm, f QUÉBEC [personne qui raccompagne] person who walks or drives sb home.

raccompagnement [ʁakɔ̃paɲmɑ̃] nm QUÉBEC [action de reconduire] walking or driving sb home.

raccompagner [3] [ʁakɔ̃paɲe] vt to see home, to take home.

raccord [ʁakɔʁ] nm **1.** [liaison] join **2.** [pièce] connector, coupling **3.** CINÉ link.

raccordement [ʁakɔʁdəmɑ̃] nm connection, linking.

raccorder [3] [ʁakɔʁde] vt ▸ **raccorder qqch (à)** to connect sthg (to), to join sthg (to). ◆ **se raccorder** vp ▸ **se raccorder à a)** to be connected to **b)** fig [faits] to tie in with.

raccourci [ʁakuʁsi] nm shortcut / **raccourci clavier** keyboard shortcut.

raccourcir [32] [ʁakuʁsiʁ] ❖ vt to shorten. ❖ vi to grow shorter.

raccrocher [3] [ʁakʁɔʃe] ❖ vt to hang back up. ❖ vi [au téléphone] ▸ **raccrocher (au nez de qqn)** to hang up (on sb), to put the phone down (on sb). ◆ **se raccrocher** vp ▸ **se raccrocher à** to cling to, to hang on to.

race [ʁas] nf [humaine] race ; [animale] breed ▸ **de race a)** pedigree **b)** [cheval] thoroughbred.

racé, e [ʁase] adj **1.** [animal] purebred **2.** [voiture] of distinction.

rachat [ʁaʃa] nm **1.** [transaction] repurchase **2.** fig [de péchés] atonement.

racheter [28] [ʁaʃte] vt **1.** [acheter en plus - gén] to buy another ; [pain, lait] to buy some more **2.** [acheter d'occasion] to buy **3.** [acheter après avoir vendu] to buy back **4.** [péché, faute] to atone for ; fig [défaut, lapsus] to make up for **5.** [prisonnier] to ransom **6.** [honneur] to redeem **7.** COMM [société] to buy out. ◆ **se racheter** vp fig to redeem o.s.

rachitique [ʁaʃitik] adj suffering from rickets.

racial, e, aux [ʁasjal, o] adj racial.

racine [ʁasin] nf root ; [de nez] base ▸ **racine carrée / cubique** MATH square / cube root.

racisme [ʁasism] nm racism.

raciste [ʁasist] nmf & adj racist.

racket [ʁakɛt] nm racket.

racketter [4] [ʀakɛte] vt ▸ **racketter qqn** to subject sb to a protection racket.

raclée [ʀakle] nf *fam* hiding, thrashing.

racler [3] [ʀakle] vt to scrape. ◆ **se racler** vp ▸ **se racler la gorge** to clear one's throat.

raclette [ʀaklɛt] nf CULIN *melted Swiss cheese served with jacket potatoes.*

racoler [3] [ʀakɔle] vt *fam & péj* [suj : commerçant] to tout for ; [suj : prostituée] to solicit.

racoleur, euse [ʀakɔlœʀ, øz] ◆ adj *fam & péj* [air, sourire] come-hither ; [publicité] strident. ◆ nm, f **1.** COMM tout **2.** [prostitué] streetwalker.

racontar [ʀakɔ̃taʀ] nm *fam* piece of gossip. ◆ **racontars** nmpl *fam* tittle-tattle (U).

raconter [3] [ʀakɔ̃te] vt **1.** [histoire] to tell, to relate ; [événement] to relate, to tell about ▸ **raconter qqch à qqn** to tell sb sthg, to relate sthg to sb **2.** [ragot, mensonge] to tell ▸ **qu'est-ce que tu racontes ?** what are you on about?

radar [ʀadaʀ] nm radar.

rade [ʀad] nf (natural) harbour 🇬🇧 ou harbor 🇺🇸.

radeau, x [ʀado] nm [embarcation] raft.

radiateur [ʀadjatœʀ] nm radiator.

radiation [ʀadjasjɔ̃] nf **1.** PHYS radiation **2.** [de liste, du barreau] striking off.

radical, e, aux [ʀadikal, o] adj radical. ◆ **radical** nm **1.** [gén] radical **2.** LING stem.

radier [9] [ʀadje] vt to strike off.

radieux, euse [ʀadjø, øz] adj radiant ; [soleil] dazzling.

radin, e [ʀadɛ̃, in] *fam & péj* ◆ adj stingy. ◆ nm, f skinflint.

radio [ʀadjo] ◆ nf **1.** [station, poste] radio ▸ **à la radio** on the radio ▸ **radio locale** ou **privée** ou **libre** independent local radio station **2.** MÉD ▸ **passer une radio** to have an X-ray, to be X-rayed. ◆ nm radio operator.

radioactif, ive [ʀadjoaktif, iv] adj radioactive.

radioactivité [ʀadjoaktivite] nf radioactivity.

radiodiffuser [3] [ʀadjodifyze] vt to broadcast.

radiographie [ʀadjɔgʀafi] nf **1.** [technique] radiography **2.** [image] X-ray.

radiologue [ʀadjɔlɔg], **radiologiste** [ʀadjɔlɔʒist] nmf radiologist.

radioréveil, radio-réveil [ʀadjɔʀevɛj] nm radio alarm, clock radio.

radiotélévisé, e [ʀadjotelevize] adj broadcast on both radio and television.

radis [ʀadi] nm radish.

radium [ʀadjɔm] nm radium.

radius [ʀadjys] nm radius.

radoter [3] [ʀadɔte] vi to ramble.

radoucir [32] [ʀadusiʀ] vt to soften. ◆ **se radoucir** vp [temps] to become milder ; [personne] to calm down.

radoucissement [ʀadusismɑ̃] nm **1.** [d'attitude] softening **2.** [de température] rise ▸ **un radoucissement du temps** a spell of milder weather.

raf SMS *abr écrite de* **rien à faire**.

rafale [ʀafal] nf **1.** [de vent] gust ▸ **en rafales** in gusts ou bursts **2.** [de coups de feu, d'applaudissements] burst.

raffermir [32] [ʀafɛʀmiʀ] vt **1.** [muscle] to firm up **2.** *fig* [pouvoir] to strengthen.

raffermissant, e [ʀafɛʀmisɑ̃, ɑ̃t] adj [crème] firming.

raffinage [ʀafinaʒ] nm refining.

raffiné, e [ʀafine] adj refined.

raffinement [ʀafinmɑ̃] nm refinement.

raffiner [3] [ʀafine] vt to refine.

raffinerie [ʀafinʀi] nf refinery.

raffoler [3] [ʀafɔle] vi ▸ **raffoler de qqn / qqch** to adore sb/sthg.

raffut [ʀafy] nm *fam* row, racket.

rafistoler [3] [ʀafistɔle] vt *fam* to patch up.

rafle [ʀafl] nf raid.

rafler [3] [ʀafle] vt to swipe.

rafraîchir [32] [ʀafʀeʃiʀ] vt **1.** [nourriture, vin] to chill, to cool ; [air] to cool **2.** [vêtement, appartement] to smarten up ; *fig* [mémoire, idées] to refresh ; [connaissances] to brush up **3.** INFORM to refresh ; [navigateur] to reload. ◆ **se rafraîchir** vp **1.** [se refroidir] to cool (down) **2.** [en buvant] to have a drink.

rafraîchissant, e [ʀafʀeʃisɑ̃, ɑ̃t] adj refreshing.

rafraîchissement [ʀafʀeʃismɑ̃] nm **1.** [de climat] cooling **2.** [boisson] cold drink.

rafting [ʀaftiŋ] nm whitewater rafting.

ragaillardir [32] [ʀagajaʀdiʀ] vt *fam* to buck up, to perk up.

rage [ʀaʒ] nf **1.** [fureur] rage ▸ **faire rage** [tempête] to rage ▸ **rage au volant** 🇶🇨 road rage

2. [maladie] rabies (U). ◆ **rage de dents** nf (raging) toothache.

rageant, e [raʒɑ̃, ɑ̃t] adj fam infuriating.

rager [17] [raʒe] vi fam to fume.

rageur, euse [raʒœr, øz] adj bad-tempered.

raglan [raglɑ̃] adj inv raglan (avant n).

ragot [rago] nm (gén pl) fam (malicious) rumour **UK** ou rumor **US**, tittle-tattle (U).

ragoût [ragu] nm stew.

rai [rɛ] nm litt [de soleil] ray.

raid [rɛd] nm AÉRON, FIN & MIL raid ▶ **raid aérien** air raid.

raide [rɛd] ◆ adj **1.** [cheveux] straight **2.** [tendu - corde] taut ; [- membre, cou] stiff **3.** [pente] steep **4.** [personne - attitude physique] stiff, starchy ; [- caractère] inflexible **5.** fam [histoire] hard to swallow, farfetched **6.** fam [chanson] rude, blue **7.** fam [sans le sou] broke. ◆ adv **1.** [abruptement] steeply **2.** EXPR tomber **raide mort** to drop dead.

raideur [rɛdœr] nf **1.** [de membre] stiffness **2.** [de personne - attitude physique] stiffness, starchiness ; [- caractère] inflexibility.

raidillon [rɛdijɔ̃] nm steep (section of) road.

raidir [32] [rɛdir] vt [muscle] to tense ; [corde] to tighten, to tauten. ◆ **se raidir** vp **1.** [se contracter] to grow stiff, to stiffen **2.** fig [résister] ▶ **se raidir contre** to steel o.s. against.

raie [rɛ] nf **1.** [rayure] stripe **2.** [dans les cheveux] parting **UK**, part **US 3.** [des fesses] crack **4.** [poisson] skate.

raifort [rɛfɔr] nm horseradish.

rail [raj] nm rail. ◆ **rails** [raj] nmpl tracks.

raillerie [rajri] nf sout mockery (U).

railleur, euse [rajœr, øz] sout ◆ adj mocking. ◆ nm, f scoffer.

rainette [rɛnɛt] nf tree frog.

rainure [rɛnyr] nf [longue] groove, channel ; [courte] slot.

raisin [rɛzɛ̃] nm [fruit] grapes pl.

raison [rɛzɔ̃] nf **1.** [gén] reason ▶ **à plus forte raison** all the more (so) ▶ **se faire une raison** to resign o.s. ▶ **raison de plus pour faire qqch** all the more reason to do sthg **2.** [justesse, équité] ▶ **avoir raison** to be right ▶ **avoir raison de faire qqch** to be right to do sthg ▶ **donner raison à qqn** to prove sb right. ◆ **à raison de** loc prép at (the rate of). ◆ **en raison de** loc prép owing to, because of.

raisonnable [rɛzɔnabl] adj reasonable.

raisonnement [rɛzɔnmɑ̃] nm **1.** [faculté] reason, power of reasoning **2.** [argumentation] reasoning, argument.

raisonner [3] [rɛzɔne] ◆ vt [personne] to reason with. ◆ vi **1.** [penser] to reason **2.** [discuter] ▶ **raisonner avec** to reason with.

rajeunir [32] [raʒœnir] ◆ vt **1.** [suj : couleur, vêtement] ▶ **rajeunir qqn** to make sb look younger **2.** [suj : personne] ▶ **rajeunir qqn de trois ans** to take three years off sb's age **3.** [vêtement, canapé] to renovate, to do up ; [meubles] to modernize **4.** fig [parti] to rejuvenate. ◆ vi [personne] to look younger ; [se sentir plus jeune] to feel younger ou rejuvenated.

rajouter [3] [raʒute] vt to add ▶ **en rajouter** fam to exaggerate.

rajustement [raʒystəmɑ̃], **réajustement** [reaʒystəmɑ̃] nm adjustment / un rajustement des salaires a wage adjustment.

rajuster [raʒyste], **réajuster** [reaʒyste] [3] vt to adjust ; [cravate] to straighten. ◆ **se rajuster** vp to straighten one's clothes.

râle [ral] nm moan ; [de mort] death rattle.

ralenti, e [ralɑ̃ti] adj slow. ◆ **ralenti** nm **1.** AUTO idling speed ▶ **tourner au ralenti** a) AUTO to idle b) fig to tick over **UK 2.** CINÉ slow motion.

ralentir [32] [ralɑ̃tir] ◆ vt **1.** [allure, expansion] to slow (down) **2.** [rythme] to slacken. ◆ vi to slow down ou up.

ralentissement [ralɑ̃tismɑ̃] nm **1.** [d'allure, d'expansion] slowing (down) **2.** [de rythme] slackening **3.** [embouteillage] holdup **4.** PHYS deceleration.

râler [3] [rale] vi **1.** [malade] to breathe with difficulty **2.** fam [grogner] to moan.

râleur, euse [ralœr, øz] fam ◆ adj moaning (avant n). ◆ nm, f grumbler, moaner.

ralliement [ralimɑ̃] nm rallying.

rallier [9] [ralje] vt **1.** [poste, parti] to join **2.** [suffrages] to win **3.** [troupes] to rally. ◆ **se rallier** vp to rally ▶ **se rallier à** a) [parti] to join b) [cause] to rally to c) [avis] to come round **UK** ou around **US**.

rallonge [ralɔ̃ʒ] nf **1.** [de table] leaf, extension **2.** [électrique] extension (lead).

rallonger [17] [ralɔ̃ʒe] ◆ vt to lengthen. ◆ vi to lengthen, to get longer.

rallumer [3] [ralyme] vt **1.** [feu, cigarette] to relight ; fig [querelle] to revive **2.** [appareil, lumière électrique] to switch (back) on again.

rallye [Rali] nm rally.

ramadan [Ramadã] nm Ramadan.

ramassage [Ramasaʒ] nm collection ▶ **ramassage scolaire a)** [action] pick-up (of school children), busing **US b)** [service] school bus.

ramasse [Ramas] nf ▶ **être à la ramasse** *fam* to be out of it.

ramasse-miettes [Ramasmjɛt] nm inv crumb-brush and tray (set).

ramasser [3] [Ramase] vt **1.** [récolter, réunir] to gather, to collect; *fig* [forces] to gather **2.** [prendre] to pick up **3.** *fam* [claque, rhume] to get. ◆ **se ramasser** vp **1.** [se replier] to crouch **2.** *fam* [tomber, échouer] to come a cropper.

rambarde [Rãbard] nf (guard) rail.

rame [Ram] nf **1.** [aviron] oar **2.** RAIL train **3.** [de papier] ream.

rameau, x [Ramo] nm branch.

ramener [19] [Ramne] vt **1.** [remmener] to take back **2.** [rapporter, restaurer] to bring back **3.** [réduire] ▶ **ramener qqch à qqch** to reduce sthg to sthg, to bring sthg down to sthg.

ramequin [Ramkɛ̃] nm ramekin.

ramer [3] [Rame] vi [rameur] to row.

rameur, euse [RamœR, øz] nm, f rower.

ramification [Ramifikasjɔ̃] nf [division] branch.

ramolli, e [Ramɔli] adj soft; *fig* soft (in the head).

ramollir [32] [RamɔliR] vt **1.** [beurre] to soften **2.** *fam & fig* [ardeurs] to cool. ◆ **se ramollir** vp **1.** [beurre] to go soft, to soften **2.** *fam & fig* [courage] to weaken.

ramoner [3] [Ramɔne] vt to sweep.

ramoneur [RamɔnœR] nm (chimney) sweep.

rampant, e [Rãpã, ãt] adj **1.** [animal] crawling **2.** [plante] creeping.

rampe [Rãp] nf **1.** [d'escalier] banister, handrail **2.** [d'accès] ramp ▶ **rampe de lancement** launch pad **3.** THÉÂTRE ▶ **la rampe** the footlights *pl*.

ramper [3] [Rãpe] vi **1.** [animal, soldat, enfant] to crawl **2.** [plante] to creep.

rancard, rencard [RãkaR] nm *fam* [rendez-vous] date, meeting.

rance [Rãs] adj [beurre] rancid.

ranch [Rãtʃ] nm ranch.

rancir [32] [RãsiR] vi to go rancid.

rancœur [RãkœR] nf rancour **UK**, rancor **US**, resentment.

rançon [Rãsɔ̃] nf ransom; *fig* price.

rancune [Rãkyn] nf rancour **UK**, rancor **US**, spite ▶ **garder** ou **tenir rancune à qqn de qqch** to hold a grudge against sb for sthg ▶ **sans rancune !** no hard feelings!

rancunier, ère [Rãkynje, ɛR] adj vindictive, spiteful.

randonnée [Rãdɔne] nf **1.** [promenade - à pied] walk ; [- à cheval, à bicyclette] ride ; [- en voiture] drive **2.** [activité] ▶ **la randonnée a)** [à pied] walking **b)** [à cheval] riding ▶ **faire de la randonnée** to go trekking.

randonneur, euse [RãdɔnœR, øz] nm, f walker, rambler.

rang [Rã] nm **1.** [d'objets, de personnes] row ▶ **se mettre en rang par deux** to line up in twos **2.** MIL rank **3.** [position sociale] station **4.** **QUÉBEC** [peuplement rural] rural district **5.** **QUÉBEC** [chemin] country road.

rangé, e [Rãʒe] adj [sérieux] well-ordered, well-behaved.

rangée [Rãʒe] nf row.

rangement [Rãʒmã] nm tidying up.

ranger [17] [Rãʒe] vt **1.** [chambre] to tidy **2.** [objets] to arrange **3.** [voiture] to park **4.** *fig* [livre, auteur] ▶ **ranger parmi** to rank among. ◆ **se ranger** vp **1.** [élèves, soldats] to line up **2.** [voiture] to pull in **3.** [piéton] to step aside **4.** [s'assagir] to settle down **5.** *fig* [se rallier] ▶ **se ranger à** to go along with.

ranimer [3] [Ranime] vt **1.** [personne] to revive, to bring round **2.** [feu] to rekindle **3.** *fig* [sentiment] to reawaken.

rap [Rap] nm rap (music).

rapace [Rapas] ❖ nm bird of prey. ❖ adj [cupide] rapacious, grasping.

rapatrier [10] [RapatRije] vt to repatriate.

râpe [Rap] nf **1.** [de cuisine] grater **2.** **SUISSE** *fam* [avare] miser, skinflint.

râpé, e [Rape] adj **1.** CULIN grated **2.** [manteau] threadbare **3.** *fam* [raté] : *c'est râpé !* we've had it!

râper [3] [Rape] vt CULIN to grate.

râpeux, euse [Rapø, øz] adj **1.** [tissu] rough **2.** [vin] harsh.

raphia [Rafja] nm raffia.

rapide [Rapid] ❖ adj **1.** [gén] rapid **2.** [train, coureur] fast **3.** [musique, intelligence] lively, quick. ❖ nm **1.** [train] express (train) **2.** [de fleuve] rapid.

rapidement [ʀapidmã] adv rapidly.

rapidité [ʀapidite] nf rapidity.

rapiécer [20] [ʀapjese] vt to patch.

rappel [ʀapɛl] nm **1.** [de réservistes, d'ambassadeur] recall **2.** [souvenir] reminder ▶ **rappel à l'ordre** call to order **3.** TÉLÉCOM ▶ **rappel automatique** recall **4.** [de paiement] back pay **5.** [de vaccination] booster **6.** [au spectacle] curtain call, encore **7.** SPORT abseiling UK, rapelling US ▶ **descendre en rappel** to abseil UK ou rappel US (down).

rappeler [24] [ʀaple] vt **1.** [gén] to call back ▶ **rappeler qqn à qqch** fig to bring sb back to sthg **2.** [faire penser à] ▶ **rappeler qqch à qqn** to remind sb of sthg / *ça me rappelle les vacances* it reminds me of my holidays. ◆ **se rappeler** vp to remember.

rapper [ʀape] vi to rap.

rappeur, euse [ʀapœʀ, øz] nm, f rapper.

rapport [ʀapɔʀ] nm **1.** [corrélation] link, connection **2.** [compte-rendu] report **3.** [profit] return, yield **4.** MATH ratio. ◆ **rapports** nmpl **1.** [relations] relations **2.** [sexuels] ▶ **rapports (sexuels)** intercourse *sg*. ◆ **par rapport à** loc prép in comparison to, compared with.

rapporter [3] [ʀapɔʀte] vt to bring back. ◆ **se rapporter** vp ▶ **se rapporter à** to refer ou relate to.

rapporteur, euse [ʀapɔʀtœʀ, øz] ❖ adj sneaky, telltale *(avant n)*. ❖ nm, f **1.** sneak, telltale **2.** [de commission] rapporteur. ◆ **rapporteur** nm GÉOM protractor.

rapprochement [ʀapʀɔʃmã] nm **1.** [d'objets, de personnes] bringing together **2.** [entre événements] link, connection **3.** [de pays, de partis] rapprochement, coming together.

rapprocher [3] [ʀapʀɔʃe] vt **1.** [mettre plus près] ▶ **rapprocher qqn / qqch de qqch** to bring sb/sthg nearer to sthg, to bring sb/sthg closer to sthg **2.** fig [personnes] to bring together **3.** fig [idée, texte] ▶ **rapprocher qqch (de)** to compare sthg (with). ◆ **se rapprocher** vp **1.** [approcher] ▶ **se rapprocher (de qqn / qqch)** to approach (sb/sthg) **2.** [se ressembler] ▶ **se rapprocher de qqch** to be similar to sthg **3.** [se réconcilier] ▶ **se rapprocher de qqn** to become closer to sb.

rapsodie = rhapsodie.

rapt [ʀapt] nm abduction.

raquette [ʀakɛt] nf **1.** [de tennis, de squash] racket ; [de ping-pong] bat UK, paddle **2.** [à neige] snowshoe.

rare [ʀaʀ] adj **1.** [peu commun, peu fréquent] rare / *ses rares amis* his few friends **2.** [peu dense] sparse **3.** [surprenant] unusual, surprising.

raréfier [9] [ʀaʀefje] vt to rarefy. ◆ **se raréfier** vp to become rarefied.

rarement [ʀaʀmã] adv rarely.

rareté [ʀaʀte] nf **1.** [de denrées, de nouvelles] scarcity **2.** [de visites, de lettres] infrequency **3.** [objet précieux] rarity.

rarissime [ʀaʀisim] adj extremely rare.

ras, e [ʀa, ʀaz] adj **1.** [herbe, poil] short **2.** [mesure] full. ◆ **ras** adv short ▶ **à ras de** level with ▶ **en avoir ras le bol** fam to be fed up ▶ **ras le bol !** fam that's enough!

rasade [ʀazad] nf glassful.

rasage [ʀazaʒ] nm shaving.

rasant, e [ʀazã, ãt] adj **1.** [lumière] low-angled **2.** fam [film, discours] boring.

rascasse [ʀaskas] nf scorpion fish.

raser [3] [ʀaze] vt **1.** [barbe, cheveux] to shave off **2.** [mur, sol] to hug **3.** [village] to raze **4.** fam [personne] to bore. ◆ **se raser** vp [avec rasoir] to shave.

ras-le-bol [ʀalbɔl] nm inv fam discontent.

rasoir [ʀazwaʀ] ❖ nm razor ▶ **rasoir électrique** electric shaver ▶ **rasoir mécanique** safety razor. ❖ adj inv fam boring.

rassasié, e [ʀasazje] adj full (up).

rassasier [9] [ʀasazje] vt to satisfy.

rassemblement [ʀasãbləmã] nm **1.** [d'objets] collecting, gathering **2.** [foule] crowd, gathering **3.** [union, parti] union **4.** MIL parade ▶ **rassemblement !** fall in!

rassembler [3] [ʀasãble] vt **1.** [personnes, documents] to collect, to gather **2.** [courage] to summon up ; [idées] to collect. ◆ **se rassembler** vp **1.** [manifestants] to assemble **2.** [famille] to get together.

rasseoir [65] [ʀaswaʀ] ◆ **se rasseoir** vp to sit down again.

rasséréner [18] [ʀaseʀene] vt *sout* to calm down.

rassis, e [ʀasi, iz] adj [pain] stale.

rassurant, e [ʀasyʀã, ãt] adj reassuring.

rassuré, e [ʀasyʀe] adj confident, at ease.

rassurer [3] [ʀasyʀe] vt to reassure.

rasta [ʀasta] ❖ adj inv Rasta *(inv)*. ❖ nmf Rasta.

rat [ʀa] ❖ nm rat ▸ **petit rat** [danseur] young ballet pupil. ❖ adj m *fam* [avare] mean, stingy.

ratatiné, e [ʀatatine] adj [fruit, personne] shrivelled ⓊⓀ ou shriveled ⓊⓈ.

ratatouille [ʀatatuj] nf ratatouille.

rate [ʀat] nf 1. [animal] female rat 2. [organe] spleen.

raté, e [ʀate] nm, f *fam* [personne] failure. ❖ **raté** nm 1. *(gén pl)* AUTO misfiring *(U)* ▸ **faire des ratés** to misfire 2. *fig* [difficulté] problem.

râteau, x [ʀato] nm rake.

râtelier [ʀatəlje] nm 1. [à fourrage, à outils] rack ▸ **manger à tous les râteliers** *fig* to have a finger in every pie 2. *fam* [dentier] false teeth *pl*.

rater [3] [ʀate] ❖ vt 1. [train, occasion] to miss 2. [plat, affaire] to make a mess of ; [examen] to fail. ❖ vi to go wrong.

ratification [ʀatifikasjɔ̃] nf ratification.

ratifier [9] [ʀatifje] vt to ratify.

ration [ʀasjɔ̃] nf *fig* share ▸ **ration alimentaire** food intake.

rationaliser [3] [ʀasjɔnalize] vt to rationalize.

rationnel, elle [ʀasjɔnɛl] adj rational.

rationnement [ʀasjɔnmɑ̃] nm rationing.

rationner [3] [ʀasjɔne] vt to ration.

ratissage [ʀatisaʒ] nm 1. [de jardin] raking 2. [de quartier] search.

ratisser [3] [ʀatise] vt 1. [jardin] to rake 2. [quartier] to search, to comb.

raton [ʀatɔ̃] nm ZOOL young rat. ❖ **raton laveur** nm racoon.

RATP *(abr de Régie autonome des transports parisiens)* nf *Paris transport authority*.

rattacher [3] [ʀataʃe] vt 1. [attacher de nouveau] to do up, to fasten again 2. [relier] ▸ **rattacher qqch à a)** to join sthg to **b)** *fig* to link sthg with 3. [unir] ▸ **rattacher qqn à** to bind sb to. ❖ **se rattacher** vp ▸ **se rattacher à** to be linked to.

ratte [ʀat] nf BOT & CULIN fingerling potato, (La) Ratte potato.

rattrapage [ʀatʀapaʒ] nm 1. SCOL ▸ **cours de rattrapage** remedial class 2. [de salaires, prix] adjustment.

rattraper [3] [ʀatʀape] vt 1. [animal, prisonnier] to recapture 2. [temps] ▸ **rattraper le temps perdu** to make up for lost time 3. [re-joindre] to catch up with 4. [erreur] to correct 5. [personne qui tombe] to catch. ❖ **se rattraper** vp 1. [se retenir] ▸ **se rattraper à qqn / qqch** to catch hold of sb/sthg 2. [se faire pardonner] to make amends.

rature [ʀatyʀ] nf alteration.

rauque [ʀok] adj hoarse, husky.

ravager [17] [ʀavaʒe] vt [gén] to devastate, to ravage.

ravaler [3] [ʀavale] vt 1. [façade] to clean, to restore 2. [personne] ▸ **ravaler qqn au rang de** to lower sb to the level of 3. *fig* [larmes, colère] to stifle, to hold back.

rave¹ [ʀav] nf BOT rape.

rave², rave-party [ʀɛv, ʀɛvpaʀti] nf rave (party).

ravi, e [ʀavi] adj ▸ **ravi (de)** delighted (with) */ **je suis ravi de l'avoir trouvé** I'm delighted that I found it, I'm delighted to have found it ▸ **ravi de vous connaître** pleased to meet you.

ravier [ʀavje] nm small dish.

ravin [ʀavɛ̃] nm ravine, gully.

ravir [32] [ʀaviʀ] vt 1. [charmer] to delight ▸ **à ravir** beautifully 2. *litt* [arracher] ▸ **ravir qqch à qqn** to rob sb of sthg.

raviser [3] [ʀavize] ❖ **se raviser** vp to change one's mind.

ravissant, e [ʀavisɑ̃, ɑ̃t] adj delightful, beautiful.

ravisseur, euse [ʀavisœʀ, øz] nm, f abductor.

ravitaillement [ʀavitajmɑ̃] nm [en denrées] resupplying ; [en carburant] refuelling ⓊⓀ, refueling ⓊⓈ.

ravitailler [3] [ʀavitaje] vt [en denrées] to resupply ; [en carburant] to refuel.

raviver [3] [ʀavive] vt 1. [feu] to rekindle 2. [couleurs] to brighten up 3. *fig* [douleur] to revive 4. [plaie] to reopen.

rayé, e [ʀeje] adj 1. [tissu] striped 2. [disque, vitre] scratched.

rayer [11] [ʀeje] vt 1. [disque, vitre] to scratch 2. [nom, mot] to cross out.

rayon [ʀejɔ̃] nm 1. [de lumière] beam, ray ; *fig* [d'espoir] ray 2. *(gén pl)* [radiation] radiation *(U)* ▸ **rayon laser** laser beam ▸ **rayons X** X-rays 3. [de roue] spoke 4. GÉOM radius ▸ **dans un rayon de** *fig* within a radius of 5. [étagère] shelf 6. [dans un magasin] department.

rayonnage [ʀejɔnaʒ] nm shelving.

rayonnant, e [ʀɛjɔnɑ̃, ɑ̃t] adj pr & fig radiant.

rayonnement [ʀɛjɔnmɑ̃] nm **1.** [gén] radiance ; [des arts] influence **2.** PHYS radiation.

rayonner [3] [ʀɛjɔne] vi **1.** [soleil] to shine **▶ rayonner de joie** fig to radiate happiness **2.** [culture] to be influential **3.** [avenues, lignes, chaleur] to radiate **4.** [touriste] to tour around (from a base).

rayure [ʀɛjyʀ] nf **1.** [sur étoffe] stripe **2.** [sur disque, sur meuble] scratch.

raz [ʀɑ] **◆ raz de marée** nm tidal wave ; POL landslide.

razzia [ʀazja] nf fam raid.

RDA (abr de **République démocratique allemande**) nf HIST GDR.

RdC abr écrite de **rez-de-chaussée**.

ré [ʀe] nm inv MUS D ; [chanté] re.

réabonner [3] [ʀeabɔne] vt **▶ réabonner qqn à** to renew sb's subscription to. **◆ se réabonner** vp **▶ se réabonner à** to renew one's subscription to.

réacheminer [3] [ʀeaʃmine] vt to forward.

réacteur [ʀeaktœʀ] nm [d'avion] jet engine **▶ réacteur nucléaire** nuclear reactor.

réactif, ive [ʀeaktif, iv] adj reactive. **◆ réactif** nm reagent.

réaction [ʀeaksjɔ̃] nf **▶ réaction (à/contre)** reaction (to/against).

réactionnaire [ʀeaksjɔnɛʀ] nmf & adj reactionary.

réactiver [3] [ʀeaktive] vt to reactivate.

réactivité [ʀeaktivite] nf **1.** CHIM reactivity **2.** BIOL reactivity, excitability **3.** [d'un collaborateur] resourcefulness.

réactualiser [3] [ʀeaktɥalize] vt [moderniser] to update, to bring up to date.

réadapter [3] [ʀeadapte] vt to readapt ; [accidenté] to rehabilitate.

réagir [32] [ʀeaʒiʀ] vi **▶ réagir (à/contre)** to react (to/against) **▶ réagir sur** to affect.

réajustement = **rajustement**.

réajuster = **rajuster**.

réalisable [ʀealizabl] adj **1.** [projet] feasible **2.** FIN realizable.

réalisateur, trice [ʀealizatœʀ, tʀis] nm, f CINÉ & TV director.

réalisation [ʀealizasjɔ̃] nf **1.** [de projet] carrying out **2.** CINÉ & TV production.

réaliser [3] [ʀealize] vt **1.** [projet] to carry out ; [ambitions, rêves] to achieve, to realize **2.** CINÉ & TV to produce **3.** [s'apercevoir de] to realize. **◆ se réaliser** vp **1.** [ambition] to be realized ; [rêve] to come true **2.** [personne] to fulfil UK ou fulfill US o.s.

réalisme [ʀealism] nm realism.

réaliste [ʀealist] **◆** nmf realist. **◆** adj **1.** [personne, objectif] realistic **2.** ART & LITTÉR realist.

réalité [ʀealite] nf reality **▶ en réalité** in reality **/ réalité virtuelle** INFORM virtual reality, VR.

reality-show, reality show [ʀealitiʃo] (pl **reality(-)shows**) nm talk show focussing on real-life drama.

réaménagement [ʀeamenaʒmɑ̃] nm **1.** [de projet] restructuring **2.** [de taux d'intérêt] readjustment.

réamorcer [16] [ʀeamɔʀse] vt to start up again.

réanimation [ʀeanimasjɔ̃] nf resuscitation **▶ en réanimation** in intensive care.

réanimer [3] [ʀeanime] vt to resuscitate.

réapparaître [91] [ʀeapaʀɛtʀ] vi to reappear.

rébarbatif, ive [ʀebaʀbatif, iv] adj **1.** [personne, visage] forbidding **2.** [travail] daunting.

rebâtir [32] [ʀəbɑtiʀ] vt to rebuild.

rebattu, e [ʀəbaty] adj overworked, hackneyed.

rebelle [ʀəbɛl] adj **1.** [personne] rebellious ; [troupes] rebel (avant n) **2.** [mèche, boucle] unruly.

rebeller [4] [ʀəbele] **◆ se rebeller** vp **▶ se rebeller (contre)** to rebel (against).

rébellion [ʀebeljɔ̃] nf rebellion.

rebiffer [3] [ʀəbife] **◆ se rebiffer** vp fam **▶ se rebiffer (contre)** to rebel (against).

reboiser [3] [ʀəbwaze] vt to reafforest UK, to reforest US.

rebond [ʀəbɔ̃] nm bounce.

rebondi, e [ʀəbɔ̃di] adj rounded.

rebondir [32] [ʀəbɔ̃diʀ] vi **1.** [objet] to bounce ; [contre mur] to rebound **2.** fig [affaire] to come to life (again).

rebondissement [ʀəbɔ̃dismɑ̃] nm [d'affaire] new development.

rebord [ʀəbɔʀ] nm [de table] edge ; [de fenêtre] sill, ledge.

reboucher [3] [ʀəbuʃe] vt [bouteille] to put the cork back in, to recork ; [trou] to fill in.

rebours [ʀəbuʀ] ◆ **à rebours** loc adv the wrong way ; *fig* the wrong way round [UK] ou around [US], back to front.

reboutonner [3] [ʀəbutɔne] vt to rebutton.

rebrousse-poil [ʀəbʀuspwal] ◆ **à rebrousse-poil** loc adv the wrong way ▶ **prendre qqn à rebrousse-poil** *fig* to rub sb up the wrong way.

rebrousser [3] [ʀəbʀuse] vt to brush back ▶ **rebrousser chemin** *fig* to retrace one's steps.

rébus [ʀebys] nm rebus.

rebut [ʀəby] nm scrap ▶ **mettre qqch au rebut** to get rid of sthg, to scrap sthg.

rebuter [3] [ʀəbyte] vt [suj : travail] to dishearten.

recadrer [ʀəkadʀe] vt 1. CINÉ & PHOTO to crop 2. *fig* [action, projet] to redefine ; [collaborateur] : *j'ai été obligé de le recadrer car il prenait des décisions intempestives* I had to bring him back into line because he kept making rush decisions.

récalcitrant, e [ʀekalsitʀɑ̃, ɑ̃t] adj recalcitrant, stubborn.

recaler [3] [ʀəkale] vt *fam* to fail.

récapitulatif, ive [ʀekapitylatif, iv] adj summary *(avant n).* ◆ **récapitulatif** nm summary.

récapituler [3] [ʀekapityle] vt to recapitulate, to recap.

recel [ʀəsɛl] nm [action] receiving ou handling stolen goods ; [délit] possession of stolen goods.

receleur, euse [ʀəsəlœʀ, øz] nm, f receiver *(of stolen goods).*

récemment [ʀesamɑ̃] adv recently.

recensement [ʀəsɑ̃smɑ̃] nm 1. [de population] census 2. [d'objets] inventory.

recenser [3] [ʀəsɑ̃se] vt 1. [population] to take a census of 2. [objets] to take an inventory of.

récent, e [ʀesɑ̃, ɑ̃t] adj recent.

recentrer [3] [ʀəsɑ̃tʀe] vt to refocus.

récépissé [ʀesepise] nm receipt.

réceptacle [ʀesɛptakl] nm 1. [lieu] gathering place 2. [objet] container.

récepteur, trice [ʀesɛptœʀ, tʀis] adj receiving. ◆ **récepteur** nm receiver.

réception [ʀesɛpsjɔ̃] nf 1. [gén] reception ▶ **donner une réception** to hold a reception 2. [de marchandises] receipt 3. [bureau] reception (desk), front desk [US] 4. SPORT [de sauteur, skieur] landing ; [du ballon, avec la main] catch / **bonne réception de X** [avec le pied] X traps the ball.

réceptionner [3] [ʀesɛpsjɔne] vt 1. [marchandises] to take delivery of 2. [SPORT - avec la main] to catch ; [- avec le pied] to control.

réceptionniste [ʀesɛpsjɔnist] nmf receptionist, desk clerk [US].

récession [ʀesesjɔ̃] nf recession.

recette [ʀəsɛt] nf 1. COMM takings *pl* 2. CULIN recipe ; *fig* [méthode] recipe, formula.

recevable [ʀəsəvabl] adj 1. [excuse, offre] acceptable 2. DR admissible.

receveur, euse [ʀəsəvœʀ, øz] nm, f 1. ADMIN ▶ **receveur des impôts** tax collector ▶ **receveur des postes** postmaster (postmistress) 2. [de bus] conductor (conductress) 3. [de greffe] recipient.

recevoir [52] [ʀəsəvwaʀ] ◆ vt 1. [gén] to receive 2. [coup] to get, to receive 3. [invités] to entertain ; [client] to see 4. SCOL & UNIV ▶ **être reçu à un examen** to pass an exam. ◆ vi 1. [donner une réception] to entertain 2. [avocat, médecin] to be available (to see clients). ◆ **se recevoir** vp SPORT to land.

rechange [ʀəʃɑ̃ʒ] ◆ **de rechange** loc adj spare ; *fig* alternative.

réchapper [3] [ʀeʃape] vi ▶ **réchapper de** to survive.

recharge [ʀəʃaʀʒ] nf [cartouche] refill.

rechargeable [ʀəʃaʀʒabl] adj [batterie] rechargeable ; [briquet] refillable.

recharger [17] [ʀəʃaʀʒe] vt 1. [batterie] to recharge 2. [stylo, briquet] to refill 3. [arme, camion, appareil-photo] to reload.

réchaud [ʀeʃo] nm (portable) stove.

réchauffé, e [ʀeʃofe] adj [plat] reheated ; *fig* rehashed.

réchauffement [ʀeʃofmɑ̃] nm warming (up).

réchauffer [3] [ʀeʃofe] vt 1. [nourriture] to reheat 2. [personne] to warm up. ◆ **se réchauffer** vp to warm up.

rêche [ʀɛʃ] adj rough.

recherche [ʀəʃɛʀʃ] nf 1. [quête & INFORM] search ▶ **être à la recherche de** to be in search of ▶ **faire** ou **effectuer des recherches** to make inquiries 2. [sciences] research ▶ **faire de**

la **recherche** to do research **3.** [raffinement] elegance.

recherché, e [ʀəʃɛʀʃe] adj **1.** [ouvrage] sought-after **2.** [raffiné - vocabulaire] refined ; [- mets] exquisite.

rechercher [3] [ʀəʃɛʀʃe] vt **1.** [objet, personne] to search for, to hunt for **2.** [compagnie] to seek out.

rechigner [3] [ʀəʃiɲe] vi ▶ **rechigner à** to balk at.

rechute [ʀəʃyt] nf relapse.

récidive [ʀesidiv] nf **1.** DR repeat offence 🇬🇧 ou offense 🇺🇸 **2.** MÉD recurrence.

récidiver [3] [ʀesidive] vi **1.** DR to commit another offence 🇬🇧 ou offense 🇺🇸 **2.** MÉD to recur.

récidiviste [ʀesidivist] nmf repeat ou persistent offender.

récif [ʀesif] nm reef.

récipient [ʀesipjɑ̃] nm container.

réciproque [ʀesipʀɔk] ◆ adj reciprocal. ◆ nf ▶ **la réciproque** the reverse.

réciproquement [ʀesipʀɔkmɑ̃] adv mutually ▶ **et réciproquement** and vice versa.

récit [ʀesi] nm story.

récital, als [ʀesital] nm recital.

récitation [ʀesitasjɔ̃] nf recitation.

réciter [3] [ʀesite] vt to recite.

réclamation [ʀeklamasjɔ̃] nf claim ▶ **faire une réclamation** to make a claim / *déposer une réclamation* to file a complaint.

réclamer [3] [ʀeklame] vt **1.** [demander] to ask for, to request ; [avec insistance] to demand **2.** [nécessiter] to require, to demand.

reclasser [3] [ʀəklase] vt **1.** [dossiers] to refile **2.** ADMIN to regrade.

réclusion [ʀeklyzjɔ̃] nf imprisonment ▶ **réclusion à perpétuité** life imprisonment.

recoiffer [3] [ʀəkwafe] ◆ **se recoiffer** vp to do one's hair again.

recoin [ʀəkwɛ̃] nm nook.

recoller [3] [ʀəkɔle] vt [objet brisé] to stick back together.

récolte [ʀekɔlt] nf **1.** [AGRIC - action] harvesting *(U)*, gathering *(U)* ; [- produit] harvest, crop **2.** *fig* collection.

récolter [3] [ʀekɔlte] vt to harvest ; *fig* to collect.

recommandable [ʀəkɔmɑ̃dabl] adj commendable ▶ **peu recommandable** undesirable.

recommandation [ʀəkɔmɑ̃dasjɔ̃] nf recommendation.

recommandé, e [ʀəkɔmɑ̃de] adj **1.** [envoi] registered ▶ **envoyer qqch en recommandé** to send sthg by registered post 🇬🇧 ou mail 🇺🇸 **2.** [conseillé] advisable.

recommander [3] [ʀəkɔmɑ̃de] vt to recommend ▶ **recommander à qqn de faire qqch** to advise sb to do sthg ▶ **recommander qqn à qqn** to recommend sb to sb.

recommencer [16] [ʀəkɔmɑ̃se] ◆ vt [travail] to start ou begin again ; [erreur] to make again ▶ **recommencer à faire qqch** to start ou begin doing sthg again. ◆ vi to start ou begin again / *ne recommence pas !* don't do that again!

recommercialiser [ʀəkɔmɛʀsjalize] vt to remarket.

récompense [ʀekɔ̃pɑ̃s] nf reward.

récompenser [3] [ʀekɔ̃pɑ̃se] vt to reward.

recompter [3] [ʀəkɔ̃te] vt to recount.

réconciliation [ʀekɔ̃siljasjɔ̃] nf reconciliation.

réconcilier [9] [ʀekɔ̃silje] vt to reconcile.

reconduire [98] [ʀəkɔ̃dɥiʀ] vt **1.** [personne] to accompany, to take **2.** [politique, bail] to renew.

reconduit, e [ʀəkɔ̃dɥi, it] pp ⟶ **reconduire**.

reconfigurer [ʀəkɔ̃figyʀe] vt to reconfigure.

réconfort [ʀekɔ̃fɔʀ] nm comfort.

réconfortant, e [ʀekɔ̃fɔʀtɑ̃, ɑ̃t] adj comforting.

réconforter [3] [ʀekɔ̃fɔʀte] vt to comfort.

reconnaissable [ʀəkɔnɛsabl] adj recognizable.

reconnaissance [ʀəkɔnɛsɑ̃s] nf **1.** [gén] recognition **2.** MIL reconnaissance ▶ **aller / partir en reconnaissance** to go out on reconnaissance **3.** [gratitude] gratitude ▶ **exprimer sa reconnaissance à qqn** to show ou express one's gratitude to sb.

reconnaissant, e [ʀəkɔnɛsɑ̃, ɑ̃t] adj grateful ▶ **je vous serais reconnaissant de m'aider** I would be grateful if you would help me.

reconnaître [91] [ʀəkɔnɛtʀ] vt **1.** [gén] to recognize **2.** [erreur] to admit, to acknowledge **3.** MIL to reconnoitre.

reconnecter [ʀəkɔnɛkte] vt to reconnect. ◆ **se reconnecter** vpi INFORM to reconnect o.s., to get back on line.

reconnu, e [ʀəkɔny] ◆ pp ⟶ reconnaître. ◆ adj well-known.

reconquérir [39] [ʀəkɔ̃keʀiʀ] vt to reconquer.

reconquis, e [ʀəkɔ̃ki, iz] pp ⟶ reconquérir.

reconsidérer [18] [ʀəkɔ̃sideʀe] vt to reconsider.

reconstituant, e [ʀəkɔ̃stityɑ̃, ɑ̃t] adj invigorating. ◆ **reconstituant** nm tonic.

reconstituer [7] [ʀəkɔ̃stitɥe] vt 1. [puzzle] to put together 2. [crime, délit] to reconstruct.

reconstitution [ʀəkɔ̃stitysjɔ̃] nf 1. [de puzzle] putting together 2. [de crime, délit] reconstruction.

reconstruction [ʀəkɔ̃stʀyksjɔ̃] nf reconstruction, rebuilding.

reconstruire [98] [ʀəkɔ̃stʀɥiʀ] vt to reconstruct, to rebuild.

reconstruit, e [ʀəkɔ̃stʀɥi, it] pp ⟶ reconstruire.

reconversion [ʀəkɔ̃veʀsjɔ̃] nf 1. [d'employé] redeployment 2. [d'usine, de société] conversion ▶ **reconversion économique / technique** economic/technical restructuring.

reconvertir [32] [ʀəkɔ̃veʀtiʀ] vt 1. [employé] to redeploy 2. [économie] to restructure. ◆ **se reconvertir** vp ▶ **se reconvertir dans** to move into.

recopier [9] [ʀəkɔpje] vt to copy out.

record [ʀəkɔʀ] ◆ nm record / **détenir / améliorer / battre un record** to hold / improve / beat a record. ◆ adj inv record (avant n).

recordwoman [ʀəkɔʀdwuman] (pl record-womans ou recordwomen [-mɛn]) nf record holder.

recoucher [3] [ʀəkuʃe] vt to put back to bed. ◆ **se recoucher** vp to go back to bed.

recoudre [86] [ʀəkudʀ] vt to sew (up) again.

recoupement [ʀəkupmɑ̃] nm cross-check. ▶ **par recoupement** by cross-checking.

recouper [3] [ʀəkupe] vt 1. [pain] to cut again 2. COUT to recut 3. fig [témoignages] to compare, to cross-check. ◆ **se recouper** vp 1. [lignes] to intersect 2. [témoignages] to match up.

recourir [45] [ʀəkuʀiʀ] vi ▶ **recourir à** a) [médecin, agence] to turn to b) [force, mensonge] to resort to.

recours [ʀəkuʀ] nm 1. [emploi] ▶ **avoir recours à** a) [médecin, agence] to turn to b) [force, mensonge] to resort to, to have recourse to 2. [solution] solution, way out ▶ **en dernier recours** as a last resort 3. DR action ▶ **recours en cassation** appeal.

recouvert, e [ʀəkuveʀ, ɛʀt] pp ⟶ recouvrir.

recouvrir [34] [ʀəkuvʀiʀ] vt 1. [gén] to cover ; [fauteuil] to re-cover 2. [personne] to cover (up). ◆ **se recouvrir** vp 1. [tuiles] to overlap 2. [surface] ▶ **se recouvrir (de)** to be covered (with).

recracher [3] [ʀəkʀaʃe] vt to spit out.

récréatif, ive [ʀekʀeatif, iv] adj entertaining.

récréation [ʀekʀeasjɔ̃] nf 1. [détente] relaxation, recreation 2. SCOL break [UK], recess [US].

recréer [15] [ʀəkʀee] vt to recreate.

récrimination [ʀekʀiminasjɔ̃] nf complaint.

récrire [99] [ʀekʀiʀ], **réécrire** [99] [ʀeekʀiʀ] vt to rewrite.

recroqueviller [3] [ʀəkʀɔkvije] ◆ **se recroqueviller** vp to curl up.

recru, e [ʀəkʀy] adj ▶ **recru de fatigue** litt exhausted.

recrudescence [ʀəkʀydesɑ̃s] nf renewed outbreak.

recrue [ʀəkʀy] nf recruit.

recrutement [ʀəkʀytmɑ̃] nm recruitment.

recruter [3] [ʀəkʀyte] vt to recruit.

rectal, e, aux [ʀɛktal, o] adj rectal.

rectangle [ʀɛktɑ̃gl] nm rectangle.

rectangulaire [ʀɛktɑ̃gylɛʀ] adj rectangular.

recteur, trice [ʀɛktœʀ, tʀis] nm, f 1. SCOL chief administrative officer of an education authority ; ≃ (Chief) Education Officer [UK] 2. Québec UNIV dean.

rectificatif, ive [ʀɛktifikatif, iv] adj correcting. ◆ **rectificatif** nm correction.

rectification [ʀɛktifikasjɔ̃] nf 1. [correction] correction 2. [de tir] adjustment.

rectifier [9] [ʀɛktifje] vt 1. [tir] to adjust 2. [erreur] to rectify, to correct ; [calcul] to correct.

rectiligne [ʀɛktiliɲ] adj rectilinear.

recto [Rεkto] nm right side ▸ **recto verso** on both sides.

rectorat [Rεktɔra] nm SCOL *offices of the education authority ;* ≃ Education Offices **UK**.

reçu, e [Rəsy] pp ⟶ **recevoir**. ◆ **reçu** nm receipt.

recueil [Rəkœj] nm collection.

recueillement [Rəkœjmɑ̃] nm meditation.

recueillir [41] [RəkœjiR] vt **1.** [fonds] to collect **2.** [suffrages] to win **3.** [enfant] to take in. ◆ **se recueillir** vp to meditate.

recul [Rəkyl] nm **1.** [mouvement arrière] step backwards ; MIL retreat **2.** [d'arme à feu] recoil **3.** [de civilisation] decline ; [d'inflation, de chômage] ▸ **recul (de)** downturn (in) **4.** *fig* [retrait] ▸ **avec du recul** with hindsight.

reculé, e [Rəkyle] adj distant.

reculer [3] [Rəkyle] ◆ vt **1.** [voiture] to back up **2.** [date] to put back, to postpone. ◆ vi **1.** [aller en arrière] to move backwards ; [voiture] to reverse ▸ **ne reculer devant rien** *fig* to stop at nothing **2.** [maladie, pauvreté] to be brought under control **3.** [cours, valeur] to fall, to weaken.

reculons [Rəkylɔ̃] ◆ **à reculons** adv backwards.

récup [Rekyp] *(abr de récupération) fam* nf **1.** [jour de congé] *compensatory time off work due to previous overtime* **2.** [chiffons, papier, ferraille, etc.] second-hand object.

récupération [RekypeRasjɔ̃] nf [de déchets] salvage.

récupérer [18] [RekypeRe] ◆ vt **1.** [objet] to get back **2.** [déchets] to salvage **3.** [idée] to pick up **4.** [journée] to make up. ◆ vi to recover, to recuperate.

récurer [3] [RekyRe] vt to scour.

récurrent, e [RekyRɑ̃, ɑ̃t] adj recurrent.

récuser [3] [Rekyze] vt **1.** DR to challenge **2.** *sout* [refuser] to reject.

recyclable [Rəsiklabl] adj recyclable.

recyclage [Rəsiklaʒ] nm **1.** [d'employé] retraining **2.** [de déchets] recycling.

recycler [3] [Rəsikle] vt **1.** [employé] to retrain **2.** [déchets] to recycle. ◆ **se recycler** vp [employé] to retrain.

rédacteur, trice [RedaktœR, tRis] nm, f [de journal] subeditor ; [d'ouvrage de référence] editor ▸ **rédacteur en chef** editor-in-chief.

rédaction [Redaksjɔ̃] nf **1.** [de texte] editing **2.** SCOL essay **3.** [personnel] editorial staff.

reddition [Redisjɔ̃] nf surrender.

redécouvrir [34] [RədekuvRiR] vt to rediscover.

redéfinir [32] [RədefiniR] vt to redefine.

redéfinition [Rədefinisjɔ̃] nf redefinition.

redemander [3] [Rədəmɑ̃de] vt to ask again for.

redémarrer [3] [RədemaRe] vi to start again ; *fig* to get going again ; INFORM to reboot, to restart.

rédemption [Redɑ̃psjɔ̃] nf redemption.

redescendre [73] [Rədesɑ̃dR] ◆ vt *(aux : avoir)* **1.** [escalier] to go/come down again **2.** [objet] to take down again. ◆ vi *(aux : être)* to go/come down again.

redevable [Rədəvabl] adj ▸ **être redevable de 20 euros à qqn** to owe sb 20 euros ▸ **être redevable de qqch à qqn** [service] to be indebted to sb for sthg.

redevance [Rədəvɑ̃s] nf [de radio, télévision] licence **UK** ou license **US** fee ; [téléphonique] rental (fee).

rédhibitoire [RedibitwaR] adj [défaut] crippling ; [prix] prohibitive.

rediffusion [Rədifyzjɔ̃] nf repeat.

rédiger [17] [Rediʒe] vt to write, to draft.

redimensionner [3] [Rədimɑ̃sjɔne] vt INFORM to resize.

redire [102] [RədiR] vt to repeat ▸ **avoir** ou **trouver à redire à qqch** *fig* to find fault with sthg.

rediriger [17] [RədiRiʒe] vt to redirect.

redistribuer [7] [RədistRibɥe] vt to redistribute.

redit, e [Rədi, it] pp ⟶ **redire**.

redite [Rədit] nf repetition.

redondance [Rədɔ̃dɑ̃s] nf redundancy.

redonner [3] [Rədɔne] vt to give back ; [confiance, forces] to restore.

redoublant, e [Rədublɑ̃, ɑ̃t] nm, f pupil who is repeating a year.

redoubler [3] [Rəduble] ◆ vt **1.** [syllabe] to reduplicate **2.** [efforts] to intensify **3.** SCOL to repeat. ◆ vi to intensify.

redoutable [Rədutabl] adj formidable.

redouter [3] [Rədute] vt to fear.

redoux [Rədu] nm thaw.

redressement [Rədrɛsmɑ̃] nm **1.** [de pays, d'économie] recovery **2.** DR ▸ **redressement fiscal** payment of back taxes.

redresser [4] [Rədrese] ❖ vt **1.** [poteau, arbre] to put ou set upright ▸ **redresser la tête a)** to raise one's head **b)** *fig* to hold up one's head **2.** [situation] to set right. ❖ vi AUTO to straighten up. ❖ **se redresser** vp **1.** [personne] to stand ou sit straight **2.** [pays] to recover.

réducteur, trice [Redyktœr, tris] adj [limitatif] simplistic.

réduction [Redyksjɔ̃] nf **1.** [gén] reduction **2.** MÉD setting.

réduire [98] [Reduir] ❖ vt **1.** [gén] to reduce ▸ **réduire en** to reduce to **2.** INFORM to minimize **3.** MÉD to set **4.** Suisse [ranger] to put away. ❖ vi CULIN to reduce / **faire réduire** to reduce.

réduit, e [Redɥi, it] ❖ pp → **réduire**. ❖ adj reduced. ❖ **réduit** nm [local] small room.

rééchelonner [3] [Reeʃlɔne] vt to reschedule.

réécrire = **récrire**.

réédition [Reedisjɔ̃] nf new edition.

rééducation [Reedykasjɔ̃] nf **1.** [de membre] re-education **2.** [de délinquant, malade] rehabilitation, rehab US.

réel, elle [Reɛl] adj real.

réélection [Reelɛksjɔ̃] nf reelection.

réellement [Reɛlmɑ̃] adv really.

réenregistrer [Reɑ̃rəʒistre] vt to rerecord.

rééquilibrer [3] [Reekilibre] vt to balance (again).

réessayer [11] [Reeseje] vt to try again.

réévaluer [7] [Reevalɥe] vt to revalue.

réexaminer [3] [Reɛgzamine] vt to re-examine.

réexpédier [9] [Reɛkspedje] vt to send back.

réf. (*abr écrite de* **référence**) ref.

refaire [109] [Rəfɛr] vt **1.** [faire de nouveau - travail, devoir] to do again ; [- voyage] to make again **2.** [mur, toit] to repair.

refait, e [Rəfɛ, ɛt] pp → **refaire**.

réfection [Refɛksjɔ̃] nf repair.

réfectoire [Refɛktwar] nm refectory.

référé [Refere] nm [procédure] special hearing ; [arrêt] temporary ruling ; [ordonnance] temporary injunction.

référence [Referɑ̃s] nf reference ▸ **faire référence à** to refer to.

référendum [Referɛndɔm] nm referendum.

référent, e [Referɑ̃, ɑ̃t] adj → **médecin**. ❖ **référent** nm referent.

référentiel, elle [Referɑ̃sjɛl] adj referential. ❖ **référentiel** nm frame of reference.

référer [18] [Refere] vi ▸ **en référer à qqn** to refer the matter to sb.

refermer [3] [Rəfɛrme] vt to close ou shut again.

réfléchi, e [Refleʃi] adj **1.** [action] considered ▸ **c'est tout réfléchi** I've made up my mind, I've decided **2.** [personne] thoughtful **3.** GRAM reflexive.

réfléchir [32] [Refleʃir] ❖ vt **1.** [refléter] to reflect **2.** [penser] ▸ **réfléchir que** to think ou reflect that. ❖ vi to think, to reflect ▸ **réfléchir à** ou **sur qqch** to think about sthg.

réfléchissant, e [Refleʃisɑ̃, ɑ̃t] adj reflective.

reflet [Rəflɛ] nm **1.** [image] reflection **2.** [de lumière] glint.

refléter [18] [Rəflete] vt to reflect. ❖ **se refléter** vp **1.** [se réfléchir] to be reflected **2.** [transparaître] to be mirrored.

refleurir [32] [Rəflœrir] vi [fleurir à nouveau] to flower again.

reflex [Reflɛks] ❖ nm reflex camera. ❖ adj reflex (avant n).

réflexe [Reflɛks] ❖ nm reflex. ❖ adj reflex (avant n).

réflexion [Reflɛksjɔ̃] nf **1.** [de lumière, d'ondes] reflection **2.** [pensée] reflection, thought **3.** [remarque] remark.

refluer [3] [Rəflye] vi **1.** [liquide] to flow back **2.** [foule] to flow back ; [avec violence] to surge back.

reflux [Rəfly] nm **1.** [d'eau] ebb **2.** [de personnes] backward surge.

refonder [Rəfɔ̃de] vt [parti] to reform ; [système] to build on new foundations / **refonder une famille** to start a new family.

refonte [Rəfɔ̃t] nf **1.** [de métal] remelting **2.** [d'ouvrage] recasting **3.** [d'institution, de système] overhaul, reshaping.

reforestation [Rəfɔrɛstasjɔ̃] nf reforestation.

réformateur, trice [Reformatœr, tris] ❖ adj reforming. ❖ nm, f **1.** [personne] reformer **2.** RELIG Reformer.

réforme [ʀefɔʀm] nf reform.

réformé, e [ʀefɔʀme] adj & nm, f Protestant. ◆ **réformé** nm MIL *soldier who has been invalided out.*

reformer [3] [ʀəfɔʀme] vt to re-form.

réformer [3] [ʀefɔʀme] vt **1.** [améliorer] to reform, to improve **2.** MIL to invalid out 🇬🇧 **3.** [matériel] to scrap.

réformiste [ʀefɔʀmist] adj & nmf reformist.

refoulé, e [ʀəfule] ◆ adj repressed, frustrated. ◆ nm, f repressed person.

refouler [3] [ʀəfule] vt **1.** [personnes] to repel, to repulse **2.** PSYCHO to repress.

réfractaire [ʀefʀaktɛʀ] ◆ adj **1.** [rebelle] insubordinate ▸ **réfractaire à** resistant to **2.** [matière] refractory. ◆ nmf insubordinate.

refrain [ʀəfʀɛ̃] nm MUS refrain, chorus / *c'est toujours le même refrain* fam & fig it's always the same old story.

refréner [18] [ʀəfʀene] vt to check, to hold back.

réfrigérant, e [ʀefʀiʒeʀɑ̃, ɑ̃t] adj **1.** [liquide] refrigerating, refrigerant **2.** fam [accueil] icy.

réfrigérateur [ʀefʀiʒeʀatœʀ] nm refrigerator.

refroidir [32] [ʀəfʀwadiʀ] ◆ vt **1.** [plat] to cool **2.** [décourager] to discourage **3.** arg [tuer] to rub out, to do in. ◆ vi to cool.

refroidissement [ʀəfʀwadismɑ̃] nm **1.** [de température] drop, cooling **2.** [grippe] chill.

refuge [ʀəfyʒ] nm **1.** [abri] refuge **2.** [de montagne] hut.

réfugié, e [ʀefyʒje] nm, f refugee.

réfugier [9] [ʀefyʒje] ◆ **se réfugier** vp to take refuge.

refus [ʀəfy] nm inv refusal / *ce n'est pas de refus* fam I wouldn't say no.

refuser [3] [ʀəfyze] vt **1.** [repousser] to refuse ▸ **refuser de faire qqch** to refuse to do sthg **2.** [contester] ▸ **refuser qqch à qqn** to deny sb sthg **3.** [clients, spectateurs] to turn away **4.** [candidat] ▸ **être refusé** to fail. ◆ **se refuser** vp ▸ **se refuser à faire qqch** to refuse to do sthg.

réfuter [3] [ʀefyte] vt to refute.

regagner [3] [ʀəgaɲe] vt **1.** [reprendre] to regain, to win back **2.** [revenir à] to get back to.

regain [ʀəgɛ̃] nm [retour] ▸ **un regain de** a revival of, a renewal of / *un regain de vie* a new lease of life.

régal, als [ʀegal] nm treat, delight.

régaler [3] [ʀegale] vt to treat / *c'est moi qui régale !* fam it's my treat! ◆ **se régaler** vp : *je me régale* a) [nourriture] I'm thoroughly enjoying it b) [activité] I'm having the time of my life.

regard [ʀəgaʀ] nm look. ◆ **au regard de** loc prép in relation to, with regard to.

regardant, e [ʀəgaʀdɑ̃, ɑ̃t] adj fam **1.** [économe] mean **2.** [minutieux] ▸ **être très / peu regardant sur qqch** to be very / not very particular about sthg.

regarder [3] [ʀəgaʀde] ◆ vt **1.** [observer, examiner, consulter] to look at ; [télévision, spectacle] to watch ▸ **regarder qqn faire qqch** to watch sb doing sthg / *regarder les trains passer* to watch the trains go by **2.** [considérer] to consider, to regard ▸ **regarder qqn / qqch comme** to regard sb / sthg as, to consider sb / sthg as **3.** [concerner] to concern / *cela ne te regarde pas* it's none of your business. ◆ vi **1.** [observer, examiner] to look **2.** [faire attention] ▸ **sans regarder à la dépense** regardless of the expense ▸ **y regarder à deux fois** to think twice about it.

regarnir [32] [ʀəgaʀniʀ] vt to refill, to restock.

régate [ʀegat] nf (gén pl) regatta.

régénérer [18] [ʀeʒeneʀe] vt to regenerate. ◆ **se régénérer** vp to regenerate.

régent, e [ʀeʒɑ̃, ɑ̃t] nm, f regent.

régenter [3] [ʀeʒɑ̃te] vt ▸ **vouloir tout régenter** to want to be the boss.

reggae [ʀege] nm & adj inv reggae.

régie [ʀeʒi] nf **1.** [entreprise] state-controlled company **2.** RADIO & TV [pièce] control room ; CINÉ, THÉÂTRE & TV [équipe] production team.

regimber [3] [ʀəʒɛ̃be] vi to balk.

régime [ʀeʒim] nm **1.** [politique] regime **2.** [administratif] system ▸ **régime carcéral** prison regime **3.** [alimentaire] diet ▸ **se mettre au / suivre un régime** to go on / to be on a diet **4.** [de moteur] speed **5.** [de fleuve, des pluies] cycle **6.** [de bananes, dattes] bunch.

régiment [ʀeʒimɑ̃] nm **1.** MIL regiment **2.** fam [grande quantité] ▸ **un régiment de** masses of, loads of.

région [ʀeʒjɔ̃] nf region.

régional, e, aux [ʀeʒjɔnal, o] adj regional.

régir [32] [ʀeʒiʀ] vt to govern.

régisseur [ʀeʒisœʀ] nm **1.** [intendant] steward **2.** [de théâtre] stage manager.

registre [ʀaʒistʀ] nm [gén] register ▶ **registre de comptabilité** ledger.

réglable [ʀeglabl] adj **1.** [adaptable] adjustable **2.** [payable] payable.

réglage [ʀeglaʒ] nm adjustment, setting.

règle [ʀɛgl] nf **1.** [instrument] ruler **2.** [principe, loi] rule / **je suis en règle** my papers are in order. ◆ **en règle générale** loc adv as a general rule. ◆ **règles** nfpl [menstruation] period sg.

réglé, e [ʀegle] adj [organisé] regular, well-ordered.

règlement [ʀɛgləmɑ̃] nm **1.** [résolution] settling ▶ **règlement de comptes** fig settling of scores **2.** [règle] regulation **3.** [paiement] settlement.

réglementaire [ʀɛgləmɑ̃tɛʀ] adj **1.** [régulier] statutory **2.** [imposé] regulation (avant n).

réglementation [ʀɛgləmɑ̃tasjɔ̃] nf **1.** [action] regulation **2.** [ensemble de règles] regulations pl, rules pl.

régler [18] [ʀegle] vt **1.** [affaire, conflit] to settle, to sort out **2.** [appareil] to adjust **3.** [payer - note] to settle, to pay ; [- commerçant] to pay.

réglisse [ʀeglis] nf liquorice UK, licorice US.

règne [ʀɛɲ] nm **1.** [de souverain] reign ▶ **sous le règne de** in the reign of **2.** [pouvoir] rule **3.** BIOL kingdom.

régner [18] [ʀeɲe] vi **1.** [souverain] to rule, to reign **2.** [silence] to reign.

regonfler [3] [ʀəgɔ̃fle] vt **1.** [pneu, ballon] to blow up again, to reinflate. fam [personne] to cheer up.

regorger [17] [ʀəgɔʀʒe] vi ▶ **regorger de** to be abundant in.

régresser [4] [ʀegʀese] vi **1.** [sentiment, douleur] to diminish **2.** [personne] to regress.

régression [ʀegʀesjɔ̃] nf **1.** [recul] decline **2.** PSYCHO regression.

regret [ʀəgʀɛ] nm ▶ **regret (de)** regret (for) ▶ **à regret** with regret ▶ **sans regret** with no regrets.

regrettable [ʀəgʀɛtabl] adj regrettable.

regretter [4] [ʀəgʀɛte] ◆ vt **1.** [époque] to miss, to regret ; [personne] to miss **2.** [faute] to regret ▶ **regretter d'avoir fait qqch** to regret having done sthg **3.** [déplorer] ▶ **regretter que** (+ subjonctif) to be sorry ou to regret that. ◆ vi to be sorry.

regrouper [3] [ʀəgʀupe] vt **1.** [grouper à nouveau] to regroup, to reassemble **2.** [réunir] to group together. ◆ **se regrouper** vp to gather, to assemble.

régulariser [3] [ʀegylaʀize] vt **1.** [documents] to sort out, to put in order ; [situation] to straighten out **2.** [circulation, fonctionnement] to regulate.

régularité [ʀegylaʀite] nf **1.** [gén] regularity **2.** [de travail, résultats] consistency.

régulateur, trice [ʀegylatœʀ, tʀis] adj regulating.

régulation [ʀegylasjɔ̃] nf [contrôle] control, regulation.

régulier, ère [ʀegylje, ɛʀ] adj **1.** [gén] regular **2.** [uniforme, constant] steady, regular **3.** [travail, résultats] consistent **4.** [légal] legal / **être en situation régulière** to have all the legally required documents.

régulièrement [ʀegyljɛʀmɑ̃] adv **1.** [gén] regularly **2.** [uniformément] steadily, regularly ; [étalé, façonné] evenly.

réhabilitation [ʀeabilitasjɔ̃] nf rehabilitation.

réhabiliter [3] [ʀeabilite] vt **1.** [accusé] to rehabilitate, to clear ; fig [racheter] to restore to favour UK ou favor US **2.** [rénover] to restore.

rehausser [3] [ʀəose] vt **1.** [surélever] to heighten **2.** fig [mettre en valeur] to enhance.

rehausseur [ʀəosœʀ] nm booster seat.

réhydrater [3] [ʀeidʀate] vt [peau] to moisturize, to rehydrate. ◆ **se réhydrater** vp to rehydrate oneself.

réimpression [ʀeɛ̃pʀesjɔ̃] nf reprinting, reprint.

rein [ʀɛ̃] nm kidney. ◆ **reins** nmpl small of the back sg / **avoir mal aux reins** to have backache UK ou a backache US.

réincarnation [ʀeɛ̃kaʀnasjɔ̃] nf reincarnation.

réincarner [3] [ʀeɛ̃kaʀne] ◆ **se réincarner** vpi to be reincarnated / **il voulait se réincarner en oiseau** he wanted to be reincarnated as a bird.

reine [ʀɛn] nf queen.

reine-claude [ʀɛnklod] (pl reines-claudes) nf greengage.

reinette [ʀɛnɛt] nf variety of apple similar to pippin.

réinitialiser [ʀeinisjalize] vt INFORM to re-initialize.

réinscriptible [reɛ̃skriptibl] adj INFORM (re-) recordable ; [cédérom] rewritable.

réinsertion [reɛ̃sɛrsjɔ̃] nf [de délinquant] rehabilitation ; [dans la vie professionnelle] re-integration.

réintégrer [18] [reɛ̃tegre] vt **1.** [rejoindre] to return to **2.** DR to reinstate.

rejaillir [32] [rəʒajir] vi to splash up ▶ **rejaillir sur qqn** fig to rebound on sb.

rejet [rəʒɛ] nm **1.** [gén] rejection **2.** [pousse] shoot.

rejeter [27] [rəʒte] vt **1.** [relancer] to throw back **2.** [offre, personne] to reject **3.** [partie du corps] ▶ **rejeter la tête/les bras en arrière** to throw back one's head/one's arms **4.** [imputer] ▶ **rejeter la responsabilité de qqch sur qqn** to lay the responsibility for sthg at sb's door.

rejeton [rəʒtɔ̃] nm offspring (U).

rejoindre [82] [rəʒwɛ̃dr] vt **1.** [retrouver] to join **2.** [regagner] to return to **3.** [concorder avec] to agree with **4.** [rattraper] to catch up with. ◆ **se rejoindre** vp **1.** [personnes, routes] to meet **2.** [opinions] to agree.

rejoint, e [rəʒwɛ̃, ɛ̃t] pp ⟶ **rejoindre**.

réjoui, e [reʒwi] adj joyful.

réjouir [32] [reʒwir] vt to delight. ◆ **se réjouir** vp to be delighted ▶ **se réjouir de qqch** to be delighted at ou about sthg.

réjouissance [reʒwisɑ̃s] nf rejoicing. ◆ **réjouissances** nfpl festivities.

réjouissant, e [reʒwisɑ̃, ɑ̃t] adj joyful, cheerful.

relâche [rəlɑʃ] nf **1.** [pause] ▶ **sans relâche** without respite ou a break **2.** THÉÂTRE ▶ **faire relâche** to be closed **3.** QUEBEC SCOL break.

relâché, e [rəlɑʃe] adj lax, loose.

relâchement [rəlɑʃmɑ̃] nm relaxation.

relâcher [3] [rəlɑʃe] vt **1.** [étreinte, cordes] to loosen **2.** [discipline, effort] to relax, to slacken **3.** [prisonnier] to release. ◆ **se relâcher** vp **1.** [se desserrer] to loosen **2.** [faiblir - discipline] to become lax ; [- attention] to flag **3.** [se laisser aller] to slacken off.

relais [rəlɛ] nm **1.** [auberge] post house ▶ **relais routier** transport cafe UK, truck stop US **2.** SPORT & TV ▶ **prendre/passer le relais** to take/hand over ▶ **(course de) relais** relay.

relance [rəlɑ̃s] nf [économique] revival, boost ; [de projet] relaunch.

relancer [16] [rəlɑ̃se] vt **1.** [renvoyer] to throw back **2.** [faire reprendre - économie] to boost ; [- projet] to relaunch ; [- moteur, machine] to restart ; INFORM to restart.

relater [3] [rəlate] vt litt to relate.

relatif, ive [rəlatif, iv] adj relative ▶ **relatif à** relating to ▶ **tout est relatif** it's all relative. ◆ **relative** nf GRAM relative clause.

relation [rəlasjɔ̃] nf relationship / **mettre qqn en relation avec qqn** to put sb in touch with sb. ◆ **relations** nfpl **1.** [rapport] relationship sg ▶ **relations sexuelles** sexual relations, intercourse (U) **2.** [connaissance] acquaintance ▶ **avoir des relations** to have connections.

relationnel, elle [rəlasjɔnɛl] adj [problèmes] relationship (avant n).

relative ⟶ **relatif**.

relativement [rəlativmɑ̃] adv **1.** [passablement] relatively, comparatively, reasonably **2.** sout [de façon relative] relatively, contingently sout. ◆ **relativement à** loc prép **1.** [par rapport à] compared to, in relation to **2.** [concernant] concerning / **entendre un témoin relativement à une affaire** to hear a witness in relation to a case.

relativiser [3] [rəlativize] vt to relativize.

relativité [rəlativite] nf relativity.

relax, relaxe [rəlaks] adj fam relaxed.

relaxant, e [rəlaksɑ̃, ɑ̃t] adj relaxing, soothing.

relaxation [rəlaksasjɔ̃] nf relaxation.

relaxe = **relax**.

relaxer [3] [rəlakse] vt **1.** [reposer] to relax **2.** DR to discharge. ◆ **se relaxer** vp to relax.

relayer [11] [rəleje] vt to relieve. ◆ **se relayer** vp to take over from one another.

relecture [rəlɛktyr] nf second reading, re-reading.

reléguer [18] [rəlege] vt to relegate.

relent [rəlɑ̃] nm **1.** [odeur] stink, stench **2.** fig [trace] whiff.

relevé, e [rəlve] adj CULIN spicy. ◆ **relevé** nm reading ▶ **faire le relevé de qqch** to read sthg ▶ **relevé de compte** bank statement ▶ **relevé d'identité bancaire** bank account number.

relève [rəlɛv] nf relief ▶ **prendre la relève** to take over.

relever [19] [rəlve] ❖ vt **1.** [redresser - personne] to help up ; [- pays, économie] to rebuild ; [- moral, niveau] to raise **2.** [ramasser] to collect **3.** [tête, col, store] to raise ; [manches] to push up

4. [CULIN - mettre en valeur] to bring out ; [- pimenter] to season **5.** *fig* [récit] to liven up, to spice up **6.** [noter] to note down ; [compteur] to read **7.** [relayer] to take over from, to relieve **8.** [erreur] to note. ❖ vi **1.** [se rétablir] ▸ **relever de** to recover from **2.** [être du domaine] ▸ **relever de** to come under. ◆ **se relever** vp [se mettre debout] to stand up ; [sortir du lit] to get up.

relief [9] [Rəljɛf] nm relief ▸ **en relief** in relief, raised ▸ **une carte en relief** relief map ▸ **mettre en relief** *fig* to enhance, to bring out.

relier [9] [Rəlje] vt **1.** [livre] to bind **2.** [joindre] to connect **3.** *fig* [associer] to link up.

religieux, euse [Rəliʒjø, øz] adj **1.** [vie, chant] religious ; [mariage] religious, church *(avant n)* **2.** [respectueux] reverent. ◆ **religieux** nm monk. ◆ **religieuse** nf RELIG nun.

religion [Rəliʒjɔ̃] nf **1.** [culte] religion **2.** [croyance] religion, faith.

relique [Rəlik] nf relic.

relire [106] [RəliR] vt **1.** [lire] to reread **2.** [vérifier] to read over. ◆ **se relire** vp to read what one has written.

relish [Rəliʃ] nf QUÉBEC CULIN relish.

reliure [RəljyR] nf binding.

reloger [17] [Rəlɔʒe] vt to rehouse.

relooker [Rəluke] vt [personne] to give a makeover to ▸ [produit, journal, site Web] to give a new look to ▸ **se faire relooker** [personne] to have a makeover.

relu, e [Rəly] pp ⟶ relire.

reluire [97] [RəlɥiR] vi to shine, to gleam.

reluisant, e [Rəlɥizɑ̃, ɑ̃t] adj shining, gleaming ▸ **peu ou pas très reluisant a)** *fig* [avenir, situation] not all that brilliant **b)** [personne] shady.

remailler [3] [Rəmaje] vt [filet] to mend ; [tricot] to darn.

remaniement [Rəmanimɑ̃] nm restructuring ▸ **remaniement ministériel** cabinet reshuffle.

remaquiller [3] [Rəmakije] vt to make up *(sép)* again. ◆ **se remaquiller** vp *(emploi réfléchi)* [entièrement] to reapply one's make-up ; [partiellement] to touch up one's make-up.

remarier [9] [Rəmarje] ◆ **se remarier** vp to remarry.

remarquable [Rəmarkabl] adj remarkable.

remarque [Rəmark] nf **1.** [observation] remark ; [critique] critical remark **2.** [annotation] note.

remarquer [3] [Rəmarke] ❖ vt **1.** [apercevoir] to notice ▸ **faire remarquer qqch (à qqn)** to point sthg out (to sb) ▸ **se faire remarquer** *péj* to draw attention to o.s. **2.** [noter] to remark, to comment. ❖ vi : *ce n'est pas l'idéal, remarque !* it's not ideal, mind you! ◆ **se remarquer** vp to be noticeable.

remballer [3] [Rɑ̃bale] vt [marchandise] to pack up.

rembarrer [3] [Rɑ̃bare] vt *fam* to snub.

remblai [Rɑ̃blɛ] nm embankment.

rembobiner [3] [Rɑ̃bɔbine] vt to rewind.

rembourrer [3] [Rɑ̃bure] vt to stuff, to pad.

remboursement [Rɑ̃bursəmɑ̃] nm refund, repayment.

rembourser [3] [Rɑ̃burse] vt **1.** [dette] to pay back, to repay **2.** [personne] to pay back ▸ **rembourser qqn de qqch** to reimburse sb for sthg / *tu t'es fait rembourser pour ton trajet en taxi ?* did they reimburse you for your taxi journey? **3.** [dépense, achat] : *se faire rembourser* to get a refund.

rembrunir [32] [Rɑ̃brynir] ◆ **se rembrunir** vp to cloud over, to become gloomy.

remède [Rəmɛd] nm *pr* & *fig* remedy, cure.

remédier [9] [Rəmedje] vi **1.** [problème] ▸ **remédier à qqch** to solve sthg, to remedy sthg **2.** [situation] ▸ **remédier à qqch** to put sthg right.

remembrement [Rəmɑ̃brəmɑ̃] nm land regrouping.

remerciement [Rəmɛrsimɑ̃] nm thanks *pl* ▸ **une lettre de remerciement** a thank-you letter.

remercier [9] [Rəmɛrsje] vt **1.** [dire merci à] to thank ▸ **remercier qqn de ou pour qqch** to thank sb for sthg ▸ **non, je vous remercie** no, thank you **2.** [congédier] to dismiss.

remettre [84] [Rəmɛtr] vt **1.** [replacer] to put back ▸ **remettre en question** to call into question **2.** [enfiler de nouveau] to put back on **3.** [rétablir - lumière, son] to put back on ▸ **remettre de l'ordre dans qqch** to tidy sthg up ▸ **remettre une montre à l'heure** to put a watch right ▸ **remettre qqch en état de marche** to put sthg back in working order **4.** [donner] ▸ **remettre qqch à qqn a)** to hand sthg over to sb **b)** [médaille, prix] to present sthg to sb **5.** [ajourner] ▸ **remettre qqch (à)** to put sthg off (until). ◆ **se remettre** vp **1.** [recommencer] ▸ **se remettre à qqch** to take up sthg again ▸ **se**

remettre à fumer to start smoking again **2.** [se rétablir] to get better ▸ **se remettre de qqch** to get over sthg **3.** [redevenir] : *se remettre debout* to stand up again / *le temps s'est remis au beau* the weather has cleared up.

réminiscence [Reminisɑ̃s] nf reminiscence.

remis, e [Rəmi, iz] pp ⟶ **remettre**.

remise [Rəmiz] nf **1.** [action] ▸ **remise en jeu** throw-in ▸ **remise en marche** restarting ▸ **remise en question ou cause** calling into question **2.** [de message, colis] handing over ; [de médaille, prix] presentation **3.** [réduction] discount ▸ **remise de peine** DR remission **4.** [hangar] shed.

rémission [Remisjɔ̃] nf remission ▸ **sans rémission a)** [sans pardon possible] without mercy **b)** [sans relâche] unremittingly.

remix [Rəmiks] nm [MUS - enregistrement, disque] remix ; [-technique] remixing.

remixer [Rəmikse] vt to remix.

remmailler [Rɑ̃maje] = **remailler**.

remodeler [25] [Rəmɔdle] vt **1.** [forme] to remodel **2.** [remanier] to restructure.

remontant, e [Rəmɔ̃tɑ̃, ɑ̃t] adj [tonique] invigorating. ◆ **remontant** nm tonic.

remonte-pente [Rəmɔ̃tpɑ̃t] (*pl* **remonte-pentes**) nm ski tow.

remonter [3] [Rəmɔ̃te] ◆ vt (aux : avoir) **1.** [escalier, pente] to go/come back up **2.** [assembler] to put together again **3.** [manches] to turn up **4.** [horloge, montre] to wind up **5.** [ragaillardir] to put new life into, to cheer up. ◆ vi (aux : être) **1.** [monter à nouveau - personne] to go/come back up ; [- baromètre] to rise again ; [- prix, température] to go up again, to rise ; [- sur vélo] to get back on ▸ **remonter dans une voiture** to get back into a car **2.** [dater] ▸ **remonter à** to date ou go back to.

remontoir [Rəmɔ̃twaR] nm winder.

remontrer [3] [Rəmɔ̃tRe] vt to show again ▸ **vouloir en remontrer à qqn** to try to show sb up.

remords [RəmɔR] nm remorse.

remorque [RəmɔRk] nf trailer ▸ **être en remorque** to be on tow.

remorquer [3] [RəmɔRke] vt [voiture, bateau] to tow.

remorqueur [RəmɔRkœR] nm tug, tugboat.

remous [Rəmu] ◆ nm [de bateau] wash, backwash ; [de rivière] eddy. ◆ nmpl *fig* stir, upheaval.

rempailler [3] [Rɑ̃paje] vt to re-cane.

rempart [Rɑ̃paR] nm (*gén pl*) rampart.

rempiler [3] [Rɑ̃pile] ◆ vt to pile up again. ◆ vi *fam* MIL to sign on again.

remplaçable [Rɑ̃plasabl] adj replaceable.

remplaçant, e [Rɑ̃plasɑ̃, ɑ̃t] nm, f [suppléant] stand-in ; SPORT substitute.

remplacement [Rɑ̃plasmɑ̃] nm **1.** [changement] replacing, replacement **2.** [intérim] substitution ▸ **faire des remplacements a)** to stand in **b)** [docteur] to act as a locum **UK**.

remplacer [16] [Rɑ̃plase] vt **1.** [gén] to replace **2.** [prendre la place de] to stand in for ; SPORT to substitute.

rempli, e [Rɑ̃pli] adj : *j'ai eu une journée bien remplie* I've had a very full ou busy day.

remplir [32] [Rɑ̃pliR] vt **1.** [gén] to fill ▸ **remplir de** to fill with ▸ **remplir qqn de joie/d'orgueil** to fill sb with happiness/pride **2.** [questionnaire] to fill in ou out **3.** [mission, fonction] to complete, to fulfil.

remplissage [Rɑ̃plisaʒ] nm **1.** [de récipient] filling up **2.** *fig & péj* [de texte] padding out.

remporter [3] [Rɑ̃pɔRte] vt **1.** [repartir avec] to take away again **2.** [gagner] to win.

remuant, e [Rəmɥɑ̃, ɑ̃t] adj restless, overactive.

remue-ménage [Rəmymenaʒ] nm inv commotion, confusion.

remuer [7] [Rəmɥe] ◆ vt **1.** [bouger, émouvoir] to move **2.** [café, thé] to stir ; [salade] to toss. ◆ vi to move, to stir / *arrête de remuer comme ça* stop being so restless. ◆ **se remuer** vp **1.** [se mouvoir] to move **2.** *fig* [réagir] to make an effort.

rémunération [RemyneRasjɔ̃] nf remuneration.

rémunérer [18] [RemyneRe] vt **1.** [personne] to remunerate, to pay **2.** [activité] to pay for.

renâcler [3] [Rənakle] vi to make a fuss ▸ **renâcler devant ou à qqch** to balk at sthg.

renaissance [Rənɛsɑ̃s] nf rebirth.

renaître [92] [RənɛtR] vi **1.** [ressusciter] to come back to life, to come to life again ▸ **faire renaître** [passé, tradition] to revive **2.** [revenir - sentiment, printemps] to return ; [- économie] to revive, to recover.

renard [RənaR] nm fox.

rencard [Rɑ̃kaR] = **rancard**.

renchérir [32] [ʀɑ̃ʃeʀiʀ] vi 1. [augmenter] to become more expensive ; [prix] to go up 2. [surenchérir] ▶ **renchérir sur** to add to.

rencontre [ʀɑ̃kɔ̃tʀ] nf [gén] meeting ▶ **faire une bonne rencontre** to meet somebody interesting ▶ **faire une mauvaise rencontre** to meet an unpleasant person ▶ **aller/venir à la rencontre de qqn** to go/come to meet sb.

rencontrer [3] [ʀɑ̃kɔ̃tʀe] vt 1. [gén] to meet 2. [heurter] to strike. ◆ **se rencontrer** vp 1. [gén] to meet 2. [opinions] to agree.

rendement [ʀɑ̃dmɑ̃] nm [de machine, travailleur] output ; [de terre, placement] yield.

rendez-vous [ʀɑ̃devu] nm inv 1. [rencontre] appointment ; [amoureux] date ▶ *on a tous rendez-vous au café* we're all meeting at the café ▶ *lors de notre dernier rendez-vous* at our last meeting ▶ **donner rendez-vous à qqn** to arrange to meet sb ▶ *se donner rendez-vous* to arrange to meet ▶ **prendre rendez-vous avec qqn** to make an appointment with sb 2. [lieu] meeting place.

rendormir [36] [ʀɑ̃dɔʀmiʀ] ◆ **se rendormir** vp to go back to sleep.

rendre [73] [ʀɑ̃dʀ] ❖ vt 1. [restituer] ▶ **rendre qqch à qqn** to give sth back to sb, to return sth to sb 2. [invitation, coup] to return 3. DR to pronounce 4. [produire un effet] to produce 5. [vomir] to vomit, to cough up 6. MIL [céder] to surrender ▶ **rendre les armes** to lay down one's arms 7. (+ adj) [faire devenir] to make 8. [exprimer] to render. ❖ vi 1. [produire - champ] to yield 2. [vomir] to vomit, to be sick 🇬🇧. ◆ **se rendre** vp 1. [céder, capituler] to give in ▶ *j'ai dû me rendre à l'évidence* I had to face facts 2. [aller] ▶ **se rendre à** to go to 3. (+ adj) [se faire tel] : *se rendre utile/malade* to make o.s. useful/ill.

rêne [ʀɛn] nf rein.

renégat, e [ʀenega, at] nm, f *sout* renegade.

renégocier [9] [ʀenegɔsje] vt to renegotiate.

renfermé, e [ʀɑ̃fɛʀme] adj introverted, withdrawn. ◆ **renfermé** nm : *ça sent le renfermé* it smells stuffy in here.

renfermer [3] [ʀɑ̃fɛʀme] vt [contenir] to contain. ◆ **se renfermer** vp to withdraw.

renflé, e [ʀɑ̃fle] adj bulging.

renflouer [3] [ʀɑ̃flue] vt 1. [bateau] to refloat 2. *fig* [entreprise, personne] to bail out.

renfoncement [ʀɑ̃fɔ̃smɑ̃] nm recess.

renforcer [16] [ʀɑ̃fɔʀse] vt to reinforce, to strengthen / *cela me renforce dans mon opinion* that confirms my opinion.

renfort [ʀɑ̃fɔʀ] nm reinforcement ▶ **venir en renfort** to come as reinforcements.

renfrogné, e [ʀɑ̃fʀɔɲe] adj scowling.

renfrogner [3] [ʀɑ̃fʀɔɲe] ◆ **se renfrogner** vp to scowl, to pull a face.

rengaine [ʀɑ̃ɡɛn] nf 1. *fam* [formule répétée] (old) story 2. [chanson] (old) song.

rengorger [17] [ʀɑ̃ɡɔʀʒe] ◆ **se rengorger** vp *fig* to puff o.s. up.

renier [9] [ʀənje] vt 1. [famille, ami] to disown 2. [foi, opinion] to renounce, to repudiate.

renifler [3] [ʀənifle] ❖ vi to sniff. ❖ vt to sniff ▶ **renifler quelque chose de louche** *fam* to smell a rat.

renne [ʀɛn] nm reindeer (inv).

renom [ʀənɔ̃] nm renown, fame.

renommé, e [ʀənɔme] adj renowned, famous. ◆ **renommée** nf renown, fame ▶ **de renommée internationale** world-famous, internationally renowned.

renoncement [ʀənɔ̃smɑ̃] nm ▶ **renoncement (à)** renunciation (of).

renoncer [16] [ʀənɔ̃se] vi to give up. ◆ **renoncer à** v + prép to give up / *renoncer à comprendre qqch* to give up trying to understand sth.

renoncule [ʀənɔ̃kyl] nf buttercup.

renouer [6] [ʀənwe] ❖ vt 1. [lacet, corde] to re-tie, to tie up again 2. [contact, conversation] to resume. ❖ vi ▶ **renouer avec qqn** to take up with sb again ▶ **renouer avec sa famille** to make it up with one's family again.

renouveau, x [ʀənuvo] nm [transformation] revival.

renouvelable [ʀənuvlabl] adj renewable ; [expérience] repeatable.

renouveler [24] [ʀənuvle] vt [gén] to renew. ◆ **se renouveler** vp 1. [être remplacé] to be renewed 2. [changer, innover] to have new ideas 3. [se répéter] to be repeated, to recur.

renouvellement [ʀənuvɛlmɑ̃] nm renewal.

rénovation [ʀenɔvasjɔ̃] nf renovation, restoration.

rénover [3] [ʀenɔve] vt 1. [immeuble] to renovate, to restore 2. [système, méthodes] to reform.

renseignement [ʀɑ̃sɛɲəmɑ̃] nm information (U) ▶ **un renseignement** a piece of information

▸ **prendre des renseignements (sur)** to make enquiries (about). ◆ **renseignements** nmpl [service d'information] enquiries 🇬🇧, information.

renseigner [4] [Rɑ̃seɲe] vt ▸ **renseigner qqn (sur)** to give sb information (about), to inform sb (about). ◆ **se renseigner** vp **1.** [s'enquérir] to make enquiries, to ask for information **2.** [s'informer] to find out.

rentabiliser [3] [Rɑ̃tabilize] vt to make profitable.

rentabilité [Rɑ̃tabilite] nf profitability.

rentable [Rɑ̃tabl] adj **1.** COMM profitable **2.** fam [qui en vaut la peine] worthwhile.

rente [Rɑ̃t] nf **1.** [d'un capital] revenue, income **2.** [pension] pension, annuity.

rentier, ère [Rɑ̃tje, ɛR] nm, f person of independent means.

rentrée [Rɑ̃tre] nf **1.** [fait de rentrer] return **2.** [reprise des activités] ▸ **la rentrée parlementaire** the reopening of parliament ▸ **la rentrée des classes** the start of the new school year **3.** CINÉ & THÉÂTRE comeback **4.** [recette] income ▸ **avoir une rentrée d'argent** to come into some money.

rentrer [3] [Rɑ̃tre] ◆ vi (aux : être) **1.** [entrer de nouveau] to go back in, to come back in **2.** [entrer] to go in, to come in **3.** [revenir chez soi] to go back, to come back, to go home, to come home **4.** [recouvrer, récupérer] ▸ **rentrer dans** to recover, to get back **5.** [se jeter avec violence] ▸ **rentrer dans** to crash into **6.** [s'emboîter] to go in, to fit / **rentrer les uns dans les autres** to fit together **7.** [être perçu - fonds] to come in. ◆ vt (aux : avoir) **1.** [mettre ou remettre à l'intérieur] to bring in ; [chemise] to tuck in **2.** [ventre] to pull in ; [griffes] to retract, to draw in **3.** fig [rage, larmes] to hold back.

renversant, e [Rɑ̃vɛrsɑ̃, ɑ̃t] adj staggering, astounding.

renverse [Rɑ̃vɛrs] nf ▸ **tomber à la renverse** to fall over backwards.

renversé, e [Rɑ̃vɛrse] adj **1.** [à l'envers] upside down **2.** [qu'on a fait tomber] overturned **3.** [incliné en arrière] tilted back **4.** [stupéfait] staggered.

renversement [Rɑ̃vɛrsəmɑ̃] nm **1.** [inversion] turning upside down **2.** [de situation] reversal.

renverser [3] [Rɑ̃vɛrse] vt **1.** [mettre à l'envers] to turn upside down **2.** [faire tomber - objet] to knock over ; [- piéton] to run over ; [- liquide] to spill **3.** fig [obstacle] to overcome ; [régime] to overthrow ; [ministre] to throw out of office **4.** [tête, buste] to tilt back **5.** [accident] : *se faire renverser par une voiture* to get ou be knocked over by a car. ◆ **se renverser** vp **1.** [incliner le corps en arrière] to lean back **2.** [tomber] to overturn.

renvoi [Rɑ̃vwa] nm **1.** [licenciement] dismissal **2.** [de colis, lettre] return, sending back **3.** [ajournement] postponement **4.** [référence] cross-reference **5.** DR referral **6.** [éructation] belch.

renvoyer [30] [Rɑ̃vwaje] vt **1.** [faire retourner] to send back **2.** [congédier] to dismiss **3.** [colis, lettre] to send back, to return **4.** [balle] to throw back **5.** [réfléchir - lumière] to reflect ; [- son] to echo **6.** [référer] ▸ **renvoyer qqn à** to refer sb to **7.** [différer] to postpone, to put off.

réorganisation [Reɔrganizasjɔ̃] nf reorganization.

réorganiser [3] [Reɔrganize] vt to reorganize.

réorienter [3] [Reɔrjɑ̃te] vt to reorient, to reorientate.

réouverture [Reuvɛrtyr] nf reopening.

repaire [Rəpɛr] nm den.

répandre [74] [Repɑ̃dr] vt **1.** [verser, renverser] to spill ; [larmes] to shed **2.** [diffuser, dégager] to give off **3.** fig [bienfaits] to pour out ; [effroi, terreur, nouvelle] to spread.

répandu, e [Repɑ̃dy] ◆ pp → **répandre**. ◆ adj [opinion, maladie] widespread.

réparable [Reparabl] adj **1.** [objet] repairable **2.** [erreur] that can be put right.

réparateur, trice [Reparatœr, tris] ◆ adj [sommeil] refreshing. ◆ nm, f repairer.

réparation [Reparasjɔ̃] nf **1.** [d'objet - action] repairing ; [- résultat] repair ▸ **en réparation** under repair **2.** [de faute] ▸ **réparation (de)** atonement (for) **3.** [indemnité] reparation, compensation.

réparer [3] [Repare] vt **1.** [objet] to repair **2.** [faute, oubli] to make up for ▸ **réparer ses torts** to make amends.

reparler [3] [Rəparle] vi ▸ **reparler de qqn / qqch** to talk about sb/sthg again.

repartie [Rəparti] nf retort ▸ **avoir de la repartie** to be good at repartee.

repartir [43] [Rəpartir] vi (aux : être) **1.** [retourner] to go back, to return **2.** [partir de nouveau] to set off again **3.** [recommencer] to start again.

répartir [32] [ʀepaʀtiʀ] vt **1.** [partager] to share out, to divide up **2.** [dans l'espace] to spread out, to distribute **3.** [classer] to divide ou split up. ◆ **se répartir** vp to divide up.

répartition [ʀepaʀtisjɔ̃] nf **1.** [partage] sharing out ; [de tâches] allocation **2.** [dans l'espace] distribution.

repas [ʀəpa] nm meal ▸ **prendre son repas** to eat.

repassage [ʀəpasaʒ] nm ironing.

repasser [3] [ʀəpase] ◆ vi (aux : être) [passer à nouveau) to go/come back ; [film] to be on again. ◆ vt (aux : avoir) **1.** [frontière, montagne] to cross again, to recross **2.** [examen] to resit **UK 3.** [film] to show again **4.** [linge] to iron.

repayer [11] [ʀəpeje] vt to pay again.

repêchage [ʀəpeʃaʒ] nm [de noyé, voiture] recovery.

repêcher [4] [ʀəpeʃe] vt **1.** [noyé, voiture] to fish out **2.** fam [candidat] to let through.

repeindre [81] [ʀəpɛ̃dʀ] vt to repaint.

repeint, e [ʀəpɛ̃, ɛ̃t] pp ⟶ **repeindre**.

repenser [3] [ʀəpɑ̃se] vt to rethink.

repentir [37] [ʀəpɑ̃tiʀ] nm repentance. ◆ **se repentir** vp to repent ▸ **se repentir de qqch / d'avoir fait qqch** to be sorry for sthg / for having done sthg.

répercussion [ʀepɛʀkysjɔ̃] nf repercussion.

répercuter [3] [ʀepɛʀkyte] vt **1.** [lumière] to reflect ; [son] to throw back **2.** [ordre, augmentation] to pass on. ◆ **se répercuter** vp **1.** [lumière] to be reflected ; [son] to echo **2.** [influer] ▸ **se répercuter sur** to have repercussions on.

repère [ʀəpɛʀ] nm [marque] mark ; [objet concret] landmark ▸ **point de repère** point of reference, reference point.

repérer [18] [ʀəpeʀe] vt **1.** [situer] to locate, to pinpoint **2.** [remarquer] to spot ▸ **se faire repérer** to be spotted.

répertoire [ʀepɛʀtwaʀ] nm **1.** [agenda] thumb-indexed notebook **2.** [de théâtre, d'artiste] repertoire **3.** INFORM directory.

répertorier [9] [ʀepɛʀtɔʀje] vt to make a list of.

répéter [18] [ʀepete] ◆ vt **1.** [gén] to repeat **2.** [leçon] to go over, to learn ; [rôle] to rehearse. ◆ vi to rehearse. ◆ **se répéter** vp **1.** [radoter] to repeat o.s. **2.** [se reproduire]

to be repeated / **que cela ne se répète pas !** don't let it happen again !

répétitif, ive [ʀepetitif, iv] adj repetitive.

répétition [ʀepetisjɔ̃] nf **1.** [réitération] repetition **2.** MUS & THÉÂTRE rehearsal.

repeupler [5] [ʀəpœple] vt **1.** [région, ville] to repopulate **2.** [forêt] to replant ; [étang] to restock.

repiquer [3] [ʀəpike] vt **1.** [replanter] to plant out **2.** [disque] to tape.

répit [ʀepi] nm respite ▸ **sans répit** without respite.

replacer [16] [ʀəplase] vt **1.** [remettre] to replace, to put back **2.** [situer] to place, to put. ◆ **se replacer** vp to find new employment.

replanter [3] [ʀəplɑ̃te] vt to replant.

replet, ète [ʀəplɛ, ɛt] adj chubby.

repli [ʀəpli] nm **1.** [de tissu] fold ; [de rivière] bend **2.** [de troupes] withdrawal.

replier [10] [ʀəplije] vt **1.** [plier de nouveau] to fold up again **2.** [ramener en pliant] to fold back **3.** [armée] to withdraw. ◆ **se replier** vp **1.** [armée] to withdraw **2.** [personne] ▸ **se replier sur soi-même** to withdraw into o.s. **3.** [journal, carte] to fold.

réplique [ʀeplik] nf **1.** [riposte] reply ▸ **sans réplique** [argument] irrefutable **2.** [d'acteur] line ▸ **donner la réplique à qqn** to play opposite sb **3.** [copie] replica ; [sosie] double.

répliquer [3] [ʀeplike] ◆ vt ▸ **répliquer à qqn que** to reply to sb that. ◆ vi **1.** [répondre] to reply ; [avec impertinence] to answer back **2.** fig [riposter] to retaliate.

replonger [17] [ʀəplɔ̃ʒe] ◆ vt to plunge back. ◆ vi to dive back. ◆ **se replonger** vp ▸ **se replonger dans qqch** to immerse o.s. in sthg again.

répondeur [ʀepɔ̃dœʀ] nm ▸ **répondeur (téléphonique ou automatique ou enregistreur)** answering machine.

répondre [75] [ʀepɔ̃dʀ] ◆ vi ▸ **répondre à qqn a)** [faire connaître sa pensée] to answer sb, to reply to sb **b)** [riposter] to answer sb back ▸ **répondre à qqch a)** [faire une réponse] to reply to sthg, to answer sthg **b)** [en se défendant] to respond to sthg ▸ **répondre au téléphone** to answer the telephone. ◆ vt to answer, to reply. ◆ **répondre à** vt **1.** [correspondre à - besoin] to answer ; [- conditions] to meet **2.** [ressembler à - description] to match. ◆ **répondre de** vt to answer for.

répondu, e [Repɔ̃dy] pp ⟶ **répondre.**

réponse [Repɔ̃s] nf **1.** [action de répondre] answer, reply ▶ **en réponse à votre lettre…** in reply *ou* in answer *ou* in response to your letter… **2.** [solution] answer **3.** [réaction] response **4.** TECHNOL response.

report [Rapɔr] nm **1.** [de réunion, rendez-vous] postponement **2.** COMM [d'écritures] carrying forward.

reportage [Rapɔrtaʒ] nm [article, enquête] report.

reporter¹ [Rapɔrtɛr] nmf reporter ▶ **grand reporter** international reporter.

reporter² [3] [Rapɔrte] vt **1.** [rapporter] to take back **2.** [différer] ▶ **reporter qqch à** to postpone sthg till, to put sthg off till **3.** [somme] ▶ **reporter (sur)** to carry forward (to) **4.** [transférer] ▶ **reporter sur** to transfer to. ◆ **se reporter** vp ▶ **se reporter à a)** [se référer à] to refer to **b)** [se transporter en pensée à] to cast one's mind back to.

reporteur, trice = **reporter.**

repos [Rapo] nm **1.** [gén] rest ▶ **prendre un jour de repos** to take a day off **2.** [tranquillité] peace and quiet.

reposant, e [Rapozɑ̃, ɑ̃t] adj restful.

reposé, e [Rapoze] adj rested ▶ **à tête reposée** with a clear head.

reposer [3] [Rapoze] ◆ vt **1.** [poser à nouveau] to put down again, to put back down **2.** [remettre] to put back **3.** [question] to ask again **4.** [appuyer] to rest **5.** [délasser] to rest, to relax. ◆ vi **1.** [pâte] to sit, to stand ; [vin] to stand **2.** [théorie] ▶ **reposer sur** to rest on. ◆ **se reposer** vp **1.** [se délasser] to rest **2.** [faire confiance] ▶ **se reposer sur qqn** to rely on sb.

repositionnable [Rapozisjɔnabl] adj repositionable, removable.

repoussant, e [Rapusɑ̃, ɑ̃t] adj repulsive.

repousser [3] [Rapuse] ◆ vi to grow again, to grow back. ◆ vt **1.** [écarter] to push away, to push back ; [l'ennemi] to repel, to drive back **2.** [éconduire] to reject **3.** [proposition] to reject, to turn down **4.** [différer] to put back, to postpone.

répréhensible [Repreɑ̃sibl] adj reprehensible.

reprendre [79] [Raprɑ̃dr] ◆ vt **1.** [prendre de nouveau] to take again **/** *je passe te reprendre dans une heure* I'll come by and pick you up again in an hour ▶ **reprendre la route**

to take to the road again **2.** [récupérer - objet prêté] to take back ; [- prisonnier, ville] to recapture **3.** COMM [entreprise, affaire] to take over **4.** [se resservir] : *reprendre un gâteau / de la viande* to take another cake /some more meat **5.** [recommencer] to resume **/** *« et ainsi », reprit-il…* "and so", he continued… **6.** [retoucher] to repair ; [jupe] to alter **7.** [corriger] to correct. ◆ vi **1.** [affaires, plante] to pick up **2.** [recommencer] to start again.

représailles [Raprezaj] nfpl reprisals.

représentant, e [Raprezɑ̃tɑ̃, ɑ̃t] nm, f representative.

représentatif, ive [Raprezɑ̃tatif, iv] adj representative.

représentation [Raprezɑ̃tasjɔ̃] nf **1.** [gén] representation **2.** [spectacle] performance.

représentativité [Raprezɑ̃tativite] nf representativeness.

représenter [3] [Raprezɑ̃te] vt to represent. ◆ **se représenter** vp **1.** [s'imaginer] ▶ **se présenter qqch** to visualize sthg **2.** [se présenter à nouveau] ▶ **se représenter à a)** [aux élections] to stand UK *ou* run US again **b)** [à un examen] to resit UK, to represent.

répressif, ive [Represif, iv] adj repressive.

répression [Represjɔ̃] nf **1.** [de révolte] repression **2.** [de criminalité, d'injustices] suppression.

réprimande [Reprimɑ̃d] nf reprimand.

réprimander [3] [Reprimɑ̃de] vt to reprimand.

réprimer [3] [Reprime] vt **1.** [émotion, rire] to repress, to check **2.** [révolte, crimes] to put down, to suppress.

repris, e [Rapri, iz] pp ⟶ **reprendre.** ◆ **repris** nm ▶ **repris de justice** habitual criminal.

reprise [Rapriz] nf **1.** [recommencement - des hostilités] resumption, renewal ; [- des affaires] revival, recovery ; [- de pièce] revival ▶ **à plusieurs reprises** on several occasions, several times **2.** [boxe] round **3.** [raccommodage] mending.

repriser [3] [Raprize] vt to mend.

réprobateur, trice [Reprɔbatœr, tris] adj reproachful.

réprobation [Reprɔbasjɔ̃] nf disapproval.

reproche [Raprɔʃ] nm reproach ▶ **faire des reproches à qqn** to reproach sb ▶ **avec reproche** reproachfully ▶ **sans reproche** blameless.

reprocher [3] [Rəprɔʃe] vt ▸ **reprocher qqch à qqn** to reproach sb for sthg. ◆ **se reprocher** vp ▸ **se reprocher (qqch)** to blame o.s. (for sthg).

reproducteur, trice [Rəprɔdyktœr, tris] adj reproductive.

reproduction [Rəprɔdyksjɔ̃] nf reproduction ▸ **reproduction interdite** all rights (of reproduction) reserved.

reproduire [98] [Rəprɔdɥir] vt to reproduce. ◆ **se reproduire** vp **1.** BIOL to reproduce, to breed **2.** [se répéter] to recur.

reproduit, e [Rəprɔdɥi, it] pp ⟶ **reproduire**.

reprogrammer [3] [Rəprɔgrame] vt to reprogram.

réprouver [3] [Repruve] vt [blâmer] to reprove.

reptile [Reptil] nm reptile.

repu, e [Rəpy] adj full, sated.

républicain, e [Repyblikɛ̃, ɛn] adj & nm, f republican.

république [Repyblik] nf republic ▸ **la République française** the French Republic ▸ **la République populaire de Chine** the People's Republic of China ▸ **la République tchèque** the Czech Republic.

répudier [9] [Repydje] vt [femme] to repudiate.

répugnance [Repyɲɑ̃s] nf **1.** [horreur] repugnance **2.** [réticence] reluctance ▸ **avoir ou éprouver de la répugnance à faire qqch** to be reluctant to do sthg.

répugnant, e [Repyɲɑ̃, ɑ̃t] adj repugnant.

répugner [3] [Repyɲe] vi ▸ **répugner à qqn** to disgust sb, to fill sb with repugnance ▸ **répugner à faire qqch** to be reluctant to do sthg, to be loath to do sthg.

répulsion [Repylsjɔ̃] nf repulsion.

réputation [Repytasjɔ̃] nf reputation ▸ **avoir une réputation de** to have a reputation for ▸ **avoir bonne / mauvaise réputation** to have a good / bad reputation.

réputé, e [Repyte] adj famous, well-known.

requérir [39] [Rəkerir] vt **1.** [nécessiter] to require, to call for **2.** [solliciter] to solicit **3.** DR [réclamer au nom de la loi] to demand.

requête [Rəkɛt] nf **1.** [prière] petition **2.** DR appeal.

requiem [Rekɥijɛm] nm inv requiem.

requin [Rəkɛ̃] nm shark.

requis, e [Rɔki, iz] ❖ pp ⟶ **requérir**. ❖ adj required, requisite.

réquisition [Rekizisjɔ̃] nf **1.** MIL requisition **2.** DR closing speech for the prosecution.

réquisitionner [3] [Rekizisjɔne] vt to requisition.

réquisitoire [Rekizitwar] nm DR closing speech for the prosecution ▸ **réquisitoire (contre)** fig indictment (of).

RER (abr de réseau express régional) nm train service linking central Paris with its suburbs and airports.

rescapé, e [Rɛskape] nm, f survivor.

rescousse [Rɛskus] ◆ **à la rescousse** loc adv ▸ **venir à la rescousse de qqn** to come to sb's rescue ▸ **appeler qqn à la rescousse** to call on sb for help.

réseau, x [Rezo] nm network ▸ **réseau ferroviaire / routier** rail / road network.

réséda [Rezeda] nm mignonette.

réservation [Rezervasjɔ̃] nf reservation.

réserve [Rezerv] nf **1.** [gén] reserve ▸ **en réserve** in reserve **2.** [restriction] reservation ▸ **faire des réserves (sur)** to have reservations (about) ▸ **sans réserve** unreservedly ▸ **sous réserve de** subject to **3.** [d'animaux, de plantes] reserve ; [d'Indiens] reservation ▸ **réserve faunique** QUÉBEC wildlife reserve ▸ **réserve naturelle** nature reserve **4.** [local] storeroom.

réservé, e [Rezerve] adj reserved.

réserver [3] [Rezerve] vt **1.** [destiner] ▸ **réserver qqch (à qqn)** a) [chambre, place] to reserve ou book sthg (for sb) b) fig [surprise, désagrément] to have sthg in store (for sb) **2.** [mettre de côté, garder] ▸ **réserver qqch (pour)** to put sthg on one side (for), to keep sthg (for). ◆ **se réserver** vp **1.** [s'accorder] ▸ **se réserver qqch** to keep sthg for o.s. ▸ **se réserver le droit de faire qqch** to reserve the right to do sthg **2.** [se ménager] to save o.s.

réserviste [Rezervist] nm reservist.

réservoir [Rezervwar] nm **1.** [cuve] tank **2.** [bassin] reservoir.

résidant, e [Rezidɑ̃, ɑ̃t] QUÉBEC ❖ adj résident. ❖ nm, f = **résident**.

résidence [Rezidɑ̃s] nf **1.** [habitation] residence ▸ **résidence principale** main residence ou home ▸ **résidence secondaire** second home ▸ **résidence universitaire** hall of residence UK, dormitory US **2.** [immeuble] block

of luxury flats [UK], luxury apartment block [US].
◆ **résidence surveillée** nf ▶ **en résidence surveillée** under house arrest.

résident, e [Rezidã, ãt] nm, f **1.** [de pays] : *les résidents français en Écosse* French nationals resident in Scotland **2.** [habitant d'une résidence] resident.

résidentiel, elle [Rezidãsjɛl] adj residential.

résider [3] [Rezide] vi **1.** [habiter] ▶ **résider à / dans / en** to reside in **2.** [consister] ▶ **résider dans** to lie in.

résidu [Rezidy] nm [reste] residue ; [déchet] waste.

résignation [Reziɲasjɔ̃] nf resignation.

résigné, e [Reziɲe] adj resigned.

résigner [3] [Reziɲe] ◆ **se résigner** vp ▶ **se résigner (à)** to resign o.s. (to).

résilier [9] [Rezilje] vt to cancel, to terminate.

résille [Rezij] nf **1.** [pour cheveux] hairnet **2.** [pour les jambes] ▶ **bas résille** fishnet stockings.

résine [Rezin] nf resin.

résineux, euse [Rezinø, øz] adj resinous.
◆ **résineux** nm conifer.

résistance [Rezistãs] nf **1.** [gén, ÉLECTR & PHYS] resistance ▶ **manquer de résistance** to lack stamina ▶ **opposer une résistance** to put up resistance **2.** [de radiateur, chaudière] element. ◆ **Résistance** nf ▶ **la Résistance** HIST the Resistance.

résistant, e [Rezistã, ãt] ◆ adj [personne] tough ; [tissu] hard-wearing, tough ▶ **être résistant au froid / aux infections** to be resistant to the cold / to infection. ◆ nm, f [gén] resistance fighter ; [de la Résistance] member of the Resistance.

résister [3] [Reziste] vi to resist ▶ **résister à a)** [attaque, désir] to resist **b)** [tempête, fatigue] to withstand **c)** [personne] to stand up to, to oppose.

résolu, e [Rezɔly] ◆ pp ⟶ **résoudre.** ◆ adj resolute ▶ **être bien résolu à faire qqch** to be determined to do sthg.

résolument [Rezɔlymã] adv resolutely.

résolution [Rezɔlysjɔ̃] nf **1.** [décision] resolution ▶ **prendre la résolution de faire qqch** to make a resolution to do sthg **2.** [détermination] resolve, determination **3.** [solution] solving.

résonance [Rezɔnãs] nf **1.** ÉLECTR & PHYS resonance **2.** fig [écho] echo.

résonner [3] [Rezɔne] vi [retentir] to resound ; [renvoyer le son] to echo.

résorber [3] [Rezɔrbe] vt **1.** [déficit] to absorb **2.** MÉD to resorb. ◆ **se résorber** vp **1.** [déficit] to be absorbed **2.** MÉD to be resorbed.

résoudre [88] [Rezudr] vt [problème] to solve, to resolve. ◆ **se résoudre** vp ▶ **se résoudre à faire qqch** to make up one's mind to do sthg, to decide ou resolve to do sthg.

respect [Rɛspɛ] nm respect.

respectable [Rɛspɛktabl] adj respectable.

respecter [4] [Rɛspɛkte] vt to respect ▶ **faire respecter la loi** to enforce the law.

respectif, ive [Rɛspɛktif, iv] adj respective.

respectivement [Rɛspɛktivmã] adv respectively.

respectueux, euse [Rɛspɛktɥø, øz] adj respectful ▶ **être respectueux de** to have respect for.

respiration [Rɛspirasjɔ̃] nf breathing (U) / *retenir sa respiration* to hold one's breath.

respiratoire [Rɛspiratwar] adj respiratory.

respirer [3] [Rɛspire] ◆ vi **1.** [inspirer-expirer] to breathe **2.** fig [se reposer] to get one's breath ; [être soulagé] to be able to breathe again. ◆ vt **1.** [aspirer] to breathe in **2.** fig [exprimer] to exude.

resplendir [32] [Rɛsplãdir] vi **1.** [lune] to shine **2.** fig [personne] ▶ **resplendir de joie / santé** to be radiant with joy / health.

resplendissant, e [Rɛsplãdisã, ãt] adj radiant.

responsabiliser [3] [Rɛspɔ̃sabilize] vt ▶ **responsabiliser qqn** to make sb aware of his / her responsibilities.

responsabilité [Rɛspɔ̃sabilite] nf **1.** [morale] responsibility ▶ **avoir la responsabilité de** to be responsible for, to have the responsibility of **2.** DR liability.

responsable [Rɛspɔ̃sabl] ◆ adj **1.** [gén] ▶ **responsable (de)** responsible (for) ; [légalement] liable (for) ; [chargé de] in charge (of), responsible (for) **2.** [sérieux] responsible. ◆ nmf **1.** [auteur, coupable] person responsible **2.** [dirigeant] official **3.** [personne compétente] person in charge.

resquillage [Rɛskijaʒ] nm fam = **resquille.**

resquille [Rɛskij] nf fam **1.** [au théâtre, etc.] sneaking in without paying **2.** [dans autobus, etc.] fare-dodging.

resquiller [3] [ʀɛskije] vi *fam* **1.** [au théâtre, etc.] to sneak in without paying **2.** [dans autobus, etc.] to dodge paying the fare.

resquilleur, euse [ʀɛskijœʀ, øz] nm, f *fam* **1.** [au théâtre, etc.] person who sneaks in without paying **2.** [dans autobus, etc.] fare-dodger.

ressac [ʀəsak] nm undertow.

ressaisir [32] [ʀəseziʀ] ◆ **se ressaisir** vp to pull o.s. together.

ressasser [3] [ʀəsase] vt **1.** [répéter] to keep churning out **2.** *fig* [mécontentement] to dwell on.

ressemblance [ʀəsɑ̃blɑ̃s] nf [gén] resemblance, likeness ; [trait] resemblance.

ressemblant, e [ʀəsɑ̃blɑ̃, ɑ̃t] adj lifelike.

ressembler [3] [ʀəsɑ̃ble] vi ▶ **ressembler à** a) [physiquement] to resemble, to look like b) [moralement] to be like, to resemble ▶ **cela ne lui ressemble pas** that's not like him. ◆ **se ressembler** vp to look alike, to resemble each other.

ressemeler [24] [ʀəsəmle] vt to resole.

ressentiment [ʀəsɑ̃timɑ̃] nm resentment.

ressentir [37] [ʀəsɑ̃tiʀ] vt to feel.

resserrer [4] [ʀəseʀe] vt **1.** [ceinture, boulon] to tighten **2.** *fig* [lien] to strengthen. ◆ **se resserrer** vp **1.** [route] to (become) narrow **2.** [nœud, étreinte] to tighten **3.** *fig* [relations] to grow stronger, to strengthen.

resservir [38] [ʀəseʀviʀ] ◆◇ vt **1.** [plat] to serve again ; *fig* [histoire] to trot out **2.** [personne] to give another helping to. ◆◇ vi to be used again. ◆ **se resservir** vp ▶ **se resservir de qqch** a) [ustensile] to use sthg again b) [plat] to take another helping of sthg.

ressort [ʀəsɔʀ] nm **1.** [mécanisme] spring **2.** *fig* [énergie] spirit **3.** *fig* [compétence] ▶ **être du ressort de qqn** to be sb's area of responsibility, to come under sb's jurisdiction. ◆ **en dernier ressort** loc adv in the last resort, as a last resort.

ressortir [43] [ʀəsɔʀtiʀ] ◆◇ vi *(aux : être)* **1.** [personne] to go out again **2.** *fig* [couleur] ▶ **ressortir (sur)** to stand out (against) ▶ **faire ressortir** to highlight **3.** *fig* [résulter de] ▶ **ressortir de** to emerge from. ◆◇ vt *(aux : avoir)* to take ou get ou bring out again.

ressortissant, e [ʀəsɔʀtisɑ̃, ɑ̃t] nm, f national.

ressource [ʀəsuʀs] nf resort / *votre seule ressource est de...* the only course open to you

is to.... ◆ **ressources** nfpl **1.** [financières] means **2.** [énergétiques, de langue] resources ▶ **ressources naturelles** natural resources **3.** [de personne] resourcefulness *(U).*

ressourcer [16] [ʀəsuʀse] ◆ **se ressourcer** vp to recharge one's batteries.

ressurgir [32] [ʀəsyʀʒiʀ] vi to reappear.

ressusciter [3] [ʀesysite] vi to rise (from the dead) ; *fig* to revive.

restant, e [ʀɛstɑ̃, ɑ̃t] adj remaining, left. ◆ **restant** nm rest, remainder.

restaurant [ʀɛstɔʀɑ̃] nm restaurant ▶ **manger au restaurant** to eat out ▶ **restaurant d'entreprise** staff canteen **UK** ou cafeteria **US** ▶ **restaurant universitaire** ≃ university cafeteria ou refectory.

restaurateur, trice [ʀɛstɔʀatœʀ, tʀis] nm, f **1.** CULIN restaurant owner **2.** ART restorer.

restauration [ʀɛstɔʀasjɔ̃] nf **1.** CULIN restaurant business ▶ **restauration rapide** fast food **2.** ART & POL restoration.

restaurer [3] [ʀɛstɔʀe] vt to restore. ◆ **se restaurer** vp to have something to eat.

reste [ʀɛst] nm **1.** [de lait, temps] ▶ **le reste (de)** the rest (of) **2.** MATH remainder. ◆ **restes** nmpl **1.** [de repas] leftovers **2.** [de mort] remains. ◆ **au reste, du reste** loc adv besides.

rester [3] [ʀɛste] ◆◇ vi **1.** [dans lieu, état] to stay, to remain / *restez calme !* stay ou keep calm ! **2.** [subsister] to remain, to be left / *le seul bien qui me reste* the only thing I have left **3.** [s'arrêter] ▶ **en rester à qqch** to stop at sthg ▶ **en rester là** to finish there **4.** **EXPR** ▶ **y rester** *fam* [mourir] to pop one's clogs **UK**. ◆◇ v impers : *il en reste un peu* there's still a little left / *il te reste de l'argent ?* do you still have some money left?

restituer [7] [ʀɛstitɥe] vt **1.** [objet volé] to return, to restore ; [argent] to refund, to return **2.** [énergie] to release **3.** [son] to reproduce.

resto [ʀɛsto] nm *fam* restaurant ▶ **les Restos du cœur** charity food distribution centres ▶ **resto-U** UNIV university refectory, cafeteria.

Restoroute® [ʀɛstɔʀut] nm motorway cafe **UK**, highway restaurant **US**.

restreindre [81] [ʀɛstʀɛ̃dʀ] vt to restrict. ◆ **se restreindre** vp **1.** [domaine, champ] to narrow **2.** [personne] to cut back ▶ **se restreindre dans qqch** to restrict sthg.

restreint, e [ʀɛstʀɛ̃, ɛ̃t] pp ⟶ **restreindre**.

restrictif, ive [ʀɛstʀiktif, iv] adj restrictive.

restriction [ʀɛstʀiksjɔ̃] nf **1.** [condition] condition ▸ **sans restriction** unconditionally **2.** [limitation] restriction. ◆ **restrictions** nfpl [alimentaires] rationing *(U)*.

restructurer [3] [ʀəstʀyktyʀe] vt to re-structure.

résultant, e [ʀezyltɑ̃, ɑ̃t] adj resulting. ◆ **résultante** nf **1.** [sciences] resultant **2.** [conséquence] consequence, outcome.

résultat [ʀezylta] nm result ; [d'action] outcome.

résulter [3] [ʀezylte] ◆ vi ▸ **résulter de** to be the result of, to result from. ◆ v impers ▸ **il en résulte que...** as a result,....

résumé [ʀezyme] nm summary, résumé ▸ **en résumé a)** [pour conclure] to sum up **b)** [en bref] in brief, summarized.

résumer [3] [ʀezyme] vt to summarize. ◆ **se résumer** vp [se réduire] ▸ **se résumer à qqch / à faire qqch** to come down to sthg / to doing sthg.

résurgence [ʀezyʀʒɑ̃s] nf resurgence.

résurrection [ʀezyʀɛksjɔ̃] nf resurrection.

rétablir [32] [ʀetabliʀ] vt **1.** [gén] to restore ; [malade] to restore (to health) **2.** [communications, contact] to re-establish. ◆ **se rétablir** vp **1.** [silence] to return, to be restored **2.** [malade] to recover **3.** [gymnastique] to pull o.s. up.

rétablissement [ʀetablismɑ̃] nm **1.** [d'ordre] restoration **2.** [de communications] re-establishment **3.** [de malade] recovery **4.** [gymnastique] pull-up.

rétamer [3] [ʀetame] vt **1.** [étamer de nouveau] to retin **2.** *tfam* [enivrer] to knock out *(sép)* **3.** *tfam* [battre au jeu] to clean out **4.** *tfam* [fatiguer] to wreck **5.** *tfam* [démolir] to wreck **6.** *tfam* [refuser - candidat] to fail. ◆ **se rétamer** vpi **1.** *fam* [tomber] to come a cropper **UK**, to take a tumble **2.** [échouer] to flunk.

retard [ʀətaʀ] nm **1.** [délai] delay ▸ **être en retard a)** [sur heure] to be late **b)** [sur échéance] to be behind ▸ **avoir du retard** to be late ou delayed **2.** [de pays, peuple, personne] backwardness.

retardataire [ʀətaʀdatɛʀ] nmf [en retard] latecomer.

retardement [ʀətaʀdəmɑ̃] nm ▸ **à retardement** belatedly. *Voir aussi* **bombe**.

retarder [3] [ʀətaʀde] ◆ vt **1.** [personne, train] to delay ; [sur échéance] to put back **2.** [ajourner - rendez-vous] to put back ou off ; [-départ] to put back ou off, to delay **3.** [montre] to put back. ◆ vi **1.** [horloge] to be slow

2. *fam* [ne pas être au courant] to be behind the times **3.** *fam* [être en décalage] ▸ **retarder sur** to be out of step ou tune with.

retenir [40] [ʀətniʀ] vt **1.** [physiquement - objet, personne, cri] to hold back ; [-souffle] to hold ▸ **retenir qqn de faire qqch** to stop ou restrain sb from doing sthg **2.** [retarder] to keep, to detain **3.** [montant, impôt] to keep back, to withhold **4.** [chambre] to reserve **5.** [leçon, cours] to remember **6.** [projet] to accept, to adopt **7.** [eau, chaleur] to retain **8.** MATH to carry **9.** [intérêt, attention] to hold. ◆ **se retenir** vp **1.** [s'accrocher] ▸ **se retenir à** to hold onto **2.** [se contenir] to hold on ▸ **se retenir de faire qqch** to refrain from doing sthg.

rétention [ʀetɑ̃sjɔ̃] nf MÉD retention.

retentir [32] [ʀətɑ̃tiʀ] vi **1.** [son] to ring (out) **2.** [pièce, rue] ▸ **retentir de** to resound with **3.** *fig* [fatigue, blessure] ▸ **retentir sur** to have an effect on.

retentissant, e [ʀətɑ̃tisɑ̃, ɑ̃t] adj resounding.

retentissement [ʀətɑ̃tismɑ̃] nm [de mesure] repercussions *pl*.

retenu, e [ʀətny] pp ⟶ **retenir**.

retenue [ʀətny] nf **1.** [prélèvement] deduction **2.** MATH amount carried **3.** SCOL detention **4.** *fig* [de personne - dans relations] reticence ; [-dans comportement] restraint ▸ **sans retenue** without restraint.

réticence [ʀetisɑ̃s] nf [hésitation] hesitation, reluctance ▸ **avec réticence** hesitantly.

réticent, e [ʀetisɑ̃, ɑ̃t] adj hesitant, reluctant.

rétine [ʀetin] nf retina.

retiré, e [ʀətiʀe] adj [lieu] remote, isolated ; [vie] quiet.

retirer [3] [ʀətiʀe] vt **1.** [vêtement, emballage] to take off, to remove ; [permis, jouet] to take away ▸ **retirer qqch à qqn** to take sthg away from sb **2.** [plainte] to withdraw, to take back **3.** [avantages, bénéfices] ▸ **retirer qqch de qqch** to get ou derive sthg from sthg **4.** [bagages, billet] to collect ; [argent] to withdraw. ◆ **se retirer** vp **1.** [s'isoler] to withdraw, to retreat **2.** [des affaires] ▸ **se retirer (de)** to retire (from) **3.** [refluer] to recede.

retombée [ʀətɔ̃be] nf **1.** *litt* [déclin] : *la retombée de l'enthousiasme populaire* the decline in popular enthusiasm **2.** ARCHIT & CONSTR springing. ◆ **retombées** nfpl [physique nucléaire] fallout ▸ **retombées radioactives** radioactive fallout ; *fig* [répercussions] repercussions, effects **/** *les retombées d'une campagne publicitaire* the results of an advertising campaign.

retomber [3] [Rətɔ̃be] vi **1.** [gymnaste, chat] to land **2.** [redevenir] **▸ retomber malade** to relapse **3.** *fig* [colère] to die away **4.** [cheveux] to hang down **5.** *fig* [responsabilité] **▸ retomber sur** to fall on **6.** [dans un état] to fall back, to lapse *sout*.

rétorquer [3] [Retɔrke] vt to retort **▸ rétorquer à qqn que...** to retort to sb that....

retors, e [Rətɔr, ɔrs] adj wily.

rétorsion [Retɔrsjɔ̃] nf retaliation **▸ mesures de rétorsion** retaliatory measures.

retouche [Rətuʃ] nf **1.** [de texte, vêtement] alteration **2.** ART & PHOTO touching up.

retoucher [3] [Rətuʃe] vt **1.** [texte, vêtement] to alter **2.** ART & PHOTO to touch up.

retour [RətuR] nm **1.** [gén] return **▸ à mon/ton retour** when I/you get back, on my/your return **▸ être de retour (de)** to be back (from) **▸ retour en arrière** flashback **▸ en retour** in return **2.** [trajet] journey back, return journey.

retourner [3] [Rəturne] ◆ vt *(aux : avoir)* **1.** [carte, matelas] to turn over ; [terre] to turn (over) **2.** [compliment, objet prêté] **▸ retourner qqch (à qqn)** to return sthg (to sb), to give sthg back to sb **3.** [lettre, colis] to send back, to return **4.** *fig* [personne] to shake up. ◆ vi *(aux : être)* to come/go back **▸ retourner en arrière ou sur ses pas** to retrace one's steps. ◆ **se retourner** vp **1.** [basculer] to turn over **2.** [pivoter] to turn round **US** ou around **US 3.** *fam* & *fig* [s'adapter] to sort o.s. out **US 4.** [rentrer] **▸ s'en retourner** to go back (home) **5.** *fig* [s'opposer] **▸ se retourner contre** to turn against.

retracer [16] [Rətrase] vt **1.** [ligne] to redraw **2.** [événement] to relate.

rétracter [3] [Retrakte] vt to retract. ◆ **se rétracter** vp **1.** [se contracter] to retract **2.** [se dédire] to back down.

retrait [RətRɛ] nm **1.** [gén] withdrawal **▸ retrait du permis** disqualification from driving **2.** BANQUE : *faire un retrait* to withdraw money **3.** [de bagages] collection **4.** [des eaux] ebbing. ◆ **en retrait** loc adj & loc adv **1.** [maison] set back from the road **▸ rester en retrait** *fig* to hang back **2.** [texte] indented.

retraite [RətRɛt] nf **1.** [gén] retreat **2.** [cessation d'activité] retirement **▸ être à la retraite** to be retired **▸ retraite complémentaire** supplementary pension **3.** [revenu] (retirement) pension.

retraité, e [RətRete] ◆ adj **1.** [personne] retired **2.** TECHNOL reprocessed. ◆ nm, f retired person, pensioner **US**.

retrancher [3] [RətRɑ̃ʃe] vt **1.** [passage] **▸ retrancher qqch (de)** to cut sthg out (from), to remove sthg (from) **2.** [montant] **▸ retrancher qqch (de)** to take sthg away (from), to deduct sthg (from). ◆ **se retrancher** vp to entrench o.s. **▸ se retrancher derrière /dans** *fig* to take refuge behind/in.

retransmettre [84] [RətRɑ̃smɛtR] vt to broadcast.

retransmis, e [RətRɑ̃smi, iz] pp ⟶ **retransmettre**.

retransmission [RətRɑ̃smisjɔ̃] nf broadcast.

retravailler [3] [RətRavaje] ◆ vt **▸ retravailler qqch** to work on sthg again. ◆ vi to start work again.

rétrécir [32] [RetResiR] vi [tissu] to shrink.

rétrécissement [RetResismɑ̃] nm **1.** [de vêtement] shrinkage **2.** MÉD stricture.

rétribuer [7] [RetRibɥe] vt **1.** [employé] to pay **2.** [travail] to pay for.

rétribution [RetRibysjɔ̃] nf remuneration.

rétro [RetRo] *fam* ◆ nm **1.** [style] old style ou fashion **2.** [rétroviseur] rearview mirror. ◆ adj inv old-style.

rétroactif, ive [RetRɔaktif, iv] adj retrospective.

rétrograde [RetRɔgRad] adj *péj* reactionary.

rétrograder [3] [RetRɔgRade] ◆ vt to demote. ◆ vi AUTO to change down **US**, to downshift **US**.

rétroprojecteur [RetRɔpRɔʒɛktœR] nm overhead projector.

rétrospectif, ive [RetRɔspɛktif, iv] adj retrospective. ◆ **rétrospective** nf retrospective.

rétrospectivement [RetRɔspɛktivmɑ̃] adv retrospectively.

retroussé, e [Rətruse] adj **1.** [manches, pantalon] rolled up **2.** [nez] turned up.

retrousser [3] [Rətruse] vt **1.** [manches, pantalon] to roll up **2.** [lèvres] to curl.

retrouvailles [RətRuvaj] nfpl reunion *sg*.

retrouver [3] [RətRuve] vt **1.** [gén] to find ; [appétit] to recover, to regain **2.** [reconnaître] to recognize **3.** [ami] to meet, to see. ◆ **se retrouver** vp **1.** [entre amis] to meet (up) again

/ *on se retrouve au café ?* shall we meet up ou see each other at the café ? **2.** [être de nouveau] to find o.s. again **3.** [par hasard] to end up **4.** [s'orienter] to find one's way **▶ ne pas s'y retrouver** [dans ses papiers] to be completely lost **5.** [erreur, style] to be found, to crop up **6.** [financièrement] **▶ s'y retrouver** *fam* to break even.

rétroviseur [ʀetʀɔvizœʀ] nm rearview mirror.

réunification [ʀeynifikasjɔ̃] nf reunification.

réunifier [9] [ʀeynifje] vt to reunify.

réunion [ʀeynjɔ̃] nf **1.** [séance] meeting **2.** [jonction] union, merging **3.** [d'amis, de famille] reunion **4.** SPORT meeting.

Réunion [ʀeynjɔ̃] nf : *(l'île de) la Réunion* Réunion.

réunir [32] [ʀeyniʀ] vt **1.** [fonds] to collect **2.** [extrémités] to put together, to bring together **3.** [qualités] to combine **4.** [personnes] to bring together ; [après séparation] to reunite. **◆ se réunir** vp **1.** [personnes] to meet **2.** [entreprises] to combine ; [États] to unite **3.** [fleuves, rues] to converge.

réussi, e [ʀeysi] adj successful **▶ c'est réussi !** *fig & iron* congratulations!, well done!

réussir [32] [ʀeysiʀ] ❖ vi **1.** [personne, affaire] to succeed, to be a success **▶ réussir à faire qqch** to succeed in doing sthg **2.** [convenir] **▶ réussir à** to agree with. ❖ vt **1.** [portrait, plat] to make a success of **2.** [examen] to pass.

réussite [ʀeysit] nf **1.** [succès] success **2.** [jeu de cartes] patience [UK], solitaire [US].

réutilisable [ʀeytilizabl] adj reusable **/** *non réutilisable* disposable, throwaway.

réutiliser [3] [ʀeytilize] vt to reuse.

revaloriser [3] [ʀəvalɔʀize] vt [monnaie] to revalue ; [salaires] to raise ; *fig* [idée, doctrine] to rehabilitate.

revanche [ʀəvɑ̃ʃ] nf **1.** [vengeance] revenge **▶ prendre sa revanche** to take one's revenge **2.** SPORT return (match). **◆ en revanche** loc adv [par contre] on the other hand.

rêvasser [3] [ʀɛvase] vi to daydream.

rêve [ʀɛv] nm dream.

rêvé, e [ʀɛve] adj ideal.

revêche [ʀəvɛʃ] adj surly.

réveil [ʀevɛj] nm **1.** [de personne] waking (up) ; *fig* awakening **▶ au réveil** on waking (up) **2.** [pendule] alarm clock **/** *réveil téléphonique* wake-up service.

réveiller [4] [ʀeveje] vt **1.** [personne] to wake up **2.** [courage] to revive. **◆ se réveiller** vp **1.** [personne] to wake (up) **2.** [ambitions] to reawaken.

réveillon [ʀevɛjɔ̃] nm [jour - de Noël] Christmas Eve ; [- de nouvel an] New Year's Eve.

réveillonner [3] [ʀevɛjɔne] vi to have a Christmas Eve/New Year's Eve meal.

révélateur, trice [ʀevelatœʀ, tʀis] adj revealing. **◆ révélateur** nm PHOTO developer ; *fig* [ce qui révèle] indication.

révélation [ʀevelasjɔ̃] nf **1.** [gén] revelation **2.** [artiste] discovery.

révéler [18] [ʀevele] vt **1.** [gén] to reveal **2.** [artiste] to discover. **◆ se révéler** vp **1.** [apparaître] to be revealed **2.** [s'avérer] to prove to be.

revenant [ʀəvnɑ̃] nm **1.** [fantôme] spirit, ghost **2.** *fam* [personne] : *tiens, un revenant !* hello, stranger!

revendeur, euse [ʀəvɑ̃dœʀ, øz] nm, f retailer.

revendication [ʀəvɑ̃dikasjɔ̃] nf claim, demand.

revendiquer [3] [ʀəvɑ̃dike] vt [dû, responsabilité] to claim ; [avec force] to demand.

revendre [73] [ʀəvɑ̃dʀ] vt **1.** [après utilisation] to resell **2.** [vendre plus de] to sell more of.

revendu, e [ʀəvɑ̃dy] pp ⟶ **revendre**.

revenir [40] [ʀəvniʀ] vi **1.** [gén] to come back, to return **▶ revenir de** to come back from, to return from **▶ revenir à** to come back to, to return to **▶ revenir sur a)** [sujet] to go over again **b)** [décision] to go back on **▶ revenir à soi** to come to **2.** [mot, sujet] to crop up **3.** [à l'esprit] **▶ revenir à** to come back to **4.** [impliquer] : *cela revient au même /à dire que...* it amounts to the same thing/to saying (that)... **5.** [coûter] **▶ revenir à** to come to, to amount to **▶ revenir cher** to be expensive **6.** [honneur, tâche] **▶ revenir à** to fall to **/** *c'est à lui qu'il revient de...* it is up to him to... **7.** CULIN **▶ faire revenir** to brown **8.** EXPR sa tête ne me revient pas I don't like the look of him/her **▶ il n'en revenait pas** *fam* he couldn't get over it.

revente [ʀəvɑ̃t] nf resale.

revenu, e [ʀəvny] pp ⟶ **revenir**. **◆ revenu** nm [de pays] revenue ; [de personne] income.

rêver [4] [ʀɛve] ❖ vi to dream ; [rêvasser] to daydream **▶ rêver de /à** to dream of/about. ❖ vt to dream **▶ rêver que** to dream (that).

réverbération [ʀevɛʀbeʀasjɔ̃] nf reverberation.

réverbère [ʀevɛʀbɛʀ] nm street lamp ou light.

révérence [ʀeveʀɑ̃s] nf **1.** [salut] bow **2.** litt [déférence] reverence.

révérend, e [ʀeveʀɑ̃, ɑ̃d] adj reverend. ◆ **révérend** nm reverend.

révérer [18] [ʀeveʀe] vt to revere.

rêverie [ʀɛvʀi] nf reverie.

revers [ʀəvɛʀ] nm **1.** [de main] back ; [de pièce] reverse **2.** [de veste] lapel ; [de pantalon] turn-up **UK**, cuff **US 3.** TENNIS backhand **4.** fig [de fortune] reversal.

reverser [3] [ʀəvɛʀse] vt **1.** [liquide] to pour out more of **2.** FIN **▸ reverser qqch sur** to pay sthg into.

réversible [ʀevɛʀsibl] adj reversible.

revêtement [ʀəvɛtmɑ̃] nm surface.

revêtir [44] [ʀəvɛtiʀ] vt **1.** [mur, surface] **▸ revêtir (de)** to cover (with) **2.** [aspect] to take on, to assume **3.** [vêtement] to put on ; [personne] to dress.

revêtu, e [ʀəvɛty] pp ⟶ **revêtir**.

rêveur, euse [ʀɛvœʀ, øz] ❖ adj dreamy. ❖ nm, f dreamer.

revient [ʀəvjɛ̃] ⟶ **prix**.

revigorer [3] [ʀəvigɔʀe] vt to invigorate.

revirement [ʀəviʀmɑ̃] nm [gén] change.

réviser [3] [ʀevize] vt **1.** [réexaminer, modifier] to revise, to review **2.** SCOL to revise **UK**, to review **US 3.** [machine] to check.

révision [ʀevizjɔ̃] nf **1.** [réexamen, modification] revision, review **2.** [de machine] checkup. ◆ **révisions** nfpl SCOL revision sg **UK**, review sg **US**.

revisser [3] [ʀəvise] vt to screw back again.

revivre [90] [ʀəvivʀ] ❖ vi [personne] to come back to life, to revive ; fig [espoir] to be revived, to revive **▸ faire revivre** to revive. ❖ vt to relive **▸ faire revivre qqch à qqn** to bring sthg back to sb.

révocation [ʀevɔkasjɔ̃] nf **1.** [de loi] revocation **2.** [de fonctionnaire] dismissal.

revoici [ʀəvwasi] prép **▸ me revoici !** it's me again!, I'm back!

revoir [62] [ʀəvwaʀ] vt **1.** [renouer avec] to see again **2.** [corriger, étudier] to revise **UK**, to review **US**. ◆ **se revoir** vp [amis] to see each other again ; [professionnellement] to meet again. ◆ **au revoir** interj & nm inv goodbye.

révoltant, e [ʀevɔltɑ̃, ɑ̃t] adj revolting.

révolte [ʀevɔlt] nf revolt.

révolter [3] [ʀevɔlte] vt to disgust. ◆ **se révolter** vp **▸ se révolter (contre)** to revolt (against).

révolu, e [ʀevɔly] adj past **/ avoir 15 ans révolus** ADMIN to be over 15.

révolution [ʀevɔlysjɔ̃] nf **1.** [gén] revolution **▸ la Révolution française** the French Revolution **2.** fam [effervescence] uproar.

révolutionnaire [ʀevɔlysjɔnɛʀ] nmf & adj revolutionary.

révolutionner [3] [ʀevɔlysjɔne] vt **1.** [transformer] to revolutionize **2.** [mettre en émoi] to stir up.

revolver [ʀevɔlvɛʀ] nm revolver.

révoquer [3] [ʀevɔke] vt **1.** [fonctionnaire] to dismiss **2.** [loi] to revoke.

revue [ʀəvy] nf **1.** [gén] review **▸ revue de presse** press review **▸ passer en revue** fig to review **2.** [défilé] march-past **3.** [magazine] magazine **4.** [spectacle] revue.

révulsé, e [ʀevylse] adj [traits, visage] contorted **/ révulsé de douleur** [visage] contorted with pain **/ les yeux révulsés** with his eyes rolled upwards.

rez-de-chaussée [ʀedʃose] nm inv ground floor **UK**, first floor **US**.

rez-de-jardin [ʀedʒaʀdɛ̃] nm inv garden level.

RFA (abr de **République fédérale d'Allemagne**) nf FRG.

rhabiller [3] [ʀabije] vt to dress again. ◆ **se rhabiller** vp to get dressed again.

rhapsodie, rapsodie [ʀapsɔdi] nf rhapsody.

rhéostat [ʀeɔsta] nm rheostat.

rhésus [ʀezys] nm rhesus (factor) **▸ rhésus positif/négatif** rhesus positive/negative.

rhétorique [ʀetɔʀik] nf rhetoric.

Rhin [ʀɛ̃] nm : **le Rhin** the Rhine.

rhinocéros [ʀinɔseʀɔs] nm rhinoceros.

rhino-pharyngite [ʀinɔfaʀɛ̃ʒit] (pl **rhino-pharyngites**) nf throat infection.

rhododendron [ʀɔdɔdɛ̃dʀɔ̃] nm rhododendron.

Rhône [ʀon] nm : **le Rhône** the (River) Rhône.

rhubarbe [ʀybaʀb] nf rhubarb.

rhum [ʀɔm] nm rum.

rhumatisme [ʀymatism] nm rheumatism.
◆ **rhumatismes** nmpl rheumatism sg / *avoir des rhumatismes* to have rheumatism.

rhumatologue [ʀymatɔlɔg] nmf rheumatologist.

rhume [ʀym] nm cold ▶ *attraper un rhume* to catch a cold ▶ *rhume des foins* hay fever.

ri [ʀi] pp inv ⟶ **rire**.

riant, e [ʀijɑ̃, ɑ̃t] adj smiling ; fig cheerful.

RIB, Rib [ʀib] (*abr de* relevé d'identité bancaire) nm bank details *(bank account identification slip)*.

ribambelle [ʀibɑ̃bɛl] nf ▶ *ribambelle de* string of.

ricaner [3] [ʀikane] vi to snigger.

riche [ʀiʃ] ◆ adj **1.** [gén] rich ; [personne, pays] rich, wealthy ▶ *riche en ou de* rich in **2.** [idée] great. ◆ nmf rich person ▶ *les riches* the rich.

richesse [ʀiʃɛs] nf **1.** [de personne, pays] wealth (U) **2.** [de faune, flore] abundance.
◆ **richesses** nfpl [gén] wealth (U).

richissime [ʀiʃisim] adj super-rich.

ricocher [3] [ʀikɔʃe] vi pr & fig to rebound ; [balle d'arme] to ricochet.

ricochet [ʀikɔʃɛ] nm pr & fig rebound ; [de balle d'arme] ricochet ▶ *par ricochet* in an indirect way.

rictus [ʀiktys] nm rictus.

ride [ʀid] nf wrinkle ; [de surface d'eau] ripple.

ridé, e [ʀide] adj wrinkled.

rideau, x [ʀido] nm curtain, drape US ▶ *rideau de fer* HIST [frontière] Iron Curtain.

rider [3] [ʀide] vt **1.** [peau] to wrinkle **2.** [surface] to ruffle. ◆ **se rider** vp to become wrinkled.

ridicule [ʀidikyl] ◆ adj ridiculous. ◆ nm ▶ *se couvrir de ridicule* to make o.s. look ridiculous ▶ *tourner qqn /qqch en ridicule* to ridicule sb/sthg.

ridiculiser [3] [ʀidikylize] vt to ridicule. ◆ **se ridiculiser** vp to make o.s. look ridiculous.

rien [ʀjɛ̃] ◆ pron indéf **1.** [en contexte négatif] ▶ *ne... rien* nothing, not... anything / *je n'ai rien fait* I've done nothing, I haven't done anything / *je n'en sais rien* I don't know (anything about it), I know nothing about it / *rien ne m'intéresse* nothing interests me ▶ *il n'y a plus rien dans le réfrigérateur* there's nothing left in the fridge **2.** [aucune chose] nothing / *que fais-tu ?* — *rien* what are you doing? — nothing / *rien de nouveau* nothing new ▶ *rien d'autre* nothing else ▶ *rien du tout* nothing at all ▶ *rien à faire* it's no good ▶ *de rien !* don't mention it!, not at all! ▶ *pour rien* for nothing **3.** [quelque chose] anything / *sans rien dire* without saying anything. ◆ nm ▶ *pour un rien* [se fâcher, pleurer] for nothing, at the slightest thing ▶ *perdre son temps à des riens* to waste one's time with trivia ▶ *en un rien de temps* in no time at all. ◆ **rien que** loc adv only, just / *la vérité, rien que la vérité* the truth and nothing but the truth / *rien que l'idée des vacances la comblait* just thinking about the holiday filled her with joy.

rieur, rieuse [ʀijœʀ, øz] adj cheerful.

rigide [ʀiʒid] adj rigid ; [muscle] tense.

rigidité [ʀiʒidite] nf rigidity ; [de muscle] tenseness ; [de principes, mœurs] strictness.

rigolade [ʀigɔlad] nf fam fun (U) ▶ *c'est de la rigolade* fig it's a walkover.

rigole [ʀigɔl] nf channel.

rigoler [3] [ʀigɔle] vi fam **1.** [rire] to laugh **2.** [plaisanter] ▶ *rigoler (de)* to joke (about).

rigolo, ote [ʀigɔlo, ɔt] fam ◆ adj funny. ◆ nm, f péj phoney UK, phony US.

rigoureux, euse [ʀiguʀø, øz] adj **1.** [discipline, hiver] harsh **2.** [analyse] rigorous.

rigueur [ʀigœʀ] nf **1.** [de punition] severity, harshness **2.** [de climat] harshness **3.** [d'analyse] rigour UK, rigor US, exactness. ◆ **à la rigueur** loc adv if necessary, if need be.

rillettes [ʀijɛt] nfpl potted pork, duck or goose.

rime [ʀim] nf rhyme.

rimer [3] [ʀime] vi ▶ *rimer (avec)* to rhyme (with).

Rimmel® [ʀimɛl] nm mascara.

rinçage [ʀɛ̃saʒ] nm rinsing.

rince-bouche [ʀɛ̃sbuʃ] nm inv QUÉBEC mouthwash.

rince-doigts [ʀɛ̃sdwa] nm inv finger bowl.

rincer [16] [ʀɛ̃se] vt [bouteille] to rinse out ; [cheveux, linge] to rinse.

ring [ʀiŋ] nm **1.** [boxe] ring **2.** BELGIQUE [route] bypass.

ringard, e [ʀɛ̃gaʀ, aʀd] fam ◆ adj **1.** [chanson] corny **2.** [décor] naff UK **3.** [acteur] second-rate **4.** [personne] nerdy. ◆ nm, f nerd.

riposte [ʀipɔst] nf **1.** [réponse] retort, riposte **2.** [contre-attaque] counterattack.

riposter [3] [ʀipɔste] ❖ vt ▶ **riposter que** to retort ou riposte that. ❖ vi **1.** [répondre] to riposte **2.** [contre-attaquer] to counter, to retaliate.

rire [95] [ʀiʀ] ❖ nm laugh ▶ **éclater de rire** to burst out laughing. ❖ vi **1.** [gén] to laugh **2.** [plaisanter] ▶ **pour rire** as a joke, for a laugh.

ris [ʀi] nm **1.** (gén pl) CULIN ▶ **ris de veau** sweetbread **2.** NAUT reef.

risée [ʀize] nf ridicule ▶ **être la risée de** to be the laughingstock of.

risette [ʀizɛt] nf fam ▶ **faire (une) risette à qqn a)** [enfant] to give sb a nice ou sweet smile **b)** [sourire de commande] to smile politely at sb.

risible [ʀizibl] adj [ridicule] ridiculous.

risotto [ʀizɔto] nm risotto.

risque [ʀisk] nm risk ▶ **prendre des risques** to take risks ▶ **à tes/vos risques et périls** at your own risk.

risqué, e [ʀiske] adj **1.** [entreprise] risky, dangerous **2.** [plaisanterie] risqué, daring.

risquer [3] [ʀiske] vt **1.** [vie, prison] to risk ▶ **risquer de faire qqch** to be likely to do sthg / **je risque de perdre tout ce que j'ai** I'm running the risk of losing everything I have ▶ **cela ne risque rien** it will be all right **2.** [tenter] to venture. ❖ **se risquer** vp to venture ▶ **se risquer à faire qqch** to dare to do sthg.

rissoler [3] [ʀisɔle] vi to brown.

ristourne [ʀistuʀn] nf discount ▶ **faire une ristourne à qqn** to give sb a discount.

rite [ʀit] nm **1.** RELIG rite **2.** fig [cérémonial] ritual.

ritournelle [ʀituʀnɛl] nf **1.** fam & fig [rabâchage] old story, old song **2.** MUS ritornello.

rituel, elle [ʀitɥɛl] adj ritual. ❖ **rituel** nm ritual.

rivage [ʀivaʒ] nm shore.

rival, e, aux [ʀival, o] ❖ adj rival (avant n). ❖ nm, f rival.

rivaliser [3] [ʀivalize] vi ▶ **rivaliser avec** to compete with.

rivalité [ʀivalite] nf rivalry.

rive [ʀiv] nf [de rivière] bank ▶ **la rive droite** [à Paris] the north bank of the Seine (generally considered more affluent than the south bank) ▶ **la rive gauche** [à Paris] the south bank of the Seine (generally associated with students and artists).

river [3] [ʀive] vt **1.** [fixer] ▶ **river qqch à qqch** to rivet sthg to sthg **2.** [clou] to clinch ▶ **être rivé à** fig to be riveted ou glued to.

riverain, e [ʀivʀɛ̃, ɛn] nm, f resident.

rivet [ʀivɛ] nm rivet.

rivière [ʀivjɛʀ] nf river.

rixe [ʀiks] nf fight, brawl.

riz [ʀi] nm rice.

rizière [ʀizjɛʀ] nf paddy (field).

RMI nm abr de **revenu minimum d'insertion**.

robe [ʀɔb] nf **1.** [de femme] dress ▶ **robe de mariée** wedding dress **2.** [peignoir] ▶ **robe de chambre** dressing gown 🇬🇧, (bath) robe 🇺🇸 **3.** [de cheval] coat **4.** [de vin] colour 🇬🇧, color 🇺🇸.

robinet [ʀɔbinɛ] nm tap 🇬🇧, faucet 🇺🇸.

robinetterie [ʀɔbinɛtʀi] nf [installations] taps pl 🇬🇧, faucets pl 🇺🇸.

robot [ʀɔbo] nm **1.** [gén] robot **2.** [ménager] food processor.

robotique [ʀɔbɔtik] nf robotics (U).

robotisation [ʀɔbɔtizasjɔ̃] nf automation, robotization 🇺🇸.

robuste [ʀɔbyst] adj **1.** [personne, santé] robust **2.** [plante] hardy **3.** [voiture] sturdy.

roc [ʀɔk] nm rock.

rocade [ʀɔkad] nf bypass.

rocaille [ʀɔkaj] nf **1.** [cailloux] loose stones pl **2.** [dans un jardin] rockery.

rocailleux, euse [ʀɔkajø, øz] adj **1.** [terrain] rocky **2.** fig [voix] harsh.

rocambolesque [ʀɔkɑ̃bɔlɛsk] adj fantastic.

roche [ʀɔʃ] nf rock.

rocher [ʀɔʃe] nm rock.

rocheux, euse [ʀɔʃø, øz] adj rocky. ❖ **Rocheuses** nfpl ▶ **les Rocheuses** the Rockies.

rock [ʀɔk] nm rock ('n' roll).

rocking-chair [ʀɔkiɲʃɛʀ] (pl **rocking-chairs**) nm rocking chair.

rodage [ʀɔdaʒ] nm **1.** [de véhicule] running in 🇬🇧, break in 🇺🇸 ▶ **en rodage** running in 🇬🇧 **2.** fig [de méthode] running-in 🇬🇧 ou breaking-in 🇺🇸 ou debugging period.

rodéo [ʀɔdeo] nm rodeo ; fig & iron free-for-all.

roder [3] [ʀɔde] vt **1.** [véhicule] to run in 🇬🇧, to break in 🇺🇸 **2.** fig [méthode] to run in 🇬🇧, to break in 🇺🇸, to debug ; [personne] to break in.

rôder [3] [ʀode] vi to prowl, to wander about.

rôdeur, euse [ʀodœʀ, øz] nm, f prowler.

rogne [ʀɔɲ] nf *fam* bad temper ▸ **être / se mettre en rogne** to be in / to get into a bad mood, to be in / to get into a temper.

rogner [3] [ʀɔɲe] ❖ vt **1.** [ongles] to trim **2.** [revenus] to eat into. ❖ vi ▸ **rogner sur qqch** to cut down on sthg.

rognon [ʀɔɲɔ̃] nm kidney.

roi [ʀwa] nm king ▸ **tirer les rois** to celebrate Epiphany.

rôle [ʀol] nm role, part.

roller [ʀɔlœʀ, ʀɔlœʀ] nm [sport] rollerblading ▸ **les rollers** [patins] Rollerblades® ▸ **faire du roller** to go rollerblading, to rollerblade.

rolleur, euse [ʀɔlœʀ, øz] nm, f roller skater.

romain, e [ʀɔmɛ̃, ɛn] adj Roman. ❖ **Romain, e** nm, f Roman.

roman, e [ʀɔmɑ̃, an] adj **1.** [langue] Romance **2.** ARCHIT Romanesque. ❖ **roman** nm LITTÉR novel.

romance [ʀɔmɑ̃s] nf [chanson] love song.

romancier, ère [ʀɔmɑ̃sje, ɛʀ] nm, f novelist.

romanesque [ʀɔmanɛsk] adj **1.** LITTÉR novelistic **2.** [aventure] fabulous, storybook *(avant n)*.

roman-feuilleton [ʀɔmɑ̃fœjtɔ̃] nm serial ; *fig* soap opera.

roman-fleuve [ʀɔmɑ̃flœv] *(pl* **romans-fleuves)** nm saga.

romanichel, elle [ʀɔmaniʃɛl] nm, f gipsy.

roman-photo [ʀɔmɑ̃foto] nm story told in photographs.

romantique [ʀɔmɑ̃tik] nmf & adj romantiç.

romantisme [ʀɔmɑ̃tism] nm **1.** ART Romantic movement **2.** [sensibilité] romanticism.

romarin [ʀɔmaʀɛ̃] nm rosemary.

rombière [ʀɔ̃bjɛʀ] nf *fam* & *péj* old biddy.

rompre [78] [ʀɔ̃pʀ] ❖ vt **1.** *sout* [objet] to break **2.** [charme, marché] to break ; [fiançailles, relations] to break off. ❖ vi to break ▸ **rompre avec qqn** *fig* to break up with sb. ❖ **se rompre** vp to break ▸ **se rompre le cou / les reins** to break one's neck/back.

romsteck = rumsteck.

ronce [ʀɔ̃s] nf [arbuste] bramble.

ronchon, onne [ʀɔ̃ʃɔ̃, ɔn] *fam* ❖ adj grumpy. ❖ nm, f grumbler.

ronchonner [3] [ʀɔ̃ʃɔne] vi *fam* ▸ **ronchonner (après)** to grumble (at).

rond, e [ʀɔ̃, ʀɔ̃d] adj **1.** [forme, chiffre] round **2.** [joue, ventre] chubby, plump **3.** *fam* [ivre] tight. ❖ **rond** nm **1.** [cercle] circle ▸ **en rond** in

a circle ou ring ▸ **tourner en rond** *fig* to go round in circles **2.** [anneau] ring **3.** *fam* [argent] : *je n'ai pas un rond* I haven't got a penny ou bean.

rond-de-cuir [ʀɔ̃dkɥiʀ] *(pl* **ronds-de-cuir)** nm *péj* & *vieilli* pen pusher.

ronde [ʀɔ̃d] nf **1.** [de surveillance] rounds *pl* ; [de policier] beat **2.** [danse] round **3.** MUS semibreve 🇬🇧, whole note 🇺🇸. ❖ **à la ronde** loc adv ▸ **à des kilomètres à la ronde** for miles around.

rondelet, ette [ʀɔ̃dlɛ, ɛt] adj **1.** [grassouillet] plump **2.** *fig* [somme] goodish, tidy.

rondelle [ʀɔ̃dɛl] nf **1.** [de saucisson] slice **2.** [de métal] washer.

rondement [ʀɔ̃dmɑ̃] adv [efficacement] efficiently, briskly.

rondeur [ʀɔ̃dœʀ] nf **1.** [forme] roundness **2.** [partie charnue] curve.

rondin [ʀɔ̃dɛ̃] nm log.

rond-point [ʀɔ̃pwɛ̃] nm roundabout 🇬🇧, traffic circle 🇺🇸.

ronflant, e [ʀɔ̃flɑ̃, ɑ̃t] adj *péj* grandiose.

ronflement [ʀɔ̃fləmɑ̃] nm **1.** [de dormeur] snore **2.** [de poêle, moteur] hum, purr.

ronfler [3] [ʀɔ̃fle] vi **1.** [dormeur] to snore **2.** [poêle, moteur] to hum, to purr.

ronger [17] [ʀɔ̃ʒe] vt [bois, os] to gnaw ; [métal, falaise] to eat away at ; *fig* to gnaw at, to eat away at. ❖ **se ronger** vp **1.** [grignoter] ▸ **se ronger les ongles** to bite one's fingernails **2.** *fig* [se tourmenter] to worry, to torture o.s.

rongeur, euse [ʀɔ̃ʒœʀ, øz] adj gnawing, rodent *(avant n)*. ❖ **rongeur** nm rodent.

ronron [ʀɔ̃ʀɔ̃] nm **1.** [de chat] purr ; [de moteur] purr, hum **2.** *fam* & *fig* [routine] humdrum existence.

ronronner [3] [ʀɔ̃ʀɔne] vi [chat] to purr ; [moteur] to purr, to hum.

roquet [ʀɔkɛ] nm **1.** [chien] nasty little dog **2.** *fam* & *péj* [personne] nasty little squirt.

ROR [ɛʀoɛʀ ou ʀɔʀ] *(abr de* **rougeole oreillons rubéole)** nm MMR (vaccine).

rosace [ʀozas] nf **1.** [ornement] rose **2.** [vitrail] rose window **3.** [figure géométrique] rosette.

rosaire [ʀozɛʀ] nm rosary.

rosbif [ʀɔsbif] nm [viande] roast beef.

rose [ʀoz] ❖ nf rose. ❖ nm pink. ❖ adj pink.

rosé, e [Roze] adj [teinte] rosy. ◆ **rosé** nm rosé. ◆ **rosée** nf dew.

roseau, x [Rozo] nm reed.

rosette [Rozɛt] nf **1.** [nœud] bow **2.** [insigne] rosette. ◆ **rosette de Lyon** nf dry pork sausage.

rosier [Rozje] nm rose bush.

rosir [32] [RoziR] vt & vi to turn pink.

rosser [3] [Rose] vt to thrash.

rossignol [Rosiɲɔl] nm [oiseau] nightingale.

rot [Ro] nm fam burp.

rotatif, ive [Rotatif, iv] adj rotary.

rotation [Rotasjɔ̃] nf rotation.

roter [3] [Rote] vi fam to burp.

rôti, e [Roti] adj roast. ◆ **rôti** nm roast, joint 🇬🇧.

rotin [Rotɛ̃] nm rattan.

rôtir [32] [RotiR] ◆ vt to roast. ◆ vi CULIN to roast.

rôtisserie [Rotisʀi] nf **1.** [restaurant] ≃ steakhouse **2.** [magasin] shop selling roast meat.

rôtissoire [Rotiswaʀ] nf spit.

rotonde [Rotɔ̃d] nf [bâtiment] rotunda.

rotule [Rotyl] nf kneecap.

roturier, ère [RotyRje, ɛR] ◆ adj **1.** HIST [non noble] common **2.** [commun] plebeian. ◆ nm, f HIST commoner.

rouage [Rwaʒ] nm cog, gearwheel ▸ **les rouages de l'État** fig the wheels of State.

roublard, e [RublaR, aRd] fam ◆ adj cunning, crafty. ◆ nm, f cunning ou crafty devil.

rouble [Rubl] nm rouble.

roucouler [3] [Rukule] ◆ vt to warble ; fig to coo. ◆ vi to bill and coo.

roue [Ru] nf **1.** [gén] wheel ▸ **roue dentée** cog ▸ **la grande roue** the big wheel 🇬🇧, the Ferris wheel 🇺🇸 ▸ **roue de secours** spare wheel ▸ **un deux roues** a two-wheeled vehicle **2.** [de paon] ▸ **faire la roue** to display **3.** [gymnastique] cartwheel.

rouer [6] [Rwe] vt ▸ **rouer qqn de coups** to thrash sb, to give sb a beating.

rouge [Ruʒ] ◆ nm **1.** [couleur] red **2.** fam [vin] red (wine) **3.** [fard] rouge, blusher ▸ **rouge à lèvres** lipstick **4.** AUTO ▸ **passer au rouge a)** to turn red **b)** [conducteur] to go through a red light. ◆ adj **1.** [gén] red **2.** [fer, tison] red-hot **3.** vieilli POL Red.

rougeâtre [RuʒatR] adj reddish.

rougeaud, e [Ruʒo, od] ◆ adj red-faced. ◆ nm, f red-faced person.

rouge-gorge [RuʒgɔRʒ] nm robin.

rougeole [Ruʒɔl] nf measles sg.

rougeoyer [13] [Ruʒwaje] vi to turn red.

rouget [Ruʒɛ] nm mullet.

rougeur [RuʒœR] nf **1.** [de visage, de chaleur, d'effort] flush ; [de gêne] blush **2.** [sur peau] red spot ou blotch.

rougir [32] [RuʒiR] ◆ vt **1.** [colorer] to turn red **2.** [chauffer] to make red-hot. ◆ vi **1.** [devenir rouge] to turn red **2.** [d'émotion] ▸ **rougir (de) a)** [de plaisir, colère] to flush (with) **b)** [de gêne] to blush (with) **3.** fig [avoir honte] ▸ **rougir de qqch** to be ashamed of sthg.

rougissant, e [Ruʒisɑ̃, ɑ̃t] adj [ciel] reddening ; [jeune fille] blushing.

rouille [Ruj] ◆ nf **1.** [oxyde] rust **2.** CULIN spicy garlic sauce for fish soup. ◆ adj inv rust.

rouillé, e [Ruje] adj **1.** [grille, clef] rusty, rusted / **la serrure est complètement rouillée** the lock is rusted up **2.** fig [muscles] stiff / **être rouillé a)** [physiquement] to feel stiff **b)** [intellectuellement] to feel a bit rusty / **mes réflexes au volant sont un peu rouillés** my driving reflexes are a bit rusty **3.** BOT [blé] affected by rust, rusted ; [feuille] mouldy.

rouiller [3] [Ruje] ◆ vt to rust, to make rusty. ◆ vi to rust.

roulade [Rulad] nf [galipette] roll.

rouleau, x [Rulo] nm **1.** [gén & TECHNOL] roller ▸ **rouleau compresseur** steamroller **2.** [de papier] roll **3.** [à pâtisserie] rolling pin **4.** CULIN ▸ **rouleau de printemps** spring roll, egg roll 🇺🇸.

roulement [Rulmɑ̃] nm **1.** [gén] rolling **2.** [de personnel] rotation ▸ **travailler par roulement** to work to a rota 🇬🇧 **3.** [de tambour, tonnerre] roll **4.** TECHNOL rolling bearing **5.** FIN circulation.

rouler [3] [Rule] ◆ vt **1.** [déplacer] to wheel **2.** [enrouler - tapis] to roll up ; [- cigarette] to roll **3.** fam [balancer] to sway **4.** LING to roll **5.** fam & fig [duper] to swindle, to do 🇬🇧. ◆ vi **1.** [ballon, bateau] to roll **2.** [véhicule] to go, to run ; [suj : personne] to drive. ◆ **se rouler** vp to roll about ▸ **se rouler par terre** to roll on the ground ▸ **se rouler en boule** to roll o.s. into a ball.

roulette [Rulɛt] nf **1.** [petite roue] castor **2.** [de dentiste] drill **3.** [jeux] roulette.

rouli-roulant [Ruliʀulɑ̃] nm QUÉBEC skateboard.

roulis [Ruli] nm roll.

roulotte [Rulɔt] nf [de gitan] caravan ; [de tourisme] caravan UK, trailer US ; DR ▸ **vol à la roulotte** theft of goods in car.

roumain, e [Rumɛ̃, ɛn] adj Romanian. ◆ **roumain** nm [langue] Romanian. ◆ **Roumain, e** nm, f Romanian.

Roumanie [Rumani] nf : *la Roumanie* Romania.

rouquin, e [Rukɛ̃, in] fam ❖ adj redheaded. ❖ nm, f redhead.

rousse ⟶ roux.

rousselé, e [Rusle] QUÉBEC ❖ adj freckled. ❖ nm, f person with freckles.

rousseur [RusœR] nf redness. ◆ **taches de rousseur** nfpl freckles.

roussir [32] [RusiR] ❖ vt 1. [rendre roux] to turn brown ; CULIN to brown 2. [brûler légèrement] to singe. ❖ vi to turn brown ; CULIN to brown.

routage [Rutaʒ] nm sorting and mailing.

routard, e [RutaR, aRd] nm, f fam backpacker.

route [Rut] nf 1. [gén] road ▸ **route départementale** secondary road ▸ **route nationale** ≃ A road UK ; ≃ state highway US ▸ **en route** on the way ▸ **en route !** let's go! ▸ **mettre en route a)** [démarrer] to start up **b)** fig to get under way ▸ **prendre la ou se mettre en route** to set off, to get going 2. [itinéraire] route.

routier, ère [Rutje, ɛR] ❖ adj road (avant n). ❖ nm, f [chauffeur] long-distance lorry driver UK ou trucker US. ◆ **routier** nm [restaurant] ≃ transport cafe UK ; ≃ truck stop US.

routine [Rutin] nf routine.

routinier, ère [Rutinje, ɛR] adj routine.

rouvert, e [RuvɛR, ɛRt] pp ⟶ rouvrir.

rouvrir [34] [RuvRiR] vt to reopen, to open again. ◆ **se rouvrir** vp to reopen, to open again.

roux, rousse [Ru, Rus] ❖ adj 1. [cheveux] red 2. [sucre] brown. ❖ nm, f [personne] redhead. ◆ **roux** nm [couleur] red, russet.

royal, e, aux [Rwajal, o] adj 1. [de roi] royal 2. [magnifique] princely.

royaliste [Rwajalist] nmf & adj royalist.

royaume [Rwajom] nm kingdom.

Royaume-Uni [Rwajomyni] nm ▸ le Royaume-Uni the United Kingdom.

royauté [Rwajote] nf 1. [fonction] kingship 2. [régime] monarchy.

RSA nm (abr de **revenu de solidarité active**) nm minimum garanteed income.

rte abr écrite de route.

RTT [ɛRtete] (abr de **réduction du temps de travail**) nf 1. (statutory) reduction in working hours 2. (extra) day off (as a result of shorter working hours) / **poser / prendre une RTT** to book ou claim a day's holiday, to take a day off US.

ruade [Ryad] nf kick.

ruban [Rybɑ̃] nm ribbon ▸ **ruban adhésif** adhesive tape.

rubéole [Rybeɔl] nf German measles sg, rubella.

rubicond, e [Rybikɔ̃, ɔ̃d] adj rubicund.

rubis [Rybi] nm [pierre précieuse] ruby.

rubrique [RybRik] nf 1. [chronique] column 2. [dans classement] heading.

ruche [Ryʃ] nf [abri] hive, beehive ; fig hive of activity.

rude [Ryd] adj 1. [surface] rough 2. [voix] harsh 3. [personne, manières] rough, uncouth 4. [hiver, épreuve] harsh, severe ; [tâche, adversaire] tough.

rudement [Rydmɑ̃] adv 1. [brutalement - tomber] hard ; [- répondre] harshly 2. fam [très] damn.

rudesse [Rydɛs] nf harshness, severity.

rudimentaire [Rydimɑ̃tɛR] adj rudimentary.

rudiments [Rydimɑ̃] nmpl rudiments.

rudoyer [13] [Rydwaje] vt to treat harshly.

rue [Ry] nf street ▸ **rue piétonne ou piétonnière** pedestrian area ou street.

ruée [Rɥe] nf rush.

ruelle [Rɥɛl] nf [rue] alley, lane.

ruer [7] [Rɥe] vi to kick. ◆ **se ruer** vp ▸ **se ruer sur** to pounce on.

rugby [Rygbi] nm rugby.

rugir [32] [RyʒiR] vi to roar ; [vent] to howl.

rugissement [Ryʒismɑ̃] nm roar, roaring (U) ; [de vent] howling.

rugosité [Rygozite] nf 1. [de surface] roughness 2. [aspérité] rough patch.

rugueux, euse [Rygø, øz] adj rough.

ruine [ʀɥin] nf **1.** [gén & FIN] ruin **2.** [effondrement] ruin, downfall **3.** *fam* [personne] wreck.

ruiner [3] [ʀɥine] vt to ruin. ◆ **se ruiner** vp to ruin o.s., to bankrupt o.s.

ruineux, euse [ʀɥinø, øz] adj ruinous.

ruisseau, x [ʀɥiso] nm **1.** [cours d'eau] stream **2.** *fig & litt* [caniveau] gutter.

ruisseler [24] [ʀɥisle] vi ▸ **ruisseler (de)** to stream (with).

rumba [ʀumba] nf rumba.

rumeur [ʀymœʀ] nf **1.** [bruit] murmur **2.** [nouvelle] rumour **UK**, rumor **US**.

ruminer [3] [ʀymine] vt to ruminate ; *fig* to mull over.

rumsteck, romsteck [ʀɔmstɛk] nm rump steak.

rupture [ʀyptyʀ] nf **1.** [cassure] breaking **2.** *fig* [changement] abrupt change **3.** [de négociations, fiançailles] breaking off ; [de contrat] breach **4.** [amoureuse] breakup, split.

rural, e, aux [ʀyʀal, o] adj country *(avant n)*, rural.

ruse [ʀyz] nf **1.** [habileté] cunning, craftiness **2.** [subterfuge] ruse.

rusé, e [ʀyze] adj cunning, crafty.

russe [ʀys] ◆ adj Russian. ◆ nm [langue] Russian. ◆ **Russe** nmf Russian.

Russie [ʀysi] nf : *la Russie* Russia.

Rustine® [ʀystin] nf *small rubber patch for repairing bicycle tyres.*

rustique [ʀystik] adj rustic.

rustre [ʀystʀ] *péj* ◆ nmf lout. ◆ adj loutish.

rut [ʀyt] nm ▸ **être en rut** a) [mâle] to be rutting b) [femelle] to be on **UK** ou in **US** heat.

rutilant, e [ʀytilɑ̃, ɑ̃t] adj [brillant] gleaming.

rythme [ʀitm] nm **1.** MUS rhythm ▸ **en rythme** in rhythm **2.** [de travail, production] pace, rate.

rythmique [ʀitmik] adj rhythmical.

S

s, S [ɛs] nm inv **1.** [lettre] s, S **2.** [forme] zigzag.
◆ **s.** (*abr écrite de* **sud**) S.

s' → **se, si**.

s / *abr écrite de* **sur**.

sa → **son²**.

SA (*abr de* **société anonyme**) nf ≃ Ltd **UK** ; ≃ Inc. **US**.

sabayon [sabajɔ̃] nm zabaglione.

sabbat [saba] nm **1.** RELIG Sabbath **2.** [de sorciers] sabbath.

sabbatique [sabatik] adj **1.** RELIG Sabbath (*avant n*) **2.** [congé] sabbatical.

sable [sabl] nm sand ▸ **sables mouvants** quicksand *sg*, quicksands.

sablé, e [sable] adj [route] sandy. ◆ **sablé** nm ≃ shortbread (*U*).

sabler [3] [sable] vt **1.** [route] to sand **2.** [boire] ▸ **sabler le champagne** to crack a bottle of champagne.

sablier [sablije] nm hourglass.

sablonneux, euse [sablɔnø, øz] adj sandy.

saborder [3] [sabɔrde] vt [navire] to scuttle ; *fig* [entreprise] to wind up ; *fig* [projet] to scupper **UK**.

sabot [sabo] nm **1.** [chaussure] clog **2.** [de cheval] hoof **3.** AUTO ▸ **sabot de Denver** wheel clamp, Denver boot.

sabotage [sabotaʒ] nm **1.** [volontaire] sabotage **2.** [bâclage] bungling.

saboter [3] [sabɔte] vt **1.** [volontairement] to sabotage **2.** [bâcler] to bungle.

saboteur, euse [sabɔtœr, øz] nm, f MIL & POL saboteur.

sabre [sabr] nm sabre **UK**, saber **US**.

sac [sak] nm **1.** [gén] bag ; [pour grains] sack ; [contenu] bag, bagful, sack, sackful ▸ **sac de couchage** sleeping bag ▸ **sac à dos** rucksack ▸ **sac à main** handbag ▸ **sac (en) plastique a)** [petit] plastic bag **b)** [solide et grand] plastic carrier (bag) **UK**, large plastic bag **US** ▸ **sac poubelle a)** bin liner **UK**, garbage can liner **US** **b)** [noir] black bag **2.** *litt* [pillage] sack.

saccade [sakad] nf jerk.

saccadé, e [sakade] adj jerky.

saccage [sakaʒ] nm havoc.

saccager [17] [sakaʒe] vt **1.** [piller] to sack **2.** [dévaster] to destroy.

saccharine [sakarin] nf saccharin.

sacerdoce [sasɛrdɔs] nm priesthood ; *fig* vocation.

sacerdotal, e, aux [sasɛrdɔtal, o] adj priestly.

sachant p prés → **savoir**.

sache, saches → **savoir**.

sachet [saʃɛ] nm [de bonbons] bag ; [de shampooing] sachet ▸ **sachet de thé** teabag ▸ **soupe en sachet** packet soup **UK**, package soup **US**.

sacoche [sakɔʃ] nf **1.** [de médecin, d'écolier] bag **2.** [de cycliste] pannier.

sac-poubelle [sakpubɛl] (*pl* **sacs-poubelle**) nm [petit] dustbin **UK** ou garbage can **US** liner ; [grand] rubbish bag **UK**, garbage bag **US**.

sacre [sakr] nm **1.** [de roi] coronation ; [d'évêque] consecration **2.** QUÉBEC swearword.

sacré, e [sakre] adj **1.** [gén] sacred **2.** RELIG [ordres, écritures] holy **3.** (*avant n*) *fam* [maudit] bloody **UK** (*avant n*), goddam **US** (*avant n*).

sacrement [sakrəmɑ̃] nm sacrament.

sacrément [sakremɑ̃] adv *fam* dashed.

sacrer [3] [sakre] vt **1.** [roi] to crown ; [évêque] to consecrate **2.** *fig* [déclarer] to hail **3.** QUÉBEC to swear.

sacrifice [sakrifis] nm sacrifice.

sacrifié, e [sakrifje] adj **1.** [personne] sacrificed **2.** [prix] giveaway (*avant n*).

sacrifier [9] [sakrifje] vt [gén] to sacrifice ▸ **sacrifier qqn / qqch à** to sacrifice sb/sthg to. ◆ **se sacrifier** vp ▸ **se sacrifier à / pour** to sacrifice o.s. to/for.

sacrilège [sakrilɛʒ] ◆ nm sacrilege. ◆ adj sacrilegious.

sacristain [sakristɛ̃] nm sacristan.

sacristie [sakristi] nf sacristy.

sadique [sadik] ◆ nmf sadist. ◆ adj sadistic.

sadisme [sadism] nm sadism.

safari [safaʀi] nm safari.

safran [safʀɑ̃] nm [épice] saffron.

saga [saga] nf saga.

sage [saʒ] ❖ adj **1.** [personne, conseil] wise, sensible **2.** [enfant, chien] good **3.** [goûts] modest ; [propos, vêtement] sober. ❖ nm wise man, sage.

sage-femme [saʒfam] nf midwife.

sagement [saʒmɑ̃] adv **1.** [avec bon sens] wisely, sensibly **2.** [docilement] like a good girl/boy.

sagesse [saʒɛs] nf **1.** [bon sens] wisdom, good sense **2.** [docilité] good behaviour UK ou behavior US.

Sagittaire [saʒitɛʀ] nm ASTROL Sagittarius.

Sahara [saaʀa] nm : *le Sahara* the Sahara.

saharien, enne [saaʀjɛ̃, ɛn] adj Saharan. ❖ **saharienne** nf safari jacket. ❖ **Saharien, enne** nm, f Saharan.

saignant, e [sɛɲɑ̃, ɑ̃t] adj **1.** [blessure] bleeding **2.** [viande] rare, underdone.

saignée [seɲe] nf **1.** *vieilli* MÉD bloodletting, bleeding **2.** [pli du bras] crook of the arm **3.** [sillon - dans un sol] ditch ; [- dans un mur] groove.

saignement [sɛɲmɑ̃] nm bleeding.

saigner [4] [seɲe] ❖ vt **1.** [malade, animal] to bleed **2.** [financièrement] ▶ **saigner qqn (à blanc)** to bleed sb (white). ❖ vi to bleed / *je saigne du nez* my nose is bleeding, I've got a nosebleed.

saillant, e [sajɑ̃, ɑ̃t] adj [proéminent] projecting, protruding ; [muscles] bulging ; [pommettes] prominent.

saillie [saji] nf [avancée] projection ▶ **en saillie** projecting.

saillir [50] [sajiʀ] vi [balcon] to project, to protrude ; [muscles] to bulge.

sain, e [sɛ̃, sɛn] adj **1.** [gén] healthy ▶ **sain et sauf** safe and sound **2.** [lecture] wholesome **3.** [fruit] fit to eat ; [mur, gestion] sound.

saindoux [sɛ̃du] nm lard.

saint, e [sɛ̃, sɛ̃t] ❖ adj **1.** [sacré] holy **2.** [pieux] saintly **3.** [extrême] ▶ **avoir une sainte horreur de qqch** *fam* to detest sthg. ❖ nm, f saint.

saint-bernard [sɛ̃bɛʀnaʀ] nm inv **1.** [chien] St Bernard **2.** *fig* [personne] good Samaritan.

saintement [sɛ̃tmɑ̃] adv ▶ **vivre saintement** to lead a saintly life.

sainte-nitouche [sɛ̃tnituʃ] nf *péj* : *c'est une sainte-nitouche* butter wouldn't melt in her mouth.

sainteté [sɛ̃te] nf holiness.

saint-glinglin [sɛ̃glɛ̃glɛ̃] ❖ **à la saint-glinglin** loc adv *fam* till Doomsday.

saint-honoré [sɛ̃tɔnɔʀe] nm inv choux pastry ring filled with confectioner's custard.

saint-père [sɛ̃pɛʀ] (*pl* **saints-pères**) nm Holy Father.

saint-pierre [sɛ̃pjɛʀ] nm inv [poisson] John Dory.

sais, sait ⟶ **savoir**.

saisie [sezi] nf **1.** [fiscalité & DR] distraint, seizure **2.** INFORM input ▶ **saisie de données** data capture.

saisir [32] [seziʀ] vt **1.** [empoigner] to take hold of ; [avec force] to seize **2.** FIN & DR to seize, to distrain **3.** INFORM to capture **4.** [comprendre] to grasp **5.** [suj : sensation, émotion] to grip, to seize **6.** [surprendre] ▶ **être saisi par** to be struck by **7.** CULIN to seal. ❖ **se saisir** vp ▶ **se saisir de qqn/qqch** to seize hold of sb/sthg, to grab sb/sthg.

saisissant, e [sezisɑ̃, ɑ̃t] adj **1.** [spectacle] gripping ; [ressemblance] striking **2.** [froid] biting.

saison [sɛzɔ̃] nf season ▶ **en/hors saison** in/out of season ▶ **la haute/basse/morte saison** the high/low/off season.

saisonnier, ère [sɛzɔnje, ɛʀ] ❖ adj seasonal. ❖ nm, f seasonal worker.

salace [salas] adj salacious.

salade [salad] nf **1.** [plante] lettuce **2.** [plat] (green) salad ▶ **salade composée** mixed salad ▶ **salade de fruits** fruit salad.

saladerie [saladʀi] nf salad bar.

saladier [saladje] nm salad bowl.

salaire [salɛʀ] nm **1.** [rémunération] salary, wage ▶ **salaire brut/net/de base** gross/net/basic salary, gross/net/basic wage **2.** *fig* [récompense] reward.

salaison [salɛzɔ̃] nf **1.** [procédé] salting **2.** [aliment] salted food.

salamandre [salamɑ̃dʀ] nf [animal] salamander.

salant [salɑ̃] ⟶ **marais**.

salarial, e, aux [salaʀjal, o] adj wage *(avant n)*.

salarié, e [salaʀje] ❖ adj **1.** [personne] wage-earning **2.** [travail] paid. ❖ nm, f salaried employee.

salaud [salo] *injur* ❖ nm *vulg* bastard. ❖ adj m *tfam* shitty.

sale [sal] adj **1.** [linge, mains] dirty ; [couleur] dirty, dingy **2.** *(avant n) fam* [type, gueule, coup] nasty ; [tour, histoire] dirty ; [bête, temps] filthy.

salé, e [sale] adj **1.** [eau, saveur] salty ; [beurre] salted ; [viande, poisson] salt *(avant n)*, salted **2.** *fig* [histoire] spicy **3.** *fam & fig* [addition, facture] steep.

salement [salmã] adv **1.** [malproprement] dirtily, disgustingly **2.** *fam* [très] bloody 🇬🇧, damn.

saler [3] [sale] vt **1.** [gén] to salt **2.** *fam & fig* [note] to bump up.

saleté [salte] nf **1.** [malpropreté] dirtiness, filthiness **2.** [crasse] dirt *(U)*, filth *(U)* ▶ **faire des saletés** to make a mess **3.** *fam* [maladie] bug **4.** [obscénité] dirty thing, obscenity ▶ **il m'a dit des saletés** he used obscenities to me **5.** [action] disgusting thing ▶ **faire une saleté à qqn** to play a dirty trick on sb **6.** [calomnie] (piece of) dirt **7.** *tfam & péj* [personne] nasty piece of work 🇬🇧.

salière [saljɛʀ] nf saltcellar, saltshaker 🇺🇸.

salir [32] [saliʀ] vt **1.** [linge, mains] to (make) dirty, to soil **2.** *fig* [réputation, personne] to sully.

salissant, e [salisã, ãt] adj **1.** [tissu] easily soiled **2.** [travail] dirty, messy.

salive [saliv] nf saliva.

saliver [3] [salive] vi to salivate.

salle [sal] nf **1.** [pièce] room ▶ **en salle** [au café a) [à l'intérieur] inside b) [assis] at the table ▶ **salle d'attente** waiting room ▶ **salle de bains** bathroom ▶ **salle de cinéma** cinema 🇬🇧, movie theater 🇺🇸 ▶ **salle de classe** classroom ▶ **salle d'eau, salle de douches** shower room ▶ **salle d'embarquement** departure lounge ▶ **salle à manger** dining room ▶ **salle d'opération** operating theatre 🇬🇧 ou room 🇺🇸 ▶ **salle de séjour** living room ▶ **salle de spectacle** theatre 🇬🇧, theater 🇺🇸 ▶ **salle des ventes** saleroom 🇬🇧, salesroom 🇺🇸 **2.** [de spectacle] auditorium **3.** [public] audience, house ▶ **faire salle comble** to have a full house.

salon [salõ] nm **1.** [de maison] lounge 🇬🇧, living room **2.** [commerce] ▶ **salon de coiffure** hairdressing salon, hairdresser's ▶ **salon de thé** tearoom **3.** [foire-exposition] show.

salope [salɔp] nf *vulg & injur* bitch.

saloperie [salɔpʀi] nf *fam* **1.** [pacotille] rubbish *(U)* **2.** [maladie] bug **3.** [saleté] junk *(U)*, rubbish *(U)* ▶ **faire des saloperies** to make a mess **4.** [action] dirty trick ▶ **faire des saloperies à**

qqn to play dirty tricks on sb **5.** [propos] dirty comment.

salopette [salɔpɛt] nf [d'ouvrier] overalls *pl* ; [à bretelles] dungarees *pl* 🇬🇧, overalls 🇺🇸.

salpêtre [salpɛtʀ] nm saltpetre 🇬🇧, saltpeter 🇺🇸.

salsifis [salsifi] nm salsify.

saltimbanque [saltẽbãk] nmf acrobat.

salubrité [salybʀite] nf healthiness.

saluer [7] [salɥe] vt **1.** [accueillir] to greet **2.** [dire au revoir à] to take one's leave of **3.** MIL to salute. ❖ **se saluer** vp to say hello/goodbye (to one another).

salut [saly] ❖ nm **1.** [de la main] wave ; [de la tête] nod ; [propos] greeting **2.** MIL salute **3.** [sauvegarde] safety **4.** RELIG salvation. ❖ interj *fam* [bonjour] hi! ; [au revoir] bye!, see you!

salutaire [salytɛʀ] adj **1.** [conseil, expérience] salutary **2.** [remède, repos] beneficial.

salutation [salytasjõ] nf *litt* salutation, greeting. ❖ **salutations** nfpl ▶ **veuillez agréer, Monsieur, mes salutations distinguées** ou **mes sincères salutations** *sout* yours faithfully 🇬🇧, yours sincerely.

salve [salv] nf salvo.

samedi [samdi] nm Saturday / **nous sommes partis samedi** we left on Saturday / **samedi 13 septembre** Saturday 13th September 🇬🇧, Saturday September 13th 🇺🇸 ▶ **samedi dernier / prochain** last/next Saturday ▶ **le samedi** on Saturdays.

SAMU, Samu [samy] *(abr de service d'aide médicale d'urgence)* nm **1.** MÉD *French ambulance and emergency service* ; ≃ Ambulance Brigade 🇬🇧 ; ≃ Paramedics 🇺🇸 **2.** [aide sociale] : *le SAMU social* a municipal service that deals with the homeless and assists persons in need.

sanatorium [sanatɔʀjɔm] nm sanatorium.

sanctifier [9] [sãktifje] vt **1.** [rendre saint] to sanctify **2.** [révérer] to hallow.

sanction [sãksjõ] nf sanction ; *fig* [conséquence] penalty, price ▶ **prendre des sanctions contre** to impose sanctions on.

sanctionner [3] [sãksjɔne] vt to sanction.

sanctuaire [sãktɥɛʀ] nm **1.** [d'église] sanctuary **2.** [lieu saint] shrine.

sandale [sãdal] nf sandal.

sandalette [sãdalɛt] nf sandal.

sandwich [sãdwitʃ] *(pl sandwiches ou sandwichs)* nm sandwich.

sandwicherie [sãdwitʃʀi] nf sandwich shop ; [avec possibilité de manger sur place] sandwich bar.

sang [sã] nm blood.

sang-froid [sãfʀwa] nm inv calm ▸ **de sang-froid** in cold blood ▸ **perdre / garder son sang-froid** to lose / to keep one's head.

sanglant, e [sãglã, ãt] adj bloody ; *fig* cruel.

sangle [sãgl] nf strap ; [de selle] girth.

sangler [3] [sãgle] vt [attacher] to strap ; [cheval] to girth.

sanglier [sãglije] nm boar.

sanglot [sãglo] nm sob ▸ **éclater en sanglots** to burst into sobs.

sangloter [3] [sãglote] vi to sob.

sangsue [sãsy] nf leech ; *fig* [personne] bloodsucker.

sanguin, e [sãgɛ̃, in] adj **1.** ANAT blood *(avant n)* **2.** [rouge - visage] ruddy ; [- orange] blood *(avant n)* **3.** [emporté] quick-tempered.

sanguinaire [sãginɛʀ] adj **1.** [tyran] bloodthirsty **2.** [lutte] bloody.

Sanisette® [sanizɛt] nf ≃ superloo UK ; automatic public toilet.

sanitaire [sanitɛʀ] adj **1.** [service, mesure] health *(avant n)* **2.** [installation, appareil] bathroom *(avant n)*. ◆ **sanitaires** nmpl toilets and showers.

sans [sã] ◆ prép without / **sans argent** without any money ▸ **sans faire un effort** without making an effort. ◆ adv : *passe-moi mon manteau, je ne veux pas sortir sans* pass me my coat, I don't want to go out without it. ◆ **sans que** loc conj (+ subjonctif) : *sans que vous le sachiez* without your knowing.

sans-abri [sãzabʀi] nmf homeless person.

sans-emploi [sãzãplwa] nmf inv unemployed person.

sans-gêne [sãʒɛn] ◆ nm inv [qualité] rudeness, lack of consideration. ◆ nmf inv [personne] rude ou inconsiderate person. ◆ adj inv rude, inconsiderate.

sans-papiers [sãpapje] nmf *immigrant without proper identity or working papers*.

sans-plomb [sãplɔ̃] nm inv unleaded, unleaded petrol UK ou gas US, lead-free petrol UK ou gas US.

santal [sãtal] nm sandalwood.

santé [sãte] nf health ▸ **à ta / votre santé !** cheers!, good health!

santiag [sãtjag] nf cowboy boot.

santon [sãtɔ̃] nm *figure placed in Christmas crib*.

saoul = **soûl**.

saouler = **soûler**.

sapeur-pompier [sapœʀpɔ̃pje] nm fireman, firefighter.

saphir [safiʀ] nm sapphire.

sapin [sapɛ̃] nm **1.** [arbre] fir, firtree ▸ **sapin de Noël** Christmas tree **2.** [bois] fir, deal UK.

sarabande [saʀabãd] nf **1.** [danse] saraband **2.** *fam* [vacarme] din, racket.

sarbacane [saʀbakan] nf [arme] blowpipe, blowgun ; [jouet] peashooter.

sarcasme [saʀkasm] nm sarcasm.

sarcastique [saʀkastik] adj sarcastic.

sarcler [3] [saʀkle] vt to weed.

sarcophage [saʀkɔfaʒ] nm sarcophagus.

Sardaigne [saʀdɛɲ] nf : *la Sardaigne* Sardinia.

sardine [saʀdin] nf [gén] sardine.

SARL, Sarl (*abr de* **société à responsabilité limitée**) nf limited liability company UK / *Le-duc, SARL* ≃ Leduc Ltd UK ; ≃ Leduc Inc US.

sarment [saʀmã] nm [de vigne] shoot.

sarrasin, e [saʀazɛ̃, in] adj Saracen. ◆ **sarrasin** nm buckwheat. ◆ **Sarrasin, e** nm, f Saracen.

sas [sas] nm **1.** AÉRON & NAUT airlock **2.** [d'écluse] lock **3.** [tamis] sieve.

sashimi [saʃimi] nm CULIN sashimi.

satanique [satanik] adj satanic.

satelliser [3] [satelize] vt **1.** [fusée] to put into orbit **2.** [pays] to make a satellite.

satellite [satelit] nm satellite ▸ **satellite artificiel / météorologique / de télécommunications** artificial / meteorological / communications satellite.

satiété [sasjete] nf ▸ **à satiété a)** [boire, manger] one's fill **b)** [répéter] ad nauseam.

satin [satɛ̃] nm satin.

satiné, e [satine] adj satin *(avant n)* ; [peau] satiny-smooth. ◆ **satiné** nm satin-like quality.

satire [satiʀ] nf satire.

satirique [satiʀik] adj satirical.

satisfaction [satisfaksjɔ̃] nf satisfaction.

satisfaire [109] [satisfɛʀ] vt to satisfy. ◆ **se satisfaire** vp ▸ **se satisfaire de** to be satisfied with.

satisfaisant, e [satisfəzɑ̃, ɑ̃t] adj **1.** [travail] satisfactory **2.** [expérience] satisfying.

satisfait, e [satisfɛ, ɛt] ◈ pp ⟶ **satisfaire.** ◈ adj satisfied ▸ **être satisfait de** to be satisfied with.

saturation [satyrasjɔ̃] nf saturation.

saturé, e [satyre] adj ▸ **saturé (de)** saturated (with).

Saturne [satyrn] npr ASTRON Saturn.

satyre [satir] nm satyr ; fig sex maniac.

sauce [sos] nf CULIN sauce.

saucière [sosjɛr] nf sauceboat.

saucisse [sosis] nf CULIN sausage.

saucisson [sosisɔ̃] nm slicing sausage.

sauf¹, sauve [sof, sov] adj [personne] safe, unharmed ; fig [honneur] saved, intact.

sauf² [sof] prép **1.** [à l'exclusion de] except, apart from **2.** [sous réserve de] barring ▸ **sauf que** except (that).

sauf-conduit [sofkɔ̃dɥi] (pl **sauf-conduits**) nm safe-conduct.

sauge [soʒ] nf CULIN sage.

saugrenu, e [sogrəny] adj ridiculous, nonsensical.

saule [sol] nm willow ▸ **saule pleureur** weeping willow.

saumon [somɔ̃] nm salmon / **saumon fumé** CULIN smoked salmon UK, lox US.

saumoné, e [somɔne] adj salmon (avant n).

saumure [somyr] nf brine.

sauna [sona] nm sauna.

saupoudrer [3] [sopudre] vt ▸ **saupoudrer qqch de** to sprinkle sthg with.

saurai, sauras ⟶ **savoir.**

saut [so] nm **1.** [bond] leap, jump **2.** SPORT ▸ **saut en hauteur** high jump ▸ **saut en longueur** long jump, broad jump US ▸ **saut à l'élastique** bungee-jumping ▸ **faire du saut à l'élastique** to go bungee-jumping **3.** fam & fig [visite] ▸ **faire un saut chez qqn** to pop in and see sb **4.** INFORM ▸ **(insérer un) saut de page** (insert) page break.

sauté, e [sote] adj sautéed.

saute-mouton [sotmutɔ̃] nm inv ▸ **jouer à saute-mouton** to play leapfrog.

sauter [3] [sote] ◈ vi **1.** [bondir] to jump, to leap ▸ **sauter à la corde** to skip UK, to skip ou jump rope US ▸ **sauter d'un sujet à l'autre** fig to jump from one subject to another ▸ **sauter de**

joie fig to jump for joy ▸ **sauter au cou de qqn** fig to throw one's arms around sb **2.** [exploser] to blow up ; [fusible] to blow **3.** [être projeté -bouchon] to fly out ; [-serrure] to burst off ; [-bouton] to fly off ; [-chaîne de vélo] to come off **4.** fam [personne] to get the sack UK. ◈ vt **1.** [fossé, obstacle] to jump ou leap over **2.** fig [page, repas] to skip.

sauterelle [sotrɛl] nf ZOOL grasshopper.

sauteur, euse [sotœr, øz] ◈ adj [insecte] jumping (avant n). ◈ nm, f [athlète] jumper.

sautiller [3] [sotije] vi to hop.

sautoir [sotwar] nm [bijou] chain.

sauvage [sovaʒ] ◈ adj **1.** [plante, animal] wild **2.** [farouche -animal familier] shy, timid ; [-personne] unsociable **3.** [conduite, haine] savage. ◈ nmf [solitaire] recluse.

sauvagerie [sovaʒri] nf **1.** [férocité] brutality, savagery **2.** [insociabilité] unsociableness.

sauve ⟶ **sauf¹**

sauvegarde [sovgard] nf **1.** [protection] safeguard **2.** INFORM saving ; [copie] backup.

sauvegarder [3] [sovgarde] vt **1.** [protéger] to safeguard **2.** INFORM to save ; [copier] to back up.

sauve-qui-peut [sovkipø] ◈ nm inv [débandade] stampede. ◈ interj every man for himself!

sauver [3] [sove] vt **1.** [gén] to save ▸ **sauver qqn/qqch de** to save sb/sthg from, to rescue sb/sthg from / **sauver la vie à qqn** to save sb's life **2.** [navire, biens] to salvage. ◆ **se sauver** vp ▸ **se sauver (de)** to run away (from) ; [prisonnier] to escape (from).

sauvetage [sovtaʒ] nm **1.** [de personne] rescue **2.** [de navire, biens] salvage.

sauveteur [sovtœr] nm rescuer.

sauvette [sovɛt] ◆ **à la sauvette** loc adv hurriedly, at great speed.

sauveur [sovœr] nm saviour UK, savior US.

sava SMS abr écrite de **ça va.**

savamment [savamɑ̃] adv **1.** [avec érudition] learnedly **2.** [avec habileté] skilfully UK, skillfully US, cleverly.

savane [savan] nf savanna.

savant, e [savɑ̃, ɑ̃t] adj **1.** [érudit] scholarly **2.** [habile] skilful, clever **3.** [animal] performing (avant n). ◆ **savant** nm scientist.

savate [savat] nf **1.** [pantoufle] worn-out slipper ; [soulier] worn-out shoe **2.** SPORT kick boxing **3.** fam & fig [personne] clumsy oaf.

saveur [savœʀ] nf flavour **UK**, flavor **US** ; fig savour **UK**, savor **US**.

savoir [59] [savwaʀ] ❖ vt **1.** [gén] to know ▶ **faire savoir qqch à qqn** to tell sb sthg, to inform sb of sthg ▶ **si j'avais su…** had I but known…, if I had only known… ▶ **sans le savoir** unconsciously, without being aware of it ▶ **tu (ne) peux pas savoir** fam you have no idea ▶ **pas que je sache** not as far as I know **2.** [être capable de] to know how to / **sais-tu conduire ?** can you drive ? / **savoir s'y prendre avec les enfants** to know how to handle children, to be good with children. ❖ nm learning. ◆ **à savoir** loc conj namely, that is.

savoir-faire [savwaʀfɛʀ] nm inv know-how, expertise.

savoir-vivre [savwaʀvivʀ] nm inv good manners pl.

savon [savɔ̃] nm **1.** [matière] soap ; [pain] cake ou bar of soap ▶ **savon de Marseille** ≃ household soap **2.** fam [réprimande] telling-off.

savonner [3] [savɔne] vt [linge] to soap. ◆ **se savonner** vp to soap o.s.

savonnette [savɔnɛt] nf guest soap.

savonneux, euse [savɔnø, øz] adj soapy.

savourer [3] [savuʀe] vt to savour **UK**, to savor **US**.

savoureux, euse [savuʀø, øz] adj **1.** [mets] tasty **2.** fig [anecdote] juicy.

saxophone [saksɔfɔn] nm saxophone.

saxophoniste [saksɔfɔnist] nmf saxophonist, saxophone player.

s/c (abr écrite de **sous couvert de**) c/o.

scabreux, euse [skabʀø, øz] adj **1.** [propos] shocking, indecent **2.** [entreprise] risky.

scalpel [skalpɛl] nm scalpel.

scalper [3] [skalpe] vt to scalp.

scandale [skɑ̃dal] nm **1.** [fait choquant] scandal **2.** [indignation] uproar **3.** [tapage] scene ▶ **faire du** ou **un scandale** to make a scene.

scandaleux, euse [skɑ̃dalø, øz] adj scandalous, outrageous.

scandaliser [3] [skɑ̃dalize] vt to shock, to scandalize.

scander [3] [skɑ̃de] vt **1.** [vers] to scan **2.** [slogan] to chant.

scandinave [skɑ̃dinav] adj Scandinavian. ◆ **Scandinave** nmf Scandinavian.

Scandinavie [skɑ̃dinavi] nf : **la Scandinavie** Scandinavia.

scanner¹ [4] [skane] vt to scan.

scanner² [skanɛʀ] nm scanner.

scaphandre [skafɑ̃dʀ] nm **1.** [de plongeur] diving suit **2.** [d'astronaute] spacesuit.

scarabée [skaʀabe] nm beetle, scarab.

scarlatine [skaʀlatin] nf scarlet fever.

scarole [skaʀɔl] nf endive.

scatologique [skatɔlɔʒik] adj scatological.

sceau, x [so] nm seal ; fig stamp, hallmark.

scélérat, e [selera, at] ❖ adj wicked. ❖ nm, f villain ; péj rogue, rascal.

sceller [4] [sele] vt **1.** [gén] to seal **2.** CONSTR [fixer] to embed.

scellés [sele] nmpl seals ▶ **sous scellés** sealed.

scénario [senaʀjo] nm **1.** CINÉ, LITTÉR & THÉÂTRE [canevas] scenario **2.** CINÉ & TV [découpage, synopsis] screenplay, script **3.** fig [rituel] pattern.

scénariste [senaʀist] nmf scriptwriter.

scène [sɛn] nf **1.** [gén] scene **2.** [estrade] stage ▶ **entrée en scène a)** THÉÂTRE entrance **b)** fig appearance ▶ **mettre en scène a)** THÉÂTRE to stage **b)** CINÉ to direct.

scepticisme [sɛptisism] nm scepticism **UK**, skepticism **US**.

sceptique [sɛptik] ❖ nmf sceptic **UK**, skeptic **US**. ❖ adj **1.** [incrédule] sceptical **UK**, skeptical **US 2.** PHILO sceptic **UK**, skeptic **US**.

sceptre [sɛptʀ] nm sceptre **UK**, scepter **US**.

schéma [ʃema] nm [diagramme] diagram.

schématique [ʃematik] adj **1.** [dessin] diagrammatic **2.** [interprétation, exposé] simplified.

schématiser [3] [ʃematize] vt péj [généraliser] to oversimplify.

schisme [ʃism] nm **1.** RELIG schism **2.** [d'opinion] split.

schizophrène [skizɔfʀɛn] nmf & adj schizophrenic.

schizophrénie [skizɔfʀeni] nf schizophrenia.

sciatique [sjatik] ❖ nf sciatica. ❖ adj sciatic.

scie [si] nf [outil] saw.

sciemment [sjamɑ̃] adv knowingly.

science [sjɑ̃s] nf **1.** [connaissances scientifiques] science ▶ **sciences humaines** ou **sociales** UNIV social sciences ▶ **sciences naturelles** SCOL biology sg ▶ **les sciences politiques** politics, political sciences **2.** [érudition] knowledge **3.** [art] art.

science-fiction [sjɑ̃sfiksjɔ̃] (*pl* **sciences-fictions**) nf science fiction.

sciences-po [sjɑ̃spo] nfpl UNIV political science *sg.* ◆ **Sciences-Po** npr *grande école for political science.*

scientifique [sjɑ̃tifik] ❖ nmf scientist. ❖ adj scientific.

scier [9] [sje] vt [branche] to saw.

scierie [siʀi] nf sawmill.

scinder [3] [sɛ̃de] vt ▸ **scinder (en)** to split (into), to divide (into). ◆ **se scinder** vp ▸ **se scinder (en)** to split (into), to divide (into).

scintiller [3] [sɛ̃tije] vi to sparkle.

scission [sisjɔ̃] nf split.

sciure [sjyʀ] nf sawdust.

sclérose [skleʀoz] nf sclerosis ; *fig* ossification ▸ **sclérose en plaques** multiple sclerosis.

sclérosé, e [skleʀoze] adj sclerotic ; *fig* ossified.

scolaire [skɔlɛʀ] adj school (*avant n*) ; *péj* bookish.

scolarisable [skɔlaʀizabl] adj of school age.

scolariser [3] [skɔlaʀize] vt to provide with schooling.

scolarité [skɔlaʀite] nf schooling ▸ **frais de scolarité a)** SCOL school fees **b)** UNIV tuition fees.

scoliose [skɔljoz] nf curvature of the spine, scoliosis.

scooter [skutœʀ] nm scooter.

scorbut [skɔʀbyt] nm scurvy.

score [skɔʀ] nm SPORT score.

scorpion [skɔʀpjɔ̃] nm scorpion. ◆ **Scorpion** nm ASTROL Scorpio.

scotch [skɔtʃ] nm [alcool] whisky, Scotch.

Scotch® [skɔtʃ] nm [adhésif] ≃ Sellotape® **UK** ; ≃ Scotch tape® **US**.

scotché, e [skɔtʃe] adj : *être scotché devant la télévision* to be glued to the television.

scotcher [3] [skɔtʃe] vt to sellotape **UK**, to scotch-tape **US**.

scout, e [skut] ❖ adj scout (*avant n*). ❖ nm, f scout.

scoutisme [skutism] nm scouting.

scribe [skʀib] nm HIST scribe.

script [skʀipt] nm CINÉ & TV script.

scripte [skʀipt] nmf CINÉ & TV continuity person.

scrupule [skʀypyl] nm scruple ▸ **avec scrupule** scrupulously ▸ **sans scrupules a)** [être] unscrupulous **b)** [agir] unscrupulously.

scrupuleux, euse [skʀypylø, øz] adj scrupulous.

scrutateur, trice [skʀytatœʀ, tʀis] adj searching.

scruter [3] [skʀyte] vt to scrutinize.

scrutin [skʀytɛ̃] nm **1.** [vote] ballot **2.** [système] voting system ▸ **scrutin majoritaire** first-past-the-post system **UK** ▸ **scrutin proportionnel** proportional representation system.

sculpter [3] [skylte] vt to sculpt.

sculpteur [skyltœʀ] nm sculptor.

sculpture [skyltyʀ] nf sculpture.

SDF (*abr de* **sans domicile fixe**) nmf ▸ **les SDF** the homeless.

se [sə], **s'** (*devant voyelle ou 'h' muet*) pron pers **1.** (*réfléchi*) [personne] oneself, himself (herself), themselves ; [chose, animal] itself, themselves / *elle se regarde dans le miroir* she looks at herself in the mirror **2.** (*réciproque*) each other, one another / *ils se sont rencontrés hier* they met yesterday **3.** (*passif*) : *ce produit se vend bien / partout* this product is selling well/is sold everywhere **4.** [remplace l'adjectif possessif] : *se laver les mains* to wash one's hands / *se couper le doigt* to cut one's finger.

séance [seɑ̃s] nf **1.** [réunion] meeting, sitting, session **2.** [période] session ; [de pose] sitting **3.** CINÉ & THÉÂTRE performance **4.** EXPR **séance tenante** right away, forthwith.

seau, x [so] nm **1.** [récipient] bucket **2.** [contenu] bucketful.

sébum [sebɔm] nm sebum.

sec, sèche [sɛk, sɛʃ] adj **1.** [gén] dry **2.** [fruits] dried **3.** [personne - maigre] lean ; [- austère] austere **4.** *fig* [cœur] hard ; [voix, ton] sharp **5.** [sans autre prestation] ▸ **vol sec** flight only. ◆ **sec** ❖ adv **1.** [beaucoup] ▸ **boire sec** to drink heavily **2.** [démarrer] sharply. ❖ nm ▸ **tenir au sec** to keep in a dry place.

sécable [sekabl] adj divisible.

sécateur [sekatœʀ] nm secateurs *pl.*

sécession [sesesjɔ̃] nf secession ▸ **faire sécession (de)** to secede (from).

sèche-cheveux [sɛʃʃəvø] nm inv hairdryer.

sèche-linge [sɛʃlɛ̃ʒ] nm inv tumble-dryer.

sèche-mains [sɛʃmɛ̃] nm inv hand-dryer.

sécher [18] [seʃe] ❖ vt **1.** [linge] to dry **2.** *arg scol* [cours] to skip, to skive off **UK**.

❖ vi **1.** [linge] to dry **2.** [peau] to dry out; [rivière] to dry up **3.** *arg scol* [ne pas savoir répondre] to dry up.

sécheresse [seʃʀɛs] nf **1.** [de terre, climat, style] dryness **2.** [absence de pluie] drought **3.** [de réponse] curtness.

séchoir [seʃwaʀ] nm **1.** [tringle] airer, clothes-horse **2.** [électrique] dryer ▸ **séchoir à cheveux** hairdryer.

second, e [səgɔ̃, ɔ̃d] ❖ adj num inv second ▸ **dans un état second** dazed. ❖ nm, f second. *Voir aussi* **sixième.** ◆ **seconde** nf **1.** [unité de temps & MUS] second **2.** SCOL ≃ fifth year *ou* form UK; ≃ tenth grade US **3.** [transports] second class **4.** AUTO second gear.

secondaire [səgɔ̃dɛʀ] ❖ nm ▸ **le secondaire** a) GÉOL the Mesozoic b) SCOL secondary education c) ÉCON the secondary sector. ❖ adj **1.** [gén & SCOL] secondary ▸ **effets secondaires** MÉD side effects **2.** GÉOL Mesozoic.

seconder [3] [səgɔ̃de] vt to assist.

secouer [6] [səkwe] vt [gén] to shake. ◆ **se secouer** vp *fam* to snap out of it.

secourable [səkuʀabl] adj helpful ▸ **main secourable** helping hand.

secourir [45] [səkuʀiʀ] vt [blessé, miséreux] to help; [personne en danger] to rescue.

secouriste [səkuʀist] nmf first-aid worker.

secours [səkuʀ] nm **1.** [aide] help ▸ **appeler au secours** to call for help ▸ **les secours** emergency services ▸ **au secours !** help! **2.** [dons] aid, relief **3.** [renfort] relief, reinforcements *pl* **4.** [soins] aid ▸ **les premiers secours** first aid (U). ◆ **de secours** loc adj **1.** [trousse, poste] first-aid *(avant n)* **2.** [éclairage, issue] emergency *(avant n)* **3.** [roue] spare.

secouru, e [səkuʀy] pp ⟶ **secourir.**

secousse [səkus] nf **1.** [mouvement] jerk, jolt **2.** *fig* [bouleversement] upheaval ; [psychologique] shock **3.** [tremblement de terre] tremor.

secret, ète [səkʀɛ, ɛt] adj **1.** [gén] secret **2.** [personne] reticent. ◆ **secret** nm **1.** [gén] secret **2.** [discrétion] secrecy ▸ **dans le plus grand secret** in the utmost secrecy.

secrétaire [səkʀetɛʀ] ❖ nmf [personne] secretary ▸ **secrétaire de direction** executive secretary. ❖ nm [meuble] writing desk, secretaire.

secrétariat [səkʀetaʀja] nm **1.** [bureau] secretary's office ; [d'organisation internationale] secretariat **2.** [personnel] secretarial staff **3.** [métier] secretarial work.

secret(-)défense [səkʀedefɑ̃s] adj inv & nm inv classified, top secret / *ce dossier est classé secret(-)défense* this file is classified / *un document secret(-)défense* a top secret document.

sécréter [18] [sekʀete] vt to secrete ; *litt & fig* to exude.

sécrétion [sekʀesjɔ̃] nf secretion.

sectaire [sɛktɛʀ] nmf & adj sectarian.

secte [sɛkt] nf sect.

secteur [sɛktœʀ] nm **1.** [zone] area ▸ **se trouver dans le secteur** *fam* to be somewhere *ou* someplace US around **2.** ADMIN district **3.** ÉCON, GÉOM & MIL sector ▸ **secteur primaire / secondaire / tertiaire** primary / secondary / tertiary sector ▸ **secteur privé / public** private / public sector **4.** ÉLECTR mains ▸ **sur secteur** off *ou* from the mains.

section [sɛksjɔ̃] nf **1.** [gén] section ; [de parti] branch **2.** MIL platoon.

sectionner [3] [sɛksjɔne] vt **1.** [trancher] to sever **2.** *fig* [diviser] to divide into sections.

séculaire [sekylɛʀ] adj [ancien] age-old.

secundo [səgɔ̃do] adv in the second place, secondly.

sécurisant, e [sekyʀizɑ̃, ɑ̃t] adj [milieu] secure ; [attitude] reassuring.

sécurisé, e [sekyʀize] adj INFORM [transaction, paiement] secure.

sécurité [sekyʀite] nf **1.** [d'esprit] security **2.** [absence de danger] safety ▸ **la sécurité routière** road safety ▸ **en toute sécurité** safe and sound **3.** [dispositif] safety catch **4.** [organisme] ▸ **la Sécurité sociale** ≃ the DSS UK; ≃ Social Security US.

sédatif, ive [sedatif, iv] adj sedative. ◆ **sédatif** nm sedative.

sédentaire [sedɑ̃tɛʀ] adj [personne, métier] sedentary ; [casanier] stay-at-home.

sédentariser [3] [sedɑ̃taʀize] ◆ **se sédentariser** vp [tribu] to settle, to become settled.

sédiment [sedimɑ̃] nm sediment.

sédition [sedisjɔ̃] nf sedition.

séducteur, trice [sedyktœʀ, tʀis] ❖ adj seductive. ❖ nm, f seducer (seductress).

séduction [sedyksjɔ̃] nf **1.** [action] seduction **2.** [attrait] seductive power.

séduire [98] [sedɥiʀ] vt **1.** [plaire à] to attract, to appeal to **2.** [abuser de] to seduce.

séduisant, e [sedɥizɑ̃, ɑ̃t] adj attractive.

séduit, e [sedyi, it] pp ⟶ **séduire**.

segment [sɛgmɑ̃] nm GÉOM segment.

segmenter [3] [sɛgmɑ̃te] vt to segment.

ségrégation [segʀegasjɔ̃] nf segregation.

seiche [sɛʃ] nf cuttlefish.

seigle [sɛgl] nm rye.

seigneur [sɛɲœʀ] nm lord. ◆ **Seigneur** nm ▸ **le Seigneur** the Lord.

sein [sɛ̃] nm breast ; fig bosom ▸ **donner le sein (à un bébé)** to breast-feed (a baby). ◆ **au sein de** loc prép within.

Seine [sɛn] nf : la Seine the (River) Seine.

séisme [seism] nm earthquake.

séismique = sismique.

seize [sɛz] adj num inv & nm sixteen. *Voir aussi* **six**.

seizième [sɛzjɛm] adj num inv, nm & nmf sixteenth. *Voir aussi* **sixième**.

séjour [seʒuʀ] nm **1.** [durée] stay ▸ **interdit de séjour** ≃ banned from entering the country ▸ **séjour linguistique** stay abroad (to develop language skills) **2.** [pièce] living room.

séjourner [3] [seʒuʀne] vi to stay.

sel [sɛl] nm salt ; fig piquancy.

sélection [selɛksjɔ̃] nf selection.

sélectionner [3] [selɛksjɔne] vt to select, to pick ; INFORM to select.

self [sɛlf] nm fam self-service (cafeteria).

self-service [sɛlfsɛʀvis] (pl **self-services**) nm self-service cafeteria.

selle [sɛl] nf [gén] saddle.

seller [4] [sele] vt to saddle.

selon [səlɔ̃] prép **1.** [conformément à] in accordance with **2.** [d'après] according to. ◆ **selon que** loc conj depending on whether.

semaine [səmɛn] nf [période] week ▸ **à la semaine** [être payé] by the week.

semainier, ère [səmenje, ɛʀ] nm, f person on duty for the week. ◆ **semainier** nm **1.** [bijou] seven-band bracelet **2.** [meuble] small chest of drawers **3.** [calendrier] desk diary.

sémantique [semɑ̃tik] adj semantic.

sémaphore [semafɔʀ] nm **1.** NAUT semaphore **2.** RAIL semaphore, semaphore signals pl.

semblable [sɑ̃blabl] ◆ nm [prochain] fellow man / il n'a pas son semblable there's nobody like him. ◆ adj **1.** [analogue] similar ▸ **semblable à** like, similar to **2.** (avant n) [tel] such.

semblant [sɑ̃blɑ̃] nm ▸ **un semblant de** a semblance of ▸ **faire semblant (de faire qqch)** to pretend (to do sthg).

sembler [3] [sɑ̃ble] ◆ vi to seem. ◆ v impers ▸ **il (me/te) semble que** it seems (to me/you) that.

semelle [səmɛl] nf [de chaussure - dessous] sole ; [- à l'intérieur] insole.

semence [səmɑ̃s] nf **1.** [graine] seed **2.** [sperme] semen (U).

semer [19] [səme] vt **1.** fig & pr [planter] to sow **2.** [répandre] to scatter ▸ **semer qqch de** to scatter sthg with, to strew sthg with **3.** fam [se débarrasser de] to shake off **4.** fam [perdre] to lose **5.** [propager] to bring.

semestre [səmɛstʀ] nm half year, six-month period ; SCOL semester.

semestriel, elle [səmɛstʀijɛl] adj **1.** [qui a lieu tous les six mois] half-yearly, six-monthly **2.** [qui dure six mois] six months', six-month.

séminaire [seminɛʀ] nm **1.** RELIG seminary **2.** UNIV [colloque] seminar.

séminariste [seminarist] nm seminarist.

semi-remorque [səmiʀəmɔʀk] (pl **semi-remorques**) nm articulated lorry 🇬🇧, semi-trailer 🇺🇸, rig 🇺🇸.

semis [səmi] nm **1.** [méthode] sowing broadcast **2.** [plant] seedling.

semonce [səmɔ̃s] nf **1.** [réprimande] reprimand **2.** MIL ▸ **coup de semonce** warning shot.

semoule [səmul] nf semolina.

sempiternel, elle [sɑ̃pitɛʀnɛl] adj eternal.

sénat [sena] nm senate ▸ **le Sénat** upper house of the French parliament.

sénateur, trice [senatœʀ, tʀis] nm, f senator.

Sénégal [senegal] nm : le Sénégal Senegal.

sénégalais, e [senegalɛ, ɛz] adj Senegalese. ◆ **Sénégalais, e** nm, f Senegalese person.

sénile [senil] adj senile.

sénilité [senilite] nf senility.

senior [senjɔʀ] adj & nmf **1.** SPORT senior **2.** [tourisme] for the over-50s, for the young at heart ; [menu] over 50s' / notre clientèle senior our over-50s customers **3.** [personnes de plus de 50 ans] over-50 (gén pl).

sens [sɑ̃s] nm **1.** [fonction, instinct, raison] sense / le sens du toucher the sense of touch / avoir le sens de la nuance to be subtle ▸ **avoir le sens de l'humour** to have a sense of humour 🇬🇧 ou humor 🇺🇸 ▸ **avoir le sens de l'orientation** to have a good sense of direction / ne pas avoir *le sens des réalités* to have no grasp of reality ▸ **bon sens** good sense **2.** [direction] direction ▸ **dans le sens de la longueur** lengthways ▸ **dans le sens des aiguilles d'une montre** clockwise ▸ **dans le sens contraire des aiguilles d'une montre** anticlockwise **UK**, counterclockwise **US** ▸ **sens dessus dessous** upside down ▸ **sens interdit** OU **unique** one-way street **3.** [signification] meaning / *cela n'a pas de sens !* it's nonsensical! / *ce que tu dis n'a pas de sens* [c'est inintelligible, déraisonnable] what you're saying doesn't make sense / *lourd* OU *chargé de sens* meaningful / *porteur de sens* meaningful ▸ **dans** OU **en un sens** in one sense ▸ **au sens strict (du terme)** strictly speaking ▸ **dans le sens où** in the sense that, in so far as ▸ **au sens propre / figuré** in the literal / figurative sense **4.** *fig* [orientation] line.

sensation [sɑ̃sasjɔ̃] nf **1.** [perception] sensation, feeling **2.** [impression] feeling.

sensationnel, elle [sɑ̃sasjɔnɛl] adj sensational.

sensé, e [sɑ̃se] adj sensible.

sensibilisation [sɑ̃sibilizasjɔ̃] nf *fig* [du public] consciousness raising.

sensibiliser [3] [sɑ̃sibilize] vt **1.** MÉD & PHOTO to sensitize **2.** *fig* [public] ▸ **sensibiliser (à)** to make aware (of).

sensibilité [sɑ̃sibilite] nf ▸ **sensibilité (à)** sensitivity (to).

sensible [sɑ̃sibl] adj **1.** [gén] ▸ **sensible (à)** sensitive (to) **2.** [notable] considerable, appreciable.

sensiblement [sɑ̃sibləmɑ̃] adv **1.** [à peu près] more or less **2.** [notablement] appreciably, considerably.

sensoriel, elle [sɑ̃sɔrjɛl] adj sensory.

sensualité [sɑ̃sɥalite] nf [lasciveté] sensuousness ; [charnelle] sensuality.

sensuel, elle [sɑ̃sɥɛl] adj **1.** [charnel] sensual **2.** [lascif] sensuous.

sentence [sɑ̃tɑ̃s] nf **1.** [jugement] sentence **2.** [maxime] adage.

sentencieux, euse [sɑ̃tɑ̃sjø, øz] adj *péj* sententious.

senteur [sɑ̃tœr] nf *litt* perfume.

senti, e [sɑ̃ti] ⬥ pp ⟶ **sentir.** ⬥ adj ▸ **bien senti** [mots] well-chosen.

sentier [sɑ̃tje] nm path.

sentiment [sɑ̃timɑ̃] nm feeling ▸ **veuillez agréer, Monsieur, l'expression de mes sen-** timents distingués / cordiaux / les meilleurs yours faithfully **UK** / sincerely / truly.

sentimental, e, aux [sɑ̃timɑ̃tal, o] ⬥ adj **1.** [amoureux] love (avant n) **2.** [sensible, romanesque] sentimental. ⬥ nm, f sentimentalist.

sentinelle [sɑ̃tinɛl] nf sentry.

sentir [37] [sɑ̃tir] ⬥ vt **1.** [percevoir - par l'odorat] to smell ; [- par le goût] to taste ; [- par le toucher] to feel **2.** [exhaler - odeur] to smell of **3.** [colère, tendresse] to feel **4.** [affectation, plagiat] to smack of **5.** [danger] to sense, to be aware of ▸ **sentir que** to feel (that) **6.** [beauté] to feel, to appreciate. ⬥ vi ▸ **sentir bon / mauvais** to smell good / bad. ◆ **se sentir** ⬥ v att ▸ **se sentir bien / fatigué** to feel well / tired. ⬥ vp [être perceptible] : *ça se sent !* you can really tell!

séparation [separasjɔ̃] nf separation.

séparatiste [separatist] nmf separatist.

séparé, e [separe] adj **1.** [intérêts] separate **2.** [couple] separated.

séparer [3] [separe] vt **1.** [gén] ▸ **séparer (de)** to separate (from) **2.** [suj : divergence] to divide. ◆ **se séparer** vp **1.** [se défaire] ▸ **se séparer de** to part with **2.** [conjoints] to separate, to split up ▸ **se séparer de** to separate from, to split up with **3.** [participants] to disperse **4.** [route] ▸ **se séparer (en)** to split (into), to divide (into).

sept [sɛt] adj num inv & nm seven. *Voir aussi* **six.**

septembre [sɛptɑ̃br] nm September ▸ **en septembre, au mois de septembre** in September ▸ **début septembre, au début du mois de septembre** at the beginning of September ▸ **fin septembre, à la fin du mois de septembre** at the end of September ▸ **d'ici septembre** by September ▸ **(à la) mi-septembre** (in) mid-September ▸ **le premier / deux / dix septembre** the first / second / tenth of September.

septennat [sɛptena] nm seven-year term (of office).

septicémie [sɛptisemi] nf septicaemia **UK**, septicemia **US**, blood poisoning.

septième [sɛtjɛm] adj num inv, nm & nmf seventh. *Voir aussi* **sixième.**

septuagénaire [sɛptɥaʒenɛr] ⬥ nmf 70-year-old. ⬥ adj ▸ **être septuagénaire** to be in one's seventies.

sépulcre [sepylkr] nm sepulchre **UK**, sepulcher **US**.

sépulture [sepyltyr] nf [lieu] burial place.

séquelle [sekɛl] nf (gén pl) aftermath ; MÉD aftereffect.

séquence [sekɑ̃s] nf sequence ; [cartes à jouer] run, sequence.

séquestre [sekɛstʀ] nm DR pound ▸ **mettre ou placer sous séquestre** to impound.

séquestrer [3] [sekɛstʀe] vt **1.** [personne] to confine **2.** [biens] to impound.

serai, seras ⟶ être.

sérail [seʀaj] nm seraglio.

serbe [sɛʀb] adj Serbian. ◆ **Serbe** nmf Serb.

Serbie [sɛʀbi] nf : *la Serbie* Serbia.

serein, e [səʀɛ̃, ɛn] adj **1.** [calme] serene **2.** [impartial] calm, dispassionate.

sérénade [seʀenad] nf MUS serenade.

sérénité [seʀenite] nf serenity.

serf, serve [sɛʀf, sɛʀv] nm, f serf.

sergent [sɛʀʒɑ̃, ɑ̃t] nm f sergeant.

série [seʀi] nf **1.** [gén] series *sg* ; SPORT rank ; [au tennis] seeding **3.** COMM [dans l'industrie] ▸ **produire qqch en série** to mass-produce sthg ▸ **hors série a)** custom-made **b)** fig outstanding, extraordinary.

sérieusement [seʀjøzmɑ̃] adv seriously.

sérieux, euse [seʀjø, øz] adj **1.** [grave] serious **2.** [digne de confiance] reliable ; [client, offre] genuine **3.** [consciencieux] responsible / *ce n'est pas sérieux* it's irresponsible **4.** [considérable] considerable. ◆ **sérieux** nm **1.** [application] sense of responsibility **2.** [gravité] seriousness ▸ **garder son sérieux** to keep a straight face ▸ **prendre qqn / qqch au sérieux** to take sb / sthg seriously.

serin, e [səʀɛ̃, in] nm, f [oiseau] canary.

seringue [səʀɛ̃g] nf syringe.

serment [sɛʀmɑ̃] nm **1.** [affirmation solennelle] oath ▸ **sous serment** on ou under oath **2.** [promesse] vow, pledge.

sermon [sɛʀmɔ̃] nm pr & fig sermon.

séronégatif, ive [seʀɔnegatif, iv] adj HIV-negative.

séropositif, ive [seʀɔpozitif, iv] adj HIV-positive.

séropositivité [seʀɔpozitivite] nf HIV infection.

serpe [sɛʀp] nf billhook.

serpent [sɛʀpɑ̃] nm ZOOL snake.

serpenter [3] [sɛʀpɑ̃te] vi to wind.

serpentin [sɛʀpɑ̃tɛ̃] nm **1.** [de papier] streamer **2.** [tuyau] coil.

serpillière [sɛʀpijɛʀ] nf floor cloth **UK**, mop **US**.

serpolet [sɛʀpɔlɛ] nm wild thyme.

serre [sɛʀ] nf [bâtiment] greenhouse, glasshouse **UK**. ◆ **serres** nfpl ZOOL talons, claws.

serré, e [seʀe] adj **1.** [écriture] cramped ; [tissu] closely-woven ; [rangs] serried **2.** [vêtement, chaussure] tight **3.** [discussion] closely argued ; [match] close-fought **4.** [poing, dents] clenched ▸ **la gorge serrée** with a lump in one's throat ▸ **j'en avais le cœur serré** fig it was heartbreaking **5.** [café] strong.

serre-livres [sɛʀlivʀ] nm inv bookend / *deux serre-livres* a pair of bookends.

serrer [4] [seʀe] ◈ vt **1.** [saisir] to grip, to hold tight ▸ **serrer la main à qqn** to shake sb's hand ▸ **serrer qqn dans ses bras** to hug sb **2.** fig [rapprocher] to bring together ▸ **serrer les rangs** to close ranks **3.** [poing, dents] to clench ; [lèvres] to purse ; fig [cœur] to wring **4.** [suj : vêtement, chaussure] to be too tight for **5.** [vis, ceinture] to tighten **6.** [trottoir, bordure] to hug **7.** **QUÉBEC** [ranger] to put away **8.** **QUÉBEC** [enfermer, mettre en lieu sûr] to put in a safe place. ◈ vi AUTO ▸ **serrer à droite / gauche** to keep right / left. ◆ **se serrer** vp **1.** [se blottir] ▸ **se serrer contre** to huddle up to ou against **2.** [se rapprocher] to squeeze up.

serre-tête [sɛʀtɛt] nm inv headband.

serrure [seʀyʀ] nf lock.

serrurier [seʀyʀje] nm locksmith.

sertir [32] [sɛʀtiʀ] vt **1.** [pierre précieuse] to set **2.** TECHNOL [assujettir] to crimp.

sérum [seʀɔm] nm serum ▸ **sérum physiologique** saline.

servage [sɛʀvaʒ] nm serfdom ; fig bondage.

servante [sɛʀvɑ̃t] nf [domestique] maidservant.

serveur, euse [sɛʀvœʀ, øz] nm, f [de restaurant] waiter (waitress) ; [de bar] barman (barmaid) **UK**, bartender **US**. ◆ **serveur** nm INFORM server.

servi, e [sɛʀvi] pp ⟶ servir.

serviable [sɛʀvjabl] adj helpful, obliging.

service [sɛʀvis] nm **1.** [gén] service ▸ **être en service** to be in use, to be set up ▸ **hors service** out of order ▸ **mettre en service** to set up **2.** [travail] duty / *pendant le service* while on duty **3.** [département] department

▶ **service d'ordre** police and stewards **UK** (at a demonstration) **4.** MIL ▶ **service (militaire)** military ou national service ▶ **service civil** non-military national service **5.** [aide, assistance] favour **UK**, favor **US** ▶ **rendre service** to be helpful / *rendre un service à qqn* to do sb a favour **UK** ou favor **US** ▶ **service après-vente** after-sales service ▶ **les services sociaux** the social services **6.** [à table] ▶ **premier / deuxième service** first/second sitting **7.** [pourboire] service (charge) ▶ **service compris / non compris** service included/not included **8.** [assortiment - de porcelaine] service, set ; [- de linge] set **9.** SPORT service, serve.

serviette [sɛʀvjɛt] nf **1.** [de table] serviette, napkin **2.** [de toilette] towel **3.** [porte-documents] briefcase. ◆ **serviette hygiénique** nf sanitary towel **UK** ou napkin **US**.

serviette-éponge [sɛʀvjɛtepɔ̃ʒ] nf terry towel.

servile [sɛʀvil] adj **1.** [gén] servile **2.** [traduction, imitation] slavish.

servir [38] [sɛʀviʀ] ❖ vt **1.** [gén] to serve ▶ **servir qqch à qqn** to serve sb sthg, to help sb to sthg **2.** [avantager] to serve (well), to help. ❖ vi **1.** [avoir un usage] to be useful ou of use ▶ **ça peut toujours / encore servir** it may/may still come in useful **2.** [être utile] ▶ **servir à qqch / à faire qqch** to be used for sthg/for doing sthg ▶ **ça ne sert à rien** it's pointless **3.** [tenir lieu] ▶ **servir de a)** [personne] to act as **b)** [chose] to serve as **4.** *vieilli* [domestique] to be in service **5.** MIL & SPORT to serve **6.** [jeu de cartes] to deal. ◆ **se servir** vp **1.** [prendre] ▶ **se servir (de)** to help o.s. (to) ▶ **servez-vous !** help yourself! **2.** [utiliser] ▶ **se servir de qqn / qqch** to use sb/sthg.

serviteur [sɛʀvitœʀ] nm servant.

servitude [sɛʀvityd] nf **1.** [esclavage] servitude **2.** (gén pl) [contrainte] constraint.

ses —→ **son ²**.

sésame [sezam] nm **1.** BOT sesame **2.** *fig* [formule magique] ▶ **sésame ouvre-toi** open sesame.

session [sesjɔ̃] nf **1.** [d'assemblée] session, sitting **2.** UNIV exam session **3.** **QUÉBEC** SCOL & UNIV academic session **4.** INFORM ▶ **ouvrir une session** to log in ou on ▶ **fermer ou clore une session** to log out ou off.

set [sɛt] nm **1.** TENNIS set **2.** [napperon] ▶ **set (de table)** set of table ou place mats.

seuil [sœj] nm *pr & fig* threshold.

seul, e [sœl] ❖ adj **1.** [isolé] alone ▶ **seul à seul** alone (together), privately **2.** [sans compagnie] alone, by o.s. / *parler tout seul* to talk to o.s. **3.** [sans aide] on one's own, by o.s. **4.** [unique] ▶ **le seul...** the only... ▶ **un seul...** a single... ▶ **pas un seul...** not one..., not a single... **5.** [esseulé] lonely **6.** [sans partenaire, non marié] alone, on one's own. ❖ nm, f ▶ **le seul** the only one ▶ **un seul** a single one, only one.

seulement [sœlmɑ̃] adv **1.** [gén] only ; [exclusivement] only, solely **2.** [même] even. ◆ **non seulement... mais (encore)** loc corrélative not only... but (also).

sève [sɛv] nf BOT sap.

sévère [sevɛʀ] adj severe.

sévérité [severite] nf severity.

sévices [sevis] nmpl *sout* ill treatment (U).

sévir [32] [seviʀ] vi **1.** [épidémie, guerre] to rage **2.** [punir] to give out a punishment.

sevrage [səvʀaʒ] nm **1.** [d'enfant] weaning **2.** [de toxicomane] withdrawal.

sevrer [19] [səvʀe] vt to wean.

sexagénaire [sɛksaʒenɛʀ] ❖ nmf sixty-year-old. ❖ adj ▶ **être sexagénaire** to be in one's sixties.

sexe [sɛks] nm **1.** [gén] sex **2.** [organe] genitals *pl.*

sexiste [sɛksist] nmf & adj sexist.

sexologue [sɛksɔlɔg] nmf sexologist.

sex-shop [sɛksʃɔp] (pl **sex-shops**) nm sex shop.

sex-symbol [sɛkssɛ̃bɔl] (pl **sex-symbols**) nm sex symbol.

sextant [sɛkstɑ̃] nm sextant.

sexualité [sɛksɥalite] nf sexuality.

sexuel, elle [sɛksɥɛl] adj sexual.

sexy [sɛksi] adj inv *fam* sexy.

seyant, e [sɛjɑ̃, ɑ̃t] adj becoming.

SF (*abr de* **science-fiction**) nf sci-fi ▶ **film de SF** sci-fi movie.

shabbat [ʃabat] nm = **sabbat**.

shah, chah [ʃa] nm shah.

shampooing [ʃɑ̃pwɛ̃] nm shampoo.

shampouiner [3] [ʃɑ̃pwine] vt to shampoo.

shérif [ʃeʀif] nm sheriff.

shiatsu [ʃiatsu] nm shiatsu.

shit [ʃit] nm *fam* hash.

shopping [ʃɔpiŋ] nm shopping ▸ **faire du shopping** to go (out) shopping.

short [ʃɔʀt] nm shorts pl, pair of shorts.

show-biz [ʃobiz] nm inv fam show biz.

show-business [ʃobiznɛs] nm inv show business.

si¹ [si] nm inv MUS B ; [chanté] ti.

si² [si] ❖ adv **1.** [tellement] so / **elle est si belle** she is so beautiful / **il roulait si vite qu'il a eu un accident** he was driving so fast (that) he had an accident / **ce n'est pas si facile que ça** it's not as easy as that / **si vieux qu'il soit** however old he may be, old as he is **2.** [oui] yes / **tu n'aimes pas le café ? — si** don't you like coffee? — yes, I do. ❖ conj **1.** [gén] if / **si tu veux, on y va** we'll go if you want / **si tu faisais cela, je te détesterais** I would hate you if you did that ▸ **si seulement** if only **2.** [dans une question indirecte] if, whether / **dites-moi si vous venez** tell me if ou whether you're coming. ◆ **si bien que** loc conj so that, with the result that.

SI nm (abr de **syndicat d'initiative**) tourist office.

siamois, e [sjamwa, az] adj ▸ **frères siamois, sœurs siamoises a)** MÉD Siamese twins **b)** fig inseparable companions.

Sibérie [sibeʀi] nf : **la Sibérie** Siberia.

sibyllin, e [sibilɛ̃, in] adj enigmatic.

SICAV, Sicav [sikav] (abr de **société d'investissement à capital variable**) nf inv **1.** [société] unit trust 🇬🇧, mutual fund 🇺🇸 **2.** [action] share in a unit trust 🇬🇧 ou mutual fund 🇺🇸.

Sicile [sisil] nf : **la Sicile** Sicily.

SIDA, sida [sida] (abr de **syndrome d'immunodéficience acquise**) nm AIDS.

side-car [sidkaʀ] (pl side-cars) nm sidecar.

sidéen, enne [sideɛ̃, ɛn] nm, f person with AIDS.

sidérant, e [sideʀɑ̃, ɑ̃t] adj fam staggering.

sidérer [18] [sideʀe] vt fam to stagger.

sidérurgie [sideʀyʀʒi] nf [industrie] iron and steel industry.

siècle [sjɛkl] nm **1.** [cent ans] century **2.** [époque, âge] age **3.** (gén pl) fam [longue durée] ages pl.

siège [sjɛʒ] nm **1.** [meuble & POL] seat **2.** MIL siege **3.** [d'organisme] headquarters, head office ▸ **siège social** registered office **4.** MÉD ▸ **se présenter par le siège** to be in the breech position.

siéger [22] [sjeʒe] vi **1.** [juge, assemblée] to sit **2.** litt [mal] to have its seat ; [maladie] to be located.

sien [sjɛ̃] ◆ **le sien, la sienne** [ləsjɛ̃, lasjɛn] (mpl les siens [lesjɛ̃], fpl les siennes [lesjɛn]) pron poss [de personne] his ; [de femme] hers ; [de chose, d'animal] its ▸ **les siens** his/her family ▸ **faire des siennes** to be up to one's usual tricks.

sieste [sjɛst] nf nap.

sifflant, e [siflɑ̃, ɑ̃t] adj [son] whistling ; [voix] hissing ; LING sibilant.

sifflement [sifləmɑ̃] nm [son] whistling ; [de serpent] hissing.

siffler [3] [sifle] ❖ vi to whistle ; [serpent] to hiss. ❖ vt **1.** [air de musique] to whistle **2.** [femme] to whistle at **3.** [chien] to whistle (for) **4.** [acteur] to boo, to hiss **5.** fam [verre] to knock back.

sifflet [sifle] nm whistle. ◆ **sifflets** nmpl hissing (U), boos.

siffloter [3] [siflɔte] vi & vt to whistle.

sigle [sigl] nm acronym, (set of) initials.

signal, aux [siɲal, o] nm **1.** [geste, son] signal ▸ **signal d'alarme** alarm (signal) ▸ **signal d'alerte** warning signal ▸ **donner le signal (de)** to give the signal (for) **2.** [panneau] sign.

signalement [siɲalmɑ̃] nm description.

signaler [3] [siɲale] vt **1.** [fait] to point out ▸ **rien à signaler** nothing to report **2.** [à la police] to denounce.

signalétique [siɲaletik] adj identifying.

signalisation [siɲalizasjɔ̃] nf [panneaux] signs pl ; [au sol] (road) markings pl ; NAUT signals pl.

signataire [siɲatɛʀ] nmf signatory.

signature [siɲatyʀ] nf **1.** [nom, marque] signature **2.** [acte] signing.

signe [siɲ] nm **1.** [gén] sign ▸ **être né sous le signe de** ASTROL to be born under the sign of ▸ **signe avant-coureur** advance indication **2.** [trait] mark ▸ **signe particulier** distinguishing mark.

signer [3] [siɲe] vt to sign. ◆ **se signer** vp to cross o.s.

signet [siɲe] nm [d'un livre & INTERNET] bookmark.

significatif, ive [siɲifikatif, iv] adj significant.

signification [siɲifikasjɔ̃] nf [sens] meaning.

signifier [9] [sinifje] vt **1.** [vouloir dire] to mean **2.** [faire connaître] to make known **3.** DR to serve notice of.

silence [silãs] nm **1.** [gén] silence / *garder le silence (sur)* to remain silent (about) / *silence radio* radio silence **2.** MUS rest.

silencieux, euse [silãsjø, øz] adj **1.** [lieu, appareil] quiet **2.** [personne - taciturne] quiet; [- muet] silent. ◆ **silencieux** nm AUTO silencer **UK**, muffler **US**.

silex [sileks] nm flint.

silhouette [silwɛt] nf **1.** [de personne] silhouette; [de femme] figure; [d'objet] outline **2.** ART silhouette.

silicium [silisjɔm] nm silicon.

silicone [silikon] nf silicone.

sillage [sijaʒ] nm wake.

sillon [sijɔ̃] nm **1.** [tranchée, ride] furrow **2.** [de disque] groove.

sillonner [3] [sijɔne] vt **1.** [champ] to furrow **2.** [ciel] to crisscross.

silo [silo] nm silo.

simagrées [simagre] nfpl ▶ **faire des simagrées** to make a fuss.

similaire [similɛʀ] adj similar.

similicuir [similikɥiʀ] nm imitation leather.

similitude [similityd] nf similarity.

simple [sɛ̃pl] ◆ adj **1.** [gén] simple **2.** [ordinaire] ordinary **3.** [billet] ▶ **un aller simple** a single ticket. ◆ nm TENNIS singles sg.

simplement [sɛ̃pləmã] adv simply ▶ **tout simplement** quite simply, just.

simplicité [sɛ̃plisite] nf simplicity.

simplifier [9] [sɛ̃plifje] vt **1.** [procédé] to simplify **2.** [explication] to simplify, to make simpler.

simpliste [sɛ̃plist] adj péj simplistic.

simulacre [simylakʀ] nm **1.** [semblant] ▶ **un simulacre de** a pretence of, a sham **2.** [action simulée] enactment.

simulateur, trice [simylatœʀ, tʀis] nm, f pretender; [de maladie] malingerer. ◆ **simulateur** nm TECHNOL simulator.

simulation [simylasjɔ̃] nf **1.** [gén] simulation **2.** [comédie] shamming, feigning; [de maladie] malingering.

simuler [3] [simyle] vt **1.** [gén] to simulate **2.** [feindre] to feign, to sham.

simultané, e [simyltane] adj simultaneous.

sincère [sɛ̃sɛʀ] adj sincere.

sincèrement [sɛ̃sɛʀmã] adv **1.** [franchement] honestly, sincerely **2.** [vraiment] really, truly.

sincérité [sɛ̃seʀite] nf sincerity.

sine qua non [sinekwanɔn] loc adj inv ▶ **condition sine qua non** prerequisite.

Singapour [sɛ̃gapuʀ] npr Singapore.

singe [sɛ̃ʒ] nm ZOOL monkey; [de grande taille] ape.

singer [17] [sɛ̃ʒe] vt **1.** [personne] to mimic, to ape **2.** [sentiment] to feign.

singerie [sɛ̃ʒʀi] nf **1.** [grimace] face **2.** [manières] fuss (U).

singulariser [3] [sɛ̃gylaʀize] vt to draw ou call attention to. ◆ **se singulariser** vp to draw ou call attention to o.s.

singularité [sɛ̃gylaʀite] nf **1.** [bizarrerie] strangeness **2.** [particularité] peculiarity.

singulier, ère [sɛ̃gylje, ɛʀ] adj **1.** sout [bizarre] strange; [spécial] uncommon **2.** GRAM singular **3.** [d'homme à homme] ▶ **combat singulier** single combat. ◆ **singulier** nm GRAM singular.

singulièrement [sɛ̃gyljɛʀmã] adv **1.** litt [bizarrement] strangely **2.** [beaucoup, très] particularly.

sinistre [sinistʀ] ◆ nm **1.** [catastrophe] disaster **2.** DR damage (U). ◆ adj **1.** [personne, regard] sinister; [maison, ambiance] gloomy **2.** (avant n) fam [crétin, imbécile] dreadful, terrible.

sinistré, e [sinistʀe] ◆ adj [région] disaster (avant n), disaster-stricken; [famille] disaster-stricken. ◆ nm, f disaster victim.

sinon [sinɔ̃] conj **1.** [autrement] or else, otherwise **2.** [sauf] except, apart from **3.** [si ce n'est] if not.

sinueux, euse [sinɥø, øz] adj winding; fig tortuous.

sinuosité [sinɥozite] nf bend, twist.

sinus [sinys] nm **1.** ANAT sinus **2.** MATH sine.

sinusite [sinyzit] nf sinusitis (U).

sionisme [sjɔnism] nm Zionism.

siphon [sifɔ̃] nm **1.** [tube] siphon **2.** [bouteille] soda siphon.

siphonner [3] [sifɔne] vt to siphon.

sirène [siʀɛn] nf siren.

sirop [siʀo] nm syrup ▶ **sirop d'érable** maple syrup ▶ **sirop de grenadine** (syrup of) grenadine ▶ **sirop de menthe** mint cordial.

siroter [3] [siʀɔte] vt *fam* to sip.

sirupeux, euse [siʀypø, øz] adj syrupy.

sis, e [si, siz] adj DR located.

sismique [sismik], **séismique** [seismik] adj seismic.

site [sit] nm **1.** [emplacement] site ▸ **site archéologique / historique** archaeological / historic site **2.** [paysage] beauty spot **3.** INFORM ▸ **site Web** website.

sitôt [sito] adv ▸ **sitôt après** immediately after ▸ **pas de sitôt** not for some time, not for a while ▸ **sitôt arrivé,...** as soon as I/he etc. arrived,... ▸ **sitôt dit, sitôt fait** no sooner said than done. ◆ **sitôt que** loc conj as soon as.

situation [situasjɔ̃] nf **1.** [position, emplacement] position, location **2.** [contexte, circonstance] situation ▸ **situation de famille** marital status **3.** [emploi] job, position **4.** FIN financial statement.

situer [7] [situe] vt **1.** [maison] to site, to situate **2.** [sur carte] to locate. ◆ **se situer** vp [scène] to be set ; [dans classement] to be.

six (*en fin de phrase* [sis] , *devant consonne ou 'h' aspiré* [si] , *devant voyelle ou 'h' muet* [siz]) ◆ adj num inv six ▸ *il a six ans* he is six (years old) ▸ *il est six heures* it's six (o'clock) ▸ *le six janvier* (on) the sixth of January UK, (on) January sixth US ▸ *daté du six septembre* dated the sixth of September UK ou September sixth US ▸ *Charles Six* Charles the Sixth ▸ *page six* page six. ◆ nm inv **1.** [gén] ▸ **six de pique** six of spades **2.** [adresse] (number) six. ◆ pron six ▸ *ils étaient six* there were six of them ▸ **six par six** six at a time.

sixième [sizjɛm] ◆ adj num inv sixth. ◆ nmf sixth ▸ **arriver / se classer sixième** to come (in)/to be placed sixth. ◆ nf SCOL ≃ first year ou form UK ; ≃ sixth grade US ▸ **être en sixième** to be in the first year ou form UK, to be in sixth grade US ▸ **entrer en sixième** to start attending "collège" ▸ **le / un sixième de** one / a sixth of ▸ **cinq sixièmes** five sixths **2.** [arrondissement] sixth arrondissement **3.** [étage] sixth floor UK, seventh floor US.

sixièmement [sizjɛmmɑ̃] adv sixthly, in (the) sixth place.

skate [skɛt], **skateboard** [skɛtbɔʀd] nm skateboard ▸ **faire du skate** to skateboard.

sketch [skɛtʃ] (*pl* **sketches**) nm sketch (*in a revue, etc.*).

ski [ski] nm **1.** [objet] ski **2.** [sport] skiing ▸ **faire du ski** to ski ▸ **ski acrobatique / alpin / de fond**

freestyle / alpine / cross-country skiing ▸ **ski nautique** water skiing.

skicross [skikʀɔs] nm ski cross.

skier [10] [skje] vi to ski.

skieur, euse [skjœʀ, øz] nm, f skier.

skippeur, euse [skipœʀ, øz] nm, f **1.** [capitaine] skipper **2.** [barreur] helmsman.

sky-surfing [skajsœʀfiŋ] (*pl* **sky-surfings**), **sky-surf** (*pl* **sky-surfs**) nm SPORT sky-surfing.

slalom [slalɔm] nm **1.** SKI slalom **2.** [zigzags] : *faire du slalom* to zigzag.

slam [slam] nm [poésie] slam.

slameur, euse [slamœʀ, øz] nm, f slammer.

slave [slav] adj Slavonic. ◆ **Slave** nmf Slav.

slip [slip] nm briefs *pl*, underpants *pl* ▸ **slip de bain a)** [d'homme] swimming trunks *pl* **b)** [de femme] bikini bottoms *pl*.

sloche, slush [slɔʃ] nm QUÉBEC slush.

slogan [slɔgɑ̃] nm slogan.

slovaque [slɔvak] ◆ adj Slovak. ◆ nm [langue] Slovak. ◆ **Slovaque** nmf Slovak.

Slovaquie [slɔvaki] nf : *la Slovaquie* Slovakia.

slovène [slɔvɛn] ◆ adj Slovenian. ◆ nm [langue] Slovenian. ◆ **Slovène** nmf Slovenian.

Slovénie [slɔveni] nf : *la Slovénie* Slovenia.

slow [slo] nm slow dance.

slt SMS *abr écrite de* salut.

slush [slɔʃ] nf QUÉBEC = sloche.

smasher [3] [sma(t)ʃe] vi TENNIS to smash (the ball).

SME (*abr de* Système monétaire européen) nm EMS.

SMIC, Smic [smik] (*abr de* salaire minimum interprofessionnel de croissance) nm index-linked guaranteed minimum wage.

smiley [smajli] nm smiley.

smoking [smɔkiŋ] nm dinner jacket, tuxedo US.

SNCF (*abr de* Société nationale des chemins de fer français) nf French railways board.

snob [snɔb] ◆ nmf snob. ◆ adj snobbish.

snober [3] [snɔbe] vt to snub, to cold-shoulder.

snobisme [snɔbism] nm snobbery, snobbishness.

snowboard [snobɔʀd] nm [planche] snowboard ; [sport] snowboarding ▸ *faire du snowboard* to snowboard.

soap opera [sopɔpeʀa] (*pl* **soap operas**), **soap** [sop] (*pl* **soaps**) nm soap (opera).

sobre [sɔbʀ] adj **1.** [personne] temperate **2.** [style] sober ; [décor, repas] simple.

sobriété [sɔbʀijete] nf sobriety.

sobriquet [sɔbʀikɛ] nm nickname.

soc [sɔk] nm ploughshare 🇬🇧, plowshare 🇺🇸.

sociable [sɔsjabl] adj sociable.

social, e, aux [sɔsjal, o] adj **1.** [rapports, classe, service] social **2.** COMM ▸ **raison sociale** company name. ◆ **social** nm ▸ **le social** social affairs *pl*.

socialisme [sɔsjalism] nm socialism.

socialiste [sɔsjalist] nmf & adj socialist.

sociétaire [sɔsjetɛʀ] nmf member.

société [sɔsjete] nf **1.** [communauté, classe sociale, groupe] society ▸ **en société** in society **2.** *litt* [présence] company, society **3.** COMM company, firm.

sociologie [sɔsjɔlɔʒi] nf sociology.

sociologue [sɔsjɔlɔg] nmf sociologist.

socioprofessionnel, elle [sɔsjɔpʀɔfɛsjɔnɛl] adj socioprofessional.

socle [sɔkl] nm **1.** [de statue] plinth, pedestal **2.** [de lampe] base.

socquette [sɔkɛt] nf ankle ou short sock.

soda [sɔda] nm fizzy drink.

sodium [sɔdjɔm] nm sodium.

sodomiser [3] [sɔdɔmize] vt to sodomize.

sœur [sœʀ] nf **1.** [gén] sister ▸ **grande / petite sœur** big/little sister **2.** RELIG nun, sister.

sofa [sɔfa] nm sofa.

Sofia [sɔfja] npr Sofia.

software [sɔftwɛʀ] nm software.

soi [swa] pron pers oneself ▸ **chacun pour soi** every man for himself ▸ **cela va de soi** that goes without saying. ◆ **soi-même** pron pers oneself.

soi-disant [swadizɑ̃] ◆ adj inv *(avant n)* so-called. ◆ adv *fam* supposedly.

soie [swa] nf **1.** [textile] silk **2.** [poil] bristle.

soierie [swaʀi] nf *(gén pl)* [textile] silk.

soif [swaf] nf thirst ▸ **soif (de)** *fig* thirst (for), craving (for) ▸ **avoir soif** to be thirsty.

soigné, e [swaɲe] adj **1.** [travail] meticulous **2.** [personne] well-groomed ; [jardin, mains] well-cared-for.

soigner [3] [swaɲe] vt **1.** [suj : médecin] to treat ; [suj : infirmière, parent] to nurse **2.** [invi-

tés, jardin, mains] to look after **3.** [travail, présentation] to take care over. ◆ **se soigner** vp to take care of o.s., to look after o.s.

soigneusement [swaɲøzmɑ̃] adv carefully.

soigneux, euse [swaɲø, øz] adj **1.** [personne] tidy, neat **2.** [travail] careful.

soin [swɛ̃] nm **1.** [attention] care ▸ **avoir** ou **prendre soin de faire qqch** to be sure to do sthg ▸ **avec soin** carefully ▸ **sans soin a)** [procéder] carelessly **b)** [travail] careless ▸ **être aux petits soins pour qqn** *fam* to wait on sb hand and foot **2.** [souci] concern. ◆ **soins** nmpl care *(U)* ▸ **les premiers soins** first aid *sg*.

soir [swaʀ] nm evening ▸ **demain soir** tomorrow evening ou night ▸ **le soir** in the evening ▸ **à ce soir !** see you tonight!

soirée [swaʀe] nf **1.** [soir] evening **2.** [réception] party.

sois ⟶ **être**.

soit¹ [swat] adv so be it.

soit² [swa] ◆ v ⟶ **être**. ◆ conj **1.** [c'est-à-dire] in other words, that is to say **2.** MATH [étant donné] : **soit une droite AB** given a straight line AB. ◆ **soit... soit** loc corrélative either... or. ◆ **soit que... soit que** loc corrélative *(+ subjonctif)* whether... or (whether).

soixantaine [swasɑ̃tɛn] nf **1.** [nombre] ▸ **une soixantaine (de)** about sixty, sixty-odd **2.** [âge] ▸ **avoir la soixantaine** to be in one's sixties.

soixante [swasɑ̃t] ◆ adj num inv sixty ▸ **les années soixante** the Sixties. ◆ nm sixty. *Voir aussi* **six**.

soixante-dix [swasɑ̃tdis] ◆ adj num inv seventy ▸ **les années soixante-dix** the Seventies. ◆ nm seventy. *Voir aussi* **six**.

soixante-dixième [swasɑ̃tdizjɛm] adj num inv, nm & nmf seventieth. *Voir aussi* **sixième**.

soixante-huitard, e [swasɑ̃tɥitaʀ, aʀd] ◆ adj of May 1968. ◆ nm, f *person who participated in the events of May 1968.*

soixantième [swasɑ̃tjɛm] adj num inv, nm & nmf sixtieth. *Voir aussi* **sixième**.

soja [sɔʒa] nm soya.

sol [sɔl] nm **1.** [terre] ground **2.** [de maison] floor **3.** [territoire] soil **4.** MUS G ; [chanté] so.

solaire [sɔlɛʀ] adj **1.** [énergie, four] solar **2.** [crème] sun *(avant n)*.

solarium [sɔlaʀjɔm] nm solarium.

soldat [sɔlda] nm **1.** MIL soldier ; [grade] private ▸ **le soldat inconnu** the Unknown Soldier **2.** [jouet] (toy) soldier.

solde [sɔld] ❖ nm **1.** [de compte, facture] balance ▸ **solde créditeur / débiteur** credit / debit balance **2.** [rabais] ▸ **en solde** [acheter] in a sale. ❖ nf MIL pay. ◆ **soldes** nmpl sales.

soldé, e [sɔlde] adj [article] reduced.

solder [3] [sɔlde] vt **1.** [compte] to close **2.** [marchandises] to sell off. ◆ **se solder** vp ▸ **se solder par** a) FIN to show b) *fig* [aboutir] to end in.

sole [sɔl] nf sole.

soleil [sɔlɛj] nm [lumière, chaleur] sun, sunlight ▸ **au soleil** in the sun ▸ **en plein soleil** right in the sun ▸ **il fait (du) soleil** it's sunny ▸ **prendre le soleil** to sunbathe ; [astre, motif] sun ▸ **soleil couchant / levant** setting / rising sun.

solennel, elle [sɔlanɛl] adj **1.** [cérémonieux] ceremonial **2.** [grave] solemn **3.** [pompeux] pompous.

solennité [sɔlanite] nf **1.** [gravité] solemnity **2.** [raideur] stiffness, formality **3.** [fête] special occasion.

solfège [sɔlfɛʒ] nm ▸ **apprendre le solfège** to learn the rudiments of music.

solidaire [sɔlidɛʀ] adj **1.** [lié] ▸ **être solidaire de qqn** to be behind sb, to show solidarity with sb **2.** [relié] interdependent, integral.

solidariser [3] [sɔlidaʀize] ◆ **se solidariser** vp ▸ **se solidariser (avec)** to show solidarity (with).

solidarité [sɔlidaʀite] nf [entraide] solidarity ▸ **par solidarité** [se mettre en grève] in sympathy.

solide [sɔlid] ❖ adj **1.** [état, corps] solid **2.** [construction] solid, sturdy **3.** [personne] sturdy, robust **4.** [argument] solid, sound **5.** [relation] stable, strong. ❖ nm solid ▸ *il nous faut du solide fam & fig* we need something solid ou concrete.

solidifier [9] [sɔlidifje] vt **1.** [ciment, eau] to solidify **2.** [structure] to reinforce. ◆ **se solidifier** vp to solidify.

solidité [sɔlidite] nf **1.** [de matière, construction] solidity **2.** [de mariage] stability, strength **3.** [de raisonnement, d'argument] soundness.

soliloque [sɔlilɔk] nm *sout* soliloquy.

soliste [sɔlist] nmf soloist.

solitaire [sɔlitɛʀ] ❖ adj **1.** [de caractère] solitary **2.** [esseulé, retiré] lonely. ❖ nmf [personne] loner, recluse. ❖ nm [jeu, diamant] solitaire.

solitude [sɔlityd] nf **1.** [isolement] loneliness **2.** [retraite] solitude.

sollicitation [sɔlisitasjɔ̃] nf *(gén pl)* entreaty.

solliciter [3] [sɔlisite] vt **1.** [demander - entretien, audience] to request ; [-attention, intérêt] to seek **2.** [s'intéresser à] ▸ **être sollicité** to be in demand **3.** [faire appel à] ▸ **solliciter qqn pour faire qqch** to appeal to sb to do sthg.

sollicitude [sɔlisityd] nf solicitude, concern.

solo [sɔlo] nm solo ▸ **en solo** solo.

solstice [sɔlstis] nm ▸ **solstice d'été / d'hiver** summer / winter solstice.

soluble [sɔlybl] adj **1.** [matière] soluble ; [café] instant **2.** *fig* [problème] solvable.

solution [sɔlysjɔ̃] nf **1.** [résolution] solution, answer **2.** [liquide] solution.

solvabilité [sɔlvabilite] nf solvency.

solvable [sɔlvabl] adj solvent, creditworthy.

solvant [sɔlvɑ̃] nm solvent.

Somalie [sɔmali] nf : *la Somalie* Somalia.

sombre [sɔ̃bʀ] adj **1.** [couleur, costume, pièce] dark **2.** *fig* [pensées, avenir] dark, gloomy **3.** *(avant n) fam* [profond] ▸ **c'est un sombre crétin** he's a prize idiot.

sombrer [3] [sɔ̃bʀe] vi to sink ▸ **sombrer dans** *fig* to sink into.

sommaire [sɔmɛʀ] ❖ adj **1.** [explication] brief **2.** [exécution] summary **3.** [installation] basic. ❖ nm summary.

sommation [sɔmasjɔ̃] nf **1.** [assignation] summons *sg* **2.** [ordre - de payer] demand ; [- de se rendre] warning.

somme¹ [sɔm] nf **1.** [addition] total, sum **2.** [d'argent] sum, amount **3.** [ouvrage] overview. ◆ **en somme** loc adv in short. ◆ **somme toute** loc adv when all's said and done.

somme² [sɔm] nm nap.

sommeil [sɔmɛj] nm sleep ▸ **avoir sommeil** to be sleepy.

sommeiller [4] [sɔmeje] vi **1.** [personne] to doze **2.** *fig* [qualité] to be dormant.

sommelier, ère [sɔmalje, ɛʀ] nm, f wine waiter (wine waitress).

sommes ⟶ **être**.

sommet [sɔmɛ] nm **1.** [de montagne] summit, top **2.** *fig* [de hiérarchie] top ; [de perfection] height **3.** GÉOM apex.

sommier [sɔmje] nm base, bed base.

sommité [sɔmite] nf [personne] leading light.

somnambule [sɔmnɑ̃byl] ❖ nmf sleepwalker. ❖ adj ▶ **être somnambule** to be a sleepwalker.

somnifère [sɔmnifɛʀ] nm sleeping pill.

somnolent, e [sɔmnɔlɑ̃, ɑ̃t] adj [personne] sleepy, drowsy ; fig [vie] dull ; fig [économie] sluggish.

somnoler [3] [sɔmnɔle] vi to doze.

somptueux, euse [sɔ̃ptɥø, øz] adj sumptuous, lavish.

somptuosité [sɔ̃ptɥozite] nf lavishness (U).

son¹ [sɔ̃] nm **1.** [bruit] sound ▶ **au son de** to the sound of ▶ **son et lumière** son et lumière **2.** [céréale] bran.

son², sa, ses [sɔ̃, sa, se] adj poss **1.** [possesseur défini - homme] his ; [- femme] her ; [- chose, animal] its / il aime son père he loves his father / elle aime ses parents she loves her parents / la ville a perdu son charme the town has lost its charm **2.** [possesseur indéfini] one's ; [après « chacun », « tout le monde », etc.] his/her, their.

sonar [sɔnaʀ] nm sonar.

sonate [sɔnat] nf sonata.

sondage [sɔ̃daʒ] nm **1.** [enquête] poll, survey ▶ **sondage d'opinion** opinion poll **2.** TECHNOL drilling **3.** MÉD probing.

sonde [sɔ̃d] nf **1.** MÉTÉOR sonde ; [spatiale] probe **2.** MÉD probe **3.** NAUT sounding line **4.** TECHNOL drill.

sonder [3] [sɔ̃de] vt **1.** MÉD & NAUT to sound **2.** [terrain] to drill **3.** fig [opinion, personne] to sound out.

sondeur, euse [sɔ̃dœʀ, øz] nm, f pollster. ❖ **sondeur** nm TECHNOL sounder.

songe [sɔ̃ʒ] nm litt dream.

songé, e [sɔ̃ʒe] adj **QUÉBEC** fam [réfléchi, intelligent] thoughtful, well thought out.

songer [17] [sɔ̃ʒe] ❖ vt ▶ **songer que** to consider that. ❖ vi ▶ **songer à** to think about.

songeur, euse [sɔ̃ʒœʀ, øz] adj pensive, thoughtful.

sonnant, e [sɔnɑ̃, ɑ̃t] adj : à six heures sonnantes at six o'clock sharp.

sonné, e [sɔne] adj **1.** [passé] : il est trois heures sonnées it's gone three o'clock / il a quarante ans bien sonnés fam & fig he's the wrong side of forty **2.** fam & fig [étourdi] groggy.

sonner [3] [sɔne] ❖ vt **1.** [cloche] to ring **2.** [retraite, alarme] to sound **3.** [domestique]

to ring for **4.** fam & fig [siffler] : je ne t'ai pas sonné ! who asked you! **5.** fam [assommer] to knock out (sép), to stun ; [abasourdir] to stun, to stagger, to knock (out). ❖ vi [gén] to ring ▶ **sonner chez qqn** to ring sb's bell ▶ **sonner faux** to be out of tune.

sonnerie [sɔnʀi] nf **1.** [bruit] ringing **2.** [mécanisme] striking mechanism **3.** [signal] call.

sonnet [sɔnɛ] nm sonnet.

sonnette [sɔnɛt] nf bell.

sono [sɔno] nf fam [de salle] P.A. (system) ; [de discothèque] sound system.

sonore [sɔnɔʀ] adj **1.** CINÉ & PHYS sound (avant n) **2.** [voix, rire] ringing, resonant **3.** [salle] resonant.

sonorisation [sɔnɔʀizasjɔ̃] nf **1.** [action - de film] addition of the soundtrack ; [- de salle] wiring for sound **2.** [matériel - de salle] public address system, P.A. (system) ; [- de discothèque] sound system.

sonoriser [3] [sɔnɔʀize] vt **1.** [film] to add the soundtrack to **2.** [salle] to wire for sound.

sonorité [sɔnɔʀite] nf **1.** [de piano, voix] tone **2.** [de salle] acoustics pl.

sont ⟶ être.

Sopalin® [sɔpalɛ̃] nm kitchen roll **UK**, paper towels **US**.

sophistiqué, e [sɔfistike] adj sophisticated.

soporifique [sɔpɔʀifik] ❖ adj soporific. ❖ nm sleeping drug, soporific.

soprane [sɔpʀan] nf = soprano.

soprano [sɔpʀano] (pl sopranos ou soprani [sɔpʀani]) nm & nmf soprano.

sorbet [sɔʀbɛ] nm sorbet **UK**, sherbet **US**.

Sorbonne [sɔʀbɔn] nf ▶ **la Sorbonne** the Sorbonne (highly respected Paris university).

sorcellerie [sɔʀsɛlʀi] nf witchcraft, sorcery.

sorcier, ère [sɔʀsje, ɛʀ] nm, f sorcerer (witch).

sordide [sɔʀdid] adj squalid ; fig sordid.

sornettes [sɔʀnɛt] nfpl nonsense (U).

sort [sɔʀ] nm **1.** [maléfice] spell ▶ **jeter un sort (à qqn)** to cast a spell (on sb) **2.** [destinée] fate **3.** [condition] lot **4.** [hasard] ▶ **le sort** fate ▶ **tirer au sort** to draw lots.

sortant, e [sɔʀtɑ̃, ɑ̃t] adj **1.** [numéro] winning **2.** [président, directeur] outgoing (avant n).

sorte [sɔʀt] nf sort, kind ▶ **une sorte de** a sort of, a kind of ▶ **toutes sortes de** all kinds of, all sorts of.

sortie [sɔʀti] nf **1.** [issue] exit, way out ; [d'eau, d'air] outlet ▶ **sortie d'autoroute** motorway junction ou exit UK, freeway exit US ▶ **sortie de secours** emergency exit **2.** [départ] : *c'est la sortie de l'école* it's home-time UK, school's out US ▶ **à la sortie du travail** when work finishes, after work **3.** [de produit] launch, launching ; [de disque] release ; [de livre] publication **4.** (gén pl) [dépense] outgoings pl UK, expenditure (U) **5.** [excursion] outing ; [au cinéma, au restaurant] evening ou night out ▶ **faire une sortie** to go out **6.** MIL sortie **7.** INFORM ▶ **sortie imprimante** printout.

sortilège [sɔʀtilɛʒ] nm spell.

sortir [43] [sɔʀtiʀ] ◆ vi (aux : être) **1.** [de la maison, du bureau, etc.] to leave, to go/come out ▶ **sortir de** to go/come out of, to leave **2.** [pour se distraire] to go out **3.** fig [quitter] ▶ **sortir de** [réserve, préjugés] to shed **4.** MÉD ▶ **sortir de** a) [coma] to come out of b) [de maladie] to get over, to recover from / *je sors d'une grippe* I'm just recovering from a bout of flu **5.** [film, livre, produit] to come out ; [disque] to be released **6.** [au jeu - carte, numéro] to come up **7.** [s'écarter de] ▶ **sortir de** a) [sujet] to get away from b) [légalité, compétence] to be outside **8.** EXPR ▶ **d'où il sort, celui-là ?** where did HE spring from ? ◆ vt (aux : avoir) **1.** [gén] ▶ **sortir qqch (de)** to take sthg out (of) **2.** [de situation difficile] to get out, to extract **3.** [produit] to launch ; [disque] to bring out, to release ; [livre] to bring out, to publish. ◆ **se sortir** vp **1.** fig [de pétrin] to get out ▶ **s'en sortir** [en réchapper] to come out of it **2.** [y arriver] to get through it.

SOS nm SOS ▶ **SOS médecins/dépannage** emergency medical/repair service ▶ **SOS-Racisme** voluntary organization set up to combat racism in French society ▶ **lancer un SOS** to send out an SOS.

sosie [sɔzi] nm double.

sot, sotte [so, sɔt] ◆ adj silly, foolish. ◆ nm, f fool.

sottise [sɔtiz] nf stupidity (U), foolishness (U) ▶ **dire/faire une sottise** to say/do something stupid.

sou [su] nm ▶ **être sans le sou** to be penniless. ◆ **sous** nmpl fam money (U).

soubassement [subasmɑ̃] nm base.

soubresaut [subʀəso] nm **1.** [de voiture] jolt **2.** [de personne] start.

souche [suʃ] nf **1.** [d'arbre] stump **2.** [de carnet] counterfoil, stub.

souci [susi] nm **1.** [tracas] worry / *se faire du souci* to worry **2.** [préoccupation] concern / *avoir des soucis* to have worries **3.** [problème] problem, issue / *il y a un petit souci avec l'ordinateur* there's a minor issue with the computer ▶ **pas de soucis !** no problem, no worries **4.** [fleur] marigold.

soucier [9] [susje] ◆ **se soucier** vp ▶ **se soucier de** to care about.

soucieux, euse [susjø, øz] adj **1.** [préoccupé] worried, concerned **2.** [concerné] ▶ **être soucieux de qqch/de faire qqch** to be concerned about sthg/about doing sthg.

soucoupe [sukup] nf **1.** [assiette] saucer **2.** [vaisseau] ▶ **soucoupe volante** flying saucer.

soudain, e [sudɛ̃, ɛn] adj sudden. ◆ **soudain** adv suddenly, all of a sudden.

Soudan [sudɑ̃] nm : *le Soudan* the Sudan.

soude [sud] nf soda.

souder [3] [sude] vt **1.** TECHNOL to weld, to solder **2.** MÉD to knit **3.** fig [unir] to bind together.

soudoyer [13] [sudwaje] vt to bribe.

soudure [sudyʀ] nf TECHNOL welding ; [résultat] weld.

souffert, e [sufɛʀ, ɛʀt] pp ⟶ **souffrir**.

souffle [sufl] nm **1.** [respiration] breathing ; [expiration] puff, breath ▶ **un souffle d'air** fig a breath of air, a puff of wind **2.** fig [inspiration] inspiration **3.** [d'explosion] blast **4.** MÉD ▶ **souffle au cœur** heart murmur **5.** EXPR ▶ **avoir le souffle coupé** to have one's breath taken away.

soufflé, e [sufle] adj **1.** CULIN soufflé (avant n) **2.** fam & fig [étonné] flabbergasted. ◆ **soufflé** nm soufflé ▶ **soufflé au fromage** cheese soufflé.

souffler [3] [sufle] ◆ vt **1.** [bougie] to blow out **2.** [vitre] to blow out, to shatter **3.** [chuchoter] ▶ **souffler qqch à qqn** to whisper sthg to sb **4.** fam [prendre] ▶ **souffler qqch à qqn** to pinch sthg from sb UK **5.** fam [époustoufler - suj : événement, personne] to take aback, to stagger, to knock out (sép). ◆ vi **1.** [gén] to blow **2.** [respirer] to puff, to pant **3.** [se reposer] to have a break.

soufflet [suflɛ] nm **1.** [instrument] bellows sg **2.** [de train] connecting corridor, concertina vestibule **3.** COUT gusset.

souffleur, euse [suflœʀ, øz] nm, f THÉÂTRE prompt. ◆ **souffleur** nm [de verre] blower.

souffrance [sufʀɑ̃s] nf suffering.

souffrant, e [sufʀɑ̃, ɑ̃t] adj poorly.

souffre-douleur [sufʀədulœʀ] nm inv whipping boy.

souffrir [34] [sufʀiʀ] ❖ vi to suffer ▸ **souffrir de** to suffer from ▸ **souffrir du dos / cœur** to have back / heart problems. ❖ vt **1.** [ressentir] to suffer **2.** litt [supporter] to stand, to bear.

soufre [sufʀ] nm sulphur [UK], sulfur [US].

souhait [swɛ] nm wish ▸ **à tes / vos souhaits !** bless you!

souhaitable [swɛtabl] adj desirable ▸ **il est souhaitable que** (+ subj) it is desirable that....

souhaiter [4] [swete] vt ▸ **souhaiter qqch** to wish for sthg ▸ **souhaiter faire qqch** to hope to do sthg ▸ **souhaiter qqch à qqn** to wish sb sthg ▸ **souhaiter à qqn de faire qqch** to hope that sb does sthg ▸ **souhaiter que...** (+ subj) to hope that....

souiller [3] [suje] vt litt [salir] to soil ; fig to sully.

soûl, e, saoul, e [su, sul] adj drunk.

soulagement [sulaʒmɑ̃] nm relief.

soulager [17] [sulaʒe] vt [gén] to relieve.

soûler, saouler [3] [sule] vt **1.** fam [enivrer] ▸ **soûler qqn a)** to get sb drunk **b)** fig to intoxicate sb **2.** fig [de plaintes, d'éloges] ▸ **soûler qqn** to bore sb silly. ❖ **se soûler** vp fam to get drunk.

soulèvement [sulɛvmɑ̃] nm uprising.

soulever [19] [sulve] vt **1.** [fardeau, poids] to lift ; [rideau] to raise **2.** fig [question] to raise, to bring up **3.** fig [enthousiasme] to generate, to arouse ; [tollé] to stir up ▸ **soulever qqn contre** to stir sb up against. ❖ **se soulever** vp **1.** [s'élever] to raise o.s., to lift o.s. **2.** [se révolter] to rise up.

soulier [sulje] nm shoe.

souligner [3] [suliɲe] vt **1.** [par un trait] to underline **2.** fig [insister sur] to underline, to emphasize **3.** [mettre en valeur] to emphasize.

soumettre [84] [sumɛtʀ] vt **1.** [astreindre] ▸ **soumettre qqn à** to subject sb to **2.** [ennemi, peuple] to subjugate **3.** [projet, problème] ▸ **soumettre qqch (à)** to submit sthg (to). ❖ **se soumettre** vp ▸ **se soumettre (à)** to submit (to).

soumis, e [sumi, iz] ❖ pp ⟶ **soumettre.** ❖ adj [gén] submissive.

soumission [sumisjɔ̃] nf submission.

soupape [supap] nf valve.

soupçon [supsɔ̃] nm [suspicion, intuition] suspicion.

soupçonner [3] [supsɔne] vt [suspecter] to suspect ▸ **soupçonner qqn de qqch / de faire qqch** to suspect sb of sthg / of doing sthg.

soupçonneux, euse [supsɔnø, øz] adj suspicious.

soupe [sup] nf CULIN soup ▸ **soupe populaire** soup kitchen.

souper [3] [supe] ❖ nm supper. ❖ vi to have supper.

soupeser [19] [supəze] vt **1.** [poids] to feel the weight of **2.** fig [évaluer] to weigh up.

soupière [supjɛʀ] nf tureen.

soupir [supiʀ] nm **1.** [souffle] sigh ▸ **pousser un soupir** to let out ou give a sigh **2.** MUS crotchet rest [UK], quarter-note rest [US].

soupirail, aux [supiʀaj, o] nm barred basement window (for ventilation purposes).

soupirant [supiʀɑ̃] nm vieilli & hum suitor.

soupirer [3] [supiʀe] vi [souffler] to sigh.

souple [supl] adj **1.** [gymnaste] supple **2.** [pas] lithe **3.** [paquet, col] soft **4.** [tissu, cheveux] flowing **5.** [tuyau, horaire, caractère] flexible.

souplesse [suplɛs] nf **1.** [de gymnaste] suppleness **2.** [flexibilité - de tuyau] pliability, flexibility ; [- de matière] suppleness **3.** [de personne] flexibility.

source [suʀs] nf **1.** [gén] source **2.** [d'eau] spring ▸ **prendre sa source à** to rise in **3.** [cause] source.

sourcil [suʀsi] nm eyebrow ▸ **froncer les sourcils** to frown.

sourcilière [suʀsiljɛʀ] ⟶ **arcade**.

sourciller [3] [suʀsije] vi ▸ **sans sourciller** without batting an eyelid.

sourcilleux, euse [suʀsijø, øz] adj fussy, finicky.

sourd, e [suʀ, suʀd] ❖ adj **1.** [personne] deaf **2.** [bruit, voix] muffled **3.** [douleur] dull **4.** [lutte, hostilité] silent. ❖ nm, f deaf person.

sourdement [suʀdəmɑ̃] adv **1.** [avec un bruit sourd] dully **2.** fig [secrètement] silently.

sourdine [suʀdin] nf mute ▸ **en sourdine a)** [sans bruit] softly **b)** [secrètement] in secret.

sourd-muet, sourde-muette [suʀmɥe, suʀdmɥet] nm, f deaf-mute, deaf-and-dumb person.

sourdre [73] [suʀdʀ] vi litt to well up.

souriant, e [suʀjɑ̃, ɑ̃t] adj smiling, cheerful.

souricière [suʀisjɛʀ] nf mousetrap ; fig trap.

sourire [95] [suʀiʀ] ❖ vi to smile ▸ **sourire à qqn a)** to smile at sb **b)** fig [campagne] to appeal to sb **c)** [destin, chance] to smile on sb. ❖ nm smile.

souris [suʀi] nf INFORM & ZOOL mouse.

sournois, e [suʀnwa, az] adj **1.** [personne] underhand **2.** fig [maladie, phénomène] unpredictable.

sous [su] prép **1.** [gén] under ▸ **nager sous l'eau** to swim underwater ▸ **sous cet aspect** ou **angle** from that point of view **2.** [dans un délai de] within / **sous huit jours** within a week.

sous-alimentation [suzalimɑ̃tasjɔ̃] (pl **sous-alimentations**) nf malnutrition, undernourishment.

sous-alimenté, e [suzalimɑ̃te] (mpl **sous-alimentés**, fpl **-es**) adj malnourished, underfed.

sous-bois [subwa] nm inv undergrowth.

souscription [suskʀipsjɔ̃] nf subscription.

souscrire [99] [suskʀiʀ] vi FIN to apply for ▸ **souscrire à** to subscribe to.

sous-développé, e [sudevlɔpe] (mpl **sous-développés**, fpl **-es**) adj ÉCON underdeveloped ; fig & péj backward.

sous-directeur, trice [sudiʀɛktœʀ, tʀis] nm, f assistant manager (assistant manageress).

sous-effectif [suzefɛktif] (pl **sous-effectifs**) nm understaffing ▸ **en sous-effectif** [entreprise, usine] understaffed.

sous-ensemble [suzɑ̃sɑ̃bl] nm subset.

sous-entendu [suzɑ̃tɑ̃dy] nm insinuation.

sous-estimer [3] [suzɛstime] vt to underestimate, to underrate.

sous-évaluer [7] [suzevalɥe] vt to underestimate.

sous-jacent, e [suʒasɑ̃, ɑ̃t] (mpl **sous-jacents**, fpl **sous-jacentes**) adj underlying.

sous-louer [6] [sulwe] vt to sublet.

sous-marin, e [sumaʀɛ̃, in] adj underwater (avant n). ❖ **sous-marin** nm **1.** NAUT submarine **2.** QUÉBEC CULIN submarine sandwich.

sous-officier [suzɔfisje] nm non-commissioned officer.

sous-payer [11] [supeje] vt to underpay.

sous-préfecture [supʀefɛktyʀ] nf subprefecture.

sous-préfet [supʀefɛ] nm sub-prefect.

sous-produit [supʀɔdɥi] nm **1.** [objet] by-product **2.** fig [imitation] pale imitation.

sous-répertoire [supʀepɛʀtwaʀ] (pl **sous-répertoires**) nm INFORM sub-directory.

soussigné, e [susiɲe] ❖ adj ▸ **je soussigné** I the undersigned. ❖ nm, f undersigned.

sous-sol [susɔl] nm **1.** [de bâtiment] basement **2.** [naturel] subsoil.

sous-tasse [sutas] nf saucer.

sous-titre [sutitʀ] nm subtitle.

sous-total [sutɔtal] (pl **sous-totaux**) nm subtotal.

soustraction [sustʀaksjɔ̃] nf MATH subtraction.

soustraire [112] [sustʀɛʀ] vt **1.** [retrancher] ▸ **soustraire qqch de** to subtract sthg from **2.** sout [voler] ▸ **soustraire qqch à qqn** to take sthg away from sb. ❖ **se soustraire** vp ▸ **se soustraire à** to escape from.

sous-traitant, e [sutʀɛtɑ̃, ɑ̃t] (mpl **sous-traitants**, fpl **-es**) adj subcontracting. ❖ **sous-traitant** nm subcontractor.

sous-traiter [4] [sutʀete] vt to subcontract.

sous-verre [suvɛʀ] nm inv picture or document framed between a sheet of glass and a rigid backing.

sous-vêtement [suvɛtmɑ̃] nm undergarment ▸ **sous-vêtements** underwear (U), underclothes.

soutane [sutan] nf cassock.

soute [sut] nf hold.

soutenance [sutnɑ̃s] nf viva UK.

souteneur [sutnœʀ] nm procurer.

soutenir [40] [sutniʀ] vt **1.** [immeuble, personne] to support, to hold up **2.** [effort, intérêt] to sustain **3.** [encourager] to support ; POL to back, to support **4.** [affirmer] ▸ **soutenir que** to maintain (that) **5.** [résister à] to withstand ; [regard, comparaison] to bear.

soutenu, e [sutny] adj **1.** [style, langage] elevated **2.** [attention, rythme] sustained **3.** [couleur] vivid.

souterrain, e [sutɛʀɛ̃, ɛn] adj underground. ❖ **souterrain** nm underground passage.

soutien [sutjɛ̃] nm support ▸ **apporter son soutien à** to give one's support to.

soutien-gorge [sutjɛ̃gɔʀʒ] (pl **soutiens-gorge**) nm bra.

soutirer [3] [sutiʀe] vt fig [tirer] ▸ **soutirer qqch à qqn** to extract sthg from sb.

souvenir [40] [suvniʀ] nm **1.** [réminiscence, mémoire] memory **2.** [objet] souvenir. ❖ **se**

souvenir vp [ne pas oublier] ▶ **se souvenir de qqch/de qqn** to remember sthg/sb ▶ **se souvenir que** to remember (that).

souvent [suvã] adv often.

souvenu, e [suvny] pp ⟶ **souvenir**.

souverain, e [suvʀɛ̃, ɛn] ❖ adj **1.** [remède, état] sovereign **2.** [indifférence] supreme. ❖ nm, f [monarque] sovereign, monarch.

souveraineté [suvʀɛnte] nf sovereignty.

soviétique [sɔvjetik] adj Soviet. ❖ **Soviétique** nmf Soviet (citizen).

soyeux, euse [swajø, øz] adj silky.

soyez ⟶ **être**.

SPA (abr de **Société protectrice des animaux**) nf French society for the protection of animals; ≃ RSPCA **UK**; ≃ SPCA **US**.

spacieux, euse [spasjø, øz] adj spacious.

spaghettis [spagɛti] nmpl spaghetti (U).

spam [spam] nm INFORM spam.

sparadrap [spaʀadʀa] nm sticking plaster **UK**, Band-Aid® **US**.

spartiate [spaʀsjat] adj [austère] Spartan.

spasme [spasm] nm spasm.

spasmodique [spasmɔdik] adj spasmodic.

spatial, e, aux [spasjal, o] adj space (avant n).

spatule [spatyl] nf **1.** [ustensile] spatula **2.** [de ski] tip.

speaker, speakerine [spikœʀ, spikʀin] nm, f announcer.

spécial, e, aux [spesjal, o] adj **1.** [particulier] special **2.** fam [bizarre] peculiar.

spécialement [spesjalmã] adv **1.** [exprès] specially **2.** [particulièrement] particularly, especially.

spécialisé, e [spesjalize] adj [gén] specialized.

spécialiser [3] [spesjalize] vt to specialize. ❖ **se spécialiser** vp ▶ **se spécialiser (dans)** to specialize (in).

spécialiste [spesjalist] nmf specialist.

spécialité [spesjalite] nf speciality **UK**, specialty **US**.

spécificité [spesifisite] nf specificity.

spécifier [9] [spesifje] vt to specify.

spécifique [spesifik] adj specific.

spécimen [spesimɛn] nm **1.** [représentant] specimen **2.** [exemplaire] sample.

spectacle [spɛktakl] nm **1.** [représentation] show **2.** [domaine] show business, entertainment **3.** [tableau] spectacle, sight.

spectaculaire [spɛktakylɛʀ] adj spectacular.

spectateur, trice [spɛktatœʀ, tʀis] nm, f **1.** [témoin] witness **2.** [de spectacle] spectator.

spectre [spɛktʀ] nm **1.** [fantôme] spectre **UK**, specter **US 2.** PHYS spectrum.

spéculateur, trice [spekylatœʀ, tʀis] nm, f speculator.

spéculatif, ive [spekylatif, iv] adj speculative.

spéculation [spekylasjɔ̃] nf speculation.

spéculer [3] [spekyle] vi ▶ **spéculer sur a)** FIN to speculate in **b)** fig [miser] to count on.

speech [spitʃ] (pl **speechs** ou **speeches**) nm speech.

speed [spid] adj fam hyper / **il est très speed** he's really hyper.

speeder [spide] vi fam to hurry.

spéléologie [speleɔlɔʒi] nf [exploration] potholing **UK**, spelunking **US**; [science] speleology.

spermatozoïde [spɛʀmatozɔid] nm sperm, spermatozoon.

sperme [spɛʀm] nm sperm, semen.

sphère [sfɛʀ] nf sphere.

sphérique [sferik] adj spherical.

spirale [spiʀal] nf spiral.

spirituel, elle [spiʀitɥɛl] adj **1.** [de l'âme, moral] spiritual **2.** [vivant, drôle] witty.

spiritueux [spiʀitɥø] nm spirit.

splendeur [splãdœʀ] nf **1.** [beauté, prospérité] splendour **UK**, splendor **US 2.** [merveille] : **c'est une splendeur !** it's magnificent!

splendide [splãdid] adj magnificent, splendid.

spongieux, euse [spɔ̃ʒjø, øz] adj spongy.

sponsor [spɔ̃sɔʀ] nm sponsor.

sponsorisation [spɔ̃sɔʀizasjɔ̃] nf sponsoring, sponsorship.

sponsoriser [3] [spɔ̃sɔʀize] vt to sponsor.

spontané, e [spɔ̃tane] adj spontaneous.

spontanéité [spɔ̃taneite] nf spontaneity.

sporadique [spɔʀadik] adj sporadic.

sport [spɔʀ] ❖ nm sport ▶ **sports d'hiver** winter sports. ❖ adj inv **1.** [vêtement] sports (avant n) **2.** [fair play] sporting.

sportif, ive [spɔʀtif, iv] ❖ adj **1.** [association, résultats] sports (avant n) **2.** [personne, physique] sporty, athletic **3.** [fair play] sportsmanlike, sporting. ❖ nm, f sportsman (sportswoman).

spot [spɔt] nm **1.** [lampe] spot, spotlight **2.** [publicité] ▸ **spot (publicitaire)** commercial, advert **UK**.

spray [sprɛ] nm spray.

sprint [sprint] nm [SPORT - accélération] spurt ; [- course] sprint.

sprinter¹ [sprinte] vi to sprint.

sprinter² [sprintœr] nm sprinter.

sprinteur, euse [sprintœr, øz] = **sprinter**.

square [skwar] nm small public garden.

squash [skwaʃ] nm squash.

squat [skwat] nm squat.

squatter¹ [skwatœr] nm squatter.

squatter² [3] [skwate] ❖ vt to squat in. ❖ vi to squat.

squatteur, euse [skwatœr, øz] = **squatter**.

squelette [skəlɛt] nm skeleton.

squelettique [skəletik] adj [corps] emaciated.

St (abr écrite de saint) St.

stabiliser [3] [stabilize] vt **1.** [gén] to stabilize ; [meuble] to steady **2.** [terrain] to make firm. ❖ **se stabiliser** vp **1.** [véhicule, prix, situation] to stabilize **2.** [personne] to settle down.

stabilité [stabilite] nf stability.

stable [stabl] adj **1.** [gén] stable **2.** [meuble] steady, stable.

stade [stad] nm **1.** [terrain] stadium **2.** [étape & MÉD] stage ▸ **en être au stade de / où** to reach the stage of / at which.

Stade de France [staddəfrãs] nm Stade de France (stadium built for the 1998 World Cup in the north of Paris).

stage [staʒ] nm SCOL work placement **UK**, internship **US** ; [sur le temps de travail] in-service training ▸ **faire un stage a)** [cours] to go on a training course **b)** [expérience professionnelle] to go on a work placement **UK**, to undergo an internship **US**.

stagiaire [staʒjɛr] ❖ nmf trainee, intern **US**. ❖ adj trainee (avant n).

stagnant, e [stagnã, ãt] adj stagnant.

stagner [3] [stagne] vi to stagnate.

stalactite [stalaktit] nf stalactite.

stalagmite [stalagmit] nf stalagmite.

stand [stãd] nm **1.** [d'exposition] stand **2.** [de fête] stall.

standard [stãdar] ❖ adj inv standard. ❖ nm **1.** [norme] standard **2.** [téléphonique] switchboard.

standardiser [3] [stãdardize] vt to standardize.

standardiste [stãdardist] nmf switchboard operator.

standing [stãdiŋ] nm standing **/** **quartier de grand standing** select district.

star [star] nf CINÉ star.

starter [starter] nm AUTO choke ▸ **mettre le starter** to pull the choke out.

starting-block [startiŋblɔk] (pl **starting-blocks**) nm starting block.

start up [startɔp] nf start-up.

station [stasjõ] nf **1.** [arrêt - de bus] stop ; [- de métro] station **/** **à quelle station dois-je descendre ?** which stop do I get off at? ▸ **station de taxis** taxi stand **2.** [installations] station ▸ **station d'épuration** sewage treatment plant **3.** [ville] resort ▸ **station de ski / de sports d'hiver** ski / winter sports resort ▸ **station thermale** spa (town) **4.** [position] position **5.** INFORM ▸ **station de travail** work station.

stationnaire [stasjɔnɛr] adj stationary.

stationnement [stasjɔnmã] nm parking ▸ **'stationnement interdit'** 'no parking' **/** **stationnement unilatéral** parking on one side (of the road).

stationner [3] [stasjɔne] vi to park.

station-service [stasjõsɛrvis] (pl **stations-service**) nf service station, petrol station **UK**, gas station **US**.

statique [statik] adj static.

statisticien, enne [statistisjẽ, ɛn] nm, f statistician.

statistique [statistik] ❖ adj statistical. ❖ nf [donnée] statistic.

statue [staty] nf statue.

statuer [7] [statɥe] vi ▸ **statuer sur** to give a decision on.

statuette [statɥɛt] nf statuette.

statu quo [statykwo] nm inv status quo.

stature [statyr] nf stature.

statut [staty] nm status. ❖ **statuts** nmpl statutes, by laws **US**.

statutaire [statyter] adj statutory.

Ste (abr écrite de sainte) St.

Sté (*abr écrite de* **société**) Co.

steak [stɛk] nm steak ▸ **steak haché** mince **UK**, ground beef **US**.

stèle [stɛl] nf stele.

sténo [steno] ◈ nmf stenographer. ◈ nf shorthand.

sténodactylo [stenodaktilo] nmf shorthand typist **UK**, stenographer **US**.

sténodactylographie [stenodaktilografi] nf shorthand typing.

stentor [stɑ̃tɔʀ] ⟶ **voix**.

steppe [stɛp] nf steppe.

stéréo [stereo] ◈ adj inv stereo. ◈ nf stereo ▸ **en stéréo** in stereo.

stéréotype [stereotip] nm stereotype.

stérile [steʀil] adj **1.** [personne] sterile, infertile ; [terre] barren **2.** *fig* [inutile - discussion] sterile ; [- efforts] futile **3.** MÉD sterile.

stérilet [steʀilɛ] nm IUD, intrauterine device.

stériliser [3] [steʀilize] vt to sterilize.

stérilité [steʀilite] nf *pr & fig* sterility ; [d'efforts] futility.

sterling [stɛʀliŋ] adj inv & nm inv sterling.

sternum [stɛʀnɔm] nm breastbone, sternum.

stéthoscope [stetoskɔp] nm stethoscope.

steward [stiwaʀt] nm steward.

sticker [stikœʀ] nm sticker.

stigmate [stigmat] nm (*gén pl*) mark, scar.

stimulant, e [stimylɑ̃, ɑ̃t] adj stimulating. ◆ **stimulant** nm **1.** [remontant] stimulant **2.** [motivation] incentive, stimulus.

stimulation [stimylasjɔ̃] nf stimulation.

stimuler [3] [stimyle] vt to stimulate.

stipuler [3] [stipyle] vt ▸ **stipuler que** to stipulate (that).

stock [stɔk] nm stock ▸ **en stock** in stock.

stockage [stɔkaʒ] nm **1.** [de marchandises] stocking **2.** INFORM storage.

stocker [3] [stɔke] vt **1.** [marchandises] to stock **2.** INFORM to store.

Stockholm [stɔkɔlm] npr Stockholm.

stoïque [stɔik] adj stoical.

stop [stɔp] ◈ interj stop! ◈ nm **1.** [panneau] stop sign **2.** [auto-stop] hitchhiking, hitching.

stopper [3] [stɔpe] ◈ vt [arrêter] to stop, to halt. ◈ vi to stop.

store [stɔʀ] nm **1.** [de fenêtre] blind **2.** [de magasin] awning.

STP *abr de* **s'il te plaît**.

strabisme [stʀabism] nm squint.

strangulation [stʀɑ̃gylasjɔ̃] nf strangulation.

strapontin [stʀapɔ̃tɛ̃] nm [siège] pull-down seat.

strass [stʀas] nm paste.

stratagème [stʀataʒɛm] nm stratagem.

stratège [stʀatɛʒ] nm strategist.

stratégie [stʀateʒi] nf strategy.

stratégique [stʀateʒik] adj strategic.

stress [stʀɛs] nm stress.

stressant, e [stʀɛsɑ̃, ɑ̃t] adj stressful.

stressé, e [stʀɛse] adj stressed.

stresser [4] [stʀɛse] ◈ vt ▸ **stresser qqn** to cause sb stress, to put sb under stress. ◈ vi to be stressed.

strict, e [stʀikt] adj **1.** [personne, règlement] strict **2.** [sobre] plain **3.** [absolu - minimum] bare, absolute ; [- vérité] absolute.

strident, e [stʀidɑ̃, ɑ̃t] adj strident, shrill.

strié, e [stʀije] adj [rayé] striped.

strier [10] [stʀije] vt to streak.

strip-poker [stʀippɔkɛʀ] (*pl* **strip-pokers**) nm strip poker.

strip-tease [stʀiptiz] (*pl* **strip-teases**) nm striptease.

strophe [stʀɔf] nf verse.

structure [stʀyktyʀ] nf structure.

structurel, elle [stʀyktyʀɛl] adj structural.

structurer [3] [stʀyktyʀe] vt to structure.

studieux, euse [stydjø, øz] adj **1.** [personne] studious **2.** [vacances] study (*avant n*).

studio [stydjo] nm **1.** CINÉ, PHOTO & TV studio **2.** [appartement] studio flat **UK**, studio apartment **US**.

stupéfaction [stypefaksjɔ̃] nf astonishment, stupefaction.

stupéfait, e [stypefɛ, ɛt] adj astounded, stupefied.

stupéfiant, e [stypefjɑ̃, ɑ̃t] adj astounding, stunning. ◆ **stupéfiant** nm narcotic, drug.

stupéfier [9] [stypefje] vt to astonish, to stupefy.

stupeur [stypœʀ] nf **1.** [stupéfaction] astonishment **2.** MÉD stupor.

stupide [stypid] adj **1.** péj [abruti] stupid **2.** [insensé - mort] senseless ; [-accident] stupid.

stupidité [stypidite] nf stupidity.

style [stil] nm **1.** [gén] style **2.** GRAM ▸ **style direct /indirect** direct/indirect speech.

styliste [stilist] nmf COUT designer.

stylo [stilo] nm pen.

stylo-feutre [stiloføtʀ] nm felt-tip pen.

su, e [sy] pp ⟶ **savoir**.

suave [sɥav] adj [voix] smooth ; [parfum] sweet.

subalterne [sybaltɛʀn] ❖ nmf subordinate, junior. ❖ adj [rôle] subordinate ; [employé] junior.

subconscient, e [sybkɔ̃sjɑ̃, ɑ̃t] adj subconscious. ◆ **subconscient** nm subconscious.

subdiviser [3] [sybdivize] vt to subdivide.

subir [32] [sybiʀ] vt **1.** [conséquences, colère] to suffer ; [personne] to put up with **2.** [opération, épreuve, examen] to undergo **3.** [dommages, pertes] to sustain, to suffer ▸ **subir une hausse** to be increased.

subit, e [sybi, it] adj sudden.

subitement [sybitmɑ̃] adv suddenly.

subjectif, ive [sybʒɛktif, iv] adj [personnel, partial] subjective.

subjonctif [sybʒɔ̃ktif] nm subjunctive.

subjuguer [3] [sybʒyge] vt to captivate.

sublime [syblim] adj sublime.

submerger [17] [sybmɛʀʒe] vt **1.** [inonder] to flood **2.** [envahir] to overcome, to overwhelm **3.** [déborder] to overwhelm ▸ **être submergé de travail** to be swamped with work.

subordination [sybɔʀdinasjɔ̃] nf subordination.

subordonné, e [sybɔʀdɔne] ❖ adj GRAM subordinate, dependent. ❖ nm, f subordinate.

subornation [sybɔʀnasjɔ̃] nf bribing, subornation.

subrepticement [sybʀɛptismɑ̃] adv surreptitiously.

subsidiaire [sybzidjɛʀ] adj subsidiary.

subsistance [sybzistɑ̃s] nf subsistence.

subsister [3] [sybziste] vi **1.** [chose] to remain **2.** [personne] to live, to subsist.

subsonique [sybsɔnik] adj subsonic.

substance [sypstɑ̃s] nf **1.** [matière] substance **2.** [essence] gist.

substantiel, elle [sypstɑ̃sjɛl] adj substantial.

substantif [sypstɑ̃tif] nm noun.

substituer [7] [sypstitɥe] vt ▸ **substituer qqch à qqch** to substitute sthg for sthg. ◆ **se substituer** vp ▸ **se substituer à a)** [personne] to stand in for, to substitute for **b)** [chose] to take the place of.

substitut [sypstity] nm **1.** [remplacement] substitute **2.** DR deputy public prosecutor.

substitution [sypstitysjɔ̃] nf substitution.

subterfuge [syptɛʀfyʒ] nm subterfuge.

subtil, e [syptil] adj subtle.

subtiliser [3] [syptilize] vt to steal.

subtilité [syptilite] nf subtlety.

subtropical, e, aux [syptʀɔpikal, o] adj subtropical.

subvenir [40] [sybvəniʀ] vi ▸ **subvenir à** [besoins] to provide for.

subvention [sybvɑ̃sjɔ̃] nf grant, subsidy.

subventionné [sybvɑ̃sjɔne] adj subsidized / **un projet subventionné par l'État** government-funded project / **une école subventionnée (par l'État)** a grant-maintained school.

subventionner [3] [sybvɑ̃sjɔne] vt to give a grant to, to subsidize.

subversif, ive [sybvɛʀsif, iv] adj subversive.

succédané [syksedane] nm substitute.

succéder [18] [syksede] vt ▸ **succéder à a)** [suivre] to follow **b)** [remplacer] to succeed, to take over from. ◆ **se succéder** vpi [se suivre] to follow each other / **les crises se succèdent** it's just one crisis after another.

succès [syksɛ] nm **1.** [gén] success ▸ **avoir du succès** to be very successful ▸ **sans succès a)** [essai] unsuccessful **b)** [essayer] unsuccessfully **2.** [chanson, pièce] hit.

successeur [syksesœʀ] nm **1.** [gén] successor **2.** DR successor, heir.

successif, ive [syksesif, iv] adj successive.

succession [syksesjɔ̃] nf **1.** [gén] succession ▸ **une succession de** a succession of ▸ **prendre la succession de qqn** to take over from sb, to succeed sb **2.** DR succession, inheritance ▸ **droits de succession** death duties UK, inheritance tax US.

succinct, e [syksɛ̃, ɛ̃t] adj **1.** [résumé] succinct **2.** [repas] frugal.

succion [syksjɔ̃, sysjɔ̃] nf suction, sucking.

succomber [3] [sykɔ̃be] vi ▸ **succomber (à)** to succumb (to).

succulent, e [sykylɑ̃, ɑ̃t] adj delicious.

succursale [sykyʀsal] nf branch.

sucer [16] [syse] vt to suck.

sucette [syset] nf [friandise] lolly **UK**, lollipop.

sucre [sykʀ] nm sugar ▶ **sucre (d'érable)** **QUÉ BEC** maple sugar ▶ **sucre en morceaux** lumps of sugar ▶ **sucre en poudre, sucre semoule** caster sugar **UK**, finely granulated sugar **US** ▶ **sucre roux** ou **brun** brown sugar.

sucré, e [sykʀe] adj [naturellement] sweet ; [artificiellement] sweetened.

sucrer [3] [sykʀe] vt **1.** [café, thé] to sweeten, to sugar **2.** fam [permission] to withdraw ; [passage, réplique] to cut ▶ **sucrer qqch à qqn** to take sthg away from sb.

sucrerie [sykʀəʀi] nf **1.** [usine] sugar refinery **2.** [friandise] sweet **UK**, candy **US 3.** **QUÉBEC** [forêt d'érables] maple forest, sugar bush.

sucrier [sykʀije] nm sugar bowl.

sud [syd] ◆ nm south ▶ **un vent du sud** a southerly wind ▶ **au sud** in the south ▶ **au sud (de)** to the south (of). ◆ adj inv [gén] south ; [province, région] southern.

sud-africain, e [sydafʀikɛ̃, ɛn] (mpl sud-africains, fpl sud-africaines) adj South African. ◆ **Sud-Africain, e** nm, f South African.

sud-américain, e [sydameʀikɛ̃, ɛn] (mpl sud-américains, fpl sud-américaines) adj South American. ◆ **Sud-Américain, e** nm, f South American.

sudation [sydasjɔ̃] nf sweating.

sud-est [sydɛst] nm & adj inv southeast.

Sudoku® [sydoky] nm Sudoku.

sud-ouest [sydwɛst] nm & adj inv southwest.

Suède [sɥɛd] nf : *la Suède* Sweden.

suédois, e [sɥedwa, az] adj Swedish. ◆ **suédois** nm [langue] Swedish. ◆ **Suédois, e** nm, f Swede.

suer [7] [sɥe] ◆ vi [personne] to sweat. ◆ vt to exude.

sueur [sɥœʀ] nf sweat ▶ **avoir des sueurs froides** fig to be in a cold sweat.

Suez [sɥɛz] npr : *le canal de Suez* the Suez Canal.

suffi [syfi] pp inv ⟶ **suffire**.

suffire [100] [syfiʀ] ◆ vi **1.** [être assez] ▶ **suffire pour qqch / pour faire qqch** to be enough for sthg / to do sthg, to be sufficient for sthg / to do sthg ▶ **ça suffit !** that's enough! **2.** [satisfaire] ▶ **suffire à** to be enough for. ◆ v impers ▶ **il**

suffit de... all that is necessary is..., all that you have to do is... ▶ **il suffit d'un moment d'inattention pour que...** it only takes a moment of carelessness for... ▶ **il suffit que** (+ subj) : *il suffit que vous lui écriviez* all (that) you need do is write to him. ◆ **se suffire** vp ▶ **se suffire à soi-même** to be self-sufficient.

suffisamment [syfizamɑ̃] adv sufficiently.

suffisant, e [syfizɑ̃, ɑ̃t] adj **1.** [satisfaisant] sufficient **2.** [vaniteux] self-important.

suffixe [syfiks] nm suffix.

suffocation [syfɔkasjɔ̃] nf suffocation.

suffoquer [3] [syfɔke] ◆ vt **1.** [suj : chaleur, fumée] to suffocate **2.** fig [suj : colère] to choke ; [suj : nouvelle, révélation] to astonish, to stun. ◆ vi to choke.

suffrage [syfʀaʒ] nm vote.

suggérer [18] [sygʒeʀe] vt **1.** [proposer] to suggest ▶ **suggérer qqch à qqn** to suggest sthg to sb ▶ **suggérer à qqn de faire qqch** to suggest that sb (should) do sthg **2.** [faire penser à] to evoke.

suggestif, ive [sygʒɛstif, iv] adj **1.** [musique] evocative **2.** [pose, photo] suggestive.

suggestion [sygʒɛstjɔ̃] nf suggestion.

suicidaire [sɥisidɛʀ] adj suicidal.

suicide [sɥisid] nm suicide.

suicider [3] [sɥiside] ◆ **se suicider** vp to commit suicide, to kill o.s.

suie [sɥi] nf soot.

suinter [3] [sɥɛ̃te] vi **1.** [eau, sang] to ooze, to seep **2.** [surface, mur] to sweat ; [plaie] to weep.

suis ⟶ **être**.

suisse [sɥis] adj Swiss. ◆ **Suisse** ◆ nf [pays] : *la Suisse* Switzerland ▶ **la Suisse allemande /italienne /romande** German- / Italian- /French-speaking Switzerland. ◆ nmf [personne] Swiss (person) / *les Suisses* the Swiss.

suite [sɥit] nf **1.** [de liste, feuilleton] continuation **2.** [série - de maisons, de succès] series ; [- d'événements] sequence **3.** [succession] ▶ **prendre la suite de a)** [personne] to succeed, to take over from **b)** [affaire] to take over ▶ **à la suite** one after the other ▶ **à la suite de** fig following **4.** [escorte] retinue **5.** MUS suite **6.** [appartement] suite. ◆ **suites** nfpl consequences. ◆ **par la suite** loc adv afterwards. ◆ **par suite de** loc prép owing to, because of.

suivant, e [sɥivɑ̃, ɑ̃t] ◆ adj next, following. ◆ nm, f next ou following one ▶ **au suivant !** next!

suivi, e [sɥivi] ❖ pp → **suivre**. ❖ adj [visites] regular ; [travail] sustained ; [qualité] consistent. ◆ **suivi** nm follow-up.

suivre [89] [sɥivʁ] ❖ vt **1.** [gén] to follow ▸ **'faire suivre'** 'please forward' **2.** [suj : médecin] to treat. ❖ vi **1.** SCOL to keep up **2.** [venir après] to follow. ◆ **se suivre** vp to follow one another.

sujet, ette [syʒɛ, ɛt] ❖ adj ▸ **être sujet à qqch** to be subject ou prone to sthg. ❖ nm, f [de souverain] subject. ◆ **sujet** nm [gén] subject ▸ **c'est à quel sujet ?** what is it about ? ▸ **sujet de conversation** topic of conversation.

sulfate [sylfat] nm sulphate **UK**, sulfate **US**.

sulfurique [sylfyʁik] adj sulphuric **UK**, sulfuric **US**.

Sup de Co [sypdəko] fam abr de **École supérieure de commerce**.

super [sypɛʁ] fam ❖ adj inv super, great. ❖ nm four star (petrol) **UK**, premium **US**.

superbe [sypɛʁb] adj superb ; [enfant, femme] beautiful.

supercherie [sypɛʁʃəʁi] nf deception, trickery.

supérette [sypeʁɛt] nf mini-market, superette **US**.

superficie [sypɛʁfisi] nf **1.** [surface] area **2.** fig [aspect superficiel] surface.

superficiel, elle [sypɛʁfisjɛl] adj superficial.

superflu, e [sypɛʁfly] adj superfluous. ◆ **superflu** nm superfluity.

supérieur, e [sypeʁjœʁ] ❖ adj **1.** [étage] upper **2.** [intelligence, qualité] superior / intelligence supérieure à la moyenne above-average intelligence ▸ **supérieur à a)** [température] higher than, above **b)** [notation] superior to / une note supérieure à 10 a mark above 10 **3.** [dominant - équipe] superior ; [- cadre] senior **4.** [SCOL - classe] upper, senior ; [- enseignement] higher **5.** péj [air] superior. ❖ nm, f superior.

supériorité [sypeʁjɔʁite] nf superiority.

superlatif [sypɛʁlatif] nm superlative.

supermarché [sypɛʁmaʁʃe] nm supermarket.

superposer [3] [sypɛʁpoze] vt to stack. ◆ **se superposer** vp to be stacked.

superproduction [sypɛʁpʁɔdyksjɔ̃] nf spectacular.

superpuissance [sypɛʁpɥisɑ̃s] nf superpower.

supersonique [sypɛʁsɔnik] adj supersonic.

superstitieux, euse [sypɛʁstisjø, øz] adj superstitious.

superstition [sypɛʁstisjɔ̃] nf [croyance] superstition.

superviser [3] [sypɛʁvize] vt to supervise.

supplanter [3] [syplɑ̃te] vt to supplant.

suppléant, e [sypleɑ̃, ɑ̃t] ❖ adj acting (avant n), temporary. ❖ nm, f substitute, deputy.

suppléer [15] [syplee] vt **1.** litt [carence] to compensate for **2.** [personne] to stand in for.

supplément [syplemɑ̃] nm **1.** [surplus] ▸ **un supplément de détails** additional details, extra details **2.** PRESSE supplement **3.** [de billet] extra charge.

supplémentaire [syplemɑ̃tɛʁ] adj extra, additional.

supplication [syplikasjɔ̃] nf plea.

supplice [syplis] nm torture ; fig [souffrance] torture, agony.

supplier [10] [syplije] vt ▸ **supplier qqn de faire qqch** to beg ou implore sb to do sthg ▸ **je t'en ou vous en supplie** I beg ou implore you.

support [sypɔʁ] nm **1.** [socle] support, base **2.** fig [de communication] medium ▸ **support pédagogique** teaching aid ▸ **support publicitaire** advertising medium.

supportable [sypɔʁtabl] adj **1.** [douleur] bearable **2.** [conduite] tolerable, acceptable.

supporter¹ [3] [sypɔʁte] vt **1.** [soutenir, encourager] to support **2.** [endurer] to bear, to stand ▸ **supporter que** (+ subj) : il ne supporte pas qu'on le contredise he cannot bear being contradicted **3.** [résister à] to withstand. ◆ **se supporter** vp [se tolérer] to bear ou stand each other.

supporter² [sypɔʁtɛʁ] nm supporter.

supporteur, euse [sypɔʁtœʁ, øz] = **supporter**.

supposer [3] [sypoze] vt **1.** [imaginer] to suppose, to assure ▸ **en supposant que** (+ subj) supposing (that) ▸ **à supposer que** (+ subj) supposing (that) **2.** [impliquer] to imply, to presuppose.

supposition [sypozisjɔ̃] nf supposition, assumption.

suppositoire [sypozitwaʁ] nm suppository.

suppression [sypʁesjɔ̃] nf **1.** [de permis de conduire] withdrawal ; [de document] suppression **2.** [de mot, passage] deletion **3.** [de loi, poste] abolition.

supprimer [3] [syprime] vt **1.** [document] to suppress ; [obstacle, difficulté] to remove **2.** [mot, passage] to delete **3.** [loi, poste] to abolish **4.** [témoin] to do away with, to eliminate **5.** [permis de conduire, revenus] ▶ **supprimer qqch à qqn** to take sthg away from sb **6.** [douleur] to take away, to suppress **7.** INFORM to delete.

supranational, e, aux [sypranasjɔnal, o] adj supranational.

suprématie [sypremasi] nf supremacy.

suprême [syprɛm] adj [gén] supreme.

sur [syr] prép **1.** [position - dessus] on ; [- au-dessus de] above, over / **sur la table** on the table **2.** [direction] towards, toward US / **sur la droite / gauche** on the right/left, to the right/left **3.** [distance] : **travaux sur 10 kilomètres** roadworks for 10 kilometres UK ou kilometers US **4.** [d'après] by / **juger qqn sur sa mine** to judge sb by his/her appearance **5.** [grâce à] on / **il vit sur les revenus de ses parents** he lives on ou off his parents' income **6.** [au sujet de] on, about **7.** [proportion] out of ; [mesure] by / **9 sur 10** 9 out of 10 / **un mètre sur deux** one metre UK ou meter US by two / **un jour sur deux** every other day / **une fois sur deux** every other time **8.** [indiquant une relation de supériorité] over. ◆ **sur ce** loc adv whereupon.

sûr, e [syr] adj **1.** [sans danger] safe **2.** [digne de confiance - personne] reliable, trustworthy ; [- goût] reliable, sound ; [- investissement] sound **3.** [certain] sure, certain ▶ **sûr de** ou **sûr et certain** absolutely certain ▶ **sûr de soi** self-confident, sure of o.s.

surabondance [syrabɔ̃dɑ̃s] nf overabundance.

suraigu, ë [syregy] adj high-pitched, shrill.

suranné, e [syrane] adj litt old-fashioned, outdated.

surbrillance [syrbrijɑ̃s] nf ▶ **mettre qqch en surbrillance** INFORM to highlight sthg.

surcharge [syrʃarʒ] nf **1.** [de poids] excess load ; [de bagages] excess weight **2.** fig [surcroît] ▶ **une surcharge de travail** extra work **3.** [surabondance] surfeit **4.** [de document] alteration.

surcharger [17] [syrʃarʒe] vt **1.** [véhicule, personne] ▶ **surcharger (de)** to overload (with) **2.** [texte] to alter extensively.

surchauffer [3] [syrʃofe] vt to overheat.

surchemise [syrʃəmiz] nf overshirt.

surcroît [syrkrwa] nm ▶ **un surcroît de travail / d'inquiétude** additional work / anxiety.

surdimensionné, e [syrdimɑ̃sjɔne] adj oversize(d).

surdité [syrdite] nf deafness.

surdoué, e [syrdwe] adj exceptionally ou highly gifted.

sureffectif [syrefɛktif] nm overmanning, overstaffing.

surélever [19] [syrelve] vt to raise, to heighten.

sûrement [syrmɑ̃] adv **1.** [certainement] certainly ▶ **sûrement pas !** fam no way!, definitely not! **2.** [sans doute] certainly, surely **3.** [sans risque] surely, safely.

surenchère [syrɑ̃ʃer] nf higher bid ; fig overstatement, exaggeration.

surenchérir [32] [syrɑ̃ʃerir] vi to bid higher ; fig to try to go one better.

surendetté, e [syrɑ̃dete] adj overindebted.

surendettement [syrɑ̃dɛtmɑ̃] nm **1.** [gén] overindebtedness, debt burden **2.** [d'une entreprise] overborrowing.

surestimer [3] [syrɛstime] vt **1.** [exagérer] to overestimate **2.** [surévaluer] to overvalue. ◆ **se surestimer** vp to overestimate o.s.

sûreté [syrte] nf **1.** [sécurité] safety ▶ **en sûreté** safe ▶ **de sûreté** safety (avant n) **2.** [fiabilité] reliability **3.** DR surety.

surexcitation [syrɛksitasjɔ̃] nf overexcitement.

surexcité, e [syrɛksite] adj overexcited.

surexposer [3] [syrɛkspoze] vt to overexpose.

surf [sœrf] nm surfing ▶ **surf des neiges** snowboarding.

surface [syrfas] nf **1.** [extérieur, apparence] surface **2.** [superficie] surface area. ◆ **grande surface** nf hypermarket UK, supermarket US.

surfait, e [syrfɛ, ɛt] adj overrated.

surfer [3] [sœrfe] vi **1.** SPORT to go surfing **2.** INFORM to surf.

surgelé, e [syrʒəle] adj frozen. ◆ **surgelé** nm frozen food.

surgir [32] [syrʒir] vi to appear suddenly ; fig [difficulté] to arise, to come up.

surhumain, e [syrymɛ̃, ɛn] adj superhuman.

surimi [syrimi] nm surimi.

surimpression [syrɛ̃presjɔ̃] nf double exposure.

surinformer [3] [syrɛ̃fɔrme] vt to overinform.

sur-le-champ [syʀləʃɑ̃] loc adv immediately, straightaway.

surlendemain [syʀlɑ̃dmɛ̃] nm ▸ **le surlendemain** two days later / *le surlendemain de mon départ* two days after I left.

surligner [3] [syʀliɲe] vt to highlight.

surligneur [syʀliɲœʀ] nm highlighter (pen).

surmenage [syʀmənaʒ] nm overwork.

surmener [19] [syʀməne] vt to overwork. ◆ **se surmener** vp to overwork.

surmonter [3] [syʀmɔ̃te] vt **1.** [obstacle, peur] to overcome, to surmount **2.** [suj : statue, croix] to surmount, to top.

surnager [17] [syʀnaʒe] vi **1.** [flotter] to float (on the surface) **2.** *fig* [subsister] to remain, to survive.

surnaturel, elle [syʀnatyʀɛl] adj supernatural. ◆ **surnaturel** nm ▸ **le surnaturel** the supernatural.

surnom [syʀnɔ̃] nm nickname.

surpasser [3] [syʀpase] vt to surpass, to outdo. ◆ **se surpasser** vp to surpass ou excel o.s.

surpeuplé, e [syʀpœple] adj overpopulated.

surpeuplement [syʀpœpləmɑ̃] nm overpopulation.

surplomb [syʀplɔ̃] ◆ **en surplomb** loc adj overhanging.

surplomber [3] [syʀplɔ̃be] ❖ vt to overhang. ❖ vi to be out of plumb.

surplus [syʀply] nm [excédent] surplus.

surprenant, e [syʀpʀənɑ̃, ɑ̃t] adj surprising, amazing.

surprendre [79] [syʀpʀɑ̃dʀ] vt **1.** [voleur] to catch (in the act) **2.** [secret] to overhear **3.** [prendre à l'improviste] to surprise, to catch unawares **4.** [étonner] to surprise, to amaze.

surpris, e [syʀpʀi, iz] ❖ pp ⟶ **surprendre**. ❖ adj **1.** [pris au dépourvu] surprised **2.** [déconcerté] surprised.

surprise [syʀpʀiz] ❖ nf surprise ▸ **par surprise** by surprise ▸ **faire une surprise à qqn** to give sb a surprise. ❖ adj [inattendu] surprise *(avant n)* ▸ **grève surprise** lightning strike.

surproduction [syʀpʀɔdyksjɔ̃] nf overproduction.

surréalisme [syʀʀealism] nm surrealism.

surréservation [syʀʀesɛʀvasjɔ̃] nm = **overbooking**.

sursaut [syʀso] nm **1.** [de personne] jump, start ▸ **en sursaut** with a start **2.** [d'énergie] burst, surge.

sursauter [3] [syʀsote] vi to start, to give a start.

sursis [syʀsi] nm DR [délai] reprieve ▸ **six mois avec sursis** six months' suspended sentence.

sursitaire [syʀsitɛʀ] nmf MIL [gén] *person whose call-up has been deferred.*

surtaxe [syʀtaks] nf surcharge.

surtout [syʀtu] adv **1.** [avant tout] above all **2.** [spécialement] especially, particularly ▸ **surtout pas** certainly not. ◆ **surtout que** loc conj *fam* especially as.

survécu [syʀveky] pp ⟶ **survivre**.

surveillance [syʀvejɑ̃s] nf supervision ; [de la police, de militaire] surveillance.

surveillant, e [syʀvejɑ̃, ɑ̃t] nm, f supervisor ; [de prison] guard, warder 🇬🇧.

surveiller [4] [syʀveje] vt **1.** [enfant] to watch, to keep an eye on ; [suspect] to keep a watch on **2.** [travaux] to supervise ; [examen] to invigilate 🇬🇧 **3.** [ligne, langage] to watch. ◆ **se surveiller** vp to watch o.s.

survenir [40] [syʀvəniʀ] vi [incident] to occur.

survenu, e [syʀvəny] pp ⟶ **survenir**.

survêtement [syʀvɛtmɑ̃] nm tracksuit.

survie [syʀvi] nf [de personne] survival.

survitaminé, e [syʀvitamine] adj *fam* [animateur, film] supercharged.

survivant, e [syʀvivɑ̃, ɑ̃t] ❖ nm, f survivor. ❖ adj surviving.

survivre [90] [syʀvivʀ] vi to survive ▸ **survivre à a)** [personne] to outlive, to survive **b)** [accident, malheur] to survive.

survoler [3] [syʀvɔle] vt **1.** [territoire] to fly over **2.** [texte] to skim (through).

sus [sy(s)] interj ▸ **sus à l'ennemi !** at the enemy! ◆ **en sus** loc adv moreover, in addition ▸ **en sus de** over and above, in addition to.

susceptibilité [syseptibilite] nf touchiness, sensitivity.

susceptible [syseptibl] adj **1.** [ombrageux] touchy, sensitive **2.** [en mesure de] ▸ **susceptible de faire qqch** liable ou likely to do sthg / *susceptible d'amélioration, susceptible d'être amélioré* open to improvement.

susciter [3] [sysite] vt **1.** [admiration, curiosité] to arouse **2.** [ennuis, problèmes] to create.

sushi [suʃi] nm sushi.

suspect, e [syspɛ, ɛkt] ❖ adj **1.** [personne] suspicious **2.** [douteux] suspect. ❖ nm, f suspect.

suspecter [4] [syspɛkte] vt to suspect, to have one's suspicions about ▸ **suspecter qqn de qqch /de faire qqch** to suspect sb of sthg / of doing sthg.

suspendre [73] [syspɑ̃dʀ] vt **1.** [lustre, tableau] to hang (up) **2.** [pourparlers] to suspend ; [séance] to adjourn ; [journal] to suspend publication of **3.** [fonctionnaire, constitution] to suspend **4.** [jugement] to postpone, to defer.

suspendu, e [syspɑ̃dy] ❖ pp ⟶ **suspendre.** ❖ adj **1.** [fonctionnaire] suspended **2.** [séance] adjourned **3.** [lustre, tableau] : *suspendu au plafond /au mur* hanging from the ceiling /on the wall.

suspens [syspɑ̃] ◆ **en suspens** loc adv in abeyance.

suspense [syspɑ̃s, syspɛns] nm suspense.

suspension [syspɑ̃sjɔ̃] nf **1.** [gén] suspension ▸ **en suspension** in suspension, suspended **2.** [de combat] halt ; [d'audience] adjournment **3.** [lustre] light fitting.

suspicion [syspisjɔ̃] nf suspicion.

susurrer [3] [sysyʀe] vt & vi to murmur.

suture [sytyʀ] nf suture.

svelte [zvɛlt] adj slender.

SVP abr de **s'il vous plaît**.

sweat-shirt [switʃœʀt] (pl **sweat-shirts**) nm sweatshirt.

syllabe [silab] nf syllable.

symbole [sɛ̃bɔl] nm symbol.

symbolique [sɛ̃bɔlik] adj **1.** [figure] symbolic **2.** [geste, contribution] token (avant n) **3.** [rémunération] nominal.

symboliser [3] [sɛ̃bɔlize] vt to symbolize.

symétrie [simetʀi] nf symmetry.

symétrique [simetʀik] adj symmetrical.

sympa [sɛ̃pa] adj fam [personne] likeable, nice ; [soirée, maison] pleasant, nice ; [ambiance] friendly.

sympathie [sɛ̃pati] nf **1.** [pour personne, projet] liking ▸ **avoir de la sympathie pour qqn** to have a liking for sb, to be fond of sb ▸ **accueillir un projet avec sympathie** to

look sympathetically ou favourably on a project **2.** [condoléances] sympathy.

sympathique [sɛ̃patik] adj **1.** [personne] likeable, nice ; [soirée, maison] pleasant, nice ; [ambiance] friendly **2.** ANAT & MÉD sympathetic.

sympathisant, e [sɛ̃patizɑ̃, ɑ̃t] ❖ adj sympathizing. ❖ nm, f sympathizer.

sympathiser [3] [sɛ̃patize] vi to get on well ▸ **sympathiser avec qqn** to get on well with sb.

symphonie [sɛ̃fɔni] nf symphony.

symphonique [sɛ̃fɔnik] adj [musique] symphonic ; [concert, orchestre] symphony (avant n).

symptomatique [sɛ̃ptɔmatik] adj symptomatic.

symptôme [sɛ̃ptom] nm symptom.

synagogue [sinagɔg] nf synagogue.

synchroniser [3] [sɛ̃kʀɔnize] vt to synchronize.

syncope [sɛ̃kɔp] nf **1.** [évanouissement] blackout **2.** MUS syncopation.

syndic [sɛ̃dik] nm [de copropriété] managing agent.

syndicalisme [sɛ̃dikalism] nm **1.** [mouvement] trade unionism **2.** [activité] (trade) union UK ou labor union US activity.

syndicaliste [sɛ̃dikalist] ❖ nmf trade unionist UK, union activist US. ❖ adj (trade) union (avant n) UK, labor union (avant n) US.

syndicat [sɛ̃dika] nm [d'employés, d'agriculteurs] (trade) union UK, labor union US ; [d'employeurs, de propriétaires] association. ◆ **syndicat d'initiative** nm tourist office.

syndication [sɛ̃dikasjɔ̃] nf [de contenus] syndication.

syndiqué, e [sɛ̃dike] adj unionized.

syndiquer [3] [sɛ̃dike] vt to unionize. ◆ **se syndiquer** vp **1.** [personne] to join a (trade UK ou labor US union) **2.** [groupe] to form a (trade UK ou labor US union).

syndrome [sɛ̃dʀom] nm syndrome ▸ **syndrome immunodéficitaire acquis** acquired immunodeficiency syndrome.

synergie [sinɛʀʒi] nf synergy, synergism.

synonyme [sinɔnim] ❖ nm synonym. ❖ adj synonymous.

syntaxe [sɛ̃taks] nf syntax.

synthé [sɛ̃te] nm fam synth.

synthèse [sɛ̃tɛz] nf **1.** [opération & CHIM] synthesis **2.** [exposé] overview.

synthétique [sɛ̃tetik] adj **1.** [vue] overall **2.** [produit] synthetic.

synthétiseur [sɛ̃tetizœr] nm synthesizer.

syphilis [sifilis] nf syphilis.

Syrie [siʀi] nf : *la Syrie* Syria.

syrien, enne [siʀjɛ̃, ɛn] adj Syrian. ◆ **Syrien, enne** nm, f Syrian.

systématique [sistematik] adj systematic.

systématiser [3] [sistematize] vt to systematize.

système [sistɛm] nm **1.** [structure] system ▶ **système nerveux** nervous system ▶ **système solaire** solar system **2.** POL & ÉCON ▶ **système monétaire européen** European Monetary System **3.** INFORM ▶ **système d'exploitation** operating system.

t, T [te] nm inv t, T.

t' → te.

ta → ton².

tabac [taba] nm **1.** [plante, produit] tobacco ▸ **tabac blond** mild ou Virginia tobacco ▸ **tabac brun** dark tobacco ▸ **tabac à priser** snuff **2.** [magasin] tobacconist's **UK**.

tabagie [tabaʒi] nf **QUÉBEC** [bureau de tabac] tobacco shop, tobacconist's **UK**.

tabagisme [tabaʒism] nm **1.** [intoxication] nicotine addiction **2.** [habitude] smoking.

tabernacle [tabɛʀnakl] nm tabernacle.

table [tabl] nf [meuble] table ▸ **à table !** lunch/ dinner etc. is ready! ▸ **être à table** to be at table, to be having a meal ▸ **se mettre à table** to sit down to eat ; fig to come clean ▸ **dresser** ou **mettre la table** to lay the table ▸ **table de chevet** ou **de nuit** bedside table ▸ **table de cuisson** hob. ◆ **table des matières** nf contents pl, table of contents. ◆ **table de multiplication** nf (multiplication) table.

tableau, x [tablo] nm **1.** [peinture] painting, picture ; fig [description] picture **2.** THÉÂTRE scene **3.** [panneau] board ▸ **tableau d'affichage** notice board **UK**, bulletin board **US** ▸ **tableau de bord** a) AÉRON instrument panel b) AUTO dashboard ▸ **tableau noir** blackboard **4.** [de données] table.

tabler [3] [table] vi ▸ **tabler sur** to count ou bank on.

tablette [tablɛt] nf **1.** [planchette] shelf **2.** [de chewing-gum] stick ; [de chocolat] bar.

tableur [tablœʀ] nm INFORM spreadsheet.

tablier [tablije] nm **1.** [de cuisinière] apron ; [d'écolier] smock **2.** [de pont] roadway, deck.

tabloïd [tabloid] nm tabloid.

tabou, e [tabu] adj taboo. ◆ **tabou** nm taboo.

tabouret [tabuʀɛ] nm stool.

tabulateur [tabylatœʀ] nm tabulator, tab.

tac [tak] nm ▸ **du tac au tac** tit for tat.

tache [taʃ] nf **1.** [de pelage] marking ; [de peau] mark ▸ **tache de rousseur** ou **de son** freckle **2.** [de couleur, lumière] spot, patch **3.** [sur nappe, vêtement] stain.

tâche [taʃ] nf task.

tacher [3] [taʃe] vt **1.** [nappe, vêtement] to stain, to mark **2.** fig [réputation] to tarnish.

tâcher [3] [taʃe] vi ▸ **tâcher de faire qqch** to try to do sthg.

tacheter [27] [taʃte] vt to spot, to speckle.

tacite [tasit] adj tacit.

taciturne [tasityʀn] adj taciturn.

tact [takt] nm [délicatesse] tact ▸ **avoir du tact** to be tactful ▸ **manquer de tact** to be tactless.

tactile [taktil] adj tactile.

tactique [taktik] ◆ adj tactical. ◆ nf tactics pl.

taffe [taf] nf fam drag, puff.

tag [tag] nm identifying name written with a spray can on walls, the sides of trains, etc.

taguer [3] [tage] vt to tag (with graffiti).

tagueur, euse [tagœʀ, øz] nm, f person who sprays their "tag" on walls, the sides of trains, etc.

taie [tɛ] nf [enveloppe] ▸ **taie (d'oreiller)** pillowcase, pillowslip.

taille [taj] nf **1.** [action - de pierre, diamant] cutting ; [- d'arbre, de haie] pruning **2.** [stature] height **3.** [mesure, dimensions] size ▸ **vous faites quelle taille ?** what size are you?, what size do you take? ▸ **ce n'est pas à ma taille** it doesn't fit me ▸ **de taille** sizeable, considerable **4.** [milieu du corps] waist **5.** [partie d'un vêtement] waist.

taille-crayon [tajkʀɛjɔ̃] (pl **taille-crayons**) nm pencil sharpener.

tailler [3] [taje] vt **1.** [couper - chair, pierre, diamant] to cut ; [- arbre, haie] to prune ; [- crayon] to sharpen ; [- bois] to carve **2.** [vêtement] to cut out.

tailleur [tajœʀ] nm **1.** [couturier] tailor **2.** [vêtement] (lady's) suit **3.** [de diamants, pierre] cutter.

taillis [taji] nm coppice, copse.

tain [tɛ̃] nm silvering ▸ **miroir sans tain** two-way mirror.

taire [111] [tɛʀ] vt to conceal. ◆ **se taire** vp **1.** [rester silencieux] to be silent ou quiet

2. [cesser de s'exprimer] to fall silent ▸ **tais-toi !** shut up!

Taiwan [tajwan] npr Taiwan.

talc [talk] nm talcum powder.

talent [talɑ̃] nm talent ▸ **avoir du talent** to be talented, to have talent ▸ **les jeunes talents** young talent (U).

talentueux, euse [talɑ̃tɥø, øz] adj talented.

talisman [talismɑ̃] nm talisman.

talkie-walkie [tɔkiwɔki] nm walkie-talkie.

talon [talɔ̃] nm **1.** [gén] heel ▸ **talons aiguilles/hauts** stiletto/high heels ▸ **talons plats** low ou flat heels **2.** [de chèque] counterfoil **UK**, stub **3.** [jeux de cartes] stock.

talonner [3] [talɔne] vt **1.** [suj : poursuivant] to be hard on the heels of **2.** [suj : créancier] to harry, to hound.

talonnette [talɔnɛt] nf [de chaussure] heel cushion, heel-pad.

talquer [3] [talke] vt to put talcum powder on.

talus [taly] nm embankment.

tambour [tɑ̃buʀ] nm **1.** [instrument, cylindre] drum **2.** [musicien] drummer **3.** [porte à tourniquet] revolving door.

tambourin [tɑ̃buʀɛ̃] nm **1.** [à grelots] tambourine **2.** [tambour] tambourin.

tambouriner [3] [tɑ̃buʀine] vi ▸ **tambouriner sur** ou **à** to drum on ▸ **tambouriner contre** to drum against.

tamis [tami] nm [crible] sieve.

Tamise [tamiz] nf ▸ **la Tamise** the Thames.

tamisé, e [tamize] adj [éclairage] subdued.

tamiser [3] [tamize] vt **1.** [farine] to sieve **2.** [lumière] to filter.

tampon [tɑ̃pɔ̃] nm **1.** [bouchon] stopper, plug **2.** [éponge] pad ▸ **tampon à récurer** scourer **3.** [de coton, d'ouate] pad ▸ **tampon hygiénique** ou **périodique** tampon **4.** [cachet] stamp **5.** pr & fig [amortisseur] buffer.

tamponner [3] [tɑ̃pɔne] vt **1.** [document] to stamp **2.** [plaie] to dab.

tam-tam [tamtam] (pl **tam-tams**) nm tom-tom.

tandem [tɑ̃dɛm] nm **1.** [vélo] tandem **2.** [duo] pair ▸ **en tandem** together, in tandem.

tandis [tɑ̃di] ◆ **tandis que** loc conj **1.** [pendant que] while **2.** [alors que] while, whereas.

tangage [tɑ̃gaʒ] nm pitching, pitch.

tangent, e [tɑ̃ʒɑ̃, ɑ̃t] adj ▸ **c'était tangent** fam & fig it was close, it was touch and go. ◆ **tangente** nf tangent.

tangible [tɑ̃ʒibl] adj tangible.

tango [tɑ̃go] nm tango.

tanguer [3] [tɑ̃ge] vi to pitch.

tanière [tanjɛʀ] nf den, lair.

tank [tɑ̃k] nm tank.

tanner [3] [tane] vt **1.** [peau] to tan **2.** fam [personne] to pester, to annoy.

tant [tɑ̃] adv **1.** [quantité] ▸ **tant de** so much / tant de travail so much work **2.** [nombre] ▸ **tant de** so many / tant de livres/d'élèves so many books/pupils **3.** [tellement] such a lot, so much / il l'aime tant he loves her so much **4.** [quantité indéfinie] so much / ça coûte tant it costs so much **5.** [un jour indéfini] ▸ **votre lettre du tant** your letter of such-and-such a date **6.** [comparatif] ▸ **tant que** as much as **7.** [valeur temporelle] ▸ **tant que a)** [aussi longtemps que] as long as **b)** [pendant que] while. ◆ **en tant que** loc conj as. ◆ **tant bien que mal** loc adv after a fashion, somehow or other. ◆ **tant mieux** loc adv so much the better ▸ **tant mieux pour lui** good for him. ◆ **tant pis** loc adv too bad ▸ **tant pis pour lui** too bad for him. ◆ **(un) tant soit peu** loc adv the slightest bit.

tante [tɑ̃t] nf [parente] aunt.

tantinet [tɑ̃tinɛ] nm fam tiny bit. ◆ **un tantinet** loc adv fam a tiny (little) bit ▸ **un tantinet exagéré/trop long** a bit exaggerated/too long / un tantinet stupide a tiny bit stupid.

tantôt [tɑ̃to] adv **1.** [parfois] sometimes **2.** vieilli [après-midi] this afternoon.

taoïsme [taɔism] nm Taoism.

taon [tɑ̃] nm horsefly.

tapage [tapaʒ] nm **1.** [bruit] row **2.** fig [battage] fuss (U).

tapageur, euse [tapaʒœʀ, øz] adj **1.** [hôte, enfant] rowdy **2.** [style] flashy **3.** [liaison, publicité] blatant.

tape [tap] nf slap.

tape-à-l'œil [tapalœj] adj inv flashy.

taper [3] [tape] ◆◇ vt [personne, cuisse] to slap ▸ **taper (un coup) à la porte** to knock at the door. ◆◇ vi **1.** [frapper] to hit ▸ **taper du poing sur** to bang one's fist on ▸ **taper dans ses mains** to clap **2.** [à la machine] to type **3.** fam [soleil] to beat down **4.** fig [critiquer] ▸ **taper sur qqn** to knock sb.

tapis [tapi] nm [gén] carpet ; [de gymnase] mat ▸ **tapis roulant a)** [pour bagages] conveyor belt **b)** [pour personnes] travelator ▸ **dérouler le tapis rouge** fig to roll out the red carpet.

tapisser [3] [tapise] vt ▸ **tapisser (de)** to cover (with).

tapisserie [tapisʀi] nf [de laine] tapestry ; [papier peint] wallpaper.

tapissier, ère [tapisje, ɛʀ] nm, f **1.** [artisan] tapestry maker **2.** [décorateur] (interior) decorator **3.** [commerçant] upholsterer.

taponner [3] [tapɔne] Québec ❖ vt **1.** [tâter, manipuler] to finger **2.** [attouchements] to grope. ❖ vi **1.** [tâtonner] ▸ **taponner avec qqch** to fiddle with sthg **2.** [tergiverser, hésiter] to hesitate, to waver.

tapoter [3] [tapɔte] ❖ vt to tap ; [joue] to pat. ❖ vi ▸ **tapoter sur** to tap on.

taquin, e [takɛ̃, in] adj teasing.

taquiner [3] [takine] vt [faire enrager] to tease.

tarabuster [3] [taʀabyste] vt **1.** [suj : personne] to badger **2.** [suj : idée] to niggle at UK.

tard [taʀ] adv late ▸ **au plus tard** at the latest.

tarder [3] [taʀde] ❖ vi ▸ **tarder à faire qqch a)** [attendre pour] to delay ou put off doing sthg **b)** [être lent à] to take a long time to do sthg / **le feu ne va pas tarder à s'éteindre** it won't be long before the fire goes out / **elle ne devrait plus tarder maintenant** she should be here any time now. ❖ v impers : **il me tarde de te revoir/qu'il vienne** I am longing to see you again/for him to come.

tardif, ive [taʀdif, iv] adj [heure] late.

tardivement [taʀdivmɑ̃] adv [arriver] late ; [s'excuser] belatedly.

tare [taʀ] nf **1.** [défaut] defect **2.** [de balance] tare.

targui [taʀgi] = **touareg**.

tarif [taʀif] nm **1.** [prix - de restaurant, café] price ; [- de service] rate, price ; [douanier] tariff ▸ **tarif réduit a)** reduced price **b)** [au cinéma, théâtre] concession UK ▸ **à tarif réduit a)** [loisirs] reduced-price **b)** [transport] reduced-fare **2.** [tableau] price list.

tarir [32] [taʀiʀ] vi to dry up ▸ **elle ne tarit pas d'éloges sur son professeur** she never stops praising her teacher. ❖ **se tarir** vp to dry up.

tarot [taʀo] nm tarot. ❖ **tarots** nmpl tarot cards.

tartare [taʀtaʀ] adj Tartar ▸ **steak tartare** steak tartare.

tarte [taʀt] ❖ nf **1.** [gâteau] tart, pie US **2.** fam & fig [gifle] slap. ❖ adj (avec ou sans accord) **1.** fam [idiot] stupid **2.** fig [sujet, propos] hackneyed.

tartiflette [taʀtiflɛt] nf cheese and potato gratin from the Savoy region.

tartine [taʀtin] nf [de pain] piece of bread and butter.

tartiner [3] [taʀtine] vt **1.** [pain] to spread ▸ **chocolat/fromage à tartiner** chocolate/cheese spread **2.** fam & fig [pages] to cover.

tartre [taʀtʀ] nm **1.** [de dents, vin] tartar **2.** [de chaudière] fur, scale.

tas [ta] nm heap ▸ **un tas de** a lot of.

tasse [tas] nf cup ▸ **tasse à café/à thé** coffee/tea cup ▸ **tasse de café/de thé** cup of coffee/tea.

tasser [3] [tase] vt **1.** [neige] to compress, to pack down **2.** [vêtements, personnes] ▸ **tasser qqn/qqch dans** to stuff sb/sthg into. ❖ **se tasser** vp **1.** [fondations] to settle **2.** fig [vieillard] to shrink **3.** [personnes] to squeeze up **4.** fam & fig [situation] to settle down.

tâter [3] [tate] vt to feel ; fig to sound out. ❖ **se tâter** vp fam & fig [hésiter] to be in UK ou of US two minds.

tatillon, onne [tatijɔ̃, ɔn] adj finicky.

tâtonnement [tatɔnmɑ̃] nm (gén pl) [tentative] trial and error (U).

tâtonner [3] [tatɔne] vi to grope around.

tâtons [tatɔ̃] ❖ **à tâtons** loc adv ▸ **marcher/procéder à tâtons** to feel one's way.

tatouage [tatwaʒ] nm [dessin] tattoo.

tatouer [6] [tatwe] vt to tattoo.

taudis [todi] nm slum.

taupe [top] nf pr & fig mole.

taureau, x [tɔʀo] nm [animal] bull. ❖ **Taureau** nm ASTROL Taurus.

tauromachie [tɔʀɔmaʃi] nf bullfighting.

taux [to] nm [proportion] rate ; [de cholestérol, d'alcool] level ▸ **taux de natalité/mortalité** birth/death rate.

taverne [tavɛʀn] nf tavern.

taxe [taks] nf tax ▸ **hors taxe a)** COMM exclusive of tax, before tax **b)** [boutique, achat] duty-free ▸ **taxe sur la valeur ajoutée** value-added tax ▸ **taxe d'habitation** tax paid on residence ; ≃ council tax UK/local tax US ▸ **toutes taxes comprises** inclusive of tax.

taxer [3] [takse] vt [imposer] to tax.

taxi [taksi] nm **1.** [voiture] taxi, cab US **2.** [chauffeur] taxi driver.

Taxiphone® [taksifɔn] nm **1.** [téléboutique] call shop **2.** *vieilli* pay phone.

TB, tb (*abr écrite de* très bien) VG.

Tchad [tʃad] nm : *le Tchad* Chad.

tchao [tʃao] *fam* = ciao.

tchat [tʃat] nm = chat.

tchatche [tʃatʃ] nf *fam* ▸ *avoir la tchatche* to have the gift of the gab.

tchatcher [tʃatʃe] vi *fam* to chat (away).

tchécoslovaque [tʃekɔslɔvak] adj Czechoslovakian. ◆ **Tchécoslovaque** nmf Czechoslovak.

Tchécoslovaquie [tʃekɔslɔvaki] nf : *la Tchécoslovaquie* Czechoslovakia.

tchèque [tʃɛk] ✥ adj Czech ▸ *la République tchèque* the Czech Republic. ✥ nm [langue] Czech. ◆ **Tchèque** nmf Czech.

tchin-tchin [tʃintʃin] interj *fam* cheers.

TD (*abr de* travaux dirigés) nmpl supervised practical work.

te [tə], **t'** pron pers **1.** [complément d'objet direct] you **2.** [complément d'objet indirect] (to) you **3.** [réfléchi] yourself **4.** [avec un présentatif] ▸ *te voici !* here you are !

technicien, enne [tɛknisjɛ̃, ɛn] nm, f **1.** [professionnel] technician **2.** [spécialiste] ▸ *technicien (de)* expert (in).

technico-commercial, e [tɛknikokɔmɛrsjal] (*mpl* technico-commerciaux, *fpl* technico-commerciales) nm, f sales engineer.

technique [tɛknik] ✥ adj technical. ✥ nf technique.

techno [tɛkno] adj & nf techno.

technocrate [tɛknɔkrat] nmf technocrat.

technologie [tɛknɔlɔʒi] nf technology.

technologique [tɛknɔlɔʒik] adj technological.

teckel [tekɛl] nm dachshund.

tee-shirt (*pl* tee-shirts), **T-shirt** (*pl* T-shirts) [tiʃœrt] nm T-shirt.

teigne [tɛɲ] nf **1.** [mite] moth **2.** MÉD ringworm **3.** *fam, fig & péj* [femme] cow US ; [homme] bastard.

teindre [81] [tɛ̃dr] vt to dye.

teint, e [tɛ̃, tɛ̃t] ✥ pp ⟶ teindre. ✥ adj dyed. ◆ **teint** nm [carnation] complexion. ◆ **teinte** nf colour US, color US.

teinté, e [tɛ̃te] adj tinted ▸ *teinté de* *fig* tinged with.

teinter [3] [tɛ̃te] vt to stain.

teinture [tɛ̃tyr] nf **1.** [action] dyeing **2.** [produit] dye. ◆ **teinture d'iode** nf tincture of iodine.

teinturerie [tɛ̃tyrri] nf **1.** [pressing] dry cleaner's **2.** [métier] dyeing.

teinturier, ère [tɛ̃tyrje, ɛr] nm, f [de pressing] dry cleaner.

tel, telle [tɛl] (*mpl* tels, *fpl* telles) adj **1.** [valeur indéterminée] such and such a ▸ *tel et tel* such and such a **2.** [semblable] such / *un tel homme* such a man / *de telles gens* such people / *je n'ai rien dit de tel* I never said anything of the sort **3.** [valeur emphatique ou intensive] such / *un tel génie* such a genius / *un tel bonheur* such happiness **4.** [introduit un exemple ou une énumération] ▸ *tel (que)* such as, like **5.** [introduit une comparaison] like ▸ *il est tel que je l'avais toujours rêvé* he's just like I always dreamt he would be ▸ *tel quel* as it is/was etc.. ◆ **à tel point que** loc conj to such an extent that. ◆ **de telle manière que** loc conj in such a way that.

tél. (*abr écrite de* téléphone) tel.

télé [tele] nf *fam* TV, telly US.

téléachat [teleaʃa] nm TV teleshopping.

téléacteur, trice [teleaktɛr, tris] nm, f telesalesperson.

télébenne [telebɛn], **télécabine** [telekabin] nf cable car.

téléchargeable [teleʃarʒabl] adj downloadable.

téléchargement [teleʃarʒəmã] nm INFORM downloading.

télécharger [17] [teleʃarʒe] vt INFORM to download.

télécommande [telekɔmãd] nf remote control.

télécommander [3] [telekɔmãde] vt to operate by remote control ; *fig* to mastermind.

télécommunication [telekɔmynikasjɔ̃] nf telecommunications *pl*.

téléconseiller, ère [telekɔ̃seje, ɛr] nm, f call centre person.

télécopie [telekɔpi] nf fax.

télécopieur [telekɔpjœr] nm fax (machine).

télédiffusion [teledifyzjɔ̃] nf televising.

télédistribution [teledistʀibysjɔ̃] nf cable television.

téléfilm [telefilm] nm film made for television.

télégramme [telegʀam] nm telegram, wire **US**, cable **US**.

télégraphe [telegʀaf] nm telegraph.

télégraphier [9] [telegʀafje] vt to telegraph, to wire **US**, to cable **US**.

téléguidé, e [telegide] adj **1.** [missile] guided **2.** [piloté à distance] radiocontrolled **3.** fig [manipulé] manipulated.

téléguider [3] [telegide] vt to operate by remote control ; fig to mastermind.

téléjournal [teleʒuʀnal] nm **QUÉBEC** television news.

télématique [telematik] nf telematics (U).

téléobjectif [teleɔbʒɛktif] nm telephoto lens sg.

téléopérateur, trice [teleɔpeʀatœʀ, tʀis] nm, f call centre agent.

télépaiement [telepemã] nm electronic payment.

télépathie [telepati] nf telepathy.

téléphérique [telefeʀik] nm cableway.

téléphone [telefɔn] nm telephone ▸ **téléphone sans fil** cordless telephone ▸ **téléphone portable** mobile phone.

téléphoner [3] [telefɔne] vi to telephone, to phone ▸ **téléphoner à qqn** to telephone sb, to phone sb (up) **UK**. ◆ **se téléphoner** vp (emploi réciproque) to call each other ▸ **on se téléphone, d'accord ?** we'll talk on the phone later, OK?

téléphonique [telefɔnik] adj telephone (avant n), phone (avant n).

téléprospection [telepʀɔspɛksjɔ̃] nf telemarketing.

télé-réalité [teleʀealite] (pl **télé-réalités**) nf TV reality TV, fly-on-the-wall television / une émission de télé-réalité a) fly-on-the-wall documentary b) [de style feuilleton] docusoap.

télescope [teleskɔp] nm telescope.

télescoper [3] [teleskɔpe] vt [véhicule] to crash into. ◆ **se télescoper** vp [véhicules] to concertina **UK**.

télescopique [teleskɔpik] adj [antenne] telescopic.

téléscripteur [teleskʀiptœʀ] nm teleprinter **UK**, teletypewriter **US**.

télésiège [telesjɛʒ] nm chairlift.

téléski [teleski] nm ski tow.

téléspectateur, trice [telespɛktatœʀ, tʀis] nm, f (television) viewer.

télésurveillance [telesyʀvejãs] nf remote surveillance.

télétravail, aux [teletʀavaj, o] nm teleworking.

télétravailleur, euse [teletʀavajœʀ, øz] nm, f teleworker.

téléuniversité [teleynivɛʀsite] nf **QUÉBEC** distance learning university.

télévente [televãt] nf [à la télévision] television selling ; [via Internet] online selling ou commerce, e-commerce.

télévisé, e [televize] adj [discours, match] televised.

téléviseur [televizœʀ] nm television (set).

télévision [televizjɔ̃] nf television ▸ **à la télévision** on television ▸ **télévision numérique** digital television ▸ **télévision par satellite** satellite television.

télex [telɛks] nm inv telex.

tellement [tɛlmã] adv **1.** [si, à ce point] so ; (+ compar) so much / tellement plus jeune que so much younger than ▸ **pas tellement** not especially, not particularly **2.** [autant] ▸ **tellement de a)** [personnes, objets] so many **b)** [gentillesse, travail] so much **3.** [tant] so much / elle a tellement changé she's changed so much / je ne comprends rien tellement il parle vite he talks so quickly that I can't understand a word.

téméraire [temeʀɛʀ] ◆ adj **1.** [audacieux] bold **2.** [imprudent] rash. ◆ nmf hothead.

témérité [temeʀite] nf **1.** [audace] boldness **2.** [imprudence] rashness.

témoignage [temwaɲaʒ] nm **1.** DR testimony, evidence (U) ▸ **faux témoignage** perjury **2.** [gage] token, expression ▸ **en témoignage de** as a token of **3.** [récit] account.

témoigner [3] [temwaɲe] ◆ vt **1.** [manifester] to show, to display **2.** DR ▸ **témoigner que** to testify that. ◆ vi DR to testify ▸ **témoigner contre** to testify against.

témoin [temwɛ̃] ◆ nm **1.** [spectateur] witness ▸ **être témoin de qqch** to be a witness to sthg, to witness sthg **2.** DR ▸ **témoin oculaire** eyewitness **3.** litt [marque] ▸ **témoin de** evidence (U) of **4.** SPORT baton. ◆ adj [appartement] show (avant n).

tempe [tãp] nf temple.

tempérament [tãpeʀamã] nm temperament ▸ **avoir du tempérament** to be hot-blooded.

température [tɑ̃peratyʀ] nf temperature.
‣ **avoir de la température** to have a temperature.

tempéré, e [tɑ̃peʀe] adj [climat] temperate.

tempérer [18] [tɑ̃peʀe] vt [adoucir] to temper ; fig [enthousiasme, ardeur] to moderate.

tempête [tɑ̃pɛt] nf storm.

tempêter [4] [tɑ̃pete] vi to rage.

temple [tɑ̃pl] nm 1. HIST temple 2. [protestant] church.

tempo [tɛmpo] nm tempo.

temporaire [tɑ̃pɔʀɛʀ] adj temporary.

temporairement [tɑ̃pɔʀɛʀmɑ̃] adv temporarily.

temporel, elle [tɑ̃pɔʀɛl] adj 1. [défini dans le temps] time (avant n) 2. [terrestre] temporal.

temporiser [3] [tɑ̃pɔʀize] vi to play for time, to stall.

temps [tɑ̃] nm 1. [gén] time / ça prend un certain temps it takes some time / au ou du temps où (in the days) when / de mon temps in my day / pendant ce temps meanwhile / ces temps-ci ou ces derniers temps these days / en temps de guerre/paix in wartime/peacetime ‣ **en un temps record** in record time ‣ **en temps réel** : traitement en temps réel real-time processing ‣ **en temps utile** in due course ‣ **il est grand temps de partir** it is high time that we left ‣ **il était temps !** iron and about time too! ‣ **avoir le temps de faire qqch** to have time to do sthg ‣ **avoir tout son temps** to have all the time in the world ‣ **gagner du temps** to save time ‣ **passer le temps** to pass the time ‣ **à temps** in time ‣ **de temps à autre** now and then ou again ‣ **de temps en temps** from time to time ‣ **en même temps** at the same time ‣ **en même temps que** at the same time as ‣ **tout le temps** all the time, the whole time ‣ **temps libre** free time ‣ **à plein temps** full-time ‣ **à mi-temps** half-time ‣ **à temps partiel** part-time / un temps partiel a part-time job 2. MUS beat 3. GRAM tense 4. MÉTÉOR weather / quel temps fait-il à Nîmes ? what's the weather like in Nîmes? / par ce temps in this weather / vous nous amenez le beau/mauvais temps you've brought the fine/bad weather with you.

tenable [tənabl] adj bearable.

tenace [tənas] adj 1. [gén] stubborn 2. fig [odeur, rhume] lingering.

ténacité [tenasite] nf 1. [d'odeur] lingering nature 2. [de préjugé, personne] stubbornness.

tenailler [3] [tənaje] vt to torment.

tenailles [tənaj] nfpl pincers.

tenancier, ère [tənɑ̃sje, ɛʀ] nm, f manager (manageress).

tendance [tɑ̃dɑ̃s] nf 1. [disposition] tendency ‣ **avoir tendance à qqch/à faire qqch** to have a tendency to sthg/to do sthg, to be inclined to sthg/to do sthg 2. [économique, de mode] trend 3. ÉCON trend.

tendancieux, euse [tɑ̃dɑ̃sjø, øz] adj tendentious.

tendeur [tɑ̃dœʀ] nm [sangle] elastic strap (for fastening luggage, etc.).

tendinite [tɑ̃dinit] nf tendinitis.

tendon [tɑ̃dɔ̃] nm tendon.

tendre¹ [tɑ̃dʀ] ✦ adj 1. [gén] tender 2. [matériau] soft 3. [couleur] delicate. ✦ nmf tender-hearted person.

tendre² [73] [tɑ̃dʀ] vt 1. [corde] to tighten 2. [muscle] to tense 3. [objet, main] ‣ **tendre qqch à qqn** to hold out sthg to sb 4. [bâche] to hang 5. [piège] to set (up). ✦ **se tendre** vp to tighten ; fig [relations] to become strained.

tendresse [tɑ̃dʀɛs] nf 1. [affection] tenderness 2. [indulgence] sympathy.

tendu, e [tɑ̃dy] ✦ pp ⟶ **tendre**². ✦ adj 1. [fil, corde] taut 2. [personne] tense 3. [atmosphère, rapports] strained 4. [main] outstretched.

ténèbres [tenɛbʀ] nfpl darkness sg, shadows ; fig depths.

ténébreux, euse [tenebʀø, øz] adj litt 1. fig [dessein, affaire] mysterious 2. [personne] serious, solemn.

teneur [tənœʀ] nf content ; [de traité] terms pl ‣ **teneur en alcool/cuivre** alcohol/copper content.

tenir [40] [təniʀ] ✦ vt 1. [objet, personne, solution] to hold 2. [garder, conserver, respecter] to keep 3. [gérer - boutique] to keep, to run 4. [apprendre] ‣ **tenir qqch de qqn** to have sthg from sb 5. [considérer] ‣ **tenir qqn pour** to regard sb as. ✦ vi 1. [être solide] to stay up, to hold together 2. [durer] to last 3. [pouvoir être attaché] to fit 4. [être attaché] ‣ **tenir à** a) [personne] to care about b) [privilèges] to value 5. [vouloir absolument] ‣ **tenir à faire qqch** to insist on doing sthg 6. [ressembler] ‣ **tenir de** to take after 7. [relever de] ‣ **tenir de** to have something of 8. [dépendre de] ‣ **il ne tient qu'à toi de...** it's entirely up to you to... 9. EXPR **tenir bon** to stand firm ‣ **tiens !** a) [en donnant] here! b) [surprise] well, well! c) [pour attirer attention] look! ✦ **se tenir** vp

1. [réunion] to be held **2.** [personnes] to hold one another ▸ **se tenir par la main** to hold hands **3.** [être présent] to be **4.** [être cohérent] to make sense **5.** [se conduire] to behave (o.s.) **6.** [se retenir] ▸ **se tenir (à)** to hold on (to) **7.** [se borner] ▸ **s'en tenir à** to stick to.

tennis [tenis] ✧ nm [sport] tennis. ✧ nmpl tennis shoes, sneakers US.

tennisman [tenisman] (*pl* -s *ou* **tennismen** [tenismen]) nm tennis player.

ténor [tenɔʀ] nm **1.** [chanteur] tenor **2.** *fig* [vedette] : *un ténor de la politique* a political star performer.

tension [tɑ̃sjɔ̃] nf **1.** [contraction, désaccord] tension **2.** MÉD pressure ▸ **avoir de la tension** to have high blood pressure **3.** ÉLECTR voltage ▸ **haute /basse tension** high/low voltage.

tentaculaire [tɑ̃takylɛʀ] adj *fig* sprawling.

tentant, e [tɑ̃tɑ̃, ɑ̃t] adj tempting.

tentation [tɑ̃tasjɔ̃] nf temptation.

tentative [tɑ̃tativ] nf attempt ▸ **tentative de suicide** suicide attempt.

tente [tɑ̃t] nf tent.

tenter [3] [tɑ̃te] vt **1.** [entreprendre] ▸ **tenter qqch /de faire qqch** to attempt sthg/to do sthg **2.** [plaire] to tempt ▸ **être tenté par qqch /de faire qqch** to be tempted by sthg/to do sthg.

tente-roulotte [tɑ̃tʀulɔt] (*pl* **tentes-roulottes**) nf QUÉBEC tent trailer, camping trailer.

tenture [tɑ̃tyʀ] nf hanging.

tenu, e [təny] ✧ pp ⟶ **tenir.** ✧ adj **1.** [obligé] ▸ **être tenu de faire qqch** to be required *ou* obliged to do sthg **2.** [en ordre] ▸ **bien /mal tenu** [maison] well/badly kept.

ténu, e [teny] adj **1.** [fil] fine ; *fig* [distinction] tenuous **2.** [voix] thin.

tenue [təny] nf **1.** [entretien] running **2.** [manières] good manners *pl* **3.** [maintien du corps] posture **4.** [costume] dress ▸ **être en petite tenue** to be scantily dressed. ✧ **tenue de route** nf roadholding.

ter [tɛʀ] ✧ adv MUS three times. ✧ adj : *12 ter* 12B.

TER [teɔɛʀ] (*abr de* **train express régional**) nm *fast intercity train.*

Tergal® [tɛʀgal] nm ≃ Terylene®.

tergiverser [3] [tɛʀʒivɛʀse] vi to shilly-shally.

terme [tɛʀm] nm **1.** [fin] end ▸ **mettre un terme à** to put an end *ou* a stop to **2.** [de grossesse] term ▸ **avant terme** prematurely **3.** [échéance] time limit ; [de loyer] rent day

▸ **à court /moyen /long terme a)** [calculer] in the short/medium/long term **b)** [projet] short-/medium-/long-term **4.** [mot, élément] term. ✧ **termes** nmpl **1.** [expressions] words **2.** [de contrat] terms.

terminaison [tɛʀminɛzɔ̃] nf GRAM ending.

terminal, e, aux [tɛʀminal, o] adj **1.** [au bout] final **2.** MÉD [phase] terminal. ✧ **terminal, aux** nm terminal. ✧ **terminale** nf SCOL ≃ upper sixth year *ou* form UK; ≃ twelfth grade US.

terminer [3] [tɛʀmine] vt to end, to finish ; [travail, repas] to finish. ✧ **se terminer** vp to end, to finish.

terminologie [tɛʀminɔlɔʒi] nf terminology.

terminus [tɛʀminys] nm terminus.

termite [tɛʀmit] nm termite.

terne [tɛʀn] adj dull.

ternir [32] [tɛʀniʀ] vt to dirty ; [métal, réputation] to tarnish.

terrain [teʀɛ̃] nm **1.** [sol] soil ▸ **vélo tout terrain** mountain bike **2.** [surface] piece of land **3.** [emplacement - de football, rugby] pitch UK; [- de golf] course ▸ **terrain d'aviation** airfield ▸ **terrain de camping** campsite **4.** *fig* [domaine] ground.

terrasse [teʀas] nf terrace.

terrassement [teʀasmɑ̃] nm [action] excavation.

terrasser [3] [teʀase] vt [suj : personne] to bring down ; [suj : émotion] to overwhelm ; [suj : maladie] to conquer.

terre [tɛʀ] nf **1.** [monde] world **2.** [sol] ground ▸ **par terre** on the ground ▸ **terre à terre** *fig* down-to-earth **3.** [matière] earth, soil **4.** [propriété] land (*U*) **5.** [territoire, continent] land **6.** ÉLECTR earth UK, ground US. ✧ **Terre** nf GÉOL ▸ **la Terre** Earth.

terreau [teʀo] nm compost.

terre-plein [tɛʀplɛ̃] (*pl* **terre-pleins**) nm platform.

terrer [4] [teʀe] ✧ **se terrer** vp to go to earth.

terrestre [teʀɛstʀ] adj **1.** [croûte, atmosphère] of the earth **2.** [animal, transport] land (*avant n*) **3.** [plaisir, paradis] earthly **4.** [considérations] worldly.

terreur [teʀœʀ] nf terror.

terrible [teʀibl] adj **1.** [gén] terrible **2.** [appétit, soif] terrific, enormous **3.** *fam* [excellent] brilliant.

terriblement [tɛʁibləmã] adv terribly.

terrien, enne [tɛʁjɛ̃, ɛn] ❖ adj [foncier]
▸ **propriétaire terrien** landowner. ❖ nm, f
[habitant de la Terre] earthling.

terrier [tɛʁje] nm **1.** [tanière] burrow
2. [chien] terrier.

terrifier [9] [tɛʁifje] vt to terrify.

terrine [tɛʁin] nf terrine.

territoire [tɛʁitwaʁ] nm **1.** [pays, zone] territory **2.** ADMIN area. ◆ **territoire d'outre-
mer** nm (French) overseas territory.

territorial, e, aux [tɛʁitɔʁjal, o] adj territorial.

terroir [tɛʁwaʁ] nm **1.** [sol] soil **2.** [région
rurale] country.

terroriser [3] [tɛʁɔʁize] vt to terrorize.

terrorisme [tɛʁɔʁism] nm terrorism.

terroriste [tɛʁɔʁist] nmf terrorist.

tertiaire [tɛʁsjɛʁ] ❖ nm tertiary sector.
❖ adj tertiary.

tes ⟶ **ton**[2]

tesson [tɛsɔ̃] nm piece of broken glass.

test [tɛst] nm test ▸ **test de dépistage** screening
test ▸ **test de grossesse** pregnancy test.

testament [tɛstamã] nm will ; fig legacy.

tester [3] [tɛste] vt to test.

testicule [tɛstikyl] nm testicle.

tétaniser [3] [tetanize] vt to cause to go into
spasm ; fig to paralyse 🇬🇧, to paralyze 🇺🇸.

tétanos [tetanos] nm tetanus.

têtard [tɛtaʁ] nm tadpole.

tête [tɛt] nf **1.** [gén] head ▸ **avoir mal à la tête**
to have a headache ▸ **de la tête aux pieds** from
head to foot ou toe ▸ **la tête en bas** head down
▸ **la tête la première** head first ▸ **tête cher-
cheuse** homing head ▸ **tête de lecture** INFORM
read head ▸ **tête de liste** POL main candidate
▸ **être tête en l'air** fam to have one's head in the
clouds ▸ **faire la tête** fam to sulk ▸ **tenir tête à
qqn** to stand up to sb **2.** [visage] face **3.** [devant
- de cortège, peloton] head, front ▸ **en tête** SPORT
in the lead ▸ **tête de série** SPORT seeded player.

tête-à-queue [tɛtakø] nm inv spin.

tête-à-tête [tɛtatɛt] nm inv tête-à-tête.

tête-bêche [tɛtbɛʃ] loc adv head to tail.

tétée [tete] nf feed.

téter [tete] vi to suckle.

tétine [tetin] nf **1.** [de biberon, mamelle]
nipple, teat **2.** [sucette] dummy 🇬🇧, pacifier 🇺🇸.

Tétrabrick® [tetʁabʁik] nm carton.

têtu, e [tety] adj stubborn.

teuf [tœf] nf fam party, rave.

tex mex [tɛksmɛks] ❖ adj Tex Mex. ❖ nm
Tex Mex food.

texte [tɛkst] nm **1.** [écrit] wording **2.** [im-
primé] text **3.** [extrait] passage.

textile [tɛkstil] ❖ adj textile (avant n).
❖ nm **1.** [matière] textile **2.** [industrie] ▸ **le
textile** textiles pl, the textile industry.

texto [tɛksto] ❖ adv fam word for word, verbatim / **il a dit ça, texto** those were his very ou
exact words. ❖ nm TÉLÉCOM text (message).

textuel, elle [tɛkstɥɛl] adj **1.** [analyse]
textual ; [citation] exact **2.** [traduction] literal.

textuellement [tɛkstɥɛlmã] adv verbatim.

texture [tɛkstyʁ] nf texture.

TF1 (abr de **Télévision française 1**) nf French
independent television company.

TGV® (abr de **train à grande vitesse**) nm French
high-speed train.

thaïlandais, e [tajlɑ̃dɛ, ɛz] adj Thai.
◆ **Thaïlandais, e** nm, f Thai.

Thaïlande [tajlɑ̃d] nf : **la Thaïlande** Thailand.

thalassothérapie [talasɔteʁapi] nf sea-
water therapy.

thé [te] nm tea.

théâtral, e, aux [teatʁal, o] adj [ton] theatrical.

théâtre [teatʁ] nm **1.** [bâtiment, représenta-
tion] theatre 🇬🇧, theater 🇺🇸 **2.** [art] ▸ **faire
du théâtre** to be on the stage ▸ **adapté pour
le théâtre** adapted for the stage **3.** [œuvre]
plays pl **4.** [lieu] scene ▸ **théâtre d'opérations**
MIL theatre 🇬🇧 ou theater 🇺🇸 of operations.

théière [tejɛʁ] nf teapot.

thématique [tematik] ❖ adj thematic.
❖ nf themes pl.

thème [tɛm] nm **1.** [sujet & MUS] theme **2.** SCOL
prose.

théologie [teɔlɔʒi] nf theology.

théorème [teɔʁɛm] nm theorem.

théoricien, enne [teɔʁisjɛ̃, ɛn] nm, f theor-
etician.

théorie [teɔʁi] nf theory ▸ **en théorie** in theory.

théorique [teɔʁik] adj theoretical.

théoriquement [teɔʁikmã] adv theoretically.

thérapeute [teʁapøt] nmf therapist.

thérapie [terapi] nf therapy / *thérapie génique* gene therapy.

thermal, e, aux [termal, o] adj thermal.

thermes [term] nmpl thermal baths.

thermique [termik] adj thermal.

thermomètre [termometr] nm [instrument] thermometer.

thermonucléaire [termonykleer] adj thermonuclear.

Thermos® [termos] nm & nf Thermos®(flask).

thermostat [termosta] nm thermostat.

thèse [tez] nf **1.** [opinion] argument **2.** PHILO & UNIV thesis ▶ *thèse de doctorat* doctorate **3.** [théorie] theory.

thon [tɔ̃] nm tuna.

thorax [toraks] nm thorax.

thym [tɛ̃] nm thyme.

thyroïde [tiroid] nf thyroid (gland).

Tibet [tibɛ] nm : *le Tibet* Tibet.

tibia [tibja] nm tibia.

tic [tik] nm tic.

ticket [tikɛ] nm ticket ▶ *ticket de caisse* (till) receipt UK, sales slip US ▶ *ticket-repas* ≃ luncheon voucher UK; ≃ meal ticket US.

tic-tac [tiktak] nm inv tick-tock.

tiède [tjɛd] adj **1.** [boisson, eau] tepid, lukewarm **2.** [vent] mild **3.** fig [accueil] lukewarm.

tiédir [32] [tjedir] ❖ vt to warm. ❖ vi to become warm ▶ *faire tiédir qqch* to warm sthg.

tien [tjɛ̃] ❖ *le tien, la tienne* [lətjɛ̃, latjɛn] (mpl *les tiens* [letjɛ̃], fpl *les tiennes* [letjɛn]) pron poss yours ▶ *à la tienne !* cheers!

tienne pron poss ⟶ **tien**.

tierce [tjɛrs] ❖ nf **1.** MUS third **2.** [cartes à jouer, escrime] tierce. ❖ adj ⟶ **tiers**.

tiercé [tjɛrse] nm *system of betting involving the first three horses in a race*.

tiers, tierce [tjɛr, tjɛrs] adj ▶ *une tierce personne* a third party. ❖ **tiers** nm **1.** [étranger] outsider, stranger **2.** [tierce personne] third party **3.** [de fraction] ▶ *le tiers de* one-third of.

tiers-monde [tjɛrmɔ̃d] nm ▶ *le tiers-monde* the Third World.

tiers-mondisation [tjɛrmɔ̃dizasjɔ̃] nf : *la tiers-mondisation de ce pays* this country's economic degeneration to Third World levels.

tiers-mondiste [tjɛrmɔ̃dist] ❖ adj favouring UK ou favoring US the Third World. ❖ nmf champion of the Third World.

tige [tiʒ] nf **1.** [de plante] stem, stalk **2.** [de bois, métal] rod.

tignasse [tiɲas] nf fam mop (of hair).

tigre [tigr] nm tiger.

tigresse [tigrɛs] nf tigress.

tilleul [tijœl] nm lime (tree).

timbale [tɛ̃bal] nf **1.** [gobelet] (metal) cup **2.** MUS kettledrum.

timbre [tɛ̃br] nm **1.** [gén] stamp **2.** [de voix] timbre **3.** [de bicyclette] bell.

timbré, e [tɛ̃bre] ❖ adj **1.** [papier, enveloppe] stamped **2.** [voix] resonant **3.** fam [fou] barmy UK, doolally UK. ❖ nm, f fam loony.

timbre(-poste) [tɛ̃br(əpɔst)] (pl *timbres(-poste)*) nm [postage] stamp.

timbrer [3] [tɛ̃bre] vt to stamp.

timide [timid] ❖ adj **1.** [personne] shy **2.** [protestation, essai] timid **3.** [soleil] uncertain. ❖ nmf shy person.

timidité [timidite] nf **1.** [de personne] shyness **2.** [de protestation] timidness.

timing [tajmiŋ] nm **1.** [emploi du temps] schedule **2.** [organisation] timing.

timoré, e [timore] adj fearful, timorous.

tintamarre [tɛ̃tamar] nm fam racket.

tintement [tɛ̃tmã] nm [de cloche, d'horloge] chiming ; [de pièces] jingling.

tinter [3] [tɛ̃te] vi **1.** [cloche, horloge] to chime **2.** [pièces] to jingle.

tir [tir] nm **1.** [SPORT - activité] shooting ; [- lieu] ▶ *(centre de) tir* shooting range ▶ *tir au but* penalty shoot-out **2.** [trajectoire] shot **3.** [salve] fire (U) / *tir de roquette* rocket attack **4.** [manière, action de tirer] firing.

tirage [tiraʒ] nm **1.** [de journal] circulation ; [de livre] ▶ *à grand tirage* mass circulation **2.** [du loto] draw ▶ *tirage au sort* drawing lots **3.** [de cheminée] draught UK, draft US.

tiraillement [tirajmã] nm (gén pl) **1.** [crampe] cramp **2.** fig [conflit] conflict.

tirailler [3] [tiraje] ❖ vt **1.** [tirer sur] to tug (at) **2.** fig [écarteler] ▶ *être tiraillé par / entre qqch* to be torn by/between sthg. ❖ vi to fire wildly.

tiramisu [tiramisu] nm CULIN tiramisu.

tire [tir] nf QUÉBEC ▶ *tire d'érable* maple taffy.

tiré, e [tire] adj [fatigué] ▶ *avoir les traits tirés* ou *le visage tiré* to look drawn.

tire-au-flanc [tiroflã] nm inv fam shirker, skiver UK.

tire-bouchon [tiʁbuʃɔ̃] (*pl* tire-bouchons) nm corkscrew. **➡ en tire-bouchon** loc adv corkscrew (*avant n*).

tirelire [tiʁliʁ] nf moneybox **UK**, piggy bank **US**.

tirer [3] [tiʁe] **➡** vt **1.** [gén] to pull ; [rideaux] to draw ; [tiroir] to pull open **2.** [tracer - trait] to draw **3.** [revue, livre] to print **4.** [avec arme] to fire **5.** [faire sortir - vin] to draw off **▸ tirer qqn de** pr & fig to help ou get sb out of **▸ tirer un revolver/un mouchoir de sa poche** to pull a gun/a handkerchief out of one's pocket **▸ tirer la langue** to stick out one's tongue **6.** [aux cartes, au loto] to draw **7.** [plaisir, profit] to derive **8.** [déduire - conclusion] to draw ; [- leçon] to learn. **➡** vi **1.** [tendre] **▸ tirer sur** to pull on ou at **2.** [aspirer] **▸ tirer sur** [pipe] to draw ou pull on **3.** [couleur] : bleu tirant sur le vert greenish blue **4.** [cheminée] to draw **5.** [avec arme] to fire, to shoot **6.** SPORT to shoot. **➡ se tirer** vp **1.** fam [s'en aller] to push off **2.** [se sortir] **▸ se tirer de** to get o.s. out of **▸ s'en tirer** fam to escape.

tiret [tiʁɛ] nm dash.

tireur, euse [tiʁœʁ, øz] nm, f [avec arme] gunman **▸ tireur d'élite** marksman (markswoman).

tiroir [tiʁwaʁ] nm drawer.

tiroir-caisse [tiʁwaʁkɛs] nm till.

tisane [tizan] nf herb(al) tea.

tisonnier [tizɔnje] nm poker.

tissage [tisaʒ] nm weaving.

tisser [3] [tise] vt pr & fig to weave ; [suj : araignée] to spin.

tissu [tisy] nm **1.** [étoffe] cloth, material **2.** BIOL tissue.

titiller [3] [titije] vt to titillate.

titre [titʁ] nm **1.** [gén] title **2.** [de presse] headline **3.** [universitaire] diploma, qualification **4.** DR title **▸ titre de propriété** title deed **5.** FIN security **6.** EXPR **à ce titre** [pour cette raison] for this reason, on this account. **➡ titre de transport** nm ticket.

titrer [3] [titʁe] vt **1.** [œuvre] to title **2.** [liquide] to titrate.

tituber [3] [titybe] vi to totter.

titulaire [titylɛʁ] **➡** adj [employé] permanent ; UNIV with tenure. **➡** nmf [de passeport, permis] holder ; [de poste, chaire] occupant.

titulariser [3] [titylaʁize] vt to give tenure to.

tjr, tjrs (abr écrite de **toujours**) SMS Alwz.

TNP (abr de traité de non-prolifération) nm NPT.

TNT **➡** nm (abr de trinitrotoluène) TNT. **➡** nf (abr de télévision numérique terrestre) DTTV.

toast [tost] nm **1.** [pain grillé] toast (U) **2.** [discours] toast **▸ porter un toast à** to drink a toast to.

toboggan [tɔbɔɡɑ̃] nm **1.** [traîneau] toboggan **2.** [de terrain de jeu] slide ; [de piscine] chute.

toc [tɔk] **➡** interj **▸ et toc !** so there! **➡** nm fam : c'est du toc it's fake **▸ en toc** fake (avant n).

TOC [tɔk] (abr de troubles obsessionnels compulsifs) nmpl MÉD OCD.

tocade [tɔkad] = toquade.

tocsin [tɔksɛ̃] nm alarm bell.

tofu [tofu] nm CULIN tofu.

Togo [tɔɡo] nm : le Togo Togo.

togolais, e [tɔɡɔlɛ, ɛz] adj Togolese. **➡ Togolais, e** nm, f Togolese person / les Togolais the Togolese.

toi [twa] pron pers you. **➡ toi-même** pron pers yourself.

toile [twal] nf **1.** [étoffe] cloth ; [de lin] linen **▸ toile cirée** oilcloth **2.** [tableau] canvas, picture. **➡ toile d'araignée** nf spider's web. **➡ Toile** nf **▸ la Toile** INFORM the Web, the web.

toilettage [twaletaʒ] nm grooming.

toilette [twalɛt] nf **1.** [de personne, d'animal] washing **▸ faire sa toilette** to (have a) wash **UK**, to wash up **US 2.** [parure, vêtements] outfit, clothes pl. **➡ toilettes** nfpl toilet(s) **UK**, bath room **US**, rest room **US**.

toise [twaz] nf height gauge.

toiser [3] [twaze] vt to eye (up and down). **➡ se toiser** vp to eye each other up and down.

toison [twazɔ̃] nf **1.** [pelage] fleece **2.** [chevelure] mop (of hair).

toit [twa] nm roof.

toiture [twatyʁ] nf roof, roofing.

TOK? SMS abr écrite de tu es d'accord?

tôle¹ [tol] nf [de métal] sheet metal **▸ tôle ondulée** corrugated iron.

tôle², taule [tol] nf tfam [prison] nick **UK**, clink.

tolérance [tɔleʁɑ̃s] nf **1.** [gén] tolerance **2.** [liberté] concession.

tolérant, e [tɔleʁɑ̃, ɑ̃t] adj **1.** [large d'esprit] tolerant **2.** [indulgent] liberal.

tolérer [18] [tɔleʀe] vt to tolerate. ◆ **se tolérer** vp to put up with ou tolerate each other.

tollé [tɔle] nm protest.

tomate [tɔmat] nf tomato.

tombal, e, als, aux [tɔ̃bal, o] adj funerary, tomb (modif), tombstone (modif) ▸ **pierre tombale** gravestone.

tombant, e [tɔ̃bɑ̃, ɑ̃t] adj [moustaches] drooping ; [épaules] sloping.

tombe [tɔ̃b] nf [fosse] grave, tomb.

tombeau, x [tɔ̃bo] nm tomb.

tombée [tɔ̃be] nf fall ▸ **à la tombée du jour ou de la nuit** at nightfall.

tomber [3] [tɔ̃be] vi (aux : être) **1.** [gén] to fall ▸ **faire tomber qqn** to knock sb over ou down ▸ **faire tomber qqch** to make sthg fall ▸ **tomber bien a)** [robe] to hang well **b)** fig [visite, personne] to come at a good time **2.** [cheveux] to fall out **3.** [nouvelle] to break **4.** [diminuer - prix] to drop, to fall ; [- fièvre, vent] to drop ; [- jour] to come to an end ; [- colère] to die down **5.** [devenir brusquement] ▸ **tomber amoureux** to fall in love ▸ **être bien / mal tombé** to be lucky / unlucky **6.** [trouver] ▸ **tomber sur** to come across **7.** [attaquer] ▸ **tomber sur** to set about **8.** [date, événement] to fall on.

tombola [tɔ̃bɔla] nf raffle.

tome [tɔm] nm volume.

ton[1] [tɔ̃] nm **1.** [de voix] tone ▸ **hausser / baisser le ton** to raise / lower one's voice **2.** MUS key ▸ **donner le ton a)** to give the chord **b)** fig to set the tone **3.** [couleur] tone, shade.

ton[2]**, ta, tes** [tɔ̃, ta, te] adj poss your.

tonalité [tɔnalite] nf **1.** MUS tonality **2.** [au téléphone] dialling tone *UK*, dial tone *US*.

tondeuse [tɔ̃døz] nf [à cheveux] clippers pl ▸ **tondeuse (à gazon)** mower, lawnmower.

tondre [75] [tɔ̃dʀ] vt [gazon] to mow ; [mouton] to shear ; [caniche, cheveux] to clip.

tondu, e [tɔ̃dy] adj [caniche, cheveux] clipped ; [pelouse] mown.

tongs [tɔ̃g] nfpl flip-flops *UK*, thongs *US*.

tonicité [tɔnisite] nf [des muscles] tone.

tonifiant, e [tɔnifjɑ̃, ɑ̃t] adj [climat] invigorating, bracing ; [lecture] stimulating.

tonifier [9] [tɔnifje] vt [peau] to tone ; [esprit] to stimulate.

tonique [tɔnik] adj **1.** [boisson] tonic (avant n) ; [froid] bracing ; [lotion] toning **2.** LING & MUS tonic.

tonitruant, e [tɔnitʀɥɑ̃, ɑ̃t] adj booming.

tonnage [tɔnaʒ] nm tonnage.

tonnant, e [tɔnɑ̃, ɑ̃t] adj thundering, thunderous.

tonne [tɔn] nf [1000 kg] tonne.

tonneau, x [tɔno] nm **1.** [baril] barrel, cask **2.** [en voiture] roll **3.** NAUT ton.

tonnelle [tɔnɛl] nf bower, arbour.

tonner [3] [tɔne] vi to thunder.

tonnerre [tɔnɛʀ] nm thunder ▸ **coup de tonnerre a)** thunderclap **b)** fig bombshell.

tonte [tɔ̃t] nf [de mouton] shearing ; [de gazon] mowing ; [de caniche, cheveux] clipping.

tonton [tɔ̃tɔ̃] nm uncle.

tonus [tɔnys] nm **1.** [dynamisme] energy **2.** [de muscle] tone.

top [tɔp] nm **1.** [signal] beep **2.** [vêtement] top.

toper [3] [tɔpe] vi ▸ **tope-là !** right, you're on!

topo [tɔpo] nm fam spiel ▸ **c'est toujours le même topo** fig it's always the same old story.

topographie [tɔpɔgʀafi] nf topography.

toquade, tocade [tɔkad] nf fam ▸ **toquade (pour) a)** [personne] crush (on) **b)** [style, mode] craze (for).

toque [tɔk] nf [de juge, de jockey] cap ; [de cuisinier] hat.

torche [tɔʀʃ] nf torch.

torcher [3] [tɔʀʃe] vt fam **1.** [assiette, fesses] to wipe **2.** [travail] to dash off.

torchon [tɔʀʃɔ̃] nm **1.** [serviette] cloth **2.** fam [travail] mess.

tordre [76] [tɔʀdʀ] vt [gén] to twist. ◆ **se tordre** vp ▸ **se tordre la cheville** to twist one's ankle ▸ **se tordre de rire** fam & fig to die laughing, to be in stitches.

tordu, e [tɔʀdy] ⬥ pp ⟶ **tordre.** ⬥ adj fam [bizarre, fou] crazy ; [esprit] warped.

tornade [tɔʀnad] nf tornado.

torpeur [tɔʀpœʀ] nf torpor.

torpille [tɔʀpij] nf MIL torpedo.

torpiller [3] [tɔʀpije] vt to torpedo.

torréfaction [tɔʀefaksjɔ̃] nf roasting.

torrent [tɔʀɑ̃] nm torrent ▸ **un torrent de a)** fig [injures] a stream of **b)** [lumière, larmes] a flood of.

torrentiel, elle [tɔʀɑ̃sjɛl] adj torrential.

torride [tɔʀid] adj torrid.

torsade [tɔʀsad] nf **1.** [de cheveux] twist, coil **2.** [de pull] cable.

torsader [3] [tɔʀsade] vt to twist.

torse [tɔʀs] nm chest.

torsion [tɔʀsjɔ̃] nf twisting ; PHYS torsion.

tort [tɔʀ] nm **1.** [erreur] fault ▸ **avoir tort** to be wrong ▸ **être dans son** ou **en tort** to be in the wrong ▸ **à tort** wrongly **2.** [préjudice] wrong.

torticolis [tɔʀtikɔli] nm stiff neck.

tortiller [3] [tɔʀtije] vt [enrouler] to twist ; [moustache] to twirl. ◆ **se tortiller** vp to writhe, to wriggle.

tortionnaire [tɔʀsjɔnɛʀ] nmf torturer.

tortue [tɔʀty] nf tortoise ; fam & fig [personne] slowcoach UK, slowpoke US.

tortueux, euse [tɔʀtɥø, øz] adj winding, twisting ; fig tortuous.

torture [tɔʀtyʀ] nf torture.

torturer [3] [tɔʀtyʀe] vt to torture.

tôt [to] adv **1.** [de bonne heure] early **2.** [avant le moment prévu] soon **3.** [vite] soon, early. ◆ **au plus tôt** loc adv at the earliest.

total, e, aux [tɔtal, o] adj total. ◆ **total** nm total.

totalement [tɔtalmɑ̃] adv totally.

totaliser [3] [tɔtalize] vt **1.** [additionner] to add up, to total **2.** [réunir] to have a total of.

totalitaire [tɔtalitɛʀ] adj totalitarian.

totalitarisme [tɔtalitaʀism] nm totalitarianism.

totalité [tɔtalite] nf [intégralité] whole. ◆ **en totalité** loc adv in full, completely.

totem [tɔtɛm] nm totem.

touareg, ègue [twaʀɛg], **targui, e** [taʀgi] adj Tuareg. ◆ **touareg** nm [langue] Tuareg. ◆ **Touareg, ègue, Targui, e** nm, f Tuareg.

toubib [tubib] nmf fam doc.

touchant, e [tuʃɑ̃, ɑ̃t] adj touching.

touche [tuʃ] nf **1.** [de clavier] key ▸ **touche de fonction** function key **2.** [de peinture] stroke **3.** fig [note] ▸ **une touche de** a touch of **4.** [à la pêche] bite **5.** [FOOT - ligne] touch line ; [- remise en jeu] throw-in **6.** [au rugby - ligne] touch (line) ; [- remise en jeu] line-out **7.** [escrime] hit.

touche-à-tout [tuʃatu] nmf inv fam [adulte] dabbler ; [enfant] : c'est un petit touche-à-tout he's into everything.

toucher [3] [tuʃe] ◆ nm ▸ **le toucher** the (sense of) touch ▸ **au toucher** to the touch.

◆ vt **1.** [palper, émouvoir] to touch **2.** [correspondant] to contact, to reach ; [cible] to hit **3.** [rivage] to reach ; [cible] to hit **4.** [salaire] to get, to be paid ; [chèque] to cash ; [gros lot] to win **5.** [concerner] to affect, to concern. ◆ vi ▸ **toucher à** a) to touch b) [problème] to touch on c) [inconscience, folie] to border ou verge on d) [maison] to adjoin ▸ **toucher à sa fin** to draw to a close. ◆ **se toucher** vp [maisons] to be adjacent (to each other), to adjoin (each other).

touffe [tuf] nf tuft.

touffu, e [tufy] adj [forêt] dense ; [barbe] bushy.

touiller [3] [tuje] vt fam [mélanger] to stir ; [salade] to toss.

toujours [tuʒuʀ] adv **1.** [continuité, répétition] always / ils s'aimeront toujours they will always love one another, they will love one another forever ▸ **toujours plus** more and more ▸ **toujours moins** less and less **2.** [encore] still **3.** [de toute façon] anyway, anyhow. ◆ **de toujours** loc adj : ce sont des amis de toujours they are lifelong friends. ◆ **pour toujours** loc adv forever, for good. ◆ **toujours est-il que** loc conj the fact remains that.

toupet [tupɛ] nm **1.** [de cheveux] quiff UK, tuft of hair **2.** fam & fig [aplomb] cheek ▸ **avoir du toupet, ne pas manquer de toupet** to have a cheek.

toupie [tupi] nf (spinning) top.

tour [tuʀ] ◆ nm **1.** [périmètre] circumference ▸ **faire le tour de** to go round ▸ **faire un tour** to go for a walk / drive etc. ▸ **tour d'horizon** survey ▸ **tour de piste** SPORT lap ▸ **tour de taille** waist measurement **2.** [rotation] turn ▸ **fermer à double tour** to double-lock **3.** [plaisanterie] trick **4.** [succession] turn ▸ **c'est à mon tour** it's my turn ▸ **à tour de rôle** in turn ▸ **tour à tour** alternately, in turn **5.** [d'événements] turn **6.** [de potier] wheel. ◆ nf **1.** [monument, de château] tower ; [immeuble] tower-block UK, high rise US **2.** [échecs] rook, castle. ◆ **tour de contrôle** nf control tower. ◆ **Tour de France** npr m : le Tour de France the Tour de France.

tourbe [tuʀb] nf peat.

tourbillon [tuʀbijɔ̃] nm **1.** [de vent] whirlwind **2.** [de poussière, fumée] swirl **3.** [d'eau] whirlpool **4.** fig [agitation] hurly-burly.

tourbillonner [3] [tuʀbijɔne] vi to whirl, to swirl ; fig to whirl (round).

tourelle [tuʀɛl] nf turret.

tourisme [tuʀism] nm tourism.

tourista, turista [turista] nf traveller's UK ou traveler's US tummy, t(o)urista US.

touriste [turist] nmf tourist.

touristique [turistik] adj tourist (avant n).

tourment [turmɑ̃] nm litt torment.

tourmente [turmɑ̃t] nf litt **1.** [tempête] storm, tempest **2.** fig turmoil.

tourmenter [3] [turmɑ̃te] vt to torment. ◆ **se tourmenter** vp to worry o.s., to fret.

tournage [turnaʒ] nm CINÉ shooting.

tournant, e [turnɑ̃, ɑ̃t] adj [porte] revolving ; [fauteuil] swivel (avant n) ; [pont] swing (avant n). ◆ **tournant** nm bend ; fig turning point.

tourné, e [turne] adj [lait] sour, off.

tournée [turne] nf **1.** [voyage] tour **2.** fam [consommations] round.

tourner [3] [turne] ◆ vt **1.** [gén] to turn **2.** [pas, pensées] to turn, to direct **3.** [obstacle, loi] to get round UK ou around US **4.** CINÉ to shoot. ◆ vi **1.** [gén] to turn ; [moteur] to turn over ; [planète] to revolve ▸ **mal tourner** [initiative, plaisanterie] to turn out badly, to go wrong ▸ **tourner autour de qqn** fig to hang around sb ▸ **tourner autour du pot** ou **du sujet** fig to beat about the bush **2.** fam [entreprise] to tick over UK, to go ok **3.** [lait] to go off UK, to go bad US. ◆ **se tourner** vp to turn (right) round UK ou around US ▸ **se tourner vers** to turn towards ou toward UK ou around US.

tournesol [turnəsɔl] nm [plante] sunflower.

tournevis [turnəvis] nm screwdriver.

tourniquet [turnikɛ] nm **1.** [entrée] turnstile **2.** MÉD tourniquet.

tournis [turni] nm fam ▸ **avoir le tournis** to feel dizzy ou giddy.

tournoi [turnwa] nm tournament.

tournoyer [13] [turnwaje] vi to wheel, to whirl.

tournure [turnyr] nf **1.** [apparence] turn **2.** [formulation] form ▸ **tournure de phrase** turn of phrase.

tour-opérateur [turɔperatœr] (pl tour-opérateurs) nm tour operator.

tourteau, x [turto] nm [crabe] crab.

tourterelle [turtərɛl] nf turtledove.

tous ⟶ **tout**.

Toussaint [tusɛ̃] nf ▸ **la Toussaint** All Saints' Day.

tousser [3] [tuse] vi to cough.

toussotement [tusɔtmɑ̃] nm coughing.

toussoter [3] [tusɔte] vi to cough.

tout, toute [tu, tut] (mpl **tous** [tus], fpl **toutes** [tut]) ◆ adj **1.** (avec substantif singulier déterminé) all / **tout le vin** all the wine / **tout un gâteau** a whole cake / **toute la journée** /**la nuit** all day/night, the whole day/ night / **toute sa famille** all his family, his whole family **2.** (avec pronom démonstratif) ▸ **tout ceci** / **cela** all this/that / **tout ce que je sais** all I know. ◆ adj indéf **1.** [exprime la totalité] all / **tout les gâteaux** all the cakes / **tous les deux** both of us/them etc. / **tous les trois** all three of us/them etc. **2.** [chaque] every / **tous les jours** every day / **tous les deux ans** every two years ▸ **tous les combien ?** fam how often? **3.** [n'importe quel] any ▸ **à toute heure** at any time. ◆ pron indéf everything, all / **je t'ai tout dit** I've told you everything / **ils voulaient tous la voir** they all wanted to see her ▸ **ce sera tout ?** will that be all ▸ **c'est tout** that's all. ◆ **tout** ◆ adv **1.** [entièrement, tout à fait] very, quite / **tout jeune** /**près** very young/near / **ils étaient tout seuls** they were all alone / **tout en haut** right at the top **2.** [avec un gérondif] : **tout en marchant** while walking. ◆ nm ▸ **un tout** a whole ▸ **le tout est de…** the main thing is to… / **le tout est de ne pas se tromper** the most important thing is to get this right. ◆ **du tout au tout** loc adv completely, entirely. ◆ **tout à fait** loc adv **1.** [complètement] quite, entirely **2.** [exactement] exactly. ◆ **tout à l'heure** loc adv **1.** [futur] in a little while, shortly **2.** [passé] a little while ago. ◆ **tout de suite** loc adv immediately, at once.

tout-à-l'égout [tutalegu] nm inv mains drainage.

toutefois [tutfwa] adv however.

toutou [tutu] nm **1.** fam [chien] doggie **2.** QUÉBEC [peluche] stuffed toy.

tout-petit [tup(ə)ti] (pl tout-petits) nm toddler, tot.

tout-puissant, toute-puissante [tupɥisɑ̃, tutpɥisɑ̃t] (mpl tout-puissants, fpl toutes-puissantes) adj omnipotent, all-powerful.

toux [tu] nf cough.

toxicomane [tɔksikɔman] nmf drug addict.

toxine [tɔksin] nf toxin.

toxique [tɔksik] adj toxic.

TPE [tepeǝ] ◆ nmpl (abr de travaux personnels encadrés) GIS. ◆ nf (abr de très petite entreprise) VSB.

trac [trak] nm nerves pl ; THÉÂTRE stage fright ▶ **avoir le trac a)** to get nervous **b)** THÉÂTRE to get stage fright.

traçabilité [trasabilite] nf traceability.

tracas [traka] nm worry.

tracasser [3] [trakase] vt to worry, to bother. ◆ **se tracasser** vp to worry.

tracasserie [trakasri] nf annoyance.

trace [tras] nf **1.** [d'animal, de fugitif] track **2.** [de brûlure, fatigue] mark **3.** (gén pl) [vestige] trace **4.** [très petite quantité] ▶ **une trace de** a trace of.

tracé [trase] nm [lignes] plan, drawing ; [de parcours] line.

tracer [16] [trase] vt **1.** [dessiner, dépeindre] to draw **2.** [route, piste] to mark out.

trachéite [trakeit] nf throat infection.

tract [trakt] nm leaflet.

tractations [traktasjɔ̃] nfpl negotiations, dealings.

tracter [3] [trakte] vt to tow.

tracteur [traktœr] nm tractor.

traction [traksjɔ̃] nf **1.** [action de tirer] towing, pulling ▶ **traction avant / arrière** front- / rear-wheel drive **2.** TECHNOL tensile stress **3.** [SPORT - au sol] press-up 🇬🇧, push-up 🇺🇸 ; [- à la barre] pull-up.

trader nm = **tradeur**.

tradeur, euse [tredœr, øz] nm, f trader.

tradition [tradisjɔ̃] nf tradition.

traditionnel, elle [tradisjɔnɛl] adj **1.** [de tradition] traditional **2.** [habituel] usual.

traducteur, trice [tradyktœr, tris] nm, f translator.

traduction [tradyksjɔ̃] nf [gén] translation.

traduire [98] [traduir] vt **1.** [texte] to translate ▶ **traduire qqch en français / anglais** to translate sthg into French / English **2.** [révéler - crise] to reveal, to betray ; [- sentiments, pensée] to render, to express **3.** DR ▶ **traduire qqn en justice** to bring sb before the courts.

trafic [trafik] nm **1.** [de marchandises] traffic, trafficking **2.** [circulation] traffic.

trafiquant, e [trafikɑ̃, ɑ̃t] nm, f trafficker, dealer.

trafiquer [3] [trafike] ◆ vt fam **1.** [falsifier] to tamper with **2.** [manigancer] : qu'est-ce que tu trafiques ? what are you up to ? ◆ vi to be involved in trafficking.

tragédie [traʒedi] nf tragedy.

tragi-comédie [traʒikɔmedi] (pl **tragi-comédies**) nf tragicomedy.

tragique [traʒik] adj tragic.

tragiquement [traʒikmɑ̃] adv tragically.

trahir [32] [trair] vt **1.** [gén] to betray **2.** [suj : moteur] to let down ; [suj : forces] to fail **3.** [révéler, démasquer] to betray, to give away (sép). ◆ **se trahir** vp to give o.s. away.

trahison [traizɔ̃] nf **1.** [gén] betrayal **2.** DR treason.

train [trɛ̃] nm **1.** [transports] train **2.** [allure] pace **3.** EXPR être en train fig to be on form. ◆ **train de vie** nm lifestyle. ◆ **en train de** loc prép : être en train de faire qqch to be (busy) doing sthg / être en train de lire / travailler to be reading / working.

traînant, e [trɛnɑ̃, ɑ̃t] adj [voix] drawling ; [démarche] dragging.

traîne [trɛn] nf **1.** [de robe] train **2.** QUÉBEC [traîneau] ▶ **traîne sauvage** toboggan **3.** EXPR être à la traîne to lag behind.

traîneau, x [trɛno] nm sleigh, sledge.

traînée [trɛne] nf **1.** [trace] trail **2.** tfam & injur [prostituée] tart, whore.

traîner [4] [trɛne] ◆ vt **1.** [tirer, emmener] to drag **2.** [emmener avec soi] to lug around, to cart around **3.** [maladie] to be unable to shake off. ◆ vi **1.** [personne, animal] to dawdle **2.** [maladie, affaire] to drag on / traîner en longueur to drag **3.** [vêtements, livres] to lie around ou about. ◆ **se traîner** vp **1.** [personne] to drag o.s. along **2.** [jour, semaine] to drag.

training [trɛniŋ] nm **1.** [entraînement] training **2.** [survêtement] tracksuit top.

train-train [trɛ̃trɛ̃] nm inv fam routine, daily grind.

traire [112] [trɛr] vt [vache] to milk.

trait [trɛ] nm **1.** [ligne] line, stroke ▶ **trait d'union** hyphen **2.** (gén pl) [de visage] feature **3.** [caractéristique] trait, feature **4.** EXPR avoir trait à to have to do with, to concern. ◆ **d'un trait** loc adv [boire, lire] in one go.

traitant, e [trɛtɑ̃, ɑ̃t] adj [shampooing, crème] medicated ; ⟶ **médecin**.

traite [trɛt] nf **1.** [de vache] milking **2.** COMM bill, draft **3.** [d'esclaves] ▶ **la traite des Noirs** the slave trade ▶ **la traite des Blanches** the white slave trade. ◆ **d'une seule traite** loc adv without stopping, in one go.

traité [tʀete] nm **1.** [ouvrage] treatise **2.** POL treaty ▸ **traité de non-prolifération** non-proliferation treaty.

traitement [tʀetmɑ̃] nm **1.** [gén & MÉD] treatment ▸ **mauvais traitement** ill-treatment **2.** [rémunération] wage **3.** INFORM processing ▸ **traitement de texte** word processing **4.** [procédé] processing **5.** [de problème] handling.

traiter [4] [tʀete] ◆ vt **1.** [gén & MÉD] to treat ▸ **bien/mal traiter qqn** to treat sb well/badly **2.** [qualifier] ▸ **traiter qqn d'imbécile/de lâche etc.** to call sb an imbecile/a coward etc. **3.** [question, thème] to deal with **4.** [dans l'industrie & INFORM] to process. ◆ vi **1.** [négocier] to negotiate **2.** [livre] ▸ **traiter de** to deal with.

traiteur [tʀetœʀ] nm caterer.

traître, esse [tʀetʀ, ɛs] ◆ adj treacherous. ◆ nm, f traitor.

traîtrise [tʀetʀiz] nf **1.** [déloyauté] treachery **2.** [acte] act of treachery.

trajectoire [tʀaʒɛktwaʀ] nf trajectory, path; fig path.

trajet [tʀaʒɛ] nm **1.** [distance] distance **2.** [itinéraire] route **3.** [voyage] journey.

tram [tʀam] fam = **tramway**.

trame [tʀam] nf weft; fig framework.

tramer [3] [tʀame] vt sout to plot. ◆ **se tramer** ◆ vp to be plotted. ◆ v impers ▸ **il se trame quelque chose** there's something afoot.

tramontane [tʀamɔ̃tan] nf tramontane, transmontane.

trampoline [tʀɑ̃pɔlin] nm trampoline.

tramway [tʀamwɛ] nm tram **UK**, streetcar **US**.

tranchant, e [tʀɑ̃ʃɑ̃, ɑ̃t] adj **1.** [instrument] sharp **2.** [personne] assertive **3.** [ton] curt. ◆ **tranchant** nm edge.

tranche [tʀɑ̃ʃ] nf **1.** [de gâteau, jambon] slice ▸ **tranche d'âge** fig age bracket **2.** [de livre, pièce] edge **3.** [période] part, section **4.** ÉCON & FIN [de revenus] portion; [de paiement] instalment **UK**, installment **US**; [fiscale] bracket.

tranchée [tʀɑ̃ʃe] nf MIL [Travaux Publics] trench / **creuser une tranchée** to (dig a) trench.

trancher [3] [tʀɑ̃ʃe] ◆ vt [couper] to cut; [pain, jambon] to slice ▸ **trancher la question** fig to settle the question. ◆ vi **1.** fig [décider] to decide **2.** [contraster] ▸ **trancher avec** ou **sur** to contrast with.

tranquille [tʀɑ̃kil] adj **1.** [endroit, vie] quiet ▸ **laisser qqn/qqch tranquille** to leave sb/sthg alone ▸ **se tenir/rester tranquille** to keep/remain quiet **2.** [rassuré] at ease, easy / **soyez tranquille** don't worry.

tranquillement [tʀɑ̃kilmɑ̃] adv **1.** [sans s'agiter] quietly **2.** [sans s'inquiéter] calmly.

tranquillisant, e [tʀɑ̃kilizɑ̃, ɑ̃t] adj **1.** [nouvelle] reassuring **2.** [médicament] tranquillizing. ◆ **tranquillisant** nm tranquillizer **UK**, tranquilizer **US**.

tranquilliser [3] [tʀɑ̃kilize] vt to reassure. ◆ **se tranquilliser** vp to set one's mind at rest.

tranquillité [tʀɑ̃kilite] nf **1.** [calme] peacefulness, quietness **2.** [sérénité] peace, tranquillity **UK**, tranquility **US**.

transaction [tʀɑ̃zaksjɔ̃] nf transaction.

transalpin, e [tʀɑ̃zalpɛ̃, in] adj transalpine.

transat [tʀɑ̃zat] ◆ nm deckchair. ◆ nf transatlantic race.

transatlantique [tʀɑ̃zatlɑ̃tik] ◆ adj transatlantic. ◆ nm transatlantic liner. ◆ nf transatlantic race.

transcription [tʀɑ̃skʀipsjɔ̃] nf [de document & MUS] transcription; [dans un autre alphabet] transliteration ▸ **transcription phonétique** phonetic transcription.

transcrire [99] [tʀɑ̃skʀiʀ] vt [document & MUS] to transcribe; [dans un autre alphabet] to transliterate.

transcrit, e [tʀɑ̃skʀi, it] pp ⟶ **transcrire**.

transe [tʀɑ̃s] nf ▸ **être en transe** fig to be beside o.s.

transférer [18] [tʀɑ̃sfeʀe] vt to transfer.

transfert [tʀɑ̃sfɛʀ] nm transfer.

transfigurer [3] [tʀɑ̃sfigyʀe] vt to transfigure.

transformable [tʀɑ̃sfɔʀmabl] adj convertible.

transformateur, trice [tʀɑ̃sfɔʀmatœʀ, tʀis] adj [dans l'industrie] processing (avant n). ◆ **transformateur** nm transformer.

transformation [tʀɑ̃sfɔʀmasjɔ̃] nf **1.** [de pays, personne] transformation **2.** [dans l'industrie] processing **3.** [rugby] conversion.

transformer [3] [tʀɑ̃sfɔʀme] vt **1.** [gén] to transform; [magasin] to convert ▸ **transformer qqch en** to turn sthg into **2.** [dans l'industrie, au rugby] to convert. ◆ **se transformer** vp

▸ **se transformer en monstre/papillon** to turn into a monster/butterfly.

transfuge [tʀɑ̃sfyʒ] nmf renegade.

transfuser [3] [tʀɑ̃sfyze] vt [sang] to transfuse.

transfusion [tʀɑ̃sfyzjɔ̃] nf ▸ **transfusion (sanguine)** (blood) transfusion.

transgénique [tʀɑ̃sʒenik] adj transgenic.

transgresser [4] [tʀɑ̃sɡʀese] vt [loi] to infringe ; [ordre] to disobey.

transhumance [tʀɑ̃zymɑ̃s] nf transhumance.

transi, e [tʀɑ̃zi] adj ▸ **être transi de** to be paralysed UK ou paralyzed US, to be transfixed with ▸ **être transi de froid** to be chilled to the bone.

transiger [17] [tʀɑ̃ziʒe] vi ▸ **transiger (sur)** to compromise (on).

transistor [3] [tʀɑ̃zistɔʀ] nm transistor.

transit [tʀɑ̃zit] nm transit.

transiter [3] [tʀɑ̃zite] vi to pass in transit.

transitif, ive [tʀɑ̃sitif, iv] adj transitive.

transition [tʀɑ̃zisjɔ̃] nf transition ▸ **sans transition** with no transition, abruptly.

transitivité [tʀɑ̃zitivite] nf transitivity.

transitoire [tʀɑ̃zitwaʀ] adj [passager] transitory.

translucide [tʀɑ̃slysid] adj translucent.

transmettre [84] [tʀɑ̃smɛtʀ] vt **1.** [message, salutations] ▸ **transmettre qqch (à)** to pass sthg on (to) **2.** [tradition, propriété] ▸ **transmettre qqch (à)** to hand sthg down (to) **3.** [fonction, pouvoir] ▸ **transmettre qqch (à)** to hand sthg over (to) **4.** [maladie] ▸ **transmettre qqch (à)** to transmit sthg (to), to pass sthg on (to) **5.** [concert, émission] to broadcast. ◆ **se transmettre** vp **1.** [maladie] to be passed on, to be transmitted **2.** [nouvelle] to be passed on **3.** [courant, onde] to be transmitted **4.** [tradition] to be handed down.

transmis, e [tʀɑ̃smi, iz] pp ⟶ **transmettre**.

transmissible [tʀɑ̃smisibl] adj **1.** [patrimoine] transferable **2.** [maladie] transmissible.

transmission [tʀɑ̃smisjɔ̃] nf **1.** [de biens] transfer **2.** [de maladie] transmission **3.** [de message] passing on **4.** [de tradition] handing down.

transparaître [91] [tʀɑ̃spaʀɛtʀ] vi to show.

transparence [tʀɑ̃spaʀɑ̃s] nf transparency.

transparent, e [tʀɑ̃spaʀɑ̃, ɑ̃t] adj transparent. ◆ **transparent** nm transparency.

transpercer [16] [tʀɑ̃spɛʀse] vt to pierce ; fig [suj : froid, pluie] to go right through.

transpiration [tʀɑ̃spiʀasjɔ̃] nf [sueur] perspiration.

transpirer [3] [tʀɑ̃spiʀe] vi [suer] to perspire.

transplantation [tʀɑ̃splɑ̃tasjɔ̃] nf **1.** [d'arbre, de population] transplanting **2.** MÉD transplant.

transplanter [3] [tʀɑ̃splɑ̃te] vt to transplant.

transport [tʀɑ̃spɔʀ] nm transport (U), transportation (U) US ▸ **transports en commun** public transport sg.

transportable [tʀɑ̃spɔʀtabl] adj [marchandise] transportable ; [blessé] fit to be moved.

transporter [3] [tʀɑ̃spɔʀte] vt [marchandises, personnes] to transport.

transporteur [tʀɑ̃spɔʀtœʀ] nm [personne] carrier ▸ **transporteur routier** road haulier UK ou hauler US.

transposer [3] [tʀɑ̃spoze] vt **1.** [déplacer] to transpose **2.** [adapter] ▸ **transposer qqch (à)** to adapt sthg (for).

transposition [tʀɑ̃spozisjɔ̃] nf **1.** [déplacement] transposition **2.** [adaptation] ▸ **transposition (à)** adaptation (for).

transsexuel, elle [tʀɑ̃ssɛksɥɛl] adj & nm, f transsexual.

transvaser [3] [tʀɑ̃svaze] vt to decant.

transversal, e, aux [tʀɑ̃svɛʀsal, o] adj **1.** [coupe] cross (avant n) **2.** [chemin] running at right angles, cross (avant n) US **3.** [vallée] transverse.

trapèze [tʀapɛz] nm **1.** GÉOM trapezium **2.** [gymnastique] trapeze.

trapéziste [tʀapezist] nmf trapeze artist.

trappe [tʀap] nf **1.** [ouverture] trapdoor **2.** [piège] trap.

trappeur [tʀapœʀ] nm trapper.

trapu, e [tʀapy] adj **1.** [personne] stocky, solidly built **2.** [édifice] squat.

traquenard [tʀaknaʀ] nm trap ; fig trap, pitfall.

traquer [3] [tʀake] vt [animal] to track ; [personne, faute] to track ou hunt down.

traumatiser [3] [tʀomatize] vt to traumatize.

traumatisme [tʀomatism] nm traumatism.

travail, aux [tʀavaj, o] nm **1.** [gén] work (U) ▶ **se mettre au travail** to get down to work ▶ **demander du travail** [projet] to require some work **2.** [tâche, emploi] job ▶ **travail intérimaire** temporary work ▶ **travail au noir** moonlighting **3.** [du métal, du bois] working **4.** [phénomène - du bois] warping ; [- du temps, fermentation] action **5.** MÉD ▶ **être en travail** to be in labour UK ou labor US ▶ **entrer en travail** to go into labour UK ou labor US. ◆ **travaux** nmpl **1.** [d'aménagement] work (U) ; [routiers] roadworks UK, roadwork US ▶ **travaux publics** civil engineering sg **2.** SCOL ▶ **travaux dirigés** class work ▶ **travaux manuels** arts and crafts ▶ **travaux pratiques** practical work (U).

travaillé, e [tʀavaje] adj **1.** [matériau] wrought, worked **2.** [style] laboured UK, labored US **3.** [tourmenté] ▶ **être travaillé par** to be tormented by.

travailler [3] [tʀavaje] ◆ vi **1.** [gén] to work ▶ **travailler chez/dans** to work at/in ▶ **travailler à qqch** to work on sthg ▶ **travailler à temps partiel** to work part-time **2.** [métal, bois] to warp. ◆ vt **1.** [étudier] to work at ou on ; [piano] to practise UK, to practice US **2.** [essayer de convaincre] to work on **3.** [suj : idée, remords] to torment **4.** [matière] to work, to fashion.

travailleur, euse [tʀavajœʀ, øz] ◆ adj hard-working. ◆ nm, f worker.

travailliste [tʀavajist] ◆ nmf member of the Labour Party. ◆ adj Labour (avant n).

travée [tʀave] nf **1.** [de bâtiment] bay **2.** [de sièges] row.

travelling [tʀavliŋ] nm [mouvement] travelling UK ou traveling US shot.

travers [tʀavɛʀ] nm failing, fault. ◆ **à travers** loc adv & loc prép through. ◆ **au travers** loc adv through. ◆ **au travers de** loc prép through. ◆ **de travers** loc adv **1.** [irrégulièrement - écrire] unevenly ▶ **marcher de travers** to stagger **2.** [nez, escalier] crooked **3.** [obliquement] sideways **4.** [mal] wrong ▶ **aller de travers** to go wrong ▶ **comprendre qqch de travers** to misunderstand sthg. ◆ **en travers** loc adv crosswise. ◆ **en travers de** loc prép across.

traverse [tʀavɛʀs] nf **1.** [de chemin de fer] sleeper UK, tie US **2.** [chemin] short cut.

traversée [tʀavɛʀse] nf crossing.

traverser [3] [tʀavɛʀse] vt **1.** [rue, mer, montagne] to cross ; [ville] to go through **2.** [peau, mur] to go through, to pierce **3.** [crise, période] to go through.

traversin [tʀavɛʀsɛ̃] nm bolster.

travesti, e [tʀavɛsti] adj **1.** [pour s'amuser] dressed up (in fancy dress) **2.** THÉÂTRE [comédien] playing a female part. ◆ **travesti** nm [homosexuel] transvestite.

travestir [32] [tʀavɛstiʀ] vt **1.** [déguiser] to dress up **2.** fig [vérité, idée] to distort. ◆ **se travestir** vp **1.** [pour bal] to wear fancy dress **2.** [en femme] to put on drag.

trébucher [3] [tʀebyʃe] vi ▶ **trébucher (sur/ contre)** to stumble (over/against).

trèfle [tʀɛfl] nm **1.** [plante] clover **2.** [carte] club ; [famille] clubs pl.

treille [tʀɛj] nf **1.** [vigne] climbing vine **2.** [tonnelle] trellised vines pl, vine arbour.

treillis [tʀeji] nm **1.** [clôture] trellis (fencing) **2.** [toile] canvas **3.** MIL combat uniform.

treize [tʀɛz] adj num inv & nm thirteen. Voir aussi six.

treizième [tʀɛzjɛm] adj num inv, nm & nmf thirteenth. Voir aussi sixième.

trekkeur, euse [tʀekœʀ, øz] nm, f trekker.

trekking [tʀekiŋ] nm trek.

tréma [tʀema] nm diaeresis UK, dieresis US.

tremblant, e [tʀɑ̃blɑ̃, ɑ̃t] adj **1.** [personne - de froid] shivering ; [- d'émotion] trembling, shaking **2.** [voix] quavering **3.** [lumière] flickering.

tremblement [tʀɑ̃bləmɑ̃] nm **1.** [de corps] trembling **2.** [de voix] quavering **3.** [de feuilles] fluttering. ◆ **tremblement de terre** nm earthquake.

trembler [3] [tʀɑ̃ble] vi **1.** [personne - de froid] to shiver ; [- d'émotion] to tremble, to shake **2.** [voix] to quaver **3.** [lumière] to flicker **4.** [terre] to shake.

trembloter [3] [tʀɑ̃blɔte] vi **1.** [personne] to tremble **2.** [voix] to quaver **3.** [lumière] to flicker.

trémousser [3] [tʀemuse] ◆ **se trémousser** vp to jig up and down.

trempe [tʀɑ̃p] nf **1.** [envergure] calibre ▶ **de sa trempe** of his/her calibre **2.** fam [coups] thrashing.

tremper [3] [tʀɑ̃pe] ◆ vt **1.** [mouiller] to soak **2.** [plonger] ▶ **tremper qqch dans** to dip sthg into **3.** [métal] to harden, to quench. ◆ vi [linge] to soak.

tremplin [trãplɛ̃] nm SKI ski jump; fig springboard.

trentaine [trãtɛn] nf **1.** [nombre] ▶ **une trentaine de** about thirty **2.** [âge] ▶ **avoir la trentaine** to be in one's thirties.

trente [trãt] ❖ adj num inv thirty. ❖ nm thirty. *Voir aussi* **six**.

trente-six (en fin de phrase [trãtsis] , devant consonne ou 'h' aspiré [trãtsi] , devant voyelle ou 'h' muet [trãtsiz]) ❖ adj num fam [pour exprimer la multitude] umpteen, dozens of / **il n'y a pas trente-six solutions !** there aren't all that many solutions ! / **j'ai trente-six mille choses à faire** I've a hundred and one things to do. ❖ nm inv fam ▶ **tous les trente-six du mois** once in a blue moon. *Voir aussi* **cinquante**.

trentième [trãtjɛm] adj num inv, nm & nmf thirtieth. *Voir aussi* **sixième**.

trépasser [3] [trepase] vi litt to pass away.

trépidant, e [trepidã, ãt] adj [vie] hectic.

trépied [trepje] nm [support] tripod.

trépigner [3] [trepiɲe] vi to stamp one's feet.

très [trɛ] adv very / **très bien** very well / **être très aimé** to be much ou greatly liked / **j'ai très envie de…** I'd very much like to….

trésor [trezɔr] nm treasure. ❖ **Trésor** nm ▶ **le Trésor public** the public revenue department.

trésorerie [trezɔrri] nf **1.** [service] accounts department **2.** [gestion] accounts pl **3.** [fonds] finances pl, funds pl.

trésorier, ère [trezɔrje, ɛr] nm, f treasurer.

tressaillement [tresajmã] nm [de joie] thrill; [de douleur] wince.

tressaillir [47] [tresajir] vi **1.** [de joie] to thrill; [de douleur] to wince **2.** [sursauter] to start, to jump.

tressauter [3] [tresote] vi [sursauter] to jump, to start; [dans véhicule] to be tossed about.

tresse [trɛs] nf **1.** [de cheveux] plait **2.** [de rubans] braid.

tresser [4] [trese] vt **1.** [cheveux] to plait **2.** [osier] to braid **3.** [panier, guirlande] to weave.

tréteau, x [treto] nm trestle.

treuil [trœj] nm winch, windlass.

trêve [trɛv] nf **1.** [cessez-le-feu] truce **2.** fig [répit] rest, respite ▶ **trêve de plaisanteries / de sottises** that's enough joking/nonsense. ❖ **sans trêve** loc adv relentlessly, unceasingly.

tri [tri] nm [de lettres] sorting; [de candidats] selection ▶ **faire le tri dans qqch** fig to sort sthg out; [dans les poubelles] : **tri (des déchets)** sorting of rubbish into different types for recycling.

triage [trijaʒ] nm [de lettres] sorting; [de candidats] selection.

triangle [trijãgl] nm triangle.

triangulaire [trijãgylɛr] adj triangular.

triathlon [trijatlɔ̃] nm triathlon.

tribal, e, aux [tribal, o] adj tribal.

tribord [tribɔr] nm starboard ▶ **à tribord** on the starboard side, to starboard.

tribu [triby] nf tribe.

tribulations [tribylasjɔ̃] nfpl tribulations, trials.

tribunal, aux [tribynal, o] nm DR court ▶ **tribunal correctionnel** ≃ magistrates' court UK; ≃ county court US ▶ **tribunal de grande instance** ≃ crown court UK; ≃ circuit court US.

tribune [tribyn] nf **1.** [d'orateur] platform **2.** (gén pl) [de stade] stand.

tribut [triby] nm litt tribute.

tributaire [tribytɛr] adj ▶ **être tributaire de** to depend ou be dependent on.

triceps [trisɛps] nm triceps.

triche [triʃ] nf fam cheating.

tricher [3] [triʃe] vi **1.** [au jeu, à un examen] to cheat **2.** [mentir] ▶ **tricher sur** to lie about.

tricherie [triʃri] nf cheating.

tricheur, euse [triʃœr, øz] nm, f cheat.

tricolore [trikɔlɔr] adj **1.** [à trois couleurs] three-coloured UK, three-colored US **2.** [français] French.

tricot [triko] nm **1.** [vêtement] jumper UK, sweater US **2.** [ouvrage] knitting ▶ **faire du tricot** to knit **3.** [étoffe] knitted fabric, jersey.

tricoter [3] [trikɔte] vi & vt to knit.

tricycle [trisikl] nm tricycle.

trier [10] [trije] vt **1.** [classer] to sort out **2.** [sélectionner] to select.

trigonométrie [trigɔnɔmetri] nf trigonometry.

trilingue [trilɛ̃g] adj trilingual.

trilogie [trilɔʒi] nf trilogy.

trimer [3] [trime] vi fam to slave away.

trimestre [trimɛstr] nm SCOL term UK, trimester US, quarter US.

trimestriel, elle [tʀimɛstʀijɛl] adj [loyer, magazine] quarterly ; SCOL end-of-term *(avant n)* 🇬🇧.

tringle [tʀɛ̃gl] nf rod ▶ **tringle à rideaux** curtain rod.

trinité [tʀinite] nf *litt* trinity. ◆ **Trinité** nf ▶ **la Trinité** the Trinity.

trinquer [3] [tʀɛ̃ke] vi [boire] to toast, to clink glasses ▶ **trinquer à** to drink to.

trio [tʀijo] nm trio.

triomphal, e, aux [tʀijɔ̃fal, o] adj [succès] triumphal ; [accueil] triumphant.

triomphant, e [tʀijɔ̃fɑ̃, ɑ̃t] adj [équipe] winning ; [air] triumphant.

triomphe [tʀijɔ̃f] nm triumph.

triompher [3] [tʀijɔ̃fe] vi [gén] to triumph ▶ **triompher de** to triumph over.

tripes [tʀip] nfpl 1. [d'animal, de personne] guts 2. CULIN tripe *sg*.

triple [tʀipl] ◆ adj triple. ◆ nm ▶ **le triple (de)** three times as much (as).

triplé [tʀiple] nm 1. [au turf] bet on three horses winning in three different races 2. SPORT [trois victoires] hat-trick of victories. ◆ **triplés, ées** nmf pl triplets.

tripler [3] [tʀiple] vt & vi to triple.

triste [tʀist] adj 1. [personne, nouvelle] sad ▶ **être triste de qqch/de faire qqch** to be sad about sthg/about doing sthg 2. [paysage, temps] gloomy ; [couleur] dull 3. *(avant n)* [lamentable] sorry.

tristement [tʀistəmɑ̃] adv 1. [d'un air triste] sadly 2. [lugubrement] gloomily 3. [de façon regrettable] sadly, regrettably ▶ **tristement célèbre** notorious.

tristesse [tʀistɛs] nf 1. [de personne, nouvelle] sadness 2. [de paysage, temps] gloominess.

triturer [3] [tʀityʀe] vt [mouchoir] to knead. ◆ **se triturer** vp *fam* ▶ **se triturer l'esprit** ou **les méninges** to rack one's brains.

trivial, e, aux [tʀivjal, o] adj 1. [banal] trivial 2. [vulgaire] crude, coarse.

troc [tʀɔk] nm 1. [échange] exchange 2. [système économique] barter.

trois [tʀwa] ◆ nm three. ◆ adj num inv three ; *Voir aussi* **six**.

troisième [tʀwazjɛm] ◆ adj num inv & nmf third. ◆ nm third ; [étage] third floor 🇬🇧, fourth floor 🇺🇸. ◆ nf 1. SCOL ≃ fourth year ou form 🇬🇧 ; ≃ ninth grade 🇺🇸 2. [vitesse] third (gear). *Voir aussi* **sixième**.

trois-mâts [tʀwama] nm inv three-master.

trombe [tʀɔ̃b] nf water spout.

trombone [tʀɔ̃bɔn] nm 1. [agrafe] paper clip 2. [instrument] trombone.

trompe [tʀɔ̃p] nf 1. [instrument] trumpet 2. [d'éléphant] trunk 3. [d'insecte] proboscis 4. ANAT tube.

trompe-l'œil [tʀɔ̃plœj] nm inv 1. [peinture] trompe-l'œil ▶ **en trompe-l'œil** done in trompe-l'œil 2. [apparence] deception.

tromper [3] [tʀɔ̃pe] vt 1. [personne] to deceive ; [époux] to be unfaithful to, to deceive 2. [vigilance] to elude. ◆ **se tromper** vp to make a mistake, to be mistaken ▶ **se tromper de jour/maison** to get the wrong day/house.

tromperie [tʀɔ̃pʀi] nf deception.

trompette [tʀɔ̃pɛt] nf trumpet.

trompettiste [tʀɔ̃petist] nmf trumpeter.

trompeur, euse [tʀɔ̃pœʀ, øz] adj 1. [personne] deceitful 2. [calme, apparence] deceptive.

tronc [tʀɔ̃] nm 1. [d'arbre, de personne] trunk 2. [d'église] collection box. ◆ **tronc commun** nm [de programmes] common element ou feature ; SCOL core syllabus.

tronçon [tʀɔ̃sɔ̃] nm 1. [morceau] piece, length 2. [de route, de chemin de fer] section.

tronçonneuse [tʀɔ̃sɔnøz] nf chain saw.

trône [tʀon] nm throne.

trôner [3] [tʀone] vi 1. [personne] to sit enthroned ; [objet] to have pride of place 2. *hum* [faire l'important] to lord it.

trop [tʀo] adv 1. *(devant adj, adv)* too ▶ **trop vieux/loin** too old/far ▶ **nous étions trop nombreux** there were too many of us ▶ **avoir trop chaud/froid/peur** to be too hot/cold/frightened 2. *(avec v)* too much ▶ **nous étions trop** there were too many of us ▶ **je n'aime pas trop le chocolat** I don't like chocolate very much ▶ **sans trop savoir pourquoi** without really knowing why 3. *(avec complément)* ▶ **trop de** a) [quantité] too much b) [nombre] too many. ◆ **en trop, de trop** loc adv too much/many ▶ **2 euros de** ou **en trop** 2 euros too much ▶ **une personne de** ou **en trop** one person too many ▶ **être de trop** [personne] to be in the way, to be unwelcome.

trophée [tʀɔfe] nm trophy.

tropical, e, aux [tʀɔpikal, o] adj tropical.

tropique [tʀɔpik] nm tropic. ◆ **tropiques** nmpl tropics.

trop-plein [tʀɔplɛ̃] (pl trop-pleins) nm [excès] excess ; fig excess, surplus.

troquer [3] [tʀɔke] vt ▸ **troquer qqch (contre) a)** to barter sthg (for) **b)** fig to swap sthg (for).

trot [tʀo] nm trot ▸ **au trot** at a trot.

trotter [3] [tʀɔte] vi **1.** [cheval] to trot **2.** [personne] to run around.

trotteur, euse [tʀɔtœʀ, øz] nm, f trotter. ◆ **trotteuse** nf second hand.

trottiner [3] [tʀɔtine] vi to trot.

trottinette [tʀɔtinɛt] nf child's scooter.

trottoir [tʀɔtwaʀ] nm pavement **UK**, sidewalk **US**.

trou [tʀu] nm **1.** [gén] hole ▸ **trou d'air** air pocket **2.** [manque, espace vide] gap ▸ **trou de mémoire** memory lapse **3.** fam [endroit reculé] (little) place, hole péj , one-horse-town hum.

troublant, e [tʀublɑ̃, ɑ̃t] adj disturbing.

trouble [tʀubl] ◆ adj **1.** [eau] cloudy **2.** [image, vue] blurred **3.** [affaire] shady. ◆ nm **1.** [désordre] trouble, discord **2.** [gêne] confusion ; [émoi] agitation **3.** (gén pl) [dérèglement] disorder. ◆ **troubles** nmpl [sociaux] unrest (U).

trouble-fête [tʀubləfɛt] (pl trouble-fêtes) nmf spoilsport.

troubler [3] [tʀuble] vt **1.** [eau] to cloud, to make cloudy **2.** [image, vue] to blur **3.** [sommeil, événement] to disrupt, to disturb **4.** [esprit, raison] to cloud **5.** [inquiéter, émouvoir] to disturb **6.** [rendre perplexe] to trouble. ◆ **se troubler** vp **1.** [eau] to become cloudy **2.** [personne] to become flustered.

trouée [tʀue] nf gap ; MIL breach.

trouer [3] [tʀue] vt **1.** [chaussette] to make a hole in **2.** fig [silence] to disturb.

trouille [tʀuj] nf fam fear, terror.

troupe [tʀup] nf **1.** MIL troop **2.** [d'amis] group, band ; [de singes] troop **3.** THÉÂTRE theatre **UK** ou theater **US** group.

troupeau, x [tʀupo] nm [de vaches, d'éléphants] herd ; [de moutons, d'oies] flock ; péj [de personnes] herd.

trousse [tʀus] nf case, bag ▸ **trousse de secours** first-aid kit ▸ **trousse de toilette** toilet bag.

trousseau, x [tʀuso] nm **1.** [de mariée] trousseau **2.** [de clés] bunch.

trouvaille [tʀuvaj] nf **1.** [découverte] find, discovery **2.** [invention] new idea.

trouvé, e [tʀuve] adj [découvert] ▸ **enfant trouvé** foundling / bien trouvé [original] well-chosen, apposite / voilà une réponse bien trouvée ! that's a (pretty) good answer! / tout trouvé ready-made.

trouver [3] [tʀuve] ◆ vt to find ▸ **trouver que** to feel (that) ▸ **trouver bon / mauvais que...** to think (that) it is right/wrong that... ▸ **trouver qqch à faire / à dire etc.** to find sthg to do/say etc.. ◆ v impers ▸ **il se trouve que...** the fact is that.... ◆ **se trouver** vp **1.** [dans un endroit] to be **2.** [dans un état] to find o.s. **3.** [se sentir] to feel.

truand [tʀyɑ̃] nm crook.

truc [tʀyk] nm fam **1.** [combine] trick **2.** [chose] thing, thingamajig ▸ **ce n'est pas son truc** it's not his thing.

trucage = truquage.

truculent, e [tʀykylɑ̃, ɑ̃t] adj colourful **UK**, colorful **US**.

truelle [tʀyɛl] nf trowel.

truffe [tʀyf] nf **1.** [champignon] truffle **2.** [museau] muzzle.

truffer [3] [tʀyfe] vt **1.** [volaille] to garnish with truffles **2.** fig [discours] ▸ **truffer de** to stuff with.

truie [tʀɥi] nf sow.

truite [tʀɥit] nf trout.

truquage, trucage [tʀykaʒ] nm CINÉ (special) effect.

truquer [3] [tʀyke] vt **1.** [élections] to rig **2.** CINÉ to use special effects in.

trust [tʀœst] nm **1.** [groupement] trust **2.** [entreprise] corporation.

ts abr écrite de tous.

tsar [tsaʀ], **tzar** [dzaʀ] nm tsar.

tsigane, tzigane [tsigan] adj Gypsyish. ◆ **Tsigane, Tzigane** nmf (Hungarian) Gypsy.

TSVP (abr de tournez s'il vous plaît) PTO.

tt abr écrite de tout.

tt conf. abr écrite de tout confort.

ttes abr écrite de toutes.

TTX (abr écrite de traitement de texte) WP.

tu¹, e [ty] pp ⟶ **taire**.

tu² [ty] pron pers you.

tuant, e [tɥɑ̃, ɑ̃t] adj fam **1.** [épuisant] exhausting **2.** [énervant] tiresome.

tuba [tyba] nm **1.** MUS tuba **2.** [de plongée] snorkel.

tube [tyb] nm **1.** [gén] tube ▶ **tube cathodique** cathode ray tube **2.** fam [chanson] hit. ◆ **tube digestif** nm digestive tract.

tubercule [tybɛʀkyl] nm BOT tuber.

tuberculose [tybɛʀkyloz] nf tuberculosis.

tuer [7] [tɥe] vt to kill. ◆ **se tuer** vp **1.** [se suicider] to kill o.s. **2.** [par accident] to die.

tuerie [tyʀi] nf slaughter.

tue-tête [tytɛt] ◆ **à tue-tête** loc adv at the top of one's voice.

tueur, euse [tɥœʀ, øz] nm, f [meurtrier] killer ▶ **tueur en série** serial killer.

tufékoi SMS abr écrite de tu fais quoi ?

tuile [tɥil] nf **1.** [de toit] tile **2.** fam [désagrément] blow.

tulipe [tylip] nf tulip.

tulle [tyl] nm tulle.

tuméfié, e [tymefje] adj swollen.

tumeur [tymœʀ] nf tumour UK, tumor US.

tumulte [tymylt] nm **1.** [désordre] hubbub **2.** litt [trouble] tumult.

tuner [tynɛʀ] nm tuner.

tuning [tyniŋ] nm AUTO tuning.

tunique [tynik] nf tunic.

Tunisie [tynizi] nf : la Tunisie Tunisia.

tunisien, enne [tynizjɛ̃, ɛn] adj Tunisian. ◆ **Tunisien, enne** nm, f Tunisian.

tunnel [tynɛl] nm tunnel.

tuque [tyk] nf QUÉBEC wool hat, tuque QUÉBEC.

turban [tyʀbɑ̃] nm turban.

turbine [tyʀbin] nf turbine.

turbo [tyʀbo] nm & nf turbo.

turbulence [tyʀbylɑ̃s] nf MÉTÉOR turbulence.

turbulent, e [tyʀbylɑ̃, ɑ̃t] adj boisterous.

turc, turque [tyʀk] adj Turkish. ◆ **turc** nm [langue] Turkish. ◆ **Turc, Turque** nm, f Turk.

turf [tœʀf] nm [activité] ▶ **le turf** racing.

turista = **tourista**.

turnover [tœʀnɔvœʀ] nm turnover.

turque → **turc**.

Turquie [tyʀki] nf : la Turquie Turkey.

turquoise [tyʀkwaz] nf & adj inv turquoise.

tutelle [tytɛl] nf **1.** DR guardianship **2.** [dépendance] supervision.

tuteur, trice [tytœʀ, tʀis] nm, f guardian. ◆ **tuteur** nm [pour plante] stake.

tutoiement [tytwamɑ̃] nm use of tu.

tutoyer [13] [tytwaje] vt ▶ **tutoyer qqn** to use the familiar "tu" form to sb / elle tutoie son professeur ≃ she's on first-name terms with her teacher. ◆ **se tutoyer** vp to use the familiar "tu" form with each other.

tuyau, x [tɥijo] nm **1.** [conduit] pipe ▶ **tuyau d'arrosage** hosepipe **2.** fam [renseignement] tip.

tuyauterie [tɥijotʀi] nf piping (U), pipes pl.

TV (abr de télévision) nf TV.

TVA (abr de taxe à la valeur ajoutée) nf ≃ VAT.

twa SMS abr écrite de toi.

tweed [twid] nm tweed.

tympan [tɛ̃pɑ̃] nm ANAT eardrum.

type [tip] ◆ nm **1.** [exemple caractéristique] perfect example **2.** [genre] type **3.** fam [individu] guy, bloke UK. ◆ adj [caractéristique] typical.

typhoïde [tifɔid] nf typhoid.

typhon [tifɔ̃] nm typhoon.

typhus [tifys] nm typhus.

typique [tipik] adj typical.

typographie [tipɔgʀafi] nf typography.

tyran [tiʀɑ̃] nm tyrant.

tyrannie [tiʀani] nf tyranny.

tyrannique [tiʀanik] adj tyrannical.

tyranniser [3] [tiʀanize] vt to tyrannize.

tzar = **tsar**.

tzatziki [tzatziki] nm CULIN tzatziki.

tzigane = **tsigane**.

U

u, U [y] nm inv u, U.

UE (*abr de* **Union européenne**) nf EU.

UFR (*abr de* **unité de formation et de recherche**) nf university department.

Ukraine [ykʀɛn] nf : *l'Ukraine* the Ukraine.

ulcère [ylsɛʀ] nm ulcer.

ulcérer [18] [ylseʀe] vt **1.** MÉD to ulcerate **2.** *sout* [mettre en colère] to enrage.

ULM (*abr de* **ultraléger motorisé**) nm microlight.

ultérieur, e [ylteʀjœʀ] adj later, subsequent.

ultérieurement [ylteʀjœʀmɑ̃] adv later, subsequently.

ultimatum [yltimatɔm] nm ultimatum.

ultime [yltim] adj ultimate, final.

ultramoderne [yltʀamɔdɛʀn] adj ultramodern.

ultrarésistant, e [yltʀaʀezistɑ̃, ɑ̃t] adj [matériau] ultra-resistant ; [virus] resistant.

ultrasensible [yltʀasɑ̃sibl] adj [personne] ultra-sensitive ; [pellicule] high-speed.

ultrason [yltʀasɔ̃] nm ultrasound *(U)*.

ultraviolet, ette [yltʀavjɔlɛ, ɛt] adj ultraviolet. ◆ **ultraviolet** nm ultraviolet.

UMP [yɛmpe] (*abr de* **Union pour un mouvement populaire**) nf POL *French right-wing political party.*

un, une [yn, œ̃] ◆ art indéf a, an *(devant voyelle)* / *un homme* a man / *un livre* a book / *une femme* a woman / *une pomme* an apple. ◆ pron indéf one / *l'un de mes amis* one of my friends ▸ **l'un l'autre** each other ▸ **les uns les autres** one another ▸ **l'un..., l'autre** one..., the other ▸ **les uns..., les autres** some..., others ▸ **l'un et l'autre** both (of them) ▸ **l'un ou l'autre** either (of them) ▸ **ni l'un ni l'autre** neither one nor the other, neither (of them). ◆ adj num inv one / *une personne à la fois* one person at a time. ◆ nm one. *Voir aussi* **six**. ◆ **une** nf

▸ **faire la / être à la une** PRESSE to make the / to be on the front page.

unanime [ynanim] adj unanimous.

unanimité [ynanimite] nf unanimity ▸ **faire l'unanimité** to be unanimously approved ▸ **à l'unanimité** unanimously.

une [yn] → **un**.

UNESCO, Unesco [ynɛsko] (*abr de* **United Nations Educational, Scientific and Cultural Organization**) nf UNESCO.

uni, e [yni] adj **1.** [joint, réuni] united **2.** [famille, couple] close **3.** [surface, mer] smooth ; [route] even **4.** [étoffe, robe] plain, self-coloured 🇬🇧, self-colored 🇺🇸.

UNICEF, Unicef [ynisɛf] (*abr de* **United Nations International Children's Emergency Fund**) nm UNICEF.

unième [ynjɛm] adj num inv : *cinquante et unième* fifty-first.

unifier [9] [ynifje] vt **1.** [régions, parti] to unify **2.** [programmes] to standardize.

uniforme [ynifɔʀm] ◆ adj uniform ; [régulier] regular. ◆ nm uniform.

uniformisation [ynifɔʀmizasjɔ̃] nf standardization.

uniformiser [3] [ynifɔʀmize] vt **1.** [couleur] to make uniform **2.** [programmes, lois] to standardize.

unijambiste [yniʒɑ̃bist] ◆ adj one-legged. ◆ nmf one-legged person.

unilatéral, e, aux [ynilateʀal, o] adj unilateral.

union [ynjɔ̃] nf **1.** [de couleurs] blending **2.** [mariage] union ▸ **union libre** cohabitation **3.** [de pays] union ; [de syndicats] confederation **4.** [entente] unity. ◆ **Union européenne** nf European Union. ◆ **Union soviétique** nf : *l'(ex-)Union soviétique* the (former) Soviet Union.

unique [ynik] adj **1.** [seul - enfant, veston] only ; [- préoccupation] sole **2.** [principe, prix] single **3.** [exceptionnel] unique.

uniquement [ynikmɑ̃] adv **1.** [exclusivement] only, solely **2.** [seulement] only, just.

unir [32] [yniʀ] vt **1.** [assembler - mots, qualités] to put together, to combine ; [- pays] to unite ▸ **unir qqch à a)** [pays] to unite sthg with b) [mot, qualité] to combine sthg with **2.** [partis, familles] to unite **3.** [marier] to unite, to join in marriage. ◆ **s'unir** vp **1.** [s'associer] to unite, to join together **2.** [se marier] to be joined in marriage.

unisexe [yniseks] adj unisex.

unitaire [yniteʀ] adj [à l'unité] : *prix unitaire* unit price.

unité [ynite] nf **1.** [cohésion] unity **2.** COMM, MATH & MIL unit. ◆ **unité centrale** nf INFORM central processing unit.

univers [yniveʀ] nm universe ; *fig* world.

universel, elle [yniveʀsɛl] adj universal.

universitaire [yniveʀsiteʀ] ◆ adj university (*avant n*). ◆ nmf academic.

université [yniveʀsite] nf university.

uranium [yʀanjɔm] nm uranium.

urbain, e [yʀbɛ̃, ɛn] adj **1.** [de la ville] urban **2.** *litt* [affable] urbane.

urbanisation [yʀbanizasjɔ̃] nf urbanization.

urbaniser [3] [yʀbanize] vt to urbanize.

urbanisme [yʀbanism] nm town planning **UK**, city planning **US**.

urgence [yʀʒɑ̃s] nf **1.** [de mission] urgency **2.** MÉD emergency ▶ **les urgences** the casualty department *sg* **UK**, emergency room **US**, ER. ◆ **d'urgence** loc adv immediately.

urgent, e [yʀʒɑ̃, ɑ̃t] adj urgent.

urgentissime [yʀʒɑ̃tisim] adj *fam* super urgent / *elle a un travail urgentissime à finir* she has a massively urgent job to finish.

urgentiste [yʀʒɑ̃tist] nmf MÉD A&E doctor.

urine [yʀin] nf urine.

uriner [3] [yʀine] vi to urinate.

urinoir [yʀinwaʀ] nm urinal.

urne [yʀn] nf **1.** [vase] urn **2.** [de vote] ballot box.

URSS (*abr de* Union des républiques socialistes soviétiques) nf : *l'(ex-)URSS* the (former) USSR.

urticaire [yʀtikɛʀ] nf urticaria, hives *pl*.

Uruguay [yʀygwɛ] nm : *l'Uruguay* Uruguay.

us [ys] nmpl ▶ **les us et coutumes** the ways and customs.

USA (*abr de* United States of America) nmpl USA.

usage [yzaʒ] nm **1.** [gén] use ▶ **à usage externe/interne** for external/internal use ▶ **hors d'usage** out of action **2.** [coutume] custom **3.** LING usage.

usagé, e [yzaʒe] adj worn, old.

usager [yzaʒe] nm user.

USB (*abr de* universal serial bus) nm INFORM USB ▶ **clé USB** USB key, USB stick **UK** ▶ **port USB** USB port.

usé, e [yze] adj **1.** [détérioré] worn **2.** [personne] worn-out **3.** [plaisanterie] hackneyed, well-worn.

user [3] [yze] ◆ vt **1.** [consommer] to use **2.** [vêtement] to wear out **3.** [forces] to use up ; [santé] to ruin ; [personne] to wear out. ◆ vi [se servir] ▶ **user de a)** [charme] to use **b)** [droit, privilège] to exercise. ◆ **s'user** vp **1.** [chaussure] to wear out **2.** [amour] to burn itself out.

usine [yzin] nf factory.

usiner [3] [yzine] vt **1.** [façonner] to machine **2.** [fabriquer] to manufacture.

usité, e [yzite] adj in common use ▶ **très/peu usité** commonly/rarely used.

USP [yɛspe] (*abr de* unité de soins palliatifs) nf MÉD palliative care unit.

ustensile [ystɑ̃sil] nm implement, tool.

usuel, elle [yzɥɛl] adj common, usual.

usufruit [yzyfʀɥi] nm usufruct.

usure [yzyʀ] nf **1.** [de vêtement, meuble] wear ; [de forces] wearing down ▶ **avoir qqn à l'usure** *fam* to wear sb down **2.** [intérêt] usury.

usurier, ère [yzyʀje, ɛʀ] nm, f usurer.

usurpateur, trice [yzyʀpatœʀ, tʀis] nm, f usurper.

usurper [3] [yzyʀpe] vt to usurp.

ut [yt] nm inv C.

utérus [yteʀys] nm uterus, womb.

utile [ytil] adj useful ▶ **être utile à qqn** to be useful *ou* of help to sb, to help sb.

utilisable [ytilizabl] adj usable.

utilisateur, trice [ytilizatœʀ, tʀis] nm, f user.

utilisation [ytilizasjɔ̃] nf use.

utiliser [3] [ytilize] vt to use.

utilitaire [ytiliteʀ] ◆ adj [pratique] utilitarian ; [véhicule] commercial. ◆ nm INFORM utility (program).

utilité [ytilite] nf **1.** [usage] usefulness **2.** DR ▶ **entreprise d'utilité publique** public utility ▶ **organisme d'utilité publique** registered charity.

utopie [ytɔpi] nf **1.** [idéal] utopia **2.** [projet irréalisable] unrealistic idea.

utopiste [ytɔpist] nmf utopian.

UV ◆ nf (*abr de* unité de valeur) university course unit ; ≃ credit. ◆ (*abr de* ultraviolet) UV.

v, V [ve] nm inv v, V.

v. 1. LITTÉR (*abr écrite de vers*) v. **2.** (*abr écrite de verset*) v. **3.** [environ] (*abr écrite de vers*) approx.

V1 SMS *abr écrite de* **viens**.

va [va] ◆ ⟶ aller. ◆ interj ▸ courage, va ! come on, cheer up! ▸ **va donc !** *fam* come on! / **va pour 10 euros/demain** *fam* OK, let's say 10 euros/tomorrow.

vacance [vakãs] nf vacancy. ◆ **vacances** nfpl holiday *sg* **UK**, vacation *sg* **US** ▸ **bonnes vacances !** have a good holiday! ▸ **être/partir en vacances** to be/go on holiday ▸ **les grandes vacances** the summer holidays.

vacancier, ère [vakãsje, ɛʀ] nm, f holiday-maker **UK**, vacationer **US**.

vacant, e [vakã, ãt] adj [poste] vacant ; [logement] vacant, unoccupied.

vacarme [vakaʀm] nm racket, din.

vacataire [vakatɛʀ] ◆ adj [employé] temporary. ◆ nmf temporary worker, temp.

vacation [vakasjõ] nf [d'expert] session.

vaccin [vaksɛ̃] nm vaccine.

vaccination [vaksinasjõ] nf vaccination.

vacciner [3] [vaksine] vt ▸ **vacciner qqn (contre) a)** MÉD to vaccinate sb (against) **b)** *fam & fig* to make sb immune (to).

vache [vaʃ] ◆ nf **1.** ZOOL cow **2.** [cuir] cowhide **3.** *fam & péj* [femme] cow **UK** ; [homme] pig. ◆ adj *fam* rotten.

vachement [vaʃmã] adv *fam* bloody **UK**, d ead **UK**, real **US**.

vaciller [3] [vasije] vi **1.** [jambes, fondations] to shake ; [lumière] to flicker ▸ **vaciller sur ses jambes** to be unsteady on one's legs **2.** [mémoire, santé] to fail.

vadrouille [vadʀuj] nf **1.** *fam* [promenade, voyage] ▸ **être/partir en vadrouille** to be/

to go off gallivanting **2.** **QUÉBEC** [pour laver les sols] mop.

va-et-vient [vaevjẽ] nm inv **1.** [de personnes] comings and goings *pl*, toing and froing **2.** [de balancier] to-and-fro movement **3.** ÉLECTR two-way switch.

vagabond, e [vagabõ, õd] ◆ adj **1.** [chien] stray ; [vie] vagabond (*avant n*) **2.** [humeur] restless. ◆ nm, f [rôdeur] vagrant, tramp ; *litt* [voyageur] wanderer.

vagabondage [vagabõdaʒ] nm [délit] vagrancy ; [errance] wandering, roaming.

vagin [vaʒɛ̃] nm vagina.

vagissement [vaʒismã] nm cry, wail.

vague¹ [vag] adj **1.** [idée, promesse] vague **2.** [vêtement] loose-fitting **3.** (*avant n*) [quelconque] : **il a un vague travail dans un bureau** he has some job or other in an office **4.** (*avant n*) [cousin] distant.

vague² [vag] nf wave ▸ **une vague de froid** a cold spell ▸ **vague de chaleur** heatwave.

vaguement [vagmã] adv vaguely.

vaillant, e [vajã, ãt] adj **1.** [enfant, vieillard] hale and hearty **2.** *litt* [héros] valiant.

vain, e [vɛ̃, vɛn] adj **1.** [inutile] vain, useless ▸ **en vain** in vain, to no avail **2.** *litt* [vaniteux] vain.

vaincre [114] [vɛ̃kʀ] vt **1.** [ennemi] to defeat **2.** [obstacle, peur] to overcome.

vaincu, e [vɛ̃ky] ◆ pp ⟶ vaincre. ◆ adj defeated. ◆ nm, f defeated person.

vainement [vɛnmã] adv vainly.

vainqueur [vɛ̃kœʀ] ◆ nm **1.** [de combat] conqueror, victor **2.** SPORT winner. ◆ adj m victorious, conquering.

vais ⟶ aller.

vaisseau, x [vɛso] nm **1.** *litt* NAUT vessel, ship ▸ **vaisseau spatial** AÉRON spaceship **2.** ANAT vessel **3.** ARCHIT nave.

vaisselle [vɛsɛl] nf crockery ▸ **faire** OU **laver la vaisselle** to do the dishes, to wash up **UK**.

val [val] (*pl* **vals** OU **vaux** [vo]) nm valley.

valable [valabl] adj **1.** [passeport] valid **2.** [raison, excuse] valid, legitimate **3.** [œuvre] good, worthwhile.

valet [valɛ] nm **1.** [serviteur] servant **2.** [cartes à jouer] jack, knave.

valeur [valœʀ] nf **1.** [gén & MUS] value ▸ **avoir de la valeur** to be valuable ▸ **mettre en valeur a)** [talents] to bring out **b)** [terre] to exploit ▸ **de (grande) valeur a)** [chose] (very) valuable **b)** [personne] of (great) worth ou merit **2.** *(gén pl)* FIN stocks and shares *pl*, securities *pl* **3.** [mérite] worth, merit **4.** *fig* [importance] value, importance **5.** [équivalent] ▸ **la valeur de** the equivalent of. ◆ **valeurs** nfpl [critères de référence] values.

validation [validasjɔ̃] nf validation, authentication.

valide [valid] adj **1.** [personne] spry **2.** [contrat] valid.

valider [3] [valide] vt to validate, to authenticate.

validité [validite] nf validity.

valise [valiz] nf case 🇬🇧, suitcase ▸ **faire sa valise / ses valises a)** *pr* to pack one's case/cases **b)** *fam* & *fig* [partir] to pack one's bags.

vallée [vale] nf valley.

vallon [valɔ̃] nm small valley.

vallonné, e [valɔne] adj undulating.

valoir [60] [valwaʀ] ◆ vi **1.** [gén] to be worth ▸ **ça vaut combien ?** how much is it? ▸ *que vaut ce film ?* is this film any good? ▸ **ne rien valoir** not to be any good, to be worthless ▸ **ça vaut mieux** *fam* that's best ▸ **ça ne vaut pas la peine** it's not worth it ▸ **faire valoir a)** [vues] to assert **b)** [talent] to show **2.** [règle] ▸ **valoir pour** to apply to, to hold good for. ◆ vt [médaille, gloire] to bring, to earn. ◆ v impers ▸ **il vaudrait mieux que nous partions** it would be better if we left, we'd better leave. ◆ **se valoir** vp to be equally good/bad.

valorisant, e [valɔʀizɑ̃, ɑ̃t] adj good for one's image.

valorisation [valɔʀizasjɔ̃] nf [d'immeuble, de région] development.

valoriser [3] [valɔʀize] vt [immeuble, région] to develop ; [individu, société] to improve the image of.

valse [vals] nf **1.** waltz **2.** [des prix] spiralling.

valser [3] [valse] vi to waltz / *envoyer valser qqch* *fam* & *fig* to send sthg flying.

valu [valy] pp inv ⟶ **valoir**.

valve [valv] nf valve.

vampire [vɑ̃piʀ] nm **1.** [fantôme] vampire **2.** ZOOL vampire bat.

van [vɑ̃] nm [fourgon] horsebox 🇬🇧, horsecar 🇺🇸.

vandalisme [vɑ̃dalism] nm vandalism.

vanille [vanij] nf vanilla.

vanité [vanite] nf vanity.

vaniteux, euse [vanitø, øz] adj vain, conceited.

vanne [van] nf **1.** [d'écluse] lockgate **2.** *fam* [remarque] gibe.

vannerie [vanʀi] nf basketwork, wickerwork.

vantard, e [vɑ̃taʀ, aʀd] ◆ adj bragging, boastful. ◆ nm, f boaster.

vanter [3] [vɑ̃te] vt to vaunt. ◆ **se vanter** vp to boast, to brag ▸ **se vanter de faire qqch** to boast ou brag about doing sthg.

va-nu-pieds [vanypje] nmf inv beggar.

vapeur [vapœʀ] nf **1.** [d'eau] steam ▸ **à la vapeur** steamed ▸ **bateau à vapeur** steamboat, steamer ▸ **locomotive à vapeur** steam engine **2.** [émanation] vapour 🇬🇧, vapor 🇺🇸. ◆ **vapeurs** nfpl **1.** [émanations] fumes **2.** EXPR avoir ses vapeurs *vieilli* to have the vapours 🇬🇧 ou vapors 🇺🇸.

vapocuiseur [vapɔkɥizœʀ] nm pressure cooker.

vaporisateur [vapɔʀizatœʀ] nm **1.** [atomiseur] spray, atomizer **2.** [dans l'industrie] vaporizer.

vaporiser [3] [vapɔʀize] vt **1.** [parfum, déodorant] to spray **2.** PHYS to vaporize.

vaquer [3] [vake] vi ▸ **vaquer à** to see to, to attend to.

varappe [vaʀap] nf rock climbing.

varappeur, euse [vaʀapœʀ, øz] nm, f (rock) climber.

variable [vaʀjabl] ◆ adj **1.** [temps] changeable **2.** [distance, résultats] varied, varying **3.** [température] variable. ◆ nf variable.

variante [vaʀjɑ̃t] nf variant.

variateur [vaʀjatœʀ] nm ÉLECTR dimmer switch.

variation [vaʀjasjɔ̃] nf variation.

varice [vaʀis] nf varicose vein.

varicelle [vaʀisɛl] nf chickenpox.

varié, e [vaʀje] adj **1.** [divers] various **2.** [non monotone] varied, varying.

varier [9] [vaʀje] vt & vi to vary.

variété [vaʀjete] nf variety. ◆ **variétés** nfpl variety show *sg*.

variole [vaʀjɔl] nf smallpox.

Varsovie [vaʀsɔvi] npr Warsaw / *le pacte de Varsovie* the Warsaw Pact.

vas ⟶ **aller**.

vase¹ [vaz] nm vase.

vase² [vaz] nf mud, silt.

vaseline [vazlin] nf Vaseline®, petroleum jelly **UK**.

vaseux, euse [vazø, øz] adj **1.** [fond] muddy, silty **2.** fam [personne] under the weather **3.** fam [raisonnement, article] woolly.

vasistas [vazistas] nm fanlight.

vaste [vast] adj vast, immense.

Vatican [vatikã] nm : **le Vatican** the Vatican.

vaudou [vodu] nm voodoo.

vaudrait → **valoir**.

vaut → **valoir**.

vautour [votur] nm vulture.

va-vite [vavit] ◆ **à la va-vite** loc adv fam in a rush.

vd abr écrite de **vend**.

veau, x [vo] nm **1.** [animal] calf **2.** [viande] veal **3.** [peau] calfskin.

vecteur [vɛktœr] nm **1.** GÉOM vector **2.** [intermédiaire] vehicle ; MÉD carrier.

vécu, e [veky] ◆ pp → **vivre**. ◆ adj real.

vedettariat [vədetarja] nm stardom.

vedette [vədɛt] nf **1.** NAUT patrol boat **2.** [star] star.

végétal, e, aux [veʒetal, o] adj [huile] vegetable (avant n) ; [cellule, fibre] plant (avant n).

végétalien, enne [veʒetaljɛ̃, ɛn] adj & nm, f vegan.

végétarien, enne [veʒetarjɛ̃, ɛn] adj & nm, f vegetarian.

végétarisme [veʒetarism] nm vegetarianism.

végétation [veʒetasjɔ̃] nf vegetation. ◆ **végétations** nfpl adenoids.

végéter [18] [veʒete] vi to vegetate.

véhémence [veemãs] nf vehemence.

véhicule [veikyl] nm vehicle.

véhiculer [3] [veikyle] vt to transport ; fig to convey.

veille [vɛj] nf **1.** [jour précédent] day before, eve / **la veille de mon anniversaire** the day before my birthday / **la veille de Noël** Christmas Eve **2.** [éveil] wakefulness ; [privation de sommeil] sleeplessness.

veillée [veje] nf **1.** [soirée] evening **2.** [de mort] wake, vigil.

veiller [4] [veje] ◆ vi **1.** [rester éveillé] to stay up **2.** [rester vigilant]) **veiller à qqch** to look after sthg) **veiller à faire qqch** to see that sthg is done) **veiller sur** to watch over. ◆ vt to sit up with.

veilleur [vejœr] nm) **veilleur de nuit** night watchman.

veilleuse [vejøz] nf **1.** [lampe] nightlight **2.** AUTO sidelight **3.** [de chauffe-eau] pilot light.

veinard, e [vɛnar, ard] fam ◆ adj lucky. ◆ nm, f lucky devil.

veine [vɛn] nf **1.** [gén] vein) **s'ouvrir les veines** to slash one's wrists **2.** [de marbre] vein ; [de bois] grain **3.** [filon] seam, vein **4.** fam [chance] luck.

veiné, e [vene] adj [marbre] veined ; [bois] grained.

veineux, euse [venø, øz] adj **1.** ANAT venous **2.** [marbre] veined ; [bois] grainy.

véliplanchiste [veliplãʃist] nmf windsurfer.

velléité [veleite] nf whim.

vélo [velo] nm bike) **faire du vélo** to go cycling.

vélocité [velɔsite] nf litt swiftness, speed.

vélodrome [velɔdrom] nm velodrome.

vélomoteur [velɔmɔtœr] nm light motorcycle, moped.

velours [vəlur] nm velvet.

velouté, e [vəlute] adj velvety. ◆ **velouté** nm **1.** [de peau] velvetiness **2.** [potage] cream soup.

velu, e [vəly] adj hairy.

vénal, e, aux [venal, o] adj venal.

vendange [vãdãʒ] nf **1.** [récolte] grape harvest, wine harvest **2.** [période]) **les vendanges** (grape) harvest time sg.

vendanger [17] [vãdãʒe] vi to harvest the grapes.

vendeur, euse [vãdœr, øz] nm, f salesman (saleswoman).

vendre [73] [vãdr] vt to sell) **'à vendre'** 'for sale'.

vendredi [vãdrədi] nm Friday) **Vendredi Saint** Good Friday. Voir aussi **samedi**.

vendu, e [vãdy] ◆ pp → **vendre**. ◆ adj **1.** [cédé] sold **2.** [corrompu] corrupt. ◆ nm, f traitor.

vénéneux, euse [venenø, øz] adj poisonous.

vénérable [venerabl] adj venerable.

vénération [veneʀasjɔ̃] nf veneration, reverence.

vénérer [18] [veneʀe] vt to venerate, to revere.

vénérien, enne [veneʀjɛ̃, ɛn] adj venereal.

Venezuela [venezɥela] nm : *le Venezuela* Venezuela.

vengeance [vãʒãs] nf vengeance.

venger [17] [vãʒe] vt to avenge. ◆ **se venger** vp to get one's revenge ▶ **se venger de qqn** to take revenge on sb ▶ **se venger de qqch** to take revenge for sthg ▶ **se venger sur** to take it out on.

vengeur, vengeresse [vãʒœʀ, vãʒʀɛs] ◆ adj vengeful. ◆ nm, f avenger.

venimeux, euse [vənimø, øz] adj venomous.

venin [vənɛ̃] nm venom.

venir [40] [vəniʀ] vi **1.** [gén] to come ▶ **venir de a)** [personne, mot] to come from **b)** [échec] to be due to ▶ **venir de faire qqch** to have just done sthg / *je viens de la voir* I've just seen her ▶ **où veux-tu en venir ?** what are you getting at? ▶ **en venir aux mains** ou **coups** to come to blows **2.** [plante, arbre] to come on.

vent [vã] nm wind ▶ **il fait** ou **il y a du vent** headwind.

vente [vãt] nf **1.** [cession, transaction] sale ▶ **en vente** on sale **UK**, for sale **US** ▶ **en vente libre** available over the counter **2.** [service] sales (department) / *le responsable des ventes* the sales manager **3.** [technique] selling.

venteux, euse [vãtø, øz] adj windy.

ventilateur [vãtilatœʀ] nm fan.

ventilation [vãtilasjɔ̃] nf **1.** [de pièce] ventilation **2.** FIN breakdown.

ventouse [vãtuz] nf **1.** [de caoutchouc] suction pad ; [d'animal] sucker **2.** MÉD ventouse **3.** TECHNOL air vent.

ventre [vãtʀ] nm [de personne] stomach ▶ **avoir / prendre du ventre** to have / be getting (a bit of) a paunch ▶ **à plat ventre** flat on one's stomach.

ventriloque [vãtʀilɔk] nmf ventriloquist.

venu, e [vəny] ◆ pp ⟶ **venir.** ◆ adj ▶ **bien venu** welcome ▶ **mal venu** unwelcome ▶ **il serait mal venu de faire cela** it would be improper to do that. ◆ nm, f ▶ **nouveau venu** newcomer. ◆ **venue** nf coming, arrival.

vépéciste [vepesist] nm mail-order company.

vêpres [vɛpʀ] nfpl vespers.

ver [vɛʀ] nm worm.

véracité [veʀasite] nf truthfulness.

véranda [veʀãda] nf veranda.

verbal, e, aux [vɛʀbal, o] adj **1.** [promesse, violence] verbal **2.** GRAM verb *(avant n)*.

verbalement [vɛʀbalmã] adv verbally.

verbaliser [3] [vɛʀbalize] ◆ vt to verbalize. ◆ vi to make out a report.

verbe [vɛʀb] nm GRAM verb.

verdâtre [vɛʀdatʀ] adj greenish.

verdeur [vɛʀdœʀ] nf **1.** [de personne] vigour **UK**, vigor **US**, vitality **2.** [de langage] crudeness.

verdict [vɛʀdikt] nm verdict.

verdir [32] [vɛʀdiʀ] vt & vi to turn green.

verdoyant, e [vɛʀdwajã, ãt] adj green.

verdure [vɛʀdyʀ] nf [végétation] greenery.

véreux, euse [veʀø, øz] adj worm-eaten, maggoty ; *fig* shady.

verge [vɛʀʒ] nf **1.** ANAT penis **2.** *litt* [baguette] rod, stick.

verger [vɛʀʒe] nm orchard.

vergeture [vɛʀʒətyʀ] nf stretchmark.

verglacé, e [vɛʀglase] adj icy.

verglas [vɛʀgla] nm (black) ice.

véridique [veʀidik] adj truthful.

vérification [veʀifikasjɔ̃] nf [contrôle] check, checking.

vérifier [9] [veʀifje] vt **1.** [contrôler] to check **2.** [confirmer] to prove, to confirm.

véritable [veʀitabl] adj real ; [ami] true.

véritablement [veʀitabləmã] adv really.

vérité [veʀite] nf **1.** [chose vraie, réalité, principe] truth *(U)* **2.** [sincérité] sincerity. ◆ **en vérité** loc adv actually, really.

verlan [vɛʀlã] nm back slang.

vermeil, eille [vɛʀmɛj] adj scarlet. ◆ **vermeil** nm silver-gilt.

vermicelle [vɛʀmisɛl] nm vermicelli *(U)*.

vermine [vɛʀmin] nf [parasites] vermin.

vermoulu, e [vɛʀmuly] adj riddled with woodworm ; *fig* moth-eaten.

verni, e [vɛʀni] adj **1.** [bois] varnished **2.** [souliers] ▶ **chaussures vernies** patent-leather shoes **3.** *fam* [chanceux] lucky.

vernir [32] [vɛʀniʀ] vt to varnish.

vernis [vɛʀni] nm varnish ; *fig* veneer ▶ **vernis à ongles** nail polish ou varnish.

vernissage [vɛʁnisaʒ] nm **1.** [de meuble] varnishing **2.** [d'exposition] private viewing.

verre [vɛʁ] nm **1.** [matière, récipient] glass ; [quantité] glassful, glass ▸ **verre dépoli** frosted glass **2.** [optique] lens ▸ **verres de contact** contact lenses ▸ **verres progressifs** progressive lenses, progressives 𝖴𝖪 **3.** [boisson] drink ▸ **boire un verre** to have a drink.

verrière [vɛʁjɛʁ] nf [toit] glass roof.

verrine [vɛʁin] nf *appetizer or dessert served in a small glass*.

verrou [vɛʁu] nm bolt.

verrouillage [vɛʁujaʒ] nm AUTO ▸ **verrouillage centralisé** central locking.

verrouiller [3] [vɛʁuje] vt **1.** [porte] to bolt **2.** [personne] to lock up.

verrue [vɛʁy] nf wart ▸ **verrue plantaire** verruca.

vers¹ [vɛʁ] ❖ nm line. ❖ nmpl ▸ **en vers** in verse ▸ **faire des vers** to write poetry.

vers² [vɛʁ] prép **1.** [dans la direction de] towards, toward 𝖴𝖲 **2.** [aux environs de - temporel] around, about ; [- spatial] near / *vers la fin du mois* towards ou toward 𝖴𝖲 the end of the month.

versant [vɛʁsɑ̃] nm side.

versatile [vɛʁsatil] adj changeable, fickle.

verse [vɛʁs] ❖ **à verse** loc adv ▸ **pleuvoir à verse** to pour down.

versé, e [vɛʁse] adj ▸ **être versé dans** to be versed ou well-versed in.

Verseau [vɛʁso] nm ASTROL Aquarius.

versement [vɛʁsəmɑ̃] nm payment.

verser [3] [vɛʁse] ❖ vt **1.** [eau] to pour ; [larmes, sang] to shed **2.** [argent] to pay. ❖ vi to overturn, to tip over.

verset [vɛʁsɛ] nm verse.

version [vɛʁsjɔ̃] nf **1.** [gén] version ▸ **version française / originale** French / original version **2.** [traduction] translation (*into mother tongue*).

verso [vɛʁso] nm back.

vert, e [vɛʁ, vɛʁt] adj **1.** [couleur, fruit, légume, bois] green **2.** *fig* [vieillard] spry, sprightly **3.** [réprimande] sharp **4.** [à la campagne] ▸ **le tourisme vert** country holidays *pl*. ❖ **vert** nm [couleur] green. ❖ **Verts** nmpl ▸ **les Verts** POL the Greens.

vertébral, e, aux [vɛʁtebʁal, o] adj vertebral.

vertèbre [vɛʁtɛbʁ] nf vertebra.

vertébré, e [vɛʁtebʁe] adj vertebrate. ❖ **vertébré** nm vertebrate.

vertement [vɛʁtəmɑ̃] adv sharply.

vertical, e, aux [vɛʁtikal, o] adj vertical. ❖ **verticale** nf vertical ▸ **à la verticale a)** [descente] vertical **b)** [descendre] vertically.

vertige [vɛʁtiʒ] nm **1.** [peur du vide] vertigo **2.** [étourdissement] dizziness ; *fig* intoxication ▸ **avoir des vertiges** to suffer from ou have dizzy spells.

vertigineux, euse [vɛʁtiʒinø, øz] adj **1.** *fig* [vue, vitesse] breathtaking **2.** [hauteur] dizzy.

vertu [vɛʁty] nf **1.** [morale, chasteté] virtue **2.** [pouvoir] properties *pl*, power.

vertueux, euse [vɛʁtɥø, øz] adj virtuous.

verve [vɛʁv] nf eloquence.

vésicule [vezikyl] nf vesicle ▸ **vésicule biliaire** gall bladder.

vessie [vesi] nf bladder.

veste [vɛst] nf [vêtement] jacket ▸ **veste croisée / droite** double- / single-breasted jacket.

vestiaire [vɛstjɛʁ] nm **1.** [au théâtre] cloakroom **2.** (*gén pl*) SPORT changing room 𝖴𝖪, locker room 𝖴𝖲.

vestibule [vɛstibyl] nm [pièce] hall, vestibule.

vestige [vɛstiʒ] nm (*gén pl*) [de ville] remains *pl* ; *fig* [de civilisation, grandeur] vestiges *pl*, relic.

vestimentaire [vɛstimɑ̃tɛʁ] adj [industrie] clothing (*avant n*) ; [dépense] on clothes ▸ **détail vestimentaire** accessory.

veston [vɛstɔ̃] nm jacket.

vétéciste [vetesist] nmf hybrid bike rider.

vêtement [vɛtmɑ̃] nm garment, article of clothing ▸ **vêtements** clothing (*U*), clothes.

vétéran [veteʁɑ̃] nm veteran.

vétérinaire [veteʁinɛʁ] nmf vet 𝖴𝖪, veterinary surgeon 𝖴𝖪, veterinarian 𝖴𝖲.

vététiste [vetetist] nmf mountain biker.

vêtir [44] [vetiʁ] vt to dress. ❖ **se vêtir** vp to dress, to get dressed.

veto [veto] nm inv veto ▸ **mettre son veto à qqch** to veto sthg.

véto [veto] nmf *fam* vet.

vêtu, e [vety] ❖ pp ⟶ **vêtir**. ❖ adj ▸ **vêtu (de)** dressed (in).

vétuste [vetyst] adj dilapidated.

veuf, veuve [vœf, vœv] nm, f widower (widow).

veuille → **vouloir**.

veut → **vouloir**.

veuvage [vœvaʒ] nm [de femme] widowhood ; [d'homme] widowerhood.

veuve → **veuf**.

veux → **vouloir**.

vexant, e [vɛksɑ̃, ɑ̃t] adj **1.** [contrariant] annoying, vexing **2.** [blessant] hurtful.

vexation [vɛksasjɔ̃] nf [humiliation] insult.

vexer [4] [vɛkse] vt to offend. ◆ **se vexer** vp to take offence UK ou offense US.

VF (abr de **version française**) nf indicates that a film has been dubbed into French.

via [vja] prép via.

viabiliser [3] [vjabilize] vt to service.

viabilité [vjabilite] nf **1.** [de route] passable state **2.** [d'entreprise, organisme] viability.

viable [vjabl] adj viable.

viaduc [vjadyk] nm viaduct.

viager, ère [vjaʒe, ɛʀ] adj life (avant n). ◆ **viager** nm life annuity.

viande [vjɑ̃d] nf meat.

vibration [vibʀasjɔ̃] nf vibration.

vibrer [3] [vibʀe] vi **1.** [trembler] to vibrate **2.** fig [être ému] ▶ **vibrer (de)** to be stirred (with).

vibreur [vibʀœʀ] nm TÉLÉCOM VibraCall® (alert ou feature).

vice [vis] nm **1.** [de personne] vice **2.** [d'objet] fault, defect.

vice-présidence [vispʀezidɑ̃s] (pl **vice-présidences**) nf POL vice-presidency ; [de société] vice-chairmanship.

vice-président, e [vispʀezidɑ̃, ɑ̃t] (mpl **vice-présidents**, fpl **vice-présidentes**) nm, f POL vice-president ; [de société] vice-chairman (vice-chairwoman).

vice versa [vis(e)vɛʀsa] loc adv vice versa.

vicié, e [visje] adj [air] polluted, tainted.

vicieux, euse [visjø, øz] adj **1.** [personne, conduite] perverted, depraved **2.** [animal] restive **3.** [attaque] underhand.

victime [viktim] nf victim ; [blessé] casualty.

victoire [viktwaʀ] nf MIL victory ; POL & SPORT win, victory.

victorieux, euse [viktɔʀjø, øz] adj **1.** MIL victorious ; POL & SPORT winning (avant n), victorious **2.** [air] triumphant.

victuailles [viktɥaj] nfpl provisions.

vidange [vidɑ̃ʒ] nf **1.** [action] emptying, draining **2.** AUTO oil change **3.** [mécanisme] waste outlet. ◆ **vidanges** nfpl sewage (U).

vidanger [17] [vidɑ̃ʒe] vt to empty, to drain.

vide [vid] ◆◇ nm **1.** [espace] void ; fig [néant, manque] emptiness **2.** [absence d'air] vacuum ▶ **conditionné sous vide** vacuum-packed **3.** [ouverture] gap, space **4.** DR ▶ **vide juridique** legal vacuum. ◆◇ adj empty.

vidéo [video] ◆◇ adj inv video (avant n). ◆◇ nf video.

vidéocassette [videokaset] nf video cassette.

vidéoconférence [videokɔ̃feʀɑ̃s] = **visioconférence**.

vidéodisque [videodisk] nm video-disc UK, videodisk US.

vidéoprojecteur [videopʀɔʒektœʀ] nm video projector.

vide-ordures [vidɔʀdyʀ] nm inv rubbish chute UK, garbage chute US.

vidéosphère [videosfɛʀ] nf videosphere.

vidéosurveillance [videosyʀvɛjɑ̃s] nf video surveillance.

vidéothèque [videotɛk] nf video library.

vidéotransmission [videotʀɑ̃smisjɔ̃] nf video transmission.

vide-poches [vidpɔʃ] nm inv [de voiture] glove compartment.

vider [3] [vide] vt **1.** [rendre vide] to empty **2.** [évacuer] ▶ **vider les lieux** to vacate the premises **3.** [poulet] to clean **4.** fam [personne - épuiser] to drain ; [- expulser] to chuck out. ◆ **se vider** vp **1.** [eaux] ▶ **se vider dans** to empty into, to drain into **2.** [baignoire, salle] to empty.

videur [vidœʀ] nm bouncer.

vie [vi] nf **1.** [gén] life ▶ **être en vie** to be alive ▶ **à vie** for life **2.** [subsistance] cost of living ▶ **gagner sa vie** to earn one's living.

vieil → **vieux**.

vieillard [vjejaʀ] nm old man. ◆ **vieillards** nmpl [personnes âgées] old people, the elderly.

vieille → **vieux**.

vieillerie [vjejʀi] nf [objet] old thing.

vieillesse [vjejɛs] nf [fin de la vie] old age.

vieilli, e [vjeji] adj [mode, attitude] dated.

vieillir [32] [vjejiʀ] ❖ vi **1.** [personne] to grow old, to age **2.** CULIN to mature, to age **3.** [tradition, idée] to become dated ou outdated. ❖ vt ▸ **vieillir qqn** [coiffure, vêtement] to make sb look older ∕ *c'est fou ce que les cheveux longs la vieillissent !* long hair makes her look a lot older! ; [personne] : *ils m'ont vieilli de cinq ans* they said I was five years older than I actually am.

vieillissement [vjejismɑ̃] nm [de personne] ageing.

Vienne [vjɛn] npr [en Autriche] Vienna.

viennoiserie [vjɛnwazʀi] nf pastry made with sweetened dough like croissant, brioche, etc.

vierge [vjɛʀʒ] ❖ nf virgin ▸ **la (Sainte) Vierge** the (Blessed) Virgin, The Virgin Mary. ❖ adj **1.** [personne] virgin **2.** [terre] virgin ; [page] blank ; [casier judiciaire] clean. ❖ **Vierge** nf ASTROL Virgo.

Viêt Nam [vjɛtnam] nm : *le Viêt Nam* Vietnam.

vieux, vieille [vjø, vjɛj] ❖ adj *(vieil devant voyelle ou 'h' muet)* old ▸ **vieux jeu** old-fashioned. ❖ nm, f **1.** [personne âgée] old man (woman) ∕ *les vieux* the old **2.** fam [ami] ▸ **mon vieux** old chap ou boy UK, old buddy US ▸ **ma vieille** old girl.

vif, vive [vif, viv] adj **1.** [preste - enfant] lively ; [- imagination] vivid **2.** [couleur, œil] bright ▸ **rouge∕jaune vif** bright red∕yellow **3.** [reproche] sharp ; [discussion] bitter **4.** sout [vivant] alive **5.** [douleur, déception] acute ; [intérêt] keen ; [amour, haine] intense, deep. ❖ **à vif** loc adj [plaie] open ▸ **j'ai les nerfs à vif** fig my nerves are frayed.

vigie [viʒi] nf [NAUT - personne] lookout ; [- poste] crow's nest.

vigilance [viʒilɑ̃s] nf vigilance.

vigilant, e [viʒilɑ̃, ɑ̃t] adj vigilant, watchful.

vigile [viʒil] nm watchman.

vigne [viɲ] nf **1.** [plante] vine, grapevine **2.** [plantation] vineyard. ❖ **vigne vierge** nf Virginia creeper.

vigneron, onne [viɲəʀɔ̃, ɔn] nm, f wine grower.

vignette [viɲɛt] nf **1.** [timbre] label ; [de médicament] price sticker *(for reimbursement by the social security services)* ; AUTO tax disc UK **2.** [motif] vignette.

vignoble [viɲɔbl] nm **1.** [plantation] vineyard **2.** [vignes] vineyards pl.

vigoureux, euse [viguʀø, øz] adj [corps, personne] vigorous ; [bras, sentiment] strong.

vigueur [vigœʀ] nf vigour UK, vigor US. ❖ **en vigueur** loc adj in force.

VIH, V.I.H. *(abr de virus d'immunodéficience humaine)* nm HIV.

vilain, e [vilɛ̃, ɛn] adj **1.** [gén] nasty **2.** [laid] ugly.

vilebrequin [vilbʀəkɛ̃] nm **1.** [outil] brace and bit **2.** AUTO crankshaft.

villa [vila] nf villa.

village [vilaʒ] nm village.

villageois, e [vilaʒwa, az] nm, f villager.

ville [vil] nf [petite, moyenne] town ; [importante] city ▸ **aller en ville** to go into town ▸ **habiter en ville** to live in town ▸ **ville d'eau** spa (town) ▸ **chaussures de ville** smart casual shoes.

villégiature [vileʒjatyʀ] nf holiday UK, vacation US.

vin [vɛ̃] nm wine ∕ *vin blanc∕rosé∕rouge* white∕rosé∕red wine. ❖ **vin d'honneur** nm reception.

vinaigre [vinɛgʀ] nm vinegar.

vinaigrette [vinɛgʀɛt] nf oil and vinegar dressing.

vindicatif, ive [vɛ̃dikatif, iv] adj vindictive.

vingt [vɛ̃] adj num inv & nm twenty. *Voir aussi* **six**.

vingtaine [vɛ̃tɛn] nf ▸ **une vingtaine de** about twenty.

vingtième [vɛ̃tjɛm] adj num inv, nm & nmf twentieth. *Voir aussi* **sixième**.

vinicole [vinikɔl] adj wine-growing, wine-producing.

viol [vjɔl] nm **1.** [de femme] rape **2.** [de sépulture] desecration ; [de sanctuaire] violation.

violation [vjɔlasjɔ̃] nf violation, breach.

violemment [vjɔlamɑ̃] adv **1.** [frapper] violently **2.** [rétorquer] sharply.

violence [vjɔlɑ̃s] nf violence ▸ **se faire violence** to force o.s.

violent, e [vjɔlɑ̃, ɑ̃t] adj **1.** [personne, tempête] violent **2.** fig [douleur, angoisse, chagrin] acute ; [haine, passion] violent.

violer [3] [vjɔle] vt **1.** [femme] to rape **2.** [loi, traité] to break **3.** [sépulture] to desecrate ; [sanctuaire] to violate.

violet, ette [vjɔlɛ, ɛt] adj purple ; [pâle] violet. ❖ **violet** nm purple ; [pâle] violet.

violette [vjɔlɛt] nf violet.

violeur, euse [vjɔlœʁ, øz] nm, f rapist.

violon [vjɔlɔ̃] nm [instrument] violin.

violoncelle [vjɔlɔ̃sɛl] nm [instrument] cello.

violoniste [vjɔlɔnist] nmf violinist.

vipère [vipɛʁ] nf viper.

virage [viʁaʒ] nm **1.** [sur route] bend **2.** [changement] turn.

viral, e, aux [viʁal, o] adj viral.

virée [viʁe] nf fam ▶ **faire une virée a)** [en voiture] to go for a spin **b)** [dans bars] ≃ to go on a pub crawl.

virement [viʁmã] nm FIN transfer ▶ **virement automatique** automatic transfer, standing order ▶ **virement bancaire / postal** bank / giro UK transfer.

virer [3] [viʁe] ◆ vi **1.** [tourner] ▶ **virer à droite / à gauche** to turn right / left **2.** [étoffe] to change colour UK ou color US ▶ **virer au blanc / jaune** to go white / yellow **3.** MÉD to react positively. ◆ vt **1.** FIN to transfer **2.** fam [renvoyer] to kick out.

virevolte [viʁvɔlt] nf **1.** [mouvement] twirl **2.** fig [volte-face] about-turn UK, about-face US, U-turn.

virevolter [3] [viʁvɔlte] vi [tourner] to twirl ou spin round UK ou around US.

virginité [viʁʒinite] nf **1.** [de personne] virginity **2.** [de sentiment] purity.

virgule [viʁgyl] nf [entre mots] comma ; [entre chiffres] (decimal) point.

viril, e [viʁil] adj virile.

virilité [viʁilite] nf virility.

virtuel, elle [viʁtɥɛl] adj potential.

virtuellement [viʁtɥɛlmã] adv **1.** [potentiellement] potentially **2.** [pratiquement] virtually.

virtuose [viʁtɥoz] nmf virtuoso.

virulence [viʁylãs] nf virulence.

virulent, e [viʁylã, ãt] adj virulent.

virus [viʁys] nm INFORM & MÉD virus.

vis [vis] nf screw.

visa [viza] nm visa.

visage [vizaʒ] nm face.

visagiste [vizaʒist] nmf beautician.

vis-à-vis [vizavi] nm **1.** [personne] person sitting opposite **2.** [immeuble] ▶ **avoir un vis-à-vis** to have a building opposite. ◆ **vis-à-vis de** loc prép **1.** [en face de] opposite **2.** [en comparaison de] beside, compared with **3.** [à l'égard de] towards, toward US.

viscéral, e, aux [viseʁal, o] adj **1.** ANAT visceral **2.** fam [réaction] gut (avant n) ; [haine, peur] deep-seated.

viscère [visɛʁ] nm (gén pl) innards pl.

viscose [viskoz] nf viscose.

visé, e [vize] adj **1.** [concerné] concerned **2.** [vérifié] stamped.

visée [vize] nf **1.** [avec arme] aiming **2.** (gén pl) fig [intention, dessein] aim.

viser [3] [vize] ◆ vt **1.** [cible] to aim at **2.** fig [poste] to aspire to, to aim for ; [personne] to be directed ou aimed at **3.** [document] to check, to stamp. ◆ vi to aim, to take aim ▶ **viser à** to aim at ▶ **viser à faire qqch** to aim to do sthg, to be intended to do sthg ▶ **viser haut** fig to aim high.

viseur [vizœʁ] nm **1.** [d'arme] sights pl **2.** PHOTO viewfinder.

visibilité [vizibilite] nf visibility.

visible [vizibl] adj **1.** [gén] visible **2.** [personne] : il n'est pas visible he's not seeing visitors.

visiblement [viziblemã] adv visibly.

visière [vizjɛʁ] nf **1.** [de casque] visor **2.** [de casquette] peak **3.** [de protection] eyeshade.

visioconférence [vizjokɔ̃feʁãs], **vidéoconférence** [videokɔ̃feʁãs] nf videoconference.

vision [vizjɔ̃] nf **1.** [faculté] eyesight, vision **2.** [représentation] view, vision **3.** [mirage] vision.

visionnaire [vizjɔnɛʁ] nmf & adj visionary.

visionner [3] [vizjɔne] vt to view.

visite [vizit] nf **1.** [chez un ami, officielle] visit ▶ **rendre visite à qqn** to pay sb a visit **2.** [MÉD - à l'extérieur] call, visit ; [- à l'hôpital] rounds pl ▶ **passer une visite médicale** to have a medical UK ou a physical US **3.** [de monument] tour **4.** [d'expert] inspection.

visiter [3] [vizite] vt **1.** [en touriste] to tour **2.** [malade, prisonnier] to visit.

visiteur, euse [vizitœʁ, øz] nm, f visitor.

vison [vizɔ̃] nm mink.

visqueux, euse [viskø, øz] adj **1.** [liquide] viscous **2.** [surface] sticky.

visser [3] [vise] vt **1.** [planches] to screw together **2.** [couvercle] to screw down **3.** [bouchon] to screw in ; [écrou] to screw on.

visualisation [vizɥalizasjɔ̃] nf INFORM display mode.

visualiser [3] [vizɥalize] vt **1.** [gén] to visualize **2.** INFORM to display ; TECHNOL to make visible.

visuel, elle [vizɥɛl] adj visual. ◆ **visuel** nm INFORM visual display unit ▸ **visuel graphique** graphical display unit.

visuellement [vizɥɛlmɑ̃] adv visually.

vital, e, aux [vital, o] adj vital.

vitalité [vitalite] nf vitality.

vitamine [vitamin] nf vitamin.

vitaminé, e [vitamine] adj with added vitamins, vitamin-enriched.

vite [vit] adv **1.** [rapidement] quickly, fast ▸ **fais vite !** hurry up! **2.** [tôt] soon.

vitesse [vites] nf **1.** [gén] speed ▸ **à toute vitesse** at top speed **2.** AUTO gear.

viticole [vitikɔl] adj wine-growing.

viticulteur, trice [vitikyltœr, tris] nm, f wine-grower.

vitrage [vitraʒ] nm **1.** [vitres] windows pl **2.** [toit] glass roof.

vitrail, aux [vitraj, o] nm stained-glass window.

vitre [vitr] nf **1.** [de fenêtre] pane of glass, windowpane **2.** [de voiture, train] window.

vitré, e [vitre] adj glass (avant n).

vitreux, euse [vitrø, øz] adj **1.** [roche] vitreous **2.** [œil, regard] glassy, glazed.

vitrification [vitrifikasjɔ̃] nf **1.** [de parquet] sealing and varnishing **2.** [d'émail] vitrification.

vitrifier [9] [vitrifje] vt **1.** [parquet] to seal and varnish **2.** [émail] to vitrify.

vitrine [vitrin] nf **1.** [de boutique] (shop) window ; fig showcase **2.** [meuble] display cabinet.

vivable [vivabl] adj [appartement] livable-in ; [situation] bearable, tolerable ; [personne] : **il n'est pas vivable** he's impossible to live with.

vivace [vivas] adj **1.** [plante] perennial ; [arbre] hardy **2.** fig [haine, ressentiment] deep-rooted, entrenched ; [souvenir] enduring.

vivacité [vivasite] nf **1.** [promptitude - d'une personne] liveliness, vivacity ▸ **vivacité d'esprit** quick-wittedness **2.** [d'un coloris, du teint] intensity, brightness **3.** [de propos] sharpness.

vivant, e [vivɑ̃, ɑ̃t] adj **1.** [en vie] alive, living **2.** [enfant, quartier] lively **3.** [souvenir] still fresh. ◆ **vivant** nm [personne] ▸ **les vivants** the living.

vive¹ [viv] nf [poisson] weever.

vive² [viv] interj three cheers for ▸ **vive le roi !** long live the King!

vivement [vivmɑ̃] ◆ adv **1.** [agir] quickly **2.** [répondre] sharply **3.** [affecter] deeply. ◆ interj : **vivement les vacances !** roll on the holidays! / **vivement que l'été arrive** I'll be glad when summer comes, summer can't come quick enough.

vivifiant, e [vivifjɑ̃, ɑ̃t] adj invigorating, bracing.

vivisection [viviseksjɔ̃] nf vivisection.

vivoter [3] [vivɔte] vi **1.** [personne] to live from hand to mouth **2.** [affaire, commerce] to struggle to survive.

vivre [90] [vivr] ◆ vi to live ; [être en vie] to be alive ▸ **vivre de** to live on ▸ **faire vivre sa famille** to support one's family ▸ **être difficile / facile à vivre** to be hard/easy to get on with ▸ **avoir vécu** to have seen life. ◆ vt **1.** [passer] to spend **2.** [éprouver] to experience. ◆ **vivres** nmpl provisions.

vizir [vizir] nm vizier.

VO (abr de **version originale**) nf indicates that a film has not been dubbed / **en VO sous-titrée** in the original version with subtitles.

vocable [vɔkabl] nm term.

vocabulaire [vɔkabylɛr] nm **1.** [gén] vocabulary **2.** [livre] lexicon, glossary.

vocal, e, aux [vɔkal, o] adj vocal ▸ **ensemble vocal** choir.

vocatif [vɔkatif] nm vocative (case).

vocation [vɔkasjɔ̃] nf **1.** [gén] vocation **2.** [d'organisation] mission.

vocifération [vɔsiferasjɔ̃] nf shout, scream.

vociférer [18] [vɔsifere] vt to shout, to scream.

vod [veɔde] (abr de **video on demand**) nf VOD.

vodka [vɔdka] nf vodka.

vœu, x [vø] nm **1.** RELIG [résolution] vow ▸ **faire vœu de silence** to take a vow of silence **2.** [souhait, requête] wish. ◆ **vœux** nmpl greetings ▸ **meilleurs vœux** best wishes.

vogue [vɔg] nf vogue, fashion ▸ **en vogue** fashionable, in vogue.

voguer [3] [vɔge] vi litt to sail.

voici [vwasi] prép **1.** [pour désigner, introduire] here is/are / **le voici** here he/it is / **les voici** here they are / **vous cherchiez des allumettes ? en voici** were you looking for matches? there are some here / **voici ce qui s'est passé** this is what happened **2.** [il y a] : **voici trois mois** three months ago / **voici quelques années que je ne**

l'ai pas vu I haven't seen him for some years (now), it's been some years since I last saw him.

voie [vwa] nf **1.** [route] road ▸ **route à deux voies** two-lane road ▸ **la voie publique** the public highway ▸ **voie sans issue** no through road ▸ **voie privée** private road **2.** [rails] track, line ; [quai] platform ▸ **voie ferrée** railway line **UK**, railroad line **US** ▸ **voie de garage a)** siding **b)** *fig* dead-end job **3.** [mode de transport] route **4.** ANAT passage, tract ▸ **par voie buccale** *ou* **orale** orally, by mouth ▸ **par voie rectale** by rectum ▸ **voie respiratoire** respiratory tract **5.** *fig* [chemin] way **6.** [filière, moyen] means *pl.* ◆ **Voie lactée** nf ▸ **la Voie lactée** the Milky Way. ◆ **en voie de** loc prép on the way *ou* road to ▸ **en voie de développement** developing.

voilà [vwala] prép **1.** [pour désigner] there is/ are ▸ *le voilà* there he/it is / *les voilà* there they are / *me voilà* that's me, there I am / *vous cherchiez de l'encre ? en voilà* you were looking for ink? there is some (over) there / *nous voilà arrivés* we've arrived **2.** [reprend ce dont on a parlé] that is ; [introduit ce dont on va parler] this is / *voilà ce que j'en pense* this is/that is what I think ▸ **voilà tout** that's all ▸ **et voilà !** there we are! **3.** [il y a] : *voilà dix jours* ten days ago / *voilà dix ans que je le connais* I've known him for ten years (now).

voile[1] [vwal] nf **1.** [de bateau] sail **2.** [activité] sailing.

voile[2] [vwal] nm **1.** [textile] voile **2.** [coiffure] veil **3.** [de brume] mist.

voilé, e [vwale] adj **1.** [visage, allusion] veiled **2.** [ciel, regard] dull **3.** [roue] buckled **4.** [son, voix] muffled.

voiler [3] [vwale] vt **1.** [visage] to veil **2.** [vérité, sentiment] to hide **3.** [suj : brouillard, nuages] to cover. ◆ **se voiler** vp **1.** [femme] to wear a veil **2.** [ciel] to cloud over ; [yeux] to mist over **3.** [roue] to buckle.

voilier [vwalje] nm [bateau] sailing boat **UK**, sailboat **US**.

voilure [vwalyʀ] nf [de bateau] sails *pl.*

voir [62] [vwaʀ] ❖ vt [gén] to see / *je l'ai vu tomber* I saw him fall ▸ **faire voir qqch à qqn** to show sb sthg ▸ **ne rien avoir à voir avec** *fig* to have nothing to do with ▸ **voyons,...** [en réfléchissant] let's see,.... ❖ vi to see. ◆ **se voir** vp **1.** [se regarder] to see o.s., to watch o.s. **2.** [s'imaginer] to see *ou* to imagine *ou* to picture o.s. **3.** [se rencontrer] to see one another *ou* each other **4.** [se remarquer] to be obvious, to show ▸ **ça se voit !** you can tell!

voire [vwaʀ] adv even.

voirie [vwaʀi] nf ADMIN ≃ Department of Transport.

voisin, e [vwazɛ̃, in] ❖ adj **1.** [pays, ville] neighbouring **UK**, neighboring **US** ; [maison] next-door **2.** [idée] similar. ❖ nm, f neighbour **UK**, neighbor **US** ▸ **voisin de palier** next-door neighbour (*in a flat*).

voisinage [vwazinaʒ] nm **1.** [quartier] neighbourhood **UK**, neighborhood **US 2.** [environs] vicinity **3.** [relations] ▸ **rapports de bon voisinage** (good) neighbourliness **UK** *ou* neighborliness **US**.

voiture [vwatyʀ] nf **1.** [automobile] car ▸ **voiture de location** hire **UK** *ou* rental **US** car ▸ **voiture d'occasion / de sport** second-hand / sports car **2.** [de train] carriage **UK**, car **US**.

voix [vwa] nf **1.** [gén] voice ▸ **voix de stentor** stentorian voice ▸ **à voix basse** in a low voice, quietly ▸ **à voix haute a)** [parler] in a loud voice **b)** [lire] aloud ▸ **de vive voix** in person **2.** [suffrage] vote.

vol [vɔl] nm **1.** [d'oiseau, avion] flight ▸ **vol (en) charter** charter flight ▸ **à vol d'oiseau** as the crow flies ▸ **en plein vol** in flight **2.** [groupe d'oiseaux] flight, flock **3.** [délit] theft.

vol. (*abr écrite de volume*) vol.

volage [vɔlaʒ] adj fickle.

volaille [vɔlaj] nf ▸ **la volaille** poultry, (domestic) fowl.

volant[1]**, e** [vɔlɑ̃, ɑ̃t] adj **1.** [qui vole] flying **2.** [mobile] ▸ **feuille volante** loose sheet.

volant[2] nm **1.** [de voiture] steering wheel **2.** [de robe] flounce **3.** [de badminton] shuttlecock.

volatile nm (domestic) fowl.

volatiliser [3] [vɔlatilize] ◆ **se volatiliser** vp to volatilize ; *fig* to vanish into thin air.

volcan [vɔlkɑ̃] nm volcano ; *fig* spitfire.

volcanique [vɔlkanik] adj volcanic ; *fig* [tempérament] fiery.

volée [vɔle] nf **1.** [de flèches] volley ▸ **une volée de coups** a hail of blows **2.** FOOT & TENNIS volley.

voler [3] [vɔle] ❖ vi to fly. ❖ vt [personne] to rob ; [chose] to steal.

volet [vɔlɛ] nm **1.** [de maison] shutter **2.** [de dépliant] leaf ; [d'émission] part.

voleur, euse [vɔlœʀ, øz] nm, f thief.

volière [vɔljɛʀ] nf aviary.

volley-ball [vɔlɛbol] (*pl* volley-balls) nm volleyball.

volontaire [vɔlɔ̃tɛʀ] ❖ nmf volunteer. ❖ adj **1.** [omission] deliberate ; [activité] voluntary **2.** [enfant] strong-willed.

volontairement [vɔlɔ̃tɛʀmɑ̃] adv deliberately ; [offrir] voluntarily.

volonté [vɔlɔ̃te] nf **1.** [vouloir] will ▸ **à volonté** unlimited, as much as you like **2.** [disposition] ▸ **bonne volonté** willingness, good will ▸ **mauvaise volonté** unwillingness **3.** [détermination] willpower.

volontiers [vɔlɔ̃tje] adv **1.** [avec plaisir] with pleasure, gladly, willingly **2.** [affable, bavard] naturally.

volt [vɔlt] nm volt.

voltage [vɔltaʒ] nm voltage.

volte-face [vɔltəfas] nf inv about-turn **UK**, about-face **US** ; fig U-turn, about-turn **UK**, about-face **US**.

voltige [vɔltiʒ] nf **1.** [au trapèze] trapeze work ▸ **haute voltige a)** flying trapeze act **b)** fig mental gymnastics (U) **2.** [à cheval] circus riding **3.** [en avion] aerobatics (U).

voltiger [17] [vɔltiʒe] vi **1.** [insecte, oiseau] to flit ou flutter about **2.** [feuilles] to flutter about.

volubile [vɔlybil] adj voluble.

volume [vɔlym] nm **1.** [tome] volume **2.** [en acoustique] volume **3.** [quantité globale] volume, amount **4.** [poids, épaisseur] volume **5.** INFORM [unité] volume.

volumineux, euse [vɔlyminø, øz] adj voluminous, bulky.

volupté [vɔlypte] nf [sensuelle] sensual ou voluptuous pleasure ; [morale, esthétique] delight.

voluptueux, euse [vɔlyptɥø, øz] adj voluptuous.

volute [vɔlyt] nf **1.** [de fumée] wreath **2.** ARCHIT volute, helix.

vomi [vɔmi] nm fam vomit.

vomir [32] [vɔmiʀ] vt **1.** [aliments] to bring up **2.** [fumées] to belch, to spew (out) ; [injures] to spit out.

vont ⟶ **aller**.

vorace [vɔʀas] adj voracious.

voracité [vɔʀasite] nf voracity.

vos ⟶ **votre**.

votant, e [vɔtɑ̃, ɑ̃t] nm, f voter.

vote [vɔt] nm vote.

voter [3] [vɔte] ❖ vi to vote. ❖ vt POL to vote for ; [crédits] to vote ; [loi] to pass.

votre [vɔtʀ] (pl vos [vo]) adj poss your.

vôtre [votʀ] ❖ **le vôtre, la vôtre** (pl les vôtres) pron poss yours ▸ **les vôtres** your family / **vous et les vôtres** people like you ▸ **à la vôtre !** your good health!

vouer [6] [vwe] vt **1.** [promettre, jurer] ▸ **vouer qqch à qqn** to swear ou vow sthg to sb **2.** [consacrer] to devote **3.** [condamner] ▸ **être voué à** to be doomed to.

vouloir [57] [vulwaʀ] vt **1.** [gén] to want / **voulez-vous boire quelque chose ?** would you like something to drink? / **veux-tu te taire !** will you be quiet! / **je voudrais savoir** I would like to know ▸ **vouloir que** (+ subj) : **je veux qu'il parte** I want him to leave ▸ **vouloir qqch de qqn/qqch** to want sthg from sb/sthg ▸ **ne pas vouloir de qqn/qqch** not to want sb/sthg ▸ **je veux bien** I don't mind ▸ **si tu veux** if you like, if you want ▸ **comme tu veux !** as you like! ▸ **sans le vouloir** without meaning ou wishing to, unintentionally **2.** [suj : coutume] to demand / **comme le veulent les usages** as convention dictates **3.** [s'attendre à] to expect / **que voulez-vous que j'y fasse ?** what do you want me to do about it? **4.** [formules de politesse] : **veuillez vous asseoir** please take a seat / **veuillez m'excuser un instant** (will you) please excuse me for a moment / **veuillez recevoir, Monsieur, mes salutations distinguées** yours sincerely **UK** ou truly **US 5.** EXPR **vouloir dire** to mean ▸ **si on veut** more or less, if you like ▸ **en vouloir** fam to be a real go-getter ▸ **en vouloir à qqn** to have a grudge against sb / **tu ne m'en veux pas ?** no hard feelings? ❖ **se vouloir** vp : **elle se veut différente** she thinks she's different ▸ **s'en vouloir de faire qqch** to be cross with o.s. for doing sthg.

voulu, e [vuly] ❖ pp ⟶ **vouloir**. ❖ adj **1.** [requis] requisite **2.** [délibéré] intentional.

vous [vu] pron pers **1.** [sujet, objet direct] you **2.** [objet indirect] (to) you **3.** [après préposition, comparatif] you **4.** [réfléchi] yourself, yourselves. ❖ **vous-même** pron pers yourself. ❖ **vous-mêmes** pron pers yourselves.

voûte [vut] nf **1.** ARCHIT vault ; fig arch **2.** ANAT ▸ **voûte du palais** roof of the mouth ▸ **voûte plantaire** arch (of the foot).

voûter [3] [vute] vt to arch over, to vault. ❖ **se voûter** vp to be ou become stooped.

vouvoiement [vuvwamɑ̃] nm use of the "vous" form.

vouvoyer [13] [vuvwaje] vt ▸ **vouvoyer qqn** to use the "vous" form to sb. ❖ **se vouvoyer** vp to use the formal "vous" form with each other.

voyage [vwajaʒ] nm journey, trip ; [sur la mer, dans l'espace] voyage ▸ *partir en voyage* to go away, to go on a trip ▸ **les voyages** travel sg, travelling *(U)* **UK**, traveling *(U)* **US** ▸ **voyage d'affaires** business trip ▸ **voyage de noces** honeymoon ▸ **voyage organisé** package tour.

voyager [17] [vwajaʒe] vi to travel.

voyageur, euse [vwajaʒœr, øz] nm, f traveller **UK**, traveler **US**.

voyagiste [vwajaʒist] nm tour operator.

voyance [vwajɑ̃s] nf clairvoyance.

voyant, e [vwajɑ̃, ɑ̃t] ❖ adj loud, gaudy. ❖ nm, f [devin] seer ▸ **voyante extralucide** clairvoyant. ◆ **voyant** nm [lampe] light ; AUTO indicator (light) ▸ **voyant d'essence / d'huile** petrol/oil warning light.

voyelle [vwajɛl] nf vowel.

voyeur, euse [vwajœr, øz] nm, f voyeur, Peeping Tom.

voyou [vwaju] nm **1.** [garnement] urchin **2.** [loubard] lout.

vrac [vrak] ◆ **en vrac** loc adv **1.** [sans emballage] loose **2.** [en désordre] higgledy-piggledy **3.** [au poids] in bulk.

vrai, e [vrɛ] adj **1.** [histoire] true ▸ **c'est ou il est vrai que...** it's true that... **2.** [or, perle, nom] real **3.** [personne] natural **4.** [ami, raison] real, true. ◆ **vrai** nm ▸ **à vrai dire, à dire vrai** to tell the truth.

vraiment [vrɛmɑ̃] adv really.

vraisemblable [vrɛsɑ̃blabl] adj likely, probable ; [excuse] plausible.

vraisemblance [vrɛsɑ̃blɑ̃s] nf likelihood, probability ; [d'excuse] plausibility.

V / Réf (*abr écrite de* **Votre référence**) your ref.

vrille [vrij] nf **1.** BOT tendril **2.** [outil] gimlet **3.** [spirale] spiral.

vrombir [32] [vrɔ̃bir] vi to hum.

vrombissement [vrɔ̃bismɑ̃] nm humming *(U)*.

vs (*abr écrite de* versus) prép vs.

VTC [vetese] (*abr de* **vélo tout chemin**) nf SPORT hybrid bike.

VTT [vetete] nm **1.** (*abr de* **vélo tout-terrain**) mountain bike **2.** **QUÉBEC** (*abr de* **véhicule tout-terrain**) ATV.

vu, e [vy] ❖ pp ⟶ **voir.** ❖ adj **1.** [perçu] ▸ **être bien / mal vu** to be acceptable/unacceptable **2.** [compris] clear. ◆ **vu** prép given, in view of. ◆ **vu que** loc conj given that, seeing that. ◆ **vue** nf **1.** [sens, vision] sight, eyesight ▸ *avoir une bonne vue* to have good eyesight **2.** [regard] gaze ▸ **à première vue** at first sight ▸ **à vue** on sight ▸ **de vue** by sight ▸ *perdre qqn de vue* to lose touch with sb ▸ **en vue** [vedette] in the public eye **3.** [panorama, idée] view ▸ **vue d'ensemble** *fig* overview ▸ **avoir qqn / qqch en vue** to have sb / sthg in mind. ◆ **en vue de** loc prép with a view to.

vulgaire [vylgɛr] adj **1.** [grossier] vulgar, coarse **2.** *(avant n)* *péj* [quelconque] common.

vulgarisation [vylgarizasjɔ̃] nf popularization.

vulgariser [3] [vylgarize] vt to popularize.

vulgarité [vylgarite] nf vulgarity, coarseness.

vulnérable [vylnerabl] adj vulnerable.

vulve [vylv] nf vulva.

WX

w, W [dubləve] nm inv w, W.

wagon [vagɔ̃] nm carriage **UK**, car **US** ▸ wagon de première / seconde classe first-class / second-class carriage **UK** ou car **US**.

wagon-lit [vagɔli] nm sleeping car, sleeper.

wagon-restaurant [vagɔ̃ʀɛstɔʀɑ̃] nm restaurant **UK** ou dining **US** car.

Walkman® [wɔkman] nm personal stereo, Walkman®.

wallon, onne [walɔ̃, ɔn] adj Walloon. ◆ **wallon** nm [langue] Walloon. ◆ **Wallon, onne** nm, f Walloon.

warning [waʀniŋ] nm AUTO hazard warning lights **UK**, hazard lights **US**.

Washington [waʃiŋtɔn] npr **1.** [ville] Washington DC **2.** [État] Washington State.

water-polo [watɛʀpolo] nm water polo.

waterproof [watɛʀpʀuf] adj inv waterproof.

waters [watɛʀ] nmpl toilet sg.

watt [wat] nm watt.

W.-C., W-C [vese] (abr de water-closet) nm ou nmpl WC sg, toilets.

Web [wɛb] nm ▸ **le Web** the Web, the web.

webcam [wɛbkam] nf webcam.

weblog [wɛblɔg] nm blog.

webmestre [wɛbmɛstʀ], **webmaster** [wɛbmastœʀ] nm webmaster.

week-end [wikɛnd] (pl week-ends) nm weekend.

western [wɛstɛʀn] nm western.

whisky [wiski] (pl whiskys ou whiskies) nm [écossais] whisky, scotch ; [irlandais ou américain] whiskey.

white-spirit [wajtspirit] (pl white-spirits) nm white spirit **UK**.

Wi-Fi, wi-fi [wifi] (abr de wireless fidelity) nm inv Wi-Fi.

WWW (abr de World Wide Web) nf WWW.

x, X [iks] nm inv x, X ▸ l'X prestigious engineering college in Paris.

xénophobie [gzenɔfɔbi] nf xenophobia.

xérès [gzeʀɛs, xeʀɛs] nm sherry.

XXL (abr de extra extra large) adj XXL / un tee-shirt XXL an XXL tee-shirt ou T-shirt.

xylophone [ksilɔfɔn] nm xylophone.

YZ

y¹, Y [igʀɛk] nm inv y, Y.

y² [i] ❖ adv (lieu) there ⁄ *j'y vais demain* I'm going there tomorrow ⁄ *mets-y du sel* put some salt in it ⁄ *va voir sur la table si les clefs y sont* go and see if the keys are on the table ⁄ *ils ont ramené des vases anciens et y ont fait pousser des fleurs exotiques* they brought back some antique vases and grew exotic flowers in them. ❖ pron pers *(la traduction varie selon la préposition utilisée avec le verbe)* : *pensez-y* think about it ⁄ *n'y comptez pas* don't count on it ▸ **j'y suis !** I've got it! ; ⟶ **aller, avoir.**

ya SMS *abr écrite de* **il y a.**

yacht [jɔt] nm yacht.

yaourt [jauʀt], **yog(h)ourt** [jɔguʀt] nm yoghurt.

Yémen [jemɛn] nm : *le Yémen* Yemen.

yen [jɛn] nm yen.

yeux ⟶ **œil.**

yiddish [jidiʃ] nm inv & adj inv Yiddish.

yoga [jɔga] nm yoga.

yoghourt [jɔguʀt] = **yaourt.**

yogourt [jɔguʀt] = **yaourt.**

yougoslave [jugɔslav] adj Yugoslav, Yugo-slavian. ◆ **Yougoslave** nmf Yugoslav, Yugo-slavian.

Yougoslavie [jugɔslavi] nf ▸ **la Yougosla-vie** Yugoslavia ▸ **l'ex-Yougoslavie** the former Yugoslavia.

yoyo [jojo] nm *fam* MÉD grommet.

z, Z [zɛd] nm inv z, Z.

Zaïre [zaiʀ] nm HIST : *le Zaïre* Zaïre.

zapper [3] [zape] vi to zap.

zappeur, euse [zapœʀ, øz] nm, f channel hopper, zapper.

zapping [zapiŋ] nm zapping, channel-hopping.

zèbre [zɛbʀ] nm zebra ▸ **un drôle de zèbre** *fam* & *fig* an oddball.

zébrure [zebʀyʀ] nf **1.** [de pelage] stripe **2.** [marque] weal.

zébu [zeby] nm zebu.

zèle [zɛl] nm zeal ▸ **faire du zèle** *péj* to be over-zealous.

zélé, e [zele] adj zealous.

zénith [zenit] nm zenith.

zéro [zeʀo] ❖ nm **1.** [chiffre] zero, nought 🇬🇧 ; [énoncé dans un numéro de téléphone] O 🇬🇧, zero **2.** [nombre] nought 🇬🇧, nothing **3.** [de graduation] freez-ing point, zero ▸ **au-dessus/au-dessous de zéro** above/below (zero) ▸ **avoir le moral à zéro** *fig* to be ou feel down. ❖ adj ▸ **zéro faute** no mistakes.

zeste [zɛst] nm peel, zest.

zézayer [11] [zezeje] vi to lisp.

zigzag [zigzag] nm zigzag ▸ **en zigzag** winding.

zigzaguer [3] [zigzage] vi to zigzag (along).

zinc [zɛ̃g] nm **1.** [matière] zinc **2.** *fam* [comp-toir] bar **3.** *fam* [avion] crate.

zipper [3] [zipe] vt to zip up ; INFORM to zip.

zizanie [zizani] nf ▸ **semer la zizanie** *fig* to sow discord.

zizi [zizi] nm *fam* willy 🇬🇧, peter 🇺🇸.

zodiaque [zɔdjak] nm zodiac.

zone [zon] nf **1.** [région] zone, area **2.** [fau-bourg] ▸ **la zone** the slum belt.

zoner [3] [zone] vi *fam* to hang about, to hang around.

zoo [zo(o)] nm zoo.

zoologie [zɔɔlɔʒi] nf zoology.

zoom [zum] nm **1.** [objectif] zoom (lens) **2.** [gros plan] zoom.

zut [zyt] interj *fam* damn!

French verb tables

	1 avoir	2 être	3 chanter
Indicatif présent	j'ai tu as il, elle a nous avons vous avez ils, elles ont	je suis tu es il, elle est nous sommes vous êtes ils, elles sont	je chante tu chantes il, elle chante nous chantons vous chantez ils, elles chantent
Indicatif imparfait	il, elle avait	il, elle était	il, elle chantait
Indicatif passé simple	il, elle eut ils, elles eurent	il, elle fut ils, elles furent	il, elle chanta ils, elles chantèrent
Indicatif futur	j'aurai il, elle aura	je serai il, elle sera	je chanterai il, elle chantera
Conditionnel présent	j'aurais il, elle aurait	je serais il, elle serait	je chanterais il, elle chanterait
Subjonctif présent	que j'aie qu'il, elle ait que nous ayons qu'ils, elles aient	que je sois qu'il, elle soit que nous soyons qu'ils, elles soient	que je chante qu'il, elle chante que nous chantions qu'ils, elles chantent
Subjonctif imparfait	qu'il, elle eût qu'ils, elles eussent	qu'il, elle fût qu'ils, elles fussent	qu'il, elle chantât qu'ils, elles chantassent
Impératif	aie ayons, ayez	sois soyons, soyez	chante chantons, chantez
Participe présent	ayant	étant	chantant
Participe passé	eu, eue	été	chanté, e

	4 baisser	5 pleurer	6 jouer
Indicatif présent	je baisse tu baisses il, elle baisse nous baissons vous baissez ils, elles baissent	je pleure tu pleures il, elle pleure nous pleurons vous pleurez ils, elles pleurent	je joue tu joues il, elle joue nous jouons vous jouez ils, elles jouent
Indicatif imparfait	il, elle baissait	il, elle pleurait	il, elle jouait
Indicatif passé simple	il, elle baissa ils, elles baissèrent	il, elle pleura ils, elles pleurèrent	il, elle joua ils, elles jouèrent
Indicatif futur	je baisserai il, elle baissera	je pleurerai il, elle pleurera	je jouerai il, elle jouera
Conditionnel présent	je baisserais il, elle baisserait	je pleurerais il, elle pleurerait	je jouerais il, elle jouerait
Subjonctif présent	que je baisse qu'il, elle baisse que nous baissions qu'ils, elles baissent	que je pleure qu'il, elle pleure que nous pleurions qu'ils, elles pleurent	que je joue qu'il, elle joue que nous jouions qu'ils, elles jouent
Subjonctif imparfait	qu'il, elle baissât qu'ils, elles baissassent	qu'il, elle pleurât qu'ils, elles pleurassent	qu'il, elle jouât qu'ils, elles jouassent
Impératif	baisse baissons, baissez	pleure pleurons, pleurez	joue jouons, jouez
Participe présent	baissant	pleurant	jouant
Participe passé	baissé, e	pleuré, e	joué, e

	7 saluer	8 arguer	9 copier
Indicatif présent	je salue	j'argue, arguë	je copie
	tu salues	tu argues, arguës	tu copies
	il, elle salue	il, elle argue, arguë	il, elle copie
	nous saluons	nous arguons	nous copions
	vous saluez	vous arguez	vous copiez
	ils, elles saluent	ils, elles arguent, arguënt	ils, elles copient
Indicatif imparfait	il, elle saluait	il, elle arguait	il, elle copiait
Indicatif passé simple	il, elle salua	il, elle argua	il, elle copia
	ils, elles saluèrent	ils, elles arguèrent	ils, elles copièrent
Indicatif futur	je saluerai	j'arguerai, arguërai	je copierai
	il, elle saluera	il, elle arguera, arguëra	il, elle copiera
Conditionnel présent	je saluerais	j'arguerais, arguërais	je copierais
	il, elle saluerait	il, elle arguerait, arguërait	il, elle copierait
Subjonctif présent	que je salue	que j'argue, arguë	que je copie
	qu'il, elle salue	qu'il, elle argue, arguë	qu'il, elle copie
	que nous saluions	que nous arguions	que nous copiions
	qu'ils, elles saluent	qu'ils, elles arguent, arguënt	qu'ils, elles copient
Subjonctif imparfait	qu'il, elle saluât	qu'il, elle arguât	qu'il, elle copiât
	qu'ils, elles saluassent	qu'ils, elles arguassent	qu'ils, elles copiassent
Impératif	salue	argue, arguë	copie
	saluons, saluez	arguons, arguez	copions, copiez
Participe présent	saluant	arguant	copiant
Participe passé	salué, e	argué, e	copié, e

	10 prier	11 payer	12 grasseyer
Indicatif présent	je prie	je paie, paye	je grasseye
	tu pries	tu paies, payes	tu grasseyes
	il, elle prie	il, elle paie, paye	il, elle grasseye
	nous prions	nous payons	nous grasseyons
	vous priez	vous payez	vous grasseyez
	ils, elles prient	ils, elles paient, payent	ils, elles grasseyent
Indicatif imparfait	il, elle priait	il, elle payait	il, elle grasseyait
Indicatif passé simple	il, elle pria	il, elle paya	il, elle grasseya
	ils, elles prièrent	ils, elles payèrent	ils, elles grasseyèrent
Indicatif futur	je prierai	je paierai, payerai	je grasseyerai
	il, elle priera	il, elle paiera, payera	il, elle grasseyera
Conditionnel présent	je prierais	je paierais, payerais	je grasseyerais
	il, elle prierait	il, elle paierait, payerait	il, elle grasseyerait
Subjonctif présent	que je prie	que je paie, paye	que je grasseye
	qu'il, elle prie	qu'il, elle paie, paye	qu'il, elle grasseye
	que nous priions	que nous payions	que nous grasseyions
	qu'ils, elles prient	qu'ils, elles paient, payent	qu'ils, elles grasseyent
Subjonctif imparfait	qu'il, elle priât	qu'il, elle payât	qu'il, elle grasseyât
	qu'ils, elles priassent	qu'ils, elles payassent	qu'ils, elles grasseyassent
Impératif	prie	paie, paye	grasseye
	prions, priez	payons, payez	grasseyons, grasseyez
Participe présent	priant	payant	grasseyant
Participe passé	prié, e	payé, e	grasseyé, e

	13 ployer	14 essuyer	15 créer
Indicatif présent	je ploie tu ploies il, elle ploie nous ployons vous ployez ils, elles ploient	j'essuie tu essuies il, elle essuie nous essuyons vous essuyez ils, elles essuient	je crée tu crées il, elle crée nous créons vous créez ils, elles créent
Indicatif imparfait	il, elle ployait	il, elle essuyait	il, elle créait
Indicatif passé simple	il, elle ploya ils, elles ployèrent	il, elle essuya ils, elles essuyèrent	il, elle créa ils, elles créèrent
Indicatif futur	je ploierai il, elle ploiera	j'essuierai il, elle essuiera	je créerai il, elle créera
Conditionnel présent	je ploierais il, elle ploierait	j'essuierais il, elle essuierait	je créerais il, elle créerait
Subjonctif présent	que je ploie qu'il, elle ploie que nous ployions qu'ils, elles ploient	que j'essuie qu'il, elle essuie que nous essuyions qu'ils, elles essuient	que je crée qu'il, elle crée que nous créions qu'ils, elles créent
Subjonctif imparfait	qu'il, elle ployât qu'ils, elles ployassent	qu'il, elle essuyât qu'ils, elles essuyassent	qu'il, elle créât qu'ils, elles créassent
Impératif	ploie ployons, ployez	essuie essuyons, essuyez	crée créons, créez
Participe présent	ployant	essuyant	créant
Participe passé	ployé, e	essuyé, e	créé, e

	16 avancer	17 manger	18 céder
Indicatif présent	j'avance tu avances il, elle avance nous avançons vous avancez ils, elles avancent	je mange tu manges il, elle mange nous mangeons vous mangez ils, elles mangent	je cède tu cèdes il, elle cède nous cédons vous cédez ils, elles cèdent
Indicatif imparfait	il, elle avançait	il, elle mangeait	il, elle cédait
Indicatif passé simple	il, elle avança ils, elles avancèrent	il, elle mangea ils, elles mangèrent	il, elle céda ils, elles cédèrent
Indicatif futur	j'avancerai il, elle avancera	je mangerai il, elle mangera	je céderai, cèderai il, elle cédera, cèdera
Conditionnel présent	j'avancerais il, elle avancerait	je mangerais il, elle mangerait	je céderais, cèderais il, elle céderait, cèderait
Subjonctif présent	que j'avance qu'il, elle avance que nous avancions qu'ils, elles avancent	que je mange qu'il, elle mange que nous mangions qu'ils, elles mangent	que je cède qu'il, elle cède que nous cédions qu'ils, elles cèdent
Subjonctif imparfait	qu'il, elle avançât qu'ils, elles avançassent	qu'il, elle mangeât qu'ils, elles mangeassent	qu'il, elle cédât qu'ils, elles cédassent
Impératif	avance avançons, avancez	mange mangeons, mangez	cède cédons, cédez
Participe présent	avançant	mangeant	cédant
Participe passé	avancé, e	mangé, e	cédé, e

	19 semer*	20 rapiécer	21 acquiescer
Indicatif présent	je sème	je rapièce	j'acquiesce
	tu sèmes	tu rapièces	tu acquiesces
	il, elle sème	il, elle rapièce	il, elle acquiesce
	nous semons	nous rapiéçons	nous acquiesçons
	vous semez	vous rapiécez	vous acquiescez
	ils, elles sèment	ils, elles rapiècent	ils, elles acquiescent
Indicatif imparfait	il, elle semait	il, elle rapiéçait	il, elle acquiesçait
Indicatif passé simple	il, elle sema	il, elle rapiéça	il, elle acquiesça
	ils, elles semèrent	ils, elles rapiécèrent	ils, elles acquiescèrent
Indicatif futur	je sèmerai	je rapiécerai, rapiècerai	j'acquiescerai
	il, elle sèmera	il, elle rapiécera, rapiècera	il, elle acquiescera
Conditionnel présent	je sèmerais	je rapiécerais, rapiècerais	j'acquiescerais
	il, elle sèmerait	il, elle rapiécerait, rapiècerait	il, elle acquiescerait
Subjonctif présent	que je sème	que je rapièce	que j'acquiesce
	qu'il, elle sème	qu'il, elle rapièce	qu'il, elle acquiesce
	que nous semions	que nous rapiécions	que nous acquiescions
	qu'ils, elles sèment	qu'ils, elles rapiècent	qu'ils, elles acquiescent
Subjonctif imparfait	qu'il, elle semât	qu'il, elle rapiéçât	qu'il, elle acquiesçât
	qu'ils, elles semassent	qu'ils, elles rapiéçassent	qu'ils, elles acquiesçassent
Impératif	sème	rapièce	acquiesce
	semons, semez	rapiéçons, rapiécez	acquiesçons, acquiescez
Participe présent	semant	rapiéçant	acquiesçant
Participe passé	semé, e	rapiécé, e	acquiescé

*En nouvelle orthographe, un certain nombre de verbes, tels qu'*amonceler* peuvent se conjuguer comme *semer*.

	22 siéger	23 déneiger	24 appeler
Indicatif présent	je siège	je déneige	j'appelle
	tu sièges	tu déneiges	tu appelles
	il, elle siège	il, elle déneige	il, elle appelle
	nous siégeons	nous déneigeons	nous appelons
	vous siégez	vous déneigez	vous appelez
	ils, elles siègent	ils, elles déneigent	ils, elles appellent
Indicatif imparfait	il, elle siégeait	il, elle déneigeait	il, elle appelait
Indicatif passé simple	il, elle siégea	il, elle déneigea	il, elle appela
	ils, elles siégèrent	ils, elles déneigèrent	ils, elles appelèrent
Indicatif futur	je siégerai, siègerai	je déneigerai	j'appellerai
	il, elle siégera, siègera	il, elle déneigera	il, elle appellera
Conditionnel présent	je siégerais, siègerais	je déneigerais	j'appellerais
	il, elle siégerait, siègerait	il, elle déneigerait	il, elle appellerait
Subjonctif présent	que je siège	que je déneige	que j'appelle
	qu'il, elle siège	qu'il, elle déneige	qu'il, elle appelle
	que nous siégions	que nous déneigions	que nous appelions
	qu'ils, elles siègent	qu'ils, elles déneigent	qu'ils, elles appellent
Subjonctif imparfait	qu'il, elle siégeât	qu'il, elle déneigeât	qu'il, elle appelât
	qu'ils, elles siégeassent	qu'ils, elles déneigeassent	qu'ils, elles appelassent
Impératif	siège	déneige	appelle
	siégeons, siégez	déneigeons, déneigez	appelons, appelez
Participe présent	siégeant	déneigeant	appelant
Participe passé	siégé	déneigé, e	appelé, e

	25 peler*	26 interpeller	27 jeter
Indicatif présent	je pèle	j'interpelle	je jette
	tu pèles	tu interpelles	tu jettes
	il, elle pèle	il, elle interpelle	il, elle jette
	nous pelons	nous interpellons	nous jetons
	vous pelez	vous interpellez	vous jetez
	ils, elles pèlent	ils, elles interpellent	ils, elles jettent
Indicatif imparfait	il, elle pelait	il, elle interpellait	il, elle jetait
Indicatif passé simple	il, elle pela	il, elle interpella	il, elle jeta
	ils, elles pelèrent	ils, elles interpellèrent	ils, elles jetèrent
Indicatif futur	je pèlerai	j'interpellerai	je jetterai
	il, elle pèlera	il, elle interpellera	il, elle jettera
Conditionnel présent	je pèlerais	j'interpellerais	je jetterais
	il, elle pèlerait	il, elle interpellerait	il, elle jetterait
Subjonctif présent	que je pèle	que j'interpelle	que je jette
	qu'il, elle pèle	qu'il, elle interpelle	qu'il, elle jette
	que nous pelions	que nous interpellions	que nous jetions
	qu'ils, elles pèlent	qu'ils, elles interpellent	qu'ils, elles jettent
Subjonctif imparfait	qu'il, elle pelât	qu'il, elle interpellât	qu'il, elle jetât
	qu'ils, elles pelassent	qu'ils, elles interpellassent	qu'ils, elles jetassent
Impératif	pèle	interpelle	jette
	pelons, pelez	interpellons, interpellez	jetons, jetez
Participe présent	pelant	interpellant	jetant
Participe passé	pelé, e	interpellé, e	jeté, e

*En nouvelle orthographe, un certain nombre de verbes, tels qu'*amonceler* peuvent se conjuguer comme *peler*.

	28 acheter*	29 dépecer	30 envoyer
Indicatif présent	j'achète	je dépèce	j'envoie
	tu achètes	tu dépèces	tu envoies
	il, elle achète	il, elle dépèce	il, elle envoie
	nous achetons	nous dépeçons	nous envoyons
	vous achetez	vous dépecez	vous envoyez
	ils, elles achètent	ils, elles dépècent	ils, elles envoient
Indicatif imparfait	il, elle achetait	il, elle dépeçait	il, elle envoyait
Indicatif passé simple	il, elle acheta	il, elle dépeça	il, elle envoya
	ils, elles achetèrent	ils, elles dépecèrent	ils, elles envoyèrent
Indicatif futur	j'achèterai	je dépècerai	j'enverrai
	il, elle achètera	il, elle dépècera	il, elle enverra
Conditionnel présent	j'achèterais	je dépècerais	j'enverrais
	il, elle achèterait	il, elle dépècerait	il, elle enverrait
Subjonctif présent	que j'achète	que je dépèce	que j'envoie
	qu'il, elle achète	qu'il, elle dépèce	qu'il, elle envoie
	que nous achetions	que nous dépecions	que nous envoyions
	qu'ils, elles achètent	qu'ils, elles dépècent	qu'ils, elles envoient
Subjonctif imparfait	qu'il, elle achetât	qu'il, elle dépeçât	qu'il, elle envoyât
	qu'ils, elles achetassent	qu'ils, elles dépeçassent	qu'ils, elles envoyassent
Impératif	achète	dépèce	envoie
	achetons, achetez	dépeçons, dépecez	envoyons, envoyez
Participe présent	achetant	depeçant	envoyant
Participe passé	acheté, e	dépecé, e	envoyé, e

*En nouvelle orthographe, un certain nombre de verbes, tels qu'*amonceler* peuvent se conjuguer comme *acheter*.

	31 aller	32 finir	33 haïr
Indicatif présent	je vais tu vas il, elle va nous allons vous allez ils, elles vont	je finis tu finis il, elle finit nous finissons vous finissez ils, elles finissent	je hais tu hais il, elle hait nous haïssons vous haïssez ils, elles haïssent
Indicatif imparfait	il, elle allait	il, elle finissait	il, elle haïssait
Indicatif passé simple	il, elle alla ils, elles allèrent	il, elle finit ils, elles finirent	il, elle haït ils, elles haïrent
Indicatif futur	j'irai il, elle ira	je finirai il, elle finira	je haïrai il, elle haïra
Conditionnel présent	j'irais il, elle irait	je finirais il, elle finirait	je haïrais il, elle haïrait
Subjonctif présent	que j'aille qu'il, elle aille que nous allions qu'ils, elles aillent	que je finisse qu'il, elle finisse que nous finissions qu'ils, elles finissent	que je haïsse qu'il, elle haïsse que nous haïssions qu'ils, elles haïssent
Subjonctif imparfait	qu'il, elle allât qu'ils, elles allassent	qu'il, elle finît qu'ils, elles finissent	qu'il, elle haït qu'ils, elles haïssent
Impératif	va allons, allez	finis finissons, finissez	hais haïssons, haïssez
Participe présent	allant	finissant	haïssant
Participe passé	allé, e	fini, e	haï, e

	34 ouvrir	35 fuir	36 dormir
Indicatif présent	j'ouvre tu ouvres il, elle ouvre nous ouvrons vous ouvrez ils, elles ouvrent	je fuis tu fuis il, elle fuit nous fuyons vous fuyez ils, elles fuient	je dors tu dors il, elle dort nous dormons vous dormez ils, elles dorment
Indicatif imparfait	il, elle ouvrait	il, elle fuyait	il, elle dormait
Indicatif passé simple	il, elle ouvrit ils, elles ouvrirent	il, elle fuit ils, elles fuirent	il, elle dormit ils, elles dormirent
Indicatif futur	j'ouvrirai il, elle ouvrira	je fuirai il, elle fuira	je dormirai il, elle dormira
Conditionnel présent	j'ouvrirais il, elle ouvrirait	je fuirais il, elle fuirait	je dormirais il, elle dormirait
Subjonctif présent	que j'ouvre qu'il, elle ouvre que nous ouvrions qu'ils, elles ouvrent	que je fuie qu'il, elle fuie que nous fuyions qu'ils, elles fuient	que je dorme qu'il, elle dorme que nous dormions qu'ils, elles dorment
Subjonctif imparfait	qu'il, elle ouvrît qu'ils, elles ouvrissent	qu'il, elle fuît qu'ils, elles fuissent	qu'il, elle dormît qu'ils, elles dormissent
Impératif	ouvre ouvrons, ouvrez	fuis fuyons, fuyez	dors dormons, dormez
Participe présent	ouvrant	fuyant	dormant
Participe passé	ouvert, e	fui, e	dormi

	37 mentir	38 servir	39 acquérir
Indicatif présent	je mens tu mens il, elle ment nous mentons vous mentez ils, elles mentent	je sers tu sers il, elle sert nous servons vous servez ils, elles servent	j'acquiers tu acquiers il, elle acquiert nous acquérons vous acquérez ils, elles acquièrent
Indicatif imparfait	il, elle mentait	il, elle servait	il, elle acquérait
Indicatif passé simple	il, elle mentit ils, elles mentirent	il, elle servit ils, elles servirent	il, elle acquit ils, elles acquirent
Indicatif futur	je mentirai il, elle mentira	je servirai il, elle servira	j'acquerrai il, elle acquerra
Conditionnel présent	je mentirais il, elle mentirait	je servirais il, elle servirait	j'acquerrais il, elle acquerrait
Subjonctif présent	que je mente qu'il, elle mente que nous mentions qu'ils, elles mentent	que je serve qu'il, elle serve que nous servions qu'ils, elles servent	que j'acquière qu'il, elle acquière que nous acquérions qu'ils, elles acquièrent
Subjonctif imparfait	qu'il, elle mentit qu'ils, elles mentissent	qu'il, elle servit qu'ils, elles servissent	qu'il, elle acquît qu'ils, elles acquissent
Impératif	mens mentons, mentez	sers servons, servez	acquiers acquérons, acquérez
Participe présent	mentant	servant	acquérant
Participe passé	menti	servi, e	acquis, e

	40 venir	41 cueillir	42 mourir
Indicatif présent	je viens tu viens il, elle vient nous venons vous venez ils, elles viennent	je cueille tu cueilles il, elle cueille nous cueillons vous cueillez ils, elles cueillent	je meurs tu meurs il, elle meurt nous mourons vous mourez ils, elles meurent
Indicatif imparfait	il, elle venait	il, elle cueillait	il, elle mourait
Indicatif passé simple	il, elle vint ils, elles vinrent	il, elle cueillit ils, elles cueillirent	il, elle mourut ils, elles moururent
Indicatif futur	je viendrai il, elle viendra	je cueillerai il, elle cueillera	je mourrai il, elle mourra
Conditionnel présent	je viendrais il, elle viendrait	je cueillerais il, elle cueillerait	je mourrais il, elle mourrait
Subjonctif présent	que je vienne qu'il, elle vienne que nous venions qu'ils, elles viennent	que je cueille qu'il, elle cueille que nous cueillions qu'ils, elles cueillent	que je meure qu'il, elle meure que nous mourions qu'ils, elles meurent
Subjonctif imparfait	qu'il, elle vint qu'ils, elles vinssent	qu'il, elle cueillit qu'ils, elles cueillissent	qu'il, elle mourût qu'ils, elles mourussent
Impératif	viens venons, venez	cueille cueillons, cueillez	meurs mourons, mourez
Participe présent	venant	cueillant	mourant
Participe passé	venu, e	cueilli, e	mort, e

	43 partir	44 revêtir	45 courir
Indicatif présent	je pars tu pars il, elle part nous partons vous partez ils, elles partent	je revêts tu revêts il, elle revêt nous revêtons vous revêtez ils, elles revêtent	je cours tu cours il, elle court nous courons vous courez ils, elles courent
Indicatif imparfait	il, elle partait	il, elle revêtait	il, elle courait
Indicatif passé simple	il, elle partit ils, elles partirent	il, elle revêtit ils, elles revêtirent	il, elle courut ils, elles coururent
Indicatif futur	je partirai il, elle partira	je revêtirai il, elle revêtira	je courrai il, elle courra
Conditionnel présent	je partirais il, elle partirait	je revêtirais il, elle revêtirait	je courrais il, elle courrait
Subjonctif présent	que je parte qu'il, elle parte que nous partions qu'ils, elles partent	que je revête qu'il, elle revête que nous revêtions qu'ils, elles revêtent	que je coure qu'il, elle coure que nous courions qu'ils, elles courent
Subjonctif imparfait	qu'il, elle partît qu'ils, elles partissent	qu'il, elle revêtît qu'ils, elles revêtissent	qu'il, elle courût qu'ils, elles courussent
Impératif	pars partons, partez	revêts revêtons, revêtez	cours courons, courez
Participe présent	partant	revêtant	courant
Participe passé	parti, e	revêtu, e	couru, e

	46 faillir	47 défaillir	48 bouillir
Indicatif présent	je faillis, faux tu faillis, faux il, elle faillit, faut nous faillissons, faillons vous faillissez, faillez ils, elles faillissent, faillent	je défaille tu défailles il, elle défaille nous défaillons vous défaillez ils, elles défaillent	je bous tu bous il, elle bout nous bouillons vous bouillez ils, elles bouillent
Indicatif imparfait	il, elle faillissait, faillait	il, elle défaillait	il, elle bouillait
Indicatif passé simple	il, elle faillit ils, elles faillirent	il, elle défaillit ils, elles défaillirent	il, elle bouillit ils, elles bouillirent
Indicatif futur	je faillirai, faudrai il, elle faillira, faudra	je défaillirai, défaillerai il, elle défaillira, défaillera	je bouillirai il, elle bouillira
Conditionnel présent	je faillirais, faudrais il, elle faillirait, faudrait	je défaillirais, défaillerais il, elle défaillirait, défaillerait	je bouillirais il, elle bouillirait
Subjonctif présent	que je faillisse, faille qu'il, elle faillisse, faille que nous faillissions, faillions qu'ils, elles faillissent, faillent	que je défaille qu'il, elle défaille que nous défaillions qu'ils, elles défaillent	que je bouille qu'il, elle bouille que nous bouillions qu'ils, elles bouillent
Subjonctif imparfait	qu'il, elle faillît qu'ils, elles faillissent	qu'il, elle défaillît qu'ils, elles défaillissent	qu'il, elle bouillît qu'ils, elles bouillissent
Impératif	faillis, faux ; faillissons, faillons ; faillissez, faillez	défaille défaillons, défaillez	bous bouillons, bouillez
Participe présent	faillissant, faillant	défaillant	bouillant
Participe passé	failli	défailli	bouilli, e

	49 gésir *	50 saillir	51 ouïr
Indicatif présent	je gis	–	j'ouïs, ois
	tu gis		tu ouïs, ois
	il, elle gît	il, elle saille	il, elle ouït, oit
	nous gisons	–	nous ouïssons, oyons
	vous gisez	–	vous ouïssez, oyez
	ils, elles gisent	ils, elles saillent	ils, elles ouïssent, oient
Indicatif imparfait	il, elle gisait	il, elle saillait	il, elle ouïssait, oyait
Indicatif passé simple	–	il, elle saillit	il, elle ouït
		ils, elles saillirent	ils, elles ouïrent
Indicatif futur	–		j'ouïrai, orrais
		il, elle saillera	il, elle ouïra, orra
Conditionnel présent	–	–	j'ouïrais
		il, elle saillerait	il, elle ouïrait, orrait
Subjonctif présent	–	–	que j'ouïsse, oie
		qu'il, elle saille	qu'il, elle ouïsse, oie
		–	que nous ouïssions, oyions
		qu'ils, elles saillent	qu'ils, elles ouïssent, oient
Subjonctif imparfait	–	qu'il, elle saillît	qu'il, elle ouït
		qu'ils, elles saillissent	qu'ils, elles ouïssent
Impératif	–	–	ouïs, ois ; ouïssons, oyons ;
			ouïssez, oyez
Participe présent	gisant	saillant	oyant
Participe passé	–	sailli, e	ouï, e

* *Gésir* est défectif aux autres temps et modes.

	52 recevoir	53 devoir	54 mouvoir
Indicatif présent	je reçois	je dois	je meus
	tu reçois	tu dois	tu meus
	il, elle reçoit	il, elle doit	il, elle meut
	nous recevons	nous devons	nous mouvons
	vous recevez	vous devez	vous mouvez
	ils, elles reçoivent	ils, elles doivent	ils, elles meuvent
Indicatif imparfait	il, elle recevait	il, elle devait	il, elle mouvait
Indicatif passé simple	il, elle reçut	il, elle dut	il, elle mut
	ils, elles reçurent	ils, elles durent	ils, elles murent
Indicatif futur	je recevrai	je devrai	je mouvrai
	il, elle recevra	il, elle devra	il, elle mouvra
Conditionnel présent	je recevrais	je devrais	je mouvrais
	il, elle recevrait	il, elle devrait	il, elle mouvrait
Subjonctif présent	que je reçoive	que je doive	que je meuve
	qu'il, elle reçoive	qu'il, elle doive	qu'il, elle meuve
	que nous recevions	que nous devions	que nous mouvions
	qu'ils, elles reçoivent	qu'ils, elles doivent	qu'ils, elles meuvent
Subjonctif imparfait	qu'il, elle reçût	qu'il, elle dût	qu'il, elle mût
	qu'ils, elles reçussent	qu'ils, elles dussent	qu'ils, elles mussent
Impératif	reçois	dois	meus
	recevons, recevez	devons, devez	mouvons, mouvez
Participe présent	recevant	devant	mouvant
Participe passé	reçu, e	dû, due, dus, dues	mû, mue, mus, mues

	55 émouvoir	56 promouvoir	57 vouloir
Indicatif présent	j'émeus tu émeus il, elle émeut nous émouvons vous émouvez ils, elles émeuvent	je promeus tu promeus il, elle promeut nous promouvons vous promouvez ils, elles promeuvent	je veux tu veux il, elle veut nous voulons vous voulez ils, elles veulent
Indicatif imparfait	il, elle émouvait	il, elle promouvait	il, elle voulait
Indicatif passé simple	il, elle émut ils, elles émurent	il, elle promut ils, elles promurent	il, elle voulut ils, elles voulurent
Indicatif futur	j'émouvrai il, elle émouvra	je promouvrai il, elle promouvra	je voudrai il, elle voudra
Conditionnel présent	j'émouvrais il, elle émouvrait	je promouvrais il, elle promouvrait	je voudrais il, elle voudrait
Subjonctif présent	que j'émeuve qu'il, elle émeuve que nous émouvions qu'ils, elles émeuvent	que je promeuve qu'il, elle promeuve que nous promouvions qu'ils, elles promeuvent	que je veuille qu'il, elle veuille que nous voulions qu'ils, elles veuillent
Subjonctif imparfait	qu'il, elle émût qu'ils, elles émussent	qu'il, elle promût qu'ils, elles promussent	qu'il, elle voulût qu'ils, elles voulussent
Impératif	émeus émouvons, émouvez	promeus promouvons, promouvez	veux, veuille ; voulons, veuillons ; voulez, veuillez
Participe présent	émouvant	promouvant	voulant
Participe passé	ému, e	promu, e	voulu, e

	58 pouvoir	59 savoir	60 valoir
Indicatif présent	je peux, puis tu peux il peut nous pouvons vous pouvez ils, elles peuvent	je sais tu sais il, elle sait nous savons vous savez ils, elles savent	je vaux tu vaux il, elle vaut nous valons vous valez ils, elles valent
Indicatif imparfait	il, elle pouvait	il, elle savait	il, elle valait
Indicatif passé simple	il, elle put ils, elles purent	il, elle sut ils, elles surent	il, elle valut ils, elles valurent
Indicatif futur	je pourrai il, elle pourra	je saurai il, elle saura	je vaudrai il, elle vaudra
Conditionnel présent	je pourrais il, elle pourrait	je saurais il, elle saurait	je vaudrais il, elle vaudrait
Subjonctif présent	que je puisse qu'il, elle puisse que nous puissions qu'ils, elles puissent	que je sache qu'il, elle sache que nous sachions qu'ils, elles sachent	que je vaille qu'il, elle vaille que nous valions qu'ils, elles vaillent
Subjonctif imparfait	qu'il, elle pût qu'ils, elles pussent	qu'il, elle sût qu'ils, elles sussent	qu'il, elle valût qu'ils, elles valussent
Impératif	–	sache sachons, sachez	vaux valons, valez
Participe présent	pouvant	sachant	valant
Participe passé	pu	su, e	valu, e

	61 prévaloir	62 voir	63 prévoir
Indicatif présent	je prévaux tu prévaux il, elle prévaut nous prévalons vous prévalez ils, elles prévalent	je vois tu vois il, elle voit nous voyons vous voyez ils, elles voient	je prévois tu prévois il, elle prévoit nous prévoyons vous prévoyez ils, elles prévoient
Indicatif imparfait	il, elle prévalait	il, elle voyait	il, elle prévoyait
Indicatif passé simple	il, elle prévalut ils, elles prévalurent	il, elle vit ils, elles virent	il, elle prévit ils, elles prévirent
Indicatif futur	je prévaudrai il, elle prévaudra	je verrai il, elle verra	je prévoirai il, elle prévoira
Conditionnel présent	je prévaudrais il, elle prévaudrait	je verrais il, elle verrait	je prévoirais il, elle prévoirait
Subjonctif présent	que je prévale qu'il, elle prévale que nous prévalions qu'ils, elles prévalent	que je voie qu'il, elle voie que nous voyions qu'ils, elles voient	que je prévoie qu'il, elle prévoie que nous prévoyions qu'ils, elles prévoient
Subjonctif imparfait	qu'il, elle prévalût qu'ils, elles prévalussent	qu'il, elle vît qu'ils, elles vissent	qu'il, elle prévît qu'ils, elles prévissent
Impératif	prévaux prévalons, prévalez	vois voyons, voyez	prévois prévoyons, prévoyez
Participe présent	prévalant	voyant	prévoyant
Participe passé	prévalu, e	vu, e	prévu, e

	64 pourvoir	65 asseoir	66 surseoir*
Indicatif présent	je pourvois tu pourvois il, elle pourvoit nous pourvoyons vous pourvoyez ils, elles pourvoient	j'assieds, j'assois tu assieds, assois il, elle assied, assoit nous asseyons, assoyons vous asseyez, assoyez ils, elles asseyent, assoient	je sursois tu sursois il, elle sursoit nous sursoyons vous sursoyez ils, elles sursoient
Indicatif imparfait	il, elle pourvoyait	il, elle asseyait, assoyait	il, elle sursoyait
Indicatif passé simple	il, elle pourvut ils, elles pourvurent	il, elle assit ils, elles assirent	il, elle sursit ils, elles sursirent
Indicatif futur	je pourvoirai il, elle pourvoira	j'assiérai, j'assoirai il, elle assiéra, assoira	je surseoirai il, elle surseoira
Conditionnel présent	je pourvoirais il, elle pourvoirait	j'assiérais, j'assoirais il, elle assiérait, assoirait	je surseoirais il, elle surseoirait
Subjonctif présent	que je pourvoie qu'il, elle pourvoie que nous pourvoyions qu'ils, elles pourvoient	que j'asseye, j'assoie qu'il, elle asseye, assoie que nous asseyions, assoyions qu'ils, elles asseyent, assoient	que je sursoie qu'il, elle sursoie que nous sursoyions qu'ils, elles sursoient
Subjonctif imparfait	qu'il, elle pourvût qu'ils, elles pourvussent	qu'il, elle assît qu'ils, elles assissent	qu'il, elle sursît qu'ils, elles sursissent
Impératif	pourvois pourvoyons, pourvoyez	assieds, assois ; asseyons, assoyons ; asseyez, assoyez	sursois sursoyons, sursoyez
Participe présent	pourvoyant	asseyant, assoyant	sursoyant
Participe passé	pourvu, e	assis, e	sursis

*En nouvelle orthographe, *surseoir* devient *sursoir* ; les formes du futur et du conditionnel deviennent *je sursoirai* et *je sursoirais*.

	67 seoir	68 pleuvoir	69 falloir
Indicatif présent	–	–	–
	il, elle sied	il pleut	il faut
	–	–	–
	–	–	–
	ils, elles siéent	–	–
Indicatif imparfait	il, elle seyait	il pleuvait	il fallait
Indicatif passé simple	–	il plut	il fallut
	–	–	–
Indicatif futur	–	–	–
	il, elle siéra	il pleuvra	il faudra
Conditionnel présent	–	–	–
	il, elle siérait	il pleuvrait	il faudrait
Subjonctif présent	–	–	–
	qu'il, elle siée	qu'il pleuve	qu'il faille
	–	–	–
	qu'ils, elles siéent	–	–
Subjonctif imparfait	–	qu'il plût	qu'il fallût
	–	–	–
Impératif	–	–	–
Participe présent	seyant	pleuvant	–
Participe passé	–	plu	fallu

	70 échoir	71 déchoir	72 choir
Indicatif présent	–	je déchois	je chois
		tu déchois	tu chois
	il, elle échoit	il, elle déchoit	il, elle choit
	–	nous déchoyons	–
		vous déchoyez	
	ils, elles échoient	ils, elles déchoient	ils, elles choient
Indicatif imparfait	il, elle échoyait	–	–
Indicatif passé simple	il, elle échut	il, elle déchut	il, elle chut
	ils, elles échurent	ils, elles déchurent	ils, elles churent
Indicatif futur	–	je déchoirai	je choirai, cherrai
	il, elle échoira, écherra	il, elle déchoira	il, elle choira, cherra
Conditionnel présent	–	je déchoirais	je choirais, cherrais
	il, elle échoirait, écherrait	il, elle déchoirait	il, elle choirait, cherrait
Subjonctif présent	–	que je déchoie	–
	qu'il, elle échoie	qu'il, elle déchoie	
		que nous déchoyions	
	qu'ils, elles échoient	qu'ils, elles déchoient	
Subjonctif imparfait	qu'il, elle échût	qu'il, elle déchût	qu'il, elle chût
	qu'ils, elles échussent	qu'ils, elles déchussent	–
Impératif	–	–	–
Participe présent	échéant	–	–
Participe passé	échu, e	déchu, e	chu, e

	73 vendre	74 répandre	75 répondre
Indicatif présent	je vends	je répands	je réponds
	tu vends	tu répands	tu réponds
	il, elle vend	il, elle répand	il, elle répond
	nous vendons	nous répandons	nous répondons
	vous vendez	vous répandez	vous répondez
	ils, elles vendent	ils, elles répandent	ils, elles répondent
Indicatif imparfait	il, elle vendait	il, elle répandait	il, elle répondait
Indicatif passé simple	il, elle vendit	il, elle répandit	il, elle répondit
	ils, elles vendirent	ils, elles répandirent	ils, elles répondirent
Indicatif futur	je vendrai	je répandrai	je répondrai
	il, elle vendra	il, elle répandra	il, elle répondra
Conditionnel présent	je vendrais	je répandrais	je répondrais
	il, elle vendrait	il, elle répandrait	il, elle répondrait
Subjonctif présent	que je vende	que je répande	que je réponde
	qu'il, elle vende	qu'il, elle répande	qu'il, elle réponde
	que nous vendions	que nous répandions	que nous répondions
	qu'ils, elles vendent	qu'ils, elles répandent	qu'ils, elles répondent
Subjonctif imparfait	qu'il, elle vendît	qu'il, elle répandît	qu'il, elle répondît
	qu'ils, elles vendissent	qu'ils, elles répandissent	qu'ils, elles répondissent
Impératif	vends	répands	réponds
	vendons, vendez	répandons, répandez	répondons, répondez
Participe présent	vendant	répandant	répondant
Participe passé	vendu, e	répandu, e	répondu, e

	76 mordre	77 perdre	78 rompre
Indicatif présent	je mords	je perds	je romps
	tu mords	tu perds	tu romps
	il, elle mord	il, elle perd	il, elle rompt
	nous mordons	nous perdons	nous rompons
	vous mordez	vous perdez	vous rompez
	ils, elles mordent	ils, elles perdent	ils, elles rompent
Indicatif imparfait	il, elle mordait	il, elle perdait	il, elle rompait
Indicatif passé simple	il, elle mordit	il, elle perdit	il, elle rompit
	ils, elles mordirent	ils, elles perdirent	ils, elles rompirent
Indicatif futur	je mordrai	je perdrai	je romprai
	il, elle mordra	il, elle perdra	il, elle rompra
Conditionnel présent	je mordrais	je perdrais	je romprais
	il, elle mordrait	il, elle perdrait	il, elle romprait
Subjonctif présent	que je morde	que je perde	que je rompe
	qu'il, elle morde	qu'il, elle perde	qu'il, elle rompe
	que nous mordions	que nous perdions	que nous rompions
	qu'ils, elles mordent	qu'ils, elles perdent	qu'ils, elles rompent
Subjonctif imparfait	qu'il, elle mordît	qu'il, elle perdît	qu'il, elle rompît
	qu'ils, elles mordissent	qu'ils, elles perdissent	qu'ils, elles rompissent
Impératif	mords	perds	romps
	mordons, mordez	perdons, perdez	rompons, rompez
Participe présent	mordant	perdant	rompant
Participe passé	mordu, e	perdu, e	rompu, e

	79 prendre	80 craindre	81 peindre
Indicatif présent	je prends tu prends il, elle prend nous prenons vous prenez ils, elles prennent	je crains tu crains il, elle craint nous craignons vous craignez ils, elles craignent	je peins tu peins il, elle peint nous peignons vous peignez ils, elles peignent
Indicatif imparfait	il, elle prenait	il, elle craignait	il, elle peignait
Indicatif passé simple	il, elle prit ils, elles prirent	il, elle craignit ils, elles craignirent	il, elle peignit ils, elles peignirent
Indicatif futur	je prendrai il, elle prendra	je craindrai il, elle craindra	je peindrai il, elle peindra
Conditionnel présent	je prendrais il, elle prendrait	je craindrais il, elle craindrait	je peindrais il, elle peindrait
Subjonctif présent	que je prenne qu'il, elle prenne que nous prenions qu'ils, elles prennent	que je craigne qu'il, elle craigne que nous craignions qu'ils, elles craignent	que je peigne qu'il, elle peigne que nous peignions qu'ils, elles peignent
Subjonctif imparfait	qu'il, elle prît qu'ils, elles prissent	qu'il, elle craignît qu'ils, elles craignissent	qu'il, elle peignît qu'ils, elles peignissent
Impératif	prends prenons, prenez	crains craignons, craignez	peins peignons, peignez
Participe présent	prenant	craignant	peignant
Participe passé	pris, e	craint, e	peint, e

	82 joindre	83 battre	84 mettre
Indicatif présent	je joins tu joins il, elle joint nous joignons vous joignez ils, elles joignent	je bats tu bats il, elle bat nous battons vous battez ils, elles battent	je mets tu mets il, elle met nous mettons vous mettez ils, elles mettent
Indicatif imparfait	il, elle joignait	il, elle battait	il, elle mettait
Indicatif passé simple	il, elle joignit ils, elles joignirent	il, elle battit ils, elles battirent	il, elle mit ils, elles mirent
Indicatif futur	je joindrai il, elle joindra	je battrai il, elle battra	je mettrai il, elle mettra
Conditionnel présent	je joindrais il, elle joindrait	je battrais il, elle battrait	je mettrais il, elle mettrait
Subjonctif présent	que je joigne qu'il, elle joigne que nous joignions qu'ils, elles joignent	que je batte qu'il, elle batte que nous battions qu'ils, elles battent	que je mette qu'il, elle mette que nous mettions qu'ils, elles mettent
Subjonctif imparfait	qu'il, elle joignît qu'ils, elles joignissent	qu'il, elle battît qu'ils, elles battissent	qu'il, elle mît qu'ils, elles missent
Impératif	joins joignons, joignez	bats battons, battez	mets mettons, mettez
Participe présent	joignant	battant	mettant
Participe passé	joint, e	battu, e	mis, e

	85 moudre	86 coudre	87 absoudre
Indicatif présent	je mouds tu mouds il, elle moud nous moulons vous moulez ils, elles moulent	je couds tu couds il, elle coud nous cousons vous cousez ils, elles cousent	j'absous tu absous il, elle absout nous absolvons vous absolvez ils, elles absolvent
Indicatif imparfait	il, elle moulait	il, elle cousait	il, elle absolvait
Indicatif passé simple	il, elle moulut ils, elles moulurent	il, elle cousit ils, elles cousirent	il, elle absolut ils, elles absolurent
Indicatif futur	je moudrai il, elle moudra	je coudrai il, elle coudra	j'absoudrai il, elle absoudra
Conditionnel présent	je moudrais il, elle moudrait	je coudrais il, elle coudrait	j'absoudrais il, elle absoudrait
Subjonctif présent	que je moule qu'il, elle moule que nous moulions qu'ils, elles moulent	que je couse qu'il, elle couse que nous cousions qu'ils, elles cousent	que j'absolve qu'il, elle absolve que nous absolvions qu'ils, elles absolvent
Subjonctif imparfait	qu'il, elle moulût qu'ils, elles moulussent	qu'il, elle cousit qu'ils, elles cousissent	qu'il, elle absolût qu'ils, elles absolussent
Impératif	mouds moulons, moulez	couds cousons, cousez	absous absolvons, absolvez
Participe présent	moulant	cousant	absolvant
Participe passé	moulu, e	cousu, e	absous, oute

	88 résoudre	89 suivre	90 vivre
Indicatif présent	je résous tu résous il, elle résout nous résolvons vous résolvez ils, elles résolvent	je suis tu suis il, elle suit nous suivons vous suivez ils, elles suivent	je vis tu vis il, elle vit nous vivons vous vivez ils, elles vivent
Indicatif imparfait	il, elle résolvait	il, elle suivait	il, elle vivait
Indicatif passé simple	il, elle résolut ils, elles résolurent	il, elle suivit ils, elles suivirent	il, elle vécut ils, elles vécurent
Indicatif futur	je résoudrai il, elle résoudra	je suivrai il, elle suivra	je vivrai il, elle vivra
Conditionnel présent	je résoudrais il, elle résoudrait	je suivrais il, elle suivrait	je vivrais il, elle vivrait
Subjonctif présent	que je résolve qu'il, elle résolve que nous résolvions qu'ils, elles résolvent	que je suive qu'il, elle suive que nous suivions qu'ils, elles suivent	que je vive qu'il, elle vive que nous vivions qu'ils, elles vivent
Subjonctif imparfait	qu'il, elle résolût qu'ils, elles résolussent	qu'il, elle suivit qu'ils, elles suivissent	qu'il, elle vécût qu'ils, elles vécussent
Impératif	résous résolvons, résolvez	suis suivons, suivez	vis vivons, vivez
Participe présent	résolvant	suivant	vivant
Participe passé	résolu, e	suivi, e	vécu, e

	91 paraître	92 naître	93 croître
Indicatif présent	je parais tu parais il, elle paraît nous paraissons vous paraissez ils, elles paraissent	je nais tu nais il, elle naît nous naissons vous naissez ils, elles naissent	je crois tu crois il, elle croît nous croissons vous croissez ils, elles croissent
Indicatif imparfait	il, elle paraissait	il, elle naissait	il, elle croissait
Indicatif passé simple	il, elle parut ils, elles parurent	il, elle naquit ils, elles naquirent	il, elle crût ils, elles crûrent
Indicatif futur	je paraîtrai il, elle paraîtra	je naîtrai il, elle naîtra	je croîtrai il, elle croîtra
Conditionnel présent	je paraîtrais il, elle paraîtrait	je naîtrais il, elle naîtrait	je croîtrais il, elle croîtrait
Subjonctif présent	que je paraisse qu'il, elle paraisse que nous paraissions qu'ils, elles paraissent	que je naisse qu'il, elle naisse que nous naissions qu'ils, elles naissent	que je croisse qu'il, elle croisse que nous croissions qu'ils, elles croissent
Subjonctif imparfait	qu'il, elle parût qu'ils, elles parussent	qu'il, elle naquît qu'ils, elles naquissent	qu'il, elle crût qu'ils, elles crûssent
Impératif	parais paraissons, paraissez	nais naissons, naissez	crois croissons, croissez
Participe présent	paraissant	naissant	croissant
Participe passé	paru, e	né, e	crû, crue, crus, crues

	94 accroître	95 rire	96 conclure
Indicatif présent	j'accrois tu accrois il, elle accroît nous accroissons vous accroissez ils, elles accroissent	je ris tu ris il, elle rit nous rions vous riez ils, elles rient	je conclus tu conclus il, elle conclut nous concluons vous concluez ils, elles concluent
Indicatif imparfait	il, elle accroissait	il, elle riait	il, elle concluait
Indicatif passé simple	il, elle accrut ils, elles accrurent	il, elle rit ils, elles rirent	il, elle conclut ils, elles conclurent
Indicatif futur	j'accroîtrai il, elle accroîtra	je rirai il, elle rira	je conclurai il, elle conclura
Conditionnel présent	j'accroîtrais il, elle accroîtrait	je rirais il, elle rirait	je conclurais il, elle conclurait
Subjonctif présent	que j'accroisse qu'il, elle accroisse que nous accroissions qu'ils, elles accroissent	que je rie qu'il, elle rie que nous riions qu'ils, elles rient	que je conclue qu'il, elle conclue que nous concluions qu'ils, elles concluent
Subjonctif imparfait	qu'il, elle accrût qu'ils, elles accrussent	qu'il, elle rît qu'ils, elles rissent	qu'il, elle conclût qu'ils, elles conclussent
Impératif	accrois accroissons, accroissez	ris rions, riez	conclus concluons, concluez
Participe présent	accroissant	riant	concluant
Participe passé	accru, e	ri	conclu, e

	97 nuire	98 conduire	99 écrire
Indicatif présent	je nuis tu nuis il, elle nuit nous nuisons vous nuisez ils, elles nuisent	je conduis tu conduis il, elle conduit nous conduisons vous conduisez ils, elles conduisent	j'écris tu écris il, elle écrit nous écrivons vous écrivez ils, elles écrivent
Indicatif imparfait	il, elle nuisait	il, elle conduisait	il, elle écrivait
Indicatif passé simple	il, elle nuisit ils, elles nuisirent	il, elle conduisit ils, elles conduisirent	il, elle écrivit ils, elles écrivirent
Indicatif futur	je nuirai il, elle nuira	je conduirai il, elle conduira	j'écrirai il, elle écrira
Conditionnel présent	je nuirais il, elle nuirait	je conduirais il, elle conduirait	j'écrirais il, elle écrirait
Subjonctif présent	que je nuise qu'il, elle nuise que nous nuisions qu'ils, elles nuisent	que je conduise qu'il, elle conduise que nous conduisions qu'ils, elles conduisent	que j'écrive qu'il, elle écrive que nous écrivions qu'ils, elles écrivent
Subjonctif imparfait	qu'il, elle nuisit qu'ils, elles nuisissent	qu'il, elle conduisit qu'ils, elles conduisissent	qu'il, elle écrivit qu'ils, elles écrivissent
Impératif	nuis nuisons, nuisez	conduis conduisons, conduisez	écris écrivons, écrivez
Participe présent	nuisant	conduisant	écrivant
Participe passé	nui	conduit, e	écrit, e

	100 suffire	101 confire	102 dire
Indicatif présent	je suffis tu suffis il, elle suffit nous suffisons vous suffisez ils, elles suffisent	je confis tu confis il, elle confit nous confisons vous confisez ils, elles confisent	je dis tu dis il, elle dit nous disons vous dites ils, elles disent
Indicatif imparfait	il, elle suffisait	il, elle confisait	il, elle disait
Indicatif passé simple	il, elle suffit ils, elles suffirent	il, elle confit ils, elles confirent	il, elle dit ils, elles dirent
Indicatif futur	je suffirai il, elle suffira	je confirai il, elle confira	je dirai il, elle dira
Conditionnel présent	je suffirais il, elle suffirait	je confirais il, elle confirait	je dirais il, elle dirait
Subjonctif présent	que je suffise qu'il, elle suffise que nous suffisions qu'ils, elles suffisent	que je confise qu'il, elle confise que nous confisions qu'ils, elles confisent	que je dise qu'il, elle dise que nous disions qu'ils, elles disent
Subjonctif imparfait	qu'il, elle suffit qu'ils, elles suffissent	qu'il, elle confit qu'ils, elles confissent	qu'il, elle dit qu'ils, elles dissent
Impératif	suffis suffisons, suffisez	confis confisons, confisez	dis disons, dites
Participe présent	suffisant	confisant	disant
Participe passé	suffi	confit, e	dit, e

	103 contredire	104 maudire	105 bruire
Indicatif présent	je contredis tu contredis il, elle contredit nous contredisons vous contredisez ils, elles contredisent	je maudis tu maudis il, elle maudit nous maudissons vous maudissez ils, elles maudissent	je bruis tu bruis il, elle bruit – – –
Indicatif imparfait	il, elle contredisait	il, elle maudissait	il, elle bruyait
Indicatif passé simple	il, elle contredit ils, elles contredirent	il, elle maudit ils, elles maudirent	–
Indicatif futur	je contredirai il, elle contredira	je maudirai il, elle maudira	je bruirai il, elle bruira
Conditionnel présent	je contredirais il, elle contredirait	je maudirais il, elle maudirait	je bruirais il, elle bruirait
Subjonctif présent	que je contredise qu'il, elle contredise que nous contredisions qu'ils, elles contredisent	que je maudisse qu'il, elle maudisse que nous maudissions qu'ils, elles maudissent	–
Subjonctif imparfait	qu'il, elle contredît qu'ils, elles contredissent	qu'il, elle maudît qu'ils, elles maudissent	–
Impératif	contredis contredisons, contredisez	maudis maudissons, maudissez	–
Participe présent	contredisant	maudissant	–
Participe passé	contredit, e	maudit, e	bruit

	106 lire	107 croire	108 boire
Indicatif présent	je lis tu lis il, elle lit nous lisons vous lisez ils, elles lisent	je crois tu crois il, elle croit nous croyons vous croyez ils, elles croient	je bois tu bois il, elle boit nous buvons vous buvez ils, elles boivent
Indicatif imparfait	il, elle lisait	il, elle croyait	il, elle buvait
Indicatif passé simple	il, elle lut ils, elles lurent	il, elle crut ils, elles crurent	il, elle but ils, elles burent
Indicatif futur	je lirai il, elle lira	je croirai il, elle croira	je boirai il, elle boira
Conditionnel présent	je lirais il, elle lirait	je croirais il, elle croirait	je boirais il, elle boirait
Subjonctif présent	que je lise qu'il, elle lise que nous lisions qu'ils, elles lisent	que je croie qu'il, elle croie que nous croyions qu'ils, elles croient	que je boive qu'il, elle boive que nous buvions qu'ils, elles boivent
Subjonctif imparfait	qu'il, elle lût qu'ils, elles lussent	qu'il, elle crût qu'ils, elles crussent	qu'il, elle bût qu'ils, elles bussent
Impératif	lis lisons, lisez	crois croyons, croyez	bois buvons, buvez
Participe présent	lisant	croyant	buvant
Participe passé	lu, e	cru, e	bu, e

	109 faire	110 plaire	111 taire
Indicatif présent	je fais tu fais il, elle fait nous faisons vous faites ils, elles font	je plais tu plais il, elle plaît nous plaisons vous plaisez ils, elles plaisent	je tais tu tais il, elle tait nous taisons vous taisez ils, elles taisent
Indicatif imparfait	il, elle faisait	il, elle plaisait	il, elle taisait
Indicatif passé simple	il, elle fit ils, elles firent	il, elle plut ils, elles plurent	il, elle tut ils, elles turent
Indicatif futur	je ferai il, elle fera	je plairai il, elle plaira	je tairai il, elle taira
Conditionnel présent	je ferais il, elle ferait	je plairais il, elle plairait	je tairais il, elle tairait
Subjonctif présent	que je fasse qu'il, elle fasse que nous fassions qu'ils, elles fassent	que je plaise qu'il, elle plaise que nous plaisions qu'ils, elles plaisent	que je taise qu'il, elle taise que nous taisions qu'ils, elles taisent
Subjonctif imparfait	qu'il, elle fît qu'ils, elles fissent	qu'il, elle plût qu'ils, elles plussent	qu'il, elle tût qu'ils, elles tussent
Impératif	fais faisons, faites	plais plaisons, plaisez	tais taisons, taisez
Participe présent	faisant	plaisant	taisant
Participe passé	fait, e	plu	tu, e

	112 extraire	113 clore	114 vaincre
Indicatif présent	j'extrais tu extrais il, elle extrait nous extrayons vous extrayez ils, elles extraient	je clos tu clos il, elle clôt nous closons vous closez ils, elles closent	je vaincs tu vaincs il, elle vainc nous vainquons vous vainquez ils, elles vainquent
Indicatif imparfait	il, elle extrayait	–	il, elle vainquait
Indicatif passé simple	–	–	il, elle vainquit ils, elles vainquirent
Indicatif futur	j'extrairai il, elle extraira	je clorai il, elle clora	je vaincrai il, elle vaincra
Conditionnel présent	j'extrairais il, elle extrairait	je clorais il, elle clorait	je vaincrais il, elle vaincrait
Subjonctif présent	que j'extraie qu'il, elle extraie que nous extrayions qu'ils, elles extraient	que je close qu'il, elle close que nous closions qu'ils, elles closent	que je vainque qu'il, elle vainque que nous vainquions qu'ils, elles vainquent
Subjonctif imparfait	–	–	qu'il, elle vainquît qu'ils, elles vainquissent
Impératif	extrais extrayons, extrayez	clos –	vaincs vainquons, vainquez
Participe présent	extrayant	closant	vainquant
Participe passé	extrait, e	clos, e	vaincu, e

	115 frire	116 foutre
Indicatif présent	je fris tu fris il, elle frit – – –	je fous tu fous il, elle fout nous foutons vous foutez ils, elles foutent
Indicatif imparfait	–	il, elle foutait
Indicatif passé simple	–	–
Indicatif futur	je frirai il, elle frira	je foutrai il, elle foutra
Conditionnel présent	je frirais il, elle frirait	je foutrais il, elle foutrait
Subjonctif présent	–	que je foute qu'il, elle foute que nous foutions qu'ils, elles foutent
Subjonctif imparfait	–	–
Impératif	fris –	fous foutons, foutez
Participe présent	–	foutant
Participe passé	frit, e	foutu, e

English irregular verbs

infinitif	prétérit	participe passé	infinitif	prétérit	participe passé
arise	arose	arisen	dream	dreamt, dreamed	dreamt, dreamed
awake	awoke	awoken	drink	drank	drunk
be	was, were	been	drive	drove	driven
bear	bore	borne	dwell	dwelt, dwelled	dwelt, dwelled
beat	beat	beaten	eat	ate	eaten
become	became	become	fall	fell	fallen
befall	befell	befallen	feed	fed	fed
begin	began	begun	feel	felt	felt
behold	beheld	beheld	fight	fought	fought
bend	bent	bent	find	found	found
beseech	besought	besought	flee	fled	fled
beset	beset	beset	fling	flung	flung
bet	bet, betted	bet, betted	fly	flew	flown
bid [for auctions]	bid	bid	forbear	forbore	forborne
bid [say]	bade	bidden	forbid	forbade	forbidden
bind	bound	bound	forecast	forecast	forecast
bite	bit	bitten	forego	forewent	foregone
bleed	bled	bled	foresee	foresaw	foreseen
blow	blew	blown	foretell	foretold	foretold
break	broke	broken	forget	forgot	forgotten
breed	bred	bred	forgive	forgave	forgiven
bring	brought	brought	forsake	forsook	forsaken
build	built	built	freeze	froze	frozen
burn	burnt, burned	burnt, burned	get	got	got (Am gotten)
burst	burst	burst	give	gave	given
buy	bought	bought	go	went	gone
can	could	—	grind	ground	ground
cast	cast	cast	grow	grew	grown
catch	caught	caught	hang	hung, hanged	hung, hanged
choose	chose	chosen	have	had	had
cling	clung	clung	hear	heard	heard
come	came	come	hide	hid	hidden
cost	cost	cost	hit	hit	hit
creep	crept	crept	hold	held	held
cut	cut	cut	hurt	hurt	hurt
deal	dealt	dealt	keep	kept	kept
dig	dug	dug	kneel	knelt, kneeled	knelt, kneeled
do	did	done	know	knew	known
draw	drew	drawn	lay	laid	laid

infinitif	prétérit	participe passé	infinitif	prétérit	participe passé
lead	led	led	show	showed	shown
lean	leant, leaned	leant, leaned	shrink	shrank	shrunk
leap	leapt, leaped	leapt, leaped	shut	shut	shut
learn	learnt, learned	learnt, learned	sing	sang	sung
leave	left	left	sink	sank	sunk
lend	lent	lent	sit	sat	sat
let	let	let	slay	slew	slain
lie	lay	lain	sleep	slept	slept
light	lit, lighted	lit, lighted	slide	slid	slid
lose	lost	lost	sling	slung	slung
make	made	made	slink	slunk	slunk
may	might	–	slit	slit	slit
mean	meant	meant	smell	smelt, smelled	smelt, smelled
meet	met	met	sow	sowed	sown, sowed
mistake	mistook	mistaken	speak	spoke	spoken
mow	mowed	mown, mowed	speed	sped, speeded	sped, speeded
pay	paid	paid	spell	spelt, spelled	spelt, spelled
put	put	put	spend	spent	spent
quit	quit, quitted	quit, quitted	spill	spilt, spilled	spilt, spilled
read	read	read	spin	spun	spun
rend	rent	rent	spit	spat, spit	spat, spit
rid	rid	rid	split	split	split
ride	rode	ridden	spoil	spoilt, spoiled	spoilt, spoiled
ring	rang	rung	spread	spread	spread
rise	rose	risen	spring	sprang	sprung
run	ran	run	stand	stood	stood
saw	sawed	sawn, sawed	steal	stole	stolen
say	said	said	stick	stuck	stuck
see	saw	seen	sting	stung	stung
seek	sought	sought	stink	stank	stunk
sell	sold	sold	stride	strode	stridden
send	sent	sent	strike	struck	struck, stricken
set	set	set	strive	strove	striven
shake	shook	shaken	swear	swore	sworn
shall	should	–	sweep	swept	swept
shear	sheared	shorn, sheared	swell	swelled	swollen, swelled
shed	shed	shed	swim	swam	swum
shine	shone	shone	swing	swung	swung
shoot	shot	shot	take	took	taken

infinitif	prétérit	participe passé	infinitif	prétérit	participe passé
teach	taught	taught	wed	wed, wedded	wed, wedded
tear	tore	torn	weep	wept	wept
tell	told	told	wet	wet, wetted	wet, wetted
think	thought	thought	will	would	—
throw	threw	thrown	win	won	won
thrust	thrust	thrust	wind	wound	wound
tread	trod	trod, trodden	withdraw	withdrew	withdrawn
upset	upset	upset	withhold	withheld	withheld
wake	woke, waked	woken, waked	withstand	withstood	withstood
wear	wore	worn	wring	wrung	wrung
weave	wove, weaved	woven, weaved	write	wrote	written

a¹ (*pl* a's), **A** (*pl* A's or As) [eɪ] noun [letter] a *m inv*, A *m inv* ▶ **to get from A to B** aller d'un point à un autre. ◆ **A** noun **1.** MUS la *m inv* **2.** SCH [mark] A *m inv*.

a² (*weak form* [ə], *strong form* [eɪ], *before vowel or silent 'h'* **an:** *weak form* [ən], *strong form* [æn]) indef art **1.** [gen] un (une) / *a boy* un garçon / *a table* une table / *an orange* une orange **2.** [referring to occupation] : *to be a lawyer/plumber* être avocat/plombier **3.** [before numbers, quantities] un (une) / *a hundred/thousand pounds* cent/mille livres **4.** [to express prices, ratios] : *20p a kilo* 20p le kilo / *£10 a person* 10 livres par personne / *twice a week/month* deux fois par semaine/mois / *50 km an hour* 50 km à l'heure.

A3¹ ✤ noun [paper size] format *m* A3. ✤ adj ▶ **A3 paper** papier *m* (format) A3.

A3² MESSAGING *written abbr of* anytime, anywhere, anyplace.

AA noun **1.** (*abbr of* **Automobile Association**) *automobile club britannique* ; ≃ ACF *m* ; ≃ TCF *m* **2.** (*abbr of* **Alcoholics Anonymous**) Alcooliques Anonymes *mpl*.

AAA noun (*abbr of* **American Automobile Association**) *automobile club américain* ; ≃ ACF *m* ; ≃ TCF *m*.

AB noun US *abbr of* Bachelor of Arts.

aback [ə'bæk] adv ▶ **to be taken aback** être déconcentané(e) / *he was rather taken aback when I said that* ça l'a surpris que je dise ça.

abandon [ə'bændən] ✤ vt abandonner. ✤ noun ▶ **with abandon** avec abandon.

abashed [ə'bæʃt] adj confus(e).

abate [ə'beɪt] vi [storm, fear] se calmer ; [noise] faiblir.

abattoir ['æbətwɑːr] noun abattoir *m*.

abbey ['æbɪ] noun abbaye *f*.

abbot ['æbət] noun abbé *m*.

abbreviate [ə'briːvɪeɪt] vt abréger.

abbreviation [ə,briːvɪ'eɪʃn] noun abréviation *f*.

ABC noun **1.** [alphabet] alphabet *m* **2.** *fig* [basics] B.A.-Ba *m*, abc *m*.

abdicate ['æbdɪkeɪt] vt & vi abdiquer.

abdomen ['æbdəmən] noun abdomen *m*.

abduct [əb'dʌkt] vt enlever.

aberration [,æbə'reɪʃn] noun aberration *f*.

abet [ə'bet] vt ⟶ aid.

abeyance [ə'beɪəns] noun ▶ **in abeyance** en attente.

abhor [əb'hɔːr] vt exécrer, abhorrer.

abhorrent [əb'hɒrənt] adj répugnant(e).

abide [ə'baɪd] vt supporter, souffrir / *I can't abide hypocrisy* je ne supporte pas l'hypocrisie. ◆ **abide by** vt insep respecter, se soumettre à.

abiding [ə'baɪdɪŋ] adj [lasting - feeling, interest] constant(e) ; [- memory] éternel(elle), impérissable.

ability [ə'bɪlətɪ] noun **1.** [capacity, capability] aptitude *f* **2.** [skill] talent *m*.

abject ['æbdʒekt] adj **1.** [poverty] noir(e) **2.** [person] pitoyable ; [flattery] servile.

ablaze [ə'bleɪz] adj [on fire] en feu.

able ['eɪbl] adj **1.** [capable] ▶ **to be able to do sthg** pouvoir faire qqch **2.** [accomplished] compétent(e).

able-bodied [-,bɒdɪd] adj en bonne santé, valide.

ably ['eɪblɪ] adv avec compétence, habilement.

abnormal [æb'nɔːml] adj anormal(e).

aboard [ə'bɔːd] ✤ adv à bord. ✤ prep [ship, plane] à bord de ; [bus, train] dans.

abode [ə'bəʊd] noun *fml* ▶ **of no fixed abode** sans domicile fixe.

abolish [ə'bɒlɪʃ] vt abolir.

abolition [,æbə'lɪʃn] noun abolition *f*.

abominable [ə'bɒmɪnəbl] adj abominable.

abominable snowman noun ▶ **the abominable snowman** l'abominable homme *m* des neiges.

aborigine [,æbə'rɪdʒənɪ] noun aborigène *mf* d'Australie.

abort [ə'bɔːt] vt **1.** [pregnancy] interrompre **2.** *fig* [plan, project] abandonner, faire avorter **3.** COMPUT abandonner.

abortion [ə'bɔːʃn] noun avortement *m*, interruption *f* (volontaire) de grossesse ▶ **to have an abortion** se faire avorter.

abortive [ə'bɔːtɪv] adj manqué(e).

abound [ə'baʊnd] vi **1.** [be plentiful] abonder **2.** [be full] **▸ to abound with** OR **in** abonder en.

about [ə'baʊt] ❖ adv **1.** [approximately] environ, à peu près / *about fifty* / *a hundred* / *a thousand* environ cinquante/cent/mille / *at about five o'clock* vers cinq heures / *I'm just about ready* je suis presque prêt **2.** [referring to place] : *to run about* courir çà et là / *to leave things lying about* laisser traîner des affaires / *to walk about* aller et venir, se promener **3.** [on the point of] **▸ to be about to do sthg** être sur le point de faire qqch. ❖ prep **1.** [relating to, concerning] au sujet de / *a film about Paris* un film sur Paris / *what is it about?* de quoi s'agit-il ? / *to talk about sthg* parler de qqch **2.** [referring to place] : *his belongings were scattered about the room* ses affaires étaient éparpillées dans toute la pièce / *to wander about the streets* errer de par les rues.

about-turn UK, **about-face** US noun **1.** MIL demi-tour *m* ; fig volte-face *f* inv **2.** POL revirement *m*.

above [ə'bʌv] ❖ adv **1.** [on top, higher up] au-dessus **2.** [in text] ci-dessus, plus haut **3.** [more, over] plus / *children aged 5 and above* les enfants âgés de 5 ans et plus OR de plus de 5 ans. ❖ prep **1.** [on top of, higher up than] au-dessus de **2.** [more than] plus de. ◆ **above all** adv avant tout.

aboveboard [ə,bʌv'bɔːd] adj honnête.

abrasion [ə'breɪʒn] noun fml [on skin] écorchure *f*, égratignure *f*.

abrasive [ə'breɪsɪv] adj [substance] abrasif(ive) ; fig caustique, acerbe.

abreast [ə'brest] adv de front. ◆ **abreast of** prep **▸ to keep abreast of** se tenir au courant de.

abridged [ə'brɪdʒd] adj abrégé(e).

abroad [ə'brɔːd] adv à l'étranger.

abrupt [ə'brʌpt] adj **1.** [sudden] soudain(e), brusque **2.** [brusque] abrupt(e).

abs [æbz] pl n inf [abdominal muscles] abdos *mpl* / *I'm working on my abs* je travaille mes abdos **▸ to have killer abs** avoir des abdos en béton OR des tablettes de chocolat.

abscess ['æbses] noun abcès *m*.

abscond [əb'skɒnd] vi s'enfuir.

abseil ['æbseɪl] vi UK descendre en rappel.

absence ['æbsəns] noun absence *f*.

absent ['æbsənt] adj **▸ absent (from)** absent(e) (de).

absentee [,æbsən'tiː] noun absent *m*, -e *f*.

absent-minded [-'maɪndɪd] adj distrait(e).

absolute ['æbsəluːt] adj **1.** [complete - fool, disgrace] complet(ète) **2.** [totalitarian - ruler, power] absolu(e).

absolutely ['æbsə'luːtlɪ] adv absolument.

absolute majority noun majorité *f* absolue.

absolve [əb'zɒlv] vt **▸ to absolve sb (from)** absoudre qqn (de).

absorb [əb'zɔːb] vt [gen] absorber ; [information] retenir, assimiler **▸ to be absorbed in sthg** être absorbé(e) dans qqch.

absorbent [əb'zɔːbənt] adj absorbant(e).

absorbing [əb'zɔːbɪŋ] adj captivant(e).

absorption [əb'zɔːpʃn] noun absorption *f*.

abstain [əb'steɪn] vi **▸ to abstain (from)** s'abstenir (de).

abstemious [æb'stiːmjəs] adj fml frugal(e), sobre.

abstention [əb'stenʃn] noun abstention *f*.

abstract ❖ adj ['æbstrækt] abstrait(e). ❖ noun ['æbstrækt] [summary] résumé *m*, abrégé *m*.

absurd [əb'sɜːd] adj absurde.

ABTA ['æbtə] (abbr of **Association of British Travel Agents**) noun association des agences de voyage britanniques.

abundant [ə'bʌndənt] adj abondant(e).

abundantly [ə'bʌndəntlɪ] adv **1.** [clear, obvious] parfaitement, tout à fait **2.** [exist, grow] en abondance.

abuse ❖ noun [ə'bjuːs] (U) **1.** [offensive remarks] insultes *fpl*, injures *fpl* **2.** [maltreatment] mauvais traitement *m* **▸ child abuse** mauvais traitements infligés aux enfants **3.** [of power, drugs] abus *m*. ❖ vt [ə'bjuːz] **1.** [insult] insulter, injurier **2.** [maltreat] maltraiter **3.** [power, drugs] abuser de.

abusive [ə'bjuːsɪv] adj grossier(ère), injurieux(euse).

abysmal [ə'bɪzml] adj épouvantable, abominable.

abyss [ə'bɪs] noun abîme *m*, gouffre *m*.

AC noun **1.** (abbr of **alternating current**) courant *m* alternatif **2.** abbr of **air-conditioning**.

academic [,ækə'demɪk] ❖ adj **1.** [of college, university] universitaire **2.** [person] intellectuel(elle) **3.** [question, discussion] théorique. ❖ noun universitaire *mf*.

academic year noun année *f* scolaire OR universitaire.

academy [ə'kædəmɪ] noun **1.** [school, college] école f **academy of music** conservatoire m **2.** [institution, society] académie f.

ACAS ['eɪkæs] (abbr of Advisory, Conciliation and Arbitration Service) noun organisme britannique de conciliation des conflits du travail.

accede [æk'si:d] vi **1.** [agree] **to accede to** agréer, donner suite à **2.** [monarch] **to accede to the throne** monter sur le trône.

accelerate [ək'seləreɪt] vi **1.** [car, driver] accélérer **2.** [inflation, growth] s'accélérer.

acceleration [ək,selə'reɪʃn] noun accélération f.

accelerator [ək'seləreɪtər] noun accélérateur m.

accent ['æksent] noun accent m.

accept [ək'sept] vt **1.** [gen] accepter ; [for job, as member of club] recevoir, admettre **2.** [agree] **to accept that…** admettre que….

acceptable [ək'septəbl] adj acceptable.

acceptance [ək'septəns] noun **1.** [gen] acceptation f **2.** [for job, as member of club] admission f.

access ['ækses] noun **1.** [entry, way in] accès m **2.** [opportunity to use, see] **to have access to sthg** avoir qqch à sa disposition, disposer de qqch.

accessible [ək'sesəbl] adj **1.** [reachable - place] accessible **2.** [available] disponible.

accessory [ək'sesərɪ] noun **1.** [for car, vacuum cleaner] accessoire m **2.** LAW complice mf **3.** COMPUT accessoire m.

accident ['æksɪdənt] noun accident m **accident and emergency department** ШК (service m des) urgences fpl **by accident** par hasard, par accident.

accidental [,æksɪ'dentl] adj accidentel(elle).

accidentally [,æksɪ'dentəlɪ] adv **1.** [drop, break] par mégarde **2.** [meet] par hasard.

accident-prone adj prédisposé(e) aux accidents.

acclaim [ə'kleɪm] noun (U) éloges mpl. vt louer.

acclimatize ШК, **acclimatise** ШК [ə'klaɪmətaɪz], **acclimate** ШS ['ækləmeɪt] vi **to acclimatize (to)** s'acclimater (à).

accolade ['ækəleɪd] noun accolade f **the ultimate accolade** la consécration suprême.

accommodate [ə'kɒmədeɪt] vt **1.** [provide room for] loger **2.** [oblige - person, wishes] satisfaire.

accommodating [ə'kɒmədeɪtɪŋ] adj obligeant(e).

accommodation [ə,kɒmə'deɪʃn] noun ШК logement m.

accommodations [ə,kɒmə'deɪʃnz] pl n ШS = accommodation.

accompany [ə'kʌmpənɪ] vt [gen] accompagner.

accomplice [ə'kʌmplɪs] noun complice mf.

accomplish [ə'kʌmplɪʃ] vt accomplir.

accomplished [ə'kʌmplɪʃt] adj accompli(e).

accomplishment [ə'kʌmplɪʃmənt] noun **1.** [action] accomplissement m **2.** [achievement] réussite f. **accomplishments** pl n talents mpl.

accord [ə'kɔ:d] noun **to do sthg of one's own accord** faire qqch de son propre chef OR de soi-même.

accordance [ə'kɔ:dəns] noun **in accordance with** conformément à.

according [ə'kɔ:dɪŋ] **according to** prep **1.** [as stated or shown by] d'après **according to her** selon elle **2.** [with regard to] suivant, en fonction de.

accordingly [ə'kɔ:dɪŋlɪ] adv **1.** [appropriately] en conséquence **2.** [consequently] par conséquent.

accordion [ə'kɔ:djən] noun accordéon m.

accost [ə'kɒst] vt accoster.

account [ə'kaunt] noun **1.** [with bank, shop, company] compte m **2.** [report] compte-rendu m **3.** [business, patronage] appui m ; [in advertising] budget m **4.** PHR **to put something to good account** tirer parti de qqch **to take account of sthg, to take sthg into account** prendre qqch en compte **to be of no account** n'avoir aucune importance. **accounts** pl n [of business] comptabilité f, comptes mpl. **by all accounts** adv d'après ce que l'on dit, au dire de tous. **on account** adv à crédit / I paid £100 on account j'ai versé un acompte de 100 livres. **on account of** prep à cause de. **on no account** adv en aucun cas, sous aucun prétexte. **account for** vt insep **1.** [explain] justifier, expliquer **2.** [represent] représenter.

accountability [ə,kauntə'bɪlətɪ] noun (U) responsabilité f.

accountable [ə'kauntəbl] adj [responsible] **accountable (for)** responsable (de).

accountancy [ə'kauntənsɪ] noun comptabilité f.

accountant [ə'kauntənt] noun comptable *mf*.

account balance noun [status] situation *f* de compte.

account executive noun responsable *mf* grands comptes.

account holder noun titulaire *mf* du compte.

accounting [ə'kauntɪŋ] noun comptabilité *f*.

account number noun numéro *m* de compte.

accrual [ə'kruːəl] noun *fml* accumulation *f* ▶ **accruals** FIN compte *m* de régularisation (du passif).

accrue [ə'kruː] vi [money] fructifier ; [interest] courir.

accumulate [ə'kjuːmjʊleɪt] ✥ vt accumuler, amasser. ✥ vi s'accumuler.

accuracy ['ækjʊrəsɪ] noun **1.** [of description, report] exactitude *f* **2.** [of weapon, typist, figures] précision *f*.

accurate ['ækjʊrət] adj **1.** [description, report] exact(e) **2.** [weapon, typist, figures] précis(e).

accurately ['ækjʊrətlɪ] adv **1.** [truthfully - describe, report] fidèlement **2.** [precisely - aim] avec précision ; [- type] sans faute.

accusation [ˌækjuːˈzeɪʃn] noun accusation *f*.

accuse [ə'kjuːz] vt ▶ **to accuse sb of sthg / of doing sthg** accuser qqn de qqch / de faire qqch.

accused [ə'kjuːzd] (*pl inv*) noun LAW ▶ **the accused** l'accusé *m*, -e *f*.

accustomed [ə'kʌstəmd] adj ▶ **to be accustomed to sthg / to doing sthg** avoir l'habitude de qqch / de faire qqch.

ace [eɪs] noun as *m*.

acerbic [ə'sɜːbɪk] adj acerbe.

ache [eɪk] ✥ noun douleur *f*. ✥ vi **1.** [back, limb] faire mal ▶ *my head aches* j'ai mal à la tête **2.** *fig* [want] ▶ **to be aching for sthg / to do sthg** mourir d'envie de qqch / de faire qqch.

achieve [ə'tʃiːv] vt [success, victory] obtenir, remporter ; [goal] atteindre ; [ambition] réaliser ; [fame] parvenir à.

achievement [ə'tʃiːvmənt] noun [success] réussite *f*.

Achilles' heel [ə'kɪliːz-] noun talon *m* d'Achille.

Achilles' tendon noun tendon *m* d'Achille.

acid ['æsɪd] ✥ adj *lit* & *fig* acide. ✥ noun acide *m*.

acid rain noun (U) pluies *fpl* acides.

acid test noun *fig* épreuve *f* décisive.

acknowledge [ək'nɒlɪdʒ] vt **1.** [fact, situation, person] reconnaître **2.** [letter] ▶ **to acknowledge (receipt of)** accuser réception de **3.** [greet] saluer.

acknowledg(e)ment [ək'nɒlɪdʒmənt] noun **1.** [admission] reconnaissance *f* ; [of mistake] reconnaissance *f*, aveu *m* / *in acknowledgement of your letter* en réponse à votre lettre / *acknowledgement of receipt* accusé *m* de réception **2.** [letter, receipt] accusé *m* de réception ; [for payment] quittance *f*, reçu *m*. ◆ **acknowledg(e)ments** pl n [in article, book] remerciements *mpl*.

acne ['æknɪ] noun acné *f*.

acorn ['eɪkɔːn] noun gland *m*.

acoustic [ə'kuːstɪk] adj acoustique. ◆ **acoustics** pl n [of room] acoustique *f*.

acquaint [ə'kweɪnt] vt ▶ **to acquaint sb with sthg** mettre qqn au courant de qqch ▶ **to be acquainted with sb** connaître qqn.

acquaintance [ə'kweɪntəns] noun [person] connaissance *f*.

acquiesce [ˌækwɪˈes] vi ▶ **to acquiesce (to OR in sthg)** donner son accord (à qqch).

acquire [ə'kwaɪər] vt acquérir.

acquisition [ˌækwɪˈzɪʃn] noun acquisition *f*.

acquisitive [ə'kwɪzɪtɪv] adj avide de possessions.

acquit [ə'kwɪt] vt **1.** LAW acquitter **2.** [perform] ▶ **to acquit o.s. well / badly** bien / mal se comporter.

acquittal [ə'kwɪtl] noun acquittement *m*.

acre ['eɪkər] noun ≃ demi-hectare *m* (= 4046,9 *m²*).

acrid ['ækrɪd] adj [taste, smell] âcre ; *fig* acerbe.

acrimonious [ˌækrɪˈməʊnjəs] adj acrimonieux(euse).

acrobat ['ækrəbæt] noun acrobate *mf*.

acronym ['ækrənɪm] noun acronyme *m*.

across [ə'krɒs] ✥ adv **1.** [from one side to the other] en travers **2.** [in measurements] : *the river is 2 km across* la rivière mesure 2 km de large **3.** [in crossword] : *21 across* 21 horizontalement. ✥ prep **1.** [from one side to the other] d'un côté à l'autre de, en travers de / *to walk across the road* traverser la route / *to run across the road* traverser la route en courant **2.** [on the other side of] de l'autre côté de / *the house across the road* la maison d'en face. ◆ **across from** prep en face de.

across-the-board adj général(e).

acrylic [ə'krɪlɪk] ❖ adj acrylique. ❖ noun acrylique m.

act [ækt] ❖ noun 1. [action, deed] acte m ▶ **to catch sb in the act of doing sthg** surprendre qqn en train de faire qqch 2. LAW loi f 3. [of play, opera] acte m ; [in cabaret] numéro m ; fig [pretence] ▶ **to put on an act** jouer la comédie 4. PHR **to get one's act together** se reprendre en main. ❖ vi 1. [gen] agir 2. [behave] se comporter ▶ **to act as if** se conduire comme si, se comporter comme si ▶ **to act like** se conduire comme, se comporter comme 3. [in play, film] jouer ; fig [pretend] jouer la comédie 4. [function] ▶ **to act as a)** [person] être b) [object] servir de. ❖ vt [part] jouer. ◆ **act on** vt insep 1. [advice, suggestion] : suivre ; [order] exécuter / *acting on your instructions, we have cancelled your account* selon vos instructions, nous avons fermé votre compte 2. [chemical, drug] agir sur.

ACT (abbr of **American College Test**) noun examen américain de fin d'études secondaires.

acting ['æktɪŋ] ❖ adj par intérim, provisoire. ❖ noun [in play, film] interprétation f.

action ['ækʃn] noun 1. [gen] action f ▶ **to take action** agir, prendre des mesures ▶ **to put sthg into action** mettre qqch à exécution ▶ **in action a)** [person] en action b) [machine] en marche ▶ **out of action a)** [person] hors de combat b) [machine] hors service, hors d'usage 2. LAW procès m, action f.

action movie noun film m d'action.

action-packed adj [film] bourré(e) d'action ; [holiday] rempli(e) d'activités, bien rempli(e).

action replay noun UK répétition f immédiate (au ralenti).

action stations ❖ pl n MIL postes mpl de combat. ❖ excl : *action stations!* à vos postes !

activate ['æktɪveɪt] vt mettre en marche.

active ['æktɪv] adj 1. [gen] actif(ive) ; [encouragement] vif (vive) 2. [volcano] en activité.

active duty US = active service.

actively ['æktɪvlɪ] adv activement.

active service noun ▶ **to be killed on active service** mourir au champ d'honneur.

activity [æk'tɪvətɪ] noun activité f.

act of God noun catastrophe f naturelle.

actor ['æktər] noun acteur m, -trice f.

actress ['æktrɪs] noun actrice f.

actual ['æktʃʊəl] adj réel(elle).

actually ['æktʃʊəlɪ] adv 1. [really, in truth] vraiment 2. [by the way] au fait.

acumen ['ækjʊmen] noun flair m.

acupuncture ['ækjʊpʌŋktʃər] noun acupuncture f, acoupuncture f.

acute [ə'kjuːt] adj 1. [severe - pain, illness] aigu(ë) ; [- danger] sérieux(euse), grave 2. [perceptive - person, mind] perspicace 3. [keen - eyesight] perçant(e) ; [- hearing] fin(e) ; [- sense of smell] développé(e) 4. MATH ▶ **acute angle** angle m aigu 5. LING ▶ **e acute** e accent aigu.

a /c (abbr of **account (current)**) cc.

ad [æd] (abbr of **advertisement**) noun inf [in newspaper] annonce f ; [on TV] pub f.

AD (abbr of **Anno Domini**) ap. J.-C.

adamant ['ædəmənt] adj résolu(e), inflexible.

Adam's apple ['ædəmz-] noun pomme f d'Adam.

adapt [ə'dæpt] ❖ vt adapter. ❖ vi ▶ **to adapt (to)** s'adapter (à).

adaptability [ə,dæptə'bɪlətɪ] noun souplesse f.

adaptable [ə'dæptəbl] adj [person] souple.

adaptation [,ædæp'teɪʃn] noun [of book, play] adaptation f.

adapter, adaptor [ə'dæptər] noun [ELEC UK - for several devices] prise f multiple ; [- for foreign plug] adaptateur m.

add [æd] vt 1. [gen] ▶ **to add sthg (to)** ajouter qqch (à) 2. [numbers] additionner. ◆ **add on** vt sep ▶ **to add sthg on (to)** rajouter qqch (à). ◆ **add to** vt insep ajouter à, augmenter. ◆ **add up** vt sep additionner. ◆ **add up to** vt insep se monter à.

added ['ædɪd] adj supplémentaire.

adder ['ædər] noun vipère f.

addict ['ædɪkt] noun drogué m, -e f.

addicted [ə'dɪktɪd] adj ▶ **addicted (to) a)** drogué(e) (à) b) fig passionné(e) (de).

addiction [ə'dɪkʃn] noun ▶ **addiction (to) a)** dépendance f (à) b) fig penchant m (pour).

addictive [ə'dɪktɪv] adj qui rend dépendant(e).

addition [ə'dɪʃn] noun addition f ▶ **in addition (to)** en plus (de).

additional [ə'dɪʃənl] adj supplémentaire.

additive ['ædɪtɪv] noun additif m.

address [ə'dres] ❖ noun 1. [place] adresse f 2. [speech] discours m. ❖ vt 1. [gen] adresser 2. [meeting, conference] prendre la parole à 3. [problem, issue] aborder, examiner.

address book noun carnet m d'adresses.

addressee [ˌædre'siː] noun destinataire mf.

adenoids ['ædɪnɔɪdz] pl n végétations fpl.

adept ['ædept] adj ▸ adept (at) doué(e) (pour).

adequate ['ædɪkwət] adj adéquat(e).

adhere [əd'hɪər] vi 1. [stick] ▸ to adhere (to) adhérer (à) 2. [observe] ▸ to adhere to obéir à 3. [keep] ▸ to adhere to adhérer à.

adhesive [əd'hiːsɪv] ❖ adj adhésif(ive). ❖ noun adhésif m.

adhesive tape noun ruban m adhésif.

ad hoc [ˌæd'hɒk] adj ad hoc (inv).

adjacent [ə'dʒeɪsənt] adj ▸ adjacent (to) adjacent(e) (à), contigu(ë) (à).

adjective ['ædʒɪktɪv] noun adjectif m.

adjoining [ə'dʒɔɪnɪŋ] ❖ adj voisin(e). ❖ prep attenant à.

adjourn [ə'dʒɜːn] ❖ vt ajourner. ❖ vi suspendre la séance.

adjudicate [ə'dʒuːdɪkeɪt] vi ▸ to adjudicate (on OR upon) se prononcer (sur).

adjust [ə'dʒʌst] ❖ vt ajuster, régler. ❖ vi ▸ to adjust (to) s'adapter (à).

adjustable [ə'dʒʌstəbl] adj réglable.

adjustment [ə'dʒʌstmənt] noun 1. [modification] ajustement m ; TECH réglage m 2. [change in attitude] ▸ adjustment (to) adaptation f (à).

ad lib [ˌæd'lɪb] ❖ adj improvisé(e). ❖ adv à volonté. ❖ noun improvisation f. ◆ **ad-lib** vi improviser.

administer [əd'mɪnɪstər] vt 1. [company, business] administrer, gérer 2. [justice, punishment] dispenser 3. [drug, medication] administrer.

administration [əd,mɪnɪ'streɪʃn] noun administration f.

administrative [əd'mɪnɪstrətɪv] adj administratif(ive).

administrative costs pl n frais mpl d'administration OR de gestion.

administrator [əd'mɪnɪstreɪtər] noun administrateur m, -trice f.

admirable ['ædmərəbl] adj admirable.

admiral ['ædmərəl] noun amiral m.

admiration [ˌædmə'reɪʃn] noun admiration f.

admire [əd'maɪər] vt admirer.

admirer [əd'maɪərər] noun admirateur m, -trice f.

admission [əd'mɪʃn] noun 1. [permission to enter] admission f 2. [to museum] entrée f 3. [confession] confession f, aveu m.

admit [əd'mɪt] ❖ vt 1. [confess] reconnaître ▸ to admit (that)... reconnaître que... ▸ to admit doing sthg reconnaître avoir fait qqch ▸ to admit defeat fig s'avouer vaincu(e) 2. [allow to enter, join] admettre ▸ to be admitted to hospital UK OR to the hospital US être admis(e) à l'hôpital. ❖ vi ▸ to admit to admettre, reconnaître.

admittance [əd'mɪtəns] noun admission f ▸ 'no admittance' 'entrée interdite'.

admittedly [əd'mɪtɪdlɪ] adv de l'aveu général.

admonish [əd'mɒnɪʃ] vt réprimander.

ad nauseam [ˌæd'nɔːzɪæm] adv [talk] à n'en plus finir.

ado [ə'duː] noun ▸ without further OR more ado sans plus de cérémonie.

adolescence [ˌædə'lesns] noun adolescence f.

adolescent [ˌædə'lesnt] ❖ adj adolescent(e) ; pej puéril(e). ❖ noun adolescent m, -e f.

adopt [ə'dɒpt] vt adopter.

adopted [ə'dɒptɪd] adj [child] adoptif(ive) ; [country] d'adoption, adoptif(ive).

adoption [ə'dɒpʃn] noun adoption f.

adorable [ə'dɔːrəbl] adj adorable.

adore [ə'dɔːr] vt adorer.

adoring [ə'dɔːrɪŋ] adj [person] adorateur(trice) ; [look] d'adoration.

adorn [ə'dɔːn] vt orner.

adrenalin(e) [ə'drenəlɪn] noun adrénaline f.

Adriatic [ˌeɪdrɪ'ætɪk] noun : the Adriatic (Sea) l'Adriatique f, la mer Adriatique.

adrift [ə'drɪft] ❖ adj à la dérive ▸ to feel adrift se sentir perdu(e). ❖ adv ▸ to go adrift fig aller à la dérive.

ADSL (abbr of Asymmetric Digital Subscriber Line) noun ADSL m, RNA m offic.

adult ['ædʌlt] ❖ adj 1. [gen] adulte 2. [film, literature] pour adultes. ❖ noun adulte mf.

adultery [ə'dʌltərɪ] noun adultère m.

adulthood ['ædʌlthʊd] noun âge m adulte ▸ in adulthood à l'âge adulte.

advance [əd'vɑːns] ❖ noun 1. [gen] avance f 2. [progress] progrès m. ❖ comp à l'avance. ❖ vt 1. [gen] avancer 2. [improve] faire progresser OR avancer. ❖ vi 1. [gen] avancer 2. [improve] progresser. ◆ **advances** pl n

▸ **to make advances to sb a)** [sexual] faire des avances à qqn **b)** [business] faire des propositions à qqn. ◆ **in advance** adv à l'avance.

advanced [əd'vɑːnst] adj avancé(e).

advantage [əd'vɑːntɪdʒ] noun ▸ **advantage (over)** avantage m (sur) ▸ **to be to one's advantage** être à son avantage ▸ **to take advantage of sthg** profiter de qqch ▸ **to take advantage of sb** exploiter qqn.

advent ['ædvənt] noun avènement m. ◆ **Advent** noun RELIG Avent m.

adventure [əd'ventʃər] noun aventure f.

adventure playground noun UK terrain m d'aventures.

adventurous [əd'ventʃərəs] adj aventureux(euse).

adverb ['ædvɜːb] noun adverbe m.

adversary ['ædvəsərɪ] (pl **-ies**) noun adversaire mf.

adverse ['ædvɜːs] adj défavorable.

adversity [əd'vɜːsətɪ] noun adversité f.

advert ['ædvɜːt] UK = advertisement.

advertise ['ædvətaɪz] ◆ vt COMM faire de la publicité pour ; [event] annoncer. ◆ vi faire de la publicité ▸ **to advertise for sb / sthg** chercher qqn/qqch par voie d'annonce.

advertisement [əd'vɜːtɪsmənt] noun [in newspaper] annonce f ; COMM publicité f.

advertiser ['ædvətaɪzər] noun annonceur m, -euse f.

advertising ['ædvətaɪzɪŋ] noun (U) publicité f.

advice [əd'vaɪs] noun (U) conseils mpl ▸ **a piece of advice** un conseil ▸ **to give sb advice** donner des conseils à qqn ▸ **to take sb's advice** suivre les conseils de qqn.

advisable [əd'vaɪzəbl] adj conseillé(e), recommandé(e).

advise [əd'vaɪz] ◆ vt **1.** [give advice to] ▸ **to advise sb to do sthg** conseiller à qqn de faire qqch ▸ **to advise sb against sthg** déconseiller qqch à qqn ▸ **to advise sb against doing sthg** déconseiller à qqn de faire qqch **2.** [professionally] ▸ **to advise sb on sthg** conseiller qqn sur qqch **3.** [inform] ▸ **to advise sb (of sthg)** aviser qqn (de qqch). ◆ vi **1.** [give advice] ▸ **to advise against sthg / against doing sthg** déconseiller qqch/de faire qqch **2.** [professionally] ▸ **to advise on sthg** conseiller sur qqch.

advisedly [əd'vaɪzɪdlɪ] adv en connaissance de cause, délibérément.

adviser, advisor US [əd'vaɪzər] noun conseiller m, -ère f.

advisory [əd'vaɪzərɪ] adj consultatif(ive).

advocacy ['ædvəkəsɪ] noun plaidoyer m.

advocate ◆ noun ['ædvəkət] **1.** LAW avocat m, -e f **2.** [supporter] partisan m. ◆ vt ['ædvəkeɪt] préconiser, recommander.

adware ['ædweər] noun publiciel m.

Aegean [iː'dʒiːən] noun ▸ **the Aegean (Sea)** la mer Égée.

aegis, egis US ['iːdʒɪs] noun ▸ **under the aegis of** sous l'égide de.

aerial ['eərɪəl] ◆ adj aérien(enne). ◆ noun UK antenne f.

aerobics [eə'rəʊbɪks] noun (U) aérobic m.

aerodynamic [ˌeərəʊdaɪ'næmɪk] adj aérodynamique. ◆ **aerodynamics** ◆ noun (U) aérodynamique f. ◆ pl n [aerodynamic qualities] aérodynamisme m.

aeroplane ['eərəpleɪn] noun UK avion m.

aerosol ['eərəsɒl] noun aérosol m.

aerospace ['eərəʊspeɪs] noun ▸ **the aerospace industry** l'industrie f aérospatiale.

aesthetic, esthetic US [iːs'θetɪk] adj esthétique.

afar [ə'fɑːr] adv ▸ **from afar** de loin.

affable ['æfəbl] adj affable.

affair [ə'feər] noun **1.** [gen] affaire f **2.** [extramarital relationship] liaison f.

affect [ə'fekt] vt **1.** [influence] avoir un effet OR des conséquences sur **2.** [emotionally] affecter, émouvoir **3.** [put on] affecter.

affected [ə'fektɪd] adj affecté(e).

affection [ə'fekʃn] noun affection f.

affectionate [ə'fekʃnət] adj affectueux(euse).

affidavit [ˌæfɪ'deɪvɪt] noun déclaration écrite sous serment.

affinity [ə'fɪnətɪ] (pl **-ies**) noun affinité f ▸ **to have an affinity with sb** avoir des affinités avec qqn.

affirm [ə'fɜːm] vt **1.** [declare] affirmer **2.** [confirm] confirmer.

affix [ə'fɪks] vt [stamp] coller.

afflict [ə'flɪkt] vt affliger ▸ **to be afflicted with** souffrir de.

affluence ['æfluəns] noun prospérité f.

affluent ['æfluənt] adj riche.

afford [ə'fɔːd] vt **1.** [buy, pay for] ▸ **to be able to afford sthg** avoir les moyens d'acheter qqch

2. [spare] ▶ **to be able to afford the time (to do sthg)** avoir le temps (de faire qqch) **3.** [harmful, embarrassing thing] ▶ **to be able to afford sthg** pouvoir se permettre qqch **4.** [provide, give] procurer.

affordable [əˈfɔːdəbl] adj abordable / *at an affordable price* à un prix abordable.

afforestation [æˌfɒrɪˈsteɪʃn] noun boisement *m*.

affront [əˈfrʌnt] ❖ noun affront *m*, insulte *f*. ❖ vt insulter, faire un affront à.

Afghanistan [æfˈgænɪstæn] noun Afghanistan *m*.

afield [əˈfiːld] adv ▶ **far afield** loin.

afloat [əˈfləʊt] adj *lit & fig* à flot.

afoot [əˈfʊt] adj en préparation.

aforementioned [əˈfɔːˌmenʃənd], **aforesaid** [əˈfɔːsed] adj susmentionné(e).

afraid [əˈfreɪd] adj **1.** [frightened, apprehensive] ▶ **to be afraid (of)** avoir peur (de) ▶ **to be afraid of doing** OR **to do sthg** avoir peur de faire qqch **2.** [in apologies] ▶ **to be afraid (that)...** regretter que... ▶ **I'm afraid so/not** j'ai bien peur que oui/non.

afresh [əˈfreʃ] adv de nouveau.

Africa [ˈæfrɪkə] noun Afrique *f*.

African [ˈæfrɪkən] ❖ adj africain(e). ❖ noun Africain *m*, -e *f*.

African Union noun POL Union *f* africaine.

aft [ɑːft] adv sur OR à l'arrière.

after [ˈɑːftər] ❖ prep **1.** [gen] après / *after a while* au bout d'un moment, après un moment ▶ **to be after sb/sthg** *inf* [in search of] chercher qqn/qqch ▶ **after you!** après vous ! ▶ **to name sb after sb** donner à qqn le nom de qqn **2.** [in time] après / *it's twenty after three* US il est trois heures vingt. ❖ adv après. ❖ conj après que. ◆ **afters** pl n UK *inf* dessert *m*. ◆ **after all** adv après tout. ◆ **one after another**, **one after the other** adv l'un après l'autre, les uns après les autres.

aftercare [ˈɑːftəkeər] noun postcure *f* / *good aftercare facilities* un bon suivi médical.

afterlife [ˈɑːftəlaɪf] (*pl* -**lives**) noun vie *f* future.

aftermath [ˈɑːftəmæθ] noun conséquences *fpl*, suites *fpl*.

afternoon [ˌɑːftəˈnuːn] noun après-midi *m inv* ▶ **in the afternoon** l'après-midi ▶ **good afternoon** bonjour.

aftershave [ˈɑːftəʃeɪv] noun après-rasage *m*.

aftershock [ˈɑːftəʃɒk] noun réplique *f*.

aftersun [ˈɑːftəsʌn] adj : *aftersun cream* crème *f* après-soleil.

aftertaste [ˈɑːftəteɪst] noun *lit & fig* arrière-goût *m*.

afterthought [ˈɑːftəθɔːt] noun pensée *f* OR réflexion *f* après coup.

afterwards UK [ˈɑːftəwədz], **afterward** US [ˈɑːftəwəd] adv après.

again [əˈgen] adv encore une fois, de nouveau ▶ **to do again** refaire ▶ **to say again** répéter ▶ **to start again** recommencer ▶ **again and again** à plusieurs reprises ▶ **time and again** maintes et maintes fois ▶ **half as much again** à moitié autant ▶ **(twice) as much again** deux fois autant ▶ **come again?** *inf* comment ?, pardon ? ▶ **then** OR **there again** d'autre part.

against [əˈgenst] prep & adv contre ▶ **(as) against** contre.

age [eɪdʒ] (UK *cont* **ageing**, US *cont* **aging**) ❖ noun **1.** [gen] âge *m* / *she's 20 years of age* elle a 20 ans ▶ **what age are you?** quel âge avez-vous ? ▶ **to be under age** être mineur(e) ▶ **to come of age** atteindre sa majorité **2.** [old age] vieillesse *f* **3.** [in history] époque *f*. ❖ vt & vi vieillir. ◆ **ages** pl n ▶ **ages ago** il y a une éternité / *I haven't seen him for ages* je ne l'ai pas vu depuis une éternité.

aged ❖ adj **1.** [eɪdʒd] [of stated age] : *aged 15* âgé(e) de 15 ans **2.** [ˈeɪdʒɪd] [very old] âgé(e), vieux (vieille). ❖ pl n [ˈeɪdʒɪd] ▶ **the aged** les personnes *fpl* âgées.

age group noun tranche *f* d'âge.

ageing UK, **aging** US [ˈeɪdʒɪŋ] ❖ adj vieillissant(e). ❖ noun vieillissement *m*.

ageless [ˈeɪdʒlɪs] adj sans âge.

agency [ˈeɪdʒənsɪ] noun **1.** [business] agence *f* **2.** [organization] organisme *m*.

agenda [əˈdʒendə] (*pl* -s) noun ordre *m* du jour.

agent [ˈeɪdʒənt] noun agent *m*, -e *f*.

age-old adj antique.

aggravate [ˈægrəveɪt] vt **1.** [make worse] aggraver **2.** [annoy] agacer.

aggregate [ˈægrɪgət] ❖ adj total(e). ❖ noun [total] total *m*.

aggression [əˈgreʃn] noun agression *f*.

aggressive [əˈgresɪv] adj agressif(ive).

aggrieved [əˈgriːvd] adj blessé(e), froissé(e).

aghast [əˈgɑːst] adj ▶ **aghast (at sthg)** atterré(e) (par qqch).

agile [UK ˈædʒaɪl, US ˈædʒəl] adj agile.

agitate ['ædʒɪteɪt] ❖ vt **1.** [disturb] inquiéter **2.** [shake] agiter. ❖ vi ▶ **to agitate for / against** faire campagne pour / contre.

AGM (*abbr of* **annual general meeting**) noun UK AGA f.

agnostic [æg'nɒstɪk] ❖ adj agnostique. ❖ noun agnostique mf.

ago [ə'gəʊ] adv : *a long time ago* il y a longtemps / *three days ago* il y a trois jours.

agog [ə'gɒg] adj ▶ **to be agog (with)** être en ébullition (à propos de).

agonizing, agonising UK ['ægənaɪzɪŋ] adj [situation] angoissant(e) ; [decision] déchirant(e), angoissant(e) ; [pain] atroce.

agony ['ægənɪ] noun **1.** [physical pain] douleur f atroce ▶ **to be in agony** souffrir le martyre **2.** [mental pain] angoisse f ▶ **to be in agony** être angoissé(e).

agony aunt noun UK *inf* personne qui tient la rubrique du courrier du cœur.

agony column noun UK *inf* courrier m du cœur.

agree [ə'griː] ❖ vi **1.** [concur] ▶ **to agree (with / about)** être d'accord (avec / au sujet de) ▶ **to agree on** [price, terms] convenir de **2.** [consent] ▶ **to agree (to sthg)** donner son consentement (à qqch) **3.** [be consistent] concorder **4.** [suit sb] ▶ **to agree with** réussir à **5.** GRAM ▶ **to agree (with)** s'accorder (avec). ❖ vt **1.** [concur, concede] ▶ **to agree (that)...** admettre que... **2.** [arrange] ▶ **to agree to do sthg** se mettre d'accord pour faire qqch **3.** [price, conditions] accepter, convenir de.

agreeable [ə'grɪəbl] adj **1.** [pleasant] agréable **2.** [willing] ▶ **to be agreeable to** consentir à.

agreed [ə'griːd] adj ▶ **to be agreed (on sthg)** être d'accord (à propos de qqch).

agreement [ə'griːmənt] noun **1.** [gen] accord m ▶ **to be in agreement (with)** être d'accord (avec) **2.** [consistency] concordance f.

agricultural [ˌægrɪ'kʌltʃərəl] adj agricole.

agriculture ['ægrɪkʌltʃər] noun agriculture f.

aground [ə'graʊnd] adv ▶ **to run aground** s'échouer.

ahead [ə'hed] adv **1.** [in front] devant, en avant ▶ **right** OR **straight ahead** droit devant **2.** [in better position] en avance / *Scotland are ahead by two goals to one* l'Écosse mène par deux à un ▶ **to get ahead** [be successful] réussir **3.** [in time] à l'avance / *the months ahead* les mois à venir. ❖ **ahead of** prep **1.** [in front of] devant **2.** [in time] avant ▶ **ahead of schedule** [work] en avance sur le planning.

AICE [eɪs] (*abbr of* **Advanced International Certificate of Education**) noun SCH diplôme international d'études secondaires qui donne accès aux études universitaires, délivré par l'université de Cambridge.

aid [eɪd] ❖ noun aide f ▶ **with the aid of a)** [person] avec l'aide de **b)** [thing] à l'aide de ▶ **in aid of** au profit de. ❖ vt **1.** [help] aider **2.** LAW ▶ **to aid and abet sb** être complice de qqn.

AIDS, Aids [eɪdz] (*abbr of* **acquired immune deficiency syndrome**) ❖ noun SIDA m, sida m. ❖ comp ▶ **AIDS patient** sidéen m, -enne f.

ailing ['eɪlɪŋ] adj **1.** [ill] souffrant(e) **2.** fig [economy, industry] dans une mauvaise passe.

ailment ['eɪlmənt] noun maladie f.

aim [eɪm] ❖ noun **1.** [objective] but m, objectif m **2.** [in firing gun, arrow] ▶ **to take aim at** viser. ❖ vt **1.** [gun, camera] ▶ **to aim sthg at** braquer qqch sur **2.** fig ▶ **to be aimed at a)** [plan, campaign] être destiné(e) à, viser **b)** [criticism] être dirigé(e) contre. ❖ vi ▶ **to aim (at)** viser ▶ **to aim at** OR **for** fig viser ▶ **to aim to do sthg** viser à faire qqch.

aimless ['eɪmlɪs] adj [person] désœuvré(e) ; [life] sans but.

ain't [eɪnt] *inf* ⟶ am not, are not, is not, has not, have not.

air [eər] ❖ noun **1.** [gen] air m ▶ **to throw sthg into the air** jeter qqch en l'air ▶ **by air** [travel] par avion ▶ **to be (up) in the air** fig [plans] être vague **2.** RADIO & TV ▶ **on the air** à l'antenne. ❖ comp [transport] aérien(enne). ❖ vt **1.** [room, linen] aérer **2.** [make publicly known] faire connaître OR communiquer **3.** [broadcast] diffuser. ❖ vi **1.** [clothes] sécher **2.** US RADIO & TV : *the movie airs next week* le film sera diffusé la semaine prochaine.

airbag ['eəbæg] noun AUTO Airbag® m.

airbase ['eəbeɪs] noun base f aérienne.

airbed ['eəbed] noun matelas m pneumatique.

airborne ['eəbɔːn] adj **1.** [troops] aéroporté(e) ; [seeds] emporté(e) par le vent **2.** [plane] qui a décollé.

airbrush ['eəbrʌʃ] ❖ noun pistolet m (pour peindre). ❖ vt peindre au pistolet.

air-conditioned [-kən'dɪʃnd] adj climatisé(e), à air conditionné.

air-conditioning [-kən'dɪʃnɪŋ] noun climatisation f.

aircraft ['eəkrɑːft] (pl inv) noun avion m.

aircraft carrier noun porte-avions m inv.

airfield ['eəfiːld] noun terrain m d'aviation.

airforce ['eəfɔːs] noun armée f de l'air.

Air Force One noun nom de l'avion officiel du président des États-Unis.

airgun ['eəgʌn] noun carabine f OR fusil m à air comprimé.

airhead ['eəhed] noun inf taré m, -e f.

air hostess ['eə,həʊstɪs] noun UK dated hôtesse f de l'air.

airlift ['eəlɪft] ❖ noun pont m aérien. ❖ vt transporter par pont aérien.

airline ['eəlaɪn] noun compagnie f aérienne.

airliner ['eəlaɪnər] noun [short-distance] (avion m) moyen-courrier m ; [long-distance] (avion m) long-courrier m.

airlock ['eəlɒk] noun **1.** [in tube, pipe] poche f d'air **2.** [airtight chamber] sas m.

airmail ['eəmeɪl] noun poste f aérienne ▶ **by airmail** par avion.

airplane ['eəpleɪn] noun US avion m.

airplay ['eəpleɪ] noun RADIO ▶ **to get a lot of airplay** passer beaucoup à la radio.

airport ['eəpɔːt] noun aéroport m.

air raid noun raid m aérien, attaque f aérienne.

air rifle noun carabine f à air comprimé.

airsick ['eəsɪk] adj ▶ **to be airsick** avoir le mal de l'air.

airspace ['eəspeɪs] noun espace m aérien.

air steward noun steward m.

airstrip ['eəstrɪp] noun piste f (d'atterrissage).

air terminal noun aérogare f.

airtight ['eətaɪt] adj hermétique.

air-traffic control noun contrôle m du trafic (aérien).

air-traffic controller noun aiguilleur m (du ciel).

airy ['eərɪ] adj **1.** [room] aéré(e) **2.** [notions, promises] chimérique, vain(e) **3.** [nonchalant] nonchalant(e).

aisle [aɪl] noun [in cinema, supermarket, plane] allée f ; [on train] couloir m (central).

ajar [ə'dʒɑːr] adj entrouvert(e).

aka (abbr of also known as) alias.

akin [ə'kɪn] adj ▶ **to be akin to** être semblable à.

alacrity [ə'lækrətɪ] noun empressement m.

alarm [ə'lɑːm] ❖ noun **1.** [fear] alarme f, inquiétude f **2.** [device] alarme f ▶ **to raise** OR **sound the alarm** donner OR sonner l'alarme. ❖ vt alarmer, alerter.

alarm clock noun réveil m, réveille-matin m inv.

alarming [ə'lɑːmɪŋ] adj alarmant(e), inquiétant(e).

alas [ə'læs] excl hélas !

Albania [æl'beɪnjə] noun Albanie f.

Albanian [æl'beɪnjən] ❖ adj albanais(e). ❖ noun **1.** [person] Albanais m, -e f **2.** [language] albanais m.

albeit [ɔːl'biːɪt] conj fml bien que (+ subjunctive).

albino [æl'biːnəʊ] noun (pl -s) albinos mf.

album ['ælbəm] noun album m.

alcohol ['ælkəhɒl] noun alcool m.

alcoholic [,ælkə'hɒlɪk] ❖ adj [person] alcoolique ; [drink] alcoolisé(e). ❖ noun alcoolique mf.

alcopop ['ælkəʊpɒp] noun UK boisson gazeuse faiblement alcoolisée.

alcove ['ælkəʊv] noun alcôve f.

ale [eɪl] noun bière f.

alert [ə'lɜːt] ❖ adj **1.** [vigilant] vigilant(e) **2.** [perceptive] vif (vive), éveillé(e) **3.** [aware] ▶ **to be alert to** être conscient(e) de. ❖ noun [warning] alerte f ▶ **on the alert a)** [watchful] sur le qui-vive **b)** MIL en état d'alerte. ❖ vt alerter ▶ **to alert sb to sthg** avertir qqn de qqch.

A-level (abbr of **Advanced level**) noun ≃ baccalauréat m.

alfresco [æl'freskəʊ] adj & adv en plein air.

algae ['ældʒiː] pl n algues fpl.

algebra ['ældʒɪbrə] noun algèbre f.

Algeria [æl'dʒɪərɪə] noun Algérie f.

alias ['eɪlɪəs] ❖ adv alias. ❖ noun (pl -es) **1.** faux nom m, nom m d'emprunt **2.** COMPUT [in e-mail, on desktop] alias m.

alibi ['ælɪbaɪ] noun alibi m.

alien ['eɪljən] ❖ adj **1.** [gen] étranger(ère) **2.** [from outer space] extraterrestre. ❖ noun **1.** [from outer space] extraterrestre mf **2.** LAW [foreigner] étranger m, -ère f.

alienate ['eɪljəneɪt] vt aliéner.

alight [ə'laɪt] ❖ adj allumé(e), en feu. ❖ vi **1.** [bird] se poser **2.** [from bus, train] ▶ **to alight from** descendre de.

align [ə'laɪn] vt [line up] aligner.

alike [əˈlaɪk] ❖ adj semblable ▸ **to look alike** se ressembler. ❖ adv de la même façon.

alimony [ˈælɪmənɪ] noun pension f alimentaire.

A-list noun **1.** [in Hollywood] liste des stars les plus en vue du moment / **an A-list celebrity** une star très en vogue **2.** [for party] liste d'invités de marque / **she's on my A-list for the party** c'est une des personnes que je veux absolument inviter à ma fête.

alive [əˈlaɪv] adj **1.** [living] vivant(e), en vie **2.** [practice, tradition] vivace ▸ **to keep alive** préserver **3.** [lively] plein(e) de vitalité ▸ **to come alive a)** [story, description] prendre vie **b)** [person, place] s'animer.

alkali [ˈælkəlaɪ] (pl **-s** or **-es**) noun alcali m.

all [ɔːl] ❖ adj **1.** (with sg noun) tout (toute) / **all day / night / evening** toute la journée / la nuit / la soirée / **all the drink** toute la boisson / **all the time** tout le temps **2.** (with pl noun) tous (toutes) / **all the boxes** toutes les boîtes / **all men** tous les hommes / **all three died** ils sont morts tous les trois, tous les trois sont morts. ❖ pron **1.** (sg) [the whole amount] tout m / **she drank it all, she drank all of it** elle a tout bu **2.** (pl) [everybody, everything] tous (toutes) / **all of them came, they all came** ils sont tous venus **3.** (with superl) ▸ **... of all** ... de tous (toutes) / **I like this one best of all** je préfère celui-ci entre tous. ❖ adv **1.** [entirely] complètement / **I'd forgotten all about that** j'avais complètement oublié cela ▸ **all alone** tout seul (toute seule) **2.** [in sport, competitions] : **the score is five all** le score est cinq partout **3.** (with compar) : **to run all the faster** courir d'autant plus vite / **all the better** d'autant mieux. ❖ **all but** adv presque, pratiquement. ❖ **all in all** adv dans l'ensemble. ❖ **in all** adv en tout.

Allah [ˈælə] noun Allah m.

all along adv depuis le début.

all-around US = **all-round**.

allay [əˈleɪ] vt [fears, anger] apaiser, calmer ; [doubts] dissiper.

all clear noun [signal, announcement] signal m de fin d'alerte ; fig feu m vert.

allegation [ˌælɪˈɡeɪʃn] noun allégation f.

allege [əˈledʒ] vt prétendre, alléguer ▸ **she is alleged to have done it** on prétend qu'elle l'a fait.

alleged [əˈledʒd] adj prétendu(e).

allegedly [əˈledʒɪdlɪ] adv prétendument.

allegiance [əˈliːdʒəns] noun allégeance f.

allergenic [ˌælədˈʒenɪk] adj allergisant(e).

allergic [əˈlɜːdʒɪk] adj ▸ **allergic (to)** allergique (à).

allergy [ˈælədʒɪ] noun allergie f ▸ **to have an allergy to sthg** être allergique à qqch.

alleviate [əˈliːvɪeɪt] vt apaiser, soulager.

all-expenses-paid adj tous frais payés.

alley(way) [ˈælɪ(weɪ)] noun [street] ruelle f ; [in garden] allée f.

alliance [əˈlaɪəns] noun alliance f.

allied [ˈælaɪd] adj **1.** MIL allié(e) **2.** [related] connexe.

alligator [ˈælɪɡeɪtər] (pl inv or **-s**) noun alligator m.

all-important adj capital(e), crucial(e).

all-in adj UK [price] global(e). ❖ **all in** adv [inclusive] tout compris.

all-inclusive adj [price, tariff] net (nette), tout compris(e), forfaitaire ; [insurance policy] tous risques.

all-in-one adj tout-en-un (inv).

all-night adj [party] qui dure toute la nuit ; [bar] ouvert(e) toute la nuit.

all-nighter [-ˈnaɪtə] noun : **the party will be an all-nighter** la fête va durer toute la nuit / **we pulled an all-nighter for the physics exam** US on a passé la nuit à réviser l'examen de physique.

allocate [ˈæləkeɪt] vt [money, resources] ▸ **to allocate sthg (to sb)** attribuer qqch (à qqn).

allot [əˈlɒt] vt [job] assigner ; [money, resources] attribuer ; [time]. allouer.

allotment [əˈlɒtmənt] noun **1.** UK [garden] jardin m ouvrier (loué par la commune) **2.** [sharing out] attribution f **3.** [share] part f.

all out adv : **to go all out to do sthg** se donner à fond pour faire qqch. ❖ **all-out** adj [strike, war] total(e) ; [effort] maximum (inv).

allow [əˈlaʊ] vt **1.** [permit - activity, behaviour] autoriser, permettre ▸ **to allow sb to do sthg** permettre à qqn de faire qqch, autoriser qqn à faire qqch **2.** [set aside - money, time] prévoir **3.** [concede] ▸ **to allow that...** admettre que... ❖ **allow for** vt insep tenir compte de.

allowance [əˈlaʊəns] noun **1.** UK [money received] indemnité f **2.** US [pocket money] argent m de poche **3.** [excuse] ▸ **to make allowances for sb** faire preuve d'indulgence envers qqn ▸ **to make allowances for sthg** prendre qqch en considération.

alloy [ˈælɔɪ] noun alliage m.

all-purpose adj [gen] qui répond à tous les besoins, passe-partout (inv) ; [tool, vehicle] polyvalent(e) **/** *all-purpose cleaning fluid* détachant *m* tous usages.

all right ❖ adv bien. ❖ excl [in answer - yes] d'accord. ❖ adj **1.** [healthy] en bonne santé ; [unharmed] sain et sauf (saine et sauve) **2.** inf [acceptable, satisfactory] : *it was all right* c'était pas mal ▸ *that's all right* [never mind] ce n'est pas grave.

all-round UK**, all-around** US adj [multi-skilled] doué(e) dans tous les domaines.

All Saints' Day noun (le jour de) la Toussaint.

All Souls' Day noun le jour OR la Fête des Morts.

all-star adj [show, performance] avec beaucoup de vedettes, à vedettes **/** *with an all-star cast* avec un plateau de vedettes.

all-terrain vehicle [ɔ:ltə,reɪn'vi:ɪkl] noun véhicule *m* tout terrain, 4x4 *m*.

all-time adj [record] sans précédent.

allude [ə'lu:d] vi ▸ *to allude to* faire allusion à.

allure [ə'ljʊər] noun charme *m*.

alluring [ə'ljʊərɪŋ] adj séduisant(e).

allusion [ə'lu:ʒn] noun allusion *f*.

ally ❖ noun ['ælaɪ] allié *m*, -e *f*. ❖ vt ▸ *to ally o.s. with* s'allier à.

almighty [ɔ:l'maɪtɪ] adj inf [noise] terrible.

almond ['ɑ:mənd] noun [nut] amande *f*.

almost ['ɔ:lməʊst] adv presque **/** *I almost missed the bus* j'ai failli rater le bus.

alms [ɑ:mz] pl n dated aumône *f*.

aloft [ə'lɒft] adv [in the air] en l'air.

alone [ə'ləʊn] ❖ adj seul(e). ❖ adv seul ▸ *to leave sthg alone* ne pas toucher à qqch **/** *leave me alone!* laisse-moi tranquille !

along [ə'lɒŋ] ❖ adv : *to walk along* se promener **/** *to move along* avancer **/** *can I come along (with you)?* est-ce que je peux venir (avec vous) ? ❖ prep le long de **/** *to run / walk along the street* courir / marcher le long de la rue. ◆ **along with** prep ainsi que.

alongside [ə,lɒŋ'saɪd] ❖ prep [along] le long de, à côté de ; [beside] à côté de. ❖ adv bord à bord.

aloof [ə'lu:f] ❖ adj distant(e). ❖ adv ▸ *to remain aloof (from)* garder ses distances (vis-à-vis de).

aloud [ə'laʊd] adv à voix haute, tout haut.

alphabet ['ælfəbet] noun alphabet *m*.

alphabetical [,ælfə'betɪkl] adj alphabétique.

alphabetically [,ælfə'betɪklɪ] adv par ordre alphabétique.

Alps [ælps] pl n ▸ **the Alps** les Alpes *fpl*.

al-Qaeda, al-Qaida [,ælkæ'i:də] noun Al-Qaida *m*.

already [ɔ:l'redɪ] adv déjà.

alright [,ɔ:l'raɪt] = **all right.**

Alsatian [æl'seɪʃn] noun UK [dog] berger *m* allemand.

also ['ɔ:lsəʊ] adv aussi.

altar ['ɔ:ltər] noun autel *m*.

alter ['ɔ:ltər] ❖ vt changer, modifier. ❖ vi changer.

alteration [,ɔ:ltə'reɪʃn] noun modification *f*, changement *m*.

altercation [,ɔ:ltə'keɪʃn] noun altercation *f*.

alternate ❖ adj [UK ɔ:l'tɜ:nət, US 'ɔ:ltərnət] alterné(e), alternatif(ive) **/** *on alternate days* tous les deux jours, un jour sur deux. ❖ vt ['ɔ:ltərneɪt] faire alterner. ❖ vi ['ɔ:ltərneɪt] ▸ *to alternate (with)* alterner (avec) ▸ *to alternate between sthg and sthg* passer de qqch à qqch.

alternately [ɔ:l'tɜ:nətlɪ] adv alternativement.

alternating current ['ɔ:ltəneɪtɪŋ-] noun courant *m* alternatif.

alternative [ɔ:l'tɜ:nətɪv] ❖ adj **1.** [different] autre **2.** [non-traditional - society] parallèle ; [- art, energy] alternatif(ive). ❖ noun **1.** [between two solutions] alternative *f* **2.** [other possibility] ▸ **alternative (to)** solution *f* de remplacement (à) ▸ *to have no alternative but to do sthg* ne pas avoir d'autre choix que de faire qqch.

alternatively [ɔ:l'tɜ:nətɪvlɪ] adv ou bien.

alternative medicine noun médecine *f* parallèle OR douce.

alternator ['ɔ:ltəneɪtər] noun ELEC alternateur *m*.

although [ɔ:l'ðəʊ] conj bien que (+ subjunctive).

altitude ['æltɪtju:d] noun altitude *f*.

alto ['æltəʊ] (pl -s) noun **1.** [male voice] haute-contre *f* **2.** [female voice] contralto *m*.

altogether [,ɔ:ltə'geðər] adv **1.** [completely] entièrement, tout à fait **2.** [considering all things] tout compte fait **3.** [in all] en tout.

altruistic [,æltrʊ'ɪstɪk] adj altruiste.

aluminium UK [,æljʊ'mɪnɪəm]**, aluminum** US [ə'lu:mɪnəm] ❖ noun aluminium *m*. ❖ comp en aluminium.

always ['ɔ:lweɪz] adv toujours.

always-on [,ɔ:lweɪz'ɒn] adj permanent(e).

Alzheimer's (disease) ['ælts,haɪməz-] noun maladie f d'Alzheimer.

am [æm] ⟶ be.

a.m. (abbr of ante meridiem) ▶ at 3 a.m. à 3h (du matin).

AM (abbr of amplitude modulation) noun AM f.

amalgamate [ə'mælgəmeɪt] vt & vi [companies] fusionner.

amass [ə'mæs] vt amasser.

amateur ['æmətə] ◆ adj amateur (inv) ; pej d'amateur QUÉBEC. ◆ noun amateur m.

amateurish [,æmətɜ:rɪʃ] adj d'amateur.

amaze [ə'meɪz] vt étonner, stupéfier.

amazed [ə'meɪzd] adj stupéfait(e).

amazement [ə'meɪzmənt] noun stupéfaction f.

amazing [ə'meɪzɪŋ] adj **1.** [surprising] étonnant(e), ahurissant(e) **2.** [wonderful] excellent(e).

Amazon ['æməzn] noun **1.** [river] ▶ the Amazon l'Amazone f **2.** [region] ▶ the Amazon (Basin) l'Amazonie f ▶ the Amazon rain forest la forêt amazonienne.

ambassador [æm'bæsədə] noun ambassadeur m, -drice f.

amber ['æmbə] noun [substance] ambre m.

ambience ['æmbɪəns] noun ambiance f.

ambiguous [æm'bɪgjʊəs] adj ambigu(ë).

ambition [æm'bɪʃn] noun ambition f.

ambitious [æm'bɪʃəs] adj ambitieux(euse).

ambivalent [æm'bɪvələnt] adj ambivalent(e).

amble ['æmbl] vi déambuler.

ambulance ['æmbjʊləns] noun ambulance f.

ambush ['æmbʊʃ] ◆ noun embuscade f. ◆ vt tendre une embuscade à.

amen [ɑ:'men] excl amen !

amenable [ə'mi:nəbl] adj ▶ amenable (to) ouvert(e) (à).

amend [ə'mend] vt [generally] modifier ; [law] amender. ◆ **amends** pl n ▶ to make amends (for) se racheter (pour).

amendment [ə'mendmənt] noun [generally] modification f ; [to law] amendement m.

amenities [ə'mi:nətɪz] pl n [features] agréments mpl ; [facilities] équipements mpl.

America [ə'merɪkə] noun Amérique f ▶ in America en Amérique.

American [ə'merɪkn] ◆ adj américain(e). ◆ noun Américain m, -e f.

American Indian noun Indien m, -enne f d'Amérique, Amérindien m, -enne f.

amiable ['eɪmjəbl] adj aimable.

amicable ['æmɪkəbl] adj amical(e).

amid(st) [ə'mɪd(st)] prep au milieu de, parmi.

amiss [ə'mɪs] ◆ adj : is there anything amiss? y a-t-il quelque chose qui ne va pas ? ◆ adv ▶ to take sthg amiss prendre qqch de travers.

ammonia [ə'məʊnjə] noun [liquid] ammoniaque f.

ammunition [,æmjʊ'nɪʃn] noun (U) **1.** MIL munitions fpl **2.** fig [argument] argument m.

amnesia [æm'ni:zjə] noun amnésie f.

amnesty ['æmnəstɪ] noun amnistie f.

amok [ə'mɒk] adv ▶ to run amok être pris(e) d'une crise de folie furieuse.

among [ə'mʌŋ], **amongst** [ə'mʌŋst] prep parmi, entre ▶ among other things entre autres (choses).

amoral [,eɪ'mɒrəl] adj amoral(e).

amorous ['æmərəs] adj amoureux(euse).

amount [ə'maʊnt] noun **1.** [quantity] quantité f ▶ a great amount of beaucoup de **2.** [sum of money] somme f, montant m. ◆ **amount to** vt insep **1.** [total] s'élever à **2.** [be equivalent to] revenir à, équivaloir à.

amp [æmp] noun abbr of ampere.

ampere ['æmpeə] noun ampère m.

amphibious [æm'fɪbɪəs] adj amphibie.

ample ['æmpl] adj **1.** [enough] suffisamment de, assez de **2.** [large] ample.

amplifier ['æmplɪfaɪə] noun amplificateur m.

amputate ['æmpjʊteɪt] vt & vi amputer.

Amsterdam [,æmstə'dæm] noun Amsterdam.

amuck [ə'mʌk] = amok.

amuse [ə'mju:z] vt **1.** [make laugh] amuser, faire rire **2.** [entertain] divertir, distraire ▶ to amuse o.s. (by doing sthg) s'occuper (à faire qqch).

amused [ə'mju:zd] adj **1.** [laughing] amusé(e) ▶ to be amused at or by sthg trouver qqch amusant **2.** [entertained] ▶ to keep o.s. amused s'occuper.

amusement [ə'mju:zmənt] noun **1.** [laughter] amusement m **2.** [diversion, game] distraction f.

amusement arcade noun 🇬🇧 galerie *f* de jeux.

amusement park noun parc *m* d'attractions.

amusing [ə'mjuːzɪŋ] adj amusant(e).

an (stressed [æn], unstressed [ən]) ➞ **a**.

anabolic steroid [ˌænə'bɒlɪk-] noun (stéroïde *m*) anabolisant *m*.

anachronism [ə'nækrənɪzm] noun anachronisme *m*.

anaemic, anemic 🇺🇸 [ə'niːmɪk] adj MED anémique ; *fig & pej* fade, plat(e).

anaesthesia, anesthesia 🇺🇸 [ˌænɪs'θiːzjə] noun anesthésie *f*.

anaesthetic, anesthetic 🇺🇸 [ˌænɪs'θetɪk] noun anesthésique *m* ▸ **under anaesthetic** sous anesthésie ▸ **local / general anaesthetic** anesthésie *f* locale/générale.

anaesthetist, anesthetist 🇺🇸 [æ'niːsθətɪst], **anesthesiologist** [æ,niːsθəzɪ'plədʒɪst] noun anesthésiste *mf*.

anaesthetize, anaesthetise 🇬🇧, **anesthetize** 🇺🇸 [æ'niːsθətaɪz] vt anesthésier.

anagram ['ænəgræm] noun anagramme *f*.

anal ['eɪnl] adj anal(e).

analogue, analog ['ænəlɒg] adj [watch, clock] analogique.

analogy [ə'nælədʒɪ] noun analogie *f* ▸ **by analogy** par analogie.

analyse 🇬🇧, **analyze** 🇺🇸 ['ænəlaɪz] vt analyser.

analysis [ə'næləsɪs] (*pl* -ses) noun analyse *f*.

analyst ['ænəlɪst] noun analyste *mf*.

analytic(al) [ˌænə'lɪtɪk(l)] adj analytique.

analyze 🇺🇸 = **analyse**.

anarchist ['ænəkɪst] noun anarchiste *mf*.

anarchy ['ænəkɪ] noun anarchie *f*.

anathema [ə'næθəmə] noun anathème *m*.

anatomy [ə'nætəmɪ] noun anatomie *f*.

ANC (*abbr of* **African National Congress**) noun ANC *m*.

ancestor ['ænsestə'] noun *lit & fig* ancêtre *m*.

ancestry ['ænsestrɪ] (*pl* -ies) noun **1.** [past] ascendance *f* **2.** (*U*) [ancestors] ancêtres *mpl*.

anchor ['æŋkə'] ❖ noun **1.** NAUT ancre *f* ▸ **to drop / weigh anchor** jeter/lever l'ancre **2.** 🇺🇸 TV présentateur *m*, -trice *f*. ❖ vt **1.** [secure] ancrer **2.** 🇺🇸 TV présenter. ❖ vi NAUT jeter l'ancre.

anchorman ['æŋkəmæn] (*pl* -**men**) noun 🇺🇸 TV présentateur *m*.

anchorwoman ['æŋkə,wʊmən] (*pl* -**women**) noun 🇺🇸 TV présentatrice *f*.

anchovy ['æntʃəvɪ] (*pl inv or* -**ies**) noun anchois *m*.

ancient ['eɪnʃənt] adj **1.** [monument] historique ; [custom] ancien(enne) **2.** *hum* [car] antique ; [person] vieux (vieille).

ancillary [æn'sɪlərɪ] adj auxiliaire.

and (stressed [ænd], unstressed [ənd] or [ən]) conj **1.** [as well as, plus] et **2.** [in numbers] : *one hundred and eighty* cent quatre-vingts / *six and a half* six et demi **3.** [to] : *come and look!* venez voir ! / *try and come* essayez de venir ▸ **wait and see** vous verrez bien. ❖ **and so on, and so forth** adv et ainsi de suite.

Andes ['ændiːz] pl n ▸ **the Andes** les Andes *fpl*.

Andorra [æn'dɔːrə] noun Andorre *f*.

anecdote ['ænɪkdəʊt] noun anecdote *f*.

anemic 🇺🇸 = **anaemic**.

anesthesia 🇺🇸 = **anaesthesia**.

anesthetic 🇺🇸 = **anaesthetic**.

anesthetist 🇺🇸 = **anaesthetist**.

anesthetize 🇺🇸 = **anaesthetize**.

anew [ə'njuː] adv ▸ **to start anew** recommencer (à zéro).

angel ['eɪndʒəl] noun ange *m*.

anger ['æŋgə'] ❖ noun colère *f*. ❖ vt fâcher, irriter.

anger management noun *thérapie pour aider les gens coléreux à mieux se maîtriser.*

angina [æn'dʒaɪnə] noun angine *f* de poitrine.

angle ['æŋgl] noun **1.** [gen] angle *m* ▸ **at an angle** de travers, en biais **2.** [point of view] point *m* de vue, angle *m*.

angler ['æŋglə'] noun pêcheur *m* (à la ligne).

Anglican ['æŋglɪkən] ❖ adj anglican(e). ❖ noun anglican *m*, -e *f*.

angling ['æŋglɪŋ] noun pêche *f* à la ligne.

angry ['æŋgrɪ] adj [person] en colère, fâché(e) ; [words, quarrel] violent(e) ▸ **to be angry with or at sb** être en colère or fâché contre qqn ▸ **to get angry** se mettre en colère, se fâcher.

angst [æŋst] noun anxiété *f*.

anguish ['æŋgwɪʃ] noun angoisse *f*.

angular ['æŋgjʊlə'] adj anguleux(euse).

animal ['ænɪml] ❖ noun ZOOL animal *m* ; *pej* brute *f*. ❖ adj animal(e).

animate ['ænɪmət] adj animé(e), vivant(e).

animated ['ænɪmeɪtɪd] adj animé(e).

anime ['ænɪmeɪ] noun anime *m*, animé *m*.

aniseed ['ænɪsiːd] noun anis *m*.

ankle ['æŋkl] ❖ noun cheville *f*. ❖ comp
▶ **ankle socks** socquettes *fpl* ▶ **ankle boots**
bottines *fpl*.

annals ['ænlz] pl n annales *fpl*.

annex, annexe 🇬🇧 ['æneks] noun [building] annexe *f*.

annihilate [ə'naɪəleɪt] vt anéantir, annihiler.

anniversary [ˌænɪ'vɜːsərɪ] noun anniversaire *m*.

annotate ['ænəteɪt] vt annoter.

announce [ə'naʊns] vt annoncer.

announcement [ə'naʊnsmənt] noun
1. [statement] déclaration *f* ; [in newspaper]
avis *m* **2.** (*U*) [act of stating] annonce *f*.

announcer [ə'naʊnsə] noun RADIO & TV speaker *m*, speakerine *f*.

annoy [ə'nɔɪ] vt agacer, contrarier.

annoyance [ə'nɔɪəns] noun contrariété *f*.

annoyed [ə'nɔɪd] adj mécontent(e), agacé(e)
▶ **to get annoyed** se fâcher ▶ **to be annoyed at
sthg** être contrarié(e) par qqch ▶ **to be annoyed
with sb** être fâché(e) contre qqn.

annoying [ə'nɔɪɪŋ] adj agaçant(e).

annual ['ænjʊəl] ❖ adj annuel(elle).
❖ noun **1.** [plant] plante *f* annuelle **2.** [book
- gen] publication *f* annuelle ; [- for children] album *m*.

annual earnings pl n **1.** [of company]
recette(s) *fpl* annuelle(s) **2.** [of person] revenu *m*
annuel.

annual general meeting noun 🇬🇧 assemblée *f* générale annuelle.

annual income noun revenu *m* annuel.

annul [ə'nʌl] vt [generally] annuler ; [law]
abroger.

anomaly [ə'nɒmɔlɪ] noun anomalie *f*.

anonymous [ə'nɒnɪməs] adj anonyme.

anorak ['ænəræk] noun anorak *m*.

anorexia (nervosa) [ˌænə'reksɪə
(nɜː'vəʊsə)] noun anorexie *f* mentale.

anorexic [ˌænə'reksɪk] adj & noun anorexique.

another [ə'nʌðə] ❖ adj **1.** [additional] :
another apple encore une pomme, une pomme
de plus, une autre pomme / *in another few
minutes* dans quelques minutes / *(would you*

like) another drink? (voulez-vous) encore un
verre ? **2.** [different] : *another job* un autre
travail. ❖ pron **1.** [additional one] un autre
(une autre), encore un (encore une) **2.** [different
one] un autre (une autre).

answer ['ɑːnsə] ❖ noun **1.** [gen] réponse *f*
▶ **in answer to** en réponse à **2.** [to problem]
solution *f*. ❖ vt répondre à ▶ **to answer the
door** aller ouvrir la porte ▶ **to answer the
phone** répondre au téléphone. ❖ vi [reply] répondre. ◆ **answer back** ❖ vt sep
répondre à. ❖ vi répondre. ◆ **answer for**
vt insep être responsable de, répondre de.

answerable ['ɑːnsərəbl] adj ▶ **answerable to
sb / for sthg** responsable devant qqn / de qqch.

answering machine ['ɑːnsərɪŋ-] noun
répondeur *m*.

answerphone ['ænsəfəʊn] noun répondeur *m* (téléphonique).

ant [ænt] noun fourmi *f*.

antagonism [æn'tægənɪzm] noun antagonisme *m*, hostilité *f*.

antagonize, antagonise 🇬🇧 [æn'tægənaɪz]
vt éveiller l'hostilité de.

Antarctic [æn'tɑːktɪk] ❖ noun ▶ **the Antarctic** l'Antarctique *m*. ❖ adj antarctique.

antelope ['æntɪləʊp] (*pl inv or* -**s**) noun antilope *f*.

antenatal [ˌæntɪ'neɪtl] adj prénatal(e).

antenatal clinic noun service *m* de consultation prénatale.

antenna [æn'tenə] noun **1.** (*pl* -**nae**) [of insect]
antenne *f* **2.** (*pl* -**s**) 🇺🇸 [for TV, radio] antenne *f*.

anthem ['ænθəm] noun hymne *m*.

anthology [æn'θɒlədʒɪ] noun anthologie *f*.

anthropology [ˌænθrə'pɒlədʒɪ] noun anthropologie *f*.

anti- ['æntɪ] pref anti-.

antibiotic [ˌæntɪbaɪ'ɒtɪk] noun antibiotique *m*.

antibody ['æntɪˌbɒdɪ] noun anticorps *m*.

anticipate [æn'tɪsɪpeɪt] vt **1.** [expect] s'attendre à, prévoir **2.** [request, movement] anticiper ; [competitor] prendre de l'avance sur
3. [look forward to] savourer à l'avance.

anticipation [æn,tɪsɪ'peɪʃn] noun [expectation] attente *f* ; [eagerness] impatience *f* ▶ **in
anticipation of** en prévision de.

anticlimax [ˌæntɪ'klaɪmæks] noun déception *f*.

anticlockwise [,æntɪ'klɒkwaɪz] adj & adv **UK** dans le sens inverse des aiguilles d'une montre.

anticompetitive [,æntɪkəm'petɪtɪv] adj ECON anticoncurrentiel(elle).

antics ['æntɪks] pl n **1.** [of children, animals] gambades fpl **2.** pej [of politicians] bouffonneries fpl.

anticyclone [,æntɪ'saɪkləʊn] noun anticyclone m.

antidepressant [,æntɪdɪ'presnt] noun antidépresseur m.

antidote ['æntɪdəʊt] noun lit & fig ▶ **antidote (to)** antidote m (contre).

antidumping [,æntɪ'dʌmpɪŋ] adj [law, legislation] antidumping.

antifreeze ['æntɪfriːz] noun antigel m.

antiglobalization, antiglobalisation [,æntɪgləʊbəlaɪ'zeɪʃən] ❖ noun POL antimondialisation f. ❖ adj POL antimondialisation.

antihistamine [,æntɪ'hɪstəmɪn] noun antihistaminique m.

antiperspirant [,æntɪ'pɜːspərənt] noun antiperspirant m.

antipodes [æn'tɪpədiːz] pl n antipodes mpl. ◆ **Antipodes** pl n : the Antipodes l'Australie f et la Nouvelle-Zélande.

antiquated ['æntɪkweɪtɪd] adj dépassé(e).

antique [æn'tiːk] ❖ adj ancien(enne). ❖ noun [object] objet m ancien ; [piece of furniture] meuble m ancien.

antique shop noun magasin m d'antiquités.

anti-Semitic [-sɪ'mɪtɪk] adj antisémite.

anti-Semitism [-semɪtɪzəm] noun antisémitisme m.

antiseptic [,æntɪ'septɪk] ❖ adj antiseptique. ❖ noun antiseptique m.

antisocial [,æntɪ'səʊʃl] adj **1.** [against society] antisocial(e) **2.** [unsociable] peu sociable, sauvage.

antiterrorist [,æntɪ'terərɪst] adj antiterroriste.

antivirus ['æntɪvaɪrəs] adj antivirus.

antler ['æntlər] noun corne f. ◆ **antlers** pl n bois mpl (de cervidés), ramure f.

antonym ['æntənɪm] noun antonyme m.

anus ['eɪnəs] noun anus m.

anvil ['ænvɪl] noun enclume f.

anxiety [æŋ'zaɪətɪ] noun **1.** [worry] anxiété f **2.** [cause of worry] souci m **3.** [keenness] désir m farouche.

anxious ['æŋkʃəs] adj **1.** [worried] anxieux(euse), très inquiet(ète) ▶ **to be anxious about** se faire du souci au sujet de **2.** [keen] ▶ **to be anxious to do sthg** tenir à faire qqch ▶ **to be anxious that** tenir à ce que (+ subjunctive).

any ['enɪ] ❖ adj **1.** (with negative) en / I haven't got any money / tickets je n'ai pas d'argent/de billets / he never does any work il ne travaille jamais **2.** [some - with sg noun] du, de l', de la ; [- with pl noun] des / have you got any money / milk / cousins? est-ce que vous avez de l'argent/du lait/des cousins ? **3.** [no matter which] n'importe quel (n'importe quelle) / any box will do n'importe quelle boîte fera l'affaire. ❖ pron **1.** (with negative) en / I didn't buy any (of them) je n'en ai pas acheté / I didn't know any of the guests je ne connaissais aucun des invités **2.** [some] en / do you have any? est-ce que vous en avez ? **3.** [no matter which one or ones] n'importe lequel (n'importe laquelle) / take any you like prenez n'importe lequel/laquelle, prenez celui/celle que vous voulez. ❖ adv **1.** (with negative) en / I can't see it any more je ne le vois plus **2.** [some, a little] un peu / do you want any more potatoes? voulez-vous encore des pommes de terre ? / is that any better / different? est-ce que c'est mieux/différent comme ça ? ; See also **case.**, **day.**, **moment.**, **rate.**

ANY1 MESSAGING written abbr of **anyone**.

anybody ['enɪ,bɒdɪ] = **anyone**.

anyhow ['enɪhaʊ] adv **1.** [in spite of that] quand même, néanmoins **2.** [carelessly] n'importe comment **3.** [in any case] de toute façon.

any more, anymore **US** ['enɪmɔːr] adv : they don't live here any more ils n'habitent plus ici.

anyone ['enɪwʌn] pron **1.** (in negative sentences) : I didn't see anyone je n'ai vu personne **2.** (in questions) quelqu'un **3.** [any person] n'importe qui.

anyplace **US** ['enɪpleɪs] = **anywhere**.

anything ['enɪθɪŋ] pron **1.** (in negative sentences) : I didn't see anything je n'ai rien vu **2.** (in questions) quelque chose **3.** [any object, event] n'importe quoi / if anything happens… s'il arrive quoi que ce soit….

anytime ['enɪtaɪm] adv **1.** [at any time] n'importe quand / call me anytime appelle-moi quand tu veux **2.** [you're welcome] je t'en prie, je vous en prie / thanks for driving me to the airport — anytime! merci de m'avoir conduit à l'aéroport — je t'en prie !

anyway ['enɪweɪ] adv [in any case] de toute façon.

anywhere ['enɪweəʳ], **anyplace** US ['enɪpleɪs] adv **1.** (in negative sentences) : I haven't seen him anywhere je ne l'ai vu nulle part **2.** (in questions) quelque part **3.** [any place] n'importe où.

AP ['eɪ'piː] (abbr of Advanced Placement) noun US SCH examen de niveau universitaire passé par les lycéens qui le souhaitent pour obtenir des crédits pour l'université.

apart [ə'pɑːt] adv **1.** [separated] ▶ we're living apart nous sommes séparés **2.** [to one side] à l'écart **3.** [aside] ▶ joking apart sans plaisanter, plaisanterie à part. ◆ **apart from** prep **1.** [except for] à part, sauf **2.** [as well as] en plus de, outre.

apartheid [ə'pɑːtheɪt] noun apartheid m.

apartment [ə'pɑːtmənt] noun appartement m.

apartment building noun US immeuble m (d'habitation).

apathy ['æpəθɪ] noun apathie f.

ape [eɪp] ◆ noun singe m. ◆ vt singer.

aperitif [əperə'tiːf] noun apéritif m.

aperture ['æpə,tjʊəʳ] noun **1.** [hole, opening] orifice m, ouverture f **2.** PHOT ouverture f.

apex ['eɪpeks] (pl -es or apices ['eɪpɪsiːz]) noun sommet m.

APEX ['eɪpeks] (abbr of advance purchase excursion) noun ▶ APEX ticket billet m APEX.

aphrodisiac [,æfrə'dɪzɪæk] noun aphrodisiaque m.

apices ['eɪpɪsiːz] pl n ⟶ apex.

apiece [ə'piːs] adv [for each person] chacun(e), par personne ; [for each thing] chacun(e), pièce (inv).

aplenty [ə'plentɪ] adj liter : she's always had money aplenty elle a toujours eu beaucoup OR énormément d'argent.

aplomb [ə'plɒm] noun aplomb m, assurance f.

apocalypse [ə'pɒkəlɪps] noun apocalypse f.

apologetic [ə,pɒlə'dʒetɪk] adj [letter] d'excuse ▶ to be apologetic about sthg s'excuser de qqch.

apologize, apologise UK [ə'pɒlədʒaɪz] vi s'excuser ▶ to apologize to sb (for sthg) faire des excuses à qqn (pour qqch).

apology [ə'pɒlədʒɪ] noun excuses fpl.

apoplectic [,æpə'plektɪk] adj **1.** MED apoplectique **2.** inf [very angry] hors de soi.

apostle [ə'pɒsl] noun RELIG apôtre m.

apostrophe [ə'pɒstrəfɪ] noun apostrophe f.

app [æp] (abbr of application) noun COMPUT application f, appli f inf.

appal UK, **appall** US [ə'pɔːl] vt horrifier.

appalling [ə'pɔːlɪŋ] adj épouvantable.

apparatus [,æpə'reɪtəs] (pl inv or -es) noun **1.** [device] appareil m, dispositif m **2.** (U) [in gym] agrès mpl **3.** [system, organization] appareil m.

apparel [ə'pærəl] noun US habillement m.

apparent [ə'pærənt] adj **1.** [evident] évident(e) **2.** [seeming] apparent(e).

apparently [ə'pærəntlɪ] adv **1.** [it seems] à ce qu'il paraît **2.** [seemingly] apparemment, en apparence.

appeal [ə'piːl] ◆ vi **1.** [request] ▶ to appeal (to sb for sthg) lancer un appel (à qqn pour obtenir qqch) **2.** [make a plea] ▶ to appeal to faire appel à **3.** LAW ▶ to appeal (against) faire appel (de) **4.** [attract, interest] ▶ to appeal to sb plaire à qqn / it appeals to me ça me plaît. ◆ noun **1.** [request] appel m **2.** LAW appel m **3.** [charm, interest] intérêt m, attrait m.

appealing [ə'piːlɪŋ] adj [attractive] attirant(e), sympathique.

appear [ə'pɪəʳ] vi **1.** [gen] apparaître ; [book] sortir, paraître **2.** [seem] sembler, paraître ▶ to appear to do something sembler faire qqch ▶ it would appear (that)... il semblerait que... **3.** [in play, film] jouer **4.** LAW comparaître.

appearance [ə'pɪərəns] noun **1.** [gen] apparition f ▶ to make an appearance se montrer **2.** [look] apparence f, aspect m.

appease [ə'piːz] vt apaiser.

append [ə'pend] vt fml [document, note] joindre ; [signature] apposer.

appendices [ə'pendɪsiːz] pl n ⟶ appendix.

appendicitis [ə,pendɪ'saɪtɪs] noun (U) appendicite f.

appendix [ə'pendɪks] (pl -ixes or -ices) noun appendice m ▶ to have one's appendix out OR removed OR taken out US se faire opérer de l'appendicite.

appetite ['æpɪtaɪt] noun **1.** [for food] ▶ appetite (for) appétit m (pour) **2.** fig [enthusiasm] ▶ appetite (for) goût m (de OR pour).

appetizer, appetiser UK ['æpɪtaɪzəʳ] noun [food] amuse-gueule m inv ; [drink] apéritif m.

appetizing, appetising UK ['æpɪtaɪzɪŋ] adj [food] appétissant(e).

applaud [ə'plɔːd] ❖ vt **1.** [clap] applaudir **2.** [approve] approuver, applaudir à. ❖ vi applaudir.

applause [ə'plɔːz] noun (U) applaudissements mpl.

apple ['æpl] noun pomme f.

apple pie noun tarte f aux pommes.

apple tree noun pommier m.

appliance [ə'plaɪəns] noun [device] appareil m.

applicable [ə'plɪkəbl] adj ▶ **applicable (to)** applicable (à).

applicant ['æplɪkənt] noun ▶ **applicant (for)** **a)** [job] candidat m, -e f (à) **b)** [state benefit] demandeur m, -euse f (de); UNIV ▶ **college** US OR **university applicant** candidat à l'inscription à l'université.

application [,æplɪ'keɪʃn] noun **1.** [gen] application f **2.** [for job] ▶ **application (for)** demande f (de).

application form noun [for post] dossier m de candidature; UNIV dossier m d'inscription.

applications program [,æplɪ'keɪʃns-] noun COMPUT programme m d'application.

applied [ə'plaɪd] adj [science] appliqué(e).

apply [ə'plaɪ] ❖ vt appliquer ▶ **to apply the brakes** freiner. ❖ vi **1.** [for work, grant] ▶ **to apply (for)** faire une demande (de) ▶ **to apply to sb (for sthg)** s'adresser à qqn (pour obtenir qqch) ▶ **to apply for a job** faire une demande d'emploi **2.** [be relevant] ▶ **to apply to** s'appliquer à, concerner.

appoint [ə'pɔɪnt] vt **1.** [to job, position] ▶ **to appoint sb (as sthg)** nommer qqn (qqch) ▶ **to appoint sb to sthg** nommer qqn à qqch **2.** [time, place] fixer.

appointment [ə'pɔɪntmənt] noun **1.** [to job, position] nomination f, désignation f **2.** [job, position] poste m, emploi m **3.** [arrangement to meet] rendez-vous m ▶ **to make an appointment** prendre un rendez-vous.

apportion [ə'pɔːʃn] vt répartir.

appraisal [ə'preɪzl] noun évaluation f.

appreciable [ə'priːʃəbl] adj [difference] sensible; [amount] appréciable.

appreciate [ə'priːʃɪeɪt] ❖ vt **1.** [value, like] apprécier, aimer **2.** [recognize, understand] comprendre, se rendre compte de **3.** [be grateful for] être reconnaissant(e) de. ❖ vi FIN prendre de la valeur.

appreciation [ə,priːʃɪ'eɪʃn] noun **1.** [liking] contentement m **2.** [understanding] compréhension f **3.** [gratitude] reconnaissance f.

appreciative [ə'priːʃjətɪv] adj [person] reconnaissant(e); [remark] élogieux(euse).

apprehend [,æprɪ'hend] vt fml [arrest] appréhender, arrêter.

apprehensive [,æprɪ'hensɪv] adj inquiet(ète) ▶ **to be apprehensive about sthg** appréhender OR craindre qqch.

apprentice [ə'prentɪs] noun apprenti m, -e f.

apprenticeship [ə'prentɪsʃɪp] noun apprentissage m.

approach [ə'prəʊtʃ] ❖ noun **1.** [gen] approche f **2.** [method] démarche f, approche f **3.** [to person] ▶ **to make an approach to sb** faire une proposition à qqn. ❖ vt **1.** [come near to - place, person, thing] s'approcher de **2.** [speak to] parler à **3.** [tackle - problem] aborder. ❖ vi s'approcher.

approachable [ə'prəʊtʃəbl] adj accessible.

appropriate ❖ adj [ə'prəʊprɪət] [clothing] convenable; [action] approprié(e); [moment] opportun(e). ❖ vt [ə'prəʊprɪeɪt] **1.** LAW s'approprier **2.** [allocate] affecter.

approval [ə'pruːvl] noun approbation f ▶ **on approval** COMM à condition, à l'essai.

approve [ə'pruːv] ❖ vi ▶ **to approve (of sthg)** approuver (qqch). ❖ vt [ratify] approuver, ratifier.

approx. [ə'prɒks] (abbr of **approximately**) approx., env.

approximate adj [ə'prɒksɪmət] approximatif(ive).

approximately [ə'prɒksɪmətlɪ] adv à peu près, environ.

apricot ['eɪprɪkɒt] noun abricot m.

April ['eɪprəl] noun avril m. See also **September**.

April Fools' Day noun le 1er avril.

apron ['eɪprən] noun [clothing] tablier m.

apt [æpt] adj **1.** [pertinent] pertinent(e), approprié(e) **2.** [likely] ▶ **to be apt to do sthg** avoir tendance à faire qqch.

aptitude ['æptɪtjuːd] noun aptitude f, disposition f ▶ **to have an aptitude for** avoir des dispositions pour.

aptly ['æptlɪ] adv avec justesse, à propos.

aqualung ['ækwəlʌŋ] noun scaphandre m autonome.

aquarium [ə'kweərɪəm] (pl -riums OR -ria) noun aquarium m.

Aquarius [ə'kweərɪəs] noun Verseau *m*.

aquarobics [ˌækwə'rəʊbɪks] noun aquagym *f*.

aquatic [ə'kwætɪk] adj **1.** [animal, plant] aquatique **2.** [sport] nautique.

aqueduct ['ækwɪdʌkt] noun aqueduc *m*.

Arab ['ærəb] ❖ adj arabe. ❖ noun [person] Arabe *mf*.

Arabian [ə'reɪbjən] adj d'Arabie, arabe.

Arabic ['ærəbɪk] ❖ adj arabe. ❖ noun arabe *m*.

Arabic numeral noun chiffre *m* arabe.

arable ['ærəbl] adj arable.

arbitrary ['ɑ:bɪtrərɪ] adj arbitraire.

arbitration [ˌɑ:bɪ'treɪʃn] noun arbitrage *m* ▸ to go to arbitration recourir à l'arbitrage.

arcade [ɑ:'keɪd] noun **1.** [for shopping] galerie *f* marchande **2.** [covered passage] arcades *fpl* **3.** US galerie *f* de jeux.

arch [ɑ:tʃ] ❖ adj malicieux(euse), espiègle. ❖ noun **1.** ARCHIT arc *m*, voûte *f* **2.** [of foot] voûte *f* plantaire, cambrure *f*. ❖ vt cambrer, arquer. ❖ vi former une voûte.

archaeologist [ˌɑ:kɪ'ɒlədʒɪst] noun archéologue *mf*.

archaeology [ˌɑ:kɪ'ɒlədʒɪ] noun archéologie *f*.

archaic [ɑ:'keɪɪk] adj archaïque.

archbishop [ˌɑ:tʃ'bɪʃəp] noun archevêque *m*.

archenemy [ˌɑ:tʃ'enɪmɪ] noun ennemi *m* numéro un.

archeology = **archaeology**.

archer ['ɑ:tʃər] noun archer *m*.

archery ['ɑ:tʃərɪ] noun tir *m* à l'arc.

archetypal [ˌɑ:kɪ'taɪpl] adj typique.

architect ['ɑ:kɪtekt] noun *lit & fig* architecte *mf*.

architecture ['ɑ:kɪtektʃər] noun [gen & COMPUT] architecture *f*.

archive ['ɑ:kaɪv] ❖ noun [repository] archives *fpl*, dépôt *m*. ❖ vt archiver.

archway ['ɑ:tʃweɪ] noun passage *m* voûté.

ardent ['ɑ:dənt] adj fervent(e), passionné(e).

arduous ['ɑ:djʊəs] adj ardu(e).

are (weak form [ər], strong form [ɑ:r]) ⟶ **be**.

area ['eərɪə] noun **1.** [region] région *f* ▸ parking area aire *f* de stationnement ▸ in the area of [approximately] environ, à peu près **2.** [surface size] aire *f*, superficie *f* **3.** [of knowledge, interest] domaine *m*.

area code noun US indicatif *m* de zone.

arena [ə'ri:nə] noun *lit & fig* arène *f*.

aren't [ɑ:nt] ⟶ **are not**.

Argentina [ˌɑ:dʒən'ti:nə] noun Argentine *f*.

Argentine ['ɑ:dʒəntaɪn], **Argentinian** [ˌɑ:dʒən'tɪnɪən] ❖ adj argentin(e). ❖ noun Argentin *m*, -e *f*.

arguable ['ɑ:gjʊəbl] adj discutable, contestable.

arguably ['ɑ:gjʊəblɪ] adv : *she's arguably the best* on peut soutenir qu'elle est la meilleure.

argue ['ɑ:gju:] ❖ vi **1.** [quarrel] ▸ to argue (with sb about sthg) se disputer (avec qqn à propos de qqch) **2.** [reason] ▸ to argue (for / against) argumenter (pour/contre). ❖ vt débattre de, discuter de ▸ to argue that soutenir OR maintenir que.

argument ['ɑ:gjʊmənt] noun **1.** [quarrel] dispute *f* **2.** [reason] argument *m* **3.** (U) [reasoning] discussion *f*, débat *m*.

argumentative [ˌɑ:gjʊ'mentətɪv] adj querelleur(euse), batailleur(euse).

arid ['ærɪd] adj *lit & fig* aride.

Aries ['eəri:z] noun Bélier *m*.

arise [ə'raɪz] (*pt* arose, *pp* arisen [ə'rɪzn]) vi [appear] surgir, survenir ▸ to arise from résulter de, provenir de ▸ if the need arises si le besoin se fait sentir.

aristocracy [ˌærɪ'stɒkrəsɪ] (*pl* -ies) noun aristocratie *f*.

aristocrat [UK 'ærɪstəkræt, US ə'rɪstəkræt] noun aristocrate *mf*.

arithmetic [ə'rɪθmətɪk] noun arithmétique *f*.

ark [ɑ:k] noun arche *f*.

arm [ɑ:m] ❖ noun **1.** [of person, chair] bras *m* ▸ arm in arm bras dessus bras dessous ▸ to keep sb at arm's length UK *fig* tenir qqn à distance ▸ to twist sb's arm *fig* forcer la main à qqn **2.** [of garment] manche *f*. ❖ vt armer. ◆ **arms** *pl* n armes *fpl* ▸ to take up arms prendre les armes ▸ to be up in arms about sthg s'élever contre qqch.

armaments ['ɑ:məmənts] *pl* n [weapons] matériel *m* de guerre, armements *mpl*.

armband ['ɑ:mbænd] noun brassard *m* ; [mourning] brassard *m* de deuil, crêpe *m*.

armchair ['ɑ:mtʃeər] noun fauteuil *m*.

armed [ɑ:md] adj *lit & fig* ▸ armed (with) armé(e) (de).

armed forces *pl* n forces *fpl* armées.

armhole ['ɑ:mhəʊl] noun emmanchure f.

armour UK, **armor** US ['ɑ:məʳ] noun **1.** [for person] armure f **2.** [for military vehicle] blindage m.

armoured car UK, **armored car** US [,ɑ:məd-] noun voiture f blindée.

armoury UK, **armory** US ['ɑ:mərɪ] noun arsenal m.

armpit ['ɑ:mpɪt] noun aisselle f.

armrest ['ɑ:mrest] noun accoudoir m.

army ['ɑ:mɪ] noun lit & fig armée f.

aroma [ə'rəʊmə] noun arôme m.

aromatherapy [ə,rəʊmə'θerəpɪ] noun aromathérapie f.

arose [ə'rəʊz] pt → arise.

around [ə'raʊnd] ◆ adv **1.** [about, round] ▶ to walk around se promener ▶ to lie around [clothes] traîner **2.** [on all sides] (tout) autour **3.** [near] dans les parages **4.** [in circular movement] ▶ to turn around se retourner **5.** PHR he has been around inf il n'est pas né d'hier, il a de l'expérience. ◆ prep **1.** [gen] autour de ▶ to walk around a garden / town faire le tour d'un jardin / d'une ville ▶ all around the country dans tout le pays **2.** [near] ▶ around here par ici **3.** [approximately] environ, à peu près.

around-the-clock adj : around-the-clock protection / surveillance protection f / surveillance f 24 heures sur 24.

arouse [ə'raʊz] vt **1.** [excite - feeling] éveiller, susciter ; [- person] exciter **2.** [wake] réveiller.

arrange [ə'reɪndʒ] vt **1.** [flowers, books, furniture] arranger, disposer **2.** [event, meeting] organiser, fixer ▶ to arrange to do sthg convenir de faire qqch **3.** MUS arranger.

arranged marriage [ə'reɪndʒd-] noun mariage m arrangé.

arrangement [ə'reɪndʒmənt] noun **1.** [agreement] accord m, arrangement m ▶ to come to an arrangement s'entendre, s'arranger **2.** [of furniture, books] arrangement m **3.** MUS arrangement m. ◆ arrangements pl n dispositions fpl, préparatifs mpl.

array [ə'reɪ] ◆ noun [of objects] étalage m. ◆ vt [ornaments] disposer.

arrears [ə'rɪəz] pl n [money owed] arriéré m ▶ to be in arrears a) [late] être en retard b) [owing money] avoir des arriérés.

arrest [ə'rest] ◆ noun [by police] arrestation f ▶ under arrest en état d'arrestation.

◆ vt **1.** [gen] arrêter **2.** fml [sb's attention] attirer, retenir.

arrival [ə'raɪvl] noun **1.** [gen] arrivée f ▶ late arrival [of train] retard m **2.** [person - at airport, hotel] arrivant m, -e f ▶ new arrival a) [person] nouveau venu m, nouvelle venue f b) [baby] nouveau-né m, nouveau-née f.

arrive [ə'raɪv] vi [generally] arriver ; [baby] être né(e) ▶ to arrive at [conclusion, decision] arriver à.

arrogant ['ærəgənt] adj arrogant(e).

arrow ['ærəʊ] noun flèche f.

arse UK [ɑ:s], **ass** US [æs] noun vulg cul m.

arsehole UK ['ɑ:shəʊl], **asshole** US ['æshəʊl] noun vulg trou m du cul / don't be such an arsehole ne sois pas si con.

arsenal ['ɑ:sənl] noun arsenal m.

arsenic ['ɑ:snɪk] noun arsenic m.

arson ['ɑ:sn] noun incendie m criminel OR volontaire.

art [ɑ:t] ◆ noun art m. ◆ comp [exhibition] d'art ; [college] des beaux-arts ▶ art student étudiant m, -e f d'une école des beaux-arts. ◆ arts pl n **1.** UK SCH & UNIV lettres fpl **2.** [fine arts] ▶ the arts les arts mpl.

artefact ['ɑ:tɪfækt] = artifact.

artery ['ɑ:tərɪ] noun artère f.

art gallery noun [public] musée m d'art ; [for selling paintings] galerie f d'art.

art-house adj [cinema, film] d'art et d'essai.

arthritis [ɑ:'θraɪtɪs] noun arthrite f.

artichoke ['ɑ:tɪtʃəʊk] noun artichaut m.

article ['ɑ:tɪkl] noun article m ▶ article of clothing vêtement m.

articulate ◆ adj [ɑ:'tɪkjʊlət] [person] qui sait s'exprimer ; [speech] net (nette), distinct(e). ◆ vt [ɑ:'tɪkjʊleɪt] [thought, wish] formuler.

articulated lorry [ɑ:'tɪkjʊleɪtɪd-] noun UK semi-remorque f.

artifact ['ɑ:tɪfækt] noun objet m fabriqué.

artificial [,ɑ:tɪ'fɪʃl] adj **1.** [not natural] artificiel(elle) **2.** [insincere] affecté(e).

artillery [ɑ:'tɪlərɪ] noun artillerie f.

artist ['ɑ:tɪst] noun artiste mf.

artiste [ɑ:'ti:st] noun artiste mf.

artistic [ɑ:'tɪstɪk] adj [person] artiste ; [style] artistique.

artistry ['ɑ:tɪstrɪ] noun art m, talent m artistique.

artless ['ɑːtlɪs] adj naturel(elle), ingénu(e).

artwork ['ɑːtwɜːk] noun iconographie f, illustration f.

as (stressed [æz], unstressed [əz]) ❖ conj **1.** [referring to time] comme, alors que / she rang (just) as I was leaving elle m'a téléphoné au moment même où **or** juste comme je partais ▸ **as time goes by** à mesure que le temps passe, avec le temps **2.** [like] comme / as you know,... comme tu le sais,... / do as I say fais ce que je (te) dis **3.** [because, since] comme. ❖ prep **1.** [referring to function, characteristic] en, comme, en tant que / I'm speaking as your friend je te parle en ami / she works as a nurse elle est infirmière **2.** [referring to attitude, reaction] : it came as a shock cela nous a fait un choc. ❖ adv (in comparisons) : as... as... aussi... que... / he's as tall as I am il est aussi grand que moi / as red as a tomato rouge comme une tomate / twice as big as deux fois plus gros que ▸ **as much / many as** autant que / as much wine / many chocolates as autant de vin/de chocolats que. ❖ **as for** prep quant à. ❖ **as from, as of** prep dès, à partir de. ❖ **as if, as though** conj comme si / it looks as if **or** as though it will rain on dirait qu'il va pleuvoir. ❖ **as to** prep **1.** [concerning] en ce qui concerne, au sujet de **2.** = **as for**.

asap, ASAP (abbr of as soon as possible) adv dès que possible, le plus tôt **or** le plus vite possible, asap.

asbestos [æs'bestəs] noun asbeste m, amiante m.

ascend [ə'send] vt & vi monter.

ascendant [ə'sendənt] noun ▸ **to be in the ascendant** avoir le dessus.

ascent [ə'sent] noun lit & fig ascension f.

ascertain [ˌæsə'teɪn] vt établir.

ascribe [ə'skraɪb] vt ▸ **to ascribe sthg to** a) attribuer qqch à b) [blame] imputer qqch à.

ash [æʃ] noun **1.** [from cigarette, fire] cendre f **2.** [tree] frêne m.

ashamed [ə'ʃeɪmd] adj honteux(euse), confus(e) ▸ **to be ashamed of** avoir honte de ▸ **to be ashamed to do sthg** avoir honte de faire qqch.

ashore [ə'ʃɔːr] adv à terre.

ashtray ['æʃtreɪ] noun cendrier m.

Ash Wednesday noun le mercredi des Cendres.

Asia [UK 'eɪʃə, US 'eɪʒə] noun Asie f.

Asian [UK 'eɪʃn, US 'eɪʒn] ❖ adj asiatique. ❖ noun [person] Asiatique mf.

aside [ə'saɪd] ❖ adv **1.** [to one side] de côté ▸ **to move aside** s'écarter ▸ **to take sb aside** prendre qqn à part **2.** [apart] à part ▸ **aside from** à l'exception de. ❖ noun **1.** [in play] aparté m **2.** [remark] réflexion f, commentaire m.

ask [ɑːsk] ❖ vt **1.** [gen] demander ▸ **to ask sb sthg** demander qqch à qqn / he asked me my name il m'a demandé mon nom ▸ **to ask sb for sthg** demander qqch à qqn ▸ **to ask sb to do sthg** demander à qqn de faire qqch **2.** [put -question] poser **3.** [invite] inviter. ❖ vi demander. ❖ **ask after** vt insep demander des nouvelles de. ❖ **ask for** vt insep **1.** [person] demander à voir **2.** [thing] demander.

askance [ə'skæns] adv ▸ **to look askance at sb** regarder qqn d'un air désapprobateur.

askew [ə'skjuː] adj [not straight] de travers.

asking price ['ɑːskɪŋ-] noun prix m demandé.

asleep [ə'sliːp] adj endormi(e) ▸ **to fall asleep** s'endormir.

asparagus [ə'spærəgəs] noun (U) asperges fpl.

aspect ['æspekt] noun **1.** [gen] aspect m **2.** [of building] orientation f.

aspersions [ə'spɜːʃnz] pl n ▸ **to cast aspersions on** jeter le discrédit sur.

asphalt ['æsfælt] noun asphalte m.

asphyxiate [əs'fɪksɪeɪt] vt asphyxier.

aspiration [ˌæspə'reɪʃn] noun aspiration f.

aspire [ə'spaɪər] vi ▸ **to aspire to sthg / to do sthg** aspirer à qqch/à faire qqch.

aspirin ['æsprɪn] noun aspirine f.

aspiring [ə'spaɪərɪŋ] adj : she was an aspiring writer elle avait pour ambition de devenir écrivain.

ass [æs] noun **1.** [donkey] âne m **2.** inf [idiot] imbécile mf, idiot m, -e f **3.** US vulg = **arse**.

assailant [ə'seɪlənt] noun assaillant m, -e f.

assassin [ə'sæsɪn] noun assassin m.

assassinate [ə'sæsɪneɪt] vt assassiner.

assassination [əˌsæsɪ'neɪʃn] noun assassinat m.

assault [ə'sɔːlt] ❖ noun **1.** MIL ▸ **assault (on)** assaut m (de), attaque f (de) **2.** [physical attack] ▸ **assault (on sb)** agression f (contre qqn). ❖ vt [attack -physically] agresser ; [-sexually] violenter.

assemble [ə'sembl] ❖ vt **1.** [gather] réunir **2.** [fit together] assembler, monter. ❖ vi se réunir, s'assembler.

assembly [ə'semblɪ] noun **1.** [gen] assemblée f **2.** [fitting together] assemblage m.

assembly line noun chaîne f de montage.

assent [ə'sent] ❖ noun consentement m, assentiment m. ❖ vi ▶ **to assent (to)** donner son consentement **OR** assentiment (à).

assert [ə'sɜːt] vt 1. [fact, belief] affirmer, soutenir 2. [authority] imposer.

assertive [ə'sɜːtɪv] adj [generally] assuré(e); pej péremptoire.

assess [ə'ses] vt évaluer, estimer.

assessment [ə'sesmənt] noun 1. [opinion] opinion f 2. [calculation] évaluation f, estimation f.

assessor [ə'sesər] noun [of tax] contrôleur m, -euse f (des impôts).

asset ['æset] noun avantage m, atout m. ❖ **assets** pl n COMM actif m.

asshole [US] ['æʃəʊl] noun vulg = **arsehole**.

assign [ə'saɪn] vt 1. [allot] ▶ **to assign sthg (to)** assigner qqch (à) 2. [give task to] ▶ **to assign sb (to sthg/to do sthg)** nommer qqn (à qqch/pour faire qqch).

assignment [ə'saɪnmənt] noun 1. [task] mission f; SCH devoir m 2. [act of assigning] attribution f.

assimilate [ə'sɪmɪleɪt] vt assimiler.

assist [ə'sɪst] vt ▶ **to assist sb (with sthg/in doing sthg)** a) aider qqn (dans qqch/à faire qqch) b) [professionally] assister qqn (dans qqch/pour faire qqch).

assistance [ə'sɪstəns] noun aide f ▶ **to be of assistance (to)** être utile (à).

assistant [ə'sɪstənt] ❖ noun assistant m, -e f ▶ **(shop) assistant** [UK] vendeur m, -euse f. ❖ comp [director, editor, librarian, secretary] adjoint(e) ▶ **assistant manager** sous-directeur m, -trice f ▶ **assistant referee** SPORT assistant-arbitre m.

assistant headmaster [UK] [ə'sɪstənt ˌhed'mɑːstər], **assistant principal** [US] [ə'sɪstənt ˌprɪnsəpl] noun SCH principal m adjoint, principale f adjointe.

associate ❖ adj [ə'səʊʃɪət] associé(e). ❖ noun [ə'səʊʃɪət] associé m, -e f. ❖ vt [ə'səʊʃɪeɪt] ▶ **to associate sb/sthg (with)** associer qqn/qqch (à) ▶ **to be associated with** être associé(e) à. ❖ vi [ə'səʊʃɪeɪt] ▶ **to associate with sb** fréquenter qqn.

association [ə,səʊsɪ'eɪʃn] noun association f ▶ **in association with** avec la collaboration de.

assorted [ə'sɔːtɪd] adj varié(e).

assortment [ə'sɔːtmənt] noun mélange m.

assume [ə'sjuːm] vt 1. [suppose] supposer, présumer 2. [power, responsibility] assumer 3. [appearance, attitude] adopter.

assumed name [ə'sjuːmd-] noun nom m d'emprunt.

assuming [ə'sjuːmɪŋ] conj en supposant que.

assumption [ə'sʌmpʃn] noun [supposition] supposition f.

assurance [ə'ʃʊərəns] noun 1. [gen] assurance f 2. [promise] garantie f, promesse f.

assure [ə'ʃʊər] vt ▶ **to assure sb (of)** assurer qqn (de).

assured [ə'ʃʊəd] adj assuré(e).

asterisk ['æstərɪsk] noun astérisque m.

astern [ə'stɜːn] adv NAUT en poupe.

asthma ['æsmə] noun asthme m.

asthmatic [æs'mætɪk] ❖ adj asthmatique. ❖ noun asthmatique mf.

astonish [ə'stɒnɪʃ] vt étonner.

astonishment [ə'stɒnɪʃmənt] noun étonnement m.

astound [ə'staʊnd] vt stupéfier.

astray [ə'streɪ] adv ▶ **to go astray** [become lost] s'égarer ▶ **to lead sb astray** détourner qqn du droit chemin.

astride [ə'straɪd] ❖ adv à cheval, à califourchon. ❖ prep à cheval **OR** califourchon sur.

astrology [ə'strɒlədʒɪ] noun astrologie f.

astronaut ['æstrənɔːt] noun astronaute mf.

astronomic(al) [ˌæstrə'nɒmɪk(l)] adj astronomique.

astronomy [ə'strɒnəmɪ] noun astronomie f.

astute [ə'stjuːt] adj malin(igne).

asylum [ə'saɪləm] noun asile m.

at (stressed [æt], unstressed [ət]) prep 1. [indicating place, position] à / **at my father's** chez mon père ▶ **at home** à la maison, chez soi ▶ **at school** à l'école ▶ **at work** au travail 2. [indicating direction] vers / **to look at sb** regarder qqn / **to smile at sb** sourire à qqn / **to shoot at sb** tirer sur qqn 3. [indicating a particular time] à / **at midnight/noon/eleven o'clock** à minuit/midi/onze heures ▶ **at Christmas/Easter** à Noël/Pâques 4. [indicating age, speed, rate] à / **at 52 (years of age)** à 52 ans / **at 100 mph** à 160 km/h 5. [indicating price] : **at £50 a pair** 50 livres la paire 6. [indicating particular state, condition] en ▶ **at peace/war** en paix/guerre ▶ **to be at lunch/dinner** être en train de déjeuner/dîner 7. (after adjectives) : **amused/appalled/puzzled at sthg** diverti(e)/effaré(e)/

intrigué(e) par qqch / *delighted at sthg* ravi(e) de qqch ▸ **to be bad/good at sthg** être mauvais(e)/ bon (bonne) en qqch **8.** [in electronic address] arobas ◆ **at all** adv **1.** *(with negative)* ▸ **not at all** [when thanked] je vous en prie, il n'y a pas de quoi / *she's not at all happy* elle n'est pas du tout contente **2.** [in the slightest] : *anything at all will do* n'importe quoi fera l'affaire / *do you know her at all?* est-ce que vous la connaissez ?

ATB MESSAGING *written abbr of* **all the best.**

ate [UK et, US eɪt] pt ⟶ **eat.**

atheist ['eɪθɪɪst] noun athée *mf*.

Athens ['æθɪnz] noun Athènes.

athlete ['æθliːt] noun athlète *mf*.

athletic [æθ'letɪk] adj athlétique. ◆ **athletics** pl n [UK] athlétisme *m* ; [US] sports *mpl*.

Atlantic [ət'læntɪk] ◆ adj atlantique. ◆ noun ▸ **the Atlantic (Ocean)** l'océan *m* Atlantique, l'Atlantique *m*.

atlas ['ætləs] noun atlas *m*.

ATM noun **1.** [US] (*abbr of* **automatic** OR **automated teller machine**) DAB **2.** (*written abbr of* **at the moment**) maintenant.

atmosphere ['ætmə,sfɪər] noun atmosphère *f*.

atmospheric [,ætməs'ferɪk] adj **1.** [pressure, pollution] atmosphérique **2.** [film, music] d'ambiance.

atom ['ætəm] noun **1.** TECH atome *m* **2.** fig [tiny amount] grain *m*, parcelle *f*.

atom bomb noun bombe *f* atomique.

atomic [ə'tɒmɪk] adj atomique.

atomic bomb = **atom bomb**.

atomizer, atomiser [UK] ['ætəmaɪzər] noun atomiseur *m*, vaporisateur *m*.

atone [ə'təʊn] vi ▸ **to atone for** racheter.

A to Z noun plan *m* de ville.

at-risk adj : *an at-risk group* un groupe OR une population à risque.

atrocious [ə'trəʊʃəs] adj [cruel, evil] atroce, horrible ; [very bad] affreux(euse), atroce.

atrocity [ə'trɒsətɪ] noun [terrible act] atrocité *f*.

at sign noun TYPO & COMPUT arobase *f*.

attach [ə'tætʃ] vt **1.** [gen] ▸ **to attach sthg (to)** attacher qqch (à) **2.** [letter] joindre.

attaché case noun attaché-case *m*.

attached [ə'tætʃt] adj [fond] ▸ **attached to** [fond of] attaché(e) à.

attachment [ə'tætʃmənt] noun **1.** [device] accessoire *m* **2.** [fondness] ▸ **attachment (to)** attachement *m* (à) **3.** COMPUT pièce *f* jointe.

attack [ə'tæk] ◆ noun **1.** [physical, verbal] ▸ **attack (on)** attaque *f* (contre) **2.** [of illness] crise *f*. ◆ vt **1.** [gen] attaquer **2.** [job, problem] s'attaquer à. ◆ vi attaquer.

attacker [ə'tækər] noun **1.** [assailant] agresseur *m* **2.** SPORT attaquant *m*, -e *f*.

attain [ə'teɪn] vt atteindre, parvenir à.

attainment [ə'teɪnmənt] noun **1.** [of success, aims] réalisation *f* **2.** [skill] talent *m*.

attempt [ə'tempt] ◆ noun ▸ **attempt (at)** tentative *f* (de) ▸ **attempt on sb's life** tentative d'assassinat. ◆ vt tenter, essayer ▸ **to attempt to do sthg** essayer OR tenter de faire qqch.

attempted [ə'temptɪd] adj ▸ **attempted murder/suicide** tentative *f* de meurtre/de suicide.

attend [ə'tend] ◆ vt **1.** [meeting, party] assister à **2.** [school, church] aller à. ◆ vi **1.** [be present] être présent(e) **2.** [pay attention] ▸ **to attend (to)** prêter attention à. ◆ **attend to** vt insep **1.** [deal with] s'occuper de, régler **2.** [look after - customer] s'occuper de ; [- patient] soigner.

attendance [ə'tendəns] noun **1.** [number present] assistance *f*, public *m* **2.** [presence] présence *f*.

attendant [ə'tendənt] ◆ adj [problems] qui en découle. ◆ noun [at museum, car park] gardien *m*, -enne *f* ; [at petrol station] pompiste *mf*.

attention [ə'tenʃn] ◆ noun *(U)* **1.** [gen] attention *f* ▸ **to bring sthg to sb's attention, to draw sb's attention to sthg** attirer l'attention de qqn sur qqch ▸ **to attract** OR **catch sb's attention** attirer l'attention de qqn ▸ **to pay attention to** prêter attention à ▸ **for the attention of** COMM à l'attention de **2.** [care] soins *mpl*, attentions *fpl*. ◆ excl MIL garde-à-vous !

attention-seeking ◆ noun : *it's just attention-seeking* il/elle etc. essaie juste de se faire remarquer. ◆ adj : *her attention-seeking behaviour* son besoin constant de se faire remarquer.

attentive [ə'tentɪv] adj [paying attention] attentif(ive) ; [considerate] attentionné(e), prévenant(e).

attic ['ætɪk] noun grenier *m*.

attitude ['ætɪtjuːd] noun **1.** [gen] ▸ **attitude (to** OR **towards)** attitude *f* (envers) **2.** [posture] pose *f*.

attn. (*abbr of* **for the attention of**) à l'attention de.

attorney [ə'tɜ:nɪ] noun US avocat *m*, -e *f*.

attorney general (*pl* **attorneys general**) noun [in England, Wales and Northern Ireland] *principal avocat de la couronne* ; [in US] ministre *m* de la Justice.

attract [ə'trækt] vt attirer.

attraction [ə'trækʃn] noun **1.** [gen] attraction *f* ▸ **attraction to sb** attirance *f* envers qqn **2.** [of thing] attrait *m*.

attractive [ə'træktɪv] adj [person] attirant(e), séduisant(e) ; [thing, idea] attrayant(e), séduisant(e) ; [investment] intéressant(e).

attribute ◆ vt [ə'trɪbju:t] ▸ **to attribute sthg to** attribuer qqch à. ◆ noun ['ætrɪbju:t] attribut *m*.

attrition [ə'trɪʃn] noun usure *f*.

atypical [ˌeɪ'tɪpɪkl] adj atypique.

aubergine ['əʊbəʒi:n] noun UK aubergine *f*.

auburn ['ɔ:bən] adj auburn *(inv)*.

auction ['ɔ:kʃn] ◆ noun vente *f* aux enchères ▸ **at** OR **by auction** aux enchères ▸ **to put sthg up for auction** mettre qqch (dans une vente) aux enchères. ◆ vt vendre aux enchères. ◆ **auction off** vt sep vendre aux enchères.

auctioneer [ˌɔ:kʃə'nɪə] noun commissaire-priseur *m*.

audacious [ɔ:'deɪʃəs] adj audacieux(euse).

audible ['ɔ:dəbl] adj audible.

audience ['ɔ:djəns] noun **1.** [of play, film] public *m*, spectateurs *mpl* ; [of TV programme] téléspectateurs *mpl* **2.** [formal meeting] audience *f*.

audiovisual [ˌɔ:dɪəʊvɪzjʊəl] adj audiovisuel(elle).

audit ['ɔ:dɪt] ◆ noun audit *m*, vérification *f* des comptes. ◆ vt **1.** vérifier, apurer **2.** US UNIV : *he audits several courses* il assiste à plusieurs cours en tant qu'auditeur libre.

audition [ɔ:'dɪʃn] noun THEAT audition *f* ; CIN & TV (séance *f* d')essai *m*.

auditor ['ɔ:dɪtə] noun auditeur *m*, -trice *f*.

auditorium [ˌɔ:dɪ'tɔ:rɪəm] (*pl* **-riums** or **-ria**) noun salle *f*.

augur ['ɔ:gə] vi ▸ **to augur well/badly** être de bon/mauvais augure.

August ['ɔ:gəst] noun août *m*. *See also* **September**.

Auld Lang Syne [ˌɔ:ldlæŋ'saɪn] noun *chant traditionnel britannique correspondant à « Ce n'est qu'un au revoir, mes frères ».*

aunt [ɑ:nt] noun tante *f*.

auntie, aunty ['ɑ:ntɪ] noun *inf* tata *f*, tantine *f*.

au pair [ˌəʊ'peə] noun jeune fille *f* au pair.

aura ['ɔ:rə] noun atmosphère *f*.

aural ['ɔ:rəl] adj auditif(ive).

auspices ['ɔ:spɪsɪz] pl n ▸ **under the auspices of** sous les auspices de.

auspicious [ɔ:'spɪʃəs] adj prometteur(euse).

Aussie ['ɒzɪ] *inf* ◆ adj australien(enne). ◆ noun Australien *m*, -enne *f*.

austere [ɒ'stɪə] adj austère.

austerity [ɒ'sterətɪ] noun austérité *f*.

Australia [ɒ'streɪljə] noun Australie *f*.

Australian [ɒ'streɪljən] ◆ adj australien(enne). ◆ noun Australien *m*, -enne *f*.

Austria ['ɒstrɪə] noun Autriche *f*.

Austrian ['ɒstrɪən] ◆ adj autrichien(enne). ◆ noun Autrichien *m*, -enne *f*.

authentic [ɔ:'θentɪk] adj authentique.

author ['ɔ:θə] noun auteur *m*.

authoritarian [ɔ:ˌθɒrɪ'teərɪən] adj autoritaire.

authoritative [ɔ:'θɒrɪtətɪv] adj **1.** [person, voice] autoritaire **2.** [study] qui fait autorité.

authority [ɔ:'θɒrətɪ] noun **1.** [organization, power] autorité *f* ▸ **to be in authority** être le/la responsable **2.** [permission] autorisation *f* **3.** [expert] ▸ **authority (on sthg)** expert *m*, -e *f* (en qqch). ◆ **authorities** pl n ▸ **the authorities** les autorités *fpl*.

authorize, authorise UK ['ɔ:θəraɪz] vt ▸ **to authorize sb (to do sthg)** autoriser qqn (à faire qqch).

autistic [ɔ:'tɪstɪk] adj [child] autiste ; [behaviour] autistique.

auto ['ɔ:təʊ] (*pl* **-s**) noun US auto *f*, voiture *f*.

autobiography [ˌɔ:təbaɪ'ɒgrəfɪ] noun autobiographie *f*.

autocracy [ɔ:'tɒkrəsɪ] (*pl* **autocracies**) noun autocratie *f*.

autocratic [ˌɔ:tə'krætɪk] adj autocratique.

autograph ['ɔ:təgrɑ:f] ◆ noun autographe *m*. ◆ vt signer.

automate ['ɔ:təmeɪt] vt automatiser.

automatic [ˌɔ:tə'mætɪk] ◆ adj [gen] automatique ▸ **automatic telling machine** US distributeur *m* automatique (de billets). ◆ noun **1.** [car] voiture *f* à transmission automatique

2. [gun] automatique m **3.** [washing machine] lave-linge m automatique.

automatically [,ɔ:tə'mætɪklɪ] adv [gen] automatiquement.

automatic pilot noun lit & fig pilote m automatique.

automation [,ɔ:tə'meɪʃn] noun automatisation f, automation f.

automobile ['ɔ:təməbi:l] noun **US** automobile f.

autonomy [ɔ:'tɒnəmɪ] noun autonomie f.

autopilot [,ɔ:təʊ'paɪlət] = **automatic pilot**.

autopsy ['ɔ:tɒpsɪ] noun autopsie f.

autumn ['ɔ:təm] noun **UK** automne m.

auxiliary [ɔ:g'zɪljərɪ] ❖ adj auxiliaire.
❖ noun auxiliaire mf.

av. (abbr of **average**) adj moyen(ne).

Av. (abbr of **avenue**) av.

avail [ə'veɪl] ❖ noun ▸ **to no avail** en vain, sans résultat. ❖ vt ▸ **to avail o.s. of** profiter de.

availability [ə,veɪlə'bɪlətɪ] noun disponibilité f.

available [ə'veɪləbl] adj disponible.

avalanche ['ævəlɑ:nʃ] noun lit & fig avalanche f.

avarice ['ævərɪs] noun avarice f.

Ave. (abbr of **avenue**) av.

avenge [ə'vendʒ] vt venger.

avenue ['ævənju:] noun avenue f.

average ['ævərɪdʒ] ❖ adj moyen(enne).
❖ noun moyenne f ▸ **on average** en moyenne. ❖ vt : the cars were averaging 90 mph les voitures roulaient en moyenne à 150 km/h.
◆ **average out** vi ▸ **to average out at** donner la moyenne de.

aversion [ə'vɜ:ʃn] noun ▸ **aversion (to)** aversion f (pour).

avert [ə'vɜ:t] vt **1.** [avoid] écarter ; [accident] empêcher **2.** [eyes, glance] détourner.

aviary ['eɪvjərɪ] noun volière f.

avid ['ævɪd] adj ▸ **avid (for)** avide (de).

avocado [,ævə'kɑ:dəʊ] (pl **-s** or **-es**) noun ▸ **avocado (pear)** avocat m.

avoid [ə'vɔɪd] vt éviter ▸ **to avoid doing sthg** éviter de faire qqch.

await [ə'weɪt] vt attendre.

awake [ə'weɪk] ❖ adj [not sleeping] réveillé(e) / are you awake? tu dors ? ❖ vt (pt awoke or awaked, pp awoken) **1.** [wake up] réveiller

2. fig [feeling] éveiller. ❖ vi (pt awoke or awaked, pp awoken) **1.** [wake up] se réveiller **2.** fig [feeling] s'éveiller.

awakening [ə'weɪknɪŋ] noun **1.** [from sleep] réveil m **2.** fig [of feeling] éveil m.

award [ə'wɔ:d] ❖ noun [prize] prix m.
❖ vt ▸ **to award sb sthg**, **to award sthg to sb** a) [prize] décerner qqch à qqn b) [compensation, free kick] accorder qqch à qqn.

award-winning adj qui a reçu un prix / he gave an award-winning performance in... il a reçu un prix pour son rôle dans....

aware [ə'weə] adj ▸ **to be aware of sthg** se rendre compte de qqch, être conscient(e) de qqch ▸ **to be aware that** se rendre compte que, être conscient que.

awareness [ə'weənɪs] noun (U) conscience f.

awash [ə'wɒʃ] adj lit & fig ▸ **awash (with)** inondé(e) (de).

away [ə'weɪ] ❖ adv **1.** [in opposite direction] ▸ **to move** OR **walk away (from)** s'éloigner (de) ▸ **to look away** détourner le regard ▸ **to turn away** se détourner **2.** [in distance] : we live 4 miles away (from here) nous habitons à 6 kilomètres (d'ici) **3.** [in time] : the elections are a month away les élections se dérouleront dans un mois **4.** [absent] absent(e) / she's away on holiday elle est partie en vacances **5.** [in safe place] ▸ **to put sthg away** ranger qqch **6.** [so as to be gone or used up] ▸ **to fade away** disparaître ▸ **to give sthg away** donner qqch, faire don de qqch ▸ **to take sthg away** emporter qqch **7.** [continuously] : to be working away travailler sans arrêt. ❖ adj SPORT [fans] de l'équipe des visiteurs ▸ **away game** match m à l'extérieur ▸ **away team** équipe f des visiteurs.

awe [ɔ:] noun respect m mêlé de crainte ▸ **to be in awe of sb** être impressionné(e) par qqn.

awesome ['ɔ:səm] adj impressionnant(e).

awful ['ɔ:fʊl] adj **1.** [terrible] affreux(euse) **2.** inf [very great] ▸ **an awful lot (of)** énormément (de).

awfully ['ɔ:flɪ] adv inf [bad, difficult] affreusement ; [nice, good] extrêmement.

awhile [ə'waɪl] adv liter un moment.

awkward ['ɔ:kwəd] adj **1.** [clumsy] gauche, maladroit(e) **2.** [embarrassed] mal à l'aise, gêné(e) **3.** [difficult - person, problem, task] difficile **4.** [inconvenient] incommode **5.** [embarrassing] embarrassant(e), gênant(e).

awning ['ɔ:nɪŋ] noun **1.** [of tent] auvent m **2.** [of shop] banne f.

awoke [ə'wəʊk] pt ⟶ **awake**.

awoken [əˈwəʊkn] pp ⟶ **awake**.

awry [əˈraɪ] ❖ adj de travers. ❖ adv ▶ **to go awry** aller de travers, mal tourner.

axe, ax [US] [æks] ❖ noun hache f. ❖ vt [project] abandonner ; [jobs] supprimer.

axes [ˈæksiːz] pl n ⟶ **axis**.

axis [ˈæksɪs] (pl **axes** [ˈæksiːz]) noun axe m.

axle [ˈæksl] noun essieu m.

aye [aɪ] ❖ adv [generally] oui. ❖ noun oui m ; [in voting] voix f pour.

azalea [əˈzeɪljə] noun azalée f.

Azores [əˈzɔːz] pl n ▶ **the Azores** les Açores fpl.

B

b (*pl* **b's** *or* **bs**), **B** (*pl* **B's** *or* **Bs**) [biː] noun [letter] b *m inv*, B *m inv*. ◆ **B** noun **1.** MUS si *m* **2.** SCH [mark] B *m inv* **3.** MESSAGING *written abbr of* be.

B4 MESSAGING *written abbr of* before.

B & B noun *abbr of* bed and breakfast.

BA noun *abbr of* Bachelor of Arts.

babble ['bæbl] ◆ noun [of voices] murmure *m*, rumeur *f*. ◆ vi [person] babiller ; [stream] gazouiller.

babe [beɪb] noun **1.** *liter* [baby] bébé *m* **2.** US *inf* [term of affection] chéri *m*, -e *f* **3.** PHR she's no babe in arms elle n'est pas née de la dernière pluie.

baboon [bə'buːn] noun babouin *m*.

baby ['beɪbɪ] noun **1.** [child] bébé *m* **2.** *inf* [darling] chéri *m*, -e *f*.

baby boomer [-,buːmər] noun US personne née pendant le baby-boom d'après-guerre.

baby buggy noun **1.** UK [foldable pushchair] ▶ Baby buggy® poussette *f* **2.** US = baby carriage.

baby carriage noun US landau *m*.

baby-sit vi faire du baby-sitting.

baby-sitter noun baby-sitter *mf*.

baby talk noun langage *m* enfantin OR de bébé.

bachelor ['bætʃələr] noun célibataire *m*.

Bachelor of Arts noun UK UNIV [degree] ≃ licence *f* en OR ès lettres ; [person] ≃ licencié *m*, -e *f* en OR ès lettres.

bachelor party noun US enterrement *m* de vie de garçon ▶ to have a bachelor party enterrer sa vie de garçon.

bachelor's degree noun UK ≃ licence *f*.

back [bæk] ◆ adv **1.** [backwards] en arrière / to step / move back reculer / to push back repousser **2.** [to former position or state] : I'll be back at five je rentrerai OR serai de retour à dix-sept heures / I'd like my money back [in

shop] je voudrais me faire rembourser / to go back retourner / to come back revenir, rentrer / to drive back rentrer en voiture ▶ to go back and forth [person] faire des allées et venues ▶ to go back to sleep se rendormir ▶ to be back (in fashion) revenir à la mode **3.** [earlier] ▶ to think back to repenser à **4.** [in return] ▶ to phone OR call back rappeler. ◆ noun **1.** [of person, animal] dos *m* ▶ behind sb's back *fig* derrière le dos de qqn **2.** [of door, book, hand] dos *m* ; [of head] derrière *m* ; [of envelope, cheque] revers *m* ; [of page] verso *m* ; [of chair] dossier *m* **3.** [of room, fridge] fond *m* ; [of car] arrière *m* **4.** SPORT arrière *m*. ◆ adj (*in compounds*) **1.** [at the back] de derrière ; [wheel] arrière (*inv*) ▶ back rent arriéré *m* de loyer. ◆ vt **1.** [reverse] reculer **2.** [support] appuyer, soutenir **3.** [bet on] parier sur, miser sur. ◆ vi reculer. ◆ **back down** vi céder. ◆ **back out** vi [of promise] se dédire. ◆ **back up** ◆ vt sep **1.** [support - claim] appuyer, soutenir ; [- person] épauler, soutenir **2.** [reverse] reculer **3.** COMPUT sauvegarder, faire une copie de sauvegarde de. ◆ vi [reverse] reculer.

backache ['bækeɪk] noun ▶ to have backache UK, to have a backache US avoir mal aux reins OR au dos.

backbencher [,bæk'bentʃər] noun UK POL député qui n'a aucune position officielle au gouvernement ni dans aucun parti.

backbiting ['bækbaɪtɪŋ] noun médisance *f*.

backbone ['bækbəun] noun ANAT épine *f* dorsale, colonne *f* vertébrale ; *fig* [main support] pivot *m*.

back burner noun ▶ to put sthg on the back burner *inf* mettre qqch en veilleuse.

backchat UK ['bæktʃæt], **backtalk** US ['bæktɔːk] noun *inf* insolence *f*.

backcloth ['bækklɒθ] UK = backdrop.

backdate [,bæk'deɪt] vt antidater.

back door noun porte *f* de derrière.

backdrop ['bækdrɒp] noun *lit & fig* toile *f* de fond.

-backed [bækt] suffix **1.** [chair] à dos, à dossier / a broad-backed man un homme qui a le dos large **2.** [supported by] soutenu par : US-backed rebels des rebelles soutenus par les États-Unis.

backfire [,bæk'faɪər] vi **1.** AUTO pétarader **2.** [plan] ▶ to backfire (on sb) se retourner (contre qqn).

backflip ['bækflɪp] noun [in gymnastics] culbute *f* à l'envers.

backgammon ['bæk,gæmən] noun backgammon m ; ≃ jacquet m.

background ['bækgraʊnd] noun **1.** [in picture, view] arrière-plan m ▸ **in the background a)** *lit* dans le fond, à l'arrière-plan **b)** *fig* au second plan **2.** [of event, situation] contexte m **3.** [upbringing] milieu m.

backhand ['bækhænd] noun revers m.

backhanded ['bækhændɪd] adj [compliment, remark] ambigu(ë), équivoque.

backhander ['bækhændər] noun **UK** *inf* pot-de-vin m.

backing ['bækɪŋ] noun **1.** [support] soutien m **2.** [lining] doublage m.

backlash ['bæklæʃ] noun contrecoup m, choc m en retour.

backless ['bæklɪs] adj [dress] décolleté(e) dans le dos.

backlist ['bæklɪst] noun liste f des ouvrages disponibles ▸ **backlist titles** ouvrages mpl de fonds.

backlog ['bæklɒg] noun ▸ **backlog (of work)** arriéré m de travail, travail m en retard.

back number noun vieux numéro m.

backpack ['bækpæk] noun sac m à dos.

back pay noun rappel m de salaire.

backpedal [,bæk'pedl] (**UK** pt & pp -**led**, cont -**ling**, **US** pt & pp -**ed**, cont -**ing**) vi *fig* ▸ **to backpedal (on)** faire marche **OR** machine arrière (sur).

back seat noun [in car] siège m **OR** banquette f arrière ▸ **to take a back seat** *fig* jouer un rôle secondaire.

back-seat driver noun *personne qui n'arrête pas de donner des conseils au conducteur*.

backside [,bæk'saɪd] noun *inf* postérieur m, derrière m.

backslash ['bækslæʃ] noun COMPUT barre f oblique inversée.

backspace ['bækspeɪs] ❖ noun [key] touche f de retour en arrière. ❖ vi [in typing] reculer d'un espace.

backstage [,bæk'steɪdʒ] adv dans les coulisses.

back street noun petite rue f.

backstroke ['bækstrəʊk] noun dos m crawlé.

back-to-back ❖ adj *lit & fig* dos à dos. ❖ noun : *back-to-backs* [houses] *rangée de maisons construites dos à dos et séparées par un passage étroit, typique des régions industrielles du nord de l'Angleterre.* ◆ **back to back** adv

1. [stand] dos à dos **2.** [happen] l'un après l'autre.

backtrack ['bæktræk] = **backpedal**.

backup ['bækʌp] ❖ adj [plan, team] de secours, de remplacement. ❖ noun **1.** [gen] aide f, soutien m **2.** COMPUT (copie f de) sauvegarde f.

backward ['bækwəd] ❖ adj **1.** [movement, look] en arrière **2.** [country] arriéré(e) ; [person] arriéré(e), attardé(e). ❖ adv **US** = **backwards**.

backwards ['bækwədz], **backward US** ['bækwərd] adv [move, go] en arrière, à reculons ; [read list] à rebours, à l'envers ▸ **backwards and forwards** [movement] de va-et-vient, d'avant en arrière et d'arrière en avant ▸ *to walk backwards and forwards* aller et venir.

backwater ['bæk,wɔːtər] noun [place] désert m.

backyard [,bæk'jɑːd] noun **1.** **UK** [yard] arrière-cour f **2.** **US** [garden] jardin m de derrière.

bacon ['beɪkən] noun bacon m.

bacteria [bæk'tɪərɪə] pl n bactéries fpl.

bad [bæd] ❖ adj (compar **worse**, superl **worst**) **1.** [not good] mauvais(e) ▸ **to be bad at sthg** être mauvais en qqch ▸ **too bad!** dommage ! ▸ **not bad** pas mal **2.** [unhealthy] malade / *smoking is bad for you* fumer est mauvais pour la santé / *I'm feeling bad* je ne suis pas dans mon assiette / *he's in a bad way* il va mal, il est en piteux état **3.** [serious] ▸ **a bad cold** un gros rhume **4.** [rotten] pourri(e), gâté(e) ▸ **to go bad** se gâter, s'avarier **5.** [guilty] ▸ **to feel bad about sthg** se sentir coupable de qqch **6.** [naughty] méchant(e). ❖ adv **US** = **badly**.

bad blood noun ressentiment m, rancune f.

badge [bædʒ] noun **1.** [metal, plastic] badge m **2.** [sewn-on] écusson m.

badger ['bædʒər] ❖ noun blaireau m. ❖ vt ▸ **to badger sb (to do sthg)** harceler qqn (pour qu'il fasse qqch).

badly ['bædlɪ] (compar **worse**, superl **worst**) adv **1.** [not well] mal / *badly made / organized* mal fait(e)/organisé(e) **2.** [seriously - wounded] grièvement ; [- affected] gravement, sérieusement ▸ **to be badly in need of sthg** avoir vraiment **OR** absolument besoin de qqch.

badly-off adj [poor] pauvre, dans le besoin.

bad-mannered [-'mænəd] adj [child] mal élevé(e) ; [shop assistant] impoli(e).

badminton ['bædmɪntən] noun badminton m.

badmouth ['bædmaʊθ] vt médire de, dénigrer.

bad-tempered [-'tempəd] adj **1.** [by nature] qui a mauvais caractère **2.** [in a bad mood] de mauvaise humeur.

baffle ['bæfl] vt déconcerter, confondre.

bag [bæg] ◆ noun **1.** [gen] sac m **2.** [hand-bag] sac m à main. ◆ vt UK inf [reserve] garder / *I bagged that job* j'ai décroché ce poste. ◆ **bags** pl n **1.** [under eyes] poches fpl **2.** UK inf [lots] ▸ **bags of** plein OR beaucoup de.

bagboy ['bægbɔɪ] noun US commis m (qui aide à l'emballage des achats).

bagel ['beɪgəl] noun petit pain en couronne.

baggage ['bægɪdʒ] noun (U) bagages mpl.

baggage reclaim UK, **baggage claim** US noun retrait m des bagages.

baggy ['bægɪ] adj ample.

bagpipes ['bægpaɪps] pl n cornemuse f.

Bahamas [bə'hɑːməz] pl n ▸ **the Bahamas** les Bahamas fpl.

bail [beɪl] noun (U) caution f ▸ **on bail** sous caution. ◆ **bail out** ◆ vt sep **1.** [pay bail for] se porter garant(e) de **2.** fig [rescue] tirer d'affaire. ◆ vi US [from plane] sauter (en parachute).

bailiff ['beɪlɪf] noun huissier m.

bait [beɪt] ◆ noun appât m. ◆ vt **1.** [put bait on] appâter **2.** [tease] harceler, tourmenter.

bake [beɪk] ◆ vt **1.** CULIN faire cuire au four **2.** [clay, bricks] cuire. ◆ vi [food] cuire au four.

baked beans [beɪkt-] pl n haricots mpl blancs à la tomate.

baked potato [beɪkt-] noun pomme f de terre en robe des champs OR de chambre.

baker ['beɪkər] noun boulanger m, -ère f ▸ **baker's (shop)** UK boulangerie f.

bakery ['beɪkərɪ] noun boulangerie f.

baking ['beɪkɪŋ] noun cuisson f.

balaclava (helmet) [,bælə'klɑːvə-] noun passe-montagne m.

balance ['bæləns] ◆ noun **1.** [equilibrium] équilibre m ▸ **to keep / lose one's balance** garder / perdre l'équilibre ▸ **off balance** déséquilibré(e) / *to strike a balance between the practical and the idealistic* trouver un juste milieu entre la réalité et l'idéal **2.** fig [counterweight] contrepoids m ; [of evidence] poids m, force f **3.** [scales] balance f **4.** FIN solde m. ◆ vt **1.** [keep in balance] maintenir en équilibre **2.** [compare] ▸ **to balance sthg against sthg** mettre qqch et qqch en balance **3.** [in accounting] ▸ **to balance a budget** équilibrer un budget ▸ **to balance the books** clôturer les comptes, dresser le bilan. ◆ vi **1.** [maintain equilibrium] se tenir en équilibre **2.** [budget, accounts] s'équilibrer. ◆ **on balance** adv tout bien considéré. ◆ **balance out** vi : *the advantages and disadvantages balance out* les avantages contrebalancent OR compensent les inconvénients.

balanced diet [,bælənst-] noun alimentation f équilibrée.

balance of trade noun balance f commerciale.

balcony ['bælkənɪ] noun balcon m.

bald [bɔːld] adj **1.** [head, man] chauve **2.** [tyre] lisse **3.** fig [blunt] direct(e).

balding ['bɔːldɪŋ] adj qui devient chauve.

bald spot noun ▸ **to have a bald spot** avoir un début de calvitie.

bale [beɪl] noun balle f. ◆ **bale out** UK ◆ vt sep [boat] écoper, vider. ◆ vi [from plane] sauter en parachute.

Balearic Islands [,bælɪ'ærɪk-], **Balearics** [,bælɪ'ærɪks] pl n ▸ **the Balearic Islands** les Baléares fpl.

baleful ['beɪlful] adj liter sinistre.

balk [bɔːk] vi ▸ **to balk (at)** hésiter OR reculer (devant).

Balkans ['bɔːlkənz], **Balkan States** ['bɔːlkən-] pl n ▸ **the Balkans** les Balkans mpl, les États mpl balkaniques.

ball [bɔːl] noun **1.** [round shape] boule f ; [in game] balle f ; [football] ballon m ▸ **to be on the ball** fig connaître son affaire, s'y connaître **2.** [of foot] plante f **3.** [dance] bal m. ◆ **balls** vulg ◆ pl n [testicles] couilles fpl. ◆ noun (U) [nonsense] conneries fpl.

ballad ['bæləd] noun ballade f.

ballast ['bæləst] noun lest m.

ball bearing noun bille f de roulement / *ball bearings* roulement m à billes.

ball boy noun ramasseur m de balles.

ballerina [,bælə'riːnə] noun ballerine f.

ballet ['bæleɪ] noun **1.** (U) [art of dance] danse f **2.** [work] ballet m.

ballet dancer noun danseur m, -euse f de ballet.

ball game noun **1.** US [baseball match] match m de base-ball **2.** inf [situation] ▸ **it's a whole new ball game** c'est une autre paire de manches.

ballistic [bə'lɪstɪk] adj balistique / *to go ballistic* inf péter les plombs.

balloon [bə'lu:n] noun **1.** [gen] ballon m **2.** [in cartoon] bulle f.

ballot ['bælət] ❖ noun **1.** [voting paper] bulletin m de vote **2.** [voting process] scrutin m. ❖ vt appeler à voter.

ballot box noun **1.** [container] urne f **2.** [voting process] scrutin m.

ballpark ['bɔ:lpɑ:k] noun **1.** US [stadium] stade m de base-ball **2.** inf [approximate range] ordre m de grandeur / *his guess was in the right ballpark* il avait plutôt bien deviné.

ballpark figure noun inf chiffre m approximatif.

ballpoint ['bɔ:lpɔɪnt] ❖ adj à bille ▶ **ballpoint pen** stylo m (à) bille, Bic® m. ❖ noun stylo m (à) bille, Bic® m.

ballroom ['bɔ:lrʊm] noun salle f de bal.

ballroom dancing noun (U) danse f de salon.

balls-up UK, **ball-up** US noun v inf ▶ to make a balls-up of sthg saloper qqch.

ballsy ['bɔ:lzɪ] adj US v inf culotté(e).

balm [bɑ:m] noun baume m.

balmy ['bɑ:mɪ] adj doux (douce).

baloney [bə'ləʊnɪ] noun (U) inf foutaises fpl, bêtises fpl.

Baltic ['bɔ:ltɪk] ❖ adj [port, coast] de la Baltique. ❖ noun ▶ the Baltic (Sea) la Baltique.

bamboo [bæm'bu:] noun bambou m.

bamboozle [bæm'bu:zl] vt inf embobiner.

ban [bæn] ❖ noun interdiction f ▶ there is a ban on smoking il est interdit de fumer. ❖ vt interdire ▶ to ban sb from doing sthg interdire à qqn de faire qqch.

banal [bə'nɑːl] adj pej banal(e), ordinaire.

banana [bə'nɑːnə] noun banane f.

banana skin noun lit peau f de banane, fig gaffe f / *he slipped on a banana skin* fig il a fait une gaffe.

band [bænd] noun **1.** [MUS - rock] groupe m ; [- military] fanfare f ; [- jazz] orchestre m **2.** [group, strip] bande f **3.** [stripe] rayure f **4.** [range] tranche f. ❖ **band together** vi s'unir.

bandage ['bændɪdʒ] ❖ noun bandage m, bande f. ❖ vt mettre un pansement OR un bandage sur.

Band-Aid® noun pansement m adhésif.

b and b, B and B noun abbr of bed and breakfast.

bandit ['bændɪt] noun bandit m.

bandstand ['bændstænd] noun kiosque m à musique.

bandwagon ['bændwægən] noun ▶ **to jump on the bandwagon** suivre le mouvement.

bandy ['bændɪ] adj qui a les jambes arquées ▶ **to have bandy legs** avoir les jambes arquées. ❖ **bandy about, bandy around** vt sep répandre, faire circuler.

bandy-legged [-,legd] adj = **bandy**.

bang [bæŋ] ❖ adv [exactly] ▶ **bang in the middle** en plein milieu ▶ **to be bang on time** être pile à l'heure. ❖ noun **1.** [blow] coup m violent **2.** [of gun] détonation f ; [of door] claquement m. ❖ vt [generally] frapper violemment ; [door] claquer ▶ **to bang one's head/knee** se cogner la tête/le genou. ❖ vi **1.** [knock] ▶ **to bang on** frapper à **2.** [make a loud noise - gun] détoner ; [- door] claquer **3.** [crash] ▶ **to bang into** se cogner contre. ❖ excl boum ! ❖ **bangs** pl n US frange f.

banger ['bæŋə'] noun UK **1.** inf [sausage] saucisse f **2.** inf [old car] vieille guimbarde f **3.** [firework] pétard m.

bangle ['bæŋgl] noun bracelet m.

bang-on inf ❖ adv **1.** [exactly] pile / *to hit sthg bang-on* frapper qqch en plein dans le mille **2.** [punctually] à l'heure. ❖ adj : *his answers were bang-on* ses réponses étaient percutantes.

banish ['bænɪʃ] vt bannir.

banister ['bænɪstə'] noun rampe f.

bank [bæŋk] ❖ noun **1.** [generally] banque f **2.** [of river, lake] rive f, bord m **3.** [of earth] talus m **4.** [of clouds] masse f ; [of fog] nappe f. ❖ vt FIN mettre OR déposer à la banque. ❖ vi **1.** FIN ▶ **to bank with** avoir un compte à **2.** [plane] tourner. ❖ **bank on** vt insep compter sur.

bankable ['bæŋkəbl] adj bancable, escomptable / *to be bankable* fig être une valeur sûre.

bank account noun compte m en banque.

bank balance noun UK solde m bancaire.

bankbook ['bæŋkbʊk] noun livret m de banque.

bank card = **banker's card**.

bank charges pl n frais mpl bancaires.

bank clerk noun employé m, -e f de banque.

bank details noun relevé m d'identité bancaire, RIB m.

banker ['bæŋkə'] noun banquier m.

banker's card noun **UK** carte *f* d'identité bancaire.

bank holiday noun **UK** jour *m* férié.

banking ['bæŋkɪŋ] noun ▶ **to go into banking** travailler dans la banque.

bank manager noun directeur *m*, -trice *f* de banque.

bank note noun billet *m* de banque.

bank rate noun taux *m* d'escompte.

bankroll ['bæŋkrəʊl] **US** *inf* ❖ noun fonds *mpl*, finances *fpl*. ❖ vt financer.

bankrupt ['bæŋkrʌpt] adj failli(e) ▶ **to go bankrupt** faire faillite.

bankruptcy ['bæŋkrəptsɪ] noun [gen] faillite *f*.

bank statement noun relevé *m* de compte.

banner ['bænər] noun **1.** [flag] banderole *f* **2.** COMPUT bandeau *m*.

banner ad noun bannière *f* publicitaire.

banquet ['bæŋkwɪt] noun banquet *m*.

banter ['bæntər] noun (*U*) plaisanterie *f*, badinage *m*.

bap [bæp] noun **UK** petit pain *(rond)*.

baptism ['bæptɪzm] noun baptême *m*.

Baptist ['bæptɪst] noun baptiste *mf*.

baptize, baptise **UK** [**UK** bæp'taɪz, **US** 'bæptaɪz] vt baptiser.

bar [bɑːʳ] ❖ noun **1.** [piece - of gold] lingot *m* ; [- of chocolate] tablette *f* ▶ **a bar of soap** une savonnette **2.** [length of wood, metal] barre *f* ▶ **to be behind bars** être derrière les barreaux OR sous les verrous **3.** *fig* [obstacle] obstacle *m* **4.** [pub] bar *m* **5.** [counter of pub] comptoir *m*, zinc *m* **6.** MUS mesure *f*. ❖ vt **1.** [door, road] barrer ; [window] mettre des barreaux à ▶ **to bar sb's way** barrer la route OR le passage à qqn **2.** [ban] interdire, défendre ▶ **to bar sb (from)** interdire à qqn (de). ❖ prep sauf, excepté ▶ **bar none** sans exception. ◆ **Bar** noun LAW ▶ **the Bar a)** **UK** le barreau **b)** **US** les avocats *mpl*.

Barbadian [bɑː'beɪdɪən] ❖ adj barbadien(ne). ❖ noun Barbadien *m*, -ne *f*.

barbarian [bɑː'beərɪən] noun barbare *mf*.

barbaric [bɑː'bærɪk] adj barbare.

barbecue ['bɑːbɪkjuː] noun barbecue *m*.

barbed ['bɑːbd] adj [arrow, hook] barbelé(e) ; *fig* [comment] acerbe, acide.

barbed wire [bɑːbd-], **barbwire** **US** ['bɑːʳbwaɪəʳ] noun (*U*) fil *m* de fer barbelé.

barber ['bɑːbəʳ] noun coiffeur *m* (pour hommes) ▶ **barber's (shop)** **UK** salon *m* de coiffure (pour hommes) ▶ **to go to the barber's** **UK** aller chez le coiffeur.

barbiturate [bɑː'bɪtjʊrət] noun barbiturique *m*.

bar code noun code *m* à barres, code-barres *m*.

bare [beəʳ] ❖ adj **1.** [feet, arms] nu(e) ; [trees, hills] dénudé(e) **2.** [absolute, minimum] ▶ **the bare facts** les simples faits ▶ **the bare minimum** le strict minimum **3.** [empty] vide. ❖ vt découvrir ▶ **to bare one's teeth** montrer les dents.

bareback ['beəbæk] adv à cru, à nu.

barefaced ['beəfeɪst] adj éhonté(e).

barefoot(ed) [,beə'fʊt(ɪd)] ❖ adj aux pieds nus. ❖ adv nu-pieds, pieds nus.

barely ['beəlɪ] adv [scarcely] à peine, tout juste.

bargain ['bɑːgɪn] ❖ noun **1.** [agreement] marché *m* ▶ **into the bargain** en plus, par-dessus le marché **2.** [good buy] affaire *f*, occasion *f*. ❖ vi négocier ▶ **to bargain with sb for sthg** négocier qqch avec qqn. ◆ **bargain for, bargain on** vt insep compter sur, prévoir.

bargain basement noun [in shop] *dans certains grands magasins, sous-sol où sont regroupés les articles en solde et autres bonnes affaires*.

barge [bɑːdʒ] ❖ noun péniche *f*. ❖ vi *inf* ▶ **to barge past sb** bousculer qqn. ◆ **barge in** vi *inf* ▶ **to barge in (on)** interrompre.

barhop ['bɑːhɒp] vi **US** faire la tournée des bars / **we went barhopping** on a fait les bars, on a fait la tournée des bars.

barista [bə'riːstə] noun barman *m*, barmaid *f*.

baritone ['bærɪtəʊn] noun baryton *m*.

bark [bɑːk] ❖ noun **1.** [of dog] aboiement *m* **2.** [on tree] écorce *f*. ❖ vi [dog] ▶ **to bark (at)** aboyer (après).

barley ['bɑːlɪ] noun orge *f*.

barley sugar noun **UK** sucre *m* d'orge.

barley water noun **UK** orgeat *m*.

barmaid ['bɑːmeɪd] noun **UK** barmaid *f*, serveuse *f* de bar.

barman ['bɑːmən] (*pl* -**men**) noun **UK** barman *m*, serveur *m* de bar.

barn [bɑːn] noun grange *f*.

barometer [bə'rɒmɪtəʳ] noun *lit* & *fig* baromètre *m*.

baron ['bærən] noun baron *m*.

baroness ['bærənɪs] noun baronne *f*.

barrack ['bærək] vt UK huer, conspuer.
◆ **barracks** pl n caserne f.

barrage ['bærɑːʒ] noun **1.** [of firing] barrage m **2.** [of questions] avalanche f, déluge m **3.** UK [dam] barrage m.

barrel ['bærəl] noun **1.** [for beer, wine] tonneau m, fût m **2.** [for oil] baril m **3.** [of gun] canon m.

barren ['bærən] adj stérile.

barricade [,bærɪ'keɪd] noun barricade f.

barrier ['bærɪər] noun lit & fig barrière f.

barring ['bɑːrɪŋ] prep sauf.

barrister ['bærɪstər] noun UK avocat m, -e f.

barrow ['bærəʊ] noun brouette f.

bartender ['bɑːtendər] noun US barman m.

barter ['bɑːtər] ◆ noun troc m. ◆ vt ▸ to barter sthg (for) troquer OR échanger qqch (contre). ◆ vi faire du troc.

base [beɪs] ◆ noun base f. ◆ vt baser ▸ to base sthg on OR upon baser OR fonder qqch sur / where are you based? où êtes-vous installé ? / the job is based in Tokyo le poste est basé à Tokyo. ◆ adj liter indigne, ignoble.

baseball ['beɪsbɔːl] noun base-ball m.

baseball cap noun casquette f de base-ball.

Basel ['bɑːzl] noun Bâle.

baseline ['beɪslaɪn] noun ligne f de fond.

basement ['beɪsmənt] noun sous-sol m.

base rate noun UK taux m de base.

bases ['beɪsiːz] pl n ⟶ **basis**.

bash [bæʃ] inf ◆ noun **1.** [painful blow] coup m **2.** UK [attempt] ▸ to have a bash tenter le coup. ◆ vt [hit - gen] frapper, cogner; [- car] percuter.

bashful ['bæʃfʊl] adj timide.

basic ['beɪsɪk] adj [problem, theme] fondamental(e); [vocabulary, salary] de base. ◆ **basics** pl n [rudiments] éléments mpl, bases fpl.

BASIC ['beɪsɪk] (abbr of Beginner's All-purpose Symbolic Instruction Code) noun basic m.

basically ['beɪsɪklɪ] adv **1.** [essentially] au fond, fondamentalement **2.** [really] en fait.

basil ['bæzl] noun basilic m.

basin ['beɪsn] noun **1.** UK [bowl - for cooking] terrine f; [- for washing] cuvette f **2.** UK [in bathroom] lavabo m **3.** GEOG bassin m.

basis ['beɪsɪs] (pl -es) noun base f ▸ on the basis of sur la base de ▸ on a regular basis de façon régulière ▸ to be paid on a weekly / monthly basis toucher un salaire hebdomadaire / mensuel.

bask [bɑːsk] vi ▸ to bask in the sun se chauffer au soleil.

basket ['bɑːskɪt] noun [generally] corbeille f; [with handle] panier m.

basketball ['bɑːskɪtbɔːl] noun basketball m, basket m.

bass [beɪs] ◆ adj bas (basse). ◆ noun **1.** [singer] basse f **2.** [double bass] contrebasse f **3.** = bass guitar.

bass drum [beɪs-] noun grosse caisse f.

bass guitar [beɪs-] noun basse f.

bassoon [bə'suːn] noun basson m.

bastard ['bɑːstəd] noun **1.** [illegitimate child] bâtard m, -e f, enfant naturel m, enfant naturelle f **2.** v inf [unpleasant person] salaud m, saligaud m.

bastion ['bæstɪən] noun bastion m.

bat [bæt] noun **1.** [animal] chauve-souris f **2.** [for cricket, baseball] batte f; UK [for table-tennis] raquette f **3.** PHR to do sthg off one's own bat UK faire qqch de son propre chef.

batch [bætʃ] noun **1.** [of papers] tas m, liasse f; [of letters, applicants] série f **2.** [of products] lot m.

bated ['beɪtɪd] adj ▸ with bated breath en retenant son souffle.

bath [bɑːθ] ◆ noun **1.** UK [bathtub] baignoire f **2.** [act of washing] bain m ▸ to have UK OR take a bath prendre un bain. ◆ vt UK baigner, donner un bain à. ◆ **baths** pl n UK piscine f.

bathe [beɪð] ◆ vt **1.** [wound] laver **2.** [subj: light, sunshine] ▸ to be bathed in OR with être baigné(e) de. ◆ vi **1.** [swim] se baigner **2.** [take a bath] prendre un bain.

bathing ['beɪðɪŋ] noun (U) baignade f.

bathing costume UK, **bathing suit** noun maillot m de bain.

bathrobe ['bɑːθrəʊb] noun [made of towelling] sortie f de bain; [dressing gown] peignoir m.

bathroom ['bɑːθrʊm] noun **1.** [room with bath] salle f de bains **2.** US [toilet] toilettes fpl.

bath towel noun serviette f de bain.

bathtub ['bɑːθtʌb] noun baignoire f.

baton ['bætən] noun **1.** [of conductor] baguette f **2.** [in relay race] témoin m **3.** UK [of policeman] bâton m, matraque f.

batsman ['bætsmən] (pl -men) noun batteur m.

battalion [bə'tæljən] noun bataillon m.

batten ['bætn] noun planche f, latte f.

batter ['bætər] ❖ noun (U) pâte f. ❖ vt battre.

battered ['bætəd] adj **1.** [child, woman] battu(e) **2.** [car, hat] cabossé(e).

battery ['bætərɪ] noun [generally] batterie f; [of calculator, toy] pile f.

battery farming noun élevage m intensif OR en batterie.

battle ['bætl] ❖ noun **1.** [in war] bataille f **2.** [struggle] ▶ battle (for/against/with) lutte f (pour/contre/avec), combat m (pour/contre/avec). ❖ vi ▶ to battle (for/against/with) se battre (pour/contre/avec), lutter (pour/contre/avec).

battlefield ['bætlfi:ld], **battleground** ['bætlgraʊnd] noun MIL champ m de bataille.

battlements ['bætlmənts] pl n remparts mpl.

battle-scarred adj [army, landscape] marqué(e) par les combats ; [person] marqué(e) par la vie ; hum [car, table] abîmé(e).

battleship ['bætlʃɪp] noun cuirassé m.

batty ['bætɪ] (compar -ier, superl -iest) adj inf [crazy] cinglé(e), dingue ; [eccentric] bizarre.

bauble ['bɔ:bl] noun babiole f, colifichet m.

baulk [bɔ:k] = balk.

bawdy ['bɔ:dɪ] adj grivois(e), salé(e).

bawl [bɔ:l] vt & vi brailler.

bay [beɪ] noun **1.** GEOG baie f **2.** [for loading] aire f (de chargement) **3.** [for parking] place f (de stationnement) **4.** PHR to keep sb/sthg at bay tenir qqn/qqch à distance, tenir qqn/qqch en échec.

bay leaf noun feuille f de laurier.

bay window noun fenêtre f en saillie.

bazaar [bə'zɑ:r] noun **1.** [market] bazar m **2.** [charity sale] vente f de charité.

B2B [,bi:tə'bi:] (abbr of business to business) noun COMM B to B.

BBC (abbr of British Broadcasting Corporation) noun office national britannique de radiodiffusion ▶ the BBC la BBC.

BBFN MESSAGING (written abbr of bye bye for now) salut.

BBL MESSAGING (written abbr of be back later) je reviens.

B2C [,bi:tə'si:] (abbr of business to customer) noun COMM B to C.

BC (abbr of before Christ) av. J.-C.

Bcc (abbr of blind carbon copy) noun Cci m.

be [bi:] (pt was or were, pp been) ❖ aux vb **1.** (in combination with present participle to form continuous tense) : what is he doing? qu'est-ce qu'il fait ? / it's snowing il neige / they've been promising reform for years ça fait des années qu'ils nous promettent des réformes **2.** (in combination with past participle to form passive) être / to be loved être aimé(e) **3.** (in tag questions and answers) : the meal was delicious, wasn't it? le repas était délicieux, non ? OR vous n'avez pas trouvé ? **4.** (followed by 'to' + infinitive) : I'm to be promoted je vais avoir de l'avancement / you're not to tell anyone ne le dis à personne / there was no one to be seen il n'y avait personne. ❖ cop vb **1.** (with adj, noun) être / to be a doctor/plumber être médecin/plombier / she's intelligent/attractive elle est intelligente/jolie / I'm hot/cold j'ai chaud/froid / 1 plus 1 is 2 1 et 1 font 2 **2.** [referring to health] aller, se porter / to be ill être malade / she's better now elle va mieux maintenant ▶ how are you? comment allez-vous ? **3.** [referring to age] ▶ how old are you? quel âge avez-vous ? / I'm 20 (years old) j'ai 20 ans **4.** [cost] coûter, faire / how much was it? combien cela a-t-il coûté ?, combien ça faisait ? / that will be £10, please cela fait 10 livres, s'il vous plaît. ❖ vi **1.** [exist] être, exister **2.** [referring to place] être / Toulouse is in France Toulouse se trouve OR est en France / he will be here tomorrow il sera là demain **3.** [referring to movement] aller, être / I've been to the cinema j'ai été OR je suis allé au cinéma. ❖ impers vb **1.** [referring to time, dates, distance] être / it's 3 km to the next town la ville voisine est à 3 km **2.** [referring to the weather] faire / it's hot/cold il fait chaud/froid **3.** [for emphasis] : it's me/Paul/the milkman c'est moi/Paul/le laitier.

beach [bi:tʃ] ❖ noun plage f. ❖ vt échouer.

beacon ['bi:kən] noun **1.** [warning fire] feu m, fanal m **2.** [lighthouse] phare m **3.** [radio beacon] radiophare m.

bead [bi:d] noun **1.** [of wood, glass] perle f **2.** [of sweat] goutte f.

beady ['bi:dɪ] (compar -ier, superl -iest) adj ▶ beady eyes petits yeux perçants.

beagle ['bi:gl] noun beagle m.

beak [bi:k] noun bec m.

beaker ['bi:kər] noun gobelet m.

be-all noun ▶ the be-all and end-all la seule chose qui compte.

beam [bi:m] ❖ noun **1.** [of wood, concrete] poutre f **2.** [of light] rayon m. ❖ vt [signal,

news] transmettre. ❖ vi [smile] faire un sourire radieux.

bean [biːn] noun [gen] haricot m ; [of coffee]
grain m ▶ **to be full of beans** inf & dated péter le
feu ▶ **to spill the beans** inf manger le morceau.

beanbag ['biːnbæg] noun [chair] sacco m.

beanshoot ['biːnʃuːt], **beansprout**
['biːnspraʊt] noun germe m OR pousse f de soja.

bear [beər] ❖ noun [animal] ours m. ❖ vt
(pt bore, pp borne) **1.** [carry, have] porter
/ **to bear sthg in mind** ne pas oublier qqch
2. [endure, tolerate] supporter / I can't bear
Christmas je n'aime pas Noël **3.** [child] donner
naissance à **4.** [feeling] ▶ **to bear sb a grudge**
garder rancune à qqn. ❖ vi (pt bore, pp
borne) ▶ **to bear left / right** se diriger vers la
gauche/la droite ▶ **to bring pressure / influence to bear on sb** exercer une pression/une
influence sur qqn. ◆ **bear out** vt sep confirmer, corroborer. ◆ **bear up** vi tenir le coup.
◆ **bear with** vt insep être patient(e) avec.

beard [bɪəd] noun barbe f.

bearer ['beərər] noun **1.** [gen] porteur m, -euse f **2.** [of passport] titulaire mf.

bear hug noun inf ▶ **to give sb a bear hug**
serrer qqn très fort.

bearing ['beərɪŋ] noun **1.** [connection] ▶ **bearing (on)** rapport m (avec) **2.** [deportment] allure f, maintien m **3.** TECH [for shaft] palier m
4. [on compass] orientation f ▶ **to get one's
bearings** s'orienter, se repérer.

beast [biːst] noun **1.** [animal] bête f
2. inf & pej [person] brute f.

beastly ['biːstlɪ] adj UK dated [person]
malveillant(e), cruel(elle) ; [headache, weather]
épouvantable.

beat [biːt] ❖ noun **1.** [of heart, drum, wings]
battement m **2.** MUS [rhythm] mesure f, temps m
3. [of policeman] ronde f. ❖ vt (pt beat, pp
beaten) **1.** [gen] battre **2.** [be better than] être
bien mieux que, valoir mieux que **3.** PHR **beat it!**
inf décampe !, fiche le camp ! ❖ vi (pt beat, pp
beaten) battre. ◆ **beat off** vt sep [resist]
repousser. ◆ **beat up** vt sep inf **1.** [attack]
tabasser **2.** PSYCHOL culpabiliser ▶ **to beat o.s.
up (about sthg)** culpabiliser (à propos de qqch).

beating ['biːtɪŋ] noun **1.** [blows] raclée f, ros-
sée f **2.** [defeat] défaite f.

beautiful ['bjuːtɪfʊl] adj **1.** [gen] beau (belle)
2. inf [very good] joli(e).

beautifully ['bjuːtəflɪ] adv **1.** [attractively
- dressed] élégamment ; [- decorated] avec goût
2. inf [very well] parfaitement, à la perfection.

beauty ['bjuːtɪ] noun [gen] beauté f.

beauty parade noun défilé m d'un concours
de beauté.

beauty parlour UK, **beauty parlor** US noun institut m de beauté.

beauty salon = beauty parlour.

beauty sleep noun : I need my beauty sleep
hum j'ai besoin de mon compte de sommeil pour
être frais le matin.

beauty spot noun **1.** [picturesque place]
site m pittoresque **2.** [on skin] grain m de beauté.

beaver ['biːvər] noun castor m.

became [bɪ'keɪm] pt ⟶ **become**.

because [bɪ'kɒz] conj parce que. ◆ **because
of** prep à cause de.

beck [bek] noun ▶ **to be at sb's beck and call**
être aux ordres OR à la disposition de qqn.

beckon ['bekən] ❖ vt [signal to] faire signe
à. ❖ vi [signal] ▶ **to beckon to sb** faire signe
à qqn.

become [bɪ'kʌm] (pt became, pp become)
vi devenir ▶ **to become quieter** se calmer ▶ **to
become irritated** s'énerver.

becoming [bɪ'kʌmɪŋ] adj **1.** [attractive]
seyant(e), qui va bien **2.** [appropriate] convenable.

bed [bed] noun **1.** [to sleep on] lit m ▶ **to go to
bed** se coucher ▶ **to go to bed with sb** euph
coucher avec qqn **2.** [flowerbed] parterre m
3. [of sea, river] lit m, fond m.

bed and breakfast noun ≃ chambre f
d'hôte.

bedclothes ['bedkləʊðz] pl n draps mpl et
couvertures fpl.

bedlam ['bedləm] noun pagaille f.

bed linen noun (U) draps mpl et taies fpl.

bedraggled [bɪ'drægld] adj [person] dé-
braillé(e) ; [hair] embroussaillé(e).

bedridden ['bed,rɪdn] adj grabataire.

bedroom ['bedrʊm] noun chambre f (à coucher).

bedside ['bedsaɪd] noun chevet m.

bedsit ['bed,sɪt], **bedsitter** ['bedsɪtər],
bedsitting room ['bed'sɪtɪŋ-] noun UK
chambre f meublée.

bedsore ['bedsɔːr] noun escarre f.

bedspread ['bedspred] noun couvre-lit m, dessus-de-lit m inv.

bedtime ['bedtaɪm] noun heure f du coucher.

bee [biː] noun abeille f.

beef [bi:f] ❖ noun **1.** [meat] bœuf m / joint of beef rôti m (de bœuf), rosbif m **2.** ((UK) pl **beeves** [bi:vz]) [animal] bœuf m **3.** inf [complaint] grief m / what's your beef? tu as un problème ? / to have a beef with sb/sthg avoir des ennuis avec qqn/qqch. ❖ comp [sausage, stew] de bœuf / beef cattle bœufs mpl de boucherie. ❖ vi inf râler / to beef about sthg râler contre qqch. ❖ **beef up** vt sep inf [army, campaign] renforcer ; [report, story] étoffer.

beehive ['bi:haɪv] noun **1.** [for bees] ruche f / the Beehive State l'Utah m **2.** [hairstyle] coiffure très haute maintenue avec de la laque.

beeline ['bi:laɪn] noun ▶ to make a beeline for inf aller tout droit OR directement vers.

been [bi:n] pp ⟶ be.

beeper noun = bleeper.

beer [bɪər] noun bière f.

beet [bi:t] noun (US) betterave f.

beetle ['bi:tl] noun scarabée m.

beetroot ['bi:tru:t] noun (UK) betterave f.

befall [bɪ'fɔ:l] (pt befell [-'fel], pp befallen [-'fɔ:lən] liter ❖ vt advenir à. ❖ vi arriver, survenir.

before [bɪ'fɔ:r] ❖ adv auparavant, avant / I've never been there before je n'y suis jamais allé(e) / I've seen it before je l'ai déjà vu ▶ the year before l'année d'avant OR précédente. ❖ prep **1.** [in time] avant **2.** [in space] devant. ❖ conj avant de (+ infinitive), avant que (+ subjunctive) / before leaving avant de partir / before you leave avant que vous ne partiez.

beforehand [bɪ'fɔ:hænd] adv à l'avance.

befriend [bɪ'frend] vt prendre en amitié.

beg [beg] ❖ vt **1.** [money, food] mendier **2.** [favour] solliciter, quémander ; [forgiveness] demander ▶ to beg sb to do sthg prier OR supplier qqn de faire qqch. ❖ vi **1.** [for money, food] ▶ to beg (for sthg) mendier (qqch) **2.** [plead] supplier ▶ to beg for [forgiveness] demander.

began [bɪ'gæn] pt ⟶ begin.

beggar ['begər] noun mendiant m, -e f.

begin [bɪ'gɪn] (pt began, pp begun) ❖ vt [start] commencer ▶ to begin doing OR to do sthg commencer OR se mettre à faire qqch. ❖ vi commencer ▶ to begin with pour commencer, premièrement.

beginner [bɪ'gɪnər] noun débutant m, -e f.

beginning [bɪ'gɪnɪŋ] noun début m, commencement m.

begrudge [bɪ'grʌdʒ] vt **1.** [envy] ▶ to begrudge sb sthg envier qqch à qqn **2.** [do unwillingly] ▶ to begrudge doing sthg rechigner à faire qqch.

begun [bɪ'gʌn] pp ⟶ begin.

behalf [bɪ'hɑ:f] noun ▶ on behalf of (UK), in behalf of (US) de la part de, au nom de.

behave [bɪ'heɪv] ❖ vt ▶ to behave o.s. bien se conduire OR se comporter. ❖ vi **1.** [in a particular way] se conduire, se comporter ▶ to well/badly bien/mal se comporter **2.** [acceptably] bien se tenir **3.** [to function] fonctionner, marcher.

behaviour (UK), **behavior** (US) [bɪ'heɪvjər] noun conduite f, comportement m.

behead [bɪ'hed] vt décapiter.

beheld [bɪ'held] pt & pp ⟶ behold.

behind [bɪ'haɪnd] ❖ prep **1.** [gen] derrière **2.** [in time] en retard sur. ❖ adv **1.** [gen] derrière **2.** [in time] en retard ▶ to leave sthg behind oublier qqch ▶ to stay behind rester ▶ to be behind with sthg être en retard dans qqch. ❖ noun inf derrière m, postérieur m.

behind-the-scenes adj secret(ète) / a behind-the-scenes look at politics un regard en coulisse sur la politique.

behold [bɪ'həʊld] (pt & pp beheld) vt liter voir, regarder.

beige [beɪʒ] ❖ adj beige. ❖ noun beige m.

being ['bi:ɪŋ] noun **1.** [creature] être m **2.** [existence] ▶ in being existant(e).

Beirut [,beɪ'ru:t] noun Beyrouth.

belated [bɪ'leɪtɪd] adj tardif(ive).

belch [beltʃ] ❖ noun renvoi m, rot m. ❖ vt [smoke, fire] vomir, cracher. ❖ vi [person] éructer, roter.

beleaguered [bɪ'li:gəd] adj lit assiégé(e) ; fig harcelé(e), tracassé(e).

Belgian ['beldʒən] ❖ adj belge. ❖ noun Belge mf.

Belgium ['beldʒəm] noun Belgique f ▶ in Belgium en Belgique.

Belgrade [,bel'greɪd] noun Belgrade.

belie [bɪ'laɪ] vt **1.** [disprove] démentir **2.** [give false idea of] donner une fausse idée de.

belief [bɪ'li:f] noun **1.** [faith, certainty] ▶ belief (in) croyance f (en) **2.** [principle, opinion] opinion f, conviction f.

believe [bɪ'liːv] ◆ vt croire ▸ **believe it or not** tu ne me croiras peut-être pas. ◆ vi croire ▸ **to believe in sb** croire en qqn ▸ **to believe in sthg** croire à qqch.

believer [bɪ'liːvər] noun **1.** RELIG croyant *m*, -e *f* **2.** [in idea, action] ▸ **believer in** partisan *m*, -e *f* de.

belittle [bɪ'lɪtl] vt dénigrer, rabaisser.

bell [bel] noun [of church] cloche *f*; [handbell] clochette *f*; [on door] sonnette *f*; [on bike] timbre *m*.

belligerent [bɪ'lɪdʒərənt] adj **1.** [at war] belligérant(e) **2.** [aggressive] belliqueux(euse).

bellow ['beləʊ] vi **1.** [person] brailler, beugler **2.** [bull] beugler.

bellows ['beləʊz] pl n soufflet *m*.

belly ['belɪ] noun [of person] ventre *m*; [of animal] panse *f*.

bellyache ['belɪeɪk] noun mal *m* de ventre.

belly button noun inf nombril *m*.

belong [bɪ'lɒŋ] vi **1.** [be property] ▸ **to belong to sb** appartenir OR être à qqn **2.** [be member] ▸ **to belong to sthg** être membre de qqch **3.** [be in right place] être à sa place / *that chair belongs here* ce fauteuil va là.

belongings [bɪ'lɒŋɪŋz] pl n affaires *fpl*.

beloved [bɪ'lʌvd] adj bien-aimé(e).

below [bɪ'ləʊ] ◆ adv **1.** [lower] en dessous, en bas **2.** [in text] ci-dessous **3.** NAUT en bas. ◆ prep sous, au-dessous de ▸ **to be below sb in rank** occuper un rang inférieur à qqn.

belt [belt] ◆ noun **1.** [for clothing] ceinture *f* **2.** TECH courroie *f*. ◆ vt inf flanquer une raclée à.

beltway ['belt,weɪ] noun US route *f* périphérique.

bemused [bɪ'mjuːzd] adj perplexe.

bench [bentʃ] noun **1.** [gen & POL] banc *m* **2.** [caned, padded] banquette *f* **3.** [in lab, workshop] établi *m*.

benchmark ['bentʃ,mɑːk] ◆ noun lit repère *m*; [in surveying] repère *m* de nivellement; fig repère *m*, point *m* de référence. ◆ comp ▸ **benchmark test** COMPUT test *m* d'évaluation (de programme).

benchwarmer ['bentʃwɔːməʳ] noun US inf SPORT joueur qui se trouve souvent sur le banc des remplaçants.

bend [bend] ◆ noun **1.** [in road] courbe *f*, virage *m* **2.** [in pipe, river] coude *m* **3.** PHR round UK OR around US the bend inf dingue, fou (folle). ◆ vt (*pt & pp* bent) **1.** [arm, leg] plier **2.** [wire, fork] tordre, courber. ◆ vi (*pt & pp* bent) [person] se baisser, se courber; [tree, rod] plier ▸ **to bend over backwards for sb** se mettre en quatre pour qqn.

bender ['bendər] noun inf [drinking binge] beuverie *f* ▸ **to go on a bender** faire la noce.

beneath [bɪ'niːθ] ◆ adv dessous, en bas. ◆ prep **1.** [under] sous **2.** [unworthy of]: *she thinks the work is beneath her* elle estime que le travail est indigne d'elle.

benefactor ['benɪfæktər] noun bienfaiteur *m*.

beneficial [,benɪ'fɪʃl] adj ▸ **beneficial (to sb)** salutaire (à qqn) ▸ **beneficial (to sthg)** utile (à qqch).

beneficiary [,benɪ'fɪʃərɪ] noun bénéficiaire *mf*.

benefit ['benɪfɪt] ◆ noun **1.** [advantage] avantage *m* ▸ **for the benefit of** dans l'intérêt de ▸ **to be to sb's benefit, to be of benefit to sb** être dans l'intérêt de qqn **2.** ADMIN [allowance of money] allocation *f*, prestation *f*. ◆ vt profiter à. ◆ vi ▸ **to benefit from** tirer avantage de, profiter de.

Benelux ['benɪlʌks] noun Bénélux *m*.

benevolent [bɪ'nevələnt] adj bienveillant(e).

benign [bɪ'naɪn] adj **1.** [person] gentil(ille), bienveillant(e) **2.** MED bénin(igne).

bent [bent] ◆ pt & pp ⟶ **bend**. ◆ adj **1.** [wire, bar] tordu(e) **2.** [person, body] courbé(e), voûté(e) **3.** UK inf [dishonest] véreux(euse) **4.** [determined] ▸ **to be bent on doing sthg** vouloir absolument faire qqch, être décidé à faire qqch. ◆ noun ▸ **bent (for)** penchant *m* (pour).

bequeath [bɪ'kwiːð] vt lit & fig léguer.

bequest [bɪ'kwest] noun legs *m*.

berate [bɪ'reɪt] vt réprimander.

bereaved [bɪ'riːvd] ◆ adj endeuillé(e), affligé(e). ◆ noun (*pl inv*) ▸ **the bereaved** la famille du défunt.

bereavement [bɪ'riːvmənt] noun deuil *m*.

beret ['bereɪ] noun béret *m*.

berk [bɜːk] noun UK inf idiot *m*, -e *f*, andouille *f*.

Berlin [bɜː'lɪn] noun Berlin.

Bermuda [bə'mjuːdə] noun Bermudes *fpl*.

berry ['berɪ] noun baie *f*.

berserk [bə'zɜːk] adj ▸ **to go berserk** devenir fou furieux (folle furieuse).

berth [bɜːθ] ❖ noun **1.** [in harbour] poste *m* d'amarrage, mouillage *m* **2.** [in ship, train] couchette *f.* ❖ vi [ship] accoster, se ranger à quai.

beseech [bɪ'siːtʃ] (*pt & pp* besought *or* beseeched) vt *liter* ▶ to beseech sb (to do sthg) implorer OR supplier qqn (de faire qqch).

beset [bɪ'set] ❖ adj ▶ beset with OR by [doubts] assailli(e) de. ❖ vt (*pt & pp* beset) assaillir.

beside [bɪ'saɪd] prep **1.** [next to] à côté de, auprès de **2.** [compared with] comparé(e) à, à côté de **3.** PHR to be beside o.s. with anger être hors de soi ▶ to be beside o.s. with joy être fou (folle) de joie.

besides [bɪ'saɪdz] ❖ adv en outre, en plus. ❖ prep en plus de.

besiege [bɪ'siːdʒ] vt **1.** [town, fortress] assiéger **2.** *fig* [trouble, annoy] assaillir, harceler.

besotted [bɪ'sɒtɪd] adj ▶ besotted (with sb) entiché(e) (de qqn).

besought [bɪ'sɔːt] pt & pp ⟶ **beseech.**

best [best] ❖ adj le meilleur (la meilleure). ❖ adv le mieux. ❖ noun le mieux ▶ to do one's best faire de son mieux ▶ all the best! meilleurs souhaits ! ▶ to be for the best être pour le mieux ▶ to make the best of sthg s'accommoder de qqch, prendre son parti de qqch. ◆ at best adv au mieux.

best-before date noun date *f* limite de consommation.

best-case adj : *this is the best-case scenario* c'est le scénario le plus optimiste.

best man noun garçon *m* d'honneur.

bestow [bɪ'stəʊ] vt *fml* ▶ to bestow sthg on sb conférer qqch à qqn.

best-seller noun [book] best-seller *m.*

bet [bet] ❖ noun pari *m.* ❖ vt (*pt & pp* bet or -ted) parier. ❖ vi (*pt & pp* bet or -ted) parier ⟋ *I wouldn't bet on it* fig je n'en suis pas si sûr.

betray [bɪ'treɪ] vt trahir.

betrayal [bɪ'treɪəl] noun [of person] trahison *f.*

better ['betər] ❖ adj (*compar of good*) meilleur(e) ▶ to get better a) [generally] s'améliorer b) [after illness] se remettre, se rétablir. ❖ adv (*compar of well*) mieux ⟋ *I'd better leave* il faut que je parte, je dois partir. ❖ noun le meilleur (la meilleure) ▶ to get the better of sb avoir raison de qqn. ❖ vt améliorer ▶ to better o.s. s'élever.

better off adj **1.** [financially] plus à son aise **2.** [in better situation] mieux.

betting ['betɪŋ] noun (U) paris *mpl.*

betting shop noun UK ≃ bureau *m* de P.M.U.

between [bɪ'twiːn] ❖ prep entre ⟋ *to choose between sthg and sthg* choisir entre qqch et qqch. ❖ adv ▶ (in) between a) [in space] au milieu b) [in time] dans l'intervalle.

beverage ['bevərɪdʒ] noun *fml* boisson *f.*

bevvy ['bevɪ] noun UK *inf* breuvage, boisson alcoolisée.

beware [bɪ'weər] vi ▶ to beware (of) prendre garde (à), se méfier (de) ▶ beware of... attention à....

bewilder [bɪ'wɪldər] vt rendre perplexe, dérouter.

bewildered [bɪ'wɪldəd] adj déconcerté(e), perplexe.

bewitching [bɪ'wɪtʃɪŋ] adj charmeur(euse), ensorcelant(e).

beyond [bɪ'jɒnd] ❖ prep **1.** [in space] au-delà de **2.** [in time] après, plus tard que **3.** [exceeding] au-dessus de ⟋ *it's beyond my control* je n'y peux rien ⟋ *it's beyond my responsibility* cela n'entre pas dans le cadre de mes responsabilités. ❖ adv au-delà.

BF MESSAGING *written abbr of* boyfriend.

bias ['baɪəs] noun **1.** [prejudice] préjugé *m*, parti *m* pris **2.** [tendency] tendance *f.*

biased, biassed ['baɪəst] adj partial(e) ▶ to be biased towards sb /sthg favoriser qqn/ qqch ▶ to be biased against sb /sthg défavoriser qqn/qqch.

bib [bɪb] noun [for baby] bavoir *m*, bavette *f.*

Bible ['baɪbl] noun ▶ the Bible la Bible.

biceps ['baɪseps] (*pl inv*) noun biceps *m.*

bicker ['bɪkər] vi se chamailler.

bicycle ['baɪsɪkl] ❖ noun bicyclette *f*, vélo *m.* ❖ vi aller à bicyclette OR vélo.

bicycler ['baɪsɪklər] noun US cycliste *mf.*

bid [bɪd] ❖ noun [attempt] tentative *f.* ❖ vt (*pt & pp* bid) [at auction] faire une enchère de. ❖ vi (*pt & pp* bid) **1.** [at auction] ▶ to bid (for) faire une enchère (pour) **2.** [attempt] ▶ to bid for sthg briguer qqch **3.** COMM faire une soumission, répondre à un appel d'offres.

bidder ['bɪdər] noun enchérisseur *m*, -euse *f.*

bidding ['bɪdɪŋ] noun (U) enchères *fpl.*

bide [baɪd] vt ▶ to bide one's time attendre son heure OR le bon moment.

bifocals [,baɪ'fəʊklz] pl n lunettes *fpl* bifocales.

big [bɪg] adj **1.** [gen] grand(e) **2.** [in amount, bulk - box, crowd, book] gros (grosse).

bigamy ['bɪgəmɪ] noun bigamie f.

Big Apple noun ▶ **the Big Apple** surnom de New York.

big deal inf ✧ noun : it's no big deal ce n'est pas dramatique / what's the big deal? où est le problème ? ✧ excl tu parles !, et alors ?

big dipper [-'dɪpər] noun **1.** UK [rollercoaster] montagnes fpl russes **2.** US ASTRON ▶ **the Big Dipper** la Grande Ourse.

Big Easy pr n US surnom de La Nouvelle-Orléans.

big hand noun **1.** [on clock] grande aiguille f **2.** inf [applause] : let's give him a big hand applaudissons-le bien fort.

bigheaded [,bɪg'hedɪd] adj inf crâneur(euse).

bigot ['bɪgət] noun sectaire mf.

bigoted ['bɪgətɪd] adj sectaire.

bigotry ['bɪgətrɪ] noun sectarisme m.

big time noun inf ▶ **to make** OR **to hit the big time** réussir, arriver en haut de l'échelle.

big toe noun gros orteil m.

big top noun chapiteau m.

big wheel noun UK [at fairground] grande roue f.

bike [baɪk] noun inf **1.** [bicycle] vélo m **2.** [motorcycle] bécane f, moto f.

bikeway ['baɪkweɪ] noun US piste f cyclable.

bikini [bɪ'ki:nɪ] noun Bikini® m.

bile [baɪl] noun **1.** [fluid] bile f **2.** [anger] mauvaise humeur f.

bilingual [baɪ'lɪŋgwəl] adj bilingue.

bill [bɪl] ✧ noun **1.** [statement of cost] ▶ **bill (for)** a) note f OR facture f (de) b) [in restaurant] addition f (de) **2.** [in parliament] projet m de loi **3.** [of show, concert] programme m **4.** US [banknote] billet m de banque **5.** [poster] ▶ 'post OR stick UK no bills' 'défense d'afficher' **6.** [beak] bec m. ✧ vt **1.** [invoice] ▶ **to bill sb (for)** envoyer une facture à qqn (pour) **2.** [advertise] annoncer / they're billed as the best band in the world on les présente comme le meilleur groupe du monde.

billboard ['bɪlbɔ:d] noun panneau m d'affichage.

billet ['bɪlɪt] noun logement m (chez l'habitant).

billfold ['bɪlfəʊld] noun US portefeuille m.

billiards ['bɪljədz] noun billard m.

billing ['bɪlɪŋ] noun **1.** THEAT ▶ **to get** OR **to have top / second billing** être en tête d'affiche / en deuxième place à l'affiche **2.** US [advertising] ▶ **to give sthg advance billing** annoncer qqch **3.** lit & fig [sound] ▶ **billing and cooing** roucoulements mpl.

billion ['bɪljən] num **1.** US [thousand million] milliard m **2.** UK dated [million million] billion m.

billionaire [,bɪljə'neər] noun milliardaire mf.

Bill of Rights noun ▶ **the Bill of Rights** les dix premiers amendements à la Constitution américaine.

billow ['bɪləʊ] ✧ noun nuage m, volute f. ✧ vi [smoke, steam] tournoyer ; [skirt, sail] se gonfler.

bimbo ['bɪmbəʊ] (pl -s or -es) noun inf & pej : she's a bit of a bimbo c'est le genre « pin-up ».

bin [bɪn] noun **1.** UK [for rubbish] poubelle f **2.** [for grain, coal] coffre m.

bind [baɪnd] vt (pt & pp **bound**) **1.** [tie up] attacher, lier **2.** [unite - people] lier **3.** [bandage] panser **4.** [book] relier **5.** [constrain] contraindre, forcer.

binder ['baɪndər] noun [cover] classeur m.

binding ['baɪndɪŋ] ✧ adj [contract, promise] qui lie OR engage ; [agreement] irrévocable. ✧ noun [on book] reliure f.

binge [bɪndʒ] inf ✧ noun ▶ **to go on a binge** prendre une cuite. ✧ vi ▶ **to binge on sthg** se gaver OR se bourrer de qqch.

binge drinking noun fait de boire de très grandes quantités d'alcool en une soirée, de façon régulière.

binge eating noun hyperphagie f, consommation f compulsive de nourriture.

bingo ['bɪŋgəʊ] noun bingo m ; ≃ loto m.

binoculars [bɪ'nɒkjʊləz] pl n jumelles fpl.

bio ['baɪəʊ] adj bio (inv).

biochemistry [,baɪəʊ'kemɪstrɪ] noun biochimie f.

biodegradable [,baɪəʊdɪ'greɪdəbl] adj biodégradable.

biodiversity [,baɪəʊdaɪ'vɜ:sətɪ] noun biodiversité f.

biography [baɪ'ɒgrəfɪ] noun biographie f.

biological [,baɪə'lɒdʒɪkl] adj [generally] biologique ; [washing powder] aux enzymes.

biological mother noun mère f biologique.

biology [baɪ'ɒlədʒɪ] noun biologie f.

biometric [,baɪəʊ'metrɪk] adj biométrique.

bionic [baɪ'ɒnɪk] adj bionique.

biopsy ['baɪɒpsɪ] (pl -ies) noun biopsie f.

biotechnology [,baɪəʊtek'nɒlədʒɪ] noun biotechnologie f.

bioterrorism [,baɪəʊ'terərɪzm] noun bioterrorisme m.

biowarfare [,baɪəʊ'wɔːfeə] noun guerre f biologique.

bipolar disorder [baɪ'pəʊlər-] noun MED trouble m bipolaire.

birch [bɜːtʃ] noun [tree] bouleau m.

bird [bɜːd] noun 1. [creature] oiseau m 2. UK inf [woman] gonzesse f.

bird flu noun grippe f aviaire.

birdie ['bɜːdɪ] noun 1. [childrens' vocabulary] petit oiseau m 2. GOLF birdie m.

bird's-eye view noun lit vue f aérienne ; fig vue f d'ensemble.

bird-watcher [-,wɒtʃər] noun observateur m, -trice f d'oiseaux.

Biro® ['baɪərəʊ] noun UK stylo m à bille.

birth [bɜːθ] noun lit & fig naissance f ▶ **to give birth (to)** donner naissance (à).

birth certificate noun acte m OR extrait m de naissance.

birth control noun (U) régulation f OR contrôle m des naissances.

birthday ['bɜːθdeɪ] noun anniversaire m.

birthmark ['bɜːθmɑːk] noun tache f de vin.

birth mother noun mère f gestationnelle.

birthplace ['bɜːθpleɪs] noun lieu m de naissance.

birthrate ['bɜːθreɪt] noun (taux m de) natalité f.

BIS (abbr of Department for Business, Innovation and Skills) noun ministère britannique du commerce et de l'industrie.

Biscay ['bɪskeɪ] noun ▶ **the Bay of Biscay** le golfe de Gascogne.

biscuit ['bɪskɪt] noun UK biscuit m, petit gâteau m ; US scone m.

bisect [baɪ'sekt] vt couper OR diviser en deux.

bisexual [,baɪ'sekʃʊəl] adj bisexuel(elle). noun bisexuel m, -elle f.

bishop ['bɪʃəp] noun 1. RELIG évêque mf 2. [in chess] fou m.

bison ['baɪsn] (pl inv or -s) noun bison m.

bit [bɪt] pt ⟶ **bite**. noun 1. [small piece - of paper, cheese] morceau m, bout m ; [- of book, film] passage m ▶ **bits and pieces** UK petites affaires fpl OR choses fpl ▶ **to take sthg to bits** démonter qqch 2. [amount] : a bit of shopping quelques courses / it's a bit of a nuisance c'est un peu embêtant / a bit of trouble un petit problème ▶ **quite a bit of** pas mal de, beaucoup de 3. [short time] ▶ **for a bit** pendant quelque temps 4. [of drill] mèche f 5. [of bridle] mors m 6. COMPUT bit m. **a bit** adv un peu / I'm a bit tired je suis un peu fatigué(e). **bit by bit** adv petit à petit.

bitch [bɪtʃ] noun 1. [female dog] chienne f 2. inf & pej [woman] salope f, garce f.

bitchy [bɪtʃɪ] adj inf vache, rosse.

bite [baɪt] noun 1. [act of biting] morsure f, coup m de dent 2. inf [food] ▶ **to have a bite (to eat)** manger un morceau 3. [wound] piqûre f. vt (pt bit, pp bitten) 1. [subj: person, animal] mordre 2. [subj: insect, snake] piquèr, mordre. vi (pt bit, pp bitten) 1. [animal, person] ▶ **to bite (into)** mordre (dans) ▶ **to bite off sthg** arracher qqch d'un coup de dents 2. [insect, snake] mordre, piquer 3. [grip] adhérer, mordre 4. fig [take effect] se faire sentir.

bite-sized [-,saɪzd] adj : cut the meat into bite-sized pieces coupez la viande en petits dés.

biting ['baɪtɪŋ] adj 1. [very cold] cinglant(e), piquant(e) 2. [humour, comment] mordant(e), caustique.

bitten ['bɪtn] pp ⟶ **bite**.

bitter ['bɪtər] adj 1. [gen] amer(ère) 2. [icy] glacial(e) 3. [argument] violent(e). noun UK bière relativement amère, à forte teneur en houblon.

bitterness ['bɪtənɪs] noun 1. [gen] amertume f 2. [of wind, weather] âpreté f.

bizarre [bɪ'zɑːr] adj bizarre.

blab [blæb] vi inf lâcher le morceau.

black [blæk] adj 1. [gen] noir(e) 2. [coffee] noir(e) ; [tea] nature (inv). noun 1. [colour] noir m 2. [person] noir m, -e f 3. PHR ▶ **in the black** [financially solvent] solvable, sans dettes. vt UK [boycott] boycotter. **black out** vi [faint] s'évanouir.

blackberry ['blækbərɪ] noun mûre f.

blackbird ['blækbɜːd] noun merle m.

blackboard ['blækbɔːd] noun tableau m (noir).

blackcurrant [,blæk'kʌrənt] noun cassis m.

blacken ['blækn] vt [make dark] noircir. vi s'assombrir.

black eye noun œil m poché OR au beurre noir.

blackhead ['blækhed] noun [on skin] point m noir.

black ice noun verglas m.

blackleg ['blækleg] noun UK pej jaune m.

blacklist ['blæklɪst] ❖ noun liste f noire. ❖ vt mettre sur la liste noire.

blackmail ['blækmeɪl] ❖ noun lit & fig chantage m. ❖ vt **1.** [for money] faire chanter **2.** fig [emotionally] faire du chantage à.

black market noun marché m noir.

blackout ['blækaʊt] noun **1.** MIL & PRESS black-out m **2.** [power cut] panne f d'électricité **3.** [fainting fit] évanouissement m.

black pudding noun UK boudin m.

Black Sea noun ▶ the Black Sea la mer Noire.

black sheep noun brebis f galeuse.

blacksmith ['blæksmɪθ] noun [for horses] maréchal-ferrant m ; [for tools] forgeron m.

black spot noun UK AUTO point m noir.

black tie noun nœud papillon noir porté avec une tenue de soirée ▶ 'black tie' [on invitation card] 'tenue de soirée exigée'. ◆ **black-tie** adj : it's black-tie il faut être en smoking.

bladder ['blædər] noun vessie f.

blade [bleɪd] noun **1.** [of knife, saw] lame f **2.** [of propeller] pale f **3.** [of grass] brin m.

blame [bleɪm] ❖ noun responsabilité f, faute f ▶ to take the blame for sthg endosser la responsabilité de qqch. ❖ vt blâmer, condamner ▶ to blame sthg on rejeter la responsabilité de qqch sur, imputer qqch à ▶ to blame sb / sthg for sthg reprocher qqch à qqn/qqch ▶ to be to blame for sthg être responsable de qqch.

bland [blænd] adj **1.** [person - dull] insipide, ennuyeux(euse) ; [- ingratiating] mielleux(euse), doucereux(e) **2.** [food] fade, insipide **3.** [music, style] insipide.

blank [blæŋk] ❖ adj **1.** [sheet of paper] blanc (blanche) ; [wall] nu(e) **2.** fig [look] vide, sans expression. ❖ noun **1.** [empty space] blanc m **2.** [cartridge] cartouche f à blanc.

blank cheque UK, **blank check** US noun FIN chèque m en blanc ; fig carte f blanche.

blanket ['blæŋkɪt] noun **1.** [for bed] couverture f **2.** [of snow] couche f, manteau m ; [of fog] nappe f.

blare [bleər] vi [person, voice] hurler ; [radio] beugler.

blasphemy ['blæsfəmɪ] noun blasphème m.

blast [blɑːst] ❖ noun **1.** [explosion] explosion f **2.** [of air, from bomb] souffle m. ❖ vt [hole, tunnel] creuser à la dynamite. ❖ excl UK inf zut !, mince ! ◆ **(at) full blast** adv [play music] à pleins gaz OR tubes ; [work] d'arrache-pied.

blasted ['blɑːstɪd] adj inf fichu(e), maudit(e).

blast-off noun [of space shuttle] lancement m.

blatant ['bleɪtənt] adj criant(e), flagrant(e).

blaze [bleɪz] ❖ noun **1.** [fire] incendie m **2.** fig [of colour, light] éclat m, flamboiement m. ❖ vi **1.** [fire] flamber **2.** fig [with colour] flamboyer.

blazer ['bleɪzər] noun blazer m.

bleach [bliːtʃ] ❖ noun eau f de Javel. ❖ vt [hair] décolorer ; [clothes] blanchir.

bleached [bliːtʃt] adj [hair] décoloré(e).

bleachers ['bliːtʃəz] pl n US SPORT gradins mpl.

bleak [bliːk] adj **1.** [future] sombre **2.** [place, weather, face] lugubre, triste.

bleary-eyed [ˌblɪərɪ'aɪd] adj aux yeux troubles.

bleat [bliːt] ❖ noun [of sheep] bêlement m. ❖ vi [sheep] bêler ; fig [person] se plaindre, geindre.

bleed [bliːd] (pt & pp bled [bled]) ❖ vi saigner. ❖ vt [radiator] purger.

bleeper ['bliːpər] noun UK bip m, biper m.

blemish ['blemɪʃ] noun lit & fig défaut m.

blend [blend] ❖ noun mélange m. ❖ vt ▶ to blend sthg (with) mélanger qqch (avec OR à). ❖ vi ▶ to blend (with) se mêler (à OR avec).

blender ['blendər] noun mixer m.

bless [bles] (pt & pp **-ed** or **blest**) vt bénir ▶ bless you! a) [after sneezing] à vos souhaits ! b) [thank you] merci mille fois !

blessing ['blesɪŋ] noun lit & fig bénédiction f.

blest [blest] pt & pp ⟶ bless.

blew [bluː] pt ⟶ blow.

blight [blaɪt] vt gâcher, briser.

blimey ['blaɪmɪ] excl UK inf zut alors !, mince alors !

blind [blaɪnd] ❖ adj lit & fig aveugle ▶ to be blind to sthg ne pas voir qqch. ❖ noun **1.** [for window] store m **2.** US [for watching birds, animals] cachette f. ❖ pl n ▶ the blind les aveugles mpl. ❖ vt aveugler ▶ to blind sb to sthg fig cacher qqch à qqn.

blind alley noun lit & fig impasse f.

blind corner noun UK AUTO virage *m* sans visibilité.

blind date noun *rendez-vous avec quelqu'un qu'on ne connaît pas.*

blindfold ['blaɪndfəʊld] ❖ adv les yeux bandés. ❖ noun bandeau *m*. ❖ vt bander les yeux à.

blindly ['blaɪndlɪ] adv [unseeingly] à l'aveuglette ; [without thinking] aveuglément.

blindness ['blaɪndnɪs] noun cécité *f* ▶ **blindness (to sthg)** *fig* aveuglement *m* (devant qqch).

blind side noun AUTO angle *m* mort.

blind spot noun 1. AUTO angle *m* mort 2. *fig* [inability to understand] blocage *m*.

bling (bling) ['blɪŋ('blɪŋ)] adj *inf* [ostentatious] bling(-)bling, tape-à-l'œil.

blink [blɪŋk] ❖ noun PHR **on the blink** *inf* [machine] détraqué(e). ❖ vt [eyes] cligner. ❖ vi 1. [person] cligner des yeux 2. [light] clignoter.

blinkered ['blɪŋkəd] adj ▶ **to be blinkered** *lit* & *fig* avoir des œillères.

blinkers ['blɪŋkəz] pl n UK œillères *fpl*.

bliss [blɪs] noun bonheur *m* suprême, félicité *f*.

blissful ['blɪsfʊl] adj [day, silence] merveilleux(euse) ; [ignorance] total(e).

blister ['blɪstər] ❖ noun [on skin] ampoule *f*, cloque *f*. ❖ vi 1. [skin] se couvrir d'ampoules 2. [paint] cloquer, se boursoufler.

blithely ['blaɪðlɪ] adv gaiement, joyeusement.

blitz [blɪts] noun MIL bombardement *m* aérien.

blizzard ['blɪzəd] noun tempête *f* de neige.

bloated ['bləʊtɪd] adj 1. [face] bouffi(e) 2. [with food] ballonné(e).

blob [blɒb] noun 1. [drop] goutte *f* 2. [indistinct shape] forme *f* / *a blob of colour* une tache de couleur.

block [blɒk] ❖ noun 1. [building] ▶ **office block** UK immeuble *m* de bureaux ▶ **block of flats** UK immeuble *m* 2. US [of buildings] pâté *m* de maisons 3. [of stone, ice] bloc *m* 4. [obstruction] blocage *m*. ❖ vt 1. [road, pipe, view] boucher 2. [prevent] bloquer, empêcher.

blockade [blɒˈkeɪd] ❖ noun blocus *m*. ❖ vt faire le blocus de.

blockage ['blɒkɪdʒ] noun obstruction *f*.

blockbuster ['blɒkbʌstər] noun *inf* [book] best-seller *m* ; [film] film *m* à succès.

block capitals pl n majuscules *fpl* d'imprimerie / *in block capitals* en majuscules.

block letters pl n majuscules *fpl* d'imprimerie.

blog [blɒg] (*abbr of* weblog) noun blog *m*.

blogger ['blɒgər] noun bloggeur *m*, -euse *f*.

bloke [bləʊk] noun UK *inf* type *m*.

blond [blɒnd] adj blond(e).

blonde [blɒnd] ❖ adj blond(e). ❖ noun [woman] blonde *f*.

blood [blʌd] noun sang *m* ▶ **in cold blood** de sang-froid.

bloodbath ['blʌdbɑːθ] (*pl* [-bɑːðz]) noun bain *m* de sang, massacre *m*.

blood cell noun globule *m*.

blood donor noun donneur *m*, -euse *f* de sang.

blood group noun UK groupe *m* sanguin.

bloodhound ['blʌdhaʊnd] noun limier *m*.

blood pressure noun tension *f* artérielle ▶ **to have high blood pressure** faire de l'hypertension.

bloodshed ['blʌdʃed] noun carnage *m*.

bloodshot ['blʌdʃɒt] adj [eyes] injecté(e) de sang.

bloodstream ['blʌdstriːm] noun sang *m*.

blood test noun prise *f* de sang.

bloodthirsty ['blʌdˌθɜːstɪ] adj sanguinaire.

blood transfusion noun transfusion *f* sanguine.

bloody ['blʌdɪ] ❖ adj 1. [gen] sanglant(e) 2. UK *v inf* foutu(e) / *you bloody idiot!* espèce de con ! ❖ adv UK *v inf* vachement.

bloody-minded [-'maɪndɪd] adj UK *inf* contrariant(e).

bloom [bluːm] ❖ noun fleur *f*. ❖ vi fleurir.

blooming ['bluːmɪŋ] ❖ adj UK *inf* [to show annoyance] sacré(e), fichu(e). ❖ adv UK *inf* sacrément.

blossom ['blɒsəm] ❖ noun [of tree] fleurs *fpl* ▶ **in blossom** en fleur(s). ❖ vi 1. [tree] fleurir 2. *fig* [person] s'épanouir.

blot [blɒt] ❖ noun *lit* & *fig* tache *f*. ❖ vt 1. [paper] faire des pâtés sur 2. [ink] sécher. ◆ **blot out** vt sep [light, sun] cacher, masquer ; [memory, thought] effacer.

blotchy ['blɒtʃɪ] adj couvert(e) de marbrures OR taches.

blotting paper ['blɒtɪŋ-] noun (U) (papier *m*) buvard *m*.

blouse [blaʊz] noun chemisier *m*.

blow [bləʊ] ❖ vi (pt **blew**, pp **blown**) **1.** [gen] souffler **2.** [fuse] sauter. ❖ vt (pt **blew**, pp **blown**) **1.** [subj: wind] faire voler, chasser **2.** [with mouth, nose] : to blow one's nose se moucher **3.** [trumpet] jouer de, souffler dans ▸ to blow a whistle donner un coup de sifflet, siffler **4.** inf [spoil - chance] gâcher / I blew it! j'ai tout gâché ! ▸ US inf [hit] coup m. ◆ **blow away** vt sep **1.** [subj: wind] chasser, disperser **2.** US inf [impress] : it really blew me away! j'ai trouvé ça génial ! ● **blow off** ❖ vi s'envoler. ❖ vt **1.** US inf to blow sb off ; [not turn up] poser un lapin à qqn ; [ignore] snober qqn ; [rebuff] (se) prendre un râteau / don't try to blow me off n'essaie pas de te débarrasser de moi **2.** vulg [perform oral sex on] faire une pipe à qqn. ◆ **blow out** ❖ vt sep [candle] souffler. ❖ vi **1.** [candle] s'éteindre **2.** [tyre] éclater. ◆ **blow over** vi se calmer. ◆ **blow up** ❖ vt sep **1.** [inflate] gonfler **2.** [with bomb] faire sauter **3.** [photograph] agrandir. ❖ vi exploser.

blow-by-blow adj fig détaillé(e).

blow-dry ❖ noun Brushing® m. ❖ vt faire un Brushing® à.

blowlamp UK ['bləʊlæmp], **blowtorch** ['bləʊtɔːtʃ] noun chalumeau m, lampe f à souder.

blown [bləʊn] pp ⟶ **blow**.

blowout ['bləʊaʊt] noun **1.** US [of tyre] éclatement m **2.** [of gas] éruption f.

blowtorch = blowlamp.

BLT (abbr of **bacon, lettuce and tomato**) noun sandwich avec du bacon, de la laitue et de la tomate.

blubber ['blʌbər] ❖ noun graisse f de baleine. ❖ vi inf & pej chialer.

bludgeon ['blʌdʒən] vt matraquer.

blue [bluː] ❖ adj **1.** [colour] bleu(e) **2.** inf [sad] triste, cafardeux(euse) **3.** inf & dated [pornographic] porno (inv). ❖ noun bleu m ▸ out of the blue a) [happen] subitement b) [arrive] à l'improviste. ● **blues** pl n ▸ the blues a) MUS le blues b) inf [sad feeling] le blues, le cafard.

bluebell ['bluːbel] noun jacinthe f des bois.

blueberry ['bluːbərɪ] noun myrtille f.

bluebottle ['bluːˌbɒtl] noun mouche f bleue, mouche de la viande.

blue cheese noun (fromage m) bleu m.

blue chip noun FIN valeur f sûre, titre m de premier ordre. ◆ **blue-chip** comp de premier ordre.

blue-collar adj manuel(elle).

blue jeans pl n US blue-jean m, jean m.

blueprint ['bluːprɪnt] noun [photographic] photocalque m ; fig plan m, projet m.

Bluetooth ['bluːtuːθ] noun TELEC technologie f Bluetooth.

bluff [blʌf] ❖ adj franc (franche). ❖ noun **1.** [deception] bluff m ▸ to call sb's bluff prendre qqn au mot **2.** [cliff] falaise f à pic. ❖ vt bluffer, donner le change à. ❖ vi faire du bluff, bluffer.

blunder ['blʌndər] ❖ noun gaffe f, bévue f. ❖ vi [make mistake] faire une gaffe, commettre une bévue.

blunt [blʌnt] ❖ adj **1.** [knife] émoussé(e) ; [pencil] épointé(e) ; [object, instrument] contondant(e) **2.** [person, manner] direct(e), carré(e). ❖ vt lit & fig émousser.

blur [blɜːr] ❖ noun forme f confuse, tache f floue. ❖ vt [vision] troubler, brouiller.

blurb [blɜːb] noun texte m publicitaire.

blurt [blɜːt] ● **blurt out** vt sep laisser échapper.

blush [blʌʃ] ❖ noun rougeur f. ❖ vi rougir.

blusher ['blʌʃər] noun UK fard m à joues, blush m.

blustery ['blʌstərɪ] adj venteux(euse).

BMX (abbr of **bicycle motorcross**) noun bicross m.

BN MESSAGING written abbr of **been**.

BO abbr of **body odour**.

boar [bɔːr] noun **1.** [male pig] verrat m **2.** [wild pig] sanglier m.

board [bɔːd] ❖ noun **1.** [plank] planche f **2.** [for notices] panneau m d'affichage **3.** [for games - gen] tableau m ; [- for chess] échiquier m **4.** [blackboard] tableau m (noir) **5.** [of company] ▸ board (of directors) conseil m d'administration **6.** [committee] comité m, conseil m **7.** UK [at hotel, guesthouse] pension f ▸ board and lodging pension ▸ full board pension complète ▸ half board demi-pension f **8.** ▸ on board [on ship, plane, bus, train] à bord **9.** PHR above board régulier(ère), dans les règles. ❖ vt [ship, aeroplane] monter à bord de ; [train, bus] monter dans. ❖ vi : the flight is now boarding at gate 3 embarquement immédiat du vol porte 3.

boarder ['bɔːdər] noun **1.** [lodger] pensionnaire mf **2.** [at school] interne mf, pensionnaire mf.

boarding card ['bɔːdɪŋ-] noun carte f d'embarquement.

boarding house ['bɔːdɪŋhaʊs] (pl [-haʊzɪz]) noun dated pension f de famille.

boarding pass ['bɔːdɪŋ-] noun carte f d'embarquement.

boarding school ['bɔːdɪŋ-] noun pensionnat m, internat m.

Board of Trade pr n ▶ the Board of Trade a) **UK** le ministère du Commerce b) **US** la chambre de commerce.

boardroom ['bɔːdrʊm] noun salle f du conseil (d'administration).

boast [bəʊst] ❖ noun vantardise f, fanfaronnade f. ❖ vi ▶ to boast (about) se vanter (de).

boastful ['bəʊstfʊl] adj vantard(e), fanfaron(onne).

boat [bəʊt] noun [large] bateau m ; [small] canot m, embarcation f ▶ by boat en bateau.

boater ['bəʊtər] noun [hat] canotier m.

boatswain ['bəʊsn], **bosun** ['bəʊsn] noun maître m d'équipage.

bob [bɒb] ❖ noun **1.** [hairstyle] coupe f au carré **2.** **UK** inf & dated [shilling] shilling m **3.** = bobsleigh. ❖ vi [boat, ship] tanguer.

bobbin ['bɒbɪn] noun bobine f.

bobby ['bɒbɪ] noun **UK** inf & dated agent m de police.

bobsleigh **UK** ['bɒbsleɪ], **bobsled** **US** ['bɒbsled] noun bobsleigh m.

bode [bəʊd] vi liter ▶ to bode ill/well (for) être de mauvais/bon augure (pour).

bodily ['bɒdɪlɪ] ❖ adj [needs] matériel(elle) ; [pain] physique. ❖ adv [lift, move] à bras-le-corps.

body ['bɒdɪ] noun **1.** [of person] corps m **2.** [corpse] corps m, cadavre m **3.** [organization] organisme m, organisation f **4.** [of car] carrosserie f ; [of plane] fuselage m **5.** (U) [of wine] corps m **6.** (U) [of hair] volume m **7.** **UK** [garment] body m.

body building noun culturisme m.

bodyguard ['bɒdɪgɑːd] noun garde m du corps.

body odour **UK**, **body odor** **US** noun odeur f corporelle.

body piercing noun piercing m.

bodywork ['bɒdɪwɜːk] noun carrosserie f.

bog [bɒg] noun **1.** [marsh] marécage m **2.** **UK** v inf [toilet] chiottes fpl.

bogged down [ˌbɒgd-] adj **1.** fig [in work] ▶ bogged down (in) submergé(e) (de) **2.** [car] ▶ bogged down (in) enlisé(e) (dans).

boggle ['bɒgl] vi ▶ the mind boggles! ce n'est pas croyable !, on croit rêver !

bogus ['bəʊgəs] adj faux (fausse), bidon (inv).

boil [bɔɪl] ❖ noun **1.** MED furoncle m **2.** [boiling point] ▶ to bring sthg to the boil porter qqch à ébullition ▶ to come to the boil venir à ébullition. ❖ vt **1.** [water, food] faire bouillir **2.** [kettle] mettre sur le feu. ❖ vi [water] bouillir. ❖ **boil down to** vt insep fig revenir à, se résumer à. ❖ **boil over** vi **1.** [liquid] déborder **2.** fig [feelings] exploser.

boiled ['bɔɪld] adj ▶ boiled egg œuf m à la coque ▶ boiled sweet **UK** bonbon m (à sucer).

boiler ['bɔɪlər] noun chaudière f.

boiler suit noun **UK** bleu m de travail.

boiling ['bɔɪlɪŋ] adj **1.** [liquid] bouillant(e) **2.** inf [weather] très chaud(e), torride ; [person] : I'm boiling (hot)! je crève de chaleur !

boiling point noun point m d'ébullition.

boisterous ['bɔɪstərəs] adj turbulent(e), remuant(e).

bold [bəʊld] adj **1.** [confident] hardi(e), audacieux(euse) **2.** [lines, design] hardi(e) ; [colour] vif (vive), éclatant(e) **3.** TYPO ▶ bold type or print caractères mpl gras.

bollard ['bɒlɑːd] noun **UK** [on road] borne f.

bollocks ['bɒləks] **UK** v inf ❖ pl n couilles fpl. ❖ excl quelles conneries !

bolster ['bəʊlstər] ❖ noun [pillow] traversin m. ❖ vt renforcer, affirmer. ❖ **bolster up** vt sep soutenir, appuyer.

bolt [bəʊlt] ❖ noun **1.** [on door, window] verrou m **2.** [type of screw] boulon m. ❖ adv ▶ bolt upright droit(e) comme un piquet. ❖ vt **1.** [fasten together] boulonner **2.** [close - door, window] verrouiller **3.** [food] engouffrer, engloutir. ❖ vi [run] détaler.

bomb [bɒm] ❖ noun bombe f. ❖ vt bombarder.

bombard [bɒmˈbɑːd] vt lit & fig ▶ to bombard (with) bombarder (de).

bombastic [bɒmˈbæstɪk] adj pompeux(euse).

bomber ['bɒmər] noun **1.** [plane] bombardier m **2.** [person] plastiqueur m.

bombing ['bɒmɪŋ] noun bombardement m.

bombshell ['bɒmʃel] noun fig bombe f.

bona fide [ˌbəʊnəˈfaɪdɪ] adj [genuine] véritable, authentique ; [offer] sérieux(euse).

bond [bɒnd] ◆ noun **1.** [between people] lien m **2.** [promise] engagement m **3.** FIN bon m, titre m. ◆ vt **1.** [glue] ▶ **to bond sthg to sthg** coller qqch sur qqch **2.** fig [people] unir.

bondage ['bɒndɪdʒ] noun servitude f, esclavage m.

bonding ['bɒndɪŋ] noun **1.** PSYCHOL liens mpl affectifs **2.** [of two objects] collage m.

bone [bəʊn] ◆ noun [generally] os m ; [of fish] arête f. ◆ vt [meat] désosser ; [fish] enlever les arêtes de.

bone-dry adj tout à fait sec (sèche).

bone-idle adj UK inf paresseux(euse) comme une couleuvre OR un lézard.

bonfire ['bɒn,faɪəʳ] noun [for fun] feu m de joie ; [to burn rubbish] feu.

Bonfire Night noun UK le 5 novembre (commémoration de la tentative de Guy Fawkes de faire sauter le Parlement en 1605).

Bonn [bɒn] noun Bonn.

bonnet ['bɒnɪt] noun **1.** UK [of car] capot m **2.** [hat] bonnet m.

bonny ['bɒnɪ] adj Scot beau (belle), joli(e).

bonus ['bəʊnəs] (pl -es) noun **1.** [extra money] prime f, gratification f **2.** fig [added advantage] plus m.

bony ['bəʊnɪ] adj **1.** [person, hand, face] maigre, osseux(euse) **2.** [meat] plein(e) d'os ; [fish] plein(e) d'arêtes.

boo [bu:] ◆ excl hou ! ◆ noun (pl -s) huée f. ◆ vt & vi huer.

boob [bu:b] UK, **boo-boo** [bu:bu:] noun inf **1.** [mistake] gaffe f, bourde f **2.** US [injury] bobo m. ◆ **boobs** pl n v inf nichons mpl.

booby trap ['bu:bɪ-] noun **1.** [bomb] objet m piégé **2.** [practical joke] farce f.

book [bʊk] ◆ noun **1.** [for reading] livre m **2.** [of stamps, tickets, cheques] carnet m ; [of matches] pochette f. ◆ vt **1.** [reserve - gen] réserver ; [- performer] engager ▶ **to be fully booked** être complet(ète) **2.** inf [subj: police] coller un PV à **3.** UK FOOT prendre le nom de. ◆ vi réserver. ◆ **books** pl n COMM livres mpl de comptes. ◆ **book up** vt sep réserver, retenir.

bookcase ['bʊkkeɪs] noun bibliothèque f.

bookie ['bʊkɪ] noun inf bookmaker m.

booking ['bʊkɪŋ] noun **1.** [reservation] réservation f **2.** UK FOOT ▶ **to get a booking** recevoir un carton jaune.

booking office noun UK bureau m de réservation OR location.

bookkeeping ['bʊk,ki:pɪŋ] noun comptabilité f.

booklet ['bʊklɪt] noun brochure f.

bookmaker ['bʊk,meɪkəʳ] noun bookmaker m.

bookmark ['bʊkmɑ:k] noun signet m.

bookseller ['bʊk,seləʳ] noun libraire mf.

bookshelf ['bʊkʃelf] (pl -shelves) noun rayon m OR étagère f à livres.

bookshop UK ['bʊkʃɒp], **bookstore** US ['bʊkstɔ:ʳ] noun librairie f.

book token noun UK chèque-livre m.

boom [bu:m] ◆ noun **1.** [loud noise] grondement m **2.** [in business, trade] boom m **3.** NAUT bôme f **4.** [for TV camera, microphone] girafe f, perche f. ◆ vi **1.** [make noise] gronder **2.** [business, trade] être en plein essor OR en hausse.

boon [bu:n] noun avantage m, bénédiction f.

boost [bu:st] ◆ noun [to production, sales] augmentation f ; [to economy] croissance f. ◆ vt **1.** [production, sales] stimuler **2.** [popularity] accroître, renforcer.

booster ['bu:stəʳ] noun MED rappel m / **booster shot** piqûre f de rappel.

boot [bu:t] ◆ noun **1.** [for walking, sport] chaussure f **2.** [fashion item] botte f **3.** UK [of car] coffre m. ◆ vt inf flanquer des coups de pied à. ◆ **to boot** adv par-dessus le marché, en plus.

bootcut ['bu:tkʌt] adj [pantalon, jean] trompette.

booth [bu:ð] noun **1.** [at fair] baraque f foraine **2.** [telephone booth] cabine f **3.** [voting booth] isoloir m.

booty ['bu:tɪ] noun butin m.

booze [bu:z] inf ◆ noun (U) alcool m, boisson f alcoolisée. ◆ vi picoler.

bop [bɒp] inf ◆ noun **1.** [hit] coup m **2.** [disco, dance] boum f. ◆ vi [dance] danser.

border ['bɔ:dəʳ] ◆ noun **1.** [between countries] frontière f **2.** [edge] bord m **3.** [in garden] bordure f. ◆ vt **1.** [country] être limitrophe de **2.** [edge] border. ◆ **border on** vt insep friser, être voisin(e) de.

borderline ['bɔ:dəlaɪn] ◆ adj ▶ **borderline case** cas m limite. ◆ noun fig limite f, ligne f de démarcation.

bore [bɔ:ʳ] ◆ pt ⟶ **bear.** ◆ noun **1.** [person] raseur m, -euse f ; [situation, event] corvée f **2.** [of gun] calibre m. ◆ vt **1.** [not interest] ennuyer, raser ▶ **to bore sb stiff** OR **to tears** OR **to death** ennuyer qqn à mourir **2.** [drill] forer, percer.

bored [bɔːd] adj [person] qui s'ennuie ; [look] d'ennui ▶ **to be bored with** en avoir assez de.

boredom ['bɔːdəm] noun (U) ennui m.

boring ['bɔːrɪŋ] adj ennuyeux(euse).

born [bɔːn] adj né(e) ▶ **to be born** naître ∕ *I was born in 1965* je suis né(e) en 1965 ∕ *when were you born?* quelle est la date de naissance ?

borne [bɔːn] pp ⟶ **bear**.

borough ['bʌrə] noun municipalité f.

borrow ['bɒrəʊ] vt emprunter ▶ **to borrow sthg (from sb)** emprunter qqch (à qqn).

Bosnia ['bɒznɪə] noun Bosnie f.

Bosnia-Herzegovina [-,hɜːtsəgə'viːnə] noun Bosnie-Herzégovine f.

Bosnian ['bɒznɪən] ◆ adj bosniaque. ◆ noun Bosniaque mf.

bosom ['bʊzəm] noun ANAT poitrine f, seins mpl ; fig sein m ▶ **bosom friend** ami m, -e f intime.

boss [bɒs] ◆ noun patron m, -onne f, chef m. ◆ vt pej donner des ordres à, régenter. ◆ **boss about, boss around** vt sep pej donner des ordres à, régenter.

bossy ['bɒsɪ] adj pej autoritaire.

bosun ['bəʊsn] = **boatswain**.

botany ['bɒtənɪ] noun botanique f.

botch [bɒtʃ] ◆ **botch up** vt sep inf bousiller, saboter.

both [bəʊθ] ◆ adj les deux. ◆ pron ▶ **both (of them)** (tous) les deux (toutes les deux) ∕ *both of us are coming* on vient tous les deux. ◆ adv : *she is both intelligent and amusing* elle est à la fois intelligente et drôle.

bother ['bɒðər] ◆ vt **1.** [worry] ennuyer, inquiéter ▶ **to bother o.s. (about)** se tracasser (au sujet de) ▶ **I can't be bothered to do it** UK je n'ai vraiment pas envie de le faire **2.** [pester, annoy] embêter ∕ *I'm sorry to bother you* excusez-moi de vous déranger. ◆ vi ▶ **to bother about sthg** s'inquiéter de qqch ▶ **don't bother (to do it)** ce n'est pas la peine (de le faire). ◆ noun (U) UK embêtement m ∕ *it's no bother at all* cela ne me dérange OR m'ennuie pas du tout.

bothered ['bɒðəd] adj inquiet(ète) ∕ *I am really bothered that so many people are unemployed* cela m'inquiète que tant de personnes soient au chômage ∕ *I am bothered about it* OR *I am bothered by it* UK cela me dérange.

bottle ['bɒtl] ◆ noun **1.** [gen] bouteille f ; [for medicine, perfume] flacon m ; [for baby] biberon m **2.** (U) UK inf [courage] cran m, culot m. ◆ vt [wine] mettre en bouteilles ; [fruit] mettre en bocal. ◆ **bottle up** vt sep [feelings] refouler, contenir.

bottle bank noun UK container m pour verre usagé.

bottleneck ['bɒtlnek] noun **1.** [in traffic] bouchon m, embouteillage m **2.** [in production] goulet m d'étranglement.

bottle-opener noun ouvre-bouteilles m inv, décapsuleur m.

bottom ['bɒtəm] ◆ adj **1.** [lowest] du bas **2.** [in class] dernier(ère). ◆ noun **1.** [of bottle, lake, garden] fond m ; [of page, ladder, street] bas m ; [of hill] pied m **2.** [of scale] bas m ; [of class] dernier m, -ère f **3.** [buttocks] derrière m **4.** [cause] ▶ **to get to the bottom of sthg** aller au fond de qqch, découvrir la cause de qqch **5.** [of two-piece garment] bas m ∕ *pyjama bottoms* bas de pyjama. ◆ **bottom out** vi atteindre son niveau le plus bas.

bottom line noun fig ▶ **the bottom line** l'essentiel m.

bough [baʊ] noun branche f.

bought [bɔːt] pt & pp ⟶ **buy**.

boulder ['bəʊldər] noun rocher m.

bounce [baʊns] ◆ vi **1.** [ball] rebondir ; [person] sauter **2.** inf [cheque] être sans provision. ◆ vt [ball] faire rebondir. ◆ noun rebond m.

bouncer ['baʊnsər] noun inf videur m.

bound [baʊnd] ◆ pt & pp ⟶ **bind**. ◆ adj **1.** [certain] : *he's bound to win* il va sûrement gagner ∕ *she's bound to see it* elle ne peut pas manquer de le voir **2.** [obliged] ▶ **to be bound to do sthg** être obligé(e) OR tenu(e) de faire qqch ▶ **I'm bound to say** ∕ **admit that...** je dois dire ∕ reconnaître que... **3.** [for place] ▶ **to be bound for** a) [subj: person] être en route pour b) [subj: plane, train] être à destination de. ◆ noun [leap] bond m, saut m. ◆ vt ▶ **to be bounded by** a) [subj: field] être limité(e) OR délimité(e) par b) [subj: country] être limitrophe de. ◆ **bounds** pl n limites fpl ▶ **out of bounds** interdit, défendu.

boundary ['baʊndərɪ] noun [gen] frontière f ; [of property] limite f, borne f.

bounty ['baʊntɪ] noun liter [generosity] générosité f, libéralité f.

bourbon ['bɜːbən] noun bourbon m.

bout [baut] noun 1. [of illness] accès m ▶ a **bout of flu** une grippe 2. [session] période f 3. [boxing match] combat m.

bow[1] [bau] ❖ noun 1. [in greeting] révérence f 2. [of ship] proue f, avant m. ❖ vt [head] baisser, incliner. ❖ vi 1. [make a bow] saluer 2. [defer] ▶ to bow to s'incliner devant.

bow[2] [bau] noun 1. [weapon] arc m 2. MUS archet m 3. [knot] nœud m.

bowel ['bauəl] noun [human] intestin m; [animal] boyau m, intestin m / a bowel disorder troubles mpl intestinaux. ◆ **bowels** pl n ANAT intestins mpl; fig entrailles fpl / the bowels of the earth les entrailles de la terre.

bowl [baul] ❖ noun 1. [container - gen] jatte f, saladier m; [- small] bol m; [- for washing up] cuvette f 2. [of toilet, sink] cuvette f; [of pipe] fourneau m. ❖ vi CRICKET lancer la balle. ◆ **bowls** noun (U) boules fpl (sur herbe). ◆ **bowl over** vt sep lit & fig renverser.

bow-legged [,bəu'legid] adj aux jambes arquées.

bowler ['bəulər] noun 1. CRICKET lanceur m 2. UK ▶ bowler (hat) chapeau m melon.

bowling ['bəulɪŋ] noun (U) bowling m.

bowling alley noun [building] bowling m; [alley] piste f de bowling.

bowling green noun terrain m de boules (sur herbe).

bow tie [bəu-] noun nœud m papillon.

box [bɒks] ❖ noun 1. [gen] boîte f 2. THEAT loge f 3. UK inf [television] ▶ the box la télé. ❖ vi boxer, faire de la boxe.

boxer ['bɒksər] noun 1. [fighter] boxeur m, -euse f 2. [dog] boxer m.

boxer shorts pl n boxer-short m.

boxing ['bɒksɪŋ] noun boxe f.

Boxing Day noun le 26 décembre.

boxing glove noun gant m de boxe.

box office noun bureau m de location.

boxroom ['bɒksrum] noun UK débarras m.

boy [bɔɪ] ❖ noun [male child] garçon m. ❖ excl inf ▶ (oh) boy! ben, mon vieux !, ben, dis-donc !

boycott ['bɔɪkɒt] ❖ noun boycott m, boycottage m. ❖ vt boycotter.

boyfriend ['bɔɪfrend] noun copain m, petit ami m.

boyish ['bɔɪɪʃ] adj 1. [appearance - of man] gamin(e); [- of woman] de garçon 2. [behaviour] garçonnier(ère).

bra [brɑ:] noun soutien-gorge m.

brace [breɪs] ❖ noun 1. [on teeth] appareil m (dentaire) 2. [on leg] appareil m orthopédique. ❖ vt 1. [steady] soutenir, consolider ▶ to brace o.s. s'accrocher, se cramponner 2. fig [prepare] ▶ to brace o.s. (for sthg) se préparer (à qqch). ◆ **braces** pl n 1. UK [for trousers] bretelles fpl 2. [for teeth] appareil m dentaire OR orthodontique.

bracelet ['breɪslɪt] noun bracelet m.

bracing ['breɪsɪŋ] adj vivifiant(e).

bracken ['brækn] noun fougère f.

bracket ['brækɪt] ❖ noun 1. [support] support m 2. [parenthesis - round] parenthèse f; [- square] crochet m ▶ in brackets entre parenthèses/crochets 3. [group] ▶ age/income bracket tranche f d'âge/de revenus. ❖ vt [enclose in brackets] mettre entre parenthèses/crochets.

brag [bræg] vi se vanter.

braid [breɪd] ❖ noun 1. [on uniform] galon m 2. US [of hair] tresse f, natte f. ❖ vt US [hair] tresser, natter.

brain [breɪn] noun cerveau m. ◆ **brains** pl n [intelligence] intelligence f.

brainchild ['breɪntʃaɪld] noun inf idée f personnelle, invention f personnelle.

brain dead adj dans un coma dépassé / he's brain dead inf & pej il n'a rien dans le cerveau.

brainwash ['breɪnwɒʃ] vt faire un lavage de cerveau à.

brainwave ['breɪnweɪv] noun UK idée f géniale OR de génie.

brainy ['breɪnɪ] adj inf intelligent(e).

brake [breɪk] ❖ noun lit & fig frein m. ❖ vi freiner.

brake light noun stop m, feu m arrière.

bramble ['bræmbl] noun [bush] ronce f; UK [fruit] mûre f.

bran [bræn] noun son m.

branch [brɑ:ntʃ] ❖ noun 1. [of tree, subject] branche f 2. [of railway] bifurcation f, embranchement m 3. [of company] filiale f, succursale f; [of bank] agence f. ❖ vi bifurquer. ◆ **branch out** vi [person, company] étendre ses activités, se diversifier.

brand [brænd] ❖ noun 1. COMM marque f 2. fig [type, style] type m, genre m. ❖ vt 1. [cattle] marquer au fer rouge 2. fig [classify] ▶ to brand sb (as) sthg étiqueter qqn comme qqch, coller à qqn l'étiquette de qqch.

brandish ['brændıʃ] vt brandir.

brand name noun marque f.

brand-new adj flambant neuf (flambant neuve), tout neuf (toute neuve).

brandy ['brændı] noun cognac m.

brash [bræʃ] adj effronté(e).

brass [brɑːs] noun 1. [metal] laiton m, cuivre m jaune f. 2. MUS ▸ **the brass** les cuivres mpl.

brass band noun fanfare f.

brat [bræt] noun inf & pej sale gosse m.

bravado [brə'vɑːdəʊ] noun bravade f.

brave [breıv] ⬥ adj courageux(euse), brave. ⬥ noun guerrier m indien, brave m. ⬥ vt braver, affronter.

bravery ['breıvərı] noun courage m, bravoure f.

brawl [brɔːl] noun bagarre f, rixe f.

brawn [brɔːn] noun (U) 1. [muscle] muscle m 2. UK [meat] fromage m de tête.

bray [breı] vi [donkey] braire.

brazen ['breızn] adj [person] effronté(e), impudent(e) ; [lie] éhonté(e). ◆ **brazen out** vt sep ▸ **to brazen it out** crâner.

brazier ['breızjər] noun brasero m.

Brazil [brə'zıl] noun Brésil m.

Brazilian [brə'zıljən] ⬥ adj brésilien(enne). ⬥ noun Brésilien m, -enne f.

brazil nut noun noix f du Brésil.

BRB MESSAGING (written abbr of **be right back**) je reviens tout de suite.

breach [briːtʃ] ⬥ noun 1. [of law, agreement] infraction f, violation f ; [of promise] rupture f ▸ **breach of contract** rupture f de contrat 2. [opening, gap] trou m, brèche f ⬥ vt 1. [agreement, contract] rompre 2. [make hole in] faire une brèche dans.

breach of the peace noun atteinte f à l'ordre public.

bread [bred] noun pain m ▸ **bread and butter** a) [food] tartine f beurrée, pain m beurré b) fig gagne-pain m.

bread bin UK, **bread box** US noun boîte f à pain.

breadcrumb ['bredkrʌm] noun miette f de pain. ◆ **breadcrumbs** pl n CULIN chapelure f, panure f.

breadline ['bredlaın] noun ▸ **to be on the breadline** être sans ressources OR sans le sou.

breadth [bretθ] noun 1. [width] largeur f 2. fig [scope] ampleur f, étendue f.

breadwinner ['bred,wınər] noun soutien m de famille.

break [breık] ⬥ noun 1. [gap] ▸ **break (in)** trouée f (dans) 2. [fracture] fracture f 3. [pause - gen] pause f ; UK [-at school] récréation f ▸ **to take a break a)** [short] faire une pause **b)** [longer] prendre des jours de congé ▸ **without a break** sans interruption ▸ **to have a break from doing sthg** arrêter de faire qqch 4. inf [luck] ▸ **(lucky) break** chance f, veine f. ⬥ vt (pt **broke**, pp **broken**) 1. [gen] casser, briser ▸ **to break one's arm/leg** se casser le bras/la jambe / **to break sb's heart** briser le cœur à qqn ▸ **to break a record** battre un record 2. [journey] interrompre 3. [contact, silence] rompre 4. [not keep - law, rule] enfreindre, violer ; [- promise] manquer à 5. [tell] ▸ **to break the news (of sthg to sb)** annoncer la nouvelle (de qqch à qqn). ⬥ vi (pt **broke**, pp **broken**) 1. [gen] se casser, se briser ▸ **to break loose OR free** se dégager, s'échapper 2. [pause] s'arrêter, faire une pause 3. [weather] se gâter 4. [voice - with emotion] se briser ; [- at puberty] muer 5. [news] se répandre, éclater 6. PHR **to break even** rentrer dans ses frais. ◆ **break away** vi [escape] s'échapper. ◆ **break down** ⬥ vt sep 1. [destroy - barrier] démolir ; [- door] enfoncer 2. [analyse] analyser. ⬥ vi 1. [car, machine] tomber en panne ; [resistance] céder ; [negotiations] échouer 2. [emotionally] fondre en larmes, éclater en sanglots. ◆ **break in** ⬥ vi 1. [burglar] entrer par effraction 2. [interrupt] ▸ **to break in (on sb/sthg)** interrompre (qqn/qqch). ⬥ vt sep [horse] dresser ; [person] rompre, accoutumer. ◆ **break into** vt insep 1. [subj: burglar] entrer par effraction dans 2. [begin] ▸ **to break into song/applause** se mettre à chanter/applaudir. ◆ **break off** ⬥ vt sep 1. [detach] détacher 2. [talks, relationship] rompre ; [holiday] interrompre. ⬥ vi 1. [become detached] se casser, se détacher 2. [stop talking] s'interrompre, se taire. ◆ **break out** vi 1. [begin - fire] se déclarer ; [- fighting] éclater 2. [escape] ▸ **to break out (of)** s'échapper (de), s'évader (de). ◆ **break up** ⬥ vt sep 1. [into smaller pieces] mettre en morceaux 2. [end - marriage, relationship] détruire ; [- fight, party] mettre fin à. ⬥ vi 1. [into smaller pieces - gen] se casser en morceaux ; [- ship] se briser 2. [end - marriage, relationship] se briser ; [- talks, party] prendre fin ; [- school] finir, fermer ▸ **to break up (with sb)** rompre (avec qqn) 3. [crowd] se disperser.

breakage ['breıkıdʒ] noun bris m.

breakdown ['breɪkdaʊn] noun **1.** [of vehicle, machine] panne f; [of negotiations] échec m; [in communications] rupture f **2.** [analysis] détail m.

breakfast ['brekfəst] noun petit déjeuner m.

breakfast television noun UK télévision f du matin.

break-in noun cambriolage m.

breaking ['breɪkɪŋ] noun ▸ **breaking and entering** LAW entrée f par effraction.

breakneck ['breɪknek] adj ▸ **at breakneck speed** à fond de train.

breakthrough ['breɪkθruː] noun percée f.

breakup ['breɪkʌp] noun [of marriage, relationship] rupture f.

breast [brest] noun **1.** [of woman] sein m; [of man] poitrine f **2.** [meat of bird] blanc m.

breast-feed vt & vi allaiter.

breaststroke ['breststrəʊk] noun brasse f.

breath [breθ] noun souffle m, haleine f ▸ **to take a deep breath** inspirer profondément ▸ **out of breath** hors d'haleine, à bout de souffle ▸ **to get one's breath back** reprendre haleine OR son souffle.

breathalyse UK, **breathalyze** US ['breθəlaɪz] vt ≃ faire subir l'Alcootest® à.

breathe [briːð] ❖ vi respirer. ❖ vt **1.** [inhale] respirer **2.** [give out - smell] souffler des relents de. ◆ **breathe in** vi & vt sep inspirer. ◆ **breathe out** vi & vt sep expirer.

breather ['briːðə'] noun inf moment m de repos OR répit.

breathing ['briːðɪŋ] noun respiration f.

breathless ['breθlɪs] adj **1.** [out of breath] hors d'haleine, essoufflé(e) **2.** [with excitement] fébrile, fiévreux(euse).

breathtaking ['breθ,teɪkɪŋ] adj à vous couper le souffle.

breed [briːd] (pt & pp **bred** [bred]) ❖ noun lit & fig race f, espèce f. ❖ vt **1.** [animals, plants] élever **2.** fig [suspicion, contempt] faire naître, engendrer. ❖ vi se reproduire.

breeding ['briːdɪŋ] noun (U) **1.** [of animals, plants] élevage m **2.** [manners] bonnes manières fpl, savoir-vivre m.

breeze [briːz] noun brise f.

breezy ['briːzɪ] adj **1.** [windy] venteux(euse) **2.** [cheerful] jovial(e), enjoué(e).

brevity ['brevɪtɪ] noun brièveté f.

brew [bruː] ❖ vt [beer] brasser; [tea] faire infuser; [coffee] préparer, faire. ❖ vi **1.** [tea]

infuser; [coffee] se faire **2.** fig [trouble, storm] se préparer, couver.

brewer ['bruːə'] noun brasseur m.

brewery ['bruːərɪ] noun brasserie f.

bribe [braɪb] ❖ noun pot-de-vin m. ❖ vt ▸ **to bribe sb (to do sthg)** soudoyer qqn (pour qu'il fasse qqch).

bribery ['braɪbərɪ] noun corruption f.

brick [brɪk] noun brique f.

bricklayer ['brɪk,leɪə'] noun maçon m.

bridal ['braɪdl] adj [dress] de mariée; [suite] nuptial(e).

bride [braɪd] noun mariée f.

bridegroom ['braɪdgrom] noun marié m.

bridesmaid ['braɪdzmeɪd] noun demoiselle f d'honneur.

bridge [brɪdʒ] ❖ noun **1.** [gen] pont m **2.** [on ship] passerelle f **3.** [of nose] arête f **4.** [card game, for teeth] bridge m. ❖ vt fig [gap] réduire.

bridle ['braɪdl] noun bride f.

brief [briːf] ❖ adj **1.** [short] bref (brève), court(e) **2.** [revealing] très court(e). ❖ noun **1.** LAW affaire f, dossier m **2.** UK [instructions] instructions fpl. ❖ vt ▸ **to brief sb (on)** a) [bring up to date] mettre qqn au courant (de) b) [instruct] briefer qqn (sur). ◆ **briefs** pl n slip m.

briefcase ['briːfkeɪs] noun serviette f.

briefing ['briːfɪŋ] noun instructions fpl, briefing m.

briefly ['briːflɪ] adv **1.** [for a short time] un instant **2.** [concisely] brièvement.

brigade [brɪ'geɪd] noun brigade f.

brigadier [,brɪgə'dɪə'] noun général m de brigade.

bright [braɪt] adj **1.** [room] clair(e); [light, colour] vif (vive); [sunlight] éclatant(e) **2.** [eyes, future] brillant(e) **3.** [intelligent] intelligent(e).

brighten ['braɪtn] vi **1.** [become lighter] s'éclaircir **2.** [face, mood] s'éclairer. ◆ **brighten up** ❖ vt sep égayer. ❖ vi **1.** [person] s'égayer, s'animer **2.** [weather] se dégager, s'éclaircir.

brilliance ['brɪljəns] noun **1.** [cleverness] intelligence f **2.** [of colour, light] éclat m.

brilliant ['brɪljənt] adj **1.** [gen] brillant(e) **2.** [colour] éclatant(e) **3.** inf [wonderful] super (inv), génial(e).

brim [brɪm] ❖ noun bord *m*. ❖ vi ▸ **to brim with** *lit & fig* être plein(e) de.

brimstone ['brɪmstəʊn] noun **1.** [sulphur] soufre *m* **2.** [butterfly] citron *m*.

brine [braɪn] noun saumure *f*.

bring [brɪŋ] (*pt & pp* **brought**) vt **1.** [person] amener **2.** [object] apporter **3.** [cause - happiness, shame] entraîner, causer ▸ **to bring sthg to an end** mettre fin à qqch. ◆ **bring about** vt sep causer, provoquer. ◆ **bring around** vt sep [make conscious] ranimer. ◆ **bring back** vt sep **1.** [object] rapporter ; [person] ramener **2.** [memories] rappeler **3.** [reinstate] rétablir. ◆ **bring down** vt sep **1.** [plane] abattre ; [government] renverser **2.** [prices] faire baisser. ◆ **bring forward** vt sep **1.** [gen] avancer **2.** [in bookkeeping] reporter. ◆ **bring in** vt sep **1.** [law] introduire **2.** [money - subj: person] gagner ; [- subj: deal] rapporter. ◆ **bring off** vt sep [plan] réaliser, réussir ; [deal] conclure, mener à bien. ◆ **bring on** vt sep [cause] provoquer, causer ▸ **you've brought it on yourself** tu l'as cherché. ◆ **bring out** vt sep **1.** [product] lancer ; [book] publier, faire paraître **2.** [cause to appear] faire ressortir. ◆ **bring round** UK, **bring to** vt sep = **bring around**. ◆ **bring up** vt sep **1.** [raise - children] élever **2.** [mention] mentionner **3.** [vomit] rendre, vomir.

brink [brɪŋk] noun ▸ **on the brink of** au bord de, à la veille de.

brisk [brɪsk] adj **1.** [quick] vif (vive), rapide **2.** [manner, tone] déterminé(e).

bristle ['brɪsl] ❖ noun poil *m*. ❖ vi *lit & fig* se hérisser.

Britain ['brɪtn] noun Grande-Bretagne *f* ▸ **in Britain** en Grande-Bretagne.

British ['brɪtɪʃ] ❖ adj britannique. ❖ pl n ▸ **the British** les Britanniques *mpl*.

British Isles pl n ▸ **the British Isles** les îles *fpl* Britanniques.

Briton ['brɪtn] noun Britannique *mf*.

Brittany ['brɪtənɪ] noun Bretagne *f*.

brittle ['brɪtl] adj fragile.

broach [brəʊtʃ] vt [subject] aborder.

broad [brɔːd] adj **1.** [wide - gen] large ; [- range, interests] divers(e), varié(e) **2.** [description] général(e) **3.** [hint] transparent(e) ; [accent] prononcé(e). ◆ **in broad daylight** adv en plein jour.

B-road noun UK ≃ route *f* départementale OR secondaire.

broadband ['brɔːdbænd] noun COMPUT transmission *f* à larges bandes / **have you got broadband?** tu as de (l')ADSL ? ◆ **broadband** adj à larges bandes ▸ **broadband Internet connection** connexion *f* à haut débit.

broad bean noun fève *f*.

broadcast ['brɔːdkɑːst] (*pt & pp* **broadcast**) ❖ noun RADIO & TV émission *f*. ❖ vt RADIO radiodiffuser ; TV téléviser.

broaden ['brɔːdn] ❖ vt élargir. ❖ vi s'élargir.

broadly ['brɔːdlɪ] adv [generally] générale-ment.

broad-minded [-'maɪndɪd] adj large d'esprit / **to be broad-minded** avoir les idées larges / **he has very broad-minded parents** ses parents sont très tolérants OR larges d'esprit.

broadsheet ['brɔːdʃiːt] noun journal *m* de qualité.

broccoli ['brɒkəlɪ] noun (*U*) brocoli *m*.

brochure ['brəʊʃər] noun brochure *f*, prospectus *m*.

broil [brɔɪl] vt US griller.

broke [brəʊk] ❖ pt ⟶ **break**. ❖ adj *inf* fauché(e).

broken ['brəʊkn] ❖ pp ⟶ **break**. ❖ adj **1.** [gen] cassé(e) ▸ **to have a broken leg** avoir la jambe cassée **2.** [interrupted - journey, sleep] interrompu(e) ; [- line] brisé(e) **3.** [marriage] brisé(e), détruit(e) ; [home] désuni(e) **4.** [hesitant] : **to speak in broken English** parler un anglais hésitant.

broker ['brəʊkər] noun courtier *m*, -ière *f* ▸ **(insurance) broker** assureur *m*, courtier(ière) d'assurances.

brolly ['brɒlɪ] noun UK *inf* pépin *m*.

bronchitis [brɒŋ'kaɪtɪs] noun (*U*) bronchite *f*.

bronze [brɒnz] ❖ adj [colour] (couleur) bronze (*inv*). ❖ noun [gen] bronze *m*.

brooch [brəʊtʃ] noun broche *f*.

brood [bruːd] ❖ noun [of animals] couvée *f*. ❖ vi ▸ **to brood (over OR about sthg)** ressasser (qqch), remâcher (qqch).

brook [brʊk] noun ruisseau *m*.

broom [bruːm] noun balai *m*.

broomstick ['bruːmstɪk] noun manche *m* à balai.

Bros, bros (*written abbr of* **brothers**) Frères.

broth [brɒθ] noun bouillon *m*.

brothel ['brɒθl] noun bordel *m*.

brother ['brʌðər] noun frère m.

brother-in-law (pl brothers-in-law) noun beau-frère m.

brought [brɔ:t] pt & pp ⟶ bring.

brow [braʊ] noun **1.** [forehead] front m **2.** [eyebrow] sourcil m **3.** [of hill] sommet m.

brown [braʊn] ❖ adj **1.** [colour] brun(e), marron (inv) **2.** [tanned] bronzé(e), hâlé(e). ❖ noun [colour] marron m, brun m. ❖ vt [food] faire dorer.

brownie ['braʊnɪ] noun **1.** [elf] lutin m, farfadet m **2.** [cake] brownie m. ❖ **Brownie (Guide)** noun ≃ jeannette f.

Brownie point ['braʊnɪ-] noun inf bon point m.

brown paper noun papier m d'emballage, papier kraft.

brown sugar noun sucre m roux.

browse [braʊz] ❖ vi **1.** [look] : I'm just browsing [in shop] je ne fais que regarder ▶ to browse through [magazine] feuilleter **2.** [animal] brouter **3.** COMPUT naviguer. ❖ vt [file, document] parcourir ▶ to browse a site COMPUT naviguer sur un site.

browser ['braʊzər] noun COMPUT navigateur m, browser m.

bruise [bru:z] ❖ noun bleu m. ❖ vt **1.** [skin, arm] se faire un bleu à ; [fruit] taler **2.** fig [pride] meurtrir, blesser.

brunch [brʌntʃ] noun brunch m.

brunette [bru:'net] noun brunette f.

brunt [brʌnt] noun ▶ to bear OR take the brunt of subir le plus gros de.

brush [brʌʃ] ❖ noun **1.** [gen] brosse f ; [of painter] pinceau m **2.** [encounter] : to have a brush with the police avoir des ennuis avec la police. ❖ vt **1.** [clean with brush] brosser **2.** [touch lightly] effleurer. ❖ **brush aside** vt sep fig écarter, repousser. ❖ **brush off** vt sep [dismiss] envoyer promener. ❖ **brush up** vt sep [revise] réviser. ❖ vi ▶ to brush up on sthg réviser qqch.

brush-off noun inf ▶ to give sb the brush-off envoyer promener qqn.

brushwood ['brʌʃwʊd] noun (U) brindilles fpl.

brusque, brusk US [bru:sk] adj brusque.

Brussels ['brʌslz] noun Bruxelles.

brussels sprout noun chou m de Bruxelles.

brutal ['bru:tl] adj brutal(e).

brute [bru:t] ❖ adj [force] brutal(e). ❖ noun brute f.

BSc (abbr of Bachelor of Science) noun UK [degree] ≃ licence f en OR ès sciences ; [person] ≃ licencié m, -e f en OR ès sciences.

BTW (written abbr of by the way) adv inf à propos.

bubble ['bʌbl] ❖ noun bulle f. ❖ vi **1.** [liquid] faire des bulles, bouillonner **2.** fig [person] ▶ to bubble with déborder de.

bubble bath noun bain m moussant.

bubble gum noun bubble-gum m.

bubblejet printer ['bʌbldʒet-] noun imprimante f à jet d'encre.

bubble wrap noun emballage-bulle m.

Bucharest [,bju:kə'rest] noun Bucarest.

buck [bʌk] ❖ noun **1.** [male animal] mâle m **2.** US inf [dollar] dollar m **3.** inf [responsibility] ▶ to pass the buck refiler la responsabilité. ❖ vi [horse] ruer. ❖ **buck up** inf vi **1.** UK dated [hurry up] se remuer, se dépêcher **2.** [cheer up] ne pas se laisser abattre.

bucket ['bʌkɪt] noun [gen] seau m.

Buckingham Palace ['bʌkɪŋəm-] noun le palais de Buckingham (résidence officielle du souverain britannique).

buckle ['bʌkl] ❖ noun boucle f. ❖ vt **1.** [fasten] boucler **2.** [bend] voiler. ❖ vi **1.** [wheel] se voiler ; [knees, legs] se plier.

bud [bʌd] ❖ noun bourgeon m. ❖ vi bourgeonner.

Budapest [,bju:də'pest] noun Budapest.

Buddha ['bʊdə] noun Bouddha m.

Buddhism ['bʊdɪzm] noun bouddhisme m.

budding ['bʌdɪŋ] adj [writer, artist] en herbe.

buddy ['bʌdɪ] noun inf pote m.

budge [bʌdʒ] ❖ vt faire bouger. ❖ vi bouger.

budgerigar ['bʌdʒərɪgɑ:r] noun perruche f.

budget ['bʌdʒɪt] ❖ adj [holiday, price] pour petits budgets. ❖ noun budget m. ❖ **budget for** vt insep prévoir.

budgie ['bʌdʒɪ] noun inf perruche f.

buff [bʌf] ❖ adj [brown] chamois (inv). ❖ noun inf [expert] mordu m, -e f.

buffalo ['bʌfələʊ] (pl inv or -es or -s) noun buffle m ; [US] bison m.

buffer ['bʌfər] noun **1.** [gen] tampon m **2.** COMPUT mémoire f tampon.

buffet[1] [UK 'bʊfeɪ, US bə'feɪ] noun [food, cafeteria] buffet m.

buffet[2] ['bʌfɪt] vt [physically] frapper.

buffet car ['bʊfeɪ-] noun [UK] wagon-restaurant m.

bug [bʌg] ❖ noun **1.** [insect] punaise f **2.** inf [germ] microbe m **3.** inf [listening device] micro m **4.** COMPUT bogue m, bug m. ❖ vt **1.** inf [telephone] mettre sur table d'écoute ; [room] cacher des micros dans **2.** inf [annoy] embêter.

bugger ['bʌgə'] [UK] v inf ❖ noun [person] con m, conne f. ❖ excl merde ! ◆ **bugger off** vi [UK] v inf ▸ bugger off! fous le camp !

buggy ['bʌgɪ] noun **1.** [carriage] boghei m **2.** [pushchair] poussette f ; [US] [pram] landau m.

bugle ['bju:gl] noun clairon m.

bug-ridden adj **1.** [room, hotel] infesté(e) de vermine **2.** [software] plein(e) de bugs OR de bogues.

build [bɪld] ❖ vt (pt & pp built) lit & fig construire, bâtir. ❖ noun carrure f. ◆ **build on, build upon** ❖ vt insep [success] tirer avantage de. ❖ vt sep [base on] baser sur. ◆ **build up** ❖ vt sep [business] développer ; [reputation] bâtir. ❖ vi [clouds] s'amonceler ; [traffic] augmenter.

builder ['bɪldə'] noun entrepreneur m, -euse f.

building ['bɪldɪŋ] noun bâtiment m.

building site noun chantier m.

building society noun [UK] ≃ société f d'épargne et de financement immobilier.

buildup ['bɪldʌp] noun [increase] accroissement m.

built [bɪlt] pt & pp ⟶ **build**.

built-in adj **1.** CONSTR encastré(e) **2.** [inherent] inné(e).

built-up adj ▸ built-up area agglomération f.

bulb [bʌlb] noun **1.** ELEC ampoule f **2.** BOT oignon m.

Bulgaria [bʌl'geərɪə] noun Bulgarie f.

Bulgarian [bʌl'geərɪən] ❖ adj bulgare. ❖ noun **1.** [person] Bulgare mf **2.** [language] bulgare m.

bulge [bʌldʒ] ❖ noun [lump] bosse f. ❖ vi ▸ to bulge (with) être gonflé(e) (de).

bulk [bʌlk] ❖ noun **1.** [mass] volume m **2.** [of person] corpulence f **3.** COMM ▸ in bulk en gros **4.** [majority] ▸ the bulk of le plus gros de. ❖ adj en gros.

bulky ['bʌlkɪ] adj volumineux(euse).

bull [bʊl] noun [male cow] taureau m ; [male elephant, seal] mâle m.

bulldog ['bʊldɒg] noun bouledogue m.

bulldozer ['bʊldəʊzə'] noun bulldozer m.

bullet ['bʊlɪt] noun [for gun] balle f.

bulletin ['bʊlətɪn] noun bulletin m.

bulletproof ['bʊlɪtpru:f] adj [glass, vest] pare-balles (inv) ; [vehicle] blindé(e).

bullfight ['bʊlfaɪt] noun corrida f.

bullfighter ['bʊl,faɪtə'] noun toréador mf.

bullfighting ['bʊl,faɪtɪŋ] noun (U) [activity] courses fpl de taureaux ; [art] tauromachie f.

bullion ['bʊljən] noun (U) ▸ gold bullion or m en barres.

bullock ['bʊlək] noun bœuf m.

bullring ['bʊlrɪŋ] noun arène f.

bull's-eye noun centre m.

bullshit ['bʊlʃɪt] vulg ❖ noun (U) conneries fpl. ❖ vi (pt & pp -ted, cont -ting) dire des conneries.

bully ['bʊlɪ] ❖ noun tyran m. ❖ vt tyranniser, brutaliser.

bullying ['bʊlɪŋ] noun (U) brimades fpl.

bum [bʌm] noun **1.** [UK] inf [bottom] derrière m **2.** inf & pej [tramp] clochard m.

bumblebee ['bʌmblbi:] noun bourdon m.

bummer ['bʌmə'] noun v inf [bad experience] poisse f ▸ the film's a real bummer ce film est vraiment nul OR un vrai navet ▸ what a bummer! les boules !

bump [bʌmp] ❖ noun **1.** [lump] bosse f **2.** [knock, blow] choc m **3.** [noise] bruit m sourd. ❖ vt [head] cogner ; [car] heurter. ◆ **bump into** vt insep [meet by chance] rencontrer par hasard.

bumper ['bʌmpə'] ❖ adj [harvest, edition] exceptionnel(elle). ❖ noun **1.** AUTO pare-chocs m inv **2.** [US] RAIL tampon m.

bumper cars pl n auto fpl tamponneuses.

bumptious ['bʌmpʃəs] adj suffisant(e).

bumpy ['bʌmpɪ] adj **1.** [surface] défoncé(e) **2.** [ride] cahoteux(euse) ; [sea crossing] agité(e).

bun [bʌn] noun **1.** [UK] [cake] petit pain m aux raisins ; [bread roll] petit pain au lait **2.** [hairstyle] chignon m.

bunch [bʌntʃ] ❖ noun [of people] groupe m ; [of flowers] bouquet m ; [of grapes] grappe f ; [of bananas] régime m ; [of keys] trousseau m. ❖ vi se grouper. ◆ **bunches** pl n [UK] [hairstyle] couettes fpl.

bundle ['bʌndl] ❖ noun [of clothes] paquet m ; [of notes, newspapers] liasse f ; [of wood]

fagot m. ❖ vt [put roughly - person] entasser ; [- clothes] fourrer, entasser.

bung [bʌŋ] ❖ noun bonde f. ❖ vt **UK** inf envoyer.

bungalow ['bʌŋgələʊ] noun bungalow m.

bungee ['bʌndʒiː] noun ▸ **bungee jump(ing)** saut m à l'élastique.

bungle ['bʌŋgl] vt gâcher, bâcler.

bunion ['bʌnjən] noun oignon m.

bunk [bʌŋk] noun [bed] couchette f.

bunk bed noun lit m superposé.

bunker ['bʌŋkər] noun **1.** GOLF & MIL bunker m **2.** [for coal] coffre m.

bunny ['bʌnɪ] noun ▸ **bunny (rabbit)** lapin m.

bunting ['bʌntɪŋ] noun (U) guirlandes fpl (de drapeaux).

buoy [**UK** bɔɪ, **US** 'buːɪ] noun bouée f. ◆ **buoy up** vt sep [encourage] soutenir.

buoyant ['bɔɪənt] adj **1.** [able to float] qui flotte **2.** fig [person] enjoué(e) ; [economy] florissant(e) ; [market] ferme.

burden ['bɜːdn] ❖ noun lit & fig ▸ **burden (on)** charge f (pour), fardeau m (pour). ❖ vt ▸ **to burden sb with** [responsibilities, worries] accabler qqn de.

bureau ['bjʊərəʊ] (pl -x) noun **1.** **UK** [desk] bureau m ; **US** [chest of drawers] commode f **2.** [office] bureau m.

bureaucracy [bjʊə'rɒkrəsɪ] noun bureaucratie f.

bureaux ['bjʊərəʊz] pl n ⟶ **bureau**.

burger ['bɜːgər] noun hamburger m.

burglar ['bɜːglər] noun cambrioleur m, -euse f.

burglar alarm noun système m d'alarme.

burglarize **US** = **burgle**.

burglary ['bɜːglərɪ] noun cambriolage m.

burgle ['bɜːgl], **burglarize** **US** ['bɜːgləraɪz] vt cambrioler.

Burgundy ['bɜːgəndɪ] noun Bourgogne f.

burial ['berɪəl] noun enterrement m.

burly ['bɜːlɪ] adj bien charpenté(e).

Burma ['bɜːmə] noun Birmanie f / **in Burma** en Birmanie.

burn [bɜːn] ❖ vt (pt & pp burnt or -ed) **1.** [heat] brûler / **I've burned my hand** je me suis brûlé la main **2.** COMPUT graver / **to burn a CD** graver un CD. ❖ vi (pt & pp burnt or -ed) brûler. ❖ noun brûlure f. ◆ **burn down**

❖ vt sep [building, town] incendier. ❖ vi [building] brûler complètement.

burner ['bɜːnər] noun brûleur m.

burning ['bɜːnɪŋ] adj **1.** [on fire] en flammes **2.** [very hot] brûlant(e) ; [cheeks, face] en feu **3.** [passion, desire] ardent(e) ; [interest] passionné(e) ▸ **burning question** question f brûlante.

Burns' Night [bɜːnz-] noun fête célébrée en l'honneur du poète écossais Robert Burns, le 25 janvier.

burnt [bɜːnt] pt & pp ⟶ **burn**.

burp [bɜːp] inf ❖ noun rot m. ❖ vi roter.

burqa [bɜːkə] noun burqa f.

burrow ['bʌrəʊ] ❖ noun terrier m. ❖ vi **1.** [dig] creuser un terrier **2.** fig [search] fouiller.

bursar ['bɜːsər] noun **1.** [treasurer] intendant m, -e f **2.** **Scot** [student] boursier m, -ère f.

bursary ['bɜːsərɪ] noun **UK** [scholarship, grant] bourse f.

burst [bɜːst] ❖ vi (pt & pp burst) [break, explode] éclater. ❖ vt (pt & pp burst) faire éclater. ❖ noun [of gunfire] rafale f ; [of enthusiasm] élan m ▸ **a burst of applause** un tonnerre d'applaudissements. ◆ **burst into** vt insep **1.** [room] faire irruption dans **2.** [begin suddenly] ▸ **to burst into tears** fondre en larmes ▸ **to burst into flames** s'enflammer, prendre feu. ◆ **burst out** vt insep [say suddenly] s'exclamer ▸ **to burst out laughing** éclater de rire.

bursting ['bɜːstɪŋ] adj **1.** [full] plein(e), bourré(e) **2.** [with emotion] ▸ **bursting with** débordé(e) de **3.** [eager] ▸ **to be bursting to do sthg** mourir d'envie de faire qqch.

bury ['berɪ] vt **1.** [in ground] enterrer **2.** [hide] cacher, enfouir.

bus [bʌs] noun [generally] autobus m, bus m ; [long-distance] car m ▸ **by bus** en autobus or car.

bush [bʊʃ] noun **1.** [plant] buisson m **2.** [open country] ▸ **the bush** la brousse **3.** **PHR** **she doesn't beat about the bush** elle n'y va pas par quatre chemins.

bushy ['bʊʃɪ] adj touffu(e).

business ['bɪznɪs] noun **1.** (U) [commerce] affaires fpl ▸ **on business** pour affaires ▸ **to go out of business** fermer, faire faillite **2.** [company] entreprise f **3.** [concern] affaire f ▸ **to mean business** inf ne pas plaisanter **4.** [affair, matter] histoire f, affaire f.

business card noun carte f de visite.

business class noun classe f affaires.

business expenses pl n [for individual] frais mpl professionnels; [for firm] frais mpl généraux.

business hours pl n heures fpl ouvrables.

businesslike ['bɪznɪslaɪk] adj systématique, méthodique.

businessman ['bɪznɪsmæn] (pl -men) noun homme m d'affaires.

business partner noun associé m, -e f.

business school noun école f de commerce.

business trip noun voyage m d'affaires.

businesswoman ['bɪznɪs,wʊmən] (pl -women) noun femme f d'affaires.

busker ['bʌskər] noun UK chanteur m, -euse f des rues.

bus shelter noun Abribus® m.

bus station noun gare f routière.

bus stop noun arrêt m de bus.

bust [bʌst] ◆ adj inf 1. [broken] foutu(e) 2. [bankrupt] ▶ to go bust faire faillite. ◆ noun 1. [bosom] poitrine f 2. [statue] buste m. ◆ vt (pt & pp bust or -ed) inf [break] péter.

buster ['bʌstər] noun US inf [pal] : thanks, buster merci, mon pote.

-buster in compounds inf ▶ crime-busters superflics mpl.

bustle ['bʌsl] ◆ noun (U) [activity] remue-ménage m inv. ◆ vi s'affairer.

busty ['bʌstɪ] adj qui a une forte poitrine.

busy ['bɪzɪ] ◆ adj 1. [gen] occupé(e) ▶ to be busy doing sthg être occupé à faire qqch 2. [life, week] chargé(e); [town, office] animé(e). ◆ vt ▶ to busy o.s. (doing sthg) s'occuper (à faire qqch).

busybody ['bɪzɪ,bɒdɪ] noun inf & pej mouche f du coche.

busy signal noun US TELEC tonalité f OCCUPÉ.

but [bʌt] ◆ conj mais / I'm sorry, but I don't agree je suis désolé, mais je ne suis pas d'accord. ◆ prep sauf, excepté / everyone was at the party but Jane tout le monde était à la soirée sauf Jane / he has no one but himself to blame il ne peut s'en prendre qu'à lui-même. ◆ adv fml seulement, ne… que / had I but known! si j'avais su ! / we can but try on peut toujours essayer. ◆ but for prep sans.

butcher ['bʊtʃər] ◆ noun boucher m, -ère f ▶ butcher's (shop) UK boucherie f. ◆ vt 1. [animal] abattre 2. fig [massacre] massacrer.

butler ['bʌtlər] noun maître m d'hôtel (chez un particulier).

butt [bʌt] ◆ noun 1. [of cigarette, cigar] mégot m 2. [of rifle] crosse f 3. [for water] tonneau m 4. [of joke, criticism] cible f. ◆ vt donner un coup de tête à. ◆ **butt in** vi [interrupt] ▶ to butt in on sb interrompre qqn ▶ to butt in on sthg s'immiscer or s'imposer dans qqch.

butter ['bʌtər] ◆ noun beurre m. ◆ vt beurrer.

buttercup ['bʌtəkʌp] noun UK bouton m d'or.

butter dish noun beurrier m.

butterfly ['bʌtəflaɪ] noun [insect, swimming stroke] papillon m.

buttocks ['bʌtəks] pl n fesses fpl.

button ['bʌtn] ◆ noun 1. [gen] bouton m 2. US [badge] badge m. ◆ vt = button up. ◆ **button up** vt sep boutonner.

button mushroom noun champignon m de Paris.

buttress ['bʌtrɪs] noun contrefort m.

buxom ['bʌksəm] adj bien en chair.

buy [baɪ] ◆ vt (pt & pp bought) acheter ▶ to buy sthg from sb acheter qqch à qqn. ◆ noun ▶ a good buy une bonne affaire. ◆ **buy up** vt sep acheter en masse.

buyer ['baɪər] noun acheteur m, -euse f.

buyout ['baɪaʊt] noun rachat m.

buzz [bʌz] ◆ noun 1. [of insect] bourdonnement m 2. inf [telephone call] ▶ to give sb a buzz passer un coup de fil à qqn. ◆ vi ▶ to buzz (with) bourdonner (de). ◆ vt [on intercom] appeler.

buzzer ['bʌzər] noun [for door] sonnette f; [on game show] buzzer m; [on microwave, radio alarm] sonnerie f.

buzzword ['bʌzwɜːd] noun inf mot m à la mode.

by [baɪ] ◆ prep 1. [indicating cause, agent] par / caused/written/killed by causé(e)/écrit(e)/tué(e) par 2. [indicating means, method, manner] : to travel by bus/train/plane/ship voyager en bus/en train/en avion/en bateau / he's a lawyer by profession il est avocat de son métier ▶ by doing sthg en faisant qqch 3. [beside, close to] près de / by the sea au bord de la mer / I sat by her bed j'étais assis à son chevet 4. [past] : to pass by sb/sthg passer devant qqn/qqch / to drive by sb/sthg passer en voiture devant qqn/qqch 5. [via, through] par / come in by the back door entrez par la porte de derrière 6. [at or before a particular time] avant, pas plus tard que **/** *I'll be there by eight* j'y serai avant huit heures **7.** [during] ▶ **by day** le OR de jour ▶ **by night** la OR de nuit **8.** [according to] selon, suivant **9.** [in quantities, amounts] à **/** *she won by five points* elle a gagné de cinq points **/** *by the yard* au mètre **/** *by the thousands* par milliers **/** *paid by the day/week/month* payé(e) à la journée/à la semaine/au mois **/** *to cut prices by 50 %* réduire les prix de 50 % **10.** [in arithmetic] par **/** *divide/multiply 20 by 2* divisez/multipliez 20 par 2 **11.** [in measurements] : *2 metres by 4* 2 mètres sur 4 **12.** [indicating gradual change] ▶ **day by day** jour après jour, de jour en jour ▶ **one by one** un à un, un par un **13.** PHR **(all) by oneself** (tout) seul ((toute) seule) **/** *I'm all by myself today* je suis tout seul aujourd'hui. ◆ **by and by** adv *liter* bientôt. ◆ **by the by** adj : *that's by the by* ça n'a pas d'importance.

bye(-bye) [baɪ(baɪ)] excl *inf* au revoir !, salut !

by-election UK noun élection *f* partielle.

bygone ['baɪgɒn] adj d'autrefois. ◆ **bygones** pl n ▶ **to let bygones be bygones** oublier le passé.

bylaw ['baɪlɔː] noun arrêté *m*.

bypass ['baɪpɑːs] ❖ noun **1.** [road] route *f* de contournement **2.** MED ▶ **bypass (operation)** pontage *m*. ❖ vt [town, difficulty] contourner ; [subject] éviter.

by-product, byproduct US ['baɪprɒdʌkt] noun **1.** [product] dérivé *m* **2.** *fig* [consequence] conséquence *f*.

bystander ['baɪ,stændər] noun spectateur *m*, -trice *f*.

byte [baɪt] noun COMPUT octet *m*.

byword ['baɪwɜːd] noun [symbol] ▶ **to be a byword for** être synonyme de.

c (*pl* **c's** *or* **cs**), **C** (*pl* **C's** *or* **Cs**) [si:] noun [letter] c m inv, C m inv. ◆ **C** noun **1.** MUS do m **2.** SCH [mark] C m inv **3.** (*abbr of* Celsius, centigrade) C **4.** MESSAGING *written abbr of* **see**.

c., ca. *abbr of* circa.

cab [kæb] noun **1.** [taxi] taxi m **2.** [of lorry] cabine f.

cabaret ['kæbəreɪ] noun cabaret m.

cabbage ['kæbɪdʒ] noun [vegetable] chou m.

cabin ['kæbɪn] noun **1.** [on ship, plane] cabine f **2.** [house] cabane f.

cabin class noun seconde classe f.

cabin crew noun équipage m.

cabinet ['kæbɪnɪt] noun **1.** [cupboard] meuble m **2.** POL cabinet m.

cable ['keɪbl] ◆ noun câble m. ◆ vt [news] câbler ; [person] câbler à.

cable car noun téléphérique m.

cablecast ['keɪblkɑːst] vt US TV transmettre par câble.

cable television, cable TV noun câble m, télévision f par câble.

cache [kæʃ] noun **1.** [store] cache f **2.** COMPUT mémoire-cache f, antémémoire f.

cache memory noun COMPUT antémémoire f, mémoire f cache.

cackle ['kækl] vi **1.** [hen] caqueter **2.** [person] jacasser.

cactus ['kæktəs] (*pl* **-tuses** *or* **-ti**) noun cactus m.

caddie ['kædɪ] ◆ noun GOLF caddie m. ◆ vi ▸ **to caddie for sb** servir de caddie à qqn.

cadet [kə'det] noun élève m officier.

cadge [kædʒ] UK *inf & dated* ◆ vt ▸ **to cadge sthg off** OR **from sb** taper qqn de qqch. ◆ vi ▸ **to cadge off** OR **from sb** taper qqn.

caesarean (section) UK, **cesarean (section)** US [sɪ'zeərɪən-] noun césarienne f.

cafe, café ['kæfeɪ] noun café m.

cafeteria [,kæfɪ'tɪərɪə] noun cafétéria f, cantine f.

caffeine ['kæfiːn] noun caféine f.

cage [keɪdʒ] noun [for animal] cage f.

cagey ['keɪdʒɪ] adj *inf* discret(ète).

cagoule [kə'guːl] noun UK K-way® m inv.

cahoots [kə'huːts] noun *inf* ▸ **to be in cahoots (with)** être de mèche (avec).

cajole [kə'dʒəʊl] vt ▸ **to cajole sb (into doing sthg)** enjôler qqn (pour qu'il fasse qqch).

cake [keɪk] noun **1.** [sweet] gâteau m ; [of fish, potato] croquette f ▸ **it's a piece of cake** *inf & fig* c'est du gâteau **2.** [of soap] pain m.

caked [keɪkt] adj ▸ **caked with mud** recouvert(e) de boue séchée.

CAL (*abbr of* computer-assisted (OR aided) learning) noun enseignement m assisté par ordinateur.

calamity [kə'læmətɪ] (*pl* **-ies**) noun calamité f.

calcium ['kælsɪəm] noun calcium m.

calculate ['kælkjʊleɪt] vt **1.** [result, number] calculer ; [consequences] évaluer **2.** [plan] ▸ **to be calculated to do sthg** être calculé(e) pour faire qqch.

calculating ['kælkjʊleɪtɪŋ] adj *pej* calculateur(trice).

calculation [,kælkjʊ'leɪʃn] noun calcul m.

calculator ['kælkjʊleɪtər] noun calculatrice f.

calendar ['kælɪndər] noun calendrier m.

calendar year noun année f civile.

calf [kɑːf] (*pl* **calves** [kɑːvz]) noun **1.** [of cow, leather] veau m ; [of elephant] éléphanteau m ; [of seal] bébé m phoque **2.** ANAT mollet m.

calibre UK, **caliber** US ['kælɪbər] noun calibre m.

California [,kælɪ'fɔːnjə] noun Californie f.

call [kɔːl] ◆ noun **1.** [cry] appel m, cri m **2.** TELEC appel m (téléphonique) **3.** [summons, invitation] appel m ▸ **to be on call** [doctor] être de garde **4.** [visit] visite f ▸ **to pay a call on sb** rendre visite à qqn **5.** [demand] ▸ **call (for)** demande f (de). ◆ vt **1.** [name, describe] appeler / *what's this thing called?* comment ça s'appelle ce truc ? / *she's called Joan* elle s'appelle Joan / *let's call it £10* disons 10 livres / *he called me a liar* il m'a traité de menteur **2.** [telephone] appeler **3.** [shout, summon] appeler **4.** [announce - meeting] convoquer ; [- strike] lancer ; [-flight] appeler ; [- election] annoncer. ❖ vi **1.** [shout - person] crier ; [- animal, bird] pousser un cri/des cris **2.** TELEC appeler ▸ **who's calling?** qui est à l'appareil ? **3.** [visit] passer. ◆ **call away** vt sep : *she's often called away on business* elle doit souvent partir en déplacement **or** s'absenter pour affaires. ◆ **call back** ❖ vt sep rappeler. ❖ vi **1.** TELEC rappeler **2.** [visit again] repasser. ◆ **call for** vt insep **1.** [collect - person] passer prendre ; [-package, goods] passer chercher **2.** [demand] demander. ◆ **call in** ❖ vt sep **1.** [expert, police] faire venir **2.** COMM [goods] rappeler ; FIN [loan] exiger le remboursement de. ❖ vi passer. ◆ **call off** vt sep **1.** [cancel] annuler **2.** [dog] rappeler. ◆ **call on** vt insep **1.** [visit] passer voir **2.** [ask] ▸ **to call on sb to do sthg** demander à qqn de faire qqch. ◆ **call out** ❖ vt sep **1.** [police, doctor] appeler **2.** [cry out] crier. ❖ vi [cry out] crier. ◆ **call round** vi passer. ◆ **call up** vt sep **1.** MIL & TELEC appeler **2.** COMPUT rappeler.

CALL (*abbr of* **computer assisted** (**OR aided**) **language learning**) noun enseignement m des langues assisté par ordinateur.

call box noun UK cabine f (téléphonique).

call centre UK, **call center** US noun centre m d'appels.

caller ['kɔːlər] noun **1.** [visitor] visiteur m, -euse f **2.** TELEC demandeur m.

caller ID display, **caller display** noun TELEC présentation f du numéro.

call girl noun call-girl f.

calling ['kɔːlɪŋ] noun **1.** [profession] métier m **2.** [vocation] vocation f.

calling card noun US [visiting card] carte f de visite.

callipers UK, **calipers** US ['kælɪpəz] pl n **1.** MATH compas m **2.** MED appareil m orthopédique.

callous ['kæləs] adj dur(e).

callus ['kæləs] (pl -es) noun cal m, durillon m.

calm [kɑːm] ❖ adj calme. ❖ noun calme m ▸ **the calm before the storm** le calme avant la tempête. ❖ vt calmer. ◆ **calm down** ❖ vt sep calmer. ❖ vi se calmer.

Calor gas® ['kælər-] noun UK butane m.

calorie ['kælərɪ] noun calorie f.

calves [kɑːvz] pl n → **calf**.

camber ['kæmbər] noun [of road] bombement m.

Cambodia [kæm'bəʊdjə] noun Cambodge m.

camcorder ['kæm,kɔːdər] noun Camcéscope® m.

came [keɪm] pt → **come**.

camel ['kæml] noun chameau m.

cameo ['kæmɪəʊ] (pl -s) noun **1.** [jewellery] camée m **2.** CIN & THEAT courte apparition f (d'une grande vedette).

camera ['kæmərə] noun PHOT appareil photo m ; CIN & TV caméra f. ◆ **in camera** adv à huis clos.

cameraman ['kæmərəmæn] (pl -men) noun cameraman m, cadreur m.

camera-shy adj qui n'aime pas être photographié.

Cameroon [,kæmə'ruːn] noun Cameroun m.

camouflage ['kæməflɑːʒ] ❖ noun camouflage m. ❖ vt camoufler.

camp [kæmp] ❖ noun camp m. ❖ vi camper. ◆ **camp out** vi camper.

campaign [kæm'peɪn] ❖ noun campagne f. ❖ vi ▸ **to campaign (for/against)** mener une campagne (pour/contre).

campaign trail noun tournée f électorale.

camp bed noun UK lit m de camp.

camper ['kæmpər] noun **1.** [person] campeur m, -euse f **2.** [vehicle] camping-car m.

camper van noun UK camping-car m.

camping ['kæmpɪŋ] noun camping m ▸ **to go camping** faire du camping.

camping site, **campsite** ['kæmpsaɪt] noun (terrain m de) camping m.

campus ['kæmpəs] (pl -es) noun campus m.

can[1] [kæn] ❖ noun [of drink, food] boîte f ; [of oil] bidon m ; [of paint] pot m. ❖ vt (pt & pp -ned) mettre en boîte.

can[2] (weak form [kən], strong form [kæn], conditional and preterite form **could**; negative form **cannot** and **can't**) modal vb **1.** [be able to] pouvoir ▸ **can you come to lunch?** tu peux venir déjeuner ? ▸ **can you see/hear/smell something?** tu vois/entends/sens quelque chose ? **2.** [know how to] savoir ▸ **can you drive/cook?** tu sais conduire/cuisiner ? ▸ **she can speak three languages** elle parle trois langues **3.** [indicating permission, in polite requests] pouvoir ▸ **you can use my car if you like** tu peux prendre ma voiture si tu veux ▸ **can I speak to John, please?** est-ce que je pourrais parler à John, s'il vous plaît ? **4.** [indicating disbelief, puzzlement] pouvoir ▸ **what can she have done with it?** qu'est-ce qu'elle a bien pu en faire ? ▸ **you**

can't be serious! tu ne parles pas sérieusement ! **5.** [indicating possibility] : *I could see you tomorrow* je pourrais vous voir demain / *the train could have been cancelled* peut-être que le train a été annulé.

Canada ['kænədə] noun Canada *m* ▸ **in Canada** au Canada.

Canadian [kə'neɪdjən] ◆ adj canadien(enne). ◆ noun Canadien *m*, -enne *f*.

canal [kə'næl] noun canal *m*.

canary [kə'neərɪ] noun canari *m*.

cancel ['kænsl] vt **1.** [gen] annuler ; [appointment, delivery] décommander **2.** [stamp] oblitérer ; [cheque] faire opposition à. ◆ **cancel out** vt sep annuler / *to cancel each other out* s'annuler.

cancellation [,kænsə'leɪʃn] noun annulation *f*.

cancer ['kænsər] noun cancer *m*. ◆ **Cancer** noun Cancer *m*.

candelabra [,kændɪ'lɑːbrə] noun candélabre *m*.

candid ['kændɪd] adj franc (franche).

candidacy ['kændɪdəsɪ] noun candidature *f*.

candidate ['kændɪdət] noun ▸ **candidate (for)** candidat *m*, -e *f* (pour).

candle ['kændl] noun bougie *f*, chandelle *f*.

candlelight ['kændllaɪt] noun lueur *f* d'une bougie OR d'une chandelle.

candlelit ['kændllɪt] adj aux chandelles.

candlestick ['kændlstɪk] noun bougeoir *m*.

can-do ['kænduː] adj ▸ **can-do spirit** esprit *m* de battant OR de gagneur.

candour UK, **candor** US ['kændər] noun franchise *f*.

candy ['kændɪ] noun US **1.** (U) [confectionery] confiserie *f* **2.** [sweet] bonbon *m*.

candy apple noun US pomme *f* d'amour.

candy bar noun US [chocolate] barre *f* de chocolat ; [muesli] barre *f* de céréales.

candyfloss ['kændɪflɒs] noun UK barbe *f* à papa.

cane [keɪn] ◆ noun **1.** (U) [for furniture] rotin *m* **2.** [walking stick] canne *f* **3.** [for punishment] ▸ **the cane** la verge **4.** [for supporting plant] tuteur *m*. ◆ vt fouetter.

canine ['keɪnaɪn] ◆ adj canin(e). ◆ noun ▸ **canine (tooth)** canine *f*.

canister ['kænɪstər] noun [for film, tea] boîte *f* ; [for gas, smoke] bombe *f*.

cannabis ['kænəbɪs] noun cannabis *m*.

canned [kænd] adj [food, drink] en boîte.

cannibal ['kænɪbl] noun cannibale *mf*.

cannon ['kænən] (*pl inv* or **-s**) noun canon *m*.

cannonball ['kænənbɔːl] noun boulet *m* de canon.

cannot ['kænɒt] *fml* ⟶ **can²**

canny ['kænɪ] adj [shrewd] adroit(e).

canoe [kə'nuː] noun canoë *m*, kayak *m*.

canoeing [kə'nuːɪŋ] noun (U) canoë-kayak *m*.

canon ['kænən] noun canon *m*.

can opener noun ouvre-boîtes *m inv*.

canopy ['kænəpɪ] noun **1.** [over bed] baldaquin *m* ; [over seat] dais *m* **2.** [of trees, branches] voûte *f*.

can't [kɑːnt] ⟶ **cannot**.

cantankerous [kæn'tæŋkərəs] adj hargneux(euse).

canteen [kæn'tiːn] noun UK **1.** [restaurant] cantine *f* **2.** [box of cutlery] ménagère *f*.

canter ['kæntər] ◆ noun petit galop *m*. ◆ vi aller au petit galop.

cantilever ['kæntɪliːvər] noun cantilever *m*.

canvas ['kænvəs] noun toile *f*.

canvass ['kænvəs] vt **1.** POL [person] solliciter la voix de **2.** [opinion] sonder.

canyon ['kænjən] noun canyon *m*.

cap [kæp] ◆ noun **1.** [hat - gen] casquette *f* **2.** [of pen] capuchon *m* ; [of bottle] capsule *f* ; [of lipstick] bouchon *m*. ◆ vt **1.** [top] ▸ **to be capped with** être coiffé(e) de **2.** [outdo] ▸ **to cap it all** pour couronner le tout.

capability [,keɪpə'bɪlətɪ] noun capacité *f*.

capable ['keɪpəbl] adj ▸ **capable (of)** capable (de).

capacity [kə'pæsɪtɪ] noun **1.** (U) [limit] capacité *f*, contenance *f* **2.** [ability] ▸ **capacity (for)** aptitude *f* (à) **3.** [role] qualité *f* ▸ **in an advisory capacity** en tant que conseiller.

cape [keɪp] noun **1.** GEOG cap *m* **2.** [cloak] cape *f*.

caper ['keɪpər] noun **1.** CULIN câpre *f* **2.** *inf* [dishonest activity] coup *m*, combine *f*.

capita ⟶ **per capita**.

capital ['kæpɪtl] ◆ adj **1.** [letter] majuscule **2.** [offence] capital(e). ◆ noun **1.** [of country] ▸ **capital (city)** capitale *f* **2.** TYPO ▸ **capital (letter)** majuscule *f* **3.** (U) [money] capital *m* ▸ **to make capital (out) of** *fig* tirer profit de.

capital gains tax noun impôt *m* sur les plus-values.

capitalism ['kæpɪtəlɪzm] noun capitalisme *m*.

capitalist ['kæpɪtəlɪst] ❖ adj capitaliste. ❖ noun capitaliste *mf*.

capitalize, capitalise UK ['kæpɪtəlaɪz] vi ▶ **to capitalize on** tirer parti de.

capital punishment noun peine *f* capitale OR de mort.

capitulate [kə'pɪtjʊleɪt] vi capituler.

Capricorn ['kæprɪkɔːn] noun Capricorne *m*.

capsize [kæp'saɪz] ❖ vt faire chavirer. ❖ vi chavirer.

capsule ['kæpsjuːl] noun **1.** [gen] capsule *f* **2.** MED gélule *f*.

captain ['kæptɪn] noun capitaine *mf*.

caption ['kæpʃn] noun légende *f*.

captivate ['kæptɪveɪt] vt captiver.

captivating ['kæptɪveɪtɪŋ] adj captivant(e).

captive ['kæptɪv] ❖ adj captif(ive). ❖ noun captif *m*, -ive *f*.

captivity [kæp'tɪvətɪ] noun *(U)* captivité *f* ▶ **in captivity** en captivité.

captor ['kæptər] noun ravisseur *m*, -euse *f*.

capture ['kæptʃər] ❖ vt **1.** [person, animal] capturer ; [city] prendre ; [market] conquérir **2.** [attention, imagination] captiver **3.** COMPUT saisir. ❖ noun [of person, animal] capture *f* ; [of city] prise *f*.

car [kɑːr] ❖ noun **1.** AUTO voiture *f* **2.** RAIL wagon *m*, voiture *f*. ❖ comp [door, accident] de voiture ; [industry] automobile.

carafe [kə'ræf] noun carafe *f*.

car alarm noun AUTO alarme *f* de voiture.

caramel ['kærəmel] noun caramel *m*.

carat ['kærət] noun UK carat *m* ▶ **24-carat gold** or à 24 carats.

caravan ['kærəvæn] noun [people travelling] caravane *f* ; UK [vehicle] caravane *f* ; [towed by horse] roulotte *f*.

caravan site noun UK camping *m* pour caravanes.

carbohydrate [ˌkɑːbəʊ'haɪdreɪt] noun CHEM hydrate *m* de carbone. ◆ **carbohydrates** pl n [in food] glucides *mpl*.

carbon ['kɑːbən] noun [element] carbone *m*.

carbonated ['kɑːbəneɪtɪd] adj [mineral water] gazeux(euse).

carbon copy noun **1.** [document] carbone *m* **2.** *fig* [exact copy] réplique *f*.

carbon dioxide [-daɪ'ɒksaɪd] noun gaz *m* carbonique.

carbon footprint noun empreinte *f* carbone.

carbon monoxide noun oxyde *m* de carbone.

carbon paper noun TYPO (papier *m*) carbone *m*.

car-boot sale noun UK brocante en plein air *où les coffres des voitures servent d'étal*.

carburettor UK, **carburetor** US [ˌkɑːbə'retər] noun carburateur *m*.

carcass ['kɑːkəs] noun [of animal] carcasse *f*.

carcinogenic [ˌkɑːsɪnə'dʒenɪk] adj carcinogène, cancérogène.

card [kɑːd] noun **1.** [gen] carte *f* **2.** *(U)* [cardboard] carton *m* **3.** COMPUT carte *f*. ◆ **cards** pl n ▶ **to play cards** jouer aux cartes. ◆ **on the cards** UK, **in the cards** US adv *inf* ▶ **it's on the cards that...** il y a de grandes chances pour que....

cardboard ['kɑːdbɔːd] ❖ noun *(U)* carton *m*. ❖ comp en carton.

cardboard box noun boîte *f* en carton.

cardiac ['kɑːdɪæk] adj cardiaque.

cardiac arrest noun arrêt *m* du cœur.

cardigan ['kɑːdɪgən] noun cardigan *m*.

cardinal ['kɑːdɪnl] ❖ adj cardinal(e). ❖ noun RELIG cardinal *m*.

card index noun UK fichier *m*.

cardphone ['kɑːdfəʊn] noun UK téléphone *m* à carte.

card trick noun tour *m* de cartes.

care [keər] ❖ noun **1.** *(U)* [protection, supervision] soin *m*, attention *f* ▶ **to take care of** [look after] s'occuper de ▶ **take care!** a) [be careful] faites bien attention à vous ! b) [bye-bye] à plus ! **2.** [cause of worry] souci *m* **3.** UK ADMIN : *the baby was put in care* OR *taken into care* on a retiré aux parents la garde de leur bébé. ❖ vi **1.** [be concerned] ▶ **to care about** se soucier de **2.** [mind] : *I don't care* ça m'est égal ▶ *who cares?* qu'est-ce que ça peut faire ? ◆ **care of** prep chez. ◆ **care for** vt insep *dated* [like] aimer.

career [kə'rɪər] ❖ noun carrière *f*. ❖ vi aller à toute vitesse.

career-minded adj ambitieux(euse).

careers adviser noun UK conseiller m, -ère f d'orientation.

carefree ['keəfri:] adj insouciant(e).

careful ['keəful] adj **1.** [cautious] prudent(e) ▸ **to be careful to do sthg** prendre soin de faire qqch, faire attention à faire qqch ▸ **be careful!** fais attention ! ▸ **to be careful with one's money** regarder à la dépense **2.** [work] soigné(e) ; [worker] consciencieux(euse).

carefully ['keəflɪ] adv **1.** [cautiously] prudemment **2.** [thoroughly] soigneusement.

careless ['keəlɪs] adj **1.** [work] peu soigné(e) ; [driver] négligent(e) **2.** [unconcerned] insouciant(e).

caress [kə'res] ◆ noun caresse f. ◆ vt caresser.

caretaker ['keə,teɪkər] noun UK concierge mf.

care worker noun aide-soignant m, -e f.

cargo ['kɑːgəʊ] noun (pl -es or -s) cargaison f.

car hire noun UK location f de voitures.

Caribbean [UK kærɪ'bi:ən, US kə'rɪbɪən] noun ▸ **the Caribbean (Sea)** la mer des Caraïbes OR des Antilles.

caring ['keərɪŋ] adj bienveillant(e).

carjack ['kɑː,dʒæk] vt ▸ **to be carjacked** se faire voler sa voiture sous la menace d'une arme.

carlot [kɑːlɒt] noun US parking m (d'un garage automobile).

carnage ['kɑːnɪdʒ] noun carnage m.

carnal ['kɑːnl] adj liter charnel(elle).

carnation [kɑː'neɪʃn] noun œillet m.

carnival ['kɑːnɪvl] noun **1.** [festival] carnaval m **2.** US [fun fair] fête f foraine.

carnivorous [kɑː'nɪvərəs] adj carnivore.

carol ['kærəl] noun ▸ **(Christmas) carol** chant m de Noël.

carousel [,kærə'sel] noun **1.** [at fair] manège m **2.** [at airport] carrousel m.

carp [kɑːp] ◆ noun (pl inv or -s) carpe f. ◆ vi ▸ **to carp (about sthg)** critiquer (qqch).

car park noun UK parking m.

carpenter ['kɑːpəntər] noun [on building site, in shipyard] charpentier m ; [furniture-maker] menuisier m.

carpentry ['kɑːpəntrɪ] noun [on building site, in shipyard] charpenterie f ; [furniture-making] menuiserie f.

carpet ['kɑːpɪt] ◆ noun lit & fig tapis m ▸ **(fitted) carpet** moquette f. ◆ vt [floor] re-couvrir d'un tapis ; [with fitted carpet] recouvrir de moquette, moquetter.

carphone ['kɑː,fəʊn] noun téléphone m de voiture.

carpool ['kɑːpuːl] noun covoiturage m.

car rental noun US location f de voitures.

carriage ['kærɪdʒ] noun **1.** [of train, horse-drawn] voiture f **2.** (U) UK [transport of goods] transport m ▸ **carriage paid** OR **free** franco de port.

carriage return noun retour m chariot.

carriageway ['kærɪdʒweɪ] noun UK chaussée f.

carrier ['kærɪər] noun **1.** COMM transporteur m **2.** [of disease] porteur m, -euse f **3.** = **carrier bag**.

carrier bag noun sac m (en plastique).

carrot ['kærət] noun carotte f.

carry ['kærɪ] ◆ vt **1.** [subj: person, wind, water] porter ; [subj: vehicle] transporter **2.** [disease] transmettre **3.** [responsibility] impliquer ; [consequences] entraîner **4.** [motion, proposal] voter **5.** [baby] attendre **6.** MATH retenir. ◆ vi [sound] porter. ◆ **carry forward** vt sep FIN reporter. ◆ **carry off** vt sep **1.** [plan] mener à bien **2.** [prize] remporter. ◆ **carry on** ◆ vt insep continuer ▸ **to carry on doing sthg** continuer à OR de faire qqch. ◆ vi **1.** [continue] continuer ▸ **to carry on with sthg** continuer qqch **2.** inf [make a fuss] faire des histoires. ◆ **carry out** vt insep [task] remplir ; [plan, order] exécuter ; [experiment] effectuer ; [investigation] mener. ◆ **carry through** vt sep [accomplish] réaliser.

carryall ['kærɪɔːl] noun US fourre-tout m inv.

carrycot ['kærɪkɒt] noun UK couffin m.

carsick ['kɑː,sɪk] adj ▸ **to be carsick** être malade en voiture.

cart [kɑːt] ◆ noun **1.** [gen] charrette f **2.** US [shopping cart] chariot m, Caddie® m **3.** [for online purchases] panier m. ◆ vt inf traîner.

carton ['kɑːtn] noun **1.** [box] boîte f en carton **2.** [of cream, yoghurt] pot m ; [of milk] carton m.

cartoon [kɑː'tuːn] noun **1.** [satirical drawing] dessin m humoristique **2.** [comic strip] bande f dessinée **3.** [film] dessin m animé.

cartoon strip noun bande f dessinée.

cartridge ['kɑːtrɪdʒ] noun **1.** [for gun, pen] cartouche f **2.** [for camera] chargeur m.

cartwheel ['kɑːtwiːl] noun [movement] roue f.

carve [kɑːv] ✧ vt **1.** [wood, stone] sculpter ; [design, name] graver **2.** [slice - meat] découper. ✧ vi découper. ◆ **carve out** vt sep *fig* se tailler. ◆ **carve up** vt sep *fig* diviser.

carving ['kɑːvɪŋ] noun [of wood] sculpture *f* ; [of stone] ciselure *f*.

car wash noun [process] lavage *m* de voitures ; [place] station *f* de lavage de voitures.

cascade [kæ'skeɪd] ✧ noun [waterfall] cascade *f*. ✧ vi [water] tomber en cascade.

case [keɪs] noun **1.** [gen] cas *m* ▶ **to be the case** être le cas ▶ **in case of** en cas de ▶ **in that case** dans ce cas ▶ **in which case** auquel cas ▶ **as** OR **whatever the case may be** selon le cas **2.** [argument] ▶ **case (for / against)** arguments *mpl* (pour / contre) **3.** LAW affaire *f*, procès *m* **4.** [container - gen] caisse *f* ; [- for glasses] étui *m* **5.** UK [suitcase] valise *f*. ◆ **in any case** adv quoi qu'il en soit, de toute façon. ◆ **in case** ✧ conj au cas où. ✧ adv ▶ **(just) in case** à tout hasard.

case-sensitive adj : *this password is case-sensitive* le respect des majuscules et des minuscules est nécessaire pour ce mot de passe.

case study noun étude *f* de cas.

cash [kæʃ] ✧ noun *(U)* **1.** [notes and coins] liquide *m* ▶ **to pay (in) cash** payer comptant OR en espèces **2.** *inf* [money] sous *mpl*, fric *m* **3.** [payment] ▶ **cash in advance** paiement *m* à l'avance ▶ **cash on delivery** paiement à la livraison. ✧ vt encaisser.

cash and carry noun UK libre-service *m* de gros, cash-and-carry *m*.

cash card noun carte *f* de retrait.

cash desk noun UK caisse *f*.

cash dispenser [-dɪˌspensər] noun distributeur *m* automatique de billets.

cashew (nut) ['kæʃuː-] noun noix *f* de cajou.

cash flow noun marge *f* d'auto-financement, cash-flow *m*.

cashier [kæ'ʃɪər] noun caissier *m*, -ère *f*.

cash machine noun distributeur *m* de billets.

cashmere [kæʃ'mɪər] noun cachemire *m*.

cash register noun caisse *f* enregistreuse.

casing ['keɪsɪŋ] noun revêtement *m* ; TECH boîtier *m*.

casino [kə'siːnəʊ] *(pl -s)* noun casino *m*.

cask [kɑːsk] noun tonneau *m*.

casket ['kɑːskɪt] noun **1.** [for jewels] coffret *m* **2.** US [coffin] cercueil *m*.

casserole ['kæsərəʊl] noun **1.** [stew] ragoût *m* **2.** [pot] cocotte *f*.

cassette [kæ'set] noun [of magnetic tape] cassette *f* ; PHOT recharge *f*.

cassette recorder noun magnétophone *m* à cassettes.

cast [kɑːst] ✧ noun **1.** CIN & THEAT [actors] acteurs *mpl* ; [list of actors] distribution *f* **2.** MED [for broken limb] plâtre *m* / *her arm was in a cast* elle avait un bras dans le plâtre. ✧ vt *(pt & pp* **cast***)* **1.** [throw] jeter ▶ **to cast doubt on sthg** mettre qqch en doute ▶ **to cast lots** UK tirer au sort **2.** CIN & THEAT donner un rôle à **3.** [vote] ▶ **to cast one's vote** voter **4.** [metal] couler ; [statue] mouler. ◆ **cast aside** vt sep *fig* écarter, rejeter. ◆ **cast off** vi NAUT larguer les amarres.

castaway ['kɑːstəweɪ] noun naufragé *m*, -e *f*.

caster ['kɑːstər] noun **1.** [sifter] saupoudroir *m*, saupoudreuse *f* **2.** [wheel] roulette *f*.

caster sugar noun UK sucre *m* en poudre.

casting ['kɑːstɪŋ] noun [for film, play] distribution *f*.

casting vote noun voix *f* prépondérante.

cast iron noun fonte *f*.

castle ['kɑːsl] noun **1.** [building] château *m* **2.** CHESS tour *f*.

castor ['kɑːstər] = **caster**.

castor oil noun huile *f* de ricin.

castrate [kæ'streɪt] vt châtrer.

casual ['kæʒʊəl] adj **1.** [relaxed, indifferent] désinvolte **2.** [offhand] sans-gêne **3.** [chance] fortuit(e) **4.** [clothes] décontracté(e), sport *(inv)* **5.** [work, worker] temporaire.

casually ['kæʒʊəlɪ] adv [in a relaxed manner] avec désinvolture ▶ **casually dressed** habillé simplement.

casualty ['kæʒjʊəltɪ] noun **1.** [dead person] mort *m*, -e *f*, victime *f* ; [injured person] blessé *m*, -e *f* ; [of road accident] accidenté *m*, -e *f* **2.** UK = **casualty department**.

casualty department noun UK service *m* des urgences.

cat [kæt] noun **1.** [domestic] chat *m* **2.** [wild] fauve *m*.

catalogue, catalog US ['kætəlɒg] ✧ noun [gen] catalogue *m* ; [in library] fichier *m*. ✧ vt cataloguer.

catalyst ['kætəlɪst] noun *lit & fig* catalyseur *m*.

catalytic convertor, catalytic converter [ˌkætə'lɪtɪkkən'vɜːtər] noun pot *m* catalytique.

catapult ['kætəpʌlt] ❖ noun **UK** [hand-held] lance-pierres *m inv.* ❖ vt *lit & fig* catapulter.

cataract ['kætərækt] noun cataracte *f.*

catarrh [kə'tɑːʳ] noun catarrhe *m.*

catastrophe [kə'tæstrəfɪ] noun catastrophe *f.*

catch [kætʃ] ❖ vt (*pt & pp* caught) **1.** [gen] attraper ▸ **to catch sight OR a glimpse of** apercevoir ▸ **to catch sb's attention** attirer l'attention de qqn ▸ **to catch sb's imagination** séduire qqn ▸ **to catch the post UK** arriver à temps pour la levée **2.** [discover, surprise] prendre, surprendre ▸ **to catch sb doing sthg** surprendre qqn à faire qqch **3.** [hear clearly] saisir, comprendre **4.** [trap] : *I caught my finger in the door* je me suis pris le doigt dans la porte **5.** [strike] frapper. ❖ vi (*pt & pp* caught) **1.** [become hooked, get stuck] se prendre **2.** [fire] prendre, partir. ❖ noun **1.** [of ball, thing caught] prise *f* / *he's a good catch* c'est une belle prise **2.** [fastener - of box] fermoir *m* ; [- of window] loqueteau *m* ; [- of door] loquet *m* **3.** [snag] hic *m*, entourloupette *f.* ◆ **catch on** vi **1.** [become popular] prendre **2.** *inf* [understand] ▸ **to catch on (to sthg)** piger (qqch). ◆ **catch out** vt sep **UK** [trick] prendre en défaut, coincer. ◆ **catch up** ❖ vt sep rattraper. ❖ vi ▸ **to catch up on sthg** rattraper qqch. ◆ **catch up with** vt insep rattraper.

catch-22 [-twentɪ'tuː] noun : *it's a catch-22 situation* on ne peut pas s'en sortir.

catching ['kætʃɪŋ] adj contagieux(euse).

catchment area ['kætʃmənt-] noun **UK** [of school] secteur *m* de recrutement scolaire ; [of hospital] circonscription *f* hospitalière.

catchphrase ['kætʃfreɪz] noun rengaine *f.*

catchy ['kætʃɪ] adj facile à retenir, entraînant(e).

category ['kætəgərɪ] noun catégorie *f.*

cater ['keɪtəʳ] vi [provide food] s'occuper de la nourriture, prévoir les repas. ◆ **cater for** vt insep **UK** **1.** [tastes, needs] pourvoir à, satisfaire ; [customers] s'adresser à **2.** [anticipate] prévoir. ◆ **cater to** vt insep satisfaire.

caterer ['keɪtərəʳ] noun traiteur *m.*

catering ['keɪtərɪŋ] noun [trade] restauration *f.*

caterpillar ['kætəpɪləʳ] noun chenille *f.*

catfight ['kætfaɪt] ❖ noun crêpage *m* de chignon / *they were having a catfight* elles se crêpaient le chignon. ❖ vi se bagarrer *(en parlant de femmes).*

cathedral [kə'θiːdrəl] noun cathédrale *f.*

Catholic ['kæθlɪk] ❖ adj catholique. ❖ noun catholique *mf.* ◆ **catholic** adj [tastes] éclectique.

Catseyes® ['kætsaɪz] pl n **UK** catadioptres *mpl.*

catsup ['kætsəp] noun **US** ketchup *m.*

cattle ['kætl] pl n bétail *m.*

catty ['kætɪ] adj *inf & pej* [spiteful] rosse, vache.

catwalk ['kætwɔːk] noun passerelle *f.*

caucus ['kɔːkəs] noun **1.** **US** POL comité *m* électoral *(d'un parti)* **2.** **UK** POL comité *m* (d'un parti).

caught [kɔːt] pt & pp ⟶ **catch**.

cauliflower ['kɒlɪˌflaʊəʳ] noun chou-fleur *m.*

cause [kɔːz] ❖ noun cause *f* / *I have no cause for complaint* je n'ai pas à me plaindre, je n'ai pas lieu de me plaindre ▸ **to have cause to do sthg** avoir lieu OR des raisons de faire qqch. ❖ vt causer ▸ **to cause sb to do sthg** faire faire qqch à qqn ▸ **to cause sthg to be done** faire faire qqch.

caustic ['kɔːstɪk] adj caustique.

caution ['kɔːʃn] ❖ noun **1.** (*U*) [care] précaution *f*, prudence *f* **2.** [warning] avertissement *m* **3.** **UK** LAW réprimande *f.* ❖ vt **1.** [warn] ▸ **to caution sb against doing sthg** déconseiller à qqn de faire qqch **2.** **UK** [subj: police officer] ▸ **to caution sb for sthg** réprimander qqn pour qqch.

cautious ['kɔːʃəs] adj prudent(e).

cavalry ['kævlrɪ] noun cavalerie *f.*

cave [keɪv] noun caverne *f*, grotte *f.* ◆ **cave in** vi [roof, ceiling] s'affaisser.

caveat ['kævɪæt] noun avertissement *m.*

caveman ['keɪvmæn] (*pl* -men) noun homme *m* des cavernes.

cave painting [keɪv-] noun peinture *f* rupestre.

cavernous ['kævənəs] adj [room, building] immense.

caviar(e) ['kævɪɑːʳ] noun caviar *m.*

cavity ['kævətɪ] noun cavité *f.*

cavort [kə'vɔːt] vi gambader.

CB noun (*abbr of* citizens' band) CB *f.*

CBI noun *abbr of* **Confederation of British Industry**.

cc noun **1.** (*abbr of* cubic centimetre) cm³ **2.** (*abbr of* carbon copy) pcc.

CD noun (*abbr of* compact disc) CD *m.*

CD burner noun COMPUT graveur *m* de CD.

CD player noun lecteur m de CD.

CD-R [,si:di:'a:r] (*abbr of* compact disc recordable) noun CD(-R) m.

CD-ROM [,si:di:'rɒm] (*abbr of* compact disc read only memory) noun CD-ROM m, CD-Rom m.

CD-RW [,si:di:a:'dʌblju:] (*abbr of* compact disc rewritable) noun CD-RW m.

CD tower noun colonne f (de rangement) pour CD.

cease [si:s] *fml* ❖ vt cesser ▸ **to cease doing** OR **to do sthg** cesser de faire qqch. ❖ vi cesser.

cease-fire noun cessez-le-feu m inv.

ceaseless ['si:slɪs] adj *fml* incessant(e), continuel(elle).

cedilla [sɪ'dɪlə] noun cédille f.

ceiling ['si:lɪŋ] noun *lit & fig* plafond m.

celeb [sɪ'leb] noun *inf* célébrité f, star f.

celebrate ['selɪbreɪt] ❖ vt [gen] célébrer, fêter. ❖ vi faire la fête.

celebrated ['selɪbreɪtɪd] adj célèbre.

celebration [,selɪ'breɪʃn] noun **1.** (U) [activity, feeling] fête f, festivités fpl **2.** [event] festivités fpl.

celebratory [,selə'breɪtərɪ] adj [dinner] de fête ; [marking official occasion] commémoratif ; [atmosphere, mood] de fête, festif(ve) ▸ **to have a celebratory drink** prendre un verre pour fêter l'évènement.

celebrity [sɪ'lebrətɪ] noun célébrité f.

celery ['selərɪ] noun céleri m (en branches).

celibate ['selɪbət] adj célibataire.

cell [sel] noun **1.** [gen & COMPUT] cellule f **2.** US *inf* [mobile phone] mobile m.

cellar ['selər] noun cave f.

cello ['tʃeləʊ] (pl -s) noun violoncelle m.

Cellophane® ['seləfeɪn] noun Cellophane® f.

Celsius ['selsɪəs] adj Celsius (inv).

Celt [kelt] noun Celte mf.

Celtic ['keltɪk] ❖ adj celte. ❖ noun [language] celte m.

cement [sɪ'ment] ❖ noun ciment m. ❖ vt *lit & fig* cimenter.

cement mixer noun bétonnière f.

cemetery ['semɪtrɪ] noun cimetière m.

censor ['sensər] ❖ noun censeur m. ❖ vt censurer.

censorship ['sensəʃɪp] noun censure f.

censure ['senʃər] ❖ noun blâme m, critique f. ❖ vt blâmer, critiquer.

census ['sensəs] (pl -es) noun recensement m.

cent [sent] noun **1.** [pour le dollar] cent m **2.** [pour l'euro] centime m, (euro) cent m *offic*.

centenary UK [sen'ti:nərɪ], **centennial** US [sen'tenjəl] noun centenaire m.

center US = **centre**.

center strip noun US terre-plein m central.

centigrade ['sentɪgreɪd] adj centigrade.

centilitre UK, **centiliter** US ['sentɪ,li:tər] noun centilitre m.

centimetre UK, **centimeter** US ['sentɪ,mi:tər] noun centimètre m.

centipede ['sentɪpi:d] noun mille-pattes m inv.

central ['sentrəl] adj central(e).

Central America noun Amérique f centrale.

central heating noun chauffage m central.

centralize, **centralise** UK ['sentrəlaɪz] vt centraliser.

central locking [-'lɒkɪŋ] noun AUTO verrouillage m centralisé.

central reservation noun UK AUTO terre-plein m central.

centre UK, **center** US ['sentər] ❖ noun centre m ▸ **centre of attention** centre d'attraction, point m de mire ▸ **centre of gravity** centre de gravité. ❖ adj **1.** [middle] central(e) ▸ **a centre parting** une raie au milieu **2.** POL du centre, centriste. ❖ vt centrer.

centre back UK, **center back** US noun FOOT arrière m central.

centre forward UK, **center forward** US noun FOOT avant-centre m inv.

centre half UK, **center half** US noun FOOT arrière m central.

century ['sentʃʊrɪ] noun siècle m.

CEO (*abbr of* chief executive officer) noun US P-DG m inv.

ceramic [sɪ'ræmɪk] adj en céramique. ◆ **ceramics** pl n [objects] objets mpl en céramique.

cereal ['sɪərɪəl] noun céréale f.

cerebral palsy noun paralysie f cérébrale.

ceremonial [,serɪ'məʊnjəl] ❖ adj [dress] de cérémonie ; [duties] honorifique. ❖ noun cérémonial m.

ceremony ['serɪmənɪ] noun **1.** [event] cérémonie f **2.** (U) [pomp, formality] cérémonies fpl ▸ **to stand on ceremony** faire des cérémonies.

certain ['sɜ:tn] adj [gen] certain(e) ▸ **he is certain to be late** il est certain qu'il sera en retard, il sera certainement en retard ▸ **to be certain of**

sth / of doing sthg être assuré de qqch / de faire qqch, être sûr de qqch / de faire qqch ▸ **to make certain** vérifier ▸ **to make certain of** s'assurer de ▸ **I know for certain that...** je suis sûr OR certain que....

certainly ['sɜ:tnlɪ] adv certainement.

certainty ['sɜ:tntɪ] noun certitude f.

certificate [sə'tɪfɪkət] noun certificat m.

certified ['sɜ:tɪfaɪd] adj [teacher] diplômé(e) ; [document] certifié(e).

certified mail noun US envoi m recommandé.

certify ['sɜ:tɪfaɪ] vt **1.** [declare true] ▸ **to certify (that)** certifier OR attester que **2.** [declare insane] déclarer mentalement aliéné(e).

cervical [sə'vaɪkl] adj [cancer] du col de l'utérus.

cervical smear noun UK frottis m vaginal.

cervix ['sɜ:vɪks] (pl -ices) noun col m de l'utérus.

cesarean (section) US [sɪ'zeərɪən-] = caesarean (section).

cesspit ['sespɪt], **cesspool** ['sespu:l] noun fosse f d'aisance.

cf. (abbr of confer) cf.

CFC (abbr of chlorofluorocarbon) noun CFC m.

chafe [tʃeɪf] vt [rub] irriter.

chaffinch ['tʃæfɪntʃ] noun pinson m.

chain [tʃeɪn] ❖ noun chaîne f ▸ **chain of events** suite f OR série f d'événements. ❖ vt [person, animal] enchaîner ; [object] attacher avec une chaîne.

chain reaction noun réaction f en chaîne.

chain saw noun tronçonneuse f.

chain-smoke vi fumer cigarette sur cigarette.

chain-smoker noun fumeur invétéré m, fumeuse invétérée f, gros fumeur m, grosse fumeuse f.

chain store noun grand magasin m (à succursales multiples).

chair [tʃeər] ❖ noun **1.** [gen] chaise f ; [armchair] fauteuil m **2.** [university post] chaire f **3.** [of meeting] présidence f **4.** US inf : the chair la chaise électrique. ❖ vt [meeting] présider ; [discussion] diriger.

chairlift noun télésiège m.

chairman ['tʃeəmən] (pl -men) noun président m, -e f.

chairperson ['tʃeə,pɜ:sn] (pl -s) noun président m, -e f.

chalet ['ʃæleɪ] noun chalet m.

chalk [tʃɔ:k] noun craie f.

chalkboard ['tʃɔ:kbɔ:d] noun US tableau m (noir).

challenge ['tʃælɪndʒ] ❖ noun défi m. ❖ vt **1.** [to fight, competition] : she challenged me to a race / a game of chess elle m'a défié à la course / aux échecs ▸ **to challenge sb to do sthg** défier qqn de faire qqch **2.** [question] mettre en question OR en doute.

challenging ['tʃælɪndʒɪŋ] adj **1.** [task, job] stimulant(e) **2.** [look, tone of voice] provocateur(trice).

chamber ['tʃeɪmbər] noun [gen] chambre f.

chambermaid ['tʃeɪmbəmeɪd] noun femme f de chambre.

chamber of commerce noun chambre f de commerce.

chameleon [kə'mi:ljən] noun caméléon m.

champagne [,ʃæm'peɪn] noun champagne m.

champion ['tʃæmpjən] noun champion m, -onne f.

championship ['tʃæmpjənʃɪp] noun championnat m.

chance [tʃɑ:ns] ❖ noun **1.** (U) [luck] hasard m ▸ **by chance** par hasard ▸ **if by any chance** si par hasard **2.** [likelihood] chance f ▸ **she didn't stand a chance (of doing sthg)** elle n'avait aucune chance (de faire qqch) ▸ **on the off chance** à tout hasard **3.** [opportunity] occasion f **4.** [risk] risque m ▸ **to take a chance** risquer le coup ▸ **to take a chance on doing sthg** se risquer à faire qqch. ❖ adj fortuit(e), accidentel(elle). ❖ vt [risk] risquer ▸ **to chance it** tenter sa chance. ◆ **chances** pl n chances fpl / (the) chances are (that) he'll never find out il y a de fortes OR grandes chances qu'il ne l'apprenne jamais / what are her chances of making a full recovery? quelles sont ses chances de se rétablir complètement ?

chancellor ['tʃɑ:nsələr] noun **1.** [chief minister] chancelier m, -ière f **2.** UNIV président m, -e f honoraire.

Chancellor of the Exchequer noun UK Chancelier m de l'Échiquier ; ≃ ministre m des Finances.

chandelier [,ʃændə'lɪər] noun lustre m.

change [tʃeɪndʒ] ❖ noun **1.** [gen] ▸ **change (in sb / in sthg)** changement m (en qqn / de qqch) ▸ **change of clothes** vêtements mpl de rechange ▸ **for a change** pour changer (un peu) **2.** [money] monnaie f. ❖ vt **1.** [gen] changer ▸ **to change sthg into sthg** changer

OR transformer qqch en qqch **2.** [jobs, trains, sides] changer de **3.** [money] changer. ❖ vi **1.** [gen] changer **2.** [change clothes] se changer **3.** [be transformed] ▸ **to change into** se changer en. ◆ **change over** vi [convert] ▸ **to change over from/to** passer de/à.

changeable ['tʃeɪndʒəbl] adj [mood] changeable ; [weather] variable.

changeover ['tʃeɪndʒ,əʊvər] noun ▸ **changeover (to)** passage m (à), changement m (pour).

changing ['tʃeɪndʒɪŋ] adj changeant(e).

changing room noun UK SPORT vestiaire m ; [in shop] cabine f d'essayage.

channel ['tʃænl] ❖ noun **1.** TV chaîne f ; RADIO station f **2.** [for irrigation] canal m ; [duct] conduit m **3.** [on river, sea] chenal m. ❖ vt lit & fig canaliser. ◆ **Channel** ▸ **the (English) Channel** la Manche. ◆ **channels** pl n ▸ **to go through the proper channels** suivre OR passer la filière.

channel-hop vi TV zapper.

Channel Islands pl n ▸ **the Channel Islands** les îles fpl Anglo-Normandes.

Channel tunnel noun ▸ **the Channel tunnel** le tunnel sous la Manche.

chant [tʃɑːnt] ❖ noun chant m. ❖ vt **1.** RELIG chanter **2.** [words, slogan] scander.

chaos ['keɪɒs] noun chaos m.

chaotic [keɪ'ɒtɪk] adj chaotique.

chap [tʃæp] noun UK inf [man] type m.

chapel ['tʃæpl] noun chapelle f.

chaplain ['tʃæplɪn] noun aumônier m.

chapped [tʃæpt] adj [skin, lips] gercé(e).

chapter ['tʃæptər] noun chapitre m.

char [tʃɑːr] vt [burn] calciner.

character ['kærəktər] noun **1.** [gen] caractère m **2.** [in film, book, play] personnage m **3.** inf [eccentric] phénomène m, original m.

character assassination noun diffamation f.

characteristic [,kærəktə'rɪstɪk] ❖ adj caractéristique. ❖ noun caractéristique f.

characterize, characterise UK ['kærəktəraɪz] vt caractériser.

charade [ʃə'rɑːd] noun farce f. ◆ **charades** noun (U) charades fpl.

char-broil vt US CULIN griller au charbon de bois.

charcoal ['tʃɑːkəʊl] noun [for drawing] charbon m ; [for burning] charbon de bois.

charge [tʃɑːdʒ] ❖ noun **1.** [cost] prix m **2.** LAW accusation f, inculpation f **3.** [responsibility] ▸ **to take charge of** se charger de ▸ **to be in charge of, to have charge of** être responsable de, s'occuper de ▸ **in charge** responsable **4.** ELEC & MIL charge f. ❖ vt **1.** [customer, sum] faire payer / how much do you charge? vous prenez combien ? ▸ **to charge sthg to sb** mettre qqch sur le compte de qqn **2.** [suspect, criminal] ▸ **to charge sb (with)** accuser qqn (de) **3.** ELEC & MIL charger. ❖ vi [rush] se précipiter, foncer.

charge card noun carte f de compte crédit (auprès d'un magasin).

charger ['tʃɑːdʒər] noun [for batteries] chargeur m, -euse f.

chariot ['tʃærɪət] noun char m.

charisma [kə'rɪzmə] noun charisme m.

charitable ['tʃærətəbl] adj **1.** [person, remark] charitable **2.** [organization] de charité.

charity ['tʃærəti] noun charité f.

charm [tʃɑːm] ❖ noun charme m. ❖ vt charmer.

charmer ['tʃɑːmər] noun charmeur m, -euse f.

charming ['tʃɑːmɪŋ] adj charmant(e).

chart [tʃɑːt] ❖ noun **1.** [diagram] graphique m, diagramme m **2.** [map] carte f. ❖ vt **1.** [plot, map] porter sur une carte **2.** fig [record] retracer **3.** être au hit-parade. ◆ **charts** pl n ▸ **the charts** le hit-parade.

charter ['tʃɑːtər] ❖ noun [document] charte f. ❖ vt [plane, boat] affréter.

chartered accountant [,tʃɑːtəd-] noun UK expert-comptable m.

charter flight noun vol m charter.

chart-topping adj qui est en tête du hit-parade.

chase [tʃeɪs] ❖ noun [pursuit] poursuite f, chasse f. ❖ vt **1.** [pursue] poursuivre **2.** [drive away] chasser. ❖ vi ▸ **to chase after sb/sthg** courir après qqn/qqch.

chasm ['kæzm] noun lit & fig abîme m.

chassis ['ʃæsi] (pl inv) noun châssis m.

chat [tʃæt] ❖ noun **1.** [conversation] conversation f ▸ **to have a chat** causer, bavarder **2.** INTERNET chat m. ❖ vi causer, bavarder. ◆ **chat up** vt sep UK inf baratiner.

chatline ['tʃætlaɪn] noun [gen] réseau m téléphonique (payant) ; [for sexual encounters] téléphone m rose.

chatroom ['tʃætrʊm] noun salle f de chat.

chat show noun UK talk-show m.

chatter ['tʃætər] ❖ noun **1.** [of person] bavardage m **2.** [of animal, bird] caquetage m. ❖ vi **1.** [person] bavarder **2.** [animal, bird] jacasser, caqueter **3.** [teeth] ▶ **his teeth were chattering** il claquait des dents.

chatterbox ['tʃætəbɒks] noun inf moulin m à paroles.

chatty ['tʃætɪ] adj [person] bavard(e) ; [letter] plein(e) de bavardages.

chauffeur ['ʃəʊfər] noun chauffeur m.

chauvinist ['ʃəʊvɪnɪst] noun **1.** [sexist] macho m **2.** [nationalist] chauvin m, -e f.

cheap [tʃi:p] ❖ adj **1.** [inexpensive] pas cher (chère), bon marché (inv) **2.** [at a reduced price - fare, rate] réduit(e) ; [- ticket] à prix réduit **3.** [low-quality] de mauvaise qualité **4.** [joke, comment] facile. ❖ adv (à) bon marché.

cheapen ['tʃi:pn] vt [degrade] rabaisser.

cheaply ['tʃi:plɪ] adv à bon marché, pour pas cher.

cheapskate ['tʃi:pskeɪt] noun inf grigou m.

cheat [tʃi:t] ❖ noun tricheur m, -euse f. ❖ vt tromper ▶ **to cheat sb out of sthg** escroquer qqch à qqn. ❖ vi **1.** [in game, exam] tricher **2.** inf [be unfaithful] ▶ **to cheat on sb** tromper qqn.

check [tʃek] ❖ noun **1.** [inspection, test] ▶ **check (on)** contrôle m (de) **2.** [restraint] ▶ **check (on)** frein m (à), restriction f (sur) ▶ **to put a check on sthg** freiner qqch ▶ **checks and balances** POL aux États-Unis, système d'équilibre des pouvoirs **3.** US [bill] note f **4.** [pattern] carreaux mpl **5.** US [mark, tick] coche f **6.** US = cheque. ❖ vt **1.** [test, verify] vérifier ; [passport, ticket] contrôler **2.** [restrain, stop] enrayer, arrêter **3.** US [mark, tick] cocher ▶ **to check a box** cocher une case. ❖ vi ▶ **to check (for sthg)** vérifier (qqch) ▶ **to check on sthg** vérifier OR contrôler qqch. ◆ **check in** ❖ vt sep [luggage, coat] enregistrer. ❖ vi **1.** [at hotel] signer le registre **2.** [at airport] se présenter à l'enregistrement. ◆ **check into** vt insep : **to check into a hotel** descendre dans un hôtel. ◆ **check out** ❖ vt sep **1.** [luggage, coat] retirer **2.** [investigate] vérifier **3.** inf : **check this out a)** [look] vise un peu ça **b)** [listen] écoute-moi ça. ❖ vi [from hotel] régler sa note. ◆ **check up** vi ▶ **to check up on sb** prendre des renseignements sur qqn ▶ **to check up (on sthg)** vérifier (qqch).

checkbook US = chequebook.

checked [tʃekt] adj à carreaux.

checkerboard ['tʃekəbɔ:d] noun US damier.

checkered US = chequered.

checkers ['tʃekəz] noun (U) US jeu m de dames.

check guarantee card noun UK carte f bancaire.

check-in noun enregistrement m.

checking account ['tʃekɪŋ-] noun US compte m courant.

checkmate ['tʃekmeɪt] noun échec et mat m.

checkout ['tʃekaʊt] noun [in supermarket] caisse f.

checkpoint ['tʃekpɔɪnt] noun [place] (poste m de) contrôle m.

checkup ['tʃekʌp] noun MED bilan m de santé, check-up m.

Cheddar (cheese) ['tʃedər-] noun (fromage m de) cheddar m.

cheek [tʃi:k] noun **1.** [of face] joue f **2.** inf [impudence] culot m.

cheekbone ['tʃi:kbəʊn] noun pommette f.

cheeky ['tʃi:kɪ] adj insolent(e), effronté(e).

cheer [tʃɪər] ❖ noun [shout] acclamation f. ❖ vt **1.** [shout for] acclamer **2.** [gladden] réjouir. ❖ vi applaudir. ◆ **cheers** excl **1.** [said before drinking] santé ! **2.** UK inf [goodbye] salut !, ciao !, tchao ! **3.** UK inf [thank you] merci. ◆ **cheer up** ❖ vt sep remonter le moral à. ❖ vi s'égayer.

cheerful ['tʃɪəfʊl] adj joyeux(euse), gai(e).

cheerio [,tʃɪərɪ'əʊ] excl UK inf au revoir !, salut !

cheerleader ['tʃɪə,li:dər] noun majorette qui stimule l'enthousiasme des supporters des équipes sportives, surtout aux États-Unis.

cheese [tʃi:z] noun fromage m.

cheeseboard ['tʃi:zbɔ:d] noun plateau m à fromage.

cheeseburger ['tʃi:z,bɜ:gər] noun cheeseburger m, hamburger m au fromage.

cheesecake ['tʃi:zkeɪk] noun CULIN gâteau m au fromage blanc, cheesecake m.

cheesy ['tʃi:zɪ] (compar -ier, superl -iest) adj **1.** [tasting of cheese] au goût de fromage **2.** inf [song, TV programme] cucul, gnangnan, mièvre **3.** PHR **a cheesy grin** un sourire toutes dents dehors.

cheetah ['tʃi:tə] noun guépard m.

chef [ʃef] noun chef mf.

chemical ['kemɪkl] ❖ adj chimique. ❖ noun produit m chimique.

chemist ['kemɪst] noun **1.** 🇬🇧 [pharmacist] pharmacien m, -enne f ▶ **chemist's (shop)** pharmacie f **2.** [scientist] chimiste mf.

chemistry ['kemɪstrɪ] noun chimie f.

cheque 🇬🇧, **check** 🇺🇸 [tʃek] noun chèque m.

chequebook 🇬🇧, **checkbook** 🇺🇸 ['tʃekbʊk] noun chéquier m, carnet m de chèques.

cheque card noun 🇬🇧 carte f bancaire.

chequered 🇬🇧, **checkered** 🇺🇸 ['tʃekəd] adj fig [career, life] mouvementé(e).

cherish ['tʃerɪʃ] vt chérir ; [hope] nourrir, caresser.

cherry ['tʃerɪ] noun [fruit] cerise f ▶ **cherry (tree)** cerisier m.

chess [tʃes] noun (U) échecs mpl.

chessboard ['tʃesbɔ:d] noun échiquier m.

chessman ['tʃesmæn] (pl **-men**) noun pièce f.

chest [tʃest] noun **1.** ANAT poitrine f **2.** [box] coffre m.

chestnut ['tʃesnʌt] ❖ adj [colour] châtain (inv). ❖ noun [nut] châtaigne f ▶ **chestnut (tree)** châtaignier m.

chest of drawers (pl **chests of drawers**) noun commode f.

chew [tʃu:] ❖ noun 🇬🇧 [sweet] bonbon m (à mâcher). ❖ vt mâcher. ◆ **chew up** vt sep mâchouiller.

chewing gum ['tʃu:ɪŋ-] noun chewing-gum m.

chewy [tʃu:ɪ] (compar **-ier**, superl **-iest**) adj [food] difficile à mâcher.

chic [ʃi:k] adj chic (inv).

chick [tʃɪk] noun [bird] oisillon m ; [chicken] poussin m.

chicken ['tʃɪkɪn] noun **1.** [bird, food] poulet m **2.** inf [coward] froussard m, -e f. ◆ **chicken out** vi inf se dégonfler.

chickenpox ['tʃɪkɪnpɒks] noun (U) varicelle f.

chick flick noun inf film qui cible les jeunes femmes.

chick lit noun inf littérature populaire, en général écrite par des femmes, qui cible les jeunes femmes.

chickpea ['tʃɪkpi:] noun pois m chiche.

chicory ['tʃɪkərɪ] noun 🇬🇧 [vegetable] endive f.

chief [tʃi:f] ❖ adj **1.** [main - aim, problem] principal(e) **2.** [head] en chef. ❖ noun chef m.

chief executive noun directeur général m, directrice générale f.

chiefly ['tʃi:flɪ] adv **1.** [mainly] principalement **2.** [above all] surtout.

chiffon ['ʃɪfɒn] noun mousseline f.

chilblain ['tʃɪlbleɪn] noun engelure f.

child [tʃaɪld] (pl **children** ['tʃɪldrən]) noun enfant mf.

child benefit noun (U) 🇬🇧 ≃ allocations fpl familiales.

childbirth ['tʃaɪldbɜ:θ] noun (U) accouchement m.

childhood ['tʃaɪldhʊd] noun enfance f.

childish ['tʃaɪldɪʃ] adj pej puéril(e), enfantin(e).

childlike ['tʃaɪldlaɪk] adj enfantin(e), d'enfant.

childminder ['tʃaɪld,maɪndər] noun 🇬🇧 gardienne f d'enfants, nourrice f.

childproof ['tʃaɪldpru:f] adj [container] qui ne peut pas être ouvert par les enfants ▶ **childproof lock** verrouillage m de sécurité pour enfants.

children ['tʃɪldrən] pl n ⟶ **child**.

children's home noun maison f d'enfants.

child support noun 🇺🇸 LAW pension f alimentaire.

Chile ['tʃɪlɪ] noun Chili m.

Chilean ['tʃɪlɪən] ❖ adj chilien(enne). ❖ noun Chilien m, -enne f.

chili ['tʃɪlɪ] = **chilli**.

chill [tʃɪl] ❖ adj frais (fraîche). ❖ noun **1.** [illness] coup m de froid **2.** [in temperature] ▶ **there's a chill in the air** le fond de l'air est frais **3.** [feeling of fear] frisson m. ❖ vt **1.** [drink, food] mettre au frais **2.** [person] faire frissonner. ❖ vi [drink, food] rafraîchir. ◆ **chill out** vi inf décompresser ▶ **chill out!** du calme !

chilli ['tʃɪlɪ] (pl **-es**) noun [vegetable] piment m.

chilling ['tʃɪlɪŋ] adj **1.** [very cold] glacial(e) **2.** [frightening] qui glace le sang.

chilly ['tʃɪlɪ] adj froid(e) ▶ **to feel chilly** avoir froid / **it's chilly** il fait froid.

chime [tʃaɪm] ❖ noun [of bell, clock] carillon m. ❖ vt [time] sonner. ❖ vi [bell, clock] carillonner.

chimney ['tʃɪmnɪ] noun cheminée f.

chimneypot ['tʃɪmnɪpɒt] noun mitre f de cheminée.

chimneysweep ['tʃɪmnɪswi:p] noun ramoneur m.

chimp(anzee) [ˈtʃɪmp(ənˈziː)] noun chimpanzé m.

chin [tʃɪn] noun menton m.

china [ˈtʃaɪnə] noun porcelaine f.

China [ˈtʃaɪnə] noun Chine f.

Chinese [ˌtʃaɪˈniːz] ❖ adj chinois(e). ❖ noun [language] chinois m. ❖ pl n ▸ **the Chinese** les Chinois mpl.

chink [tʃɪŋk] noun 1. [narrow opening] fente f 2. [sound] tintement m.

chip [tʃɪp] ❖ noun 1. UK [fried potato] frite f ; US [potato crisp] chip m 2. [of glass, metal] éclat m ; [of wood] copeau m 3. [flaw] ébréchure f 4. [microchip] puce f 5. [for gambling] jeton m. ❖ vt [cup, glass] ébrécher. ◆ **chip in** inf vi 1. [contribute] contribuer 2. [interrupt] mettre son grain de sel. ◆ **chip off** vt sep enlever petit morceau par petit morceau.

chipboard [ˈtʃɪpbɔːd] noun aggloméré m.

chip shop noun UK friterie f.

chiropodist [kɪˈrɒpədɪst] noun pédicure mf.

chirp [tʃɜːp] vi [bird] pépier ; [cricket] chanter.

chirpy [ˈtʃɜːpɪ] adj gai(e).

chisel [ˈtʃɪzl] ❖ noun [for wood] ciseau m ; [for metal, rock] burin m. ❖ vt ciseler.

chit [tʃɪt] noun [note] note f, reçu m.

chitchat [ˈtʃɪttʃæt] noun (U) inf bavardage m.

chivalry [ˈʃɪvlrɪ] noun (U) 1. liter [of knights] chevalerie f 2. [good manners] galanterie f.

chives [tʃaɪvz] pl n ciboulette f.

chlorine [ˈklɔːriːn] noun chlore m.

choc-ice [ˈtʃɒkaɪs] noun UK Esquimau® m.

chock [tʃɒk] noun cale f.

chock-a-block, **chock-full** adj inf ▸ **chock-a-block (with)** plein(e) à craquer (de).

chocoholic [ˌtʃɒkəˈhɒlɪk] noun inf accro mf du chocolat, fondu m de chocolat.

chocolate [ˈtʃɒkələt] ❖ noun chocolat m. ❖ comp au chocolat.

choice [tʃɔɪs] ❖ noun choix m. ❖ adj de choix.

choir [ˈkwaɪə] noun chœur m.

choirboy [ˈkwaɪəbɔɪ] noun jeune choriste m.

choke [tʃəuk] ❖ noun AUTO starter m. ❖ vt 1. [strangle] étrangler, étouffer 2. [block] obstruer, boucher. ❖ vi s'étrangler.

cholera [ˈkɒlərə] noun choléra m.

chomp [tʃɒmp] inf ❖ vi & vt mastiquer bruyamment. ❖ noun mastication f bruyante.

choose [tʃuːz] (pt chose, pp chosen) ❖ vt 1. [select] choisir 2. [decide] ▸ **to choose to do sthg** décider OR choisir de faire qqch. ❖ vi [select] ▸ **to choose (from)** choisir (parmi OR entre).

choos(e)y [ˈtʃuːzɪ] adj difficile.

chop [tʃɒp] ❖ noun CULIN côtelette f. ❖ vt 1. [wood] couper ; [vegetables] hacher 2. inf & fig [funding, budget] réduire 3. PHR to **chop and change** changer sans cesse d'avis. ◆ **chops** pl n inf babines fpl. ◆ **chop down** vt sep [tree] abattre. ◆ **chop up** vt sep couper en morceaux.

chopper [ˈtʃɒpə] noun 1. [axe] couperet m 2. inf [helicopter] hélico m.

choppy [ˈtʃɒpɪ] adj [sea] agité(e).

chopstick [ˈtʃɒpstɪk] noun baguette f (pour manger).

chord [kɔːd] noun MUS accord m.

chore [tʃɔː] noun corvée f ▸ **household chores** travaux mpl ménagers.

chortle [ˈtʃɔːtl] vi glousser.

chorus [ˈkɔːrəs] noun 1. [part of song] refrain m 2. [singers] chœur m 3. fig [of praise, complaints] concert m.

chose [tʃəuz] pt ⟶ **choose**.

chosen [ˈtʃəuzn] pp ⟶ **choose**.

Christ [kraɪst] ❖ noun Christ m. ❖ excl Seigneur !, bon Dieu !

christen [ˈkrɪsn] vt 1. [baby] baptiser 2. [name] nommer.

christening [ˈkrɪsnɪŋ] noun baptême m.

Christian [ˈkrɪstʃən] ❖ adj RELIG chrétien(enne). ❖ noun chrétien m, -enne f.

Christianity [ˌkrɪstɪˈænətɪ] noun christianisme m.

Christian name noun prénom m.

Christmas [ˈkrɪsməs] noun Noël m ▸ **happy OR merry Christmas!** joyeux Noël !

Christmas card noun carte f de Noël.

Christmas Day noun jour m de Noël.

Christmas Eve noun veille f de Noël.

Christmas pudding noun UK pudding m (de Noël).

Christmas tree noun arbre m de Noël.

chrome [krəum], **chromium** [ˈkrəumɪəm] ❖ noun chrome m. ❖ comp chromé(e).

chronic ['krɒnɪk] adj [illness, unemployment] chronique ; [liar, alcoholic] invétéré(e).

chronicle ['krɒnɪkl] noun chronique f.

chronological [,krɒnə'lɒdʒɪkl] adj chronologique.

chrysanthemum [krɪ'sænθəməm] (pl -s) noun chrysanthème m.

chubby ['tʃʌbɪ] adj [cheeks, face] joufflu(e) ; [person, hands] potelé(e).

chuck [tʃʌk] vt inf **1.** [throw] lancer, envoyer **2.** [job, boyfriend] laisser tomber. ◆ **chuck away, chuck out** vt sep inf jeter, balancer.

chuckle ['tʃʌkl] vi glousser.

chug [tʃʌg] vi [train] faire teuf-teuf.

chum [tʃʌm] noun inf copain m, copine f.

chunk [tʃʌŋk] noun gros morceau m.

chunky ['tʃʌŋkɪ] (compar -ier, superl -iest) adj [person, furniture] trapu(e) ; [sweater, jewellery] gros (grosse).

church [tʃɜːtʃ] noun [building] église f ▶ to go to church a) aller à l'église b) [Catholics] aller à la messe.

Church of England noun ▶ the Church of England l'Église d'Angleterre.

churchyard ['tʃɜːtʃjɑːd] noun cimetière m.

churlish ['tʃɜːlɪʃ] adj grossier(ère).

churn [tʃɜːn] noun **1.** [for making butter] baratte f **2.** [for milk] bidon m. vt [stir up] battre. ◆ **churn out** vt sep inf produire en série.

chute [ʃuːt] noun glissière f ▶ rubbish UK or garbage US chute vide-ordures m inv.

chutney ['tʃʌtnɪ] noun chutney m.

CIA (abbr of Central Intelligence Agency) noun CIA f.

CID (abbr of Criminal Investigation Department) noun la police judiciaire britannique.

cider ['saɪdə'] noun UK cidre m ▶ hard cider US cidre m.

cigar [sɪ'gɑː'] noun cigare m.

cigarette [,sɪgə'ret] noun cigarette f.

cinch [sɪntʃ] noun inf : it's a cinch c'est un jeu d'enfants.

cinder ['sɪndə'] noun cendre f.

Cinderella [,sɪndə'relə] noun Cendrillon f.

cinema ['sɪnəmə] noun UK cinéma m.

cinnamon ['sɪnəmən] noun cannelle f.

cipher ['saɪfə'] noun [secret writing] code m.

circa ['sɜːkə] prep environ.

circle ['sɜːkl] noun **1.** [gen] cercle m ▶ to go round in circles fig tourner en rond **2.** [in theatre, cinema] balcon m. vt **1.** [draw a circle round] entourer (d'un cercle) **2.** [move round] faire le tour de. vi [plane] tourner en rond.

circuit ['sɜːkɪt] noun **1.** [gen & ELEC] circuit m **2.** [lap] tour m ; [movement round] révolution f.

circuitous [sə'kjuːɪtəs] adj indirect(e).

circular ['sɜːkjʊlə'] adj [gen] circulaire. noun [letter] circulaire f ; [advertisement] prospectus m.

circulate ['sɜːkjʊleɪt] vi **1.** [gen] circuler **2.** [socialize] se mêler aux invités. vt [rumour] propager ; [document] faire circuler.

circulation [,sɜːkjʊ'leɪʃn] noun **1.** [gen] circulation f **2.** PRESS tirage m.

circumcise ['sɜːkəmsaɪz] vt circoncire.

circumcision [,sɜːkəm'sɪʒn] noun circoncision f.

circumference [sə'kʌmfərəns] noun circonférence f.

circumflex ['sɜːkəmfleks] noun ▶ circumflex (accent) accent m circonflexe.

circumspect ['sɜːkəmspekt] adj circonspect(e).

circumstances ['sɜːkəmstənsɪz] pl n circonstances fpl ▶ under OR in no circumstances en aucun cas ▶ under OR in the circumstances en de telles circonstances.

circumvent [,sɜːkəm'vent] vt fml [law, rule] tourner, contourner.

circus ['sɜːkəs] noun cirque m.

CIS (abbr of Commonwealth of Independent States) noun CEI f.

cistern ['sɪstən] noun **1.** UK [inside roof] réservoir m d'eau **2.** [in toilet] réservoir m de chasse d'eau.

cite [saɪt] vt citer.

citizen ['sɪtɪzn] noun **1.** [of country] citoyen m, -enne f **2.** [of town] habitant m, -e f.

Citizens Advice Bureau noun service britannique d'information et d'aide au consommateur.

citizenship ['sɪtɪznʃɪp] noun citoyenneté f.

citrus fruit ['sɪtrəs-] noun agrume m.

city ['sɪtɪ] noun ville f, cité f. ◆ **City** noun UK ▶ the City la City (quartier financier de Londres ; le nom est souvent employé pour désigner le monde britannique de la finance ; la City est aussi connue sous le nom de « Square Mile »).

city centre `UK` noun centre-ville *m*.

city hall noun `US` ≃ mairie *f*; ≃ hôtel *m* de ville.

civic ['sɪvɪk] adj [leader, event] municipal(e); [duty, pride] civique.

civil ['sɪvl] adj **1.** [public] civil(e) **2.** [polite] courtois(e), poli(e).

civil engineering noun génie *m* civil.

civilian [sɪ'vɪljən] ❖ noun civil *m*, -e *f*. ❖ comp civil(e).

civilization, civilisation `UK` [ˌsɪvəlaɪ'zeɪʃn] noun civilisation *f*.

civilized, civilised `UK` ['sɪvəlaɪzd] adj civilisé(e).

civil law noun droit *m* civil.

civil liberties pl n libertés *fpl* civiques.

civil partnership noun *loi britannique qui garantit aux couples homosexuels les mêmes droits qu'aux couples mariés en matière de succession, de retraite, et pour les questions de garde et d'éducation des enfants.*

civil rights pl n droits *mpl* civils.

civil servant noun fonctionnaire *mf*.

civil service noun fonction *f* publique.

civil union noun union *f* civile.

civil war noun guerre *f* civile.

cl (*abbr of* centilitre) cl.

clad [klæd] adj *liter* [dressed] ▸ clad in vêtu(e) de.

claim [kleɪm] ❖ noun **1.** [demand] demande *f* **2.** [right] droit *m* ▸ to lay claim to sthg revendiquer qqch **3.** [assertion] affirmation *f*. ❖ vt **1.** [ask for] réclamer **2.** [responsibility, credit] revendiquer **3.** [maintain] prétendre. ❖ vi ▸ to claim for sthg faire une demande d'indemnité pour qqch ▸ to claim (on one's insurance) faire une déclaration de sinistre.

claimant ['kleɪmənt] noun [to throne] prétendant *m*, -e *f*; [of state benefit] demandeur *m*, -eresse *f*, requérant *m*, -e *f*.

clairvoyant [kleə'vɔɪənt] noun voyant *m*, -e *f*.

clam [klæm] noun palourde *f*.

clamber ['klæmbər] vi grimper.

clammy ['klæmɪ] adj [skin] moite; [weather] lourd et humide.

clamour `UK`, **clamor** `US` ['klæmər] ❖ noun (U) [noise] cris *mpl*. ❖ vi ▸ to clamour for sthg demander qqch à cor et à cri.

clamp [klæmp] ❖ noun **1.** [gen] pince *f*, agrafe *f* **2.** [for carpentry] serre-joint *m* **3.** MED clamp *m* **4.** AUTO sabot *m* de Denver. ❖ vt **1.** [gen] serrer **2.** AUTO poser un sabot de Denver à. ◆ **clamp down** vi ▸ to clamp down (on) sévir (contre).

clan [klæn] noun clan *m*.

clandestine [klæn'destɪn] adj clandestin(e).

clang [klæŋ] noun bruit *m* métallique.

clap [klæp] ❖ vt [hands] ▸ to clap one's hands applaudir, taper des mains. ❖ vi applaudir, taper des mains.

clapping ['klæpɪŋ] noun (U) applaudissements *mpl*.

claptrap ['klæptræp] noun (U) *inf* sottises *fpl*.

claret ['klærət] noun **1.** [wine] bordeaux *m* rouge **2.** [colour] bordeaux *m inv*.

clarify ['klærɪfaɪ] vt [explain] éclaircir, clarifier.

clarinet [ˌklærə'net] noun clarinette *f*.

clarity ['klærətɪ] noun clarté *f*.

clash [klæʃ] ❖ noun **1.** [of interests, personalities] conflit *m* **2.** [fight, disagreement] heurt *m*, affrontement *m* **3.** [noise] fracas *m*. ❖ vi **1.** [fight, disagree] se heurter **2.** [differ, conflict] entrer en conflit **3.** [coincide] ▸ to clash (with sthg) tomber en même temps (que qqch) **4.** [colours] jurer.

clasp [klɑːsp] ❖ noun [on necklace] fermoir *m*; [on belt] boucle *f*. ❖ vt [hold tight] serrer.

class [klɑːs] ❖ noun **1.** [gen] classe *f* **2.** [lesson] cours *m*, classe *f* **3.** [category] catégorie *f*. ❖ vt classer.

classic ['klæsɪk] ❖ adj classique. ❖ noun classique *m*.

classical ['klæsɪkl] adj classique.

classified ['klæsɪfaɪd] adj [information, document] classé secret (classée secrète).

classified ad noun petite annonce *f*.

classify ['klæsɪfaɪ] vt classifier, classer.

classmate ['klɑːsmeɪt] noun camarade *mf* de classe.

classroom ['klɑːsrʊm] noun (salle *f* de) classe *f*.

classroom assistant noun SCH aide-éducateur *m*, -rice *f*.

classy ['klɑːsɪ] adj *inf* chic (*inv*).

clatter ['klætər] noun cliquetis *m*; [louder] fracas *m*.

clause [klɔːz] noun **1.** [in document] clause *f* **2.** GRAM proposition *f*.

claustrophobia [ˌklɔːstrəˈfəʊbjə] noun claustrophobie f.

claw [klɔː] ❖ noun **1.** [of cat, bird] griffe f **2.** [of crab, lobster] pince f. ❖ vt griffer. ❖ vi [person] ▸ **to claw at** s'agripper à.

clay [kleɪ] noun argile f.

clean [kliːn] ❖ adj **1.** [not dirty] propre **2.** [sheet of paper, driving licence] vierge ; [reputation] sans tache **3.** [joke] de bon goût **4.** [smooth] net (nette). ❖ vt nettoyer ▸ **to clean one's teeth** se brosser OR laver les dents. ❖ vi [person] faire le ménage. ◆ **clean out** vt sep [room, drawer] nettoyer à fond. ◆ **clean up** vt sep [clear up] nettoyer.

cleaner [ˈkliːnər] noun **1.** [person] personne f qui fait le ménage **2.** [substance] produit m d'entretien.

cleaning [ˈkliːnɪŋ] noun nettoyage m.

cleanliness [ˈklenlɪnɪs] noun propreté f.

cleanse [klenz] vt **1.** [skin, wound] nettoyer **2.** fig [make pure] purifier.

cleanser [ˈklenzər] noun [detergent] détergent m ; [for skin] démaquillant m.

clean-shaven [-ˈʃeɪvn] adj rasé(e) de près.

clear [klɪər] ❖ adj **1.** [gen] clair(e) ; [glass, plastic] transparent(e) ; [easily understood] clair(e) ; [voice, sound] qui s'entend nettement ; [difference] net (nette) ▸ **to make sthg clear (to sb)** expliquer qqch clairement (à qqn) ▸ **to make it clear that** préciser que ▸ **to make o.s. clear** bien se faire comprendre **2.** [road, space] libre, dégagé(e). ❖ adv ▸ **to stand clear** s'écarter ▸ **to stay clear of sb/sthg, to steer clear of sb/sthg** éviter qqn/qqch. ❖ vt **1.** [road, path] dégager ; [table] débarrasser ; [obstacle, fallen tree] enlever / **I went for a walk to clear my head** j'ai fait un tour pour m'éclaircir les idées **2.** LAW innocenter **3.** [jump] sauter, franchir **4.** [debt] s'acquitter de **5.** [authorize] donner le feu vert à. ❖ vi [fog, smoke] se dissiper ; [weather, sky] s'éclaircir. ◆ **clear away** vt sep [plates] débarrasser ; [books] enlever. ◆ **clear off** vt [UK] inf dégager. ◆ **clear out** ❖ vt sep [cupboard] vider ; [room] ranger. ❖ vi inf [leave] dégager. ◆ **clear up** ❖ vt sep **1.** [tidy] ranger **2.** [mystery, misunderstanding] éclaircir. ❖ vi **1.** [weather] s'éclaircir **2.** [tidy up] tout ranger.

clearance [ˈklɪərəns] noun **1.** [of rubbish] enlèvement m ; [of land] déblaiement m **2.** [permission] autorisation f.

clear-cut adj net (nette).

clearing [ˈklɪərɪŋ] noun [in wood] clairière f.

clearly [ˈklɪəlɪ] adv **1.** [distinctly, lucidly] clairement **2.** [obviously] manifestement.

cleavage [ˈkliːvɪdʒ] noun [between breasts] décolleté m.

cleaver [ˈkliːvər] noun couperet m.

clef [klef] noun clef f.

cleft [kleft] noun fente f.

clench [klentʃ] vt serrer.

clergy [ˈklɜːdʒɪ] pl n ▸ **the clergy** le clergé.

clergyman [ˈklɜːdʒɪmən] (pl **-men**) noun membre m du clergé.

clerical [ˈklerɪkl] adj **1.** ADMIN de bureau **2.** RELIG clérical(e).

clerk [[UK] klɑːk, [US] klɜːrk] noun **1.** [in office] employé m, -e f de bureau **2.** LAW clerc mf **3.** [US] [shop assistant] vendeur m, -euse f.

clever [ˈklevər] adj **1.** [intelligent - person] intelligent(e) ; [- idea] ingénieux(euse) **2.** [skilful] habile, adroit(e).

click [klɪk] ❖ noun **1.** [of lock] déclic m ; [of tongue, heels] claquement m **2.** COMPUT clic m. ❖ vt **1.** faire claquer **2.** COMPUT cliquer / **to click on** cliquer sur. ❖ vi [heels] claquer ; [camera] faire un déclic.

client [ˈklaɪənt] noun client m, -e f.

cliff [klɪf] noun falaise f.

climate [ˈklaɪmɪt] noun climat m.

climate change noun changement m climatique.

climax [ˈklaɪmæks] noun [culmination] apogée m.

climb [klaɪm] ❖ noun ascension f, montée f. ❖ vt [tree, rope] monter à ; [stairs] monter ; [wall, hill] escalader. ❖ vi **1.** [person] monter, grimper **2.** [plant] grimper ; [road] monter ; [plane] prendre de l'altitude **3.** [increase] augmenter.

climb-down noun [UK] reculade f.

climber [ˈklaɪmər] noun [person] alpiniste mf, grimpeur m, -euse f.

climbing [ˈklaɪmɪŋ] noun [rock climbing] escalade f ; [mountain climbing] alpinisme m.

clinch [klɪntʃ] vt [deal] conclure.

cling [klɪŋ] (pt & pp **clung**) vi **1.** [hold tightly] ▸ **to cling (to)** s'accrocher (à), se cramponner (à) **2.** [clothes] ▸ **to cling (to)** coller (à).

clingfilm [ˈklɪŋfɪlm] noun [UK] film m alimentaire transparent.

clingy [ˈklɪŋɪ] (compar **-ier**, superl **-iest**) adj [clothing] moulant(e) ; pej [person] importun(e).

clinic ['klɪnɪk] noun [building] centre *m* médical, clinique *f*.

clinical ['klɪnɪkl] adj **1.** MED clinique **2.** *fig* [attitude] froid(e).

clink [klɪŋk] vi tinter.

clip [klɪp] ❖ noun **1.** [for paper] trombone *m* ; [for hair] pince *f* ; [of earring] clip *m* **2.** [excerpt] extrait *m*. ❖ vt **1.** [fasten] attacher **2.** [nails] couper ; [hedge] tailler ; [newspaper cutting] découper.

clipboard ['klɪpbɔːd] noun écritoire *f* à pince.

clippers ['klɪpəz] pl n [for hair] tondeuse *f* ; [for nails] pince *f* à ongles ; [for hedge] cisaille *f* à haie ; [for pruning] sécateur *m*.

clipping ['klɪpɪŋ] noun US [from newspaper] coupure *f*.

cloak [kləʊk] noun [garment] cape *f*.

cloakroom ['kləʊkrʊm] noun **1.** [for clothes] vestiaire *m* **2.** UK [toilets] toilettes *fpl*.

clock [klɒk] noun **1.** [large] horloge *f* ; [small] pendule *f* ▸ **(a)round the clock** [work, be open] 24 heures sur 24 **2.** AUTO [mileometer] compteur *m*. ◆ **clock in, clock on** vi [at work] pointer *(à l'arrivée)*. ◆ **clock off, clock out** vi [at work] pointer *(à la sortie)*.

clockface ['klɒkfeɪs] noun cadran *m*.

clockwise ['klɒkwaɪz] adj & adv dans le sens des aiguilles d'une montre.

clockwork ['klɒkwɜːk] ❖ noun ▸ **to go like clockwork** *fig* aller OR marcher comme sur des roulettes. ❖ comp [toy] mécanique.

clog [klɒg] vt boucher. ◆ **clogs** pl n sabots *mpl*. ◆ **clog up** ❖ vt sep boucher. ❖ vi se boucher.

close¹ [kləʊs] ❖ adj **1.** [near] ▸ **a close friend** un ami intime (une amie intime) ▸ **close up, close to** de près ▸ **close by, close at hand** tout près ▸ **that was a close shave** OR **thing** OR **call** on l'a échappé belle **2.** [link, resemblance] fort(e) ; [cooperation, connection] étroit(e) **3.** [questioning] serré(e) ; [examination] minutieux(euse) ▸ **to keep a close watch on sb / sthg** surveiller qqn/qqch de près ▸ **to pay close attention** faire très attention **4.** UK [weather] lourd(e) ; [air in room] renfermé(e) **5.** [result, contest, race] serré(e). ❖ adv ▸ **close (to)** près (de) ▸ **to come closer (together)** se rapprocher. ◆ **close on, close onto** prep [almost] près de.

close² [kləʊz] ❖ vt **1.** [gen] fermer **2.** [end] clore **3.** COMPUT fermer / *to close (a window)* fermer (une fenêtre) / *to close (an application)* quitter (une application). ❖ vi **1.** [shop, bank] fermer ; [door, lid] (se) fermer **2.** [end] se terminer, finir. ❖ noun fin *f*. ◆ **close down** vt sep & vi fermer.

closed [kləʊzd] adj fermé(e).

close-knit [,kləʊs-] adj (très) uni(e).

closely ['kləʊslɪ] adv [listen, examine, watch] de près ; [resemble] beaucoup ▸ **to be closely related to** OR **with** être proche parent de.

closet ['klɒzɪt] ❖ noun US [cupboard] placard *m*. ❖ adj *inf* non avoué(e).

close-up ['kləʊs-] noun gros plan *m*.

closing time ['kləʊzɪŋ-] noun heure *f* de fermeture.

closure ['kləʊʒə] noun fermeture *f*.

clot [klɒt] ❖ noun **1.** [of blood, milk] caillot *m* **2.** UK *inf* [fool] empoté *m*, -e *f*. ❖ vi [blood] coaguler.

cloth [klɒθ] noun **1.** (U) [fabric] tissu *m* **2.** [duster] chiffon *m* ; [for drying] torchon *m*.

clothe [kləʊð] vt *fml* [dress] habiller.

clothes [kləʊðz] pl n vêtements *mpl*, habits *mpl* ▸ **to put one's clothes on** s'habiller ▸ **to take one's clothes off** se déshabiller.

clothes hanger noun cintre *m*.

clothes peg UK**, clothespin** US ['kləʊðzpɪn] noun pince *f* à linge.

clothing ['kləʊðɪŋ] noun (U) vêtements *mpl*, habits *mpl*.

cloud [klaʊd] noun nuage *m*. ◆ **cloud over** vi [sky] se couvrir.

cloudy ['klaʊdɪ] adj **1.** [sky, day] nuageux(euse) **2.** [liquid] trouble.

clout [klaʊt] *inf* ❖ noun (U) [influence] poids *m*, influence *f*. ❖ vt donner un coup à.

clove [kləʊv] noun ▸ **a clove of garlic** une gousse d'ail. ◆ **cloves** pl n [spice] clous *mpl* de girofle.

clover ['kləʊvə] noun trèfle *m*.

clown [klaʊn] ❖ noun **1.** [performer] clown *mf* **2.** [fool] pitre *m*. ❖ vi faire le pitre.

cloying ['klɔɪɪŋ] adj **1.** [smell] écœurant(e) **2.** [sentimentality] à l'eau de rose.

club [klʌb] ❖ noun **1.** [organization, place] club *m* **2.** [weapon] massue *f* **3.** ▸ **(golf) club** club *m*. ❖ vt matraquer. ◆ **clubs** pl n [playing cards] trèfle *m*. ◆ **club together** vi se cotiser.

clubbing ['klʌbɪŋ] noun sorties *fpl* en boîte, clubbing *m* / *she loves clubbing* elle adore sortir en boîte ▸ **to go clubbing** sortir en boîte.

club class noun classe *f* club.

clubhouse ['klʌbhaʊs] (*pl* [-haʊzɪz]) noun club *m*, pavillon *m*.

cluck [klʌk] vi glousser.

clue [kluː] noun **1.** [in crime] indice *m* **/ I haven't (got) a clue (about)** je n'ai aucune idée (sur) **2.** [in crossword] définition *f*.

clued-up [kluːd-] adj 🆄🅺 *inf* calé(e).

clueless ['kluːlɪs] adj *inf* qui n'a aucune idée.

clump [klʌmp] noun [of trees, bushes] massif *m*, bouquet *m*.

clumsy ['klʌmzɪ] adj **1.** [ungraceful] maladroit(e), gauche **2.** [tactless] gauche, sans tact.

clung [klʌŋ] pt & pp ⟶ **cling**.

cluster ['klʌstər] ❖ noun [group] groupe *m*. ❖ vi [people] se rassembler ; [buildings] être regroupé(e).

clutch [klʌtʃ] ❖ noun AUTO embrayage *m*. ❖ vt agripper. ❖ vi ▶ **to clutch at** s'agripper à.

clutter ['klʌtər] ❖ noun désordre *m*. ❖ vt mettre en désordre.

cm (*abbr of* **centimetre**) noun cm.

CND (*abbr of* **Campaign for Nuclear Disarmament**) noun *mouvement pour le désarmement nucléaire.*

c/o (*abbr of* **care of**) a/s.

Co. 1. (*abbr of* **Company**) Cie **2.** *abbr of* **County**.

coach [kəʊtʃ] ❖ noun **1.** 🆄🅺 [bus] car *m*, autocar *m* **2.** 🆄🅺 RAIL voiture *f* **3.** [horsedrawn] carrosse *m* **4.** SPORT entraîneur *m* **5.** [tutor] répétiteur *m*, -trice *f*. ❖ vt **1.** SPORT entraîner **2.** [tutor] donner des leçons (particulières) à.

coal [kəʊl] noun charbon *m*.

coalfield ['kəʊlfiːld] noun bassin *m* houiller.

coalition [ˌkəʊə'lɪʃn] noun coalition *f*.

coalman ['kəʊlmæn] (*pl* -men) noun 🆄🅺 charbonnier *m*.

coalmine ['kəʊlmaɪn] noun mine *f* de charbon.

coarse [kɔːs] adj **1.** [rough - cloth] grossier(ère) ; [- hair] épais(aisse) ; [- skin] granuleux(euse) **2.** [vulgar] grossier(ère).

coast [kəʊst] ❖ noun côte *f*. ❖ vi [in car, on bike] avancer en roue libre.

coastal ['kəʊstl] adj côtier(ère).

coaster ['kəʊstər] noun [small mat] dessous *m* de verre.

coastguard ['kəʊstgɑːd] noun **1.** [person] garde-côte *m* **2.** [organization] ▶ **the coastguard** la gendarmerie maritime.

coastline ['kəʊstlaɪn] noun côte *f*.

coat [kəʊt] ❖ noun **1.** [garment] manteau *m* **2.** [of animal] pelage *m* **3.** [layer] couche *f*. ❖ vt ▶ **to coat sthg (with) a)** recouvrir qqch (de) **b)** [with paint] enduire qqch (de) **c)** [with flour, sugar] saupoudrer qqch (de) **d)** [with chocolate] enrober qqch (de).

-coated [kəʊtɪd] in compounds ▶ **plastic-coated** plastifié(e) ▶ **silver-coated** plaqué(e) argent.

coat hanger noun cintre *m*.

coating ['kəʊtɪŋ] noun couche *f* ; CULIN glaçage *m*.

coat of arms (*pl* **coats of arms**) noun blason *m*.

coax [kəʊks] vt ▶ **to coax sb (to do OR into doing sthg)** persuader qqn (de faire qqch) à force de cajoleries.

cob [kɒb] noun ⟶ **corn**.

cobble ['kɒbl] ❖ **cobble together** vt sep [agreement, book] bricoler ; [speech] improviser.

cobbled ['kɒbld] adj pavé(e).

cobbler ['kɒblər] noun cordonnier *m*, -ière *f*.

cobbles ['kɒblz], **cobblestones** ['kɒblstəʊnz] pl n pavés *mpl*.

cobweb ['kɒbweb] noun toile *f* d'araignée.

Coca-Cola® [ˌkəʊkə'kəʊlə] noun Coca-Cola® *m inv*.

cocaine [kəʊ'keɪn] noun cocaïne *f*.

cock [kɒk] ❖ noun **1.** [male chicken] coq *m* **2.** [male bird] mâle *m*. ❖ vt **1.** [gun] armer **2.** [head] incliner. ❖ **cock up** vt sep 🆄🅺 *v inf* faire merder.

cockerel ['kɒkrəl] noun jeune coq *m*.

cockeyed ['kɒkaɪd] adj *inf* **1.** [lopsided] de travers **2.** [foolish] complètement fou (folle).

cockle ['kɒkl] noun [shellfish] coque *f*.

Cockney ['kɒknɪ] noun (*pl* **Cockneys**) [person] Cockney *mf* (*personne issue des quartiers populaires de l'est de Londres*).

cockpit ['kɒkpɪt] noun [in plane] cockpit *m*.

cockroach ['kɒkrəʊtʃ] noun cafard *m*.

cocksure [ˌkɒk'ʃɔːr] adj trop sûr(e) de soi.

cocktail ['kɒkteɪl] noun cocktail *m*.

cock-up noun 🆄🅺 *v inf* ▶ **to make a cock-up** se planter.

cocky ['kɒkɪ] adj *inf* suffisant(e).

cocoa ['kəʊkəʊ] noun cacao m.

coconut ['kəʊkənʌt] noun noix f de coco.

cocoon [kə'ku:n] ❖ noun lit & fig cocon m. ❖ vt fig [person] couver.

cod [kɒd] (pl inv) noun morue f.

COD abbr of cash on delivery, collect on delivery.

code [kəʊd] ❖ noun code m. ❖ vt coder.

cod-liver oil noun huile f de foie de morue.

coerce [kəʊ'ɜ:s] vt ▸ to coerce sb (into doing sthg) contraindre qqn (à faire qqch).

C of E abbr of Church of England.

coffee ['kɒfɪ] noun café m.

coffee break noun pause-café f.

coffee morning noun 🇬🇧 réunion matinale pour prendre le café.

coffeepot ['kɒfɪpɒt] noun cafetière f.

coffee table noun table f basse.

coffers ['kɒfəz] pl n coffres mpl.

coffin ['kɒfɪn] noun cercueil m.

cog [kɒg] noun [tooth on wheel] dent f; [wheel] roue f dentée.

coherent [kəʊ'hɪərənt] adj cohérent(e).

cohesive [kəʊ'hi:sɪv] adj cohésif(ive).

coil [kɔɪl] ❖ noun 1. [of rope] rouleau m; [one loop] boucle f 2. ELEC bobine f 3. 🇬🇧 [contraceptive device] stérilet m. ❖ vt enrouler. ❖ vi s'enrouler. ◆ **coil up** vt sep enrouler.

coin [kɔɪn] ❖ noun pièce f (de monnaie). ❖ vt [word] inventer.

coinage ['kɔɪnɪdʒ] noun (U) [currency] monnaie f.

coincide [,kəʊɪn'saɪd] vi coïncider.

coincidence [kəʊ'ɪnsɪdəns] noun coïncidence f.

coincidental [kəʊ,ɪnsɪ'dentl] adj de coïncidence.

Coke® [kəʊk] noun Coca® m.

coke [kəʊk] noun 1. [fuel] coke m 2. drugs sl coco f, coke f.

cokehead ['kəʊkhed] noun inf ▸ to be a coke-head être accro à la coke.

cola ['kəʊlə] noun cola m.

colander ['kʌləndər] noun passoire f.

cold [kəʊld] ❖ adj froid(e) / it's cold il fait froid ▸ to be cold avoir froid ▸ to get cold a) [person] avoir froid b) [hot food] refroidir. ❖ noun 1. [illness] rhume m 2. [low temperature] froid m.

cold-blooded [-'blʌdɪd] adj fig [killer] sans pitié; [murder] de sang-froid.

cold calling noun [on phone] démarchage m téléphonique; [at home] démarchage m à domicile.

cold feet pl n ▸ to have OR get cold feet inf avoir la trouille.

cold shoulder noun ▸ to give sb the cold shoulder inf être froid(e) avec qqn.

cold sore noun bouton m de fièvre.

cold turkey noun drugs sl [drugs withdrawal] manque m ▸ to go cold turkey a) [stop taking drugs] arrêter de se droguer d'un seul coup b) [suffer withdrawal symptoms] être en manque.

cold war noun ▸ the cold war la guerre froide.

coleslaw ['kəʊlslɔ:] noun chou m cru mayonnaise.

colic ['kɒlɪk] noun colique f.

collaborate [kə'læbəreɪt] vi collaborer.

collapse [kə'læps] ❖ noun [gen] écroulement m, effondrement m; [of marriage] échec m. ❖ vi 1. [building, person] s'effondrer, s'écrouler; [marriage] échouer 2. [fold up] être pliant(e).

collapsible [kə'læpsəbl] adj pliant(e).

collar ['kɒlər] ❖ noun 1. [on clothes] col m 2. [for dog] collier m 3. TECH collier m, bague f. ❖ vt inf [detain] coincer.

collarbone ['kɒləbəʊn] noun clavicule f.

collate [kə'leɪt] vt collationner.

collateral [kɒ'lætərəl] noun (U) nantissement m.

colleague ['kɒli:g] noun collègue mf.

collect [kə'lekt] ❖ vt 1. [gather together - gen] rassembler, recueillir; [- wood] ramasser ▸ to collect o.s. se reprendre 2. [as a hobby] collectionner 3. [go to get] aller chercher, passer prendre 4. [money] recueillir; [taxes] percevoir. ❖ vi 1. [crowd, people] se rassembler 2. [dust, leaves, dirt] s'amasser, s'accumuler 3. [for charity, gift] faire la quête. ❖ adv 🇺🇸 TELEC ▸ to call (sb) collect téléphoner (à qqn) en PCV.

collection [kə'lekʃn] noun 1. [of objects] collection f 2. LITER recueil m 3. [of money] quête f 4. [of mail] levée f.

collective [kə'lektɪv] ❖ adj collectif(ive). ❖ noun coopérative f.

collector [kə'lektər] noun 1. [as a hobby] collectionneur m, -euse f 2. [of debts, rent] encaisseur m ▸ collector of taxes percepteur m.

college ['kɒlɪdʒ] noun 1. [gen] ≃ école f d'enseignement (technique) supérieur 2. [of university] *maison communautaire d'étudiants sur un campus universitaire.*

collide [kə'laɪd] vi ▸ **to collide (with)** entrer en collision (avec).

collie ['kɒlɪ] noun colley *m*.

colliery ['kɒljərɪ] noun 🇬🇧 mine *f*.

collision [kə'lɪʒn] noun [crash] ▸ **collision (with/between)** collision *f* (avec/entre) ▸ **to be on a collision course (with)** *fig* aller au-devant de l'affrontement (avec).

colloquial [kə'ləʊkwɪəl] adj familier(ère).

collude [kə'lu:d] vi ▸ **to collude with sb** comploter avec qqn.

Colombia [kə'lɒmbɪə] noun Colombie *f*.

colon ['kəʊlən] noun **1.** ANAT côlon *m* **2.** [punctuation mark] deux-points *f inv*.

colonel ['kɜ:nl] noun colonel *m*.

colonial [kə'ləʊnjəl] adj colonial(e).

colonize, colonise 🇬🇧 ['kɒlənaɪz] vt coloniser.

colony ['kɒlənɪ] noun colonie *f*.

color 🇺🇸 = **colour**.

colossal [kə'lɒsl] adj colossal(e).

colour 🇬🇧, **color** 🇺🇸 ['kʌlər] ❖ noun couleur *f* ▸ **in colour** en couleur. ❖ adj en couleur. ❖ vt **1.** [food, liquid] colorer ; [with pen, crayon] colorier **2.** [dye] teindre **3.** *fig* [judgment] fausser. ❖ vi rougir.

colour-blind 🇬🇧, **color-blind** 🇺🇸 adj *lit* daltonien(enne) ; *fig* qui ne fait pas de discrimination raciale.

colour-coded 🇬🇧, **color-coded** 🇺🇸 adj codé(e) par couleur.

coloured 🇬🇧, **colored** 🇺🇸 ['kʌləd] adj de couleur ▸ **brightly coloured** de couleur vive.

colourful 🇬🇧, **colorful** 🇺🇸 ['kʌləful] adj **1.** [gen] coloré(e) **2.** [person, area] haut(e) en couleur.

colouring 🇬🇧, **coloring** 🇺🇸 ['kʌlərɪŋ] noun **1.** [dye] colorant *m* **2.** *(U)* [complexion] teint *m*.

colour scheme 🇬🇧, **color scheme** 🇺🇸 noun combinaison *f* de couleurs.

colt [kəʊlt] noun [young horse] poulain *m*.

column ['kɒləm] noun **1.** [gen] colonne *f* **2.** PRESS [article] rubrique *f*.

columnist ['kɒləmnɪst] noun chroniqueur *m*.

.com ['dɒtkɒm] COMPUT *abréviation désignant les entreprises commerciales dans les adresses électroniques.*

coma ['kəʊmə] noun coma *m*.

comb [kəʊm] ❖ noun [for hair] peigne *m*. ❖ vt **1.** [hair] peigner **2.** [search] ratisser.

combat ['kɒmbæt] ❖ noun combat *m*. ❖ vt combattre.

combination [,kɒmbɪ'neɪʃn] noun combinaison *f*.

combine ❖ vt [kəm'baɪn] [gen] rassembler ; [pieces] combiner ▸ **to combine sthg with sthg a)** [two substances] mélanger qqch avec OR qqch **b)** *fig* allier qqch à qqch. ❖ vi [kəm'baɪn] COMM & POL ▸ **to combine (with)** fusionner (avec). ❖ noun ['kɒmbaɪn] **1.** [group] cartel *m* **2.** ⟶ **combine harvester**.

combine harvester ['kɒmbaɪn-] noun moissonneuse-batteuse *f*.

come [kʌm] (*pt* came, *pp* come) vi **1.** [move] venir ; [arrive] arriver, venir ▸ **coming!** j'arrive ! ▸ *I've got people coming* **a)** [short stay] j'ai des invités **b)** [long stay] il y a des gens qui viennent ▸ *the news came as a shock* la nouvelle m'a/lui a etc. fait un choc **2.** [reach] ▸ **to come up to** arriver à, monter jusqu'à ▸ **to come down to** descendre OR tomber jusqu'à **3.** [happen] arriver, se produire ▸ **come what may** quoi qu'il arrive **4.** [become] ▸ **to come undone** se défaire ▸ **to come unstuck** se décoller **5.** [begin gradually] ▸ **to come to do sthg** en arriver à OR en venir à faire qqch **6.** [be placed in order] venir, être placé(e) ▸ *P comes before Q* P vient avant Q, P précède Q ▸ *she came second in the exam* elle était deuxième à l'examen. ❖ **to come** adv à venir ▸ **in (the) days/years to come** dans les jours/années à venir. ❖ **come about** vi [happen] arriver, se produire. ❖ **come across** vt insep tomber sur, trouver par hasard. ❖ **come along** vi **1.** [arrive by chance] arriver **2.** [improve - work] avancer ; [- student] faire des progrès. ❖ **come apart** vi **1.** [fall to pieces] tomber en morceaux **2.** [come off] se détacher. ❖ **come around, come round** 🇬🇧 vi [regain consciousness] reprendre connaissance, revenir à soi. ❖ **come at** vt insep [attack] attaquer. ❖ **come across** vt insep tomber sur, trouver par hasard. ❖ **come back** vi **1.** [in talk, writing] ▸ **to come back to sthg** revenir à qqch **2.** [memory] ▸ **to come back (to sb)** revenir (à qqn). ❖ **come by** vt insep [get, obtain] trouver, dénicher. ❖ **come down** vi **1.** [decrease] baisser **2.** [descend] descendre. ❖ **come down to** vt insep se résumer à, se réduire à. ❖ **come down with** vt insep [cold, flu] attraper. ❖ **come forward** vi se présenter. ❖ **come from** vt insep venir de. ❖ **come in** vi [enter] entrer. ❖ **come in for** vt insep [criticism] être l'objet de. ◆ **come into** vt insep **1.** [inherit] hériter de **2.** [begin to be] ▶ **to come into being** prendre naissance, voir le jour. ◆ **come off** vi **1.** [button, label] se détacher ; [stain] s'enlever **2.** [joke, attempt] réussir **3.** **PHR** **come off it!** inf et puis quoi encore !, non mais sans blague ! ◆ **come on** vi **1.** [start] commencer, apparaître **2.** [start working - light, heating] s'allumer **3.** [progress, improve] avancer, faire des progrès **4.** **PHR** **come on!** a) [expressing encouragement] allez ! b) [hurry up] allez, dépêche-toi ! c) [expressing disbelief] allons donc ! ◆ **come out** vi **1.** [become known] être découvert(e) **2.** [appear - product, book, film] sortir, paraître ; [- sun, moon, stars] paraître **3.** [go on strike] faire grève **4.** [declare publicly] ▶ **to come out for /against sthg** se déclarer pour/contre qqch. ◆ **come over** ❖ vi [move towards speaker] venir ▶ do you want to come over this evening? tu veux venir à la maison ce soir ? ❖ vt insep [subj: sensation, emotion] envahir / I don't know what's come over her je ne sais pas ce qui lui a pris. ◆ **come round** **UK** vi = **come around**. ◆ **come through** vt insep survivre à. ◆ **come to** ❖ vt insep **1.** [reach] ▶ **to come to an end** se terminer, prendre fin ▶ **to come to a decision** arriver à OR prendre une décision **2.** [amount to] s'élever à. ❖ vi [regain consciousness] revenir à soi, reprendre connaissance. ◆ **come under** vt insep [be subjected to - authority, control] dépendre de ; [- influence] tomber sous, être soumis à / the government is coming under pressure to lower taxes le gouvernement subit des pressions visant à réduire les impôts ▶ **to come under attack (from)** être en butte aux attaques (de). ◆ **come up** vi **1.** [be mentioned] survenir **2.** [be imminent] approcher **3.** [happen unexpectedly] se présenter **4.** [sun] se lever. ◆ **come up against** vt insep se heurter à. ◆ **come up to** vt insep **1.** [approach - in space] s'approcher de **2.** [equal] répondre à. ◆ **come up with** vt insep [answer, idea] proposer.

comeback ['kʌmbæk] noun come-back m ▶ **to make a comeback** a) [fashion] revenir à la mode b) [actor] revenir à la scène.

comedian [kə'miːdjən] noun [comic] comique m ; THEAT comédien m.

comedown ['kʌmdaʊn] noun inf : it was a comedown for her elle est tombée bien bas pour faire ça.

comedy ['kɒmədɪ] noun comédie f.

comet ['kɒmɪt] noun comète f.

come-uppance [,kʌm'ʌpəns] noun ▶ **to get one's come-uppance** inf recevoir ce qu'on mérite.

comfort ['kʌmfət] ❖ noun **1.** (U) [ease] confort m **2.** [luxury] commodité f **3.** [solace] réconfort m, consolation f. ❖ vt réconforter, consoler.

comfortable ['kʌmftəbl] adj **1.** [gen] confortable **2.** fig [person - at ease, financially] à l'aise **3.** [after operation, accident] : he's comfortable son état est stationnaire.

comfortably ['kʌmftəblɪ] adv **1.** [sit, sleep] confortablement **2.** [without financial difficulty] à l'aise **3.** [win] aisément.

comfort zone noun : to stay within one's comfort zone rester en terrain connu / to step out of one's comfort zone prendre des risques.

comfy ['kʌmfɪ] (compar -ier, superl -iest) adj inf confortable.

comic ['kɒmɪk] ❖ adj comique, amusant(e). ❖ noun **1.** [comedian] comique m, actrice f comique **2.** [magazine] bande f dessinée.

comical ['kɒmɪkl] adj comique, drôle.

comic strip noun bande f dessinée.

coming ['kʌmɪŋ] ❖ adj [future] à venir, futur(e). ❖ noun ▶ **comings and goings** allées et venues fpl.

coming out noun [of homosexual] coming-out m ; [d'une jeune fille] entrée f dans le monde.

comma ['kɒmə] noun virgule f.

command [kə'mɑːnd] ❖ noun **1.** [order] ordre m **2.** (U) [control] commandement m **3.** [of language, subject] maîtrise f ▶ **to have at one's command a)** [language] maîtriser **b)** [resources] avoir à sa disposition **4.** COMPUT commande f. ❖ vt **1.** [order] ▶ **to command sb to do sthg** ordonner OR commander à qqn de faire qqch **2.** MIL [control] commander **3.** [deserve - respect] inspirer ; [- attention, high price] mériter.

commandeer [,kɒmən'dɪə^r] vt réquisitionner.

commander [kə'mɑːndə^r] noun **1.** [in army] commandant m **2.** [in navy] capitaine m de frégate.

commando [kə'mɑːndəʊ] (pl -s or -es) noun commando m.

commemorate [kə'meməreɪt] vt commémorer.

commemoration [kə,memə'reɪʃn] noun commémoration f.

commence [kə'mens] fml ❖ vt commencer, entamer ▶ **to commence doing sthg** commencer à faire qqch. ❖ vi commencer.

commend [kə'mend] vt **1.** [praise] ▸ **to commend sb (on** OR **for)** féliciter qqn (de) **2.** [recommend] ▸ **to commend sthg (to sb)** recommander qqch (à qqn).

commendable [kə'mendəbl] adj louable.

commensurate [kə'menʃərət] adj fml ▸ **commensurate with** correspondant(e) à.

comment ['kɒment] ❖ noun commentaire m, remarque f ▸ **no comment!** sans commentaire ! ❖ vt ▸ **to comment that** remarquer que. ❖ vi ▸ **to comment (on)** faire des commentaires OR remarques (sur).

commentary ['kɒməntrɪ] noun commentaire m.

commentate ['kɒmənteɪt] vi RADIO & TV ▸ **to commentate (on)** faire un reportage (sur).

commentator ['kɒmənteɪtər] noun commentateur m, -trice f.

commerce ['kɒmɜːs] noun (U) commerce m, affaires fpl.

commercial [kə'mɜːʃl] ❖ adj commercial(e). ❖ noun publicité f, spot m publicitaire.

commercial break noun publicités fpl.

commiserate [kə'mɪzəreɪt] vi ▸ **to commiserate with sb** témoigner de la compassion pour qqn.

commission [kə'mɪʃn] ❖ noun **1.** [money, investigative body] commission f **2.** [order for work] commande f. ❖ vt [work] commander ▸ **to commission sb to do sthg** charger qqn de faire qqch.

commissionaire [kə,mɪʃə'neər] noun UK portier m (d'un hôtel, etc.).

commissioner [kə'mɪʃnər] noun [in police] commissaire mf.

commit [kə'mɪt] vt **1.** [crime, sin] commettre ▸ **to commit suicide** se suicider **2.** [promise - money, resources] allouer ▸ **to commit o.s. (to sthg / to doing sthg)** s'engager (à qqch / à faire qqch) **3.** [consign] ▸ **to commit sb to prison** faire incarcérer qqn ▸ **to commit sthg to memory** apprendre qqch par cœur.

commitment [kə'mɪtmənt] noun **1.** (U) [dedication] engagement m **2.** [responsibility] obligation f.

committed [kə'mɪtɪd] adj [writer, politician] engagé(e) ; [Christian] convaincu(e) ▸ **he's committed to his work** il fait preuve d'engagement dans son travail.

committee [kə'mɪtɪ] noun commission f, comité m.

commodity [kə'mɒdətɪ] noun marchandise f.

common ['kɒmən] ❖ adj **1.** [frequent] courant(e) **2.** [shared] ▸ **common (to)** commun(e) (à) **3.** [ordinary] banal(e) **4.** UK pej [vulgar] vulgaire. ❖ noun [land] terrain m communal. ◆ **in common** adv en commun.

common cold noun rhume m.

common knowledge noun ▸ **it is common knowledge that...** tout le monde sait que..., il est de notoriété publique que....

common law noun droit m coutumier. ◆ **common-law** adj ▸ **common-law wife** concubine f.

commonly ['kɒmənlɪ] adv [generally] d'une manière générale, généralement.

commonplace ['kɒmənpleɪs] adj banal(e), ordinaire.

common room noun [staffroom] salle f des professeurs ; [for students] salle commune.

Commons ['kɒmənz] pl n UK ▸ **the Commons** les Communes fpl, la Chambre des Communes.

common sense noun (U) bon sens m.

Commonwealth ['kɒmənwelθ] noun ▸ **the Commonwealth** le Commonwealth.

commotion [kə'məʊʃn] noun remue-ménage m.

communal ['kɒmjʊnl] adj [kitchen, garden] commun(e) ; [life] communautaire, collectif(ive).

commune ❖ noun ['kɒmjuːn] communauté f. ❖ vi [kə'mjuːn] ▸ **to commune with** communier avec.

communicate [kə'mjuːnɪkeɪt] vt & vi communiquer.

communication [kə,mjuːnɪ'keɪʃn] noun contact m ; TELEC communication f.

communion [kə'mjuːnjən] noun communion f. ◆ **Communion** noun (U) RELIG communion f.

Communism ['kɒmjʊnɪzm] noun communisme m.

Communist ['kɒmjʊnɪst] ❖ adj communiste. ❖ noun communiste mf.

community [kə'mjuːnətɪ] noun communauté f.

community centre UK, **community center** US noun foyer m municipal.

community service noun (U) travail m d'intérêt général.

commute [kə'mjuːt] ❖ vt LAW commuer. ❖ vi [to work] faire la navette pour se rendre à son travail.

commuter [kə'mju:tər] noun *personne qui fait tous les jours la navette de banlieue en ville pour se rendre à son travail.*

compact ◆ adj [kəm'pækt] compact(e). ◆ noun ['kɒmpækt] **1.** [for face powder] poudrier m **2.** US AUTO ▶ **compact (car)** petite voiture f.

compact disc noun compact m (disc m), disque m compact.

companion [kəm'pænjən] noun [person] camarade mf.

companionship [kəm'pænjənʃɪp] noun compagnie f.

company ['kʌmpənɪ] noun **1.** [COMM - gen] société f ; [- insurance, airline, shipping company] compagnie f **2.** [companionship] compagnie f ▶ **to keep sb company** tenir compagnie à qqn **3.** [of actors] troupe f.

company secretary noun secrétaire général m, secrétaire générale f.

comparable ['kɒmprəbl] adj ▶ **comparable (to OR with)** comparable (à).

comparative [kəm'pærətɪv] adj **1.** [relative] relatif(ive) **2.** [study, in grammar] comparatif(ive).

comparatively [kəm'pærətɪvlɪ] adv [relatively] relativement.

compare [kəm'peər] ◆ vt ▶ **to compare sb/sthg (with OR to)** comparer qqn/qqch (avec), comparer qqn/qqch (à) ▶ **compared with OR to** par rapport à. ◆ vi ▶ **to compare (with)** être comparable (à).

comparison [kəm'pærɪsn] noun comparaison f ▶ **in comparison with OR to** en comparaison de, par rapport à.

compartment [kəm'pɑ:tmənt] noun compartiment m.

compass ['kʌmpəs] noun [magnetic] boussole f. ◆ **compasses** pl n ▶ **(a pair of) compasses** un compas.

compassion [kəm'pæʃn] noun compassion f.

compassionate [kəm'pæʃənət] adj compatissant(e).

compassionate leave noun [gen & MIL] permission f exceptionnelle *(pour raisons personnelles).*

compatible [kəm'pætəbl] adj [gen & COMPUT] ▶ **compatible (with)** compatible (avec).

compel [kəm'pel] vt [force] ▶ **to compel sb (to do sthg)** contraindre OR obliger qqn (à faire qqch).

compelling [kəm'pelɪŋ] adj [forceful] irrésistible.

compensate ['kɒmpenseɪt] ◆ vt ▶ **to compensate sb for sthg** [financially] dédommager OR indemniser qqn de qqch. ◆ vi ▶ **to compensate for sthg** compenser qqch.

compensation [,kɒmpen'seɪʃn] noun **1.** [money] ▶ **compensation (for)** dédommagement m (pour) **2.** [way of compensating] ▶ **compensation (for)** compensation f (pour).

compete [kəm'pi:t] vi **1.** [vie - people] ▶ **to compete with sb for sthg** disputer qqch à qqn ▶ **to compete for sthg** se disputer qqch **2.** COMM ▶ **to compete (with)** être en concurrence (avec) ▶ **to compete for sthg** se faire concurrence pour qqch **3.** [take part] être en compétition.

competence ['kɒmpɪtəns] noun *(U)* [proficiency] compétence f, capacité f.

competent ['kɒmpɪtənt] adj compétent(e).

competition [,kɒmpɪ'tɪʃn] noun **1.** *(U)* [rivalry] rivalité f, concurrence f **2.** *(U)* COMM concurrence f **3.** [race, contest] concours m, compétition f.

competitive [kəm'petətɪv] adj **1.** [person] qui a l'esprit de compétition ; [match, sport] de compétition **2.** [COMM - goods] compétitif(ive) ; [- manufacturer] concurrentiel(elle).

competitor [kəm'petɪtər] noun concurrent m, -e f.

compile [kəm'paɪl] vt rédiger.

complacency [kəm'pleɪsnsɪ] noun autosatisfaction f.

complain [kəm'pleɪn] vi **1.** [make complaint] ▶ **to complain (about)** se plaindre (de) **2.** MED ▶ **to complain of** se plaindre de.

complaint [kəm'pleɪnt] noun **1.** [gen] plainte f ; [in shop] réclamation f **2.** MED affection f, maladie f.

complement ◆ noun ['kɒmplɪmənt] **1.** [accompaniment] accompagnement m **2.** [number] effectif m **3.** GRAM complément m. ◆ vt ['kɒmplɪˌment] aller bien avec.

complementary [,kɒmplɪ'mentərɪ] adj complémentaire.

complete [kəm'pli:t] ◆ adj **1.** [gen] complet(ète) ▶ **complete with** doté(e) de, muni(e) de **2.** [finished] achevé(e). ◆ vt **1.** [make whole] compléter **2.** [finish] achever, terminer **3.** [questionnaire, form] remplir.

completely [kəm'pli:tlɪ] adv complètement.

completion [kəm'pli:ʃn] noun achèvement m.

complex ['kɒmpleks] ❖ adj complexe. ❖ noun [mental, of buildings] complexe *m*.

complexion [kəm'plekʃn] noun teint *m*.

compliance [kəm'plaɪəns] noun ▸ **compliance (with)** conformité *f* (à).

compliant [kəm'plaɪənt] adj 1. [person] docile ; [document, object] conforme 2. [compatible] compatible.

complicate ['kɒmplɪkeɪt] vt compliquer.

complicated ['kɒmplɪkeɪtɪd] adj compliqué(e).

complication [,kɒmplɪ'keɪʃn] noun complication *f*.

compliment ❖ noun ['kɒmplɪmənt] compliment *m*. ❖ vt ['kɒmplɪ,ment] ▸ **to compliment sb (on)** féliciter qqn (de). ◆ **compliments** pl n *fml* compliments *mpl*.

complimentary [,kɒmplɪ'mentərɪ] adj 1. [admiring] flatteur(euse) 2. [free] gratuit(e).

complimentary ticket noun billet *m* de faveur.

comply [kəm'plaɪ] vi ▸ **to comply with** se conformer à.

component [kəm'pəʊnənt] noun composant *m*.

compose [kəm'pəʊz] vt 1. [gen] composer ▸ **to be composed of** se composer de, être composé de 2. [calm] ▸ **to compose o.s.** se calmer.

composed [kəm'pəʊzd] adj [calm] calme.

composer [kəm'pəʊzə'] noun compositeur *m*, -trice *f*.

composition [,kɒmpə'zɪʃn] noun composition *f*.

compost [UK 'kɒmpɒst, US 'kɒmpəʊst] noun compost *m*.

composure [kəm'pəʊʒə'] noun sang-froid *m*, calme *m*.

compound noun ['kɒmpaʊnd] 1. CHEM & LING composé *m* 2. [enclosed area] enceinte *f*.

comprehend [,kɒmprɪ'hend] vt [understand] comprendre.

comprehension [,kɒmprɪ'henʃn] noun compréhension *f*.

comprehensive [,kɒmprɪ'hensɪv] ❖ adj 1. [account, report] exhaustif(ive), détaillé(e) 2. [insurance] tous-risques *(inv)*. ❖ noun UK = comprehensive school.

comprehensive school noun établissement secondaire britannique d'enseignement général.

compress [kəm'pres] vt 1. [squeeze, press] comprimer 2. [shorten - text] condenser.

comprise [kəm'praɪz] vt comprendre ▸ **to be comprised of** consister en, comprendre.

compromise ['kɒmprəmaɪz] ❖ noun compromis *m*. ❖ vt compromettre. ❖ vi transiger.

compulsion [kəm'pʌlʃn] noun 1. [strong desire] ▸ **to have a compulsion to do sthg** ne pas pouvoir s'empêcher de faire qqch 2. *(U)* [obligation] obligation *f*.

compulsive [kəm'pʌlsɪv] adj 1. [smoker, liar, etc.] invétéré(e) 2. [book, TV programme] captivant(e).

compulsory [kəm'pʌlsərɪ] adj obligatoire.

compute [kəm'pjuːt] vt calculer.

computer [kəm'pjuːtə'] noun ordinateur *m*.

computer game noun jeu *m* électronique.

computerized, computerised UK [kəm'pjuːtəraɪzd] adj informatisé(e).

computer science noun informatique *f*.

computing [kəm'pjuːtɪŋ] noun informatique *f*.

comrade ['kɒmreɪd] noun camarade *mf*.

con [kɒn] *inf* ❖ noun [trick] escroquerie *f*. ❖ vt [trick] ▸ **to con sb (out of)** escroquer qqn (de) ▸ **to con sb into doing sthg** persuader qqn de faire qqch (en lui mentant).

con artist noun *inf* arnaqueur *m*.

concave [,kɒn'keɪv] adj concave.

conceal [kən'siːl] vt cacher, dissimuler ▸ **to conceal sthg from sb** cacher qqch à qqn.

concede [kən'siːd] ❖ vt concéder. ❖ vi céder.

conceit [kən'siːt] noun [arrogance] vanité *f*.

conceited [kən'siːtɪd] adj vaniteux(euse).

conceive [kən'siːv] ❖ vt concevoir. ❖ vi 1. MED concevoir 2. [imagine] ▸ **to conceive of** concevoir.

concentrate ['kɒnsəntreɪt] ❖ vt concentrer. ❖ vi ▸ **to concentrate (on)** se concentrer (sur).

concentration [,kɒnsən'treɪʃn] noun concentration *f*.

concentration camp noun camp *m* de concentration.

concept ['kɒnsept] noun concept *m*.

concern [kən'sɜːn] ❖ noun 1. [worry, anxiety] souci *m*, inquiétude *f* 2. COMM [company] affaire *f*. ❖ vt 1. [worry] inquiéter ▸ **to be**

concerned (about) s'inquiéter (de) **2.** [involve] concerner, intéresser ▸ **to be concerned with** [subj: person] s'intéresser à ▸ **to concern o.s. with sthg** s'intéresser à, s'occuper de **3.** [subj: book, film] traiter de.

concerned [kən'sɜ:nd] adj **1.** [worried] inquiet(ète), soucieux(euse) / *we were concerned for* OR *about his health* nous étions inquiets pour sa santé **2.** [involved] intéressé(e) / *pass this request on to the department concerned* transmettez cette demande au service compétent / *notify the person concerned* avisez qui de droit / *the people concerned* a) [in question] les personnes en question OR dont il s'agit b) [involved] les intéressés.

concerning [kən'sɜ:nɪŋ] prep en ce qui concerne.

concert ['kɒnsət] noun concert m.

concerted [kən'sɜ:tɪd] adj [effort] concerté(e).

concert hall noun salle f de concert.

concertina [,kɒnsə'ti:nə] noun concertina m.

concerto [kən'tʃɜ:təʊ] (pl -s) noun concerto m.

concession [kən'seʃn] noun **1.** [gen] concession f **2.** UK [special price] réduction f.

conciliatory [kən'sɪliətrɪ] adj conciliant(e).

concise [kən'saɪs] adj concis(e).

conclude [kən'klu:d] ◆ vt conclure. ◆ vi [meeting] prendre fin ; [speaker] conclure.

conclusion [kən'klu:ʒn] noun conclusion f.

conclusive [kən'klu:sɪv] adj concluant(e).

concoct [kən'kɒkt] vt préparer ; *fig* concocter.

concoction [kən'kɒkʃn] noun préparation f.

concourse ['kɒŋkɔ:s] noun [hall] hall m.

concrete ['kɒŋkri:t] ◆ adj [definite] concret(ète). ◆ noun (U) béton m. ◆ comp [made of concrete] en béton.

concubine ['kɒŋkjʊbaɪn] noun concubine f.

concur [kən'kɜ:r] vi [agree] ▸ **to concur (with)** être d'accord (avec).

concurrently [kən'kʌrəntlɪ] adv simultanément.

concussion [kən'kʌʃn] noun commotion f.

condemn [kən'dem] vt condamner.

condensation [,kɒnden'seɪʃn] noun condensation f.

condense [kən'dens] ◆ vt condenser. ◆ vi se condenser.

condescending [,kɒndɪ'sendɪŋ] adj condescendant(e).

condition [kən'dɪʃn] ◆ noun **1.** [gen] condition f ▸ **in (a) good/bad condition** en bon/mauvais état ▸ **out of condition** pas en forme **2.** MED maladie f. ◆ vt [gen] conditionner. ◆ **conditions** pl n conditions fpl.

conditional [kən'dɪʃənl] adj conditionnel(elle).

conditioner [kən'dɪʃnər] noun **1.** [for hair] après-shampooing m **2.** [for clothes] assouplissant m.

condolences [kən'dəʊlənsɪz] pl n condoléances fpl.

condom ['kɒndəm] noun préservatif m.

condominium [,kɒndə'mɪnɪəm] noun US **1.** [apartment] appartement m dans un immeuble en copropriété **2.** [apartment block] immeuble m en copropriété.

condone [kən'dəʊn] vt excuser.

conducive [kən'dju:sɪv] adj ▸ **to be conducive to sthg/to doing sthg** inciter à qqch/à faire qqch.

conduct ◆ noun ['kɒndʌkt] conduite f. ◆ vt [kən'dʌkt] **1.** [carry out, transmit] conduire **2.** [behave] ▸ **to conduct o.s. well/badly** se conduire bien/mal **3.** MUS diriger.

conductor [kən'dʌktər] noun **1.** MUS chef m d'orchestre **2.** [on bus] receveur m **3.** US [on train] chef m de train.

conductress [kən'dʌktrɪs] noun [on bus] receveuse f.

cone [kəʊn] noun **1.** [shape] cône m **2.** [for ice cream] cornet m **3.** [from tree] pomme f de pin.

confectioner [kən'fekʃnər] noun confiseur m ▸ **confectioner's (shop)** confiserie f.

confectionery [kən'fekʃnərɪ] noun confiserie f.

confederation [kən,fedə'reɪʃn] noun confédération f.

confer [kən'fɜ:r] ◆ vt ▸ **to confer sthg (on sb)** conférer qqch (à qqn). ◆ vi ▸ **to confer (with sb on** OR **about sthg)** s'entretenir (avec qqn de qqch).

conference ['kɒnfərəns] noun conférence f.

conference centre UK, **conference center** US noun centre m de conférences.

confess [kən'fes] ◆ vt **1.** [admit] avouer, confesser **2.** RELIG confesser. ◆ vi ▸ **to confess to sthg** avouer qqch.

confession [kən'feʃn] noun confession f.

confetti [kən'fetɪ] noun (U) confettis mpl.

confide [kən'faɪd] vi ▶ **to confide in sb** se confier à qqn.

confidence ['kɒnfɪdəns] noun **1.** [self-assurance] confiance f en soi, assurance f **2.** [trust] confiance f ▶ **to have confidence in** avoir confiance en **3.** [secrecy] ▶ **in confidence** en confidence **4.** [secret] confidence f.

confidence trick noun abus m de confiance.

confident ['kɒnfɪdənt] adj **1.** [self-assured] ▶ **to be confident** avoir confiance en soi **2.** [sure] sûr(e).

confidential [,kɒnfɪ'denʃl] adj confidentiel(elle).

configure [kən'fɪɡə] vt [gen & COMPUT] configurer.

confine [kən'faɪn] vt **1.** [limit] limiter ▶ **to confine o.s. to** se limiter à **2.** [shut up] enfermer, confiner.

confined [kən'faɪnd] adj [space, area] restreint(e).

confinement [kən'faɪnmənt] noun [imprisonment] emprisonnement m.

confines ['kɒnfaɪnz] pl n confins mpl.

confirm [kən'fɜ:m] vt confirmer.

confirmation [,kɒnfə'meɪʃn] noun confirmation f.

confirmed [kən'fɜ:md] adj [habitual] invétéré(e) ; [bachelor, spinster] endurci(e).

confiscate ['kɒnfɪskeɪt] vt confisquer.

conflict ◆ noun ['kɒnflɪkt] conflit m. ◆ vi [kən'flɪkt] ▶ **to conflict (with)** s'opposer (à), être en conflit (avec).

conflicting [kən'flɪktɪŋ] adj contradictoire.

conform [kən'fɔ:m] vi ▶ **to conform (to or with)** se conformer (à).

confound [kən'faʊnd] vt [confuse, defeat] déconcerter.

confront [kən'frʌnt] vt **1.** [problem, enemy] affronter **2.** [challenge] ▶ **to confront sb (with)** confronter qqn (avec).

confrontation [,kɒnfrʌn'teɪʃn] noun affrontement m.

confuse [kən'fju:z] vt **1.** [disconcert] troubler ▶ **to confuse the issue** brouiller les cartes **2.** [mix up] confondre.

confused [kən'fju:zd] adj **1.** [not clear] compliqué(e) **2.** [disconcerted] troublé(e), désorienté(e) / I'm confused je n'y comprends rien.

confusing [kən'fju:zɪŋ] adj pas clair(e).

confusion [kən'fju:ʒn] noun confusion f.

congeal [kən'dʒi:l] vi [blood] se coaguler.

congenial [kən'dʒi:njəl] adj sympathique, agréable.

congested [kən'dʒestɪd] adj **1.** [street, area] encombré(e) **2.** MED congestionné(e).

congestion [kən'dʒestʃn] noun **1.** [of traffic] encombrement m **2.** MED congestion f.

congestion charge noun UK taxe f anti-embouteillages.

conglomerate [,kən'ɡlɒmərət] noun COMM conglomérat m.

congrats [kən'ɡræts] interj inf ▶ **congrats!** bravo !

congratulate [kən'ɡrætʃʊleɪt] vt ▶ **to congratulate sb (on sthg / on doing sthg)** féliciter qqn (de qqch / d'avoir fait qqch).

congratulations [kən,ɡrætʃʊ'leɪʃənz] pl n félicitations fpl.

congregate ['kɒnɡrɪɡeɪt] vi se rassembler.

congregation [,kɒnɡrɪ'ɡeɪʃn] noun assemblée f des fidèles.

congress ['kɒnɡres] noun [meeting] congrès m. ◆ **Congress** noun US POL le Congrès.

congressman ['kɒnɡresmən] (pl **-men**) noun US POL membre m du Congrès.

congresswoman ['kɒnɡres,wʊmən] (pl **-women**) noun US POL membre m (féminin) du Congrès.

conifer ['kɒnɪfər] noun conifère m.

conjugation [,kɒndʒʊ'ɡeɪʃn] noun GRAM conjugaison f.

conjunction [kən'dʒʌŋkʃn] noun GRAM conjonction f.

conjunctivitis [kən,dʒʌŋktɪ'vaɪtɪs] noun conjonctivite f.

conjure vi ['kʌndʒər] [by magic] faire des tours de prestidigitation. ◆ **conjure up** vt sep évoquer.

conjurer ['kʌndʒərər] noun prestidigitateur m, -trice f.

conjuror ['kʌndʒərər] = conjurer.

conk [kɒŋk] noun UK inf pif m. ◆ **conk out** vi inf tomber en panne.

conker ['kɒŋkər] noun UK marron m.

conman ['kɒnmæn] (pl **-men**) noun escroc m.

connect [kə'nekt] ◆ vt **1.** [join] ▶ **to connect sthg (to)** relier qqch (à) **2.** [on telephone] mettre en communication **3.** [associate] associer ▶ **to connect sb / sthg to, to connect**

sb / sthg with associer qqn/qqch à **4.** ELEC [to power supply] ▸ **to connect sthg to** brancher qqch à. ❖ vi [train, plane, bus] ▸ **to connect (with)** assurer la correspondance (avec).

connected [kə'nektɪd] adj [related] ▸ **to be connected with** avoir un rapport avec.

connection [kə'nekʃn] noun **1.** [relationship] ▸ **connection (between / with)** rapport m (entre / avec) ▸ **in connection with** à propos de **2.** ELEC branchement m, connexion f **3.** [on telephone] communication f **4.** [plane, train, bus] correspondance f **5.** [professional acquaintance] relation f.

connive [kə'naɪv] vi **1.** [plot] comploter **2.** [allow to happen] ▸ **to connive at sthg** fermer les yeux sur qqch.

conniving [kə'naɪvɪŋ] adj pej malhonnête.

connoisseur [ˌkɒnə'sɜːr] noun connaisseur m, -euse f.

conquer ['kɒŋkər] vt **1.** [country, etc.] conquérir **2.** [fears, inflation, etc.] vaincre.

conqueror ['kɒŋkərər] noun conquérant m, -e f.

conquest ['kɒŋkwest] noun conquête f.

conscience ['kɒnʃəns] noun conscience f.

conscientious [ˌkɒnʃɪ'enʃəs] adj consciencieux(euse).

conscientious objector noun objecteur m de conscience.

conscious ['kɒnʃəs] adj **1.** [not unconscious] conscient(e) **2.** [aware] ▸ **conscious of sthg** conscient(e) de qqch **3.** [intentional - insult] délibéré(e), intentionnel(elle) ; [- effort] conscient(e).

consciousness ['kɒnʃəsnɪs] noun conscience f.

conscript noun ['kɒnskrɪpt] MIL conscrit m.

conscription [kən'skrɪpʃn] noun conscription f.

consecutive [kən'sekjʊtɪv] adj consécutif(ive).

consensus [kən'sensəs] noun consensus m.

consent [kən'sent] ❖ noun (U) **1.** [permission] consentement m **2.** [agreement] accord m. ❖ vi ▸ **to consent (to)** consentir (à).

consequence ['kɒnsɪkwəns] noun **1.** [result] conséquence f ▸ **in consequence** par conséquent **2.** [importance] importance f.

consequently ['kɒnsɪkwəntlɪ] adv par conséquent.

conservation [ˌkɒnsə'veɪʃn] noun [of nature] protection f ; [of buildings] conservation f ; [of energy, water] économie f.

conservation area noun secteur m sauvegardé.

conservative [kən'sɜːvətɪv] ❖ adj **1.** [traditionalist] traditionaliste **2.** [cautious] prudent(e). ❖ noun traditionaliste mf. ◆ **Conservative** ❖ adj POL conservateur(trice). ❖ noun POL conservateur m, -trice f.

Conservative Party noun ▸ **the Conservative Party** le parti conservateur.

conservatory [kən'sɜːvətrɪ] noun [of house] jardin m d'hiver.

conserve ❖ noun ['kɒnsɜːv] confiture f. ❖ vt [kən'sɜːv] [energy, supplies] économiser ; [nature, wildlife] protéger.

consider [kən'sɪdər] vt **1.** [think about] examiner **2.** [take into account] prendre en compte ▸ **all things considered** tout compte fait **3.** [judge] considérer.

considerable [kən'sɪdrəbl] adj considérable.

considerably [kən'sɪdrəblɪ] adv considérablement.

considerate [kən'sɪdərət] adj prévenant(e).

consideration [kən,sɪdə'reɪʃn] noun **1.** (U) [careful thought] réflexion f ▸ **to take sthg into consideration** tenir compte de qqch, prendre qqch en considération **2.** (U) [care] attention f **3.** [factor] facteur m.

considering [kən'sɪdərɪŋ] ❖ prep étant donné. ❖ conj étant donné que.

consign [kən'saɪn] vt ▸ **to consign sb / sthg to** reléguer qqn/qqch à.

consigner US = **consignor**.

consignment [ˌkən'saɪnmənt] noun [load] expédition f.

consignor [kən'saɪnər] noun expéditeur m, -trice f.

consist [kən'sɪst] ◆ **consist in** vt insep ▸ **to consist in sthg** consister dans qqch ▸ **to consist in doing sthg** consister à faire qqch. ◆ **consist of** vt insep consister en.

consistency [kən'sɪstənsɪ] noun **1.** [coherence] cohérence f **2.** [texture] consistance f.

consistent [kən'sɪstənt] adj **1.** [regular - behaviour] conséquent(e) ; [- improvement] régulier(ère) ; [- supporter] constant(e) **2.** [coherent] cohérent(e) **/ to be consistent with** a) [with one's position] être compatible avec b) [with the facts] correspondre avec.

consistently [kən'sɪstəntlɪ] adv **1.** [without exception] invariablement **2.** [argue, reason] de manière cohérente.

consolation [ˌkɒnsə'leɪʃn] noun réconfort m.

console ❖ noun ['kɒnsəʊl] tableau m de commande ; COMPUT & MUS console f. ❖ vt [kən'səʊl] consoler.

consolidate [kən'sɒlɪdeɪt] ❖ vt **1.** [strengthen] consolider **2.** [merge] fusionner. ❖ vi fusionner.

consonant ['kɒnsənənt] noun consonne f.

consortium [kən'sɔːtjəm] (pl -tiums or -tia) noun consortium m.

conspicuous [kən'spɪkjʊəs] adj voyant(e), qui se remarque.

conspiracy [kən'spɪrəsɪ] noun conspiration f, complot m.

conspire [kən'spaɪər] vt ▶ to conspire to do sthg a) comploter de faire qqch b) [subj: events] contribuer à faire qqch.

constable ['kʌnstəbl] noun UK [policeman] agent m de police.

constabulary [kən'stæbjʊlərɪ] noun UK police f.

constant ['kɒnstənt] adj **1.** [unvarying] constant(e) **2.** [recurring] continuel(elle).

constantly ['kɒnstəntlɪ] adv constamment.

consternation [ˌkɒnstə'neɪʃn] noun consternation f.

constipated ['kɒnstɪpeɪtɪd] adj constipé(e).

constipation [ˌkɒnstɪ'peɪʃn] noun constipation f.

constituency [kən'stɪtjʊənsɪ] noun [area] circonscription f électorale.

constituent [kən'stɪtjʊənt] noun **1.** [voter] électeur m, -trice f **2.** [element] composant m.

constitute ['kɒnstɪtjuːt] vt **1.** [form, represent] représenter, constituer **2.** [establish, set up] constituer.

constitution [ˌkɒnstɪ'tjuːʃn] noun constitution f.

constraint [kən'streɪnt] noun **1.** [restriction] ▶ constraint (on) limitation f (à) **2.** (U) [self-control] retenue f, réserve f **3.** [coercion] contrainte f.

construct vt [kən'strʌkt] construire.

construction [kən'strʌkʃn] noun construction f.

constructive [kən'strʌktɪv] adj constructif(ive).

construe [kən'struː] vt fml [interpret] ▶ to construe sthg as interpréter qqch comme.

consul ['kɒnsəl] noun consul m, -e f.

consulate ['kɒnsjʊlət] noun consulat m.

consult [kən'sʌlt] ❖ vt consulter. ❖ vi ▶ to consult with sb s'entretenir avec qqn.

consultant [kən'sʌltənt] noun **1.** [expert] expert-conseil m **2.** UK [hospital doctor] spécialiste mf.

consultation [ˌkɒnsəl'teɪʃn] noun [meeting, discussion] entretien m.

consulting [kən'sʌltɪŋ] noun cabinet m d'expert.

consulting room noun MED cabinet m de consultation.

consume [kən'sjuːm] vt [food, fuel, etc.] consommer.

consumer [kən'sjuːmər] noun consommateur m, -trice f.

consummate vt ['kɒnsəmeɪt] consommer.

consumption [kən'sʌmpʃn] noun [use] consommation f.

cont. abbr of continued.

contact ['kɒntækt] ❖ noun **1.** (U) [touch, communication] contact m ▶ in contact (with sb) en rapport or contact (avec qqn) ▶ to lose contact with sb perdre le contact avec qqn **2.** [person] relation f, contact m. ❖ vt contacter, prendre contact avec ; [by phone] joindre, contacter.

contact lens noun verre m or lentille f de contact.

contacts ['kɒntækts] pl n lentilles fpl (de contact).

contagious [kən'teɪdʒəs] adj contagieux(euse).

contain [kən'teɪn] vt **1.** [hold, include] contenir, renfermer **2.** fml [control] contenir ; [epidemic] circonscrire.

container [kən'teɪnər] noun **1.** [box, bottle, etc.] récipient m **2.** [for transporting goods] conteneur m, container m.

contaminate [kən'tæmɪneɪt] vt contaminer.

cont'd written abbr of continued.

contemplate ['kɒntempleɪt] ❖ vt **1.** [consider] envisager **2.** fml [look at] contempler. ❖ vi [consider] méditer.

contemporary [kən'tempərərɪ] ❖ adj contemporain(e). ❖ noun contemporain m, -e f.

contempt [kən'tempt] noun **1.** [scorn] ▶ con-tempt **(for)** mépris *m* (pour) **2.** LAW ▶ **contempt (of court)** outrage *m* à la cour.

contemptuous [kən'temptʃʊəs] adj mé-prisant(e) ▶ **contemptuous of sthg** dédai-gneux(euse) de qqch.

contend [kən'tend] ❖ vi **1.** [deal] ▶ **to contend with sthg** faire face à qqch **2.** [compete] ▶ **to contend for a)** [subj: several people] se disputer **b)** [subj: one person] se battre pour ▶ **to contend against** lutter contre. ❖ vt *fml* [claim] ▶ **to contend that...** soutenir OR prétendre que....

contender [kən'tendər] noun [in election] candidat *m*, -e *f* ; [in competition] concur-rent *m*, -e *f* ; [in boxing, etc.] prétendant *m*, -e *f*.

content ❖ adj [kən'tent] ▶ **content (with)** satisfait(e) (de), content(e) (de) ▶ **to be content to do sthg** ne pas demander mieux que de faire qqch. ❖ noun ['kɒntent] **1.** [amount] teneur *f* **2.** [subject matter] contenu *m*. ❖ vt [kən'tent] ▶ **to content o.s. with sthg/with doing sthg** se contenter de qqch/de faire qqch. ◆ **contents** pl n **1.** [of container, document] contenu *m* **2.** [at front of book] table *f* des matières.

contented [kən'tentɪd] adj satisfait(e).

contention [kən'tenʃn] noun *fml* **1.** [argu-ment, assertion] assertion *f*, affirmation *f* **2.** (U) [disagreement] dispute *f*, contestation *f*.

contentious [kən'tenʃəs] adj conten-tieux(euse), contesté(e).

contest ❖ noun ['kɒntest] **1.** [compe-tition] concours *m* **2.** [for power, control] combat *m*, lutte *f*. ❖ vt [kən'test] **1.** [compete for] disputer **2.** [dispute] contester.

contestant [kən'testənt] noun concur-rent *m*, -e *f*.

context ['kɒntekst] noun contexte *m*.

context-sensitive adj COMPUT contex-tuel(le).

continent ['kɒntɪnənt] noun continent *m*. ◆ **Continent** noun 🇬🇧 ▶ **the Continent** l'Europe *f* continentale.

continental [,kɒntɪ'nentl] adj GEOG conti-nental(e).

continental breakfast noun petit dé-jeuner *m* (*par opposition à « English breakfast »*).

contingency [kən'tɪndʒənsɪ] noun éven-tualité *f*.

contingency plan noun plan *m* d'urgence.

continual [kən'tɪnjʊəl] adj continuel(elle).

continually [kən'tɪnjʊəlɪ] adv continuelle-ment.

continuation [kən,tɪnjʊ'eɪʃn] noun **1.** (U) [act] continuation *f* **2.** [sequel] suite *f*.

continue [kən'tɪnjuː] ❖ vt **1.** [carry on] continuer, poursuivre ▶ **to continue doing** OR **to do sthg** continuer à OR de faire qqch **2.** [after an interruption] reprendre. ❖ vi **1.** [carry on] continuer ▶ **to continue with sthg** poursuivre qqch, continuer qqch **2.** [after an interruption] reprendre, se poursuivre.

continuous [kən'tɪnjʊəs] adj continu(e).

continuously [kən'tɪnjʊəslɪ] adv sans arrêt, continuellement.

contort [kən'tɔːt] vt tordre.

contortion [kən'tɔːʃn] noun **1.** (U) [twisting] torsion *f* **2.** [position] contorsion *f*.

contour ['kɒn,tʊər] noun **1.** [outline] contour *m* **2.** [on map] courbe *f* de niveau.

contraband ['kɒntrəbænd] ❖ adj de contrebande. ❖ noun contrebande *f*.

contraception [,kɒntrə'sepʃn] noun contra-ception *f*.

contraceptive [,kɒntrə'septɪv] ❖ adj [method, device] anticonceptionnel(elle), contra-ceptif(ive) ; [advice] sur la contraception. ❖ noun contraceptif *m*.

contract ❖ noun ['kɒntrækt] contrat *m*. ❖ vt [kən'trækt] **1.** [gen] contracter **2.** COMM ▶ **to contract sb (to do sthg)** passer un contrat avec qqn (pour faire qqch) ▶ **to contract to do sthg** s'engager par contrat à faire qqch. ❖ vi [decrease in size, length] se contracter.

contraction [kən'trækʃn] noun contraction *f*.

contractor [kən'træktər] noun entrepre-neur *m*.

contradict [,kɒntrə'dɪkt] vt contredire.

contradiction [,kɒntrə'dɪkʃn] noun contra-diction *f*.

contradictory [,kɒntrə'dɪktərɪ] adj contra-dictoire ; [behaviour] incohérent(e).

contraflow ['kɒntrəfləʊ] noun 🇬🇧 circula-tion *f* à contre-sens.

contraption [kən'træpʃn] noun ma-chin *m*, truc *m*.

contrary ['kɒntrərɪ] ❖ adj **1.** [oppo-site] ▶ **contrary (to)** contraire (à), opposé(e) (à) **2.** [kən'treərɪ] [awkward] contrariant(e). ❖ noun contraire *m* ▶ **on the contrary** au contraire. ◆ **contrary to** prep contraire-ment à.

contrast [kən'trɑ:st] ❖ noun ['kɒntrɑ:st] contraste *m* ▶ **by** OR **in contrast** par contraste ▶ **in contrast with** OR **to sthg** par contraste avec qqch. ❖ vt contraster. ❖ vi ▶ **to contrast (with)** faire contraste (avec).

contravene [,kɒntrə'vi:n] vt enfreindre, transgresser.

contribute [kən'trɪbju:t] ❖ vt [money] apporter ; [help, advice, ideas] donner, apporter. ❖ vi **1.** [gen] ▶ **to contribute (to)** contribuer (à) **2.** [write material] ▶ **to contribute to** collaborer à.

contribution [,kɒntrɪ'bju:ʃn] noun **1.** [of money] ▶ **contribution (to)** cotisation *f* (à), contribution *f* (à) **2.** [article] article *m*.

contributor [kən'trɪbjʊtər] noun **1.** [of money] donateur *m*, -trice *f* **2.** [to magazine, newspaper] collaborateur *m*, -trice *f*.

contrive [kən'traɪv] vt fml **1.** [engineer] combiner **2.** [manage] ▶ **to contrive to do sthg** se débrouiller pour faire qqch, trouver moyen de faire qqch.

contrived [kən'traɪvd] adj tiré(e) par les cheveux.

control [kən'trəʊl] ❖ noun [gen] contrôle *m* ; [of traffic] régulation *f* ▶ **to get sb / sthg under control** maîtriser qqn / qqch ▶ **to be in control of sthg** a) [subj: boss, government] diriger qqch b) [subj: army] avoir le contrôle de qqch c) [of emotions, situation] maîtriser qqch ▶ **to lose control** [of emotions] perdre le contrôle. ❖ vt **1.** [company, country] être à la tête de, diriger **2.** [operate] commander, faire fonctionner **3.** [restrict, restrain - disease] enrayer, juguler ; [- inflation] mettre un frein à, contenir ; [- children] tenir ; [- crowd] contenir ; [- emotions] maîtriser, contenir ▶ **to control o.s.** se maîtriser, se contrôler. ❖ **controls** pl n [of machine, vehicle] commandes fpl.

controller [kən'trəʊlər] noun [person] contrôleur *m*.

control panel noun tableau *m* de bord.

control tower noun tour *f* de contrôle.

controversial [,kɒntrə'vɜ:ʃl] adj [writer, theory] controversé(e) ▶ **to be controversial** donner matière à controverse.

controversy ['kɒntrəvɜ:sɪ, UK kən'trɒvəsɪ] noun controverse *f*, polémique *f*.

conundrum [kə'nʌndrəm] (pl -s) noun énigme *f*.

convalesce [,kɒnvə'les] vi se remettre d'une maladie, relever de maladie.

convene [kən'vi:n] ❖ vt convoquer, réunir. ❖ vi se réunir, s'assembler.

convenience [kən'vi:njəns] noun **1.** [usefulness] commodité *f* **2.** [personal comfort, advantage] agrément *m*, confort *m* ▶ **at your earliest convenience** fml dès que possible.

convenience store noun US petit supermarché de quartier.

convenient [kən'vi:njənt] adj **1.** [suitable] qui convient **2.** [handy] pratique, commode.

convent ['kɒnvənt] noun couvent *m*.

convention [kən'venʃn] noun **1.** [agreement, assembly] convention *f* **2.** [practice] usage *m*, convention *f*.

conventional [kən'venʃənl] adj conventionnel(elle).

converge [kən'vɜ:dʒ] vi ▶ **to converge (on)** converger (sur).

conversant [kən'vɜ:sənt] adj fml ▶ **conversant with sthg** familiarisé(e) avec qqch, qui connaît bien qqch.

conversation [,kɒnvə'seɪʃn] noun conversation *f*.

converse ❖ noun ['kɒnvɜ:s] [opposite] ▶ **the converse** le contraire, l'inverse *m*. ❖ vi [kən'vɜ:s] fml converser.

conversely [kən'vɜ:slɪ] adv fml inversement.

conversion [kən'vɜ:ʃn] noun **1.** [changing, in religious beliefs] conversion *f* **2.** [in building] aménagement *m*, transformation *f* **3.** RUGBY transformation *f*.

convert ❖ vt [kən'vɜ:t] **1.** [change] ▶ **to convert sthg to** OR **into** convertir qqch en ▶ **to convert sb (to)** RELIG convertir qqn (à) **2.** [building, ship] ▶ **to convert sthg to** OR **into** aménager qqch en. ❖ vi [kən'vɜ:t] ▶ **to convert from sthg to sthg** passer de qqch à qqch. ❖ noun ['kɒnvɜ:t] converti *m*, -e *f*.

convertible [kən'vɜ:təbl] noun (voiture *f*) décapotable *f*.

convex [kɒn'veks] adj convexe.

convey [kən'veɪ] vt **1.** fml [transport] transporter **2.** [express] ▶ **to convey sthg (to sb)** communiquer qqch (à qqn).

conveyor belt [kən'veɪər-] noun tapis *m* roulant.

convict ❖ noun ['kɒnvɪkt] détenu *m*. ❖ vt [kən'vɪkt] ▶ **to convict sb of sthg** reconnaître qqn coupable de qqch.

conviction [kən'vɪkʃn] noun **1.** [belief, fervour] conviction f **2.** LAW [of criminal] condamnation f.

convince [kən'vɪns] vt convaincre, persuader ▸ **to convince sb of sthg / to do sthg** convaincre qqn de qqch / de faire qqch, persuader qqn de qqch / de faire qqch.

convincing [kən'vɪnsɪŋ] adj **1.** [persuasive] convaincant(e) **2.** [resounding - victory] retentissant(e), éclatant(e).

convoluted ['kɒnvəluːtɪd] adj [tortuous] compliqué(e).

convoy ['kɒnvɔɪ] noun convoi m.

convulse [kən'vʌls] vt [person] ▸ **to be convulsed with** se tordre de.

convulsion [kən'vʌlʃn] noun MED convulsion f.

coo [kuː] vi [for a baby] roucouler.

cook [kʊk] ❖ noun cuisinier m, -ère f. ❖ vt [food] faire cuire ; [meal] préparer. ❖ vi [person] cuisiner, faire la cuisine ; [food] cuire.

cookbook ['kʊk,bʊk] = **cookery book**.

cooker ['kʊkər] noun UK [stove] cuisinière f.

cookery ['kʊkərɪ] noun cuisine f ▸ **cookery book** UK livre m de cuisine.

cookie ['kʊkɪ] noun **1.** US [biscuit] biscuit m, gâteau m sec **2.** COMPUT cookie m.

cooking ['kʊkɪŋ] noun cuisine f.

cooking apple noun pomme f à cuire.

cool [kuːl] ❖ adj **1.** [not warm] frais (fraîche) ; [dress] léger(ère) **2.** [calm] calme **3.** [unfriendly] froid(e) **4.** inf [excellent] génial(e) ; [trendy] branché(e). ❖ vt faire refroidir. ❖ vi [become less warm] refroidir. ❖ noun [calm] ▸ **to keep / lose one's cool** garder / perdre son sang-froid, garder / perdre son calme. ◆ **cool down** vi [become less warm - food, engine] refroidir ; [- person] se rafraîchir.

cool box noun UK glacière f.

cooler noun US glacière f.

coop [kuːp] noun poulailler m. ◆ **coop up** vt sep inf confiner.

Co-op ['kəʊ,ɒp] (abbr of Co-operative society) noun Coop f.

cooperate [kəʊ'ɒpəreɪt] vi ▸ **to cooperate (with sb / sthg)** coopérer (avec qqn / à qqch), collaborer (avec qqn / à qqch).

cooperation [kəʊ,ɒpə'reɪʃn] noun (U) **1.** [collaboration] coopération f, collaboration f **2.** [assistance] aide f, concours m.

cooperative [kəʊ'ɒpərətɪv] ❖ adj coopératif(ive). ❖ noun coopérative f.

coordinate ❖ noun [kəʊ'ɔːdɪnət] [on map, graph] coordonnée f. ❖ vt [kəʊ'ɔːdɪneɪt] coordonner. ◆ **coordinates** pl n [clothes] coordonnés mpl.

coordination [kəʊ,ɔːdɪ'neɪʃn] noun coordination f.

cop [kɒp] noun inf flic m.

cope [kəʊp] vi se débrouiller ▸ **to cope with** faire face à / I can't cope anymore je n'en peux plus / she's coping very well on her own elle s'en sort très bien toute seule.

Copenhagen [,kəʊpən'heɪgən] noun Copenhague.

copier ['kɒpɪər] noun copieur m, photocopieur m.

copious ['kəʊpjəs] adj [notes] copieux(euse) ; [supply] abondant(e).

cop-out noun inf dérobade f, échappatoire f.

copper ['kɒpər] noun **1.** [metal] cuivre m **2.** UK inf [police officer] flic m.

coppice ['kɒpɪs], **copse** [kɒps] noun taillis m.

copy ['kɒpɪ] ❖ noun **1.** [imitation] copie f, reproduction f **2.** [duplicate] copie f **3.** [of book] exemplaire m ; [of magazine] numéro m. ❖ vt **1.** [imitate] copier, imiter **2.** [photocopy] photocopier.

copycat ['kɒpɪkæt] ❖ noun inf copieur m, -euse f. ❖ comp inspiré(e) par un autre (une autre).

copyright ['kɒpɪraɪt] noun copyright m, droit m d'auteur.

coral ['kɒrəl] noun corail m.

cord [kɔːd] noun **1.** [string] ficelle f ; [rope] corde f **2.** [electric] fil m, cordon m **3.** [fabric] velours m côtelé. ◆ **cords** pl n pantalon m en velours côtelé.

cordial ['kɔːdjəl] ❖ adj cordial(e), chaleureux(euse). ❖ noun cordial m.

cordon ['kɔːdn] noun cordon m. ◆ **cordon off** vt sep barrer (par un cordon de police).

corduroy ['kɔːdərɔɪ] noun velours m côtelé.

core [kɔːr] ❖ noun **1.** [of apple] trognon m, cœur m **2.** [of cable, Earth] noyau m ; [of nuclear reactor] cœur m **3.** fig [of people] noyau m ; [of problem, policy] essentiel m. ❖ vt enlever le cœur de.

Corfu [kɔː'fuː] noun Corfou.

coriander [,kɒrɪ'ændər] noun coriandre f.

cork [kɔːk] noun **1.** [material] liège m **2.** [stopper] bouchon m.

corkscrew ['kɔːkskruː] noun tire-bouchon m.

corn [kɔːn] noun **1.** UK [wheat] grain m ; US [maize] maïs m ▸ **corn on the cob** épi m de maïs cuit **2.** [on foot] cor m.

corn dog noun US saucisse enrobée de pâte à la farine de maïs et frite à l'huile.

cornea ['kɔːnɪə] (pl -s) noun cornée f.

corned beef [kɔːnd-] noun UK corned-beef m inv.

corner ['kɔːnər] ◆ noun **1.** [angle] coin m, angle m ▸ **to cut corners** fig brûler les étapes **2.** [bend in road] virage m, tournant m. FOOT corner m. ◆ vt **1.** [person, animal] acculer **2.** [market] accaparer.

corner shop noun magasin m du coin OR du quartier.

cornerstone ['kɔːnəstəʊn] noun fig pierre f angulaire.

cornet ['kɔːnɪt] noun **1.** [instrument] cornet m à pistons **2.** UK [ice-cream cone] cornet m de glace.

cornfed ['kɔːnfed] adj US inf rustre / **it's about a cornfed girl who makes it big in Manhattan** c'est l'histoire d'une fille de la campagne qui réussit à Manhattan.

cornflakes ['kɔːnfleɪks] pl n corn-flakes mpl.

cornflour UK ['kɔːnflaʊər], **cornstarch** US ['kɔːnstɑːtʃ] noun ≃ Maïzena® f fécule f de maïs.

Cornwall ['kɔːnwɔːl] noun Cornouailles f.

corny ['kɔːnɪ] adj inf [joke] peu original(e) ; [story, film] à l'eau de rose.

coronary ['kɒrənrɪ], **coronary thrombosis** [-θrɒm'bəʊsɪs] (pl -ses) noun infarctus m du myocarde.

coronation [,kɒrə'neɪʃn] noun couronnement m.

coroner ['kɒrənər] noun coroner m.

corporal ['kɔːpərəl] noun [gen] caporal m ; [in artillery] brigadier m.

corporal punishment noun châtiment m corporel.

corporate ['kɔːpərət] adj **1.** [business] corporatif(ive), de société **2.** [collective] collectif(ive).

corporation [,kɔːpə'reɪʃn] noun **1.** UK [town council] conseil m municipal **2.** [large company] compagnie f, société f enregistrée.

corps [kɔːr] (pl inv) noun corps m.

corpse [kɔːps] noun cadavre m.

correct [kə'rekt] ◆ adj **1.** [accurate] correct(e), exact(e) / **you're quite correct** tu as parfaitement raison **2.** [proper, socially acceptable] correct(e), convenable. ◆ vt corriger.

correction [kə'rekʃn] noun correction f.

correlation [,kɒrə'leɪʃn] noun corrélation f.

correspond [,kɒrɪ'spɒnd] vi **1.** [gen] ▸ **to correspond (with OR to)** correspondre (à) **2.** [write letters] ▸ **to correspond (with sb)** correspondre (avec qqn).

correspondence [,kɒrɪ'spɒndəns] noun ▸ **correspondence (with)** correspondance f (avec).

correspondence course noun cours m par correspondance.

correspondent [,kɒrɪ'spɒndənt] noun correspondant m, -e f.

corridor ['kɒrɪdɔːr] noun [in building] couloir m, corridor m.

corroborate [kə'rɒbəreɪt] vt corroborer.

corrode [kə'rəʊd] ◆ vt corroder, attaquer. ◆ vi se corroder.

corrosion [kə'rəʊʒn] noun corrosion f.

corrugated ['kɒrəgeɪtɪd] adj ondulé(e).

corrugated iron noun tôle f ondulée.

corrupt [kə'rʌpt] ◆ adj [gen & COMPUT] corrompu(e). ◆ vt corrompre, dépraver.

corruption [kə'rʌpʃn] noun corruption f.

corset ['kɔːsɪt] noun corset m.

Corsica ['kɔːsɪkə] noun Corse f.

cos [kɒs] noun UK ▸ **cos (lettuce)** (laitue f) romaine f.

cosh [kɒʃ] UK ◆ noun matraque f, gourdin m. ◆ vt frapper, matraquer.

cosmetic [kɒz'metɪk] ◆ noun cosmétique m, produit m de beauté. ◆ adj fig superficiel(elle).

cosmetic surgery noun chirurgie f esthétique.

cosmopolitan [kɒzmə'pɒlɪtn] adj cosmopolite.

cosset ['kɒsɪt] vt dorloter, choyer.

cost [kɒst] ◆ noun lit & fig coût m ▸ **at all costs** à tout prix, coûte que coûte. ◆ vt **1.** (pt & pp **cost**) lit & fig coûter / **it cost me £10** ça m'a coûté 10 livres **2.** (pt & pp **-ed**) COMM [estimate] évaluer le coût de. ◆ **costs** pl n LAW dépens mpl.

co-star ['kəʊ-] noun partenaire mf.

Costa Rica [ˌkɒstəˈriːkə] noun Costa Rica m.

cost-effective adj rentable.

costing [ˈkɒstɪŋ] noun évaluation f du coût.

costly [ˈkɒstlɪ] adj lit & fig coûteux(euse).

cost of living noun coût m de la vie.

costume [ˈkɒstjuːm] noun 1. [gen] costume m 2. UK [swimming costume] maillot m (de bain).

costume jewellery UK, **costume jewelry** US noun (U) bijoux mpl fantaisie.

cosy UK, **cozy** US [ˈkəʊzɪ] adj [house, room] douillet(ette) ; [atmosphere] chaleureux(euse) ▶ to feel cosy se sentir bien au chaud.

cot [kɒt] noun 1. UK [for child] lit m d'enfant, petit lit 2. US [folding bed] lit m de camp.

cot death noun UK mort f subite du nourrisson.

cottage [ˈkɒtɪdʒ] noun cottage m, petite maison f (de campagne).

cottage cheese noun fromage m blanc.

cottage pie noun UK ≃ hachis m Parmentier.

cotton [ˈkɒtn] ❖ noun [gen] coton m. ❖ comp de coton. ◆ **cotton on** vi inf ▶ to cotton on (to sthg) piger (qqch), comprendre (qqch).

cotton bud UK, **cotton swab** US noun coton-tige m.

cotton candy noun US barbe f à papa.

cotton wool noun UK ouate f, coton m hydrophile.

couch [kaʊtʃ] noun 1. [sofa] canapé m, divan m 2. [in doctor's surgery] lit m.

couch potato noun inf flemmard m, -e f (qui passe son temps devant la télé).

cough [kɒf] ❖ noun toux f. ❖ vi tousser.

cough drop US, **cough sweet** UK noun pastille f pour la toux.

cough mixture noun UK sirop m pour la toux.

could [kʊd] modal vb = can.

couldn't [ˈkʊdnt] ⟶ could not.

could've [ˈkʊdəv] ⟶ could have.

council [ˈkaʊnsl] noun conseil m.

council estate noun UK quartier m de logements sociaux.

council house noun UK maison f qui appartient à la municipalité ; ≃ H.L.M. f ou f.

councillor UK, **councilor** US [ˈkaʊnsələr] noun UK conseiller m, -ère f.

council tax noun UK ≃ impôts mpl locaux.

counsel [ˈkaʊnsəl] noun 1. (U) fml [advice] conseil m 2. [lawyer] avocat m, -e f.

counsellor UK, **counselor** US [ˈkaʊnsələr] noun 1. [gen] conseiller m, -ère f 2. US [lawyer] avocat m.

count [kaʊnt] ❖ noun 1. [total] total m ▶ to keep count of tenir le compte de ▶ to lose count of sthg ne plus savoir qqch, ne pas se rappeler qqch 2. [aristocrat] comte m. ❖ vt 1. [gen] compter 2. [consider] ▶ to count sb as sthg considérer qqn comme qqch. ❖ vi [gen] compter ▶ to count (up) to compter jusqu'à. ◆ **count against** vt insep jouer contre. ◆ **count (up)on** vt insep 1. [rely on] compter sur 2. [expect] s'attendre à, prévoir. ◆ **count up** vt insep compter.

countdown [ˈkaʊntdaʊn] noun compte m à rebours.

counter [ˈkaʊntər] ❖ noun 1. [in shop, bank] comptoir m 2. [in board game] pion m. ❖ vt ▶ to counter sthg (with) [criticism] riposter à qqch (par). ❖ vi ▶ to counter with sthg/by doing sthg riposter par qqch/en faisant qqch. ◆ **counter to** adv contrairement à ▶ to run counter to aller à l'encontre de.

counteract [ˌkaʊntəˈrækt] vt contrebalancer, compenser.

counterattack [ˈkaʊntərəˌtæk] vt & vi contre-attaquer.

counterclockwise [ˌkaʊntəˈklɒkwaɪz] adj & adv US dans le sens inverse des aiguilles d'une montre.

counterfeit [ˈkaʊntəfɪt] ❖ adj faux (fausse). ❖ vt contrefaire.

counterfoil [ˈkaʊntəfɔɪl] noun UK talon m, souche f.

countermand [ˌkaʊntəˈmɑːnd] vt annuler.

counterpart [ˈkaʊntəpɑːt] noun [person] homologue mf ; [thing] équivalent m, -e f.

counterproductive [ˌkaʊntəprəˈdʌktɪv] adj qui a l'effet inverse.

countess [ˈkaʊntɪs] noun comtesse f.

countless [ˈkaʊntlɪs] adj innombrable.

country [ˈkʌntrɪ] noun 1. [nation] pays m 2. [countryside] ▶ the country la campagne ▶ in the country à la campagne 3. [region] région f ; [terrain] terrain m 4. MUS = country and western.

countryman [ˈkʌntrɪmən] (pl -men) noun [from same country] compatriote m.

countryside [ˈkʌntrɪsaɪd] noun campagne f.

county ['kaʊntɪ] noun comté m.

county council noun UK conseil m général.

coup [ku:] noun **1.** [rebellion] ▸ **coup (d'état)** coup m d'État **2.** [success] coup m (de maître), beau coup m.

couple ['kʌpl] ❖ noun **1.** [in relationship] couple m **2.** [small number] ▸ **a couple (of) a)** [two] deux **b)** [a few] quelques, deux ou trois. ❖ vt [join] ▸ **to couple sthg (to)** atteler qqch (à).

coupon ['ku:pɒn] noun **1.** [voucher] bon m **2.** [form] coupon m.

courage ['kʌrɪdʒ] noun courage m ▸ **to take courage (from sthg)** être encouragé (par qqch).

courageous [kə'reɪdʒəs] adj courageux(euse).

courgette [kɔː'ʒet] noun UK courgette f.

courier ['kʊrɪə'] noun **1.** UK [on holiday] guide m, accompagnateur m, -trice f **2.** [to deliver letters, packages] courrier m, messager m.

course [kɔːs] noun **1.** [gen] cours m ▸ **course of action** ligne f de conduite ▸ **in the course of** au cours de **2.** SCH & UNIV enseignement m, cours mpl ▸ *it's a five-year course* c'est un enseignement sur cinq ans ▸ *I'm taking* OR *doing a computer course* je suis des cours OR un stage d'informatique **3.** MED [of injections] série f ▸ **course of treatment** traitement m **4.** [of ship, plane] route f ▸ **to be on course a)** suivre le cap fixé **b)** *fig* [on target] être dans la bonne voie ▸ **to be off course** faire fausse route **5.** [of meal] plat m **6.** SPORT terrain m. ❖ **of course** adv **1.** [inevitably, not surprisingly] évidemment, naturellement **2.** [for emphasis] bien sûr ▸ **of course not** bien sûr que non.

coursebook ['kɔːsbʊk] noun UK livre m de cours.

coursework ['kɔːswɜːk] noun (U) travail m personnel.

court [kɔːt] ❖ noun **1.** [LAW - building, room] cour f, tribunal m ; [- judge, jury] ▸ **the court** la justice f ▸ *to take sb to court* faire un procès à qqn **2.** [SPORT - gen] court m ; [- for basketball, volleyball] terrain m **3.** [courtyard, of monarch] cour f. ❖ vi *dated* sortir ensemble, se fréquenter.

courteous ['kɜːtjəs] adj courtois(e), poli(e).

courtesy ['kɜːtɪsɪ] noun courtoisie f, politesse f. ❖ **(by) courtesy of** prep avec la permission de.

courtesy car noun voiture f mise gratuitement à la disposition du client.

courthouse ['kɔːthaʊs] (pl [-haʊzɪz]) noun US palais m de justice, tribunal m.

courtier ['kɔːtjə'] noun courtisan m.

court-martial noun (pl **court-martials** or **courts-martial**) cour f martiale.

courtroom ['kɔːtrʊm] noun salle f de tribunal.

courtyard ['kɔːtjɑːd] noun cour f.

cousin ['kʌzn] noun cousin m, -e f.

cove [kəʊv] noun [bay] crique f.

covenant ['kʌvənənt] noun [of money] engagement m contractuel.

cover ['kʌvə'] ❖ noun **1.** [covering - of furniture] housse f ; [- of pan] couvercle m ; [- of book, magazine] couverture f **2.** [blanket] couverture f **3.** [protection, shelter] abri m ▸ **to take cover** s'abriter, se mettre à l'abri ▸ **under cover** à l'abri, à couvert ▸ **under cover of darkness** à la faveur de la nuit **4.** [concealment] couverture f **5.** UK [insurance] couverture f, garantie f ▸ *to have cover against sthg* être couvert OR assuré contre qqch **6.** MUS = **cover version**. ❖ vt **1.** [gen] ▸ **to cover sthg (with)** couvrir qqch (de) ▸ *to be covered in dust/snow* être recouvert de poussière/neige **2.** [include, deal with] englober, comprendre ▸ *his interests cover a wide field* il a des intérêts très variés **3.** [insure] ▸ **to cover sb against** couvrir qqn en cas de **4.** PRESS, RADIO & TV [report on] couvrir, faire la couverture de. ❖ vi : *to cover for sb* [replace] remplacer qqn. ❖ **cover up** vt sep *fig* [scandal] dissimuler, cacher.

coverage ['kʌvərɪdʒ] noun [of news] reportage m.

covered ['kʌvəd] adj [walkway, bridge, market] couvert(e) ▸ *cook, covered, for one hour* couvrir et faire OR laisser cuire une heure.

covering ['kʌvərɪŋ] noun [of floor] revêtement m ; [of snow, dust] couche f.

covering letter UK, **cover letter** US noun lettre f explicative OR d'accompagnement.

cover story noun article m principal (faisant la couverture).

covert ['kʌvət] adj [activity] clandestin(e) ; [look, glance] furtif(ive).

cover-up noun étouffement m.

cover version noun reprise f.

covet ['kʌvɪt] vt convoiter.

cow [kaʊ] ❖ noun **1.** [farm animal] vache f **2.** [female elephant] femelle f. ❖ vt intimider, effrayer.

coward ['kaʊəd] noun lâche mf.

cowardly ['kaʊədlɪ] adj lâche.

cowboy ['kaʊbɔɪ] noun [cattlehand] cow-boy *m*.

cower ['kaʊəʳ] vi se recroqueviller.

cox [kɒks], **coxswain** ['kɒksən] noun barreur *m*.

coy [kɔɪ] adj qui fait le/la timide.

coz MESSAGING *written abbr of* **because**.

cozy US = cosy.

CPA noun *abbr of* certified public accountant.

crab [kræb] noun crabe *m*.

crack [kræk] ◆ noun **1.** [in glass, pottery] fêlure *f*; [in wall, wood, ground] fissure *f*; [in skin] gerçure *f* **2.** [gap - in door] entrebâillement *m*; [- in curtains] interstice *m* **3.** [noise - of whip] claquement *m*; [- of twigs] craquement *m* **4.** inf [attempt] ▸ **to have a crack at sthg** tenter qqch, essayer de faire qqch **5.** *drugs sl* crack *m*. ◆ adj [troops] de première classe. ◆ vt **1.** [glass, plate] fêler; [wood, wall] fissurer **2.** [egg, nut] casser **3.** [whip] faire claquer **4.** [bang, hit sharply] ▸ **to crack one's head** se cogner la tête **5.** [solve - problem] résoudre; [- code] déchiffrer **6.** inf [make - joke] faire. ◆ vi **1.** [glass, pottery] se fêler; [ground, wood, wall] se fissurer; [skin] se crevasser, se gercer **2.** [break down - person] craquer, s'effondrer; [- resistance] se briser. ◆ **crack down** vi ▸ **to crack down (on)** sévir (contre). ◆ **crack up** vi **1.** [ice] se fissurer; [paint] se craqueler; [ground] se crevasser **2.** inf [person] craquer, s'effondrer / **I must be cracking up** [going mad] je débloque **3.** inf [with laughter] se tordre de rire.

cracker ['krækəʳ] noun **1.** [biscuit] cracker *m*, craquelin *m* **2.** UK [for Christmas] diablotin *m*.

crackers ['krækəz] adj UK inf dingue, cinglé(e).

crackle ['krækl] vi [fire] crépiter; [frying food, radio] grésiller.

crackpot ['krækpɒt] inf ◆ adj fou (folle). ◆ noun cinglé *m*, -e *f*, tordu *m*, -e *f*.

cradle ['kreɪdl] ◆ noun berceau *m*; TECH nacelle *f*. ◆ vt [baby] bercer; [object] tenir délicatement.

craft [krɑːft] (*pl inv*) noun **1.** [trade, skill] métier *m* **2.** [boat] embarcation *f*.

craftsman ['krɑːftsmən] (*pl* -men) noun artisan *m*, homme *m* de métier.

craftsmanship ['krɑːftsmənʃɪp] noun (U) **1.** [skill] dextérité *f*, art *m* **2.** [skilled work] travail *m*, exécution *f*.

craftsmen pl n ⟶ craftsman.

crafty ['krɑːftɪ] adj [person, idea, scheme] malin(igne), astucieux(ieuse); *pej* [person] rusé(e), roublard(e); [idea, scheme] rusé(e).

crag [kræg] noun rocher *m* escarpé.

cram [kræm] ◆ vt **1.** [stuff] fourrer **2.** [overfill] ▸ **to cram sthg with** bourrer qqch de. ◆ vi bachoter.

cramp [kræmp] ◆ noun crampe *f*. ◆ vt gêner, entraver.

cramped [kræmpt] adj [room] exigu(ë) / **it's a bit cramped in here** on est un peu à l'étroit ici.

cranberry ['krænbərɪ] noun canneberge *f*, airelle *f*.

crane [kreɪn] noun grue *f*.

crank [kræŋk] ◆ noun **1.** TECH manivelle *f* **2.** inf [person] excentrique *mf*. ◆ vt [wind - handle] tourner; [- mechanism] remonter (à la manivelle).

crankshaft ['kræŋkʃɑːft] noun vilebrequin *m*.

cranky ['kræŋkɪ] (*compar* -ier, *superl* -iest) adj inf **1.** [odd] excentrique **2.** US [bad-tempered] grognon(onne).

cranny ['krænɪ] noun ⟶ nook.

crap [kræp] noun (U) *v inf* merde *f* / **it's a load of crap** tout ça, c'est des conneries.

crash [kræʃ] ◆ noun **1.** [accident] accident *m* **2.** [noise] fracas *m* **3.** COMPUT panne *f*. ◆ vt **1.**: **I crashed the car** j'ai eu un accident avec la voiture **2.** COMPUT planter. ◆ vi **1.** [cars, trains] se percuter, se rentrer dedans; [car, train] avoir un accident; [plane] s'écraser ▸ **to crash into** [wall] rentrer dans, emboutir **2.** [fall, hit loudly or violently]: **the tree came crashing down** l'arbre est tombé avec fracas / **the vase crashed to the ground** le vase s'est écrasé au sol **3.** [FIN - business, company] faire faillite; [- stock market] s'effondrer **4.** COMPUT tomber en panne **5.** inf [sleep] dormir; [fall asleep] s'endormir. ◆ **crash out** vi inf [fall asleep] s'endormir.

crash course noun cours *m* intensif.

crash helmet noun casque *m* de protection.

crash-land vi atterrir en catastrophe.

crass [kræs] adj [comment, person] lourd(e); [behaviour, stupidity] grossier(ère).

crate [kreɪt] noun cageot *m*, caisse *f*.

crater ['kreɪtəʳ] noun cratère *m*.

cravat [krə'væt] noun cravate *f*.

crave [kreɪv] ◆ vt [affection, luxury] avoir soif de; [cigarette, chocolate] avoir un besoin fou OR maladif de. ◆ vi ▸ **to crave for a)** [affection, luxury] avoir soif de b) [cigarette, chocolate] avoir un besoin fou **OR** maladif de.

craving ['kreɪvɪŋ] noun ▶ **craving for a)** [affection, luxury] soif f de b) [cigarette, chocolate] besoin m fou **OR** maladif de.

crawl [krɔːl] ❖ vi **1.** [baby] marcher à quatre pattes ; [person] se traîner **2.** [insect] ramper **3.** [vehicle, traffic] avancer au pas **4.** inf [place, floor] ▶ **to be crawling with** grouiller de. ❖ noun [swimming stroke] ▶ **the crawl** le crawl.

crayfish ['kreɪfɪʃ] (pl inv or **-es**) noun écrevisse f.

crayon ['kreɪɒn] noun crayon m de couleur.

craze [kreɪz] noun engouement m.

crazy ['kreɪzɪ] adj inf **1.** [mad] fou (folle) **2.** [enthusiastic] ▶ **to be crazy about sb/sthg** être fou (folle) de qqn/qqch.

CRB [ˌsiːɑːˈbiː] (abbr of **Criminal Records Bureau**) noun **UK** organisme chargé de vérifier le casier judiciaire de personnels sensibles.

creak [kriːk] vi [door, handle] craquer ; [floorboard, bed] grincer.

cream [kriːm] ❖ adj [in colour] crème (inv). ❖ noun [gen] crème f.

cream cake noun **UK** gâteau m à la crème.

cream cheese noun fromage m frais.

cream cracker noun **UK** biscuit m salé (souvent mangé avec du fromage).

cream tea noun **UK** goûter se composant de thé et de scones servis avec de la crème et de la confiture.

creamy ['kriːmɪ] (compar **-ier**, superl **-iest**) adj **1.** [taste, texture] crémeux(euse) **2.** [colour] crème (inv).

crease [kriːs] ❖ noun [in fabric - deliberate] pli m ; [- accidental] (faux) pli. ❖ vt froisser. ❖ vi [fabric] se froisser.

create [kriːˈeɪt] vt créer.

creation [kriːˈeɪʃn] noun création f.

creative [kriːˈeɪtɪv] adj créatif(ive).

creature [ˈkriːtʃər] noun créature f.

creature comforts pl n confort m matériel / I like my creature comforts j'aime **OR** je suis attaché à mon (petit) confort.

crèche [kreʃ] noun **UK** crèche f.

credence ['kriːdns] noun ▶ **to give OR lend credence to sthg** ajouter foi à qqch.

credentials [krɪˈdenʃlz] pl n **1.** [papers] papiers mpl d'identité ; fig [qualifications] capacités fpl **2.** [references] références fpl.

credibility [ˌkredəˈbɪlətɪ] noun crédibilité f.

credit ['kredɪt] ❖ noun **1.** FIN crédit m ▶ **to be in credit a)** [person] avoir un compte approvisionné b) [account] être approvisionné ▶ **on credit** à crédit **2.** (U) [praise] honneur m, mérite m ▶ **to give sb credit for sthg** reconnaître que qqn a fait qqch **3.** UNIV unité f de valeur. ❖ comp [boom] du crédit ; [sales] à crédit / credit entry écriture f au crédit / credit side crédit m, avoir m / to run a credit check on sb a) [to ensure enough money in account] vérifier la solvabilité de qqn, vérifier que le compte de qqn est approvisionné b) [to ensure no record of bad debts] vérifier le passé bancaire de qqn. ❖ vt **1.** FIN : to credit £10 to an account, to credit an account with £10 créditer un compte de 10 livres **2.** inf [believe] croire **3.** [give the credit to] ▶ **to credit sb with sthg** accorder **OR** attribuer qqch à qqn. ❖ **credits** pl n CIN générique m.

credit card noun carte f de crédit.

credit crunch noun crise f du crédit.

credit note noun avoir m ; FIN note f de crédit.

creditor ['kredɪtər] noun créancier m, -ère f.

creed [kriːd] noun **1.** [belief] principes mpl **2.** RELIG croyance f.

creek [kriːk] noun **1.** [inlet] crique f **2.** US [stream] ruisseau m.

creep [kriːp] ❖ vi (pt & pp **crept**) **1.** [insect] ramper ; [traffic] avancer au pas **2.** [move stealthily] se glisser. ❖ noun inf [nasty person] sale type m. ❖ **creeps** pl n ▶ **to give sb the creeps** inf donner la chair de poule à qqn.

creeper ['kriːpər] noun [plant] plante f grimpante.

creepy ['kriːpɪ] adj inf qui donne la chair de poule.

creepy-crawly [-ˈkrɔːlɪ] noun inf bestiole f qui rampe.

cremate [krɪˈmeɪt] vt incinérer.

cremation [krɪˈmeɪʃn] noun incinération f.

crematorium UK [ˌkreməˈtɔːrɪəm] (pl **-riums** or **-ria**), **crematory US** ['kremətrɪ] noun crématorium m.

crepe [kreɪp] noun **1.** [cloth, rubber] crêpe m **2.** [pancake] crêpe f.

crept [krept] pt & pp ⟶ creep.

crescent ['kresnt] noun **1.** [shape] croissant **2.** **UK** [street] rue f en demi-cercle.

cress [kres] noun cresson m.

crest [krest] noun **1.** [of bird, hill] crête f **2.** [on coat of arms] timbre m.

crestfallen ['krest,fɔːln] adj découragé(e).

Crete [kriːt] noun Crète f.

cretin ['kretɪn] noun inf [idiot] crétin m, -e f.

crevice ['krevɪs] noun fissure f.

crew [kruː] noun **1.** [of ship, plane] équipage m **2.** [team] équipe f.

crew cut noun coupe f en brosse.

crew neck noun col m ras le **or** du cou, ras-le-cou m.

crib [krɪb] ❖ noun [cot] lit m d'enfant. ❖ vt inf [copy] ▸ **to crib sthg off or from sb** copier qqch sur qqn.

crib death noun **US** = **cot death**.

crick [krɪk] noun [in neck] torticolis m.

cricket ['krɪkɪt] noun **1.** [game] cricket m **2.** [insect] grillon m.

crime [kraɪm] noun **1.** [serious] crime m ▸ **crimes against humanity** crimes mpl contre l'humanité **2.** [minor] délit m.

criminal ['krɪmɪnl] ❖ adj criminel(elle). ❖ noun criminel m, -elle f.

Criminal Records Bureau noun organisme chargé de vérifier le casier judiciaire de personnels sensibles.

crimson ['krɪmzn] ❖ adj [in colour] rouge foncé (inv) ; [with embarrassment] cramoisi(e). ❖ noun cramoisi m.

cringe [krɪndʒ] vi **1.** [in fear] avoir un mouvement de recul (par peur) **2.** inf [with embarrassment] ▸ **to cringe (at sthg)** ne plus savoir où se mettre (devant qqch).

crinkle ['krɪŋkl] vt [clothes] froisser.

cripple ['krɪpl] ❖ noun dated & offens infirme mf. ❖ vt **1.** MED [disable] estropier **2.** [country] paralyser ; [ship, plane] endommager.

crisis ['kraɪsɪs] (pl **crises** ['kraɪsiːz]) noun crise f.

crisp [krɪsp] adj **1.** [pastry] croustillant(e) ; [apple, vegetables] croquant(e) ; [snow] craquant(e) **2.** [weather, manner] vif (vive). ◆ **crisps** pl n **UK** chips fpl.

crispy ['krɪspi] (compar **-ier**, superl **-iest**) adj [pastry] croustillant(e) ; [apple, vegetables] croquant(e).

criterion [kraɪ'tɪərɪən] (pl **-rions** or **-ria**) noun critère m.

critic ['krɪtɪk] noun **1.** [reviewer] critique mf **2.** [detractor] détracteur m, -trice f.

critical ['krɪtɪkl] adj critique ▸ **to be critical of sb/sthg** critiquer qqn/qqch.

critically ['krɪtɪkli] adv **1.** [ill] gravement / **critically important** d'une importance capitale **2.** [analytically] de façon critique.

criticism ['krɪtɪsɪzm] noun critique f.

criticize, criticise **UK** ['krɪtɪsaɪz] vt & vi critiquer.

croak [krəuk] vi **1.** [frog] coasser ; [raven] croasser **2.** [person] parler d'une voix rauque.

Croat ['krəuæt], **Croatian** [krəu'eɪʃn] ❖ adj croate. ❖ noun **1.** [person] Croate mf **2.** [language] croate m.

Croatia [krəu'eɪʃə] noun Croatie f.

Croatian = **Croat**.

crochet ['krəuʃeɪ] noun crochet m.

crockery ['krɒkəri] noun vaisselle f.

crocodile ['krɒkədaɪl] (pl inv or **-s**) noun crocodile m.

crocus ['krəukəs] (pl **-es**) noun crocus m.

croft [krɒft] noun **UK** petite ferme f (particulièrement en Écosse).

crony ['krəuni] noun inf copain m, copine f.

crook [krʊk] noun **1.** [criminal] escroc m **2.** [of arm, elbow] pliure f **3.** [shepherd's staff] houlette f.

crooked ['krʊkɪd] adj **1.** [bent] courbé(e) **2.** [teeth, tie] de travers **3.** inf [dishonest] malhonnête.

crop [krɒp] noun **1.** [kind of plant] culture f **2.** [harvested produce] récolte f **3.** [whip] cravache f. ◆ **crop up** vi survenir.

croquette [krɒ'ket] noun croquette f.

cross [krɒs] ❖ adj [person] fâché(e) ; [look] méchant(e) ▸ **to get cross (with sb)** se fâcher (contre qqn). ❖ noun **1.** [gen] croix f **2.** [hybrid] croisement m. ❖ vt **1.** [gen] traverser / **the bridge crosses the river at Orléans** le pont franchit **or** enjambe le fleuve à Orléans **2.** [arms, legs] croiser **3.** **UK** [cheque] barrer. ❖ vi **1.** [go across] traverser / **she crossed (over) to the other side of the road** elle a traversé la route / **they crossed from Dover to Boulogne** ils ont fait la traversée de Douvres à Boulogne **2.** [intersect] se croiser. ◆ **cross off, cross out** vt sep rayer.

crossbar ['krɒsbɑː] noun **1.** SPORT barre f transversale **2.** [on bicycle] barre f.

cross-Channel adj transManche.

cross-country ❖ adj ▸ **cross-country running** cross m ▸ **cross-country skiing** ski m de fond. ❖ noun cross-country m, cross m.

cross-examine vt LAW faire subir un contre-interrogatoire à ; fig questionner de près.

cross-eyed [-aɪd] adj qui louche.

crossfire ['krɒsˌfaɪəʳ] noun (U) feu m croisé.

crossing ['krɒsɪŋ] noun **1.** [on road] passage m clouté ; [on railway line] passage m à niveau **2.** [sea journey] traversée f.

cross-legged [-legd] adv en tailleur.

cross-purposes pl n ▸ **to be at cross-purposes** ne pas être sur la même longueur d'ondes ▸ **to talk at cross-purposes** ne pas parler de la même chose.

cross-reference noun renvoi m.

crossroads ['krɒsrəʊdz] (pl inv) noun croisement m.

cross-section noun **1.** [drawing] coupe f transversale **2.** [sample] échantillon m.

crosswalk ['krɒswɔːk] noun US passage m clouté, passage m pour piétons.

crosswind ['krɒswɪnd] noun vent m de travers.

crossword (puzzle) ['krɒswɜːd-] noun mots croisés mpl.

crotch [krɒtʃ] noun entrejambe m.

crotchety ['krɒtʃɪtɪ] adj UK inf grognon(onne).

crouch [kraʊtʃ] vi s'accroupir.

crow [krəʊ] ❖ noun corbeau m ▸ **as the crow flies** à vol d'oiseau. ❖ vi **1.** [cock] chanter **2.** inf [person] frimer.

crowbar ['krəʊbɑːʳ] noun pied-de-biche m.

crowd [kraʊd] ❖ noun [mass of people] foule f. ❖ vi s'amasser. ❖ vt **1.** [streets, town] remplir **2.** [force into small space] entasser.

crowded ['kraʊdɪd] adj ▸ **crowded (with)** bondé(e) (de), plein(e) (de).

crown [kraʊn] ❖ noun **1.** [of king, on tooth] couronne f **2.** [of head, hill] sommet m ; [of hat] fond m. ❖ vt couronner. ◆ **Crown** noun ▸ **the Crown** [monarchy] la Couronne.

crown jewels pl n joyaux mpl de la Couronne.

crown prince noun prince m héritier.

crow's feet pl n pattes fpl d'oie.

crucial ['kruːʃl] adj crucial(e).

crucifix ['kruːsɪfɪks] noun crucifix m.

Crucifixion [ˌkruːsɪ'fɪkʃn] noun ▸ **the Crucifixion** la Crucifixion.

crude [kruːd] adj **1.** [material] brut(e) **2.** [joke, drawing] grossier(ère).

crude oil noun (U) brut m.

cruel [krʊəl] adj cruel(elle).

cruelty ['krʊəltɪ] noun (U) cruauté f.

cruet ['kruːɪt] noun service m à condiments.

cruise [kruːz] ❖ noun croisière f. ❖ vi **1.** [sail] croiser **2.** [car] rouler ; [plane] voler.

cruiser ['kruːzəʳ] noun **1.** [warship] croiseur m **2.** [cabin cruiser] yacht m de croisière.

crumb [krʌm] noun [of food] miette f.

crumble ['krʌmbl] ❖ noun crumble m (aux fruits). ❖ vt émietter. ❖ vi **1.** [bread, cheese] s'émietter ; [building, wall] s'écrouler ; [cliff] s'ébouler ; [plaster] s'effriter **2.** fig [society, relationship] s'effondrer.

crumbly ['krʌmblɪ] adj friable.

crummy ['krʌmɪ] (compar **-ier**, superl **-iest**) adj inf minable.

crumpet ['krʌmpɪt] noun CULIN petite crêpe f épaisse.

crumple ['krʌmpl] vt [crease] froisser.

crunch [krʌntʃ] ❖ noun crissement m ▸ **when it comes to the crunch** inf au moment crucial OR décisif ▸ **if it comes to the crunch** inf s'il le faut. ❖ vt **1.** [with teeth] croquer **2.** [underfoot] crisser.

crunchy ['krʌntʃɪ] adj [food] croquant(e).

crusade [kruː'seɪd] noun liter & fig croisade f.

crush [krʌʃ] ❖ noun **1.** [crowd] foule f **2.** inf [infatuation] ▸ **to have a crush on sb** avoir le béguin pour qqn. ❖ vt **1.** [gen] écraser ; [seeds, grain] broyer ; [ice] piler **2.** fig [hopes] anéantir.

crust [krʌst] noun croûte f.

crutch [krʌtʃ] noun [stick] béquille f ; fig soutien m.

crux [krʌks] noun nœud m.

cry [kraɪ] ❖ noun [of person, bird] cri m. ❖ vi **1.** [weep] pleurer **2.** [shout] crier. ◆ **cry off** vi UK se dédire. ◆ **cry out** ❖ vt crier. ❖ vi crier ; [in pain, dismay] pousser un cri.

crybaby ['kraɪˌbeɪbɪ] (pl **-ies**) noun inf & pej pleurnicheur m, -euse f.

crying ['kraɪɪŋ] ❖ adj inf ▸ **it's a crying shame** c'est scandaleux ▸ **a crying need for sthg** un grand besoin de qqch, un besoin urgent de qqch. ❖ noun (U) pleurs mpl.

cryptic ['krɪptɪk] adj mystérieux(euse), énigmatique.

crystal ['krɪstl] noun cristal m.

crystal clear adj [obvious] clair(e) comme de l'eau de roche.

CU MESSAGING (*written abbr of* **see you**) @+.

cub [kʌb] noun **1.** [young animal] petit m **2.** [boy scout] louveteau m.

Cuba ['kju:bə] noun Cuba.

Cuban ['kju:bən] ❖ adj cubain(e). ❖ noun Cubain m, -e f.

cubbyhole ['kʌbɪhəʊl] noun cagibi m.

cube [kju:b] ❖ noun [gen & MATH] cube m. ❖ vt MATH élever au cube.

cubic ['kju:bɪk] adj cubique.

cubicle ['kju:bɪkl] noun cabine f.

Cub Scout noun louveteau m.

cuckoo ['kʊku:] noun coucou m.

cuckoo clock noun coucou m.

cucumber ['kju:kʌmbər] noun concombre m.

cuddle ['kʌdl] ❖ noun caresse f, câlin m. ❖ vt caresser, câliner. ❖ vi se faire un câlin, se câliner.

cuddly toy noun jouet m en peluche.

cue [kju:] noun **1.** RADIO, THEAT & TV signal m ▶ **on cue** au bon moment **2.** [in snooker, pool] queue f (de billard).

cuff [kʌf] noun **1.** [of sleeve] poignet m ▶ **off the cuff** au pied levé **2.** US [of trouser] revers m inv **3.** [blow] gifle f.

cuff link noun bouton m de manchette.

cul-de-sac ['kʌldəsæk] noun cul-de-sac m.

cull [kʌl] ❖ noun massacre m. ❖ vt **1.** [kill] massacrer **2.** [gather] recueillir.

culminate ['kʌlmɪneɪt] vi ▶ **to culminate in sthg** se terminer par qqch, aboutir à qqch.

culmination [ˌkʌlmɪ'neɪʃn] noun apogée m.

culottes [kju:'lɒts] pl n jupe-culotte f.

culpable ['kʌlpəbl] adj coupable.

culprit ['kʌlprɪt] noun coupable mf.

CUL8R MESSAGING (*written abbr of* **see you later**) @+.

cult [kʌlt] ❖ noun culte m. ❖ comp culte.

cultivate ['kʌltɪveɪt] vt cultiver.

cultivation [ˌkʌltɪ'veɪʃn] noun (U) [farming] culture f.

cultural ['kʌltʃərəl] adj culturel(elle).

culture ['kʌltʃər] noun culture f.

cultured ['kʌltʃəd] adj [educated] cultivé(e).

cum [kʌm] ❖ prep avec ▶ *a kitchen-cum-dining area* une cuisine f avec coin-repas ▶ *he's a teacher-cum-philosopher* il est philosophe aussi bien qu'enseignant. ❖ noun vulg [semen] foutre m.

cumbersome ['kʌmbəsəm] adj [object] encombrant(e).

cunning ['kʌnɪŋ] ❖ adj **1.** [shrewd] astucieux(euse), malin(igne) ; pej rusé(e), fourbe **2.** [skilful] habile, astucieux(euse). ❖ noun (U) **1.** [guile] finesse f, astuce f ; pej ruse f, fourberie f **2.** [skill] habileté f, adresse f.

cunt [kʌnt] noun vulg **1.** [vagina] con m, chatte f **2.** [man] enculé m ; [woman] salope f.

cup [kʌp] noun **1.** [container, unit of measurement] tasse f **2.** [prize, competition] coupe f **3.** [of bra] bonnet m.

cupboard ['kʌbəd] noun placard m.

cupcake noun **1.** US [cake] petit gâteau m **2.** [term of affection] mon chou, ma puce.

cup final noun SPORT finale f de la coupe ▶ **the Cup Final** UK la finale de la Coupe de Football.

curate ['kjʊərət] noun UK vicaire m.

curator [ˌkjʊə'reɪtər] noun conservateur m, -trice f.

curb [kɜ:b] ❖ noun **1.** [control] ▶ **curb (on)** frein m (à) **2.** US [of road] bord m du trottoir. ❖ vt mettre un frein à.

curdle ['kɜ:dl] vi cailler.

cure [kjʊər] ❖ noun ▶ **cure (for)** a) MED remède m (contre) b) fig remède m (à). ❖ vt **1.** MED guérir **2.** [solve - problem] éliminer **3.** [rid] ▶ **to cure sb of sthg** guérir qqn de qqch, faire perdre l'habitude de qqch à qqn **4.** [preserve - by smoking] fumer ; [- by salting] saler ; [- tobacco, hide] sécher.

cure-all noun panacée f.

curfew ['kɜ:fju:] noun couvre-feu m.

curio ['kjʊərɪəʊ] (pl -s) noun bibelot m.

curiosity [ˌkjʊərɪ'ɒsəti] noun curiosité f.

curious ['kjʊərɪəs] adj ▶ **curious (about)** curieux(euse) (à propos de).

curl [kɜ:l] ❖ noun [of hair] boucle f. ❖ vt **1.** [hair] boucler **2.** [roll up] enrouler. ❖ vi **1.** [hair] boucler **2.** [roll up] s'enrouler. ◆ **curl up** vi [person, animal] se mettre en boule, se pelotonner.

curler ['kɜ:lər] noun bigoudi m.

curling tongs pl n UK fer m à friser.

curly ['kɜ:lɪ] adj [hair] bouclé(e).

currant ['kʌrənt] noun [dried grape] raisin m de Corinthe, raisin sec.

currency ['kʌrənsɪ] noun **1.** [type of money] monnaie f **2.** (U) [money] devise f **3.** fml [acceptability] ▸ **to gain currency** s'accréditer.

current ['kʌrənt] ❖ adj [price, method] actuel(elle) ; [year, week] en cours ; [boyfriend, girlfriend] du moment ▸ **current issue** dernier numéro. ❖ noun [of water, air, electricity] courant m.

current account noun 🇬🇧 compte m courant.

current affairs pl n actualité f, questions fpl d'actualité.

currently ['kʌrəntlɪ] adv actuellement.

curriculum [kə'rɪkjələm] (pl -lums or -la) noun programme m d'études.

curriculum vitae [-'viːtaɪ] (pl curricula vitae) noun curriculum vitae m.

curry ['kʌrɪ] noun curry m.

curse [kɜːs] ❖ noun **1.** [evil spell] malédiction f ; fig fléau m **2.** [swearword] juron m. ❖ vt maudire. ❖ vi jurer.

curse word noun 🇺🇸 juron m.

cursor ['kɜːsər] noun COMPUT curseur m.

cursory ['kɜːsərɪ] adj superficiel(elle).

curt [kɜːt] adj brusque.

curtail [kɜː'teɪl] vt [visit] écourter.

curtain ['kɜːtn] noun rideau m.

curtain call noun rappel m.

curts(e)y ['kɜːtsɪ] (pl curtseys or curtsies pt & pp curtseyed or curtsied) ❖ noun révérence f. ❖ vi faire une révérence.

curve [kɜːv] ❖ noun courbe f. ❖ vi faire une courbe.

cushion ['kʊʃn] ❖ noun coussin m. ❖ vt [fall, blow, effects] amortir.

cushy ['kʊʃɪ] adj inf pépère, peinard(e).

custard ['kʌstəd] noun 🇬🇧 crème f anglaise.

custodian [kʌ'stəʊdjən] noun [of building] gardien m, -enne f ; [of museum] conservateur m.

custody ['kʌstədɪ] noun **1.** [of child] garde f **2.** LAW ▸ **in custody** en garde à vue.

custom ['kʌstəm] noun **1.** [tradition, habit] coutume f **2.** COMM clientèle f. ❖ **customs** noun [place] douane f.

customary ['kʌstəmrɪ] adj [behaviour] coutumier(ère) ; [way, time] habituel(elle).

customer ['kʌstəmər] noun **1.** [client] client m, -e f **2.** inf [person] type m.

customize, customise 🇬🇧 ['kʌstəmaɪz] vt [make] fabriquer OR assembler sur commande ; [modify] modifier sur commande.

Customs and Excise noun 🇬🇧 ≃ service m des contributions indirectes.

customs duty noun droit m de douane.

customs officer noun douanier m, -ère f.

cut [kʌt] ❖ noun **1.** [in wood] entaille f ; [in skin] coupure f **2.** [of meat] morceau m **3.** [reduction] ▸ **cut (in)** a) [taxes, salary, personnel] réduction f (de) b) [film, article] coupure f (dans) / **budget cuts** FIN restrictions fpl budgétaires **4.** [of suit, hair] coupe f. ❖ vt (pt & pp cut) **1.** [gen] couper / **to cut one's finger** se couper le doigt **2.** inf [lecture, class] sécher. ❖ vi (pt & pp cut) **1.** [gen] couper **2.** [intersect] se couper. ◆ **cut back** ❖ vt sep **1.** [prune] tailler **2.** [reduce] réduire. ❖ vi ▸ **to cut back on** réduire, diminuer. ◆ **cut down** ❖ vt sep **1.** [chop down] couper **2.** [reduce] réduire, diminuer. ❖ vi ▸ **to cut down on smoking / eating / spending** fumer / manger / dépenser moins. ◆ **cut in** vi **1.** [interrupt] ▸ **to cut in (on sb)** interrompre (qqn) **2.** AUTO & SPORT se rabattre. ◆ **cut off** vt sep **1.** [piece, crust] couper **2.** [finger, leg - subj: surgeon] amputer **3.** [power, telephone, funding] couper **4.** [separate] ▸ **to be cut off (from)** a) [person] être coupé(e) (de) b) [village] être isolé(e) (de). ◆ **cut out** vt sep **1.** [photo, article] découper ; [sewing pattern] couper ; [dress] tailler **2.** [stop] : **to cut out smoking / chocolates** arrêter de fumer / de manger des chocolats ▸ **cut it out!** inf ça suffit ! **3.** [exclude] exclure. ◆ **cut up** vt sep [chop up] couper, hacher.

cut-and-dried adj tout fait (toute faite).

cutback ['kʌtbæk] noun ▸ **cutback (in)** réduction f (de).

cute [kjuːt] adj [appealing] mignon(onne).

cuticle ['kjuːtɪkl] noun envie f.

cutlery ['kʌtlərɪ] noun (U) couverts mpl.

cutlet ['kʌtlɪt] noun côtelette f.

cutout ['kʌtaʊt] noun **1.** [on machine] disjoncteur m **2.** [shape] découpage m.

cut-price 🇬🇧, **cut-rate** 🇺🇸 adj à prix réduit.

cutthroat ['kʌtθrəʊt] adj [ruthless] acharné(e).

cutting ['kʌtɪŋ] ❖ adj [sarcastic - remark] cinglant(e) ; [- wit] acerbe. ❖ noun **1.** [of plant] bouture f **2.** 🇬🇧 [from newspaper] coupure f **3.** 🇬🇧 [for road, railway] tranchée f.

cutting board noun US planche f à découper.

cutting-edge adj [technology] de pointe.

CV (*abbr of curriculum vitae*) noun CV m.

cwt. *abbr of hundredweight*.

cyanide ['saɪənaɪd] noun cyanure m.

cybercafé ['saɪbəˌkæfeɪ] noun cybercafé m.

cybernaut ['saɪbəˌnɔːt] noun cybernaute mf.

cyber shop noun boutique f en ligne.

cyberspace ['saɪbəspeɪs] noun cyberespace m.

cybersurfer ['saɪbəˌsɜːfəʳ] noun cybernaute mf.

cycle ['saɪkl] ❖ noun **1.** [of events, songs] cycle m **2.** [bicycle] bicyclette f. ❖ comp [path, track] cyclable ; [race] cycliste ; [shop] de cycles. ❖ vi faire de la bicyclette.

cycle lane noun piste f cyclable.

cycling ['saɪklɪŋ] noun cyclisme m.

cyclist ['saɪklɪst] noun cycliste mf.

cygnet ['sɪgnɪt] noun jeune cygne m.

cylinder ['sɪlɪndəʳ] noun cylindre m.

cymbal ['sɪmbl] noun cymbale f.

cynic ['sɪnɪk] noun cynique mf.

cynical ['sɪnɪkl] adj cynique.

cynicism ['sɪnɪsɪzm] noun cynisme m.

cypress ['saɪprəs] noun cyprès m.

Cypriot ['sɪprɪət] ❖ adj chypriote. ❖ noun Chypriote mf.

Cyprus ['saɪprəs] noun Chypre f.

cyst [sɪst] noun kyste m.

cystitis [sɪs'taɪtɪs] noun cystite f.

czar [zɑːʳ] noun [sovereign] tsar m ; [top person] éminence f grise, ponte m.

Czech [tʃek] ❖ adj tchèque. ❖ noun **1.** [person] Tchèque mf **2.** [language] tchèque m.

Czechoslovakia [ˌtʃekəslə'vækɪə] noun Tchécoslovaquie f.

Czech Republic noun République f tchèque.

D

d (pl **d's** or **ds**), **D** (pl **D's** or **Ds**) [diː] noun [letter] d m inv, D m inv. ◆ **D** noun **1.** MUS ré m **2.** SCH [mark] D m inv.

DA abbr of district attorney.

dab [dæb] ❖ noun [of cream, powder, ointment] petit peu m ; [of paint] touche f. ❖ vt **1.** [skin, wound] tamponner **2.** [apply - cream, ointment] ▶ **to dab sthg on** OR **onto** appliquer qqch sur.

dabble ['dæbl] vi ▶ **to dabble in** toucher un peu à.

dachshund ['dækshund] noun teckel m.

dad [dæd], **daddy** ['dædɪ] noun inf papa m.

daffodil ['dæfədɪl] noun jonquille f (c'est un emblème du pays de Galles).

daft [dɑːft] adj **UK** inf stupide, idiot(e).

dagger ['dægər] noun poignard m.

daily ['deɪlɪ] ❖ adj **1.** [occurrence] quotidien(enne) **2.** [rate, output] journalier(ère). ❖ adv [happen, write] quotidiennement / *twice daily* deux fois par jour. ❖ noun [newspaper] quotidien m.

dainty ['deɪntɪ] adj délicat(e).

dairy ['deərɪ] noun **1.** [on farm] laiterie f **2.** [shop] crémerie f.

dairy products pl n produits mpl laitiers.

dais ['deɪɪs] noun estrade f.

daisy ['deɪzɪ] noun [weed] pâquerette f ; [cultivated] marguerite f.

dale [deɪl] noun vallée f.

dam [dæm] ❖ noun [across river] barrage m. ❖ vt construire un barrage sur.

damage ['dæmɪdʒ] ❖ noun **1.** [physical harm] dommage m, dégât m **2.** [harmful effect] tort m. ❖ vt **1.** [harm physically] endommager, abîmer **2.** [have harmful effect on] nuire à. ◆ **damages** pl n LAW dommages et intérêts mpl.

damn [dæm] ❖ adj inf fichu(e), sacré(e). ❖ adv inf sacrément. ❖ noun inf ▶ **not to give** OR **care a damn (about sthg)** se ficher pas mal (de qqch). ❖ vt RELIG [condemn] damner. ❖ excl inf zut !

damned [dæmd] inf ❖ adj fichu(e), sacré(e). ▶ **well I'll be US** OR **I'm damned! UK** c'est trop fort !, elle est bien bonne celle-là ! ❖ adv sacrément.

damnedest ['dæmdəst] inf ❖ noun [utmost] : *he did his damnedest to ruin the party* il a vraiment fait tout ce qu'il pouvait pour gâcher la soirée. ❖ adj **US** incroyable.

damning ['dæmɪŋ] adj accablant(e).

damp [dæmp] ❖ adj humide. ❖ noun humidité f. ❖ vt [make wet] humecter.

dampen ['dæmpən] vt **1.** [make wet] humecter **2.** fig [emotion] abattre.

damper ['dæmpər] noun **1.** MUS étouffoir m **2.** [for fire] registre m **3.** PHR **to put a damper on sthg** jeter un froid sur qqch.

damson ['dæmzn] noun prune f de Damas.

dance [dɑːns] ❖ noun **1.** [gen] danse f **2.** [social event] bal m. ❖ vi danser.

dancer ['dɑːnsər] noun danseur m, -euse f.

dancing ['dɑːnsɪŋ] noun (U) danse f.

dandelion ['dændɪlaɪən] noun pissenlit m.

dandruff ['dændrʌf] noun (U) pellicules fpl.

Dane [deɪn] noun Danois m, -e f.

danger ['deɪndʒər] noun **1.** (U) [possibility of harm] danger m ▶ **in danger** en danger ▶ **out of danger** hors de danger **2.** [hazard, risk] ▶ **danger (to)** risque m (pour) ▶ **to be in danger of doing sthg** risquer de faire qqch.

dangerous ['deɪndʒərəs] adj dangereux(euse).

dangle ['dæŋgl] ❖ vt laisser pendre. ❖ vi pendre.

Danish ['deɪnɪʃ] ❖ adj danois(e). ❖ noun **1.** [language] danois m **2.** **US** = **Danish pastry**. ❖ pl n ▶ **the Danish** les Danois mpl.

Danish pastry noun gâteau feuilleté fourré aux fruits.

dank [dæŋk] adj humide et froid(e).

dapper ['dæpər] adj pimpant(e).

dappled ['dæpld] adj **1.** [light] tacheté(e) **2.** [horse] pommelé(e).

dare [deər] ❖ vt **1.** [be brave enough] ▶ **to dare to do sthg** oser faire qqch **2.** [challenge] ▶ **to dare sb to do sthg** défier qqn de faire qqch **3.** PHR **I dare say** je suppose, sans doute. ❖ vi oser ▸ **how dare you!** comment osez-vous ! ❖ noun défi *m*.

daredevil ['deə,devl] noun casse-cou *m inv*.

daring ['deərɪŋ] ❖ adj audacieux(euse). ❖ noun audace *f*.

dark [dɑːk] ❖ adj **1.** [room, night] sombre / *it's getting dark* il commence à faire nuit **2.** [in colour] foncé(e) **3.** [dark-haired] brun(e) ; [dark-skinned] basané(e). ❖ noun **1.** [darkness] ▸ **the dark** l'obscurité *f* ▸ **to be in the dark about sthg** ignorer tout de qqch **2.** [night] ▸ **before / after dark** avant/après la tombée de la nuit.

darken ['dɑːkn] ❖ vt assombrir. ❖ vi s'assombrir.

darkness ['dɑːknɪs] noun obscurité *f*.

darkroom ['dɑːkrʊm] noun chambre *f* noire.

darling ['dɑːlɪŋ] ❖ adj [dear] chéri(e). ❖ noun **1.** [loved person, term of address] chéri, -e *f* **2.** [idol] chouchou *m*, idole *f*.

darn [dɑːn] ❖ vt repriser. ❖ adj *inf* sacré(e), satané(e). ❖ adv *inf* sacrément.

dart [dɑːt] ❖ noun [arrow] fléchette *f*. ❖ vi se précipiter. ◆ **darts** noun [game] jeu *m* de fléchettes.

dartboard ['dɑːtbɔːd] noun cible *f* de jeu de fléchettes.

dash [dæʃ] ❖ noun **1.** [of milk, wine] goutte *f* ; [of cream] soupçon *m* ; [of salt] pincée *f* ; [of colour, paint] touche *f* **2.** [in punctuation] tiret *m* **3.** [rush] ▸ **to make a dash for** se ruer vers. ❖ vt [throw] jeter avec violence. ❖ vi se précipiter.

dashboard ['dæʃbɔːd] noun tableau *m* de bord.

dashing ['dæʃɪŋ] adj fringant(e).

data ['deɪtə] noun (U) données *fpl*.

database ['deɪtəbeɪs] noun base *f* de données.

data processing noun traitement *m* de données.

date [deɪt] ❖ noun **1.** [in time] date *f* ▸ **to date** à ce jour **2.** [appointment] rendez-vous *m inv* **3.** [person] petit ami *m*, petite amie *f* **4.** [fruit] datte *f*. ❖ vt **1.** [gen] dater **2.** [go out with] sortir avec. ❖ vi **1.** [go out of fashion] dater **2.** [go out on dates] sortir avec des garçons/filles / *how long have you two been dating?* ça fait combien de temps que vous sortez ensemble OR que vous vous voyez ?

dated ['deɪtɪd] adj qui date.

date of birth noun date *f* de naissance.

date rape noun *viol commis par une personne connue de la victime*.

daub [dɔːb] vt ▸ **to daub sthg with sthg** barbouiller qqch de qqch.

daughter ['dɔːtər] noun fille *f*.

daughter-in-law (*pl* **daughters-in-law**) noun belle-fille *f*.

daunting ['dɔːntɪŋ] adj intimidant(e).

dawdle ['dɔːdl] vi flâner.

dawn [dɔːn] ❖ noun *liter* & *fig* aube *f*. ❖ vi **1.** [day] poindre **2.** [era, period] naître. ◆ **dawn (up)on** vt insep venir à l'esprit de.

day [deɪ] noun [gen] jour *m* ; [duration] journée *f* ▸ **the day before** la veille ▸ **the day after** le lendemain ▸ **the day before yesterday** avant-hier ▸ **the day after tomorrow** après-demain ▸ **any day now** d'un jour à l'autre ▸ **one day, some day, one of these days** un jour (ou l'autre), un de ces jours ▸ **to make sb's day** réchauffer le cœur de qqn. ◆ **days** adv le jour.

daybreak ['deɪbreɪk] noun aube *f* ▸ **at daybreak** à l'aube.

day care noun [for elderly, disabled] service *m* d'accueil de jour ; [for children] service *m* de garderie. ◆ **day-care** adj [facilities - for elderly, disabled] d'accueil de jour ; [- for children] de garderie.

day centre UK, **day center** US noun centre d'animation et d'aide sociale.

daydream ['deɪdriːm] vi rêvasser.

daylight ['deɪlaɪt] noun **1.** [light] lumière *f* du jour **2.** [dawn] aube *f*.

daylight saving time noun heure *f* d'été.

day off (*pl* **days off**) noun jour *m* de congé.

day return noun UK *billet aller et retour valable pour une journée*.

daytime ['deɪtaɪm] ❖ noun jour *m*, journée *f*. ❖ comp [job, flight] de jour.

day-to-day adj [routine, life] journalier(ère) ▸ **on a day-to-day basis** au jour le jour.

day trip noun excursion *f* d'une journée.

daze [deɪz] ❖ noun ▸ **in a daze** hébété(e), ahuri(e). ❖ vt **1.** [subj: blow] étourdir **2.** *fig* [subj: shock, event] abasourdir, sidérer.

dazzle ['dæzl] vt éblouir.

dazzling ['dæzlɪŋ] adj éblouissant(e).

DC noun (*abbr of* **direct current**) courant *m* continu.

D-day, D-Day ['diːdeɪ] noun *lit* & *fig* le jour J.

deacon ['diːkn] noun diacre *m*.

deactivate [ˌdiːˈæktɪveɪt] vt désamorcer.

dead [ded] ❖ adj **1.** [not alive, not lively] mort(e) ▸ **to shoot sb dead** abattre qqn **2.** [numb] engourdi(e) **3.** [not operating - battery] à plat **4.** [complete - silence] de mort. ❖ adv **1.** [directly, precisely] : *dead ahead* droit devant soi / *dead on time* pile à l'heure **2.** [suddenly] ▸ **to stop dead** s'arrêter net. ❖ pl n ▸ **the dead** les morts *mpl*.

deaden [ˈdedn] vt [sound] assourdir ; [pain] calmer.

dead end noun impasse *f*.

dead-end job noun travail *m* sans débouchés.

deadline [ˈdedlaɪn] noun dernière limite *f*.

deadlock [ˈdedlɒk] noun impasse *f*.

dead loss noun **UK** inf ▸ **to be a dead loss** [person, thing] être complètement nul (nulle) à rien.

deadly [ˈdedlɪ] ❖ adj **1.** [poison, enemy] mortel(elle) **2.** [accuracy] imparable. ❖ adv [boring, serious] tout à fait.

deadpan [ˈdedpæn] ❖ adj pince-sans-rire (inv). ❖ adv impassiblement.

deaf [def] ❖ adj sourd(e) ▸ **to be deaf to sthg** être sourd à qqch. ❖ pl n ▸ **the deaf** les sourds *mpl*.

deaf-and-dumb adj sourd-muet (sourde-muette).

deafen [ˈdefn] vt assourdir.

deaf-mute ❖ adj sourd-muet (sourde-muette). ❖ noun sourd-muet *m*, sourde-muette *f*.

deafness [ˈdefnɪs] noun surdité *f*.

deal [diːl] ❖ noun **1.** [quantity] ▸ **a good OR great deal** beaucoup ▸ **a good OR great deal of** beaucoup de, bien de/des **2.** [business agreement] marché *m*, affaire *f* ▸ **to do OR strike a deal with sb** conclure un marché avec qqn **3.** inf [treatment] ▸ **to get a bad deal** ne pas faire une affaire. ❖ vt (pt & pp **dealt**) **1.** [strike] ▸ **to deal sb/sthg a blow, to deal a blow to sb/sthg** porter un coup à qqn/qqch **2.** [cards] donner, distribuer. ❖ vi (pt & pp **dealt**) **1.** [at cards] donner, distribuer **2.** [in drugs] faire le trafic (de drogues). ◆ **deal in** vt insep COMM faire le commerce de. ◆ **deal out** vt sep distribuer. ◆ **deal with** vt insep **1.** [handle] s'occuper de **2.** [be about] traiter de **3.** [do business with] traiter OR négocier avec.

deal-breaker [ˈdiːlbreɪkə*r*] noun élément *m* rédhibitoire (pour l'achat d'un produit).

dealer [ˈdiːlə*r*] noun **1.** [trader] négociant *m* ; [in drugs] trafiquant *m* **2.** [cards] donneur *m*.

dealing [ˈdiːlɪŋ] noun commerce *m*. ◆ **dealings** pl n relations *fpl*, rapports *mpl*.

dealt [delt] pt & pp ⟶ **deal**.

dean [diːn] noun **1.** doyen *m*, -enne *f* d'université **2.** **US** ≃ CPE *mf* (membre de l'administration d'un lycée qui conseille les élèves et s'occupe des problèmes disciplinaires).

dear [dɪə*r*] ❖ adj ▸ **dear (to)** cher (chère) (à) ▸ **Dear Sir** [in letter] Cher Monsieur ▸ **Dear Madam** Chère Madame. ❖ noun chéri *m*, -e *f*. ❖ excl ▸ **oh dear!** mon Dieu !

dearly [ˈdɪəlɪ] adv [love, wish] de tout son cœur.

death [deθ] noun mort *f* ▸ **to frighten sb to death** faire une peur bleue à qqn ▸ **to be sick to death of sthg/of doing sthg** en avoir marre de qqch/de faire qqch.

death certificate noun acte *m* de décès.

death duty **UK**, **death tax** **US** noun droits *mpl* de succession.

deathly [ˈdeθlɪ] adj de mort.

death penalty noun peine *f* de mort.

death rate noun taux *m* de mortalité.

death row noun **US** quartier *m* des condamnés à mort.

death tax **US** = death duty.

death throes [-ˌrəʊz] pl n agonie *f* ; [painful] affres *fpl* de la mort ; fig agonie *f* / **to be in one's death throes a)** agoniser, être agonisant **b)** [suffering] connaître les affres de la mort / **to be in its death throes** fig [project, business] agoniser, être agonisant.

death toll noun nombre *m* de morts.

death trap noun inf véhicule *m*/bâtiment *m* dangereux.

debar [diːˈbɑː*r*] vt ▸ **to debar sb (from)** [place] exclure qqn (de) ▸ **to debar sb from doing sthg** interdire à qqn de faire qqch.

debase [dɪˈbeɪs] vt dégrader ▸ **to debase o.s.** s'avilir.

debate [dɪˈbeɪt] ❖ noun débat *m* / **open to debate** discutable. ❖ vt débattre, discuter ▸ **to debate whether** s'interroger pour savoir si. ❖ vi débattre.

debating society [dɪˈbeɪtɪŋ-] noun **UK** club *m* de débats.

debauchery [dɪˈbɔːtʃərɪ] noun débauche *f*.

debit [ˈdebɪt] ❖ noun débit *m*. ❖ vt débiter.

debit card noun carte f de paiement à débit immédiat.

debrief [ˌdiːˈbriːf] vt faire faire un compte-rendu de mission à.

debris [ˈdeɪbriː] noun (U) débris mpl.

debt [det] noun dette f ▶ **to be in debt** avoir des dettes, être endetté(e) ▶ **to be in sb's debt** être redevable à qqn.

debt collector noun agent m de recouvrements.

debtor [ˈdetər] noun débiteur m, -trice f.

debug [ˌdiːˈbʌg] vt COMPUT [program] mettre au point, déboguer.

debunk [ˌdiːˈbʌŋk] vt démentir.

debut [ˈdeɪbjuː] noun débuts mpl.

decade [ˈdekeɪd] noun décennie f.

decadence [ˈdekədəns] noun décadence f.

decadent [ˈdekədənt] adj décadent(e).

decaffeinated [dɪˈkæfɪneɪtɪd] adj décaféiné(e).

decanter [dɪˈkæntər] noun carafe f.

decathlon [dɪˈkæθlɒn] noun décathlon m.

decay [dɪˈkeɪ] noun 1. [of body, plant] pourriture f, putréfaction f ; [of tooth] carie f 2. fig [of building] délabrement m ; [of society] décadence f. ◆ vi 1. [rot] pourrir ; [tooth] se carier 2. fig [building] se délabrer, tomber en ruines ; [society] tomber en décadence.

deceased [dɪˈsiːst] ◆ adj décédé(e). ◆ noun (pl inv) ▶ **the deceased** le défunt, la défunte.

deceit [dɪˈsiːt] noun tromperie f, supercherie f.

deceitful [dɪˈsiːtfʊl] adj trompeur(euse).

deceive [dɪˈsiːv] vt [person] tromper, duper ; [subj: memory, eyes] jouer des tours à ▶ **to deceive o.s.** se leurrer, s'abuser.

December [dɪˈsembər] noun décembre m. See also **September**.

decency [ˈdiːsnsɪ] noun décence f, bienséance f ▶ **to have the decency to do sthg** avoir la décence de faire qqch.

decent [ˈdiːsnt] adj 1. [behaviour, dress] décent(e) 2. [wage, meal] correct(e), décent(e) 3. [person] gentil(ille), brave.

deception [dɪˈsepʃn] noun 1. [lie, pretence] tromperie f, duperie f 2. (U) [lying] supercherie f.

deceptive [dɪˈseptɪv] adj trompeur(euse).

decide [dɪˈsaɪd] ◆ vt décider ▶ **to decide to do sthg** décider de faire qqch. ◆ vi se dé-

cider. ◆ **decide (up)on** vt insep se décider pour, choisir.

decided [dɪˈsaɪdɪd] adj 1. [definite] certain(e), incontestable 2. [resolute] décidé(e), résolu(e).

decidedly [dɪˈsaɪdɪdlɪ] adv 1. [clearly] manifestement, incontestablement 2. [resolutely] résolument.

decider [dɪˈsaɪdər] noun [goal] but m décisif ; [point] point m décisif ; [match] match m décisif, rencontre f décisive ; [factor] facteur m décisif.

deciduous [dɪˈsɪdjʊəs] adj à feuilles caduques.

decimal [ˈdesɪml] ◆ adj décimal(e). ◆ noun décimale f.

decimal point noun virgule f.

decimate [ˈdesɪmeɪt] vt décimer.

decipher [dɪˈsaɪfər] vt déchiffrer.

decision [dɪˈsɪʒn] noun décision f.

decision-maker noun décideur m, -euse f, décisionnaire mf.

decisive [dɪˈsaɪsɪv] adj 1. [person] déterminé(e), résolu(e) 2. [factor, event] décisif(ive).

deck [dek] noun 1. [of ship] pont m 2. [of bus] étage m ▶ **top** OR **upper deck** impériale f 3. [of cards] jeu m 4. US [of house] véranda f.

deckchair [ˈdektʃeər] noun chaise longue f, transat m.

declaration [ˌdekləˈreɪʃn] noun déclaration f.

Declaration of Independence noun ▶ **the Declaration of Independence** la Déclaration d'Indépendance des États-Unis d'Amérique (1776).

declare [dɪˈkleər] vt déclarer.

decline [dɪˈklaɪn] ◆ noun déclin m ▶ **to be in decline** être en déclin ▶ **on the decline** en baisse. ◆ vt décliner ▶ **to decline to do sthg** refuser de faire qqch. ◆ vi 1. [deteriorate] décliner 2. [refuse] refuser.

declutter [diːˈklʌtər] vt [room, computer, one's life] désencombrer.

decode [ˌdiːˈkəʊd] vt décoder.

decommission [ˌdiːkəˈmɪʃn] vt mettre hors service.

decompose [ˌdiːkəmˈpəʊz] vi se décomposer.

decongestant [ˌdiːkənˈdʒestənt] noun décongestionnant m.

decorate [ˈdekəreɪt] vt décorer.

decoration [ˌdekəˈreɪʃn] noun décoration f.

decorator [ˈdekəreɪtər] noun décorateur m, -trice f.

decoy ❖ noun ['di:kɔɪ] [for hunting] appât m, leurre m ; [person] compère m. ❖ vt [dɪ'kɔɪ] attirer dans un piège.

decrease ❖ noun ['di:kri:s] ▸ **decrease (in)** diminution f (de), baisse f (de). ❖ vt [dɪ'kri:s] diminuer, réduire. ❖ vi [dɪ'kri:s] diminuer, décroître.

decree [dɪ'kri:] ❖ noun **1.** [order, decision] décret m **2.** US LAW arrêt m, jugement m. ❖ vt décréter, ordonner.

decree nisi [-'naɪsaɪ] (pl decrees nisi) noun UK jugement m provisoire.

decrepit [dɪ'krepɪt] adj [person] décrépit(e) ; [house] délabré(e).

dedicate ['dedɪkeɪt] vt **1.** [book] dédier **2.** [life, career] consacrer.

dedicated ['dedɪkeɪtɪd] adj **1.** [person] dévoué(e) **2.** COMPUT spécialisé(e).

dedication [ˌdedɪ'keɪʃn] noun **1.** [commitment] dévouement m **2.** [in book] dédicace f.

deduce [dɪ'dju:s] vt déduire, conclure.

deduct [dɪ'dʌkt] vt déduire, retrancher.

deduction [dɪ'dʌkʃn] noun déduction f.

deed [di:d] noun **1.** [action] action f, acte m **2.** LAW acte m notarié.

deem [di:m] vt juger, considérer ▸ **to deem it wise to do sthg** juger prudent de faire qqch.

deep [di:p] ❖ adj profond(e). ❖ adv profondément ▸ **deep down** [fundamentally] au fond.

deepen ['di:pn] vi **1.** [river, sea] devenir profond(e) **2.** [crisis, recession, feeling] s'aggraver.

deep freeze noun congélateur m.

deep-fry vt faire frire.

deeply ['di:plɪ] adv profondément.

deep-rooted adj [prejudice] ancré(e), enraciné(e) ; [hatred] vivace, tenace ; [affection] profond(e).

deep-sea adj ▸ **deep-sea diving** plongée f sous-marine ▸ **deep-sea fishing** pêche f hauturière.

deep-set adj [eyes] enfoncé(e).

Deep South prn ▸ **the Deep South** [in the US] l'extrême Sud conservateur (Alabama, Floride, Géorgie, Louisiane, Mississippi, Caroline du Sud, partie orientale du Texas).

deer [dɪər] (pl inv) noun cerf m.

deface [dɪ'feɪs] vt barbouiller.

defamatory [dɪ'fæmətrɪ] adj diffamatoire, diffamant(e).

default [dɪ'fɔːlt] ❖ noun **1.** [failure] défaillance f ▸ **by default** par défaut **2.** COMPUT valeur f par défaut. ❖ vi manquer à ses engagements.

defeat [dɪ'fiːt] ❖ noun défaite f ▸ **to admit defeat** s'avouer vaincu(e). ❖ vt **1.** [team, opponent] vaincre, battre **2.** [motion, proposal] rejeter.

defeatist [dɪ'fiːtɪst] ❖ adj défaitiste. ❖ noun défaitiste mf.

defect ❖ noun ['di:fekt] défaut m. ❖ vi [dɪ'fekt] ▸ **to defect to** passer à.

defective [dɪ'fektɪv] adj défectueux(euse).

defence UK, **defense** US [dɪ'fens] noun **1.** [gen] défense f **2.** [protective device, system] protection f **3.** LAW ▸ **the defence** la défense.

defenceless UK, **defenseless** US [dɪ'fenslɪs] adj sans défense.

defend [dɪ'fend] vt défendre.

defendant [dɪ'fendənt] noun défendeur m, -eresse f ; [in trial] accusé m, -e f.

defender [dɪ'fendər] noun défenseur m.

defense US = defence.

defenseless US = defenceless.

defensive [dɪ'fensɪv] ❖ adj défensif(ive). ❖ noun ▸ **on the defensive** sur la défensive.

defer [dɪ'fɜːr] ❖ vt différer. ❖ vi ▸ **to defer to sb** s'en remettre à (l'opinion de) qqn.

deferential [ˌdefə'renʃl] adj respectueux(euse).

defiance [dɪ'faɪəns] noun défi m ▸ **in defiance of** au mépris de.

defiant [dɪ'faɪənt] adj [person] intraitable, intransigeant(e) ; [action] de défi.

defibrillator [di:'fɪbrɪleɪtər] noun MED défibrillateur m.

deficiency [dɪ'fɪʃnsɪ] noun **1.** [lack] manque m ; [of vitamins] carence f **2.** [inadequacy] imperfection f.

deficient [dɪ'fɪʃnt] adj **1.** [lacking] ▸ **to be deficient in** manquer de **2.** [inadequate] insuffisant(e), médiocre.

deficit ['defɪsɪt] noun déficit m.

defile [dɪ'faɪl] vt souiller, salir.

define [dɪ'faɪn] vt définir.

definite ['defɪnɪt] adj **1.** [plan] bien déterminé(e) ; [date] certain(e) **2.** [improvement, difference] net (nette), marqué(e) **3.** [answer] précis(e), catégorique **4.** [confident - person] assuré(e).

definitely ['defɪnɪtlɪ] adv **1.** [without doubt] sans aucun doute, certainement **2.** [for emphasis] catégoriquement.

definition [defɪ'nɪʃn] noun **1.** [gen] définition f **2.** [clarity] clarté f, précision f.

deflate [dɪ'fleɪt] ❖ vt [balloon, tyre] dégonfler. ❖ vi [balloon, tyre] se dégonfler.

deflation [dɪ'fleɪʃn] noun ECON déflation f.

deflect [dɪ'flekt] vt [ball, bullet] dévier ; [stream] détourner, dériver ; [criticism] détourner.

deforestation [diː,fɒrɪ'steɪʃn] noun déforestation f, déboisement m.

deformed [dɪ'fɔːmd] adj difforme.

defragment [,diː'fræg'ment] vt COMPUT défragmenter.

defraud [dɪ'frɔːd] vt [person] escroquer ; [Inland Revenue] frauder.

defrost [,diː'frɒst] ❖ vt **1.** [fridge] dégivrer ; [frozen food] décongeler **2.** US [AUTO - de-ice] dégivrer ; [- demist] désembuer. ❖ vi [fridge] dégivrer ; [frozen food] se décongeler.

deft [deft] adj adroit(e).

defunct [dɪ'fʌŋkt] adj qui n'existe plus ; [person] défunt(e).

defuse [,diː'fjuːz] vt désamorcer.

defy [dɪ'faɪ] vt **1.** [gen] défier ▶ to defy sb to do sthg mettre qqn au défi de faire qqch **2.** [efforts] résister à, faire échouer.

degenerate ❖ adj [dɪ'dʒenərət] dégénéré(e). ❖ vi [dɪ'dʒenəreɪt] ▶ to degenerate (into) dégénérer (en).

degrading [dɪ'greɪdɪŋ] adj dégradant(e), avilissant(e).

degree [dɪ'griː] noun **1.** [measurement] degré m **2.** UNIV diplôme m universitaire **3.** [amount] ▶ to a certain degree jusqu'à un certain point, dans une certaine mesure ▶ a degree of risk un certain risque ▶ a degree of truth une certaine part de vérité ▶ by degrees progressivement, petit à petit.

dehydrated [,diː'haɪ'dreɪtɪd] adj déshydraté(e).

de-ice [diː'aɪs] vt dégivrer.

deign [deɪn] vt ▶ to deign to do sthg daigner faire qqch.

deity ['diːɪtɪ] noun dieu m, déesse f, divinité f.

dejected [dɪ'dʒektɪd] adj abattu(e), découragé(e).

delay [dɪ'leɪ] ❖ noun retard m, délai m. ❖ vt **1.** [cause to be late] retarder **2.** [defer] différer ▶ to delay doing sthg tarder à faire qqch. ❖ vi ▶ to delay (in doing sthg) tarder (à faire qqch).

delayed [dɪ'leɪd] adj ▶ to be delayed [person, train] être retardé(e).

delectable [dɪ'lektəbl] adj délicieux(euse).

delectation [,diːlek'teɪʃn] noun liter & hum délectation f / for your delectation pour votre plus grand plaisir.

delegate ❖ noun ['delɪgət] délégué m, -e f. ❖ vt ['delɪgeɪt] déléguer ▶ to delegate sb to do sthg déléguer qqn pour faire qqch ▶ to delegate sthg to sb déléguer qqch à qqn.

delegation [,delɪ'geɪʃn] noun délégation f.

delete [dɪ'liːt] vt supprimer, effacer.

delete key noun COMPUT touche f effacer.

deli ['delɪ] noun inf abbr of delicatessen.

deliberate ❖ adj [dɪ'lɪbərət] **1.** [intentional] voulu(e), délibéré(e) **2.** [slow] lent(e), sans hâte. ❖ vi [dɪ'lɪbəreɪt] délibérer.

deliberately [dɪ'lɪbərətlɪ] adv [on purpose] exprès, à dessein.

delicacy ['delɪkəsɪ] noun **1.** [gen] délicatesse f **2.** [food] mets m délicat.

delicate ['delɪkət] adj délicat(e) ; [movement] gracieux(euse).

delicatessen [,delɪkə'tesn] noun épicerie f fine.

delicious [dɪ'lɪʃəs] adj délicieux(euse).

delight [dɪ'laɪt] ❖ noun [great pleasure] délice m ▶ to take delight in doing sthg prendre grand plaisir à faire qqch. ❖ vt enchanter, charmer. ❖ vi ▶ to delight in sthg / in doing sthg prendre grand plaisir à qqch / à faire qqch.

delighted [dɪ'laɪtɪd] adj ▶ delighted (by OR with) enchanté(e) (de), ravi(e) (de) ▶ to be delighted to do sthg être enchanté OR ravi de faire qqch.

delightful [dɪ'laɪtfʊl] adj ravissant(e), charmant(e) ; [meal] délicieux(euse).

delinquent [dɪ'lɪŋkwənt] ❖ adj délinquant(e). ❖ noun délinquant m, -e f.

delirious [dɪ'lɪrɪəs] adj liter & fig délirant(e).

deliver [dɪ'lɪvər] vt **1.** [distribute] ▶ to deliver sthg (to sb) a) [mail, newspaper] distribuer qqch (à qqn) b) COMM livrer qqch (à qqn) **2.** [speech] faire ; [warning] donner ; [message] remettre ; [blow, kick] donner, porter **3.** [baby] mettre au monde **4.** [free] délivrer **5.** US POL [votes] obtenir.

delivery [dɪ'lɪvərɪ] noun **1.** COMM livraison f **2.** (way of speaking) élocution f **3.** (birth) accouchement m.

delude [dɪ'lu:d] vt tromper, induire en erreur ▸ **to delude o.s.** se faire des illusions.

deluge ['delju:dʒ] ❖ noun déluge m ; fig avalanche f. ❖ vt ▸ **to be deluged with** être débordé(e) OR submergé(e) de.

delusion [dɪ'lu:ʒn] noun illusion f.

delve [delv] vi ▸ **to delve into a)** (past) fouiller **b)** (bag, etc.) fouiller dans.

demand [dɪ'mɑ:nd] ❖ noun **1.** (claim, firm request) revendication f, exigence f ▸ **on demand** sur demande **2.** (need) ▸ **demand (for)** demande f (de) ▸ **in demand** demandé(e), recherché(e). ❖ vt **1.** (ask for - justice, money) réclamer ; (- explanation, apology) exiger ▸ **to demand to do sthg** exiger de faire qqch **2.** (require) demander, exiger.

demanding [dɪ'mɑ:ndɪŋ] adj **1.** (exhausting) astreignant(e) **2.** (not easily satisfied) exigeant(e).

demean [dɪ'mi:n] vt ▸ **to demean o.s.** s'abaisser.

demeaning [dɪ'mi:nɪŋ] adj avilissant(e), dégradant(e).

demeanour UK, **demeanor** US [dɪ'mi:nər] noun (U) fml comportement m.

demented [dɪ'mentɪd] adj fou (folle), dément(e).

demise [dɪ'maɪz] noun (U) décès m ; fig mort f, fin f.

demister [,di:'mɪstər] noun UK dispositif m antibuée.

demo ['deməʊ] (abbr of demonstration) noun UK inf manif f.

democracy [dɪ'mɒkrəsɪ] noun démocratie f.

democrat ['deməkræt] noun démocrate mf. ◆ **Democrat** noun US démocrate mf.

democratic [,demə'krætɪk] adj démocratique. ◆ **Democratic** adj US démocrate.

Democratic Party noun US ▸ **the Democratic Party** le Parti démocrate.

demolish [dɪ'mɒlɪʃ] vt (destroy) démolir.

demon ['di:mən] ❖ noun (evil spirit) démon m. ❖ comp inf ▸ **demon driver / chess player** as du volant / des échecs.

demonstrate ['demənstreɪt] ❖ vt **1.** (prove) démontrer, prouver **2.** (machine, computer) faire une démonstration de. ❖ vi ▸ **to demonstrate (for / against)** manifester (pour / contre).

demonstration [demən'streɪʃn] noun **1.** (of machine, emotions) démonstration f **2.** (public meeting) manifestation f.

demonstrator ['demənstreɪtər] noun **1.** (in march) manifestant m, -e f **2.** (of machine, product) démonstrateur m, -trice f.

demoralize, demoralise UK [dɪ'mɒrəlaɪz] vt démoraliser.

demoralized, demoralised UK [dɪ'mɒrəlaɪzd] adj démoralisé(e).

demote [,di:'məʊt] vt rétrograder.

demure [dɪ'mjʊər] adj modeste, réservé(e).

den [den] noun (of animal) antre m, tanière f.

denial [dɪ'naɪəl] noun (of rights, facts, truth) dénégation f ; (of accusation) démenti m / **in denial** en déni.

denigrate ['denɪgreɪt] vt dénigrer.

denim ['denɪm] noun jean m. ◆ **denims** pl n ▸ **a pair of denims** un jean.

denim jacket noun veste f en jean.

Denmark ['denmɑ:k] noun Danemark m.

denomination [dɪ,nɒmɪ'neɪʃn] noun **1.** RELIG confession f **2.** (money) valeur f.

denote [dɪ'nəʊt] vt dénoter.

denounce [dɪ'naʊns] vt dénoncer.

dense [dens] adj **1.** (crowd, forest) dense ; (fog) dense, épais(aisse) **2.** inf (stupid) bouché(e).

density ['densətɪ] noun densité f.

dent [dent] ❖ noun bosse f. ❖ vt cabosser.

dental ['dentl] adj dentaire / **dental appointment** rendez-vous m chez le dentiste.

dental floss noun fil m dentaire.

dental hygienist noun = hygienist.

dental surgeon noun chirurgien-dentiste m.

dentist ['dentɪst] noun dentiste mf.

dentures ['dentʃəz] pl n dentier m.

deny [dɪ'naɪ] vt **1.** (refute) nier / **to deny doing sthg** OR **having done sthg** nier avoir faire qqch **2.** fml (refuse) nier, refuser ▸ **to deny sb sthg** refuser qqch à qqn.

deodorant [di:'əʊdərənt] noun déodorant m.

depart [dɪ'pɑ:t] vi fml **1.** (leave) ▸ **to depart (from)** partir (de) **2.** (differ) ▸ **to depart from sthg** s'écarter de qqch.

department [dɪ'pɑ:tmənt] noun **1.** (in organization) service m **2.** (in shop) rayon m **3.** SCH & UNIV département m **4.** (in government) département m, ministère m.

department store noun grand magasin m.

departure [dɪˈpɑːtʃər] noun **1.** [leaving] départ m **2.** [change] nouveau départ m / *a departure from tradition* un écart par rapport à la tradition.

departure lounge noun salle f d'embarquement.

depend [dɪˈpend] vi ▸ **to depend on a)** [be dependent on] dépendre de **b)** [rely on] compter sur **c)** [emotionally] se reposer sur ▸ **it depends** cela dépend ▸ **depending on** selon.

dependable [dɪˈpendəbl] adj [person] sur qui on peut compter ; [source of income] sûr(e) ; [car] fiable.

dependant [dɪˈpendənt] noun personne f à charge.

dependent [dɪˈpendənt] adj **1.** [reliant] ▸ **dependent (on)** dépendant(e) (de) ▸ **to be dependent on sb/sthg** dépendre de qqn/qqch **2.** [addicted] dépendant(e), accro **3.** [contingent] ▸ **to be dependent on** dépendre de.

depict [dɪˈpɪkt] vt **1.** [show in picture] représenter **2.** [describe] ▸ **to depict sb/sthg as** dépeindre qqn/qqch comme.

deplete [dɪˈpliːt] vt épuiser.

deplorable [dɪˈplɔːrəbl] adj déplorable.

deplore [dɪˈplɔːr] vt déplorer.

deploy [dɪˈplɔɪ] vt déployer.

depopulation [diːˌpɒpjuˈleɪʃn] noun dépeuplement m.

deport [dɪˈpɔːt] vt expulser.

depose [dɪˈpəʊz] vt déposer.

deposit [dɪˈpɒzɪt] ◆ noun **1.** [gen] dépôt m ▸ **to make a deposit** [into bank account] déposer de l'argent **2.** [payment - as guarantee] caution f ; [- as instalment] acompte m ; [- on bottle] consigne f. ◆ vt déposer.

deposit account noun **UK** compte m sur livret.

depot [ˈdepəʊ] noun **1.** [gen] dépôt m **2.** **US** [station] gare f.

deprecating [ˈdeprɪkeɪtɪŋ] adj désapprobateur(trice).

depreciate [dɪˈpriːʃɪeɪt] vi se déprécier.

depress [dɪˈpres] vt **1.** [sadden, discourage] déprimer **2.** [weaken - economy] affaiblir ; [- prices] faire baisser.

depressed [dɪˈprest] adj **1.** [sad] déprimé(e) **2.** [run-down - area] en déclin.

depressing [dɪˈpresɪŋ] adj déprimant(e).

depression [dɪˈpreʃn] noun **1.** [gen] dépression f **2.** [sadness] tristesse f.

deprivation [ˌdeprɪˈveɪʃn] noun privation f.

deprive [dɪˈpraɪv] vt ▸ **to deprive sb of sthg** priver qqn de qqch.

depth [depθ] noun profondeur f ▸ **in depth** [study, analyse] en profondeur ▸ **to be out of one's depth a)** [in water] ne pas avoir pied **b)** fig avoir perdu pied, être dépassé. ◆ **depths** pl n ▸ **the depths a)** [of seas] les profondeurs fpl **b)** [of memory, archives] le fin fond / *in the depths of winter* au cœur de l'hiver ▸ **to be in the depths of despair** toucher le fond du désespoir.

deputation [ˌdepjʊˈteɪʃn] noun délégation f.

deputize, deputise [ˈdepjʊtaɪz] vi ▸ **to deputize for sb** assurer les fonctions de qqn, remplacer qqn.

deputy [ˈdepjʊtɪ] ◆ adj adjoint(e) ▸ **deputy chairman** vice-président m ▸ **deputy head** SCH directeur m adjoint ▸ **deputy leader** POL vice-président m. ◆ noun **1.** [second-in-command] adjoint m, -e f **2.** **US** [deputy sheriff] shérif m adjoint.

derail [dɪˈreɪl] vt [train] faire dérailler.

deranged [dɪˈreɪndʒd] adj dérangé(e).

derby [**UK** ˈdɑːbɪ, **US** ˈdɜːbɪ] noun **1.** SPORT derby m **2.** **US** [hat] chapeau m melon.

derelict [ˈderəlɪkt] adj en ruines.

deride [dɪˈraɪd] vt railler.

derisory [dəˈraɪzərɪ] adj **1.** [puny, trivial] dérisoire **2.** [derisive] moqueur(euse).

derivative [dɪˈrɪvətɪv] ◆ adj pej pas original(e). ◆ noun dérivé m.

derive [dɪˈraɪv] ◆ vt **1.** [draw, gain] ▸ **to derive sthg from sthg** tirer qqch de qqch **2.** [originate] ▸ **to be derived from** venir de. ◆ vi ▸ **to derive from** venir de.

derogatory [dɪˈrɒgətrɪ] adj [comment, remark] désobligeant(e) ; [word] péjoratif(ive).

derv [dɜːv] noun **UK** gas-oil m.

descend [dɪˈsend] ◆ vt fml [go down] descendre. ◆ vi **1.** fml [go down] descendre **2.** [fall] ▸ **to descend (on) a)** [enemy] s'abattre (sur) **b)** [subj: silence, gloom] tomber (sur) **3.** [stoop] ▸ **to descend to sthg/to doing sthg** s'abaisser à qqch/à faire qqch.

descendant [dɪˈsendənt] noun descendant m, -e f.

descended [dɪˈsendɪd] adj ▸ **to be descended from sb** descendre de qqn.

descent [dɪˈsent] noun **1.** [downwards movement] descente f **2.** (U) [origin] origine f.

describe [dɪˈskraɪb] vt décrire.

description [dɪ'skrɪpʃn] noun **1.** [account] description f **2.** [type] sorte f, genre m.

desecrate ['desɪkreɪt] vt profaner.

desert ❖ noun ['dezət] désert m. ❖ vt [dɪ'zɜːt] **1.** [place] déserter **2.** [person, group] déserter, abandonner. ❖ vi [dɪ'zɜːt] MIL déserter. ◆ **deserts** pl n [dɪ'zɜːts] ▶ **to get one's just deserts** recevoir ce que l'on mérite.

deserted [dɪ'zɜːtɪd] adj désert(e).

deserter [dɪ'zɜːtər] noun déserteur m.

desert island ['dezət-] noun île f déserte.

deserve [dɪ'zɜːv] vt mériter ▶ **to deserve to do sthg** mériter de faire qqch.

deserving [dɪ'zɜːvɪŋ] adj [person] méritant(e); [cause, charity] méritoire.

design [dɪ'zaɪn] ❖ noun **1.** [plan, drawing] plan m, étude f **2.** (U) [art] design m **3.** [pattern] motif m, dessin m **4.** [shape] ligne f; [of dress] style m **5.** fml [intention] dessein m ▶ **by design** à dessein ▶ **to have designs on sb / sthg** avoir des desseins sur qqn/qqch. ❖ vt **1.** [draw plans for - building, car] faire les plans de, dessiner ; [- dress] créer **2.** [plan] concevoir, mettre au point ▶ **to be designed for sthg / to do sthg** être conçu pour qqch/pour faire qqch.

designate ❖ adj ['dezɪgnət] désigné(e). ❖ vt ['dezɪgneɪt] désigner.

designer [dɪ'zaɪnər] ❖ adj de marque. ❖ noun INDUST concepteur m, -trice f; ARCHIT dessinateur m, -trice f; [of dresses, etc.] styliste mf; THEAT décorateur m, -trice f.

desirable [dɪ'zaɪərəbl] adj **1.** [enviable, attractive] désirable **2.** fml [appropriate] désirable, souhaitable.

desire [dɪ'zaɪər] ❖ noun désir m ▶ **desire for sthg / to do sthg** désir de qqch/de faire qqch. ❖ vt désirer.

desist [dɪ'zɪst] vi fml ▶ **to desist (from doing sthg)** cesser (de faire qqch).

desk [desk] noun bureau m.

desktop ['desktɒp] ❖ adj [computer] de bureau. ❖ noun COMPUT bureau m, poste m de travail.

desktop publishing noun publication f assistée par ordinateur.

desolate ['desələt] adj **1.** [place] abandonné(e) **2.** [person] désespéré(e), désolé(e).

despair [dɪ'speər] ❖ noun (U) désespoir m. ❖ vi désespérer ▶ **to despair of** désespérer de ▶ **to despair of doing sthg** désespérer de faire qqch.

despairing [dɪ'speərɪŋ] adj de désespoir.

despatch [dɪ'spætʃ] [UK] = **dispatch**.

desperate ['desprət] adj désespéré(e) ▶ **to be desperate for sthg** avoir absolument besoin de qqch.

desperately ['desprətlɪ] adv désespérément / **desperately ill** gravement malade.

desperation [,despə'reɪʃn] noun désespoir m / **he agreed in desperation** en désespoir de cause, il a accepté.

despicable [dɪ'spɪkəbl] adj ignoble.

despise [dɪ'spaɪz] vt [person] mépriser ; [racism] exécrer.

despite [dɪ'spaɪt] prep malgré.

despondent [dɪ'spɒndənt] adj abattu(e), consterné(e).

dessert [dɪ'zɜːt] noun dessert m.

dessertspoon [dɪ'zɜːtspuːn] noun [spoon] cuillère f à dessert.

destabilize, destabilise [UK] [,diː'steɪbɪlaɪz] vt déstabiliser.

destination [,destɪ'neɪʃn] noun destination f.

destined ['destɪnd] adj **1.** [intended] ▶ **destined for** destiné(e) à ▶ **destined to do sthg** destiné à faire qqch **2.** [bound] ▶ **destined for** à destination de.

destiny ['destɪnɪ] noun destinée f.

destitute ['destɪtjuːt] adj indigent(e).

de-stress [diː'stres] noun dé-stresser inf.

destroy [dɪ'strɔɪ] vt [ruin] détruire.

destruction [dɪ'strʌkʃn] noun destruction f.

detach [dɪ'tætʃ] vt **1.** [pull off] détacher ▶ **to detach sthg from sthg** détacher qqch de qqch **2.** [dissociate] ▶ **to detach o.s. from sthg a)** [from reality] se détacher de qqch **b)** [from proceedings, discussions] s'écarter de qqch.

detached [dɪ'tætʃt] adj [unemotional] détaché(e).

detached house noun [UK] maison f individuelle.

detachment [dɪ'tætʃmənt] noun détachement m.

detail ['diːteɪl] ❖ noun **1.** [small point] détail m ▶ **to go into detail** entrer dans les détails ▶ **in detail** en détail **2.** MIL détachement m. ❖ vt [list] détailler. ◆ **details** pl n [personal information] coordonnées fpl.

detailed ['diːteɪld] adj détaillé(e).

detain [dɪ'teɪn] vt **1.** [in police station] détenir ; [in hospital] garder **2.** [delay] retenir.

detect [dɪ'tekt] vt **1.** [subj: person] déceler **2.** [subj: machine] détecter.

detection [dɪ'tekʃn] noun *(U)* **1.** [of crime] dépistage *m* **2.** [of aircraft, submarine] détection *f*.

detective [dɪ'tektɪv] noun détective *mf*.

detective novel noun roman *m* policier.

detention [dɪ'tenʃn] noun **1.** [of suspect, criminal] détention *f* **2.** SCH retenue *f*.

deter [dɪ'tɜ:r] vt dissuader ▸ **to deter sb from doing sthg** dissuader qqn de faire qqch.

detergent [dɪ'tɜ:dʒənt] noun détergent *m*.

deteriorate [dɪ'tɪərɪəreɪt] vi se détériorer.

determination [dɪ,tɜ:mɪ'neɪʃn] noun détermination *f*.

determine [dɪ'tɜ:mɪn] vt **1.** [establish, control] déterminer **2.** *fml* [decide] ▸ **to determine to do sthg** décider de faire qqch.

determined [dɪ'tɜ:mɪnd] adj **1.** [person] déterminé(e) ▸ **determined to do sthg** déterminé à faire qqch **2.** [effort] obstiné(e).

deterrent [dɪ'terənt] noun moyen *m* de dissuasion.

detest [dɪ'test] vt détester.

detonate ['detəneɪt] ◆ vt faire détoner. ◆ vi détoner.

detonator ['detəneɪtər] noun détonateur *m*.

detour ['di:,tʊər] ◆ noun détour *m*. ◆ vi faire un détour. ◆ vt (faire) dévier.

detox ['di:tɒks] noun *inf* désintoxication *f* **/** *detox centre* centre *m* de désintoxication.

detract [dɪ'trækt] vi ▸ **to detract from** diminuer.

detriment ['detrɪmənt] noun ▸ **to the detriment of** au détriment de.

detrimental [,detrɪ'mentl] adj préjudiciable.

Dettol® ['detɒl] noun *solution antiseptique*.

deuce [dju:s] noun TENNIS égalité *f*.

devaluation [,di:væljʊ'eɪʃn] noun dévaluation *f*.

devastated ['devəsteɪtɪd] adj **1.** [area, city] dévasté(e) **2.** *fig* [person] accablé(e).

devastating ['devəsteɪtɪŋ] adj **1.** [hurricane, remark] dévastateur(trice) **2.** [upsetting] accablant(e) **3.** [attractive] irrésistible.

develop [dɪ'veləp] ◆ vt **1.** [gen] développer **2.** [land, area] aménager, développer **3.** [illness, fault, habit] contracter **4.** [resources] développer, exploiter. ◆ vi **1.** [grow, advance] se développer **2.** [appear - problem, trouble] se déclarer.

developing country [dɪ'veləpɪŋ-] noun pays *m* en voie de développement.

development [dɪ'veləpmənt] noun **1.** [gen] développement *m* **2.** *(U)* [of land, area] exploitation *f* **3.** [land being developed] zone *f* d'aménagement ; [developed area] zone aménagée **4.** [group of buildings] lotissement *m* **5.** *(U)* [of illness, fault] évolution *f*.

deviate ['di:vɪeɪt] vi ▸ **to deviate (from)** dévier (de), s'écarter (de).

device [dɪ'vaɪs] noun **1.** [apparatus] appareil *m*, dispositif *m* **2.** [plan, method] moyen *m*.

devil ['devl] noun **1.** [evil spirit] diable *m* **2.** *inf* [person] type *m* **/** *poor devil!* pauvre diable ! **3.** [for emphasis] ▸ **who /where /why the devil...?** qui/où/pourquoi diable... ? ◆ **Devil** noun [Satan] ▸ **the Devil** le Diable.

devil-may-care adj insouciant(e).

devil's advocate noun avocat *m* du diable ▸ **to play devil's advocate** se faire l'avocat du diable.

devious ['di:vjəs] adj **1.** [dishonest - person] retors(e), sournois(e) ; [- scheme, means] détourné(e) **2.** [tortuous] tortueux(euse).

devise [dɪ'vaɪz] vt concevoir.

devoid [dɪ'vɔɪd] adj *fml* ▸ **devoid of** dépourvu(e) de, dénué(e) de.

devolution [,di:və'lu:ʃn] noun POL décentralisation *f*.

devote [dɪ'vəʊt] vt ▸ **to devote sthg to sthg** consacrer qqch à qqch.

devoted [dɪ'vəʊtɪd] adj dévoué(e) **/** *a devoted mother* une mère dévouée à ses enfants.

devotee [,devə'ti:] noun [fan] passionné *m*, -e *f*.

devotion [dɪ'vəʊʃn] noun **1.** [commitment] ▸ **devotion (to)** dévouement *m* (à) **2.** RELIG dévotion *f*.

devour [dɪ'vaʊər] vt *liter & fig* dévorer.

devout [dɪ'vaʊt] adj dévot(e).

dew [dju:] noun rosée *f*.

DfT (*abbr of* **Department for Transport**) noun *ministère britannique du transport*.

diabetes [,daɪə'bi:ti:z] noun diabète *m*.

diabetic [,daɪə'betɪk] ◆ adj [person] diabétique. ◆ noun diabétique *mf*.

diabolic(al) [,daɪə'bɒlɪk(l)] adj **1.** [evil] diabolique **2.** *inf* [very bad] atroce.

diagnose ['daɪəgnəʊz] vt diagnostiquer.

diagnosis [ˌdaɪəgˈnəʊsɪs] (*pl* -ses) noun diagnostic *m*.

diagonal [daɪˈægənl] ❖ adj [line] diagonal(e). ❖ noun diagonale *f*.

diagram [ˈdaɪəgræm] noun diagramme *m*.

dial [ˈdaɪəl] ❖ noun cadran *m* ; [of radio] cadran de fréquences. ❖ vt [number] composer.

dialect [ˈdaɪəlekt] noun dialecte *m*.

dialling code [ˈdaɪəlɪŋ-] noun UK indicatif *m*.

dialling tone UK [ˈdaɪəlɪŋ-], **dial tone** US noun tonalité *f*.

dialogue UK, **dialog** US [ˈdaɪəlɒg] noun dialogue *m*.

dial tone US = dialling tone.

dialysis [daɪˈælɪsɪs] noun dialyse *f*.

diameter [daɪˈæmɪtər] noun diamètre *m*.

diamond [ˈdaɪəmənd] noun **1.** [gem] diamant *m* **2.** [shape] losange *m*. ◆ **diamonds** pl n carreau *m*.

diaper [ˈdaɪəpər] noun US couche *f*.

diaphragm [ˈdaɪəfræm] noun diaphragme *m*.

diarrhoea UK, **diarrhea** US [ˌdaɪəˈrɪə] noun diarrhée *f*.

diary [ˈdaɪərɪ] noun **1.** [appointment book] agenda *m* **2.** [journal] journal *m*.

dice [daɪs] ❖ noun (*pl inv*) [for games] dé *m*. ❖ vt couper en dés.

dick [dɪk] noun **1.** *vulg* [penis] queue *f* **2.** US *inf* [detective] privé *m* **3.** UK *v inf* [idiot] con *m*.

dickhead [ˈdɪkhed] noun *v inf* con *m*.

dictate ❖ vt [dɪkˈteɪt] dicter. ❖ noun [ˈdɪkteɪt] ordre *m*.

dictation [dɪkˈteɪʃn] noun dictée *f*.

dictator [dɪkˈteɪtər] noun dictateur *m*.

dictatorship [dɪkˈteɪtəʃɪp] noun dictature *f*.

dictionary [ˈdɪkʃnrɪ] noun dictionnaire *m*.

did [dɪd] pt ⟶ do.

diddle [ˈdɪdl] vt *inf* escroquer, rouler.

didn't [ˈdɪdnt] ⟶ did not.

die [daɪ] ❖ vi (*pt & pp* died, *cont* dying) mourir ▸ to be dying se mourir ▸ to be dying to do sthg mourir d'envie de faire qqch / to be dying for a drink/cigarette mourir d'envie de boire un verre/de fumer une cigarette. ❖ noun (*pl dice* [daɪs]) [dice] dé *m*. ◆ **die away** vi [sound] s'éteindre ; [wind] tomber. ◆ **die down** vi [sound] s'affaiblir ; [wind] tomber ; [fire] baisser. ◆ **die out** vi s'éteindre, disparaître.

diehard [ˈdaɪhɑːd] noun ▸ to be a diehard a) être coriace b) [reactionary] être réactionnaire.

diesel [ˈdiːzl] noun diesel *m*.

diesel fuel, **diesel oil** noun diesel *m*.

diet [ˈdaɪət] ❖ noun **1.** [eating pattern] alimentation *f* **2.** [to lose weight] régime *m* ▸ to be on a diet être au régime ▸ to go on a diet faire OR suivre un régime. ❖ comp [low-calorie] de régime. ❖ vi faire OR suivre un régime.

differ [ˈdɪfər] vi **1.** [be different] être différent(e), différer ; [people] être différent ▸ to differ from être différent de **2.** [disagree] ▸ to differ with sb (about sthg) ne pas être d'accord avec qqn (à propos de qqch).

difference [ˈdɪfrəns] noun différence *f* ▸ it doesn't make any difference cela ne change rien.

different [ˈdɪfrənt] adj ▸ different (from) différent(e) (de).

differential [ˌdɪfəˈrenʃl] ❖ adj différentiel(elle). ❖ noun **1.** [between pay scales] écart *m* **2.** TECH différentielle *f*.

differentiate [ˌdɪfəˈrenʃɪeɪt] ❖ vt ▸ to differentiate sthg from sthg différencier qqch de qqch, faire la différence entre qqch et qqch. ❖ vi ▸ to differentiate (between) faire la différence (entre).

difficult [ˈdɪfɪkəlt] adj difficile.

difficulty [ˈdɪfɪkəltɪ] noun difficulté *f* ▸ to have difficulty in doing sthg avoir de la difficulté OR du mal à faire qqch.

diffident [ˈdɪfɪdənt] adj [person] qui manque d'assurance ; [manner, voice, approach] hésitant(e).

diffuse vt [dɪˈfjuːz] diffuser, répandre.

dig [dɪg] ❖ vi (*pt & pp* dug) **1.** [in ground] creuser **2.** [subj: belt, strap] ▸ to dig into sb couper qqn. ❖ vt (*pt & pp* dug) **1.** [hole] creuser **2.** [garden] bêcher. ❖ noun **1.** *fig* [unkind remark] pique *f* **2.** ARCHEOL fouilles *fpl*. ◆ **dig out** vt sep *inf* [find] dénicher. ◆ **dig up** vt sep **1.** [from ground] déterrer ; [potatoes] arracher **2.** *inf* [information] dénicher.

digest ❖ noun [ˈdaɪdʒest] résumé *m*, digest *m*. ❖ vt [dɪˈdʒest] *lit & fig* digérer.

digestion [dɪˈdʒestʃn] noun digestion *f*.

digibox [ˈdɪdʒɪbɒks] noun UK TV décodeur *m* numérique.

digit [ˈdɪdʒɪt] noun **1.** [figure] chiffre *m* **2.** [finger] doigt *m* ; [toe] orteil *m*.

digital [ˈdɪdʒɪtl] adj numérique.

digital camcorder noun Caméscope® m numérique.

digital camera noun appareil m photo numérique.

digital radio noun radio f numérique.

digital television noun [technique] télévision f numérique.

dignified ['dɪgnɪfaɪd] adj digne, plein(e) de dignité.

dignify ['dɪgnɪfaɪ] (pt & pp -ied) vt [place, appearance] donner de la grandeur à.

dignity ['dɪgnətɪ] noun dignité f.

digress [daɪ'gres] vi ▸ to digress (from) s'écarter (de).

digs [dɪgz] pl n **UK** inf piaule f.

dike [daɪk] noun **1.** [wall, bank] digue f **2.** inf & offens [lesbian] gouine f.

dilapidated [dɪ'læpɪdeɪtɪd] adj délabré(e).

dilate [daɪ'leɪt] ❖ vt dilater. ❖ vi se dilater.

dilemma [dɪ'lemə] noun dilemme m.

diligence ['dɪlɪdʒəns] noun application f.

diligent ['dɪlɪdʒənt] adj appliqué(e).

dilute [daɪ'luːt] ❖ adj dilué(e). ❖ vt ▸ to dilute sthg (with) diluer qqch (avec).

dim [dɪm] ❖ adj **1.** [dark - light] faible; [- room] sombre **2.** [indistinct - memory, outline] vague **3.** [weak - eyesight] faible **4.** inf [stupid] borné(e). ❖ vt & vi baisser.

dime [daɪm] noun **US** (pièce f de) dix cents mpl.

dimension [dɪ'menʃn] noun dimension f.

dime store noun **US** supérette f de quartier.

diminish [dɪ'mɪnɪʃ] vt & vi diminuer.

diminished responsibility noun LAW responsabilité f atténuée.

diminutive [dɪ'mɪnjʊtɪv] fml ❖ adj minuscule. ❖ noun GRAM diminutif m.

dimmers ['dɪmərz] pl n **US** [dipped headlights] phares mpl code (inv); [parking lights] feux mpl de position.

dimmer (switch) ['dɪmər-] noun variateur m de lumière.

dimple ['dɪmpl] noun fossette f.

dimwit ['dɪmwɪt] noun inf crétin m, -e f.

din [dɪn] noun inf barouf m.

dine [daɪn] vi fml dîner. ❖ **dine out** vi dîner dehors.

diner ['daɪnər] noun **1.** [person] dîneur m, -euse f. **2.** **US** [café] petit restaurant m sans façon.

dingbat ['dɪŋbæt] noun inf **1.** **US** [thing] truc m, machin m **2.** [fool] crétin m, -e f, gourde f.

dinghy ['dɪŋgɪ] noun [for sailing] dériveur m; [for rowing] (petit) canot m.

dingy ['dɪndʒɪ] adj [shabby] miteux(euse); [dirty] douteux(euse); [colour] terne.

dining car ['daɪnɪŋ-] noun wagon-restaurant m.

dining room ['daɪnɪŋ-] noun **1.** [in house] salle f à manger **2.** [in hotel] restaurant m.

dinner ['dɪnər] noun dîner m.

dinner jacket noun smoking m.

dinner party noun dîner m (sur invitation).

dinnertime ['dɪnətaɪm] noun heure f du dîner.

dinosaur ['daɪnəsɔːr] noun dinosaure m.

dint [dɪnt] noun fml ▸ by dint of à force de.

dip [dɪp] ❖ noun **1.** [in road, ground] déclivité f **2.** [sauce] sauce f, dip m **3.** [swim] baignade f (rapide) ▸ to go for a dip aller se baigner en vitesse, aller faire trempette. ❖ vt **1.** [into liquid] ▸ to dip sthg in OR into tremper OR plonger qqch dans **2.** **UK** AUTO ▸ to dip one's headlights se mettre en code. ❖ vi **1.** [sun] baisser, descendre à l'horizon; [wing] plonger **2.** [road, ground] descendre.

diploma [dɪ'pləʊmə] (pl -s) noun diplôme m.

diplomacy [dɪ'pləʊməsɪ] noun diplomatie f.

diplomat ['dɪpləmæt] noun diplomate m.

diplomatic [,dɪplə'mætɪk] adj **1.** [service] diplomatique **2.** [tactful] diplomate.

dippy ['dɪpɪ] (compar -ier, superl -iest) adj inf écervelé(e).

dipstick ['dɪpstɪk] noun AUTO jauge f (de niveau d'huile).

dire ['daɪər] adj [need, consequences] extrême; [warning] funeste ▸ in dire straits dans une situation désespérée.

direct [dɪ'rekt] ❖ adj direct(e); [challenge] manifeste. ❖ vt **1.** [gen] diriger **2.** [aim] ▸ to direct sthg at sb [question, remark] adresser qqch à qqn / the campaign is directed at teenagers cette campagne vise les adolescents **3.** CIN, RADIO & TV [film, programme] réaliser; [actors] diriger; THEAT [play] mettre en scène **4.** [order] ▸ to direct sb to do sthg ordonner à qqn de faire qqch. ❖ adv directement.

direct current noun courant m continu.

direct debit noun **UK** prélèvement m automatique.

direction [dɪ'rekʃn] noun direction f. ◆ **directions** pl n **1.** [to find a place] indications fpl **2.** [for use] instructions fpl.

directly [dɪ'rektlɪ] adv **1.** [in straight line] directement **2.** [honestly, clearly] sans détours **3.** [exactly - behind, above] exactement **4.** [immediately] immédiatement **5.** [very soon] tout de suite.

director [dɪ'rektər] noun **1.** [of company] directeur m, -trice f **2.** THEAT metteur m en scène ; CIN & TV réalisateur m, -trice f.

directory [dɪ'rektərɪ] noun **1.** [annual publication] annuaire m **2.** COMPUT répertoire m.

directory enquiries UK, **directory assistance** US noun (service m des) renseignements mpl téléphoniques.

dirt [dɜːt] noun (U) **1.** [mud, dust] saleté f **2.** [earth] terre f.

dirt-cheap inf ◆ adv pour rien / I bought it dirt-cheap je l'ai payé trois fois rien. ◆ adj très bon marché.

dirty ['dɜːtɪ] ◆ adj **1.** [not clean, not fair] sale **2.** [smutty - language, person] grossier(ère) ; [-book, joke] cochon(onne). ◆ vt salir.

dis [dɪs] vt US inf = **diss**.

disability [ˌdɪsə'bɪlətɪ] noun infirmité f / people with disabilities les handicapés.

disable [dɪs'eɪbl] vt **1.** [injure] rendre infirme **2.** [put out of action - guns, vehicle] mettre hors d'action.

disabled [dɪs'eɪbld] ◆ adj [person] handicapé(e), infirme. ◆ pl n ▶ **the disabled** les handicapés, les infirmes.

disadvantage [ˌdɪsəd'vɑːntɪdʒ] noun désavantage m, inconvénient m ▶ **to be at a disadvantage** être désavantagé.

disadvantaged [ˌdɪsəd'vɑːntɪdʒd] adj défavorisé(e).

disaffected [ˌdɪsə'fektɪd] adj mécontent(e).

disagree [ˌdɪsə'griː] vi **1.** [have different opinions] ▶ **to disagree (with)** ne pas être d'accord (avec) **2.** [differ] ne pas concorder **3.** [subj: food, drink] ▶ **to disagree with sb** ne pas réussir à qqn.

disagreeable [ˌdɪsə'griːəbl] adj désagréable.

disagreement [ˌdɪsə'griːmənt] noun **1.** [in opinion] désaccord m **2.** [argument] différend m.

disallow [ˌdɪsə'laʊ] vt **1.** fml [appeal, claim] rejeter **2.** [goal] refuser.

disappear [ˌdɪsə'pɪər] vi disparaître.

disappearance [ˌdɪsə'pɪərəns] noun disparition f.

disappoint [ˌdɪsə'pɔɪnt] vt décevoir.

disappointed [ˌdɪsə'pɔɪntɪd] adj ▶ **disappointed (in OR with)** déçu(e) (par).

disappointing [ˌdɪsə'pɔɪntɪŋ] adj décevant(e).

disappointment [ˌdɪsə'pɔɪntmənt] noun déception f.

disapproval [ˌdɪsə'pruːvl] noun désapprobation f.

disapprove [ˌdɪsə'pruːv] vi ▶ **to disapprove of sb/sthg** désapprouver qqn/qqch.

disarm [dɪs'ɑːm] vt & vi lit & fig désarmer.

disarmament [dɪs'ɑːməmənt] noun désarmement m.

disarray [ˌdɪsə'reɪ] noun ▶ **in disarray a)** en désordre **b)** [government] en pleine confusion.

disaster [dɪ'zɑːstər] noun **1.** [damaging event] catastrophe f **2.** (U) [misfortune] échec m, désastre m **3.** inf [failure] désastre m.

disastrous [dɪ'zɑːstrəs] adj désastreux(euse).

disband [dɪs'bænd] ◆ vt [organization] dissoudre. ◆ vi [organization] se dissoudre.

disbelief [ˌdɪsbɪ'liːf] noun ▶ **in OR with disbelief** avec incrédulité.

disc UK, **disk** US [dɪsk] noun disque m.

discard [dɪ'skɑːd] vt mettre au rebut.

discern [dɪ'sɜːn] vt discerner, distinguer.

discerning [dɪ'sɜːnɪŋ] adj judicieux(euse).

discharge ◆ noun ['dɪstʃɑːdʒ] **1.** [of patient] autorisation f de sortie, décharge f ; LAW relaxe f ▶ **to get one's discharge** MIL être rendu à la vie civile **2.** [emission - of smoke] émission f ; [- of sewage] déversement m ; MED écoulement m. ◆ vt [dɪs'tʃɑːdʒ] **1.** [allow to leave - patient] signer la décharge de ; [- prisoner, defendant] relaxer ; [- soldier] rendre à la vie civile **2.** fml [fulfil] assumer **3.** [emit - smoke] émettre ; [- sewage, chemicals] déverser.

disciple [dɪ'saɪpl] noun disciple m.

discipline ['dɪsɪplɪn] ◆ noun discipline f. ◆ vt **1.** [control] discipliner **2.** [punish] punir.

disc jockey noun disc-jockey m.

disclaim [dɪs'kleɪm] vt fml nier.

disclaimer [dɪs'kleɪmər] noun démenti m, dénégation f, désaveu m.

disclose [dɪs'kləʊz] vt révéler, divulguer.

disclosure [dɪs'kləʊʒər] noun révélation f, divulgation f.

disco ['dɪskəʊ] (*pl* -s) (*abbr of* **discotheque**) noun discothèque *f*.

discoloured UK, **discolored** US [dɪs'kʌləd] adj décoloré(e) ; [teeth] jauni(e).

discomfort [dɪs'kʌmfət] noun **1.** (*U*) [physical pain] douleur *f* **2.** (*U*) [anxiety, embarrassment] malaise *m*.

disconcert [ˌdɪskən'sɜːt] vt déconcerter.

disconnect [ˌdɪskə'nekt] vt **1.** [detach] détacher **2.** [from gas, electricity - appliance] débrancher ; [- house] couper **3.** TELEC couper.

disconsolate [dɪs'kɒnsələt] adj triste, inconsolable.

discontent [ˌdɪskən'tent] noun **▶ discontent (with)** mécontentement *m* (à propos de).

discontented [ˌdɪskən'tentɪd] adj mécontent(e).

discontinue [ˌdɪskən'tɪnjuː] vt cesser, interrompre.

discord ['dɪskɔːd] noun **1.** (*U*) [disagreement] discorde *f*, désaccord *m* **2.** MUS dissonance *f*.

discotheque ['dɪskəʊtek] noun discothèque *f*.

discount ❖ noun ['dɪskaʊnt] remise *f*. ❖ vt [UK dɪs'kaʊnt, US 'dɪskaʊnt] [report, claim] ne pas tenir compte de.

discourage [dɪs'kʌrɪdʒ] vt décourager **▶ to discourage sb from doing sthg** dissuader qqn de faire qqch.

discover [dɪ'skʌvər] vt découvrir.

discovery [dɪ'skʌvərɪ] noun découverte *f*.

discredit [dɪs'kredɪt] ❖ noun discrédit *m*. ❖ vt discréditer.

discreet [dɪ'skriːt] adj discret(ète).

discrepancy [dɪ'skrepənsɪ] noun **▶ discrepancy (in / between)** divergence *f* (entre).

discretion [dɪ'skreʃn] noun (*U*) **1.** [tact] discrétion *f* **2.** [judgment] jugement *m*, discernement *m* **▶ at the discretion of** à la discrétion de.

discriminate [dɪ'skrɪmɪneɪt] vi **1.** [distinguish] différencier, distinguer **▶ to discriminate between** faire la distinction entre **2.** [be prejudiced] **▶ to discriminate against sb** faire de la discrimination envers qqn.

discriminating [dɪ'skrɪmɪneɪtɪŋ] adj judicieux(ieuse).

discrimination [dɪˌskrɪmɪ'neɪʃn] noun **1.** [prejudice] discrimination *f* **2.** [judgment] discernement *m*, jugement *m*.

discus ['dɪskəs] (*pl* -es) noun disque *m*.

discuss [dɪ'skʌs] vt discuter (de) **▶ to discuss sthg with sb** discuter de qqch avec qqn.

discussion [dɪ'skʌʃn] noun discussion *f*.

disdain [dɪs'deɪn] noun **▶ disdain (for)** dédain *m* (pour).

disease [dɪ'ziːz] noun [illness] maladie *f*.

diseased [dɪ'ziːzd] adj [plant, body] malade.

disembark [ˌdɪsɪm'bɑːk] vi débarquer.

disenchanted [ˌdɪsɪn'tʃɑːntɪd] adj **▶ disenchanted (with)** désenchanté(e) (de).

disengage [ˌdɪsɪn'geɪdʒ] vt **1.** [release] **▶ to disengage sthg (from)** libérer OR dégager qqch (de) **2.** TECH déclencher **▶ to disengage the gears** débrayer.

disfigure [dɪs'fɪgər] vt défigurer.

disgrace [dɪs'greɪs] ❖ noun **1.** [shame] honte *f* **▶ to bring disgrace on sb** jeter la honte sur qqn **▶ in disgrace** en défaveur **2.** [cause of shame - thing] honte *f*, scandale *m* ; [- person] honte *f*. ❖ vt faire honte à **▶ to disgrace o.s.** se couvrir de honte.

disgraceful [dɪs'greɪsfʊl] adj honteux(euse), scandaleux(euse).

disgruntled [dɪs'grʌntld] adj mécontent(e).

disguise [dɪs'gaɪz] ❖ noun déguisement *m* **▶ in disguise** déguisé(e). ❖ vt **1.** [person, voice] déguiser **2.** [hide - fact, feelings] dissimuler.

disgust [dɪs'gʌst] ❖ noun **▶ disgust (at)** a) [behaviour, violence] dégoût *m* (pour) b) [decision] dégoût (devant). ❖ vt dégoûter, écœurer.

disgusting [dɪs'gʌstɪŋ] adj dégoûtant(e).

dish [dɪʃ] noun plat *m* ; US [plate] assiette *f*. **◆ dishes** pl n vaisselle *f* **▶ to do** OR **wash the dishes** faire la vaisselle. **◆ dish out** vt sep *inf* distribuer. **◆ dish up** vt sep *inf* servir.

dish aerial UK, **dish antenna** US noun antenne *f* parabolique.

dishcloth ['dɪʃklɒθ] noun lavette *f*.

dishevelled UK, **disheveled** US [dɪ'ʃevəld] adj [person] échevelé(e) ; [hair] en désordre.

dishonest [dɪs'ɒnɪst] adj malhonnête.

dishonour UK, **dishonor** US [dɪs'ɒnər] ❖ noun déshonneur *m*. ❖ vt déshonorer.

dishonourable UK, **dishonorable** US [dɪs'ɒnərəbl] adj [person] peu honorable ; [behaviour] déshonorant(e).

dishtowel ['dɪʃtaʊəl] noun torchon *m*.

dishwasher ['dɪʃˌwɒʃər] noun [machine] lave-vaisselle *m inv*.

disillusioned [ˌdɪsɪˈluːʒnd] adj désillusionné(e), désenchanté(e) ▸ **to be disillusioned with** ne plus avoir d'illusions sur.

disincentive [ˌdɪsɪnˈsentɪv] noun ▸ **to be a disincentive** avoir un effet dissuasif ; [in work context] être démotivant(e).

disinclined [ˌdɪsɪnˈklaɪnd] adj ▸ **to be disinclined to do sthg** être peu disposé(e) à faire qqch.

disinfect [ˌdɪsɪnˈfekt] vt désinfecter.

disinfectant [ˌdɪsɪnˈfektənt] noun désinfectant m.

disintegrate [dɪsˈɪntɪgreɪt] vi [object] se désintégrer, se désagréger.

disinterested [ˌdɪsˈɪntrəstɪd] adj 1. [objective] désintéressé(e) 2. [uninterested] ▸ **disinterested (in)** indifférent(e) (à).

disjointed [dɪsˈdʒɔɪntɪd] adj décousu(e).

disk [dɪsk] noun 1. COMPUT disque m, disquette f 2. US = disc.

disk drive noun COMPUT lecteur m de disques OR de disquettes.

diskette [dɪsˈket] noun COMPUT disquette f.

dislike [dɪsˈlaɪk] ❖ noun ▸ **dislike (of)** aversion f (pour) ▸ **to take a dislike to sb / sthg** prendre qqn / qqch en grippe. ❖ vt ne pas aimer.

dislocate [ˈdɪsləkeɪt] vt 1. MED se démettre 2. [disrupt - plans] désorganiser, perturber.

dislodge [dɪsˈlɒdʒ] vt ▸ **to dislodge sthg (from)** a) déplacer qqch (de) b) [free] décoincer qqch (de).

disloyal [ˌdɪsˈlɔɪəl] adj ▸ **disloyal (to)** déloyal(e) (envers).

dismal [ˈdɪzml] adj 1. [gloomy, depressing] lugubre 2. [unsuccessful - attempt] infructueux(euse) ; [- failure] lamentable.

dismantle [dɪsˈmæntl] vt démanteler.

dismay [dɪsˈmeɪ] ❖ noun consternation f. ❖ vt consterner.

dismiss [dɪsˈmɪs] vt 1. [from job] ▸ **to dismiss sb (from)** congédier qqn (de) 2. [refuse to take seriously - idea, person] écarter ; [- plan, challenge] rejeter 3. [allow to leave - class] laisser sortir ; [- troops] faire rompre les rangs à 4. LAW [hung jury] dissoudre / **to dismiss a charge** [judge] rendre une ordonnance de non-lieu / **case dismissed!** affaire classée !

dismissal [dɪsˈmɪsl] noun 1. [from job] licenciement m, renvoi m 2. [refusal to take seriously] rejet m.

dismount [ˌdɪsˈmaʊnt] vi ▸ **to dismount (from)** descendre (de).

disobedience [ˌdɪsəˈbiːdjəns] noun désobéissance f.

disobedient [ˌdɪsəˈbiːdjənt] adj désobéissant(e).

disobey [ˌdɪsəˈbeɪ] vt désobéir à.

disorder [dɪsˈɔːdər] noun 1. [disarray] ▸ **in disorder** en désordre 2. (U) [rioting] troubles mpl 3. MED trouble m.

disorderly [dɪsˈɔːdəlɪ] adj 1. [untidy - room] en désordre ; [- appearance] désordonné(e) 2. [unruly] indiscipliné(e).

disorganized, disorganised UK [dɪsˈɔːɡənaɪzd] adj [person] désordonné(e), brouillon(onne) ; [system] mal conçu(e).

disorient [dɪsˈɔːrɪənt], **disorientate** UK [dɪsˈɔːrɪənteɪt] vt désorienter / **to be disoriented** être désorienté / **it's easy to become disoriented** a) c'est facile de perdre son sens de l'orientation b) fig on a vite fait d'être désorienté.

disoriented [dɪsˈɔːrɪəntɪd], **disorientated** UK [dɪsˈɔːrɪənteɪtɪd] adj désorienté(e).

disown [dɪsˈəʊn] vt désavouer.

disparaging [dɪˈspærɪdʒɪŋ] adj désobligeant(e).

disparity [dɪˈspærətɪ] (pl -ies) noun ▸ **disparity (between OR in)** disparité f (entre).

dispassionate [dɪˈspæʃnət] adj impartial(e).

dispatch [dɪˈspætʃ] ❖ noun [message] dépêche f. ❖ vt [send] envoyer, expédier.

dispel [dɪˈspel] vt [feeling] dissiper, chasser.

dispensary [dɪˈspensərɪ] noun officine f.

dispense [dɪˈspens] vt [justice, medicine] administrer. ❖ **dispense with** vt insep 1. [do without] se passer de 2. [make unnecessary] rendre superflu(e) ▸ **to dispense with the need for sthg** rendre qqch superflu.

dispensing chemist [dɪˈspensɪŋ-] noun UK pharmacien m, -enne f.

disperse [dɪˈspɜːs] ❖ vt 1. [crowd] disperser 2. [knowledge, news] répandre, propager. ❖ vi se disperser.

dispirited [dɪˈspɪrɪtɪd] adj découragé(e), abattu(e).

displace [dɪsˈpleɪs] vt 1. [cause to move] déplacer 2. [supplant] supplanter.

display [dɪˈspleɪ] ❖ noun 1. [arrangement] exposition f ; [of goods, merchandise] étalage m, exposition f 2. [demonstration] manifestation f 3. [public event] spectacle m

4. [COMPUT - device] écran m ; [- information displayed] affichage m, visualisation f. ◆ vt **1.** [arrange] exposer **2.** [show] faire preuve de, montrer.

displease [dɪs'pli:z] vt déplaire à, mécontenter.

displeasure [dɪs'pleʒər] noun mécontentement m.

disposable [dɪ'spəuzəbl] adj [throw away] jetable.

disposable camera noun appareil m photo jetable.

disposable income noun surplus m, revenu m disponible.

disposal [dɪ'spəuzl] noun **1.** [removal] enlèvement m **2.** [availability] ▸ **at sb's disposal** à la disposition de qqn.

dispose [dɪ'spəuz] ◆ **dispose of** vt insep [get rid of] se débarrasser de ; [problem] résoudre.

disposed [dɪ'spəuzd] adj **1.** [willing] ▸ **to be disposed to do sthg** être disposé(e) à faire qqch **2.** [friendly] ▸ **to be well disposed to** OR **towards sb** être bien disposé(e) envers qqn.

disposition [,dɪspə'zɪʃn] noun **1.** [temperament] caractère m, tempérament m **2.** [tendency] ▸ **disposition to do sthg** tendance f à faire qqch.

disproportionate [,dɪsprə'pɔ:ʃnət] adj ▸ **disproportionate (to)** disproportionné(e) (à).

disprove [,dɪs'pru:v] vt réfuter.

dispute [dɪ'spju:t] ◆ noun **1.** [quarrel] dispute f **2.** (U) [disagreement] désaccord m **3.** INDUST conflit m. ◆ vt contester.

disqualify [,dɪs'kwɒlɪfaɪ] vt **1.** [subj: authority] ▸ **to disqualify sb (from doing sthg)** interdire à qqn (de faire qqch) ▸ **to disqualify sb from driving** UK retirer le permis de conduire à qqn **2.** SPORT disqualifier.

disquiet [dɪs'kwaɪət] noun inquiétude f.

disregard [,dɪsrɪ'gɑ:d] ◆ noun (U) ▸ **disregard (for) a)** [money, danger] mépris m (pour) **b)** [feelings] indifférence f (à). ◆ vt [fact] ignorer ; [danger] mépriser ; [warning] ne pas tenir compte de.

disrepair [,dɪsrɪ'peər] noun délabrement m ▸ **to fall into disrepair** se délabrer.

disreputable [dɪs'repjutəbl] adj peu respectable.

disrepute [,dɪsrɪ'pju:t] noun ▸ **to bring sthg into disrepute** discréditer qqch ▸ **to fall into disrepute** acquérir une mauvaise réputation.

disrupt [dɪs'rʌpt] vt perturber.

disruption [dɪs'rʌpʃn] noun perturbation f.

diss [dɪs] vt **1.** US inf faire semblant de ne pas voir, ignorer / **she dissed me** elle m'a même pas calculé **2.** (abbr of disrespect) insulter, offenser / **she dissed me** ≃ elle m'a traité.

dissatisfaction ['dɪs,sætɪs'fækʃn] noun mécontentement m.

dissatisfied [,dɪs'sætɪsfaɪd] adj ▸ **dissatisfied (with)** mécontent(e) (de), pas satisfait(e) (de).

dissect [dɪ'sekt] vt lit & fig disséquer.

dissent [dɪ'sent] ◆ noun dissentiment m. ◆ vi ▸ **to dissent (from)** être en désaccord (avec).

dissertation [,dɪsə'teɪʃn] noun **1.** thèse f (de doctorat) **2.** exposé m **3.** UNIV mémoire m.

disservice [,dɪs's3:vɪs] noun ▸ **to do sb a disservice** rendre un mauvais service à qqn.

dissimilar [,dɪ'sɪmɪlər] adj ▸ **dissimilar (to)** différent(e) (de).

dissipate ['dɪsɪpeɪt] vt **1.** PHYS [heat, energy] dissiper **2.** [fortune] dilapider, gaspiller.

dissociate [dɪ'səuʃɪeɪt] vt dissocier ▸ **to dissociate o.s. from** se dissocier de.

dissolute ['dɪsəlu:t] adj dissolu(e).

dissolve [dɪ'zɒlv] ◆ vt dissoudre. ◆ vi **1.** [substance] se dissoudre **2.** fig [disappear] disparaître.

dissuade [dɪ'sweɪd] vt ▸ **to dissuade sb (from)** dissuader qqn (de).

distance ['dɪstəns] noun distance f ▸ **from a distance** de loin ▸ **in the distance** au loin.

distant ['dɪstənt] adj **1.** [gen] ▸ **distant (from)** éloigné(e) (de) **2.** [reserved - person, manner] distant(e).

distaste [dɪs'teɪst] noun ▸ **distaste (for)** dégoût m (pour).

distasteful [dɪs'teɪstful] adj répugnant(e), déplaisant(e).

distended [dɪ'stendɪd] adj [stomach] ballonné(e) gonflé(e).

distil UK, **distill** US [dɪ'stɪl] vt **1.** [liquid] distiller **2.** fig [information] tirer.

distillery [dɪ'stɪlərɪ] noun distillerie f.

distinct [dɪ'stɪŋkt] adj **1.** [different] ▸ **distinct (from)** distinct(e) (de), différent(e) (de) ▸ **as distinct from** par opposition à **2.** [definite - improvement] net (nette).

distinction [dɪ'stɪŋkʃn] noun **1.** [difference] distinction f, différence f ▸ **to draw** OR **make a**

distinction between faire une distinction entre **2.** (U) [excellence] distinction f **3.** [exam result] mention f très bien.

distinctive [dɪ'stɪŋktɪv] adj distinctif(ive).

distinguish [dɪ'stɪŋgwɪʃ] vt **1.** [tell apart] ▸ **to distinguish sthg from sthg** distinguer qqch de qqch, faire la différence entre qqch et qqch **2.** [perceive] distinguer **3.** [characterize] caractériser.

distinguished [dɪ'stɪŋgwɪʃt] adj distingué(e).

distinguishing [dɪ'stɪŋgwɪʃɪŋ] adj [feature, mark] distinctif(ive).

distort [dɪ'stɔːt] vt déformer.

distract [dɪ'strækt] vt ▸ **to distract sb (from)** distraire qqn (de).

distracted [dɪ'stræktɪd] adj [preoccupied] distrait(e).

distraction [dɪ'strækʃn] noun [interruption, diversion] distraction f.

distraught [dɪ'strɔːt] adj éperdu(e).

distress [dɪ'stres] ❖ noun [anxiety] détresse f ; [pain] douleur f, souffrance f. ❖ vt affliger.

distressing [dɪ'stresɪŋ] adj [news, image] pénible.

distribute [dɪ'strɪbjuːt] vt **1.** [gen] distribuer **2.** [spread out] répartir.

distribution [ˌdɪstrɪ'bjuːʃn] noun **1.** [gen] distribution f **2.** [spreading out] répartition f.

distributor [dɪ'strɪbjʊtə'] noun AUTO & COMM distributeur m.

district ['dɪstrɪkt] noun **1.** [area - of country] région f ; [- of town] quartier m **2.** ADMIN district m.

district attorney noun US ≃ procureur m de la République.

district council noun UK ≃ conseil m général.

district nurse noun UK infirmière f visiteuse OR à domicile.

distrust [dɪs'trʌst] ❖ noun méfiance f. ❖ vt se méfier de.

disturb [dɪ'stɜːb] vt **1.** [interrupt] déranger **2.** [upset, worry] inquiéter **3.** [sleep, surface] troubler.

disturbance [dɪ'stɜːbəns] noun **1.** POL troubles mpl ; [fight] tapage m **2.** [interruption] dérangement m **3.** [of mind, emotions] trouble m.

disturbed [dɪ'stɜːbd] adj **1.** [emotionally, mentally] perturbé(e) **2.** [worried] inquiet(ète).

disturbing [dɪ'stɜːbɪŋ] adj [image] bouleversant(e) ; [news] inquiétant(e).

disuse [ˌdɪs'juːs] noun ▸ **to fall into disuse** [word, custom, law] tomber en désuétude.

disused [ˌdɪs'juːzd] adj désaffecté(e).

ditch [dɪtʃ] ❖ noun fossé m. ❖ vt inf [boyfriend, girlfriend] plaquer ; [old car, clothes] se débarrasser de ; [plan] abandonner.

dither ['dɪðə'] vi hésiter.

ditto ['dɪtəʊ] adv idem.

dive [daɪv] ❖ vi (UK pt & pp -d, US pt & pp -d or dove) plonger ; [bird, plane] piquer. ❖ noun **1.** [gen] plongeon m **2.** [of plane] piqué m **3.** inf & pej [bar, restaurant] bouge m.

diver ['daɪvə'] noun plongeur m, -euse f.

diverge [daɪ'vɜːdʒ] vi ▸ **to diverge (from)** diverger (de).

diverse [daɪ'vɜːs] adj divers(e).

diversify [daɪ'vɜːsɪfaɪ] ❖ vt diversifier. ❖ vi se diversifier.

diversion [daɪ'vɜːʃn] noun **1.** [amusement] distraction f ; [tactical] diversion f **2.** UK [of traffic] déviation f **3.** [of river, funds] détournement m.

diversity [daɪ'vɜːsətɪ] noun diversité f.

divert [daɪ'vɜːt] vt **1.** UK [traffic] dévier **2.** [river, funds] détourner **3.** [person - amuse] distraire ; [- tactically] détourner.

divide [dɪ'vaɪd] ❖ vt **1.** [separate] séparer **2.** [share out] diviser, partager **3.** [split up] ▸ **to divide sthg (into)** diviser qqch (en) **4.** MATH : **89 divided by 3** 89 divisé par 3 **5.** [people - in disagreement] diviser. ❖ vi se diviser.

dividend ['dɪvɪdend] noun dividende m.

divine [dɪ'vaɪn] adj divin(e).

diving ['daɪvɪŋ] noun (U) plongeon m ; [with breathing apparatus] plongée f (sous-marine).

diving board noun plongeoir m.

divinity [dɪ'vɪnətɪ] noun **1.** [godliness, god] divinité f **2.** [study] théologie f.

division [dɪ'vɪʒn] noun **1.** [gen] division f **2.** [separation] séparation f.

divisive [dɪ'vaɪsɪv] adj qui sème la division OR la discorde.

divorce [dɪ'vɔːs] ❖ noun divorce m. ❖ vt [husband, wife] divorcer.

divorcé [dɪ'vɔːseɪ] noun divorcé m.

divorced [dɪ'vɔːst] adj divorcé(e).

divorcée [dɪvɔː'siː] noun divorcée f.

divulge [daɪ'vʌldʒ] vt divulguer.

DIY (abbr of **do-it-yourself**) noun UK bricolage m.

dizzy ['dɪzɪ] adj [giddy] ▶ **to feel dizzy** avoir la tête qui tourne.

DJ, **deejay** noun (abbr of **disc jockey**) disc-jockey m.

DNA (abbr of **deoxyribonucleic acid**) noun ADN m.

DNS [,di:en'es] (abbr of **Domain Name System**) noun COMPUT DNS m, système m de nom de domaine.

do [du:] ⬥ aux vb (pt **did**, pp **done**) **1.** (in negatives) : don't leave it there ne le laisse pas là **2.** (in questions) : what did he want? qu'est-ce qu'il voulait ? / do you think she'll come? tu crois qu'elle viendra ? **3.** (referring back to previous verb) : she reads more than I do elle lit plus que moi ▶ **I like reading — so do I** j'aime lire — moi aussi **4.** (in question tags): so you think you can dance, do you? alors tu t'imagines que tu sais danser, c'est ça ? **5.** [for emphasis] : I did tell you but you've forgotten je te l'avais bien dit, mais tu l'as oublié / do come in! entrez donc ! ⬥ vt (pt **did**, pp **done**) **1.** [perform an activity, a service] faire / to do aerobics / gymnastics faire de l'aérobic / de la gymnastique / shall we do lunch? inf et si on allait déjeuner ensemble ? ▶ **to do the cooking / housework** faire la cuisine / le ménage ▶ **to do one's hair** se coiffer ▶ **to do one's teeth** se laver OR se brosser les dents **2.** [take action] faire ▶ **to do something about sthg** trouver une solution pour qqch **3.** [referring to job] ▶ **what do you do?** qu'est-ce que vous faites dans la vie ? **4.** [study] faire / I did physics at school j'ai fait de la physique à l'école **5.** [travel at a particular speed] faire, rouler / the car can do 110 mph ≃ la voiture peut faire du 180 à l'heure. ⬥ vi (pt **did**, pp **done**) **1.** [act] faire / do as I tell you fais comme je te dis **2.** [perform in a particular way] : they're doing really well leurs affaires marchent bien / he could do better il pourrait mieux faire / how did you do in the exam? comment ça a marché à l'examen ? **3.** [be good enough, be sufficient] suffire, aller / will £6 do? est-ce que 6 livres suffiront ?, 6 livres, ça ira ? ▶ **that will do** ça suffit. ⬥ noun (pl **dos** or **do's**) [party] fête f, soirée f. ▶ **dos** pl n ▶ **dos and don'ts** ce qu'il faut faire et ne pas faire. ◆ **do away with** vt insep supprimer. ◆ **do out of** vt sep inf ▶ **to do sb out of sthg** escroquer OR carotter qqch à qqn. ◆ **do up** vt sep **1.** [fasten - shoelaces, shoes] attacher ; [- buttons, coat] boutonner **2.** [decorate - room, house] refaire **3.** [wrap up] emballer. ◆ **do**

with vt insep **1.** [need] avoir besoin de **2.** [have connection with] : that has nothing to do with it ça n'a rien à voir, ça n'a aucun rapport / I had nothing to do with it je n'y étais pour rien. ◆ **do without** ⬥ vt insep se passer de. ⬥ vi s'en passer.

doable ['du:əbl] adj inf faisable.

docile [UK 'dəʊsaɪl, US 'dɒsəl] adj docile.

dock [dɒk] ⬥ noun **1.** [in harbour] docks mpl **2.** LAW banc m des accusés. ⬥ vi [ship] arriver à quai.

docker ['dɒkər] noun docker mf.

dockyard ['dɒkjɑːd] noun chantier m naval.

doctor ['dɒktər] ⬥ noun **1.** MED docteur m, médecin m ▶ **to go to the doctor('s)** aller chez le docteur **2.** UNIV docteur m. ⬥ vt [results, report] falsifier ; [text, food] altérer.

doctorate ['dɒktərət], **doctor's degree** noun doctorat m.

doctrine ['dɒktrɪn] noun doctrine f.

document noun ['dɒkjʊmənt] document m.

documentary [,dɒkjʊ'mentərɪ] ⬥ adj documentaire. ⬥ noun documentaire m.

dodge [dɒdʒ] ⬥ noun inf combine f. ⬥ vt éviter, esquiver. ⬥ vi s'esquiver.

dodgy ['dɒdʒɪ] adj UK inf [plan, deal] douteux(euse).

doe [dəʊ] noun **1.** [deer] biche f **2.** [rabbit] lapine f.

does (weak form [dəz], strong form [dʌz]) ⟶ **do**.

doesn't ['dʌznt] ⟶ **does not**.

dog [dɒg] ⬥ noun [animal] chien m, chienne f. ⬥ vt **1.** [subj: person - follow] suivre de près **2.** [subj: problems, bad luck] poursuivre.

dog collar noun **1.** [of dog] collier m de chien **2.** [of priest] col m d'ecclésiastique.

dog-eared [-ɪəd] adj écorné(e).

dogged ['dɒgɪd] adj tenace.

doggone ['dɑːgɑːn] interj US inf ▶ **doggone (it)!** zut !, nom d'une pipe !

do-gooder [-'gʊdər] noun pej bonne âme f.

dogsbody ['dɒgz,bɒdɪ] noun UK inf [woman] bonne f à tout faire ; [man] factotum m.

doing ['du:ɪŋ] noun ▶ **is this your doing?** c'est toi qui es cause de tout cela ? ◆ **doings** pl n actions fpl.

do-it-yourself noun (U) bricolage m.

doldrums ['dɒldrəmz] pl n ▶ **to be in the doldrums** fig être dans le marasme.

dole [dəʊl] noun **UK** [unemployment benefit] allocation f de chômage ▸ **to be on the dole** être au chômage. ◆ **dole out** vt sep [food, money] distribuer au compte-gouttes.

doleful ['dəʊlfʊl] adj morne.

doll [dɒl] noun poupée f.

dollar ['dɒlər] noun dollar m.

dolled up [dɒld-] adj inf pomponné(e).

dollop ['dɒləp] noun inf bonne cuillerée f.

dolphin ['dɒlfɪn] noun dauphin m.

domain [də'meɪn] noun lit & fig domaine m.

dome [dəʊm] noun dôme m.

domestic [də'mestɪk] ◆ adj **1.** [policy, politics, flight, market] intérieur(e) **2.** [chores, animal] domestique **3.** [home-loving] casanier(ère). ◆ noun domestique mf.

dominant ['dɒmɪnənt] adj dominant(e) ; [personality, group] dominateur(trice).

dominate ['dɒmɪneɪt] vt dominer.

domineering [ˌdɒmɪ'nɪərɪŋ] adj autoritaire.

dominion [də'mɪnjən] noun **1.** (U) [power] domination f **2.** [land] territoire m.

domino ['dɒmɪnəʊ] (pl -es) noun domino m. ◆ **dominoes** pl n dominos mpl.

don [dɒn] noun **UK** UNIV professeur m d'université.

donate [də'neɪt] vt faire don de.

done [dʌn] ◆ pp → **do**. ◆ adj **1.** [job, work] achevé(e) / **I'm nearly done** j'ai presque fini **2.** [cooked] cuit(e). ◆ excl [to conclude deal] tope !

donkey ['dɒŋkɪ] (pl -s) noun âne m, ânesse f.

donor ['dəʊnər] noun **1.** MED donneur m, -euse f **2.** [to charity] donateur m, -trice f.

donor card noun carte f de donneur.

don't [dəʊnt] → **do not**.

donut ['dəʊnʌt] **US** = **doughnut**.

doodle ['du:dl] ◆ noun griffonnage m. ◆ vi griffonner.

doom [du:m] noun [fate] destin m.

doomed [du:md] adj condamné(e) / **the plan was doomed to failure** le plan était voué à l'échec.

door [dɔ:r] noun porte f ; [of vehicle] portière f.

doorbell ['dɔ:bel] noun sonnette f.

doorknob ['dɔ:nɒb] noun bouton m de porte.

doorman ['dɔ:mən] (pl -men) noun portier m.

doormat ['dɔ:mæt] noun lit & fig paillasson m.

doorstep ['dɔ:step] noun pas m de la porte.

doorway ['dɔ:weɪ] noun embrasure f de la porte.

dope [dəʊp] ◆ noun inf. **1.** [drugs] sl dope f **2.** [for athlete, horse] dopant m **3.** inf [fool] imbécile mf. ◆ vt [horse] doper.

dopey, dopy ['dəʊpɪ] adj inf [silly] idiot(e), abruti(e).

dorm noun **US** inf = **dormitory**.

dormant ['dɔ:mənt] adj **1.** [volcano] endormi(e) **2.** [law] inappliqué(e).

dormitory ['dɔ:mətrɪ] noun **1.** [gen] dortoir m **2.** **US** [in university] ≃ cité f universitaire.

DOS [dɒs] (abbr of disk operating system) noun DOS m.

dose [dəʊs] noun **1.** MED dose f **2.** fig [amount] ▸ **a dose of the measles** la rougeole.

dosser ['dɒsər] noun **UK** inf clochard m, -e f.

dot [dɒt] ◆ noun point m ▸ **on the dot** à l'heure pile. ◆ vt ▸ **dotted with** parsemé(e) de.

dote [dəʊt] ◆ **dote (up)on** vt insep adorer.

doting ['dəʊtɪŋ] adj : **she has a doting grandfather** elle a un grand-père qui l'adore.

dot-matrix printer noun imprimante f matricielle.

dotted line ['dɒtɪd-] noun ligne f pointillée.

double ['dʌbl] ◆ adj double ▸ **double doors** porte f à deux battants. ◆ adv **1.** [twice] : **double the amount** deux fois plus ▸ **to see double** voir double **2.** [in two] en deux ▸ **to bend double** se plier en deux. ◆ noun **1.** [twice as much] : **I earn double what I used to** je gagne le double de ce que je gagnais auparavant ▸ **at** or **on the double** au pas de course **2.** [drink, lookalike] double m **3.** CIN doublure f. ◆ vt doubler. ◆ vi [increase twofold] doubler. ◆ **doubles** pl n TENNIS double m. ◆ **double back** vi [animal, person, road] tourner brusquement / **the path doubles back on itself** le sentier te ramène sur tes pas.

double-barrelled **UK**, **double-barreled** **US** [-'bærəld] adj **1.** [shotgun] à deux coups **2.** **UK** [name] à rallonge.

double bass [-beɪs] noun contrebasse f.

double bed noun lit m pour deux personnes, grand lit.

double bill noun double programme m.

double-breasted [-'brestɪd] adj [jacket] croisé(e).

double-check vt & vi revérifier.

double chin noun double menton m.

double cream noun [UK] crème f fraîche épaisse.

double-cross vt trahir.

double-decker [-'dekər] noun [UK] [bus] autobus m à impériale.

double digits [US] = double figures.

double Dutch noun [UK] charabia m.

double figures pl n [UK] ▶ to be in(to) double figures être au-dessus de dix, dépasser la dizaine.

double-glazing [-'gleɪzɪŋ] noun double vitrage m.

double room noun chambre f pour deux personnes.

double standard noun : to have double standards avoir deux poids OR deux mesures.

double take noun ▶ to do a double take marquer un temps d'arrêt.

double vision noun vue f double.

double whammy [-'wæmɪ] noun double malédiction f.

doubly ['dʌblɪ] adv doublement.

doubt [daʊt] ◆ noun doute m ▶ there is no doubt that il n'y a aucun doute que ▶ without (a) doubt sans aucun doute ▶ to be in doubt a) [person] ne pas être sûr(e) b) [outcome] être incertain(e) ▶ no doubt sans aucun doute. ◆ vt douter ▶ to doubt whether OR if douter que.

doubtful ['daʊtfʊl] adj 1. [decision, future] incertain(e) 2. [person, value] douteux(euse).

doubtless ['daʊtlɪs] adv sans aucun doute.

dough [dəʊ] noun (U) 1. CULIN pâte f 2. v inf [money] fric m.

doughnut ['dəʊnʌt] noun beignet m.

douse [daʊs] vt 1. [fire, flames] éteindre 2. [drench] tremper.

dove[1] [dʌv] noun [bird] colombe f.

dove[2] [dəʊv] pt [US] → dive.

Dover ['dəʊvər] noun Douvres.

dovetail ['dʌvteɪl] fig vi coïncider.

dowdy ['daʊdɪ] adj sans chic.

down [daʊn] ◆ adv 1. [downwards] en bas, vers le bas ▶ to bend down se pencher ▶ to climb down descendre ▶ to fall down tomber (par terre) ▶ to pull down tirer vers le bas 2. [along] : we went down to have a look on est allé jeter un coup d'œil / I'm going down to the shop je vais au magasin 3. [southwards] : we travelled down to London on est descendu à Londres 4. [lower in amount] : prices are coming down les prix baissent ▶ down to the last detail jusqu'au moindre détail. ◆ prep 1. [downwards] ▶ they ran down the hill / stairs ils ont descendu la colline/l'escalier en courant 2. [along] ▶ to walk down the street descendre la rue. ◆ adj 1. inf [depressed] ▶ to feel down avoir le cafard 2. [computer, telephones] en panne. ◆ noun (U) duvet m. ◆ vt 1. [knock over] abattre 2. [drink] avaler d'un trait. ◆ downs pl n [UK] collines fpl.

down-and-out ◆ adj indigent(e). ◆ noun personne f dans le besoin.

down-at-heel, down-at-the-heels [US] adj déguenillé(e).

downbeat ['daʊnbiːt] adj inf pessimiste.

downcast ['daʊnkɑːst] adj [sad] démoralisé(e).

downfall ['daʊnfɔːl] noun (U) ruine f.

downhearted [,daʊn'hɑːtɪd] adj découragé(e).

downhill [,daʊn'hɪl] ◆ adj [downward] en pente. ◆ noun [race in skiing] descente f. ◆ adv ▶ to walk downhill descendre la côte / her career is going downhill fig sa carrière est sur le déclin.

Downing Street ['daʊnɪŋ-] noun rue du centre de Londres où réside le Premier ministre.

down-in-the-mouth adj : to be down-in-the-mouth être abattu(e).

download [,daʊn'ləʊd] vt COMPUT télécharger.

down payment noun acompte m.

downpour ['daʊnpɔːr] noun pluie f torrentielle.

downright ['daʊnraɪt] ◆ adj [lie] effronté(e). ◆ adv franchement.

Down's syndrome noun trisomie f 21.

downstairs [,daʊn'steəz] ◆ adj du bas ; [on floor below] à l'étage en-dessous. ◆ adv en bas ; [on floor below] à l'étage en-dessous ▶ to come OR go downstairs descendre.

downstream [,daʊn'striːm] adv en aval.

downtime ['daʊntaɪm] noun 1. temps m improductif 2. [US] fig [time for relaxing] : on the weekends I need some downtime j'ai besoin de faire une pause le week-end.

down-to-earth adj terre-à-terre (inv).

downtown [,daʊn'taʊn] [US] ◆ adj : downtown Paris le centre de Paris. ◆ adv en ville.

downtrodden ['daʊn,trɒdn] adj opprimé(e).

downturn ['daʊntɜːn] noun ▶ downturn (in) baisse f (de).

down under adv en Australie / Nouvelle-Zélande.

downward ['daʊnwəd] ❖ adj **1.** [towards ground] vers le bas **2.** [trend] à la baisse. ❖ adv = **downwards**.

downwards ['daʊnwədz] adv [look, move] vers le bas.

dowry ['daʊrɪ] noun dot f.

doz. (abbr of **dozen**) douz.

doze [dəʊz] ❖ noun somme m. ❖ vi sommeiller. ◆ **doze off** vi s'assoupir.

dozen ['dʌzn] ❖ num adj : a dozen eggs une douzaine d'œufs. ❖ noun douzaine f / 50p a dozen 50p la douzaine ▶ **dozens of** inf des centaines de.

dozy ['dəʊzɪ] adj **1.** [sleepy] somnolent(e) **2.** UK inf [stupid] lent(e).

Dr. 1. (written abbr of **Drive**) av **2.** (abbr of **Doctor**) Dr.

drab [dræb] adj [colour] terne, fade.

draft [drɑːft] ❖ noun **1.** [early version] premier jet m, ébauche f; [of letter] brouillon m **2.** [money order] traite f **3.** US MIL ▶ **the draft** la conscription f **4.** US = **draught**. ❖ vt **1.** [speech] ébaucher, faire le plan de; [letter] faire le brouillon de **2.** US MIL appeler **3.** [staff] muter.

draftsman US = **draughtsman**.

drafty US = **draughty**.

drag [dræg] ❖ vt **1.** [gen] traîner **2.** [lake, river] draguer **3.** COMPUT faire glisser ▶ **to drag and drop** glisser-lâcher. ❖ vi **1.** [dress, coat] traîner **2.** fig [time, action] traîner en longueur. ❖ noun **1.** inf [bore] plaie f **2.** inf [on cigarette] bouffée f **3.** [cross-dressing] ▶ **in drag** en travesti. ◆ **drag on** vi [meeting, time] s'éterniser, traîner en longueur.

dragon ['drægən] noun lit & fig dragon m.

dragonfly ['drægnflaɪ] noun libellule f.

drain [dreɪn] ❖ noun **1.** [pipe] égout m **2.** [depletion - of resources, funds] ▶ **drain on** épuisement m de. ❖ vt **1.** [vegetables] égoutter; [land] assécher, drainer **2.** [strength, resources] épuiser **3.** [drink, glass] boire. ❖ vi [dishes] égoutter.

drainage ['dreɪnɪdʒ] noun **1.** [pipes, ditches] (système m du) tout-à-l'égout m **2.** [draining - of land] drainage m.

draining board UK ['dreɪnɪŋ-], **drainboard** US ['dreɪnbɔːd] noun égouttoir m.

drainpipe ['dreɪnpaɪp] noun tuyau m d'écoulement.

dram [dræm] noun Scot goutte f (de whisky).

drama ['drɑːmə] noun **1.** [play, excitement] drame m. (U) [art] théâtre m.

drama queen noun inf : he's a real drama queen il en fait des tonnes / don't be such a drama queen arrête ton cinéma.

dramatic [drə'mætɪk] adj **1.** [gen] dramatique **2.** [sudden, noticeable] spectaculaire.

dramatist ['dræmətɪst] noun dramaturge mf.

dramatize, dramatise UK ['dræmətaɪz] vt **1.** [rewrite as play, film] adapter pour la télévision/la scène/l'écran **2.** pej [make exciting] dramatiser.

drank [dræŋk] pt ⟶ **drink**.

drape [dreɪp] vt draper ▶ **to be draped with** OR **in** être drapé(e) de. ◆ **drapes** pl n US rideaux mpl.

drastic ['dræstɪk] adj **1.** [measures] drastique, radical(e) **2.** [improvement, decline] spectaculaire.

draught UK, **draft** US [drɑːft] noun **1.** [air current] courant m d'air **2.** [from barrel] ▶ **on draught** [beer] à la pression. ◆ **draughts** noun UK jeu m de dames.

draught beer UK, **draft beer** US noun bière f à la pression.

draughtboard ['drɑːftbɔːd] noun UK damier m.

draught-proof UK, **draft-proof** US ❖ vt calfeutrer. ❖ adj calfeutré(e).

draughtsman UK (pl -men), **draftsman** US (pl -men) noun dessinateur m, -trice f.

draughty UK, **drafty** US ['drɑːftɪ] adj plein(e) de courants d'air.

draw [drɔː] ❖ vt (pt **drew**, pp **drawn**) **1.** [pull, take] tirer **2.** [sketch] dessiner **3.** [comparison, distinction] établir, faire **4.** [attract, lead] attirer, entraîner ▶ **to draw sb's attention to** attirer l'attention de qqn sur. ❖ vi (pt **drew**, pp **drawn**) **1.** [sketch] dessiner **2.** [move] ▶ **to draw away** reculer **3.** SPORT faire match nul ▶ **to be drawing** être à égalité. ❖ noun **1.** SPORT [result] match m nul **2.** [lottery] tirage m **3.** [attraction] attraction f. ◆ **draw on** vt insep **1.** = **draw upon 2.** [cigarette] tirer sur. ◆ **draw out** vt sep **1.** [encourage - person] faire sortir de sa coquille **2.** [prolong] prolonger **3.** [money] faire un retrait de, retirer. ◆ **draw up** vt sep [contract, plan] établir, dresser. ❖ vi [vehicle] s'arrêter. ◆ **draw upon** vt insep [information] utiliser, se servir de; [reserves, resources] puiser dans.

drawback ['drɔ:bæk] noun inconvénient m, désavantage m.

drawbridge ['drɔ:brɪdʒ] noun pont-levis m.

drawer [drɔ:ʳ] noun [in desk, chest] tiroir m.

drawing ['drɔ:ɪŋ] noun dessin m.

drawing board noun planche f à dessin.

drawing pin noun UK punaise f.

drawing room noun salon m.

drawl [drɔ:l] noun voix f traînante.

drawn [drɔ:n] pp ⟶ draw.

dread [dred] ⟐ noun (U) épouvante f. ⟐ vt appréhender ▶ to dread doing sthg appréhender de faire qqch.

dreadful ['dredful] adj affreux(euse), épouvantable.

dreadfully ['dredfulɪ] adv 1. [badly] terriblement 2. [extremely] extrêmement / I'm dreadfully sorry je regrette infiniment.

dreadlocks ['dredlɒks] pl n coiffure f rasta.

dream [dri:m] ⟐ noun 1. rêve m 2. [wish, fantasy] rêve m, désir m. ⟐ adj de rêve. ⟐ vt (pt & pp -ed or dreamt) rêver ▶ to dream (that)... rêver que.... ⟐ vi (pt & pp -ed or dreamt) ▶ to dream (of OR about) rêver (de) ▶ I wouldn't dream of it cela ne me viendrait même pas à l'idée. ◆ dream up vt sep inventer.

dreamt [dremt] pt & pp ⟶ dream.

dreamy ['dri:mɪ] adj 1. [distracted] rêveur(euse) 2. [dreamlike] de rêve.

dreary ['drɪərɪ] adj 1. [weather] morne 2. [person] ennuyeux(euse).

dredge [dredʒ] ⟐ noun = dredger. ⟐ vt draguer. ◆ dredge up vt sep 1. [with dredger] draguer 2. fig [from past] déterrer.

dredger ['dredʒəʳ] noun [ship] dragueur m ; [machine] drague f.

dregs [dregz] pl n lit & fig lie f.

drench [drentʃ] vt tremper ▶ to be drenched in OR with être inondé(e) de.

dress [dres] ⟐ noun 1. [woman's garment] robe f 2. (U) [clothing] costume m, tenue f. ⟐ vt 1. [clothe] habiller ▶ to be dressed être habillé(e) ▶ to be dressed in être vêtu(e) de ▶ to get dressed s'habiller 2. [bandage] panser 3. CULIN [salad] assaisonner. ⟐ vi s'habiller. ◆ dress up vi 1. [in costume] se déguiser 2. [in best clothes] s'habiller (élégamment).

dressed ['drest] adj 1. habillé(e) / a well-dressed / smartly-dressed man un homme bien habillé / élégant / she was not appropriately dressed for the country elle n'avait pas la tenue appropriée pour la campagne / she was dressed as a man elle était habillée en homme 2. PHR to be dressed to kill inf : she was dressed to kill elle avait un look d'enfer ▶ to be dressed to the nines être tiré(e) à quatre épingles.

dresser ['dresəʳ] noun 1. [for dishes] vaisselier m 2. US [chest of drawers] commode f.

dressing ['dresɪŋ] noun 1. [bandage] pansement m 2. [for salad] assaisonnement m 3. US [for turkey] farce f.

dressing gown noun UK robe f de chambre.

dressing room noun 1. THEAT loge f 2. SPORT vestiaire m.

dressing table noun coiffeuse f.

dressmaker ['dres,meɪkəʳ] noun couturier m, -ère f.

dressmaking ['dres,meɪkɪŋ] noun couture f.

dress rehearsal noun générale f.

dress sense noun : to have good dress sense savoir s'habiller / she's got no dress sense elle ne sait pas s'habiller.

dressy ['dresɪ] adj habillé(e).

drew [dru:] pt ⟶ draw.

dribble ['drɪbl] ⟐ noun 1. [saliva] bave f 2. [trickle] traînée f. ⟐ vt SPORT dribbler. ⟐ vi 1. [drool] baver 2. [liquid] tomber goutte à goutte, couler.

dried [draɪd] adj [milk, eggs] en poudre ; [fruit] sec (sèche) ; [flowers] séché(e).

drier ['draɪəʳ] = dryer.

drift [drɪft] ⟐ noun 1. [movement] mouvement m ; [direction] direction f, sens m 2. [meaning] sens m général 3. [of snow] congère f ; [of sand, leaves] amoncellement m, entassement m. ⟐ vi 1. [boat] dériver 2. [snow, sand, leaves] s'amasser, s'amonceler.

driftwood ['drɪftwʊd] noun bois m flottant.

drill [drɪl] ⟐ noun 1. [tool] perceuse f ; [dentist's] fraise f ; [in mine] perforatrice f 2. [exercise, training] exercice m. ⟐ vt 1. [wood, hole] percer ; [tooth] fraiser ; [well] forer 2. [soldiers] entraîner. ⟐ vi [excavate] ▶ to drill for oil forer à la recherche de pétrole.

drilling ['drɪlɪŋ] noun (U) [in metal, wood] forage m, perçage m ; [by dentist] fraisage m / drilling for oil forage pétrolier.

drilling platform noun plate-forme f (de forage).

drilling rig noun **1.** [on land] derrick m, tour f de forage **2.** [at sea] = **drilling platform**.

drink [drɪŋk] ❖ noun **1.** [gen] boisson f ; [alcoholic] verre m / **we invited them in for a drink** nous les avons invités à prendre un verre **2.** (U) [alcohol] alcool m. ❖ vt (pt **drank**, pp **drunk**) boire. ❖ vi (pt **drank**, pp **drunk**) boire.

drink-driving UK, **drunk driving** US, **drunken driving** US noun conduite f en état d'ivresse.

drinker ['drɪŋkər] noun buveur m, -euse f.

drinking ['drɪŋkɪŋ] ❖ adj : I'm not a drinking man je ne bois pas. ❖ noun (U) boisson f.

drinking water noun eau f potable.

drip [drɪp] ❖ noun **1.** [drop] goutte f **2.** MED goutte-à-goutte m inv. ❖ vi [gen] goutter, tomber goutte à goutte.

drip-dry adj qui ne se repasse pas.

drive [draɪv] ❖ noun **1.** [in car] trajet m (en voiture) / **to go for a drive** faire une promenade (en voiture) **2.** [urge] désir m, besoin m **3.** [campaign] campagne f **4.** (U) [energy] dynamisme m, énergie f **5.** [road to house] allée f **6.** SPORT drive m. ❖ vt (pt **drove**, pp **driven**) **1.** [vehicle, passenger] conduire **2.** TECH entraîner, actionner **3.** [animals, people] pousser **4.** [motivate, push] pousser / **he drives himself too hard** il exige trop de lui-même **5.** [force] ▶ **to drive sb to sthg/to do sthg** pousser qqn à qqch/à faire qqch, conduire qqn à qqch/à faire qqch ▶ **to drive sb mad** OR **crazy** rendre qqn fou **6.** [nail, stake] enfoncer. ❖ vi (pt **drove**, pp **driven**) [driver] conduire ; [travel by car] aller en voiture.

drive-by (pl **drive-bys**) noun inf ▶ **drive-by shooting** fusillade exécutée d'un véhicule en marche.

drive-in US ❖ noun drive-in m, ciné-parc m offic. ❖ adj [restaurant, movie theater] drive-in (inv).

drivel ['drɪvl] noun (U) inf foutaises fpl, idioties fpl.

driven ['drɪvn] pp ⟶ **drive**.

driver ['draɪvər] noun [of vehicle - gen] conducteur m, -trice f ; [- of taxi] chauffeur m.

driver's license US = **driving licence**.

driveway ['draɪvweɪ] noun allée f.

driving ['draɪvɪŋ] ❖ adj [rain] battant(e) ; [wind] cinglant(e). ❖ noun (U) conduite f.

driving force noun force f motrice.

driving instructor noun moniteur m, -trice f d'auto-école.

driving lesson noun leçon f de conduite.

driving licence UK, **driver's license** US noun permis m de conduire.

driving school noun auto-école f.

driving seat noun place f du conducteur / **she's in the driving seat** fig c'est elle qui mène l'affaire OR qui tient les rênes.

driving test noun (examen m du) permis m de conduire.

drizzle ['drɪzl] ❖ noun bruine f. ❖ impers vb bruiner.

droll [drəʊl] adj drôle.

drone [drəʊn] noun **1.** [of traffic, voices] ronronnement m ; [of insect] bourdonnement m **2.** [male bee] abeille f mâle, faux-bourdon m.

drool [dru:l] vi baver ▶ **to drool over** fig baver (d'admiration) devant.

droop [dru:p] vi [head] pencher ; [shoulders, eyelids] tomber.

drop [drɒp] ❖ noun **1.** [of liquid] goutte f **2.** [decrease] baisse f, chute f **3.** [distance down] dénivellation f ▶ **sheer drop** à-pic m inv **4.** [delivery] livraison f ; [from plane] parachutage m, droppage m / **to make a drop** déposer un colis **5.** [sweet] pastille f. ❖ vt **1.** [let fall] laisser tomber **2.** [voice, speed, price] baisser **3.** [abandon] abandonner ; [player] exclure **4.** [let out of car] déposer **5.** [utter] ▶ **to drop a hint that** laisser entendre que **6.** [send] ▶ **to drop sb a note** OR **line** écrire un petit mot à qqn. ❖ vi **1.** [fall] tomber **2.** [temperature, demand] baisser ; [voice, wind] tomber. ❖ **drops** pl n MED gouttes fpl. ❖ **drop in** vi inf ▶ **to drop in (on sb)** passer (chez qqn). ❖ **drop off** ❖ vt sep déposer. ❖ vi **1.** [fall asleep] s'endormir **2.** [interest, sales] baisser. ❖ **drop out** vi : **to drop out of society** vivre en marge de la société.

drop-dead adv inf vachement / **he's drop-dead gorgeous** il est craquant.

drop-off noun **1.** [decrease] baisse f, diminution f / **a drop-off in sales** une baisse des ventes **2.** US [descent] à-pic m inv / **there's a sharp drop-off in the road** la rue descend en pente très raide.

dropout ['drɒpaʊt] noun [from society] marginal m, -e f ; [from college] étudiant m, -e f qui abandonne ses études.

droppings ['drɒpɪŋz] pl n [of bird] fiente f ; [of animal] crottes fpl.

drought [draʊt] noun sécheresse f.

drove [drəʊv] pt ⟶ **drive**.

drown [draʊn] ❖ vt [in water] noyer. ❖ vi se noyer.

drowsy ['draʊzɪ] adj assoupi(e), somnolent(e).

drudgery ['drʌdʒərɪ] noun (U) corvée f.

drug [drʌg] ❖ noun **1.** [medicine] médicament m **2.** [narcotic] drogue f **/ to be on drugs** se droguer. ❖ vt droguer.

drug abuse noun usage m de stupéfiants.

drug addict noun drogué m, -e f, toxicomane mf.

druggist ['drʌgɪst] noun US pharmacien m, -enne f.

drug pusher noun revendeur m, -euse f de drogue.

drug test noun [of athlete, horse] contrôle m antidopage.

drum [drʌm] ❖ noun **1.** MUS tambour m **2.** [container] bidon m. ❖ vt & vi tambouriner. ◆ **drums** pl n batterie f. ◆ **drum up** vt sep [support, business] rechercher, solliciter.

drummer ['drʌmər] noun [gen] (joueur de) tambour m ; [in pop group] batteur m, -euse f.

drum roll noun roulement m de tambour.

drumstick ['drʌmstɪk] noun **1.** [for drum] baguette f de tambour **2.** [of chicken] pilon m.

drunk [drʌŋk] ❖ pp ⟶ **drink**. ❖ adj [on alcohol] ivre, soûl(e) ▶ **to get drunk** se soûler, s'enivrer. ❖ noun soûlard m, -e f.

drunkard ['drʌŋkəd] noun alcoolique mf.

drunk driving US = **drink-driving**.

drunken ['drʌŋkn] adj [person] ivre ; [quarrel] d'ivrognes.

dry [draɪ] ❖ adj **1.** [gen] sec (sèche) ; [day] sans pluie **2.** [river, earth] asséché(e) **3.** [wry] pince-sans-rire (inv). ❖ vt [gen] sécher ; [with cloth] essuyer. ❖ vi sécher. ◆ **dry up** ❖ vt sep [dishes] essuyer. ❖ vi **1.** [river, lake] s'assécher ; [supply] se tarir **2.** [actor, speaker] avoir un trou, sécher **3.** UK [dry dishes] essuyer.

dry cleaner noun ▶ **dry cleaner's** pressing m.

dryer ['draɪər] noun [for clothes] séchoir m.

dry land noun terre f ferme.

dry rot noun pourriture f sèche.

DTP (abbr of desktop publishing) noun PAO f.

dual ['djuːəl] adj double.

dual carriageway noun UK route f à quatre voies.

dub [dʌb] (pt & pp **-bed**, cont **-bing**) vt **1.** [nickname] surnommer **2.** CIN & TV [add soundtrack, voice] sonoriser ; [in foreign language] doubler **/ dubbed into French** doublé en français.

dubbed [dʌbd] adj **1.** CIN doublé(e) **2.** [nicknamed] surnommé(e).

dubious ['djuːbjəs] adj **1.** [suspect] douteux(euse) **2.** [uncertain] hésitant(e), incertain(e) ▶ **to be dubious about doing sthg** hésiter à faire qqch.

Dublin ['dʌblɪn] noun Dublin.

duchess ['dʌtʃɪs] noun duchesse f.

duck [dʌk] ❖ noun canard m. ❖ vt **1.** [head] baisser **2.** [responsibility] esquiver, se dérober à. ❖ vi [lower head] se baisser.

duckling ['dʌklɪŋ] noun caneton m.

duct [dʌkt] noun **1.** [pipe] canalisation f **2.** ANAT canal m.

dud [dʌd] ❖ adj [bomb] non éclaté(e) ; [cheque] sans provision, en bois. ❖ noun obus m non éclaté.

dude [djuːd] noun US inf [man] gars m, type m.

due [djuː] ❖ adj **1.** [expected] : the book is due out in May le livre doit sortir en mai **/ she's due back shortly** elle devrait rentrer sous peu **/ when is the train due?** à quelle heure le train doit-il arriver ? **2.** [appropriate] dû (due), qui convient ▶ **in due course a)** [at the appropriate time] en temps voulu **b)** [eventually] à la longue **3.** [owed, owing] dû (due). ❖ adv : due west droit vers l'ouest. ❖ noun dû m. ◆ **dues** pl n cotisation f. ◆ **due to** prep [owing to] dû à ; [because of] provoqué par, à cause de.

duel ['djuːəl] ❖ noun duel m. ❖ vi se battre en duel.

duet [djuː'et] noun duo m.

duffel bag ['dʌfl-] noun sac m marin.

duffel coat ['dʌfl-] noun duffel-coat m.

dug [dʌg] pt & pp ⟶ **dig**.

duke [djuːk] noun duc m.

dull [dʌl] ❖ adj **1.** [boring - book, conversation] ennuyeux(euse) ; [- person] terne **2.** [colour, light] terne **3.** [weather] maussade **4.** [sound, ache] sourd(e). ❖ vt **1.** [pain] atténuer ; [senses] émousser **2.** [make less bright] ternir.

duly ['djuːlɪ] adv **1.** [properly] dûment **2.** [as expected] comme prévu.

dumb [dʌm] adj **1.** [unable to speak] muet(ette) **2.** inf [stupid] idiot(e).

dumbfounded [dʌm'faʊndɪd] adj [person] abasourdi(e), interloqué(e).

dummy ['dʌmɪ] ❖ adj faux (fausse). ❖ noun **1.** [of tailor] mannequin *m* **2.** [mock-up] maquette *f* **3.** UK [for baby] sucette *f*, tétine *f* **4.** SPORT feinte *f*.

dump [dʌmp] ❖ noun **1.** [for rubbish] décharge *f* **2.** MIL dépôt *m*. ❖ vt **1.** [put down] déposer **2.** [dispose of] jeter **3.** *inf* [boyfriend, girlfriend] laisser tomber, plaquer. ❖ vi *inf* ▸ *to dump on sb* mettre qqn dans la merde *vulg*.

dumper (truck) UK ['dʌmpə-], **dump truck** US noun tombereau *m*, dumper *m*.

dumping ['dʌmpɪŋ] noun décharge *f* ▸ *'no dumping'* 'décharge interdite'.

dumping ground noun décharge *f*.

dumpling ['dʌmplɪŋ] noun boulette *f* de pâte.

dumpy ['dʌmpɪ] adj *inf* boulot(otte).

dunce [dʌns] noun cancre *m*.

dune [djuːn] noun dune *f*.

dung [dʌŋ] noun fumier *m*.

dungarees [ˌdʌŋgə'riːz] pl n UK [for work] bleu *m* de travail ; [fashion garment] salopette *f*.

dungeon ['dʌndʒən] noun cachot *m*.

dunk [dʌŋk] vt *inf* tremper.

Dunkirk [dʌn'kɜːk] noun Dunkerque.

duo ['djuːəʊ] noun duo *m*.

dupe [djuːp] ❖ noun dupe *f*. ❖ vt [trick] duper ▸ *to dupe sb into doing sthg* amener qqn à faire qqch en le dupant.

duplex ['djuːpleks] noun US **1.** [apartment] duplex *m* **2.** [house] maison *f* jumelée.

duplicate ❖ adj ['djuːplɪkət] [key, document] en double. ❖ noun ['djuːplɪkət] double *m* ▸ *in duplicate* en double. ❖ vt ['djuːplɪkeɪt] [copy - gen] faire un double de ; [- on photocopier] photocopier.

durable ['djʊərəbl] adj solide, résistant(e).

duration [djʊ'reɪʃn] noun durée *f* ▸ *for the duration of* jusqu'à la fin de.

duress [djʊ'res] noun ▸ *under duress* sous la contrainte.

during ['djʊərɪŋ] prep pendant, au cours de.

dusk [dʌsk] noun crépuscule *m*.

dust [dʌst] ❖ noun (U) poussière *f*. ❖ vt **1.** [clean] épousseter **2.** [cover with powder] ▸ *to dust sthg (with)* saupoudrer qqch (de).

dustbin ['dʌstbɪn] noun UK poubelle *f*.

dustcart ['dʌstkɑːt] noun UK camion *m* des boueux.

duster ['dʌstər] noun [cloth] chiffon *m* (à poussière).

dust jacket noun [on book] jaquette *f*.

dustman ['dʌstmən] (*pl* -men) noun UK éboueur *m*, -se *f*.

dustpan ['dʌstpæn] noun pelle *f* à poussière.

dusty ['dʌstɪ] adj poussiéreux(euse).

Dutch [dʌtʃ] ❖ adj néerlandais(e), hollandais(e). ❖ noun [language] néerlandais *m*, hollandais *m*. ❖ pl n ▸ *the Dutch* les Néerlandais, les Hollandais. ❖ adv ▸ *to go Dutch* partager les frais.

dutiful ['djuːtɪfʊl] adj obéissant(e).

duty ['djuːtɪ] noun **1.** (U) [responsibility] devoir *m* **2.** [work] ▸ *to be on /off duty* être/ne pas être de service **3.** [tax] droit *m*. ◆ **duties** pl n fonctions *fpl*.

duty-free adj hors taxe.

duvet ['duːveɪ] noun UK couette *f*.

duvet cover noun UK housse *f* de couette.

DVD (*abbr of* Digital Video or Versatile Disc) noun DVD *m*.

DVD player noun lecteur *m* de DVD.

DVD-ROM (*abbr of* Digital Video or Versatile Disc read only memory) noun DVD-ROM *m*.

dwarf [dwɔːf] ❖ noun (*pl* -s or **dwarves** [dwɔːvz]) nain *m*, -e *f*. ❖ vt [tower over] écraser.

dweeb [dwiːb] noun US *inf* crétin *m*, -e *f*.

dwell [dwel] (*pt & pp* **dwelt** or -ed) vi *liter* habiter. ◆ **dwell on** vt insep s'étendre sur.

dwelling ['dwelɪŋ] noun *liter* habitation *f*.

dwelt [dwelt] pt & pp ⟶ **dwell**.

dwindle ['dwɪndl] vi diminuer.

DWP (*abbr of* Department for Work and Pensions) noun *ministère britannique de la sécurité sociale*.

dye [daɪ] ❖ noun teinture *f*. ❖ vt teindre.

dying ['daɪɪŋ] ❖ cont ⟶ **die**. ❖ adj [person] mourant(e), moribond(e) ; [plant, language, industry] moribond.

dyke [daɪk] = **dike**.

dynamic [daɪ'næmɪk] adj dynamique.

dynamite ['daɪnəmaɪt] noun (U) *lit & fig* dynamite *f*.

dynamo ['daɪnəməʊ] (*pl* -s) noun dynamo *f*.

dynasty [UK 'dɪnəstɪ, US 'daɪnəstɪ] noun dynastie *f*.

dysfunctional [dɪs'fʌŋkʃənəl] adj dysfonctionnel(elle) / *dysfunctional family* famille *f* disfonctionnelle.

dyslexia [dɪs'leksɪə] noun dyslexie *f*.

dyslexic [dɪs'leksɪk] adj dyslexique.

e (*pl* **e's** *or* **es**), **E** (*pl* **E's** *or* **Es**) [i:] noun [letter] e *m inv*, E *m inv*. ◆ **E** noun **1.** MUS mi *m* **2.** (*abbr of* east) E.

each [i:tʃ] ❖ adj chaque. ❖ pron chacun(e) / *the books cost £10.99 each* les livres coûtent 10,99 livres (la) pièce ▶ **each other** l'un l'autre (l'une l'autre), les uns les autres (les unes les autres) / *they love each other* ils s'aiment / *we've known each other for years* nous nous connaissons depuis des années.

eager ['i:gə^r] adj passionné(e), avide ▶ **to be eager for** être avide de ▶ **to be eager to do sthg** être impatient de faire qqch.

eager beaver noun *inf* travailleur *m* acharné, travailleuse *f* acharnée, mordu *m*, -e *f* du travail.

eagerly ['i:gəlɪ] adv [talk, plan] avec passion, avidement ; [wait] avec impatience.

eagle ['i:gl] noun [bird] aigle *m*.

eagle-eyed [-aɪd] adj qui a des yeux d'aigle.

ear [ɪə^r] noun **1.** [gen] oreille *f* **2.** [of corn] épi *m*.

earache ['ɪəreɪk] noun ▶ **to have earache, to have an earache** US avoir mal à l'oreille.

eardrum ['ɪədrʌm] noun tympan *m*.

earl [ɜ:l] noun comte *m*.

earlier ['ɜ:lɪə^r] ❖ adj [previous] précédent(e) ; [more early] plus tôt. ❖ adv plus tôt ▶ **earlier on** plus tôt.

earliest ['ɜ:lɪəst] ❖ adj [first] premier(ère) ; [most early] le plus tôt. ❖ noun ▶ **at the earliest** au plus tôt.

earlobe ['ɪələʊb] noun lobe *m* de l'oreille.

early ['ɜ:lɪ] ❖ adj **1.** [before expected time] en avance **2.** [in day] de bonne heure / *the early train* le premier train / *to make an early start* partir de bonne heure **3.** [at beginning] : *in the early sixties* au début des années soixante. ❖ adv **1.** [before expected time] en avance / *I was ten minutes early* j'étais en avance de dix minutes **2.** [in day] tôt, de bonne heure ▶ **as early as** dès ▶ **early on** tôt **3.** [at beginning] : *early in her life* dans sa jeunesse.

early bird noun **1.** : *to be an early bird* *inf* être matinal **2.** PHR it's the early bird that catches the worm **a)** *prov* [it's good to get up early] le monde appartient à ceux qui se lèvent tôt *prov* **b)** [it's good to arrive early] les premiers arrivés sont les mieux servis.

early retirement noun retraite *f* anticipée.

earmark ['ɪəmɑ:k] vt ▶ **to be earmarked for** être réservé(e) à.

earn [ɜ:n] vt **1.** [as salary] gagner **2.** COMM rapporter **3.** *fig* [respect, praise] gagner, mériter.

earnest ['ɜ:nɪst] adj sérieux(euse). ◆ **in earnest** ❖ adj sérieux(euse). ❖ adv pour de bon, sérieusement.

earnings ['ɜ:nɪŋz] *pl* n [of person] salaire *m*, gains *mpl* ; [of company] bénéfices *mpl*.

earphones ['ɪəfəʊnz] *pl* n casque *m*.

earplugs ['ɪəplʌgz] *pl* n boules *fpl* Quiès®.

earring ['ɪərɪŋ] noun boucle *f* d'oreille.

earshot ['ɪəʃɒt] noun ▶ **within earshot** à portée de voix ▶ **out of earshot** hors de portée de voix.

ear-splitting adj assourdissant(e).

earth [ɜ:θ] ❖ noun [gen & ELEC] terre *f* ▶ **how/what/where/why on earth...?** mais comment/que/où/pourquoi donc... ? ▶ **to cost the earth** UK coûter les yeux de la tête. ❖ vt UK ELEC ▶ **to be earthed** être à la masse.

earthenware ['ɜ:θnweə^r] noun (*U*) poteries *fpl*.

earthquake ['ɜ:θkweɪk] noun tremblement *m* de terre.

earthworm ['ɜ:θwɜ:m] noun ver *m* de terre.

earthy ['ɜ:θɪ] adj **1.** *fig* [humour, person] truculent(e) **2.** [taste, smell] de terre, terreux(euse).

earwig ['ɪəwɪg] noun perce-oreille *m*.

ease [i:z] ❖ noun (*U*) **1.** [lack of difficulty] facilité *f* ▶ **to do sthg with ease** faire qqch sans difficulté OR facilement **2.** [comfort] ▶ **at ease** à l'aise ▶ **ill at ease** mal à l'aise. ❖ vt **1.** [pain] calmer ; [restrictions] modérer **2.** [move carefully] ▶ **to ease sthg in/out** faire entrer/sortir qqch délicatement. ❖ vi [problem] s'arranger ; [pain] s'atténuer ; [rain] diminuer. ◆ **ease off** vi [pain] s'atténuer ; [rain] diminuer. ◆ **ease up** vi **1.** [rain] diminuer **2.** [relax] se détendre.

easel ['i:zl] noun chevalet *m*.

easily ['i:zılı] adv **1.** [without difficulty] facilement **2.** [without doubt] de loin **3.** [in a relaxed manner] tranquillement.

east [i:st] ❖ noun **1.** [direction] est m **2.** [region] ▸ **the east** l'est m. ❖ adj est (inv) ; [wind] d'est. ❖ adv à l'est, vers l'est ▸ **east of** à l'est de. ◆ **East** noun ▸ **the East a)** [gen & POL] l'Est m **b)** [Asia] l'Orient m.

East End noun ▸ **the East End** les quartiers est de Londres.

Easter ['i:stər] noun Pâques m.

Easter bunny noun [gen] lapin m de Pâques ; [imaginary creature] personnage imaginaire qui distribue des friandises aux enfants.

Easter egg noun œuf m de Pâques.

easterly ['i:stəlı] adj à l'est, de l'est ; [wind] de l'est.

eastern ['i:stən] adj de l'est. ◆ **Eastern** adj [gen & POL] de l'Est ; [from Asia] oriental(e).

Easter Sunday noun dimanche m de Pâques.

East Germany noun ▸ **(former) East Germany** (l'ex-)Allemagne f de l'Est.

eastward ['i:stwəd] ❖ adj à l'est, vers l'est. ❖ adv = **eastwards**.

eastwards ['i:stwədz] adv vers l'est.

easy ['i:zı] ❖ adj **1.** [not difficult, comfortable] facile **2.** [relaxed - manner] naturel(elle). ❖ adv ▸ **to take it** OR **things easy** inf ne pas se fatiguer.

easygoing [,i:zı'gəʊɪŋ] adj [person] facile à vivre ; [manner] complaisant(e).

easy-peasy noun inf & hum fastoche, facile.

eat [i:t] (pt **ate**, pp **eaten**) vt & vi manger. ◆ **eat away**, **eat into** vt insep **1.** [subj: acid, rust] ronger **2.** [deplete] grignoter.

eaten ['i:tn] pp ⟶ **eat**.

eatery ['i:tərı] noun US inf restaurant m.

eating ['i:tıŋ] adj **1.** [for eating] ▸ **eating apple / pear** pomme f/poire f à couteau ▸ **eating place** OR **house** restaurant m **2.** [of eating] ▸ **eating disorder** trouble m du comportement alimentaire ▸ **eating habits** habitudes fpl alimentaires.

eaves ['i:vz] pl n avant-toit m.

eavesdrop ['i:vzdrɒp] vi ▸ **to eavesdrop (on sb)** écouter (qqn) de façon indiscrète.

ebb [eb] ❖ noun reflux m. ❖ vi [tide, sea] se retirer, refluer.

ebony ['ebənı] ❖ adj [colour] noir(e) d'ébène. ❖ noun ébène f.

e-business noun **1.** [company] cyberentreprise f **2.** (U) [trade] cybercommerce m, commerce m électronique.

EC (abbr of **European Community**) noun CE f.

e-cash noun argent m virtuel OR électronique.

eccentric [ık'sentrık] ❖ adj [odd] excentrique, bizarre. ❖ noun [person] excentrique mf.

echo ['ekəʊ] ❖ noun (pl **-es**) lit & fig écho m. ❖ vt [words] répéter ; [opinion] faire écho à. ❖ vi retentir, résonner.

éclair [eı'kleər] noun éclair m.

eclipse [ı'klıps] ❖ noun lit & fig éclipse f. ❖ vt fig éclipser.

eco-friendly adj qui respecte l'environnement.

ecological [,i:kə'lɒdʒıkl] adj écologique.

ecology [ı'kɒlədʒı] noun écologie f.

e-commerce noun (U) commerce m électronique, cybercommerce m.

economic [,i:kə'nɒmık] adj **1.** ECON économique **2.** [profitable] rentable.

economical [,i:kə'nɒmıkl] adj **1.** [cheap] économique **2.** [person] économe.

Economic and Monetary Union noun Union f économique et monétaire.

economics [,i:kə'nɒmıks] ❖ noun (U) économie f (politique), sciences fpl économiques. ❖ pl n [of plan, business] aspect m financier.

economize, **economise** UK [ı'kɒnəmaız] vi économiser.

economy [ı'kɒnəmı] noun économie f ▸ **economies of scale** économies d'échelle.

economy class noun classe f touriste.

economy drive noun campagne f de restrictions.

ecotax ['i:kəʊtæks] noun écotaxe f.

ecotourism ['i:kəʊ,tʊərızm] noun écotourisme m, tourisme m vert.

ecstasy ['ekstəsı] noun **1.** [pleasure] extase f, ravissement m **2.** [drug] ecstasy m ou f.

ecstatic [ek'stætık] adj [person] en extase ; [feeling] extatique.

eczema ['eksımə] noun eczéma m.

Eden ['i:dn] noun ▸ **(the Garden of) Eden** le jardin d'Éden, l'Éden m.

edge [edʒ] ❖ noun **1.** [gen] bord m ; [of coin, book] tranche f ; [of knife] tranchant m ▸ **to be on the edge of** fig être à deux doigts de **2.** [advantage] ▸ **to have an edge over** OR **the**

edge on avoir un léger avantage sur. ❖ vi ▶ **to edge forward** avancer tout doucement. ◆ **on edge** adj contracté(e), tendu(e).

edgeways UK ['edʒweɪz], **edgewise** US ['edʒwaɪz] adv latéralement, de côté.

edgy ['edʒi] adj [nervous] contracté(e), tendu(e).

edible ['edɪbl] adj [safe to eat] comestible.

edict ['i:dɪkt] noun décret m.

Edinburgh ['edɪnbrə] noun Édimbourg.

edit ['edɪt] vt **1.** [correct - text] corriger **2.** CIN monter ; RADIO & TV réaliser **3.** [magazine] diriger ; [newspaper] être le rédacteur en chef de.

edition [ɪ'dɪʃn] noun édition f.

editor ['edɪtər] noun **1.** [of magazine] directeur m, -trice f ; [of newspaper] rédacteur m, -trice f en chef **2.** [of text] correcteur m, -trice f **3.** CIN monteur m, -euse f ; RADIO & TV réalisateur m, -trice f.

editorial [,edɪ'tɔ:rɪəl] ❖ adj [department, staff] de la rédaction ; [style, policy] éditorial(e). ❖ noun éditorial m.

educate ['edʒukeɪt] vt **1.** SCH & UNIV instruire **2.** [inform] informer, éduquer.

educated ['edʒukeɪtɪd] adj [person] instruit(e) ▸ **to make an educated guess** faire une supposition bien informée.

education [,edʒu'keɪʃn] noun **1.** [gen] éducation f ▸ **standards of education** niveau m scolaire **2.** [teaching] enseignement m, instruction f.

educational [,edʒu'keɪʃənl] adj **1.** [establishment, policy] pédagogique **2.** [toy, experience] éducatif(ive).

eel [i:l] noun anguille f.

eerie ['ɪərɪ] adj inquiétant(e), sinistre.

efface [ɪ'feɪs] vt effacer.

effect [ɪ'fekt] ❖ noun [gen] effet m ▸ **to have an effect on** avoir OR produire un effet sur ▸ **for effect** pour attirer l'attention, pour se faire remarquer ▸ **to take effect** [law] prendre effet, entrer en vigueur ▸ **to put sthg into effect** [policy, law] mettre qqch en application. ❖ vt [repairs, change] effectuer ; [reconciliation] amener. ◆ **effects** pl n ▸ **(special) effects** effets mpl spéciaux.

effective [ɪ'fektɪv] adj **1.** [successful] efficace **2.** [actual, real] effectif(ive).

effectively [ɪ'fektɪvlɪ] adv **1.** [successfully] efficacement **2.** [in fact] effectivement.

effectiveness [ɪ'fektɪvnɪs] noun efficacité f.

effeminate [ɪ'femɪnət] adj efféminé(e).

effervescent [,efə'vesənt] adj [liquid] effervescent(e) ; [drink] gazeux(euse).

efficiency [ɪ'fɪʃənsɪ] noun [of person, method] efficacité f ; [of factory, system] rendement m.

efficient [ɪ'fɪʃənt] adj efficace.

effluent ['efluənt] noun effluent m.

effort ['efət] noun effort m ▸ **to be worth the effort** valoir la peine ▸ **with effort** avec peine ▸ **to make the effort to do sthg** s'efforcer de faire qqch ▸ **to make an / no effort to do sthg** faire un effort / ne faire aucun effort pour faire qqch.

effortless ['efətlɪs] adj [easy] facile ; [natural] aisé(e).

effusive [ɪ'fju:sɪv] adj [person] démonstratif(ive) ; [welcome] plein(e) d'effusions.

e.g. (abbr of **exempli gratia**) adv par exemple.

egg [eg] noun œuf m. ◆ **egg on** vt sep pousser, inciter.

eggcup ['egkʌp] noun coquetier m.

egghead ['eghed] noun inf intello mf.

eggplant ['egplɑ:nt] noun US aubergine f.

eggshell ['egʃel] noun coquille f d'œuf.

egg white noun blanc m d'œuf.

egg yolk noun jaune m d'œuf.

egis noun US = **aegis**.

ego ['i:gəu] (pl -s) noun moi m.

egoism ['i:gəuɪzm] noun égoïsme m.

egoistic [,i:gəu'ɪstɪk] adj égoïste.

egotistic(al) [,i:gə'tɪstɪk(l)] adj égotiste.

Egypt ['i:dʒɪpt] noun Égypte f.

Egyptian [ɪ'dʒɪpʃn] ❖ adj égyptien(enne). ❖ noun Égyptien m, -enne f.

EHRC (abbr of **Equality and Human Rights Commission**) noun Commission pour l'égalité et les droits de l'Homme.

eiderdown ['aɪdədaun] noun UK [bed cover] édredon m.

eight [eɪt] num huit. See also **six**.

eighteen [,eɪ'ti:n] num dix-huit. See also **six**.

eighth [eɪtθ] num huitième. See also **sixth**.

eighty ['eɪtɪ] num quatre-vingts. See also **sixty**.

Eire ['eərə] noun République f d'Irlande.

either ['aɪðər or 'i:ðər] ❖ adj **1.** [one or the other] l'un ou l'autre (l'une ou l'autre) (des deux) ▸ **she couldn't find either jumper** elle ne trouva ni l'un ni l'autre des pulls ▸ **either way** de toute façon **2.** [each] chaque ▸ **on either side** de chaque côté. ❖ pron ▸ **either (of them)** l'un ou l'autre *m*, l'une ou l'autre *f* ▸ *I don't like either (of them)* je n'aime aucun des deux, je n'aime ni l'un ni l'autre. ❖ adv *(in negatives)* non plus / *I don't either* moi non plus. ❖ conj ▸ **either... or** soit... soit, ou... ou / *I'm not fond of either him or his wife* je ne les aime ni lui ni sa femme.

ejaculate [ɪ'dʒækjʊleɪt] ❖ vt *fml* [exclaim] s'écrier. ❖ vi [have orgasm] éjaculer.

eject [ɪ'dʒekt] vt **1.** [troublemaker] expulser **2.** [cartridge, pilot] éjecter.

ejector seat [UK] [ɪ'dʒektər-], **ejection seat** [US] [ɪ'dʒekʃn-] noun siège *m* éjectable.

eke [i:k] ◆ **eke out** vt sep [make last] faire durer.

elaborate ❖ adj [ɪ'læbrət] [ceremony, procedure] complexe ; [explanation, plan] détaillé(e), minutieux(euse). ❖ vi [ɪ'læbəreɪt] ▸ **to elaborate (on)** donner des précisions (sur).

elapse [ɪ'læps] vi s'écouler.

elastic [ɪ'læstɪk] ❖ adj *lit & fig* élastique. ❖ noun (U) élastique *m*.

elasticated [UK] [ɪ'læstɪkeɪtɪd], **elasticized** [US] [ɪ'læstɪsaɪzd] adj élastique.

elastic band noun [UK] élastique *m*, caoutchouc *m*.

elated [ɪ'leɪtɪd] adj transporté(e) (de joie).

elbow ['elbəʊ] noun coude *m*.

elbow grease noun *inf* huile *f* de coude.

elbowroom ['elbəʊrʊm] noun *inf* ▸ **to have some elbowroom** avoir ses coudées franches.

elder ['eldər] ❖ adj aîné(e). ❖ noun **1.** [older person] aîné *m*, -e *f* **2.** [of tribe, church] ancien *m* **3.** ▸ **elder (tree)** sureau *m*.

elderflower ['eldəˌflaʊər] noun fleur *f* de sureau.

elderly ['eldəlɪ] ❖ adj âgé(e). ❖ pl n ▸ **the elderly** les personnes *fpl* âgées.

eldest ['eldɪst] adj aîné(e).

elect [ɪ'lekt] ❖ adj élu(e). ❖ vt **1.** [by voting] élire **2.** *fml* [choose] ▸ **to elect to do sthg** choisir de faire qqch.

election [ɪ'lekʃn] noun élection *f* ▸ **to have** OR **hold an election** procéder à une élection.

election campaign noun campagne *f* électorale.

electioneering [ɪˌlekʃə'nɪərɪŋ] noun (U) *pej* propagande *f* électorale.

election promise noun promesse *f* électorale.

elector [ɪ'lektər] noun électeur *m*, -trice *f*.

electorate [ɪ'lektərət] noun ▸ **the electorate** l'électorat *m*.

electric [ɪ'lektrɪk] adj *lit & fig* électrique. ◆ **electrics** pl n [UK] *inf* [in car, machine] installation *f* électrique.

electrical [ɪ'lektrɪkl] adj électrique.

electric chair noun ▸ **the electric chair** la chaise électrique.

electric fire noun radiateur *m* électrique.

electrician [ˌɪlek'trɪʃn] noun électricien *m*, -enne *f*.

electricity [ˌɪlek'trɪsətɪ] noun électricité *f*.

electric shock noun décharge *f* électrique.

electrify [ɪ'lektrɪfaɪ] vt **1.** TECH électrifier **2.** *fig* [excite] galvaniser, électriser.

electrifying [ɪ'lektrɪfaɪŋ] adj [exciting] galvanisant(e), électrisant(e).

electrocute [ɪ'lektrəkju:t] vt électrocuter.

electrolysis [ˌɪlek'trɒləsɪs] noun électrolyse *f*.

electron [ɪ'lektrɒn] noun électron *m*.

electronic [ˌɪlek'trɒnɪk] adj électronique. ◆ **electronics** ❖ noun (U) [technology, science] électronique *f*. ❖ pl n [equipment] (équipement *m*) électronique *f*.

electronic mail noun courrier *m* électronique, messagerie *f* électronique.

electronic tagging noun (U) étiquetage *m* électronique.

elegant ['elɪgənt] adj élégant(e).

element ['elɪmənt] noun **1.** [gen] élément *m* ▸ **an element of truth** une part de vérité **2.** [in heater, kettle] résistance *f*. ◆ **elements** pl n **1.** [basics] rudiments *mpl* **2.** [weather] ▸ **the elements** les éléments *mpl*.

elementary [ˌelɪ'mentərɪ] adj élémentaire.

elementary school noun [US] école *f* primaire.

elephant ['elɪfənt] (*pl inv* or -s) noun éléphant *m*.

elevate ['elɪveɪt] vt **1.** [give importance to] ▸ **to elevate sb/sthg (to)** élever qqn/qqch (à) **2.** [raise] soulever.

elevator ['elɪveɪtər] noun [US] ascenseur *m*.

eleven [ɪ'levn] num onze. *See also* six.

elevenses [ɪ'levnzɪz] noun (U) [UK] ≃ pause-café *f*.

eleventh [ɪ'levnθ] num onzième. *See also* sixth.

elicit [ɪ'lɪsɪt] vt *fml* ▶ **to elicit sthg (from sb)** arracher qqch (à qqn).

eligible ['elɪdʒəbl] adj [suitable, qualified] admissible ▶ **to be eligible for sthg** avoir droit à qqch ▶ **to be eligible to do sthg** avoir le droit de faire qqch.

eliminate [ɪ'lɪmɪneɪt] vt ▶ **to eliminate sb / sthg (from)** éliminer qqn/qqch (de).

elite [ɪ'liːt] ❖ adj d'élite. ❖ noun élite f.

elitist [ɪ'liːtɪst] ❖ adj élitiste. ❖ noun élitiste mf.

elk [elk] (pl inv or -s) noun élan m.

elm [elm] noun ▶ **elm (tree)** orme m.

elocution [,elə'kjuːʃn] noun élocution f, diction f.

elongated ['iːlɒŋɡeɪtɪd] adj allongé(e) ; [fingers] long (longue).

elope [ɪ'ləʊp] vi ▶ **to elope (with)** s'enfuir (avec).

eloquent ['eləkwənt] adj éloquent(e).

else [els] adv ▶ **anything else** n'importe quoi d'autre ▶ **anything else?** [in shop] et avec ceci ?, ce sera tout ? / **he doesn't need anything else** il n'a besoin de rien d'autre ▶ **everyone else** tous les autres ▶ **nothing else** rien d'autre ▶ **someone else** quelqu'un d'autre ▶ **something else** quelque chose d'autre, autre chose ▶ **somewhere else** ailleurs ▶ **who / what else?** qui/quoi d'autre ? ▶ **where else?** (à) quel autre endroit ? ❖ **or else** conj [or if not] sinon, sans quoi.

elsewhere [els'weə'] adv ailleurs, autre part.

elude [ɪ'luːd] vt échapper à.

elusive [ɪ'luːsɪv] adj insaisissable ; [success] qui échappe.

emaciated [ɪ'meɪʃɪeɪtɪd] adj [face] émacié(e) ; [person, limb] décharné(e).

e-mail, email (*abbr of* **electronic mail**) noun [message] (e-)mail m, courrier m électronique / **to send an e-mail** envoyer un mail ; [address] e-mail m, adresse f électronique, courriel m Québec.

emanate ['eməneɪt] *fml* vi ▶ **to emanate from** émaner de.

emancipate [ɪ'mænsɪpeɪt] vt ▶ **to emancipate sb (from)** affranchir or émanciper qqn (de).

emancipation [ɪ,mænsɪ'peɪʃn] noun ▶ **emancipation (from)** affranchissement m (de), émancipation f (de).

embankment [ɪm'bæŋkmənt] noun [of river] berge f ; [of railway] remblai m ; [of road] banquette f.

embargo [em'bɑːɡəʊ] ❖ noun (pl -es) ▶ **embargo (on)** embargo m (sur). ❖ vt (pt & pp -ed, cont -ing) mettre l'embargo sur.

embark [ɪm'bɑːk] vi **1.** [board ship] ▶ **to embark (on)** embarquer (sur) **2.** [start] ▶ **to embark on or upon sthg** s'embarquer dans qqch.

embarkation [,embɑː'keɪʃn] noun embarquement m.

embarrass [ɪm'bærəs] vt embarrasser.

embarrassed [ɪm'bærəst] adj embarrassé(e).

embarrassing [ɪm'bærəsɪŋ] adj embarrassant(e).

embarrassment [ɪm'bærəsmənt] noun embarras m ▶ **to be an embarrassment a)** [person] causer de l'embarras **b)** [thing] être embarrassant.

embassy ['embəsɪ] noun ambassade f.

embed [ɪm'bed] (pt & pp -ded, cont -ding) vt [in wood] enfoncer ; [in rock] sceller ; [in cement] sceller, noyer ; [jewels] enchâsser, incruster.

embedded [ɪm'bedɪd] adj [in wood] enfoncé(e) ; [in rock] scellé(e) ; [in cement] scellé(e), noyé(e) ; [jewels] enchâssé(e), incrusté(e).

embellish [ɪm'belɪʃ] vt **1.** [decorate] ▶ **to embellish sthg (with) a)** [room, house] décorer qqch (de) **b)** [dress] orner qqch (de) **2.** [story] enjoliver.

embers ['embəz] pl n braises fpl.

embezzle [ɪm'bezl] vt détourner.

embittered [ɪm'bɪtəd] adj aigri(e).

emblem ['embləm] noun emblème m.

embody [ɪm'bɒdɪ] vt incarner ▶ **to be embodied in sthg** être exprimé dans qqch.

embossed [ɪm'bɒst] adj **1.** [heading, design] ▶ **embossed (on)** inscrit(e) (sur), gravé(e) en relief (sur) **2.** [wallpaper, leather] gaufré(e).

embrace [ɪm'breɪs] ❖ vt étreinte f. ❖ vt embrasser. ❖ vi s'embrasser, s'étreindre.

embroider [ɪm'brɔɪdə'] ❖ vt **1.** SEW broder **2.** pej [embellish] enjoliver. ❖ vi SEW broder.

embroidery [ɪm'brɔɪdərɪ] noun (U) broderie f.

embroil [ɪm'brɔɪl] vt ▶ **to be embroiled (in)** être mêlé(e) (à).

embryo ['embrɪəʊ] (pl -s) noun embryon m.

emerald ['emərəld] ❖ adj [colour] émeraude (inv). ❖ noun [stone] émeraude f.

emerge [ɪ'mɜːdʒ] vi **1.** [come out] ▶ **to emerge (from)** sortir (de) **2.** [from experience, situation] ▶ **to emerge from** sortir de **3.** [become known] apparaître **4.** [come into existence - poet, artist] percer ; [- movement, organization] émerger. ❖ vt ▸ **it emerges that...** il ressort OR il apparaît que....

emergence [ɪ'mɜːdʒəns] noun émergence f.

emergency [ɪ'mɜːdʒənsɪ] ❖ adj d'urgence. ❖ noun urgence f ▸ **in an emergency, in emergencies** en cas d'urgence.

emergency exit noun sortie f de secours.

emergency landing noun atterrissage m forcé.

emergency room noun US salle f des urgences.

emergency services pl n ≃ police-secours f.

emery board ['eməri-] noun lime f à ongles.

emigrant ['emɪgrənt] noun émigré m, -e f.

emigrate ['emɪgreɪt] vi ▸ **to emigrate (to)** émigrer (en/à).

eminent ['emɪnənt] adj éminent(e).

emission [ɪ'mɪʃn] noun émission f.

emit [ɪ'mɪt] vt émettre.

emoticon [ɪ'məʊtɪkɒn] noun émoticon m, souriant m.

emotion [ɪ'məʊʃn] noun **1.** (U) [strength of feeling] émotion f **2.** [particular feeling] sentiment m.

emotional [ɪ'məʊʃənl] adj **1.** [sensitive, demonstrative] émotif(ive) **2.** [moving] émouvant(e) **3.** [psychological] émotionnel(elle).

emotional intelligence noun intelligence f émotionnelle.

empathize, empathise UK ['empəθaɪz] vt : *to empathize with* s'identifier à.

emperor ['empərə'] noun empereur m.

emphasis ['emfəsɪs] (pl -ses) noun ▸ **emphasis (on)** accent m (sur) ▸ **to lay** OR **place emphasis on sthg** insister sur OR souligner qqch.

emphasize, emphasise UK ['emfəsaɪz] vt insister sur.

emphatic [ɪm'fætɪk] adj [forceful] catégorique.

emphatically [ɪm'fætɪklɪ] adv **1.** [with emphasis] catégoriquement **2.** [certainly] absolument.

empire ['empaɪə'] noun empire m.

employ [ɪm'plɔɪ] vt employer ▸ **to be employed as** être employé comme ▸ **to employ sthg as sthg/to do sthg** employer qqch comme qqch/pour faire qqch.

employee [ɪm'plɔɪiː] noun employé m, -e f.

employer [ɪm'plɔɪə'] noun employeur m, -euse f.

employment [ɪm'plɔɪmənt] noun emploi m, travail m.

employment agency noun bureau m OR agence f de placement.

emporium [em'pɔːrɪəm] noun [shop] grand magasin m.

empower [ɪm'paʊə'] vt fml ▸ **to be empowered to do sthg** être habilité(e) à faire qqch.

empowerment [ɪm'paʊəmənt] noun : *the empowerment of women/of ethnic minorities* la plus grande autonomie des femmes/des minorités ethniques.

empress ['emprɪs] noun impératrice f.

empty ['emptɪ] ❖ adj **1.** [containing nothing] vide **2.** pej [meaningless] vain(e). ❖ vt vider ▸ **to empty sthg into/out of** vider qqch dans/de. ❖ vi se vider. ❖ noun inf bouteille f vide.

empty-handed [-'hændɪd] adj les mains vides.

EMU (abbr of European Monetary Union) noun UEM f.

emulate ['emjʊleɪt] vt imiter.

emulsion [ɪ'mʌlʃn] UK noun ▸ **emulsion (paint)** peinture f mate OR à émulsion.

enable [ɪ'neɪbl] vt ▸ **to enable sb to do sthg** permettre à qqn de faire qqch.

enact [ɪ'nækt] vt **1.** LAW promulguer **2.** THEAT jouer.

enamel [ɪ'næml] noun **1.** [material] émail m **2.** [paint] peinture f laquée.

encampment [ɪn'kæmpmənt] noun campement m.

encapsulate [ɪn'kæpsjʊleɪt] vt ▸ **to encapsulate sthg (in)** résumer qqch (en).

encase [ɪn'keɪs] vt ▸ **to be encased in a)** [armour] être enfermé(e) dans **b)** [leather] être bardé(e) de.

enchanting [ɪn'tʃɑːntɪŋ] adj enchanteur(eresse).

encircle [ɪn'sɜːkl] vt entourer ; [subj: troops] encercler.

enclose [ɪn'kləʊz] vt **1.** [surround, contain] entourer **2.** [put in envelope] joindre ▸ **please find enclosed...** veuillez trouver ci-joint....

enclosure [ɪn'kləʊʒə'] noun **1.** [place] enceinte f **2.** [in letter] pièce f jointe.

encompass [ɪn'kʌmpəs] vt fml **1.** [include] contenir **2.** [surround] entourer ; [subj: troops] encercler.

encore ['ɒŋkɔːʳ] ❖ noun rappel m. ❖ excl bis !

encounter [ɪn'kaʊntəʳ] ❖ noun rencontre f. ❖ vt fml rencontrer.

encourage [ɪn'kʌrɪdʒ] vt **1.** [give confidence to] ▸ to encourage sb (to do sthg) encourager qqn (à faire qqch) **2.** [promote] encourager, favoriser.

encouragement [ɪn'kʌrɪdʒmənt] noun encouragement m.

encroach [ɪn'krəʊtʃ] vi ▸ to encroach on OR upon empiéter sur.

encryption [en'krɪpʃn] noun (U) **1.** COMPUT cryptage m **2.** TV codage m, encodage m.

encyclop(a)edia [ɪn,saɪklə'piːdjə] noun encyclopédie f.

end [end] ❖ noun **1.** [gen] fin f ▸ at an end terminé, fini ▸ to put an end to sthg mettre fin à qqch ▸ at the end of the day fig en fin de compte ▸ in the end [finally] finalement **2.** [of rope, path, garden, table] bout m, extrémité f ; [of box] côté m **3.** [leftover part - of cigarette] mégot m ; [- of pencil] bout m. ❖ vt mettre fin à ; [day] finir ▸ to end sthg with terminer OR finir qqch par. ❖ vi se terminer ▸ to end in se terminer par ▸ to end with se terminer par OR avec. ◆ **end up** vi finir ▸ to end up doing sthg finir par faire qqch. ◆ **end to end** phr **1.** [with ends adjacent] bout à bout **2.** = from end to end. ◆ **from end to end** phr d'un bout à l'autre. ◆ **on end** adv **1.** [upright] debout **2.** [continuously] d'affilée.

endanger [ɪn'deɪndʒəʳ] vt mettre en danger.

endangered species [ɪn'deɪndʒəd-] noun espèce f en voie de disparition.

endearing [ɪn'dɪərɪŋ] adj [smile] engageant(e).

endeavour UK, **endeavor** US fml [ɪn'devəʳ] ❖ noun effort m, tentative f. ❖ vt ▸ to endeavour to do sthg s'efforcer OR tenter de faire qqch.

ending ['endɪŋ] noun fin f, dénouement m.

endive ['endaɪv] noun **1.** US [salad vegetable] endive f. UK [chicory] chicorée f.

endless ['endlɪs] adj **1.** [unending] interminable ; [patience, possibilities] infini(e) ; [resources] inépuisable **2.** [vast] infini(e).

endorse [ɪn'dɔːs] vt **1.** [approve] approuver **2.** [cheque] endosser.

endorsement [ɪn'dɔːsmənt] noun **1.** [approval] approbation f **2.** UK [on driving licence] contravention portée au permis de conduire.

endow [ɪn'daʊ] vt **1.** [equip] ▸ to be endowed with sthg être doté(e) de qqch **2.** [donate money to] faire des dons à.

endowment [ɪn'daʊmənt] noun **1.** fml [ability] capacité f, qualité f **2.** [donation] don m.

endurance [ɪn'djʊərəns] noun endurance f.

endure [ɪn'djʊəʳ] ❖ vt supporter, endurer. ❖ vi perdurer.

enemy ['enɪmɪ] ❖ noun ennemi m, -e f. ❖ comp ennemi(e).

energetic [,enə'dʒetɪk] adj énergique ; [person] plein(e) d'entrain.

energy ['enədʒɪ] noun énergie f.

enforce [ɪn'fɔːs] vt appliquer, faire respecter.

enforcement [ɪn'fɔːsmənt] noun application f.

engage [ɪn'geɪdʒ] ❖ vt **1.** [attention, interest] susciter, éveiller **2.** TECH engager **3.** fml [employ] engager ▸ to be engaged in OR on sthg prendre part à qqch. ❖ vi [be involved] ▸ to engage in s'occuper de.

engaged [ɪn'geɪdʒd] adj **1.** UK [to be married] ▸ engaged (to sb) fiancé(e) (à qqn) ▸ to get engaged se fiancer **2.** [busy] occupé(e) ▸ engaged in sthg engagé dans qqch **3.** UK [telephone, toilet] occupé(e).

engaged tone noun UK tonalité f « occupé ».

engagement [ɪn'geɪdʒmənt] noun **1.** [to be married] fiançailles fpl **2.** [appointment] rendez-vous m inv.

engagement ring noun bague f de fiançailles.

engaging [ɪn'geɪdʒɪŋ] adj engageant(e) ; [personality] attirant(e).

engender [ɪn'dʒendəʳ] vt fml engendrer, susciter.

engine ['endʒɪn] noun **1.** [of vehicle] moteur m **2.** RAIL locomotive f.

engineer [,endʒɪ'nɪəʳ] noun **1.** [of roads] ingénieur m, -e f ; [of machinery, on ship] mécanicien m, -ienne f ; [of electrical equipment] technicien m, -ienne f **2.** US [train driver] mécanicien m, -ienne f.

engineering [,endʒɪ'nɪərɪŋ] noun ingénierie f.

England ['ɪŋglənd] noun Angleterre f ▸ in England en Angleterre.

English ['ɪŋglɪʃ] ❖ adj anglais(e). ❖ noun [language] anglais m. ❖ pl n ▸ **the English** les Anglais.

English breakfast noun petit déjeuner m anglais traditionnel.

Englishman ['ɪŋglɪʃmən] (pl -men) noun Anglais m.

Englishwoman ['ɪŋglɪʃ,wʊmən] (pl -women) noun Anglaise f.

engrave [ɪn'greɪv] vt ▸ to engrave sthg (on stone/in one's memory) graver qqch (sur la pierre/dans sa mémoire).

engraving [ɪn'greɪvɪŋ] noun gravure f.

engrossed [ɪn'grəʊst] adj ▸ to be engrossed (in sthg) être absorbé(e) (par qqch).

engulf [ɪn'gʌlf] vt engloutir.

enhance [ɪn'hɑːns] vt améliorer.

enhanced [ɪn'hɑːnst] adj [reputation] [quality, performance amélioré(e), meilleur(e) ; [prestige] [value, chances augmenté(e), accru(e) ; [taste, beauty] rehaussé(e), mis(e) en valeur.

-enhanced in compounds ▸ **computer-enhanced** [graphics] optimisée(e) par ordinateur ▸ **protein-enhanced** enrichi(e) en protéines.

enhancement [ɪn'hɑːnsmənt] noun amélioration f.

enigma [ɪ'nɪgmə] noun énigme f.

enjoy [ɪn'dʒɔɪ] vt **1.** [like] aimer ▸ to enjoy doing sthg avoir plaisir à OR aimer faire qqch ▸ to enjoy o.s. s'amuser **2.** fml [possess] jouir de.

enjoyable [ɪn'dʒɔɪəbl] adj agréable.

enjoyment [ɪn'dʒɔɪmənt] noun [gen] plaisir m.

enlarge [ɪn'lɑːdʒ] vt agrandir. ❖ **enlarge (up)on** vt insep développer.

enlargement [ɪn'lɑːdʒmənt] noun **1.** [expansion] extension f **2.** PHOT agrandissement m.

enlighten [ɪn'laɪtn] vt éclairer.

enlightened [ɪn'laɪtnd] adj éclairé(e).

enlightenment [ɪn'laɪtnmənt] noun (U) éclaircissement m.

enlist [ɪn'lɪst] ❖ vt **1.** MIL enrôler **2.** [recruit] recruter **3.** [obtain] s'assurer. ❖ vi MIL ▸ to enlist (in) s'enrôler (dans).

enmity ['enmətɪ] noun hostilité f.

enormity [ɪ'nɔːmətɪ] noun [extent] étendue f.

enormous [ɪ'nɔːməs] adj énorme ; [patience, success] immense.

enough [ɪ'nʌf] ❖ adj assez de / enough money/time assez d'argent/de temps.

❖ pron assez ▸ **more than enough** largement, bien assez ▸ **to have had enough (of sthg)** en avoir assez (de qqch). ❖ adv **1.** [sufficiently] assez ▸ big enough for sthg/ to do sthg assez grand pour qqch/pour faire qqch ▸ to be good enough to do sthg fml assez aimable pour faire qqch **2.** [rather] plutôt ▸ **oddly enough** bizarrement.

enquire [ɪn'kwaɪə] ❖ vt **UK** ▸ to enquire when/whether/how... demander quand/si/ comment.... ❖ vi ▸ to enquire (about) se renseigner (sur).

enquiry [ɪn'kwaɪərɪ] noun **1.** [question] demande f de renseignements ▸ 'Enquiries' 'renseignements' **2.** [investigation] enquête f.

enrage [ɪn'reɪdʒ] vt rendre furieux, mettre en rage.

enrich [ɪn'rɪtʃ] vt enrichir.

enrol **UK**, **enroll** **US** [ɪn'rəʊl] ❖ vt inscrire. ❖ vi ▸ to enrol (in) s'inscrire (à).

ensign ['ensaɪn] noun [flag] pavillon m.

ensue [ɪn'sjuː] vi s'ensuivre.

en suite [,ɒn'swiːt] adj & adv : with en suite bathroom, with bathroom en suite avec salle de bain particulière.

ensure [ɪn'ʃʊə] vt assurer ▸ to ensure (that)... s'assurer que....

ENT (abbr of Ear, Nose & Throat) noun ORL f.

entail [ɪn'teɪl] vt entraîner / what does the work entail? en quoi consiste le travail ?

enter ['entə] ❖ vt **1.** [room, vehicle] entrer dans **2.** [university, army] entrer à ; [school] s'inscrire à, s'inscrire dans **3.** [competition, race] s'inscrire à ; [politics] se lancer dans **4.** [register] ▸ to enter sb/sthg for sthg inscrire qqn/qqch à qqch **5.** [write down] inscrire **6.** COMPUT entrer. ❖ vi **1.** [come or go in] entrer **2.** [register] ▸ to enter (for) s'inscrire (à). ❖ **enter into** vt insep [negotiations, correspondence] entamer.

enter key noun COMPUT (touche f) entrée f.

enterprise ['entəpraɪz] noun entreprise f.

enterprising ['entəpraɪzɪŋ] adj qui fait preuve d'initiative.

entertain [,entə'teɪn] vt **1.** [amuse] divertir **2.** [invite - guests] recevoir **3.** fml [thought, proposal] considérer.

entertainer [,entə'teɪnə] noun fantaisiste mf.

entertaining [,entə'teɪnɪŋ] adj divertissant(e).

entertainment [,entə'teɪnmənt] noun **1.** (U) [amusement] divertissement m **2.** [show] spectacle m.

enthral UK, **enthrall** US [ɪnˈθrɔːl] vt captiver.

enthusiasm [ɪnˈθjuːzɪæzm] noun **1.** [passion, eagerness] ▶ **enthusiasm (for)** enthousiasme m (pour) **2.** [interest] passion f.

enthusiast [ɪnˈθjuːzɪæst] noun enthousiaste mf.

enthusiastic [ɪnˌθjuːzɪˈæstɪk] adj enthousiaste.

entice [ɪnˈtaɪs] vt séduire.

entire [ɪnˈtaɪər] adj entier(ère).

entirely [ɪnˈtaɪəlɪ] adv entièrement, totalement.

entirety [ɪnˈtaɪrətɪ] noun ▶ **in its entirety** en entier.

entitle [ɪnˈtaɪtl] vt **1.** [allow] ▶ **to entitle sb to sthg** donner droit à qqch à qqn ▶ **to entitle sb to do sthg** autoriser qqn à faire qqch / **to be entitled to do sthg** a) [by status] être habilité à faire qqch b) [by rules] être en droit de faire qqch ▶ **to be entitled to sthg** avoir droit à qqch **2.** [film, painting] intituler / **the book is entitled...** le livre s'intitule....

entitlement [ɪnˈtaɪtlmənt] noun droit m.

entity [ˈentətɪ] (pl -ies) noun entité f.

entrance ❖ noun [ˈentrəns] **1.** [way in] ▶ **entrance (to)** entrée f (de) **2.** [arrival] entrée f **3.** [entry] ▶ **to gain entrance to** a) [building] obtenir l'accès à b) [society, university] être admis(e) dans. ❖ vt [ɪnˈtrɑːns] ravir, enivrer.

entrance examination noun examen m d'entrée.

entrance fee noun **1.** [to cinema, museum] droit m d'entrée **2.** [for club] droit m d'inscription.

entrant [ˈentrənt] noun [in race, competition] concurrent m, -e f.

entreat [ɪnˈtriːt] vt ▶ **to entreat sb (to do sthg)** supplier qqn (de faire qqch).

entrenched [ɪnˈtrentʃt] adj ancré(e).

entrepreneur [ˌɒntrəprəˈnɜːr] noun entrepreneur m.

entrust [ɪnˈtrʌst] vt ▶ **to entrust sthg to sb, to entrust sb with sthg** confier qqch à qqn.

entry [ˈentrɪ] noun **1.** [gen] entrée f ▶ **to gain entry to** avoir accès à ▶ **'no entry'** a) 'défense d'entrer' b) AUTO 'sens interdit' **2.** [in competition] inscription f **3.** [in dictionary] entrée f ; [in diary, ledger] inscription f.

entry-level adj [bottom-of-the-range] bas de gamme, d'entrée de gamme.

Entryphone® [ˈentrɪˌfəʊn] noun UK Interphone® m (à l'entrée d'un immeuble ou de bureaux).

envelop [ɪnˈveləp] vt envelopper.

envelope [ˈenvələʊp] noun enveloppe f.

envious [ˈenvɪəs] adj envieux(euse).

environment [ɪnˈvaɪərənmənt] noun **1.** [surroundings] milieu m, cadre m **2.** [natural world] ▶ **the environment** l'environnement m.

environmental [ɪnˌvaɪərənˈmentl] adj [pollution, awareness] de l'environnement ; [impact] sur l'environnement.

environmentally [ɪnˌvaɪərənˈmentəlɪ] adv [damaging] pour l'environnement ▶ **to be environmentally aware** être sensible aux problèmes de l'environnement.

environment-friendly adj [policy] respectueux(euse) de l'environnement ; [product] non polluant(e).

envisage [ɪnˈvɪzɪdʒ], **envision** US [ɪnˈvɪʒn] vt envisager.

envoy [ˈenvɔɪ] noun émissaire m.

envy [ˈenvɪ] ❖ noun envie f, jalousie f. ❖ vt envier ▶ **to envy sb sthg** envier qqch à qqn.

ephemeral [ɪˈfemərəl] adj éphémère.

epic [ˈepɪk] ❖ adj épique. ❖ noun épopée f.

epidemic [ˌepɪˈdemɪk] noun épidémie f.

epileptic [ˌepɪˈleptɪk] ❖ adj épileptique. ❖ noun épileptique mf.

episode [ˈepɪsəʊd] noun épisode m.

epistle [ɪˈpɪsl] noun épître f.

epitaph [ˈepɪtɑːf] noun épitaphe f.

epitome [ɪˈpɪtəmɪ] noun ▶ **the epitome of** le modèle de.

epitomize, epitomise UK [ɪˈpɪtəmaɪz] vt incarner.

epoch [ˈiːpɒk] noun époque f.

equable [ˈekwəbl] adj [character, person] égal(e), placide ; [climate] égal(e), constant(e).

equal [ˈiːkwəl] ❖ adj **1.** [gen] ▶ **equal (to)** égal(e) (à) ▶ **on equal terms** d'égal à égal **2.** [capable] ▶ **equal to sthg** à la hauteur de qqch. ❖ noun égal m, -e f. ❖ vt égaler.

equality [iːˈkwɒlətɪ] noun égalité f.

equalize, equalise UK [ˈiːkwəlaɪz] ❖ vt niveler. ❖ vi UK SPORT égaliser.

equalizer [ˈiːkwəlaɪzər] noun UK SPORT but m égalisateur.

equally ['i:kwəlɪ] adv **1.** [important, stupid] tout aussi **2.** [in amount] en parts égales **3.** [also] en même temps.

equal opportunities pl n égalité f des chances.

equanimity [,ekwə'nɪmətɪ] noun sérénité f, égalité f d'âme.

equate [ɪ'kweɪt] vt ▸ **to equate sthg with sthg** assimiler qqch à qqch.

equation [ɪ'kweɪʒn] noun équation f.

equator [ɪ'kweɪtər] noun ▸ **the equator** l'équateur m.

equilibrium [,i:kwɪ'lɪbrɪəm] noun équilibre m.

equip [ɪ'kwɪp] vt équiper ▸ **to equip sb / sthg with** équiper qqn / qqch de, munir qqn / qqch de / **he's well equipped for the job** il est bien préparé pour ce travail.

equipment [ɪ'kwɪpmənt] noun (U) équipement m, matériel m.

equity ['ekwətɪ] (pl **-ies**) noun **1.** [fairness] équité f **2.** LAW [system] équité f ; [right] droit m équitable **3.** FIN [market value] fonds mpl OR capitaux mpl propres. ◆ **Equity** noun principal syndicat britannique des gens du spectacle.

equivalent [ɪ'kwɪvələnt] ◆ adj équivalent(e) ▸ **to be equivalent to** être équivalent à, équivaloir à. ◆ noun équivalent m.

equivocal [ɪ'kwɪvəkl] adj équivoque.

er [3:r] excl euh !

ER 1. (written abbr of **Elizabeth Regina**) emblème de la reine Élisabeth **2.** US (abbr of **Emergency Room**) urgences fpl.

era ['ɪərə] (pl **-s**) noun ère f, période f.

eradicate [ɪ'rædɪkeɪt] vt éradiquer.

erase [ɪ'reɪz] vt **1.** [rub out] gommer **2.** fig [memory] effacer ; [hunger, poverty] éliminer.

eraser [ɪ'reɪzər] noun gomme f.

erect [ɪ'rekt] ◆ adj **1.** [person, posture] droit(e) **2.** [penis] en érection. ◆ vt **1.** [statue] ériger ; [building] construire **2.** [tent] dresser.

erection [ɪ'rekʃn] noun **1.** (U) [of statue] érection f ; [of building] construction f **2.** [erect penis] érection f.

ERM (abbr of **Exchange Rate Mechanism**) noun mécanisme m des changes (du SME).

ermine ['3:mɪn] noun [fur] hermine f.

erode [ɪ'rəud] ◆ vt **1.** [rock, soil] éroder **2.** fig [confidence, rights] réduire. ◆ vi **1.** [rock, soil] s'éroder **2.** fig [confidence] diminuer ; [rights] se réduire.

erosion [ɪ'rəuʒn] noun **1.** [of rock, soil] érosion f **2.** fig [of confidence] baisse f ; [of rights] diminution f.

erotic [ɪ'rɒtɪk] adj érotique.

err [3:r] vi se tromper.

errand ['erənd] noun course f, commission f ▸ **to go on** OR **run an errand** faire une course.

erratic [ɪ'rætɪk] adj irrégulier(ère).

error ['erər] noun erreur f ▸ **a spelling / typing error** une faute d'orthographe / de frappe ▸ **an error of judgment** une erreur de jugement ▸ **in error** par erreur.

erupt [ɪ'rʌpt] vi **1.** [volcano] entrer en éruption **2.** fig [violence, war] éclater.

eruption [ɪ'rʌpʃn] noun **1.** [of volcano] éruption f **2.** [of violence] explosion f ; [of war] déclenchement m.

escalate ['eskəleɪt] vi **1.** [conflict] s'intensifier **2.** [costs] monter en flèche.

escalator ['eskəleɪtər] noun escalier m roulant.

escapade [,eskə'peɪd] noun aventure f, exploit m.

escape [ɪ'skeɪp] ◆ noun **1.** [gen] fuite f, évasion f ▸ **to make one's escape** s'échapper ▸ **to have a lucky escape** l'échapper belle **2.** [leakage - of gas, water] fuite f. ◆ vt échapper à. ◆ vi **1.** [gen] s'échapper, fuir ; [from prison] s'évader ▸ **to escape from a)** [place] s'échapper de **b)** [danger, person] échapper à **2.** [survive] s'en tirer.

escapism [ɪ'skeɪpɪzm] noun (U) évasion f (de la réalité).

escort ◆ noun ['eskɔːt] **1.** [guard] escorte f ▸ **under escort** sous escorte **2.** [companion - male] cavalier m ; [-female] hôtesse f. ◆ vt [ɪ'skɔːt] escorter, accompagner.

Eskimo ['eskɪməu] noun (pl **-s**) [person] Esquimau m, -aude f (attention : le terme « Eskimo », comme son équivalent français, est souvent considéré comme injurieux en Amérique du Nord. On préférera le terme « Inuit »).

ESL (abbr of **English as a Second Language**) noun anglais deuxième langue.

ESOL ['i:sɒl] (abbr of **English for Speakers of Other Languages**) noun US SCH anglais m langue seconde.

espadrille [,espə'drɪl] noun espadrille f.

especially [ɪ'speʃəlɪ] adv **1.** [in particular] surtout **2.** [more than usually] particulièrement **3.** [specifically] spécialement.

espionage ['espɪə,nɑːʒ] noun espionnage m.

esplanade [,esplə'neɪd] noun esplanade f.

Esquire [ɪ'skwaɪəʳ] noun : *G. Curry Esquire* Monsieur G. Curry.

essay ['eseɪ] noun **1.** SCH & UNIV dissertation f **2.** LITER essai m.

essence ['esns] noun **1.** [nature] essence f, nature f **▸ in essence** par essence **2.** CULIN extrait m.

essential [ɪ'senʃl] adj **1.** [absolutely necessary] **▸ essential (to OR for)** indispensable (à) **2.** [basic] essentiel(elle), de base. **◆ essentials** pl n **1.** [basic commodities] produits mpl de première nécessité **2.** [most important elements] essentiel m.

essentially [ɪ'senʃəlɪ] adv essentiellement, fondamentalement.

establish [ɪ'stæblɪʃ] vt **1.** [gen] établir **▸ to establish contact with** établir le contact avec **2.** [organization, business] fonder, créer.

established [ɪ'stæblɪʃt] adj **1.** [custom] établi(e) **2.** [business, company] fondé(e).

establishment [ɪ'stæblɪʃmənt] noun **1.** [gen] établissement m **2.** [of organization, business] fondation f, création f. **◆ Establishment** noun [status quo] **▸ the Establishment** l'ordre m établi, l'Establishment m.

estate [ɪ'steɪt] noun **1.** [land, property] propriété f, domaine m **2. ▸** [housing] estate lotissement m **3.** US ▸ (industrial) estate zone f industrielle **4.** LAW [inheritance] biens mpl.

estate agency noun UK agence f immobilière.

estate agent noun UK agent m immobilier.

estate car noun UK break m.

esteem [ɪ'stiːm] ◆ noun estime f. ◆ vt estimer.

esthetic US = **aesthetic**.

estimate ◆ noun ['estɪmət] **1.** [calculation, judgment] estimation f, évaluation f **2.** COMM devis m. ◆ vt ['estɪmeɪt] estimer, évaluer.

estimation [,estɪ'meɪʃn] noun **1.** [opinion] opinion f **2.** [calculation] estimation f, évaluation f.

Estonia [e'stəʊnɪə] noun Estonie f.

estranged [ɪ'streɪndʒd] adj [couple] séparé(e) ; [husband, wife] dont on s'est séparé.

estrogen US = **oestrogen**.

estuary ['estjʊərɪ] noun estuaire m.

e-tailer noun détaillant m en ligne.

etc. (*abbr of* et cetera) etc.

etching ['etʃɪŋ] noun gravure f à l'eau forte.

eternal [ɪ'tɜːnl] adj **1.** [life] éternel(elle) **2.** fig [complaints, whining] sempiternel(elle) **3.** [truth, value] immuable.

eternity [ɪ'tɜːnətɪ] noun éternité f.

ethic ['eθɪk] noun éthique f, morale f. **◆ ethics** ◆ noun (U) [study] éthique f, morale f. ◆ pl n [morals] morale f.

ethical ['eθɪkl] adj moral(e).

Ethiopia [,iːθɪ'əʊpɪə] noun Éthiopie f.

ethnic ['eθnɪk] adj **1.** [traditions, groups] ethnique **2.** [clothes] folklorique.

ethos ['iːθɒs] noun éthos m.

etiquette ['etɪket] noun convenances fpl, étiquette f.

e-trade noun (U) cybercommerce m, commerce m électronique.

EU (*abbr of* European Union) noun UE f **▸ EU policy** la politique de l'Union Européenne, la politique communautaire.

eulogy ['juːlədʒɪ] noun panégyrique m.

euphemism ['juːfəmɪzm] noun euphémisme m.

euphoria [juː'fɔːrɪə] noun euphorie f.

euro ['jʊərəʊ] noun euro m.

Eurocheque ['jʊərəʊ,tʃek] noun UK eurochèque m.

Euro MP (*abbr of* European Member of Parliament) noun député m OR parlementaire m européen, eurodéputé m.

Europe ['jʊərəp] noun Europe f.

European [,jʊərə'pɪən] ◆ adj européen(enne). ◆ noun Européen m, -enne f.

European Central Bank noun Banque f centrale européenne.

European Commission noun Commission f des communautés européennes.

European Community noun Communauté f européenne.

European Monetary System noun Système m monétaire européen.

European Parliament noun Parlement m européen.

European Union noun Union f européenne.

Eurostar® ['jʊərəʊstɑːʳ] noun Eurostar® m.

euro zone noun zone f euro.

euthanasia [,juːθə'neɪzjə] noun euthanasie f.

evacuate [ɪ'vækjʊeɪt] vt évacuer.

evade [ɪ'veɪd] vt **1.** [gen] échapper à **2.** [issue, question] esquiver, éluder.

evaluate [ɪ'væljʊeɪt] vt évaluer.

evaporate [ɪ'væpəreɪt] vi **1.** [liquid] s'évaporer **2.** *fig* [hopes, fears] s'envoler ; [confidence] disparaître.

evasion [ɪ'veɪʒn] noun **1.** [of responsibility] dérobade f **2.** [lie] faux-fuyant m.

evasive [ɪ'veɪsɪv] adj évasif(ive).

eve [iːv] noun veille f.

even [ˈiːvn] ◆ adj **1.** [speed, rate] régulier(ère) ; [temperature, temperament] égal(e) **2.** [flat, level] plat(e), régulier(ère) **3.** [equal - contest] équilibré(e) ; [- teams, players] de la même force ; [- scores] à égalité ▶ **to get even with sb** se venger de qqn **4.** [not odd - number] pair(e). ◆ adv **1.** [gen] même ▶ **even now** encore maintenant ▶ **even then** même alors **2.** [in comparisons] : *even bigger / better / more stupid* encore plus grand/mieux/plus bête. ◆ **even if** conj même si. ◆ **even so** adv quand même. ◆ **even though** conj bien que (+ *subjunctive*). ◆ **even out** ◆ vt sep égaliser. ◆ vi s'égaliser.

evening [ˈiːvnɪŋ] noun soir m ; [duration, entertainment] soirée f ▶ **in the evening** le soir. ◆ **evenings** adv 🇺🇸 le soir.

evening class noun cours m du soir.

evening dress noun [worn by man] habit m de soirée ; [worn by woman] robe f du soir.

event [ɪ'vent] noun **1.** [happening] événement m **2.** SPORT épreuve f **3.** [case] ▶ **in the event of** en cas de ▶ **in the event that** au cas où. ◆ **in any event** adv en tout cas, de toute façon. ◆ **in the event** adv 🇬🇧 en l'occurrence, en réalité.

eventful [ɪ'ventfʊl] adj mouvementé(e).

eventual [ɪ'ventʃʊəl] adj final(e).

eventuality [ɪˌventʃʊ'ælətɪ] noun éventualité f.

eventually [ɪ'ventʃʊəlɪ] adv finalement, en fin de compte / *he'll get tired of it eventually* il s'en lassera à la longue, il finira par s'en lasser.

ever [ˈevəʳ] adv **1.** [at any time] jamais / *have you ever been to Paris?* êtes-vous déjà allé à Paris ? / *I hardly ever see him* je ne le vois presque jamais **2.** [all the time] toujours ▶ **as ever** comme toujours **3.** [for emphasis] ▶ **ever so** 🇬🇧 tellement ▶ **ever such** 🇬🇧 vraiment ▶ **why / how ever?** pourquoi/comment donc ? ◆ **ever since** ◆ adv depuis (ce moment-là). ◆ conj depuis que. ◆ prep depuis.

evergreen [ˈevəgriːn] ◆ adj à feuilles persistantes. ◆ noun arbre m à feuilles persistantes.

everlasting [ˌevə'lɑːstɪŋ] adj éternel(elle).

every [ˈevrɪ] adj chaque / *every morning* chaque matin, tous les matins. ◆ **every now and then**, **every so often** adv de temps en temps, de temps à autre. ◆ **every other** adj : *every other day* tous les deux jours,, un jour sur deux / *every other street* une rue sur deux. ◆ **every which way** adv 🇺🇸 partout, de tous côtés.

everybody [ˈevrɪˌbɒdɪ] = everyone.

everyday [ˈevrɪdeɪ] adj quotidien(enne).

everyone [ˈevrɪwʌn] pron chacun, tout le monde.

everything [ˈevrɪθɪŋ] pron tout.

everywhere [ˈevrɪweəʳ] adv partout.

evict [ɪ'vɪkt] vt expulser.

evidence [ˈevɪdəns] noun *(U)* **1.** [proof] preuve f **2.** LAW [of witness] témoignage m ▶ **to give evidence** témoigner.

evident [ˈevɪdənt] adj évident(e), manifeste.

evidently [ˈevɪdəntlɪ] adv **1.** [seemingly] apparemment **2.** [obviously] de toute évidence, manifestement.

evil [ˈiːvl] ◆ adj [person] mauvais(e), malveillant(e). ◆ noun mal m.

evoke [ɪ'vəʊk] vt [memory] évoquer ; [emotion, response] susciter.

evolution [ˌiːvə'luːʃn] noun évolution f.

evolve [ɪ'vɒlv] ◆ vt développer. ◆ vi ▶ **to evolve (into / from)** se développer (en / à partir de).

EVRY1 MESSAGING *written abbr of* everyone.

ewe [juː] noun brebis f.

ex- [eks] pref ex-.

exacerbate [ɪg'zæsəbeɪt] vt [feeling] exacerber ; [problems] aggraver.

exact [ɪg'zækt] ◆ adj exact(e), précis(e) ▶ **to be exact** pour être exact or précis, exactement. ◆ vt ▶ **to exact sthg (from)** exiger qqch (de).

exacting [ɪg'zæktɪŋ] adj [job, standards] astreignant(e) ; [person] exigeant(e).

exactly [ɪg'zæktlɪ] ◆ adv exactement. ◆ excl exactement !, parfaitement !

exaggerate [ɪg'zædʒəreɪt] vt & vi exagérer.

exaggeration [ɪgˌzædʒə'reɪʃn] noun exagération f.

exalted [ɪg'zɔːltɪd] adj haut placé(e).

exam [ɪg'zæm] noun examen m ▶ **to take** or **sit** 🇬🇧 **an exam** passer un examen.

examination [ɪg,zæmɪ'neɪʃn] noun examen m.

examine [ɪg'zæmɪn] vt **1.** [gen] examiner ; [passport] contrôler **2.** LAW, SCH & UNIV interroger.

examiner [ɪg'zæmɪnər] noun **UK** examinateur m, -trice f.

example [ɪg'zɑːmpl] noun exemple m ▸ **for example** par exemple.

exasperate [ɪg'zæspəreɪt] vt exaspérer.

exasperation [ɪg,zæspə'reɪʃn] noun exaspération f.

excavate ['ekskəveɪt] vt **1.** [land] creuser **2.** [object] déterrer.

exceed [ɪk'siːd] vt **1.** [amount, number] excéder **2.** [limit, expectations] dépasser.

exceedingly [ɪk'siːdɪŋlɪ] adv extrêmement.

excel [ɪk'sel] vi ▸ **to excel (in** OR **at)** exceller (dans) ▸ **to excel o.s. UK** se surpasser.

excellence ['eksələns] noun excellence f, supériorité f.

excellent ['eksələnt] adj excellent(e).

except [ɪk'sept] ❖ prep & conj ▸ **except (for)** à part, sauf. ❖ vt ▸ **to except sb (from)** exclure qqn (de).

exception [ɪk'sepʃn] noun **1.** [exclusion] ▸ **exception (to)** exception f (à) ▸ **with the exception of** à l'exception de **2.** [offence] ▸ **to take exception to** s'offenser de, se froisser de.

exceptional [ɪk'sepʃənl] adj exceptionnel(elle).

excerpt ['eksɜːpt] noun ▸ **excerpt (from)** extrait m (de), passage m (de).

excess [ɪk'ses] (before nouns ['ekses]) ❖ adj excédentaire. ❖ noun excès m.

excess baggage noun excédent m de bagages.

excess fare noun **UK** supplément m.

excessive [ɪk'sesɪv] adj excessif(ive).

exchange [ɪks'tʃeɪndʒ] ❖ noun **1.** [gen] échange m ▸ **in exchange (for)** en échange (de) **2.** TELEC ▸ **(telephone) exchange** central m (téléphonique). ❖ vt [swap] échanger ▸ **to exchange sthg for sthg** échanger qqch contre qqch ▸ **to exchange sthg with sb** échanger qqch avec qqn.

exchange rate noun FIN taux m de change.

Exchequer [ɪks'tʃekər] noun **UK** ▸ **the Exchequer** ≃ le ministère des Finances.

excise ['eksaɪz] noun (U) contributions fpl indirectes.

excite [ɪk'saɪt] vt exciter.

excited [ɪk'saɪtɪd] adj excité(e).

excitement [ɪk'saɪtmənt] noun [state] excitation f.

exciting [ɪk'saɪtɪŋ] adj passionnant(e) ; [prospect] excitant(e).

exclaim [ɪk'skleɪm] ❖ vt s'écrier. ❖ vi s'exclamer.

exclamation [,eksklə'meɪʃn] noun exclamation f.

exclamation mark UK, exclamation point US noun point m d'exclamation.

exclude [ɪk'skluːd] vt ▸ **to exclude sb / sthg (from)** exclure qqn/qqch (de).

excluding [ɪk'skluːdɪŋ] prep sans compter, à l'exclusion de.

exclusive [ɪk'skluːsɪv] ❖ adj **1.** [high-class] fermé(e) **2.** [unique - use, news story] exclusif(ive). ❖ noun PRESS exclusivité f. ◆ **exclusive of** prep ▸ **exclusive of interest** intérêts non compris.

excrement ['ekskrɪmənt] noun excrément m.

excruciating [ɪk'skruːʃɪeɪtɪŋ] adj atroce.

excursion [ɪk'skɜːʃn] noun [trip] excursion f.

excuse ❖ noun [ɪk'skjuːs] excuse f. ❖ vt [ɪk'skjuːz] **1.** [gen] excuser ▸ **to excuse sb for sthg / for doing sthg** excuser qqn de qqch / de faire qqch ▸ **excuse me a)** [to attract attention] excusez-moi **b)** [forgive me] pardon, excusez-moi **c) US** [sorry] pardon **2.** [let off] ▸ **to excuse sb (from)** dispenser qqn (de).

ex-directory adj **UK** sur la liste rouge.

execute ['eksɪkjuːt] vt exécuter.

execution [,eksɪ'kjuːʃn] noun exécution f.

executioner [,eksɪ'kjuːʃnər] noun bourreau m.

executive [ɪg'zekjʊtɪv] ❖ adj [power, board] exécutif(ive). ❖ noun **1.** COMM cadre m **2.** [of government] exécutif m ; [of political party] comité m central, bureau m.

executive director noun cadre m supérieur.

executor [ɪg'zekjʊtər] noun exécuteur m testamentaire.

exemplify [ɪg'zemplɪfaɪ] vt **1.** [typify] exemplifier **2.** [give example of] exemplifier, illustrer.

exempt [ɪg'zempt] ❖ adj ▸ **exempt (from)** exempt(e) (de). ❖ vt ▸ **to exempt sb (from)** exempter qqn (de).

exercise ['eksəsaɪz] ❖ noun exercice *m*. ❖ vt [gen] exercer. ❖ vi prendre de l'exercice.

exercise book noun [UK] [notebook] cahier *m* d'exercices ; [published book] livre *m* d'exercices.

exert [ɪg'zɜ:t] vt exercer ; [strength] employer ▸ **to exert o.s.** se donner du mal.

exertion [ɪg'zɜ:ʃn] noun effort *m*.

exhale [eks'heɪl] ❖ vt exhaler. ❖ vi expirer.

exhaust [ɪg'zɔ:st] ❖ noun 1. *(U)* [fumes] gaz *mpl* d'échappement 2. ▸ **exhaust (pipe)** pot *m* OR tuyau *m* d'échappement. ❖ vt épuiser.

exhausted [ɪg'zɔ:stɪd] adj épuisé(e).

exhausting [ɪg'zɔ:stɪŋ] adj épuisant(e).

exhaustion [ɪg'zɔ:stʃn] noun épuisement *m*.

exhaustive [ɪg'zɔ:stɪv] adj complet(ète), exhaustif(ive).

exhibit [ɪg'zɪbɪt] ❖ noun 1. ART objet *m* exposé 2. LAW pièce *f* à conviction. ❖ vt 1. [demonstrate - feeling] montrer ; [- skill] faire preuve de 2. ART exposer.

exhibition [,eksɪ'bɪʃn] noun 1. ART exposition *f* 2. [of feeling] démonstration *f* 3. PHR ▸ **to make an exhibition of o.s.** [UK] se donner en spectacle.

exhilarating [ɪg'zɪləreɪtɪŋ] adj [experience] grisant(e) ; [walk] vivifiant(e).

exile ['eksaɪl] ❖ noun 1. [condition] exil *m* ▸ **in exile** en exil 2. [person] exilé *m*, -e *f*. ❖ vt ▸ **to exile sb (from / to)** exiler qqn (de / vers).

exist [ɪg'zɪst] vi exister.

existence [ɪg'zɪstəns] noun existence *f* ▸ **in existence** qui existe, existant(e) ▸ **to come into existence** naître.

existing [ɪg'zɪstɪŋ] adj existant(e).

exit ['eksɪt] ❖ noun sortie *f*. ❖ vi sortir.

exodus ['eksədəs] noun exode *m*.

exonerate [ɪg'zɒnəreɪt] vt ▸ **to exonerate sb (from)** disculper qqn (de).

exorbitant [ɪg'zɔ:bɪtənt] adj exorbitant(e).

exotic [ɪg'zɒtɪk] adj exotique.

expand [ɪk'spænd] ❖ vt [production, influence] accroître ; [business, department, area] développer. ❖ vi [population, influence] s'accroître ; [business, department, market] se développer ; [metal] se dilater. ❖ **expand (up)on** vt insep développer.

expanse [ɪk'spæns] noun étendue *f*.

expansion [ɪk'spænʃn] noun [of production, population] accroissement *m* ; [of business, de-partment, area] développement *m* ; [of metal] dilatation *f*.

expect [ɪk'spekt] ❖ vt 1. [anticipate] s'attendre à ; [event, letter, baby] attendre / *when do you expect it to be ready?* quand pensez-vous que cela sera prêt ? ▸ **to expect sb to do sthg** s'attendre à ce que qqn fasse qqch 2. [count on] compter sur 3. [demand] exiger, demander ▸ **to expect sb to do sthg** attendre de qqn qu'il fasse qqch ▸ **to expect sthg from sb** exiger qqch de qqn 4. [UK] [suppose] supposer / *I expect so* je crois que oui. ❖ vi 1. [anticipate] ▸ **to expect to do sthg** compter faire qqch 2. [be pregnant] ▸ **to be expecting** être enceinte, attendre un bébé.

expectancy —→ **life expectancy**.

expectant [ɪk'spektənt] adj qui est dans l'expectative.

expectation [,ekspek'teɪʃn] noun 1. [hope] espoir *m*, attente *f* 2. [belief] ▸ **it's my expectation that...** à mon avis,... ▸ **against all expectation** OR **expectations, contrary to all expectation** OR **expectations** contre toute attente.

expected [ɪk'spektɪd] adj attendu(e).

expedient [ɪk'spi:djənt] *fml* ❖ adj indiqué(e). ❖ noun expédient *m*.

expedition [,ekspɪ'dɪʃn] noun expédition *f*.

expel [ɪk'spel] vt 1. [gen] expulser 2. SCH renvoyer.

expend [ɪk'spend] vt ▸ **to expend time / money (on)** consacrer du temps / de l'argent (à).

expendable [ɪk'spendəbl] adj [person, work-force, equipment] superflu(e) ; [troops, spies] qui peut être sacrifié(e).

expenditure [ɪk'spendɪtʃər] noun *(U)* dépense *f*.

expense [ɪk'spens] noun 1. [amount spent] dépense *f* 2. *(U)* [cost] frais *mpl* ▸ **at the expense of** au prix de ▸ **at sb's expense a)** [financial] aux frais de qqn **b)** *fig* aux dépens de qqn. ❖ **expenses** pl n COMM frais *mpl*.

expense account noun frais *mpl* de représentation.

expensive [ɪk'spensɪv] adj 1. [financially - gen] cher (chère), coûteux(euse) ; [- tastes] dispendieux(euse) 2. [mistake] qui coûte cher.

experience [ɪk'spɪərɪəns] ❖ noun expérience *f*. ❖ vt [difficulty] connaître ; [disappointment] éprouver, ressentir ; [loss, change] subir.

experienced [ɪkˈspɪərɪənst] adj expérimenté(e) ▸ **to be experienced at** or **in sthg** avoir de l'expérience en or en matière de qqch.

experiment [ɪkˈsperɪmənt] ❖ noun expérience f ▸ **to carry out an experiment** faire une expérience. ❖ vi ▸ **to experiment (with sthg)** expérimenter (qqch).

expert [ˈekspɜːt] ❖ adj expert(e); [advice] d'expert. ❖ noun expert m, -e f.

expertise [ˌekspɜːˈtiːz] noun (U) compétence f.

expire [ɪkˈspaɪəʳ] vi expirer.

expiry [ɪkˈspaɪərɪ] noun **UK** expiration f.

explain [ɪkˈspleɪn] ❖ vt expliquer ▸ **to explain sthg to sb** expliquer qqch à qqn. ❖ vi s'expliquer ▸ **to explain to sb (about sthg)** expliquer (qqch) à qqn.

explanation [ˌekspləˈneɪʃn] noun ▸ **explanation (for)** explication f (de).

explicit [ɪkˈsplɪsɪt] adj explicite.

explode [ɪkˈspləʊd] ❖ vt [bomb] faire exploser. ❖ vi lit & fig exploser.

exploit ❖ noun [ˈeksplɔɪt] exploit m. ❖ vt [ɪkˈsplɔɪt] exploiter.

exploitation [ˌeksplɔɪˈteɪʃn] noun (U) exploitation f.

exploration [ˌekspləˈreɪʃn] noun exploration f.

explore [ɪkˈsplɔːʳ] vt & vi explorer.

explorer [ɪkˈsplɔːrəʳ] noun explorateur m, -trice f.

explosion [ɪkˈspləʊʒn] noun explosion f; [of interest, emotion] débordement m.

explosive [ɪkˈspləʊsɪv] ❖ adj lit & fig explosif(ive). ❖ noun explosif m.

exponent [ɪkˈspəʊnənt] noun [of theory] défenseur m.

export ❖ noun [ˈekspɔːt] exportation f. ❖ comp [ˈekspɔːt] d'exportation. ❖ vt [ɪkˈspɔːt] exporter.

exporter [ekˈspɔːtəʳ] noun exportateur m, -trice f.

expose [ɪkˈspəʊz] vt **1.** [uncover] exposer, découvrir ▸ **to be exposed to sthg** être exposé à qqch **2.** [unmask - corruption] révéler; [- person] démasquer.

exposed [ɪkˈspəʊzd] adj [land, house, position] exposé(e).

exposure [ɪkˈspəʊʒəʳ] noun **1.** [to light, radiation] exposition f **2.** MED ▸ **to die of exposure** mourir de froid **3.** [PHOT - time] temps m de pose; [- photograph] pose f **4.** (U) [publicity] publicité f; [coverage] couverture f.

expound [ɪkˈspaʊnd] fml ❖ vt exposer. ❖ vi ▸ **to expound on** faire un exposé sur.

express [ɪkˈspres] ❖ adj **1.** **UK** [letter, delivery] exprès (inv) **2.** [train, coach] express (inv) **3.** fml [specific] exprès(esse). ❖ adv exprès. ❖ noun [train] rapide m, express m. ❖ vt exprimer.

expression [ɪkˈspreʃn] noun expression f.

expressive [ɪkˈspresɪv] adj expressif(ive).

expressly [ɪkˈspreslɪ] adv expressément.

expresso noun expresso m.

expressway [ɪkˈspresweɪ] noun **US** voie f express.

exquisite [ɪkˈskwɪzɪt] adj exquis(e).

ext., extn. (abbr of extension) : ext. 4174 p. 4174.

extend [ɪkˈstend] ❖ vt **1.** [enlarge - building] agrandir **2.** [make longer - gen] prolonger; [- visa] proroger; [- deadline] repousser **3.** [expand - rules, law] étendre (la portée de); [- power] accroître **4.** [stretch out - arm, hand] étendre **5.** [offer - help] apporter, offrir; [- credit] accorder. ❖ vi [stretch - in space] s'étendre; [- in time] continuer.

extension [ɪkˈstenʃn] noun **1.** [to building] agrandissement m **2.** [lengthening - gen] prolongement m; [- of visit] prolongation f; [- of visa] prorogation f; [- of deadline] report m **3.** [of power] accroissement m; [of law] élargissement m **4.** TELEC poste m **5.** ELEC prolongateur m.

extensive [ɪkˈstensɪv] adj **1.** [in amount] considérable **2.** [in area] vaste **3.** [in range - discussions] approfondi(e); [- changes, use] considérable.

extensively [ɪkˈstensɪvlɪ] adv **1.** [in amount] considérablement **2.** [in range] abondamment, largement.

extent [ɪkˈstent] noun **1.** [of land, area] étendue f, superficie f; [of problem, damage] étendue f **2.** [degree] ▸ **to what extent...?** dans quelle mesure... ? ▸ **to the extent that a)** [in so far as] dans la mesure où **b)** [to the point where] au point que ▸ **to a certain extent** dans une certaine mesure ▸ **to a large** or **great extent** en grande partie ▸ **to some extent** en partie.

extenuating circumstances [ɪkˈstenjʊeɪtɪŋ-] pl n circonstances fpl atténuantes.

exterior [ɪk'stɪərɪər] ❖ adj extérieur(e). ❖ noun **1.** [of house, car] extérieur m **2.** [of person] dehors m, extérieur m.

exterminate [ɪk'stɜːmɪneɪt] vt exterminer.

external [ɪk'stɜːnl] adj externe.

extinct [ɪk'stɪŋkt] adj **1.** [species] disparu(e) **2.** [volcano] éteint(e).

extinguish [ɪk'stɪŋgwɪʃ] vt [fire, cigarette] éteindre.

extinguisher [ɪk'stɪŋgwɪʃər] noun = fire extinguisher.

extort [ɪk'stɔːt] vt ▸ to extort sthg from sb extorquer qqch à qqn.

extortionate [ɪk'stɔːʃnət] adj pej exorbitant(e).

extra ['ekstrə] ❖ adj supplémentaire. ❖ noun **1.** [addition] supplément m ▸ optional extra option f **2.** CIN & THEAT figurant m, -e f. ❖ adv [hard, big] extra ; [pay, charge] en plus.

extra- ['ekstrə] pref extra-.

extract ❖ noun ['ekstrækt] extrait m. ❖ vt [ɪk'strækt] **1.** [take out - tooth] arracher ▸ to extract sthg from tirer qqch de **2.** [confession, information] ▸ to extract sthg (from sb) arracher qqch (à qqn), tirer qqch de (qqn) **3.** [coal, oil] extraire.

extracurricular [,ekstrəkə'rɪkjʊlər] adj en dehors du programme.

extradite ['ekstrədaɪt] vt ▸ to extradite sb (from / to) extrader qqn (de/vers).

extramarital [,ekstrə'mærɪtl] adj extra-conjugal(e).

extramural [,ekstrə'mjʊərəl] adj UNIV hors faculté.

extraordinary [ɪk'strɔːdnrɪ] adj 🇺🇰 extraordinaire.

extravagance [ɪk'strævəgəns] noun **1.** (U) [excessive spending] gaspillage m, prodigalités fpl **2.** [luxury] extravagance f, folie f.

extravagant [ɪk'strævəgənt] adj **1.** [wasteful - person] dépensier(ère) ; [- use, tastes] dispendieux(euse) **2.** [elaborate, exaggerated] extravagant(e).

extreme [ɪk'striːm] ❖ adj extrême. ❖ noun extrême m.

extremely [ɪk'striːmlɪ] adv extrêmement.

extremist [ɪk'striːmɪst] ❖ adj extrémiste. ❖ noun extrémiste mf.

extricate ['ekstrɪkeɪt] vt ▸ to extricate sthg (from) dégager qqch (de) ▸ to extricate o.s. (from) a) [from seat belt] s'extirper (de) b) [from difficult situation] se tirer (de).

extrovert ['ekstrəvɜːt] ❖ adj extraverti(e). ❖ noun extraverti m, -e f.

exuberance [ɪg'zjuːbərəns] noun exubérance f.

exude [ɪg'zjuːd] vt **1.** [liquid, smell] exsuder **2.** fig [confidence] respirer ; [charm] déborder de.

exultant [ɪg'zʌltənt] adj triomphant(e).

eye [aɪ] ❖ noun **1.** [gen] œil m ▸ to cast OR run one's eye over sthg jeter un coup d'œil sur qqch ▸ to catch sb's eye attirer l'attention de qqn ▸ to have one's eye on sb avoir qqn à l'œil ▸ to have one's eye on sthg avoir repéré qqch ▸ to keep one's eyes open for sthg [try to find] essayer de repérer qqch ▸ to keep an eye on sthg surveiller qqch, garder l'œil sur qqch **2.** [of needle] chas m. ❖ vt (cont eyeing or eying) regarder, reluquer.

eyeball ['aɪbɔːl] noun globe m oculaire.

eyebrow ['aɪbraʊ] noun sourcil m.

eye candy noun (U) inf tape m à l'œil hum & pej.

eye-catching adj voyant(e).

-eyed [aɪd] suffix aux yeux... / blue-eyed aux yeux bleus.

eye drops pl n gouttes fpl (pour les yeux).

eyeful ['aɪfʊl] noun **1.** [of dirt, dust] : I got an eyeful of sand j'ai reçu du sable plein les yeux **2.** inf [look] regard m / get an eyeful of that! visez un peu ça ! **3.** inf [woman] belle fille f.

eyelash ['aɪlæʃ] noun cil m.

eyelid ['aɪlɪd] noun paupière f.

eyeliner ['aɪ,laɪnər] noun eye-liner m.

eye-opener noun inf révélation f.

eye-opening adj inf qui ouvre les yeux, révélateur(trice).

eye shadow noun fard m à paupières.

eyesight ['aɪsaɪt] noun vue f.

eyesore ['aɪsɔːr] noun pej horreur f.

eyestrain ['aɪstreɪn] noun fatigue f des yeux.

eyewitness [,aɪ'wɪtnɪs] noun témoin mf oculaire.

f (*pl* **f's** *or* **fs**), **F** (*pl* **F's** *or* **Fs**) [ef] noun [letter] f *m inv*, F *m inv.* ◆ **F** noun **1.** MUS fa *m* **2.** (*abbr of* **Fahrenheit**) F.

fab [fæb] adj *inf* super.

fable ['feɪbl] noun fable *f*.

fabric ['fæbrɪk] noun **1.** [cloth] tissu *m* **2.** [of building, society] structure *f*.

fabrication [,fæbrɪ'keɪʃn] noun **1.** [lie, lying] fabrication *f*, invention *f* **2.** [manufacture] fabrication *f*.

fabulous ['fæbjʊləs] adj **1.** [gen] fabuleux(euse) **2.** *inf* [excellent] sensationnel(elle), fabuleux(euse).

facade, façade [fə'sɑːd] noun façade *f*.

face [feɪs] ◆ noun **1.** [of person] visage *m*, figure *f* ▸ **face to face** face à face ▸ **to say sthg to sb's face** dire qqch à qqn en face **2.** [expression] visage *m*, mine *f* ▸ **to make** OR **pull a face** faire la grimace **3.** [of cliff, mountain] face *f*, paroi *f* ; [of building] façade *f* ; [of clock, watch] cadran *m* ; [of coin, shape] face **4.** [surface - of planet] surface *f* **5.** [respect] ▸ **to save/lose face** sauver/perdre la face. ◆ vt **1.** [look towards - subj: person, building] faire face à / *the house faces the sea / south* la maison donne sur la mer/est orientée vers le sud **2.** [decision, crisis] être confronté(e) à ; [problem, danger] faire face à **3.** [truth] faire face à, admettre / *we must face facts* il faut voir les choses comme elles sont **4.** *inf* [cope with] affronter. ◆ **face down** adv [person] face contre terre ; [object] à l'envers ; [card] face en dessous. ◆ **face up** adv [person] sur le dos ; [object] à l'endroit ; [card] face en dessus. ◆ **in the face of** prep devant. ◆ **face up to** vt insep faire face à.

facecloth ['feɪsklɒθ] noun UK gant *m* de toilette.

face cream noun crème *f* pour le visage.

facelift ['feɪslɪft] noun lifting *m* ; *fig* restauration *f*, rénovation *f*.

face-off noun SPORT remise *f* en jeu ; *fig* confrontation *f*.

face-saving [-,seɪvɪŋ] adj qui sauve la face.

facet ['fæsɪt] noun facette *f*.

facetious [fə'siːʃəs] adj facétieux(euse).

face-to-face adj face à face.

face value noun [of coin, stamp] valeur *f* nominale ▸ **to take sthg at face value** prendre qqch au pied de la lettre.

facility [fə'sɪlətɪ] noun [feature] fonction *f*. ◆ **facilities** pl n [amenities] équipement *m*, aménagement *m*.

facing ['feɪsɪŋ] adj d'en face ; [sides] opposé(e).

facsimile [fæk'sɪmɪlɪ] noun **1.** [fax] télécopie *f*, fax *m* **2.** [copy] fac-similé *m*.

fact [fækt] noun **1.** [true piece of information] fait *m* ▸ **to know sthg for a fact** savoir pertinemment qqch **2.** (*U*) [truth] faits *mpl*, réalité *f*. ◆ **in fact** adv en fait.

fact of life noun fait *m*, réalité *f* ▸ **the facts of life** *euph* les choses *fpl* de la vie.

factor ['fæktər] noun facteur *m*, -trice *f*.

factory ['fæktərɪ] noun fabrique *f*, usine *f*.

fact sheet noun résumé *m*, brochure *f*.

factual ['fæktʃʊəl] adj factuel(elle), basé(e) sur les faits.

faculty ['fækltɪ] noun **1.** [gen] faculté *f* **2.** US [of college] ▸ **the faculty** le corps enseignant.

FA Cup noun *en Angleterre, championnat de football dont la finale se joue à Wembley.*

fad [fæd] noun engouement *m*, mode *f* ; [personal] marotte *f*.

fade [feɪd] ◆ vt [jeans, curtains, paint] décolorer. ◆ vi **1.** [jeans, curtains, paint] se décolorer ; [colour] passer ; [flower] se flétrir **2.** [light] baisser, diminuer **3.** [sound] diminuer, s'affaiblir **4.** [memory] s'effacer ; [feeling, interest] diminuer.

faeces UK, **feces** US ['fiːsiːz] pl n fèces *fpl*.

fag [fæg] noun *inf* **1.** UK [cigarette] clope *m* **2.** US *offens* [homosexual] pédé *m*.

Fahrenheit ['færənhaɪt] adj Fahrenheit (*inv*).

fail [feɪl] ◆ vt **1.** [exam, test] rater, échouer à **2.** [not succeed] ▸ **to fail to do sthg** ne pas arriver à faire qqch **3.** [neglect] ▸ **to fail to do sthg** omettre de faire qqch **4.** [candidate] refuser. ◆ vi **1.** [not succeed] ne pas réussir OR y arriver **2.** [not pass exam] échouer **3.** [stop functioning] lâcher **4.** [weaken - health, daylight] décliner ; [- eyesight] baisser.

failed [feɪld] adj [singer, writer] raté(e).

failing ['feɪlɪŋ] ❖ noun [weakness] défaut *m*, point *m* faible. ❖ prep à moins de ▸ **failing that** à défaut.

fail-safe adj [device] à sûreté intégrée.

failure ['feɪljər] noun **1.** [lack of success, unsuccessful thing] échec *m* **2.** [person] raté *m*, -e *f* **3.** [of engine, brake] défaillance *f* ; [of crop] perte *f*.

faint [feɪnt] ❖ adj **1.** [smell] léger(ère) ; [memory] vague ; [sound, hope] faible **2.** [slight - chance] petit(e), faible **3.** [dizzy] : *I'm feeling a bit faint* je ne me sens pas bien. ❖ vi s'évanouir.

faint-hearted [-'hɑːtɪd] adj timoré(e), timide.

fair [feər] ❖ adj **1.** [just - person] juste, équitable **2.** [quite large] grand(e), important(e) **3.** [quite good] assez bon (assez bonne) **4.** [hair] blond(e) **5.** [skin, complexion] clair(e) **6.** [weather] beau (belle). ❖ noun **1.** ⓤⓀ [funfair] fête *f* foraine **2.** [trade fair] foire *f*. ❖ adv [fairly] loyalement. ◆ **fair enough** adv inf OK, d'accord.

fair-haired [-'heəd] adj [person] blond(e).

fairly ['feəlɪ] adv **1.** [rather] assez ▸ **fairly certain** presque sûr **2.** [justly] équitablement ; [describe] avec impartialité ; [fight, play] loyalement.

fairness ['feənɪs] noun [justness] équité *f*.

fair sex noun : *the fair sex* le beau sexe.

fair-weather adj [clothing, vessel] qui convient seulement au beau temps ▸ **a fair-weather friend** un ami des beaux ᴏʀ bons jours.

fairy ['feərɪ] noun **1.** [imaginary creature] fée *f* **2.** inf & offens [homosexual] pédé *m*, tapette *f*.

fairy godmother noun bonne fée *f*.

fairy tale noun conte *m* de fées.

faith [feɪθ] noun **1.** [belief] foi *f*, confiance *f* **2.** RELIG foi *f*.

faithful ['feɪθfʊl] adj [person] fidèle.

faithfully ['feɪθfʊlɪ] adv [loyally] fidèlement ▸ **Yours faithfully** ⓤⓀ [in letter] je vous prie d'agréer mes salutations distinguées.

fake [feɪk] ❖ adj faux (fausse). ❖ noun **1.** [object, painting] faux *m* **2.** [person] imposteur *m*. ❖ vt **1.** [results] falsifier ; [signature] imiter **2.** [illness, emotions] simuler. ❖ vi [pretend] simuler, faire semblant.

falafel [fə'læfəl] = felafel.

falcon ['fɔːlkən] noun faucon *m*.

Falkland Islands ['fɔːklənd-], **Falklands** ['fɔːkləndz] pl n ▸ **the Falkland Islands** les îles *fpl* Falkland, les Malouines *fpl*.

fall [fɔːl] ❖ vi (pt **fell**, pp **fallen**) **1.** [gen] tomber **2.** [decrease] baisser **3.** [become] ▸ **to fall ill** tomber malade. ❖ noun **1.** [gen] ▸ **fall (in)** chute (de) **2.** ⓤⓈ [autumn] automne *m*. ◆ **falls** pl n chutes *fpl*. ◆ **fall apart** vi **1.** [disintegrate - book, chair] tomber en morceaux **2.** fig [country] tomber en ruine ; [person] s'effondrer. ◆ **fall back** vi [person, crowd] reculer. ◆ **fall back on** vt insep [resort to] se rabattre sur. ◆ **fall behind** vi **1.** [in race] se faire distancer **2.** [with rent] être en retard ▸ **to fall behind with** ⓤⓀ ᴏʀ **in** ⓤⓈ **one's work** avoir du retard dans son travail. ◆ **fall for** vt insep **1.** inf [fall in love with] tomber amoureux(euse) de **2.** [trick, lie] se laisser prendre à. ◆ **fall in** vi **1.** [roof, ceiling] s'écrouler, s'affaisser **2.** MIL former les rangs. ◆ **fall off** vi **1.** [branch, handle] se détacher, tomber **2.** [demand, numbers] baisser, diminuer. ◆ **fall out** vi **1.** [hair, tooth] tomber **2.** [friends] se brouiller **3.** MIL rompre les rangs. ◆ **fall over** ❖ vt insep ▸ **to fall over sthg** trébucher sur qqch et tomber. ❖ vi [person, chair] tomber. ◆ **fall through** vi [plan, deal] échouer.

fallacy ['fæləsɪ] noun erreur *f*, idée *f* fausse.

fallen ['fɔːln] pp ⟶ **fall**.

fallible ['fæləbl] adj faillible.

falling ['fɔːlɪŋ] adj [decreasing] en baisse.

fallout ['fɔːlaʊt] noun (U) [radiation] retombées *fpl*.

fallow ['fæləʊ] adj ▸ **to lie fallow** être en jachère.

false [fɔːls] adj [generally] faux (fausse).

false alarm noun fausse alerte *f*.

falsely ['fɔːlslɪ] adv à tort ; [smile, laugh] faussement.

false teeth pl n dentier *m*.

falsify ['fɔːlsɪfaɪ] vt falsifier.

falter ['fɔːltər] vi **1.** [move unsteadily] chanceler **2.** [steps, voice] devenir hésitant(e) **3.** [hesitate, lose confidence] hésiter.

fame [feɪm] noun gloire *f*, renommée *f*.

familiar [fə'mɪljər] adj familier(ère) ▸ **familiar with sthg** familiarisé(e) avec qqch.

familiarity [fə,mɪlɪ'ærətɪ] noun (U) [knowledge] ▸ **familiarity with sthg** connaissance *f* de qqch, familiarité *f* avec qqch.

familiarize, familiarise ⓤⓀ [fə'mɪljəraɪz] vt ▸ **to familiarize o.s. with sthg** se familiariser avec qqch ▸ **to familiarize sb with sthg** familiariser qqn avec qqch.

family ['fæmlı] noun famille f.

family doctor noun médecin m de famille.

family-friendly adj **1.** [hôtel, camping] qui accueille volontiers les familles **2.** [politique, proposition] qui favorise la famille **3.** [spectacle] pour toute la famille.

family planning noun planning m familial ▸ **family planning clinic** centre m de planning familial.

famine ['fæmın] noun famine f.

famished ['fæmıʃt] adj inf [very hungry] affamé(e) ▸ *I'm famished!* je meurs de faim !

famous ['feıməs] adj ▸ **famous (for)** célèbre (pour).

famously ['feıməslı] adv dated ▸ **to get on or along famously** s'entendre comme larrons en foire.

fan [fæn] ❖ noun **1.** [of paper, silk] éventail m **2.** [electric or mechanical] ventilateur m **3.** [enthusiast] fan mf. ❖ vt **1.** [face] éventer **2.** [fire, feelings] attiser. ◈ **fan out** vi se déployer.

fanatic [fə'nætık] noun fanatique mf.

fanciful ['fænsıful] adj **1.** [odd] bizarre, fantasque **2.** [elaborate] extravagant(e).

fancy ['fænsı] ❖ adj **1.** [elaborate - hat, clothes] extravagant(e) ; [- food, cakes] raffiné(e) **2.** [expensive - restaurant, hotel] de luxe ; [- prices] fantaisiste. ❖ noun UK [desire, liking] envie f, lubie f ▸ **to take a fancy to sb** se prendre d'affection pour qqn ▸ **to take a fancy to sthg** se mettre à aimer qqch ▸ **to take sb's fancy** faire envie à qqn, plaire à qqn. ❖ vt **1.** UK inf [want] avoir envie de ▸ **to fancy doing sthg** avoir envie de faire qqch **2.** UK inf [like] : *I fancy her* elle me plaît **3.** [imagine] ▸ **fancy that!** ça alors !

fancy-dress party noun fête f déguisée.

fanfare ['fænfeəʳ] noun fanfare f.

fang [fæŋ] noun [of wolf] croc m ; [of snake] crochet m.

fanny ['fænı] noun US inf [buttocks] fesses fpl.

fanny pack noun US banane f (sac).

fantasize, fantasise UK ['fæntəsaız] vi ▸ **to fantasize (about sthg / about doing sthg)** fantasmer (sur qqch / sur le fait de faire qqch).

fantastic [fæn'tæstık] adj **1.** inf [wonderful] fantastique, formidable **2.** [incredible] extraordinaire, incroyable.

fantasy ['fæntəsı] noun **1.** [dream, imaginary event] rêve m, fantasme m **2.** (U) [fiction] fiction f **3.** [imagination] fantaisie f.

fao (abbr of for the attention of) à l'attention de.

FAQ [fak or ɛfeɪ'kju:] ❖ noun COMPUT (abbr of frequently asked questions) foire f aux questions, FAQ f. ❖ adj & adv (abbr of free alongside quay) FLQ.

far [fɑːʳ] ❖ adv **1.** [in distance] loin ▸ **how far is it?** c'est à quelle distance ?, (est-ce que) c'est loin ? ▸ **have you come far?** vous venez de loin ? ▸ **far away** OR **off** loin ▸ **far and wide** partout ▸ **as far as** jusqu'à **2.** [in time] ▸ **far off** dans longtemps ▸ **so far** jusqu'à maintenant, jusqu'ici **3.** [in degree or extent] bien / *I wouldn't trust him very far* je ne lui ferais pas tellement confiance / *not as far as I know* pas que je sache / *as far as I'm concerned* pour ma part / *as far as possible* autant que possible ▸ **far and away, by far** de loin ▸ **far from it** loin de là, au contraire ▸ **so far so good** jusqu'ici tout va bien ▸ **to go so far as to do sthg** aller jusqu'à faire qqch ▸ **to go too far** aller trop loin. ❖ adj (compar **farther** or **further**, superl **farthest** or **furthest**) [extreme] : *the far end of the street* l'autre bout de la rue / *the far right of the party* l'extrême droite du parti / *the door on the far left* la porte la plus à gauche.

faraway ['fɑːrəweı] adj lointain(e).

farce [fɑːs] noun **1.** THEAT farce f **2.** fig [disaster] pagaille f, vaste rigolade f.

farcical ['fɑːsıkl] adj grotesque.

fare [feəʳ] noun **1.** [payment] prix m, tarif m **2.** dated [food] nourriture f.

Far East noun ▸ **the Far East** l'Extrême-Orient m.

farewell [,feə'wel] ❖ noun adieu m. ❖ excl liter adieu !

far-fetched [-'fetʃt] adj bizarre, farfelu ▸ *a far-fetched alibi* un alibi tiré par les cheveux / *a far-fetched story* une histoire à dormir debout.

far-flung adj [widespread] étendu(u), vaste ; [far] lointain(e).

farm [fɑːm] ❖ noun ferme f. ❖ vt cultiver.

farmer ['fɑːməʳ] noun fermier m, -ière f.

farmhand ['fɑːmhænd] noun ouvrier m, -ère f agricole.

farmhouse ['fɑːmhaʊs] (pl [-haʊzız]) noun ferme f.

farming ['fɑːmɪŋ] noun (U) agriculture f; [of animals] élevage m.

farmland ['fɑːmlænd] noun (U) terres fpl cultivées OR arables.

farmyard ['fɑːmjɑːd] noun cour f de ferme.

far-reaching [-'riːtʃɪŋ] adj d'une grande portée.

farsighted [,fɑːˈsaɪtɪd] adj 1. [person] prévoyant(e); [plan] élaboré(e) avec clairvoyance 2. US [longsighted] hypermétrope.

fart [fɑːt] v inf ❖ noun [air] pet m. ❖ vi péter.

farther ['fɑːðər] compar ⟶ **far**.

farthest ['fɑːðəst] superl ⟶ **far**.

fascinate ['fæsɪneɪt] vt fasciner.

fascinating ['fæsɪneɪtɪŋ] adj [person, country] fascinant(e); [job] passionnant(e); [idea, thought] très intéressant(e).

fascination [,fæsɪ'neɪʃn] noun fascination f.

fascism ['fæʃɪzm] noun fascisme m.

fashion ['fæʃn] ❖ noun 1. [clothing, style] mode f ▶ to be in / out of fashion être/ne plus être à la mode 2. [manner] manière f. ❖ vt fml façonner, fabriquer.

fashionable ['fæʃnəbl] adj à la mode.

fashion show noun défilé m de mode.

fast [fɑːst] ❖ adj 1. [rapid] rapide 2. [clock, watch] en avance. ❖ adv 1. [rapidly] vite 2. [firmly] solidement ▶ to hold fast to sthg lit & fig s'accrocher à qqch ▶ fast asleep profondément endormi. ❖ noun jeûne m. ❖ vi jeûner.

fasten ['fɑːsn] ❖ vt [jacket, bag] fermer; [seat belt] attacher ▶ to fasten sthg to sthg attacher qqch à qqch. ❖ vi ▶ to fasten on to sb / sthg se cramponner à qqn/qqch.

fastener ['fɑːsnər] noun [of bag, necklace] fermoir m; [of dress] fermeture f.

fastening ['fɑːsnɪŋ] noun fermeture f.

fast food noun fast-food m, restauration f rapide.

fast-forward ❖ noun avance f rapide. ❖ vt mettre en avance rapide. ❖ vi mettre la bande en avance rapide.

fastidious [fəˈstɪdɪəs] adj [fussy] méticuleux(euse).

fast lane noun [on motorway] voie f rapide ▶ life in the fast lane fig la vie à cent à l'heure.

fat [fæt] ❖ adj 1. [overweight] gros (grosse), gras (grasse) ▶ to get fat grossir 2. [not

lean - meat] gras (grasse) 3. [thick - file, wallet] gros (grosse), épais(aisse). ❖ noun 1. [flesh, on meat, in food] graisse f 2. (U) [for cooking] matière f grasse.

fatal ['feɪtl] adj 1. [serious - mistake] fatal(e); [- decision, words] fatidique 2. [accident, illness] mortel(elle).

fatality [fəˈtælətɪ] noun [accident victim] mort m.

fat cat noun inf & pej richard m, huile f.

fate [feɪt] noun 1. [destiny] destin m ▶ to tempt fate tenter le diable 2. [result, end] sort m.

fateful ['feɪtful] adj fatidique.

fat-free adj sans matières grasses.

father ['fɑːðər] noun père m.

Father Christmas noun UK le Père Noël.

father figure noun personne f qui joue le rôle du père / he was a father figure for all the employees le personnel le considérait un peu comme un père.

father-in-law (pl fathers-in-law) noun beau-père m.

fatherly ['fɑːðəlɪ] adj paternel(elle).

fathom ['fæðəm] ❖ noun brasse f. ❖ vt ▶ to fathom sb / sthg (out) comprendre qqn/qqch.

fatigue [fə'tiːg] noun 1. [exhaustion] épuisement m 2. [in metal] fatigue f.

fatten ['fætn] vt engraisser.

fattening ['fætnɪŋ] adj qui fait grossir.

fatty ['fætɪ] ❖ adj gras (grasse). ❖ noun inf & pej gros m, grosse f.

fatuous ['fætjʊəs] adj fml stupide, niais(e).

faucet ['fɔːsɪt] noun US robinet m.

fault ['fɔːlt] ❖ noun 1. [responsibility, in tennis] faute f ▶ it's not MY fault je n'y suis pour rien ▶ it's my fault c'est de ma faute 2. [mistake, imperfection] défaut m ▶ to find fault with sb / sthg critiquer qqn/qqch ▶ at fault fautif(ive) 3. GEOL faille f. ❖ vt ▶ to fault sb (on sthg) prendre qqn en défaut (sur qqch).

faultless ['fɔːltlɪs] adj impeccable.

faulty ['fɔːltɪ] adj défectueux(euse).

fauna ['fɔːnə] noun faune f.

favour UK, **favor** US ['feɪvər] ❖ noun 1. [approval] faveur f, approbation f ▶ in sb's favour en faveur de qqn ▶ to be in / out of favour with sb avoir/ne pas avoir les faveurs de qqn, avoir/ne pas avoir la cote avec qqn ▶ to curry favour with sb chercher à gagner la faveur de qqn **2.** [kind act] service *m* ▶ **to do sb a favour** rendre (un) service à qqn **3.** [favouritism] favoritisme *m*. ❖ vt **1.** [prefer] préférer, privilégier **2.** [treat better, help] favoriser. ◆ **in favour** adv [in agreement] pour, d'accord. ◆ **in favour of** prep **1.** [in preference to] au profit de **2.** [in agreement with] ▶ **to be in favour of sthg/of doing sthg** être partisan(e) de qqch/de faire qqch.

favourable UK, **favorable** US ['feɪvrəbl] adj [positive] favorable.

favourite UK, **favorite** US ['feɪvrɪt] ❖ adj favori(ite). ❖ noun [person] favori *m*, -ite *f*. ◆ **favorites** pl n COMPUT favoris *mpl*, signets *mpl*.

favouritism UK, **favoritism** US ['feɪvrɪtɪzm] noun favoritisme *m*.

fawn [fɔːn] ❖ adj fauve *(inv)*. ❖ noun [animal] faon *m*. ❖ vi ▶ **to fawn on sb** flatter qqn servilement.

fax [fæks] ❖ noun fax *m*, télécopie *f*. ❖ vt **1.** [person] envoyer un fax à **2.** [document] envoyer en fax.

fax machine noun fax *m*, télécopieur *m*.

FBI *(abbr of Federal Bureau of Investigation)* noun US FBI *m*.

fear [fɪəʳ] ❖ noun **1.** *(U)* [feeling] peur *f* **2.** [object of fear] crainte *f* **3.** [risk] risque *m* ▶ **for fear of** de peur de (+ *infinitive*), de peur que (+ *subjunctive*). ❖ vt **1.** [be afraid of] craindre, avoir peur de **2.** [anticipate] craindre ▶ **to fear (that)...** craindre que..., avoir peur que....

fearful ['fɪəfʊl] adj **1.** *fml* [frightened] peureux(euse) ▶ **to be fearful of sthg** avoir peur de qqch **2.** [frightening] effrayant(e).

fearless ['fɪəlɪs] adj intrépide.

feasible ['fiːzəbl] adj faisable, possible.

feast [fiːst] ❖ noun [meal] festin *m*, banquet *m*. ❖ vi ▶ **to feast on** OR **off sthg** se régaler de qqch.

feat [fiːt] noun exploit *m*, prouesse *f*.

feather ['feðəʳ] noun plume *f*.

featherbrained ['feðəbreɪnd] adj [person] écervelé(e); [idea, scheme] inconsidéré(e).

feature ['fiːtʃəʳ] ❖ noun **1.** [characteristic] caractéristique *f* **2.** GEOG particularité *f* **3.** [article] article *m* de fond **4.** RADIO & TV émission *f* spéciale, spécial *m* **5.** CIN long métrage *m*. ❖ vt **1.** [subj: film, exhibition] mettre en vedette **2.** [comprise] présenter, comporter. ❖ vi

▶ **to feature (in)** figurer en vedette (dans).
◆ **features** pl n [of face] traits *mpl*.

feature film noun long métrage *m*.

feature-length adj CIN : *a feature-length film* un long métrage / *a feature-length cartoon* un film d'animation.

February ['februərɪ] noun février *m*. *See also* **September**.

feces US = faeces.

fed [fed] ❖ pt & pp ⟶ **feed**. ❖ noun US *inf* agent *m*, -e *f* du FBI.

federal ['fedrəl] adj fédéral(e).

Federal Agent noun US agent *m* fédéral, agente *f* fédérale.

federation [,fedə'reɪʃn] noun fédération *f*.

fed up adj ▶ **to be fed up (with)** en avoir marre de.

fee [fiː] noun [of school] frais *mpl*; [of doctor] honoraires *mpl*; [for membership] cotisation *f*; [for entrance] tarif *m*, prix *m*.

feeble ['fiːbl] adj faible.

feeble-minded adj faible d'esprit.

feed [fiːd] ❖ vt *(pt & pp fed)* **1.** [give food to] nourrir **2.** [fire, fears] alimenter **3.** [put, insert] ▶ **to feed sthg into sthg** mettre OR insérer qqch dans qqch. ❖ vi *(pt & pp fed)* [take food] ▶ **to feed (on** OR **off)** se nourrir (de). ❖ noun **1.** [for baby] repas *m* **2.** [animal food] nourriture *f*.

feedback ['fiːdbæk] noun *(U)* **1.** [reaction] réactions *fpl* **2.** ELEC réaction *f*, rétroaction *f*.

feeding frenzy noun frénésie *f* alimentaire / *to have a feeding frenzy* avoir un comportement agressif.

feel [fiːl] ❖ vt *(pt & pp felt)* **1.** [touch] toucher **2.** [sense, experience, notice] sentir ; [emotion] ressentir ▶ **to feel o.s. doing sthg** se sentir faire qqch **3.** [believe] ▶ **to feel (that)...** croire que..., penser que... **4.** PHR *I'm not feeling myself today* je ne suis pas dans mon assiette aujourd'hui. ❖ vi *(pt & pp felt)* **1.** [have sensation] : *to feel cold/hot/sleepy* avoir froid/chaud/sommeil ▶ **to feel like sthg/like doing sthg** [be in mood for] avoir envie de qqch/de faire qqch **2.** [have emotion] se sentir / *to feel angry* être en colère **3.** [seem] sembler / *it feels strange* ça fait drôle **4.** [by touch] ▶ **to feel for sthg** chercher qqch. ❖ noun **1.** [sensation, touch] toucher *m*, sensation *f* **2.** [atmosphere] atmosphère *f*.

feeler ['fiːləʳ] noun antenne *f*.

feelgood ['fiːlɡʊd] adj *inf* qui donne la pêche / *the feelgood factor* l'optimisme *m* ambiant.

feeling ['fi:lɪŋ] noun 1. [emotion] sentiment m 2. [physical sensation] sensation f 3. [intuition, sense] sentiment m, impression f 4. [understanding] sensibilité f ▸ to have a feeling for sthg comprendre OR apprécier qqch. ◆ **feelings** pl n sentiments mpl ▸ **no hard feelings!** sans rancune !

feet [fi:t] pl n ⟶ **foot.**

feign [feɪn] vt fml feindre.

felafel [fə'læfəl] noun CULIN falafel m.

fell [fel] ◈ pt ⟶ **fall.** ◈ vt [tree, person] abattre. ◆ **fells** pl n GEOG lande f.

fella ['felə] noun inf [man] mec m, type m.

fellow ['feləʊ] ◈ noun 1. dated [man] homme m 2. [comrade, peer] camarade m, compagnon m 3. [of society, college] membre m, associé m. ◈ adj ▸ **one's fellow men** ses semblables ▸ **fellow passenger** compagnon m, compagne f (de voyage) ▸ **fellow student** camarade mf (d'études).

fellowship ['feləʊʃɪp] noun 1. [comradeship] amitié f, camaraderie f 2. [society] association f, corporation f 3. [of society, college] titre m de membre OR d'associé 4. UNIV [scholarship] bourse f d'études dans l'enseignement supérieur ; [status] poste m, de chercheur-euse f.

felony ['felənɪ] noun LAW crime m, forfait m.

felt [felt] ◈ pt & pp ⟶ **feel.** ◈ noun (U) feutre m.

felt-tip pen noun stylo-feutre m.

female ['fi:meɪl] ◈ adj [person] de sexe féminin ; [animal, plant] femelle ; [sex, figure] féminin(e) ▸ **female student** étudiante f. ◈ noun femelle f.

feminine ['femɪnɪn] ◈ adj féminin(e). ◈ noun GRAM féminin m.

feminist ['femɪnɪst] noun féministe mf.

fence [fens] ◈ noun [barrier] clôture f ▸ **to sit on the fence** fig ménager la chèvre et le chou. ◈ vt clôturer, entourer d'une clôture.

fencing ['fensɪŋ] noun SPORT escrime f.

fend [fend] vi ▸ **to fend for o.s.** se débrouiller tout seul. ◆ **fend off** vt sep [blows] parer ; [questions, reporters] écarter.

fender ['fendər] noun 1. [around fireplace] pare-feu m inv 2. [on boat] défense f 3. US [on car] aile f.

ferment ◈ noun ['fɜ:ment] (U) [unrest] agitation f, effervescence f. ◈ vi [fə'ment] [wine, beer] fermenter.

fern [fɜ:n] noun fougère f.

ferocious [fə'rəʊʃəs] adj [animal, criticism] féroce.

ferret ['ferɪt] noun furet m. ◆ **ferret about**, **ferret around** vi inf fureter un peu partout.

Ferris wheel ['feris-] noun US grande roue f.

ferry ['ferɪ] ◈ noun ferry m, ferry-boat m ; [smaller] bac m. ◈ vt transporter.

fertile ['fɜ:taɪl] adj 1. [land, imagination] fertile, fécond(e) 2. [person] fécond(e).

fertilizer, fertiliser UK ['fɜ:tɪlaɪzər] noun engrais m.

fervent ['fɜ:vənt] adj fervent(e).

fester ['festər] vi [wound, sore] suppurer.

festival ['festəvl] noun 1. [event, celebration] festival m 2. [holiday] fête f.

festive ['festɪv] adj de fête.

festive season noun UK ▸ **the festive season** la période des fêtes.

festivity [fes'tɪvətɪ] noun [merriness] fête f. ◆ **festivities** pl n festivités fpl.

festoon [fe'stu:n] vt décorer de guirlandes ▸ **to be festooned with** être décoré de.

fetch [fetʃ] vt 1. [go and get] aller chercher 2. [raise - money] rapporter. ◆ **fetch up** vi inf [end up] se retrouver / **to fetch up in hospital** / **in a ditch** se retrouver à l'hôpital/dans un fossé.

fetching ['fetʃɪŋ] adj séduisant(e).

fete, fête [feɪt] noun fête f, kermesse f.

fetish ['fetɪʃ] noun 1. [sexual obsession] objet m de fétichisme 2. [mania] manie f, obsession f.

fetus US ['fi:təs] = **foetus.**

feud [fju:d] ◈ noun querelle f. ◈ vi se quereller.

feudal ['fju:dl] adj féodal(e).

fever ['fi:vər] noun fièvre f.

feverish ['fi:vərɪʃ] adj fiévreux(euse).

fever pitch noun comble m.

few [fju:] ◈ adj peu de / **the first few pages** les toutes premières pages ▸ **quite a few**, **a good few** pas mal de, un bon nombre de ▸ **few and far between** rares. ◈ pron peu. ◆ **a few** ◈ adj quelques-uns mpl, quelques-unes f / **I need a few books** j'ai besoin de quelques livres. ◈ pron : **a few of them are wearing hats** quelques-uns d'entre eux portent des chapeaux.

fewer ['fju:ər] ◈ adj moins (de). ◈ pron moins.

fewest ['fju:əst] adj le moins (de).

fiancé [fɪ'ɒnseɪ] noun fiancé m.

fiancée [fɪˈɒnseɪ] noun fiancée f.

fiasco [fɪˈæskəʊ] (UK pl -s, US pl -es) noun fiasco m.

fib [fɪb] inf ❖ noun bobard m, blague f. ❖ vi raconter des bobards OR des blagues.

fibre UK, **fiber** US [ˈfaɪbər] noun fibre f.

fibreglass UK, **fiberglass** US [ˈfaɪbəɡlɑːs] noun (U) fibre f de verre.

fibre-tip (pen) UK = felt-tip pen.

fickle [ˈfɪkl] adj versatile.

fiction [ˈfɪkʃn] noun fiction f.

fictional [ˈfɪkʃənl] adj fictif(ive).

fictitious [fɪkˈtɪʃəs] adj [false] fictif(ive).

fiddle [ˈfɪdl] ❖ vi [play around] ▸ to fiddle with sthg tripoter qqch. ❖ vt UK inf truquer. ❖ noun **1.** [violin] violon m **2.** UK inf [fraud] combine f, escroquerie f.

fiddly [ˈfɪdlɪ] adj UK inf délicat(e).

fidget [ˈfɪdʒɪt] vi remuer.

field [fiːld] noun **1.** [gen & COMPUT] champ m **2.** [for sports] terrain m **3.** [of knowledge] domaine m.

field day noun ▸ to have a field day s'en donner à cœur joie.

field trip noun SCH voyage m d'étude.

fieldwork [ˈfiːldwɜːk] noun (U) recherches fpl sur le terrain.

fiend [fiːnd] noun **1.** [cruel person] monstre m **2.** inf [fanatic] fou m, folle f, mordu m, -e f.

fiendish [ˈfiːndɪʃ] adj **1.** [evil] diabolique **2.** inf [very difficult, complex] abominable, atroce.

fierce [fɪəs] adj féroce ; [heat] torride ; [storm, temper] violent(e).

fiery [ˈfaɪərɪ] adj **1.** [burning] ardent(e) **2.** [volatile - speech] enflammé(e) ; [- temper, person] fougueux(euse).

fifteen [fɪfˈtiːn] num quinze. See also six.

fifth [fɪfθ] num cinquième. See also sixth.

fifty [ˈfɪftɪ] num cinquante. See also sixty.

fifty-fifty ❖ adj moitié-moitié, fifty-fifty **/** to have a fifty-fifty chance avoir cinquante pour cent de chances. ❖ adv moitié-moitié, fifty-fifty.

fig [fɪg] noun figue f.

fight [faɪt] ❖ noun **1.** [physical] bagarre f ▸ to have a fight (with sb) se battre (avec qqn), se bagarrer (avec qqn) ▸ to put up a fight se défendre **2.** fig [battle, struggle] lutte f, combat m **3.** [argument] dispute f ▸ to have a fight (with sb) se disputer (avec qqn). ❖ vt (pt & pp fought) **1.** [physically] se battre contre OR avec **2.** [conduct - war] mener **3.** [enemy, racism] combattre. ❖ vi (pt & pp fought) **1.** [in war, punch-up] se battre **2.** fig [struggle] ▸ to fight for /against lutter pour/contre qqch **3.** [argue] ▸ to fight (about OR over) se battre OR se disputer (à propos de). ◆ **fight back** ❖ vt insep refouler. ❖ vi riposter.

fighter [ˈfaɪtər] noun **1.** [plane] avion m de chasse, chasseur m **2.** [soldier] combattant m **3.** [combative person] battant m, -e f.

fighting [ˈfaɪtɪŋ] noun (U) [punch-up] bagarres fpl ; [in war] conflits mpl.

fighting chance noun ▸ to have a fighting chance avoir de bonnes chances.

figment [ˈfɪgmənt] noun ▸ a figment of sb's imagination le fruit de l'imagination de qqn.

figurative [ˈfɪgərətɪv] adj [meaning] figuré(e).

figure [UK ˈfɪgər, US ˈfɪgjər] ❖ noun **1.** [statistic, number] chiffre m **2.** [human shape, outline] silhouette f, forme f **3.** [personality, diagram] figure f **4.** [shape of body] ligne f. ❖ vt US [suppose] penser, supposer. ❖ vi [feature] figurer, apparaître. ◆ **figure out** vt sep [understand] comprendre ; [find] trouver.

figurehead [ˈfɪgəhed] noun **1.** [on ship] figure f de proue **2.** fig & pej [leader] homme m de paille.

figure-hugging [-ˌhʌgɪŋ] adj [dress] moulant(e).

figure of speech noun figure f de rhétorique.

figure skating noun patinage m artistique.

Fiji [ˈfiːdʒiː] noun Fidji fpl.

file [faɪl] ❖ noun **1.** [folder, report] dossier m ▸ on file, on the files répertorié dans les dossiers **2.** COMPUT fichier m **3.** [tool] lime f. ❖ vt **1.** [document] classer **2.** [LAW - accusation, complaint] porter, déposer ; [- lawsuit] intenter ▸ to file an appeal US faire appel **3.** [fingernails, wood] limer. ❖ vi **1.** [walk in single file] marcher en file indienne **2.** LAW ▸ to file for divorce demander le divorce.

file-sharing noun partage m de fichiers.

filing [ˈfaɪlɪŋ] noun **1.** [of documents] classement m **2.** LAW [of complaint, claim] dépôt m.

filing cabinet [ˈfaɪlɪŋ-] noun classeur m, fichier m.

Filipino [ˌfɪlɪˈpiːnəʊ] ❖ adj philippin(e). ❖ noun (pl -s) Philippin m, -e f.

fill [fɪl] ❖ vt **1.** [gen] remplir ▸ to fill sthg with sthg remplir qqch de qqch **2.** [gap, hole] boucher **3.** [vacancy - subj: employer] pourvoir à ; [- subj: employee] prendre. ❖ noun ▸ **to eat one's fill** manger à sa faim. ◆ **fill in** ❖ vt sep **1.** [form] remplir **2.** [inform] ❖ vi [substitute] ▸ **to fill in for sb** remplacer qqn. ◆ **fill out** vt sep [form] remplir. ◆ **fill up** ❖ vt sep remplir. ❖ vi se remplir.

filled [fɪld] adj **1.** [roll] garni(e) **2.** [with emotion] ▸ **filled (with)** plein(e) (de).

fillet UK, **filet** US ['fɪlɪt] noun filet m.

fillet steak noun filet m de bœuf.

filling ['fɪlɪŋ] ❖ adj très nourrissant(e). ❖ noun **1.** [in tooth] plombage m **2.** [in cake, sandwich] garniture f.

filling station noun station-service f.

film [fɪlm] ❖ noun **1.** [movie] film m **2.** [layer, for camera] pellicule f **3.** [footage] images fpl. ❖ vt & vi filmer. ◆ **film over** vi s'embuer, se voiler.

film star noun vedette f de cinéma.

Filofax® ['faɪləʊfæks] noun Filofax® m.

filter ['fɪltər] ❖ noun filtre m. ❖ vt [coffee] passer ; [water, oil, air] filtrer.

filter coffee noun café m filtre.

filth [fɪlθ] noun (U) **1.** [dirt] saleté f, crasse f **2.** [obscenity] obscénités fpl.

filthy ['fɪlθɪ] adj **1.** [very dirty] dégoûtant(e), répugnant(e) **2.** [obscene] obscène.

fin [fɪn] noun [of fish] nageoire f.

final ['faɪnl] ❖ adj **1.** [last] dernier(ère) **2.** [at end] final(e) **3.** [definitive] définitif(ive). ❖ noun finale f. ◆ **finals** pl n UNIV examens mpl de dernière année.

finale [fɪ'nɑːlɪ] noun finale m.

finalize, finalise UK ['faɪnəlaɪz] vt [details, plans] mettre au point.

finally ['faɪnəlɪ] adv enfin.

finance ❖ noun ['faɪnæns] (U) finance f. ❖ vt [faɪ'næns] financer. ◆ **finances** pl n finances fpl.

financial [fɪ'nænʃl] adj financier(ère).

find [faɪnd] ❖ vt (pt & pp found) **1.** [gen] trouver **2.** [realize] ▸ **to find (that)...** s'apercevoir que... **3.** LAW ▸ **to be found guilty / not guilty (of)** être déclaré(e) coupable/non coupable (de). ❖ noun trouvaille f. ◆ **find out** ❖ vi se renseigner. ❖ vt insep **1.** [information] se renseigner sur **2.** [truth] découvrir, apprendre. ❖ vt sep démasquer.

findings ['faɪndɪŋz] pl n conclusions fpl.

fine [faɪn] ❖ adj **1.** [good - work] excellent(e) ; [- building, weather] beau (belle) **2.** [perfectly satisfactory] très bien ▸ **I'm fine** ça va bien **3.** [thin, smooth] fin(e) **4.** [minute - detail, distinction] subtil(e) ; [- adjustment, tuning] délicat(e). ❖ adv [very well] très bien. ❖ noun amende f. ❖ vt condamner à une amende.

finely ['faɪnlɪ] adv **1.** [chopped, ground] fin **2.** [tuned, balanced] délicatement.

finery ['faɪnərɪ] noun (U) parure f.

fine-tune vt [mechanism] régler avec précision ; fig [plan] peaufiner.

finger ['fɪŋgər] ❖ noun doigt m. ❖ vt [feel] palper.

fingerless glove ['fɪŋgələs-] noun mitaine f.

fingernail ['fɪŋgəneɪl] noun ongle m (de la main).

fingerprint ['fɪŋgəprɪnt] noun empreinte f (digitale).

fingertip ['fɪŋgətɪp] noun bout m du doigt ▸ **at one's fingertips** sur le bout des doigts.

finicky ['fɪnɪkɪ] adj pej [eater, task] difficile ; [person] tatillon(onne).

finish ['fɪnɪʃ] ❖ noun **1.** [end] fin f ; [of race] arrivée f **2.** [texture] finition f. ❖ vt finir, terminer ; [exhaust] achever, tuer ▸ **to finish doing sthg** finir OR terminer de faire qqch. ❖ vi finir, terminer ; [school, film] se terminer. ◆ **finish off** vt sep finir, terminer. ◆ **finish up** vi finir.

finished ['fɪnɪʃt] adj **1.** [ready, done, over] fini(e), terminé(e) **2.** [no longer interested] ▸ **to be finished with sthg** en avoir fini avec qqch **3.** inf [done for] fichu(e).

finishing line UK ['fɪnɪʃɪŋ-], **finish line** US noun ligne f d'arrivée.

finishing school ['fɪnɪʃɪŋ-] noun école privée pour jeunes filles surtout axée sur l'enseignement des bonnes manières.

finite ['faɪnaɪt] adj fini(e).

Finland ['fɪnlənd] noun Finlande f.

Finn [fɪn] noun Finlandais m, -e f.

Finnish ['fɪnɪʃ] ❖ adj finlandais(e), finnois(e). ❖ noun [language] finnois m.

fir [fɜːr] noun sapin m.

fire ['faɪər] ❖ noun **1.** [gen] feu m ▸ **on fire** en feu ▸ **to catch fire** prendre feu ▸ **to set fire to sthg** mettre le feu à qqch **2.** [out of control] incendie m **3.** UK [heater] appareil m de chauffage **4.** (U) [shooting] coups mpl de feu ▸ **to open fire (on)** ouvrir le feu (sur). ❖ vt **1.** [shoot]

tirer **2.** US [dismiss] renvoyer. ❖ vi ▸ **to fire (on OR at)** faire feu (sur), tirer (sur).

fire alarm noun alarme f incendie.

firearm ['faɪrɑːm] noun arme f à feu.

fire brigade UK, **fire department** US noun (sapeurs-) pompiers mpl.

fire engine noun voiture f de pompiers.

fire escape noun escalier m de secours.

fire extinguisher noun extincteur m d'incendie.

fireguard ['faɪəgɑːd] noun garde-feu m inv.

firelighter ['faɪəlaɪtər] noun allume-feu m inv.

fireman ['faɪəmən] (pl **-men**) noun pompier m, -ière f.

fireplace ['faɪəpleɪs] noun cheminée f.

fireproof ['faɪəpruːf] adj ignifugé(e).

fireside ['faɪəsaɪd] noun ▸ **by the fireside** au coin du feu.

fire station noun caserne f des pompiers.

fire truck US = fire engine.

firewall ['faɪəwɔːl] noun COMPUT pare-feu m.

firewood ['faɪəwʊd] noun bois m de chauffage.

firework ['faɪəwɜːk] noun pièce f d'artifice. ◆ **fireworks** pl n [outburst of anger] étincelles fpl ; [display] feu m d'artifice.

firing ['faɪərɪŋ] noun (U) MIL tir m, fusillade f.

firing line noun MIL ligne f de tir ▸ **to be in the firing line** fig être dans la ligne de tir.

firing squad noun peloton m d'exécution.

firm [fɜːm] ❖ adj **1.** [gen] ferme ▸ **to stand firm** tenir bon **2.** [support, structure] solide **3.** [evidence, news] certain(e). ❖ noun firme f, société f.

firmly ['fɜːmlɪ] adv fermement.

first [fɜːst] ❖ adj premier(ère) ▸ **for the first time** pour la première fois ▸ **first thing in the morning** tôt le matin. ❖ adv **1.** [before anyone else] en premier **2.** [before anything else] d'abord ▸ **first of all** tout d'abord **3.** [for the first time] (pour) la première fois. ❖ noun **1.** [person] premier m, -ère f **2.** [unprecedented event] première f **3.** UK UNIV diplôme universitaire avec mention très bien. ◆ **at first** adv d'abord. ◆ **at first hand** adv de première main.

first aid noun (U) premiers secours mpl.

first-aid kit noun trousse f de premiers secours.

first-class adj **1.** [excellent] excellent(e) **2.** [ticket, compartment] de première classe ; [stamp, letter] tarif normal.

first floor noun UK premier étage m ; US rez-de-chaussée m inv.

firsthand [fɜːst'hænd] adj & adv de première main.

first lady noun première dame f du pays.

firstly ['fɜːstlɪ] adv premièrement.

first name noun prénom m.

first-rate adj excellent(e).

fish [fɪʃ] ❖ noun (pl inv) poisson m. ❖ vt [river, sea] pêcher dans. ❖ vi [fisherman] ▸ **to fish (for sthg)** pêcher (qqch).

fish and chips pl n UK poisson m frit avec frites.

fishcake ['fɪʃkeɪk] noun croquette f de poisson.

fisherman ['fɪʃəmən] (pl **-men**) noun pêcheur m, -euse f.

fish finger UK, **fish stick** US noun CULIN bâtonnet m de poisson pané.

fishing ['fɪʃɪŋ] noun pêche f ▸ **to go fishing** aller à la pêche.

fishing boat noun bateau m de pêche.

fishing rod noun canne f à pêche.

fishmonger ['fɪʃˌmʌŋgər] noun UK poissonnier m, -ère f ▸ **fishmonger's (shop)** poissonnerie f.

fishy ['fɪʃɪ] adj **1.** [smell, taste] de poisson **2.** [suspicious] louche.

fist [fɪst] noun poing m.

fit [fɪt] ❖ adj **1.** [suitable] convenable ▸ **to be fit for sthg** être bon (bonne) à qqch ▸ **to be fit to do sthg** être apte à faire qqch **2.** [healthy] en forme ▸ **to keep fit** se maintenir en forme. ❖ noun **1.** [of clothes, shoes] ajustement m / it's a tight fit c'est un peu juste / it's a good fit c'est la bonne taille **2.** [epileptic seizure] crise f ▸ **to have a fit a)** avoir une crise **b)** fig piquer une crise **3.** [bout - of crying] crise f ; [- of rage] accès m ; [- of sneezing] suite f ▸ **in fits and starts** par à-coups. ❖ vt **1.** [be correct size for] aller à **2.** [place] ▸ **to fit sthg into sthg** insérer qqch dans qqch **3.** [provide] ▸ **to fit sthg with sthg** équiper OR munir qqch de qqch **4.** [be suitable for] correspondre à. ❖ vi [be correct size, go] aller ; [into container] entrer. ◆ **fit in** ❖ vt sep [find time for - patient] prendre. ❖ vi s'intégrer ▸ **to fit in with sthg** correspondre à qqch ▸ **to fit in with sb** s'accorder à qqn.

fitful ['fɪtfʊl] adj [sleep] agité(e) ; [wind, showers] intermittent(e).

fitness ['fɪtnɪs] noun (U) **1.** [health] forme f **2.** [suitability] ▸ **fitness (for)** aptitude f (pour).

fitted carpet [,fɪtəd-] noun **UK** moquette f.

fitted kitchen [,fɪtəd-] noun **UK** cuisine f intégrée **OR** équipée.

fitting ['fɪtɪŋ] ❖ adj fml approprié(e). ❖ noun **1.** [part] appareil m **2.** [for clothing] essayage m. ◆ **fittings** pl n **UK** installations fpl.

fitting room noun cabine f d'essayage.

five [faɪv] num cinq. See also **six**.

fiver ['faɪvər] noun inf **1.** **UK** [amount] cinq livres fpl ; [note] billet m de cinq livres **2.** **US** [amount] cinq dollars mpl ; [note] billet m de cinq dollars.

fix [fɪks] ❖ vt **1.** [gen] fixer ▸ **to fix sthg to sthg** fixer qqch à qqch **2.** [in memory] graver **3.** [repair] réparer **4.** inf [rig] truquer **5.** [food, drink] préparer. ❖ noun **1.** inf [difficult situation] ▸ **to be in a fix** être dans le pétrin **2.** drugs sl piqûre f. ◆ **fix up** vt sep **1.** [provide] ▸ **to fix sb up with sthg** obtenir qqch pour qqn **2.** [arrange] arranger.

fixation [fɪk'seɪʃn] noun ▸ **fixation (on OR about)** obsession f (de).

fixed [fɪkst] adj **1.** [attached] fixé(e) **2.** [set, unchanging] fixe ; [smile] figé(e).

fixture ['fɪkstʃər] noun **1.** [furniture] installation f **2.** [permanent feature] tradition f bien établie **3.** **UK** SPORT rencontre f (sportive).

fizz [fɪz] vi [lemonade, champagne] pétiller ; [fireworks] crépiter.

fizzle ['fɪzl] ◆ **fizzle out** vi [fire] s'éteindre ; [firework] se terminer ; [interest, enthusiasm] se dissiper.

fizzy ['fɪzɪ] adj pétillant(e).

flab [flæb] noun inf & pej graisse f.

flabbergasted ['flæbəgɑːstɪd] adj sidéré(e).

flabby ['flæbɪ] adj mou (molle).

flag [flæg] ❖ noun drapeau m. ❖ vi [person, enthusiasm, energy] faiblir ; [conversation] traîner. ◆ **flag down** vt sep [taxi] héler ▸ **to flag sb down** faire signe à qqn de s'arrêter.

flagpole ['flægpəʊl] noun mât m.

flagrant ['fleɪɡrənt] adj flagrant(e).

flagstone ['flægstəʊn] noun dalle f.

flair [fleər] noun **1.** [talent] don m **2.** (U) [stylishness] style m.

flak [flæk] noun (U) **1.** [gunfire] tir m antiaérien **2.** inf [criticism] critiques fpl sévères.

flake [fleɪk] ❖ noun [of paint, plaster] écaille f ; [of snow] flocon m ; [of skin] petit lambeau m. ❖ vi [paint, plaster] s'écailler ; [skin] peler.

flamboyant [flæm'bɔɪənt] adj **1.** [showy, confident] extravagant(e) **2.** [brightly coloured] flamboyant(e).

flame [fleɪm] noun flamme f ▸ **in flames** en flammes.

flamingo [flə'mɪŋɡəʊ] (pl -s or -es) noun flamant m rose.

flammable ['flæməbl] adj inflammable.

flan [flæn] noun **UK** tarte f ; **US** flan m.

flank [flæŋk] ❖ noun flanc m. ❖ vt ▸ **to be flanked by** être flanqué(e) de.

flannel ['flænl] noun **1.** [fabric] flanelle f **2.** **UK** [facecloth] gant m de toilette.

flap [flæp] ❖ noun **1.** [of envelope, pocket] rabat m **2.** inf [panic] ▸ **in a flap** paniqué(e). ❖ vt & vi battre.

flapjack ['flæpdʒæk] noun **1.** **UK** [biscuit] biscuit m à l'avoine **2.** **US** [pancake] crêpe f épaisse.

flare [fleər] ❖ noun [distress signal] fusée f éclairante. ❖ vi **1.** [burn brightly] ▸ **to flare (up)** s'embraser **2.** [intensify] ▸ **to flare (up)** a) [war, revolution] s'intensifier soudainement b) [person] s'emporter **3.** [widen - trousers, skirt] s'évaser ; [-nostrils] se dilater. ◆ **flares** pl n **UK** pantalon m à pattes d'éléphant.

flash [flæʃ] ❖ noun **1.** [of light, colour] éclat m ▸ **flash of lightning** éclair m **2.** PHOT flash m **3.** [sudden moment] éclair m ▸ **in a flash** en un rien de temps. ❖ vt **1.** [shine] projeter ▸ **to flash one's headlights** faire un appel de phares **2.** [send out - signal, smile] envoyer ; [-look] jeter **3.** [show] montrer. ❖ vi **1.** [torch] briller **2.** [light - on and off] clignoter ; [eyes] jeter des éclairs **3.** [rush] ▸ **to flash by OR past** passer comme un éclair.

flashback ['flæʃbæk] noun flash-back m, retour m en arrière.

flashbulb ['flæʃbʌlb] noun ampoule f de flash.

flash card noun carte portant un mot, une image, etc. utilisée comme aide à l'apprentissage.

flash flood noun crue f subite.

flashgun ['flæʃɡʌn] noun flash m.

flashlight ['flæʃlaɪt] noun **US** [torch] lampe f électrique.

flashy ['flæʃɪ] adj inf tape-à-l'œil (inv).

flask [flɑːsk] noun **1.** [thermos flask] Thermos® *m* ou *f* **2.** CHEM ballon *m* **3.** [hip flask] flasque *f*.

flat [flæt] ❖ adj **1.** [gen] plat(e) **2.** [tyre] crevé(e) **3.** [refusal, denial] catégorique **4.** [business, trade] calme **5.** [dull - voice, tone] monotone ; [- performance, writing] terne **6.** [MUS - person] qui chante trop grave ; [- note] bémol **7.** [fare, price] fixe **8.** [beer, lemonade] éventé(e) **9.** [battery] à plat. ❖ adv **1.** [level] à plat **2.** [exactly] : *two hours flat* deux heures pile. ❖ noun **1.** UK [apartment] appartement *m* **2.** MUS bémol *m*. ◆ **flat out** adv [work] d'arrache-pied ; [travel - subj: vehicle] le plus vite possible.

flatline [ˈflætlaɪn] vi US *inf* [die] mourir.

flatly [ˈflætlɪ] adv **1.** [absolutely] catégoriquement **2.** [dully - say] avec monotonie ; [- perform] de façon terne.

flatmate [ˈflætmeɪt] noun UK *personne avec laquelle on partage un appartement.*

flat-pack ❖ noun meuble *m* en kit **/** *it comes as a flat-pack* c'est livré en kit. ❖ adj ▶ **flat-pack furniture** meubles *mpl* en kit.

flat rate noun tarif *m* forfaitaire.

flatten [ˈflætn] vt **1.** [make flat - steel, paper] aplatir ; [- wrinkles, bumps] aplanir **2.** [destroy] raser. ◆ **flatten out** ❖ vi s'aplanir. ❖ vt sep aplanir.

flatter [ˈflætər] vt flatter.

flattering [ˈflætərɪŋ] adj **1.** [complimentary] flatteur(euse) **2.** [clothes] seyant(e).

flattery [ˈflætərɪ] noun flatterie *f*.

flaunt [flɔːnt] vt faire étalage de.

flavour UK, **flavor** US [ˈfleɪvər] ❖ noun **1.** [of food] goût *m* ; [of ice cream, yoghurt] parfum *m* **2.** fig [atmosphere] atmosphère *f*. ❖ vt parfumer.

flavouring UK, **flavoring** US [ˈfleɪvərɪŋ] noun *(U)* parfum *m*.

flaw [flɔː] noun [in material, character] défaut *m* ; [in plan, argument] faille *f*.

flawed [flɔːd] adj [material, character] qui présente des défauts ; [plan, argument] qui présente des failles.

flawless [ˈflɔːlɪs] adj parfait(e).

flax [flæks] noun lin *m*.

flea [fliː] noun puce *f*.

flea market noun marché *m* aux puces.

fleck [flek] ❖ noun moucheture *f*, petite tache *f*. ❖ vt ▶ **flecked with** moucheté(e) de.

fled [fled] pt & pp ⟶ **flee**.

flee [fliː] *(pt & pp fled)* vt & vi fuir.

fleece [fliːs] ❖ noun [animal] toison *f* ; [fabric] polaire *f*. ❖ vt *inf* escroquer.

fleet [fliːt] noun **1.** [of ships] flotte *f* **2.** [of cars, buses] parc *m*.

fleeting [ˈfliːtɪŋ] adj [moment] bref (brève) ; [look] fugitif(ive) ; [visit] éclair *(inv)*.

Fleet Street noun *rue de la City de Londres dont le nom est utilisé pour désigner la presse britannique.*

Flemish [ˈflemɪʃ] ❖ adj flamand(e). ❖ noun [language] flamand *m*. ❖ pl n ▶ **the Flemish** les Flamands *mpl*.

flesh [fleʃ] noun chair *f* ▶ **his / her flesh and blood** [family] les siens.

flesh wound noun blessure *f* superficielle.

flew [fluː] pt ⟶ **fly**.

flex [fleks] ❖ noun ELEC fil *m*. ❖ vt [bend] fléchir.

flexible [ˈfleksəbl] adj flexible.

flexitime [ˈfleksɪtaɪm], **flextime** US [ˈflekstaɪm] noun *(U)* horaire *m* à la carte OR flexible.

flick [flɪk] ❖ noun **1.** [of whip, towel] petit coup *m* **2.** [with finger] chiquenaude *f* **3.** *inf* CIN film *m*. ❖ vt [switch] appuyer sur. ◆ **flick through** vt insep feuilleter.

flicker [ˈflɪkər] vi **1.** [candle, light] vaciller **2.** [shadow] trembler ; [eyelids] ciller.

flick knife noun UK couteau *m* à cran d'arrêt.

flier [ˈflaɪər] noun **1.** [pilot] aviateur *m*, -trice *f* **2.** [aircraft passenger] passager *m*, -ère *f* **3.** [advertising leaflet] prospectus *m*.

flight [flaɪt] noun **1.** [gen] vol *m* **2.** [of steps, stairs] volée *f* **3.** [escape] fuite *f*.

flight attendant noun steward *m*, hôtesse *f* de l'air.

flight crew noun équipage *m*.

flight deck noun **1.** [of aircraft carrier] pont *m* d'envol **2.** [of plane] cabine *f* de pilotage.

flimsy [ˈflɪmzɪ] adj [dress, material] léger(ère) ; [building, bookcase] peu solide ; [excuse] piètre.

flinch [flɪntʃ] vi tressaillir ▶ **to flinch from sthg / from doing sthg** reculer devant qqch / à l'idée de faire qqch.

fling [flɪŋ] ❖ noun *inf* [affair] aventure *f*, affaire *f*. ❖ vt *(pt & pp flung)* lancer.

flint [flɪnt] noun **1.** [rock] silex *m* **2.** [in lighter] pierre *f*.

flip [flɪp] ◆ vt **1.** [turn - pancake] faire sauter ; [- record] tourner **2.** [switch] appuyer sur. ◆ noun **1.** [flick] chiquenaude f **2.** [somersault] saut m périlleux. ◆ **flip through** vt insep feuilleter.

flip-flop noun [shoe] tong f.

flippant ['flɪpənt] adj désinvolte.

flipper ['flɪpər] noun **1.** [of animal] nageoire f **2.** [for swimmer, diver] palme f.

flip phone noun téléphone m à clapet.

flip side noun **1.** fig [disadvantage of] inconvénient m / the flip side was that I felt lonely le côté négatif était que je me sentais seul **2.** [of record] face f B.

flirt [flɜːt] ◆ noun flirt m. ◆ vi [with person] ▶ **to flirt (with sb)** flirter (avec qqn).

flirtatious [flɜː'teɪʃəs] adj flirteur(euse).

flit [flɪt] vi [bird] voleter.

float [fləʊt] ◆ noun **1.** [for buoyancy] flotteur m **2.** [in procession] char m **3.** [money] petite caisse f. ◆ vt [on water] faire flotter. ◆ vi [on water] flotter ; [through air] glisser.

flock [flɒk] noun **1.** [of birds] vol m ; [of sheep] troupeau m **2.** fig [of people] foule f.

flog [flɒg] vt **1.** [whip] flageller **2.** UK inf [sell] refiler.

flood [flʌd] ◆ noun **1.** [of water] inondation f **2.** [great amount] déluge m, avalanche f. ◆ vt **1.** [with water, light] inonder **2.** [overwhelm] ▶ **to flood sthg (with)** inonder qqch (de).

flooding ['flʌdɪŋ] noun (U) inondations fpl.

floodlight ['flʌdlaɪt] noun projecteur m.

floodlit ['flʌdlɪt] adj [match, ground] éclairé(e) (avec des projecteurs) ; [building] illuminé(e).

floor [flɔːr] ◆ noun **1.** [of room - gen] sol m ; [of club, disco] piste f **2.** [of valley, sea, forest] fond m **3.** [storey] étage m **4.** [at meeting, debate] auditoire m. ◆ vt **1.** [knock down] terrasser **2.** [baffle] dérouter.

floorboard ['flɔːbɔːd] noun plancher m.

floor lamp noun US lampadaire m.

flop [flɒp] inf noun [failure] fiasco m.

floppy ['flɒpɪ] adj [ears, flower] tombant(e) ; [collar] lâche.

floppy (disk) noun disquette f, disque m souple.

flora ['flɔːrə] noun flore f.

florid ['flɒrɪd] adj **1.** [red] rougeaud(e) **2.** [extravagant] fleuri(e).

florist ['flɒrɪst] noun fleuriste mf ▶ **florist's (shop)** magasin m de fleuriste.

floss [flɒs] ◆ noun (U) **1.** [silk] bourre f de soie **2.** [dental floss] fil m dentaire. ◆ vt ▶ **to floss one's teeth** se nettoyer les dents au fil dentaire.

flotsam ['flɒtsəm] noun (U) ▶ **flotsam and jetsam** a) débris mpl b) fig épaves fpl.

flounder ['flaʊndər] vi **1.** [in water, mud, snow] patauger **2.** [in conversation] bredouiller.

flour ['flaʊər] noun farine f.

flourish ['flʌrɪʃ] ◆ vi [plant, flower] bien pousser ; [children] être en pleine santé ; [company, business] prospérer ; [arts] s'épanouir. ◆ vt brandir. ◆ noun grand geste m.

flout [flaʊt] vt bafouer.

flow [fləʊ] ◆ noun **1.** [movement - of water, information] circulation f ; [- of funds] mouvement m ; [- of words] flot m **2.** [of tide] flux m. ◆ vi **1.** [gen] couler **2.** [traffic,] s'écouler **3.** [hair, clothes] flotter **4.** [days, weeks] ▶ **to flow by** s'écouler.

flow chart, flow diagram noun organigramme m.

flower ['flaʊər] ◆ noun fleur f. ◆ vi [bloom] fleurir.

flowerbed ['flaʊəbed] noun parterre m.

flowerpot ['flaʊəpɒt] noun pot m de fleurs.

flowery ['flaʊərɪ] adj **1.** [dress, material] à fleurs **2.** pej [style] fleuri(e).

flown [fləʊn] pp ⟶ **fly**.

flu [fluː] noun (U) grippe f.

fluctuate ['flʌktʃʊeɪt] vi [rate, temperature, results] fluctuer.

fluency ['fluːənsɪ] noun aisance f.

fluent ['fluːənt] adj **1.** [in foreign language] ▶ **to speak fluent French** parler couramment le français **2.** [writing, style] coulant(e), aisé(e).

fluff [flʌf] noun (U) **1.** [down] duvet m **2.** [dust] moutons mpl.

fluffy ['flʌfɪ] adj duveteux(euse) ; [toy] en peluche.

fluid ['fluːɪd] ◆ noun fluide m ; [in diet, for cleaning] liquide m. ◆ adj **1.** [flowing] fluide **2.** [unfixed] changeant(e).

fluid ounce noun = 0,03 litre.

fluke [fluːk] noun inf [chance] coup m de bol.

flummox ['flʌməks] vt désarçonner.

flung [flʌŋ] pt & pp ⟶ **fling**.

flunk [flʌŋk] **US** *inf* vt **1.** [exam, test] rater **2.** [student] recaler.

fluorescent [fluə'resənt] adj fluorescent(e).

fluoride ['fluəraɪd] noun fluorure *m*.

flurry ['flʌrɪ] noun **1.** [of snow] rafale *f* **2.** *fig* [of objections] concert *m* ; [of activity, excitement] débordement *m*.

flush [flʌʃ] ◆ adj [level] ▶ **flush with** de niveau avec. ◆ noun **1.** [in lavatory] chasse *f* d'eau **2.** [blush] rougeur *f* **3.** [sudden feeling] accès *m*. ◆ vt [toilet] ▶ **to flush the toilet** tirer la chasse d'eau. ◆ vi [blush] rougir.

flushed [flʌʃt] adj **1.** [red-faced] rouge **2.** [excited] ▶ **flushed with** exalté(e) par.

flustered ['flʌstəd] adj troublé(e).

flute [fluːt] noun MUS flûte *f*.

flutter ['flʌtə*r*] ◆ noun **1.** [of wings] battement *m* **2.** *inf* [of excitement] émoi *m*. ◆ vi **1.** [bird, insect] voleter ; [wings] battre **2.** [flag, dress] flotter.

flux [flʌks] noun [change] ▶ **to be in a state of flux** être en proie à des changements permanents.

fly [flaɪ] ◆ noun **1.** [insect] mouche *f* **2.** [of trousers] braguette *f*. ◆ vt (*pt* **flew**, *pp* **flown**) **1.** [kite, plane] faire voler **2.** [passengers, supplies] transporter par avion **3.** [flag] faire flotter. ◆ vi (*pt* **flew**, *pp* **flown**) **1.** [bird, insect, plane] voler **2.** [pilot] faire voler un avion **3.** [passenger] voyager en avion **4.** [move fast, pass quickly] filer **5.** [flag] flotter. ◆ **fly away** vi s'envoler.

flyer ['flaɪə*r*] = **flier**.

flying ['flaɪɪŋ] ◆ adj volant(e). ◆ noun aviation *f* ▶ **to like flying** aimer prendre l'avion.

flying colours **UK**, **flying colors** **US** pl n ▶ **to pass (sthg) with flying colours** réussir (qqch) haut la main.

flying saucer noun soucoupe *f* volante.

flying start noun ▶ **to get off to a flying start** prendre un départ sur les chapeaux de roue.

flying visit noun visite *f* éclair.

flyover ['flaɪ,əʊvə*r*] noun **UK** saut-de-mouton *m*.

FM noun (*abbr of* **frequency modulation**) FM *f*.

foal [fəʊl] noun poulain *m*.

foam [fəʊm] ◆ noun (*U*) **1.** [bubbles] mousse *f* **2.** ▶ **foam (rubber)** caoutchouc *m* Mousse®. ◆ vi [water, champagne] mousser.

fob [fɒb] ◆ **fob off** vt sep repousser ▶ **to fob sthg off on sb** refiler qqch à qqn ▶ **to fob sb off with sthg** se débarrasser de qqn à l'aide de qqch.

focal point noun foyer *m* ; *fig* point *m* central.

focus ['fəʊkəs] ◆ noun (*pl* **-cuses** or **-ci**) **1.** PHOT mise *f* au point ▶ **in focus** net ▶ **out of focus** flou **2.** [centre - of rays] foyer *m* ; [- of earthquake] centre *m*. ◆ vt [lens, camera] mettre au point. ◆ vi **1.** [with camera, lens] se fixer ; [eyes] accommoder ▶ **to focus on sthg** fixer qqch **2.** [attention] ▶ **to focus on sthg** *fig* se concentrer sur qqch.

fodder ['fɒdə*r*] noun (*U*) fourrage *m*.

foe [fəʊ] noun *liter* ennemi *m*.

foetus **UK**, **fetus** **US** ['fiːtəs] noun fœtus *m*.

fog [fɒg] noun (*U*) brouillard *m*.

foggy ['fɒgɪ] adj [misty] brumeux(euse).

foghorn ['fɒghɔːn] noun sirène *f* de brume.

fog lamp **UK**, **fog light** **US** noun feu *m* de brouillard.

foible ['fɔɪbl] noun marotte *f*.

foil [fɔɪl] ◆ noun **1.** (*U*) [metal sheet - of tin, silver] feuille *f* **2.** CULIN papier *m* d'aluminium. ◆ vt déjouer.

fold [fəʊld] ◆ vt **1.** [bend, close up] plier ▶ **to fold one's arms** croiser les bras **2.** [wrap] envelopper. ◆ vi **1.** [close up - table, chair] se plier ; [- petals, leaves] se refermer **2.** *inf* [company, project] échouer ; THEAT quitter l'affiche. ◆ noun **1.** [in material, paper] pli *m* **2.** [for animals] parc *m* **3.** *fig* [spiritual home] ▶ **the fold** le bercail. ◆ **fold up** ◆ vt sep plier. ◆ vi **1.** [close up - table, map] se plier ; [- petals, leaves] se refermer **2.** [company, project] échouer.

folder ['fəʊldə*r*] noun [for papers - wallet] chemise *f* ; [- binder] classeur *m*.

folding ['fəʊldɪŋ] adj [table, umbrella] pliant(e) ; [doors] en accordéon.

foliage ['fəʊlɪɪdʒ] noun feuillage *m*.

folk [fəʊk] ◆ adj [art, dancing] folklorique ; [medicine] populaire. ◆ pl n [people] gens *mpl*. ◆ **folks** pl n *inf* [relatives] famille *f*.

folklore ['fəʊklɔː*r*] noun folklore *m*.

folk music noun musique *f* folk.

folk song noun chanson *f* folk.

follow ['fɒləʊ] ◆ vt suivre. ◆ vi **1.** [gen] suivre **2.** [be logical] tenir debout ▶ **it follows that...** il s'ensuit que.... ◆ **follow up** vt sep **1.** [pursue - idea, suggestion] prendre en considération ; [- advertisement] donner suite à

2. [complete] ▶ **to follow sthg up with** faire suivre qqch de.

follower ['fɒləʊər] noun [believer] disciple *mf*.

following ['fɒləʊɪŋ] ❖ adj suivant(e). ❖ noun groupe *m* d'admirateurs. ❖ prep après.

follow-up ❖ adj complémentaire. ❖ noun suite *f*.

folly ['fɒlɪ] noun (U) [foolishness] folie *f*.

fond [fɒnd] adj [affectionate] affectueux(euse) ▶ **to be fond of** aimer beaucoup.

fondle ['fɒndl] vt caresser.

font [fɒnt] noun **1.** [in church] fonts *mpl* baptismaux **2.** COMPUT & TYPO police *f* (de caractères).

food [fu:d] noun nourriture *f*.

food chain noun chaîne *f* alimentaire.

food mixer noun mixer *m*.

food poisoning [-,pɔɪznɪŋ] noun intoxication *f* alimentaire.

food processor [-,prəʊsesər] noun robot *m* ménager.

foodstuffs ['fu:dstʌfs] pl n denrées *fpl* alimentaires.

fool [fu:l] ❖ noun **1.** [idiot] idiot *m*, -e *f* **2.** ⓊⓀ [dessert] ≃ mousse *f*. ❖ vt duper ▶ **to fool sb into doing sthg** amener qqn à faire qqch en le dupant. ❖ vi faire l'imbécile. ◆ **fool about, fool around** vi **1.** [behave foolishly] faire l'imbécile **2.** *inf* [be unfaithful] être infidèle.

foolhardy ['fu:l,hɑ:dɪ] adj téméraire.

foolish ['fu:lɪʃ] adj idiot(e), stupide.

foolproof ['fu:lpru:f] adj infaillible.

foot [fʊt] ❖ noun **1.** (pl **feet** [fi:t]) [gen] pied *m* ; [of animal] patte *f* ; [of page, stairs] bas *m* ▶ **to be on one's feet** être debout ▶ **to get to one's feet** se mettre debout, se lever ▶ **to put one's foot in it** mettre les pieds dans le plat ▶ **to put one's feet up** se reposer **2.** (pl inv or **feet**) [unit of measurement] = 30,48 cm ; ≃ pied *m*. ❖ vt *inf* ▶ **to foot the bill** payer la note.

footage ['fʊtɪdʒ] noun (U) séquences *fpl*.

football ['fʊtbɔ:l] noun **1.** [game - soccer] football *m*, foot *m* ; [- American football] football américain **2.** [ball] ballon *m* de football or foot.

footballer ['fʊtbɔ:lər] noun ⓊⓀ joueur *m*, -euse *f* de football, footballeur *m*, -euse *f*.

football ground noun ⓊⓀ terrain *m* de football.

football player = footballer.

footbridge ['fʊtbrɪdʒ] noun passerelle *f*.

foothills ['fʊthɪlz] pl n contreforts *mpl*.

foothold ['fʊthəʊld] noun prise *f* (de pied).

footing ['fʊtɪŋ] noun **1.** [foothold] prise *f* ▶ **to lose one's footing** trébucher **2.** *fig* [basis] position *f*.

footlights ['fʊtlaɪts] pl n THEAT rampe *f*.

footnote ['fʊtnəʊt] noun note *f* en bas de page.

footpath ['fʊtpɑ:θ] (pl [-pɑ:ðz]) noun sentier *m*.

footprint ['fʊtprɪnt] noun empreinte *f* (de pied), trace *f* (de pas).

footstep ['fʊtstep] noun **1.** [sound] bruit *m* de pas **2.** [footprint] empreinte *f* (de pied).

footwear ['fʊtweər] noun (U) chaussures *fpl*.

for [fɔ:r] ❖ prep **1.** [referring to intention, destination, purpose] pour / this is for you c'est pour vous / the plane for Paris l'avion à destination de Paris / let's meet for a drink retrouvons-nous pour prendre un verre / we did it for a laugh on l'a fait pour rire ▶ **what's it for ?** ça sert à quoi ? **2.** [representing, on behalf of] pour / the MP for Barnsley le député de Barnsley / let me do that for you laissez-moi faire, je vais vous le faire **3.** [because of] pour, en raison de / for various reasons pour plusieurs raisons / a prize for swimming un prix de natation / for fear of being ridiculed de or par peur d'être ridiculisé **4.** [with regard to] pour ▶ **to be ready for sthg** être prêt à or pour qqch / it's not for me to say ce n'est pas à moi à le dire ▶ **to be young for one's age** être jeune pour son âge ▶ **to feel sorry for sb** plaindre qqn **5.** [indicating amount of time, space] : there's no time for that now on n'a pas le temps de faire cela or de s'occuper de cela maintenant / there's room for another person il y a de la place pour encore une personne **6.** [indicating period of time] : she'll be away for a month elle sera absente (pendant) un mois / we talked for hours on a parlé pendant des heures / I've lived here for 3 years j'habite ici depuis 3 ans, cela fait 3 ans que j'habite ici / I can do it for you for tomorrow je peux vous le faire pour demain **7.** [indicating distance] pendant, sur / for 50 kilometres pendant or sur 50 kilomètres / I walked for miles j'ai marché (pendant) des kilomètres **8.** [indicating particular occasion] pour / for Christmas pour Noël **9.** [indicating amount of money, price] : they're 50p for ten cela coûte 50p les dix / I bought / sold it *for £10* je l'ai acheté/vendu 10 livres **10.** [in favour of, in support of] pour ▸ *to vote for sthg* voter pour qqch ▸ *to be all for sthg* être tout à fait pour **OR** en faveur de qqch **11.** [in ratios] pour **12.** [indicating meaning, exchange] : *P for Peter* P comme Peter / *what's the Greek for "mother"?* comment dit-on « mère » en grec ? ❖ conj *fml* [as, since] car. ◆ **for all** ❖ prep malgré / *for all his money...* malgré tout son argent.... ❖ conj ▸ **for all I know** pour autant que je sache. ◆ **for ever** adv = forever.

forage ['fɒrɪdʒ] vi ▸ **to forage (for)** fouiller (pour trouver).

foray ['fɒreɪ] noun ▸ **foray (into)** *liter* incursion *f* (dans).

forbad [fə'bæd], **forbade** [fə'beɪd] pt ⟶ **forbid**.

forbid [fə'bɪd] (*pt* -**bade** *or* -**bad**, *pp* forbid *or* -**bidden**) vt interdire, défendre ▸ **to forbid sb to do sthg** interdire **OR** défendre à qqn de faire qqch.

forbidden [fə'bɪdn] ❖ pp ⟶ **forbid**. ❖ adj interdit(e), défendu(e).

forbidding [fə'bɪdɪŋ] adj [severe, unfriendly] austère ; [threatening] sinistre.

force [fɔːs] ❖ noun **1.** [gen] force *f* / *the force of gravity* la pesanteur ▸ **by force** de force **2.** [effect] ▸ **to be in/to come into force** être/entrer en vigueur. ❖ vt **1.** [gen] forcer ▸ **to force sb to do sthg** forcer qqn à faire qqch **2.** [press] ▸ **to force sthg on sb** imposer qqch à qqn. ◆ **forces** pl n ▸ **the forces** les forces *fpl* armées ▸ **to join forces** joindre ses efforts.

forced [fɔːst] adj forcé(e).

force-feed vt nourrir de force.

forceful ['fɔːsful] adj [person] énergique ; [speech] vigoureux(euse).

forceps ['fɔːseps] pl n forceps *m*.

forcibly ['fɔːsəblɪ] adv **1.** [using physical force] de force **2.** [powerfully] avec vigueur.

ford [fɔːd] noun gué *m*.

fore [fɔːr] ❖ adj NAUT à l'avant. ❖ noun ▸ **to come to the fore** s'imposer.

forearm ['fɔːrɑːm] noun avant-bras *m inv*.

foreboding [fɔː'bəʊdɪŋ] noun pressentiment *m*.

forecast ['fɔːkɑːst] ❖ noun prévision *f* ▸ **(weather) forecast** prévisions météorologiques. ❖ vt (*pt & pp* forecast *or* -ed) prévoir.

foreclose [fɔː'kləʊz] ❖ vt saisir. ❖ vi ▸ **to foreclose on sb** saisir les biens de qqn.

forecourt ['fɔːkɔːt] noun [of petrol station] . devant *m* ; [of building] avant-cour *f*.

forefinger ['fɔː,fɪŋgər] noun index *m*.

forefront ['fɔːfrʌnt] noun ▸ **in OR at the forefront of** au premier plan de.

forego [fɔː'gəʊ] = **forgo**.

foregone conclusion ['fɔː'gɒn-] noun ▸ **it's a foregone conclusion** c'est couru.

foreground ['fɔːgraund] noun premier plan *m*.

forehand ['fɔːhænd] noun TENNIS coup *m* droit.

forehead ['fɔːhed] noun front *m*.

foreign ['fɒrən] adj **1.** [gen] étranger(ère) ; [correspondent] à l'étranger **2.** [policy, trade] extérieur(e).

foreign affairs pl n affaires *fpl* étrangères.

foreign currency noun *(U)* devises *fpl* étrangères.

foreigner ['fɒrənər] noun étranger *m*, -ère *f*.

foreign minister noun ministre *m* des Affaires étrangères.

Foreign Office noun **UK** ▸ **the Foreign Office** ≃ le ministère des Affaires étrangères.

Foreign Secretary noun **UK** ≃ ministre *m* des Affaires étrangères.

foreleg ['fɔːleg] noun [of horse] membre *m* antérieur ; [of other animals] patte *f* de devant.

foreman ['fɔːmən] (*pl* -men) noun **1.** [of workers] contremaître *m*, -esse *f* **2.** LAW président *m* du jury.

foremost ['fɔːməust] ❖ adj principal(e). ❖ adv ▸ **first and foremost** tout d'abord.

forensic [fə'rensɪk] adj [department, investigation] médico-légal(e).

forensic medicine, **forensic science** noun médecine *f* légale.

forerunner ['fɔː,rʌnər] noun précurseur *m*.

foresee [fɔː'siː] (*pt* -saw, *pp* -seen) vt prévoir.

foreseeable [fɔː'siːəbl] adj prévisible ▸ **for the foreseeable future** pour tous les jours/ mois etc. à venir.

foreseen [fɔː'siːn] pp ⟶ **foresee**.

foreshadow [fɔː'ʃædəʊ] vt présager.

foresight ['fɔːsaɪt] noun *(U)* prévoyance *f*.

forest ['fɒrɪst] noun forêt *f*.

forestall [fɔː'stɔːl] vt [attempt, discussion] prévenir ; [person] devancer.

forestry ['fɒrɪstrɪ] noun sylviculture *f*.

foretaste ['fɔːteɪst] noun avant-goût *m*.

foretell [fɔːˈtel] (*pt & pp* **-told**) vt prédire.

foretold [fɔːˈtəʊld] pt & pp ⟶ **foretell**.

forever [fəˈrevər] adv [eternally] (pour) toujours.

forewarn [fɔːˈwɔːn] vt avertir.

foreword [ˈfɔːwɜːd] noun avant-propos *m inv.*

forfeit [ˈfɔːfɪt] ❖ noun amende *f* ; [in game] gage *m.* ❖ vt perdre.

forgave [fəˈgeɪv] pt ⟶ **forgive**.

forge [fɔːdʒ] ❖ noun forge *f.* ❖ vt 1. INDUST forger 2. [signature, money] contrefaire ; [passport] falsifier. ❖ **forge ahead** vi prendre de l'avance.

forger [ˈfɔːdʒər] noun faussaire *mf.*

forgery [ˈfɔːdʒərɪ] noun 1. (U) [crime] contrefaçon *f* 2. [forged article] faux *m.*

forget [fəˈget] (pt **-got**, pp **-gotten**) ❖ vt oublier ▶ **to forget to do sthg** oublier de faire qqch ▶ **forget it!** laisse tomber ! ❖ vi ▶ **to forget (about sthg)** oublier (qqch).

forgetful [fəˈgetfʊl] adj distrait(e), étourdi(e).

forget-me-not noun myosotis *m.*

forgive [fəˈgɪv] (pt **-gave**, pp **-given**) vt pardonner ▶ **to forgive sb for sthg/for doing sthg** pardonner qqch à qqn/à qqn d'avoir fait qqch.

forgiveness [fəˈgɪvnɪs] noun (U) pardon *m.*

forgo [fɔːˈgəʊ] (pt **-went**, pp **-gone**) vt *fml* renoncer à.

forgot [fəˈgɒt] pt ⟶ **forget**.

forgotten [fəˈgɒtn] pp ⟶ **forget**.

fork [fɔːk] ❖ noun 1. [for eating] fourchette *f* 2. [for gardening] fourche *f* 3. [in road] bifurcation *f* ; [of river] embranchement *m.* ❖ vi bifurquer. ❖ **fork out** *inf* ❖ vt insep allonger, débourser. ❖ vi ▶ **to fork out (for)** casquer (pour).

forklift truck [ˈfɔːklɪft-] noun chariot *m* élévateur.

forlorn [fəˈlɔːn] adj 1. [person, face] malheureux(euse), triste 2. [place, landscape] désolé(e) 3. [hope, attempt] désespéré(e).

form [fɔːm] ❖ noun 1. [shape, fitness, type] forme *f* ▶ **on form** UK, **in form** US en pleine forme ▶ **off form** UK pas en forme ▶ **in the form of** sous forme de 2. [questionnaire] formulaire *m* 3. UK SCH classe *f.* ❖ vt former. ❖ vi se former.

formal [ˈfɔːml] adj 1. [official, conventional] officiel(elle) 2. [person] formaliste ; [language] soutenu(e).

formality [fɔːˈmælətɪ] noun formalité *f.*

format [ˈfɔːmæt] ❖ noun [gen & COMPUT] format *m.* ❖ vt COMPUT formater.

formation [fɔːˈmeɪʃn] noun 1. [gen] formation *f* 2. [of idea, plan] élaboration *f.*

formative [ˈfɔːmətɪv] adj formateur(trice).

former [ˈfɔːmər] ❖ adj 1. [previous] ancien(enne) ▶ **former husband** ex-mari *m* ▶ **former pupil** ancien élève *m*, ancienne élève *f* 2. [first of two] premier(ère). ❖ noun ▶ **the former** le premier (la première), celui-là (celle-là).

formerly [ˈfɔːməlɪ] adv autrefois.

formidable [ˈfɔːmɪdəbl] adj redoutable, terrible.

formula [ˈfɔːmjʊlə] (pl **-as** or **-ae**) noun formule *f.*

formulate [ˈfɔːmjʊleɪt] vt formuler.

forsake [fəˈseɪk] (pt **forsook**, pp **forsaken**) vt *liter* [person] abandonner ; [habit] renoncer à.

forsaken [fəˈseɪkn] adj abandonné(e).

forsook [fəˈsʊk] pt ⟶ **forsake**.

fort [fɔːt] noun fort *m.*

forte [ˈfɔːtɪ] noun point *m* fort.

forth [fɔːθ] adv *liter* en avant.

forthcoming [fɔːθˈkʌmɪŋ] adj 1. [imminent] à venir 2. [helpful] communicatif(ive).

forthright [ˈfɔːθraɪt] adj franc (franche), direct(e).

forthwith [ˌfɔːθˈwɪθ] adv *fml* aussitôt.

fortified wine [ˈfɔːtɪfaɪd-] noun vin *m* de liqueur.

fortify [ˈfɔːtɪfaɪ] vt 1. MIL fortifier 2. *fig* [resolve] renforcer.

fortnight [ˈfɔːtnaɪt] noun UK quinze jours *mpl*, quinzaine *f.*

fortnightly [ˈfɔːtˌnaɪtlɪ] ❖ adj UK bimensuel(elle). ❖ adv tous les quinze jours.

fortress [ˈfɔːtrɪs] noun forteresse *f.*

fortunate [ˈfɔːtʃnət] adj heureux(euse) ▶ **to be fortunate** avoir de la chance.

fortunately [ˈfɔːtʃnətlɪ] adv heureusement.

fortune [ˈfɔːtʃuːn] noun 1. [wealth] fortune *f* 2. [luck] fortune *f*, chance *f* 3. [future] ▶ **to tell sb's fortune** dire la bonne aventure à qqn.

fortune-teller [-ˌtelər] noun diseuse *f* de bonne aventure.

forty [ˈfɔːtɪ] num quarante. *See also* **sixty**.

forty winks pl n *inf* petit somme *m.*

forum ['fɔ:rəm] (*pl* **-s**) noun **1.** [gén] forum *m*, tribune *f* **2.** INTERNET forum *m*.

forward ['fɔ:wəd] ❖ adj **1.** [movement] en avant **2.** [planning] à long terme **3.** [impudent] effronté(e). ❖ adv **1.** [ahead] en avant ▶ **to go** OR **move forward** avancer **2.** [in time] ▶ **to bring a meeting forward** avancer la date d'une réunion. ❖ noun SPORT avant *m*. ❖ vt [letter] faire suivre ; [goods] expédier.

forwarding address ['fɔ:wədɪŋ-] noun adresse *f* où faire suivre le courrier.

forwards ['fɔ:wədz] adv = **forward**.

forward slash noun COMPUT barre *f* oblique.

forwent [fɔ:'went] pt ⟶ **forgo**.

fossil ['fɒsl] noun fossile *m*.

foster ['fɒstər] ❖ adj [family] d'accueil. ❖ vt **1.** [child] accueillir **2.** *fig* [nurture] nourrir, entretenir.

foster child noun enfant *m* placé en famille d'accueil.

foster parent noun parent *m* nourricier.

fought [fɔ:t] pt & pp ⟶ **fight**.

foul [faʊl] ❖ adj **1.** [gen] infect(e) ; [water] croupi(e) **2.** [language] grossier(ère), ordurier(ère). ❖ noun SPORT faute *f*. ❖ vt *fml* **1.** [make dirty] souiller, salir **2.** SPORT commettre une faute contre.

foul-mouthed [-'maʊðd] adj au langage grossier.

found [faʊnd] ❖ pt & pp ⟶ **find**. ❖ vt **1.** [hospital, town] fonder **2.** [base] ▶ **to found sthg on** fonder OR baser qqch sur.

foundation [faʊn'deɪʃn] noun **1.** [creation, organization] fondation *f* **2.** [basis] fondement *m*, base *f* **3.** ▶ **foundation (cream)** fond *m* de teint. ◆ **foundations** pl n CONSTR fondations *fpl*.

founder ['faʊndər] ❖ noun fondateur *m*, -trice *f*. ❖ vi [ship] sombrer.

foundry ['faʊndrɪ] noun fonderie *f*.

fountain ['faʊntɪn] noun fontaine *f*.

fountain pen noun stylo *m* à encre.

four [fɔ:r] num quatre ▶ **on all fours** à quatre pattes. *See also* **six**.

four-letter word noun mot *m* grossier.

four-poster (bed) noun lit *m* à baldaquin.

foursome ['fɔ:səm] noun groupe *m* de quatre.

fourteen [,fɔ:'ti:n] num quatorze. *See also* **six**.

fourth [fɔ:θ] num quatrième. *See also* **sixth**.

Fourth of July noun ▶ **the Fourth of July** *Fête de l'Indépendance américaine, célébrée le 4 juillet.*

four-wheel drive noun ▶ **with four-wheel drive** à quatre roues motrices.

fowl [faʊl] (*pl inv* or **-s**) noun volaille *f*.

fox [fɒks] ❖ noun renard *m*. ❖ vt laisser perplexe.

foxglove ['fɒksglʌv] noun digitale *f*.

foxy ['fɒksɪ] adj *inf* [sexy] sexy *(inv)*.

foyer ['fɔɪeɪ] noun **1.** [of hotel, theatre] foyer *m* **2.** US [of house] hall *m* d'entrée.

fracas ['fræka:, US 'freɪkəs] (UK *pl inv*, US *pl* **-ses**) noun bagarre *f*.

fraction ['frækʃn] noun fraction *f* / *a fraction too big* légèrement OR un petit peu trop grand.

fractionally ['frækʃnəlɪ] adv un tout petit peu.

fractious ['frækʃəs] adj grincheux(euse).

fracture ['fræktʃər] ❖ noun fracture *f*. ❖ vt fracturer.

fragile ['frædʒaɪl] adj fragile.

fragment noun ['frægmənt] fragment *m*.

fragrance ['freɪgrəns] noun parfum *m*.

fragrant ['freɪgrənt] adj parfumé(e).

frail [freɪl] adj fragile.

frame [freɪm] ❖ noun **1.** [gen] cadre *m* ; [of glasses] monture *f* ; [of door, window] encadrement *m* ; [of boat] carcasse *f* **2.** [physique] charpente *f*. ❖ vt **1.** [gen] encadrer **2.** [express] formuler **3.** *inf* [set up] monter un coup contre.

frame of mind noun état *m* d'esprit.

framework ['freɪmwɜ:k] noun **1.** [structure] armature *f*, carcasse *f* **2.** *fig* [basis] structure *f*, cadre *m*.

France [frɑ:ns] noun France *f* ▶ **in France** en France.

franchise ['fræntʃaɪz] noun **1.** POL droit *m* de vote **2.** COMM franchise *f*.

frank [fræŋk] ❖ adj franc (franche). ❖ vt UK affranchir.

frankly ['fræŋklɪ] adv franchement.

frantic ['fræntɪk] adj frénétique.

fraternity [frə'tɜ:nətɪ] noun **1.** [community] confrérie *f* **2.** *(U)* [friendship] fraternité *f* **3.** US [of students] club *m* d'étudiants *(de sexe masculin)*.

fraternize, fraternise UK ['frætənaɪz] vi fraterniser.

fraud [frɔːd] noun **1.** (U) [crime] fraude f **2.** pej [impostor] imposteur m.

fraudulent ['frɔːdjʊlənt] adj frauduleux(euse).

fraught [frɔːt] adj **1.** [full] ▸ **fraught with** plein(e) de **2.** UK [person] tendu(e) ; [time, situation] difficile.

fray [freɪ] ◆ vt fig : my nerves were frayed j'étais très tendu(e), j'étais à bout de nerfs. ◆ vi [material, sleeves] s'user / tempers frayed fig l'atmosphère était tendue OR électrique. ◆ noun liter bagarre f.

frayed [freɪd] adj [jeans, collar] élimé(e).

freak [friːk] ◆ adj bizarre, insolite. ◆ noun **1.** [strange creature] monstre m, phénomène m **2.** [unusual event] accident m bizarre **3.** inf [fanatic] fana mf ; [addict] accro mf. ◆ **freak out** inf vi [get angry] exploser (de colère) ; [panic] paniquer.

freaky ['friːkɪ] adj inf bizarre, insolite.

freckle ['frekl] noun tache f de rousseur.

free [friː] ◆ adj (compar **freer**, superl **freest**) **1.** [gen] libre ▸ **to be free to do sthg** être libre de faire qqch ▸ **feel free!** je t'en prie ! ▸ **to set free** libérer **2.** [not paid for] gratuit(e). ◆ adv **1.** [without payment] gratuitement ▸ **free of charge** gratuitement ▸ **for free** gratuitement **2.** [run, live] librement. ◆ vt (pt & pp **freed**) **1.** [gen] libérer **2.** [trapped person, object] dégager.

freebie ['friːbɪ] noun inf faveur f.

freedom ['friːdəm] noun **1.** [gen] liberté f ▸ **freedom of speech** liberté d'expression **2.** [exception] ▸ **freedom (from)** exemption f (de).

Freefone® ['friːfəʊn] noun (U) UK ≃ numéro m vert.

free-for-all noun mêlée f générale.

free gift noun prime f.

freehand ['friːhænd] adj & adv à main levée.

freehold ['friːhəʊld] noun propriété f foncière inaliénable.

free house noun UK pub m en gérance libre.

free kick noun coup m franc.

freelance ['friːlɑːns] ◆ adj indépendant(e), free-lance (inv). ◆ noun indépendant m, -e f, free-lance mf inv.

freely ['friːlɪ] adv **1.** [gen] librement **2.** [generously] sans compter.

Freemason ['friː,meɪsn] noun franc-maçon m.

Freepost® ['friːpəʊst] noun UK port m payé.

free-range adj de ferme.

free spirit noun non-conformiste mf.

freestanding [,friː'stændɪŋ] adj [furniture] non-encastré(e).

freestyle ['friːstaɪl] noun [in swimming] nage f libre.

free trade noun (U) libre-échange m.

freeway ['friːweɪ] noun US autoroute f.

freewheel [,friː'wiːl] vi [on bicycle] rouler en roue libre ; [in car] rouler au point mort.

free will noun (U) libre arbitre m ▸ **to do sthg of one's own free will** faire qqch de son propre gré.

freeze [friːz] ◆ vt (pt **froze**, pp **frozen**) **1.** [gen] geler ; [food] congeler **2.** [wages, prices] bloquer. ◆ vi (pt **froze**, pp **frozen**) **1.** [gen] geler **2.** [stop moving] s'arrêter. ◆ noun **1.** [cold weather] gel m **2.** [of wages, prices] blocage m.

freeze-dried [-'draɪd] adj lyophilisé(e).

freezer ['friːzər] noun congélateur m.

freezing ['friːzɪŋ] ◆ adj glacé(e) / I'm freezing je gèle. ◆ noun = **freezing point**.

freezing point noun point m de congélation.

freight [freɪt] noun [goods] fret m.

freight train noun US train m de marchandises.

French [frentʃ] ◆ adj français(e). ◆ noun [language] français m. ◆ pl n ▸ **the French** les Français mpl.

French bean noun UK haricot m vert.

French bread noun (U) baguette f.

French Canadian ◆ adj canadien français (canadienne française). ◆ noun Canadien français m, Canadienne française f.

French doors = **French windows**.

French dressing noun [in UK] vinaigrette f ; [in US] sauce-salade à base de mayonnaise et de ketchup.

French fries pl n US frites fpl.

French kiss ◆ noun baiser m profond. ◆ vt embrasser sur la bouche (avec la langue). ◆ vi s'embrasser sur la bouche (avec la langue).

Frenchman ['frentʃmən] (pl **-men**) noun Français m.

French stick noun UK baguette f.

French windows pl n porte-fenêtre f.

Frenchwoman ['frentʃ,wʊmən] (pl **-women**) noun Française f.

frenetic [frə'netɪk] adj frénétique.

frenzy ['frenzi] noun frénésie f.

frequency ['fri:kwənsɪ] noun fréquence f.

frequent ❖ adj ['fri:kwənt] fréquent(e). ❖ vt [frɪ'kwent] fréquenter.

frequently ['fri:kwəntlɪ] adv fréquemment.

fresh [freʃ] adj **1.** [gen] frais (fraîche) **2.** [not salty] doux (douce) **3.** [new - drink, piece of paper] autre ; [- look, approach] nouveau(elle) **4.** inf & dated [cheeky] familier(ère).

freshen ['freʃn] ❖ vt rafraîchir. ❖ vi [wind] devenir plus fort(e). ❖ **freshen up** vi faire un brin de toilette.

fresher ['freʃər] noun **UK** UNIV bizut m, étudiant m, -e f de première année.

freshly ['freʃlɪ] adv [squeezed, ironed] fraîchement.

freshman ['freʃmæn] (pl -men) noun **US** SCH bizut m, élève mf (en première année) ; UNIV étudiant m, -e f (de première année).

freshness ['freʃnɪs] noun (U) **1.** [gen] fraîcheur f **2.** [originality] nouveauté f.

freshwater ['freʃˌwɔːtər] adj d'eau douce.

fret [fret] vi [worry] s'inquiéter.

friar ['fraɪər] noun frère m.

friction ['frɪkʃn] noun (U) friction f.

Friday ['fraɪdɪ] noun vendredi m. See also Saturday.

fridge [frɪdʒ] noun frigo m.

fridge-freezer noun **UK** réfrigérateur-congélateur m.

fried [fraɪd] adj frit(e) ❖ **fried egg** œuf m au plat.

friend [frend] noun ami m, -e f ❖ **to be friends with sb** être ami avec qqn ❖ **to make friends (with sb)** se lier d'amitié (avec qqn).

friendly ['frendlɪ] adj [person, manner, match] amical(e) ; [nation] ami(e) ; [argument] sans conséquence ❖ **to be friendly with sb** être ami avec qqn.

friendship ['frendʃɪp] noun amitié f.

fries [fraɪz] = **French fries**.

frieze [fri:z] noun frise f.

fright [fraɪt] noun peur f ❖ **to give sb a fright** faire peur à qqn ❖ **to take fright** prendre peur.

frighten ['fraɪtn] vt faire peur à, effrayer.

frightened ['fraɪtnd] adj apeuré(e) ❖ **to be frightened of sthg/of doing sthg** avoir peur de qqch/de faire qqch.

frightening ['fraɪtnɪŋ] adj effrayant(e).

frightful ['fraɪtfʊl] adj dated effroyable.

frigid ['frɪdʒɪd] adj [sexually] frigide.

frill [frɪl] noun **1.** [decoration] volant m **2.** inf [extra] supplément m.

fringe [frɪndʒ] noun **1.** [gen] frange f **2.** [edge - of village] bordure f ; [- of wood, forest] lisière f.

fringe benefit noun avantage m extrasalarial.

frisk [frɪsk] vt fouiller.

frisky ['frɪskɪ] adj inf vif (vive).

fritter ['frɪtər] noun beignet m. ❖ **fritter away** vt sep gaspiller.

frivolous ['frɪvələs] adj frivole.

frizzy ['frɪzɪ] adj crépu(e).

fro [frəʊ] ⟶ **to and fro**.

frock [frɒk] noun dated robe f.

frog [frɒg] noun [animal] grenouille f ❖ **to have a frog in one's throat** avoir un chat dans la gorge.

frogman ['frɒgmən] (pl -men) noun homme-grenouille m.

frogmen ['frɒgmən] pl n ⟶ **frogman**.

frolic ['frɒlɪk] vi (pt & pp -ked) folâtrer.

from (weak form [frəm], strong form [frɒm]) prep **1.** [indicating source, origin, removal] de / where are you from? d'où êtes-vous ? / I got a letter from her today j'ai reçu une lettre d'elle aujourd'hui / a flight from Paris un vol en provenance de Paris / to translate from Spanish into English traduire d'espagnol en anglais / to drink from a glass boire dans un verre / to take sthg (away) from sb prendre qqch à qqn **2.** [indicating a deduction] de ❖ **to deduct sthg from sthg** retrancher qqch de qqch **3.** [indicating escape, separation] de / he ran away from home il a fait une fugue, il s'est sauvé de chez lui **4.** [indicating position] / seen from above/ below vu(e) d'en haut/d'en bas **5.** [indicating distance] de / it's 60 km from here c'est à 60 km d'ici **6.** [indicating material object is made out of] en / it's made from wood /plastic c'est en bois/plastique **7.** [starting at a particular time] de / from 2 pm to or till 6 pm de 14 h à 18 h / from the moment I saw him dès que or dès l'instant où je l'ai vu **8.** [indicating difference] de / to be different from sb /sthg être différent de qqn/qqch **9.** [indicating change] ❖ **from... to** de... à / the price went up from £100 to £150 le prix est passé or monté de 100 livres à 150 livres **10.** [because of, as a result of] de / to suffer from cold /hunger souffrir du froid/ de la faim **11.** [on the evidence of] d'après, / **12.** [indicating lowest amount] depuis, à partir de **/** *prices start from £50* le premier prix est de 50 livres.

front [frʌnt] ❖ noun **1.** [most forward part - gen] avant *m* ; [- of dress, envelope, house] devant *m* ; [- of class] premier rang *m* **2.** METEOR & MIL front *m* **3.** ▸ **(sea)front** front *m* de mer **4.** [outward appearance - of person] contenance *f* ; *pej* [- of business] façade *f*. ❖ adj [tooth, garden] de devant ; [row, page] premier(ère). ◆ **in front** adv **1.** [further forward - walk, push] devant ; [- people] à l'avant **2.** [winning] ▸ **to be in front** mener. ◆ **in front of** prep devant.

frontbench [ˌfrʌnt'bentʃ] noun **UK** à la chambre des Communes, bancs occupés respectivement par les ministres du gouvernement en exercice et ceux du gouvernement fantôme.

front door noun porte *f* d'entrée.

frontier ['frʌnˌtɪəʳ, **US** frʌn'tɪər] noun [border] frontière *f* ; *fig* limite *f*.

front man noun **1.** [of company, organization] porte-parole *m inv* **2.** TV présentateur *m*.

front-runner noun favori *m*, -ite *f*.

front-wheel drive noun traction *f* avant.

front yard noun **US** jardin *m* (devant une maison).

frost [frɒst] noun gel *m*.

frostbite ['frɒstbaɪt] noun (U) gelure *f*.

frosted ['frɒstɪd] adj **1.** [glass] dépoli(e) **2.** **US** CULIN glacé(e).

frosting ['frɒstɪŋ] noun (U) **US** glaçage *m*.

frosty ['frɒstɪ] adj **1.** [weather, welcome] glacial(e) **2.** [field, window] gelé(e).

froth [frɒθ] noun [on beer] mousse *f* ; [on sea] écume *f*.

frown [fraʊn] vi froncer les sourcils. ◆ **frown (up)on** vt insep désapprouver.

froze [frəʊz] pt ⟶ **freeze**.

frozen [frəʊzn] ❖ pp ⟶ **freeze**. ❖ adj [generally] gelé(e) ; [food] congelé(e).

frugal ['fruːgl] adj **1.** [meal] frugal(e) **2.** [person, life] économe.

fruit [fruːt] noun (pl inv or -s) fruit *m*.

fruit bowl noun compotier *m*.

fruitcake ['fruːtkeɪk] noun cake *m*.

fruitful ['fruːtfʊl] adj [successful] fructueux(euse).

fruition [fruː'ɪʃn] noun ▸ **to come to fruition** se réaliser.

fruit juice noun jus *m* de fruits.

fruitless ['fruːtlɪs] adj vain(e).

fruit machine noun **UK** machine *f* à sous.

fruit salad noun salade *f* de fruits, macédoine *f*.

frumpily ['frʌmpɪlɪ] adv : *frumpily dressed* mal fagoté.

frumpish ['frʌmpɪʃ] = **frumpy**.

frumpy ['frʌmpɪ] adj mal habillé(e).

frustrate [frʌ'streɪt] vt **1.** [annoy, disappoint] frustrer **2.** [prevent] faire échouer.

frustrated [frʌ'streɪtɪd] adj **1.** [person, artist] frustré(e) **2.** [effort, love] vain(e).

frustration [frʌ'streɪʃn] noun frustration *f*.

fry [fraɪ] (pt & pp **fried**) vt & vi frire.

frying pan ['fraɪɪŋ-] noun poêle *f* à frire.

ft. abbr of foot, feet.

FTP (abbr of **file transfer protocol**) noun FTP *m*.

fuck [fʌk] vulg ❖ vt & vi baiser. ❖ excl putain de merde ! ◆ **fuck off** vi vulg ▸ **fuck off!** fous le camp !

fucking ['fʌkɪŋ] adj vulg putain de.

fudge [fʌdʒ] noun (U) [sweet] caramel *m* (mou).

fuel [fjʊəl] ❖ noun combustible *m* ; [for engine] carburant *m*. ❖ vt **1.** [supply with fuel] alimenter (en combustible/carburant) **2.** *fig* [speculation] nourrir.

fuel tank noun réservoir *m* à carburant.

fugitive ['fjuːdʒɪtɪv] noun fugitif *m*, -ive *f*.

fulfil **UK**, **fulfill** **US** [fʊl'fɪl] vt **1.** [duty, role] remplir ; [hope] répondre à ; [ambition, prophecy] réaliser **2.** [satisfy - need] satisfaire.

fulfilment **UK**, **fulfillment** **US** [fʊl'fɪlmənt] noun (U) **1.** [satisfaction] grande satisfaction *f* **2.** [of ambition, dream] réalisation *f* ; [of role, promise] exécution *f* ; [of need] satisfaction *f*.

full [fʊl] ❖ adj **1.** [gen] plein(e) ; [bus, car park] complet(ète) ; [with food] gavé(e), repu(e) **2.** [complete - recovery, control] total(e) ; [- explanation, day] entier(ère) ; [- volume] maximum (inv) **3.** [busy - life] rempli(e) ; [- timetable, day] chargé(e) **4.** [flavour] riche **5.** [plump - figure] rondelet(ette) ; [- mouth] charnu(e) **6.** [skirt, sleeve] ample. ❖ adv [very] ▸ **you know full well that...** tu sais très bien que.... ❖ noun ▸ **in full** complètement, entièrement.

full-blooded [-'blʌdɪd] adj **1.** [pure-blooded] de race pure **2.** [strong, complete] robuste.

full-blown [-'bləʊn] adj général(e) **»** **to have full-blown AIDS** avoir le Sida avéré.

full-fat adj entier(ère).

full-fledged US = **fully-fledged**.

full-length ❖ adj **1.** [portrait, mirror] en pied **2.** [dress, novel] long (longue) **»** **full-length film** long métrage. ❖ adv de tout son long.

full moon noun pleine lune f.

full-on adj inf [documentary, film - hard-hitting] dur(e) ; [- sexually explicit] cru(e) **/** **he's full-on a)** [gen] il en fait trop **b)** [making sexual advances] il est entreprenant.

full-scale adj **1.** [life-size] grandeur nature (inv) **2.** [complete] de grande envergure.

full stop US noun point m.

full time US noun SPORT fin f de match. ❖ **full-time** adj & adv [work, worker] à temps plein.

full up adj [bus, train] complet(ète) ; [with food] gavé(e), repu(e).

fully ['fʊlɪ] adv [understand, satisfy] tout à fait ; [train, describe] entièrement.

fully-fledged US, **full-fledged** US [-'fledʒd] adj diplômé(e).

fulsome ['fʊlsəm] adj excessif(ive).

fumble ['fʌmbl] vi fouiller, tâtonner **»** **to fumble for** fouiller pour trouver.

fume [fju:m] vi [with anger] rager. ❖ **fumes** pl n [from paint] émanations fpl ; [from smoke] fumées fpl ; [from car] gaz mpl d'échappement.

fumigate ['fju:mɪgeɪt] vt fumiger.

fun [fʌn] noun **1.** [pleasure, amusement] **»** **to have fun** s'amuser **»** **for fun, for the fun of it** pour s'amuser **2.** [playfulness] **»** **to be full of fun** être plein(e) d'entrain **3.** [ridicule] **»** **to make fun of** OR **poke fun at sb** se moquer de qqn.

function ['fʌŋkʃn] ❖ noun **1.** [gen] fonction f **2.** [formal social event] réception f officielle **3.** [software] fonctionnalité f. ❖ vi fonctionner **»** **to function as** servir de.

functional ['fʌŋkʃnəl] adj **1.** [practical] fonctionnel(elle) **2.** [operational] en état de marche.

functionality [fʌŋkʃ'nælətɪ] noun fonctionnalité f.

fund [fʌnd] ❖ noun [generally] fonds m ; fig [of knowledge] puits m. ❖ vt financer. ❖ **funds** pl n fonds mpl.

fundamental [ˌfʌndə'mentl] adj **»** **fundamental (to)** fondamental(e) (à).

funding ['fʌndɪŋ] noun (U) financement m.

fundraiser ['fʌndˌreɪzər] noun [person] collecteur m, -trice f de fonds ; [event] projet organisé pour collecter des fonds.

funeral ['fju:nərəl] noun obsèques fpl.

funeral director noun entrepreneur m de pompes funèbres.

funeral home US = **funeral parlour**.

funeral parlour UK, **funeral home** US noun entreprise f de pompes funèbres.

funfair ['fʌnfeər] noun UK fête f foraine.

fungus ['fʌŋgəs] (pl -**gi** or -**guses**) noun champignon m.

funky ['fʌŋkɪ] adj MUS funky (inv).

funnel ['fʌnl] noun **1.** [tube] entonnoir m **2.** [of ship] cheminée f.

funny ['fʌnɪ] adj [amusing] drôle.

fur [fɜ:r] noun fourrure f.

fur coat noun (manteau m de) fourrure f.

furious ['fjʊərɪəs] adj **1.** [very angry] furieux(euse) **2.** [wild - effort, battle] acharné(e) ; [- temper] déchaîné(e).

furlong ['fɜ:lɒŋ] noun = 201,17 mètres.

furnace ['fɜ:nɪs] noun [fire] fournaise f.

furnish ['fɜ:nɪʃ] vt **1.** [fit out] meubler **2.** fml [provide] fournir **»** **to furnish sb with sthg** fournir qqch à qqn.

furnished ['fɜ:nɪʃt] adj meublé(e).

furnishings ['fɜ:nɪʃɪŋz] pl n mobilier m.

furniture ['fɜ:nɪtʃər] noun (U) meubles mpl **»** **a piece of furniture** un meuble.

furore UK ['fjʊərɔ:rɪ], **furor** US ['fjʊrɔ:r] noun scandale m.

furrow ['fʌrəʊ] noun **1.** [in field] sillon m **2.** [on forehead] ride f.

furrowed ['fʌrəʊd] adj **1.** [field, land] labouré(e) **2.** [brow] ridé(e).

furry ['fɜ:rɪ] adj **1.** [animal] à fourrure **2.** [material] recouvert(e) de fourrure.

further ['fɜ:ðər] ❖ compar ⟶ **far**. ❖ adv **1.** [gen] plus loin **/** **how much further is it?** combien de kilomètres y a-t-il ? **»** **further on** plus loin **2.** [more - complicate, develop] davantage ; [- enquire] plus avant **3.** [in addition] de plus. ❖ adj nouveau(elle), supplémentaire. ❖ vt [career, aims] faire avancer ; [cause] encourager.

further education noun UK AUSTR éducation f post-scolaire.

furthermore [ˌfɜ:ðə'mɔ:r] adv de plus.

furthest ['fɜːðɪst] ❖ superl ⟶ **far.** ❖ adj le plus éloigné (la plus éloignée). ❖ adv le plus loin.

furtive ['fɜːtɪv] adj [person] sournois(e) ; [glance] furtif(ive).

fury ['fjʊərɪ] noun fureur f.

fuse [fjuːz] ❖ noun **1.** ELEC fusible m, plomb m **2.** [of bomb] détonateur m ; [of firework] amorce f. ❖ vt **1.** [join by heat] réunir par la fusion **2.** [combine] fusionner. ❖ vi **1.** ELEC : *the lights have fused* les plombs ont sauté **2.** [join by heat] fondre **3.** [combine] fusionner.

fuse-box noun boîte f à fusibles.

fused [fjuːzd] adj [plug] avec fusible incorporé.

fuselage ['fjuːzəlɑːʒ] noun fuselage m.

fuss [fʌs] ❖ noun **1.** [excitement, anxiety] agitation f ▸ **to make a fuss** faire des histoires

2. (U) [complaints] protestations fpl. ❖ vi faire des histoires.

fusspot UK ['fʌspɒt], **fussbudget** US ['fʌs,bʌdʒət] noun inf tatillon m, -onne f.

fussy ['fʌsɪ] adj **1.** [fastidious - person] tatillon(onne) ; [- eater] difficile **2.** [over-decorated] tarabiscoté(e).

futile ['fjuːtaɪl] adj vain(e).

futon ['fuːtɒn] noun futon m.

future ['fjuːtʃər] ❖ noun **1.** [gen] avenir m ▸ **in future** à l'avenir ▸ **in the future** dans le futur, à l'avenir **2.** GRAM futur m. ❖ adj futur(e).

fuze US = **fuse.**

fuzzy ['fʌzɪ] adj **1.** [hair] crépu(e) **2.** [photo, image] flou(e) **3.** [thoughts, mind] confus(e).

FYI abbr of **for your information.**

g¹ (pl **g's** or **gs**), **G** (pl **G's** or **Gs**) [dʒiː] noun [letter] g m inv, G m inv. ◆ **G** ❖ noun MUS sol m. ❖ (abbr of **good**) B.

g² (abbr of **gram**) g.

G7 noun ECON & POL le G7, le groupe des 7.

G8 noun ECON & POL le G8, le groupe des 8.

gab [gæb] ⟶ **gift**.

gabble ['gæbl] ❖ vt & vi baragouiner. ❖ noun charabia m.

gable ['geɪbl] noun pignon m.

gadget ['gædʒɪt] noun gadget m.

Gaelic ['geɪlɪk] ❖ adj gaélique. ❖ noun gaélique m.

gag [gæg] ❖ noun **1.** [for mouth] bâillon m **2.** inf [joke] blague f, gag m. ❖ vt [put gag on] bâillonner.

gage US = **gauge**.

gaggle ['gægl] ❖ noun lit & fig troupeau m. ❖ vi cacarder.

gaiety ['geɪətɪ] noun gaieté f.

gaily ['geɪlɪ] adv **1.** [cheerfully] gaiement **2.** [thoughtlessly] allègrement.

gain [geɪn] ❖ noun **1.** [gen] profit m **2.** [improvement] augmentation f. ❖ vt **1.** [acquire] gagner **2.** [increase in - speed, weight] prendre ; [- confidence] gagner en ; [- quantity, time] gagner. ❖ vi **1.** [advance] ▸ **to gain in sthg** gagner en qqch **2.** [benefit] ▸ **to gain from** OR **by sthg** tirer un avantage de qqch **3.** [watch, clock] avancer. ◆ **gain on** vt insep rattraper.

gait [geɪt] noun démarche f.

GAL MESSAGING written abbr of **get a life**.

gala ['gɑːlə] noun [celebration] gala m.

galaxy ['gæləksɪ] noun galaxie f.

gale [geɪl] noun [wind] grand vent m.

gall [gɔːl] noun [nerve] ▸ **to have the gall to do sthg** avoir le toupet de faire qqch.

gallant ['gælənt or gə'lænt] adj **1.** ['gælənt] [courageous] courageux(euse) **2.** [gə'lænt or 'gælənt] [polite to women] galant.

gall bladder noun vésicule f biliaire.

gallery ['gælərɪ] noun **1.** [gen] galerie f **2.** [for displaying art] musée m **3.** [in theatre] paradis m.

galley ['gælɪ] (pl -s) noun **1.** [ship] galère f **2.** [kitchen] coquerie f.

Gallic ['gælɪk] adj français(e).

galling ['gɔːlɪŋ] adj humiliant(e).

gallivant [,gælɪ'vænt] vi inf mener une vie de patachon.

gallon ['gælən] noun = 4,546 litres, gallon m.

gallop ['gæləp] ❖ noun galop m. ❖ vi galoper.

gallows ['gæləʊz] (pl inv) noun gibet m.

gallstone ['gɔːlstəʊn] noun calcul m biliaire.

galore [gə'lɔːr] adj en abondance.

galvanize, galvanise UK ['gælvənaɪz] vt **1.** TECH galvaniser **2.** [impel] ▸ **to galvanize sb into action** pousser qqn à agir.

gambit ['gæmbɪt] noun entrée f en matière.

gamble ['gæmbl] ❖ noun [calculated risk] risque m. ❖ vi [take risk] ▸ **to gamble on** lit & fig miser sur.

gambler ['gæmblər] noun joueur m, -euse f.

gambling ['gæmblɪŋ] noun (U) jeu m.

game [geɪm] ❖ noun **1.** [gen] jeu m **2.** [match] match m **3.** (U) [hunted animals] gibier m. ❖ adj **1.** [brave] courageux(euse) **2.** [willing] ▸ **game (for sthg / to do sthg)** partant(e) (pour qqch / pour faire qqch). ◆ **games** ❖ noun (U) **UK** SCH éducation f physique. ❖ pl n [sporting contest] jeux mpl.

gamekeeper ['geɪm,kiːpər] noun garde-chasse m.

gamer ['geɪmər] noun **1.** [who plays computer games] amateur de jeux vidéo **2.** **US** [athlete, sportsperson] sportif très compétitif.

game reserve noun réserve f (de chasse).

games console [geɪmz-] noun COMPUT console f de jeux.

game show noun jeu m télévisé.

gamesmanship ['geɪmzmənʃɪp] noun art de gagner habilement.

gaming ['geɪmɪŋ] noun [video games] jeux mpl vidéo.

gammon ['gæmən] noun **UK** jambon m fumé.

gamut ['gæmət] noun gamme f.

gang [gæŋ] noun **1.** [of criminals] gang m **2.** [of young people] bande f. ◆ **gang up** vi inf ▶ to gang up (on) se liguer (contre).

gangland ['gæŋlænd] noun (U) milieu m.

gangling ['gæŋglɪŋ], **gangly** ['gæŋglɪ] (compar -ier, superl -iest) adj dégingandé(e).

gangplank ['gæŋplæŋk] noun passerelle f.

gangrene ['gæŋgriːn] noun gangrène f.

gangsta ['gæŋstə] noun **1.** [music] : gangsta (rap) gangsta rap m **2.** [rapper] rappeur m, -euse f gangsta **3.** US [gang member] membre d'un gang.

gangster ['gæŋstər] noun gangster m.

gangway ['gæŋweɪ] noun **1.** UK [aisle] allée f **2.** [gangplank] passerelle f.

gantry ['gæntrɪ] noun portique m.

gaol [dʒeɪl] UK dated = **jail**.

gap [gæp] noun **1.** [empty space] trou m ; [in text] blanc m ; fig [in knowledge, report] lacune f **2.** [interval of time] période f **3.** fig [great difference] fossé m.

gape [geɪp] vi **1.** [person] rester bouche bée **2.** [hole, shirt] bâiller.

gaping ['geɪpɪŋ] adj **1.** [open-mouthed] bouche bée (inv) **2.** [wide-open] béant(e) ; [shirt] grand ouvert (grande ouverte).

gap year noun SCH & UNIV année d'interruption volontaire des études, avant l'entrée à l'université / I spent my gap year in Australia j'ai passé un an en Australie avant d'aller à l'université.

garage [UK 'gæraːʒ or 'gærɪdʒ, US gə'raːʒ] noun **1.** [gen] garage m **2.** UK [for fuel] station-service f.

garage sale [gə'raːʒ] noun US vente d'occasion chez un particulier ; ≃ vide-grenier m.

garbage ['gaːbɪdʒ] noun (U) **1.** US [refuse] détritus mpl **2.** inf [nonsense] idioties fpl.

garbage bag noun US sac-poubelle m.

garbage can noun US poubelle f.

garbage truck noun US camion-poubelle m.

garbled ['gaːbld] adj [story, message, explanation - involuntarily] embrouillé(e), confus(e) ; [- deliberately] déformé(e), dénaturé(e).

garden ['gaːdn] ❖ noun jardin m. ❖ vi jardiner.

garden centre UK, **garden center** US noun jardinerie f.

gardener ['gaːdnər] noun [professional] jardinier m, -ère f ; [amateur] personne f qui aime jardiner, amateur m, -rice f de jardinage.

gardening ['gaːdnɪŋ] noun jardinage m.

garden shed noun abri m de jardin.

gargle ['gaːgl] vi se gargariser.

gargoyle ['gaːgɔɪl] noun gargouille f.

garish ['geərɪʃ] adj [colour] criard(e).

garland ['gaːlənd] noun guirlande f de fleurs.

garlic ['gaːlɪk] noun ail m.

garlic bread noun pain m à l'ail.

garment ['gaːmənt] noun fml vêtement m.

garnish ['gaːnɪʃ] ❖ noun garniture f. ❖ vt garnir.

garrison ['gærɪsn] noun [soldiers] garnison f.

garrulous ['gærələs] adj volubile.

garter ['gaːtər] noun **1.** [for socks] support-chaussette m ; [for stockings] jarretière f **2.** US [suspender] jarretelle f.

gas [gæs] noun (pl gases or gasses [gæsiːz]) **1.** [gen] gaz m inv **2.** US [for vehicle] essence f. ❖ vt gazer.

gas cooker noun UK cuisinière f à gaz.

gas cylinder noun bouteille f de gaz.

gas fire noun UK appareil m de chauffage à gaz.

gash [gæʃ] ❖ noun entaille f. ❖ vt entailler.

gasket ['gæskɪt] noun joint m d'étanchéité.

gasman ['gæsmæn] (pl -men) noun [who reads meter] employé m du gaz ; [for repairs] installateur m de gaz.

gas mask noun masque m à gaz.

gas meter noun compteur m à gaz.

gasoline ['gæsəliːn] noun US essence f.

gasp [gaːsp] ❖ noun halètement m. ❖ vi **1.** [breathe quickly] haleter **2.** [in shock, surprise] avoir le souffle coupé.

gas pedal noun US accélérateur m.

gas station noun US station-service f.

gas tank noun US réservoir m.

gastroenteritis ['gæstrəʊˌentə'raɪtɪs] noun gastro-entérite f.

gastronomy [gæs'trɒnəmɪ] noun gastronomie f.

gastropub ['gæstrəʊpʌb] noun UK pub m gastronomique.

gasworks ['gæswɜːks] (pl inv) noun usine f à gaz.

gate [geɪt] noun [of garden, farm] barrière f ; [of town, at airport] porte f ; [of park] grille f.

gatecrash ['geɪtkræʃ] *inf* ❖ *vi* [at party] s'inviter, jouer les pique-assiette ; [at paying event] resquiller. ❖ *vt* : *to gatecrash a party* aller à une fête sans invitation.

gatecrasher ['geɪtkræʃər] *noun inf* [at party] pique-assiette *mf* ; [at paying event] resquilleur *m*, -euse *f*.

gatehouse ['geɪthaʊs] *noun* (*pl* [-haʊzɪz]) loge *f* du gardien.

gatekeeper ['geɪt,ki:pər] *noun* **1.** [gen] gardien *m*, -enne *f* **2.** [in purchasing department] contrôleur *m*, relais *m*, filtre *m*.

gatepost ['geɪtpəʊst] *noun* montant *m* de barrière.

gateway ['geɪtweɪ] *noun* **1.** [entrance] entrée *f* **2.** [means of access] ▸ **gateway to a)** [generally] porte *f* de **b)** *fig* clé *f* de **3.** INTERNET portail *m*.

gather ['gæðər] ❖ *vt* **1.** [collect] ramasser ; [flowers] cueillir ; [information] recueillir ; [courage, strength] rassembler ▸ **to gather together** rassembler **2.** [increase - speed, force] prendre **3.** [understand] ▸ **to gather (that)...** croire comprendre que... **4.** [cloth - into folds] plisser. ❖ *vi* [come together] se rassembler ; [clouds] s'amonceler.

gathering ['gæðərɪŋ] *noun* [meeting] rassemblement *m*.

gaudy ['gɔ:dɪ] *adj* voyant(e).

gauge, gage US [geɪdʒ] ❖ *noun* **1.** [for rain] pluviomètre *m* ; [for fuel] jauge *f* (d'essence) ; [for tyre pressure] manomètre *m* **2.** [of gun, wire] calibre *m* **3.** RAIL écartement *m*. ❖ *vt* **1.** [measure] mesurer **2.** [evaluate] jauger.

Gaul [gɔ:l] *noun* **1.** [country] Gaule *f* **2.** [person] Gaulois *m*, -e *f*.

gaunt [gɔ:nt] *adj* **1.** [thin] hâve **2.** [bare, grim] désolé(e).

gauntlet ['gɔ:ntlɪt] *noun* gant *m* (de protection) ▸ **to run the gauntlet of sthg** endurer qqch ▸ **to throw down the gauntlet (to sb)** jeter le gant (à qqn).

gauze [gɔ:z] *noun* gaze *f*.

gave [geɪv] *pt* ⟶ **give**.

gawk [gɔ:k], **gawp** US [gɔ:p] *vi inf* ▸ **to gawk (at)** rester bouche bée (devant).

gawky ['gɔ:kɪ] *adj inf* [person] dégingandé(e) ; [movement] désordonné(e).

gawp US = **gawk**.

gay [geɪ] ❖ *adj* **1.** [gen] gai(e) **2.** [homosexual] homo (*inv*), gay (*inv*). ❖ *noun* homo *mf*, gay *mf*.

gaze [geɪz] ❖ *noun* regard *m* (fixe). ❖ *vi* ▸ **to gaze at sb/sthg** regarder qqn/qqch (fixement).

gazelle [gə'zel] (*pl inv or* -s) *noun* gazelle *f*.

gazetteer [,gæzɪ'tɪər] *noun* index *m* géographique.

gazump [gə'zʌmp] *vt* UK *inf* ▸ **to be gazumped** être victime d'une suroffre.

GB[1] (*abbr of* **Great Britain**) *noun* G-B *f*.

GB[2], **Gb** (*abbr of* **gigabyte**) *noun* gigabyte *m*.

GBH (*abbr of* **grievous bodily harm**) *noun* UK LAW coups *mpl* et blessures *fpl*.

GCSE (*abbr of* **General Certificate of Secondary Education**) *noun* examen de fin de la première partie des études secondaires en Grande-Bretagne.

GDP (*abbr of* **gross domestic product**) *noun* PIB *m*.

gear [gɪər] ❖ *noun* **1.** TECH [mechanism] embrayage *m* **2.** [speed - of car, bicycle] vitesse *f* ▸ **to be in/out of gear** être en prise/au point mort **3.** (*U*) [equipment, clothes] équipement *m*. ❖ *vt* ▸ **to gear sthg to sb/sthg** destiner qqch à qqn/qqch. ◆ **gear up** *vi* ▸ **to gear up for sthg/to do sthg** se préparer pour qqch/à faire qqch.

gearbox ['gɪəbɒks] *noun* UK boîte *f* de vitesses.

gear lever UK, **gear stick** UK, **gear shift** US *noun* levier *m* de vitesse.

geek ['gi:k] *noun inf* débile *mf* ▸ **a movie/computer geek** un dingue de cinéma/d'informatique.

geese [gi:s] *pl n* ⟶ **goose**.

gel [dʒel] ❖ *noun* [for hair] gel *m*. ❖ *vi* **1.** [thicken] prendre **2.** *fig* [take shape] prendre tournure.

gelatin ['dʒelətɪn], **gelatine** [,dʒelə'ti:n] *noun* gélatine *f*.

gelignite ['dʒelɪgnaɪt] *noun* gélignite *f*.

gem [dʒem] *noun* **1.** [jewel] pierre *f* précieuse, gemme *f* **2.** *fig* [person, thing] perle *f*.

Gemini ['dʒemɪnaɪ] *noun* Gémeaux *mpl*.

gender ['dʒendər] *noun* **1.** [sex] sexe *m* **2.** GRAM genre *m*.

gene [dʒi:n] *noun* gène *m*.

general ['dʒenərəl] ❖ *adj* général(e). ❖ *noun* général *m*. ◆ **in general** *adv* en général.

general anaesthetic, **general anesthetic** US *noun* anesthésie *f* générale.

general election noun élections *fpl* législatives.

generalization, generalisation UK [,dʒenərəlaɪ'zeɪʃn] noun généralisation *f*.

generalize, generalise UK ['dʒenərəlaɪz] vi ▶ **to generalize (about)** généraliser (au sujet de OR sur).

general knowledge noun culture *f* générale.

generally ['dʒenərəlɪ] adv **1.** [usually, in most cases] généralement **2.** [unspecifically] en général ; [describe] en gros.

general practitioner noun (médecin *m*) généraliste *m*.

general public noun ▶ **the general public** le grand public.

generate ['dʒenəreɪt] vt [energy, jobs] générer ; [electricity, heat] produire ; [interest, excitement] susciter.

generation [,dʒenə'reɪʃn] noun **1.** [gen] génération *f* **2.** [creation - of jobs] création *f* ; [- of electricity] production *f* ; [- of interest, excitement] induction *f*.

generator ['dʒenəreɪtər] noun ELEC génératrice *f*, générateur *m*.

generic [dʒɪ'nerɪk] adj générique */ generic brand / product* marque *f*/produit *m* générique.

generosity [,dʒenə'rɒsətɪ] noun générosité *f*.

generous ['dʒenərəs] adj généreux(euse).

genetic [dʒɪ'netɪk] adj génétique. ◆ **genetics** noun (U) génétique *f*.

genetically [dʒɪ'netɪklɪ] adv génétiquement */ genetically modified* génétiquement modifié(e) */ genetically modified organism* organisme *m* génétiquement modifié.

Geneva [dʒɪ'niːvə] noun Genève.

genial ['dʒiːnjəl] adj [person] aimable, affable ; [expression] cordial(e), chaleureux(euse).

genitals ['dʒenɪtlz] pl n organes *mpl* génitaux.

genius ['dʒiːnjəs] (pl **-es**) noun génie *m*.

gent [dʒent] noun UK inf & dated gentleman *m*. ◆ **gents** noun UK [toilets] toilettes *fpl* pour hommes ; [sign on door] messieurs.

genteel [dʒen'tiːl] adj [refined] distingué(e).

gentle ['dʒentl] adj doux (douce) ; [tap, telling-off] léger(ère).

gentleman ['dʒentlmən] (pl **-men**) noun **1.** [well-behaved man] gentleman *m* **2.** [man] monsieur *m*.

gentleman's agreement noun gentleman's agreement *m*, accord *m* qui repose sur l'honneur.

gently ['dʒentlɪ] adv [gen] doucement ; [speak, smile] avec douceur.

gentry ['dʒentrɪ] noun petite noblesse *f*.

genuine ['dʒenjʊɪn] adj [generally] authentique ; [interest, customer] sérieux(euse) ; [person, concern] sincère.

genuinely ['dʒenjʊɪnlɪ] adv réellement.

geography [dʒɪ'ɒgrəfɪ] noun géographie *f*.

geology [dʒɪ'ɒlədʒɪ] noun géologie *f*.

geometric(al) [,dʒɪə'metrɪk(l)] adj géométrique.

geometry [dʒɪ'ɒmətrɪ] noun géométrie *f*.

geranium [dʒɪ'reɪnjəm] (pl **-s**) noun géranium *m*.

gerbil ['dʒɜːbɪl] noun gerbille *f*.

geriatric [,dʒerɪ'ætrɪk] adj **1.** MED gériatrique **2.** pej [person] décrépit(e) ; [object] vétuste.

germ [dʒɜːm] noun **1.** [bacterium] germe *m*, microbe *m* **2.** fig [of idea, plan] embryon *m*.

German ['dʒɜːmən] ◆ adj allemand(e). ◆ noun **1.** [person] Allemand *m*, -e *f* **2.** [language] allemand *m*.

German measles noun (U) rubéole *f*.

Germany ['dʒɜːmənɪ] noun Allemagne *f*.

germinate ['dʒɜːmɪneɪt] vi lit & fig germer.

gerund ['dʒerənd] noun gérondif *m*.

gesticulate [dʒes'tɪkjʊleɪt] vi fml gesticuler.

gesture ['dʒestʃər] ◆ noun geste *m*. ◆ vi ▶ **to gesture to** OR **towards sb** faire signe à qqn.

get [get] (UK pt & pp **got**, US pt **got**, pp **gotten**) ◆ vt **1.** [cause to do] ▶ **to get sb to do sthg** faire faire qqch à qqn */ I'll get my sister to help* je vais demander à ma sœur de nous aider **2.** [cause to be done] ▶ **to get sthg done** faire faire qqch */ I got the car fixed* j'ai fait réparer la voiture **3.** [cause to become] : *to get sb pregnant* mettre qqn enceinte */ I can't get the car started* je n'arrive pas à mettre la voiture en marche **4.** [cause to move] ▶ **to get sb / sthg through sthg** faire passer qqn/qqch par qqch ▶ **to get sb / sthg out of sthg** faire sortir qqn/qqch de qqch **5.** [bring, fetch] aller chercher */ can I get you something to eat / drink?* est-ce que je peux vous offrir quelque chose à manger/boire ? **6.** [obtain - gen] obtenir ; [- job, house] trouver **7.** [receive] recevoir, avoir */ what did you get for your birthday?* qu'est-ce que tu as eu pour ton anniversaire ? */ she gets a good salary* elle touche un bon traitement **8.** [experience a sensation] avoir / *do you get the feeling he doesn't like us?* tu n'as pas l'impression qu'il ne nous aime pas ? **9.** [bcome infected with, start to suffer from] avoir, attraper / *to get a cold* attraper un rhume **10.** [understand] comprendre, saisir ▸ **I don't get it** *inf* je ne comprends pas, je ne saisis pas **11.** [catch - bus, train, plane] prendre **12.** [capture] prendre, attraper **13.** [find] : *you get a lot of artists here* on trouve **OR** il y a beaucoup d'artistes ici. ❖ vi **1.** [become] devenir / *I'm getting cold / bored* je commence à avoir froid/à m'ennuyer / *it's getting late* il se fait tard **2.** [arrive] arriver / *I only got back yesterday* je suis rentré hier seulement **3.** [eventually succeed in] : *did you get to see him?* est-ce que tu as réussi à le voir ? **4.** [progress] : *how far have you got?* où en es-tu ? ❖ aux vb : *to get excited* s'exciter / *to get hurt* se faire mal / *to get beaten up, to get beat up* **US** se faire tabasser ▸ **let's get going OR moving** allons-y ; *See also* have.. ◆ **get about** **UK**, **get around** vi [move from place to place] se déplacer ; *See also* get around., get round.. ◆ **get along** vi **1.** [manage] se débrouiller **2.** [progress] avancer, faire des progrès **3.** [have a good relationship] s'entendre / *she's easy to get along with* elle est facile à vivre. ◆ **get around, get round** **UK** ❖ vt insep [overcome] venir à bout de, surmonter. ❖ vi **1.** [circulate - news, rumour] circuler, se répandre **2.** [eventually do] ▸ **to get around to (doing) sthg** trouver le temps de faire qqch ; *See also* get about., get round.. ◆ **get at** vt insep **1.** [reach] parvenir à **2.** [imply] vouloir dire / *what are you getting at?* où veux-tu en venir ? **3.** **UK** *inf* [criticize] critiquer, dénigrer. ◆ **get away** vi **1.** [leave] partir, s'en aller **2.** [go on holiday] partir en vacances **3.** [escape] s'échapper, s'évader. ◆ **get away with** vt insep ▸ **to let sb get away with sthg** passer qqch à qqn. ◆ **get back** ❖ vt sep [recover, regain] retrouver, récupérer. ❖ vi [move away] s'écarter. ◆ **get back to** vt insep **1.** [return to previous state, activity] revenir à ▸ **to get back to sleep** se rendormir ▸ **to get back to work** [after pause] se remettre au travail ; [after illness] reprendre son travail **2.** *inf* [phone back] rappeler / *I'll get back to you on that* je te reparlerai de ça plus tard. ◆ **get by** vi se débrouiller, s'en sortir. ◆ **get down** vt sep **1.** [depress] déprimer **2.** [fetch from higher level] descendre. ◆ **get down to** vt insep ▸ **to get down to doing sthg** se mettre à faire qqch. ◆ **get in** vi **1.** [enter - gen] entrer ; [- to vehicle] monter **2.** [arrive] arriver ; [arrive home] rentrer. ◆ **get into** vt insep

1. [car] monter dans **2.** [become involved in] se lancer dans / *to get into an argument with sb* se disputer avec qqn **3.** [enter into a particular situation, state] : *to get into a panic* s'affoler ▸ **to get into the habit of doing sthg** prendre l'habitude de faire qqch. ◆ **get off** ❖ vt sep [remove] enlever. ❖ vt insep **1.** [go away from] partir de **2.** [train, bus, etc.] descendre de. ❖ vi **1.** [leave bus, train] descendre **2.** [escape punishment] s'en tirer **3.** [depart] partir. ◆ **get on** ❖ vt insep **1.** [bus, train, plane] monter dans **2.** [horse] monter sur. ❖ vi **1.** [enter bus, train] monter **2.** [have good relationship] s'entendre, s'accorder **3.** [progress] avancer, progresser ▸ **how are you getting on?** comment ça va ? **4.** [proceed] ▸ **to get on (with sthg)** continuer (qqch), poursuivre (qqch) **5.** [be successful professionally] réussir. ◆ **get out** ❖ vt sep **1.** [take out] sortir **2.** [remove] enlever. ❖ vi **1.** [leave - of car, train] descendre **2.** [news] s'ébruiter. ◆ **get out of** vt insep **1.** [car] descendre de **2.** [escape from] s'évader de, s'échapper de **3.** [avoid] éviter, se dérober à ▸ **to get out of doing sthg** se dispenser de faire qqch. ◆ **get over** vt insep **1.** [recover from] se remettre de **2.** [overcome] surmonter, venir à bout de. ◆ **get round** vt insep & vi **UK** = get around. ◆ **get through** ❖ vt insep **1.** [job, task] arriver au bout de **2.** [exam] réussir à **3.** [food, drink] consommer **4.** [unpleasant situation] endurer, supporter. ❖ vi **1.** [make o.s. understood] ▸ **to get through (to sb)** se faire comprendre (de qqn) **2.** TELEC obtenir la communication. ◆ **get to** vt insep *inf* [annoy] taper sur les nerfs à. ◆ **get together** ❖ vt sep [organize - team, belongings] rassembler ; [- project, report] préparer. ❖ vi se réunir. ◆ **get up** ❖ vi se lever. ❖ vt insep [petition, demonstration] organiser. ◆ **get up to** vt insep *inf* faire.

getaway ['getəweɪ] noun fuite *f*.

getaway car noun *voiture qui sert à la fuite des gangsters*.

get-rich-quick adj *inf* : *a get-rich-quick scheme* un projet pour faire fortune rapidement.

get-together noun *inf* réunion *f*.

geyser ['giːzər] noun **1.** [hot spring] geyser *m* **2.** **UK** [water heater] chauffe-eau *m inv*.

Ghana ['gɑːnə] noun Ghana *m*.

ghastly ['gɑːstlɪ] adj **1.** *inf* [very bad, unpleasant] épouvantable **2.** [horrifying, macabre] effroyable.

gherkin ['gɜːkɪn] noun cornichon *m*.

ghetto ['getəʊ] (*pl* -s *or* -es) noun ghetto *m*.

ghetto blaster [-,blɑ:stər] noun inf grand radiocassette m portatif.

ghost [gəʊst] noun [spirit] spectre m.

ghostwrite ['gəʊstraɪt] (pt -wrote, pp -written) vt écrire à la place de l'auteur.

giant ['dʒaɪənt] ❖ adj géant m, -e f. ❖ noun géant m, -e f.

gibberish ['dʒɪbərɪʃ] noun (U) charabia m, inepties fpl.

gibe [dʒaɪb] noun insulte f.

giblets ['dʒɪblɪts] pl n abats mpl.

Gibraltar [dʒɪ'brɔ:ltər] noun Gibraltar m.

giddy ['gɪdɪ] adj [dizzy] ▸ to feel giddy avoir la tête qui tourne.

gift [gɪft] noun 1. [present] cadeau m 2. [talent] don m ▸ to have a gift for sthg/for doing sthg avoir un don pour qqch/pour faire qqch ▸ the gift of the gab le bagou.

gift certificate US = gift token.

gifted ['gɪftɪd] adj doué(e).

gift token, gift voucher noun UK chèque-cadeau m.

gift-wrap vt faire un paquet cadeau de.

gig [gɪg] noun inf [concert] concert m.

gigabyte ['gaɪgəbaɪt] noun COMPUT gigaoctet m.

gigantic [dʒaɪ'gæntɪk] adj énorme, gigantesque.

giggle ['gɪgl] ❖ noun 1. [laugh] fou rire m 2. UK inf [fun] ▸ to be a giggle être marrant(e) OR tordant(e) ▸ to have a giggle bien s'amuser. ❖ vi [laugh] rire bêtement.

gilded ['gɪldɪd] adj = gilt.

gill [dʒɪl] noun [unit of measurement] quart m de pinte (= 0,142 litre).

gills [gɪlz] pl n [of fish] branchies fpl.

gilt [gɪlt] ❖ adj [covered in gold] doré(e). ❖ noun (U) [gold layer] dorure f.

gimmick ['gɪmɪk] noun astuce f.

gimp [gɪmp] noun US inf 1. pej [person] gogol v inf mf 2. [object] scoubidou m.

gin [dʒɪn] noun gin m ▸ gin and tonic gin-tonic m.

ginger ['dʒɪndʒər] ❖ noun 1. [root] gingembre m 2. [powder] gingembre m en poudre. ❖ adj UK [colour] roux (rousse).

ginger ale noun boisson gazeuse au gingembre.

ginger beer noun boisson britannique non-alcoolisée au gingembre.

gingerbread ['dʒɪndʒəbred] noun pain m d'épice.

ginger-haired [-'heəd] adj UK roux (rousse).

gingerly ['dʒɪndʒəlɪ] adv avec précaution.

ginormous [,dʒaɪ'nɔ:məs] adj inf gigantesque.

gipsy UK, **gypsy** ['dʒɪpsɪ] ❖ adj gitan(e). ❖ noun [generally] gitan m, -e f ; pej bohémien m, -enne f.

giraffe [dʒɪ'rɑ:f] (pl inv or -s) noun girafe f.

girder ['gɜ:dər] noun poutrelle f.

girdle ['gɜ:dl] noun [corset] gaine f.

girl [gɜ:l] noun 1. [gen] fille f 2. [girlfriend] petite amie f.

girlfriend ['gɜ:lfrend] noun 1. [female lover] petite amie f 2. [female friend] amie f.

girl guide UK, **girl scout** US noun dated éclaireuse f, guide f.

giro ['dʒaɪrəʊ] (pl -s) noun UK 1. (U) [system] virement m postal 2. ▸ giro (cheque) chèque m d'indemnisation f (chômage OR maladie).

girth [gɜ:θ] noun 1. [circumference - of tree] circonférence f ; [- of person] tour m de taille 2. [of horse] sangle f.

gist [dʒɪst] noun substance f ▸ to get the gist of sthg comprendre OR saisir l'essentiel de qqch.

give [gɪv] ❖ vt (pt gave, pp given) 1. [gen] donner ; [message] transmettre ; [attention, time] consacrer ▸ to give sb/sthg sthg donner qqch à qqn/qqch ▸ to give sb pleasure/a fright/a smile faire plaisir/peur/un sourire à qqn ▸ to give a sigh pousser un soupir ▸ to give a speech faire un discours 2. [as present] ▸ to give sb sthg, to give sthg to sb donner qqch à qqn, offrir qqch à qqn. ❖ vi (pt gave, pp given) [collapse, break] céder, s'affaisser. ❖ noun [elasticity] élasticité f, souplesse f. ◆ give or take prep : give or take a day/£10 à un jour/10 livres près.
◆ **give away** vt sep 1. [get rid of] donner 2. [reveal] révéler. ◆ **give back** vt sep [return] rendre. ◆ **give in** vi 1. [admit defeat] abandonner, se rendre 2. [agree unwillingly] ▸ to give in to sthg céder à qqch. ◆ **give off** vt insep [smell] exhaler ; [smoke] faire ; [heat] produire. ◆ **give out** ❖ vt sep [distribute] distribuer. ❖ vi [supplies] s'épuiser ; [car] lâcher. ◆ **give up** vt sep 1. [stop] renoncer à ▸ to give up drinking/smoking arrêter de boire/de fumer 2. [surrender] ▸ to give o.s. up (to sb) se rendre (à qqn). ❖ vi abandonner, se rendre.

give-and-take noun (U) [compromise] concessions fpl de part et d'autre.

given ['gɪvn] ❖ adj **1.** [set, fixed] convenu(e), fixé(e) **2.** [prone] ▶ **to be given to sthg / to doing sthg** être enclin(e) à qqch/à faire qqch. ❖ prep étant donné ▶ **given that** étant donné que.

given name noun US prénom m.

gizmo ['gɪzməʊ] (pl -s) noun inf gadget m, truc m.

glacier ['glæsjə'] noun glacier m.

glad [glæd] adj **1.** [happy, pleased] content(e) ▶ **to be glad about sthg** être content de qqch **2.** [willing] ▶ **to be glad to do sthg** faire qqch volontiers OR avec plaisir **3.** [grateful] ▶ **to be glad of sthg** être content(e) de qqch.

gladly ['glædlɪ] adv **1.** [happily, eagerly] avec joie **2.** [willingly] avec plaisir.

glamor US = **glamour**.

glamorous ['glæmərəs] adj [person] séduisant(e) ; [appearance] élégant(e) ; [job, place] prestigieux(euse).

glamour UK, **glamor** US ['glæmə'] noun [of person] charme m ; [of appearance] élégance f, chic m ; [of job, place] prestige m.

glance [glɑːns] ❖ noun [quick look] regard m, coup d'œil m ▶ **at a glance** d'un coup d'œil ▶ **at first glance** au premier coup d'œil. ❖ vi [look quickly] ▶ **to glance at sb / sthg** jeter un coup d'œil à qqn/qqch. ◆ **glance off** vt insep [subj: ball, bullet] ricocher sur.

glancing ['glɑːnsɪŋ] adj de côté, oblique.

gland [glænd] noun glande f.

glandular fever [,glændjʊlə'-] noun UK mononucléose f infectieuse.

glare [gleə'] ❖ noun **1.** [scowl] regard m mauvais **2.** (U) [of headlights, publicity] lumière f aveuglante. ❖ vi **1.** [scowl] ▶ **to glare at sb / sthg** regarder qqn/qqch d'un œil mauvais **2.** [sun, lamp] briller d'une lumière éblouissante.

glaring ['gleərɪŋ] adj **1.** [very obvious] flagrant(e) **2.** [blazing, dazzling] aveuglant(e).

glass [glɑːs] ❖ noun **1.** [gen] verre m **2.** (U) [glassware] verrerie f. ❖ comp [bottle, jar] en OR de verre ; [door, partition] vitré(e). ◆ **glasses** pl n [spectacles] lunettes fpl.

glass ceiling noun terme désignant le "plafond" qui empêche la progression dans la hiérarchie.

glassware ['glɑːsweə'] noun (U) verrerie f.

glassy ['glɑːsɪ] adj **1.** [smooth, shiny] lisse comme un miroir **2.** [blank, lifeless] vitreux(euse).

glaze [gleɪz] ❖ noun [on pottery] vernis m ; [on pastry, flan] glaçage m. ❖ vt [pottery, tiles, bricks] vernisser ; [pastry, flan] glacer.

glazier ['gleɪzjə'] noun vitrier m, -ière f.

gleam [gliːm] ❖ noun [of gold] reflet m ; [of fire, sunset, disapproval] lueur f. ❖ vi **1.** [surface, object] luire **2.** [light, eyes] briller.

gleaming ['gliːmɪŋ] adj brillant(e).

glean [gliːn] vt [gather] glaner.

glee [gliː] noun (U) [joy] joie f, jubilation f.

glen [glen] noun SCOT vallée f.

glib [glɪb] adj pej [salesman, politician] qui a du bagout ; [promise, excuse] facile.

glide [glaɪd] vi **1.** [move smoothly - dancer, boat] glisser sans effort ; [- person] se mouvoir sans effort **2.** [to fly] planer.

glider ['glaɪdə'] noun [plane] planeur m.

gliding ['glaɪdɪŋ] noun [sport] vol m à voile.

glimmer ['glɪmə'] noun [faint light] faible lueur f ; fig signe m, lueur.

glimpse [glɪmps] ❖ noun **1.** [look, sight] aperçu m **2.** [idea, perception] idée f. ❖ vt **1.** [catch sight of] apercevoir, entrevoir **2.** [perceive] pressentir.

glint [glɪnt] ❖ noun **1.** [flash] reflet m **2.** [in eyes] éclair m. ❖ vi étinceler.

glisten ['glɪsn] vi luire.

glitch [glɪtʃ] noun inf [in plan] pépin m ; ELEC saute f de tension.

glitter ['glɪtə'] ❖ noun (U) scintillement m. ❖ vi **1.** [object, light] scintiller **2.** [eyes] briller.

glitterati [,glɪtə'rɑːtiː] pl n inf: *the glitterati* hum le beau monde m inv.

gloat [gləʊt] vi ▶ **to gloat (over sthg)** se réjouir (de qqch).

global ['gləʊbl] adj [worldwide] mondial(e).

globalization, globalisation UK [,gləʊbəlaɪ'zeɪʃn] noun mondialisation f.

global warming [-'wɔːmɪŋ] noun réchauffement m de la planète.

globe [gləʊb] noun **1.** [Earth] ▶ **the globe** la terre **2.** [spherical map] globe m terrestre **3.** [spherical object] globe m.

gloom [gluːm] noun (U) **1.** [darkness] obscurité f **2.** [unhappiness] tristesse f.

gloomy ['gluːmɪ] adj **1.** [room, sky, prospects] sombre **2.** [person, atmosphere, mood] triste, lugubre.

glorify ['glɔːrɪfaɪ] (pt & pp -**ied**) vt exalter.

glorious ['glɔːrɪəs] adj **1.** [beautiful, splendid] splendide **2.** [very enjoyable] formidable **3.** [successful, impressive] magnifique.

glory ['glɔːrɪ] noun **1.** (U) [fame, admiration] gloire f **2.** (U) [beauty] splendeur f. ◆ **glory in** vt insep [relish] savourer.

gloss [glɒs] noun **1.** (U) [shine] brillant m, lustre m **2.** [paint] peinture f brillante. ◆ **gloss over** vt insep passer sur.

glossary ['glɒsərɪ] noun glossaire m.

glossy ['glɒsɪ] adj **1.** [hair, surface] brillant(e) **2.** [book, photo] sur papier glacé.

glove [glʌv] noun gant m.

glove box, glove compartment noun boîte f à gants.

glow [gləʊ] ◆ noun (U) [of fire, light, sunset] lueur f. ◆ vi **1.** [shine out - fire] rougeoyer ; [light, stars, eyes] flamboyer **2.** [shine in light] briller.

glower ['glaʊər] vi ▶ **to glower (at)** lancer des regards noirs (à).

glucose ['gluːkəʊs] noun glucose m.

glue [gluː] ◆ noun (U) colle f. ◆ vt (cont **glueing** or **gluing**) [stick with glue] coller ▶ **to glue sthg to sthg** coller qqch à or avec qqch.

glug [glʌg] (pt & pp **-ged**, cont **-ging**) inf ◆ noun ▶ **glug (glug)** glouglou m / he took a long glug of lemonade il prit une longue goulée de limonade. ◆ vi faire glouglou.

glum [glʌm] adj [unhappy] triste, morose.

glut [glʌt] noun surplus m.

glutes [gluːts] pl n inf muscles mpl fessiers / how to get great glutes comment muscler vos fessiers.

glutton ['glʌtn] noun [greedy person] glouton m, -onne f ▶ **to be a glutton for punishment** être maso, être masochiste.

GM (abbr of **genetically modified**) adj génétiquement modifié(e).

gnarled [nɑːld] adj [tree, hands] noueux(euse).

gnash [næʃ] vt ▶ **to gnash one's teeth** grincer des dents.

gnat [næt] noun moucheron m.

gnaw [nɔː] ◆ vt [chew] ronger. ◆ vi [worry] ▶ **to gnaw (away) at sb** ronger qqn.

gnome [nəʊm] noun gnome m, lutin m.

GNP (abbr of **gross national product**) noun PNB m.

GNVQ (abbr of **general national vocational qualification**) noun **UK** diplôme sanctionnant deux années d'études professionnelles à la fin du secondaire ; ≃ baccalauréat m professionnel.

go [gəʊ] ◆ vi (pt **went**, pp **gone**) **1.** [move, travel] aller / where are you going? où vas-tu ? / he's gone to Portugal il est allé au Portugal / we went by bus/train nous sommes allés en bus/par le train / where does this path go? où mène ce chemin ? ▶ **to go and do sthg** aller faire qqch ▶ **to go swimming/shopping/jogging** aller nager/faire les courses/faire du jogging ▶ **to go to work** aller travailler or à son travail **2.** [depart] partir, s'en aller / I must go **UK**, I have to go il faut que je m'en aille / what time does the bus go? **UK** à quelle heure part le bus ? ▶ **shall we go?** on y va ? **3.** [become] devenir ▶ **to go grey UK** or **gray US** grisonner, devenir gris(e) ▶ **to go mad** or **crazy** devenir fou (folle) **4.** [pass - time] passer **5.** [progress] marcher, se dérouler / the conference went very smoothly la conférence s'est déroulée sans problème or s'est très bien passée ▶ **to go well/badly** aller bien/mal ▶ **how's it going?** inf comment ça va ? **6.** [function, work] marcher / the car won't go **UK** la voiture ne veut pas démarrer **7.** [indicating intention, expectation] ▶ **to be going to do sthg** aller faire qqch / he said he was going to be late il a prévenu qu'il serait en retard / we're going (to go) to America in June on va (aller) en Amérique en juin / she's going to have a baby elle attend un bébé **8.** [bell, alarm] sonner **9.** [stop working, break - light bulb, fuse] sauter **10.** [deteriorate - hearing, sight] baisser **11.** [match, be compatible] ▶ **to go (with)** aller (avec) / those colours don't really go (well together) ces couleurs ne vont pas bien ensemble **12.** [fit] aller **13.** [belong] aller, se mettre / the plates go in the cupboard les assiettes vont or se mettent dans le placard **14.** [in division] : three into two won't go, three won't go into two deux divisé par trois n'y va pas **15.** inf [expressing irritation, surprise] : now what's he gone and done? qu'est-ce qu'il a fait encore ? ◆ noun (pl **goes**) **1.** **UK** [turn] tour m / it's my go c'est à moi (de jouer) **2.** [attempt] ▶ **to have a go (at sthg)** essayer (de faire qqch) **3.** **PHR** to have a go at sb **UK** inf s'en prendre à qqn, engueuler qqn ▶ **to be on the go** inf être sur la brèche. ◆ **to go** adv [remaining] : there are only three days to go il ne reste que trois jours. ◆ **go about** ◆ vt insep [perform] ▶ **to go about one's business** vaquer à ses occupations. ◆ vi ▶ **go around**. ◆ **go ahead** vi **1.** [proceed] ▶ **to go ahead with sthg** mettre qqch à exécution ▶ **go ahead!** allez-y ! **2.** [take place] avoir lieu. ◆ **go along** vi [proceed] avancer ▶ **as you go along** au fur et à mesure.

◆ **go along with** vt insep [suggestion, idea] appuyer, soutenir ; [person] suivre. ◆ **go around** vi **1.** [frequent] ▶ **to go around with sb** fréquenter qqn **2.** [spread] circuler, courir. ◆ **go away** vi partir, s'en aller ▶ *go away!* va-t-en ! ▶ *I'm going away for a few days* je pars quelques jours. ◆ **go back on** vt insep [one's word, promise] revenir sur. ◆ **go back to** vt insep **1.** [return to activity] reprendre, se remettre à ▶ **go back to sleep** rendors-toi **2.** [date from] remonter à, dater de. ◆ **go by** ❖ vi [time] s'écouler, passer. ❖ vt insep **1.** [be guided by] suivre **2.** [judge from] juger d'après. ◆ **go down** ❖ vi **1.** [get lower - prices] baisser **2.** [be accepted] ▶ **to go down well/badly** être bien/mal accueilli(e) **3.** [sun] se coucher **4.** [tyre, balloon] se dégonfler. ❖ vt insep descendre. ◆ **go for** vt insep **1.** [choose] choisir **2.** [be attracted to] être attiré(e) par **3.** [attack] tomber sur, attaquer **4.** [try to obtain - job, record] essayer d'obtenir. ◆ **go in** vi entrer. ◆ **go in for** vt insep **1.** [competition] prendre part à ; [exam] se présenter à **2.** [activity - enjoy] aimer ; [- participate in] faire, s'adonner à. ◆ **go into** vt insep **1.** [investigate] étudier, examiner **2.** [take up as a profession] entrer dans. ◆ **go off** ❖ vi **1.** [explode] exploser **2.** [alarm] sonner **3.** ⓤⓚ [go bad - food] se gâter **4.** [lights, heating] s'éteindre **5.** ⓤⓢ inf [person] s'emporter. ❖ vt insep [lose interest in] ne plus aimer. ◆ **go on** ❖ vi **1.** [take place, happen] se passer **2.** [heating] se mettre en marche **3.** [continue] ▶ **to go on (doing)** continuer (à faire) **4.** [proceed to further activity] ▶ **to go on to sthg** passer à qqch ▶ **to go on to do sthg** faire qqch après **5.** [talk for too long] parler à n'en plus finir ▶ **to go on about sthg** ne pas arrêter de parler de qqch. ❖ vt insep [be guided by] se fonder sur. ◆ **go on at** vt insep ⓤⓚ inf [nag] harceler. ◆ **go out** vi **1.** [leave] sortir **2.** [for amusement] ▶ **to go out (with sb)** sortir (avec qqn) **3.** [light, fire, cigarette] s'éteindre. ◆ **go over** vt insep **1.** [examine] examiner, vérifier **2.** [repeat, review] repasser. ◆ **go round** vi ⓤⓚ [revolve] tourner ; ⟶ **go around.** ◆ **go through** vt insep **1.** [experience] subir, souffrir **2.** [study, search through] examiner ▶ *she went through his pockets* elle lui a fait les poches, elle a fouillé dans ses poches. ◆ **go through with** vt insep [action, threat] aller jusqu'au bout de. ◆ **go toward(s)** vt insep contribuer à. ◆ **go under** vi *lit* & *fig* couler. ◆ **go up** ❖ vi **1.** [gen] monter **2.** [prices] augmenter. ❖ vt insep monter. ◆ **go without** ❖ vt insep se passer de. ❖ vi s'en passer.

goad [gəʊd] vt [provoke] talonner.

go-ahead ❖ adj [dynamic] dynamique. ❖ noun (U) [permission] feu *m* vert.

goal [gəʊl] noun but *m*.

goalkeeper ['gəʊl,kiːpər] noun gardien *m* de but.

goalmouth ['gəʊlmaʊθ] (*pl* [-maʊðz]) noun but *m*.

goalpost ['gəʊlpəʊst] noun poteau *m* de but.

goat [gəʊt] noun chèvre *f*.

goatee [gəʊ'tiː] noun barbiche *f*, bouc *m*.

gob [gɒb] inf ❖ noun ⓤⓚ [mouth] gueule *f*. ❖ vi [spit] mollarder.

gobble ['gɒbl] vt engloutir. ◆ **gobble down, gobble up** vt sep engloutir.

gobbledegook, gobbledygook ['gɒbldɪguːk] noun **1.** [pompous official language] jargon *m* **2.** inf [nonsense] charabia *m*.

go-between noun intermédiaire *mf*.

goblet ['gɒblɪt] noun verre *m* à pied.

goblin ['gɒblɪn] noun lutin *m*, farfadet *m*.

gobsmacked ['gɒbsmækt] adj ⓤⓚ inf bouche bée *(inv)*.

go-cart = go-kart.

god [gɒd] noun dieu *m*, divinité *f*. ◆ **God** ❖ noun Dieu *m* ▶ **God knows** Dieu seul le sait ▶ **for God's sake** pour l'amour de Dieu ▶ **thank God** Dieu merci. ❖ excl ▶ **(my) God!** mon Dieu !

god-awful adj inf atroce, affreux(euse).

godchild ['gɒdtʃaɪld] (*pl* **-children**) noun filleul *m*, -e *f*.

goddammit [,gɒd'dæmɪt] excl *v* inf bordel !

goddaughter ['gɒd,dɔːtər] noun filleule *f*.

goddess ['gɒdɪs] noun déesse *f*.

godfather ['gɒd,fɑːðər] noun parrain *m*.

godforsaken ['gɒdfə,seɪkn] adj morne, désolé(e).

godmother ['gɒd,mʌðər] noun marraine *f*.

godparents ['gɒd,peərənts] pl n parrain et marraine *mpl*.

godsend ['gɒdsend] noun aubaine *f*.

godson ['gɒdsʌn] noun filleul *m*.

goes [gəʊz] ⟶ **go.**

go-getter [-'getər] noun inf battant *m*, -e *f*.

goggles ['gɒglz] pl n lunettes *fpl*.

going ['gəʊɪŋ] ❖ noun (U) **1.** [rate of advance] allure f **2.** [travel conditions] conditions fpl. ❖ adj **1.** UK [available] disponible **2.** [rate, salary] en vigueur.

going concern noun affaire f qui marche.

going-over (pl goings-over) noun inf **1.** [checkup] révision f, vérification f ; [cleanup] nettoyage m / the house needs a good going-over il faudrait nettoyer la maison à fond **2.** PHR to give sb a (good) going-over a) [scolding] passer un savon à qqn b) [beating] passer qqn à tabac.

goings-on pl n événements mpl, histoires fpl.

go-kart [-kɑ:t] noun kart m.

gold [gəʊld] ❖ noun (U) [metal, jewellery] or m. ❖ comp [made of gold] en or. ❖ adj [gold-coloured] doré(e).

gold dust noun poudre f d'or / jobs are like gold dust around here fig le travail est rare OR ne court pas les rues par ici.

golden ['gəʊldən] adj **1.** [made of gold] en or **2.** [gold-coloured] doré(e).

golden handcuffs pl n inf primes fpl (versées à un cadre à intervalles réguliers pour le dissuader de partir).

golden handshake noun prime f de départ.

goldfish ['gəʊldfɪʃ] (pl inv) noun poisson m rouge.

gold leaf noun (U) feuille f d'or.

gold medal noun médaille f d'or.

goldmine ['gəʊldmaɪn] noun lit & fig mine f d'or.

gold-plated [-'pleɪtɪd] adj plaqué(e) or.

goldsmith ['gəʊldsmɪθ] noun orfèvre mf.

golf [gɒlf] noun golf m.

golf ball noun [for golf] balle f de golf.

golf club noun [stick, place] club m de golf.

golf course noun terrain m de golf.

golfer ['gɒlfər] noun golfeur m, -euse f.

gone [gɒn] ❖ pp ⟶ **go**. ❖ adj [no longer here] parti(e). ❖ prep UK : it's gone ten (o'clock) il est dix heures passées.

gong [gɒŋ] noun gong m.

gonna ['gɒnə] inf ⟶ **going to**.

good [gʊd] ❖ adj (compar **better**, superl **best**) **1.** [gen] bon (bonne) / it's good to see you again ça fait plaisir de te revoir ▸ to be good at sthg être bon en qqch ▸ to be good with a) [animals, children] savoir y faire avec b) [one's hands] être habile de ▸ it's good for you c'est bon pour

toi OR pour la santé ▸ to feel good [person] se sentir bien ▸ it's good that... c'est bien que... ▸ good! très bien ! **2.** [kind - person] gentil(ille) ▸ to be good to sb être très attentionné(e) envers qqn **3.** [well-behaved - child] sage ; [- behaviour] correct(e) ▸ be good! sois sage !, tiens-toi tranquille ! ❖ noun **1.** (U) [benefit] bien m ▸ it will do him good ça lui fera du bien **2.** [use] utilité f ▸ what's the good of OR in US doing that? à quoi bon faire ça ? ▸ it's no good ça ne sert à rien ▸ it's no good crying/worrying ça ne sert à rien de pleurer/de s'en faire **3.** (U) [morally correct behaviour] bien m ▸ to be up to no good préparer un sale coup. ◆ **goods** pl n [merchandise] marchandises fpl, articles mpl. ◆ **as good as** adv pratiquement, pour ainsi dire. ◆ **for good** adv [forever] pour de bon, définitivement.

goodbye [,gʊd'baɪ] ❖ excl au revoir ! ❖ noun au revoir m.

Good Friday noun Vendredi m saint.

good-humoured UK, **good-humored** US [-'hju:məd] adj [person] de bonne humeur ; [smile, remark, rivalry] bon enfant (inv).

good-looking [-'lʊkɪŋ] adj [person] beau (belle).

good-natured [-'neɪtʃəd] adj [person] d'un naturel aimable ; [rivalry, argument] bon enfant (inv).

goodness ['gʊdnɪs] ❖ noun (U) **1.** [kindness] bonté f **2.** [nutritive quality] valeur f nutritive. ❖ excl ▸ (my) goodness! mon Dieu !, Seigneur ! ▸ for goodness' sake! par pitié !, pour l'amour de Dieu ! ▸ thank goodness! grâce à Dieu !

goodwill [,gʊd'wɪl] noun bienveillance f.

goody ['gʊdɪ] inf ❖ noun UK [person] bon m. ❖ excl chouette ! ◆ **goodies** pl n inf **1.** [delicious food] merveilles fpl **2.** [desirable objects] merveilles fpl, trésors mpl.

Google® ['gu:gl] vt [look up using Google] rechercher avec Google® / I'll Google that je vais chercher sur Google.

goon [gu:n] noun inf **1.** [fool] abruti m, -e f **2.** US [hired thug] casseur m (au service de quelqu'un) ▸ goon squad [strike-breakers] milice f patronale.

goose [gu:s] (pl geese [gi:z]) noun [bird] oie f.

gooseberry ['gʊzbərɪ] noun **1.** [fruit] groseille f à maquereau **2.** UK inf [third person] ▸ to play gooseberry tenir la chandelle.

goose bumps pl n US inf = **gooseflesh**.

gooseflesh ['gu:sfleʃ] noun chair f de poule.

goose pimples pl n = **gooseflesh**.

gore [gɔːr] ❖ noun (U) liter [blood] sang m.
❖ vt encorner.

gorge [gɔːdʒ] ❖ noun gorge f, défilé m.
❖ vt ▸ to gorge o.s. on OR with sthg se bourrer OR se goinfrer de qqch.

gorgeous ['gɔːdʒəs] adj [generally] divin(e) ; inf [good-looking] magnifique, splendide.

gorilla [gə'rɪlə] noun gorille m.

gormless ['gɔːmlɪs] adj UK inf bêta (bêtasse).

gorse [gɔːs] noun (U) ajonc m.

gory ['gɔːrɪ] adj sanglant(e).

gosh [gɒʃ] excl inf ça alors !

go-slow noun UK grève f du zèle.

gospel ['gɒspl] noun [doctrine] évangile m.
◆ **Gospel** noun Évangile m.

gossip ['gɒsɪp] ❖ noun **1.** [conversation] bavardage m ; pej commérage m **2.** [person] commère f. ❖ vi [talk] bavarder, papoter ; pej cancaner.

gossip column noun échos mpl.

got [gɒt] pt & pp ⟶ **get**.

gotta ['gɒtə] inf ⟶ **got to**.

gotten ['gɒtn] pp US ⟶ **get**.

goulash ['guːlæʃ] noun goulache m.

gourmet ['guəmeɪ] ❖ noun gourmet m.
❖ comp [food, restaurant] gastronomique ; [cook] gastronome.

gout [gaʊt] noun (U) MED goutte f.

govern ['gʌvn] ❖ vt **1.** [gen] gouverner **2.** [control] régir. ❖ vi POL gouverner.

governess ['gʌvənɪs] noun gouvernante f.

government ['gʌvnmənt] noun gouvernement m.

governor ['gʌvənər] noun **1.** POL gouverneur m **2.** UK [of school] ≃ membre m du conseil d'établissement ; [of bank] gouverneur m **3.** UK [of prison] directeur m.

gown [gaʊn] noun **1.** [for woman] robe f **2.** [for surgeon] blouse f ; [for judge, academic, graduate] robe f, toge f.

GP noun UK abbr of **general practitioner**.

GPO pr n **1.** [in UK] (abbr of **General Post Office**) ▸ the GPO titre officiel de la Poste britannique avant 1969 **2.** [in US] (abbr of **Government Printing Office**) ▸ the GPO ≃ l'imprimerie f nationale.

GPS [,dʒiːpiːˈes] (abbr of **Global Positioning System**) noun GPS m.

grab [græb] ❖ vt **1.** [seize] saisir **2.** inf [sandwich] avaler en vitesse ▸ to grab a few hours' sleep dormir quelques heures **3.** inf [appeal to] emballer. ❖ vi ▸ to grab at sthg faire un geste pour attraper qqch.

grace [greɪs] ❖ noun **1.** [elegance] grâce f **2.** (U) [extra time] répit m **3.** [prayer] grâces fpl. ❖ vt fml **1.** [honour] honorer de sa présence **2.** [decorate] orner, décorer.

graceful ['greɪsfʊl] adj gracieux(euse), élégant(e).

gracious ['greɪʃəs] ❖ adj [polite] courtois(e). ❖ excl ▸ (good) gracious! dated juste ciel !

grade [greɪd] ❖ noun **1.** [quality - of worker] catégorie f ; [- of wool, paper] qualité f ; [- of petrol] type m ; [- of eggs] calibre m **2.** US [class] classe f **3.** US [mark] note f. ❖ vt **1.** [classify] classer **2.** [mark, assess] noter.

grade crossing noun US passage m à niveau.

grade school noun US école f primaire.

gradient ['greɪdjənt] noun pente f, inclinaison f.

gradual ['grædʒʊəl] adj graduel(elle), progressif(ive).

gradually ['grædʒʊəlɪ] adv graduellement, petit à petit.

graduate ❖ noun ['grædʒʊət] **1.** [from university] diplômé m, -e f **2.** US [of high school] ≃ titulaire mf du baccalauréat. ❖ vi ['grædʒʊeɪt] **1.** [from university] ▸ to graduate (from) ≃ obtenir son diplôme (à) **2.** US [from high school] ▸ to graduate (from) ≃ obtenir son baccalauréat (à).

graduate school noun US troisième cycle m d'université.

graduation [,grædʒʊ'eɪʃn] noun (U) [ceremony] remise f des diplômes.

graffiti [grə'fiːtɪ] noun (U) graffiti mpl.

graft [grɑːft] ❖ noun **1.** [from plant] greffe f, greffon m **2.** MED greffe f **3.** UK [hard work] boulot m **4.** US inf [corruption] graissage m de patte. ❖ vt [plant, skin] greffer ▸ to graft sthg onto sthg greffer qqch sur qqch.

graham cracker ['greɪəm-] noun US biscuit légèrement sucré.

grain [greɪn] noun **1.** [gen] grain m **2.** (U) [crops] céréales fpl **3.** (U) [pattern - in wood] fil m ; [- in material] grain m ; [- in stone, marble] veines fpl.

gram [græm] noun gramme m.

grammar ['græmər] noun grammaire f.

grammar school noun [in UK] ≃ lycée m ; [in US] école f primaire.

grammatical [grə'mætɪkl] adj grammatical(e).

gramme [græm] UK = gram.

gramophone ['græməfəun] noun dated gramophone m, phonographe m.

gran [græn] noun UK inf mamie f, mémé f.

grand [grænd] ◆ adj 1. [impressive] grandiose, imposant(e) 2. [ambitious] grand(e) 3. [important] important(e) ; [socially] distingué(e) 4. inf & dated [excellent] sensationnel(elle), formidable. ◆ noun (pl inv) inf [thousand pounds] mille livres fpl ; [thousand dollars] mille dollars mpl.

grandad ['grændæd] noun inf pépé m, papy m.

grandchild ['græntʃaɪld] (pl -children) noun [boy] petit-fils m ; [girl] petite-fille f. ◆ **grandchildren** pl n petits-enfants mpl.

grand(d)ad ['grændæd] noun inf papi m, pépé m.

granddaughter ['græn,dɔːtər] noun petite-fille f.

grandeur ['grændʒər] noun [splendour] splendeur f, magnificence f.

grandfather ['grænd,fɑːðər] noun grand-père m.

grand finale noun apothéose f.

grand jury noun US tribunal m d'accusation.

grandma ['grænmɑː] noun inf mamie f, mémé f.

grandmother ['græn,mʌðər] noun grand-mère f.

grandpa ['grænpɑː] noun inf papi m, pépé m.

grandparents ['græn,peərənts] pl n grands-parents mpl.

grand piano noun piano m à queue.

grand slam noun SPORT grand chelem m.

grandson ['grænsʌn] noun petit-fils m.

grandstand ['grændstænd] noun tribune f.

grand total noun somme f globale, total m général.

granite ['grænɪt] noun granit m.

granny ['grænɪ] noun inf mamie f, mémé f.

granola [grə'nəulə] noun US muesli m.

grant [grɑːnt] ◆ noun subvention f ; [for study] bourse f. ◆ vt 1. [wish, appeal] accorder ; [request] accéder à 2. [admit] admettre, reconnaître 3. [give] accorder ▶ to take sb for granted a) [not appreciate sb's help] penser que tout ce que qqn fait va de soi b) [not value sb's presence] penser que qqn fait partie des meubles ▶ to take sthg for granted [result, sb's agreement] considérer qqch comme acquis ▶ it is taken for granted that... cela semble aller de soi que..., cela paraît normal OR tout naturel que....

granulated sugar ['grænjuleɪtɪd-] noun sucre m cristallisé.

granule ['grænjuːl] noun [generally] granule m ; [of sugar] grain m.

grape [greɪp] noun (grain m de) raisin m ▶ a bunch of grapes une grappe de raisin.

grapefruit ['greɪpfruːt] (pl inv or -s) noun pamplemousse m.

grapevine ['greɪpvaɪn] noun vigne f ▶ on the grapevine fig par le téléphone arabe.

graph [grɑːf] noun graphique m.

graphic ['græfɪk] adj 1. [vivid] vivant(e) 2. ART graphique. ◆ **graphics** pl n graphique f.

graphite ['græfaɪt] noun (U) graphite m, mine f de plomb.

graph paper noun (U) papier m millimétré.

grapple ['græpl] ◆ **grapple with** vt insep 1. [person, animal] lutter avec 2. [problem] se débattre avec, se colleter avec.

grasp [grɑːsp] ◆ noun 1. [grip] prise f 2. [understanding] compréhension f ▶ to have a good grasp of sthg avoir une bonne connaissance de qqch. ◆ vt 1. [grip, seize] saisir, empoigner 2. [understand] saisir, comprendre 3. [opportunity] saisir.

grasping ['grɑːspɪŋ] adj pej avide, cupide.

grass [grɑːs] ◆ noun 1. drugs sl BOT herbe f 2. UK crime sl mouchard m, indic m. ◆ vi UK crime sl moucharder ▶ to grass on sb dénoncer qqn.

grasshopper ['grɑːs,hɒpər] noun sauterelle f.

grass roots ◆ pl n fig base f. ◆ comp du peuple.

grass snake noun couleuvre f.

grate [greɪt] ◆ noun grille f de foyer. ◆ vt râper. ◆ vi grincer, crisser.

grateful ['greɪtful] adj ▶ to be grateful to sb (for sthg) être reconnaissant(e) à qqn (de qqch).

grater ['greɪtər] noun râpe f.

gratify ['grætɪfaɪ] vt 1. [please - person] ▶ to be gratified être content(e), être satisfait(e) 2. [satisfy - wish] satisfaire, assouvir.

grating ['greɪtɪŋ] ❖ adj grinçant(e) ; [voix] de crécelle. ❖ noun [grille] grille f.

gratitude ['grætɪtjuːd] noun (U) ▸ gratitude **(to sb for sthg)** gratitude f OR reconnaissance f (envers qqn et qqch).

gratuitous [grə'tjuːɪtəs] adj fml gratuit(e).

grave¹ [greɪv] ❖ adj [generally] grave ; [concern] sérieux(euse). ❖ noun tombe f.

grave² [grɑːv] adj LING ▸ **e grave** e m accent grave.

gravedigger ['greɪv,dɪgər] noun fossoyeur m, -euse f.

gravel ['grævl] noun (U) gravier m.

gravestone ['greɪvstəun] noun pierre f tombale.

graveyard ['greɪvjɑːd] noun cimetière m.

gravity ['grævətɪ] noun **1.** [force] gravité f, pesanteur f **2.** [seriousness] gravité f.

gravy ['greɪvɪ] noun (U) [meat juice] jus m de viande.

gray US = grey.

graze [greɪz] ❖ vt **1.** [subj: cows, sheep] brouter, paître **2.** [subj: farmer] faire paître **3.** [skin] écorcher, égratigner **4.** [touch lightly] frôler, effleurer. ❖ vi [cows, sheep] brouter, paître. ❖ noun écorchure f, égratignure f.

grease [griːs] ❖ noun graisse f. ❖ vt graisser.

greaseproof paper [,griːspruːf-] noun (U) UK papier m sulfurisé.

greasy ['griːsɪ] adj **1.** [covered in grease] graisseux(euse) ; [clothes] taché(e) de graisse **2.** [food, skin, hair] gras (grasse).

greasy spoon noun inf gargote f.

great [greɪt] adj **1.** [gen] grand(e) ▸ **great big** énorme **2.** inf [splendid] génial(e), formidable ▸ **to feel great** se sentir en pleine forme ▸ **great!** super !, génial !

Great Britain noun Grande-Bretagne f ▸ **in Great Britain** en Grande-Bretagne.

greatcoat ['greɪtkəut] noun pardessus m.

Greater London pr n le Grand Londres.

great-grandchild noun [boy] arrière-petit-fils m ; [girl] arrière-petite-fille f. ◆ **great-grandchildren** pl n arrière-petits-enfants mpl.

great-grandfather noun arrière-grand-père m.

great-grandmother noun arrière-grand-mère f.

greatly ['greɪtlɪ] adv [generally] beaucoup ; [different] très.

greatness ['greɪtnɪs] noun grandeur f.

Greece [griːs] noun Grèce f.

greed [griːd] noun (U) **1.** [for food] gloutonnerie f **2.** [for money, power] ▸ **greed (for)** avidité f (de).

greedy ['griːdɪ] adj **1.** [for food] glouton(onne) **2.** [for money, power] ▸ **greedy for sthg** avide de qqch.

Greek [griːk] ❖ adj grec (grecque). ❖ noun **1.** [person] Grec m, Grecque f **2.** [language] grec m.

green [griːn] ❖ adj **1.** [in colour, unripe] vert(e) **2.** [ecological - issue, politics] écologique ; [- person] vert(e) **3.** inf [inexperienced] inexpérimenté(e), jeune. ❖ noun **1.** [colour] vert m **2.** GOLF green m **3.** ▸ **village green** pelouse f communale. ◆ **Green** noun POL vert m, -e f, écologiste mf ▸ **the Greens** les Verts, les Écologistes. ◆ **greens** pl n [vegetables] légumes mpl verts.

greenback ['griːnbæk] noun US inf billet m vert.

green belt noun UK ceinture f verte.

green card noun **1.** UK [for vehicle] carte f verte **2.** US [residence permit] carte f verte ; ≃ carte f de séjour.

greenery ['griːnərɪ] noun verdure f.

greenfly ['griːnflaɪ] (pl inv or **-ies**) noun puceron m.

greengage ['griːngeɪdʒ] noun reine-claude f.

greengrocer ['griːn,grəusər] noun UK marchand m, -e f de légumes ▸ **greengrocer's (shop)** magasin m de fruits et légumes.

greenhouse ['griːnhaus] (pl [-hauzɪz]) noun serre f.

greenhouse effect noun ▸ **the greenhouse effect** l'effet m de serre.

Greenland ['griːnlənd] noun Groenland m.

green salad noun salade f verte.

green shoots pl n ECON [signs of recovery] premiers signes mpl de reprise.

green thumb noun US ▸ **to have a green thumb** avoir la main verte.

Greenwich Mean Time ['grenɪdʒ-] noun heure f (du méridien) de Greenwich.

greet [griːt] vt **1.** [say hello to] saluer **2.** [receive] accueillir.

greeting ['gri:tɪŋ] noun salutation f, salut m.
◆ **greetings** pl n ▸ Christmas/birthday greetings vœux mpl de Noël/d'anniversaire.

greetings card UK, **greeting card** US noun carte f de vœux.

grenade [grə'neɪd] noun ▸ (hand)grenade grenade f (à main).

grew [gru:] pt → **grow**.

grey UK, **gray** US [greɪ] ❖ adj 1. [in colour] gris(e) 2. [grey-haired] ▸ to go grey grisonner 3. [dull, gloomy] morne, triste. ❖ noun gris m.

grey-haired UK, **gray-haired** US [-'heəd] adj aux cheveux gris.

greyhound ['greɪhaʊnd] noun lévrier m.

grey matter UK, **gray matter** US noun matière f grise.

grid [grɪd] noun 1. [grating] grille f 2. [system of squares] quadrillage m.

griddle ['grɪdl] noun plaque f à cuire.

gridlock ['grɪdlɒk] noun embouteillage m.

grief [gri:f] noun (U) 1. [sorrow] chagrin m, peine f 2. inf [trouble] ennuis mpl 3. PHR to come to grief a) [person] avoir de gros problèmes b) [project] échouer, tomber à l'eau ▸ good grief! Dieu du ciel !, mon Dieu !

grief-stricken adj accablé(e) de douleur.

grievance ['gri:vns] noun grief m, doléance f.

grieve [gri:v] vi [at death] être en deuil ▸ to grieve for sb/sthg pleurer qqn/qqch.

grievous ['gri:vəs] adj fml [generally] grave ; [shock] cruel(elle).

grievous bodily harm noun (U) coups mpl et blessures fpl.

grill [grɪl] ❖ noun [on cooker, fire] gril m. ❖ vt 1. [cook on grill] griller, faire griller 2. inf [interrogate] cuisiner.

grille [grɪl] noun grille f.

grim [grɪm] adj 1. [stern - face, expression] sévère ; [- determination] inflexible 2. [cheerless - truth, news] sinistre ; [- room, walls] lugubre ; [- day] morne, triste.

grimace [grɪ'meɪs] ❖ noun grimace f. ❖ vi grimacer, faire la grimace.

grime [graɪm] noun (U) crasse f, saleté f.

grimy ['graɪmɪ] adj sale, encrassé(e).

grin [grɪn] ❖ noun (large) sourire m. ❖ vi sourire ▸ to grin at sb/sthg adresser un large sourire à qqn/qqch.

grind [graɪnd] ❖ vt (pt & pp **ground**) [crush] moudre. ❖ vi (pt & pp **ground**) [scrape] grincer. ❖ noun [hard, boring work] corvée f.
◆ **grind down** vt sep [oppress] opprimer.
◆ **grind up** vt sep pulvériser.

grinder ['graɪndə] noun moulin m.

grip [grɪp] ❖ noun 1. [grasp, hold] prise f 2. [control] contrôle m ▸ he's got a good grip on the situation il a la situation bien en main ▸ to get to grips with sthg s'attaquer à qqch ▸ to get a grip on o.s. se ressaisir 3. [adhesion] adhérence f 4. [handle] poignée f 5. [bag] sac m (de voyage). ❖ vt 1. [grasp] saisir ; [subj: tyres] adhérer à 2. fig [imagination, country] captiver.

gripe [graɪp] inf ❖ noun [complaint] plainte f. ❖ vi ▸ to gripe (about sthg) râler OR rouspéter (contre qqch).

gripping ['grɪpɪŋ] adj passionnant(e).

grisly ['grɪzlɪ] adj [horrible, macabre] macabre.

gristle ['grɪsl] noun (U) nerfs mpl.

grit [grɪt] ❖ noun 1. [stones] gravillon m ; [in eye] poussière f 2. inf [courage] cran m. ❖ vt sabler.

gritty ['grɪtɪ] adj 1. [stony] couvert(e) de gravillon 2. inf [brave - person] qui a du cran ; [- performance, determination] courageux(euse).

groan [grəʊn] ❖ noun gémissement m. ❖ vi 1. [moan] gémir 2. [creak] grincer, gémir.

grocer ['grəʊsə] noun épicier m, -ère f ▸ grocer's (shop) UK épicerie f.

groceries ['grəʊsərɪz] pl n [foods] provisions fpl.

grocery ['grəʊsərɪ] noun [shop] épicerie f.

groggy ['grɒgɪ] adj 1. [weak] faible, affaibli(e) 2. [from exhaustion, from blows] groggy (inv).

groin [grɔɪn] noun aine f.

groom [gru:m] ❖ noun 1. [of horses] palefrenier m, -ière f, garçon m d'écurie 2. [bridegroom] marié m. ❖ vt 1. [brush] panser 2. fig [prepare] ▸ to groom sb (for sthg) préparer OR former qqn (pour qqch).

groove [gru:v] noun [in metal, wood] rainure f.

groovy ['gru:vɪ] adj inf & dated 1. [excellent] super, génial(e) 2. [fashionable] branché(e).

grope [grəʊp] vi ▸ to grope (about UK OR around) for sthg chercher qqch à tâtons.

gross [grəʊs] ❖ adj 1. [total] brut(e) 2. fml [serious - negligence] coupable ; [- misconduct] choquant(e) 3. [coarse, vulgar] grossier(ère) 4. inf [obese] obèse, énorme. ❖ noun (pl inv or -es) grosse f, douze douzaines fpl.

gross domestic product noun produit m intérieur brut.

grossly ['grəʊslɪ] adv [seriously] extrêmement, énormément.

grotesque [grəʊ'tesk] adj grotesque.

grotto ['grɒtəʊ] (pl -es or -s) noun grotte f.

grotty ['grɒtɪ] adj UK inf minable.

ground [graʊnd] ⬥ pt & pp ⟶ grind. ⬥ noun 1. (U) [surface of earth] sol m, terre f ▸ above ground en surface ▸ below ground sous terre ▸ on the ground par terre, au sol ▸ to drive/to work o.s. into the ground se tuer au travail 2. (U) [area of land] terrain m 3. [for sport, etc.] terrain m 4. [advantage] ▸ to gain/lose ground gagner/perdre du terrain. ⬥ vt 1. [base] ▸ to be grounded on OR in sthg être fondé(e) sur qqch 2. [aircraft, pilot] interdire de vol 3. inf [child] priver de sortie 4. US ELEC ▸ to be grounded être à la masse. ◆ grounds pl n 1. [reason] motif m, raison f ▸ grounds for sthg motifs de qqch ▸ grounds for doing sthg raisons de faire qqch 2. [land round house] parc m 3. [of coffee] marc m.

ground crew noun personnel m au sol.

grounded ['graʊndɪd] adj ▸ to be grounded [emotionally stable] avoir les pieds sur terre.

ground floor noun rez-de-chaussée m inv.

grounding ['graʊndɪŋ] noun ▸ grounding (in) connaissances fpl de base (en).

groundless ['graʊndlɪs] adj sans fondement.

groundsheet ['graʊndʃiːt] noun tapis m de sol.

ground staff noun 1. [at sports ground] personnel m d'entretien (d'un terrain de sport) 2. UK = ground crew.

groundswell ['graʊndswel] noun vague f de fond.

groundwork ['graʊndwɜːk] noun (U) travail m préparatoire.

ground zero noun hypocentre m, point m zéro.

group [gruːp] ⬥ noun groupe m. ⬥ vt grouper, réunir. ⬥ vi ▸ to group (together) se grouper.

groupie ['gruːpɪ] noun inf groupie f.

grouse [graʊs] ⬥ noun (pl inv or -s) [bird] grouse f, coq m de bruyère. ⬥ vi inf râler, rouspéter.

grove [grəʊv] noun [group of trees] bosquet m.

grovel ['grɒvl] vi ▸ to grovel (to sb) ramper (devant qqn).

grow [grəʊ] (pt grew, pp grown) ⬥ vi 1. [gen] pousser; [person, animal] grandir; [company, city] s'agrandir; [fears, influence, traffic] augmenter; [problem, idea, plan] prendre de l'ampleur; [economy] se développer 2. [become] devenir ▸ to grow old vieillir ▸ to grow tired of sthg se fatiguer de qqch. ⬥ vt 1. [plants] faire pousser 2. [hair, beard] laisser pousser. ◆ grow on vt insep inf plaire de plus en plus à / it'll grow on you cela finira par te plaire. ◆ grow out of vt insep 1. [clothes, shoes] devenir trop grand(e) pour 2. [habit] perdre. ◆ grow up vi 1. [become adult] grandir, devenir adulte ▸ grow up! ne fais pas l'enfant! 2. [develop] se développer.

grower ['grəʊər] noun cultivateur m, -trice f.

growing ['grəʊɪŋ] ⬥ adj 1. [plant] croissant(e); [child] grandissant(e) 2. [increasing - debt, number, amount] qui augmente; [-friendship, impatience] grandissant(e) / there are growing fears of a nuclear war on craint de plus en plus une guerre nucléaire. ⬥ comp : wine growing region région vinicole.

growl [graʊl] vi [animal] grogner, gronder; [engine] vrombir, gronder; [person] grogner.

grown [grəʊn] ⬥ pp ⟶ grow. ⬥ adj adulte.

grown-up ⬥ adj 1. [fully grown] adulte, grand(e) 2. [mature] mûr(e). ⬥ noun adulte mf, grande personne f.

growth [grəʊθ] noun 1. [increase - gen] croissance f; [- of opposition, company] développement m; [- of population] augmentation f, accroissement m 2. MED [lump] tumeur f, excroissance f.

grub [grʌb] noun 1. [insect] larve f 2. inf [food] bouffe f.

grubby ['grʌbɪ] adj sale, malpropre.

grudge [grʌdʒ] ⬥ noun rancune f ▸ to bear sb a grudge, to bear a grudge against sb garder rancune à qqn. ⬥ vt ▸ to grudge sb sthg a) [generally] donner qqch à qqn à contrecœur b) [success] en vouloir à qqn à cause de qqch.

gruelling UK, **grueling** US ['grʊəlɪŋ] adj épuisant(e), exténuant(e).

gruesome ['gruːsəm] adj horrible.

gruff [grʌf] adj 1. [hoarse] gros (grosse) 2. [rough, unfriendly] brusque, bourru(e).

grumble ['grʌmbl] vi 1. [complain] ▸ to grumble about sthg rouspéter OR grommeler contre qqch 2. [rumble - thunder, train] gronder; [- stomach] gargouiller.

grumpy ['grʌmpɪ] adj *inf* renfrogné(e).

grunge [grʌndʒ] noun **1.** *inf* [dirt] crasse *f* **2.** [music, fashion] grunge *m*.

grunt [grʌnt] ❖ noun grognement *m*. ❖ vi grogner.

G-string noun cache-sexe *m inv*.

guarantee [,gærən'tiː] ❖ noun garantie *f*. ❖ vt garantir.

guard [gɑːd] ❖ noun **1.** [person] garde *m* ; [in prison] gardien *m* **2.** [group of guards] garde *f* **3.** [defensive operation] garde *f* ▸ **to be on guard** être de garde OR de faction ▸ **to catch sb off guard** prendre qqn au dépourvu **4.** UK RAIL chef *m* de train **5.** [protective device - for body] protection *f* ; [- for fire] garde-feu *m inv*. ❖ vt **1.** [protect - building] protéger, garder ; [- person] protéger **2.** [prisoner] garder, surveiller **3.** [hide - secret] garder.

guard dog noun chien *m* de garde.

guarded ['gɑːdɪd] adj prudent(e).

guardian ['gɑːdjən] noun **1.** [of child] tuteur *m*, -trice *f* **2.** [protector] gardien *m*, -enne *f*, protecteur *m*, -trice *f*.

guardrail ['gɑːdreɪl] noun [on road] barrière *f* de sécurité.

guerrilla [gə'rɪlə] noun guérillero *m* ▸ **urban guerrilla** guérillero *m* des villes.

guerrilla warfare noun *(U)* guérilla *f*.

guess [ges] ❖ noun conjecture *f*. ❖ vt deviner ▸ **guess what?** tu sais quoi ? ❖ vi **1.** [conjecture] deviner ▸ **to guess at sth** deviner qqch **2.** [suppose] ▸ **I guess (so)** je suppose (que oui).

guesstimate ['gestɪmət] noun *inf* calcul *m* au pif.

guesswork ['geswɜːk] noun *(U)* conjectures *fpl*, hypothèses *fpl*.

guest [gest] noun **1.** [gen] invité *m*, -e *f* **2.** [at hotel] client *m*, -e *f*.

guesthouse ['gesthaʊs] (*pl* [-hauzɪz]) noun pension *f* de famille.

guestroom ['gestrʊm] noun chambre *f* d'amis.

guffaw [gʌ'fɔː] ❖ noun gros rire *m*. ❖ vi rire bruyamment.

guidance ['gaɪdəns] noun *(U)* **1.** [help] conseils *mpl* **2.** [leadership] direction *f*.

guide [gaɪd] ❖ noun **1.** [person, book] guide *m* **2.** [indication] indication *f*. ❖ vt **1.** [show by leading] guider **2.** [control] diriger **3.** [influence] ▸ **to be guided by sb / sth** se laisser guider par qqn/qqch. ❖ **Guide** noun éclaireuse *f*, guide *f*.

guide book, guidebook ['gaɪdbʊk] noun guide *m*.

guide dog noun chien *m* d'aveugle.

guidelines ['gaɪdlaɪnz] pl n directives *fpl*, lignes *fpl* directrices.

guild [gɪld] noun **1.** HIST corporation *f*, guilde *f* **2.** [association] association *f*.

guile [gaɪl] noun *(U) liter* ruse *f*, astuce *f*.

guillotine ['gɪlə,tiːn] ❖ noun **1.** [for executions] guillotine *f* **2.** [for paper] massicot *m*. ❖ vt [execute] guillotiner.

guilt [gɪlt] noun culpabilité *f*.

guilty ['gɪltɪ] adj coupable ▸ **to be guilty of sth** être coupable de qqch ▸ **to be found guilty / not guilty** LAW être reconnu coupable / non coupable.

guinea pig noun cobaye *m*.

guise [gaɪz] noun *fml* apparence *f*.

guitar [gɪ'tɑːr] noun guitare *f*.

guitarist [gɪ'tɑːrɪst] noun guitariste *mf*.

gulf [gʌlf] noun **1.** [sea] golfe *m* **2.** [breach, chasm] ▸ **gulf (between)** abîme *m* (entre). ❖ **Gulf** noun ▸ **the Gulf** le Golfe.

gull [gʌl] noun mouette *f*.

gullet ['gʌlɪt] noun [of person] œsophage *m* ; [of bird] gosier *m*.

gullible ['gʌləbl] adj crédule.

gully ['gʌlɪ] noun **1.** [valley] ravine *f* **2.** [ditch] rigole *f*.

gulp [gʌlp] ❖ noun [of drink] grande gorgée *f* ; [of food] grosse bouchée *f*. ❖ vt avaler. ❖ vi avoir la gorge nouée. ❖ **gulp down** vt sep avaler.

gum [gʌm] ❖ noun **1.** [chewing gum] chewing-gum *m* **2.** [adhesive] colle *f*, gomme *f* **3.** ANAT gencive *f*. ❖ vt coller.

gun [gʌn] noun **1.** [weapon - small] revolver *m* ; [- rifle] fusil *m* ; [- large] canon *m* **2.** [starting pistol] pistolet *m* **3.** [tool] pistolet *m* ; [for staples] agrafeuse *f*. ❖ **gun down** vt sep abattre.

gunboat ['gʌnbəʊt] noun canonnière *f*.

gunfire ['gʌnfaɪər] noun *(U)* coups *mpl* de feu.

gunman ['gʌnmən] (*pl* -men) noun personne *f* armée.

gunpoint ['gʌnpɔɪnt] noun ▸ **at gunpoint** sous la menace d'un fusil OR pistolet.

gunpowder ['gʌn,paʊdər] noun poudre *f* à canon.

gunshot ['gʌnʃɒt] noun [firing of gun] coup m de feu.

gunsmith ['gʌnsmɪθ] noun armurier m, -ière f.

gurgle ['gɜ:gl] vi **1.** [water] glouglouter **2.** [baby] gazouiller.

guru ['goru:] noun gourou mf, guru mf.

gush [gʌʃ] ❖ noun jaillissement m. ❖ vi **1.** [flow out] jaillir **2.** pej [enthuse] s'exprimer de façon exubérante.

gusset ['gʌsɪt] noun gousset m.

gust [gʌst] noun rafale f, coup m de vent.

gusto ['gʌstəʊ] noun ▶ **with gusto** avec enthousiasme.

gut [gʌt] ❖ noun MED intestin m. ❖ vt **1.** [remove organs from] vider **2.** [destroy] éventrer. ◆ **guts** pl n inf **1.** [intestines] intestins mpl ▶ **to hate sb's guts** ne pas pouvoir piffer qqn, ne pas pouvoir voir qqn en peinture **2.** [courage] cran m.

gutsy ['gʌtsɪ] (compar **-ier**, superl **-iest**) adj inf **1.** [courageous] qui a du cran **2.** [powerful - film, language, novel] qui a du punch, musclé(e) / **a gutsy singer** un chanteur qui a des tripes.

gutter ['gʌtər] noun **1.** [ditch] rigole f **2.** [on roof] gouttière f.

gutter press noun UK pej presse f à sensation.

guy [gaɪ] noun **1.** inf [man] type m **2.** [person] copain m, copine f **3.** UK [dummy] effigie de Guy Fawkes.

Guy Fawkes' Night [-'fɔ:ks-] noun fête célébrée le 5 novembre en Grande-Bretagne.

guyline US ['gaɪlaɪn], **guy rope** noun corde f de tente.

guzzle ['gʌzl] ❖ vt [food] bâfrer ; [drink] lamper. ❖ vi s'empiffrer.

gym [dʒɪm] noun inf **1.** [gymnasium] gymnase m **2.** [exercises] gym f.

gymnasium [dʒɪm'neɪzjəm] (pl **-iums** or **-ia**) noun gymnase m.

gymnast ['dʒɪmnæst] noun gymnaste mf.

gymnastics [dʒɪm'næstɪks] noun (U) gymnastique f.

gym shoes pl n (chaussures fpl de) tennis mpl.

gymslip ['dʒɪm,slɪp] noun UK tunique f.

gynaecologist UK, **gynecologist** US [,gaɪnə'kɒlədʒɪst] noun gynécologue mf.

gynaecology UK, **gynecology** US [,gaɪnə'kɒlədʒɪ] noun gynécologie f.

gyp [dʒɪp] US ❖ vt escroquer. ❖ noun escroc.

gypsy ['dʒɪpsɪ] = gipsy.

gyrate [dʒaɪ'reɪt] vi tournoyer.

H

h (*pl* h's *or* hs), **H** (*pl* H's *or* Hs) [eɪtʃ] noun [letter] h *m inv*, H *m inv*.

H8 MESSAGING *written abbr of* hate.

haberdashery ['hæbədæʃərɪ] noun **UK** mercerie *f*.

habit ['hæbɪt] noun **1.** [customary practice] habitude *f* ▶ **out of habit** par habitude ▶ **to make a habit of doing sthg** avoir l'habitude de faire qqch **2.** [garment] habit *m*.

habitat ['hæbɪtæt] noun habitat *m*.

habitual [hə'bɪtʃʊəl] adj **1.** [usual, characteristic] habituel(elle) **2.** [regular] invétéré(e).

hack [hæk] ❖ noun [writer] écrivailleur *m*, -euse *f*. ❖ vt [cut] tailler. ◆ **hack into** vt insep COMPUT pirater.

hacker ['hækər] noun ▶ **(computer) hacker** pirate *m* informatique.

hackneyed ['hæknɪd] adj rebattu(e).

hacksaw ['hæksɔ:] noun scie *f* à métaux.

had (*weak form* [həd], *strong form* [hæd]) pt & pp ⟶ **have**.

haddock ['hædək] (*pl inv*) noun églefin *m*, aiglefin *m*.

hadn't ['hædnt] ⟶ **had not**.

haemophiliac **UK**, **hemophiliac** **US** [,hi:mə'fɪlɪæk] noun hémophile *mf*.

haemorrhage **UK**, **hemorrhage** **US** ['hemərɪdʒ] noun hémorragie *f*.

haemorrhoids **UK**, **hemorrhoids** **US** ['hemərɔɪdz] pl n hémorroïdes *fpl*.

haggard ['hægəd] adj [face] défait(e) ; [person] abattu(e).

haggis ['hægɪs] noun *plat typique écossais fait d'une panse de brebis farcie, le plus souvent servie avec des navets et des pommes de terre.*

haggle ['hægl] vi marchander ▶ **to haggle over** OR **about sthg** marchander qqch.

Hague [heɪg] noun ▶ **The Hague** La Haye.

hail [heɪl] ❖ noun METEOR grêle *f* ; *fig* pluie *f*. ❖ vt **1.** [call] héler **2.** [acclaim] ▶ **to hail sb / sthg as sthg** acclamer qqn / qqch comme qqch. ❖ impers vb grêler.

hailstone ['heɪlstəʊn] noun grêlon *m*.

hair [heər] noun **1.** *(U)* [on human head] cheveux *mpl* **2.** *(U)* [on animal, human skin] poils *mpl* **3.** [individual hair - on head] cheveu *m* ; [- on skin] poil *m*.

hairbrush ['heəbrʌʃ] noun brosse *f* à cheveux.

hair conditioner noun après-shampooing *m*.

haircut ['heəkʌt] noun coupe *f* de cheveux.

hairdo ['heədu:] (*pl* -s) noun *inf* & *dated* coiffure *f*.

hairdresser ['heə,dresər] noun coiffeur *m*, -euse *f* ▶ **hairdresser's (salon)** salon *m* de coiffure.

hairdryer ['heə,draɪər] noun [handheld] sèche-cheveux *m inv* ; [over the head] casque *m*.

hair gel noun gel *m* coiffant.

hairgrip ['heəgrɪp] noun **UK** pince *f* à cheveux.

hairline fracture noun fêlure *f*.

hairpin ['heəpɪn] noun épingle *f* à cheveux.

hairpin bend **UK**, **hairpin turn** **US** noun virage *m* en épingle à cheveux.

hair-raising [-,reɪzɪŋ] adj à faire dresser les cheveux sur la tête ; [journey] effrayant(e).

hair remover [-rɪ,mu:vər] noun (crème *f*) dépilatoire *m*.

hair slide noun **UK** barrette *f*.

hairspray ['heəspreɪ] noun laque *f*.

hairstyle ['heəstaɪl] noun coiffure *f*.

hairy ['heərɪ] adj **1.** [covered in hair] velu(e), poilu(e) **2.** *inf* [frightening] à faire dresser les cheveux sur la tête.

Haiti ['heɪtɪ] noun Haïti *m*.

hake [heɪk] (*pl inv or* -s) noun colin *m*, merluche *f*.

half [**UK** hɑ:f, **US** hæf] ❖ adj demi(e) / **half a dozen** une demi-douzaine / **half a pound** une demi-livre. ❖ adv **1.** [gen] à moitié / **half English** à moitié anglais(e) ▶ **half-and-half** moitié-moitié **2.** [by half] de moitié **3.** [in telling the time] : **half past ten** **UK**, **half after ten** **US** dix heures et demie ▶ **it's half past** il est la demie. ❖ noun **1.** (*pl* halves [**UK** hɑ:vz] [**US** hævz]) [gen] moitié *f* ▶ **in half** en deux

▸ **to go halves (with sb)** partager (avec qqn) **2.** (*pl* **halves** [UK] hɑːvz] [US] hævz]) SPORT [of match] mi-temps *f* **3.** (*pl* **halfs**) SPORT [halfback] demi *m* **4.** (*pl* **halfs**) [UK] [of beer] demi *m* **5.** (*pl* **halfs**) [UK] [child's ticket] demi-tarif *m*, tarif *m* enfant. ❖ pron la moitié ▸ **half of them** la moitié d'entre eux.

half-baked [-'beɪkt] adj *inf fig* [idea] à la noix ; [project] mal conçu(e) / *they wage a half-baked attempt to improve security* ils ont vaguement essayé d'améliorer la sécurité.

half-breed ❖ adj métis(isse). ❖ noun métis *m*, -isse *f* (attention: le terme « half-breed » est considéré comme raciste).

half-caste [-kɑːst] ❖ adj métis(isse). ❖ noun métis *m*, -isse *f* (attention: le terme « half-caste » est considéré raciste).

half-hearted [-'hɑːtɪd] adj sans enthousiasme.

half-heartedly [-'hɑːtɪdlɪ] adv sans enthousiasme.

half hour noun demi-heure *f*.

half-mast noun ▸ **at half-mast** [flag] en berne.

half moon noun demi-lune *f*.

half-price adj à moitié prix.

half term noun [UK] congé *m* de mi-trimestre.

half-time noun (*U*) mi-temps *f*.

halfway [hɑːf'weɪ] ❖ adj à mi-chemin. ❖ adv **1.** [in space] à mi-chemin **2.** [in time] à la moitié.

halibut ['hælɪbət] (*pl inv or* -s) noun flétan *m*.

hall [hɔːl] noun **1.** [in house] vestibule *m*, entrée *f* **2.** [meeting room, building] salle *f* **3.** [country house] manoir *m*.

hallmark ['hɔːlmɑːk] noun **1.** [typical feature] marque *f* **2.** [on metal] poinçon *m*.

hallo [həˈləʊ] [UK] = hello.

Hallowe'en, Halloween [ˌhæləʊˈiːn] noun Halloween *m* (fête des sorcières et des fantômes).

hallucinate [həˈluːsɪneɪt] vi avoir des hallucinations.

hallway ['hɔːlweɪ] noun vestibule *m*.

halo ['heɪləʊ] (*pl* -es *or* -s) noun [of saint] nimbe *m* ; ASTRON halo *m*.

halt [hɔːlt] ❖ noun [stop] ▸ **to come to a halt a)** [vehicle] s'arrêter, s'immobiliser **b)** [activity] s'interrompre ▸ **to call a halt to sthg** mettre fin à qqch. ❖ vt arrêter. ❖ vi s'arrêter.

halterneck ['hɔːltənek], **halter top** adj dos nu (*inv*).

halve [UK] hɑːv, [US] hæv] vt **1.** [reduce by half] réduire de moitié **2.** [divide] couper en deux.

halves [UK] hɑːvz, [US] hævz] pl n ⟶ **half**.

ham [hæm] ❖ noun [meat] jambon *m*. ❖ comp au jambon.

hamburger ['hæmbɜːgə] noun **1.** [burger] hamburger *m* **2.** (*U*) [US] [mince] viande *f* hachée.

hamlet ['hæmlɪt] noun hameau *m*.

hammer ['hæmə] ❖ noun marteau *m*. ❖ vt **1.** [with tool] marteler ; [nail] enfoncer à coups de marteau **2.** *fig* [with fist] marteler du poing **3.** *inf* [defeat] battre à plates coutures. ❖ vi [with fist] ▸ **to hammer (on)** cogner du poing (à). ◆ **hammer out** vt insep [agreement, solution] parvenir finalement à.

hammock ['hæmək] noun hamac *m*.

hamper ['hæmpə] ❖ noun **1.** [UK] [for food] panier *m* d'osier **2.** [US] [for laundry] panier *m* à linge sale. ❖ vt gêner.

hamster ['hæmstə] noun hamster *m*.

hamstring ['hæmstrɪŋ] noun tendon *m* du jarret.

hand [hænd] ❖ noun **1.** [part of body] main *f* ▸ **to hold hands** se tenir la main ▸ **by hand** à la main ▸ **to get or lay one's hands on** mettre la main sur ▸ **to get out of hand** échapper à tout contrôle ▸ **to have a situation in hand** avoir une situation en main ▸ **to have one's hands full** avoir du pain sur la planche ▸ **to try one's hand at sthg** s'essayer à qqch **2.** [help] coup *m* de main ▸ **to give or lend sb a hand (with sthg)** donner un coup de main à qqn (pour faire qqch) **3.** [worker] ouvrier *m*, -ère *f* **4.** [of clock, watch] aiguille *f* **5.** [handwriting] écriture *f* **6.** [of cards] jeu *m*, main *f*. ❖ vt ▸ **to hand sthg to sb, to hand sb sthg** passer qqch à qqn. ◆ **(close) at hand** adv proche. ◆ **on hand** adv disponible. ◆ **on the other hand** conj d'autre part. ◆ **out of hand** adv [completely] d'emblée. ◆ **to hand** adv à portée de la main, sous la main. ◆ **hand down** vt sep transmettre. ◆ **hand in** vt sep remettre. ◆ **hand out** vt sep distribuer. ◆ **hand over** ❖ vt sep **1.** [baton, money] remettre **2.** [responsibility, power] transmettre. ❖ vi ▸ **to hand over (to)** passer le relais (à).

handbag ['hændbæg] noun sac *m* à main.

handball ['hændbɔːl] noun [game] handball *m*.

handbook ['hændbʊk] noun [for car. machine] manuel *m* ; [UK] [for tourist] guide *m*.

handbrake ['hændbreɪk] noun frein *m* à main.

handcuffs ['hændkʌfs] pl n menottes *fpl*.

handful ['hændfʊl] noun [of sand, grass, people] poignée f.

handgun ['hændgʌn] noun revolver m, pistolet m.

handicap ['hændɪkæp] ❖ noun handicap m. ❖ vt handicaper ; [progress, work] entraver.

handicapped ['hændɪkæpt] ❖ adj handicapé(e). ❖ pl n ▸ **the handicapped** les handicapés mpl.

handicraft ['hændɪkrɑːft] noun activité f artisanale.

handiwork ['hændɪwɜːk] noun (U) ouvrage m.

handkerchief ['hæŋkətʃɪf] (pl **-chiefs** or **-chieves**) noun mouchoir m.

handle ['hændl] ❖ noun [generally] poignée f ; [of jug, cup] anse f ; [of knife, pan] manche m. ❖ vt 1. [with hands] manipuler ; [without permission] toucher à 2. [deal with, be responsible for] s'occuper de ; [difficult situation] faire face à 3. [treat] traiter, s'y prendre avec.

handlebars ['hændlbɑːz] pl n guidon m.

handler ['hændlər] noun 1. [of dog] maître-chien m 2. [at airport] ▸ **(baggage) handler** bagagiste m.

handling ['hændlɪŋ] ❖ noun 1. [of pesticides, chemicals] manipulation f 2. [of tool, weapon] maniement m 3. [of situation, operation] : *my handling of the problem* la façon dont j'ai traité le problème 4. [of order, contract] traitement m, exécution f ; [of goods, baggage] manutention f. ❖ comp ▸ **handling charges a)** frais mpl de traitement **b)** [for physically shifting goods] frais mpl de manutention **c)** [at bank] frais mpl de gestion.

hard luggage noun (U) UK bagages mpl à main.

handmade [ˌhændˈmeɪd] adj fait(e) (à la) main.

hand-me-down noun inf vêtement m usagé.

handout ['hændaʊt] noun 1. [gift] don m 2. [leaflet] prospectus m.

hand puppet noun US marionnette f (à gaine).

handrail ['hændreɪl] noun rampe f.

handset ['hændset] noun combiné m.

handshake ['hændʃeɪk] noun serrement m or poignée f de main.

hands-off ['hændz-] adj non-interventionniste.

handsome ['hænsəm] adj 1. [good-looking] beau (belle) 2. [reward, profit] beau (belle) ; [gift] généreux(euse).

hands-on ['hændz-] adj [training] pratique ; [manager] qui s'implique.

handstand ['hændstænd] noun équilibre m (sur les mains).

handwriting ['hændˌraɪtɪŋ] noun écriture f.

handy ['hændi] adj inf 1. [useful] pratique ▸ **to come in handy** être utile 2. [skilful] adroit(e) 3. [near] tout près, à deux pas.

handyman ['hændɪmæn] (pl **-men**) noun bricoleur m.

hang [hæŋ] ❖ vt 1. (pp hung) [suspend - curtains, coat, decoration, picture] accrocher, suspendre 2. (pp hung or hanged) [execute] pendre. ❖ vi 1. (pp hung) [be suspended] pendre, être accroché(e) 2. (pp hung or hanged) [be executed] être pendu(e) 3. (pp hung) COMPUT planter. ❖ noun ▸ **to get the hang of sthg** inf saisir le truc or attraper le coup pour faire qqch. ◆ **hang about** UK, **hang around** vi [be idle, waste time] traîner / *she doesn't hang about* or *around* [soon gets what she wants] elle ne perd pas de temps. ◆ **hang on** vi 1. [keep hold] ▸ **to hang on (to)** s'accrocher or se cramponner (à) 2. inf [continue waiting] attendre 3. [persevere] tenir bon. ◆ **hang out** vi inf [spend time] traîner. ◆ **hang round** vt insep UK = **hang about**. ◆ **hang up** ❖ vt sep pendre. ❖ vi [on telephone] raccrocher. ◆ **hang up on** vt insep TELEC raccrocher au nez de.

hangar ['hæŋər] noun hangar m.

hanger ['hæŋər] noun cintre m.

hanger-on (pl **hangers-on**) noun pej parasite m.

hang gliding noun (U) deltaplane m, vol m libre.

hanging ['hæŋɪŋ] noun 1. [execution] pendaison f 2. [drapery] tenture f.

hangman ['hæŋmən] (pl **-men**) noun bourreau m.

hangover ['hæŋˌəʊvər] noun [from drinking] gueule f de bois.

hang-up noun inf complexe m.

hanker ['hæŋkər] ◆ **hanker after**, **hanker for** vt insep convoiter.

hankie, **hanky** ['hæŋkɪ] (abbr of **handkerchief**) noun inf mouchoir m.

haphazard [ˌhæpˈhæzəd] adj fait(e) au hasard.

hapless ['hæplɪs] adj liter infortuné(e).

happen ['hæpən] vi 1. [occur] arriver, se passer ▸ **to happen to sb** arriver à qqn 2. [chance] :

I just happened to meet him je l'ai rencontré par hasard ▶ **as it happens** en fait.

happening ['hæpənɪŋ] noun événement *m*.

happily ['hæpɪlɪ] adv **1.** [with pleasure] de bon cœur **2.** [contentedly] ▶ **to be happily doing sthg** être bien tranquillement en train de faire qqch **3.** [fortunately] heureusement.

happiness ['hæpɪnɪs] noun bonheur *m*.

happy ['hæpɪ] adj **1.** [gen] heureux(euse) ▶ **to be happy to do sthg** être heureux de faire qqch ▶ **happy birthday!** bon anniversaire ! ▶ **happy Christmas** UK joyeux Noël **2.** [satisfied] heureux(euse), content(e) ▶ **to be happy with** OR **about sthg** être heureux de qqch.

happy-go-lucky adj décontracté(e).

happy hour noun *inf* moment dans la journée où les boissons sont vendues moins cher dans les bars.

happy medium noun juste milieu *m*.

harangue [həˈræŋ] ❖ noun harangue *f*. ❖ vt haranguer.

harass ['hærəs] vt harceler.

harbour UK, **harbor** US ['hɑːbər] ❖ noun port *m*. ❖ vt **1.** [feeling] entretenir ; [doubt, grudge] garder **2.** [person] héberger.

hard [hɑːd] ❖ adj **1.** [gen] dur(e) ▶ **to be hard on sb/sthg** être dur avec qqn/pour qqch **2.** [winter, frost] rude **3.** [water] calcaire **4.** [fact] concret(ète) ; [news] sûr(e), vérifié(e) **5.** UK POL ▶ **hard left/right** extrême gauche/droite. ❖ adv **1.** [strenuously - work] dur ; [- listen, concentrate] avec effort ▶ **to try hard (to do sthg)** faire de son mieux (pour faire qqch) **2.** [forcefully] fort **3.** [heavily - rain] à verse ; [- snow] dru **4.** PHR ▶ **to be hard pushed** OR **put on pressed to do sthg** avoir bien de la peine à faire qqch ▶ **to feel hard done by** avoir l'impression d'avoir été traité(e) injustement.

hardback ['hɑːdbæk] ❖ adj relié(e). ❖ noun livre *m* relié.

hardball ['hɑːdbɔːl] noun ▶ **to play hardball** *inf* & *fig* employer les grands moyens.

hardboard ['hɑːdbɔːd] noun panneau *m* de fibres.

hard-boiled adj CULIN ▶ **hard-boiled egg** œuf *m* dur.

hard cash noun (U) espèces *fpl*.

hard copy noun COMPUT sortie *f* papier.

hard disk noun COMPUT disque *m* dur.

harden ['hɑːdn] ❖ vt [arteries] durcir ; [steel] tremper. ❖ vi **1.** [glue, concrete] durcir **2.** [attitude, opposition] se durcir.

hard-headed [-'hedɪd] adj [decision] pragmatique ▶ **to be hard-headed** [person] avoir la tête froide.

hard-hearted [-'hɑːtɪd] adj insensible, impitoyable.

hard-hitting [-'hɪtɪŋ] adj [report] sans indulgence.

hard labour UK, **hard labor** US noun (U) travaux *mpl* forcés.

hard line noun ▶ **to take a hard line on sthg** adopter une position ferme vis-à-vis de qqch. ◆ **hard-line** adj convaincu(e). ◆ **hard lines** pl n UK *inf* ▶ **hard lines!** pas de chance !

hard-liner noun partisan *m* de la manière forte.

hardly ['hɑːdlɪ] adv **1.** [scarcely] à peine, ne… guère ▶ **hardly ever/anything** presque jamais/rien ▶ **I can hardly move/wait** je peux à peine bouger/attendre **2.** [only just] à peine.

hardness ['hɑːdnɪs] noun **1.** [firmness] dureté *f* **2.** [difficulty] difficulté *f*.

hard-nosed [-'nəʊzd] adj [businessman] à la tête froide ; [approach] pragmatique.

hard-pressed [-'prest], **hard-pushed** [-'pʊʃt] adj : *to be hard-pressed for money/ideas/suggestions* être à court d'argent/d'idées/de suggestions ▶ *to be hard-pressed for time* manquer de temps / *to be hard-pressed to do sthg* avoir du mal à faire qqch.

hardship ['hɑːdʃɪp] noun **1.** (U) [difficult conditions] épreuves *fpl* **2.** [difficult circumstance] épreuve *f*.

hard shoulder noun UK AUTO bande *f* d'arrêt d'urgence.

hard up adj *inf* fauché(e) ▶ **hard up for sthg** à court de qqch.

hardware ['hɑːdweər] noun (U) **1.** [tools, equipment] quincaillerie *f* **2.** COMPUT hardware *m*, matériel *m*.

hardware shop UK, **hardware store** US noun quincaillerie *f*.

hardwearing [ˌhɑːd'weərɪŋ] adj UK résistant(e).

hardworking [ˌhɑːd'wɜːkɪŋ] adj travailleur(euse).

hardy ['hɑːdɪ] adj **1.** [person, animal] vigoureux(euse), robuste **2.** [plant] résistant(e), vivace.

hare [heər] noun lièvre *m*.

harebrained ['heə,breɪnd] adj inf [person] écervelé(e) ; [scheme, idea] insensé(e).

harelip [,heə'lɪp] noun bec-de-lièvre m.

hark [hɑːk] ◆ **hark back** vi ▸ **to hark back to** revenir à.

harm [hɑːm] ◆ noun **1.** [injury] mal m **2.** [damage - to clothes, plant] dommage m ; [- to reputation] tort m ▸ **to do harm to sb, to do sb harm** faire du tort à qqn ▸ **to do harm to sthg, to do sthg harm** endommager qqch ▸ **to be out of harm's way a)** [person] être en sûreté OR lieu sûr **b)** [thing] être en lieu sûr. ◆ vt **1.** [injure] faire du mal à **2.** [damage - clothes, plant] endommager ; [- reputation] faire du tort à.

harmful ['hɑːmful] adj nuisible, nocif(ive).

harmless ['hɑːmlɪs] adj **1.** [not dangerous] inoffensif(ive) **2.** [inoffensive] innocent(e).

harmonica [hɑː'mɒnɪkə] noun harmonica m.

harmonize, harmonise UK ['hɑːmənaɪz] ◆ vt harmoniser. ◆ vi s'harmoniser.

harmony ['hɑːmənɪ] noun harmonie f.

harness ['hɑːnɪs] ◆ noun [for horse, child] harnais m. ◆ vt **1.** [horse] harnacher **2.** [energy, resources] exploiter.

harp [hɑːp] noun harpe f. ◆ **harp on** vi ▸ **to harp on (about sthg)** rabâcher (qqch).

harpoon [hɑː'puːn] ◆ noun harpon m. ◆ vt harponner.

harpsichord ['hɑːpsɪkɔːd] noun clavecin m.

harrowing ['hærəʊɪŋ] adj [experience] éprouvant(e) ; [report, film] déchirant(e).

harsh [hɑːʃ] adj **1.** [life, conditions] rude ; [criticism, treatment] sévère **2.** [to senses - sound] discordant(e) ; [- light, voice] criard(e) ; [- surface] rugueux(euse), rêche ; [- taste] âpre.

harvest ['hɑːvɪst] ◆ noun [of cereal crops] moisson f ; [of fruit] récolte f ; [of grapes] vendange f, vendanges fpl. ◆ vt [cereals] moissonner ; [fruit] récolter ; [grapes] vendanger.

has (weak form [həz], strong form [hæz]) ⟶ **have**.

has-been noun inf & pej ringard m, -e f.

hash [hæʃ] noun **1.** [food] hachis m **2.** UK inf [mess] ▸ **to make a hash of sthg** faire un beau gâchis de qqch.

hash browns pl n pommes de terre fpl sautées.

hashish ['hæʃiːʃ] noun haschich m.

hasn't ['hæznt] ⟶ **has not**.

hassle ['hæsl] inf ◆ noun [annoyance] tracas m, embêtement m. ◆ vt tracasser.

haste [heɪst] noun hâte f ▸ **to do sthg in haste** faire qqch à la hâte ▸ **to make haste** dated se hâter.

hasten ['heɪsn] fml ◆ vt hâter, accélérer. ◆ vi se hâter, se dépêcher ▸ **to hasten to do sthg** s'empresser de faire qqch.

hastily ['heɪstɪlɪ] adv **1.** [quickly] à la hâte **2.** [rashly] sans réfléchir.

hasty ['heɪstɪ] adj **1.** [quick] hâtif(ive) **2.** [rash] irréfléchi(e).

hat [hæt] noun chapeau m.

hatch [hætʃ] ◆ vt **1.** [chick] faire éclore ; [egg] couver **2.** fig [scheme, plot] tramer. ◆ vi [chick, egg] éclore. ◆ noun ▸ **(serving) hatch** passe-plats m inv.

hatchback ['hætʃ,bæk] noun voiture f avec hayon.

hatchet ['hætʃɪt] noun hachette f.

hate [heɪt] ◆ noun (U) haine f. ◆ vt **1.** [detest] haïr **2.** [dislike] détester ▸ **to hate doing sthg** avoir horreur de faire qqch.

hate crime noun délit m de haine.

hateful ['heɪtful] adj odieux(euse).

hatred ['heɪtrɪd] noun (U) haine f.

hat trick noun SPORT ▸ **to score a hat trick** marquer trois buts.

haughty ['hɔːtɪ] adj hautain(e).

haul [hɔːl] ◆ noun **1.** [of drugs, stolen goods] prise f, butin m **2.** [distance] ▸ **long haul** long voyage m OR trajet m ; [period of time] ▸ **on the long haul** à long terme. ◆ vt [pull] traîner, tirer.

haulage ['hɔːlɪdʒ] noun transport m routier OR ferroviaire, camionnage m.

haulier UK ['hɔːlɪə'], **hauler** US ['hɔːlər] noun entrepreneur m de transports routiers.

haunch [hɔːntʃ] noun [of person] hanche f ; [of animal] derrière m, arrière-train m.

haunt [hɔːnt] ◆ noun repaire m. ◆ vt hanter.

have [hæv] (pt & pp **had**) ◆ aux vb [form perfect tenses - gen] avoir ; [- with many intransitive verbs] être / to have eaten avoir mangé / to have left être parti(e) / she hasn't gone yet, has she ? elle n'est pas encore partie, si ? / I was out of breath, having run all the way j'étais essoufflé d'avoir couru tout le long du chemin. ◆ vt **1.** [possess, receive] ▸ **to have (got)** avoir / I don't have any money, I have *no money, I haven't got any money* je n'ai pas d'argent / *I've got things to do* j'ai (des choses) à faire **2.** [experience illness] avoir / *to have flu* UK *or the flu* avoir la grippe **3.** *(referring to an action, instead of another verb)* : *to have a look* UK regarder, jeter un œil / *to have a bath / shower* UK prendre un bain / une douche / *to have a cigarette* fumer une cigarette / *to have a meeting* tenir une réunion **4.** [give birth to] ▸ **to have a baby** avoir un bébé **5.** [cause to be done] ▸ **to have sb do sthg** faire faire qqch à qqn ▸ **to have sthg done** faire faire qqch ▸ **to have one's hair cut** se faire couper les cheveux **6.** [be treated in a certain way] : *I had my car stolen* je me suis fait voler ma voiture, on m'a volé ma voiture **7.** *inf* [cheat] ▸ **to be had** se faire avoir **8.** PHR **to have it in for sb** en avoir après qqn, en vouloir à qqn ▸ **to have had it** [car, machine, clothes] avoir fait son temps. ❖ *modal vb* [be obliged] ▸ **to have (got) to do sthg** devoir faire qqch, être obligé(e) de faire qqch / *do you have to go?, have you got to go?* UK est-ce que tu dois partir ?, est-ce que tu es obligé de partir ? / *I've got to go to work* il faut que j'aille travailler / *you've got to be joking!* vous plaisantez !, c'est une plaisanterie ! ❖ **have on** vt sep **1.** [be wearing] porter **2.** UK [tease] faire marcher. ❖ **have out** vt sep **1.** [have removed] ▸ **to have one's appendix / tonsils out** se faire opérer de l'appendicite / des amygdales **2.** [discuss frankly] ▸ **to have it out with sb** s'expliquer avec qqn.

haven ['heɪvn] noun havre m.

haven't ['hævnt] ⟶ **have not**.

haversack ['hævəsæk] noun UK *dated* sac m à dos.

havoc ['hævək] noun *(U)* dégâts *mpl* ▸ **to play havoc with a)** [gen] abîmer **b)** [with health] détraquer **c)** [with plans] ruiner.

Hawaii [hə'waɪiː] noun Hawaii m.

hawk [hɔːk] noun *inv* faucon m.

hawker ['hɔːkə] noun colporteur m, -euse f.

hay [heɪ] noun foin m.

hay fever noun *(U)* rhume m des foins.

haystack ['heɪˌstæk] noun meule f de foin.

haywire ['heɪˌwaɪə] adj *inf* ▸ **to go haywire a)** [person] perdre la tête **b)** [machine] se détraquer.

hazard ['hæzəd] ❖ noun hasard m. ❖ vt hasarder.

hazardous ['hæzədəs] adj hasardeux(euse).

haze [heɪz] noun brume f.

hazel ['heɪzl] adj noisette *(inv)*.

hazelnut ['heɪzl,nʌt] noun noisette f.

hazy ['heɪzɪ] adj **1.** [misty] brumeux(euse) **2.** [memory, ideas] flou(e), vague.

HD adj **1.** COMPUT *(abbr of* high density*)* HD **2.** *(abbr of* high definition*)* HD.

HDTV *(abbr of* high-definition television*)* noun TVHD f.

he [hiː] pers pron *(unstressed)* il / *he's tall* il est grand ▸ **here he comes** le voilà.

head [hed] ❖ noun **1.** [of person, animal] tête f ▸ **a** OR **per head** par tête, par personne ▸ **to laugh one's head off** rire à gorge déployée ▸ **to be off one's head** UK, **to be out of one's head** US être dingue ▸ **to be soft in the head** UK *inf* être débile ▸ **to go to one's head** [alcohol, praise] monter à la tête ▸ **to keep one's head** garder son sang-froid **2.** [of table, bed, hammer] tête f ; [of stairs, page] haut m **3.** [of flower] tête f ; [of cabbage] pomme f **4.** [leader] chef m ▸ **head of state** chef m d'État **5.** UK [head teacher] directeur m, -trice f. ❖ vt **1.** [procession, list] être en tête de **2.** [be in charge of] être à la tête de **3.** FOOT ▸ **to head the ball** faire une tête. ❖ vi : *where are you heading?* où allez-vous ? ❖ **heads** pl n [on coin] face f ▸ **heads or tails?** pile ou face ? ❖ **head for** vt insep **1.** [place] se diriger vers **2.** *fig* [trouble, disaster] aller au devant de.

headache ['hedeɪk] noun mal m de tête ▸ **to have a headache** avoir mal à la tête.

headband ['hedbænd] noun bandeau m.

head boy noun UK élève chargé de la discipline et qui siège aux conseils de son école.

headdress ['hed,dres] noun coiffe f.

-headed ['hedɪd] in compounds à tête... ▸ **a three-headed dragon** un dragon à trois têtes.

headed notepaper ['hedɪd-] noun UK papier m à en-tête.

header ['hedə] noun FOOT tête f.

headfirst [,hed'fɜːst] adv (la) tête la première.

head girl noun UK élève chargée de la discipline et qui siège aux conseils de son école.

headhunt ['hedhʌnt] vt recruter (chez la concurrence).

heading ['hedɪŋ] noun titre m, intitulé m.

headlamp ['hedlæmp] noun UK phare m.

headland ['hedlənd] noun cap m.

headlight ['hedlaɪt] noun phare m.

headline ['hedlaɪn] noun [in newspaper] gros titre m ; TV & RADIO grand titre m.

headlong ['hedlɒŋ] adv **1.** [quickly] à toute allure **2.** [unthinkingly] tête baissée **3.** [headfirst] (la) tête la première.

headmaster [,hed'mɑːstər] noun **UK** directeur m (d'une école).

headmistress [,hed'mɪstrɪs] noun **UK** directrice f (d'une école).

head office noun siège m social.

head-on ❖ adj [collision] de plein fouet ; [confrontation] de front. ❖ adv de plein fouet.

headphones ['hedfəʊnz] pl n casque m.

headquarter [hed'kwɔːtər] vt : **to be head-quartered in** avoir son siège à.

headquarters [,hed'kwɔːtəz] pl n [of business, organization] siège m ; [of armed forces] quartier m général.

headrest ['hedrest] noun appui-tête m.

headroom ['hedrʊm] noun (U) hauteur f.

headscarf ['hedskɑːf] (pl -scarves or -scarfs) noun foulard m.

headset ['hedset] noun casque m.

head start noun avantage m au départ ▸ **head start on** or **over** avantage sur.

headstrong ['hedstrɒŋ] adj volontaire, têtu(e).

head-up adj [in aeroplane, car] ▸ **head-up display** affichage m tête haute.

head waiter noun maître m d'hôtel.

headway ['hedweɪ] noun ▸ **to make headway** faire des progrès.

headwind ['hedwɪnd] noun vent m contraire.

heady ['hedɪ] adj **1.** [exciting] grisant(e) **2.** [causing giddiness] capiteux(euse).

heal [hiːl] ❖ vt **1.** [cure] guérir **2.** fig [troubles, discord] apaiser. ❖ vi se guérir.

healing ['hiːlɪŋ] ❖ adj curatif(ive). ❖ noun (U) guérison f.

health [helθ] noun santé f.

health centre noun **UK** ≃ centre m médico-social.

health food noun (U) produits mpl diététiques or naturels or biologiques.

health service noun **UK** ≃ sécurité f sociale.

healthy ['helθɪ] adj **1.** [gen] sain(e) **2.** [well] en bonne santé, bien portant(e) **3.** fig [economy, company] qui se porte bien **4.** [profit] bon (bonne).

heap [hiːp] ❖ noun tas m. ❖ vt [pile up] entasser. ❖ **heaps** pl n inf ▸ **heaps of**

a) [people, objects] des tas de b) [time, money] énormément de.

hear [hɪər] (pt & pp **heard** [hɜːd]) ❖ vt **1.** [gen & LAW] entendre **2.** [learn of] apprendre ▸ **to hear (that)...** apprendre que... ❖ vi **1.** [perceive sound] entendre **2.** [know] ▸ **to hear about** entendre parler de **3.** [receive news] ▸ **to hear about** avoir des nouvelles de ▸ **to hear from sb** recevoir des nouvelles de qqn **4.** [PHR] **to have heard of** avoir entendu parler de ▸ **I won't hear of it!** je ne veux pas en entendre parler !

hearing ['hɪərɪŋ] ❖ noun **1.** [sense] ouïe f ▸ **hard of hearing** dur(e) d'oreille **2.** [trial] audience f. ❖ adj entendant(e).

hearing aid noun audiophone m.

hearsay ['hɪəseɪ] noun ouï-dire m.

hearse [hɜːs] noun corbillard m.

heart [hɑːt] noun lit & fig cœur m ▸ **from the heart** du fond du cœur ▸ **to lose heart** perdre courage. ❖ **hearts** pl n [cards] cœur m. ❖ **at heart** adv au fond (de soi). ❖ **by heart** adv par cœur.

heartache ['hɑːteɪk] noun fig peine f de cœur.

heart attack noun crise f cardiaque.

heartbeat ['hɑːtbiːt] noun [gen] battement m de cœur ; MED pulsation f cardiaque.

heartbroken ['hɑːt,brəʊkn] adj qui a le cœur brisé.

heartburn ['hɑːtbɜːn] noun (U) brûlures fpl d'estomac.

heart failure noun [end of heart beat] arrêt m cardiaque ; [condition] défaillance f cardiaque.

heartfelt ['hɑːtfelt] adj sincère.

hearth [hɑːθ] noun foyer m.

heartless ['hɑːtlɪs] adj sans cœur.

heart-stopping adj terrifiant(e).

heartstrings ['hɑːtstrɪŋz] pl n : **to play on** or **to pull on** or **to tug at sb's heartstrings** faire vibrer or toucher la corde sensible de qqn / **that song always tugs at my heartstrings** cette chanson me serre toujours le cœur.

heartthrob ['hɑːtθrɒb] noun inf idole f, coqueluche f.

heartwarming ['hɑːt,wɔːmɪŋ] adj réconfortant(e).

hearty ['hɑːtɪ] adj **1.** [greeting, person] cordial(e) **2.** [substantial - meal] copieux(euse) ; [- appetite] gros (grosse).

heat [hiːt] ❖ noun **1.** (U) [warmth] chaleur f **2.** (U) fig [pressure] pression f **3.** [eliminating round] éliminatoire f **4.** ZOOL ▸ **on UK** or **in US**

heat en chaleur. ❖ vt chauffer. ◆ **heat up** ❖ vt sep réchauffer. ❖ vi chauffer.

heated ['hi:tɪd] adj [argument, discussion, person] animé(e) ; [issue] chaud(e).

heater ['hi:tər] noun appareil m de chauffage.

heath [hi:θ] noun lande f.

heathen ['hi:ðn] ❖ adj païen(enne). ❖ noun païen m, -enne f.

heather ['heðər] noun bruyère f.

heating ['hi:tɪŋ] noun chauffage m.

heatstroke ['hi:tstrəʊk] noun (U) coup m de chaleur.

heat wave noun canicule f, vague f de chaleur.

heave [hi:v] ❖ vt **1.** [pull] tirer (avec effort) ; [push] pousser (avec effort) **2.** inf [throw] lancer. ❖ vi **1.** [pull] tirer **2.** [rise and fall] se soulever **3.** [retch] avoir des haut-le-cœur.

heaven ['hevn] noun paradis m. ◆ **heavens** ❖ pl n ▶ **the heavens** liter les cieux mpl. ❖ excl ▶ **(good) heavens!** juste ciel !

heavenly ['hevnlɪ] adj inf [delightful] délicieux(euse), merveilleux(euse).

heaven-sent adj providentiel(elle) / a heaven-sent opportunity une occasion providentielle OR qui tombe à pic.

heavily ['hevɪlɪ] adv **1.** [booked, in debt] lourdement ; [rain, smoke, drink] énormément **2.** [solidly - built] solidement **3.** [breathe, sigh] péniblement, bruyamment **4.** [fall, sit down] lourdement.

heavy ['hevɪ] adj **1.** [gen] lourd(e) / how heavy is it? ça pèse combien ? **2.** [traffic] dense ; [rain] battant(e) ; [fighting] acharné(e) ; [casualties, corrections] nombreux(euses) ; [smoker, drinker] gros (grosse) **3.** [noisy - breathing] bruyant(e) **4.** [schedule] chargé(e) **5.** [physically exacting - work, job] pénible.

heavy cream noun US crème f fraîche épaisse.

heavy goods vehicle noun UK poids lourd m.

heavy-handed [-'hændɪd] adj maladroit(e).

heavyweight ['hevɪweɪt] ❖ adj SPORT poids lourd. ❖ noun SPORT poids lourd m.

Hebrew ['hi:bru:] ❖ adj hébreu, hébraïque. ❖ noun **1.** [person] Hébreu m, Israélite mf **2.** [language] hébreu m.

Hebrides ['hebrɪdi:z] pl n ▶ **the Hebrides** les (îles fpl) Hébrides fpl.

heck [hek] excl inf ▶ **what / where / why the heck...?** que/où/pourquoi diable... ? ▶ **a heck**

of a nice guy un type vachement sympa ▶ **a heck of a lot of people** un tas de gens.

heckle ['hekl] ❖ vt interpeller. ❖ vi interrompre bruyamment.

hectic ['hektɪk] adj [meeting, day] agité(e), mouvementé(e).

he'd [hi:d] ⟶ **he had, he would**.

hedge [hedʒ] ❖ noun haie f. ❖ vi [prevaricate] répondre de façon détournée.

hedgehog ['hedʒhɒg] noun hérisson m.

heed [hi:d] ❖ noun ▶ **to take heed of sthg** tenir compte de qqch. ❖ vt fml tenir compte de.

heedless ['hi:dlɪs] adj ▶ **to be heedless of sthg** ne pas tenir compte de qqch.

heel [hi:l] noun talon m.

heels [hi:lz] = **high heels**.

hefty ['heftɪ] adj **1.** [well-built] costaud(e) **2.** [large] gros (grosse).

heifer ['hefər] noun génisse f.

height [haɪt] noun **1.** [of building, mountain] hauteur f ; [of person] taille f ▶ **5 metres in height** 5 mètres de haut ▶ **what height is it?** ça fait quelle hauteur ? ▶ **what height are you?** combien mesurez-vous ? **2.** [above ground - of aircraft] altitude f **3.** [zenith] ▶ **at the height of the summer / season** au cœur de l'été/de la saison ▶ **at the height of his fame** au sommet de sa gloire.

heighten ['haɪtn] vt & vi augmenter.

heinous ['heɪnəs] adj fml odieux(euse).

heir [eər] noun héritier m.

heiress ['eərɪs] noun héritière f.

heirloom ['eəlu:m] noun [piece of furniture] meuble m de famille ; [piece of jewellery] bijou m de famille.

heist [haɪst] noun inf casse m.

held [held] pt & pp ⟶ **hold**.

helicopter ['helɪkɒptər] noun hélicoptère m.

helium ['hi:lɪəm] noun hélium m.

hell [hel] ❖ noun **1.** lit & fig enfer m **2.** inf [for emphasis] : he's a hell of a nice guy c'est un type vachement sympa ▶ **what / where / why the hell...?** que/où/pourquoi..., bon sang ? / it was a journey from hell! inf ce voyage, c'était l'horreur ! **3.** PHR ▶ **to do sthg for the hell of it** inf faire qqch pour le plaisir, faire qqch juste comme ça ▶ **to give sb hell** inf [verbally] engueuler qqn ▶ **go to hell!** v inf va te faire foutre ! ❖ excl inf merde !, zut !

he'll [hiːl] —→ he will.

hellhole ['helhəʊl] noun inf bouge m.

hellish ['helɪʃ] adj infernal(e).

hello [hə'ləʊ] excl **1.** [as greeting] bonjour ! ; [on phone] allô ! **2.** [to attract attention] hé !

helm [helm] noun lit & fig barre f.

helmet ['helmɪt] noun casque m.

help [help] ◆ noun **1.** (U) [assistance] aide f ▸ he gave me a lot of help il m'a beaucoup aidé ▸ with the help of sthg à l'aide de qqch ▸ with sb's help avec l'aide de qqn ▸ to be of help rendre service **2.** (U) [emergency aid] secours m **3.** [useful person or object] ▸ to be a help aider, rendre service. ◆ vi aider. ◆ vt **1.** [assist] aider ▸ to help sb (to) do sthg aider qqn à faire qqch ▸ to help sb with sthg aider qqn à faire qqch ▸ may I help you? [in shop] que désirez-vous ? **2.** [avoid] ▸ I can't help it je n'y peux rien ▸ I couldn't help laughing je ne pouvais pas m'empêcher de rire **3.** PHR ▸ to help o.s. (to sthg) se servir (de qqch). ◆ excl au secours !, à l'aide ! ◆ **help out** vt sep & vi aider.

help desk noun service m d'assistance technique.

helper ['helpə˞] noun **1.** [gen] aide mf **2.** US [to do housework] femme f de ménage.

helpful ['helpfʊl] adj **1.** [person] serviable **2.** [advice, suggestion] utile.

helping ['helpɪŋ] noun portion f ; [of cake, tart] part f.

helpless ['helplɪs] adj impuissant(e) ; [look, gesture] d'impuissance.

helpline ['helplaɪn] noun ligne f d'assistance téléphonique.

Helsinki [hel'sɪŋkɪ] noun Helsinki.

hem [hem] ◆ noun ourlet m. ◆ vt ourler. ◆ **hem in** vt sep encercler.

hemisphere ['hemɪˌsfɪə˞] noun hémisphère m.

hemline ['hemlaɪn] noun ourlet m.

hemophiliac [ˌhiːmə'fɪliæk] US = haemophiliac.

hemorrhage ['hemərɪdʒ] US = haemorrhage.

hemorrhoids ['hemərɔɪdz] US = haemorrhoids.

hen [hen] noun **1.** [female chicken] poule f **2.** [female bird] femelle f.

hence [hens] adv fml **1.** [therefore] d'où **2.** [from now] d'ici.

henceforward [ˌhensfɔ'wəd], **henceforth** [ˌhens'fɔ:θ] adv dorénavant, désormais.

henchman ['hentʃmən] (pl -men) noun pej acolyte m.

henna ['henə] ◆ noun henné m. ◆ vt [hair] appliquer du henné sur.

henpecked ['henpekt] adj pej dominé(e) par sa femme.

her [hɜː˞] ◆ pers pron **1.** [direct - unstressed] la, l' (+ vowel or silent ' h') ; [- stressed] elle ▸ I know / like her je la connais / l'aime (bien) ▸ it's her c'est elle **2.** [referring to animal, car, ship, etc.] follow the gender of your translation **3.** (indirect) lui ▸ we spoke to her nous lui avons parlé ▸ he sent her a letter il lui a envoyé une lettre **4.** (after prep, in comparisons, etc.) elle ▸ I'm shorter than her je suis plus petit qu'elle. ◆ poss adj son (sa), ses (pl) ▸ her coat son manteau ▸ her bedroom sa chambre ▸ her children ses enfants ▸ it was HER fault c'était de sa faute à elle.

herald ['herəld] ◆ vt fml annoncer. ◆ noun [messenger] héraut m.

herb [UK hɜːb, US ɜːrb] noun herbe f.

herd [hɜːd] ◆ noun troupeau m. ◆ vt **1.** [cattle, sheep] mener **2.** fig [people] conduire, mener ; [into confined space] parquer.

here [hɪə˞] adv **1.** [in this place] ici ▸ here he is / they are le/les voici ▸ here it is le/la voici ▸ here is /are voici ▸ here and there çà et là **2.** [present] là.

hereabouts UK [ˌhɪərə'baʊts], **hereabout** US [ˌhɪərə'baʊt] adv par ici.

hereafter [ˌhɪər'ɑːftə˞] ◆ adv fml ci-après. ◆ noun ▸ the hereafter l'au-delà m.

hereby [ˌhɪə'baɪ] adv fml par la présente.

hereditary [hɪ'redɪtrɪ] adj héréditaire.

heresy ['herəsɪ] noun hérésie f.

herewith [ˌhɪə'wɪð] adv fml [with letter] ci-joint, ci-inclus.

heritage ['herɪtɪdʒ] noun héritage m, patrimoine m.

hermetically [hɜː'metɪklɪ] adv ▸ hermetically sealed fermé(e) hermétiquement.

hermit ['hɜːmɪt] noun ermite m.

hernia ['hɜːnjə] noun hernie f.

hero ['hɪərəʊ] (pl -es) noun héros m.

heroic [hɪ'rəʊɪk] adj héroïque.

heroin ['herəʊɪn] noun héroïne f.

heroine ['herəʊɪn] noun héroïne f.

heron ['herən] (pl inv or -s) noun héron m.

herring ['herɪŋ] (pl inv or -s) noun hareng m.

hers [hɜːz] poss pron le sien (la sienne), les siens (les siennes) (pl) / *that money is hers* cet argent est à elle **or** est le sien / *a friend of hers* un ami à elle, un de ses amis.

herself [hɜːˈself] pron 1. *(reflexive)* se ; *(after prep)* elle 2. *(for emphasis)* elle-même.

he's [hiːz] ⟶ **he is, he has.**

hesitant [ˈhezɪtənt] adj hésitant(e).

hesitate [ˈhezɪteɪt] vi hésiter ▸ **to hesitate to do sthg** hésiter à faire qqch.

hesitation [ˌhezɪˈteɪʃn] noun hésitation f.

heterogeneous [ˌhetərəˈdʒiːnjəs] adj fml hétérogène.

heterosexual [ˌhetərəʊˈsekʃʊəl] adj & noun hétérosexuel(elle).

het up [het-] adj inf & dated excité(e), énervé(e).

hexagon [ˈheksəgən] noun hexagone m.

hey [heɪ] excl hé !

heyday [ˈheɪdeɪ] noun âge m d'or.

HGV (abbr of **heavy goods vehicle**) noun PL m.

hi [haɪ] excl inf salut !

hiatus [haɪˈeɪtəs] (pl -es) noun fml pause f.

hibernate [ˈhaɪbəneɪt] vi hiberner.

hiccup [ˈhɪkʌp], **hiccough** ❖ noun hoquet m ; fig [difficulty] accroc m ▸ **to have (the) hiccups** avoir le hoquet. ❖ vi hoqueter.

hickey [ˈhɪkɪ] noun US suçon m.

hid [hɪd] pt ⟶ **hide.**

hidden [ˈhɪdn] ❖ pp ⟶ **hide.** ❖ adj caché(e).

hide [haɪd] ❖ vt (pt **hid**, pp **hidden**) ▸ **to hide sthg (from sb)** a) cacher qqch (à qqn) b) [information] taire qqch (à qqn). ❖ vi (pt **hid**, pp **hidden**) se cacher. ❖ noun 1. [animal skin] peau f 2. US [for watching birds, animals] cachette f.

hide-and-seek noun cache-cache m.

hideaway [ˈhaɪdəweɪ] noun cachette f.

hideous [ˈhɪdɪəs] adj [ugly] hideux(euse) ; [error, conditions] abominable.

hideout [ˈhaɪdaʊt] noun cachette f.

hiding [ˈhaɪdɪŋ] noun 1. [concealment] ▸ **to be in hiding** se tenir caché(e) 2. inf [beating] ▸ **to give sb a (good) hiding** donner une (bonne) raclée **or** correction à qqn.

hiding place noun cachette f.

hierarchy [ˈhaɪərɑːkɪ] noun hiérarchie f.

hi-fi [ˈhaɪfaɪ] noun hi-fi f inv.

higgledy-piggledy [ˌhɪgldɪˈpɪgldɪ] inf ❖ adj pêle-mêle (inv). ❖ adv pêle-mêle.

high [haɪ] ❖ adj 1. [gen] haut(e) ▸ **it's 3 feet / 6 metres high** cela fait 3 pieds / 6 mètres de haut ▸ **how high is it?** cela fait combien de haut ? 2. [speed, figure, altitude, office] élevé(e) 3. [high-pitched] aigu(uë) 4. drugs sl qui plane, défoncé(e) 5. inf [drunk] bourré(e). ❖ adv haut. ❖ noun [highest point] maximum m.

highbrow [ˈhaɪbraʊ] adj pej intellectuel(elle).

high chair noun chaise f haute (d'enfant).

high-class adj de premier ordre ; [hotel, restaurant] de grande classe.

high court noun US LAW Cour f suprême.

High Court noun UK LAW Cour f d'appel.

high-definition adj (à) haute définition.

higher [ˈhaɪə] adj [exam, qualification] supérieur(e). ◆ **Higher** noun ▸ **Higher (Grade)** SCH examen de fin d'études secondaires en Écosse.

higher education noun (U) études fpl supérieures.

high-five noun inf geste que font deux personnes pour se féliciter ou se dire bonjour et qui consiste à se taper dans la main.

high-flier, **high-flyer** noun ambitieux m, -euse f.

high-handed [-ˈhændɪd] adj [overbearing] autoritaire, despotique ; [inconsiderate] cavalier(ère).

high heels pl n talons mpl aiguilles.

high horse noun inf ▸ **to get on one's high horse** monter sur ses grands chevaux.

high jump noun saut m en hauteur.

Highlands [ˈhaɪləndz] pl n ▸ **the Highlands** les Highlands fpl (région montagneuse du nord de l'Écosse).

highlight [ˈhaɪlaɪt] ❖ noun [of event, occasion] moment m **or** point m fort. ❖ vt souligner ; [with highlighter & COMPUT] surligner. ◆ **highlights** pl n [in hair] reflets mpl, mèches fpl.

highlighter (pen) [ˈhaɪlaɪtə-] noun surligneur m.

highly [ˈhaɪlɪ] adv 1. [very] extrêmement, très 2. [in important position] ▸ **highly placed** haut placé(e) 3. [favourably] ▸ **to think highly of sb / sthg** penser du bien de qqn / qqch.

highly-strung adj UK nerveux(euse).

Highness [ˈhaɪnɪs] noun ▸ **His / Her / Your (Royal) Highness** Son / Votre Altesse (Royale)

▶ **their (Royal) Highnesses** leurs Altesses (Royales).

high-pitched [-'pɪtʃt] adj aigu(uë).

high point noun [of occasion] point *m* fort.

high-powered [-'pauəd] adj **1.** [powerful] de forte puissance **2.** [prestigious - activity, place] de haut niveau ; [-job, person] très important(e).

high profile noun ▶ to have a high profile être très en vue. ◆ **high-profile** adj [job, position] qui est très en vue ; [campaign] qui fait beaucoup de bruit.

high rise noun tour *f* (immeuble). ◆ **high-rise** adj ▶ high-rise block of flats 🇬🇧 tour *f*.

high school noun 🇬🇧 établissement d'enseignement secondaire ; 🇺🇸 ≃ lycée *m*.

high season noun haute saison *f*.

high street noun 🇬🇧 rue *f* principale.

high-tech [-'tek] adj [method, industry] de pointe.

high tide noun marée *f* haute.

highway ['haɪweɪ] noun **1.** 🇺🇸 [motorway] autoroute *f* **2.** [main road] grande route *f*.

Highway Code noun 🇬🇧 ▶ the Highway Code le code de la route.

hijack ['haɪdʒæk] ◆ noun détournement *m*. ◆ vt détourner.

hijacker ['haɪdʒækər] noun [of aircraft] pirate *m* de l'air ; [of vehicle] pirate *m* de la route.

hike [haɪk] ◆ noun [long walk] randonnée *f*. ◆ vi faire une randonnée.

hiker ['haɪkər] noun randonneur *m*, -euse *f*.

hiking ['haɪkɪŋ] noun marche *f*.

hilarious [hɪ'leərɪəs] adj hilarant(e).

hill [hɪl] noun **1.** [mound] colline *f* **2.** [slope] côte *f*.

hillside ['hɪlsaɪd] noun coteau *m*.

hilly ['hɪlɪ] adj vallonné(e).

hilt [hɪlt] noun garde *f* ▶ to support / defend sb to the hilt soutenir / défendre qqn à fond.

him [hɪm] pers pron **1.** [direct - unstressed] le, l' (+ vowel or silent 'h') ; [- stressed] lui ▶ I know / like him je le connais/l'aime (bien) ▶ it's him c'est lui **2.** (indirect) lui ▶ we spoke to him nous lui avons parlé ▶ she sent him a letter elle lui a envoyé une lettre **3.** (after prep, in comparisons, etc.) lui ▶ I'm shorter than him je suis plus petit que lui.

Himalayas [,hɪmə'leɪəz] pl n ▶ the Himalayas l'Himalaya *m*.

himself [hɪm'self] pron **1.** (reflexive) se ; (after prep) lui **2.** (for emphasis) lui-même.

hind [haɪnd] ◆ adj de derrière. ◆ noun (pl inv or -s) 🇬🇧 biche *f*.

hinder ['hɪndər] vt gêner, entraver.

Hindi ['hɪndɪ] noun hindi *m*.

hindrance ['hɪndrəns] noun obstacle *m*.

hindsight ['haɪndsaɪt] noun ▶ with the benefit of hindsight avec du recul.

Hindu ['hɪndu:] ◆ adj hindou(e). ◆ noun (pl -s) Hindou *m*, -e *f*.

hinge [hɪndʒ] noun [whole fitting] charnière *f* ; [pin] gond *m*. ◆ **hinge (up)on** vt insep [depend on] dépendre de.

hint [hɪnt] ◆ noun **1.** [indication] allusion *f* ▶ to drop a hint faire une allusion **2.** [piece of advice] conseil *m*, indication *f* **3.** [small amount] soupçon *m*. ◆ vi ▶ to hint at sthg faire allusion à qqch. ◆ vt ▶ to hint that… insinuer que…

hip [hɪp] ◆ noun hanche *f*. ◆ adj inf [fashionable] branché(e).

hippie ['hɪpɪ] = hippy.

hippo ['hɪpəu] (pl -s) noun hippopotame *m*.

hippopotamus [,hɪpə'pɒtəməs] (pl -muses or -mi) noun hippopotame *m*.

hippy ['hɪpɪ] noun hippie *mf*.

hire ['haɪər] ◆ noun (U) 🇬🇧 [of car, equipment] location *f* ▶ for hire a) [bicycles] à louer b) [taxi] libre. ◆ vt **1.** 🇬🇧 [rent] louer **2.** [employ] employer les services de ▶ a hired killer un tueur à gages. ◆ **hire out** vt sep 🇬🇧 louer.

hire car noun 🇬🇧 voiture *f* de location.

hire purchase noun (U) 🇬🇧 achat *m* à crédit OR à tempérament.

his [hɪz] ◆ poss adj son (sa), ses (pl) ▶ his house sa maison ▶ his money son argent ▶ his children ses enfants ▶ his name is Joe il s'appelle Joe. ◆ poss pron le sien (la sienne), les siens (les siennes) (pl) ▶ that money is his cet argent est à lui OR est le sien ▶ it wasn't her fault, it was his ce n'était pas de sa faute à elle, c'était de sa faute à lui ▶ a friend of his un ami à lui, un de ses amis.

hiss [hɪs] ◆ noun [of animal, gas] sifflement *m* ; [of crowd] sifflet *m*. ◆ vi [animal, gas] siffler.

hissy fit ['hɪsɪ-] noun inf ▶ to have a hissy fit piquer une crise.

historic [hɪ'stɒrɪk] adj historique.

historical [hɪ'stɒrɪkəl] adj historique.

history ['hɪstərɪ] noun **1.** [gen] histoire f **2.** [past record] antécédents mpl ▶ **medical history** passé m médical **3.** COMPUT historique m.

histrionics [hɪstrɪ'ɒnɪks] pl n pej drame m.

hit [hɪt] ❖ noun **1.** [blow] coup m **2.** [successful strike] coup m OR tir m réussi ; [in fencing] touche f **3.** [success] succès m ▶ **to be a hit with** plaire à **4.** COMPUT visite f (d'un site Internet). ❖ comp à succès. ❖ vt (pt & pp **hit**) **1.** [strike] frapper ; [nail] taper sur **2.** [crash into] heurter, percuter **3.** [reach] atteindre **4.** [affect badly] toucher, affecter **5.** PHR **to hit it off (with sb)** bien s'entendre (avec qqn).

hit-and-miss = hit-or-miss.

hit-and-run adj [accident] avec délit de fuite ▶ **hit-and-run driver** chauffard m (qui a commis un délit de fuite).

hitch [hɪtʃ] ❖ noun [problem, snag] ennui m. ❖ vt **1.** [catch] ▶ **to hitch a lift** OR **a ride** faire du stop **2.** [fasten] ▶ **to hitch sthg on** OR **onto** accrocher OR attacher qqch à. ❖ vt [hitchhike] faire du stop. ◆ **hitch up** vt sep [pull up] remonter.

hitchhike ['hɪtʃhaɪk] vi faire de l'auto-stop.

hitchhiker ['hɪtʃhaɪkə'] noun auto-stoppeur m, -euse f.

hi-tech [,haɪ'tek] = high-tech.

hitherto [,hɪðə'tuː] adv fml jusqu'ici.

hit-or-miss adj aléatoire.

HIV (abbr of human immunodeficiency virus) noun VIH m, HIV m ▶ **to be HIV-positive** être séropositif(ive).

hive [haɪv] noun ruche f ▶ **a hive of activity** une véritable ruche. ◆ **hive off** vt sep UK [assets] séparer.

HNC (abbr of Higher National Certificate) noun brevet de technicien en Grande-Bretagne.

HND (abbr of Higher National Diploma) noun brevet de technicien supérieur en Grande-Bretagne.

hoard [hɔːd] ❖ noun [store] réserves fpl ; [of useless items] tas m. ❖ vt amasser ; [food, petrol] faire des provisions de.

hoarding ['hɔːdɪŋ] noun UK [for advertisements] panneau m d'affichage publicitaire.

hoarfrost ['hɔːfrɒst] noun gelée f blanche.

hoarse [hɔːs] adj [person, voice] enroué(e) ; [shout, whisper] rauque.

hoax [həʊks] noun canular m.

hob [hɒb] noun UK [on cooker] rond m, plaque f.

hobble ['hɒbl] vi [limp] boitiller.

hobby ['hɒbɪ] noun passe-temps m inv, hobby m, violon m d'Ingres.

hobbyhorse ['hɒbɪhɔːs] noun **1.** [toy] cheval m à bascule **2.** fig [favourite topic] dada m.

hobo ['həʊbəʊ] (pl -es or -s) noun US dated clochard m, -e f.

hockey ['hɒkɪ] noun **1.** UK [on grass] hockey m **2.** US [ice hockey] hockey m sur glace.

hoe [həʊ] ❖ noun houe f. ❖ vt biner.

hog [hɒg] ❖ noun **1.** US [pig] cochon m **2.** inf [greedy person] goinfre m **3.** PHR **to go the whole hog** inf aller jusqu'au bout. ❖ vt inf [monopolize] accaparer, monopoliser.

Hogmanay ['hɒgməneɪ] noun la Saint-Sylvestre en Écosse.

hoist [hɔɪst] ❖ noun [device] treuil m. ❖ vt hisser.

hold [həʊld] ❖ vt (pt & pp **held**) **1.** [gen] tenir **2.** [keep in position] maintenir **3.** [as prisoner] détenir ▶ **to hold sb prisoner/hostage** détenir qqn prisonnier/comme otage **4.** [have, possess - degree, permit, ticket] avoir, posséder **5.** fml [consider] considérer, estimer ▶ **to hold sb responsible for sthg** rendre qqn responsable de qqch, tenir qqn pour responsable de qqch **6.** [on telephone] ▶ **please hold (the line)** ne quittez pas, je vous prie **7.** [keep, maintain] retenir **8.** [sustain, support] supporter **9.** [contain] contenir **10.** PHR **hold it!, hold everything!** attendez !, arrêtez ! ▶ **to hold one's own** se défendre. ❖ vi (pt & pp **held**) **1.** [remain unchanged - gen] tenir ; [- luck] persister ; [- weather] se maintenir ▶ **to hold still** OR **steady** ne pas bouger, rester tranquille **2.** [on phone] patienter. ❖ noun **1.** [grasp, grip] prise f, étreinte f ▶ **to take** OR **lay hold of sthg** saisir qqch ▶ **to get hold of sthg** [obtain] se procurer qqch ▶ **to get hold of sb** [find] joindre **2.** [control, influence] prise f **3.** [of ship, aircraft] cale f. ◆ **hold back** vt sep **1.** [restrain, prevent] retenir ; [anger] réprimer ▶ **to hold sb back from doing sthg** retenir qqn de faire qqch **2.** [keep secret] cacher. ◆ **hold down** vt sep [job] garder. ◆ **hold off** vt sep [fend off] tenir à distance ; [delay] reporter. ◆ **hold on** vi **1.** [wait] attendre ; [on phone] ne pas quitter **2.** [grip] ▶ **to hold on (to sthg)** se tenir (à qqch). ◆ **hold out** vt sep [hand, arms] tendre. ❖ vi **1.** [last] durer **2.** [resist] ▶ **to hold out (against sb / sthg)** résister (à qqn/qqch). ◆ **hold up** vt sep **1.** [raise] lever **2.** [delay] retarder.

holdall ['həʊldɔːl] noun UK fourre-tout m inv.

holder ['həʊldər] noun **1.** [for cigarette] porte-cigarettes *m inv* **2.** [owner] détenteur *m*, -trice *f* ; [of position, title] titulaire *mf*.

holding ['həʊldɪŋ] noun **1.** [investment] effets *mpl* en portefeuille **2.** [farm] ferme *f*.

hold-up ['həʊldʌp] noun **1.** [robbery] hold-up *m* **2.** [delay] retard *m*.

hole [həʊl] noun **1.** [gen] trou *m* **2.** 🇬🇧 *inf* [predicament] pétrin *m*.

holiday ['hɒlɪdeɪ] noun **1.** 🇬🇧 [vacation] vacances *fpl* ▶ **to be/go on holiday** être/partir en vacances **2.** [public holiday] jour *m* férié.

holiday camp noun 🇬🇧 camp *m* de vacances.

holidaymaker ['hɒlɪdɪ,meɪkər] noun 🇬🇧 vacancier *m*, -ère *f*.

holiday pay noun 🇬🇧 salaire payé pendant les vacances.

holiday resort noun 🇬🇧 lieu *m* de vacances.

holistic [həʊ'lɪstɪk] adj holistique.

Holland ['hɒlənd] noun Hollande *f*.

holler ['hɒlər] vi & vt *inf* gueuler, brailler.

hollow ['hɒləʊ] ◆ adj [tree, container] creux (creuse) ; [eyes] cave ; [promise, victory] faux (fausse) ; [laugh] qui sonne faux. ◆ noun creux *m*. ◆ **hollow out** vt sep creuser, évider.

holly ['hɒlɪ] noun houx *m*.

holocaust ['hɒləkɔːst] noun [destruction] destruction *f*, holocauste *m*. ◆ **Holocaust** noun ▶ **the Holocaust** l'holocauste *m*.

holster ['həʊlstər] noun étui *m*.

holy ['həʊlɪ] adj saint(e) ; [ground] sacré(e).

Holy Ghost noun ▶ **the Holy Ghost** le Saint-Esprit.

Holy Land noun ▶ **the Holy Land** la Terre sainte.

Holy Spirit noun ▶ **the Holy Spirit** le Saint-Esprit.

home [həʊm] ◆ noun **1.** [house, institution] maison *f* ▶ **to make one's home** s'établir, s'installer **2.** [country] patrie *f* ; [city] ville *f* natale **3.** [family] foyer *m* ▶ **to leave home** quitter la maison **4.** *fig* [place of origin] berceau *m*. ◆ adj **1.** [not foreign - gen] intérieur(e) ; [- product] national(e) **2.** [in one's own home - life] de famille ; [- improvements] domestique **3.** [SPORT - game] sur son propre terrain ; [- team] qui reçoit. ◆ adv [to or at one's house] chez soi, à la maison. ◆ **at home** adv **1.** [in one's house, flat] chez soi, à la maison **2.** [comfortable] à l'aise ▶ **at home with sthg** à l'aise dans qqch ▶ **to make o.s. at home** faire comme chez soi

3. [in one's own country] chez nous. ◆ **home in on** vt insep viser, se diriger vers ; *fig* [problem, solution] mettre l'accent sur ; [difficulty, question] viser, cerner.

homecoming ['həʊm,kʌmɪŋ] noun **1.** [return] retour *m* au foyer **or** à la maison **2.** 🇺🇸 SCH & UNIV fête donnée en l'honneur de l'équipe de football et à laquelle sont invités les anciens élèves.

home help noun 🇬🇧 aide *f* ménagère.

homeland ['həʊmlænd] noun **1.** [country of birth] patrie *f* **2.** [formerly in South Africa] homeland *m*, bantoustan *m*.

homeless ['həʊmlɪs] ◆ adj sans abri. ◆ pl n ▶ **the homeless** les sans-abri *mpl*.

homely ['həʊmlɪ] adj **1.** 🇬🇧 [simple] simple **2.** 🇺🇸 [unattractive] ordinaire.

homemade [,həʊm'meɪd] adj fait(e) (à la) maison.

Home Office noun 🇬🇧 ▶ **the Home Office** ≃ le ministère de l'Intérieur.

homeopath [,həʊmɪ'ɒpæθ] noun 🇬🇧 homéopathe *mf*.

homeopathic [,həʊmɪəʊ'pæθɪk] adj homéopathique.

homeopathy [,həʊmɪ'ɒpəθɪ] noun homéopathie *f*.

home page noun COMPUT page *f* d'accueil.

home run noun 🇺🇸 coup *m* de circuit.

homeschooling ['həʊm,skuːlɪŋ] noun 🇺🇸 SCH instruction *f* à la maison.

Home Secretary noun 🇬🇧 ≃ ministre *m* de l'Intérieur.

homesick ['həʊmsɪk] adj qui a le mal du pays.

home straight 🇬🇧, **home stretch** 🇺🇸 noun ▶ **the home straight a)** [of race] la dernière ligne droite **b)** [of task] le dernier stade.

home town noun **1.** [of birth] ville *f* natale **2.** [of upbringing] : *his home town* la ville où il a grandi.

homeward ['həʊmwəd] ◆ adj de retour. ◆ adv vers la maison.

homewards ['həʊmwədz] adv 🇬🇧 = homeward.

homework ['həʊmwɜːk] noun *(U)* **1.** SCH devoirs *mpl* **2.** *inf* [preparation] boulot *m*.

homicide ['hɒmɪsaɪd] noun homicide *m*.

homoeopath [,həʊmɪ'ɒpəθ] 🇬🇧 = homeopath.

homoeopathic [,həʊmɪəʊ'pæθɪk] 🇬🇧 = homeopathic.

homoeopathy [,həʊmɪ'ɒpəθɪ] **UK** = ho-meopathy.

homogeneous [,hɒmə'dʒi:njəs] adj homogène.

homophobic [,həʊməʊ'fəʊbɪk] adj homophobe.

homosexual [,hɒmə'seksʊəl] adj & noun homosexuel(elle).

hon. abbr of honourable **UK**, honorable **US**, honorary.

hone [həʊn] vt aiguiser.

honest ['ɒnɪst] **❖** adj 1. [trustworthy] honnête, probe 2. [frank] franc (franche), sincère **▸ to be honest...** à dire vrai... 3. [legal] légitime. **❖** adv inf = honestly.

honestly ['ɒnɪstlɪ] **❖** adv 1. [truthfully] honnêtement 2. [expressing sincerity] je vous assure. **❖** excl [expressing impatience, disapproval] franchement !

honesty ['ɒnɪstɪ] noun honnêteté f, probité f.

honey ['hʌnɪ] noun 1. [food] miel m 2. [dear] chéri m, -e f.

honeycomb ['hʌnɪkəʊm] noun gâteau m de miel.

honeymoon ['hʌnɪmu:n] **❖** noun lit & fig lune f de miel. **❖** vi aller en voyage de noces, passer sa lune de miel.

honeymoon period noun [of prime minister, president] lune f de miel, état m de grâce.

honeysuckle ['hʌnɪ,sʌkl] noun chèvre-feuille m.

Hong Kong [,hɒŋ'kɒŋ] noun Hongkong, Hong Kong.

honk [hɒŋk] **❖** vi 1. [motorist] klaxonner 2. [goose] cacarder. **❖** vt **▸ to honk the horn** klaxonner.

honor **US** = honour.

honorable **US** = honourable.

honorary [**UK** 'ɒnərərɪ, **US** ɒnə'reərɪ] adj honoraire.

honors pl n **US** = honours.

honour **UK**, **honor** **US** ['ɒnər] **❖** noun honneur m **▸ in honour of sb / sthg** en l'honneur de qqn / qqch. **❖** vt honorer. **❖** honours pl n 1. [tokens of respect] honneurs mpl 2. **UK** [of university degree] ≃ licence f.

honourable **UK**, **honorable** **US** ['ɒnrəbl] adj honorable.

hood [hʊd] noun 1. [on cloak, jacket] capuchon m 2. [of cooker] hotte f 3. [of pram, con-vertible car] capote f 4. **US** [car bonnet] capot m 5. **US** inf [gangster] gangster m.

hoodlum ['hu:dləm] noun inf & dated gangster m, truand m.

hoof [hu:f or hʊf] (pl -s or hooves [hu:vz]) noun sabot m.

hook [hʊk] **❖** noun 1. [for hanging things on] crochet m 2. [for catching fish] hameçon m 3. [fastener] agrafe f 4. [of telephone] **▸ off the hook** décroché. **❖** vt 1. [attach with hook] accrocher 2. [catch with hook] prendre. **❖** **hook up** vt sep **▸ to hook sthg up to sthg** connecter qqch à qqch.

hooked [hʊkt] adj 1. [shaped like a hook] crochu(e) 2. inf [addicted] **▸ to be hooked (on)** a) [drugs] être accro (à) b) [music, art] être mordu(e) (de).

hooker ['hʊkər] noun **US** inf putain f.

hook(e)y ['hʊkɪ] noun **US** inf **▸ to play hookey** faire l'école buissonnière.

hooligan ['hu:lɪgən] noun hooligan m, vandale m.

hoop [hu:p] noun 1. [circular band] cercle m 2. [toy] cerceau m.

hooray [hʊ'reɪ] = hurray.

hoot [hu:t] **❖** noun 1. [of owl] hululement m 2. **UK** [of horn] coup m de Klaxon® 3. **UK** inf [something amusing] **▸ to be a hoot** être tordant(e). **❖** vi 1. [owl] hululer 2. **UK** [horn] klaxonner. **❖** vt **UK** **▸ to hoot the horn** klaxonner.

hooter ['hu:tər] noun **UK** [horn] Klaxon® m.

Hoover® ['hu:vər] noun **UK** aspirateur m. **❖** **hoover** vt [room] passer l'aspirateur dans ; [carpet] passer à l'aspirateur.

hooves [hu:vz] pl n ⟶ hoof.

hop [hɒp] **❖** noun saut m ; [on one leg] saut à cloche-pied. **❖** vi sauter ; [on one leg] sauter à cloche-pied ; [bird] sautiller. **❖** **hops** pl n houblon m.

hope [həʊp] **❖** vi espérer **▸ to hope for sthg** espérer qqch **▸ I hope so** j'espère bien **▸ I hope not** j'espère bien que non. **❖** vt **▸ to hope (that)** espérer que **▸ to hope to do sthg** espérer faire qqch. **❖** noun espoir m **▸ in the hope of** dans l'espoir de.

hopeful ['həʊpfʊl] adj 1. [optimistic] plein(e) d'espoir **▸ to be hopeful of doing sthg** avoir l'espoir de faire qqch **▸ to be hopeful of sthg** espérer qqch 2. [promising] encourageant(e), qui promet.

hopefully ['həʊpfəlɪ] adv **1.** [in a hopeful way] avec bon espoir, avec optimisme **2.** [with luck] : *hopefully,...* espérons que....

hopeless ['həʊplɪs] adj **1.** [gen] désespéré(e) ; [tears] de désespoir **2.** inf [useless] nul (nulle).

hopelessly ['həʊplɪslɪ] adv **1.** [despairingly] avec désespoir **2.** [completely] complètement.

horizon [hə'raɪzn] noun horizon m ▶ **on the horizon** lit & fig à l'horizon.

horizontal [,hɒrɪ'zɒntl] ❖ adj horizontal(e). ❖ noun ▶ **the horizontal** l'horizontale f.

hormone ['hɔːməʊn] noun hormone f.

horn [hɔːn] noun **1.** [of animal] corne f **2.** MUS [instrument] cor m **3.** [on car] Klaxon® m ; [on ship] sirène f.

hornet ['hɔːnɪt] noun frelon m.

horny ['hɔːnɪ] adj **1.** [hard] corné(e) ; [hand] calleux(euse) **2.** v inf [sexually excited] excité(e) (sexuellement).

horoscope ['hɒrəskəʊp] noun horoscope m.

horrendous [hɒ'rendəs] adj horrible.

horrible ['hɒrəbl] adj horrible.

horrid ['hɒrɪd] adj [unpleasant] horrible.

horrific [hɒ'rɪfɪk] adj horrible.

horrify ['hɒrɪfaɪ] vt horrifier.

horror ['hɒrər] noun horreur f.

horror film UK, **horror movie** US noun film m d'épouvante.

horse [hɔːs] noun [animal] cheval m.

horseback ['hɔːsbæk] ❖ adj à cheval ▶ **horseback riding** US équitation f. ❖ noun ▶ **on horseback** à cheval.

horse chestnut noun [nut] marron m d'Inde ▶ **horse chestnut (tree)** marronnier m d'Inde.

horseman ['hɔːsmən] (pl -men) noun cavalier m.

horsepower ['hɔːs,paʊər] noun puissance f en chevaux.

horse racing noun (U) courses fpl de chevaux.

horseradish ['hɔːs,rædɪʃ] noun [plant] raifort m.

horse riding noun UK équitation f.

horseshoe ['hɔːsʃuː] noun fer m à cheval.

horsewoman ['hɔːs,wʊmən] (pl -women) noun cavalière f.

horticulture ['hɔːtɪkʌltʃər] noun horticulture f.

hose [həʊz] ❖ noun [hosepipe] tuyau m. ❖ vt arroser au jet.

hosepipe ['həʊzpaɪp] noun = **hose**.

hosiery ['həʊzɪərɪ] noun bonneterie f.

hospitable [hɒ'spɪtəbl] adj hospitalier(ère), accueillant(e).

hospital ['hɒspɪtl] noun hôpital m.

hospitality [,hɒspɪ'tælətɪ] noun hospitalité f.

host [həʊst] ❖ noun **1.** [gen] hôte m **2.** [compere] animateur m, -trice f **3.** [large number] ▶ **a host of** une foule de. ❖ vt **1.** fig [meeting] présenter, animer **2.** [website] héberger.

hostage ['hɒstɪdʒ] noun otage m.

hostel ['hɒstl] noun **1.** [basic accommodation] foyer m **2.** [youth hostel] auberge f de jeunesse.

hostess ['həʊstes] noun hôtesse f.

hostile [UK 'hɒstaɪl, US 'hɒstl] adj ▶ hostile **(to)** hostile (à).

hostility [hɒ'stɪlətɪ] noun [antagonism, unfriendliness] hostilité f. ❖ **hostilities** pl n hostilités fpl.

hosting noun COMPUT [of web site] hébergement m ▶ **hosting charge** frais mpl d'hébergement.

hot [hɒt] adj **1.** [gen] chaud(e) / *I'm hot* j'ai chaud / *it's hot* il fait chaud **2.** [spicy] épicé(e) **3.** inf [expert] fort(e), calé(e) ▶ **to be hot on** OR **at sthg** être fort OR calé en qqch **4.** [recent] de dernière heure OR minute **5.** [temper] colérique.

hot-air balloon noun montgolfière f.

hotbed ['hɒtbed] noun foyer m.

hot cross bun noun petit pain sucré que l'on mange le vendredi saint.

hot-desking noun bureau m tournant.

hot dog noun hot dog m.

hotel [həʊ'tel] noun hôtel m.

hot flush UK, **hot flash** US noun bouffée f de chaleur.

hotfoot ['hɒt,fʊt] adv à toute vitesse.

hotheaded [,hɒt'hedɪd] adj impulsif(ive).

hothouse ['hɒthaʊs] noun (pl [-haʊzɪz]) [greenhouse] serre f.

hot line noun **1.** [between government heads] téléphone m rouge **2.** [special line] hot line f, assistance f téléphonique.

hotly ['hɒtlɪ] adv **1.** [passionately] avec véhémence **2.** [closely] de près.

hotplate ['hɒtpleɪt] noun plaque f chauffante.

hot potato noun inf & fig affaire f brûlante.

hot seat noun inf ▶ **to be in the hot seat** être sur la sellette.

hotshot ['hɒtʃɒt] *inf* ❖ noun [expert] as *m*, crack *m* ; [VIP] gros bonnet *m*. ❖ adj super **/** *they've hired some hotshot lawyer* ils ont pris un as du barreau.

hot spot noun **1.** [exciting place] endroit *m* à la mode **2.** [politically unsettled area] point *m* chaud.

hot-tempered [-'tempəd] adj colérique.

hot-water bottle noun bouillotte *f*.

hound [haʊnd] ❖ noun [dog] chien *m*. ❖ vt **1.** [persecute] poursuivre, pourchasser **2.** [drive] ▸ **to hound sb out (of)** chasser qqn (de).

hour ['aʊər] noun heure *f* ▸ **half an hour** une demi-heure ▸ **70 miles per** OR **an hour** 110 km à l'heure ▸ **on the hour** à l'heure juste ▸ **in the small hours** au petit matin. ❖ **hours** pl n [of business] heures *fpl* d'ouverture.

hourly ['aʊəlɪ] ❖ adj **1.** [happening every hour] toutes les heures **2.** [per hour] à l'heure. ❖ adv **1.** [every hour] toutes les heures **2.** [per hour] à l'heure.

house ❖ noun [haʊs] (*pl* ['haʊzɪz]) **1.** [gen] maison *f* ▸ **on the house** aux frais de la maison **2.** POL chambre *f* **3.** [in debates] assistance *f* **4.** THEAT [audience] auditoire *m*, salle *f* ▸ **to bring the house down, to bring down the house** *inf* faire crouler la salle sous les applaudissements **5.** MUS = **house music 6.** UK SCH *au sein d'une école, répartition des élèves en groupes concurrents*. ❖ vt [haʊz] [accommodate] loger, héberger ; [department, store] abriter. ❖ adj [haʊs] [within business] d'entreprise ; [style] de la maison.

house arrest noun ▸ **under house arrest** en résidence surveillée.

houseboat ['haʊsbəʊt] noun péniche *f* aménagée.

housebreaking ['haʊs,breɪkɪŋ] noun (*U*) cambriolage *m*.

housecoat ['haʊskəʊt] noun peignoir *m*.

household ['haʊshəʊld] ❖ adj **1.** [domestic] ménager(ère) **2.** [word, name] connu(e) de tous. ❖ noun maison *f*, ménage *m*.

housekeeper ['haʊs,kiːpər] noun gouvernante *f*.

housekeeping ['haʊs,kiːpɪŋ] noun (*U*) **1.** [work] ménage *m* **2.** ▸ **housekeeping (money)** argent *m* du ménage.

house music noun house music *f*.

House of Commons noun UK ▸ **the (House of) Commons** la Chambre des communes.

House of Lords noun UK ▸ **the (House of) Lords** la Chambre des lords.

House of Representatives noun US ▸ **the House of Representatives** la Chambre des représentants.

house-owner noun propriétaire *mf* d'une maison.

houseplant ['haʊsplɑːnt] noun plante *f* d'appartement.

Houses of Parliament pl n ▸ **the Houses of Parliament** le Parlement britannique (*où se réunissent la Chambre des communes et la Chambre des lords*).

housewarming (party) ['haʊs,wɔːmɪŋ-] noun·pendaison *f* de crémaillère.

housewife ['haʊswaɪf] (*pl* **-wives**) noun femme *f* au foyer.

housework ['haʊswɜːk] noun (*U*) ménage *m*.

housing ['haʊzɪŋ] noun (*U*) [accommodation] logement *m*.

housing benefit noun (*U*) UK allocation *f* logement.

housing estate UK, **housing project** US noun cité *f*.

hovel ['hɒvl] noun masure *f*, taudis *m*.

hover ['hɒvər] vi [fly] planer.

hovercraft ['hɒvəkrɑːft] (*pl inv* or **-s**) noun aéroglisseur *m*, hovercraft *m*.

how [haʊ] adv **1.** [gen] comment **/** *how do you do it?* comment fait-on ? ▸ **how are you?** comment allez-vous ? ▸ **how do you do?** enchanté(e) (de faire votre connaissance) **2.** [referring to degree, amount] : *how long have you been waiting?* cela fait combien de temps que vous attendez ? **/** *how many people came?* combien de personnes sont venues ? ▸ **how old are you?** quel âge as-tu ? **3.** [in exclamations] : *how nice!* que c'est bien ! **/** *how awful!* quelle horreur ! ❖ **how about** adv : *how about a drink?* si on prenait un verre ? **/** *how about you?* et toi ? ❖ **how much** ❖ pron combien **/** *how much does it cost?* combien ça coûte ? ❖ adj combien de **/** *how much bread?* combien de pain ?

howdy ['haʊdɪ] excl US *inf* salut !

however [haʊ'evər] ❖ adv **1.** [nevertheless] cependant, toutefois **2.** [no matter how] quelque... que (+ *subjunctive*), si... que (+ *subjunctive*) ▸ **however many / much** peu importe la quantité de **3.** [how] comment. ❖ conj [in whatever way] de quelque manière que (+ *subjunctive*).

howl [haʊl] ❖ noun hurlement *m* ; [of laughter] éclat *m*. ❖ vi hurler ; [with laughter] rire aux éclats.

hp (*abbr of* **horsepower**) noun CV *m*.

HP noun **1.** UK (*abbr of* **hire purchase**) ▸ **to buy sthg on HP** acheter qqch à crédit **2.** = **hp**.

HQ (*abbr of* **headquarters**) noun QG *m*.

hr (*abbr of* **hour**) h.

hub [hʌb] noun **1.** [of wheel] moyeu *m* **2.** [of activity] centre *m*.

hubbub ['hʌbʌb] noun vacarme *m*, brouhaha *m*.

hubcap ['hʌbkæp] noun enjoliveur *m*.

huddle ['hʌdl] ❖ vi se blottir. ❖ noun petit groupe *m*.

hue [hju:] noun [colour] teinte *f*, nuance *f*.

huff [hʌf] noun ▸ **in a huff** froissé(e).

hug [hʌg] ❖ noun étreinte *f* ▸ **to give sb a hug** serrer qqn dans ses bras. ❖ vt **1.** [embrace] étreindre, serrer dans ses bras **2.** [hold] tenir **3.** [stay close to] serrer.

huge [hju:dʒ] adj énorme ; [subject] vaste ; [success] fou (folle).

hulk [hʌlk] noun **1.** [of ship] carcasse *f* **2.** [person] malabar *m*, mastodonte *m*.

hull [hʌl] noun coque *f*.

hullo [hə'ləʊ] excl UK = **hello**.

hum [hʌm] ❖ vi **1.** [audience, bees, wires] bourdonner ; [machine] vrombir, ronfler **2.** [sing] fredonner, chantonner **3.** [be busy] être en pleine activité. ❖ vt fredonner, chantonner.

human ['hju:mən] ❖ adj humain(e). ❖ noun ▸ **human (being)** être *m* humain.

humane [hju:'meɪn] adj humain(e).

humanitarian [hju:,mænɪ'teərɪən] adj humanitaire.

humanity [hju:'mænətɪ] noun humanité *f*. ◆ **humanities** pl n ▸ **the humanities** les humanités *fpl*, les sciences *fpl* humaines.

human race noun ▸ **the human race** la race humaine.

human rights pl n droits *mpl* de l'homme.

humble ['hʌmbl] ❖ adj humble ; [origins, employee] modeste. ❖ vt humilier.

humbug ['hʌmbʌg] noun **1.** *dated* [hypocrisy] hypocrisie *f* **2.** UK [sweet] *type de bonbon dur*.

humdrum ['hʌmdrʌm] adj monotone.

humid ['hju:mɪd] adj humide.

humidity [hju:'mɪdətɪ] noun humidité *f*.

humiliate [hju:'mɪlɪeɪt] vt humilier.

humiliation [hju:,mɪlɪ'eɪʃn] noun humiliation *f*.

humility [hju:'mɪlətɪ] noun humilité *f*.

humor US = **humour**.

humorous ['hju:mərəs] adj humoristique ; [person] plein(e) d'humour.

humour UK, **humor** US ['hju:mər] ❖ noun **1.** [sense of fun] humour *m* **2.** [of situation, remark] côté *m* comique **3.** *dated* [mood] humeur *f*. ❖ vt se montrer conciliant(e) envers.

hump [hʌmp] noun bosse *f*.

hunch [hʌntʃ] noun *inf* pressentiment *m*, intuition *f*.

hunchback ['hʌntʃbæk] noun *offens* bossu *m*, -e *f*.

hunched [hʌntʃt] adj voûté(e).

hundred ['hʌndrəd] num cent ▸ **a** OR **one hundred** cent. See also **six**. ◆ **hundreds** pl n des centaines.

hundredth ['hʌndrətθ] num centième. *See also* **sixth**.

hundredweight ['hʌndrədweɪt] noun [in UK] poids *m* de 112 livres (= 50,8 kg) ; [in US] poids *m* de 100 livres (= 45,3 kg).

hung [hʌŋ] pt & pp ⟶ **hang**.

Hungarian [hʌŋ'geərɪən] ❖ adj hongrois(e). ❖ noun **1.** [person] Hongrois *m*, -e *f* **2.** [language] hongrois *m*.

Hungary ['hʌŋgərɪ] noun Hongrie *f*.

hunger ['hʌŋgər] noun **1.** [gen] faim *f* **2.** [strong desire] soif *f*. ◆ **hunger after**, **hunger for** vt insep *fig* avoir faim de, avoir soif de.

hunger strike noun grève *f* de la faim.

hung over adj *inf* ▸ **to be hung over** avoir la gueule de bois.

hungry ['hʌŋgrɪ] adj **1.** [for food] ▸ **to be hungry a)** avoir faim **b)** [starving] être affamé(e) **2.** [eager] ▸ **to be hungry for** être avide de.

hung up adj *inf* ▸ **to be hung up (on** OR **about)** être obsédé(e) (par).

hunk [hʌŋk] noun **1.** [large piece] gros morceau *m* **2.** *inf* [man] beau mec *m*.

hunt [hʌnt] ❖ noun chasse *f* ; [for missing person] recherches *fpl*. ❖ vi **1.** [chase animals, birds] chasser **2.** UK [chase foxes] chasser le renard **3.** [search] ▸ **to hunt (for sthg)** chercher partout (qqch). ❖ vt **1.** [animals, birds] chasser **2.** [person] poursuivre, pourchasser.

hunter ['hʌntər] noun [of animals, birds] chasseur m, -euse f.

hunting ['hʌntɪŋ] noun **1.** [of animals] chasse f **2.** UK [of foxes] chasse f au renard.

hurdle ['hɜːdl] ❖ noun **1.** [in race] haie f **2.** [obstacle] obstacle m. ❖ vt [jump over] sauter.

hurl [hɜːl] vt **1.** [throw] lancer avec violence **2.** [shout] lancer.

hurray [hʊ'reɪ] excl hourra !

hurricane ['hʌrɪkən] noun ouragan m.

hurried ['hʌrɪd] adj [hasty] précipité(e).

hurriedly ['hʌrɪdlɪ] adv précipitamment ; [eat, write] vite, en toute hâte.

hurry ['hʌrɪ] ❖ vt [person] faire se dépêcher ; [process] hâter ▸ **to hurry to do sthg** se dépêcher **or** se presser de faire qqch. ❖ vi se dépêcher, se presser. ❖ noun hâte f, précipitation f ▸ **to be in a hurry** être pressé(e) ▸ **to do sthg in a hurry** faire qqch à la hâte. ◆ **hurry up** vi se dépêcher.

hurt [hɜːt] ❖ vt (pt & pp **hurt**) **1.** [physically, emotionally] blesser ; [one's leg, arm] se faire mal à ▸ **to hurt o.s.** se faire mal **2.** fig [harm] faire du mal à. ❖ vi (pt & pp **hurt**) **1.** [gen] faire mal / **my leg hurts** ma jambe me fait mal **2.** fig [do harm] faire du mal. ❖ adj [physically] blessé(e) ; [voice] offensé(e).

hurtful ['hɜːtfʊl] adj blessant(e).

hurtle ['hɜːtl] vi aller à toute allure.

husband ['hʌzbənd] noun mari m.

hush [hʌʃ] ❖ noun silence m. ❖ excl silence !, chut !

husk [hʌsk] noun [of seed, grain] enveloppe f.

husky ['hʌskɪ] ❖ adj [hoarse] rauque. ❖ noun husky m.

hustle ['hʌsl] ❖ vt [hurry] pousser, bousculer. ❖ noun agitation f.

hut [hʌt] noun **1.** [rough house] hutte f **2.** [shed] cabane f.

hutch [hʌtʃ] noun clapier m.

hyacinth ['haɪəsɪnθ] noun jacinthe f.

hydrant ['haɪdrənt] noun bouche f d'incendie.

hydraulic [haɪ'drɔːlɪk] adj hydraulique.

hydroelectric [,haɪdrəʊ'lektrɪk] adj hydro-électrique.

hydrofoil ['haɪdrəfɔɪl] noun hydroptère m.

hydrogen ['haɪdrədʒən] noun hydrogène m.

hyena [haɪ'iːnə] noun hyène f.

hygiene ['haɪdʒiːn] noun hygiène f.

hygienic [haɪ'dʒiːnɪk] adj hygiénique.

hygienist [haɪ'dʒiːnɪst] noun personne qui se charge du détartrage des dents.

hymn [hɪm] noun hymne m, cantique m.

hype [haɪp] inf ❖ noun (U) battage m publicitaire. ❖ vt faire un battage publicitaire autour de.

hyperactive [,haɪpər'æktɪv] adj hyperactif(ive).

hyperlink ['haɪpəlɪŋk] noun lien m hypertexte, hyperlien m.

hypermarket ['haɪpə,mɑːkɪt] noun UK hypermarché m.

hyphen ['haɪfn] noun trait m d'union.

hypnosis [hɪp'nəʊsɪs] noun hypnose f.

hypnotic [hɪp'nɒtɪk] adj hypnotique.

hypnotize, hypnotise UK ['hɪpnətaɪz] vt hypnotiser.

hypocrisy [hɪ'pɒkrəsɪ] noun hypocrisie f.

hypocrite ['hɪpəkrɪt] noun hypocrite mf.

hypocritical [,hɪpə'krɪtɪkl] adj hypocrite.

hypothesis [haɪ'pɒθɪsɪs] (pl **-theses**) noun hypothèse f.

hypothetical [,haɪpə'θetɪkl] adj hypothétique.

hysteria [hɪs'tɪərɪə] noun hystérie f.

hysterical [hɪs'terɪkl] adj **1.** [gen] hystérique **2.** inf [very funny] désopilant(e).

hysterics [hɪs'terɪks] pl n **1.** [panic, excitement] crise f de nerfs **2.** inf [laughter] fou rire m.

i (*pl* **i's**), **I** (*pl* **I's** *or* **Is**) [aɪ] noun [letter] i *m* inv, I *m* inv.

I [aɪ] pers pron **1.** (*unstressed*) je, j' (*before vowel or silent 'h'*) / *I like skiing* j'aime skier / *he and I are leaving for Paris* lui et moi (nous) partons pour Paris **2.** (*stressed*) moi / *I can't do it* je n'y arrive pas, je ne peux pas.

ice [aɪs] ❖ noun **1.** [frozen water, ice cream] glace *f* **2.** (*U*) [on road] verglas *m* **3.** (*U*) [ice cubes] glaçons *mpl.* ❖ vt CULIN glacer. ◆ **ice over, ice up** vi [lake, pond] geler ; [window, windscreen] givrer ; [road] se couvrir de verglas.

ICE [aɪsi:i:] (*abbr of* **In Case of Emergency**) noun *dans le répertoire d'un téléphone portable, nom et coordonnées des personnes à prévenir en cas d'accident.*

ice age noun période *f* glaciaire.

iceberg ['aɪsbɜːg] noun iceberg *m.*

iceberg lettuce noun laitue *f* iceberg.

icebox ['aɪsbɒks] noun **1.** UK [in refrigerator] freezer *m* **2.** US *dated* [refrigerator] réfrigérateur *m.*

ice-cold adj glacé(e).

ice cream noun glace *f.*

ice cube noun glaçon *m.*

ice hockey noun UK hockey *m* sur glace.

Iceland ['aɪslənd] noun Islande *f.*

Icelandic [aɪs'lændɪk] ❖ adj islandais(e). ❖ noun [language] islandais *m.*

ice lolly noun UK sucette *f* glacée.

ice rink noun patinoire *f.*

ice skate noun patin *m* à glace. ◆ **ice-skate** vi faire du patin (à glace).

ice-skating noun patinage *m* (sur glace).

icicle ['aɪsɪkl] noun glaçon *m* (naturel).

icing ['aɪsɪŋ] noun (*U*) glaçage *m*, glace *f.*

icing sugar noun UK sucre *m* glace.

icon ['aɪkɒn] noun [gen & COMPUT] icône *f.*

icy ['aɪsɪ] adj **1.** [weather, manner] glacial(e) **2.** [covered in ice] verglacé(e).

ID noun (*U*) (*abbr of* **identification**) papiers *mpl.*

I'd [aɪd] ⟶ **I would**, **I had**.

idea [aɪ'dɪə] noun idée *f* ; [intention] intention *f* ▸ **to have an idea (that)...** avoir idée que... ▸ **to have no idea** n'avoir aucune idée ▸ **to get the idea** *inf* piger.

ideal [aɪ'dɪəl] ❖ adj idéal(e). ❖ noun idéal *m.*

ideally [aɪ'dɪəlɪ] adv idéalement ; [suited] parfaitement.

identical [aɪ'dentɪkl] adj identique.

identification [aɪ,dentɪfɪ'keɪʃn] noun (*U*) **1.** [gen] ▸ **identification (with)** identification *f* (à) **2.** [documentation] pièce *f* d'identité.

identification parade noun UK séance d'identification d'un suspect dans un échantillon de plusieurs personnes.

identify [aɪ'dentɪfaɪ] ❖ vt **1.** [recognize] identifier **2.** [subj: document, card] permettre de reconnaître **3.** [associate] ▸ **to identify sb with sthg** associer qqn à qqch. ❖ vi [empathize] ▸ **to identify with** s'identifier à.

identity [aɪ'dentətɪ] noun identité *f.*

identity card noun carte *f* d'identité.

ideology [,aɪdɪ'ɒlədʒɪ] noun idéologie *f.*

idiom ['ɪdɪəm] noun **1.** [phrase] expression *f* idiomatique **2.** *fml* [style] langue *f.*

idiomatic [,ɪdɪə'mætɪk] adj idiomatique.

idiosyncrasy [,ɪdɪə'sɪŋkrəsɪ] noun particularité *f*, caractéristique *f.*

idiot ['ɪdɪət] noun idiot *m*, -e *f*, imbécile *mf.*

idiotic [,ɪdɪ'ɒtɪk] adj idiot(e).

IDK MESSAGING *written abbr of* **I don't know**.

idle ['aɪdl] ❖ adj **1.** [lazy] oisif(ive), désœuvré(e) **2.** [not working - machine, factory] arrêté(e) ; [- worker] qui chôme, en chômage **3.** [threat] vain(e) **4.** [curiosity] simple, pur(e). ❖ vi tourner au ralenti. ◆ **idle away** vt sep [time] perdre à ne rien faire.

idol ['aɪdl] noun idole *f.*

idolize, idolise UK ['aɪdəlaɪz] vt idolâtrer, adorer.

idyllic [ɪ'dɪlɪk] adj idyllique.

i.e. (*abbr of* **id est**) c-à-d.

if [ɪf] conj **1.** [gen] si ▸ **if I were you** à ta place, si j'étais toi **2.** [though] bien que / *he was intelligent if a little arrogant* il était intelligent, mais quelque peu arrogant. ◆ **if anything** adv plutôt / *he doesn't look any slimmer, if anything, he's put on weight* il n'a pas l'air plus mince, il a même plutôt grossi. ◆ **if not** conj sinon. ◆ **if only** ❖ conj **1.** [naming a reason] ne serait-ce que **2.** [expressing regret] si seulement. ❖ excl si seulement !

iffy ['ɪfɪ] (*compar* **-ier**, *superl* **-iest**) adj *inf* incertain(e).

igloo ['ɪglu:] (*pl* **-s**) noun igloo m, iglou m.

ignite [ɪg'naɪt] ❖ vt mettre le feu à, enflammer ; [firework] tirer. ❖ vi prendre feu, s'enflammer.

ignition [ɪg'nɪʃn] noun **1.** [act of igniting] ignition f **2.** AUTO allumage m ▸ **to switch on the ignition** mettre le contact.

ignorance ['ɪgnərəns] noun ignorance f.

ignorant ['ɪgnərənt] adj **1.** [uneducated, unaware] ignorant(e) ▸ **to be ignorant of sthg** être ignorant de qqch **2.** [rude] mal élevé(e).

ignore [ɪg'nɔːr] vt [advice, facts] ne pas tenir compte de ; [person] faire semblant de ne pas voir.

ilk [ɪlk] noun ▸ **of that ilk** [of that sort] de cet acabit, de ce genre.

ill [ɪl] ❖ adj **1.** [unwell] malade ▸ **to feel ill** se sentir malade OR souffrant ▸ **to be taken ill** [UK], **to fall ill** tomber malade **2.** [bad] mauvais(e) ▸ **ill luck** malchance f. ❖ adv mal ▸ **to speak / think ill of sb** dire/penser du mal de qqn.

I'll [aɪl] ⟶ **I will, I shall**.

ill-advised [-əd'vaɪzd] adj *fml* [remark, action] peu judicieux(euse) ; [person] malavisé(e).

illegal [ɪ'liːgl] adj illégal(e).

illegible [ɪ'ledʒəbl] adj illisible.

illegitimate [,ɪlɪ'dʒɪtɪmət] adj illégitime.

ill-equipped [-ɪ'kwɪpt] adj ▸ **to be ill-equipped to do sthg** être mal placé(e) pour faire qqch.

ill-fated [-'feɪtɪd] adj fatal(e), funeste.

ill feeling noun animosité f.

ill-gotten gains [-'gɒtən-] pl n *hum* biens mpl mal acquis.

ill health noun mauvaise santé f.

illicit [ɪ'lɪsɪt] adj illicite.

illiteracy [ɪ'lɪtərəsɪ] noun analphabétisme m, illettrisme m.

illiterate [ɪ'lɪtərət] ❖ adj analphabète, illettré(e). ❖ noun analphabète mf, illettré m, -e f.

illness ['ɪlnɪs] noun maladie f.

illogical [ɪ'lɒdʒɪkl] adj illogique.

ill-suited adj mal assorti(e) ▸ **to be ill-suited for sthg** être inapte à qqch.

ill-timed [-'taɪmd] adj déplacé(e), mal à propos.

ill-treat vt maltraiter.

illuminate [ɪ'luːmɪneɪt] vt éclairer.

illumination [ɪ,luːmɪ'neɪʃn] noun *fml* [lighting] éclairage m. ◆ **illuminations** pl n [UK] illuminations fpl.

illusion [ɪ'luːʒn] noun illusion f ▸ **to have no illusions about** ne se faire OR n'avoir aucune illusion sur ▸ **to be under the illusion that** croire OR s'imaginer que, avoir l'illusion que.

illustrate ['ɪləstreɪt] vt illustrer.

illustration [,ɪlə'streɪʃn] noun illustration f.

illustrious [ɪ'lʌstrɪəs] adj illustre, célèbre.

ill will noun animosité f.

ILU MESSAGING (*written abbr of* **I love you**) je t'm.

ILU2 MESSAGING *written abbr of* **I love you too**.

I'm [aɪm] ⟶ **I am**.

image ['ɪmɪdʒ] noun **1.** [gen] image f **2.** [of company, politician] image f de marque.

imagery ['ɪmɪdʒrɪ] noun (U) images fpl.

imaginary [ɪ'mædʒɪnrɪ] adj imaginaire.

imagination [ɪ,mædʒɪ'neɪʃn] noun **1.** [ability] imagination f **2.** [fantasy] invention f.

imaginative [ɪ'mædʒɪnətɪv] adj [person] imaginatif(ive) ; [solution] plein(e) d'imagination.

imagine [ɪ'mædʒɪn] vt ▸ **to imagine doing sthg** s'imaginer OR se voir faisant qqch ▸ **imagine (that)!** tu t'imagines !

imbalance [,ɪm'bæləns] noun déséquilibre m.

imbecile ['ɪmbɪsiːl] noun imbécile mf, idiot m, -e f.

IMF (*abbr of* **International Monetary Fund**) noun FMI m.

imitate ['ɪmɪteɪt] vt imiter.

imitation [,ɪmɪ'teɪʃn] ❖ noun imitation f. ❖ adj [jewellery] en toc / *imitation leather* imitation f cuir.

immaculate [ɪ'mækjʊlət] adj impeccable.

immaterial [,ɪmə'tɪərɪəl] adj [unimportant] sans importance.

immature [,ɪmə'tjʊər] adj **1.** [lacking judgment] qui manque de maturité **2.** [not fully grown] jeune, immature.

immediate [ɪˈmiːdjət] adj **1.** [urgent] immédiat(e) ; [problem, meeting] urgent(e) **2.** [very near] immédiat(e) ; [family] le plus proche (la plus proche).

immediately [ɪˈmiːdjətlɪ] ❖ adv **1.** [at once] immédiatement **2.** [directly] directement. ❖ conj dès que.

immense [ɪˈmens] adj immense ; [improvement, change] énorme.

immerse [ɪˈmɜːs] vt ▸ to immerse sthg in sthg immerger OR plonger qqch dans qqch ▸ to immerse o.s. in sthg fig se plonger dans qqch.

immigrant [ˈɪmɪgrənt] noun immigré m, -e f.

immigration [ˌɪmɪˈgreɪʃn] noun immigration f.

imminent [ˈɪmɪnənt] adj imminent(e).

immobilize, immobilise UK [ɪˈməʊbɪlaɪz] vt immobiliser.

immoral [ɪˈmɒrəl] adj immoral(e).

immortal [ɪˈmɔːtl] ❖ adj immortel(elle). ❖ noun immortel m, -elle f.

immortalize, immortalise UK [ɪˈmɔːtəlaɪz] vt immortaliser.

immune [ɪˈmjuːn] adj **1.** MED ▸ immune (to) immunisé(e) (contre) **2.** fig [protected] ▸ to be immune to OR from être à l'abri de.

immunity [ɪˈmjuːnətɪ] noun **1.** MED ▸ immunity (to) immunité f (contre) **2.** fig [protection] ▸ immunity to OR from immunité f contre.

immunize, immunise UK [ˈɪmjuːnaɪz] vt ▸ to immunize sb (against) immuniser qqn (contre).

imp [ɪmp] noun **1.** [creature] lutin m **2.** [naughty child] petit diable m, coquin m, -e f.

impact ❖ noun [ˈɪmpækt] impact m ▸ to make an impact on OR upon sb faire une forte impression sur qqn ▸ to make an impact on OR upon sthg avoir un impact sur qqch. ❖ vt [ɪmˈpækt] **1.** [collide with] entrer en collision avec **2.** [influence] avoir un impact sur.

impair [ɪmˈpeər] vt affaiblir, abîmer ; [efficiency] réduire.

impaired [ɪmˈpeəd] adj affaibli(e) ; [efficiency] réduit(e).

impairment [ɪmˈpeəmənt] noun **1.** [weakening] affaiblissement m, diminution f **2.** [damage] détérioration f.

impale [ɪmˈpeɪl] vt ▸ to impale sb / sthg (on) empaler qqn/qqch (sur).

impart [ɪmˈpɑːt] vt fml **1.** [information] ▸ to impart sthg (to sb) communiquer OR trans-

mettre qqch (à qqn) **2.** [feeling, quality] ▸ to impart sthg (to) donner qqch (à).

impartial [ɪmˈpɑːʃl] adj impartial(e).

impassable [ɪmˈpɑːsəbl] adj impraticable.

impassive [ɪmˈpæsɪv] adj impassible.

impatience [ɪmˈpeɪʃns] noun **1.** [gen] impatience f **2.** [irritability] irritation f.

impatient [ɪmˈpeɪʃnt] adj **1.** [gen] impatient(e) ▸ to be impatient to do sthg être impatient de faire qqch ▸ to be impatient for sthg attendre qqch avec impatience **2.** [irritable] ▸ to become OR get impatient s'impatienter.

impeccable [ɪmˈpekəbl] adj impeccable.

impede [ɪmˈpiːd] vt entraver, empêcher ; [person] gêner.

impediment [ɪmˈpedɪmənt] noun **1.** [obstacle] obstacle m **2.** [disability] défaut m.

impel [ɪmˈpel] vt ▸ to impel sb to do sthg inciter qqn à faire qqch.

impending [ɪmˈpendɪŋ] adj imminent(e).

imperative [ɪmˈperətɪv] ❖ adj [essential] impératif(ive), essentiel(elle). ❖ noun impératif m.

imperfect [ɪmˈpɜːfɪkt] ❖ adj imparfait(e). ❖ noun GRAM ▸ imperfect (tense) imparfait m.

imperfection [ˌɪmpəˈfekʃn] noun **1.** [gen] imperfection f **2.** [failing] défaut m.

imperial [ɪmˈpɪərɪəl] adj **1.** [of empire] impérial(e) **2.** [system of measurement] qui a cours légal dans le Royaume-Uni.

imperil [ɪmˈperɪl] vt mettre en péril OR en danger ; [project] compromettre.

impersonal [ɪmˈpɜːsnl] adj impersonnel(elle).

impersonate [ɪmˈpɜːsəneɪt] vt se faire passer pour.

impersonation [ɪmˌpɜːsəˈneɪʃn] noun usurpation f d'identité ; [by mimic] imitation f.

impertinent [ɪmˈpɜːtɪnənt] adj impertinent(e).

impervious [ɪmˈpɜːvjəs] adj [not influenced] ▸ impervious to indifférent(e) à.

impetuous [ɪmˈpetʃʊəs] adj impétueux(euse).

impetus [ˈɪmpɪtəs] noun (U) **1.** [momentum] élan m **2.** [stimulus] impulsion f.

impinge [ɪmˈpɪndʒ] vi ▸ to impinge on sb / sthg affecter qqn/qqch.

implant ❖ noun [ˈɪmplɑːnt] implant m. ❖ vt [ɪmˈplɑːnt] ▸ to implant sthg in OR into sb implanter qqch dans qqn.

implausible [ɪmˈplɔːzəbl] adj peu plausible.

implement ⇔ noun [ˈɪmplɪmənt] outil *m*, instrument *m*. ⇔ vt [ˈɪmplɪment] exécuter, appliquer.

implementation [ˌɪmplɪmenˈteɪʃn] noun application *f*, exécution *f*.

implicate [ˈɪmplɪkeɪt] vt ▸ to implicate sb in sthg impliquer qqn dans qqch.

implication [ˌɪmplɪˈkeɪʃn] noun implication *f* ▸ by implication par voie de conséquence.

implicit [ɪmˈplɪsɪt] adj 1. [inferred] implicite 2. [belief, faith] absolu(e).

implode [ɪmˈpləʊd] vi imploser.

implore [ɪmˈplɔːr] vt ▸ to implore sb (to do sthg) implorer qqn (de faire qqch).

imply [ɪmˈplaɪ] vt 1. [suggest] sous-entendre, laisser supposer OR entendre 2. [involve] impliquer.

impolite [ˌɪmpəˈlaɪt] adj impoli(e).

import ⇔ noun [ˈɪmpɔːt] [product, action] importation *f*. ⇔ vt [ɪmˈpɔːt] [gen & COMPUT] importer.

importance [ɪmˈpɔːtns] noun importance *f*.

important [ɪmˈpɔːtnt] adj important(e) ▸ to be important to sb importer à qqn.

importer [ɪmˈpɔːtər] noun importateur *m*, -trice *f*.

impose [ɪmˈpəʊz] ⇔ vt [force] ▸ to impose sthg (on) imposer qqch (à). ⇔ vi [cause trouble] ▸ to impose (on sb) abuser (de la gentillesse de qqn).

imposing [ɪmˈpəʊzɪŋ] adj imposant(e).

imposition [ˌɪmpəˈzɪʃn] noun 1. [of tax, limitations] imposition *f* 2. [cause of trouble] : *it's an imposition* c'est abuser de ma gentillesse.

impossible [ɪmˈpɒsəbl] adj impossible.

impostor, imposter [ɪmˈpɒstər] noun imposteur *m*.

impotent [ˈɪmpətənt] adj impuissant(e).

impound [ɪmˈpaʊnd] vt confisquer.

impoverished [ɪmˈpɒvərɪʃt] adj appauvri(e).

impractical [ɪmˈpræktɪkl] adj pas pratique.

impregnable [ɪmˈpregnəbl] adj 1. [fortress, defences] imprenable 2. *fig* [person] inattaquable.

impregnate [ˈɪmpregneɪt] vt 1. [introduce substance into] ▸ to impregnate sthg with imprégner qqch de 2. *fml* [fertilize] féconder.

impress [ɪmˈpres] vt 1. [person] impressionner 2. [stress] ▸ to impress sthg on sb faire bien comprendre qqch à qqn.

impression [ɪmˈpreʃn] noun 1. [gen] impression *f* ▸ to make an impression faire impression 2. [impersonation] imitation *f* 3. [of stamp, book] impression *f*, empreinte *f*.

impressive [ɪmˈpresɪv] adj impressionnant(e).

imprint [ˈɪmprɪnt] noun 1. [mark] empreinte *f* 2. [publisher's name] nom *m* de l'éditeur.

imprison [ɪmˈprɪzn] vt emprisonner.

improbable [ɪmˈprɒbəbl] adj [story, excuse] improbable.

impromptu [ɪmˈprɒmptjuː] adj impromptu(e).

improper [ɪmˈprɒpər] adj 1. [unsuitable] impropre 2. [incorrect, illegal] incorrect(e) 3. [rude] indécent(e).

improperly [ɪmˈprɒpəlɪ] adv 1. [indecently] de manière déplacée 2. [unsuitably] : *he was improperly dressed* il n'était pas habillé comme il faut 3. [dishonestly] malhonnêtement 4. [incorrectly] incorrectement, de manière incorrecte.

improve [ɪmˈpruːv] ⇔ vi s'améliorer ; [patient] aller mieux ▸ to improve on OR upon sthg améliorer qqch. ⇔ vt améliorer.

improvement [ɪmˈpruːvmənt] noun ▸ improvement (in / on) amélioration *f* (de / par rapport à).

improvise [ˈɪmprəvaɪz] vt & vi improviser.

impudent [ˈɪmpjʊdənt] adj impudent(e).

impulse [ˈɪmpʌls] noun impulsion *f* ▸ on impulse par impulsion.

impulse buy noun achat *m* spontané OR d'impulsion OR impulsif.

impulsive [ɪmˈpʌlsɪv] adj impulsif(ive).

impunity [ɪmˈpjuːnətɪ] noun ▸ with impunity avec impunité.

impurity [ɪmˈpjʊərətɪ] noun impureté *f*.

in [ɪn] ⇔ prep 1. [indicating place, position] dans / *in a box / bag / drawer* dans une boîte / un sac / un tiroir / *in Paris* à Paris / *in Belgium* en Belgique / *in Canada* au Canada / *in the country* à la campagne ▸ to be in hospital 🇬🇧, to be in the hospital 🇺🇸 être à l'hôpital ▸ in here ici ▸ in there là-dedans 2. [wearing] en / *dressed in a suit* vêtu(e) d'un costume 3. [at a particular time, season] : *in 2004* en 2004 / *in April* en avril / *in (the) spring* au printemps / *at two o'clock in the afternoon* à deux heures de l'après-midi 4. [period of time - within] en ; [- after] dans / *he learned to type in two weeks* il a appris à taper à la machine en deux semaines / *I'll be ready in five minutes* je serai prêt dans 5 minutes **5.** [during] : *it's my first decent meal in weeks* c'est mon premier repas correct depuis des semaines **6.** [indicating situation, circumstances] : *in the sun* au soleil / *in the rain* sous la pluie / *to live/die in poverty* vivre/mourir dans la misère / *in danger/difficulty* en danger/difficulté **7.** [indicating manner, condition] : *in a loud/soft voice* d'une voix forte/douce / *to write in pencil/ink* écrire au crayon/à l'encre / *to speak in English/French* parler (en) anglais/français **8.** [indicating cause] : *in anger* sous le coup de la colère **9.** [specifying area of activity] dans / *he's in computers* il est dans l'informatique **10.** [referring to quantity, numbers, age] : *in large/small quantities* en grande/petite quantité ▶ **in (their) thousands** par milliers / *she's in her sixties* elle a la soixantaine **11.** [describing arrangement] : *in twos* par deux / *in a line/row/circle* en ligne/rang/cercle **12.** [as regards] : *to be three metres in length/width* faire trois mètres de long/large / *a change in direction* un changement de direction **13.** [in ratios] : *5 pence in the pound* UK 5 pence par livre sterling / *one in ten* un sur dix **14.** (after superl) de / *the longest river in the world* le fleuve le plus long du monde **15.** (+ present participle) ▶ **in doing sthg** en faisant qqch. ◆ adv **1.** [inside] dedans, à l'intérieur / *he jumped in* il sauta dedans **2.** [at home, work] là / *I'm staying in tonight* je reste à la maison **or** chez moi ce soir / *is Judith in?* est-ce que Judith est là ? **3.** [of tide] : *the tide's in* c'est la marée haute **4.** PHR **we're in for some bad weather** nous allons avoir du mauvais temps ▶ **you're in for a shock** tu vas avoir un choc. ◆ adj **1.** SPORT [within area of court] : *the umpire said that the ball was in* l'arbitre a dit que la balle était bonne **2.** *inf* à la mode. ◆ **ins** pl n ▶ **the ins and outs** les tenants et les aboutissants *mpl*. ◆ **in all** adv en tout / *there are 30 in all* il y en a 30 en tout. ◆ **in between** ◆ adv **1.** [in intermediate position] : *a row of bushes with little clumps of flowers in between* une rangée d'arbustes séparés par des petites touffes de fleurs / *she plays either very well or very badly, never in between* elle joue très bien ou très mal, jamais entre les deux **2.** [in time] entre-temps, dans l'intervalle. ◆ prep entre.

in. *abbr of* inch.

inability [ˌɪnə'bɪlətɪ] noun ▶ **inability (to do sthg)** incapacité *f* (à faire qqch).

inaccessible [ˌɪnək'sesəbl] adj inaccessible.

inaccurate [ɪn'ækjʊrət] adj inexact(e).

inactive [ɪn'æktɪv] adj inactif(ive).

inadequate [ɪn'ædɪkwət] adj insuffisant(e).

inadvertently [ˌɪnəd'vɜ:təntlɪ] adv par inadvertance.

inadvisable [ˌɪnəd'vaɪzəbl] adj déconseillé(e).

inane [ɪ'neɪn] adj [behaviour, remark] inepte ; [person] stupide.

inanimate [ɪn'ænɪmət] adj inanimé(e).

inappropriate [ˌɪnə'prəʊprɪət] adj [action, remark] inopportun(e) ; [expression, word] impropre ; [clothing] peu approprié(e).

inarticulate [ˌɪnɑ:'tɪkjʊlət] adj inarticulé(e), indistinct(e) ; [person] qui s'exprime avec difficulté ; [explanation] mal exprimé(e).

inasmuch [ˌɪnəz'mʌtʃ] ◆ **inasmuch as** conj *fml* attendu que.

inaudible [ɪ'nɔ:dɪbl] adj inaudible.

inaugural [ɪ'nɔ:gjʊrəl] adj inaugural(e).

inauguration [ɪˌnɔ:gjʊ'reɪʃn] noun [of leader, president] investiture *f* ; [of building, system] inauguration *f*.

in-between adj intermédiaire.

inborn [ˌɪn'bɔ:n] adj inné(e).

inbound ['ɪnbaʊnd] adj qui arrive.

inbox ['ɪnbɒks] noun COMPUT boîte *f* de réception.

in-box US = in-tray.

inbred [ˌɪn'bred] adj **1.** [closely related] consanguin(e) ; [animal] croisé(e) **2.** [inborn] inné(e).

inbuilt [ˌɪn'bɪlt] adj [inborn] inné(e).

inc. (*abbr of* inclusive) : *12-15 April inc.* du 12 au 15 avril inclus.

Inc. [ɪŋk] (*abbr of* incorporated) US ≃ SARL.

incapable [ɪn'keɪpəbl] adj incapable ▶ **to be incapable of sthg/of doing sthg** être incapable de qqch/de faire qqch.

incapacitated [ˌɪnkə'pæsɪteɪtɪd] adj inapte physiquement ▶ **incapacitated for work** mis(e) dans l'incapacité de travailler.

incarcerate [ɪn'kɑ:səreɪt] vt *fml* incarcérer.

incendiary device [ɪn'sendjərɪ-] noun dispositif *m* incendiaire.

incense ◆ noun ['ɪnsens] encens *m*. ◆ vt [ɪn'sens] [anger] mettre en colère.

incentive [ɪn'sentɪv] noun **1.** [encouragement] motivation *f* **2.** COMM récompense *f*, prime *f*.

inception [ɪn'sepʃn] noun *fml* commencement *m*.

incessant [ɪn'sesnt] adj incessant(e).

incessantly [ɪn'sesntlɪ] adv sans cesse.

incest ['ɪnsest] noun inceste m.

inch [ɪntʃ] ❖ noun = 2,5 cm ; ≃ pouce m. ❖ vi ▶ **to inch forward** avancer petit à petit.

incidence ['ɪnsɪdəns] noun fml [of disease, theft] fréquence f.

incident ['ɪnsɪdənt] noun incident m.

incidental [ˌɪnsɪ'dentl] adj accessoire.

incidentally [ˌɪnsɪ'dentəlɪ] adv à propos.

incinerate [ɪn'sɪnəreɪt] vt incinérer.

incipient [ɪn'sɪpɪənt] adj fml naissant(e).

incisive [ɪn'saɪsɪv] adj incisif(ive).

incisor [ɪn'saɪzəʳ] noun incisive f.

incite [ɪn'saɪt] vt inciter ▶ **to incite sb to do sthg** inciter qqn à faire qqch.

inclination [ˌɪnklɪ'neɪʃn] noun **1.** (U) [liking, preference] inclination f, goût m **2.** [tendency] ▶ **inclination to do sthg** inclination f à faire qqch.

incline ❖ noun ['ɪnklaɪn] inclinaison f. ❖ vt [ɪn'klaɪn] [head] incliner.

inclined [ɪn'klaɪnd] adj **1.** [tending] ▶ **to be inclined to sthg/to do sthg** avoir tendance à qqch/à faire qqch **2.** [wanting] ▶ **to be inclined to do sthg** être enclin(e) à faire qqch **3.** [sloping] incliné(e).

include [ɪn'kluːd] vt inclure.

included [ɪn'kluːdɪd] adj inclus(e).

including [ɪn'kluːdɪŋ] prep y compris.

inclusive [ɪn'kluːsɪv] adj inclus(e) ; [including all costs] tout compris (toute comprise) ▶ **inclusive of VAT** TVA incluse OR comprise.

incoherent [ˌɪnkəʊ'hɪərənt] adj incohérent(e).

income ['ɪnkʌm] noun revenu m.

income bracket noun tranche f de salaire OR de revenu.

income support noun (U) **UK** allocations supplémentaires accordées aux personnes ayant un faible revenu.

income tax noun impôt m sur le revenu.

incompatible [ˌɪnkəm'pætɪbl] adj ▶ **incompatible (with)** incompatible (avec).

incompetent [ɪn'kɒmpɪtənt] adj incompétent(e).

incomplete [ˌɪnkəm'pliːt] adj incomplet(ète).

incomprehensible [ɪn,kɒmprɪ'hensəbl] adj incompréhensible.

inconceivable [ˌɪnkən'siːvəbl] adj inconcevable.

inconclusive [ˌɪnkən'kluːsɪv] adj peu concluant(e).

incongruous [ɪn'kɒŋgrʊəs] adj incongru(e).

inconsequential [ˌɪnkɒnsɪ'kwenʃl] adj sans importance.

inconsiderate [ˌɪnkən'sɪdərət] adj inconsidéré(e) ; [person] qui manque de considération.

inconsistency [ˌɪnkən'sɪstənsɪ] noun inconsistance f.

inconsistent [ˌɪnkən'sɪstənt] adj **1.** [not agreeing, contradictory] contradictoire ; [person] inconséquent(e) ▶ **inconsistent with sthg** en contradiction avec qqch **2.** [erratic] inconsistant(e).

inconspicuous [ˌɪnkən'spɪkjʊəs] adj qui passe inaperçu(e).

inconvenience [ˌɪnkən'viːnjəns] ❖ noun désagrément m. ❖ vt déranger.

inconvenient [ˌɪnkən'viːnjənt] adj inopportun(e).

incorporate [ɪn'kɔːpəreɪt] ❖ vt **1.** [integrate] ▶ **to incorporate sb/sthg (into)** incorporer qqn/qqch (dans) **2.** [comprise] contenir, comprendre. ❖ vi COMM [to form a corporation] se constituer en société commerciale.

incorporated [ɪn'kɔːpəreɪtɪd] adj COMM constitué(e) en société commerciale.

incorrect [ˌɪnkə'rekt] adj incorrect(e).

incorrigible [ɪn'kɒrɪdʒəbl] adj incorrigible.

increase ❖ noun ['ɪnkriːs] ▶ **increase (in)** augmentation f (de) ▶ **to be on the increase** aller en augmentant. ❖ vt & vi [ɪn'kriːs] augmenter.

increased [ɪn'kriːst] adj accru(e).

increasing [ɪn'kriːsɪŋ] adj croissant(e).

increasingly [ɪn'kriːsɪŋlɪ] adv de plus en plus.

incredible [ɪn'kredəbl] adj incroyable.

incredulous [ɪn'kredjʊləs] adj incrédule.

increment ['ɪnkrɪmənt] noun augmentation f.

incremental [ˌɪnkrɪ'mentl] adj [increasing] croissant(e).

incriminating [ɪn'krɪmɪneɪtɪŋ] adj compromettant(e).

in-crowd noun inf coterie f ▶ **to be in with the in-crowd** être branché(e).

incubator ['ɪnkjʊbeɪtəʳ] noun [for baby] incubateur m, couveuse f.

incumbent [ɪn'kʌmbənt] *fml* ❖ adj ▸ **to be incumbent on** OR **upon sb to do sthg** incomber à qqn de faire qqch. ❖ noun [of post] titulaire *m*.

incur [ɪn'kɜːr] vt encourir.

indebted [ɪn'detɪd] adj [grateful] ▸ **indebted to sb** redevable à qqn.

indecent [ɪn'diːsnt] adj **1.** [improper] indécent(e) **2.** [unreasonable] malséant(e).

indecent assault noun attentat *m* à la pudeur.

indecent exposure noun outrage *m* public à la pudeur.

indecision [ˌɪndɪ'sɪʒn] noun indécision *f*.

indecisive [ˌɪndɪ'saɪsɪv] adj indécis(e).

indeed [ɪn'diːd] adv **1.** [certainly, to express surprise] vraiment **/** *indeed I am, yes indeed* certainement **2.** [in fact] en effet **3.** [for emphasis] : *very big / bad indeed* extrêmement OR vraiment grand(e) / mauvais(e).

indefinite [ɪn'defɪnɪt] adj **1.** [not fixed] indéfini(e) **2.** [imprecise] vague.

indefinitely [ɪn'defɪnətlɪ] adv **1.** [for unfixed period] indéfiniment **2.** [imprecisely] vaguement.

indemnity [ɪn'demnətɪ] noun indemnité *f*.

indent [ɪn'dent] vt **1.** [dent] entailler **2.** [text] mettre en retrait.

independence [ˌɪndɪ'pendəns] noun indépendance *f*.

Independence Day noun *fête de l'indépendance américaine, le 4 juillet.*

independent [ˌɪndɪ'pendənt] adj ▸ **independent (of)** indépendant(e) (de).

independent school noun UK école *f* privée.

in-depth adj approfondi(e).

indescribable [ˌɪndɪ'skraɪbəbl] adj indescriptible.

indestructible [ˌɪndɪ'strʌktəbl] adj indestructible.

index ['ɪndeks] noun **1.** (*pl* -**dexes**) [of book] index *m* **2.** (*pl* -**dexes**) [in library] répertoire *m*, fichier *m* **3.** (*pl* -**dexes** or -**dices**) ECON indice *m*.

index card noun fiche *f*.

index finger noun index *m*.

index-linked UK [-,lɪŋkt], **indexed** US ['ɪndekst] adj ECON indexé(e).

India ['ɪndjə] noun Inde *f*.

Indian ['ɪndjən] ❖ adj indien(enne). ❖ noun Indien *m*, -enne *f*.

Indian Ocean noun ▸ **the Indian Ocean** l'océan *m* Indien.

indicate ['ɪndɪkeɪt] ❖ vt indiquer. ❖ vi UK AUTO mettre son clignotant.

indication [ˌɪndɪ'keɪʃn] noun **1.** [suggestion] indication *f* **2.** [sign] signe *m*.

indicative [ɪn'dɪkətɪv] ❖ adj ▸ **indicative of** indicatif(ive) de. ❖ noun GRAM indicatif *m*.

indicator ['ɪndɪkeɪtər] noun **1.** [sign] indicateur *m* **2.** UK AUTO clignotant *m*.

indices ['ɪndɪsiːz] pl n ⟶ **index**.

indict [ɪn'daɪt] vt ▸ **to indict sb (for)** accuser qqn (de), mettre qqn en examen (pour).

indictment [ɪn'daɪtmənt] noun [LAW - bill] acte *m* d'accusation ; [- process] mise *f* en examen.

indie ['ɪndɪ] adj *inf* indépendant(e).

indifference [ɪn'dɪfrəns] noun indifférence *f*.

indifferent [ɪn'dɪfrənt] adj **1.** [uninterested] ▸ **indifferent (to)** indifférent(e) (à) **2.** [mediocre] médiocre.

indigenous [ɪn'dɪdʒɪnəs] adj indigène.

indigestion [ˌɪndɪ'dʒestʃn] noun (U) indigestion *f*.

indignant [ɪn'dɪgnənt] adj ▸ **indignant (at)** indigné(e) (de).

indignity [ɪn'dɪgnətɪ] noun indignité *f*.

indigo ['ɪndɪgəʊ] ❖ adj indigo *(inv)*. ❖ noun indigo *m*.

indirect [ˌɪndɪ'rekt] adj indirect(e).

indiscreet [ˌɪndɪ'skriːt] adj indiscret(ète).

indiscriminate [ˌɪndɪ'skrɪmɪnət] adj [person] qui manque de discernement ; [treatment] sans distinction ; [killing] commis au hasard.

indispensable [ˌɪndɪ'spensəbl] adj indispensable.

indisputable [ˌɪndɪ'spjuːtəbl] adj indiscutable.

indistinguishable [ˌɪndɪ'stɪŋgwɪʃəbl] adj ▸ **indistinguishable (from)** que l'on ne peut distinguer (de).

individual [ˌɪndɪ'vɪdʒʊəl] ❖ adj **1.** [separate, for one person] individuel(elle) **2.** [distinctive] personnel(elle). ❖ noun individu *m*.

individually [ˌɪndɪ'vɪdʒʊəlɪ] adv individuellement.

indoctrination [ɪnˌdɒktrɪˈneɪʃn] noun endoctrinement m.

Indonesia [ˌɪndəˈniːzjə] noun Indonésie f.

indoor [ˈɪndɔːr] adj [clothing] d'intérieur ; [swimming pool] couvert(e) ; [sports] en salle.

indoors [ˌɪnˈdɔːz] adv à l'intérieur.

induce [ɪnˈdjuːs] vt **1.** (persuade) ▸ **to induce sb to do sthg** inciter OR pousser qqn à faire qqch **2.** (bring about) provoquer.

inducement [ɪnˈdjuːsmənt] noun [incentive] incitation f, encouragement m.

induction [ɪnˈdʌkʃn] noun **1.** [into official position] ▸ **induction (into)** installation f (à) **2.** [introduction] introduction f **3.** ELEC induction f.

indulge [ɪnˈdʌldʒ] ❖ vt **1.** (whim, passion) céder à **2.** [child, person] gâter. ❖ vi ▸ **to indulge in sthg** se permettre qqch.

indulgence [ɪnˈdʌldʒəns] noun **1.** [act of indulging] indulgence f **2.** [special treat] gâterie f.

indulgent [ɪnˈdʌldʒənt] adj indulgent(e).

industrial [ɪnˈdʌstrɪəl] adj [gen] industriel(elle).

industrial action UK, **job action** US noun ▸ **to take industrial action** UK se mettre en grève.

industrial estate UK, **industrial park** US noun zone f industrielle.

industrialist [ɪnˈdʌstrɪəlɪst] noun industriel m, -elle f.

industrial park US = **industrial estate**.

industrial relations pl n relations fpl patronat-syndicats.

industrial revolution noun révolution f industrielle.

industrious [ɪnˈdʌstrɪəs] adj industrieux(euse).

industry [ˈɪndəstrɪ] noun **1.** [gen] industrie f **2.** (U) [hard work] assiduité f, application f.

inebriated [ɪˈniːbrɪeɪtɪd] adj fml ivre.

inedible [ɪnˈedɪbl] adj **1.** [meal, food] immangeable **2.** [plant, mushroom] non comestible.

ineffective [ˌɪnɪˈfektɪv] adj inefficace.

ineffectual [ˌɪnɪˈfektʃʊəl] adj fml inefficace ; [person] incapable, incompétent(e).

inefficiency [ˌɪnɪˈfɪʃnsɪ] noun inefficacité f ; [of person] incapacité f, incompétence f.

inefficient [ˌɪnɪˈfɪʃnt] adj inefficace ; [person] incapable, incompétent(e).

ineligible [ɪnˈelɪdʒəbl] adj inéligible ▸ **to be ineligible for sthg** ne pas avoir droit à qqch.

inept [ɪˈnept] adj inepte ; [person] stupide.

inequality [ˌɪnɪˈkwɒlətɪ] noun inégalité f.

inert [ɪˈnɜːt] adj inerte.

inertia [ɪˈnɜːʃə] noun inertie f.

inescapable [ˌɪnɪˈskeɪpəbl] adj inéluctable.

inevitable [ɪnˈevɪtəbl] ❖ adj inévitable. ❖ noun ▸ **the inevitable** l'inévitable m.

inevitably [ɪnˈevɪtəblɪ] adv inévitablement.

inexcusable [ˌɪnɪkˈskjuːzəbl] adj inexcusable, impardonnable.

inexhaustible [ˌɪnɪgˈzɔːstəbl] adj inépuisable.

inexpensive [ˌɪnɪkˈspensɪv] adj bon marché (inv), pas cher (chère).

inexperience [ˌɪnɪkˈspɪərɪəns] noun inexpérience f.

inexperienced [ˌɪnɪkˈspɪərɪənst] adj inexpérimenté(e), qui manque d'expérience.

inexplicable [ˌɪnɪkˈsplɪkəbl] adj inexplicable.

infallible [ɪnˈfæləbl] adj infaillible.

infamous [ˈɪnfəməs] adj infâme.

infancy [ˈɪnfənsɪ] noun petite enfance f ▸ **in its infancy** fig à ses débuts.

infant [ˈɪnfənt] noun **1.** [baby] nouveau-né m, nouveau-née f, nourrisson m **2.** [young child] enfant mf en bas âge.

infantry [ˈɪnfəntrɪ] noun infanterie f.

infant school noun UK école f maternelle (de 5 à 7 ans).

infatuated [ɪnˈfætjʊeɪtɪd] adj ▸ **infatuated (with)** entiché(e) (de).

infatuation [ɪnˌfætjʊˈeɪʃn] noun ▸ **infatuation (with)** béguin m (pour).

infect [ɪnˈfekt] vt **1.** MED infecter **2.** fig [subj: enthusiasm] se propager à.

infection [ɪnˈfekʃn] noun infection f.

infectious [ɪnˈfekʃəs] adj **1.** [disease] infectieux(euse) **2.** fig [feeling, laugh] contagieux(euse).

infer [ɪnˈfɜːr] vt [deduce] ▸ **to infer sthg (from)** déduire qqch (de).

inferior [ɪnˈfɪərɪər] ❖ adj **1.** [in status] inférieur(e) **2.** [product] de qualité inférieure ; [work] médiocre. ❖ noun [in status] subalterne mf.

inferiority [ɪnˌfɪərɪˈɒrətɪ] noun infériorité f.

inferiority complex noun complexe m d'infériorité.

inferno [ɪnˈfɜːnəʊ] (pl -s) noun brasier m.

infertile [ɪnˈfɜːtaɪl] adj **1.** [woman] stérile **2.** [soil] infertile.

infested [ɪnˈfestɪd] adj ▸ **infested with** infesté(e) de.

infighting [ˈɪnˌfaɪtɪŋ] noun (U) querelles fpl intestines.

infiltrate [ˈɪnfɪltreɪt] vt infiltrer.

infinite [ˈɪnfɪnət] adj infini(e).

infinitive [ɪnˈfɪnɪtɪv] noun infinitif m.

infinity [ɪnˈfɪnətɪ] noun infini m.

infirm [ɪnˈfɜːm] fml ❖ adj infirme. ❖ pl n ▸ **the infirm** les infirmes mpl.

infirmary [ɪnˈfɜːmərɪ] noun UK [in names] hôpital m ; US SCH & UNIV infirmerie f.

infirmity [ɪnˈfɜːmətɪ] noun fml infirmité f.

inflamed [ɪnˈfleɪmd] adj MED enflammé(e).

inflammable [ɪnˈflæməbl] adj inflammable.

inflammation [ˌɪnfləˈmeɪʃn] noun MED inflammation f.

inflatable [ɪnˈfleɪtəbl] adj gonflable.

inflate [ɪnˈfleɪt] vt **1.** [tyre, life jacket] gonfler **2.** ECON [prices, salaries] hausser, gonfler.

inflation [ɪnˈfleɪʃn] noun ECON inflation f.

inflationary [ɪnˈfleɪʃnrɪ] adj ECON inflationniste.

inflict [ɪnˈflɪkt] vt ▸ **to inflict sthg on sb** infliger qqch à qqn.

in-flight adj en vol (inv).

influence [ˈɪnflʊəns] ❖ noun influence f ▸ **under the influence of a)** [person, group] sous l'influence de **b)** [alcohol, drugs] sous l'effet OR l'empire de. ❖ vt influencer.

influential [ˌɪnflʊˈenʃl] adj influent(e).

influenza [ˌɪnflʊˈenzə] noun (U) grippe f.

influx [ˈɪnflʌks] noun afflux m.

inform [ɪnˈfɔːm] vt ▸ **to inform sb (of)** informer qqn (de) ▸ **to inform sb about** renseigner qqn sur. ◆ **inform on** vt insep dénoncer.

informal [ɪnˈfɔːml] adj **1.** [party, person] simple ; [clothes] de tous les jours **2.** [negotiations, visit] officieux(euse) ; [meeting] informel(elle).

informant [ɪnˈfɔːmənt] noun informateur m, -trice f.

information [ˌɪnfəˈmeɪʃn] noun (U) ▸ **information (on OR about)** renseignements mpl OR informations fpl (sur) ▸ **for your information** fml à titre d'information.

information desk noun bureau m de(s) renseignements.

information highway, information superhighway noun autoroute f de l'information.

information superhighway = **information highway**.

information technology noun informatique f.

informative [ɪnˈfɔːmətɪv] adj informatif(ive).

informer [ɪnˈfɔːmə] noun indicateur m, -trice f.

infrared [ˌɪnfrəˈred] adj infrarouge.

infrastructure [ˈɪnfrəˌstrʌktʃə] noun infrastructure f.

infringe [ɪnˈfrɪndʒ] ❖ vt **1.** [right] empiéter sur **2.** [law, agreement] enfreindre. ❖ vi **1.** [on right] ▸ **to infringe on** empiéter sur **2.** [on law, agreement] ▸ **to infringe on** enfreindre.

infringement [ɪnˈfrɪndʒmənt] noun **1.** [of right] ▸ **infringement (of)** atteinte f (à) **2.** [of law, agreement] transgression f.

infuriate [ɪnˈfjʊərɪeɪt] vt rendre furieux(euse).

infuriating [ɪnˈfjʊərɪeɪtɪŋ] adj exaspérant(e).

ingenious [ɪnˈdʒiːnjəs] adj ingénieux(euse).

ingenuity [ˌɪndʒɪˈnjuːətɪ] noun ingéniosité f.

ingenuous [ɪnˈdʒenjʊəs] adj ingénu(e), naïf (naïve).

ingot [ˈɪŋgət] noun lingot m.

ingrained [ˌɪnˈgreɪnd] adj **1.** [dirt] incrusté(e) **2.** fig [belief, hatred] enraciné(e).

ingratiate [ɪnˈgreɪʃɪeɪt] vt pej ▸ **to ingratiate o.s. with sb** se faire bien voir de qqn.

ingratiating [ɪnˈgreɪʃɪeɪtɪŋ] adj pej doucereux(euse), mielleux(euse).

ingredient [ɪnˈgriːdjənt] noun ingrédient m ; fig élément m.

inhabit [ɪnˈhæbɪt] vt habiter.

inhabitant [ɪnˈhæbɪtənt] noun habitant m, -e f.

inhale [ɪnˈheɪl] ❖ vt inhaler, respirer. ❖ vi [breathe in] respirer.

inhaler [ɪnˈheɪlə] noun MED inhalateur m.

inherent [ɪnˈhɪərənt or ɪnˈherənt] adj ▸ **inherent (in)** inhérent(e) (à).

inherently [ɪnˈhɪərəntlɪ or ɪnˈherəntlɪ] adv fondamentalement, en soi.

inherit [ɪnˈherɪt] vi hériter.

inheritance [ɪnˈherɪtəns] noun héritage m.

inhibit [ɪn'hɪbɪt] vt **1.** [prevent] empêcher **2.** PSYCHOL inhiber.

inhibition [ˌɪnhɪ'bɪʃn] noun inhibition f.

inhospitable [ˌɪnhɒ'spɪtəbl] adj inhospitalier(ère).

in-house ❖ adj interne ; [staff] de la maison. ❖ adv [produce, work] sur place.

inhuman [ɪn'hju:mən] adj inhumain(e).

initial [ɪ'nɪʃl] ❖ adj initial(e), premier(ère) ▶ **initial letter** initiale f. ❖ vt parapher. ◆ **initials** pl n initiales fpl.

initially [ɪ'nɪʃəlɪ] adv initialement, au début.

initiate [ɪ'nɪʃɪeɪt] vt **1.** [talks] engager ; [scheme] ébaucher, inaugurer **2.** [teach] ▶ **to initiate sb into sthg** initier qqn à qqch.

initiative [ɪ'nɪʃətɪv] noun **1.** [gen] initiative f **2.** [advantage] ▶ **to have the initiative** avoir l'avantage m.

inject [ɪn'dʒekt] vt **1.** MED ▶ **to inject sb with sthg, to inject sthg into sb** injecter qqch à qqn **2.** fig [excitement] insuffler ; [money] injecter.

injection [ɪn'dʒekʃn] noun lit & fig injection f.

injure ['ɪndʒər] vt **1.** [limb, person] blesser ▶ **to injure one's arm** se blesser au bras **2.** fig [reputation, chances] compromettre.

injured [ɪn'dʒəd] ❖ adj [limb, person] blessé(e). ❖ pl n ▶ **the injured** les blessés mpl.

injury ['ɪndʒərɪ] noun **1.** [to limb, person] blessure f ▶ **to do o.s. an injury** se blesser **2.** fig [to reputation] coup m, atteinte f.

injury time noun (U) UK arrêts mpl de jeu.

injustice [ɪn'dʒʌstɪs] noun injustice f ▶ **to do sb an injustice** se montrer injuste envers qqn.

ink [ɪŋk] noun encre f.

ink-jet printer noun COMPUT imprimante f à jet d'encre.

inkling ['ɪŋklɪŋ] noun ▶ **to have an inkling of** avoir une petite idée de.

inlaid [ˌɪn'leɪd] adj ▶ **inlaid (with)** incrusté(e) (de).

inland ❖ adj ['ɪnlənd] intérieur(e). ❖ adv [ɪn'lænd] à l'intérieur.

Inland Revenue noun UK ▶ **the Inland Revenue** ≃ le fisc.

in-laws pl n inf [parents-in-law] beaux-parents mpl ; [others] belle-famille f.

inlet ['ɪnlet] noun **1.** [of lake, sea] avancée f **2.** TECH arrivée f.

inmate ['ɪnmeɪt] noun [of prison] détenu m, -e f ; [of mental hospital] interné m, -e f.

inn [ɪn] noun auberge f.

innate [ɪ'neɪt] adj inné(e).

inner ['ɪnər] adj **1.** [on inside] interne, intérieur(e) **2.** [feelings] intime.

inner circle noun : **in the inner circles of power** dans les milieux proches du pouvoir / **her inner circle of advisers** le cercle de ses conseillers les plus proches.

inner city noun ▶ **the inner city** les quartiers mpl pauvres.

innermost ['ɪnəməʊst] adj [secrets, thoughts] le plus profond (la plus profonde), le plus secret (la plus secrète).

innings ['ɪnɪŋz] (pl inv) noun UK CRICKET tour m de batte.

innocence ['ɪnəsəns] noun innocence f.

innocent ['ɪnəsənt] ❖ adj innocent(e) ▶ **innocent of** [crime] non coupable de. ❖ noun innocent m, -e f.

innocuous [ɪ'nɒkjʊəs] adj inoffensif(ive).

innovate ['ɪnəveɪt] vi & vt innover.

innovation [ˌɪnə'veɪʃn] noun innovation f.

innovative ['ɪnəvətɪv] adj **1.** [idea, design] innovateur(trice) **2.** [person, company] novateur(trice).

innuendo [ˌɪnju:'endəʊ] (pl -es or -s) noun insinuation f.

innumerable [ɪ'nju:mərəbl] adj innombrable.

inoculate [ɪ'nɒkjʊleɪt] vt ▶ **to inoculate sb (with sthg)** inoculer (qqch à) qqn.

inordinately [ɪ'nɔ:dɪnətlɪ] adv fml excessivement.

in-patient noun malade hospitalisé m, malade hospitalisée f.

input ['ɪnpʊt] ❖ noun **1.** [contribution] contribution f, concours m **2.** COMPUT & ELEC entrée f. ❖ vt (pt & pp input or -ted) COMPUT entrer.

inquest ['ɪnkwest] noun enquête f.

inquire [ɪn'kwaɪər] ❖ vt ▶ **to inquire when / whether / how...** demander quand / si / comment.... ❖ vi ▶ **to inquire (about)** se renseigner (sur). ◆ **inquire after** vt insep s'enquérir de. ◆ **inquire into** vt insep enquêter sur.

inquiry [ɪn'kwaɪərɪ] noun **1.** [question] demande f de renseignements ▶ **'Inquiries'** UK 'renseignements' **2.** [investigation] enquête f.

inquiry desk noun UK bureau m de renseignements.

inquisitive [ɪnˈkwɪzətɪv] adj [curious] curieux(euse) ; pej [nosy] indiscret(ète).

inroads [ˈɪnrəʊdz] pl n ▸ **to make inroads into** [savings] entamer.

insane [ɪnˈseɪn] adj fou (folle).

insanity [ɪnˈsænətɪ] noun folie f.

insatiable [ɪnˈseɪʃəbl] adj insatiable.

inscription [ɪnˈskrɪpʃn] noun **1.** [engraved] inscription f **2.** [written] dédicace f.

inscrutable [ɪnˈskruːtəbl] adj impénétrable.

insect [ˈɪnsekt] noun insecte m.

insecticide [ɪnˈsektɪsaɪd] noun insecticide m.

insecure [ˌɪnsɪˈkjʊər] adj **1.** [person] anxieux(euse) **2.** [job, investment] incertain(e).

insensible [ɪnˈsensəbl] adj **1.** [unconscious] inconscient(e) **2.** [unaware, not feeling] ▸ **insensible of / to** insensible à.

insensitive [ɪnˈsensətɪv] adj ▸ **insensitive (to)** insensible (à).

inseparable [ɪnˈseprəbl] adj inséparable.

insert ❖ vt [ɪnˈsɜːt] ▸ **to insert sthg (in OR into)** insérer qqch (dans). ❖ noun [ˈɪnsɜːt] [in newspaper] encart m.

insertion [ɪnˈsɜːʃn] noun insertion f.

inshore ❖ adj [ˈɪnʃɔːr] côtier(ère). ❖ adv [ɪnˈʃɔːr] [be situated] près de la côte ; [move] vers la côte.

inside [ɪnˈsaɪd] ❖ prep **1.** [building, object] à l'intérieur de, dans ; [group, organization] au sein de **2.** [time] : *inside (of) three weeks* en moins de trois semaines. ❖ adv **1.** [gen] dedans, à l'intérieur ▸ **to go inside** entrer ▸ **come inside!** entrez ! **2.** prison sl en taule. ❖ adj **1.** intérieur(e) **2.** FOOT ▸ **inside left / right** inter m gauche / droit. ❖ noun **1.** [interior] ▸ **the inside** l'intérieur m ▸ **inside out** [clothes] à l'envers ▸ **to know sthg inside out** connaître qqch à fond **2.** AUTO ▸ **the inside a)** [in UK] la gauche **b)** [in Europe, US] la droite. ◆ **insides** pl n inf tripes fpl. ◆ **inside of** prep US [building, object] à l'intérieur de, dans.

inside information noun (U) renseignements mpl obtenus à la source.

insider [ˌɪnˈsaɪdər] noun initié m, -e f.

inside story noun : *I got the inside story from his wife* j'ai appris la vérité sur cette affaire par sa femme.

insight [ˈɪnsaɪt] noun **1.** [wisdom] sagacité f, perspicacité f **2.** [glimpse] ▸ **insight (into)** aperçu m (de).

insignificant [ˌɪnsɪgˈnɪfɪkənt] adj insignifiant(e).

insincere [ˌɪnsɪnˈsɪər] adj pas sincère.

insinuate [ɪnˈsɪnjʊeɪt] vt insinuer, laisser entendre.

insipid [ɪnˈsɪpɪd] adj insipide.

insist [ɪnˈsɪst] ❖ vt **1.** [claim] ▸ **to insist (that)…** insister sur le fait que… **2.** [demand] ▸ **to insist (that)…** insister pour que (+ subjunctive)…. ❖ vi ▸ **to insist (on sthg)** exiger (qqch) ▸ **to insist on doing sthg** tenir à faire qqch, vouloir absolument faire qqch.

insistent [ɪnˈsɪstənt] adj **1.** [determined] insistant(e) ▸ **to be insistent on** insister sur **2.** [continual] incessant(e).

insofar [ˌɪnsəʊˈfɑːr] ◆ **insofar as** conj fml dans la mesure où.

insole [ˈɪnsəʊl] noun semelle f intérieure.

insolent [ˈɪnsələnt] adj insolent(e).

insolvent [ɪnˈsɒlvənt] adj insolvable.

insomnia [ɪnˈsɒmnɪə] noun insomnie f.

inspect [ɪnˈspekt] vt **1.** [letter, person] examiner **2.** [factory, troops] inspecter.

inspection [ɪnˈspekʃn] noun **1.** [investigation] examen m **2.** [official check] inspection f.

inspector [ɪnˈspektər] noun inspecteur m, -trice f.

inspiration [ˌɪnspəˈreɪʃn] noun inspiration f.

inspire [ɪnˈspaɪər] vt ▸ **to inspire sb to do sthg** pousser OR encourager qqn à faire qqch ▸ **to inspire sb with sthg, to inspire sthg in sb** inspirer qqch à qqn.

install [ɪnˈstɔːl] vt [fit & COMPUT] installer.

installation [ˌɪnstəˈleɪʃn] noun installation f.

instalment UK, **installment** US [ɪnˈstɔːlmənt] noun **1.** [payment] acompte m ▸ **in instalments** par acomptes **2.** [episode] épisode m.

instance [ˈɪnstəns] noun exemple m ▸ **for instance** par exemple.

instant [ˈɪnstənt] ❖ adj **1.** [immediate] instantané(e), immédiat(e) **2.** [coffee] soluble ; [food] à préparation rapide. ❖ noun instant m ▸ **the instant (that)…** dès OR aussitôt que… ▸ **this instant** tout de suite, immédiatement.

instantly [ˈɪnstəntlɪ] adv immédiatement.

instant replay noun US = **action replay**.

instead [ɪnˈsted] adv au lieu de cela. ◆ **instead of** prep au lieu de / *instead of him* à sa place.

instep ['ɪnstep] noun cou-de-pied m.

instigate ['ɪnstɪgeɪt] vt être à l'origine de, entreprendre.

instil UK, **instill** US [ɪn'stɪl] vt ▸ **to instil sthg in** OR **into sb** instiller qqch à qqn.

instinct ['ɪnstɪŋkt] noun **1.** [intuition] instinct m **2.** [impulse] réaction f, mouvement m.

instinctive [ɪn'stɪŋktɪv] adj instinctif(ive).

institute ['ɪnstɪtjuːt] ◆ noun institut m. ◆ vt instituer.

institution [,ɪnstɪ'tjuːʃn] noun institution f.

instruct [ɪn'strʌkt] vt **1.** [tell, order] ▸ **to instruct sb to do sthg** charger qqn de faire qqch **2.** [teach] instruire ▸ **to instruct sb in sthg** enseigner qqch à qqn.

instruction [ɪn'strʌkʃn] noun instruction f. ◆ **instructions** pl n mode m d'emploi, instructions fpl.

instructor [ɪn'strʌktər] noun **1.** [gen] instructeur m, -trice f, moniteur m, -trice f **2.** US SCH enseignant m, -e f.

instrument ['ɪnstrʊmənt] noun lit & fig instrument m.

instrumental [,ɪnstrʊ'mentl] adj [important, helpful] ▸ **to be instrumental in** contribuer à.

insubordinate [,ɪnsə'bɔːdɪnət] adj insubordonné(e).

insubstantial [,ɪnsəb'stænʃl] adj [structure] peu solide ; [meal] peu substantiel(elle).

insufficient [,ɪnsə'fɪʃnt] adj fml insuffisant(e).

insular ['ɪnsjələr] adj pej [outlook] borné(e) ; [person] à l'esprit étroit.

insulate ['ɪnsjʊleɪt] vt **1.** [loft, cable] isoler ; [hot water tank] calorifuger **2.** [protect] ▸ **to insulate sb against** OR **from sthg** protéger qqn de qqch.

insulating tape ['ɪnsjʊleɪtɪŋ-] noun UK chatterton m.

insulation [,ɪnsjʊ'leɪʃn] noun isolation f.

insulin ['ɪnsjʊlɪn] noun insuline f.

insult ◆ vt [ɪn'sʌlt] insulter, injurier. ◆ noun ['ɪnsʌlt] insulte f, injure f.

insuperable [ɪn'suːprəbl] adj fml insurmontable.

insurance [ɪn'ʃʊərəns] noun **1.** [against fire, accident, theft] assurance f **2.** fig [safeguard, protection] protection f, garantie f.

insurance policy noun police f d'assurance.

insure [ɪn'ʃʊər] ◆ vt **1.** [against fire, accident, theft] ▸ **to insure sb/sthg against sthg** assurer

qqn/qqch contre qqch **2.** US [make certain] s'assurer. ◆ vi [prevent] ▸ **to insure against** se protéger de.

insurer [ɪn'ʃʊərər] noun assureur m.

insurmountable [,ɪnsə'maʊntəbl] adj fml insurmontable.

intact [ɪn'tækt] adj intact(e).

intake ['ɪnteɪk] noun **1.** [amount consumed] consommation f **2.** UK [people recruited] admission f **3.** [inlet] prise f, arrivée f.

integral ['ɪntɪgrəl] adj intégral(e) ▸ **to be integral to sthg** faire partie intégrante de qqch.

integrate ['ɪntɪgreɪt] ◆ vi s'intégrer. ◆ vt intégrer.

integrity [ɪn'tegrətɪ] noun **1.** [honour] intégrité f, honnêteté f **2.** fml [wholeness] intégrité f, totalité f.

intellect ['ɪntəlekt] noun **1.** [ability to think] intellect m **2.** [cleverness] intelligence f.

intellectual [,ɪntə'lektjʊəl] ◆ adj intellectuel(elle). ◆ noun intellectuel m, -elle f.

intelligence [ɪn'telɪdʒəns] noun (U) **1.** [ability to think] intelligence f **2.** [information service] service m de renseignements **3.** [information] informations fpl, renseignements mpl.

intelligent [ɪn'telɪdʒənt] adj intelligent(e).

intelligent card noun carte f à puce OR à mémoire.

intend [ɪn'tend] vt [mean] avoir l'intention de ▸ **to be intended for** être destiné(e) à ▸ **to be intended to do sthg** être destiné(e) à faire qqch, viser à faire qqch ▸ **to intend doing** OR **to do sthg** avoir l'intention de faire qqch.

intended [ɪn'tendɪd] adj [result] voulu(e) ; [victim] visé(e).

intense [ɪn'tens] adj **1.** [gen] intense **2.** [serious - person] sérieux(euse).

intensely [ɪn'tenslɪ] adv **1.** [irritating, boring] extrêmement ; [suffer] énormément **2.** [look] intensément.

intensify [ɪn'tensɪfaɪ] ◆ vt intensifier, augmenter. ◆ vi s'intensifier.

intensity [ɪn'tensətɪ] noun intensité f.

intensive [ɪn'tensɪv] adj intensif(ive).

intensive care noun : **to be in intensive care** être en réanimation.

intent [ɪn'tent] ◆ adj **1.** [absorbed] absorbé(e) **2.** [determined] ▸ **to be intent on** OR **upon doing sthg** être résolu(e) OR décidé(e) à faire qqch. ◆ noun fml intention f, dessein m

▸ **to** OR **for all intents and purposes** pratiquement, virtuellement.

intention [ɪn'tenʃn] noun intention f.

intentional [ɪn'tenʃənl] adj intentionnel(elle), voulu(e).

intentionally [ɪn'tenʃənlɪ] adv intentionnellement / *I didn't do it intentionally* je ne l'ai pas fait exprès.

intently [ɪn'tentlɪ] adv avec attention, attentivement.

interact [ˌɪntər'ækt] vi **1.** [communicate, work together] ▸ **to interact (with sb)** communiquer (avec qqn) **2.** [react] ▸ **to interact (with sthg)** interagir (avec qqch).

intercede [ˌɪntə'siːd] vi *fml* ▸ **to intercede (with sb)** intercéder (auprès de qqn).

intercept [ˌɪntə'sept] vt intercepter.

interchange ❖ noun ['ɪntətʃeɪndʒ] **1.** [exchange] échange m **2.** [road junction] échangeur m. ❖ vt [ˌɪntə'tʃeɪndʒ] échanger.

interchangeable [ˌɪntə'tʃeɪndʒəbl] adj ▸ **interchangeable (with)** interchangeable (avec).

intercity [ˌɪntə'sɪtɪ] noun *système de trains rapides reliant les grandes villes en Grande-Bretagne* ▸ **Intercity 125®** *train rapide pouvant rouler à 125 miles (200 km) à l'heure.*

intercom ['ɪntəkɒm] noun Interphone® m.

intercourse ['ɪntəkɔːs] noun *(U)* UK [sexual] rapports mpl (sexuels).

interest ['ɪntrəst] ❖ noun **1.** [gen] intérêt m ▸ **to lose interest** se désintéresser **2.** [hobby] centre m d'intérêt **3.** *(U)* FIN intérêt m, intérêts mpl. ❖ vt intéresser.

interested ['ɪntrəstɪd] adj intéressé(e) ▸ **to be interested in** s'intéresser à / *I'm not interested in that* cela ne m'intéresse pas ▸ **to be interested in doing sthg** avoir envie de faire qqch.

interest-free adj FIN sans intérêt. ◆ **interest-free credit** noun crédit m gratuit. ◆ **interest-free loan** noun prêt m sans intérêt.

interesting ['ɪntrəstɪŋ] adj intéressant(e).

interest rate noun taux m d'intérêt.

interface noun ['ɪntəfeɪs] **1.** COMPUT interface f **2.** *fig* [junction] rapports mpl, relations fpl.

interfere [ˌɪntə'fɪə] vi **1.** [meddle] ▸ **to interfere in sthg** s'immiscer dans qqch, se mêler de qqch **2.** [damage] ▸ **to interfere with sthg** **a)** gêner OR contrarier qqch **b)** [routine] déranger qqch.

interference [ˌɪntə'fɪərəns] noun *(U)* **1.** [meddling] ▸ **interference (with** OR **in)**

ingérence f (dans), intrusion f (dans) **2.** TELEC parasites mpl.

interim ['ɪntərɪm] ❖ adj provisoire. ❖ noun ▸ **in the interim** dans l'intérim, entre-temps.

interior [ɪn'tɪərɪə] ❖ adj **1.** [inner] intérieur(e) **2.** POL de l'Intérieur. ❖ noun intérieur m.

interloper ['ɪntələupə] noun *pej* intrus m, -e f.

interlude ['ɪntəluːd] noun **1.** [pause] intervalle m **2.** [interval] interlude m.

intermediary [ˌɪntə'miːdjərɪ] noun intermédiaire mf.

intermediate [ˌɪntə'miːdjət] adj **1.** [transitional] intermédiaire **2.** [post-beginner - level] moyen(enne) ; [- student, group] de niveau moyen.

interminable [ɪn'tɜːmɪnəbl] adj interminable, sans fin.

intermission [ˌɪntə'mɪʃn] noun entracte m.

intermittent [ˌɪntə'mɪtənt] adj intermittent(e).

intern ❖ vt [ɪn'tɜːn] interner. ❖ noun ['ɪntɜːn] US [gen] stagiaire mf; MED interne mf.

internal [ɪn'tɜːnl] adj **1.** [gen] interne **2.** [within country] intérieur(e).

internally [ɪn'tɜːnəlɪ] adv **1.** [within the body] ▸ **to bleed internally** faire une hémorragie interne **2.** [within country] à l'intérieur **3.** [within organization] intérieurement.

Internal Revenue Service noun US ▸ **the Internal Revenue Service** ≃ le fisc.

international [ˌɪntə'næʃənl] ❖ adj international(e). ❖ noun UK **1.** SPORT [match] match m international **2.** SPORT [player] international m, -e f.

Internet ['ɪntənet] noun ▸ **the internet** l'Internet m.

Internet access noun *(U)* accès à l'internet m.

Internet address noun adresse f Internet.

Internet café noun cybercafé m.

Internet connection noun connexion f internet OR à l'Internet.

Internet Service Provider noun fournisseur m d'accès.

Internet start-up, **Internet start-up company** noun start-up f, jeune f pousse d'entreprise *offic*.

Internet user noun internaute mf.

internship ['ɪntɜ:nʃɪp] noun [with firm] stage *m* en entreprise ; US MED internat *m*.

interpret [ɪn'tɜ:prɪt] ❖ vt ▸ to interpret sthg (as) interpréter qqch (comme). ❖ vi [translate] faire l'interprète.

interpreter [ɪn'tɜ:prɪtər] noun interprète *mf*.

interracial [ˌɪntə'reɪʃl] adj entre des races différentes, racial(e).

interrogate [ɪn'terəgeɪt] vt interroger.

interrogation [ɪnˌterə'geɪʃn] noun [generally, LING & COMPUT] interrogation *f* ; [by police] interrogatoire *m*.

interrogative [ˌɪntə'rɒgətɪv] ❖ adj GRAM interrogatif(ive). ❖ noun GRAM interrogatif *m*.

interrupt [ˌɪntə'rʌpt] ❖ vt interrompre ; [calm] rompre. ❖ vi interrompre.

interruption [ˌɪntə'rʌpʃn] noun interruption *f*.

intersect [ˌɪntə'sekt] ❖ vi s'entrecroiser, s'entrecouper. ❖ vt croiser, couper.

intersection [ˌɪntə'sekʃn] noun [in road] croisement *m*, carrefour *m*.

intersperse [ˌɪntə'spɜ:s] vt ▸ to be interspersed with être émaillé(e) de, être entremêlé(e) de.

interstate ['ɪntəsteɪt] ❖ adj [commerce, highway] entre États. ❖ noun US autoroute *f*.

interval ['ɪntəvl] noun **1.** [gen] intervalle ▸ at intervals par intervalles ▸ at monthly / yearly intervals tous les mois/ans **2.** UK [at play, concert] entracte *m*.

intervene [ˌɪntə'vi:n] vi **1.** [person, police] ▸ to intervene (in) intervenir (dans), s'interposer (dans) **2.** [event, war, strike] survenir **3.** [time] s'écouler.

intervention [ˌɪntə'venʃn] noun intervention *f*.

interview ['ɪntəvju:] ❖ noun **1.** [for job] entrevue *f*, entretien *m* **2.** PRESS interview *f*. ❖ vt **1.** [for job] faire passer une entrevue OR un entretien à ; [for opinion poll] interroger, sonder **2.** PRESS interviewer.

interviewer ['ɪntəvju:ər] noun **1.** [for job] personne *f* qui fait passer une entrevue **2.** PRESS interviewer *m*.

intestine [ɪn'testɪn] noun intestin *m*.

intimacy ['ɪntɪməsɪ] noun **1.** [closeness] ▸ intimacy (between / with) intimité *f* (entre/avec) **2.** [intimate remark] familiarité *f*.

intimate ❖ adj ['ɪntɪmət] **1.** [gen] intime **2.** [detailed - knowledge] approfondi(e). ❖ vt ['ɪntɪmeɪt] fml faire savoir, faire connaître.

intimately ['ɪntɪmətlɪ] adv **1.** [very closely] étroitement **2.** [as close friends] intimement **3.** [in detail] à fond.

intimidate [ɪn'tɪmɪdeɪt] vt intimider.

into ['ɪntʊ] prep **1.** [inside] dans **2.** [against] : to bump into sthg se cogner contre qqch **3.** [referring to change in state] en ▸ to translate sthg into Spanish traduire qqch en espagnol **4.** [concerning] : research / investigation into recherche / enquête sur **5.** MATH : 3 into 2 2 divisé par 3 **6.** inf [interested in] ▸ to be into sthg être passionné(e) par qqch.

intolerable [ɪn'tɒlrəbl] adj intolérable, insupportable.

intolerance [ɪn'tɒlərəns] noun intolérance *f*.

intolerant [ɪn'tɒlərənt] adj intolérant(e).

intoxicated [ɪn'tɒksɪkeɪtɪd] adj **1.** [drunk] ivre **2.** fig [excited] ▸ to be intoxicated by OR with sthg être grisé(e) OR enivré(e) par qqch.

intractable [ɪn'træktəbl] adj **1.** [stubborn] intraitable **2.** [insoluble] insoluble.

intranet, Intranet ['ɪntrənet] noun intranet *m*.

intransitive [ɪn'trænzətɪv] adj intransitif(ive).

intravenous [ˌɪntrə'vi:nəs] adj intraveineux(euse).

in-tray UK, **in-basket** US, **in-box** US noun casier *m* des affaires à traiter.

intricate ['ɪntrɪkət] adj compliqué(e).

intrigue [ɪn'tri:g] ❖ noun intrigue *f*. ❖ vt intriguer, exciter la curiosité de.

intriguing [ɪn'tri:gɪŋ] adj fascinant(e).

intrinsic [ɪn'trɪnsɪk] adj intrinsèque.

introduce [ˌɪntrə'dju:s] vt **1.** [present] présenter ▸ to introduce sb to sb présenter qqn à qqn **2.** [bring in] ▸ to introduce sthg (to OR into) introduire qqch (dans) **3.** [allow to experience] ▸ to introduce sb to sthg initier qqn à qqch, faire découvrir qqch à qqn **4.** [signal beginning of] annoncer.

introduction [ˌɪntrə'dʌkʃn] noun **1.** [in book, of new method] introduction *f* **2.** [of people] ▸ introduction (to sb) présentation *f* (à qqn).

introductory [ˌɪntrə'dʌktrɪ] adj d'introduction, préliminaire.

introvert ['ɪntrəvɜ:t] noun introverti *m*, -e *f*.

introverted ['ɪntrəvɜ:tɪd] adj introverti(e).

intrude [ɪn'truːd] vi faire intrusion ▸ **to intrude on sb** déranger qqn.

intruder [ɪn'truːdər] noun intrus m, -e f.

intrusive [ɪn'truːsɪv] adj gênant(e), importun(e).

intuition [ˌɪntjuː'ɪʃn] noun intuition f.

inundate ['ɪnʌndeɪt] vt **1.** fml [flood] inonder **2.** [overwhelm] ▸ **to be inundated with** être submergé(e) de.

invade [ɪn'veɪd] vt **1.** lit & fig envahir **2.** [disturb - privacy] violer.

invalid ❖ adj [ɪn'vælɪd] **1.** [illegal, unacceptable] non valide, non valable **2.** [not reasonable] non valable. ❖ noun ['ɪnvəlɪd] invalide mf.

invaluable [ɪn'væljʊəbl] adj ▸ **invaluable (to)** a) [help, advice, person] précieux(euse) (pour) b) [experience, information] inestimable (pour).

invariably [ɪn'veərɪəblɪ] adv invariablement, toujours.

invasion [ɪn'veɪʒn] noun lit & fig invasion f.

invasive [ɪn'veɪsɪv] adj MED [surgery] invasif(ive) ; fig envahissant(e).

invent [ɪn'vent] vt inventer.

invention [ɪn'venʃn] noun invention f.

inventive [ɪn'ventɪv] adj inventif(ive).

inventor [ɪn'ventər] noun inventeur m, -trice f.

inventory ['ɪnvəntrɪ] noun **1.** [list] inventaire m **2.** US [goods] stock m.

invert [ɪn'vɜːt] vt retourner.

inverted commas [ɪn,vɜːtɪd-] pl n UK guillemets mpl.

invest [ɪn'vest] ❖ vt **1.** [money] ▸ **to invest sthg (in)** investir qqch (dans) **2.** [time, energy] ▸ **to invest sthg in sthg / in doing sthg** consacrer qqch à qqch/à faire qqch, employer qqch à qqch/à faire qqch. ❖ vi **1.** FIN ▸ **to invest (in sthg)** investir (dans qqch) **2.** fig [buy] ▸ **to invest in sthg** se payer qqch, s'acheter qqch.

investigate [ɪn'vestɪgeɪt] vt enquêter sur, faire une enquête sur ; [subj: scientist] faire des recherches sur.

investigation [ɪn,vestɪ'geɪʃn] noun **1.** [enquiry] ▸ **investigation (into)** a) enquête f (sur) b) [scientific] recherches fpl (sur) **2.** (U) [investigating] investigation f.

investment [ɪn'vestmənt] noun **1.** FIN investissement m, placement m **2.** [of energy] dépense f.

investor [ɪn'vestər] noun investisseur m.

inveterate [ɪn'vetərət] adj invétéré(e).

invidious [ɪn'vɪdɪəs] adj [task] ingrat(e) ; [comparison] injuste.

invigilate [ɪn'vɪdʒɪleɪt] UK ❖ vi surveiller les candidats (à un examen). ❖ vt surveiller.

invigorating [ɪn'vɪgəreɪtɪŋ] adj tonifiant(e), vivifiant(e).

invincible [ɪn'vɪnsɪbl] adj [army, champion] invincible ; [record] imbattable.

invisible [ɪn'vɪzɪbl] adj invisible.

invitation [ˌɪnvɪ'teɪʃn] noun [request] invitation f.

invite [ɪn'vaɪt] vt **1.** [ask to come] ▸ **to invite sb (to)** inviter qqn (à) **2.** [ask politely] ▸ **to invite sb to do sthg** inviter qqn à faire qqch **3.** [encourage] ▸ **to invite trouble** aller au devant des ennuis ▸ **to invite gossip** faire causer.

inviting [ɪn'vaɪtɪŋ] adj attrayant(e), agréable ; [food] appétissant(e).

invoice ['ɪnvɔɪs] ❖ noun facture f. ❖ vt **1.** [client] envoyer la facture à **2.** [goods] facturer.

invoke [ɪn'vəʊk] vt **1.** fml [law, act] invoquer **2.** [feelings] susciter, faire naître ; [help] demander, implorer.

involuntary [ɪn'vɒləntrɪ] adj involontaire.

involve [ɪn'vɒlv] vt **1.** [entail] nécessiter / **what's involved?** de quoi s'agit-il ? ▸ **to involve doing sthg** nécessiter de faire qqch **2.** [concern, affect] toucher **3.** [person] ▸ **to involve sb in sthg** impliquer qqn dans qqch.

involved [ɪn'vɒlvd] adj **1.** [complex] complexe, compliqué(e) **2.** [participating, implicated] ▸ **to be involved in sthg** participer OR prendre part à qqch **3.** [in relationship] ▸ **to be involved with sb** avoir des relations intimes avec qqn.

involvement [ɪn'vɒlvmənt] noun **1.** [participation] ▸ **involvement (in)** participation f (à) **2.** [concern, enthusiasm] ▸ **involvement (in)** engagement m (dans).

inward ['ɪnwəd] ❖ adj **1.** [inner] intérieur(e) **2.** [towards the inside] vers l'intérieur. ❖ adv US = **inwards**.

inwards ['ɪnwədz] adv vers l'intérieur.

in-your-face adj inf provocant(e).

iodine [UK 'aɪədiːn, US 'aɪədaɪn] noun iode m.

iota [aɪ'əʊtə] noun brin m, grain m.

IOU (abbr of I owe you) noun reconnaissance f de dette.

IP (abbr of Internet Protocol) noun ▸ **IP address** adresse f IP.

IQ (*abbr of* intelligence quotient) noun QI *m*.

IRA noun (*abbr of* Irish Republican Army) IRA *f*.

Iran [ɪˈrɑːn] noun Iran *m*.

Iranian [ɪˈreɪnjən] ❖ adj iranien(enne). ❖ noun Iranien *m*, -enne *f*.

Iraq [ɪˈrɑːk] noun Iraq *m*, Irak *m*.

Iraqi [ɪˈrɑːkɪ] ❖ adj iraquien(enne), irakien(enne). ❖ noun Iraquien *m*, -enne *f*, Irakien *m*, -enne *f*.

irate [aɪˈreɪt] adj furieux(euse).

IRC (*abbr of* Internet Relay Chat) noun IRC *m* (*dialogue en temps réel*).

Ireland [ˈaɪələnd] noun Irlande *f*.

iris [ˈaɪərɪs] (*pl* -es) noun iris *m*.

Irish [ˈaɪrɪʃ] ❖ adj irlandais(e). ❖ noun [language] irlandais *m*. ❖ pl n ▶ the Irish les Irlandais.

Irishman [ˈaɪrɪʃmən] (*pl* -men) noun Irlandais *m*.

Irishwoman [ˈaɪrɪʃˌwʊmən] (*pl* -women) noun Irlandaise *f*.

irksome [ˈɜːksəm] adj ennuyeux(euse), assommant(e).

iron [ˈaɪən] ❖ adj 1. [made of iron] de OR en fer 2. *fig* [very strict] de fer. ❖ noun 1. [metal, golf club] fer *m* 2. [for clothes] fer *m* à repasser. ❖ vt repasser. ◆ **iron out** vt sep *fig* [difficulties] aplanir ; [problems] résoudre.

Iron Curtain noun ▶ the Iron Curtain le rideau de fer.

ironing [ˈaɪənɪŋ] noun repassage *m*.

ironing board noun planche *f* OR table *f* à repasser.

ironmonger [ˈaɪənˌmʌŋgəʳ] noun 𝐔𝐊 dated quincaillier *m* ▶ ironmonger's (shop) quincaillerie *f*.

iron-willed adj à la volonté de fer.

irony [ˈaɪrənɪ] noun ironie *f*.

irrational [ɪˈræʃənl] adj irrationnel(elle), déraisonnable ; [person] non rationnel(elle).

irreconcilable [ɪˌrekənˈsaɪləbl] adj inconciliable.

irregular [ɪˈregjʊləʳ] adj irrégulier(ère).

irrelevant [ɪˈreləvənt] adj sans rapport.

irreparable [ɪˈrepərəbl] adj irréparable.

irreplaceable [ˌɪrɪˈpleɪsəbl] adj irremplaçable.

irrepressible [ˌɪrɪˈpresəbl] adj [enthusiasm] que rien ne peut entamer / he's irrepressible il est d'une bonne humeur à toute épreuve.

irresistible [ˌɪrɪˈzɪstəbl] adj irrésistible.

irrespective [ˌɪrɪˈspektɪv] ◆ **irrespective of** prep sans tenir compte de.

irresponsible [ˌɪrɪˈspɒnsəbl] adj irresponsable.

irrigate [ˈɪrɪgeɪt] vt irriguer.

irrigation [ˌɪrɪˈgeɪʃn] ❖ noun irrigation *f*. ❖ comp d'irrigation.

irritable [ˈɪrɪtəbl] adj irritable.

irritate [ˈɪrɪteɪt] vt irriter.

irritating [ˈɪrɪteɪtɪŋ] adj irritant(e).

irritation [ɪrɪˈteɪʃn] noun 1. [anger, soreness] irritation *f* 2. [cause of anger] source *f* d'irritation.

IRS (*abbr of* Internal Revenue Service) noun 𝐔𝐒 ▶ the IRS ≃ le fisc.

is [ɪz] ⟶ be.

Islam [ˈɪzlɑːm] noun islam *m*.

island [ˈaɪlənd] noun 1. [isle] île *f* 2. AUTO refuge *m* pour piétons.

islander [ˈaɪləndəʳ] noun habitant *m*, -e *f* d'une île.

isle [aɪl] noun île *f*.

isn't [ˈɪznt] ⟶ is not.

ISO (*abbr of* International Organization for Standarization) noun ISO *f*.

isobar [ˈaɪsəbɑːʳ] noun isobare *f*.

isolate [ˈaɪsəleɪt] vt ▶ to isolate sb / sthg (from) isoler qqn/qqch (de).

isolated [ˈaɪsəleɪtɪd] adj isolé(e).

ISP noun *abbr of* Internet Service Provider.

Israel [ˈɪzreɪəl] noun Israël *m*.

Israeli [ɪzˈreɪlɪ] ❖ adj israélien(enne). ❖ noun Israélien *m*, -enne *f*.

issue [ˈɪʃuː] ❖ noun 1. [important subject] question *f*, problème *m* ; *pej* ▶ to make an issue of sthg faire toute une affaire de qqch ▶ at issue en question, en cause 2. [edition] numéro *m* 3. [bringing out - of banknotes, shares] émission *f*. ❖ vt 1. [make public - decree, statement] faire ; [- warning] lancer 2. [bring out - banknotes, shares] émettre ; [- book] publier 3. [passport] délivrer.

isthmus [ˈɪsməs] noun isthme *m*.

it [ɪt] ❖ pron 1. [referring to specific person or thing - subj] il (elle) ; [- direct object] le (la), l' (+ vowel or silent 'h') ; [- indirect object] lui / did *you find it?* tu l'as trouvé(e) ? / *give it to me at once* donne-moi ça tout de suite **2.** [with prepositions] : *put the vegetables in it* mettez-y les légumes ▶ *on it* dessus ▶ *under it* dessous ▶ *beside it* à côté ▶ *from/of it* en / *he's very proud of it* il en est très fier **3.** [impersonal use] il, ce / *it is cold today* il fait froid aujourd'hui / *it's two o'clock* il est deux heures / *who is it? it's Mary/me* qui est-ce ? c'est Mary/moi. ❖ noun *inf* **1.** [in games] : *you're it!* c'est toi le chat !, c'est toi qui y es ! **2.** [most important person] : *he thinks he's it* il s'y croit.

IT (*abbr of* **information technology**) noun informatique *f*.

Italian [ɪ'tæljən] ❖ adj italien(enne). ❖ noun **1.** [person] Italien *m*, -enne *f* **2.** [language] italien *m*.

italic [ɪ'tælɪk] adj italique. ◆ **italics** pl n italiques *fpl*.

Italy ['ɪtəlɪ] noun Italie *f*.

itch [ɪtʃ] ❖ noun démangeaison *f*. ❖ vi **1.** [be itchy] : *my arm itches* mon bras me démange **2.** *fig* [be impatient] ▶ *to be itching to do sthg* mourir d'envie de faire qqch.

itchy ['ɪtʃɪ] adj qui démange.

it'd ['ɪtəd] ⟶ **it would, it had**.

item ['aɪtəm] noun **1.** [gen] chose *f*, article *m* ; [on agenda] question *f*, point *m* **2.** PRESS article *m*.

itemize, itemise UK ['aɪtəmaɪz] vt détailler.

it-girl noun *inf* jeune femme fortement médiatisée / *she's the it-girl* c'est la fille dont on parle.

itinerary [aɪ'tɪnərərɪ] noun itinéraire *m*.

it'll [ɪtl] ⟶ **it will**.

its [ɪts] poss adj son (sa), ses *(pl)*.

it's [ɪts] ⟶ **it is, it has**.

itself [ɪt'self] pron **1.** *(reflexive)* se ; *(after prep)* soi **2.** *(for emphasis)* lui-même (elle-même) ▶ *in itself* en soi.

ITV (*abbr of* **Independent Television**) noun sigle désignant les programmes diffusés par les chaînes relevant de l'IBA.

I've [aɪv] ⟶ **I have**.

ivory ['aɪvərɪ] noun ivoire *m*.

ivy ['aɪvɪ] noun lierre *m*.

Ivy League noun US *les huit grandes universités de l'est des États-Unis*.

J

j (*pl* **j's** *or* **js**), **J** (*pl* **J's** *or* **Js**) [dʒeɪ] noun [letter] j *m inv*, J *m inv*.

jab [dʒæb] ◆ noun **1.** **UK** *inf* [injection] piqûre *f* **2.** [in boxing] direct *m*. ◆ vt ▸ **to jab sthg into** planter OR enfoncer qqch dans.

jabber ['dʒæbər] vt & vi baragouiner.

jack [dʒæk] noun **1.** [device] cric *m* **2.** [playing card] valet *m*. ◆ **jack up** vt sep **1.** [car] soulever avec un cric **2.** *fig* [prices] faire grimper.

jackal ['dʒækəl] noun chacal *m*.

jackdaw ['dʒækdɔ:] noun choucas *m*.

jacket ['dʒækɪt] noun **1.** [garment] veste *f* **2.** [of potato] peau *f*, pelure *f* **3.** [of book] jaquette *f* **4.** **US** [of record] pochette *f*.

jacket potato noun **UK** pomme de terre *f* en robe de chambre.

jackhammer ['dʒæk,hæmər] noun **US** marteau piqueur *m*.

jackknife ['dʒæknaɪf] ◆ noun (*pl* **jackknives** [-naɪvz]) couteau *m* de poche. ◆ vi : *the truck jackknifed* le camion s'est mis en travers de la route.

jack-of-all-trades (*pl* **jacks-of-all-trades**) noun touche-à-tout *m*.

jackpot ['dʒækpɒt] noun gros lot *m*.

jaded ['dʒeɪdɪd] adj blasé(e).

jagged ['dʒægɪd] adj déchiqueté(e), dentelé(e).

jail [dʒeɪl] ◆ noun prison *f*. ◆ vt emprisonner, mettre en prison.

jailbreak ['dʒeɪlbreɪk] noun évasion *f* de prison.

jailer ['dʒeɪlər] noun geôlier *m*, -ère *f*.

jam [dʒæm] ◆ noun **1.** [preserve] confiture *f* **2.** [of traffic] embouteillage *m*, bouchon *m* **3.** *inf* [difficult situation] ▸ **to get into/be in a jam** se mettre/être dans le pétrin. ◆ vt **1.** [mechanism, door] bloquer, coincer **2.** [push tightly] ▸ **to jam sthg into** entasser OR tasser qqch dans

▸ **to jam sthg onto** enfoncer qqch sur **3.** [block - streets] embouteiller ; [- switchboard] surcharger **4.** RADIO brouiller. ◆ vi [lever, door] se coincer ; [brakes] se bloquer.

Jamaica [dʒə'meɪkə] noun Jamaïque *f*.

jam-packed [-'pækt] adj *inf* plein(e) à craquer.

jangle ['dʒæŋgl] ◆ vt [keys] faire cliqueter ; [bells] faire retentir. ◆ vi [keys] cliqueter ; [bells] retentir.

janitor ['dʒænɪtər] noun **US** **Scot** concierge *mf*.

January ['dʒænjʊərɪ] noun janvier *m*. *See also* **September**.

Japan [dʒə'pæn] noun Japon *m*.

Japanese [,dʒæpə'ni:z] ◆ adj japonais(e). ◆ noun (*pl inv*) [language] japonais *m*. ◆ pl n [people] ▸ **the Japanese** les Japonais *mpl*.

jar [dʒɑ:r] ◆ noun pot *m*. ◆ vt [shake] secouer. ◆ vi **1.** [noise, voice] ▸ **to jar (on sb)** irriter (qqn), agacer (qqn) **2.** [colours] jurer.

jargon ['dʒɑ:gən] noun jargon *m*.

jaundice ['dʒɔ:ndɪs] noun jaunisse *f*.

jaundiced ['dʒɔ:ndɪst] adj *fig* [attitude, view] aigri(e).

jaunt [dʒɔ:nt] noun balade *f*.

jaunty ['dʒɔ:ntɪ] adj désinvolte, insouciant(e).

javelin ['dʒævlɪn] noun javelot *m*.

jaw [dʒɔ:] noun mâchoire *f*.

jawbone ['dʒɔ:bəʊn] noun (os *m*) maxillaire *m*.

jay [dʒeɪ] noun geai *m*.

jaywalk ['dʒeɪwɔ:k] vi traverser en dehors des clous.

jaywalker ['dʒeɪwɔ:kər] noun piéton *m* qui traverse en dehors des clous.

jazz [dʒæz] noun MUS jazz *m*. ◆ **jazz up** vt sep *inf* égayer.

jazzy ['dʒæzɪ] adj *inf* [bright] voyant(e).

jealous ['dʒeləs] adj jaloux(ouse).

jealousy ['dʒeləsɪ] noun jalousie *f*.

jeans [dʒi:nz] pl n jean *m*, blue-jean *m*.

Jeep® [dʒi:p] noun Jeep® *f*.

jeer [dʒɪər] ◆ vt huer, conspuer. ◆ vi ▸ **to jeer (at sb)** huer (qqn), conspuer (qqn).

jeez [dʒi:z] excl **US** *inf* purée !

Jehovah's Witness [dʒɪ,həʊvəz-] noun témoin *m* de Jéhovah.

Jell-O® ['dʒeləʊ] noun **US** gelée *f*.

jelly ['dʒelɪ] noun **1.** **UK** gelée *f* **2.** **US** [jam] confiture *f*.

jellyfish ['dʒelɪfɪʃ] (*pl inv* or **-es**) noun méduse *f*.

jeopardize, jeopardise UK ['dʒepədaɪz] vt compromettre, mettre en danger.

jeopardy ['dʒepədɪ] noun ▶ **in jeopardy** en péril oʀ danger, menacé(e).

jerk [dʒɜːk] ❖ noun **1.** [movement] secousse *f*, saccade *f* **2.** *inf* [fool] abruti *m*, -e *f*. ❖ vi [person] sursauter ; [vehicle] cahoter.

jersey ['dʒɜːzɪ] (*pl* **-s**) noun **1.** [sweater] pull *m* **2.** [cloth] jersey *m*.

Jersey ['dʒɜːzɪ] noun **1.** UK Jersey *f* **2.** US New-Jersey *m*.

jest [dʒest] noun *fml* plaisanterie *f* ▶ **in jest** pour rire.

Jesus (Christ) ['dʒiːzəs-] noun Jésus *m*, Jésus-Christ *m*.

jet [dʒet] noun **1.** [plane] jet *m*, avion *m* à réaction **2.** [of fluid] jet *m* **3.** [nozzle, outlet] ajutage *m*.

jet lag noun fatigue *f* due au décalage horaire.

jettison ['dʒetɪsən] vt **1.** [cargo] jeter, larguer **2.** *fig* [ideas] abandonner, renoncer à.

jetty ['dʒetɪ] noun jetée *f*.

Jew [dʒuː] noun Juif *m*, -ive *f*.

jewel ['dʒuːəl] noun bijou *m* ; [in watch] rubis *m*.

jewel case noun boîte *f* de CD.

jeweller UK, **jeweler** US ['dʒuːələr] noun bijoutier *m*, -ière *f* ▶ **jeweller's (shop)** UK bijouterie *f*.

jewellery UK, **jewelry** US ['dʒuːəlrɪ] noun (*U*) bijoux *mpl*.

Jewess ['dʒuːɪs] noun juive *f*.

Jewish ['dʒuːɪʃ] adj juif(ive).

jib [dʒɪb] noun **1.** [of crane] flèche *f* **2.** [sail] foc *m*.

jibe [dʒaɪb] noun sarcasme *m*, moquerie *f*.

jiffy ['dʒɪfɪ] noun *inf* ▶ **in a jiffy** en un clin d'œil.

Jiffy bag® noun UK enveloppe *f* matelassée.

jig [dʒɪg] noun gigue *f*.

jigsaw (puzzle) ['dʒɪgsɔː-] noun puzzle *m*.

jilt [dʒɪlt] vt laisser tomber.

jingle ['dʒɪŋgl] ❖ noun **1.** [sound] cliquetis *m* **2.** [song] jingle *m*, indicatif *m*. ❖ vi [bell] tinter ; [coins, bracelets] cliqueter.

jinx [dʒɪŋks] noun poisse *f*.

jitters ['dʒɪtəz] pl n *inf* ▶ **the jitters** le trac.

job [dʒɒb] noun **1.** [employment] emploi *m* **2.** [task] travail *m*, tâche *f* **3.** [difficult task] ▶ **to have a job doing sthg** avoir du mal à faire qqch **4.** [state of affairs] : *it's a good job they were home* heureusement qu'ils étaient à la maison / *thanks for the map, it's just the job* merci pour la carte, c'est exactement ce qu'il me fallait / *to give sb /sthg up as a bad job* laisser tomber qqn/qqch qui n'en vaut pas la peine / *we decided to make the best of a bad job* nous avons décidé de faire avec ce que nous avions.

job centre noun UK agence *f* pour l'emploi.

jobless ['dʒɒblɪs] adj au chômage.

jobsharing ['dʒɒbʃeərɪŋ] noun partage *m* de l'emploi.

jockey ['dʒɒkɪ] (*pl* **-s**) ❖ noun jockey *mf*. ❖ vi ▶ **to jockey for position** manœuvrer pour devancer ses concurrents.

jocular ['dʒɒkjʊlər] adj *fml* **1.** [cheerful] enjoué(e), jovial(e) **2.** [funny] amusant(e).

jodhpurs ['dʒɒdpəz] pl n jodhpurs *mpl*, culotte *f* de cheval.

jog [dʒɒg] ❖ noun ▶ **to go for a jog** faire du jogging. ❖ vt pousser ▶ **to jog sb's memory** rafraîchir la mémoire de qqn. ❖ vi faire du jogging, jogger.

jogging ['dʒɒgɪŋ] noun jogging *m*.

john [dʒɒn] noun US *inf* petit coin *m*, cabinets *mpl*.

join [dʒɔɪn] ❖ noun raccord *m*, joint *m*. ❖ vt **1.** [connect - gen] unir, joindre ; [- towns] relier **2.** [get together with] rejoindre, retrouver **3.** [political party] devenir membre de ; [club] s'inscrire à ; [army] s'engager dans ▶ **to join a queue** UK, **to join a line** US prendre la queue. ❖ vi **1.** [connect] se joindre **2.** [become a member - gen] devenir membre ; [- of club] s'inscrire. ◆ **join in** ❖ vt insep prendre part à, participer à. ❖ vi participer. ◆ **join up** vi MIL s'engager dans l'armée.

joiner ['dʒɔɪnər] noun UK menuisier *m*, -ière *f*.

joint [dʒɔɪnt] ❖ adj [effort] conjugué(e) ; [responsibility] collectif(ive). ❖ noun **1.** [gen & TECH] joint *m* **2.** ANAT articulation *f* **3.** [of meat] rôti *m* **4.** *inf* [place] bouge *m* **5.** *drugs sl* joint *m*.

joint account noun compte *m* joint.

jointly ['dʒɔɪntlɪ] adv conjointement.

joke [dʒəʊk] ❖ noun blague *f*, plaisanterie *f* ▶ **to play a joke on sb** faire une blague à qqn, jouer un tour à qqn ▶ **it's no joke** *inf* [not easy] ce n'est pas de la tarte. ❖ vi plaisanter, blaguer ▶ **to joke about sthg** plaisanter sur qqch, se moquer de qqch.

joker ['dʒəʊkə^r] noun **1.** [person] blagueur *m*, -euse *f* **2.** [playing card] joker *m*.

jolly ['dʒɒlɪ] ❖ adj [person] jovial(e), enjoué(e) ; dated [time, party] agréable. ❖ adv UK inf & dated drôlement, rudement.

jolt [dʒəʊlt] ❖ noun **1.** [jerk] secousse *f*, soubresaut *m* **2.** [shock] choc *m*. ❖ vt secouer.

Jordan ['dʒɔːdn] noun Jordanie *f*.

jostle ['dʒɒsl] ❖ vt bousculer. ❖ vi se bousculer.

jot [dʒɒt] noun [of truth] grain *m*, brin *m*. ◆ **jot down** vt sep noter, prendre note de.

jotter ['dʒɒtə^r] noun UK [exercise book] cahier *m*, carnet *m* ; [pad] bloc-notes *m*.

journal ['dʒɜːnl] noun **1.** [magazine] revue *f* **2.** [diary] journal *m*.

journalism ['dʒɜːnəlɪzm] noun journalisme *m*.

journalist ['dʒɜːnəlɪst] noun journaliste *mf*.

journey ['dʒɜːnɪ] (*pl* -s) noun voyage *m*.

jovial ['dʒəʊvjəl] adj jovial(e).

joy [dʒɔɪ] noun joie *f*.

joyful ['dʒɔɪfʊl] adj joyeux(euse).

joyous ['dʒɔɪəs] adj *liter* joyeux(euse).

joyride ['dʒɔɪraɪd] noun virée *f* (dans une voiture volée).

joyrider ['dʒɔɪraɪdə^r] noun *personne qui vole une voiture pour aller faire une virée.*

joystick ['dʒɔɪstɪk] noun AERON manche *m* (à balai) ; COMPUT manette *f*.

JP noun abbr of Justice of the Peace.

JPEG (abbr of joint picture expert group) noun COMPUT (format *m*) JPEG *m*.

Jr. (abbr of Junior) Jr.

jubilant ['dʒuːbɪlənt] adj [person] débordant(e) de joie, qui jubile ; [shout] de joie.

jubilee ['dʒuːbɪliː] noun jubilé *m*.

judge [dʒʌdʒ] ❖ noun juge *mf*. ❖ vt **1.** [gen] juger **2.** [estimate] évaluer, juger. ❖ vi juger. ▸ **to judge from** OR **by, judging from** OR **by** à en juger par.

judg(e)ment ['dʒʌdʒmənt] noun jugement *m*.

judicial [dʒuː'dɪʃl] adj judiciaire.

judiciary [dʒuː'dɪʃərɪ] noun ▸ **the judiciary** la magistrature.

judicious [dʒuː'dɪʃəs] adj judicieux(euse).

judo ['dʒuːdəʊ] noun judo *m*.

jug [dʒʌg] noun UK pot *m*, pichet *m*.

juggernaut ['dʒʌgənɔːt] noun UK poids *m* lourd.

juggle ['dʒʌgl] ❖ vt lit & fig jongler avec. ❖ vi jongler.

juggler ['dʒʌglə^r] noun jongleur *m*, -euse *f*.

jugular (vein) ['dʒʌgjʊlə-] noun (veine *f*) jugulaire *f*.

juice [dʒuːs] noun jus *m*.

juicy ['dʒuːsɪ] adj [fruit] juteux(euse).

jukebox ['dʒuːkbɒks] noun juke-box *m*.

July [dʒuː'laɪ] noun juillet *m*. See also September.

jumble ['dʒʌmbl] ❖ noun [mixture] mélange *m*, fatras *m*. ❖ vt ▸ **to jumble (up)** mélanger, embrouiller.

jumble sale noun UK vente *f* de charité (où sont vendus des articles d'occasion).

jumbo jet ['dʒʌmbəʊ-] noun jumbo-jet *m*.

jumbo-sized [-saɪzd] adj énorme, géant(e).

jump [dʒʌmp] ❖ noun **1.** [leap] saut *m*, bond *m* **2.** [fence] obstacle *m* **3.** [rapid increase] flambée *f*, hausse *f* brutale. ❖ vt **1.** [fence, stream] sauter, franchir d'un bond **2.** *inf* [attack] sauter sur, tomber sur. ❖ vi **1.** [gen] sauter, bondir ; [in surprise] sursauter **2.** [increase rapidly] grimper en flèche, faire un bond. ◆ **jump at** vt insep fig sauter sur.

jumper ['dʒʌmpə^r] noun **1.** UK [pullover] pull *m*, sweat *m* inf **2.** US [dress] robe *f* chasuble.

jumper cables pl n US = jump leads.

jump leads pl n UK câbles *mpl* de démarrage.

jump rope noun US corde *f* à sauter.

jump-start vt ▸ **to jump-start a car** faire démarrer une voiture en la poussant.

jumpsuit ['dʒʌmpsuːt] noun combinaison-pantalon *f*.

jumpy ['dʒʌmpɪ] adj inf nerveux(euse).

junction ['dʒʌŋkʃn] noun UK [of roads] carrefour *m* ; RAIL embranchement *m*.

June [dʒuːn] noun juin *m*. See also September.

June beetle, June bug noun hanneton *m*.

jungle ['dʒʌŋgl] noun lit & fig jungle *f*.

junior ['dʒuːnjə^r] ❖ adj **1.** [gen] jeune **2.** [after name] junior. ❖ noun **1.** [in rank] subalterne *mf* **2.** [in age] cadet *m*, -ette *f* **3.** US SCH ≃ élève *mf* de première **4.** US UNIV ≃ étudiant *m*, -e *f* de troisième année ; ≃ étudiant *m*, -e *f* en licence.

junior high school noun US ≃ collège *m* d'enseignement secondaire.

junior school noun UK école *f* primaire.

junk [dʒʌŋk] noun [unwanted objects] bric-à-brac m.

junk e-mail noun messages mpl publicitaires, spams mpl, pourriels mpl.

junk food noun (U) pej : to eat junk food manger des cochonneries.

junkie ['dʒʌŋkɪ] noun drugs sl drogué m, -e f.

junk mail noun 1. [postal] publicité f (reçue par courrier) 2. = junk e-mail.

Jupiter ['dʒuːpɪtər] noun [planet] Jupiter f.

jurisdiction [,dʒʊərɪs'dɪkʃn] noun juridiction f.

juror ['dʒʊərər] noun juré m, -e f.

jury ['dʒʊərɪ] noun jury m.

just [dʒʌst] ✧ adv 1. [recently] : he's just left il vient de partir 2. [at that moment] : I was just about to go j'allais juste partir, j'étais sur le point de partir / I'm just going to do it now je vais le faire tout de suite OR à l'instant / she arrived just as I was leaving elle est arrivée au moment même où je partais OR juste comme je partais 3. [only, simply] : just add water vous n'avez plus qu'à ajouter de l'eau ▶ just a minute OR moment OR second! un (petit) instant ! 4. [almost not] tout juste, à peine / I only just missed the train j'ai manqué le train de peu / we have just enough time on a juste assez de temps 5. [for emphasis] : the coast is just marvellous la côte est vraiment magnifique / just look at this mess! non, mais regarde un peu ce désordre ! 6. [exactly, precisely] tout à fait, exactement / it's just what I need c'est tout à fait ce qu'il me faut 7. [in requests] : could you just move over please? pourriez-vous vous pousser un peu s'il vous plaît ? ✧ adj juste, équitable. ◆ **just about** adv à peu près, plus ou moins. ◆ **just as** adv [in comparison] tout aussi / you're just as clever as he is tu es tout aussi intelligent que lui. ◆ **just in case** ✧ conj juste au cas où / just in case we don't see each other juste au cas où nous ne nous verrions pas. ✧ adv au cas où / take a coat, just in case prends un manteau, on ne sait jamais OR au cas où. ◆ **just now** adv 1. [a short time ago] il y a un moment, tout à l'heure 2. [at this moment] en ce moment. ◆ **just then** adv à ce moment-là. ◆ **just the same** adv [nonetheless] quand même.

justice ['dʒʌstɪs] noun 1. [gen] justice f 2. [of claim, cause] bien-fondé m.

Justice of the Peace (pl Justices of the Peace) noun juge m de paix.

justify ['dʒʌstɪfaɪ] vt [give reasons for] justifier.

jut [dʒʌt] vi ▶ to jut (out) faire saillie, avancer.

juvenile ['dʒuːvənaɪl] ✧ adj 1. LAW mineur(e), juvénile 2. [childish] puéril(e). ✧ noun LAW mineur m, -e f.

juxtapose [,dʒʌkstə'pəʊz] vt juxtaposer.

K

k¹ (*pl* **k's** *or* **ks**), **K** (*pl* **K's** *or* **Ks**) [keɪ] noun [letter] k *m inv*, K *m inv*.

K² **1.** (*abbr of* **kilobyte**) Ko **2.** (*abbr of* **thousand**) K.

kaleidoscope [kə'laɪdəskəʊp] noun kaléidoscope *m*.

kangaroo [ˌkæŋgə'ru:] noun kangourou *m*.

kaput [kə'pʊt] adj *inf* fichu(e), foutu(e).

karat ['kærət] noun **US** [for gold] carat *m*.

karate [kə'rɑːtɪ] noun karaté *m*.

karma ['kɑːmə] noun karma *m*, karman *m*.

kayak ['kaɪæk] noun kayak *m*.

kB, **KB** (*abbr of* **kilobyte(s)**) noun COMPUT Ko *m*.

kcal (*abbr of* **kilocalorie**) Kcal.

kebab [kɪ'bæb] noun **US** brochette *f*.

keel [kiːl] noun quille *f* ▶ **on an even keel** stable.
◆ **keel over** vi [ship] chavirer ; [person] tomber dans les pommes.

keen [kiːn] adj **1.** **US** [enthusiastic] enthousiaste, passionné(e) ▶ **to be keen on sthg** avoir la passion de qqch ▶ **he's keen on her** elle lui plaît ▶ **to be keen to do** OR **on doing sthg** tenir à faire qqch **2.** [interest, desire, mind] vif (vive) ; [competition] âpre, acharné(e) **3.** [sense of smell] fin(e) ; [eyesight] perçant(e).

keep [kiːp] ◆ vt (*pt & pp* **kept**) **1.** [retain, store] garder ▶ **keep the change!** gardez la monnaie ! **2.** [prevent] ▶ **to keep sb/sthg from doing sthg** empêcher qqn/qqch de faire qqch / **I couldn't keep myself from laughing** je n'ai pas pu m'empêcher de rire **3.** [detain] retenir ; [prisoner] détenir ▶ **to keep sb waiting** faire attendre qqn **4.** [promise] tenir ; [appointment] aller à ; [vow] être fidèle à **5.** [not disclose] ▶ **to keep sthg from sb** cacher qqch à qqn ▶ **to keep sthg to o.s.** garder qqch pour soi **6.** [diary, record, notes] tenir **7.** [own - sheep, pigs] élever ; [- shop] tenir ; [- car] avoir, posséder **8.** **PHR** **they keep themselves to themselves** ils restent entre

eux, ils se tiennent à l'écart. ◆ vi (*pt & pp* **kept**) **1.** [remain] ▶ **to keep warm** se tenir au chaud ▶ **to keep quiet** garder le silence **2.** [continue] : *he keeps interrupting me* il n'arrête pas de m'interrompre ▶ **keep talking/walking** continuez à parler/à marcher **3.** [continue moving] ▶ **to keep left/right** garder sa gauche/sa droite ▶ **to keep north/south** continuer vers le nord/le sud **4.** [food] se conserver **5.** **US** *dated* [in health] : *how are you keeping?* comment allez-vous ? ◆ noun [to earn a living] ▶ **to earn one's keep** gagner sa vie. ◆ **keeps** noun ▶ **for keeps** pour toujours. ◆ **keep away** ◆ vt sep tenir éloigné(e), empêcher d'approcher ▶ *spectators were kept away by the fear of violence* la peur de la violence tenait les spectateurs à distance. ◆ vi ne pas s'approcher / *keep away from those people* évitez ces gens-là. ◆ **keep back** vt sep **1.** [keep at a distance - crowd, spectators] tenir éloigné(e), empêcher de s'approcher **2.** [information] cacher, ne pas divulguer. ◆ **keep from** vt insep s'empêcher de, se retenir de / *I couldn't keep from laughing* je n'ai pas pu m'empêcher de rire. ◆ **keep in with** vt insep : *to keep in with sb* rester en bons termes avec qqn. ◆ **keep off** ◆ vt sep [dogs, birds, trespassers] éloigner ; [rain, sun] protéger de / *this cream will keep the mosquitoes off* cette crème vous protégera contre les moustiques / *keep your hands off!* pas touche !, bas les pattes ! ◆ vt insep ▶ **'keep off the grass'** '(il est) interdit de marcher sur la pelouse'. ◆ **keep on** vi ▶ **1.** [continue] ▶ **to keep on (doing sthg)** a) [without stopping] continuer (de OR à faire qqch) b) [repeatedly] ne pas arrêter (de faire qqch) **2.** [talk incessantly] ▶ **to keep on (about sthg)** ne pas arrêter de parler (de qqch). ◆ **keep out** vt sep empêcher d'entrer. ◆ vi ▶ **'keep out'** 'défense d'entrer', 'entrée interdite'. ◆ **keep to** vt insep [rules, deadline] respecter, observer. ◆ **keep up** ◆ vt sep [continue to do] continuer ; [maintain] maintenir. ◆ vi [maintain pace, level] ▶ **to keep up (with sb)** aller aussi vite (que qqn).

keeper ['kiːpə'] noun gardien *m*, -enne *f*.

keep-fit **US** noun (U) gymnastique *f*.

keeping ['kiːpɪŋ] noun **1.** [care] garde *f* **2.** [conformity, harmony] ▶ **to be in/out of keeping with** a) [rules] être/ne pas être conforme à b) [subj: furniture] aller/ne pas aller avec.

keepsake ['kiːpseɪk] noun souvenir *m*.

keg [keg] noun tonnelet *m*, baril *m*.

kennel ['kenl] noun **UK** [place for dog to sleep] niche f; **US** [for breeding, looking after dogs] chenil m. ◆ **kennels** pl n **UK** chenil m.

Kenya ['kenjə] noun Kenya m.

Kenyan ['kenjən] ◆ adj kenyan(e). ◆ noun Kenyan m, -e f.

kept [kept] pt & pp ⟶ **keep.**

kerb [kɜːb] noun **UK** bordure f du trottoir.

kernel ['kɜːnl] noun amande f.

kerosene ['kerəsiːn] noun **US** [paraffin] paraffine f.

ketchup ['ketʃəp] noun ketchup m.

kettle ['ketl] noun bouilloire f.

key [kiː] ◆ noun **1.** [gen & MUS] clef f, clé f ▶ **the key (to sthg)** fig la clé (de qqch) **2.** [of typewriter, computer, piano] touche f **3.** [of map] légende f. ◆ adj clé. ◆ **key in** vt sep [text, data] saisir; [code] composer.

keyboard ['kiːbɔːd] noun [gen & COMPUT] clavier m.

key card noun badge m.

keyhole ['kiːhəʊl] noun trou m de serrure.

keynote ['kiːnəʊt] ◆ noun note f dominante. ◆ comp ▶ **keynote speech** discours-programme m.

keypad ['kiːpæd] noun COMPUT pavé m numérique.

key ring noun porte-clés m inv.

kg (abbr of **kilogram**) kg.

khaki ['kɑːkɪ] ◆ adj kaki (inv). ◆ noun [colour] kaki m.

kick [kɪk] ◆ noun **1.** [with foot] coup m de pied **2.** inf [excitement] ▶ **to get a kick from** OR **out of sthg** trouver qqch excitant ▶ **to do sthg for kicks** faire qqch pour le plaisir. ◆ vt **1.** [with foot] donner un coup de pied à ▶ **to kick o.s.** fig se donner des gifles OR des claques **2.** inf [give up] ▶ **to kick the habit** arrêter. ◆ vi **1.** [person - repeatedly] donner des coups de pied; [- once] donner un coup de pied **2.** [baby] gigoter **3.** [animal] ruer. ◆ **kick around,** **kick about UK** ◆ vt sep **1.** : to kick a ball around jouer au ballon **2.** inf [idea] débattre / we kicked a few ideas around on a discuté à bâtons rompus. ◆ vi inf traîner. ◆ **kick in** ◆ vt sep défoncer à coups de pied / I'll kick his teeth in! inf je vais lui casser la figure ! ◆ vi inf entrer en action. ◆ **kick off** vi **1.** FOOT donner le coup d'envoi **2.** inf & fig [start] démarrer. ◆ **kick out** vt sep inf vider, jeter dehors.

kick-start vt faire démarrer à l'aide du pied; fig [economy] faire démarrer.

kid [kɪd] ◆ noun **1.** inf [child] gosse mf, gamin m, -e f **2.** inf [young person] petit jeune m, petite jeune f **3.** [goat, leather] chevreau m. ◆ comp **US** inf [brother, sister] petit(e). ◆ vt inf **1.** [tease] faire marcher **2.** [delude] ▶ **to kid o.s.** se faire des illusions. ◆ vi inf ▶ **to be kidding** plaisanter ▶ **no kidding!** sans blague !

kidnap ['kɪdnæp] vt kidnapper, enlever.

kidnapper UK ['kɪdnæpər] noun kidnappeur m, -euse f, ravisseur m, -euse f.

kidnapping ['kɪdnæpɪŋ] noun enlèvement m.

kidney ['kɪdnɪ] (pl -s) noun **1.** ANAT rein m **2.** CULIN rognon m.

kidney bean noun haricot m rouge.

kill [kɪl] ◆ vt **1.** [cause death of] tuer **2.** fig [hope, chances] mettre fin à; [pain] supprimer. ◆ vi tuer. ◆ noun mise f à mort.

killer ['kɪlər] noun [person] meurtrier m, -ère f; [animal] tueur m, -euse f.

killing ['kɪlɪŋ] noun meurtre m.

killjoy ['kɪldʒɔɪ] noun pej rabat-joie m inv.

kiln [kɪln] noun four m.

kilo ['kiːləʊ] (pl -s) (abbr of **kilogram**) noun kilo m.

kilobyte ['kɪləbaɪt] noun COMPUT kilo-octet m.

kilogram, kilogramme UK ['kɪləgræm] noun kilogramme m.

kilohertz ['kɪləhɜːts] (pl inv) noun kilohertz m.

kilometre UK ['kɪlə,miːtər], **kilometer US** [kɪ'lɒmɪtər] noun kilomètre m.

kilowatt ['kɪləwɒt] noun kilowatt m.

kilt [kɪlt] noun kilt m.

kin [kɪn] noun ⟶ **kith.**

kind [kaɪnd] ◆ adj gentil(ille), aimable. ◆ noun **1.** [sort, type] genre m, sorte f / they're two of a kind ils se ressemblent **2.** / a kind of une sorte de, une espèce de / a kind of inf plutôt / it's kind of big and round c'est plutôt OR dans le genre grand et rond / I'm kind of sad about it ça me rend un peu triste / did you hit him? — well, kind of tu l'as frappé ? — oui, si on veut. ◆ **in kind** adv [with goods, services] en nature / to pay sb in kind payer qqn en nature.

kindergarten ['kɪndə,gɑːtn] noun **UK** jardin m d'enfants; **US** ≃ première classe de la maternelle.

kind-hearted [-'hɑːtɪd] adj qui a bon cœur, bon (bonne).

kindle ['kɪndl] vt **1.** [fire] allumer **2.** fig [feeling] susciter.

kindly ['kaɪndlɪ] ❖ adj **1.** [person] plein(e) de bonté, bienveillant(e) **2.** [gesture] plein(e) de gentillesse. ❖ adv **1.** [speak, smile] avec gentillesse **2.** fml [please] : kindly leave the room! veuillez sortir, s'il vous plaît ! ▸ will you kindly...? veuillez…, je vous prie de….

kindness ['kaɪndnɪs] noun gentillesse f.

kindred ['kɪndrɪd] adj [similar] semblable, similaire ▸ kindred spirit âme f sœur.

king [kɪŋ] noun roi m.

kingdom ['kɪŋdəm] noun **1.** [country] royaume m **2.** [of animals, plants] règne m.

kingfisher ['kɪŋ,fɪʃəʳ] noun martin-pêcheur m.

king-size(d) [-saɪz(d)] adj [cigarette] long (longue) ; [pack] géant(e) ▸ a king-sized bed un grand lit (de 195 cm).

kinky ['kɪŋkɪ] adj inf vicieux(euse).

kiosk ['kiːɒsk] noun **1.** [small shop] kiosque m **2.** UK [telephone box] cabine f (téléphonique).

kip [kɪp] UK inf ❖ noun somme m, roupillon m. ❖ vi faire OR piquer un petit somme.

kipper ['kɪpəʳ] noun hareng m fumé OR saur.

kiss [kɪs] ❖ noun baiser m ▸ to give sb a kiss embrasser qqn, donner un baiser à qqn. ❖ vt embrasser. ❖ vi s'embrasser.

kiss-and-tell adj PRESS : another kiss-and-tell story by an ex-girlfriend encore des révélations intimes faites OR des secrets d'alcôve dévoilés par une ancienne petite amie.

kiss of life noun UK ▸ the kiss of life le bouche-à-bouche.

kit [kɪt] noun **1.** [set] trousse f **2.** (U) SPORT affaires fpl, équipement m **3.** [to be assembled] kit m.

kitchen ['kɪtʃɪn] noun cuisine f.

kitchen sink noun évier m.

kite [kaɪt] noun [toy] cerf-volant m.

kith [kɪθ] noun dated ▸ kith and kin parents et amis mpl.

kitten ['kɪtn] noun chaton m.

kitty ['kɪtɪ] noun **1.** [shared fund] cagnotte f **2.** inf [animal] chat(te).

kiwi ['kiːwiː] noun **1.** [bird] kiwi m, aptéryx m **2.** inf [New Zealander] Néo-Zélandais m, -e f.

km (abbr of kilometre) km.

km/h (abbr of kilometres per hour) km/h.

knack [næk] noun ▸ to have a OR the knack (for doing sthg) avoir le coup (pour faire qqch).

knackered ['nækəd] adj UK v inf crevé(e), claqué(e).

knapsack ['næpsæk] noun sac m à dos.

knead [niːd] vt pétrir.

knee [niː] noun genou m.

kneecap ['niːkæp] noun rotule f.

kneel [niːl] (UK pt & pp knelt, US pt & pp knelt or -ed) vi se mettre à genoux, s'agenouiller. ◆ kneel down vi se mettre à genoux, s'agenouiller.

knelt [nelt] pt & pp ⟶ kneel.

knew [njuː] pt ⟶ know.

knickers ['nɪkəz] pl n **1.** UK [underwear] culotte f **2.** US [trousers] pantalon m de golf.

knick-knack ['nɪknæk] noun babiole f, bibelot m.

knife [naɪf] ❖ noun (pl knives [naɪvz]) couteau m. ❖ vt donner un coup de couteau à, poignarder.

knife crime noun attaques fpl à l'arme blanche / is knife crime on the increase? y a-t-il une recrudescence des attaques à l'arme blanche ?

knife-point noun : at knife-point sous la menace du couteau.

knight [naɪt] ❖ noun **1.** [in history, member of nobility] chevalier m **2.** [in chess] cavalier m. ❖ vt faire chevalier.

knighthood ['naɪthʊd] noun titre m de chevalier.

knit [nɪt] ❖ adj ▸ closely OR tightly knit fig très uni(e). ❖ vt (pt & pp knit or -ted) tricoter. ❖ vi (pt & pp knit or -ted) **1.** [with wool] tricoter **2.** [broken bones] se souder.

knitting ['nɪtɪŋ] noun (U) tricot m.

knitting needle noun aiguille f à tricoter.

knitwear ['nɪtweəʳ] noun (U) tricots mpl.

knives [naɪvz] pl n ⟶ knife.

knob [nɒb] noun **1.** [on door] poignée f, bouton m ; [on drawer] poignée ; [on bedstead] pomme f **2.** [on TV, radio] bouton m.

knock [nɒk] ❖ noun **1.** [hit] coup m **2.** inf [setback] coup m dur. ❖ vt **1.** [hit] frapper, cogner ▸ to knock sb/sthg over renverser qqn/qqch **2.** inf [criticize] critiquer, dire du mal de. ❖ vi **1.** [on door] : to knock on OR at the door frapper (à la porte) **2.** [car engine] cogner, avoir des ratés. ◆ knock down vt sep

1. UK [subj: car, driver] renverser **2.** [building] démolir. ◆ **knock off** vi inf [stop working] finir son travail OR sa journée. ◆ **knock out** vt sep **1.** [make unconscious] assommer **2.** [from competition] éliminer. ◆ **knock over** vt sep renverser, faire tomber.

knocker ['nɒkər] noun [on door] heurtoir m.

knock-kneed [-'ni:d] adj cagneux(euse), qui a les genoux cagneux.

knock-on effect noun UK réaction f en chaîne.

knockout ['nɒkaʊt] noun knock-out m, K.-O. m.

knot [nɒt] ◆ noun **1.** [gen] nœud m ▶ **to tie/untie a knot** faire/défaire un nœud **2.** [of people] petit attroupement m. ◆ vt nouer, faire un nœud à.

knotty ['nɒtɪ] adj fig épineux(euse).

know [nəʊ] ◆ vt (pt knew, pp known) **1.** [gen] savoir ; [language] savoir parler ▶ **to know (that)...** savoir que... ▶ **to let sb know (about sthg)** faire savoir (qqch) à qqn, informer qqn (de qqch) ▶ **to get to know sthg** apprendre qqch **2.** [person, place] connaître ▶ **to get to know sb** apprendre à mieux connaître qqn. ◆ vi (pt knew, pp known) savoir ▶ **to know of sthg** connaître qqch ▶ **to know about a)** [be aware of] être au courant de **b)** [be expert in] s'y connaître en. ◆ noun ▶ **to be in the know** être au courant.

know-all UK, **know-it-all** US noun (monsieur) je-sais-tout m, (madame) je-sais-tout f.

know-how noun savoir-faire m, technique f.

knowing ['nəʊɪŋ] adj [smile, look] entendu(e).

knowingly ['nəʊɪŋlɪ] adv **1.** [smile, look] d'un air entendu **2.** [intentionally] sciemment.

know-it-all US = know-all.

knowledge ['nɒlɪdʒ] noun (U) **1.** [gen] connaissance f ▶ **without my knowledge** à mon insu ▶ **to the best of my knowledge** à ma connaissance, autant que je sache **2.** [learning, understanding] savoir m, connaissances fpl.

knowledgeable ['nɒlɪdʒəbl] adj bien informé(e).

known [nəʊn] pp ⟶ know.

knuckle ['nʌkl] noun **1.** ANAT articulation f OR jointure f du doigt **2.** [of meat] jarret m.

knuckle-duster noun coup-de-poing m américain.

koala (bear) [kəʊ'ɑ:lə-] noun koala m.

Koran [kɒ'rɑ:n] noun ▶ **the Koran** le Coran.

Korea [kə'rɪə] noun Corée f.

Korean [kə'rɪən] ◆ adj coréen(enne). ◆ noun **1.** [person] Coréen m, -enne f **2.** [language] coréen m.

kosher ['kəʊʃər] adj **1.** [meat] kasher (inv) **2.** inf [reputable] O.K. (inv), réglo (inv).

Kosovo [kʌsəvɔ] noun Kosovo m.

kung fu [,kʌŋ'fu:] noun kung-fu m.

Kurd [kɜ:d] noun Kurde mf.

l¹ (*pl* **l's** *or* **ls**), **L** (*pl* **L's** *or* **Ls**) [el] noun [letter] l *m inv*, L *m inv*.

l² (*abbr of* litre) l.

L8 MESSAGING *written abbr of* late.

lab [læb] noun *inf* labo *m*.

label ['leɪbl] ❖ noun **1.** [identification] étiquette *f* **2.** MUS label *m*, maison *f* de disques. ❖ vt **1.** [fix label to] étiqueter **2.** [describe] ▸ **to label sb (as)** cataloguer OR étiqueter qqn (comme).

labor US = labour.

laboratory UK lə'bɒrətrɪ, US 'læbrə,tɔːrɪ] noun laboratoire *m*.

Labor Day noun fête du travail américaine (*premier lundi de septembre, jour férié) marquant symboliquement la fin de l'été ; fournit l'occasion de diverses activités de loisir : pique-niques et barbecues en famille, feux d'artifice, etc. Certaines villes organisent un défilé, **Labor Day Parade**.*

laborious [lə'bɔːrɪəs] adj laborieux(euse).

labor union noun US syndicat *m*.

labour UK, **labor** US ['leɪbər] ❖ noun **1.** [gen & MED] travail *m* **2.** [workers, work carried out] main d'œuvre *f*. ❖ vi travailler dur ▸ **to labour at** OR **over** peiner sur. ◆ **Labour** UK ❖ adj POL travailliste. ❖ noun *(U)* POL les travaillistes *mpl*.

laboured UK, **labored** US ['leɪbəd] adj [breathing] pénible ; [style] lourd(e), laborieux(euse).

labourer UK, **laborer** US ['leɪbərə'] noun travailleur manuel *m*, travailleuse manuelle *f* ; [agricultural] ouvrier agricole *m*, ouvrière agricole *f*.

Labour Party noun UK ▸ **the Labour Party** le parti travailliste.

Labrador ['læbrədɔː'] noun [dog] labrador *m*.

labyrinth ['læbərɪnθ] noun labyrinthe *m*.

lace [leɪs] ❖ noun **1.** [fabric] dentelle *f* **2.** [of shoe] lacet *m*. ❖ vt **1.** [shoe] lacer **2.** [drink, food] verser de l'alcool OR une drogue dans. ◆ **lace up** vt sep lacer.

lace-up noun UK chaussure *f* à lacets.

lack [læk] ❖ noun manque *m* ▸ **for** OR **through lack of** par manque de ▸ **no lack of** bien assez de. ❖ vt manquer de. ❖ vi ▸ **to be lacking in sthg** manquer de qqch ▸ **to be lacking** manquer, faire défaut.

lackadaisical [,lækə'deɪzɪkl] adj *pej* nonchalant(e).

lacklustre UK, **lackluster** US ['læk,lʌstə'] adj terne.

laconic [lə'kɒnɪk] adj *fml* laconique.

lacquer ['lækə'] ❖ noun [for wood] vernis *m*, laque *f* ; UK [for hair] laque *f*. ❖ vt laquer.

lacrosse [lə'krɒs] noun crosse *f*.

lad [læd] noun UK *inf* [boy] garçon *m*, gars *m*.

ladder ['lædə'] ❖ noun **1.** [for climbing] échelle *f* **2.** UK [in tights] maille *f* filée, estafilade *f*. ❖ vt & vi UK [tights] filer.

laden ['leɪdn] adj ▸ **laden (with)** chargé(e) (de).

ladies UK ['leɪdɪz], **ladies' room** US noun toilettes *fpl* (pour dames).

ladle ['leɪdl] ❖ noun louche *f*. ❖ vt servir (à la louche).

lady ['leɪdɪ] ❖ noun [gen] dame *f*. ❖ comp dated ▸ **a lady doctor** une femme docteur. ◆ **Lady** noun Lady *f*.

ladybird UK ['leɪdɪbɜːd], **ladybug** US ['leɪdɪbʌg] noun coccinelle *f*.

lady-in-waiting [-'weɪtɪŋ] (*pl* ladies-in-waiting) noun dame *f* d'honneur.

ladykiller ['leɪdɪ,kɪlə'] noun *inf* bourreau *m* des cœurs.

ladylike ['leɪdɪlaɪk] adj distingué(e).

ladyship ['leɪdɪʃɪp] noun ▸ **Your** OR **Her Ladyship a)** *lit* Madame (la baronne/la vicomtesse/la comtesse) **b)** *fig & hum* la maîtresse de ces lieux.

lag [læg] ❖ vi ▸ **to lag (behind) a)** [person, runner] traîner **b)** [economy, development] être en retard, avoir du retard. ❖ vt [roof, pipe] calorifuger. ❖ noun [timelag] décalage *m*.

lager ['lɑːgə'] noun [bière *f*) blonde *f*.

lagoon [lə'guːn] noun lagune *f*.

laid [leɪd] pt & pp ⟶ lay.

laid-back adj *inf* relaxe, décontracté(e).

lain [leɪn] pp ⟶ lie.

lair [leər] noun repaire m, antre m.

laity ['leɪtɪ] noun RELIG ▶ **the laity** les laïcs mpl.

lake [leɪk] noun lac m.

Lake District noun ▶ **the Lake District** la région des lacs (au nord-ouest de l'Angleterre).

lamb [læm] noun agneau m.

lambswool ['læmzwʊl] ❖ noun lambswool m. ❖ comp en lambswool, en laine d'agneau.

lame [leɪm] adj lit & fig boiteux(euse).

lame duck noun **1.** [person, business] canard m boiteux **2.** US [President] président non réélu, pendant la période séparant l'élection de l'investiture de son successeur.

lament [lə'ment] ❖ noun lamentation f. ❖ vt se lamenter sur.

lamentable ['læməntəbl] adj lamentable.

laminated ['læmɪneɪtɪd] adj [wood] stratifié(e) ; [glass] feuilleté(e) ; [steel] laminé(e).

lamp [læmp] noun lampe f.

lampoon [læm'pu:n] ❖ noun satire f. ❖ vt faire la satire de.

lamppost ['læmppəʊst] noun réverbère m.

lampshade ['læmpʃeɪd] noun abat-jour m.

lance [lɑːns] ❖ noun lance f. ❖ vt [boil] percer.

lance corporal noun caporal m.

land [lænd] ❖ noun **1.** [solid ground] terre f (ferme) ; [farming ground] terre, terrain m **2.** [property] terres fpl, propriété f **3.** [nation] pays m. ❖ vt **1.** [from ship, plane] débarquer **2.** [catch - fish] prendre **3.** [plane] atterrir **4.** inf [obtain] décrocher **5.** inf [place] ▶ **to land sb in trouble** attirer des ennuis à qqn ▶ **to be landed with sthg** se coltiner qqch. ❖ vi **1.** [plane] atterrir **2.** [fall] tomber. ◆ **land up** vi inf atterrir.

landfill ['lændfɪl] noun ensevelissement m de déchets.

landing ['lændɪŋ] noun **1.** [of stairs] palier m **2.** AERON atterrissage m **3.** [of goods from ship] débarquement m.

landing card noun carte f de débarquement.

landing gear noun (U) train m d'atterrissage.

landlady ['lænd,leɪdɪ] noun [living in] logeuse f ; [owner] propriétaire f.

landlocked ['lændlɒkt] adj sans accès à la mer.

landlord ['lændlɔːd] noun **1.** [of rented property] propriétaire m **2.** UK [of pub] patron m.

landmark ['lændmɑːk] noun point m de repère ; fig événement m marquant.

landmine ['lændmaɪn] noun mine f (terrestre).

landowner ['lænd,əʊnər] noun propriétaire foncier m, propriétaire foncière f.

landscape ['lændskeɪp] noun paysage m.

landslide ['lændslaɪd] noun **1.** [of earth] glissement m de terrain ; [of rocks] éboulement m **2.** fig [election victory] victoire f écrasante.

lane [leɪn] noun **1.** [in country] petite route f, chemin m **2.** [in town] ruelle f **3.** [for traffic] voie f ▶ **'keep in lane'** ne changez pas de file' **4.** AERON & SPORT couloir m.

language ['læŋgwɪdʒ] noun **1.** [of people, country] langue f **2.** [terminology, ability to speak] langage m.

language lab(oratory) noun labo(ratoire) m de langues.

languid ['læŋgwɪd] adj liter langoureux(euse).

languish ['læŋgwɪʃ] vi languir.

lank [læŋk] adj terne.

lanky ['læŋkɪ] adj dégingandé(e).

lantern ['læntən] noun lanterne f.

lap [læp] ❖ noun **1.** [of person] ▶ **on sb's lap** sur les genoux de qqn **2.** [of race] tour m de piste. ❖ vt **1.** [subj: animal] laper **2.** [in race] prendre un tour d'avance sur. ❖ vi [water, waves] clapoter.

lap dancing noun danse érotique exécutée sur les genoux des clients.

lapdog ['læpdɒg] noun [animal] petit chien m d'appartement ; fig & pej [person] toutou m, caniche m.

lapel [lə'pel] noun revers m.

Lapland ['læplænd] noun Laponie f.

lapse [læps] ❖ noun **1.** [failing] défaillance f **2.** [in behaviour] écart m de conduite **3.** [of time] intervalle m, laps m de temps. ❖ vi **1.** [passport] être périmé(e) ; [membership] prendre fin ; [tradition] se perdre **2.** [person] ▶ **to lapse into bad habits** prendre de mauvaises habitudes.

laptop (computer) noun (ordinateur m) portable m.

larceny ['lɑːsənɪ] noun (U) vol m (simple).

lard [lɑːd] noun saindoux m.

larder ['lɑːdər] noun dated garde-manger m inv.

large [lɑːdʒ] adj grand(e) ; [person, animal, book] gros (grosse). ◆ **at large** adv **1.** [as a whole] dans son ensemble **2.** [prisoner, animal] en liberté. ◆ **by and large** adv dans l'ensemble.

largely ['lɑːdʒlɪ] adv en grande partie.

larger-than-life [ˈlɑːdʒɚ-] adj [character] exubérant(e).

lark [lɑːk] noun **1.** [bird] alouette f **2.** inf [joke] blague f. ◆ **lark about** vi 🇬🇧 s'amuser.

laryngitis [ˌlærɪnˈdʒaɪtɪs] noun (U) laryngite f.

larynx [ˈlærɪŋks] (pl **larynges** [ləˈrɪndʒiːz] or **larynxes** [ˈlærɪŋksɪːz]) noun larynx m.

lasagne, lasagna [ləˈzænjə] noun lasagnes fpl.

laser [ˈleɪzər] noun laser m.

laser printer noun imprimante f (à) laser.

lash [læʃ] ◆ noun **1.** [eyelash] cil m **2.** [with whip] coup m de fouet. ◆ vt **1.** [gen] fouetter **2.** [tie] attacher. ◆ **lash out** vi **1.** [physically] ▸ **to lash out (at OR against)** envoyer un coup (à) **2.** 🇬🇧 inf [spend money] ▸ **to lash out (on sthg)** faire une folie (en s'achetant qqch).

lass [læs] noun 🇸🇨 jeune fille f.

lasso [læˈsuː] ◆ noun (pl **-s**) lasso m. ◆ vt attraper au lasso.

last [lɑːst] ◆ adj dernier(ère) / **last week / year** la semaine / l'année dernière, la semaine / l'année passée ▸ **last night** hier soir ▸ **down to the last detail / penny** jusqu'au moindre détail / dernier sou ▸ **last but one** avant-dernier (avant-dernière). ◆ adv **1.** [most recently] la dernière fois **2.** [finally] en dernier, le dernier (la dernière). ◆ pron ▸ **the Sunday before last** pas dimanche dernier, le dimanche d'avant ▸ **the year before last** il y a deux ans ▸ **the last but one** l'avant-dernier m, l'avant-dernière f ▸ **to leave sthg till last** faire qqch en dernier. ◆ noun ▸ **the last I saw of him** la dernière fois que je l'ai vu. ◆ vi durer ; [food] se garder, se conserver ; [feeling] persister. ◆ **at last** adv enfin.

last-ditch adj ultime, désespéré(e).

lasting [ˈlɑːstɪŋ] adj durable.

lastly [ˈlɑːstlɪ] adv pour terminer, finalement.

last-minute adj de dernière minute.

last name noun nom m de famille.

last straw noun ▸ **it was the last straw** cela a été la goutte (d'eau) qui fait déborder le vase.

latch [lætʃ] noun loquet m. ◆ **latch onto** vt insep inf s'accrocher à.

latchkey kid noun enfant qui rentre seul après l'école et qui a la clé du domicile familial.

late [leɪt] ◆ adj **1.** [not on time] ▸ **to be late (for sthg)** être en retard (pour qqch) **2.** [near end of] : **in late December, late in December** vers la fin décembre / **at this late stage** à ce stade avancé **3.** [later than normal] tardif(ive) **4.** [former] ancien(enne) **5.** [dead] : **her late husband** son défunt mari, feu son mari fml. ◆ adv **1.** [not on time] en retard ▸ **to arrive 20 minutes late** arriver avec 20 minutes de retard **2.** [later than normal] tard ▸ **to work / go to bed late** travailler / se coucher tard / **late in the afternoon** tard dans l'après-midi / **late in the day** lit vers la fin de la journée ▸ **it's rather late in the day to be thinking about that** fig c'est un peu tard pour penser à ça. ◆ **of late** adv récemment, dernièrement.

latecomer [ˈleɪtˌkʌmər] noun retardataire mf.

lately [ˈleɪtlɪ] adv ces derniers temps, dernièrement.

late-night adj [TV programme] programmé(e) à une heure tardive ; [shop] ouvert(e) en nocturne.

latent [ˈleɪtənt] adj latent(e).

later [ˈleɪtər] ◆ adj [date] ultérieur(e) ; [edition] postérieur(e). ◆ adv ▸ **later (on)** plus tard.

l8r, L8R MESSAGING written abbr of **later**.

lateral [ˈlætərəl] adj latéral(e).

lateral thinking noun approche f originale.

latest [ˈleɪtɪst] ◆ adj dernier(ère). ◆ noun ▸ **at the latest** au plus tard.

lathe [leɪð] noun tour m.

lather [ˈlɑːðər] ◆ noun mousse f (de savon). ◆ vt savonner.

Latin [ˈlætɪn] ◆ adj latin(e). ◆ noun [language] latin m.

Latin America noun Amérique f latine.

Latin-American adj latino-américain(e).

latitude [ˈlætɪtjuːd] noun latitude f.

latter [ˈlætər] ◆ adj **1.** [later] dernier(ère) **2.** [second] deuxième. ◆ noun ▸ **the latter** celui-ci (celle-ci), ce dernier (cette dernière).

latterly [ˈlætəlɪ] adv fml récemment.

lattice [ˈlætɪs] noun treillis m, treillage m.

Latvia [ˈlætvɪə] noun Lettonie f.

laudable [ˈlɔːdəbl] adj louable.

laugh [lɑːf] ◆ noun rire m / **we had a good laugh** inf on s'est bien amusé ▸ **to do sthg for laughs OR a laugh** inf faire qqch pour rire OR rigoler. ◆ vi rire. ◆ **laugh at** vt insep [mock] se moquer de, rire de. ◆ **laugh off** vt sep tourner en plaisanterie.

laughable [ˈlɑːfəbl] adj ridicule, risible.

laughingstock [ˈlɑːfɪŋstɒk] noun risée f.

laughter ['lɑːftə'] noun (U) rire m, rires mpl.

launch [lɔːntʃ] ❖ noun **1.** [gen] lancement m **2.** [boat] chaloupe f. ❖ vt lancer.

launch(ing) pad ['lɔːntʃ(ɪŋ)-], **launchpad** noun pas m de tir.

launder ['lɔːndə'] vt lit & fig blanchir.

laundrette, Launderette® [lɔːn'dret], **Laundromat®** US ['lɔːndrəmæt] noun laverie f automatique.

laundry ['lɔːndrɪ] noun **1.** (U) [clothes] lessive f **2.** [business] blanchisserie f.

laurel ['lɒrəl] noun laurier m.

lava ['lɑːvə] noun lave f.

lavatory ['lævətrɪ] noun UK toilettes fpl.

lavender ['lævəndə'] noun [plant] lavande f.

lavish ['lævɪʃ] ❖ adj **1.** [generous] généreux(euse) ▸ **to be lavish with** être prodigue de **2.** [sumptuous] somptueux(euse). ❖ vt ▸ **to lavish sthg on sb** prodiguer qqch à qqn.

law [lɔː] noun **1.** [gen] loi f ▸ **against the law** contraire à la loi, illégal(e) ▸ **to break the law** enfreindre OR transgresser la loi ▸ **law and order** ordre m public **2.** LAW droit m **3.** [scientific principle] loi f / the law of supply and demand ECON la loi de l'offre et de la demande.

law-abiding [-ə,baɪdɪŋ] adj respectueux(euse) des lois.

law court noun tribunal m, cour f de justice.

law-enforcement adj US chargé(e) de faire respecter la loi / law-enforcement officer représentant d'un service chargé de faire respecter la loi.

lawful ['lɔːfʊl] adj légal(e), licite.

lawless ['lɔːlɪs] adj **1.** [illegal] contraire à la loi, illégal(e) **2.** [without laws] sans loi.

lawn [lɔːn] noun pelouse f, gazon m.

lawnmower ['lɔːn,məʊə'] noun tondeuse f à gazon.

law school noun faculté f de droit.

lawsuit ['lɔːsuːt] noun procès m.

lawyer ['lɔːjə'] noun [in court] avocat m ; [of company] conseiller m, -ère f juridique ; [for wills, sales] notaire m.

lax [læks] adj relâché(e).

laxative ['læksətɪv] noun laxatif m.

lay [leɪ] ❖ pt ⟶ **lie.** ❖ vt (pt & pp laid) **1.** [gen] poser, mettre ; fig ▸ **to lay the blame for sthg on sb** rejeter la responsabilité de qqch sur qqn **2.** [trap, snare] tendre, dresser ; [plans] faire ▸ **to lay the table** UK mettre la table OR le couvert **3.** [egg] pondre. ❖ adj **1.** RELIG laïque **2.** [untrained] profane. ❖ **lay aside** vt sep mettre de côté. ❖ **lay down** vt sep **1.** [guidelines, rules] imposer, stipuler **2.** [put down] déposer. ❖ **lay off** ❖ vt sep [make redundant] licencier. ❖ vt insep inf **1.** [leave alone] ficher la paix à **2.** [give up] arrêter. ❖ **lay on** vt sep UK [provide, supply] organiser. ❖ **lay out** vt sep **1.** [arrange] arranger, disposer **2.** [design] concevoir.

layabout ['leɪəbaʊt] noun UK inf fainéant m, -e f.

lay-by (pl lay-bys) noun UK aire f de stationnement.

layer ['leɪə'] noun couche f ; fig [level] niveau m.

layman ['leɪmən] (pl -men) noun **1.** [untrained person] profane m **2.** RELIG laïc m, laïque f.

layout ['leɪaʊt] noun [of office, building] agencement m ; [of garden] plan m ; [of page] mise f en page.

laze [leɪz] vi ▸ **to laze (around OR about)** UK paresser.

lazy ['leɪzɪ] adj [person] paresseux(euse), fainéant(e) ; [action] nonchalant(e).

lazybones ['leɪzɪbəʊnz] (pl inv) noun inf paresseux m, -euse f, fainéant m, -e f.

lb (abbr of pound) livre (unité de poids).

LCD (abbr of liquid crystal display) noun affichage à cristaux liquides.

L-driver noun UK abbr of learner-driver.

lead¹ [liːd] ❖ noun **1.** [winning position] ▸ **to be in** OR **have the lead** mener, être en tête **2.** [initiative, example] initiative f, exemple m ▸ **to take the lead** montrer l'exemple **3.** THEAT ▸ **the lead** le rôle principal **4.** [clue] indice m **5.** UK [for dog] laisse f **6.** [wire, cable] câble m, fil m. ❖ adj [role] principal(e). ❖ vt (pt & pp led) **1.** [be at front of] mener, être à la tête de **2.** [guide] guider, conduire **3.** [be in charge of] être à la tête de, diriger **4.** [life] mener **5.** [cause, bring] ▸ **to lead sb to do sthg** inciter OR pousser qqn à faire qqch. ❖ vi (pt & pp led) **1.** [go] mener, conduire ▸ **to lead to / into** donner sur, donner accès à **2.** [be ahead] mener **3.** [result in] ▸ **to lead to sthg** aboutir à qqch, causer qqch. ❖ **lead up to** vt insep **1.** [precede] conduire à, aboutir à **2.** [build up to] amener.

lead² [led] ❖ noun plomb m ; [in pencil] mine f. ❖ comp en OR de plomb.

leaded ['ledɪd] adj [petrol] au plomb ; [window] à petits carreaux.

leader ['li:dər] noun **1.** [head, chief] chef mf ; POL leader mf **2.** [in race, competition] premier m, -ère f **3.** UK PRESS éditorial m.

leadership ['li:dəʃɪp] noun **1.** [people in charge] ▶ **the leadership** les dirigeants mpl **2.** [position of leader] direction f **3.** (U) [qualities of leader] qualités fpl de chef.

lead-free [led-] adj sans plomb.

lead guitar [li:d-] noun première f guitare.

leading ['li:dɪŋ] adj **1.** [most important] principal(e) **2.** [at front] de tête.

leading light noun personnage m très important OR influent.

leaf [li:f] (pl leaves [li:vz]) noun **1.** [of tree, plant] feuille f **2.** [of table - hinged] abattant m ; [- pull-out] rallonge f **3.** [of book] feuille f, page f. ◆ **leaf through** vt insep [magazine] parcourir, feuilleter.

leaflet ['li:flɪt] noun prospectus m.

leafy ['li:fɪ] (compar -ier, superl -iest) adj [tree] feuillu(e) ; [avenue] bordé(e) d'arbres ; [suburb] verdoyant(e).

league [li:g] noun ligue f ; SPORT championnat m ▶ **to be in league with** être de connivence avec.

leak [li:k] ◆ noun lit & fig fuite f. ◆ vt [secret, information] divulguer. ◆ vi [liquid] fuir. ◆ **leak out** vi **1.** [liquid] fuir **2.** fig [secret, information] transpirer, être divulgué(e).

leakage ['li:kɪdʒ] noun fuite f.

lean [li:n] ◆ adj **1.** [slim] mince **2.** [meat] maigre **3.** fig [month, time] mauvais(e). ◆ vt (pt & pp leant or -ed) [rest] ▶ **to lean sthg against** appuyer qqch contre, adosser qqch à. ◆ vi (pt & pp leant or -ed) **1.** [bend, slope] se pencher **2.** [rest] ▶ **to lean on /against** s'appuyer sur /contre.

leaning ['li:nɪŋ] noun ▶ **leaning (towards)** penchant m (pour).

leant [lent] pt & pp ⟶ **lean**.

lean-to (pl lean-tos) noun appentis m.

leap [li:p] ◆ noun lit & fig bond m. ◆ vi (pt & pp leapt or -ed) **1.** [gen] bondir **2.** fig [increase] faire un bond.

leapfrog ['li:pfrɒg] ◆ noun saute-mouton m inv. ◆ vt dépasser (d'un bond). ◆ vi ▶ **to leapfrog over** sauter par-dessus.

leapt [lept] pt & pp ⟶ **leap**.

leap year noun année f bissextile.

learn [lɜ:n] (pt & pp -ed or learnt) ◆ vt ▶ **to learn (that)...** apprendre que... ▶ **to learn (how) to do sthg** apprendre à faire qqch. ◆ vi ▶ **to learn (of OR about sthg)** apprendre (qqch).

learned ['lɜ:nɪd] adj savant(e).

learner ['lɜ:nər] noun débutant m, -e f.

learner-driver noun UK conducteur débutant m, conductrice débutante f (qui n'a pas encore son permis).

learning ['lɜ:nɪŋ] noun savoir m, érudition f.

learning curve noun courbe f d'apprentissage / it's been a steep learning curve il a fallu apprendre très vite.

learnt [lɜ:nt] pt & pp ⟶ **learn**.

lease [li:s] ◆ noun bail m. ◆ vt louer ▶ **to lease sthg from sb** louer qqch à qqn ▶ **to lease sthg to sb** louer qqch à qqn.

leasehold ['li:shəʊld] ◆ adj loué(e) à bail, tenu(e) à bail. ◆ adv à bail.

leash [li:ʃ] noun US laisse f.

least [li:st] (superl of little) ◆ adj ▶ **the least** le plus petit (la plus petite). ◆ pron [smallest amount] ▶ **the least** le moins ▶ **it's the least (that) he can do** c'est la moindre des choses qu'il puisse faire ▶ **not in the least** pas du tout, pas le moins du monde ▶ **to say the least** c'est le moins qu'on puisse dire. ◆ adv ▶ **(the) least** le moins (la moins). ◆ **at least** adv au moins ; [to correct] du moins. ◆ **least of all** adv surtout pas, encore moins. ◆ **not least** adv fml notamment.

leather ['leðər] ◆ noun cuir m. ◆ comp en cuir.

leave [li:v] ◆ vt (pt & pp left) **1.** [gen] laisser ▶ **to leave sb alone** laisser qqn tranquille **2.** [go away from] quitter **3.** [bequeath] ▶ **to leave sb sthg, to leave sthg to sb** léguer OR laisser qqch à qqn. ◆ vi (pt & pp left) partir. ◆ noun **1.** congé m ▶ **to be on leave a)** [from work] être en congé **b)** [from army] être en permission **2.** fml [permission] permission f, autorisation f / by OR with your leave avec votre permission **3.** [farewell] congé m / to take one's leave (of sb) prendre congé (de qqn). See also **left**. ◆ **leave aside** vt sep laisser de côté / leaving aside the question of cost si on laisse de côté la question du coût. ◆ **leave behind** vt sep **1.** [go away from] abandonner, laisser / she soon left the other runners behind elle a vite distancé tous les autres coureurs **2.** [forget] oublier, laisser. ◆ **leave out** vt sep **1.** omettre, exclure **2.** / leave it out! UK v inf lâche-moi ! ◆ **leave over** vt sep [allow or cause to remain] laisser / to be left over rester

/ *there are still one or two left over* il en reste encore un ou deux.

leaves [liːvz] pl n ⟶ **leaf**.

Lebanon ['lebənən] noun Liban m.

lecherous ['letʃərəs] adj pej lubrique, libidineux(euse).

lecture ['lektʃər] ❖ noun **1.** [talk] conférence f **2.** UNIV cours m magistral **3.** [scolding] ▶ **to give sb a lecture** réprimander qqn, sermonner qqn. ❖ vt [scold] réprimander, sermonner. ❖ vi ▶ **to lecture on sthg** faire un cours sur qqch ▶ **to lecture in sthg** être professeur de qqch.

lecturer ['lektʃərər] noun [speaker] conférencier m, -ère f ; UK UNIV maître assistant m.

led [led] pt & pp ⟶ **lead¹**.

ledge [ledʒ] noun **1.** [of window] rebord m **2.** [of mountain] corniche f.

ledger ['ledʒər] noun grand livre m.

leech [liːtʃ] noun lit & fig sangsue f.

leek [liːk] noun poireau m (*c'est un emblème du pays de Galles*).

leer [lɪər] ❖ noun regard m libidineux. ❖ vi ▶ **to leer at** reluquer.

leeway ['liːweɪ] noun [room to manoeuvre] marge f de manœuvre.

left [left] ❖ pt & pp ⟶ **leave**. ❖ adj **1.** [remaining] ▶ **to be left** rester / *have you* OR *do you have any money left?* il te reste de l'argent ? **2.** [not right] gauche. ❖ adv à gauche. ❖ noun ▶ **on** OR **to the left** à gauche. ◆ **Left** noun POL ▶ **the Left** la Gauche.

left-hand adj de gauche / *left-hand side* gauche f, côté m gauche.

left-handed [-'hændɪd] adj **1.** [person] gaucher(ère) **2.** [implement] pour gaucher.

left luggage noun (U) UK [cases] bagages mpl en consigne ; [office] consigne f ▶ **the left luggage lockers** la consigne automatique.

leftover ['leftəʊvər] adj qui reste, en surplus. ◆ **leftovers** pl n restes mpl.

left wing noun POL gauche f. ◆ **left-wing** adj POL de gauche.

lefty ['leftɪ] (pl -ies) noun **1.** UK inf POL gauchiste mf, gaucho m **2.** US [left-handed person] gaucher m, -ère f.

leg [leg] noun **1.** [of person, trousers] jambe f ; [of animal] patte f ▶ **to pull sb's leg** faire marcher qqn **2.** CULIN [of lamb] gigot m ; [of pork, chicken]

cuisse f **3.** [of furniture] pied m **4.** [of journey, match] étape f.

legacy ['legəsɪ] noun lit & fig legs m, héritage m.

legal ['liːgl] adj **1.** [concerning the law] juridique **2.** [lawful] légal(e).

legalize, legalise UK ['liːgəlaɪz] vt légaliser, rendre légal.

legal tender noun monnaie f légale.

legend ['ledʒənd] noun lit & fig légende f.

leggings ['legɪŋz] pl n jambières fpl, leggings mpl OU fpl.

leggy ['legɪ] (compar -ier, superl -iest) adj [woman] qui a des jambes interminables.

legible ['ledʒəbl] adj lisible.

legislation [,ledʒɪs'leɪʃn] noun législation f.

legislature ['ledʒɪsleɪtʃər] noun corps m législatif.

legitimate [lɪ'dʒɪtɪmət] adj légitime.

legless ['legɪs] adj UK inf [drunk] bourré(e), rond(e).

legroom ['legrʊm] noun (U) place f pour les jambes.

leg-up noun ▶ **to give sb a leg-up** a) lit faire la courte échelle à qqn b) fig donner un coup de main OR de pouce à qqn.

legwarmers [-,wɔːməz] pl n jambières fpl.

legwork ['legwɜːk] noun : *I had to do the legwork* inf j'ai dû beaucoup me déplacer.

leisure [UK 'leʒər, US 'liːʒər] noun loisir m, temps m libre ▶ **at (one's) leisure** à loisir, tout à loisir.

leisure centre noun UK centre m de loisirs.

leisurely [UK 'leʒəlɪ, US 'liːʒərlɪ] ❖ adj [pace] lent(e), tranquille. ❖ adv [walk] sans se presser.

leisure time noun (U) temps m libre, loisirs mpl.

lemon ['lemən] noun [fruit] citron m.

lemonade [,lemə'neɪd] noun **1.** UK [fizzy] limonade f **2.** US [flat] citronnade f **3.** US [juice] citron m pressé.

lemon juice noun jus m de citron.

lemon sole noun limande-sole f.

lemon squeezer [-'skwiːzər] noun presse-citron m inv.

lend [lend] (pt & pp lent) vt **1.** [loan] prêter ▶ **to lend sb sthg, to lend sthg to sb** prêter qqch à qqn **2.** [offer] ▶ **to lend support (to sb)** offrir son soutien (à qqn) ▶ **to lend assistance (to sb)**

prêter assistance (à qqn) **3.** [add] ▶ **to lend sthg to sthg** [quality] ajouter qqch à qqch.

length [leŋθ] noun **1.** [gen] longueur *f* / *what length is it?* ça fait quelle longueur ? ▶ *it's five metres in length* cela fait cinq mètres de long **2.** [piece - of string, wood] morceau *m*, bout *m* ; [- of cloth] coupon *m* **3.** [duration] durée *f* **4.** PHR to go to great lengths to do sthg tout faire pour faire qqch. ✦ **at length** adv **1.** [eventually] enfin **2.** [in detail] à fond.

lengthen ['leŋθən] ✧ vt [dress] rallonger ; [life] prolonger. ✧ vi allonger.

lengthways ['leŋθweɪz], **lengthwise** ['leŋθwaɪz] adv dans le sens de la longueur.

lengthy ['leŋθɪ] adj très long (longue).

lenient ['li:njənt] adj [person] indulgent(e) ; [laws] clément(e).

lens [lenz] noun **1.** [of camera] objectif *m* ; [of glasses] verre *m* **2.** [contact lens] verre *m* de contact, lentille *f* (cornéenne).

lent [lent] pt & pp ⟶ **lend**.

Lent [lent] noun Carême *m*.

lentil ['lentɪl] noun lentille *f*.

Leo ['li:əʊ] noun Lion *m*.

leopard ['lepəd] noun léopard *m*.

leotard ['li:ətɑ:d] noun collant *m*.

leper ['lepər] noun lépreux *m*, -euse *f*.

leprechaun ['leprəkɔ:n] noun IR lutin *m*.

leprosy ['leprəsɪ] noun lèpre *f*.

lesbian ['lezbɪən] noun lesbienne *f*.

less [les] *(compar of little)* ✧ adj moins de / *less money / time than me* moins d'argent / de temps que moi. ✧ pron moins / *it costs less than you think* ça coûte moins cher que tu ne le crois / *no less than £50* pas moins de 50 livres ▶ **the less... the less...** moins... moins.... ✧ adv moins / *less than five* moins de cinq ▶ **less and less** de moins en moins. ✧ prep [minus] moins. ✦ **no less** adv rien de moins / *he won the Booker prize, no less!* il a obtenu le Booker prize, rien de moins que ça ! / *taxes rose by no less than 15 %* les impôts ont augmenté de 15 %, ni plus ni moins.

lessen ['lesn] ✧ vt [risk, chance] diminuer, réduire ; [pain] atténuer. ✧ vi [gen] diminuer ; [pain] s'atténuer.

lesser ['lesər] adj moindre ▶ **to a lesser extent** OR **degree** à un degré moindre.

lesson ['lesn] noun leçon *f*, cours *m* ▶ **to teach sb a lesson** *fig* donner une (bonne) leçon à qqn.

lest [lest] conj *fml* de crainte que / *'lest we forget'* in memoriam'.

let [let] *(pt & pp* let*)* vt **1.** [allow] ▶ **to let sb do sthg** laisser qqn faire qqch ▶ **to let sb know sthg** dire qqch à qqn ▶ **to let go of sb / sthg** lâcher qqn / qqch ▶ **to let sb go a)** [gen] laisser (partir) qqn **b)** [prisoner] libérer qqn **2.** [in verb forms] ▶ **let's go!** allons-y ! ▶ **let's see** voyons / *let them wait* qu'ils attendent **3.** UK [rent out] louer ▶ **'to let'** 'à louer'. ✦ **let alone** conj encore moins, sans parler de. ✦ **let down** vt sep **1.** UK [deflate] dégonfler **2.** [disappoint] décevoir. ✦ **let in** vt sep [admit] laisser OR faire entrer. ✦ **let off** vt sep **1.** UK [excuse] ▶ **to let sb off sthg** dispenser qqn de qqch **2.** [not punish] ne pas punir **3.** [bomb] faire éclater ; [gun, firework] faire partir. ✦ **let on** vi : *don't let on!* UK ne dis rien (à personne) ! ✦ **let out** ✧ vt sep **1.** [allow to go out] laisser sortir ▶ **to let air out of sthg** dégonfler qqch **2.** [laugh, scream] laisser échapper. ✧ vi US SCH finir. ✦ **let up** vi **1.** [rain] diminuer **2.** [person] s'arrêter.

letdown ['letdaʊn] noun *inf* déception *f*.

lethal ['li:θl] adj mortel(elle), fatal(e).

lethargic [lə'θɑ:dʒɪk] adj léthargique.

let's [lets] ⟶ **let us**.

letter ['letər] noun lettre *f*.

letter bomb noun lettre *f* piégée.

letterbox ['letəbɒks] noun UK boîte *f* aux OR à lettres.

lettuce ['letɪs] noun laitue *f*, salade *f*.

letup ['letʌp] noun [in fighting] répit *m* ; [in work] relâchement *m*.

leukaemia, leukemia US [lu:'ki:mɪə] noun leucémie *f*.

level ['levl] ✧ adj **1.** [equal in height] à la même hauteur ; [horizontal] horizontal(e) ▶ **to be level with** être au niveau de **2.** [equal in standard] à égalité **3.** [flat] plat(e), plan(e). ✧ noun **1.** [gen] niveau *m* ▶ **to be on the level** *inf* être réglo **2.** US [spirit level] niveau *m* à bulle. ✧ vt **1.** [make flat] niveler, aplanir **2.** [demolish] raser. ✦ **level off, level out** vi **1.** [inflation] se stabiliser **2.** [aeroplane] se mettre en palier. ✦ **level with** vt insep *inf* être franc (franche) OR honnête avec.

level crossing noun UK passage *m* à niveau.

level-headed [-'hedɪd] adj raisonnable.

lever [UK 'li:vər, US 'levər] noun levier *m*.

leverage [UK 'liːvərɪdʒ, US 'levərɪdʒ] noun
(U) **1.** [force] ▸ **to get leverage on sthg** avoir
une prise sur qqch **2.** fig [influence] influence f.

levy ['levɪ] ❖ noun prélèvement m, impôt m.
❖ vt prélever, percevoir.

lewd [ljuːd] adj obscène.

liability [ˌlaɪə'bɪlətɪ] noun **1.** responsabilité f
2. fig [person, thing] danger m public. ◆ **liabilities** pl n FIN dettes fpl, passif m.

liable ['laɪəbl] adj **1.** [likely] ▸ **to be liable to
do sthg** risquer de faire qqch, être susceptible
de faire qqch **2.** [prone] ▸ **to be liable to sthg**
être sujet(ette) à qqch **3.** LAW ▸ **to be liable
(for)** être responsable (de) ▸ **to be liable to**
être passible de.

liaise [lɪ'eɪz] vi UK ▸ **to liaise with** assurer
la liaison avec.

liar ['laɪər] noun menteur m, -euse f.

libel ['laɪbl] ❖ noun LAW diffamation f. ❖ vt
diffamer.

libellous UK, **libelous** US ['laɪbələs] adj
diffamatoire.

liberal ['lɪbərəl] ❖ adj **1.** [tolerant] libé-
ral(e) **2.** [generous] généreux(euse). ❖ noun
libéral m, -e f. ◆ **Liberal** ❖ adj POL libéral(e).
❖ noun POL libéral m, -e f.

Liberal Democrat noun adhérent du principal parti centriste britannique.

liberate ['lɪbəreɪt] vt libérer.

liberation [ˌlɪbə'reɪʃn] noun libération f.

liberty ['lɪbətɪ] noun liberté f ▸ **at liberty** en
liberté ▸ **to be at liberty to do sthg** être libre de
faire qqch ▸ **to take liberties (with sb)** prendre
des libertés (avec qqn).

Libra ['liːbrə] noun Balance f.

librarian [laɪ'breərɪən] noun bibliothécaire mf.

library ['laɪbrərɪ] noun bibliothèque f.

library book noun livre m de bibliothèque.

libretto [lɪ'bretəʊ] (pl **-s**) noun livret m.

Libya ['lɪbɪə] noun Libye f.

lice [laɪs] pl n ⟶ **louse**.

licence UK, **license** US ['laɪsəns] noun
1. UK [gen] permis m, autorisation f ▸ **driving
licence** UK, **driver's licence** US permis m de
conduire ▸ **TV licence** redevance f télé **2.** UK
COMM licence f.

license ['laɪsəns] ❖ vt autoriser.
❖ noun US = **licence**.

licensed ['laɪsənst] adj **1.** [person] ▸ **to be
licensed to do sthg** avoir un permis pour OR

l'autorisation de faire qqch **2.** UK [premises]
qui détient une licence de débit de boissons.

license plate noun US plaque f d'immatriculation.

lick [lɪk] vt **1.** [gen] lécher **2.** inf [defeat] écraser.

licorice ['lɪkərɪs] US = **liquorice**.

lid [lɪd] noun **1.** [cover] couvercle m **2.** [eyelid]
paupière f.

lie [laɪ] ❖ noun mensonge m ▸ **to tell lies**
mentir, dire des mensonges. ❖ vi (pt **lay**, pp
lain, cont **lying**) **1.** (pt & pp **lied**) [tell lie] ▸ **to
lie (to sb)** mentir (à qqn) **2.** [be horizontal] être
allongé(e), être couché(e) **3.** [lie down] s'allonger, se coucher **4.** [be situated] se trouver, être.
◆ **lie about, lie around** vi UK traîner.
◆ **lie down** vi s'allonger, se coucher. ◆ **lie
in** vi UK rester au lit, faire la grasse matinée.

Liechtenstein ['lɪktənstaɪn] noun Liechtenstein m.

lie detector noun détecteur m de mensonges.

lie-down noun UK ▸ **to have a lie-down** faire
une sieste OR un (petit) somme.

lie-in noun UK ▸ **to have a lie-in** faire la grasse
matinée.

lieutenant [UK lef'tenənt, US luː'tenənt]
noun lieutenant m.

life [laɪf] noun (pl **lives** [laɪvz]) **1.** [gen] vie f
▸ **for life** à vie ▸ **that's life!** c'est la vie ! ▸ **to
scare the life out of sb** faire une peur bleue
à qqn **2.** [liveliness] vie f ▸ **there's more life
in Sydney than in Wellington** Sydney est plus
animé que Wellington ▸ **to come to life** s'animer
▸ **she was the life and soul of the party** c'est
elle qui a mis de l'ambiance dans la soirée **3.** ART
nature f ▸ **to draw from life** dessiner d'après
nature **4.** LITER réalité f ▸ **his novels are very
true to life** ses romans sont très réalistes **5.** (U)
inf [life imprisonment] emprisonnement m à
perpétuité.

life assurance UK = **life insurance**.

lifebelt noun bouée f de sauvetage.

lifeboat ['laɪfbəʊt] noun canot m de sauvetage.

life buoy noun bouée f de sauvetage.

life expectancy noun espérance f de vie.

lifeguard ['laɪfɡɑːd] noun [at swimming pool]
maître-nageur sauveteur m ; [at beach] gardien m
de plage.

life imprisonment [-ɪm'prɪznmənt] noun
emprisonnement m à perpétuité.

life insurance noun assurance-vie f.

life jacket noun gilet m de sauvetage.

lifeless ['laɪflɪs] adj 1. [dead] sans vie, inanimé(e) 2. [listless - performance] qui manque de vie ; [- voice] monotone.

lifelike ['laɪflaɪk] adj 1. [statue, doll] qui semble vivant(e) 2. [portrait] ressemblant(e).

lifeline ['laɪflaɪn] noun corde f (de sauvetage) ; fig lien m vital (avec l'extérieur).

lifelong ['laɪflɒŋ] adj de toujours.

life preserver [-prɪ,zɜ:və^r] noun US [life belt] bouée f de sauvetage ; [life jacket] gilet m de sauvetage.

lifesaver ['laɪf,seɪvə^r] noun [person] maître-nageur sauveteur m.

life sentence noun condamnation f à perpétuité.

life-size(d) [-saɪz(d)] adj grandeur nature (inv).

lifespan ['laɪfspæn] noun 1. [of person, animal] espérance f de vie 2. [of product, machine] durée f de vie.

lifestyle ['laɪfstaɪl] noun mode m OR style m de vie.

life-support system noun respirateur m artificiel.

lifetime ['laɪftaɪm] noun vie f ▶ in my lifetime de mon vivant.

lift [lɪft] ❖ noun 1. [in car] ▶ to give sb a lift emmener OR prendre qqn en voiture 2. UK [elevator] ascenseur m. ❖ vt 1. [gen] lever ; [weight] soulever 2. [plagiarize] plagier 3. inf [steal] voler. ❖ vi 1. [lid] s'ouvrir 2. [fog] se lever.

liftoff noun décollage m.

light [laɪt] ❖ adj 1. [not dark] clair(e) 2. [not heavy] léger(ère) / I had a light lunch j'ai mangé légèrement à midi, j'ai déjeuné léger 3. [traffic] fluide ; [corrections] peu nombreux(euses) 4. [not difficult] facile / take some light reading prends quelque chose de facile à lire. ❖ noun 1. (U) [brightness] lumière f 2. [device] lampe f 3. [AUTO - gen] feu m ; [- headlamp] phare m 4. [for cigarette] feu m / have you got a light? vous avez du feu ? ▶ to set light to sthg mettre le feu à qqch 5. [perspective] ▶ in light of, in the light of UK à la lumière de / in a good/bad light sous un jour favorable/défavorable 6. PHR to come to light être découvert(e) OR dévoilé(e). ❖ vt (pt & pp lit or -ed) 1. [lamp, cigarette] allumer 2. [room, stage] éclairer. ❖ adv ▶ to travel light voyager léger. ◆ light up ❖ vt sep 1. [illuminate] éclairer 2. [cigarette] allumer.

❖ vi 1. [face] s'éclairer 2. inf [start smoking] allumer une cigarette.

lightbulb noun ampoule f.

lighten ['laɪtn] ❖ vt 1. [give light to] éclairer ; [make less dark] éclaircir 2. [make less heavy] alléger. ❖ vi [brighten] s'éclaircir.

lighter ['laɪtə^r] noun [cigarette lighter] briquet m.

light-headed [-'hedɪd] adj ▶ to feel light-headed avoir la tête qui tourne.

light-hearted [-'hɑ:tɪd] adj 1. [cheerful] joyeux(euse), gai(e) 2. [amusing] amusant(e).

lighthouse ['laɪthaʊs] (pl [-haʊzɪz]) noun phare m.

lighting ['laɪtɪŋ] noun éclairage m.

lightning ['laɪtnɪŋ] noun (U) éclair m, foudre f.

lightweight ['laɪtweɪt] ❖ adj [object] léger(ère). ❖ noun [boxer] poids m léger.

light year noun année-lumière f.

likable ['laɪkəbl] adj sympathique.

like [laɪk] ❖ prep 1. [gen] comme ▶ to look like sb/sthg ressembler à qqn/qqch ▶ to taste like sthg avoir un goût de qqch ▶ like this/that comme ci/ça 2. [such as] tel que, comme. ❖ vt 1. [gen] aimer / I like her elle me plaît ▶ to like doing OR to do sthg aimer faire qqch 2. [in offers, requests] : would you like some more cake? vous prendrez encore du gâteau ? / I'd like to go je voudrais bien OR j'aimerais y aller / I'd like you to come je voudrais bien OR j'aimerais que vous veniez ▶ if you like si vous voulez. ❖ noun ▶ the like une chose pareille. ◆ likes pl n 1. ▶ likes and dislikes goûts mpl 2. / the likes of us/them etc. inf les gens comme nous/eux etc.

likeable ['laɪkəbl] = likable.

likelihood ['laɪklɪhʊd] noun (U) chances fpl, probabilité f.

likely ['laɪklɪ] adj 1. [probable] probable / he's likely to get angry il risque de se fâcher ▶ a likely story! iro à d'autres ! 2. [candidate] prometteur(euse).

liken ['laɪkn] vt ▶ to liken sb/sthg to assimiler qqn/qqch à.

likeness ['laɪknɪs] noun 1. [resemblance] ▶ likeness (to) ressemblance f (avec) 2. [portrait] portrait m.

likewise ['laɪkwaɪz] adv [similarly] de même ▶ to do likewise faire pareil OR de même.

liking ['laɪkɪŋ] noun [for person] affection f, sympathie f ; [for food, music] goût m, penchant *m* ▶ **to have a liking for sthg** avoir le goût de qqch ▶ **to be to sb's liking** être du goût de qqn, plaire à qqn.

lilac ['laɪlək] ❖ adj [colour] lilas *(inv).* ❖ noun lilas *m.*

Lilo® ['laɪləʊ] *(pl* -s) noun **UK** matelas *m* pneumatique.

lily ['lɪlɪ] noun lis *m.*

lily-livered [-'lɪvəd] adj *hum* froussard(e).

limb [lɪm] noun **1.** [of body] membre *m* **2.** [of tree] branche *f.*

limber ['lɪmbər] ❖ **limber up** vi s'échauffer.

limbo ['lɪmbəʊ] *(pl* -s) noun *(U)* [uncertain state] ▶ **to be in limbo** être dans les limbes.

lime [laɪm] noun **1.** [fruit] citron *m* vert **2.** [drink] ▶ **lime (juice)** jus *m* de citron vert **3.** [linden tree] tilleul *m* **4.** [substance] chaux *f.*

limelight ['laɪmlaɪt] noun ▶ **to be in the limelight** être au premier plan.

limerick ['lɪmərɪk] noun *poème humoristique de cinq vers dont les rimes suivent la séquence* **aabba**. *Aujourd'hui les limericks ont souvent un caractère grivois.*

limestone ['laɪmstəʊn] noun *(U)* pierre *f* à chaux, calcaire *m.*

limey ['laɪmɪ] *(pl* -s) noun **US** *inf terme péjoratif désignant un Anglais.*

limit ['lɪmɪt] ❖ noun limite *f* ▶ **off limits** interdit ▶ **within limits** [to an extent] dans une certaine mesure. ❖ vt limiter, restreindre.

limitation [,lɪmɪ'teɪʃn] noun limitation *f,* restriction *f.*

limited ['lɪmɪtɪd] adj limité(e), restreint(e).

limousine ['lɪməziːn] noun limousine *f.*

limp [lɪmp] ❖ adj mou (molle). ❖ noun ▶ **to have a limp** boiter. ❖ vi boiter ▶ **to go limp** s'affaisser.

limpet ['lɪmpɪt] noun patelle *f,* bernique *f.*

linchpin, lynchpin ['lɪntʃpɪn] noun *fig* cheville *f* ouvrière.

line [laɪn] ❖ noun **1.** [gen] ligne *f* **2.** [row] rangée *f* **3.** [queue] file *f,* queue *f* ▶ **to stand** OR **wait in line** faire la queue **4.** [RAIL - track] voie *f;* [- route] ligne *f* **5.** [of writing, text] ligne *f;* [of poem, song] vers *m* **6.** TELEC ligne *f* ▶ **hold the line!** ne quittez pas ! **7.** [conformity] ▶ **to step out of line** faire cavalier seul **8.** *inf* [work] ▶ **line of business** branche *f* **9.** [wrinkle] ride *f* **10.** [string, wire] corde *f* ▶ **a fishing line** une ligne **11.** [borderline, limit] frontière *f* ▶ **to draw the line at sthg** refuser de faire qqch, se refuser

à **12.** COMM gamme *f.* ❖ vt [drawer, box] tapisser ; [clothes] doubler. ❖ **out of line** adj [remark, behaviour] déplacé(e). ❖ **line up** ❖ vt sep **1.** [in rows] aligner **2.** [organize] prévoir. ❖ vi [in row] s'aligner ; [in queue] faire la queue.

lined [laɪnd] adj **1.** [paper] réglé(e) **2.** [wrinkled] ridé(e).

linen ['lɪnɪn] noun *(U)* **1.** [cloth] lin *m* **2.** [tablecloths, sheets] linge *m* (de maison).

liner ['laɪnər] noun [ship] paquebot *m.*

linesman ['laɪnzmən] *(pl* -**men**) noun TENNIS juge *m* de ligne ; FOOT juge de touche.

lineup ['laɪnʌp] noun **1.** SPORT équipe *f* **2.** **US** [identity parade] rangée *f* de suspects *(pour identification par un témoin).*

linger ['lɪŋgər] vi **1.** [person] s'attarder **2.** [doubt, pain] persister.

lingo ['lɪŋgəʊ] *(pl* -es) noun *inf* jargon *m.*

linguist ['lɪŋgwɪst] noun linguiste *mf.*

linguistics [lɪŋ'gwɪstɪks] noun *(U)* linguistique *f.*

lining ['laɪnɪŋ] noun **1.** [of coat, curtains, box] doublure *f* **2.** [of stomach] muqueuse *f* **3.** AUTO [of brakes] garniture *f.*

link [lɪŋk] ❖ noun **1.** [of chain] maillon *m* **2.** [connection] ▶ **link (between / with)** lien *m* (entre / avec) **3.** COMPUT lien *m* ▶ **links to sthg** liens vers qqch. ❖ vt [cities, parts] relier ; [events] lier ▶ **to link arms** se donner le bras. ❖ vi COMPUT avoir un lien vers ▶ **to link to sthg** mettre un lien avec qqch. ❖ **link up** vt sep relier ▶ **to link sthg up with sthg** relier qqch avec OR à qqch.

lino **UK** ['laɪnəʊ], **linoleum** [lɪ'nəʊlɪəm] noun lino *m,* linoléum *m.*

lintel ['lɪntl] noun linteau *m.*

lion ['laɪən] noun lion *m.*

lioness ['laɪənes] noun lionne *f.*

lip [lɪp] noun **1.** [of mouth] lèvre *f* **2.** [of container] bord *m.*

lip balm = **lip salve.**

lippy ['lɪpɪ] *(compar* -**ier**, *superl* -**iest**) adj *inf* insolent(e), culotté(e).

lip-read vi lire sur les lèvres.

lip salve **UK**, **lip balm** noun pommade *f* pour les lèvres.

lip service noun ▶ **to pay lip service to sthg** approuver qqch pour la forme.

lipstick ['lɪpstɪk] noun rouge *m* à lèvres.

lip-synch [-sɪŋk] ❖ vi chanter en play-back. ❖ vt : *to lip-synch a song* chanter une chanson en play-back.

liqueur [lɪˈkjʊər] noun liqueur f.

liquid [ˈlɪkwɪd] ❖ adj liquide. ❖ noun liquide m.

liquidation [ˌlɪkwɪˈdeɪʃn] noun liquidation f.

liquidize, liquidise UK [ˈlɪkwɪdaɪz] vt CULIN passer au mixer.

liquidizer, liquidiser [ˈlɪkwɪdaɪzər] noun UK mixer m.

liquor [ˈlɪkər] noun (U) alcool m, spiritueux mpl.

liquorice UK, **licorice** US [ˈlɪkərɪs] noun réglisse f.

liquor store noun US magasin m de vins et d'alcools.

Lisbon [ˈlɪzbən] noun Lisbonne.

lisp [lɪsp] ❖ noun zézaiement m. ❖ vi zézayer.

list [lɪst] ❖ noun liste f. ❖ vt [in writing] faire la liste de ; [in speech] énumérer.

listed building [ˌlɪstɪd-] noun UK monument m classé.

listen [ˈlɪsn] vi ▸ **to listen to (sb/sthg)** écouter (qqn/qqch) ▸ **to listen for sthg** guetter qqch.

listener [ˈlɪsnər] noun auditeur m, -trice f.

listing [ˈlɪstɪŋ] noun [COMPUT - action] listage m ; [- result] listing m. ◆ **listings** pl n ▸ **the listings** le calendrier des spectacles.

listless [ˈlɪstlɪs] adj apathique, mou (molle).

lit [lɪt] pt & pp ⟶ **light**.

liter US = **litre**.

literacy [ˈlɪtərəsɪ] noun fait m de savoir lire et écrire.

literal [ˈlɪtərəl] adj littéral(e).

literally [ˈlɪtərəlɪ] adv littéralement ▸ **to take sthg literally** prendre qqch au pied de la lettre.

literary [ˈlɪtərərɪ] adj littéraire.

literate [ˈlɪtərət] adj **1.** [able to read and write] qui sait lire et écrire **2.** [well-read] cultivé(e).

literature [ˈlɪtrətʃər] noun littérature f ; [printed information] documentation f.

lithe [laɪð] adj souple, agile.

Lithuania [ˌlɪθjʊˈeɪnɪə] noun Lituanie f.

litigation [ˌlɪtɪˈgeɪʃn] noun litige m ▸ **to go to litigation** aller en justice.

litre UK, **liter** US [ˈliːtər] noun litre m.

litter [ˈlɪtər] ❖ noun **1.** (U) [rubbish] ordures fpl, détritus mpl **2.** [of animals] portée f. ❖ vt ▸ **to be littered with** être couvert(e) de.

little [ˈlɪtl] ❖ adj **1.** [not big] petit(e) / *the shop is a little way along the street* le magasin se trouve un peu plus loin dans la rue ▸ **a little while** un petit moment **2.** (compar **less**, superl **least**) [not much] peu de / *little money* peu d'argent. ❖ pron **1.** [small amount] : *little of the money was left* il ne restait pas beaucoup d'argent, il restait peu d'argent **2.** [certain amount] : *a little of everything* un peu de tout / *the little I saw looked excellent* le peu que j'en ai vu paraissait excellent. ❖ adv peu, pas beaucoup ▸ **little by little** peu à peu, petit à petit. ◆ **a little** ❖ noun un peu de / *I speak a little French* je parle quelques mots de français / *a little money* un peu d'argent. ❖ pron un peu. ❖ adv un peu / *I'm a little tired* je suis un peu fatigué / *I walked on a little* j'ai marché encore un peu.

little finger noun petit doigt m, auriculaire m.

live[1] [lɪv] ❖ vi **1.** [gen] vivre **2.** [have one's home] habiter, vivre ▸ **to live in Paris** habiter (à) Paris **3.** [support o.s.] vivre / *they don't earn enough to live* ils ne gagnent pas de quoi vivre / *he lives by teaching* il gagne sa vie en enseignant / *how does she live on that salary?* comment s'en sort-elle avec ce salaire ? ❖ vt ▸ **to live a quiet life** mener une vie tranquille / *she lived the life of a film star* elle a vécu comme une star de cinéma ▸ **to live it up** inf faire la noce. ◆ **live down** vt sep faire oublier. ◆ **live off** vt insep [savings, the land] vivre de ; [family] vivre aux dépens de. ◆ **live on** ❖ vt insep vivre de. ❖ vi [memory, feeling] rester, survivre. ◆ **live through** vt insep connaître / *they've lived through war and famine* ils ont connu la guerre et la famine. ◆ **live together** vi vivre ensemble. ◆ **live up to** vt insep ▸ **to live up to sb's expectations** répondre à l'attente de qqn ▸ **to live up to one's reputation** faire honneur à sa réputation. ◆ **live with** vt insep **1.** [cohabit with] vivre avec **2.** inf [accept] se faire à, accepter.

live[2] [laɪv] adj **1.** [living] vivant(e) **2.** [coal] ardent(e) **3.** [bullet, bomb] non explosé(e) **4.** ELEC sous tension ; RADIO & TV en direct ; [performance] en public.

livelihood [ˈlaɪvlɪhʊd] noun gagne-pain m inv.

lively [ˈlaɪvlɪ] adj **1.** [person] plein(e) d'entrain **2.** [debate, meeting] animé(e) **3.** [mind] vif (vive).

liven [ˈlaɪvn] ◆ **liven up** ❖ vt sep [person] égayer ; [place] animer. ❖ vi s'animer.

liver ['lɪvər] noun foie *m*.

livery ['lɪvərɪ] noun livrée *f*.

lives [laɪvz] pl n ⟶ **life**.

livestock ['laɪvstɒk] noun (U) bétail *m*.

live wire [laɪv-] noun fil *m* sous tension ; *inf & fig* boute-en-train *m inv*.

livid ['lɪvɪd] adj **1.** *inf* [angry] furieux(euse) **2.** [bruise] violacé(e).

living ['lɪvɪŋ] ❖ adj vivant(e), en vie. ❖ noun ▶ **to earn** OR **make a living** gagner sa vie / *what do you do for a living?* qu'est-ce que vous faites dans la vie ?

living conditions pl n conditions *fpl* de vie.

living room noun salle *f* de séjour, living *m*.

living standards pl n niveau *m* de vie.

living wage noun minimum *m* vital.

lizard ['lɪzəd] noun lézard *m*.

llama ['lɑːmə] (*pl inv or* **-s**) noun lama *m*.

load [ləʊd] ❖ noun **1.** [burden, thing carried] chargement *m*, charge *f* **2.** [large amount] ▶ **loads of, a load of** *inf* des tas de, plein de / *a load of rubbish* UK OR *bull* US *inf* de la foutaise. ❖ vt [gen & COMPUT] charger ; [DVD] mettre un DVD dans ▶ **to load sb/sthg with** charger qqn/qqch de ▶ **to load a gun/camera (with)** charger un fusil/un appareil (avec) ▶ **to load the dice** piper les dés. ❖ vi **1.** [receive freight] charger / *the ship is loading* le navire est en cours de chargement **2.** [computer program] se charger. ◆ **load down** vt sep charger (lourdement) / *he was loaded down with packages* il avait des paquets plein les bras / *I'm loaded down with work* je suis surchargé de travail. ◆ **load up** vt sep & vi charger.

loaded ['ləʊdɪd] adj **1.** [question] insidieux(euse) **2.** *inf* [rich] plein(e) aux as **3.** US [drunk] ivre.

loads [ləʊdz] adv *inf* vachement / *it'll cost loads* ça va coûter un max OR vachement cher.

loaf [ləʊf] (*pl* **loaves** [ləʊvz]) noun ▶ **a loaf (of bread)** un pain.

loafer ['ləʊfər] noun [shoe] mocassin *m*.

loan [ləʊn] ❖ noun prêt *m* ▶ **on loan** prêté(e). ❖ vt prêter ▶ **to loan sthg to sb, to loan sb sthg** prêter qqch à qqn.

loan shark noun *inf & pej* usurier *m*.

loath [ləʊθ] adj *fml* ▶ **to be loath to do sthg** ne pas vouloir faire qqch, hésiter à faire qqch.

loathe [ləʊð] vt détester ▶ **to loathe doing sthg** avoir horreur de OR détester faire qqch.

loathsome ['ləʊðsəm] adj dégoûtant(e), répugnant(e).

loaves [ləʊvz] pl n ⟶ **loaf**.

lob [lɒb] ❖ noun TENNIS lob *m*. ❖ vt **1.** [throw] lancer **2.** TENNIS ▶ **to lob a ball** lober, faire un lob.

lobby ['lɒbɪ] ❖ noun **1.** [of hotel] hall *m* **2.** [pressure group] lobby *m*, groupe *m* de pression. ❖ vt faire pression sur.

lobe [ləʊb] noun lobe *m*.

lobster ['lɒbstər] noun homard *m*.

local ['ləʊkl] ❖ adj local(e). ❖ noun *inf* **1.** [person] ▶ **the locals** les gens *mpl* du coin OR du pays **2.** UK [pub] café *m* OR bistro *m* du coin.

local authority noun UK autorités *fpl* locales.

local call noun communication *f* urbaine.

local government noun administration *f* municipale.

locality [ləʊ'kælətɪ] noun endroit *m*.

localization, localisation UK [ˌləʊkəlaɪ'zeɪʃn] noun COMPUT localisation *f*.

localized, localised UK ['ləʊkəlaɪzd] adj localisé(e).

locally ['ləʊkəlɪ] adv **1.** [on local basis] localement **2.** [nearby] dans les environs, à proximité.

locate [UK ləʊ'keɪt, US 'ləʊkeɪt] vt **1.** [find - position] trouver, repérer ; [- source, problem] localiser **2.** [situate - business, factory] implanter, établir ▶ **to be located** être situé(e).

location [ləʊ'keɪʃn] noun **1.** [place] emplacement *m* **2.** CIN ▶ **on location** en extérieur.

loch [lɒk *or* lɒx] noun Scot loch *m*, lac *m*.

lock [lɒk] ❖ noun **1.** [of door] serrure *f* **2.** [on canal] écluse *f* **3.** AUTO [steering lock] angle *m* de braquage **4.** [of hair] mèche *f* **5.** TECH [device - gen] verrou *m* ; [- on gun] percuteur *m* ; [- on keyboard] ▶ **shift** OR **caps lock** touche *f* de verrouillage majuscule. ❖ vt **1.** [door, car, drawer] fermer à clef ; [bicycle] cadenasser **2.** [immobilize] bloquer. ❖ vi **1.** [door, suitcase] fermer à clef **2.** [become immobilized] se bloquer. ◆ **lock away** vt sep [valuables] mettre sous clef ; [criminal] incarcérer, mettre sous les verrous / *we keep the alcohol locked away* nous gardons l'alcool sous clef. ◆ **lock in** vt sep enfermer (à clef). ◆ **lock out** vt sep **1.** [accidentally] enfermer dehors, laisser dehors ▶ **to lock o.s. out** s'enfermer dehors **2.** [deliberately] empêcher d'entrer, mettre à la porte. ◆ **lock up** vt sep **1.** [person - in prison] mettre en prison OR sous les verrous ; [- in asylum] enfermer **2.** [house] fermer à clef **3.** [valuables] enfermer, mettre sous clef.

lockdown ['lɒkdaʊn] noun [in prison, hospital] confinement m ▶ **to be in lockdown** faire l'objet de mesures de confinement ▶ **to go into lockdown** [school, airport terminal] empêcher d'en sortir ou d'y entrer / *the bank has gone into lockdown* la banque a suspendu ses transactions.

locker ['lɒkər] noun casier m.

locker room noun vestiaire m.

locket ['lɒkɪt] noun médaillon m.

locksmith ['lɒksmɪθ] noun serrurier m, -ière f.

locomotive ['ləʊkə,məʊtɪv] noun locomotive f.

locum ['ləʊkəm] (pl -s) noun **UK** remplaçant m, -e f.

locust ['ləʊkəst] noun sauterelle f, locuste f.

lodge [lɒdʒ] ❖ noun **1.** [of caretaker, freemasons] loge f **2.** [of manor house] pavillon m (de gardien) **3.** [for hunting] pavillon m de chasse. ❖ vi **1.** fml [stay] ▶ **to lodge with sb** loger chez qqn **2.** [become stuck] se loger, se coincer **3.** fig [in mind] s'enraciner, s'ancrer. ❖ vt [complaint] déposer ▶ **to lodge an appeal** interjeter OR faire appel.

lodger ['lɒdʒər] noun locataire mf.

lodging ['lɒdʒɪŋ] noun ⟶ **board.** ◆ **lodgings** pl n chambre f meublée.

loft [lɒft] noun grenier m.

lofty ['lɒftɪ] adj **1.** [noble] noble **2.** pej [haughty] hautain(e), arrogant(e) **3.** liter [high] haut(e), élevé(e).

log [lɒg] ❖ noun **1.** [of wood] bûche f **2.** [of ship] journal m de bord ; [of plane] carnet m de vol. ❖ vt consigner, enregistrer. ◆ **log in**, **log on** vi COMPUT ouvrir une session. ◆ **log off**, **log out** vi COMPUT fermer une session.

logbook ['lɒgbʊk] noun **1.** [of ship] journal m de bord ; [of plane] carnet m de vol **2.** **UK** [of car] ≃ carte f grise.

loggerheads ['lɒgəhedz] noun ▶ **at loggerheads** en désaccord.

logic ['lɒdʒɪk] noun logique f.

logical ['lɒdʒɪkl] adj logique.

logistics [lə'dʒɪstɪks] ❖ noun (U) MIL logistique f. ❖ pl n fig organisation f.

logo ['ləʊgəʊ] (pl -s) noun logo m.

loin [lɔɪn] noun filet m.

loiter ['lɔɪtər] vi traîner.

LOL 1. MESSAGING (*written abbr of* **laughing out loud**) LOL, MDR **2.** MESSAGING (*written abbr of* **lots of love**) grosses bises.

loll [lɒl] vi **1.** [sit, lie around] se prélasser **2.** [hang down - head, tongue] pendre.

lollipop ['lɒlɪpɒp] noun sucette f.

lollipop lady noun **UK** dame qui fait traverser la rue aux enfants à la sortie des écoles.

lollipop man noun **UK** monsieur qui fait traverser la rue aux enfants à la sortie des écoles.

lolly ['lɒlɪ] noun **UK** inf **1.** [lollipop] sucette f **2.** [ice lolly] sucette f glacée.

London ['lʌndən] noun Londres.

Londoner ['lʌndənər] noun Londonien m, -enne f.

lone [ləʊn] adj solitaire.

loneliness ['ləʊnlɪnɪs] noun [of person] solitude f ; [of place] isolement m.

lonely ['ləʊnlɪ] adj **1.** [person] solitaire, seul(e) **2.** [childhood] solitaire **3.** [place] isolé(e).

lonely hearts adj : *lonely hearts club* club m de rencontres / *lonely hearts column* rubrique f rencontres (*des petites annonces*).

loner ['ləʊnər] noun solitaire mf.

lonesome ['ləʊnsəm] adj **US** inf **1.** [person] solitaire, seul(e) **2.** [place] isolé(e).

long [lɒŋ] ❖ adj **1.** [in space] long (longue) **2.** [in time] long (longue). ❖ adv longtemps / *how long will it take?* combien de temps cela va-t-il prendre ? / *how long will you be?* tu en as pour combien de temps ? ▶ **so long!** inf au revoir !, salut ! ◆ **as long as**, **so long as** conj **1.** [during the time that] tant que **2.** [providing] à condition que, pourvu que. ◆ **no longer** adv ne... plus / *not any longer* plus maintenant / *I no longer like him* je ne l'aime plus / *I can't wait any longer* je ne peux pas attendre plus longtemps, je ne peux plus attendre. ◆ **long for** vt insep [want very much] désirer ardemment ; [look forward to] attendre avec impatience.

long-distance adj [runner, race] de fond ▶ **long-distance lorry UK** OR **truck US driver** routier m.

long-distance call noun communication f interurbaine.

long-drawn-out adj interminable, qui n'en finit pas.

longhand ['lɒŋhænd] noun écriture f normale.

long-haul adj long-courrier.

longing ['lɒŋɪŋ] ❖ adj plein(e) de convoitise. ❖ noun **1.** [desire] envie f, convoitise f ▸ **a longing for** un grand désir OR une grande envie de **2.** [nostalgia] nostalgie f, regret m.

longitude ['lɒndʒɪtjuːd] noun longitude f.

long jump noun saut m en longueur.

long-life adj [milk] longue conservation (inv) ; [battery] longue durée (inv).

long-range adj **1.** [missile, bomber] à longue portée **2.** [plan, forecast] à long terme.

long-running adj [TV programme] diffusé(e) depuis de nombreuses années ; [play] qui tient depuis longtemps l'affiche ; [dispute] qui dure depuis longtemps.

long shot noun [guess] coup m à tenter (sans grand espoir de succès).

longsighted [,lɒŋ'saɪtɪd] adj UK presbyte.

long-standing adj de longue date.

long-suffering adj [person] à la patience infinie.

long term noun ▸ **in the long term** à long terme.

long wave noun (U) grandes ondes fpl.

longwinded [,lɒŋ'wɪndɪd] adj [person] prolixe, verbeux(euse) ; [speech] interminable, qui n'en finit pas.

loo [luː] (pl -s) noun UK inf cabinets mpl, petit coin m.

look [lʊk] ❖ noun **1.** [with eyes] regard m ▸ **to take** OR **have a look (at sthg)** regarder (qqch), jeter un coup d'œil (à qqch) ▸ **to give sb a look** jeter un regard à qqn **2.** [search] ▸ **to have a look (for sthg)** chercher (qqch) **3.** [appearance] aspect m, air m ▸ **by the look** OR **looks of it, by the look** OR **looks of things** vraisemblablement, selon toute probabilité. ❖ vi **1.** [with eyes] regarder **2.** [search] chercher **3.** [seem] avoir l'air, sembler / *it looks like rain* OR *as if it will rain* on dirait qu'il va pleuvoir / *she looks like her mother* elle ressemble à sa mère **4.** [building, window] ▸ **to look (out) onto** donner sur. ◆ **looks** pl n [attractiveness] beauté f. ◆ **look after** vt insep s'occuper de. ◆ **look around, look round** UK vt insep [house, shop, town] faire le tour de. ❖ vi **1.** [turn] se retourner **2.** [browse] regarder. ◆ **look at** vt insep **1.** [see, glance at] regarder **2.** [examine] examiner **3.** [judge] considérer. ◆ **look down on** vt insep [condescend to] mépriser. ◆ **look for** vt insep chercher. ◆ **look forward to** vt insep attendre avec impatience ▸ **to look forward to doing sthg** être impatient(e) de faire qqch / *I*

look forward to hearing from you soon [in letter] dans l'attente de votre réponse. ◆ **look into** vt insep examiner, étudier. ◆ **look on** vt insep regarder. ◆ **look out** vi prendre garde, faire attention ▸ **look out!** attention ! ◆ **look out for** vt insep [person] guetter ; [new book] être à l'affût de, essayer de repérer. ◆ **look round** vt insep UK = **look around**. ◆ **look to** vt insep **1.** [depend on] compter sur **2.** [future] songer à. ◆ **look up** ❖ vt sep **1.** [in book] chercher **2.** [visit - person] aller OR passer voir. ❖ vi [improve - business] reprendre / *things are looking up* ça va mieux, la situation s'améliore. ◆ **look up to** vt insep admirer.

look-alike noun sosie m.

looker ['lʊkə'] noun inf canon m / *she's/he's quite a looker* elle/il n'est pas mal (du tout).

lookout ['lʊkaʊt] noun **1.** [place] poste m de guet **2.** [person] guetteur m **3.** [search] ▸ **to be on the lookout for** être à la recherche de.

lookup ['lʊkʌp] noun COMPUT recherche f, consultation f.

loom [luːm] ❖ noun métier m à tisser. ❖ vi [building, person] se dresser ; fig [date, threat] être imminent(e). ◆ **loom up** vi surgir.

looming ['luːmɪŋ] adj imminent(e).

loony ['luːnɪ] inf ❖ adj cinglé(e), timbré(e). ❖ noun cinglé m, -e f, fou m, folle f.

loop [luːp] noun **1.** [gen & COMPUT] boucle f **2.** [contraceptive] stérilet m.

loophole ['luːphəʊl] noun faille f, échappatoire f.

loopy ['luːpɪ] (compar -ier, superl -iest) adj inf [crazy] dingue, cinglé(e).

loose [luːs] adj **1.** [not firm - joint] desserré(e) ; [- handle, post] branlant(e) ; [- tooth] qui bouge OR branle ; [- knot] défait(e) **2.** [unpackaged - sweets, nails] en vrac, au poids **3.** [clothes] ample, large **4.** [not restrained, fixed - hair] dénoué(e) ; [- animal] en liberté, détaché(e) **5.** [vague, imprecise - translation] approximatif(ive) ; [- connection, link] vague / *they have loose ties with other political groups* ils sont vaguement liés à d'autres groupes politiques **6.** pej & dated [woman] facile ; [living] dissolu(e).

loose change noun petite OR menue monnaie f.

loose end noun ▸ **to be at a loose end** UK, **to be at loose ends** US être désœuvré(e), n'avoir rien à faire.

loosely ['luːslɪ] adv **1.** [not firmly] sans serrer **2.** [inexactly] approximativement.

loosen ['luːsn] vt desserrer, défaire. ◆ **loosen up** vi 1. [before game, race] s'échauffer 2. inf [relax] se détendre.

loot [luːt] ◆ noun butin m. ◆ vt piller.

looting ['luːtɪŋ] noun pillage m.

lop [lɒp] vt élaguer, émonder. ◆ **lop off** vt sep couper.

lopsided [-'saɪdɪd] adj [table] bancal(e), boiteux(euse) ; [picture] de travers.

lord [lɔːd] noun **UK** seigneur m. ◆ **Lord** noun 1. RELIG ▶ **the Lord** [God] le Seigneur ▶ **good Lord!** Seigneur !, mon Dieu ! 2. **UK** [in titles] Lord m ; [as form of address] ▶ **my Lord** Monsieur le duc/comte etc.. ◆ **Lords** pl n **UK** POL ▶ **the (House of) Lords** la Chambre des lords.

Lordship ['lɔːdʃɪp] noun ▶ **your /his Lordship** Monsieur le duc/comte etc.

lore [lɔːʳ] noun (U) traditions fpl.

lorry ['lɒrɪ] noun **UK** camion m.

lorry driver noun **UK** camionneur m, conducteur m de poids lourd.

lose [luːz] (pt & pp lost) ◆ vt 1. [gen] perdre / he lost four games to Karpov il a perdu quatre parties contre Karpov ▶ **to lose one's appetite** perdre l'appétit ▶ **to lose one's balance** perdre l'équilibre ▶ **to lose consciousness** perdre connaissance ▶ **to lose one's head** perdre la tête ▶ **to lose sight of** lit & fig perdre de vue ▶ **to lose one's way** a) se perdre, perdre son chemin b) fig être un peu perdu(e) 2. [subj: clock, watch] retarder de 3. [pursuers] semer. ◆ vi perdre. ◆ **lose out** vi être perdant(e).

loser ['luːzəʳ] noun 1. [gen] perdant m, -e f 2. inf & pej [unsuccessful person] raté m, -e f.

loss [lɒs] noun 1. [gen] perte f 2. **PHR** ▶ **to be at a loss** être perplexe, être embarrassé(e).

lost [lɒst] ◆ pt & pp ⟶ **lose**. ◆ adj [gen] perdu(e) ▶ **to get lost** se perdre ▶ **get lost!** inf fous/foutez le camp !

lost-and-found office noun **US** bureau m des objets trouvés.

lost property office noun **UK** bureau m des objets trouvés.

lot [lɒt] noun 1. [large amount] ▶ **a lot (of), lots (of)** beaucoup (de) 2. **UK** inf [entire amount] ▶ **the lot** le tout 3. [at auction] lot m 4. [destiny] sort m 5. **US** [of land] terrain m ; [car park] parking m. ◆ **a lot** adv beaucoup.

lotion ['ləʊʃn] noun lotion f.

lottery ['lɒtərɪ] noun lit & fig loterie f.

loud [laʊd] ◆ adj 1. [not quiet, noisy - gen] fort(e) ; [- person] bruyant(e) 2. [colour, clothes] voyant(e). ◆ adv fort.

loudhailer [,laʊd'heɪləʳ] noun **UK** mégaphone m, porte-voix m inv.

loudly ['laʊdlɪ] adv 1. [noisily] fort 2. [gaudily] de façon voyante.

loudmouth ['laʊdmaʊθ] (pl [-maʊðz]) noun inf grande gueule f.

loudspeaker [,laʊd'spiːkəʳ] noun haut-parleur m.

lounge [laʊndʒ] ◆ noun 1. **UK** [in house] salon m 2. [in airport] hall m, salle f 3. **UK** = lounge bar. ◆ vi se prélasser.

lounge bar noun **UK** l'une des deux salles d'un bar, la plus confortable.

louse [laʊs] noun 1. (pl lice [laɪs]) [insect] pou m 2. (pl -s) inf & pej [person] salaud m.

lousy ['laʊzɪ] adj inf minable, nul(le) ; [weather] pourri(e).

lout [laʊt] noun rustre m.

louvre **UK**, **louver** **US** ['luːvəʳ] noun persienne f.

lovable ['lʌvəbl] adj adorable.

love [lʌv] ◆ noun 1. [gen] amour m ▶ **to be in love** être amoureux(euse) ▶ **to fall in love** tomber amoureux(euse) ▶ **to make love** faire l'amour ▶ **give her my love** embrasse-la pour moi ▶ **love from** [at end of letter] affectueusement, grosses bises 2. **UK** inf [form of address] mon chéri (ma chérie) 3. TENNIS zéro m. ◆ vt aimer ▶ **to love to do sthg** OR **doing sthg** aimer OR adorer faire qqch.

love affair noun liaison f.

lovebite ['lʌvbaɪt] noun suçon m.

love handles pl n inf poignées fpl d'amour.

love life noun vie f amoureuse.

lovely ['lʌvlɪ] adj 1. [beautiful] très joli(e) 2. [pleasant] très agréable, excellent(e).

lover ['lʌvəʳ] noun 1. [sexual partner] amant m, -e f 2. [enthusiast] passionné m, -e f, amoureux m, -euse f.

lovesick ['lʌvsɪk] adj qui languit d'amour.

loving ['lʌvɪŋ] adj [person, relationship] affectueux(euse) ; [care] tendre.

low [ləʊ] ◆ adj 1. [not high - gen] bas (basse) ; [- wall, building] peu élevé(e) ; [- standard, quality] mauvais(e) ; [- intelligence] faible ; [- neckline] décolleté(e) 2. [little remaining] presque épuisé(e) 3. [not loud - voice] bas (basse) ; [- whisper, moan] faible 4. [depressed] déprimé(e) 5. [not respectable] bas (basse). ❖ adv **1.** [not high] bas **2.** [not loudly - speak] à voix basse ; [- whisper] faiblement **3.** [in intensity] bas / *stocks are running low* les réserves baissent / *the batteries are running low* les piles sont usées. ❖ noun **1.** [low point] niveau *m* OR point *m* bas **2.** METEOR dépression *f*.

low-calorie adj à basses calories.

low-cut adj décolleté(e).

lowdown noun *inf* ▶ **to give sb the lowdown (on sth)** mettre qqn au parfum (de qqch). ❖ **low-down** adj *inf* méprisable.

lower ['ləuər] ❖ adj inférieur(e). ❖ vt **1.** [gen] baisser ; [flag] abaisser **2.** [reduce - price, level] baisser ; [- age of consent] abaisser ; [- resistance] diminuer.

low-fat adj [yogurt, crisps] allégé(e) ; [milk] demi-écrémé(e).

low-key adj discret(ète).

lowly ['ləulɪ] adj modeste, humble.

low-lying adj bas (basse).

loyal ['lɔɪəl] adj loyal(e).

loyalty ['lɔɪəltɪ] noun loyauté *f*.

lozenge ['lɒzɪndʒ] noun **1.** [tablet] pastille *f* **2.** [shape] losange *m*.

LPG [,elpi:'dʒi:] (*abbr of* liquified petroleum gas) noun GPL *m*.

L-plate noun UK plaque signalant que le conducteur du véhicule est en conduite accompagnée.

Ltd, ltd (*abbr of* limited) UK ≃ SARL / *Smith and Sons, Ltd* ≃ Smith & Fils, SARL.

lubricant ['lu:brɪkənt] noun lubrifiant *m*.

lubricate ['lu:brɪkeɪt] vt lubrifier.

lucid ['lu:sɪd] adj lucide.

luck [lʌk] noun chance *f* ▶ **good luck!** bonne chance ! ▶ **bad luck** malchance *f* ▶ **bad** OR **hard luck!** pas de chance ! ▶ **to be in luck** avoir de la chance ▶ **with (any) luck** avec un peu de chance.

luckily ['lʌkɪlɪ] adv heureusement.

lucky ['lʌkɪ] adj **1.** [fortunate - person] qui a de la chance ; [- event] heureux(euse) **2.** [bringing good luck] porte-bonheur *(inv)*.

lucrative ['lu:krətɪv] adj lucratif(ive).

ludicrous ['lu:dɪkrəs] adj ridicule.

lug [lʌg] vt *inf* traîner.

luggage ['lʌgɪdʒ] noun *(U)* bagages *mpl*.

luggage rack noun porte-bagages *m inv*.

lukewarm ['lu:kwɔ:m] adj *lit* & *fig* tiède.

lull [lʌl] ❖ noun ▶ **lull (in)** a) [storm] accalmie *f* (de) b) [fighting, conversation] arrêt *m* (de). ❖ vt ▶ **to lull sb to sleep** endormir qqn en le berçant ▶ **to lull sb into a false sense of security** endormir les soupçons de qqn.

lullaby ['lʌləbaɪ] noun berceuse *f*.

lumber ['lʌmbər] noun *(U)* **1.** US [timber] bois *m* de charpente **2.** UK [bric-a-brac] bric-à-brac *m inv*. ❖ **lumber with** vt sep UK *inf* ▶ **to lumber sb with sthg** coller qqch à qqn.

lumberjack ['lʌmbədʒæk] noun bûcheron *m*, -onne *f*.

luminous ['lu:mɪnəs] adj [dial] lumineux(euse) ; [paint, armband] phosphorescent(e).

lump [lʌmp] ❖ noun **1.** [gen] morceau *m* ; [of earth, clay] motte *f* ; [in sauce] grumeau *m* **2.** [on body] grosseur *f*. ❖ vt ▶ **to lump sthg together** réunir qqch ▶ **to lump it** *inf* faire avec, s'en accommoder.

lump sum noun somme *f* globale.

lunacy ['lu:nəsɪ] noun folie *f*.

lunar ['lu:nər] adj lunaire.

lunatic ['lu:nətɪk] ❖ adj *pej* dément(e), démentiel(elle). ❖ noun **1.** *pej* [fool] fou *m*, folle *f* **2.** *dated* [insane person] fou *m*, folle *f*, aliéné *m*, -e *f*.

lunch [lʌntʃ] ❖ noun déjeuner *m*. ❖ vi déjeuner.

luncheon ['lʌntʃən] noun *fml* déjeuner *m*.

luncheon meat, lunchmeat US [,lʌntʃ'mi:t] noun sorte *f* de saucisson.

lunch hour noun pause *f* de midi.

lunchtime ['lʌntʃtaɪm] noun heure *f* du déjeuner.

lung [lʌŋ] noun poumon *m*.

lunge [lʌndʒ] vi faire un brusque mouvement (du bras) en avant ▶ **to lunge at sb** s'élancer sur qqn.

lurch [lɜ:tʃ] ❖ noun [of person] écart *m* brusque ; [of car] embardée *f* ▶ **to leave sb in the lurch** laisser qqn dans le pétrin. ❖ vi [person] tituber ; [car] faire une embardée.

lure [ljuər] ❖ noun charme *m* trompeur. ❖ vt attirer OR persuader par la ruse.

lurid ['ljuərɪd] adj **1.** [outfit] aux couleurs criardes **2.** [story, details] affreux(euse).

lurk [lɜ:k] vi **1.** [person] se cacher, se dissimuler **2.** [memory, danger, fear] subsister.

luscious ['lʌʃəs] adj **1.** [delicious] succulent(e) **2.** *inf* & *fig* [woman] appétissant(e).

lush [lʌʃ] adj **1.** [luxuriant] luxuriant(e) **2.** [rich] luxueux(euse).

lust [lʌst] noun **1.** [sexual desire] désir *m* **2.** *fig* ▶ **lust for sthg** soif *f* de qqch. ◆ **lust after, lust for** vt insep **1.** [wealth, power] être assoiffé(e) de **2.** [person] désirer.

lusty ['lʌstɪ] adj vigoureux(euse).

Luxembourg ['lʌksəmbɜːg] noun **1.** [country] Luxembourg *m* **2.** [city] Luxembourg.

luxurious [lʌg'ʒʊərɪəs] adj **1.** [expensive] luxueux(euse) **2.** [pleasurable] voluptueux(euse).

luxury ['lʌkʃərɪ] ◆ noun luxe *m*. ◆ comp de luxe.

LW (*abbr of* **long wave**) GO.

Lycra® ['laɪkrə] ◆ noun Lycra® *m*. ◆ comp en Lycra®.

lying ['laɪɪŋ] ◆ adj [person] menteur(euse). ◆ noun (*U*) mensonges *mpl*.

lying-in noun MED couches *fpl*.

lynch [lɪntʃ] vt lyncher.

lynchpin ['lɪntʃpɪn] = **linchpin**.

lyric ['lɪrɪk] adj lyrique.

lyrical ['lɪrɪkl] adj lyrique.

lyrics ['lɪrɪks] pl n paroles *fpl*.

M

m¹ (*pl* **m's** *or* **ms**), **M** (*pl* **M's** *or* **Ms**) [em] noun [letter] m *m inv*, M *m inv*.

m² **1.** (*abbr of* **metre**) m **2.** (*abbr of* **million**) M **3.** *abbr of* **mile**.

M³ UK *abbr of* **motorway**.

m8 MESSAGING *written abbr of* **mate**.

MA noun *abbr of* **Master of Arts**.

mac [mæk] noun **1.** UK *inf* [coat] (*abbr of* **mackintosh**) imper *m* **2.** (*abbr of* **Macintosh**) ordinateur personnel développé par Apple.

macaroni [ˌmækəˈrəʊnɪ] noun (U) macaronis *mpl*.

Mace® [meɪs] ❖ noun [spray] gaz *m* lacrymogène. ❖ vt US *inf* bombarder au gaz lacrymogène.

mace [meɪs] noun **1.** [ornamental rod] masse *f* **2.** [spice] macis *m*.

machine [məˈʃiːn] ❖ noun *lit & fig* machine *f* ▶ **machine translation** traduction automatique. ❖ vt **1.** SEW coudre à la machine **2.** TECH usiner.

machinegun [məˈʃiːngʌn] noun mitrailleuse *f*.

machinery [məˈʃiːnərɪ] noun (U) machines *fpl* ; *fig* mécanisme *m*.

macho [ˈmætʃəʊ] adj *inf* macho (*inv*).

mackerel [ˈmækrəl] (*pl inv or* -s) noun maquereau *m*.

mackintosh [ˈmækɪntɒʃ] noun UK *dated* imperméable *m*.

mad [mæd] adj **1.** [insane] fou (folle) ▶ **to go mad** devenir fou **2.** UK *inf* [foolish] insensé(e) **3.** [furious] furieux(euse) **4.** [hectic - rush, pace] fou (folle) **5.** [very enthusiastic] ▶ **to be mad about sb / sthg** *inf* être fou (folle) de qqn / qqch.

Madagascar [ˌmædəˈgæskər] noun Madagascar *m*.

madam [ˈmædəm] noun madame *f*.

madcap [ˈmædkæp] adj risqué(e), insensé(e).

mad cow disease noun *inf* maladie *f* de la vache folle.

madden [ˈmædn] vt exaspérer.

made [meɪd] pt & pp ⟶ **make**.

Madeira [məˈdɪərə] noun **1.** [wine] madère *m* **2.** GEOG Madère *f*.

made-to-measure adj fait(e) sur mesure.

made-to-order adj (fait) sur commande.

made-up adj **1.** [with make-up] maquillé(e) **2.** [invented] fabriqué(e).

madly [ˈmædlɪ] adv [frantically] comme un fou ▶ **madly in love** follement amoureux(euse).

madman [ˈmædmən] (*pl* -men) noun fou *m*.

madness [ˈmædnɪs] noun *lit & fig* folie *f*, démence *f*.

Madrid [məˈdrɪd] noun Madrid.

Mafia [ˈmæfɪə] noun ▶ **the Mafia** la Mafia.

magazine [ˌmægəˈziːn] noun **1.** PRESS revue *f*, magazine *m* ; RADIO & TV magazine **2.** [of gun] magasin *m*.

maggot [ˈmægət] noun ver *m*, asticot *m*.

magic [ˈmædʒɪk] ❖ adj magique. ❖ noun magie *f*.

magical [ˈmædʒɪkl] adj magique.

magician [məˈdʒɪʃn] noun magicien *m*, -ienne *f*.

magistrate [ˈmædʒɪstreɪt] noun magistrat *m*, -e *f*, juge *m*.

magistrates' court [ˈmædʒɪstreɪts-] noun UK ≃ tribunal *m* d'instance.

magnanimous [mægˈnænɪməs] adj *fml* magnanime.

magnate [ˈmægneɪt] noun magnat *m*.

magnesium [mægˈniːzɪəm] noun magnésium *m*.

magnet [ˈmægnɪt] noun aimant *m*.

magnetic [mægˈnetɪk] adj *lit & fig* magnétique.

magnificent [mægˈnɪfɪsənt] adj magnifique, superbe.

magnify [ˈmægnɪfaɪ] vt [in vision] grossir ; [sound] amplifier ; *fig* exagérer.

magnifying glass [ˈmægnɪfaɪɪŋ-] noun loupe *f*.

magnitude [ˈmægnɪtjuːd] noun envergure *f*, ampleur *f*.

magpie [ˈmægpaɪ] noun pie *f*.

mahogany [məˈhɒgənɪ] noun acajou *m*.

maid [meɪd] noun [servant] domestique *f*.

maiden ['meɪdn] ❖ adj [flight] premier(ère). ❖ noun *liter* jeune fille *f*.

maiden name noun nom *m* de jeune fille.

mail [meɪl] ❖ noun **1.** [letters, parcels] courrier *m* **2.** [system] poste *f* **3.** [e-mail] courrier *m* électronique. ❖ vt **1.** poster **2.** [send by e-mail] envoyer (par courrier électronique).

mailbox ['meɪlbɒks] noun US boîte *f* à OR aux lettres.

mailing ['meɪlɪŋ] noun **1.** [posting] expédition *f*, envoi *m* par la poste **2.** COMM & COMPUT mailing *m*, publipostage *m*.

mailing list noun liste *f* d'adresses.

mailman ['meɪlmæn] (*pl* -men) noun US facteur *m*, -rice *f*.

mail order noun vente *f* par correspondance.

mailshot ['meɪlʃɒt] noun UK publipostage *m*.

maim [meɪm] vt estropier.

main [meɪn] ❖ adj principal(e). ❖ noun [pipe] conduite *f*. ❖ **mains** pl n UK ▸ **the mains** le secteur. ❖ **in the main** adv dans l'ensemble.

main course noun plat *m* principal.

mainland ['meɪnlənd] ❖ adj continental(e). ❖ noun ▸ **the mainland** le continent.

main line noun RAIL grande ligne *f*.

mainly ['meɪnlɪ] adv principalement.

main office noun US siège *m* social.

main road noun route *f* à grande circulation.

mainstay ['meɪnsteɪ] noun pilier *m*, élément *m* principal.

mainstream ['meɪnstriːm] ❖ adj dominant(e). ❖ noun ▸ **the mainstream** la tendance générale.

maintain [meɪn'teɪn] vt **1.** [preserve, keep constant] maintenir **2.** [provide for, look after] entretenir **3.** [assert] ▸ **to maintain (that)...** maintenir que..., soutenir que...

maintenance ['meɪntənəns] noun **1.** [of public order] maintien *m* **2.** [care] entretien *m*, maintenance *f* **3.** UK LAW pension *f* alimentaire.

maize [meɪz] noun UK maïs *m*.

majestic [mə'dʒestɪk] adj majestueux(euse).

majesty ['mædʒəstɪ] noun [grandeur] majesté *f*. ❖ **Majesty** noun ▸ **His / Her Majesty** Sa Majesté le roi/la reine.

major ['meɪdʒər] ❖ adj **1.** [important] majeur(e) **2.** [main] principal(e) **3.** MUS majeur(e). ❖ noun **1.** [in army] ≃ chef *m*

de bataillon ; [in air force] commandant *m* **2.** US UNIV [subject] matière *f*.

Majorca [mə'dʒɔːkə *or* mə'jɔːkə] noun Majorque *f*.

majority [mə'dʒɒrətɪ] noun majorité *f* ▸ **in a** OR **the majority** dans la majorité.

make [meɪk] ❖ vt (*pt & pp* made) **1.** [gen - produce] faire ; [- manufacture] faire, fabriquer / **to make a meal** préparer un repas / **to make a film** UK OR **movie** US tourner OR réaliser un film **2.** [perform an action] faire ▸ **to make a mistake** faire une erreur, se tromper **3.** [cause to be] rendre / **to make sb happy/sad** rendre qqn heureux/triste **4.** [force, cause to do] ▸ **to make sb do sthg** faire faire qqch à qqn, obliger qqn à faire qqch / **to make sb laugh** faire rire qqn **5.** [be constructed] ▸ **to be made of** être en ▸ **what's it made of?** c'est en quoi ? **6.** [add up to] faire / **2 and 2 make 4** 2 et 2 font 4 **7.** UK [calculate] ▸ **I make it 50** UK d'après moi il y en a 50, j'en ai compté 50 ▸ **what time do you make it?** UK quelle heure est-tu ? / **I make it 6 o'clock** UK il est 6 heures (à ma montre) **8.** [earn] gagner, se faire **9.** [reach] arriver à. ❖ noun [brand] marque *f*. ❖ **make for** vt insep **1.** [move towards] se diriger vers **2.** [contribute to, be conducive to] rendre probable, favoriser. ❖ **make of** ❖ vt sep [understand] comprendre. ❖ vt insep [think of] penser de / **what do you make of the Smiths?** qu'est-ce que tu penses des Smith ? ❖ **make off** vi *inf* filer. ❖ **make off with** vt insep *inf* filer avec. ❖ **make out** ❖ vt sep **1.** [see, hear] discerner ; [understand] comprendre **2.** [fill out - cheque] libeller ; [- bill, receipt] faire ; [- form] remplir. ❖ vt sep [pretend, claim] ▸ **to make out (that)...** prétendre que.... ❖ vi **1.** *inf* [manage] se débrouiller / **how did you make out at work today?** comment ça s'est passé au boulot aujourd'hui ? **2.** US v *inf* [neck, pet] se peloter / **to make out with sb** [have sex] s'envoyer qqn. ❖ **make over** vt sep **1.** [transfer] transférer, céder **2.** [change appearance] transformer / **the garage had been made over into a workshop** le garage a été transformé en atelier. ❖ **make up** ❖ vt sep **1.** [compose, constitute] composer, constituer **2.** [story, excuse] inventer **3.** [apply cosmetics to] maquiller **4.** [prepare - gen] faire ; [- prescription] préparer, exécuter **5.** [make complete] compléter. ❖ vi [become friends again] se réconcilier. ❖ **make up for** vt insep compenser. ❖ **make up to** vt sep ▸ **to make it up to sb (for sthg)** se racheter auprès de qqn (pour qqch).

make-believe noun : *it's all make-believe* c'est (de la) pure fantaisie.

maker ['meɪkə^r] noun [of product] fabricant *m*, -e *f*; [of film] réalisateur *m*, -trice *f*.

makeshift ['meɪkʃɪft] adj de fortune.

make-up noun **1.** [cosmetics] maquillage *m* ▸ **make-up remover** démaquillant *m* **2.** [person's character] caractère *m* **3.** [of team, group, object] constitution *f*.

making ['meɪkɪŋ] noun fabrication *f* ▸ **his problems are of his own making** ses problèmes sont de sa faute ▸ **in the making** en formation ▸ **to have the makings of** avoir l'étoffe de.

malaise [mə'leɪz] noun *fml* malaise *m*.

malaria [mə'leərɪə] noun malaria *f*.

Malaysia [mə'leɪzɪə] noun Malaysia *f*.

male [meɪl] ❖ adj [gen] mâle ; [sex] masculin(e). ❖ noun mâle *m*.

male nurse noun *dated* infirmier *m*.

malevolent [mə'levələnt] adj *fml* malveillant(e).

malfunction [mæl'fʌŋkʃn] vi mal fonctionner.

malice ['mælɪs] noun méchanceté *f*.

malicious [mə'lɪʃəs] adj malveillant(e).

malign [mə'laɪn] ❖ adj *fml* pernicieux(euse). ❖ vt calomnier.

malignant [mə'lɪgnənt] adj MED malin(igne).

mall [mɔːl] noun **US** ▸ **(shopping) mall** centre *m* commercial.

mallet ['mælɪt] noun maillet *m*.

malnutrition [,mælnjuː'trɪʃn] noun malnutrition *f*.

malpractice [,mæl'præktɪs] noun (U) LAW faute *f* professionnelle.

malt [mɔːlt] noun malt *m*.

Malta ['mɔːltə] noun Malte *f*.

malware ['mælweə^r] noun logiciels *mpl* malveillants ▸ *a piece of malware* un logiciel malveillant.

mammal ['mæml] noun mammifère *m*.

mammoth ['mæməθ] ❖ adj gigantesque. ❖ noun mammouth *m*.

man [mæn] ❖ noun (*pl* **men** [men]) **1.** homme *m* ▸ **the man in the street** l'homme de la rue **2. US** *inf* [as form of address] mon vieux. ❖ vt [ship, spaceship] fournir du personnel pour ; [telephone] répondre au ; [switchboard]

assurer le service de. ❖ excl *inf* : *man, was it big!* bon sang, qu'est-ce que c'était grand !

manage ['mænɪdʒ] ❖ vi **1.** [cope] se débrouiller, y arriver **2.** [get by financially] s'en sortir. ❖ vt **1.** [succeed, cope with] ▸ **to manage to do sthg** arriver à faire qqch **2.** [be responsible for, control] gérer **3.** [be available for] : *can you manage 9 o'clock / next Saturday?* pouvez-vous venir à 9 h / samedi prochain ? / *can you manage lunch tomorrow?* pouvez-vous déjeuner avec moi demain ?

manageable ['mænɪdʒəbl] adj maniable.

management ['mænɪdʒmənt] noun **1.** [control, running] gestion *f* **2.** [people in control] direction *f*.

manager ['mænɪdʒə^r] noun [of organization] directeur *m*, -trice *f*; [of shop, restaurant, hotel] gérant *m*, -e *f*; [of football team, pop star] manager *m*.

manageress [,mænɪdʒə'res] noun **UK** *dated* [of organization] directrice *f*; [of shop, restaurant, hotel] gérante *f*.

managerial [,mænɪ'dʒɪərɪəl] adj directorial(e).

managing director ['mænɪdʒɪŋ-] noun directeur général *m*, directrice générale *f*.

mandarin ['mændərɪn] noun [fruit] mandarine *f*.

mandate ['mændeɪt] noun mandat *m*.

mandatory ['mændətrɪ] adj obligatoire.

mane [meɪn] noun crinière *f*.

man-eater noun [animal] anthropophage *m*; [cannibal] cannibale *m*, anthropophage *m*; *hum* [woman] dévoreuse *f* d'hommes, mante *f* religieuse.

maneuver **US** = manoeuvre.

maneuverable **US** = manoeuvrable.

manfully ['mænfʊlɪ] adv courageusement, vaillamment.

mangle ['mæŋgl] vt mutiler, déchirer.

mango ['mæŋgəʊ] (*pl* -es *or* -s) noun mangue *f*.

mangy ['meɪndʒɪ] adj galeux(euse).

manhandle ['mæn,hændl] vt malmener.

manhole ['mænhəʊl] noun regard *m*, trou *m* d'homme.

manhood ['mænhʊd] noun ▸ **to reach manhood** devenir un homme.

man-hour noun FIN heure-homme *f*.

mania ['meɪnjə] noun ▸ **mania (for)** manie *f* (de).

maniac ['meɪnɪæk] noun fou m, folle f ▶ **a sex maniac** un obsédé sexuel (une obsédée sexuelle).

manic ['mænɪk] adj fig [person] surexcité(e); [behaviour] de fou.

manicure ['mænɪ,kjʊər] noun manucure f.

manifest ['mænɪfest] fml ❖ adj manifeste, évident(e). ❖ vt manifester.

manifesto [,mænɪ'festəʊ] (pl -s or -es) noun manifeste m.

manifold ['mænɪfəʊld] adj liter nombreux(euse), multiple.

manipulate [mə'nɪpjʊleɪt] vt lit & fig manipuler.

manipulative [mə'nɪpjʊlətɪv] adj [person] rusé(e); [behaviour] habile, subtil(e).

mankind [mæn'kaɪnd] noun humanité f, genre m humain.

manly ['mænlɪ] adj viril(e).

man-made adj [fabric, fibre] synthétique; [environment] artificiel(elle); [problem] causé(e) par l'homme.

manned [mænd] adj [vehicle] doté(e) d'un équipage; [flight] habité(e).

manner ['mænər] noun 1. [method] manière f, façon f 2. [attitude] attitude f, comportement m. ◆ **manners** pl n manières fpl.

mannerism ['mænərɪzm] noun tic m, manie f.

mannish ['mænɪʃ] adj masculin(e).

manoeuvrable UK, **maneuverable** US [mə'nu:vrəbl] adj facile à manœuvrer, maniable.

manoeuvre UK, **maneuver** US [mə'nu:vər] ❖ noun manœuvre f. ❖ vt & vi manœuvrer.

manor ['mænər] noun manoir m.

manpower ['mæn,paʊər] noun main-d'œuvre f.

mansion ['mænʃn] noun château m.

manslaughter ['mæn,slɔ:tər] noun homicide m involontaire.

mantelpiece ['mæntlpi:s] noun (dessus m de) cheminée f.

manual ['mænjʊəl] ❖ adj manuel(elle). ❖ noun manuel m.

manual worker noun travailleur manuel m, travailleuse manuelle f.

manufacture [,mænjʊ'fæktʃər] ❖ noun fabrication f; [of cars] construction f. ❖ vt fabriquer; [cars] construire.

manufacturer [,mænjʊ'fæktʃərər] noun fabricant m; [of cars] constructeur m.

manufacturing [,mænjʊ'fæktʃərɪŋ] noun fabrication f.

manure [mə'njʊər] noun fumier m.

manuscript ['mænjʊskrɪpt] noun manuscrit m.

many ['menɪ] ❖ adj (compar **more**, superl **most**) beaucoup de ▶ **how many...?** combien de... ? ▶ **too many** trop de ▶ **as many... as** autant de... que ▶ **so many** autant de ▶ **a good** OR **great many** un grand nombre de. ❖ pron [a lot, plenty] beaucoup.

map [mæp] noun carte f. ◆ **map out** vt sep [plan] élaborer; [timetable] établir; [task] définir.

maple ['meɪpl] noun érable m.

mar [mɑ:r] vt gâter, gâcher.

marathon ['mærəθn] ❖ adj marathon (inv). ❖ noun marathon m.

marauder [mə'rɔ:dər] noun maraudeur m, -euse f.

marble ['mɑ:bl] noun 1. [stone] marbre m 2. [for game] bille f.

march [mɑ:tʃ] ❖ noun marche f. ❖ vi 1. [soldiers] marcher au pas 2. [demonstrators] manifester, faire une marche de protestation 3. [quickly] ▶ **to march up to sb** s'approcher de qqn d'un pas décidé.

March [mɑ:tʃ] noun mars m. See also **September**.

marcher ['mɑ:tʃər] noun [protester] marcheur m, -euse f.

marching orders ['mɑ:tʃɪŋ-] pl n ▶ **to get one's marching orders** se faire mettre à la porte.

mare [meər] noun jument f.

margarine [,mɑ:dʒə'ri:n or ,mɑ:gə'ri:n] noun margarine f.

margin ['mɑ:dʒɪn] noun 1. [gen] marge f ▶ **to win by a narrow margin** gagner de peu OR de justesse 2. [edge - of an area] bord m.

marginal ['mɑ:dʒɪnl] adj marginal(e), secondaire.

marginally ['mɑ:dʒɪnəlɪ] adv très peu.

marigold ['mærɪgəʊld] noun souci m.

marihuana, marijuana [,mærɪ'wɑ:nə] noun marihuana f.

marine [mə'ri:n] adj marin(e).

Marine noun marine m.

marital ['mærɪtl] adj [sex, happiness] conjugal(e) ; [problems] matrimonial(e).

marital status noun situation f de famille.

maritime ['mærɪtaɪm] adj maritime.

mark [mɑːk] ❖ noun **1.** [sign, symbol] marque f **2.** [trace, stain] tache f, marque f **3.** ⓤⓚ [in exam] note f, point m **4.** [stage, level] barre f **5.** [currency] mark m. ❖ vt **1.** [gen] marquer **2.** [stain] marquer, tacher **3.** ⓤⓚ [exam, essay] noter, corriger. ◆ **mark off** vt sep **1.** [divide, isolate] délimiter / *one corner of the field had been marked off by a fence* un coin du champ avait été isolé par une barrière **2.** [cross off] cocher.

marked [mɑːkt] adj [change, difference] marqué(e) ; [improvement, deterioration] sensible.

marker ['mɑːkər] noun **1.** [sign] repère m **2.** [pen] marqueur m.

marker pen noun marqueur m.

market ['mɑːkɪt] ❖ noun **1.** [generally] marché m **2.** FIN marché m ; [index] indice m / *the market has risen 10 points* l'indice est en hausse de 10 points. ❖ vt commercialiser.

marketable ['mɑːkɪtəbl] adj commercialisable.

market garden noun ⓤⓚ jardin m maraîcher.

marketing ['mɑːkɪtɪŋ] noun marketing m.

marketplace ['mɑːkɪtpleɪs] noun **1.** [in a town] place f du marché **2.** COMM marché m.

market research noun étude f de marché.

market survey noun étude f de marché.

market value noun valeur f marchande.

marking ['mɑːkɪŋ] noun SCH correction f. ◆ **markings** pl n [on animal, flower] taches fpl, marques fpl ; [on road] signalisation f horizontale.

marksman ['mɑːksmən] (pl -men) noun tireur m d'élite.

markup ['mɑːkʌp] noun majoration f.

marmalade ['mɑːməleɪd] noun confiture f d'oranges amères.

maroon [mə'ruːn] adj bordeaux (inv).

marooned [mə'ruːnd] adj abandonné(e).

marquee [mɑː'kiː] noun ⓤⓚ grande tente f.

marriage ['mærɪdʒ] noun mariage m.

marriage certificate noun acte m de mariage.

marriage guidance ⓤⓚ ⓐⓤⓢⓣ, **marriage counseling** ⓤⓢ noun conseil m conjugal.

married ['mærɪd] adj **1.** [person] marié(e) ▸ **as a married woman** en tant que femme mariée **2.** [life] conjugal(e).

marrow ['mærəʊ] noun **1.** ⓤⓚ [vegetable] courge f **2.** [in bones] moelle f.

marry ['mærɪ] ❖ vt **1.** [become spouse of] épouser, se marier avec **2.** [subj: priest, registrar] marier. ❖ vi se marier.

Mars [mɑːz] noun [planet] Mars f.

marsh [mɑːʃ] noun marais m, marécage m.

marshal ['mɑːʃl] ❖ noun **1.** MIL maréchal m **2.** [steward] membre m du service d'ordre **3.** ⓤⓢ [law officer] officier m de police fédérale. ❖ vt lit & fig rassembler.

martial arts pl n arts mpl martiaux.

martial law noun loi f martiale.

martyr ['mɑːtər] noun martyr m, -e f.

martyrdom ['mɑːtədəm] noun martyre m.

marvel ['mɑːvl] ❖ noun merveille f. ❖ vi ▸ **to marvel (at)** s'émerveiller (de), s'étonner (de).

marvellous ⓤⓚ, **marvelous** ⓤⓢ ['mɑːvələs] adj merveilleux(euse).

Marxism ['mɑːksɪzm] noun marxisme m.

Marxist ['mɑːksɪst] ❖ adj marxiste. ❖ noun marxiste mf.

marzipan ['mɑːzɪpæn] noun (U) pâte f d'amandes.

mascara [mæs'kɑːrə] noun mascara m.

masculine ['mæskjʊlɪn] adj masculin(e).

mash [mæʃ] vt ⓤⓚ inf faire une purée de.

mashed potato [mæʃt-] ⓤⓚ purée f de pommes de terre.

mask [mɑːsk] lit & fig ❖ noun masque m. ❖ vt masquer.

masochist ['mæsəkɪst] noun masochiste mf.

mason ['meɪsn] noun **1.** [stonemason] maçon m **2.** [freemason] franc-maçon m.

masonry ['meɪsnrɪ] noun [stones] maçonnerie f.

masquerade [,mæskə'reɪd] vi ▸ **to masquerade as** se faire passer pour.

mass [mæs] ❖ noun [gen & PHYS] masse f. ❖ adj [protest, meeting] en masse, en nombre ; [unemployment, support] massif(ive). ❖ vi se masser. ◆ **Mass** noun RELIG messe f. ◆ **masses** pl n **1.** ⓤⓚ inf [lots] **masses (of)** a) des masses (de) b) [food] des tonnes (de) **2.** [workers] ▸ **the masses** les masses fpl.

massacre ['mæsəkər] ❖ noun massacre m. ❖ vt massacrer.

massage [UK 'mæsa:ʒ, US mə'sa:ʒ]
❖ noun massage m. ❖ vt masser.

massive ['mæsɪv] adj massif(ive), énorme.

mass media noun & pl n ▸ **the mass media** les (mass) media mpl.

mass production noun fabrication f OR production f en série.

mast [ma:st] noun 1. [on boat] mât m 2. RADIO & TV pylône m.

master ['ma:stər] ❖ noun 1. [gen] maître m 2. UK [SCH - in primary school] instituteur m, maître m ; [- in secondary school] professeur m. ❖ adj maître. ❖ vt maîtriser; [difficulty] surmonter, vaincre ; [situation] se rendre maître de.

master key noun passe m, passe-partout m inv.

masterly ['ma:stəlɪ] adj magistral(e).

mastermind ['ma:stəmaɪnd] ❖ noun cerveau m. ❖ vt organiser, diriger.

Master of Arts (pl **Masters of Arts**) noun 1. [degree] maîtrise f ès lettres 2. [person] titulaire mf d'une maîtrise ès lettres.

Master of Science (pl **Masters of Science**) noun 1. [degree] maîtrise f ès sciences 2. [person] titulaire mf d'une maîtrise ès sciences.

masterpiece ['ma:stəpi:s] noun chef-d'œuvre m.

master plan noun stratégie f globale.

master's degree noun ≃ maîtrise f.

masterstroke ['ma:stəstrəʊk] noun coup m magistral OR de maître.

mastery ['ma:stərɪ] noun maîtrise f.

mat [mæt] noun 1. [on floor] petit tapis m ; [at door] paillasson m 2. [on table] set m (de table) ; [coaster] dessous m de verre.

match [mætʃ] ❖ noun 1. [game] match m 2. [for lighting] allumette f 3. [equal] ▸ **to be no match for sb** ne pas être de taille à lutter contre qqn. ❖ vt 1. [be the same as, go with] correspondre à, s'accorder avec / **the gloves match the scarf** les gants sont assortis à l'écharpe 2. [pair off] faire correspondre 3. [be equal with] égaler, rivaliser avec. ❖ vi 1. [be the same] correspondre 2. [go together well] être assorti(e).

matchbox ['mætʃbɒks] noun boîte f à allumettes.

matching ['mætʃɪŋ] adj assorti(e).

mate [meɪt] ❖ noun 1. UK inf [friend] copain m, copine f, pote m 2. UK inf [term of address] mon vieux 3. [of female animal] mâle m ;

[of male animal] femelle f 4. NAUT ▸ **(first) mate** second m. ❖ vi s'accoupler.

material [mə'tɪərɪəl] ❖ adj 1. [goods, benefits, world] matériel(elle) 2. [important] important(e), essentiel(elle). ❖ noun 1. [substance] matière f, substance f; [type of substance] matériau m, matière 2. [fabric] tissu m, étoffe f; [type of fabric] tissu 3. (U) [information - for book, article] matériaux mpl. ❖ **materials** pl n matériaux mpl.

materialistic [mə,tɪərɪə'lɪstɪk] adj matérialiste.

materialize, materialise UK [mə'tɪərɪəlaɪz] vi 1. [offer, threat] se concrétiser, se réaliser 2. [person, object] apparaître.

maternal [mə'tɜːnl] adj maternel(elle).

maternity [mə'tɜːnətɪ] noun maternité f.

math US = maths.

mathematical [,mæθə'mætɪkl] adj mathématique.

mathematics [,mæθə'mætɪks] noun (U) mathématiques fpl.

maths UK [mæθs], **math** US [mæθ] (abbr of **mathematics**) noun (U) inf maths fpl.

matinée, matinee ['mætɪneɪ] noun matinée f.

mating season noun saison f des amours.

matrices ['meɪtrɪsi:z] pl n ⟶ **matrix**.

matriculation [mə,trɪkjʊ'leɪʃn] noun inscription f.

matrimonial [,mætrɪ'məʊnjəl] adj fml matrimonial(e), conjugal(e).

matrimony ['mætrɪmənɪ] noun (U) fml mariage m.

matrix ['meɪtrɪks] (pl **matrices** ['meɪtrɪsi:z] or **-es**) noun 1. [context, framework] contexte m, structure f 2. MATH & TECH matrice f.

matron ['meɪtrən] noun 1. UK [in hospital] infirmière f en chef 2. UK [in school] infirmière f.

matronly ['meɪtrənlɪ] adj euph [woman] qui a l'allure d'une matrone ; [figure] de matrone.

matt UK, **matte** US [mæt] adj mat(e).

matted ['mætɪd] adj emmêlé(e).

matter ['mætər] ❖ noun 1. [question, situation] question f, affaire f ▸ **that's another** OR **a different matter** c'est tout autre chose, c'est une autre histoire ▸ **as a matter of course** automatiquement ▸ **to make matters worse** aggraver la situation ▸ **and to make matters worse...** pour tout arranger... ▸ **that's a matter of opinion** c'est (une) affaire OR question d'opinion

2. [trouble, cause of pain] : *there's something the matter with my radio* il y a quelque chose qui cloche **or** ne va pas dans ma radio ▸ **what's the matter?** qu'est-ce qu'il y a ? ▸ **what's the matter with him?** qu'est-ce qu'il a ? **3.** PHYS matière *f* **4.** (U) [material] matière *f* ▸ **reading matter** choses *fpl* à lire. ❖ vi [be important] importer, avoir de l'importance ▸ **it doesn't matter** cela n'a pas d'importance. ❖ **as a matter of fact** adv en fait, à vrai dire. ❖ **for that matter** adv d'ailleurs. ❖ **no matter** adv ▸ **no matter what** coûte que coûte, à tout prix ∕ *no matter how hard I try to explain…* j'ai beau essayer de lui expliquer….

Matterhorn ['mætə,hɔːn] noun ▸ **the Matterhorn** le mont Cervin.

matter-of-fact adj **1.** [down-to-earth] terre-à-terre **2.** [unemotional] neutre.

mattress ['mætrɪs] noun matelas *m*.

mature [mə'tjʊər] ❖ adj **1.** [person, attitude] mûr(e) **2.** [cheese] fait(e) ; [wine] arrivé(e) à maturité. ❖ vi **1.** [person] mûrir **2.** [cheese, wine] se faire.

mature student noun UK UNIV *étudiant qui a commencé ses études sur le tard.*

maul [mɔːl] vt mutiler.

mauve [məʊv] ❖ adj mauve. ❖ noun mauve *m*.

maverick ['mævərɪk] noun non-conformiste *mf*.

max. [mæks] (*abbr of* **maximum**) max.

maxim ['mæksɪm] (*pl* -s) noun maxime *f*.

maxima ['mæksɪmə] pl n ⟶ **maximum**.

maximum ['mæksɪməm] ❖ adj maximum (*inv*). ❖ noun (*pl* **maxima** ['mæksɪmə] or -s) maximum *m*.

may [meɪ] modal vb **1.** [expressing possibility] : *it may rain* il se peut qu'il pleuve, il va peut-être pleuvoir ▸ **be that as it may** quoi qu'il en soit **2.** [expressing permission] : *may I come in?* puis-je entrer ? **3.** [as contrast] : *it may be expensive but…* c'est peut-être cher, mais… **4.** *fml* [can] pouvoir ∕ *on a clear day the coast may be seen* on peut voir la côte par temps clair **5.** *fml* [expressing wish, hope] : *may they be happy!* qu'ils soient heureux ! **6.** ∕ *may as well : can I go home now? — you may as well* est-ce que je peux rentrer chez moi maintenant ? — tu ferais aussi bien ∕ *we may as well have another drink* tant qu'à faire, autant prendre un autre verre. *See also* **might**.

May [meɪ] noun mai *m*. *See also* **September**.

maybe ['meɪbiː] adv peut-être ∕ *maybe I'll come* je viendrai peut-être.

May Day noun le Premier mai.

mayhem ['meɪhem] noun pagaille *f*.

mayonnaise [,meɪə'neɪz] noun mayonnaise *f*.

mayor [meər] noun maire *m*.

mayoress ['meərɪs] noun UK **1.** [female mayor] femme *f* maire **2.** [mayor's wife] femme *f* du maire.

maze [meɪz] noun *lit & fig* labyrinthe *m*, dédale *m*.

MB (*abbr of* **megabyte**) Mo.

MD noun UK *abbr of* **managing director**.

me [miː] pers pron **1.** [direct, indirect] me, m' (+ *vowel or silent 'h'*) ∕ *can you see ∕ hear me?* tu me vois ∕ m'entends ? ∕ *it's me* c'est moi ∕ *they spoke to me* ils m'ont parlé ∕ *she gave it to me* elle me l'a donné **2.** [stressed, after prep, in comparisons, etc.] moi ∕ *you can't expect me to do it* tu ne peux pas exiger que ce soit moi qui le fasse ∕ *she's shorter than me* elle est plus petite que moi.

meadow ['medəʊ] noun prairie *f*, pré *m*.

meagre UK, **meager** US ['miːgər] adj maigre.

meal [miːl] noun repas *m*.

mealtime ['miːltaɪm] noun heure *f* du repas.

mean [miːn] ❖ vt (*pt & pp* **meant**) **1.** [signify] signifier, vouloir dire **2.** [intend] ▸ **to mean to do sthg** vouloir faire qqch, avoir l'intention de faire qqch ∕ *I didn't mean to drop it* je n'ai pas fait exprès de le laisser tomber ▸ **to be meant for sb ∕ sthg** être destiné(e) à qqn ∕ qqch ▸ **to be meant to do sthg** être censé(e) faire qqch ▸ **to mean well** agir dans une bonne intention **3.** [be serious about] : *I mean it* je suis sérieux(euse) **4.** [entail] occasionner, entraîner **5.** PHR **I mean a)** [as explanation] c'est vrai **b)** [as correction] je veux dire. ❖ adj **1.** UK [miserly] radin(e), chiche ▸ **to be mean with sthg** être avare de qqch **2.** [unkind] mesquin(e), méchant(e) ▸ **to be mean to sb** être mesquin envers qqn **3.** [average] moyen(enne). ❖ noun [average] moyenne *f*. *See also* **means**.

meander [mɪ'ændər] vi [river, road] serpenter ; [person] errer.

meaning ['miːnɪŋ] noun sens *m*, signification *f*.

meaningful ['miːnɪŋfʊl] adj [look] significatif(ive) ; [relationship, discussion] important(e).

meaningless ['miːnɪŋlɪs] adj [gesture, word] dénué(e) **or** vide de sens ; [proposal, discussion] sans importance.

means [mi:nz] ◆ noun [method, way] moyen *m* ▸ **by means of** au moyen de. ◆ pl n [money] moyens *mpl*, ressources *fpl*. ◆ **by all means** adv mais certainement, bien sûr. ◆ **by no means** adv nullement, en aucune façon.

meant [ment] pt & pp ⟶ **mean**.

meantime ['mi:n,taɪm] noun ▸ **in the mean-time** en attendant.

meanwhile ['mi:n,waɪl] adv **1.** [at the same time] pendant ce temps **2.** [between two events] en attendant.

measles ['mi:zlz] noun ▸ **(the) measles** la rougeole.

measly ['mi:zlɪ] adj *inf* misérable, minable.

measure ['meʒər] ◆ noun **1.** [gen] mesure *f* **2.** [indication] : *it is a measure of her success that…* la preuve de son succès, c'est que… ◆ vt & vi mesurer.

measurement ['meʒəmənt] noun mesure *f*.

meat [mi:t] noun viande *f*.

meatball ['mi:tbɔ:l] noun boulette *f* de viande.

meaty ['mi:tɪ] adj *fig* important(e).

Mecca ['mekə] noun La Mecque.

mechanic [mɪ'kænɪk] noun mécanicien *m*, -enne *f*. ◆ **mechanics** ◆ noun (U) [study] mécanique *f*. ◆ pl n *fig* mécanisme *m*.

mechanical [mɪ'kænɪkl] adj **1.** [device] mécanique **2.** [person, mind] fort(e) en mécanique **3.** [routine, automatic] machinal(e).

mechanism ['mekənɪzm] noun *lit* & *fig* mécanisme *m*.

medal ['medl] noun médaille *f*.

medallion [mɪ'dæljən] noun médaillon *m*.

meddle ['medl] vi ▸ **to meddle in** se mêler de.

media ['mi:djə] pl n ▸ **the media** les médias *mpl*.

mediaeval [,medɪ'i:vl] = **medieval**.

median ['mi:djən] noun US [of road] bande *f* médiane *(qui sépare les deux côtés d'une grande route)*.

mediate ['mi:dɪeɪt] ◆ vt négocier. ◆ vi ▸ **to mediate (for/between)** servir de médiateur (pour/entre).

mediator ['mi:dɪeɪtər] noun médiateur *m*, -trice *f*.

Medicaid ['medɪkeɪd] noun US assistance médicale aux personnes sans ressources.

medical ['medɪkl] ◆ adj médical(e). ◆ noun UK examen *m* médical.

Medicare ['medɪkeər] noun US programme fédéral d'assistance médicale pour personnes âgées.

medicated ['medɪkeɪtɪd] adj traitant(e).

medicine ['medsɪn] noun **1.** [subject, treatment] médecine *f* ▸ **Doctor of Medicine** UNIV docteur *m* en médecine **2.** [substance] médicament *m*.

medieval [,medɪ'i:vl] adj médiéval(e).

mediocre [,mi:dɪ'əʊkər] adj médiocre.

meditate ['medɪteɪt] vi ▸ **to meditate (on OR upon)** méditer (sur).

Mediterranean [,medɪtə'reɪnjən] ◆ noun [sea] ▸ **the Mediterranean (Sea)** la (mer) Méditerranée. ◆ adj méditerranéen(enne).

medium ['mi:djəm] ◆ adj moyen(enne). ◆ noun **1.** (*pl* media ['mi:djə]) [way of communicating] moyen *m* **2.** (*pl* mediums) [spiritualist] médium *m*.

medium-size(d) [-saɪz(d)] adj de taille moyenne.

medium wave noun onde *f* moyenne.

medley ['medlɪ] (*pl* -s) noun **1.** [mixture] mélange *m* **2.** MUS pot-pourri *m*.

meek [mi:k] adj docile.

meet [mi:t] ◆ vt (*pt* & *pp* met) **1.** [gen] rencontrer ; [by arrangement] retrouver **2.** [go to meet - person] aller/venir attendre, aller/venir chercher ; [- train, plane] aller attendre **3.** [need, requirement] satisfaire, répondre à **4.** [problem] résoudre ; [challenge] répondre à **5.** [costs] payer. ◆ vi (*pt* & *pp* met) **1.** [gen] se rencontrer ; [by arrangement] se retrouver ; [for a purpose] se réunir **2.** [join] se joindre. ◆ noun US [meeting] meeting *m*. ◆ **meet up** vi se retrouver ▸ **to meet up with sb** rencontrer qqn, retrouver qqn. ◆ **meet with** vt insep **1.** [encounter - disapproval] être accueilli(e) par ; [- success] remporter ; [- failure] essuyer **2.** US [by arrangement] retrouver.

meeting ['mi:tɪŋ] noun **1.** [for discussions, business] réunion *f* **2.** [by chance] rencontre *f* ; [by arrangement] entrevue *f*.

megabucks ['megəbʌks] noun *inf* un fric fou, une fortune **/** *her job pays megabucks* elle gagne une fortune dans son travail.

megabyte ['megəbaɪt] noun COMPUT mégaoctet *m*.

megaphone ['megəfəʊn] noun mégaphone *m*, porte-voix *m inv*.

melancholy ['melənkəlɪ] ◆ adj [person] mélancolique ; [news, facts] triste. ◆ noun mélancolie *f*.

mellow ['meləʊ] ❖ adj [light, voice] doux (douce) ; [taste, wine] moelleux(euse). ❖ vi s'adoucir.

melody ['melədɪ] noun mélodie f.

melon ['melən] noun melon m.

melt [melt] ❖ vt faire fondre. ❖ vi 1. [become liquid] fondre 2. fig : his heart melted at the sight il fut tout attendri devant ce spectacle 3. [disappear] ▶ to melt (away) fondre. ◆ melt down vt sep fondre.

meltdown ['meltdaʊn] noun 1. PHYS fusion f du cœur (du réacteur) 2. fig effondrement m.

melting pot ['meltɪŋ-] noun fig creuset m.

member ['membər] noun membre m ; [of club] adhérent m, -e f.

Member of Congress (pl **Members of Congress**) noun US membre m du Congrès.

Member of Parliament (pl **Members of Parliament**) noun UK ≃ député m.

membership ['membəʃɪp] noun 1. [of organization] adhésion f 2. [number of members] nombre m d'adhérents 3. [members] ▶ the membership les membres mpl.

membership card noun carte f d'adhésion.

memento [mɪ'mentəʊ] (pl -s) noun souvenir m.

memo ['meməʊ] (pl -s) noun note f de service.

memoir ['memwɑːr] noun 1. [biography] biographie f 2. [essay, monograph] mémoire m.

memoirs ['memwɑːz] pl n mémoires mpl.

memorandum [,memə'rændəm] (pl -da or -dums) noun fml note f de service.

memorial [mɪ'mɔːrɪəl] ❖ adj commémoratif(ive). ❖ noun monument m.

memorize, memorise UK ['meməraɪz] vt [phone number, list] retenir ; [poem] apprendre par cœur.

memory ['memərɪ] noun 1. [gen & COMPUT] mémoire f ▶ from memory de mémoire 2. [event, experience] souvenir m.

men [men] pl n ⟶ **man**.

menace ['menəs] ❖ noun 1. [gen] menace f 2. inf [nuisance] plaie f. ❖ vt menacer.

menacing ['menəsɪŋ] adj menaçant(e).

mend [mend] ❖ noun inf ▶ to be on the mend aller mieux. ❖ vt réparer ; [clothes] raccommoder ; [sock, pullover] repriser.

menial ['miːnjəl] adj avilissant(e).

meningitis [,menɪn'dʒaɪtɪs] noun (U) méningite f.

menopause ['menəpɔːz] noun ▶ the menopause UK, menopause US la ménopause.

men's room noun US ▶ the men's room les toilettes fpl pour hommes.

menstruation [,menstrʊ'eɪʃn] noun MED menstruation f.

menswear ['menzweər] noun (U) vêtements mpl pour hommes.

mental ['mentl] adj mental(e) ; [image, picture] dans la tête.

mentality [men'tælətɪ] noun mentalité f.

mentally handicapped pl n ▶ the mentally handicapped les handicapés mpl mentaux.

mental note noun ▶ to make a mental note to do sthg prendre note mentalement de faire qqch.

mention ['menʃn] ❖ vt mentionner, signaler ▶ not to mention sans parler de ▶ don't mention it! je vous en prie ! ❖ noun mention f.

mentor ['mentɔːr] noun mentor m.

menu ['menjuː] noun [gen & COMPUT] menu m.

meow US = **miaow**.

MEP (abbr of **Member of the European Parliament**) noun parlementaire m européen.

mercenary ['mɜːsɪnrɪ] ❖ adj pej mercenaire. ❖ noun mercenaire m.

merchandise ['mɜːtʃəndaɪz] noun (U) marchandises fpl.

merchant ['mɜːtʃənt] noun marchand m, -e f, commerçant m, -e f.

merchant bank noun banque f d'affaires.

merchant navy UK, **merchant marine** US noun marine f marchande.

merciful ['mɜːsɪful] adj 1. [person] clément(e) 2. [death, release] qui est une délivrance.

merciless ['mɜːsɪlɪs] adj impitoyable.

mercury ['mɜːkjʊrɪ] noun mercure m.

Mercury ['mɜːkjʊrɪ] noun [planet] Mercure f.

mercy ['mɜːsɪ] noun 1. [kindness, pity] pitié f ▶ at the mercy of fig à la merci de 2. [blessing] : what a mercy that... quelle chance que...

mercy killing noun euthanasie f.

mere [mɪər] adj seul(e) / she's a mere child ce n'est qu'une enfant / it cost a mere £10 cela n'a coûté que 10 livres.

merely ['mɪəlɪ] adv seulement, simplement.

merge [mɜːdʒ] ❖ vt COMM & COMPUT fusionner. ❖ vi 1. COMM ▶ to merge (with) fusionner (avec) 2. [roads, lines] ▶ to merge

(with) se joindre (à) **3.** [colours] se fondre.
❖ noun COMPUT fusion f.

merger ['mɜːdʒər] noun fusion f.

meringue [mə'ræŋ] noun meringue f.

merit ['merɪt] ❖ noun [value] mérite m, valeur f. ❖ vt fml mériter. ◆ **merits** pl n [advantages] qualités fpl.

mermaid ['mɜːmeɪd] noun sirène f.

merry ['merɪ] **UK** adj **1.** [happy] joyeux(euse) ▶ **Merry Christmas!** joyeux Noël ! **2.** inf [tipsy] gai(e), éméché(e).

merry-go-round noun manège m.

mesh [meʃ] ❖ noun maille f (du filet) ▶ **wire mesh** grillage m. ❖ vi [gears] s'engrener.

mesmerize, mesmerise UK ['mezməraɪz] vt ▶ **to be mesmerized by** être fasciné(e) par.

mess [mes] noun **1.** [untidy state] désordre m ; fig gâchis m **2.** MIL mess m. ◆ **mess around, mess about UK** ❖ vt sep inf ▶ **to mess sb around** traiter qqn par-dessus OR par-dessous la jambe. ❖ vi inf **1.** [fool around] perdre OR gaspiller son temps **2.** [interfere] ▶ **to mess around with sthg** s'immiscer dans qqch. ◆ **mess up** vt sep inf **1.** [room] mettre en désordre ; [clothes] salir **2.** fig [spoil] gâcher.

message ['mesɪdʒ] noun message m.

messenger ['mesɪndʒər] noun messager m, -ère f.

Messrs, Messrs. ['mesəz] (abbr of **messieurs**) MM.

messy ['mesɪ] adj **1.** [dirty] sale ; [untidy] désordonné(e) ▶ **a messy job** un travail salissant **2.** inf [divorce] difficile ; [situation] embrouillé(e).

met [met] pt & pp → **meet**.

metal ['metl] ❖ noun métal m. ❖ comp en OR de métal.

metallic [mɪ'tælɪk] adj **1.** [sound, ore] métallique **2.** [paint, finish] métallisé(e).

metalwork ['metəlwɜːk] noun [craft] ferronnerie f.

metaphor ['metəfər] noun métaphore f.

mete [miːt] ◆ **mete out** vt sep fml [punishment] infliger.

meteor ['miːtɪər] noun météore m.

meteorology [miːtjə'rɒlədʒɪ] noun météorologie f.

meter ['miːtər] ❖ noun **1.** [measuring device] compteur m **2.** **US** = **metre**. ❖ vt [gas, electricity] établir la consommation de.

metered ['miːtəd] adj décompté(e) à la minute.

method ['meθəd] noun méthode f.

methodical [mɪ'θɒdɪkl] adj méthodique.

Methodist ['meθədɪst] ❖ adj méthodiste. ❖ noun méthodiste mf.

meths [meθs] noun (U) **UK** inf alcool m à brûler.

methylated spirits ['meθɪleɪtɪd-] noun (U) alcool m à brûler.

meticulous [mɪ'tɪkjʊləs] adj méticuleux(euse).

metre UK, meter US ['miːtər] noun mètre m.

metric ['metrɪk] adj métrique.

metronome ['metrənəʊm] noun métronome m.

metropolitan [ˌmetrə'pɒlɪtn] adj métropolitain(e).

mettle ['metl] noun ▶ **to be on one's mettle** être d'attaque ▶ **to show OR prove one's mettle** montrer ce dont on est capable.

mew [mjuː] = **miaow**.

mews [mjuːz] (pl inv) noun **UK** ruelle f.

Mexican ['meksɪkn] ❖ adj mexicain(e). ❖ noun Mexicain m, -e f.

Mexican wave noun ola f.

Mexico ['meksɪkəʊ] noun Mexique m.

MI5 (abbr of **Military Intelligence 5**) noun service de contre-espionnage britannique.

MI6 (abbr of **Military Intelligence 6**) noun service de renseignements britannique.

miaow UK [miː'aʊ], **meow US** [mɪ'aʊ] ❖ noun miaulement m, miaou m. ❖ vi miauler.

mice [maɪs] pl n → **mouse**.

mickey ['mɪkɪ] noun ▶ **to take the mickey out of sb UK** inf se payer la tête de qqn, faire marcher qqn.

microchip ['maɪkrəʊtʃɪp] noun COMPUT puce f.

microcomputer [ˌmaɪkrəʊkəm'pjuːtər] noun micro-ordinateur m.

microfilm ['maɪkrəʊfɪlm] noun microfilm m.

microphone ['maɪkrəfəʊn] noun microphone m, micro m.

microscope ['maɪkrəskəʊp] noun microscope m.

microscopic [ˌmaɪkrə'skɒpɪk] adj microscopique.

microwave ['maɪkrəweɪv] ❖ noun **1.** PHYS micro-onde f **2.** = **microwave oven.** ❖ vt faire cuire au micro-ondes.

microwave (oven) ['maɪkrəweɪv-] noun (four m à) micro-ondes m.

mid [mɪd] adj [middle] : *in mid October* à la mi-octobre, au milieu du mois d'octobre / *he's in his mid fifties* il a environ 55 ans.

mid- [mɪd] pref : *mid-height* mi-hauteur / *mid-morning* milieu de la matinée / *mid-winter* plein hiver.

midair [mɪd'eər] ❖ adj en plein ciel. ❖ noun ▶ **in midair** en plein ciel.

midday [mɪd'deɪ] noun midi m.

middle ['mɪdl] ❖ adj [centre] du milieu, du centre. ❖ noun **1.** [centre] milieu m, centre m ▶ **in the middle (of)** au milieu (de) **2.** [in time] milieu m ▶ **to be in the middle of doing sthg** être en train de faire qqch / *to be in the middle of a meeting* être en pleine réunion ▶ **in the middle of the night** au milieu de la nuit, en pleine nuit **3.** [waist] taille f.

middle-aged adj d'une cinquantaine d'années.

Middle Ages pl n ▶ **the Middle Ages** le Moyen Âge.

middle-class adj bourgeois(e).

middle classes pl n ▶ **the middle classes** la bourgeoisie.

Middle East noun ▶ **the Middle East** le Moyen-Orient.

middle ground noun **1.** [in picture] second plan m **2.** fig terrain m neutre.

middleman ['mɪdlmæn] (pl **-men**) noun intermédiaire mf.

middle name noun second prénom m.

middle-of-the-road adj modéré(e).

middle school noun **1.** UK ≃ premier cycle m du secondaire **2.** US collège m d'enseignement secondaire.

middleweight ['mɪdlweɪt] noun poids m moyen.

middling ['mɪdlɪŋ] adj moyen(enne).

midfield [,mɪd'fiːld] noun FOOT milieu m de terrain.

midge [mɪdʒ] noun moucheron m.

midget ['mɪdʒɪt] noun offens nain m, -e f.

midi system, MIDI system ['mɪdɪ-] noun UK chaîne f midi.

Midlands ['mɪdləndz] pl n ▶ **the Midlands** *les comtés du centre de l'Angleterre.*

midlife crisis noun : *he's having* OR *going through a midlife crisis* il a du mal à passer le cap de la cinquantaine.

midnight ['mɪdnaɪt] noun minuit m.

midriff ['mɪdrɪf] noun diaphragme m.

midst [mɪdst] noun fml **1.** [in space] ▶ **in the midst of** au milieu de **2.** [in time] ▶ **to be in the midst of doing sthg** être en train de faire qqch.

midsummer ['mɪd,sʌmər] noun cœur m de l'été.

Midsummer Day noun 24 juin.

mid-term elections noun US élections fpl de mi-mandat.

midway [,mɪd'weɪ] adv **1.** [in space] ▶ **midway (between)** à mi-chemin (entre) **2.** [in time] : *midway through the meeting* en pleine réunion.

midweek ❖ adj ['mɪdwiːk] du milieu de la semaine. ❖ adv [mɪd'wiːk] en milieu de semaine.

midwife ['mɪdwaɪf] (pl **-wives**) noun sage-femme f.

midwifery ['mɪd,wɪfərɪ] noun obstétrique f.

miffed [mɪft] adj inf vexé(e).

might [maɪt] ❖ modal vb **1.** [expressing possibility] : *the criminal might be armed* il est possible que le criminel soit armé **2.** [expressing suggestion] : *it might be better to wait* il vaut peut-être mieux attendre **3.** fml [asking permission] : *he asked if he might leave the room* il demanda s'il pouvait sortir de la pièce **4.** [expressing concession] : *you might well be right* vous avez peut-être raison. ❖ noun (U) force f.

mighty ['maɪtɪ] UK ❖ adj [powerful] puissant(e). ❖ adv inf drôlement, vachement.

migraine ['miːgreɪn or 'maɪgreɪn] noun migraine f.

migrant ['maɪgrənt] ❖ adj [bird, animal] migrateur(trice). ❖ noun **1.** [bird, animal] migrateur m **2.** [person] émigré m, -e f.

migrate [UK maɪ'greɪt, US 'maɪgreɪt] vi **1.** [bird, animal] migrer **2.** [person] émigrer.

mike [maɪk] (abbr of **microphone**) noun inf micro m.

mild [maɪld] adj **1.** [disinfectant, reproach] léger(ère) **2.** [tone, weather] doux (douce) **3.** [illness] bénin(igne).

mildew ['mɪldjuː] noun (U) moisissure f.

mildly ['maɪldlɪ] adv **1.** [gently] doucement ▶ **that's putting it mildly** c'est le moins qu'on puisse dire **2.** [not strongly] légèrement **3.** [slightly] un peu.

mile [maɪl] noun mile *m* ; NAUT mille *m* ▶ **to be miles away** *fig* être très loin.

mileage ['maɪlɪdʒ] noun distance *f* en miles ; ≃ kilométrage *m*.

mil(e)ometer [maɪ'lɒmɪtər] noun UK compteur *m* de miles ; ≃ compteur kilométrique.

milestone ['maɪlstəʊn] noun [marker stone] borne *f* ; *fig* événement *m* marquant OR important.

MILF noun *v inf* (*abbr of* mother I'd like to fuck) MILF *f*, cougar *f*.

militant ['mɪlɪtənt] ◆ adj militant(e). ◆ noun militant *m*, -e *f*.

military ['mɪlɪtrɪ] ◆ adj militaire. ◆ noun ▶ **the military** les militaires *mpl*, l'armée *f*.

militia [mɪ'lɪʃə] noun milice *f*.

milk [mɪlk] ◆ noun lait *m*. ◆ vt **1.** [cow] traire **2.** *fig* [use to own ends] exploiter.

milk chocolate noun chocolat *m* au lait.

milkman ['mɪlkmən] (*pl* -men) noun laitier *m*, -ière *f*.

milk shake noun milk-shake *m*.

milky ['mɪlkɪ] adj **1.** [coffee] avec beaucoup de lait **2.** [pale white] laiteux(euse).

Milky Way noun ▶ **the Milky Way** la Voie lactée.

mill [mɪl] ◆ noun **1.** [flour-mill, grinder] moulin *m* **2.** [factory] usine *f*. ◆ vt moudre. ◆ **mill about, mill around** vi grouiller.

millennium [mɪ'lenɪəm] (*pl* millennia [mɪ'lenɪə]) noun millénaire *m*.

miller ['mɪlər] noun meunier *m*, -ière *f*.

millet ['mɪlɪt] noun millet *m*.

milligram, milligramme UK ['mɪlɪgræm] noun milligramme *m*.

millimetre UK, **millimeter** US ['mɪlɪˌmiːtər] noun millimètre *m*.

million ['mɪljən] noun million *m* ▶ **a million, millions of** *fig* des milliers de, un million de.

millionaire [ˌmɪljə'neər] noun millionnaire *mf*.

millstone ['mɪlstəʊn] noun meule *f*.

milometer [maɪ'lɒmɪtər] UK = **mileometer**.

mime [maɪm] ◆ noun mime *m*. ◆ vt & vi mimer.

mimic ['mɪmɪk] ◆ noun imitateur *m*, -trice *f*. ◆ vt (*pt & pp* -ked) imiter.

mimicry ['mɪmɪkrɪ] noun imitation *f*.

min. [mɪn] **1.** (*abbr of* minute) mn, min **2.** (*abbr of* minimum) min.

mince [mɪns] ◆ noun UK viande *f* hachée. ◆ vt UK [garlic] hacher. ◆ vi marcher à petits pas maniérés.

mincemeat ['mɪnsmiːt] noun **1.** [fruit] mélange de pommes, raisins secs et épices utilisé en pâtisserie **2.** UK [meat] viande *f* hachée.

mince pie noun tartelette *f* de Noël.

mincer ['mɪnsər] noun UK hachoir *m*.

mind [maɪnd] ◆ noun **1.** [gen] esprit *m* ▶ **to come into/cross sb's mind** venir à/traverser l'esprit de qqn ▶ **to have sthg on one's mind** avoir l'esprit préoccupé, être préoccupé(e) par qqch ▶ **to keep an open mind** réserver son jugement ▶ **to have sthg in mind** avoir qqch dans l'idée ▶ **to have a mind to do sthg** avoir bien envie de faire qqch ▶ **to make one's mind up** se décider **2.** [attention] ▶ **to put one's mind to sthg** s'appliquer à qqch ▶ **to keep one's mind on sthg** se concentrer sur qqch **3.** [opinion] ▶ **to change one's mind** changer d'avis ▶ **to my mind** UK à mon avis ▶ **to be in** UK **or of** US **two minds (about sthg)** se tâter OR être indécis(e) (à propos de qqch) **4.** [person] cerveau *m*. ◆ vi [be bothered] : *I don't mind* ça m'est égal / *I hope you don't mind* j'espère que vous n'y voyez pas d'inconvénient ▶ **do you mind!** a) *iro* (politely) vous permettez ? b) [indignantly] non mais ! ▶ **never mind** a) [don't worry] ne t'en fais pas b) [it's not important] ça ne fait rien. ◆ vt **1.** [be bothered about, dislike] : *I don't mind waiting* ça ne me gêne or dérange pas d'attendre / *I wouldn't mind a beer* je prendrais bien une bière **2.** UK [pay attention to] faire attention à, prendre garde à **3.** UK [take care of - luggage] garder, surveiller ; [- shop] tenir. ◆ **mind you** adv remarquez.

mind-boggling adj extraordinaire, stupéfiant(e).

-minded [ˌmaɪndɪd] suffix **1.** (with adj) : *they're so narrow-minded* ils sont tellement étroits d'esprit **2.** (with adv) : *to be politically-minded* s'intéresser beaucoup à la politique **3.** (with noun) : *to be very money-minded* avoir un faible pour l'argent OR être très porté(e) sur l'argent.

minder ['maɪndər] noun UK *inf* [bodyguard] ange *m* gardien.

mindful ['maɪndfʊl] adj ▶ **mindful of** a) [risks] attentif(ive) à b) [responsibility] soucieux(euse) de.

mindless ['maɪndlɪs] adj stupide, idiot(e).

mind reader noun : *I'm not a mind reader hum* je ne suis pas devin.

mindset ['maɪndset] noun mentalité *f* **/** *this is a dangerous mindset to be in* c'est une attitude dangereuse.

mine¹ [maɪn] poss pron le mien (la mienne), les miens (les miennes) (pl) **/** *that money is mine* cet argent est à moi **/** *it wasn't your fault, it was mine* ce n'était pas de votre faute, c'était de la mienne OR de ma faute à moi **/** *a friend of mine* un ami à moi, un de mes amis.

mine² [maɪn] **⇌** noun mine *f.* **⇌** vt **1.** [coal, gold] extraire **2.** [road, beach, sea] miner.

minefield ['maɪnfiːld] noun champ *m* de mines ; *fig* situation *f* explosive.

miner ['maɪnər] noun mineur *m*, -euse *f.*

mineral ['mɪnərəl] **⇌** adj minéral(e). **⇌** noun minéral *m.*

mineral water noun eau *f* minérale.

minesweeper ['maɪnˌswiːpər] noun dragueur *m* de mines.

minging ['mɪŋɪŋ] adj **UK** *v inf* horrible.

mingle ['mɪŋgl] vi **⇌ to mingle (with)** a) [sounds, fragrances] se mélanger (à) b) [people] se mêler (à).

miniature ['mɪnətʃər] **⇌** adj miniature. **⇌** noun **1.** [painting] miniature *f* **2.** [of alcohol] bouteille *f* miniature **3.** [small scale] **▶ in miniature** en miniature.

minibus ['mɪnɪbʌs] (pl -es) noun minibus *m.*

minicab ['mɪnɪkæb] noun **UK** radiotaxi *m.*

minidish ['mɪnɪdɪʃ] noun mini-parabole *f.*

minimal ['mɪnɪml] adj [cost] insignifiant(e) ; [damage] minime.

minimum ['mɪnɪməm] **⇌** adj minimum (inv). **⇌** noun (pl minima ['mɪnɪmə] or -s) minimum *m.*

mining ['maɪnɪŋ] **⇌** noun exploitation *f* minière. **⇌** adj minier(ère).

minion ['mɪnjən] noun larbin *m*, laquais *m.*

miniskirt ['mɪnɪskɜːt] noun minijupe *f.*

minister ['mɪnɪstər] noun **1.** POL ministre *m* **2.** RELIG pasteur *m.* **◆ minister to** vt insep [person] donner OR prodiguer ses soins à ; [needs] pourvoir à.

ministerial [ˌmɪnɪ'stɪərɪəl] adj ministériel(elle).

ministry ['mɪnɪstrɪ] noun **1.** POL ministère *m* **2.** RELIG **▶ the ministry** le saint ministère.

mink [mɪŋk] (pl inv) noun vison *m.*

minnow ['mɪnəʊ] noun vairon *m.*

minor ['maɪnər] **⇌** adj [gen & MUS] mineur(e) ; [detail] petit(e) ; [role] secondaire. **⇌** noun mineur *m*, -e *f.*

minority [maɪ'nɒrətɪ] noun minorité *f.*

mint [mɪnt] **⇌** noun **1.** [herb] menthe *f* **2.** [sweet] bonbon *m* à la menthe **3.** [for coins] **▶ the Mint** l'hôtel de la Monnaie **▶ in mint condition** en parfait état. **⇌** vt [coins] battre.

minus ['maɪnəs] **⇌** prep moins. **⇌** adj [answer, quantity] négatif(ive). **⇌** noun (pl -es) **1.** MATH signe *m* moins **2.** [disadvantage] handicap *m.*

minus sign noun signe *m* moins.

minute¹ ['mɪnɪt] noun minute *f* **▶ at any minute** à tout moment, d'une minute à l'autre **▶ stop that this minute!** arrête tout de suite OR immédiatement ! **◆ minutes** pl n procès-verbal *m*, compte rendu *m.*

minute² [maɪ'njuːt] adj minuscule.

miracle ['mɪrəkl] noun miracle *m.*

miraculous [mɪ'rækjʊləs] adj miraculeux(euse).

mirage [mɪ'rɑːʒ] noun lit & fig mirage *m.*

mire [maɪər] noun fange *f*, boue *f.*

mirror ['mɪrər] **⇌** noun miroir *m*, glace *f.* **⇌** vt [subj: mirror, water] refléter.

mirror site noun COMPUT site *m* miroir.

mirth [mɜːθ] noun liter hilarité *f*, gaieté *f.*

misadventure [ˌmɪsəd'ventʃər] noun **UK** LAW **▶ death by misadventure** mort *f* accidentelle.

misapprehension ['mɪsˌæprɪ'henʃn] noun idée *f* fausse.

misappropriation ['mɪsəˌprəʊprɪ'eɪʃn] noun détournement *m.*

misbehave [ˌmɪsbɪ'heɪv] **⇌** vi se conduire mal **/** *stop misbehaving!* sois sage ! **/** *he's misbehaving again!* il fait encore des siennes ! **⇌** vt : *to misbehave oneself* se conduire mal.

miscalculate [ˌmɪs'kælkjʊleɪt] **⇌** vt mal calculer. **⇌** vi se tromper.

miscarriage [ˌmɪs'kærɪdʒ] noun MED fausse couche *f* **▶ to have a miscarriage** faire une fausse couche.

miscarriage of justice noun erreur *f* judiciaire.

miscellaneous [ˌmɪsə'leɪnjəs] adj varié(e), divers(e).

mischief ['mɪstʃɪf] noun (U) **1.** [playfulness] malice f, espièglerie f **2.** [naughty behaviour] sottises fpl, bêtises fpl **3.** [harm] dégât m.

mischievous ['mɪstʃɪvəs] adj **1.** [playful] malicieux(euse) **2.** [naughty] espiègle, coquin(e).

misconception [,mɪskən'sepʃn] noun idée f fausse.

misconduct [,mɪs'kɒndʌkt] noun inconduite f.

misconstrue [,mɪskən'struː] vt fml mal interpréter.

miscount [,mɪs'kaʊnt] vt & vi mal compter.

misdemeanour UK, **misdemeanor** US [,mɪsdɪ'miːnəʳ] noun LAW délit m.

miser ['maɪzəʳ] noun avare mf.

miserable ['mɪzrəbl] adj **1.** [person] malheureux(euse), triste **2.** [conditions, life] misérable ; [pay] dérisoire ; [weather] maussade **3.** [failure] pitoyable, lamentable.

miserly ['maɪzəlɪ] adj avare.

misery ['mɪzərɪ] noun **1.** [of person] tristesse f **2.** [of conditions, life] misère f.

misery guts noun inf rabat-joie m.

misfire [,mɪs'faɪəʳ] vi **1.** [gun, plan] rater **2.** [car engine] avoir des ratés.

misfit ['mɪsfɪt] noun inadapté m, -e f.

misfortune [mɪs'fɔːtʃuːn] noun **1.** [bad luck] malchance f **2.** [piece of bad luck] malheur m.

misgivings [mɪs'gɪvɪŋz] pl n craintes fpl, doutes mpl / to have misgivings about avoir des doutes quant à, douter de.

misguided [,mɪs'gaɪdɪd] adj [person] malavisé(e) ; [attempt] malencontreux(euse) ; [opinion] peu judicieux(euse).

mishandle [,mɪs'hændl] vt **1.** [person, animal] manier sans précaution **2.** [negotiations] mal mener ; [business] mal gérer.

mishap ['mɪshæp] noun mésaventure f.

mishmash ['mɪʃmæʃ] noun inf méli-mélo m.

misinterpret [,mɪsɪn'tɜːprɪt] vt mal interpréter.

misjudge [,mɪs'dʒʌdʒ] vt **1.** [distance, time] mal évaluer **2.** [person, mood] méjuger, se méprendre sur.

mislay [,mɪs'leɪ] (pt & pp **-laid**) vt égarer.

mislead [,mɪs'liːd] (pt & pp **-led**) vt induire en erreur.

misleading [,mɪs'liːdɪŋ] adj trompeur(euse).

misled [,mɪs'led] pt & pp ⟶ **mislead**.

misnomer [,mɪs'nəʊməʳ] noun nom m mal approprié.

misplace [,mɪs'pleɪs] vt égarer.

misprint ['mɪsprɪnt] noun faute f d'impression.

miss [mɪs] ❖ vt **1.** [gen] rater, manquer **2.** [home, person] : I miss my family / her ma famille/elle me manque **3.** [avoid, escape] échapper à / I just missed being run over j'ai failli me faire écraser **4.** [be short of, lack] manquer de / I'm missing two books from my collection il me manque deux livres dans ma collection, deux livres de ma collection ont disparu. ❖ vi rater. ❖ noun ▸ to give sthg a miss UK inf ne pas aller à qqch. ❖ **miss out** ❖ vt sep UK [omit - by accident] oublier ; [- deliberately] omettre. ❖ vi ▸ to miss out on sthg ne pas pouvoir profiter de qqch.

Miss [mɪs] noun Mademoiselle f.

misshapen [,mɪs'ʃeɪpn] adj difforme.

missile [UK 'mɪsaɪl, US 'mɪsəl] noun **1.** [weapon] missile m **2.** [thrown object] projectile m.

missing ['mɪsɪŋ] adj **1.** [lost] perdu(e), égaré(e) **2.** [not present] manquant(e), qui manque.

mission ['mɪʃn] noun mission f.

missionary ['mɪʃənrɪ] noun missionnaire mf.

mist [mɪst] noun brume f. ❖ **mist over**, **mist up** vi s'embuer.

mistake [mɪ'steɪk] ❖ noun erreur f ▸ by mistake par erreur ▸ to make a mistake faire une erreur, se tromper. ❖ vt (pt **-took**, pp **-taken**) **1.** [misunderstand - meaning] mal comprendre ; [- intention] se méprendre sur **2.** [fail to recognize] ▸ to mistake sb / sthg for prendre qqn/qqch pour, confondre qqn/qqch avec.

mistaken [mɪ'steɪkn] ❖ pp ⟶ **mistake**. ❖ adj **1.** [person] ▸ to be mistaken (about) se tromper (en ce qui concerne OR sur) **2.** [belief, idea] erroné(e), faux (fausse).

mister ['mɪstəʳ] noun inf monsieur m. ❖ **Mister** noun Monsieur m.

mistletoe ['mɪsltəʊ] noun gui m.

mistook [mɪ'stʊk] pt ⟶ **mistake**.

mistreat [,mɪs'triːt] vt maltraiter.

mistress ['mɪstrɪs] noun maîtresse f.

mistrust [,mɪs'trʌst] ❖ noun méfiance f. ❖ vt se méfier de.

misty ['mɪstɪ] adj brumeux(euse).

misunderstand [,mɪsʌndə'stænd] (pt & pp **-stood**) vt & vi mal comprendre.

misunderstanding [ˌmɪsʌndə'stændɪŋ] noun malentendu m.

misunderstood [ˌmɪsʌndə'stʊd] pt & pp ⟶ **misunderstand**.

misuse ❖ noun [ˌmɪs'juːs] **1.** [of one's time, resources] mauvais emploi m **2.** [of power] abus m ; [of funds] détournement m. ❖ vt [ˌmɪs'juːz] **1.** [one's time, resources] mal employer **2.** [power] abuser de ; [funds] détourner.

miter [US] = **mitre**.

mitigate ['mɪtɪɡeɪt] vt atténuer, mitiger.

mitigation [ˌmɪtɪ'ɡeɪʃn] noun atténuation f.

mitre [UK], **miter** [US] ['maɪtər] noun **1.** [hat] mitre f **2.** [joint] onglet m.

mitt [mɪt] noun **1.** inf = **mitten 2.** [in baseball] gant m.

mitten ['mɪtn] noun moufle f.

mix [mɪks] ❖ vt **1.** [gen] mélanger **2.** [activities] ▸ **to mix sthg with sthg** combiner OR associer qqch et qqch **3.** [drink] préparer ; [cement] malaxer. ❖ vi **1.** [gen] se mélanger **2.** [socially] ▸ **to mix with** fréquenter. ❖ noun **1.** [gen] mélange m **2.** MUS mixage m. ❖ **mix up** vt sep **1.** [confuse] confondre **2.** [disorganize] mélanger.

mixed [mɪkst] adj **1.** [assorted] assortis(ies) **2.** [sexually, racially] mixte.

mixed-ability adj [UK] [class] tous niveaux confondus.

mixed blessing noun quelque chose qui a du bon et du mauvais.

mixed grill noun [UK] assortiment m de grillades.

mixed up adj **1.** [confused - person] qui ne sait plus où il en est, paumé(e) ; [- mind] embrouillé(e) **2.** [involved] ▸ **to be mixed up in sthg** être mêlé(e) à qqch.

mixer ['mɪksər] noun [for food] mixer m.

mixture ['mɪkstʃər] noun **1.** [gen] mélange m **2.** MED préparation f.

mix-up noun inf confusion f.

mm (abbr of **millimetre**) mm.

moan [məʊn] ❖ noun [of pain, sadness] gémissement m. ❖ vi **1.** [in pain, sadness] gémir **2.** inf [complain] ▸ **to moan (about)** rouspéter OR râler (à propos de).

moat [məʊt] noun douves fpl.

mob [mɒb] ❖ noun foule f. ❖ vt assaillir.

mobile ['məʊbaɪl] ❖ adj **1.** [gen] mobile **2.** [able to travel] motorisé(e). ❖ noun **1.** [UK] [telephone] téléphone m portable **2.** ART mobile m.

mobile home noun auto-caravane f.

mobile phone noun [UK] téléphone m portable.

mobilize, mobilise [UK] ['məʊbɪlaɪz] vt & vi mobiliser.

mock [mɒk] ❖ adj faux (fausse) ▸ **mock exam** [UK] examen blanc. ❖ vt se moquer de. ❖ vi se moquer.

mockery ['mɒkərɪ] noun moquerie f.

mod cons [ˌmɒd-] (abbr of **modern conveniences**) pl n [UK] inf ▸ **all mod cons** tout confort, tt. conf.

mode [məʊd] noun mode m.

model ['mɒdl] ❖ noun **1.** [gen] modèle m **2.** [fashion model] mannequin m. ❖ adj **1.** [perfect] modèle **2.** [reduced-scale] (en) modèle réduit. ❖ vt **1.** [clay] modeler **2.** [clothes] ▸ **to model a dress** présenter un modèle de robe **3.** [emulate] ▸ **to model o.s. on sb** prendre modèle OR exemple sur qqn, se modeler sur qqn. ❖ vi être mannequin.

modelling [UK], **modeling** [US] ['mɒdəlɪŋ] noun **1.** [building models] modelage m ; [as a hobby] construction f de maquettes **2.** [in fashion shows] : to make a career in modelling faire une carrière de mannequin **3.** MATH modélisation f.

modem ['məʊdem] noun COMPUT modem m.

moderate ❖ adj ['mɒdərət] modéré(e). ❖ noun ['mɒdərət] POL modéré m, -e f. ❖ vt ['mɒdəreɪt] modérer. ❖ vi ['mɒdəreɪt] se modérer.

moderation [ˌmɒdə'reɪʃn] noun modération f ▸ **in moderation** avec modération.

modern ['mɒdən] adj moderne.

modernize, modernise [UK] ['mɒdənaɪz] ❖ vt moderniser. ❖ vi se moderniser.

modern languages pl n langues fpl vivantes.

modest ['mɒdɪst] adj modeste.

modesty ['mɒdɪstɪ] noun modestie f.

modicum ['mɒdɪkəm] noun minimum m.

modify ['mɒdɪfaɪ] vt modifier.

module ['mɒdjuːl] noun module m.

mogul ['məʊɡl] noun fig magnat m.

mohair ['məʊheər] noun mohair m.

moist [mɔɪst] adj [soil, climate] humide ; [cake] moelleux(euse).

moisten ['mɔɪsn] vt humecter.

moisture ['mɔɪstʃər] noun humidité f.

moisturizer, moisturiser UK ['mɔɪstʃəraɪzə] noun crème f hydratante, lait m hydratant.

mojo ['məʊdʒəʊ] noun US inf [energy] peps m.

molar ['məʊlər] noun molaire f.

molasses [mə'læsɪz] noun (U) mélasse f.

mold US = mould.

moldy US = mouldy.

mole [məʊl] noun **1.** [animal, spy] taupe f **2.** [on skin] grain m de beauté.

molecule ['mɒlɪkjuːl] noun molécule f.

molest [mə'lest] vt **1.** [attack sexually] attenter à la pudeur de **2.** [attack] molester.

mollusc UK, **mollusk** US ['mɒləsk] noun mollusque m.

mollycoddle ['mɒlɪˌkɒdl] vt inf chouchouter.

molt US = moult.

molten ['məʊltn] adj en fusion.

mom [mɒm] noun US inf maman f.

moment ['məʊmənt] noun moment m, instant m ▸ **at any moment** d'un moment à l'autre ▸ **at the moment** en ce moment ▸ **for the moment** pour le moment.

momentarily ['məʊməntərɪlɪ] adv **1.** [for a short time] momentanément **2.** US [soon] très bientôt.

momentary ['məʊməntrɪ] adj momentané(e), passager(ère).

momentous [mə'mentəs] adj capital(e), très important(e).

momentum [mə'mentəm] noun (U) **1.** PHYS moment m **2.** fig [speed, force] vitesse f ▸ **to gather momentum** prendre de la vitesse.

momma ['mɒmə], **mommy** ['mɒmɪ] noun US inf maman f.

Monaco ['mɒnəkəʊ] noun Monaco.

monarch ['mɒnək] noun monarque m.

monarchy ['mɒnəkɪ] noun monarchie f.

monastery ['mɒnəstrɪ] noun monastère m.

Monday ['mʌndɪ] noun lundi m. See also Saturday.

monetary ['mʌnɪtrɪ] adj monétaire.

money ['mʌnɪ] noun argent m ▸ **to make money** gagner de l'argent ▸ **to get one's money's worth** en avoir pour son argent. ◆ **moneys, monies** pl n LAW [sums] sommes fpl (d'argent) ▸ **public moneys** deniers mpl publics.

money-back guarantee noun garantie f de remboursement.

moneybox ['mʌnɪbɒks] noun UK tirelire f.

moneylender ['mʌnɪˌlendər] noun prêteur m, -euse f sur gages.

money order noun mandat m postal.

money-spinner [-ˌspɪnər] noun UK inf mine f d'or.

mongol ['mɒŋgəl] dated & offens noun mongolien m, -ienne f.

Mongolia [mɒŋ'gəʊlɪə] noun Mongolie f.

mongrel ['mʌŋgrəl] noun [dog] bâtard m.

monitor ['mɒnɪtər] ◆ noun COMPUT, MED & TV moniteur m. ◆ vt **1.** [check] contrôler, suivre de près **2.** [broadcasts, messages] être à l'écoute de.

monk [mʌŋk] noun moine m.

monkey ['mʌŋkɪ] (pl -s) noun singe m.

monkey nut noun UK cacahuète f.

monkey wrench noun clef f à molette.

mono ['mɒnəʊ] ◆ adj mono (inv). ◆ noun [sound] monophonie f.

monochrome ['mɒnəkrəʊm] adj monochrome.

monocle ['mɒnəkl] noun monocle m.

monologue, monolog US ['mɒnəlɒg] noun monologue m.

monopolize, monopolise UK [mə'nɒpəlaɪz] vt monopoliser.

monopoly [mə'nɒpəlɪ] noun ▸ **monopoly (on OR of)** monopole m (de).

monotone ['mɒnətəʊn] noun ton m monocorde.

monotonous [mə'nɒtənəs] adj monotone.

monotony [mə'nɒtənɪ] noun monotonie f.

monsoon [mɒn'suːn] noun mousson f.

monster ['mɒnstər] noun **1.** [creature, cruel person] monstre m **2.** [huge thing, person] colosse m.

monstrosity [mɒn'strɒsətɪ] noun monstruosité f.

monstrous ['mɒnstrəs] adj monstrueux(euse).

month [mʌnθ] noun mois m.

monthly ['mʌnθlɪ] ◆ adj mensuel(elle). ◆ adv mensuellement. ◆ noun [publication] mensuel m.

monument ['mɒnjʊmənt] noun monument m.

monumental [ˌmɒnjʊ'mentl] adj monumental(e).

moo [muː] ❖ noun (pl -s) meuglement m, beuglement m. ❖ vi meugler, beugler.

mood [muːd] noun [generally] humeur f ▶ in a (bad) mood de mauvaise humeur ▶ in a good mood de bonne humeur.

mood swing noun saute f d'humeur.

moody ['muːdɪ] adj pej **1.** [changeable] lunatique **2.** [bad-tempered] de mauvaise humeur, mal luné(e).

moon [muːn] noun lune f.

moonlight ['muːnlaɪt] ❖ noun clair m de lune. ❖ vi (pt & pp -ed) travailler au noir.

moonlighting ['muːnlaɪtɪŋ] noun (U) travail m au noir.

moonlit ['muːnlɪt] adj [countryside] éclairé(e) par la lune ; [night] de lune.

moor [mɔːr] ❖ noun lande f. ❖ vt amarrer. ❖ vi mouiller.

moorland ['mɔːlənd] noun UK lande f.

moose [muːs] (pl inv) noun [North American] orignal m.

moot point noun point m discutable.

mop [mɒp] ❖ noun **1.** [for cleaning] balai m à laver **2.** inf [hair] tignasse f. ❖ vt **1.** [floor] laver **2.** [sweat] essuyer ▶ to mop one's brow s'essuyer le front. ❖ **mop up** vt sep [clean up] éponger.

mope [məʊp] vi broyer du noir.

moped ['məʊped] noun vélomoteur m.

moral ['mɒrəl] ❖ adj moral(e). ❖ noun [lesson] morale f. ❖ **morals** pl n moralité f.

morale [mə'rɑːl] noun (U) moral m.

morality [mə'rælətɪ] noun moralité f.

morass [mə'ræs] noun fig [of detail, paperwork] fatras m.

morbid ['mɔːbɪd] adj morbide.

more [mɔːr] ❖ adv **1.** (with adj and adverbs) plus / more important (than) plus important (que) / more often / quickly (than) plus souvent/rapidement (que) **2.** [to a greater degree] plus, davantage **3.** [another time] ▶ once / twice more une fois/deux fois de plus, encore une fois/deux fois. ❖ adj **1.** [larger number, amount of] plus de, davantage de / there are more trains in the morning il y a plus de trains le matin / more than 70 people died plus de 70 personnes ont péri **2.** [additional, further] encore (de) / I finished two more chapters today j'ai fini deux autres OR encore deux chapitres aujourd'hui / have some more tea prends encore du thé / we need more money / time il nous faut plus d'argent/de temps, il nous faut davantage d'argent/de temps. ❖ pron [greater amount, number] plus, davantage / more than five plus de cinq / he's got more than I have il en a plus que moi ▶ no more no less ni plus ni moins. ❖ **more and more** ❖ adv & pron de plus en plus / more and more depressed de plus en plus déprimé(e). ❖ adj de plus en plus de / there are more and more cars on the roads il y a de plus en plus de voitures sur les routes. ❖ **more or less** adv **1.** [almost] plus ou moins **2.** [approximately] environ, à peu près. ❖ **not... any more** adv ne... plus / we don't go there any more nous n'y allons plus / he still works here, doesn't he? — not any more (he doesn't) il travaille encore ici, n'est-ce pas ? — non, plus maintenant.

moreover [mɔː'rəʊvər] adv de plus.

morgue [mɔːg] noun morgue f.

Mormon ['mɔːmən] noun mormon m, -e f.

morning ['mɔːnɪŋ] noun matin m ; [duration] matinée f / I work in the morning je travaille le matin / I'll do it tomorrow morning OR in the morning je le ferai demain ▶ good morning! bonjour ! ❖ **mornings** adv le matin.

Moroccan [mə'rɒkən] ❖ adj marocain(e). ❖ noun Marocain m, -e f.

Morocco [mə'rɒkəʊ] noun Maroc m.

moron ['mɔːrɒn] noun inf idiot m, -e f, crétin m, -e f.

morose [mə'rəʊs] adj morose.

morph [mɔːf] vi se transformer / the car morphs into a robot la voiture se transforme en robot.

morphine ['mɔːfiːn] noun morphine f.

Morse (code) [mɔːs-] noun morse m.

morsel ['mɔːsl] noun bout m, morceau m.

mortal ['mɔːtl] ❖ adj mortel(elle). ❖ noun mortel m, -elle f.

mortality [mɔː'tælətɪ] noun mortalité f.

mortar ['mɔːtər] noun mortier m.

mortgage ['mɔːgɪdʒ] ❖ noun crédit m (immobilier). ❖ vt hypothéquer.

mortified ['mɔːtɪfaɪd] adj mortifié(e).

mortuary ['mɔːtʃʊərɪ] noun morgue f.

mosaic [mə'zeɪɪk] noun mosaïque f.

Moscow ['mɒskəʊ] noun Moscou.

mosey ['məʊzɪ] vi US inf [amble] marcher d'un pas tranquille ▶ to mosey along aller OR se promener sans se presser / *let's mosey over to the pond* allons faire un petit tour jusqu'à l'étang.

Moslem ['mɒzləm] *dated* = **Muslim**.

mosque [mɒsk] noun mosquée f.

mosquito [məˈskiːtəʊ] (*pl* **-es** or **-s**) noun moustique m.

moss [mɒs] noun mousse f.

most [məʊst] (*superl of* **many**) ❖ adj **1.** [the majority of] la plupart de / *most tourists here are German* la plupart des touristes ici sont allemands **2.** [largest amount of] ▶ (the) most le plus de / *she's got (the) most money/sweets* c'est elle qui a le plus d'argent/de bonbons. ❖ pron **1.** [the majority] la plupart / *most of the tourists here are German* la plupart des touristes ici sont allemands / *most of them* la plupart d'entre eux **2.** [largest amount] ▶ (the) most le plus ▶ at most au maximum, tout au plus **3.** PHR to make the most of sthg profiter de qqch au maximum. ❖ adv **1.** [to greatest extent] ▶ (the) most le plus **2.** *fml* [very] très, fort **3.** US *inf* [almost] presque.

mostly ['məʊstlɪ] adv principalement, surtout.

MOT UK noun (*abbr of* **Ministry of Transport (test)**) contrôle technique annuel obligatoire pour les véhicules de plus de trois ans.

motel [məʊˈtel] noun motel m.

moth [mɒθ] noun papillon m de nuit ; [in clothes] mite f.

mothball ['mɒθbɔːl] noun boule f de naphtaline.

mother ['mʌðə⁂] ❖ noun mère f. ❖ vt [child] materner, dorloter.

motherhood ['mʌðəhʊd] noun maternité f.

mother-in-law (*pl* **mothers-in-law**) noun belle-mère f.

motherly ['mʌðəlɪ] adj maternel(elle).

mother-of-pearl noun nacre f.

Mother's Day noun fête f des Mères.

mother-to-be (*pl* **mothers-to-be**) noun future maman f.

mother tongue noun langue f maternelle.

motif [məʊˈtiːf] noun motif m.

motion ['məʊʃn] ❖ noun **1.** [gen] mouvement m ▶ to set sthg in motion mettre qqch en branle **2.** [in debate] motion f. ❖ vt ▶ to motion sb to do sthg faire signe à qqn de faire qqch. ❖ vi ▶ to motion to sb faire signe à qqn.

motionless ['məʊʃənlɪs] adj immobile.

motion picture noun US film m.

motivated ['məʊtɪveɪtɪd] adj motivé(e).

motivation [,məʊtɪˈveɪʃn] noun motivation f.

motive ['məʊtɪv] noun [reason] motif m ; LAW mobile m.

motley ['mɒtlɪ] adj *pej* hétéroclite.

motor ['məʊtə⁂] ❖ adj automobile. ❖ noun [engine] moteur m.

motorbike ['məʊtəbaɪk] noun UK *inf* moto f.

motorboat ['məʊtəbəʊt] noun canot m automobile.

motorcycle ['məʊtə,saɪkl] noun moto f.

motorcyclist ['məʊtə,saɪklɪst] noun motocycliste mf.

motoring ['məʊtərɪŋ] ❖ adj *dated* [magazine, correspondent] automobile. ❖ noun tourisme m automobile.

motorist ['məʊtərɪst] noun automobiliste mf.

motormouth ['məʊtə,maʊθ] noun v *inf* : *he's a bit of a motormouth* c'est un véritable moulin à paroles.

motor racing noun (U) UK course f automobile.

motorway ['məʊtəweɪ] UK noun autoroute f.

mottled ['mɒtld] adj [leaf] tacheté(e) ; [skin] marbré(e).

motto ['mɒtəʊ] (*pl* **-s** or **-es**) noun devise f.

mould UK, **mold** US [məʊld] ❖ noun **1.** [growth] moisissure f **2.** [shape] moule m. ❖ vt **1.** [shape] mouler, modeler **2.** *fig* [influence] former, façonner.

moulding UK, **molding** US ['məʊldɪŋ] noun [decoration] moulure f.

mouldy UK, **moldy** US ['məʊldɪ] adj moisi(e).

moult UK, **molt** US [məʊlt] vi muer.

mound [maʊnd] noun **1.** [small hill] tertre m, butte f **2.** [pile] tas m, monceau m.

mount [maʊnt] ❖ noun **1.** [support - for jewel] monture f ; [- for photograph] carton m de montage ; [- for machine] support m **2.** [horse] monture f **3.** [mountain] mont m. ❖ vt monter ▶ to mount a horse monter sur un cheval ▶ to mount a bike monter sur or enfourcher un vélo. ❖ vi **1.** [increase] monter, augmenter **2.** [climb on horse] se mettre en selle.

mountain ['maʊntɪn] noun *lit* & *fig* montagne f.

mountain bike noun VTT m.

mountaineer [,maʊntɪˈnɪə⁂] noun alpiniste mf.

mountaineering [ˌmaʊntɪˈnɪərɪŋ] noun alpinisme m.

mountainous [ˈmaʊntɪnəs] adj [region] montagneux(euse).

mounted police noun ▸ **the mounted police** la police montée.

mourn [mɔːn] ❖ vt pleurer. ❖ vi ▸ **to mourn (for sb)** pleurer (qqn).

mourner [ˈmɔːnər] noun [related] parent m du défunt ; [unrelated] ami m, -e f du défunt.

mournful [ˈmɔːnfʊl] adj [face] triste ; [sound] lugubre.

mourning [ˈmɔːnɪŋ] noun deuil m ▸ **in mourning** en deuil.

mouse [maʊs] (pl **mice** [maɪs]) noun ZOOL & COMPUT souris f.

mousetrap [ˈmaʊstræp] noun souricière f.

mousse [muːs] noun mousse f.

moustache [məˈstɑːʃ], **mustache** US [ˈmʌstæʃ] noun moustache f.

mousy [ˈmaʊsɪ] (compar **-ier**, superl **-iest**) adj pej **1.** [shy] timide, effacé(e) **2.** [in colour - hair] châtain clair.

mouth noun [maʊθ] (pl [maʊðz]) **1.** [of person, animal] bouche f ; [of dog, cat, lion] gueule f **2.** [of cave] entrée f ; [of river] embouchure f.

mouthful [ˈmaʊθfʊl] noun [of food] bouchée f ; [of drink] gorgée f.

mouth organ [ˈmaʊθˌɔːgən] noun harmonica m.

mouthpiece [ˈmaʊθpiːs] noun **1.** [of telephone] microphone m ; [of musical instrument] bec m **2.** [spokesperson] porte-parole m inv.

mouthwash [ˈmaʊθwɒʃ] noun eau f dentifrice.

mouth-watering [-ˌwɔːtərɪŋ] adj alléchant(e).

movable [ˈmuːvəbl] adj mobile.

move [muːv] ❖ noun **1.** [movement] mouvement m ▸ **to get a move on** inf se remuer, se grouiller **2.** [change - of house] déménagement m ; [- of job] changement m d'emploi **3.** [in game - action] coup m ; [- turn to play] tour m. ❖ vt **1.** [shift] déplacer, bouger **2.** [change - job, office] changer de ▸ **to move house** UK déménager **3.** [emotionally] émouvoir **4.** [cause] ▸ **to move sb to do sthg** inciter qqn à faire qqch **5.** [propose] ▸ **to move sthg/that...** proposer qqch/que.... ❖ vi **1.** [shift] bouger **2.** [to new house] déménager ; [to new job] changer d'emploi **3.** [act] agir. ◆ **move about** vi UK = **move around.** ◆ **move along** ❖ vt sep faire avancer. ❖ vi se déplacer / the police asked him to move along la police lui a demandé de circuler. ◆ **move away** vi [leave] partir. ◆ **move in** vi [to house] emménager. ◆ **move on** ❖ vi **1.** [after stopping] se remettre en route **2.** [progress] : can we move on to the second point ? pouvons-nous passer au deuxième point ? **3.** [in discussion] changer de sujet. ❖ vi US [in life] se tourner vers l'avenir. ◆ **move out** vi [from house] déménager. ◆ **move over** vi s'écarter, se pousser. ◆ **move up** vi **1.** [on bench] se déplacer **2.** fig ▸ **you've moved up in the world!** tu en as fait du chemin !

moveable [ˈmuːvəbl] = **movable**.

movement [ˈmuːvmənt] noun mouvement m.

movie [ˈmuːvɪ] noun US film m.

movie buff noun US inf cinéphile mf.

moviegoer [ˈmuːvɪˌgəʊər] noun US cinéphile mf.

movie star noun US star f, vedette f de cinéma.

moving [ˈmuːvɪŋ] adj **1.** [emotionally] émouvant(e), touchant(e) **2.** [not fixed] mobile.

mow [məʊ] (pt **-ed**, pp **-ed** or **mown**) vt faucher ; [lawn] tondre. ◆ **mow down** vt sep faucher.

mown [məʊn] pp ⟶ **mow**.

MP noun **1.** (abbr of **Military Police**) PM **2.** UK (abbr of **Member of Parliament**) ≃ député m.

mpg (abbr of **miles per gallon**) noun miles au gallon.

mph (abbr of **miles per hour**) noun miles à l'heure.

Mr [ˈmɪstər] noun Monsieur m ; [on letter] M.

Mrs [ˈmɪsɪz] noun Madame f ; [on letter] Mme.

MS noun (abbr of **multiple sclerosis**) SEP f.

Ms [mɪz] noun titre que les femmes peuvent utiliser au lieu de madame ou mademoiselle pour éviter la distinction entre les femmes mariées et les célibataires.

MSc (abbr of **Master of Science**) noun (titulaire d'une) maîtrise de sciences.

msg noun message m.

MSP noun written abbr of **Member of the Scottish Parliament**.

much [mʌtʃ] ❖ adj (compar **more**, superl **most**) beaucoup de / there isn't much rice left il ne reste pas beaucoup de riz ▶ **as much money as...** autant d'argent que... ▶ **too much** trop de ▶ **how much...?** combien de... ? / *how much money do you earn?* tu gagnes combien ? ❖ pron beaucoup / *I don't think much of his new house* sa nouvelle maison ne me plaît pas trop ▶ **too much** trop ▶ **I'm not much of a cook** je suis un piètre cuisinier ▶ **so much for all my hard work** tout ce travail pour rien ▶ **I thought as much** c'est bien ce que je pensais. ❖ adv beaucoup / *I don't go out much* je ne sors pas beaucoup OR souvent ▶ **thank you very much** merci beaucoup ▶ **without so much as...** sans même.... ◆ **much as** conj bien que (+ *subjunctive*).

muck [mʌk] noun (U) inf **1.** [dirt] saletés fpl **2.** [manure] fumier m. ◆ **muck about, muck around** UK inf ❖ vt sep ▶ **to muck sb about** traiter qqn par-dessus OR par-dessous la jambe. ❖ vi traîner. ◆ **muck up** vt sep inf gâcher.

mucky ['mʌkɪ] adj **1.** [gen] sale **2.** UK inf pornographique.

mucus ['mjuːkəs] noun mucus m.

mud [mʌd] noun boue f.

muddle ['mʌdl] ❖ noun désordre m, fouillis m. ❖ vt **1.** [papers] mélanger **2.** [person] embrouiller. ◆ **muddle along** vi se débrouiller tant bien que mal. ◆ **muddle through** vi se tirer d'affaire, s'en sortir tant bien que mal. ◆ **muddle up** vt sep mélanger.

muddy ['mʌdɪ] ❖ adj boueux(euse). ❖ vt fig embrouiller.

mudguard ['mʌdgɑːd] noun garde-boue m inv.

mudslinging ['mʌd,slɪŋɪŋ] noun (U) fig attaques fpl.

muesli ['mjuːzlɪ] noun muesli m.

muff [mʌf] ❖ noun manchon m. ❖ vt inf louper.

muffin ['mʌfɪn] noun muffin m.

muffle ['mʌfl] vt étouffer.

muffler ['mʌflə'] noun US [for car] silencieux m.

mug [mʌg] ❖ noun **1.** [cup] (grande) tasse f **2.** UK inf [fool] andouille f. ❖ vt [attack] agresser.

mugging ['mʌgɪŋ] noun agression f.

muggy ['mʌgɪ] adj lourd(e), moite.

mule [mjuːl] noun mule f.

mull [mʌl] ◆ **mull over** vt sep ruminer, réfléchir à.

mulled [mʌld] adj ▶ **mulled wine** vin m chaud.

multicoloured UK, **multicolored** US ['mʌltɪ,kʌləd] adj multicolore.

multifaith ['mʌltɪfeɪθ] adj multiconfessionnel(le) / *multifaith organization* organisation multiconfessionnelle.

multilateral [,mʌltɪ'lætərəl] adj multilatéral(e).

multinational [,mʌltɪ'næʃənl] noun multinationale f.

multiple ['mʌltɪpl] ❖ adj multiple. ❖ noun multiple m.

multiple-choice examination ['mʌltɪpl tʃɔɪs ɪg,zæmɪ'neɪʃn] noun SCH & UNIV QCM m, questionnaire m à choix multiple.

multiple sclerosis [-sklɪ'rəʊsɪs] noun sclérose f en plaques.

multiplication [,mʌltɪplɪ'keɪʃn] noun multiplication f.

multiply ['mʌltɪplaɪ] ❖ vt multiplier. ❖ vi se multiplier.

multistorey UK, **multistory** US [,mʌltɪ'stɔːrɪ] ❖ adj à étages. ❖ noun [car park] parking m à étages.

multitude ['mʌltɪtjuːd] noun multitude f.

multivitamin [UK 'mʌltɪvɪtəmɪn, US 'mʌltɪvaɪtəmɪn] noun multivitamine f.

mum [mʌm] inf ❖ noun UK maman f. ❖ adj ▶ **to keep mum** ne pas piper mot.

mumble ['mʌmbl] vt & vi marmotter.

mummy ['mʌmɪ] noun **1.** UK inf [mother] maman f **2.** [preserved body] momie f.

mumps [mʌmps] noun (U) oreillons mpl.

munch [mʌntʃ] vt & vi croquer.

mundane [mʌn'deɪn] adj banal(e), ordinaire.

municipal [mjuː'nɪsɪpl] adj municipal(e).

municipality [mjuː,nɪsɪ'pælətɪ] noun municipalité f.

mural ['mjuːərəl] noun peinture f murale.

murder ['mɜːdə'] ❖ noun meurtre m. ❖ vt assassiner.

murderer ['mɜːdərə'] noun meurtrier m, assassin m.

murderous ['mɜːdərəs] adj meurtrier(ère).

murky ['mɜːkɪ] adj **1.** [place] sombre **2.** [water, past] trouble.

murmur ['mɜːmə'] ❖ noun murmure m ; MED souffle m au cœur. ❖ vt & vi murmurer.

muscle ['mʌsl] noun muscle m ; fig [power] poids m, impact m. ◆ **muscle in** vi intervenir, s'immiscer.

muscular ['mʌskjʊlə'] adj **1.** [spasm, pain] musculaire **2.** [person] musclé(e).

muse [mju:z] ❖ noun muse f. ❖ vi méditer, réfléchir.

museum [mju:'zi:əm] noun musée m.

mushroom ['mʌʃrʊm] ❖ noun champignon m. ❖ vi [organization, party] se développer, grandir ; [houses] proliférer.

music ['mju:zɪk] noun musique f.

musical ['mju:zɪkl] ❖ adj **1.** [event, voice] musical(e) **2.** [child] doué(e) pour la musique, musicien(enne). ❖ noun comédie f musicale.

musical instrument noun instrument m de musique.

musician [mju:'zɪʃn] noun musicien m, -enne f.

Muslim ['mʊzlɪm] ❖ adj musulman(e). ❖ noun Musulman m, -e f.

muslin ['mʌzlɪn] noun mousseline f.

mussel ['mʌsl] noun moule f.

must [mʌst] ❖ modal vb **1.** [expressing obligation] devoir / *I must go* il faut que je m'en aille, je dois partir / *you must come and visit* il faut absolument que tu viennes nous voir **2.** [expressing likelihood] : *they must have known* ils devaient le savoir. ❖ noun *inf* ▸ **a must** un must, un impératif.

mustache US = **moustache**.

mustard ['mʌstəd] noun moutarde f.

muster ['mʌstə'] vt rassembler. ❖ vi se réunir, se rassembler.

must-have noun must m, indispensable m.

mustn't [mʌsnt] ⟶ **must not**.

must-see noun : *that film is a must-see* il ne faut surtout pas manquer ce film.

must've ['mʌstəv] ⟶ **must have**.

musty ['mʌstɪ] adj [smell] de moisi ; [room] qui sent le renfermé OR le moisi.

mute [mju:t] ❖ adj muet(ette). ❖ noun muet m, -ette f.

muted ['mju:tɪd] adj **1.** [colour] sourd(e) **2.** [reaction] peu marqué(e) ; [protest] voilé(e).

mutilate ['mju:tɪleɪt] vt mutiler.

mutiny ['mju:tɪnɪ] ❖ noun mutinerie f. ❖ vi se mutiner.

mutter ['mʌtə'] ❖ vt [threat, curse] marmonner. ❖ vi marmotter, marmonner.

mutton ['mʌtn] noun mouton m.

mutual ['mju:tʃʊəl] adj **1.** [feeling, help] réciproque, mutuel(elle) **2.** [friend, interest] commun(e).

mutually ['mju:tʃʊəlɪ] adv mutuellement, réciproquement.

muzzle ['mʌzl] ❖ noun **1.** [of dog - mouth] museau m ; [- guard] muselière f **2.** [of gun] gueule f. ❖ vt *lit* & *fig* museler.

MW (*abbr of* **medium wave**) PO.

my [maɪ] poss adj **1.** [referring to oneself] mon (ma), mes *(pl)* / *my dog* mon chien / *my house* ma maison / *my children* mes enfants / *my name is Joe/Sarah* je m'appelle Joe/Sarah **2.** [in titles] : *yes, my Lord* oui, monsieur le comte/duc etc.

MYOB MESSAGING *written abbr of* **mind your own business**.

myriad ['mɪrɪəd] *liter* ❖ adj innombrable. ❖ noun myriade f.

myself [maɪ'self] pron **1.** *(reflexive)* me ; *(after prep)* moi **2.** *(for emphasis)* moi-même / *I did it myself* je l'ai fait tout seul.

mysterious [mɪ'stɪərɪəs] adj mystérieux(euse).

mystery ['mɪstərɪ] noun mystère m.

mystical ['mɪstɪkl] adj mystique.

mystified ['mɪstɪfaɪd] adj perplexe.

mystifying ['mɪstɪfaɪɪŋ] adj inexplicable, déconcertant(e).

mystique [mɪ'sti:k] noun mystique f.

myth [mɪθ] noun mythe m.

mythical ['mɪθɪkl] adj mythique.

mythology [mɪ'θɒlədʒɪ] noun mythologie f.

N

n (*pl* n's *or* ns), **N** (*pl* N's *or* Ns) [en] noun [letter] n *m inv*, N *m inv*. ◆ **N** (*written abbr of* **north**) N.

n/a, N/A (*abbr of* **not applicable**) s.o.

nab [næb] vt *inf* **1.** [arrest] pincer **2.** [get quickly] attraper, accaparer.

nag [næg] ❖ vt harceler. ❖ noun *inf* [horse] canasson *m*.

nagging ['nægɪŋ] adj **1.** [doubt] persistant(e), tenace **2.** [husband, wife] enquiquineur(euse).

nail [neɪl] ❖ noun **1.** [for fastening] clou *m* **2.** [of finger, toe] ongle *m*. ❖ vt clouer. ◆ **nail down** vt sep **1.** [lid] clouer **2.** *fig* [person] ▸ to nail sb down to sthg faire préciser qqch à qqn.

nail-biting adj plein(e) de suspense.

nailbrush ['neɪlbrʌʃ] noun brosse *f* à ongles.

nail clippers pl n = nail scissors.

nail file noun lime *f* à ongles.

nail polish noun vernis *m* à ongles.

nail scissors pl n ciseaux *mpl* à ongles.

nail varnish noun [UK] vernis *m* à ongles.

nail varnish remover [-rɪ'mu:və'] noun [UK] dissolvant *m*.

naive, naïve [naɪ'i:v] adj naïf(ïve).

naked ['neɪkɪd] adj **1.** [body, flame] nu(e) ▸ with the naked eye à l'œil nu **2.** [emotions] manifeste, évident(e) ; [aggression] non déguisé(e).

namby-pamby [,næmbɪ'pæmbɪ] ❖ adj *inf* [person] gnangnan (*inv*), cucul (*inv*) ; [style] à l'eau de rose, fadasse. ❖ noun lavette *f*, gnangnan *mf*.

name [neɪm] ❖ noun **1.** [identification] nom *m* / what's her name? comment s'appelle-t-elle ? ▸ to know sb by name connaître qqn de nom ▸ in my/his name à mon/son nom ▸ in the name of peace au nom de la paix ▸ to call sb names traiter qqn de tous les noms, injurier qqn **2.** [reputation] réputation *f* **3.** [famous person] grand nom *m*, célébrité *f*. ❖ vt [give name to] nommer ▸ to name sb/sthg after/to name sb/sthg for [US] donner à qqn/à qqch le nom de.

nameless ['neɪmlɪs] adj inconnu(e), sans nom ; [author] anonyme.

namely ['neɪmlɪ] adv à savoir, c'est-à-dire.

namesake ['neɪmseɪk] noun homonyme *m*.

nanny ['nænɪ] noun [UK] nurse *f*, bonne *f* d'enfants.

nanny state noun État *m* paternaliste.

nap [næp] ❖ noun ▸ to have OR take a nap faire un petit somme. ❖ vi faire un petit somme ▸ to be caught napping *inf* & *fig* être pris(e) au dépourvu.

nape [neɪp] noun nuque *f*.

napkin ['næpkɪn] noun serviette *f*.

nappy ['næpɪ] noun [UK] couche *f*.

nappy liner noun [UK] change *m* (jetable).

narcissus [na:'sɪsəs] (*pl* -cissuses *or* -cissi) noun narcisse *m*.

narcotic [na:'kɒtɪk] noun stupéfiant *m*.

narrate [UK] nə'reɪt, [US] 'næreɪt] vt raconter, narrer.

narrative ['nærətɪv] ❖ adj narratif(ive). ❖ noun **1.** [story] récit *m*, narration *f* **2.** [skill] art *m* de la narration.

narrator [UK] nə'reɪtə', [US] 'næreɪtər] noun narrateur *m*, -trice *f*.

narrow ['nærəʊ] ❖ adj **1.** [gen] étroit(e) ▸ to have a narrow escape l'échapper belle **2.** [victory, majority] de justesse. ❖ vt **1.** [reduce] réduire, limiter **2.** [eyes] fermer à demi, plisser. ❖ vi *lit* & *fig* se rétrécir. ◆ **narrow down** vt sep réduire, limiter.

narrowly ['nærəʊlɪ] adv **1.** [win, lose] de justesse **2.** [miss] de peu.

narrow-minded [-'maɪndɪd] adj [person] à l'esprit étroit, borné(e) ; [attitude] étroit(e), borné(e).

nasal ['neɪzl] adj nasal(e).

nasty ['na:stɪ] adj **1.** [unpleasant - smell, feeling] mauvais(e) ; [- weather] vilain(e), mauvais(e) **2.** [unkind] méchant(e) **3.** [problem] difficile, délicat(e) **4.** [injury] vilain(e) ; [accident] grave ; [fall] mauvais(e).

nation ['neɪʃn] noun nation *f*.

national ['næʃənl] ❖ adj national(e); [campaign, strike] à l'échelon national; [custom] du pays, de la nation. ❖ noun ressortissant m, -e f.

national anthem noun hymne m national.

National Guard noun : *the National Guard* la Garde Nationale *(armée nationale américaine composée de volontaires).*

National Health Service noun ▶ **the National Health Service** le service national de santé britannique.

National Insurance noun *(U)* UK **1.** [system] *système de sécurité sociale (maladie, retraite) et d'assurance chômage* **2.** [payment] ≃ contributions fpl à la Sécurité sociale.

nationalism ['næʃnəlɪzm] noun nationalisme m.

nationalist ['næʃnəlɪst] ❖ adj nationaliste. ❖ noun nationaliste mf.

nationality [,næʃə'nælətɪ] noun nationalité f.

nationalize, nationalise UK ['næʃnəlaɪz] vt nationaliser.

national park noun parc m national.

national service noun MIL service m national OR militaire.

National Trust noun UK ▶ **the National Trust** *organisme non gouvernemental assurant la conservation de certains sites et monuments historiques.*

nationwide ['neɪʃənwaɪd] ❖ adj dans tout le pays; [campaign, strike] à l'échelon national. ❖ adv à travers tout le pays.

native ['neɪtɪv] ❖ adj **1.** [country, area] natal(e) **2.** [language] maternel(elle) / *a native English speaker* une personne de langue maternelle anglaise **3.** [plant, animal] indigène ▶ **native to** originaire de. ❖ noun autochtone mf; [of colony] indigène mf.

Native American noun Indien m, -enne f d'Amérique, Amérindien m, -enne f.

nativity [nə'tɪvətɪ] noun RELIG : *the Nativity* la Nativité.

NATO ['neɪtəʊ] *(abbr of North Atlantic Treaty Organization)* noun OTAN f.

natural ['nætʃrəl] adj **1.** [gen] naturel(elle) **2.** [instinct, talent] inné(e) **3.** [footballer, musician] né(e).

natural disaster noun catastrophe f naturelle.

natural gas noun gaz m naturel.

natural history noun histoire f naturelle.

naturalize, naturalise UK ['nætʃrəlaɪz] vt naturaliser ▶ **to be naturalized** se faire naturaliser.

naturally ['nætʃrəlɪ] adv **1.** [gen] naturellement **2.** [unaffectedly] sans affectation, avec naturel.

nature ['neɪtʃər] noun nature f ▶ **by nature** a) [basically] par essence b) [by disposition] de nature, de tempérament.

nature reserve noun réserve f naturelle.

naughty ['nɔːtɪ] adj **1.** [badly behaved] vilain(e), méchant(e) **2.** [indecent] grivois(e).

nausea ['nɔːzjə] noun nausée f.

nauseam ['nɔːzɪæm] ⟶ **ad nauseam.**

nauseating ['nɔːsɪeɪtɪŋ] adj lit & fig écœurant(e).

nautical ['nɔːtɪkl] adj nautique.

naval ['neɪvl] adj naval(e).

nave [neɪv] noun nef f.

navel ['neɪvl] noun nombril m.

navigate ['nævɪgeɪt] ❖ vt **1.** [plane] piloter; [ship] gouverner **2.** [seas, river] naviguer sur. ❖ vi AERON & NAUT naviguer; AUTO lire la carte.

navigation [,nævɪ'geɪʃn] noun navigation f.

navigator ['nævɪgeɪtər] noun navigateur m.

navvy ['nævɪ] noun UK inf & dated terrassier m.

navy ['neɪvɪ] ❖ noun marine f. ❖ adj [in colour] bleu marine *(inv).*

navy blue ❖ adj bleu marine *(inv).* ❖ noun bleu m marine.

Nazi ['nɑːtsɪ] ❖ adj nazi(e). ❖ noun *(pl* -s) Nazi m, -e f.

NB, N.B. *(abbr of nota bene)* NB.

ne1 MESSAGING *written abbr of* **anyone.**

near [nɪər] ❖ adj proche / *a near disaster* une catastrophe évitée de justesse OR de peu ▶ **in the near future** dans un proche avenir, dans un avenir prochain ▶ **it was a near thing** UK il était moins cinq ▶ **your nearest and dearest** hum vos proches. ❖ adv **1.** [close] près **2.** [almost] : *near impossible* presque impossible ▶ **nowhere near ready/enough** loin d'être prêt(e)/assez. ❖ prep ▶ **near (to)** a) [in space] près de b) [in time] près de, vers / *near (to) tears* au bord des larmes / *near (to) death* sur le point de mourir. ❖ vt approcher de. ❖ vi approcher.

nearby [nɪə'baɪ] ❖ adj proche. ❖ adv tout près, à proximité.

nearly ['nɪəlɪ] adv presque ▸ *I nearly fell* j'ai failli tomber ▸ **not nearly enough /as good** loin d'être suffisant(e)/aussi bon (bonne).

near miss noun **1.** SPORT coup *m* qui a raté de peu **2.** [between planes, vehicles] quasi-collision *f*.

nearside ['nɪəsaɪd] **UK** noun [right-hand drive] côté *m* gauche ; [left-hand drive] côté droit.

nearsighted [,nɪə'saɪtɪd] adj **US** myope.

neat [niːt] adj **1.** [room, house] bien tenu(e), en ordre ; [work] soigné(e) ; [handwriting] net (nette) ; [appearance] soigné(e), net (nette) **2.** [solution, manoeuvre] habile, ingénieux(euse) **3.** [alcohol] pur(e), sans eau **4.** **US** inf [very good] chouette, super *(inv)*.

neatly ['niːtlɪ] adv **1.** [arrange] avec ordre ; [write] soigneusement ; [dress] avec soin **2.** [skilfully] habilement, adroitement.

nebulous ['nebjʊləs] adj nébuleux(euse).

necessarily [**UK** 'nesəsrəlɪ, ,nesə'serɪlɪ] adv forcément, nécessairement.

necessary ['nesəsrɪ] adj **1.** [required] nécessaire, indispensable ▸ **to make the necessary arrangements** faire le nécessaire **2.** [inevitable] inévitable, inéluctable.

necessity [nɪ'sesətɪ] noun nécessité *f* ▸ **of necessity** inévitablement, fatalement.

neck [nek] **≈** noun **1.** ANAT cou *m* **2.** [of shirt, dress] encolure *f* **3.** [of bottle] col *m*, goulot *m*. **≈** vi *inf & dated* se bécoter.

necklace ['neklɪs] noun collier *m*.

neckline ['neklaɪn] noun encolure *f*.

necktie ['nektaɪ] noun **US** *fml* cravate *f*.

nectarine ['nektərɪn] noun brugnon *m*, nectarine *f*.

need [niːd] **≈** noun besoin *m* ▸ **need for sthg /to do sthg** besoin de qqch /de faire qqch ▸ *there's no need for such language* tu n'as pas besoin d'être grossier ▸ *there's no need to get up* ce n'est pas la peine de te lever ▸ **to be in** OR **have need of sthg** *fml* avoir besoin de qqch ▸ **if need be** si besoin est, si nécessaire ▸ **in need** dans le besoin. **≈** vt **1.** [require] ▸ **to need sthg /to do sthg** avoir besoin de qqch /de faire qqch ▸ *I need a drink /a shower* j'ai besoin de boire quelque chose /de prendre une douche ▸ *I need to go to the doctor* il faut que j'aille chez le médecin **2.** [be obliged] ▸ **to need to do sthg** être obligé(e) de faire qqch. **≈** modal vb : *need we go?* faut-il qu'on y aille ? ▸ *you needn't come if you don't want to* vous n'avez pas besoin de venir OR vous n'êtes pas obligé de venir si vous n'en avez pas envie ▸ *it need not happen* cela ne

doit pas forcément se produire. **◆ needs** adv ▸ **if needs must** s'il le faut.

needle ['niːdl] **≈** noun **1.** [gen] aiguille *f* **2.** [stylus] saphir *m*. **≈** vt *inf* [annoy] asticoter, lancer des piques à.

needless ['niːdlɪs] adj [risk, waste] inutile ; [remark] déplacé(e) ▸ **needless to say...** bien entendu....

needlework ['niːdlwɜːk] noun **1.** [embroidery] travail *m* d'aiguille **2.** *(U)* [activity] couture *f*.

needn't ['niːdnt] —→ need not.

needy ['niːdɪ] adj nécessiteux(euse), indigent(e).

negative ['negətɪv] **≈** adj négatif(ive). **≈** noun **1.** PHOT négatif *m* **2.** LING négation *f* ▸ **to answer in the negative** répondre négativement OR par la négative.

neglect [nɪ'glekt] **≈** noun [of garden] mauvais entretien *m* ; [of children] manque *m* de soins ; [of duty] manquement *m*. **≈** vt négliger ; [garden] laisser à l'abandon ▸ **to neglect to do sthg** négliger OR omettre de faire qqch.

neglectful [nɪ'glektfʊl] adj négligent(e).

negligee ['neglɪʒeɪ] noun déshabillé *m*, négligé *m*.

negligence ['neglɪdʒəns] noun négligence *f*.

negligent ['neglɪdʒənt] adj négligent(e).

negligible ['neglɪdʒəbl] adj négligeable.

negotiable [nɪ'gəʊʃjəbl] adj négociable ; [price, conditions] à débattre.

negotiate [nɪ'gəʊʃɪeɪt] **≈** vt **1.** COMM & POL négocier **2.** [obstacle] franchir ; [bend] prendre, négocier. **≈** vi négocier ▸ **to negotiate with sb (for sthg)** engager des négociations avec qqn (pour obtenir qqch).

negotiation [nɪ,gəʊʃɪ'eɪʃn] noun négociation *f*.

Negress ['niːgrɪs] noun négresse *f (attention: le terme « Negress » est considéré raciste).*

Negro ['niːgrəʊ] **≈** adj noir(e). **≈** noun *(pl* -es*)* Noir *m (attention: le terme « Negro » est considéré raciste).*

neigh [neɪ] vi [horse] hennir.

neighbour UK, neighbor US ['neɪbər] noun voisin *m*, -e *f*.

neighbourhood UK, neighborhood US ['neɪbəhʊd] noun **1.** [of town] voisinage *m*, quartier *m* **2.** [approximate figure] ▸ **in the neighbourhood of £300** environ 300 livres, dans les 300 livres.

neighbouring UK, **neighboring** US ['neɪbərɪŋ] adj avoisinant(e).

neighbourly UK, **neighborly** US ['neɪbəlɪ] adj bon voisin (bonne voisine).

neither ['naɪðər or 'niːðər] ◆ adv ▸ neither good nor bad ni bon (bonne) ni mauvais(e) ▸ that's neither here nor there cela n'a rien à voir. ◆ pron & adj ni l'un ni l'autre (ni l'une ni l'autre). ◆ conj : *neither do I* moi non plus.

neon ['niːɒn] noun néon m.

neon light noun néon m, lumière f au néon.

nephew ['nefjuː] noun neveu m.

Neptune ['neptjuːn] noun [planet] Neptune f.

nerd [nɜːd] noun *inf & pej* débile mf / *computer nerd* accro m d'informatique.

nerve [nɜːv] noun **1.** ANAT nerf m **2.** [courage] courage m, sang-froid m inv ▸ to lose one's nerve se dégonfler, flancher **3.** [cheek] culot m, toupet m. ◆ **nerves** pl n nerfs mpl ▸ to get on sb's nerves taper sur les nerfs OR le système de qqn.

nerve-racking, nerve-wracking [-ˌrækɪŋ] adj angoissant(e), éprouvant(e).

nervous ['nɜːvəs] adj **1.** [gen] nerveux(euse) **2.** [apprehensive - smile, person] inquiet(ète) ; [-performer] qui a le trac ▸ to be nervous about sthg appréhender qqch.

nervous wreck noun ▸ to be a nervous wreck être à bout de nerfs.

nest [nest] ◆ noun nid m ▸ nest of tables table f gigogne. ◆ vi [bird] faire son nid, nicher.

nest egg noun pécule m, bas m de laine.

nestle ['nesl] vi se blottir.

net¹ [net] ◆ adj net (nette) ▸ net result résultat final. ◆ noun **1.** [gen] filet m **2.** [fabric] voile m, tulle m. ◆ vt **1.** [fish] prendre au filet **2.** [money - subj: person] toucher net, gagner net ; [-subj: deal] rapporter net.

net², Net [net] noun ▸ the net le Net ▸ to surf the net surfer sur le Net OR sur Internet.

netball ['netbɔːl] noun netball m.

net curtains pl n UK voilage m.

Netherlands ['neðələndz] pl n ▸ the Netherlands les Pays-Bas mpl.

netiquette, Netiquette ['netiket] noun nétiquette f.

net profit noun bénéfice m net.

net surfer, Net surfer noun internaute mf.

netting ['netɪŋ] noun **1.** [metal, plastic] grillage m **2.** [fabric] voile m, tulle m.

nettle ['netl] noun ortie f.

network ['netwɜːk] ◆ noun réseau m. ◆ vt RADIO & TV diffuser.

neurosis [ˌnjʊəˈrəʊsɪs] (pl **-ses**) noun névrose f.

neurotic [ˌnjʊəˈrɒtɪk] ◆ adj névrosé(e). ◆ noun névrosé m, -e f.

neuter ['njuːtər] ◆ adj neutre. ◆ vt [cat, dog] châtrer.

neutral ['njuːtrəl] ◆ adj [gen] neutre. ◆ noun AUTO point m mort.

neutrality [njuːˈtrælətɪ] noun neutralité f.

neutralize, neutralise UK ['njuːtrəlaɪz] vt neutraliser.

never ['nevər] adv jamais… ne, ne… jamais ▸ never ever jamais, au grand jamais ▸ well I never! ça par exemple !

never-ending adj interminable.

never-never *inf* adj imaginaire, chimérique ▸ never-never land pays m de cocagne.

nevertheless [ˌnevəðəˈles] adv néanmoins, pourtant.

new adj [njuː] **1.** [gen] nouveau(elle) ▸ there's nothing new under the sun *prov* (il n'y a) rien de nouveau sous le soleil **2.** [not used, fresh] neuf (neuve) ▸ as good as new comme neuf. ◆ **news** noun [njuːz] (U) **1.** [information] nouvelle f ▸ a piece of news une nouvelle ▸ that's news to me première nouvelle **2.** TV journal m télévisé, actualités fpl **3.** RADIO informations fpl.

New Age noun New Age m.

newbie ['njuːbɪ] noun *inf* **1.** néophyte mf **2.** COMPUT internaute mf novice, cybernovice mf.

newborn ['njuːbɔːn] adj nouveau-né(e).

newcomer ['njuːˌkʌmər] noun ▸ newcomer (to sthg) nouveau-venu m, nouvelle-venue f (dans qqch).

newfangled [ˌnjuːˈfæŋgld] adj *inf & pej* ultramoderne, trop moderne.

newfound adj récent(e), de fraîche date.

newly ['njuːlɪ] adv récemment, fraîchement.

newlyweds ['njuːlɪwedz] pl n nouveaux OR jeunes mariés mpl.

new moon noun nouvelle lune f.

news agency noun agence f de presse.

newsagent UK ['njuːˌzeɪdʒənt], **newsdealer** US ['njuːzdiːlər] noun marchand m de journaux.

newscast ['njuːzkɑːst] noun US **1.** RADIO informations fpl **2.** TV actualités fpl.

newscaster ['nju:zkɑ:stəʳ] noun présentateur m, -trice f.

newsdealer US = newsagent.

newsflash ['nju:zflæʃ] noun flash m d'information.

newsletter ['nju:z,letəʳ] noun bulletin m.

newspaper ['nju:z,peɪpəʳ] noun journal m.

newsprint ['nju:zprɪnt] noun papier m journal.

newsreader ['nju:z,ri:dəʳ] noun UK présentateur m, -trice f.

newsreel ['nju:zri:l] noun actualités fpl filmées.

newsstand ['nju:zstænd] noun kiosque m à journaux.

newt [nju:t] noun triton m.

New Year noun nouvel an m, nouvelle année f ▸ Happy New Year! bonne année !

New Year's Day noun jour m de l'an, premier m de l'an.

New Year's Eve noun la Saint-Sylvestre.

New York [-'jɔːk] noun 1. [city] ▸ New York (City) New York 2. [state] ▸ New York (State) l'État m de New York.

New Zealand [-'ziːlənd] noun Nouvelle-Zélande f.

New Zealander [-'ziːləndəʳ] noun Néo-Zélandais m, -e f.

next [nekst] ◆ adj prochain(e) ; [room] d'à côté ; [page] suivant(e) ∕ next Tuesday mardi prochain ▸ next time la prochaine fois ▸ next week la semaine prochaine ▸ the next week la semaine suivante OR d'après ▸ next year l'année prochaine ▸ next, please! au suivant ! ▸ the day after next le surlendemain ▸ the week after next dans deux semaines. ◆ adv 1. [afterwards] ensuite, après 2. [again] la prochaine fois 3. (with superlatives) ▸ he's the next biggest after Dan c'est le plus grand après OR à part Dan. ◆ prep US à côté de. ◆ next to prep à côté de ▸ it cost next to nothing cela a coûté une bagatelle OR trois fois rien ▸ I know next to nothing je ne sais presque OR pratiquement rien.

next door adv à côté. ◆ next-door adj ▸ next-door neighbour voisin m, -e f d'à côté.

next of kin noun plus proche parent m.

NFL (abbr of National Football League) noun fédération nationale de football américain.

NHS (abbr of National Health Service) noun service national de santé en Grande-Bretagne ; ≃ sécurité sociale f.

NI noun abbr of National Insurance.

nib [nɪb] noun plume f.

nibble ['nɪbl] vt grignoter, mordiller.

Nicaragua [,nɪkəˈrægjʊə] noun Nicaragua m.

nice [naɪs] adj 1. [holiday, food] bon (bonne) ; [day, picture] beau (belle) ; [dress] joli(e) 2. [person] gentil(ille), sympathique ▸ to be nice to sb être gentil OR aimable avec qqn.

nice-looking [-'lʊkɪŋ] adj joli(e), beau (belle).

nicely ['naɪslɪ] adv 1. [make, manage] bien ; [dressed] joliment ▸ that will do nicely cela fera très bien l'affaire 2. [politely - ask] poliment, gentiment ; [- behave] bien.

niche [ni:ʃ] noun [in wall] niche f ; fig bonne situation f, voie f.

nick [nɪk] ◆ noun 1. [cut] entaille f, coupure f 2. UK inf [condition] ▸ in good / bad nick en bon / mauvais état 3. PHR in the nick of time juste à temps. ◆ vt 1. [cut] couper, entailler 2. UK inf [steal] piquer, faucher 3. UK inf [arrest] pincer, choper.

nickel ['nɪkl] noun 1. [metal] nickel m 2. US [coin] pièce f de cinq cents.

nickname ['nɪkneɪm] ◆ noun sobriquet m, surnom m. ◆ vt surnommer.

nicotine ['nɪkəti:n] noun nicotine f.

niece [ni:s] noun nièce f.

nifty ['nɪftɪ] (compar -ier, superl -iest) adj inf génial(e), super (inv).

Nigeria [naɪˈdʒɪərɪə] noun Nigeria m.

Nigerian [naɪˈdʒɪərɪən] ◆ adj nigérian(e). ◆ noun Nigérian m, -e f.

niggle ['nɪgl] vt 1. UK [worry] tracasser 2. [criticize] faire des réflexions à, critiquer.

niggling ['nɪglɪŋ] ◆ adj 1. [petty - person] tatillon(onne) ; [- details] insignifiant(e) 2. [fastidious - job] fastidieux(euse) 3. [nagging - pain, doubt] tenace. ◆ noun chicanerie f, pinaillerie f.

night [naɪt] noun 1. [not day] nuit f ▸ at night la nuit ▸ good night! a) bonsoir ! b) [at bedtime] bonne nuit ! 2. [evening] soir m ▸ at night le soir 3. PHR to have an early night se coucher de bonne heure ▸ to have a late night veiller, se coucher tard. ◆ nights adv 1. US [at night] la nuit 2. UK [nightshift] ▸ to work nights travailler OR être de nuit.

nightcap ['naɪtkæp] noun [drink] boisson alcoolisée prise avant de se coucher.

nightclub ['naɪtklʌb] noun boîte f de nuit.

nightdress ['naɪtdres] noun chemise f de nuit.

nightfall ['naɪtfɔːl] noun tombée f de la nuit OR du jour.

nightgown ['naɪtgaʊn] noun chemise f de nuit.

nightie ['naɪtɪ] noun inf chemise f de nuit.

nightingale ['naɪtɪŋgeɪl] noun rossignol m.

nightlife ['naɪtlaɪf] noun vie f nocturne, activités fpl nocturnes.

nightly ['naɪtlɪ] ❖ adj (de) toutes les nuits OR tous les soirs. ❖ adv toutes les nuits, tous les soirs.

nightmare ['naɪtmeər] noun lit & fig cauchemar m.

night school noun (U) cours mpl du soir.

night shift noun [period] poste m de nuit.

nightshirt ['naɪʃɜːt] noun chemise f de nuit d'homme.

nighttime ['naɪttaɪm] noun nuit f.

nil [nɪl] noun néant m ; UK SPORT zéro m.

Nile [naɪl] noun ▶ the Nile le Nil.

nimble ['nɪmbl] adj agile, leste ; fig [mind] vif (vive).

nine [naɪn] num neuf. See also six.

nineteen [,naɪn'tiːn] num dix-neuf. See also six.

nine-to-five ❖ adv de neuf heures du matin à cinq heures du soir / to work nine-to-five avoir des horaires de bureau. ❖ adj 1. [job] routinier(ère) 2. [mentality, attitude] de gratte-papier.

ninety ['naɪntɪ] num quatre-vingt-dix. See also sixty.

ninth [naɪnθ] num neuvième. See also sixth.

nip [nɪp] ❖ noun 1. [pinch] pinçon m ; [bite] morsure f 2. [of drink] goutte f, doigt m. ❖ vt [pinch] pincer ; [bite] mordre.

nipple ['nɪpl] noun 1. ANAT bout m de sein, mamelon m 2. US [of bottle] tétine f.

nit [nɪt] noun 1. [in hair] lente f 2. UK inf [idiot] idiot m, -e f, crétin m, -e f.

nitpick ['nɪtpɪk] vi inf couper les cheveux en quatre, chercher la petite bête, pinailler.

nitrogen ['naɪtrədʒən] noun azote m.

nitty-gritty [,nɪtɪ'grɪtɪ] noun inf ▶ to get down to the nitty-gritty en venir à l'essentiel OR aux choses sérieuses.

nitwit ['nɪtwɪt] noun inf imbécile mf, idiot m, -e f.

no [nəʊ] ❖ adv 1. [gen] non ; [expressing disagreement] mais non 2. [not any] : no bigger / smaller pas plus grand/petit / no better pas mieux. ❖ adj aucun(e), pas de / there's no telling what will happen impossible de dire ce qui va se passer / he's no friend of mine je ne le compte pas parmi mes amis. ❖ noun (pl noes [nəʊz]) non m ▶ she won't take no for an answer elle n'accepte pas de refus OR qu'on lui dise non.

No., no. (abbr of number) No, no.

no1 written abbr of no one.

Nobel prize [nəʊ'bel-] noun prix m Nobel.

nobility [nə'bɪlətɪ] noun noblesse f.

noble ['nəʊbl] ❖ adj noble. ❖ noun noble m.

nobody ['nəʊbədɪ] ❖ pron personne, aucun(e). ❖ noun pej rien-du-tout mf, moins que rien mf.

no-brainer [nəʊ'breɪnər] noun US inf décision facile / it's a no-brainer! la solution est claire !

nocturnal [nɒk'tɜːnl] adj nocturne.

nod [nɒd] ❖ vt ▶ to nod one's head incliner la tête, faire un signe de tête. ❖ vi 1. [in agreement] faire un signe de tête affirmatif, faire signe que oui 2. [to indicate sthg] faire un signe de tête 3. [as greeting] ▶ to nod to sb saluer qqn d'un signe de tête. ◆ nod off vi inf somnoler, s'assoupir.

no-fault adj US LAW ▶ no-fault divorce divorce m par consentement mutuel ▶ no-fault insurance assurance f à remboursement automatique.

no-frills [-'frɪlz] adj [service] minimum (inv) ; [airline] à bas prix.

no-holds-barred adj [report, documentary] sans fard.

no-hoper [-'həʊpər] noun inf raté m, -e f, minable mf.

noise [nɔɪz] noun bruit m.

noisy ['nɔɪzɪ] adj bruyant(e).

no-man's-land noun no man's land m.

nominal ['nɒmɪnl] adj 1. [in name only] de nom seulement, nominal(e) 2. [very small] nominal(e), insignifiant(e).

nominate ['nɒmɪneɪt] vt 1. [propose] ▶ to nominate sb (for/as sthg) proposer qqn (pour/comme qqch) 2. [appoint] ▶ to nominate sb (as sthg) nommer qqn (qqch) ▶ to nominate sb (to sthg) nominer qqn (à qqch).

nominee [,nɒmɪ'niː] noun personne f nommée OR désignée.

non- [nɒn] pref non-.

nonalcoholic [ˌnɒnælkə'hɒlɪk] adj non-alcoolisé(e).

nonaligned [ˌnɒnə'laɪnd] adj non-aligné(e).

nonchalant [UK 'nɒnʃələnt, US ˌnɒnʃə-'lɑːnt] adj nonchalant(e).

noncommittal [ˌnɒnkə'mɪtl] adj évasif(ive).

nonconformist [ˌnɒnkən'fɔːmɪst] ❖ adj non-conformiste. ❖ noun non-conformiste mf.

nondescript [UK 'nɒndɪskrɪpt, US ˌnɒndɪ'skrɪpt] adj quelconque, terne.

none [nʌn] ❖ pron 1. [gen] aucun(e) ▸ there was none left il n'y en avait plus, il n'en restait plus ▸ I'll have none of your nonsense je ne tolérerai pas de bêtises de ta part 2. [nobody] personne, nul (nulle). ❖ adv ▸ none the worse/wiser pas plus mal/avancé(e) ▸ none the better pas mieux. ❖ none too adv pas tellement OR trop.

nonentity [nɒ'nentətɪ] noun nullité f, zéro m.

nonetheless [ˌnʌnðə'les] adv néanmoins, pourtant.

non-event noun événement m raté OR décevant.

nonexistent [ˌnɒnɪg'zɪstənt] adj inexistant(e).

no-no noun inf : it's a no-no c'est interdit OR défendu.

no-nonsense adj direct(e), sérieux(euse).

nonplussed, nonplused US [ˌnɒn'plʌst] adj déconcerté(e), perplexe.

nonreturnable [ˌnɒnrɪ'tɜːnəbl] adj [bottle] non consigné(e).

nonsense ['nɒnsəns] ❖ noun (U) 1. [meaningless words] charabia m 2. [foolish idea] : it was nonsense to suggest... il était absurde de suggérer... 3. [foolish behaviour] bêtises fpl, idioties fpl ▸ to make (a) nonsense of sthg gâcher OR saboter qqch. ❖ excl quelles bêtises OR foutaises !

nonsensical [nɒn'sensɪkl] adj absurde, qui n'a pas de sens.

nonsmoker [ˌnɒn'sməʊkər] noun non-fumeur m, -euse f, personne f qui ne fume pas.

nonstick [ˌnɒn'stɪk] adj qui n'attache pas, téflonisé(e).

nonstop [ˌnɒn'stɒp] ❖ adj [flight] direct(e), sans escale ; [activity] continu(e) ; [rain] continuel(elle). ❖ adv [talk, work] sans arrêt ; [rain] sans discontinuer.

noodles ['nuːdlz] pl n nouilles fpl.

nook [nʊk] noun [of room] coin m, recoin m ▸ every nook and cranny tous les coins, les coins et les recoins.

noon [nuːn] noun midi m.

no one pron = nobody.

noose [nuːs] noun nœud m coulant.

nope [nəʊp] adv inf non.

nor [nɔːr] conj : nor do I moi non plus ⟶ neither.

norm [nɔːm] noun norme f.

normal ['nɔːml] adj normal(e).

normality [nɔː'mælɪtɪ], **normalcy** US ['nɔːmlsɪ] noun normalité f.

normally ['nɔːməlɪ] adv normalement.

Normandy ['nɔːməndɪ] noun Normandie f.

north [nɔːθ] ❖ noun 1. [direction] nord m 2. [region] ▸ the north le nord. ❖ adj nord (inv) ; [wind] du nord. ❖ adv au nord, vers le nord ▸ north of au nord de.

North Africa noun Afrique f du Nord.

North America noun Amérique f du Nord.

North American ❖ adj nord-américain(e). ❖ noun Nord-Américain m, -e f.

northeast [ˌnɔːθ'iːst] ❖ noun 1. [direction] nord-est m 2. [region] ▸ the northeast le nord-est. ❖ adj nord-est (inv) ; [wind] du nord-est. ❖ adv au nord-est, vers le nord-est ▸ northeast of au nord-est de.

northerly ['nɔːðəlɪ] adj du nord ▸ in a northerly direction vers le nord, en direction du nord.

northern ['nɔːðən] adj du nord, nord (inv).

Northern Ireland noun Irlande f du Nord.

Northern Lights pl n ▸ the Northern Lights l'aurore f boréale.

North Korea noun Corée f du Nord.

North Pole noun ▸ the North Pole le pôle Nord.

North Sea noun ▸ the North Sea la mer du Nord.

North Star noun ▸ the North Star l'étoile f polaire.

northward ['nɔːθwəd] ❖ adj au nord. ❖ adv = northwards.

northwards ['nɔːθwədz] adv au nord, vers le nord.

northwest [ˌnɔːθ'west] ❖ noun 1. [direction] nord-ouest m 2. [region] ▸ the northwest le nord-ouest. ❖ adj nord-ouest (inv) ; [wind] du nord-ouest. ❖ adv au nord-ouest, vers le nord-ouest ▸ northwest of au nord-ouest de.

Norway ['nɔːweɪ] noun Norvège f.

Norwegian [nɔː'wiːdʒən] ❖ adj norvégien(enne). ❖ noun **1.** [person] Norvégien m, -enne f **2.** [language] norvégien m.

nose [nəʊz] noun nez m ▶ **keep your nose out of my business** occupe-toi or mêle-toi de tes affaires, occupe-toi or mêle-toi de tes oignons ▶ **to look down one's nose at sb** fig traiter qqn de haut ▶ **to look down one's nose at sthg** fig considérer qqch avec mépris ▶ **on the nose** US inf dans le mille ▶ **to poke** or **stick one's nose into sthg** mettre or fourrer son nez dans qqch ▶ **to turn up one's nose at sthg** dédaigner qqch. ❖ **nose about** UK, **nose around** vi fouiner, fureter.

nosebleed ['nəʊzbliːd] noun ▶ **to have a nosebleed** saigner du nez.

nosedive ['nəʊzdaɪv] ❖ noun [of plane] piqué m. ❖ vi **1.** [plane] descendre en piqué, piquer du nez **2.** fig [prices] dégringoler ; [hopes] s'écrouler.

nose job noun inf intervention f de chirurgie esthétique sur le nez / **she's had a nose job** elle s'est fait refaire le nez.

nosey ['nəʊzɪ] = **nosy**.

nostalgia [nɒ'stældʒə] noun ▶ **nostalgia (for sthg)** nostalgie f (de qqch).

nostril ['nɒstrəl] noun narine f.

no-strings adj **1.** inf [contract, agreement] sans pièges **2.** [relationship] sans lendemain / looking for no-strings hookups cherche rencontres sans lendemain.

nosy ['nəʊzɪ] adj curieux(euse), fouinard(e).

not [nɒt] adv ne pas, pas ▶ **not that...** ce n'est pas que..., non pas que....

notable ['nəʊtəbl] adj notable, remarquable ▶ **to be notable for sthg** être célèbre pour qqch.

notably ['nəʊtəblɪ] adv **1.** [in particular] notamment, particulièrement **2.** [noticeably] sensiblement, nettement.

notary ['nəʊtərɪ] noun ▶ **notary (public)** notaire m.

notch [nɒtʃ] noun **1.** [cut] entaille f, encoche f **2.** fig [on scale] cran m.

note [nəʊt] ❖ noun **1.** [gen] note f ; [short letter] mot m ▶ **to take note of sthg** prendre note de qqch **2.** UK [money] billet m (de banque) **3.** MUS note f. ❖ vt **1.** [notice] remarquer, constater **2.** [mention] mentionner, signaler. ❖ **notes** pl n [in book] notes fpl. ❖ **note down** vt sep noter, inscrire.

notebook ['nəʊtbʊk] noun **1.** [for notes] carnet m, calepin m **2.** COMPUT ordinateur m portable compact.

noted ['nəʊtɪd] adj célèbre, éminent(e).

notepad ['nəʊtpæd] noun [for notes] bloc-notes m.

notepaper ['nəʊtpeɪpər] noun papier m à lettres.

noteworthy ['nəʊt,wɜːðɪ] adj remarquable, notable.

nothing ['nʌθɪŋ] ❖ pron rien / I've got nothing to do je n'ai rien à faire ▶ **for nothing** pour rien ▶ **nothing if not** avant tout, surtout ▶ **nothing but** ne... que, rien que ▶ **there's nothing for it (but to do sthg)** UK il n'y a rien d'autre à faire (que de faire qqch). ❖ adv : you're nothing like your brother tu ne ressembles pas du tout or en rien à ton frère / I'm nothing like finished je suis loin d'avoir fini.

notice ['nəʊtɪs] ❖ noun **1.** [written announcement] affiche f, placard m **2.** [attention] ▶ **to take notice (of sb / sthg)** faire or prêter attention (à qqn / qqch) ▶ **to take no notice (of sb / sthg)** ne pas faire attention (à qqn / qqch) **3.** [warning] avis m, avertissement m ▶ **at short notice** dans un bref délai ▶ **until further notice** jusqu'à nouvel ordre **4.** [at work] ▶ **to be given one's notice** recevoir son congé, être renvoyé(e) ▶ **to hand in one's notice** donner sa démission, demander son congé. ❖ vt remarquer, s'apercevoir de.

noticeable ['nəʊtɪsəbl] adj sensible, perceptible.

notice board noun UK panneau m d'affichage.

notification [,nəʊtɪfɪ'keɪʃn] noun notification f, avis m.

notify ['nəʊtɪfaɪ] vt ▶ **to notify sb (of sthg)** avertir or aviser qqn (de qqch).

notion ['nəʊʃn] noun idée f, notion f. ❖ **notions** pl n US mercerie f.

notorious [nəʊ'tɔːrɪəs] adj [criminal] notoire ; [place] mal famé(e).

notwithstanding [,nɒtwɪð'stændɪŋ] fml ❖ prep malgré, en dépit de. ❖ adv néanmoins, malgré tout.

nought [nɔːt] num zéro m ▶ **noughts and crosses** UK morpion m.

noun [naʊn] noun nom m.

nourish ['nʌrɪʃ] vt nourrir.

nourishing ['nʌrɪʃɪŋ] adj nourrissant(e).

nourishment ['nʌrɪʃmənt] noun (U) nourriture f, aliments mpl.

novel ['nɒvl] ❖ adj nouveau (nouvelle), original(e). ❖ noun roman m.

novelist ['nɒvəlɪst] noun romancier m, -ère f.

novelty ['nɒvltɪ] noun **1.** [gen] nouveauté f **2.** [cheap object] gadget m.

November [nə'vembər] noun novembre m. See also **September**.

novice ['nɒvɪs] noun novice mf.

now [naʊ] ❖ adv **1.** [at this time, at once] maintenant ▸ any day / time now d'un jour / moment à l'autre ▸ now and then OR again de temps en temps, de temps à autre **2.** [in past] à ce moment-là, alors **3.** [to introduce statement] : now let's just calm down bon, on se calme maintenant. ❖ conj ▸ now (that) maintenant que. ❖ noun ▸ for now pour le présent ▸ up until now jusqu'à présent ▸ by now déjà.

nowadays ['naʊədeɪz] adv actuellement, aujourd'hui.

nowhere ['nəʊweər], **noplace** US ['nəʊpleɪs] adv nulle part ▸ nowhere near loin de ▸ we're getting nowhere on n'avance pas.

no-win situation noun impasse f.

nozzle ['nɒzl] noun ajutage m, buse f.

nuance ['nju:ɒns] noun nuance f.

nuclear ['nju:klɪər] adj nucléaire.

nuclear bomb noun bombe f nucléaire.

nuclear disarmament noun désarmement m nucléaire.

nuclear energy noun énergie f nucléaire.

nuclear power noun énergie f nucléaire.

nuclear reactor noun réacteur m nucléaire.

nucleus ['nju:klɪəs] (pl -lei) noun lit & fig noyau m.

nude [nju:d] ❖ adj nu(e). ❖ noun nu m ▸ in the nude nu(e).

nudge [nʌdʒ] vt pousser du coude ; fig encourager, pousser.

nudist ['nju:dɪst] ❖ adj nudiste. ❖ noun nudiste mf.

nugget ['nʌgɪt] noun pépite f.

nuisance ['nju:sns] noun ennui m, embêtement m / it's a nuisance having to attend all these meetings c'est pénible de devoir assister à toutes ces réunions ▸ to make a nuisance of o.s. embêter le monde ▸ what a nuisance! quelle plaie !

nuke [nju:k] inf ❖ noun bombe f nucléaire. ❖ vt **1.** [bomb] lâcher une bombe atomique sur **2.** [microwave] cuire au micro-ondes.

null [nʌl] adj ▸ null and void nul (nulle) et non avenu(e).

numb [nʌm] ❖ adj engourdi(e) ▸ to be numb with a) [fear] être paralysé(e) par b) [cold] être transi(e) de. ❖ vt engourdir.

number ['nʌmbər] ❖ noun **1.** [numeral] chiffre m **2.** [of telephone, house, car] numéro m **3.** [quantity] nombre m ▸ a number of un certain nombre de, plusieurs ▸ any number of un grand nombre de, bon nombre de **4.** [song] chanson f / a dance number un numéro de danse. ❖ vt **1.** [amount to, include] compter **2.** [give number to] numéroter. ❖ vi : she numbers among the great writers of the century elle compte parmi les grands écrivains de ce siècle.

number one ❖ adj premier(ère), principal(e). ❖ noun inf [oneself] soi, sa pomme.

numberplate ['nʌmbəpleɪt] noun UK plaque f d'immatriculation.

number shop noun US ≃ kiosque m de loterie.

Number Ten noun la résidence officielle du premier ministre britannique.

numeral ['nju:mərəl] noun chiffre m.

numerate ['nju:mərət] adj [person] qui sait compter.

numerical [nju:'merɪkl] adj numérique.

numerous ['nju:mərəs] adj nombreux(euse).

nun [nʌn] noun religieuse f, sœur f.

nurse [nɜ:s] ❖ noun infirmière f ▸ (male) nurse infirmier m. ❖ vt **1.** [patient, cold] soigner **2.** fig [desires, hopes] nourrir **3.** [subj: mother] allaiter.

nursery ['nɜ:sərɪ] noun **1.** [for children] garderie f **2.** [for plants] pépinière f.

nursery rhyme noun comptine f.

nursery school noun (école f) maternelle f.

nursery slopes pl n UK pistes fpl pour débutants.

nursing ['nɜ:sɪŋ] noun métier m d'infirmière.

nursing home noun [for old people] maison f de retraite privée ; UK [for childbirth] maternité f privée.

nurture ['nɜ:tʃər] vt **1.** [children] élever ; [plants] soigner **2.** fig [hopes] nourrir.

nut [nʌt] noun **1.** BOT & CULIN fruit m à coque **2.** [of metal] écrou m **3.** inf [mad person] cinglé *m*, -e *f*. ◆ **nuts** ❖ adj *inf* ▶ **to be nuts** être dingue. ❖ excl US *inf* zut !

nutcase ['nʌtkeɪs] noun *inf* cinglé *m*, -e *f*.

nutcrackers ['nʌt,krækəz] pl n casse-noix *m inv*, casse-noisettes *m inv*.

nutmeg ['nʌtmeg] noun (noix *f* de) muscade *f*.

nutritious [njuː'trɪʃəs] adj nourrissant(e).

nutshell ['nʌtʃel] noun ▶ **in a nutshell** en un mot.

nutty ['nʌtɪ] (*compar* -ier, *superl* -iest) adj **1.** [tasting of or containing nuts] aux noix *(aux amandes, aux noisettes, etc.)* / **a nutty flavour** un goût de noix *(de noisette, etc.)* **2.** *inf* [crazy]

dingue, timbré(e) **3.** PHR **as nutty as a fruitcake** complètement dingue.

nuzzle ['nʌzl] ❖ vt frotter son nez contre. ❖ vi ▶ **to nuzzle (up) against** se frotter contre, frotter son nez contre.

NVQ (*abbr of* **National Vocational Qualification**) noun UK *examen sanctionnant une formation professionnelle.*

NY *abbr of* **New York**.

NYC *abbr of* **New York City**.

nylon ['naɪlɒn] ❖ noun Nylon® *m*. ❖ comp en Nylon®.

NYPD [,enwaɪpiː'diː] (*abbr of* **New York Police Department**) noun police *f* new-yorkaise.

o (*pl* o's *or* os), **O** (*pl* O's *or* Os) [əʊ] noun **1.** [letter] o *m inv*, O *m inv* **2.** [zero] zéro *m*.

oak [əʊk] ❖ noun chêne *m*. ❖ comp de *or* en chêne.

OAP (*abbr of* old age pensioner) noun 🇬🇧 retraité *m*, -e *f*.

oar [ɔːʳ] noun rame *f*, aviron *m*.

oasis [əʊ'eɪsɪs] (*pl* oases [əʊ'eɪsiːz]) noun oasis *f*.

oat [əʊt] noun [plant] avoine *f*.

oatcake ['əʊtkeɪk] noun galette *f* d'avoine.

oath [əʊθ] noun **1.** [promise] serment *m* ▸ **on** *or* **under oath** sous serment **2.** [swearword] juron *m*.

oatmeal ['əʊtmiːl] noun (U) flocons *mpl* d'avoine.

oats [əʊts] pl n [grain] avoine *f* ▸ **is he getting his oats?** *inf* est-ce qu'il a ce qu'il lui faut au lit ?

obedience [ə'biːdjəns] noun obéissance *f*.

obedient [ə'biːdjənt] adj obéissant(e), docile.

obese [əʊ'biːs] adj *fml* obèse.

obey [ə'beɪ] ❖ vt obéir à. ❖ vi obéir.

obituary [ə'bɪtʃʊərɪ] noun nécrologie *f*.

object ❖ noun ['ɒbdʒɪkt] **1.** [gen] objet *m* **2.** [aim] objectif *m*, but *m* **3.** GRAM complément *m* d'objet. ❖ vt [ɒb'dʒekt] objecter. ❖ vi [ɒb'dʒekt] protester ▸ **to object to sthg** faire objection à qqch, s'opposer à qqch ▸ **to object to doing sthg** se refuser à faire qqch.

objection [əb'dʒekʃn] noun objection *f* ▸ **to have no objection to sthg / to doing sthg** ne voir aucune objection à qqch / à faire qqch.

objectionable [əb'dʒekʃənəbl] adj [person, behaviour] désagréable ; [language] choquant(e).

objective [əb'dʒektɪv] ❖ adj objectif(ive). ❖ noun objectif *m*.

obligation [,ɒblɪ'ɡeɪʃn] noun obligation *f*.

obligatory [ə'blɪɡətrɪ] adj obligatoire.

oblige [ə'blaɪdʒ] vt **1.** [force] ▸ **to oblige sb to do sthg** forcer *or* obliger qqn à faire qqch **2.** *fml* [do a favour to] obliger.

obliging [ə'blaɪdʒɪŋ] adj obligeant(e).

oblique [ə'bliːk] ❖ adj oblique ; [reference, hint] indirect(e). ❖ noun TYPO barre *f* oblique.

obliterate [ə'blɪtəreɪt] vt [destroy] détruire, raser.

oblivion [ə'blɪvɪən] noun oubli *m*.

oblivious [ə'blɪvɪəs] adj ▸ **to be oblivious to** *or* **of** être inconscient(e) de.

oblong ['ɒblɒŋ] ❖ adj rectangulaire. ❖ noun rectangle *m*.

obnoxious [əb'nɒkʃəs] adj [person] odieux(euse) ; [smell] infect(e), fétide ; [comment] désobligeant(e).

oboe ['əʊbəʊ] noun hautbois *m*.

obscene [əb'siːn] adj obscène.

obscure [əb'skjʊəʳ] ❖ adj obscur(e). ❖ vt **1.** [gen] obscurcir **2.** [view] masquer.

obsequious [əb'siːkwɪəs] adj *fml & pej* obséquieux(euse).

observance [əb'zɜːvəns] noun observation *f*.

observant [əb'zɜːvnt] adj observateur(trice).

observation [,ɒbzə'veɪʃn] noun observation *f*.

observatory [əb'zɜːvətrɪ] noun observatoire *m*.

observe [əb'zɜːv] vt **1.** [gen] observer **2.** [remark] remarquer, faire observer.

observer [əb'zɜːvəʳ] noun observateur *m*, -trice *f*.

obsess [əb'ses] vt obséder ▸ **to be obsessed by** *or* **with sb / sthg** être obsédé(e) par qqn / qqch.

obsessive [əb'sesɪv] adj [person] obsessionnel(elle) ; [need] qui est une obsession.

obsolete ['ɒbsəliːt] adj obsolète.

obstacle ['ɒbstəkl] noun obstacle *m*.

obstetrics [ɒb'stetrɪks] noun (U) obstétrique *f*.

obstinate ['ɒbstənət] adj **1.** [stubborn] obstiné(e) **2.** [cough] persistant(e) ; [stain, resistance] tenace.

obstruct [əb'strʌkt] vt **1.** [block] obstruer **2.** [hinder] entraver, gêner.

obstruction [əb'strʌkʃn] noun **1.** [in road] encombrement *m* ; [in pipe] engorgement *m* **2.** SPORT obstruction *f*.

obtain [əb'teɪn] vt obtenir.

obtainable [əb'teɪnəbl] adj que l'on peut obtenir.

obtrusive [əb'truːsɪv] adj [behaviour] qui attire l'attention ; [smell] fort(e).

obtuse [əb'tjuːs] adj obtus(e).

obvious ['ɒbvɪəs] adj évident(e).

obviously ['ɒbvɪəslɪ] adv **1.** [of course] bien sûr **2.** [clearly] manifestement.

occasion [ə'keɪʒn] ❖ noun **1.** [gen] occasion f **2.** [important event] événement m ▶ to rise to the occasion se montrer à la hauteur de la situation. ❖ vt [cause] provoquer, occasionner.

occasional [ə'keɪʒənl] adj [showers] passager(ère) ; [visit] occasionnel(elle) ▶ I have the occasional drink/cigarette je bois un verre/je fume une cigarette de temps à autre.

occasionally [ə'keɪʒnəlɪ] adv de temps en temps, quelquefois.

occult [ɒ'kʌlt] adj occulte.

occupant ['ɒkjʊpənt] noun occupant m, -e f ; [of vehicle] passager m.

occupation [ˌɒkjʊ'peɪʃn] noun **1.** [job] profession f **2.** [pastime, by army] occupation f.

occupational hazard noun risque m du métier.

occupational therapy noun thérapeutique f occupationnelle, ergothérapie f.

occupier ['ɒkjʊpaɪəʳ] noun occupant m, -e f.

occupy ['ɒkjʊpaɪ] vt occuper ▶ to occupy o.s. s'occuper.

occur [ə'kɜːʳ] vi **1.** [happen - gen] avoir lieu, se produire ; [- difficulty] se présenter **2.** [be present] se trouver, être présent(e) **3.** [thought, idea] ▶ to occur to sb venir à l'esprit de qqn.

occurrence [ə'kʌrəns] noun [event] événement m, circonstance f.

OCD (abbr of obsessive-compulsive disorder) noun PSYCHOL TOC m.

ocean ['əʊʃn] noun océan m ▶ oceans of inf & fig des tonnes de.

o'clock [ə'klɒk] adv : two o'clock deux heures / it's four o'clock il est quatre heures.

octave ['ɒktɪv] noun octave f.

October [ɒk'təʊbəʳ] noun octobre m. See also **September**.

octopus ['ɒktəpəs] (pl **-puses** or **-pi**) noun pieuvre f.

OD abbr of **overdose**, **overdrawn**.

odd [ɒd] adj **1.** [strange] bizarre, étrange **2.** [occasional] : I play the odd game of tennis je joue au tennis de temps en temps **3.** [not part of pair] dépareillé(e) **4.** [number] impair(e) **5.** / twenty odd years une vingtaine d'années.
◆ **odds** pl n **1.** [probability] ▶ the odds les chances fpl ▶ the odds are that... il y a des chances pour que... (+ subjunctive), il est probable que... ▶ against the odds envers et contre tout **2.** PHR odds and sods UK inf, odds and ends a) [miscellaneous objects] objets mpl divers, bric-à-brac m inv b) [leftovers] restes mpl ▶ to be at odds with sb être en désaccord avec qqn.

oddball ['ɒdbɔːl] noun inf excentrique mf.

oddity ['ɒdɪtɪ] noun **1.** [person] personne f bizarre ; [thing] chose f bizarre **2.** [strangeness] étrangeté f.

odd-job man UK, **odd jobber** US noun homme m à tout faire.

odd jobs pl n petits travaux mpl.

oddly ['ɒdlɪ] adv curieusement ▶ oddly enough chose curieuse.

odds-on ['ɒdz-] adj inf ▶ odds-on favourite grand favori.

odor US = odour.

odour UK, **odor** US ['əʊdəʳ] noun odeur f.

oestrogen UK, **estrogen** US ['iːstrədʒən] noun œstrogène m.

of (stressed [ɒv], unstressed [əv]) prep **1.** [gen] de / the cover of a book la couverture d'un livre / to die of cancer mourir d'un cancer **2.** [expressing quantity, amount, age] de / thousands of people des milliers de gens / a piece of cake un morceau de gâteau / a cup of tea une tasse de thé / a pound of tomatoes une livre de tomates / a child of five un enfant de cinq ans **3.** [made from] en **4.** [with dates, periods of time] : the 12th of February le 12 février.

off [ɒf] ❖ adv **1.** [indicating movement or distance away in space or time] : the ball hit the wall and bounced off la balle a heurté le mur et a rebondi / 10 miles off à 16 kilomètres ▶ far off au loin / two days off dans deux jours **2.** [so as to remove] : to take sthg off enlever OR ôter qqch / to cut sthg off couper qqch **3.** [so as to complete] ▶ to finish off terminer ▶ to kill off achever **4.** [not at work, school] : to take a week off prendre une semaine de congé / Monday's my day off le lundi est mon jour de congé **5.** [discounted] : £10 off 10 livres de remise OR réduction. ❖ prep **1.** [at a distance from, away from] de ▶ to get off a bus descendre d'un bus ▶ to take a book off a shelf prendre un livre sur une étagère ▸ **off the coast** près de la côte **2.** [not attending] ▸ **to be off work** ne pas travailler ▸ **off school** absent de l'école **3.** [no longer liking] : *she's off her food* elle n'a pas d'appétit. **4.** [deducted from] sur **5.** *inf* [from] ▸ **to buy sthg off sb** acheter qqch à qqn. ❖ adj **1.** [UK] [food] avarié(e), gâté(e) ; [milk] tourné(e) ; [TV, light] éteint(e) ; [engine] coupé(e) **3.** [cancelled] annulé(e) **4.** [not at work, school] absent(e) **5.** [UK] *inf* [offhand] : *he was a bit off with me* il n'a pas été sympa avec moi.

offal ['ɒfl] noun (U) abats *mpl*.

offbeat ['ɒfbiːt] adj *inf* original(e), excentrique.

off-chance noun ▸ **on the off-chance that…** au cas où….

off-duty adj qui n'est pas de service ; [doctor, nurse] qui n'est pas de garde.

offence [UK], **offense** [US] [ə'fens] noun **1.** [crime] délit *m* **2.** [upset] ▸ **to cause sb offence** vexer qqn ▸ **to take offence** se vexer.

offend [ə'fend] vt offenser.

offender [ə'fendər] noun **1.** [criminal] criminel *m*, -elle *f* **2.** [culprit] coupable *mf*.

offense [US] ['ɒfens] noun **1.** = offence **2.** SPORT attaque *f*.

offensive [ə'fensɪv] ❖ adj **1.** [behaviour, comment] blessant(e) **2.** [weapon, action] offensif(ive). ❖ noun offensive *f*.

offer ['ɒfər] ❖ noun **1.** [gen] offre *f*, proposition *f* **2.** [price, bid] offre *f* **3.** [in shop] promotion *f* ▸ **on offer a)** [available] en vente **b)** [at a special price] en réclame, en promotion. ❖ vt **1.** [gen] offrir ▸ **to offer sthg to sb, to offer sb sthg** offrir qqch à qqn ▸ **to offer to do sthg** proposer OR offrir de faire qqch **2.** [provide - services] proposer ; [- hope] donner. ❖ vi s'offrir.

offering ['ɒfərɪŋ] noun RELIG offrande *f*.

off-guard adv au dépourvu.

offhand [ˌɒf'hænd] ❖ adj [nonchalant] désinvolte, cavalier(ère) ; [abrupt] brusque. ❖ adv tout de suite.

office ['ɒfɪs] noun **1.** [place, staff] bureau *m* **2.** [department] département *m*, service *m* **3.** [position] fonction *f*, poste *m* ▸ **in office** en fonction ▸ **to take office** entrer en fonction.

office hours pl n heures *fpl* de bureau.

officer ['ɒfɪsər] noun **1.** [in armed forces] officier *m* **2.** [in organization] agent *mf*, fonctionnaire *mf* **3.** [in police force] officier *m* (de police).

office worker noun employé *m*, -e *f* de bureau.

official [ə'fɪʃl] ❖ adj officiel(elle). ❖ noun fonctionnaire *mf*.

officialdom [ə'fɪʃəldəm] noun bureaucratie *f*.

offing ['ɒfɪŋ] noun ▸ **in the offing** en vue, en perspective.

off-licence noun [UK] *magasin autorisé à vendre des boissons alcoolisées à emporter*.

offline adj & adv COMPUT hors ligne.

offload [ɒf'ləʊd] vt *inf* ▸ **to offload sthg (onto sb)** se décharger de qqch (sur qqn).

off-peak adj [electricity] utilisé(e) aux heures creuses ; [fare] réduit(e) aux heures creuses.

off-putting [-ˌpʊtɪŋ] adj désagréable, rébarbatif(ive).

off season noun ▸ **the off season** la morte-saison.

offset [ˌɒf'set] (*pt & pp* offset) vt [losses] compenser.

offshoot ['ɒfʃuːt] noun ▸ **to be an offshoot of sthg** être né(e) OR provenir de qqch.

offshore ['ɒfʃɔːr] ❖ adj [oil rig] en mer, offshore (*inv*) ; [island] proche de la côte ; [fishing] côtier(ère). ❖ adv au large.

offside [UK] ❖ adj [ˌɒf'saɪd] **1.** [right-hand drive] de droite ; [left-hand drive] de gauche **2.** SPORT hors-jeu (*inv*). ❖ adv [ˌɒf'saɪd] SPORT hors-jeu. ❖ noun ['ɒfsaɪd] [right-hand drive] côté *m* droit ; [left-hand drive] côté gauche.

offspring ['ɒfsprɪŋ] (*pl inv*) noun rejeton *m*.

offstage [ˌɒf'steɪdʒ] adj & adv dans les coulisses.

off-the-cuff ❖ adj impromptu(e), improvisé(e). ❖ adv au pied levé, à l'improviste.

off-the-peg [UK], **off-the-rack** [US] adj de prêt-à-porter.

off-the-record ❖ adj officieux(euse). ❖ adv confidentiellement.

off-the-wall adj *inf* loufoque.

off-white adj blanc cassé (*inv*).

often ['ɒfn or 'ɒftn] adv souvent, fréquemment / *how often do you visit her?* vous la voyez tous les combien ? ▸ **as often as not** assez souvent ▸ **more often than not** le plus souvent, la plupart du temps.

ogle ['əʊgl] vt reluquer.

oh [əʊ] excl oh ! ; [expressing hesitation] euh !

oil [ɔɪl] ❖ noun **1.** [gen] huile *f* **2.** [for heating] mazout *m* **3.** [petroleum] pétrole *m*. ❖ vt graisser, lubrifier.

oilcan ['ɔɪlkæn] noun burette *f* d'huile.

oilfield [ˈɔɪlfiːld] noun gisement m pétrolifère.

oil-fired [-ˌfaɪəd] adj au mazout.

oil painting noun peinture f à l'huile.

oilrig [ˈɔɪlrɪg] noun [at sea] plate-forme f de forage OR pétrolière ; [on land] derrick m.

oil slick noun marée f noire.

oil tanker noun **1.** [ship] pétrolier m, tanker m **2.** [lorry] camion-citerne m.

oil well noun puits m de pétrole.

oily [ˈɔɪlɪ] adj [rag] graisseux(euse) ; [food] gras (grasse).

ointment [ˈɔɪntmənt] noun pommade f.

OK, okay [ˌəʊˈkeɪ] inf ❖ adj : is it OK with OR by you? ça vous va ?, vous êtes d'accord ? / are you OK? ça va ? ❖ excl **1.** [expressing agreement] d'accord, O.K. **2.** [to introduce new topic] : OK, can we start now? bon, on commence ? ❖ vt (pt & pp -ed) approuver, donner le feu vert à.

old [əʊld] ❖ adj **1.** [gen] vieux (vieille), âgé(e) ▸ how old are you? quel âge as-tu ? **2.** [former] ancien(enne) **3.** inf [as intensifier] ▸ any old n'importe quel (n'importe quelle). ❖ pl n ▸ the old les personnes fpl âgées.

old age noun vieillesse f.

old age pensioner noun UK retraité m, -e f.

old-fashioned [-ˈfæʃnd] adj **1.** [outmoded] démodé(e), passé(e) de mode **2.** [traditional] vieux jeu (inv).

old flame noun fig ancien flirt m.

old hand noun vieux routier m, vétéran m / he's an old hand at flying these planes cela fait des années qu'il pilote ces avions.

old people's home noun hospice m de vieillards.

old-timer noun **1.** [veteran] vieux routier m, vétéran m **2.** US [old man] vieillard m.

olive [ˈɒlɪv] ❖ adj olive (inv). ❖ noun olive f.

olive green adj vert olive (inv).

olive oil noun huile f d'olive.

Olympic [əˈlɪmpɪk] adj olympique. ◆ **Olympics** pl n ▸ the Olympics les Jeux mpl Olympiques.

Olympic Games pl n ▸ the Olympic Games les Jeux mpl Olympiques.

ombudsman [ˈɒmbʊdzmən] (pl -men) noun ombudsman m.

omelette, omelet US [ˈɒmlɪt] noun omelette f / mushroom omelette omelette aux champignons.

omen [ˈəʊmen] noun augure m, présage m.

OMG (written abbr of oh my God) oh mon Dieu.

ominous [ˈɒmɪnəs] adj [event, situation] de mauvais augure ; [sign] inquiétant(e) ; [look, silence] menaçant(e).

omission [əˈmɪʃn] noun omission f.

omit [əˈmɪt] vt omettre ▸ to omit to do sthg oublier de faire qqch.

omnibus [ˈɒmnɪbəs] noun **1.** [book] recueil m **2.** UK RADIO & TV diffusion groupée des épisodes de la semaine.

on [ɒn] ❖ prep **1.** [indicating position, location] sur / on a chair / the wall sur une chaise/le mur / on the ceiling au plafond / the information is on disk l'information est sur disquette ▸ on the left / right à gauche/droite **2.** [indicating means] : the car runs on petrol la voiture marche à l'essence / to be shown on TV passer à la télé / on the telephone au téléphone / to live on fruit vivre OR se nourrir de fruits / to hurt o.s. on sthg se faire mal avec qqch **3.** [indicating mode of transport] : to travel on a bus / train / ship voyager en bus/par le train/en bateau / I was on the bus j'étais dans le bus ▸ on foot à pied **4.** [concerning] : a book on astronomy un livre sur l'astronomie **5.** [indicating time] : on Thursday jeudi / on the 10th of February le 10 février / on my birthday le jour de mon anniversaire ▸ on my return à mon retour **6.** [indicating activity] : to be on strike être en grève ▸ on holiday UK OR vacation US en vacances / he's off on a trip to Brazil il part pour un voyage au Brésil **7.** [indicating what or who is affected] : the impact on the environment l'impact sur l'environnement **8.** [using, supported by] : to be on social security recevoir l'aide sociale / to be on tranquillizers il prend des tranquillisants ▸ to be on drugs se droguer **9.** [earning] : to be on £25,000 a year gagner 25 000 livres par an / to be on a low income avoir un faible revenu **10.** [in ratios] : 25 cents on the dollar 25 cents par dollar **11.** [referring to musical instrument] ▸ to play sthg on the violin / flute / guitar jouer qqch au violon/à la flûte/à la guitare **12.** inf [paid by] : the drinks are on me c'est moi qui régale, c'est ma tournée. ❖ adv **1.** [indicating covering, clothing] : put the lid on mettez le couvercle / to put a sweater on mettre un pull / what did she have on? qu'est-ce qu'elle portait ? / he had nothing on il était tout nu **2.** [working] : turn on the power mets le courant **3.** [indicating continuing action] : to work on continuer à travailler / he kept on walking il continua à marcher **4.** [forward] : *send my mail on (to me)* faites suivre mon courrier. ◆ adj **1.** [working - electricity, light, radio, TV] allumé(e) ; [- gas, tap] ouvert(e) ; [- engine, machine] en marche ; [- handbrake] serré(e) ▶ *the radio was on very loud* la radio hurlait ▶ *the "on" button* le bouton de mise en marche **2.** [happening] : *there's a conference on next week* il y a une conférence la semaine prochaine ▶ *it's on at the local cinema* ça passe au cinéma du quartier ▶ *your favourite TV programme is on tonight* il y a ton émission préférée à la télé ce soir ▶ *is our deal still on?* est-ce que notre affaire tient toujours ? **3.** inf [feasible, possible] : *we'll never be ready by tomorrow: it just isn't on* nous ne serons jamais prêts pour demain, c'est tout bonnement impossible **4.** inf [in agreement] : *are you still on for dinner tonight?* ça marche toujours pour le dîner de ce soir ? ▶ *shall we say £10? — you're on!* disons 10 livres ? — d'accord OR tope là ! ◆ **from... on** adv ▶ **from now on** dorénavant, à partir de maintenant ▶ **from then on** à partir de ce moment-là. ◆ **on and off** adv de temps en temps. ◆ **on to, onto** prep *(written as onto for senses 4 and 5 only)* **1.** [to a position on top of] sur ▶ *she jumped on to the chair* elle a sauté sur la chaise **2.** [to a position on a vehicle] dans ▶ *she got on to the bus* elle est montée dans le bus ▶ *he jumped on to his bicycle* il a sauté sur sa bicyclette **3.** [to a position attached to] : *stick the photo on to the page with glue* colle la photo sur la page **4.** [aware of wrongdoing] ▶ *to be onto sb* être sur la piste de qqn **5.** UK [into contact with] : *get onto the factory* contactez l'usine.

once [wʌns] ◆ adv **1.** [on one occasion] une fois ▶ **once a day** une fois par jour ▶ **once again** OR **more** encore une fois ▶ **once and for all** une fois pour toutes ▶ **in a while** de temps en temps ▶ **once or twice** une ou deux fois ▶ **for once** pour une fois **2.** [previously] autrefois, jadis ▶ **once upon a time** il était une fois. ◆ conj dès que. ◆ **at once** adv **1.** [immediately] immédiatement **2.** [at the same time] en même temps ▶ **all at once** tout d'un coup.

once-over noun inf ▶ **to give sb the once-over** jauger qqn d'un coup d'œil ▶ **to give sthg the once-over** jeter un coup d'œil à qqch.

oncoming ['ɒn,kʌmɪŋ] adj [traffic] venant en sens inverse ; [danger] imminent(e).

one [wʌn] ◆ num [the number 1] un (une) ▶ *page one* page un ▶ *one of my friends* l'un de mes amis, un ami à moi ▶ *one fifth* un cinquième. ◆ adj **1.** [only, single] seul(e), unique ▶ *it's her one ambition / love* c'est son unique ambition /

son seul amour **2.** [indefinite] : *one of these days* un de ces jours. ◆ pron **1.** [referring to a particular thing or person] : *which one do you want?* lequel voulez-vous ? ▶ **this one** celui-ci m, celle-ci f ▶ **that one** celui-là m, celle-là f ▶ *she's the one I told you about* c'est celle dont je vous ai parlé **2.** UK fml [you, anyone] on ▶ *one can only do one's best* on fait ce qu'on peut ▶ *to do one's duty* faire son devoir. ◆ **for one** adv : *I for one remain unconvinced* pour ma part je ne suis pas convaincu.

one-armed bandit noun inf machine f à sous.

one-hit wonder noun groupe ou chanteur qui n'a eu qu'un seul tube.

one-liner noun bon mot m.

one-man adj [business] dirigé(e) par un seul homme.

one-man band noun [musician] homme-orchestre m.

one-night stand noun **1.** THEAT représentation f unique **2.** inf [sexual relationship] aventure f d'un soir.

one-off UK inf ◆ adj [offer, event, product] unique. ◆ noun ▶ **a one-off a)** [product] un exemplaire unique **b)** [event] un événement unique.

one-on-one US = **one-to-one**.

one-parent family noun famille f monoparentale.

oneself [wʌn'self] pron UK fml **1.** (reflexive) se ; (after prep) soi **2.** (emphatic) soi-même.

one-sided [-'saɪdɪd] adj **1.** [unequal] inégal(e) **2.** [biased] partial(e).

one-to-one UK, **one-on-one** US adj [discussion] en tête-à-tête ▶ **one-to-one tuition** cours mpl particuliers.

one-touch dialling UK, **one-touch dialing** US noun numérotation f rapide.

one-up adj : *we're one-up on our competitors* nous avons pris l'avantage sur nos concurrents.

one-upmanship [,wʌn'ʌpmənʃɪp] noun comportement d'une personne qui ne supporte pas de voir d'autres faire mieux qu'elle.

one-way adj **1.** [street] à sens unique **2.** [ticket] simple.

ongoing ['ɒn,gəʊɪŋ] adj en cours, continu(e).

onion ['ʌnjən] noun oignon m.

online ['ɒnlaɪn] adj & adv COMPUT en ligne.

online banking noun (U) banque f en ligne.

online shopping noun *(U)* achats *mpl* par Internet.

onlooker ['ɒn,lʊkər] noun spectateur *m*, -trice *f*.

only ['əʊnlɪ] ◆ adj seul(e), unique ▸ **an only child** un enfant unique. ◆ adv **1.** [gen] ne… que, seulement / *he only reads science fiction* il ne lit que de la science fiction / *it's only a scratch* c'est juste une égratignure / *he left only a few minutes ago* il est parti il n'y a pas deux minutes **2.** [for emphasis] : *I only wish I could* je voudrais bien / *it's only natural (that)…* c'est tout à fait normal que… / *I was only too willing to help* je ne demandais qu'à aider ▸ **not only… but also** non seulement… mais encore ▸ **I only just caught the train** j'ai eu le train de justesse. ◆ conj seulement, mais.

onset ['ɒnset] noun début *m*, commencement *m*.

onshore ['ɒnʃɔːr] adj & adv [from sea] du large ; [on land] à terre.

onslaught ['ɒnslɔːt] noun attaque *f*.

on-the-job adj [training] sur le tas.

onto *(stressed* ['ɒntuː]*, unstressed before consonant* ['ɒntə]*, unstressed before vowel* ['ɒntʊ]*)* = **on to**.

onus ['əʊnəs] noun responsabilité *f*, charge *f*.

onward ['ɒnwəd] adj & adv en avant.

onwards ['ɒnwədz] adv en avant ▸ **from now onwards** dorénavant, désormais ▸ **from then onwards** à partir de ce moment-là.

ooze [uːz] ◆ vt *fig* [charm, confidence] respirer. ◆ vi ▸ **to ooze from** OR **out of sthg** suinter de qqch.

opaque [əʊ'peɪk] adj opaque ; *fig* obscur(e).

OPEC ['əʊpek] *(abbr of* **Organization of the Petroleum Exporting Countries**) noun OPEP *f*.

open ['əʊpn] ◆ adj **1.** [gen] ouvert(e) **2.** [view, road, space] dégagé(e) **3.** [uncovered - car, wagon] découvert(e) **4.** [meeting] public(ique) ; [competition] ouvert(e) à tous **5.** [receptive] ▸ **to be open (to)** être réceptif(ive) (à) **6.** [disbelief, honesty] manifeste, évident(e) **7.** [unresolved] non résolu(e). ◆ noun **1.** ▸ **in the open a)** [sleep] à la belle étoile **b)** [eat] au grand air ▸ **to bring sthg out into the open** divulguer qqch, exposer qqch au grand jour **2.** SPORT : *the British Open* l'open *m* OR le tournoi open de Grande-Bretagne. ◆ vt **1.** [gen] ouvrir **2.** [inaugurate] inaugurer. ◆ vi **1.** [door, flower] s'ouvrir **2.** [shop, library] ouvrir **3.** [meeting, play] commencer. ◆ **open on to** vt insep [subj: room, door] donner sur. ◆ **open up** ◆ vt sep **1.** [for business] ouvrir **2.** [develop] exploiter, développer. ◆ vi **1.** [possibilities] s'offrir, se présenter **2.** [door, building] ouvrir.

open-and-shut adj clair(e), évident(e).

open day noun journée *f* portes ouvertes.

opener ['əʊpnər] noun [for cans] ouvre-boîtes *m inv* ; [for bottles] ouvre-bouteilles *m inv*, décapsuleur *m*.

opening ['əʊpnɪŋ] ◆ adj [first] premier(ère) ; [remarks] préliminaire. ◆ noun **1.** [beginning] commencement *m*, début *m* **2.** [in fence] trou *m*, percée *f* ; [in clouds] trouée *f*, déchirure *f* **3.** [opportunity - gen] occasion *f* ; [- COMM] débouché *m* **4.** [job vacancy] poste *m*.

opening hours pl n heures *fpl* d'ouverture.

openly ['əʊpənlɪ] adv ouvertement, franchement.

open-minded [-'maɪndɪd] adj [person] qui a l'esprit large ; [attitude] large.

open-plan adj non cloisonné(e).

opera ['ɒpərə] noun opéra *m*.

opera house noun opéra *m*.

operate ['ɒpəreɪt] ◆ vt **1.** [machine] faire marcher, faire fonctionner **2.** COMM diriger. ◆ vi **1.** [rule, law, system] jouer, être appliqué(e) ; [machine] fonctionner, marcher **2.** COMM opérer, travailler **3.** MED opérer ▸ **to operate on sb / sthg** opérer qqn / de qqch.

operating system ['ɒpəreɪtɪŋ-] noun COMPUT système *m* d'exploitation.

operating theatre UK**, operating room** US ['ɒpəreɪtɪŋ-] noun salle *f* d'opération.

operation [,ɒpə'reɪʃn] noun **1.** [gen & MED] opération *f* ▸ **to have an operation (for)** se faire opérer (de) **2.** [of machine] marche *f*, fonctionnement *m* ▸ **to be in operation a)** [machine] être en marche OR en service **b)** [law, system] être en vigueur **3.** [COMM - company] exploitation *f* ; [- management] administration *f*, gestion *f*.

operational [,ɒpə'reɪʃənl] adj [machine] en état de marche.

operative ['ɒprətɪv] ◆ adj en vigueur. ◆ noun ouvrier *m*, -ère *f*.

operator ['ɒpəreɪtər] noun **1.** TELEC standardiste *mf* **2.** [of machine] opérateur *m*, -trice *f* **3.** COMM directeur *m*, -trice *f*.

opinion [ə'pɪnjən] noun opinion *f*, avis *m* ▸ **to be of the opinion that** être d'avis que, estimer que ▸ **in my opinion** à mon avis.

opinionated [ə'pɪnjəneɪtɪd] adj pej dogmatique.

opinion poll noun sondage m d'opinion.

opponent [ə'pəʊnənt] noun adversaire mf.

opportune ['ɒpətjuːn] adj opportun(e).

opportunist [,ɒpə'tjuːnɪst] noun opportúniste mf.

opportunity [,ɒpə'tjuːnətɪ] noun occasion f ▸ **to take the opportunity to do** OR **of doing sthg** profiter de l'occasion pour faire qqch.

oppose [ə'pəʊz] vt s'opposer à.

opposed [ə'pəʊzd] adj opposé(e) ▸ **to be opposed to** être contre, être opposé à ▸ **as opposed to** par opposition à.

opposing [ə'pəʊzɪŋ] adj opposé(e).

opposite ['ɒpəzɪt] ❖ adj opposé(e) ; [house] d'en face. ❖ adv en face. ❖ prep en face de. ❖ noun contraire m.

opposite number noun homologue mf.

opposition [,ɒpə'zɪʃn] noun 1. [gen] opposition f 2. [opposing team] adversaire mf. ◆ **Opposition** noun UK POL ▸ **the Opposition** l'opposition.

oppress [ə'pres] vt 1. [persecute] opprimer 2. [depress] oppresser.

oppressive [ə'presɪv] adj 1. [unjust] oppressif(ive) 2. [weather, heat] étouffant(e), lourd(e) 3. [silence] oppressant(e).

opt [ɒpt] ❖ vt ▸ **to opt to do sthg** choisir de faire qqch. ❖ vi ▸ **to opt for** opter pour. ◆ **opt in** vi ▸ **to opt in (to)** choisir de participer (à). ◆ **opt out** vi ▸ **to opt out (of)** a) [gen] choisir de ne pas participer (à) b) [of responsibility] se dérober (à) c) UK [of NHS] ne plus faire partie (de).

optical ['ɒptɪkl] adj optique.

optician [ɒp'tɪʃn] noun 1. [who sells glasses] opticien m, -enne f 2. [ophthalmologist] ophtalmologiste mf.

optimist ['ɒptɪmɪst] noun optimiste mf.

optimistic [,ɒptɪ'mɪstɪk] adj optimiste.

optimum ['ɒptɪməm] adj optimum (inv).

option ['ɒpʃn] noun option f, choix m ▸ **to have the option to do** OR **of doing sthg** pouvoir faire qqch, avoir la possibilité de faire qqch.

optional ['ɒpʃənl] adj facultatif(ive) ▸ **an optional extra** un accessoire.

or [ɔːʳ] conj 1. [gen] ou 2. [after negative] : he can't read or write il ne sait ni lire ni écrire 3. [otherwise] sinon 4. [as correction] ou plutôt.

oral ['ɔːrəl] ❖ adj 1. [spoken] oral(e) 2. [medicine] par voie orale, par la bouche ; [hygiene] buccal(e). ❖ noun oral m, épreuve f orale.

orally ['ɔːrəlɪ] adv 1. [in spoken form] oralement 2. MED par voie orale.

orange ['ɒrɪndʒ] ❖ adj orange (inv). ❖ noun 1. [fruit] orange f 2. [colour] orange m.

orator ['ɒrətəʳ] noun orateur m, -trice f.

orbit ['ɔːbɪt] ❖ noun orbite f. ❖ vt décrire une orbite autour de.

orchard ['ɔːtʃəd] noun verger m ▸ **apple orchard** champ m de pommiers, pommeraie f.

orchestra ['ɔːkɪstrə] noun orchestre m.

orchestral [ɔː'kestrəl] adj orchestral(e).

orchid ['ɔːkɪd] noun orchidée f.

ordain [ɔː'deɪn] vt 1. [decree] ordonner, décréter 2. RELIG ▸ **to be ordained** être ordonné prêtre.

ordeal [ɔː'diːl] noun épreuve f.

order ['ɔːdəʳ] ❖ noun 1. [gen] ordre m ▸ **to be under orders to do sthg** avoir (reçu) l'ordre de faire qqch 2. COMM commande f ▸ **to place an order with sb for sthg** passer une commande de qqch à qqn ▸ **to order** sur commande 3. [sequence] ordre m / **in order of importance** par ordre d'importance 4. [fitness for use] ▸ **in working order** en état de marche ▸ **out of order** a) [machine] en panne b) [behaviour] déplacé(e) ▸ **in order** [correct] en ordre 5. (U) [discipline - gen] ordre m ; [- in classroom] discipline f 6. FIN ▸ **(money) order** mandat m / **pay to the order of A. Jones** payez à l'ordre de A. Jones 7. US [portion] part f. ❖ vt 1. [command] ordonner ▸ **to order sb to do sthg** ordonner à qqn de faire qqch ▸ **to order that** ordonner que 2. COMM commander. ◆ **in the order of** UK, **on the order of** US adv environ, de l'ordre de. ◆ **in order that** conj pour que, afin que (+ subjunctive). ◆ **in order to** conj pour, afin de. ◆ **order about** UK, **order around** vt sep commander.

order form noun bulletin m de commande.

orderly ['ɔːdəlɪ] ❖ adj [person] ordonné(e) ; [crowd] discipliné(e) ; [office, room] en ordre. ❖ noun [in hospital] garçon m de salle.

ordinarily ['ɔːdənrəlɪ] adv d'habitude, d'ordinaire.

ordinary ['ɔːdənrɪ] ❖ adj 1. [normal] ordinaire 2. pej [unexceptional] ordinaire, quelconque. ❖ noun ▸ **out of the ordinary** qui sort de l'ordinaire, exceptionnel(elle).

ordnance ['ɔːdnəns] noun (U) **1.** [supplies] matériel m militaire **2.** [artillery] artillerie f.

ore [ɔːʳ] noun minerai m.

oregano [,ɒrɪ'gɑːnəʊ] noun origan m.

organ ['ɔːgən] noun **1.** [gen] organe m **2.** MUS orgue m.

organic [ɔː'gænɪk] adj **1.** [of animals, plants] organique **2.** [farming, food] biologique, bio (inv).

organization, organisation UK [,ɔːgənaɪ'zeɪʃn] noun organisation f.

organize, organise UK ['ɔːgənaɪz] vt organiser.

organizer, organiser UK ['ɔːgənaɪzəʳ] noun **1.** [person] organisateur m, -trice f **2.** [diary] organiseur m.

orgasm ['ɔːgæzm] noun orgasme m.

orgy ['ɔːdʒɪ] noun lit & fig orgie f.

Orient ['ɔːrɪənt] noun ▸ the Orient l'Orient m.

oriental [,ɔːrɪ'entl] adj oriental(e).

orienteering [,ɔːrɪən'tɪərɪŋ] noun (U) course f d'orientation.

origin ['ɒrɪdʒɪn] noun **1.** [of river] source f; [of word, conflict] origine f **2.** [birth] ▸ country of origin pays m d'origine. ◆ origins pl n origines fpl.

original [ə'rɪdʒənl] ◆ adj original(e); [meaning] originel(elle); [owner] premier(ère). ◆ noun original m.

originally [ə'rɪdʒənəlɪ] adv à l'origine, au départ.

originate [ə'rɪdʒəneɪt] ◆ vt être l'auteur de, être à l'origine de. ◆ vi [belief, custom] ▸ to originate (in) prendre naissance (dans) ▸ to originate from provenir de.

ornament ['ɔːnəmənt] noun **1.** [object] bibelot m **2.** (U) [decoration] ornement m.

ornamental [,ɔːnə'mentl] adj [garden, pond] d'agrément; [design] décoratif(ive).

ornate [ɔː'neɪt] adj orné(e).

ornithology [,ɔːnɪ'θɒlədʒɪ] noun ornithologie f.

orphan ['ɔːfn] ◆ noun orphelin m, -e f ◆ vt ▸ to be orphaned devenir orphelin(e).

orphanage ['ɔːfənɪdʒ] noun orphelinat m.

orthodox ['ɔːθədɒks] adj **1.** [conventional] orthodoxe **2.** RELIG [traditional] traditionaliste.

orthopaedic UK, **orthopedic** US [,ɔːθə'piːdɪk] adj orthopédique.

oscillate ['ɒsɪleɪt] vi lit & fig osciller.

ostensible [ɒ'stensəbl] adj prétendu(e).

ostensibly [ɒ'stensəblɪ] adv en apparence, soi-disant.

ostentatious [,ɒstən'teɪʃəs] adj ostentatoire.

osteopath ['ɒstɪəpæθ] noun ostéopathe mf.

ostracize, ostracise UK ['ɒstrəsaɪz] vt frapper d'ostracisme, mettre au ban.

ostrich ['ɒstrɪtʃ] noun autruche f.

other ['ʌðəʳ] ◆ adj autre ▸ the other day / week l'autre jour/semaine. ◆ adv : there was nothing to do other than confess il ne pouvait faire autrement que d'avouer / other than John John à part. ◆ pron ▸ the other l'autre ▸ others d'autres ▸ the others les autres ▸ one or other of you l'un (l'une) de vous deux ▸ none other than nul (nulle) autre que. ◆ something or other pron quelque chose, je ne sais quoi. ◆ somehow or other adv d'une manière ou d'une autre.

otherwise ['ʌðəwaɪz] ◆ adv autrement ▸ or otherwise [or not] ou non. ◆ conj sinon.

otter ['ɒtəʳ] noun loutre f.

ouch [aʊtʃ] excl aïe !, ouïe !

ought [ɔːt] aux vb **1.** [sensibly] : I really ought to go il faut absolument que je m'en aille / you ought to see a doctor tu devrais aller chez le docteur **2.** [morally] : you ought not to have done that tu n'aurais pas dû faire cela / you ought to look after your children better tu devrais t'occuper un peu mieux de tes enfants **3.** [expressing probability] : she ought to pass her exam elle devrait réussir à son examen.

ounce [aʊns] noun once f (= 28,35 g).

our ['aʊəʳ] poss adj notre, nos (pl) / our money / house notre argent/maison / our children nos enfants / it wasn't our fault ce n'était pas de notre faute à nous.

ours ['aʊəz] poss pron le nôtre (la nôtre), les nôtres (pl) / that money is ours cet argent est à nous OR est le nôtre / it wasn't their fault, it was ours ce n'était pas de leur faute, c'était de notre faute à nous OR de la nôtre / a friend of ours un ami à nous, un de nos amis.

ourselves [aʊə'selvz] pron pl **1.** (reflexive) nous **2.** (for emphasis) nous-mêmes / we did it by ourselves nous l'avons fait tous seuls.

oust [aʊst] vt ▸ to oust sb (from) évincer qqn (de).

out [aʊt] adv **1.** [not inside, out of doors] dehors / I'm going out for a walk je sors me promener ▸ to run out sortir en courant ▸ out here ici ▸ out there là-bas ▸ out! dehors ! **2.** [not at home, office] sorti(e) / John's out at the mo-

ment John est sorti, John n'est pas là en ce moment ▸ **an afternoon out** une sortie l'après-midi **3.** [extinguished] éteint(e) / *the lights went out* les lumières se sont éteintes **4.** [available] : *the new model will be* OR *come out next month* le nouveau modèle sort le mois prochain **5.** [of tides] : *the tide is out* la marée est basse **6.** [out of fashion] démodé(e), passé(e) de mode **7.** [in flower] en fleur **8.** [finished] : *before the year is out* avant la fin de l'année **9.** *inf* [on strike] en grève **10.** [determined] ▸ **to be out to do sthg** être résolu(e) OR décidé(e) à faire qqch. ◆ **out of** *prep* **1.** [outside] en dehors de / *to go out of the room* sortir de la pièce ▸ **to be out of the country** être à l'étranger **2.** [indicating cause] par / *out of spite / love / boredom* par dépit/amour/ennui **3.** [indicating origin, source] de, dans / *a page out of a book* une page d'un livre / *it's made out of plastic* c'est en plastique **4.** [without] sans / *out of petrol / money* à court d'essence/d'argent **5.** [sheltered from] à l'abri de / *we're out of the wind here* nous sommes à l'abri du vent ici **6.** [to indicate proportion] sur / *one out of ten people* une personne sur dix / *ten out of ten* dix sur dix.

out-and-out adj [liar] fieffé(e) ; [disgrace] complet(ète).

outback ['aʊtbæk] noun ▸ **the outback** l'intérieur *m* du pays *(en Australie)*.

outbound ['aʊtbaʊnd] adj [train, flight] en partance.

outbreak ['aʊtbreɪk] noun [of war, crime] début *m*, déclenchement *m* ; [of spots] éruption *f*.

outburst ['aʊtbɜːst] noun explosion *f*.

outcast ['aʊtkɑːst] noun paria *m*.

outcome ['aʊtkʌm] noun issue *f*, résultat *m*.

outcrop ['aʊtkrɒp] noun affleurement *m*.

outcry ['aʊtkraɪ] noun tollé *m*.

outdated [ˌaʊt'deɪtɪd] adj démodé(e), vieilli(e).

outdid [ˌaʊt'dɪd] pt ⟶ **outdo**.

outdo [ˌaʊt'duː] (*pt* -**did**, *pp* -**done**) vt surpasser.

outdoor ['aʊtdɔːr] adj [life, swimming pool] en plein air ; [activities] de plein air.

outdoors [aʊt'dɔːz] adv dehors.

outer ['aʊtər] adj extérieur(e).

outer space noun cosmos *m*.

outfit ['aʊtfɪt] noun **1.** [clothes] tenue *f* **2.** *inf* [organization] équipe *f*.

outgoing ['aʊtˌgəʊɪŋ] adj **1.** [chairman] sortant(e) ; [mail] à expédier ; [train] en partance

2. [friendly, sociable] ouvert(e). ◆ **outgoings** pl n **UK** dépenses *fpl*.

outgrow [ˌaʊt'grəʊ] (*pt* -**grew**, *pp* -**grown**) vt **1.** [clothes] devenir trop grand(e) pour **2.** [habit] se défaire de.

outhouse ['aʊthaʊs] (*pl* [-haʊzɪz]) noun **1.** **UK** [outbuilding] remise *f* **2.** **US** [toilet] toilettes *fpl* extérieures.

outing ['aʊtɪŋ] noun [trip] sortie *f*.

outlandish [aʊt'lændɪʃ] adj bizarre.

outlaw ['aʊtlɔː] ◆ noun hors-la-loi *m inv*. ◆ vt [practice] proscrire.

outlay ['aʊtleɪ] noun dépenses *fpl*.

outlet ['aʊtlet] noun **1.** [for emotion] exutoire *m* **2.** [hole, pipe] sortie *f* **3.** **US** ELEC prise *f* (de courant).

outline ['aʊtlaɪn] ◆ noun **1.** [brief description] grandes lignes *fpl* ▸ **in outline** en gros **2.** [silhouette] silhouette *f*. ◆ vt [describe briefly] exposer les grandes lignes de.

outlive [ˌaʊt'lɪv] vt [subj: person] survivre à.

outlook ['aʊtlʊk] noun **1.** [disposition] attitude *f*, conception *f* **2.** [prospect] perspective *f*.

outlying ['aʊtˌlaɪɪŋ] adj [village] reculé(e) ; [suburbs] écarté(e).

outmoded [ˌaʊt'məʊdɪd] adj démodé(e).

outnumber [ˌaʊt'nʌmbər] vt surpasser en nombre.

out-of-bounds adj **1.** [barred] interdit(e) / *out-of-bounds to civilians* interdit aux civils **2.** **US** SPORT hors (du) terrain.

out-of-date adj [passport] périmé(e) ; [clothes] démodé(e) ; [belief] dépassé(e).

out-of-doors **UK** ◆ adv = **outdoors**. ◆ adj = **outdoor**.

out-of-the-way adj [village] perdu(e) ; [pub] peu fréquenté(e).

outpatient ['aʊtˌpeɪʃnt] noun malade *mf* en consultation externe.

outpost ['aʊtpəʊst] noun avant-poste *m*.

output ['aʊtpʊt] noun **1.** [production] production *f* **2.** COMPUT sortie *f*.

outrage ['aʊtreɪdʒ] ◆ noun **1.** [emotion] indignation *f* **2.** [act] atrocité *f*. ◆ vt outrager.

outrageous [aʊt'reɪdʒəs] adj **1.** [offensive, shocking] scandaleux(euse), monstrueux(euse) **2.** [very unusual] choquant(e) **3.** **US** *inf* [extravagant] extravagant(e).

outreach vt [ˌaʊt'riːtʃ] [exceed] dépasser.

outright ❖ adj ['aʊtraɪt] absolu(e), total(e). ❖ adv [,aʊt'raɪt] **1.** [deny] carrément, franchement **2.** [win, fail] complètement, totalement.

outset ['aʊtset] noun ▸ **at the outset** au commencement, au début ▸ **from the outset** depuis le commencement OR début.

outside ❖ adj ['aʊtsaɪd] **1.** [gen] extérieur(e) ▸ **an outside opinion** une opinion indépendante **2.** [unlikely - chance, possibility] faible. ❖ adv [,aʊt'saɪd] à l'extérieur ▸ **to go / run / look outside** aller / courir / regarder dehors. ❖ prep ['aʊtsaɪd] **1.** [not inside] à l'extérieur de, en dehors de **2.** [beyond] : *outside office hours* en dehors des heures de bureau. ❖ noun ['aʊtsaɪd] extérieur m. ◆ **outside of** prep [apart from] à part.

outside lane noun AUTO [in UK] voie f de droite ; [in Europe, US] voie f de gauche.

outside line noun TELEC ligne f extérieure.

outsider [,aʊt'saɪdər] noun **1.** [in race] outsider m **2.** [from society] étranger m, -ère f.

outsize(d) ['aʊtsaɪz(d)] adj **1.** [bigger than usual] énorme, colossal(e) **2.** [clothes] grande taille *(inv)*.

outskirts ['aʊtskɜ:ts] pl n ▸ **the outskirts** la banlieue.

outsmart [,aʊt'smɑ:t] vt être plus malin(igne) que.

outsource ['aʊtsɔ:s] vt COMM sous-traiter, externaliser.

outsourcing ['aʊtsɔ:sɪŋ] noun externalisation f, sous-traitance f.

outspoken [,aʊt'spəʊkn] adj franc (franche).

outstanding [,aʊt'stændɪŋ] adj **1.** [excellent] exceptionnel(elle), remarquable **2.** [example] marquant(e) **3.** [not paid] impayé(e) **4.** [unfinished - work, problem] en suspens.

outstay [,aʊt'steɪ] vt ▸ **I don't want to outstay my welcome** je ne veux pas abuser de votre hospitalité.

outstretched [,aʊt'stretʃt] adj [arm, hand] tendu(e) ; [wings] déployé(e).

outstrip [,aʊt'strɪp] vt devancer.

out tray noun UK corbeille f sortie.

outward ['aʊtwəd] ❖ adj **1.** [going away] ▸ **outward journey** aller m **2.** [apparent, visible] extérieur(e). ❖ adv = **outwards**.

outwardly ['aʊtwədlɪ] adv [apparently] en apparence.

outwards ['aʊtwədz] adv vers l'extérieur.

outweigh [,aʊt'weɪ] vt *fig* primer sur.

outwit [,aʊt'wɪt] vt se montrer plus malin(igne) que.

oval ['əʊvl] ❖ adj ovale. ❖ noun ovale m.

Oval Office noun ▸ **the Oval Office** bureau du président des États-Unis à la Maison-Blanche.

ovary ['əʊvərɪ] noun ovaire m.

ovation [əʊ'veɪʃn] noun ovation f ▸ **the audience gave her a standing ovation** le public l'a ovationnée.

oven ['ʌvn] noun [for cooking] four m.

ovenproof ['ʌvnpru:f] adj qui va au four.

over ['əʊvər] ❖ prep **1.** [above] au-dessus de **2.** [on top of] sur **3.** [to or on the far side of] pardessus / *they live over the road* ils habitent en face ▸ **to go over the border** franchir la frontière **4.** [more than] plus de ▸ **over and above** en plus de **5.** [concerning] à propos de, au sujet de **6.** [during] pendant **7.** [senior to] : *he's over me at work* il occupe un poste plus élevé que le mien. ❖ adv **1.** [movement or location across] : *they flew over to America* ils se sont envolés pour les États-Unis / *we invited them over* nous les avons invités chez nous ▸ **over here** ici ▸ **over there** là-bas **2.** [more] plus **3.** [remaining] : *there's nothing (left) over* il ne reste rien **4.** [to another person] : *they handed him over to the authorities* ils l'ont remis aux autorités ; RADIO & TV : *and now over to David Smith in Paris* nous passons maintenant l'antenne à David Smith à Paris ; TELEC : *over (to you)!* à vous ! / *over and out!* terminé ! **5.** [involving repetitions] ▸ **(all) over again** (tout) au début ▸ **over and over again** à maintes reprises, maintes fois ▸ **to do sthg over** US recommencer qqch. ❖ adj [finished] fini(e), terminé(e). ◆ **all over** ❖ prep [throughout] partout, dans tout ▸ **all over the world** dans le monde entier. ❖ adv [everywhere] partout. ❖ adj [finished] fini(e).

overall ❖ adj ['əʊvərɔ:l] [general] d'ensemble. ❖ adv [,əʊvər'ɔ:l] en général. ❖ noun ['əʊvərɔ:l] **1.** [gen] tablier m **2.** US [for work] bleu m de travail. ◆ **overalls** pl n **1.** UK [for work] bleu m de travail **2.** US [dungarees] salopette f.

overawe [,əʊvər'ɔ:] vt impressionner.

overbalance [,əʊvə'bæləns] vi basculer.

overbearing [,əʊvə'beərɪŋ] adj autoritaire.

overboard ['əʊvəbɔ:d] adv ▸ **to fall overboard** tomber par-dessus bord.

overbook [,əʊvə'bʊk] vi surréserver.

overcame [,əʊvə'keɪm] pt ⟶ **overcome**.

overcast [ˌəʊvəˈkɑːst] adj couvert(e).

overcharge [ˌəʊvəˈtʃɑːdʒ] vt ▸ **to overcharge sb (for sthg)** faire payer (qqch) trop cher à qqn.

overcoat [ˈəʊvəkəʊt] noun pardessus m.

overcome [ˌəʊvəˈkʌm] (pt **-came**, pp **-come**) vt **1.** [fears, difficulties] surmonter **2.** [overwhelm] ▸ **to be overcome (by** OR **with)** a) [emotion] être submergé(e) (de) (de) b) [grief] être accablé(e) (de).

overcrowded [ˌəʊvəˈkraʊdɪd] adj bondé(e).

overcrowding [ˌəʊvəˈkraʊdɪŋ] noun surpeuplement m.

overdo [ˌəʊvəˈduː] (pt **-did**, pp **-done**) vt **1.** [exaggerate] exagérer **2.** [do too much] trop faire ▸ **to overdo it** se surmener **3.** [overcook] trop cuire.

overdone [ˌəʊvəˈdʌn] ❖ pp ⟶ **overdo**. ❖ adj [food] trop cuit(e).

overdose noun [ˈəʊvədəʊs] overdose f.

overdraft [ˈəʊvədrɑːft] noun découvert m.

overdrawn [ˌəʊvəˈdrɔːn] adj à découvert.

overdue [ˌəʊvəˈdjuː] adj **1.** [late] ▸ **overdue (for)** en retard (pour) **2.** [change, reform] ▸ **(long) overdue** attendu(e) (depuis longtemps) **3.** [unpaid] arriéré(e), impayé(e).

overestimate [ˌəʊvərˈestɪmeɪt] vt surestimer.

overflow ❖ vi [ˌəʊvəˈfləʊ] **1.** [gen] déborder **2.** [streets, box] ▸ **to be overflowing (with)** regorger (de). ❖ noun [ˈəʊvəfləʊ] [pipe, hole] trop-plein m.

overgrown [ˌəʊvəˈgrəʊn] adj [garden] envahi(e) par les mauvaises herbes.

overhaul ❖ noun [ˈəʊvəhɔːl] **1.** [of car, machine] révision f **2.** fig [of system] refonte f, remaniement m. ❖ vt [ˌəʊvəˈhɔːl] **1.** [car, machine] réviser **2.** fig [system] refondre, remanier.

overhead ❖ adj [ˈəʊvəhed] aérien(enne). ❖ adv [ˌəʊvəˈhed] au-dessus. ❖ noun [ˈəʊvəhed] (U) 🇺🇸 frais mpl généraux. ◆ **overheads** pl n 🇬🇧 frais mpl généraux.

overhead projector noun rétroprojecteur m.

overhear [ˌəʊvəˈhɪər] (pt & pp **-heard**) vt entendre par hasard.

overheat [ˌəʊvəˈhiːt] ❖ vt surchauffer. ❖ vi [engine] chauffer.

overjoyed [ˌəʊvəˈdʒɔɪd] adj ▸ **overjoyed (at)** transporté(e) de joie (à).

overkill [ˈəʊvəkɪl] noun [excess] : that would be overkill ce serait de trop.

overland [ˈəʊvəlænd] adj & adv par voie de terre.

overlap vi lit & fig se chevaucher.

overleaf [ˌəʊvəˈliːf] adv au verso, au dos.

overload [ˌəʊvəˈləʊd] (pp **-loaded** or **-laden**) vt surcharger.

overlook [ˌəʊvəˈlʊk] vt **1.** [subj: building, room] donner sur **2.** [disregard, miss] oublier, négliger **3.** [excuse] passer sur, fermer les yeux sur.

overnight ❖ adj [ˈəʊvənaɪt] **1.** [journey, parking] de nuit ; [stay] d'une nuit **2.** fig [sudden] ▸ **overnight success** succès m immédiat. ❖ adv [ˌəʊvəˈnaɪt] **1.** [stay, leave] la nuit **2.** [suddenly] du jour au lendemain.

overpass [ˈəʊvəpɑːs] noun 🇺🇸 ≃ saut-de-mouton m.

overpower [ˌəʊvəˈpaʊər] vt **1.** [in fight] vaincre **2.** fig [overwhelm] accabler, terrasser.

overpowering [ˌəʊvəˈpaʊərɪŋ] adj [desire] irrésistible ; [smell] entêtant(e).

overran [ˌəʊvəˈræn] pt ⟶ **overrun**.

overrated [ˌəʊvəˈreɪtɪd] adj surfait(e).

override [ˌəʊvəˈraɪd] (pt **-rode**, pp **-ridden**) vt **1.** [be more important than] l'emporter sur, prévaloir sur **2.** [overrule - decision] annuler.

overriding [ˌəʊvəˈraɪdɪŋ] adj [need, importance] primordial(e).

overrode [ˌəʊvəˈrəʊd] pt ⟶ **override**.

overrule [ˌəʊvəˈruːl] vt [person] prévaloir contre ; [decision] annuler ; [objection] rejeter.

overrun [ˌəʊvəˈrʌn] (pt **-ran**, pp **-run**) ❖ vt **1.** MIL [occupy] occuper **2.** fig [cover, fill] ▸ **to be overrun with** a) [weeds] être envahi(e) de b) [rats] être infesté(e) de. ❖ vi [programme, speech] dépasser (le temps alloué).

oversaw [ˌəʊvəˈsɔː] pt ⟶ **oversee**.

overseas ❖ adj [ˈəʊvəsiːz] [sales, company] à l'étranger ; [market] extérieur(e) ; [visitor, student] étranger(ère) ▸ **overseas aid** aide f aux pays étrangers. ❖ adv [ˌəʊvəˈsiːz] à l'étranger.

oversee [ˌəʊvəˈsiː] (pt **-saw**, pp **-seen**) vt surveiller.

overseer [ˈəʊvəˌsiːər] noun contremaître m.

overshadow [ˌəʊvəˈʃædəʊ] vt [subj: building, tree] dominer ; fig éclipser.

overshoot [ˌəʊvəˈʃuːt] (pt & pp **-shot**) vt dépasser, rater.

oversight [ˈəʊvəsaɪt] noun oubli m ▸ **through oversight** par mégarde.

oversleep [ˌəʊvəˈsliːp] (pt & pp **-slept**) vi ne pas se réveiller à temps.

overspill ['əʊvəspɪl] noun [of population] excédent m.

overstep [,əʊvə'step] vt dépasser ▶ **to overstep the mark** dépasser la mesure.

overt ['əʊvɜːt] adj déclaré(e), non déguisé(e).

overtake [,əʊvə'teɪk] (pt -**took**, pp -**taken**) ❖ vt **1.** [UK] AUTO doubler, dépasser **2.** [subj: misfortune, emotion] frapper. ❖ vi [UK] AUTO doubler.

overthrow ❖ noun ['əʊvəθrəʊ] [of government] coup m d'État. ❖ vt [,əʊvə'θrəʊ] (pt -**threw**, pp -**thrown**) [government] renverser.

overtime ['əʊvətaɪm] ❖ noun (U) **1.** [extra work] heures fpl supplémentaires **2.** [US] SPORT prolongations fpl. ❖ adv ▶ **to work overtime** faire des heures supplémentaires.

overtones ['əʊvətəʊnz] pl n notes fpl, accents mpl.

overtook [,əʊvə'tʊk] pt ⟶ **overtake**.

overture ['əʊvə,tjʊər] noun MUS ouverture f.

overturn [,əʊvə'tɜːn] ❖ vt **1.** [gen] renverser **2.** [decision] annuler. ❖ vi [vehicle] se renverser ; [boat] chavirer.

overview ['əʊvəvjuː] noun vue f d'ensemble.

overweight [,əʊvə'weɪt] adj trop gros (grosse).

overwhelm [,əʊvə'welm] vt **1.** [subj: grief, despair] accabler ▶ **to be overwhelmed with joy** être au comble de la joie **2.** MIL [gain control of] écraser.

overwhelming [,əʊvə'welmɪŋ] adj **1.** [overpowering] irrésistible, irrépressible **2.** [defeat, majority] écrasant(e).

overwork [,əʊvə'wɜːk] ❖ noun surmenage m. ❖ vt [person, staff] surmener.

overwrought [,əʊvə'rɔːt] adj excédé(e), à bout.

owe [əʊ] vt ▶ **to owe sthg to sb, to owe sb sthg** devoir qqch à qqn.

owing ['əʊɪŋ] adj dû (due). ◆ **owing to** prep à cause de, en raison de.

owl [aʊl] noun hibou m.

own [əʊn] ❖ adj propre / *my own car* ma propre voiture / *she has her own style* elle a son style à elle. ❖ pron : *I've got my own* j'ai le mien / *he has a house of his own* il a une maison à lui, il a sa propre maison ▶ **on one's own** tout seul (toute seule) ▶ **to get one's own back** inf prendre sa revanche. ❖ vt posséder. ◆ **own up** vi ▶ **to own up (to sthg)** avouer OR confesser (qqch).

owner ['əʊnər] noun propriétaire mf.

ownership ['əʊnəʃɪp] noun propriété f.

ox [ɒks] (pl **oxen** ['ɒksn]) noun bœuf m.

Oxbridge ['ɒksbrɪdʒ] noun désignation collective des universités d'Oxford et de Cambridge.

oxen ['ɒksn] pl n ⟶ **ox**.

oxygen ['ɒksɪdʒən] noun oxygène m.

oxygen mask noun masque m à oxygène.

oyster ['ɔɪstər] noun huître f.

oz. abbr of ounce.

ozone ['əʊzəʊn] noun ozone m.

ozone-friendly adj qui préserve la couche d'ozone.

ozone layer noun couche f d'ozone.

P

p¹ (*pl* p's *or* ps), **P** (*pl* P's *or* Ps) [pi:] noun [letter] p *m inv*, P *m inv*.

p² **1.** (*abbr of* page) p **2.** *abbr of* **penny, pence**.

p & p UK *abbr of* **postage and packing**.

pa [pɑː] noun US *inf* papa *m*.

p.a. (*abbr of* per annum) p.a.

PA noun **1.** UK *abbr of* **personal assistant 2.** (*abbr of* **public address system**) sono *f*.

pace [peɪs] ❖ noun **1.** [speed, rate] vitesse *f*, allure *f* ▸ to keep pace (with sb) marcher à la même allure (que qqn) ▸ to keep pace (with sthg) se maintenir au même niveau (que qqch) **2.** [step] pas *m*. ❖ vi ▸ to pace (up and down) faire les cent pas.

pacemaker ['peɪsˌmeɪkər] noun **1.** MED stimulateur *m* cardiaque **2.** SPORT meneur *m*, -euse *f*.

Pacific [pə'sɪfɪk] ❖ adj du Pacifique. ❖ noun ▸ the Pacific (Ocean) l'océan *m* Pacifique, le Pacifique.

pacifier ['pæsɪfaɪər] noun US [for child] tétine *f*, sucette *f*.

pacifist ['pæsɪfɪst] noun pacifiste *mf*.

pacify ['pæsɪfaɪ] vt **1.** [person, baby] apaiser **2.** [country] pacifier.

pack [pæk] ❖ noun **1.** [bag] sac *m* **2.** US [packet] paquet *m* **3.** [of cards] jeu *m* **4.** [of dogs] meute *f* ; [of wolves, thieves] bande *f*. ❖ vt **1.** [clothes, belongings] emballer ▸ to pack one's bags *fig* plier bagage **2.** [fill] remplir ▸ to be packed into être entassé(e) dans. ❖ vi [for journey] faire ses bagages OR sa valise. ◆ **pack in** UK *inf* ❖ vt sep [stop] plaquer ▸ **pack it in!** a) [stop annoying me] arrête !, ça suffit maintenant ! b) [shut up] la ferme ! ❖ vi tomber en panne. ◆ **pack off** vt sep *inf* [send away] expédier.

package ['pækɪdʒ] ❖ noun **1.** [of books, goods] paquet *m* **2.** *fig* [of proposals] ensemble *m*, série *f* **3.** COMPUT progiciel *m*. ❖ vt [wrap up] conditionner.

packaging ['pækɪdʒɪŋ] noun conditionnement *m*.

packed [pækt] adj ▸ **packed (with)** bourré(e) (de).

packed lunch noun UK panier-repas *m*.

packet ['pækɪt] noun [gen] paquet *m*.

packing ['pækɪŋ] noun [material] emballage *m*.

pact [pækt] noun pacte *m*.

pad [pæd] ❖ noun **1.** [of cotton wool] morceau *m* **2.** [of paper] bloc *m* **3.** [for space shuttle] ▸ **(launch) pad** pas *m* de tir **4.** [of cat, dog] coussinet *m* **5.** *inf* [home] pénates *mpl*. ❖ vt [furniture, jacket] rembourrer ; [wound] tamponner. ❖ vi [walk softly] marcher à pas feutrés.

padding ['pædɪŋ] noun **1.** [material] rembourrage *m* **2.** *fig* [in speech, letter] délayage *m*.

paddle ['pædl] ❖ noun **1.** [for canoe] pagaie *f* **2.** UK [in sea] ▸ **to have a paddle** faire trempette. ❖ vi **1.** [in canoe] avancer en pagayant **2.** UK [in sea] faire trempette.

paddling pool ['pædlɪŋ-] noun UK **1.** [in park] pataugeoire *f* **2.** [inflatable] piscine *f* gonflable.

paddock ['pædək] noun **1.** [small field] enclos *m* **2.** [at racecourse] paddock *m*.

paddy field ['pædɪ-] noun rizière *f*.

padlock ['pædlɒk] ❖ noun cadenas *m*. ❖ vt cadenasser.

pagan ['peɪgən] ❖ adj païen(enne). ❖ noun païen *m*, -enne *f*.

page [peɪdʒ] ❖ noun **1.** [of book] page *f* **2.** [sheet of paper] feuille *f*. ❖ vt [in airport] appeler au micro.

pageant ['pædʒənt] noun [show] spectacle *m* historique.

pageantry ['pædʒəntrɪ] noun apparat *m*.

page-turner noun *inf* livre *m* captivant.

paid [peɪd] ❖ pt & pp ⟶ **pay**. ❖ adj [work, holiday, staff] rémunéré(e), payé(e).

pail [peɪl] noun *dated* seau *m*.

pain [peɪn] noun **1.** [hurt] douleur *f* ▸ **to be in pain** souffrir **2.** *inf* [nuisance] : *it's/he is such a pain* c'est/il est vraiment assommant. ◆ **pains** pl n [effort, care] ▸ **to be at pains to do sthg** vouloir absolument faire qqch ▸ **to take pains to do sthg** se donner beaucoup de mal OR peine pour faire qqch.

pained [peɪnd] adj peiné(e).

painful ['peɪnfʊl] adj **1.** [physically] doulou-reux(euse) **2.** [emotionally] pénible.

painfully ['peɪnfʊlɪ] adv **1.** [fall, hit] doulou-reusement **2.** [remember, feel] péniblement.

painkiller ['peɪn,kɪlər] noun calmant m, anal-gésique m.

painless ['peɪnlɪs] adj **1.** [without hurt] indo-lore, sans douleur **2.** fig [changeover] sans heurt.

painstaking ['peɪnz,teɪkɪŋ] adj [worker] assidu(e); [detail, work] soigné(e).

paint [peɪnt] ◆ noun peinture f. ◆ vt [gen] peindre.

paintbrush ['peɪntbrʌʃ] noun pinceau m.

painter ['peɪntər] noun peintre mf.

painting ['peɪntɪŋ] noun **1.** (U) [activity] pein-ture f **2.** [picture] peinture f, tableau m.

paintwork ['peɪntwɜːk] noun (U) surfaces fpl peintes.

pair [peər] noun **1.** [of shoes, wings] paire f ▸ **a pair of trousers** un pantalon **2.** [couple] couple m.

pajamas [pə'dʒɑːməz] [US] = pyjamas.

Pakistan [UK ,pɑːkɪ'stɑːn, US ,pækɪ'stæn] noun Pakistan m.

Pakistani [UK ,pɑːkɪ'stɑːnɪ, US 'pækɪstænɪ] ◆ adj pakistanais(e). ◆ noun Pakista-nais m, -e f.

pal [pæl] noun inf **1.** [friend] copain m, copine f **2.** [as term of address] mon vieux m.

palace ['pælɪs] noun palais m.

palatable ['pælətəbl] adj **1.** [food] agréable au goût **2.** fig [idea] acceptable, agréable.

palate ['pælət] noun palais m.

palaver [pə'lɑːvər] noun (U) inf **1.** [talk] pa-labres fpl **2.** [fuss] histoire f, affaire f.

pale [peɪl] adj pâle.

Palestine ['pæləstaɪn] noun Palestine f.

Palestinian [,pælə'stɪnɪən] ◆ adj pales-tinien(enne). ◆ noun Palestinien m, -enne f.

palette ['pælət] noun palette f.

palings ['peɪlɪŋz] pl n palissade f.

pall [pɔːl] ◆ noun **1.** [of smoke] voile m **2.** [coffin] cercueil m. ◆ vi perdre de son charme.

pallet ['pælɪt] noun palette f.

pallid ['pælɪd] adj pâle, blafard(e).

palm [pɑːm] noun **1.** [tree] palmier m **2.** [of hand] paume f. ◆ **palm off** vt sep inf ▸ to palm sthg off on sb refiler qqch à qqn ▸ to

palm sb off with sthg se débarrasser de qqn avec qqch.

Palm Sunday noun dimanche m des Ra-meaux.

palmtop noun COMPUT ordinateur m de poche.

palm tree noun palmier m.

palpable ['pælpəbl] adj évident(e), manifeste.

paltry ['pɔːltrɪ] adj dérisoire.

pamper ['pæmpər] vt choyer, dorloter.

pamphlet ['pæmflɪt] noun brochure f.

pan [pæn] ◆ noun **1.** [gen] casserole f **2.** [US] [for bread, cakes] moule m. ◆ vt inf [criticize] démolir. ◆ vi CIN faire un panoramique.

panacea [,pænə'sɪə] noun panacée f.

panama [,pænə'mɑː] noun ▸ **panama (hat)** panama m.

Panama ['pænəmɑː] noun Panama m.

pancake ['pænkeɪk] noun crêpe f.

Pancake Day noun mardi gras m.

Pancake Tuesday noun mardi gras m.

panda ['pændə] (pl inv or -s) noun panda m.

panda car noun [UK] inf & dated voiture f de patrouille.

pandemonium [,pændɪ'məʊnjəm] noun tohu-bohu m inv.

pander ['pændər] vi ▸ **to pander to sb** se prêter aux exigences de qqn ▸ **to pander to sthg** se plier à qqch.

pane [peɪn] noun vitre f, carreau m.

panel ['pænl] noun **1.** TV & RADIO invités mpl; [of experts] comité m **2.** [of wood] panneau m **3.** [of machine] tableau m de bord.

pang [pæŋ] noun tiraillement m.

panic ['pænɪk] ◆ noun [alarm, fear] pa-nique f. ◆ vi (pt & pp -ked) paniquer.

panicky ['pænɪkɪ] adj [person] paniqué(e); [feeling] de panique.

panic-stricken adj affolé(e), pris(e) de pa-nique.

panorama [,pænə'rɑːmə] noun panorama m.

pansy ['pænzɪ] noun [flower] pensée f.

pant [pænt] vi haleter.

panther ['pænθər] (pl inv or -s) noun pan-thère f.

panties ['pæntɪz] pl n inf culotte f.

pantihose ['pæntɪhəʊz] [US] = pantyhose.

pantomime ['pæntəmaɪm] noun UK *spectacle de Noël pour enfants, généralement inspiré de contes de fées.*

pantry ['pæntrɪ] noun garde-manger *m inv*.

pants [pænts] pl n **1.** UK [underpants - for men] slip *m* ; [- for women] culotte *f*, slip *m* **2.** US [trousers] pantalon *m*.

pantyhose ['pæntɪhəʊz] pl n US collant *m*.

papa [UK pə'pɑː, US 'pæpə] noun papa *m*.

paper ['peɪpər] ◆ noun **1.** (U) [for writing on] papier *m* ▶ **a piece of paper a)** [sheet] une feuille de papier **b)** [scrap] un bout de papier **2.** [newspaper] journal *m* **3.** [in exam - test] épreuve *f* ; [- answers] copie *f* **4.** [essay] **▶ paper (on)** SCH & UNIV dissertation *f* (sur). ◆ adj [hat, bag] en papier ; *fig* [profits] théorique. ◆ vt tapisser. ◆ **papers** pl n [official documents] papiers *mpl*.

paperback ['peɪpəbæk] noun ▶ **paperback (book)** livre *m* de poche.

paper clip noun trombone *m*.

paperweight ['peɪpəweɪt] noun presse-papiers *m inv*.

paperwork ['peɪpəwɜːk] noun paperasserie *f*.

paprika ['pæprɪkə] noun paprika *m*.

par [pɑːr] noun **1.** [parity] ▶ **on a par with** à égalité avec **2.** GOLF par *m*, normale *f* QUÉBEC **3.** [good health] ▶ **below** OR **under par** pas en forme.

parable ['pærəbl] noun parabole *f*.

paracetamol [,pærə'siːtəmɒl] noun UK paracétamol *m*.

parachute ['pærəʃuːt] ◆ noun parachute *m*. ◆ vi sauter en parachute.

parade [pə'reɪd] ◆ noun **1.** [celebratory] parade *f*, revue *f* **2.** MIL défilé *m*. ◆ vt **1.** [people] faire défiler **2.** [object] montrer **3.** *fig* [flaunt] afficher. ◆ vi défiler.

paradise ['pærədaɪs] noun paradis *m*.

paradox ['pærədɒks] noun paradoxe *m*.

paradoxically [,pærə'dɒksɪklɪ] adv paradoxalement.

paraffin ['pærəfɪn] noun UK paraffine *f*.

paragliding ['pærə,glaɪdɪŋ] noun parapente *m*.

paragon ['pærəgən] noun modèle *m*, parangon *m*.

paragraph ['pærəgrɑːf] noun paragraphe *m*.

Paraguay ['pærəgwaɪ] noun Paraguay *m*.

parallel ['pærəlel] ◆ adj *lit* & *fig* ▶ **parallel (to** OR **with)** parallèle (à). ◆ noun **1.** GEOM parallèle *f* **2.** [similarity & GEOG] parallèle *m* **3.** *fig* [similar person, object] équivalent *m*.

paralyse UK, **paralyze** US ['pærəlaɪz] vt *lit* & *fig* paralyser.

paralysis [pə'rælɪsɪs] (*pl* -lyses) noun *lit* & *fig* paralysie *f*.

paramedic [,pærə'medɪk] noun auxiliaire médical *m*, auxiliaire médicale *f*.

parameter [pə'ræmɪtər] noun paramètre *m*.

paramount ['pærəmaʊnt] adj primordial(e) ▶ **of paramount importance** d'une importance suprême.

paranoid ['pærənɔɪd] adj paranoïaque.

paraphernalia [,pærəfə'neɪljə] noun (U) attirail *m*, bazar *m*.

parasite ['pærəsaɪt] noun *lit* & *fig* parasite *m*.

parasol ['pærəsɒl] noun [above table] parasol *m* ; [hand-held] ombrelle *f*.

paratrooper ['pærətruːpər] noun parachutiste *mf*.

parcel ['pɑːsl] noun UK paquet *m*. ◆ **parcel up** vt sep empaqueter.

parched [pɑːtʃt] adj **1.** [gen] desséché(e) **2.** *inf* [very thirsty] assoiffé(e), mort(e) de soif.

parchment ['pɑːtʃmənt] noun parchemin *m*.

pardon ['pɑːdn] ◆ noun **1.** LAW grâce *f* **2.** (U) [forgiveness] pardon *m* ▶ **I beg your pardon?** [showing surprise, asking for repetition] comment ?, pardon ? ▶ **I beg your pardon!** [to apologize] je vous demande pardon ! ◆ vt **1.** [forgive] pardonner ▶ **to pardon sb for sthg** pardonner qqch à qqn ▶ **pardon me!** pardon !, excusez-moi ! **2.** LAW gracier. ◆ excl comment ?

pared-down ['peəd-] adj [style, design] dépouillé(e), épuré(e).

parent ['peərənt] noun père *m*, mère *f*. ◆ **parents** pl n parents *mpl*.

parental [pə'rentl] adj parental(e).

parenthesis [pə'renθɪsɪs] (*pl* -theses) noun parenthèse *f*.

Paris ['pærɪs] noun Paris.

parish ['pærɪʃ] noun **1.** RELIG paroisse *f* **2.** UK [area of local government] commune *f*.

Parisian [pə'rɪzjən] ◆ adj parisien(enne). ◆ noun Parisien *m*, -enne *f*.

parity ['pærətɪ] noun égalité *f*.

park [pɑːk] ❖ noun parc *m*, jardin *m* public. ❖ vt garer. ❖ vi se garer, stationner.

parking ['pɑːkɪŋ] noun stationnement *m* ▸ 'no parking' 'défense de stationner', 'stationnement interdit'.

parking lot noun US parking *m*.

parking meter noun parcmètre *m*.

parking ticket noun contravention *f*, PV *m*.

parlance ['pɑːləns] noun ▸ in common / legal parlance en langage courant / juridique.

parliament ['pɑːləmənt] noun parlement *m*.

parliamentary [,pɑːlə'mentərɪ] adj parlementaire.

parlour UK, **parlor** US ['pɑːlər] noun *dated* salon *m*.

parochial [pə'rəʊkjəl] adj *pej* de clocher.

parody ['pærədɪ] ❖ noun parodie *f*. ❖ vt parodier.

parole [pə'rəʊl] noun *(U)* parole *f* ▸ on parole en liberté conditionnelle.

parrot ['pærət] noun perroquet *m*.

parry ['pærɪ] vt 1. [blow] parer 2. [question] éluder.

parsley ['pɑːslɪ] noun persil *m*.

parsnip ['pɑːsnɪp] noun panais *m*.

parson ['pɑːsn] noun pasteur *m*.

part [pɑːt] ❖ noun 1. [gen] partie *f* ▸ for the most part dans l'ensemble 2. [of TV serial] épisode *m* 3. [component] pièce *f* 4. [in proportions] mesure *f* 5. THEAT rôle *m* 6. [involvement] ▸ part in participation *f* à ▸ to play an important part in jouer un rôle important dans ▸ to take part in participer à ▸ for my part en ce qui me concerne 7. US [hair parting] raie *f*. ❖ adv en partie. ❖ vt ▸ to part one's hair se faire une raie. ❖ vi 1. [couple] se séparer 2. [curtains] s'écarter, s'ouvrir. ◆ **parts** pl n ▸ in these parts dans cette région. ◆ **part with** vt insep [money] débourser ; [possession] se défaire de.

part exchange noun UK reprise *f* ▸ to take sthg in part exchange reprendre qqch.

partial ['pɑːʃl] adj 1. [incomplete] partiel(elle) 2. [biased] partial(e) 3. [fond] ▸ to be partial to avoir un penchant pour.

participant [pɑː'tɪsɪpənt] noun participant *m*, -e *f*.

participate [pɑː'tɪsɪpeɪt] vi ▸ to participate (in) participer (à).

participation [pɑː,tɪsɪ'peɪʃn] noun participation *f*.

participle ['pɑːtɪsɪpl] noun participe *m*.

particle ['pɑːtɪkl] noun particule *f*.

particular [pə'tɪkjʊlər] adj 1. [gen] particulier(ère) 2. [fussy] pointilleux(euse) ▸ particular about exigeant(e) à propos de. ◆ **particulars** pl n renseignements *mpl*. ◆ **in particular** adv en particulier.

particularly [pə'tɪkjʊlələ] adv particulièrement.

parting ['pɑːtɪŋ] noun 1. [separation] séparation *f* 2. UK [in hair] raie *f*.

parting shot noun flèche *f* du Parthe.

partisan [,pɑːtɪ'zæn] ❖ adj partisan(e). ❖ noun partisan *m*, -e *f*.

partition [pɑː'tɪʃn] ❖ noun [wall, screen] cloison *f*. ❖ vt 1. [room] cloisonner 2. [country] partager.

partly ['pɑːtlɪ] adv partiellement, en partie.

partner ['pɑːtnər] ❖ noun 1. [in game, dance] partenaire *mf* ; [spouse] conjoint *m*, -e *f* ; [not married] compagnon *m*, compagne *f* 2. [in business, crime] associé *m*, -e *f*. ❖ vt être le (la) partenaire de.

partnership ['pɑːtnəʃɪp] noun association *f* ; [between companies] partenariat *m*.

partridge ['pɑːtrɪdʒ] noun perdrix *f*.

part-time adj & adv à temps partiel.

party ['pɑːtɪ] ❖ noun 1. POL parti *m* 2. [social gathering] fête *f*, réception *f* ▸ to have OR throw a party donner une fête 3. [group] groupe *m* 4. LAW partie *f*. ❖ vi *inf* faire la fête.

party animal noun *inf* fêtard *m* ▸ she's a real party animal elle adore faire la fête.

partying ['pɑːtɪɪŋ] noun ▸ she's a great one for partying *inf* elle adore faire la fête.

party line noun 1. POL ligne *f* du parti 2. TELEC ligne *f* commune à deux abonnés.

pass [pɑːs] ❖ noun 1. SPORT passe *f* 2. [document - for security] laissez-passer *m inv* ; [- for travel] carte *f* d'abonnement 3. UK [in exam] mention *f* passable 4. [between mountains] col *m* 5. PHR to make a pass at sb faire du plat à qqn. ❖ vt 1. [object, time] passer ▸ to pass sthg to sb, to pass sb sthg passer qqch à qqn 2. [person in street] croiser 3. [place] passer devant 4. AUTO dépasser, doubler 5. [exceed] dépasser 6. [exam] réussir (à) ; [driving test] passer 7. [candidate] recevoir, admettre 8. [law, motion] voter 9. [opinion] émettre ; [judgment] rendre, prononcer. ❖ vi 1. [gen] passer 2. AUTO doubler, dépasser 3. SPORT faire une passe 4. [in exam] réussir, être reçu(e). ◆ **pass**

as vt insep passer pour. ◆ **pass away** vi euph s'éteindre. ◆ **pass by** ⬧ vt sep : *the news passed him by* la nouvelle ne l'a pas affecté. ⬧ vi il passer à côté. ◆ **pass for** vt insep = pass as. ◆ **pass on** vt sep ▸ **to pass sthg on (to)** a) [object] faire passer qqch (à) b) [tradition, information] transmettre qqch (à). ⬧ vi **1.** [move on] continuer son chemin **2.** euph = pass away. ◆ **pass out** vi **1.** [faint] s'évanouir **2.** UK MIL finir OR terminer les classes. ◆ **pass over** vt insep [problem, topic] passer sous silence. ◆ **pass up** vt sep [opportunity] laisser passer.

passable ['paːsəbl] adj **1.** [satisfactory] passable **2.** [road] praticable ; [river] franchissable.

passage ['pæsɪdʒ] noun **1.** [gen] passage m **2.** [between rooms] couloir m **3.** [sea journey] traversée f.

passageway ['pæsɪdʒweɪ] noun [between houses] passage m ; [between rooms] couloir m.

passenger ['pæsɪndʒər] noun passager m, -ère f.

passerby [,paːsə'baɪ] (pl **passersby** [,paːsəz'baɪ]) noun passant m, -e f.

passing ['paːsɪŋ] adj [remark] en passant ; [trend] passager(ère). ◆ **in passing** adv en passant.

passion ['pæʃn] noun passion f.

passionate ['pæʃənət] adj passionné(e).

passive ['pæsɪv] adj passif(ive).

Passover ['paːs,əʊvər] noun ▸ **(the) Passover** la Pâque juive.

passport ['paːspɔːt] noun [document] passeport m.

passport control noun contrôle m des passeports.

password ['paːswɜːd] noun mot m de passe.

past [paːst] ⬧ adj **1.** [former] passé(e) / *for the past five years* ces cinq dernières années / *the past week* la semaine passée OR dernière **2.** [finished] fini(e). ⬧ adv **1.** [in times] : *it's ten past* il est dix **2.** [in front] ▸ **to drive past** passer (devant) en voiture ▸ **to run past** passer (devant) en courant. ⬧ noun passé m. ⬧ prep **1.** [in times] : *it's half past eight* il est huit heures et demie / *it's five past nine* il est neuf heures cinq **2.** [in front of] devant ▸ **we drove past them** nous les avons dépassés en voiture **3.** [beyond] après, au-delà de.

pasta ['pæstə] noun (U) pâtes fpl.

paste [peɪst] ⬧ noun **1.** [gen] pâte f **2.** CULIN pâté m **3.** (U) [glue] colle f. ⬧ vt coller.

pastel ['pæstl] ⬧ adj pastel (inv). ⬧ noun pastel m.

pasteurize, pasteurise UK ['paːstʃəraɪz] vt pasteuriser.

pastille ['pæstɪl] noun pastille f.

pastime ['paːstaɪm] noun passe-temps m inv.

pastor ['paːstər] noun pasteur m.

past participle noun participe m passé.

pastry ['peɪstrɪ] noun **1.** [mixture] pâte f **2.** [cake] pâtisserie f.

past tense noun passé m.

pasture ['paːstʃər] noun pâturage m, pré m.

pasty[1] ['peɪstɪ] adj blafard(e), terreux(euse).

pasty[2] ['pæstɪ] noun UK petit pâté m, friand m.

pat [pæt] ⬧ noun **1.** [light stroke] petite tape f ; [to animal] caresse f **2.** [of butter] noix f, noisette f. ◆ vt [person] tapoter, donner une tape à ; [animal] caresser.

patch [pætʃ] ⬧ noun **1.** [piece of material] pièce f ; [to cover eye] bandeau m **2.** [small area - of snow, ice] plaque f **3.** [of land] parcelle f, lopin m ▸ **vegetable patch** carré m de légumes **4.** MED patch m **5.** [period of time] ▸ **a difficult patch** une mauvaise passe. ⬧ vt rapiécer. ◆ **patch up** vt sep **1.** [mend] rafistoler, bricoler **2.** fig [quarrel] régler, arranger ▸ **to patch up a relationship** se raccommoder.

patchwork ['pætʃwɜːk] noun patchwork m.

patchy ['pætʃɪ] adj [gen] inégal(e) ; [knowledge] insuffisant(e), imparfait(e).

pâté ['pæteɪ] noun pâté m.

patent [UK 'peɪtənt, US 'pætənt] ⬧ adj [obvious] évident(e), manifeste. ⬧ noun brevet m (d'invention). ⬧ vt faire breveter.

patent leather noun cuir m verni.

paternal [pə'tɜːnl] adj paternel(elle).

path [paːθ] (pl [paːðz]) noun **1.** [track] chemin m, sentier m **2.** [way ahead, course of action] voie f, chemin m **3.** [trajectory] trajectoire f **4.** COMPUT chemin m (d'accès).

pathetic [pə'θetɪk] adj **1.** [causing pity] pitoyable, attendrissant(e) **2.** [useless - efforts, person] pitoyable, minable.

pathname ['paːθneɪm] noun chemin m (d'accès).

pathological [,pæθə'lɒdʒɪkl] adj pathologique.

pathology [pə'θɒlədʒɪ] noun pathologie f.

pathos ['peɪθɒs] noun pathétique m.

pathway ['paːθweɪ] noun chemin m, sentier m.

patience ['peɪʃns] noun **1.** [of person] patience f **2.** UK [card game] réussite f.

patient ['peɪʃnt] ❖ adj patient(e). ❖ noun [in hospital] patient m, -e f, malade mf ; [of doctor] patient.

patio ['pætɪəʊ] (pl -s) noun patio m.

patriotic UK ,pætrɪ'ɒtɪk, US ,peɪtrɪ'ɒtɪk] adj [gen] patriotique ; [person] patriote.

patriotism [UK 'pætrɪətɪzm, US 'peɪtrɪətɪzm] noun patriotisme m.

patrol [pə'trəʊl] ❖ noun patrouille f. ❖ vt patrouiller dans, faire une patrouille dans.

patrolman [pə'trəʊlmən] (pl -men) noun US agent m de police.

patron ['peɪtrən] noun **1.** [of arts] mécène m, protecteur m, -trice f **2.** UK [of charity] patron m, -onne f **3.** fml [customer] client m, -e f.

patronize, patronise UK ['pætrənaɪz] vt **1.** [talk down to] traiter avec condescendance **2.** fml [back financially] patronner, protéger.

patronizing, patronising UK ['pætrənaɪzɪŋ] adj condescendant(e).

patter ['pætə] ❖ noun **1.** [sound - of rain] crépitement m **2.** [talk] baratin m, bavardage m. ❖ vi [feet, paws] trottiner ; [rain] frapper, fouetter.

pattern ['pætən] noun **1.** [design] motif m, dessin m **2.** [of distribution, population] schéma m ; [of life, behaviour] mode m **3.** [diagram] ❱ **(sewing) pattern** patron m **4.** [model] modèle m.

paunch [pɔːntʃ] noun bedaine f.

pauper ['pɔːpə] noun dated indigent m, -e f, nécessiteux m, -euse f.

pause [pɔːz] ❖ noun **1.** [short silence] pause f, silence m **2.** [break] pause f, arrêt m. ❖ vi **1.** [stop speaking] marquer un temps **2.** [stop moving, doing] faire une pause, s'arrêter.

pave [peɪv] vt paver ❱ **to pave the way for sb / sthg** ouvrir la voie à qqn/qqch.

pavement ['peɪvmənt] noun **1.** UK [at side of road] trottoir m **2.** US [roadway] chaussée f.

pavilion [pə'vɪljən] noun pavillon m.

paving ['peɪvɪŋ] noun (U) pavé m.

paving stone noun pavé m.

paw [pɔː] noun patte f.

pawn [pɔːn] ❖ noun lit & fig pion m. ❖ vt mettre en gage.

pawnbroker ['pɔːn,brəʊkə] noun prêteur m, -euse f sur gages.

pawnshop ['pɔːnʃɒp] noun boutique f de prêteur sur gages.

pay [peɪ] ❖ vt (pt & pp paid) **1.** [gen] payer ❱ **to pay sb for sthg** payer qqn pour qqch, payer qqch à qqn / I paid £20 for that shirt j'ai payé cette chemise 20 livres ❱ **to pay money into an account** verser de l'argent sur un compte ❱ **to pay a cheque into an account** déposer un chèque sur un compte **2.** [be profitable to] rapporter à **3.** [give, make] ❱ **to pay attention (to sb / sthg)** prêter attention (à qqn/qqch) ❱ **to pay sb a compliment** faire un compliment à qqn ❱ **to pay sb a visit** rendre visite à qqn. ❖ vi (pt & pp paid) payer ❱ **to pay dearly for sthg** fig payer qqch cher. ❖ noun salaire m, traitement m. ◆ **pay back** vt sep **1.** [return loan of money] rembourser **2.** [revenge oneself on] revaloir / I'll pay you back for that tu me le paieras, je te le revaudrai. ◆ **pay off** vt sep **1.** [repay - debt] s'acquitter de, régler ; [- loan] rembourser **2.** [dismiss] licencier, congédier **3.** [bribe] soudoyer, acheter. ❖ vi [course of action] être payant(e). ◆ **pay up** vi payer.

payable ['peɪəbl] adj **1.** [gen] payable **2.** [on cheque] ❱ **payable to** à l'ordre de.

pay-and-display adj : **pay-and-display car park** parking m à horodateur / **pay-and-display machine** horodateur m.

pay-as-you-go [,peɪ:dɪː'ef] noun système m sans forfait.

paycheck ['peɪtʃek] noun US paie f.

payday ['peɪdeɪ] noun jour m de paie.

payee [peɪ'iː] noun bénéficiaire mf.

paying ['peɪɪŋ] ❖ noun paiement m. ❖ adj **1.** [who pays] payant(e) **2.** [profitable] payant(e), rentable.

payment ['peɪmənt] noun paiement m.

pay packet noun UK **1.** [envelope] enveloppe f de paie **2.** [wages] paie f.

pay-per-view ❖ noun TV système m de télévison à la carte OR à la séance. ❖ adj à la carte, à la séance.

pay phone, pay station US noun téléphone m public, cabine f téléphonique.

payroll ['peɪrəʊl] noun registre m du personnel.

payslip ['peɪslɪp] noun UK feuille f OR bulletin m de paie.

pc (abbr of per cent) p. cent.

PC noun **1.** (abbr of personal computer) PC m, micro m **2.** UK abbr of police constable.

PDF (abbr of portable document format) noun COMPUT PDF m.

PE (*abbr of* physical education) noun EPS f.

pea [pi:] noun pois m.

peace [pi:s] noun (U) paix f ; [quiet, calm] calme m, tranquillité f ▶ **to make (one's) peace with sb** faire la paix avec qqn.

peaceable ['pi:səbl] adj paisible, pacifique.

peaceful ['pi:sful] adj **1.** [quiet, calm] paisible, calme **2.** [not aggressive - person] pacifique ; [- demonstration] non-violent(e).

peacetime ['pi:staɪm] noun temps m de paix.

peach [pi:tʃ] ❖ adj couleur pêche (inv). ❖ noun pêche f.

peacock ['pi:kɒk] noun paon m.

peak [pi:k] ❖ noun **1.** [mountain top] sommet m, cime f **2.** fig [of career, success] apogée m, sommet m **3.** [of cap] visière f. ❖ adj [condition] optimum (inv). ❖ vi atteindre un niveau maximum.

peak hours pl n heures fpl d'affluence OR de pointe.

peak rate noun tarif m normal.

peal [pi:l] ❖ noun [of bells] carillonnement m ; [of laughter] éclat m ; [of thunder] coup m. ❖ vi [bells] carillonner.

peanut ['pi:nʌt] noun cacahuète f.

peanut butter noun beurre m de cacahuètes.

pear [peər] noun poire f.

pearl [pɜ:l] noun perle f.

pear-shaped adj en forme de poire, piriforme / she's pear-shaped elle a de fortes hanches ▶ **to go pear-shaped** inf tourner mal / everything went pear-shaped tout est parti en vrille.

peasant ['peznt] noun [in countryside] paysan m, -anne f.

peat [pi:t] noun tourbe f.

pebble ['pebl] noun galet m, caillou m.

peck [pek] ❖ noun **1.** [with beak] coup m de bec **2.** [kiss] bise f. ❖ vt **1.** [with beak] picoter, becqueter **2.** [kiss] ▶ **to peck sb on the cheek** faire une bise à qqn.

pecking order ['pekɪŋ-] noun hiérarchie f.

peckish ['pekɪʃ] adj UK inf ▶ **to feel peckish** avoir un petit creux.

peculiar [pɪ'kju:ljər] adj **1.** [odd] bizarre, curieux(euse) **2.** [slightly ill] ▶ **to feel peculiar** se sentir tout drôle (toute drôle) OR tout chose (toute chose) **3.** [characteristic] ▶ **peculiar to** propre à, particulier(ère) à.

peculiarity [pɪˌkju:lɪ'ærətɪ] noun **1.** [oddness] bizarrerie f, singularité f **2.** [characteristic] particularité f, caractéristique f.

pedal ['pedl] ❖ noun pédale f. ❖ vi pédaler.

pedal bin noun UK poubelle f à pédale.

pedantic [pɪ'dæntɪk] adj pej pédant(e).

peddle ['pedl] vt **1.** [drugs] faire le trafic de **2.** [gossip, rumour] colporter, répandre.

pedestal ['pedɪstl] noun piédestal m.

pedestrian [pɪ'destrɪən] ❖ adj pej médiocre, dépourvu(e) d'intérêt. ❖ noun piéton m.

pedestrian crossing noun UK passage m pour piétons, passage clouté.

pedestrian precinct UK, **pedestrian zone** US noun zone f piétonne.

pedigree ['pedɪgri:] ❖ adj [animal] de race. ❖ noun **1.** [of animal] pedigree m **2.** [of person] ascendance f, généalogie f.

pedlar UK, **peddler** US ['pedlər] noun colporteur m.

pee [pi:] inf ❖ noun pipi m, pisse f. ❖ vi faire pipi, pisser.

peek [pi:k] inf ❖ noun coup m d'œil furtif. ❖ vi jeter un coup d'œil furtif.

peel [pi:l] ❖ noun [of apple, potato] peau f ; [of orange, lemon] écorce f. ❖ vt éplucher, peler. ❖ vi **1.** [paint] s'écailler **2.** [wallpaper] se décoller **3.** [skin] peler.

peelings ['pi:lɪŋz] pl n épluchures fpl.

peep [pi:p] ❖ noun **1.** [look] coup m d'œil OR regard m furtif **2.** inf [sound] bruit m. ❖ vi jeter un coup d'œil furtif. ◆ **peep out** vi apparaître, se montrer.

peephole ['pi:phəʊl] noun judas m.

peer [pɪər] ❖ noun pair m ▶ **(school) peer** camarade mf d'école. ❖ vi scruter, regarder attentivement.

peerage ['pɪərɪdʒ] noun [rank] pairie f ▶ **the peerage** les pairs mpl.

peer group noun pairs mpl.

peer pressure noun influence f de ses pairs.

peeved [pi:vd] adj inf fâché(e), irrité(e).

peevish ['pi:vɪʃ] adj grincheux(euse).

peg [peg] ❖ noun **1.** [hook] cheville f **2.** UK [for clothes] pince f à linge **3.** [for tent] piquet m. ❖ vt fig [prices] bloquer.

pejorative [pɪ'dʒɒrətɪv] adj péjoratif(ive).

pekinese [ˌpi:kə'ni:z], **pekingese** [ˌpi:kɪŋ'i:z] noun (pl inv) [dog] pékinois m.

Peking [pi:'kɪŋ] noun Pékin.

pelican ['pelɪkən] (*pl inv or* -**s**) noun pélican *m*.

pelican crossing noun 🔲 passage pour piétons avec feux de circulation.

pellet ['pelɪt] noun **1.** [small ball] boulette *f* **2.** [for gun] plomb *m*.

pelmet ['pelmɪt] noun 🔲 lambrequin *m*.

pelt [pelt] ❖ noun [animal skin] peau *f*, fourrure *f*. ❖ vt ▸ **to pelt sb (with sthg)** bombarder qqn (de qqch). ❖ vi [run fast] ▸ **to pelt along** courir ventre à terre ▸ **to pelt down the stairs** dévaler l'escalier. ◆ **pelt down** impers vb [rain] ▸ **it's pelting down** il pleut à verse.

pelvis ['pelvɪs] (*pl* -**vises** *or* -**ves**) noun pelvis *m*, bassin *m*.

pen [pen] ❖ noun **1.** [for writing] stylo *m* **2.** [enclosure] parc *m*, enclos *m* **3.** 🇺🇸 inf (*written abbr of* penitentiary) taule *f*. ❖ vt [enclose] parquer.

penal ['piːnl] adj pénal(e).

penalize, penalise 🔲 ['piːnəlaɪz] vt **1.** [gen] pénaliser **2.** [put at a disadvantage] désavantager.

penalty ['penltɪ] noun **1.** [punishment] pénalité *f* ▸ **to pay the penalty (for sthg)** *fig* supporter *or* subir les conséquences (de qqch.) **2.** [fine] amende *f* **3.** [in hockey] pénalité *f* ▸ **penalty (kick) a)** FOOT penalty *m* **b)** RUGBY (coup *m* de pied de) pénalité *f*.

penance ['penəns] noun **1.** RELIG pénitence *f* **2.** *fig* [punishment] corvée *f*, pensum *m*.

pence [pens] pl n 🔲 ⟶ **penny**.

penchant 🔲 pɑ̃ʃɑ̃, 🇺🇸 'pentʃənt] noun ▸ **to have a penchant for sthg** avoir un faible pour qqch ▸ **to have a penchant for doing sthg** avoir tendance à *or* bien aimer faire qqch.

pencil ['pensl] ❖ noun crayon *m* ▸ **in pencil** au crayon. ❖ vt griffonner au crayon, crayonner.

pencil case noun trousse *f* (d'écolier).

pencil sharpener noun taille-crayon *m*.

pendant ['pendənt] noun [jewel on chain] pendentif *m*.

pending ['pendɪŋ] *fml* ❖ adj **1.** [imminent] imminent(e) **2.** [court case] en instance. ❖ prep en attendant.

pendulum ['pendjʊləm] (*pl* -**s**) noun balancier *m*.

penetrate ['penɪtreɪt] vt **1.** [gen] pénétrer dans ; [subj: light] percer ; [subj: rain] s'infiltrer dans **2.** [subj: spy] infiltrer.

pen friend noun 🔲 correspondant *m*, -e *f*.

penguin ['peŋgwɪn] noun manchot *m*.

penicillin [ˌpenɪ'sɪlɪn] noun pénicilline *f*.

peninsula [pə'nɪnsjʊlə] (*pl* -**s**) noun péninsule *f*.

penis ['piːnɪs] (*pl* penises ['piːnɪsɪz]) noun pénis *m*.

penitentiary [ˌpenɪ'tenʃərɪ] noun 🇺🇸 prison *f*.

penknife ['pennaɪf] (*pl* -**knives**) noun canif *m*.

pen name noun pseudonyme *m*.

pennant ['penənt] noun fanion *m*, flamme *f*.

penniless ['penɪlɪs] adj sans le sou.

penny ['penɪ] noun **1.** (*pl* -**ies**) 🔲 [coin] penny *m* ; 🇺🇸 cent *m* **2.** (*pl* pence [pens]) 🔲 [value] pence *m*.

pension ['penʃn] noun **1.** [on retirement] retraite *f* **2.** [from disability] pension *f*.

pensioner ['penʃənər] noun 🔲 ▸ **(old-age) pensioner** retraité *m*, -e *f*.

pensive ['pensɪv] adj songeur(euse).

pentagon ['pentəgən] noun pentagone *m*. ◆ **Pentagon** noun 🇺🇸 ▸ **the Pentagon** le Pentagone (*siège du ministère américain de la Défense, à Washington ; le terme désigne plus généralement les autorités militaires américaines*).

Pentecost ['pentɪkɒst] noun Pentecôte *f*.

penthouse ['penthaʊs] (*pl* [-haʊzɪz]) noun appartement *m* de luxe (au dernier étage).

pent-up ['pent-] adj [emotions] refoulé(e) ; [energy] contenu(e).

penultimate [pe'nʌltɪmət] adj avant-dernier(ère).

people ['piːpl] ❖ noun [nation, race] nation *f*, peuple *m*. ❖ pl n **1.** [persons] personnes *fpl* ▸ **few / a lot of people** peu/beaucoup de monde, peu/beaucoup de gens ▸ **there were a lot of people present** il y avait beaucoup de monde **2.** [in general] gens *mpl* ▸ **people say that...** on dit que... **3.** [inhabitants] habitants *mpl* **4.** POL ▸ **the people** le peuple. ❖ vt ▸ **to be peopled by** *or* **with** être peuplé(e) de.

people carrier noun 🔲 monospace *m*.

pep [pep] noun (*U*) inf entrain *m*, pep *m*. ◆ **pep up** vt sep inf **1.** [person] remonter, requinquer **2.** [party, event] animer.

pepper ['pepər] noun **1.** [spice] poivre *m* **2.** [vegetable] poivron *m*.

peppermint ['pepəmɪnt] noun **1.** [sweet] bonbon *m* à la menthe **2.** [herb] menthe *f* poivrée.

pepper pot UK, **pepper shaker** US, **pepperbox** US ['pepəbɒks] noun poivrier m.

pep talk noun inf paroles fpl OR discours m d'encouragement.

per [pɜːr] prep : per person par personne / to be paid £10 per hour être payé 10 livres de l'heure / per kilo le kilo ▶ as per instructions conformément aux instructions.

per annum adv par an.

per capita [pə'kæpɪtə] adj & adv par personne.

perceive [pə'siːv] vt 1. [notice] percevoir 2. [understand, realize] remarquer, s'apercevoir de 3. [consider] ▶ to perceive sb/sthg as considérer qqn/qqch comme.

percent [pə'sent] adv pour cent.

percentage [pə'sentɪdʒ] noun pourcentage m.

perception [pə'sepʃn] noun 1. [aural, visual] perception f 2. [insight] perspicacité f, intuition f.

perceptive [pə'septɪv] adj perspicace.

perch [pɜːtʃ] ❖ noun 1. liter & fig [position] perchoir m 2. (pl inv or -es) [fish] perche f. ❖ vi se percher.

percolator ['pɜːkəleɪtər] noun cafetière f à pression.

percussion [pə'kʌʃn] noun MUS percussion f.

perennial [pə'renjəl] ❖ adj permanent(e), perpétuel(elle) ; BOT vivace. ❖ noun BOT plante f vivace.

perfect ❖ adj ['pɜːfɪkt] parfait(e) / he's a perfect nuisance il est absolument insupportable. ❖ noun ['pɜːfɪkt] GRAM ▶ perfect (tense) parfait m. ❖ vt [pə'fekt] parfaire, mettre au point.

perfection [pə'fekʃn] noun perfection f ▶ to perfection parfaitement (bien).

perfectionist [pə'fekʃənɪst] noun perfectionniste mf.

perfectly ['pɜːfɪktlɪ] adv parfaitement / you know perfectly well tu sais très bien.

perforate ['pɜːfəreɪt] vt perforer.

perform [pə'fɔːm] ❖ vt 1. [carry out - gen] exécuter ; [- function] remplir 2. [play, concert] jouer. ❖ vi 1. [machine] marcher, fonctionner ; [team, person] ▶ to perform well/badly avoir de bons/mauvais résultats 2. [actor] jouer ; [singer] chanter.

performance [pə'fɔːməns] noun 1. [carrying out] exécution f 2. [show] représentation f 3. [by actor, singer] interprétation f 4. [of car, engine] performance f.

performance-enhancing drug noun produit m dopant.

performer [pə'fɔːmər] noun artiste mf, interprète mf.

perfume ['pɜːfjuːm] noun parfum m.

perfunctory [pə'fʌŋktərɪ] adj rapide, superficiel(elle).

perhaps [pə'hæps] adv peut-être ▶ perhaps so/not peut-être que oui/non.

peril ['perɪl] noun danger m, péril m.

perilous ['perələs] adj dangereux(euse), périlleux(euse).

perimeter [pə'rɪmɪtər] noun périmètre m ▶ perimeter fence clôture f ▶ perimeter wall mur m d'enceinte.

period ['pɪərɪəd] ❖ noun 1. [gen] période f 2. SCH ≃ heure f 3. [menstruation] règles fpl 4. US [full stop] point m. ❖ comp [dress, house] d'époque.

periodic [,pɪərɪ'ɒdɪk] adj périodique.

periodical [,pɪərɪ'ɒdɪkl] ❖ adj = periodic. ❖ noun [magazine] périodique m.

peripheral [pə'rɪfərəl] ❖ adj 1. [unimportant] secondaire 2. [at edge] périphérique. ❖ noun COMPUT périphérique m.

perish ['perɪʃ] vi 1. [die] périr, mourir 2. [food] pourrir, se gâter ; [rubber] se détériorer.

perishable ['perɪʃəbl] adj périssable. ❖ perishables pl n denrées fpl périssables.

perjury ['pɜːdʒərɪ] noun (U) LAW parjure m, faux témoignage m.

perk [pɜːk] noun inf à-côté m, avantage m. ❖ perk up vi se ragaillardir.

perky ['pɜːkɪ] adj inf [cheerful] guilleret(ette) ; [lively] plein(e) d'entrain.

perm [pɜːm] noun permanente f.

permanent ['pɜːmənənt] ❖ adj permanent(e). ❖ noun US [perm] permanente f.

permeate ['pɜːmɪeɪt] vt 1. [subj: liquid, smell] s'infiltrer dans, pénétrer 2. [subj: feeling, idea] se répandre dans.

permissible [pə'mɪsəbl] adj fml acceptable, admissible.

permission [pə'mɪʃn] noun permission f, autorisation f.

permissive [pə'mɪsɪv] adj permissif(ive).

permit ❖ vt permettre ▶ to permit sb to do sthg permettre à qqn de faire qqch, autoriser qqn à faire qqch ▶ to permit sb sthg permettre qqch à qqn. ❖ noun ['pɜːmɪt] permis m.

pernicious [pə'nɪʃəs] adj fml [harmful] pernicieux(euse).

pernickety [pə'nɪkətɪ] adj UK inf [fussy] tatillon(onne), pointilleux(euse).

perpendicular [,pɜːpən'dɪkjʊləʳ] ✦ adj perpendiculaire. ✦ noun perpendiculaire f.

perpetrate ['pɜːpɪtreɪt] vt perpétrer, commettre.

perpetual [pə'petʃʊəl] adj 1. pej [continuous] continuel(elle), incessant(e) 2. [long-lasting] perpétuel(elle).

perplex [pə'pleks] vt rendre perplexe.

perplexing [pə'pleksɪŋ] adj déroutant(e), déconcertant(e).

persecute ['pɜːsɪkjuːt] vt persécuter, tourmenter.

perseverance [,pɜːsɪ'vɪərəns] noun persévérance f, ténacité f.

persevere [,pɜːsɪ'vɪəʳ] vi 1. [with difficulty] persévérer, persister ▶ to persevere with persévérer OR persister dans 2. [with determination] ▶ to persevere in doing sthg persister à faire qqch.

Persian ['pɜːʃn] adj persan(e) ; HIST perse.

persist [pə'sɪst] vi ▶ to persist (in doing sthg) persister OR s'obstiner (à faire qqch).

persistence [pə'sɪstəns] noun persistance f.

persistent [pə'sɪstənt] adj 1. [noise, rain] continuel(elle) ; [problem] constant(e) 2. [determined] tenace, obstiné(e).

person ['pɜːsn] (pl people ['piːpl] or persons) noun fml 1. [man or woman] personne f ▶ in person en personne 2. fml [body] ▶ about one's person sur soi.

personable ['pɜːsnəbl] adj sympathique, agréable.

personal ['pɜːsənl] adj 1. [gen] personnel(elle) 2. pej [rude] désobligeant(e).

personal assistant noun secrétaire mf de direction.

personal computer noun ordinateur m personnel OR individuel.

personality [,pɜːsə'nælətɪ] noun personnalité f.

personally ['pɜːsnəlɪ] adv personnellement ▶ to take sthg personally se sentir visé(e) par qqch.

personal organizer, **personal organiser** UK noun organiseur m.

personal stereo noun baladeur m, Walkman® m.

personify [pə'sɒnɪfaɪ] vt personnifier.

personnel [,pɜːsə'nel] ✦ noun (U) [department] service m du personnel. ✦ pl n [staff] personnel m.

perspective [pə'spektɪv] noun 1. ART perspective f 2. [view, judgment] point m de vue, optique f.

perspiration [,pɜːspə'reɪʃn] noun 1. [sweat] sueur f 2. [act of perspiring] transpiration f.

persuade [pə'sweɪd] vt ▶ to persuade sb to do sthg persuader OR convaincre qqn de faire qqch ▶ to persuade sb that convaincre qqn que ▶ to persuade sb of convaincre qqn de.

persuasion [pə'sweɪʒn] noun 1. [act of persuading] persuasion f 2. [belief - religious] confession f ; [- political] opinion f, conviction f.

persuasive [pə'sweɪsɪv] adj [person] persuasif(ive) ; [argument] convaincant(e).

pert [pɜːt] adj mutin(e), coquin(e).

pertain [pə'teɪn] vi fml ▶ pertaining to concernant, relatif(ive) à.

pertinent ['pɜːtɪnənt] adj pertinent(e), approprié(e).

perturb [pə'tɜːb] vt inquiéter, troubler.

Peru [pə'ruː] noun Pérou m.

peruse [pə'ruːz] vt fml lire attentivement.

pervade [pə'veɪd] vt fml [subj: smell] se répandre dans ; [subj: feeling, influence] envahir.

pervasive [pə'veɪsɪv] adj fml pénétrant(e), envahissant(e).

perverse [pə'vɜːs] adj [contrary - person] contrariant(e) ; [- enjoyment] malin(igne).

perversion [UK pə'vɜːʃn, US pə'vɜːrʒn] noun 1. [sexual] perversion f 2. [of truth] travestissement m.

pervert ✦ noun ['pɜːvɜːt] pervers m, -e f ✦ vt [pə'vɜːt] 1. [truth, meaning] travestir, déformer ; [course of justice] entraver 2. [sexually] pervertir.

pesky ['peskɪ] (compar -ier, superl -iest) adj US inf fichu(e).

pessimist ['pesɪmɪst] noun pessimiste mf.

pessimistic [,pesɪ'mɪstɪk] adj pessimiste.

pest [pest] noun 1. [insect] insecte m nuisible ; [animal] animal m nuisible 2. inf [nuisance] casse-pieds mf inv.

pester ['pestəʳ] vt harceler, importuner.

pet [pet] ✦ adj [favourite] ▶ pet subject dada m ▶ pet hate bête f noire. ✦ noun 1. [animal] animal m (familier) 2. [favourite person] chouchou *m*, -oute *f*. ❖ vt caresser, câliner. ❖ vi se peloter, se caresser.

petal ['petl] noun pétale *m*.

peter ['piːtər] ◆ **peter out** vi [path] s'arrêter, se perdre ; [interest] diminuer, décliner.

petite [pə'tiːt] adj menu(e).

petition [pɪ'tɪʃn] ❖ noun pétition *f*. ❖ vt adresser une pétition à.

pet name noun petit nom *m*.

petrified ['petrɪfaɪd] adj [terrified] paralysé(e) OR pétrifié(e) de peur.

petrify ['petrɪfaɪ] (*pt & pp* -**ied**) vt [terrify] paralyser OR pétrifier de peur.

petrol ['petrəl] noun UK essence *f*.

petrol bomb noun UK cocktail *m* Molotov.

petroleum [pɪ'trəʊljəm] noun pétrole *m*.

petrol pump noun UK pompe *f* à essence.

petrol station noun UK station-service *f*.

petrol tank noun UK réservoir *m* d'essence.

pet shop noun animalerie *f*.

petticoat ['petɪkəʊt] noun jupon *m*.

petty ['petɪ] adj **1.** [small-minded] mesquin(e) **2.** [trivial] insignifiant(e), sans importance.

petty cash noun (*U*) caisse *f* des dépenses courantes.

petty-minded adj borné(e), mesquin(e).

petulant ['petjʊlənt] adj irritable.

pew [pjuː] noun banc *m* d'église.

pewter ['pjuːtər] noun étain *m*.

phantom ['fæntəm] ❖ adj fantomatique, spectral(e). ❖ noun [ghost] fantôme *m*.

pharmaceutical [ˌfɑːmə'sjuːtɪkl] adj pharmaceutique.

pharmacist ['fɑːməsɪst] noun pharmacien *m*, -enne *f*.

pharmacy ['fɑːməsɪ] noun pharmacie *f*.

phase [feɪz] noun phase *f*. ◆ **phase in** vt sep introduire progressivement. ◆ **phase out** vt sep supprimer progressivement.

PhD (*abbr of* **Doctor of Philosophy**) noun (*titulaire d'un*) doctorat de 3e cycle.

pheasant ['feznt] (*pl inv or* -**s**) noun faisan *m*.

phenomena [fɪ'nɒmɪnə] pl n ⟶ **phenomenon**.

phenomenal [fɪ'nɒmɪnl] adj phénoménal(e), extraordinaire.

phenomenon [fɪ'nɒmɪnən] (*pl* -**mena**) noun phénomène *m*.

phew [fjuː] excl ouf !

phial ['faɪəl] noun fiole *f*.

philanthropist [fɪ'lænθrəpɪst] noun philanthrope *mf*.

philately [fɪ'lætəlɪ] noun philatélie *f*.

Philippine ['fɪlɪpiːn] adj philippin(e). ◆ **Philippines** pl n ▸ **the Philippines** les Philippines *fpl*.

philosopher [fɪ'lɒsəfər] noun philosophe *mf*.

philosophic(al) [ˌfɪlə'sɒfɪk(l)] adj **1.** [gen] philosophique **2.** [stoical] philosophe.

philosophy [fɪ'lɒsəfɪ] noun philosophie *f*.

phlegm [flem] noun flegme *m*.

phlegmatic [fleg'mætɪk] adj flegmatique.

phobia ['fəʊbjə] noun phobie *f*.

phone [fəʊn] ❖ noun téléphone *m* ▸ **to be on the phone a)** [speaking] être au téléphone **b)** UK [connected to network] avoir le téléphone. ❖ comp téléphonique. ❖ vt téléphoner à, appeler. ❖ vi téléphoner. ◆ **phone up** vt sep & vi téléphoner.

phone book noun annuaire *m* (du téléphone).

phone booth, phone box UK noun cabine *f* téléphonique.

phone call noun coup *m* de téléphone OR fil ▸ **to make a phone call** passer OR donner un coup de fil.

phonecard ['fəʊnkɑːd] noun ≃ Télécarte® *f*.

phone-in noun UK RADIO & TV programme *m* à ligne ouverte.

phone number noun numéro *m* de téléphone.

phonetics [fə'netɪks] noun (*U*) phonétique *f*.

phoney, phony inf ['fəʊnɪ] ❖ adj **1.** [passport, address] bidon (*inv*) **2.** [person] hypocrite, pas franc (pas franche). ❖ noun poseur *m*, -euse *f*.

phosphorus ['fɒsfərəs] noun phosphore *m*.

photo ['fəʊtəʊ] noun photo *f* ▸ **to take a photo of sb / sthg** photographier qqn/qqch, prendre qqn/qqch en photo.

photocopier ['fəʊtəʊˌkɒpɪər] noun photocopieur *m*, copieur *m*.

photocopy ['fəʊtəʊˌkɒpɪ] ❖ noun photocopie *f*. ❖ vt photocopier.

photograph ['fəʊtəgrɑːf] ❖ noun photographie *f* ▸ **to take a photograph (of sb / sthg)** prendre (qqn/qqch) en photo, photographier (qqn/qqch). ❖ vt photographier, prendre en photo.

photographer [fə'tɒɡrəfər] noun photographe mf.

photography [fə'tɒɡrəfɪ] noun photographie f.

photoshoot ['fəʊtəʊʃuːt] noun prise f de vue.

phrasal verb ['freɪzl-] noun verbe m à postposition.

phrase [freɪz] ❖ noun expression f. ❖ vt exprimer, tourner.

phrasebook ['freɪzbʊk] noun guide m de conversation (pour touristes).

physical ['fɪzɪkl] ❖ adj **1.** [gen] physique **2.** [world, objects] matériel(elle). ❖ noun [examination] visite f médicale.

physical education noun éducation f physique.

physically ['fɪzɪklɪ] adv physiquement.

physically handicapped ❖ adj ▸ to be physically handicapped être handicapé(e) physique. ❖ pl n ▸ the physically handicapped les handicapés mpl physiques.

physician [fɪ'zɪʃn] noun fml médecin m.

physicist ['fɪzɪsɪst] noun physicien m, -enne f.

physics ['fɪzɪks] noun (U) physique f.

physiotherapy [,fɪzɪəʊ'θerəpɪ] noun UK kinésithérapie f.

physique [fɪ'ziːk] noun physique m.

pianist ['pɪənɪst] noun pianiste mf.

piano [pɪ'ænəʊ] (pl -s) noun piano m.

pick [pɪk] ❖ noun **1.** [tool] pioche f, pic m **2.** [selection] ▸ to take one's pick choisir, faire son choix **3.** [best] ▸ the pick of le meilleur (la meilleure) de. ❖ vt **1.** [select, choose] choisir, sélectionner **2.** [gather] cueillir **3.** [remove] enlever **4.** [nose] ▸ to pick one's nose se décrotter le nez ▸ to pick one's teeth se curer les dents **5.** [fight, quarrel] chercher **6.** [lock] crocheter. ◆ **pick on** vt insep s'en prendre à, être sur le dos de. ◆ **pick out** vt sep **1.** [recognize] repérer, reconnaître **2.** [select, choose] choisir, désigner. ◆ **pick up** ❖ vt sep **1.** [lift up] ramasser **2.** [collect] aller chercher, passer prendre **3.** [collect in car] prendre, chercher **4.** [skill, language] apprendre ; [habit] prendre ; [bargain] découvrir ▸ to pick up speed prendre de la vitesse **5.** inf [sexually - woman, man] draguer **6.** RADIO & TELEC [detect, receive] capter, recevoir **7.** [conversation, work] reprendre, continuer. ❖ vi [improve, start again] reprendre.

picket ['pɪkɪt] ❖ noun piquet m de grève. ❖ vt mettre un piquet de grève devant.

picket line noun piquet m de grève.

pickle ['pɪkl] ❖ noun **1.** UK pickles mpl ; US cornichon m **2.** PHR ▸ to be in a pickle inf & dated être dans le pétrin. ❖ vt conserver dans du vinaigre, de la saumure, etc.

pick-me-up noun inf remontant m.

pickpocket ['pɪk,pɒkɪt] noun pickpocket m, voleur m à la tire.

pick-up noun [truck] camionnette f.

picky ['pɪkɪ] (compar -ier, superl -iest) adj inf difficile.

picnic ['pɪknɪk] ❖ noun pique-nique m. ❖ vi (pt & pp -ked) pique-niquer.

pictorial [pɪk'tɔːrɪəl] adj illustré(e).

picture ['pɪktʃər] ❖ noun **1.** [painting] tableau m, peinture f ; [drawing] dessin m **2.** [photograph] photo f, photographie f **3.** TV image f **4.** CIN film m **5.** [in mind] tableau m, image f **6.** fig [situation] tableau m **7.** PHR ▸ to get the picture inf piger ▸ to put sb in the picture mettre qqn au courant. ❖ vt **1.** [in mind] imaginer, s'imaginer, se représenter **2.** [in photo] photographier **3.** [in painting] représenter, peindre. ◆ **pictures** pl n UK dated ▸ the pictures le cinéma.

picturesque [,pɪktʃə'resk] adj pittoresque.

pie [paɪ] noun [savoury] tourte f ; [sweet] tarte f.

piece [piːs] noun **1.** [gen] morceau m ; [of string] bout m ▸ a piece of clothing un vêtement ▸ a piece of advice un conseil ▸ a piece of information un renseignement ▸ to fall to pieces tomber en morceaux ▸ to take sthg to pieces démonter qqch ▸ in pieces en morceaux ▸ in one piece a) [intact] intact(e) b) [unharmed] sain et sauf (saine et sauve) **2.** [coin, item, in chess] pièce f ; [in draughts] pion m **3.** PRESS article m. ◆ **piece together** vt sep [facts] coordonner.

piecemeal ['piːsmiːl] ❖ adj fait(e) petit à petit. ❖ adv petit à petit, peu à peu.

piecework ['piːswɜːk] noun (U) travail m à la pièce OR aux pièces.

pie chart noun camembert m, graphique m rond.

pier [pɪər] noun [at seaside] jetée f.

pierce [pɪəs] vt percer, transpercer ▸ to have one's ears pierced se faire percer les oreilles.

piercing ['pɪəsɪŋ] ❖ adj **1.** [sound, look] perçant(e) ; [wind] pénétrant(e). ❖ noun ▸ (body) piercing piercing m.

pig [pɪɡ] noun **1.** [animal] porc m, cochon m **2.** inf & pej [greedy eater] goinfre m, glouton m **3.** inf & pej [unkind person] sale type m.

pigeon ['pɪdʒɪn] (pl inv or -s) noun pigeon m.

pigeonhole ['pɪdʒɪnhəʊl] ❖ noun [compartment] casier m. ❖ vt [classify] étiqueter, cataloguer.

piggyback ['pɪgɪbæk] noun ▶ **to give sb a piggyback** porter qqn sur son dos.

piggy bank ['pɪgɪbæŋk] noun tirelire f.

pigheaded [,pɪg'hedɪd] adj têtu(e).

pigment ['pɪgmənt] noun pigment m.

pigsty ['pɪgstaɪ], **pigpen** US ['pɪgpen] lit & fig porcherie f.

pigtail ['pɪgteɪl] noun natte f.

pike [paɪk] (pl -s) noun **1.** (pl inv) [fish] brochet m **2.** [spear] pique f.

pilchard ['pɪltʃəd] noun pilchard m.

pile [paɪl] ❖ noun **1.** [heap] tas m ▶ **a pile of, piles of** un tas de ou des tas de **2.** [neat stack] pile f **3.** [of carpet] poil m. ❖ vt empiler. ◆ **piles** pl n MED hémorroïdes fpl. ◆ **pile into** vt insep inf s'entasser dans, s'empiler dans. ◆ **pile up** ❖ vt sep empiler, entasser. ❖ vi **1.** [form a heap] s'entasser **2.** fig [work, debts] s'accumuler.

pileup ['paɪlʌp] noun AUTO carambolage m.

pilfer ['pɪlfər] ❖ vt chaparder. ❖ vi ▶ **to pilfer (from)** faire du chapardage (dans).

pilgrim ['pɪlgrɪm] noun pèlerin m.

pilgrimage ['pɪlgrɪmɪdʒ] noun pèlerinage m.

pill [pɪl] noun **1.** [gen] pilule f **2.** [contraceptive] ▶ **the pill** la pilule ▶ **to be on the pill** prendre la pilule.

pillage ['pɪlɪdʒ] vt piller.

pillar ['pɪlər] noun lit & fig pilier m.

pillar box noun UK boîte f aux lettres.

pillion ['pɪljən] noun siège m arrière ▶ **to ride pillion** monter derrière.

pillow ['pɪləʊ] noun **1.** [for bed] oreiller m **2.** US [on sofa, chair] coussin m.

pillowcase ['pɪləʊkeɪs], **pillowslip** ['pɪləʊslɪp] noun taie f d'oreiller.

pilot ['paɪlət] ❖ noun **1.** AERON & NAUT pilote mf **2.** TV émission f pilote. ❖ comp pilote. ❖ vt piloter.

pimp [pɪmp] noun inf maquereau m, souteneur m.

pimple ['pɪmpl] noun bouton m.

pin [pɪn] ❖ noun **1.** [for sewing] épingle f **2.** US [brooch] broche f **3.** UK [drawing pin] punaise f **4.** [safety pin] épingle f de nourrice ou de sûreté **5.** [of plug] fiche f **6.** TECH goupille f, cheville f. ❖ vt ▶ **to pin sthg to /**

on sthg épingler qqch à/sur qqch ▶ **to pin sb against** ou **to** clouer qqn contre ▶ **to pin sthg on sb** [blame] mettre ou coller qqch sur le dos de qqn ▶ **to pin one's hopes on sb / sthg** mettre tous ses espoirs en qqn/dans qqch. ◆ **pin down** vt sep **1.** [identify] définir, identifier **2.** [force to make a decision] ▶ **to pin sb down** obliger qqn à prendre une décision.

pinafore ['pɪnəfɔːr] noun **1.** [apron] tablier m **2.** [dress] chasuble f.

pinball ['pɪnbɔːl] noun flipper m.

pincers ['pɪnsəz] pl n **1.** [tool] tenailles fpl **2.** [of crab] pinces fpl.

pinch [pɪntʃ] ❖ noun **1.** [nip] pincement m **2.** [of salt] pincée f. ❖ vt **1.** [nip] pincer **2.** [subj: shoes] serrer **3.** UK inf [steal] piquer, faucher. ◆ **at a pinch** UK, **in a pinch** US adv à la rigueur.

pincushion ['pɪn,kʊʃn] noun pelote f à épingles.

pine [paɪn] ❖ noun pin m. ❖ vi ▶ **to pine for** désirer ardemment. ◆ **pine away** vi languir.

pineapple ['paɪnæpl] noun ananas m.

pinetree ['paɪntriː] noun pin m.

ping [pɪŋ] noun [of bell] tintement m ; [of metal] bruit m métallique.

Ping-Pong® [-pɒŋ] noun ping-pong m.

pink [pɪŋk] ❖ adj rose ▶ **to go** ou **turn pink** rosir, rougir. ❖ noun [colour] rose m.

pinkeye US = **conjunctivitis**.

pinnacle ['pɪnəkl] noun **1.** [mountain peak, spire] pic m, cime f **2.** fig [high point] apogée m.

pinpoint ['pɪnpɔɪnt] vt **1.** [cause, problem] définir, mettre le doigt sur **2.** [position] localiser.

pins and needles noun (U) inf fourmillements mpl ▶ **I've got pins and needles in my arm** j'ai des fourmis dans le bras, je ne sens plus mon bras **2.** PHR **to be on pins and needles** US trépigner d'impatience, ronger son frein.

pin-striped [-,straɪpt] adj à très fines rayures.

pint [paɪnt] noun **1.** UK [unit of measurement] = 0,568 litre ; ≃ demi-litre m **2.** US [unit of measurement] = 0,473 litre ; ≃ demi-litre m **3.** UK [beer] ≃ demi m.

pioneer [,paɪə'nɪər] ❖ noun lit & fig pionnier m. ❖ vt ▶ **to pioneer sthg** être un des premiers (une des premières) à faire qqch.

pious ['paɪəs] adj **1.** RELIG pieux (pieuse) **2.** pej [sanctimonious] moralisateur(trice).

pip [pɪp] noun 1. [seed] pépin m 2. UK RADIO top m.

pipe [paɪp] ❖ noun 1. [for gas, water] tuyau m 2. [for smoking] pipe f. ❖ vt acheminer par tuyau. ◆ **pipes** pl n MUS cornemuse f. ◆ **pipe down** vi inf se taire, la fermer. ◆ **pipe up** vi inf se faire entendre.

pipe dream noun projet m chimérique.

pipeline ['paɪplaɪn] noun [for gas] gazoduc m ; [for oil] oléoduc m, pipeline m.

piper ['paɪpə'] noun joueur m, -euse f de cornemuse.

piping hot ['paɪpɪŋ-] adj bouillant(e).

pique [piːk] noun dépit m.

piracy ['paɪrəsɪ] noun 1. [at sea] piraterie f 2. [of video, program] piratage m.

pirate ['paɪrət] ❖ adj [video, program] pirate. ❖ noun pirate m. ❖ vt [video, program] pirater.

pirouette [,pɪrʊ'et] ❖ noun pirouette f. ❖ vi pirouetter.

Pisces ['paɪsiːz] noun Poissons mpl.

piss [pɪs] vulg ❖ noun [urine] pisse f. ❖ vi pisser.

pissed [pɪst] adj vulg 1. UK [drunk] bourré(e) 2. US [annoyed] en rogne.

pissed off adj vulg en rogne.

pistol ['pɪstl] noun pistolet m.

piston ['pɪstən] noun piston m.

pit [pɪt] ❖ noun 1. [hole] trou m ; [in road] petit trou ; [on face] marque f 2. [for orchestra] fosse f 3. [mine] mine f 4. US [of fruit] noyau m. ❖ vt **to pit sb against sb** opposer qqn à qqn. ◆ **pits** pl n [in motor racing] **the pits** les stands mpl.

pitch [pɪtʃ] ❖ noun 1. UK SPORT terrain m 2. MUS ton m 3. [level, degree] degré m 4. UK [selling place] place f 5. inf [sales talk] baratin m. ❖ vt 1. [throw] lancer 2. [set - price] fixer ; [- speech] adapter 3. [tent] dresser ; [camp] établir. ❖ vi 1. [ball] rebondir 2. [fall] **to pitch forward** être projeté(e) en avant 3. AERON & NAUT tanguer.

pitch-black adj : it's pitch-black in here il fait noir comme dans un four.

pitcher ['pɪtʃə'] noun 1. US [jug] cruche f 2. [in baseball] lanceur m.

pitchfork ['pɪtʃfɔːk] noun fourche f.

piteous ['pɪtɪəs] adj pitoyable.

pitfall ['pɪtfɔːl] noun piège m.

pith [pɪθ] noun 1. [in plant] moelle f 2. [of fruit] peau f blanche.

pithy ['pɪθɪ] adj [brief] concis(e) ; [terse] piquant(e).

pitiful ['pɪtɪfʊl] adj [condition] pitoyable ; [excuse, effort] lamentable.

pitiless ['pɪtɪlɪs] adj sans pitié, impitoyable.

pit stop noun 1. [in motor racing] arrêt m aux stands 2. US hum arrêt m pipi.

pittance ['pɪtəns] noun [wage] salaire m de misère.

pity ['pɪtɪ] ❖ noun pitié f **what a pity!** quel dommage ! **it's a pity** c'est dommage **to have pity on sb** avoir pitié de qqn. ❖ vt plaindre.

pivot ['pɪvət] noun lit & fig pivot m.

pivotal ['pɪvətl] adj [crucial] crucial(e), central(e).

pixel ['pɪksl] noun COMPUT pixel m.

pizza ['piːtsə] noun pizza f.

placard ['plækɑːd] noun placard m, affiche f.

placate [plə'keɪt] vt calmer, apaiser.

place [pleɪs] ❖ noun 1. [location] endroit m, lieu m **place of birth** lieu de naissance 2. [proper position, seat, vacancy, rank] place f 3. [home] **at/to my place** chez moi 4. [in book] **to lose one's place** perdre sa page 5. MATH **decimal place** décimale f 6. [instance] **in the first place** tout de suite **in the first place... and in the second place...** premièrement... et deuxièmement... 7. PHR **to take place** avoir lieu **to take the place of** prendre la place de, remplacer. ❖ vt 1. [position, put] placer, mettre 2. [apportion] **to place the responsibility for sthg on sb** tenir qqn pour responsable de qqch 3. [identify] remettre 4. [an order] passer **to place a bet** parier 5. [in race] **to be placed** être placé(e). ◆ **all over the place** adv [everywhere] partout. ◆ **in place** adv 1. [in proper position] à sa place 2. [established] mis(e) en place. ◆ **in place of** prep à la place de. ◆ **out of place** adv pas à sa place ; fig déplacé(e).

place mat noun set m (de table).

placement ['pleɪsmənt] noun placement m.

place name noun nom m de lieu.

placid ['plæsɪd] adj 1. [person] placide 2. [sea, place] calme.

plagiarize, plagiarise UK ['pleɪdʒəraɪz] vt plagier.

plague [pleɪg] ❖ noun **1.** MED peste f **2.** fig [nuisance] fléau m. ❖ vt ▸ **to be plagued by a)** [bad luck] être poursuivi(e) par **b)** [doubt] être rongé(e) par ▸ **to plague sb with questions** harceler qqn de questions.

plaice [pleɪs] (pl inv) noun carrelet m.

plaid [plæd] noun plaid m.

plain [pleɪn] ❖ adj **1.** [not patterned] uni(e) **2.** [simple] simple **3.** [clear] clair(e), évident(e) **4.** [blunt] carré(e), franc (franche) **5.** [absolute] pur(e) (et simple) **6.** [not pretty] quelconque, ordinaire. ❖ adv inf complètement. ❖ noun GEOG plaine f.

plain chocolate noun UK chocolat m à croquer.

plain-clothes adj en civil.

plainly ['pleɪnlɪ] adv **1.** [obviously] manifestement **2.** [distinctly] clairement **3.** [frankly] carrément, sans détours **4.** [simply] simplement.

plain sailing noun : it should be plain sailing from now on ça devrait aller comme sur des roulettes maintenant.

plaintiff ['pleɪntɪf] noun LAW demandeur m, -eresse f.

plait [plæt] ❖ noun natte f. ❖ vt natter, tresser.

plan [plæn] ❖ noun plan m, projet m ▸ **to go according to plan** se passer comme prévu. ❖ vt **1.** [organize] préparer **2.** [intend] ▸ **to plan to do sthg** projeter de faire qqch, avoir l'intention de faire qqch **3.** [design] concevoir. ❖ vi ▸ **to plan (for sthg)** faire des projets (pour qqch). ◆ **plans** pl n plans mpl, projets mpl / have you any plans for tonight? avez-vous prévu quelque chose pour ce soir ? ◆ **plan on** vt insep ▸ **to plan on doing sthg** prévoir de faire qqch.

plane [pleɪn] ❖ adj plan(e). ❖ noun **1.** [aircraft] avion m **2.** GEOM plan m **3.** fig [level] niveau m **4.** [tool] rabot m **5.** [tree] platane m.

planet ['plænɪt] noun planète f.

plank [plæŋk] noun **1.** [of wood] planche f **2.** POL [policy] point m.

planned [plænd] adj [crime] prémédité(e) ; [economy] planifié(e), dirigé(e) ; [baby] désiré(e), voulu(e).

planning ['plænɪŋ] noun **1.** [designing] planification f **2.** [preparation] préparation f, organisation f.

planning permission noun UK permis m de construire.

plant [plɑ:nt] ❖ noun **1.** BOT plante f **2.** [factory] usine f **3.** (U) [heavy machinery] matériel m. ❖ vt **1.** [gen] planter **2.** [bomb] poser.

plantation [plæn'teɪʃn] noun plantation f.

plaque [plɑ:k] noun **1.** [commemorative sign] plaque f **2.** (U) [on teeth] plaque f dentaire.

plasma screen noun TV écran m (à) plasma.

plasma TV noun télévision f à plasma.

plaster ['plɑ:stər] ❖ noun **1.** [material] plâtre m **2.** UK [bandage] pansement m adhésif. ❖ vt **1.** [wall, ceiling] plâtrer **2.** [cover] ▸ **to plaster sthg (with)** couvrir qqch (de).

plaster cast noun **1.** [for broken bones] plâtre m **2.** [model, statue] moule m.

plastered ['plɑ:stəd] adj inf [drunk] bourré(e).

plasterer ['plɑ:stərər] noun plâtrier m.

plaster of Paris noun plâtre m de moulage.

plastic ['plæstɪk] ❖ adj plastique. ❖ noun [material] plastique m.

plastic surgery noun chirurgie f esthétique OR plastique.

plate [pleɪt] ❖ noun **1.** [dish] assiette f **2.** [sheet of metal, plaque] tôle f **3.** (U) [metal covering] ▸ **gold/silver plate** plaqué m or/argent m **4.** [in book] planche f **5.** [in dentistry] dentier m. ❖ vt ▸ **to be plated (with)** être plaqué(e) (de).

plateau ['plætəʊ] (pl -s or -x) noun plateau m ; fig phase f OR période f de stabilité.

platform ['plætfɔ:m] noun **1.** [stage] estrade f ; [for speaker] tribune f **2.** [raised structure, of bus, of political party] plate-forme f **3.** RAIL quai m.

platinum ['plætɪnəm] noun platine m.

platoon [plə'tu:n] noun section f.

platter ['plætər] noun [dish] plat m.

plausible ['plɔ:zəbl] adj plausible.

play [pleɪ] ❖ noun **1.** (U) [amusement] jeu m, amusement m **2.** THEAT pièce f (de théâtre) ▸ **a radio play** une pièce radiophonique **3.** [game] ▸ **play on words** jeu m de mots **4.** TECH jeu m. ❖ vt **1.** [gen] jouer ▸ **to play a part** OR **role in** fig jouer un rôle dans **2.** [game, sport] jouer à **3.** [team, opponent] jouer contre **4.** MUS [instrument] jouer de **5.** PHR ▸ **to play it safe** ne pas prendre de risques. ❖ vi jouer. ◆ **play about** vi UK [have fun - children] jouer, s'amuser ; [frolic] s'ébattre, folâtrer. ◆ **play about with** vt insep **1.** [fiddle with, tamper with] ▸ **to play about with sthg** jouer avec OR tripoter qqch **2.** [juggle - statistics, figures] jouer avec ; [consider - possibilities, alternatives] envisager, considérer **3.** *inf* [trifle with] ◆ **to play about with sb** faire marcher qqn. ◆ **play along** *vi* ◆ **to play along (with sb)** entrer dans le jeu (de qqn). ◆ **play down** *vt sep* minimiser. ◆ **play out** *vt sep* [enact - scene] jouer ; [- fantasy] satisfaire / *the drama was played out between rioters and police* les incidents ont eu lieu entre les émeutiers et les forces de police. ◆ **play up** *vt sep* [emphasize] insister sur. ◆ *vi* **1.** [machine] faire des siennes **2.** UK [child] ne pas être sage.

playboy ['pleɪbɔɪ] *noun* playboy *m*.

player ['pleɪər] *noun* **1.** [gen] joueur *m*, -euse *f* **2.** THEAT acteur *m*, -trice *f*.

playful ['pleɪfʊl] *adj* **1.** [person, mood] taquin(e) **2.** [kitten, puppy] joueur(euse).

playground ['pleɪgraʊnd] *noun* **1.** UK cour *f* de récréation **2.** [in park] aire *f* de jeu.

playgroup ['pleɪgruːp] *noun* UK jardin *m* d'enfants.

playing card ['pleɪɪŋ-] *noun* carte *f* à jouer.

playing field ['pleɪɪŋ-] *noun* terrain *m* de sport.

playmate ['pleɪmeɪt] *noun* camarade *mf*.

playoff *noun* **1.** SPORT belle *f* **2.** US finale *f* de championnat.

playpen ['pleɪpen] *noun* parc *m*.

playschool ['pleɪskuːl] *noun* UK jardin *m* d'enfants.

plaything ['pleɪθɪŋ] *noun* lit & fig jouet *m*.

playtime ['pleɪtaɪm] *noun* récréation *f*.

playwright ['pleɪraɪt] *noun* dramaturge *m*.

plc UK *abbr of* **public limited company**.

plea [pliː] *noun* **1.** [for forgiveness, mercy] supplication *f* ; [for help, quiet] appel *m* **2.** LAW ◆ **to enter a plea of not guilty** plaider non coupable.

plead [pliːd] (*pt & pp* **-ed** *or* **pled**) ◆ *vt* **1.** LAW plaider **2.** [give as excuse] invoquer. ◆ *vi* **1.** [beg] ◆ **to plead with sb (to do sthg)** supplier qqn (de faire qqch) ◆ **to plead for sthg** implorer qqch **2.** LAW plaider.

pleasant ['pleznt] *adj* agréable.

pleasantry ['plezntrɪ] *noun* ◆ **to exchange pleasantries** échanger des propos aimables.

please [pliːz] ◆ *vt* plaire à, faire plaisir à ◆ **to please o.s.** faire comme on veut ◆ **please yourself!** comme vous voulez ! ◆ *vi* plaire, faire plaisir ◆ **to do as one pleases** faire comme on veut. ◆ *adv* s'il vous plaît.

pleased [pliːzd] *adj* **1.** [satisfied] ◆ **to be pleased (with)** être content(e) (de) **2.** [happy] ◆ **to be pleased (about)** être heureux(euse) (de) ◆ **pleased to meet you!** enchanté (enchantée) !

pleasing ['pliːzɪŋ] *adj* plaisant(e).

pleasure ['pleʒər] *noun* plaisir *m* ◆ **with pleasure** avec plaisir, volontiers ◆ **it's a pleasure, my pleasure** je vous en prie.

pleat [pliːt] ◆ *noun* pli *m*. ◆ *vt* plisser.

plectrum ['plektrəm] (*pl* **-s**) *noun* plectre *m*.

pledge [pledʒ] ◆ *noun* **1.** [promise] promesse *f* ◆ **pledge of allegiance** serment *m* de fidélité **2.** [token] gage *m*. ◆ *vt* **1.** [promise] promettre **2.** [make promise] ◆ **to pledge o.s. to** s'engager à ◆ **to pledge sb to secrecy** faire promettre le secret à qqn **3.** [pawn] mettre en gage.

plentiful ['plentɪfʊl] *adj* abondant(e).

plenty ['plentɪ] ◆ *noun* (*U*) abondance *f*. ◆ *pron* ◆ **plenty of** beaucoup de / *we've got plenty of time* nous avons largement le temps. ◆ *adv* US [very] très.

pliable ['plaɪəbl], **pliant** ['plaɪənt] *adj* **1.** [material] pliable, souple **2.** fig [person] docile.

pliers ['plaɪəz] *pl n* tenailles *fpl*, pinces *fpl*.

plight [plaɪt] *noun* condition *f* critique.

plimsoll ['plɪmsəl] *noun* UK tennis *m*.

plinth [plɪnθ] *noun* socle *m*.

PLO (*abbr of* **Palestine Liberation Organization**) *noun* OLP *f*.

plod [plɒd] *vi* **1.** [walk slowly] marcher lentement OR péniblement **2.** [work slowly] peiner.

plodder ['plɒdər] *noun* inf & pej bûcheur *m*, -euse *f*.

plonk [plɒŋk] *noun* (*U*) UK inf [wine] pinard *m*, vin *m* ordinaire. ◆ **plonk down** *vt sep* poser brutalement.

plot [plɒt] ◆ *noun* **1.** [plan] complot *m*, conspiration *f* **2.** [story] intrigue *f* **3.** [of land] (parcelle *f* de) terrain *m*, lopin *m*. ◆ *vt* **1.** [plan] comploter ◆ **to plot to do sthg** comploter de faire qqch **2.** [chart] déterminer, marquer **3.** MATH tracer, marquer. ◆ *vi* comploter.

plotter ['plɒtər] *noun* [schemer] conspirateur *m*, -trice *f*.

plough UK, **plow** US [plaʊ] ◆ *noun* charrue *f*. ◆ *vt* [field] labourer. ◆ **plough into** ◆ *vt sep* [money] investir. ◆ *vt insep* [subj: car] rentrer dans.

ploughman's ['plaʊmənz] (pl inv) noun UK
▸ **ploughman's (lunch)** repas de pain, fromage et pickles.

plow US = **plough**.

ploy [plɔɪ] noun stratagème m, ruse f.

pls (abbr of please) adv [in an email] svp.

pluck [plʌk] ❖ vt **1.** [flower, fruit] cueillir **2.** [pull sharply] arracher **3.** [chicken, turkey] plumer **4.** [eyebrows] épiler **5.** MUS pincer. ❖ noun (U) courage m, cran m. ◆ **pluck up** vt insep ▸ **to pluck up the courage to do sthg** rassembler son courage pour faire qqch.

plucky ['plʌkɪ] adj qui a du cran, courageux(euse).

plug [plʌg] ❖ noun **1.** ELEC prise f de courant **2.** US TELEC jack m **3.** [for bath, sink] bonde f **4.** PHR **to pull the plug on sb** inf couper l'herbe sous le pied de qqn. ❖ vt **1.** [hole] boucher, obturer **2.** inf [new book, film] faire de la publicité pour. ◆ **plug away** vi travailler dur. ◆ **plug in** vt sep brancher.

plughole ['plʌghəʊl] noun UK bonde f, trou m d'écoulement.

plum [plʌm] ❖ adj **1.** [colour] prune (inv) **2.** [very good] ▸ **a plum job** un poste en or. ❖ noun [fruit] prune f.

plumb [plʌm] ❖ adv **1.** UK [exactly] exactement, en plein **2.** US [completely] complètement. ❖ vt ▸ **to plumb the depths of** toucher le fond de.

plumber ['plʌmər] noun plombier m.

plumbing ['plʌmɪŋ] noun (U) **1.** [fittings] plomberie f, tuyauterie f **2.** [work] plomberie f.

plume [pluːm] noun **1.** [feather] plume f **2.** [on hat] panache m **3.** [column] ▸ **a plume of smoke** un panache de fumée.

plummet ['plʌmɪt] vi **1.** [bird, plane] plonger **2.** fig [decrease] dégringoler.

plump [plʌmp] adj bien en chair, grassouillet(ette). ◆ **plump for** vt insep opter pour, choisir. ◆ **plump up** vt sep [cushion] secouer.

plum pudding noun UK dated pudding m de Noël.

plunder ['plʌndər] ❖ noun (U) **1.** [stealing, raiding] pillage m **2.** [stolen goods] butin m. ❖ vt piller.

plunge [plʌndʒ] ❖ noun **1.** [dive] plongeon m ▸ **to take the plunge** se jeter à l'eau **2.** fig [decrease] dégringolade f, chute f. ❖ vt ▸ **to plunge sthg into** plonger qqch dans. ❖ vi

1. [dive] plonger, tomber **2.** fig [decrease] dégringoler.

plunger ['plʌndʒər] noun débouchoir m à ventouse.

pluperfect [ˌpluːˈpɜːfɪkt] noun ▸ **pluperfect (tense)** plus-que-parfait m.

plural ['plʊərəl] ❖ adj **1.** GRAM pluriel(elle) **2.** [not individual] collectif(ive) **3.** [multicultural] multiculturel(elle). ❖ noun pluriel m.

plus [plʌs] ❖ adj : **30 plus** 30 ou plus. ❖ noun (pl **pluses** or **plusses** [plʌsiːz]) **1.** MATH signe m plus **2.** inf [bonus] plus m, atout m. ❖ prep et. ❖ conj [moreover] de plus.

plush [plʌʃ] adj luxueux(euse), somptueux(euse).

plus sign noun signe m plus.

pluto [pluːtəʊ] vb US dévaluer (qqn ou qqch) ▸ **to be plutoed** se faire dévaluer.

Pluto ['pluːtəʊ] noun [planet] Pluton f.

plutonium [pluːˈtəʊnɪəm] noun plutonium m.

ply [plaɪ] ❖ noun [of wool] fil m ; [of wood] pli m. ❖ vt **1.** [trade] exercer **2.** [supply] ▸ **to ply sb with drink** ne pas arrêter de remplir le verre de qqn. ❖ vi [ship] faire la navette.

plywood ['plaɪwʊd] noun contreplaqué m.

p.m., pm (abbr of post meridiem) : **at 3 p.m.** à 15 h.

PM abbr of **prime minister**.

PMT UK abbr of **premenstrual tension**.

pneumatic [njuːˈmætɪk] adj pneumatique.

pneumatic drill noun UK marteau piqueur m.

pneumonia [njuːˈməʊnjə] noun (U) pneumonie f.

poach [pəʊtʃ] ❖ vt **1.** [fish] pêcher sans permis ; [deer] chasser sans permis **2.** fig [idea] voler **3.** CULIN pocher. ❖ vi braconner.

poacher ['pəʊtʃər] noun braconnier m.

PO Box (abbr of **Post Office Box**) noun BP f.

pocket ['pɒkɪt] ❖ noun lit & fig poche f ▸ **to be out of pocket** UK en être de sa poche ▸ **to pick sb's pocket** faire les poches à qqn. ❖ adj de poche. ❖ vt empocher.

pocketbook ['pɒkɪtbʊk] noun **1.** [notebook] carnet m **2.** US [handbag] sac m à main.

pocketknife ['pɒkɪtnaɪf] (pl -**knives**) noun canif m.

pocket money noun UK argent m de poche.

pod [pɒd] noun **1.** [of plants] cosse f **2.** [of spacecraft] nacelle f.

podcast ['pɒdkæst] noun COMPUT podcast *m*.

podgy ['pɒdʒɪ] adj **UK** *inf* boulot(otte), rondelet(ette).

podiatrist [pə'daɪətrɪst] noun **US** pédicure *mf*.

podium ['pəʊdɪəm] (*pl* -s *or* -dia) noun podium *m*.

poem ['pəʊɪm] noun poème *m*.

poet ['pəʊɪt] noun poète *m*.

poetic [pəʊ'etɪk] adj poétique.

poetic justice noun justice *f* immanente.

poetry ['pəʊɪtrɪ] noun poésie *f*.

poignant ['pɔɪnjənt] adj poignant(e).

point [pɔɪnt] ❖ noun **1.** [tip] pointe *f* **2.** [place] endroit *m*, point *m* **3.** [time] stade *m*, moment *m* **4.** [detail, argument] question *f*, détail *m* ▸ **you have a point** il y a du vrai dans ce que vous dites ▸ **to make a point** faire une remarque ▸ **to make one's point** dire ce qu'on a à dire, dire son mot **5.** [main idea] point *m* essentiel ▸ **to get** OR **come to the point** en venir au fait ▸ **to miss the point** ne pas comprendre ▸ **beside the point** à côté de la question **6.** [feature] ▸ **good point** qualité *f* ▸ **bad point** défaut *m* **7.** [purpose] : *what's the point in buying a new car?* à quoi bon acheter une nouvelle voiture ? / *there's no point in having a meeting* cela ne sert à rien d'avoir une réunion **8.** [on scale, in scores] point *m* **9.** [in decimals] : *two point six* deux virgule six **10.** [of compass] aire *f* du vent **11.** **UK** ELEC prise *f* (de courant) **12.** [punctuation mark] point *m* **13.** **PHR** **to make a point of doing sthg** ne pas manquer de faire qqch. ❖ vt ▸ **to point sthg (at) a)** [gun, camera] braquer qqch (sur) **b)** [finger, hose] pointer qqch (sur). ❖ vi **1.** [indicate with finger] ▸ **to point (at sb / sthg), to point (to sb / sthg)** montrer (qqn / qqch) du doigt, indiquer (qqn / qqch) du doigt **2.** *fig* [suggest] ▸ **to point to sthg** suggérer qqch, laisser supposer qqch. ◆ **points** pl n **UK** RAIL aiguillage *m*. ◆ **up to a point** adv jusqu'à un certain point, dans une certaine mesure. ◆ **on the point of** prep sur le point de. ◆ **point out** vt sep [person, place] montrer, indiquer ; [fact, mistake] signaler.

point-blank adv **1.** [refuse] catégoriquement ; [ask] de but en blanc **2.** [shoot] à bout portant.

pointed ['pɔɪntɪd] adj **1.** [sharp] pointu(e) **2.** *fig* [remark] mordant(e), incisif(ive).

pointer ['pɔɪntər] noun **1.** *inf* [piece of advice] tuyau *m*, conseil *m* **2.** [needle] aiguille *f* **3.** [stick] baguette *f* **4.** COMPUT pointeur *m*.

pointless ['pɔɪntlɪs] adj [generally] inutile, vain(e) ; [crime, violence, vandalism] gratuit(e).

point of view (*pl* **points of view**) noun point *m* de vue.

poise [pɔɪz] noun calme *m*, sang-froid *m* inv.

poised [pɔɪzd] adj **1.** [ready] ▸ **poised (for)** prêt(e) (pour) ▸ **to be poised to do sthg** se tenir prêt à faire qqch **2.** *fig* [calm] calme, posé(e).

poison ['pɔɪzn] ❖ noun poison *m*. ❖ vt **1.** [gen] empoisonner **2.** [pollute] polluer.

poisoning ['pɔɪznɪŋ] noun empoisonnement *m*, intoxication *f*.

poisonous ['pɔɪznəs] adj **1.** [fumes] toxique **2.** [plant] vénéneux(euse) **3.** [snake] venimeux(euse).

poke [pəʊk] ❖ vt **1.** [prod] pousser, donner un coup de coude à **2.** [put] fourrer **3.** [fire] attiser, tisonner. ❖ vi [protrude] sortir, dépasser. ◆ **poke about** **UK**, **poke around** vi *inf* fouiller, fourrager.

poker ['pəʊkər] noun **1.** [game] poker *m* **2.** [for fire] tisonnier *m*.

poker-faced [-,feɪst] adj au visage impassible.

poky ['pəʊkɪ] adj *pej* [room] exigu(ë), minuscule.

Poland ['pəʊlənd] noun Pologne *f*.

polar ['pəʊlər] adj polaire.

Polaroid® ['pəʊlərɔɪd] noun **1.** [camera] Polaroïd® *m* **2.** [photograph] photo *f* polaroïd.

pole [pəʊl] noun **1.** [rod, post] perche *f*, mât *m* **2.** ELEC & GEOG pôle *m*.

Pole [pəʊl] noun Polonais *m*, -e *f*.

pole dancing noun danse *f* de poteau.

polemic(al) [pə'lemɪk(l)] adj polémique.

pole vault noun ▸ **the pole vault** le saut à la perche.

police [pə'liːs] ❖ pl n **1.** [police force] ▸ **the police** la police **2.** [police officers] agents *mpl* de police. ❖ vt maintenir l'ordre dans.

police car noun voiture *f* de police.

police constable noun **UK** agent *m* de police.

police force noun police *f*.

policeman [pə'liːsmən] (*pl* -**men**) noun agent *m* de police.

police officer noun policier *m*.

police record noun casier *m* judiciaire.

police station noun commissariat *m* (de police).

policewoman [pə'liːs,wʊmən] (*pl* -women) noun femme *f* agent de police.

policy ['pɒləsɪ] noun **1.** [plan] politique *f* **2.** [document] police *f*.

polio ['pəʊlɪəʊ] noun polio *f*.

polish ['pɒlɪʃ] ❖ noun **1.** [for shoes] cirage *m* ; [for floor] cire *f*, encaustique *f* **2.** [shine] brillant *m*, lustre *m* **3.** *fig* [refinement] raffinement *m*. ❖ vt [shoes, floor] cirer ; [car] astiquer ; [cutlery, glasses] faire briller. ◆ **polish off** vt sep *inf* expédier. ◆ **polish up** vt sep [maths, language] perfectionner ; [travail] peaufiner.

Polish ['pəʊlɪʃ] ❖ adj polonais(e). ❖ noun [language] polonais *m*. ❖ pl n ▸ **the Polish** les Polonais *mpl*.

polished ['pɒlɪʃt] adj **1.** [refined] raffiné(e) **2.** [accomplished] accompli(e), parfait(e).

polite [pə'laɪt] adj [courteous] poli(e).

politic ['pɒlətɪk] adj *fml* politique.

political [pə'lɪtɪkl] adj politique.

politically correct [pə,lɪtɪklɪ-] adj *conforme au mouvement qui préconise de remplacer les termes jugés discriminants par d'autres **politiquement corrects***.

politician [,pɒlɪ'tɪʃn] noun homme *m* politique, femme *f* politique.

politics ['pɒlətɪks] ❖ noun *(U)* politique *f*. ❖ pl n **1.** [personal beliefs] : *what are his politics?* de quel bord est-il ? **2.** [of group, area] politique *f*.

polka ['pɒlkə] noun polka *f*.

polka dot noun pois *m*.

poll [pəʊl] ❖ noun [vote] vote *m*, scrutin *m*. ❖ vt **1.** [people] interroger, sonder **2.** [votes] obtenir. ◆ **polls** pl n ▸ **to go to the polls** aller aux urnes.

pollen ['pɒlən] noun pollen *m*.

polling booth noun UK isoloir *m*.

polling station noun bureau *m* de vote.

pollute [pə'luːt] vt polluer.

pollution [pə'luːʃn] noun pollution *f*.

polo ['pəʊləʊ] noun polo *m*.

polo neck noun UK **1.** [neck] col *m* roulé **2.** [jumper] pull *m* à col roulé.

Polynesia [,pɒlɪ'niːzjə] noun Polynésie *f*.

polystyrene [,pɒlɪ'staɪriːn] noun polystyrène *m*.

polytechnic [,pɒlɪ'teknɪk] noun UK *établissement d'enseignement supérieur ; en 1993, les « polytechnics » ont été transformés en universités.*

polythene UK ['pɒlɪθiːn], **polyethylene** US [,pɒlɪ'eθɪliːn] noun polyéthylène *m*.

pomegranate ['pɒmɪ,grænɪt] noun grenade *f*.

pomp [pɒmp] noun pompe *f*, faste *m*.

pompom ['pɒmpɒm] noun pompon *m*.

pompous ['pɒmpəs] adj **1.** [person] fat(e), suffisant(e) **2.** [style, speech] pompeux(euse).

pond [pɒnd] noun étang *m*, mare *f*.

ponder ['pɒndə'] vt considérer, peser.

ponderous ['pɒndərəs] adj **1.** [dull] lourd(e) **2.** [large, heavy] pesant(e).

pong [pɒŋ] UK *inf* noun puanteur *f*.

pontoon [pɒn'tuːn] noun **1.** [bridge] ponton *m* **2.** UK [game] vingt-et-un *m*.

pony ['pəʊnɪ] noun poney *m*.

ponytail ['pəʊnɪteɪl] noun queue-de-cheval *f*.

pony-trekking [-,trekɪŋ] noun UK randonnée *f* à cheval UK en poney.

poo [puː] noun & vi *inf* = **pooh**.

poodle ['puːdl] noun caniche *m*.

pooh [puː] UK *inf* ❖ interj [with disgust] pouah, berk ; [with disdain] peuh. ❖ noun *baby talk* caca *m*. ❖ vi *baby talk* faire caca.

pool [puːl] ❖ noun **1.** [pond, of blood] mare *f* ; [of rain, light] flaque *f* **2.** [swimming pool] piscine *f* **3.** SPORT billard *m* américain. ❖ vt [resources] mettre en commun. ◆ **pools** pl n UK ▸ **the pools** ≃ le loto sportif.

poor [pɔː'] ❖ adj **1.** [gen] pauvre **2.** [not very good] médiocre, mauvais(e). ❖ pl n ▸ **the poor** les pauvres *mpl*.

poorly ['pɔːlɪ] ❖ adj UK *inf* souffrant(e). ❖ adv mal, médiocrement.

pop [pɒp] ❖ noun **1.** *(U)* [music] pop *m* **2.** *(U)* *inf* [fizzy drink] boisson *f* gazeuse **3.** US *inf* [father] papa *m* **4.** [sound] pan *m*. ❖ vt **1.** [burst] faire éclater, crever **2.** [put quickly] mettre, fourrer. ❖ vi **1.** [balloon] éclater, crever ; [cork, button] sauter **2.** [eyes] : *his eyes popped* il a écarquillé les yeux. ◆ **pop in** vi faire une petite visite. ◆ **pop up** vi surgir.

pop concert noun concert *m* pop.

popcorn ['pɒpkɔːn] noun pop-corn *m*.

pope [pəʊp] noun pape *m*.

pop group noun groupe *m* pop.

poplar ['pɒplə'] noun peuplier *m*.

poppy ['pɒpɪ] noun coquelicot *m*, pavot *m*.

Popsicle® ['pɒpsɪkl] noun US sucette *f* glacée.

populace ['pɒpjʊləs] noun fml ▸ **the populace** le peuple.

popular ['pɒpjʊlər] adj **1.** [gen] populaire **2.** [name, holiday resort] à la mode.

population [,pɒpjʊ'leɪʃn] noun population f.

porcelain ['pɔːsəlɪn] noun porcelaine f.

porch [pɔːtʃ] noun **1.** UK [entrance] porche m **2.** US [verandah] véranda f.

porcupine ['pɔːkjʊpaɪn] noun porc-épic m.

pore [pɔːr] noun pore m. ◆ **pore over** vt insep examiner de près.

pork [pɔːk] noun porc m.

pork pie noun UK pâté m de porc en croûte.

porky ['pɔːkɪ] (compar -ier, superl -iest) ◆ adj inf & pej [fat] gros (grosse), gras (grasse), adipeux(euse) pej. ◆ noun UK inf [lie] bobard m.

porn [pɔːn] (abbr of **pornography**) noun (U) inf porno m ▸ **hard porn** porno m hard, hard m ▸ **soft porn** porno m soft, soft m.

pornography [pɔː'nɒgrəfɪ] noun pornographie f.

porous ['pɔːrəs] adj poreux(euse).

porridge ['pɒrɪdʒ] noun porridge m.

port [pɔːt] noun **1.** [town, harbour] port m **2.** NAUT [left-hand side] bâbord m **3.** [drink] porto m **4.** COMPUT port m.

portable ['pɔːtəbl] adj portatif(ive).

portent ['pɔːtənt] noun présage m.

porter ['pɔːtər] noun **1.** UK [doorman] concierge m, portier m **2.** [for luggage] porteur m **3.** US dated [on train] employé m, -e f des wagons-lits.

portfolio [,pɔːt'fəʊljəʊ] (pl -s) noun **1.** [case] serviette f **2.** [sample of work] portfolio m **3.** FIN portefeuille m.

porthole ['pɔːthəʊl] noun hublot m.

portion ['pɔːʃn] noun **1.** [section] portion f, part f **2.** [of food] portion f.

portly ['pɔːtlɪ] adj corpulent(e).

port of call noun **1.** NAUT port m d'escale **2.** fig [on journey] endroit m.

portrait ['pɔːtreɪt] noun portrait m.

portray [pɔː'treɪ] vt **1.** CIN & THEAT jouer, interpréter **2.** [describe] dépeindre **3.** [paint] faire le portrait de.

Portugal ['pɔːtʃʊgl] noun Portugal m.

Portuguese [,pɔːtʃʊ'giːz] ◆ adj portugais(e). ◆ noun [language] portugais m. ◆ pl n ▸ **the Portuguese** les Portugais mpl.

POS (abbr of **point of sale**) noun PDV m.

pose [pəʊz] ◆ noun **1.** [stance] pose f **2.** pej [affectation] pose f, affectation f. ◆ vt **1.** [danger] présenter **2.** [problem, question] poser. ◆ vi **1.** pej ART poser **2.** [pretend to be] ▸ **to pose as** se faire passer pour.

poser ['pəʊzər] noun inf **1.** pej [person] poseur m, -euse f **2.** [hard question] question f difficile, colle f.

posh [pɒʃ] adj inf **1.** [hotel, clothes] chic (inv) **2.** UK [accent, person] de la haute.

position [pə'zɪʃn] ◆ noun **1.** [gen] position f **2.** [job] poste m, emploi m **3.** [state] situation f. ◆ vt placer, mettre en position.

positive ['pɒzətɪv] adj **1.** [gen] positif(ive) **2.** [sure] sûr(e), certain(e) ▸ **to be positive about sthg** être sûr de qqch **3.** [optimistic] positif(ive), optimiste ▸ **to be positive about sthg** avoir une attitude positive au sujet de qqch **4.** [definite] formel(elle), précis(e) **5.** [evidence] irréfutable, indéniable **6.** [downright] véritable.

posse ['pɒsɪ] noun US détachement m, troupe f.

possess [pə'zes] vt posséder.

possession [pə'zeʃn] noun possession f. ◆ **possessions** pl n possessions fpl, biens mpl.

possessive [pə'zesɪv] ◆ adj possessif(ive). ◆ noun GRAM possessif m.

possibility [,pɒsə'bɪlətɪ] noun **1.** [chance, likelihood] possibilité f, chances fpl ▸ **there is a possibility that...** il se peut que... (+ subjunctive) **2.** [option] possibilité f, option f.

possible ['pɒsəbl] ◆ adj possible ▸ **as much as possible** autant que possible ▸ **as soon as possible** dès que possible. ◆ noun possible m.

possibly ['pɒsəblɪ] adv **1.** [perhaps] peut-être **2.** [expressing surprise] : how could he possibly have known? mais comment a-t-il pu le savoir ? **3.** [for emphasis] : I can't possibly accept your money je ne peux vraiment pas accepter cet argent.

post [pəʊst] ◆ noun **1.** UK [service] ▸ **the post** la poste ▸ **by post** par la poste **2.** UK [letters, delivery] courrier m **3.** UK [collection] levée f **4.** [pole] poteau m **5.** [position, job] poste m, emploi m **6.** MIL poste m. ◆ vt **1.** UK [by mail] poster, mettre à la poste **2.** [employee] muter.

postage ['pəʊstɪdʒ] noun affranchissement m ▸ **postage and packing** UK frais mpl de port et d'emballage.

postal ['pəʊstl] adj postal(e).

postal order noun UK mandat m postal.

postbox ['pəʊstbɒks] noun UK boîte f aux lettres.

postcard ['pəʊstkɑːd] noun carte f postale.

postcode ['pəʊstkəʊd] noun UK code m postal.

postdate [ˌpəʊst'deɪt] vt postdater.

poster ['pəʊstər] noun [for advertising] affiche f ; [for decoration] poster m.

posterior [pɒ'stɪərɪər] ❖ adj postérieur(e). ❖ noun hum postérieur m, derrière m.

postgraduate [ˌpəʊst'grædʒʊət] ❖ adj de troisième cycle. ❖ noun étudiant m, -e f de troisième cycle.

posthumous ['pɒstjʊməs] adj posthume.

Post-it (note)® noun Post-it® m, becquet m.

postman ['pəʊstmən] (pl -men) noun UK facteur m, -rice f.

postmark ['pəʊstmɑːk] ❖ noun cachet m de la poste. ❖ vt timbrer, tamponner.

postmaster ['pəʊstˌmɑːstər] noun receveur m des postes.

postmortem [ˌpəʊst'mɔːtəm] noun lit & fig autopsie f.

post office noun **1.** [organization] ▶ **the Post Office** les Postes et Télécommunications fpl **2.** [building] [bureau m de] poste f.

postpone [ˌpəʊst'pəʊn] vt reporter, remettre.

postscript ['pəʊstskrɪpt] noun postscriptum m inv ; fig supplément m, addenda m inv.

posture ['pɒstʃər] noun **1.** (U) [pose] position f, posture f **2.** fig [attitude] attitude f.

postwar [ˌpəʊst'wɔːr] adj d'après-guerre.

posy ['pəʊzɪ] noun petit bouquet m de fleurs.

pot [pɒt] ❖ noun **1.** [for cooking] marmite f, casserole f **2.** [for tea] théière f ; [for coffee] cafetière f **3.** [for paint, jam, plant] pot m **4.** (U) inf [cannabis] herbe f. ❖ vt [plant] mettre en pot.

potassium [pə'tæsɪəm] noun potassium m.

potato [pə'teɪtəʊ] (pl -es) noun pomme f de terre.

potato peeler [-ˌpiːlər] noun (couteau m) éplucheur m.

potent ['pəʊtənt] adj **1.** [powerful, influential] puissant(e) **2.** [drink] fort(e) **3.** [man] viril(e).

potential [pə'tenʃl] ❖ adj [energy, success] potentiel(elle) ; [uses, danger] possible ; [enemy] en puissance. ❖ noun (U) [of person] capacités fpl latentes ▶ **to have potential** [person]

promettre ; [company] avoir de l'avenir ; [scheme] offrir des possibilités.

potentially [pə'tenʃəlɪ] adv potentiellement.

pothole ['pɒthəʊl] noun **1.** [in road] nid-de-poule m **2.** [underground] caverne f, grotte f.

potholing ['pɒtˌhəʊlɪŋ] noun UK ▶ **to go potholing** faire de la spéléologie.

potion ['pəʊʃn] noun [magic] breuvage m ▶ **love potion** philtre m.

potluck [ˌpɒt'lʌk] noun ▶ **to take potluck a)** [gen] choisir au hasard **b)** [at meal] manger à la fortune du pot.

potshot ['pɒtˌʃɒt] noun ▶ **to take a potshot (at sthg)** tirer (sur qqch) sans viser.

potted ['pɒtɪd] adj UK [food] conservé(e) en pot.

potter ['pɒtər] noun potier m, -ière f. ◆ **potter about, potter around** vi UK bricoler.

pottery ['pɒtərɪ] noun poterie f ▶ **a piece of pottery** une poterie.

potty ['pɒtɪ] inf ❖ adj ▶ **potty (about)** toqué(e) (de). ❖ noun UK pot m (de chambre).

pouch [paʊtʃ] noun **1.** [small bag] petit sac m ▶ **tobacco pouch** blague f à tabac **2.** [of kangaroo] poche f ventrale.

poultry ['pəʊltrɪ] ❖ noun (U) [meat] volaille f. ❖ pl n [birds] volailles fpl.

pounce [paʊns] vi ▶ **to pounce on a)** [bird] fondre sur **b)** [person] sauter sur.

pound [paʊnd] ❖ noun **1.** UK [money] livre f **2.** [weight] = 453,6 grammes ; ≃ livre f **3.** [for cars, dogs] fourrière f. ❖ vt **1.** [strike loudly] marteler **2.** [crush] piler, broyer. ❖ vi **1.** [strike loudly] ▶ **to pound on** donner de grands coups à **2.** [heart] battre fort / my head is pounding j'ai des élancements dans la tête.

pounding ['paʊndɪŋ] noun (U) **1.** [of fists] martèlement m **2.** [of heart] battement m violent ▶ **to get OR take a pounding a)** [city] être pilonné(e) **b)** [team] être battu(e) à plate couture OR à plates coutures.

pour [pɔːr] ❖ vt verser ▶ **shall I pour you a drink?** je te sers quelque chose à boire ? ❖ vi **1.** [liquid] couler à flots **2.** fig [rush] ▶ **to pour in/out** entrer/sortir en foule. ❖ impers vb [rain hard] pleuvoir à verse. ◆ **pour in** vi [letters, news] affluer. ◆ **pour out** vt sep **1.** [empty] vider **2.** [serve - drink] verser, servir.

pouring ['pɔːrɪŋ] adj [rain] torrentiel(elle).

pout [paʊt] vi faire la moue.

POV written abbr of **point of view**.

poverty ['pɒvətɪ] noun pauvreté f ; fig [of ideas] indigence f, manque m.

poverty-stricken adj [person] dans la misère ; [area] misérable, très pauvre.

POW abbr of prisoner of war.

powder ['paʊdər] ❖ noun poudre f. ❖ vt [face, body] poudrer.

powdered ['paʊdəd] adj **1.** [milk, eggs] en poudre **2.** [face] poudré(e).

powdered sugar noun US sucre m en poudre.

powder room noun dated toilettes fpl pour dames.

power ['paʊər] ❖ noun **1.** (U) [authority, ability] pouvoir m ▸ to take power prendre le pouvoir ▸ to be in power être au pouvoir ▸ to be in OR within one's power to do sthg être en son pouvoir de faire qqch **2.** [strength, powerful person] puissance f, force f **3.** (U) [energy] énergie f **4.** [electricity] courant m, électricité f. ❖ vt faire marcher, actionner.

power cut noun UK coupure f de courant.

power failure noun panne f de courant.

powerful ['paʊəfʊl] adj **1.** [gen] puissant(e) **2.** [smell, voice] fort(e) **3.** [speech, novel] émouvant(e).

powerless ['paʊəlɪs] adj impuissant(e) ▸ to be powerless to do sthg être dans l'impossibilité de faire qqch, ne pas pouvoir faire qqch.

power station noun UK centrale f électrique.

power steering noun direction f assistée.

PR noun **1.** abbr of proportional representation **2.** abbr of public relations.

practicable ['præktɪkəbl] adj fml réalisable, faisable.

practical ['præktɪkl] ❖ adj **1.** [gen] pratique **2.** [plan, solution] réalisable. ❖ noun épreuve f pratique.

practicality [,præktɪ'kælətɪ] noun (U) aspect m pratique.

practical joke noun farce f.

practically ['præktɪklɪ] adv **1.** [in a practical way] d'une manière pratique **2.** [almost] presque, pratiquement.

practice ['præktɪs] ❖ noun **1.** (U) [at sport] entraînement m ; [at music] répétition f ▸ to be out of practice être rouillé(e) **2.** [training session - at sport] séance f d'entraînement ; [- at music] répétition f **3.** [act of doing] ▸ to put sthg into practice mettre qqch en pratique ▸ in practice [in fact] en réalité, en fait **4.** [habit] pratique f, coutume f **5.** (U) [of profession] exercice m **6.** [of doctor] cabinet m ; [of lawyer] étude f. ❖ vt & vi US = practise.

practicing US = practising.

practise UK, **practice** US ['præktɪs] ❖ vt **1.** [sport] s'entraîner à ; [piano] s'exercer à **2.** [custom] suivre, pratiquer ; [religion] pratiquer **3.** [profession] exercer. ❖ vi **1.** SPORT s'entraîner ; MUS s'exercer **2.** [doctor, lawyer] exercer.

practising UK, **practicing** US ['præktɪsɪŋ] adj [doctor, lawyer] en exercice ; [Christian] pratiquant(e) ; [homosexual] déclaré(e).

practitioner [præk'tɪʃnər] noun praticien m, -enne f.

Prague [prɑːg] noun Prague.

prairie ['preərɪ] noun prairie f.

praise [preɪz] ❖ noun louange f, louanges fpl, éloge m, éloges mpl. ❖ vt louer, faire l'éloge de.

praiseworthy ['preɪz,wɜːðɪ] adj louable, méritoire.

pram [præm] noun UK landau m.

prance [prɑːns] vi **1.** [person] se pavaner **2.** [horse] caracoler.

prank [præŋk] noun tour m, niche f.

prawn [prɔːn] noun crevette f rose.

pray [preɪ] vi ▸ to pray (to sb) prier (qqn).

prayer [preər] noun lit & fig prière f.

pre- [priː] pref pré-.

preach [priːtʃ] ❖ vt [gen] prêcher ; [sermon] prononcer. ❖ vi **1.** RELIG ▸ to preach (to sb) prêcher (qqn) **2.** pej [pontificate] ▸ to preach (at sb) sermonner (qqn).

preacher ['priːtʃər] noun prédicateur m, -trice f, pasteur m, -e f.

precarious [prɪ'keərɪəs] adj précaire.

precaution [prɪ'kɔːʃn] noun précaution f.

precede [prɪ'siːd] vt précéder.

precedence ['presɪdəns] noun ▸ to take precedence over sthg avoir la priorité sur qqch ▸ to have OR take precedence over sb avoir la préséance sur sb.

precedent ['presɪdənt] noun précédent m.

precinct ['priːsɪŋkt] noun **1.** UK [area] centre m commercial **2.** US [district] circonscription f (administrative). ❖ **precincts** pl n [of institution] enceinte f.

precious ['preʃəs] adj **1.** [gen] précieux(euse) **2.** inf & iro [damned] sacré(e) **3.** [affected] affecté(e).

precipice ['presɪpɪs] noun précipice m, paroi f à pic.

precipitate fml ❖ adj [prɪ'sɪpɪtət] hâtif(ive). ❖ vt [prɪ'sɪpɪteɪt] [hasten] hâter, précipiter.

precise [prɪ'saɪs] adj précis(e) ; [measurement, date] exact(e).

precisely [prɪ'saɪslɪ] adv précisément, exactement.

precision [prɪ'sɪʒn] noun précision f, exactitude f.

preclude [prɪ'kluːd] vt fml empêcher ; [possibility] écarter ▶ **to preclude sb from doing sthg** empêcher qqn de faire qqch.

precocious [prɪ'kəʊʃəs] adj précoce.

preconceived [,priːkən'siːvd] adj préconçu(e).

precondition [,priːkən'dɪʃn] noun fml condition f sine qua non.

predator ['predətəʳ] noun **1.** [animal, bird] prédateur m, rapace m **2.** fig [person] corbeau m.

predecessor ['priːdɪsesəʳ] noun **1.** [person] prédécesseur m **2.** [thing] précédent m, -e f.

predicament [prɪ'dɪkəmənt] noun situation f difficile ▶ **to be in a predicament** être dans de beaux draps.

predict [prɪ'dɪkt] vt prédire.

predictable [prɪ'dɪktəbl] adj prévisible.

prediction [prɪ'dɪkʃn] noun prédiction f.

predictive text(ing) [prɪ'dɪktɪv-] noun TELEC écriture f prédictive, T9 m.

predispose [,priːdɪs'pəʊz] vt ▶ **to be predisposed to sthg / to do sthg** être prédisposé(e) à qqch / à faire qqch.

predominant [prɪ'dɒmɪnənt] adj prédominant(e).

predominantly [prɪ'dɒmɪnəntlɪ] adv principalement, surtout.

preempt [,priː'empt] vt [action, decision] devancer, prévenir.

preen [priːn] vt **1.** [subj: bird] lisser, nettoyer **2.** fig [subj: person] ▶ **to preen o.s.** se faire beau (belle).

prefab ['priːfæb] noun UK inf maison f préfabriquée.

preface ['prefɪs] noun ▶ **preface (to)** préface f (de), préambule m (de).

prefect ['priːfekt] noun UK [pupil] élève de terminale qui aide les professeurs à maintenir la discipline.

prefer [prɪ'fɜːʳ] vt préférer ▶ **to prefer someone / sthg to someone / sthg** préférer qqn / qqch à qqn / qqch, aimer mieux qqn / qqch que qqn / qqch ▶ **to prefer to do sthg** préférer faire qqch, aimer mieux faire qqch.

preferable ['prefrəbl] adj ▶ **preferable (to)** préférable (à).

preferably ['prefrəblɪ] adv de préférence.

preference ['prefərəns] noun préférence f.

preferential [,prefə'renʃl] adj préférentiel(elle).

prefix ['priːfɪks] noun préfixe m.

pregnancy ['pregnənsɪ] noun grossesse f.

pregnant ['pregnənt] adj [woman] enceinte ; [animal] pleine, gravide.

prehistoric [,priːhɪ'stɒrɪk] adj préhistorique.

prejudice ['predʒʊdɪs] ❖ noun **1.** [biased view] ▶ **prejudice (in favour of / against)** préjugé m (en faveur de / contre), préjugés mpl (en faveur de / contre) **2.** (U) [harm] préjudice m, tort m. ❖ vt **1.** [bias] ▶ **to prejudice sb (in favour of / against)** prévenir qqn (en faveur de / contre), influencer qqn (en faveur de / contre) **2.** [harm] porter préjudice à.

prejudiced ['predʒʊdɪst] adj [person] qui a des préjugés ; [opinion] préconçu(e) ▶ **to be prejudiced in favour of / against** avoir des préjugés en faveur de / contre.

prejudicial [,predʒʊ'dɪʃl] adj ▶ **prejudicial (to)** préjudiciable (à), nuisible (à).

preliminary [prɪ'lɪmɪnərɪ] adj préliminaire.

prelude ['preljuːd] noun [event] ▶ **prelude to sthg** prélude m de qqch.

premarital [,priː'mærɪtl] adj avant le mariage.

premature ['premə,tjʊəʳ] adj prématuré(e).

premeditated [,priː'medɪteɪtɪd] adj prémédité(e).

premier ['premjəʳ] ❖ adj primordial(e), premier(ère). ❖ noun premier ministre m.

premiere ['premɪeəʳ] noun première f.

premise ['premɪs] noun prémisse f. ◆ **premises** pl n local m, locaux mpl ▶ **on the premises** sur place, sur les lieux.

premium ['priːmjəm] noun prime f ▶ **at a premium a)** [above usual value] à prix d'or **b)** [in great demand] très recherché(e) OR demandé(e).

premium bond noun UK ≃ billet m de loterie.

premonition [,premə'nıʃn] noun prémonition f, pressentiment m.

pre-nup noun inf contrat m de mariage.

preoccupied [pri:'ɒkjʊpaɪd] adj ▶ **preoccupied (with)** préoccupé(e) (de).

prep [prep] noun (U) UK inf devoirs mpl.

prepaid [pri:'peɪd] adj payé(e) d'avance ; [envelope] affranchi(e).

preparation [,prepə'reɪʃn] noun préparation f. ◆ **preparations** pl n préparatifs mpl ▶ **to make preparations for** faire des préparatifs pour, prendre ses dispositions pour.

preparatory [prɪ'pærətrɪ] adj [work, classes] préparatoire ; [actions, measures] préliminaire.

preparatory school noun [in UK] école f primaire privée ; [in US] école privée qui prépare à l'enseignement supérieur.

prepare [prɪ'peər] ◆ vt préparer. ◆ vi ▶ **to prepare for sthg/to do sthg** se préparer à qqch/à faire qqch.

prepared [prɪ'peəd] adj 1. [done beforehand] préparé(e) d'avance 2. [willing] ▶ **to be prepared to do sthg** être prêt(e) or disposé(e) à faire qqch 3. [ready] ▶ **to be prepared for sthg** être prêt(e) pour qqch.

preposition [,prepə'zɪʃn] noun préposition f.

preposterous [prɪ'pɒstərəs] adj ridicule, absurde.

preppie, preppy ['prepɪ] (pl -ies) US inf ◆ noun : he's a preppie il est BCBG. ◆ adj BCBG.

prep school abbr of preparatory school.

prerequisite [,pri:'rekwɪzɪt] noun condition f préalable.

prerogative [prɪ'rɒgətɪv] noun prérogative f, privilège m.

Presbyterian [,prezbɪ'tɪərɪən] ◆ adj presbytérien(enne). ◆ noun presbytérien m, -enne f.

preschool [,pri:'sku:l] ◆ adj préscolaire. ◆ noun US école f maternelle.

prescribe [prɪ'skraɪb] vt 1. MED prescrire 2. [order] ordonner, imposer.

prescription [prɪ'skrɪpʃn] noun [MED - written form] ordonnance f ; [- medicine] médicament m.

presence ['prezns] noun présence f ▶ **to be in sb's presence** or **in the presence of sb** être en présence de qqn.

present ◆ adj ['preznt] 1. [current] actuel(elle) 2. [in attendance] présent(e) ▶ **to be present at** assister à. ◆ noun ['preznt]

1. [current time] ▶ **the present** le présent ▶ **at present** actuellement, en ce moment 2. [gift] cadeau m 3. GRAM ▶ **present (tense)** présent m. ◆ vt [prɪ'zent] 1. [gen] présenter ; [opportunity] donner 2. [give] donner, remettre ▶ **to present sb with sthg, to present sthg to sb** donner or remettre qqch à qqn 3. [portray] représenter, décrire 4. [arrive] ▶ **to present o.s.** se présenter.

presentable [prɪ'zentəbl] adj présentable.

presentation [,preznterʃn] noun 1. [gen] présentation f 2. [ceremony] remise f (de récompense/prix) 3. [talk] exposé m 4. [of play] représentation f.

present day noun ▶ **the present day** aujourd'hui. ◆ **present-day** adj d'aujourd'hui, contemporain(e).

presenter [prɪ'zentər] noun UK présentateur m, -trice f.

presently ['prezntlɪ] adv 1. [soon] bientôt, tout à l'heure 2. [at present] actuellement, en ce moment.

preservation [,prezə'veɪʃn] noun (U) 1. [maintenance] maintien m 2. [protection] protection f, conservation f.

preservative [prɪ'zɜ:vətɪv] noun conservateur m.

preserve [prɪ'zɜ:v] ◆ vt 1. [maintain] maintenir 2. [protect] conserver 3. [food] conserver, mettre en conserve. ◆ noun [jam] confiture f. ◆ **preserves** pl n [jam] confiture f ; [vegetables] pickles mpl, conserves mpl.

preset [,pri:'set] (pt & pp preset) vt prérégler.

president ['prezɪdənt] noun 1. [gen] président m 2. US [company chairman] P-DG m.

presidential [,prezɪ'denʃl] adj présidentiel(elle).

President's Day noun jour férié aux États-Unis, le troisième lundi de février, en l'honneur des anniversaires des présidents Washington et Lincoln.

press [pres] ◆ noun 1. [push] pression f 2. [journalism] ▶ **the press** a) [newspapers] la presse, les journaux mpl b) [reporters] les journalistes mpl 3. [printing machine] presse f ; [for wine] pressoir m. ◆ vt 1. [push] appuyer sur ▶ **to press sthg against sthg** appuyer qqch sur qqch 2. [squeeze] serrer 3. [iron] repasser, donner un coup de fer à 4. [urge] ▶ **to press sb (to do sthg or into doing sthg)** presser qqn (de faire qqch) 5. [pursue - claim] insister sur. ◆ vi 1. [push] ▶ **to press (on sthg)** appuyer (sur qqch) 2. [squeeze] ▶ **to press (on sthg)** serrer (qqch) 3. [crowd] se presser. ◆ **press**

for vt insep demander avec insistance. ◆ **press on** vi [continue] ▶ **to press on (with sthg)** continuer (qqch), ne pas abandonner (qqch).

press conference noun conférence f de presse.

pressed [prest] adj ▶ **to be pressed for time / money** être à court de temps/d'argent.

pressing ['presɪŋ] adj urgent(e).

press officer noun attaché m de presse.

press release noun communiqué m de presse.

press-up noun UK pompe f, traction f.

pressure ['preʃər] noun (U) **1.** [gen] pression f ▶ **to put pressure on sb (to do sthg)** faire pression sur qqn (pour qu'il fasse qqch) **2.** [stress] tension f.

pressure cooker noun Cocotte-Minute® f, autocuiseur m.

pressure gauge noun manomètre m.

pressure group noun groupe m de pression.

pressurize, pressurise UK ['preʃəraɪz] vt **1.** TECH pressuriser **2.** UK [force] ▶ **to pressurize sb to do OR into doing sthg** forcer qqn à faire qqch.

prestige [pre'sti:ʒ] noun prestige m.

presumably [prɪ'zju:məblɪ] adv vraisemblablement.

presume [prɪ'zju:m] vt présumer ▶ **to presume (that)...** supposer que... / *missing, presumed dead* MIL manque à l'appel OR porté disparu, présumé mort.

presumption [prɪ'zʌmpʃn] noun **1.** [assumption] supposition f, présomption f **2.** (U) [audacity] présomption f.

presumptuous [prɪ'zʌmptʃʊəs] adj présomptueux(euse).

pretence UK, **pretense** US [prɪ'tens] noun prétention f ▶ **to make a pretence of doing sthg** faire semblant de faire qqch ▶ **under false pretences** sous des prétextes fallacieux.

pretend [prɪ'tend] ◆ vt ▶ **to pretend to do sthg** faire semblant de faire qqch. ◆ vi faire semblant.

pretense US = pretence.

pretension [prɪ'tenʃn] noun prétention f.

pretentious [prɪ'tenʃəs] adj prétentieux(euse).

pretext ['pri:tekst] noun prétexte m ▶ **on OR under the pretext that...** sous prétexte que... ▶ **on OR under the pretext of doing sthg** sous prétexte de faire qqch.

pretty ['prɪtɪ] ◆ adj **1.** [clothes, girl, place] joli(e) **2.** *pej* [style] précieux(euse). ◆ adv [quite] plutôt ▶ **pretty much** OR **well** pratiquement, presque.

prevail [prɪ'veɪl] vi **1.** [be widespread] avoir cours, régner **2.** [triumph] ▶ **to prevail (over)** prévaloir (sur), l'emporter (sur) **3.** [persuade] ▶ **to prevail on** OR **upon sb to do sthg** persuader qqn de faire qqch.

prevailing [prɪ'veɪlɪŋ] adj **1.** [current] actuel(elle) **2.** [wind] dominant(e).

prevalent ['prevələnt] adj courant(e), répandu(e).

prevent [prɪ'vent] vt ▶ **to prevent sb/sthg (from doing sthg)** empêcher qqn/qqch (de faire qqch).

preventive [prɪ'ventɪv] adj préventif(ive).

preview ['pri:vju:] noun avant-première f.

previous ['pri:vjəs] adj **1.** [earlier] antérieur(e) **2.** [preceding] précédent(e).

previously ['pri:vjəslɪ] adv avant, auparavant.

prewar [,pri:'wɔ:r] adj d'avant-guerre.

prey [preɪ] noun proie f. ◆ **prey on** vt insep **1.** [live off] faire sa proie de **2.** [trouble] ▶ **to prey on sb's mind** ronger qqn, tracasser qqn.

price [praɪs] ◆ noun [cost] prix m ▶ **at any price** à tout prix. ◆ vt fixer le prix de.

priceless ['praɪslɪs] adj sans prix, inestimable.

price tag noun [label] étiquette f.

price war noun guerre f des prix.

pricey ['praɪsɪ] adj *inf* chérot *(inv)*.

prick [prɪk] ◆ noun **1.** [scratch, wound] piqûre f **2.** *vulg* [penis] bite f **3.** *vulg* [stupid person] con m, conne f. ◆ vt piquer. ◆ **prick up** vt insep ▶ **to prick up one's ears a)** [animal] dresser les oreilles **b)** [person] dresser OR tendre l'oreille.

prickle ['prɪkl] ◆ noun **1.** [thorn] épine f **2.** [sensation on skin] picotement m. ◆ vi picoter.

prickly ['prɪklɪ] adj **1.** [plant, bush] épineux(euse) **2.** *fig* [person] irritable.

pride [praɪd] ◆ noun (U) **1.** [satisfaction] fierté f ▶ **to take pride in sthg/in doing sthg** être fier de qqch/de faire qqch **2.** [self-esteem] orgueil m, amour-propre m **3.** *pej* [arrogance] orgueil m. ◆ vt ▶ **to pride o.s. on sthg** être fier (fière) de qqch.

priest [pri:st] noun prêtre m.

priestess ['pri:stɪs] noun prêtresse f.

priesthood ['priːsthʊd] noun **1.** [position, office] ▸ **the priesthood** le sacerdoce **2.** [priests] ▸ **the priesthood** le clergé.

prig [prɪg] noun pej petit saint m, petite sainte f.

prim [prɪm] adj pej guindé(e).

primarily ['praɪmərɪlɪ] adv principalement.

primary ['praɪmərɪ] ❖ adj **1.** [main] premier(ère), principal(e) **2.** SCH primaire. ❖ noun US POL primaire f.

primary school noun école f primaire.

primate ['praɪmeɪt] noun **1.** ZOOL primate m **2.** RELIG primat m.

prime [praɪm] ❖ adj **1.** [main] principal(e), primordial(e) **2.** [excellent] excellent(e) / prime quality première qualité. ❖ noun ▸ **to be in one's prime** être dans la fleur de l'âge. ❖ vt **1.** [gun, pump] amorcer **2.** [paint] apprêter **3.** [inform] ▸ **to prime sb about sthg** mettre qqn au courant de qqch.

prime minister noun premier ministre m.

primer ['praɪmər] noun **1.** [paint] apprêt m **2.** [textbook] introduction f.

prime time noun (U) RADIO & TV heures fpl de grande écoute. ◆ **prime-time** adj aux heures de grande écoute.

primeval [praɪ'miːvl] adj [ancient] primitif(ive).

primitive ['prɪmɪtɪv] adj primitif(ive).

primrose ['prɪmrəʊz] noun primevère f.

prince [prɪns] noun prince m.

princess [prɪn'ses] noun princesse f.

principal ['prɪnsəpl] ❖ adj principal(e). ❖ noun **1.** UK SCH directeur m, -trice f **2.** UNIV doyen m, -enne f.

principle ['prɪnsəpl] noun principe m ▸ **on principle, as a matter of principle** par principe. ◆ **in principle** adv en principe.

print [prɪnt] ❖ noun **1.** (U) [type] caractères mpl ▸ **to be in print** être disponible ▸ **to be out of print** être épuisé(e) **2.** ART gravure f **3.** [photograph] épreuve f **4.** [fabric] imprimé m **5.** [mark] empreinte f. ❖ vt **1.** [produce by printing] imprimer **2.** [publish] publier **3.** [write in block letters] écrire en caractères d'imprimerie. ❖ vi [printer] imprimer. ◆ **print out** vt sep COMPUT imprimer.

printed matter ['prɪntɪd-] noun (U) imprimés mpl.

printer ['prɪntər] noun **1.** [person, firm] imprimeur mf **2.** COMPUT imprimante f.

printing ['prɪntɪŋ] noun (U) **1.** [act of printing] impression f **2.** [trade] imprimerie f.

printout ['prɪntaʊt] noun COMPUT sortie f d'imprimante, listing m.

prior ['praɪər] ❖ adj antérieur(e), précédent(e). ❖ noun [monk] prieur m. ◆ **prior to** prep avant ▸ **prior to doing sthg** avant de faire qqch.

priority [praɪ'ɒrətɪ] noun priorité f ▸ **to have** OR **take priority (over)** avoir la priorité (sur).

prise [praɪz] vt ▸ **to prise sthg away from sb** arracher qqch à qqn ▸ **to prise sthg open** forcer qqch.

prison ['prɪzn] noun prison f.

prisoner ['prɪznər] noun prisonnier m, -ère f.

prisoner of war (pl **prisoners of war**) noun prisonnier m, -ère f de guerre.

prissy ['prɪsɪ] (compar -ier, superl -iest) adj pej prude, guindé(e).

pristine ['prɪstiːn] adj [condition] parfait(e); [clean] immaculé(e).

privacy [UK 'prɪvəsɪ, US 'praɪvəsɪ] noun intimité f.

private ['praɪvɪt] ❖ adj **1.** [not public] privé(e) **2.** [confidential] confidentiel(elle) **3.** [personal] personnel(elle) **4.** [unsociable - person] secret(ète). ❖ noun **1.** [soldier] (simple) soldat m **2.** [secrecy] ▸ **in private** en privé.

privately ['praɪvɪtlɪ] adv **1.** [not by the state] : privately owned du secteur privé **2.** [confidentially] en privé **3.** [personally] intérieurement, dans son for intérieur.

private school noun école f privée.

privatize, privatise UK ['praɪvɪtaɪz] vt privatiser.

privet ['prɪvɪt] noun troène m.

privilege ['prɪvɪlɪdʒ] noun privilège m.

privy ['prɪvɪ] adj ▸ **to be privy to sthg** être dans le secret de qqch.

Privy Council noun UK ▸ **the Privy Council** le Conseil privé.

prize [praɪz] ❖ adj [possession] très précieux(euse); [animal] primé(e); [idiot, example] parfait(e). ❖ noun prix m. ❖ vt priser.

prizewinner ['praɪz,wɪnər] noun gagnant m, -e f.

pro [prəʊ] (pl -s) noun **1.** inf [professional] pro mf **2.** [advantage] ▸ **the pros and cons** le pour et le contre.

probability [,prɒbə'bɪlətɪ] noun probabilité f.

probable ['prɒbəbl] adj probable.

probably ['prɒbəblɪ] adv probablement.

probation [prə'beɪʃn] noun (U) **1.** LAW mise f à l'épreuve ◗ **to put sb on probation** mettre qqn en sursis avec mise à l'épreuve. **2.** [trial period] essai m ◗ **to be on probation** être à l'essai.

probe [prəub] ◆ noun **1.** [investigation] ◗ **probe (into)** enquête f (sur) **2.** MED & TECH sonde f. ◆ vt sonder.

problem ['prɒbləm] ◆ noun problème m ◗ **no problem!** inf pas de problème ! ◆ comp difficile.

procedure [prə'siːdʒər] noun procédure f.

proceed ◆ vt [prə'siːd] (do subsequently) ◗ **to proceed to do sthg** se mettre à faire qqch. ◆ vi [prə'siːd] **1.** [continue] ◗ **to proceed (with sthg)** continuer (qqch), poursuivre (qqch) **2.** fml [advance] avancer. ◆ **proceeds** pl n ['prəusiːdz] recette f.

proceedings [prə'siːdɪŋz] pl n **1.** [of meeting] débats mpl **2.** LAW poursuites fpl.

process ['prəuses] ◆ noun **1.** [series of actions] processus m ◗ **in the process** ce faisant ◗ **to be in the process of doing sthg** être en train de faire qqch **2.** [method] procédé m. ◆ vt [raw materials, food, data] traiter, transformer ; [application] s'occuper de.

processed ['prəusest] adj [food] traité(e), industriel(elle) pej ◗ **processed cheese a)** [for spreading] fromage m à tartiner **b)** [in slices] fromage m en tranches.

processing ['prəusesɪŋ] noun traitement m, transformation f.

procession [prə'seʃn] noun cortège m, procession f.

proclaim [prə'kleɪm] vt proclamer.

procrastinate [prə'kræstɪneɪt] vi fml faire traîner les choses.

procure [prə'kjuər] vt fml [for oneself] se procurer ; [for someone else] procurer ; [release] obtenir.

procurement [prə'kjuəmənt] noun fml obtention f.

prod [prɒd] vt [push, poke] pousser doucement.

prodigal ['prɒdɪgl] adj fml prodigue.

prodigy ['prɒdɪdʒɪ] noun prodige m.

produce ◆ noun ['prɒdjuːs] (U) produits mpl. ◆ vt [prə'djuːs] **1.** [gen] produire **2.** [cause] provoquer, causer **3.** [show] présenter **4.** 🇬🇧 THEAT mettre en scène.

producer [prə'djuːsər] noun **1.** [of film, manufacturer] producteur m, -trice f **2.** 🇬🇧 THEAT metteur m en scène.

product ['prɒdʌkt] noun produit m.

production [prə'dʌkʃn] noun **1.** (U) [manufacture, of film] production f **2.** (U) [output] rendement m **3.** (U) 🇬🇧 THEAT [of play] mise f en scène **4.** [show - gen] production f ; [- THEAT] pièce f.

production line noun chaîne f de fabrication.

productive [prə'dʌktɪv] adj **1.** [land, business, workers] productif(ive) **2.** [meeting, experience] fructueux(euse).

productivity [,prɒdʌk'tɪvətɪ] noun productivité f.

profane [prə'feɪn] adj fml impie.

profess [prə'fes] vt fml professer ◗ **to profess to do /be** prétendre faire /être.

profession [prə'feʃn] noun profession f ◗ **by profession** de son métier.

professional [prə'feʃənl] ◆ adj **1.** [gen] professionnel(elle) **2.** [of high standard] de (haute) qualité. ◆ noun professionnel m, -elle f.

professor [prə'fesər] noun **1.** 🇬🇧 UNIV professeur m, -e f (de faculté) **2.** 🇺🇸 🇨🇦 [teacher] professeur m.

proffer ['prɒfər] vt fml ◗ **to proffer sthg (to sb)** offrir qqch (à qqn) ◗ **to proffer one's hand (to sb)** tendre la main (à qqn).

proficiency [prə'fɪʃənsɪ] noun ◗ **proficiency (in)** compétence f (en).

proficient [prə'fɪʃənt] adj ◗ **proficient (in or at sthg)** compétent(e) (en qqch).

profile ['prəufaɪl] noun profil m.

profit ['prɒfɪt] ◆ noun **1.** [financial] bénéfice m, profit m ◗ **to make a profit** faire des bénéfices **2.** [advantage] profit m. ◆ vi [financially] être le bénéficiaire ; [gain advantage] tirer avantage or profit.

profitability [,prɒfɪtə'bɪlətɪ] noun rentabilité f.

profitable ['prɒfɪtəbl] adj **1.** [financially] rentable, lucratif(ive) **2.** [beneficial] fructueux(euse), profitable.

profit margin noun marge f bénéficiaire.

profound [prə'faund] adj profond(e).

profusely [prə'fjuːslɪ] adv [sweat, bleed] abondamment ◗ **to apologize profusely** se confondre en excuses.

profusion [prə'fjuːʒn] noun fml profusion f.

progeny ['prɒdʒənɪ] noun fml progéniture f.

prognosis [prɒg'nəusɪs] (pl -ses) noun pronostic m.

program ['prəʊɡræm] ❖ noun 1. COMPUT programme m 2. US = **programme**. ❖ vt (pt & pp -med or -ed) 1. COMPUT programmer 2. US = **programme**.

programme UK, **program** US ['prəʊɡræm] ❖ noun 1. [schedule, booklet] programme m 2. RADIO & TV émission f. ❖ vt programmer ▶ **to programme sthg to do sthg** programmer qqch pour faire qqch.

programmer ['prəʊɡræmər] noun COMPUT programmeur m, -euse f.

programming ['prəʊɡræmɪŋ] noun programmation f.

progress ❖ noun ['prəʊɡres] progrès m ▶ **to make progress** [improve] faire des progrès ▶ **to make progress in sthg** avancer dans qqch ▶ **in progress** en cours. ❖ vi [prə'ɡres] 1. [improve - gen] progresser, avancer ; [- person] faire des progrès 2. [continue] avancer.

progressive [prə'ɡresɪv] adj 1. [enlightened] progressiste 2. [gradual] progressif(ive).

prohibit [prə'hɪbɪt] vt prohiber ▶ **to prohibit sb from doing sthg** interdire or défendre à qqn de faire qqch.

project ❖ noun ['prɒdʒekt] 1. [plan, idea] projet m, plan m 2. SCH [study] ▶ **project (on)** dossier m (sur), projet m (sur). ❖ vt [prə'dʒekt] 1. [gen] projeter 2. [estimate] prévoir. ❖ vi [prə'dʒekt] [jut out] faire saillie.

projectile [prə'dʒektaɪl] noun projectile m.

projection [prə'dʒekʃn] noun 1. [estimate] prévision f 2. [protrusion] saillie f 3. (U) [display, showing] projection f.

project manager noun [gen] chef m de projet ; CONSTR maître m d'œuvre.

projector [prə'dʒektər] noun projecteur m.

proletariat [,prəʊlɪ'teərɪət] noun prolétariat m.

prolific [prə'lɪfɪk] adj prolifique.

prologue, prolog US ['prəʊlɒɡ] noun lit & fig prologue m.

prolong [prə'lɒŋ] vt prolonger.

prolonged [prə'lɒŋd] adj long (longue).

prom [prɒm] noun 1. UK inf (abbr of promenade) promenade f, front m de mer 2. US [ball] bal m d'étudiants 3. UK inf (abbr of promenade concert) concert m promenade.

promenade [,prɒmə'nɑːd] noun UK [road by sea] promenade f, front m de mer.

prominent ['prɒmɪnənt] adj 1. [important] important(e) 2. [noticeable] proéminent(e).

promiscuous [prɒ'mɪskjʊəs] adj [person] aux mœurs légères ; [behaviour] immoral(e).

promise ['prɒmɪs] ❖ noun promesse f. ❖ vt ▶ **to promise (sb) to do sthg** promettre (à qqn) de faire qqch ▶ **to promise sb sthg** promettre qqch à qqn. ❖ vi promettre.

promising ['prɒmɪsɪŋ] adj prometteur(euse).

promontory ['prɒməntrɪ] noun promontoire m.

promote [prə'məʊt] vt 1. [foster] promouvoir 2. [push, advertise] promouvoir, lancer 3. [in job] promouvoir.

promoter [prə'məʊtər] noun 1. [organizer] organisateur m, -trice f 2. [supporter] promoteur m, -trice f.

promotion [prə'məʊʃn] noun promotion f, avancement m.

prompt [prɒmpt] ❖ adj rapide, prompt(e). ❖ adv : **at nine o'clock prompt** à neuf heures précises or tapantes. ❖ vt 1. [motivate, encourage] ▶ **to prompt sb (to do sthg)** pousser or inciter qqn (à faire qqch) 2. THEAT souffler sa réplique à. ❖ noun THEAT réplique f.

promptly ['prɒmptlɪ] adv 1. [immediately] rapidement, promptement 2. [punctually] ponctuellement.

prone [prəʊn] adj 1. [susceptible] ▶ **to be prone to sthg** être sujet(ette) à qqch ▶ **to be prone to do sthg** avoir tendance à faire qqch 2. [lying flat] étendu(e) face contre terre.

prong [prɒŋ] noun [of fork] dent f.

pronoun ['prəʊnaʊn] noun pronom m.

pronounce [prə'naʊns] ❖ vt prononcer. ❖ vi ▶ **to pronounce on** se prononcer sur.

pronounced [prə'naʊnst] adj prononcé(e).

pronouncement [prə'naʊnsmənt] noun déclaration f.

pronunciation [prə,nʌnsɪ'eɪʃn] noun prononciation f.

proof [pruːf] noun 1. [evidence] preuve f 2. [of book] épreuve f 3. [of alcohol] teneur f en alcool.

proofreading ['pruːf,riːdɪŋ] noun correction f (d'épreuves).

prop [prɒp] ❖ noun 1. [physical support] support m, étai m 2. fig [supporting thing, person] soutien m. ❖ vt ▶ **to prop sthg against** appuyer qqch contre or à. ❖ **props** pl n accessoires mpl. ❖ **prop up** vt sep 1. [physically support] soutenir, étayer 2. fig [sustain] soutenir.

propaganda [ˌprɒpə'gændə] noun propagande f.

propel [prə'pel] vt propulser; fig pousser.

propeller [prə'pelər] noun hélice f.

propelling pencil [prə'pelɪŋ-] noun UK porte-mine m.

propensity [prə'pensətɪ] noun ▸ **propensity (for** or **to)** propension f (à).

proper ['prɒpər] adj 1. [real] vrai(e) 2. [correct] correct(e), bon (bonne) 3. [decent - behaviour] convenable.

properly ['prɒpəlɪ] adv 1. [satisfactorily, correctly] correctement, comme il faut 2. [decently] convenablement, comme il faut.

proper name, proper noun noun nom m propre.

property ['prɒpətɪ] noun 1. (U) [possessions] biens mpl, propriété f 2. [building] bien m immobilier; [land] terres fpl 3. [quality] propriété f.

prophecy ['prɒfɪsɪ] noun prophétie f.

prophesy ['prɒfɪsaɪ] vt prédire.

prophet ['prɒfɪt] noun prophète m.

proportion [prə'pɔːʃn] noun 1. [part] part f, partie f 2. [ratio] rapport m, proportion f 3. ART ▸ **in proportion** proportionné(e) ▸ **out of proportion** mal proportionné ▸ **a sense of proportion** fig le sens de la mesure.

proportional [prə'pɔːʃənl] adj proportionnel(elle).

proportionate [prə'pɔːʃnət] adj proportionnel(elle).

proposal [prə'pəʊzl] noun 1. [suggestion] proposition f, offre f 2. [offer of marriage] demande f en mariage.

propose [prə'pəʊz] ❖ vt 1. [suggest] proposer 2. [intend] ▸ **to propose to do** or **doing sthg** avoir l'intention de faire qqch, se proposer de faire qqch 3. [toast] porter. ❖ vi faire une demande en mariage ▸ **to propose to sb** demander qqn en mariage.

proposition [ˌprɒpə'zɪʃn] noun proposition f.

proprietor [prə'praɪətər] noun propriétaire mf.

propriety [prə'praɪətɪ] noun (U) fml bienséance f.

pro rata [-'rɑːtə] ❖ adj proportionnel(elle). ❖ adv au prorata.

prose [prəʊz] noun (U) prose f.

prosecute ['prɒsɪkjuːt] ❖ vt poursuivre (en justice). ❖ vi [police] engager des poursuites judiciaires; [lawyer] représenter la partie plaignante.

prosecution [ˌprɒsɪ'kjuːʃn] noun poursuites fpl judiciaires, accusation f ▸ **the prosecution a)** la partie plaignante **b)** [in Crown case] ≃ le ministère public.

prosecutor ['prɒsɪkjuːtər] noun US plaignant m, -e f.

prospect ❖ noun ['prɒspekt] 1. [hope] possibilité f, chances fpl 2. [probability] perspective f. ❖ vi [prə'spekt] ▸ **to prospect (for sthg)** prospecter (pour chercher qqch). ❖ **prospects** pl n ▸ **prospects (for)** chances fpl (de), perspectives fpl (de) / the prospects for the automobile industry les perspectives d'avenir de l'industrie automobile.

prospective [prə'spektɪv] adj éventuel(elle).

prospector [prə'spektər] noun prospecteur m, -trice f.

prospectus [prə'spektəs] (pl -es) noun prospectus m.

prosper ['prɒspər] vi prospérer.

prosperity [prɒ'sperətɪ] noun prospérité f.

prosperous ['prɒspərəs] adj prospère.

prostitute ['prɒstɪtjuːt] noun prostituée f.

prostrate adj ['prɒstreɪt] 1. [lying down] à plat ventre 2. [with grief] prostré(e).

protagonist [prə'tægənɪst] noun protagoniste mf.

protect [prə'tekt] vt ▸ **to protect sb / sthg (against** or **from)**, protéger qqn/qqch (contre or de).

protection [prə'tekʃn] noun ▸ **protection (from** or **against)** protection f (contre), défense f (contre).

protective [prə'tektɪv] adj 1. [layer, clothing] de protection 2. [person, feelings] protecteur(trice).

protein ['prəʊtiːn] noun protéine f.

protest ❖ noun ['prəʊtest] protestation f. ❖ vt [prə'test] 1. [innocence, love] protester de 2. US [protest against] protester contre. ❖ vi [prə'test] ▸ **to protest (about / against)** protester (à propos de/contre).

Protestant ['prɒtɪstənt] ❖ adj protestant(e). ❖ noun protestant m, -e f.

protester [prə'testər] noun [on march, at demonstration] manifestant m, -e f.

protest march noun manifestation f, marche f de protestation.

protocol ['prəʊtəkɒl] noun protocole m.

prototype ['prəʊtətaɪp] noun prototype *m*.

protracted [prə'træktɪd] adj prolongé(e).

protrude [prə'truːd] vi avancer, dépasser.

protuberance [prə'tjuːbərəns] noun *fml* protubérance *f*.

proud [praʊd] adj **1.** [satisfied, dignified] fier (fière) **2.** *pej* [arrogant] orgueilleux(euse), fier (fière).

prove [pruːv] (*pp* **-d** *or* **proven**) ◆ vt [show] prouver ▸ **to prove o.s. to be sthg** se révéler être qqch. ◆ vi [turn out] : *to prove (to be) false / useful* s'avérer faux (fausse)/utile.

proven ['pruːvn *or* 'prəʊvn] ◆ pp → **prove**. ◆ adj [fact] avéré(e), établi(e) ; [liar] fieffé(e).

proverb ['prɒvɜːb] noun proverbe *m*.

provide [prə'vaɪd] vt fournir ▸ **to provide sb with sthg** fournir qqch à qqn ▸ **to provide sthg for sb** fournir qqch à qqn. ◆ **provide for** vt insep **1.** [support] subvenir aux besoins de **2.** *fml* [make arrangements for] prévoir.

provided [prə'vaɪdɪd] ◆ **provided (that)** conj à condition que (+ *subjunctive*), pourvu que (+ *subjunctive*).

provider [prə'vaɪdər] noun [gen] fournisseur *m*, -euse *f* ; COMPUT fournisseur *m* (d'accès), provider *m* / *she's the family's sole provider* elle subvient seule aux besoins de la famille.

providing [prə'vaɪdɪŋ] ◆ **providing (that)** conj à condition que (+ *subjunctive*), pourvu que (+ *subjunctive*).

province ['prɒvɪns] noun **1.** [part of country] province *f* **2.** [speciality] domaine *m*, compétence *f*.

provincial [prə'vɪnʃl] adj **1.** [town, newspaper] de province **2.** *pej* [narrow-minded] provincial(e).

provision [prə'vɪʒn] noun **1.** (*U*) [act of supplying] ▸ **provision (of)** approvisionnement *m* (en), fourniture *f* (de) **2.** [supply] provision *f*, réserve *f* **3.** (*U*) [arrangements] ▸ **to make provision for a)** [the future] prendre des mesures pour b) [one's family] pourvoir aux besoins de **4.** [in agreement, law] clause *f*, disposition *f*. ◆ **provisions** pl n [supplies] provisions *fpl*.

provisional [prə'vɪʒənl] adj provisoire.

proviso [prə'vaɪzəʊ] (*pl* **-s**) noun condition *f*, stipulation *f* ▸ **with the proviso that** à (la) condition que (+ *subjunctive*).

provocative [prə'vɒkətɪv] adj provocant(e).

provoke [prə'vəʊk] vt **1.** [annoy] agacer, contrarier **2.** [cause - fight, argument] provoquer ; [- reaction] susciter.

prow [praʊ] noun proue *f*.

prowess ['praʊɪs] noun prouesse *f*.

prowl [praʊl] ◆ noun ▸ **to be on the prowl** rôder. ◆ vt [streets] rôder dans. ◆ vi rôder.

prowler ['praʊlər] noun rôdeur *m*, -euse *f*.

proxy ['prɒksɪ] noun ▸ **by proxy** par procuration.

prude [pruːd] noun *pej* prude *f*.

prudent ['pruːdnt] adj prudent(e).

prudish ['pruːdɪʃ] adj *pej* prude, pudibond(e).

prune [pruːn] ◆ noun [fruit] pruneau *m*. ◆ vt [tree, bush] tailler.

pry [praɪ] vi se mêler de ce qui ne vous regarde pas ▸ **to pry into sthg** chercher à découvrir qqch.

prying ['praɪɪŋ] adj indiscret(ète) / *away from prying eyes* à l'abri des regards indiscrets.

PS (*abbr of* **postscript**) noun PS *m*.

psalm [sɑːm] noun psaume *m*.

pseudonym ['sjuːdənɪm] noun pseudonyme *m*.

psyche ['saɪkɪ] noun psyché *f*.

psychiatric [,saɪkɪ'ætrɪk] adj psychiatrique.

psychiatrist [saɪ'kaɪətrɪst] noun psychiatre *mf*.

psychiatry [saɪ'kaɪətrɪ] noun psychiatrie *f*.

psychic ['saɪkɪk] ◆ adj **1.** [clairvoyant - person] doué(e) de seconde vue ; [- powers] parapsychique **2.** MED psychique. ◆ noun médium *m*.

psychoanalysis [,saɪkəʊə'næləsɪs] noun psychanalyse *f*.

psychoanalyst [,saɪkəʊ'ænəlɪst] noun psychanalyste *mf*.

psychological [,saɪkə'lɒdʒɪkl] adj psychologique.

psychologist [saɪ'kɒlədʒɪst] noun psychologue *mf*.

psychology [saɪ'kɒlədʒɪ] noun psychologie *f*.

psychopath ['saɪkəpæθ] noun psychopathe *mf*.

psychotic [saɪ'kɒtɪk] ◆ adj psychotique. ◆ noun psychotique *mf*.

pt *abbr of* **pint, point**.

PT (*abbr of* **physical training**) noun UK EPS *f*.

pub [pʌb] noun pub *m*.

puberty ['pjuːbətɪ] noun puberté *f*.

pubes ['pjuːbiːz] (pl inv) noun [region] pubis m, région f pubienne ; [hair] poils mpl pubiens ; [bones] (os m du) pubis m.

pubic ['pjuːbɪk] adj du pubis.

public ['pʌblɪk] adj public(ique) ; [library] municipal(e). ❖ noun ▸ **the public** le public ▸ **in public** en public.

publican ['pʌblɪkən] noun UK Austr gérant m, -e f d'un pub.

publication [ˌpʌblɪ'keɪʃn] noun publication f.

public company noun société f anonyme (cotée en Bourse).

public convenience noun UK toilettes fpl publiques.

public holiday noun UK jour m férié.

public house noun UK pub m.

publicity [pʌb'lɪsɪtɪ] noun (U) publicité f.

publicize, publicise UK ['pʌblɪsaɪz] vt faire connaître au public.

public limited company noun UK société f anonyme (cotée en Bourse).

public opinion noun (U) opinion f publique.

public prosecutor noun UK ≃ procureur m de la République.

public relations ❖ noun (U) relations fpl publiques. ❖ pl n relations fpl publiques.

public school noun 1. UK [private school] école f privée 2. US Scot [state school] école f publique.

public servant noun fonctionnaire mf.

public spending noun (U) dépenses fpl publiques or de l'État.

public-spirited adj qui fait preuve de civisme.

public transport UK, **public transportation** US noun (U) transports mpl en commun.

publish ['pʌblɪʃ] vt publier.

publisher ['pʌblɪʃər] noun éditeur m, -trice f.

publishing ['pʌblɪʃɪŋ] noun (U) [industry] édition f.

pub lunch noun UK repas de midi servi dans un pub.

pucker ['pʌkər] vt plisser.

pudding ['pʊdɪŋ] noun 1. [food - sweet] entremets m ; [- savoury] pudding m 2. (U) UK [course] dessert m.

puddle ['pʌdl] noun flaque f.

puff [pʌf] ❖ noun 1. [of cigarette, smoke] bouffée f 2. [gasp] souffle m. ❖ vt [cigarette] tirer sur. ❖ vi 1. [smoke] ▸ to puff at or on sthg fumer qqch 2. [pant] haleter. ◆ **puff out** vt sep [cheeks, chest] gonfler.

puffed [pʌft] adj [swollen] ▸ **puffed (up)** gonflé(e).

puffin ['pʌfɪn] noun macareux m.

puff pastry noun (U) pâte f feuilletée.

puffy ['pʌfɪ] adj gonflé(e), bouffi(e).

pugnacious [pʌg'neɪʃəs] adj fml querelleur(euse), batailleur(euse).

puke [pjuːk] vi inf dégobiller.

pull [pʊl] ❖ vt 1. [gen] tirer 2. [strain - muscle, hamstring] se froisser 3. [tooth] arracher / to have a tooth pulled US se faire arracher une dent 4. [attract] attirer 5. [gun] sortir. ❖ vi tirer. ❖ noun 1. [tug with hand] ▸ to give sthg a pull tirer sur qqch 2. (U) [influence] influence f. ◆ **pull apart** vt sep [separate] séparer. ◆ **pull at** vt insep tirer sur. ◆ **pull away** vi 1. AUTO démarrer 2. [in race] prendre de l'avance. ◆ **pull down** vt sep [building] démolir. ◆ **pull in** vi AUTO se ranger. ◆ **pull off** vt sep 1. [take off] enlever, ôter 2. [succeed in] réussir. ◆ **pull out** ❖ vt sep [troops] retirer. ❖ vi 1. RAIL partir, démarrer 2. AUTO déboîter 3. [withdraw] se retirer. ◆ **pull over** vi AUTO se ranger. ◆ **pull through** vi s'en sortir, s'en tirer. ◆ **pull together** vt sep ▸ to pull o.s. together se ressaisir, se reprendre. ◆ **pull up** ❖ vt sep 1. [raise] remonter 2. [chair] avancer. ❖ vi s'arrêter.

pulley ['pʊlɪ] (pl -s) noun poulie f.

pullover ['pʊlˌəʊvər] noun pull m.

pulp [pʌlp] ❖ adj [fiction, novel] de quatre sous. ❖ noun 1. [for paper] pâte f à papier 2. [of fruit] pulpe f.

pulpit ['pʊlpɪt] noun chaire f.

pulsate [pʌl'seɪt] vi [heart] battre fort ; [air, music] vibrer.

pulse [pʌls] ❖ noun 1. MED pouls m 2. TECH impulsion f. ❖ vi battre, palpiter. ◆ **pulses** pl n [food] légumes mpl secs.

puma ['pjuːmə] (pl inv or -s) noun puma m.

pummel ['pʌml] vt bourrer de coups.

pump [pʌmp] ❖ noun pompe f. ❖ vt 1. [water, gas] pomper 2. inf [interrogate] essayer de tirer les vers du nez à. ❖ vi [heart] battre fort. ◆ **pumps** pl n [shoes] escarpins mpl.

pumped [pʌmpt] adj US inf excité(e).

pumpkin ['pʌmpkɪn] noun potiron m.

pun [pʌn] noun jeu *m* de mots, calembour *m*.

punch [pʌntʃ] ❖ noun **1.** [blow] coup *m* de poing **2.** [tool] poinçonneuse *f* **3.** [drink] punch *m*. ❖ vt **1.** [hit -once] donner un coup de poing à ; [-repeatedly] donner des coups de poing à **2.** [ticket] poinçonner ; [paper] perforer.

punch line noun chute *f*.

punch-up noun UK *inf* bagarre *f*.

punchy ['pʌntʃɪ] adj *inf* [style] incisif(ive).

punctual ['pʌŋktʃʊəl] adj ponctuel(elle).

punctuation [,pʌŋktʃʊ'eɪʃn] noun ponctuation *f*.

punctuation mark noun signe *m* de ponctuation.

puncture ['pʌŋktʃər] ❖ noun crevaison *f*. ❖ vt [tyre, ball] crever ; [skin] piquer.

pundit ['pʌndɪt] noun pontife *m*.

pungent ['pʌndʒənt] adj **1.** [smell] âcre ; [taste] piquant(e) **2.** *fig* [criticism] caustique, acerbe.

punish ['pʌnɪʃ] vt punir ▸ **to punish sb for sthg / for doing sthg** punir qqn pour qqch / pour avoir fait qqch.

punishing ['pʌnɪʃɪŋ] adj [schedule, work] épuisant(e), éreintant(e) ; [defeat] cuisant(e).

punishment ['pʌnɪʃmənt] noun punition *f*, châtiment *m*.

punk [pʌŋk] ❖ adj punk (*inv*). ❖ noun **1.** (*U*) [music] ▸ **punk (rock)** punk *m* **2.** ▸ **punk (rocker)** punk *mf* **3.** *inf* [lout] loubard *m*.

punt [pʌnt] noun [boat] bateau *m* à fond plat.

punter ['pʌntər] noun UK **1.** [gambler] parieur *m*, -euse *f* **2.** *inf* [customer] client *m*, -e *f*.

puny ['pju:nɪ] adj chétif(ive).

pup [pʌp] noun **1.** [young dog] chiot *m* **2.** [young seal] bébé phoque *m*.

pupil ['pju:pl] noun **1.** [student] élève *mf* **2.** [of eye] pupille *f*.

puppet ['pʌpɪt] noun **1.** [toy] marionnette *f* **2.** *pej* [person, country] fantoche *m*, pantin *m*.

puppy ['pʌpɪ] noun chiot *m*.

purchase ['pɜːtʃəs] ❖ noun achat *m*. ❖ vt acheter.

purchaser ['pɜːtʃəsər] noun acheteur *m*, -euse *f*.

pure [pjʊər] adj pur(e).

puree ['pjʊəreɪ] noun purée *f*.

purely ['pjʊəlɪ] adv purement.

purge [pɜːdʒ] ❖ noun POL purge *f*. ❖ vt **1.** POL purger **2.** [rid] débarrasser, purger.

purify ['pjʊərɪfaɪ] vt purifier, épurer.

purist ['pjʊərɪst] noun puriste *mf*.

puritan ['pjʊərɪtən] ❖ adj puritain(e). ❖ noun puritain *m*, -e *f*.

purity ['pjʊərətɪ] noun pureté *f*.

purl [pɜːl] ❖ noun maille *f* à l'envers. ❖ vt tricoter à l'envers.

purple ['pɜːpl] ❖ adj violet(ette). ❖ noun violet *m*.

purport [pə'pɔːt] vi *fml* ▸ **to purport to do / be sthg** prétendre faire/être qqch.

purpose ['pɜːpəs] noun **1.** [reason] raison *f*, motif *m* **2.** [aim] but *m*, objet *m* ▸ **to no purpose** en vain, pour rien **3.** [determination] détermination *f*. ◆ **on purpose** adv exprès.

purposeful ['pɜːpəsfʊl] adj résolu(e), déterminé(e).

purr [pɜːr] vi ronronner.

purse [pɜːs] ❖ noun **1.** [for money] portemonnaie *m inv*, bourse *f* **2.** US [handbag] sac *m* à main. ❖ vt [lips] pincer.

purse strings pl n ▸ **to hold the purse strings** tenir les cordons de la bourse.

pursuant [pə'sjʊənt] ◆ **pursuant to** phr *fml* [following] à la suite de, suivant ; [in accordance with] conformément à.

pursue [pə'sjuː] vt **1.** [follow] poursuivre, pourchasser **2.** [policy, aim] poursuivre ; [question] continuer à débattre ; [matter] approfondir ; [project] donner suite à ▸ **to pursue an interest in sthg** se livrer à qqch.

pursuer [pə'sjuːər] noun poursuivant *m*, -e *f*.

pursuit [pə'sjuːt] noun **1.** (*U*) [attempt to obtain] recherche *f*, poursuite *f* **2.** [chase, in sport] poursuite *f* **3.** [occupation] occupation *f*, activité *f*.

pus [pʌs] noun pus *m*.

push [pʊʃ] ❖ vt **1.** [press, move -gen] pousser ; [-button] appuyer sur **2.** [encourage] ▸ **to push sb (to do sthg)** inciter OR pousser qqn (à faire qqch) **3.** [force] ▸ **to push sb (into doing sthg)** forcer OR obliger qqn (à faire qqch) **4.** *inf* [promote] faire de la réclame pour. ❖ vi **1.** [gen] pousser ; [on button] appuyer **2.** [campaign] ▸ **to push for sthg** faire pression pour obtenir qqch. ❖ noun **1.** [with hand] poussée *f* **2.** [forceful effort] effort *m*. ◆ **push around** vt sep *inf* & *fig* marcher sur les pieds de. ◆ **push in** vi [in queue] resquiller. ◆ **push off** vi *inf* filer, se sauver. ◆ **push on** vi continuer. ◆ **push through** vt sep [law, reform] faire accepter.

pushchair ['pʊʃtʃeər] noun 🇬🇧 poussette f.

pushed [pʊʃt] adj inf ▸ **to be pushed for sthg** être à court de qqch ▸ **to be hard pushed to do sthg** avoir du mal OR de la peine à faire qqch.

pusher ['pʊʃər] noun drugs sl dealer m.

pushover ['pʊʃ,əʊvər] noun inf : *it's a push-over* c'est un jeu d'enfant.

push-up noun 🇺🇸 pompe f, traction f.

pushy ['pʊʃi] adj pej qui se met toujours en avant.

puss [pʊs], **pussy(cat)** ['pʊsɪ-] noun inf minet m, minou m.

pussyfoot ['pʊsɪfʊt] vi inf atermoyer, tergi-verser.

put [pʊt] (pt & pp put) vt **1.** [gen] mettre **2.** [place] mettre, poser, placer ▸ **to put the children to bed** coucher les enfants **3.** [express] dire, exprimer **4.** [question] poser **5.** [estimate] estimer, évaluer **6.** [invest] ▸ **to put money into** investir de l'argent dans. ◆ **put across** vt sep [ideas] faire comprendre. ◆ **put away** vt sep **1.** [tidy away] ranger **2.** inf [lock up] enfermer. ◆ **put back** vt sep **1.** [replace] remettre (à sa place OR en place) **2.** [postpone] remettre **3.** [clock, watch] retarder. ◆ **put by** vt sep [money] mettre de côté. ◆ **put down** vt sep **1.** [lay down] poser, déposer **2.** [quell - rebellion] réprimer **3.** [write down] inscrire, noter **4.** 🇬🇧 [kill] ▸ **to have a dog/cat put down** faire piquer un chien/chat. ◆ **put down to** vt sep attribuer à. ◆ **put forward** vt sep **1.** [propose] proposer, avancer **2.** [meeting, clock, watch] avancer. ◆ **put in** vt sep **1.** [time, effort] passer **2.** [submit] présenter. ◆ **put off** vt sep **1.** [postpone] remettre (à plus tard) **2.** [cause to wait] décommander **3.** [discour-age] dissuader **4.** [disturb] déconcerter, trou-bler **5.** [cause to dislike] dégoûter **6.** [switch off - radio, TV] éteindre. ◆ **put on** vt sep **1.** [clothes] mettre, enfiler **2.** [arrange - exhibi-tion] organiser ; [-play] monter **3.** [gain] ▸ **to put on weight** prendre du poids, grossir **4.** [switch on - radio, TV] allumer, mettre ▸ **to put the light on** allumer (la lumière) ▸ **to put the brake on** freiner **5.** [CD, tape] passer, mettre **6.** [start cooking] mettre à cuire **7.** [pretend - gen] feindre ; [-accent] prendre **8.** [bet] parier, miser **9.** [add] ajouter. ◆ **put out** vt sep **1.** [place outside] mettre dehors **2.** [book, statement] publier ; [CD] sortir **3.** [fire, cigarette] éteindre ▸ **to put the light out** éteindre (la lumière) **4.** [extend - hand] tendre **5.** [annoy, upset] ▸ **to be put out** être contrarié(e) **6.** [inconvenience] déranger. ◆ **put through** vt sep TELEC passer. ◆ **put up** vt sep **1.** [build - gen] ériger ; [-tent] dresser **2.** [umbrella] ouvrir ; [flag] hisser **3.** [fix to wall] accrocher **4.** [provide - money] four-nir **5.** [propose - candidate] proposer **6.** 🇬🇧 [increase] augmenter **7.** [provide accommo-dation for] loger, héberger. ◆ **put up with** vt insep supporter.

putrid ['pju:trɪd] adj putride.

putt [pʌt] ❖ noun putt m. ❖ vt & vi putter.

putty ['pʌtɪ] noun mastic m.

puzzle ['pʌzl] ❖ noun **1.** [toy] puzzle m ; [mental] devinette f **2.** [mystery] mystère m, énigme f. ❖ vt rendre perplexe. ❖ vi ▸ **to puzzle over sthg** essayer de comprendre qqch. ◆ **puzzle out** vt sep comprendre.

puzzled ['pʌzld] adj perplexe.

puzzling ['pʌzlɪŋ] adj curieux(euse).

pyjamas [pə'dʒɑ:məz] pl n 🇬🇧 pyjama m ▸ **a pair of pyjamas** un pyjama.

pylon ['paɪlən] noun pylône m.

pyramid ['pɪrəmɪd] noun pyramide f.

Pyrenees [,pɪrə'ni:z] pl n ▸ **the Pyrenees** les Pyrénées fpl.

Pyrex® ['paɪreks] noun Pyrex® m.

python ['paɪθn] (pl inv or -s) noun python m.

q (*pl* **q's** *or* **qs**), **Q** (*pl* **Q's** *or* **Qs**) [kjuː] noun [letter] q *m inv*, Q *m inv*.

quack [kwæk] noun **1.** [noise] coin-coin *m inv* **2.** *inf & pej* [doctor] charlatan *m*.

quadrangle ['kwɒdræŋgl] noun **1.** [figure] quadrilatère *m* **2.** [courtyard] cour *f*.

quadruple [kwɒ'druːpl] ❖ adj quadruple. ❖ vt & vi quadrupler.

quadruplet ['kwɒdruplɪt] noun quadruplé *m*, -e *f*.

quaff [kwɒf] vt *liter* boire (à longs traits).

quagmire ['kwægmaɪər] noun bourbier *m*.

quail [kweɪl] ❖ noun (*pl inv or* -s) caille *f*. ❖ vi *liter* reculer.

quaint [kweɪnt] adj **1.** [picturesque] pittoresque ; [old-fashioned] au charme désuet **2.** [odd] bizarre, étrange.

quake [kweɪk] ❖ noun *inf* (*abbr of earthquake*) tremblement *m* de terre. ❖ vi trembler.

Quaker ['kweɪkər] noun quaker *m*, -eresse *f*.

qualification [,kwɒlɪfɪ'keɪʃn] noun **1.** [certificate] diplôme *m* **2.** [quality, skill] compétence *f* **3.** [qualifying statement] réserve *f*.

qualified ['kwɒlɪfaɪd] adj **1.** [trained] diplômé(e) **2.** [able] ▶ to be qualified to do sthg avoir la compétence nécessaire pour faire qqch **3.** [limited] restreint(e), modéré(e).

qualify ['kwɒlɪfaɪ] ❖ vt **1.** [modify] apporter des réserves à **2.** [entitle] ▶ to qualify sb to do sthg qualifier qqn pour faire qqch. ❖ vi **1.** [pass exams] obtenir un diplôme **2.** [be entitled] ▶ to qualify (for sthg) avoir droit (à qqch), remplir les conditions requises (pour qqch) **3.** SPORT se qualifier.

quality ['kwɒlətɪ] ❖ noun qualité *f*. ❖ comp de qualité.

quandary ['kwɒndərɪ] noun embarras *m* ▶ to be in a quandary about or over sthg être bien embarrassé(e) à propos de qqch.

quantify ['kwɒntɪfaɪ] vt quantifier.

quantity ['kwɒntətɪ] noun quantité *f*.

quarantine ['kwɒrəntiːn] ❖ noun quarantaine *f*. ❖ vt mettre en quarantaine.

quark [kwɑːk] noun quark *m*.

quarrel ['kwɒrəl] ❖ noun querelle *f*, dispute *f*. ❖ vi ▶ to quarrel (with) se quereller (avec), se disputer (avec).

quarrelsome ['kwɒrəlsəm] adj querelleur(euse).

quarry ['kwɒrɪ] noun **1.** [place] carrière *f* **2.** [prey] proie *f*.

quart [kwɔːt] noun UK = 1,136 litre ; US = 0,946 litre ; ≃ litre *m*.

quarter ['kwɔːtər] noun **1.** [fraction, weight] quart *m* ▶ a quarter past two, a quarter after two US deux heures et quart ▶ a quarter to two, a quarter of two US deux heures moins le quart **2.** [of year] trimestre *m* **3.** US [coin] pièce *f* de 25 cents **4.** [area in town] quartier *m* **5.** [direction] ▶ from all quarters de tous côtés. ◆ **quarters** pl n [rooms] quartiers *mpl*. ◆ **at close quarters** adv de près.

quarterfinal [,kwɔːtə'faɪnl] noun quart *m* de finale.

quarterly ['kwɔːtəlɪ] ❖ adj trimestriel(elle). ❖ adv trimestriellement. ❖ noun publication *f* trimestrielle.

quartermaster ['kwɔːtə,mɑːstər] noun MIL intendant *m*.

quartet [kwɔː'tet] noun quatuor *m*.

quartz [kwɔːts] noun quartz *m*.

quash [kwɒʃ] vt **1.** [sentence] annuler, casser **2.** [rebellion] réprimer.

quasi- ['kweɪzaɪ] pref quasi-.

quaver ['kweɪvər] ❖ noun **1.** UK MUS croche *f* **2.** [in voice] tremblement *m*, chevrotement *m*. ❖ vi trembler, chevroter.

quay [kiː] noun quai *m*.

quayside ['kiːsaɪd] noun bord *m* du quai.

queasy ['kwiːzɪ] adj ▶ to feel queasy avoir mal au cœur.

Quebec [kwɪ'bek] noun [province] Québec *m*.

queen [kwiːn] noun **1.** [gen] reine *f* **2.** [playing card] dame *f*.

queer [kwɪər] ❖ adj [odd] étrange, bizarre. ❖ noun *offens* pédé *m*, homosexuel *m*.

quell [kwel] vt réprimer, étouffer.

quench [kwentʃ] vt ▶ to quench one's thirst se désaltérer.

querulous ['kwerʊləs] adj *fml* [child] ronchonneur(euse) ; [voice] plaintif(ive).

query ['kwɪərɪ] ❖ noun question *f*. ❖ vt mettre en doute, douter de.

quest [kwest] noun *liter* ▶ **quest (for)** quête f (de).

question ['kwestʃn] ❖ noun **1.** [gen] question f ▶ **to ask (sb) a question** poser une question (à qqn) **2.** [doubt] doute m ▶ **to call OR bring sthg into question** mettre qqch en doute ▶ **without question** incontestablement, sans aucun doute ▶ **beyond question** [know] sans aucun doute **3.** PHR **there's no question of...** il n'est pas question de... ❖ vt **1.** [interrogate] questionner **2.** [express doubt about] mettre en question OR doute. ◆ **in question** adv ▶ **the... in question** le/la/les... en question. ◆ **out of the question** adv hors de question.

questionable ['kwestʃənəbl] adj **1.** [uncertain] discutable **2.** [not right, not honest] douteux(euse).

question mark noun point m d'interrogation.

questionnaire [,kwestʃə'neər] noun questionnaire m.

queue [kju:] UK ❖ noun queue f, file f. ❖ vi faire la queue.

quibble ['kwɪbl] *pej* ❖ noun chicane f. ❖ vi ▶ **to quibble (over OR about)** chicaner (à propos de).

quiche [ki:ʃ] noun quiche f.

quick [kwɪk] ❖ adj **1.** [gen] rapide **2.** [response, decision] prompt(e), rapide. ❖ adv *inf* vite, rapidement.

quicken ['kwɪkn] ❖ vt accélérer, presser. ❖ vi s'accélérer.

quickly ['kwɪklɪ] adv **1.** [rapidly] vite, rapidement **2.** [without delay] promptement, immédiatement.

quicksand ['kwɪksænd] noun sables *mpl* mouvants.

quick-tempered adj emporté(e).

quick-witted [-'wɪtɪd] adj [person] à l'esprit vif.

quid [kwɪd] (*pl inv*) noun UK *inf* livre f.

quiet ['kwaɪət] ❖ adj **1.** [not noisy] tranquille ; [voice] bas (basse) ; [engine] silencieux(euse) ▶ **be quiet!** silence ! **2.** [not busy] calme **3.** [silent] silencieux(euse) ▶ **to keep quiet about sthg** ne rien dire à propos de qqch, garder qqch secret **4.** [intimate] intime **5.** [colour] discret(ète), sobre. ❖ noun tranquillité f ▶ **on the quiet** *inf* en douce. ❖ vt US calmer, apaiser. ◆ **quiet down** ❖ vt sep calmer, apaiser. ❖ vi se calmer.

quieten ['kwaɪətn] UK vt calmer, apaiser. ◆ **quieten down** ❖ vt sep calmer, apaiser. ❖ vi se calmer.

quietly ['kwaɪətlɪ] adv **1.** [without noise] sans faire de bruit, silencieusement ; [say] doucement

2. [without excitement] tranquillement, calmement **3.** [without fuss - leave] discrètement.

quilt [kwɪlt] noun [padded] édredon m ▶ **(continental)** UK quilt couette f.

quinine [kwɪ'ni:n] noun quinine f.

quintessential [kwɪntə'senʃl] adj typique.

quintet [kwɪn'tet] noun quintette m.

quintuplets [kwɪn'tju:plɪts] pl n quintuplés *mpl*.

quip [kwɪp] ❖ noun raillerie f. ❖ vi railler.

quirk [kwɜ:k] noun bizarrerie f.

quirky ['kwɜ:kɪ] (*compar* -**ier**, *superl* -**iest**) adj étrange, bizarre.

quit [kwɪt] (UK *pt & pp* quit or -**ted**, US *pt & pp* quit) ❖ vt **1.** [resign from] quitter **2.** [stop] ▶ **to quit smoking** arrêter de fumer **3.** COMPUT quitter / **to quit an application** quitter une application. ❖ vi **1.** [resign] démissionner **2.** [give up] abandonner **3.** COMPUT quitter.

quite [kwaɪt] adv **1.** [completely] tout à fait, complètement / **I quite agree** je suis tout à fait d'accord, c'est bien mon avis ▶ **not quite** pas tout à fait / **I don't quite understand** je ne comprends pas bien **2.** [fairly, a little] assez, plutôt **3.** [for emphasis] : **she's quite a singer** c'est une chanteuse formidable **4.** UK [to express agreement] ▶ **quite (so)!** exactement !

quits [kwɪts] adj *inf* ▶ **to be quits (with sb)** être quitte (envers qqn) ▶ **to call it quits** en rester là.

quitter ['kwɪtər] noun *inf & pej* dégonflé m, -e f.

quiver ['kwɪvər] ❖ noun **1.** [shiver] frisson m **2.** [for arrows] carquois m. ❖ vi frissonner.

quiz [kwɪz] ❖ noun (*pl* quizzes) **1.** [gen] quiz m, jeu-concours m **2.** US SCH interrogation f. ❖ vt ▶ **to quiz sb (about sthg)** interroger qqn (au sujet de qqch).

quizzical ['kwɪzɪkl] adj [questioning] interrogateur(trice) ; [ironical] ironique, narquois(e).

quota ['kwəʊtə] noun quota m.

quotation [kwəʊ'teɪʃn] noun **1.** [citation] citation f **2.** COMM devis m.

quotation marks pl n guillemets *mpl* ▶ **in quotation marks** entre guillemets.

quote [kwəʊt] ❖ noun **1.** [citation] citation f **2.** COMM devis m. ❖ vt **1.** [cite] citer **2.** COMM indiquer, spécifier. ❖ vi **1.** [cite] ▶ **to quote (from sthg)** citer (qqch) **2.** COMM ▶ **to quote for sthg** établir un devis pour qqch.

quotient ['kwəʊʃnt] noun quotient m.

R

r¹ (pl **r's** or **rs**), **R** (pl **R's** or **Rs**) [ɑːʳ] noun [letter] r m inv, R m inv.

R² **1.** (abbr of **right**) dr. **2.** abbr of **River** **3.** (written abbr of **Réaumur**) R **4.** (abbr of **restricted**) aux États-Unis, indique qu'un film est interdit aux moins de 17 ans **5.** US abbr of **Republican 6.** UK (abbr of **Rex**) suit le nom d'un roi **7.** UK (abbr of **Regina**) suit le nom d'une reine **8.** MESSAGING written abbr of **are**.

rabbi ['ræbaɪ] noun rabbin m.

rabbit ['ræbɪt] noun lapin m.

rabble ['ræbl] noun cohue f.

rabies ['reɪbiːz] noun rage f.

RAC (abbr of **Royal Automobile Club**) noun club automobile britannique ; ≃ TCF m ; ≃ ACF m.

race [reɪs] ❖ noun **1.** [competition] course f **2.** [people, ethnic background] race f. ❖ vt **1.** [compete against] faire la course avec **2.** [horse] faire courir. ❖ vi **1.** [compete] courir ▸ **to race against sb** faire la course avec qqn **2.** [rush] ▸ **to race in/out** entrer/sortir à toute allure **3.** [pulse] être très rapide **4.** [engine] s'emballer.

racecourse ['reɪskɔːs] noun champ m de courses.

racehorse ['reɪshɔːs] noun cheval m de course.

racetrack ['reɪstræk] noun piste f ; US [racecourse] champ m de course.

racial discrimination ['reɪʃl-] noun discrimination f raciale.

racing ['reɪsɪŋ] noun (U) ▸ **(horse) racing** les courses fpl.

racing car UK, **race car** US noun voiture f de course.

racing driver UK, **race driver** US noun coureur m automobile, pilote m de course.

racism ['reɪsɪzm] noun racisme m.

racist ['reɪsɪst] ❖ adj raciste. ❖ noun raciste mf.

rack [ræk] noun **1.** [shelf - for bottles] casier m ; [- for luggage] porte-bagages m inv ; [- for plates] égouttoir m **2.** CULIN ▸ **rack of lamb** carré m d'agneau.

racket ['rækɪt] noun **1.** inf [noise] boucan m **2.** [illegal activity] racket m **3.** SPORT raquette f.

racquet ['rækɪt] noun UK raquette f.

racy ['reɪsɪ] adj [novel, style] osé(e).

radar ['reɪdɑːʳ] noun radar m.

radial ['reɪdjəl] ❖ adj radial / **radial roads** routes fpl en étoile. ❖ noun **1.** [tyre] pneu m radial OR à carcasse radiale **2.** [line] rayon m.

radiant ['reɪdjənt] adj [happy] radieux(euse).

radiate ['reɪdɪeɪt] ❖ vt **1.** [heat, light] émettre, dégager **2.** [confidence, health] respirer. ❖ vi **1.** [heat, light] irradier **2.** [roads, lines] rayonner.

radiation [,reɪdɪ'eɪʃn] noun [radioactive] radiation f.

radiator ['reɪdɪeɪtəʳ] noun radiateur m.

radical ['rædɪkl] ❖ adj radical(e). ❖ noun POL radical m, -e f.

radically ['rædɪklɪ] adv radicalement.

radii ['reɪdɪaɪ] pl n ⟶ **radius**.

radio ['reɪdɪəʊ] ❖ noun (pl -s) radio f ▸ **on the radio** à la radio. ❖ comp de radio. ❖ vt [person] appeler par radio ; [information] envoyer par radio.

radioactive [,reɪdɪəʊ'æktɪv] adj radioactif(ive).

radio alarm noun radio-réveil m.

radio-controlled [-kən'trəʊld] adj téléguidé(e).

radiography [,reɪdɪ'ɒgrəfɪ] noun radiographie f.

radiology [,reɪdɪ'ɒlədʒɪ] noun radiologie f.

radiotherapy [,reɪdɪəʊ'θerəpɪ] noun radiothérapie f.

radish ['rædɪʃ] noun radis m.

radius ['reɪdɪəs] (pl **radii** ['reɪdɪaɪ]) noun **1.** MATH rayon m **2.** ANAT radius m.

RAF noun UK abbr of **Royal Air Force**.

raffle ['ræfl] ❖ noun tombola f. ❖ vt mettre en tombola.

raft [rɑːft] noun [of wood] radeau m.

rafter ['rɑːftəʳ] noun chevron m.

rag [ræg] noun **1.** [piece of cloth] chiffon m **2.** pej [newspaper] torchon m. ◆ **rags** pl n [clothes] guenilles fpl.

ragamuffin ['rægə,mʌfɪn] noun liter galopin m.

rag-and-bone man noun 🇬🇧 chiffonnier m.

rage [reɪdʒ] ◆ noun **1.** [fury] rage f, fureur f **2.** inf [fashion] ▶ **to be (all) the rage** faire fureur. ◆ vi **1.** [person] être furieux(euse) **2.** [storm, argument] faire rage.

ragged ['rægɪd] adj **1.** [person] en haillons ; [clothes] en lambeaux **2.** [line, edge, performance] inégal(e).

raging ['reɪdʒɪŋ] adj [thirst, headache] atroce ; [storm] déchaîné(e).

ragtop ['rægtɒp] noun 🇺🇸 inf AUTO décapotable f.

raid [reɪd] ◆ noun **1.** MIL raid m **2.** [by criminals] hold-up m inv ; [by police] descente f. ◆ vt **1.** MIL faire un raid sur **2.** [subj: criminals] faire un hold-up dans ; [subj: police] faire une descente dans.

raider ['reɪdər] noun **1.** [attacker] agresseur m **2.** [thief] braqueur m.

rail [reɪl] ◆ noun **1.** [on ship] bastingage m ; [on staircase] rampe f ; [on walkway] garde-fou m **2.** [bar] barre f **3.** RAIL rail m ▶ **by rail** en train. ◆ comp [transport, travel] par le train ; [strike] des cheminots.

railcard ['reɪlkɑːd] noun 🇬🇧 carte donnant droit à des tarifs préférentiels sur les chemins de fer.

railing ['reɪlɪŋ] noun [fence] grille f ; [on ship] bastingage m ; [on staircase] rampe f ; [on walkway] garde-fou m.

railway 🇬🇧 ['reɪlweɪ], **railroad** 🇺🇸 ['reɪlrəʊd] noun [system, company] chemin m de fer ; [track] voie f ferrée.

railway line 🇬🇧, **railroad line** 🇺🇸 noun [route] ligne f de chemin de fer ; [track] voie f ferrée.

railwayman ['reɪlweɪmən] (pl -men) noun 🇬🇧 cheminot m.

railway station 🇬🇧, **railroad station** 🇺🇸 noun gare f.

railway track 🇬🇧, **railroad track** 🇺🇸 noun voie f ferrée.

rain [reɪn] ◆ noun pluie f. ◆ impers vb METEOR pleuvoir / it's raining il pleut. ◆ vi [fall like rain] pleuvoir.

rainbow ['reɪnbəʊ] noun arc-en-ciel m.

rain check noun 🇺🇸 ▶ I'll take a rain check (on that) une autre fois peut-être.

raincoat ['reɪnkəʊt] noun imperméable m.

raindrop ['reɪndrɒp] noun goutte f de pluie.

rainfall ['reɪnfɔːl] noun [shower] chute f de pluie ; [amount] précipitations fpl.

rain forest noun forêt f tropicale humide.

rainy ['reɪnɪ] adj pluvieux(euse).

raise [reɪz] ◆ vt **1.** [lift up] lever ▶ **to raise o.s.** se lever **2.** [increase - gen] augmenter ; [- standards] élever ▶ **to raise one's voice** élever la voix **3.** [obtain - money] obtenir **4.** [subject, doubt] soulever ; [memories] évoquer **5.** [children, cattle] élever **6.** [crops] cultiver **7.** [build] ériger, élever. ◆ noun 🇺🇸 augmentation f (de salaire).

raisin ['reɪzn] noun raisin m sec.

rake [reɪk] ◆ noun **1.** [implement] râteau m **2.** dated & liter [immoral man] débauché m. ◆ vt [path, lawn] ratisser ; [leaves] râteler.

rally ['rælɪ] ◆ noun **1.** [meeting] rassemblement m **2.** [car race] rallye m **3.** SPORT [exchange of shots] échange m. ◆ vt rallier. ◆ vi **1.** [supporters] se rallier **2.** [patient] aller mieux ; [prices] remonter. ◆ **rally around**, **rally round** 🇬🇧 ◆ vt insep apporter son soutien à. ◆ vi inf venir en aide.

ram [ræm] ◆ noun bélier m. ◆ vt **1.** [crash into] percuter contre, emboutir **2.** [force] tasser.

RAM [ræm] (abbr of random access memory) noun RAM f.

ramble ['ræmbl] ◆ noun randonnée f, promenade f à pied. ◆ vi **1.** [walk] faire une promenade à pied **2.** pej [talk] radoter. ◆ **ramble on** vi pej radoter.

rambler ['ræmblər] noun [walker] randonneur m, -euse f.

rambling ['ræmblɪŋ] adj **1.** [house] plein(e) de coins et recoins **2.** [speech] décousu(e).

ramp [ræmp] noun **1.** [slope] rampe f **2.** 🇬🇧 AUTO [to slow traffic down] ralentisseur m **3.** 🇺🇸 AUTO [to or from highway] bretelle f.

rampage [ræm'peɪdʒ] noun ▶ **to go on the rampage** tout saccager.

rampant ['ræmpənt] adj qui sévit.

ramshackle ['ræm,ʃækl] adj branlant(e).

ran [ræn] pt ⟶ **run**.

ranch [rɑːntʃ] noun ranch m.

rancher ['rɑːntʃər] noun propriétaire mf de ranch.

rancid ['rænsɪd] adj rance.

random ['rændəm] ✢ adj fait(e) au hasard ; [number] aléatoire. ✢ noun ▸ **at random** au hasard.

random access memory noun COMPUT mémoire f vive.

randy ['rændɪ] adj UK inf excité(e).

rang [ræŋ] pt ⟶ **ring**.

range [reɪndʒ] ✢ noun **1.** [of plane, telescope] portée f ▸ **at close range** à bout portant **2.** [of subjects, goods] gamme f ▸ **price range** éventail m des prix **3.** [of mountains] chaîne f **4.** [shooting area] champ m de tir **5.** MUS [of voice] tessiture f. ✢ vt [place in row] mettre en rang. ✢ vi **1.** [vary] ▸ **to range between... and...** varier entre... et... ▸ **to range from... to...** varier de... à... **2.** [include] ▸ **to range over sthg** couvrir qqch.

ranger ['reɪndʒər] noun garde m forestier.

rank [ræŋk] ✢ adj **1.** [absolute - disgrace, stupidity] complet(ète) ; [-injustice] flagrant(e) ▸ **he's a rank outsider** il n'a aucune chance **2.** [smell] fétide. ✢ noun **1.** [in hierarchy] grade m **2.** [social class] rang m **3.** [row] rangée f **4.** PHR **the rank and file a)** la masse **b)** [of union] la base. ✢ vt [classify] classer. ✢ vi ▸ **to rank among** compter parmi ▸ **to rank as** être aux rangs de. ✦ **ranks** pl n **1.** MIL ▸ **the ranks** le rang **2.** fig [members] rangs mpl.

ranking ['ræŋkɪŋ] ✢ noun [rating] classement m. ✢ adj US [high-ranking] du plus haut rang.

-ranking suffix ▸ **high-ranking** de haut rang OR grade ▸ **low-ranking** à petit grade.

rankle ['ræŋkl] vi : it rankled with him ça lui est resté sur l'estomac OR le cœur.

ransack ['rænsæk] vt [search through] mettre tout sens dessus dessous dans ; [damage] saccager.

ransom ['rænsəm] noun rançon f ▸ **to hold sb to ransom a)** [keep prisoner] mettre qqn à rançon **b)** fig exercer un chantage sur qqn.

rant [rænt] vi déblatérer.

rap [ræp] ✢ noun **1.** [knock] coup m sec **2.** MUS rap m. ✢ vt [table] frapper sur ; [knuckles] taper sur.

rape [reɪp] ✢ noun **1.** [crime, attack] viol m **2.** fig [of countryside] destruction f **3.** [plant] colza m. ✢ vt violer.

rapid ['ræpɪd] adj rapide. ✦ **rapids** pl n rapides mpl.

rapidly ['ræpɪdlɪ] adv rapidement.

rapist ['reɪpɪst] noun violeur m.

rapport [ræ'pɔːr] noun rapport m.

rapt [ræpt] adj liter [interest, attention] profond(e) ▸ **to be rapt in thought** être plongé dans ses pensées.

rapture ['ræptʃər] noun liter ravissement m.

rapturous ['ræptʃərəs] adj [applause, welcome] enthousiaste.

rare [reər] adj **1.** [gen] rare **2.** [meat] saignant(e).

rarely ['reəlɪ] adv rarement.

raring ['reərɪŋ] adj ▸ **to be raring to go** être impatient(e) de commencer.

rarity ['reərətɪ] noun rareté f.

rascal ['rɑːskl] noun polisson m, -onne f.

rash [ræʃ] ✢ adj irréfléchi(e), imprudent(e). ✢ noun **1.** MED éruption f **2.** [spate] succession f, série f.

rasher ['ræʃər] noun tranche f.

rasp [rɑːsp] noun [harsh sound] grincement m.

raspberry ['rɑːzbərɪ] noun **1.** [fruit] framboise f **2.** inf [rude sound] ▸ **to blow a raspberry** faire pfft.

rat [ræt] noun **1.** [animal] rat m **2.** inf & pej [person] ordure f, salaud m.

rate [reɪt] ✢ noun **1.** [speed] vitesse f ; [of pulse] fréquence f ▸ **at this rate** à ce train-là **2.** [ratio, proportion] taux m **3.** [price] tarif m. ✢ vt **1.** [consider] : I rate her very highly je la tiens en haute estime ▸ **to rate sb / sthg as** considérer qqn / qqch comme ▸ **to rate sb / sthg among** classer qqn / qqch parmi **2.** [deserve] mériter. ✦ **rates** pl n UK dated impôts mpl locaux. ✦ **at any rate** adv en tout cas.

ratepayer ['reɪt,peɪər] noun UK dated contribuable mf.

rather ['rɑːðər] adv **1.** [somewhat, more exactly] plutôt **2.** [to small extent] un peu **3.** [preferably] : I'd rather wait je préférerais attendre / she'd rather not go elle préférerait ne pas y aller **4.** [on the contrary] ▸ **(but) rather...** au contraire.... ✦ **rather than** conj plutôt que.

ratify ['rætɪfaɪ] vt ratifier, approuver.

rating ['reɪtɪŋ] noun [of popularity] cote f.

ratio ['reɪʃɪəʊ] (pl -s) noun rapport m.

ration ['ræʃn] ✢ noun ration f. ✢ vt rationner. ✦ **rations** pl n vivres mpl.

rational ['ræʃənl] adj rationnel(elle).

rationale [,ræʃə'nɑːl] noun logique f.

rationalize, rationalise UK ['ræʃənəlaɪz] vt rationaliser.

rat race noun jungle f.

rattle ['rætl] ❖ noun **1.** [of bottles, keys] cliquetis m ; [of engine] bruit m de ferraille **2.** [toy] hochet m. ❖ vt **1.** [bottles] faire s'entrechoquer ; [keys] faire cliqueter **2.** [unsettle] secouer. ❖ vi [bottles] s'entrechoquer ; [keys, machine] cliqueter ; [engine] faire un bruit de ferraille.

rattlesnake ['rætlsneɪk], **rattler** ['rætlər] noun inf serpent m à sonnettes.

ratty ['rætɪ] (compar -ier, superl -iest) adj inf **1.** UK [in bad mood] de mauvais poil **2.** US [in bad condition] pourri(e).

raucous ['rɔːkəs] adj [voice, laughter] rauque ; [behaviour] bruyant(e).

raunchy ['rɔːntʃɪ] (compar -ier, superl -iest) adj d'un sensualité brute.

ravage ['rævɪdʒ] vt ravager. ◆ **ravages** pl n ravages mpl.

rave [reɪv] ❖ adj [review] élogieux(euse). ❖ noun UK inf [party] rave f. ❖ vi **1.** [talk angrily] ▶ to rave at OR against tempêter OR fulminer contre **2.** [talk enthusiastically] ▶ to rave about parler avec enthousiasme de.

raven ['reɪvn] noun corbeau m.

ravenous ['rævənəs] adj [person] affamé(e) ; [animal, appetite] vorace.

ravine [rə'viːn] noun ravin m.

raving ['reɪvɪŋ] adj inf ▶ raving lunatic fou furieux (folle furieuse).

ravishing ['rævɪʃɪŋ] adj liter ravissant(e), enchanteur(eresse).

raw [rɔː] adj **1.** [uncooked] cru(e) **2.** [untreated] brut(e) **3.** [painful] à vif **4.** [inexperienced] novice ▶ raw recruit bleu m **5.** [weather] froid(e) ; [wind] âpre.

raw deal noun ▶ to get a raw deal être défavorisé(e).

raw material noun matière f première.

ray [reɪ] noun **1.** [beam] rayon m **2.** fig [of hope] lueur f.

rayon ['reɪɒn] noun rayonne f.

raze [reɪz] vt raser.

razor ['reɪzər] noun rasoir m.

razor blade noun lame f de rasoir.

razzmatazz ['ræzmətæz] noun inf tape-à-l'œil m inv.

RC abbr of **Roman Catholic**.

Rd abbr of **Road**.

re [riː] prep COMM concernant.

RE noun (abbr of **religious education**) instruction f religieuse.

reach [riːtʃ] ❖ vt **1.** [general] atteindre **2.** [destination] arriver à **3.** [agreement, decision] parvenir à **4.** [contact] joindre, contacter. ❖ vi **1.** [with hand] tendre la main ▶ to reach out tendre le bras / to reach out to the poor tendre la main aux pauvres ▶ to reach down to pick sthg up se pencher pour ramasser qqch **2.** [land] s'étendre. ❖ noun **1.** [range] portée f, atteinte f ▶ within reach a) [object] à portée b) [place] à proximité ▶ out of OR beyond sb's reach a) [object] hors de portée b) [place] d'accès difficile, difficilement accessible **2.** [of arm, boxer] allonge f.

react [rɪ'ækt] vi [gen] réagir.

reaction [rɪ'ækʃn] noun réaction f.

reactionary [rɪ'ækʃənrɪ] ❖ adj réactionnaire. ❖ noun réactionnaire mf.

reactor [rɪ'æktər] noun réacteur m.

read [riːd] ❖ vt (pt & pp read [red]) **1.** [gen] lire **2.** [subj: sign, letter] dire **3.** [interpret, judge] interpréter **4.** [subj: meter, thermometer] indiquer **5.** UK UNIV étudier. ❖ vi (pt & pp read [red]) lire / the book reads well le livre se lit bien. ◆ **read out** vt sep lire à haute voix. ◆ **read up on** vt insep étudier.

readable ['riːdəbl] adj agréable à lire.

reader ['riːdər] noun [of book, newspaper] lecteur m, -trice f.

readership ['riːdəʃɪp] noun [of newspaper] nombre m de lecteurs.

readily ['redɪlɪ] adv **1.** [willingly] volontiers **2.** [easily] facilement.

readiness ['redɪnɪs] noun **1.** [preparedness] ▶ to be in readiness for sthg être préparé(e) à qqch **2.** [willingness] empressement m / their readiness to assist us leur empressement à nous aider.

reading ['riːdɪŋ] noun **1.** (U) [gen] lecture f **2.** [interpretation] interprétation f **3.** [on thermometer, meter] indications fpl.

readjust [ˌriːə'dʒʌst] ❖ vt [instrument] régler (de nouveau) ; [mirror] rajuster ; [policy] rectifier. ❖ vi [person] ▶ to readjust (to) se réadapter (à).

ready ['redɪ] ❖ adj **1.** [prepared] prêt(e) ▶ to be ready to do sthg être prêt à faire qqch ▶ to get ready se préparer ▶ to get sthg ready préparer qqch **2.** [willing] ▶ to be ready to do sthg être prêt(e) OR disposé(e) à faire qqch. ❖ vt préparer.

ready cash noun liquide m.

ready-made adj lit & fig tout fait (toute faite).

ready meal noun 🇬🇧 plat m préparé.

ready-to-wear adj prêt-à-porter.

reafforestation ['riːəˌfɒrɪ'steɪʃn] noun 🇬🇧 reboisement m.

real ['rɪəl] ❖ adj 1. [gen] vrai(e), véritable ▶ **real life** réalité f ▶ **for real** pour de vrai ▶ **this is the real thing a)** [object] c'est de l'authentique **b)** [situation] c'est pour de vrai **OR** de bon 2. [actual] réel(elle) ▶ **in real terms** dans la pratique. ❖ adv 🇺🇸 très.

real estate noun (U) biens mpl immobiliers.

realign [ˌriːə'laɪn] vt POL regrouper.

realism ['rɪəlɪzm] noun réalisme m.

realistic [ˌrɪə'lɪstɪk] adj réaliste.

reality [rɪ'æləti] noun réalité f.

reality TV noun (U) télévision/TV f réalité.

realization, realisation 🇬🇧 [ˌrɪəlaɪ'zeɪʃn] noun réalisation f.

realize, realise 🇬🇧 ['rɪəlaɪz] vt 1. [understand] se rendre compte de, réaliser 2. [sum of money, idea, ambition] réaliser.

really ['rɪəli] ❖ adv 1. [gen] vraiment 2. [in fact] en réalité. ❖ excl 1. [expressing doubt] vraiment ? 2. [expressing surprise] pas possible ! 3. [expressing disapproval] franchement !, ça alors !

realm [relm] noun 1. fig [subject area] domaine m 2. [kingdom] royaume m.

realtor ['rɪəltər] noun 🇺🇸 agent m immobilier.

reap [riːp] vt 1. [harvest] moissonner 2. fig [obtain] récolter.

reappear [ˌriːə'pɪər] vi réapparaître, reparaître.

rear [rɪər] ❖ adj arrière (inv), de derrière. ❖ noun 1. [back] arrière m ▶ **to bring up the rear** fermer la marche 2. inf [bottom] derrière m. ❖ vt [children, animals] élever. ❖ vi [horse] ▶ **to rear (up)** se cabrer.

rearm [riː'ɑːm] vt & vi réarmer.

rearrange [ˌriːə'reɪndʒ] vt 1. [furniture, room] réarranger ; [plans] changer 2. [meeting - to new time] changer l'heure de ; [- to new date] changer la date de.

rearview mirror ['rɪəvjuː-] noun rétroviseur m.

reason ['riːzn] ❖ noun 1. [cause] ▶ **reason (for)** raison f (de) ▶ **for some reason** pour une raison ou pour une autre 2. (U) [justification] ▶ **to have reason to do sthg** avoir de bonnes raisons de faire qqch 3. [common sense] bon sens m ▶ **he won't listen to reason** on ne peut pas lui faire entendre raison ▶ **it stands to reason** c'est logique. ❖ vt déduire. ❖ vi raisonner. ❖ **reason with** vt insep raisonner (avec).

reasonable ['riːznəbl] adj raisonnable.

reasonably ['riːznəbli] adv 1. [quite] assez 2. [sensibly] raisonnablement.

reasoned ['riːznd] adj raisonné(e).

reasoning ['riːznɪŋ] noun raisonnement m.

reassess [ˌriːə'ses] vt réexaminer.

reassurance [ˌriːə'ʃʊərəns] noun 1. [comfort] réconfort m 2. [promise] assurance f.

reassure [ˌriːə'ʃʊər] vt rassurer.

reassuring [ˌriːə'ʃʊərɪŋ] adj rassurant(e).

rebate ['riːbeɪt] noun [on product] remise f ▶ **tax rebate** ≃ dégrèvement m fiscal.

rebel ❖ noun ['rebl] rebelle mf. ❖ adj ['rebl] [soldier] rebelle ; [camp, territory] des rebelles ; [attack] de rebelles. ❖ vi [rɪ'bel] ▶ **to rebel (against)** se rebeller (contre).

rebellion [rɪ'beljən] noun rébellion f.

rebellious [rɪ'beljəs] adj rebelle.

reboot [ˌriː'buːt] vi COMPUT redémarrer, réamorcer offic.

rebound ❖ noun ['riːbaʊnd] [of ball] rebond m. ❖ vi [rɪ'baʊnd] [ball] rebondir.

rebrand [ˌriː'brænd] vt effectuer le rebranding de.

rebuff [rɪ'bʌf] noun rebuffade f.

rebuild [ˌriː'bɪld] (pt & pp rebuilt [ˌriː'bɪlt]) vt reconstruire.

rebuke [rɪ'bjuːk] fml ❖ noun réprimande f. ❖ vt réprimander.

rebuttal [riː'bʌtl] noun fml réfutation f.

recalcitrant [rɪ'kælsɪtrənt] adj fml récalcitrant(e).

recall [rɪ'kɔːl] ❖ noun [memory] rappel m. ❖ vt 1. [remember] se rappeler, se souvenir de 2. [summon back] rappeler.

recant [rɪ'kænt] vi 1. fml se rétracter 2. RELIG abjurer.

recap ['riːkæp] ❖ noun récapitulation f. ❖ vt [summarize] récapituler. ❖ vi récapituler.

recapitulate [ˌriːkə'pɪtjʊleɪt] vt & vi fml récapituler.

recd, rec'd abbr of received.

recede [riː'siːd] vi [person, car] s'éloigner ; [hopes] s'envoler.

receding [rɪ'si:dɪŋ] adj [hairline] dégarni(e); [chin, forehead] fuyant(e).

receipt [rɪ'si:t] noun **1.** [piece of paper] reçu m **2.** (U) [act of receiving] réception f. ◆ **receipts** pl n recettes fpl.

receive [rɪ'si:v] vt **1.** [gen] recevoir; [news] apprendre **2.** [welcome] accueillir, recevoir ▸ to be well/badly received [film, speech] être bien/mal accueilli(e).

receiver [rɪ'si:vər] noun **1.** [of telephone] récepteur m, combiné m **2.** [radio, TV set] récepteur m **3.** [criminal] receleur m, -euse f **4.** FIN [official] administrateur m, -trice f judiciaire.

receiving end [rɪ'si:vɪŋ-] noun ▸ to be on the receiving end (of sthg) faire les frais (de qqch).

recent ['ri:snt] adj récent(e).

recently ['ri:sntlɪ] adv récemment ▸ until recently jusqu'à ces derniers temps.

receptacle [rɪ'septəkl] noun fml récipient m.

reception [rɪ'sepʃn] noun **1.** [gen] réception f **2.** [welcome] accueil m, réception f.

reception desk noun réception f.

receptionist [rɪ'sepʃənɪst] noun réceptionniste mf.

recess ['ri:ses or rɪ'ses] noun **1.** [alcove] niche f **2.** [secret place] recoin m **3.** POL ▸ to be in recess être en vacances **4.** US SCH récréation f.

recession [rɪ'seʃn] noun récession f.

recharge [ˌri:'tʃɑ:dʒ] vt recharger.

recipe ['resɪpɪ] noun lit & fig recette f.

recipient [rɪ'sɪpɪənt] noun [of letter] destinataire mf; [of cheque] bénéficiaire mf; [of award] récipiendaire mf.

reciprocal [rɪ'sɪprəkl] adj réciproque.

recital [rɪ'saɪtl] noun récital m.

recite [rɪ'saɪt] vt **1.** [say aloud] réciter **2.** [list] énumérer.

reckless ['reklɪs] adj **1.** [rash] imprudent(e) / reckless driving conduite f imprudente **2.** [thoughtless] irréfléchi; [fearless] téméraire.

reckon ['rekn] vt **1.** inf [think] penser **2.** [consider, judge] considérer **3.** [calculate] calculer. ◆ **reckon on** vt insep compter sur. ◆ **reckon with** vt insep [expect] s'attendre à.

reckoning ['rekənɪŋ] noun (U) [calculation] calculs mpl.

reclaim [rɪ'kleɪm] vt **1.** [claim back] réclamer **2.** [land] assécher.

recline [rɪ'klaɪn] vi [person] être allongé(e).

recliner [rɪ'klaɪnər] noun [for sunbathing] chaise f longue; [armchair] fauteuil m à dossier inclinable, fauteuil m relax.

reclining [rɪ'klaɪnɪŋ] adj [chair] à dossier réglable.

recluse [rɪ'klu:s] noun reclus m, -e f.

recognition [ˌrekəg'nɪʃn] noun reconnaissance f ▸ in recognition of en reconnaissance de ▸ the town has changed beyond OR out of all recognition la ville est méconnaissable.

recognizable, recognisable UK ['rekəgnaɪzəbl] adj reconnaissable.

recognize, recognise UK ['rekəgnaɪz] vt reconnaître.

recognized, recognised UK ['rekəgnaɪzd] adj **1.** [acknowledged] reconnu(e), admis(e) / she's a recognized authority on medieval history c'est une autorité en histoire médiévale **2.** [identified] reconnu(e) **3.** [official] officiel(elle), attitré(e).

recoil ◇ vi [rɪ'kɔɪl] ▸ to recoil (from) reculer (devant). ◇ noun ['ri:kɔɪl] [of gun] recul m.

recollect [ˌrekə'lekt] vt se rappeler.

recollection [ˌrekə'lekʃn] noun souvenir m.

recommend [ˌrekə'mend] vt **1.** [commend] ▸ to recommend sb/sthg (to sb) recommander qqn/qqch (à qqn) **2.** [advise] conseiller, recommander.

recommended daily allowance noun [food] apport m quotidien recommandé.

recompense ['rekəmpens] fml ◇ noun dédommagement m. ◇ vt dédommager.

reconcile ['rekənsaɪl] vt **1.** [beliefs, ideas] concilier **2.** [people] réconcilier **3.** [accept] ▸ to reconcile o.s. to sthg se faire à l'idée de qqch.

reconditioned [ˌri:kən'dɪʃnd] adj remis(e) en état.

reconnaissance [rɪ'kɒnɪsəns] noun reconnaissance f.

reconsider [ˌri:kən'sɪdər] ◇ vt reconsidérer. ◇ vi reconsidérer la question.

reconstruct [ˌri:kən'strʌkt] vt **1.** [gen] reconstruire **2.** [crime, event] reconstituer.

record ◇ noun ['rekɔ:d] **1.** [written account] rapport m; [file] dossier m ▸ to keep sthg on record archiver qqch ▸ (police) record casier m judiciaire ▸ off the record non officiel **2.** [vinyl disc] disque m **3.** [best achievement] record m. ◇ adj ['rekɔ:d] record (inv). ◇ vt [rɪ'kɔ:d] **1.** [write down] noter **2.** [music, TV programme] enregistrer. ◆ **records** pl n [of government, police, hospital] archives fpl ▸ public records office archives *fpl* nationales ; [of history] annales *fpl* ; [register] registre *m*.

recorded [rɪˈkɔːdɪd] adj **1.** [music, message] enregistré(e) ; [programme] préenregistré(e) ; [broadcast] transmis(e) en différé **2.** [fact] attesté(e), noté(e) ; [history] écrit(e) ; [votes] exprimé(e) */ throughout recorded history* pendant toute la période couverte par les écrits historiques.

recorded delivery [rɪˈkɔː-dɪd-] noun ▸ **to send sthg by recorded delivery** envoyer qqch en recommandé.

recorder [rɪˈkɔːdər] noun [musical instrument] flûte *f* à bec.

record holder noun détenteur *m*, -trice *f* du record.

recording [rɪˈkɔːdɪŋ] noun enregistrement *m*.

recount ❖ noun [ˈriːkaʊnt] [of vote] second dépouillement *m* du scrutin. ❖ vt **1.** [rɪˈkaʊnt] [narrate] raconter **2.** [ˌriːˈkaʊnt] [count again] recompter.

recoup [rɪˈkuːp] vt récupérer.

recourse [rɪˈkɔːs] noun ▸ **to have recourse to** avoir recours à.

recover [rɪˈkʌvər] ❖ vt **1.** [retrieve] récupérer ▸ **to recover sthg from sb** reprendre qqch à qqn **2.** [one's balance] retrouver ; [consciousness] reprendre. ❖ vi **1.** [from illness] se rétablir ; [from shock, divorce] se remettre **2.** fig [economy] se redresser ; [trade] reprendre.

recovery [rɪˈkʌvərɪ] noun **1.** [from illness] guérison *f*, rétablissement *m* **2.** fig [of economy] redressement *m*, reprise *f* **3.** [retrieval] récupération *f*.

recovery position noun MED position *f* latérale de sécurité.

recreation [ˌrekrɪˈeɪʃn] noun *(U)* [leisure] récréation *f*, loisirs *mpl*.

recrimination [rɪˌkrɪmɪˈneɪʃn] noun récrimination *f*.

recruit [rɪˈkruːt] ❖ noun recrue *f*. ❖ vt recruter ▸ **to recruit sb to do sthg** fig embaucher qqn pour faire qqch. ❖ vi recruter.

recruitment [rɪˈkruːtmənt] noun recrutement *m*.

rectangle [ˈrekˌtæŋgl] noun rectangle *m*.

rectangular [rekˈtæŋgjʊlər] adj rectangulaire.

rectify [ˈrektɪfaɪ] vt fml [mistake] rectifier.

rector [ˈrektər] noun **1.** [priest] pasteur *m* **2.** Scot [head - of school] directeur *m* ; [- of college, university] *président élu par les étudiants*.

rectory [ˈrektərɪ] noun presbytère *m*.

recuperate [rɪˈkuːpəreɪt] vi se rétablir.

recur [rɪˈkɜːr] vi [error, problem] se reproduire ; [dream] revenir ; [pain] réapparaître.

recurrence [rɪˈkʌrəns] noun répétition *f*.

recurrent [rɪˈkʌrənt] adj [error, problem] qui se reproduit souvent ; [dream] qui revient souvent.

recycle [ˌriːˈsaɪkl] vt recycler.

recycle bin noun COMPUT poubelle *f*, corbeille *f*.

recycling [ˌriːˈsaɪklɪŋ] noun recyclage *m*.

red [red] ❖ adj rouge ; [hair] roux (rousse). ❖ noun rouge *m* ▸ **to be in the red** inf être à découvert.

red alert noun alerte *f* maximale ▸ **to be on red alert** être en état d'alerte maximale.

red card noun FOOT ▸ **to be shown the red card, to get a red card** recevoir un carton rouge.

red carpet noun ▸ **to roll out the red carpet for sb** dérouler le tapis rouge pour qqn. ❖ **red-carpet** adj ▸ **to give sb the red-carpet treatment** recevoir qqn en grande pompe.

Red Cross noun ▸ **the Red Cross** la Croix-Rouge.

redcurrant [ˈredˌkʌrənt] noun [fruit] groseille *f* ; [bush] groseillier *m*.

redden [ˈredn] vt & vi rougir.

redecorate [ˌriːˈdekəreɪt] ❖ vt [repaint] refaire les peintures de ; [re-wallpaper] retapisser. ❖ vi [repaint] refaire les peintures ; [re-wallpaper] refaire les papiers peints.

redeem [rɪˈdiːm] vt **1.** [save, rescue] racheter **2.** [from pawnbroker] dégager.

redeemable [rɪˈdiːməbl] adj **1.** [voucher] remboursable ; [debt] remboursable, amortissable */ the stamps are not redeemable for cash* les timbres ne peuvent être échangés contre des espèces **2.** [error] réparable ; [sin, crime] expiable, rachetable ; [sinner] rachetable.

redeeming [rɪˈdiːmɪŋ] adj qui rachète (les défauts).

redeploy [ˌriːdɪˈplɔɪ] vt MIL redéployer ; [staff] réorganiser, réaffecter.

red-faced [-ˈfeɪst] adj rougeaud(e), rubicond(e) ; [with embarrassment] rouge de confusion.

red-haired [-ˈheəd] adj roux (rousse).

red-handed [-ˈhændɪd] adj ▸ **to catch sb red-handed** prendre qqn en flagrant délit OR la main dans le sac.

redhead ['redhed] noun roux m, rousse f.

red herring noun fig fausse piste f.

red-hot adj **1.** [extremely hot] brûlant(e) ; [metal] chauffé(e) au rouge **2.** [very enthusiastic] ardent(e).

redid [,ri:'dɪd] pt ⟶ redo.

redirect [,ri:dɪ'rekt] vt **1.** [energy, money] réorienter **2.** [traffic] détourner **3.** UK [letters] faire suivre.

rediscover [,ri:dɪ'skʌvər] vt redécouvrir.

red-letter day noun jour m mémorable, jour à marquer d'une pierre blanche.

red light noun [traffic signal] feu m rouge.

red-light district noun quartier m chaud.

redneck ['rednek] noun US inf & pej Américain d'origine modeste qui a des idées réactionnaires et des préjugés racistes.

redo [,ri:'du:] (pt -did, pp -done) vt refaire.

redolent ['redələnt] adj liter **1.** [reminiscent] ▶ **redolent of** qui rappelle **2.** [smelling] ▶ **redolent of** aux odeurs de.

redone [,ri:'dʌn] pp ⟶ redo.

redraft [,ri:'drɑ:ft] vt rédiger à nouveau.

redress [rɪ'dres] ◆ noun (U) fml réparation f. ◆ vt ▶ **to redress the balance** rétablir l'équilibre.

Red Sea noun ▶ **the Red Sea** la mer Rouge.

red tape noun fig paperasserie f administrative.

reduce [rɪ'dju:s] ◆ vt réduire ▶ **to be reduced to doing sthg** en être réduit(e) à faire qqch ▶ **to be reduced to tears** faire pleurer qqn. ◆ vi US [diet] suivre un régime amaigrissant.

reduction [rɪ'dʌkʃn] noun **1.** [decrease] ▶ **reduction (in)** réduction f (de), baisse f (de) **2.** [discount] rabais m, réduction f.

redundancy [rɪ'dʌndənsɪ] noun UK [dismissal] licenciement m ; [unemployment] chômage m.

redundant [rɪ'dʌndənt] adj **1.** UK [jobless] ▶ **to be made redundant** être licencié(e) **2.** [not required] superflu(e).

reed [ri:d] noun **1.** [plant] roseau m **2.** MUS anche f.

reef [ri:f] noun récif m, écueil m.

reek [ri:k] ◆ noun relent m. ◆ vi ▶ **to reek (of sthg)** puer (qqch), empester (qqch).

reel [ri:l] ◆ noun **1.** [roll] bobine f **2.** [on fishing rod] moulinet m. ◆ vi [stagger] chanceler. ◆ **reel in** vt sep remonter. ◆ **reel off** vt sep [list] débiter.

ref [ref] noun **1.** inf (abbr of referee) arbitre m **2.** ADMIN (abbr of reference) réf. f.

refectory [rɪ'fektərɪ] noun réfectoire m.

refer [rɪ'fɜːʳ] vt **1.** [person] ▶ **to refer sb to** a) [hospital] envoyer qqn à b) [specialist] adresser qqn à c) ADMIN renvoyer qqn à **2.** [report, decision] ▶ **to refer sthg to** soumettre qqch à. ◆ **refer to** vt insep **1.** [speak about] parler de, faire allusion à OR mention de **2.** [apply to] s'appliquer à, concerner **3.** [consult] se référer à, se reporter à.

referee [,refə'riː] ◆ noun **1.** SPORT arbitre mf **2.** UK [for job application] répondant m, -e f. ◆ vt SPORT arbitrer. ◆ vi SPORT être arbitre.

reference ['refrəns] noun **1.** [mention] ▶ **reference (to)** allusion f (à), mention f (de) ▶ **with reference to** comme suite à **2.** (U) [for advice, information] ▶ **reference (to)** consultation f (de) **3.** COMM référence f **4.** [in book] renvoi m ▶ **map reference** coordonnées fpl **5.** [for job application - letter] référence f ; [- person] répondant m, -e f.

reference book noun ouvrage m de référence.

reference number noun numéro m de référence.

referendum [,refə'rendəm] (pl -s or -da) noun référendum m.

referral [rɪ'fɜːrəl] noun fml **1.** (U) [act of referring] envoi m **2.** [patient referred] malade envoyé(e) **3.** US SCH rapport m d'incident (à l'école).

refill ◆ noun ['riːfɪl] **1.** [for pen] recharge f **2.** inf [drink] : would you like a refill? vous voulez encore un verre ? ◆ vt [,riː'fɪl] remplir à nouveau.

refine [rɪ'faɪn] vt raffiner ; fig peaufiner.

refined [rɪ'faɪnd] adj raffiné(e) ; [system, theory] perfectionné(e).

refinement [rɪ'faɪnmənt] noun **1.** [improvement] perfectionnement m **2.** (U) [gentility] raffinement m.

reflect [rɪ'flekt] ◆ vt **1.** [be a sign of] refléter **2.** [light, image] réfléchir, refléter ; [heat] réverbérer **3.** [think] ▶ **to reflect that...** se dire que.... ◆ vi [think] ▶ **to reflect (on OR upon)** réfléchir (sur), penser (à).

reflection [rɪ'flekʃn] noun **1.** [sign] indication f, signe m **2.** [criticism] ▶ **reflection on** critique f de **3.** [image] reflet m **4.** (U) [of light, heat] réflexion f **5.** [thought] réflexion f ▶ **on reflection** réflexion faite.

reflector [rɪ'flektəʳ] noun réflecteur m.

reflex ['ri:fleks] noun ▸ **reflex (action)** réflexe m.

reflexive [rɪ'fleksɪv] adj GRAM [pronoun] réfléchi(e).

reforestation [ri:,fɒrɪ'steɪʃn] US = **reafforestation**.

reform [rɪ'fɔ:m] ❖ noun réforme f. ❖ vt [gen] réformer ; [person] corriger. ❖ vi [behave better] se corriger, s'amender.

Reformation [,refə'meɪʃn] noun ▸ **the Reformation** la Réforme.

reformatory [rɪ'fɔ:mətrɪ] noun US centre m d'éducation surveillée (pour jeunes délinquants).

reformer [rɪ'fɔ:mər] noun réformateur m, -trice f.

refrain [rɪ'freɪn] ❖ noun refrain m. ❖ vi ▸ **to refrain from doing sthg** s'abstenir de faire qqch.

refresh [rɪ'freʃ] vt rafraîchir.

refreshed [rɪ'freʃt] adj reposé(e).

refresher course [rɪ'freʃər-] noun cours m de recyclage OR remise à niveau.

refreshing [rɪ'freʃɪŋ] adj **1.** [pleasantly different] agréable, réconfortant(e) **2.** [drink, swim] rafraîchissant(e).

refreshments [rɪ'freʃmənts] pl n rafraîchissements mpl.

refrigerator [rɪ'frɪdʒəreɪtər] noun réfrigérateur m, Frigidaire® m.

refuel [,ri:'fjuəl] ❖ vt ravitailler. ❖ vi se ravitailler en carburant.

refuge ['refju:dʒ] noun lit & fig refuge m, abri m ▸ **to take refuge in** se réfugier dans.

refugee [,refjʊ'dʒi:] noun réfugié m, -e f.

refund ❖ noun ['ri:fʌnd] remboursement m. ❖ vt [rɪ'fʌnd] ▸ **to refund sthg to sb, to refund sb sthg** rembourser qqch à qqn.

refurbish [,ri:'fɜ:bɪʃ] vt remettre à neuf, rénover.

refusal [rɪ'fju:zl] noun ▸ **refusal (to do sthg)** refus m (de faire qqch).

refuse¹ [rɪ'fju:z] ❖ vt refuser ▸ **to refuse to do sthg** refuser de faire qqch. ❖ vi refuser.

refuse² ['refju:s] noun (U) fml [rubbish] ordures fpl, détritus mpl.

refuse collection ['refju:s-] noun UK fml enlèvement m des ordures ménagères.

refute [rɪ'fju:t] vt fml réfuter.

regain [rɪ'geɪn] vt [composure, health] retrouver ; [leadership] reprendre.

regal ['ri:gl] adj majestueux(euse), royal(e).

regalia [rɪ'geɪljə] noun (U) insignes mpl.

regard [rɪ'gɑ:d] ❖ noun **1.** (U) [respect] estime f, respect m **2.** (aspect) ▸ **in this/that regard** à cet égard. ❖ vt considérer ▸ **to regard o.s. as** se considérer comme ▸ **to be highly regarded** être tenu(e) en haute estime. ◆ **regards** pl n ▸ **(with best) regards** bien amicalement ▸ **give her my regards** faites-lui mes amitiés. ◆ **as regards** prep en ce qui concerne. ◆ **in regard to, with regard to** prep en ce qui concerne, relativement à.

regarding [rɪ'gɑ:dɪŋ] prep concernant, en ce qui concerne.

regardless [rɪ'gɑ:dlɪs] adv quand même. ◆ **regardless of** prep sans tenir compte de, sans se soucier de.

regime [reɪ'ʒi:m] noun régime m.

regiment ['redʒɪmənt] noun régiment m.

region ['ri:dʒən] noun région f ▸ **in the region of** environ.

regional ['ri:dʒənl] adj régional(e).

register ['redʒɪstər] ❖ noun [record] registre m. ❖ vt **1.** [record - name] (faire) enregistrer ; [- birth, death] déclarer **2.** [show, measure] indiquer, montrer **3.** [express] exprimer. ❖ vi **1.** [on official list] s'inscrire, se faire inscrire **2.** [at hotel] signer le registre **3.** inf [advice, fact] : **it didn't register** je n'ai pas compris.

registered ['redʒɪstəd] adj **1.** [person] inscrit(e) ; [car] immatriculé(e) ; [charity] agréé(e) par le gouvernement **2.** [letter, parcel] recommandé(e).

Registered Trademark noun marque f déposée.

registrar [,redʒɪ'strɑ:r] noun **1.** [keeper of records] officier m de l'état civil **2.** UNIV secrétaire m général **3.** UK [doctor] chef m de clinique.

registration [,redʒɪ'streɪʃn] noun **1.** [gen] enregistrement m, inscription f **2.** AUTO = **registration number**.

registration number noun AUTO numéro m d'immatriculation.

registry office noun UK bureau m de l'état civil.

regret [rɪ'gret] ❖ noun regret m. ❖ vt [be sorry about] ▸ **to regret sthg/doing sthg** regretter qqch/d'avoir fait qqch.

regretfully [rɪ'gretfʊlɪ] adv à regret.

regrettable [rɪ'gretəbl] adj regrettable, fâcheux(euse).

regroup [,ri:'gru:p] vi se regrouper.

regular ['regjələr] ❖ adj 1. [gen] régulier(ère) ; [customer] fidèle 2. [usual] habituel(elle) 3. [normal - size] standard *(inv)* 4. [US] [pleasant] sympa *(inv)*. ❖ noun [at pub] habitué *m*, -e *f* ; [at shop] client *m*, -e *f* fidèle.

regularly ['regjələli] adv régulièrement.

regulate ['regjəleɪt] vt régler.

regulation [,regjə'leɪʃn] ❖ adj [standard] réglementaire. ❖ noun 1. [rule] règlement *m* 2. *(U)* [control] réglementation *f*.

regulatory ['regjələtrɪ] adj réglementaire.

regurgitate [rɪ'gɜ:dʒɪteɪt] vt *fml* régurgiter ; *fig* & *pej* ressortir, répéter.

rehab ['ri:hæb] noun [US] *inf* : to be in rehab faire une cure de désintoxication / rehab center centre *m* de désintoxication.

rehabilitate [,ri:ə'bɪlɪteɪt] vt [criminal] réinsérer, réhabiliter ; [patient] rééduquer.

rehearsal [rɪ'hɜ:sl] noun répétition *f*.

rehearse [rɪ'hɜ:s] vt & vi répéter.

reign [reɪn] ❖ noun règne *m*. ❖ vi ▸ to reign (over) *lit* & *fig* régner (sur).

reimburse [,ri:ɪm'bɜ:s] vt ▸ to reimburse sb (for) rembourser qqn (de).

rein [reɪn] noun *fig* ▸ to give (a) free rein to sb, to give sb free rein laisser la bride sur le cou à qqn. ◆ **reins** pl n [for horse] rênes *fpl*.

reindeer ['reɪn,dɪər] *(pl inv)* noun renne *m*.

reinforce [,ri:ɪn'fɔ:s] vt 1. [strengthen] renforcer 2. [back up, confirm] appuyer, étayer.

reinforcement [,ri:ɪn'fɔ:smənt] noun 1. *(U)* [strengthening] renforcement *m* 2. [strengthener] renfort *m*. ◆ **reinforcements** pl n renforts *mpl*.

reinstall vt COMPUT réinstaller.

reinstate [,ri:ɪn'steɪt] vt [employee] rétablir dans ses fonctions, réintégrer ; [policy, method] rétablir.

reinvent [,ri:ɪn'vent] vt réinventer ▸ to reinvent the wheel réinventer la roue.

reissue [ri:'ɪʃu:] ❖ noun [of book] réédition *f* ; [of film] rediffusion *f*. ❖ vt [book] rééditer ; [film, CD] ressortir.

reiterate [ri:'ɪtəreɪt] vt *fml* réitérer, répéter.

reject ❖ noun ['ri:dʒekt] [product] article *m* de rebut. ❖ vt [rɪ'dʒekt] 1. [not accept] rejeter 2. [candidate, coin] refuser.

rejection [rɪ'dʒekʃn] noun 1. [non-acceptance] rejet *m* 2. [of candidate] refus *m*.

rejoice [rɪ'dʒɔɪs] vi ▸ to rejoice (at OR in) se réjouir (de).

rejuvenate [rɪ'dʒu:vəneɪt] vt rajeunir.

rekindle [,ri:'kɪndl] vt *fig* ranimer, raviver.

relapse [rɪ'læps] ❖ noun rechute *f*. ❖ vi ▸ to relapse into retomber dans.

relate [rɪ'leɪt] ❖ vt 1. [connect] ▸ to relate sthg to sthg établir un lien OR rapport entre qqch et qqch 2. [tell] raconter. ❖ vi 1. [be connected] ▸ to relate to avoir un rapport avec 2. [concern] ▸ to relate to se rapporter à 3. [empathize] ▸ to relate (to sb) s'entendre (avec qqn). ◆ **relating to** prep concernant.

related [rɪ'leɪtɪd] adj 1. [people] apparenté(e) 2. [issues, problems] lié(e).

relation [rɪ'leɪʃn] noun 1. [connection] ▸ relation (to/between) rapport *m* (avec/entre) 2. [person] parent *m*, -e *f*. ◆ **relations** pl n [relationship] relations *fpl*, rapports *mpl*.

relationship [rɪ'leɪʃnʃɪp] noun 1. [between people, countries] relations *fpl*, rapports *mpl* ; [romantic] liaison *f* 2. [connection] rapport *m*, lien *m*.

relative ['relətɪv] ❖ adj relatif(ive). ❖ noun parent *m*, -e *f*. ◆ **relative to** prep [compared with] relativement à ; [connected with] se rapportant à, relatif(ive) à.

relatively ['relətɪvlɪ] adv relativement.

relax [rɪ'læks] ❖ vt 1. [person] détendre, relaxer 2. [muscle, body] décontracter, relâcher ; [one's grip] desserrer 3. [rule] relâcher. ❖ vi 1. [person] se détendre, se décontracter 2. [muscle, body] se relâcher, se décontracter 3. [one's grip] se desserrer.

relaxation [,ri:læk'seɪʃn] noun 1. [of person] relaxation *f*, détente *f* 2. [of rule] relâchement *m*.

relaxed [rɪ'lækst] adj détendu(e), décontracté(e).

relaxing [rɪ'læksɪŋ] adj relaxant(e), qui détend.

relay ['ri:leɪ] ❖ noun 1. SPORT ▸ relay (race) course *f* de relais 2. RADIO & TV [broadcast] retransmission *f*. ❖ vt 1. RADIO & TV [broadcast] relayer 2. [message, information] transmettre, communiquer.

release [rɪ'li:s] ❖ noun 1. [from prison, cage] libération *f* 2. [from pain, misery] délivrance *f* 3. [statement] communiqué *m* 4. [of gas, heat] échappement *m* 5. *(U)* [of film, album] sortie *f* 6. [new film, album] nouveauté *f*. ❖ vt 1. [set free] libérer 2. [lift restriction on] ▸ to release sb from dégager qqn de 3. [make available - supplies] libérer ; [- funds] débloquer 4. [let go of] lâcher **5.** [TECH - brake, handle] desserrer ; [- mechanism] déclencher **6.** [gas, heat] ▶ **to be released (from/into)** se dégager (de/dans), s'échapper (de/dans) **7.** [film, album] sortir ; [statement, report] publier.

relegate ['relɪgeɪt] vt reléguer ▶ **to be relegated** [US] SPORT être relégué(e) à la division inférieure.

relent [rɪ'lent] vi [person] se laisser fléchir ; [wind, storm] se calmer.

relentless [rɪ'lentlɪs] adj implacable.

relevance ['reləvəns] noun (U) **1.** [connection] ▶ **relevance (to)** rapport m (avec) **2.** [significance] ▶ **relevance (to)** importance f (pour).

relevant ['reləvənt] adj **1.** [connected] ▶ **relevant (to)** qui a un rapport (avec) **2.** [significant] ▶ **relevant (to)** important(e) (pour) **3.** [appropriate - information] utile ; [- document] justificatif(ive).

reliability [rɪ,laɪə'bɪlətɪ] noun fiabilité f.

reliable [rɪ'laɪəbl] adj [person] sur qui on peut compter, fiable ; [device] fiable ; [company, information] sérieux(euse).

reliably [rɪ'laɪəblɪ] adv de façon fiable ▶ **to be reliably informed (that)...** savoir de source sûre que....

reliance [rɪ'laɪəns] noun ▶ **reliance (on)** dépendance f (de).

reliant [rɪ'laɪənt] adj ▶ **to be reliant on** être dépendant(e) de.

relic ['relɪk] noun relique f ; [of past] vestige m.

relief [rɪ'liːf] noun **1.** [comfort] soulagement m **2.** [for poor, refugees] aide f, assistance f **3.** [US] [social security] aide f sociale.

relieve [rɪ'liːv] vt **1.** [pain, anxiety] soulager ▶ **to relieve sb of sthg** [take away from] délivrer qqn de qqch **2.** [take over from] relayer **3.** [give help to] secourir, venir en aide à.

relieved [rɪ'liːvd] adj soulagé(e).

religion [rɪ'lɪdʒn] noun religion f.

religious [rɪ'lɪdʒəs] adj religieux(euse) ; [book] de piété.

relinquish [rɪ'lɪŋkwɪʃ] vt [power] abandonner ; [claim, plan] renoncer à ; [post] quitter.

relish ['relɪʃ] ◆ noun **1.** [enjoyment] ▶ **with (great) relish** avec délectation **2.** [pickle] condiment m. ◆ vt [enjoy] prendre plaisir à / *I don't relish the thought* OR *idea* OR *prospect of seeing him* la perspective de le voir ne m'enchante OR ne me sourit guère.

relocate [,riːləʊ'keɪt] ◆ vt installer ailleurs, transférer. ◆ vi s'installer ailleurs, déménager.

reluctance [rɪ'lʌktəns] noun répugnance f.

reluctant [rɪ'lʌktənt] adj peu enthousiaste ▶ **to be reluctant to do sthg** rechigner à faire qqch, être peu disposé(e) à faire qqch.

reluctantly [rɪ'lʌktəntlɪ] adv à contrecœur, avec répugnance.

rely [rɪ'laɪ] ◆ **rely on** vt insep **1.** [count on] compter sur ▶ **to rely on sb to do sthg** compter sur qqn OR faire confiance à qqn pour faire qqch **2.** [be dependent on] dépendre de.

remain [rɪ'meɪn] ◆ vt rester ▶ **to remain to be done** rester à faire. ◆ vi rester. ◆ **remains** pl n **1.** [remnants] restes mpl **2.** [antiquities] ruines fpl, vestiges mpl.

remainder [rɪ'meɪndər] noun reste m.

remaining [rɪ'meɪnɪŋ] adj qui reste.

remand [rɪ'mɑːnd] ◆ noun LAW ▶ **on remand** en détention préventive. ◆ vt LAW ▶ **to remand sb (in custody)** placer qqn en détention préventive.

remark [rɪ'mɑːk] ◆ noun [comment] remarque f, observation f. ◆ vt [comment] ▶ **to remark that...** faire remarquer que....

remarkable [rɪ'mɑːkəbl] adj remarquable.

remarry [,riː'mærɪ] vi se remarier.

remedial [rɪ'miːdjəl] adj **1.** [pupil, class] de rattrapage **2.** [exercise] correctif(ive) ; [action] de rectification.

remedy ['remədɪ] ◆ noun ▶ **remedy (for)** a) MED remède m (pour OR contre) b) fig remède (à OR contre). ◆ vt remédier à.

remember [rɪ'membər] ◆ vt [gen] se souvenir de, se rappeler ▶ **to remember to do sthg** ne pas oublier de faire qqch, penser à faire qqch ▶ **to remember doing sthg** se souvenir d'avoir fait qqch, se rappeler avoir fait qqch. ◆ vi se souvenir, se rappeler.

remembrance [rɪ'membrəns] noun ▶ **in remembrance of** en souvenir OR mémoire de.

Remembrance Day, Remembrance Sunday [US] noun l'Armistice m.

remind [rɪ'maɪnd] vt [tell] ▶ **to remind sb of** OR **about sthg** rappeler qqch à qqn ▶ **to remind sb to do sthg** rappeler à qqn de faire qqch, faire penser à qqn à faire qqch.

reminder [rɪ'maɪndər] noun **1.** [to jog memory] ▶ **to give sb a reminder (to do sthg)** faire penser à qqn (à faire qqch) **2.** [letter, note] rappel m.

reminisce [ˌremɪˈnɪs] vi évoquer des souvenirs ▶ **to reminisce about sthg** évoquer qqch.

reminiscent [ˌremɪˈnɪsnt] adj ▶ **reminiscent of** qui rappelle, qui fait penser à.

remiss [rɪˈmɪs] adj négligent(e).

remit[1] [rɪˈmɪt] vt [money] envoyer, verser.

remit[2] [ˈriːmɪt] noun **UK** [responsibility] attributions fpl.

remittance [rɪˈmɪtns] noun **1.** [amount of money] versement m **2.** COMM règlement m, paiement m.

remnant [ˈremnənt] noun **1.** [remaining part] reste m, restant m **2.** [of cloth] coupon m.

remorse [rɪˈmɔːs] noun (U) remords m.

remorseful [rɪˈmɔːsfʊl] adj plein(e) de remords.

remorseless [rɪˈmɔːslɪs] adj implacable.

remote [rɪˈməʊt] adj **1.** [far-off - place] éloigné(e) ; [- time] lointain(e) **2.** [person] distant(e) **3.** [possibility, chance] vague.

remote control noun télécommande f.

remotely [rɪˈməʊtlɪ] adv **1.** [in the slightest] ▶ **not remotely** pas le moins du monde, absolument pas **2.** [far off] au loin.

remould [ˈriːməʊld] noun **UK** pneu m rechapé.

removable [rɪˈmuːvəbl] adj [detachable] détachable, amovible.

removal [rɪˈmuːvl] noun **1.** (U) [act of removing] enlèvement m **2.** **UK** [change of house] déménagement m.

removal van noun **UK** camion m de déménagement.

remove [rɪˈmuːv] vt **1.** [take away - gen] enlever ; [- stain] faire partir, enlever ; [- problem] résoudre ; [- suspicion] dissiper **2.** [clothes] ôter, enlever **3.** [employee] renvoyer.

removed [rɪˈmuːvd] adj ▶ **to be far removed from** être très éloigné(e) ou différent(e) de.

remuneration [rɪˌmjuːnəˈreɪʃn] noun fml rémunération f.

render [ˈrendər] vt rendre ; [assistance] porter ; FIN [account] présenter.

rendezvous [ˈrɒndɪvuː] noun (pl inv) rendez-vous m inv.

rendition [renˈdɪʃn] noun interprétation f.

renegade [ˈrenɪgeɪd] noun renégat m, -e f.

renege [rɪˈniːg] vi fml ▶ **to renege on** manquer à, revenir sur.

renew [rɪˈnjuː] vt **1.** [gen] renouveler ; [negotiations, strength] reprendre ; [interest] faire renaître ▶ **to renew acquaintance with sb** renouer connaissance avec qqn **2.** [replace] remplacer.

renewable [rɪˈnjuːəbl] adj renouvelable.

renewal [rɪˈnjuːəl] noun **1.** [of activity] reprise f **2.** [of contract, licence] renouvellement m.

renounce [rɪˈnaʊns] vt renoncer à.

renovate [ˈrenəveɪt] vt rénover.

renown [rɪˈnaʊn] noun renommée f, renom m.

renowned [rɪˈnaʊnd] adj ▶ **renowned (for)** renommé(e) (pour).

rent [rent] ❖ noun [for house] loyer m. ❖ vt louer.

rental [ˈrentl] ❖ adj de location. ❖ noun [for car, television, video] prix m de location ; [for house] loyer m.

rental car noun **US** voiture f de location.

reorganize, reorganise **UK** [ˌriːˈɔːgənaɪz] vt réorganiser.

rep [rep] noun inf **1.** (abbr of representative) VRP m **2.** abbr of repertory.

repaid [riːˈpeɪd] pt & pp ⟶ **repay**.

repair [rɪˈpeər] ❖ noun réparation f ▶ **in good / bad repair** en bon / mauvais état. ❖ vt réparer.

repartee [ˌrepɑːˈtiː] noun repartie f.

repatriate [ˌriːˈpætrɪeɪt] vt rapatrier.

repay [riːˈpeɪ] (pt & pp **repaid**) vt **1.** [money] ▶ **to repay sb sthg, to repay sthg to sb** rembourser qqch à qqn **2.** [favour] payer de retour, récompenser.

repayment [riːˈpeɪmənt] noun remboursement m.

repayment mortgage noun prêt logement m.

repeal [rɪˈpiːl] ❖ noun abrogation f. ❖ vt abroger.

repeat [rɪˈpiːt] ❖ vt **1.** [gen] répéter **2.** RADIO & TV rediffuser. ❖ noun RADIO & TV reprise f, rediffusion f.

repeatedly [rɪˈpiːtɪdlɪ] adv à maintes reprises, très souvent.

repel [rɪˈpel] vt repousser.

repellent [rɪˈpelənt] ❖ adj répugnant(e), repoussant(e) ▶ **water-repellent** imperméabilisant(e). ❖ noun ▶ **insect repellent** insecticide m.

repent [rɪ'pent] ❖ vt se repentir de. ❖ vi
▸ **to repent (of)** se repentir (de).

repentance [rɪ'pentəns] noun (U) repentir m.

repercussions [,ri:pə'kʌʃnz] pl n répercussions fpl.

repertoire ['repətwɑ:r] noun répertoire m.

repertory ['repətrɪ] noun répertoire m.

repetition [,repɪ'tɪʃn] noun répétition f.

repetitious [,repɪ'tɪʃəs], **repetitive** [rɪ'petɪtɪv] adj [action, job] répétitif(ive) ; [article, speech] qui a des redites.

replace [rɪ'pleɪs] vt **1.** [gen] remplacer **2.** [put back] replacer, remettre (à sa place).

replacement [rɪ'pleɪsmənt] noun **1.** [substituting] remplacement m ; [putting back] replacement m **2.** [new person] ▸ **replacement (for sb)** remplaçant m, -e f (de qqn).

replay ❖ noun ['ri:pleɪ] match m rejoué. ❖ vt [,ri:'pleɪ] **1.** [match, game] rejouer **2.** [film, tape] repasser.

replenish [rɪ'plenɪʃ] vt ▸ **to replenish one's supply of sthg** se réapprovisionner en qqch.

replica ['replɪkə] noun copie f exacte, réplique f.

reply [rɪ'plaɪ] ❖ noun ▸ **reply (to)** réponse f (à). ❖ vt & vi répondre.

report [rɪ'pɔ:t] ❖ noun **1.** [account] rapport m, compte m rendu **2.** PRESS reportage m **3.** UK SCH bulletin m (scolaire). ❖ vt **1.** [news, crime] rapporter, signaler ▸ *to be reported missing/dead* être porté(e) disparu(e)/au nombre des morts **2.** [make known] ▸ **to report that...** annoncer que... **3.** [complain about] ▸ **to report sb (to)** dénoncer qqn (à). ❖ vi **1.** [give account] ▸ **to report (on)** faire un rapport (sur) ; PRESS faire un reportage (sur) **2.** [present oneself] ▸ **to report (to sb/for sthg)** se présenter (à qqn/pour qqch).

report card noun US bulletin m (scolaire).

reported [rɪ'pɔ:tɪd] adj : *there have been reported sightings of dolphins off the coast* on aurait vu des dauphins près des côtes.

reportedly [rɪ'pɔ:tɪdlɪ] adv à ce qu'il paraît.

reported speech [rɪ'pɔ:tɪd-] noun style m indirect.

reporter [rɪ'pɔ:tər] noun reporter m.

repose [rɪ'pəʊz] noun *liter* repos m.

repository [rɪ'pɒzɪtrɪ] noun dépôt m.

repossess [,ri:pə'zes] vt saisir.

reprehensible [,reprɪ'hensəbl] adj *fml* répréhensible.

represent [,reprɪ'zent] vt [gen] représenter.

representation [,reprɪzen'teɪʃn] noun [gen] représentation f. ◆ **representations** pl n ▸ **to make representations to sb** faire une démarche auprès de qqn.

representative [,reprɪ'zentətɪv] ❖ adj représentatif(ive). ❖ noun représentant m, -e f.

repress [rɪ'pres] vt réprimer.

repression [rɪ'preʃn] noun répression f ; [sexual] refoulement m.

reprieve [rɪ'pri:v] ❖ noun **1.** [delay] sursis m, répit m **2.** LAW sursis m. ❖ vt accorder un sursis à.

reprimand ['reprɪmɑ:nd] ❖ noun réprimande f. ❖ vt réprimander.

reprisal [rɪ'praɪzl] noun (U) représailles fpl.

reproach [rɪ'prəʊtʃ] ❖ noun reproche m. ❖ vt ▸ **to reproach sb for OR with sthg** reprocher qqch à qqn.

reproachful [rɪ'prəʊtʃfʊl] adj [voice, look, attitude] réprobateur(trice) ; [tone, words] de reproche, réprobateur(trice).

reproduce [,ri:prə'dju:s] ❖ vt reproduire. ❖ vi se reproduire.

reproduction [,ri:prə'dʌkʃn] noun reproduction f.

reproof [rɪ'pru:f] noun *fml* reproche m, blâme m.

reprove [rɪ'pru:v] vt *fml* ▸ **to reprove sb (for)** blâmer qqn (pour OR de), réprimander qqn (pour).

reptile ['reptaɪl] noun reptile m.

republic [rɪ'pʌblɪk] noun république f.

republican [rɪ'pʌblɪkən] ❖ adj républicain(e). ❖ noun républicain m, -e f. ◆ **Republican** ❖ adj républicain(e) ▸ **the Republican Party** US le parti républicain. ❖ noun républicain m, -e f.

repudiate [rɪ'pju:dɪeɪt] vt *fml* [offer, suggestion] rejeter ; [friend] renier.

repugnant [rɪ'pʌɡnənt] adj *fml* répugnant(e).

repulse [rɪ'pʌls] vt repousser.

repulsive [rɪ'pʌlsɪv] adj repoussant(e).

reputable ['repjʊtəbl] adj de bonne réputation.

reputation [,repjʊ'teɪʃn] noun réputation f.

repute [rɪ'pju:t] noun ▸ **of good repute** de bonne réputation.

reputed [rɪ'pju:tɪd] adj réputé(e) ▸ **to be reputed to be sthg** être réputé pour être qqch, avoir la réputation d'être qqch.

reputedly [rɪ'pjuːtɪdlɪ] adv à ou d'après ce qu'on dit.

request [rɪ'kwest] ❖ noun ▶ request (for) demande *f* (de) ▶ on request sur demande. ❖ vt demander ▶ to request sb to do sthg demander à qqn de faire qqch.

request stop noun 🇬🇧 arrêt *m* facultatif.

require [rɪ'kwaɪəʳ] vt [subj: person] avoir besoin de ; [subj: situation] nécessiter ▶ to require sb to do sthg exiger de qqn qu'il fasse qqch.

required [rɪ'kwaɪəd] adj exigé(e), requis(e).

requirement [rɪ'kwaɪəmənt] noun besoin *m* ▶ this doesn't meet our requirements ceci ne répond pas à nos exigences.

requisition [ˌrekwɪ'zɪʃn] vt réquisitionner.

rerun ❖ noun ['riːrʌn] [of TV programme] rediffusion *f*, reprise *f* ; *fig* répétition *f*. ❖ vt [ˌriː'rʌn] (*pt* -ran, *pp* -run) **1.** [race] réorganiser **2.** [TV programme] rediffuser ; [tape] passer à nouveau, repasser.

resat [ˌriː'sæt] pt & pp ⟶ **resit**.

rescind [rɪ'sɪnd] vt *fml* [contract] annuler ; [law] abroger.

rescue ['reskjuː] ❖ noun **1.** (U) [help] secours *mpl* **2.** [successful attempt] sauvetage *m*. ❖ vt sauver, secourir.

rescuer ['reskjuəʳ] noun sauveteur *m*, -euse *f*.

research [ˌrɪ'sɜːtʃ] noun (U) ▶ research (on ou into) recherche *f* (sur), recherches *fpl* (sur) ▶ research and development recherche et développement *m*. ❖ vt faire des recherches sur.

researcher [rɪ'sɜːtʃəʳ] noun chercheur *m*, -euse *f*.

resemblance [rɪ'zembləns] noun ▶ resemblance (to) ressemblance *f* (avec).

resemble [rɪ'zembl] vt ressembler à.

resent [rɪ'zent] vt être indigné(e) par.

resentful [rɪ'zentful] adj plein(e) de ressentiment.

resentment [rɪ'zentmənt] noun ressentiment *m*.

reservation [ˌrezə'veɪʃn] noun **1.** [booking] réservation *f* **2.** [uncertainty] ▶ without reservation sans réserve ▶ to have reservations about sthg faire ou émettre des réserves sur qqch **3.** 🇺🇸 [for Native Americans] réserve *f* indienne.

reserve [rɪ'zɜːv] ❖ noun **1.** [gen] réserve *f* ▶ in reserve en réserve **2.** SPORT remplaçant *m*, -e *f*. ❖ vt **1.** [save] garder, réserver **2.** [book] réserver **3.** [retain] ▶ to reserve the

right to do sthg se réserver le droit de faire qqch.

reserved [rɪ'zɜːvd] adj réservé(e).

reservoir ['rezəvwɑːʳ] noun réservoir *m*.

reset [ˌriː'set] (*pt* & *pp* reset) vt **1.** [clock, watch] remettre à l'heure ; [meter, controls] remettre à zéro **2.** COMPUT ré-initialiser.

reshape [ˌriː'ʃeɪp] vt [policy, thinking] réorganiser.

reshuffle [ˌriː'ʃʌfl] ❖ noun remaniement *m* ▶ cabinet reshuffle remaniement ministériel. ❖ vt remanier.

reside [rɪ'zaɪd] vi *fml* résider.

residence ['rezɪdəns] noun résidence *f*.

residence permit noun permis *m* de séjour.

resident ['rezɪdənt] ❖ adj résidant(e) ; [chaplain, doctor] à demeure. ❖ noun résident *m*, -e *f*.

residential [ˌrezɪ'denʃl] adj : *residential course* stage ou formation *avec logement sur place* ▶ residential institution internat *m*.

residential area noun quartier *m* résidentiel.

residue ['rezɪdjuː] noun reste *m* ; CHEM résidu *m*.

resign [rɪ'zaɪn] ❖ vt **1.** [job] démissionner de **2.** [accept calmly] ▶ to resign o.s. to se résigner à. ❖ vi ▶ to resign (from) démissionner (de).

resignation [ˌrezɪg'neɪʃn] noun **1.** [from job] démission *f* **2.** [calm acceptance] résignation *f*.

resigned [rɪ'zaɪnd] adj ▶ resigned (to) résigné(e) (à).

resilience [rɪ'zɪlɪəns] noun [of material] élasticité *f* ; [of person] ressort *m*.

resilient [rɪ'zɪlɪənt] adj [material] élastique ; [person] qui a du ressort.

resin ['rezɪn] noun résine *f*.

resist [rɪ'zɪst] vt résister à.

resistance [rɪ'zɪstəns] noun résistance *f*.

resit 🇬🇧 ❖ noun ['riːsɪt] deuxième session *f*. ❖ vt [ˌriː'sɪt] (*pt* & *pp* -sat) repasser, se représenter à.

resolute ['rezəluːt] adj résolu(e).

resolution [ˌrezə'luːʃn] noun résolution *f*.

resolve [rɪ'zɒlv] ❖ noun (U) [determination] résolution *f*. ❖ vt **1.** [decide] ▶ to resolve (that)... décider que... ▶ to resolve to do sthg résoudre ou décider de faire qqch **2.** [solve] résoudre.

resort [rɪ'zɔːt] noun **1.** [for holidays] lieu *m* de vacances **2.** [recourse] recours *m* ▶ as a last

resort, in the last resort en dernier ressort OR recours. ◆ **resort to** vt insep recourir à, avoir recours à.

resound [rɪ'zaʊnd] vi **1.** [noise] résonner **2.** [place] ▶ **to resound with** retentir de.

resounding [rɪ'zaʊndɪŋ] adj **1.** [loud - noise, blow, wail] retentissant(e) ; [- voice] sonore, claironnant(e) ; [- explosion] violent(e) **2.** [unequivocal] retentissant(e), éclatant(e).

resource [rɪ'sɔːs] noun ressource f.

resourceful [rɪ'sɔːsfʊl] adj plein(e) de ressources, débrouillard(e).

respect [rɪ'spekt] ◆ noun **1.** [gen] ▶ **respect (for)** respect m (pour) ▶ **with respect** avec respect / **with respect,...** sauf votre respect,... **2.** [aspect] ▶ **in this** OR **that respect** à cet égard ▶ **in some respects** à certains égards. ◆ vt respecter ▶ **to respect sb for sthg** respecter qqn pour qqch. ◆ **respects** pl n respects mpl, hommages mpl. ◆ **with respect to** prep en ce qui concerne, quant à.

respectable [rɪ'spektəbl] adj **1.** [morally correct] respectable **2.** [adequate] raisonnable, honorable.

respectful [rɪ'spektfʊl] adj respectueux(euse).

respective [rɪ'spektɪv] adj respectif(ive).

respectively [rɪ'spektɪvlɪ] adv respectivement.

respite ['respaɪt] noun répit m.

resplendent [rɪ'splendənt] adj liter resplendissant(e).

respond [rɪ'spɒnd] vi ▶ **to respond (to)** répondre (à).

response [rɪ'spɒns] noun réponse f.

responsibility [rɪˌspɒnsə'bɪlətɪ] noun ▶ **responsibility (for)** responsabilité f (de).

responsible [rɪ'spɒnsəbl] adj **1.** [gen] ▶ **responsible (for sthg)** responsable (de qqch) ▶ **to be responsible to sb** être responsable devant qqn **2.** [job, position] qui comporte des responsabilités.

responsibly [rɪ'spɒnsəblɪ] adv de façon responsable.

responsive [rɪ'spɒnsɪv] adj **1.** [quick to react] qui réagit bien **2.** [aware] ▶ **responsive (to)** attentif(ive) (à).

rest [rest] ◆ noun **1.** [remainder] ▶ **the rest (of)** le reste (de) ▶ **the rest (of them)** les autres mf pl **2.** [relaxation, break] repos m ▶ **to have a rest** se reposer **3.** [support] support m, appui m. ◆ vt **1.** [relax] faire OR laisser reposer **2.** [support] ▶ **to rest sthg on/against** appuyer qqch sur/contre. ◆ vi **1.** [relax] se reposer **2.** [be supported] ▶ **to rest on/against** s'appuyer sur/contre **3.** fig [argument, result] ▶ **to rest on** reposer sur **4.** PHR **rest assured** soyez certain(e).

restaurant ['restərɒnt] noun restaurant m.

restaurant car noun UK wagon-restaurant m.

restful ['restfʊl] adj reposant(e).

restive ['restɪv] adj agité(e).

restless ['restlɪs] adj agité(e).

restoration [ˌrestə'reɪʃn] noun **1.** [of law and order, monarchy] rétablissement m **2.** [renovation] restauration f.

restore [rɪ'stɔːr] vt **1.** [law and order, monarchy] rétablir ; [confidence] redonner **2.** [renovate] restaurer **3.** [give back] rendre, restituer.

restrain [rɪ'streɪn] vt [person, crowd] contenir, retenir ; [emotions] maîtriser, contenir ▶ **to restrain o.s. from doing sthg** se retenir de faire qqch.

restrained [rɪ'streɪnd] adj [tone] mesuré(e) ; [person] qui se domine.

restraint [rɪ'streɪnt] noun **1.** [restriction] restriction f, entrave f **2.** (U) [self-control] mesure f, retenue f.

restrict [rɪ'strɪkt] vt restreindre, limiter.

restriction [rɪ'strɪkʃn] noun restriction f, limitation f.

restrictive [rɪ'strɪktɪv] adj restrictif(ive).

rest room noun US toilettes fpl.

result [rɪ'zʌlt] ◆ noun résultat m ▶ **as a result** en conséquence ▶ **as a result of a)** [as a consequence of] à la suite de **b)** [because of] à cause de. ◆ vi **1.** [cause] ▶ **to result in** aboutir à **2.** [be caused] ▶ **to result (from)** résulter (de).

resume [rɪ'zjuːm] vt & vi reprendre.

résumé ['rezjuːmeɪ] noun **1.** [summary] résumé m **2.** US [curriculum vitae] curriculum vitae m inv, CV m.

resumption [rɪ'zʌmpʃn] noun reprise f.

resurgence [rɪ'sɜːdʒəns] noun réapparition f.

resurrection [ˌrezə'rekʃn] noun fig résurrection f.

resuscitation [rɪˌsʌsɪ'teɪʃn] noun réanimation f.

retail ['riːteɪl] ◆ noun (U) détail m. ◆ adv au détail.

retailer ['riːteɪlər] noun détaillant m, -e f.

retail park noun UK centre m commercial.

retail price noun prix m de détail.

retail therapy noun ▶ **to do some retail therapy** inf faire du shopping pour se remonter le moral.

retain [rɪˈteɪn] vt conserver.

retainer [rɪˈteɪnər] noun [fee] provision f.

retaliate [rɪˈtælɪeɪt] vi rendre la pareille, se venger.

retaliation [rɪˌtælɪˈeɪʃn] noun (U) vengeance f, représailles fpl.

retarded [rɪˈtɑːdɪd] adj offens retardé(e).

retch [retʃ] vi avoir des haut-le-cœur.

retentive [rɪˈtentɪv] adj [memory] fidèle.

reticent [ˈretɪsənt] adj peu communicatif(ive) ▶ **to be reticent about sthg** ne pas beaucoup parler de qqch.

retina [ˈretɪnə] (pl -nas or -nae) noun rétine f.

retinue [ˈretɪnjuː] noun suite f.

retire [rɪˈtaɪər] vi **1.** [from work] prendre sa retraite **2.** [withdraw] se retirer **3.** fml [to bed] (aller) se coucher.

retired [rɪˈtaɪəd] adj à la retraite, retraité(e).

retirement [rɪˈtaɪəmənt] noun retraite f.

retiring [rɪˈtaɪərɪŋ] adj [shy] réservé(e).

retort [rɪˈtɔːt] ❖ noun [sharp reply] riposte f. ❖ vt riposter.

retrace [rɪˈtreɪs] vt ▶ **to retrace one's steps** revenir sur ses pas.

retract [rɪˈtrækt] ❖ vt **1.** [statement] rétracter **2.** [undercarriage] rentrer, escamoter ; [claws] rentrer. ❖ vi [undercarriage] rentrer, s'escamoter.

retrain [ˌriːˈtreɪn] vt recycler.

retraining [ˌriːˈtreɪnɪŋ] noun recyclage m.

retread noun [ˈriːtred] pneu m rechapé.

retreat [rɪˈtriːt] ❖ noun retraite f. ❖ vi [move away] se retirer ; MIL battre en retraite.

retribution [ˌretrɪˈbjuːʃn] noun châtiment m.

retrieval [rɪˈtriːvl] noun (U) COMPUT recherche f et extraction f.

retrieve [rɪˈtriːv] vt **1.** [get back] récupérer **2.** COMPUT rechercher et extraire **3.** [situation] sauver.

retriever [rɪˈtriːvər] noun [dog] retriever m.

retrograde [ˈretrəgreɪd] adj fml rétrograde.

retrospect [ˈretrəspekt] noun ▶ **in retrospect** après coup.

retrospective [ˌretrəˈspektɪv] adj **1.** [mood, look] rétrospectif(ive) **2.** LAW [law, pay rise] rétroactif(ive).

return [rɪˈtɜːn] ❖ noun **1.** (U) [arrival back, giving back] retour m **2.** TENNIS renvoi m **3.** UK [ticket] aller et retour m **4.** [profit] rapport m, rendement m. ❖ vt **1.** [gen] rendre ; [loan] rembourser ; [library book] rapporter **2.** [send back] renvoyer **3.** [replace] remettre **4.** POL élire. ❖ vi [come back] revenir ; [go back] retourner. ◆ **returns** pl n COMM recettes fpl ▶ **many happy returns (of the day)!** bon anniversaire ! ◆ **in return** adv en retour, en échange. ◆ **in return for** prep en échange de.

return ticket noun UK aller et retour m.

reunification [ˌriːjuːnɪfɪˈkeɪʃn] noun réunification f.

reunion [ˌriːˈjuːnjən] noun réunion f.

reunite [ˌriːjuːˈnaɪt] vt ▶ **to be reunited with sb** retrouver qqn.

rev [rev] inf ❖ noun (abbr of revolution) tour m. ❖ vt ▶ **to rev the engine (up)** emballer le moteur. ❖ vi ▶ **to rev (up)** s'emballer.

revamp [ˌriːˈvæmp] vt inf [system, department] réorganiser ; [house] retaper.

reveal [rɪˈviːl] vt révéler.

revealing [rɪˈviːlɪŋ] adj **1.** [clothes - low-cut] décolleté(e) ; [- transparent] qui laisse deviner le corps **2.** [comment] révélateur(trice).

revel [ˈrevl] vi ▶ **to revel in sthg** se délecter de qqch.

revelation [ˌrevəˈleɪʃn] noun révélation f.

revenge [rɪˈvendʒ] ❖ noun vengeance f ▶ **to take revenge (on sb)** se venger (de qqn). ❖ vt venger ▶ **to revenge o.s. on sb** se venger de qqn.

revenue [ˈrevənjuː] noun revenu m.

reverberate [rɪˈvɜːbəreɪt] vi retentir, se répercuter ; fig avoir des répercussions.

reverberations [rɪˌvɜːbəˈreɪʃnz] pl n réverbérations fpl ; fig répercussions fpl.

revere [rɪˈvɪər] vt révérer, vénérer.

reverence [ˈrevərəns] noun révérence f, vénération f.

Reverend [ˈrevərənd] noun révérend m.

reverie [ˈrevərɪ] noun liter rêverie f.

reversal [rɪˈvɜːsl] noun **1.** [of policy, decision] revirement m **2.** [ill fortune] revers m de fortune.

reverse [rɪˈvɜːs] ❖ adj [order, process] inverse. ❖ noun **1.** AUTO ▶ **reverse (gear)** marche f arrière **2.** [opposite] ▶ **the reverse** le contraire **3.** [back] ▶ **the reverse a)** [of paper] le verso, le dos **b)** [of coin] le revers. ❖ vt **1.** [order, positions] inverser; [decision, trend] renverser **2.** [turn over] retourner **3.** UK TELEC ▶ **to reverse the charges** téléphoner en PCV. ❖ vi AUTO faire marche arrière.

reverse-charge call noun UK appel *m* en PCV.

revert [rɪ'vɜ:t] vi ▶ **to revert to** retourner à.

review [rɪ'vju:] ❖ noun **1.** [of salary, spending] révision *f*; [of situation] examen *m* **2.** [of book, play] critique *f*, compte rendu *m*. ❖ vt **1.** [salary] réviser; [situation] examiner **2.** [book, play] faire la critique de **3.** [troops] passer en revue **4.** US [study again] réviser.

reviewer [rɪ'vju:ər] noun critique *mf*.

revile [rɪ'vaɪl] vt injurier.

revise [rɪ'vaɪz] ❖ vt **1.** [reconsider] modifier **2.** [rewrite] corriger **3.** UK [study again] réviser. ❖ vi UK ▶ **to revise (for)** réviser (pour).

revision [rɪ'vɪʒn] noun révision *f*.

revitalize, revitalise UK [,ri:'vaɪtəlaɪz] vt revitaliser.

revival [rɪ'vaɪvl] noun [of economy, trade] reprise *f*; [of interest] regain *m*.

revive [rɪ'vaɪv] ❖ vt **1.** [person] ranimer **2.** [economy] relancer; [interest] faire renaître; [tradition] rétablir; [musical, play] reprendre; [memories] ranimer, raviver. ❖ vi **1.** [person] reprendre connaissance **2.** [economy] repartir, reprendre; [hopes] renaître.

revolt [rɪ'vəult] ❖ noun révolte *f*. ❖ vt révolter, dégoûter. ❖ vi se révolter.

revolting [rɪ'vəultɪŋ] adj dégoûtant(e); [smell] infect(e).

revolution [,revə'lu:ʃn] noun **1.** [gen] révolution *f* **2.** TECH tour *m*, révolution *f*.

revolutionary [,revə'lu:ʃnərɪ] ❖ adj révolutionnaire. ❖ noun révolutionnaire *mf*.

revolve [rɪ'vɒlv] vi ▶ **to revolve (around)** tourner (autour de).

revolver [rɪ'vɒlvər] noun revolver *m*.

revolving [rɪ'vɒlvɪŋ] adj tournant(e); [chair] pivotant(e).

revolving door noun tambour *m*.

revue [rɪ'vju:] noun revue *f*.

revulsion [rɪ'vʌlʃn] noun répugnance *f*.

reward [rɪ'wɔ:d] ❖ noun récompense *f*. ❖ vt ▶ **to reward sb (for/with sthg)** récompenser qqn (de/par qqch).

rewarding [rɪ'wɔ:dɪŋ] adj [job] qui donne de grandes satisfactions; [book] qui vaut la peine d'être lu(e).

rewind [,ri:'waɪnd] (*pt & pp* **rewound**) vt [tape] rembobiner.

rewire [,ri:'waɪər] vt [house] refaire l'installation électrique de.

reword [,ri:'wɜ:d] vt reformuler.

rewound [,ri:'waund] pt & pp ⟶ **rewind**.

rewrite [,ri:'raɪt] (*pt* **rewrote** [,ri:'rəut], *pp* **rewritten** [,ri:'rɪtn]) vt récrire.

Reykjavik ['rekjəvɪk] noun Reykjavik.

rhapsody ['ræpsədɪ] noun rhapsodie *f* ▶ **to go into rhapsodies about sthg** s'extasier sur qqch.

rhetoric ['retərɪk] noun rhétorique *f*.

rhetorical question [rɪ'tɒrɪkl-] noun question *f* pour la forme.

rheumatism ['ru:mətɪzm] noun (U) rhumatisme *m*.

Rhine [raɪn] noun ▶ **the (River) Rhine** le Rhin.

rhino ['raɪnəu] (*pl inv or* **-s**), **rhinoceros** [raɪ'nɒsərəs] (*pl inv or* **-es**) noun rhinocéros *m*.

rhododendron [,rəudə'dendrən] noun rhododendron *m*.

rhubarb ['ru:bɑ:b] noun rhubarbe *f*.

rhyme [raɪm] ❖ noun **1.** [word, technique] rime *f* **2.** [poem] poème *m*. ❖ vi ▶ **to rhyme (with)** rimer (avec).

rhythm ['rɪðm] noun rythme *m*.

rib [rɪb] noun **1.** ANAT côte *f* **2.** [of umbrella] baleine *f*; [of structure] membrure *f*.

ribbed [rɪbd] adj [jumper, fabric] à côtes.

ribbon ['rɪbən] noun ruban *m*.

rice [raɪs] noun riz *m*.

rich [rɪtʃ] ❖ adj riche; [clothes, fabrics] somptueux(euse) ▶ **to be rich in** être riche en. ❖ pl n ▶ **the rich** les riches *mpl*. ◆ **riches** pl n richesses *fpl*, richesse *f*.

richly ['rɪtʃlɪ] adv **1.** [rewarded] largement; [provided] très bien **2.** [sumptuously] richement.

richness ['rɪtʃnɪs] noun (U) richesse *f*.

rickets ['rɪkɪts] noun (U) rachitisme *m*.

rickety ['rɪkətɪ] adj branlant(e).

ricochet ['rɪkəʃeɪ] ❖ noun ricochet *m*. ❖ vi (*pt & pp* **-ed** *or* **-ted**) ▶ **to ricochet (off)** ricocher (sur).

rid [rɪd] vt (*pt* **rid** *or* **-ded**, *pp* **rid**) ▶ **to rid sb/ sthg of** débarrasser qqn/qqch de ▶ **to get rid of** se débarrasser de.

riddance ['rɪdəns] noun *inf* ▸ **good riddance!** bon débarras !

ridden ['rɪdn] pp ⟶ **ride**.

riddle ['rɪdl] noun énigme *f*.

riddled ['rɪdld] adj ▸ **to be riddled with** être criblé(e) de.

ride [raɪd] ❖ noun [trip] promenade *f*, tour *m* ▸ **to go for a ride** a) [on horse] faire une promenade à cheval b) [on bike] faire une promenade à vélo c) [in car] faire un tour en voiture ▸ **to take sb for a ride** *inf & fig* faire marcher qqn. ❖ vt (*pt* rode, *pp* ridden) **1.** [travel on] ▸ **to ride a horse/a bicycle** monter à cheval/à bicyclette **2.** US [travel in - bus, train, elevator] prendre **3.** [distance] parcourir, faire. ❖ vi (*pt* rode, *pp* ridden) [on horseback] monter à cheval, faire du cheval ; [on bicycle] faire de la bicyclette OR du vélo / *to ride in a car/bus* aller en voiture/bus.

rider ['raɪdər] noun [of horse] cavalier *m*, -ère *f* ; [of bicycle] cycliste *mf* ; [of motorbike] motocycliste *mf*.

ridge [rɪdʒ] noun **1.** [of mountain, roof] crête *f*, arête *f* **2.** [on surface] strie *f*.

ridicule ['rɪdɪkjuːl] ❖ noun ridicule *m*. ❖ vt ridiculiser.

ridiculous [rɪ'dɪkjʊləs] adj ridicule.

riding ['raɪdɪŋ] noun équitation *f*.

rife [raɪf] adj répandu(e).

riffraff ['rɪfræf] noun racaille *f*.

rifle ['raɪfl] ❖ noun fusil *m*. ❖ vt [drawer, bag] vider.

rift [rɪft] noun **1.** GEOL fissure *f* **2.** [quarrel] désaccord *m*.

rig [rɪg] ❖ noun **1.** ▸ **(oil) rig** a) [on land] derrick *m* b) [at sea] plate-forme *f* de forage **2.** US [truck] semi-remorque *m*. ❖ vt [match, election] truquer. ◆ **rig up** vt sep installer avec les moyens du bord.

rigging ['rɪgɪŋ] noun [of ship] gréement *m*.

right [raɪt] ❖ adj **1.** [correct - answer, time] juste, exact(e) ; [- decision, direction, idea] bon (bonne) ▸ **to be right (about)** avoir raison (au sujet de) **2.** [morally correct] bien (*inv*) ▸ **to be right to do sthg** avoir raison de faire qqch **3.** [appropriate] qui convient **4.** [not left] droit(e) **5.** US *inf* [complete] véritable. ❖ noun **1.** (*U*) [moral correctness] bien *m* ▸ **to be in the right** avoir raison **2.** [entitlement, claim] droit *m* ▸ **by rights** en toute justice **3.** [not left] droite *f*. ❖ adv **1.** [correctly] correctement **2.** [not left] à droite **3.** [emphatic use] : *right down/up* tout en bas/en haut / *right here* ici (même)

/ *right in the middle* en plein milieu / *go right to the end of the street* allez tout au bout de la rue ▸ **right now** tout de suite ▸ **right away** immédiatement. ❖ vt **1.** [injustice, wrong] réparer **2.** [ship] redresser. ❖ excl bon ! ◆ **rights** pl n droits *mpl* / *I know my rights* je connais mes droits. ◆ **Right** noun POL ▸ **the Right** la droite.

right angle noun angle *m* droit ▸ **to be at right angles (to)** faire un angle droit (avec).

right-click ❖ vt COMPUT cliquer avec le bouton droit de la souris sur. ❖ vi COMPUT cliquer avec le bouton droit de la souris.

righteous ['raɪtʃəs] adj *fml* [person] droit(e) ; [indignation] justifiée(e).

rightful ['raɪtfʊl] adj *fml* légitime.

right-hand adj de droite ▸ **right-hand side** droite *f*, côté *m* droit.

right-hand drive adj avec conduite à droite.

right-handed [-'hændɪd] adj [person] droitier(ère).

right-hand man noun bras *m* droit.

rightly ['raɪtlɪ] adv **1.** [answer, believe] correctement **2.** [behave] bien **3.** [angry, worried] à juste titre.

right of way noun **1.** AUTO priorité *f* **2.** [access] droit *m* de passage.

right-on adj UK *inf* idéologiquement correct(e).

right wing noun ▸ **the right wing** la droite. ◆ **right-wing** adj de droite.

rigid ['rɪdʒɪd] adj **1.** [gen] rigide **2.** [harsh] strict(e).

rigmarole ['rɪgmərəʊl] noun *pej* **1.** [process] comédie *f* **2.** [story] galimatias *m*.

rigor US = **rigour**.

rigorous ['rɪgərəs] adj rigoureux(euse).

rigour UK, **rigor** US ['rɪgər] noun rigueur *f*.

rile [raɪl] vt agacer.

rim [rɪm] noun [of container] bord *m* ; [of wheel] jante *f* ; [of spectacles] monture *f*.

rind [raɪnd] noun [of fruit] peau *f* ; [of cheese] croûte *f* ; [of bacon] couenne *f*.

ring [rɪŋ] ❖ noun **1.** UK [telephone call] ▸ **to give sb a ring** donner OR passer un coup de téléphone à qqn **2.** [sound of bell] sonnerie *f* **3.** [circular object] anneau *m* ; [on finger] bague *f* ; [for napkin] rond *m* **4.** [of people, trees] cercle *m* **5.** [for boxing] ring *m* **6.** [of criminals, spies] réseau *m*. ❖ vt (*pt* rang, *pp* rung) **1.** UK [make phone call to] téléphoner à, appeler **2.** [bell] (faire) sonner ▸ **to ring the doorbell** sonner à la porte **3.** (*pt & pp* **ringed**) [draw a circle round, surround] entourer. ❖ vi (*pt* **rang**, *pp* **rung**) **1.** UK [make phone call] téléphoner **2.** [bell, telephone, person] sonner ▸ **to ring for sb** sonner qqn **3.** [resound] ▸ **to ring with** résonner de. ◆ **ring back** vt sep & vi UK rappeler. ◆ **ring off** vi UK raccrocher. ◆ **ring up** vt sep UK téléphoner à, appeler.

ring binder noun classeur *m* à anneaux.

ring finger noun annulaire *m*.

ringing ['rɪŋɪŋ] noun [of bell] sonnerie *f*; [in ears] tintement *m*.

ringleader ['rɪŋˌliːdər] noun chef *m*.

ringlet ['rɪŋlɪt] noun anglaise *f*.

ring road noun UK (route *f*) périphérique *m*.

ring tone noun sonnerie *f*.

rink [rɪŋk] noun [for ice skating] patinoire *f*; [for roller-skating] skating *m*.

rinse [rɪns] vt rincer ▸ **to rinse one's mouth out** se rincer la bouche.

riot ['raɪət] ❖ noun émeute *f* ▸ **to run riot** se déchaîner. ❖ vi participer à une émeute.

rioter ['raɪətər] noun émeutier *m*, -ère *f*.

riotous ['raɪətəs] adj [crowd] tapageur(euse); [behaviour] séditieux(euse); [party] bruyant(e).

riot police pl n ≃ CRS *mpl*.

rip [rɪp] ❖ noun déchirure *f*, accroc *m*. ❖ vt **1.** [tear] déchirer **2.** [remove violently] arracher. ❖ vi se déchirer.

RIP (*abbr of* **rest in peace**) qu'il/elle repose en paix.

ripe [raɪp] adj mûr(e).

ripen ['raɪpn] vt & vi mûrir.

rip-off noun *inf* : *that's a rip-off!* c'est de l'escroquerie OR de l'arnaque !

ripped [rɪpt] adj US *inf* ▸ **to be ripped, to have a ripped body** être super musclé(e).

ripple ['rɪpl] ❖ noun ondulation *f*, ride *f* / *a ripple of applause* des applaudissements discrets. ❖ vt rider.

rise [raɪz] ❖ noun **1.** [increase] augmentation *f*, hausse *f* **2.** [in temperature] élévation *f*, hausse **3.** UK [increase in salary] augmentation *f* (de salaire) **4.** [to power, fame] ascension *f* **5.** [slope] côte *f*, pente *f* **6.** PHR ▸ **to give rise to** donner lieu à. ❖ vi (*pt* **rose**, *pp* **risen** ['rɪzn]) **1.** [move upwards] s'élever, monter ▸ **to rise to power** arriver au pouvoir ▸ **to rise to fame** devenir célèbre ▸ **to rise to a challenge / to the occasion** se montrer à la hauteur d'un

défi/de la situation **2.** [from chair, bed] se lever **3.** [increase - gen] monter, augmenter ; [- voice, level] s'élever **4.** [rebel] se soulever.

rising ['raɪzɪŋ] ❖ adj **1.** [ground, tide] montant(e) **2.** [prices, inflation, temperature] en hausse **3.** [star, politician] à l'avenir prometteur. ❖ noun [revolt] soulèvement *m*.

risk [rɪsk] ❖ noun risque *m*, danger *m* ▸ **at one's own risk** à ses risques et périls ▸ **to run the risk of doing sthg** courir le risque de faire qqch ▸ **to take a risk** prendre un risque ▸ **at risk** en danger. ❖ vt [health, life] risquer ▸ **to risk doing sthg** courir le risque de faire qqch.

risky ['rɪskɪ] adj risqué(e).

risqué ['riːskeɪ] adj risqué(e), osé(e).

rissole ['rɪsəʊl] noun rissole *f*.

rite [raɪt] noun rite *m*.

ritual ['rɪtʃʊəl] ❖ adj rituel(elle). ❖ noun rituel *m*.

rival ['raɪvl] ❖ adj rival(e), concurrent(e). ❖ noun rival *m*, -e *f*. ❖ vt rivaliser avec.

rivalry ['raɪvlrɪ] noun rivalité *f*.

river ['rɪvər] noun rivière *f*, fleuve *m*.

river bank noun berge *f*, rive *f*.

riverbed ['rɪvəbed] noun lit *m* (de rivière OR de fleuve).

riverside ['rɪvəsaɪd] noun ▸ **the riverside** le bord de la rivière OR du fleuve.

rivet ['rɪvɪt] ❖ noun rivet *m*. ❖ vt **1.** [fasten with rivets] river, riveter **2.** *fig* [fascinate] ▸ **to be riveted by** être fasciné(e) par.

Riviera [ˌrɪvɪ'eərə] noun ▸ **the (French) Riviera** la Côte d'Azur ▸ **the Italian Riviera** la Riviera italienne.

road [rəʊd] noun route *f*; [small] chemin *m*; [in town] rue *f* ▸ **by road** par la route ▸ **on the road to** *fig* sur le chemin de.

roadblock ['rəʊdblɒk] noun barrage *m* routier.

road hog noun *inf* & *pej* chauffard *m*.

road map noun carte *f* routière.

road rage noun *accès de colère de la part d'un automobiliste, se traduisant parfois par un acte de violence*.

road safety noun sécurité *f* routière.

roadside ['rəʊdsaɪd] noun ▸ **the roadside** le bord de la route.

road sign noun panneau *m* routier OR de signalisation.

road tax noun UK ≃ vignette *f*.

road trip ['rəʊdtrɪp] noun US [short] promenade f en voiture ; [longer] voyage m en voiture.

roadway ['rəʊdweɪ] noun chaussée f.

roadwork ['rəʊdwɜːk] noun US travaux mpl (de réfection des routes).

roadworks ['rəʊdwɜːks] pl n UK travaux mpl (de réfection des routes).

roadworthy ['rəʊd,wɜːðɪ] adj en bon état de marche.

roam [rəʊm] ❖ vt errer dans. ❖ vi errer.

roar [rɔːʳ] ❖ vi [person, lion] rugir ; [wind] mugir ; [car] gronder ; [plane] vrombir ▸ **to roar with laughter** se tordre de rire. ❖ vt hurler. ❖ noun [of person, lion] rugissement m ; [of wind] mugissement m ; [of traffic] grondement m ; [of plane, engine] vrombissement m.

roaring ['rɔːrɪŋ] adj ▸ **a roaring fire** une belle flambée ▸ **roaring drunk** complètement saoul(e) ▸ **to do a roaring trade** faire des affaires en or.

roast [rəʊst] ❖ adj rôti(e). ❖ noun rôti m. ❖ vt 1. [meat, potatoes] rôtir 2. [coffee, nuts] griller.

roast beef noun rôti m de bœuf, rosbif m.

rob [rɒb] vt [person] voler ; [bank] dévaliser ▸ **to rob sb of sthg** a) [money, goods] voler OR dérober qqch à qqn b) [opportunity, glory] enlever qqch à qqn.

robber ['rɒbəʳ] noun voleur m, -euse f.

robbery ['rɒbərɪ] noun vol m.

robe [rəʊb] noun 1. [gen] robe f 2. US [dressing gown] peignoir m.

robin ['rɒbɪn] noun rouge-gorge m.

robot ['rəʊbɒt] noun robot m.

robust [rəʊ'bʌst] adj robuste.

rock [rɒk] ❖ noun 1. (U) [substance] roche f 2. [boulder] rocher m 3. US [pebble] caillou m 4. [music] rock m 5. UK [sweet] sucre m d'orge. ❖ comp [music, band] de rock. ❖ vt 1. [baby] bercer 2. [cradle, boat] balancer 3. [shock] secouer. ❖ vi [sway] (se) balancer. ◆ **on the rocks** adv 1. [drink] avec de la glace OR des glaçons 2. [marriage, relationship] près de la rupture.

rock and roll noun rock m, rock and roll m.

rock bottom noun ▸ **at rock bottom** au plus bas ▸ **to hit rock bottom** toucher le fond. ◆ **rock-bottom** adj [price] sacrifié(e).

rockery ['rɒkərɪ] noun UK rocaille f.

rocket ['rɒkɪt] ❖ noun 1. [gen] fusée f 2. MIL fusée f, roquette f. ❖ vi monter en flèche.

rocking chair noun fauteuil m à bascule, rocking-chair m.

rocking horse noun cheval m à bascule.

rock'n'roll [,rɒkən'rəʊl] = rock and roll.

rocky ['rɒkɪ] adj 1. [ground, road] rocailleux(euse), caillouteux(euse) 2. [economy, marriage] précaire.

rod [rɒd] noun [metal] tige f ; [wooden] baguette f ▸ **(fishing) rod** canne f à pêche.

rode [rəʊd] pt ⟶ ride.

rodent ['rəʊdənt] noun rongeur m.

roe [rəʊ] noun (U) œufs mpl de poisson.

ROFLOL MESSAGING (written abbr of rolling on the floor laughing out loud) MDR.

rogue [rəʊg] noun 1. [likeable rascal] coquin m, -e f 2. dated [dishonest person] filou m, crapule f.

role [rəʊl] noun rôle m.

roll [rəʊl] ❖ noun 1. [of material, paper] rouleau m 2. [of bread] petit pain m 3. [list] liste f 4. [of drums, thunder] roulement m. ❖ vt rouler ; [log, ball] faire rouler. ❖ vi rouler. ◆ **roll around** UK vi [person] se rouler ; [object] rouler çà et là. ◆ **roll out** ❖ vi sortir / **to roll out of bed** [person] sortir du lit. ❖ vt sep 1. [ball] rouler (dehors) ; [pastry] étendre (au rouleau) 2. [produce - goods, speech] débiter 3. [product, offer] introduire. ◆ **roll over** vi se retourner. ◆ **roll up** ❖ vt sep 1. [carpet, paper] rouler 2. [sleeves] retrousser. ❖ vi inf [arrive] s'amener, se pointer.

roll call noun appel m.

roller ['rəʊləʳ] noun rouleau m.

Rollerblades® ['rəʊləbleɪd] noun rollers mpl, patins mpl en ligne.

rollerblading ['rəʊləbleɪdɪŋ] noun roller m.

roller coaster noun montagnes fpl russes.

roller skate noun patin m à roulettes.

rolling ['rəʊlɪŋ] adj [hills] onduleux(euse).

rolling pin noun rouleau m à pâtisserie.

roll-on adj [deodorant] à bille.

ROM [rɒm] (abbr of read only memory) noun ROM f.

Roman ['rəʊmən] ❖ adj romain(e). ❖ noun Romain m, -e f.

Roman Catholic ❖ adj catholique. ❖ noun catholique mf.

romance [rəʊ'mæns] noun **1.** (U) [romantic quality] charme m **2.** [love affair] idylle f **3.** [book] roman m (d'amour).

Romania [ru:'meɪnjə] noun Roumanie f.

Romanian [ru:'meɪnjən] ❖ adj roumain(e). ❖ noun **1.** [person] Roumain m, -e f **2.** [language] roumain m.

Roman numeral noun chiffre m romain.

romantic [rəʊ'mæntɪk] adj romantique.

Rome [rəʊm] noun Rome.

romp [rɒmp] ❖ noun ébats mpl. ❖ vi s'ébattre.

roof [ru:f] noun toit m ; [of cave, tunnel] plafond m ▸ **the roof of the mouth** la voûte du palais ▸ **to go through** OR **hit the roof** fig exploser.

roofing ['ru:fɪŋ] noun toiture f.

roof rack noun **UK** galerie f.

rooftop ['ru:ftɒp] noun toit m.

rook [rʊk] noun **1.** [bird] freux m **2.** [chess piece] tour f.

rookie ['rʊkɪ] noun **US** inf bleu m.

room [ru:m or rʊm] noun **1.** [in building] pièce f **2.** [bedroom] chambre f **3.** (U) [space] place f.

roomie ['ru:mɪ] noun **US** inf colocataire mf.

roommate ['ru:mmeɪt] noun **1.** [sharing room] camarade mf de chambre **2.** **US** [sharing house, flat] personne avec qui l'on partage un logement.

room service noun service m dans les chambres.

roomy ['ru:mɪ] adj spacieux(euse).

roost [ru:st] ❖ noun perchoir m, juchoir m. ❖ vi se percher, se jucher.

rooster ['ru:stər] noun **US** coq m.

root [ru:t] ❖ noun racine f ; fig [of problem] origine f ▸ **to take root** lit & fig prendre racine. ❖ vi ▸ **to root through** fouiller dans. ◆ **roots** pl n racines fpl. ◆ **root for** vt insep inf encourager. ◆ **root out** vt sep [eradicate] extirper.

rope [rəʊp] ❖ noun corde f ▸ **to know the ropes** inf connaître son affaire, être au courant. ❖ vt corder ; [climbers] encorder. ◆ **rope in** vt sep inf enrôler.

rosary ['rəʊzərɪ] noun rosaire m.

rose [rəʊz] ❖ pt ⟶ **rise.** ❖ adj [pink] rose. ❖ noun [flower] rose f.

rosé ['rəʊzeɪ] noun rosé m.

rosebud ['rəʊzbʌd] noun bouton m de rose.

rose bush noun rosier m.

rosemary ['rəʊzmərɪ] noun romarin m.

rosette [rəʊ'zet] noun rosette f.

roster ['rɒstər] noun liste f, tableau m.

rostrum ['rɒstrəm] (pl -trums or -tra) noun tribune f.

rosy ['rəʊzɪ] adj rose.

rot [rɒt] ❖ noun (U) **1.** [decay] pourriture f **2.** **UK** inf & dated [nonsense] bêtises fpl, balivernes fpl. ❖ vt & vi pourrir.

rota ['rəʊtə] noun **UK** liste f, tableau m.

rotary ['rəʊtərɪ] ❖ adj rotatif(ive). ❖ noun **US** [roundabout] rond-point m.

rotate [rəʊ'teɪt] ❖ vt [turn] faire tourner. ❖ vi [turn] tourner.

rotation [rəʊ'teɪʃn] noun [turning movement] rotation f.

rote [rəʊt] noun ▸ **by rote** de façon machinale, par cœur.

rotten ['rɒtn] adj **1.** [decayed] pourri(e) **2.** inf [bad] moche **3.** inf [unwell] ▸ **to feel rotten** se sentir mal fichu(e).

rouge [ru:ʒ] noun rouge m à joues.

rough [rʌf] ❖ adj **1.** [not smooth - surface] rugueux(euse), rêche ; [- road] accidenté(e) ; [- sea] agité(e), houleux(euse) ; [- crossing] mauvais(e) **2.** [person, treatment] brutal(e) ; [manners, conditions] rude ; [area] mal fréquenté(e) **3.** [guess] approximatif(ive) ▸ **rough copy, rough draft** brouillon m ▸ **rough sketch** ébauche f **4.** [harsh - voice, wine] âpre ; [- life] dur(e) ▸ **to have a rough time** en baver. ❖ adv ▸ **to sleep rough UK** coucher à la dure. ❖ noun **1.** GOLF rough m **2.** [undetailed form] ▸ **in rough** au brouillon. ❖ vt **PHR** ▸ **to rough it** vivre à la dure. ◆ **rough up** vt sep inf [person] tabasser, passer à tabac.

roughage ['rʌfɪdʒ] noun (U) fibres fpl alimentaires.

rough and ready adj rudimentaire.

rough-and-tumble noun (U) bagarre f.

roughly ['rʌflɪ] adv **1.** [approximately] approximativement **2.** [handle, treat] brutalement **3.** [built, made] grossièrement.

roulette [ru:'let] noun roulette f.

round [raʊnd] ❖ adj rond(e). ❖ prep **UK** autour de ▸ **all round the country** dans tout le pays ▸ **just round the corner a)** au coin de la rue **b)** fig tout près ▸ **to go round sthg** [obstacle] contourner qqch ▸ **to go round a museum** visiter un musée. ❖ adv **UK**

1. [surrounding] ▸ **all round** tout autour
2. [near] ▸ **round about** dans le coin **3.** [in measurements] : *10 metres round* 10 mètres de diamètre **4.** [to other side] ▸ **to go round** faire le tour ▸ **to turn round** se retourner ▸ **to look round** se retourner (pour regarder) **5.** [at or to nearby place] : *come round and see us* venez or passez nous voir / *he's round at her house* il est chez elle. ❖ noun **1.** [of talks] série *f* ▸ **a round of applause** une salve d'applaudissements **2.** [of competition] manche *f* **3.** [of doctor] visites *fpl* ; [of postman, milkman] tournée *f* **4.** [of ammunition] cartouche *f* **5.** [of drinks] tournée *f* **6.** [in boxing] reprise *f*, round *m* **7.** [in golf] partie *f*. ❖ vt [corner] tourner ; [bend] prendre. ❖ **rounds** pl n [of doctor] visites *fpl* ▸ **to do** or **go the rounds a)** [story, joke] circuler **b)** [illness] faire des ravages. ◆ **round down** vt sep arrondir au chiffre inférieur. ◆ **round off** vt sep terminer, conclure. ◆ **round up** vt sep **1.** [gather together] rassembler **2.** MATH arrondir au chiffre supérieur.

roundabout ['raʊndəbaʊt] ❖ adj détourné(e). ❖ noun [UK] **1.** [on road] rond-point *m* **2.** [at fairground] manège *m*.

rounders ['raʊndəz] noun [UK] *sorte de baseball.*

roundly ['raʊndlɪ] adv [beat] complètement ; [condemn] franchement, carrément.

round the clock adv vingt-quatre heures sur vingt-quatre. ◆ **round-the-clock** adj vingt-quatre heures sur vingt-quatre.

round trip noun aller et retour *m*.

roundup ['raʊndʌp] noun [summary] résumé *m*.

rouse [raʊz] vt **1.** [wake up] réveiller **2.** [impel] ▸ **to rouse o.s. to do sthg** se forcer à faire qqch ▸ **to rouse sb to action** pousser or inciter qqn à agir **3.** [emotions] susciter, provoquer.

rousing ['raʊzɪŋ] adj [speech] vibrant(e), passionné(e) ; [welcome] enthousiaste.

rout [raʊt] ❖ noun déroute *f*. ❖ vt mettre en déroute.

route [UK ruːt, US raʊt] ❖ noun **1.** [gen] itinéraire *m* **2.** *fig* [way] chemin *m*, voie *f*. ❖ vt [goods] acheminer.

route map noun [for journey] croquis *m* d'itinéraire ; [for buses, trains] carte *f* du réseau.

router ['ruːtə, US 'raʊtər] noun COMPUT routeur *m*.

routine [ruːˈtiːn] ❖ adj **1.** [normal] habituel(elle), de routine **2.** *pej* [uninteresting] de routine. ❖ noun routine *f*.

roving ['rəʊvɪŋ] adj itinérant(e).

row¹ [rəʊ] ❖ noun **1.** [line] rangée *f* ; [of seats] rang *m* **2.** *fig* [of defeats, victories] série *f* ▸ **in a row** d'affilée, de suite. ❖ vt [boat] faire aller à la rame ; [person] transporter en canot or bateau. ❖ vi ramer.

row² [raʊ] [UK] ❖ noun **1.** [quarrel] dispute *f*, querelle *f* **2.** *inf* [noise] vacarme *m*, raffut *m*. ❖ vi [quarrel] se disputer, se quereller.

rowboat ['rəʊbəʊt] noun [US] canot *m*.

rowdy ['raʊdɪ] adj chahuteur(euse), tapageur(euse).

rowing ['rəʊɪŋ] noun SPORT aviron *m*.

rowing boat noun [UK] canot *m*.

royal ['rɔɪəl] ❖ adj royal(e). ❖ noun *inf* membre *m* de la famille royale.

Royal Air Force noun ▸ **the Royal Air Force** l'armée *f* de l'air britannique.

royal family noun famille *f* royale.

Royal Mail noun ▸ **the Royal Mail** la Poste britannique.

Royal Navy noun ▸ **the Royal Navy** la marine de guerre (britannique).

royalty ['rɔɪəltɪ] noun royauté *f*. ◆ **royalties** pl n droits *mpl* d'auteur.

rpm pl n (*abbr of* **revolutions per minute**) tours *mpl* par minute, tr/min.

RSPCA (*abbr of* **Royal Society for the Prevention of Cruelty to Animals**) noun *société britannique protectrice des animaux* ; ≃ SPA *f*.

RSVP (*abbr of* **répondez s'il vous plaît**) RSVP.

Rt Hon (*abbr of* **Right Honourable**) *expression utilisée pour des titres nobiliaires.*

rub [rʌb] ❖ vt frotter ▸ **to rub one's eyes / hands** se frotter les yeux/les mains ▸ **to rub sthg in** [cream] faire pénétrer qqch (en frottant) ▸ **to rub sb up the wrong way** [UK], **to rub sb the wrong way** [US] prendre qqn à rebrousse-poil. ❖ vi frotter. ◆ **rub off on** vt insep [subj: quality] déteindre sur. ◆ **rub out** vt sep [erase] effacer.

rubber ['rʌbər] ❖ adj en caoutchouc. ❖ noun **1.** [substance] caoutchouc *m* **2.** [UK] [eraser] gomme *f* **3.** *inf* [condom] préservatif *m* **4.** [in bridge] robre *m*, rob *m*.

rubber band noun élastique *m*.

rubber stamp noun tampon *m*. ◆ **rubber-stamp** vt *fig* approuver sans discussion.

rubbish ['rʌbɪʃ] [UK] ❖ noun (U) **1.** [refuse] détritus *mpl*, ordures *fpl* **2.** *inf* & *fig* [worthless objects] camelote *f* / *the play was rubbish* la pièce était nulle **3.** *inf* [nonsense] bêtises *fpl*, inepties *fpl*. ❖ vt *inf* débiner.

rubbish bin noun ⓤⓀ poubelle *f*.

rubbish dump noun ⓤⓀ dépotoir *m*.

rubble ['rʌbl] noun (U) décombres *mpl*.

ruby ['ru:bɪ] noun rubis *m*.

rucksack ['rʌksæk] noun sac *m* à dos.

ructions ['rʌkʃnz] pl n *inf* grabuge *m*.

rudder ['rʌdər] noun gouvernail *m*.

ruddy ['rʌdɪ] adj **1.** [complexion, face] coloré(e) **2.** ⓤⓀ *inf & dated* [damned] sacré(e).

rude [ru:d] adj **1.** [impolite - gen] impoli(e) ; [- word] grossier(ère) ; [- noise] incongru(e) **2.** [sudden] ▶ **it was a rude awakening** le réveil fut pénible.

rudimentary [,ru:dɪ'mentərɪ] adj rudimentaire.

rue [ru:] vt regretter (amèrement).

rueful ['ru:fʊl] adj triste.

ruffian ['rʌfjən] noun *dated* voyou *m*.

ruffle ['rʌfl] vt **1.** [hair] ébouriffer ; [water] troubler **2.** [person] froisser ; [composure] faire perdre.

rug [rʌg] noun **1.** [carpet] tapis *m* **2.** [blanket] couverture *f*.

rugby ['rʌgbɪ] noun rugby *m*.

rugged ['rʌgɪd] adj **1.** [landscape] accidenté(e) ; [features] rude **2.** [vehicle] robuste.

rugger ['rʌgər] noun ⓤⓀ *inf* rugby *m*.

rugrat ['rʌgræt] noun ⓤⓈ *inf* [child] mioche *mf*.

ruin ['ru:ɪn] ❖ noun ruine *f*. ❖ vt ruiner ; [clothes, shoes] abîmer. ◆ **in ruin(s)** adv *lit & fig* en ruine.

rule [ru:l] ❖ noun **1.** [gen] règle *f* ▶ **to break the rules** ne pas respecter les règles ▶ **as a rule** en règle générale **2.** [regulation] règlement *m* **3.** (U) [control] autorité *f*. ❖ vt **1.** [control] dominer **2.** [govern] gouverner **3.** [decide] ▶ **to rule (that)...** décider que.... ❖ vi **1.** [give decision] décider **2.** LAW statuer **3.** *fml* [be paramount] prévaloir **4.** [king, queen] régner ; POL gouverner. ◆ **rule out** vt sep exclure, écarter.

rulebook ['ru:lbʊk] noun ▶ **the rulebook** le règlement.

ruled [ru:ld] adj [paper] réglé(e).

ruler ['ru:lər] noun **1.** [for measurement] règle *f* **2.** [leader] chef *m* d'État.

ruling ['ru:lɪŋ] ❖ adj au pouvoir. ❖ noun décision *f*.

rum [rʌm] noun rhum *m*.

Rumania [ru:'meɪnjə] = **Romania**.

Rumanian [ru:'meɪnjən] = **Romanian**.

rumble ['rʌmbl] ❖ noun [of thunder, traffic] grondement *m* ; [in stomach] gargouillement *m*. ❖ vi [thunder, traffic] gronder ; [stomach] gargouiller.

rummage ['rʌmɪdʒ] vi fouiller.

rummage sale noun ⓤⓈ vente *f* de charité.

rumour ⓤⓀ, **rumor** ⓤⓈ ['ru:mər] noun rumeur *f*.

rumoured ⓤⓀ, **rumored** ⓤⓈ ['ru:məd] adj : *he is rumoured to be very wealthy* le bruit court OR on dit qu'il est très riche.

rump [rʌmp] noun **1.** [of animal] croupe *f* **2.** *inf* [of person] derrière *m*.

rump steak noun romsteck *m*.

rumpus ['rʌmpəs] noun *inf* chahut *m*.

run [rʌn] ❖ noun **1.** [on foot] course *f* ▶ **to go for a run** faire un petit peu de course à pied ▶ **on the run** en fuite, en cavale **2.** [in car - for pleasure] tour *m* ; [- journey] trajet *m* **3.** [series] suite *f*, série *f* ▶ **a run of bad luck** une période de déveine ▶ **in the short / long run** à court/ long terme **4.** THEAT ▶ **to have a long run** tenir longtemps l'affiche **5.** [great demand] ▶ **run on** ruée *f* sur **6.** [in tights] échelle *f* **7.** [in cricket, baseball] point *m* **8.** [track - for skiing, bobsleigh] piste *f*. ❖ vt (*pt* ran, *pp* run) **1.** [race, distance] courir **2.** [manage - business] diriger ; [- shop, hotel] tenir ; [- course] organiser **3.** [operate] faire marcher **4.** [car] avoir, entretenir **5.** [water, bath] faire couler **6.** [publish] publier **7.** *inf* [drive] : *can you run me to the station?* tu peux m'amener OR me conduire à la gare ? **8.** [move] ▶ **to run sthg along / over sthg** passer qqch le long de/sur qqch. ❖ vi (*pt* ran, *pp* run) **1.** [on foot] courir **2.** [pass - road, river, pipe] passer ▶ **to run through sthg** traverser qqch **3.** [in election] ▶ **to run (for)** être candidat (à) **4.** [operate - machine, factory] marcher ; [- engine] tourner *every- thing is running smoothly* tout va comme sur des roulettes, tout va bien ▶ **to run on sthg** marcher à qqch ▶ **to run off sthg** marcher sur qqch **5.** [bus, train] faire le service *trains run every hour* il y a un train toutes les heures **6.** [flow] couler ▶ **my nose is running** j'ai le nez qui coule **7.** [colour] déteindre ; [ink] baver **8.** [continue - contract, insurance policy] être valide **9.** THEAT se jouer. ◆ **run across** vt insep [meet] tomber sur. ◆ **run away** vi [flee] ▶ **to**

run away (from) s'enfuir (de) ▸ **to run away from home** faire une fugue. ◆ **run down** ⋙ vt sep **1.** [in vehicle] renverser **2.** [criticize] dénigrer **3.** [production] restreindre ; [industry] réduire l'activité de. ⋙ vi [clock] s'arrêter ; [battery] se décharger. ◆ **run into** vt insep **1.** [encounter - problem] se heurter à ; [- person] tomber sur **2.** [in vehicle] rentrer dans. ◆ **run off** ⋙ vt sep [a copy] tirer. ⋙ vi ▸ **to run off (with)** s'enfuir (avec). ◆ **run on** vi [meeting] durer / time is running on le temps passe. ◆ **run out** vi **1.** [food, supplies] s'épuiser / time is running out il ne reste plus beaucoup de temps **2.** [licence, contract] expirer. ◆ **run out of** vt insep manquer de ▸ **to run out of petrol** tomber en panne d'essence, tomber en panne sèche. ◆ **run over** vt sep renverser. ◆ **run through** vt insep **1.** [practise] répéter **2.** [read through] parcourir. ◆ **run to** vt insep [amount to] monter à, s'élever à. ◆ **run up** vt insep [bill, debt] laisser accumuler. ◆ **run up against** vt insep se heurter à.

run-around noun inf ▸ **to give sb the run-around** faire des réponses de Normand à qqn.

runaway ['rʌnəweɪ] ⋙ adj [train, lorry] fou (folle) ; [horse] emballé(e) ; [victory] haut(e) la main ; [inflation] galopant(e). ⋙ noun fuyard m, fugitif m, -ive f.

rundown ['rʌndaʊn] noun **1.** [report] bref résumé m **2.** [of industry] réduction f délibérée. ◆ **run-down** adj **1.** [building] délabré(e) **2.** [person] épuisé(e).

rung [rʌŋ] ⋙ pp ⟶ ring. ⋙ noun échelon m, barreau m.

run-in noun inf prise f de bec.

runner ['rʌnər] noun **1.** [athlete] coureur m, -euse f **2.** [of guns, drugs] contrebandier m, -ière f **3.** [of sledge] patin m ; [for car seat] glissière f ; [for drawer] coulisseau m.

runner bean noun UK haricot m à rames.

runner-up (pl **runners-up**) noun second m, -e f.

running ['rʌnɪŋ] ⋙ adj **1.** [argument, battle] continu(e) **2.** [consecutive] : three weeks running trois semaines de suite **3.** [water] courant(e) **4.** ▸ to be up and running être opérationnel(elle). ⋙ noun **1.** (U) SPORT course f ▸ **to go running** faire de la course **2.** [management] direction f, administration f **3.** [of machine] marche f, fonctionnement m **4.** PHR ▸ **to be in the running (for)** avoir des chances de réussir (dans) ▸ **to be out of the**

running (for) n'avoir aucune chance de réussir (dans).

runny ['rʌnɪ] adj **1.** [food] liquide **2.** [nose] qui coule.

run-off noun **1.** SPORT [final] finale f ; [after tie] belle f **2.** [water] trop-plein m.

run-of-the-mill adj banal(e), ordinaire.

runt [rʌnt] noun avorton m.

run-up noun **1.** [preceding time] ▸ **in the run-up to sthg** dans la période qui précède qqch **2.** SPORT course f d'élan.

runway ['rʌnweɪ] noun piste f.

RUOK? (written abbr of are you ok?) ça va ?

rupture ['rʌptʃər] noun rupture f.

rural ['rʊərəl] adj rural(e).

ruse [ruːz] noun ruse f.

rush [rʌʃ] ⋙ noun **1.** [hurry] hâte f **2.** [surge] ruée f, bousculade f ▸ **to make a rush for sthg** se ruer OR se précipiter vers qqch ▸ **a rush of air** une bouffée d'air **3.** [demand] ▸ **rush (on** OR **for)** ruée f (sur). ⋙ vt **1.** [hurry - work] faire à la hâte ; [- person] bousculer ; [- meal] expédier **2.** [send quickly] transporter OR envoyer d'urgence **3.** [attack suddenly] prendre d'assaut. ⋙ vi **1.** [hurry] se dépêcher ▸ **to rush into sthg** faire qqch sans réfléchir **2.** [move quickly, suddenly] se précipiter, se ruer / the blood rushed to her head le sang lui monta à la tête. ◆ **rushes** pl n BOT joncs mpl.

rush hour noun heures fpl de pointe OR d'affluence.

rusk [rʌsk] noun UK biscotte f.

Russia ['rʌʃə] noun Russie f.

Russian ['rʌʃn] ⋙ adj russe. ⋙ noun **1.** [person] Russe mf **2.** [language] russe m.

rust [rʌst] ⋙ noun rouille f. ⋙ vi se rouiller.

rustic ['rʌstɪk] adj rustique.

rustle ['rʌsl] ⋙ vt **1.** [paper] froisser **2.** US [cattle] voler. ⋙ vi [leaves] bruire ; [papers] produire un froissement.

rusty ['rʌstɪ] adj lit & fig rouillé(e).

rut [rʌt] noun ornière f ▸ **to get into a rut** s'encroûter ▸ **to be in a rut** être prisonnier(ère) de la routine.

ruthless ['ruːθlɪs] adj impitoyable.

RV noun US (abbr of recreational vehicle) camping-car m.

rye [raɪ] noun [grain] seigle m.

rye bread noun pain m de seigle.

s¹ (*pl* ss *or* s's), **S** (*pl* Ss *or* S's) [es] noun [letter] s *m inv*, S *m inv*.

S² (*abbr of* south) S.

Sabbath ['sæbəθ] noun ▸ **the Sabbath** le sabbat.

sabbatical [sə'bætɪkl] noun année *f* sabbatique ▸ **to be on sabbatical** faire une année sabbatique.

sabotage ['sæbətɑːʒ] ❖ noun sabotage *m*. ❖ vt saboter.

saccharin(e) ['sækərɪn] noun saccharine *f*.

sachet ['sæʃeɪ] noun sachet *m*.

sack [sæk] ❖ noun **1.** [bag] sac *m* **2.** UK *inf* [dismissal] ▸ **to get** OR **be given the sack** être renvoyé(e), se faire virer. ❖ vt UK *inf* [dismiss] renvoyer, virer.

sacking ['sækɪŋ] noun **1.** [fabric] toile *f* à sac **2.** UK *inf* [dismissal] licenciement *m*.

sacred ['seɪkrɪd] adj sacré(e).

sacrifice ['sækrɪfaɪs] *lit & fig* ❖ noun sacrifice *m*. ❖ vt sacrifier.

sacrilege ['sækrɪlɪdʒ] noun *lit & fig* sacrilège *m*.

sacrosanct ['sækrəʊsæŋkt] adj *lit & fig* sacro-saint(e).

sad [sæd] adj triste.

sadden ['sædn] vt attrister, affliger.

saddle ['sædl] ❖ noun selle *f*. ❖ vt **1.** [horse] seller **2.** *fig* [burden] ▸ **to saddle sb with sthg** coller qqch à qqn.

saddlebag ['sædlbæg] noun sacoche *f* (de selle ou de bicyclette).

sadistic [sə'dɪstɪk] adj sadique.

sadly ['sædlɪ] adv **1.** [unhappily] tristement **2.** [unfortunately] malheureusement.

sadness ['sædnɪs] noun tristesse *f*.

SAE, **sae** UK *abbr of* stamped addressed envelope.

safari [sə'fɑːrɪ] noun safari *m*.

safari park noun réserve *f*.

safe [seɪf] ❖ adj **1.** [not dangerous - gen] sans danger ; [- driver, play, guess] prudent(e) ▸ *it's safe to say (that)...* on peut dire à coup sûr que... **2.** [not in danger] hors de danger, en sécurité ▸ **safe and sound** sain et sauf (saine et sauve) **3.** [not risky - bet, method] sans risque ; [- investment] sûr(e) ▸ **to be on the safe side** par précaution, pour plus de sûreté. ❖ noun coffre-fort *m*.

safe-conduct noun sauf-conduit *m*.

safeguard ['seɪfgɑːd] ❖ noun ▸ **safeguard (against)** sauvegarde *f* (contre). ❖ vt ▸ **to safeguard sb/sthg (against)** sauvegarder qqn/qqch (contre), protéger qqn/qqch (contre).

safe haven noun zone *f* protégée.

safe house noun lieu *m* sûr.

safekeeping [,seɪf'kiːpɪŋ] noun bonne garde *f*.

safely ['seɪflɪ] adv **1.** [not dangerously] sans danger **2.** [not in danger] en toute sécurité, à l'abri du danger **3.** [arrive - person] à bon port, sain et sauf (saine et sauve) ; [- parcel] à bon port **4.** [for certain] ▸ **I can safely say (that)...** je peux dire à coup sûr que....

safe sex noun sexe *m* sans risques, S.S.R. *m*.

safety ['seɪftɪ] noun sécurité *f*.

safety belt noun ceinture *f* de sécurité.

safety-deposit box noun UK coffre-fort *m*.

safety pin noun épingle *f* de sûreté OR de nourrice.

saffron ['sæfrən] noun safran *m*.

sag [sæg] vi [sink downwards] s'affaisser, fléchir.

sage [seɪdʒ] ❖ adj sage. ❖ noun **1.** (U) [herb] sauge *f* **2.** [wise man] sage *m*.

Sagittarius [,sædʒɪ'teərɪəs] noun Sagittaire *m*.

Sahara [sə'hɑːrə] noun ▸ **the Sahara (Desert)** le (désert du) Sahara.

said [sed] pt & pp ⟶ **say**.

sail [seɪl] ❖ noun **1.** [of boat] voile *f* ▸ **to set sail** faire voile, prendre la mer **2.** [journey] tour *m* en bateau. ❖ vt **1.** [boat] piloter, manœuvrer **2.** [sea] parcourir. ❖ vi **1.** [person] aller en bateau ; SPORT faire de la voile **2.** [boat - move] naviguer ; [- leave] partir, prendre la mer **3.** *fig* [through air] voler. ◆ **sail through** vt insep *fig* réussir les doigts dans le nez.

sailing ['seɪlɪŋ] noun **1.** (U) SPORT voile f ▸ **to go sailing** faire de la voile **2.** [departure] départ m.

sailing boat UK, **sailboat** US ['seɪlbəʊt] noun bateau m à voiles, voilier m.

sailing ship noun voilier m.

sailor ['seɪlər] noun marin m, matelot m.

saint [seɪnt] noun saint m, -e f.

saintly ['seɪntlɪ] adj [person] saint(e) ; [life] de saint.

Saint Patrick's Day [-'pætrɪks-] noun la Saint-Patrick.

sake [seɪk] noun ▸ **for the sake of sb** par égard pour qqn, pour (l'amour de) qqn / **for the children's sake** pour les enfants ▸ **for God's** OR **heaven's sake** pour l'amour de Dieu OR du ciel.

salad ['sæləd] noun salade f.

salad bowl noun saladier m.

salad cream noun UK sorte de mayonnaise douce.

salad dressing noun vinaigrette f.

salami [sə'lɑːmɪ] noun salami m.

salary ['sælərɪ] noun salaire m, traitement m.

sale [seɪl] noun **1.** [gen] vente f ▸ **on sale** UK, **for sale** US en vente ▸ **(up) for sale** à vendre **2.** [at reduced prices] soldes mpl. ◆ **sales** pl n **1.** [quantity sold] ventes fpl **2.** [at reduced prices] ▸ **the sales** les soldes mpl.

saleroom UK ['seɪlrʊm], **salesroom** US ['seɪlzrʊm] noun salle f des ventes.

sales assistant UK ['seɪlz-], **salesclerk** US ['seɪlzklɜːrk] noun vendeur m, -euse f.

salesman ['seɪlzmən] (pl -men) noun [in shop] vendeur m ; [travelling] représentant m de commerce.

sales rep noun inf représentant m de commerce.

saleswoman ['seɪlz,wʊmən] (pl -women) noun [in shop] vendeuse f ; [travelling] représentante f de commerce.

salient ['seɪljənt] adj fml qui ressort.

saliva [sə'laɪvə] noun salive f.

sallow ['sæləʊ] adj cireux(euse).

salmon ['sæmən] (pl inv or -s) noun saumon m.

salmonella [,sælmə'nelə] noun salmonelle f.

salon ['sælɒn] noun salon m.

saloon [sə'luːn] noun **1.** UK [car] berline f **2.** US [bar] saloon m **3.** UK [in pub] ▸ **saloon (bar)** bar m **4.** [in ship] salon m.

salt [sɔːlt or sɒlt] ◆ noun sel m. ◆ vt [food] saler ; [roads] mettre du sel sur. ◆ **salt away** vt sep mettre de côté.

saltcellar UK, **saltshaker** US [-,ʃeɪkər] noun salière f.

saltwater ['sɔːlt,wɔːtər] ◆ noun eau f de mer. ◆ adj de mer.

salty ['sɔːltɪ] adj [food] salé(e) ; [water] saumâtre.

salutary ['sæljʊtrɪ] adj fml salutaire.

salute [sə'luːt] ◆ noun salut m. ◆ vt saluer. ◆ vi faire un salut.

salvage ['sælvɪdʒ] ◆ noun (U) **1.** [rescue of ship] sauvetage m **2.** [property rescued] biens mpl sauvés. ◆ vt sauver.

salvation [sæl'veɪʃn] noun salut m.

Salvation Army noun ▸ **the Salvation Army** l'Armée f du Salut.

same [seɪm] ◆ adj même / she was wearing the same jumper as I was elle portait le même pull que moi ▸ **at the same time** en même temps ▸ **one and the same** un seul et même (une seule et même). ◆ pron ▸ **the same** le même (la même), les mêmes pl / I'll have the same as you je prendrai la même chose que toi / she earns the same as I do elle gagne autant que moi ▸ **to do the same** faire de même, en faire autant ▸ **all** OR **just the same** [anyway] quand même, tout de même ▸ **it's all the same to me** ça m'est égal ▸ **it's not the same** ce n'est pas pareil. ◆ adv ▸ **the same** [treat, spell] de la même manière.

sample ['sɑːmpl] ◆ noun échantillon m. ◆ vt [taste] goûter.

sanatorium, sanitorium US (pl -iums or -ia) [,sænə'tɔːrɪəm] noun sanatorium m.

sanctimonious [,sæŋktɪ'məʊnjəs] adj moralisateur(trice).

sanction ['sæŋkʃn] ◆ noun sanction f. ◆ vt sanctionner.

sanctity ['sæŋktətɪ] noun sainteté f.

sanctuary ['sæŋktʃʊərɪ] noun **1.** [for birds, wildlife] réserve f **2.** [refuge] asile m.

sand [sænd] ◆ noun sable m. ◆ vt [wood] poncer.

sandal ['sændl] noun sandale f.

sandalwood ['sændlwʊd] noun (bois m de) santal m.

sandcastle ['sænd,kɑːsl] noun château m de sable.

sand dune noun dune f.

sandpaper ['sænd,peɪpəʳ] ❖ noun (U) papier m de verre. ❖ vt poncer (au papier de verre).

sandpit UK ['sændpɪt], **sandbox** US ['sændbɒks] noun bac m à sable.

sandstone ['sændstəʊn] noun grès m.

sandwich ['sænwɪdʒ] ❖ noun sandwich m. ❖ vt fig ▸ **to be sandwiched between** être (pris) en sandwich entre.

sandwich board noun panneau m publicitaire (d'homme sandwich ou posé comme un tréteau).

sandy ['sændɪ] adj **1.** [beach] de sable ; [earth] sableux(euse) **2.** [sand-coloured] sable (inv).

sane [seɪn] adj **1.** [not mad] sain(e) d'esprit **2.** [sensible] raisonnable, sensé(e).

sang [sæŋ] pt ⟶ **sing**.

sanitary ['sænɪtrɪ] adj **1.** [method, system] sanitaire **2.** [clean] hygiénique, salubre.

sanitary towel UK, **sanitary napkin** US noun serviette f hygiénique.

sanitation [,sænɪ'teɪʃn] noun (U) [in house] installations fpl sanitaires.

sanity ['sænətɪ] noun (U) **1.** [saneness] santé f mentale, raison f **2.** [good sense] bon sens m.

sank [sæŋk] pt ⟶ **sink**.

Santa (Claus) ['sæntə(,klɔːz)] noun le père Noël.

sap [sæp] ❖ noun [of plant] sève f. ❖ vt [weaken] saper.

sapling ['sæplɪŋ] noun jeune arbre m.

sapphire ['sæfaɪəʳ] noun saphir m.

sarcastic [sɑː'kæstɪk] adj sarcastique.

sardine [sɑː'diːn] noun sardine f.

Sardinia [sɑː'dɪnjə] noun Sardaigne f.

sardonic [sɑː'dɒnɪk] adj sardonique.

SAS (abbr of **Special Air Service**) noun commando d'intervention spéciale de l'armée britannique.

SASE US abbr of self-addressed stamped envelope.

sash [sæʃ] noun [of cloth] écharpe f.

sassy ['sæsɪ] adj US inf culotté(e).

sat [sæt] pt & pp ⟶ **sit**.

SAT [sæt] noun **1.** (abbr of **Standard Assessment Test**) examen national en Grande-Bretagne pour les élèves de 7 ans, 11 ans et 14 ans **2.** (abbr of **SAT Reasoning Test**) examen d'entrée à l'université aux États-Unis.

Satan ['seɪtn] noun Satan m.

satchel ['sætʃəl] noun cartable m.

satellite ['sætəlaɪt] ❖ noun satellite m. ❖ comp [country, company] satellite.

satellite TV noun télévision f par satellite.

satin ['sætɪn] ❖ noun satin m. ❖ comp [sheets, pyjamas] de OR en satin ; [wallpaper, finish] satiné(e).

satire ['sætaɪəʳ] noun satire f.

satisfaction [,sætɪs'fækʃn] noun satisfaction f.

satisfactory [,sætɪs'fæktərɪ] adj satisfaisant(e).

satisfied ['sætɪsfaɪd] adj [happy] ▸ **satisfied (with)** satisfait(e) (de).

satisfy ['sætɪsfaɪ] vt **1.** [gen] satisfaire **2.** [convince] convaincre, persuader ▸ **to satisfy sb that** convaincre qqn que.

satisfying ['sætɪsfaɪɪŋ] adj satisfaisant(e).

satnav ['sætnæv] noun GPS m.

satsuma [,sæt'suːmə] noun satsuma f.

saturate ['sætʃəreɪt] vt ▸ **to saturate sthg (with)** saturer qqch (de).

Saturday ['sætədɪ] ❖ noun samedi m ▸ it's Saturday on est samedi ▸ **on Saturday** samedi ▸ **on Saturdays** le samedi ▸ **last Saturday** samedi dernier ▸ **this Saturday** ce samedi ▸ **next Saturday** samedi prochain ▸ **every Saturday** tous les samedis ▸ **every other Saturday** un samedi sur deux ▸ **the Saturday before** l'autre samedi ▸ **the Saturday before last** pas samedi dernier, mais le samedi d'avant ▸ **the Saturday after next, Saturday week** UK, **a week on Saturday** UK samedi en huit. ❖ comp [paper] du OR de samedi ▸ **Saturday morning / afternoon / evening** samedi matin / après-midi / soir.

Saturn ['sætən] noun [planet] Saturne f.

sauce [sɔːs] noun CULIN sauce f.

saucepan ['sɔːspən] noun casserole f.

saucer ['sɔːsəʳ] noun sous-tasse f, soucoupe f.

saucy ['sɔːsɪ] adj inf coquin(e).

Saudi Arabia ['saʊdɪ-] noun Arabie f Saoudite.

Saudi (Arabian) ['saʊdɪ-] ❖ adj saoudien (enne). ❖ noun [person] Saoudien m, -enne f.

sauna ['sɔːnə] noun sauna m.

saunter ['sɔːntəʳ] vi flâner.

sausage ['sɒsɪdʒ] noun saucisse f.

sausage roll noun UK feuilleté m à la saucisse.

sauté [UK 'səʊteɪ, US səʊ'teɪ] ❖ adj sauté(e). ❖ vt (pt & pp **sautéed** or **sauté**) [potatoes] faire sauter ; [onions] faire revenir.

savage ['sævɪdʒ] ❖ adj [fierce] féroce. ❖ noun sauvage mf. ❖ vt attaquer avec férocité.

save [seɪv] ❖ vt **1.** [rescue] sauver ▶ to save sb's life sauver la vie à oR de qqn **2.** [money - set aside] mettre de côté ; [- spend less] économiser **3.** [time] gagner ; [strength] économiser ; [food] garder **4.** [avoid] éviter, épargner ▶ to save sb sthg épargner qqch à qqn ▶ to save sb from doing sthg éviter à qqn de faire qqch **5.** SPORT arrêter **6.** COMPUT sauvegarder, enregistrer. ❖ vi [save money] mettre de l'argent de côté. ❖ noun SPORT arrêt m. ❖ prep fml ▶ save (for) sauf, à l'exception de. ◆ save up vi mettre de l'argent de côté.

saving ['seɪvɪŋ] ❖ noun **1.** [thrift] épargne f **2.** [money saved] économie f / to make a saving faire une économie. ❖ prep fml sauf, hormis.

saving grace ['seɪvɪŋ-] noun : its saving grace was… ce qui le rachetait, c'était….

savings ['seɪvɪŋz] pl n économies fpl.

savings account noun US compte m d'épargne.

saviour UK, **savior** US ['seɪvjər] noun sauveur m.

savour UK, **savor** US ['seɪvər] vt lit & fig savourer.

savoury UK, **savory** US ❖ adj **1.** UK [food] salé(e) **2.** [respectable] recommandable. ❖ noun UK petit plat m salé.

savvy ['sævɪ] adj US inf [well-informed] bien informé(e), calé(e) ; [shrewd] perspicace, astucieux(euse).

saw [sɔː] ❖ pt ⟶ **see**. ❖ noun scie f. ❖ vt (UK pt -ed, pp **sawn**, US pt & pp -ed) scier.

sawdust ['sɔːdʌst] noun sciure f (de bois).

sawmill ['sɔːmɪl] noun scierie f, moulin à scie QUÉBEC.

sawn [sɔːn] pp UK ⟶ **saw**.

saxophone ['sæksəfəʊn] noun saxophone m.

say [seɪ] ❖ vt (pt & pp **said**) **1.** [gen] dire / could you say that again? vous pouvez répéter ce que vous venez de dire ? / (let's) say you won the lottery… supposons que tu gagnes le gros lot… / it says a lot about him cela en dit long sur lui / she's said to be… on dit qu'elle est… ▶ that goes without saying cela

va sans dire ▶ it has a lot to be said for it cela a beaucoup d'avantages **2.** [subj: clock, label] indiquer. ❖ noun ▶ to have a / no say avoir / ne pas avoir voix au chapitre ▶ to have a say in sthg avoir son mot à dire sur qqch ▶ to have one's say dire ce que l'on a à dire, dire son mot. ◆ **that is to say** adv c'est-à-dire.

saying ['seɪɪŋ] noun dicton m.

say-so noun inf [permission] autorisation f.

scab [skæb] noun **1.** [of wound] croûte f **2.** inf & pej [non-striker] jaune m.

scaffold ['skæfəʊld] noun échafaud m.

scaffolding ['skæfəldɪŋ] noun échafaudage m.

scalawag US = **scallywag**.

scald [skɔːld] ❖ noun brûlure f. ❖ vt ébouillanter ▶ to scald one's arm s'ébouillanter le bras.

scale [skeɪl] ❖ noun **1.** [gen] échelle f ▶ to scale [map, drawing] à l'échelle **2.** [of ruler, thermometer] graduation f **3.** MUS gamme f **4.** [of fish, snake] écaille f **5.** US = **scales**. ❖ vt **1.** [cliff, mountain, fence] escalader **2.** [fish] écailler. ◆ **scales** pl n balance f. ◆ **scale down** vt insep réduire.

scallop ['skɒləp] ❖ noun [shellfish] coquille f Saint-Jacques. ❖ vt [edge, garment] festonner.

scallywag UK ['skælɪwæg], **scalawag** US ['skæləwæg] noun inf polisson m, -onne f.

scalp [skælp] ❖ noun **1.** ANAT cuir m chevelu **2.** [trophy] scalp m. ❖ vt scalper.

scalpel ['skælpəl] noun scalpel m.

scam [skæm] noun inf arnaque f.

scamper ['skæmpər] vi trottiner.

scampi ['skæmpɪ] noun (U) UK scampi mpl.

scan [skæn] ❖ noun MED scanographie f ; [during pregnancy] échographie f. ❖ vt **1.** [examine carefully] scruter **2.** [glance at] parcourir **3.** TECH balayer **4.** COMPUT faire un scannage de.

scandal ['skændl] noun **1.** [gen] scandale m **2.** [gossip] médisance f.

Scandinavia [ˌskændɪ'neɪvjə] noun Scandinavie f.

Scandinavian [ˌskændɪ'neɪvjən] ❖ adj scandinave. ❖ noun [person] Scandinave mf.

scant [skænt] adj insuffisant(e).

scantily ['skæntɪlɪ] adv [furnished] pauvrement, chichement ; [dressed] légèrement.

scanty ['skæntɪ] adj [amount, resources] insuffisant(e) ; [income] maigre ; [dress] minuscule.

scapegoat ['skeɪpgəʊt] noun bouc m émissaire.

scar [skɑːr] noun cicatrice f.

scarce ['skeəs] adj rare, peu abondant(e).

scarcely ['skeəslı] adv à peine / *scarcely anyone* presque personne / *I scarcely ever go there now* je n'y vais presque plus jamais.

scare [skeər] ❖ noun 1. [sudden fear] ▶ **to give sb a scare** faire peur à qqn 2. [public fear] panique f ▶ **bomb scare** alerte f à la bombe. ❖ vt faire peur à, effrayer. ◆ **scare away**, **scare off** vt sep faire fuir.

scarecrow ['skeəkrəʊ] noun épouvantail m.

scared ['skeəd] adj apeuré(e) ▶ **to be scared** avoir peur ▶ **to be scared stiff** OR **to death** être mort(e) de peur.

scarf [skɑːf] (pl -s or **scarves** [skɑːvz]) noun [wool] écharpe f ; [silk] foulard m.

scarlet ['skɑːlət] ❖ adj écarlate. ❖ noun écarlate f.

scarlet fever noun scarlatine f.

scarves [skɑːvz] pl n — **scarf**.

scary ['skeərı] adj inf qui fait peur.

scathing ['skeɪðıŋ] adj [criticism] acerbe ; [reply] cinglant(e).

scatter ['skætər] ❖ vt [clothes, paper] éparpiller ; [seeds] semer à la volée. ❖ vi se disperser.

scatterbrained ['skætəbreind] adj inf écervelé(e).

scattered ['skætəd] adj [wreckage, population] dispersé(e) ; [paper] éparpillé(e) ; [showers] intermittent(e).

scavenge ['skævındʒ] ❖ vt [object] récupérer. ❖ vi [person] ▶ **to scavenge for sthg** faire les poubelles pour trouver qqch.

scavenger ['skævındʒər] noun 1. [animal] animal m nécrophage 2. [person] personne f qui fait les poubelles.

scenario [sı'nɑːrıəʊ] (pl -s) noun 1. [possible situation] hypothèse f, scénario m 2. [of film, play] scénario m.

scene [siːn] noun 1. [in play, film, book] scène f ▶ **behind the scenes** dans les coulisses 2. [sight] spectacle m, vue f ; [picture] tableau m 3. [location] lieu m, endroit m 4. [area of activity] : *the political scene* la scène politique / *the music scene* le monde de la musique 5. PHR **to set the scene for sb** mettre qqn au courant de la situation ▶ **to set the scene for sthg** préparer la voie à qqch.

scenery ['siːnərı] noun (U) 1. [of countryside] paysage m 2. THEAT décor m, décors mpl.

scenic ['siːnık] adj [tour] touristique ▶ **a scenic view** un beau panorama.

scenic route noun route f touristique.

scent [sent] noun 1. [smell - of flowers] senteur f, parfum m ; [- of animal] odeur f, fumet m 2. (U) [perfume] parfum m.

sceptic UK, **skeptic** US ['skeptık] noun sceptique mf.

sceptical UK, **skeptical** US ['skeptıkl] adj ▶ **sceptical (about)** sceptique (sur).

scepticism UK, **skepticism** US ['skeptısızm] noun scepticisme m.

schedule [UK 'ʃedjuːl, US 'skedʒʊl] ❖ noun 1. [plan] programme m, plan m ▶ **on schedule** a) [at expected time] à l'heure (prévue) b) [on expected day] à la date prévue ▶ **ahead of/behind schedule** en avance/en retard (sur le programme) 2. [list - of times] horaire m ; [- of prices] tarif m 3. US [calendar] calendrier m ; [timetable] emploi m du temps. ❖ vt ▶ **to schedule sthg (for)** prévoir qqch (pour).

scheduled [UK 'ʃedjuːld, US 'skedʒʊld] adj 1. [planned] prévu(e) / *at the scheduled time* à l'heure prévue / *we announce a change to our scheduled programmes* TV nous annonçons une modification de nos programmes 2. [regular - stop, change] habituel(elle) 3. [official - prices] tarifé(e) 4. UK ADMIN ▶ **scheduled building** bâtiment m classé (monument historique) ▶ **the scheduled territories** la zone sterling.

scheduled flight noun vol m régulier.

scheme [skiːm] ❖ noun 1. [plan] plan m, projet m 2. pej [dishonest plan] combine f 3. [arrangement] arrangement m. ❖ vi pej conspirer.

scheming ['skiːmıŋ] adj intrigant(e).

schism ['sızm or 'skızm] noun schisme m.

schizophrenic [,skıtsə'frenık] ❖ adj schizophrène. ❖ noun schizophrène mf.

scholar ['skɒlər] noun 1. [expert] érudit m, -e f, savant m, -e f 2. dated [student] écolier m, -ère f, élève m f 3. [holder of scholarship] boursier m, -ère f.

scholarship ['skɒləʃıp] noun 1. [grant] bourse f (d'études) 2. [learning] érudition f.

school [skuːl] noun 1. [gen] école f ; [secondary school] lycée m, collège m ▶ **school governor** UK membre m du conseil de gestion de l'école **2.** [university department] faculté f **3.** **US** [university] université f.

school age noun âge m scolaire.

schoolbook ['sku:lbuk] noun livre m scolaire **OR** de classe.

schoolboy ['sku:lbɔɪ] noun écolier m, élève m.

schoolchild ['sku:ltʃaɪld] (pl **-children**) noun écolier m, -ère f, élève mf.

schooldays ['sku:ldeɪz] pl n années fpl d'école.

schoolgirl ['sku:lgɜ:l] noun écolière f, élève f.

schooling ['sku:lɪŋ] noun instruction f.

school-leaver [-,li:vər] noun **UK** élève qui a fini ses études secondaires.

schoolmaster ['sku:l,ma:stər] noun dated [primary] instituteur m, maître m d'école ; [secondary] professeur m.

schoolmistress ['sku:l,mɪstrɪs] noun dated [primary] institutrice f, maîtresse f d'école ; [secondary] professeur m.

school of thought noun école f (de pensée).

schoolteacher ['sku:l,ti:tʃər] noun [primary] instituteur m, -trice f ; [secondary] professeur m.

schoolyard noun **US** cour f de récréation.

school year noun année f scolaire.

schooner ['sku:nər] noun **1.** [ship] schooner m, goélette f **2.** **UK** [sherry glass] grand verre m à xérès.

sciatica [saɪ'ætɪkə] noun sciatique f.

science ['saɪəns] noun science f.

science fiction noun science-fiction f.

scientific [,saɪən'tɪfɪk] adj scientifique.

scientist ['saɪəntɪst] noun scientifique mf.

sci-fi [,saɪ'faɪ] (abbr of science fiction) noun inf science-fiction f, S.F. f.

scintillating ['sɪntɪleɪtɪŋ] adj brillant(e).

scissors ['sɪzəz] pl n ciseaux mpl ▶ **a pair of scissors** une paire de ciseaux.

sclerosis [sklɪ'rəʊsɪs] ⟶ **multiple sclerosis**.

scoff [skɒf] ⬦ vt **UK** inf bouffer, boulotter. ⬦ vi ▶ **to scoff (at)** se moquer (de).

scold [skəʊld] vt gronder, réprimander.

scone [skɒn] noun scone m.

scoop [sku:p] ⬦ noun **1.** [for sugar] pelle f à main ; [for ice cream] cuiller f à glace **2.** [of ice cream] boule f **3.** [news report] exclusivité f, scoop m. ⬦ vt [with hands] prendre

avec les mains ; [with scoop] prendre avec une pelle à main. ◆ **scoop out** vt sep évider.

scoot [sku:t] vi inf filer.

scooter ['sku:tər] noun **1.** [toy] trottinette f **2.** [motorcycle] scooter m.

scope [skəʊp] noun (U) **1.** [opportunity] occasion f, possibilité f **2.** [of report, inquiry] étendue f, portée f.

scorch [skɔ:tʃ] vt [clothes] brûler légèrement, roussir ; [skin] brûler ; [land, grass] dessécher.

scorcher ['skɔ:tʃər] noun inf [day] journée f torride.

scorching ['skɔ:tʃɪŋ] adj inf [day] torride ; [sun] brûlant(e).

score [skɔ:r] ⬦ noun **1.** SPORT score m **2.** [in test] note f **3.** dated [twenty] vingt **4.** MUS partition f **5.** [subject] ▶ **on that score** à ce sujet, sur ce point. ⬦ vt **1.** [goal, point] marquer / **to score 100 %** avoir 100 sur 100 **2.** [success, victory] remporter **3.** [cut] entailler. ⬦ vi SPORT marquer (un but/point). ◆ **score out** vt sep **UK** barrer, rayer.

scoreboard ['skɔ:bɔ:d] noun tableau m.

scorer ['skɔ:rər] noun marqueur m.

scorn [skɔ:n] ⬦ noun (U) mépris m, dédain m. ⬦ vt **1.** [person, attitude] mépriser **2.** [help, offer] rejeter, dédaigner.

scornful ['skɔ:nful] adj méprisant(e) ▶ **to be scornful of sthg** mépriser qqch, dédaigner qqch.

Scorpio ['skɔ:pɪəʊ] (pl -s) noun Scorpion m.

scorpion ['skɔ:pjən] noun scorpion m.

Scot [skɒt] noun Écossais m, -e f.

scotch [skɒtʃ] vt [rumour] étouffer ; [plan] faire échouer.

Scotch [skɒtʃ] ⬦ adj écossais(e). ⬦ noun scotch m, whisky m.

Scotch (tape)® noun **US** Scotch® m.

scot-free adj inf ▶ **to get off scot-free** s'en tirer sans être puni(e).

Scotland ['skɒtlənd] noun Écosse f.

Scots [skɒts] ⬦ adj écossais(e). ⬦ noun [dialect] écossais m.

Scotsman ['skɒtsmən] (pl -men) noun Écossais m.

Scotswoman ['skɒtswʊmən] (pl -women) noun Écossaise f.

Scottish ['skɒtɪʃ] adj écossais(e).

Scottish Parliament noun Parlement m écossais.

scoundrel ['skaʊndrəl] noun *dated* gredin m.

scour [skaʊər] vt **1.** [clean] récurer **2.** [search - town] parcourir ; [- countryside] battre.

scourge [skɜːdʒ] noun *fml* fléau m.

scout [skaʊt] noun MIL éclaireur m. ◆ **Scout** noun [boy scout] Scout m. ◆ **scout around** vi ▸ **to scout around (for)** aller à la recherche (de).

scowl [skaʊl] ◆ noun regard m noir. ◆ vi se renfrogner, froncer les sourcils ▸ **to scowl at sb** jeter des regards noirs à qqn.

scrabble ['skræbl] vi **1.** [scrape] ▸ **to scrabble at sthg** gratter qqch **2.** [feel around] ▸ **to scrabble around for sthg** tâtonner pour trouver qqch.

scraggy ['skrægɪ] adj décharné(e), maigre.

scram [skræm] (*pt & pp* -med, *cont* -ming) vi *inf* filer, ficher le camp.

scramble ['skræmbl] ◆ noun [rush] bousculade f, ruée f. ◆ vi **1.** [climb] ▸ **to scramble up a hill** grimper une colline en s'aidant des mains OR à quatre pattes **2.** [compete] ▸ **to scramble for sthg** se disputer qqch.

scrambled eggs ['skræmbld-] pl n œufs mpl brouillés.

scrap [skræp] ◆ noun **1.** [of paper, material] bout m ; [of information] fragment m ; [of conversation] bribe f **2.** [metal] ferraille f **3.** *inf* [fight, quarrel] bagarre f. ◆ vt [car] mettre à la ferraille ; [plan, system] abandonner, laisser tomber. ◆ **scraps** pl n [food] restes mpl.

scrapbook ['skræpbʊk] noun album m (de coupures de journaux).

scrape [skreɪp] ◆ noun **1.** [scraping noise] raclement m, grattement m **2.** *inf & dated* [difficult situation] ▸ **to get into a scrape** se fourrer dans le pétrin. ◆ vt **1.** [clean, rub] gratter, racler ▸ **to scrape sthg off sthg** enlever qqch de qqch en grattant OR raclant **2.** [surface, car, skin] érafler. ◆ vi gratter. ◆ **scrape through** vt insep réussir de justesse.

scraper ['skreɪpər] noun grattoir m, racloir m.

scrap heap noun tas m de ferraille ▸ **on the scrap heap** *fig* au rebut, au placard.

scrap paper, **scratch paper** US noun (papier m) brouillon m.

scrappy ['skræpɪ] (*compar* -ier, *superl* -iest) adj **1.** [work, speech] décousu(e) **2.** US *inf* [feisty] bagarreur(euse).

scrapyard ['skræpjɑːd] noun parc m à ferraille.

scratch [skrætʃ] ◆ noun **1.** [wound] égratignure f, éraflure f **2.** [on glass, paint] éraflure f **3.** PHR to be up to scratch être à la hauteur ▸ **to do sthg from scratch** faire qqch à partir de rien. ◆ vt **1.** [wound] écorcher, égratigner **2.** [mark - paint, glass] rayer, érafler **3.** [rub] gratter **4.** SPORT [cancel] annuler. ◆ vi gratter ; [person] se gratter.

scratch card noun carte f à gratter.

scratch paper US = **scrap paper**.

scrawl [skrɔːl] ◆ noun griffonnage m, gribouillage m. ◆ vt griffonner, gribouiller.

scrawny ['skrɔːnɪ] adj [person] efflanqué(e) ; [body, animal] décharné(e).

scream [skriːm] ◆ noun [cry] cri m perçant, hurlement m ; [of laughter] éclat m. ◆ vt hurler. ◆ vi [cry out] crier, hurler.

scree [skriː] noun éboulis m.

screech [skriːtʃ] ◆ noun **1.** [cry] cri m perçant **2.** [of tyres] crissement m. ◆ vt hurler. ◆ vi **1.** [cry out] pousser des cris perçants **2.** [tyres] crisser.

screen [skriːn] ◆ noun **1.** [gen] écran m **2.** [panel] paravent m. ◆ vt **1.** CIN projeter, passer ; TV téléviser, passer **2.** [hide] cacher, masquer **3.** [shield] protéger **4.** [candidate, employee] passer au crible, filtrer.

screening ['skriːnɪŋ] noun **1.** CIN projection f ; TV passage m à la télévision **2.** [for security] sélection f, tri m **3.** MED dépistage m.

screenplay ['skriːnpleɪ] noun scénario m.

screw [skruː] ◆ noun [for fastening] vis f. ◆ vt **1.** [fix with screws] ▸ **to screw sthg to sthg** visser qqch à OR sur qqch **2.** [twist] visser **3.** *vulg* [have sex with] baiser / *screw you!* va te faire foutre ! ◆ vi [bolt, lid] se visser. ◆ **screw up** vt sep **1.** [crumple up] froisser, chiffonner **2.** [eyes] plisser ; [face] tordre **3.** *v inf* [ruin] gâcher, bousiller.

screwdriver ['skruː,draɪvər] noun [tool] tournevis m.

scribble ['skrɪbl] ◆ noun gribouillage m, griffonnage m. ◆ vt & vi gribouiller, griffonner.

scrimp [skrɪmp] vi ▸ **to scrimp and save** économiser OR lésiner sur tout.

script [skrɪpt] noun **1.** [of play, film] scénario m, script m **2.** [writing system] écriture f **3.** [handwriting] (écriture f) script m.

Scriptures ['skrɪptʃəz] pl n ▸ **the Scriptures** les (saintes) Écritures fpl.

scriptwriter ['skrɪpt,raɪtər] noun scénariste mf.

scroll [skrəʊl] ◆ noun rouleau m. ◆ vt COMPUT faire défiler.

scrounge [skraʊndʒ] *inf* vt ▶ **to scrounge money off sb** taper qqn / *can I scrounge a cigarette off you?* je peux te piquer une cigarette ?

scrounger ['skraʊndʒər] noun *inf* parasite m.

scrub [skrʌb] ❖ noun **1.** [rub] ▶ **to give sthg a scrub** nettoyer qqch à la brosse **2.** (U) [undergrowth] broussailles *fpl*. ❖ vt [floor, clothes] laver OR nettoyer à la brosse ; [hands, back] frotter ; [saucepan] récurer.

scruff [skrʌf] noun ▶ **by the scruff of the neck** par la peau du cou.

scruffy ['skrʌfɪ] adj mal soigné(e), débraillé(e).

scrumptious ['skrʌmpʃəs] adj *inf* délicieux(euse), fameux(euse).

scruples ['skruːplz] pl n scrupules *mpl*.

scrutinize, scrutinise UK ['skruːtɪnaɪz] vt scruter, examiner attentivement.

scrutiny ['skruːtɪnɪ] noun (U) examen m attentif.

scuba diving ['skuːbə-] noun plongée f sous-marine *(avec bouteilles)*.

scuff [skʌf] vt **1.** [damage] érafler **2.** [drag] ▶ **to scuff one's feet** traîner les pieds.

scuffle ['skʌfl] noun bagarre f, échauffourée f.

scullery ['skʌlərɪ] noun arrière-cuisine f.

sculptor ['skʌlptər] noun sculpteur m, -eure f, -trice f.

sculpture ['skʌlptʃər] ❖ noun sculpture f. ❖ vt sculpter.

scum [skʌm] noun (U) **1.** [froth] écume f, mousse f **2.** *v inf & pej* [person] salaud m **3.** *v inf & pej* [people] déchets *mpl*.

scumbag ['skʌmbæg] noun *v inf* salaud m, ordure f.

scummy ['skʌmɪ] (*compar* -**ier**, *superl* -**iest**) adj **1.** [liquid] écumeux(euse) **2.** *v inf* [person] salaud ; [object] crade.

scupper ['skʌpər] vt **1.** NAUT couler **2.** UK *fig* [plan] saboter, faire tomber à l'eau.

scurrilous ['skʌrələs] adj *fml* calomnieux(euse).

scurry ['skʌrɪ] vi se précipiter ▶ **to scurry away** OR **off** se sauver, détaler.

scuttle ['skʌtl] ❖ noun seau m à charbon. ❖ vi courir précipitamment OR à pas précipités.

scythe [saɪð] noun faux f.

sea [siː] ❖ noun [gen] mer f ▶ **at sea** en mer ▶ **by sea** par mer ▶ **out to sea** au large ▶ **to be all at sea** nager complètement. ❖ comp [voyage] en mer ; [animal] marin(e), de mer.

seabed ['siːbed] noun ▶ **the seabed** le fond de la mer.

seaboard ['siːbɔːd] noun littoral m, côte f.

sea breeze noun brise f de mer.

seafood ['siːfuːd] noun (U) fruits *mpl* de mer.

seafront ['siːfrʌnt] noun front m de mer.

seagull ['siːgʌl] noun mouette f.

seal [siːl] ❖ noun (*pl inv* or -**s**) **1.** [animal] phoque m **2.** [official mark] cachet m, sceau m **3.** [official fastening] cachet m. ❖ vt **1.** [envelope] coller, fermer **2.** [document, letter] sceller, cacheter **3.** [block off] obturer, boucher. ◆ **seal off** vt sep [area, entrance] interdire l'accès de.

sealed [siːld] adj [document] scellé(e) ; [envelope] cacheté(e) ; [orders] scellé(e) sous pli ; [jar] fermé(e) hermétiquement ; [joint] étanche.

sea level noun niveau m de la mer.

sea lion (*pl inv* or -**s**) noun otarie f.

seam [siːm] noun **1.** SEW couture f **2.** [of coal] couche f, veine f.

seaman ['siːmən] (*pl* -**men**) noun marin m.

seamless ['siːmlɪs] adj sans couture ; *fig* homogène, cohérent(e).

seamy ['siːmɪ] adj sordide.

séance ['seɪɒns] noun séance f de spiritisme.

seaplane ['siːpleɪn] noun hydravion m.

seaport ['siːpɔːt] noun port m de mer.

search [sɜːtʃ] ❖ noun [of person, luggage, house] fouille f ; [for lost person, thing] recherche f, recherches *fpl* ▶ **search for** recherche de ▶ **in search of** à la recherche de. ❖ vt [house, area, person] fouiller ; [memory, mind, drawer] fouiller dans. ❖ vi ▶ **to search (for sb / sthg)** chercher (qqn / qqch).

search engine noun COMPUT moteur m de recherche.

searching ['sɜːtʃɪŋ] adj [question] poussé(e), approfondi(e) ; [look] pénétrant(e) ; [review, examination] minutieux(euse).

searchlight ['sɜːtʃlaɪt] noun projecteur m.

search party noun équipe f de secours.

search warrant noun mandat m de perquisition.

seashell ['siːʃel] noun coquillage m.

seashore ['siːʃɔːr] noun ▶ **the seashore** le rivage, la plage.

seasick ['siːsɪk] adj ▶ **to be** OR **feel seasick** avoir le mal de mer.

seaside ['si:saɪd] noun ▸ **the seaside** le bord de la mer.

seaside resort noun station f balnéaire.

season ['si:zn] ❖ noun **1.** [gen] saison f ▸ **in season** [food] de saison ▸ **out of season** a) [holiday] hors saison b) [food] hors de saison **2.** [of films, programmes] cycle m. ❖ vt assaisonner, relever.

seasonal ['si:zənl] adj saisonnier(ère).

seasoned ['si:znd] adj [traveller, campaigner] chevronné(e), expérimenté(e) ; [soldier] aguerri(e).

seasoning ['si:znɪŋ] noun assaisonnement m.

season ticket noun carte f d'abonnement.

seat [si:t] ❖ noun **1.** [gen] siège m ; [in theatre] fauteuil m ▸ **take a seat!** asseyez-vous ! **2.** [place to sit - in bus, train] place f **3.** [of trousers] fond m. ❖ vt [sit down] faire asseoir, placer / **please be seated** veuillez vous asseoir.

seat belt noun ceinture f de sécurité.

seating ['si:tɪŋ] noun (U) [capacity] sièges mpl, places fpl (assises).

seaweed ['si:wi:d] noun (U) algue f.

seaworthy ['si:,wɜ:ðɪ] adj en bon état de navigabilité.

sec. abbr of **second**.

secede [sɪ'si:d] vi fml ▸ **to secede (from)** se séparer (de), faire sécession (de).

secluded [sɪ'klu:dɪd] adj retiré(e), écarté(e).

seclusion [sɪ'klu:ʒn] noun solitude f, retraite f.

second ['sekənd] ❖ noun **1.** [gen] seconde f / **wait a second!** une seconde !, (attendez) un instant ! ▸ **second (gear)** seconde **2.** UK UNIV ≃ licence f avec mention assez bien. ❖ num deuxième, second(e) ▸ **his score was second only to hers** il n'y a qu'elle qui ait fait mieux que lui OR qui l'ait surpassé. ❖ vt [proposal, motion] appuyer. See also **sixth**. ◆ **seconds** pl n **1.** COMM articles mpl de second choix **2.** [of food] rabiot m.

secondary ['sekəndrɪ] adj secondaire ▸ **to be secondary to** être moins important(e) que.

secondary school noun UK école f secondaire, lycée m.

second-class ['sekənd-] adj **1.** pej [citizen] de deuxième zone ; [product] de second choix **2.** [ticket] de seconde OR deuxième classe **3.** [stamp] à tarif réduit **4.** UK UNIV [degree] ≃ avec mention assez bien.

second-guess ['sekənd-] vt inf **1.** [predict] anticiper, prévoir **2.** US [with hindsight] juger avec le recul.

second hand [sekənd-] noun [of clock] trotteuse f.

second-hand ['sekənd-] ❖ adj **1.** [goods, shop] d'occasion **2.** fig [information] de seconde main. ❖ adv [not new] d'occasion.

secondly ['sekəndlɪ] adv deuxièmement, en second lieu.

secondment [sɪ'kɒndmənt] noun UK affectation f temporaire.

second-rate ['sekənd-] adj pej de deuxième ordre, médiocre, de deuxième zone.

second thought ['sekənd-] noun ▸ **to have second thoughts about sthg** avoir des doutes sur qqch ▸ **on second thoughts** UK, **on second thought** US réflexion faite, tout bien réfléchi.

secrecy ['si:krəsɪ] noun (U) secret m.

secret ['si:krɪt] ❖ adj secret(ète). ❖ noun secret m ▸ **in secret** en secret.

secretarial [,sekrə'teərɪəl] adj [course, training] de secrétariat, de secrétaire ▸ **secretarial staff** secrétaires mpl.

secretary [UK 'sekrətrɪ, US 'sekrə,terɪ] noun **1.** [gen] secrétaire mf **2.** POL [minister] ministre mf.

Secretary of State noun **1.** UK ▸ **Secretary of State (for)** ministre m (de) **2.** US ≃ ministre m des Affaires étrangères.

secretive ['si:krətɪv] adj secret(ète), dissimulé(e).

secretly ['si:krɪtlɪ] adv secrètement.

sect [sekt] noun secte f.

sectarian [sek'teərɪən] adj [killing, violence] d'ordre religieux.

section ['sekʃn] ❖ noun **1.** [portion - gen] section f, partie f ; [- of road, pipe] tronçon m ; [- of document, law] article m **2.** GEOM coupe f, section f. ❖ vt sectionner.

sector ['sektər] noun secteur m.

secular ['sekjʊlər] adj [life] séculier(ère) ; [education] laïque ; [music] profane.

secure [sɪ'kjʊər] ❖ adj **1.** [fixed - gen] fixe ; [- windows, building] bien fermé(e) **2.** [safe - job, future] sûr(e) ; [- valuable object] en sécurité, en lieu sûr **3.** [free of anxiety - childhood] sécurisant(e) ; [- marriage] solide. ❖ vt **1.** [obtain] obtenir **2.** [fasten - gen] attacher ; [- door, window] bien fermer **3.** [make safe] assurer la sécurité de.

security [sɪ'kjʊərətɪ] noun sécurité f. ◆ **securities** pl n FIN titres mpl, valeurs fpl.

security guard noun garde m de sécurité.

sedan [sɪ'dæn] noun US berline f.

sedate [sɪ'deɪt] ❖ adj posé(e), calme. ❖ vt donner un sédatif à.

sedation [sɪ'deɪʃn] noun (U) sédation f ▸ **under sedation** sous calmants.

sedative ['sedətɪv] noun sédatif m, calmant m.

sediment ['sedɪmənt] noun sédiment m, dépôt m.

seduce [sɪ'dju:s] vt séduire ▸ **to seduce sb into doing sthg** amener OR entraîner qqn à faire qqch.

seductive [sɪ'dʌktɪv] adj séduisant(e).

see [si:] (pt saw, pp seen) ❖ vt **1.** [gen] voir ▸ **see you!** au revoir ! ▸ **see you soon / later / tomorrow etc.!** à bientôt / tout à l'heure/demain etc. ! **2.** [accompany] : I saw her to the door je l'ai accompagnée OR reconduite jusqu'à la porte / I saw her onto the train je l'ai accompagnée au train **3.** [make sure] ▸ **to see (that)...** s'assurer que... ❖ vi voir ▸ **you see,... voyez-vous,...** ▸ **I see** je vois, je comprends ▸ **let's see, let me see** voyons, voyons voir. ◆ **seeing as, seeing that** conj inf vu que, étant donné que. ◆ **see about** vt insep [arrange] s'occuper de. ◆ **see off** vt sep **1.** [say goodbye to] accompagner (pour dire au revoir) **2.** UK [chase away] faire partir OR fuir. ◆ **see out** vt sep [accompany to the door] reconduire OR raccompagner à la porte / can you see yourself out? pouvez-vous trouver la sortie tout seul ? ◆ **see through** ❖ vt insep [scheme] voir clair dans ▸ **to see through sb** voir dans le jeu de qqn. ❖ vt sep [deal, project] mener à terme, mener à bien. ◆ **see to** vt insep s'occuper de, se charger de.

seed [si:d] noun **1.** [of plant] graine f **2.** SPORT : fifth seed joueur classé cinquième m, joueuse classée cinquième f. ◆ **seeds** pl n fig germes mpl, semences fpl.

seedling ['si:dlɪŋ] noun jeune plant m, semis m.

seedy ['si:dɪ] adj miteux(euse).

seek [si:k] (pt & pp sought) vt **1.** [gen] chercher ; [peace, happiness] rechercher ▸ **to seek to do sthg** chercher à faire qqch **2.** [advice, help] demander.

seem [si:m] ❖ vi sembler, paraître / to seem bored avoir l'air de s'ennuyer / to seem sad / tired avoir l'air triste/fatigué. ❖ impers vb ▸ **it seems (that)...** il semble OR paraît que....

seemingly ['si:mɪŋlɪ] adv apparemment.

seen [si:n] pp ⟶ **see**.

seep [si:p] vi suinter.

seesaw ['si:sɔ:] noun bascule f.

seethe [si:ð] vi **1.** [person] bouillir, être furieux(euse) **2.** [place] ▸ **to be seething with** grouiller de.

seething ['si:ðɪŋ] adj [furious] furieux(euse).

see-through adj transparent(e).

segment ['segmənt] noun **1.** [section] partie f, section f **2.** [of fruit] quartier m.

segregate ['segrɪgeɪt] vt séparer.

Seine [seɪn] noun ▸ **the (River) Seine** la Seine.

seize [si:z] vt **1.** [grab] saisir, attraper **2.** [capture] s'emparer de, prendre **3.** [arrest] arrêter **4.** fig [opportunity, chance] saisir, sauter sur. ◆ **seize (up)on** vt insep saisir, sauter sur. ◆ **seize up** vi **1.** [body] s'ankyloser **2.** [engine, part] se gripper.

seizure ['si:ʒər] noun **1.** MED crise f, attaque f **2.** (U) [of town] capture f ; [of power] prise f.

seldom ['seldəm] adv peu souvent, rarement.

select [sɪ'lekt] ❖ adj **1.** [carefully chosen] choisi(e) **2.** [exclusive] de premier ordre, d'élite. ❖ vt sélectionner, choisir.

selection [sɪ'lekʃn] noun sélection f, choix m.

selective [sɪ'lektɪv] adj sélectif(ive) ; [person] difficile.

self [self] (pl selves [selvz]) noun moi m / she's her old self again elle est redevenue elle-même ▸ **the self** PSYCHOL le moi.

self-addressed stamped envelope [-ə'drest-] noun US enveloppe f affranchie pour la réponse.

self-assured adj sûr(e) de soi, plein(e) d'assurance.

self-belief noun confiance f en soi ▸ **to have self-belief** croire en soi-même.

self-catering adj UK [holiday - in house] en maison louée ; [- in flat] en appartement loué.

self-centred UK, **self-centered** US [-'sentəd] adj égocentrique.

self-confessed [-kən'fest] adj de son propre aveu.

self-confident adj sûr(e) de soi, plein(e) d'assurance.

self-conscious adj timide.

self-contained [-kən'teɪnd] adj [flat] indépendant(e), avec entrée particulière ; [person] qui se suffit à soi-même.

self-control noun maîtrise f de soi.

self-defence UK, **self-defense** US noun autodéfense f.

self-discipline noun [self-control] maîtrise f de soi ; [good behaviour] autodiscipline f.

self-doubt noun manque m de confiance en soi.

self-employed [-ɪmˈplɔɪd] adj qui travaille à son propre compte.

self-esteem noun respect m de soi, estime f de soi.

self-evident adj qui va de soi, évident(e).

self-explanatory adj évident(e), qui ne nécessite pas d'explication.

self-expression noun libre expression f.

self-government noun autonomie f.

self-harm ❖ noun automutilation f. ❖ vi s'automutiler.

self-important adj suffisant(e).

self-improvement noun perfectionnement m des connaissances personnelles.

self-indulgent adj pej [person] qui ne se refuse rien ; [film, book, writer] nombriliste.

self-interest noun (U) pej intérêt m personnel.

self-interested adj intéressé(e), qui agit par intérêt personnel.

selfish [ˈselfɪʃ] adj égoïste.

selfishness [ˈselfɪʃnɪs] noun égoïsme m.

selfless [ˈselflɪs] adj désintéressé(e).

self-loathing noun dégoût m de soi-même.

self-made adj ▶ **self-made man** self-made-man m.

self-obsessed adj obsédé(e) par soi-même.

self-opinionated adj opiniâtre.

self-pity noun apitoiement m sur son sort.

self-portrait noun autoportrait m.

self-possessed adj maître (maîtresse) de soi.

self-preservation noun instinct m de conservation.

self-raising flour UK [-ˌreɪzɪŋ-], **self-rising flour** US noun farine f avec levure incorporée.

self-reliant adj indépendant(e), qui ne compte que sur soi.

self-respect noun respect m de soi.

self-respecting [-rɪsˈpektɪŋ] adj qui se respecte.

self-restraint noun (U) retenue f, mesure f.

self-righteous adj suffisant(e).

self-rising flour US = self-raising flour.

self-sacrifice noun abnégation f.

self-satisfied adj suffisant(e), content(e) de soi.

self-service noun libre-service m, self-service m.

self-sufficient adj autosuffisant(e) ▶ **to be self-sufficient in** satisfaire à ses besoins en.

self-taught adj autodidacte.

sell [sel] (pt & pp sold) ❖ vt **1.** [gen] vendre ▶ **to sell sthg for £100** vendre qqch 100 livres ▶ **to sell sthg to sb, to sell sb sthg** vendre qqch à qqn **2.** fig [make acceptable] ▶ **to sell sthg to sb, to sell sb sthg** faire accepter qqch à qqn. ❖ vi **1.** [person] vendre **2.** [product] se vendre ▶ **it sells for** OR **at £10** il se vend 10 livres. ❖ **sell off** vt sep vendre, liquider. ❖ **sell out** ❖ vt sep : *the performance is sold out* il ne reste plus de places, tous les billets ont été vendus. ❖ vi **1.** [shop] : *we've sold out* on n'en a plus **2.** [betray one's principles] être infidèle à ses principes.

sell-by date noun UK date f limite de vente.

seller [ˈselər] noun vendeur m, -euse f.

selling [ˈselɪŋ] noun (U) vente f.

selling point noun avantage m, atout m, point m fort.

selling price noun prix m de vente.

Sellotape® [ˈseləteɪp] noun UK ≃ Scotch® m ruban m adhésif.

sell-out noun : *the match was a sell-out* on a joué à guichets fermés.

selves [selvz] pl n ⟶ **self**.

semaphore [ˈseməfɔːr] noun (U) signaux mpl à bras.

semblance [ˈsembləns] noun semblant m.

semen [ˈsiːmen] noun (U) sperme m, semence f.

semester [sɪˈmestər] noun semestre m.

semicircle [ˈsemɪˌsɜːkl] noun demi-cercle m.

semicolon [ˌsemɪˈkəʊlən] noun point-virgule m.

semidetached [ˌsemɪdɪˈtætʃt] UK ❖ adj jumelé(e). ❖ noun maison f jumelée.

semifinal [ˌsemɪˈfaɪnl] noun demi-finale f.

seminar [ˈseminɑːr] noun séminaire m.

seminary [ˈseminəri] noun RELIG séminaire m.

semiskilled [ˌsemɪˈskɪld] adj spécialisé(e).

semi-skimmed [-skɪmd] adj [milk] demi-écrémé.

semolina [ˌseməˈliːnə] noun semoule f.

Senate [ˈsenɪt] noun POL ▶ **the Senate** le sénat ∕ *the United States Senate* le Sénat américain.

senator ['senətər] noun sénateur m, -trice f.

send [send] (pt & pp **sent**) vt [gen] envoyer ; [letter] expédier, envoyer ▶ **to send sb sthg, to send sthg to sb** envoyer qqch à qqn / *send her my love* embrasse-la pour moi ▶ **to send sb for sthg** envoyer qqn chercher qqch. ◆ **send for** vt insep **1.** [person] appeler, faire venir **2.** [by post] commander par correspondance. ◆ **send in** vt sep [report, application] envoyer, soumettre. ◆ **send off** vt sep **1.** [by post] expédier **2.** [UK] SPORT expulser. ◆ **send off for** vt insep commander par correspondance. ◆ **send up** vt sep [UK] *inf* [imitate] parodier, ridiculiser.

sender ['sendər] noun expéditeur m, -trice f.

send-off noun fête f d'adieu.

senile ['si:naɪl] adj sénile.

senior ['si:njər] ◆ adj **1.** [highest-ranking] plus haut placé(e) **2.** [higher-ranking] ▶ **senior to sb** d'un rang plus élevé que qqn **3.** SCH [pupils, classes] grand(e). ◆ noun **1.** [older person] aîné m, -e f **2.** SCH grand m, -e f **3.** [US] SCH & UNIV élève mf (en dernière année).

senior citizen noun personne f âgée OR du troisième âge.

sensation [sen'seɪʃn] noun sensation f.

sensational [sen'seɪʃənl] adj [gen] sensationnel(elle).

sensationalist [sen'seɪʃnəlɪst] adj [pej & PRESS] à sensation.

sense [sens] ◆ noun **1.** [ability, meaning] sens m ▶ **to make sense** [have meaning] avoir un sens ▶ **sense of humour** sens de l'humour ▶ **sense of smell** odorat m **2.** [feeling] sentiment m **3.** [wisdom] bon sens m, intelligence f ▶ **to make sense** [be sensible] être logique **4.** [PHR] **to come to one's senses** a) [be sensible again] revenir à la raison b) [regain consciousness] reprendre connaissance. ◆ vt [feel] sentir. ◆ **in a sense** adv dans un sens.

senseless ['senslɪs] adj **1.** [stupid] stupide **2.** [unconscious] sans connaissance.

sensibility [,sensɪ'bɪlətɪ] noun [physical or emotional] sensibilité f.

sensible ['sensəbl] adj [reasonable] raisonnable, judicieux(euse).

sensitive ['sensɪtɪv] adj **1.** [gen] ▶ **sensitive (to)** sensible (à) **2.** [subject] délicat(e) **3.** [easily offended] ▶ **sensitive (about)** susceptible (en ce qui concerne).

sensor ['sensər] noun détecteur m.

sensual ['sensjʊəl] adj sensuel(elle).

sensuous ['sensjʊəs] adj qui affecte les sens.

sent [sent] pt & pp ⟶ **send**.

sentence ['sentəns] ◆ noun **1.** GRAM phrase f **2.** LAW condamnation f, sentence f. ◆ vt ▶ **to sentence sb (to)** condamner qqn (à).

sentiment ['sentɪmənt] noun **1.** [feeling] sentiment m **2.** [opinion] opinion f, avis m.

sentimental [,sentɪ'mentl] adj sentimental(e).

sentry ['sentrɪ] noun sentinelle f.

SEP MESSAGING *written abbr of* **somebody else's problem**.

separate ◆ adj ['seprət] **1.** [not joined] ▶ **separate (from)** séparé(e) (de) **2.** [individual, distinct] distinct(e). ◆ vt ['sepəreɪt] **1.** [gen] ▶ **to separate sb/sthg (from)** séparer qqn/ qqch (de) ▶ **to separate sthg into** diviser OR séparer qqch en **2.** [distinguish] ▶ **to separate sb/ sthg (from)** distinguer qqn/qqch (de). ◆ vi ['sepəreɪt] se séparer ▶ **to separate into** se diviser OR se séparer en. ◆ **separates** ['seprəts] pl n coordonnés mpl.

separately ['seprətlɪ] adv séparément.

separation [,sepə'reɪʃn] noun séparation f.

September [sep'tembər] noun septembre m ▶ **in September** en septembre ▶ **last September** en septembre dernier ▶ **this September** en septembre de cette année ▶ **next September** en septembre prochain ▶ **by September** en septembre, d'ici septembre ▶ **every September** tous les ans en septembre ▶ **during September** pendant le mois de septembre ▶ **at the beginning of September** au début du mois de septembre, début septembre ▶ **at the end of September** à la fin du mois de septembre, fin septembre ▶ **in the middle of September** au milieu du mois de septembre, à la mi-septembre.

septic ['septɪk] adj infecté(e).

septic tank noun fosse f septique.

sequel ['si:kwəl] noun **1.** [book, film] ▶ **sequel (to)** suite f (de) **2.** [consequence] ▶ **sequel (to)** conséquence f (de).

sequence ['si:kwəns] noun **1.** [series] suite f, succession f **2.** [order] ordre m **3.** [of film] séquence f.

sequin ['si:kwɪn] noun paillette f.

Serb = Serbian.

Serbia ['sɜ:bjə] noun Serbie f.

Serbian ['sɜ:bjən], **Serb** [sɜ:b] ◆ adj serbe. ◆ noun **1.** [person] Serbe mf **2.** [dialect] serbe m.

serenade [,serə'neɪd] ◆ noun sérénade f. ◆ vt donner la sérénade à.

serene [sɪ'ri:n] adj [calm] serein(e), tranquille.

sergeant ['sɑ:dʒənt] noun **1.** MIL sergent m, -e f **2.** [in police] brigadier m, -ière f.

sergeant major noun sergent-major m.

serial ['sɪərɪəl] noun feuilleton m.

serial killer noun tueur m en série.

serial number noun numéro m de série.

series ['sɪəri:z] (pl inv) noun série f.

serious ['sɪərɪəs] adj **1.** [causing concern - situation, problem, threat] sérieux(euse) ; [- illness, accident, trouble] grave **2.** [not joking] sérieux(euse) ▶ **to be serious about doing sthg** songer sérieusement à faire qqch **3.** [careful, thoughtful] sérieux(euse), sincère.

seriously ['sɪərɪəslɪ] adv sérieusement ; [ill] gravement ; [wounded] grièvement, gravement ▶ **to take sb / sthg seriously** prendre qqn/qqch au sérieux.

seriousness ['sɪərɪəsnɪs] noun **1.** [of mistake, illness] gravité f **2.** [of person, speech] sérieux m.

sermon ['sɜ:mən] noun sermon m.

serrated [sɪ'reɪtɪd] adj en dents de scie.

servant ['sɜ:vənt] noun domestique mf.

serve [sɜ:v] ◆ vt **1.** [work for] servir **2.** [have effect] ▶ **to serve to do sthg** servir à faire qqch ▶ **to serve a purpose** [subj: device] servir à un usage **3.** [provide for] desservir **4.** [meal, drink, customer] servir ▶ **to serve sthg to sb, to serve sb sthg** servir qqch à qqn **5.** LAW ▶ **to serve sb with a summons / writ, to serve a summons / writ on sb** signifier une assignation/une citation à qqn **6.** [prison sentence] purger, faire ; [apprenticeship, term] faire **7.** SPORT servir **8.** PHR **it serves him / you right** c'est bien fait pour lui/toi. ◆ vi servir ▶ **to serve as** servir de. ◆ noun SPORT service m. ◆ **serve out**, **serve up** vt sep [food] servir.

service ['sɜ:vɪs] ◆ noun **1.** [gen] service m ▶ **in / out of service** en/hors service ▶ **to be of service (to sb)** être utile (à qqn), rendre service (à qqn) **2.** [of car] révision f ; [of machine] entretien m **3.** MIL service m. ◆ vt [car] réviser ; [machine] assurer l'entretien de. ◆ **services** pl n **1.** UK [on motorway] aire f de services **2.** [armed forces] ▶ **the services** les forces fpl armées **3.** [help] service m.

serviceable ['sɜ:vɪsəbl] adj pratique.

service charge noun service m.

serviceman ['sɜ:vɪsmən] (pl -men) noun soldat m, militaire m.

service provider noun COMPUT fournisseur m d'accès.

service station noun station-service f.

serviette [,sɜ:vɪ'et] noun UK serviette f (de table).

sesame ['sesəmɪ] noun sésame m.

session ['seʃn] noun **1.** [gen] séance f **2.** US [school term] trimestre m.

set [set] ◆ adj **1.** [fixed] fixe ▶ **set expression OR phrase** GRAM expression f figée **2.** UK SCH [book] au programme **3.** [ready] ▶ **set (for sthg / to do sthg)** prêt(e) (à qqch/à faire qqch) **4.** [determined] ▶ **to be set on sthg** vouloir absolument qqch ▶ **to be set on doing sthg** être résolu(e) à faire qqch. ◆ noun **1.** [group - of facts, conditions, characteristics] ensemble m ; [- of keys, tools, golf clubs] jeu m ; [- of stamps, books] collection f ; [- of saucepans] série f ▶ **a set of teeth a)** [natural] une dentition, une denture **b)** [false] un dentier **2.** [television, radio] poste m **3.** CIN plateau m ; THEAT scène f **4.** TENNIS manche f, set m. ◆ vt (pt & pp set) **1.** [place] placer, poser, mettre ; [jewel] sertir, monter **2.** [cause to be or do] ▶ **to set sb free** libérer qqn, mettre qqn en liberté ▶ **to set sthg on fire** mettre le feu à qqch **3.** [prepare - trap] tendre ; [- table] mettre **4.** [adjust] régler **5.** [fix - date, deadline, target] fixer **6.** [establish - example] donner ; [- trend] lancer ; [- record] établir **7.** [homework, task] donner ; [problem] poser **8.** MED [bone, leg] remettre **9.** [story] ▶ **to be set in** se passer à, se dérouler à. ◆ vi (pt & pp set) **1.** [sun] se coucher **2.** [jelly] prendre ; [glue, cement] durcir. ◆ **set about** vt insep [start] entreprendre, se mettre à ▶ **to set about doing sthg** se mettre à faire qqch. ◆ **set aside** vt sep **1.** [save] mettre de côté **2.** [not consider] rejeter, écarter. ◆ **set back** vt sep [delay] retarder. ◆ **set off** ◆ vt sep **1.** [cause] déclencher, provoquer **2.** [bomb] faire exploser ; [firework] faire partir. ◆ vi se mettre en route, partir. ◆ **set on** vt sep ▶ **to set a dog on sb** lâcher un chien contre OR sur qqn. ◆ **set out** ◆ vt sep **1.** [arrange] disposer **2.** [explain] présenter, exposer. ◆ vt insep [intend] ▶ **to set out to do sthg** entreprendre OR tenter de faire qqch. ◆ vi [on journey] se mettre en route, partir. ◆ **set up** vt sep **1.** [organization] créer, fonder ; [committee, procedure] constituer, mettre en place ; [meeting] arranger, organiser **2.** [statue, monument] dresser, ériger ; [roadblock] placer, installer **3.** [equipment] préparer, installer **4.** inf [make appear guilty] monter un coup contre. ◆ **set upon** vt insep [physically or verbally] attaquer, s'en prendre à.

setback ['setbæk] noun contretemps m, revers m.

set menu noun menu m fixe.

settee [se'ti:] noun canapé m.

setting ['setɪŋ] noun 1. [surroundings] décor m, cadre m 2. [of dial, machine] réglage m.

settle ['setl] ❖ vt 1. [argument] régler / that's settled then (c'est) entendu 2. [bill, account] régler, payer 3. [calm - nerves] calmer / to settle one's stomach calmer les douleurs d'estomac 4. [make comfortable] installer. ❖ vi 1. [make one's home] s'installer, se fixer 2. [make oneself comfortable] s'installer 3. [dust] retomber ; [sediment] se déposer 4. [bird, insect] se poser. ◆ **settle down** vi 1. [give one's attention]) to settle down to sthg/to doing sthg se mettre à qqch/à faire qqch 2. [make oneself comfortable] s'installer 3. [become respectable] se ranger 4. [become calm] se calmer. ◆ **settle for** vt insep accepter, se contenter de. ◆ **settle in** vi s'adapter. ◆ **settle on** vt insep [choose] fixer son choix sur, se décider pour. ◆ **settle up** vi) to settle up (with sb) régler (qqn).

settled ['setld] adj [weather] au beau fixe.

settlement ['setlmənt] noun 1. [agreement] accord m 2. [colony] colonie f 3. [payment] règlement m.

settler ['setlər] noun colon m.

set-to noun inf bagarre f.

set-up noun inf 1. [system] : what's the set-up? comment est-ce que c'est organisé ? 2. [trick to incriminate] coup m monté.

seven ['sevn] num sept. See also six.

seventeen [,sevn'ti:n] num dix-sept. See also six.

seventeenth [,sevn'ti:nθ] num dix-septième. See also sixth.

seventh ['sevnθ] num septième. See also sixth.

seventh heaven noun) to be in seventh heaven être au septième ciel.

seventy ['sevntɪ] num soixante-dix. See also sixty.

sever ['sevər] vt 1. [cut through] couper 2. fig [relationship, ties] rompre.

several ['sevrəl] ❖ adj plusieurs. ❖ pron plusieurs mf pl.

severance ['sevrəns] noun fml [of relations] rupture f.

severe [sɪ'vɪər] adj 1. [weather] rude, rigoureux(euse) ; [shock] gros (grosse), dur(e) ; [pain] violent(e) ; [illness, injury] grave 2. [person, criticism] sévère.

severity [sɪ'verətɪ] noun 1. [of storm] violence f ; [of problem, illness] gravité f 2. [sternness] sévérité f.

sew [səʊ] (UK pp sewn, pt & pp -ied, US pp sewed or sewn) vt & vi coudre. ◆ **sew up** vt sep [join] recoudre.

sewage ['su:ɪdʒ] noun (U) eaux fpl d'égout, eaux usées.

sewer ['suər] noun égout m.

sewing ['səʊɪŋ] noun (U) 1. [activity] couture f 2. [work] ouvrage m.

sewing machine noun machine f à coudre.

sewn [səʊn] pp ⟶ sew.

sex [seks] noun 1. [gender] sexe m 2. (U) [sexual intercourse] rapports mpl (sexuels)) to have sex with avoir des rapports (sexuels) avec.

sex change noun changement m de sexe) to have a sex change changer de sexe.

sexist ['seksɪst] ❖ adj sexiste. ❖ noun sexiste mf.

sex offender noun auteur m d'un délit sexuel.

sexting ['sekstɪŋ] noun US envoi de SMS à caractère sexuel.

sexual ['sekʃʊəl] adj sexuel(elle).

sexual harassment noun harcèlement m sexuel.

sexual intercourse noun (U) rapports mpl (sexuels).

sexy ['seksɪ] adj inf sexy (inv).

shabby ['ʃæbɪ] adj 1. [clothes] élimé(e), râpé(e) ; [furniture] minable ; [person, street] miteux(euse) 2. [behaviour] moche, méprisable.

shack [ʃæk] noun cabane f, hutte f.

shackle ['ʃækl] vt enchaîner ; fig entraver. ◆ **shackles** pl n fers mpl ; fig entraves fpl.

shade [ʃeɪd] ❖ noun 1. (U) [shadow] ombre f 2. [lampshade] abat-jour m inv 3. [colour] nuance f, ton m 4. [of meaning, opinion] nuance f. ❖ vt [from light] abriter. ◆ **shades** pl n inf [sunglasses] lunettes fpl de soleil.

shadow ['ʃædəʊ] noun ombre f) there's not a OR the shadow of a doubt il n'y a pas l'ombre d'un doute.

shadow cabinet noun UK cabinet m fantôme (composé des parlementaires du principal parti de l'opposition).

shadowy ['ʃædəʊɪ] adj 1. [dark] ombreux(euse) 2. [sinister] mystérieux(euse).

shady ['ʃeɪdɪ] adj **1.** [garden, street] ombragé(e) ; [tree] qui donne de l'ombre **2.** *inf* [dishonest] louche.

shaft [ʃɑːft] noun **1.** [vertical passage] puits *m* ; [of lift] cage *f* **2.** TECH arbre *m* **3.** [of light] rayon *m* **4.** [of tool, golf club] manche *m*.

shag [ʃæg] ❖ noun **1.** [of hair, wool] toison *f* / *shag* (pile) *carpet* moquette *f* à poils longs **2.** : *shag (tobacco)* tabac *m* (très fort) **3.** [bird] cormoran *m* huppé **4.** *vulg* [sex] : *to have a shag* baiser **5.** US [ballboy] ramasseur *m* de balles. ❖ vt (*pt & pp* -**ed**) **1.** *v inf* [tire] crever / *to be shagged (out)* être complètement crevé(e) OR HS **2.** *vulg* [have sex with] baiser **3.** US [fetch] aller chercher. ❖ vi (*pt & pp* **shagged**) *vulg* [have sex] baiser.

shaggy ['ʃægɪ] adj hirsute.

shake [ʃeɪk] ❖ vt (*pt* **shook**, *pp* **shaken**) **1.** [move vigorously - gen] secouer ; [- bottle] agiter ▶ *to shake sb's hand* serrer la main de OR à qqn ▶ *to shake hands* se serrer la main ▶ *to shake one's head* **a)** secouer la tête **b)** (to say no) faire non de la tête **2.** [shock] ébranler, secouer. ❖ vi (*pt* **shook**, *pp* **shaken**) trembler. ❖ noun [tremble] tremblement *m* ▶ *to give sthg a shake* secouer qqch. ❖ **shake off** vt sep [police, pursuers] semer ; [illness] se débarrasser de.

shaken ['ʃeɪkn] pp ⟶ **shake**.

shaky ['ʃeɪkɪ] adj [building, table] branlant(e) ; [hand] tremblant(e) ; [person] faible ; [argument, start] incertain(e).

shall (weak form [ʃəl], strong form [ʃæl]) aux vb **1.** (1st person sg & 1st person pl, to express future tense) : *I shall be… je serai…* **2.** (esp 1st person sg & 1st person pl) (in questions) : *shall we have lunch now?* tu veux qu'on déjeune maintenant ? / *where shall I put this?* où est-ce qu'il faut mettre ça ? **3.** (in orders) : *you shall tell me!* tu vas OR dois me le dire !

shallow ['ʃæləʊ] adj **1.** [water, dish, hole] peu profond(e) **2.** *pej* [superficial] superficiel(elle).

sham [ʃæm] ❖ adj feint(e), simulé(e). ❖ noun comédie *f*.

shambles ['ʃæmblz] noun désordre *m*, pagaille *f*.

shame [ʃeɪm] ❖ noun **1.** (U) [remorse, humiliation] honte *f* ▶ *to bring shame on* OR *upon sb* faire la honte de qqn **2.** [pity] ▶ *it's a shame (that…)* c'est dommage (que… (+ *subjunctive*)) ▶ *what a shame!* quel dommage ! ❖ vt faire honte à, mortifier ▶ *to shame sb into doing sthg* obliger qqn à faire qqch en lui faisant honte.

shamefaced [ˌʃeɪm'feɪst] adj honteux(euse), penaud(e).

shameful ['ʃeɪmfʊl] adj honteux(euse), scandaleux(euse).

shameless ['ʃeɪmlɪs] adj effronté(e), éhonté(e).

shampoo [ʃæm'puː] ❖ noun (*pl* -**s**) shampooing *m*. ❖ vt (*pt & pp* -**ed**) ▶ *to shampoo sb* OR *sb's hair* faire un shampooing à qqn.

shamrock ['ʃæmrɒk] noun trèfle *m* (c'est l'emblème de l'Irlande).

shandy ['ʃændɪ] noun panaché *m*.

shan't [ʃɑːnt] ⟶ **shall not**.

shantytown ['ʃæntɪtaʊn] noun bidonville *m*.

shape [ʃeɪp] ❖ noun **1.** [gen] forme *f* ▶ *to take shape* prendre forme / prendre tournure **2.** [health] ▶ *to be in good / bad shape* être en bonne / mauvaise forme. ❖ vt **1.** [pastry, clay] ▶ *to shape sthg (into)* façonner OR modeler qqch (en) **2.** [ideas, project, character] former. ❖ **shape up** vi [person, plans] se développer, progresser ; [job, events] prendre tournure OR forme.

shaped [ʃeɪpt] adj **1.** [garment] ajusté(e) ; [wooden or metal object] travaillé(e) **2.** [in descriptions] : *shaped like a triangle* en forme de triangle / *a rock shaped like a man's head* un rocher qui a la forme d'une tête d'homme.

-shaped ['ʃeɪpt] suffix : *egg-shaped* en forme d'œuf / *L-shaped* en forme de L.

shapeless ['ʃeɪplɪs] adj informe.

shapely ['ʃeɪplɪ] adj bien fait(e).

share [ʃeər] ❖ noun [portion, contribution] part *f*. ❖ vt partager. ❖ vi ▶ *to share (in sthg)* partager (qqch). ❖ **shares** pl n actions *fpl*. ❖ **share out** vt sep partager, répartir.

shareholder ['ʃeəˌhəʊldər] noun actionnaire *mf*.

sharing ['ʃeərɪŋ] ❖ adj [person] partageur(euse). ❖ noun [of money, power] partage *m*.

shark [ʃɑːk] (*pl inv* or -**s**) noun [fish] requin *m*.

sharp [ʃɑːp] ❖ adj **1.** [knife, razor] tranchant(e), affilé(e) ; [needle, pencil, teeth] pointu(e) **2.** [image, outline, contrast] net (nette) **3.** [person, mind] vif (vive) ; [eyesight] perçant(e) **4.** [sudden - change, rise] brusque, soudain(e) ; [- hit, tap] sec (sèche) **5.** [words, order, voice] cinglant(e) **6.** [cry, sound] perçant(e) ; [pain, cold] vif (vive) ; [taste] piquant(e) **7.** MUS : *C/D sharp* do/ré dièse. ❖ adv **1.** [punctually] : *at 8 o'clock sharp* à 8 heures pile OR tapantes

2. [immediately] ▸ **sharp left/right** tout à fait à gauche/droite. ❖ noun MUS dièse *m*.

sharpen [ˈʃɑːpn] vt [knife, tool] aiguiser ; [pencil] tailler.

sharpener [ˈʃɑːpnər] noun [for pencil] taille-crayon *m* ; [for knife] aiguisoir *m* (pour couteaux).

sharp-eyed [-ˈaɪd] adj : *she's very sharp-eyed* elle remarque tout, rien ne lui échappe.

sharply [ˈʃɑːplɪ] adv **1.** [distinctly] nettement **2.** [suddenly] brusquement **3.** [harshly] sévèrement, durement.

shat [ʃæt] pt & pp ⟶ **shit**.

shatter [ˈʃætər] ❖ vt **1.** [window, glass] briser, fracasser **2.** [hopes, dreams] détruire. ❖ vi se fracasser, voler en éclats.

shattered [ˈʃætəd] adj **1.** [upset] bouleversé(e) **2.** UK inf [very tired] flapi(e).

shave [ʃeɪv] ❖ noun ▸ **to have a shave** se raser. ❖ vt **1.** [remove hair from] raser **2.** [wood] planer, raboter. ❖ vi se raser.

shaver [ˈʃeɪvər] noun rasoir *m* électrique.

shaving [ˈʃeɪvɪŋ] noun [act] rasage *m*.
◆ **shavings** pl n [of wood] copeaux *mpl* ; [of metal] copeaux *mpl*, rognures *fpl* ; [of paper] rognures *fpl*.

shaving cream noun crème *f* à raser.

shawl [ʃɔːl] noun châle *m*.

she [ʃiː] ❖ pers pron **1.** [referring to woman, girl, animal] elle / *she's tall* elle est grande / *SHE can't* elle, elle ne peut pas, ça lui est impossible ▸ **there she is** la voilà / *if I were* OR *was she fml* si j'étais elle, à sa place **2.** [referring to boat, car, country] : *she's a fine ship* c'est un bateau magnifique / *she can do over 120 mph* elle fait plus de 150 km à l'heure. ❖ comp : *she-elephant* éléphant *m* femelle / *she-wolf* louve *f*.

sheaf [ʃiːf] (pl **sheaves** [ʃiːvz]) noun **1.** [of papers, letters] liasse *f* **2.** [of corn, grain] gerbe *f*.

shear [ʃɪər] (pt -ed, pp -ed or **shorn**) vt [sheep] tondre. ◆ **shears** pl n **1.** [for garden] sécateur *m*, cisaille *f* **2.** [for dressmaking] ciseaux *mpl*. ◆ **shear off** ❖ vt sep [branch] couper ; [piece of metal] cisailler. ❖ vi se détacher.

sheath [ʃiːθ] (pl **sheaths** [ʃiːðz]) noun **1.** [for knife, cable] gaine *f* **2.** UK dated [condom] préservatif *m*.

sheaves [ʃiːvz] pl n ⟶ **sheaf**.

shed [ʃed] ❖ noun [small] remise *f*, cabane *f* ; [larger] hangar *m*. ❖ vt (pt & pp **shed**) **1.** [hair,

skin, leaves] perdre **2.** [tears] verser, répandre **3.** [employees] se défaire de, congédier.

she'd (weak form [ʃɪd], strong form [ʃiːd]) ⟶ **she had, she would**.

sheen [ʃiːn] noun lustre *m*, éclat *m*.

sheep [ʃiːp] (pl inv) noun mouton *m*.

sheepdog [ˈʃiːpdɒg] noun chien *m* de berger.

sheepish [ˈʃiːpɪʃ] adj penaud(e).

sheepskin [ˈʃiːpskɪn] noun peau *f* de mouton.

sheer [ʃɪər] adj **1.** [absolute] pur(e) **2.** [very steep] à pic, abrupt(e) **3.** [material] fin(e).

sheet [ʃiːt] noun **1.** [for bed] drap *m* **2.** [of paper, glass, wood] feuille *f* ; [of metal] plaque *f*.

sheik(h) [ʃeɪk] noun cheik *m*.

shelf [ʃelf] (pl **shelves** [ʃelvz]) noun [for storage] rayon *m*, étagère *f*.

shelf life noun durée *f* de conservation.

shell [ʃel] ❖ noun **1.** [of egg, nut, snail] coquille *f* **2.** [of tortoise, crab] carapace *f* **3.** [on beach] coquillage *m* **4.** [of building, car] carcasse *f* **5.** MIL obus *m*. ❖ vt **1.** [peas] écosser ; [nuts, prawns] décortiquer ; [eggs] enlever la coquille de, écaler **2.** MIL bombarder.

she'll [ʃiːl] ⟶ **she will, she shall**.

shellfish [ˈʃelfɪʃ] (pl inv) noun **1.** [creature] crustacé *m*, coquillage *m* **2.** (U) [food] fruits *mpl* de mer.

shell-shocked [-ˌʃɒkt] adj commotionné(e) (après une explosion) / *I'm still feeling pretty shell-shocked by it all* fig je suis encore sous le choc après toute cette histoire.

shell suit noun UK survêtement en Nylon® imperméabilisé.

shelter [ˈʃeltər] ❖ noun abri *m*. ❖ vt **1.** [protect] abriter, protéger **2.** [refugee, homeless person] offrir un asile à ; [criminal, fugitive] cacher. ❖ vi s'abriter, se mettre à l'abri.

sheltered [ˈʃeltəd] adj **1.** [from weather] abrité(e) **2.** [life, childhood] protégé(e), sans soucis.

shelve [ʃelv] vt fig mettre au Frigidaire®, mettre en sommeil.

shelves [ʃelvz] pl n ⟶ **shelf**.

shenanigans [ʃɪˈnænɪgənz] pl n inf [trickery] micmacs *mpl*, manigances *fpl*.

shepherd [ˈʃepəd] ❖ noun berger *m*. ❖ vt fig conduire.

shepherd's pie [ˈʃepədz-] noun ≃ hachis *m* Parmentier.

sheriff [ˈʃerɪf] noun US shérif *m*.

sherry ['ʃerɪ] noun xérès m, sherry m.

she's [ʃiːz] → **she is, she has**.

Shetland ['ʃetlənd] noun ▸ **(the) Shetland (Islands)** les (îles fpl) Shetland fpl.

shh [ʃ] excl chut !

shield [ʃiːld] ❖ noun 1. [armour] bouclier m 2. UK [sports trophy] plaque f. ❖ vt ▸ **to shield sb (from)** protéger qqn (de or contre).

shift [ʃɪft] ❖ noun 1. [change] changement m, modification f 2. [period of work] poste m ; [workers] équipe f. ❖ vt 1. [move] déplacer, changer de place 2. [change] changer, modifier. ❖ vi 1. [move - gen] changer de place ; [-wind] tourner, changer 2. [change] changer, se modifier 3. US AUTO changer de vitesse.

shiftless ['ʃɪftlɪs] adj fainéant(e), paresseux(euse).

shifty ['ʃɪftɪ] adj inf sournois(e), louche.

shilling ['ʃɪlɪŋ] noun shilling m.

shimmer ['ʃɪmər] ❖ noun [of sequins, jewellery, silk] chatoiement m, scintillement m ; [of water] miroitement m. ❖ vi [sequins, jewellery, silk] chatoyer, scintiller ; [water] miroiter.

shin [ʃɪn] noun tibia m.

shinbone ['ʃɪnbəun] noun tibia m.

shine [ʃaɪn] ❖ noun brillant m. ❖ vt 1. (pt & pp shone) [direct] ▸ **to shine a torch on sthg** éclairer qqch 2. (pt & pp shined) [polish] faire briller, astiquer. ❖ vi (pt & pp shone) briller.

shingle ['ʃɪŋgl] noun (U) [on beach] galets mpl. ◆ **shingles** noun (U) zona m.

shiny ['ʃaɪnɪ] adj brillant(e).

ship [ʃɪp] ❖ noun bateau m ; [larger] navire m. ❖ vt [goods] expédier ; [troops, passengers] transporter.

shipbuilding ['ʃɪp,bɪldɪŋ] noun construction f navale.

shipment ['ʃɪpmənt] noun [cargo] cargaison f, chargement m.

shipping ['ʃɪpɪŋ] noun (U) 1. [transport - general] transport m ; [- by sea] transport m maritime 2. [ships] navires mpl.

shipshape ['ʃɪpʃeɪp] adj bien rangé(e), en ordre.

shipwreck ['ʃɪprek] ❖ noun 1. [destruction of ship] naufrage m 2. [wrecked ship] épave f. ❖ vt ▸ **to be shipwrecked** faire naufrage.

shipyard ['ʃɪpjɑːd] noun chantier m naval.

shire [ʃaɪər] noun [county] comté m.

shirk [ʃɜːk] vt se dérober à.

shirt [ʃɜːt] noun chemise f.

shirtsleeves ['ʃɜːtsliːvz] pl n ▸ **to be in (one's) shirtsleeves** être en manches or en bras de chemise.

shit [ʃɪt] vulg ❖ noun 1. [excrement] merde f 2. (U) [nonsense] conneries fpl. ❖ vi (pt & pp -ted or shat) chier. ❖ excl merde !

shitless ['ʃɪtlɪs] adj vulg : **to be scared shitless** avoir une trouille bleue / **to be bored shitless** se faire chier à mort.

shit-scared adj vulg : **to be shit-scared** avoir une trouille bleu.

shiver ['ʃɪvər] ❖ noun frisson m. ❖ vi ▸ **to shiver (with)** trembler (de), frissonner (de).

shoal [ʃəul] noun [of fish] banc m.

shock [ʃɒk] ❖ noun 1. [surprise] choc m, coup m 2. (U) MED ▸ **to be suffering from shock, to be in (a state of) shock** être en état de choc 3. [impact] choc m, heurt m 4. ELEC décharge f électrique. ❖ vt 1. [upset] bouleverser 2. [offend] choquer, scandaliser.

shock absorber [-əb,zɔːbər] noun amortisseur m.

shock-horror adj inf [story, headline] à sensation.

shocking ['ʃɒkɪŋ] adj 1. UK [very bad] épouvantable, terrible 2. [outrageous] scandaleux(euse).

shod [ʃɒd] ❖ pt & pp → **shoe**. ❖ adj chaussé(e).

shoddy ['ʃɒdɪ] adj [goods, work] de mauvaise qualité ; [treatment] indigne, méprisable.

shoe [ʃuː] ❖ noun chaussure f, soulier m. ❖ vt (pt & pp -ed or shod) [horse] ferrer.

shoebrush ['ʃuːbrʌʃ] noun brosse f à chaussures.

shoehorn ['ʃuːhɔːn] noun chausse-pied m.

shoelace ['ʃuːleɪs] noun lacet m de soulier.

shoe polish noun cirage m.

shoe shop noun magasin m de chaussures.

shoestring ['ʃuːstrɪŋ] noun fig ▸ **on a shoestring** à peu de frais.

shone [ʃɒn] pt & pp → **shine**.

shoo [ʃuː] ❖ vt chasser. ❖ excl ouste !

shook [ʃʊk] pt → **shake**.

shoot [ʃuːt] ❖ vt (pt & pp shot) 1. [kill with gun] tuer d'un coup de feu ; [wound with gun] blesser d'un coup de feu ▸ **to shoot o.s.** [kill o.s.] se tuer avec une arme à feu 2. UK [hunt] chasser **3.** [fire - gun] tirer un coup de ; [- bullet] tirer ; [- arrow] tirer, décocher **4.** CIN tourner. ◆ vi (pt & pp **shot**) **1.** [fire gun] **to shoot (at)** tirer (sur) **2.** **UK** [hunt] chasser **3.** [move quickly] **to shoot in / out / past** entrer / sortir / passer en trombe, entrer / sortir / passer comme un bolide **4.** CIN tourner **5.** SPORT tirer, shooter. ◆ noun **1.** **UK** [hunting expedition] partie f de chasse **2.** [of plant] pousse f. ◆ **shoot down** vt sep **1.** [aircraft] descendre, abattre **2.** [person] abattre. ◆ **shoot up** vi **1.** [child, plant] pousser vite **2.** [price, inflation] monter en flèche.

shoot-em-up noun jeu m vidéo violent.

shooting ['ʃuːtɪŋ] noun **1.** [killing] meurtre m **2.** (U) **UK** [hunting] chasse f.

shooting star noun étoile f filante.

shop [ʃɒp] ◆ noun **1.** [store] magasin m, boutique f **2.** [workshop] atelier m. ◆ vi faire ses courses ▶ **to go shopping** aller faire les courses OR commissions.

shop assistant noun **UK** vendeur m, -euse f.

shop floor noun ▶ **the shop floor** fig les ouvriers mpl.

shopkeeper ['ʃɒp,kiːpə'] noun **UK** commerçant m, -e f.

shoplift ['ʃɒplɪft] vt voler à l'étalage.

shoplifting ['ʃɒp,lɪftɪŋ] noun (U) vol m à l'étalage.

shopper ['ʃɒpə'] noun personne f qui fait ses courses.

shopping ['ʃɒpɪŋ] noun (U) **UK** [purchases] achats mpl.

shopping bag noun sac m à provisions.

shopping basket noun panier m (à provisions).

shopping cart **US** = shopping trolley.

shopping centre **UK**, **shopping mall** **US**, **shopping plaza** **US** [-,plɑːzə] noun centre m commercial.

shopping channel noun TV chaîne f de télé-achat.

shopping trolley, **shopping cart** **US** noun chariot m, Caddie® m.

shopsoiled **UK** ['ʃɒpsɔɪld], **shopworn** **US** ['ʃɒpwɔːn] adj qui a fait l'étalage, abîmé(e) (en magasin).

shop steward noun délégué syndical m, déléguée syndicale f.

shopwindow [,ʃɒp'wɪndəʊ] noun vitrine f.

shopworn **US** = shopsoiled.

shore [ʃɔː'] noun rivage m, bord m ▶ **on shore** à terre. ◆ **shore up** vt sep étayer, étançonner ; fig consolider.

shorn [ʃɔːn] ◆ pp ⟶ **shear.** ◆ adj tondu(e).

short [ʃɔːt] ◆ adj **1.** [not long - in time] court(e), bref (brève) ; [- in space] court **2.** [not tall] petit(e) **3.** [curt] brusque, sec (sèche) **4.** [lacking] : *time / money is short* nous manquons de temps / d'argent ▶ **to be short of** manquer de **5.** [abbreviated] ▶ **to be short for** être le diminutif de. ◆ adv ▶ **to be running short of** [running out of] commencer à manquer de, commencer à être à court de ▶ **to cut sthg short** a) [visit, speech] écourter qqch b) [discussion] couper court à qqch ▶ **to stop short** s'arrêter net. ◆ noun **1.** **UK** [alcoholic drink] alcool m fort **2.** [film] court métrage m. ◆ **shorts** pl n **1.** [gen] short m **2.** **US** [underwear] caleçon m. ◆ **for short** adv : *he's called Bob for short* Bob est son diminutif. ◆ **in short** adv (enfin) bref. ◆ **nothing short of** prep rien moins que, pratiquement. ◆ **short of** prep [unless, without] ▶ **short of doing sthg** à moins de faire qqch, à part faire qqch.

shortage ['ʃɔːtɪdʒ] noun manque m, insuffisance f.

shortbread ['ʃɔːtbred] noun sablé m.

short-change vt **1.** [subj: shopkeeper] ▶ **to short-change sb** ne pas rendre assez à qqn **2.** fig [cheat] tromper, rouler.

short circuit noun court-circuit m.

shortcomings ['ʃɔːt,kʌmɪŋz] pl n défauts mpl.

shortcut noun **1.** [quick route] raccourci m **2.** [quick method] solution f miracle.

shorten ['ʃɔːtn] ◆ vt **1.** [holiday, time] écourter **2.** [skirt, rope] raccourcir. ◆ vi [days] raccourcir.

shortfall ['ʃɔːtfɔːl] noun déficit m.

shorthand ['ʃɔːthænd] noun (U) [writing system] sténographie f.

short list noun liste f des candidats sélectionnés.

shortly ['ʃɔːtlɪ] adv [soon] bientôt.

short shrift [-'ʃrɪft] noun ▶ **to give sb short shrift** envoyer promener qqn.

shortsighted [,ʃɔːt'saɪtɪd] adj **1.** **UK** MED myope **2.** fig imprévoyant(e).

short-staffed [-'stɑːft] adj ▶ **to be short-staffed** manquer de personnel.

short story noun nouvelle f.

short-tempered [-'tempəd] adj emporté(e), irascible.

short-term adj [effects, solution] à court terme ; [problem] de courte durée.

short wave noun (U) ondes fpl courtes.

shot [ʃɒt] ◆ pt & pp ⟶ **shoot.** ◆ noun **1.** [gunshot] coup m de feu ▸ **like a shot** sans tarder, sans hésiter **2.** [marksman] tireur m **3.** SPORT [hit, kick, throw] coup m **4.** [photograph] photo f ; CIN plan m **5.** inf [attempt] ▸ **to have a shot at sthg** essayer de faire qqch **6.** [injection] piqûre f.

shotgun ['ʃɒtgʌn] noun fusil m de chasse.

should [ʃʊd] aux vb **1.** [indicating duty] : we should leave now il faudrait partir maintenant / you should go if you're invited tu devrais y aller si tu es invité **2.** [seeking advice, permission] : should I go too? est-ce que je devrais y aller aussi ? **3.** [as suggestion] : I should deny everything moi, je nierais tout **4.** [indicating probability] : she should be home soon elle devrait être de retour bientôt, elle va bientôt rentrer **5.** [was or were expected] : they should have won the match ils auraient dû gagner le match **6.** [indicating intention, wish] : I should like to come with you j'aimerais bien venir avec vous **7.** (in subordinate clauses) : we decided that you should meet him nous avons décidé que ce serait toi qui irais le chercher **8.** [expressing uncertain opinion] : I should think he's about 50 (years old) je pense qu'il doit avoir dans les 50 ans.

shoulder ['ʃəʊldər] ◆ noun **1.** [body] épaule f **2.** [road] accotement m, bas côté m ; US bande f d'arrêt d'urgence. ◆ vt **1.** [carry] porter **2.** [responsibility] endosser.

shoulder blade noun omoplate f.

shoulder strap noun **1.** [on dress] bretelle f **2.** [on bag] bandoulière f.

shouldn't ['ʃʊdnt] ⟶ **should not.**

should've ['ʃʊdəv] ⟶ **should have.**

shout [ʃaʊt] ◆ noun [cry] cri m. ◆ vt & vi crier. ◆ **shout down** vt sep huer, conspuer.

shouting ['ʃaʊtɪŋ] noun (U) cris mpl.

shove [ʃʌv] ◆ noun ▸ **to give sb/sthg a shove** pousser qqn/qqch. ◆ vt pousser ▸ **to shove clothes into a bag** fourrer des vêtements dans un sac. ◆ **shove off** vi **1.** [in boat] pousser au large **2.** inf [go away] ficher le camp, filer.

shovel ['ʃʌvl] ◆ noun [tool] pelle f. ◆ vt enlever à la pelle, pelleter.

show [ʃəʊ] ◆ noun **1.** [display] démonstration f, manifestation f **2.** [at theatre] spectacle m ; [on radio, TV] émission f **3.** CIN séance f **4.** [exhibition] exposition f. ◆ vt (pt -ed, pp **shown** or -ed) **1.** [gen] montrer ; [profit, loss] indiquer ; [respect] témoigner ; [courage, mercy] faire preuve de ▸ **to show sb sthg, to show sthg to sb** montrer qqch à qqn **2.** [escort] ▸ **to show sb to his seat/table** conduire qqn à sa place/sa table **3.** [film] projeter, passer ; [TV programme] donner, passer. ◆ vi (pt -ed, pp **shown** or -ed) **1.** [indicate] indiquer, montrer **2.** [be visible] se voir, être visible **3.** CIN : what's showing tonight? qu'est-ce qu'on joue comme film ce soir ? ◆ **show off** ◆ vt sep exhiber. ◆ vi faire l'intéressant(e). ◆ **show up** ◆ vt sep [embarrass] embarrasser, faire honte à. ◆ vi **1.** [stand out] se voir, ressortir **2.** inf [arrive] s'amener, rappliquer.

show business noun (U) monde m du spectacle, show-business m.

showcase ['ʃəʊkeɪs] noun lit & fig vitrine f.

showdown ['ʃəʊdaʊn] noun ▸ **to have a showdown with sb** s'expliquer avec qqn, mettre les choses au point avec qqn.

shower ['ʃaʊər] ◆ noun **1.** [device, act] douche f ▸ **to have** UK or **take a shower** prendre une douche, se doucher **2.** [of rain] averse f **3.** fig [of questions, confetti] avalanche f, déluge m. ◆ vt ▸ **to shower sb with** couvrir qqn de. ◆ vi [wash] prendre une douche, se doucher.

showing ['ʃaʊɪŋ] noun CIN projection f.

show jumping [-,dʒʌmpɪŋ] noun jumping m.

showmanship ['ʃəʊmənʃɪp] noun sens m du spectacle.

shown [ʃəʊn] pp ⟶ **show.**

show-off noun inf m'as-tu-vu m, -e f.

show of hands noun ▸ **to have a show of hands** voter à main levée.

showpiece ['ʃəʊpiːs] noun [main attraction] joyau m, trésor m.

showroom ['ʃəʊrʊm] noun salle f or magasin m d'exposition ; [for cars] salle de démonstration.

show-stopping adj sensationnel(elle).

showy ['ʃəʊɪ] (compar -ier, superl -iest) adj voyant(e) ; [person] prétentieux(euse).

shrank [ʃræŋk] pt ⟶ **shrink.**

shrapnel ['ʃræpnl] noun (U) éclats mpl d'obus.

shred [ʃred] ◆ noun **1.** [of material, paper] lambeau m, brin m **2.** fig [of evidence] parcelle f ;

[of truth] once *f*, grain *m*. ❖ vt [food] râper ; [paper] déchirer en lambeaux.

shredder ['ʃredər] noun [machine] destructeur *m* de documents.

shrewd [ʃruːd] adj fin(e), astucieux(euse).

shriek [ʃriːk] ❖ noun cri *m* perçant, hurlement *m* ; [of laughter] éclat *m*. ❖ vi pousser un cri perçant.

shrill [ʃrɪl] adj [sound, voice] aigu(ë) ; [whistle] strident(e).

shrimp [ʃrɪmp] noun crevette *f*.

shrine [ʃraɪn] noun [place of worship] lieu *m* saint.

shrink [ʃrɪŋk] ❖ noun *inf & hum* psy *mf*. ❖ vt (*pt* **shrank**, *pp* **shrunk**) rétrécir. ❖ vi (*pt* **shrank**, *pp* **shrunk**) 1. [cloth, garment] rétrécir ; [person] rapetisser ; *fig* [income, popularity] baisser, diminuer 2. [recoil] ▶ to shrink away from sthg reculer devant qqch ▶ to shrink from doing sthg rechigner or répugner à faire qqch.

shrinkage ['ʃrɪŋkɪdʒ] noun rétrécissement *m* ; *fig* diminution *f*, baisse *f*.

shrink-wrap vt emballer sous film plastique.

shrivel ['ʃrɪvl] vi ▶ to shrivel (up) se rider, se flétrir.

shroud [ʃraʊd] ❖ noun [cloth] linceul *m*. ❖ vt ▶ to be shrouded in a) [darkness, fog] être enseveli(e) sous b) [mystery] être enveloppé(e) de.

Shrove Tuesday ['ʃrəʊv-] noun Mardi *m* gras.

shrub [ʃrʌb] noun arbuste *m*.

shrubbery ['ʃrʌbəri] noun massif *m* d'arbustes.

shrug [ʃrʌg] ❖ vt ▶ to shrug one's shoulders hausser les épaules. ❖ vi hausser les épaules. ◆ shrug off vt sep ignorer.

shrunk [ʃrʌŋk] pp ⟶ shrink.

shudder ['ʃʌdər] [US] vi 1. [tremble] ▶ to shudder (with) frémir (de), frissonner (de) 2. [shake] vibrer, trembler.

shuffle ['ʃʌfl] vt 1. [drag] ▶ to shuffle one's feet traîner les pieds 2. [cards] mélanger, battre.

shun [ʃʌn] vt fuir, éviter.

shunt [ʃʌnt] vt RAIL aiguiller.

shut [ʃʌt] ❖ adj [closed] fermé(e). ❖ vt (*pt & pp* **shut**) fermer. ❖ vi (*pt & pp* **shut**) 1. [door, window] se fermer 2. [shop] fermer. ◆ shut away vt sep [valuables, papers] mettre sous clef. ◆ shut down ❖ vt sep & vi 1. [close] fermer 2. COMPUT éteindre. ❖ vi

[close] fermer. ◆ shut out vt sep [noise] supprimer ; [light] ne pas laisser entrer ▶ to shut sb out fermer la porte à qqn, mettre qqn à la porte. ◆ shut up *inf* ❖ vt sep [silence] faire taire. ❖ vi se taire.

shutter ['ʃʌtər] noun 1. [on window] volet *m* 2. [in camera] obturateur *m*.

shuttle ['ʃʌtl] ❖ adj ▶ shuttle service (service *m* de) navette *f*. ❖ noun [train, bus, plane] navette *f*.

shuttlecock ['ʃʌtlkɒk] noun volant *m*.

shy [ʃaɪ] ❖ adj [timid] timide. ❖ vi [horse] s'effaroucher.

Siberia [saɪ'bɪərɪə] noun Sibérie *f*.

sibling ['sɪblɪŋ] noun [brother] frère *m* ; [sister] sœur *f*.

Sicily ['sɪsɪlɪ] noun Sicile *f*.

sick [sɪk] adj 1. [ill] malade 2. [nauseous] ▶ to feel sick avoir envie de vomir, avoir mal au cœur ▶ to be sick [UK] [vomit] vomir 3. [fed up] ▶ to be sick of en avoir assez or marre de 4. [joke, humour] macabre.

sickbay ['sɪkbeɪ] noun infirmerie *f*.

sicken ['sɪkn] ❖ vt écœurer, dégoûter. ❖ vi [UK] ▶ to be sickening for sthg couver qqch.

sickening ['sɪknɪŋ] adj [disgusting] écœurant(e), dégoûtant(e).

sickle ['sɪkl] noun faucille *f*.

sick leave noun (*U*) congé *m* de maladie.

sickly ['sɪklɪ] adj 1. [unhealthy] maladif(ive), souffreteux(euse) 2. [smell, taste] écœurant(e).

sickness ['sɪknɪs] noun [UK] 1. [illness] maladie *f* 2. (*U*) [nausea] nausée *f*, nausées *fpl* ; [vomiting] vomissement *m*, vomissements *mpl*.

sick pay noun (*U*) indemnité *f* or allocation *f* de maladie.

side [saɪd] ❖ noun 1. [gen] côté *m* ▶ at or by my/her etc. side à mes/ses etc. côtés ▶ on every side, on all sides de tous côtés ▶ from side to side d'un côté à l'autre ▶ side by side côte à côte 2. [of table, river] bord *m* 3. [of hill, valley] versant *m*, flanc *m* 4. [in war, debate] camp *m*, côté *m* ; SPORT équipe *f*, camp ; [of argument] point *m* de vue ▶ to take sb's side prendre le parti de qqn 5. [aspect - gen] aspect *m* ; [- of character] facette *f*. ❖ adj [situated on side] latéral(e). ◆ side with vt insep prendre le parti de, se ranger du côté de.

sideboard ['saɪdbɔːd] noun [cupboard] buffet *m*.

sideboards UK ['saɪdbɔ:dz], **side-burns** US ['saɪdbɜ:nz] pl n favoris *mpl*, rouflaquettes *fpl*.

side effect noun 1. MED effet *m* secondaire OR indésirable 2. [unplanned result] effet *m* secondaire, répercussion *f*.

sidekick ['saɪdkɪk] noun *inf* [friend] copain *m*, copine *f* ; *pej* acolyte *mf*.

sidelight ['saɪdlaɪt] noun UK AUTO feu *m* de position.

sideline ['saɪdlaɪn] noun 1. [extra business] activité *f* secondaire 2. SPORT ligne *f* de touche.

sidelong ['saɪdlɒŋ] adj & adv de côté.

sidesaddle ['saɪd,sædl] adv ▸ to ride sidesaddle monter en amazone.

sideshow ['saɪdʃəʊ] noun spectacle *m* forain.

sidestep ['saɪdstep] vt faire un pas de côté pour éviter OR esquiver ; *fig* éviter.

side street noun [not main street] petite rue *f* ; [off main street] rue transversale.

sidetrack ['saɪdtræk] vt ▸ to be sidetracked se laisser distraire.

sidewalk ['saɪdwɔ:k] noun US trottoir *m*.

sideways ['saɪdweɪz] adj & adv de côté.

siding ['saɪdɪŋ] noun voie *f* de garage.

sidle ['saɪdl] ◆ **sidle up** vi ▸ to sidle up to sb se glisser vers qqn.

siege [si:dʒ] noun siège *m*.

sieve [sɪv] ❖ noun [for flour, sand] tamis *m* ; [for liquids] passoire *f*. ❖ vt [flour] tamiser ; [liquid] passer.

sift [sɪft] ❖ vt 1. [flour, sand] tamiser 2. *fig* [evidence] passer au crible. ❖ vi ▸ to sift through examiner, éplucher.

sigh [saɪ] ❖ noun soupir *m*. ❖ vi [person] soupirer, pousser un soupir.

sight [saɪt] ❖ noun 1. [seeing] vue *f* ▸ in sight en vue ▸ in/out of sight en/hors de vue ▸ at first sight à première vue, au premier abord 2. [spectacle] spectacle *m* 3. [on gun] mire *f*. ❖ vt apercevoir. ◆ **sights** pl n [of city] attractions *fpl* touristiques.

sightseeing ['saɪt,si:ɪŋ] noun tourisme *m* ▸ to go sightseeing faire du tourisme.

sightseer ['saɪt,si:ər] noun touriste *mf*.

sign [saɪn] ❖ noun 1. [gen] signe *m* ▸ no sign of aucune trace de 2. [notice] enseigne *f* ; AUTO panneau *m*. ❖ vt signer. ❖ vi [use sign language] communiquer par signes. ◆ **sign off** vi 1. RADIO & TV terminer l'émission 2. [in letter] : *I'll sign off now* je vais conclure ici. ◆ **sign on** vi 1. MIL s'engager 2. [for course] s'inscrire 3. UK [register as unemployed] s'inscrire au chômage. ◆ **sign up** ❖ vt sep [worker] embaucher ; [soldier] engager. ❖ vi 1. MIL s'engager 2. [for course] s'inscrire.

signal ['sɪgnl] ❖ noun signal *m*. ❖ vt 1. [indicate] indiquer 2. [gesture to] ▸ to signal sb (to do sthg) faire signe à qqn (de faire qqch). ❖ vi 1. AUTO clignoter, mettre son clignotant 2. [gesture] ▸ to signal to sb (to do sthg) faire signe à qqn (de faire qqch).

signalman ['sɪgnlmən] (*pl* -men) noun RAIL aiguilleur *m*.

signature ['sɪgnətʃər] noun [name] signature *f*.

signature tune noun UK indicatif *m*.

signet ring ['sɪgnɪt-] noun chevalière *f*.

significance [sɪg'nɪfɪkəns] noun 1. [importance] importance *f*, portée *f* 2. [meaning] signification *f*.

significant [sɪg'nɪfɪkənt] adj 1. [considerable] considérable 2. [important] important(e) 3. [meaningful] significatif(ive).

signify ['sɪgnɪfaɪ] vt signifier, indiquer.

sign language noun langage *m* des signes.

signpost ['saɪnpəʊst] noun poteau *m* indicateur.

Sikh [si:k] ❖ adj sikh (*inv*). ❖ noun [person] Sikh *mf*.

silence ['saɪləns] ❖ noun silence *m*. ❖ vt réduire au silence, faire taire.

silencer ['saɪlənsər] noun silencieux *m*.

silent ['saɪlənt] adj 1. [person, place] silencieux(euse) 2. CIN & LING muet(ette).

silent partner noun US [associé *m*) commanditaire *m*, bailleur *m* de fonds.

silhouette [,sɪlu:'et] noun silhouette *f*.

silicon chip [,sɪlɪkən-] noun puce *f*, pastille *f* de silicium.

silk [sɪlk] ❖ noun soie *f*. ❖ comp en OR de soie.

silky ['sɪlkɪ] adj soyeux(euse).

sill [sɪl] noun [of window] rebord *m*.

silly ['sɪlɪ] adj stupide, bête.

silo ['saɪləʊ] (*pl* -s) noun silo *m*.

silt [sɪlt] noun vase *f*, limon *m*.

silver ['sɪlvər] ❖ adj [colour] argenté(e). ❖ noun (*U*) 1. [metal] argent *m* 2. [coins] pièces *fpl* d'argent 3. [silverware] argenterie *f*. ❖ comp en argent, d'argent.

silver foil, silver paper noun (U) papier m d'argent or d'étain.

silver-plated [-'pleɪtɪd] adj plaqué(e) argent.

silversmith ['sɪlvəsmɪθ] noun orfèvre mf.

silverware ['sɪlvəweər] noun (U) **1.** [dishes, spoons] argenterie f **2.** US [cutlery] couverts mpl.

similar ['sɪmɪlər] adj ▶ similar (to) semblable (à), similaire (à).

similarity [,sɪmɪ'lærətɪ] (pl -ies) noun ▶ similarity (between/to) similitude f (entre/ avec), ressemblance f (entre/avec).

similarly ['sɪmɪləlɪ] adv de la même manière, pareillement.

simile ['sɪmɪlɪ] noun comparaison f.

simmer ['sɪmər] vt faire cuire à feu doux, mijoter.

simpering ['sɪmpərɪŋ] adj affecté(e).

simple ['sɪmpl] adj **1.** [gen] simple **2.** dated [with learning difficulties] simplet(ette), simple d'esprit.

simplicity [sɪm'plɪsətɪ] noun simplicité f.

simplify ['sɪmplɪfaɪ] vt simplifier.

simply ['sɪmplɪ] adv **1.** [gen] simplement **2.** [for emphasis] absolument ▶ quite simply tout simplement.

simulate ['sɪmjʊleɪt] vt simuler.

simultaneous [UK ,sɪmʊl'teɪnjəs, US ,saɪml'teɪnjəs] adj simultané(e).

sin [sɪn] ❖ noun péché m. ❖ vi ▶ to sin (against) pécher (contre).

since [sɪns] ❖ adv depuis. ❖ prep depuis. ❖ conj **1.** [in time] depuis que **2.** [because] comme, puisque.

sincere [sɪn'sɪər] adj sincère.

sincerely [sɪn'sɪəlɪ] adv sincèrement ▶ Yours sincerely [at end of letter] veuillez agréer, Monsieur/Madame, l'expression de mes sentiments les meilleurs.

sincerity [sɪn'serətɪ] noun sincérité f.

sinew ['sɪnju:] noun tendon m.

sinful ['sɪnfʊl] adj [thought] mauvais(e); [desire, act] coupable ▶ sinful person pécheur m, -eresse f.

sing [sɪŋ] (pt sang, pp sung) vt & vi chanter.

Singapore [,sɪŋə'pɔ:r] noun Singapour m.

singe [sɪndʒ] vt brûler légèrement; [cloth] roussir.

singer ['sɪŋər] noun chanteur m, -euse f.

singing ['sɪŋɪŋ] noun (U) chant m.

single ['sɪŋgl] ❖ adj **1.** [only one] seul(e), unique **2.** [unmarried] célibataire **3.** UK [ticket] simple. ❖ noun **1.** UK [one-way ticket] billet m simple, aller m (simple) **2.** MUS (disque m) 45 tours m. ❖ **singles** (pl inv) noun TENNIS simple m. ❖ **single out** vt sep ▶ to single sb out (for) choisir qqn (pour).

single bed noun lit m à une place.

single-breasted [-'brestɪd] adj [jacket] droit(e).

single-click ❖ noun clic m. ❖ vi : to single-click on smthg cliquer une fois sur qqc. ❖ vi cliquer une fois.

single cream noun UK crème f liquide.

single currency noun monnaie f unique.

single file noun ▶ in single file en file indienne, à la file.

single-handed [-'hændɪd] adv tout seul (toute seule).

single-minded [-'maɪndɪd] adj résolu(e).

single parent noun père m/mère f célibataire.

single-parent family noun famille f monoparentale.

single room noun chambre f pour une personne or à un lit.

singlet ['sɪŋglɪt] noun UK tricot m de peau; SPORT maillot m.

singular ['sɪŋgjʊlər] ❖ adj singulier(ère). ❖ noun singulier m.

sinister ['sɪnɪstər] adj sinistre.

sink [sɪŋk] ❖ noun [in kitchen] évier m; [in bathroom] lavabo m. ❖ vt (pt sank, pp sunk) **1.** [ship] couler **2.** [teeth, claws] ▶ to sink sthg into enfoncer qqch dans. ❖ vi (pt sank, pp sunk) **1.** [in water - ship] couler, sombrer; [- person, object] couler **2.** [ground] s'affaisser; [sun] baisser ▶ to sink into poverty/despair sombrer dans la misère/le désespoir **3.** [value, amount] baisser, diminuer; [voice] faiblir. ❖ **sink in** vi : it hasn't sunk in yet je n'ai pas encore réalisé.

sink school noun dépotoir m.

sinner ['sɪnər] noun pécheur m, -eresse f.

sinus ['saɪnəs] (pl -es) noun sinus m inv.

sip [sɪp] ❖ noun petite gorgée f. ❖ vt siroter, boire à petits coups.

siphon ['saɪfn] ❖ noun siphon m. ❖ vt **1.** [liquid] siphonner **2.** fig [money] canaliser. ❖ **siphon off** vt sep **1.** [liquid] siphonner **2.** fig [money] canaliser.

sir [sɜːr] noun **1.** [form of address] monsieur *m* **2.** [in titles] : *Sir Phillip Holden* sir Phillip Holden.

siren ['saɪərən] noun sirène *f*.

sirloin (steak) ['sɜːlɔɪn-] noun bifteck *m* dans l'aloyau **OR** d'aloyau.

sissy ['sɪsɪ] noun *inf* & *offens* poule *f* mouillée, dégonflé *m*, -e *f*.

sister ['sɪstər] noun **1.** [sibling] sœur *f* **2.** [nun] sœur *f*, religieuse *f* **3.** [ŪⰚ] [senior nurse] infirmière *f* chef.

sister-in-law (*pl* **sisters-in-law**) noun belle-sœur *f*.

sit [sɪt] (*pt* & *pp* **sat**) ❖ vt [ŪⰚ] [exam] passer. ❖ vi **1.** [person] s'asseoir ▸ **to be sitting** être assis(e) ▸ **to sit on a committee** faire partie **OR** être membre d'un comité **2.** [court, parliament] siéger, être en séance. ❖ **sit about** [ŪⰚ], **sit around** vi rester assis(e) à ne rien faire. ❖ **sit down** vi s'asseoir. ❖ **sit in on** vt insep assister à. ❖ **sit through** vt insep rester jusqu'à la fin de. ❖ **sit up** vi **1.** [sit upright] se redresser, s'asseoir **2.** [stay up] veiller.

sitcom ['sɪtkɒm] noun *inf* sitcom *f*.

site [saɪt] ❖ noun **1.** INTERNET site *m* **2.** [of town, building] emplacement *m* ; CONSTR chantier *m*. ❖ vt situer, placer.

sit-in noun sit-in *m*, occupation *f* des locaux.

sitting ['sɪtɪŋ] noun **1.** [of meal] service *m* **2.** [of court, parliament] séance *f*.

sitting duck noun *inf* cible *f* **OR** proie *f* facile.

sitting room noun salon *m*.

situated ['sɪtjʊeɪtɪd] adj ▸ **to be situated** être situé(e), se trouver.

situation [ˌsɪtjʊ'eɪʃn] noun **1.** [gen] situation *f* **2.** [job] situation *f*, emploi *m* ▸ **'situations vacant'** [ŪⰚ] 'offres d'emploi'.

six [sɪks] ❖ num adj six *(inv)* / *she's six (years old)* elle a six ans. ❖ num pron six *mf pl* / *I want six* j'en veux six / *there were six of us* nous étions six. ❖ num n **1.** [gen] six *m inv* / *two hundred and six* deux cent six **2.** [six o'clock] : *it's six* il est six heures / *we arrived at six* nous sommes arrivés à six heures.

sixteen [sɪks'tiːn] num seize. *See also* **six**.

sixteenth [sɪks'tiːnθ] num seizième. *See also* **sixth**.

sixth [sɪksθ] ❖ num adj sixième. ❖ num adv **1.** [in race, competition] sixième, en sixième place **2.** [in list] sixièmement. ❖ num pron sixième *mf*. ❖ noun **1.** [fraction] sixième *m* **2.** [in dates] ▸ **the sixth (of September)** le six (septembre).

sixth form noun [ŪⰚ] SCH ≃ (classe *f*) terminale *f*.

sixth form college noun [ŪⰚ] établissement préparant aux A-levels.

sixty ['sɪkstɪ] num soixante. *See also* **six**. ❖ **sixties** pl n **1.** [decade] ▸ **the sixties** les années *fpl* soixante **2.** [in ages] ▸ **to be in one's sixties** être sexagénaire.

size [saɪz] noun [of person, clothes, company] taille *f* ; [of building] grandeur *f*, dimensions *fpl* ; [of problem] ampleur *f*, taille ; [of shoes] pointure *f*. ❖ **size up** vt sep [person] jauger ; [situation] apprécier, peser.

sizeable ['saɪzəbl] adj assez important(e).

sizzle ['sɪzl] vi grésiller.

skanky ['skæŋkɪ] adj [ŪS] *inf* moche.

skate [skeɪt] ❖ noun **1.** [ice skate, roller skate] patin *m* **2.** (*pl inv or* **-s**) [fish] raie *f*. ❖ vi [on ice skates] faire du patin à glace, patiner ; [on roller skates] faire du patin à roulettes.

skateboard ['skeɪtbɔːd] noun planche *f* à roulettes, skateboard *m*, skate *m*.

skater ['skeɪtər] noun [on ice] patineur *m*, -euse *f* ; [on roller skates] patineur à roulettes.

skating ['skeɪtɪŋ] noun [on ice] patinage *m* ; [on roller skates] patinage à roulettes.

skating rink noun patinoire *f*.

skeleton ['skelɪtn] noun squelette *m*.

skeptic [ŪS] = **sceptic**.

skeptical [ŪS] = **sceptical**.

skepticism [ŪS] = **scepticism**.

sketch [sketʃ] ❖ noun **1.** [drawing] croquis *m*, esquisse *f* **2.** [description] aperçu *m*, résumé *m* **3.** [by comedian] sketch *m*. ❖ vt **1.** [draw] dessiner, faire un croquis de **2.** [describe] donner un aperçu de, décrire à grands traits.

sketchbook ['sketʃbʊk] noun carnet *m* à dessins.

sketchpad ['sketʃpæd] noun bloc *m* à dessins.

sketchy ['sketʃɪ] adj incomplet(ète).

skew [skjuː] ❖ noun [ŪⰚ] ▸ **on the skew** de travers, en biais. ❖ vt [distort] fausser.

skewer ['skjʊər] ❖ noun brochette *f*, broche *f*. ❖ vt embrocher.

ski [skiː] ❖ noun ski *m*. ❖ vi (*pt* & *pp* **skied**) skier, faire du ski.

ski boots pl n chaussures fpl de ski.

skid [skɪd] ◆ noun dérapage m ▸ **to go into a skid** déraper. ◆ vi déraper.

skier ['skiːəʳ] noun skieur m, -euse f.

skies [skaɪz] pl n ⟶ sky.

skiing ['skiːɪŋ] noun (U) ski m ▸ **to go skiing** faire du ski.

ski jump noun [slope] tremplin m ; [event] saut m à OR en skis.

skilful UK, **skillful** US ['skɪlful] adj habile, adroit(e).

skilfully UK, **skillfully** US ['skɪlfulɪ] adv habilement, adroitement.

ski lift noun remonte-pente m.

skill [skɪl] noun **1.** (U) [ability] habileté f, adresse f **2.** [technique] technique f, art m.

skilled [skɪld] adj **1.** [skilful] ▸ **skilled (in** OR **at doing sthg)** habile OR adroit(e) (pour faire qqch) **2.** [trained] qualifié(e).

skillful US = skilful.

skillfully US = skilfully.

skim [skɪm] ◆ vt **1.** [cream] écrémer ; [soup] écumer **2.** [move above] effleurer, raser. ◆ vi ▸ **to skim through sthg** [newspaper, book] parcourir qqch.

skim(med) milk [skɪm(d)-] noun lait m écrémé.

skimp [skɪmp] ◆ vt lésiner sur. ◆ vi ▸ **to skimp on** lésiner sur.

skimpily ['skɪmpɪlɪ] adv [scantily] : skimpily dressed légèrement vêtu(e).

skimpy ['skɪmpɪ] adj [meal] maigre ; [clothes] étriqué(e) ; [facts] insuffisant(e).

skin [skɪn] ◆ noun peau f. ◆ vt **1.** [dead animal] écorcher, dépouiller ; [fruit] éplucher, peler **2.** [graze] ▸ **to skin one's knee** s'érafler OR s'écorcher le genou.

skin-deep adj superficiel(elle).

skinny ['skɪnɪ] adj [person] maigre.

skin-tight adj moulant(e), collant(e).

skip [skɪp] ◆ noun **1.** [jump] petit saut m **2.** UK [container] benne f. ◆ vt [page, class, meal] sauter. ◆ vi **1.** [gen] sauter, sautiller **2.** UK [over rope] sauter à la corde.

ski pants pl n fuseau m.

ski pole noun bâton m de ski.

skipper ['skɪpəʳ] noun inf **1.** NAUT capitaine m **2.** UK SPORT capitaine m.

skipping rope noun UK corde f à sauter.

skirmish ['skɜːmɪʃ] noun escarmouche f.

skirt [skɜːt] ◆ noun [garment] jupe f. ◆ vt **1.** [town, obstacle] contourner **2.** [problem] éviter. ◆ **skirt around** vt insep **1.** [town, obstacle] contourner **2.** [problem] éviter.

skit [skɪt] noun sketch m.

skittle ['skɪtl] noun UK quille f. ◆ **skittles** noun (U) [game] quilles fpl.

skive [skaɪv] vi UK inf ▸ **to skive (off)** s'esquiver, tirer au flanc.

skulk [skʌlk] vi [hide] se cacher ; [prowl] rôder.

skull [skʌl] noun crâne m.

skunk [skʌŋk] noun [animal] mouffette f.

sky [skaɪ] noun ciel m.

sky-high inf ◆ adj [prices] astronomique, exorbitant(e). ◆ adv ▸ **to blow sthg sky-high a)** [building] faire sauter qqch **b)** [argument, theory] démolir qqch ▸ **to go sky-high** [prices] monter en flèche.

skylight ['skaɪlaɪt] noun lucarne f.

sky marshal noun garde m de sécurité (à bord d'un avion).

skyscraper ['skaɪˌskreɪpəʳ] noun gratte-ciel m inv.

slab [slæb] noun [of concrete] dalle f ; [of stone] bloc m ; [of cake] pavé m.

slack [slæk] ◆ adj **1.** [not tight] lâche **2.** [not busy] calme **3.** [person] négligent(e), pas sérieux(euse). ◆ noun [in rope] mou m.

slacken ['slækn] ◆ vt [speed, pace] ralentir ; [rope] relâcher. ◆ vi [speed, pace] ralentir.

slag [slæg] noun (U) [waste material] scories fpl.

slain [sleɪn] pp ⟶ slay.

slam [slæm] ◆ vt **1.** [shut] claquer **2.** [place with force] ▸ **to slam sthg on** OR **onto** jeter qqch brutalement sur, flanquer qqch sur. ◆ vi claquer.

slam dunk US ◆ noun SPORT smash m au panier, slam-dunk m. ◆ vt & vi SPORT smasher.

slander ['slɑːndəʳ] ◆ noun calomnie f ; LAW diffamation f. ◆ vt calomnier ; LAW diffamer.

slang [slæŋ] noun (U) argot m.

slant [slɑːnt] ◆ noun **1.** [angle] inclinaison f **2.** [perspective] point m de vue, perspective f. ◆ vt [bias] présenter d'une manière tendancieuse. ◆ vi [slope] être incliné(e), pencher.

slanting ['slɑːntɪŋ] adj [roof] en pente.

slap [slæp] ◆ noun claque f, tape f ; [on face] gifle f. ◆ vt **1.** [person, face] gifler ; [back] donner une claque OR une tape **2.** [place with force] ▸ **to slap sthg on** OR **onto** jeter qqch brutalement sur, flanquer qqch sur. ❖ adv inf [directly] en plein.

slapdash ['slæpdæʃ] adj inf [work] bâclé(e) ; [person, attitude] négligent(e).

slaphead ['slæphed] noun v inf chauve m, crâne m d'œuf.

slapstick ['slæpstɪk] noun (U) grosse farce f.

slap-up adj UK inf [meal] fameux(euse).

slash [slæʃ] ❖ noun 1. [long cut] entaille f 2. [oblique stroke] barre f oblique. ❖ vt 1. [cut] entailler 2. inf [prices] casser ; [budget, unemployment] réduire considérablement.

slasher movie noun inf film m d'horreur inf.

slat [slæt] noun lame f ; [wooden] latte f.

slate [sleɪt] ❖ noun ardoise f. ❖ vt inf [criticize] descendre en flammes.

slaughter ['slɔːtər] ❖ noun 1. [of animals] abattage m 2. [of people] massacre m, carnage m. ❖ vt 1. [animals] abattre 2. [people] massacrer.

slaughterhouse ['slɔːtəhaʊs] (pl [-haʊzɪz]) noun abattoir m.

slave [sleɪv] ❖ noun esclave mf. ❖ vi travailler comme un esclave OR un forçat ▸ **to slave over sthg** peiner sur qqch.

slavery ['sleɪvərɪ] noun esclavage m.

slay [sleɪ] (pt **slew**, pp **slain**) vt liter tuer.

sleaze [sliːz] noun [squalidness] aspect m miteux, caractère m sordide ; [pornography] porno m ; POL [corruption] corruption f.

sleazebag ['sliːzbæg], **sleazeball** ['sliːzbɔːl] noun inf [despicable person] raclure f.

sleazy ['sliːzɪ] adj [disreputable] mal famé(e).

sledge UK [sledʒ], **sled** US [sled] noun luge f ; [larger] traîneau m.

sledgehammer ['sledʒ,hæmər] noun masse f.

sleek [sliːk] adj 1. [hair, fur] lisse, luisant(e) 2. [shape] aux lignes pures.

sleep [sliːp] ❖ noun sommeil m ▸ **to go to sleep** s'endormir. ❖ vi (pt & pp **slept**) 1. [be asleep] dormir 2. [spend night] coucher. ◆ **sleep in** vi UK faire la grasse matinée. ◆ **sleep with** vt insep coucher avec.

sleeper ['sliːpər] noun 1. [person] ▸ **to be a heavy / light sleeper** avoir le sommeil lourd / léger 2. [RAIL - berth] couchette f ; [- carriage] wagon-lit m ; [- train] train-couchettes m 3. UK [on railway track] traverse f.

sleeping ['sliːpɪŋ] adj qui dort, endormi(e).

sleeping bag noun sac m de couchage.

sleeping car noun wagon-lit m.

sleeping pill noun somnifère m.

sleepless ['sliːplɪs] adj ▸ **to have a sleepless night** passer une nuit blanche.

sleepwalk ['sliːpwɔːk] vi être somnambule.

sleepy ['sliːpɪ] adj [person] qui a envie de dormir.

sleet [sliːt] ❖ noun neige f fondue. ❖ impers vb ▸ **it's sleeting** il tombe de la neige fondue.

sleeve [sliːv] noun [of garment] manche f.

sleigh [sleɪ] noun traîneau m.

slender ['slendər] adj 1. [thin] mince 2. fig [resources, income] modeste, maigre ; [hope, chance] faible.

slept [slept] pt & pp ⟶ **sleep**.

slew [sluː] ❖ pt ⟶ **slay**. ❖ vi [car] déraper.

slice [slaɪs] ❖ noun 1. [thin piece] tranche f 2. fig [of profits, glory] part f 3. SPORT slice m. ❖ vt 1. [cut into slices] couper en tranches 2. [cut cleanly] trancher 3. SPORT slicer.

slick [slɪk] ❖ adj 1. [skilful] bien mené(e), habile 2. pej [superficial - talk] facile ; [- person] rusé(e). ❖ noun nappe f de pétrole, marée f noire.

slide [slaɪd] ❖ noun 1. [in playground] toboggan m 2. PHOT diapositive f, diapo f 3. UK [for hair] barrette f 4. [decline] déclin m ; [in prices] baisse f. ❖ vt (pt & pp **slid** [slɪd]) faire glisser. ❖ vi (pt & pp **slid** [slɪd]) glisser.

sliding door [,slaɪdɪŋ-] noun porte f coulissante.

sliding scale [,slaɪdɪŋ-] noun échelle f mobile.

slight [slaɪt] ❖ adj 1. [minor] léger(ère) ▸ **the slightest** le moindre (la moindre) ▸ **not in the slightest** pas du tout 2. [thin] mince. ❖ noun affront m. ❖ vt offenser.

slightly ['slaɪtlɪ] adv [to small extent] légèrement.

slim [slɪm] ❖ adj 1. [person, object] mince 2. [chance, possibility] faible. ❖ vi maigrir ; UK [diet] suivre un régime amaigrissant.

slime [slaɪm] noun (U) substance f visqueuse ; [of snail] bave f.

slimeball ['slaɪmbɔːl] noun US v inf = sleazebag.

slimline ['slɪmlaɪn] adj 1. [butter] allégé(e) ; [milk, cheese] sans matière grasse, minceur (inv) ;

[soft drink] light *(inv)* **2.** *fig* : *clothes for the new slimline you* des vêtements pour votre nouvelle silhouette allégée / *the slimline version of the 1990 model* la version épurée du modèle 90.

slimming ['slimiŋ] ❖ noun **UK** amaigrissement *m*. ❖ adj [product] amaigrissant(e).

slimy ['slaimi] *(compar* **-ier**, *superl* **-iest**) adj *lit & fig* visqueux(euse).

sling [slɪŋ] ❖ noun **1.** [for arm] écharpe *f* **2.** NAUT [for loads] élingue *f*. ❖ vt *(pt & pp* **slung**) **1.** [hammock] suspendre **2.** *inf* [throw] lancer.

slingshot ['slɪŋʃɒt] noun **US** lance-pierres *m inv*.

slip [slip] ❖ noun **1.** [mistake] erreur *f* ▶ a slip of the pen or tongue un lapsus **2.** [of paper -gen] morceau *m* ; [-strip] bande *f* **3.** [under-wear] combinaison *f* **4.** PHR to give sb the slip *inf* fausser compagnie à qqn. ❖ vt glisser ▶ to slip sthg on enfiler qqch. ❖ vi **1.** [slide] glisser ▶ to slip into sthg se glisser dans qqch **2.** [decline] décliner. ❖ **slip up** vi *fig* faire une erreur.

slipped disc **UK**, **slipped disk** **US** [,slipt-] noun hernie *f* discale.

slipper ['slɪpər] noun pantoufle *f*, chausson *m*.

slippery ['slɪpəri] adj glissant(e).

slip road noun **UK** bretelle *f*.

slipshod ['slɪpʃɒd] adj peu soigné(e).

slip-up noun *inf* gaffe *f*.

slipway ['slɪpweɪ] noun cale *f* de lancement.

slit [slɪt] ❖ noun [opening] fente *f* ; [cut] incision *f*. ❖ vt *(pt & pp* **slit**) [make opening in] faire une fente dans, fendre ; [cut] inciser.

slither ['slɪðər] vi [person] glisser ; [snake] onduler.

sliver ['slɪvər] noun [of glass, wood] éclat *m* ; [of meat, cheese] lamelle *f*.

slob [slɒb] noun *inf* [in habits] saligaud *m* ; [in appearance] gros lard *m*.

slobber ['slɒbər] vi baver.

slog [slɒg] *inf* ❖ noun [tiring work] corvée *f*. ❖ vi [work] travailler comme un bœuf.

slogan ['sləʊgən] noun slogan *m*.

slop [slɒp] ❖ vt renverser. ❖ vi déborder.

slope [sləʊp] ❖ noun pente *f*. ❖ vi [land] être en pente ; [handwriting, table] pencher.

sloping ['sləʊpɪŋ] adj [land, shelf] en pente ; [handwriting] penché(e).

sloppy ['slɒpi] adj [careless] peu soigné(e).

slot [slɒt] noun **1.** [opening] fente *f* **2.** [groove] rainure *f* **3.** [in schedule] créneau *m*.

slot machine noun **1.** **UK** [vending machine] distributeur *m* automatique **2.** [for gambling] machine *f* à sous.

slouch [slaʊtʃ] vi être avachi(e).

Slovakia [slə'vækɪə] noun Slovaquie *f*.

slovenly ['slʌvnlɪ] adj négligé(e).

slow [sləʊ] ❖ adj **1.** [gen] lent(e) **2.** [clock, watch] ▶ to be slow retarder. ❖ adv lentement ▶ to go slow a) [driver] aller lentement b) [workers] faire la grève perlée. ❖ vt & vi ralentir. ❖ **slow down**, **slow up** vt sep & vi ralentir.

slowcoach **UK** ['sləʊkəʊtʃ], **slowpoke** **US** noun *inf* lambin *m*, -e *f*.

slowdown ['sləʊdaʊn] noun ralentissement *m*.

slowly ['sləʊlɪ] adv lentement.

slow motion noun ▶ in slow motion au ralenti *m*.

slowpoke **US** ['sləʊpəʊk] = **slowcoach**.

sludge [slʌdʒ] noun boue *f*.

slug [slʌg] noun **1.** [animal] limace *f* **2.** *inf* [of alcohol] rasade *f* **3.** *inf* [bullet] balle *f*.

sluggish ['slʌgɪʃ] adj [person] apathique ; [movement, growth] lent(e) ; [business] calme, stagnant(e).

sluice [slu:s] noun écluse *f*.

slum [slʌm] noun [area] quartier *m* pauvre.

slumber ['slʌmbər] *liter* ❖ noun sommeil *m*. ❖ vi dormir paisiblement.

slumber party noun **US** soirée *f* entre copines *(au cours de laquelle on regarde des films, on discute et on dort toutes ensemble)*.

slump [slʌmp] ❖ noun **1.** [decline] ▶ slump (in) baisse *f* (de) **2.** [period of poverty] crise *f* (économique). ❖ vi *lit & fig* s'effondrer.

slung [slʌŋ] pt & pp ⟶ **sling**.

slur [slɜ:r] ❖ noun **1.** [slight] ▶ slur (on) atteinte *f* (à) **2.** [insult] affront *m*, insulte *f*. ❖ vt mal articuler.

slurp [slɜ:p] vt boire avec bruit.

slush [slʌʃ] noun [snow] neige *f* fondue.

slut [slʌt] noun **1.** *inf* [dirty, untidy] souillon *f* **2.** *v inf* [sexually immoral] salope *f*.

sly [slaɪ] adj *(compar* **slyer** or **slier**, *superl* **slyest** or **sliest**) **1.** [look, smile] entendu(e) **2.** [person] rusé(e), sournois(e).

smack [smæk] ❖ noun **1.** [slap] claque *f* ; [on face] gifle *f* **2.** [impact] claquement *m*. ❖ vt

1. [slap] donner une claque à ; [face] gifler **2.** [place violently] poser violemment.

small [smɔ:l] adj **1.** [gen] petit(e) **2.** [trivial] petit, insignifiant(e).

small ads [-ædz] pl n 🇬🇧 petites annonces *fpl.*

small change noun petite monnaie *f.*

small fry noun menu fretin *m.*

smallholder ['smɔ:l,həʊldər] noun 🇬🇧 petit cultivateur *m.*

smallpox ['smɔ:lpɒks] noun variole *f*, petite vérole *f.*

small print noun ▶ **the small print** les clauses *fpl* écrites en petits caractères.

small-scale adj [activity, organization] peu important(e).

small talk noun *(U)* papotage *m*, bavardage *m.*

smarmy ['smɑ:mɪ] adj *inf* mielleux(euse).

smart [smɑ:t] ⬧ adj **1.** [stylish - person, clothes, car] élégant(e) **2.** [clever] intelligent(e) **3.** [fashionable - club, society, hotel] à la mode, in *(inv)* **4.** [quick - answer, tap] vif (vive), rapide. ⬧ vi **1.** [eyes, skin] brûler, piquer **2.** [person] être blessé(e).

smarten ['smɑ:tn] ◆ **smarten up** vt sep [room] arranger ▶ **to smarten o.s. up** se faire beau (belle).

smart money noun *inf* : *all the smart money is on him to win the presidency* il est donné pour favori aux élections présidentielles.

smash [smæʃ] ⬧ noun **1.** [sound] fracas *m* **2.** *inf* [car crash] collision *f*, accident *m* **3.** SPORT smash *m.* ⬧ vt **1.** [glass, plate] casser, briser **2.** *fig* [defeat] détruire. ⬧ vi **1.** [glass, plate] se briser **2.** [crash] ▶ **to smash into sthg** s'écraser contre qqch.

smashing ['smæʃɪŋ] adj *inf* super *(inv).*

smash-up noun collision *f*, accident *m.*

smattering ['smætərɪŋ] noun ▶ **to have a smattering of German** savoir quelques mots d'allemand.

smear [smɪər] ⬧ noun **1.** [dirty mark] tache *f* **2.** MED frottis *m* **3.** [slander] diffamation *f.* ⬧ vt **1.** [smudge] barbouiller, maculer **2.** [spread] ▶ **to smear sthg onto sthg** étaler qqch sur qqch ▶ **to smear sthg with sthg** enduire qqch de qqch **3.** [slander] calomnier.

smear campaign noun campagne *f* de diffamation.

smell [smel] ⬧ noun **1.** [odour] odeur *f* **2.** [sense of smell] odorat *m.* ⬧ vt *(pt & pp -ed or smelt)* sentir. ⬧ vi *(pt & pp -ed or smelt)*

1. [flower, food] sentir ▶ **to smell of sthg** sentir qqch ▶ **to smell good / bad** sentir bon / mauvais **2.** [smell unpleasantly] sentir (mauvais), puer.

smelly ['smelɪ] adj qui sent mauvais, qui pue.

smelt [smelt] ⬧ pt & pp ⟶ **smell.** ⬧ vt [metal] extraire par fusion ; [ore] fondre.

smile [smaɪl] ⬧ noun sourire *m.* ⬧ vi sourire.

smiley ['smaɪlɪ] noun smiley.

smiling ['smaɪlɪŋ] adj souriant(e).

smirk [smɜ:k] noun sourire *m* narquois.

smithereens [,smɪðə'ri:nz] pl n *inf* ▶ **to be smashed to smithereens** être brisé(e) en mille morceaux.

smitten ['smɪtn] adj *hum* ▶ **to be smitten (with)** être fou (folle) (de).

smock [smɒk] noun blouse *f.*

smog [smɒg] noun smog *m.*

smoke [sməʊk] ⬧ noun *(U)* [from fire] fumée *f.* ⬧ vt & vi fumer.

smoked [sməʊkt] adj [food] fumé(e).

smoker ['sməʊkər] noun **1.** [person] fumeur *m*, -euse *f* **2.** RAIL compartiment *m* fumeurs.

smokescreen ['sməʊkskri:n] noun *fig* couverture *f.*

smoking ['sməʊkɪŋ] noun ▶ **'no smoking'** 'défense de fumer'.

smoky ['sməʊkɪ] adj **1.** [room, air] enfumé(e) **2.** [taste] fumé(e).

smolder 🇺🇸 = **smoulder.**

smoldering 🇺🇸 = **smouldering.**

smooth [smu:ð] ⬧ adj **1.** [surface] lisse **2.** [sauce] homogène, onctueux(euse) **3.** [movement] régulier(ère) **4.** [taste] moelleux(euse) **5.** [flight, ride] confortable ; [landing, take-off] en douceur **6.** *pej* [person, manner] doucereux(euse), mielleux(euse) **7.** [operation, progress] sans problèmes. ⬧ vt [hair] lisser ; [clothes, tablecloth] défroisser. ◆ **smooth out** vt sep défroisser.

smoothie ['smu:ðɪ] noun *inf & pej* : *he's a real smoothie* a) [in manner] il roule les mécaniques b) [in speech] c'est vraiment un beau parleur.

smoothly ['smu:ðlɪ] adv **1.** [move] sans heurt **2.** *pej* [suavely] d'un ton doucereux **3.** [without problems] sans problèmes.

smother ['smʌðər] vt **1.** [cover thickly] ▶ **to smother sb / sthg with** couvrir qqn / qqch de **2.** [person, fire] étouffer **3.** *fig* [emotions] cacher, étouffer.

smoulder, smolder US ['sməʊldər] vi lit & fig couver.

smouldering UK, **smoldering** US ['sməʊldərɪŋ] adj [fire, anger, passion] qui couve ; [embers, ruins] fumant(e) ; [eyes] de braise.

SMS [,esem'es] (abbr of short message service) noun sms m, texto m, mini-message m.

smudge [smʌdʒ] ◆ noun tache f ; [of ink] bavure f. ◆ vt [drawing, painting] maculer ; [paper] faire une marque or trace sur ; [face] salir.

smug [smʌg] adj suffisant(e).

smuggle ['smʌgl] vt [across frontiers] faire passer en contrebande.

smuggler ['smʌglər] noun contrebandier m, -ère f.

smuggling ['smʌglɪŋ] noun (U) contrebande f.

smut [smʌt] noun **1.** [dirty mark] tache f de suie **2.** (U) pej [books, talk] obscénités fpl.

smutty ['smʌtɪ] adj pej [book, language] cochon(onne).

snack [snæk] noun casse-croûte m inv.

snack bar noun snack m, snack-bar m.

snag [snæg] ◆ noun [problem] inconvénient m, écueil m. ◆ vi ▶ to snag (on) s'accrocher (à).

snail [sneɪl] noun escargot m.

snail mail noun inf COMPUT poste f.

snake [sneɪk] noun serpent m.

snap [snæp] ◆ adj [decision, election] subit(e) ; [judgment] irréfléchi(e). ◆ noun **1.** [of branch] craquement m ; [of fingers] claquement m **2.** [photograph] photo f **3.** UK [card game] ≃ bataille f **4.** US inf [easy task] : it's a snap! c'est simple comme bonjour ! ◆ vt **1.** [break] casser net **2.** [speak sharply] dire d'un ton sec. ◆ vi **1.** [break] se casser net **2.** [dog] ▶ to snap at essayer de mordre **3.** [speak sharply] ▶ to snap (at sb) parler (à qqn) d'un ton sec. ◆ **snap up** vt sep [bargain] sauter sur.

snappy ['snæpɪ] adj inf **1.** [stylish] chic **2.** [quick] prompt(e) ▶ make it snappy! dépêche-toi !, et que ça saute !

snapshot ['snæpʃɒt] noun photo f.

snare [sneər] ◆ noun piège m, collet m. ◆ vt prendre au piège, attraper.

snarl [snɑːl] ◆ noun grondement m. ◆ vi gronder.

snatch [snætʃ] ◆ noun [of conversation] bribe f ; [of song] extrait m. ◆ vt [grab] saisir.

snazzy ['snæzɪ] (compar -ier, superl -iest) adj inf [clothes, car] beau (belle), super (inv) ; [dresser] qui s'habille chic.

sneak [sniːk] ◆ noun inf rapporteur m, -euse f. ◆ vt (US pt & pp snuck) ▶ to sneak a look at sb/sthg regarder qqn/qqch à la dérobée. ◆ vi (US pt & pp snuck) [move quietly] se glisser.

sneakers ['sniːkəz] pl n US tennis mpl, baskets fpl.

sneaky ['sniːkɪ] adj inf sournois(e).

sneer [snɪər] ◆ noun [smile] sourire m dédaigneux ; [laugh] ricanement m. ◆ vi [smile] sourire dédaigneusement.

sneeze [sniːz] ◆ noun éternuement m. ◆ vi éternuer.

snicker ['snɪkər] vi US ricaner.

snide [snaɪd] adj sournois(e).

sniff [snɪf] ◆ vt [smell] renifler. ◆ vi [to clear nose] renifler.

snigger ['snɪgər] UK ◆ noun rire m en dessous. ◆ vi ricaner.

snip [snɪp] ◆ noun UK inf [bargain] bonne affaire f. ◆ vt couper.

sniper ['snaɪpər] noun tireur m isolé.

snippet ['snɪpɪt] noun fragment m.

snivel ['snɪvl] vi geindre.

snob [snɒb] noun snob mf.

snobbish ['snɒbɪʃ], **snobby** ['snɒbɪ] adj snob (inv).

snooker ['snuːkər] noun [game] ≃ jeu m de billard.

snoop [snuːp] vi inf fureter.

snooty ['snuːtɪ] adj inf prétentieux(euse).

snooze [snuːz] ◆ noun petit somme m. ◆ vi faire un petit somme.

snore [snɔːr] ◆ noun ronflement m. ◆ vi ronfler.

snoring ['snɔːrɪŋ] noun (U) ronflement m, ronflements mpl.

snorkel ['snɔːkl] noun tuba m.

snort [snɔːt] ◆ noun [of person] grognement m ; [of horse, bull] ébrouement m. ◆ vi [person] grogner ; [horse] s'ébrouer.

snot [snɒt] noun inf **1.** [in nose] morve f **2.** [person] morveux m, -euse f.

snotty ['snɒtɪ] (compar -ier, superl -iest) adj inf **1.** [snooty] prétentieux(euse) **2.** [face, child] morveux(euse).

snout [snaʊt] noun groin m.

snow [snəʊ] ❖ noun neige f. ❖ impers vb neiger.

snowball ['snəʊbɔːl] ❖ noun boule f de neige. ❖ vi fig faire boule de neige.

snowboard ['snəʊˌbɔːd] noun surf m des neiges.

snowboarding ['snəʊˌbɔːdɪŋ] noun surf m (des neiges).

snowbound ['snəʊbaʊnd] adj bloqué(e) par la neige.

snowdrift ['snəʊdrɪft] noun congère f.

snowdrop ['snəʊdrɒp] noun perce-neige m inv.

snowfall ['snəʊfɔːl] noun chute f de neige.

snowflake ['snəʊfleɪk] noun flocon m de neige.

snowman ['snəʊmæn] (pl -men) noun bonhomme m de neige.

snowmobile ['snəʊməbiːl] noun scooter m des neiges, motoneige f QUÉBEC.

snowplough UK, **snowplow** US ['snəʊplaʊ] noun chasse-neige m inv.

snowshoe ['snəʊʃuː] noun raquette f.

snowstorm ['snəʊstɔːm] noun tempête f de neige.

SNP (abbr of **Scottish National Party**) noun parti nationaliste écossais.

Snr, **snr** abbr of **senior**.

snub [snʌb] ❖ noun rebuffade f. ❖ vt snober, ignorer.

snuck [snʌk] pt & pp US ⟶ **sneak**.

snuff [snʌf] noun tabac m à priser.

snug [snʌg] adj 1. [person] à l'aise, confortable ; [in bed] bien au chaud 2. [place] douillet(ette) 3. [close-fitting] bien ajusté(e).

snuggle ['snʌgl] vi se blottir.

so [səʊ] ❖ adv 1. [to such a degree] si, tellement / so difficult (that)... si OR tellement difficile que... / don't be so stupid! ne sois pas si bête ! / we had so much work! nous avions tant de travail ! / I've never seen so much money / many cars je n'ai jamais vu autant d'argent/de voitures 2. [in referring back to previous statement, event, etc.] : so what's the point then? alors à quoi bon ? / so you knew already? alors tu le savais déjà ? ▶ **I don't think so** je ne crois pas ▶ **I'm afraid so** je crains bien que oui ▶ **if so** si oui ▶ **is that so?** vraiment ? / so what have you been up to? alors, qu'est-ce que vous devenez ? ▶ **so what?** inf et alors ?, et après ? ▶ **so there!** inf là !, et voilà ! 3. [also] aussi ▶ **so**

can /do /would etc. I moi aussi / she speaks French and so does her husband elle parle français et son mari aussi 4. [in this way] ▶ (like) **so** comme cela OR ça, de cette façon 5. [in expressing agreement] ▶ **so there is** en effet, c'est vrai ▶ **so I see** c'est ce que je vois 6. [unspecified amount, limit] : they pay us so much a week ils nous payent tant par semaine ▶ **or so** environ, à peu près. ❖ conj alors / I'm away next week so I won't be there je suis en voyage la semaine prochaine donc OR par conséquent je ne serai pas là. ◆ **so as** conj afin de, pour / we didn't knock so as not to disturb them nous n'avons pas frappé pour ne pas les déranger. ◆ **so that** conj [for the purpose that] pour que (+ subjunctive).

soak [səʊk] ❖ vt laisser OR faire tremper. ❖ vi 1. [become thoroughly wet] ▶ **to leave sthg to soak, to let sthg soak** laisser OR faire tremper qqch 2. [spread] ▶ **to soak into sthg** tremper dans qqch ▶ **to soak through (sthg)** traverser (qqch). ◆ **soak up** vt sep absorber.

soaking ['səʊkɪŋ] adj trempé(e).

so-and-so noun inf 1. [to replace a name] : Mr so-and-so Monsieur Untel 2. [annoying person] enquiquineur m, -euse f.

soap [səʊp] noun 1. (U) [for washing] savon m 2. TV soap opera m.

soap opera noun soap opera m.

soap powder noun lessive f.

soapy ['səʊpɪ] adj [water] savonneux(euse) ; [taste] de savon.

soar [sɔːr] vi 1. [bird] planer 2. [balloon, kite] monter 3. [prices, temperature] monter en flèche.

sob [sɒb] ❖ noun sanglot m. ❖ vi sangloter.

sober ['səʊbər] adj 1. [not drunk] qui n'est pas ivre 2. [serious] sérieux(euse) 3. [plain - clothes, colours] sobre. ◆ **sober up** vi dessoûler.

sobering ['səʊbərɪŋ] adj qui donne à réfléchir.

sob story noun inf & pej histoire f larmoyante, histoire f à vous fendre le cœur / he told us some sob story about his deprived childhood il nous a parlé de son enfance malheureuse OR à faire pleurer dans les chaumières.

so-called [-kɔːld] adj 1. [misleadingly named] soi-disant (inv) 2. [widely known as] ainsi appelé(e).

soccer ['sɒkər] noun football m.

sociable ['səʊʃəbl] adj sociable.

social ['səʊʃl] adj social(e).

social climber noun pej arriviste mf.

social club noun club m.

socialism ['səʊʃəlɪzm] noun socialisme m.

socialist ['səʊʃəlɪst] ❖ adj socialiste.
❖ noun socialiste mf.

socialite ['səʊʃəlaɪt] noun mondain m, -e f.

socialize, socialise UK ['səʊʃəlaɪz] vi fréquenter des gens ▶ **to socialize with sb** fréquenter qqn, frayer avec qqn.

social security noun aide f sociale.

social services pl n services mpl sociaux.

social welfare noun protection f sociale.

social worker noun assistant social m, assistante sociale f.

society [sə'saɪətɪ] noun **1.** [gen] société f **2.** [club] association f, club m.

sociology [,səʊsɪ'ɒlədʒɪ] noun sociologie f.

sock [sɒk] noun chaussette f.

socket ['sɒkɪt] noun **1.** [for light bulb] douille f; [for plug] prise f de courant **2.** [of eye] orbite f; [for bone] cavité f articulaire.

sod [sɒd] noun **1.** [of turf] motte f de gazon **2.** UK v inf [person] con m.

soda ['səʊdə] noun **1.** CHEM soude f **2.** [soda water] eau f de Seltz **3.** US [fizzy drink] soda m.

soda water noun eau f de Seltz.

sodden ['sɒdn] adj trempé(e), détrempé(e).

sodium ['səʊdɪəm] noun sodium m.

sofa ['səʊfə] noun canapé m.

Sofia ['səʊfjə] noun Sofia.

soft [sɒft] adj **1.** [not hard] doux (douce), mou (molle) **2.** [smooth, not loud, not bright] doux (douce) **3.** [without force] léger(ère) **4.** [caring] tendre **5.** [lenient] faible, indulgent(e).

soft drink noun boisson f non alcoolisée.

soften ['sɒfn] ❖ vt **1.** [fabric] assouplir; [substance] ramollir; [skin] adoucir **2.** [shock, blow] atténuer, adoucir **3.** [attitude] modérer, adoucir. ❖ vi **1.** [substance] se ramollir **2.** [attitude, person] s'adoucir et se radoucir.

softhearted [,sɒft'hɑːtɪd] adj au cœur tendre.

softly ['sɒftlɪ] adv **1.** [gently, quietly] doucement **2.** [not brightly] faiblement **3.** [leniently] avec indulgence.

soft-spoken adj à la voix douce.

software ['sɒftweəʳ] noun (U) COMPUT logiciels m, software m ▶ **a piece of software** un logiciel.

softy ['sɒftɪ] (pl -ies) noun inf **1.** pej [weak person] mauviette f, poule f mouillée **2.** [sensitive person]: he's a big softy c'est un tendre.

soggy ['sɒgɪ] adj trempé(e), détrempé(e).

soil [sɔɪl] ❖ noun (U) **1.** [earth] sol m, terre f **2.** fig [territory] sol m, territoire m. ❖ vt souiller, salir.

soiled [sɔɪld] adj sale.

solace ['sɒləs] noun liter consolation f, réconfort m.

solar ['səʊləʳ] adj solaire.

solar power noun énergie f solaire.

sold [səʊld] pt & pp ▶ **sell**.

solder ['səʊldəʳ] ❖ noun (U) soudure f. ❖ vt souder.

soldier ['səʊldʒəʳ] noun soldat m.

sold-out adj [tickets] qui ont tous été vendus; [play, concert] qui joue à guichets fermés.

sole [səʊl] ❖ adj **1.** [only] seul(e), unique **2.** [exclusive] exclusif(ive). ❖ noun **1.** [of foot] semelle f **2.** (pl inv or -s) [fish] sole f.

solely ['səʊllɪ] adv seulement, uniquement ▶ **solely responsible** seul or entièrement responsable.

solemn ['sɒləm] adj solennel(elle); [person] sérieux(euse).

solicit [sə'lɪsɪt] ❖ vt fml [request] solliciter. ❖ vi [prostitute] racoler.

solicitor [sə'lɪsɪtəʳ] noun UK LAW notaire m.

solid ['sɒlɪd] ❖ adj **1.** [not fluid, sturdy, reliable] solide **2.** [not hollow - tyres] plein(e); [- wood, rock, gold] massif(ive) **3.** [without interruption]: two hours solid deux heures d'affilée. ❖ noun solide m.

solidarity [,sɒlɪ'dærətɪ] noun solidarité f.

solitaire [,sɒlɪ'teəʳ] noun **1.** [jewel, board game] solitaire m **2.** US [card game] réussite f, patience f.

solitary ['sɒlɪtrɪ] adj **1.** [lonely, alone] solitaire **2.** [just one] seul(e).

solitary confinement noun isolement m cellulaire.

solitude ['sɒlɪtjuːd] noun solitude f.

solo ['səʊləʊ] ❖ adj solo (inv). ❖ noun (pl -s) solo m. ❖ adv en solo.

soloist ['səʊləʊɪst] noun soliste mf.

soluble ['sɒljʊbl] adj soluble.

solution [sə'luːʃn] noun **1.** [to problem] ▶ **solution (to)** solution f (de) **2.** [liquid] solution f.

solve [sɒlv] vt résoudre.

solvent ['sɒlvənt] ❖ adj FIN solvable. ❖ noun dissolvant m, solvant m.

Somalia [sə'mɑːlɪə] noun Somalie f.

some [sʌm] ❖ adj **1.** [a certain amount, number of] : *some meat* de la viande / *some money* de l'argent / *some coffee* du café / *some sweets* des bonbons **2.** [fairly large number or quantity of] quelque / *I had some difficulty getting here* j'ai eu quelque mal à venir ici / *I've known him for some years* je le connais depuis plusieurs années **OR** pas mal d'années **3.** *(contrastive use)* [certain] : *some jobs are better paid than others* certains boulots sont mieux rémunérés que d'autres / *some people like his music* il y en a qui aiment sa musique **4.** [in imprecise statements] quelque, quelconque / *she married some writer or other* elle a épousé un écrivain quelconque **OR** quelque écrivain ▶ *there must be some mistake* il doit y avoir erreur **5.** *inf* [very good] : *that was some party!* c'était une soirée formidable !, quelle soirée ! ❖ pron **1.** [a certain amount] : *can I have some?* [money, milk, coffee] est-ce que je peux en prendre ? / *some of it is mine* une partie est à moi **2.** [a certain number] quelques-uns (quelques-unes), certains (certaines) / *can I have some?* [books, pens, potatoes] est-ce que je peux en prendre (quelques-uns) ? / *some (of them) left early* quelques-uns d'entre eux sont partis tôt. ❖ adv quelque, environ / *there were some 7,000 people there* il y avait quelque **OR** environ 7 000 personnes.

somebody ['sʌmbədɪ] pron quelqu'un.

someday ['sʌmdeɪ] adv un jour, un de ces jours.

somehow ['sʌmhaʊ], **someway** [US] ['sʌmweɪ] adv **1.** [by some action] d'une manière ou d'une autre **2.** [for some reason] pour une raison ou pour une autre.

someone ['sʌmwʌn] pron quelqu'un.

someplace [US] = somewhere.

somersault ['sʌməsɔːlt] ❖ noun cabriole f, culbute f. ❖ vi faire une cabriole **OR** culbute.

something ['sʌmθɪŋ] ❖ pron [unknown thing] quelque chose / *something odd / interesting* quelque chose de bizarre / d'intéressant ▶ *or something* inf ou quelque chose comme ça. ❖ adv ▶ *something like, something in the region of* environ, à peu près.

sometime ['sʌmtaɪm] ❖ adj ancien(enne). ❖ adv un de ces jours / *sometime last week* la semaine dernière.

sometimes ['sʌmtaɪmz] adv quelquefois, parfois.

someway [US] = somehow.

somewhat ['sʌmwɒt] adv quelque peu.

somewhere ['sʌmweər], **someplace** [US] ['sʌmpleɪs] adv **1.** [unknown place] quelque part ▶ *somewhere near here* près d'ici **2.** [used in approximations] environ, à peu près.

son [sʌn] noun fils m.

song [sɒŋ] noun chanson f ; [of bird] chant m, ramage m.

songwriter ['sɒŋˌraɪtər] noun [of lyrics] parolier m, -ère f ; [of music] compositeur m, -trice f ; [of lyrics and music] auteur-compositeur m.

sonic ['sɒnɪk] adj sonique.

son-in-law *(pl* sons-in-law*)* noun gendre m, beau-fils m.

sonnet ['sɒnɪt] noun sonnet m.

sonny ['sʌnɪ] noun *inf* fiston m.

soon [suːn] adv **1.** [before long] bientôt ▶ *soon after* peu après **2.** [early] tôt / *write back soon* réponds-moi vite / *how soon will it be ready?* ce sera prêt quand ?, dans combien de temps est-ce que ce sera prêt ? ▶ *as soon as* dès que, aussitôt que.

sooner ['suːnər] adv **1.** [in time] plus tôt ▶ *no sooner... than...* à peine... que... ▶ *sooner or later* tôt ou tard **2.** [expressing preference] ▶ *I would sooner...* je préférerais..., j'aimerais mieux....

soot [sʊt] noun suie f.

soothe [suːð] vt calmer, apaiser.

soothing ['suːðɪŋ] adj **1.** [pain-relieving] lénifiant(e), lénitif(ive) **2.** [music, words] apaisant(e).

sophisticated [sə'fɪstɪkeɪtɪd] adj **1.** [stylish] raffiné(e), sophistiqué(e) **2.** [intelligent] averti(e) **3.** [complicated] sophistiqué(e), très perfectionné(e).

sophomore ['sɒfəmɔːr] noun [US] [in high school] étudiant m, -e f de seconde année.

soporific [ˌsɒpə'rɪfɪk] adj soporifique.

sopping ['sɒpɪŋ] adj *inf* ▶ *sopping (wet)* tout trempé (toute trempée).

soppy ['sɒpɪ] adj *inf* **1.** [sentimental - book, film] à l'eau de rose ; [- person] sentimental(e) **2.** [silly] bêta(asse), bête.

soprano [sə'prɑːnəʊ] *(pl -s)* noun [person] soprano mf ; [voice] soprano m.

sorbet ['sɔːbeɪ] noun sorbet m.

sorcerer ['sɔːsərər] noun sorcier m.

sordid ['sɔːdɪd] adj sordide.

sore [sɔːʳ] ❖ adj 1. [painful] douloureux(euse) ▶ **to have a sore throat** avoir mal à la gorge 2. US [upset] fâché(e), contrarié(e). ❖ noun plaie f.

sorely ['sɔːlɪ] adv liter [needed] grandement.

sorrow ['sɒrəʊ] noun peine f, chagrin m.

sorry ['sɒrɪ] ❖ adj 1. [expressing apology, disappointment] désolé(e) ▶ **to be sorry about sthg** s'excuser pour qqch ▶ **to be sorry to do sthg** être désolé de regretter de faire qqch 2. [pity] ▶ **to be OR to feel sorry for sb** plaindre qqn 3. [poor] ▶ **in a sorry state** en piteux état, dans un triste état. ❖ excl 1. [expressing apology] pardon !, excusez-moi ! / **sorry, we're sold out** désolé, on n'en a plus 2. [asking for repetition] pardon ?, comment ? 3. [to correct oneself] non, pardon OR je veux dire.

sort [sɔːt] ❖ noun genre m, sorte f, espèce f ▶ **sort of** [rather] plutôt, quelque peu ▶ **a sort of** une espèce OR sorte de. ❖ vt trier, classer. ◆ **sort out** vt sep 1. [tidy up] ranger, classer 2. [solve] résoudre.

SOS (abbr of save our souls) noun SOS m.

so-so inf ❖ adj quelconque. ❖ adv comme ci comme ça.

sought [sɔːt] pt & pp ⟶ **seek**.

soul [səʊl] noun 1. [gen] âme f 2. [music] soul m.

soul-destroying [-dɪ,strɔɪɪŋ] adj abrutissant(e).

soulful ['səʊlfʊl] adj [look] expressif(ive) ; [song] sentimental(e).

soul mate noun âme f sœur.

sound [saʊnd] ❖ adj 1. [healthy - body] en bonne santé ▶ **safe and sound** sain et sauf (saine et sauve) ; [mind] sain(e) 2. [sturdy] solide 3. [reliable - advice] judicieux(euse), sage ; [- investment] sûr(e) / **he's a sound person** il est super UK inf. ❖ adv ▶ **to be sound asleep** dormir à poings fermés, dormir d'un sommeil profond. ❖ noun son m ; [particular sound] bruit m, son m ▶ **by the sound of it...** d'après ce que j'ai compris.... ❖ vt [alarm, bell] sonner. ❖ vi 1. [make a noise] sonner, retentir 2. [seem] sembler, avoir l'air ▶ **to sound like sthg** avoir l'air de qqch. ◆ **sound out** vt sep ▶ **to sound sb out (on OR about)** sonder qqn (sur).

sound barrier noun mur m du son.

sound effects pl n bruitage m, effets mpl sonores.

soundly ['saʊndlɪ] adv 1. [beaten] à plates coutures 2. [sleep] profondément.

soundproof ['saʊndpruːf] adj insonorisé(e).

soundtrack ['saʊndtræk] noun bande-son f.

soup [suːp] noun soupe f, potage m.

souped-up [suːpt-] adj inf [engine] gonflé(e), poussé(e) ; [car] au moteur gonflé OR poussé ; [machine, computer program] perfectionné(e).

soup spoon noun cuiller f à soupe.

sour ['saʊəʳ] ❖ adj 1. [taste, fruit] acide, aigre 2. [milk] aigre 3. [ill-tempered] aigre, acerbe. ❖ vt fig faire tourner au vinaigre, faire mal tourner.

source [sɔːs] noun 1. [gen] source f 2. [cause] origine f, cause f.

sour grapes noun (U) inf : **what he said was just sour grapes** il a dit ça par dépit.

south [saʊθ] ❖ noun 1. [direction] sud m 2. [region] ▶ **the south** le sud ▶ **the South of France** le Sud de la France, le Midi (de la France). ❖ adj sud (inv) ; [wind] du sud. ❖ adv au sud, vers le sud ▶ **south of** au sud de.

South Africa noun Afrique f du Sud.

South African ❖ adj sud-africain(e). ❖ noun [person] Sud-Africain m, -e f.

South America noun Amérique f du Sud.

South American ❖ adj sud-américain(e). ❖ noun [person] Sud-Américain m, -e f.

southeast [,saʊθ'iːst] ❖ noun 1. [direction] sud-est m 2. [region] ▶ **the southeast** le sud-est. ❖ adj au sud-est, du sud-est ; [wind] du sud-est. ❖ adv au sud-est, vers le sud-est ▶ **southeast of** au sud-est de.

southerly ['sʌðəlɪ] adj au sud, du sud ; [wind] du sud.

southern ['sʌðən] adj du sud ; [France] du Midi.

South Korea noun Corée f du Sud.

South Pole noun ▶ **the South Pole** le pôle Sud.

southward ['saʊθwəd] ❖ adj au sud, du sud. ❖ adv = **southwards**.

southwards ['saʊθwədz] adv vers le sud.

southwest [,saʊθ'west] ❖ noun 1. [direction] sud-ouest m 2. [region] ▶ **the southwest** le sud-ouest. ❖ adj au sud-ouest, du sud-ouest ; [wind] du sud-ouest. ❖ adv au sud-ouest, vers le sud-ouest ▶ **southwest of** au sud-ouest de.

souvenir [,suːvə'nɪəʳ] noun souvenir m.

sovereign ['sɒvrɪn] ❖ adj souverain(e). ❖ noun **1.** [ruler] souverain m, -e f **2.** [coin] souverain m.

soviet ['səʊvɪət] noun soviet m. ◆ **Soviet** ❖ adj soviétique. ❖ noun [person] Soviétique mf.

Soviet Union noun ▸ the (former) Soviet Union l'(ex-)Union f soviétique.

sow[1] [səʊ] (pt -ed, pp sown or -ed) vt lit & fig semer.

sow[2] [saʊ] noun truie f.

sown [səʊn] pp ⟶ **sow**[1]

soya ['sɔɪə] noun soja m.

spa [spɑː] noun station f thermale.

space [speɪs] ❖ noun **1.** [gap, roominess, outer space] espace m ; [on form] blanc m, espace m **2.** [room] place f **3.** [of time] : within OR in the space of ten minutes en l'espace de dix minutes. ❖ comp spatial(e). ❖ vt espacer. ◆ **space out** vt sep espacer.

spacecraft ['speɪskrɑːft] (pl inv) noun vaisseau m spatial.

spaceman ['speɪsmæn] (pl -men) noun astronaute m, cosmonaute m.

spaceship ['speɪsʃɪp] noun vaisseau m spatial.

space shuttle noun navette f spatiale.

spacesuit ['speɪssuːt] noun combinaison f spatiale.

spacing ['speɪsɪŋ] noun TYPO espacement m.

spacious ['speɪʃəs] adj spacieux(euse).

spade [speɪd] noun **1.** [tool] pelle f **2.** [playing card] pique m. ◆ **spades** pl n pique m.

spaghetti [spə'getɪ] noun (U) spaghettis mpl.

Spain [speɪn] noun Espagne f.

spam [spæm] noun inf pourriel m.

spammer ['spæmər] noun spammeur m.

spamming ['spæmɪŋ] noun (U) spam m, arrosage m offic.

span [spæn] ❖ pt ⟶ **spin.** ❖ noun **1.** [in time] espace m de temps, durée f **2.** [range] éventail m, gamme f **3.** [of bird, plane] envergure f **4.** [of bridge] travée f ; [of arch] ouverture f. ❖ vt **1.** [in time] embrasser, couvrir **2.** [subj: bridge] franchir.

Spaniard ['spænjəd] noun Espagnol m, -e f.

spaniel ['spænjəl] noun épagneul m.

Spanish ['spænɪʃ] ❖ adj espagnol(e). ❖ noun [language] espagnol m. ❖ pl n ▸ the Spanish les Espagnols.

spank [spæŋk] vt donner une fessée à, fesser.

spanner ['spænər] noun UK clé f à écrous.

spar [spɑːr] ❖ noun espar m. ❖ vi [in boxing] s'entraîner à la boxe.

spare [speər] ❖ adj **1.** [surplus] de trop ; [component, clothing] de réserve, de rechange ▸ spare bed lit m d'appoint **2.** [available - seat, time, tickets] disponible. ❖ noun [part] pièce f détachée OR de rechange. ❖ vt **1.** [make available - staff, money] se passer de ; [- time] disposer de ▸ **to have an hour to spare** avoir une heure de battement OR de libre / with a minute to spare avec une minute d'avance **2.** [not harm] épargner **3.** [not use] épargner, ménager ▸ **to spare no expense** ne pas regarder à la dépense **4.** [save from] ▸ **to spare sb sthg** épargner qqch à qqn, éviter qqch à qqn.

spare part noun pièce f détachée OR de rechange.

spare room noun chambre f d'amis.

spare time noun (U) temps m libre, loisirs mpl.

spare tyre UK, **spare tire** US noun **1.** AUTO pneu m de rechange OR de secours **2.** hum [fat waist] bourrelet m (de graisse).

spare wheel noun roue f de secours.

sparing ['speərɪŋ] adj ▸ **to be sparing with OR of sthg** être économe de qqch, ménager qqch.

sparingly ['speərɪŋlɪ] adv [use] avec modération ; [spend] avec parcimonie.

spark [spɑːk] noun lit & fig étincelle f.

sparkle ['spɑːkl] ❖ noun (U) [of eyes, jewel] éclat m ; [of stars] scintillement m. ❖ vi étinceler, scintiller.

sparkler ['spɑːklər] noun [firework] cierge m merveilleux.

sparkling wine ['spɑːklɪŋ-] noun vin m mousseux.

spark plug noun bougie f.

sparrow ['spærəʊ] noun moineau m.

sparse [spɑːs] adj clairsemé(e), épars(e).

spasm ['spæzm] noun **1.** MED spasme m ; [of coughing] quinte f **2.** [of emotion] accès m.

spastic ['spæstɪk] noun MED handicapé m, -e f moteur.

spat [spæt] pt & pp ⟶ **spit.**

spate [speɪt] noun [of attacks] série f.

spatter ['spætər] vt éclabousser.

spawn [spɔːn] ❖ noun (U) frai m, œufs mpl. ❖ vt fig donner naissance à, engendrer. ❖ vi [fish, frog] frayer.

speak [spi:k] (*pt* spoke, *pp* spoken) ❖ vt **1.** [say] dire **2.** [language] parler. ❖ vi **1.** [general] parler ▸ **to speak to** OR **with sb** parler à qqn ▸ **to speak to sb about sthg** parler de qqch à qqn ▸ **to speak about sb/sthg** parler-de qqn/qqch **2.** PHR speak now or forever hold your peace parlez maintenant ou gardez le silence pour toujours. ◆ **so to speak** adv pour ainsi dire. ◆ **speak for** vt insep [represent] parler pour, parler au nom de / *she's already spoken for* elle est déjà prise. ◆ **speak up** vi **1.** [support] ▸ **to speak up for sb/sthg** parler en faveur de qqn/qqch, soutenir qqn/qqch. **2.** [speak louder] parler plus fort.

speaker ['spi:kəʳ] noun **1.** [person talking] personne f qui parle **2.** [person making speech] orateur m **3.** [of language] : *a German speaker* une personne qui parle allemand **4.** [loudspeaker] haut-parleur m.

speaking ['spi:kɪŋ] adv : *politically speaking* politiquement parlant.

spear [spiəʳ] ❖ noun lance f. ❖ vt transpercer d'un coup de lance.

spearhead ['spiəhed] ❖ noun fer m de lance. ❖ vt [campaign] mener ; [attack] être le fer de lance de.

spec [spek] noun UK inf ▸ **on spec** à tout hasard.

special ['speʃl] adj **1.** [gen] spécial(e) **2.** [needs, effort, attention] particulier(ère).

special delivery noun (U) [service] exprès m, envoi m par exprès ▸ **by special delivery** en exprès.

specialist ['speʃəlɪst] ❖ adj spécialisé(e). ❖ noun spécialiste mf.

speciality UK [,speʃɪ'ælətɪ], **specialty** US ['speʃltɪ] noun spécialité f.

specialize, specialise UK ['speʃəlaɪz] vi ▸ **to specialize (in)** se spécialiser (dans).

specially ['speʃəlɪ] adv **1.** [specifically] spécialement ; [on purpose] exprès **2.** [particularly] particulièrement.

specialty noun US = speciality.

species ['spi:ʃi:z] (pl inv) noun espèce f.

specific [spə'sɪfɪk] adj **1.** [particular] particulier(ère), précis(e) **2.** [precise] précis(e) **3.** [unique] ▸ **specific to** propre à.

specifically [spə'sɪfɪklɪ] adv **1.** [particularly] particulièrement, spécialement **2.** [precisely] précisément.

specify ['spesɪfaɪ] vt préciser, spécifier.

specimen ['spesɪmən] noun **1.** [example] exemple m, spécimen m **2.** [of blood] prélèvement m ; [of urine] échantillon m.

speck [spek] noun **1.** [small stain] toute petite tache f **2.** [of dust] grain m.

speckled ['spekld] adj ▸ **speckled (with)** tacheté(e) de.

specs [speks] pl n inf [glasses] lunettes fpl.

spectacle ['spektəkl] noun spectacle m. ◆ **spectacles** pl n [glasses] lunettes fpl.

spectacular [spek'tækjʊləʳ] adj spectaculaire.

spectator [spek'teɪtəʳ] noun spectateur m, -trice f.

spectre UK, **specter** US ['spektəʳ] noun spectre m.

spectrum ['spektrəm] (pl -tra) noun **1.** PHYS spectre m **2.** fig [variety] gamme f.

speculation [,spekjʊ'leɪʃn] noun **1.** [gen] spéculation f **2.** [conjecture] conjectures fpl.

sped [sped] pt & pp ⟶ speed.

speech [spi:tʃ] noun **1.** (U) [ability] parole f **2.** [formal talk] discours m **3.** THEAT texte m **4.** [manner of speaking] façon f de parler **5.** [dialect] parler m.

speechless ['spi:tʃlɪs] adj ▸ **speechless (with)** muet(ette) (de).

speed [spi:d] ❖ noun vitesse f ; [of reply, action] vitesse, rapidité f. ❖ vi (pt & pp -ed or sped) **1.** [move fast] ▸ **to speed along** aller à toute allure OR vitesse ▸ **to speed away** démarrer à toute allure **2.** AUTO [go too fast] rouler trop vite, faire un excès de vitesse. ◆ **speed up** ❖ vt sep [person] faire aller plus vite ; [work, production] accélérer. ❖ vi aller plus vite ; [car] accélérer.

speedboat ['spi:dbəʊt] noun hors-bord m inv.

speed bump noun dos-d'âne m inv.

speed camera noun cinémomètre m.

speed dating noun rencontre organisée entre plusieurs partenaires potentiels ayant quelques minutes pour décider s'ils veulent se revoir.

speed-dialling UK, **speed-dialing** US noun (U) TELEC numérotation f rapide.

speeding ['spi:dɪŋ] noun (U) excès m de vitesse.

speed limit noun limitation f de vitesse.

speedometer [spɪ'dɒmɪtəʳ] noun compteur m (de vitesse).

speedway ['spi:dweɪ] noun **1.** (U) SPORT course f de motos **2.** US [road] voie f express.

speedy ['spi:dɪ] adj rapide.

spell [spel] ◆ noun **1.** [period of time] période f **2.** [enchantment] charme m ; [words] formule f magique ▶ **to cast** OR **put a spell on sb** jeter un sort à qqn, envoûter qqn. ◆ vt (UK pt & pp **spelt** or **-ed**, US pt & pp **-ed**) **1.** [word, name] écrire **2.** fig [signify] signifier. ◆ vi (UK pt & pp **spelt** or **-ed**, US pt & pp **-ed**) épeler. ◆ **spell out** vt sep **1.** [read aloud] épeler **2.** [explain] ▶ **to spell sthg out (for** OR **to sb)** expliquer qqch clairement (à qqn).

spellbound ['spelbaʊnd] adj subjugué(e).

spell-check ◆ vt [text, file, document] vérifier l'orthographe de. ◆ noun vérification f orthographique.

spell-checker [-tʃekər] noun correcteur m OR vérificateur m orthographique.

spelling ['spelɪŋ] noun orthographe f.

spelling bee noun US concours m d'orthographe.

spelt [spelt] pt & pp UK ⟶ **spell**.

spelunking [spe'lʌnkɪŋ] noun US spéléologie f.

spend [spend] (pt & pp **spent**) vt **1.** [pay out] ▶ **to spend money (on)** dépenser de l'argent (pour) **2.** [time, life] passer ; [effort] consacrer.

spender ['spendər] noun ▶ **to be a big spender** être très dépensier(ère), dépenser beaucoup.

spending ['spendɪŋ] noun (U) dépenses fpl.

spendthrift ['spendθrɪft] noun dépensier m, -ère f.

spent [spent] ◆ pt & pp ⟶ **spend**. ◆ adj [fuel, match, ammunition] utilisé(e) ; [patience, energy] épuisé(e).

sperm [spɜːm] (pl inv or **-s**) noun sperme m.

spew [spjuː] vt & vi vomir.

sphere [sfɪər] noun sphère f.

spice [spaɪs] noun **1.** CULIN épice f **2.** (U) fig [excitement] piment m.

spick-and-span [,spɪkən'spæn] adj impeccable, nickel (inv).

spicy ['spaɪsɪ] adj **1.** CULIN épicé(e) **2.** fig [story] pimenté(e), piquant(e).

spider ['spaɪdər] noun araignée f.

spiel [ʃpiːl] noun inf baratin m.

spike [spaɪk] noun [metal] pointe f, lance f ; [of plant] piquant m ; [of hair] épi m.

spill [spɪl] (UK pt & pp **spilt** or **-ed**, US pt & pp **-ed**) ◆ vt renverser. ◆ vi [liquid] se répandre.

spilt [spɪlt] pt & pp UK ⟶ **spill**.

spin [spɪn] ◆ noun **1.** [turn] ▶ **to give sthg a spin** faire tourner qqch **2.** AERON vrille f **3.** inf [in car] tour ▶ **4.** SPORT effet m. ◆ vt (pt **span** or **spun**, pp **spun**) **1.** [wheel] faire tourner ▶ **to spin a coin** jouer à pile ou face **2.** [washing] essorer **3.** [thread, wool, cloth] filer **4.** SPORT [ball] donner de l'effet à. ◆ vi (pt **span** or **spun**, pp **spun**) tourner, tournoyer. ◆ **spin out** vt sep [money, story] faire durer.

spinach ['spɪnɪdʒ] noun (U) épinards mpl.

spinal cord ['spaɪnl-] noun moelle f épinière.

spindly ['spɪndlɪ] adj grêle, chétif(ive).

spin doctor noun pej expression désignant la personne qui au sein d'un parti politique est chargée de promouvoir l'image de celui-ci.

spin-dryer noun UK essoreuse f.

spine [spaɪn] noun **1.** ANAT colonne f vertébrale **2.** [of book] dos m **3.** [of plant, hedgehog] piquant m.

spine-chilling adj qui glace le sang.

spinning ['spɪnɪŋ] noun [of thread] filage m.

spinning top noun toupie f.

spin-off noun [by-product] dérivé m.

spinster ['spɪnstər] noun célibataire f ; pej vieille fille f.

spiral ['spaɪrəl] ◆ adj spiral(e). ◆ noun spirale f. ◆ vi [staircase, smoke] monter en spirale.

spiral staircase noun escalier m en colimaçon.

spire [spaɪər] noun flèche f.

spirit ['spɪrɪt] noun **1.** [gen] esprit m **2.** (U) [determination] caractère m, courage m. ◆ **spirits** pl n **1.** [mood] humeur f ▶ **to be in high spirits** être gai(e) ▶ **to be in low spirits** être déprimé(e) **2.** [alcohol] spiritueux mpl. ◆ **spirit away** vt sep [carry off secretly] faire disparaître (comme par enchantement) ; [steal] escamoter, subtiliser.

spirited ['spɪrɪtɪd] adj fougueux(euse) ; [performance] interprété(e) avec brio.

spirit level noun niveau m à bulle d'air.

spiritual ['spɪrɪtʃʊəl] adj spirituel(elle).

spit [spɪt] ◆ noun **1.** (U) [spittle] crachat m ; [saliva] salive f **2.** [skewer] broche f. ◆ vi (UK pt & pp **spat**, US pt & pp **spit**) cracher. ◆ impers vb (pt & pp **spat**) UK ▶ **it's spitting** il tombe quelques gouttes.

spite [spaɪt] ◆ noun rancune f. ◆ vt contrarier. ◆ **in spite of** prep en dépit de, malgré.

spiteful ['spaɪtfʊl] adj malveillant(e).

spitting image ['spɪtɪŋ-] noun ▸ **to be the spitting image of sb** être le portrait (tout) craché de qqn.

spittle ['spɪtl] noun (U) crachat m.

splash [splæʃ] ⟳ noun **1.** [sound] plouf m **2.** [of colour, light] tache f. ⟳ vt [with water, mud] éclabousser. ⟳ vi **1.** [person] ▸ **to splash about** OR **around** barboter **2.** [liquid] jaillir. ◆ **splash out** inf vi ▸ **to splash out (on)** dépenser une fortune (pour).

splatter ['splætər] ⟳ vt éclabousser / *splattered with mud / blood* éclaboussé de boue / sang. ⟳ vi [rain] crépiter ; [mud] éclabousser. ⟳ noun **1.** [mark - of mud, ink] éclaboussure f **2.** [sound - of rain] crépitement m.

spleen [spli:n] noun **1.** ANAT rate f **2.** (U) fig [anger] mauvaise humeur f.

splendid ['splendɪd] adj splendide ; [work, holiday, idea] excellent(e).

spliff [splɪf] noun drugs sl joint m.

splint [splɪnt] noun attelle f.

splinter ['splɪntər] ⟳ noun éclat m. ⟳ vi [wood] se fendre en éclats ; [glass] se briser en éclats.

split [splɪt] ⟳ noun **1.** [in wood] fente f **2.** [in garment - tear] déchirure f ; [- by design] échancrure f **3.** POL ▸ **split (in)** division f OR scission f (au sein de) **4.** [difference] ▸ **split between** écart m entre. ⟳ vt (pt & pp **split**) **1.** [wood] fendre **2.** [clothes] déchirer **3.** [family & POL] diviser **4.** [share] partager ▸ **to split the difference** fig couper la poire en deux. ⟳ vi (pt & pp **split**) **1.** [wood] se fendre ; [clothes] se déchirer **2.** POL se diviser ; [road, path] se séparer. ◆ **split up** vi [group, couple] se séparer.

split end noun [in hair] fourche f.

split second noun fraction f de seconde.

splurge [splɜ:dʒ] inf ⟳ noun **1.** [spending spree] folie f, folles dépenses fpl / *I went on* OR *I had a splurge and bought a fur coat* j'ai fait une folie, je me suis acheté un manteau de fourrure **2.** [display] fla-fla m, tralala m / *the book came out in a splurge of publicity* le livre est sorti avec un grand battage publicitaire / *a great splurge of colour* une débauche de couleur. ⟳ vt [spend] dépenser ; [waste] dissiper / *she splurged her savings on a set of encyclopedias* toutes ses économies ont été englouties par l'achat d'une encyclopédie. ◆ **splurge out** vi faire une folie OR des folies / *to splurge out on sthg* se payer qqch.

splutter ['splʌtər] vi [person] bredouiller, bafouiller ; [engine] tousser ; [fire] crépiter.

spoil [spɔɪl] (pt & pp **-ed**, UK pt & pp **spoilt**) vt **1.** [ruin - holiday] gâcher, gâter ; [- view] gâcher ; [- food] gâter, abîmer **2.** [over-indulge, treat well] gâter. ◆ **spoils** pl n butin m.

spoiled [spɔɪld] adj = **spoilt**.

spoiler ['spɔɪlər] noun PRESS tactique utilisée pour s'approprier le scoop d'un journal rival.

spoilsport ['spɔɪlspɔ:t] noun trouble-fête mf inv.

spoilt [spɔɪlt] ⟳ pt & pp UK → **spoil**. ⟳ adj [child] gâté(e).

spoke [spəʊk] ⟳ pt → **speak**. ⟳ noun rayon m.

spoken ['spəʊkn] pp → **speak**.

spokesman ['spəʊksmən] (pl **-men**) noun porte-parole m inv.

spokesperson ['spəʊks,pɜ:sn] noun porteparole mf inv.

spokeswoman ['spəʊks,wʊmən] (pl **-women**) noun porte-parole f inv.

sponge [spʌndʒ] ⟳ noun **1.** [for cleaning, washing] éponge f **2.** [cake] gâteau m OR biscuit m de Savoie. ⟳ vt éponger. ⟳ vi inf ▸ **to sponge off sb** taper qqn.

sponge bag noun UK trousse f de toilette.

sponge cake noun gâteau m OR biscuit m de Savoie.

sponsor ['spɒnsər] ⟳ noun sponsor m. ⟳ vt **1.** [finance, for charity] sponsoriser, parrainer **2.** [support] soutenir.

sponsored walk [,spɒnsəd-] noun UK marche organisée pour recueillir des fonds.

sponsorship ['spɒnsəʃɪp] noun sponsoring m, parrainage m.

spontaneous [spɒn'teɪnjəs] adj spontané(e).

spoof [spu:f] noun ▸ **spoof (of** OR **on)** parodie f (de).

spooky ['spu:kɪ] adj inf qui donne la chair de poule.

spool [spu:l] noun [gen & COMPUT] bobine f.

spoon [spu:n] noun cuillère f, cuiller f.

spoon-feed vt nourrir à la cuillère ▸ **to spoon-feed sb** fig mâcher le travail à qqn.

spoonful ['spu:nfʊl] (pl **-s** or **spoonsful** ['spu:nsfʊl]) noun cuillerée f.

sporadic [spə'rædɪk] adj sporadique.

sport [spɔ:t] noun **1.** [game] sport m **2.** dated [cheerful person] chic type m, chic fille f.

sporting ['spɔːtɪŋ] adj **1.** [relating to sport] sportif(ive) **2.** [generous, fair] chic *(inv)* ▸ **to have a sporting chance of doing sthg** avoir des chances de faire qqch.

sports car ['spɔːts-] noun voiture *f* de sport.

sports jacket ['spɔːts-] noun veste *f* sport.

sportsman ['spɔːtsmən] *(pl* **-men)** noun sportif *m*.

sportsmanship ['spɔːtsmənʃɪp] noun sportivité *f*, esprit *m* sportif.

sportswear ['spɔːtsweər] noun *(U)* vêtements *mpl* de sport.

sportswoman ['spɔːts,wʊmən] *(pl* **-women)** noun sportive *f*.

sporty ['spɔːtɪ] adj *inf* [person] sportif(ive).

spot [spɒt] ▸ noun **1.** [mark, dot] tache *f* **2.** UK [pimple] bouton *m* **3.** [drop] goutte *f* **4.** UK *inf* [small amount] ▸ **to have a spot of bother** avoir quelques ennuis **5.** [place] endroit *m* ▸ **on the spot** sur place ▸ **to do sthg on the spot** faire qqch immédiatement OR sur-le-champ **6.** RADIO & TV numéro *m*. ▸ vt [notice] apercevoir.

spot check noun contrôle *m* au hasard OR intermittent.

spotless ['spɒtlɪs] adj [clean] impeccable.

spotlight ['spɒtlaɪt] noun [in theatre] projecteur *m*, spot *m* ; [in home] spot *m* ▸ **to be in the spotlight** *fig* être en vedette.

spotted ['spɒtɪd] adj [pattern, material] à pois.

spotty ['spɒtɪ] adj UK [skin] boutonneux(euse).

spouse [spaʊs] noun époux *m*, épouse *f*.

spout [spaʊt] ▸ noun bec *m*. ▸ vi ▸ **spout from** OR **out of** jaillir de.

sprain [spreɪn] ▸ noun entorse *f*. ▸ vt ▸ **to sprain one's ankle/wrist** se faire une entorse à la cheville/au poignet, se fouler la cheville/le poignet.

sprang [spræŋ] pt ⟶ **spring**.

sprawl [sprɔːl] vi **1.** [person] être affalé(e) **2.** [city] s'étaler.

spray [spreɪ] ▸ noun **1.** *(U)* [of water] gouttelettes *fpl* ; [from sea] embruns *mpl* **2.** [container] bombe *f*, pulvérisateur *m* **3.** [of flowers] gerbe *f*. ▸ vt [product] pulvériser ; [plants, crops] pulvériser de l'insecticide sur.

spread [spred] ▸ noun **1.** *(U)* [food] pâte *f* à tartiner **2.** [of fire, disease] propagation *f* **3.** [of opinions] gamme *f*. ▸ vt *(pt & pp* **spread)** **1.** [map, rug] étaler, étendre ; [fingers, arms, legs]

écarter **2.** [butter, jam] ▸ **to spread sthg (on)** étaler qqch (sur) **3.** [disease, rumour, germs] répandre, propager **4.** [wealth, work] distribuer, répartir. ▸ vi *(pt & pp* **spread)** **1.** [disease, rumour] se propager, se répandre **2.** [water, cloud] s'étaler. ◆ **spread out** vi se disperser.

spreadsheet ['spredʃiːt] noun COMPUT tableur *m*.

spree [spriː] noun ▸ **to go on a spending** OR **shopping spree** faire des folies.

sprightly ['spraɪtlɪ] adj alerte, fringant(e).

spring [sprɪŋ] ▸ noun **1.** [season] printemps *m* ▸ **in spring** au printemps **2.** [coil] ressort *m* **3.** [water source] source *f*. ▸ vi *(pt* **sprang**, *pp* **sprung) 1.** [jump] sauter, bondir **2.** [originate] ▸ **to spring from** provenir de. ◆ **spring up** vi [problem] surgir, se présenter ; [friendship] naître ; [wind] se lever.

springboard ['sprɪŋbɔːd] noun *lit & fig* tremplin *m*.

spring-clean vt nettoyer de fond en comble.

spring onion noun UK ciboule *f*.

springtime ['sprɪŋtaɪm] noun ▸ **in (the) springtime** au printemps.

springy ['sprɪŋɪ] adj [carpet] moelleux(euse) ; [mattress, rubber] élastique.

sprinkle ['sprɪŋkl] vt ▸ **to sprinkle water over** OR **on sthg, to sprinkle sthg with water** asperger qqch d'eau ▸ **to sprinkle salt over** OR **on sthg, to sprinkle sthg with salt** saupoudrer qqch de sel.

sprinkler ['sprɪŋklər] noun [for water] arroseur *m*.

sprint [sprɪnt] ▸ noun sprint *m*. ▸ vi sprinter.

sprout [spraʊt] ▸ noun **1.** [vegetable] ▸ **(Brussels) sprouts** choux *mpl* de Bruxelles **2.** [shoot] pousse *f*. ▸ vt [leaves] produire ▸ **to sprout shoots** germer. ▸ vi [grow] pousser.

spruce [spruːs] ▸ adj net (nette), pimpant(e). ▸ noun épicéa *m*. ◆ **spruce up** vt sep astiquer, briquer.

sprung [sprʌŋ] pp ⟶ **spring**.

spry [spraɪ] adj vif (vive).

spun [spʌn] pt & pp ⟶ **spin**.

spur [spɜːr] ▸ noun **1.** [incentive] incitation *f* **2.** [on rider's boot] éperon *m*. ▸ vt [encourage] ▸ **to spur sb to do sthg** encourager OR inciter qqn à faire qqch. ◆ **on the spur of the moment** adv sur un coup de tête, sous l'impulsion du moment. ◆ **spur on** vt sep encourager.

spurious ['spʊərɪəs] adj **1.** [affection, interest] feint(e) **2.** [argument, logic] faux (fausse).

spurn [spɜːn] vt repousser.

spurt [spɜːt] ❖ noun **1.** [gush] jaillissement m **2.** [of activity, energy] sursaut m **3.** [burst of speed] accélération f. ❖ vi [gush] ▶ **to spurt (out of OR from)** jaillir (de).

spy [spaɪ] ❖ noun espion m. ❖ vt inf apercevoir. ❖ vi espionner, faire de l'espionnage ▶ **to spy on sb** espionner qqn.

spying ['spaɪɪŋ] noun (U) espionnage m.

Sq., sq. abbr of **square**.

squabble ['skwɒbl] ❖ noun querelle f. ❖ vi ▶ **to squabble (about OR over)** se quereller (à propos de).

squad [skwɒd] noun **1.** [of police] brigade f **2.** MIL peloton m **3.** SPORT [group of players] équipe f (parmi laquelle la sélection sera faite).

squadron ['skwɒdrən] noun escadron m.

squalid ['skwɒlɪd] adj sordide, ignoble.

squall [skwɔːl] noun [storm] bourrasque f.

squalor ['skwɒlə*r*] noun (U) conditions fpl sordides.

squander ['skwɒndə*r*] vt gaspiller.

square [skweə*r*] ❖ adj [in shape] carré(e) / **one square metre** UK un mètre carré / **three metres square** trois mètres sur trois. ❖ noun **1.** [shape & MATH] carré m **2.** [in town] place f **3.** inf [unfashionable person] : **he's a square** il est vieux jeu. ❖ vt **1.** MATH élever au carré **2.** [reconcile] accorder. ◆ **square up** vi [settle up] ▶ **to square up with sb** régler ses comptes avec qqn.

squarely ['skweəlɪ] adv **1.** [directly] carrément **2.** [honestly] honnêtement.

squash [skwɒʃ] ❖ noun **1.** SPORT squash m **2.** UK [drink] ▶ **orange squash** orangeade f **3.** [vegetable] courge f. ❖ vt écraser.

squat [skwɒt] ❖ adj courtaud(e), ramassé(e). ❖ vi [crouch] ▶ **to squat (down)** s'accroupir.

squatter ['skwɒtə*r*] noun squatter m.

squawk [skwɔːk] noun cri m strident OR perçant.

squeak [skwiːk] noun **1.** [of animal] petit cri m aigu **2.** [of door, hinge] grincement m.

squeaky clean adj inf **1.** [hands, hair] extrêmement propre **2.** [reputation] sans tache.

squeal [skwiːl] vi [person, animal] pousser des cris aigus.

squeamish ['skwiːmɪʃ] adj facilement dégoûté(e).

squeeze [skwiːz] ❖ noun [pressure] pression f. ❖ vt **1.** [press firmly] presser **2.** [liquid, toothpaste] exprimer **3.** [cram] ▶ **to squeeze sthg into sthg** entasser qqch dans qqch.

squelch [skweltʃ] vi : **to squelch through mud** patauger dans la boue.

squid [skwɪd] (pl inv or **-s**) noun calmar m.

squiggle ['skwɪgl] noun gribouillis m.

squint [skwɪnt] ❖ noun ▶ **to have a squint** loucher, être atteint(e) de strabisme. ❖ vi ▶ **to squint at sthg** regarder qqch en plissant les yeux.

squire ['skwaɪə*r*] noun [landowner] propriétaire m.

squirm [skwɜːm] vi [wriggle] se tortiller.

squirrel [UK 'skwɪrəl, US 'skwɜːrəl] noun écureuil m.

squirt [skwɜːt] ❖ vt [water, oil] faire jaillir, faire gicler. ❖ vi ▶ **to squirt (out of)** jaillir (de), gicler (de).

Sr abbr of **senior**, **sister**.

Sri Lanka [ˌsriːˈlæŋkə] noun Sri Lanka m.

St 1. (abbr of **saint**) St, Ste **2.** abbr of **Street**.

stab [stæb] ❖ noun **1.** [with knife] coup m de couteau **2.** inf [attempt] ▶ **to have a stab (at sthg)** essayer (qqch), tenter (qqch) **3.** [twinge] ▶ **stab of pain** élancement m ▶ **stab of guilt** remords m. ❖ vt **1.** [person] poignarder **2.** [food] piquer.

stable ['steɪbl] ❖ adj stable. ❖ noun écurie f.

stack [stæk] ❖ noun [pile] pile f. ❖ vt [pile up] empiler.

stadium ['steɪdjəm] (pl **-iums** or **-ia**) noun stade m.

staff [stɑːf] ❖ noun [employees] personnel m ; [of school] personnel enseignant, professeurs mpl. ❖ vt pourvoir en personnel.

stag [stæg] (pl inv or **-s**) noun cerf m.

stage [steɪdʒ] ❖ noun **1.** [phase] étape f, phase f, stade m **2.** [platform] scène f **3.** [acting profession] ▶ **the stage** le théâtre. ❖ vt **1.** THEAT monter, mettre en scène **2.** [organize] organiser.

stage fright noun trac m.

stage-manage vt lit & fig mettre en scène.

stagger ['stægə*r*] ❖ vt **1.** [astound] stupéfier **2.** [working hours] échelonner ; [holidays] étaler. ❖ vi tituber.

staggering ['stægərɪŋ] adj stupéfiant(e).

staging ['steɪdʒɪŋ] noun mise f en scène.

stagnant [ˈstægnənt] adj stagnant(e).

stagnate [stægˈneɪt] vi stagner.

stag night, stag party noun [gen] soirée f entre hommes ; [before wedding day] : *we're having* OR *holding a stag night for Bob* nous enterrons la vie de garçon de Bob.

staid [steɪd] adj guindé(e), collet monté.

stain [steɪn] ✧ noun [mark] tache f. ✧ vt [discolour] tacher.

stained glass [ˌsteɪnd-] noun (U) [windows] vitraux mpl.

stainless steel [ˈsteɪnlɪs-] noun acier m inoxydable, Inox® m.

stair [steəʳ] noun marche f. ◆ **stairs** pl n escalier m.

staircase [ˈsteəkeɪs] noun escalier m.

stairway [ˈsteəweɪ] noun escalier m.

stairwell [ˈsteəwel] noun cage f d'escalier.

stake [steɪk] ✧ noun 1. [share] ▸ to have a stake in sthg avoir des intérêts dans qqch 2. [wooden post] poteau m 3. [in gambling] enjeu m. ✧ vt ▸ to stake money (on OR upon) jouer OR miser de l'argent (sur) ▸ to stake one's reputation (on) jouer OR risquer sa réputation (sur). ◆ **at stake** adv en jeu.

stakeholder [ˈsteɪkˌhəʊldəʳ] noun partie f prenante.

stakeout [ˈsteɪkaʊt] noun US surveillance f.

stale [steɪl] adj [food, water] pas frais (fraîche) ; [bread] rassis(e) ; [air] qui sent le renfermé.

stalemate [ˈsteɪlmeɪt] noun 1. [deadlock] impasse f 2. CHESS pat m.

stalk [stɔːk] ✧ noun 1. [of flower, plant] tige f 2. [of leaf, fruit] queue f. ✧ vt [hunt] traquer. ✧ vi ▸ to stalk in / out entrer/sortir d'un air hautain.

stalker [ˈstɔːkəʳ] noun harceleur m, -euse f (qui suit sa victime obsessionnellement).

stall [stɔːl] ✧ noun 1. [in street, market] éventaire m, étal m ; [at exhibition] stand m 2. [in stable] stalle f. ✧ vt AUTO caler. ✧ vi 1. AUTO caler. 2. [delay] essayer de gagner du temps. ◆ **stalls** pl n UK [in cinema, theatre] orchestre m.

stallion [ˈstæljən] noun étalon m.

stalwart [ˈstɔːlwət] noun pilier m.

stamina [ˈstæmɪnə] noun (U) résistance f.

stammer [ˈstæməʳ] ✧ noun bégaiement m. ✧ vi bégayer.

stamp [stæmp] ✧ noun 1. [for letter] timbre m 2. [tool] tampon m 3. fig [of authority] marque f. ✧ vt 1. [mark by stamping] tamponner 2. [stomp] ▸ to stamp one's foot taper du pied. ✧ vi 1. [stomp] taper du pied 2. [tread heavily] ▸ to stamp on sthg marcher sur qqch.

stamp album noun album m de timbres.

stamp-collecting [-kəˌlektɪŋ] noun philatélie f.

stamped addressed envelope [ˈstæmptəˌdrest-] noun enveloppe f affranchie pour la réponse.

stampede [stæmˈpiːd] noun débandade f.

stamping ground [ˈstæmpɪŋ-] noun inf lieu m favori.

stance [stæns] noun lit & fig position f.

stand [stænd] ✧ noun 1. [stall] stand m ; [selling newspapers] kiosque m 2. [frame, support -gen] support m ▸ umbrella stand porte-parapluies m inv ; [COMM - for magazines, sunglasses] présentoir m 3. SPORT tribune f 4. MIL résistance f ▸ to make a stand résister 5. [public position] position f 6. US LAW barre f. ✧ vt (pt & pp stood) 1. [place] mettre (debout), poser (debout) 2. [withstand, tolerate] supporter / I can't stand it any longer! je n'en peux plus ! ✧ vi (pt & pp stood) 1. [be upright - person] être OR se tenir debout ; [- object] se trouver ; [- building] se dresser ▸ stand still! ne bouge pas !, reste tranquille ! 2. [stand up] se lever 3. [be left undisturbed - dough] reposer ; [- tea] infuser 4. [offer] tenir toujours ; [decision] demeurer valable 5. [be in particular state] ▸ as things stand... vu l'état actuel des choses... 6. UK POL se présenter 7. US [park car] se garer (pour un court instant) ▸ 'no standing' 'stationnement interdit'. ◆ **stand back** vi reculer. ◆ **stand by** ✧ vt insep 1. [person] soutenir 2. [statement, decision] s'en tenir à. ✧ vi 1. [be ready - person] être OR se tenir prêt ; [- army] être en état d'alerte ▸ to stand by (for sthg / to do sthg) être prêt(e) (pour qqch/pour faire qqch) 2. [remain inactive] rester là. ◆ **stand down** vi UK [resign] démissionner. ◆ **stand for** vt insep 1. [signify] représenter 2. [tolerate] supporter, tolérer. ◆ **stand in** vi ▸ to stand in for sb remplacer qqn. ◆ **stand out** vi ressortir. ◆ **stand up** ✧ vt sep inf [boyfriend, girlfriend] poser un lapin à. ✧ vi [rise from seat] se lever ▸ stand up! debout ! ◆ **stand up for** vt insep défendre. ◆ **stand up to** vt insep 1. [weather, heat] résister à 2. [person, boss] tenir tête à.

standard ['stændəd] ❖ adj **1.** [normal -gen] normal(e) ; [-size] standard (inv) **2.** [accepted] correct(e). ❖ noun **1.** [level] niveau m **2.** [point of reference] critère m ; TECH norme f **3.** [flag] étendard m. ◆ **standards** pl n [principles] valeurs fpl.

standard lamp noun UK lampadaire m.

standard of living (pl standards of living) noun niveau m de vie.

standby ['stændbaɪ] ❖ noun (pl -s) [person] remplaçant m, -e f ▸ **on standby** prêt à intervenir. ❖ comp [ticket, flight] stand-by (inv).

stand-in noun remplaçant m, -e f.

standing ['stændɪŋ] ❖ adj [invitation, army] permanent(e) ; [joke] continuel(elle). ❖ noun **1.** [reputation] importance f, réputation f **2.** [duration] ▸ **of long standing** de longue date ✐ we're friends of 20 years' standing nous sommes amis depuis 20 ans.

standing charges noun [on bill] frais mpl d'abonnement.

standing order noun UK prélèvement m automatique.

standing ovation noun ▸ **to give sb a standing ovation** se lever pour applaudir qqn.

standing room noun (U) places fpl debout.

standoff ['stændɒf] noun **1.** POL [inconclusive clash] affrontement m indécis ; [deadlock] impasse f ✐ their debate ended in a standoff leur débat n'a rien donné **2.** US SPORT [tie] match m nul.

standoffish [,stænd'ɒfɪʃ] adj distant(e).

standpoint ['stændpɔɪnt] noun point m de vue.

standstill ['stændstɪl] noun ▸ **at a standstill a)** [traffic, train] à l'arrêt **b)** [negotiations, work] paralysé(e) ▸ **to come to a standstill a)** [traffic, train] s'immobiliser **b)** [negotiations, work] cesser.

stank [stæŋk] pt ⟶ **stink**.

staple ['steɪpl] ❖ adj [principal] principal(e), de base. ❖ noun **1.** [for paper] agrafe f **2.** [principal commodity] produit m de base. ❖ vt agrafer.

stapler ['steɪplər] noun agrafeuse f.

star [stɑːr] ❖ noun **1.** [gen] étoile f **2.** [celebrity] vedette f, star f. ❖ comp [quality] de star ▸ **star performer** vedette f. ❖ vi ▸ **to star (in)** être la vedette (de). ◆ **stars** pl n horoscope m.

starboard [stɑːbəd] ❖ adj de tribord. ❖ noun ▸ **to starboard** à tribord.

starch [stɑːtʃ] noun amidon m.

stardom ['stɑːdəm] noun (U) célébrité f.

stare [steər] ❖ noun regard m fixe. ❖ vi ▸ **to stare at sb/sthg** fixer qqn/qqch du regard.

staring ['steərɪŋ] ❖ adj [bystanders] curieux(euse) ✐ with staring eyes **a)** [fixedly] aux yeux fixes **b)** [wide-open] aux yeux écarquillés **c)** [blank] aux yeux vides.

stark [stɑːk] ❖ adj **1.** [room, decoration] austère ; [landscape] désolé(e) **2.** [reality, fact] à l'état brut ; [contrast] dur(e). ❖ adv ▸ **stark naked** tout nu (toute nue), à poil.

starling ['stɑːlɪŋ] noun étourneau m.

starry ['stɑːrɪ] adj étoilé(e).

starry-eyed [-'aɪd] adj innocent(e).

Stars and Stripes noun ▸ **the Stars and Stripes** le drapeau des États-Unis, la bannière étoilée.

star-studded adj avec de nombreuses vedettes.

start [stɑːt] ❖ noun **1.** [beginning] début m **2.** [jump] sursaut m **3.** [starting place] départ m **4.** [time advantage] avance f. ❖ vt **1.** [begin] commencer ▸ **to start doing** OR **to do sthg** commencer à faire qqch **2.** [turn on -machine] mettre en marche ; [-engine, vehicle] démarrer, mettre en marche **3.** [set up -business, band] créer. ❖ vi **1.** [begin] commencer, débuter ✐ starting (from) next week à partir de la semaine prochaine ▸ **to start with** pour commencer, d'abord **2.** [function -machine] se mettre en marche ; [-car] démarrer **3.** [begin journey] partir **4.** [jump] sursauter. ◆ **start off** ❖ vt sep [meeting] ouvrir, commencer ; [rumour] faire naître ; [discussion] entamer, commencer. ❖ vi **1.** [begin] commencer ; [begin job] débuter **2.** [leave on journey] partir. ◆ **start out** vi **1.** [in job] débuter **2.** [leave on journey] partir. ◆ **start up** ❖ vt sep **1.** [business] créer ; [shop] ouvrir **2.** [car, engine] mettre en marche. ❖ vi **1.** [begin] commencer **2.** [machine] se mettre en route ; [car, engine] démarrer.

starter ['stɑːtər] noun **1.** UK [of meal] hors-d'œuvre m inv **2.** AUTO démarreur m **3.** starter m.

starting ['stɑːtɪŋ] ❖ noun commencement m. ❖ adj initial ▸ **the starting line-up** la composition initiale de l'équipe ▸ **starting salary** salaire m d'embauche.

starting point ['stɑːtɪŋ-] noun point m de départ.

startle ['stɑːtl] vt faire sursauter.

startling ['stɑːtlɪŋ] adj surprenant(e).

start-up noun *(U)* **1.** [launch] création *f* (d'entreprise) ▸ **start-up costs** frais *mpl* de création d'une entreprise **2.** [new company] start-up *f*, jeune pousse *f*.

starvation [stɑːˈveɪʃn] noun faim *f*.

starve [stɑːv] ◆ vt [deprive of food] affamer. ◆ vi **1.** [have no food] être affamé(e) ▸ **to starve to death** mourir de faim **2.** *inf* [be hungry] avoir très faim, crever **OR** mourir de faim.

starving [ˈstɑːvɪŋ] adj affamé(e) / *think of all the starving people in the world* pense à tous ces gens qui meurent de faim dans le monde.

stash [stæʃ] *inf* ◆ vt **1.** [hide] planquer, cacher / *he's got a lot of money stashed (away) somewhere* il a plein de fric planqué quelque part **2.** [put away] ranger. ◆ noun **1.** [reserve] réserve *f* / *a stash of money* un magot / *the police found a big stash of guns / of cocaine* la police a découvert une importante cache d'armes / un important stock de cocaïne **2.** [hiding place] planque *f*, cachette *f* **3.** *v inf & drugs sl* cache *f*. ◆ **stash away** vt sep *inf* = **stash**.

state [steɪt] ◆ noun état *m* ▸ **to be in a state** être dans tous ses états. ◆ comp d'État. ◆ vt **1.** [express - reason] donner ; [- name and address] décliner ▸ **to state that...** déclarer que... **2.** [specify] préciser. ◆ **State** noun ▸ **the State** l'État *m*. ◆ **States** pl n ▸ **the States** *inf* les États-Unis *mpl*.

stated [ˈsteɪtɪd] adj [amount, date] fixé(e) ; [limit] prescrit(e) ; [aim] déclaré(e).

State Department noun **US** ≃ ministère *m* des Affaires étrangères.

stately [ˈsteɪtlɪ] adj majestueux(euse).

statement [ˈsteɪtmənt] noun **1.** [declaration] déclaration *f* **2.** LAW déposition *f* **3.** [from bank] relevé *m* de compte.

state of mind (*pl* **states of mind**) noun état *m* d'esprit, humeur *f*.

state-of-the-art adj tout dernier (toute dernière) ; [technology] de pointe.

state pension noun pension *f* de l'État.

stateside [ˈsteɪtsaɪd] **US** ◆ adj des États-Unis. ◆ adv aux États-Unis.

statesman [ˈsteɪtsmən] (*pl* **-men**) noun homme *m* d'État.

static [ˈstætɪk] ◆ adj statique. ◆ noun *(U)* parasites *mpl*.

station [ˈsteɪʃn] ◆ noun **1.** RAIL gare *f* ; [for buses, coaches] gare routière **2.** RADIO station *f* **3.** [building] poste *m* **4.** *fml* [rank] rang *m*. ◆ vt **1.** [position] placer, poster **2.** MIL poster.

stationary [ˈsteɪʃnərɪ] adj immobile.

stationer [ˈsteɪʃnər] noun papetier *m*, -ère *f* ▸ **stationer's (shop)** papeterie *f*.

stationery [ˈsteɪʃnərɪ] noun *(U)* [equipment] fournitures *fpl* de bureau ; [paper] papier *m* à lettres.

stationmaster [ˈsteɪʃn,mɑːstər] noun chef *m* de gare.

station wagon noun **US** break *m*.

statistic [stəˈtɪstɪk] noun statistique *f*. ◆ **statistics** noun *(U)* [science] statistique *f*.

statistical [stəˈtɪstɪkl] adj statistique ; [expert] en statistiques ; [report] de statistiques.

statue [ˈstætjuː] noun statue *f*.

stature [ˈstætʃər] noun **1.** [height, size] stature *f*, taille *f* **2.** [importance] envergure *f*.

status [ˈsteɪtəs] noun *(U)* **1.** [legal or social position] statut *m* **2.** [prestige] prestige *m*.

status bar noun COMPUT barre *f* d'état.

status symbol noun signe *m* extérieur de richesse.

statute [ˈstætjuːt] noun loi *f*.

statutory [ˈstætjʊtrɪ] adj statutaire.

staunch [stɔːntʃ] ◆ adj loyal(e). ◆ vt [flow] arrêter ; [blood] étancher.

stave [steɪv] noun MUS portée *f*. ◆ **stave off** (*pt & pp* **-d** *or* **stove**) vt sep [disaster, defeat] éviter ; [hunger] tromper.

stay [steɪ] ◆ vi **1.** [not move away] rester **2.** [as visitor - with friends] passer quelques jours ; [- in town, country] séjourner ▸ **to stay in a hotel** descendre à l'hôtel **3.** [continue, remain] rester, demeurer ▸ **to stay out of sthg** ne pas se mêler de qqch. ◆ noun [visit] séjour *m*. ◆ **stay in** vi rester chez soi, ne pas sortir. ◆ **stay on** vi rester (plus longtemps). ◆ **stay out** vi [from home] ne pas rentrer. ◆ **stay up** vi ne pas se coucher, veiller ▸ **to stay up late** se coucher tard.

staying power [ˈsteɪɪŋ-] noun endurance *f*.

stead [sted] noun ▸ **to stand sb in good stead** être utile à qqn.

steadfast [ˈstedfɑːst] adj ferme, résolu(e) ; [supporter] loyal(e).

steadily [ˈstedɪlɪ] adv **1.** [gradually] progressivement **2.** [regularly - breathe] régulièrement ; [- move] sans arrêt **3.** [calmly] de manière imperturbable.

steady [ˈstedɪ] ◆ adj **1.** [gradual] progressif(ive) **2.** [regular] régulier(ère) **3.** [not shaking] ferme **4.** [calm - voice] calme ; [- stare] imperturbable **5.** [stable - job, relationship] stable **6.** [sensible] sérieux(euse). ❖ vt **1.** [stop from shaking] empêcher de bouger ▸ **to steady o.s.** se remettre d'aplomb **2.** [control - nerves] calmer.

steak [steɪk] noun steak m, bifteck m ; [of fish] darne f.

steal [stiːl] (pt **stole**, pp **stolen**) ❖ vt voler, dérober. ❖ vi [move secretly] se glisser.

stealth [stelθ] noun ▸ **by stealth** en secret, discrètement.

stealth tax noun mesure visant à augmenter les recettes du gouvernement par un moyen détourné, afin d'éviter une hausse directe et visible des impôts qui mécontenterait les citoyens.

stealthy [ˈstelθɪ] adj furtif(ive).

steam [stiːm] ❖ noun (U) vapeur f. ❖ vt CULIN cuire à la vapeur. ❖ vi [give off steam] fumer. ◆ **steam up** ❖ vt sep [mist up] embuer. ❖ vi se couvrir de buée.

steam engine noun locomotive f à vapeur.

steamer [ˈstiːmər] noun [ship] (bateau m à) vapeur m.

steamroller [ˈstiːmˌrəʊlər] noun rouleau m compresseur.

steamy [ˈstiːmɪ] adj **1.** [full of steam] embué(e) **2.** inf [erotic] érotique.

steel [stiːl] ❖ noun (U) acier m. ❖ comp en acier, d'acier.

steelworks [ˈstiːlwɜːks] (pl inv) noun aciérie f.

steep [stiːp] adj **1.** [hill, road] raide, abrupt(e) **2.** [increase, decline] énorme **3.** inf [expensive] excessif(ive).

steeple [ˈstiːpl] noun clocher m, flèche f.

steeplechase [ˈstiːpltʃeɪs] noun **1.** [horse race] steeple-chase m **2.** [athletics race] steeple m.

steer [stɪər] ❖ noun bœuf m. ❖ vt **1.** [ship] gouverner ; [car, aeroplane] conduire, diriger **2.** [person] diriger, guider. ❖ vi ▸ **to steer well a)** [ship] gouverner bien **b)** [car] être facile à manœuvrer ▸ **to steer clear of sb / sthg** éviter qqn/qqch.

steering [ˈstɪərɪŋ] noun (U) direction f.

steering wheel noun volant m.

stem [stem] ❖ noun **1.** [of plant] tige f **2.** [of glass] pied m **3.** [of pipe] tuyau m **4.** GRAM radical m. ❖ vt [stop] arrêter. ◆ **stem from** vt insep provenir de.

stem cell noun MED cellule f souche.

stench [stentʃ] noun puanteur f.

stencil [ˈstensl] ❖ noun pochoir m. ❖ vt faire au pochoir.

stenographer [stəˈnɒɡrəfər] noun US sténographe mf.

step [step] ❖ noun **1.** [pace] pas m ▸ **in / out of step with** fig en accord/désaccord avec **2.** [action] mesure f **3.** [stage] étape f ▸ **one step at a time** petit à petit **4.** [stair] marche f **5.** [of ladder] barreau m, échelon m. ❖ vi **1.** [move foot] ▸ **to step forward** avancer ▸ **to step off** OR **down from sthg** descendre de qqch **2.** [tread] ▸ **to step on / in sthg** marcher sur/dans qqch. ◆ **steps** pl n **1.** [stairs] marches fpl **2.** UK [stepladder] escabeau m. ◆ **step down** vi [leave job] démissionner. ◆ **step in** vi intervenir. ◆ **step up** vt sep intensifier.

stepbrother [ˈstepˌbrʌðər] noun demi-frère m.

step-by-step ❖ adv [gradually] pas à pas, petit à petit. ❖ adj [point by point] : a step-by-step guide to buying your own house un guide détaillé pour l'achat de votre maison.

stepdaughter [ˈstepˌdɔːtər] noun belle-fille f.

stepfather [ˈstepˌfɑːðər] noun beau-père m.

stepladder [ˈstepˌlædər] noun escabeau m.

stepmother [ˈstepˌmʌðər] noun belle-mère f.

stepping-stone [ˈstepɪŋ-] noun pierre f de gué ; fig tremplin m.

stepsister [ˈstepˌsɪstər] noun demi-sœur f.

stepson [ˈstepsʌn] noun beau-fils m.

stereo [ˈsterɪəʊ] ❖ adj stéréo (inv). ❖ noun (pl -s) **1.** [appliance] chaîne f stéréo **2.** [sound] ▸ **in stereo** en stéréo.

stereotype [ˈsterɪətaɪp] noun stéréotype m.

sterile [ˈsteraɪl] adj stérile.

sterilize, sterilise UK [ˈsterəlaɪz] vt stériliser.

sterling [ˈstɜːlɪŋ] ❖ adj **1.** [of British money] sterling (inv) **2.** [excellent] exceptionnel(elle). ❖ noun (U) livre f sterling.

sterling silver noun argent m fin.

stern [stɜːn] ❖ adj sévère. ❖ noun NAUT arrière m.

steroid [ˈstɪərɔɪd] noun stéroïde m.

stethoscope [ˈsteθəskəʊp] noun stéthoscope m.

stew [stjuː] ❖ noun ragoût m. ❖ vt [meat] cuire en ragoût ; [fruit] faire cuire.

steward [ˈstjuəd] noun **1.** [on plane, ship, train] steward m **2.** UK [at demonstration, meeting] membre m du service d'ordre.

stewardess ['stjʊədɪs] noun dated hôtesse f.

stick [stɪk] ❖ noun **1.** [of wood, dynamite, candy] bâton m **2.** [walking stick] canne f **3.** SPORT crosse f. ❖ vt (pt & pp **stuck**) **1.** [push] ▸ to stick sthg in OR into planter qqch dans **2.** [with glue, adhesive tape] ▸ to stick sthg (on OR to) coller qqch (sur) **3.** inf [put] mettre **4.** 🇬🇧 inf [tolerate] supporter. ❖ vi (pt & pp **stuck**) **1.** [adhere] ▸ to stick (to) coller (à) **2.** [jam] se coincer. ◆ **stick out** ❖ vt sep **1.** [head] sortir ; [hand] lever ; [tongue] tirer **2.** inf [endure] ▸ to stick it out tenir le coup. ❖ vi **1.** [protrude] dépasser **2.** inf [be noticeable] se remarquer. ◆ **stick to** vt insep **1.** [follow closely] suivre **2.** [principles] rester fidèle à ; [decision] s'en tenir à ; [promise] tenir. ◆ **stick up** vi dépasser. ◆ **stick up for** vt insep défendre.

sticker ['stɪkər] noun [label] autocollant m.

sticking point noun fig point m de friction.

stick-in-the-mud noun inf réac mf.

stickler ['stɪklər] noun ▸ to be a stickler for être à cheval sur.

stick shift noun 🇺🇸 levier m de vitesses.

stick-up noun inf vol m à main armée.

sticky ['stɪkɪ] adj **1.** [hands, sweets] poisseux(euse) ; [label, tape] adhésif(ive) **2.** inf [awkward] délicat(e).

stiff [stɪf] ❖ adj **1.** [rod, paper, material] rigide ; [shoes, brush] dur(e) ; [fabric] raide **2.** [door, drawer, window] dur(e) (à ouvrir/fermer) **3.** [joint] ankylosé(e) ▸ to have a stiff back avoir des courbatures dans le dos ▸ to have a stiff neck avoir le torticolis **4.** [formal] guindé(e) **5.** [severe - penalty] sévère ; [- resistance] tenace ; [- competition] serré(e) **6.** [difficult - task] difficile. ❖ adv inf ▸ to be bored stiff s'ennuyer à mourir ▸ to be frozen/scared stiff mourir de froid/peur.

stiffen ['stɪfn] ❖ vt **1.** [material] raidir ; [with starch] empeser **2.** [resolve] renforcer. ❖ vi **1.** [body] se raidir ; [joints] s'ankyloser **2.** [competition, resistance] s'intensifier.

stifle ['staɪfl] vt & vi étouffer.

stifling ['staɪflɪŋ] adj étouffant(e).

stigma ['stɪɡmə] noun **1.** [disgrace] honte f, stigmate m **2.** BOT stigmate m.

stile [staɪl] noun échalier m.

stiletto [stɪ'letəʊ] noun **1.** [heel] talon m aiguille **2.** [knife] stylet m. ◆ **stilettos** pl n (chaussures fpl à) talons mpl aiguilles.

still [stɪl] ❖ adv **1.** [up to now, up to then] encore, toujours / I've still got £5 left il me reste encore 5 livres **2.** [even now] encore **3.** [nevertheless] tout de même **4.** (with compar) : still bigger/more important encore plus grand/plus important. ❖ adj **1.** [not moving] immobile **2.** [calm] calme, tranquille **3.** [not windy] sans vent **4.** [not fizzy - gen] non gazeux(euse) ; [- mineral water] plat(e). ❖ noun **1.** PHOT photo f **2.** [for making alcohol] alambic m.

stillborn ['stɪlbɔːn] adj mort-né(e).

still life (pl -s) noun nature f morte.

stilted ['stɪltɪd] adj emprunté(e), qui manque de naturel.

stilts ['stɪlts] pl n **1.** [for person] échasses fpl **2.** [for building] pilotis mpl.

stimulate ['stɪmjʊleɪt] vt stimuler.

stimulating ['stɪmjʊleɪtɪŋ] adj stimulant(e).

stimulus ['stɪmjʊləs] (pl -li) noun **1.** [encouragement] stimulant m **2.** BIOL & PSYCHOL stimulus m.

sting [stɪŋ] ❖ noun **1.** [by bee] piqûre f ; [of bee] dard m **2.** [sharp pain] brûlure f. ❖ vt (pt & pp **stung**) [gen] piquer. ❖ vi (pt & pp **stung**) piquer.

stingy ['stɪndʒɪ] adj inf radin(e).

stink [stɪŋk] ❖ noun puanteur f. ❖ vi (pt **stank** or **stunk**, pp **stunk**) [smell] puer, empester.

stinking ['stɪŋkɪŋ] inf adj [cold] gros (grosse) ; [weather] pourri(e) ; [place] infect(e).

stint [stɪnt] ❖ noun [period of work] part f de travail. ❖ vi ▸ to stint on lésiner sur.

stipulate ['stɪpjʊleɪt] vt stipuler.

stir [stɜːr] ❖ noun [public excitement] sensation f. ❖ vt **1.** [mix] remuer **2.** [move gently] agiter **3.** [move emotionally] émouvoir. ❖ vi bouger, remuer. ◆ **stir up** vt sep **1.** [dust] soulever **2.** [trouble] provoquer ; [resentment, dissatisfaction] susciter ; [rumour] faire naître.

stirring ['stɜːrɪŋ] ❖ adj excitant(e), émouvant(e). ❖ noun [of interest, emotion] éveil m.

stirrup ['stɪrəp] noun étrier m.

stitch [stɪtʃ] ❖ noun **1.** SEW point m ; [in knitting] maille f **2.** MED point m de suture **3.** [stomach pain] ▸ to have a stitch avoir un point de côté. ❖ vt **1.** SEW coudre **2.** MED suturer.

stoat [stəʊt] noun hermine f.

stock [stɒk] ❖ noun **1.** [supply] réserve f **2.** (U) COMM stock m, réserve f ▸ in stock en stock ▸ out of stock épuisé(e) **3.** FIN valeurs fpl, actions *fpl* ▸ **stocks and shares** titres *mpl* **4.** [ancestry] souche *f* **5.** CULIN bouillon *m* **6.** [livestock] cheptel *m* **7.** PHR **to take stock (of)** faire le point (de). ❖ adj classique. ❖ vt **1.** COMM vendre, avoir en stock **2.** [fill - shelves] garnir. ◆ **stock up** vi ▸ **to stock up (with)** faire des provisions (de).

stockbroker ['stɒk,brəʊkə'] noun agent *m* de change.

stock cube noun UK bouillon-cube *m*.

stock exchange noun Bourse *f*.

stockholder ['stɒk,həʊldə'] noun US actionnaire *mf*.

Stockholm ['stɒkhəʊm] noun Stockholm.

stocking ['stɒkɪŋ] noun [for woman] bas *m*.

stockist ['stɒkɪst] noun UK dépositaire *m*, stockiste *m*.

stock market noun Bourse *f*.

stockpile ['stɒkpaɪl] ❖ noun stock *m*. ❖ vt [weapons] amasser ; [food] stocker.

stocktaking ['stɒk,teɪkɪŋ] noun (U) UK inventaire *m*.

stocky ['stɒkɪ] adj trapu(e).

stodgy ['stɒdʒɪ] adj [food] lourd(e) (à digérer).

stoical ['stəʊɪkl] adj stoïque.

stoke [stəʊk] vt [fire] entretenir.

stoked [stəkd] adj US *inf* ▸ **to be stoked about sthg** [excited] être tout excité(e) à cause de qqch.

stole [stəʊl] ❖ pt ⟶ **steal.** ❖ noun étole *f*.

stolen ['stəʊln] pp ⟶ **steal.**

stolid ['stɒlɪd] adj impassible.

stomach ['stʌmək] ❖ noun [organ] estomac *m* ; [abdomen] ventre *m*. ❖ vt [tolerate] encaisser, supporter.

stomachache ['stʌməkeɪk] noun : *to have a stomachache* UK OR *stomachache* US avoir mal au ventre.

stomach upset noun embarras *m* gastrique.

stomp [stɒmp] vi ▸ **to stomp in/out** entrer/sortir d'un pas bruyant, entrer/sortir d'un pas lourd.

stomping ground ['stɒmpɪŋ-] = **stamping ground.**

stone [stəʊn] ❖ noun **1.** [rock] pierre *f* ; [smaller] caillou *m* **2.** UK [seed] noyau *m* **3.** (*pl inv* or **-s**) UK [unit of measurement] = 6,348 kg. ❖ comp de OR en pierre. ❖ vt [person, car] jeter des pierres sur.

stone-cold adj complètement froid(e) OR glacé(e).

stonewashed ['stəʊnwɒʃt] adj délavé(e).

stonework ['stəʊnwɜːk] noun maçonnerie *f*.

stood [stʊd] pt & pp ⟶ **stand.**

stool [stuːl] noun [seat] tabouret *m*.

stoop [stuːp] ❖ noun [bent back] ▸ **to walk with a stoop** marcher le dos voûté. ❖ vi **1.** [bend down] se pencher **2.** [hunch shoulders] être voûté(e).

stop [stɒp] ❖ noun **1.** [gen] arrêt *m* ▸ **to put a stop to sthg** mettre un terme à qqch **2.** [full stop] point *m*. ❖ vt **1.** [gen] arrêter ; [end] mettre fin à ▸ **to stop doing sthg** arrêter de faire qqch ▸ **to stop work** arrêter de travailler, cesser le travail **2.** [prevent] ▸ **to stop sb/sthg (from doing sthg)** empêcher qqn/qqch (de faire qqch) **3.** [block] boucher. ❖ vi s'arrêter, cesser. ◆ **stop off** vi s'arrêter, faire halte. ◆ **stop up** vt sep [block] boucher.

stop-and-search noun fouilles *fpl* dans la rue.

stopgap ['stɒpgæp] noun bouche-trou *m*.

stopover ['stɒp,əʊvə'] noun halte *f*.

stoppage ['stɒpɪdʒ] noun **1.** [strike] grève *f* **2.** UK [deduction] retenue *f*.

stopper ['stɒpə'] noun bouchon *m*.

stopwatch ['stɒpwɒtʃ] noun chronomètre *m*.

storage ['stɔːrɪdʒ] noun **1.** [of goods] entreposage *m*, emmagasinage *m* ; [of household objects] rangement *m* **2.** COMPUT stockage *m*, mémorisation *f*.

storage heater noun UK radiateur *m* à accumulation.

store [stɔːr] ❖ noun **1.** US [shop] magasin *m* **2.** [supply] provision *f* **3.** [place of storage] réserve *f*. ❖ vt **1.** [save] mettre en réserve ; [goods] entreposer, emmagasiner **2.** COMPUT stocker, mémoriser. ◆ **store up** vt sep [provisions] mettre en réserve ; [goods] emmagasiner ; [information] mettre en mémoire, noter.

storekeeper ['stɔː,kiːpə'] noun US commerçant *m*, -e *f*.

storeroom ['stɔːrʊm] noun magasin *m*.

storey UK (*pl* -s), **story** US (*pl* -ies) ['stɔːrɪ] noun étage *m*.

stork [stɔːk] noun cigogne *f*.

storm [stɔːm] ❖ noun **1.** [bad weather] orage *m* **2.** *fig* [of abuse] torrent *m* ; [of applause] tempête *f*. ❖ vt MIL prendre d'assaut. ❖ vi

1. [go angrily] ▶ **to storm in / out** entrer / sortir comme un ouragan **2.** [speak angrily] fulminer.

stormy ['stɔːmɪ] adj *lit & fig* orageux(euse).

story ['stɔːrɪ] noun **1.** [gen] histoire *f* **2.** PRESS article *m* ; RADIO & TV nouvelle *f* **3.** 🇺🇸 = **storey**.

storybook ['stɔːrɪbʊk] adj [romance] de conte de fées.

storyteller ['stɔːrɪˌtelər] noun **1.** [narrator] conteur *m*, -euse *f* **2.** *euph* [liar] menteur *m*, -euse *f*.

storytelling ['stɔːrɪˌtelɪŋ] noun **1.** [art] art *m* de conter / **to be good at storytelling** avoir l'art de raconter des histoires **2.** *euph* [telling lies] mensonges *mpl*.

stout [staʊt] ❖ adj **1.** [rather fat] corpulent(e) **2.** [strong] solide **3.** [resolute] ferme, résolu(e). ❖ noun (U) stout *m*, bière *f* brune.

stove [stəʊv] ❖ pt & pp ⟶ **stave**. ❖ noun [for cooking] cuisinière *f* ; [for heating] poêle *m*, calorifère *m* 🇨🇦QUÉBEC.

stow [stəʊ] vt ▶ **to stow sthg (away)** ranger qqch.

stowaway ['stəʊəweɪ] noun passager *m* clandestin.

straddle ['strædl] vt enjamber ; [chair] s'asseoir à califourchon sur.

straggle ['strægl] vi **1.** [buildings] s'étendre, s'étaler ; [hair] être en désordre **2.** [person] traîner, lambiner.

straggler ['stræglər] noun traînard *m*, -e *f*.

straight [streɪt] ❖ adj **1.** [not bent] droit(e) ; [hair] raide **2.** [frank] franc (franche), honnête **3.** [tidy] en ordre **4.** [choice, exchange] simple **5.** [alcoholic drink] sec, sans eau **6.** PHR let's **get this straight** entendons-nous bien. ❖ adv **1.** [in a straight line] droit **2.** [directly, immediately] droit, tout de suite **3.** [frankly] carrément, franchement **4.** [undiluted] sec, sans eau. ❖ **straight off** adv tout de suite, sur-le-champ. ❖ **straight out** adv sans mâcher ses mots.

straightaway [ˌstreɪtə'weɪ] adv tout de suite, immédiatement.

straighten ['streɪtn] vt **1.** [tidy - hair, dress] arranger ; [- room] mettre de l'ordre dans **2.** [make straight - horizontally] rendre droit(e) ; [- vertically] redresser. ❖ **straighten out** vt sep [problem] résoudre.

straight face noun ▶ **to keep a straight face** garder son sérieux.

straightforward [ˌstreɪt'fɔːwəd] adj **1.** [easy] simple **2.** [frank] honnête, franc (franche).

strain [streɪn] ❖ noun **1.** [mental] tension *f*, stress *m* **2.** MED foulure *f* **3.** TECH contrainte *f*, effort *m*. ❖ vt **1.** [work hard - eyes] plisser fort ▶ **to strain one's ears** tendre l'oreille **2.** [MED - muscle] se froisser ; [- eyes] se fatiguer ▶ **to strain one's back** se faire un tour de reins **3.** [patience] mettre à rude épreuve ; [budget] grever **4.** [drain] passer **5.** TECH exercer une contrainte sur. ❖ vi [try very hard] ▶ **to strain to do sthg** faire un gros effort pour faire qqch, se donner du mal pour faire qqch. ❖ **strains** pl n [of music] accords *mpl*, airs *mpl*.

strained [streɪnd] adj **1.** [worried] contracté(e), tendu(e) **2.** [relations, relationship] tendu(e) **3.** [unnatural] forcé(e).

strainer ['streɪnər] noun passoire *f*.

strait [streɪt] noun détroit *m*. ❖ **straits** pl n ▶ **in dire OR desperate straits** dans une situation désespérée.

straitjacket ['streɪtˌdʒækɪt] noun camisole *f* de force.

straitlaced [ˌstreɪt'leɪst] adj collet monté (inv).

strand [strænd] noun **1.** [of cotton, wool] brin *m*, fil *m* ; [of hair] mèche *f* **2.** [theme] fil *m*.

stranded ['strændɪd] adj [boat] échoué(e) ; [people] abandonné(e), en rade.

strange [streɪndʒ] adj **1.** [odd] étrange, bizarre **2.** [unfamiliar] inconnu(e).

stranger ['streɪndʒər] noun **1.** [unfamiliar person] inconnu *m*, -e *f* **2.** [from another place] étranger *m*, -ère *f*.

strangle ['stræŋgl] vt étrangler ; *fig* étouffer.

stranglehold ['stræŋglhəʊld] noun **1.** [round neck] étranglement *m* **2.** *fig* [control] ▶ **stranglehold (on)** domination *f* (de).

strap [stræp] ❖ noun [for fastening] sangle *f*, courroie *f* ; [of bag] bandoulière *f* ; [of rifle, dress, bra] bretelle *f* ; [of watch] bracelet *m*. ❖ vt [fasten] attacher.

strapline ['stræplaɪn] noun signature *f*, base line *f*.

strapping ['stræpɪŋ] adj bien bâti(e), robuste.

Strasbourg ['stræzbɜːg] noun Strasbourg.

strategic [strə'tiːdʒɪk] adj stratégique.

strategy ['strætɪdʒɪ] noun stratégie *f*.

straw [strɔː] noun paille *f* ▶ **that's the last straw!** ça c'est le comble !

strawberry ['strɔːbəri] ❖ noun [fruit] fraise f. ❖ comp [tart, yoghurt] aux fraises ; [jam] de fraises.

straw poll noun sondage m d'opinion.

stray [streɪ] ❖ adj **1.** [animal] errant(e), perdu(e) **2.** [bullet] perdu(e) ; [example] isolé(e). ❖ vi **1.** [person, animal] errer, s'égarer **2.** [thoughts] vagabonder, errer.

streak [striːk] ❖ noun **1.** [line] bande f, marque f ▸ **streak of lightning** éclair m **2.** [in character] côté m. ❖ vi [move quickly] se déplacer comme un éclair.

stream [striːm] ❖ noun **1.** [small river] ruisseau m **2.** [of liquid, light] flot m, jet m **3.** [of people, cars] flot m ; [of complaints, abuse] torrent m **4.** UK SCH classe f de niveau. ❖ vi **1.** [liquid] couler à flots, ruisseler ; [light] entrer à flots **2.** [people, cars] affluer ▸ **to stream past** passer à flots. ❖ vt COMPUT [music, news] télécharger en streaming **2.** UK SCH répartir par niveau.

streamer ['striːmər] noun [for party] serpentin m.

streaming ['striːmɪŋ] ❖ noun **1.** UK SCH répartition f en classes de niveau **2.** COMPUT streaming m. ❖ adj [surface, window] ruisselant(e) **/** I've got a streaming cold UK j'ai attrapé un gros rhume.

streamline ['striːmlaɪn] vt **1.** [make aerodynamic] caréner, donner un profil aérodynamique à **2.** [make efficient] rationaliser.

streamlined ['striːmlaɪnd] adj [efficient] rationalisé(e).

street [striːt] noun rue f.

streetcar ['striːtkɑːr] noun US tramway m.

street lamp, **street light** noun réverbère m.

street plan noun plan m.

streetwise ['striːtwaɪz] adj inf averti(e), futé(e).

strength [streŋθ] noun **1.** [gen] force f **2.** [power, influence] puissance f **3.** [solidity, of currency] solidité f.

strengthen ['streŋθn] vt **1.** [structure, team, argument] renforcer **2.** [economy, currency, friendship] consolider **3.** [resolve, dislike] fortifier, affermir **4.** [person] enhardir.

strenuous ['strenjʊəs] adj [exercise, activity] fatigant(e), dur(e) ; [effort] vigoureux(euse), acharné(e).

stress [stres] ❖ noun **1.** [emphasis] ▸ **stress (on)** accent m (sur) **2.** [mental] stress m, tension f

3. TECH ▸ **stress (on)** contrainte f (sur), effort m (sur) **4.** LING accent m. ❖ vt **1.** [emphasize] souligner, insister sur **2.** LING accentuer. ❖ vi inf stresser. ❖ **stress out** vt inf stresser.

stress-buster noun inf éliminateur m de stress.

stressful ['stresfʊl] adj stressant(e).

stress out, **stress** vt inf stresser.

stretch [stretʃ] ❖ noun **1.** [of land, water] étendue f ; [of road, river] partie f, section f **2.** [of time] période f. ❖ vt **1.** [arms] allonger ; [legs] se dégourdir ; [muscles] distendre **2.** [pull taut] tendre, étirer **3.** [overwork - person] surmener ; [- resources, budget] grever **4.** [challenge] ▸ **to stretch sb** pousser qqn à la limite de ses capacités. ❖ vi **1.** [area] ▸ **to stretch over** s'étendre sur ▸ **to stretch from... to** s'étendre de... à **2.** [person, animal] s'étirer **3.** [material, elastic] se tendre, s'étirer. ❖ **stretch out** ❖ vt sep [arm, leg, hand] tendre. ❖ vi [lie down] s'étendre, s'allonger.

stretcher ['stretʃər] noun brancard m, civière f.

strew [struː] (pt -ed, pp strewn [struːn] or -ed) vt ▸ **to be strewn with** être jonché(e) de.

stricken ['strɪkn] adj ▸ **to be stricken by** or **with panic** être pris(e) de panique ▸ **to be stricken by an illness** souffrir or être atteint(e) d'une maladie.

strict [strɪkt] adj [gen] strict(e).

strictly ['strɪktlɪ] adv **1.** [gen] strictement ▸ **strictly speaking** à proprement parler **2.** [severely] d'une manière stricte, sévèrement.

stride [straɪd] ❖ noun [long step] grand pas m, enjambée f. ❖ vi (pt strode, pp stridden ['strɪdn]) marcher à grandes enjambées or à grands pas.

strident ['straɪdnt] adj **1.** [voice, sound] strident(e) **2.** [demand, attack] véhément(e), bruyant(e).

strife [straɪf] noun (U) conflit m, lutte f.

strike [straɪk] ❖ noun **1.** [by workers] grève f ▸ **to be (out) on strike** être en grève ▸ **to go on strike** faire grève, se mettre en grève **2.** MIL raid m **3.** [of oil, gold] découverte f. ❖ vt (pt & pp struck) **1.** [hit - deliberately] frapper ; [- accidentally] heurter **2.** [subj: thought] venir à l'esprit de **3.** [conclude - deal, bargain] conclure **4.** [light - match] frotter. ❖ vi (pt & pp struck) **1.** [workers] faire grève **2.** [hit] frapper **3.** [attack] attaquer **4.** [chime] sonner. ❖ **strike down** vt sep terrasser. ❖ **strike out** ❖ vt sep rayer, barrer. ❖ vi [head out] se mettre en route, partir. ❖ **strike up** vt insep

1. [conversation] commencer, engager ▸ **to strike up a friendship (with)** se lier d'amitié (avec) **2.** [music] commencer à jouer.

striker ['straɪkər] noun **1.** [person on strike] gréviste *mf* **2.** FOOT buteur *m*.

striking ['straɪkɪŋ] adj **1.** [noticeable] frappant(e), saisissant(e) **2.** [attractive] d'une beauté frappante.

striking distance noun ▸ **to be within striking distance (of)** être à deux pas (de) ▸ **to be within striking distance of doing sthg** *fig* être à deux doigts de faire qqch.

string [strɪŋ] noun **1.** (U) [thin rope] ficelle *f* **2.** [piece of thin rope] bout *m* de ficelle ▸ **to pull strings** faire jouer le piston **3.** [of beads, pearls] rang *m* **4.** [series] série *f*, suite *f* **5.** [of musical instrument] corde *f*. ◆ **strings** pl n MUS ▸ **the strings** les cordes *fpl*. ◆ **string out** (*pt & pp* **strung out**) vt insep échelonner. ◆ **string together** (*pt & pp* **strung together**) vt sep *fig* aligner.

string bean noun haricot *m* vert.

stringed instrument [,strɪŋd-] noun instrument *m* à cordes.

stringent ['strɪndʒənt] adj strict(e), rigoureux(euse).

strip [strɪp] ◆ noun **1.** [narrow piece] bande *f* **2.** UK SPORT tenue *f*. ◆ vt **1.** [undress] déshabiller, dévêtir **2.** [remove covering] enlever. ◆ vi [undress] se déshabiller, se dévêtir. ◆ **strip off** vi se déshabiller, se dévêtir.

strip cartoon noun UK bande *f* dessinée.

stripe [straɪp] noun **1.** [band of colour] rayure *f* **2.** [sign of rank] galon *m*.

striped [straɪpt] adj à rayures, rayé(e).

stripper ['strɪpər] noun **1.** [performer of striptease] strip-teaseuse *f*, effeuilleuse *f* **2.** [for paint] décapant *m*.

striptease ['striptiːz] noun strip-tease *m*.

strive [straɪv] (*pt* **strove**, *pp* **striven** ['strɪvn]) vi ▸ **to strive for sthg** essayer d'obtenir qqch ▸ **to strive to do sthg** s'efforcer de faire qqch.

strode [strəʊd] pt ⟶ **stride**.

stroke [strəʊk] ◆ noun **1.** MED attaque *f* cérébrale **2.** [of pen, brush] trait *m* **3.** [in swimming - movement] mouvement *m* des bras ; [- style] nage *f* **4.** [in rowing] coup *m* d'aviron **5.** [in golf, tennis] coup *m* **6.** [of clock] : *on the third stroke* ≃ au quatrième top **7.** UK TYPO [oblique] barre *f* **8.** [piece] ▸ **a stroke of genius** un trait de génie ▸ **a stroke of luck** un

coup de chance OR de veine ▸ **at a stroke** d'un seul coup. ◆ vt caresser.

stroll [strəʊl] ◆ noun petite promenade *f*, petit tour *m*. ◆ vi se promener, flâner.

stroller ['strəʊlər] noun US [for baby] poussette *f*.

strong [strɒŋ] adj **1.** [gen] fort(e) ▸ **strong point** point *m* fort **2.** [structure, argument, friendship] solide **3.** [healthy] robuste, vigoureux(euse) **4.** [policy, measures] énergique **5.** [in numbers] : *the crowd was 2,000 strong* il y avait une foule de 2 000 personnes **6.** [team, candidate] sérieux(euse), qui a des chances de gagner.

strongbox ['strɒŋbɒks] noun coffre-fort *m*.

stronghold ['strɒŋhəʊld] noun *fig* bastion *m*.

strong language noun (U) *euph* grossièretés *fpl* / **to use strong language** dire des grossièretés, tenir des propos grossiers.

strongly ['strɒŋlɪ] adv **1.** [gen] fortement **2.** [solidly] solidement.

strong-minded [-'maɪndɪd] adj résolu(e).

strong room noun chambre *f* forte.

strong-willed [-'wɪld] adj têtu(e), volontaire.

strove [strəʊv] pt ⟶ **strive**.

struck [strʌk] pt & pp ⟶ **strike**.

structure ['strʌktʃər] noun **1.** [organization] structure *f* **2.** [building] construction *f*.

struggle ['strʌgl] ◆ noun **1.** [great effort] ▸ **struggle (for sthg / to do sthg)** lutte *f* (pour qqch / pour faire qqch) **2.** [fight] bagarre *f*. ◆ vi **1.** [make great effort] ▸ **to struggle (for)** lutter (pour) ▸ **to struggle to do sthg** s'efforcer de faire qqch **2.** [to free oneself] se débattre ; [fight] se battre.

struggling ['strʌglɪŋ] adj qui a du mal OR des difficultés.

strum [strʌm] vt [guitar] gratter de ; [tune] jouer.

strung [strʌŋ] pt & pp ⟶ **string**.

strut [strʌt] ◆ noun CONSTR étai *m*, support *m*. ◆ vi se pavaner.

stub [stʌb] ◆ noun **1.** [of cigarette] mégot *m* ; [of pencil] morceau *m* **2.** [of ticket, cheque] talon *m*. ◆ vt ▸ **to stub one's toe** se cogner le doigt de pied. ◆ **stub out** vt sep écraser.

stubble ['stʌbl] noun (U) **1.** [in field] chaume *m* **2.** [on chin] barbe *f* de plusieurs jours.

stubborn ['stʌbən] adj **1.** [person] têtu(e), obstiné(e) **2.** [stain] qui ne veut pas partir, rebelle.

stuck [stʌk] ⇆ pt & pp ⟶ **stick.** ⇆ adj **1.** [jammed, trapped] coincé(e) **2.** [stumped] ▶ **to be stuck** sécher **3.** [stranded] bloqué(e), en rade.

stuck-up adj inf & pej bêcheur(euse).

stud [stʌd] noun **1.** [metal decoration] clou m décoratif **2.** [earring] clou m d'oreille **3.** 🇬🇧 [on boot, shoe] clou m ; [on sports boots] crampon m **4.** [of horses] haras m.

student ['stjuːdnt] ⇆ noun étudiant m, -e f. ⇆ comp [life] estudiantin(e) ; [politics] des étudiants ; [disco] pour étudiants.

studio ['stjuːdɪəʊ] (pl -s) noun studio m ; [of artist] atelier m.

studio flat 🇬🇧, **studio apartment** 🇺🇸 noun studio m.

studious ['stjuːdjəs] adj studieux(euse).

study ['stʌdɪ] ⇆ noun **1.** [gen] étude f **2.** [room] bureau m. ⇆ vt **1.** [learn] étudier, faire des études de **2.** [examine] examiner, étudier. ⇆ vi étudier, faire ses études.

stuff [stʌf] ⇆ noun (U) **1.** inf [things] choses fpl **2.** [substance] substance f **3.** inf [belongings] affaires fpl. ⇆ vt **1.** [push] fourrer **2.** [fill] ▶ **to stuff sthg (with)** remplir OR bourrer qqch (de) **3.** CULIN farcir. ⇆ **stuff up** vt sep [block] boucher.

stuffed [stʌft] adj **1.** [filled] ▶ **stuffed with** bourré(e) de **2.** inf [with food] gavé(e) **3.** CULIN farci(e) **4.** [toy] en peluche ▶ **he loves stuffed animals** il adore les peluches **5.** [preserved - animal] empaillé(e).

stuffed shirt noun prétentieux m, -euse f ▶ **he's a real stuffed shirt** il est vraiment suffisant.

stuffing ['stʌfɪŋ] noun (U) **1.** [filling] bourre f, rembourrage m **2.** CULIN farce f.

stuffy ['stʌfɪ] adj **1.** [room] mal aéré(e), qui manque d'air **2.** [person, club] vieux jeu (inv).

stumble ['stʌmbl] vi trébucher. ⇆ **stumble across, stumble on** vt insep tomber sur.

stumbling block ['stʌmblɪŋ-] noun pierre f d'achoppement.

stump [stʌmp] ⇆ noun [of tree] souche f ; [of arm, leg] moignon m. ⇆ vt [subj: question, problem] dérouter, rendre perplexe.

stun [stʌn] vt **1.** [knock unconscious] étourdir, assommer **2.** [surprise] stupéfier, renverser ▶ **she was stunned by the news** la nouvelle l'a abasourdi.

stung [stʌŋ] pt & pp ⟶ **sting.**

stunk [stʌŋk] pt & pp ⟶ **stink.**

stunned [stʌnd] adj **1.** [knocked out] assommé(e) **2.** fig abasourdi(e), stupéfait(e).

stunner ['stʌnər] noun inf [woman] fille f superbe ; [car] voiture f fantastique.

stunning ['stʌnɪŋ] adj **1.** [very beautiful] ravissant(e) ; [scenery] merveilleux(euse) **2.** [surprising] stupéfiant(e), renversant(e).

stunt [stʌnt] ⇆ noun **1.** [for publicity] coup m **2.** CIN cascade f. ⇆ vt retarder, arrêter.

stunted ['stʌntɪd] adj rabougri(e).

stunt man noun cascadeur m.

stupefy ['stjuːpɪfaɪ] vt **1.** [tire] abrutir **2.** [surprise] stupéfier, abasourdir.

stupendous [stjuː'pendəs] adj extraordinaire, prodigieux(euse).

stupid ['stjuːpɪd] adj **1.** [foolish] stupide, bête **2.** inf [annoying] fichu(e).

stupidity [stjuː'pɪdətɪ] noun (U) bêtise f, stupidité f.

sturdy ['stɜːdɪ] adj [person] robuste ; [furniture, structure] solide.

stutter ['stʌtər] vi bégayer.

sty [staɪ] noun [pigsty] porcherie f.

style [staɪl] ⇆ noun **1.** [characteristic manner] style m **2.** (U) [elegance] chic m, élégance f **3.** [design] genre m, modèle m. ⇆ vt [design - dress, house] créer, dessiner ▶ **to style sb's hair** coiffer qqn ▶ **styled for comfort and elegance** conçu pour le confort et l'élégance.

stylish ['staɪlɪʃ] adj chic (inv), élégant(e).

stylist ['staɪlɪst] noun [hairdresser] coiffeur m, -euse f.

suave [swɑːv] adj doucereux(euse).

sub [sʌb] noun inf **1.** SPORT (abbr of substitute) remplaçant m, -e f **2.** (abbr of submarine) sous-marin m **3.** 🇬🇧 (abbr of subscription) cotisation f.

subconscious [ˌsʌb'kɒnʃəs] ⇆ adj inconscient(e). ⇆ noun ▶ **the subconscious** l'inconscient m.

subcontract [ˌsʌbkən'trækt] vt sous-traiter.

subdivide [ˌsʌbdɪ'vaɪd] vt subdiviser.

subdue [səb'djuː] vt [control - rioters, enemy] soumettre, subjuguer ; [- temper, anger] maîtriser, réprimer.

subdued [səb'djuːd] adj **1.** [person] abattu(e) **2.** [anger, emotion] contenu(e) **3.** [colour] doux (douce) ; [light] tamisé(e).

subject ⇆ adj ['sʌbdʒekt] soumis(e) ▶ **to be subject to** a) [tax, law] être soumis à b) [disease, headaches] être sujet (sujette) à. ❖ noun ['sʌbdʒekt] **1.** [gen] sujet m **2.** SCH & UNIV matière f. ❖ vt [səb'dʒekt] **1.** [control] soumettre, assujettir **2.** [force to experience] ▸ **to subject sb to sthg** exposer OR soumettre qqn à qqch. ❖ **subject to** prep ['sʌbdʒekt] sous réserve de.

subjective [səb'dʒektɪv] adj subjectif(ive).

subject matter noun (U) sujet m.

subjunctive [səb'dʒʌŋktɪv] noun GRAM ▸ **subjunctive (mood)** (mode m) subjonctif m.

sublet [ˌsʌb'let] (pt & pp **sublet**) vt sous-louer.

sublime [sə'blaɪm] adj sublime.

submachine gun [ˌsʌbmə'ʃiːn-] noun mitraillette f.

submarine [ˌsʌbmə'riːn] noun sous-marin m.

submerge [səb'mɜːdʒ] ❖ vt immerger, plonger. ❖ vi s'immerger, plonger.

submission [səb'mɪʃn] noun **1.** [obedience] soumission f **2.** [presentation] présentation f, soumission f.

submissive [səb'mɪsɪv] adj soumis(e), docile.

submit [səb'mɪt] ❖ vt soumettre. ❖ vi ▸ **to submit (to)** se soumettre (à).

subnormal [ˌsʌb'nɔːml] adj arriéré(e), attardé(e).

subordinate ❖ adj [sə'bɔːdɪnət] fml [less important] ▸ **subordinate (to)** subordonné(e) (à), moins important(e) (que). ❖ noun [sə'bɔːdɪnət] subordonné m, -e f.

subpoena [sə'piːnə] ❖ noun LAW citation f, assignation f. ❖ vt (pt & pp -**ed**) LAW citer OR assigner à comparaître.

subprime ['sʌbpraɪm] noun US FIN ▸ **subprime (loan OR mortgage)** subprime m (type de crédit immobilier à risque).

subscribe [səb'skraɪb] vi **1.** [to magazine, ISP] s'abonner, être abonné(e) **2.** [to view, belief] ▸ **to subscribe to** être d'accord avec, approuver.

subscriber [səb'skraɪbər] noun [to magazine, service] abonné m, -e f.

subscription [səb'skrɪpʃn] noun **1.** [to magazine] abonnement m **2.** UK [to charity, campaign] souscription f **3.** UK [to club] cotisation f.

subsequent ['sʌbsɪkwənt] adj ultérieur(e), suivant(e).

subsequently ['sʌbsɪkwəntlɪ] adv par la suite, plus tard.

subservient [səb'sɜːvjənt] adj [servile] ▸ **subservient (to)** servile (vis-à-vis de), obséquieux(euse) (envers).

subside [səb'saɪd] vi **1.** [pain, anger] se calmer, s'atténuer ; [noise] diminuer **2.** [CONSTR -building] s'affaisser ; [-ground] se tasser.

subsidence [səb'saɪdns or 'sʌbsɪdns] noun [CONSTR -of building] affaissement m ; [-of ground] tassement m.

subsidiary [səb'sɪdjərɪ] ❖ adj subsidiaire. ❖ noun ▸ **subsidiary (company)** filiale f.

subsidize, subsidise UK ['sʌbsɪdaɪz] vt subventionner.

subsidy ['sʌbsɪdɪ] noun subvention f, subside m.

substance ['sʌbstəns] noun **1.** [gen] substance f **2.** [importance] importance f.

substantial [səb'stænʃl] adj **1.** [considerable] considérable, important(e) ; [meal] substantiel(elle) **2.** [solid, well-built] solide.

substantially [səb'stænʃəlɪ] adv **1.** [considerably] considérablement **2.** [mainly] en grande partie.

substantiate [səb'stænʃɪeɪt] vt fml prouver, établir.

substitute ['sʌbstɪtjuːt] ❖ noun **1.** [replacement] ▸ **substitute (for)** a) [person] remplaçant m, -e f (de) b) [thing] succédané m (de) **2.** SPORT remplaçant m, -e f. ❖ vt ▸ **to substitute A for B** substituer A à B, remplacer B par A.

subtitle ['sʌbˌtaɪtl] noun sous-titre m.

subtle ['sʌtl] adj subtil(e).

subtlety ['sʌtltɪ] noun subtilité f.

subtotal ['sʌbˌtəʊtl] noun total m partiel.

subtract [səb'trækt] vt ▸ **to subtract sthg (from)** soustraire qqch (de).

subtraction [səb'trækʃn] noun soustraction f.

suburb ['sʌbɜːb] noun faubourg m. ❖ **suburbs** pl n ▸ **the suburbs** la banlieue.

suburban [sə'bɜːbn] adj **1.** [of suburbs] de banlieue **2.** pej [life] étriqué(e) ; [person] à l'esprit étroit.

suburbia [sə'bɜːbɪə] noun (U) la banlieue.

subversive [səb'vɜːsɪv] ❖ adj subversif(ive). ❖ noun personne f qui agit de façon subversive.

subway ['sʌbweɪ] noun **1.** UK [underground walkway] passage m souterrain **2.** US [underground railway] métro m.

sub-zero adj au-dessous de zéro.

succeed [sək'siːd] ❖ vt succéder à. ❖ vi réussir ▸ **to succeed in doing sthg** réussir à faire qqch.

summarize

succeeding [sək'si:dɪŋ] adj *fml* [in future] à venir ; [in past] suivant(e).

success [sək'ses] noun succès *m*, réussite *f*.

successful [sək'sesful] adj **1.** [attempt] couronné(e) de succès **2.** [film, book] à succès ; [person] qui a du succès.

succession [sək'seʃn] noun succession *f*.

successive [sək'sesɪv] adj successif(ive).

succinct [sək'sɪŋkt] adj succinct(e).

succumb [sə'kʌm] vi ▶ **to succumb (to)** succomber (à).

such [sʌtʃ] ◆ adj tel (telle), pareil(eille) / *such nonsense* de telles inepties / *do you have such a thing as a tin-opener?* est-ce que tu aurais un ouvre-boîtes par hasard ? / *such money / books as I have* le peu d'argent/de livres que j'ai ▶ **such… that** tel… que. ◆ adv **1.** [for emphasis] si, tellement / *it's such a horrible day!* quelle journée épouvantable ! / *such a lot of books* tellement de livres / *such a long time* si oR tellement longtemps **2.** [in comparisons] aussi. ◆ pron ▶ **and such (like)** et autres choses de ce genre. ◆ **as such** adv en tant que tel (telle), en soi. ◆ **such and such** adj tel et tel (telle et telle). ◆ **such as** phr tel que, comme / *a country such as Germany* un pays tel que oR comme l'Allemagne.

suck [sʌk] vt **1.** [with mouth] sucer **2.** [draw in] aspirer.

sucker ['sʌkər] noun **1.** [suction pad] ventouse *f* **2.** *inf* [gullible person] poire *f*.

suction ['sʌkʃn] noun succion *f*.

Sudan [su:'dɑ:n] noun Soudan *m*.

sudden ['sʌdn] adj soudain(e), brusque ▶ **all of a sudden** tout d'un coup, soudain.

suddenly ['sʌdnlɪ] adv soudainement, tout d'un coup.

suds [sʌdz] pl n mousse *f* de savon.

sue [su:] vt ▶ **to sue sb (for)** poursuivre qqn en justice (pour).

suede [sweɪd] noun daim *m*.

suet ['suɪt] noun graisse *f* de rognon.

suffer ['sʌfər] ◆ vt **1.** [pain, injury] souffrir de **2.** [consequences, setback, loss] subir. ◆ vi souffrir ▶ **to suffer from** MED souffrir de.

sufferer ['sʌfrər] noun MED malade *mf*.

suffering ['sʌfrɪŋ] noun souffrance *f*.

suffice [sə'faɪs] vi *fml* suffire.

sufficient [sə'fɪʃnt] adj suffisant(e).

sufficiently [sə'fɪʃntlɪ] adv suffisamment.

suffocate ['sʌfəkeɪt] vt & vi suffoquer.

suffrage ['sʌfrɪdʒ] noun suffrage *m*.

suffuse [sə'fju:z] vt baigner.

sugar ['ʃugər] ◆ noun sucre *m*. ◆ vt sucrer.

sugarcane ['ʃugəkeɪn] noun *(U)* canne *f* à sucre.

sugar-free adj sans sucre.

sugary ['ʃugərɪ] adj [food] sucré(e).

suggest [sə'dʒest] vt **1.** [propose] proposer, suggérer **2.** [imply] suggérer.

suggestion [sə'dʒestʃn] noun **1.** [proposal] proposition *f*, suggestion *f* **2.** *(U)* [implication] suggestion *f*.

suggestive [sə'dʒestɪv] adj suggestif(ive) ▶ **to be suggestive of sthg** suggérer qqch.

suicide ['suɪsaɪd] noun suicide *m*.

suit [su:t] ◆ noun **1.** [for man] costume *m*, complet *m* ; [for woman] tailleur *m* **2.** [in cards] couleur *f* **3.** LAW procès *m*, action *f*. ◆ vt **1.** [subj: clothes, hairstyle] aller à **2.** [be convenient, appropriate to] convenir à. ◆ vi convenir, aller. ◆ **suit up** vi [dress - diver, pilot, astronaut, etc.] mettre sa combinaison.

suitable ['su:təbl] adj qui convient, qui va.

suitably ['su:təblɪ] adv convenablement.

suitcase ['su:tkeɪs] noun valise *f*.

suite [swi:t] noun **1.** [of rooms] suite *f* **2.** [of furniture] ensemble *m*.

suited ['su:tɪd] adj **1.** [suitable] ▶ **to be suited to / for** convenir à/pour, aller à/pour **2.** [couple] ▶ **well suited** très bien assortis.

suitor ['su:tər] noun *dated* soupirant *m*.

sulfur US = sulphur.

sulk [sʌlk] vi bouder.

sulky ['sʌlkɪ] adj boudeur(euse).

sullen ['sʌlən] adj maussade.

sulphur UK, **sulfur** US ['sʌlfər] noun soufre *m*.

sultana [sʌl'tɑ:nə] noun UK [dried grape] raisin *m* sec.

sultry ['sʌltrɪ] adj **1.** [weather] lourd(e) **2.** [sexual] sensuel(elle).

sum [sʌm] noun **1.** [amount of money] somme *f* **2.** [calculation] calcul *m*. ◆ **sum up** ◆ vt sep [summarize] résumer. ◆ vi récapituler.

sum1 MESSAGING (*written abbr of* **someone**) kelk1.

summarize, summarise UK ['sʌməraɪz] ◆ vt résumer. ◆ vi récapituler.

summary ['sʌmərɪ] noun résumé *m*.

summer ['sʌmər] ❖ noun été *m* ▸ **in summer** en été. ❖ comp d'été ▸ **the summer holidays** UK OR **vacation** US les grandes vacances *fpl*.

summer camp noun US colonie *f* de vacances.

summerhouse ['sʌməhaʊs] (*pl* [-haʊzɪz]) noun pavillon *m* (de verdure).

summer school noun université *f* d'été.

summertime ['sʌmətaɪm] noun été *m*.

summit ['sʌmɪt] noun sommet *m*.

summon ['sʌmən] vt [send for] appeler, convoquer. ◆ **summon up** vt sep rassembler.

summons ['sʌmənz] ❖ noun (*pl* -es) LAW assignation *f*. ❖ vt LAW assigner.

sump [sʌmp] noun UK carter *m*.

sumptuous ['sʌmptʃʊəs] adj somptueux(euse).

sun [sʌn] noun soleil *m* ▸ **in the sun** au soleil.

sunbathe ['sʌnbeɪð] vi prendre un bain de soleil.

sunbed ['sʌnbed] noun lit *m* à ultra-violets.

sunburn ['sʌnbɜːn] noun (U) coup *m* de soleil.

sunburned ['sʌnbɜːnd], **sunburnt** ['sʌnbɜːnt] adj brûlé(e) par le soleil, qui a attrapé un coup de soleil.

sun cream noun crème *f* solaire.

Sunday ['sʌndɪ] noun dimanche *m* ▸ **Sunday lunch** déjeuner *m* du dimanche OR dominical ;. *See also* **Saturday**.

Sunday school noun catéchisme *m*.

sundial ['sʌndaɪəl] noun cadran *m* solaire.

sundown ['sʌndaʊn] noun coucher *m* du soleil.

sundries ['sʌndrɪz] pl n *fml* articles *mpl* divers, objets *mpl* divers.

sundry ['sʌndrɪ] adj *fml* divers ▸ **all and sundry** tout le monde, n'importe qui.

sunflower ['sʌn,flaʊər] noun tournesol *m*.

sung [sʌŋ] pp ⟶ **sing**.

sunglasses ['sʌn,glɑːsɪz] pl n lunettes *fpl* de soleil.

sunk [sʌŋk] pp ⟶ **sink**.

sunlight ['sʌnlaɪt] noun lumière *f* du soleil.

sunny ['sʌnɪ] adj **1.** [day, place] ensoleillé(e) ▸ **it's sunny** il fait beau, il fait (du) soleil **2.** [cheerful] radieux(euse), heureux(euse).

sunrise ['sʌnraɪz] noun lever *m* du soleil.

sunroof ['sʌnruːf] noun toit *m* ouvrant.

sunscreen ['sʌnskriːn] noun écran *m* OR filtre *m* solaire.

sunset ['sʌnset] noun coucher *m* du soleil.

sunshade ['sʌnʃeɪd] noun parasol *m*.

sunshine ['sʌnʃaɪn] noun lumière *f* du soleil.

sunstroke ['sʌnstrəʊk] noun (U) insolation *f*.

suntan ['sʌntæn] ❖ noun bronzage *m*. ❖ comp [lotion, cream] solaire.

suntrap ['sʌntræp] noun UK endroit très ensoleillé.

super ['suːpər] adj *inf* génial(e), super (*inv*).

superannuation ['suːpə,rænjʊ'eɪʃn] noun (U) pension *f* de retraite.

superb [suː'pɜːb] adj superbe.

superbug ['suːpəbʌg] noun germe résistant aux traitements antibiotiques.

supercilious [,suːpə'sɪlɪəs] adj hautain(e).

superficial [,suːpə'fɪʃl] adj superficiel(elle).

superfluous [suː'pɜːflʊəs] adj superflu(e).

superhighway ['suːpə,haɪweɪ] noun **1.** US autoroute *f* **2.** = **information highway**.

superhuman [,suːpə'hjuːmən] adj surhumain(e).

superimpose [,suːpərɪm'pəʊz] vt ▸ **to superimpose sthg (on)** superposer qqch (à).

superintendent [,suːpərɪn'tendənt] noun **1.** UK [of police] ≃ commissaire *m* **2.** [of department] directeur *m*, -trice *f*.

superior [suː'pɪərɪər] ❖ adj **1.** [gen] ▸ **superior (to)** supérieur(e) (à) **2.** [goods, craftsmanship] de qualité supérieure. ❖ noun supérieur *m*, -e *f*.

superlative [suː'pɜːlətɪv] ❖ adj exceptionnel(elle), sans pareil(eille). ❖ noun GRAM superlatif *m*.

supermarket ['suːpə,mɑːkɪt] noun supermarché *m*.

supermodel ['suːpəmɒdl] noun top model *m*.

supernatural [,suːpə'nætʃrəl] adj surnaturel(elle).

superpower ['suːpə,paʊər] noun superpuissance *f*.

supersede [,suːpə'siːd] vt remplacer.

supersonic [,suːpə'sɒnɪk] adj supersonique.

superstitious [,suːpə'stɪʃəs] adj superstitieux(euse).

superstore ['suːpəstɔːr] noun hypermarché *m*.

supertanker ['su:pə,tæŋkər] noun supertanker *m*, pétrolier *m* géant.

supervise ['su:pəvaɪz] vt surveiller ; [work] superviser.

supervisor ['su:pəvaɪzər] noun surveillant *m*, -e *f*.

supine ['su:paɪn] adj *liter* [on one's back] couché(e) OR étendu(e) sur le dos.

supper ['sʌpər] noun [evening meal] dîner *m*.

supple ['sʌpl] adj souple.

supplement ❖ noun ['sʌplɪmənt] supplément *m*. ❖ vt ['sʌplɪmənt] compléter.

supplementary [,sʌplɪ'mentərɪ] adj supplémentaire.

supplier [sə'plaɪər] noun fournisseur *m*, -euse *f*.

supply [sə'plaɪ] ❖ noun 1. [store] réserve *f*, provision *f* 2. [system] alimentation *f* 3. (U) ECON offre *f*. ❖ vt 1. [provide] ▶ to supply sthg (to sb) fournir qqch (à qqn) 2. [provide to] ▶ to supply sb (with) fournir qqn (en), approvisionner qqn (en) ▶ to supply sthg with sthg alimenter qqch en qqch. ◆ supplies pl n [food] vivres *mpl* ; MIL approvisionnements *mpl* ▶ office supplies fournitures *fpl* de bureau.

support [sə'pɔːt] ❖ noun 1. (U) [physical help] appui *m* 2. (U) [emotional, financial help] soutien *m* 3. [object] support *m*, appui *m* 4. (U) COMPUT assistance *f*. ❖ vt 1. [physically] soutenir, supporter ; [weight] supporter 2. [emotionally] soutenir 3. [financially] subvenir aux besoins de 4. [theory] être en faveur de, être partisan de ; [political party, candidate] appuyer ; SPORT être un supporter de.

supporter [sə'pɔːtər] noun 1. [of person, plan] partisan *m*, -e *f* 2. SPORT supporter *m*.

support group noun groupe *m* d'entraide.

supporting [sə'pɔːtɪŋ] adj 1. CONSTR & TECH [pillar, structure] d'appui, de soutènement ; [wall] porteur 2. CIN & THEAT [role] secondaire, de second plan ; [actor] qui a un rôle secondaire OR de second plan 3. [substantiating] qui confirme, qui soutient / *do you have any supporting evidence?* avez-vous des preuves à l'appui ?

supportive [sə'pɔːtɪv] adj qui est d'un grand secours, qui soutient.

suppose [sə'pəʊz] ❖ vt supposer. ❖ vi supposer ▶ I suppose (so) je suppose que oui ▶ I suppose not je suppose que non.

supposed [sə'pəʊzd] adj 1. [doubtful] supposé(e) 2. [reputed, intended] ▶ to be supposed to be être censé(e) être.

supposedly [sə'pəʊzɪdlɪ] adv soi-disant.

suppress [sə'pres] vt 1. [uprising] réprimer 2. [information] supprimer 3. [emotions] réprimer, étouffer.

supreme [su'priːm] adj suprême.

Supreme Court noun [in US] ▶ the Supreme Court la Cour suprême.

surcharge ['sɜːtʃɑːdʒ] noun [extra payment] surcharge *f* ; [extra tax] surtaxe *f*.

sure [ʃʊər] ❖ adj 1. [gen] sûr(e) ▶ to be sure of o.s. être sûr de soi 2. [certain] ▶ to be sure (of sthg / of doing sthg) être sûr(e) (de qqch / de faire qqch), être certain(e) (de qqch / de faire qqch) ▶ to make sure (that)... : *we made sure that no one was listening* nous nous sommes assurés OR nous avons vérifié que personne n'écoutait 3. PHR I am OR I'm sure (that)... je suis bien certain(e) que..., je ne doute pas que.... ❖ adv 1. *inf* [yes] bien sûr 2. US [really] vraiment. ◆ for sure adv sans aucun doute, sans faute. ◆ sure enough adv en effet, effectivement.

surely ['ʃʊəlɪ] adv sûrement.

surety ['ʃʊərətɪ] noun (U) caution *f*.

surf [sɜːf] ❖ noun ressac *m*. ❖ vt surfer.

surface ['sɜːfɪs] ❖ noun surface *f* ▶ on the surface *fig* à première vue, vu de l'extérieur. ❖ vi 1. [diver] remonter à la surface ; [submarine] faire surface 2. [problem, rumour] apparaître OR s'étaler au grand jour.

surface mail noun courrier *m* par voie de terre / de mer.

surfboard ['sɜːfbɔːd] noun planche *f* de surf.

surfeit ['sɜːfɪt] noun *fml* excès *m*.

surfing ['sɜːfɪŋ] noun surf *m*.

surge [sɜːdʒ] ❖ noun 1. [of people, vehicles] déferlement *m* ; ELEC surtension *f* 2. [of emotion, interest] vague *f*, montée *f* ; [of anger] bouffée *f* ; [of sales, applications] afflux *m*. ❖ vi [people, vehicles] déferler.

surgeon ['sɜːdʒən] noun chirurgien *m*, -ienne *f*.

surgery ['sɜːdʒərɪ] noun 1. (U) MED [performing operations] chirurgie *f* 2. UK MED [place] cabinet *m* de consultation.

surgical ['sɜːdʒɪkl] adj chirurgical(e) ▶ surgical stocking bas *m* orthopédique.

surgical spirit noun UK alcool *m* à 90°.

surly ['sɜːlɪ] adj revêche, renfrogné(e).

surmise [sɜː'maɪz] vt *fml* présumer.

surmount [sɜː'maʊnt] vt surmonter.

surname ['sɜːneɪm] noun nom *m* de famille.

surpass [sə'pɑːs] vt *fml* dépasser.

surplus ['sɜːpləs] ❖ adj en surplus. ❖ noun surplus m.

surprise [sə'praɪz] ❖ noun surprise f. ❖ vt surprendre.

surprised [sə'praɪzd] adj surpris(e).

surprising [sə'praɪzɪŋ] adj surprenant(e).

surprisingly [sə'praɪzɪŋli] adv étonnamment.

surreal [sə'rɪəl] adj surréaliste.

surrender [sə'rendər] ❖ noun reddition f, capitulation f. ❖ vi **1.** [stop fighting] ▶ to surrender (to) se rendre (à) **2.** *fig* [give in] ▶ to surrender (to) céder (à).

surreptitious [ˌsʌrəp'tɪʃəs] adj subreptice.

surrogate ['sʌrəgeɪt] ❖ adj de substitution. ❖ noun substitut m.

surrogate mother noun mère f porteuse.

surround [sə'raʊnd] vt entourer ; [subj: police, army] cerner.

surrounding [sə'raʊndɪŋ] adj environnant(e).

surroundings [sə'raʊndɪŋz] pl n environnement m.

surveillance [sɜː'veɪləns] noun surveillance f.

survey ❖ noun ['sɜːveɪ] **1.** [investigation] étude f ; [of public opinion] sondage m **2.** [of land] levé m ; [of building] inspection f. ❖ vt [sə'veɪ] **1.** [contemplate] passer en revue **2.** [investigate] faire une étude de, enquêter sur **3.** [land] faire le levé de ; [building] inspecter.

surveyor [sə'veɪər] noun [of building] expert m, -e f ; [of land] géomètre m.

survival [sə'vaɪvl] noun [continuing to live] survie f.

survive [sə'vaɪv] ❖ vt survivre à. ❖ vi survivre.

survivor [sə'vaɪvər] noun survivant m, -e f ; *fig* battant m, -e f.

susceptible [sə'septəbl] adj ▶ susceptible (to) sensible (à).

suspect ❖ adj ['sʌspekt] suspect(e). ❖ noun ['sʌspekt] suspect m, -e f. ❖ vt [sə'spekt] **1.** [distrust] douter de **2.** [think likely, consider guilty] soupçonner ▶ to suspect sb of sthg soupçonner qqn de qqch.

suspend [sə'spend] vt **1.** [gen] suspendre **2.** [from school] renvoyer temporairement.

suspended sentence [sə'spendɪd-] noun condamnation f avec sursis.

suspender belt [sə'spendər-] noun UK porte-jarretelles m inv.

suspenders [sə'spendəz] pl n **1.** UK [for stockings] jarretelles fpl **2.** US [for trousers] bretelles fpl.

suspense [sə'spens] noun suspense m.

suspension [sə'spenʃn] noun **1.** [gen & AUTO] suspension f **2.** [from school] renvoi m temporaire.

suspension bridge noun pont m suspendu.

suspicion [sə'spɪʃn] noun soupçon m.

suspicious [sə'spɪʃəs] adj **1.** [having suspicions] soupçonneux(euse) **2.** [causing suspicion] suspect(e), louche.

sustain [sə'steɪn] vt **1.** [maintain] soutenir **2.** *fml* [suffer - damage] subir ; [- injury] recevoir **3.** *fml* [weight] supporter.

sustainability [sə,steɪnə'bɪlɪti] noun durabilité f.

sustainable [səs'teɪnəbl] adj [development, agriculture, politics, housing] durable ▶ sustainable resources ressources fpl renouvelables.

sustenance ['sʌstɪnəns] noun (U) *fml* nourriture f.

SUV (*abbr of* sport utility vehicle) noun AUTO 4 x 4 m.

SW (*abbr of* short wave) OC.

swab [swɒb] noun MED tampon m.

swag [swæg] *inf* noun UK [booty] butin m.

swagger ['swægər] vi parader.

swallow ['swɒləʊ] ❖ noun [bird] hirondelle f. ❖ vt avaler ; *fig* [anger, tears] ravaler. ❖ vi avaler.

swam [swæm] pt ⟶ swim.

swamp [swɒmp] ❖ noun marais m. ❖ vt **1.** [flood] submerger **2.** [overwhelm] déborder, submerger.

swan [swɒn] noun cygne m.

swap [swɒp] vt ▶ to swap sthg (with sb / for sthg) échanger qqch (avec qqn/contre qqch).

swarm [swɔːm] ❖ noun essaim m. ❖ vi *fig* [people] grouiller ▶ to be swarming (with) [place] grouiller (de).

swarthy ['swɔːðɪ] adj basané(e).

swastika ['swɒstɪkə] noun croix f gammée.

swat [swɒt] vt écraser.

sway [sweɪ] ❖ vt [influence] influencer. ❖ vi se balancer.

swear [sweər] (*pt* swore, *pp* sworn) ❖ vt jurer ▶ to swear to do sthg jurer de faire qqch. ❖ vi jurer.

swearword ['sweəwɜ:d] noun juron m, gros mot m.

sweat [swet] ❖ noun [perspiration] transpiration f, sueur f. ❖ vi **1.** [perspire] transpirer, suer **2.** inf [worry] se faire du mouron.

sweater ['swetər] noun pullover m.

sweatshirt ['swetʃɜ:t] noun sweat-shirt m.

sweatshop ['swetʃɒp] noun ≃ atelier m clandestin.

sweaty ['sweti] adj [skin, clothes] mouillé(e) de sueur.

swede [swi:d] noun UK rutabaga m.

Swede [swi:d] noun Suédois m, -e f.

Sweden ['swi:dn] noun Suède f.

Swedish ['swi:dɪʃ] ❖ adj suédois(e). ❖ noun [language] suédois m. ❖ pl n ▶ the Swedish les Suédois mpl.

sweep [swi:p] ❖ noun **1.** [sweeping movement] grand geste m **2.** [with brush] ▶ to give sthg a sweep donner un coup de balai à qqch, balayer qqch **3.** [chimney sweep] ramoneur m. ❖ vt (pt & pp swept) [gen] balayer ; [scan with eyes] parcourir des yeux. ◆ sweep away vt sep [destroy] emporter, entraîner. ◆ sweep up ❖ vt sep [with brush] balayer. ❖ vi balayer.

sweeping ['swi:pɪŋ] adj **1.** [effect, change] radical(e) **2.** [statement] hâtif(ive).

sweet [swi:t] ❖ adj **1.** [gen] doux (douce) ; [cake, flavour, pudding] sucré(e) **2.** [kind] gentil(ille) **3.** [attractive] adorable, mignon(onne). ❖ noun UK **1.** [candy] bonbon m **2.** [dessert] dessert m.

sweet corn noun maïs m.

sweeten ['swi:tn] vt sucrer.

sweetener ['swi:tnər] noun **1.** [substance] édulcorant m **2.** inf [bribe] pot-de-vin m.

sweetheart ['swi:thɑ:t] noun **1.** [term of endearment] chéri m, -e f, mon cœur m **2.** [boyfriend, girlfriend] petit ami m, petite amie f.

sweetie ['swi:tɪ] noun inf **1.** [darling] chéri m, -e f, chou m / he's a real sweetie il est vraiment adorable **2.** UK baby talk [sweet] bonbon m.

sweetness ['swi:tnɪs] noun **1.** [gen] douceur f ; [of taste] goût m sucré, douceur f **2.** [attractiveness] charme m.

sweet tooth noun ▶ to have a sweet tooth aimer les sucreries.

swell [swel] ❖ vi (pt -ed, pp swollen or -ed) **1.** [leg, face] enfler ; [lungs, balloon] se gonfler ▶ to swell with pride se gonfler d'orgueil **2.** [crowd, population] grossir, augmenter ; [sound] grossir, s'enfler. ❖ vt (pt -ed, pp swollen or -ed) grossir, augmenter. ❖ noun [of sea] houle f. ❖ adj US inf & dated chouette, épatant(e).

swelling ['swelɪŋ] noun enflure f.

sweltering ['sweltərɪŋ] adj étouffant(e), suffocant(e).

swept [swept] pt & pp ⟶ sweep.

swerve [swɜ:v] vi faire une embardée.

swift [swɪft] ❖ adj **1.** [fast] rapide **2.** [prompt] prompt(e). ❖ noun [bird] martinet m.

swig [swɪg] inf noun lampée f.

swill [swɪl] ❖ noun (U) [pig food] pâtée f. ❖ vt UK [wash] laver à grande eau.

swim [swɪm] ❖ noun ▶ to have a swim nager ▶ to go for a swim aller se baigner, aller nager. ❖ vi (pt swam, pp swum) **1.** [person, fish, animal] nager **2.** [room] tourner / my head was swimming j'avais la tête qui tournait.

swimmer ['swɪmər] noun nageur m, -euse f.

swimming ['swɪmɪŋ] noun natation f ▶ to go swimming aller nager.

swimming cap noun bonnet m de bain.

swimming costume noun UK maillot m de bain.

swimming pool noun piscine f.

swimming trunks pl n maillot m OR slip m de bain.

swimsuit ['swɪmsu:t] noun maillot m de bain.

swindle ['swɪndl] ❖ noun escroquerie f. ❖ vt escroquer, rouler ▶ to swindle sb out of sthg escroquer qqch à qqn.

swine [swaɪn] noun inf [person] salaud m.

swing [swɪŋ] ❖ noun **1.** [child's toy] balançoire f **2.** [change - of opinion] revirement m ; [- of mood] changement m, saute f **3.** [sway] balancement m **4.** PHR ▶ to be in full swing battre son plein. ❖ vt (pt & pp swung) **1.** [move back and forth] balancer **2.** [move in a curve] faire virer. ❖ vi (pt & pp swung) **1.** [move back and forth] se balancer **2.** [turn - vehicle] virer, tourner ▶ to swing round UK OR around US [person] se retourner **3.** [change] changer.

swing door UK, **swinging door** US noun porte f battante.

swingeing ['swɪndʒɪŋ] adj UK très sévère.

swipe [swaɪp] ❖ vt *inf* [steal] faucher, piquer. ❖ vi ▸ **to swipe at** envoyer OR donner un coup à.

swirl [swɜːl] ❖ noun tourbillon *m*. ❖ vi tourbillonner, tournoyer.

swish [swɪʃ] vt [tail] battre l'air de.

Swiss [swɪs] ❖ adj suisse. ❖ noun [person] Suisse *mf*. ❖ pl n ▸ **the Swiss** les Suisses *mpl*.

Switch® noun *système de paiement non différé par carte bancaire*.

switch [swɪtʃ] ❖ noun **1.** [control device] interrupteur *m*, commutateur *m* ; [on radio, stereo] bouton *m* **2.** [change] changement *m*. ❖ vt [swap] échanger ; [jobs] changer de / *to switch places with sb* échanger sa place avec qqn. ◆ **switch off** vt sep éteindre. ◆ **switch on** vt sep allumer.

switchboard ['swɪtʃbɔːd] noun standard *m*.

Switzerland ['swɪtsələnd] noun Suisse *f* ▸ **in Switzerland** en Suisse.

swivel ['swɪvl] ❖ vt [chair] faire pivoter ; [head, eyes] faire tourner. ❖ vi [chair] pivoter ; [head, eyes] tourner.

swivel chair noun fauteuil *m* pivotant OR tournant.

swollen ['swəʊln] ❖ pp ⟶ **swell**. ❖ adj [ankle, face] enflé(e) ; [river] en crue.

swoop [swuːp] ❖ noun [raid] descente *f*. ❖ vi **1.** [bird, plane] piquer **2.** [police, army] faire une descente.

swop [swɒp] = **swap**.

sword [sɔːd] noun épée *f*.

swordfish ['sɔːdfɪʃ] (*pl inv* or *-es*) noun espadon *m*.

swore [swɔːr] pt ⟶ **swear**.

sworn [swɔːn] ❖ pp ⟶ **swear**. ❖ adj LAW sous serment.

swot [swɒt] UK *inf* ❖ noun *pej* bûcheur *m*, *-euse f*. ❖ vi ▸ **to swot (for)** bûcher (pour).

swum [swʌm] pp ⟶ **swim**.

swung [swʌŋ] pt & pp ⟶ **swing**.

sycamore ['sɪkəmɔːr] noun sycomore *m*.

syllable ['sɪləbl] noun syllabe *f*.

syllabus ['sɪləbəs] (*pl* **-buses** or **-bi**) noun programme *m*.

symbol ['sɪmbl] noun symbole *m*.

symbolize, symbolise UK ['sɪmbəlaɪz] vt symboliser.

symmetry ['sɪmətrɪ] noun symétrie *f*.

sympathetic [ˌsɪmpə'θetɪk] adj **1.** [understanding] compatissant(e), compréhensif(ive) **2.** [willing to support] ▸ **sympathetic (to)** bien disposé(e) (à l'égard de).

sympathize, sympathise UK ['sɪmpəθaɪz] vi **1.** [feel sorry] compatir ▸ **to sympathize with sb a)** plaindre qqn **b)** [in grief] compatir à la douleur de qqn **2.** [understand] ▸ **to sympathize with sthg** comprendre qqch **3.** [support] ▸ **to sympathize with sthg** approuver qqch, soutenir qqch.

sympathy ['sɪmpəθɪ] noun (*U*) **1.** [understanding] ▸ **sympathy (for)** compassion *f* (pour), sympathie *f* (pour) **2.** [agreement] approbation *f*, sympathie *f*. ◆ **sympathies** pl n [to bereaved person] condoléances *fpl*.

symphony ['sɪmfənɪ] noun symphonie *f*.

symposium [sɪm'pəʊzjəm] (*pl* **-siums** or **-sia**) noun symposium *m*.

symptom ['sɪmptəm] noun symptôme *m*.

synagogue ['sɪnəgɒg] noun synagogue *f*.

syndicate noun ['sɪndɪkət] syndicat *m*, consortium *m*.

syndrome ['sɪndrəʊm] noun syndrome *m*.

synonym ['sɪnənɪm] noun ▸ **synonym (for** OR **of)** synonyme *m* (de).

synopsis [sɪ'nɒpsɪs] (*pl* **-ses**) noun résumé *m* ; [film] synopsis *m*.

syntax ['sɪntæks] noun syntaxe *f*.

synthesis ['sɪnθəsɪs] (*pl* **-ses**) noun synthèse *f*.

synthetic [sɪn'θetɪk] adj **1.** [man-made] synthétique **2.** *pej* [insincere] artificiel(elle), forcé(e).

syphilis ['sɪfɪlɪs] noun syphilis *f*.

syphon ['saɪfn] = **siphon**.

Syria ['sɪrɪə] noun Syrie *f*.

syringe [sɪ'rɪndʒ] noun seringue *f*.

syrup ['sɪrəp] noun (*U*) **1.** [sugar and water] sirop *m* **2.** UK [golden syrup] mélasse *f* raffinée.

system ['sɪstəm] noun **1.** [gen] système *m* ▸ **road / railway system** réseau *m* routier /de chemins de fer **2.** [equipment - gen] installation *f* ; [- electric, electronic] appareil *m* **3.** (*U*) [methodical approach] système *m*, méthode *f*.

systematic [ˌsɪstə'mætɪk] adj systématique.

systems analyst ['sɪstəmz-] noun COMPUT analyste fonctionnel *m*, analyste fonctionnelle *f*.

t (*pl* **t's** *or* **ts**), **T** (*pl* **T's** *or* **Ts**) [tiː] noun [letter] t *m inv*, T *m inv*.

ta [taː] excl **UK** *inf* merci !

tab [tæb] noun **1.** [of cloth] étiquette *f* **2.** [of metal] languette *f* **3.** **US** [bill] addition *f* **4.** **PHR** **to keep tabs on sb** tenir OR avoir qqn à l'œil, surveiller qqn.

tabby ['tæbɪ] noun ▸ **tabby (cat)** chat tigré *m*, chatte tigrée *f*.

table ['teɪbl] ❖ noun table *f*. ❖ vt **UK** [propose] présenter, proposer.

tablecloth ['teɪblklɒθ] noun nappe *f*.

table lamp noun lampe *f*.

tablemat ['teɪblmæt] noun dessous-de-plat *m inv*.

tablespoon ['teɪblspuːn] noun **1.** [spoon] cuiller *f* de service **2.** [spoonful] cuillerée *f* à soupe.

tablet ['tæblɪt] noun **1.** [pill] comprimé *m*, cachet *m* **2.** [of stone] plaque *f* commémorative **3.** [of soap] savonnette *f*, pain *m* de savon.

table tennis noun ping-pong *m*, tennis *m* de table.

tabloid ['tæblɔɪd] noun ▸ **tabloid (newspaper)** tabloïd *m*, tabloïde *m* ▸ **the tabloid press** la presse populaire.

taboo [təˈbuː] ❖ adj tabou(e). ❖ noun (*pl* **-s**) tabou *m*.

tabulate ['tæbjʊleɪt] vt présenter sous forme de tableau.

tacit ['tæsɪt] adj tacite.

taciturn ['tæsɪtɜːn] adj taciturne.

tack [tæk] ❖ noun **1.** [nail] clou *m* **2.** **US** [thumbtack] punaise *f* **3.** NAUT bord *m*, bordée *f* **4.** *fig* [course of action] tactique *f*, méthode *f*. ❖ vt **1.** [fasten with nail - gen] clouer ; [- no- tice] punaiser **2.** SEW faufiler. ❖ vi NAUT tirer une bordée.

tackle ['tækl] ❖ noun **1.** FOOT tacle *m* ; RUGBY plaquage *m* **2.** [equipment] équipement *m*, matériel *m* **3.** [for lifting] palan *m*, appareil *m* de levage. ❖ vt **1.** [deal with] s'attaquer à **2.** FOOT tacler ; RUGBY plaquer **3.** [attack] empoigner.

tacky ['tækɪ] adj **1.** *inf* [film, remark] d'un goût douteux ; [jewellery] de pacotille **2.** [sticky] collant(e), pas encore sec (sèche).

tact [tækt] noun (*U*) tact *m*, délicatesse *f*.

tactful ['tæktfʊl] adj [remark] plein(e) de tact ; [person] qui a du tact OR de la délicatesse.

tactic ['tæktɪk] noun tactique *f*. ◆ **tactics** noun (*U*) MIL tactique *f*.

tactical ['tæktɪkl] adj tactique.

tactless ['tæktlɪs] adj qui manque de tact OR délicatesse.

tad [tæd] noun *inf* [small bit] : *a tad* un peu / *the coat is a tad expensive* le manteau est un chouia trop cher.

tadpole ['tædpəʊl] noun têtard *m*.

tag [tæg] noun **1.** [of cloth] marque *f* **2.** [of paper] étiquette *f*. ◆ **tag along** vi *inf* suivre.

tail [teɪl] ❖ noun **1.** [gen] queue *f* **2.** [of coat] basque *f*, pan *m* ; [of shirt] pan *m*. ❖ vt *inf* [follow] filer. ◆ **tails** ❖ noun [side of coin] pile *f*. ❖ *pl n* [formal dress] queue-de-pie *f*, habit *m*. ◆ **tail off** vi [voice] s'affaiblir ; [noise] diminuer.

tailback ['teɪlbæk] noun **UK** bouchon *m*.

tail end noun fin *f*.

taillight ['teɪllaɪt] noun feu *m* arrière.

tailor ['teɪlər] ❖ noun tailleur *m*. ❖ vt *fig* adapter.

tailor-made adj *fig* sur mesure.

tailwind ['teɪlwɪnd] noun vent *m* arrière.

tainted ['teɪntɪd] adj **1.** [reputation] souillé(e), entaché(e) **2.** **US** [food] avarié(e).

Taiwan [ˌtaɪˈwɑːn] noun Taiwan.

take [teɪk] (*pt* **took**, *pp* **taken**) ❖ vt **1.** [gen] prendre ▸ **to take an exam** passer un examen ▸ **to take a walk** se promener, faire une promenade ▸ **to take a bath / photo** prendre un bain / une photo ▸ **to take offence** se vexer **2.** [lead, drive] emmener **3.** [accept] accepter **4.** [contain] contenir, avoir une capacité de **5.** [tolerate] supporter **6.** [require] demander **7.** [wear] : *what size do you take?* a) [clothes] quelle taille faites-vous ? b) [shoes] vous chaussez du combien ? **8.** [assume] ▸ **I take it (that)**...

je suppose que…, je pense que… **9.** [rent] prendre, louer. ❖ noun CIN prise f de vues.

◆ **take after** vt insep tenir de, ressembler à. ◆ **take apart** vt sep [dismantle] démonter. ◆ **take away** vt sep **1.** [remove] enlever **2.** [deduct] retrancher, soustraire. ◆ **take back** vt sep **1.** [return] rendre, rapporter **2.** [accept] reprendre **3.** [statement, accusation] retirer. ◆ **take down** vt sep **1.** [dismantle] démonter **2.** [write down] prendre **3.** [lower] baisser. ◆ **take in** vt sep **1.** [deceive] rouler, tromper **2.** [understand] comprendre **3.** [include] englober, couvrir **4.** [provide accommodation for] recueillir. ◆ **take off** ❖ vt sep **1.** [remove] enlever, ôter **2.** [have as holiday] ▸ **to take a week/day off** prendre une semaine/un jour de congé **3.** 🇬🇧 [imitate] imiter. ❖ vi **1.** [plane] décoller **2.** [go away suddenly] partir. ◆ **take on** vt sep **1.** [accept] accepter, prendre **2.** [employ] embaucher, prendre **3.** [confront] s'attaquer à ; [competitor] faire concurrence à ; SPORT jouer contre. ◆ **take out** vt sep **1.** [remove - object] prendre, sortir ; [- stain] ôter, enlever ; [extract - tooth] arracher **2.** [go out with] emmener, sortir avec. ◆ **take over** ❖ vt sep **1.** [take control of] reprendre, prendre la direction de **2.** [job] ▸ **to take over sb's job** remplacer qqn, prendre la suite de qqn. ❖ vi **1.** [take control] prendre le pouvoir **2.** [replace] prendre la relève. ◆ **take to** vt insep **1.** [person] éprouver de la sympathie pour, sympathiser avec ; [activity] prendre goût à **2.** [begin] ▸ **to take to doing sthg** se mettre à faire qqch. ◆ **take up** vt sep **1.** [begin - job] prendre ▸ **to take up singing** se mettre au chant **2.** [use up] prendre, occuper. ◆ **take up on** vt sep [accept] ▸ **to take sb up on an offer** accepter l'offre de qqn.

takeaway 🇬🇧 ['teɪkəˌweɪ], **takeout** 🇺🇸 ['teɪkaʊt] noun [food] plat m à emporter.

taken ['teɪkn] pp ⟶ take.

takeoff ['teɪkɒf] noun [of plane] décollage m.

takeout 🇺🇸 = takeaway.

takeover ['teɪkˌəʊvər] noun **1.** [of company] prise f de contrôle, rachat m **2.** [of government] prise f de pouvoir.

taking ['teɪkɪŋ] ❖ adj engageant(e), séduisant(e). ❖ noun [of city, power] prise f ; [of criminal] arrestation f ; [of blood, sample] prélèvement m.

takings ['teɪkɪŋz] pl n recette f.

talc [tælk], **talcum (powder)** ['tælkəm-] noun talc m.

tale [teɪl] noun **1.** [fictional story] histoire f, conte m **2.** [anecdote] récit m, histoire f.

talent ['tælənt] noun ▸ **talent (for)** talent m (pour).

talented ['tæləntɪd] adj qui a du talent, talentueux(euse).

talk [tɔːk] ❖ noun **1.** [conversation] discussion f, conversation f **2.** (U) [gossip] bavardages mpl, racontars mpl **3.** [lecture] conférence f, causerie f. ❖ vi **1.** [speak] ▸ **to talk (to sb)** parler (à qqn) ▸ **to talk about** parler de ▸ **talking of Lucy,…** à propos de Lucy,… **2.** [gossip] bavarder, jaser **3.** [make a speech] faire un discours, parler ▸ **to talk on** OR **about** parler de. ❖ vt parler. ◆ **talk into** vt sep ▸ **to talk sb into doing sthg** persuader qqn de faire qqch. ◆ **talk out of** vt sep ▸ **to talk sb out of doing sthg** dissuader qqn de faire qqch. ◆ **talk over** vt sep discuter de. ◆ **talk up** vt sep vanter les mérites de, faire de la publicité pour. ◆ **talks** pl n entretiens mpl, pourparlers mpl.

talkative ['tɔːkətɪv] adj bavard(e), loquace.

talking ['tɔːkɪŋ] ❖ noun (U) conversation f, propos mpl ▸ **he did all the talking** il était le seul à parler. ❖ adj [film] parlant ; [bird] qui parle.

talking point ['tɔːkɪŋ-] noun sujet m de conversation OR discussion.

talking-to ['tɔːkɪŋ-] noun inf savon m, réprimande f ▸ **to give sb a good talking-to** passer un bon savon à qqn.

talk show noun TV talk-show m, causerie f télévisée.

tall [tɔːl] adj grand(e) / **how tall are you?** combien mesurez-vous ? / **she's 5 feet tall** elle mesure 1,50 m.

tall order noun ▸ **that's a tall order** c'est demander beaucoup, cela va être difficile.

tall story noun histoire f à dormir debout.

tally ['tælɪ] ❖ noun compte m. ❖ vi correspondre, concorder.

talon ['tælən] noun serre f, griffe f.

tambourine [ˌtæmbə'riːn] noun tambourin m.

tame [teɪm] ❖ adj **1.** [animal, bird] apprivoisé(e) **2.** pej [person] docile ; [party, story, life] terne, morne. ❖ vt **1.** [animal, bird] apprivoiser **2.** [people] mater, dresser.

tamper ['tæmpər] ◆ **tamper with** vt insep [machine] toucher à ; [records, file] altérer, falsifier ; [lock] essayer de crocheter.

tampon ['tæmpɒn] noun tampon m.

tan [tæn] ❖ adj brun clair *(inv)*. ❖ noun bronzage *m*, hâle *m*. ❖ vi bronzer.

tang [tæŋ] noun [taste] saveur *f* forte OR piquante ; [smell] odeur *f* forte OR piquante.

tangent ['tændʒənt] noun GEOM tangente *f* ▸ **to go off at a tangent** *fig* changer de sujet, faire une digression.

tangerine [,tændʒə'ri:n] noun mandarine *f*.

tangible ['tændʒəbl] adj tangible.

Tangier [tæn'dʒɪər] noun Tanger.

tangle ['tæŋgl] noun **1.** [mass] enchevêtrement *m*, emmêlement *m* **2.** *fig* [confusion] ▸ **to get into a tangle** s'empêtrer, s'embrouiller.

tangy ['tæŋɪ] (*compar* -**ier**, *superl* -**iest**) adj piquant(e), fort(e).

tank [tæŋk] noun **1.** [container] réservoir *m* **2.** MIL tank *m*, char *m* (d'assaut).

tanker ['tæŋkər] noun **1.** [ship - for oil] pétrolier *m* **2.** [truck] camion-citerne *m* **3.** [train] wagon-citerne *m*.

tank top noun débardeur *m*.

tanned [tænd] adj bronzé(e), hâlé(e).

Tannoy® ['tænɔɪ] noun système *m* de haut-parleurs.

tantalizing, tantalising UK ['tæntəlaɪzɪŋ] adj [smell] très appétissant(e) ; [possibility, thought] très tentant(e).

tantamount ['tæntəmaʊnt] adj ▸ **tantamount to** équivalent(e) à.

tantrum ['tæntrəm] (*pl* -**s**) noun crise *f* de colère ▸ **to have** OR **throw a tantrum** faire OR piquer une colère.

Tanzania [,tænzə'nɪə] noun Tanzanie *f*.

tap [tæp] ❖ noun **1.** UK [device] robinet *m* **2.** [light blow] petite tape *f*, petit coup *m*. ❖ vt **1.** [hit] tapoter, taper **2.** [resources, energy] exploiter, utiliser **3.** [telephone, wire] mettre sur écoute.

tap dance noun *(U)* claquettes *fpl*.

tape [teɪp] ❖ noun **1.** [strip of cloth, adhesive material] ruban *m* **2.** [magnetic tape] bande *f* magnétique. ❖ vt [stick] scotcher.

tape measure noun centimètre *m*, mètre *m*.

taper ['teɪpər] vi s'effiler ; [trousers] se terminer en fuseau.

tapestry ['tæpɪstrɪ] noun tapisserie *f*.

tar [tɑːr] noun *(U)* goudron *m*.

tarantula [tə'ræntjʊlə] noun tarentule *f*.

tardy ['tɑːdɪ] (*compar* -**ier**, *superl* -**iest**) ❖ adj **1.** US SCH en retard **2.** *fml* & *liter* [late] tar-

dif(ive) **3.** *fml* & *liter* [slow] lent(e), nonchalant(e). ❖ noun US SCH élève *mf* retardataire.

target ['tɑːgɪt] ❖ noun **1.** [of missile, bomb] objectif *m* ; [for archery, shooting] cible *f* **2.** *fig* [for criticism] cible *f* **3.** *fig* [goal] objectif *m*. ❖ vt **1.** [city, building] viser **2.** *fig* [subj: policy] s'adresser à, viser ; [subj: advertising] cibler.

target market noun marché *m* cible.

tariff ['tærɪf] noun **1.** [tax] tarif *m* douanier **2.** [list] tableau *m* OR table *f* des prix.

Tarmac® ['tɑːmæk] noun [material] macadam *m*. ◆ **tarmac** noun AERON ▸ **the tarmac** la piste.

tarnish ['tɑːnɪʃ] vt *lit* & *fig* ternir.

tarpaulin [tɑː'pɔːlɪn] noun [material] toile *f* goudronnée ; [sheet] bâche *f*.

tart [tɑːt] ❖ adj **1.** [bitter] acide **2.** [sarcastic] acide, acerbe. ❖ noun **1.** CULIN tarte *f* **2.** *v inf* [prostitute] pute *f*. ◆ **tart up** vt sep UK *inf* & *pej* [room] retaper, rénover ▸ **to tart o.s. up** se faire beau (belle).

tartan ['tɑːtn] ❖ noun tartan *m*. ❖ comp écossais(e).

tartar(e) sauce ['tɑːtər-] noun sauce *f* tartare.

taser ['teɪzər] noun pistolet *m* à impulsion électronique, taser *m*.

task [tɑːsk] noun tâche *f*, besogne *f*.

task force noun MIL corps *m* expéditionnaire.

taskmaster ['tɑːsk,mɑːstər] noun ▸ **hard taskmaster** tyran *m*.

tassel ['tæsl] noun pompon *m*, gland *m*.

taste [teɪst] ❖ noun **1.** [gen] goût *m* ▸ **have a taste!** goûte ! ▸ **in good/bad taste** de bon/mauvais goût **2.** *fig* [liking] ▸ **taste (for)** penchant *m* (pour), goût *m* (pour) **3.** *fig* [experience] aperçu *m*. ❖ vt **1.** [sense - food] sentir **2.** [test, try] déguster, goûter **3.** *fig* [experience] tâter de, goûter de. ❖ vi ▸ **to taste good/odd etc.** avoir bon goût/un drôle de goût etc. ▸ **to taste of/like** avoir le goût de.

tasteful ['teɪstfʊl] adj de bon goût.

tasteless ['teɪstlɪs] adj **1.** [object, decor, remark] de mauvais goût **2.** [food] qui n'a aucun goût, fade.

tasty ['teɪstɪ] adj [delicious] délicieux(euse), succulent(e).

tatters ['tætəz] pl n ▸ **in tatters a)** [clothes] en lambeaux **b)** [confidence] brisé(e) **c)** [reputation] ruiné(e).

tattle-tale ['tætl-] US = **telltale**.

tattoo [tə'tu:] ❖ noun (pl -s) **1.** [design] tatouage m **2.** UK [military display] parade f OR défilé m militaire. ❖ vt tatouer.

tatty ['tæti] adj UK inf & pej [clothes] défraîchi(e), usé(e) ; [flat, area] miteux(euse), minable.

taught [tɔ:t] pt & pp ⟶ **teach**.

taunt [tɔ:nt] ❖ vt railler, se moquer de. ❖ noun raillerie f, moquerie f.

Taurus ['tɔ:rəs] noun Taureau m.

taut [tɔ:t] adj tendu(e).

tawdry ['tɔ:dri] adj pej [jewellery] clinquant(e) ; [clothes] voyant(e), criard(e).

tax [tæks] ❖ noun ADMIN taxe f, impôt m. ❖ vt **1.** [goods] taxer **2.** [profits, business, person] imposer **3.** [strain] mettre à l'épreuve.

taxable ['tæksəbl] adj imposable.

taxation [tæk'seɪʃn] noun (U) **1.** [system] imposition f **2.** [amount] impôts mpl.

tax avoidance [-ə'vɔɪdəns] noun évasion f fiscale.

tax bracket noun tranche f d'imposition.

tax break noun réduction f d'impôt.

tax cut noun baisse f de l'impôt.

tax-deductible [-dɪ'dʌktəbl] adj déductible des impôts.

tax disc noun UK vignette f.

tax evasion noun fraude f fiscale.

tax-exempt US = **tax-free**.

tax exile noun UK personne qui vit à l'étranger pour échapper au fisc.

tax-free, tax-exempt US adj exonéré(e) (d'impôt).

tax haven noun paradis m fiscal.

taxi ['tæksi] ❖ noun taxi m. ❖ vi [plane] rouler au sol.

taxi driver noun chauffeur m de taxi.

taxing ['tæksɪŋ] adj éprouvant(e).

tax inspector noun inspecteur m des impôts.

taxpayer ['tæks,peɪər] noun contribuable mf.

tax return noun déclaration f d'impôts.

TB noun **1.** abbr of **tuberculosis** **2.** written abbr of **text back**.

tea [ti:] noun **1.** [drink, leaves] thé m **2.** UK [afternoon meal] goûter m ; [evening meal] dîner m.

teabag ['ti:bæg] noun sachet m de thé.

tea break noun UK pause pour prendre le thé ; ≃ pause-café f.

teach [ti:tʃ] (pt & pp taught) ❖ vt **1.** [instruct] apprendre ▸ to teach sb sthg, to teach sthg to sb apprendre qqch à qqn ▸ to teach sb to do sthg apprendre à qqn à faire qqch **2.** [subj: teacher] apprendre, enseigner. ❖ vi enseigner.

teacher ['ti:tʃər] noun [in primary school] instituteur m, -trice f, maître m, maîtresse f ; [in secondary school] professeur m.

teacher's pet noun pej chouchou m, chouchoute f.

teaching ['ti:tʃɪŋ] noun enseignement m.

teaching aid noun support m pédagogique.

tea cloth noun UK **1.** [tablecloth] nappe f **2.** [tea towel] torchon m.

teacup ['ti:kʌp] noun tasse f à thé.

teak [ti:k] noun teck m.

team [ti:m] noun équipe f.

teammate ['ti:mmeɪt] noun co-équipier m, -ère f.

teamwork ['ti:mwɜ:k] noun (U) travail m d'équipe, collaboration f.

teapot ['ti:pɒt] noun théière f.

tear[1] [tɪər] noun larme f.

tear[2] [teər] ❖ vt (pt tore, pp torn) **1.** [rip] déchirer **2.** [remove roughly] arracher. ❖ vi (pt tore, pp torn) **1.** [rip] se déchirer **2.** [move quickly] foncer, aller à toute allure. ❖ noun déchirure f, accroc m. ◆ **tear apart** vt sep **1.** [rip up] déchirer, mettre en morceaux **2.** fig [country, company] diviser ; [person] déchirer. ◆ **tear down** vt sep [building] démolir ; [poster] arracher. ◆ **tear out** vt sep [page] arracher ; [cheque] détacher ▸ to tear one's hair (out) lit & fig s'arracher les cheveux. ◆ **tear up** vt sep déchirer.

teardrop ['tɪədrɒp] noun larme f.

tearful ['tɪəfʊl] adj [person] en larmes.

tear gas [tɪər-] noun (U) gaz m lacrymogène.

tearjerker ['tɪə,dʒɜ:kər] noun hum roman m OR film m qui fait pleurer dans les chaumières.

tearoom ['ti:rʊm] noun salon m de thé.

tease [ti:z] ❖ noun taquin m, -e f. ❖ vt [mock] ▸ to tease sb (about sthg) taquiner qqn (à propos de qqch).

tea service, tea set noun service m à thé.

teasing ['ti:zɪŋ] adj taquin(e).

teaspoon ['ti:spu:n] noun **1.** [utensil] petite cuillère f, cuillère à café **2.** [amount] cuillerée f à café.

teat [ti:t] noun tétine f.

teatime ['ti:taɪm] noun UK l'heure f du thé.

tea towel noun UK torchon m.

techie ['tekɪ] noun inf technicien m, -enne f.

technical ['teknɪkl] adj technique.

technicality [,teknɪ'kælətɪ] noun **1.** [intricacy] technicité f **2.** [detail] détail m technique.

technically ['teknɪklɪ] adv **1.** [gen] techniquement **2.** [theoretically] en théorie.

technician [tek'nɪʃn] noun technicien m, -enne f.

technique [tek'ni:k] noun technique f.

techno ['teknəʊ] noun MUS techno f.

technological [,teknə'lɒdʒɪkl] adj technologique.

technology [tek'nɒlədʒɪ] noun technologie f.

teddy ['tedɪ] noun ▶ **teddy (bear)** ours m en peluche, nounours m.

tedious ['ti:djəs] adj ennuyeux(euse).

tee [ti:] noun GOLF tee m.

teem [ti:m] vi **1.** [rain] pleuvoir à verse **2.** [place] ▶ **to be teeming with** grouiller de.

teen [ti:n] adj inf [fashion] pour ados ; [music, problems] d'ados.

teenage ['ti:neɪdʒ] adj adolescent(e).

teenager ['ti:n,eɪdʒər] noun adolescent m, -e f.

teens [ti:nz] pl n adolescence f.

tee shirt noun tee-shirt m.

teeter ['ti:tər] vi vaciller ▶ **to teeter on the brink of** fig être au bord de.

teeth [ti:θ] pl n ⟶ **tooth**.

teethe [ti:ð] vi [baby] percer ses dents.

teething troubles ['ti:ðɪŋ-] pl n fig difficultés fpl initiales.

teetotal [ti:'təʊtl] adj qui ne boit jamais d'alcool.

teetotaller UK, **teetotaler** US [ti:'təʊtlər] noun personne f qui ne boit jamais d'alcool.

TEFL ['tefl] (abbr of teaching English as a foreign language) noun enseignement de l'anglais langue étrangère.

tel. (abbr of telephone) tél.

telecom ['telɪkɒm] noun (U) UK inf télécommunications fpl.

telecommunications ['telɪkə,mju:nɪ'keɪʃnz] pl n télécommunications fpl.

teleconference ['telɪ,kɒnfərəns] noun téléconférence f.

telegram ['telɪgræm] noun télégramme m.

telegraph ['telɪgrɑ:f] ❖ noun télégraphe m. ❖ vt télégraphier.

telegraph pole UK, **telegraph post** UK, **telephone pole** US noun poteau m télégraphique.

telepathy [tɪ'lepəθɪ] noun télépathie f.

telephone ['telɪfəʊn] ❖ noun téléphone m ▶ **to be on the telephone a)** UK [connected] avoir le téléphone **b)** [speaking] être au téléphone. ❖ vt téléphoner à. ❖ vi téléphoner.

telephone book noun annuaire m.

telephone box noun UK cabine f téléphonique.

telephone call noun appel m téléphonique, coup m de téléphone.

telephone directory noun annuaire m.

telephone number noun numéro m de téléphone.

telephonist [tɪ'lefənɪst] noun UK téléphoniste mf.

telephoto lens [,telɪ'fəʊtəʊ-] noun téléobjectif m.

telescope ['telɪskəʊp] noun télescope m.

teletext ['telɪtekst] noun télétexte m.

televise ['telɪvaɪz] vt téléviser.

television ['telɪ,vɪʒn] noun **1.** (U) [medium, industry] télévision f ▶ **on television** à la télévision **2.** [apparatus] (poste m de) télévision f, téléviseur m.

television set noun poste m de télévision, téléviseur m.

telex ['teleks] ❖ noun télex m. ❖ vt [message] envoyer par télex, télexer ; [person] envoyer un télex à.

tell [tel] (pt & pp told) ❖ vt **1.** [gen] dire ; [story] raconter ▶ **to tell sb (that)…** dire à qqn que… ▶ **to tell sb sthg, to tell sthg to sb** dire qqch à qqn ▶ **to tell sb to do sthg** dire ou ordonner à qqn de faire qqch **2.** [judge, recognize] savoir, voir / could you tell me the time? tu peux me dire l'heure (qu'il est) ? ❖ vi **1.** [speak] parler **2.** [judge] savoir **3.** [have effect] se faire sentir. ◆ **tell apart** vt sep distinguer. ◆ **tell off** vt sep gronder.

telling ['telɪŋ] adj [remark] révélateur(trice).

telling-off (pl tellings-off) noun réprimande f.

telltale ['telteɪl] ❖ adj révélateur(trice). ❖ noun rapporteur m, -euse f, mouchard m, -e f.

telly ['telɪ] (*abbr of* **television**) noun **UK** *inf* télé f ▶ **on telly** à la télé.

temp [temp] *inf* ❖ noun (*abbr of* **temporary (employee)**) intérimaire *mf*. ❖ vi **UK** travailler comme intérimaire.

temper ['tempər] ❖ noun **1.** [angry state] ▶ **to be in a temper** être en colère ▶ **to lose one's temper** se mettre en colère **2.** [mood] humeur f **3.** [temperament] tempérament m. ❖ vt [moderate] tempérer.

temperament ['temprəmənt] noun tempérament m.

temperamental [,temprə'mentl] adj [volatile, unreliable] capricieux(euse).

temperate ['temprət] adj tempéré(e).

temperature ['temprətʃər] noun température f ▶ **to have a temperature** avoir de la température OR de la fièvre.

tempest ['tempɪst] noun *liter* tempête f.

tempestuous [tem'pestjʊəs] adj *liter & fig* orageux(euse).

template ['templɪt] noun gabarit m.

temple ['templ] noun **1.** RELIG temple m **2.** ANAT tempe f.

temporarily [,tempə'rerəlɪ] adv temporairement, provisoirement.

temporary ['tempərərɪ] adj temporaire, provisoire.

tempt [tempt] vt tenter ▶ **to tempt sb to do sthg** donner à qqn l'envie de faire qqch.

temptation [temp'teɪʃn] noun tentation f.

tempting ['temptɪŋ] adj tentant(e).

ten [ten] num dix. *See also* **six**.

tenable ['tenəbl] adj [argument, position] défendable.

tenacious [tɪ'neɪʃəs] adj tenace.

tenancy ['tenənsɪ] noun location f.

tenant ['tenənt] noun locataire *mf*.

tend [tend] vt **1.** [have tendency] ▶ **to tend to do sthg** avoir tendance à faire qqch **2.** [look after] s'occuper de, garder.

tendency ['tendənsɪ] noun ▶ **tendency (to do sthg)** tendance f (à faire qqch).

tender ['tendər] ❖ adj tendre ; [bruise, part of body] sensible, douloureux(euse). ❖ noun COMM soumission f. ❖ vt *fml* [apology, money] offrir ; [resignation] donner.

tendon ['tendən] noun tendon m.

tenement ['tenəmənt] noun immeuble m.

tenet ['tenɪt] noun *fml* principe m.

tennis ['tenɪs] noun (U) tennis m.

tennis ball noun balle f de tennis.

tennis court noun court m de tennis.

tennis racket noun raquette f de tennis.

tenor ['tenər] noun [singer] ténor m.

tenpin bowling **UK** ['tenpɪn-], **tenpins** **US** ['tenpɪnz] noun (U) bowling m (à dix quilles).

tense [tens] ❖ adj tendu(e). ❖ noun temps m. ❖ vt tendre.

tensile strength noun résistance f à la tension, limite f élastique à la tension.

tension ['tenʃn] noun tension f.

tent [tent] noun tente f.

tentacle ['tentəkl] noun tentacule m.

tentative ['tentətɪv] adj **1.** [hesitant] hésitant(e) **2.** [not final] provisoire.

tenterhooks ['tentəhʊks] pl n ▶ **to be on tenterhooks** être sur des charbons ardents.

tenth [tenθ] num dixième. *See also* **sixth**.

tenuous ['tenjʊəs] adj ténu(e).

tenure ['tenjər] noun (U) *fml* **1.** [of property] bail m **2.** [of job] ▶ **to have tenure** être titulaire.

tepid ['tepɪd] adj tiède.

term [tɜːm] ❖ noun **1.** [word, expression] terme m **2.** **UK** SCH & UNIV trimestre m **3.** [period of time] durée f, période f ▶ **in the long/short term** à long/court terme. ❖ vt appeler. ◆ **terms** pl n **1.** [of contract, agreement] conditions *fpl* **2.** [basis] ▶ **in international/real terms** en termes internationaux/réels ▶ **to be on good terms (with sb)** être en bons termes (avec qqn) ▶ **to come to terms with sthg** accepter qqch. ◆ **in terms of** prep sur le plan de, en termes de.

terminal ['tɜːmɪnl] ❖ adj MED en phase terminale. ❖ noun **1.** AERON, COMPUT & RAIL terminal m **2.** ELEC borne f.

terminate ['tɜːmɪneɪt] ❖ vt **1.** *fml* [end - gen] terminer, mettre fin à ; [- contract] résilier **2.** [pregnancy] interrompre. ❖ vi **1.** [bus, train] s'arrêter **2.** [contract] se terminer.

termini ['tɜːmɪnaɪ] pl n ⟶ **terminus**.

terminus ['tɜːmɪnəs] (*pl* -**ni** *or* -**nuses**) noun terminus m.

terrace ['terəs] noun **1.** [patio, on hillside] terrasse f **2.** **UK** [of houses] rangée f de maisons (*mitoyennes à un ou deux étages*). ◆ **terraces** pl n FOOT ▶ **the terraces** les gradins *mpl*.

terraced ['terəst] adj [hillside] en terrasses.

terraced house noun UK maison attenante aux maisons voisines.

terrain [te'reɪn] noun terrain m.

terrible ['terəbl] adj terrible ; [holiday, head-ache, weather] affreux(euse), épouvantable.

terribly ['terəbli] adv terriblement ; [sing, write, organized] affreusement mal ; [injured] affreusement.

terrier ['terɪər] noun terrier m.

terrific [tə'rɪfɪk] adj 1. inf [wonderful] fantastique, formidable 2. [enormous] énorme, fantastique.

terrified ['terɪfaɪd] adj terrifié(e) ▶ to be terrified of avoir une terreur folle OR peur folle de.

terrify ['terɪfaɪ] (pt & pp -ied) vt terrifier.

terrifying ['terɪfaɪɪŋ] adj terrifiant(e).

territory ['terətrɪ] noun territoire m.

terror ['terər] noun terreur f.

terrorism ['terərɪzm] noun terrorisme m.

terrorist ['terərɪst] noun terroriste mf.

terrorize, terrorise UK ['terəraɪz] vt terroriser.

terse [tɜːs] adj brusque.

test [test] ❖ noun 1. [trial] essai m ; [of friendship, courage] épreuve f 2. [examination - of aptitude, psychological] test m ; [- of driving] (examen m du) permis m de conduire 3. SCH & UNIV interrogation f écrite/orale 4. MED - of blood, urine] analyse f ; [- of eyes] examen m. ❖ vt 1. [try] essayer ; [determination, friendship] mettre à l'épreuve 2. SCH & UNIV faire faire une interrogation écrite/orale à ▶ to test sb on sthg interroger qqn sur qqch 3. [MED - blood, urine] analyser ; [- eyes, reflexes] faire un examen de.

testament ['testəmənt] noun [will] testament m.

test drive noun essai m sur route. ❖ **test-drive** vt (pt test-drove, pp test-driven) essayer.

testicles ['testɪklz] pl n testicules mpl.

testify ['testɪfaɪ] ❖ vt ▶ to testify that... témoigner que.... ❖ vi 1. LAW témoigner 2. [be proof] ▶ to testify to sthg témoigner de qqch.

testimonial [,testɪ'məʊnjəl] noun 1. [character reference] recommandation f 2. [tribute] témoignage m d'estime.

testimony [UK 'testɪmənɪ, US 'testəməʊnɪ] noun témoignage m.

testing ['testɪŋ] adj éprouvant(e).

test match noun UK match m international.

test tube noun éprouvette f.

test-tube baby noun bébé-éprouvette m.

tetanus ['tetənəs] noun tétanos m.

tether ['teðər] ❖ vt attacher. ❖ noun ▶ to be at the end of one's tether être au bout du rouleau.

text [tekst] noun 1. [gen] texte m 2. TELEC SMS m.

textbook ['tekstbʊk] noun livre m OR manuel m scolaire.

textile ['tekstaɪl] noun textile m.

texting ['tekstɪŋ] noun (U) TELEC service m de mini-messages.

text message noun TELEC mini-message m.

texture ['tekstʃər] noun texture f ; [of paper, wood] grain m.

Thai [taɪ] ❖ adj thaïlandais(e). ❖ noun 1. [person] Thaïlandais m, -e f 2. [language] thaï m.

Thailand ['taɪlænd] noun Thaïlande f.

Thames [temz] noun ▶ the Thames la Tamise.

than (weak form [ðən], strong form [ðæn]) conj que ▶ Sarah is younger than her sister Sarah est plus jeune que sa sœur / more than three days/50 people plus de trois jours/50 personnes.

thank [θæŋk] vt remercier ▶ to thank sb (for) remercier qqn (pour OR de) ▶ thank God OR goodness OR heavens! Dieu merci ! ❖ **thanks** ❖ pl n remerciements mpl. ❖ excl merci ! ❖ **thanks to** prep grâce à.

thankful ['θæŋkfʊl] adj 1. [grateful] ▶ thankful (for) reconnaissant(e) (de) 2. [relieved] soulagé(e).

thankless ['θæŋklɪs] adj ingrat(e).

thanksgiving ['θæŋks,gɪvɪŋ] noun action f de grâce. ❖ **Thanksgiving (Day)** noun fête nationale américaine commémorant l'installation des premiers colons en Amérique.

thank you excl ▶ thank you (for) merci (pour OR de).

that [ðæt] ❖ pron (pl those [ðəʊz]) 1. (demonstrative use: pl those) ce, cela, ça ; (as opposed to this) celui-là (celle-là) / who's that? qui est-ce ? / is that Maureen? c'est Maureen ? / what's that? qu'est-ce que c'est que ça ? / that's a shame c'est dommage / which shoes are you going to wear, these or those? quelles chaussures vas-tu mettre, celles-ci ou celles-là ? ▶ those who ceux (celles) qui 2. (weak form [ðət], strong form [ðæt]) [to introduce relative clauses

- subject] qui ; [-object] que ; [-with prep] lequel (laquelle), lesquels (lesquelles) (pl) / we came to a path that led into the woods nous arrivâmes à un sentier qui menait dans les bois / show me the book that you bought montre-moi le livre que tu as acheté / on the day that we left le jour où nous sommes partis. ❖ adj (demonstrative: pl **those**) ce (cette), cet (before vowel or silent 'h'), ces (pl) ; (as opposed to **this**) ce (cette)...-là, ces...-là (pl) / those chocolates are delicious ces chocolats sont délicieux / later that day plus tard ce jour-là / I prefer that book je préfère ce livre-là / I'll have that one je prendrai celui-là. ❖ adv aussi, si / it wasn't that bad/good ce n'était pas si mal/bien que ça. ❖ conj [ðət] que / tell him that the children aren't coming dites-lui que les enfants ne viennent pas / he recommended that I phone you il m'a conseillé de vous appeler. ❖ **that is (to say)** adv c'est-à-dire.

thatched [θætʃt] adj de chaume.

thaw [θɔː] ❖ vt [ice] faire fondre OR dégeler ; [frozen food] décongeler. ❖ vi **1.** [ice] dégeler, fondre ; [frozen food] décongeler **2.** fig [people, relations] se dégeler. ❖ noun dégel m.

the (weak form [ðə], before vowel [ðɪ], strong form [ðiː]) def art **1.** [gen] le (la), l' (+ vowel or silent 'h'), les (pl) / the book le livre / the sea la mer / the man l'homme / the boys/girls les garçons/filles / the Joneses are coming to supper les Jones viennent dîner ▸ **to play the piano** jouer du piano **2.** (with an adj to form a noun) : the British les Britanniques / the old/young les vieux/jeunes / the impossible l'impossible **3.** [in dates] : the twelfth of May le douze mai / the forties les années quarante **4.** [in comparisons] ▸ **the more... the less** plus... moins ▸ **the sooner the better** le plus tôt sera le mieux **5.** [in titles] ▸ **Alexander the Great** Alexandre le Grand ▸ **George the First** Georges Premier.

theatre 🇬🇧, **theater** 🇺🇸 ['θɪətər] noun **1.** THEAT théâtre m **2.** 🇬🇧 MED salle f d'opération **3.** 🇺🇸 [cinema] cinéma m.

theatregoer 🇬🇧, **theatergoer** 🇺🇸 ['θɪətəˌɡəʊər] noun habitué m, -e f du théâtre.

theatrical [θɪˈætrɪkl] adj théâtral(e) ; [company] de théâtre.

thee [ðiː] pron arch te, t' (before vowel or silent 'h') ; [after prep] toi.

theft [θeft] noun vol m.

their [ðeər] poss adj leur, leurs (pl) / their house leur maison / their children leurs enfants.

theirs [ðeəz] poss pron le leur (la leur), les leurs (pl) / that house is theirs cette maison est la

leur, cette maison est à eux/elles / it wasn't our fault, it was THEIRS ce n'était pas de notre faute, c'était de la leur / a friend of theirs un de leurs amis, un ami à eux/elles.

them (weak form [ðəm], strong form [ðem]) pers pron pl **1.** (direct) les / I know them je les connais / if I were OR was them si j'étais eux/elles, à leur place **2.** (indirect) leur / we spoke to them nous leur avons parlé / she sent them a letter elle leur a envoyé une lettre / I gave it to them je le leur ai donné **3.** (stressed, after prep, in comparisons, etc.) eux (elles) / you can't expect THEM to do it tu ne peux pas exiger que ce soit eux qui le fassent / with them avec eux/elles / without them sans eux/elles / we're not as wealthy as them nous ne sommes pas aussi riches qu'eux/qu'elles.

theme [θiːm] noun **1.** [topic, motif] thème m, sujet m **2.** MUS thème m ; [signature tune] indicatif m.

theme park noun parc m à thème.

theme tune noun chanson f principale.

themselves [ðemˈselvz] pron **1.** (reflexive) se ; (after prep) eux (elles) **2.** (for emphasis) eux-mêmes mpl, elles-mêmes f / they did it themselves ils l'ont fait tout seuls.

then [ðen] adv **1.** [not now] alors, à cette époque **2.** [next] puis, ensuite **3.** [in that case] alors, dans ce cas **4.** [therefore] donc **5.** [also] d'ailleurs, et puis. ❖ **there and then, then and there** adv immédiatement, sur-le-champ / I liked the bike so much when I saw it in the shop, that I bought it there and then OR then and there j'ai tellement aimé le vélo quand je l'ai vu dans le magasin, que je l'ai acheté immédiatement OR sur-le-champ.

theology [θɪˈɒlədʒɪ] noun théologie f.

theoretical [θɪəˈretɪkl] adj théorique.

theorize, theorise 🇬🇧 ['θɪəraɪz] vi ▸ **to theorize (about)** émettre une théorie (sur), théoriser (sur).

theory ['θɪərɪ] noun théorie f ▸ **in theory** en théorie.

therapist ['θerəpɪst] noun thérapeute mf, psychothérapeute mf.

therapy ['θerəpɪ] noun (U) thérapie f.

there [ðeər] ❖ pron [indicating existence of sthg] ▸ **there is/are** il y a / there's someone at the door il y a quelqu'un à la porte / there must be some mistake il doit y avoir erreur. ❖ adv **1.** [in existence, available] y, là / is anybody there? il y a quelqu'un ? / is John there, please? [when telephoning] est-ce que

John est là, s'il vous plaît ? **2.** [referring to place] y, là / *I'm going there next week* j'y vais la semaine prochaine / *there it is* c'est là ▸ *it's six kilometres there and back* cela fait six kilomètres aller-retour **3.** [point in conversation, particular stage] là / *we're getting there* on y arrive / *hello* OR *hi there!* salut ! / *there you go again!* ça y est, vous recommencez ! ❖ excl : *there, I knew he'd turn up* tiens OR voilà, je savais bien qu'il s'amènerait ▸ **there, there** allons, allons. ◆ **there again** adv après tout / *but there again, no one really knows* mais après tout, personne ne sait vraiment. ◆ **there and then**, **then and there** adv immédiatement, sur-le-champ.

thereabouts [ˌðeərə'baʊts], **thereabout** US [ˌðeər'baʊt] adv ▸ **or thereabouts** a) [nearby] par là b) [approximately] environ.

thereafter [ˌðeər'ɑːftər] adv *fml* après cela, par la suite.

thereby [ˌðeər'baɪ] adv *fml* ainsi, de cette façon.

therefore ['ðeəfɔːr] adv donc, par conséquent.

thereof [ˌðeər'ɒv] adv *arch* & *fml* de cela, en.

thermal ['θɜːml] adj thermique ; [clothes] en Thermolactyl®.

thermometer [θə'mɒmɪtər] noun thermomètre *m*.

Thermos (flask)® ['θɜːməs-] noun (bouteille *f*) Thermos® *m* ou *f*.

thermostat ['θɜːməstæt] noun thermostat *m*.

thesaurus [θɪ'sɔːrəs] (*pl* -es) noun dictionnaire *m* de synonymes.

these [ðiːz] pron pl ⟶ **this**.

thesis ['θiːsɪs] (*pl* theses ['θiːsiːz]) noun thèse *f*.

they [ðeɪ] pers pron pl **1.** [people, things, animals - unstressed] ils (elles) ; [- stressed] eux (elles) / *they're pleased* ils sont contents (elles sont contentes) / *they're pretty earrings* ce sont de jolies boucles d'oreille ▸ **there they are** les voilà **2.** [unspecified people] on, ils / *they say it's going to snow* on dit qu'il va neiger.

they'd [ðeɪd] ⟶ **they had**, **they would**.

they'll [ðeɪl] ⟶ **they shall**, **they will**.

they're [ðeər] ⟶ **they are**.

they've [ðeɪv] ⟶ **they have**.

thick [θɪk] ❖ adj **1.** [gen] épais (épaisse) ; [forest, hedge, fog] dense ; [voice] indistinct(e) / *to be 6 inches thick* avoir 15 cm d'épaisseur **2.** *inf* [stupid] bouché(e). ❖ noun ▸ **in the thick of** au plus fort de, en plein OR au beau milieu de.

thicken ['θɪkn] ❖ vt épaissir. ❖ vi s'épaissir.

thicket ['θɪkɪt] noun fourré *m*.

thickness ['θɪknɪs] noun épaisseur *f*.

thickset [ˌθɪk'set] adj trapu(e).

thick-skinned [-'skɪnd] adj qui a la peau dure.

thief [θiːf] (*pl* thieves) noun voleur *m*, -euse *f*.

thieve [θiːv] vt & vi voler.

thieves [θiːvz] pl n ⟶ **thief**.

thigh [θaɪ] noun cuisse *f*.

thimble ['θɪmbl] noun dé *m* (à coudre).

thin [θɪn] adj **1.** [slice, layer, paper] mince ; [cloth] léger (ère) ; [person] maigre **2.** [liquid, sauce] clair(e), peu épais (peu épaisse) **3.** [sparse - crowd] épars(e) ; [- vegetation, hair] clairsemé(e). ◆ **thin down** vt sep [liquid, paint] délayer, diluer ; [sauce] éclaircir.

thin air noun ▸ **to appear out of thin air** apparaître tout d'un coup ▸ **to disappear into thin air** disparaître complètement, se volatiliser.

thing [θɪŋ] noun **1.** [gen] chose *f* ▸ **the (best) thing to do would be...** le mieux serait de... ▸ **the thing is...** le problème, c'est que... ▸ **this is just the thing** US *inf* c'est exactement OR tout à fait ce qu'il faut **2.** [anything] : *I don't know a thing* je n'y connais absolument rien **3.** [object] chose *f*, objet *m* **4.** [person] ▸ **you poor thing!** mon pauvre !, ma pauvre ! ◆ **things** pl n **1.** [clothes, possessions] affaires *fpl* **2.** *inf* [life, situation] ▸ **how are things?** comment ça va ?

think [θɪŋk] ❖ vt (*pt* & *pp* thought) **1.** [believe] ▸ **to think (that)** croire que, penser que ▸ *I think so / not* je crois que oui/non, je pense que oui/non **2.** [have in mind] penser à **3.** [imagine] s'imaginer **4.** [in polite requests] : *do you think you could help me?* tu pourrais m'aider ? ❖ vi (*pt* & *pp* thought) **1.** [use mind] réfléchir, penser **2.** [have stated opinion] : *what do you think of* OR *about his new film?* que pensez-vous de son dernier film ? ▸ **to think a lot of sb / sthg** penser beaucoup de bien de qqn/qqch **3.** PHR **to think twice** y réfléchir à deux fois. ◆ **think about** vt insep ▸ **to think about sb / sthg** songer à OR penser à qqn/qqch ▸ **to think about doing sthg** songer à faire qqch / *I'll think about it* je vais y réfléchir. ◆ **think of** vt insep **1.** [consider] = **think about 2.** [remember] se rappeler **3.** [conceive] penser à, avoir l'idée de ▸ **to think of doing sthg** avoir l'idée de faire qqch. ◆ **think over** vt sep réfléchir à. ◆ **think up** vt sep imaginer.

thinking ['θɪŋkɪŋ] ❖ adj qui pense, qui réfléchit. ❖ noun (*U*) opinion *f*, pensée *f* ▸ **to**

do some thinking réfléchir ▸ **to my way of thinking** à mon avis.

thin-skinned [-'skɪnd] adj susceptible, très sensible.

third [θɜːd] ❖ num troisième. ❖ noun UNIV ≃ licence f mention passable. *See also* **sixth**.

third-generation adj COMPUT & TELEC de troisième génération, 3G.

thirdly ['θɜːdlɪ] adv troisièmement, tertio.

third party noun tiers m, tierce personne f.

third-party insurance noun assurance f de responsabilité civile.

third-rate adj pej de dernier OR troisième ordre.

Third World noun ▸ **the Third World** le tiers-monde.

thirst [θɜːst] noun soif f ▸ **thirst for** fig soif de.

thirsty ['θɜːstɪ] adj **1.** [person] ▸ **to be** OR **feel thirsty** avoir soif **2.** [work] qui donne soif.

thirteen [,θɜː'tiːn] num treize. *See also* **six**.

thirty ['θɜːtɪ] num trente. *See also* **sixty**.

this [ðɪs] ❖ pron (pl **these** [ðiːz]) (demonstrative use) ce, ceci ; (as opposed to **that**) celui-ci (celle-ci) / *this is for you* c'est pour vous / *who's this?* qui est-ce ? / *what's this?* qu'est-ce que c'est ? / *which sweets does she prefer, these or those?* quels bonbons préfère-t-elle, ceux-ci ou ceux-là ? / *this is Daphne Logan* [introducing another person] je vous présente Daphne Logan ; [introducing oneself on phone] ici Daphne Logan, Daphne Logan à l'appareil. ❖ adj **1.** (demonstrative use) ce (cette), cet (before vowel or silent h), ces (pl) ; (as opposed to **that**) ce (cette) ...-ci, ces ...-ci (pl) / *these chocolates are delicious* ces chocolats sont délicieux / *I prefer this book* je préfère ce livre-ci / *I'll have this one* je prendrai celui-ci ▸ **this evening** ce soir ▸ **this morning** ce matin ▸ **this week** cette semaine **2.** inf [a certain] un certain (une certaine). ❖ adv aussi / *it was this big* c'était aussi grand que ça / *you'll need about this much* il vous en faudra à peu près comme ceci.

thistle ['θɪsl] noun chardon m (c'est l'emblème de l'Écosse).

thnx MESSAGING written abbr of **thanks**.

thong [θɒŋ] noun [of leather] lanière f.

thorn [θɔːn] noun épine f.

thorny ['θɔːnɪ] adj lit & fig épineux(euse).

thorough ['θʌrə] adj **1.** [exhaustive - search, inspection] minutieux(euse) ; [- investigation, knowledge] approfondi(e) **2.** [meticu-

lous] méticuleux(euse) **3.** [complete, utter] complet(ète), absolu(e).

thoroughbred ['θʌrəbred] noun pur-sang m inv.

thoroughfare ['θʌrəfeəʳ] noun fml rue f, voie f publique.

thoroughly ['θʌrəlɪ] adv **1.** [fully, in detail] à fond **2.** [completely, utterly] absolument, complètement.

those [ðəʊz] pron pl ⟶ **that**.

though [ðəʊ] ❖ conj bien que (+ subjunctive), quoique (+ subjunctive). ❖ adv pourtant, cependant.

thought [θɔːt] ❖ pt & pp ⟶ **think**. ❖ noun **1.** [gen] pensée f ; [idea] idée f, pensée ▸ **after much thought** après avoir mûrement réfléchi **2.** [intention] intention f. ◆ **thoughts** pl n **1.** [reflections] pensées fpl, réflexions fpl **2.** [views] opinions fpl, idées fpl.

thoughtful ['θɔːtfʊl] adj **1.** [pensive] pensif(ive) **2.** [considerate - person] prévenant(e), attentionné(e) ; [- remark, act] plein(e) de gentillesse.

thoughtless ['θɔːtlɪs] adj [person] qui manque d'égards (pour les autres) ; [remark, behaviour] irréfléchi(e).

thousand ['θaʊznd] num mille ▸ **a** OR **one thousand** mille ▸ **thousands of** des milliers de. *See also* **six**.

thousandth ['θaʊzntθ] num millième. *See also* **sixth**.

thrash [θræʃ] vt **1.** [hit] battre, rosser **2.** inf [defeat] écraser, battre à plates coutures. ◆ **thrash about**, **thrash around** vi s'agiter. ◆ **thrash out** vt sep [problem] débrouiller, démêler ; [idea] débattre, discuter.

thread [θred] ❖ noun **1.** [gen] fil m **2.** [of screw] filet m, pas m. ❖ vt [needle] enfiler.

threadbare ['θredbeəʳ] adj usé(e) jusqu'à la corde.

threat [θret] noun ▸ **threat (to)** menace f (pour).

threaten ['θretn] ❖ vt ▸ **to threaten sb (with)** menacer qqn (de) ▸ **to threaten to do sthg** menacer de faire qqch. ❖ vi menacer.

three [θriː] num trois. *See also* **six**.

three-dimensional [-dɪ'menʃənl] adj [film, picture] en relief ; [object] à trois dimensions.

threefold ['θriːfəʊld] ❖ adj triple. ❖ adv ▸ **to increase threefold** tripler.

three-piece adj ▶ **three-piece suit** (costume *m*) trois pièces *m* ▶ **three-piece suite** canapé *m* et deux fauteuils assortis.

thresh [θreʃ] vt battre.

threshold ['θreʃhəʊld] noun seuil *m*.

threw [θruː] pt ⟶ **throw**.

thrifty ['θrɪftɪ] adj économe.

thrill [θrɪl] ❖ noun **1.** [sudden feeling] frisson *m*, sensation *f* **2.** [enjoyable experience] plaisir *m*. ❖ vt transporter, exciter.

thrilled [θrɪld] adj ▶ **thrilled (with sthg/to do sthg)** ravi(e) (de qqch/de faire qqch), enchanté(e) (de qqch/de faire qqch).

thriller ['θrɪlə'] noun thriller *m*.

thrilling ['θrɪlɪŋ] adj saisissant(e), palpitant(e).

thrive [θraɪv] (*pt* -**d** or **throve**, *pp* -**d**) vi [person] bien se porter ; [plant] pousser bien ; [business] prospérer.

thriving ['θraɪvɪŋ] adj [person] bien portant(e) ; [plant] qui pousse bien ; [business] prospère.

throat [θrəʊt] noun gorge *f*.

throb [θrɒb] vi [heart] palpiter, battre fort ; [engine] vibrer ; [music] taper / *my head is throbbing* j'ai des élancements dans la tête.

throes [θrəʊz] pl n ▶ **to be in the throes of** [war, disease] être en proie à ▶ **to be in the throes of an argument** être en pleine dispute.

throne [θrəʊn] noun trône *m*.

throng [θrɒŋ] ❖ noun foule *f*, multitude *f*. ❖ vt remplir, encombrer.

throttle ['θrɒtl] ❖ noun [valve] papillon *m* des gaz ; [lever] commande *f* des gaz. ❖ vt [strangle] étrangler.

through [θruː] ❖ adj [finished] : *are you through?* tu as fini ? ▶ **to be through with sthg** avoir fini qqch. ❖ adv **1.** [relating to place, position] : *please go through into the lounge* passez dans le salon, s'il vous plaît ▶ **to let sb through** laisser passer qqn **2.** [from beginning to end] ▶ **to read sthg through** lire qqch jusqu'au bout. ❖ prep **1.** [relating to place, position] à travers ▶ **to travel through sthg** traverser qqch ▶ **to cut through sthg** couper qqch **2.** [during] pendant **3.** [because of] à cause de **4.** [by means of] par l'intermédiaire de, par l'entremise de **5.** US [up till and including] : *Monday through Friday* du lundi au vendredi. ◆ **through and through** adv [completely] jusqu'au bout des ongles ; [thoroughly] par cœur, à fond.

throughout [θruːˈaʊt] ❖ prep **1.** [during] pendant, durant / *throughout the meeting* pendant toute la réunion **2.** [everywhere in]

partout dans. ❖ adv **1.** [all the time] tout le temps **2.** [everywhere] partout.

throve [θrəʊv] pt ⟶ **thrive**.

throw [θrəʊ] ❖ vt (*pt* threw, *pp* thrown) **1.** [gen] jeter ; [ball, javelin] lancer **2.** [rider] désarçonner **3.** *fig* [confuse] déconcerter, décontenancer. ❖ noun lancement *m*, jet *m*.
◆ **throw away** vt sep **1.** [discard] jeter **2.** *fig* [money] gaspiller ; [opportunity] perdre.
◆ **throw out** vt sep **1.** [discard] jeter **2.** *fig* [reject] rejeter **3.** [from house] mettre à la porte ; [from army, school] expulser, renvoyer.
◆ **throw up** vi *inf* [vomit] dégobiller, vomir.

throwaway ['θrəʊə,weɪ] adj **1.** [disposable] jetable, à jeter **2.** [remark] désinvolte.

throwback ['θrəʊbæk] noun ▶ **throwback (to)** retour *m* (à).

throw-in noun UK FOOT rentrée *f* en touche.

thrown [θrəʊn] pp ⟶ **throw**.

thru [θruː] US *inf* = **through**.

thrush [θrʌʃ] noun **1.** [bird] grive *f* **2.** MED muguet *m*.

thrust [θrʌst] ❖ noun **1.** [forward movement] poussée *f* ; [of knife] coup *m* **2.** [main aspect] idée *f* principale, aspect *m* principal. ❖ vt [shove] enfoncer, fourrer.

thud [θʌd] ❖ noun bruit *m* sourd. ❖ vi tomber en faisant un bruit sourd.

thug [θʌg] noun brute *f*, voyou *m*.

thumb [θʌm] ❖ noun pouce *m*. ❖ vt *inf* [hitch] ▶ **to thumb a lift** faire du stop or de l'auto-stop. ◆ **thumb through** vt insep feuilleter, parcourir.

thumbs down [,θʌmz-] noun ▶ **to get** or **be given the thumbs down** être rejeté(e).

thumbs up [,θʌmz-] noun [go-ahead] ▶ **to give sb the thumbs up** donner le feu vert à qqn.

thumbtack ['θʌmtæk] noun US punaise *f*.

thump [θʌmp] ❖ noun **1.** [blow] grand coup *m* **2.** [thud] bruit *m* sourd. ❖ vt [hit] cogner, taper sur. ❖ vi [heart] battre fort.

thunder ['θʌndə'] ❖ noun (*U*) **1.** METEOR tonnerre *m* **2.** *fig* [of traffic] vacarme *m* ; [of applause] tonnerre *m*. ❖ impers vb METEOR tonner.

thunderbolt ['θʌndəbəʊlt] noun coup *m* de foudre.

thunderclap ['θʌndəklæp] noun coup *m* de tonnerre.

thunderstorm ['θʌndəstɔːm] noun orage *m*.

Thursday ['θɜːzdɪ] noun jeudi *m*. *See also* **Saturday**.

thus [ðʌs] adv *fml* **1.** [therefore] par conséquent, donc, ainsi **2.** [in this way] ainsi, de cette façon, comme ceci.

thwart [θwɔːt] vt contrecarrer, contrarier.

thx, thnx MESSAGING *written abbr of* thanks.

thyme [taɪm] noun thym *m*.

thyroid ['θaɪrɔɪd] noun thyroïde *f*.

tiara [tɪˈɑːrə] noun [worn by woman] diadème *m*.

Tibet [tɪˈbet] noun Tibet *m*.

tic [tɪk] noun tic *m*.

tick [tɪk] ❖ noun **1.** UK [written mark] coche *f* **2.** [sound] tic-tac *m* **3.** [insect] tique *f*. ❖ vt UK cocher. ❖ vi faire tic-tac. ◆ **tick off** vt sep **1.** UK [mark off] cocher **2.** UK *inf* [tell off] enguirlander. ◆ **tick over** vi UK [engine, business] tourner au ralenti.

ticket ['tɪkɪt] noun **1.** [for access, train, plane] billet *m* ; [for bus] ticket *m* ; [for library] carte *f* ; [label on product] étiquette *f* **2.** [for traffic offence] P.-V. *m*, papillon *m*.

ticket collector noun UK contrôleur *m*, -euse *f*.

ticket inspector noun UK contrôleur *m*, -euse *f*.

ticket machine noun distributeur *m* de billets.

ticket office noun bureau *m* de vente des billets.

tickle ['tɪkl] ❖ vt **1.** [touch lightly] chatouiller **2.** *fig* [amuse] amuser. ❖ vi chatouiller.

ticklish ['tɪklɪʃ] adj [person] qui craint les chatouilles, chatouilleux(euse).

tick-tack-toe noun US [game] ≃ morpion *m*.

tidal ['taɪdl] adj [force] de la marée ; [river] à marées ; [barrier] contre la marée.

tidal wave noun raz-de-marée *m inv*.

tidbit US = titbit.

tiddlywinks ['tɪdlɪwɪŋks], **tiddledywinks** US ['tɪdldɪwɪŋks] noun jeu *m* de puce.

tide [taɪd] noun **1.** [of sea] marée *f* **2.** *fig* [of opinion, fashion] courant *m*, tendance *f* ; [of protest] vague *f*.

tidy ['taɪdɪ] ❖ adj **1.** [room, desk] en ordre, bien rangé(e) ; [hair, dress] soigné(e) **2.** [person - in habits] ordonné(e) ; [- in appearance] soigné(e). ❖ vt ranger, mettre de l'ordre dans. ◆ **tidy up** vt sep ranger, mettre de l'ordre dans. ❖ vi ranger.

tie [taɪ] ❖ noun **1.** [necktie] cravate *f* **2.** *fig* [link] lien *m* **3.** [in game, competition] égalité *f* de points. ❖ vt (*pt & pp* tied, *cont* tying) **1.** [fasten] attacher **2.** [shoelaces] nouer, attacher ▶ to tie a knot faire un nœud **3.** *fig* [link] ▶ to be tied to être lié(e) à. ❖ vi (*pt & pp* tied) [draw] être à égalité. ◆ **tie down** vt sep *fig* [restrict] restreindre la liberté de. ◆ **tie in with** vt insep concorder avec, coïncider avec. ◆ **tie up** vt sep **1.** [with string, rope] attacher **2.** [shoelaces] nouer, attacher **3.** *fig* [money, resources] immobiliser **4.** *fig* [link] ▶ to be tied up with être lié(e) à.

tiebreak(er) ['taɪbreɪk(ə)ʳ] noun **1.** TENNIS tie-break *m*, jeu *m* décisif **2.** [in game, competition] question *f* subsidiaire.

tied [taɪd] adj SPORT ▶ a tied match un match nul.

tier [tɪəʳ] noun [of seats] gradin *m* ; [of cake] étage *m*.

tiff [tɪf] noun bisbille *f*, petite querelle *f*.

tiger ['taɪgəʳ] noun tigre *m*.

tight [taɪt] ❖ adj **1.** [clothes, group, competition, knot] serré(e) **2.** [taut] tendu(e) **3.** [schedule] serré(e), minuté(e) **4.** [strict] strict(e), sévère **5.** [corner, bend] raide **6.** *inf* [drunk] soûl(e), rond(e) **7.** *inf* [miserly] radin(e), avare. ❖ adv **1.** [firmly, securely] bien, fort ▶ to shut OR close sthg tight bien fermer qqch **2.** [tautly] à fond. ◆ **tights** pl n UK collant *m*, collants *mpl*.

tighten ['taɪtn] ❖ vt **1.** [belt, knot, screw] resserrer ▶ to tighten one's hold OR grip on resserrer sa prise sur **2.** [pull tauter] tendre **3.** [make stricter] renforcer. ❖ vi **1.** [rope] se tendre **2.** [grip, hold] se resserrer.

tightfisted [ˌtaɪt'fɪstɪd] adj *pej* radin(e), pingre.

tightknit [ˌtaɪt'nɪt] adj [family, community] uni(e).

tightly ['taɪtlɪ] adv [firmly] bien, fort.

tightrope ['taɪtrəʊp] noun corde *f* raide.

tile [taɪl] noun [on roof] tuile *f* ; [on floor, wall] carreau *m*.

tiled [taɪld] adj [floor, wall] carrelé(e) ; [roof] couvert(e) de tuiles.

till [tɪl] ❖ prep jusqu'à / from six till ten o'clock de six heures à dix heures. ❖ conj jusqu'à ce que (+ subjunctive) / wait till I come back attends que je revienne ; (after negative) avant que (+ subjunctive) / it won't be ready till tomorrow ça ne sera pas prêt avant demain. ❖ noun tiroir-caisse *m*.

tiller ['tɪlər] noun NAUT barre f.

tilt [tɪlt] ❖ vt incliner, pencher. ❖ vi s'incliner, pencher.

timber ['tɪmbər] noun 1. (U) [wood] bois m de charpente OR de construction 2. [beam] poutre f, madrier m.

time [taɪm] ❖ noun 1. [gen] temps m ▶ a long time longtemps ▶ in a short time dans peu de temps, sous peu ▶ to take time prendre du temps ▶ to be time for sthg être l'heure de qqch ▶ we had a good time on s'est bien amusés ▶ in good time de bonne heure ▶ on time à l'heure ▶ to have no time for sb / sthg ne pas supporter qqn/qqch ▶ to pass the time passer le temps ▶ to play for time essayer de gagner du temps 2. [as measured by clock] heure f ▶ what time is it?, what's the time? quelle heure est-il ? ▶ in a week's / year's time dans une semaine/ un an 3. [point in time] époque f ▶ before my time avant que j'arrive ici 4. [occasion] fois f ▶ from time to time de temps en temps, de temps à autre ▶ time after time, time and again à maintes reprises, maintes et maintes fois 5. MUS mesure f. ❖ vt 1. [schedule] fixer, prévoir 2. [race, runner] chronométrer 3. [arrival, remark] choisir le moment de. ❖ **times** ❖ pl n fois fpl / four times as much as me quatre fois plus que moi. ❖ prep MATH fois. ❖ **at a time** adv d'affilée ▶ one at a time un par un, un seul à la fois / months at a time des mois et des mois. ❖ **at times** adv quelquefois, parfois. ❖ **about time** adv ▶ it's about time (that)… il est grand temps que… ▶ about time too! ce n'est pas trop tôt ! ❖ **for the time being** adv pour le moment. ❖ **in time** adv 1. [not late] in time (for) à l'heure (pour) 2. [eventually] à la fin, à la longue ; [after a while] avec le temps, à la longue.

time bomb noun lit & fig bombe f à retardement.

time-consuming [-kən‚sjuːmɪŋ] adj qui prend beaucoup de temps.

time-honoured UK, **time-honored** US [-‚ɒnəd] adj consacré(e).

time lag noun décalage m.

timeless ['taɪmlɪs] adj éternel(elle).

time limit noun délai m.

timeline ['taɪm‚laɪn] noun frise f chronologique.

timely ['taɪmlɪ] adj opportun(e).

time off noun temps m libre.

time out noun SPORT temps m mort.

timer ['taɪmər] noun minuteur m.

time scale noun période f ; [of project] délai m.

time-share noun logement m en multipropriété.

timetable ['taɪm‚teɪbl] noun 1. UK SCH emploi m du temps 2. [of buses, trains] horaire m 3. UK [schedule] calendrier m.

time waster ['taɪm‚weɪstər] noun fainéant m, -e f / no time wasters please [in advertisement] pas sérieux s'abstenir.

time zone noun fuseau m horaire.

timid ['tɪmɪd] adj timide.

timing ['taɪmɪŋ] noun (U) 1. [of remark] à-propos m inv 2. [scheduling] : the timing of the election le moment choisi pour l'élection 3. [measuring] chronométrage m.

tin [tɪn] noun 1. (U) [metal] étain m ; [in sheets] fer-blanc m 2. UK [can] boîte f de conserve 3. UK [small container] boîte f.

tin can noun boîte f de conserve.

tinfoil ['tɪnfɔɪl] noun (U) papier m (d')aluminium.

tinge [tɪndʒ] noun 1. [of colour] teinte f, nuance f 2. [of feeling] nuance f.

tingle ['tɪŋgl] vi picoter.

tinker ['tɪŋkər] ❖ noun UK pej [gypsy] romanichel m, -elle f ❖ vi ▶ to tinker (with sthg) bricoler (qqch).

tinkle ['tɪŋkl] vi [ring] tinter.

tinned [tɪnd] adj UK en boîte.

tin opener noun UK ouvre-boîtes m inv.

tinsel ['tɪnsl] noun (U) guirlandes fpl de Noël.

tint [tɪnt] noun teinte f, nuance f ; [in hair] rinçage m.

tinted ['tɪntɪd] adj [glasses, windows] teinté(e).

tiny ['taɪnɪ] adj minuscule.

tip [tɪp] ❖ noun 1. [end] bout m 2. UK [dump] décharge f 3. [to waiter] pourboire m 4. [piece of advice] tuyau m. ❖ vt 1. [tilt] faire basculer 2. UK [spill] renverser 3. [waiter] donner un pourboire à. ❖ vi 1. [tilt] basculer 2. UK [spill] se renverser. ❖ **tip over** ❖ vt sep renverser ❖ vi se renverser.

tip-off noun tuyau m ; [to police] dénonciation f.

tipped ['tɪpt] adj [cigarette] à bout filtre.

tipple ['tɪpl] noun inf : what's your tipple? qu'est-ce que tu aimes boire d'habitude ?

tipsy ['tɪpsɪ] adj inf gai(e).

tiptoe ['tɪptəʊ] ❖ noun ▶ on tiptoe sur la pointe des pieds. ❖ vi marcher sur la pointe des pieds.

tirade [taɪ'reɪd] noun diatribe f.

tire ['taɪə'] ❖ noun US = tyre. ❖ vt fatiguer. ❖ vi **1.** [get tired] se fatiguer **2.** [get fed up] ▸ **to tire of** se lasser de.

tired ['taɪəd] adj **1.** [sleepy] fatigué(e), las (lasse) **2.** [fed up] ▸ **to be tired of sthg / of doing sthg** en avoir assez de qqch / de faire qqch.

tireless ['taɪəlɪs] adj infatigable.

tiresome ['taɪəsəm] adj ennuyeux(euse).

tiring ['taɪərɪŋ] adj fatigant(e).

tissue ['tɪʃuː] noun **1.** [paper handkerchief] mouchoir m en papier **2.** (U) BIOL tissu m.

tissue paper noun (U) papier m de soie.

tit [tɪt] noun **1.** [bird] mésange f **2.** vulg [breast] nichon m, néné m.

titbit UK ['tɪtbɪt], **tidbit** US ['tɪdbɪt] noun **1.** [of food] bon morceau m **2.** fig [of news] petite nouvelle f.

tit for tat [-'tæt] noun un prêté pour un rendu.

titillate ['tɪtɪleɪt] vt titiller.

title ['taɪtl] noun titre m.

title role noun rôle m principal.

titter ['tɪtə'] vi rire bêtement.

TM abbr of trademark.

to (stressed [tuː], unstressed before consonant [tə], unstressed before vowel [tu]) ❖ prep **1.** [indicating place, direction] à / **to go to** Liverpool / Spain / school aller à Liverpool/en Espagne/à l'école / **to go to the butcher's** aller chez le boucher ▸ **to the left / right** à gauche/droite **2.** (to express indirect object) à ▸ **to give sthg to sb** donner qqch à qqn / **we were listening to the radio** nous écoutions la radio **3.** [indicating reaction, effect] à / **to my delight / surprise** à ma grande joie/surprise **4.** [in stating opinion] ▸ **to me,...** à mon avis,... / **it seemed quite unnecessary to me / him etc.** cela me/lui etc. semblait tout à fait inutile **5.** [indicating state, process] ▸ **to drive sb to drink** pousser qqn à boire ▸ **it could lead to trouble** cela pourrait causer des ennuis **6.** [as far as] à, jusqu'à / **to count to 10** compter jusqu'à 10 / **we work from 9 to 5** nous travaillons de 9 heures à 17 heures **7.** [in expressions of time] moins / **it's ten to three / quarter to one** il est trois heures moins dix/une heure moins le quart **8.** [per] à / **40 miles to the gallon** ≃ 7 litres aux cent (km) **9.** [of, for] de / **the key to the car** la clé de la voiture / **a letter to my daughter** une lettre à ma fille. ❖ adv [shut] : **push the door to** fermez la porte. ❖ with infin **1.** (forming simple infinitive) : **to walk** marcher / **to laugh** rire **2.** (following another verb) ▸ **to begin to do sthg** commencer à faire qqch ▸ **to try to do sthg** essayer de faire qqch ▸ **to want to do sthg** vouloir faire qqch **3.** (following an adj) : **difficult to do** difficile à faire / **ready to go** prêt à partir **4.** (indicating purpose) pour / **he worked hard to pass his exam** il a travaillé dur pour réussir son examen **5.** (substituting for a relative clause) : **I have a lot to do** j'ai beaucoup à faire / **he told me to leave** il m'a dit de partir **6.** (to avoid repetition of infinitive) : **I meant to call him but I forgot to** je voulais l'appeler, mais j'ai oublié **7.** [in comments] ▸ **to be honest...** en toute franchise...

toad [təʊd] noun crapaud m.

toadstool ['təʊdstuːl] noun champignon m vénéneux.

to and fro adv ▸ **to go to and fro** aller et venir ▸ **to walk to and fro** marcher de long en large. ◆ **to-and-fro** adj de va-et-vient.

toast [təʊst] ❖ noun **1.** (U) [bread] pain m grillé, toast m **2.** [drink] toast m. ❖ vt **1.** [bread] (faire) griller **2.** [person] porter un toast à.

toaster ['təʊstə'] noun grille-pain m inv.

toastie ['təʊstɪ] noun inf sandwich m grillé.

toasty ['təʊstɪ] inf ❖ adj US [warm] : **it's toasty in here** il fait bon ici. ❖ noun [sandwich] = **toastie.**

tobacco [tə'bækəʊ] noun (U) tabac m.

tobacconist [tə'bækənɪst] noun UK buraliste mf ▸ **tobacconist's (shop)** bureau m de tabac.

toboggan [tə'bɒgən] noun luge f, traîne f sauvage QUÉBEC.

today [tə'deɪ] ❖ noun aujourd'hui m. ❖ adv aujourd'hui.

toddler ['tɒdlə'] noun tout-petit m (qui commence à marcher).

to-die-for adj inf de rêve.

to-do (pl -s) noun inf & dated histoire f.

toe [təʊ] ❖ noun [of foot] orteil m, doigt m de pied ; [of sock, shoe] bout m. ❖ vt ▸ **to toe the line** se plier.

TOEFL ['təʊfl] (abbr of Test of English as a Foreign Language) noun test évaluant le niveau d'anglais universitaire reconnu internationalement.

toehold ['təʊhəʊld] noun prise f ▸ **to have a toehold in a market** fig avoir un pied dans un marché.

toenail ['təʊneɪl] noun ongle m d'orteil.

toffee ['tɒfɪ] noun UK caramel m.

toga ['təʊgə] noun toge f.

together [tə'geðə] adv **1.** [gen] ensemble **2.** [at the same time] en même temps. ◆ **together with** prep ainsi que.

toggle ['tɒgl] noun [peg] cheville f.

toggle switch noun ELEC interrupteur m à bascule ; COMPUT bascule f OR interrupteur m de changement de mode.

toil [tɔɪl] liter ◆ noun labeur m. ◆ vi travailler dur.

toilet ['tɔɪlɪt] noun [lavatory] toilettes fpl, cabinets mpl ▶ **to go to the toilet** aller aux toilettes OR aux cabinets.

toilet bag noun trousse f de toilette.

toilet paper noun (U) papier m hygiénique.

toiletries ['tɔɪlɪtrɪz] pl n articles mpl de toilette.

toilet roll noun rouleau m de papier hygiénique.

to-ing and fro-ing [,tuːɪŋən'frəʊɪŋ] noun (U) allées fpl et venues.

token ['təʊkn] ◆ adj symbolique. ◆ noun **1.** [voucher] bon m **2.** [symbol] marque f. ◆ **by the same token** adv de même.

told [təʊld] pt & pp ⟶ **tell**.

tolerable ['tɒlərəbl] adj passable.

tolerance ['tɒlərəns] noun tolérance f.

tolerant ['tɒlərənt] adj tolérant(e).

tolerate ['tɒləreɪt] vt **1.** [put up with] supporter **2.** [permit] tolérer.

toll [təʊl] ◆ noun **1.** [number] nombre m **2.** [fee] péage m **3.** PHR **to take its toll** se faire sentir. ◆ vt & vi sonner.

tollfree US adv ▶ **to call tollfree** appeler un numéro vert.

tomato [UK tə'mɑːtəʊ, US tə'meɪtəʊ] (pl -es) noun tomate f.

tomb [tuːm] noun tombe f.

tomboy ['tɒmbɔɪ] noun garçon m manqué.

tombstone ['tuːmstəʊn] noun pierre f tombale.

tomcat ['tɒmkæt] noun matou m.

tomorrow [tə'mɒrəʊ] ◆ noun demain m. ◆ adv demain.

ton [tʌn] (pl inv or -s) noun **1.** UK [imperial] = 1016 kg ; US [imperial] ≃ tonne f (= 907,2 kg) **2.** [metric] tonne f (= 1000 kg). ◆ **tons** pl n inf ▶ **tons (of)** des tas (de), plein (de).

tone [təʊn] noun **1.** [gen] ton m **2.** [on phone] tonalité f ; [on answering machine] bip m sonore. ◆ **tone down** vt sep modérer. ◆ **tone up** vt sep tonifier.

tone-deaf adj qui n'a aucune oreille.

tongs [tɒŋz] pl n pinces fpl ; [for hair] fer m à friser.

tongue [tʌŋ] noun **1.** [gen] langue f ▶ **to hold one's tongue** fig tenir sa langue **2.** [of shoe] languette f.

tongue-in-cheek adj ironique.

tongue-tied [-,taɪd] adj muet(ette).

tongue twister [-,twɪstə] noun phrase f difficile à dire.

tonic ['tɒnɪk] noun **1.** [tonic water] Schweppes® m **2.** [medicine] tonique m.

tonight [tə'naɪt] ◆ noun ce soir m ; [late] cette nuit f. ◆ adv ce soir ; [late] cette nuit.

tonnage ['tʌnɪdʒ] noun tonnage m.

tonne [tʌn] (pl inv or -s) noun tonne f.

tonsil ['tɒnsl] noun amygdale f.

tonsil(l)itis [,tɒnsɪ'laɪtɪs] noun (U) amygdalite f.

too [tuː] adv **1.** [also] aussi **2.** [excessively] trop / **too many people** trop de gens / **it was over all too soon** ça s'était terminé bien trop tôt / **I'd be only too happy to help** je serais trop heureux de vous aider / **I wasn't too impressed** ça ne m'a pas impressionné outre mesure.

took [tʊk] pt ⟶ **take**.

tool [tuːl] noun lit & fig outil m.

tool box noun boîte f à outils.

tool kit noun trousse f à outils.

toot [tuːt] ◆ noun coup m de Klaxon®. ◆ vi klaxonner.

tooth [tuːθ] (pl teeth [tiːθ]) noun dent f.

toothache ['tuːθeɪk] noun mal m OR rage f de dents ▶ **to have toothache** UK, **to have a toothache** US avoir mal aux dents.

toothbrush ['tuːθbrʌʃ] noun brosse f à dents.

toothpaste ['tuːθpeɪst] noun (pâte f) dentifrice m.

toothpick ['tuːθpɪk] noun cure-dents m inv.

top [tɒp] ◆ adj **1.** [highest] du haut **2.** [most important, successful - officials] important(e) ; [- executives] supérieur(e) ; [- pop singer] fameux(euse) ; [- sportsman, sportswoman] meilleur(e) ; [- in exam] premier(ère) **3.** [maximum] maximum. ◆ noun **1.** [highest point - of hill] sommet m ; [- of page, pile] haut m ; [- of tree] cime *f* ; [- of list] début *m*, tête *f* ▶ **on top** dessus ▶ **at the top of one's voice** à tue-tête **2.** [lid - of bottle, tube] bouchon *m* ; [- of pen] capuchon *m* ; [- of jar] couvercle *m* **3.** [of table, box] dessus *m* **4.** [clothing] haut *m* **5.** [toy] toupie *f* **6.** [highest rank - in league] tête *f* ; [- in scale] haut *m* **7.** SCH premier *m*, -ère *f*. ❖ vt **1.** [be first in] être en tête de **2.** [better] surpasser **3.** [exceed] dépasser. ◆ **on top of** prep **1.** [in space] sur **2.** [in addition to] en plus de. ◆ **top up** 🇬🇧, **top off** 🇺🇸 vt sep remplir.

top dog noun *inf* chef *m*.

top floor noun dernier étage *m*.

top hat noun haut-de-forme *m*.

top-heavy adj mal équilibré(e).

topic ['tɒpɪk] noun sujet *m*.

topical ['tɒpɪkl] adj d'actualité.

topless ['tɒplɪs] adj [woman] aux seins nus.

top-level adj au plus haut niveau.

topmost ['tɒpməʊst] adj le plus haut (la plus haute).

top-notch adj *inf* de premier choix.

top-of-the-range adj haut de gamme *(inv)*.

topping ['tɒpɪŋ] noun garniture *f*.

topple ['tɒpl] ❖ vt renverser. ❖ vi basculer.

top-quality adj de qualité supérieure.

top-secret adj top secret (top secrète).

topspin ['tɒpspɪn] noun lift *m*.

topsy-turvy [,tɒpsɪ'tɜːvɪ] adj **1.** [messy] sens dessus dessous **2.** [confused] ▶ **to be topsy-turvy** ne pas tourner rond.

top-up card noun TELEC recharge *f* de téléphone mobile.

torch [tɔːtʃ] noun **1.** 🇬🇧 [electric] lampe *f* électrique **2.** [burning] torche *f*.

tore [tɔːr] pt ⟶ **tear²**

torment ❖ noun ['tɔːment] tourment *m*. ❖ vt [tɔː'ment] tourmenter.

torn [tɔːn] pp ⟶ **tear²**

tornado [tɔː'neɪdəʊ] (*pl* **-es** *or* **-s**) noun tornade *f*.

torpedo [tɔː'piːdəʊ] noun (*pl* **-es**) torpille *f*.

torrent ['tɒrənt] noun torrent *m*.

torrid ['tɒrɪd] adj **1.** [hot] torride **2.** *fig* [passionate] ardent(e).

torso ['tɔːsəʊ] (*pl* **-s**) noun torse *m*.

tortoise ['tɔːtəs] noun tortue *f*.

tortoiseshell ['tɔːtəʃel] ❖ adj ▶ **tortoiseshell cat** chat *m* roux tigré. ❖ noun (*U*) [material] écaille *f*.

torture ['tɔːtʃər] ❖ noun torture *f*. ❖ vt torturer.

Tory ['tɔːrɪ] 🇬🇧 ❖ adj tory, conservateur(trice). ❖ noun tory *mf*, conservateur *m*, -trice *f*.

toss [tɒs] ❖ vt **1.** [throw] jeter ▶ **to toss a coin** jouer à pile ou face ▶ **to toss one's head** rejeter la tête en arrière **2.** [salad] fatiguer ; [pancake] faire sauter **3.** [throw about] ballotter. ❖ vi [move about] ▶ **to toss and turn** se tourner et se retourner. ◆ **toss up** vi jouer à pile ou face.

tot [tɒt] noun **1.** *inf* [small child] tout-petit *m* **2.** [of drink] larme *f*, goutte *f*.

total ['təʊtl] ❖ adj total(e) ; [disgrace, failure] complet(ète). ❖ noun total *m*. ❖ vt **1.** [add up] additionner **2.** [amount to] s'élever à.

totalitarian [,təʊtælɪ'teərɪən] adj totalitaire.

totally ['təʊtəlɪ] adv totalement / *I totally agree* je suis entièrement d'accord.

totter ['tɒtər] vi *lit & fig* chanceler.

touch [tʌtʃ] ❖ noun **1.** (*U*) [sense] toucher *m* **2.** [detail] touche *f* **3.** (*U*) [skill] marque *f*, note *f* **4.** [contact] ▶ **to keep in touch (with sb)** rester en contact (avec qqn) ▶ **to get in touch with sb** entrer en contact avec qqn ▶ **to lose touch with sb** perdre qqn de vue ▶ **to be out of touch with** ne plus être au courant de **5.** SPORT ▶ **in touch** en touche. ❖ vt toucher. ❖ vi [be in contact] se toucher. ◆ **touch down** vi [plane] atterrir. ◆ **touch on** vt insep effleurer.

touch-and-go adj incertain(e).

touchdown ['tʌtʃdaʊn] noun **1.** [of plane] atterrissage *m* **2.** [in American football] but *m*.

touched [tʌtʃt] adj **1.** [grateful] touché(e) **2.** *inf* [slightly mad] fêlé(e).

touching ['tʌtʃɪŋ] adj touchant(e).

touchline ['tʌtʃlaɪn] noun ligne *f* de touche.

touch screen noun écran *m* tactile.

touchy ['tʌtʃɪ] adj **1.** [person] susceptible **2.** [subject, question] délicat(e).

touchy-feely ['fiːlɪ] adj *pej* qui affectionne les contacts physiques.

tough [tʌf] adj **1.** [material, vehicle, person] solide ; [character, life] dur(e) **2.** [meat] dur(e) **3.** [decision, problem, task] difficile **4.** [rough - area of town] dangereux(euse) **5.** [strict] sévère.

toughen ['tʌfn] vt **1.** [character] endurcir **2.** [material] renforcer.

toupee ['tu:peɪ] noun postiche m.

tour [tʊəʳ] ❖ noun **1.** [journey] voyage m ; [by pop group] tournée f **2.** [of town, museum] visite f, tour m. ❖ vt visiter.

touring ['tʊərɪŋ] noun tourisme m.

tourism ['tʊərɪzm] noun tourisme m.

tourist ['tʊərɪst] noun touriste mf.

tourist (information) office noun office m de tourisme.

tournament ['tɔ:nəmənt] noun tournoi m.

tour operator noun voyagiste m.

tousle ['taʊzl] vt ébouriffer.

tout [taʊt] ❖ noun revendeur m de billets. ❖ vt [tickets] revendre ; [goods] vendre. ❖ vi ▸ **to tout for trade** racoler les clients.

tow [təʊ] ❖ noun ▸ **'on tow'** 🇬🇧 'véhicule en remorque'. ❖ vt remorquer.

towards [tə'wɔ:dz], **toward** 🇺🇸 [tə'wɔ:d] prep **1.** [gen] vers ; [movement] vers, en direction de **2.** [in attitude] envers **3.** [for the purpose of] pour.

towel ['taʊəl] noun serviette f ; [tea towel] torchon m.

towelling 🇬🇧, **toweling** 🇺🇸 ['taʊəlɪŋ] noun (U) tissu m éponge.

towel rail noun porte-serviettes m inv.

tower ['taʊəʳ] ❖ noun tour f. ❖ vi s'élever ▸ **to tower over sb/sthg** dominer qqn/qqch.

tower block noun 🇬🇧 tour f.

towering ['taʊərɪŋ] adj imposant(e).

town [taʊn] noun ville f ▸ **to go out on the town** faire la tournée des grands ducs ▸ **to go to town on sthg** fig ne pas lésiner sur qqch.

town centre noun 🇬🇧 centre-ville m.

town council noun 🇬🇧 conseil m municipal.

town hall noun 🇬🇧 mairie f.

town plan noun 🇬🇧 plan m de ville.

town planning noun 🇬🇧 urbanisme m.

township ['taʊnʃɪp] noun **1.** [in South Africa] township f **2.** [in US] ≃ canton m.

towpath ['təʊpɑ:θ] (pl [-pɑ:ðz]) noun chemin m de halage.

towrope ['təʊrəʊp] noun câble m de remorquage.

tow truck noun 🇺🇸 dépanneuse f.

toxic ['tɒksɪk] adj toxique.

toy [tɔɪ] noun jouet m. ❖ **toy with** vt insep **1.** [idea] caresser **2.** [coin] jouer avec ▸ **to toy with one's food** manger du bout des dents.

toy boy noun inf jeune amant d'une femme plus âgée, étalon m.

toy shop noun magasin m de jouets.

trace [treɪs] ❖ noun trace f. ❖ vt **1.** [relatives, criminal] retrouver ; [development, progress] suivre ; [history, life] retracer **2.** [on paper] tracer.

tracing paper ['treɪsɪŋ-] noun (U) papier-calque m.

track [træk] ❖ noun **1.** [path] chemin m **2.** SPORT piste f **3.** RAIL voie f ferrée **4.** [of animal, person] trace f **5.** [on CD, LP, tape] piste f **6.** **PHR** to keep track of sb se tenir au courant de ce que fait qqn ▸ **to lose track of sb** perdre contact avec qqn ▸ **to be on the right track** être sur la bonne voie ▸ **to be on the wrong track** être sur la mauvaise piste. ❖ vt [follow] suivre la trace de. ❖ **track down** vt sep [criminal, animal] dépister ; [object, address] retrouver.

track and field noun athlétisme m.

tracking ['trækɪŋ] ❖ noun poursuite f ; [of missile] repérage m. ❖ comp [radar, satellite] de poursuite.

track record noun palmarès m.

tracksuit ['træksu:t] noun survêtement m.

tract [trækt] noun **1.** [pamphlet] tract m **2.** [of land, forest] étendue f.

traction ['trækʃn] noun (U) **1.** PHYS traction f **2.** MED ▸ **in traction** en extension.

tractor ['træktəʳ] noun tracteur m.

trade [treɪd] ❖ noun **1.** (U) [commerce] commerce m **2.** [job] métier m ▸ **by trade** de son état. ❖ vt [exchange] ▸ **to trade sthg (for)** échanger qqch (contre). ❖ vi COMM ▸ **to trade (with sb)** commercer (avec qqn). ❖ **trade in** vt sep [exchange] échanger, faire reprendre.

trade-in noun reprise f.

trademark ['treɪdmɑ:k] noun **1.** COMM marque f de fabrique **2.** fig [characteristic] marque f.

trader ['treɪdəʳ] noun marchand m, -e f, commerçant m, -e f.

tradesman ['treɪdzmən] (pl **-men**) noun commerçant m.

trade(s) union noun 🇬🇧 syndicat m.

trading ['treɪdɪŋ] noun (U) commerce m.

trading hours noun heures fpl d'ouverture.

tradition [trə'dɪʃn] noun tradition f.

traditional [trə'dɪʃənl] adj traditionnel(elle).

traffic ['træfɪk] ❖ noun *(U)* **1.** [vehicles] circulation f **2.** [illegal trade] ▸ **traffic (in)** trafic m (de). ❖ vi *(pt & pp* **-ked)** ▸ **to traffic in** faire le trafic de.

traffic circle noun US rond-point m.

traffic jam noun embouteillage m.

trafficker ['træfɪkə'] noun ▸ **trafficker (in)** trafiquant m, -e f (de).

traffic lights pl n feux mpl de signalisation.

traffic warden noun UK contractuel m, -elle f (en Grande-Bretagne, ils sont non seulement habilités à dresser les procès-verbaux mais aussi à régler la circulation).

tragedy ['trædʒədɪ] noun tragédie f.

tragic ['trædʒɪk] adj tragique.

trail [treɪl] ❖ noun **1.** [path] sentier m **2.** [trace] piste f. ❖ vt **1.** [drag] traîner **2.** [follow] suivre. ❖ vi **1.** [drag, move slowly] traîner **2.** SPORT [lose] ▸ **to be trailing** être mené(e).
◆ **trail away, trail off** vi s'estomper.

trailblazer ['treɪl,bleɪzə'] noun fig pionnier m, -ère f.

trailer ['treɪlə'] noun **1.** [vehicle - for luggage] remorque f ; [- for living in] caravane f **2.** CIN bande-annonce f.

train [treɪn] ❖ noun **1.** RAIL train m **2.** [of dress] traîne f. ❖ vt **1.** [teach] ▸ **to train sb to do sthg** apprendre à qqn à faire qqch **2.** [for job] former ▸ **to train sb as/in** former qqn comme/dans **3.** SPORT ▸ **to train sb (for)** entraîner qqn (pour) **4.** [gun, camera] braquer. ❖ vi **1.** [for job] ▸ **to train (as)** recevoir OR faire une formation (de) **2.** SPORT ▸ **to train (for)** s'entraîner (pour).

trained [treɪnd] adj formé(e).

trainee [treɪ'niː] noun stagiaire mf.

trainer ['treɪnə'] noun **1.** [of animals] dresseur m, -euse f **2.** SPORT entraîneur m. ◆ **trainers** pl n UK chaussures fpl de sport.

training ['treɪnɪŋ] noun *(U)* **1.** [for job] ▸ **training (in)** formation f (de) **2.** SPORT entraînement m.

training college noun UK école f professionnelle.

train of thought noun : my/his train of thought le fil de mes/ses pensées.

train station noun US gare f.

traipse [treɪps] vi traîner.

trait [treɪt] noun trait m.

traitor ['treɪtə'] noun traître m.

trajectory [trə'dʒektərɪ] noun trajectoire f.

tram [træm], **tramcar** ['træmkɑː'] noun UK tram m, tramway m.

tramp [træmp] ❖ noun [homeless person] clochard m, -e f. ❖ vi marcher d'un pas lourd.

trample ['træmpl] vt piétiner.

trampoline ['træmpəliːn] noun trampoline m.

trance [trɑːns] noun transe f.

tranquil ['træŋkwɪl] adj tranquille.

tranquillizer UK, **tranquilizer** US ['træŋkwɪlaɪzə'] noun tranquillisant m, calmant m.

transaction [træn'zækʃn] noun transaction f.

transcend [træn'send] vt transcender.

transcript ['trænskrɪpt] noun **1.** transcription f **2.** US SCH livret m scolaire.

transfer ❖ noun ['trænsfɜː'] **1.** [gen] transfert m ; [of power] passation f ; [of money] virement m **2.** UK [design] décalcomanie f. ❖ vt [træns'fɜː'] **1.** [gen] transférer ; [power, control] faire passer ; [money] virer **2.** [employee] transférer, muter. ❖ vi [træns'fɜː'] être transféré.

transfix [træns'fɪks] vt ▸ **to be transfixed with fear** être paralysé(e) par la peur.

transform [træns'fɔːm] vt ▸ **to transform sb/sthg (into)** transformer qqn/qqch (en).

transfusion [træns'fjuːʒn] noun transfusion f.

transient ['trænzɪənt] adj passager(ère).

transistor [træn'zɪstə'] noun transistor m.

transit ['trænsɪt] noun ▸ **in transit** en transit.

transition [træn'zɪʃn] noun transition f.

transitive ['trænzɪtɪv] adj GRAM transitif(ive).

transitory ['trænzɪtrɪ] adj transitoire.

translate [træns'leɪt] vt traduire.

translation [træns'leɪʃn] noun traduction f.

translator [træns'leɪtə'] noun traducteur m, -trice f.

transmission [trænz'mɪʃn] noun **1.** [gen] transmission f **2.** RADIO & TV [programme] émission f **3.** US AUTO boîte f de vitesses.

transmit [trænz'mɪt] vt transmettre.

transmitter [trænz'mɪtə'] noun émetteur m.

transparency [trans'pærənsɪ] noun PHOT diapositive f ; [for overhead projector] transparent m.

transparent [træns'pærənt] adj transparent(e).

transpire [træn'spaɪə'] fml ❖ vt ▸ **it transpires that...** on a appris que.... ❖ vi [happen] se passer, arriver.

transplant ❖ noun ['trænspla:nt] MED greffe f, transplantation f. ❖ vt [træns'pla:nt] **1.** MED greffer, transplanter **2.** [seedlings] repiquer.

transport ❖ noun ['trænspɔ:t] transport m. ❖ vt [træn'spɔ:t] transporter.

transportation [,trænspɔ:'teɪʃn] noun US transport m.

transport cafe noun UK restaurant m de routiers, routier m.

transpose [træns'pəʊz] vt transposer.

transsexual [træns'sekʃʊəl] noun transsexuel(elle).

transvestite [trænz'vestaɪt] noun travesti m, -e f.

trap [træp] ❖ noun piège m. ❖ vt prendre au piège ▸ **to be trapped** être coincé(e).

trapdoor [,træp'dɔ:ʳ] noun trappe f.

trapeze [trə'pi:z] noun trapèze m.

trappings ['træpɪŋz] pl n signes mpl extérieurs.

trash [træʃ] noun (U) **1.** US [refuse] ordures fpl **2.** inf & pej [poor-quality thing] camelote f.

trashcan ['træʃkæn] noun US poubelle f.

trash collector noun US éboueur m, éboueuse f.

trashed [træʃt] adj US inf [drunk] bourré(e) ▸ **to get trashed** se bourrer la gueule.

trashy ['træʃɪ] (compar -ier, superl -iest) adj inf qui ne vaut rien, nul (nulle).

traumatic [trɔ:'mætɪk] adj traumatisant(e).

travel ['trævl] ❖ noun (U) voyage m, voyages mpl. ❖ vt parcourir. ❖ vi **1.** [make journey] voyager **2.** [move - current, signal] aller, passer ; [- news] se répandre, circuler. ◆ **travels** pl n voyages mpl.

travel agency noun agence f de voyages.

travel agent noun agent m de voyages ▸ **to / at the travel agent's** à l'agence f de voyages.

traveller UK, **traveler** US ['trævləʳ] noun **1.** [person on journey] voyageur m, -euse f **2.** [sales representative] représentant m.

traveller's cheque UK, **traveler's check** US noun chèque m de voyage.

travelling UK, **traveling** US ['trævlɪŋ] adj **1.** [theatre, circus] ambulant(e) **2.** [clock, bag] de voyage ; [allowance] de déplacement.

travelsick ['trævəlsɪk] adj ▸ **to be travelsick** avoir le mal de la route/de l'air/de mer.

travel sickness noun mal m de la route/de l'air/de mer.

travesty ['trævəstɪ] noun parodie f.

trawler ['trɔ:ləʳ] noun chalutier m.

tray [treɪ] noun plateau m.

treacherous ['tretʃərəs] adj traître (traîtresse).

treachery ['tretʃərɪ] noun traîtrise f.

treacle ['tri:kl] noun UK mélasse f.

tread [tred] ❖ noun **1.** [on tyre] bande f de roulement ; [of shoe] semelle f **2.** [way of walking] pas m ; [sound] bruit m de pas. ❖ vi (pt **trod**, pp **trodden**) ▸ **to tread (on)** marcher (sur).

treadmill ['tredmɪl] noun **1.** [fitness] tapis m de course **2.** fig [dull routine] routine f, traintrain m.

treason ['tri:zn] noun trahison f.

treasure ['treʒəʳ] ❖ noun trésor m. ❖ vt [object] garder précieusement ; [memory] chérir.

treasurer ['treʒərəʳ] noun trésorier m, -ère f.

treasury ['treʒərɪ] noun [room] trésorerie f. ◆ **Treasury** noun ▸ **the Treasury** le ministère des Finances.

treat [tri:t] ❖ vt **1.** [gen] traiter **2.** [on special occasion] ▸ **to treat sb to sthg** offrir OR payer qqch à qqn. ❖ noun **1.** [gift] cadeau m **2.** [delight] plaisir m.

treatise ['tri:tɪz] noun ▸ **treatise (on)** traité m (de).

treatment ['tri:tmənt] noun traitement m.

treaty ['tri:tɪ] noun traité m.

treble ['trebl] ❖ adj **1.** MUS [- voice] de soprano ; [- recorder] aigu (aiguë) **2.** [triple] triple. ❖ noun [on stereo control] aigu m ; [boy singer] soprano m. ❖ vt & vi tripler.

treble clef noun clef f de sol.

tree [tri:] noun **1.** [gen] arbre m **2.** COMPUT arbre m, arborescence f.

treetop ['tri:tɒp] noun cime f.

tree trunk noun tronc m d'arbre.

trek [trek] noun randonnée f.

trekking ['trekɪŋ] noun randonnée f, trekking m.

trellis ['trelɪs] noun treillis m.

tremble ['trembl] vi trembler.

tremendous [trɪ'mendəs] adj **1.** [size, success, difference] énorme ; [noise] terrible **2.** inf [really good] formidable.

tremor ['treməʳ] noun tremblement m.

trench [trentʃ] noun tranchée f.

trench coat noun trench-coat m.

trend [trend] noun [tendency] tendance f.

trendsetter ['trend,setər] noun personne f qui lance une mode.

trendy [trendɪ] inf adj branché(e), à la mode.

trepidation [,trepɪ'deɪʃn] noun fml ▶ **in** OR **with trepidation** avec inquiétude.

trespass ['trespəs] vi [on land] entrer sans permission ▶ **'no trespassing'** 'défense d'entrer'.

trespasser ['trespəsər] noun intrus m, -e f ▶ **'trespassers will be prosecuted'** 'défense d'entrer sous peine de poursuites'.

trestle ['tresl] noun tréteau m.

trestle table noun table f à tréteaux.

trial ['traɪəl] noun **1.** LAW procès m ▶ **to be on trial (for)** passer en justice (pour) **2.** [test, experiment] essai m ▶ **on trial** à l'essai ▶ **by trial and error** en tâtonnant **3.** [unpleasant experience] épreuve f.

triangle ['traɪæŋgl] noun [gen] triangle m.

tribe [traɪb] noun tribu f.

tribunal [traɪ'bjuːnl] noun tribunal m.

tributary ['trɪbjʊtrɪ] noun affluent m.

tribute ['trɪbjuːt] noun tribut m, hommage m ▶ **to pay tribute to** payer tribut à, rendre hommage à ▶ **to be a tribute to sthg** témoigner de qqch.

trice [traɪs] noun ▶ **in a trice** en un clin d'œil.

trick [trɪk] ✧ noun **1.** [to deceive] tour m, farce f ▶ **to play a trick on sb** jouer un tour à qqn **2.** [to entertain] tour m **3.** [knack] truc m ▶ **that will do the trick** inf ça fera l'affaire. ✧ vt attraper, rouler ▶ **to trick sb into doing sthg** amener qqn à faire qqch (par la ruse).

trickery ['trɪkərɪ] noun (U) ruse f.

trickle ['trɪkl] ✧ noun [of liquid] filet m. ✧ vi [liquid] dégouliner ▶ **to trickle in/out** [people] entrer/sortir par petits groupes.

trick question noun question-piège f.

tricky ['trɪkɪ] adj [difficult] difficile.

tricycle ['traɪsɪkl] noun tricycle m.

tried [traɪd] adj ▶ **tried and tested** [method, system] qui a fait ses preuves.

trifle ['traɪfl] noun **1.** UK CULIN ≃ diplomate m **2.** [unimportant thing] bagatelle f. ✦ **a trifle** adv un peu, un tantinet.

trifling ['traɪflɪŋ] adj insignifiant(e).

trigger ['trɪgər] noun [on gun] détente f, gâchette f. ✦ **trigger off** vt sep déclencher, provoquer.

trigger-happy adj inf [individual] qui a la gâchette facile ; [country] prêt à déclencher la guerre pour un rien, belliqueux(euse).

trill [trɪl] noun trille m.

trim [trɪm] ✧ adj **1.** [neat and tidy] net (nette) **2.** [slim] svelte. ✧ noun [of hair] coupe f. ✧ vt **1.** [cut - gen] couper ; [- hedge] tailler **2.** [decorate] ▶ **to trim sthg (with)** garnir OR orner qqch (de).

trimming ['trɪmɪŋ] noun **1.** [on clothing] parement m **2.** CULIN garniture f.

trinket ['trɪŋkɪt] noun bibelot m.

trio ['triːəʊ] (pl -s) noun trio m.

trip [trɪp] ✧ noun **1.** [journey] voyage m **2.** drugs sl trip m. ✧ vt [make stumble] faire un croche-pied à. ✧ vi [stumble] ▶ **to trip (over)** trébucher (sur). ✦ **trip up** vt sep [make stumble] faire un croche-pied à.

tripe [traɪp] noun (U) **1.** CULIN tripe f **2.** inf [nonsense] bêtises fpl, idioties fpl.

triple ['trɪpl] ✧ adj triple. ✧ vt & vi tripler.

triplets ['trɪplɪts] pl n triplés mpl, triplées fpl.

triplicate ['trɪplɪkət] noun ▶ **in triplicate** en trois exemplaires.

tripod ['traɪpɒd] noun trépied m.

trite [traɪt] adj pej banal(e).

triumph ['traɪəmf] ✧ noun triomphe m. ✧ vi ▶ **to triumph (over)** triompher (de).

trivia ['trɪvɪə] noun (U) [trifles] vétilles fpl, riens mpl.

trivial ['trɪvɪəl] adj insignifiant(e).

trod [trɒd] pt ⟶ tread.

trodden ['trɒdn] pp ⟶ tread.

trolley ['trɒlɪ] (pl -s) noun **1.** UK [for shopping, luggage] chariot m, caddie® m **2.** UK [for food, drinks] chariot m, table f roulante **3.** US [tram] tramway m, tram m.

trolley case noun UK valise f à roulettes.

trollop ['trɒləp] noun dated & pej [prostitute] putain f ; [slut] souillon f.

trombone [trɒm'bəʊn] noun MUS trombone m.

troop [truːp] ✧ noun bande f, troupe f. ✧ vi ▶ **to troop in/out/off** entrer/sortir/partir en groupe. ✦ **troops** pl n troupes fpl.

trooper ['truːpər] noun **1.** MIL soldat m **2.** US [policeman] policier m (appartenant à la police d'un État).

trophy ['trəʊfɪ] noun trophée m.

tropical ['trɒpɪkl] adj tropical(e).

tropics ['trɒpɪks] pl n ▸ **the tropics** les tropiques mpl.

trot [trɒt] ❖ noun [of horse] trot m. ❖ vi trotter. ◆ **on the trot** adv inf de suite, d'affilée.

trouble ['trʌbl] ❖ noun (U) **1.** [difficulty] problème m, difficulté f ▸ **to be in trouble** avoir des ennuis **2.** [bother] peine f, mal m ▸ **to take the trouble to do sthg** se donner la peine de faire qqch ▸ **it's no trouble!** ça ne me dérange pas ! **3.** [pain, illness] mal m, ennui m **4.** [fighting] bagarre f; POL troubles mpl, conflits mpl. ❖ vt **1.** [worry, upset] peiner, troubler **2.** [bother] déranger **3.** [give pain to] faire mal à. ◆ **troubles** pl n **1.** [worries] ennuis mpl **2.** POL troubles mpl, conflits mpl.

troubled ['trʌbld] adj **1.** [worried] inquiet(ète) **2.** [disturbed - period] de troubles, agité(e); [- country] qui connaît une période de troubles.

troublemaker ['trʌbl,meɪkə'] noun fauteur m, -trice f de troubles.

troubleshooter ['trʌbl,ʃuːtə'] noun expert m, spécialiste mf.

troublesome ['trʌblsəm] adj [job] pénible; [cold] gênant(e); [back, knee] qui fait souffrir.

trough [trɒf] noun **1.** [for animals - with water] abreuvoir m; [- with food] auge f **2.** [low point - of wave] creux m; fig point m bas.

trounce [traʊns] vt inf écraser.

troupe [truːp] noun troupe f.

trousers ['traʊzəz] pl n pantalon m.

trout [traʊt] (pl inv or **-s**) noun truite f.

trowel ['traʊəl] noun [for gardening] déplantoir m; [for cement, plaster] truelle f.

truant ['truːənt] noun [child] élève mf absentéiste ▸ **to play truant** 🇬🇧 faire l'école buissonnière.

truce [truːs] noun trêve f.

truck [trʌk] noun **1.** 🇺🇸 [lorry] camion m **2.** RAIL wagon m à plate-forme.

truck driver noun 🇺🇸 routier m.

trucker ['trʌkə'] noun 🇺🇸 routier m, -ière f.

truculent ['trʌkjʊlənt] adj agressif(ive).

trudge [trʌdʒ] vi marcher péniblement.

true ['truː] adj **1.** [factual] vrai(e) ▸ **to come true** se réaliser **2.** [genuine] vrai(e), authentique ▸ **true love** le grand amour **3.** [exact] exact(e) **4.** [faithful] fidèle, loyal(e).

truffle ['trʌfl] noun truffe f.

truly ['truːlɪ] adv **1.** [gen] vraiment **2.** [sincerely] vraiment, sincèrement **3.** PHR yours

truly a) [at end of letter] je vous prie de croire à l'expression de mes sentiments distingués b) inf & hum [me] moi, bibi.

trump [trʌmp] noun atout m.

trump card noun fig atout m.

trumpet ['trʌmpɪt] noun trompette f.

truncheon ['trʌntʃən] noun 🇬🇧 matraque f.

trundle ['trʌndl] vi aller lentement.

trunk [trʌŋk] noun **1.** [of tree, person] tronc m **2.** [of elephant] trompe f **3.** [box] malle f **4.** 🇺🇸 [of car] coffre m. ◆ **trunks** pl n maillot m de bain.

trunk call noun 🇬🇧 communication f interurbaine.

trunk road noun 🇬🇧 (route f) nationale f.

truss [trʌs] noun MED bandage m herniaire.

trust [trʌst] ❖ vt **1.** [have confidence in] avoir confiance en, se fier à ▸ **to trust sb to do sthg** compter sur qqn pour faire qqch **2.** [entrust] ▸ **to trust sb with sthg** confier qqch à qqn **3.** fml [hope] ▸ **to trust (that)...** espérer que.... ❖ noun **1.** (U) [faith] ▸ **trust (in sb / sthg)** confiance f (en qqn / dans qqch) **2.** (U) [responsibility] responsabilité f **3.** FIN ▸ **in trust** en dépôt **4.** COMM trust m.

trusted ['trʌstɪd] adj [person] de confiance; [method] qui a fait ses preuves.

trustee [trʌsˈtiː] noun FIN & LAW fidéicommissaire mf; [of institution] administrateur m, -trice f.

trust fund noun fonds m en fidéicommis.

trusting ['trʌstɪŋ] adj confiant(e).

trustworthy ['trʌst,wɜːðɪ] adj digne de confiance.

truth [truːθ] noun vérité f ▸ **in (all) truth** à dire vrai, en vérité.

truthful ['truːθfʊl] adj [person, reply] honnête; [story] véridique.

try [traɪ] ❖ vt **1.** [attempt, test] essayer; [food, drink] goûter ▸ **to try to do sthg** essayer de faire qqch **2.** LAW juger **3.** [put to the test] éprouver, mettre à l'épreuve. ❖ vi essayer ▸ **to try for sthg** essayer d'obtenir qqch. ❖ noun **1.** [attempt] essai m, tentative f ▸ **to give sthg a try** essayer qqch **2.** RUGBY essai m. ◆ **try on** vt sep [clothes] essayer. ◆ **try out** vt sep essayer.

trying ['traɪɪŋ] adj pénible, éprouvant(e).

T-shirt noun tee-shirt m.

tub [tʌb] noun **1.** [of ice cream - large] boîte f; [- small] petit pot m; [of margarine] barquette f **2.** [bath] baignoire f.

tubby ['tʌbɪ] adj inf rondouillard(e), bou-
lot(otte).

tube [tjuːb] noun **1.** [cylinder, container] tube m
2. UK [underground train] métro m ▶ **the tube**
[system] le métro ▶ **by tube** en métro.

tuberculosis [tjuːˌbɜːkjʊˈləʊsɪs] noun tuberculose f.

tubing ['tjuːbɪŋ] noun (U) tubes mpl, tuyaux mpl.

tubular ['tjuːbjʊləʳ] adj tubulaire.

TUC noun UK abbr of Trades Union Congress.

tuck [tʌk] vt [place neatly] ranger. ◆ **tuck
away** vt sep [store] mettre de côté OR en lieu
sûr. ◆ **tuck in** ◆ vt **1.** [child, patient] border **2.** [clothes] rentrer. ◆ vi inf boulotter.
◆ **tuck up** vt sep [child, patient] border.

tuck shop noun UK [at school] petite boutique
qui vend des bonbons et des gâteaux.

Tuesday ['tjuːzdeɪ] noun mardi m. See also
Saturday.

tuft [tʌft] noun touffe f.

tug [tʌg] ◆ noun **1.** [pull] ▶ **to give sthg
a tug** tirer sur qqch **2.** [boat] remorqueur m.
◆ vt tirer. ◆ vi ▶ **to tug (at)** tirer (sur).

tug-of-war noun lutte f de traction à la corde ;
fig lutte acharnée.

tuition [tjuːˈɪʃn] noun (U) cours mpl.

tulip ['tjuːlɪp] noun tulipe f.

tumble ['tʌmbl] ◆ vi **1.** [person]
tomber, faire une chute ; [water] tomber en
cascades **2.** fig [prices] tomber, chuter. ◆ noun
chute f, culbute f. ◆ **tumble to** vt insep UK
inf piger.

tumbledown ['tʌmbldaʊn] adj délabré(e), qui
tombe en ruines.

tumble-drier noun sèche-linge m inv.

tumble-dryer [-ˌdraɪəʳ] noun sèche-linge m
inv.

tumbler ['tʌmbləʳ] noun [glass] verre m (droit).

tummy ['tʌmɪ] noun inf ventre m.

tumour UK, **tumor** US ['tjuːməʳ] noun
tumeur f.

tuna [UK 'tjuːnə, US 'tuːnə] (pl inv or -s)
noun thon m.

tune [tjuːn] ◆ noun **1.** [song, melody]
air m **2.** [harmony] ▶ **in tune a)** [instrument]
accordé(e), juste **b)** [play, sing] juste ▶ **out of
tune a)** [instrument] mal accordé(e) **b)** [play,
sing] faux ▶ **to be in / out of tune (with)** fig
être en accord / désaccord (avec). ◆ vt **1.** MUS
accorder **2.** RADIO & TV régler **3.** [engine] régler.
◆ **tune in** vi RADIO & TV être à l'écoute ▶ **to**

tune in to se mettre sur. ◆ **tune up** vi MUS
accorder son instrument.

tuneful ['tjuːnfʊl] adj mélodieux(euse).

tuner ['tjuːnəʳ] noun **1.** RADIO & TV syntoni-
seur m, tuner m **2.** MUS [person] accordeur m.

tunic ['tjuːnɪk] noun tunique f.

tuning fork ['tjuːnɪŋ-] noun diapason m.

Tunisia [tjuːˈnɪzɪə] noun Tunisie f.

tunnel ['tʌnl] ◆ noun tunnel m. ◆ vi faire
OR creuser un tunnel.

tunnel vision noun rétrécissement m du
champ visuel ; fig & pej vues fpl étroites.

turban ['tɜːbən] noun turban m.

turbine ['tɜːbaɪn] noun turbine f.

turbulence ['tɜːbjʊləns] noun (U) **1.** [in air,
water] turbulence f **2.** fig [unrest] agitation f.

turbulent ['tɜːbjʊlənt] adj **1.** [air, water]
agité(e) **2.** fig [disorderly] tumultueux(euse), agi-
té(e).

turd [tɜːd] noun v inf **1.** [excrement] merde f
2. pej [person] con m, salaud m.

tureen [təˈriːn] noun soupière f.

turf [tɜːf] ◆ noun (pl -s, UK pl **turves** [tɜːvz])
1. [grass surface] gazon m **2.** US inf [of gang]
territoire m réservé **3.** [clod] motte f de gazon.
◆ vt gazonner. ◆ **turf out** vt sep UK inf
[person] virer ; [old clothes] balancer, bazarder.

Turk [tɜːk] noun Turc m, Turque f.

turkey ['tɜːkɪ] (pl -s) noun dinde f.

Turkey ['tɜːkɪ] noun Turquie f.

Turkish ['tɜːkɪʃ] ◆ adj turc (turque).
◆ noun [language] turc m. ◆ pl n ▶ **the
Turkish** les Turcs mpl.

Turkish delight noun loukoum m.

turmoil ['tɜːmɔɪl] noun agitation f, trouble m.

turn ['tɜːn] ◆ noun **1.** [in road] virage m, tournant m ; [in river] méandre m
2. [revolution, twist] tour m **3.** [change] tournure f, tour m **4.** [in game] tour m / **it's my turn**
c'est (à) mon tour ▶ **in turn** tour à tour, chacun
(à) son tour **5.** UK [performance] numéro m
6. UK MED crise f, attaque f **7.** PHR ▶ **to do sb
a good turn** rendre (un) service à qqn. ◆ vt
1. [gen] tourner ; [omelette, steak] retourner ▶ **to
turn sthg inside out** retourner qqch ▶ **to turn
one's thoughts / attention to sthg** tourner ses
pensées / son attention vers qqch **2.** [change] ▶ **to
turn sthg into** changer qqch en **3.** [become]
▶ **to turn red** rougir. ◆ vi **1.** [gen] tourner ;
[person] se tourner, se retourner **2.** [in book]
▶ **to turn to a page** se reporter OR aller à une

page **3.** [for consolation] ▶ **to turn to sb / sthg** se tourner vers qqn / qqch **4.** [change] ▶ **to turn into** se changer en, se transformer en. ◆ **turn around** vt sep = **turn round**. ◆ **turn away** ❖ vt sep [refuse entry to] refuser. ❖ vi se détourner. ◆ **turn back** ❖ vt sep [sheets] replier ; [person, vehicle] refouler. ❖ vi rebrousser chemin. ◆ **turn down** vt sep **1.** [reject] rejeter, refuser **2.** [radio, volume, gas] baisser. ◆ **turn in** vi inf [go to bed] se pieuter. ◆ **turn off** ❖ vt insep [road, path] quitter. ❖ vt sep [radio, TV, engine, gas] éteindre ; [tap] fermer. ❖ vi [leave path, road] tourner. ◆ **turn on** ❖ vt sep **1.** [radio, TV, engine, gas] allumer ; [tap] ouvrir ▶ **to turn the light on** allumer la lumière **2.** inf [excite sexually] exciter. ❖ vt insep [attack] attaquer. ◆ **turn out** ❖ vt sep **1.** [light, gas fire] éteindre **2.** [empty - pocket, bag] retourner, vider. ❖ vt insep ▶ **to turn out to be** s'avérer ▶ **it turns out that…** il s'avère que ▶ **to turn out well / badly** se trouver que…. ❖ vi **1.** [end up] finir **2.** [arrive - person] venir. ◆ **turn over** vt sep **1.** [playing card, stone] retourner ; [page] tourner **2.** [consider] retourner dans sa tête **3.** [hand over] rendre, remettre. ❖ vi **1.** [roll over] se retourner **2.** [UK] TV changer de chaîne. ◆ **turn round** [UK], **turn around** [US] ❖ vt sep **1.** [reverse] retourner **2.** [wheel, words] tourner. ❖ vi [person] se retourner. ◆ **turn up** ❖ vt sep [TV, radio] mettre plus fort ; [gas] monter. ❖ vi **1.** [arrive - person] se pointer **2.** [be found - person, object] être retrouvé ; [- opportunity] se présenter.

turncoat ['tɜ:nkəʊt] noun pej renégat m.

turned [tɜ:nd] adj [milk] tourné.

turning ['tɜ:nɪŋ] noun [UK] [off road] route f latérale.

turning point noun tournant m, moment m décisif.

turnip ['tɜ:nɪp] noun navet m.

turn-off noun **1.** [road] sortie f (de route), route f transversale, embranchement m **2.** inf [loss of interest] : *it's a real turn-off* **a)** [gen] c'est vraiment à vous dégoûter **b)** [sexual] ça vous coupe vraiment l'envie.

turnout ['tɜ:naʊt] noun [at election] taux m de participation ; [at meeting] assistance f.

turnover ['tɜ:n,əʊvər] noun (U) **1.** [of personnel] renouvellement m **2.** FIN chiffre m d'affaires.

turnpike ['tɜ:npaɪk] noun [US] autoroute f à péage.

turnstile ['tɜ:nstaɪl] noun tourniquet m.

turntable ['tɜ:n,teɪbl] noun platine f.

turn-up noun [UK] [on trousers] revers m inv ▶ **a turn-up for the books** inf une sacrée surprise.

turpentine ['tɜ:pəntaɪn] noun térébenthine f.

turquoise ['tɜ:kwɔɪz] ❖ adj turquoise (inv). ❖ noun **1.** [mineral, gem] turquoise f **2.** [colour] turquoise m.

turret ['tʌrɪt] noun tourelle f.

turtle ['tɜ:tl] noun (pl inv or -s) tortue f de mer.

turtleneck ['tɜ:tlnek] noun [garment] pull m à col montant ; [neck] col m montant.

tusk [tʌsk] noun défense f.

tussle ['tʌsl] ❖ noun lutte f. ❖ vi se battre ▶ **to tussle over sthg** se disputer qqch.

tutor ['tju:tər] noun **1.** [private] professeur m particulier **2.** [UK] UNIV directeur m, -trice f d'études.

tutorial [tju:'tɔ:rɪəl] noun travaux mpl dirigés.

tuxedo [tʌk'si:dəʊ] (pl -s) noun [US] smoking m.

TV (abbr of **television**) noun **1.** (U) [medium, industry] télé f ▶ **on TV** à la télé **2.** [apparatus] (poste m de) télé f.

twaddle ['twɒdl] noun (U) inf bêtises fpl, fadaises fpl.

twang [twæŋ] noun **1.** [sound] bruit m de pincement **2.** [accent] nasillement m.

tweak [twi:k] vt inf [ear] tirer ; [nose] tordre.

tweed [twi:d] noun tweed m.

tweenager ['twi:neɪdʒər] noun inf préadolescent m, -e f.

tweezers ['twi:zəz] pl n pince f à épiler.

twelfth [twelfθ] num douzième. *See also* **sixth.**

twelve [twelv] num douze. *See also* **six.**

twentieth ['twentɪəθ] num vingtième. *See also* **sixth.**

twenty ['twentɪ] num vingt. *See also* **six.**

twerp [twɜ:p] noun inf crétin m, -e f, andouille f.

twice [twaɪs] adv deux fois ▶ **twice a day** deux fois par jour ▶ **he earns twice as much as me** il gagne deux fois plus que moi ▶ **twice as big** deux fois plus grand ▶ **twice my size / age** le double de ma taille / mon âge.

twiddle ['twɪdl] ❖ vt jouer avec. ❖ vi ▶ **to twiddle with sthg** jouer avec qqch.

twig [twɪg] noun brindille f, petite branche f.

twilight ['twaɪlaɪt] noun crépuscule m.

twin [twɪn] ❖ adj jumeau (jumelle) ; **UK** [town] jumelé(e) ▸ **twin beds** lits *mpl* jumeaux. ❖ noun jumeau *m*, jumelle *f*.

twine [twaɪn] ❖ noun *(U)* ficelle *f*. ❖ vt ▸ **to twine sthg round UK** OR **around US** sthg enrouler qqch autour de qqch.

twinge [twɪndʒ] noun [of pain] élancement *m* ▸ **a twinge of guilt** un remords.

twinkle ['twɪŋkl] vi [star, lights] scintiller ; [eyes] briller, pétiller.

twin room noun chambre *f* à deux lits.

twin town noun **UK** ville *f* jumelée.

twirl [twɜːl] ❖ vt faire tourner. ❖ vi tournoyer.

twist [twɪst] ❖ noun **1.** [in road] zigzag *m*, tournant *m* ; [in river] méandre *m*, coude *m* ; [in rope] entortillement *m* **2.** *fig* [in plot] rebondissement *m*. ❖ vt **1.** [wind, curl] entortiller **2.** [contort] tordre **3.** [turn] tourner ; [lid - to open] dévisser ; [- to close] visser **4.** [sprain] ▸ **to twist one's ankle** se tordre OR se fouler la cheville **5.** [words, meaning] déformer. ❖ vi **1.** [river, path] zigzaguer **2.** [be contorted] se tordre **3.** [turn] ▸ **to twist round UK** OR **around US** se retourner.

twisted ['twɪstɪd] adj *pej* tordu(e).

twit [twɪt] noun **UK** *inf* crétin *m*, -e *f*.

twitch [twɪtʃ] ❖ noun tic *m*. ❖ vi [muscle, eye, face] se contracter.

two [tuː] num deux ▸ **in two** en deux. *See also* **six**.

twofaced [ˌtuːˈfeɪst] adj *pej* fourbe.

twofold ['tuːfəʊld] ❖ adj double. ❖ adv doublement ▸ **to increase twofold** doubler.

two-hander noun [film] film *m* à deux personnages ; [play] pièce *f* à deux personnages.

two-piece adj ▸ **two-piece swimsuit** deux-pièces *m inv* ▸ **two-piece suit** [for man] costume *m* (deux-pièces).

twosome ['tuːsəm] noun *inf* couple *m*.

two-time vt *inf* tromper.

two-way adj [traffic, trade] dans les deux sens.

two-way street noun rue *f* à circulation dans les deux sens.

tycoon [taɪˈkuːn] noun magnat *m*.

type [taɪp] ❖ noun **1.** [sort, kind] genre *m*, sorte *f* ; [model] modèle *m* ; [in classification] type *m* **2.** *(U)* TYPO caractères *mpl*. ❖ vt [letter, reply] taper (à la machine). ❖ vi taper (à la machine).

typecast ['taɪpkɑːst] (*pt & pp* **typecast**) vt ▸ **to be typecast** être cantonné aux mêmes rôles ▸ **to be typecast as** être cantonné dans le rôle de.

typeface ['taɪpfeɪs] noun TYPO œil *m* de caractère.

typescript ['taɪpskrɪpt] noun texte *m* dactylographié.

typhoon [taɪˈfuːn] noun typhon *m*.

typical ['tɪpɪkl] adj ▸ **typical (of)** typique (de), caractéristique (de) ❘ *that's typical (of him/her)!* c'est bien de lui/d'elle !

typically ['tɪpɪklɪ] adv typiquement.

typify ['tɪpɪfaɪ] (*pt & pp* **-ied**) vt **1.** [characterize] être caractéristique de **2.** [represent] représenter.

typing ['taɪpɪŋ] noun dactylo *f*, dactylographie *f*.

typist ['taɪpɪst] noun dactylo *mf*, dactylographe *mf*.

typo ['taɪpəʊ] noun *inf* coquille *f*.

typography [taɪˈpɒɡrəfɪ] noun typographie *f*.

tyranny ['tɪrənɪ] noun tyrannie *f*.

tyrant ['taɪrənt] noun tyran *m*.

tyre UK, **tire US** ['taɪəʳ] noun pneu *m*.

tyre pressure UK, **tire pressure US** noun pression *f* (de gonflage).

u (*pl* **u's** *or* **us**), **U** (*pl* **U's** *or* **Us**) [juː] noun [letter] u *m inv*, U *m inv*.

U MESSAGING *written abbr of* **you**.

U-bend noun siphon *m*.

ubiquitous [juːˈbɪkwɪtəs] adj omniprésent(e).

udder [ˈʌdəʳ] noun mamelle *f*.

UFO (*abbr of* **unidentified flying object**) noun OVNI *m*, ovni *m*.

Uganda [juːˈgændə] noun Ouganda *m*.

ugh [ʌg] excl pouah !, beurk !

ugly [ˈʌglɪ] adj **1.** [unattractive] laid(e) **2.** *fig* [unpleasant] pénible, désagréable.

UHF (*abbr of* **ultra high frequency**) noun UHF.

UK (*abbr of* **United Kingdom**) noun Royaume-Uni *m*, R.U. *m*.

Ukraine [juːˈkreɪn] noun : *the Ukraine* l'Ukraine *f*.

ulcer [ˈʌlsəʳ] noun ulcère *m*.

Ulster [ˈʌlstəʳ] noun Ulster *m*.

ulterior [ʌlˈtɪərɪəʳ] adj ▸ **ulterior motive** arrière-pensée *f*.

ultimate [ˈʌltɪmət] ❖ adj **1.** [final] final(e), ultime **2.** [most powerful] ultime, suprême. ❖ noun ▸ **the ultimate in** le fin du fin dans.

ultimately [ˈʌltɪmətlɪ] adv [finally] finalement.

ultimatum [ˌʌltɪˈmeɪtəm] (*pl* **-ums** *or* **-a**) noun ultimatum *m*.

ultrasound [ˈʌltrəsaund] noun (U) ultrasons *mpl*.

ultraviolet [ˌʌltrəˈvaɪələt] adj ultra-violet(ette).

umbilical cord [ʌmˈbɪlɪkl-] noun cordon *m* ombilical.

umbrella [ʌmˈbrelə] ❖ noun [portable] parapluie *m* ; [fixed] parasol *m*. ❖ adj [organization] qui en regroupe plusieurs autres.

umpire [ˈʌmpaɪəʳ] ❖ noun arbitre *m*. ❖ vt arbitrer.

umpteen [ˌʌmpˈtiːn] num adj *inf* je ne sais combien de.

umpteenth [ˌʌmpˈtiːnθ] num adj *inf* énième.

UN (*abbr of* **United Nations**) noun ▸ **the UN** l'ONU *f*, l'Onu *f*.

unable [ʌnˈeɪbl] adj ▸ **to be unable to do sthg** ne pas pouvoir faire qqch, être incapable de faire qqch.

unabridged [ˌʌnəˈbrɪdʒd] adj intégral(e).

unacceptable [ˌʌnəkˈseptəbl] adj inacceptable.

unaccompanied [ˌʌnəˈkʌmpənɪd] adj **1.** [child] non accompagné(e) ; [luggage] sans surveillance **2.** [song] a cappella, sans accompagnement.

unaccounted [ˌʌnəˈkauntɪd] adj ▸ **to be unaccounted for** manquer.

unaccustomed [ˌʌnəˈkʌstəmd] adj [unused] ▸ **to be unaccustomed to sthg / to doing sthg** ne pas être habitué(e) à qqch / à faire qqch.

unadulterated [ˌʌnəˈdʌltəreɪtɪd] adj **1.** [unspoilt - wine] non frelaté(e) ; [- food] naturel(elle) **2.** [absolute - joy] sans mélange ; [- nonsense, truth] pur et simple (pure et simple).

unanimous [juːˈnænɪməs] adj unanime.

unanimously [juːˈnænɪməslɪ] adv à l'unanimité.

unanswered [ˌʌnˈɑːnsəd] adj qui reste sans réponse.

unappetizing, unappetising **UK** [ˌʌnˈæpɪtaɪzɪŋ] adj peu appétissant(e).

unarmed [ˌʌnˈɑːmd] adj non armé(e).

unashamed [ˌʌnəˈʃeɪmd] adj [luxury] insolent(e) ; [liar, lie] effronté(e), éhonté(e).

unassuming [ˌʌnəˈsjuːmɪŋ] adj modeste, effacé(e).

unattached [ˌʌnəˈtætʃt] adj **1.** [not fastened, linked] ▸ **unattached (to)** indépendant(e) (de) **2.** [without partner] libre, sans attaches.

unattended [ˌʌnəˈtendɪd] adj [luggage, shop] sans surveillance ; [child] seul(e).

unattractive [ˌʌnəˈtræktɪv] adj **1.** [not beautiful] peu attrayant(e), peu séduisant(e) **2.** [not pleasant] déplaisant(e).

unauthorized, unauthorised **UK** [ˌʌnˈɔːθəraɪzd] adj non autorisé(e).

unavailable [ˌʌnəˈveɪləbl] adj qui n'est pas disponible, indisponible.

unavoidable [ˌʌnə'vɔɪdəbl] adj inévitable.

unaware [ˌʌnə'weər] adj ignorant(e), inconscient(e) ▸ **to be unaware of sthg** ne pas avoir conscience de qqch, ignorer qqch.

unawares [ˌʌnə'weəz] adv ▸ **to catch** OR **take sb unawares** prendre qqn au dépourvu.

unbalanced [ˌʌn'bælənst] adj **1.** [biased] tendancieux(euse), partial(e) **2.** [deranged] déséquilibré(e).

unbearable [ʌn'beərəbl] adj insupportable.

unbeatable [ˌʌn'biːtəbl] adj imbattable.

unbelievable [ˌʌnbɪ'liːvəbl] adj incroyable.

unbending [ˌʌn'bendɪŋ] adj inflexible, intransigeant(e).

unbia(s)sed [ˌʌn'baɪəst] adj impartial(e).

unborn [ˌʌn'bɔːn] adj [child] qui n'est pas encore né(e).

unbreakable [ˌʌn'breɪkəbl] adj incassable.

unbridled [ˌʌn'braɪdld] adj effréné(e), débridé(e).

unbutton [ˌʌn'bʌtn] vt déboutonner.

uncalled-for [ˌʌn'kɔːld-] adj [remark] déplacé(e) ; [criticism] injustifié(e).

uncanny [ʌn'kænɪ] adj étrange, mystérieux(euse) ; [resemblance] troublant(e).

unceasing [ˌʌn'siːsɪŋ] adj fml incessant(e), continuel(elle).

uncertain [ʌn'sɜːtn] adj incertain(e) ▸ **in no uncertain terms** sans mâcher ses mots.

unchanged [ˌʌn'tʃeɪndʒd] adj inchangé(e).

uncharacteristic ['ʌn,kærəktə'rɪstɪk] adj inhabituel(elle).

uncharted [ˌʌn'tʃɑːtɪd] adj [land, sea] qui n'est pas sur la carte ▸ **uncharted territory** fig domaine inexploré.

unchecked [ˌʌn'tʃekt] adj non maîtrisé(e), sans frein.

uncivilized, uncivilised UK [ˌʌn'sɪvɪlaɪzd] adj non civilisé(e), barbare.

uncle ['ʌŋkl] noun oncle m.

unclear [ˌʌn'klɪər] adj **1.** [message, meaning, motive] qui n'est pas clair(e) **2.** [uncertain - person, future] incertain(e).

uncomfortable [ˌʌn'kʌmftəbl] adj **1.** [shoes, chair, clothes] inconfortable ; fig [fact, truth] désagréable **2.** [person - physically] qui n'est pas à l'aise ; [- ill at ease] mal à l'aise.

uncommon [ʌn'kɒmən] adj **1.** [rare] rare **2.** fml [extreme] extraordinaire.

uncompromising [ˌʌn'kɒmprəmaɪzɪŋ] adj intransigeant(e).

unconcerned [ˌʌnkən'sɜːnd] adj [not anxious] qui ne s'inquiète pas.

unconditional [ˌʌnkən'dɪʃənl] adj inconditionnel(elle).

unconscious [ʌn'kɒnʃəs] ❖ adj **1.** [having lost consciousness] sans connaissance **2.** fig [unaware] ▸ **to be unconscious of** ne pas avoir conscience de, ne pas se rendre compte de **3.** [unnoticed - desires, feelings] inconscient(e). ❖ noun PSYCHOL inconscient m.

unconsciously [ʌn'kɒnʃəslɪ] adv inconsciemment.

uncontrollable [ˌʌnkən'trəʊləbl] adj **1.** [unrestrainable - emotion, urge] irrépressible, irrésistible ; [- increase, epidemic] qui ne peut être enrayé(e) **2.** [unmanageable - person] impossible, difficile.

unconventional [ˌʌnkən'venʃənl] adj peu conventionnel(elle), original(e).

unconvinced [ˌʌnkən'vɪnst] adj qui n'est pas convaincu(e), sceptique.

unconvincing [ˌʌnkən'vɪnsɪŋ] adj peu convaincant(e).

uncooperative [ˌʌnkəʊ'ɒpərətɪv] adj peu coopératif(ive).

uncouth [ʌn'kuːθ] adj grossier(ère).

uncover [ʌn'kʌvər] vt découvrir.

undecided [ˌʌndɪ'saɪdɪd] adj [person] indécis(e), irrésolu(e) ; [issue] indécis(e).

undeniable [ˌʌndɪ'naɪəbl] adj indéniable, incontestable.

under ['ʌndər] ❖ prep **1.** [gen] sous **2.** [less than] moins de / children under five les enfants de moins de cinq ans **3.** [subject to - effect, influence] sous ▸ **under the circumstances** dans ces circonstances, étant donné les circonstances **4.** [undergoing] ▸ **under consideration** à l'étude ▸ **under discussion** en discussion **5.** [according to] selon, conformément à. ❖ adv **1.** [underneath] dessous ; [underwater] sous l'eau ▸ **to go under** [company] couler, faire faillite **2.** [less] au-dessous.

underage [ˌʌndər'eɪdʒ] adj mineur(e).

undercarriage ['ʌndə,kærɪdʒ] noun train m d'atterrissage.

undercharge [ˌʌndə'tʃɑːdʒ] vt faire payer insuffisamment à.

underclothes ['ʌndəkləʊðz] pl n sous-vêtements mpl.

undercoat ['ʌndəkəʊt] noun [of paint] couche f de fond.

undercover ['ʌndə,kʌvər] adj secret(ète).

undercurrent ['ʌndə,kʌrənt] noun fig [tendency] courant m sous-jacent.

undercut [,ʌndə'kʌt] (pt & pp **undercut**) vt [in price] vendre moins cher que.

underdeveloped [,ʌndədɪ'veləpt] adj [country] sous-développé(e) ; [person] qui n'est pas complètement développé(e) or formé(e).

underdog ['ʌndədɒg] noun ▶ **the underdog a)** l'opprimé m **b)** SPORT celui (celle) que l'on donne perdant(e).

underdone [,ʌndə'dʌn] adj [food] pas assez cuit(e) ; [steak] saignant(e).

underestimate vt [,ʌndər'estɪmeɪt] sous-estimer.

underexposed [,ʌndərɪk'spəʊzd] adj PHOT sous-exposé(e).

underfoot [,ʌndə'fʊt] adv sous les pieds.

undergo [,ʌndə'gəʊ] (pt **-went**, pp **-gone**) vt subir ; [pain, difficulties] éprouver.

undergraduate [,ʌndə'grædjʊət] noun étudiant m, -e f qui prépare la licence.

underground ◆ adj ['ʌndəgraʊnd] **1.** [below the ground] souterrain(e) **2.** fig [secret] clandestin(e). ◆ adv [,ʌndə'graʊnd] ▶ **to go /be forced underground** entrer dans la clandestinité. ◆ noun ['ʌndəgraʊnd] **1.** UK [subway] métro m **2.** [activist movement] résistance f.

undergrowth ['ʌndəgrəʊθ] noun (U) sous-bois m inv.

underhand [,ʌndə'hænd] adj sournois(e), en dessous.

underline [,ʌndə'laɪn] vt souligner.

underlying [,ʌndə'laɪɪŋ] adj sous-jacent(e).

undermine [,ʌndə'maɪn] vt fig [weaken] saper, ébranler.

underneath [,ʌndə'ni:θ] ◆ prep **1.** [beneath] sous, au-dessous de **2.** [in movements] sous. ◆ adv **1.** [beneath] en dessous, dessous **2.** fig [fundamentally] au fond. ◆ adj inf d'en dessous. ◆ noun [underside] ▶ **the underneath** le dessous.

underpaid adj ['ʌndəpeɪd] sous-payé(e).

underpants ['ʌndəpænts] pl n slip m.

underpass ['ʌndəpɑːs] noun [for cars] passage m inférieur ; [for pedestrians] passage m souterrain.

underperform [,ʌndəpə'fɔːm] vi rester en deçà de ses possibilités.

underpin [,ʌndə'pɪn] (pt & pp **-ned**, cont **-ning**) vt étayer.

underprivileged [,ʌndə'prɪvɪlɪdʒd] adj défavorisé(e), déshérité(e).

underrated [,ʌndə'reɪtɪd] adj sous-estimé(e).

underscore [,ʌndə'skɔːr] ◆ vt lit & fig souligner. ◆ noun TYPO tiret m bas.

underside ['ʌndəsaɪd] noun ▶ **the underside** le dessous.

undersigned ['ʌndəsaɪnd] noun fml : I, the undersigned je soussigné(e).

underskirt ['ʌndəskɜːt] noun jupon m.

understand [,ʌndə'stænd] (pt & pp **-stood**) ◆ vt **1.** [gen] comprendre **2.** fml [be informed] ▶ **I understand (that)...** je crois comprendre que..., il paraît que.... ◆ vi comprendre.

understandable [,ʌndə'stændəbl] adj compréhensible.

understanding [,ʌndə'stændɪŋ] ◆ noun **1.** [knowledge, sympathy] compréhension f **2.** [agreement] accord m, arrangement m. ◆ adj [sympathetic] compréhensif(ive).

understatement [,ʌndə'steɪtmənt] noun **1.** [inadequate statement] affirmation f en dessous de la vérité **2.** (U) [quality of understating] euphémisme m.

understood [,ʌndə'stʊd] pt & pp ⟶ understand.

understudy ['ʌndə,stʌdɪ] noun doublure f.

undertake [,ʌndə'teɪk] (pt **-took**, pp **-taken**) vt **1.** [take on - gen] entreprendre ; [- responsibility] assumer **2.** [promise] ▶ **to undertake to do sthg** promettre de faire qqch, s'engager à faire qqch.

undertaker ['ʌndə,teɪkər] noun entrepreneur m des pompes funèbres.

undertaking [,ʌndə'teɪkɪŋ] noun **1.** [task] entreprise f **2.** [promise] promesse f.

undertone ['ʌndətəʊn] noun **1.** [quiet voice] voix f basse **2.** [vague feeling] courant m.

undertook [,ʌndə'tʊk] pt ⟶ undertake.

underwater [,ʌndə'wɔːtər] ◆ adj sous-marin(e). ◆ adv sous l'eau.

underwear ['ʌndəweər] noun (U) sous-vêtements mpl.

underweight [,ʌndə'weɪt] adj qui ne pèse pas assez, qui est trop maigre.

underwent [,ʌndə'went] pt ⟶ undergo.

underworld ['ʌndə,wɜːld] noun [criminal society] ▶ **the underworld** le milieu, la pègre.

underwriter ['ʌndə,raɪtər] noun assureur m.

undid [,ʌn'dɪd] pt ⟶ undo.

undies ['ʌndɪz] pl n inf dessous mpl, lingerie f.

undisclosed [,ʌndɪs'kləʊzd] adj non divulgué(e).

undiscovered [,ʌndɪ'skʌvəd] adj non découvert(e).

undisputed [,ʌndɪ'spju:tɪd] adj incontesté(e).

undistinguished [,ʌndɪ'stɪŋgwɪʃt] adj médiocre, quelconque.

undo [,ʌn'du:] (pt -did, pp -done) vt 1. [unfasten] défaire 2. [nullify] annuler, détruire.

undoing [,ʌn'du:ɪŋ] noun (U) fml perte f, ruine f.

undone [,ʌn'dʌn] ❖ pp ⟶ undo. ❖ adj 1. [unfastened] défait(e) 2. [task] non accompli(e).

undoubted [ʌn'daʊtɪd] adj indubitable, certain(e).

undoubtedly [ʌn'daʊtɪdlɪ] adv sans aucun doute.

undress [,ʌn'dres] ❖ vt déshabiller. ❖ vi se déshabiller.

undue [,ʌn'dju:] adj fml excessif(ive).

undulate ['ʌndjʊleɪt] vi onduler.

unduly [,ʌn'dju:lɪ] adv fml trop, excessivement.

unearth [,ʌn'ɜ:θ] vt 1. [dig up] déterrer 2. fig [discover] découvrir, dénicher.

unearthly [ʌn'ɜ:θlɪ] adj inf [uncivilized - time of day] indu(e), impossible.

unease [ʌn'i:z] noun (U) malaise m.

uneasy [ʌn'i:zɪ] adj [person, feeling] mal à l'aise, gêné(e) ; [peace] troublé(e), incertain(e) ; [silence] gêné(e).

uneducated [,ʌn'edjʊkeɪtɪd] adj [person] sans instruction.

unemployed [,ʌnɪm'plɔɪd] ❖ adj au chômage, sans travail. ❖ pl n ▸ the unemployed les chômeurs mpl.

unemployment [,ʌnɪm'plɔɪmənt] noun chômage m.

unemployment benefit UK, **unemployment compensation** US noun allocation f de chômage.

unenthusiastic [ʌnɪn,θju:zɪ'æstɪk] adj peu enthousiaste.

unerring [,ʌn'ɜ:rɪŋ] adj sûr(e), infaillible.

uneven [,ʌn'i:vn] adj 1. [not flat - surface] inégal(e) ; [- ground] accidenté(e) 2. [inconsistent] inégal(e) 3. [unfair] injuste.

uneventful [,ʌnɪ'ventfʊl] adj sans incidents.

unexpected [,ʌnɪk'spektɪd] adj inattendu(e), imprévu(e).

unexpectedly [,ʌnɪk'spektɪdlɪ] adv subitement, d'une manière imprévue.

unexplained [,ʌnɪk'spleɪnd] adj inexpliqué(e).

unfailing [ʌn'feɪlɪŋ] adj qui ne se dément pas, constant(e).

unfair [,ʌn'feər] adj injuste.

unfaithful [,ʌn'feɪθfʊl] adj infidèle.

unfamiliar [,ʌnfə'mɪljər] adj 1. [not well-known] peu familier(ère), peu connu(e) 2. [not acquainted] ▸ to be unfamiliar with sb / sthg mal connaître qqn / qqch, ne pas connaître qqn / qqch.

unfashionable [,ʌn'fæʃnəbl] adj démodé(e), passé(e) de mode ; [person] qui n'est plus à la mode.

unfasten [,ʌn'fɑ:sn] vt défaire.

unfavourable UK, **unfavorable** US [,ʌn'feɪvrəbl] adj défavorable.

unfeeling [ʌn'fi:lɪŋ] adj impitoyable, insensible.

unfinished [,ʌn'fɪnɪʃt] adj inachevé(e).

unfit [,ʌn'fɪt] adj 1. [not in good health] qui n'est pas en forme 2. [not suitable] ▸ unfit (for) a) impropre (à) b) [person] inapte (à).

unfold [ʌn'fəʊld] ❖ vt [map, newspaper] déplier. ❖ vi [become clear] se dérouler.

unforeseen [,ʌnfɔ:'si:n] adj imprévu(e).

unforgettable [,ʌnfə'getəbl] adj inoubliable.

unforgivable [,ʌnfə'gɪvəbl] adj impardonnable.

unfortunate [ʌn'fɔ:tʃnət] adj 1. [unlucky] malheureux(euse), malchanceux(euse) 2. [regrettable] regrettable, fâcheux(euse).

unfortunately [ʌn'fɔ:tʃnətlɪ] adv malheureusement.

unfounded [,ʌn'faʊndɪd] adj sans fondement, dénué(e) de tout fondement.

unfriendly [,ʌn'frendlɪ] adj hostile, malveillant(e).

unfulfilled [,ʌnfʊl'fɪld] adj 1. [ambition, potential, prophecy] non réalisé(e), inaccompli(e) ; [promise] non tenu(e) 2. [person, life] insatisfait(e), frustré(e).

unfurnished [,ʌn'fɜ:nɪʃt] adj non meublé(e).

ungainly [ʌn'geɪnlɪ] adj gauche.

ungodly [ˌʌn'gɒdlɪ] adj *inf* [unreasonable] indu(e), impossible.

ungrateful [ʌn'greɪtfʊl] adj ingrat(e), peu reconnaissant(e).

unhappy [ʌn'hæpɪ] adj **1.** [sad] triste, malheureux(euse) **2.** [uneasy]) **to be unhappy (with OR about)** être inquiet(ète) (au sujet de) **3.** [unfortunate] malheureux(euse), regrettable.

unharmed [ʌn'hɑːmd] adj indemne, sain et sauf (saine et sauve).

unhealthy [ʌn'helθɪ] adj **1.** [person, skin] maladif(ive) ; [conditions, place] insalubre, malsain(e) ; [habit] malsain(e) **2.** *fig* [undesirable] malsain(e).

unheard-of [ʌn'hɜːdɒv] adj **1.** [unknown] inconnu(e) **2.** [unprecedented] sans précédent, inouï(e).

unhelpful [ˌʌn'helpfʊl] adj **1.** [person, attitude] peu serviable, peu obligeant(e) **2.** [advice, book] qui n'aide en rien, peu utile.

unhook [ˌʌn'hʊk] vt **1.** [dress, bra] dégrafer **2.** [coat, picture, trailer] décrocher.

unhurt [ˌʌn'hɜːt] adj indemne, sain et sauf (saine et sauve).

unhygienic [ˌʌnhaɪ'dʒiːnɪk] adj non hygiénique.

unidentified flying object [ˌʌnaɪ'dentɪfaɪd-] noun objet m volant non identifié.

unification [ˌjuːnɪfɪ'keɪʃn] noun unification f.

uniform ['juːnɪfɔːm] ✧ adj [rate, colour] uniforme ; [size] même. ✧ noun uniforme m.

unify ['juːnɪfaɪ] vt unifier.

unilateral [ˌjuːnɪ'lætərəl] adj unilatéral(e).

unimaginable [ˌʌnɪ'mædʒɪnəbl] adj inimaginable, inconcevable.

unimportant [ˌʌnɪm'pɔːtənt] adj sans importance, peu important(e).

unimpressed [ˌʌnɪm'prest] adj qui n'est pas impressionné(e).

uninhabited [ˌʌnɪn'hæbɪtɪd] adj inhabité(e).

uninjured [ˌʌn'ɪndʒəd] adj qui n'est pas blessé(e), indemne.

uninspiring [ˌʌnɪn'spaɪrɪŋ] adj qui n'a rien d'inspirant.

uninstall [ˌʌnɪn'stɔːl] vt désinstaller.

unintended [ˌʌnɪn'tendɪd] adj non intentionnel(elle), accidentel(elle), fortuit(e).

unintentional [ˌʌnɪn'tenʃənl] adj involontaire, non intentionnel(elle).

union ['juːnjən] ✧ noun **1.** [trade union] syndicat m **2.** [alliance] union f. ✧ comp syndical(e).

Union Jack noun [UK]) **the Union Jack** l'Union Jack m, le drapeau britannique.

unique [juː'niːk] adj **1.** [exceptional] unique, exceptionnel(elle) **2.** [exclusive]) **unique to** propre à **3.** [very special] unique.

unisex ['juːnɪseks] adj unisexe.

unison ['juːnɪzn] noun unisson m) **in unison a)** à l'unisson **b)** [say] en chœur, en même temps.

unit ['juːnɪt] noun **1.** [gen] unité f **2.** [machine part] élément m, bloc m **3.** [of furniture] élément m **4.** [department] service m.

unite [juː'naɪt] ✧ vt unifier. ✧ vi s'unir.

united [juː'naɪtɪd] adj **1.** [in harmony] uni(e) **2.** [unified] unifié(e).

United Kingdom noun) **the United Kingdom** le Royaume-Uni.

United Nations noun) **the United Nations** les Nations fpl Unies.

United States noun) **the United States (of America)** les États-Unis mpl (d'Amérique)) **in the United States** aux États-Unis.

unity ['juːnətɪ] noun (U) unité f.

universal [ˌjuːnɪ'vɜːsl] adj universel(elle).

universe ['juːnɪvɜːs] noun univers m.

university [ˌjuːnɪ'vɜːsətɪ] ✧ noun université f. ✧ comp universitaire ; [lecturer] d'université) **university student** étudiant m, -e f à l'université.

unjust [ˌʌn'dʒʌst] adj injuste.

unjustified [ʌn'dʒʌstɪfaɪd] adj injustifié(e).

unkempt [ˌʌn'kempt] adj [clothes, person] négligé(e), débraillé(e) ; [hair] mal peigné(e).

unkind [ʌn'kaɪnd] adj [uncharitable] méchant(e), pas gentil(ille).

unknown [ˌʌn'nəʊn] adj inconnu(e).

unlawful [ˌʌn'lɔːfʊl] adj illégal(e).

unleaded [ˌʌn'ledɪd] ✧ adj sans plomb. ✧ noun *inf* [petrol] sans-plomb m inv.

unleash [ˌʌn'liːʃ] vt *liter* déchaîner.

unless [ən'les] conj à moins que (+ *subjunctive*) **/ unless I'm mistaken** à moins que je (ne) me trompe.

unlicensed [ˌʌn'laɪsənst] adj [person] qui ne détient pas de licence ; [activity] non autorisé(e), illicite ; [vehicle] sans vignette ; [restaurant, premises] qui ne détient pas de licence de débit de boissons.

unlike [ˌʌnˈlaɪk] prep **1.** [different from] différent(e) de **2.** [in contrast to] contrairement à, à la différence de **3.** [not typical of] : *it's unlike you to complain* cela ne te ressemble pas de te plaindre.

unlikely [ʌnˈlaɪklɪ] adj **1.** [event, result] peu probable, improbable ; [story] invraisemblable **2.** [bizarre - clothes] invraisemblable.

unlimited [ʌnˈlɪmɪtɪd] adj illimité(e).

unlisted [ʌnˈlɪstɪd] adj US [phone number] qui est sur la liste rouge.

unload [ˌʌnˈləʊd] vt décharger.

unlock [ˌʌnˈlɒk] vt ouvrir.

unloved [ˌʌnˈlʌvd] adj qui n'est pas aimé(e)
▸ **to feel unloved** ne pas se sentir aimé.

unlucky [ʌnˈlʌkɪ] adj **1.** [unfortunate - person] malchanceux(euse), qui n'a pas de chance ; [- experience, choice] malheureux(euse) **2.** [object, number] qui porte malheur.

unmanageable [ʌnˈmænɪdʒəbl] adj [vehicle, parcel] peu maniable ; [hair] difficiles à coiffer.

unmarried [ˌʌnˈmærɪd] adj célibataire, qui n'est pas marié(e).

unmask [ˌʌnˈmɑːsk] vt démasquer ; [truth, hypocrisy] dévoiler.

unmistakable [ˌʌnmɪˈsteɪkəbl] adj facilement reconnaissable.

unmitigated [ʌnˈmɪtɪgeɪtɪd] adj [disaster] total(e) ; [evil] non mitigé(e).

unnatural [ʌnˈnætʃrəl] adj **1.** [unusual] anormal(e), qui n'est pas naturel(elle) **2.** [affected] peu naturel(elle) ; [smile] forcé(e).

unnecessary [ʌnˈnesəsərɪ] adj [remark, expense, delay] inutile.

unnerving [ˌʌnˈnɜːvɪŋ] adj troublant(e).

unnoticed [ˌʌnˈnəʊtɪst] adj inaperçu(e).

unobtainable [ˌʌnəbˈteɪnəbl] adj impossible à obtenir.

unobtrusive [ˌʌnəbˈtruːsɪv] adj [person] effacé(e) ; [object] discret(ète) ; [building] que l'on remarque à peine.

unofficial [ˌʌnəˈfɪʃl] adj non officiel(elle).

unopened [ˌʌnˈəʊpənd] adj non ouvert(e), qui n'a pas été ouvert(e).

unorthodox [ˌʌnˈɔːθədɒks] adj peu orthodoxe.

unpack [ˌʌnˈpæk] ❖ vt [suitcase] défaire ; [box] vider ; [clothes] déballer. ❖ vi défaire ses bagages.

unpaid [ˌʌnˈpeɪd] adj **1.** [person] bénévole ; [work] sans rémunération, bénévole **2.** [rent] non acquitté(e) ; [bill] impayé(e).

unpalatable [ʌnˈpælətəbl] adj d'un goût désagréable ; *fig* dur(e) à avaler.

unparalleled [ʌnˈpærəleld] adj [success, crisis] sans précédent ; [beauty] sans égal.

unplanned [ˌʌnˈplænd] adj imprévu(e) ; [pregnancy] accidentel(elle).

unpleasant [ʌnˈpleznt] adj désagréable.

unplug [ʌnˈplʌg] vt débrancher.

unpopular [ˌʌnˈpɒpjʊləʳ] adj impopulaire.

unprecedented [ʌnˈpresɪdəntɪd] adj sans précédent.

unpredictable [ˌʌnprɪˈdɪktəbl] adj imprévisible.

unprepared [ˌʌnprɪˈpeəd] adj non préparé(e)
▸ **to be unprepared for sthg** ne pas s'attendre à qqch.

unprofessional [ˌʌnprəˈfeʃənl] adj [person, work] peu professionnel(elle) ; [attitude] contraire à l'éthique de la profession.

unprovoked [ˌʌnprəˈvəʊkt] adj sans provocation.

unpunished [ˌʌnˈpʌnɪʃt] adj ▸ **to go unpunished** rester impuni(e).

unqualified [ˌʌnˈkwɒlɪfaɪd] adj **1.** [person] non qualifié(e) ; [teacher, doctor] non diplômé(e) **2.** [success] formidable ; [support] inconditionnel(elle).

unquestionable [ʌnˈkwestʃənəbl] adj [fact] incontestable ; [honesty] certain(e).

unquestioning [ʌnˈkwestʃənɪŋ] adj aveugle, absolu(e).

unravel [ʌnˈrævl] vt **1.** [undo - knitting] défaire ; [- fabric] effiler ; [- threads] démêler **2.** *fig* [solve] éclaircir.

unreadable [ˌʌnˈriːdəbl] adj illisible.

unreal [ˌʌnˈrɪəl] adj [strange] irréel(elle).

unrealistic [ˌʌnrɪəˈlɪstɪk] adj irréaliste.

unreasonable [ʌnˈriːznəbl] adj qui n'est pas raisonnable, déraisonnable.

unrecognizable [ʌnˈrekəgnaɪzəbl] adj méconnaissable.

unrelated [ˌʌnrɪˈleɪtɪd] adj ▸ **to be unrelated (to)** n'avoir aucun rapport (avec).

unrelenting [ˌʌnrɪˈlentɪŋ] adj implacable.

unreliable [ˌʌnrɪˈlaɪəbl] adj [machine, method] peu fiable ; [person] sur qui on ne peut pas compter.

unremitting [ˌʌnrɪˈmɪtɪŋ] adj inlassable.

unrequited [ˌʌnrɪˈkwaɪtɪd] adj non partagé(e).

unreserved [ˌʌnrɪˈzɜːvd] adj [support, admiration] sans réserve.

unresolved [ˌʌnrɪˈzɒlvd] adj non résolu(e).

unrest [ˌʌnˈrest] noun *(U)* troubles *mpl*.

unripe [ˌʌnˈraɪp] adj qui n'est pas mûr(e).

unrivalled 🇬🇧, **unrivaled** 🇺🇸 [ʌnˈraɪvld] adj sans égal(e).

unruly [ʌnˈruːlɪ] adj [crowd, child] turbulent(e) / *unruly hair* les cheveux indisciplinés.

unsafe [ˌʌnˈseɪf] adj **1.** [dangerous] dangereux(euse) **2.** [in danger] ▶ **to feel unsafe** ne pas se sentir en sécurité.

unsaid [ˌʌnˈsed] adj ▶ **to leave sthg unsaid** passer qqch sous silence.

unsatisfactory [ˈʌnˌsætɪsˈfæktərɪ] adj qui laisse à désirer, peu satisfaisant(e).

unsatisfied [ˌʌnˈsætɪsfaɪd] adj **1.** [person - unhappy] insatisfait(e), mécontent(e) ; [- unconvinced] non convaincu(e) **2.** [desire] insatisfait(e), inassouvi(e).

unsavoury 🇬🇧, **unsavory** 🇺🇸 [ʌnˈseɪvərɪ] adj [person] peu recommandable ; [district] mal famé(e).

unscathed [ˌʌnˈskeɪðd] adj indemne.

unscheduled [🇬🇧 ˌʌnˈʃedjuːld, 🇺🇸 ˌʌnˈskedʒuld] adj non prévu(e).

unscrew [ˌʌnˈskruː] vt dévisser.

unscrupulous [ʌnˈskruːpjʊləs] adj sans scrupules.

unseemly [ʌnˈsiːmlɪ] adj inconvenant(e).

unseen [ˌʌnˈsiːn] adj [not observed] inaperçu(e).

unselfish [ʌnˈselfɪʃ] adj désintéressé(e).

unsettled [ʌnˈsetld] adj **1.** [person] perturbé(e), troublé(e) **2.** [weather] variable, incertain(e) **3.** [argument] qui n'a pas été résolu(e) ; [situation] incertain(e).

unshak(e)able [ʌnˈʃeɪkəbl] adj inébranlable.

unshaven [ˌʌnˈʃeɪvn] adj non rasé(e).

unsightly [ʌnˈsaɪtlɪ] adj laid(e).

unskilled [ˌʌnˈskɪld] adj non qualifié(e).

unsociable [ʌnˈsəʊʃəbl] adj sauvage.

unsocial [ˌʌnˈsəʊʃl] adj ▶ **to work unsocial hours** 🇬🇧 travailler en dehors des heures normales.

unsolved [ˌʌnˈsɒlvd] adj non résolu(e).

unsophisticated [ˌʌnsəˈfɪstɪkeɪtɪd] adj simple.

unsound [ˌʌnˈsaʊnd] adj **1.** [theory] mal fondé(e) ; [decision] peu judicieux(euse) **2.** [building, structure] en mauvais état.

unspeakable [ʌnˈspiːkəbl] adj indescriptible.

unspent [ˌʌnˈspent] ❖ adj non dépensé(e), restant(e). ❖ adv : *the money went unspent* l'argent n'a pas été dépensé.

unspoken [ˌʌnˈspəʊkən] adj [thought, wish] inexprimé(e) ; [agreement] tacite.

unstable [ˌʌnˈsteɪbl] adj instable.

unsteady [ˌʌnˈstedɪ] adj [hand] tremblant(e) ; [table, ladder] instable.

unstoppable [ˌʌnˈstɒpəbl] adj qu'on ne peut pas arrêter.

unstuck [ˌʌnˈstʌk] adj ▶ **to come unstuck** a) [notice, stamp, label] se décoller b) *fig* [plan, system] s'effondrer c) *fig* [person] essuyer un échec.

unsubscribe [ˌʌnsəbˈskraɪb] vi : *to unsubscribe (from)* se désinscrire (de).

unsubstantiated [ˌʌnsəbˈstænʃɪeɪtɪd] adj sans fondement.

unsuccessful [ˌʌnsəkˈsesfʊl] adj [attempt] vain(e) ; [meeting] infructueux(euse) ; [candidate] refusé(e).

unsuccessfully [ˌʌnsəkˈsesfʊlɪ] adv en vain, sans succès.

unsuitable [ʌnˈsuːtəbl] adj qui ne convient pas ; [clothes] peu approprié(e) ▶ **to be unsuitable for** ne pas convenir à.

unsupervised [ʌnˈsuːpəvaɪzd] adj non surveillé(e) / *'unsupervised minors not admitted'* 'interdit aux enfants non accompagnés'.

unsure [ˌʌnˈʃɔːʳ] adj **1.** [not certain] ▶ **to be unsure (about / of)** ne pas être sûr(e) (de) **2.** [not confident] ▶ **to be unsure (of o.s.)** ne pas être sûr(e) de soi.

unsuspecting [ˌʌnsəˈspektɪŋ] adj qui ne se doute de rien.

unsustainable [ˌʌnsəˈsteɪnəbl] adj non viable.

unsympathetic [ˈʌnˌsɪmpəˈθetɪk] adj [unfeeling] indifférent(e).

untangle [ˌʌnˈtæŋgl] vt [string, hair] démêler.

untapped [ˌʌnˈtæpt] adj inexploité(e).

untenable [ˌʌnˈtenəbl] adj indéfendable.

unthinkable [ʌnˈθɪŋkəbl] adj impensable.

untidy [ʌn'taɪdɪ] adj [room, desk] en désordre ; [work, handwriting] brouillon (inv) ; [person, appearance] négligé(e).

untie [ˌʌn'taɪ] vt [knot, parcel, shoelaces] défaire ; [prisoner] détacher.

until [ən'tɪl] ❖ prep **1.** [gen] jusqu'à ▸ **until now** jusqu'ici **2.** (after negative) avant / **not until tomorrow** pas avant demain. ❖ conj **1.** [gen] jusqu'à ce que (+ subjunctive) **2.** (after negative) avant que (+ subjunctive).

untimely [ʌn'taɪmlɪ] adj [death] prématuré(e) ; [arrival] intempestif(ive) ; [remark] mal à propos ; [moment] mal choisi(e).

untold [ˌʌn'təʊld] adj [amount, wealth] incalculable ; [suffering, joy] indescriptible.

untoward [ˌʌntə'wɔːd] adj malencontreux(euse).

untrue [ˌʌn'truː] adj [not accurate] faux (fausse), qui n'est pas vrai(e).

unused adj **1.** [ˌʌn'juːzd] [clothes] neuf (neuve) ; [machine] qui n'a jamais servi ; [land] qui n'est pas exploité **2.** [ˌʌn'juːst] [unaccustomed] ▸ **to be unused to sthg / to doing sthg** ne pas avoir l'habitude de qqch/de faire qqch.

unusual [ʌn'juːʒl] adj rare, inhabituel(elle).

unusually [ʌn'juːʒəlɪ] adv exceptionnellement.

unveil [ˌʌn'veɪl] vt lit & fig dévoiler.

unwanted [ˌʌn'wɒntɪd] adj [object] dont on ne se sert pas ; [child] non désiré(e) ▸ **to feel unwanted** se sentir mal-aimé(e).

unwavering [ʌn'weɪvərɪŋ] adj [determination] inébranlable.

unwelcome [ʌn'welkəm] adj [news, situation] fâcheux(euse) ; [visitor] importun(e).

unwell [ˌʌn'wel] adj ▸ **to be/feel unwell** ne pas être/se sentir bien.

unwieldy [ʌn'wiːldɪ] adj **1.** [cumbersome] peu maniable **2.** fig [system] lourd(e) ; [method] trop complexe.

unwilling [ˌʌn'wɪlɪŋ] adj ▸ **to be unwilling to do sthg** ne pas vouloir faire qqch.

unwind [ˌʌn'waɪnd] (pt & pp -wound) ❖ vt dérouler. ❖ vi fig [person] se détendre.

unwise [ˌʌn'waɪz] adj imprudent(e), peu sage.

unwitting [ʌn'wɪtɪŋ] adj fml involontaire.

unworkable [ˌʌn'wɜːkəbl] adj impraticable.

unworthy [ʌn'wɜːðɪ] adj [undeserving] ▸ **unworthy (of)** indigne (de).

unwound [ˌʌn'waʊnd] pt & pp ⟶ **unwind**.

unwrap [ˌʌn'ræp] vt défaire.

unwritten law [ˌʌnrɪtn-] noun droit m coutumier.

up [ʌp] ❖ adv **1.** [towards or in a higher position] en haut / **she's up in her bedroom** elle est en haut dans sa chambre / **we walked up to the top** on est montés jusqu'en haut ▸ **up there** là-haut **2.** [into an upright position] : **to stand up** se lever / **to sit up** s'asseoir (bien droit) **3.** [northwards] : **I'm coming up to York next week** je viens à York la semaine prochaine ▸ **up north** dans le nord **4.** [along a road, river] : **their house is a little further up** leur maison est un peu plus loin. ❖ prep **1.** [towards or in a higher position] en haut de / **up a hill /mountain** en haut d'une colline/d'une montagne / **up a ladder** sur une échelle / **I went up the stairs** j'ai monté l'escalier **2.** [at far end of] : **they live up the road from us** ils habitent un peu plus haut OR loin que nous (dans la même rue) **3.** [against current of river] : **to sail up the Amazon** remonter l'Amazone en bateau. ❖ adj **1.** [out of bed] levé(e) / **I was up at six today** je me suis levé à six heures aujourd'hui **2.** [at an end] ▸ **time's up** c'est l'heure **3.** inf [wrong] : **is something up?** il y a quelque chose qui ne va pas ? ▸ **what's up?** qu'est-ce qui ne va pas ?, qu'est-ce qu'il y a ? ❖ noun ▸ **ups and downs** hauts et bas mpl. ◆ **up and down** ❖ adv : **to jump up and down** sauter / **to walk up and down** faire les cent pas. ❖ prep : **we walked up and down the avenue** nous avons arpenté l'avenue. ◆ **up to** prep **1.** [as far as] jusqu'à **2.** [indicating level] jusqu'à / **it could take up to six weeks** cela peut prendre jusqu'à six semaines / **it's not up to standard** ce n'est pas de la qualité voulue, ceci n'a pas le niveau requis **3.** [well or able enough for] ▸ **to be up to doing sthg a)** [able to] être capable de faire qqch **b)** [well enough for] être en état de faire qqch / **my French isn't up to much** mon français ne vaut pas grand-chose OR n'est pas fameux **4.** inf [secretly doing something] : **what are you up to?** qu'est-ce que tu fabriques ? / **they're up to something** ils mijotent quelque chose, ils préparent un coup **5.** [indicating responsibility] : **it's not up to me to decide** ce n'est pas moi qui décide, il ne m'appartient pas de décider / **it's up to you** c'est à vous de voir. ◆ **up until** prep jusqu'à.

up-and-coming adj à l'avenir prometteur.

upbeat ['ʌpbiːt] adj optimiste.

upbringing ['ʌp,brɪŋɪŋ] noun éducation f.

upcoming ['ʌp,kʌmɪŋ] adj [event] à venir, prochain(e) ; [book] à paraître, qui va paraître ; [film] qui va sortir / **'upcoming attractions'** 'prochainement'.

update [ˌʌp'deɪt] vt mettre à jour.

upfront [ˌʌp'frʌnt] ❖ adj ▶ **upfront (about)** franc (franche) (au sujet de). ❖ adv [in advance] d'avance.

upgrade [ˌʌp'greɪd] ❖ noun **1.** [of system] extention f **2.** [of software] mise f à jour, actualisation f. ❖ vt [facilities, software] améliorer ; [hardware, system] optimiser ; [employee] promouvoir ; [pay] augmenter.

upheaval [ʌp'hi:vl] noun bouleversement m.

upheld [ʌp'held] pt & pp ⟶ **uphold**.

uphill [ˌʌp'hɪl] ❖ adj **1.** [slope, path] qui monte **2.** fig [task] ardu(e). ❖ adv ▶ **to go uphill** monter.

uphold [ʌp'həʊld] (pt & pp -held) vt [law] maintenir ; [decision, system] soutenir.

upholstery [ʌp'həʊlstəri] noun rembourrage m ; [of car] garniture f intérieure.

upkeep [ˈʌpki:p] noun entretien m.

uplifting [ʌp'lɪftɪŋ] adj édifiant(e).

upload [ˈʌpləʊd] ❖ noun COMPUT téléchargement m (vers le serveur). ❖ vt & vi COMPUT télécharger (vers le serveur).

up-market adj haut de gamme (inv).

upon [ə'pɒn] prep fml sur ▶ **upon hearing the news…** à ces nouvelles… ▶ **summer / the weekend is upon us** l'été/le week-end approche.

upper [ˈʌpə'] ❖ adj supérieur(e). ❖ noun [of shoe] empeigne f.

upper case noun TYPO haut m de casse. ◆ **upper-case** adj : an upper-case letter une majuscule.

upper class noun ▶ **the upper class** la haute société. ◆ **upper-class** adj [accent, person] aristocratique.

upper hand noun ▶ **to have the upper hand** avoir le dessus ▶ **to gain** OR **get the upper hand** prendre le dessus.

uppermost [ˈʌpəməʊst] adj le plus haut (la plus haute) ▶ **it was uppermost in his mind** c'était sa préoccupation majeure.

upright ❖ adj **1.** [ˌʌp'raɪt] [person] droit(e) ; [structure] vertical(e) ; [chair] à dossier droit **2.** [ˈʌpraɪt] fig [honest] droit(e). ❖ adv [ˌʌp'raɪt] [stand, sit] droit. ❖ noun [ˈʌpraɪt] montant m.

uprising [ˈʌpˌraɪzɪŋ] noun soulèvement m.

uproar [ˈʌprɔ:'] noun **1.** (U) [commotion] tumulte m **2.** [protest] protestations fpl.

uproot [ʌp'ru:t] vt lit & fig déraciner.

upset [ʌp'set] ❖ adj **1.** [distressed] peiné(e), triste ; [offended] vexé(e) **2.** MED ▶ **to have an upset stomach** avoir l'estomac dérangé. ❖ noun ▶ **to have a stomach upset** avoir l'estomac dérangé. ❖ vt (pt & pp upset) **1.** [distress] faire de la peine à **2.** [plan, operation] déranger **3.** [overturn] renverser.

upshot [ˈʌpʃɒt] noun résultat m.

upside [ˈʌpsaɪd] noun [of situation] avantage m.

upside down [ˌʌpsaɪd-] ❖ adj à l'envers. ❖ adv à l'envers ▶ **to turn sthg upside down** fig mettre qqch sens dessus dessous.

upstairs [ˌʌp'steəz] ❖ adj d'en haut, du dessus. ❖ adv en haut. ❖ noun étage m.

upstart [ˈʌpstɑ:t] noun parvenu m, -e f.

upstream [ˌʌp'stri:m] ❖ adj d'amont ▶ **to be upstream (from)** être en amont (de). ❖ adv vers l'amont ; [swim] contre le courant.

upsurge [ˈʌpsɜ:dʒ] noun ▶ **upsurge (of / in)** recrudescence f (de).

uptake [ˈʌpteɪk] noun ▶ **to be quick on the uptake** saisir vite ▶ **to be slow on the uptake** être lent(e) à comprendre.

uptight [ʌp'taɪt] adj inf tendu(e).

up-to-date adj **1.** [modern] moderne **2.** [most recent - news] tout dernier (toute dernière) **3.** [informed] ▶ **to keep up-to-date with** se tenir au courant de.

upturn [ˈʌptɜ:n] noun ▶ **upturn (in)** reprise f (de).

upward [ˈʌpwəd] ❖ adj [movement] ascendant(e) ; [look, rise] vers le haut. ❖ adv US = **upwards**.

upwards [ˈʌpwədz] adv vers le haut. ◆ **upwards of** prep plus de.

uranium [jʊ'reɪnjəm] noun uranium m.

urban [ˈɜ:bən] adj urbain(e).

urbane [ɜ:'beɪn] adj courtois(e).

urchin [ˈɜ:tʃɪn] noun dated gamin m, -e f.

Urdu [ˈʊədu:] noun ourdou m.

urge [ɜ:dʒ] ❖ noun forte envie f ▶ **to have an urge to do sthg** avoir une forte envie de faire qqch. ❖ vt **1.** [try to persuade] ▶ **to urge sb to do sthg** pousser qqn à faire qqch, presser qqn de faire qqch **2.** [advocate] conseiller.

urgency [ˈɜ:dʒənsɪ] noun (U) urgence f.

urgent [ˈɜ:dʒənt] adj [letter, case, request] urgent(e) ; [plea, voice, need] pressant(e).

urinal [ˌjʊə'raɪnl] noun urinoir m.

urinate [ˈjʊərɪneɪt] vi uriner.

urine ['jʊərɪn] noun urine f.

urn [ɜ:n] noun **1.** [for ashes] urne f **2.** [for tea]
▶ **tea urn** fontaine f à thé.

Uruguay ['jʊərəgwaɪ] noun Uruguay ṁ.

us [ʌs] pers pron nous / *can you see/hear us?*
vous nous voyez/entendez ? / *it's us* c'est nous
/ *you can't expect us to do it* vous ne pouvez
pas exiger que ce soit nous qui le fassions / *she
gave it to us* elle nous l'a donné / *with/without
us* avec/sans nous / *they are more wealthy
than us* ils sont plus riches que nous / *some of
us* quelques-uns d'entre nous.

US noun *abbr of* **United States.**

USA noun *abbr of* **United States of America.**

usage ['ju:zɪdʒ] noun **1.** LING usage m **2.** *(U)*
[handling, treatment] traitement m.

use ❖ noun [ju:s] **1.** [act of using] utilisation f, emploi m ▶ **to be in use** être utilisé ▶ **to
be out of use** être hors d'usage ▶ **to make use
of sthg** utiliser qqch **2.** [ability to use] usage m
3. [usefulness] ▶ **to be of use** être utile ▶ **it's no
use** ça ne sert à rien ▶ **what's the use (of doing sthg)?** à quoi bon (faire qqch) ? ❖ aux vb
[ju:s] / *I used to live in London* avant j'habitais
à Londres / *he didn't use to be so fat* il n'était
pas si gros avant / *there used to be a tree here*
(autrefois) il y avait un arbre ici. ❖ vt [ju:z]
1. [gen] utiliser, se servir de, employer **2.** *pej*
[exploit] se servir de. ◆ **use up** vt sep [supply]
épuiser ; [food] finir ; [money] dépenser.

use-by date noun date f limite de consommation.

used adj **1.** [ju:zd] [handkerchief, towel] sale
2. [ju:zd] [car] d'occasion **3.** [ju:st] [accus-
tomed] ▶ **to be used to sthg/to doing sthg**
avoir l'habitude de qqch/de faire qqch.

useful ['ju:sfʊl] adj utile.

useless ['ju:slɪs] adj **1.** [gen] inutile **2.** *inf*
[person] incompétent(e), nul (nulle).

user ['ju:zər] noun [of product, machine] utilisateur m, -trice f ; [of service] usager m.

user-friendly adj convivial(e), facile à utiliser.

user ID noun = **user name.**

user name noun COMPUT nom m d'utilisateur.

usher ['ʌʃər] ❖ noun placeur m. ❖ vt ▶ **to
usher sb in/out** faire entrer/sortir qqn.

usherette [ˌʌʃə'ret] noun ouvreuse f.

USPS (*abbr of* **United States Postal Service**)
noun ≃ la Poste.

usual ['ju:ʒəl] adj habituel(elle) ▶ **as usual**
comme d'habitude.

usually ['ju:ʒəlɪ] adv d'habitude, d'ordinaire.

usurp [ju:'zɜ:p] vt usurper.

utensil [ju:'tensl] noun ustensile m.

uterus ['ju:tərəs] (*pl* **-i** or **-uses**) noun utérus m.

utility [ju:'tɪlətɪ] noun **1.** *(U)* [usefulness]
utilité f **2.** [public service] service m public
3. COMPUT utilitaire m.

utility room noun buanderie f.

utilize, utilise [UK] ['ju:təlaɪz] vt utiliser ;
[resources] exploiter, utiliser.

utmost ['ʌtmoʊst] ❖ adj le plus grand (la
plus grande). ❖ noun ▶ **to do one's utmost**
faire tout son possible, faire l'impossible ▶ **to the
utmost** au plus haut point.

utter ['ʌtər] ❖ adj total(e), complet(ète).
❖ vt prononcer ; [cry] pousser.

utterly ['ʌtəlɪ] adv complètement.

U-turn noun demi-tour m ; *fig* revirement m.

V

v¹ (*pl* **v's** *or* **vs**), **V** (*pl* **V's** *or* **Vs**) [vi:] noun [letter] V *m inv*, V *m inv*.

v² **1.** (*abbr of* **verse**) v. **2.** [cross-reference] (*abbr of vide*) v. **3.** *abbr of* **versus** **4.** (*abbr of* **volt**) v **5.** MESSAGING *written abbr of* **very**.

vacancy ['veɪkənsɪ] noun **1.** [job] poste *m* vacant **2.** [room available] chambre *f* à louer ▶ 'vacancies' 'chambres à louer' ▶ 'no vacancies' 'complet'.

vacant ['veɪkənt] adj **1.** [room] inoccupé(e) ; [chair, toilet] libre **2.** [job, post] vacant(e) **3.** [look, expression] distrait(e).

vacate [vəˈkeɪt] vt quitter.

vacation [vəˈkeɪʃn] noun US vacances *fpl*.

vacationer [vəˈkeɪʃənər] noun US vacancier *m*, -ère *f*.

vaccinate ['væksɪneɪt] vt vacciner.

vaccine [UK 'væksiːn, US væk'siːn] noun vaccin *m*.

vacuum ['vækjʊəm] ◆ noun **1.** TECH [void] vide *m* **2.** [cleaner] aspirateur *m*. ◆ vt [room] passer l'aspirateur dans ; [carpet] passer à l'aspirateur.

vacuum cleaner noun aspirateur *m*.

vacuum-packed adj emballé(e) sous vide.

vagina [vəˈdʒaɪnə] noun vagin *m*.

vagrant ['veɪgrənt] noun vagabond *m*, -e *f*.

vague [veɪg] adj **1.** [gen] vague, imprécis(e) **2.** [absent-minded] distrait(e).

vaguely ['veɪglɪ] adv vaguement.

vain [veɪn] adj **1.** [futile, worthless] vain(e) **2.** *pej* [conceited] vaniteux(euse). ◆ **in vain** adv en vain, vainement.

valentine card ['væləntaɪn-] noun carte *f* de la Saint-Valentin.

Valentine's Day ['væləntaɪnz-] noun ▶ (St) Valentine's Day la Saint-Valentin.

valet ['væleɪ *or* 'vælɪt] noun valet *m* de chambre.

valiant ['væljənt] adj vaillant(e).

valid ['vælɪd] adj **1.** [reasonable] valable **2.** [legally usable] valide.

valley ['vælɪ] (*pl* -s) noun vallée *f*.

valuable ['væljʊəbl] adj **1.** [advice, time, information] précieux(euse) **2.** [object, jewel] de valeur. ◆ **valuables** pl n objets *mpl* de valeur.

valuation [ˌvæljʊˈeɪʃn] noun **1.** (U) [pricing] estimation *f*, expertise *f* **2.** [estimated price] valeur *f* estimée.

value ['væljuː] ◆ noun valeur *f* ▶ **to be good value** être d'un bon rapport qualité-prix ▶ **to get value for money** en avoir pour son argent. ◆ vt **1.** [estimate price of] expertiser **2.** [cherish] apprécier. ◆ **values** pl n [morals] valeurs *fpl*.

value-added tax [-ædɪd-] noun taxe *f* sur la valeur ajoutée.

valued ['væljuːd] adj précieux(euse).

valve [vælv] noun [on tyre] valve *f* ; TECH soupape *f*.

van [væn] noun **1.** AUTO camionnette *f* **2.** UK RAIL fourgon *m*.

vandal ['vændl] noun vandale *mf*.

vandalism ['vændəlɪzm] noun vandalisme *m*.

vandalize, vandalise UK ['vændəlaɪz] vt saccager.

vanguard ['vængɑːd] noun avant-garde *f* ▶ **in the vanguard of** à l'avant-garde de.

vanilla [vəˈnɪlə] noun vanille *f*.

vanish ['vænɪʃ] vi disparaître.

vanity ['vænətɪ] noun **1.** (U) *pej* vanité *f* **2.** US [furniture] coiffeuse *f*.

vantagepoint ['vɑːntɪdʒˌpɔɪnt] noun [for view] bon endroit *m* ; *fig* position *f* avantageuse.

vapour UK, **vapor** US ['veɪpər] noun (U) vapeur *f* ; [condensation] buée *f*.

variable ['veərɪəbl] adj variable ; [mood] changeant(e).

variance ['veərɪəns] noun *fml* ▶ **at variance (with)** en désaccord (avec).

variation [ˌveərɪˈeɪʃn] noun ▶ **variation (in)** variation *f* (de).

varicose veins ['værɪkəʊs-] pl n varices *fpl*.

varied ['veərɪd] adj varié(e).

variety [vəˈraɪətɪ] noun **1.** [gen] variété *f* **2.** [type] variété *f*, sorte *f*.

various ['veərɪəs] adj **1.** [several] plusieurs **2.** [different] divers.

varnish ['vɑːnɪʃ] ❖ noun vernis m. ❖ vt vernir.

vary ['veərɪ] ❖ vt varier. ❖ vi ▸ **to vary (in/with)** varier (en/selon), changer (en/selon).

vase [UK vɑːz, US veɪz] noun vase m.

Vaseline® ['væsəliːn] noun vaseline f.

vast [vɑːst] adj vaste, immense.

vat [væt] noun cuve f.

VAT [væt or viːeɪtiː] (abbr of value-added tax) noun TVA f.

Vatican ['vætɪkən] noun ▸ **the Vatican** le Vatican.

vault [vɔːlt] ❖ noun **1.** [in bank] chambre f forte **2.** [roof] voûte f **3.** [in church] caveau m. ❖ vt sauter. ❖ vi ▸ **to vault over sthg** sauter (par-dessus) qqch.

VCR (abbr of video cassette recorder) noun magnétoscope m.

VD (abbr of venereal disease) noun (U) MST f.

VDU (abbr of visual display unit) noun moniteur m.

veal [viːl] noun (U) veau m.

veer [vɪər] vi virer.

veg [vedʒ] noun inf **1.** (abbr of vegetable) légume m **2.** (U) (abbr of vegetables) légumes mpl.

vegan ['viːgən] ❖ adj végétalien(enne). ❖ noun végétalien m, -enne f.

vegetable ['vedʒtəbl] ❖ noun légume m. ❖ adj [matter, protein] végétal(e) ; [soup, casserole] de or aux légumes.

vegetarian [,vedʒɪ'teərɪən] ❖ adj végétarien(enne). ❖ noun végétarien m, -enne f.

vegetation [,vedʒɪ'teɪʃn] noun (U) végétation f.

vehement ['viːɪmənt] adj véhément(e).

vehicle ['viːɪkl] noun lit & fig véhicule m.

veil [veɪl] noun lit & fig voile m.

vein [veɪn] noun **1.** ANAT veine f **2.** [of leaf] nervure f **3.** [of mineral] filon m.

velocity [vɪ'lɒsətɪ] noun vélocité f.

velvet ['velvɪt] noun velours m.

vendetta [ven'detə] noun vendetta f.

vending machine ['vendɪŋ-] noun distributeur m automatique.

vendor ['vendər] noun **1.** fml [salesperson] marchand m, -e f **2.** LAW vendeur m, -eresse f.

veneer [və'nɪər] noun placage m ; fig apparence f.

Venezuela [,venɪz'weɪlə] noun Venezuela m.

vengeance ['vendʒəns] noun vengeance f / it began raining with a vengeance il a commencé à pleuvoir très fort.

venison ['venɪzn] noun venaison f.

venom ['venəm] noun lit & fig venin m.

venomous ['venəməs] adj lit & fig venimeux(euse).

vent [vent] ❖ noun [pipe] tuyau m ; [opening] orifice m ▸ **to give vent to** donner libre cours à. ❖ vt [anger, feelings] donner libre cours à ▸ **to vent sthg on sb** décharger qqch sur qqn.

ventilate ['ventɪleɪt] vt ventiler.

ventilator ['ventɪleɪtər] noun ventilateur m.

ventriloquist [ven'trɪləkwɪst] noun ventriloque mf.

venture ['ventʃər] ❖ noun entreprise f. ❖ vt risquer ▸ **to venture to do sthg** se permettre de faire qqch. ❖ vi s'aventurer.

venture capitalist noun spécialiste mf de la prise de risques.

venue ['venjuː] noun lieu m.

Venus ['viːnəs] noun [planet] Vénus f.

veranda(h) [və'rændə] noun véranda f.

verb [vɜːb] noun verbe m.

verbal ['vɜːbl] adj verbal(e).

verbatim [vɜː'beɪtɪm] adj & adv mot pour mot.

verbose [vɜː'bəʊs] adj verbeux(euse).

verdict ['vɜːdɪkt] noun **1.** LAW verdict m **2.** [opinion] ▸ **verdict (on)** avis m (sur).

verge [vɜːdʒ] noun **1.** [of lawn] bordure f ; UK [of road] bas-côté m, accotement m **2.** [brink] ▸ **on the verge of sthg** au bord de qqch ▸ **on the verge of doing sthg** sur le point de faire qqch. ❖ **verge (up)on** vt insep friser, approcher de.

verify ['verɪfaɪ] vt vérifier.

veritable ['verɪtəbl] adj hum & fml véritable.

vermin ['vɜːmɪn] pl n vermine f.

vermouth ['vɜːməθ] noun vermouth m.

vernacular [və'nækjʊlər] ❖ adj vernaculaire. ❖ noun dialecte m.

verruca [və'ruːkə] (pl -cas or -cae) noun verrue f plantaire.

versatile ['vɜːsətaɪl] adj [person, player] aux talents multiples ; [machine, tool, food] souple d'emploi.

verse [vɜːs] noun **1.** (U) [poetry] vers mpl **2.** [stanza] strophe f **3.** [in Bible] verset m.

versed [vɜːst] adj ▸ **to be well versed in sthg** être versé(e) dans qqch.

version ['vɜːʃn] noun version f.

versus ['vɜːsəs] prep **1.** SPORT contre **2.** [as opposed to] par opposition à.

vertebra ['vɜːtɪbrə] (pl -brae) noun vertèbre f.

vertical ['vɜːtɪkl] adj vertical(e).

vertigo ['vɜːtɪgəʊ] noun (U) vertige m.

verve [vɜːv] noun verve f.

very ['verɪ] ❖ adv **1.** [as intensifier] très ▶ **very much** beaucoup ▶ **at the very least** tout au moins ▶ **very last/first** tout dernier/premier ▶ **of one's very own** bien à soi **2.** [as euphemism] ▶ **not very** pas très. ❖ adj : the very room/book la pièce/le livre même / the very man/thing I've been looking for juste l'homme/la chose que je cherchais. ❖ **very well** adv très bien ▶ **I can't very well tell him…** je ne peux tout de même pas lui dire que….

vessel ['vesl] noun fml **1.** [boat] vaisseau m **2.** [container] récipient m.

vest [vest] noun **1.** UK [undershirt] maillot m de corps **2.** US [waistcoat] gilet m.

vested interest ['vestɪd-] noun ▶ **vested interest (in)** intérêt m particulier (à).

vestibule ['vestɪbjuːl] noun fml [entrance hall] vestibule m.

vestige ['vestɪdʒ] noun vestige m.

vestry ['vestrɪ] noun sacristie f.

vet [vet] ❖ noun UK (abbr of veterinary surgeon) vétérinaire mf. ❖ vt UK [candidates] examiner avec soin.

veteran ['vetrən] ❖ adj [experienced] chevronné(e). ❖ noun **1.** MIL ancien combattant m, vétéran mf **2.** [experienced person] vétéran m.

veterinarian [,vetərɪ'neərɪən] noun US vétérinaire mf.

veterinary surgeon ['vetərɪnrɪ-] noun UK fml vétérinaire mf.

veto ['viːtəʊ] ❖ noun (pl -es) veto m. ❖ vt (pt & pp -ed) opposer son veto à.

vex [veks] vt contrarier.

VGA (abbr of video graphics array/adapter) noun COMPUT VGA m.

VHF (abbr of very high frequency) VHF.

VHS (abbr of video home system) noun VHS m.

via ['vaɪə] prep **1.** [travelling through] via, par **2.** [by means of] au moyen de.

viable ['vaɪəbl] adj viable.

vibes [vaɪbz] pl n inf (abbr of vibrations) atmosphère f, ambiance f / they give off really good/bad vibes avec eux le courant passe vrai-

ment bien/ne passe vraiment pas / I get really bad vibes from her je la sens vraiment mal.

vibrant ['vaɪbrənt] adj vibrant(e).

vibrate [vaɪ'breɪt] vi vibrer.

vicar ['vɪkər] noun [in Church of England] pasteur m.

vicarage ['vɪkərɪdʒ] noun presbytère m.

vicarious [vɪ'keərɪəs] adj ▶ **to take a vicarious pleasure in sthg** retirer du plaisir indirectement de qqch.

vice [vaɪs] noun **1.** [immorality, fault] vice m **2.** [tool] étau m.

vice-chairman noun vice-président m, -e f.

vice-chancellor noun UK UNIV président m, -e f.

vice-president noun vice-président m, -e f.

vice versa [,vaɪsɪ'vɜːsə] adv vice versa.

vicinity [vɪ'sɪnətɪ] noun ▶ **in the vicinity (of)** aux alentours (de), dans les environs (de).

vicious ['vɪʃəs] adj violent(e), brutal(e).

vicious circle noun cercle m vicieux.

victim ['vɪktɪm] noun victime f.

victimize, victimise UK ['vɪktɪmaɪz] vt faire une victime de.

victor ['vɪktər] noun vainqueur m.

victorious [vɪk'tɔːrɪəs] adj victorieux(euse).

victory ['vɪktərɪ] noun ▶ **victory (over)** victoire f (sur).

video ['vɪdɪəʊ] ❖ noun (pl -s) **1.** [medium, recording] vidéo f **2.** UK [machine] magnétoscope m **3.** [cassette] vidéocassette f. ❖ comp vidéo (inv). ❖ vt (pt & pp -ed) **1.** [using video recorder] enregistrer sur magnétoscope **2.** [using camera] faire une vidéo de, filmer.

video cassette noun vidéocassette f.

videoconference ['vɪdɪəʊ'kɒnfərəns] noun vidéoconférence f.

video game noun jeu m vidéo.

videorecorder ['vɪdɪəʊrɪ,kɔːdər] noun magnétoscope m.

video shop UK, **video store** US noun vidéoclub m.

videotape ['vɪdɪəʊteɪp] noun **1.** [cassette] vidéocassette f **2.** (U) [ribbon] bande f vidéo.

vie [vaɪ] (pt & pp vied, cont vying) vi ▶ **to vie for sthg** lutter pour qqch ▶ **to vie with sb (for sthg/to do sthg)** rivaliser avec qqn (pour qqch/pour faire qqch).

Vienna [vɪ'enə] noun Vienne.

Vietnam [UK ,vjet'næm, US ,vjet'nɑːm] noun Viêt-nam m.

Vietnamese [,vjetnə'miːz] ❖ adj vietnamien(enne). ❖ noun [language] vietnamien m. ❖ pl n ▸ the Vietnamese les Vietnamiens.

view [vjuː] ❖ noun **1.** [opinion] opinion f, avis m ▸ in my view à mon avis **2.** [scene, sight] vue f ▸ to come into view apparaître. ❖ vt **1.** [consider] considérer **2.** [look at, examine - gen] examiner ; [- house] visiter. ◆ **in view of** prep vu, étant donné. ◆ **with a view to** conj dans l'intention de, avec l'idée de.

viewer ['vjuːər] noun **1.** TV téléspectateur m, -trice f **2.** [for slides] visionneuse f.

viewfinder ['vjuːˌfaɪndər] noun viseur m.

viewing ['vjuːɪŋ] ❖ noun (U) **1.** TV programme m, programmes mpl, émissions fpl / late-night viewing on BBC 2 émissions de fin de soirée sur BBC 2 / his latest film makes exciting viewing son dernier film est un spectacle passionnant **2.** [of showhouse, exhibition] visite f **3.** ASTRON observation f. ❖ comp **1.** TV [time, patterns] d'écoute ▸ a young viewing audience de jeunes téléspectateurs ▸ viewing figures taux m OR indice m d'écoute ▸ at peak viewing hours aux heures de grande écoute **2.** ASTRON & METEOR [conditions] d'observation.

viewpoint ['vjuːpɔɪnt] noun point m de vue.

vigil ['vɪdʒɪl] noun veille f ; RELIG vigile f.

vigilante [,vɪdʒɪ'læntɪ] noun membre m d'un groupe d'autodéfense.

vigorous ['vɪɡərəs] adj vigoureux(euse).

vile [vaɪl] adj [mood] massacrant(e), exécrable ; [person, act] vil(e), ignoble ; [food] infect(e), exécrable.

villa ['vɪlə] noun villa f ; [bungalow] pavillon m.

village ['vɪlɪdʒ] noun village m.

villager ['vɪlɪdʒər] noun villageois m, -e f.

villain ['vɪlən] noun **1.** [of film, book] méchant m, -e f ; [of play] traître m **2.** [criminal] bandit m.

vindicate ['vɪndɪkeɪt] vt justifier.

vindictive [vɪn'dɪktɪv] adj vindicatif(ive).

vine [vaɪn] noun vigne f.

vinegar ['vɪnɪɡər] noun vinaigre m.

vineyard ['vɪnjəd] noun vignoble m.

vintage ['vɪntɪdʒ] ❖ adj **1.** [wine] de grand cru **2.** [classic] typique. ❖ noun année f, millésime m.

vintage wine noun vin m de grand cru.

vinyl ['vaɪnɪl] noun vinyle m.

viola [vɪ'əʊlə] noun alto m.

violate ['vaɪəleɪt] vt violer.

violence ['vaɪələns] noun violence f.

violent ['vaɪələnt] adj [gen] violent(e).

violet ['vaɪələt] ❖ adj violet(ette). ❖ noun **1.** [flower] violette f **2.** [colour] violet m.

violin [,vaɪə'lɪn] noun violon m.

violinist [,vaɪə'lɪnɪst] noun violoniste mf.

VIP (abbr of very important person) noun VIP mf.

viper ['vaɪpər] noun vipère f.

virgin ['vɜːdʒɪn] ❖ adj liter [land, forest, soil] vierge. ❖ noun [woman] vierge f ; [man] garçon m/homme m vierge.

Virgo ['vɜːɡəʊ] (pl -s) noun Vierge f.

virile ['vɪraɪl] adj viril(e).

virtually ['vɜːtʃʊəlɪ] adv virtuellement, pratiquement.

virtual reality noun réalité f virtuelle.

virtue ['vɜːtʃuː] noun **1.** [good quality] vertu f **2.** [benefit] ▸ virtue (in doing sthg) mérite m (à faire qqch). ◆ **by virtue of** prep fml en vertu de.

virtuous ['vɜːtʃʊəs] adj vertueux(euse).

virus ['vaɪrəs] noun COMPUT & MED virus m.

virus-free adj COMPUT dépourvu(e) de virus.

visa ['viːzə] noun visa m.

vis-à-vis [,viːzɑː'viː] prep fml par rapport à.

viscose ['vɪskəʊs] noun viscose f.

viscous ['vɪskəs] adj visqueux(euse).

visibility [,vɪzɪ'bɪlətɪ] noun visibilité f.

visible ['vɪzəbl] adj visible.

vision ['vɪʒn] noun **1.** (U) [ability to see] vue f **2.** [foresight, dream] vision f.

visit ['vɪzɪt] ❖ noun visite f ▸ on a visit en visite / visit of a website visite d'un site. ❖ vt [person] rendre visite à ; [place] visiter.

visiting hours ['vɪzɪtɪŋ-] pl n heures fpl de visite.

visitor ['vɪzɪtər] noun [to person] invité m, -e f ; [to place] visiteur m, -euse f ; [to hotel] client m, -e f.

visor ['vaɪzər] noun visière f.

vista ['vɪstə] noun [view] vue f.

visual ['vɪʒʊəl] adj visuel(elle).

visual display unit noun écran m de visualisation.

visualize, visualise UK ['vɪʒʊəlaɪz] vt représenter, s'imaginer.

vital ['vaɪtl] adj **1.** [essential] essentiel(elle) **2.** [full of life] plein(e) d'entrain.

vitally ['vaɪtəlɪ] adv absolument.

vital statistics pl n inf [of woman] mensurations fpl.

vitamin [UK 'vɪtəmɪn, US 'vaɪtəmɪn] noun vitamine f.

vivacious [vɪ'veɪʃəs] adj enjoué(e).

viva voce [,vaɪvə'vəʊsɪ] ◆ noun UK UNIV [gen] épreuve f orale, oral m ; [for thesis] soutenance f de thèse. ◆ adj oral. ◆ adv de vive voix, oralement.

vivid ['vɪvɪd] adj **1.** [bright] vif (vive) **2.** [clear - description] vivant(e) ; [- memory] net (nette), précis(e).

vividly ['vɪvɪdlɪ] adv [describe] d'une manière vivante ; [remember] clairement.

vixen ['vɪksn] noun [fox] renarde f.

V-neck noun [neck] décolleté m en V ; [sweater] pull m à décolleté en V.

vocabulary [və'kæbjʊlərɪ] noun vocabulaire m.

vocal ['vəʊkl] adj **1.** [outspoken] qui se fait entendre **2.** [of the voice] vocal(e).

vocal cords pl n cordes fpl vocales.

vocation [vəʊ'keɪʃn] noun vocation f.

vocational [vəʊ'keɪʃənl] adj professionnel(elle).

vociferous [və'sɪfərəs] adj bruyant(e).

vodka ['vɒdkə] noun vodka f.

vogue [vəʊg] noun vogue f, mode f ▸ **in vogue** en vogue, à la mode.

voice [vɔɪs] ◆ noun [gen] voix f. ◆ vt [opinion, emotion] exprimer.

voice mail noun COMPUT messagerie f vocale ▸ **to send / receive voice mail** envoyer/recevoir un message sur une boîte vocale.

void [vɔɪd] ◆ adj **1.** [invalid] nul (nulle) ; ⟶ **null 2.** fml [empty] ▸ **void of** dépourvu(e) de, dénué(e) de. ◆ noun vide m. ◆ vt annuler.

volatile [UK 'vɒlətaɪl, US 'vɒlətl] adj [situation] explosif(ive) ; [person] lunatique, versatile ; [market] instable.

volcano [vɒl'keɪnəʊ] (pl -es or -s) noun volcan m.

vole [vəʊl] noun campagnol m.

volition [və'lɪʃn] noun fml ▸ **of one's own volition** de son propre gré.

volley ['vɒlɪ] ◆ noun (pl -s) **1.** [of gunfire] salve f **2.** fig [of questions, curses] torrent m ; [of blows] volée f, pluie f **3.** SPORT volée f. ◆ vt frapper à la volée, reprendre de volée.

volleyball ['vɒlɪbɔːl] noun volley-ball m.

volt [vəʊlt] noun volt m.

voltage ['vəʊltɪdʒ] noun voltage m, tension f.

voluble ['vɒljʊbl] adj volubile, loquace.

volume ['vɒljuːm] noun **1.** [gen] volume m **2.** [of work, letters] quantité f ; [of traffic] densité f.

voluntarily [UK 'vɒləntrɪlɪ, US ,vɒlən'terəlɪ] adv volontairement.

voluntary ['vɒləntrɪ] adj **1.** [not obligatory] volontaire **2.** [unpaid] bénévole.

volunteer [,vɒlən'tɪər] ◆ noun **1.** [gen & MIL] volontaire mf **2.** [unpaid worker] bénévole mf. ◆ vt **1.** [offer] ▸ **to volunteer to do sthg** se proposer OR se porter volontaire pour faire qqch **2.** [information, advice] donner spontanément. ◆ vi **1.** [offer one's services] ▸ **to volunteer (for)** se porter volontaire (pour), proposer ses services (pour) **2.** MIL s'engager comme volontaire.

vomit ['vɒmɪt] ◆ noun vomi m. ◆ vi vomir.

vote [vəʊt] ◆ noun **1.** [individual decision] ▸ **vote (for/against)** vote m (pour/contre), voix f (pour/contre) **2.** [ballot] vote m **3.** [right to vote] droit m de vote. ◆ vt **1.** [declare] élire **2.** [choose] ▸ **to vote to do sthg** voter OR se prononcer pour faire qqch / **they voted to return to work** ils ont voté le retour au travail. ◆ vi ▸ **to vote (for/against)** voter (pour/contre).

voter ['vəʊtər] noun électeur m, -trice f.

voting ['vəʊtɪŋ] noun scrutin m.

vouch [vaʊtʃ] ◆ **vouch for** vt insep répondre de, se porter garant de.

voucher ['vaʊtʃər] noun bon m, coupon m.

vow [vaʊ] ◆ noun vœu m, serment m. ◆ vt ▸ **to vow to do sthg** jurer de faire qqch ▸ **to vow (that)...** jurer que...

vowel ['vaʊəl] noun voyelle f.

voyage ['vɔɪɪdʒ] noun voyage m en mer ; [in space] vol m.

vs abbr of **versus**.

VSO (abbr of **Voluntary Service Overseas**) noun organisation britannique envoyant des travailleurs bénévoles dans des pays en voie de développement pour contribuer à leur développement technique.

vulgar ['vʌlgər] adj **1.** [in bad taste] vulgaire **2.** [offensive] grossier(ère).

vulnerable ['vʌlnərəbl] adj vulnérable ▸ **vulnerable to a)** [attack] exposé(e) à **b)** [colds] sensible à.

vulture ['vʌltʃər] noun lit & fig vautour m.

W

w¹ (pl **w's** or **ws**), **W** (pl **W's** or **Ws**) ['dʌblju:] noun [letter] W m inv, W m inv.

w² **1.** (abbr of west) O, W **2.** (abbr of watt) w **3.** MESSAGING written abbr of **with**.

w8 MESSAGING written abbr of **wait**.

wacko ['wækəʊ] (pl **-s**) noun & adj inf cinglé(e), dingue.

wacky ['wæki] (compar **-ier**, superl **-iest**) adj inf farfelu(e).

wad [wɒd] noun **1.** [of cotton wool, paper] tampon m **2.** [of banknotes, documents] liasse f **3.** [of tobacco] chique f; [of chewing-gum] boulette f.

waddle ['wɒdl] vi se dandiner.

wade [weid] vi patauger. ◆ **wade through** vt insep fig se taper.

wafer ['weifər] noun [thin biscuit] gaufrette f.

waffle ['wɒfl] ◆ noun **1.** CULIN gaufre f **2.** UK inf [vague talk] verbiage m. ◆ vi parler pour ne rien dire.

waft [wɑːft or wɒft] vi flotter.

wag [wæg] ◆ vt remuer, agiter. ◆ vi [tail] remuer.

wage [weidʒ] ◆ noun salaire m, paie f, paye f. ◆ vt ▶ **to wage war against** faire la guerre à. ◆ **wages** pl n salaire m.

wage earner [-,ɜːnər] noun salarié m, -e f.

wage packet noun UK **1.** [envelope] enveloppe f de paye f **2.** fig [pay] paie f, paye f.

wager ['weidʒər] noun pari m.

waggle ['wægl] inf vt agiter, remuer; [ears] remuer.

wagon ['wægən] noun **1.** [horse-drawn] chariot m, charrette f **2.** UK RAIL wagon m.

wail [weil] ◆ noun gémissement m. ◆ vi gémir.

waist [weist] noun taille f.

waistcoat ['weiskəʊt] noun UK gilet m.

waistline ['weistlain] noun taille f.

wait [weit] ◆ noun attente f. ◆ vi attendre ▶ **I can't wait to see you** je brûle d'impatience de te voir. ◆ **wait for** vt insep attendre ▶ **to wait for sb to do sthg** attendre que qqn fasse qqch. ◆ **wait on** vt insep [serve food to] servir. ◆ **wait up** vi veiller, ne pas se coucher.

waiter ['weitər] noun garçon m, serveur m.

waiting game ['weitiŋ-] noun politique f d'attente.

waiting list ['weitiŋ-] noun liste f d'attente.

waiting room ['weitiŋ-] noun salle f d'attente.

waitlist ['weitlist] vt US mettre sur la liste d'attente / **I'm waitlisted for the next flight** je suis sur la liste d'attente pour le prochain vol.

waitress ['weitris] noun serveuse f.

waive [weiv] vt [fee] renoncer à; [rule] prévoir une dérogation à.

waiver ['weivər] noun LAW dérogation f.

wake [weik] ◆ noun [of ship] sillage m. ◆ vt (pt **woke** or **-d**, pp **woken** or **-d**) réveiller. ◆ vi (pt **woke** or **-d**, pp **woken** or **-d**) se réveiller. ◆ **wake up** ◆ vt sep réveiller. ◆ vi [wake] se réveiller.

waken ['weikən] fml ◆ vt réveiller. ◆ vi se réveiller.

Wales [weilz] noun pays m de Galles.

walk [wɔːk] ◆ noun **1.** [way of walking] démarche f, façon f de marcher **2.** [journey - for pleasure] promenade f; [- long distance] marche f / **it's a long walk** c'est loin à pied ▶ **to go for a walk** aller se promener, aller faire une promenade. ◆ vt **1.** [accompany - person] accompagner; [- dog] promener **2.** [distance] faire à pied. ◆ vi **1.** [gen] marcher **2.** [for pleasure] se promener. ◆ **walk out** vi **1.** [leave suddenly] partir **2.** [go on strike] se mettre en grève, faire grève. ◆ **walk out on** vt insep quitter.

walker ['wɔːkər] noun [for pleasure] promeneur m, -euse f; [long-distance] marcheur m, -euse f.

walkie-talkie [,wɔːki'tɔːki] noun talkie-walkie m.

walk-in adj **1.** [cupboard] assez grand(e) pour qu'on puisse y entrer **2.** US [easy] facile.

walking ['wɔːkiŋ] noun (U) marche f (à pied), promenade f.

walking stick noun canne f.

Walkman® ['wɔːkmən] noun baladeur *m*, Walkman® *m*.

walk of life (*pl* walks of life) noun milieu *m*.

walkout ['wɔːkaʊt] noun [strike] grève *f*, débrayage *m*.

walkover ['wɔːk,əʊvər] noun victoire *f* facile.

walk-up US ❖ adj [apartment] situé dans un immeuble sans ascenseur ; [building] sans ascenseur. ❖ noun [apartment, office] *appartement ou bureau situé dans un immeuble sans ascenseur* ; [building] *immeuble sans ascenseur.*

walkway ['wɔːkweɪ] noun passage *m* ; [between buildings] passerelle *f*.

wall [wɔːl] noun **1.** [of room, building] mur *m* ; [of rock, cave] paroi *f* **2.** ANAT paroi *f*.

wallchart ['wɔːltʃɑːt] noun planche *f* murale.

wallet ['wɒlɪt] noun portefeuille *m*.

wallflower ['wɔːl,flaʊər] noun **1.** [plant] giroflée *f* **2.** *inf & fig* [person] : *to be a wallflower* faire tapisserie.

wallop ['wɒləp] *inf* vt [person] flanquer un coup à ; [ball] taper fort dans.

wallow ['wɒləʊ] vi [in liquid] se vautrer.

wallpaper ['wɔːl,peɪpər] ❖ noun [for wall] papier *m* peint. ❖ vt tapisser.

wally ['wɒlɪ] noun UK *inf* idiot *m*, -e *f*, andouille *f*.

walnut ['wɔːlnʌt] noun **1.** [nut] noix *f* **2.** [tree, wood] noyer *m*.

walrus ['wɔːlrəs] (*pl inv or* -es) noun morse *m*.

waltz [wɔːls] ❖ noun valse *f*. ❖ vi [dance] valser, danser la valse.

wan [wɒn] adj pâle, blême.

wand [wɒnd] noun baguette *f*.

wander ['wɒndər] vi **1.** [person] errer **2.** [mind] divaguer ; [thoughts] vagabonder.

wane [weɪn] vi **1.** [influence, interest] diminuer, faiblir **2.** [moon] décroître.

wangle ['wæŋgl] vt *inf* se débrouiller pour obtenir.

wanna ['wɒnə] US ⟶ want a, want to.

wannabe ['wɒnə,biː] noun *inf se dit de quelqu'un qui veut être ce qu'il ne peut pas être* / *a Britney Spears wannabe* un clone de Britney Spears.

want [wɒnt] ❖ noun **1.** [need] besoin *m* **2.** [lack] manque *m* ▶ **for want of** faute de, par manque de **3.** [deprivation] pauvreté *f*, besoin *m*. ❖ vt **1.** [wish, desire] vouloir ▶ **to want to do sthg** vouloir faire qqch ▶ **to want sb to do**

sthg vouloir que qqn fasse qqch **2.** *inf* [need] avoir besoin de.

wanted ['wɒntɪd] adj **1.** [in advertisements] : *'carpenter / cook wanted'* 'on recherche (un) charpentier/(un) cuisinier' / *'accommodation wanted'* 'cherche appartement' **2.** [murderer, thief] recherché(e) / *'wanted for armed robbery'* recherché pour vol à main armée.

wanting ['wɒntɪŋ] adj ▶ **to be wanting in** manquer de ▶ **to be found wanting** ne pas être à la hauteur ▶ **not to be found wanting** être à la hauteur.

wanton ['wɒntən] adj [destruction, neglect] gratuit(e).

war [wɔːr] noun guerre *f*.

ward [wɔːd] noun **1.** [in hospital] salle *f* **2.** UK POL circonscription *f* électorale **3.** LAW pupille *mf*.
◆ **ward off** vt insep [danger] écarter ; [disease, blow] éviter ; [evil spirits] éloigner.

warden ['wɔːdn] noun **1.** [of park] gardien *m*, -enne *f* **2.** UK [of youth hostel, hall of residence] directeur *m*, -trice *f* **3.** US [of prison] directeur *m*, -trice *f*.

warder ['wɔːdər] noun UK [in prison] gardien *m*, -enne *f*.

wardrobe ['wɔːdrəʊb] noun garde-robe *f*.

warehouse ['weəhaʊs] (*pl* [-haʊzɪz]) noun entrepôt *m*, magasin *m*.

wares [weəz] pl n marchandises *fpl*.

warfare ['wɔːfeər] noun (U) guerre *f*.

warhead ['wɔːhed] noun ogive *f*, tête *f*.

warily ['weərɪlɪ] adv avec précaution OR circonspection.

warm [wɔːm] ❖ adj **1.** [gen] chaud(e) / *it's warm today* il fait chaud aujourd'hui **2.** [friendly] chaleureux(euse). ❖ vt chauffer.
◆ **warm to** vt insep [person] se prendre de sympathie pour ; [idea, place] se mettre à aimer.
◆ **warm up** ❖ vt sep réchauffer. ❖ vi **1.** [person, room] se réchauffer **2.** [machine, engine] chauffer **3.** SPORT s'échauffer.

warm-hearted [-'hɑːtɪd] adj chaleureux(euse), affectueux(euse).

warmly ['wɔːmlɪ] adv **1.** [in warm clothes] ▶ **to dress warmly** s'habiller chaudement **2.** [in a friendly way] chaleureusement.

warmth [wɔːmθ] noun chaleur *f*.

warn [wɔːn] vt avertir, prévenir ▶ **to warn sb of sthg** avertir qqn de qqch ▶ **to warn sb not to do sthg** conseiller à qqn de ne pas faire qqch, déconseiller à qqn de faire qqch.

warning ['wɔ:nɪŋ] noun avertissement m.

warning light noun voyant m, avertisseur m lumineux.

warp [wɔ:p] ❖ vt **1.** [wood] gauchir, voiler **2.** [personality] fausser, pervertir. ❖ vi [wood] gauchir, se voiler.

warrant ['wɒrənt] ❖ noun LAW mandat m. ❖ vt **1.** [justify] justifier **2.** [guarantee] garantir.

warranty ['wɒrəntɪ] noun garantie f.

warren ['wɒrən] noun terrier m.

warrior ['wɒrɪər] noun guerrier m, -ère f.

Warsaw ['wɔ:sɔ:] noun Varsovie ▶ **the Warsaw Pact** le pacte de Varsovie.

warship ['wɔ:ʃɪp] noun navire m de guerre.

wart [wɔ:t] noun verrue f.

wartime ['wɔ:taɪm] noun ▶ **in wartime** en temps de guerre.

war-torn adj déchiré(e) par la guerre.

wary ['weərɪ] adj prudent(e), circonspect(e) ▶ **to be wary of** se méfier de ▶ **to be wary of doing sthg** hésiter à faire qqch.

was (weak form [wəz], strong form [wɒz]) pt ⟶ be.

wash [wɒʃ] ❖ noun **1.** [act] lavage m ▶ **to have a wash** UK se laver ▶ **to give sthg a wash** laver qqch. **2.** [clothes] lessive f **3.** [from boat] remous m. ❖ vt [clean] laver. ❖ vi se laver. ◆ **wash away** vt sep emporter. ◆ **wash up** ❖ vt sep UK [dishes] ▶ **to wash the dishes up** faire OR laver la vaisselle. ❖ vi **1.** UK [wash dishes] faire OR laver la vaisselle **2.** US [wash oneself] se laver.

washable ['wɒʃəbl] adj lavable.

washbasin UK ['wɒʃ,beɪsn], **washbowl** US ['wɒʃbəʊl] noun lavabo m.

washboard ['wɒʃbɔ:d] noun planche f à laver.

washcloth ['wɒʃ,klɒθ] noun US gant m de toilette.

washed-out [,wɒʃt-] adj **1.** [pale] délavé(e) **2.** [exhausted] lessivé(e).

washed-up [,wɒʃt-] adj inf [person] fini(e); [project] fichu(e).

washer ['wɒʃər] noun **1.** TECH rondelle f **2.** [washing machine] machine f à laver.

washing ['wɒʃɪŋ] noun (U) **1.** [action] lessive f **2.** [clothes] linge m, lessive f.

washing line noun corde f à linge.

washing machine noun machine f à laver.

washing powder noun UK lessive f, détergent m.

Washington ['wɒʃɪŋtən] noun [city] ▶ **Washington D.C.** Washington.

washing-up noun UK vaisselle f.

washing-up liquid noun UK liquide m pour la vaisselle.

washout ['wɒʃaʊt] noun inf fiasco m.

washroom ['wɒʃrʊm] noun US toilettes fpl.

wasn't [wɒznt] ⟶ **was not**.

wasp [wɒsp] noun guêpe f.

wastage ['weɪstɪdʒ] noun gaspillage m.

waste [weɪst] ❖ adj [material] de rebut; [fuel] perdu(e); [area of land] en friche. ❖ noun **1.** [misuse] gaspillage m / it's a waste of money **a)** [extravagance] c'est du gaspillage **b)** [bad investment] c'est de l'argent perdu ▶ **a waste of time** une perte de temps **2.** (U) [refuse] déchets mpl, ordures fpl. ❖ vt [money, food, energy] gaspiller; [time, opportunity] perdre. ◆ **wastes** pl n liter étendues fpl désertes.

wastebasket US = wastepaper basket.

wasted ['weɪstɪd] adj **1.** [material, money] gaspillé(e); [energy, opportunity, time] perdu(e); [attempt, effort] inutile, vain(e); [food] inutilisé(e) / a wasted journey un voyage raté **2.** [figure, person] décharné(e); [limb - emaciated] décharné(e); [- enfeebled] atrophié(e) **3.** inf [drunk] soûl(e).

waste disposal unit noun broyeur m d'ordures.

wasteful ['weɪstfʊl] adj [person] gaspilleur(euse); [activity] peu économique.

wastepaper basket, wastepaper bin UK [,weɪst'peɪpər-], **wastebasket** US ['weɪst,bɑ:skɪt] noun corbeille f à papier.

watch [wɒtʃ] ❖ noun **1.** [timepiece] montre f **2.** [act of watching] ▶ **to keep watch** faire le guet, monter la garde ▶ **to keep watch on sb/sthg** surveiller qqn/qqch **3.** [guard] garde f; NAUT [shift] quart m. ❖ vt **1.** [look at] regarder **2.** [spy on, guard] surveiller **3.** [be careful about] faire attention à. ❖ vi regarder. ◆ **watch out** vi faire attention, prendre garde.

watchdog ['wɒtʃdɒg] noun **1.** [dog] chien m de garde **2.** fig [organization] organisation f de contrôle.

watchful ['wɒtʃfʊl] adj vigilant(e).

watchmaker ['wɒtʃ,meɪkər] noun horloger m, -ère f.

watchman ['wɒtʃmən] (*pl* -men) noun gardien *m*.

water ['wɔːtər] ❖ noun [liquid] eau *f*. ❖ vt arroser. ❖ vi **1.** [eyes] pleurer, larmoyer **2.** [mouth] : *my mouth was watering* j'en avais l'eau à la bouche. ❖ **waters** pl n [sea] eaux *fpl*. ❖ **water down** vt sep **1.** [dilute] diluer ; [alcohol] couper d'eau **2.** *pej* [plan, demand] atténuer, modérer ; [play, novel] édulcorer.

water bottle noun gourde *f*, bidon *m* (à eau).

watercolour [UK], **watercolor** [US] ['wɔːtə,kʌlər] noun **1.** [picture] aquarelle *f* **2.** [paint] peinture *f* à l'eau, couleur *f* pour aquarelle.

watercress ['wɔːtəkres] noun cresson *m*.

waterfall ['wɔːtəfɔːl] noun chute *f* d'eau, cascade *f*.

watering ['wɔːtərɪŋ] noun [of garden, plants] arrosage *m* ; [of crops, fields] irrigation *f*.

watering can ['wɔːtərɪŋ-] noun arrosoir *m*.

waterlogged ['wɔːtəlɒgd] adj **1.** [land] détrempé(e) **2.** [vessel] plein(e) d'eau.

watermark ['wɔːtəmɑːk] noun **1.** [in paper] filigrane *m* **2.** [showing water level] laisse *f*.

watermelon ['wɔːtə,melən] noun pastèque *f*.

waterproof ['wɔːtəpruːf] ❖ adj imperméable. ❖ noun [UK] imperméable *m*.

watershed ['wɔːtəʃed] noun *fig* [turning point] tournant *m*, moment *m* critique.

water skiing noun ski *m* nautique.

water tank noun réservoir *m* d'eau, citerne *f*.

watertight ['wɔːtətaɪt] adj **1.** [waterproof] étanche **2.** *fig* [excuse, contract] parfait(e) ; [argument] irréfutable ; [plan] infaillible.

waterway ['wɔːtəweɪ] noun voie *f* navigable.

waterworks ['wɔːtəwɜːks] (*pl inv*) noun [building] installation *f* hydraulique, usine *f* de distribution d'eau.

watery ['wɔːtərɪ] adj **1.** [food, drink] trop dilué(e) ; [tea, coffee] pas assez fort(e) **2.** [pale] pâle.

watt [wɒt] noun watt *m*.

wave [weɪv] ❖ noun **1.** [of hand] geste *m*, signe *m* **2.** [of water, emotion, nausea] vague *f* **3.** [of light, sound] onde *f* ; [of heat] bouffée *f* **4.** [in hair] cran *m*, ondulation *f*. ❖ vt [arm, handkerchief] agiter ; [flag, stick] brandir. ❖ vi **1.** [with hand] faire signe de la main ▸ **to wave at** OR **to sb** faire signe à qqn, saluer qqn de la main **2.** [flags, trees] flotter.

wavelength ['weɪvleŋθ] noun longueur *f* d'ondes ▸ **to be on the same wavelength** *fig* être sur la même longueur d'ondes.

waver ['weɪvər] vi **1.** [falter] vaciller, chanceler **2.** [hesitate] hésiter, vaciller **3.** [fluctuate] fluctuer, varier.

wavy ['weɪvɪ] adj [hair] ondulé(e) ; [line] onduleux(euse).

wax [wæks] ❖ noun (*U*) **1.** [in candles, polish] cire *f* ; [for skis] fart *m* **2.** [in ears] cérumen *m*. ❖ vt cirer ; [skis] farter. ❖ vi [moon] croître.

waxworks ['wæksˌwɜːks] (*pl inv*) noun [museum] musée *m* de cire.

way [weɪ] ❖ noun **1.** [means, method] façon *f* ▸ **to get** OR **have one's way** obtenir ce qu'on veut **2.** [manner, style] façon *f*, manière *f* ▸ **in the same way** de la même manière OR façon ▸ **this / that way** comme ça, de cette façon ▸ *try to see it my way* mettez-vous à ma place **3.** [route, path] chemin *m* ▸ **way in** entrée *f* ▸ **way out** sortie *f* ▸ **to be out of one's way** [place] ne pas être sur sa route ▸ **on the** OR **one's way** sur le OR son chemin ▸ **to be under way** a) [ship] faire route b) *fig* [meeting] être en cours ▸ **to get under way** a) [ship] se mettre en route b) *fig* [meeting] démarrer ▸ **'give way'** [UK] AUTO 'vous n'avez pas la priorité' ▸ **to be in the way** gêner ▸ **to go out of one's way to do sthg** se donner du mal pour faire qqch ▸ **to keep out of sb's way** éviter qqn ▸ **keep out of the way!** restez à l'écart ! ▸ **to make way for** faire place à **4.** [direction] : *to go / look / come this way* aller / regarder / venir par ici ▸ **the right / wrong way round** [sequence] dans le bon / mauvais ordre / *she had her hat on the wrong way round* elle avait mis son chapeau à l'envers ▸ **the right / wrong way up** dans le bon / mauvais sens **5.** [distance] ▸ **all the way** a) [journey] jusqu'au bout b) *fig* [support] jusqu'au bout ▸ **a long way** loin **6.** [PHR] **to give way** [under weight, pressure] céder ▸ **no way!** pas question ! ❖ adv *inf* [a lot] largement ▸ **way better** bien mieux. ❖ **ways** pl n [customs, habits] coutumes *fpl*. ❖ **by the way** adv au fait.

waylay [ˌweɪˈleɪ] (*pt & pp* -**laid**) vt arrêter (au passage).

wayward ['weɪwəd] adj qui n'en fait qu'à sa tête ; [behaviour] capricieux(euse).

WC (*abbr of* water closet) noun W.-C. *mpl*.

we [wiː] pers pron nous / WE *can't do it* nous, nous ne pouvons pas le faire / *as we say in France* comme on dit en France / *we British* nous autres Britanniques.

weak [wi:k] adj **1.** [gen] faible **2.** [delicate] fragile **3.** [unconvincing] peu convaincant(e) **4.** [drink] léger(ère).

weaken ['wi:kn] ❖ vt **1.** [undermine] affaiblir **2.** [reduce] diminuer **3.** [physically - person] affaiblir ; [- structure] fragiliser. ❖ vi faiblir.

weak-kneed [-ni:d] adj inf & pej lâche.

weakling ['wi:klɪŋ] noun pej mauviette f.

weakness ['wi:knɪs] noun **1.** (U) [physical - of person] faiblesse f ; [- of structure] fragilité f **2.** [imperfect point] point m faible, faiblesse f.

wealth [welθ] noun **1.** (U) [riches] richesse f **2.** [abundance] ▸ **a wealth of** une profusion de.

wealthy ['welθɪ] adj riche.

wean [wi:n] vt [baby, lamb] sevrer.

weapon ['wepən] noun arme f.

weaponry ['wepənrɪ] noun (U) armement m.

wear [weər] ❖ noun (U) **1.** [type of clothes] tenue f **2.** [damage] usure f ▸ **wear and tear** usure f **3.** [use] : these shoes have had a lot of wear ces chaussures ont fait beaucoup d'usage. ❖ vt (pt wore, pp worn) **1.** [clothes, hair] porter **2.** [damage] user. ❖ vi (pt wore, pp worn) **1.** [deteriorate] s'user **2.** [last] ▸ **to wear well** durer longtemps, faire de l'usage ▸ **to wear badly** ne pas durer longtemps. ◆ **wear away** ❖ vt sep [rock, wood] user ; [grass] abîmer. ❖ vi [rock, wood] s'user ; [grass] s'abîmer. ◆ **wear down** vt sep **1.** [material] user **2.** [person, resistance] épuiser. ◆ **wear off** vi disparaître. ◆ **wear out** ❖ vt sep **1.** [shoes, clothes] user **2.** [person] épuiser. ❖ vi s'user.

wearing ['weərɪŋ] adj [exhausting] épuisant(e).

weary ['wɪərɪ] adj **1.** [exhausted] las (lasse) ; [sigh] de lassitude **2.** [fed up] ▸ **to be weary of sthg / of doing sthg** être las de qqch / de faire qqch.

weasel ['wi:zl] noun belette f.

weather ['weðər] ❖ noun temps m ▸ **to be under the weather** être patraque. ❖ vt [crisis, problem] surmonter.

weather-beaten [-,bi:tn] adj [face, skin] tanné(e).

weathercock ['weðəkɒk] noun girouette f.

weather forecast noun météo f, prévisions fpl météorologiques.

weather girl ['weðəgɜ:l] noun présentatrice f de la météo.

weather man ['weðəmæn] (pl -men) noun météorologue m.

weather vane [-veɪn] noun girouette f.

weave [wi:v] ❖ vt (pt wove, pp woven) [using loom] tisser. ❖ vi (pt wove, pp woven) [move] se faufiler.

weaver ['wi:vər] noun tisserand m, -e f.

web, Web [web] noun **1.** [cobweb] toile f (d'araignée) **2.** COMPUT ▸ **the web** le Web, la Toile **3.** fig [of lies] tissu m.

web browser noun COMPUT navigateur m.

webcam ['webkæm] noun webcam f.

webcast ['webka:st] ❖ noun COMPUT webcast m. ❖ vt COMPUT diffuser sur le Web.

webcasting ['webka:stɪŋ] noun COMPUT webcasting m.

web designer noun concepteur m de site web.

web hosting noun COMPUT hébergement m de sites Web.

weblog ['weblɒg] noun COMPUT weblog m.

webmaster ['web,mɒstər] noun webmaster m, webmestre m.

web page, Web page noun page f Web.

website, Web site ['websaɪt] noun COMPUT site m Internet OR Web.

web space noun COMPUT espace m Web.

webzine ['webzi:n] noun COMPUT webzine m.

wed [wed] (pt & pp wed or -ded) liter ❖ vt épouser. ❖ vi se marier.

we'd [wi:d] ⟶ **we had, we would**.

wedding ['wedɪŋ] noun mariage m.

wedding anniversary noun anniversaire m de mariage.

wedding cake noun pièce f montée.

wedding dress noun robe f de mariée.

wedding ring noun alliance f.

wedge [wedʒ] ❖ noun **1.** [for steadying] cale f **2.** [for splitting] coin m **3.** [of cake, cheese] morceau m. ❖ vt caler.

wedge-heeled shoe [-hi:ld] noun chaussure f à semelle compensée.

wedgie ['wedʒi:] ❖ noun inf = **wedge-heeled shoe**. ❖ noun US inf ▸ **to give sb a wedgie** remonter la culotte de qqn (afin qu'elle lui rentre dans les fesses).

Wednesday ['wenzdɪ] noun mercredi m. See also **Saturday**.

wee [wi:] ❖ adj Scot petit(e). ❖ noun UK inf pipi m. ❖ vi UK inf faire pipi.

weed [wi:d] ❖ noun **1.** [plant] mauvaise herbe f **2.** 🇬🇧 inf [feeble person] mauviette f. ❖ vt désherber.

weedkiller ['wi:d,kɪlər] noun désherbant m.

weedy ['wi:dɪ] adj 🇬🇧 inf [feeble] qui agit comme une mauviette.

week [wi:k] noun semaine f.

weekday ['wi:kdeɪ] noun jour m de semaine.

weekend [,wi:k'end] noun week-end m, fin m de semaine ▸ **on** OR **at the weekend** le week-end.

weekly ['wi:klɪ] ❖ adj hebdomadaire. ❖ adv chaque semaine. ❖ noun hebdomadaire m.

weep [wi:p] vt & vi (pt & pp **wept**) pleurer.

weigh [weɪ] vt **1.** [gen] peser **2.** NAUT ▸ to weigh anchor lever l'ancre. ◆ **weigh down** vt sep **1.** [physically] ▸ to be weighed down with sthg plier sous le poids de qqch **2.** [mentally] ▸ to be weighed down by OR with sthg être accablé par qqch. ◆ **weigh up** vt sep **1.** 🇬🇧 [consider carefully] examiner **2.** [size up] juger, évaluer.

weight [weɪt] noun lit & fig poids m ▸ to put on OR gain weight prendre du poids, grossir ▸ to lose weight perdre du poids, maigrir ▸ to pull one's weight faire sa part du travail, participer à la tâche.

weighted ['weɪtɪd] adj ▸ to be weighted in favour of/against être favorable/défavorable à.

weighting ['weɪtɪŋ] noun indemnité f.

weightlifting ['weɪt,lɪftɪŋ] noun haltérophilie f.

weighty ['weɪtɪ] adj [serious] important(e), de poids.

weir [wɪər] noun 🇬🇧 barrage m.

weird [wɪəd] adj bizarre.

weirdo ['wɪədəʊ] (pl -s) noun inf drôle de type m.

welcome ['welkəm] ❖ adj **1.** [guest, help] bienvenu(e) **2.** [free] ▸ you're welcome to... n'hésitez pas à... **3.** [in reply to thanks] ▸ you're welcome il n'y a pas de quoi, de rien. ❖ noun accueil m. ❖ vt **1.** [receive] accueillir **2.** [approve of] se réjouir de. ❖ excl bienvenue !

weld [weld] ❖ noun soudure f. ❖ vt souder.

welfare ['welfeər] ❖ adj social(e). ❖ noun **1.** [well-being] bien-être m **2.** 🇺🇸 [income support] assistance f publique.

welfare state noun État-providence m.

well [wel] ❖ adj (compar **better**, superl **best**) bien / I'm very well, thanks je vais très bien, merci ▸ **all is well** tout va bien ▸ **just as well** aussi bien. ❖ adv / the team was well beaten l'équipe a été battue à plates coutures ▸ **to go well** aller bien ▸ **well done!** bravo ! ▸ **well and truly** bel et bien. ❖ noun [for water, oil] puits m. ❖ excl **1.** [in hesitation] heu !, eh bien ! **2.** [to correct oneself] enfin ! **3.** [to express resignation] ▸ **oh well!** eh bien ! **4.** [in surprise] tiens ! ◆ **as well** adv **1.** [in addition] aussi, également **2.** [with same result] ▸ I/you etc. may OR might as well (do sthg) je/tu etc. ferais aussi bien (de faire qqch). ◆ **as well as** conj en plus de, aussi bien que. ◆ **well up** vi : tears welled up in her eyes les larmes lui montaient aux yeux.

we'll [wi:l] ⟶ we shall, we will.

well-advised [-əd'vaɪzd] adj sage ▸ you would be well-advised to do sthg tu ferais bien de faire qqch.

well-behaved [-bɪ'heɪvd] adj sage.

wellbeing [,wel'bi:ɪŋ] noun bien-être m.

well-built adj bien bâti(e).

well-done adj CULIN bien cuit(e).

well-dressed [-'drest] adj bien habillé(e).

well-earned [-'ɜ:nd] adj bien mérité(e).

well-heeled [-'hi:ld] adj inf nanti(e).

wellington boots ['welɪŋtən-], **wellingtons** ['welɪŋtənz] pl n 🇬🇧 bottes fpl de caoutchouc.

well-kept adj **1.** [building, garden] bien tenu(e) **2.** [secret] bien gardé(e).

well-known adj bien connu(e).

well-mannered [-'mænəd] adj bien élevé(e).

well-meaning adj bien intentionné(e).

well-nigh [-naɪ] adv presque, pratiquement.

well-off adj **1.** [rich] riche **2.** [well-provided] ▸ to be well-off for sthg être bien pourvu(e) en qqch.

well-read [-'red] adj cultivé(e).

well-rounded [-'raʊndɪd] adj [education, background] complet(ète).

well-timed [-'taɪmd] adj bien calculé(e), qui vient à point nommé.

well-to-do adj riche.

wellwisher ['wel,wɪʃər] noun admirateur m, -trice f.

Welsh [welʃ] ❖ adj gallois(e). ❖ noun [language] gallois m. ❖ pl n ▸ **the Welsh** les Gallois mpl.

Welsh Assembly noun Assemblée *f* galloise OR du pays de Galles.

Welshman ['welʃmən] (*pl* -**men**) noun Gallois *m*.

Welshwoman ['welʃ,wʊmən] (*pl* -**women**) noun Galloise *f*.

went [went] pt ⟶ **go**.

wept [wept] pt & pp ⟶ **weep**.

were [wɜːʳ] ⟶ **be**.

we're [wɪəʳ] ⟶ **we are**.

weren't [wɜːnt] ⟶ **were not**.

west [west] ❖ noun **1.** [direction] ouest *m* **2.** [region] ▶ the West l'ouest *m*. ❖ adj ouest (*inv*) ▶ [wind] d'ouest. ❖ adv de l'ouest, vers l'ouest ▶ west of à l'ouest de. ◆ **West** noun POL ▶ the West l'Ouest *m*.

West Bank noun ▶ the West Bank la Cisjordanie.

West End noun UK ▶ the West End le West-End (*quartier des grands magasins et des théâtres, à Londres*).

westerly ['westəlɪ] adj à l'ouest; [wind] de l'ouest ▶ in a westerly direction vers l'ouest.

western ['westən] ❖ adj **1.** [gen] de l'ouest **2.** POL occidental(e). ❖ noun [book, film] western *m*.

West Indian ❖ adj antillais(e). ❖ noun Antillais *m*, -e *f*.

West Indies [-'ɪndiːz] pl n : the West Indies les Antilles *fpl*.

Westminster ['westmɪnstəʳ] noun *quartier de Londres où se situe le Parlement britannique*.

westward ['westwəd] adj & adv vers l'ouest.

westwards ['westwədz] adv vers l'ouest.

wet [wet] ❖ adj **1.** [damp, soaked] mouillé(e) **2.** [rainy] pluvieux(euse) **3.** [not dry - paint, cement] frais (fraîche) **4.** UK inf & pej [weak, feeble] ramolli(e). ❖ noun UK inf POL modéré *m*, -e *f*. ❖ vt (*pt & pp* wet *or* -ted) mouiller.

wet blanket noun inf & pej rabat-joie *m inv*.

wet suit noun combinaison *f* de plongée.

we've [wiːv] ⟶ **we have**.

whack [wæk] inf ❖ noun **1.** UK [share] part *f* **2.** [hit] grand coup *m*. ❖ vt donner un grand coup à, frapper fort.

whacky ['wækɪ] adj = **wacky**.

whale [weɪl] noun baleine *f*.

wharf [wɔːf] (*pl* -**s** *or* **wharves** [wɔːvz]) noun quai *m*.

what [wɒt] ❖ adj **1.** (*in direct, indirect questions*) quel (quelle), quels (quelles) (*pl*) ▶ what colour is it? c'est de quelle couleur ? ▶ he asked me what colour it was il m'a demandé de quelle couleur c'était **2.** (*in exclamations*) quel (quelle), quels (quelles) (*pl*) ▶ what a surprise! quelle surprise ! ▶ what an idiot I am! ce que je peux être bête ! ❖ pron **1.** [interrogative - subject] qu'est-ce qui ; [- object] qu'est-ce que, que ; [- after prep] quoi ▶ what are they doing? qu'est-ce qu'ils font ?, que font-ils ? ▶ what is going on? qu'est-ce qui se passe ? ▶ what are they talking about? de quoi parlent-ils ? ▶ what about another drink / going out for a meal? et si on prenait un autre verre / allait manger au restaurant ? ▶ what about the rest of us? et nous alors ? ▶ what if...? et si... ? **2.** [relative - subject] ce qui ; [- object] ce que ▶ I saw what happened / fell j'ai vu ce qui s'était passé / était tombé ▶ you can't have what you want tu ne peux pas avoir ce que tu veux. ❖ excl [expressing disbelief] comment !, quoi !

whatever [wɒt'evəʳ] ❖ adj quel (quelle) que soit ▶ any book whatever n'importe quel livre ▶ no chance whatever pas la moindre chance ▶ nothing whatever rien du tout. ❖ pron quoi que (+ subjunctive) ▶ I'll do whatever I can je ferai tout ce que je peux ▶ whatever can this be? qu'est-ce que cela peut-il bien être ? ▶ whatever that may mean quoi que cela puisse bien vouloir dire ▶ or whatever ou n'importe quoi d'autre.

whatsoever [,wɒtsəʊ'evəʳ] adj : I had no interest whatsoever je n'éprouvais pas le moindre intérêt ▶ nothing whatsoever rien du tout.

wheat [wiːt] noun blé *m*.

wheedle ['wiːdl] vt ▶ to wheedle sb into doing sthg enjôler qqn pour qu'il fasse qqch ▶ to wheedle sthg out of sb enjôler qqn pour obtenir qqch.

wheel [wiːl] ❖ noun **1.** [gen] roue *f* **2.** [steering wheel] volant *m*. ❖ vt pousser. ❖ vi ▶ to wheel (round) UK OR around US se retourner brusquement.

wheelbarrow ['wiːl,bærəʊ] noun brouette *f*.

wheelchair ['wiːl,tʃeəʳ] noun fauteuil *m* roulant.

wheeler-dealer ['wiːlə-] noun pej combinard *m*.

wheelie bin ['wiːlɪ-] noun poubelle *f* (avec des roues).

wheeze [wiːz] ❖ noun [sound] respiration *f* sifflante. ❖ vi respirer avec un bruit sifflant.

whelk [welk] noun bulot *m*, buccin *m*.

when [wen] ❖ adv *(in direct, indirect questions)* quand / *when does the plane arrive?* quand OR à quelle heure arrive l'avion ? / *he asked me when I would be in London* il m'a demandé quand je serais à Londres. ❖ conj **1.** [referring to time] quand, lorsque / *he came to see me when I was abroad* il est venu me voir quand j'étais à l'étranger / *one day when I was on my own* un jour que OR où j'étais tout seul / *on the day when it happened* le jour où cela s'est passé **2.** [whereas, considering that] alors que.

whenever [wen'evər] ❖ conj quand ; [each time that] chaque fois que. ❖ adv n'importe quand.

where [weər] ❖ adv *(in direct, indirect questions)* où / *where do you live?* où habitez-vous ? / *do you know where he lives?* est-ce que vous savez où il habite ? ❖ conj **1.** [referring to place, situation] où **▶ this is where...** c'est là que... **2.** [whereas] alors que.

whereabouts ❖ adv [,weərə'baʊts] où. ❖ pl n ['weərəbaʊts] : *their whereabouts are still unknown* on ne sait toujours pas où ils se trouvent.

whereas [weər'æz] conj alors que.

whereby [weə'baɪ] conj *fml* par lequel (laquelle), au moyen duquel (de laquelle).

whereupon [,weərə'pɒn] conj *fml* après quoi, sur quoi.

wherever [weər'evər] ❖ conj où que (+ subjunctive). ❖ adv **1.** [no matter where] n'importe où **2.** [where] où donc / *wherever did you hear that?* mais où donc as-tu entendu dire cela ?

wherewithal ['weəwɪðɔːl] noun *fml* **▶ to have the wherewithal to do sthg** avoir les moyens de faire qqch.

whet [wet] vt **▶ to whet sb's appetite for sthg** donner à qqn envie de qqch.

whether ['weðər] conj **1.** [indicating choice, doubt] si **2.** [no matter if] : *whether I want to or not* que je le veuille ou non.

which [wɪtʃ] ❖ adj **1.** *(in direct, indirect questions)* quel (quelle), quels (quelles) *(pl)* / *which house is yours?* quelle maison est la tienne ? **▶ which one?** lequel (laquelle) ? **2.** [to refer back to sthg] **▶ in which case** auquel cas. ❖ pron **1.** *(in direct, indirect questions)* lequel (laquelle), lesquels (lesquelles) *(pl)* / *which do you prefer?* lequel préférez-vous ? / *I can't decide which to have* je ne sais vraiment pas lequel prendre **2.** [in relative clauses - subject] qui ; [-object] que ; [-after prep] lequel (laquelle), lesquels (lesquelles) *(pl)* / *take the slice which is nearer*

to you prends la tranche qui est le plus près de toi / *the television which we bought* le téléviseur que nous avons acheté / *the settee on which I am sitting* le canapé sur lequel je suis assis / *the film of which you spoke* le film dont vous avez parlé **3.** [referring back - subject] ce qui ; [-object] ce que / *why did you say you were ill, which nobody believed?* pourquoi as-tu dit que tu étais malade, ce que personne n'a cru ?

whichever [wɪtʃ'evər] ❖ adj [no matter what] quel (quelle) que soit. ❖ pron **1.** [the one that] celui qui *m*, celle qui *f*, ceux qui *mpl*, celles qui *f*. **2.** [no matter which one] n'importe lequel (laquelle).

whiff [wɪf] noun [of perfume, smoke] bouffée *f* ; [of food] odeur *f*.

while [waɪl] ❖ noun moment *m* / *let's stay here for a while* restons ici un moment **▶ for a long while** longtemps **▶ after a while** après quelque temps. ❖ conj **1.** [during the time that] pendant que **2.** [as long as] tant que **3.** [whereas] alors que. **◆ while away** vt sep passer.

whilst [waɪlst] conj US = while.

whim [wɪm] noun lubie *f*.

whimper ['wɪmpər] vt & vi gémir.

whimsical ['wɪmzɪkl] adj saugrenu(e).

whine [waɪn] vi [make sound] gémir.

whinge [wɪndʒ] vi UK **▶ to whinge (about)** se plaindre (de).

whip [wɪp] ❖ noun **1.** [for hitting] fouet *m* **2.** POL chef *m* de file *(d'un groupe parlementaire)*. ❖ vt **1.** [gen] fouetter **2.** [take quickly] **▶ to whip sthg out** sortir qqch brusquement **▶ to whip sthg off** ôter OR enlever qqch brusquement.

whipped cream [wɪpt-] noun crème *f* fouettée.

whip-round noun UK *inf* **▶ to have a whip-round** faire une collecte.

whirl [wɜːl] ❖ noun *lit* & *fig* tourbillon *m*. ❖ vt **▶ to whirl sb / sthg round** UK, OR **around** US [spin round] faire tourbillonner qqn / qqch. ❖ vi tourbillonner ; *fig* [head, mind] tourner.

whirlpool ['wɜːlpuːl] noun tourbillon *m*.

whirlwind ['wɜːlwɪnd] noun tornade *f*.

whirr [wɜːr] vi [engine] ronronner.

whisk [wɪsk] ❖ noun CULIN fouet *m*, batteur *m* (à œufs). ❖ vt **1.** [move quickly] emmener OR emporter rapidement **2.** CULIN battre.

whisker ['wɪskər] noun moustache *f*. **◆ whiskers** pl n favoris *mpl*.

whisky UK**, whiskey** (pl -s) US IR ['wɪskɪ] noun whisky m.

whisper ['wɪspər] ❖ vt murmurer, chuchoter. , ❖ vi chuchoter.

whistle ['wɪsl] ❖ noun **1.** [sound] sifflement m **2.** [device] sifflet m. ❖ vt & vi siffler.

whistle-blower noun inf personne qui vend la mèche.

whistle-stop tour noun ▸ **to make a whistle-stop tour of** [subj: politician] faire une tournée éclair dans.

white [waɪt] ❖ adj **1.** [in colour] blanc (blanche) **2.** US [coffee, tea] au lait. ❖ noun **1.** [colour, of egg, eye] blanc m **2.** [person] Blanc m, Blanche f.

whiteboard ['waɪtbɔ:d] noun tableau m blanc.

white-collar adj de bureau.

white elephant noun fig objet m coûteux et inutile.

Whitehall ['waɪthɔ:l] noun rue de Londres, centre administratif du gouvernement britannique.

white-hot adj chauffé(e) à blanc.

White House noun ▸ **the White House** la Maison-Blanche.

white lie noun pieux mensonge m.

whiteness ['waɪtnɪs] noun blancheur f.

white paper noun POL livre m blanc.

white sauce noun sauce f blanche.

white spirit noun UK white-spirit m.

white-tie adj [dinner] en habit.

whitewash ['waɪtwɒʃ] ❖ noun **1.** (U) [paint] chaux f **2.** pej [cover-up] ▸ **a government whitewash** un combine du gouvernement pour étouffer l'affaire. ❖ vt [paint] blanchir à la chaux.

whiting ['waɪtɪŋ] (pl inv or -s) noun merlan m.

Whitsun ['wɪtsn] noun Pentecôte f.

whittle ['wɪtl] vt [reduce] ▸ **to whittle sthg away** OR **down** réduire qqch.

whiz, whizz [wɪz] vi [go fast] aller à toute allure.

whiz(z) kid noun inf petit prodige m.

who [hu:] pron **1.** (in direct, indirect questions) qui ▸ **who are you?** qui êtes-vous ? / **I didn't know who she was** je ne savais pas qui c'était **2.** (in relative clauses) qui / **he's the doctor who treated me** c'est le médecin qui m'a soigné / **I don't know the person who came to see you**

je ne connais pas la personne qui est venue vous voir.

who'd [hu:d] ⟶ **who had, who would**.

whodu(n)nit [,hu:'dʌnɪt] noun inf polar m.

whoever [hu:'evər] pron **1.** [any person who] quiconque **2.** [indicating surprise, astonishment] qui donc **3.** [no matter who] qui que ce soit (+ subjunctive) / **whoever wins** qui que ce soit qui gagne.

whole [həʊl] ❖ adj **1.** [entire, complete] entier(ère) **2.** [for emphasis] : **a whole lot bigger** bien plus gros / **a whole new idea** une idée tout à fait nouvelle. ❖ noun **1.** [all] : **the whole of the school** toute l'école / **the whole of the summer** tout l'été **2.** [unit, complete thing] tout m. ◆ **as a whole** adv dans son ensemble. ◆ **on the whole** adv dans l'ensemble.

wholefood ['həʊlfu:d] noun UK aliments mpl complets.

wholesale ['həʊlseɪl] ❖ adj **1.** [buying, selling] en gros ; [price] de gros **2.** pej [excessive] en masse. ❖ adv **1.** [in bulk] en gros **2.** pej [excessively] en masse.

wholesaler ['həʊl,seɪlər] noun marchand m de gros, grossiste mf.

wholesome ['həʊlsəm] adj sain(e).

who'll [hu:l] ⟶ **who will**.

wholly ['həʊlɪ] adv totalement.

whom [hu:m] pron fml **1.** (in direct, indirect questions) qui / **whom did you phone?** qui avez-vous appelé au téléphone ? ▸ **for/of/to whom** pour/de/à qui **2.** (in relative clauses) que / **the girl whom I married** la jeune fille qu'il a épousée / **the man of whom you speak** l'homme dont vous parlez / **the man to whom you were speaking** l'homme à qui vous parliez.

whooping cough ['hu:pɪŋ-] noun coqueluche f.

whopper ['wɒpər] noun inf **1.** [something big] : **it's a real whopper** c'est absolument énorme **2.** [lie] mensonge m énorme.

whopping ['wɒpɪŋ] inf ❖ adj énorme. ❖ adv : **a whopping great lorry/lie** un camion/mensonge absolument énorme.

whore [hɔ:r] noun offens putain f.

who're ['hu:ər] ⟶ **who are**.

whose [hu:z] ❖ pron (in direct, indirect questions) à qui / **whose is this?** à qui est ceci ? ❖ adj **1.** à qui / **whose car is that?** à qui est cette voiture ? / **whose son is he?** de qui est-il le fils ? **2.** (in relative clauses) dont / **that's the boy whose father's an MP** c'est le garçon dont le père est député **/** *the girl whose mother you phoned yesterday* la fille à la mère de qui **OR** de laquelle tu as téléphoné hier.

who've [huːv] ⟶ **who have**.

why [waɪ] ◆ adv *(in direct questions)* pourquoi **/** *why did you lie to me?* pourquoi m'as-tu menti ? **/** *why don't you all come?* pourquoi ne pas tous venir ?, pourquoi est-ce que vous ne viendriez pas tous ? **▶ why not?** pourquoi pas ? ◆ conj pourquoi **/** *I don't know why he said that* je ne sais pas pourquoi il a dit cela. ◆ pron : *there are several reasons why he left* il est parti pour plusieurs raisons, les raisons pour lesquelles il est parti sont nombreuses **/** *I don't know the reason why* je ne sais pas pourquoi. ◆ excl tiens ! **▶ why ever** adv pourquoi donc.

wick [wɪk] noun *[of candle, lighter]* mèche f.

wicked ['wɪkɪd] adj **1.** *[evil]* mauvais(e) **2.** *[mischievous, devilish]* malicieux(euse).

wicker ['wɪkər] adj en osier.

wickerwork ['wɪkəwɜːk] noun vannerie f.

wicket ['wɪkɪt] noun **1.** CRICKET *[stumps, dismissal]* guichet m **2.** CRICKET *[pitch]* terrain m entre les guichets.

wide [waɪd] ◆ adj **1.** *[gen]* large **/** *how wide is the room?* quelle est la largeur de la pièce ? **/** *to be six metres wide* faire six mètres de large **OR** de largeur **2.** *[gap, difference]* grand(e) **3.** *[experience, knowledge, issue]* vaste. ◆ adv **1.** *[broadly]* : *open wide!* ouvrez grand ! **2.** *[off-target]* : *the shot went wide* le coup est passé loin du but **OR** à côté.

wide-awake adj tout à fait réveillé(e).

widely ['waɪdlɪ] adv **1.** *[smile, vary]* largement **2.** *[extensively]* beaucoup **▶ to be widely read** avoir beaucoup lu **▶ it is widely believed that…** beaucoup pensent que…, nombreux sont ceux qui pensent que….

widen ['waɪdn] vt **1.** *[make broader]* élargir **2.** *[gap, difference]* agrandir, élargir.

wide open adj grand ouvert (grande ouverte).

wide-ranging [-'reɪndʒɪŋ] adj varié(e) ; *[consequences]* de grande envergure.

widespread ['waɪdspred] adj très répandu(e).

widow ['wɪdəʊ] noun veuve f.

widowed ['wɪdəʊd] adj veuf (veuve).

widower ['wɪdəʊər] noun veuf m.

width [wɪdθ] noun largeur f **▶ in width** de large.

wield [wiːld] vt **1.** *[weapon]* manier **2.** *[power]* exercer.

wife [waɪf] *(pl* **wives** [waɪvz]*)* noun femme f, épouse f.

WiFi ['waɪfaɪ] *(abbr of* **wireless fidelity**) noun COMPUT WiFi m.

wig [wɪg] noun perruque f.

wiggle ['wɪgl] inf vt remuer.

wild [waɪld] adj **1.** *[animal, attack, scenery, flower]* sauvage **2.** *[weather, sea]* déchaîné(e) **3.** *[laughter, hope, plan]* fou (folle) **4.** *[random]* fantaisiste **/** *I made a wild guess* j'ai dit ça au hasard. ◆ **wilds** pl n **▶ the wilds of** le fin fond de **▶ to live in the wilds** habiter en pleine nature.

wild card noun COMPUT caractère m joker.

wilderness ['wɪldənɪs] noun étendue f sauvage.

wildfire ['waɪld,faɪər] noun **▶ to spread like wildfire** se répandre comme une traînée de poudre.

wild-goose chase noun inf: *it turned out to be a wild-goose chase* ça s'est révélé être totalement inutile.

wildlife ['waɪldlaɪf] noun *(U)* faune f et flore f.

wildly ['waɪldlɪ] adv **1.** *[enthusiastically, fanatically]* frénétiquement **2.** *[guess, suggest]* au hasard ; *[shoot]* dans tous les sens **3.** *[very - different, impractical]* tout à fait.

wilful UK, **willful** US ['wɪlfʊl] adj **1.** *[determined]* obstiné(e) **2.** *[deliberate]* délibéré(e).

will[1] [wɪl] ◆ noun **1.** *[mental]* volonté f **▶ against one's will** contre son gré **2.** *[document]* testament m. ◆ vt **▶ to will sthg to happen** prier de toutes ses forces pour que qqch se passe **▶ to will sb to do sthg** concentrer toute sa volonté sur qqn pour qu'il fasse qqch.

will[2] [wɪl] modal vb **1.** *(to express future tense)* : *I will see you next week* je te verrai la semaine prochaine **/** *when will you have finished it?* quand est-ce que vous l'aurez fini ? **/** *will you be here next week? — yes I will / no I won't* est-ce que tu seras là la semaine prochaine ? — oui/non **2.** *[indicating willingness]* : *will you have some more tea?* voulez-vous encore du thé ? **/** *I won't do it* je refuse de le faire, je ne veux pas le faire **3.** *[in commands, requests]* : *you will leave this house at once* tu vas quitter cette maison tout de suite **/** *close that window, will you?* ferme cette fenêtre, veux-tu ? **/** *will you be quiet!* veux-tu te taire !, tu vas te taire ! **4.** *[indicating possibility, what usually happens]* : *the hall will hold up to 1000 people* la salle peut abriter jusqu'à 1000 personnes **5.** [expressing an assumption] : *that'll be your father* cela doit être ton père **6.** [indicating irritation] : *she will keep phoning me* elle n'arrête pas de me téléphoner.

willful US = wilful.

willing ['wɪlɪŋ] adj **1.** [prepared] : *if you're willing* si vous voulez bien ▸ **to be willing to do sthg** être disposé(e) OR prêt(e) à faire qqch **2.** [eager] enthousiaste.

willingly ['wɪlɪŋlɪ] adv volontiers.

willingness ['wɪlɪŋnɪs] noun **1.** [preparedness] ▸ **willingness to do sthg** bonne volonté f à faire qqch **2.** [keenness] enthousiasme m.

willow (tree) ['wɪləu-] noun saule m ▸ **weeping willow** saule m pleureur.

willpower ['wɪl,pauəʳ] noun volonté f.

willy-nilly [,wɪlɪ'nɪlɪ] adv **1.** [at random] n'importe comment **2.** [wanting to or not] bon gré mal gré.

wilt [wɪlt] vi [plant] se faner ; fig [person] dépérir.

wily ['waɪlɪ] adj rusé(e).

wimp [wɪmp] noun inf & pej mauviette f.

win [wɪn] ◆ noun victoire f. ◆ vt (pt & pp **won**) **1.** [game, prize, competition] gagner **2.** [support, approval] obtenir ; [love, friendship] gagner. ◆ vi gagner. ◆ **win over**, **win round** UK vt sep convaincre, gagner à sa cause.

wince [wɪns] vi ▸ **to wince (at/with) a)** [with body] tressaillir (à/de) **b)** [with face] grimacer (à/de).

winch [wɪntʃ] noun treuil m.

wind¹ [wɪnd] ◆ noun **1.** METEOR vent m **2.** [breath] souffle m **3.** (U) [in stomach] gaz mpl. ◆ vt [knock breath out of] couper le souffle à.

wind² [waɪnd] (pt & pp **wound**) ◆ vt **1.** [string, thread] enrouler **2.** [clock] remonter. ◆ vi [river, road] serpenter. ◆ **wind down** ◆ vt sep **1.** UK [car window] baisser **2.** [business] cesser graduellement. ◆ vi [relax] se détendre. ◆ **wind up** vt sep **1.** [finish - meeting] clôturer ; [- business] liquider **2.** UK [clock, car window] remonter **3.** UK inf [deliberately annoy] faire marcher **4.** inf [end up] ▸ **to wind up doing sthg** finir par faire qqch.

windfall ['wɪndfɔ:l] noun [unexpected gift] aubaine f.

winding ['waɪndɪŋ] adj sinueux(euse).

wind instrument [wɪnd-] noun instrument m à vent.

windmill ['wɪndmɪl] noun moulin m à vent.

window ['wɪndəu] noun **1.** [gen & COMPUT] fenêtre f **2.** [pane of glass, in car] vitre f **3.** [of shop] vitrine f.

window box noun jardinière f.

window ledge noun rebord m de fenêtre.

windowpane noun vitre f.

windowsill ['wɪndəusɪl] noun [outside] rebord m de fenêtre ; [inside] appui m de fenêtre.

windpipe ['wɪndpaɪp] noun trachée f.

windscreen UK ['wɪndskri:n], **windshield** US ['wɪndʃi:ld] noun pare-brise m inv.

windscreen wiper [-,waɪpəʳ] noun UK essuie-glace m.

windshield US = windscreen.

windsurfing ['wɪnd,sɜ:fɪŋ] noun ▸ **to go windsurfing** faire de la planche à voile.

windswept ['wɪndswept] adj [scenery] balayé(e) par les vents.

wind turbine noun éolienne f.

wind-up [waɪnd-] ◆ adj [mechanism] : *a wind-up toy/watch* un jouet/une montre à remontoir. ◆ noun UK inf : *is this a wind-up?* est-ce qu'on veut me faire marcher ?

windy ['wɪndɪ] adj venteux(euse) / *it's windy* il y a du vent.

wine [waɪn] noun vin m.

wine bar noun UK bar m à vin.

wine cellar noun cave f (à vin).

wineglass ['waɪnglɑ:s] noun verre m à vin.

wine list noun carte f des vins.

wine merchant noun UK marchand m, -e f de vins.

wine tasting [-,teɪstɪŋ] noun dégustation f (de vins).

wing [wɪŋ] noun aile f. ◆ **wings** pl n THEAT ▸ **the wings** les coulisses fpl.

winger ['wɪŋəʳ] noun SPORT ailier m.

wink [wɪŋk] ◆ noun clin m d'œil. ◆ vi [with eyes] ▸ **to wink (at sb)** faire un clin d'œil (à qqn).

winkle ['wɪŋkl] noun bigorneau m. ◆ **winkle out** vt sep extirper ▸ **to winkle sthg out of sb** arracher qqch à qqn.

winner ['wɪnəʳ] noun [person] gagnant m, -e f.

winning ['wɪnɪŋ] adj [victorious, successful] gagnant(e). ◆ **winnings** pl n gains mpl.

winning post noun poteau m d'arrivée.

wino ['waɪnəu] (pl -s) noun inf ivrogne mf.

winter ['wɪntər] ❖ noun hiver m ▶ **in winter** en hiver. ❖ comp d'hiver.

winter sports pl n sports mpl d'hiver.

wintertime ['wɪntətaɪm] noun (U) hiver m.

wint(e)ry ['wɪntrɪ] adj d'hiver.

wipe [waɪp] ❖ noun **1.** [action of wiping] ▶ **to give sthg a wipe** essuyer qqch, donner un coup de torchon à qqch **2.** [cloth] lingette f. ❖ vt essuyer. ◆ **wipe out** vt sep **1.** [erase] effacer **2.** [eradicate] anéantir. ◆ **wipe up** vt sep & vi essuyer.

wire [waɪər] ❖ noun **1.** (U) [metal] fil m de fer **2.** [cable] fil m **3.** US [telegram] télégramme m. ❖ vt **1.** [ELEC - plug] installer ; [- house] faire l'installation électrique de **2.** US [send telegram to] télégraphier à.

wireless ['waɪəlɪs] noun dated T.S.F. f.

wiring ['waɪərɪŋ] noun (U) installation f électrique.

wiry ['waɪərɪ] adj **1.** [hair] crépu(e) **2.** [body, man] noueux(euse).

wisdom ['wɪzdəm] noun sagesse f.

wisdom tooth noun dent f de sagesse.

wise [waɪz] adj sage.

wisecrack ['waɪzkræk] noun pej vanne f.

wise guy noun inf malin m.

wish [wɪʃ] ❖ noun **1.** [desire] souhait m, désir m ▶ **wish for sthg/to do sthg** désir de qqch/de faire qqch **2.** [magic request] vœu m. ❖ vt **1.** [want] ▶ **to wish to do sthg** souhaiter faire qqch / **I wish (that) he'd come** j'aimerais bien qu'il vienne / **I wish I could** si seulement je pouvais **2.** [expressing hope] ▶ **to wish sb sthg** souhaiter qqch à qqn. ❖ vi [by magic] ▶ **to wish for sthg** souhaiter qqch. ◆ **wishes** pl n ▶ **best wishes** meilleurs vœux ▶ **(with) best wishes** [at end of letter] bien amicalement.

wishbone ['wɪʃbəʊn] noun bréchet m.

wishful thinking [,wɪʃful-] noun : that's just wishful thinking c'est prendre mes/ses etc. désirs pour des réalités.

wishy-washy ['wɪʃɪ,wɒʃɪ] adj inf & pej [person] sans personnalité ; [ideas] vague.

wisp [wɪsp] noun **1.** [tuft] mèche f **2.** [small cloud] mince filet m OR volute f.

wistful ['wɪstful] adj nostalgique.

wit [wɪt] noun **1.** [humour] esprit m **2.** [intelligence] ▶ **to have the wit to do sthg** avoir l'intelligence de faire qqch. ◆ **wits** pl n ▶ **to have OR keep one's wits about one** être attentif(ive) OR sur ses gardes.

witch [wɪtʃ] noun sorcière f.

witchdoctor ['wɪtʃ,dɒktər] noun sorcier m.

witch-hunt noun pej chasse f aux sorcières.

with [wɪð] prep **1.** [in company of] avec / I play tennis with his wife je joue au tennis avec sa femme / we stayed with them for a week nous avons passé une semaine chez eux **2.** [indicating opposition] avec ▶ **to argue with sb** discuter avec qqn / the war with Germany la guerre avec OR contre l'Allemagne **3.** [indicating means, manner, feelings] avec / I washed it with detergent je l'ai lavé avec un détergent / she was trembling with fright elle tremblait de peur **4.** [having] avec / a man with a beard un homme avec une barbe, un barbu / the man with the moustache l'homme à la moustache **5.** [regarding] : he's very mean with money il est très près de ses sous, il est très avare / the trouble with her is that... l'ennui avec elle or ce qu'il y a avec elle c'est que... **6.** [indicating simultaneity] : I can't do it with you watching me je ne peux pas le faire quand OR pendant que tu me regardes **7.** [because of] : with my luck, I'll probably lose avec ma chance habituelle, je suis sûr de perdre **8.** PHR **I'm with you a)** [I understand] je vous suis **b)** [I'm on your side] je suis des vôtres **c)** [I agree] je suis d'accord avec vous.

withdraw [wɪð'drɔː] (pt -drew, pp -drawn) ❖ vt **1.** fml [remove] ▶ **to withdraw sthg (from)** enlever qqch (de) **2.** [money, troops, remark] retirer. ❖ vi **1.** fml [leave] ▶ **to withdraw (from)** se retirer (de) **2.** MIL se replier ▶ **to withdraw from** évacuer **3.** [quit, give up] ▶ **to withdraw (from)** se retirer (de).

withdrawal [wɪð'drɔːəl] noun **1.** [gen] ▶ **withdrawal (from)** retrait m (de) **2.** MIL repli m.

withdrawal symptoms pl n crise f de manque.

withdrawn [wɪð'drɔːn] ❖ pp ⟶ **withdraw.** ❖ adj [shy, quiet] renfermé(e).

withdrew [wɪð'druː] pt ⟶ **withdraw.**

wither ['wɪðər] vi **1.** [dry up] se flétrir **2.** [weaken] mourir.

withhold [wɪð'həʊld] (pt & pp -held) vt [services] refuser ; [information] cacher ; [salary] retenir.

within [wɪ'ðɪn] ❖ prep **1.** [inside] à l'intérieur de, dans / within her en elle, à l'intérieur d'elle-même **2.** [budget, comprehension] dans les limites de ; [limits] dans **3.** [less than - distance] à moins de ; [- time] d'ici, en moins de ▶ **within**

the week avant la fin de la semaine. ❖ adv à l'intérieur.

with it adj inf **1.** [alert] réveillé(e) **/ get with it!** réveille-toi !, secoue-toi ! **2.** dated [fashionable] dans le vent.

without [wɪð'aʊt] ❖ prep sans **/ without a coat** sans manteau **/ I left without seeing him** je suis parti sans l'avoir vu **/ I left without him seeing me** je suis parti sans qu'il m'ait vu **▶ to go without sthg** se passer de qqch. ❖ adv **▶ to go OR do without** s'en passer.

withstand [wɪð'stænd] (pt & pp -**stood**) vt résister à.

witness ['wɪtnɪs] ❖ noun **1.** [gen] témoin mf **▶ to be witness to sthg** être témoin de qqch **2.** [testimony] **▶ to bear witness to sthg** témoigner de qqch. ❖ vt **1.** [accident, crime] être témoin de **2.** fig [changes, rise in birth rate] assister à **3.** [countersign] contresigner.

witness box UK, **witness stand** US noun barre f des témoins.

witticism ['wɪtɪsɪzm] noun mot m d'esprit.

witty ['wɪtɪ] adj plein(e) d'esprit, spirituel(elle).

wives [waɪvz] pl n ⟶ **wife**.

wizard ['wɪzəd] noun magicien m ; fig as m, champion m, -onne f.

wknd MESSAGING (written abbr of **weekend**) we.

W84M MESSAGING written abbr of **wait for me.**

WMD (abbr of **weapons of mass destruction**) pl n ADM fpl.

wobble ['wɒbl] vi [hand, wings] trembler ; [chair, table] branler.

woe [wəʊ] noun liter malheur m.

woeful ['wəʊfʊl] adj **1.** [sad - person, look, news, situation] malheureux(euse), très triste ; [- scene, tale] affligeant(e), très triste **2.** [very poor] lamentable, épouvantable, consternant(e).

wok [wɒk] noun wok m.

woke [wəʊk] pt ⟶ **wake.**

woken ['wəʊkn] pp ⟶ **wake.**

wolf [wʊlf] (pl **wolves** ['wʊlvz]) noun [animal] loup m.

wolf whistle noun sifflement m admiratif (à l'adresse d'une femme).

woman ['wʊmən] (pl **women**) ❖ noun femme f. ❖ comp **▶ woman doctor** femme f médecin **▶ woman teacher** professeur m femme.

womanly ['wʊmənlɪ] adj féminin(e).

womb [wuːm] noun utérus m.

women ['wɪmɪn] pl n ⟶ **woman**.

women's lib noun libération f de la femme.

won [wʌn] pt & pp ⟶ **win.**

wonder ['wʌndər] ❖ noun **1.** (U) [amazement] étonnement m **2.** [cause for surprise] **▶ it's a wonder (that)...** c'est un miracle que... **▶ it's no OR little OR small wonder (that)...** il n'est pas étonnant que... **3.** [amazing thing, person] merveille f. ❖ vt **1.** [speculate] **▶ to wonder (if OR whether)** se demander (si) **2.** [in polite requests] : **I wonder whether you would mind shutting the window?** est-ce que cela ne vous ennuierait pas de fermer la fenêtre ? ❖ vi [speculate] se demander **▶ to wonder about sthg** s'interroger sur qqch.

wonderful ['wʌndəfʊl] adj merveilleux(euse).

wonderfully ['wʌndəfʊlɪ] adv **1.** [very well] merveilleusement, à merveille **2.** [for emphasis] extrêmement.

wondering ['wʌndərɪŋ] adj [pensive] songeur(euse), pensif(ive) ; [surprised] étonné(e).

wondrously ['wʌndrəslɪ] adv liter merveilleusement.

won't [wəʊnt] ⟶ **will not.**

woo [wuː] vt **1.** liter [court] courtiser **2.** [try to win over] chercher à rallier (à soi OR à sa cause).

wood [wʊd] ❖ noun bois m. ❖ comp en bois. ◆ **woods** pl n bois mpl.

wooded ['wʊdɪd] adj boisé(e).

wooden ['wʊdn] adj **1.** [of wood] en bois **2.** pej [actor] gauche.

woodlouse ['wʊdlaʊs] (pl -**lice**) noun cloporte m.

woodpecker ['wʊd,pekər] noun pivert m.

woodwind ['wʊdwɪnd] noun **▶ the woodwind** les bois mpl.

woodwork ['wʊdwɜːk] noun menuiserie f.

woodworm ['wʊdwɜːm] noun ver m du bois.

wool [wʊl] noun laine f **▶ to pull the wool over sb's eyes** inf rouler qqn (dans la farine).

woollen UK, **woolen** US ['wʊlən] adj en laine, de laine. ◆ **woollens** pl n lainages mpl.

woolly, wooly UK ['wʊlɪ] adj **1.** [woollen] en laine, de laine **2.** inf [idea, thinking] confus(e).

woozy ['wuːzɪ] (compar -**ier**, superl -**iest**) adj inf sonné(e).

word [wɜːd] ❖ noun **1.** LING mot m **▶ too stupid for words** vraiment trop bête **▶ word for word a)** [repeat, copy] mot pour mot **b)** [translate] mot à mot **▶ in other words** en d'autres mots OR termes ▸ **in a word** en un mot ▸ **to have a word (with sb)** parler (à qqn) ▸ **she doesn't mince her words** elle ne mâche pas ses mots ▸ **I couldn't get a word in edgeways** je n'ai pas réussi à placer un seul mot **2.** *(U)* [news] nouvelles *fpl* **3.** [promise] parole *f* ▸ **to give sb one's word** donner sa parole à qqn. ❖ vt [letter, reply] rédiger.

wording ['wɜːdɪŋ] noun *(U)* termes *mpl*.

word-of-mouth adj [account] oral(e), verbal(e).

word processing noun *(U)* COMPUT traitement *m* de texte.

word processor [-ˌprəʊsesər] noun COMPUT machine *f* à traitement de texte.

wore [wɔːr] pt ⟶ **wear**.

work [wɜːk] ❖ noun **1.** *(U)* [employment] travail *m*, emploi *m* ▸ **to be out of work** être au chômage **2.** [activity, tasks] travail *m* / **she put a lot of work into that book** elle a beaucoup travaillé sur ce livre **3.** ART & LITER œuvre *f*. ❖ vt **1.** [person, staff] faire travailler **2.** [machine] faire marcher **3.** [wood, metal, land] travailler. ❖ vi **1.** [do a job] travailler ▸ **to work on sthg** travailler à qqch **2.** [function] fonctionner, marcher **3.** [succeed] marcher. ◆ **works** ❖ noun [factory] usine *f*. ❖ pl n **1.** [mechanism] mécanisme *m* **2.** [digging, building] travaux *mpl*. ◆ **work on** vt insep **1.** [pay attention to] travailler à **2.** [take as basis] se baser sur. ◆ **work out** ❖ vt sep **1.** [plan, schedule] mettre au point **2.** [total, answer] trouver. ❖ vi **1.** [figure, total] ▸ **to work out at** UK OR **to** US se monter à **2.** [turn out] se dérouler **3.** [be successful] (bien) marcher **4.** [train, exercise] s'entraîner. ◆ **work up** vt sep **1.** [excite] ▸ **to work o.s. up into a rage** se mettre en rage **2.** [generate] ▸ **to work up an appetite** s'ouvrir l'appétit ▸ **to work up enthusiasm** s'enthousiasmer.

workable ['wɜːkəbl] adj [plan] réalisable ; [system] fonctionnel(elle).

workaday ['wɜːkədeɪ] adj *pej* ordinaire, commun(e).

workaholic [ˌwɜːkə'hɒlɪk] noun bourreau *m* de travail.

workday ['wɜːkdeɪ] noun [not weekend] jour *m* ouvrable.

worked up [ˌwɜːkt-] adj dans tous ses états.

worker ['wɜːkər] noun travailleur *m*, -euse *f*, ouvrier *m*, -ère *f*.

work experience noun : *the course includes two months' work experience* le programme comprend un stage en entreprise de deux mois.

workflow ['wɜːkfləʊ] noun workflow *m* *(modélisation de la gestion des processus opérationnels)*.

workforce ['wɜːkfɔːs] noun main *f* d'œuvre.

work-in noun occupation d'une entreprise par le personnel (avec poursuite du travail).

working ['wɜːkɪŋ] adj **1.** [in operation] qui marche **2.** [having employment] qui travaille **3.** [conditions, clothes, hours] de travail. ◆ **workings** pl n [of system, machine] mécanisme *m*.

working class noun ▸ **the working class** la classe ouvrière. ◆ **working-class** adj ouvrier(ère).

working week noun UK semaine *f* de travail.

workload ['wɜːkləʊd] noun quantité *f* de travail.

workman ['wɜːkmən] *(pl -men)* noun ouvrier *m*.

workmanship ['wɜːkmənʃɪp] noun *(U)* travail *m*.

workmate ['wɜːkmeɪt] noun camarade *mf* OR collègue *mf* de travail.

work permit [-ˌpɜːmɪt] noun permis *m* de travail.

workplace ['wɜːkpleɪs] noun lieu *m* de travail.

workshop ['wɜːkʃɒp] noun atelier *m*.

workspace ['wɜːkspeɪs] noun COMPUT bureau *m*.

workstation ['wɜːkˌsteɪʃn] noun COMPUT poste *m* de travail.

worktop ['wɜːktɒp] noun UK plan *m* de travail.

work-to-rule noun UK grève *f* du zèle.

workweek noun US = **working week**.

world [wɜːld] ❖ noun **1.** [gen] monde *m* **2.** PHR **to think the world of sb** admirer qqn énormément, ne jurer que par qqn ▸ **a world of difference** une énorme différence ▸ **out of this world** inf extraordinaire, sensationnel. ❖ comp [power] mondial(e) ; [language] universel(elle) ; [tour] du monde.

world-class adj de niveau international.

World Cup ❖ noun ▸ **the World Cup** la Coupe du monde. ❖ comp de Coupe du monde.

world-famous adj de renommée mondiale.

worldly ['wɜːldlɪ] adj de ce monde, maté-riel(elle).

World War I noun la Première Guerre mondiale.

World War II noun la Deuxième Guerre mondiale.

world-weary adj [person] las (lasse) du monde ; [cynicism, sigh] blasé(e).

worldwide ['wɜːldwaɪd] ❖ adj mondial(e). ❖ adv dans le monde entier.

worm [wɜːm] noun [animal & COMPUT] ver m.

worn [wɔːn] ❖ pp ⟶ **wear**. ❖ adj **1.** [threadbare] usé(e) **2.** [tired] las (lasse).

worn-out adj **1.** [old, threadbare] usé(e) **2.** [tired] épuisé(e).

worried ['wʌrɪd] adj soucieux(euse), in-quiet(ète).

worry ['wʌrɪ] ❖ noun **1.** [feeling] souci m **2.** [problem] souci m, ennui m. ❖ vt inquié-ter, tracasser. ❖ vi s'inquiéter ▸ **to worry about** se faire du souci au sujet de ▸ **don't worry!**, **not to worry!** ne vous en faites pas !

worrying ['wʌrɪɪŋ] adj inquiétant(e).

worse [wɜːs] ❖ adj **1.** [not as good] pire ▸ **to get worse** [situation] empirer **2.** [more ill] : *he's worse today* il va plus mal aujourd'hui. ❖ adv plus mal ▸ *they're even worse off* c'est encore pire pour eux ▸ **worse off** [financially] plus pauvre. ❖ noun pire m ▸ **for the worse** pour la pire.

worsen ['wɜːsn] vt & vi empirer.

worship ['wɜːʃɪp] ❖ vt adorer. ❖ noun **1.** (U) RELIG culte m **2.** [adoration] adoration f. ❖ **Worship** noun ▸ **Your / Her / His Worship** Votre / Son Honneur m.

worst [wɜːst] ❖ adj ▸ **the worst** le pire (la pire). ❖ adv le plus mal ▸ *the worst affected area* la zone la plus touchée. ❖ noun ▸ **the worst** le pire ▸ **if the worst comes to the worst** au pire. ❖ **at (the) worst** adv au pire.

worth [wɜːθ] ❖ prep **1.** [in value] ▸ **to be worth sthg** valoir qqch ▸ *how much is it worth?* combien cela vaut-il ? **2.** [deserving of] : *it's worth a visit* cela vaut une visite ▸ **to be worth doing sthg** valoir la peine de faire qqch. ❖ noun valeur f ▸ *a week's / £20 worth of groceries* pour une semaine/20 livres d'épicerie.

worthless ['wɜːθlɪs] adj **1.** [object] sans valeur, qui ne vaut rien **2.** [person] qui n'est bon à rien.

worthwhile [,wɜːθ'waɪl] adj [job, visit] qui en vaut la peine ; [charity] louable.

worthy ['wɜːðɪ] adj **1.** [deserving of respect] digne **2.** [deserving] ▸ **to be worthy of sthg** mériter qqch **3.** pej [good but unexciting] mé-ritant(e).

wot MESSAGING (*written abbr of* **what**) koi, koa, kwa.

would [wʊd] modal vb **1.** (*in reported speech*) : *she said she would come* elle a dit qu'elle vien-drait **2.** [indicating likelihood] : *what would you do?* que ferais-tu ? / *what would you have done?* qu'aurais-tu fait ? / *I would be most grateful* je vous en serais très reconnais-sant **3.** [indicating willingness] : *she wouldn't go* elle ne voulait pas y aller / *he would do anything for her* il ferait n'importe quoi pour elle **4.** (*in polite questions*) : *would you like a drink?* voulez-vous OR voudriez-vous à boire ? / *I would you mind closing the window?* cela vous ennuierait de fermer la fenêtre ? **5.** [indi-cating inevitability] : *he would say that* j'étais sûr qu'il allait dire ça, ça ne m'étonne pas de lui **6.** [giving advice] : *I would report it if I were you* si j'étais vous je préviendrais les autorités **7.** [expressing opinions] : *I would prefer* je préférerais / *I would have thought (that)…* j'aurais pensé que… **8.** [indicating habit] : *he would smoke a cigar after dinner* il fumait un cigare après le dîner / *she would often com-plain about the neighbours* elle se plaignait souvent des voisins.

would-be adj prétendu(e).

wouldn't ['wʊdnt] ⟶ **would not**.

would've ['wʊdəv] ⟶ **would have**.

wound¹ [wuːnd] ❖ noun blessure f. ❖ vt blesser.

wound² [waʊnd] pt & pp ⟶ **wind²**.

wounded ['wuːndɪd] ❖ adj blessé(e). ❖ pl n ▸ **the wounded** les blessés mpl.

wound-up [waʊnd-] adj **1.** [clock] remonté(e) ; [car window] remonté(e), fermé(e) **2.** inf [tense - person] crispé(e), très tendu(e).

wove [wəʊv] pt ⟶ **weave**.

woven ['wəʊvn] pp ⟶ **weave**.

wow [waʊ] excl inf oh là là !

WP noun (*abbr of* **word processing**, **word processor**) TTX m.

wrangle ['ræŋgl] ❖ noun dispute f. ❖ vi ▸ **to wrangle (with sb over sthg)** se disputer (avec qqn à propos de qqch).

wrap [ræp] ❖ vt [cover in paper, cloth] ▸ **to wrap sthg (in)** envelopper OR emballer qqch (dans) ▸ **to wrap sthg around OR round UK**

sthg enrouler qqch autour de qqch. ❖ noun [garment] châle *m*. ◆ **wrap up** ❖ vt sep [cover in paper or cloth] envelopper, emballer. ❖ vi [put warm clothes on] ▸ **wrap up well** OR **warmly!** couvrez-vous bien !

wrapped [ræpt] adj [bread, cheese] préemballé.

wrapper ['ræpər] noun papier *m* ; **UK** [of book] jaquette *f*, couverture *f*.

wrapping ['ræpɪŋ] noun emballage *m*.

wrapping paper noun (U) papier *m* d'emballage.

wrath [rɒθ] noun (U) liter courroux *m*.

wreak [ri:k] vt [destruction, havoc] entraîner.

wreath [ri:θ] noun couronne *f*.

wreck [rek] ❖ noun **1.** [car, plane, ship] épave *f* **2.** inf [person] loque *f*. ❖ vt **1.** [destroy] détruire **2.** NAUT provoquer le naufrage de ▸ **to be wrecked** s'échouer **3.** [spoil - holiday] gâcher ; [- health, hopes, plan] ruiner.

wreckage ['rekɪdʒ] noun (U) débris *mpl*.

wren [ren] noun roitelet *m*.

wrench [rentʃ] ❖ noun [tool] clef *f* anglaise. ❖ vt **1.** [pull violently] tirer violemment ▸ **to wrench sthg off** arracher qqch **2.** [arm, leg, knee] se tordre.

wrestle ['resl] vi **1.** [fight] ▸ **to wrestle (with sb)** lutter (contre qqn) **2.** fig [struggle] ▸ **to wrestle with sthg** se débattre OR lutter contre qqch.

wrestler ['reslər] noun lutteur *m*, -euse *f*.

wrestling ['reslɪŋ] noun lutte *f*.

wretch [retʃ] noun pauvre diable *m*.

wretched ['retʃɪd] adj **1.** [miserable] misérable **2.** inf [damned] fichu(e).

wriggle ['rɪgl] vi remuer, se tortiller.

wring [rɪŋ] (pt & pp **wrung**) vt [washing] essorer, tordre.

wringing ['rɪŋɪŋ] adj ▸ **wringing (wet)** a) [person] trempé(e) b) [clothes] mouillé(e), à tordre.

wrinkle ['rɪŋkl] ❖ noun **1.** [on skin] ride *f* **2.** [in cloth] pli *m*. ❖ vt plisser. ❖ vi se plisser, faire des plis.

wrist [rɪst] noun poignet *m*.

wristwatch ['rɪstwɒtʃ] noun montre-bracelet *f*.

writ [rɪt] noun acte *m* judiciaire.

write [raɪt] (pt **wrote**, pp **written**) ❖ vt **1.** [gen & COMPUT] écrire **2.** **US** [person] écrire à **3.** [cheque, prescription, will] faire. ❖ vi [gen & COMPUT] écrire. ◆ **write back** vi

répondre. ◆ **write down** vt sep écrire, noter. ◆ **write into** vt sep ▸ **to write a clause into a contract** insérer une clause dans un contrat. ◆ **write off** vt sep **1.** [project] considérer comme fichu **2.** [debt, investment] passer aux profits et pertes **3.** [person] considérer comme fini **4.** **UK** inf [vehicle] bousiller. ◆ **write up** vt sep [notes] mettre au propre.

write-off noun inf [vehicle] ▸ **to be a write-off** **UK** être complètement démoli(e).

writer ['raɪtər] noun **1.** [as profession] écrivain *m*, -e *f* **2.** [of letter, article, story] auteur *m*, auteure *f*.

writer's block noun angoisse *f* de la page blanche.

writhe [raɪð] vi se tordre.

writing ['raɪtɪŋ] noun (U) **1.** [handwriting, activity] écriture *f* ▸ **in writing** par écrit **2.** [something written] écrit *m*.

writing paper noun (U) papier *m* à lettres.

written ['rɪtn] ❖ pp ⟶ **write**. ❖ adj écrit(e).

wrong [rɒŋ] ❖ adj **1.** [not normal, not satisfactory] qui ne va pas ▸ **is something wrong?** y a-t-il quelque chose qui ne va pas ? / **what's wrong?** qu'est-ce qui ne va pas ? / **there's something wrong with the switch** l'interrupteur ne marche pas bien **2.** [not suitable] qui ne convient pas **3.** [not correct - answer, address] faux (fausse), mauvais(e) ; [- decision] mauvais(e) ▸ **to be wrong** [person] avoir tort ▸ **to be wrong to do sthg** avoir tort de faire qqch **4.** [morally bad] ▸ **it's wrong to…** c'est mal de…. ❖ adv [incorrectly] mal ▸ **to get sthg wrong** se tromper à propos de qqch ▸ **to go wrong a)** [make a mistake] se tromper, faire une erreur **b)** [stop functioning] se détraquer. ❖ noun mal *m* ▸ **to be in the wrong** être dans son tort. ❖ vt faire du tort à.

wrongful ['rɒŋful] adj [unfair] injuste ; [arrest, dismissal] injustifié(e).

wrongly ['rɒŋlɪ] adv **1.** [unsuitably] mal **2.** [mistakenly] à tort.

wrong number noun faux numéro *m*.

wrote [rəʊt] pt ⟶ **write**.

wrung [rʌŋ] pt & pp ⟶ **wring**.

wry [raɪ] adj **1.** [amused - smile, look] amusé(e) ; [- humour] ironique **2.** [displeased] désabusé(e).

wuss [wʌs] noun **US** inf mauviette *f*.

WWW (abbr of **World Wide Web**) noun WWW *m*.

XY

x (*pl* **x's** *or* **xs**), **X** (*pl* **X's** *or* **Xs**) [eks] noun **1.** [letter] x *m inv*, X *m inv* **2.** [unknown thing] x *m inv* **3.** [to mark place] croix *f* **4.** [at end of letter] ▶ **XXX** grosses bises.

xenophobia [ˌzenəˈfəʊbjə] noun xénophobie *f*.

Xmas [ˈeksməs] noun Noël *m*.

XML [ˌeksemˈel] (*abbr of* **Extensible Markup Language**) noun COMPUT XML *m*.

X-ray ❖ noun **1.** [ray] rayon *m* X **2.** [picture] radiographie *f*, radio *f*. ❖ vt radiographier.

xylophone [ˈzaɪləfəʊn] noun xylophone *m*.

---

y (*pl* **y's** *or* **ys**), **Y** (*pl* **Y's** *or* **Ys**) [waɪ] noun [letter] y *m inv*, Y *m inv*.

Y MESSAGING *written abbr of* **why**.

yacht [jɒt] noun yacht *m*.

yachting [ˈjɒtɪŋ] noun yachting *m*.

yachtsman [ˈjɒtsmən] (*pl* **-men**) noun yachtsman *m*.

yam [jæm] noun igname *f*.

Yank [jæŋk] noun **UK** *inf* Amerloque *mf* (*terme péjoratif désignant un Américain*).

Yankee [ˈjæŋkɪ] noun **UK** *inf* [American] Amerloque *mf* (*terme péjoratif désignant un Américain*).

yap [jæp] vi [dog] japper.

yard [jɑːd] noun **1.** [unit of measurement] yard *m* (= 91,44 cm) **2.** [walled area] cour *f* **3.** [area of work] chantier *m* **4.** **US** [attached to house] jardin *m*.

Yardie [ˈjɑːdɪ] noun membre d'une organisation criminelle d'origine jamaïcaine.

yardman [ˈjɑːdmæn] noun **US** jardinier *m*.

yardstick [ˈjɑːdstɪk] noun mesure *f*.

yarn [jɑːn] noun [thread] fil *m*.

yawn [jɔːn] ❖ noun [when tired] bâillement *m*. ❖ vi [when tired] bâiller.

yd *abbr of* **yard**.

yeah [jeə] adv *inf* ouais.

year [jɪər] noun **1.** [calendar year] année *f* **2.** [period of 12 months] année *f*, an *m* / **to be 21 years old** avoir 21 ans ▶ **all (the) year round** toute l'année **3.** [financial year] année *f* / **the year 2002-03** l'exercice 2002-03. ❖ **years** *pl* n [long time] années *fpl*.

yearbook [ˈjɪəbʊk] noun annuaire *m*, almanach *m*.

yearly [ˈjɪəlɪ] ❖ adj annuel(elle). ❖ adv **1.** [once a year] annuellement **2.** [every year] chaque année / **twice yearly** deux fois par an.

yearn [jɜːn] vi ▶ **to yearn for sthg / to do sthg** aspirer à qqch/à faire qqch.

yearning [ˈjɜːnɪŋ] noun ▶ **yearning (for sb / sthg)** désir *m* ardent (pour qqn/de qqch).

yeast [jiːst] noun levure *f*.

yell [jel] ❖ noun hurlement *m*. ❖ vi & vt hurler.

yellow [ˈjeləʊ] ❖ adj [colour] jaune. ❖ noun jaune *m*.

yellow card noun FOOT carton *m* jaune.

yelp [jelp] vi japper.

yes [jes] ❖ adv **1.** [gen] oui ▶ **yes, please** oui, s'il te/vous plaît **2.** [expressing disagreement] si. ❖ noun oui *m inv*.

yes-man noun *pej* béni-oui-oui *m inv*.

yesterday [ˈjestədɪ] ❖ noun hier *m* ▶ **the day before yesterday** avant-hier. ❖ adv hier.

yet [jet] ❖ adv **1.** [gen] encore ▶ **not yet** pas encore ▶ **yet again** encore une fois ▶ **as yet** jusqu'ici / **yet faster** encore plus vite **2.** déjà / **have they finished yet?** est-ce qu'ils ont déjà fini ? ❖ conj et cependant, mais.

yew [juː] noun if *m*.

yield [jiːld] ❖ noun rendement *m*. ❖ vt **1.** [produce] produire **2.** [give up] céder. ❖ vi **1.** [gen] ▶ **to yield (to)** céder (à) **2.** **US** AUTO [give way] ▶ **'yield'** 'cédez le passage'.

YMCA (*abbr of* **Young Men's Christian Association**) noun *union chrétienne de jeunes gens (proposant notamment des services d'hébergement)*.

yoga [ˈjəʊgə] noun yoga *m*.

yoghourt, yoghurt, yogurt [**UK** ˈjɒgət, **US** ˈjəʊgərt] noun yaourt *m*.

yoke [jəʊk] noun *lit* & *fig* joug *m*.

yolk [jəʊk] noun jaune *m* (d'œuf).

you [juː] pers pron **1.** [subject - sg] tu ; [- polite form, pl] vous / *you're a good cook* tu es/vous êtes bonne cuisinière / *are you French?* tu es/vous êtes français ? / *you French* vous autres Français ▸ **you idiot!** espèce d'idiot ! ▸ **if I were OR was you** si j'étais toi/vous, à ta/votre place ▸ **there you are a)** [you've appeared] te/vous voilà **b)** [have this] voilà, tiens/tenez / *that jacket really isn't you* cette veste n'est pas vraiment ton/votre style **2.** [object - unstressed, sg] te ; [- polite form, pl] vous / *I can see you* je te/vous vois / *I gave it to you* je te/vous l'ai donné **3.** [object - stressed, sg] toi ; [- polite form, pl] vous / *I don't expect YOU to do it* je n'exige pas que ce soit toi qui le fasses/vous qui le fassiez **4.** [after prep, in comparisons, etc. - sg] toi ; [- polite form, pl] vous / *we shall go without you* nous irons sans toi/vous / *I'm shorter than you* je suis plus petit que toi/vous **5.** [anyone, one] on / *you have to be careful* on doit faire attention / *exercise is good for you* l'exercice est bon pour la santé.

you'd [juːd] ⟶ **you had, you would**.

you'll [juːl] ⟶ **you will**.

young [jʌŋ] ❖ adj jeune. ❖ pl n **1.** [young people] ▸ **the young** les jeunes *mpl* **2.** [baby animals] les petits *mpl*.

younger ['jʌŋgər] adj plus jeune.

youngster ['jʌŋstər] noun jeune m.

your [jɔːr] poss adj **1.** *(referring to one person)* ton (ta), tes *(pl)* ; *(polite form)* votre, vos *(pl)* / *your dog* ton/votre chien / *your house* ta/votre maison / *your children* tes/vos enfants / *what's your name?* comment t'appelles-tu/vous appelez-vous ? **2.** *(impersonal, one's)* son (sa), ses *(pl)* / *your attitude changes as you get older* on change sa manière de voir en vieillissant / *it's good for your teeth / hair* c'est bon pour les dents/les cheveux / *your average Englishman* l'Anglais moyen.

you're [jɔːr] ⟶ **you are**.

yours [jɔːz] poss pron *(referring to one person)* le tien (la tienne), les tiens (les tiennes) *(pl)* ; *(polite form)* le vôtre (la vôtre), les vôtres *(pl)* / *that desk is yours* ce bureau est à toi/à vous, ce bureau est le tien/le vôtre / *it wasn't her fault, it was YOURS* ce n'était pas de sa faute, c'était de ta faute à toi/de votre faute à vous / *a friend of yours* un ami à toi/vous, un de tes/vos amis.

➤ **Yours** adv [in letter] ⟶ **faithfully, sincerely**.

yourself [jɔː'self] *(pl* -**selves**) pron **1.** [reflexive - sg] te ; [- polite form, pl] vous ; [after prep - sg] toi ; [- polite form, pl] vous **2.** [for emphasis - sg] toi-même ; [- polite form] vous-même ; [- pl] vous-mêmes / *did you do it yourself?* tu l'as/vous l'avez fait tout seul ?

youth [juːθ] noun **1.** *(U)* [period, quality] jeunesse *f* **2.** [young man] jeune homme *m* **3.** *(U)* [young people] jeunesse *f*, jeunes *mpl*.

youth club noun centre *m* de jeunes.

youthful ['juːθfʊl] adj **1.** [eager, innocent] de jeunesse, juvénile **2.** [young] jeune.

youth hostel noun auberge *f* de jeunesse.

you've [juːv] ⟶ **you have**.

Yugoslav = **Yugoslavian**.

Yugoslavia [ˌjuːgə'slɑːvɪə] noun Yougoslavie *f* ▸ **the former Yugoslavia** l'ex-Yougoslavie.

Yugoslavian [ˌjuːgə'slɑːvɪən], **Yugoslav** [ˌjuːgə'slɑːv] ❖ adj yougoslave. ❖ noun Yougoslave *mf*.

yummy ['jʌmɪ] adj inf délicieux(euse).

yuppie, yuppy ['jʌpɪ] noun inf yuppie *mf*.

YWCA *(abbr of* **Young Women's Christian Association)** noun union chrétienne de jeunes filles *(proposant notamment des services d'hébergement).*

z (*pl* **z's** *or* **zs**), **Z** (*pl* **Z's** *or* **Zs**) [**UK** zed, **US** zi:] noun [letter] z *m inv*, Z *m inv*.

Zambia ['zæmbɪə] noun Zambie *f*.

zany ['zeɪnɪ] adj *inf* dingue.

zap [zæp] vi **1.** *inf* **) to zap (off) somewhere** foncer quelque part **2.** TV zapper.

zeal [zi:l] noun zèle *m*.

zealous ['zeləs] adj zélé(e).

zebra [**UK** 'zebrə, **US** 'zi:brə] (*pl inv or* -s) noun zèbre *m*.

zebra crossing noun **UK** passage *m* pour piétons.

zenith [**UK** 'zenɪθ, **US** 'zi:nəθ] noun *lit & fig* zénith *m*.

zero [**UK** 'zɪərəʊ, **US** 'zi:rəʊ] **•** adj zéro, aucun(e). **•** noun (*pl inv or* -es) zéro *m*.

zero-rating noun exemption *f* de TVA.

zest [zest] noun (*U*) **1.** [excitement] piquant *m* **2.** [eagerness] entrain *m* **3.** [of orange, lemon] zeste *m*.

zigzag ['zɪgzæg] vi (*pt & pp* -**ged**) zigzaguer.

zilch [zɪltʃ] noun **US** *inf* zéro *m*, que dalle.

Zimbabwe [zɪm'bɑːbwɪ] noun Zimbabwe *m*.

zinc [zɪŋk] noun zinc *m*.

zinger ['zɪŋər] noun **US** *inf* **1.** [pointed remark] pique *f* **2.** [impressive thing] : *it was a real zinger* c'était impressionnant **/** *a real zinger of a black eye* un œil au beurre noir pas croyable.

zip [zɪp] noun **UK** [fastener] fermeture *f* Éclair®. **◆ zip up** vt sep [jacket] remonter la fermeture Éclair® de ; [bag] fermer la fermeture Éclair® de.

zip code noun **US** code *m* postal.

zip fastener noun **UK** = **zip**.

zipper ['zɪpər] noun **US** = **zip**.

zit [zɪt] noun **US** *inf* bouton *m*.

zodiac ['zəʊdɪæk] noun **)** **the zodiac** le zodiaque.

zombie ['zɒmbɪ] noun *fig & pej* zombi *m*.

zone [zəʊn] noun zone *f*.

zoo [zu:] noun zoo *m*.

zoology [zəʊ'ɒlədʒɪ] noun zoologie *f*.

zoom [zu:m] **◆** vi *inf* [move quickly] aller en trombe. **◆** noun PHOT zoom *m*.

zoom lens noun zoom *m*.

zucchini [zu:'ki:nɪ] (*pl inv*) noun **US** courgette *f*.

Achevé d'imprimer chez Maury Imprimeur
45330 Malesherbes (France)
Dépôt légal : mai 2011 - 307650/04
N° de projet : 11030559 - Février 2015
N° d'imprimeur : 195104